Die Bonus-Seite

Ihr Vorteil als Käufer dieses Buches

Auf der Bonus-Webseite zu diesem Buch finden Sie zusätzliche Informationen und Services. Dazu gehört auch ein kostenloser **Testzugang** zur Online-Fassung Ihres Buches. Und der besondere Vorteil: Wenn Sie Ihr **Online-Buch** auch weiterhin nutzen wollen, erhalten Sie den vollen Zugang zum **Vorzugspreis**.

So nutzen Sie Ihren Vorteil

Halten Sie den unten abgedruckten Zugangscode bereit und gehen Sie auf **www.galileodesign.de**. Dort finden Sie den Kasten **Die Bonus-Seite für Buchkäufer**. Klicken Sie auf **Zur Bonus-Seite/Buch registrieren**, und geben Sie Ihren **Zugangscode** ein. Schon stehen Ihnen die Bonus-Angebote zur Verfügung.

Ihr persönlicher **Zugangscode** epbq-27ji-xtk9-n683

Hans Peter Schneeberger, Robert Feix

Adobe InDesign CC

Das umfassende Handbuch

Galileo Press

Liebe Leserin, lieber Leser,

InDesign entwickelt sich immer mehr zur Schaltzentrale der Creative Suite. InDesign ist die Basis des Publishings, egal in welcher Form das Produkt später erscheinen wird: Ob als Flyer, Katalog, Plakat, E-Book, auf Tablets oder Smartphones... Daher ist es besonders wichtig, dieses moderne Publishing-Center auch gut bedienen zu können, aber wie viele Funktionen gibt es hier inzwischen!

Doch verzweifeln Sie nicht: Das umfassende Handbuch der zwei ausgewiesenen InDesign-Profis Hans Peter Schneeberger und Robert Feix steht Ihnen bei all Ihren Aufgaben zur Seite. Wie Sie schon am Umfang des Werkes erkennen, werden wirklich alle Funktionen von InDesign erklärt. Das Buch ist natürlich nicht für die Aktentasche geeignet, aber es ist doch beruhigend, das gesamte Wissen rund um InDesign immer griffbereit im Regal stehen zu haben: Alle Werkzeuge, Einstellungen und Möglichkeiten der Software erklären die beiden Autoren ausführlich und zeigen, wie es geht. Sie helfen mit Profitricks aus ihrer langjährigen InDesign-Erfahrung weiter; nicht umsonst arbeitet Hans Peter Schneeberger freiberuflich sogar als Produktspezialist für die Firma Adobe.

Ich hoffe, Sie werden dieses Buch genauso hilfreich finden wie ich. Sollten Sie trotzdem Hinweise, Anregungen, Kritik oder Lob an uns weitergeben wollen, so freuen die Autoren und ich uns über Ihre E-Mail.

Viel Erfolg bei der Arbeit mit InDesign!

Ihre Ruth Lahres
Lektorat Galileo Design
ruth.lahres@galileo-press.de

www.galileodesign.de
Galileo Press • Rheinwerkallee 4 • 53227 Bonn

Auf einen Blick

Inhalt

6 Rahmen erstellen und ändern

11 Effekte

TEIL IV Text professionell

12 Zeichen

15 Tabellen

17 Text suchen und korrigieren

TEIL V Lange Dokumente effizient meistern

18 Musterseiten

19 Buch, Inhaltsverzeichnis und Index

20 Lange Dokumente

29 PDF-Export für gedruckte Publikationen

30 Alternative Datenformate exportieren

20 Lange Dokumente

24 Transparenzen und Transparenzausgabe

25 Ausgabehilfen

29 PDF-Export für gedruckte Publikationen

30 Alternative Datenformate exportieren

TEIL VII Layout multimedial

31 Variables Layout

32 Interaktive Dokumente und Animation

34 E-Books erstellen

35 PDF-Formulare

36 Barrierefreies PDF

37 Tablet-Publishing

TEIL VIII InDesign automatisieren

38 GREP

44 Links

45 Die DVD zum Buch

Workshops

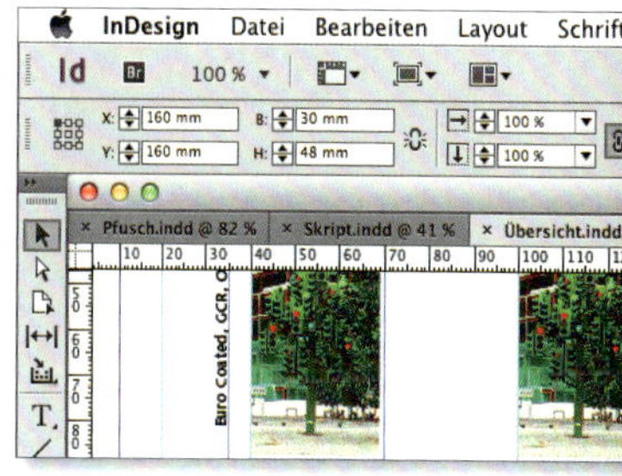
InDesign
Datei
Bearbeiten
Layout
Schrift
100 %
Pfusch.indd @ 82 %
Skript.indd @ 41 %
Übersicht.indd

Hoher Zaun
Schwarze Wa

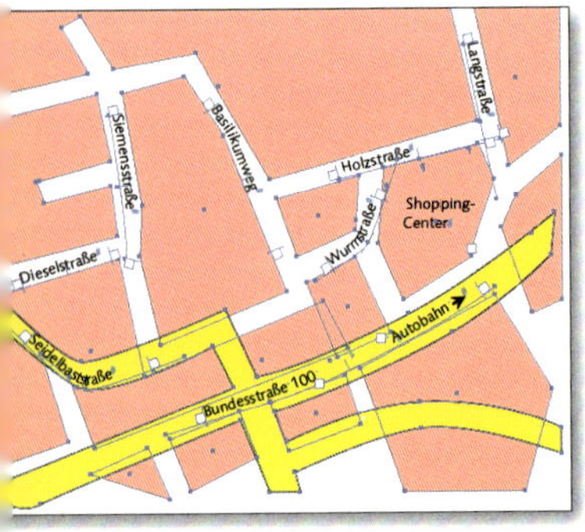

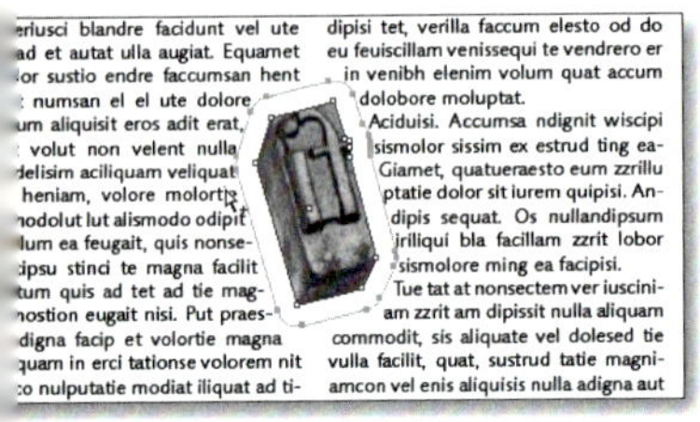

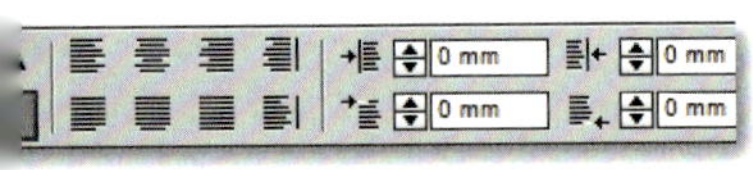

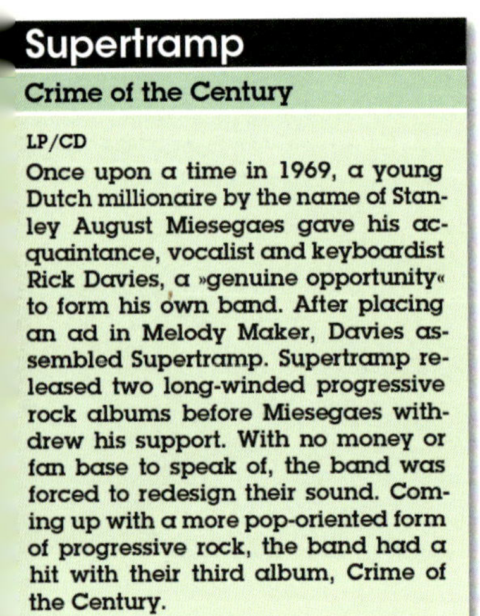

Vektoren

Effekte

Zeichen

Absätze

Textformatierung

Tabellen

Formensatz und Text auf Pfad

Text suchen und korrigieren

Lange Dokumente

Farbmanagement

Ausgabehilfen

Preflight und Verpacken

Drucken

Variables Layout

Interaktive Dokumente und Animation

PDF-Formulare

Tablet-Publishing

Tastenkürzel und Zeichencodes

Video-Lektionen

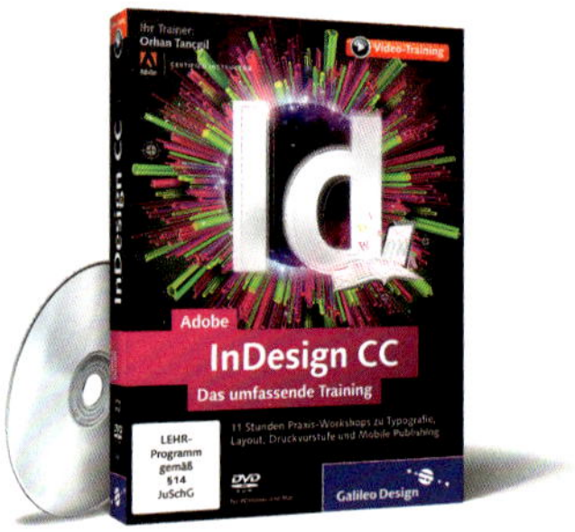

Im Ordner VIDEO-LEKTIONEN auf der Buch-DVD finden Sie ausgesuchte Video-Lektionen, mit denen Sie Ihr InDesign-Wissen vertiefen können. Die Lektionen wurden dem Video-Training »Adobe InDesign CC« von Orhan Tançgil entnommen (ISBN 978-3-8362-2431-4).

Um das Training zu starten, gehen Sie auf der Buch-DVD in den Ordner VIDEO-LEKTIONEN und klicken dort die Datei »start.exe« (Windows) bzw. »start.app« (Mac) auf der obersten Ebene doppelt. Alle anderen Dateien können Sie ignorieren.

Das Video-Training startet, und Sie finden sich auf der Oberfläche wieder. Bitte vergessen Sie nicht, die Lautsprecher zu aktivieren oder gegebenenfalls die Lautstärke zu erhöhen. Sollten Sie Probleme mit der Leistung Ihres Rechners feststellen, können Sie alternativ die Datei »start.html« aufrufen.

Kapitel 1: Zusammenarbeit mit anderen Programmen

1.1 Der Illustrator-Workflow (5:06 Min.)
1.2 Der Photoshop-Workflow (4:17 Min.)
1.3 Der Acrobat-Worfklow (10:56 Min.)
1.4 Zusammenarbeit mit Microsoft Office (6:44 Min.)

Kapitel 2: Die Digital Publishing Suite

2.1 Einleitung
2.2 Der Aufbau eines digitalen Magazins (5:17 Min.)
2.3 Ein DPS-Folio erstellen (11:31 Min.)
2.4 Den Overlay-Creator einsetzen (7:41 Min.)
2.5 Interaktive Funktionen hinzufügen (8:41 Min.)
2.6 Das Folio publizieren (6:61 Min.)

Kapitel 1
Neu in InDesign CC

Ein Buch mit 1.200 Seiten und einem Gewicht von über 3 kg herzustellen berechtigt dazu, die Frage nach dem Sinn eines solchen Projekts zu stellen – sowohl uns als Autoren als auch Sie als Leser. Sie wollen ja schließlich nur einen Flyer erstellen oder eine kleine Broschüre produzieren, und wir wollen Ihnen nur erklären, wie Sie dieses Vorhaben elegant umsetzen können. Mit der Wahl von InDesign CC haben Sie sich für das beste Werkzeug entschieden, um genau solche Vorhaben umzusetzen. InDesign kann jedoch vieles mehr! InDesign ist das Wunderwerkzeug für die Produktion von einfachen und umfangreichen Printerzeugnissen und gleichzeitig auch ein Spielzeug, um Ihre Printprodukte auch für die Verwendung in anderen Medienkanälen aufzubereiten.

1.1 Änderungen in InDesign CC

Mit dem letzten Update von InDesign CS6 im April 2012 hat Adobe zwei Vorhaben gekoppelt: InDesign auch für andere Medienkanäle einzusetzen und Software auch als Mietvariante zur Verfügung zu stellen. InDesign CS6 war ein großer Wurf, so dass Änderungen an der Arbeitsweise für Printproduktionen nötig wurden, wenn diese zu einem späteren Zeitpunkt auch für andere Medienkanäle verwendet werden sollten.

Ein gutes Jahr später ist die Creative Suite tot und die Creative Cloud geboren. Adobe hat alle Entwicklerressourcen gebündelt, um den Totalumstieg zur Adobe Creative Cloud zu implementieren. Während die Neuerungen von InDesign CS6 in vier große Gruppen gegliedert werden konnten – Funktionen für die Erstellung alternativer Layouts; Verbesserungen beim Import und Export; Verbesserungen für digitale Veröffentlichungen sowie Verbesserungen für die Produktivität –, können die Neuerungen von InDesign CC in drei Bereiche gegliedert werden: das Mietmodell Adobe Creative Cloud, die Dienste und deren Integration in der Creative Cloud sowie produktivitätssteigernde Maßnahmen.

Das Mietmodell Adobe Creative Cloud

Vorbei sind die Zeiten, als Unternehmen noch die Softwarekomponenten käuflich erwerben konnten. Software kann ab sofort nur noch gemietet werden, und wer die Miete nicht bezahlt, kann zu einem späteren Zeitpunkt seine erstellten Dateien auch nicht mehr öffnen, um eventuell Textpassagen herauszunehmen. Die wichtigsten Eckdaten der Miete für die Adobe Creative Cloud sind:

- **Einzelne Programme oder »all you can eat«**: Sie müssen sich entscheiden zwischen der Miete einzelner Programme oder der Miete aller Programme. Auch wenn Sie nur vier Programme benötigen, Sie hätten die Möglichkeit, alle zu nutzen. Ob Sie die Programme auch beherrschen und somit sinnvoll einsetzen können, ist die Frage.
- **Kosten**: Wenn Ihnen ein Programm ausreicht, ist die Monatsmiete um die 25,– € pro Programm angesiedelt. Wenn Sie jedoch drei Programme verwenden möchten, so ist es besser, sich das Rundum-Sorglos-Paket zu besorgen. Die Paketbildung, so wie wir sie noch von der Creative Suite mit der *Design Standard*, *Design Premium* usw. kennen, gibt es nicht mehr.

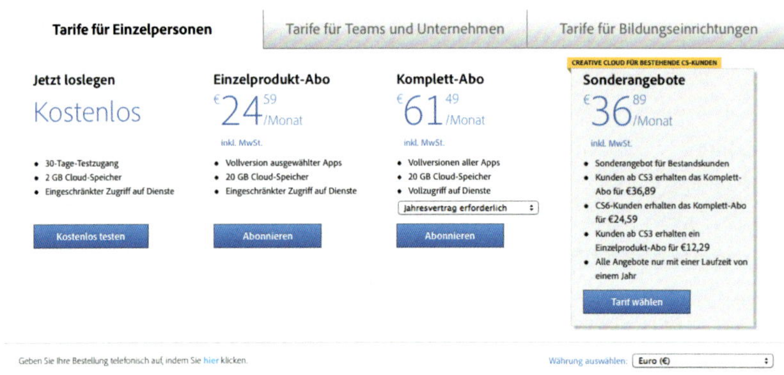

Abbildung 1.1 ▶
Die Preistabelle für das Mietmodell der Creative Cloud im Juli 2013. Die Preise sind von der aktuellen Aktion von Adobe abhängig, in jedem Fall aber doppelt so hoch wie in den USA! Wenn der europäische Markt sich das gefallen lässt, wird der Konsument wohl dafür bezahlen müssen oder sich nach einer Alternative umsehen.

Dienste der Creative Cloud und deren Integration

Damit der Umstieg auf die Mietvariante etwas schmackhaft gemacht werden kann, werden zusätzliche Möglichkeiten in Form von Diensten für den Einzelanwender und für Teams angeboten. Die wichtigsten Änderungen und Dienste sind:

- **Lokale Installation der Software**: Die einzelnen Applikationen werden zwar aus der Adobe Creative Cloud bezogen und von dort aus installiert, die Software wird aber lokal in Ihrem System installiert. Die Nutzungsrechte werden online überprüft.
- **Cloud-Speicher**: Für den Einzelanwender stehen 20 GB und 100 GB für das Team bzw. das Unternehmen zur Verfügung. Darüber können

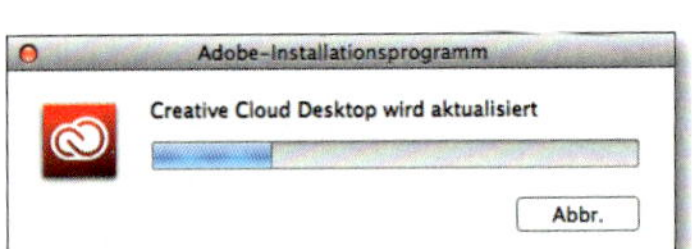

▲ **Abbildung 1.2**
Die Baustelle Adobe Creative Cloud erfährt ein Update nach dem anderen. Gewöhnen Sie sich einfach mal daran.

Daten oder auch Einstellungen zwischen den einzelnen Arbeitsstationen ausgetauscht bzw. ausgelagert werden.

- **Aktuelle Versionen**: Wurden bislang neue Funktionen mit der Vorstellung einer neuen Version auf den Markt gebracht, so werden nun die aktuellen Funktionen laufend in die Software integriert und automatisch über das Update zur Verfügung gestellt.
- **Synchronierung von Einstellungen**: Eine sehr brauchbare Option ist, dass Sie Programm- und Farbeinstellungen zwischen den Arbeitsstationen synchronisieren können.
- **Dateiversionen**: Speichern Sie Versionen von Zwischenergebnissen Ihrer InDesign-Dokumente als versionierte Datei im Team ab.
- **Freigabe von Projektordnern**: Stellen Sie Verzeichnisse gewissen Personen innerhalb der Creative Cloud zur Verfügung.
- **Behance und Typekit**: Veröffentlichen Sie direkt aus InDesign CC heraus Ihre Projekte auf *www.behance.net* (eine Plattform für Kreative), oder greifen Sie direkt aus InDesign CC heraus auf die permanent wachsende Anzahl von Schriften auf *www.typekit.com* zurück.

Update-Orgien

Da alle Dienste und Funktionen in der Creative Cloud sich in einer permanenten Baustelle befinden, können Sie sich darauf gefasst machen, dass ein Update das andere jagen wird. Sie haben keine Wahl, diesen Wahnsinn mitzumachen oder nicht, denn Sie müssen gewisse Updates durchführen, um die Funktionalität aufrechtzuerhalten.

Verbesserungen für die Produktivität

Die Neuerungen in diesem Bereich sind mit wenigen Punkten beschrieben. Die wichtigsten Neuerungen sind:

- **64-Bit**: InDesign steht nun auch auf 64-Bit-Füßen. Der Geschwindigkeitszuwachs hält sich jedoch derzeit in Grenzen.
- **QR-Code**: Das Erzeugen von QR-Codes ist in InDesign möglich.

Weitere Neuerungen

- User-Interface – Sie können nun zwischen einem User-Interface von dunkel bis hell wählen, und alle bekannten Symbole und viele Dialoge wurden umgebaut.
- Schriftauswahl – das Filtern von Schriften nach erfolgter Namenseingabe im Steuerung-Bedienfeld erleichtert den Umgang mit vielen Schriften sehr.
- Vorschau beim Anlegen eines Dokuments – diese Neuerung ist rein kosmetisch.
- Objektformate – es stehen nun auch die Objektexportoptionen in den Objektformaten zur Verfügung.
- EPUB – die längst überfällige Funktion, ein separates CSS beim Exportieren zu erzeugen. Beim Export nach EPUB wurden unter der Haube darüber hinaus viele Verbesserungen vorgenommen.

1.2 Die Ausrichtung des Buchs

Adobe hat mit InDesign ein sehr mächtiges Werkzeug entwickelt. Die Mächtigkeit des Programms ist auch gleichzeitig sein größtes Manko. Mittlerweile könnte man nämlich InDesign-Bücher für Kreative und Künstler, für Reinzeichner und Datenprüfer, für Druckvorstufenprofis, für Katalogersteller, für Präsentatoren und für diejenigen schreiben, die digitale Magazine und EPUBs erstellen. Diese Liste ist noch nicht fertig.

Was Sie erwartet

Dieses Buch liefert Ihnen Grund- und Spezialwissen im Bereich der Technik, der Typografie, des Satzes, des Layouts und der Produktion von verfahrens- und medienneutralen Daten speziell für den Printbereich, Programmkenntnisse zum Handling der Werkzeuge, Anleitungen für die Umsetzung von grafischen Vorhaben und Rezepte für das Umsetzen von Standards in der klassischen Printproduktion.

In Teil I bis Teil IV werden die Grundfunktionen beschrieben, und ab Teil V werden Sie mit Informationen zum Handling von großen Projekten versorgt. Teil VI ist der Ausgabe von Printprodukten gewidmet.

In Teil VII wird der Schwerpunkt »Multimediales Layout« behandelt, womit Sie in der Lage sein sollten, das Erstellte für andere Kanäle – speziell als Folio, SWF, EPUB bzw. interaktives PDF – aufzubereiten und auszugeben. Themen wie Liquid Layout, Barrierefreiheit, PDF-Formulare, Interaktivität und Tablets spielen darin eine große Rolle.

Im letzten Teil finden Sie dann noch alle Hinweise, die Ihnen beim Anlegen, Setzen und Erzeugen von Dokumenten richtig viel Zeit sparen.

Was Sie hier nicht finden

Wie Sie das Programm anwenden, um Effekte, Grafiken und Layouts zu erstellen, das vermitteln wir in diesem Buch. Wenn Sie kreative Tipps und gestalterische Highlights suchen, dann ist dieses Buch nicht das richtige für Sie. Unser Ansatz ist die technische Implementierung von Arbeitsabläufen und Prozessen.

Die künstlerischen und gestalterischen Aufgaben sind nicht zentraler Punkt unserer Betrachtung, auch wenn wir uns einen Seitenhieb manchmal nicht verkneifen können.

Rückmeldungen
Wir sind überzeugt, dass Sie sich mit diesem Buch das notwendige Rüstzeug zum Erstellen von professionellen Print- und digitalen Dokumenten aneignen können. Für positive und kritische Rückmeldungen sind wir Ihnen dankbar. Richten Sie diese Rückmeldungen an ruth.lahres@galileo-press.de.

1.3 Danksagung

Den Menschen im Hintergrund, die zur Vollendung dieses Buchs beigetragen haben, sei an dieser Stelle besonderer Dank ausgesprochen. Dieser Dank gilt in erster Linie unseren Familien, die das notwendige Verständnis für die mangelnde Zeit aufgebracht haben, dem Verlag und hier speziell Ruth Lahres für die professionelle Zusammenarbeit und für den sehr rücksichtsvollen Umgang mit den teilweise kompliziert formulierenden Autoren und natürlich auch unserer Korrektorin, Alexandra Müller, die mit Akribie unsere Wortwahl vereinheitlicht hat.

Viele Beispiele aus dem Buch stammen aus Projekten, die wir in der Praxis gemeinsam mit Firmen umgesetzt haben. Spezieller Dank gilt den Schülern des Werbegrafikzweiges des MultiAugustinums (St. Margarethen, SBG, AT) und den Schülern der Abteilung Grafik- und Kommunikationsdesign an der HTL1 Bau und Design (Linz, AT) für das Überlassen der Bildrechte.

TEIL I
InDesign einrichten

Kapitel 2

Modernes Publishing – vorbereitende Schritte

InDesign installieren und loslegen – das verspricht uns der Hersteller. Wir empfehlen Ihnen jedoch, nach der Installation von InDesign bzw. der Creative Cloud schon im Vorfeld den Arbeitsrahmen für die zukünftige Arbeitsweise festzulegen. Nehmen Sie sich die notwendige Zeit, um dieses Kapitel durchzuarbeiten. Sie werden in wenigen Wochen froh sein, dass Sie die Vorkehrungen für ein modernes Publizieren getroffen haben. Eine nachträgliche Anpassung des Arbeitsrahmens ist mit viel Mühe verbunden und sogar in vielen Fällen nicht mehr möglich.

2.1 Installation von InDesign

Mit der Vorstellung der neuen Creative-Cloud-Versionen der bestehenden Kreativprogramme hat Adobe den Schritt zur Cloud zu 100 Prozent umgesetzt. Es stehen keine Softwarepakete im bislang gewohnten Erwerbsmodus zur Verfügung, Sie müssen ab sofort die Nutzung der Software in Form einer Miete bezahlen.

Nachfolgend geben wir Ihnen eine kurze Anleitung, wie Sie die Software aus der Creative Cloud für Ihre Arbeitsstation bzw. Arbeitsstationen installieren können. Wir gehen bei der Betrachtung von einer Einzelplatzversion aus. Für Teams könnten unter Umständen andere Möglichkeiten zur Verfügung gestellt werden.

Mietmodelle

Adobe stellt verschiedene Modelle zum Mieten zur Verfügung. Sie können entweder einzelne Programme oder einfach nur alle Programme mieten. Sie können die Programme monatlich oder über ein Jahr hinweg mieten.

Welche Preise und Aktionen im Markt kommuniziert werden, hängt in erster Linie davon ab, ob Adobe die vorgelegte Marschroute für die Investoren erfüllt oder nicht. Je weniger Unternehmungen und Einzelpersonen die Aktionen annehmen, desto flexibler wird Adobe werden müssen. Der aktuelle Zustand ist nur unbefriedigend.

Installation von Programmen

Der Abschluss eines Mietvertrags ist über die Webseite der Adobe Creative Cloud – *https://creative.adobe.com/plans* – zu tätigen. Entscheiden Sie sich dort, welches Mietmodell Sie abschließen möchten. Wir empfehlen, für die Erstinstallation immer einen kostenlosen Account einzurichten. Klicken Sie deshalb dort auf den Button Kostenlos testen.

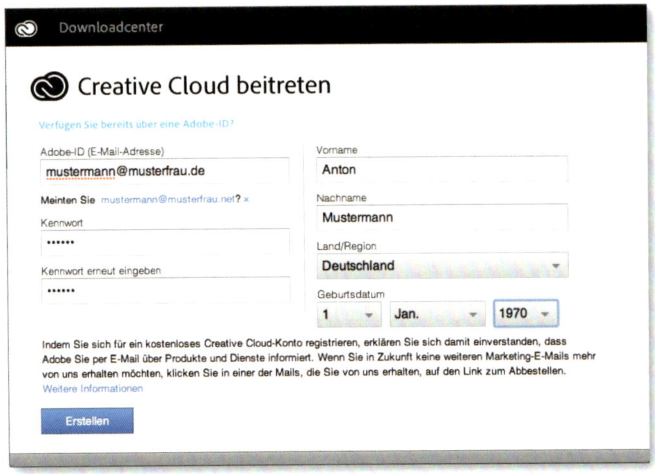

Abbildung 2.1 ▶
Der Zutritt zur Creative Cloud ist an eine E-Mail-Adresse gekoppelt. Eine Verifizierung der Adresse ist aktuell nicht verpflichtend, sodass beliebig viele Accounts angelegt werden können.

Haben Sie alle Einträge ausgefüllt und den Button ERSTELLEN gedrückt, so werden Sie im nächsten Schritt aufgefordert, die Nutzungsbedingungen zu bestätigen. Nach sorgfältigem Studium der Nutzungsbedingungen – Sie müssten nun eigentlich auf die Nutzung der Software verzichten – gelangen Sie zur Navigation innerhalb der Adobe Creative Cloud. Als Erstes wird der Bereich DATEIEN ❶ des Creative-Cloud-Speichers angezeigt, worin am Beginn natürlich noch keine Dateien gefunden werden und somit der Bereich leer erscheint. Sie könnten nun beginnen, Dateien in den Creative-Cloud-Speicher hochzuladen bzw. sich über den Button AKTIONEN ❷ eine Ordnerstruktur zurechtzulegen.

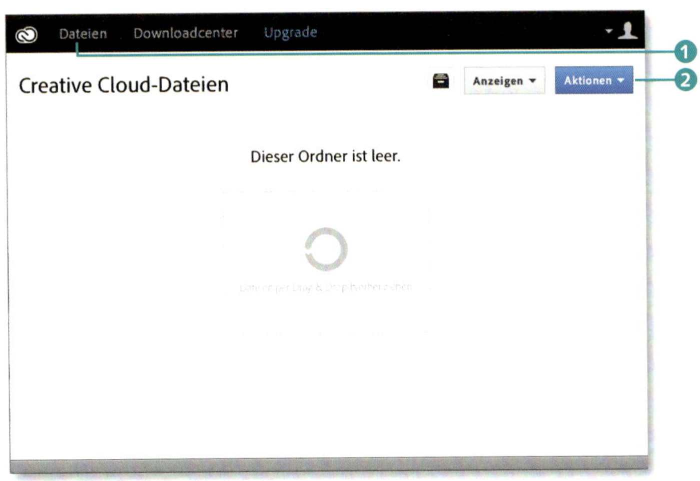

Abbildung 2.2 ▶
Der Bereich DATEIEN wird über den Browserzugang standardmäßig nach der Aktivierung des Adobe Creative-Cloud-Zugangs angezeigt. Das Verwalten des Bereichs kann über einen Webbrowser oder über die dafür eigens entwickelte Applikation *Creative Cloud* erfolgen.

Zum Installieren eines Programms müssen Sie jedoch auf den Bereich DOWNLOADCENTER klicken. Klicken Sie darin auf den Eintrag GRAFIKDESIGN ❸, um schnell auf die Werkzeuge, die Sie als InDesign-Anwender wahrscheinlich benötigen werden, Zugriff zu bekommen.

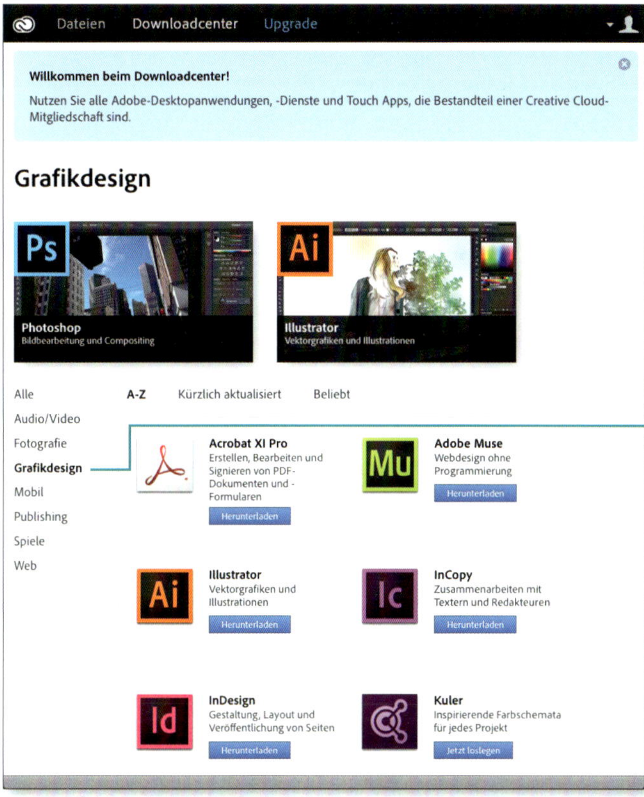

◀ Abbildung 2.3
Der Bereich Downloadcenter der Adobe Creative Cloud. Über dieses Fenster können Sie sich jederzeit weitere Programme installieren. Wir empfehlen jedoch, das Programm Creative Cloud zu installieren, wodurch Sie nicht mehr über den Webbrowser Programme laden und installieren müssen, sondern direkt über die Desktop-Anwendung *Creative Cloud* den Zugriff auf Programme, Updates und die Dateien bewerkstelligen können.

Laden Sie darin *Creative Cloud*, die Desktop-Anwendung zur Verwaltung der Creative Cloud, um mit der Installation der Software zu beginnen. Der Download beginnt, und die Installation wird gestartet.

Nach der Installation der Desktop-Anwendung *Creative Cloud* wird diese gestartet. Ein entsprechendes Symbol in der Menüleiste zeigt, dass die Anwendung gestartet und der Zugriff auf die Creative Cloud darüber möglich ist. Ist das Symbol nicht bläulich eingefärbt, sondern grau , so ist zwar die Applikation gestartet, jedoch eine Verbindung zur Creative Cloud noch nicht aufgebaut und somit auch das Starten der aus der Creative Cloud installierten Programme nicht möglich. Für diesen Fall nüssen Sie zuerst die Creative-Cloud-Anwendung mit Ihrer Adobe-ID und dem Passwort verbinden.

Klicken Sie dann auf das Symbol , womit sich das Verwaltungsfenster der Creative Cloud öffnet. Wechseln Sie dort auf den Bereich Apps ❹, und beginnen Sie nun mit der Installation von InDesign, indem Sie auf den Button Install. klicken.

Nachdem die Installation abgeschlossen ist, können Sie das Programm Adobe InDesign CC starten. Bei jedem Start wird die Gültigkeit Ihres Abos überprüft, sofern eine Internetverbindung besteht.

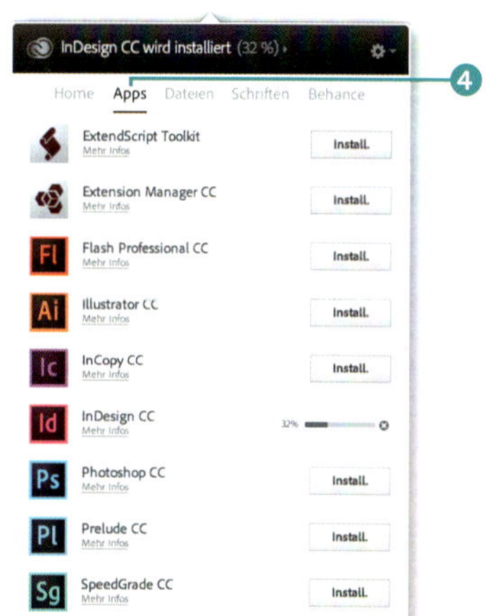

▲ Abbildung 2.4
Der Bereich Apps des Creative-Cloud-Verwaltungsfensters der Desktop-Applikation *Creative Cloud*

Hinweise zur Installation und zu Installationsproblemen

Bei der Installation von Adobe InDesign CC sollte es, wenn es sich um einen neu installierten Rechner handelt, eigentlich keine Probleme geben. Installationsprobleme treten vor allem dann auf, wenn Sie zuvor schon mal eine Testversion oder eine Beta-Version eines Creative-Suite-Programms auf Ihrem Rechner installiert hatten. In diesem Fall weigert sich der Installer, überhaupt seinen Dienst aufzunehmen.

In diesem Spezialfall hilft meistens das aktuelle *Adobe Cleaner Tool*, das Sie für Mac OS X und Windows von der Adobe-Webseite unter *http://www.adobe.com/support/contact/cscleanertool.html* laden können. Damit sollten Sie letzte Reste einer unsauberen Deinstallation entfernen können.

Deinstallation von Adobe-Applikationen
Um Adobe-Applikationen zu entfernen, müssen Sie die dafür zur Verfügung stehenden Tools verwenden.

Mac OS X-Anwender finden die Deinstaller unter PROGRAMME/DIENSTPROGRAMME/ADOBE INSTALLERS. Windows-Anwender verwenden PROGRAMME DEINSTALLIEREN aus der Systemsteuerung. Für Mac OSX-Anwender sollte sich darüber hinaus auch noch ein Alias zum Deinstallieren im Programmordner befinden.

Verwenden Sie zum Schluss noch das *Adobe Cleaner Tool*, mit dem Sie auch ältere Versionen der Creative Suite entfernen können.

Vorversionen | Während es bei früheren Versionen der Creative Suite fast unmöglich war, nach der Installation einer aktuellen Version eine frühere Version der Creative Suite zu installieren, können Sie eine Vorversion nach der Installation von InDesign CC jederzeit installieren. Bedenken Sie dabei jedoch, dass Sie, falls Sie immer Updates erworben haben, eigentlich nur eine Version und nicht Version CS4, CS5, CS5.5 und CS6 installiert haben dürfen.

Seriennummer | Nachdem Sie die Software über die Creative Cloud installiert haben und durch die Anmeldung bei der Creative Cloud die Lizenzverwaltung vorgenommen wird, müssen Sie keine Seriennummer eingeben, um die Software freizuschalten.

Deinstallation von Applikationen | Da sich die Creative Cloud in einem permanenten Wandel (es ist eine Baustelle) befindet, kann es durchaus mal vorkommen, dass Sie ein Update von einem Programm nicht mehr durchführen können. Für diesen Fall sollten Sie das betroffene Programm deinstallieren und einen neuerlichen Installationsvorgang starten. Hinweise zur Deinstallation entnehmen Sie nebenstehendem Informationskasten.

InDesign-Zusätze | Waren es Anwender bislang gewohnt, dass sie alle benötigten Komponenten des Programms InDesign installiert bekommen, so ist das mit der Creative Cloud nun anders geregelt. Sie müssen alle benötigten Komponenten separat laden und installieren. Damit Sie mit allen Funktionen, die in diesem Buch beschrieben werden, arbeiten können, müssen Sie zusätzlich noch das *Extendscript Toolkit CC* und den *Extension Manager CC* installieren.

Programmversion | Um sicherzugehen, welche Version Sie aktuell verwenden, rufen Sie den Befehl InDesign • Über InDesign (Mac OS X) bzw. Hilfe • Über InDesign (Windows) auf. Im erscheinendem Fenster können Sie die aktuell installierte Hauptversion auslesen. Wollen Sie jedoch herausfinden, welche Subversion Sie aktuell installiert haben, so rufen Sie den Befehl erneut auf und drücken dabei jedoch die [Strg]- bzw. die [⌘]-Taste. Im erscheinendem Fenster können Sie die genaue Subversion ❶ auslesen.

Da, so die Idee von Adobe, es zukünftig keine neuen Versionen geben wird – also kein CC Plus oder CC 1, CC 2 usw. –, dürfte die Kenntnis über die verwendete Subversion für den Problemfall eine wichtige Größenordnung werden.

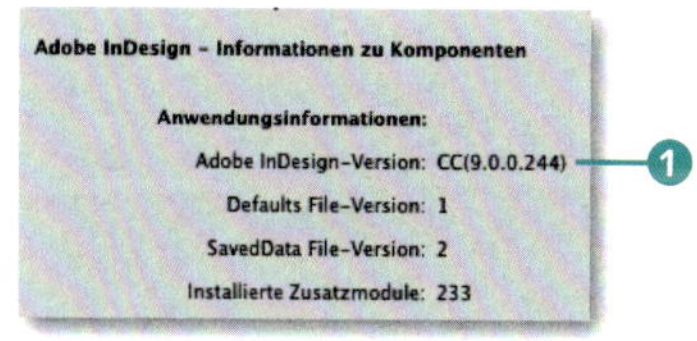

▲ **Abbildung 2.5**
Ausschnitt aus dem Dialog Adobe InDesign – Informationen zu Komponenten, worin Sie die installierte Subversion auslesen können

Handling der Creative Cloud
Der Funktionsumfang der Creative Cloud wird laufend erweitert. Eine Beschreibung, wie Sie Ordner anlegen, diese anderen Personen freigeben und wie Sie auf die verschiedenen Dienste wie *Behance* und *Typekit* zugreifen, ersparen wir uns an dieser Stelle.

Durchführen der Updates

Mit jedem Start eines Programms der Creative Cloud oder täglich um 2:00 Uhr (MEZ) morgens beginnt der *Adobe Application Manager* eigenmächtig zu überprüfen, ob alle im System installierten Programme auf dem aktuellen Stand sind. Sie können aber auch durch Aufruf des Befehls Hilfe • Aktualisierungen den Abgleichvorgang ebenfalls starten.

Nach dem Aufruf des Aktualisieren-Vorgangs wird der Adobe Application Manager gestartet. Sind Updates verfügbar, so werden diese wie in Abbildung 2.6 (linkes Bild) angezeigt. Wenn Sie den Aktualisierungsvorgang zu diesem Zeitpunkt abbrechen, so wird Ihnen über die Zahl hinter dem Symbol [Symbol] angezeigt, wie viele Updates verfügbar sind. Durch Klick auf das Symbol werden Ihnen im Navigationsfenster (Bild Mitte in Abbildung 2.6) die Aktualisierungen angeboten. Starten Sie den Aktualisierungsvorgang durch Klick auf den Button Aktualisieren.

▼ **Abbildung 2.6**
Links: Der *Adobe Application Manager* hat Updates gefunden.
Mitte: Eine ähnliche Abbildung erhalten Sie, wenn Sie den Bereich Apps im Navigationsfenster der Creative Cloud öffnen.
Rechts: Das Update wird geladen.

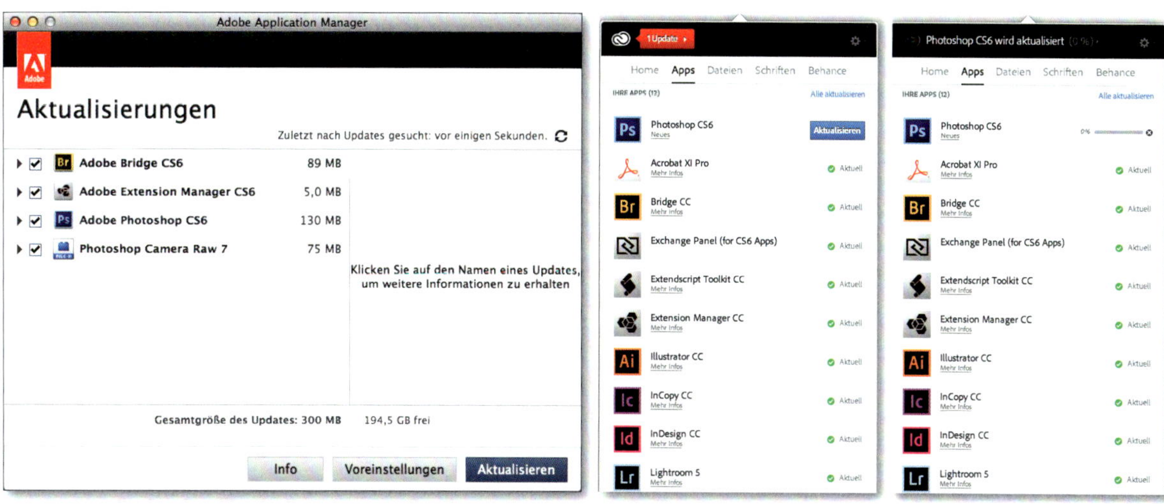

2.2 InDesign-Voreinstellungen

Nach der Installation von Adobe InDesign CC sollten Sie das Programm starten, aber nicht gleich mit dem ersten Layout beginnen. Bevor Sie loslegen, sollten Sie die Voreinstellungen für das Programm festlegen. Welche Voreinstellungen aus unserer Sicht sinnvoll sind, möchten wir Ihnen in diesem Abschnitt zeigen. Die aktivierten Optionen in den Screenshots, die wir zur Erklärung einbinden, stellen die von uns empfohlene Grundeinstellung dar. Beachten Sie, dass sich diese Voreinstellungen vordringlich an die Print-Layout-Ersteller richten. Sollten Einstellungen für das Digital Publishing oder ein anderes Anwendungsgebiet von Bedeutung sein, so werden Sie explizit bei der Beschreibung der Funktion darauf hingewiesen.

Anlegen der InDesign CC-Voreinstellungen
Legen Sie Ihre InDesign-Voreinstellungen ohne geöffnetes Dokument fest. Dadurch bekommen zukünftig alle neu angelegten Dokumente diese Einstellungen zugewiesen. Sollen Voreinstellungen für bestimmte Dokumente geändert werden, so sind diese Änderungen am geöffneten Dokument vorzunehmen.

Allgemeines zu den InDesign CS6-Voreinstellungen

InDesign CC bietet eine Fülle von Möglichkeiten an, die das Verhalten des Programms oder bestimmter Funktionen beeinflussen. Um die grundsätzlichen Einstellungen des Programms vorzunehmen, gibt es einen zentralen Bereich, den Sie über das Menü BEARBEITEN • VOREINSTELLUNGEN [Strg]+[K] bzw. INDESIGN • VOREINSTELLUNGEN [⌘]+[K] aufrufen können. Dieser Menüpunkt führt Sie zu 19 Einstellungsbereichen, die das Verhalten des Programms beeinflussen und nur in manchen Teilbereichen das jeweils geöffnete Dokument betreffen. Um zu kennzeichnen, ob es sich dabei um eine *Programm-* oder eine *Dokumentenvorgabe* handelt, haben wir bei der Erklärung der Funktion jeweils einen Hinweis (P) bzw. (D) angebracht.

Nachdem Sie die Voreinstellungen in InDesign vorgenommen haben, sollten Sie die Datei *InDesign Defaults* sichern, um später im Falle des Verlusts der Einstellungen auf diese Datei zurückgreifen zu können. Ersetzen Sie in diesem Fall die Datei einfach an der vorgesehenen Stelle.

Nachstehend erklären wir die 19 Einstellungsbereiche mit allen Optionen und diskutieren, ob ihre Aktivierung sinnvoll ist. Die getroffenen Voreinstellungen empfehlen wir Ihnen; sie sollten direkt nach der Installation vorgenommen werden.

InDesign Defaults
Die Datei *InDesign Defaults* finden Sie in den Benutzerpräferenzen zu InDesign. Unter Mac OS X liegt die Datei unter BENUTZER/LIBRARY/PREFERENCES/ADOBE INDESIGN/VERSION 9/DE_DE. Unter Windows finden Sie diese Datei unter C:\BENUTZER\ADMINISTRATOR\APPDATA\ROAMING\ADOBE\INDESIGN\VERSION 9\DE_DE. Ab Mac OS 10.7 müssen Sie dazu jedoch zuvor den Library-Ordner sichtbar machen.

Der Einstellungsbereich »Allgemein«

Im Einstellungsbereich ALLGEMEIN werden die Einstellungen zur Handhabung der Seitennummerierung, zum Laden und Einbetten von Schriften, zum Verhalten bei der Auswahl von gesperrten Objekten und zum Verhalten bei der Skalierung von Objekten vorgenommen.

Installationshinweis
Verwenden Sie die Datei *InDesign Defaults* nicht, um Settings auf die verschiedenen Benutzerstationen zu verteilen! Sind jedoch alle Parameter (Schriften, Farbeinstellungen und dergleichen) auf den jeweiligen Systemen identisch installiert, so können Sie diese Datei zum Verteilen von Grundeinstellungen verwenden.

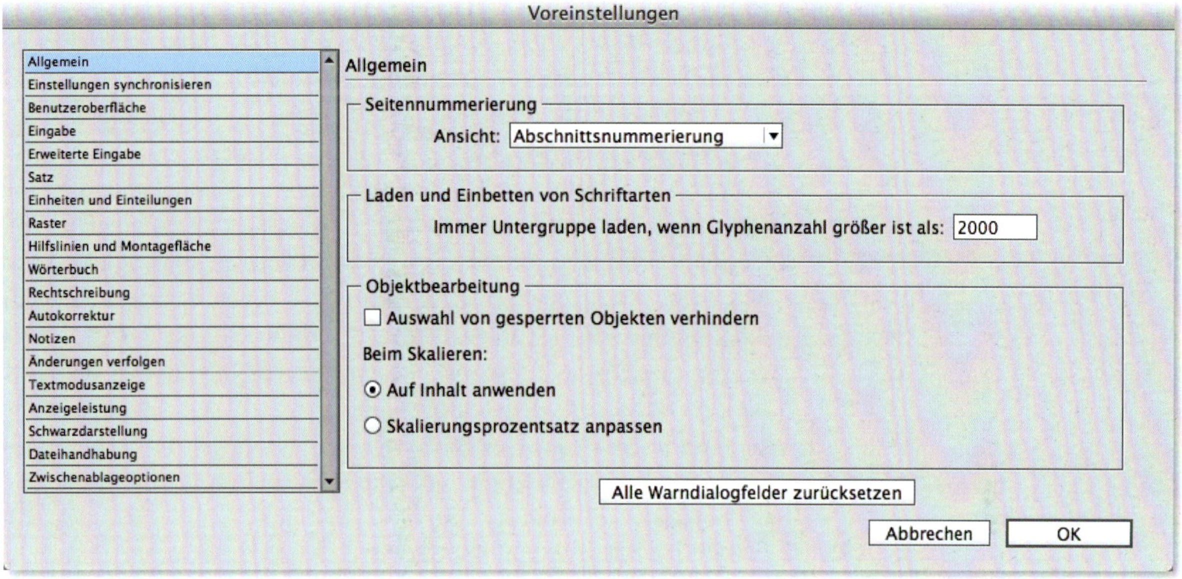

▲ **Abbildung 2.7**
Die empfohlenen Voreinstellungen im Einstellungsbereich Allgemein

Seitennummerierung (P) | Abschnittsnummerierung bedeutet, dass im Seiten-Bedienfeld die Seitennummern so angezeigt werden, wie sie auch auf einem Ausdruck erscheinen würden, also entsprechend den Einstellungen der Nummerierungs- und Abschnittsoptionen und somit der logischen Dokumentstruktur entsprechend. Mit Absolute Nummerierung werden die physikalischen Seitenziffern angezeigt. Wenn die erste Dokumentseite die logische Seitennummer »1« trägt, erscheint trotzdem die Seitenziffer 4.

Planen Sie, in Layouts mit Alongen bzw. mit alternativen Layouts zu arbeiten, so müssen Abschnitte angelegt werden, um u.a. die logische Seitenfolge nicht zu zerstören. Durch die Verwendung eines Abschnittspräfix »Abs1:«, »Abs2:« muss beim Drucken oder Exportieren der InDesign-Datei im Seitenbereich dieses eingegeben werden. Durch das Umschalten auf Absolute Nummerierung kann auf die Eingabe des Präfix im Seitenbereich verzichtet werden.

Empfehlung

Wählen Sie Abschnittsnummerierung, und stellen Sie nur im Falle von Ausgabeproblemen bei der Eingabe von Seitenbereichen die Voreinstellung temporär auf Absolute Nummerierung um.

Laden und Einbetten von Schriftarten (P) | TrueType- und vor allem OpenType-Schriften können sehr umfangreich sein und viele Tausende einzelne Glyphen enthalten. Wenn bei der Datenausgabe – Export oder Druck – die verwendeten Schriften mit ausgegeben werden, ist es nicht sinnvoll, bei sehr umfangreichen Schriften alle Glyphen zu übertragen bzw. zu speichern, da dadurch lediglich die PostScript-, EPS- oder die PDF-Datei unnötig aufgebläht würde.

Im Eingabefeld Immer Untergruppe laden, wenn Glyphenanzahl grösser ist als können Sie einen Schwellenwert festlegen, ab dem nur

Empfehlung

Geben Sie nur dann einen höheren Wert – 64000 – ein, wenn Sie sicherstellen müssen, dass alle Glyphen einer OpenType-Schrift beim PDF-Export in die PDF-Datei übertragen werden sollen.

noch die verwendeten Glyphen übertragen bzw. ausgegeben werden. Beim Standardwert 2000 werden bei Schriften, die mehr als 2000 Glyphen enthalten, Untergruppen gebildet werden.

Objektbearbeitung (P) | Die Einstellungen in diesem Bereich regeln das Verhalten von InDesign hinsichtlich Sperrung und Skalierung von Objekten.

- Auswahl von gesperrten Objekten verhindern: Objekte können in InDesign einzeln gesperrt werden, um das unbeabsichtigte bzw. unerlaubte Verschieben des Objekts zu verhindern. Gesperrte Objekte werden durch das Symbol gekennzeichnet. Sie können hier zwischen zwei Arbeitsweisen auswählen:
  - **Option ist deaktiviert**: Dadurch können gesperrte Objekte ausgewählt und hinsichtlich Objekteigenschaften wie Flächen- und Konturfarbe, Konturstärke bzw. Bildinhalt weiterhin verändert werden. Die Position des Objekts kann nicht verändert werden.
  - **Option ist aktiviert**: Dadurch können gesperrte Objekte nicht ausgewählt werden. Möchten Sie die Objektattribute ändern, so muss das Objekt zuvor entsperrt werden.

Empfehlung

Deaktivieren Sie die Option Auswahl von gesperrten Objekten verhindern, da Sie damit gesperrte Objekte zwar vor einer Positionsveränderung schützen, jedoch der Inhalt weiterhin editierbar bleibt.

Entsperren von Objekten

Das Entsperren des Objekts erfolgt für beide Zustände, indem Sie den Cursor auf das Symbol bewegen und, sobald sich der Cursor in verwandelt, einfach klicken.

- Beim Skalieren: Über die Einstellungen in Beim Skalieren wird geregelt, wie skalierte Objekte in Bedienfeldern angezeigt werden und wie sich der Inhalt skalierter Rahmen verhält.
  - Auf Inhalt anwenden: Wählen Sie diesen Wert, ändert sich die Schriftgröße, wenn Sie einen Textrahmen skalieren. Ist ein Bildrahmen aktiviert, so ändert sich durch das Skalieren die prozentuale Bildgröße, der Prozentsatz des Rahmens bleibt jedoch 100%.
  - Skalierungsprozentsatz anpassen: Ist diese Option gewählt, so werden beim Skalieren von Text die ursprüngliche Schriftgröße und die neue Schriftgröße in Klammern – dies gilt für Schriftgrößen und Konturstärken – angezeigt. Beim Skalieren von Bildrahmen ändert sich die prozentuale Größe sowohl des Rahmens als auch des Bilds.

Empfehlung

Lassen Sie den Defaultwert Auf Inhalt anwenden aktiviert, da Sie damit immer die korrekte skalierte Textgröße angezeigt bekommen.

Alle Warndialogfelder zurücksetzen (P) | InDesign warnt u.a. wenn möglicherweise Probleme durch die vom Anwender vorgenommenen Einstellungen bzw. den ausgeführten Arbeitsschritt auftreten. Diese Warndialoge können meistens mit einem Klick auf Nicht wieder anzeigen abgeschaltet werden, was natürlich den Effekt hat, dass Sie dadurch über potenzielle Probleme nicht mehr informiert werden bzw. Sie nicht einmal mehr die Chance bekommen, den Fehler zu erkennen.

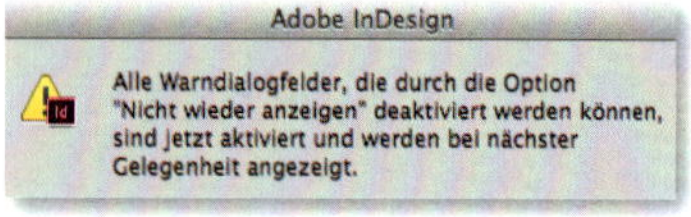

▲ **Abbildung 2.8**
Bestätigungsdialog: Ab sofort werden alle Warnungen, die über Nicht wieder anzeigen unterdrückt wurden, wieder angezeigt.

Um diese unterdrückten Warndialoge wieder zu aktivieren, klicken Sie auf Alle Warndialogfelder zurücksetzen. Sie werden im erscheinenden Dialog darüber informiert, dass ab sofort wieder alle Warnungen angezeigt werden.

Der Einstellungsbereich »Einstellungen synchronisieren«

Nach dem ersten Start von InDesign CC werden Sie gefragt, ob Sie die Synchronisierung der Voreinstellungen sofort starten möchten, ob Sie die Synchronisierung deaktivieren möchten oder ob Sie auf die Einstellungsoptionen zum Synchronisieren zurückgreifen wollen.

Haben Sie die letzte Option gewählt, so verzweigen Sie in diesen Einstellungsbereich der InDesign-Voreinstellung. Regeln Sie darin, wie lokale Einstellungen für alle Installationen, die über dieselbe Adobe-ID auf die Adobe Creative Cloud zugreifen, synchronisiert werden sollen.

Hinweis
Haben Sie schon eine Synchronisierung der Einstellungen auf Ihrem Hauptrechner vorgenommen, so werden Sie beim Start von InDesign auf einer anderen Station aufgefordert, entweder die Einstellungen zu übernehmen oder eigene vorzunehmen.

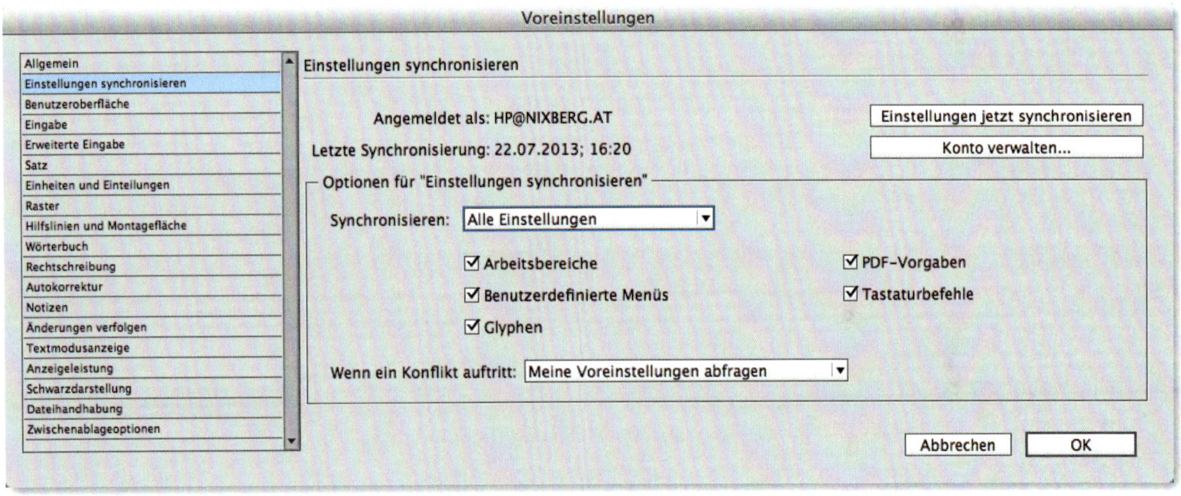

▲ Abbildung 2.9
Die empfohlenen Voreinstellungen im Einstellungsbereich Einstellungen synchronisieren

Optionen für »Einstellungen synchronisieren« (P) | Legen Sie darin fest, welche Einstellungen synchronisiert werden sollen, ob überhaupt eine Synchronisierung stattfinden soll und wie InDesign im Falle eines Konflikts reagieren soll.

- Synchronisieren: Wählen Sie hier zwischen Ohne, Ausgewählte Einstellungen oder Alle Einstellungen aus. Haben Sie Alle Einstellungen gewählt, so werden die erstellten Arbeitsbereiche, die benutzerdefinierten Menükonfigurationen, die benutzerdefinierten Glyphensätze, alle PDF-Vorgaben und auch benutzerdefinierte Tastenkürzelsätze in der Creative Cloud abgespeichert.
- Wenn ein Konflikt auftritt: Es stehen die Einträge Cloud-Einstellungen synchronisieren, Lokale Einstellungen synchronisieren und Meine Voreinstellungen abfragen zum Auswählen zur Verfügung. Haben Sie den Eintrag Cloud-Einstellungen synchronisieren ge-

Synchronisieren der Einstellungen vornehmen

Welche Wege es gibt, Einstellungen zu sichern bzw. zu synchronisieren, erfahren Sie noch in diesem Kapitel im Abschnitt »Synchronisieren und Sichern der vorgenommenen Einstellungen« auf Seite 91.

wählt, so werden die in der Cloud gespeicherten Einstellungen geladen und die lokalen Einstellungen damit überschrieben. Haben Sie den Eintrag LOKALE EINSTELLUNGEN SYNCHRONISIEREN gewählt, so werden die lokalen Einstellungen in der Creative Cloud überschrieben. Haben Sie MEINE VOREINSTELLUNGEN ABFRAGEN gewählt, so werden Sie im Falle eines Konflikts mit der Frage, in welche Richtung eine Synchronisierung stattfinden soll, konfrontiert.

Der Einstellungsbereich »Benutzeroberfläche«

In diesem Einstellungsbereich wird auf die Bedienbarkeit der Benutzeroberfläche Einfluss genommen.

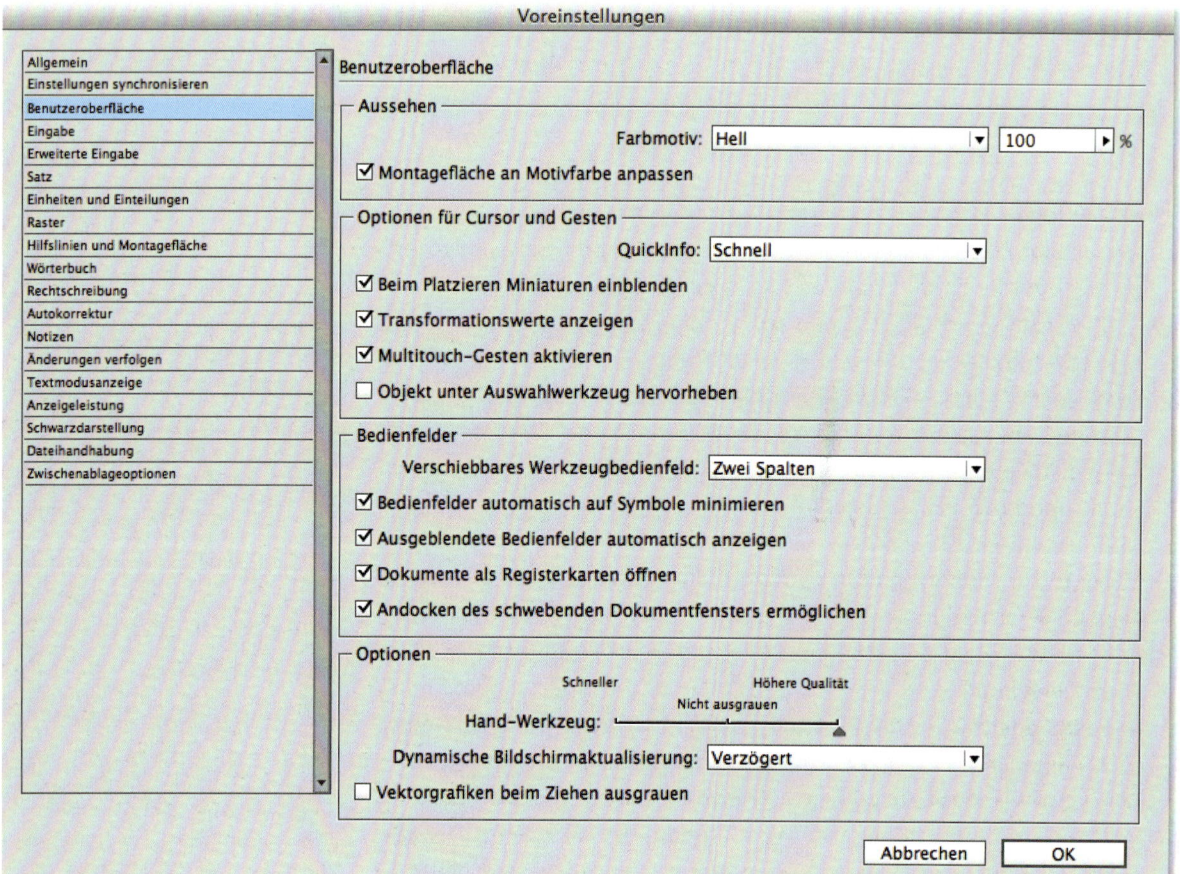

▲ **Abbildung 2.10**
Die empfohlenen Voreinstellungen im Einstellungsbereich BENUTZEROBERFLÄCHE

Aussehen (P) | Wählen Sie in diesem Bereich aus, welcher Prozentwert für das FARBMOTIV Ihren Gewohnheiten am besten entgegenkommt und ob die Farbe der Montagefläche sich dem gewählten Farbmotiv anpassen soll oder nicht.

- Farbmotiv: Wählen Sie hier die Helligkeit für das User Interface aus. Die Wahl einer dunklen User-Interface-Farbe ist Geschmackssache. Für die Erstellung der Screenshots haben wir uns Autoren auf das helle Motiv geeinigt, damit im Druck auch noch kleine Schriftgrade lesbar bleiben und nicht ein Opfer der Druckzunahme werden.
- Montagefläche an Motivfarbe anpassen: Wählen Sie diese Option, wenn auch die Montagefläche die Farbe der gewählten Motivfarbe besitzen soll. Damit können Sie den bedruckten Teil des Endformats besser von den Objekten auf der Montagefläche abgrenzen.

Montagefläche besitzt dieselbe Farbe wie die Motivfarbe
Ist diese Opton gewählt, so werden bei gewählter Überdruckenvorschau Objekte im Anschnitt mit der Montageflächenfarbe multipliziert und somit deutlicher hervorgehoben.

Optionen für Cursor und Gesten (P) | In diesem Bereich werden programmabhängige Voreinstellungen getroffen. Die Optionen sind:

- QuickInfo: Mit der Option QuickInfo legen Sie fest, ob Informationsfelder für die verschiedenen Elemente der Benutzeroberfläche erscheinen sollen und wann dies passieren soll. Ohne schaltet die Darstellung aus, Schnell sollte sich von Normal in der Geschwindigkeit der Darstellung unterscheiden.
- Beim Platzieren Miniaturen einblenden: Durch Aktivieren der Option wird ein Platziercursor gezeigt, der Ihnen anzeigt, wie viele Bilder sich im Platzierstapel befinden und welches Bild aktuell platziert werden würde. Beim Platzieren von Texten wird im Platziercursor sogar der aktuell zu platzierende Text angezeigt. Die Aktivierung der Option ist nur zu empfehlen.
- Transformationswerte anzeigen: Durch das Aktivieren dieser Option werden Ihnen beim Rotieren und Skalieren von Objekten sowie beim Platzieren von Bildern, wenn Sie den Bildrahmen aufziehen, Grad- und Prozentwerte angezeigt.
- Multitouch-Gesten aktivieren: Aktivieren Sie diese Option, wenn Sie in InDesign mit den Multitouch-Mausgesten von Windows und Mac OS X arbeiten wollen. Durch Multitouch-Gesten können Sie beispielsweise mit der Magic Mouse unter Mac OS X durch die Streichen-Bewegung einen Bildlauf nach oben oder unten durchführen, vorwärts oder rückwärts durch Seiten oder Druckbögen blättern oder durch eine Drehbewegung den Druckbogen drehen.
- Objekt unter Auswahlwerkzeug hervorheben: Wenn Sie in einem der Vorschau-Modi arbeiten oder die Option Ansicht • Extras • Rahmenkanten ausblenden aktiviert haben, werden Begrenzungsrahmen, die keine sichtbaren Attribute haben, ausgeblendet. Aktivieren Sie diese Option, um in diesen Situationen die Rahmen einzublenden, sobald Sie mit dem Auswahlwerkzeug oder Direktauswahl-Werkzeug über ein Objekt fahren.

Empfehlung für Profis
InDesign-Profis wählen unter QuickInfo den Eintrag Ohne, um nicht beim Arbeiten von den gelben Einblendungen gestört zu werden.

Empfehlung
Aktivieren Sie die Option Transformationswerte anzeigen. Sie werden sie nicht mehr missen wollen!

Empfehlung
Wir empfehlen, die standardmäßig aktivierte Option Objekt unter Auswahlwerkzeug hervorheben zu deaktivieren, da es sonst, vor allem wenn viele Objektrahmen auf der Seite platziert sind, zu einem sehr unruhigen Bild kommt, wenn Sie den Cursor einfach über das Blatt bewegen.

Empfehlung
Diese Einstellung in VERSCHIEBBARES WERKZEUGBEDIENFELD kann temporär verändert werden. Wir empfehlen jedoch, auf ZWEI SPALTEN umzustellen, da Sie dadurch vor allem als Anfänger immer alle Werkzeuge im Überblick behalten.

Hinweis für Fensterverschieber
Die Deaktivierung der Option ANDOCKEN DES SCHWEBENDEN DOKUMENTFENSTERS ERMÖGLICHEN stellt für eingefleischte Mac OS X-Anwender einen möglichen Kompromiss für die geänderte Arbeitsweise dar.

Empfehlung
Verschieben Sie den Regler, wenn es die Performance zulässt, auf HÖHERE QUALITÄT.

Dringend zu wählen
Wählen Sie bei der Option DYNAMISCHE BILDSCHIRMAKTUALISIERUNG immer VERZÖGERT aus, da es sonst zu extremen Performanceeinbußen kommt.

Bedienfelder (P) | Die Optionen zum Einstellen des Verhaltens von Bedienfeldern sind von jedem Benutzer individuell zu wählen.

- VERSCHIEBBARES WERKZEUGBEDIENFELD: Diese Option legt fest, ob das Werkzeuge-Bedienfeld mit ZWEI SPALTEN, als EINE SPALTE oder als EINE ZEILE dargestellt werden soll.
- BEDIENFELDER AUTOMATISCH AUF SYMBOLE MINIMIEREN: Durch die Auswahl dieser Option wird ein geöffnetes Bedienfeld, wenn es zuvor nur als Symbol in der Bedienfeldleiste angezeigt wurde, automatisch wieder zum Symbol verkleinert, sobald Sie in das Dokumentfenster klicken. Ist die Option nicht aktiviert, bleibt das Bedienfeld so lange geöffnet, bis Sie ein anderes Bedienfeld auswählen.
- AUSGEBLENDETE BEDIENFELDER AUTOMATISCH ANZEIGEN: Wenn Sie Bedienfelder durch Drücken der ⇥-Taste ausblenden, werden sie mit dieser Option wieder eingeblendet, wenn Sie den Cursor an den Rand des Dokumentfensters führen. Ist die Option nicht aktiviert, so müssen Sie zum Anzeigen der Bedienfelder die ⇥-Taste drücken.
- DOKUMENTE ALS REGISTERKARTEN ÖFFNEN: Wenn diese Option nicht aktiviert ist, werden Dokumente, die Sie öffnen oder neu erstellen, als verschiebbare Fenster und nicht als Registerkarten angezeigt.
- ANDOCKEN DES SCHWEBENDEN DOKUMENTFENSTERS ERMÖGLICHEN (nur Mac OS X): Ist diese Option deaktiviert, so können Dokumentfenster, auch wenn die Option ANWENDUNGSRAHMEN aus dem Menü FENSTER aktiviert ist, nicht an der Anwendungsleiste andocken.

Optionen (P) | Die Parameter regeln die Bildschirmaktualisierung.

- HAND-WERKZEUG: Mit dem Hand-Werkzeug können Sie den Seitenausschnitt am Monitor verschieben. Durch Verschieben des Reglers bestimmen Sie, wie Texte und Bilder dargestellt werden, die durch das Verschieben im Bildschirmausschnitt erscheinen. Wählen Sie zwischen SCHNELLER (Texte und Bilder werden ausgegraut), NICHT AUSGRAUEN (nur Bilder werden ausgegraut; Text wird hochauflösend dargestellt) oder HÖHERE QUALITÄT (alles wird hochauflösend dargestellt).
- DYNAMISCHE BILDSCHIRMAKTUALISIERUNG: Bestimmen Sie damit, wie schnell eine Bildschirmaktualisierung durchgeführt werden soll.
- VEKTORGRAFIKEN BEIM ZIEHEN AUSGRAUEN: Beim Verschieben werden dadurch auch Vektorgrafiken ausgegraut.

Der Einstellungsbereich »Eingabe«

Die Parameter im Einstellungsbereich EINGABE regeln, wie sich die Texteingabe gestalten soll, ob markierter Text einfach verschoben werden kann und ob der Textumfluss aktiviert werden soll.

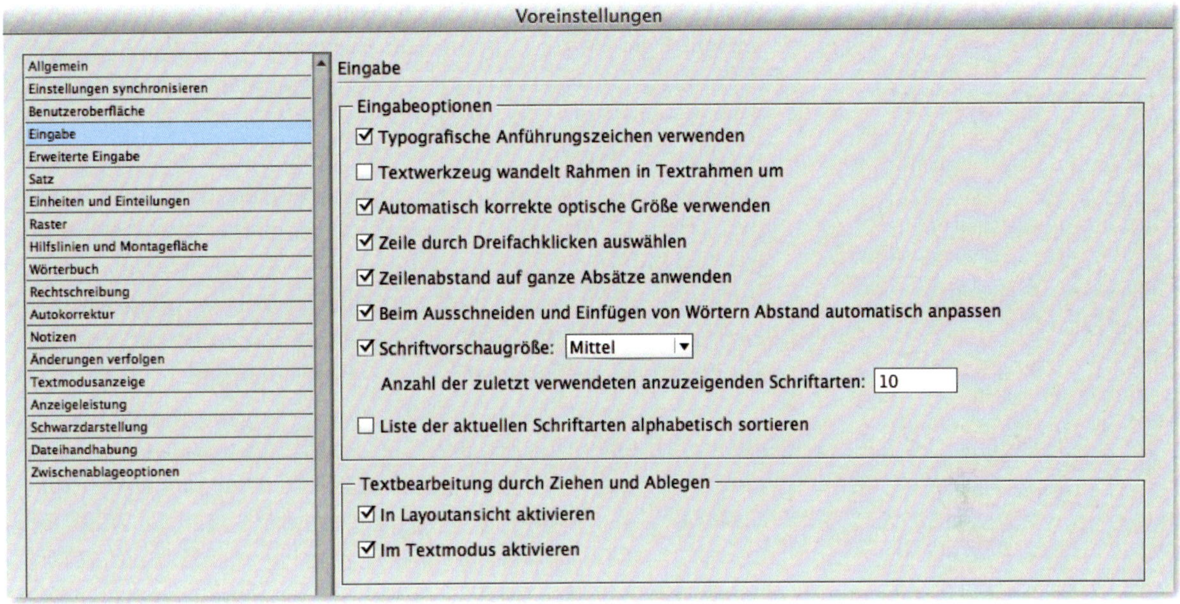

▲ **Abbildung 2.11**
Die empfohlenen Voreinstellungen im Einstellungsbereich Eingabe. Der nicht sichtbare Teil des Dialogs zu intelligenter Textumfluss wird auf der übernächsten Seite dargestellt und näher beschrieben.

Eingabeoptionen (D) | Bestimmen Sie mit diesen Optionen, wie sich zukünftig neu angelegte Dokumente hinsichtlich satztechnischer Vorgehensweisen verhalten sollen.

- Typografische Anführungszeichen verwenden: Mit dem Aufkommen von PCs wurden Anführungszeichen meistens als "doppelte Hochkommas" geschrieben, wobei darüber hinaus kein Unterschied zwischen einleitenden und abschließenden Anführungszeichen gemacht wird. Das ist nicht nur unschön, sondern typografisch einfach nicht korrekt. Die Option Typografische Anführungszeichen verwenden sorgt dafür, dass Paare von Anführungszeichen richtig dargestellt werden. Welche Art von Anführungszeichen Sie für die jeweils gewählte Sprache verwenden, können Sie in den Voreinstellungen im Einstellungsbereich Wörterbuch festlegen.
- Textwerkzeug wandelt Rahmen in Textrahmen um: Wenn Sie das Textwerkzeug ausgewählt haben und irrtümlich auf einen leeren Bildrahmen im Layout klicken, so wird, wenn Sie die Option aktiviert haben, der Bildrahmen in einen Textrahmen umgewandelt.
  Deaktivieren Sie die Option Textwerkzeug wandelt Rahmen in Textrahmen um, denn sie ist die Ursache dafür, dass Sie bei Schriftart suchen immer eine Minion Pro oder Times angezeigt bekommen, auch wenn Sie sich sicher sind, dass Sie niemals diese Schrift verwendet haben. Wollen Sie jedoch einen Bildrahmen in einen Textrahmen umwandeln, so erledigen Sie dies über den Befehl Objekt • Inhalt • Text.

Doppelte Hochkommas
Doppelte Hochkommas werden im angloamerikanischen Schriftsystem als Anführungszeichen verwendet. In unseren Breiten stellen Hochkommas eigentlich das Zeichen für die Einheit *Zoll* (Inch) dar.

Verwendung von Multiple-Master-Schriften

Als Satzschriften sind Multiple-Master-Schriften nicht geeignet. Sie werden hauptsächlich von Acrobat verwendet, um fehlende Schriften zu simulieren.

Empfehlung

Wir empfehlen, die Option Zeilenabstand auf ganze Absätze anwenden für die Buch- und Magazinerstellung zu aktivieren. So kann der allzu oft angetroffene Fehler, dass die letzte Zeile eines Absatzes einen anderen Zeilenabstand besitzt als die anderen Zeilen im Absatz, erst gar nicht auftreten.

Für kreative Textgestaltung ist die Deaktivierung der Option für viele unerlässlich.

Gilt nicht für alle Leerräume

Beim Einfügen von Text fügt InDesign auch dann ein Leerzeichen ein, wenn zuvor ein vom »normalen« Leerschritt abweichendes Leerzeichen – Viertelgeviert, Halbgeviert und dergleichen – steht.

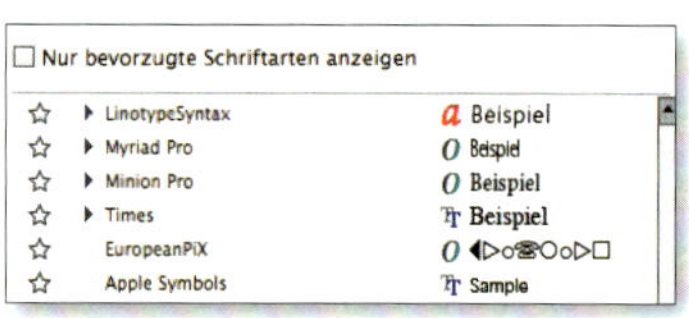

▲ **Abbildung 2.12**
Schrift-Menü mit der Darstellung der Fontbeispiele. Während die Idee, ein Fontbeispiel neben dem Fontnamen darzustellen, gut gelöst ist, fehlen Möglichkeiten, den Text des Fontbeispiels zu bestimmen.

- Automatisch korrekte optische Grösse verwenden: Diese Option bezieht sich auf den Einsatz von Multiple-Master-Schriften. Diese Schriftarten stellen parametrierbare Schriften dar, die nicht mehr aus Schnitten bestehen, sondern aus einer Master-Schrift, deren Attribute wie Laufweite, Strichstärke etc. verändert werden können. Sie verfügen auch über das Attribut »optische Größe«, das, abhängig von der Größe der Schrift, im Interesse der Lesbarkeit die Strichstärken bzw. ihr Verhältnis zueinander verändert.
- Zeile durch Dreifachklicken auswählen: Ist die Option deaktiviert, wählt ein Dreifachklick den ganzen Absatz aus; ist sie aktiviert, müssen Sie für die Auswahl des Absatzes einen Vierfachklick vornehmen.
- Zeilenabstand auf ganze Absätze anwenden: Wenn Sie an einer bestimmten Stelle in Ihrem Text den Zeilenabstand verändern wollen, können Sie das in InDesign grundsätzlich Zeile für Zeile machen oder für einen gesamten Absatz, was aus Sicht des Setzers der Normalfall wäre. Mit Zeilenabstand auf ganze Absätze anwenden können Sie diesen Normalfall herstellen. Ist die Option eingeschaltet, reicht es, dass der Textcursor im Absatz steht, damit die Änderung des Zeilenabstands für den gesamten Absatz wirksam wird. Ist sie ausgeschaltet, müssen Sie die gewünschte Zeile auswählen.
- Beim Ausschneiden und Einfügen von Wörtern Abstand automatisch anpassen: Durch das Kopieren und Einfügen von Texten in oder nach InDesign entstehen gerne doppelte Leerzeichen, da beim Auswählen von Textstellen meist das Leerzeichen davor oder danach ebenso ausgewählt wird, bevor es kopiert und eingefügt wird. Mit der Aktivierung von Beim Ausschneiden und Einfügen von Wörtern Abstand automatisch anpassen können Sie InDesign veranlassen, automatisch vor und nach der eingefügten Textstelle *ein* Leerzeichen zu setzen. InDesign erkennt natürlich, wenn sich bereits davor ein Leerzeichen befindet, und fügt dann kein weiteres Leerzeichen ein.
- Schriftvorschaugrösse: Durch Aktivieren der Option wird dem Anwender neben dem Fontnamen ein Fontbeispiel in WYSIWYG-Form angezeigt. In welcher Größe das Fontbeispiel dargestellt werden soll, können Sie durch Auswahl von Klein, Mittel bzw. Gross bestimmen. Die Darstellung des Fontbeispiels erfolgt sodann im Menü Schrift • Schriftart im Zeichen- und im Steuerung-Bedienfeld.
  - Anzahl der zuletzt verwendeten anzuzeigenden Schriftarten: Bestimmen Sie die Anzahl der zuletzt verwendeten Schriftfamilien im oberen Teil des Schriftmenüs.
  - Liste der aktuellen Schriftarten alphabetisch sortieren: Durch die Aktivierung der Option werden die zuletzt verwendeten Schriftfamilien alphabetisch im Schriftmenü aufgelistet.

Textbearbeitung durch Ziehen und Ablegen (P) | Die Funktion, markierte Textstellen per Drag & Drop an eine andere Stelle zu verschieben, ist vielen Anwendern sehr ans Herz gewachsen. Adobe-InDesign-Anwender können auf diese Funktion auch zurückgreifen.

- In Layoutansicht aktivieren: Anwender von InDesign wissen, dass Texte sowohl im Textmodus als auch in der Layoutansicht bearbeitet werden können. Durch Aktivieren dieser Option kann das Verschieben von Textstellen auch für die Layoutansicht freigeschaltet werden.
- Im Textmodus aktivieren: Diese Option ist standardmäßig in InDesign voreingestellt. Sind beide Optionen ausgewählt, so können Sie markierte Texte innerhalb des Textmodus bzw. in der Layoutansicht und sogar zwischen den beiden Modi verschieben. Darüber hinaus können Sie auch Textstellen in einigen Dialogen – wie beispielsweise im Suchen/Ersetzen-Dialog – verschieben oder auch aus gesperrten Textrahmen innerhalb von InCopy Textstellen herausheben.

Empfehlung

Wir empfehlen, die Option In Layoutansicht aktivieren nur dann zu aktivieren, wenn Sie in InDesign Texte schreiben oder redigieren müssen. Wenn Sie in InDesign nur layouten möchten, so kann die Aktivierung der Option schon das eine oder andere Mal zum ungewollten Verschieben von Texten führen.

Intelligenter Textumfluss (D) | Mit der Funktion Intelligenter Textumfluss kann gesteuert werden, ob Seiten beim Eingeben und Bearbeiten von Text automatisch hinzugefügt oder entfernt werden. Aktivieren Sie diese Funktion, wenn Sie InDesign als Texteditor verwenden und erreichen möchten, dass jedes Mal eine neue Seite erstellt wird, wenn Sie mehr Text eingeben, als auf die Seite passt. Sie ist besonders hilfreich, um Übersatztext oder leere Seiten zu vermeiden, die durch eine Änderung des Textflusses – bedingt durch Textbearbeitung oder das Ein- oder Ausblenden von bedingtem Text – entstehen.

Empfehlung

Wir empfehlen, die standardmäßig aktivierte Option Intelligenter Textumfluss zu deaktivieren, wenn Sie InDesign vorwiegend zum Erstellen von Druckwerken verwenden. Das Aktivieren der Option ist für die Anwendungsgebiete Projekt- und Diplomarbeit zu empfehlen.

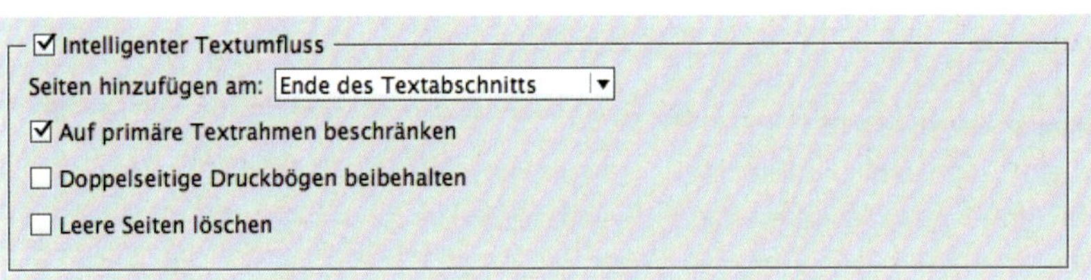

◂ **Abbildung 2.13**
Der Abschnitt Intelligenter Textumfluss aus dem Einstellungsbereich Eingabe

- Seiten hinzufügen am: Damit steuern Sie, ob am Ende des Textabschnitts, am Ende des Abschnitts oder am Ende des Dokuments Seiten automatisch eingefügt werden sollen.
- Auf primäre Textrahmen beschränken: Durch die Wahl dieser Option werden nur Seiten automatisch eingefügt, wenn auf den Seiten der Musterseite ein Primärer Textrahmen vorhanden ist. Durch das Deaktivieren der Option wird der Text automatisch innerhalb der definierten Ränder auf der neu eingefügten Seite erstellt.
- Doppelseitige Druckbögen beibehalten: Mit dieser Option wird festgelegt, ob doppelseitige Druckbögen beibehalten werden, wenn sich

Nur in Verbindung mit dem primären Textrahmen

Wir empfehlen, falls Sie mit Intelligenter Textumfluss arbeiten wollen, dies nur in Verbindung mit dem primären Textrahmen zu tun.

Beachten Sie, dass vor InDesign CS6 die Bezeichnung für Primärer Textrahmen Mustertextrahmen lautete.

der Textfluss mitten im Dokument ändert. Bei aktivierter Option wird ein doppelseitiger Druckbogen hinzugefügt, bei deaktivierter Option wird eine einzelne Seite hinzugefügt und die Anordnung der nachfolgenden Seiten entsprechend geändert. Aktivieren Sie diese Option besonders dann, wenn das Layout unterschiedliche Designelemente für die rechte und die linke Seite des Druckbogens enthält. Ist das Layout der rechten und der linken Seite hingegen identisch, können Sie die Option deaktivieren.

- LEERE SEITEN LÖSCHEN: Aktivieren Sie diese Option, wenn leere Seiten, die sich beim Bearbeiten von Text oder beim Ausblenden von bedingtem Text ergeben, gelöscht werden sollen.

Leere Seiten
Seiten werden nur dann gelöscht, wenn der entleerte Textrahmen das einzige Objekt auf der Seite ist. Sind Objekte der Musterseite zugewiesen, so werden keine Seiten gelöscht.

Der Einstellungsbereich »Erweiterte Eingabe«

Regeln Sie in diesem Einstellungsbereich, mit welchen Basiswerten sowohl die HOCH- und TIEFSTELLUNG als auch die KAPITÄLCHEN berechnet werden, wie bei der Eingabe von Texten in Verbindung mit Schriftproblemen verfahren werden soll bzw. welcher Standardsetzer defaultmäßig verwendet werden soll.

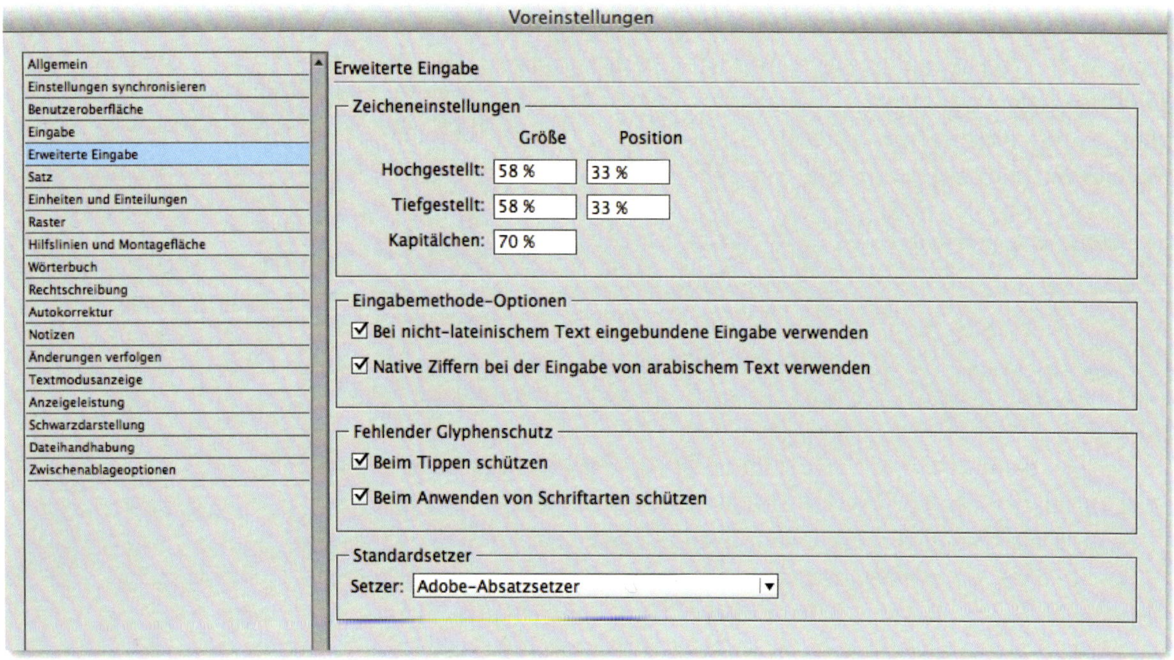

▲ **Abbildung 2.14**
Die empfohlenen Voreinstellungen im Einstellungsbereich ERWEITERTE EINGABE

Zeicheneinstellungen (D) | Bestimmte Satzaufgaben wie wissenschaftliche Arbeiten verlangen nach Sonderzeichen, die in Nicht-OpenType-Schriften nur spärlich vorhanden sind und deshalb durch eine Veränderung der Zeichenattribute erstellt werden müssen. Das Hoch- und Tiefstellen von Ziffern wird so zur mühsamen Arbeit.

InDesign bietet dafür Funktionen an, deren Verhalten Sie hier beeinflussen können. Für HOCHGESTELLT, TIEFGESTELLT und KAPITÄLCHEN können Sie unter GRÖSSE den Skalierungsfaktor und für HOCHGESTELLT und TIEFGESTELLT zusätzlich die POSITION, also um welchen Prozentsatz das Zeichen von der Grundlinie verschoben werden soll, einstellen.

Typografische Feinheiten
Qualitativ hochwertige Open-Type-Schriften bieten eine Fülle an Sonderzeichen und eigens für hoch- und tiefgestellte Zeichen geschnittene Glyphen an, weshalb sie für Satzaufgaben im wissenschaftlichen Bereich besonders gut geeignet sind.

Eingabemethode-Optionen (P) | Wenn Sie in Ihrem Dokument unterschiedliche Sprachsysteme verwenden, muss Ihr Betriebssystem für die jeweilige Sprache die entsprechende Unterstützung bieten. Regeln Sie durch Aktivierung der Option, wie InDesign verfahren soll.

- BEI NICHT-LATEINISCHEM TEXT EINGEBUNDENE EINGABE VERWENDEN: Wenn Sie hebräischen Text in einen deutschen Text integrieren, muss sich z. B. die Schriftrichtung umkehren. Um solche Eingaben möglich zu machen, müssen Sie die Option aktivieren. Andernfalls werden die fremdsprachigen Glyphen wie lateinische Buchstaben interpretiert und in den Text eingereiht.
- NATIVE ZIFFERN BEI DER EINGABE VON ARABISCHEM TEXT VERWENDEN: Bei aktivierter Option werden in Verbindung mit arabischem Text die Ziffern bei der Eingabe der Zahlen normal von links nach rechts gesetzt.

Fehlender Glyphenschutz (P) | Durch den Glyphenschutz werden falsche, unleserliche Zeichen vermieden, die normalerweise auftreten, wenn nach dem Auswählen einer lateinischen Schriftart Text eingegeben wird, für den keine lateinischen Schriftzeichen verwendet werden. Es stehen zwei Optionen zur Verfügung:

- BEIM TIPPEN SCHÜTZEN: Ist die Option aktiviert, so wird, obwohl Sie ein Zeichen tippen, das es in diesem Schriftsystem nicht gibt, das Zeichen aus einer anderen Schrift gesetzt. Haben Sie die Option nicht aktiviert, so wird das typische Zeichen ⊠ eingefügt.
- BEIM ANWENDEN VON SCHRIFTARTEN SCHÜTZEN: Aktivieren Sie diese Option, damit Sie gewarnt werden, wenn nicht alle Zeichen der Schrift in der neuen Schriftfamilie abgebildet werden können. Es erscheint die Warnmeldung aus Abbildung 2.15, die darauf hinweist, dass die Zuweisung der neuen Schrift durch Drücken von [Strg]+[Alt] bzw. [⌘]+[⌥] erzwungen werden muss.

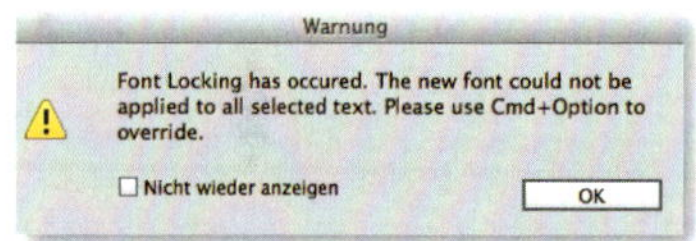

▲ **Abbildung 2.15**
Die Warnmeldung, die erscheint, wenn nicht verfügbare Glyphen in der neu ausgewählten Schrift angetroffen werden. Die Warnmeldung ist so neu, dass anscheinend vergessen wurde, den Text zu übersetzen.

Standardsetzer | Bestimmen Sie damit, welcher Standardsetzer im Absatzformat [EINF. ABS.] für ein neues Dokument verwendet werden soll. In früheren Versionen musste dieser Defaultwert im Absatzformat [EINF. ABS.] abgeändert werden.

Der Einstellungsbereich »Satz«

Umbenennung auf Textumfluss
In früheren InDesign-Versionen wurde der Textumfluss Konturenführung genannt.

In diesem Einstellungsbereich bestimmen Sie, welche Zustände bei Text markiert werden sollen und wie sich der Textumfluss auswirken soll.

Markieren (D) | In diesem Abschnitt legen Sie fest, welche Problemzonen im Text von InDesign gekennzeichnet werden sollen.

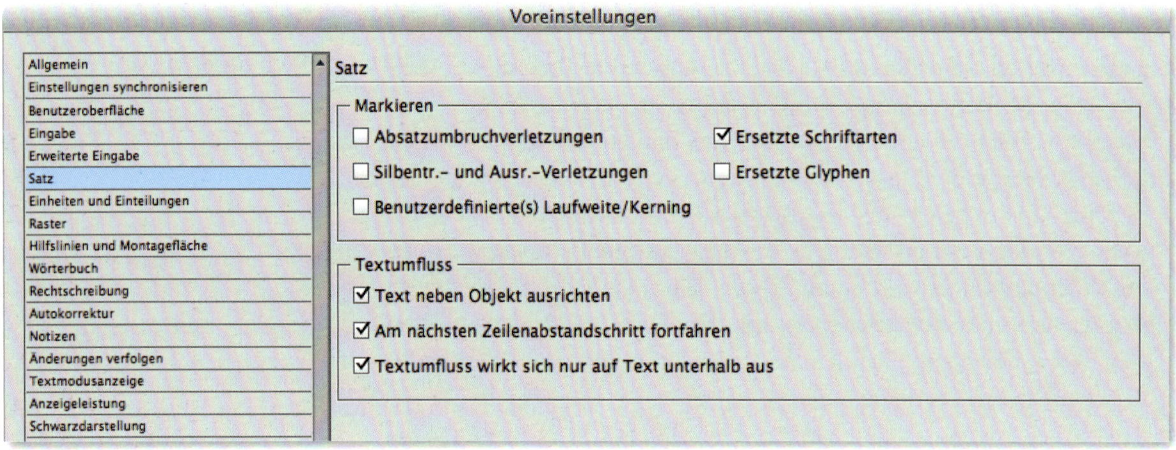

▲ **Abbildung 2.16**
Die empfohlenen Voreinstellungen im Einstellungsbereich Satz

- Absatzumbruchverletzungen: InDesign kennzeichnet bei aktivierter Option jene Textstellen, die aus Platzgründen nicht zusammengehalten werden können, obwohl alle Zeilen eines Absatzes zusammengehalten werden sollen.
- Silbentr.- und Ausr.-Verletzungen: Damit werden Verletzungen der Silbentrennungs- und Ausrichtungsregeln angezeigt, die Sie über den Dialog Silbentrennung und Abstände definiert haben. InDesign unterscheidet dabei, ob es sich um eine leichte (Textstellen werden hellgelb unterlegt) oder um eine grobe Verletzung (Textstellen werden mit einem kräftig gelben Balken unterlegt) handelt.
- Benutzerdefinierte(s) Laufweite/Kerning: Veränderte Laufweiten oder vom Benutzer veränderte Buchstabenabstände (Kerning) werden durch die Aktivierung dieser Option angezeigt. Wurde die Laufweite für den Fließtext über das Absatzformat verändert, so werden diese Textstellen mit einem türkis-farbenen Balken unterlegt. Wurde darüber hinaus eine Laufweitenänderung angebracht, so werden diese Textstellen mit einem dunkleren türkis-farbenen Balken unterlegt.
- Ersetzte Schriftarten: Wenn ein Text in einer Schrift gesetzt wurde, die aktuell nicht mehr verfügbar ist, werden die entsprechenden Stellen rosarot markiert. Sie sollten die standardmäßig aktivierte Option nicht deaktivieren, da Sie dadurch schnell Textstellen erkennen können, die in der fehlenden Schrift gesetzt wurden.

Spationierung erkennen
Sollten Sie Art Director oder Producer in einem Verlag sein und auf einen Blick erkennen wollen, wo die schreibende Zunft (Redakteure) ihrer Leidenschaft, Texte zu spationieren, gefrönt hat, so aktivieren Sie in den Voreinstellungen temporär die Option Benutzerdefinierte(s) Laufweite/Kerning.

- Ersetzte Glyphen: Durch das Aktivieren dieser Option werden Ihnen jene Buchstaben angezeigt, die aufgrund getroffener Vorgaben (wie Ligaturen, kontextbedingter Varianten, Schwungschrift und dergleichen) durch InDesign automatisch ersetzt wurden. Die Farbe der Hinterlegung ist dabei Dunkelgelb.

Textumfluss (D) | Wenn ein beliebiges Layoutelement auf einen Text trifft, muss entschieden werden, ob und wie das Objekt den Text verdrängen soll. Wählen Sie aus den verschiedenen Möglichkeiten aus.

- Text neben Objekt ausrichten: Wird innerhalb eines Textrahmens ein Objekt auf Textumfluss gestellt, so wird der Text auf beiden Seiten verdrängt. Ist die Option Text neben Objekt ausrichten aktiviert, so wird bei einem linksbündigen Text der verbleibende Text auf der linken Seite des Objekts auf Block ausgetrieben (Abbildung 2.17).
- Am nächsten Zeilenabstandschritt fortfahren: Wenn ein Objekt Text verdrängt, so wird standardmäßig die Zeile nach dem Objekt um den derzeit aktuell eingestellten Zeilenabstand versetzt. (Bei 14 Pt beträgt der Abstand von der Unterkante des Objekts zur ersten Grundlinie 14 Pt.) Dadurch wird sichergestellt, dass der Text nicht am Objekt anstößt. Mit der Option Am nächsten Zeilenabstandschritt fortfahren wird die erste Textzeile nach dem umflossenen Objekt um ein Vielfaches des eingestellten Zeilenabstands von der letzten Textzeile (oberhalb des Textumflussobjekts) ausgehend versetzt. Beispiel: Der Zeilenabstand beträgt 14 Pt. Ein Objekt mit der Höhe von 50 mm (= 141,732 Pt) wird umflossen. Somit wird die Grundlinie der ersten Zeile nach dem Objekt um 168 Pt (= 12 Zeilenschaltungen) von der letzten Textzeile versetzt.
- Textumfluss wirkt sich nur auf Text unterhalb aus: Wird ein textverdrängendes Objekt über einen Text gelegt, scheint es logisch, dass der darunterliegende Text auch wirklich verdrängt wird.
  Mit der Aktivierung der Option wird festgelegt, dass ein auf Umfliessen gestelltes Objekt nur Text verdrängt, der sich unterhalb – egal, ob in der gleichen oder einer anderen Ebene – befindet. Wenn Sie die Option nicht aktiviert haben (das ist auch die Voreinstellung), werden alle davor- und dahinterliegenden Textstellen verdrängt.

Der Einstellungsbereich »Einheiten und Einteilungen«

In diesem Einstellungsbereich legen Sie fest, mit welcher Maßeinheit Sie einerseits bei horizontalen und vertikalen Maßangaben und andererseits bei Textgröße und Kontur arbeiten wollen und mit welcher Feinheit Tastaturschritte ausgeführt werden sollen.

Hinweis
Beachten Sie, dass durch die Aktivierung der Option Ersetzte Glyphen auch jene Textstellen markiert werden, die über die Option Grossbuchstaben formatiert wurden. Denn dadurch werden in Kleinbuchstaben geschriebene Glyphen in ihre versale Form umgewandelt.

▲ **Abbildung 2.17**
Ein linksbündig gesetzter Text wird von einem umflossenen Objekt verdrängt. Mit aktivierter Option Text neben Objekt ausrichten wird der Text an der linken Seite des textverdrängenden Objekts im Blocksatz ausgetrieben.

Empfehlung für Umsteiger
Umsteigern von QuarkXPress und Adobe PageMaker empfehlen wir, die Option Textumfluss wirkt sich nur auf Text unterhalb aus abweichend von den Adobe-Vorgaben zu aktivieren. Damit behalten Sie gewohnte Arbeitsweisen bei; Sie müssen jedoch auf die Annehmlichkeit verzichten, dass Objekte auf darunterliegenden Ebenen Texte verdrängen können.

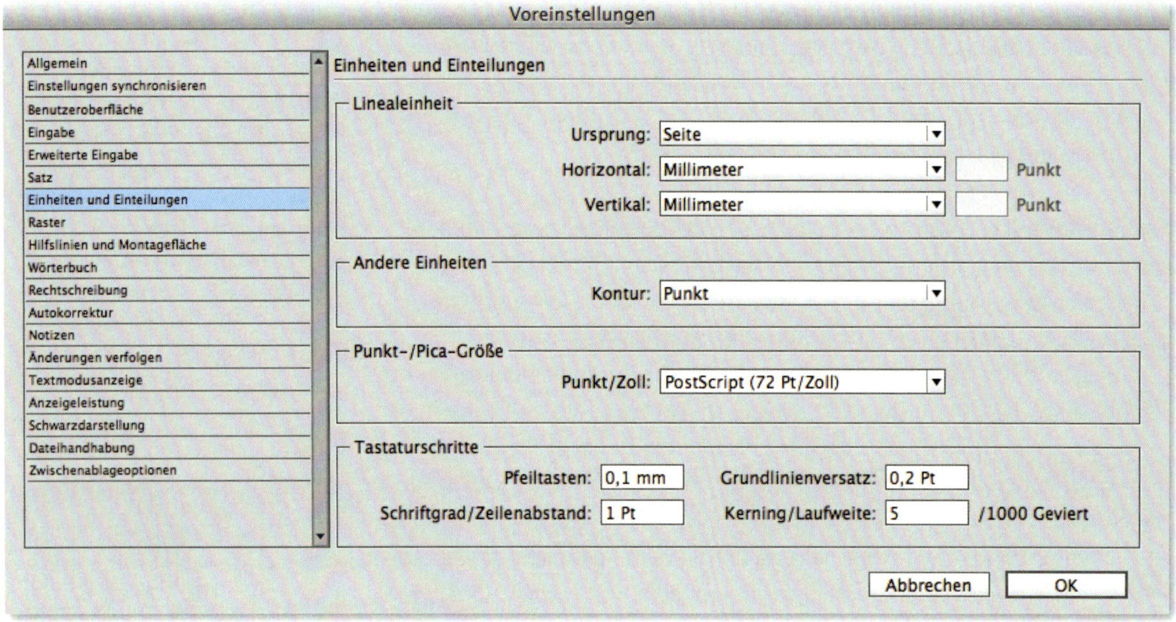

▲ **Abbildung 2.18**
Die empfohlenen Voreinstellungen im Einstellungsbereich EINHEITEN UND EINTEILUNGEN. Die Einstellungen in diesem Bereich sollten Sie unbedingt vor dem Anlegen eines Dokuments vornehmen, da diese Werte mit dem jeweiligen Dokument abgespeichert werden.

Linealeinheit (D) | Bestimmen Sie in diesem Abschnitt die Grundeinstellung für das Lineal.

- URSPRUNG: Der Ursprung des Koordinatensystems liegt standardmäßig in der linken oberen Ecke des Dokuments.
  - DRUCKBOGEN: Ist dieser Wert gewählt, so muss bei einem zweiseitigen Bogen zur horizontalen Position eines Objekts auf der rechten Seite die Breite der linken Seite hinzugerechnet werden. Die Berechnung der Koordinaten geht somit vom URSPRUNG (links oben) aus und zieht sich über den Druckbogen.
  - SEITE: Wenn Sie diese Einstellung wählen, wird jeder einzelnen Seite im Dokument ein eigenes Koordinatensystem (Lineal) mit Ursprung in der linken oberen Ecke jeder Seite spendiert.
  - BUND: Damit wird der Druckbogen in zwei Bereiche links und rechts des Bundes geteilt. Diese Einstellung unterscheidet sich von SEITE nur dann, wenn zumindest auf einer Seite des Bundes mehrere Dokumentseiten liegen. Alle Seiten auf derselben Seite des Bundes verwenden dann das gleiche Koordinatensystem.
- HORIZONTAL/VERTIKAL: Mit HORIZONTAL und VERTIKAL legen Sie die Längeneinheit fest, in der die Lineale im Dokument arbeiten sollen. Als Einheiten kommen PUNKT, PICA, ZOLL, DEZIMALZOLL, MILLIMETER, ZENTIMETER, CICERO, AGATEN und PIXEL in Frage.
  PUNKT, PICA, CICERO und AGATEN (nur in Kanada und für Anzeigen) sind gebräuchliche typografische Maßeinheiten für den Satz; PIXEL hingegen wird bevorzugt für den multimedialen Einsatz (Animations-

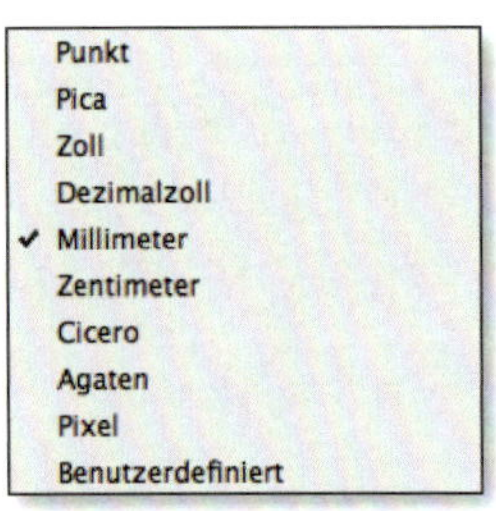

▲ **Abbildung 2.19**
Mögliche Maßeinheiten, die in InDesign sowohl für das vertikale und das horizontale Lineal als auch für die Eingabe von Werten in den Eingabefeldern verwendet werden können.

projekte) sowie für den Bereich DIGITALE VERÖFFENTLICHUNG (Digitale Magazine) verwendet. Anpassen können Sie Längeneinheiten durch Eingabe von BENUTZERDEFINIERT. Nur in diesem Fall können in den Eingabefeldern neben den Menüs Werte eingetragen werden. Die Basis dieser Längeneinheit ist der Punkt.

Andere Einheiten | Da mit InDesign Dokumente für verschiedene Anwendungsbereiche – Print, Online oder DPS – erstellt werden können, kann die Maßeinheit für die Angabe der KONTUR festgelegt werden. Wählen Sie für den Einsatz im Printbereich den Wert MILLIMETER oder PUNKT und für den Einsatz im Onlinebereich den Wert PIXEL aus.

Punkt-/Pica-Größe (P) | Der typografische Punkt ist in PostScript mit $^1/_{72}$ eines Zolls festgelegt. Um Arbeitsweisen auch in anderen Punktsystemen (Didot-Punkt) zu ermöglichen, wurde dafür in InDesign ein Umrechnungsfeld in den Voreinstellungen vorgesehen.

Für die klassische Druckvorstufe sollte immer die Option POSTSCRIPT (72 PT/ZOLL) ausgewählt sein. Ändern Sie diesen Wert nur, wenn spezielle Arbeitsweisen vorgesehen sind und eventuell ein älteres System integriert werden muss, das mit dem traditionellen Umrechnungswert Zoll = 72,27 Pt rechnet. Es stehen dazu die Werte TRADITIONELL 72,27 PT/ZOLL, 72,23 und 72,3 zur Verfügung.

Tastaturschritte (D) | Viele textmanipulierende Funktionen können in InDesign per Tastatur ausgeführt werden; Sie sparen dadurch viel Zeit.

- PFEILTASTEN: Sie können ausgewählte Objekte mit den Cursortasten verschieben. Um welchen Betrag das geschehen soll, stellen Sie mit der Option PFEILTASTEN ein. Ein Wert von 0,1 mm – laut unserer Empfehlung – ist hervorragend geeignet, um feine Anpassungen vornehmen zu können. Wollen Sie das markierte Objekt um einen größeren Wert verschieben, so drücken Sie zusätzlich die [⇧]-Taste, wodurch der 10-fache Wert (= 1 mm) der Voreinstellung angewandt wird.
- SCHRIFTGRAD/ZEILENABSTAND: Bestimmen Sie hier, in welcher Schrittgröße eine Textgrößenänderung bzw. die Veränderung des Zeilenabstandes erfolgen soll. Laut unseren Empfehlungen würde sich somit der Schriftgrad und der Zeilenabstand immer um einen Punkt verändern.
- GRUNDLINIENVERSATZ: Die Position des Textes bezüglich der Grundlinie kann über das Tastenkürzel [Alt]+[⇧]+[↓]/[↑] bzw. [⌥]+[⇧]+[↓]/[↑] nach unten bzw. oben verschoben werden. Die Option GRUNDLINIENVERSATZ steuert die Sprünge, die durch diese Tastenkürzel angewendet werden. Der Wert von 0,2 Pt ist unser Vorschlag.

Hinweis

Die Einheiten, die Sie über BENUTZERDEFINIERT einstellen, werden nicht nur in die Dokumentlineale übernommen, sondern auch in allen Eingabefeldern von Bedienfeldern verwendet, die Längeneinheiten anzeigen.

Schnelles Umschalten der Längeneinheiten

Ein schnelles Umschalten der Längeneinheiten für das horizontale und das vertikale Lineal erfolgt, wenn Sie aus dem Kontextmenü, während Sie auf das Lineal klicken, eine andere Längeneinheit auswählen.

Beachten Sie, dass Sie diesen Vorgang dabei separat für das horizontale und das vertikale Lineal ausführen müssen. Wenn Sie es für beide Lineale in einem Aufwasch erledigen wollen, so erreichen Sie das durch Aufruf des Kontextmenüs im Linealursprung.

Textgrößen ändern

Drücken Sie [Strg]+[⇧]+[,] (Komma) bzw. [.] (Punkt) oder [⌘]+[⇧]+[,] bzw. [.], um ausgewählten Text zu verkleinern bzw. zu vergrößern.

Zeilenabstand ändern

Drücken Sie [Alt]+[↓]/[↑] oder [⌥]+[↓]/[↑], um den Zeilenabstand zu verkleinern bzw. zu vergrößern.

Hinweise zu Kerning/Laufweite

Der Begriff LAUFWEITE ist nicht korrekt gewählt, weil Laufweite eine Eigenschaft ist, die einem Schriftschnitt eigen ist und die mit der Breite der Zeichen zu tun hat.

Um die Begriffsverwirrung komplett zu machen, können Sie den Betrag der Veränderung über die Tastenkürzel Alt+→/← bzw. ⌘+→/← mit der Option KERNING/LAUFWEITE festlegen, wobei Sie $^{1}/_{1000}$ eines Gevierts eintragen müssen.

- KERNING/LAUFWEITE: Die Kontrolle von Abständen zwischen einzelnen Zeichen ist eine kritische und oft auch knifflige Angelegenheit. Technisch gesehen wird einfach der Weißraum zwischen zwei oder mehreren Zeichen verändert. Aus Sicht des Schriftsetzers wird allerdings unterschieden, ob der Raum zwischen einem Zeichenpaar verändert wird *(Unterschneidung)* oder ob der Platz zwischen mehreren Zeichen verteilt wird *(Spationierung)*.
  Die Abstände können in InDesign im Zeichen- bzw. Steuerung-Bedienfeld genau kontrolliert werden und heißen dort KERNING und LAUFWEITE. Schneller geht es natürlich durch Anwenden der Tastenkombination Alt+→/← bzw. ⌘+→/←.

Der Einstellungsbereich »Raster«

Im Einstellungsbereich RASTER legen Sie das generelle GRUNDLINIENRASTER und das DOKUMENTRASTER für das Dokument fest und definieren, ob sich das RASTER IM HINTERGRUND oder Vordergrund zeigen soll.

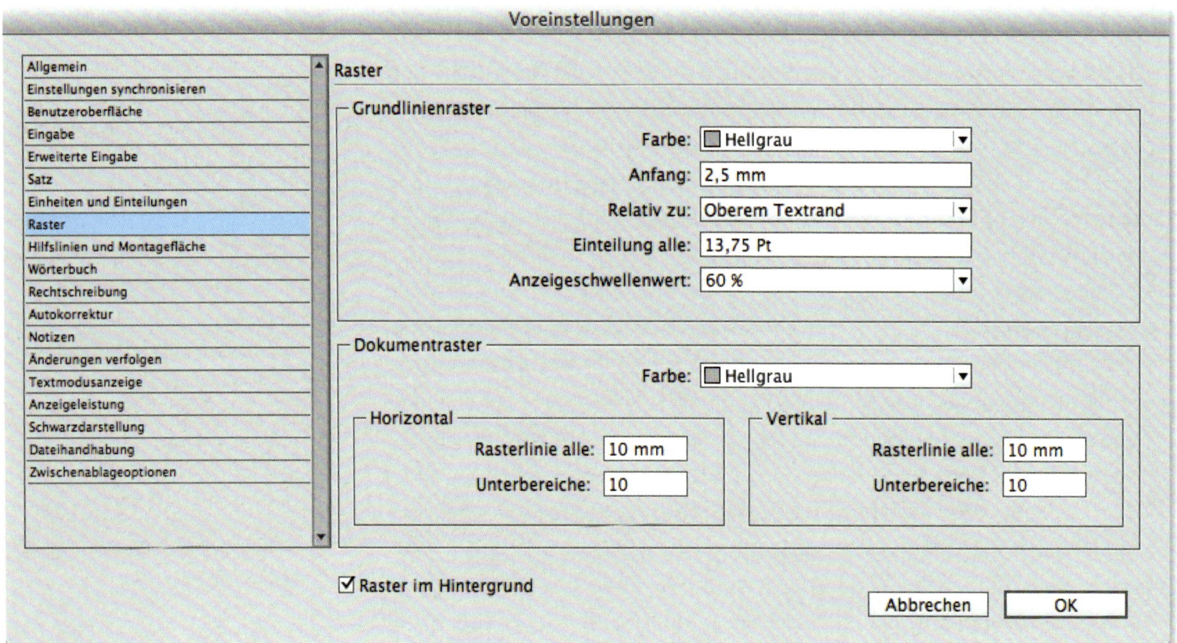

▲ **Abbildung 2.20**
Die empfohlenen Voreinstellungen im Einstellungsbereich RASTER

Grundlinienraster (D) | Grundlinienraster werden eingesetzt, damit Text in Spalten nicht gegeneinander verläuft (die Zeilen in nebeneinanderliegenden Spalten stehen nicht auf derselben Grundlinie) und um zu vermeiden, dass das Muster des Textes auf der Rückseite das Muster des Textes auf der Vorderseite einer Publikation überlagert und somit den Lesefluss stört.

- Farbe: Die Wahl einer nicht zu dominanten Farbe macht das Arbeiten mit dem Raster angenehmer.
- Anfang und Relativ zu: Das Grundlinienraster hat einen Startpunkt, an dem es auf einer Seite bzw. im Satzspiegel wirksam wird und der mit Anfang festgelegt werden kann. Mit der Option Relativ zu kann sich der Anfangswert nicht nur auf die Obere Formatkante (Seitenrand), sondern auch auf den Oberen Textrand (den oberen Rand des Satzspiegels) beziehen.
- Einteilung alle: Die Größe des Zeilenabstands bzw. die Hälfte des Zeilenabstands des Lauftextes wird in diesem Eingabefeld in Pt eingegeben. Der Zeilenabstand eines Textes, der auf Grundlinienraster gesetzt wurde, kann damit nicht mehr fließend kontrolliert werden, sondern nur noch in den Sprüngen des Rasters.
- Anzeigeschwellenwert: Das Grundlinienraster kann natürlich auch ausgeblendet werden. Dies erfolgt über das Menü Ansicht • Raster und Hilfslinien • Grundlinienraster ausblenden oder über das Tastenkürzel Strg+Alt+ß bzw. ⌘+⌥+ß oder über die Vorschau-Modi des Werkzeuge-Bedienfelds. Darüber hinaus kann das Grundlinienraster automatisch ausgeblendet werden, wenn die Skalierung der Ansicht einen bestimmten Wert unterschreitet. Je kleiner die Ansicht Ihres Dokuments ist, umso störender wirkt ein Grundlinienraster. Unterschreitet die Ansichtsgröße den Wert, den Sie unter Anzeigeschwellenwert eintragen, wird das Grundlinienraster automatisch ausgeblendet; bei Skalierungen über dem Schwellenwert wird es wieder eingeblendet.

Dokumentraster (D) | Als Hilfe, um andere Objekte auf der Seite zu positionieren, kann das Grundlinienraster nicht optimal eingesetzt werden, da es auf die horizontale Ausrichtung von Objekten beschränkt ist.

Um ein Raster zu erhalten, das die gesamte Montagefläche einbezieht und sowohl horizontale als auch vertikale Ausrichtungshilfen bietet, können Sie ein vordefiniertes Raster zunächst einmal über das Menü Ansicht • Raster und Hilfslinien • Dokumentraster bzw. über das Tastenkürzel Strg+ß bzw. ⌘+ß einblenden.

- Farbe: Dieses Raster können Sie über die Option Farbe mit einer nicht zu prominenten Farbe versehen.
- Horizontal und Vertikal: Legen Sie die Anzahl der Rasterlinien fest.
- Rasterlinie alle: Zeigt beim eingegebenen Wert jeweils eine dickere Linie (Hauptlinie) an.
- Unterbereiche: Zeigt zwischen den Hauptlinien die im Eingabefeld angegebene Anzahl dünnerer Linien an. Unsere Voreinstellungen in Abbildung 2.20 erzeugen ein Raster, das pro Zentimeter zehn dünne

Registerhaltig
Orientieren sich alle Zeilen am Grundlinienraster, spricht man von »registerhaltigen« Seiten oder Dokumenten.

Grundlinienraster nur bis zum Satzspiegel anzeigen lassen
Während durch die Wahl von Oberer Formatkante das Grundlinienraster über die ganze Seite bzw. den Druckbogen verläuft, wird durch die Wahl von Oberem Textrand das Grundlinienraster auf den Satzspiegel beschränkt.

Flexibles Grundlinienraster
Im Zusammenhang mit dem Grundlinienraster haben Sie in InDesign auch die Möglichkeit, ein eigenes Grundlinienraster pro Textrahmen zu definieren. Dieses vom Grundlinienraster des Dokuments abweichende Raster können Sie über die Textrahmenoptionen einstellen.

Die Werte für Farbe, Anfang, Relativ zu und Einteilung alle können dabei für jeden Textrahmen frei definiert werden.

Hinweis zu Abbildung 2.20
Der in der Abbildung unter Anzeigenschwellenwert eingetragene Betrag von 60% rührt daher, dass beim Schreiben des Buchs ein 17"-MacBook Pro verwendet wird und damit bei der Darstellung des Druckbogens das Grundlinienraster noch eingeblendet bleibt.

und für jeden Zentimeter einen dickeren Rasterstrich horizontal und vertikal zeichnet.

An Dokumentraster ausrichten

Damit Objekte leichter am Dokumentraster ausgerichtet werden können, führen Sie den Befehl Ansicht • Raster und Hilfslinien • An Dokumentraster ausrichten aus oder drücken Sie das Tastenkürzel Strg + ⇧ + ß bzw. ⌘ + ⇧ + ß.

Die Linien des Rasters wirken somit in einem bestimmten Fangradius magnetisch, womit Objekte, die in die Nähe gebracht werden, exakt positioniert werden können.

Raster im Hintergrund (D) | Die verschiedenen Raster müssen natürlich sichtbar sein, damit sie wirklich sinnvoll eingesetzt werden können. Allerdings kann ein Gewirr aus Linien die Augen auch ziemlich anstrengen. Bei der Beurteilung der eigenen Arbeit wären Linien, die über den Layoutobjekten liegen, ebenfalls eher störend.

Mit Raster im Hintergrund stellen Sie ein, dass platzierte Objekte die Rasterlinien verdecken. Beachten Sie, dass Sie damit, wenn Sie beispielsweise eine farbige Hintergrundfläche für die Dokumentenseite aufziehen, kein Raster mehr wahrnehmen. Aktivieren Sie diese Option also nur bei Layouts, in denen mit weißer Papierfarbe gearbeitet wird.

Der Einstellungsbereich »Hilfslinien und Montagefläche«

In diesem Einstellungsbereich regeln Sie, in welchen Farben die zahlreichen verschiedenen Hilfslinien angezeigt werden sollen und ob Hilfslinien im Vorder- oder im Hintergrund liegen sollen. Darüber hinaus können Sie das Verhalten hinsichtlich Erscheinen oder Nichterscheinen der intelligenten Hilfslinien und die Größe der Montagefläche für den horizontalen und den vertikalen Abstand (Ränder) steuern.

▼ **Abbildung 2.21**
Die empfohlenen Voreinstellungen im Einstellungsbereich Hilfslinien und Montagefläche.

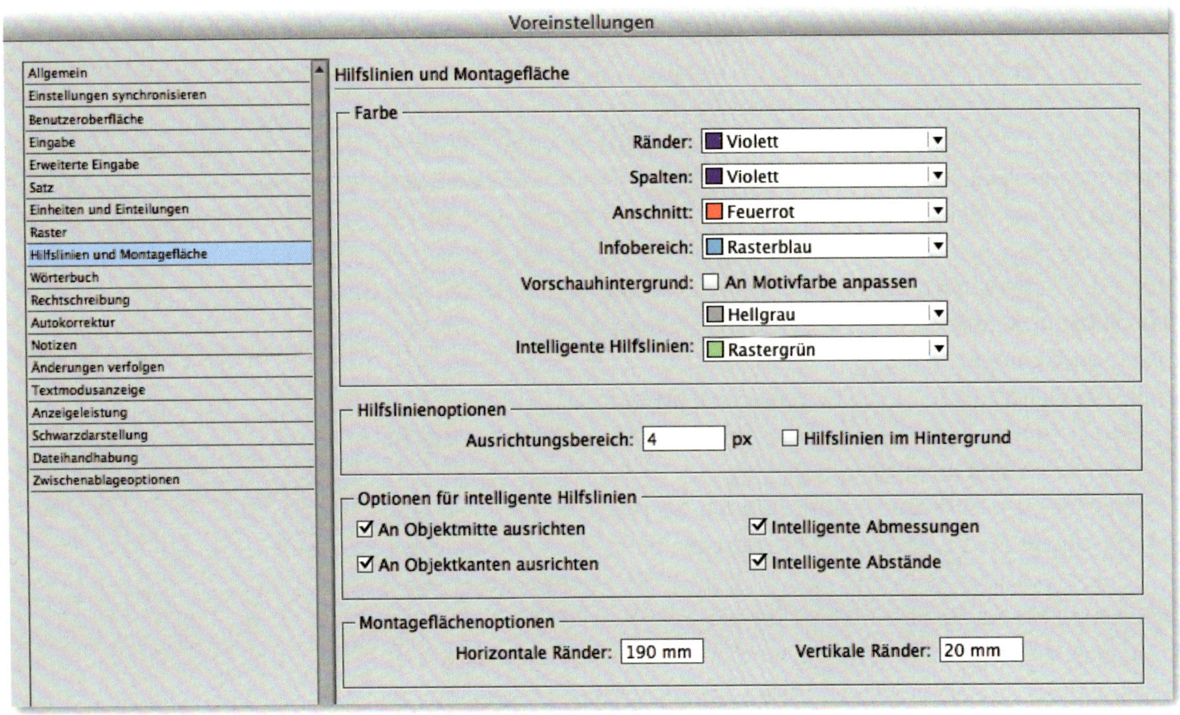

Farbe (D) | Neben dem GRUNDLINIEN- und DOKUMENTRASTER gibt es noch eine Reihe von weiteren Hilfslinien, die andere Bereiche des Dokuments kennzeichnen und die zur besseren Unterscheidung in verschiedenen Farben dargestellt werden können.

- RÄNDER und SPALTEN kennzeichnen den Satzspiegel.
- ANSCHNITT und INFOBEREICH begrenzen den Druckbogen und geben einem Druckdokument den notwendigen abfallenden Bereich mit.
- Mit VORSCHAUHINTERGRUND legen Sie die Farbe der Montagefläche im ausgeblendeten Zustand fest. Diese kann seit InDesign CC mit der Motivfarbe aus dem Einstellungsbereich BENUTZEROBERFLÄCHE gleichgeschaltet werden.
- Die Farbe für INTELLIGENTE HILFSLINIEN kann damit von den herkömmlichen Hilfslinien zum Layouten deutlich abgesetzt werden.

Hilfslinienoptionen (D) | Wenn Sie Hilfslinien in Ihrem Dokument platzieren, tun Sie das normalerweise, um Objekte horizontal oder vertikal auszurichten.

- Um diese Arbeit zu erleichtern, haben Hilfslinien einen Fangradius. Wenn ein Objekt in diesen Fangradius gelangt, wird es von der Hilfslinie »magnetisch« angezogen und an der Hilfslinie positioniert. Die Größe des Fangradius kann im AUSRICHTUNGSBEREICH in Pixel eingegeben werden.
- HILFSLINIEN IM HINTERGRUND bewirkt wie bei den Rastern, dass platzierte Objekte die Hilfslinien verdecken.

Optionen für intelligente Hilfslinien | Intelligente Hilfslinien helfen, im Layout Objekte aneinander auszurichten oder die Abstände zwischen den Objekten anzugleichen. Ob intelligente Hilfslinien angezeigt werden oder nicht, steuern Sie über den Befehl ANSICHT • RASTER UND HILFSLINIEN • INTELLIGENTE HILFSLINIEN. Welche intelligenten Hilfslinien dann angezeigt werden, bestimmen Sie in den Voreinstellungen.

- AN OBJEKTMITTE AUSRICHTEN: Beim Verschieben von Objekten im Layout wird eine intelligente Hilfslinie angezeigt, wenn das zu verschiebende Objekt mittig – horizontal oder vertikal – an einer x-beliebigen Objektkante zum benachbarten Objekt ausgerichtet ist.
- AN OBJEKTKANTEN AUSRICHTEN: Beim Verschieben von Objekten im Layout wird eine intelligente Hilfslinie angezeigt, wenn das zu verschiebende Objekt oben, unten, links oder rechts an einer x-beliebigen Objektkante zum benachbarten Objekt ausgerichtet ist.
- INTELLIGENTE ABMESSUNGEN: Werden Objekte im Layout gedreht oder neue Objekte aufgezogen, so erscheinen intelligente Hilfslinien, wenn beispielsweise der Drehwinkel des zu drehenden Objekts mit

Satzspiegel
Auch *Seitenspiegel* genannt. Definiert den Bereich einer Seite bzw. Doppelseite, der mit sich änderndem Inhalt versehen wird. Die Randstege liegen außerhalb des Satzspiegels. Die *Pagina* liegt außerhalb und ein *Kolumnentitel* manchmal innerhalb und manchmal außerhalb des Satzspiegels.

Tipp
Stellen Sie die Farbe bei VORSCHAUHINTERGRUND bitte nicht auf Weiß, da Sie sonst im Vorschau-Modus nicht erkennen können, ob Sie diesen nun aktiviert haben oder nicht.

Empfehlung
Die Aktivierung der Option HILFSLINIEN IM HINTERGRUND ist bei komplexeren Layouts mit vielen eingefärbten Kästen und farbigen Hintergründen eher nicht zu empfehlen.

Tastenkürzel
Über Strg+U bzw. ⌘+U können Sie beim Layouten die intelligenten Hilfslinien schnell ein- bzw. ausblenden.

dem des benachbarten Objekts übereinstimmt. Auch wenn Sie ein neues Objekt aufziehen und beim Ziehen die Höhe oder Breite eines benachbarten Objekts erreichen, so wird dies Ihnen ebenfalls durch eine intelligente Hilfslinie angezeigt.

- Intelligente Abstände: Werden im Layout Objekte verschoben, so erhalten Sie durch Aktivieren der Option Intelligente Abstände, die Ihnen angeben, welcher Abstand nun mit einem benachbarten Objekt gleichgeschaltet ist.

Zeitersparnis
Durch die Verwendung von Intelligenten Hilfslinien werden Sie viel Zeit sparen, da Sie beim Layouten nicht mehr viele Hilfslinien einrichten müssen.

Montageflächenoptionen (D) | Die Montagefläche ragt an allen vier Seiten über den Druckbogen hinaus. Mit den Optionen Vertikale Ränder und Horizontale Ränder legen Sie fest, wie weit die Montagefläche in der Vertikalen und der Horizontalen über den Druckbogen hinausragen soll. Die Definition der horizontalen Ränder hat erst in InDesign CS5 Einzug gehalten, da seit dieser Version unterschiedliche Seitengrößen in einem Dokument erzeugt werden können. Entsprechend müssen die Ränder zwischen den Seiten eingegeben werden können.

Der Einstellungsbereich »Wörterbuch«

Regeln Sie in diesem Einstellungsbereich, welche Anführungszeichen in welcher Sprache verwendet werden sollen und wie InDesign hinsichtlich Silbentrennung und Benutzerwörterbücher verfahren soll.

▼ Abbildung 2.22
Die empfohlenen Voreinstellungen im Einstellungsbereich Wörterbuch

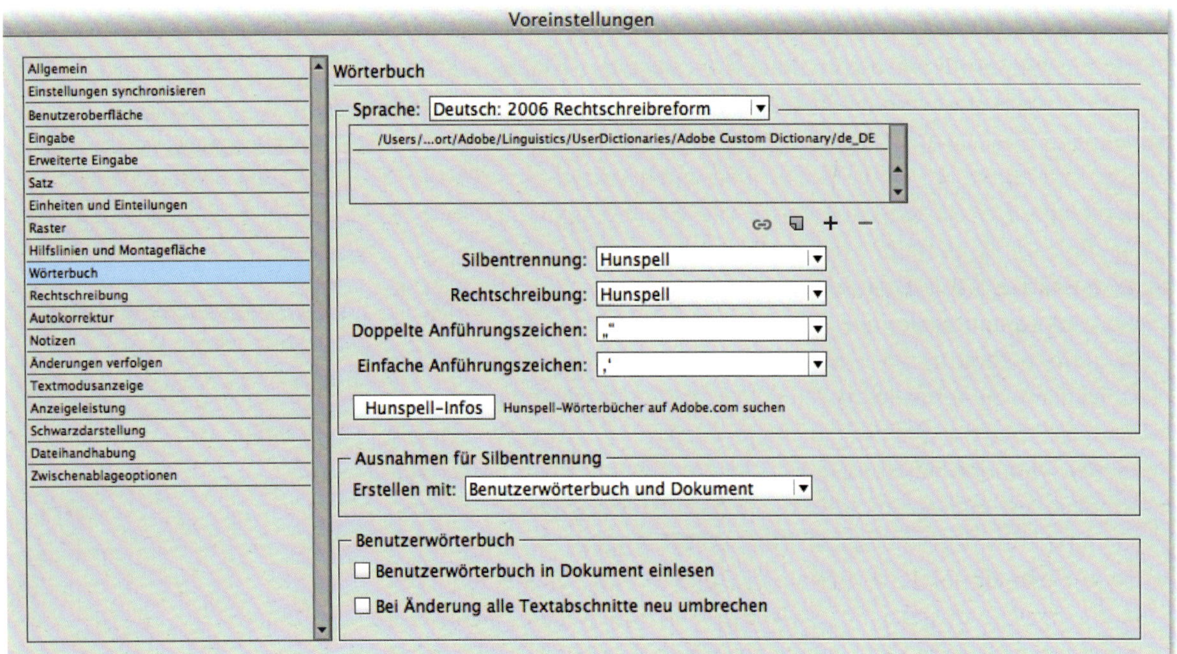

Sprache (P) | Bestimmen Sie hier, für welches Wörterbuch welche Anführungszeichen und welcher Rechtschreibalgorithmus verwendet werden soll.

- SPRACHE: Um den Text Ihres Dokuments automatisch auf Rechtschreibfehler hin prüfen zu können, müssen die entsprechenden Wörterbücher installiert sein. Wählen Sie in SPRACHE das gewünschte Wörterbuch aus, und legen Sie danach die Einstellungen fest.
  - BENUTZERWÖRTERBÜCHER: Zu jeder Sprache ist generell ein eigenes Benutzerwörterbuch hinterlegt. Wo das Benutzerwörterbuch DEUTSCH: RECHTSCHREIBREFORM 2006 abgespeichert ist, ersehen Sie aus der Pfadangabe im Dialog. Werden während der Rechtschreibprüfung Änderungen am Wörterbuch durchgeführt, so werden sie somit in diesem Verzeichnis abgespeichert.
  - SILBENTRENNUNG und RECHTSCHREIBUNG: Dabei ist standardmäßig die Methode HUNSPELL eingestellt. Mit InDesign CS5.5 wurden erstmals die Hunspell-Rechtschreibung und -Silbentrennmethoden implementiert. Wir begrüßen diese Änderung, da die bisherigen Proximity-Wörterbücher und Trennmethoden wirklich keine Offenbarung waren. Wenn Sie jedoch Methoden und Wörterbücher anderer Anbieter, z. B. den *Duden-Korrektor*, erwerben, müssen diese nach der Installation in diesem Bereich der Voreinstellungen zur jeweiligen Sprache aktiviert werden.
  - DOPPELTE und EINFACHE ANFÜHRUNGSZEICHEN: Ein Text beinhaltet nicht nur Wörter, sondern auch Satz- und Sonderzeichen, die aber innerhalb einer Sprache in unterschiedlichen »Geschmacksrichtungen« auftreten können. Der typische Problemfall sind hier die Anführungszeichen, die eine Rechtschreibprüfung gehörig durcheinanderbringen können. Wählen Sie in DOPPELTE ANFÜHRUNGSZEICHEN und EINFACHE ANFÜHRUNGSZEICHEN die Art der Anführungszeichen, die Sie für die gewählte Sprache verwenden wollen.

Ausnahmen für Silbentrennung (D) | Silbentrennung ist eine knifflige Sache, und Computerprogramme tun sich oft schwer, die richtige Trennung zu finden. Sie können Ausnahmen für Trennungen definieren und diese Ausnahmen entweder in Ihrem Dokument oder in dem Benutzerwörterbuch speichern, in dem auch alle Änderungen und Ergänzungen der Rechtschreibprüfung abgelegt werden. Sicherheitshalber können die Trennausnahmen an beiden Orten gespeichert werden.

- ERSTELLEN MIT: Wählen Sie aus dem Menü ERSTELLEN MIT die von uns empfohlene Option BENUTZERWÖRTERBUCH UND DOKUMENT aus.
  - BENUTZERWÖRTERBUCH UND DOKUMENT: Einmal festgelegte Ausnahmen, die im Benutzerwörterbuch gespeichert sind, gelten somit

Mit Benutzerwörterbüchern umgehen

Um ein neues BENUTZERWÖRTERBUCH ANZULEGEN, ein vorhandenes BENUTZERWÖRTERBUCH HINZUZUFÜGEN + oder ein eingerichtetes BENUTZERWÖRTERBUCH ZU LÖSCHEN –, müssen Sie lediglich auf das entsprechende Symbol klicken.

Hunspell-Wörterbücher

Die Hunspell-Wörterbücher sind das Ergebnis eines Open-Source-Projekts und somit frei zugänglich. Es gibt Wörterbücher für über 100 Sprachen.

Sie können seit InDesign CS6 weitere Sprachen downloaden – es sind .oxt-Dateien – und installieren. Wie Sie dabei vorgehen sollen, erfahren Sie durch Klick auf den Button HUNSPELL-INFOS – eine Umsetzung ist jedoch nicht immer garantiert.

Eingabe der korrekten Anführungszeichen

Ein Nebeneffekt der Voreinstellung von doppelten und einfachen Anführungszeichen ist, dass InDesign bei der Eingabe von Anführungszeichen – durch Drücken des Tastenkürzels ⇧+2 sowohl für das öffnende als auch das schließende Anführungszeichen – in einem Text schon das richtige Paar für Sie einsetzt.

Falscher Umbruch nach dem Öffnen eines Dokuments

Wenn Sie in der Option Ausnahmen für Silbentrennung den Wert Benutzerwörterbuch aktiviert haben und darüber hinaus die Option Benutzerwörterbuch in Dokument einlesen gewählt haben, setzen Sie sich der Gefahr aus, dass Dokumente, die auf Ihrem System korrekt umbrochen werden, auf einem anderen System einen anderen Umbruch erfahren.

Aus diesem Grund sollten Dienstleister und Weiterverarbeiter von Dokumenten die Option Bei Änderungen alle Textabschnitte neu umbrechen deaktivieren.

Sorgfältige Planung

Da in InDesign auch Wörterbücher für Arbeitsgruppen eingerichtet werden können, kann die Aktivierung der Option Bei Änderung alle Textabschnitte neu umbrechen durch Hinzufügen von Ausnahmen auch Auswirkungen auf andere Dokumente innerhalb der Arbeitsgruppe haben. Eine sorgfältige Planung des Umgangs mit den Wörterbüchern ist somit empfehlenswert.

auch für andere Dokumente – und das auch dann, wenn Ihr Dokument auf einem anderen Rechner geöffnet wird.

- Benutzerwörterbuch: Um Text mit der in den externen Benutzerwörterbüchern gespeicherten Liste von Ausnahmen zu speichern, wählen Sie diesen Eintrag aus.
- Dokument: Um jedoch den Text nur mit der im Dokument gespeicherten Liste von Ausnahmen zu setzen, wählen Sie Dokument.

Benutzerwörterbuch (D) | Bestimmen Sie hier, wie InDesign mit Benutzerwörterbüchern für das geöffnete Dokument umgehen soll.

- Benutzerwörterbuch in Dokument einlesen: Wenn Sie Ergänzungen der Rechtschreibung und Trennausnahmen bislang nur im externen Benutzerwörterbuch gespeichert haben, kann das bei der Weitergabe des Dokuments zu Problemen führen, weil der Empfänger der Daten sein eigenes Benutzerwörterbuch verwendet und nicht Ihres. Deshalb können Sie mit Benutzerwörterbuch in Dokument einlesen Ihre Änderungen in das Dokument einbetten und somit auch dann verfügbar machen, wenn Ihr Wörterbuch nicht verfügbar ist.
- Bei Änderung alle Textabschnitte neu umbrechen: Für Dienstleister, die Dokumente diverser Ersteller verarbeiten, ist das Deaktivieren der Option Bei Änderung alle Textabschnitte neu umbrechen zu empfehlen, da damit ein Neuumbruch auch dann verhindert werden kann, wenn unterschiedliche Wörterbücher verwendet werden.

Der Einstellungsbereich »Rechtschreibung«

Regeln Sie im Einstellungsbereich Rechtschreibung das Verhalten von InDesign hinsichtlich der Rechtschreibprüfung, und definieren Sie darin, was geprüft werden soll und in welcher visuellen Form die unterschiedlichen Fehler angezeigt werden.

Wenn Sie eine Rechtschreibprüfung im Dokument vornehmen – Bearbeiten • Rechtschreibung • Rechtschreibprüfung oder Drücken des Tastenkürzels Strg+I bzw. ⌘+I –, so wird auf die Programmeinstellungen aus diesem Einstellungsbereich zurückgegriffen.

Suchen (P) | Wählen Sie in diesem Bereich aus, welche Farben für gefundene Rechtschreibfehler verwendet werden sollen. Die für die einzelnen Optionen festzulegenden Farben wirken sich dabei nur aus, wenn Sie die Dynamische Rechtschreibprüfung aktiviert haben. In diesem Fall werden Stellen, denen keine Entsprechung im Wörterbuch zugewiesen werden kann, im Layout- bzw. Textmodus in der jeweiligen Farbe unterschlängelt.

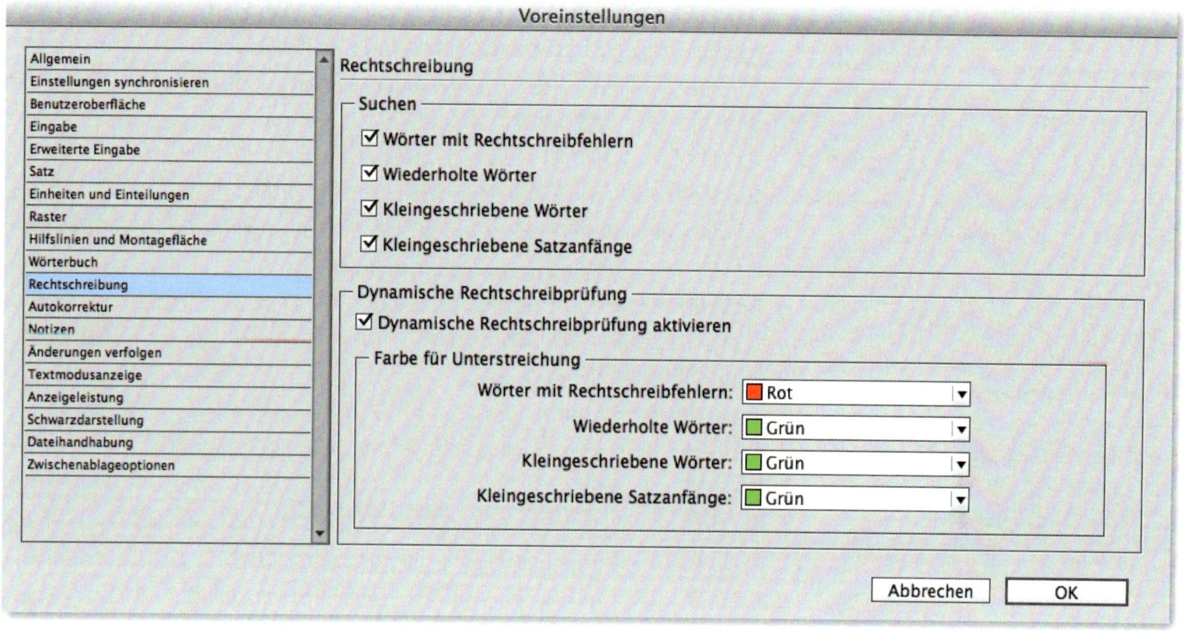

▲ **Abbildung 2.23**
Die empfohlenen Voreinstellungen im Einstellungsbereich Rechtschreibung

- Wörter mit Rechtschreibfehlern: Neben den klassischen Rechtschreib- und Tippfehlern spürt InDesign noch weitere beliebte Schreib- und Satzfehler auf.
- Wiederholte Wörter: Damit macht InDesign auf Wörter aufmerksam, die doppelt doppelt vorkommen. Das ist nicht immer ein Fehler – im vorherigen Satz allerdings schon!
- Kleingeschriebene Wörter: Damit werden Hauptwörter oder Wörter nach Satzzeichen gesucht, die kleingeschrieben wurden – auch hier gibt es keine sichere Methode, einen Fehler zu identifizieren.
- Kleingeschriebene Satzanfänge: Diese Option kann durchaus lästig werden. InDesign prüft hier lediglich, ob nach einem Satzzeichen, das normalerweise einen Satz beendet, das folgende Wort großgeschrieben wurde. Wenn Sie in Ihrem Text häufig Abkürzungen wie z. B. oder Stk. verwenden, werden viele nur vermeintliche Fehler gemeldet. Genervte Anwender werden diese Option relativ bald abschalten.

Dynamische Rechtschreibprüfung (P) | Eine visuelle Unterstützung in Form einer gewellten Unterstreichung bei Fehleingaben von Texten oder bei Buchstabendrehern ist heutzutage beim Schreiben von elektronischen Dokumenten vielen ein wichtiges Hilfsmittel geworden. Doch während MS-Word-Anwendern diese Option standardmäßig aufoktroyiert wird, ist nach der Installation von InDesign die dynamische Rechtschreibprüfung nicht aktiviert.

Mehrsprachige Texte

In InDesign kann jedem Wort das entsprechende Wörterbuch über das Steuerung- oder Zeichen-Bedienfeld zugewiesen werden. Wenn Sie dies bereits bei der Texteingabe sauber durchführen, so kann InDesign bei der Rechtschreibprüfung auf das jeweils gewählte Wörterbuch umschalten.

Permanente Abstürze

Die dynamische Rechtschreibprüfung ist in vielen Fällen auch dafür verantwortlich, dass InDesign abstürzt. Schalten Sie bei wiederholten Abstürzen Preflight und Dynamische Rechtschreibprüfung aus.

Korrekturvorschläge anzeigen und annehmen
Wurde durch eine Wellenlinie im Dokument ein Fehler angezeigt, so können Sie einfach durch einen Rechtsklick (Kontextmenü) die Korrekturvorschläge ansehen, auswählen oder das Wort dem Standard-Benutzerwörterbuch bzw. einem speziellen Wörterbuch hinzufügen. Handelt es sich um einen Fachbegriff, den InDesign in diesem Dokument nicht mehr als Fehler markieren soll, so können Sie auch die Option ALLE IGNORIEREN wählen.

- DYNAMISCHE RECHTSCHREIBPRÜFUNG AKTIVIEREN: Um eine Fehleingabe visuell angezeigt zu bekommen, müssen Sie die Option DYNAMISCHE RECHTSCHREIBPRÜFUNG AKTIVIEREN einschalten. Schneller geht es, indem Sie bei Bedarf den Befehl im Menü BEARBEITEN • RECHTSCHREIBUNG • DYNAMISCHE RECHTSCHREIBPRÜFUNG auswählen. Sie finden diesen Befehl auch im Kontextmenü für einen Text.
- FARBE FÜR UNTERSTREICHUNG: Welche Farbe die Wellenlinien besitzen sollen, können Sie selbst bestimmen, indem Sie im Bereich FARBE FÜR UNTERSTREICHUNG für die Optionen WÖRTER MIT RECHTSCHREIBFEHLERN, WIEDERHOLTE WÖRTER, KLEINGESCHRIEBENE WÖRTER und KLEINGESCHRIEBENE SATZANFÄNGE separat die gewünschte Farbe aus der Liste auswählen.

Der Einstellungsbereich »Autokorrektur«

Im Einstellungsbereich AUTOKORREKTUR regeln Sie, ob eine Autokorrektur überhaupt durchgeführt werden soll und vor allem, welche Wörter oder Abkürzungen beim Schreiben von Texten korrigiert werden sollen.

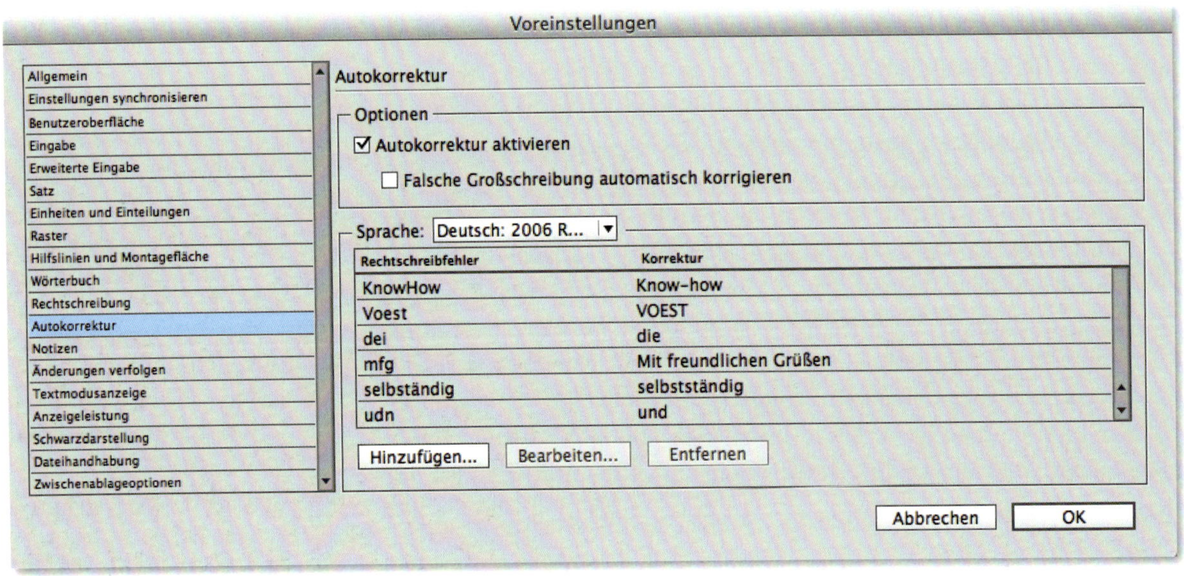

▲ **Abbildung 2.24**
Die empfohlenen Voreinstellungen im Einstellungsbereich AUTOKORREKTUR

Optionen (P) | Die automatische Korrektur von Texten ist nur zielführend, wenn sie während der Eingabe erfolgt. Eine nachträgliche automatische Korrektur von bereits gesetztem Text wird meistens katastrophal ausfallen. Zum Definieren von Wörtern bzw. Abkürzungen wählen Sie zuvor das dafür zu verwendende Wörterbuch in der Option SPRACHE aus und klicken dann auf HINZUFÜGEN. Im erscheinenden Dialog geben Sie die falsche und die korrekte Schreibweise ein.

- Autokorrektur aktivieren: Um die Autokorrektur in Anspruch zu nehmen, müssen Sie die Option Autokorrektur aktivieren in den Voreinstellungen einschalten oder über den Befehl im Menü Bearbeiten • Rechtschreibung • Autokorrektur aktivieren.
- Falsche Großschreibung automatisch korrigieren: Wenn Sie bei der Eingabe oft Hauptwörter mit einem kleinen Anfangsbuchstaben eingeben, so kann Ihnen die Aktivierung dieser Option behilflich sein.

Empfehlung
Da durch die Aktivierung der Option Falsche Großschreibung automatisch korrigieren jedoch auch kleingeschriebene Wörter nach einem Abkürzungspunkt – z. B. hier – automatisch korrigiert würden, empfehlen wir, diese Option nicht zu aktivieren.

Sprache (P) | InDesign greift bei der Aktivierung der Option Autokorrektur aktivieren auf die definierten Wörter zurück, die sich in der Liste im Dialog befinden. Standardmäßig sind in der Korrekturliste keine Wörter hinterlegt, wodurch keine unerwünschten automatischen Korrekturen vorgenommen werden. Sie müssen somit für jedes verwendete Wörterbuch Ihre Ausnahmen definieren.

Der Einstellungsbereich »Notizen«

Im Einstellungsbereich Notizen legen Sie fest, welche Markierungsfarbe eine Notiz im Text besitzen soll, ob sich die Rechtschreibprüfung auch auf den Inhalt der Notizen auswirken soll und ob der Suchen/Ersetzen-Dialog auch in Notizen suchen soll.

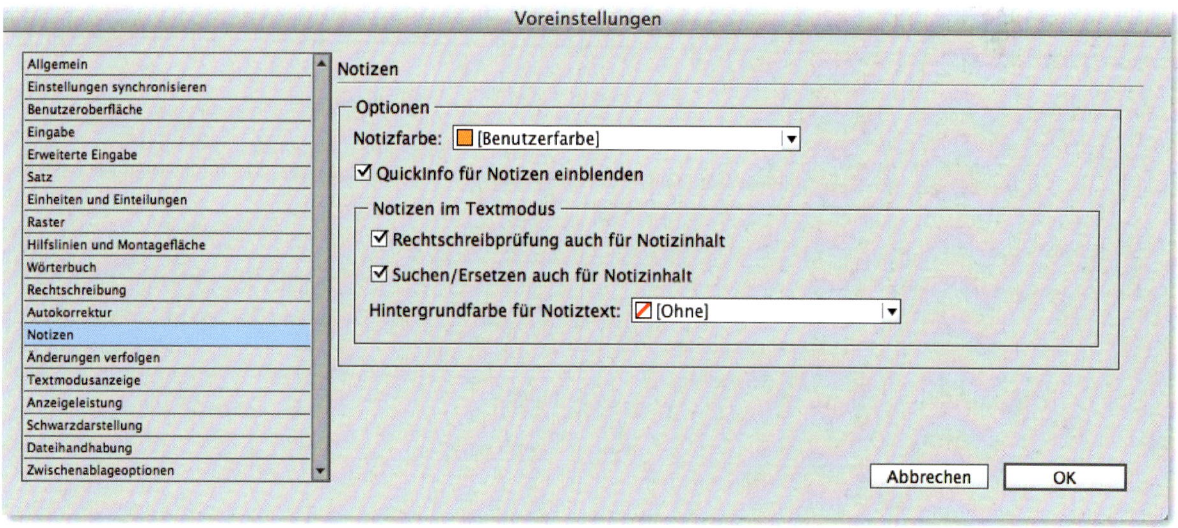

▲ **Abbildung 2.25**
Die empfohlenen Voreinstellungen im Einstellungsbereich Notizen

- Notizfarbe: Bestimmen Sie damit die Farbe der Markierung für Notizen im Textmodus und auch in der Layoutansicht. Wir empfehlen, für alle redaktionellen Aufgaben einheitlich die [Benutzerfarbe] zu verwenden, die Sie unter Datei • Benutzer festlegen können.

Notizen verwenden

Die Verwendung von Notizen macht nur in Verbindung mit Adobe InCopy zum Austausch von Informationen zwischen Redakteur und Layoutern Sinn.

- QuickInfo für Notizen einblenden: Haben Sie eine Notiz im Text angebracht, so kann ihr Inhalt durch einfaches Zeigen mit dem Cursor auf die Notizmarkierung in der QuickInfo ausgelesen werden.
- Notizen im Textmodus: Legen Sie darin erweiterte Optionen fest, die jedoch nur für den Textmodus gelten.
  - Rechtschreibprüfung auch für Notizinhalt: Damit überprüft die Rechtschreibprüfung auch den Inhalt von Notizen.
  - Suchen/Ersetzen auch für Notizinhalt: Damit können Sie die Funktionalität des Suchen/Ersetzen-Dialogs auch auf den Textinhalt von Notizen erweitern.

Der Einstellungsbereich »Änderungen verfolgen«

Bestimmen Sie darin, in welcher Form sich Textänderungen, die durch die Funktion Änderungen verfolgen erfasst worden sind, im Textmodus zeigen sollen. Beachten Sie, dass Änderungen verfolgen nur für den Textmodus und nicht für die Layoutansicht funktioniert.

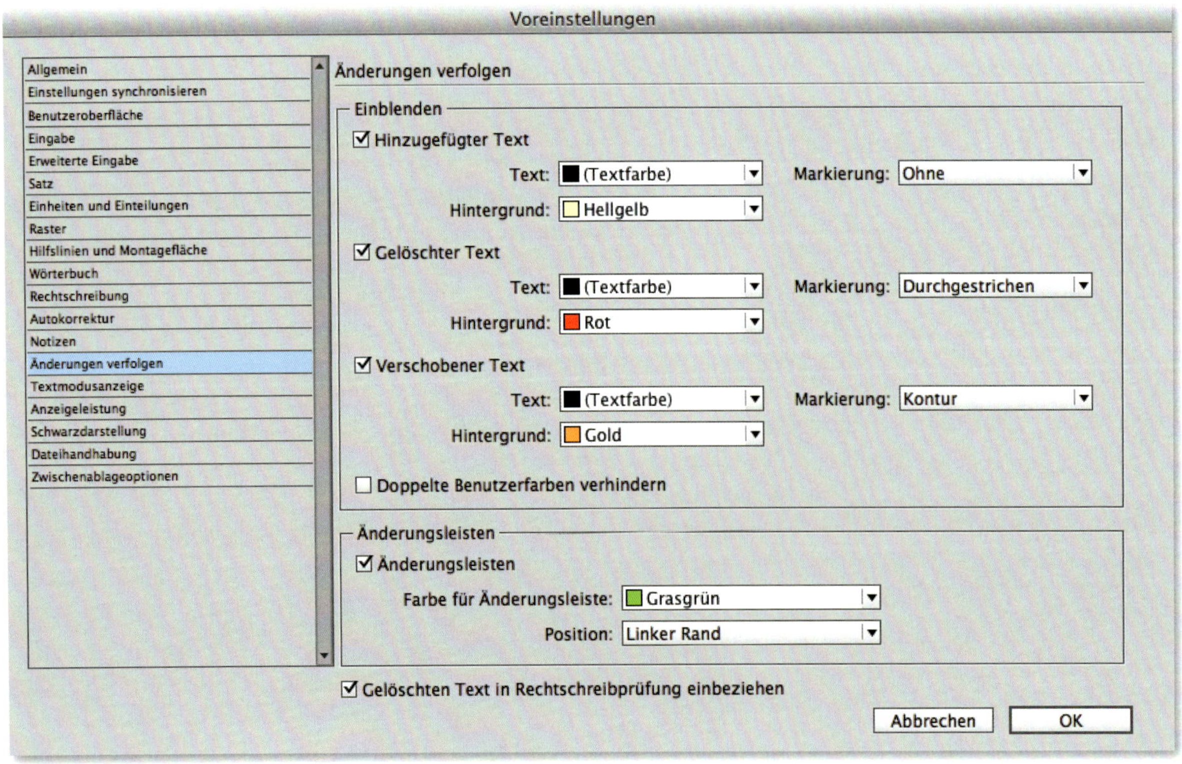

▲ **Abbildung 2.26**
Die empfohlenen Voreinstellungen von Änderungen verfolgen

Einblenden (P) | Legen Sie in diesem Bereich fest, ob Hinzugefügter Text, Gelöschter Text und Verschobener Text im Textmodus überhaupt markiert werden soll und wenn ja, in welcher Text- und Hintergrundfarbe er dann angezeigt werden soll. Darüber hinaus können Sie mit einer zusätzliche Markierung – es stehen Ohne, Durchgestrichen, Unterstrichen und Kontur zu Verfügung – die Bedeutung der Markierung noch hervorheben.

Änderungsleisten | Die Änderungsleiste ist ein vertikaler Farbbalken, der im Textmodus Bereiche kennzeichnet, in denen Änderungen verfolgt wurden. Bestimmen Sie in diesem Bereich einerseits die Farbe der Änderungsleiste und ob diese Leiste links oder rechts neben dem Text angezeigt wird. Letzteres wählen Sie in der Option Position aus.

Gelöschten Text in die Rechtschreibprüfung einbeziehen | Aktivieren Sie die Option, wenn Sie der Rechtschreibprüfung Zugriff auf gelöschte Texte gewähren wollen.

Doppelte Benutzerfarben verhindern

Durch Aktivierung der Option Doppelte Benutzerfarben verhindern kann bei eingeschalteter Textverfolgung verhindert werden, dass, wenn Textpassagen hinzugefügt und dann sofort wieder gelöscht werden, beide Zustände mitprotokolliert werden. Zwei Farbkennzeichnungen wären dann die Folge. Mit der Aktivierung dieser Option verhindern Sie das Farbenfest.

Der Einstellungsbereich »Textmodusanzeige«

Im Einstellungsbereich Textmodusanzeige bestimmen Sie, wie der Text im Textmodus angezeigt werden soll und welche Form der Textcursor darin besitzen soll.

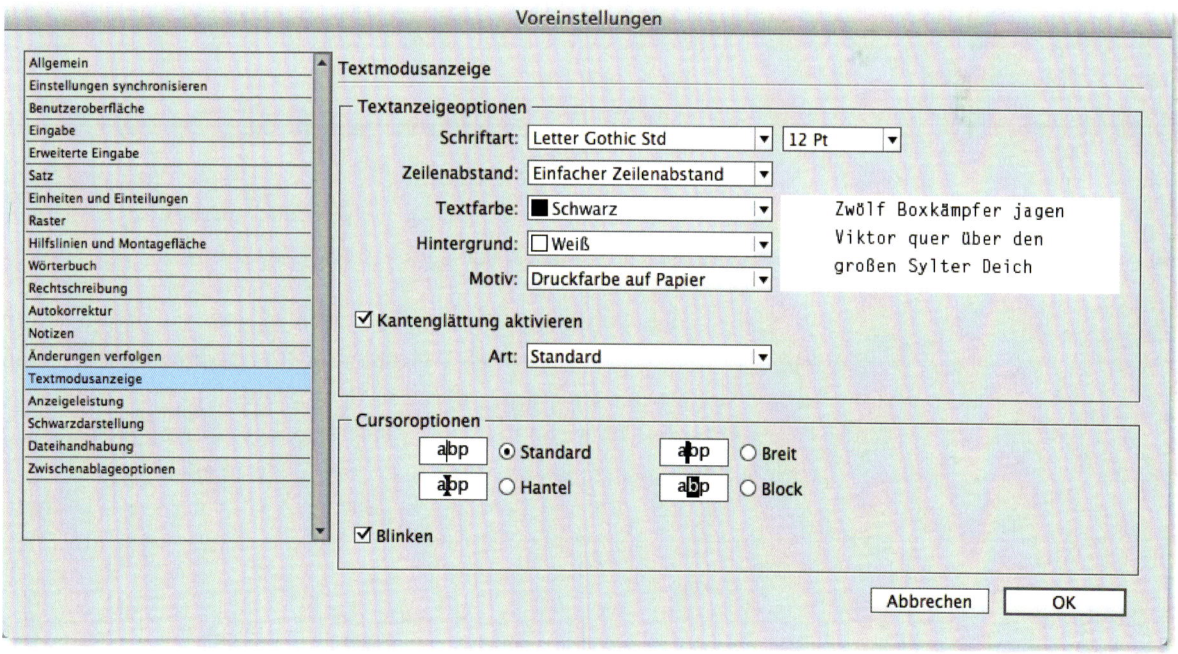

Textanzeigeoptionen | Mit dem Textmodus können Sie von der normalen Layoutansicht in eine reduzierte Textansicht und umgekehrt umschalten. Der gesamte Text im aktuellen Textfluss wird als linksbündiger

▲ **Abbildung 2.27**
Die empfohlenen Voreinstellungen im Einstellungsbereich Textmodus

Fließtext in einer einheitlichen Schriftgröße, versehen mit wenigen Auszeichnungen, dargestellt.

- Schriftart und Schriftgrösse: Wählen Sie die gewünschte Schriftart und Schriftgröße aus, wobei natürlich die Lesbarkeit am Bildschirm das entscheidende Kriterium sein sollte.
- Zeilenabstand: Der Zeilenabstand kann bei sinnvoller Schriftauswahl im Interesse der Platzverhältnisse eher gering ausfallen.
- Motiv, Textfarbe und Hintergrund: Über die Option Motiv können Sie aus vordefinierten Kombinationen aus Schrift- und Hintergrundeinstellungen wählen. Trifft keine der Einstellungen Ihren Geschmack, so können Sie über Textfarbe und Hintergrund die gewünschte Kombination erstellen.
- Kantenglättung aktivieren: Einzig die Option Kantenglättung aktivieren ist in dem Dialog sinnvoll. Sie sorgt für weiche Kantenübergänge, was die Lesbarkeit des Textes fördert. Wählen Sie dazu aus der Option Art aus, welcher Modus – Standard; Für LCD optimiert oder Weich – dabei verwendet werden soll.

Schriftwahl

Wählen Sie als Schrift zur Darstellung der Textzeichen im Textmodus eine serifenlose, aus mindestens vier Schriftschnitten bestehende und gut leserliche Schrift in ansprechender Schriftgröße (≥ 14 Pt) aus. Schriften wie Myriad oder Arial wären dazu gut geeignet. Standardschriften wie »Verdana« etc. sind aufgrund der fehlenden Schriftschnitte und fehlender Satzzeichen nicht dafür geeignet.

Cursoroptionen (P) | Hier können Sie aus vier unterschiedlichen Darstellungsvarianten – Standard, Breit, Hantel und Block – wählen und über Blinken bestimmen, ob der Textcursor blinken soll oder nicht. Aktivieren Sie Blinken, und stellen Sie den Textcursor auf Standard.

In den Textmodus gelangen

Um in den Textmodus zu gelangen, müssen Sie den Textcursor in einen Text stellen und den Befehl Bearbeiten • Im Textmodus bearbeiten aktivieren oder das Tastenkürzel Strg+Y bzw. ⌘+Y drücken. Um den Textmodus zu verlassen, schließen Sie das Fenster durch Klicken auf die Schließbox oder drücken erneut Strg+Y bzw. ⌘+Y.

Der Einstellungsbereich »Anzeigeleistung«

In diesem Einstellungsbereich bestimmen Sie die Güte der Darstellung von Text und Bild am Monitor und regeln dabei auch, ob die Darstellungsqualität im Dokument abgespeichert werden soll.

Mit InDesign können Sie die Anzeigequalität in drei unterschiedlichen Qualitäts- und Geschwindigkeitsstufen – Schnell, Typisch und Hohe Qualität – für das ganze Dokument oder für ausgewählte Objekte steuern. Den drei Stufen sind in der Grundeinstellung (die Parameter der einzelnen Stufen können im Bereich Anzeigeleistung anpassen den Bedürfnissen angepasst werden) folgende Werte zugewiesen:

- Schnell zeigt anstelle von Vektor- und Pixeldaten nur graue Flächen. Damit können Sie schnell arbeiten, aber Ihre Arbeit nicht im vollen Umfang beurteilen.
- Typisch zeigt Bilddaten und Vektorgrafiken in einer Grobauflösung. Diese Einstellung stellt den Mittelweg zwischen Tempo und Qualität dar.
- Hohe Qualität zeigt alle Bilddaten mit ihrer vollen Auflösung und ist deshalb relativ langsam, aber eben sehr originalgetreu.

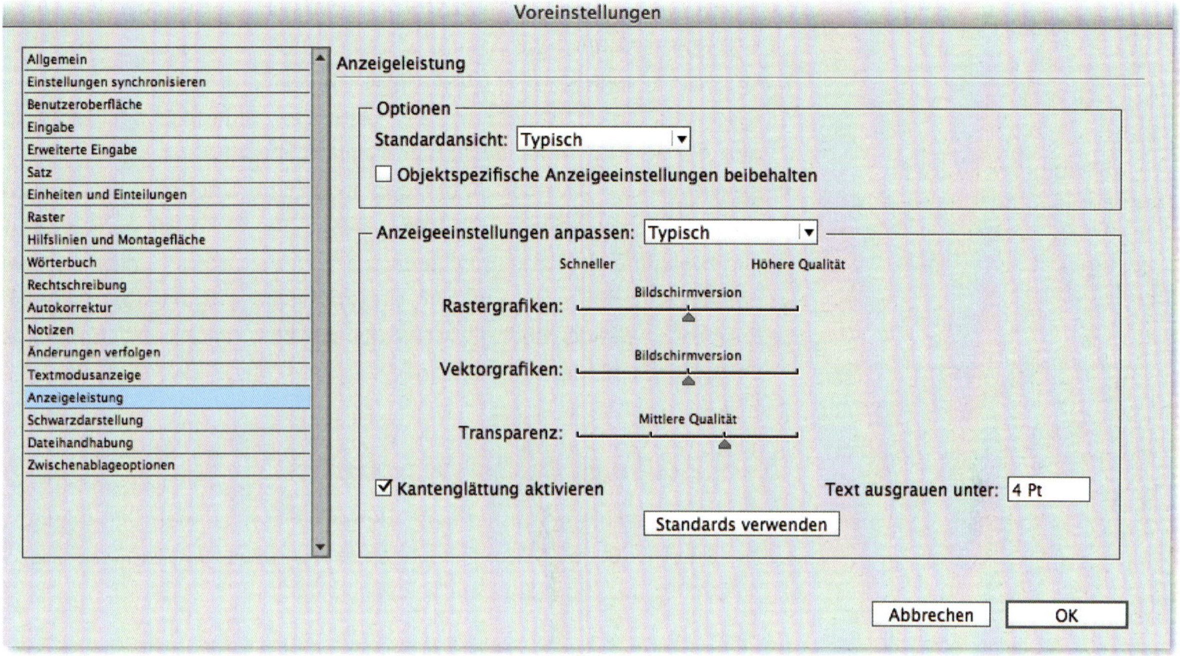

▲ **Abbildung 2.28**
Die empfohlenen Voreinstellungen im Einstellungsbereich ANZEIGELEISTUNG

Optionen (D) | Wird im Dokument für ein Objekt keine andere Anzeigeeinstellung verwendet, so werden die Einstellungen in diesem Bereich als Grundeinstellung verwendet.

- STANDARDANSICHT: Unter STANDARDANSICHT kann zwischen den drei Stufen SCHNELL, TYPISCH und HOHE QUALITÄT ausgewählt werden.
- OBJEKTSPEZIFISCHE ANZEIGEEINSTELLUNGEN BEIBEHALTEN: Wird ein Objekt (Bild oder Grafik) beispielsweise durch den Befehl OBJEKT • ANZEIGELEISTUNG • ANZEIGE MIT HOHER QUALITÄT markiert, so ist die Darstellung der Grafik oder des Bilds eine temporäre Einstellung, die standardmäßig nicht mit abgespeichert wird. Wenn Sie das gespeicherte Dokument neuerlich öffnen, wird die Abbildung wiederum in ihrer typischen Einstellung dargestellt. Wenn Sie jedoch die Option OBJEKTSPEZIFISCHE ANZEIGEEINSTELLUNGEN BEIBEHALTEN aktivieren, so werden die hochaufgelösten Voransichten mit in das Dokument gespeichert. Bitte diese Option nicht aktivieren!

Anzeigeeinstellungen anpassen | Die drei Qualitätsstufen können hier neu definiert werden, wobei Sie für jede der drei Einstellungen jeweils für RASTERGRAFIKEN, VEKTORGRAFIKEN und TRANSPARENZ einen Regler verschieben können, der zwischen SCHNELLER und HÖHERE QUALITÄT bewegt werden kann.

- KANTENGLÄTTUNG AKTIVIEREN: Wenn Sie die Option einschalten, beeinflusst dies die Darstellungsqualität von Schrift. Glätten erleichtert

Dateigröße

Wird immer mit HOHE QUALITÄT gearbeitet und zwischendurch immer abgespeichert, so werden die hochauflösenden Vorschauansichten mit der InDesign-Datei mitgespeichert. Dies führt unweigerlich dazu, dass die Dateigröße von InDesign-Dokumenten enorm zulegt.

Das Reduzieren der Dateigröße kann dann nur mehr durch das Abspeichern in eine IDML-Datei mit anschließendem Öffnen dieser Datei in InDesign erfolgen. Lesen Sie mehr dazu im Abschnitt »›Waschen‹ des Dokuments« auf Seite 173.

zwar die Lesbarkeit am Monitor, die Beurteilung des Grauwerts von Texten am Monitor ist damit aber nicht mehr optimal möglich.

- Text ausgrauen unter: Die Option regelt, ab welcher Schriftgröße auf eine exakte Berechnung der Schriftdarstellung verzichtet wird und der Text nur noch als graue Fläche erscheinen soll.
- Standards verwenden: Die Möglichkeit, die Darstellungsoptionen zu verändern, kann dazu führen, dass Hohe Qualität bei entsprechender Einstellung keine Bilder anzeigt. Wenn Sie sich bei Versuchen mit den Einstellungen in dieser Art vergriffen haben sollten, können Sie die Standardeinstellungen mit einem Klick auf Standards verwenden wiederherstellen.

Text ausgrauen

Wenn Sie 4 Pt einstellen, so wird darunter nicht die absolute Größe der Schrift verstanden, sondern der Fall, dass eine Schrift durch das Verkleinern der Darstellung am Monitor den eingestellten Wert unterschreitet.

Schriftgrade unter 5 Pt finden

Haben Sie 4 Pt in der Option Text ausgrauen unter gewählt, so erkennen Sie bei gewählter Ansicht • Originalgrösse sofort Textstellen, die einen Schriftgrad kleiner 5 Pt besitzen. Damit machen Sie den typografischen Unfug, Schriftgrade kleiner als 5 Pt für den Druck zu verwenden, sichtbar.

Der Einstellungsbereich »Schwarzdarstellung«

Regeln Sie im Einstellungsbereich Schwarzdarstellung, wie [Schwarz] und Tiefschwarz am Monitor angezeigt werden und ob die Farbe [Schwarz] standardmäßig überdrucken soll.

Schwarz ist nicht gleich Schwarz! Nicht umsonst befinden sich verschiedene Schwarzbezeichnungen, wie [Schwarz], »Schwarz aussparend« und »Tiefschwarz«, in vielen InDesign-Dokumenten. Darüber hinaus kann sich noch ein RGB-Schwarz mit den Werten R = 0, G = 0 und B = 0 in einer importierten Datei befinden. Dass diese Farben in der Ausgabe auch unterschiedliche Ergebnisse liefern, klingt logisch. Um bereits im Vorfeld erkennen zu können, welche Farbunterschiede im Druck auftreten werden, müssen hier vom Standard abweichende Einstellungen vorgenommen werden.

▼ Abbildung 2.29
Die empfohlenen Voreinstellungen im Einstellungsbereich Schwarzdarstellung

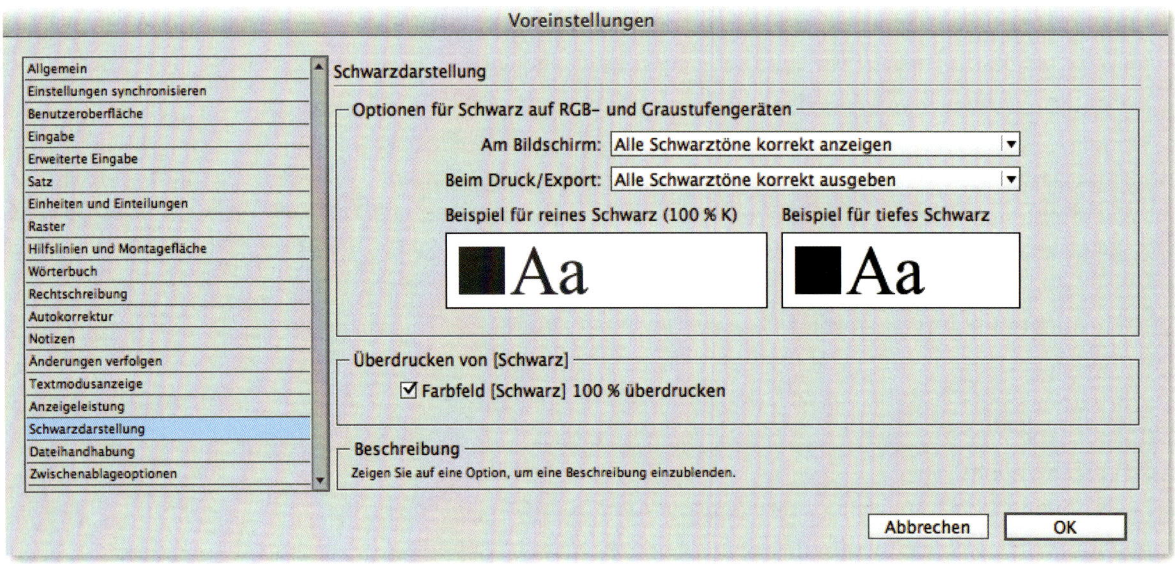

Optionen für Schwarz auf RGB- und Graustufengeräten (P) | Legen Sie in diesem Bereich fest, wie die verschiedenen Schwarzformen am Monitor dargestellt bzw. bei der Ausgabe in einen von CMYK abweichenden Farbraum verrechnet werden.

- Am Bildschirm: Ist in der Option Am Bildschirm der Wert Alle Schwarztöne korrekt anzeigen gewählt, so wird am Monitor »reines« Schwarz als Dunkelgrau dargestellt. Damit sind Sie in der Lage, zwischen »reinem« Schwarz und Tiefschwarz am Monitor zu unterscheiden. Ist hingegen die Option auf Alle Schwarztöne als tiefes Schwarz anzeigen gestellt, so werden beide Formen von Schwarz als R=0, G=0 und B=0 – somit tiefschwarz – dargestellt.
- Beim Druck/Export: Ist der Wert Alle Schwarztöne korrekt ausgeben gewählt, so werden bei der Ausgabe auf Nicht-PostScript-Druckern oder der Ausgabe in ein RGB-Dateiformat, wie dies mit PDF oder JPEG möglich ist, verschiedene Schwarztöne im Druck durch unterschiedliche RGB-Werte abgebildet. K=100% wird somit nicht in R=0, G=0 und B=0, sondern, je nach verwendetem ICC-Profil, in R=15, G=20 und B=18 umgewandelt. Ist hingegen die Option Alle Schwarztöne als tiefes Schwarz ausgeben gewählt, werden Schwarz und Tiefschwarz im selben Schwarz R=0, G=0 und B=0 ausgegeben.

Tiefschwarz
Unter einem *Tiefschwarz* versteht man eine Farbe, der zusätzlich zu 100% Schwarz zumindest eine Unterfarbe wie beispielsweise 60% Cyan beigemischt wurde.

Hinweis
Details zum Umgang mit verschiedenen Schwarzformen erfahren Sie in Kapitel 25, »Ausgabehilfen«.

▲ **Abbildung 2.30**
Linke Hälfte: Farbfläche eingefärbt mit [Schwarz]
rechte Hälfte: Farbfläche eingefärbt mit der Farbe »Tiefschwarz«
Der Unterschied zwischen beiden angrenzenden Schwarzflächen sollte nicht erst im gedruckten Werk sichtbar werden.

Aktivieren Sie die Option Alle Schwarztöne korrekt ausgeben, da damit Fehler – unterschiedliche Schwarztöne bei angrenzenden oder überdruckenden Flächen – bereits am Monitor durch Aktivierung des Befehls Ansicht • Überdruckenvorschau erkannt werden können.

Überdrucken von [Schwarz] (P) | Wenn sich zwei Objekte mit unterschiedlichen Farben überlappen, sollten sich in der Regel die beiden Farben nicht vermischen – es sei denn, dieser Effekt wird gestalterisch eingesetzt. Deshalb wird das oben liegende Objekt aus dem darunter liegenden »ausgespart«. Das bedeutet, dass die Füllung des unteren Objekts im Bereich der Überlappung nicht gedruckt wird. Eine Ausnahme stellt hier die Farbe [Schwarz] dar, die, um »Blitzer« zu vermeiden, immer andere Farben überdruckt, sofern sie zu 100% aufgetragen wird. Genau dies wird mit der Option Farbfeld [Schwarz] zu 100% überdrucken eingestellt.

Der Einstellungsbereich »Dateihandhabung«

Regeln Sie im Einstellungsbereich Dateihandhabung, wie InDesign mit Verknüpfungen umgehen und beim Platzieren von Snippets reagieren soll und wo InDesign ungesicherte Dokumente zwischenspeichern soll.

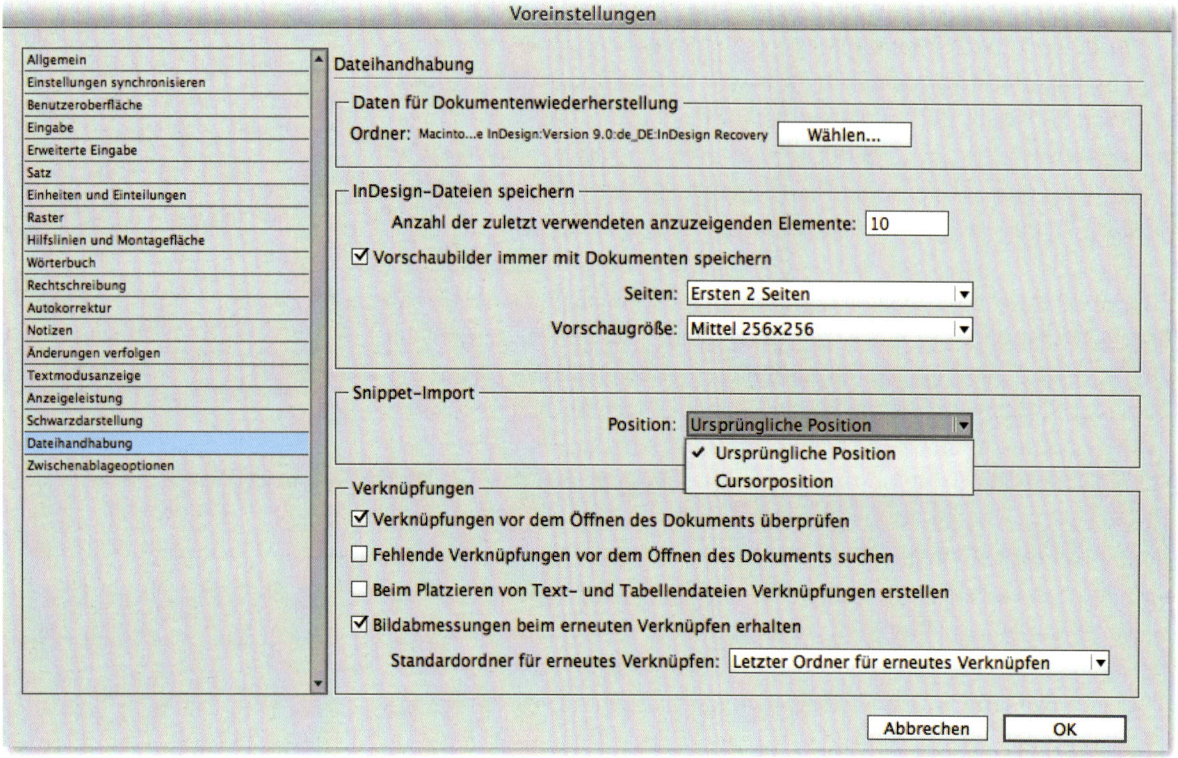

▲ **Abbildung 2.31**
Die empfohlenen Voreinstellungen im Einstellungsbereich Dateihandhabung

Daten für Dokumentenwiederherstellung (P) | Wählen Sie durch Klick auf Wählen aus, wo InDesign eine »Zwischenspeicherung« noch nicht gespeicherter Dokumente ablegen soll. Damit wird sichergestellt, dass Sie nach einem Absturz möglichst wenig Arbeit verlieren, da InDesign beim nächsten Programmstart auf die »Zwischenspeicherung« zur Wiederherstellung zurückgreifen kann.

InDesign-Dateien speichern (P) | Regeln Sie in diesem Bereich über die Option Anzahl der zuletzt verwendeten anzuzeigenden Elemente, wie lang die Liste der zuletzt geöffneten InDesign-Dokumente im Menü Datei • Zuletzt verwendete Datei öffnen werden kann, und darüber hinaus über die Option Vorschaubilder immer mit Dokumenten speichern (sie dient zum schnelleren Auffinden von InDesign-Dokumenten), ob ein Vorschaubild für das Dokument eingerechnet werden soll. Ist die Option aktiviert, so wird eine Miniaturansicht in der gewählten Vorschaugrösse in Form eines JPEG-Bilds im Dokument selbst gespeichert.

- Seiten: Bestimmen Sie, für wie viele Seiten eine Vorschau berechnet werden soll. Es stehen die Werte Erste Seite, Ersten 2 Seiten, Ersten 5 Seiten, Ersten 10 Seiten und Alle Seiten zur Verfügung.

Empfehlung
Ändern Sie den Speicherort im Bereich Daten für Dokumentenwiederherstellung nur in Sonderfällen. Der Defaultwert ist eigentlich ideal gewählt.

Hinweis
Wählen Sie den Eintrag Alle Seiten niemals aus, da sonst bei jedem Speichervorgang immer die Vorschau für alle Seiten neu errechnet wird – und das kann dauern!

- VORSCHAUGRÖSSE: Die Größe der Miniaturansicht bestimmen Sie mit der Option VORSCHAUGRÖSSE. Wählen Sie dazu zwischen KLEIN 128X128, MITTEL 256X256, GROSS 512X512 oder SEHR GROSS 1024X1024 aus. Wenn Sie sich für SEHR GROSS entscheiden, so können Sie zwar in der Vorschau bereits Details der Seite erkennen, der Nachteil liegt jedoch in der extrem großen Datenmenge und in den längeren Rechenzeiten beim Speichern des InDesign-Dokuments.

Snippet-Import (D) | Beim Abspeichern von Snippets werden die Positionskoordinaten des Objekts mit dem Snippet gespeichert. Wenn Sie das Snippet in ein Dokument platzieren, so werden in Abhängigkeit von der Voreinstellung bei der Option POSITION die Objekte an der Originalposition (URSPRÜNGLICHE POSITION) bzw. an jener Stelle platziert, wo Sie die Maustaste loslassen (CURSORPOSITION).

Verknüpfungen (D) | Bei Bilddaten ist es im elektronischen Satz üblich, die Bilder nicht in das Satzdokument zu integrieren, obwohl es hier auch alternative Ansätze gibt. Der Vorteil eines externen Datenbestands ist: Wenn sich diese Daten ändern, können diese Änderungen in das Satzdokument übernommen werden, und darüber hinaus wird die Dateigröße des InDesign-Dokuments nicht sinnlos aufgebläht. Es stehen folgende Optionen zur Verfügung:

- VERKNÜPFUNGEN VOR DEM ÖFFNEN DES DOKUMENTS ÜBERPRÜFEN: Ist diese Option deaktiviert, so wird das Dokument in InDesign sofort geöffnet, und der Status der Verknüpfungen bleibt so lange unbestimmt, bis festgestellt wurde, ob die Verknüpfungen auf dem aktuellen Stand sind, fehlen oder geändert wurden. Wenn Sie diese Option aktivieren, sucht InDesign nach geänderten oder fehlenden Verknüpfungen und gibt beim Öffnen eine Warnmeldung aus. Wollen Sie jedoch diese nicht erhalten, so deaktivieren Sie die Option.
- FEHLENDE VERKNÜPFUNGEN VOR DEM ÖFFNEN DES DOKUMENTS SUCHEN: Wenn Sie diese Option aktivieren, versucht InDesign, die fehlenden Verknüpfungen aufzulösen, was den Öffnen-Vorgang extrem verlangsamen kann, wenn Verknüpfungen auf einem verbundenen Server gesucht werden.
- BEIM PLATZIEREN VON TEXT- UND TABELLENDATEIEN VERKNÜPFUNGEN ERSTELLEN: Aktivieren Sie diese Option nur dann, wenn Sie Tabellen aus Excel-Dateien heraus in InDesign automatisiert aktualisieren wollen.
- BILDABMESSUNGEN BEIM ERNEUTEN VERKNÜPFEN ERHALTEN: Beim Aktualisieren oder Wiederherstellen einer Verknüpfung mit einer Datei bleiben alle in InDesign vorgenommenen Transformationen erhalten, solange Sie die Option aktiviert haben.

Tipp

Ob überhaupt eine Miniaturansicht mit dem Dokument abgespeichert wird, bestimmen Sie durch Aktivierung der Option VORSCHAUBILDER IMMER MIT DOKUMENTEN SPEICHERN im Speichern unter-Dialog. Wenn Sie nicht auf Adobe Bridge bzw. Mini Bridge zurückgreifen, so ist das Abspeichern einer Vorschau sinnlos, da diese nur in diesen Programmen angezeigt wird.

Abweichende Einstellung beim Snippet-Import verwenden

Um genau das Gegenteil von dem zu erreichen, was Sie in den Voreinstellungen definiert haben, drücken Sie die Alt- bzw. ⌥-Taste. Achten Sie darauf, dass Sie die Funktionstaste erst loslassen dürfen, nachdem das Snippet platziert ist!

Empfehlung

Deaktivieren Sie die Option FEHLENDE VERKNÜPFUNGEN VOR DEM ÖFFNEN DES DOKUMENTS SUCHEN, wenn das Öffnen des Dokuments zu lange dauert.

Verknüpfungen bei Textdaten

Textdaten – zu denen auch Tabellen gehören – werden standardmäßig nicht verknüpft. Sie können durch Aktivieren der Option BEIM PLATZIEREN VON TEXT- UND TABELLENDATEIEN VERKNÜPFUNGEN ERSTELLEN bestimmen, dass auch zu Textdaten eine Verknüpfung erzeugt wird.

Empfehlung
Wenn Sie im Layout niedrigauflösende Bilder platziert haben und diese letztendlich durch hochauflösende Bilder ersetzen wollen, die sich in einem anderen Ordner befinden, so aktivieren Sie die Option LETZTER ORDNER FÜR ERNEUTES VERKNÜPFEN.

- STANDARDORDNER FÜR ERNEUTES VERKNÜPFEN: Damit bestimmen Sie, in welchen Ordner beim erneuten Verknüpfen im Dateiverzeichnis gesprungen werden soll. Es gibt folgende Möglichkeiten:
  - LETZTER ORDNER FÜR ERNEUTES VERKNÜPFEN: Dadurch wird beim erneuten Verknüpfen der zuletzt verwendete Ordner angesprungen.
  - URSPRÜNGLICHER VERKNÜPFUNGSORDNER: Dadurch wird jener Ordner angezeigt, in dem ursprünglich die Verknüpfung abgespeichert wurde.

Der Einstellungsbereich »Zwischenablageoptionen«

Regeln Sie im Einstellungsbereich ZWISCHENABLAGEOPTIONEN, wie InDesign beim Einfügen von Texten und Bildern bzw. beim Kopieren von Objekten aus InDesign verfahren soll.

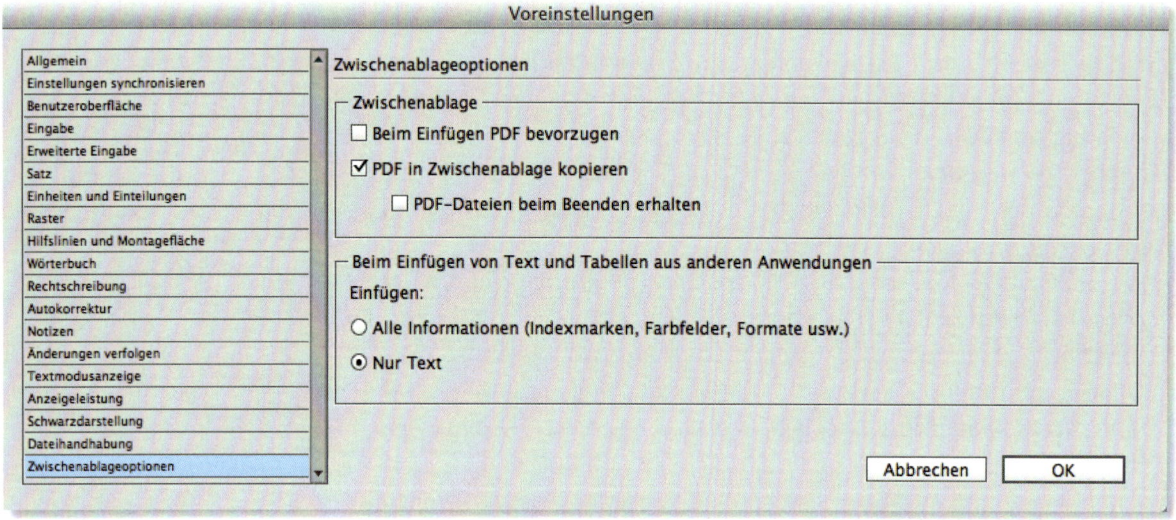

▲ **Abbildung 2.32**
Die empfohlenen Voreinstellungen im Einstellungsbereich ZWISCHENABLAGEOPTIONEN

Zwischenablage | Bestimmen Sie damit, ob beim Kopieren aus und nach InDesign PDF bevorzugt verwendet werden soll.

- BEIM EINFÜGEN PDF BEVORZUGEN: Wenn Sie diese Option aktivieren, werden beispielsweise Daten von Adobe Illustrator als PDF in Ihr InDesign-Dokument eingefügt, um beispielsweise transparente Objekte zu erhalten.
- PDF IN ZWISCHENABLAGE KOPIEREN legt fest, dass Elemente als PDF in der Zwischenablage gespeichert werden sollen – auch hier ist der Sinn, dass sich bestimmte Attribute besser als PDF abbilden lassen.
- PDF-DATEIEN BEIM BEENDEN ERHALTEN: Ist die Option aktiviert, bleiben beim Beenden von InDesign die kopierten InDesign-Bestände in der Zwischenablage erhalten.

Empfehlung
Deaktivieren Sie die Option BEIM EINFÜGEN PDF BEVORZUGEN, da Sie dadurch beim Einfügen von kopierten Illustrator-Daten die einzelnen Objekte für InDesign editierbar erhalten.

Beim Einfügen von Text und Tabellen aus anderen Anwendungen (P) | Wenn Sie Texte aus anderen Applikationen über Copy & Paste in ein InDesign-Dokument bringen, können Sie wählen, ob alle Textformate erhalten bleiben sollen oder ob Sie nur den Text – ohne Formatierung – übernehmen möchten.

- Alle Informationen (Indexmarken, Farbfelder, Formate usw.): Um den Text formatiert zu übernehmen, müssen Sie diese Option wählen.
- Nur Text: Durch die Wahl von Nur Text werden alle überflüssigen Auszeichnungen aus beispielsweise Word-Dateien eliminiert.

Empfehlung

Wählen Sie unbedingt die Option Nur Text, um Ihre InDesign-Dokumente frei von Auszeichnungen im Text und von in Word angelegten Formatvorlagen zu halten. Sie können aber auch einen Text unformatiert durch Ausführen des Befehls Bearbeiten • Unformatiert einfügen in InDesign einfügen. Speziell dann, wenn Sie Texte aus anderen InDesign-Dokumenten übernehmen, ist dieser Befehl Gold wert.

Voreinstellungen zurücksetzen

Um die Standardeinstellungen, die nach der Installation von InDesign gelten, wiederherzustellen, gehen Sie wie folgt vor:

Starten Sie Adobe InDesign CC, und halten Sie dabei die Tasten Strg + Alt + ⇧ bzw. ⌘ + ⌥ + ⇧ gedrückt. Es erscheint ein Fenster, in dem Sie gefragt werden, ob Sie die Voreinstellungen-Datei löschen möchten. Klicken Sie auf Ja, um alle Einstellungen zurückzusetzen.

2.3 Farbeinstellungen vornehmen

InDesign ist installiert, und die Voreinstellungen für die zukünftige Arbeitsweise sind festgelegt. Im nächsten Schritt sollten Sie die Farbeinstellungen für die Printproduktion festlegen.

Wir möchten Ihnen an dieser Stelle zwei Vorgehensweisen empfehlen. Die erste Empfehlung richtet sich an Personen, die das Farbmanagement nicht ganz falsch eingerichtet wissen wollen, die zweite Empfehlung richtet sich an die Profis, die genau wissen wollen, welche Farbeinstellungen für die Praxis im europäischen Umfeld zu verwenden sind. Setzen Sie zumindest eine dieser Empfehlungen um, denn die schlechteste Option ist, auf die Grundeinstellungen von Adobe zurückzugreifen.

Mehr zu Farbmanagement

Wie Sie die Farbeinstellungen einrichten können und welche Vorkehrungen Sie dafür treffen müssen, können Sie in Kapitel 23, »Farbmanagement«, ab Seite 757 nachlesen.

Schritt für Schritt
Mindestanforderung für das Farbmanagement festlegen

Wer mit InDesign arbeitet, wird mit größter Wahrscheinlichkeit auch auf die Programme Adobe Photoshop, Adobe Illustrator und Adobe Acrobat Pro zurückgreifen. Dateien, die in diesen Programmen erstellt und angezeigt werden, sollten alle im selben Farbraum angelegt werden, damit keine Probleme hinsichtlich der Farbreproduktion im Druck in Kauf genommen werden müssen. Aufgrund dieser Überlegung ist es ratsam, alle Programme mit denselben Farbeinstellungen zu versehen. Gehen Sie dazu folgendermaßen vor:

1 Adobe Bridge starten

Haben Sie InDesign als Einzelprogramm gemietet oder im Rahmen der Creative Cloud, so wird mit der Installation des Programms bzw. der Programme Adobe Bridge CC automatisch mitinstalliert.

Starten Sie Adobe Bridge CC, indem Sie entweder das Programm aus Ihrem Programmordner bzw. über das Menü START (Windows) starten oder in InDesign auf das Symbol Br in der Kopfleiste (Windows) bzw. Anwendungsleiste (Mac OS X) klicken.

Sie werden beim erstmaligen Starten von Adobe Bridge CC gefragt, ob sich Adobe Bridge CC automatisch beim Starten (Anmelden) des Systems öffnen soll. Wir empfehlen, hier vorerst den Dialog durch Klick auf NEIN zu quittieren, da Sie wahrscheinlich zuerst lieber mit dem bekannten Dateibrowser bzw. Finder navigieren wollen.

Autostart von Adobe Bridge CC aktivieren

Wenn Sie Adobe Bridge CC automatisch beim Hochfahren des Betriebssystems starten möchten, so können Sie dies jederzeit durch Aktivieren der Option BRIDGE BEI ANMELDUNG STARTEN im Einstellungsbereich ERWEITERT von Adobe Bridge CC erreichen.

2 Synchronisieren der Farbeinstellungen

In Adobe Bridge CC können Sie nun über den Befehl BEARBEITEN • FARBEINSTELLUNGEN oder durch Drücken der Tastenkürzel Strg+⇧+K bzw. ⌘+⇧+K angelegte Farbeinstellungen ❸ mit einem Klick über alle Standardprogramme der Creative Cloud hinweg synchronisieren.

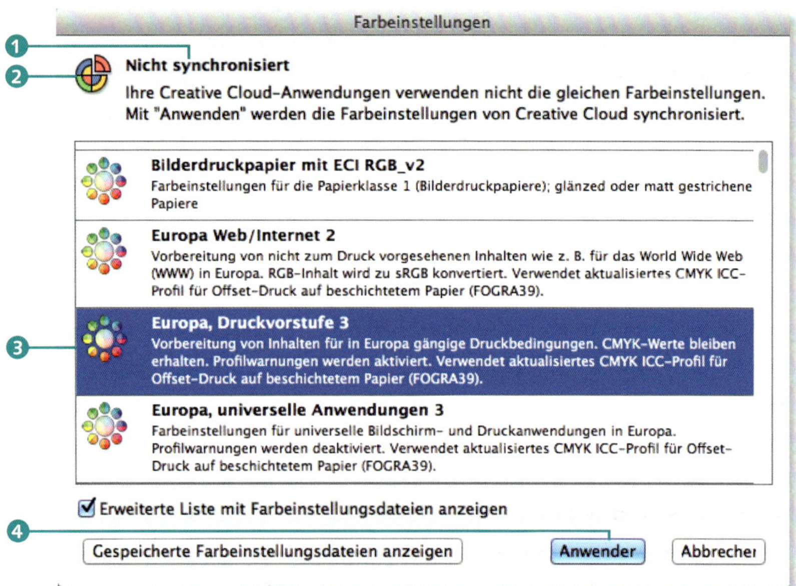

Abbildung 2.33 ▶
Der Farbeinstellungen-Dialog von Adobe Bridge CC. Sie können in diesem Dialog auf die vordefinierten Farbeinstellungssets der Creative Cloud bzw. auf Ihre eigenen Einstellungssets zurückgreifen. Achten Sie darauf, dass das Symbol ❷ sich nicht so zeigt, wie in der Abbildung darstellt, In diesem Fall steht neben dem Symbol der Eintrag NICHT SYNCHRONISIERT ❶, woraus geschlossen werden kann, dass ein Programm der Creative Cloud eine abweichende Farbeinstellung besitzt.

Wählen Sie in der Liste das Farbeinstellungsset Europa, Druckvorstufe 3 aus, und klicken Sie auf Anwenden ❹. Ab diesem Zeitpunkt sind alle Programme der CC, CS6, CS5, CS4 und CS3 inklusive Acrobat Pro 8, 9, X und XI mit demselben Set versehen.

3 Kontrolle der Farbeinstellungen

Nachdem Sie auf Anwenden geklickt haben, verschwindet der Farbeinstellungen-Dialog. Um zu kontrollieren, ob die Synchronisierung erfolgreich war, rufen Sie erneut den Farbeinstellungen-Dialog auf. Die Kopfzeile des Dialogs sollte sich dann folgendermaßen präsentieren.

◂ **Abbildung 2.34**
Der Farbeinstellungen-Dialog von Adobe Bridge CC, wenn alle Programme der Creative Cloud hinsichtlich der Farbeinstellungen synchronisiert sind

Zeigt sich das Symbol ❻ wie dargestellt, so sind alle Programme hinsichtlich der Farbeinstellungen synchronisiert. Als Bestätigung steht neben dem Symbol der Eintrag Synchronisiert ❺. Sollte sich Ihr Einstellungen-Dialog bereits beim erstmaligen Öffnen so präsentieren, so müssen Sie nur einen anderen Eintrag in der Liste auswählen und dann erneut auf den Eintrag Europa, Druckvorstufe 3 klicken, bevor Sie auf Anwenden klicken können.

Beenden Sie InDesign, und fahren Sie mit dem Finetuning in InDesign auf Seite 88 fort.

Schritt für Schritt
Das Farbmanagement professionell einrichten

Sie sollten zumindest die Farbeinstellung für die Papierklasse 1 anlegen und diese Einstellung verwenden, solange Sie keine anderen Hinweise von Druckdienstleistern erhalten. Am einfachsten greifen Sie dazu auf die Profile und Einstellungssets der PDF/X-ready-Initiative aus der Schweiz zurück.

Papierklassen
Informationen zu den Papierklassen und dazu, wie Sie ein eigenes Farbeinstellungsset für die Creative Cloud erstellen, finden Sie in Kapitel 23, »Farbmanagement«.

1 Profile und Einstellungen laden

Starten Sie dazu Ihren Browser, und gehen Sie auf die Seite der PDF/X-ready-Initiative. Diese finden Sie unter *http://pdfx-ready.ch*. Klicken Sie dort auf Downloads, und wählen Sie in der Seitenleiste den Eintrag

Creator-Workflow ❶ aus. Der direkte Aufruf des Downloadbereichs erfolgt mit *http://pdfx-ready.ch/index.php?show=535.*

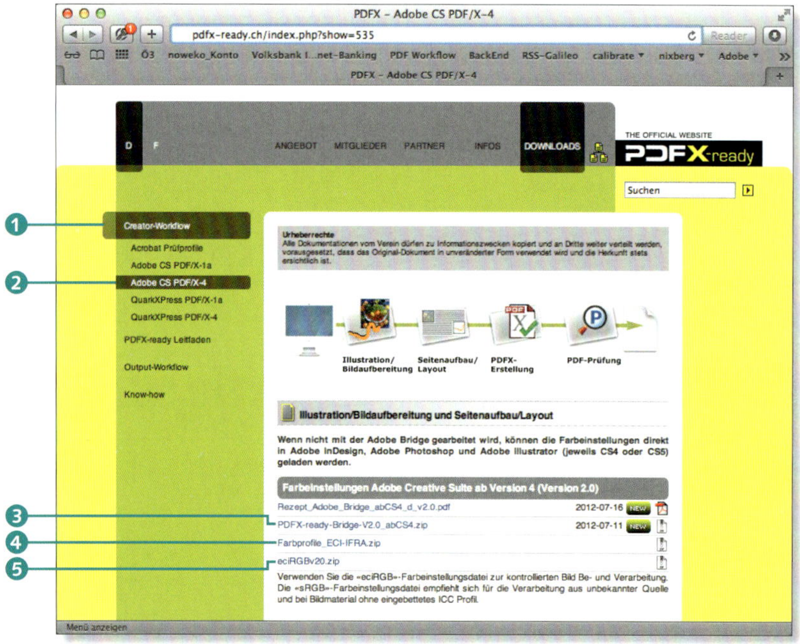

Abbildung 2.35 ▶
Die Webseite der PDF/X-ready-Initiative mit aktiviertem Downloadbereich für den Creator-Workflow.
Neben den Farbeinstellungsdateien befinden sich auf dieser Seite noch viele weitere nützliche Profile zum Erstellen und Prüfen von PDF-Dateien. Wir werden in diesem Buch im jeweiligen Kapitel immer wieder auf die vorhandenen Ressourcen auf dieser Webseite verweisen.

Innerhalb des Creator-Workflows können Sie sich zwischen zwei Arbeitsweisen entscheiden: der auf PDF/X-1a bzw. der auf PDF/X-4 basierten. Wir empfehlen Ihnen, dabei auf Adobe CS PDF/X-4 ❷ zu setzen und die Einstellungen dafür zu verwenden.

Laden Sie die dafür vorgesehenen Farbeinstellungssets durch Klick auf PDFX-ready-Bridge-V2.0 _abCS4.zip ❸ herunter.

Damit die Farbeinstellungssets auch auf die korrekten Farbprofile (Farbraumbeschreibungen) zurückgreifen können, müssen Sie noch die Farbprofile für die einzelnen Papierklassen laden. Klicken Sie dazu auf Farbprofile_ECI-IFRA.zip ❹.

Damit auch das von der ECI für die Druckvorstufe empfohlene RGB-Farbprofil zum Installieren bereitsteht, klicken Sie zum Schluss noch auf eciRGBv20.zip ❺.

Auf der Buch-DVD finden Sie im Ordner Settings • Farbmanagement die aktuellen Farbeinstellungssettings im Unterordner Farbeinstellungen und die Profile der ECI und IFRA im Unterordner ICC-Profile.

2 Installieren der Profile und der Farbeinstellungssets

Nachdem Sie die Profile und die Einstellungssets geladen oder von der Buch-DVD kopiert haben, müssen Sie nun diese Dateien in die richtigen Verzeichnisse Ihres Betriebssystems kopieren.

- **Mac OS X-Anwender** kopieren die Farbprofile (alle bunten Dateien aus dem Ordner Farbprofile_ECI-IFRA mit der Endung .icc) in das Verzeichnis Festplatte/Library/ColorSync/Profiles. Die Farbeinstellungssets (alle Dateien mit der Endung .csf aus dem Ordner PDFX-ready-Bridge-V2.0 _abCS4) kopieren Sie in das Verzeichnis Benutzer/Library/Application Support/Adobe/Color/Settings.

- **Windows-Anwender** kopieren die Farbprofile (alle bunten Dateien aus dem Ordner Farbprofile_ECI-IFRA mit der Endung .icc) in das Verzeichnis C:\Windows\System32\spool\drivers\Color oder fügen diese über Systemsteuerung • Farbverwaltung im Register Alle Profile benutzerübergreifend hinzu. Die Farbeinstellungssets (alle Dateien mit der Endung .csf aus dem Ordner PDFX-ready-Bridge-V2.0 _abCS4) kopieren Sie in folgendes Verzeichnis:
  - Windows XP: C:\Dokumente und Einstellungen\Benutzer\Anwendungsdaten\Adobe\Color\Settings
  - Windows 7: C:\Benutzer\Benutzernamen\AppData\Roaming\Adobe\Color\Settings

Hinweis

Mit falschen Farbeinstellungen zu arbeiten, behindert Ihre tägliche Arbeit mit InDesign in keiner Weise, Sie werden jedoch spätestens im Druck bzw. bei der PDF-Produktion mit möglichen Farbabweichungen konfrontiert werden. Durch den konsequenten Einsatz von Farbmanagement können Sie nur gewinnen.

3 Synchronisieren der Farbeinstellungen

Haben Sie die Farbprofile und die Farbeinstellungsdateien kopiert, so verfahren Sie, wie in Schritt 2 der vorigen Schritt-für-Schritt-Anleitung beschrieben. Wählen Sie aber zum Setzen der Farbeinstellungen für die Papierklasse 1 anstelle des Eintrags Europa Druckvorstufe 3 den Eintrag PDFX-ready ISOcoatedV2 _300_abCS4_eciRGB-V2.0 (6) aus.

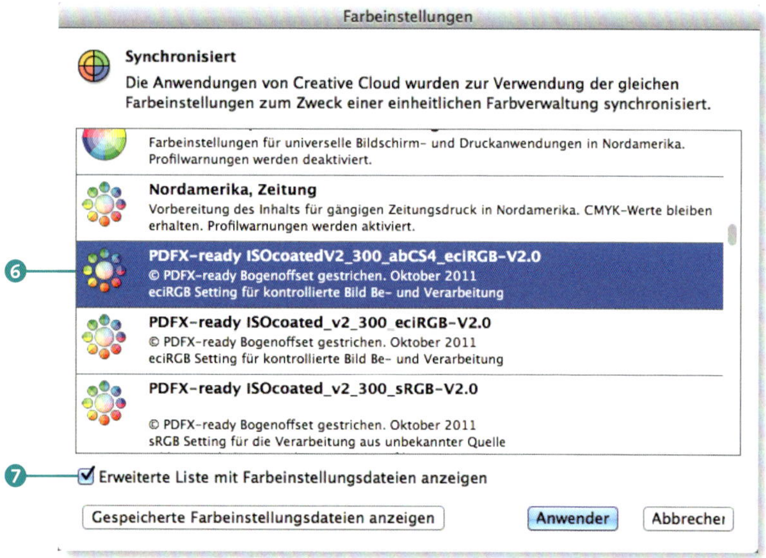

◂ **Abbildung 2.36**
Der Farbeinstellungen-Dialog von Adobe Bridge CC mit geladenen PDF/X-ready- Settings. Sollten Sie den Eintrag PDFX-ready ISOcoatedV2_300_abCS4_eciRGB-V2.0 in der Liste nicht finden, so müssen Sie die Option Erweiterte Liste mit Farbeinstellungsdateien anzeigen (7) aktivieren.

Sie haben damit erfolgreich die professionellen Farbeinstellungen für die Creative Cloud für die Papierklasse für alle Programme festgelegt. Sie können nun diesen Schritt abschließen und zum Finetuning von InDesign übergehen.

2.4 Finetuning in InDesign

InDesign ist installiert, die Voreinstellungen sind getroffen, und das Farbmanagement für den Gebrauch im Printbereich ist eingerichtet. Sie wären nun eigentlich gut gerüstet, um mit der Erstellung des ersten Dokuments zu beginnen. Damit sich das Arbeiten mit dem Programm angenehm gestaltet, sollten Sie jedoch an dieser Stelle noch weitere Vorkehrungen für in InDesign treffen. Nachfolgend wollen wir Ihnen noch einige Hinweise geben.

Menüsatz einrichten

Hinweis
Wie Sie einen eigenen Menüsatz einrichten, können Sie im Abschnitt »Menüs konfigurieren« auf Seite 122 nachlesen.

Soll der Menüumfang für die Arbeitsweise in InDesign beschränkt werden, so können Sie dies über das Menü BEARBEITEN • MENÜS tun. Wir empfehlen Ihnen jedoch, dies beim Erlernen von InDesign nicht zu tun, da Sie sonst immer wieder den einen oder anderen Befehl suchen werden.

Überprüfen Sie, ob Sie wirklich auf alle Menüs von InDesign zugreifen können, indem Sie den Befehl FENSTER • ARBEITSBEREICH • VOLLSTÄNDIGE MENÜS ANZEIGEN auswählen. Ist dieser Befehl ausgegraut, so haben Sie vollen Zugriff.

Arbeitsbereich einrichten

Hinweis
Wie Sie einen Arbeitsbereich einrichten können bzw. wohin Sie den Arbeitsbereich der Buch-DVD kopieren müssen, lesen Sie im Abschnitt »Bedienfelder der eigenen Arbeitsweise anpassen« auf Seite 117 nach.

Adobe stellt mit InDesign CC standardmäßig sieben verschiedene Arbeitsbereiche – BUCH, DIGITALE VERÖFFENTLICHUNG, DRUCKAUSGABE UND PROOFS, ERWEITERT, GRUNDLAGEN, INTERAKTIV FÜR PDF und TYPOGRAFIE – zur Verfügung. Sie können auf Basis dieser Arbeitsbereiche Ihren Arbeitsbereich beliebig, je nach Platz auf Ihrem Monitor bzw. auch auf einem Zusatzmonitor, gestalten und abspeichern.

Drei aus unserer Sicht sinnvoll zu verwendende Arbeitsbereiche für die Printproduktion, die Erstellung von animierten Inhalten sowie für den strukturierten Export dieser Daten und für die Erstellung von digitalen Magazinen über Adobe DPS haben wir für Sie auf der Buch-DVD im Verzeichnis SETTINGS • ARBEITSBEREICHE gespeichert.

Grundeinstellung zum Skalieren von Linien setzen

Stellen Sie sich zu Beginn die zentrale Frage, ob Sie Konturstärken, die in InDesign angelegt wurden, beim Skalieren verändern wollen oder nicht. Haben Sie eine Entscheidung getroffen, so aktivieren bzw. deaktivieren Sie dementsprechend den Befehl KONTURSTÄRKE BEIM SKALIEREN

ANPASSEN. Diesen Befehl können Sie im Bedienfeldmenü des Steuerung-Bedienfelds auswählen, wenn Sie das Auswahlwerkzeug aktiviert haben.

Tastenkürzelset wählen

Mit dem Tastenkürzelset STANDARD kommen InDesign-Anfänger in der Regel gut zurecht. InDesign-Profis können ohne die Verwendung von Tastenkürzeln nicht wirklich schnell und effizient arbeiten.

Allen InDesign-Anwendern raten wir deshalb, das Tastenkürzelset STANDARD für die eigene Arbeitsweise anzupassen bzw. sich unsere Vorschläge zur Abänderung des Satzes STANDARD durchzulesen.

Hinweis
Wie Sie ein eigenes Tastenkürzelset einrichten, können Sie im Abschnitt »Definieren eines eigenen Tastenkürzel-Satzes« auf Seite 1184 nachlesen.

Preflight deaktivieren

Preflight ist eine hervorragende Sache, um möglichst schnell Fehler im erstellten Dokument aufspüren zu können. Da Preflight jedoch nach jeder getätigten Veränderung eine Prüfung für das gesamte Dokument durchführt, kann dies zur extremen Verlangsamung der Arbeitsgeschwindigkeit führen. Wir empfehlen Ihnen deshalb, PREFLIGHT als Default-Einstellung zu deaktivieren und eine Prüfung damit gezielt vor der Ausgabe des Druckdokuments durchzuführen.

Rufen Sie zum Deaktivieren des permanenten Preflight-Vorgangs das Bedienfeld PREFLIGHT über FENSTER • AUSGABE • PREFLIGHT auf. Achten Sie jedoch dabei darauf, dass Sie kein Dokument dabei geöffnet haben, da diese Einstellung sich somit nur auf das aktuell geöffnete Dokument beziehen würde. Deaktivieren Sie danach im Bedienfeld die Option EIN ①, womit ein permanenter Check des gesamten InDesign-Dokuments entfällt.

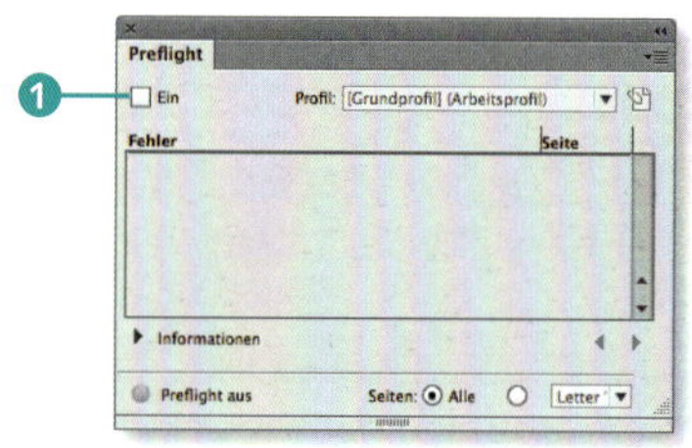

▲ **Abbildung 2.37**
Das Bedienfeld PREFLIGHT mit deaktivierter Option der »On the Fly-Prüfung«

Optionale Einstellungen vornehmen

InDesign-Profis können an dieser Stelle noch weitere Einstellungen vornehmen oder die entsprechend gespeicherten Vorgaben an die dafür vorgesehenen Stellen kopieren bzw. importieren.

Prüfprofile für Preflight festlegen | Prüfprofile helfen Ihnen bereits vor der Erstellung der Druckdaten, Fehler im Aufbau des Dokuments bzw. in platzierten Dateien zu finden.

Wie Sie ein Prüfprofil anlegen bzw. wie Sie das Prüfprofil »projekt_4c_v1.idpp« von der Buch-DVD als Default-Wert für InDesign festlegen, erfahren Sie im Abschnitt 27.4, »Erstellen eines Preflight-Profils«,

Auf der Buch-DVD finden Sie im Ordner SETTINGS • PRUEFPROFILE das abgespeicherte Prüfprofil »projekt_4c_v1.idpp«.

auf Seite 821. Vergessen Sie dabei nicht, es als ARBEITSPROFIL in den Preflight-Optionen zu setzen.

Hinweis
Wie Sie Druck- und Exportvorgaben anlegen bzw. wie Sie eine Exportvorgabe von der Druckerei laden können, erfahren Sie in den Abschnitten 28.5, »Druckvorgaben« auf Seite 864 bzw. 29.3, »Adobe PDF-Vorgaben« auf Seite 895.

Druckeinstellungen festlegen | Welche Druckvorgaben Sie für Ihren Arbeitsbereich verwenden, hängt von den Ihnen zur Verfügung stehenden Ausgabemöglichkeiten ab. Legen Sie sich Druckeinstellungen für wiederkehrende Ausdrucke an.

PDF-Exporteinstellungen festlegen | Welche PDF-Exporteinstellungen Sie benutzen sollten, hängt im Wesentlichen vom abzuwickelnden Projekt ab. Viele Druckereien stellen Ihnen dazu die entsprechenden PDF-Exportvorgaben zur Verfügung.

Wir haben Ihnen zwei PDF-Exportvorgaben für eine moderne Arbeitsweise auf der Buch-DVD im Ordner EINSTELLUNGEN • PDF-EXPORTVORGABEN abgespeichert. Laden Sie sich diese in InDesign, und versuchen Sie in Absprache mit der Druckerei, auch auf diese Vorgaben zurückzugreifen.

Abweichende Farbeinstellungen für InDesign festlegen

Empfehlung
Verwenden Sie abweichende Farbeinstellungen in InDesign nur dann, wenn Sie genau wissen, was Sie tun. Behalten Sie bei den Farbmanagement-Einstellungen in InDesign jenen Wert bei, den Sie durch die Synchronisierung des Farbeinstellungssets erhalten haben.

Die Option WERTE BEIBEHALTEN (PROFILE IN VERKNÜPFUNGEN IGNORIEREN) ist somit jene Einstellung mit den geringsten Nebenwirkungen.

Durch die Synchronisierung der Farbeinstellungen über die gesamte Creative Cloud hinweg (lesen Sie dazu Abschnitt 2.3,»Farbeinstellungen vornehmen« auf Seite 83) wurde dies auch für InDesign erledigt. Dabei stellt Adobe im Bereich FARBMANAGEMENT-RICHTLINIEN den Eintrag für CMYK auf WERTE BEIBEHALTEN (PROFILE IN VERKNÜPFUNGEN IGNORIEREN).

Beachten Sie, dass dadurch beim Importieren von CMYK-Bildern alle angehängten ICC-Profile verworfen werden und das eingestellte Arbeitsfarbraum-Profil (in unserem Fall ISO COATED_V2) zugewiesen wird: ein definitiv falscher Ansatz, wenn Sie farbmetrisch richtig arbeiten wollen, aber ein definitiv richtiger Ansatz, wenn Sie sichergehen wollen, dass sich CMYK-Bilder beim Drucken oder Exportieren in eine PDF-Datei nicht verändern.

Unter welchen Bedingungen Sie eventuell eine farbmetrisch korrekte Arbeitsweise anstreben sollten und mit welchen Risiken Sie dabei konfrontiert werden, erfahren Sie im Abschnitt »Das Register ›Ausgabe‹« auf Seite 848.

Bei der Übernahme von älteren InDesign-Dokumenten bzw. bei Dokumenten, die Sie von anderen Personen bekommen, wird es zukünftig auch für InDesign-Anfänger vorkommen, dass Sie beim Öffnen der Dokumente mit einer Warnmeldung konfrontiert werden. Wie Sie mit diesen Profilwarnungen umgehen sollen bzw. wie Sie dabei auch ein Dokument für die farbmetrisch korrekte Arbeitsweise kennzeichnen können, erfahren Sie im Abschnitt 23.3, »Mit Profilwarnungen umgehen«, ab Seite 768.

Synchronisieren und Sichern der vorgenommenen Einstellungen

Damit haben Sie die Vorbereitungen abgeschlossen. Das professionelle Arbeiten mit InDesign kann somit beginnen. Doch bevor Sie loslegen, sollten Sie noch die vorgenommenen Einstellungen sichern und über Ihren Creative-Cloud-Speicher synchronisieren.

InDesign-Voreinstellungsdatei sichern | InDesign speichert die getroffenen Einstellungen in der Datei *InDesign Defaults* ab. Diese Datei sollte gesichert werden und im Falle einer beschädigten Voreinstellungsdatei bzw. bei einer Übernahme von Einstellungen auf einen anderen bzw. neuen Arbeitsrechner wiederum in das entsprechende Verzeichnis kopiert werden.

Damit InDesign die InDesign-Defaults-Datei aktualisiert, müssen Sie das Programm beenden. Alle getroffenen Voreinstellungen – kleine Ausnahmen kommen leider immer wieder mal vor – werden durch das Schließen des Programms in die Voreinstellungsdatei geschrieben.

Sichern Sie die Datei *InDesign Defaults* an einer Ihnen bekannten sicheren Stelle. *InDesign Defaults* befindet sich je nach Betriebssystemversion an einer unterschiedlichen Stelle – siehe nebenstehenden Infokasten.

Wo ist die Datei »InDesign Defaults« gespeichert?

- Mac OS X-Anwender finden die Datei unter BENUTZER/LIBRARY/PREFERENCES/ADOBE INDESIGN/VERSION 8.0/DE_DE.
- Windows XP-Anwender finden die Datei unter C:\DOKUMENTE UND EINSTELLUNGEN\BENUTZER\ANWENDUNGSDATEN\ADOBE\INDESIGN\VERSION 9.0\DE_DE.
- Windows 7/8-Anwender finden die Datei unter C:\BENUTZER\BENUTZERNAMEN\APPDATA\ROAMING\ADOBE\INDESIGN\VERSION 9.0\DE_DE.

InDesign-Voreinstellungsdatei synchronisieren | Alle vorgenommenen Einstellungen lassen sich seit InDesign CC auch über Rechner und Teams hinweg synchronisieren.

Haben Sie beim erstmaligen Start von InDesign CC die Synchronisierung deaktiviert, so müssen Sie die Synchronisierung der Einstellungen im Einstellungsbereich EINSTELLUNGEN SYNCHRONISIEREN durch Klick auf EINSTELLUNGEN JETZT SYNCHRONISIEREN auslösen. Sie können jedoch auch zwischendurch die Einstellungen synchronisieren, indem Sie in der Fußzeile von InDesign CC auf das Symbol ❶ klicken und darin den Befehl EINSTELLUNGEN JETZT SYNCHRONISIEREN ausführen.

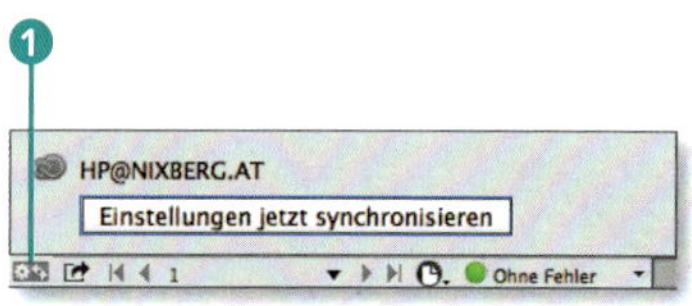

▲ **Abbildung 2.38**
Durch Klick auf das Synchronisierung-Symbol ❶ in der Fußleiste von Adobe InDesign CC können Sie zu jedem Zeitpunkt die Synchronisierung auf der Creative Cloud ausführen.

InDesign Defaults wiederherstellen | Wenn Sie eine defekte InDesign-Defaults-Datei überschreiben wollen, so muss zuvor Adobe InDesign CC beendet werden. Erst nachdem InDesign beim Schließen die InDesign-Defaults-Datei überspeichert hat, können Sie diese Datei mit der Sicherungsdatei überschreiben.

2.5 Verfahrensangepasste oder medienneutrale Produktionsweise

Nachdem Sie nun alle Voreinstellungen vorgenommen und das Finetuning in InDesign CC abgeschlossen haben, können Sie sich an die Arbeit machen und mit der Erstellung von Layoutdokumenten beginnen. Sie können sich dabei zwischen zwei Verfahren der klassischen *verfahrensangepassten* (old school) und der modernen *medienneutralen* Produktionsweise (new school) entscheiden. Wir wollen Ihnen in diesem Abschnitt die zwei Arbeitsweisen etwas näherbringen und Ihnen die Vorzüge einer modernen Produktionsweise darlegen.

Allgemeine Betrachtung zu den Arbeitsweisen

Bevor wir uns über die Arbeitsweisen bei einer verfahrensangepassten bzw. medienneutralen Produktion unterhalten, sollten Sie sich zu Beginn einer Produktion mit der Frage »Für welches Druckverfahren und für welche Papierklasse sind die Daten zu erstellen?« auseinandersetzen. In den meisten Fällen hören wir dabei meist die Antwort: »Zum Beginn des Projekts ist es dem Layouter nicht bekannt, für welches Druckverfahren bzw. für welche Papierklasse er das Dokument anlegen soll.«

Der Idealfall ist, dass schon zu Beginn des Projekts klar ist, wer in welchem Druckverfahren und auf welcher Papierklasse diese Daten druckt. Der Normalzustand ist aber, dass weder Druckverfahren noch Papierklasse bekannt sind. Welche Rolle spielen dabei das Druckverfahren und die Papierklasse?

Digitaldruck
Der Begriff des Digitaldrucks umfasst eine sehr breite Palette von verschiedensten Druckverfahren. Diese reichen von der einfachen Ausgabe auf einem Farblasersystem (elektrografisches Drucksystem) über die Ausgabe von Großformaten (LFP), die dabei auf Druckfarben wie Tinte, Toner, Wachs und dergleichen zurückgreifen, bis hin zur Ausgabe auf Fotomaterialien.

Das Druckverfahren | Gibt es Unterschiede in der Anlage von Dokumenten für den *Digitaldruck* oder den *Offsetdruck*? Ja! Die Unterschiede können folgendermaßen beschrieben werden:

- Während Druckdaten für den Offsetdruck auf Basis der vorhandenen ICC-Profile erstellt werden können, stehen für den Digitaldruck keine Standardprofile zur Verfügung.
- Während der maximal zu erreichende Farbumfang im Offsetdruck auf Papierklasse 1 in Verbindung mit dem dafür geeigneten ICC-Profil ISO COATED V2 erreicht werden kann, kann im Digitaldruck ein viel größerer Farbumfang (zumindest was die Sättigung, nicht jedoch die Tiefen in den Farben anbelangt) erzielt werden.
- Während im Offsetdruck die Farbe *Schwarz* klassisch für alle Texte und schwarzen Flächen verwendet wird, wird im Digitaldruck anstelle von *Schwarz* meist ein *Tiefschwarz* – Schwarz gemischt mit Un-

terfarben – erzeugt, damit eine deutlich bessere Tiefe in den dunklen Bereichen erzielt werden kann.

Die Papierklasse | Dass ein Unterschied durch die Verwendung der jeweiligen ICC-Profile erzielt wird, sollte an dieser Stelle schon klar sein. Der Farbumfang, der Gesamtfarbauftrag und die Art der Separation spielen dabei eine entscheidende Rolle.

Empfohlene Verfahrensweisen | Je nachdem, ob es sich um den Idealzustand oder um den Normalfall handelt, ob die Daten im Digitaldruck oder im Offsetdruck gedruckt werden, kann auf Basis vorhandener Technologien und Standardisierungen folgende Empfehlung gegeben werden:

- **Idealfall**: Da Sie im Idealfall alle Parameter kennen, können Druckdaten für den Offsetdruck verfahrensangepasst und medienneutral für die jeweilige Papierklasse erstellt werden. Für den Digitaldruck empfiehlt es sich, die Druckdaten medienneutral anzulegen, da hier eine Beschränkung auf den größten für den Offsetdruck vorhandenen Farbraum – *ISO Coated v2* – schon eine Beschränkung des Farbumfangs darstellen würde. Druckdaten medienneutral anzulegen und auszugeben kann vor allem im LFP-Bereich (wegen der intensiven, leuchtenden Farben) vorteilhaft sein.
- **Normalfall**: Dieser in der Praxis sehr häufig angetroffene Zustand lässt den Datenersteller natürlich im Ungewissen. Dennoch sollten Daten für den Offsetdruck verfahrensangepasst im größten verfügbaren Farbraum – ISO Coated v2 – oder medienneutral angelegt werden. Eine Umwandlung der Daten in eine andere Papierklasse kann beim Erzeugen der PDF-Datei (wenn die Daten medienneutral angelegt wurden) oder im PDF (anhand von DeviceLink-Profilen) erfolgen. Für den Digitaldruck und immer dann, wenn Sie nicht einmal das Druckverfahren kennen, sollten die Druckdaten medienneutral angelegt und eventuell medienneutral ausgegeben werden.

Verfahrensangepasste Dokumenterstellung

Unter der verfahrensangepassten Dokumenterstellung versteht man jene Arbeitsweise, bei der alle Dateien (Pixelbilder, Vektoren und Layout) bereits in den Ursprungsprogrammen für die entsprechende Papierklasse aufbereitet und farblich gekennzeichnet abgespeichert werden. Alle Daten werden schlussendlich in einem Layoutprogramm zusammengestellt und 1:1, gekennzeichnet mit der Ausgabeabsicht, in eine PDF/X-Datei überführt. Das Farbmanagement wird also dabei

Papierklassen

Informationen zu den Papierklassen erhalten Sie in Kapitel 23, »Farbmanagement«, auf Seite 757.

Tipp

Wenn Sie mit dem Farbumfang im Offsetdruck auskommen und Sie Druckdaten für den Digitaldruck (z. B. Ausgabe auf einem Laserdrucksystem) aufbereiten wollen, so können Sie die Druckdaten auch verfahrensangepasst im größtmöglichen Farbraum – *ISO Coated v2* – anlegen.

Einsatzgebiete für verfahrensangepasste Produktionen

Wenn Sie ein Periodikum oder immer wiederkehrende Produkte erzeugen müssen, so ist der verfahrensangepassten Dokumenterstellung im Sinne einer sicheren Produktion der Vorzug zu geben.

Aufwendig wird diese Arbeitsweise jedoch dann, wenn aufgrund verbesserter Technik und Farbpigmentierung eine Umstellung auf einen neuen Arbeitsfarbraum bzw. eine geänderte Drucktechnik erfolgen muss. Hier müssen alle Parameter neu gesetzt und alle vorhandenen Datenbestände neu erstellt bzw. angepasst werden.

schon an der frühestmöglichen Stelle angewandt. Das nachträgliche Optimieren der Daten für ein anderes Druckverfahren bzw. eine andere Papierklasse kann damit zu einem späteren Zeitpunkt nur auf Basis dieser farblich »beschnittenen« Farben erfolgen.

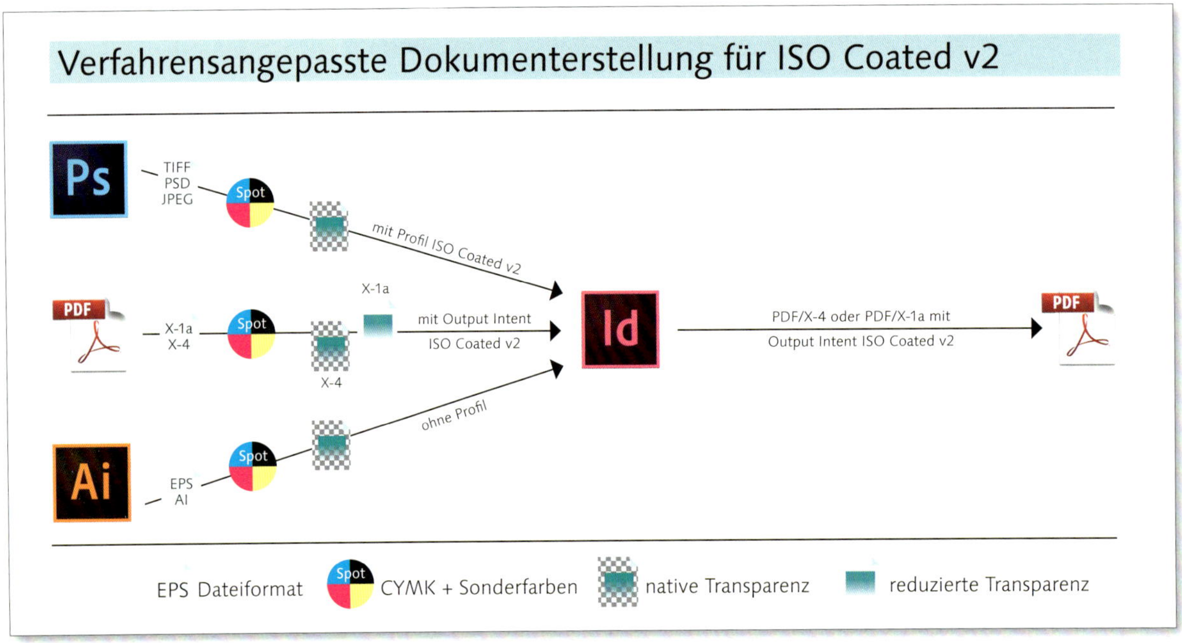

▲ Abbildung 2.39
Schematische Darstellung der Arbeitsweise »Verfahrensabhängige Dokumenterstellung«. Alle Dateien werden dabei im korrekten ICC-Profil angelegt und, mit dem Profil gekennzeichnet (ausgenommen Vektordaten), im empfohlenen Dateiformat abgespeichert. Die zentrale Frage für die Verwendung in Layoutprogrammen ist die Wahl des Speicherformats und ob die Daten mit oder ohne Transparenzen abgespeichert werden.

In den Ursprungsprogrammen werden alle Farben und Objekte im gewünschten Zielfarbraum (CMYK, Graustufen oder Schwarz-Weiß bzw. Schmuckfarbe) – in unserem Beispiel konvertiert nach ISO Coated v2 – angelegt und im empfohlenen Dateiformat in einem Layoutprogramm platziert.

Nachfolgend beschreiben wir, was Sie dabei sowohl bei der Erstellung von Vektor- und Pixeldaten als auch bei PDF-Dateien berücksichtigen sollten. Wir beschränken uns auf die Beschreibung für die Programme Adobe Illustrator, Adobe Photoshop und Adobe Acrobat Pro.

Vektordaten | Beachten Sie beim Anlegen von Vektordaten mit *Adobe Illustrator CC* folgende Hinweise:

- Wählen Sie beim Anlegen eines Dokuments das Dokumentprofil Druck aus, und ändern Sie erst danach die gewünschten Parameter für Seitengrösse, Seitenanzahl und Anschnitt. Dadurch wird der Farbmodus auf CMYK und werden die Rastereffekte – die Auflösung, die bei einer Transparenzreduzierung (Verflachung in ein Pixelbild) von Transparenzen, Effekten und Smooth Shades verwendet wird – auf 300 ppi gestellt.

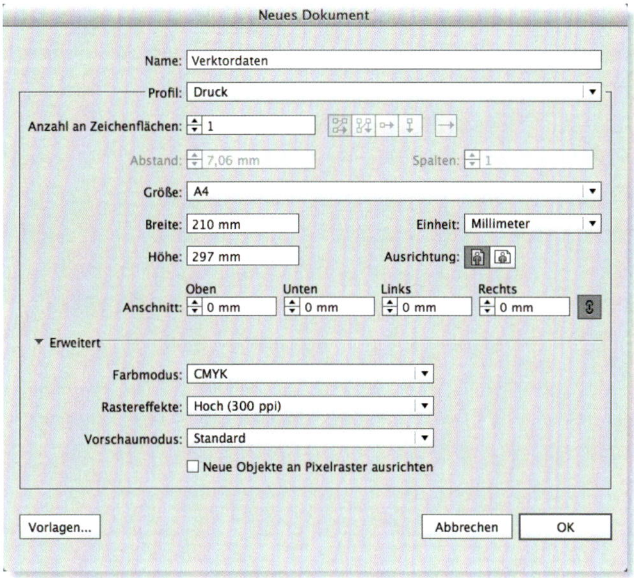

◀ **Abbildung 2.40**
Der Dialog Neues Dokument aus Adobe Illustrator CC. Durch die Wahl von Druck in der Option Profil werden die für die Transparenzreduzierung wichtigen Parameter korrekt gesetzt und wird der Farbmodus auf CMYK gestellt.

- Überprüfen Sie beim Öffnen von konvertierten FreeHand- bzw. alten Illustrator-Dokumenten, ob der Dokumentfarbmodus im Menü Datei • Dokumentfarbmodus auf CMYK-Farbe gestellt ist.
- Überprüfen Sie, ob das Farbmanagement für die gewünschte Papierklasse dem Dokument zugewiesen ist. Rufen Sie dazu den Befehl Bearbeiten • Profil zuweisen auf. Weisen Sie dem Dokument das für die Papierklasse geeignete Profil zu.

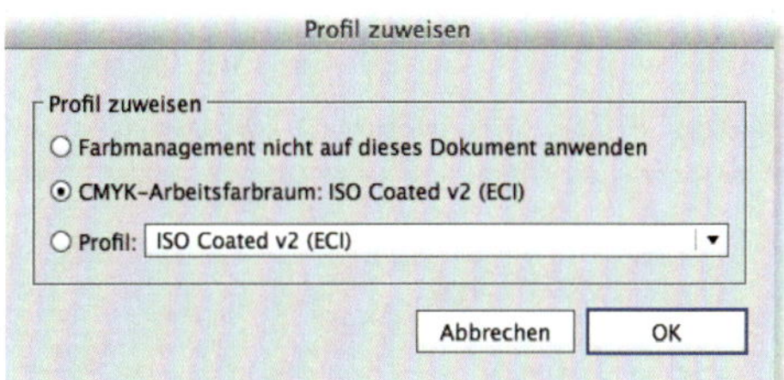

◀ **Abbildung 2.41**
Der Dialog Profil zuweisen aus Adobe Illustrator CC. Sie erkennen darin den zugrunde liegenden Arbeitsfarbraum. Legen Sie Illustrationen immer in ISO Coated v2 an.

- Legen Sie die Farben in Illustrator mit ganzzahligen CMYK-Werten an. Die Eingabe eines RGB-Werts würde Illustrator veranlassen, diese automatisch in den Dokumentfarbmodus zu konvertieren. Dabei entstehen ungerade Farbwerte.
- Legen Sie die benötigten Sonderfarben in Illustrator an.
- Verwenden Sie zum Anlegen von Farbverläufen, aber auch von transparent auslaufenden Verläufen, die Verlaufsfunktion von Illustrator.
- Legen Sie die Farbe Schwarz mit den Werten C=0, M=0, Y=0 K=100 an. Ein RGB-Schwarz würde in der Ausgabe als CMYK-Schwarz ausgegeben werden.

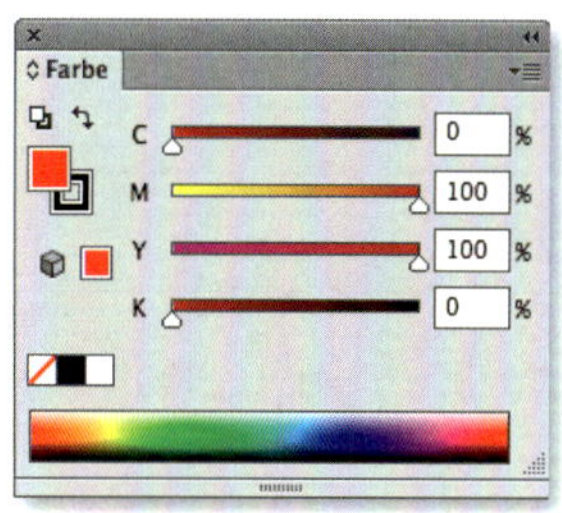

▲ **Abbildung 2.42**
Das Anlegen einer ganzzahligen Farbe über das Bedienfeld Farbe von Adobe Illustrator CC

▲ **Abbildung 2.43**
Schwarze Konturen sollen in Illustrationen auf Überdrucken gestellt werden, damit Blitzer vermieden werden können. Wählen Sie dazu die Kontur aus, und aktivieren Sie die Option KONTUR ÜBERDR. im ATTRIBUTE-Bedienfeld von Adobe Illustrator CC.

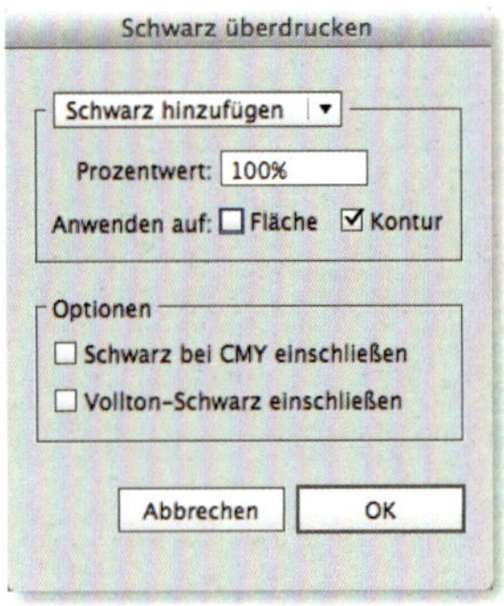

▲ **Abbildung 2.44**
Der Dialog SCHWARZ ÜBERDRUCKEN aus Adobe Illustrator CC

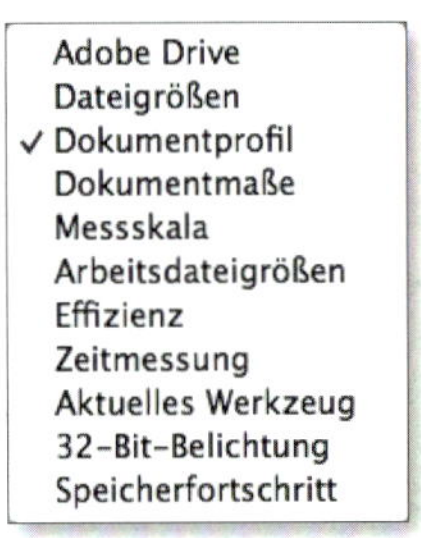

▲ **Abbildung 2.45**
Aktivieren Sie den Eintrag DOKUMENTPROFIL in der Fußleiste von Adobe Photoshop, um immer zu wissen, welches Profil gerade verwendet wird.

- Beachten Sie auch, dass die Attribut-Einstellungen für das Objekt korrekt gesetzt sind. Illustrator setzt die Farbe SCHWARZ standardmäßig nicht auf ÜBERDRUCKEN. Sie müssen somit schwarze Objekte – vor allem Pfade – händisch auf Überdrucken stellen. Für Dokumente, wo dies generell nicht gemacht wurde, empfehlen wir, alle Objekte zu markieren und den Befehl BEARBEITEN • FARBEN BEARBEITEN • SCHWARZ ÜBERDRUCKEN aufzurufen und im Dialog (Abbildung 2.44) die schwarzen Objekte – Fläche oder Kontur – auf Überdrucken zu stellen.
- Platzieren Sie in der Datei keine RGB-Bilder bzw. RGB-Grafiken. Alle Objekte, die aus externen Quellen stammen und in Illustrator platziert werden, müssen ebenfalls schon in ISO Coated v2 vorliegen.
- Transparente bzw. mit Effekten ausgestattete Objekte können im vollen Umfang in Illustrator erstellt werden. Wird die Datei im AI-Format abgespeichert, bleiben diese editierbar erhalten. Wird jedoch im EPS-Dateiformat abgespeichert, so werden alle transparenten und mit Effekten behafteten Objekte auf Basis der im Dokument gewählten Dokument-Rastereffekt-Einstellungen gerastert. Überprüfen Sie über den Befehl EFFEKT • DOKUMENT-RASTEREFFEKT-EINSTELLUNGEN, ob die gewünschte Auflösung zum Rastern gewählt wurde.
- Speichern Sie die Datei für die Verwendung in InDesign im AI-Format oder als EPS ab. In Verbindung mit dem AI-Format bleiben alle Objekte editierbar und alle Transparenzen sowie alle Effekte und Transparenzen nativ erhalten. Aktivieren Sie dabei die Option ICC-PROFILE EINBETTEN nur dann, wenn es sich um eine Illustratorarbeit handelt, die ausgegeben wird. Handelt es sich um eine reine Illustration, die in InDesign platziert werden soll, so deaktivieren Sie die Option ICC-PROFILE EINBETTEN. Vergessen Sie beim Abspeichern der Datei als EPS nicht, die Option SCHRIFTEN EINBETTEN (FÜR ANDERE ANWENDUNGEN) zu aktivieren.

Pixeldaten | Bilder müssen für die geforderte Papierklasse – hier ISO Coated v2 – separiert werden, damit die Eckdaten Gesamtfarbauftrag, Tonwertzuwachs und Schwarzaufbau in dem für die Papierklasse optimierten Zustand vorliegen. Beachten Sie folgende Hinweise zum Bearbeiten und Erstellen von Dateien in *Adobe Photoshop CC*:

- Bevor Sie neue Bilder erstellen, überprüfen Sie zuvor, ob die Farbmanagement-Einstellung für die Papierklasse korrekt gewählt ist. Damit Sie immer den Überblick haben, welches ICC-Profil gerade verwendet wird, empfehlen wir, in der Infoleiste von Photoshop den Eintrag DOKUMENTPROFIL (Abbildung 2.45) auszuwählen.
- Um die Bilder verfahrensangepasst für den Druck zu optimieren, führen Sie am besten die gesamte Bildbearbeitung inklusive der Farbkor-

rektur in RGB aus. Sie können in diesem Farbraum in einem größeren Farbraum arbeiten, und darüber hinaus stehen Ihnen mehr Funktionen und Bearbeitungsfilter zur Verfügung.

- Damit Sie während der Bearbeitung immer sehen, wie das Bild später in CMYK aussehen wird, empfehlen wir, den Farbproof in Photoshop zu aktivieren. Wählen Sie dazu Ansicht • Proof einrichten • CMYK-Arbeitsfarbraum aus. Aktivieren Sie danach noch den Befehl Ansicht • Farbproof, oder drücken Sie Strg+Y bzw. ⌘+Y, um die farblich angepasste Vorschau angezeigt zu bekommen. Ob der Farbproof aktiviert ist oder nicht, sehen Sie sofort im Dokument-Reiter des aktuell geöffneten Bildes (siehe Abbildung 2.46).
- Sind Sie mit der Bildbearbeitung fertig, so konvertieren Sie das Bild über Bearbeiten • In Profil umwandeln nach ISO Coated v2 (ECI).

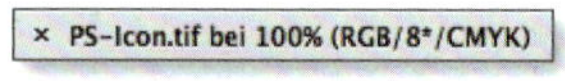

▲ **Abbildung 2.46**
Der Dokument-Reiter in Adobe Photoshop. Die Werte in der Klammer (RGB/8/CMYK) sagen uns, dass ein RGB-Bild in 8-Bit-Farbtiefe bearbeitet wird und dass zur Anzeige die CMYK-Farbproof-Ansicht aktiviert ist.

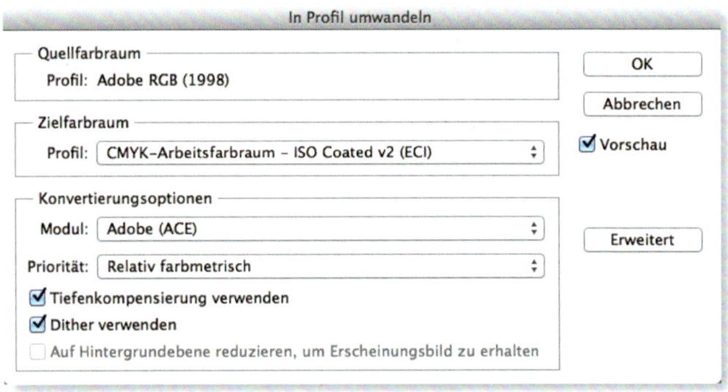

◄ **Abbildung 2.47**
Der Dialog In Profil umwandeln aus Adobe Photoshop CC. Bei der Umwandlung können Sie hier neben dem Zielfarbraum auch noch aus den Optionen Priorität (Bezeichnung für Rendering Intent) und Tiefenkompensierung verwenden den gewünschten Wert auswählen, um eine perfekte Separation zu erzielen.

- Speichern Sie die Dateien für die Verwendung in InDesign als TIFF, JPEG oder PSD ab, und betten Sie dabei immer das Quellprofil durch Aktivieren der Option Farbprofil einbetten im Speichern unter-Dialog ein. Auf welche Kompressionsverfahren – LZW, ZIP oder JPEG – Sie dabei zurückgreifen und ob Sie native Transparenzen übergeben wollen, ist für die Verwendung in InDesign egal.

PDF-Dateien | Müssen Sie PDF-Dateien im Layout platzieren, so sind diese für die verfahrensangepasste Dokumenterstellung als PDF/X-1a-Datei zu erstellen – gekennzeichnet mit dem Output Intent (Ausgabeabsicht) ISO Coated v2. Denn in PDF/X-1a-Dateien liegen alle Farben in CMYK bzw. Sonderfarben vor, alle Schriften in der PDF-Datei sind eingebettet, ICC-basierte Farbräume liegen nicht als Quellfarbräume vor, und es sind keine Transparenzen vorhanden.

Zum Platzieren von PDF-Dateien in Adobe InDesign kann unter bestimmten Prämissen auch PDF/X-4 verwendet werden. Es muss für diesen Fall sichergestellt werden, dass alle in der PDF-Datei vorhandenen Objekte als DeviceCMYK separiert nach ISO Coated v2 vorliegen und

Hinweis
Beachten Sie, dass InDesign eine PSD-Datei immer als eine Datei mit einer nativen Transparenz erkennt, wenn die Ebenen in Photoshop nicht auf die Hintergrundebene reduziert wurden. Verzichten Sie bitte zum Abspeichern von Pixeldaten auf die Verwendung von EPS.

Hinweis
Wie Sie PDF/X-1a- bzw. PDF/X-4-Dateien erstellen, erfahren Sie noch in Kapitel 29 »PDF-Export für gedruckte Publikationen«, auf Seite 873.

somit keine ICC-basierten Farbräume als Quellfarbräume für eine mögliche Farbverrechnung herangezogen werden können.

Layoutdaten | Nachdem Sie nun alle zu platzierenden Dateien verfahrensangepasst aufbereitet haben, müssen Sie noch die Layoutdatei für diese Produktionsweise aufbereiten. Beachten Sie beim Anlegen von Layoutdateien folgende Hinweise:

- Bevor Sie das neue Dokument anlegen, sollten Sie die Farbeinstellungen im Layoutprogramm überprüfen. Jedem Layoutdokument werden immer zwei Arbeitsfarbraum-Profile – eines für RGB und eines für CMYK – zugewiesen. Diese haben folgende Funktionen:
  - Platzierten Dateien wird, falls diese kein ICC-Profil angehängt haben, das entsprechende Arbeitsfarbraum-Profil zugewiesen.
  - Alle Objekte in der Layoutdatei werden für eine mögliche Farbkonvertierung beim PDF-Export gekennzeichnet.
  - Das Dokument-Farbprofil kann bei der PDF/X-Datei-Erstellung als Output Intent zur Kennzeichnung der Ausgabeabsicht angehängt werden.
- Entscheiden Sie sich bei den Farbeinstellungen von Adobe InDesign, ob Sie die Quellprofile für CMYK-Dateien ausgelesen haben wollen oder ob diese einfach ignoriert werden sollen. Für die verfahrensangepasste Dokumenterstellung soll die Option WERTE BEIBEHALTEN (PROFILE IN VERKNÜPFUNGEN IGNORIEREN) gewählt bleiben.
- Für Dokumente aus älteren InDesign-Beständen passen Sie die Dokument-Farbeinstellungen auf die aktuell zu verwendende Papierklasse an. Rufen Sie dazu den Befehl BEARBEITEN • PROFILE ZUWEISEN auf, und wählen Sie darin das Zielprofil aus.
- Überprüfen Sie in Adobe InDesign, ob der *Transparenzfüllraum* auf DOKUMENT-CMYK gestellt ist. Diesen können Sie über den Befehl BEARBEITEN • TRANSPARENZFÜLLRAUM auslesen bzw. umstellen. Ein falscher Transparenzfüllraum würde bereits am Monitor bei der Anwendung von Effekten einen falschen Eindruck wiedergeben und somit in der Ausgabe zu einer verfälschten Reproduktion führen.
- Legen Sie in InDesign den Anschnitt fest, und platzieren Sie alle benötigten verfahrensangepassten Dateien und Textrahmen. Dateien, die in einem anderen Farbraum vorliegen, müssen zuvor in den für die Papierklasse geforderten Farbraum konvertiert werden.
- Legen Sie alle Farbwerte – CMYK, Grau und Schwarz – in optimierten CMYK-Farbwerten an. Das Anlegen von RGB-Werten führt auch in InDesign beim Export nach CMYK zu nicht optimalen CMYK-Werten.
- Erstellen Sie alle in InDesign angelegten Objekte in CMYK, Grau oder Schwarz-Weiß.

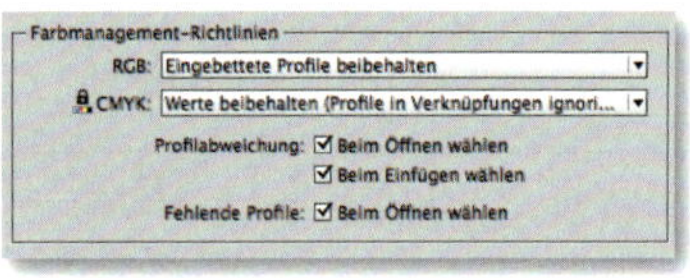

▲ **Abbildung 2.48**
Der Bereich FARBMANAGEMENT-RICHTLINIEN aus dem Farbeinstellungen-Dialog von Adobe InDesign

In Profil umwandeln

Merken Sie sich einen Grundsatz: Führen Sie den Befehl BEARBEITEN • IN PROFIL UMWANDELN sowohl in Adobe InDesign als auch in Adobe Illustrator nie aus. Der Befehl ist lediglich zur korrekten Konvertierung von Pixelbeständen in den gewünschten Zielfarbraum für Photoshop zu verwenden. Oder wollen Sie, dass Ihre in InDesign angelegten Farbwerte für die geänderte Papierklasse konvertiert werden?

- Definieren Sie alle Sonderfarben innerhalb von InDesign, und greifen Sie dabei auf die Farbfeldbibliotheken zurück, womit die korrespondierenden Lab-Werte für eine spätere Konvertierung nach CMYK aus der aktuellen Bibliothek genommen werden.
- Verwenden Sie die Farbe [Schwarz] in Adobe InDesign, um Texte und Konturen einzufärben. Denn nur diese Farbe wird standardmäßig von InDesign überdruckt. Das Anlegen einer Farbe mit der Bezeichnung Schwarz würde ein aussparendes Schwarz in der Ausgabe erzeugen.
- Der in InDesign zur Verfügung stehende Live-Preflight kann Ihnen schon den ersten Überblick über mögliche Fehler im Dokument geben. Beachten Sie jedoch, dass er einen Preflight der Druckdatei niemals ersetzen kann.

Tipp

Vor allem, wenn Sie ein InDesign-Dokument vorliegen haben, das aus QuarkXPress konvertiert wurde, ist die Farbe Schwarz darin zu finden. Löschen Sie diese Farbe, und ersetzen Sie sie durch die Farbe [Schwarz].

Haben Sie alle Vorkehrungen getroffen, so können Sie die erzeugten Daten in der Layoutdatei zusammenstellen und diese mit den gewünschten Effekten versehen. Ein verfahrensangepasstes Dokument ist somit erstellt, drucktechnische und qualitative Parameter wie Anschnitt, überdruckende Flächen, Tiefschwarz und Auflösung sind natürlich unabhängig vom Produktionsverfahren zu berücksichtigen.

Zur Übergabe an die Druckerei erstellen Sie eine PDF/X-Datei, die mit dem korrekt ausgefüllten Output Intent – in unserem Fall ISO Coated v2 – versehen sein soll. Ob Sie dabei auf den PDF/X-4- oder den PDF/X-1a-Standard zurückgreifen, müssen Sie mit der Druckerei zu absprechen.

PDF/X-Dateien erstellen

Wie Sie eine PDF/X-1a- bzw. PDF/X-4-Datei aus InDesign erstellen können, erfahren Sie in Kapitel 29, »PDF-Export für gedruckte Publikationen«, auf Seite 873.

Medienneutrale Dokumenterstellung

Von einer medienneutralen Produktion im Sinne der Druckproduktion spricht man dann, wenn die Farbraumkonvertierung der neutral abgespeicherten Daten zu einem möglichst späten Zeitpunkt erfolgt. Dadurch können auch dann, wenn noch keine Person entschieden hat, in welchem Druckverfahren gedruckt bzw. für welche Papierklasse produziert wird, Druckdaten angelegt und korrekt für eine spätere Verrechnung gekennzeichnet und abgespeichert werden.

Durch den medienneutralen Ansatz gewinnen Sie an Flexibilität und reduzieren vor allem Ihren Datenwust. Die Vorteile sind:

- Ein und dasselbe Bild kann in einem technischen RGB-Farbraum farblich korrigiert abgespeichert und somit für verschiedene Papierklassen und Druckverfahren verwendet werden.
- Das Wechseln des Druckverfahrens und der Wechsel der Papierklasse zu einem späteren Zeitpunkt in der Produktionskette führt zu keiner-

lei Mehrarbeit, denn alle Daten, die farblich von diesen Parametern abhängen, können entweder bei der PDF-Erstellung oder zu einem späteren Zeitpunkt in den Ausgabefarbraum konvertiert werden.

- Werden ganze Produktionsstrecken geändert – also die Papierklasse und/oder das Druckverfahren verändert –, so können bereits erstellte medienneutrale Daten weiterhin verwendet werden; eine Anpassung bzw. Optimierung für die neue Arbeitsweise muss nur im Layoutdokument durch Zuweisen der neuen Bedingung erfolgen.

In der Praxis werden immer häufiger Produktionsweisen medienneutral abgebildet, da diese Vorgehensweise, wenn bestimmte Faktoren gegeben sind, funktioniert und dadurch die Flexibilität erhalten bleibt, die für die Verwendung von Assets in anderen Kanälen und Druckverfahren benötigt wird. Wie jedoch dabei vorgegangen werden soll, wird unter anderem auch durch das verwendete Druckverfahren bestimmt.

Für den **Offsetdruck** funktioniert eine medienneutrale Produktionsweise ähnlich wie die verfahrensangepasste Arbeitsweise. Der einzige Unterschied besteht darin, dass die Ursprungsdaten von Bildern in RGB (gekennzeichnet mit dem ICC-Profil) abgespeichert werden, bevor diese in das Layoutprogramm platziert werden. Dadurch kann bei einer späteren Farbverrechnung auf das Quellprofil zugegriffen werden.

▼ Abbildung 2.49
Schematische Darstellung der Arbeitsweise »Medienneutrale Dokumenterstellung«. Der Unterschied zur verfahrensangepassten Dokumenterstellung liegt lediglich in der medienneutralen Aufbereitung der Bilddaten.

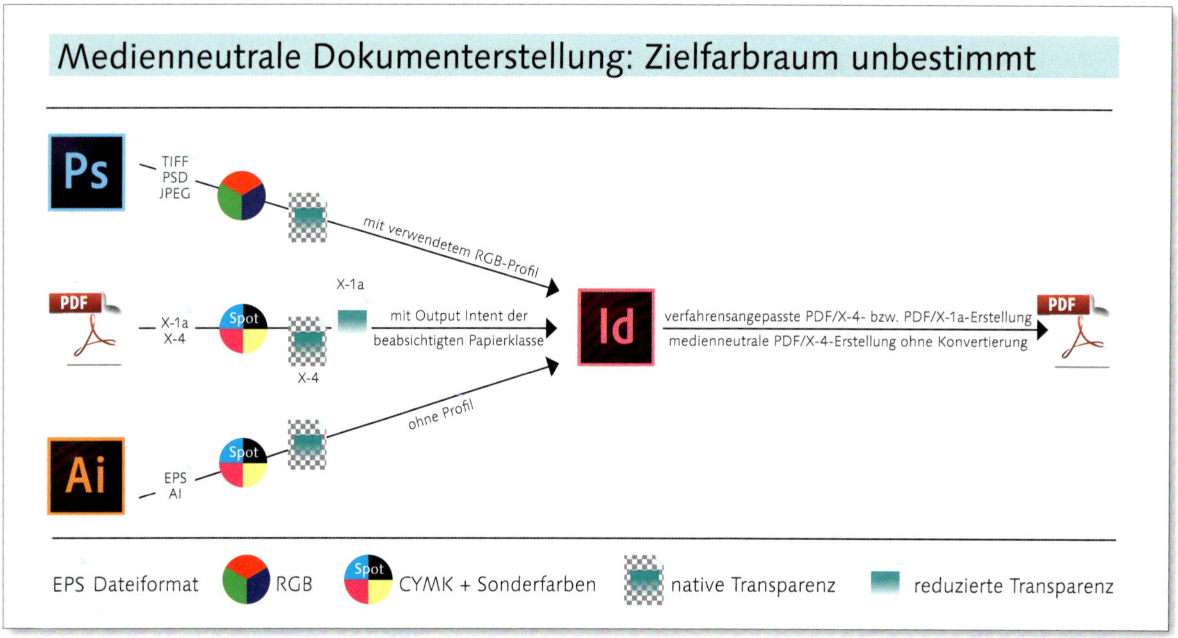

Vektordaten | Reine Vektordaten sollen immer verfahrensangepasst aufbereitet werden. Das Erstellen von medienneutralen Vektordaten würde in der Separation nach CMYK – hier vor allem bei der Farbe Schwarz – sich negativ auswirken (Schwarz wird aus allen vier CMYK-Farben gemischt). Darüber hinaus kann Illustrator nur RGB- bzw. CMYK-Dokumente anlegen. Eine gemischte Arbeitsweise mit 100K- und RGB-Vektorelementen lässt sich nicht abbilden. Was Sie alles zum Aufbau eines optimierten Adobe Illustrator-Dokuments wissen müssen, können Sie auf Seite 94 nachlesen.

Dokumentaufbau für den Digitaldruck
Auch wenn im Digitaldruck mit elektrografischen Verfahren (Farblaserdrucker) größere Farbräume als im Offsetdruck reproduziert werden können, werden in der Praxis die meisten Dokumente für diese Ausgabeform verfahrensangepasst auf Basis von ISO COATED V2 erstellt. Ein medienneutraler Dokumentaufbau kann jederzeit auch für diese Ausgabeform gewählt werden, denn die Farbraumkonvertierung wird dabei in der Praxis immer bei der PDF-Erstellung nach ISO COATED V2 durchgeführt. Verfahren Sie also so, wie Sie vorgehen würden, wenn Sie ein Dokument für die Ausgabe im Offsetdruck anlegen würden.

Pixeldaten | Bilder sollen ausnahmslos in RGB mit angehängtem Quellprofil abgespeichert werden. Was Sie zum Erstellen von optimierten Photoshop-Dokumenten wissen müssen, können Sie auf Seite 96 nachlesen. Die Unterschiede zu dem dort Beschriebenen sind:

- Führen Sie keine Farbraumkonvertierung in den Zielfarbraum durch.
- Versuchen Sie, möglichst alle Bilder in den technischen RGB-Farbraum ECIRGB_V2 zu bringen. Besitzt jedoch ein RGB-Bild bereits ein Quellprofil, so ist eine Konvertierung nach eciRGB_v2 nicht zwingend vorzusehen, sondern im Gegenteil qualitätsmindernd.

PDF-Dateien | Inserate oder ganzseitige Ausschnitte aus Layoutdokumenten werden meist als PDF-Datei zum Platzieren zur Verfügung gestellt. Gerade solche Dokumente sollten eigentlich schon verfahrensangepasst geliefert werden. Das Verwenden von medienneutralen PDF/X-4-Dateien würde zwar mit InDesign funktionieren, aufgrund der Reklamationsfreudigkeit von Inserenten ist bei Inseraten aber davon Abstand zu nehmen. Versuchen Sie generell (sofern Sie wissen, wo es langgeht), verfahrensangepasste PDF/X-1a-Dateien zu verwenden.

Layoutdaten | Auch hinsichtlich des Dokumentaufbaus von medienneutralen Layoutdokumenten gibt es keinerlei Änderung im Vergleich zum verfahrensangepassten Dokumentaufbau.

Auf was Sie beim Erstellen von Layoutdokumenten in Adobe InDesign achten sollten, können Sie auf Seite 98 nachlesen.

Haben Sie alle Vorkehrungen getroffen, so können Sie die erzeugten Daten in der Layoutdatei zusammenstellen und diese mit den gewünschten Effekten versehen. Ein medienneutrales Dokument ist somit erstellt, drucktechnische und qualitative Parameter wie Anschnitt, überdruckende Flächen, Tiefschwarz und Auflösung sind natürlich unabhängig vom Produktionsverfahren zu berücksichtigen.

Zur Übergabe an die Druckerei erstellen Sie eine PDF/X-Datei, die mit dem korrekt ausgefüllten Output Intent – fragen Sie diesbezüglich vor der PDF-Erstellung beim Druckdienstleister an – versehen sein soll.

PDF/X-Dateien erstellen
Wie Sie eine PDF/X-1a- bzw. PDF/X-4-Datei aus InDesign erstellen können, erfahren Sie in Kapitel 29, »PDF-Export für gedruckte Publikationen«, auf Seite 873.

Ob Sie dabei auf den PDF/X-4- oder den PDF/X-1a-Standard zurückgreifen, hat ebenfalls in Absprache mit der Druckerei zu erfolgen.

2.6 Zusammenarbeit über die Adobe Creative Cloud

Vorteile der Creative Cloud
Adobe wird in den nächsten Monaten und Jahren vorwiegend damit beschäftigt sein, Funktionen für die Integration der Creative-Cloud-Programme zur Verfügung zu stellen. Nur so wird Adobe es schaffen, dem Anwender den notwendigen Zusatznutzen zur Verfügung zu stellen, damit auch die letzten Zweifler des Mietmodels klein beigeben und sich auf die »Sklaverei« einlassen.

Erwarten Sie also in der Zukunft für InDesign nicht viele neue Funktionen, sondern lassen Sie sich überraschen, was die Integration der Programme in der Creative Cloud mit sich bringen wird.

Dass Adobe die Installation der Programme über die Creative Cloud abbildet, haben Sie ja bereits mitbekommen. Dass Adobe dem Mieter der Software einen Cloud-Speicherplatz zur Verfügung stellt, sollten Sie auch schon erfahren haben. In welcher Größe der Cloud-Speicherplatz zur Verfügung steht, hängt vom gewählten Mietmodell ab. Doch was können Sie noch mit der Adobe Creative Cloud anfangen? Der Funktionsumfang wird laufend erweitert und in die einzelnen Programme der Creative Cloud integriert. Mit InDesign CC können Sie in Verbindung mit der installierten Applikation *Creative Cloud* auf folgende Funktionen und Dienste zurückgreifen:

Dateien verteilen und synchronisieren | Im Dateiverzeichnis des Benutzers steht ein Ordner mit der Bezeichnung »Creative Clouds Files« zur Verfügung. Darin können Sie Ordnerstrukturen anlegen und Dateien speichern, die dann automatisch mitauf dem Cloud-Speicherplatz abgeglichen werden. Sie können einen privaten Ordner anlegen und nur für bestimmte Anwender freigeben.

Dateien versionieren | Dateien, die Sie über den Cloud-Speicher abspeichern, können versioniert werden. Bei Dateiversionen wird jede Bearbeitungsstufe beibehalten, und ältere Versionen werden gesichert.

Freigeben auf Behance | Vorschaudateien von InDesign-Dokumenten können über den Befehl Datei • Auf Behance teilen auf *Behance* hochgeladen werden – das ist eine Plattform für Kreative zum Zeigen von kreativen Arbeiten.

Zugriff auf TypeKit | Über TypeKit finden Sie schnell neue Schriftarten in einer ständig erweiterten Bibliothek von Schriften. Die Synchronisierung mit Ihrem Arbeitsrechner erfolgt über die Creative Cloud, sodass die Schriften allen Anwendungen zur Verfügung stehen.

Eine Single App für DPS erstellen | Sie können ein digitales Magazin in Form einer Single App kostenlos im App-Store von Apple veröffentlichen. Im Google-Play-Store funktioniert dies bislang nicht.

Kapitel 3
Arbeitsoberfläche

Jedes Programm hat seine Eigenheiten. Die Bezeichnungen, der Umgang mit den Werkzeugen und die Bedienoberfläche müssen vom Nutzer erst angenommen werden. Werfen Sie in diesem Kapitel einen ersten Blick auf InDesign, und erfahren Sie, wie die Bedienoberfläche aufgebaut ist, wie Sie sich in einem Dokument bewegen können, wo welche Werkzeuge zu finden sind und wie die Menüs strukturiert sind.

3.1 Farbmotiv

Wie bei anderen Programmen der Creative Suite bzw. der Creative Cloud auch, so wurde InDesign CC mit Farbmotiven versehen, die Sie in den Voreinstellungen im Bereich Benutzeroberfläche (siehe Seite 52) umstellen können. Das Standard-Farbmotiv ist etwas sehr dunkel geraten, und wir werden es in unserem Buch nicht verwenden, weil Sie ansonsten Feinheiten in Abbildungen der verschiedenen Oberflächenelemente nur schwer erkennen könnten. Aus diesem Grund werden Sie an dieser Stelle das Farbmotiv Dunkel zum letzten Mal in unserem Buch sehen. Nach der Installation von InDesign CC präsentiert sich InDesign wie in Abbildung 3.1:

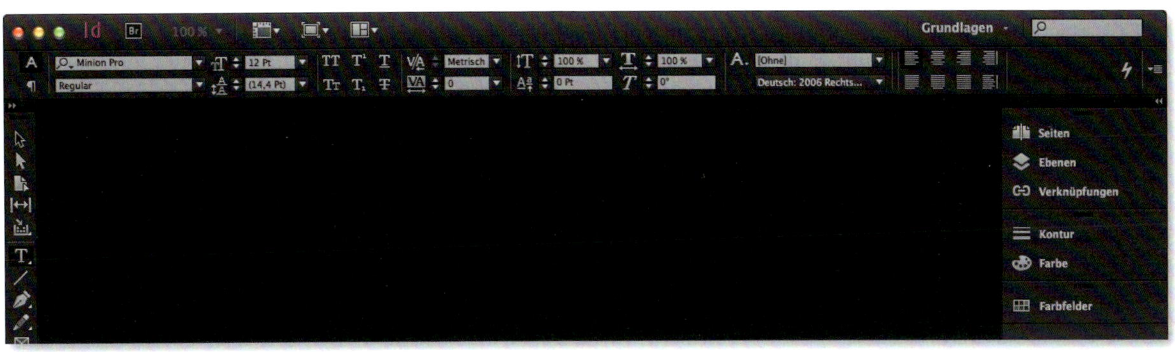

▼ Abbildung 3.1
Das Standard-Farbmotiv Dunkel ist für den Druck unseres Buchs nicht geeignet; wir verwenden von nun an die Einstellung Hell.

3.2 Die Oberfläche

Wenn Sie InDesign starten, zeigt sich der Arbeitsbereich zunächst sehr aufgeräumt. Das liegt an der Strategie, die sich Adobe mit der ersten Creative Suite für die Verwaltung der Bedienfelder hat einfallen lassen.

Startbildschirm

Wenn Sie mit früheren Versionen von InDesign gearbeitet haben, werden Sie unter Umständen den Startbildschirm vermissen – er wurde mit InDesign CC entfernt.

Anwendungsleiste

Unter »Anwendungsleisten« werden unter Mac OS X die Steuerungselemente unterhalb der Menüleiste verstanden. Unter Windows werden die Objekte der Anwendungsleiste in der Menüleiste dargestellt.

▲ **Abbildung 3.2**
Die Anwendungsleiste aus InDesign unter Mac OS X mit dem selbst angelegte Arbeitsbereich Buch CC.

Die Anwendungsleiste zeigt immer den gewählten Arbeitsbereich ❼ und ermöglicht einen schnellen Wechsel zwischen den Arbeitsbereichen. Darüber hinaus können Sie damit den Zoomfaktor ❷ zur Darstellung eines Dokuments ändern, die Anzeigeoptionen ❸ steuern, den Bildschirmmodus ❹ wechseln, die Dokumentanordnung ❺ wählen, eine Suche ❽ durchführen oder rasch auf Elemente wie Adobe Bridge CC ❶ zugreifen. Weiters finden Sie hier einen Indikator für Hintergrundaufgaben ❻, der nach der ersten Hintergrundaufgabe jedoch verschwindet und erst bei weiteren Hintergrundaufgaben wieder auftaucht.

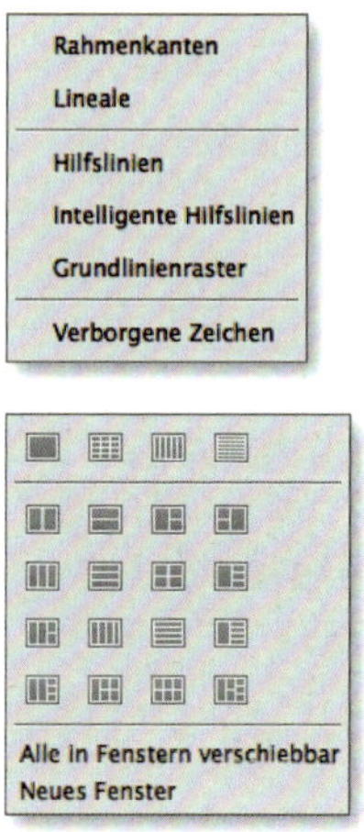

▲ **Abbildung 3.3**
Oben links: Menüauswahl in Anzeigeoptionen ❸
Oben rechts: Menüauswahl in Bildschirmmodus ❹
Unten: Menüauswahl in Dokumente anordnen ❺
Alle drei Menüs funktionieren in InDesign CC Version 9.0 nicht ordnungsgemäß.

Unterschiede zwischen den Betriebssystemen

Die Arbeitsoberfläche ist unter Windows anders organisiert als unter Mac OS X. Unter Windows läuft InDesign (wie jedes Programm) in einem Anwendungsfenster, das in seiner Größe verändert werden kann, in der Regel aber den gesamten Bildschirm belegen wird. Unter Mac OS X wird die gesamte Fläche des Bildschirms als Arbeitsoberfläche betrachtet. Seit InDesign CS4 kann auch unter Mac OS X das Programm in einem Anwendungsfenster ablaufen.

- **Für Mac OS X gilt**: Wenn Sie den Anwendungsrahmen nicht aktiviert haben, kann die Anwendungsleiste über das Menü Fenster • Anwendungsleiste aus- bzw. eingeblendet werden. Wir haben die Anwendungsleiste in diesem Buch aktiviert gehalten.
- **Für Windows gilt**: Die Anwendungsleiste kann nicht ein- bzw. ausgeblendet werden, weshalb auch kein entsprechender Menübefehl zur Verfügung steht. Die Elemente der Anwendungsleiste – Zoomfaktor, Anzeigeoptionen, Bildschirmmodus und Dokumente an-

ORDNEN – befinden sich hier in der Menüleiste von InDesign. Da unter Windows immer ein Anwendungsfenster besteht, kann keine Oberfläche mit schwebenden Fenstern eingerichtet werden, in der Sie auf den Desktop oder andere darunterliegende Anwendungsrahmen klicken können.

Oberfläche für Mac OS X und Windows gleichschalten

Mac OS X-Anwender sind es gewohnt, mit schwebenden Fenstern zu arbeiten. Damit lassen sie schnell Fenster im Dock verschwinden; man kann ein Fenster einfach mal auf die Seite schieben; man kann mit einem Klick auf Dokumentfenster anderer Programme wechseln, und man kommt das eine oder andere Mal doch auch ungewollt auf den Schreibtisch. Diese Möglichkeit bleibt InDesign-Anwendern unter Mac OS X auch so erhalten.

Nach der Grundinstallation von InDesign zeigt sich das Programm mit einem schwebenden Dokumentrahmen, in dem alle geöffneten Dokumente als Registerkarten abgelegt werden. Wir haben jedoch für die Abbildungen in diesem Buch den Anwendungsrahmen aktiviert. Wenn Sie diese Ansicht bevorzugen, rufen Sie dazu den Befehl FENSTER • ANWENDUNGSRAHMEN auf. InDesign läuft dann als Programm in einem Anwendungsfenster, womit das Durchklicken auf den Schreibtisch oder auf dahinterliegende Fenster nicht mehr möglich ist.

Zwischen Registerkarten wechseln

Windows-Anwender können zwischen geöffneten Dokumenten, die in Registerkarten abgelegt sind, wechseln, indem sie Strg+⇥ drücken.

Mac OS X-Anwender können standardmäßig in jedem Programm zwischen geöffneten Dokumenten wechseln, indem sie ⌘+< drücken. Damit können Sie auch zwischen den Registerkarten wechseln. Sollte dieses Tastenkürzel bei Ihnen nicht funktionieren, so aktivieren Sie in den Tastaturkurzbefehlen der Systemeinstellungen die Option NÄCHSTES FENSTER IM AKTIVEN PROGRAMM AUSWÄHLEN.

Anordnung der Dokumentfenster

Sie werden zumeist (oder jedenfalls oft) mit mehreren Dokumenten arbeiten. InDesign bietet eine Reihe von Möglichkeiten und Funktionen, wie diese Dokumente den verfügbaren Platz belegen.

Fenster in Registerkarten | In der Standardeinstellung von InDesign werden mehrere Dokumente in einem gemeinsamen Dokumentrahmen in getrennten Registerkarten abgelegt. Dieser Dokumentrahmen kann frei beweglich – wir nennen das »schwebend« – oder im Anwendungsrahmen angedockt sein.

▼ Abbildung 3.4
Ein schwebender Dokumentrahmen mit drei Dokumenten in Registerkarten

Jedes neue Dokumentfenster wird in einer eigenen Registerkarte geöffnet. Durch einen Klick auf die Registerkarte wird das Dokument in den Vordergrund gebracht.

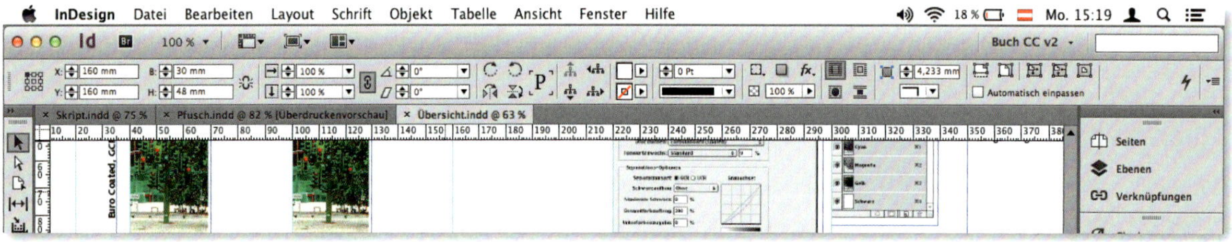

▲ **Abbildung 3.5**
Der im Anwendungsrahmen angedockte Dokumentrahmen mit drei Dokumenten in Registerkarten

Einzelne schwebende Fenster | Sie können einzelne Dokumente an ihrer Registerkarte aus dem Dokumentrahmen ziehen und so in ein schwebendes Einzelfenster verwandeln. Andererseits können Sie aber auch jedes einzelne Fenster an den Fensterbalken eines bereits geöffneten Dokumentfensters (einzelnes Fenster oder Dokumentrahmen) ziehen, um es wieder als Registerkarte im Dokumentrahmen zu verankern.

▲ **Abbildung 3.6**
Drei schwebende Dokumente

Voreinstellungen | Wenn Sie keine Registerkarten verwenden möchten, so müssen Sie über InDesign/Bearbeiten • Voreinstellungen • Benutzeroberfläche die Option Dokumente als Registerkarten öffnen deaktivieren. Dadurch werden die einzelnen Dokumente ab diesem Moment in schwebenden Fenstern geöffnet. Die einzelnen Fenster können aber nach wie vor manuell aneinander angedockt werden.

▲ **Abbildung 3.7**
Dokumente anordnen

Dokumente anordnen

Über das Menü Dokumente anordnen in der Anwendungsleiste oder das Menü Fenster • Anordnen können Sie mehrere geöffnete Dokumente bzw. deren Fenster nach verschiedenen Mustern (Nutzen) anordnen lassen. Das Menü zeigt kleine Vorschauen, wie Dokumente nach dem Anordnen zueinander positioniert werden.

Elemente der Oberfläche

Wir beschreiben die Oberflächenelemente anhand der Mac OS X-Oberfläche. Sollte es bei der Windows-Oberfläche Abweichungen geben, so werden diese im Text angeführt.

Menüleiste 1 | Die Darstellung der Menüleiste und auch die Anordnung einiger Befehle in den Menüs, aber auch die Darstellung des Anwendungsrahmens unterscheiden sich aufgrund der Gepflogenheiten der beiden Betriebssysteme:

- Unter **Mac OS** findet sich neben dem Apfel-Menü das Menü InDesign. Es beinhaltet neben einigen Standardbefehlen, die vom Betriebssystem zur Verfügung gestellt werden, die Befehle Über InDesign, Erweiterungen verwalten, Voreinstellungen sowie die Befehle InDesign ausblenden und InDesign beenden.
- Unter **Windows** erreichen Sie Erweiterungen verwalten und Über InDesign über das Hilfe-Menü, Voreinstellungen über das Bearbeiten-Menü und den Befehl InDesign beenden im Menü Datei.

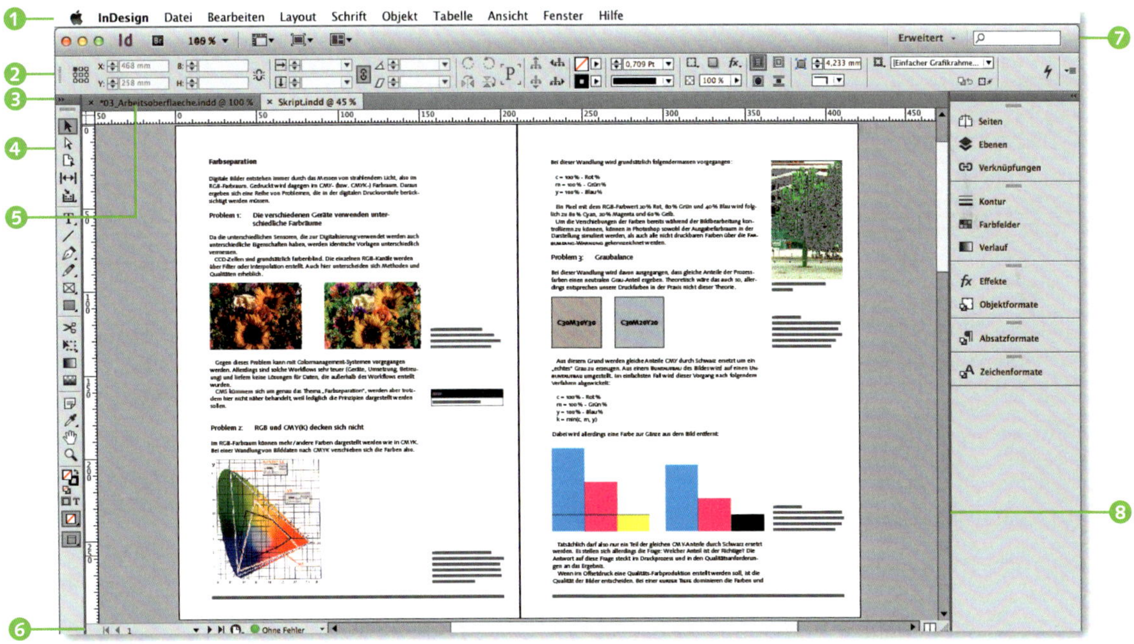

▲ **Abbildung 3.8**
Die Arbeitsoberfläche von InDesign unter Mac OS X mit dem Arbeitsbereich Erweitert

Anwendungsleiste 7 | Die Funktionen der Anwendungsleiste werden unter Windows am Ende der Menüleiste angehängt.

Unter Mac OS X wird die Anwendungsleiste unterhalb der Menüleiste angedockt. Da wir hier mit dem Anwendungsrahmen arbeiten, kann sie nicht über Fenster • Anwendungsleiste deaktiviert werden.

Steuerung-Bedienfeld deckt mehrere Bedienfelder ab

Das Steuerung-Bedienfeld deckt mehrere Bedienfelder ab, zwischen denen InDesign je nach aktiviertem Objekt oder Werkzeug umschaltet.

Der Anwender kann bei der Bearbeitung von Texten darüber hinaus manuell zwischen den Bedienfeldern zur Absatz- und Zeichenformatierung umschalten.

Steuerung-Bedienfeld ❷ | Unterhalb der Anwendungsleiste finden Sie das Steuerung-Bedienfeld. Hier können die wichtigsten Parameter für das aktuell ausgewählte Objekt eingestellt und verändert werden. Das Steuerung-Bedienfeld kann, wie alle anderen Bedienfelder auch, verschoben und angedockt werden.

Auch wenn für QuarkXPress-Umsteiger die Versuchung sehr groß ist, das Steuerung-Bedienfeld an den unteren Rand zu verschieben, so raten wir davon ab. Die Beschreibung in diesem Buch geht von der Grundanordnung aus.

Dokumentfenster ❺ | Unterhalb des Steuerung-Bedienfelds befindet sich das angedockte Dokumentfenster, in dem geöffnete Dokumente in Registerkarten abgelegt sind. Das Umschalten zwischen den Registerkarten erfolgt durch einfachen Klick auf die Registerkarte oder über die Tastenkürzel ⌘+< unter Mac OS X bzw. Strg+⇆ unter Windows.

Werkzeuge-Bedienfeld | Am linken Bildschirmrand wird standardmäßig das Werkzeuge-Bedienfeld ❹ angezeigt, das in seiner Größe verändert und auch verschoben werden kann. Das Aussehen dieses Bedienfelds kann in den Voreinstellungen – im Register Benutzeroberfläche – bzw. durch Klick auf ❸ verändert werden. Sie sollten das Werkzeuge-Bedienfeld maximieren.

Bedienfelder | Am rechten Bildschirmrand sind im Verankerungsbereich die Bedienfelder angedockt. Sie werden benötigt, um verschiedene Einstellungen vorzunehmen. Die Darstellungsformen von Bedienfeldern sind:

- Normalform: Die Normalform des Arbeitsbereichs Erweitert ist in Abbildung 3.9 zu sehen.
- Minimalform: Dabei wird die Ansicht auf die Darstellung von Symbolen beschränkt. Um dies zu erreichen, müssen Sie lediglich den Verankerungsbereich durch Ziehen an der linken Kante ❽ verkleinern – der Cursor ändert sich dabei in das Symbol ↔.
- Maximalform: Lässt sich der Verankerungsbereich nicht verkleinern, so befinden Sie sich in der Maximalformdarstellung, die Sie nur durch Klick auf ❿ wieder umschalten können.

Im Verankerungsbereich sind einzelne Bedienfelder zu Stapeln ⓫ zusammengefasst. Diese können durch Klick auf die Stapel-Titelleiste und anschließendes Ziehen aus dem Verankerungsbereich heraus- bzw. wieder in ihn hineingeschoben werden. Dadurch wird der Stapel mit allen Bedienfeldern zu einem »schwebenden Bedienfeld« umfunktioniert.

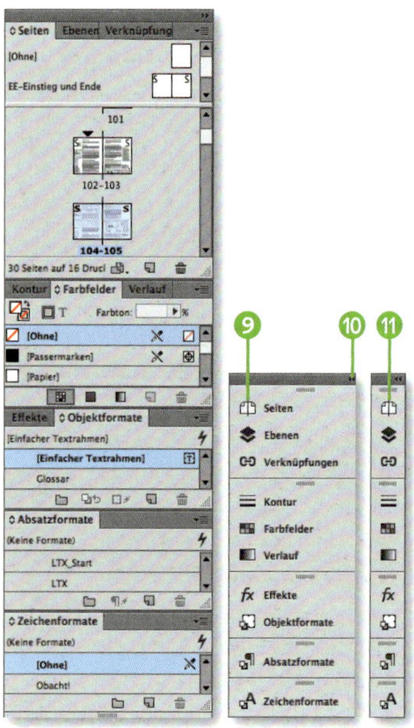

▲ **Abbildung 3.9**
Links: Verankerungsbereich in der Maximalformdarstellung
Mitte: Verankerungsbereich in der Normalformdarstellung
Rechts: Verankerungsbereich in der Minimalformdarstellung

Glücklich ist, wer einen eigenen Bedienfeldmonitor besitzt und somit die Chance hat, einzelne Bedienfelder, ja sogar ganze Stapel, auf den dafür bereitgestellten zweiten Monitor zu verschieben.

Um in die einzelnen Bedienfelder zu gelangen, müssen Sie nur auf den jeweiligen Eintrag bzw. auf die Symbole 9 der einzelnen Bedienfelder klicken. Ob Bedienfelder geöffnet bleiben oder nach dem Verlassen des Felds geschlossen werden, hängt von den getroffenen Voreinstellungen ab. Möchten Sie, dass Ihr Bedienfeld so lange geöffnet bleibt, bis Sie ein anderes Bedienfeld anklicken, so deaktivieren Sie in den Voreinstellungen im Register Benutzeroberfläche die Option Bedienfelder automatisch auf Symbole minimieren.

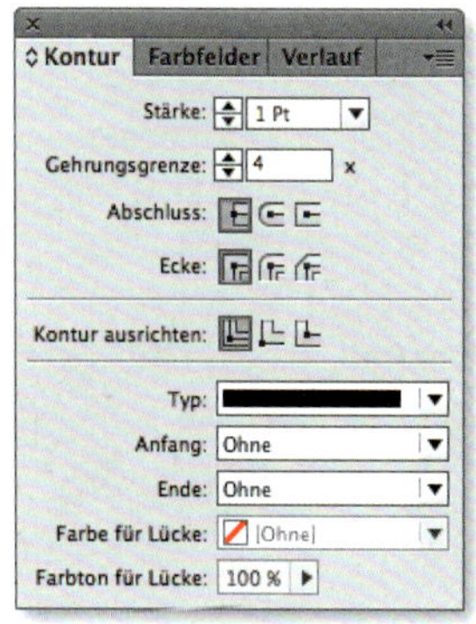

▲ **Abbildung 3.10**
Ein Bedienfeldstapel in der Maximalformdarstellung. Ein Stapel kann mehrere Bedienfelder besitzen. Aus Gründen der Übersicht sollten nicht zu viele Bedienfelder in einem Stapel zusammengefasst werden.

Statuszeile 6 | Der untere Rand des Dokuments wird durch die Statuszeile begrenzt. In der Statuszeile kann eine Seitennavigation erfolgen, und hier wird auch der Preflightstatus angezeigt.

QuickInfo | Für alle Objekte auf der Arbeitsoberfläche gilt, dass kurze Informationen über ihre Funktionen bzw. Inhalte – die *QuickInfo* – angezeigt werden, wenn Sie den Mauszeiger über einem Werkzeug oder Symbol positionieren. In diesem Fall taucht rechts unter dem entsprechenden Element ein kleines, gelbes Feld auf, das den Namen des Werkzeugs mit dem entsprechenden Tastaturbefehl oder eine kurze Erklärung zur Funktion des Elements enthält.

Gerade für Anfänger, aber auch für Umsteiger ist diese Funktion praktisch. Wenn in diesem Buch etwa vom »Buntstift« die Rede sein wird, kann das entsprechende Werkzeug im Werkzeuge-Bedienfeld leichter gefunden werden, wenn Sie den Mauszeiger einmal über dem Werkzeuge-Bedienfeld kreisen lassen und die auftauchenden QuickInfos beobachten. Die Einblendgeschwindigkeit können Sie dazu unter Voreinstellungen • Benutzeroberfläche durch Auswahl der Option QuickInfo verändern.

▲ **Abbildung 3.11**
Das QuickInfo-Feld zum Buntstift-Werkzeug – um die Anzeige von QuickInfos abzuschalten, wählen Sie den Eintrag Ohne in der Option QuickInfo, die Sie in den InDesign-Voreinstellungen im Register Benutzeroberfläche finden.

3.3 Bedienfelder

Grundsätzlich ist zwischen zwei Arten von Bedienfeldern zu unterscheiden:

- **Bedienfelder zur Grundbedienung**: Ein Teil der Bedienfelder bezieht sich auf die Grundbedienung des Programms, nämlich auf das Werkzeuge- und das Steuerung-Bedienfeld.
  InDesign nimmt in der Grundeinstellung beim Anlegen eines neuen Dokuments auf diese beiden Bedienfelder Rücksicht und passt das

Schwebende Bedienfelder

Schwebende Bedienfelder sind an keiner bestimmten Stelle des Arbeitsbereichs fixiert, frei beweglich und befinden sich immer über den Dokumentfenstern. Sie können nur von anderen schwebenden Bedienfeldern verdeckt werden, was sie in der Regel auch immer sind.

neue Fenster so in die Arbeitsoberfläche ein, dass es nicht mit den beiden Bedienfeldern kollidiert. Dies gilt auch dann, wenn Sie die Standardposition der beiden Bedienfelder verändern. Das Steuerung-Bedienfeld kann allerdings vom Benutzer als schwebendes Bedienfeld über der Arbeitsoberfläche positioniert werden. In diesem Fall wird der Platzbedarf ignoriert.

- **Erweiterte Bedienfelder**: Die zweite Art von Bedienfeldern dient der Feineinstellung verschiedener Attribute von Layoutelementen. In den unterschiedlichen Situationen der Layoutentwicklung oder abhängig vom jeweiligen Arbeitsauftrag werden nicht alle Funktionen benötigt. Die nicht benötigten Bedienfelder können bei Bedarf auf die Minimaldarstellung (Symbole) reduziert oder ganz geschlossen werden. Sie können vom Benutzer konfiguriert und angeordnet werden, wie es für die jeweilige Situation am besten erscheint.

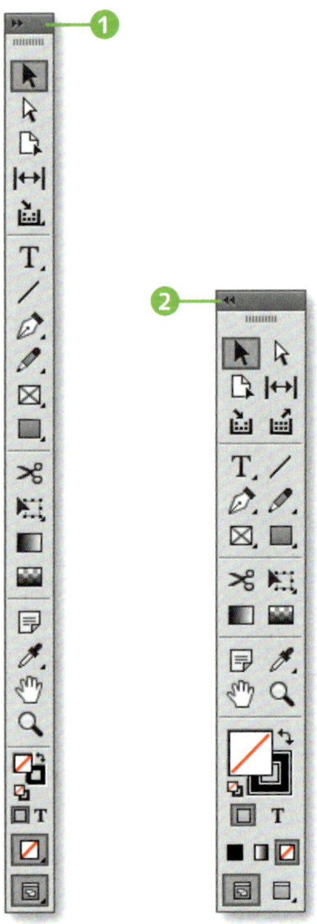

▲ **Abbildung 3.12**
Links: einspaltiges Werkzeuge-Bedienfeld; rechts: zweispaltiges Werkzeuge-Bedienfeld

Das Werkzeuge-Bedienfeld

Im Werkzeuge-Bedienfeld befinden sich alle Werkzeuge, die Sie zur Bearbeitung der einzelnen Layoutobjekte benötigen. Ihre jeweilige Funktion werden wir Ihnen in den folgenden Kapiteln erklären. Sie können das Werkzeuge-Bedienfeld am oberen Rand ❶ mit der Maus »greifen« und an eine beliebige Stelle auf dem Bildschirm bewegen. Dabei überdeckt das Werkzeuge-Bedienfeld immer sowohl das Dokumentfenster als auch das Steuerung-Bedienfeld. Die übrigen Bedienfelder können auch das Werkzeuge-Bedienfeld verdecken.

Das Werkzeuge-Bedienfeld verhält sich beim Verschieben wie alle anderen Bedienfelder auch. Bedienfelder docken automatisch an, wenn sie in die Gegend des linken oder rechten Randes der Arbeitsoberfläche bzw. in die Nähe eines bestehenden Verankerungsbereichs kommen. Das erleichtert es Ihnen, Bedienfelder platzsparend und exakt an sinnvollen Positionen abzulegen.

Darüber hinaus können Sie die Anordnung der Werkzeuge im Werkzeuge-Bedienfeld beeinflussen, indem Sie auf die Pfeile ❷ am oberen Rand des Bedienfelds klicken. Ist das Werkzeuge-Bedienfeld angedockt, schaltet der erste Klick auf eine zweispaltige Darstellung um. Mit einem weiteren Klick stellen Sie den Ursprungszustand wieder her.

Ist das Werkzeuge-Bedienfeld jedoch schwebend, folgt bei einem Klick auf ❷ ein Wechsel in die einzeilig-horizontale Darstellung, und erst der nächste Klick wechselt wieder in die einspaltig-vertikale Darstellung zurück.

Abbildung 3.13 ▶
Einzeiliges Werkzeuge-Bedienfeld

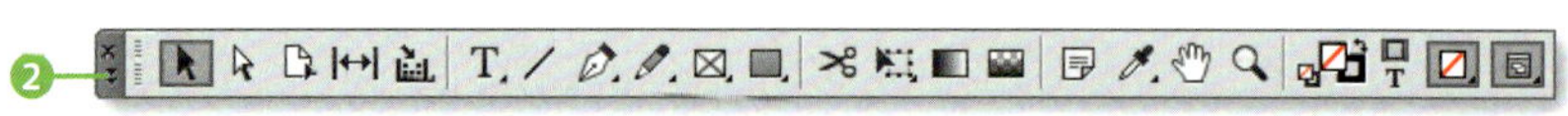

Um eine generelle Änderung der Darstellung des Werkzeuge-Bedienfelds vorzunehmen, ändern Sie die Einstellung unter VOREINSTELLUNGEN • BENUTZEROBERFLÄCHE durch Auswahl in der Option VERSCHIEBBARES WERKZEUGBEDIENFELD.

Tipp

Benutzer, die gerne den linken Rand der Arbeitsoberfläche frei von Bedienfeldern haben, sollten einfach die Werkzeuge als zweiten Verankerungsbereich an der rechten Seite andocken.

Das Steuerung-Bedienfeld

Sie können das Steuerung-Bedienfeld mit dem Menü FENSTER • STEUERUNG oder dem Tastenkürzel Strg+Alt+6 bzw. ⌘+⌥+6 ein- oder ausblenden.

Manipulation des Steuerung-Bedienfelds | Im Normalzustand erscheint das Bedienfeld unter der Menüleiste angedockt. Allerdings kann das Steuerung-Bedienfeld über die Titelleiste 3 aus dieser Position gezogen werden, womit es sich in ein normales schwebendes Bedienfeld verwandelt.

Aus dem schwebenden Zustand kann das Bedienfeld wieder über die Titelleiste an seine ursprüngliche Position unter der Menüleiste verschoben und angedockt werden.

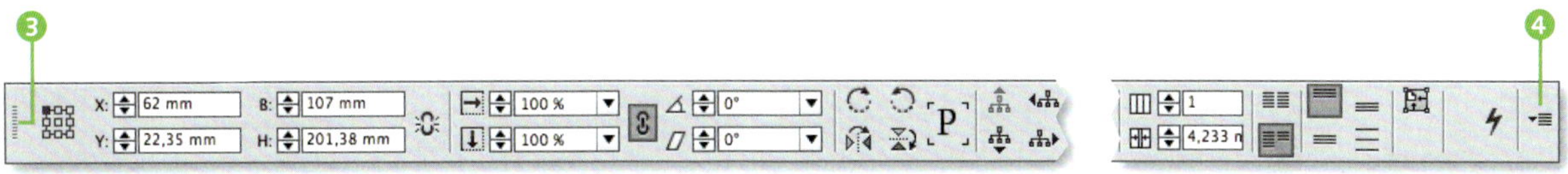

▲ **Abbildung 3.14**
Auch das Steuerung-Bedienfeld besitzt ein Bedienfeldmenü 4.

Darüber hinaus verfügt das Steuerung-Bedienfeld, so wie jedes andere Bedienfeld, über ein Bedienfeldmenü 4, über das die Position und der Zustand des Bedienfelds – angedockt oder nicht – mit den drei Befehlen OBEN ANDOCKEN, UNTEN ANDOCKEN und VERSCHIEBBAR eingestellt werden können. Leider wurde das Symbol für das Bedienfeldmenü von Adobe extrem klein gewählt, was den Einstieg in InDesign für Anfänger etwas erschwert.

Funktionen des Steuerung-Bedienfelds | Das Steuerung-Bedienfeld ist kontextsensitiv – das bedeutet, die Parameter, die zur Verfügung stehen, ändern sich abhängig vom Werkzeug und vom ausgewählten Objekt. Auf folgende Layout-Inhalte reagiert das Steuerung-Bedienfeld:

- **Seiten**, wenn mit dem Seitenwerkzeug eine Seite ausgewählt ist.
- **Objekte**, wenn ein oder mehrere Text-, Bildrahmen oder Pfade ausgewählt sind. Bei Pfaden wird nicht unterschieden, welches Pfad-Werkzeug ausgewählt ist.
- **Tabellen**, wenn eine Tabelle oder ein Teil davon ausgewählt ist. Ist nur der Text in einer Tabellenzelle ausgewählt, werden die Textattri-

bute angeboten, ist ein in einer Zelle verankertes Objekt ausgewählt, die Objektattribute.

- **Texte**: Sobald das Textwerkzeug T ausgewählt ist, zeigt das Steuerung-Bedienfeld die Optionen für Zeichenformatierung A bzw. Absatzformatierung ¶ an.

InDesign passt die Anzahl der dargestellten Funktionen automatisch an die Länge der zur Verfügung stehenden Fläche an. Selbst wenn Sie den Anwendungsrahmen in der Größe verändern, ändert sich die Anzahl der Funktionen im Steuerung-Bedienfeld.

Steuerung-Bedienfeld für Redakteure

Da Redakteure sich auf den Text konzentrieren sollen, ist es ratsam, den Funktionsumfang im Steuerung-Bedienfeld für gewisse Anwendergruppen einzuschränken.

Konfiguration des Steuerung-Bedienfelds | Wenn Sie im Laufe Ihrer Arbeit bemerken, dass Sie gewisse Funktionen niemals über das Steuerung-Bedienfeld ausführen, so können Sie den Umfang der angezeigten Funktionen reduzieren, indem Sie im Bedienfeldmenü die Funktion Anpassen aufrufen.

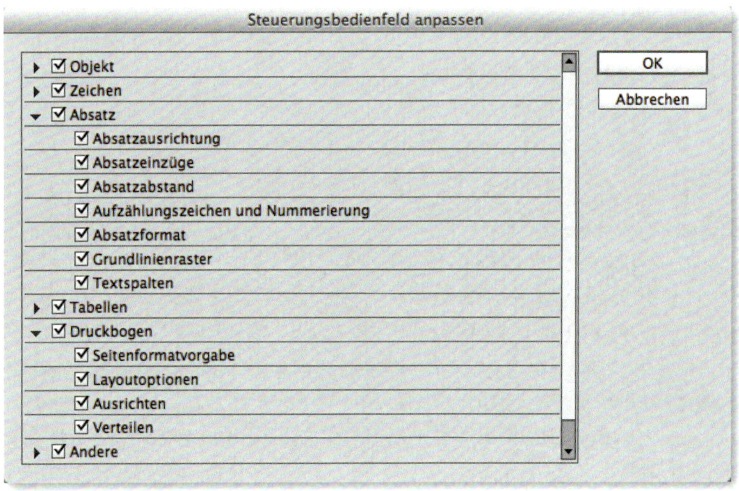

Abbildung 3.15 ▶
Durch Deaktivieren von Funktionen im Dialog Steuerungsbedienfeld anpassen kann ein sehr schlankes Steuerung-Bedienfeld für jeden Arbeitsbereich angelegt werden.

Bedienfeldstapel/Registerkartengruppen

Am rechten Rand befindet sich der Verankerungsbereich, in dem eine Reihe von Bedienfeldstapeln liegt. Sie sind optisch durch eine Trennlinie ❸ voneinander getrennt. Beim gewählten Arbeitsbereich Erweitert werden dabei die Bedienfelder im Verankerungsbereich in der Normalformdarstellung zur Verfügung gestellt.

Sie können mit einem Klick auf ein Bedienfeldsymbol bzw. auf den Namen des Bedienfelds den gesamten Bedienfeldstapel aufklappen (Maximalformdarstellung) und dann zwischen den einzelnen Bedienfeldern durch Klick auf den Reiter umschalten.

Hinzufügen und Herauslösen von Bedienfeldern | Das Hinzufügen eines weiteren Bedienfelds zu einem bereits vorliegenden Stapel funktioniert durch Ziehen des gewünschten Bedienfelds in den Stapel – klicken Sie dabei auf den Bedienfeldnamen ❶. Das Herauslösen funktioniert auf dieselbe Art und Weise.

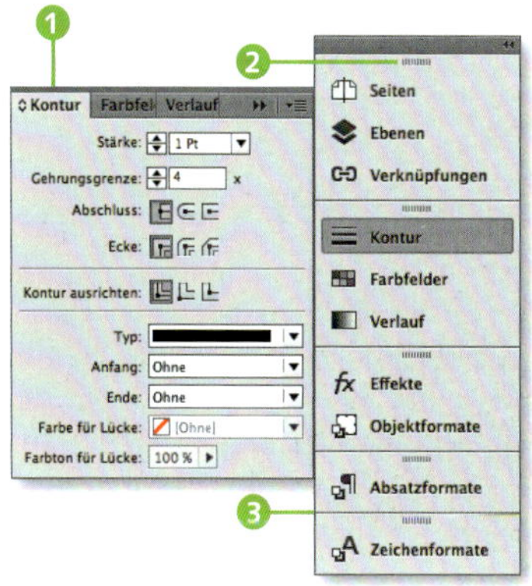

▲ **Abbildung 3.16**
Durch Klick auf das Stapelsymbol öffnet sich der Stapel in der Maximaldarstellungsform.

Ändern der Bedienfeldreihenfolge im Stapel | Das Anordnen der Reihenfolge in einem Stapel kann mit InDesign durch einfaches Verschieben des Bedienfeldnamens ❷ bzw. des Bedienfeldsymbols im Verankerungsbereich bzw. im Stapel erfolgen.

Ändern der Bedienfeldstapel-Reihenfolge im Verankerungsbereich | Um einen gesamten Bedienfeldstapel im Verankerungsbereich an eine andere Stelle zu verschieben, greifen Sie den Stapel an der Stapelkopflinie ❶ und verschieben ihn an die gewünschte Stelle. Der bewegte Stapel hinterlässt zunächst eine Lücke, und die Stapeltrennlinie zwischen den Stapeln wird, wie in Abbildung 3.17 links gezeigt, blau.

Verschieben des Bedienfelds eines Stapels in einen anderen Stapel | Gehen Sie dazu wie zuvor beschrieben vor. Die Stapelkopflinie ❹ des Zielstapels wird ebenfalls blau markiert (Abbildung 3.17 rechts).

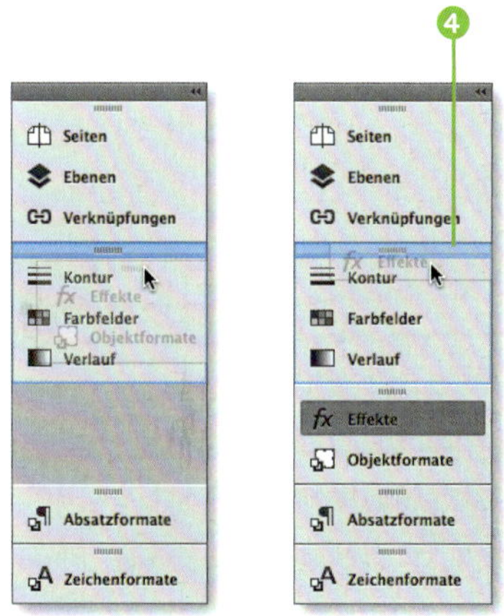

▲ **Abbildung 3.17**
Links: Verschieben eines Bedienfeldstapels an eine andere Position im Verankerungsbereich
Rechts: Verschieben von Bedienfeldern in einen anderen Bedienfeldstapel

Schließen von Bedienfeldern | Innerhalb eines Bedienfeldstapels kann das Schließen eines Bedienfelds nur über den Befehl SCHLIESSEN aus dem Kontextmenü – Rechtsklick auf den Bedienfeldnamen – oder durch Deaktivieren des Bedienfeldnamens im Menü FENSTER erfolgen. Das Schließen bei herausgelösten Bedienfeldern erfolgt ganz normal durch Klick auf den Schließen-Button.

Ausblenden angedockter Bedienfeldstapel | Sie können einen Stapel, je nach gewählter Voreinstellung, ausblenden,

- indem Sie ein anderes Bedienfeld in einem anderen Stapel anklicken – die Option BEDIENFELDER AUTOMATISCH AUF SYMBOLE MINIMIEREN im Register BENUTZEROBERFLÄCHE in den Voreinstellungen ist deaktiviert – oder
- indem Sie im Dokument ein Objekt anwählen oder in einen leeren Bereich klicken – die Option BEDIENFELDER AUTOMATISCH AUF SYMBOLE MINIMIEREN im Register BENUTZEROBERFLÄCHE ist aktiviert.

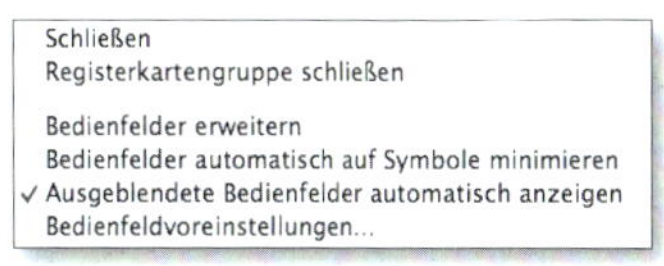

▲ **Abbildung 3.18**
Über das Kontextmenü der Bedienfelder rufen Sie die wesentlichen Arbeitsschritte auf.

Minimieren und Maximieren von Bedienfeldern | Das Minimieren und Maximieren des Bedienfeldstapels kann durch Doppelklick auf den grauen Bereich ❻ (Abbildung 3.19) im Bedienfeldkopf oder auch durch

Auswahl der Befehle Auf Symbole minimieren bzw. Bedienfelder erweitern aus dem Kontextmenü erfolgen.

Durch Doppelklick auf den jeweiligen Bedienfeldnamen ❺ oder durch einfachen Klick auf das Symbol ⬍ im Registerfeld können Sie darüber hinaus die einzelnen Bedienfelder minimieren, maximieren bzw. zusätzlich die Optionen – falls vorhanden – im Bedienfeld anzeigen oder ausblenden lassen.

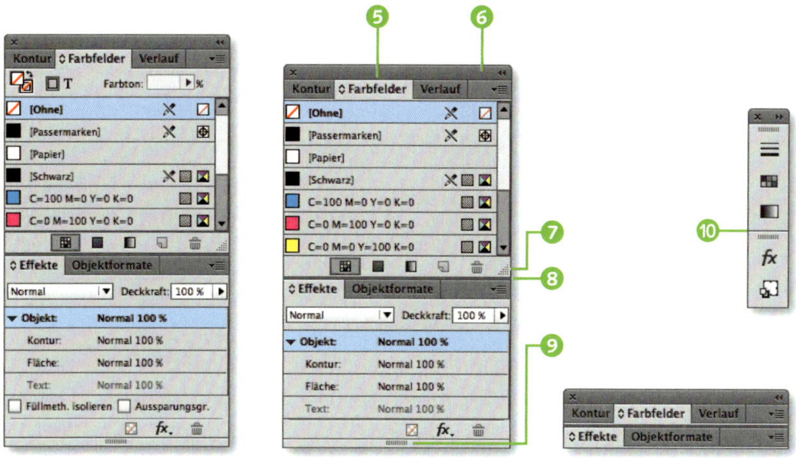

Abbildung 3.19 ▶
Links: Bedienfelder in maximierter Form mit eingeblendeten Optionen
Mitte: Bedienfelder in maximierter Form, jedoch mit ausgeblendeten Optionen
Rechts unten: Bedienfelder in minimierter Form
Rechts oben: Bedienfelder in der Symboldarstellung ❿, die Sie durch Doppelklick auf die Bedienfeldstapel-Kopfleiste erhalten

Bedienfeldoptionen | Einige Bedienfelder (z. B. Zeichen-, Absatz-, Effekte-, Ausrichten-, Pathfinder- und Kontur-Bedienfeld) zeigen standardmäßig nur einen Teil ihrer Optionen an. Im Bedienfeldmenü finden Sie die Funktion Optionen einblenden bzw. Optionen ausblenden, mit der Sie den Umfang der angezeigten Optionen verändern können.

Aber nicht jedes Bedienfeld bietet Optionen an – Sie erkennen die Verfügbarkeit von Optionen in der Darstellung des Symbols ⬍ neben dem Bedienfeldnamen. Wie in Abbildung 3.19 zu sehen ist, wird das Farbfelder-Bedienfeld in der maximierten Darstellung ohne Optionen und ohne die Möglichkeit zur Flächen-, Konturfarben- und Farbtonangabe dargestellt. Beim Effekte-Bedienfeld fehlen die Optionen Füllmeth. isolieren und Aussparungsgr. rechts zur Gänze, während sie links sichtbar sind.

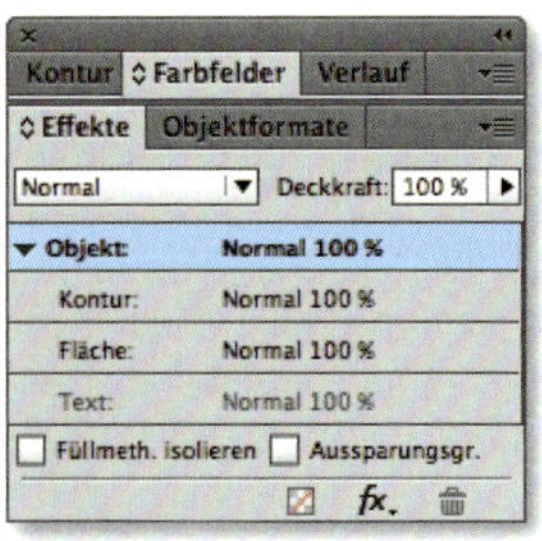

▲ **Abbildung 3.20**
Das Farbfelder-Bedienfeld wurde durch Doppelklick in den grauen Bereich im Bedienfeldkopf oder durch Doppelklick auf den Bedienfeldnamen minimiert. Diese Minimierung gilt jedoch nur für dieses Bedienfeld. Wird beispielsweise auf das Kontur-Bedienfeld umgeschaltet, so zeigt sich dieses in seiner zuletzt festgelegten Einstellung.

Höhe und Breite eines Bedienfelds verändern | Die Höhe des Bedienfelds – in der Maximalformdarstellung – kann bei einem schwebenden Stapel oder in einem Verankerungsbereich mit den Anfassern ❼ bzw. im Verankerungsbereich durch Verschieben der Linie ❽ verändert werden. Die Höhe von Bedienfeldstapeln und Bedienfeldern mit variablem Inhalt kann über die Markierung am unteren Rand des Bedienfelds ❾ verändert werden.

Die Breite lässt sich im schwebenden Zustand nicht bei allen Bedienfeldern verändern. Die Breite des Verankerungsbereichs kann durch Verschieben der linken Kante – es erscheint das Verschieben-Symbol ↔ – verändert werden. Beachten Sie jedoch, dass der Verankerungsbereich in der Maximalformdarstellung gewisse Breiten von Bedienfeldern nicht unterschreiten kann. In der Normalformdarstellung kann die Breite des Verankerungsbereichs auf das Symbol reduziert werden.

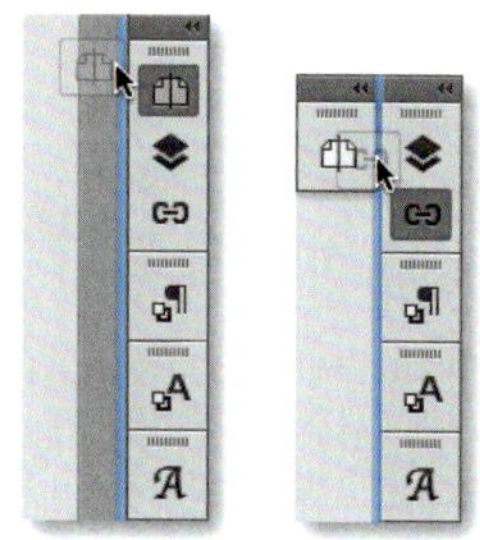

▲ **Abbildung 3.21**
Links: Das Bedienfeld SEITEN wird an der linken Kante des Verankerungsbereichs angedockt.
Rechts: Das Bedienfeld VERKNÜPFUNGEN wird zwischen den Verankerungsbereichen eingefügt.

Verankerungsbereich mehrspaltig machen | Ein Bedienfeldstapel kann durch Ziehen als zusätzlicher Verankerungsbereich neben dem ersten angedockt werden (linkes Bild in Abbildung 3.21). Durch Schieben eines Bedienfelds oder Bedienfeldstapels zwischen zwei bestehende Verankerungsbereiche kann dieser dazwischen eingefügt werden (rechtes Bild in Abbildung 3.21).

Aufbau und Funktionen von Bedienfeldern

Ein Bedienfeld kann einen Eingabebereich ❷ zum Eintragen von Werten haben und eine Aktionsleiste ❸ besitzen, mit der die Darstellung des Bedienfelds beeinflusst werden kann oder in der Detailinformationen zu manchen Elementen erscheinen.

Bedienfelder können über ein Bedienfeldmenü ❶ verfügen, mit dem – abhängig vom betreffenden Bedienfeld – zusätzliche Menübefehle aufgerufen werden können.

Manche Bedienfelder dienen lediglich zur Dateneingabe (z. B. Verlauf- oder Steuerung-Bedienfeld); in anderen Bedienfeldern können Werte ausgelesen werden, z. B. im Informationen-Bedienfeld; und in einer dritten Art von Bedienfeldern können Sie neue Elemente für Ihr Dokument selbst definieren, z. B. Ebenen, Farbfelder oder die verschiedenen Formate.

Bei der letzten Art von Bedienfeldern finden Sie in der Aktionsleiste das Symbol ❹. Mit einem Klick auf dieses Symbol legen Sie ein neues Element an. Rechts neben diesem Symbol finden Sie einen kleinen Papierkorb ❺, mit dem Sie Einträge aus dem Bedienfeld wieder entfernen können.

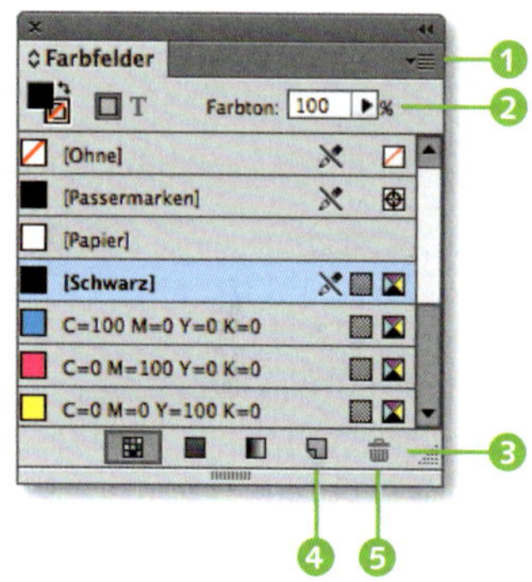

▲ **Abbildung 3.22**
Die einzelnen Bereiche und Funktionen in einem Bedienfeld

Eingabedialog öffnen

Drücken Sie beim Klicken auf das Symbol gleichzeitig die Alt- bzw. ⌥-Taste, so öffnet sich bei vielen Bedienfeldern der zuständige Eingabedialog der jeweiligen Funktion. Bei einigen Bedienfeldern, z. B. INDEX, öffnet sich der Eingabedialog *ohne* das Drücken der Alt- bzw. ⌥-Taste.

Einträge in Bedienfeldern anordnen

Bedienfelder, deren Einträge Sie selbst anlegen können (wie z. B. Absatzformate oder Farbfelder), stellen grundsätzlich unbeschränkt Platz zur Verfügung – je mehr Einträge Sie definieren, umso länger wird die Liste.

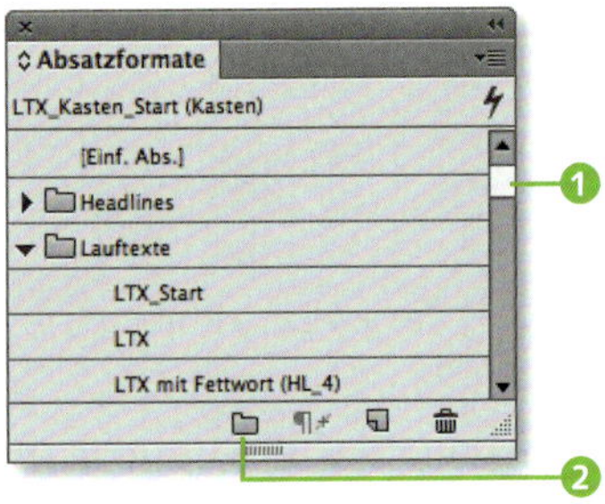

▲ **Abbildung 3.23**
In einigen Bedienfeldern können Eintragungen in Gruppen zusammengefasst werden.

Taucht ein Scrollbalken ① auf, so ist das der Hinweis, dass der Platz nicht mehr zur Anzeige des gesamten Inhalts ausreicht. Um den zur Verfügung stehenden Platz effizienter zu nutzen, bieten die unterschiedlichen Bedienfelder die Möglichkeit, auf alternative Darstellungen und Anordnungen der Einträge umzuschalten, die Einträge zu verschieben oder Gruppen ② zur besseren Gliederung der Einträge zu erstellen.

Das Farbfelder-Bedienfeld beispielsweise erlaubt es, in allen Ansichten die einzelnen Einträge manuell anzuordnen. Seit InDesign CS3 funktioniert das manuelle Anordnen auch für andere Bedienfelder. Nehmen Sie einen Eintrag, und verschieben Sie ihn an die gewünschte Position. Die aktuelle Einfügeposition wird mit einem blauen Balken markiert.

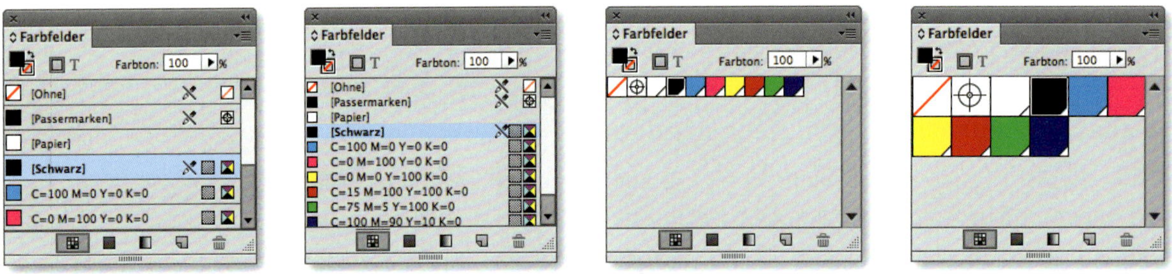

▲ **Abbildung 3.24**
Verschiedene Darstellungsvarianten des Farbfelder-Bedienfelds

Werte in Bedienfelder eingeben

Für sämtliche Eingabefelder in InDesign-Bedienfeldern gilt: Sie können den darin enthaltenen Wert auswählen und einfach überschreiben. Der neue Wert wird auf das ausgewählte Objekt übertragen, sobald Sie [Enter] bzw. [↵] drücken oder das Eingabefeld mit der Tabulatortaste [⇥] verlassen. Darüber hinaus können Sie einen bestehenden Wert in einem Eingabefeld erhöhen bzw. verringern, indem Sie den Eintrag mit der Pfeiltaste nach oben [↑] (höherer Wert) oder nach unten [↓] (geringerer Wert) verändern. Einstellungen, die Sie mit den Pfeiltasten verändern, werden unmittelbar auf das ausgewählte Objekt übertragen. Das funktioniert sogar für die Schriftauswahl im Steuerung-Bedienfeld! Dieselbe Funktion ist aber auch mit den Auf- und Ab-Pfeilen ⬍ neben den Eingabefeldern erreichbar.

Außerdem ist in die Eingabefelder ein kleiner Rechner eingebaut. Sie können hier simple Berechnungen vornehmen. Dabei ist InDesign auf die Grundrechenarten beschränkt – auch eine Klammersetzung für die Berechnung ist nicht zulässig. In Abbildung 3.25 sehen Sie eine Linie, die derzeit eine Stärke von 16 Pt aufweist. Sie können nun im Eingabefeld für die Linienstärke z. B. »–4« hinter den aktuellen Wert schreiben.

Größere Einheiten

Wenn Sie gleichzeitig mit den Pfeiltasten die [⇧]-Taste gedrückt halten, werden die Werte um einen größeren Betrag weitergeblättert. Um welchen Betrag dies erfolgt, hängt von den Voreinstellungen ab.

Sobald Sie die Eingabetaste drücken oder per Tabulator das Feld verlassen, wird der neue Wert berechnet und angewendet. Das funktioniert auch mit prozentualen Werten: Um das Ergebnis in diesem Beispiel zu erreichen, können Sie also auch »–25%« hinter den aktuellen Wert schreiben, und InDesign wird die Stärke der Linie auf 12 Pt setzen.

Eingabefelder verwenden eine Standardeinheit – in unserem Beispiel ist das Pt (Punkt). Sie können auch andere Einheiten eintragen und auch mit ihnen rechnen. Eine Eingabe von »16 Pt + 1 mm« führt somit zu einem Ergebnis von 18,835 Pt.

Als Einheiten können die »normalen« Längeneinheiten Millimeter und Zoll verwendet werden und die Standardeinheit im elektronischen Satz, der Punkt (auch bekannt als DTP-Punkt – ist nicht mit dem Didot-Punkt identisch). Zusätzlich können die beiden Einheiten Pica und Cicero verwendet werden.

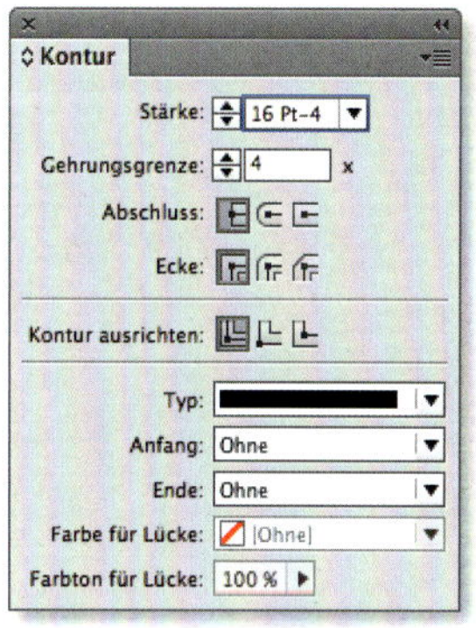

▲ **Abbildung 3.25**
In den Eingabefeldern für numerische Werte können Sie grundsätzlich alle Grundrechenarten verwenden. Allerdings dürfen Sie (leider) keine Klammern setzen.

Einheit	Formulierung	Beschreibung
Zoll	Zoll oder "	2,54 cm
Millimeter	mm	–
Pica	p (nach dem Wert)	12 Pt (DTP-Punkte)
Punkt	p (vor dem Wert) bzw. pt (nach dem Wert)	Der DTP-Punkt ist 0,353 mm groß.
Cicero	c (nach dem Wert)	12 Pt (Didot-Punkte). Ein Didot-Punkt entspricht 0,375 mm.

◀ **Tabelle 3.1**
Maßeinheiten, die beim Rechnen in den Eingabefeldern eingegeben werden können

Mit InDesign CS6 wurde die Möglichkeit erweitert, in Eingabefeldern zu rechnen. Diese Erweiterung wurde blumig »komplexes Rechnen« getauft und bedeutet lediglich, dass Sie nun auch Berechnungen in der Form »16 Pt – 3 * 2« verwenden können. Neu ist hier, dass Sie zusätzlich eine Punktrechnung verwenden können, die ordnungsgemäß vor der Strichrechnung erledigt wird. Klammern sind also nach wie vor nicht erlaubt – die Komplexität hält sich also in Maßen.

Bedienfelder der eigenen Arbeitsweise anpassen

Normalerweise gönnen sich Layouter und Grafiker den Luxus eines zweiten Monitors, der nur zur Ablage von Bedienfeldern bzw. zur Anzeige der Adobe Bridge verwendet wird. Da man sich in wirtschaftlich etwas müderen Zeiten diesen Luxus oft spart, müssen alle Bedienfelder möglichst platzsparend am Monitor angeordnet werden.

Den von uns vorgeschlagenen Arbeitsbereich – er beinhaltet auch die Bedienfeldanordnung – finden Sie auf der Buch-DVD im Verzeichnis SETTINGS • ARBEITSBEREICHE unter dem Namen »Layouten_CC.xml«. Wie Sie diese Einstellungsdatei verwenden, erfahren Sie in diesem Kapitel auf Seite 125.

Schritt für Schritt
Bedienfelder für den täglichen Gebrauch einrichten

Wir möchten Ihnen eine Bedienfeldanordnung ans Herz legen, mit der Sie beim Durcharbeiten des Buchs und auch bei Ihrer täglichen Arbeit im Grafik- und Druckvorstufenumfeld gut zurechtkommen werden.

1 Ausgangspunkt – Arbeitsbereich »Erweitert«

Sofern Sie nicht ohnehin mit dem Arbeitsbereich Erweitert arbeiten, führen Sie den Befehl Fenster • Arbeitsbereich • [Erweitert] und dann den Befehl Fenster • Arbeitsbereich • Erweitert zurücksetzen aus.

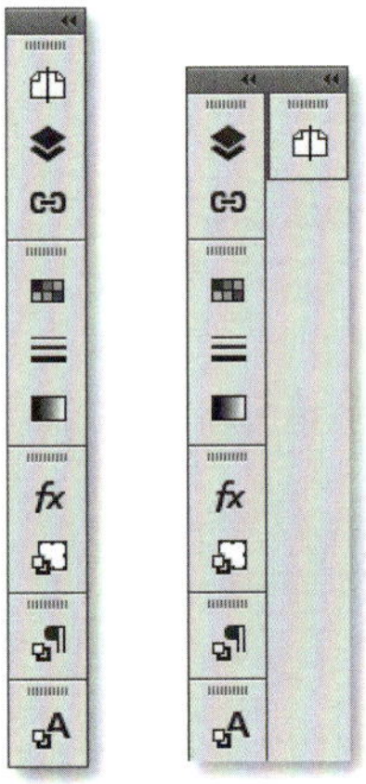

▲ **Abbildung 3.26**
Ergebnis von Schritt 2

2 Zwei unterschiedliche Verankerungsbereiche anlegen

Die Normalformdarstellung des Verankerungsbereichs reduzieren Sie auf Bedienfeldsymbole, indem Sie auf die linke Kante des Verankerungsbereichs zeigen und mit dem Symbol ↔ die Breite des Verankerungsbereichs auf die Symbole minimieren. Das Ergebnis ist im linken Bild der Abbildung 3.26 zu sehen. Danach docken Sie das Symbol des Seiten-Bedienfelds durch Verschieben des Symbols an der rechten Kante des Verankerungsbereichs an.

3 Seiten-Bedienfeld konfigurieren

Als Nächstes erweitern wir die Darstellungsform des rechten Verankerungsbereichs auf die Maximalformdarstellung. Dazu klicken Sie einmalig auf das Bedienfeld erweitern-Symbol im Kopfbereich des Verankerungsbereichs.

Die Verankerungsbereiche zeigen sich dann wie in Abbildung 3.27 dargestellt. Das Seiten-Bedienfeld nimmt nun die gesamte Höhe des verfügbaren Platzes im Verankerungsbereich ein, der linke Verankerungsbereich bleibt auf Symbole reduziert.

Da wir mit dem verfügbaren Platz haushalten müssen, empfehlen wir, an dieser Stelle die vertikale Anordnung der Doppelseiten im Seiten-Bedienfeld auf eine platzsparendere Form umzustellen. Rufen Sie dazu im Bedienfeldmenü Seiten anzeigen • Horizontal auf.

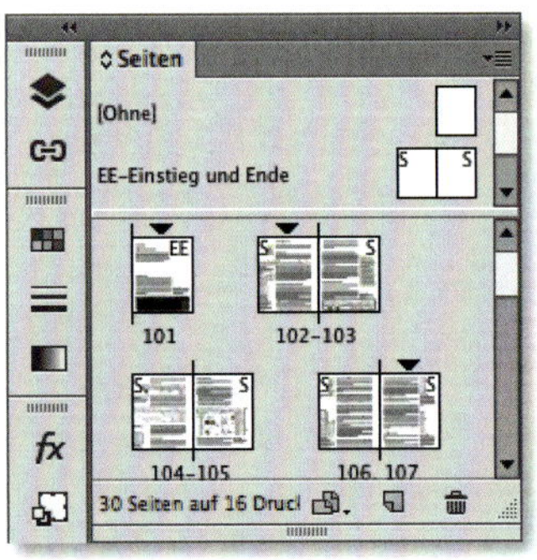

▲ **Abbildung 3.27**
Ergebnis von Schritt 3:
Der rechte Verankerungsbereich wird in der Maximalformdarstellung, der linke Verankerungsbereich in der Symboldarstellung angezeigt. Die Anzeige der Druckbögen erfolgt horizontal.

4 Weitere Bedienfelder hinzufügen und die Verankerungsbereiche fertigstellen

In Abbildung 3.28 sehen Sie den fertig konfigurierten Verankerungsbereich, der eigentlich aus zwei Verankerungsbereichen besteht:

- **Rechter Verankerungsbereich**: Darin werden die Bedienfelder, die zum Layouten am häufigsten verwendet werden, in der Maximalformdarstellung gezeigt. Die Breite dieses Bereichs sollte an die Erfordernisse angepasst werden, die sich aus den einzelnen Bedienfeldern ergeben: Hier sollen alle Spalten im Verknüpfungen-Bedienfeld angezeigt werden.

- **Linker Verankerungsbereich**: Darin werden alle jene Bedienfelder eingefügt, die seltener verwendet werden müssen. Bedienfelder, die Sie überhaupt nie benötigen, sollten auch in diesen Bereich nicht aufgenommen werden.

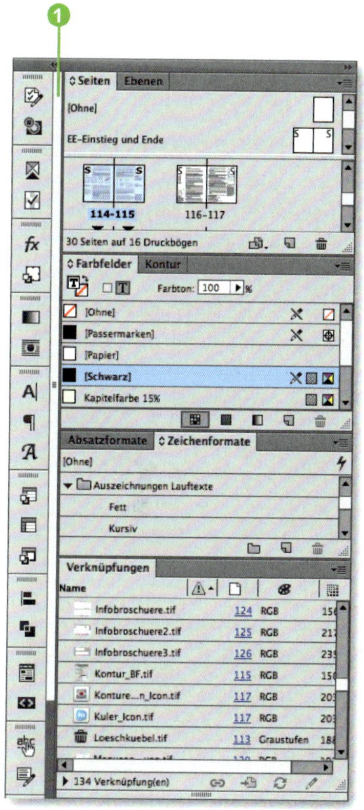

▲ **Abbildung 3.28**
Ergebnis von Schritt 4: Sollte der Platz für unsere doch sehr umfangreiche Bedienfeldanordnung nicht reichen (so wie hier) so erscheint zwischen den Verankerungsbereichen eine schmale Scrollleiste ❶. Im rechten Verankerungsbereich in der Maximalansicht werden die unteren Bereiche (hier MiniBridge) nicht mehr angezeigt und müssen über das Fenster-Menü aufgerufen werden. Unsere Anordnung ist somit prinzipiell auf allen Monitorgrößen verwendbar.

Konfigurieren Sie nun den rechten Verankerungsbereich, indem Sie die vorgesehenen Bedienfelder über das Menü Fenster aufrufen und dann an die vorgesehene Stelle verschieben.

- Ebenen: Stellen Sie diese rechts neben das Seiten-Bedienfeld.
- Farbfelder: Docken Sie unterhalb des Seiten-Bedienfelds das Farbfelder-Bedienfeld an. Verschieben Sie dazu das Bedienfeld an die untere Kante des Seiten-Bedienfelds, bis ein blauer Strich erkennbar ist.
- Kontur: Dieses Bedienfeld – es dient zur Eingabe von Konturstärken und -formen – wird neben den Farbfeldern eingefügt.
- Absatz- und Zeichenformate: Die Bedienfelder zum Anlegen und Zuweisen von Formatierungsanweisungen für Absätze und einzelne Zeichen werden unterhalb des Objektstapels Farbfelder und Kontur angedockt.
- Verknüpfungen: Der permanente Überblick über die verknüpften Datenbestände ist wichtig. Docken Sie dieses Bedienfeld ganz unten alleinstehend an, und blenden Sie die Verknüpfungsinformationen aus.
- Mini Bridge: Wird aktiv mit der Adobe Bridge zum Verwalten und Kennzeichnen von Dateien gearbeitet, so kann zum Platzieren von Dateien damit auf die Daten zugegriffen werden. Docken Sie dieses Bedienfeld unterhalb des Verknüpfungen-Bedienfelds an, und achten Sie darauf, dass der Bereich der Navigation oberhalb des Bereichs Inhalt steht.

Konfigurieren Sie nun den linken Verankerungsbereich mit den von uns vorgeschlagenen Bedienfeldstapeln.

- Preflight und Attribute
- Separations- und Reduzierungsvorschau
- Effekte und Objektformate
- Kuler, Verlauf und Textumfluss
- Zeichen, Absatz und Glyphen
- Tabellenformate, Tabelle und Zellenformate
- Ausrichten und Pathfinder

Andocken von Bedienfeldern

Auch schwebende Bedienfelder können untereinander an einen Stapel angedockt werden. Ziehen Sie dazu ein Bedienfeld an seinem Bedienfeldnamen an die Unterkante eines anderen schwebenden Bedienfelds, bis ein blauer Strich erscheint. Die beiden Bedienfelder werden dann untereinander in einem Bedienfeldstapel zusammengefasst und können miteinander bewegt werden.

- Artikel und Tags
- Hyperlinks und Änderung verfolgen
- Skripte und Datenzusammenführung
- Hintergrundaufgaben

Diese Anordnung wird Ihnen helfen, den Überblick über Hunderte von Möglichkeiten und die Bedienfelder zu wahren. Sinn und Zweck all dieser Bedienfelder werden natürlich in den restlichen Kapiteln behandelt werden. Sie können dann entscheiden, welche Bedienfelder Sie aus unserem Vorschlag wieder entfernen wollen.

3.4 Werkzeuge

Die Werkzeuge der Adobe-Programme ähneln sich sehr, und insgesamt geht der Trend auch in die Richtung, dass alle Softwareprodukte für denselben Aufgabenbereich sich immer mehr in ihrem Erscheinungsbild angleichen. Da wir die einzelnen Werkzeuge in den folgenden Kapiteln näher beschreiben werden, folgt hier nur eine Darstellung der Struktur des Werkzeuge-Bedienfelds mit seinen Tastenkürzeln.

Werkzeuge im Ausklappmenü auswählen

Wenn Sie auf ein Werkzeug mit Ausklappmenü bei gedrückter [Strg]- bzw. [ctrl]-Taste klicken, so erscheint gleich das Ausklappmenü, und Sie müssen nicht mehr so lange warten.

Wenn Sie jedoch die [Alt]- bzw. [⌥]-Taste gedrückt halten und auf das Werkzeug mit dem Ausklappmenü klicken, so wird automatisch das nächste Werkzeug im Ausklappmenü ausgewählt.

Die Struktur des Werkzeuge-Bedienfelds

Die verschiedenen Werkzeuge sind im Werkzeuge-Bedienfeld zu Gruppen mit ähnlichen Aufgabenstellungen zusammengefasst. Werkzeuggruppen sind mit einem kleinen Dreieck gekennzeichnet. Halten Sie die Maustaste auf dem Werkzeug gedrückt, um die alternativen Varianten im Ausklappmenü aufzurufen und auszuwählen.

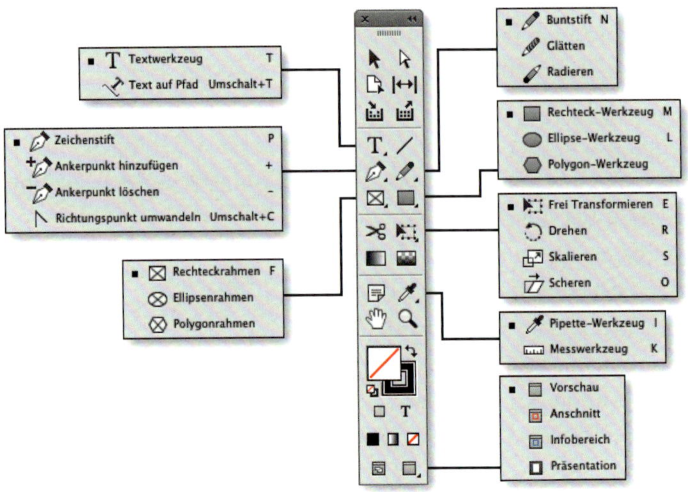

Abbildung 3.29 ▶
Das Werkzeuge-Bedienfeld mit allen Werkzeugen. Mit InDesign CC wurden keine neuen Werkzeuge eingeführt.

Um den Namen des jeweiligen Werkzeugs bzw. das Tastenkürzel zu erfahren, stellen Sie den Cursor auf das Werkzeug, bis ein QuickInfo-Feld erscheint.

Ansichtsmodi

Die beiden letzten Felder des Bedienfelds enthalten eigentlich keine Werkzeuge, sondern Funktionen, die die Darstellung Ihres Dokuments betreffen. Der Ansichtsmodus NORMAL stellt alle Hilfslinien, das Grundlinienraster und alle anderen Objektbegrenzungen dar, sofern sie nicht über das Ansicht-Menü explizit deaktiviert worden sind. Mit dem Modus VORSCHAU können Sie all diese Hilfslinien und Objektbegrenzungen ausblenden und Ihr Dokument so betrachten, wie es nach der Produktion – also beschnitten – aussehen würde. Wollen Sie jedoch das Dokument einschließlich des Anschnitts bzw. Infobereichs darstellen, so wählen Sie die Ansichtsmodi ANSCHNITT bzw. INFOBEREICH. Das Umschalten zwischen dem letztgewählten Ansichtsmodus und NORMAL erledigen Sie durch Drücken des Tastenkürzels W.

Mit InDesign CS5 wurde erstmals der Modus PRÄSENTATION zur Verfügung gestellt. Sie können auf diesen durch Auswahl des Symbols oder durch Drücken von ⇧+W umschalten. Durch Drücken von Esc bzw. durch erneutes Drücken von ⇧+W können Sie den Präsentationsmodus wieder beenden.

Einstellungen für Werkzeuge
Manche Werkzeuge, z. B. das Polygon-Werkzeug, reagieren auf einen Doppelklick: Sie öffnen ein Eingabefenster, in das Sie Werte per Tastatur eingeben können, oder Sie öffnen das zu ihnen gehörende Bedienfeld.

3.5 Menüs

Menüs sind auf einer grafischen Benutzeroberfläche ein zentrales Instrument, um dem ungeübten Anwender den Zugang zu allen Funktionen zu ermöglichen. Menüs sind im Arbeitsablauf in unterschiedlichen Varianten anzutreffen.

- **Menüeinträge der Menüleiste**: Damit werden die wesentlichen Funktionen des Programms aufgerufen oder bestimmte Einstellungen vorgenommen – Sie kennen das Prinzip von der Bedienung Ihres Betriebssystems und dessen Programmen.
- **Bedienfeldmenüs**: Darin befinden sich Menüeinträge, die im Zusammenhang mit dem jeweiligen Bedienfeld zu sehen sind, wie z. B. Bedienfeldoptionen.
- **Kontextmenüs**: Die Kontextmenüs sind bestimmten Objekten zugeordnet und bieten Funktionen an, die in der jeweiligen Situation für das betroffene Element möglich und sinnvoll sind. Das Vorhandensein von Kontextmenüs ist dabei nicht unmittelbar erkennbar.

Tastenkürzel
Wie Sie bestehende Tastenkürzel von Menübefehlen ändern, löschen oder neu definieren können, lesen Sie ab Seite 1183.

Kontextmenü aufrufen (Mac OS X)
Mit einer Mehrbutton-Maus erreichen Sie Kontextmenüs mit der rechten Maustaste. Mit einer Einbutton-Maus drücken Sie die ctrl-Taste, während Sie klicken.

Menüs sortieren

Für alle Menüformen gilt, dass die Menüeinträge alphabetisch sortiert werden können. Halten Sie die Tasten [Strg]+[Alt]+[⇧] bzw. [⌘]+[⌥]+[⇧] gedrückt, und klicken Sie auf ein Menü – alle Einträge erscheinen nun alphabetisch sortiert.

InDesign ist so konzipiert, dass es Ihnen jederzeit genau die Funktionen anbietet, die zum aktuellen Zeitpunkt sinnvoll sind. Dieses Konzept findet sich im Steuerung-Bedienfeld wieder, es ist aber auch über Kontextmenüs konsequent in jedem Objekt Ihres Layouts und zum Teil sogar bei Elementen der Benutzerschnittstelle umgesetzt.

Unter Windows sind Kontextmenüs immer schon in allen Applikationen und im Betriebssystem selbst präsent gewesen und als »Rechtsklick« bekannt. Für – vor allem langjährige – Macintosh-Benutzer sind Kontextmenüs eine eher ungewohnte Angelegenheit. Die Verwendung der Kontextmenüs wird für eine effiziente Arbeitsweise von uns dringend empfohlen.

Menüs konfigurieren

Menüsatz

Unter einem MENÜSATZ versteht man eine Kombination von ein- bzw. ausgeblendeten Menüeinträgen. Ein abgespeicherter Menüsatz wird in den Default-Dateien von InDesign abgespeichert. Leider ist das Exportieren des Menüsatzes nicht möglich, was für einen Roll-out – das Verteilen von Software an eine bestimmte Benutzergruppe in einem Unternehmen – für die Systemadministratoren aber sinnvoll wäre.

InDesign wartet mit einer Unmenge an Funktionen auf, die jedoch in voller »Ausbaustufe« für bestimmte Arbeitsumgebungen unübersichtlich sind. Oft müssen Redakteure in kleinen Verlagen mit der Vollversion von InDesign arbeiten, was häufig den Effekt hat, dass die Redakteure sich bemüßigt fühlen, Layoutarbeiten zu übernehmen und Objekte zu verschieben oder gar den Text so zu spationieren, dass ein Lesen unmöglich wird.

Adobe hat in InDesign Vorkehrungen getroffen, damit Systemadministratoren den Umfang der Bedienfeldfunktionen und die Menüs frei konfigurieren können. Diese Konfiguration kann dann zusammen mit dem Arbeitsbereich abgespeichert werden.

Eigenen Menüsatz anlegen | Führen Sie dazu den Befehl BEARBEITEN • MENÜS aus. Im Menüanpassung-Dialog können Sie für Menüeinträge einen bereits definierten Menüsatz über die Option SATZ ❶ auswählen.

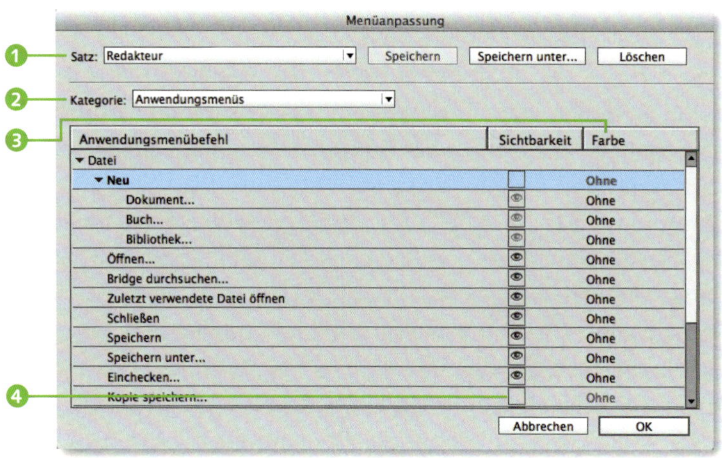

Abbildung 3.30 ▶
Der Menüanpassung-Dialog von InDesign. Sie können damit Anwendungs-, Bedienfeld- und Kontextmenüs ausblenden.
Die Möglichkeit der Kennzeichnung von Menüeinträgen über FARBE ❸ kann sehr hilfreich sein.

Um einen neuen Menüsatz zu erstellen, wählen Sie zuerst in der Kategorie ② aus, ob Sie Anwendungsmenüs oder Kontext- und Bedienfeldmenüs konfigurieren möchten. Wie Sie in Abbildung 3.30 sehen, ist im gewählten Menüsatz »Redakteur« die Befehlsgruppe Neu mit allen Unterbefehlen zum Erstellen von Dokumenten, Bibliotheken usw. sowie der Befehl Kopie speichern deaktiviert. Ein Menü wird durch Deaktivierung der Sichtbarkeit 👁 ④ ausgeblendet.

Speichern Sie einen Menüsatz durch Klick auf den Button Speichern unter ab.

An dieser Stelle vermissen wir die Möglichkeit, Werkzeuge auszublenden. Diese Konfiguration könnte jedoch über das Herausnehmen von Plug-ins (viele Werkzeuge stehen als separates Plug-in zur Verfügung) aus dem entsprechenden Ordner des Programms vorgenommen werden. Welche Konstellationen von Plug-ins (gewisse Plug-ins stehen in wechselseitiger Beziehung) entfernt werden können, müssen Sie austesten. Wir raten jedoch von solchen Eingriffen eher ab. Für Redakteure wäre ohnehin das Programm Adobe InCopy die bessere Wahl.

Menüs schnell anwenden

Die Möglichkeit, über Bearbeiten • Schnell anwenden bzw. durch Klick auf das Symbol ϟ im Steuerung-Bedienfeld schnell an die Absatz-, Zeichen- und Objektformate zu gelangen, ist für »Tastaturfetischisten« zu empfehlen.

Durch Ausführen des Befehls wird der Dialog Schnell anwenden angezeigt, in dem Sie durch Eingabe des gewünschten Begriffs nach allen im Dokument vorhandenen Befehlen, angelegten Formaten und Stilen suchen können. Wurde die Auswahl gefiltert, so können Sie sich durch Drücken der Pfeiltasten [↑]/[↓] schnell in der Liste bewegen, den entsprechenden Eintrag auswählen und durch Drücken von [↵] das Ausführen des Befehls erwirken.

Da in vielen Produktionen eine Unmenge von Formaten und Stilen verwendet wird, hilft den Anwendern selbst das Filtern der Einträge oft nicht weiter. Sie könnten für diesen Fall eine Filterung nach Funktionsgruppen durchführen. Wählen Sie durch Drücken des Symbols ▼ im Schnell anwenden-Dialog die Filteroptionen aus. Wenn Sie beispielsweise nicht wollen, dass die Menübefehle beim Filtern einbezogen werden, so deaktivieren Sie den Eintrag Menübefehle einschliessen (m:).

Die Kürzel am Ende des Eintrags – z. B. »(a:)« – bedeuten, dass Sie im Gegenzug durch Eingabe des Begriffs »a: [Suchbegriff]« nur in Absatzformaten nach dem Suchbegriff suchen.

Konfiguration des Steuerung-Bedienfelds

Die Konfiguration des Steuerung-Bedienfelds können Sie nicht über das herkömmliche Menü durchführen. Konfigurieren Sie das Bedienfeld, indem Sie aus dem Bedienfeldmenü die Option Anpassen auswählen.

Menüsätze ausblenden und alle Befehle sehen

Einmal eingerichtete Menüsätze können vom Anwender durch Drücken der [Strg]- bzw. [⌘]-Taste und Klick auf das Menü jederzeit umgangen werden, womit dem Anwender wiederum alle Befehle zur Verfügung stehen.

Darüber hinaus kann der Anwender durch Ausführen des Befehls Alle Menübefehle einblenden – der in jedem Menü, in dem ein Menübefehl ausgeblendet wurde, erscheint – einen Menüsatz ebenfalls umgehen.

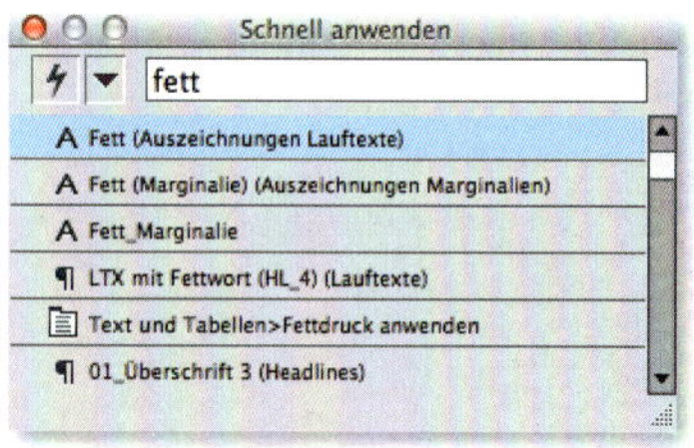

▲ **Abbildung 3.31**
Der Schnell anwenden-Dialog, den Sie auch durch Klick auf das Symbol ϟ im Steuerung- und in allen Format-Bedienfeldern (Absatz-, Zeichen- und Objektformat) aufrufen können

3.6 Arbeitsbereiche

Arbeitsbereiche über Tastenkürzel wechseln
Sie können bis zu neun Arbeitsbereichen Tastenkürzel zuweisen. Gehen Sie dazu im Menü BEARBEITEN • TASTATURBEFEHLE in den Produktbereich FENSTER-MENÜ. Dort können Sie für die ersten neun Arbeitsbereiche – ARBEITSBEREICH: 1. STANDARDARBEITSBEREICH LADEN bzw. ARBEITSBEREICH: 1. BENUTZERARBEITSBEREICH LADEN Tastenkürzel eintragen. Da es nur neun sein dürfen, sollten Sie die wichtigsten Arbeitsbereiche über eine führende Ziffer im Namen an den Beginn der Liste stellen, z. B. »1_Buch schreiben«, »2_Korrektur«.

Wir haben in der Schritt-für-Schritt-Anleitung auf Seite 118 die Bedienfeldanordnung für den täglichen Gebrauch von InDesign eingerichtet. Wenn wir nun das Werkzeuge-Bedienfeld am linken Bildschirmrand noch auf zweispaltig stellen, so ist unser Arbeitsbereich – Werkzeuge-Bedienfeld, Steuerung-Bedienfeld und die beiden Verankerungsbereiche – fertig eingerichtet.

Wenn Sie – wie wir beide – an mehreren und sehr unterschiedlichen Projekten arbeiten oder in Ihrem Job mit InDesign unterschiedliche Arbeiten wie Layout, Satz, Datenkontrolle, Animationen usw. verrichten müssen, wird Ihre Arbeitsumgebung jedes Mal unterschiedlich aufgebaut sein.

Für solche Situationen können Sie sich einen neuen Arbeitsbereich einrichten, in dem speziell die Bedienfelder, die für die Ausgabekontrolle dienlich sind (wie Separationsvorschau und Reduzierungsvorschau), im maximierten Zustand vorliegen. Einmal eingerichtet, speichern Sie den Arbeitsbereich über das Menü FENSTER • ARBEITSBEREICH • NEUER ARBEITSBEREICH ab.

Arbeitsbereich speichern

Der Menüpunkt NEUER ARBEITSBEREICH konfrontiert Sie mit einem Dialogfenster, in dem Sie den Namen für die aktuelle Anordnung des Arbeitsbereichs und Ihre Darstellungsoptionen speichern können.

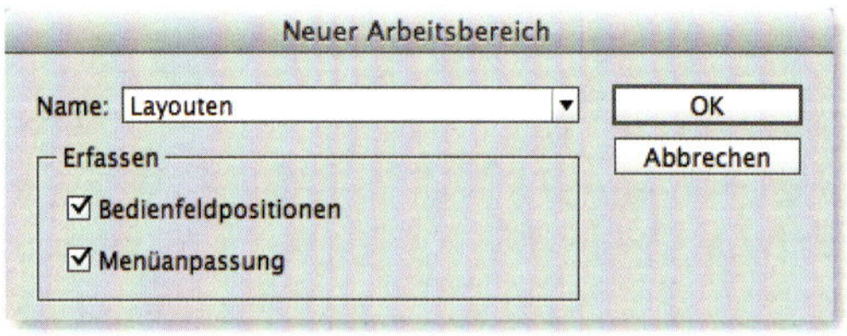

Abbildung 3.32 ▶
Der Dialog NEUER ARBEITSBEREICH

Aktivieren Sie die Option MENÜANPASSUNG, wenn Sie zusätzlich zur Anordnung der Bedienfelder auch den Funktionsumfang der Menüs beschränkt haben. Aktivieren Sie die Option BEDIENFELDPOSITION, wenn Sie darüber hinaus frei schwebende Bedienfelder (beispielsweise auf einem zweiten Monitor) angeordnet haben.

Arbeitsbereiche verwalten

Wenn Sie den Dialog mit OK bestätigen, wird ein Arbeitsbereich-Set in Form einer XML-Datei abgespeichert. Das Übernehmen von Arbeitsbereichen für andere Arbeitsplätze ist somit einfach möglich. Sie müssen nur wissen, wo Sie den abgespeicherten Arbeitsplatz finden bzw. wohin Sie einen Arbeitsbereich – beispielsweise unseren Arbeitsbereich »Layouten_CC« von der beigefügten DVD – kopieren müssen, um darauf in InDesign zugreifen zu können. Kopieren Sie den abgespeicherten Arbeitsbereich immer nur in das Benutzerverzeichnis. Damit halten Sie für den Fall, dass sich am System ein anderer Benutzer einloggt, das entsprechende Arbeitsbereich-Menü kurz.

Die Arbeitsbereiche für InDesign CC werden unter Mac OS X standardmäßig im Verzeichnis Benutzer/Library/Preferences/Adobe InDesign/Version 9/de_DE/Workspaces und unter Windows in Dokumente und Einstellungen/Benutzer/Anwendungsdaten/Adobe/InDesign/Version 9/de_DE/Workspaces als XML-Dateien abgelegt.

InDesign-weite Arbeitsbereiche

Die programmspezifischen Arbeitsbereiche liegen im Verzeichnis InDesign-Programm-Ordner/Presets/InDesign Workspaces/de_DE.

Arbeitsbereiche auswählen und löschen

In Abbildung 3.33 sehen Sie bereits gespeicherte Arbeitsbereiche. Im oberen Bereich befinden sich alle benutzerspezifischen, im Bereich darunter alle programmspezifischen Arbeitsbereiche.

Wenn Sie einen Arbeitsbereich ausgewählt haben und während der Arbeit den Arbeitsbereich etwas modifizieren, so speichert sich InDesign den aktuell veränderten Arbeitsbereich ab. Dieser Benutzerarbeitsbereich wird Ihnen beim Neustart des Programms automatisch wieder angezeigt. Wenn Sie zu einem späteren Zeitpunkt erneut diesen Arbeitsbereich auswählen, so wird Ihnen nicht der Standardarbeitsbereich, sondern der Benutzerarbeitsbereich angezeigt. Wenn Sie auf den Standardarbeitsbereich zurückstellen wollen, so müssen Sie den Befehl [Name] zurücksetzen – in unserer Abbildung Buch CC zurücksetzen – ausführen.

Sosehr diese Funktion zur Ordnung auf der Arbeitsoberfläche beitragen kann, sosehr kann die Übersichtlichkeit im Menü Arbeitsbereich leiden, wenn sich viele Varianten ansammeln. Um gespeicherte Arbeitsbereiche wieder zu löschen, rufen Sie Fenster • Arbeitsbereich • Arbeitsbereich löschen auf. Wählen Sie dann den zu löschenden Arbeitsbereich aus dem Menü, und klicken Sie auf Löschen.

Wo ist mein Library-Ordner?

Sie arbeiten mit Mac OS X 10.7 oder neuer? Dann ist das Benutzer/Library-Verzeichnis ausgeblendet. Rufen Sie im Finder mit gedrückter [⌥]-Taste das Menü Gehe zu • Library auf.

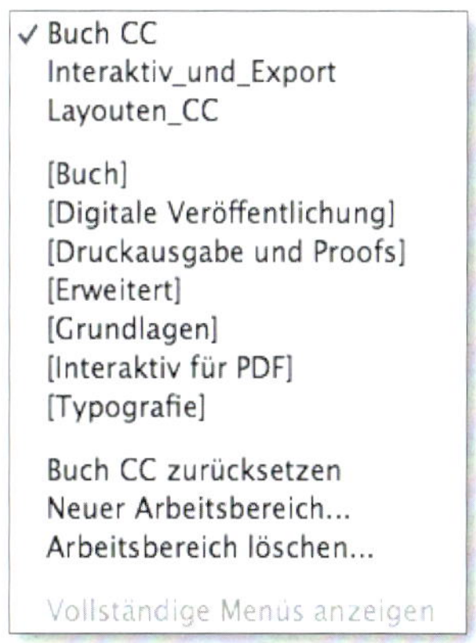

▲ **Abbildung 3.33**
InDesign bietet einige Arbeitsbereiche an. Über dieses Menü können die Arbeitsbereiche verwaltet werden.

Standardarbeitsbereiche

Probieren Sie auch die Standardarbeitsbereiche aus. Adobe bildet viele Neuerungen in diesen Vorgaben ab. Mit InDesign CS6 wurde z. B. Digitale Veröffentlichung, eine Arbeitsumgebung für die Erstellung von Folio-, Flash- bzw. interaktiven PDF-Dateien, eingeführt.

3.7 Navigation

Egal, ob Sie ein Dokument mit 100 Seiten bearbeiten oder ein A3-Plakat: In jedem Fall müssen Sie einerseits den Überblick über Ihr gesamtes Dokument behalten, aber andererseits auch einzelne Teile des Dokuments im Detail bearbeiten können. Neben verschiedenen Möglichkeiten, sich in der Struktur des Dokuments zu bewegen, gibt es deshalb eine Reihe von Methoden, um die Sichtweise auf die gewünschte Stelle des Dokuments zu verändern.

Seite – Druckbogen – Montagefläche

Druckbogen
Ein Druckbogen im Sinne des industriellen Druckprozesses umfasst mehrere Seiten, die erst richtig zueinander stehen, nachdem der gesamte Bogen mehrfach gefaltet wurde. Um einen solchen Bogen, wie ihn die Druckerei benötigt, zu erstellen – man spricht von *Ausschießen* –, benötigt man schon eine gewisse Sachkenntnis über den Produktionsprozess.

Ihr Dokument besteht aus mindestens einer Seite. Wenn Sie InDesign einsetzen, um in einer Büroumgebung Berichte und Rundschreiben zu erstellen oder auch bei den digitalen Veröffentlichungen, deckt sich eine Dokumentseite üblicherweise mit einer Seite, wie Sie sie dann auf Ihrem Drucker ausgeben. Auch wenn der Einsatz von InDesign in einer Büroumgebung durchaus sinnvoll wäre, so ist das zentrale Einsatzgebiet von InDesign doch die professionelle Druckvorstufe; dort werden Dokumentseiten eher selten auf einzelne Seiten gedruckt, sondern zumeist mehrere Seiten auf einem Bogen zusammengefasst.

Mehrseitige Publikationen – wie dieses Buch – bestehen immer aus sich gegenüberliegenden Seiten, die zusammengehören und als Einheit betrachtet werden. Eine einzelne *Dokumentseite* ❶ gibt es lediglich als erste und als letzte Seite.

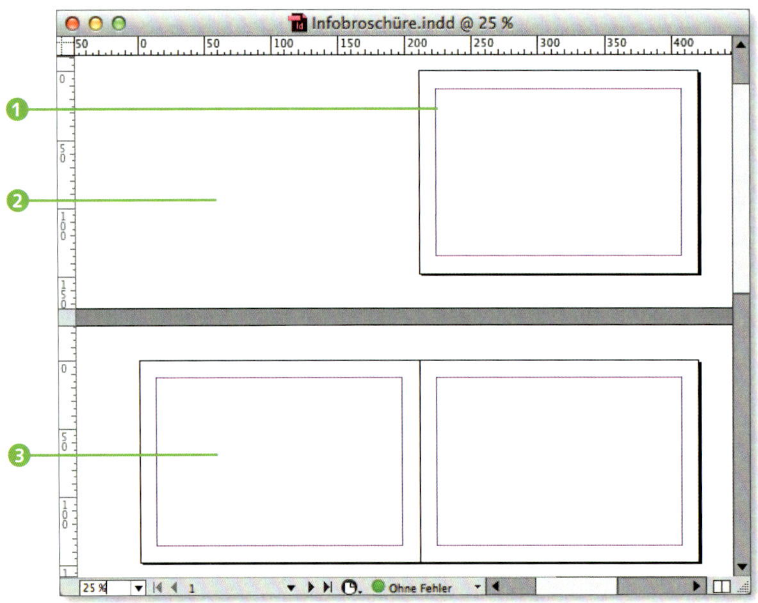

Abbildung 3.34 ▸
Die Bereiche in einem Dokument: Seite ❶, Druckbogen ❸ und Montagefläche ❷

Da in unserem Kulturkreis von links nach rechts gelesen wird, beginnen mehrseitige Dokumente mit einer rechten Seite und enden mit einer linken. Aus Sicht von InDesign werden zwei oder mehr zusammengehörige Seiten als *Druckbogen* ❸ bezeichnet. Der Begriff »Druckbogen« wird also in InDesign missverständlich eingesetzt.

In der Zeit vor dem elektronischen Layout arbeiteten Layouter an einem Lichttisch, auf dem eine transparente Folie mit dem Satzspiegel lag und auf dem die Einzelteile des Layouts – ebenfalls auf transparenten Folien – montiert wurden. Dazu waren natürlich Ablageflächen notwendig, auf denen diese Einzelteile zunächst einmal zwischengelagert wurden, bis sich der ideale Platz fand. Heute erledigen wir diese Arbeit zwar elektronisch, die prinzipielle Arbeitsweise hat sich aber nicht verändert. InDesign bringt deshalb eine *Montagefläche* ❷ mit, auf der Elemente abgelegt werden können. Elemente, die auf der Montagefläche liegen, werden nicht ausgegeben.

»Einzelne« Doppelseite

Auch wenn es vom logischen Aufbau mehrseitiger Dokumente her unsinnig erscheint, ist es technisch möglich, z.B. die erste Seite aus einem doppelseitigen Dokument zu entfernen. Tatsächlich ist das bei sehr umfangreichen Montagearbeiten nicht unüblich. Deaktivieren Sie die Option Neue Dokumentseitenanordnung zulassen aus dem Bedienfeldmenü des Seiten-Bedienfelds, markieren Sie die erste Seite des Dokuments im Seiten-Bedienfeld, und klicken Sie auf den Papierkorb. Natürlich müssen dazu mindestens zwei Seiten in Ihrem Dokument existieren – ein leeres Dokument ist nicht erlaubt.

Montagefläche vergrößern | Die Montagefläche wächst mit dem Druckbogen. Wenn Sie einen Druckbogen mit mehreren Seiten erstellen, bleibt immer genügend Ablagefläche am rechten und linken Rand vorhanden. Die Werte für den Abstand der Montagefläche in der Horizontalen und in der Vertikalen können Sie über die Voreinstellungen von InDesign im Register Hilfslinien und Montagefläche durch Ändern der Werte in den Optionen Horizontale Ränder und Vertikale Ränder einstellen.

Wenn Sie den Hinweis aus dem Infokasten befolgen, können Sie ohne größere Mühe auch mehrere Seiten zu einem Druckbogen zusammenstellen.

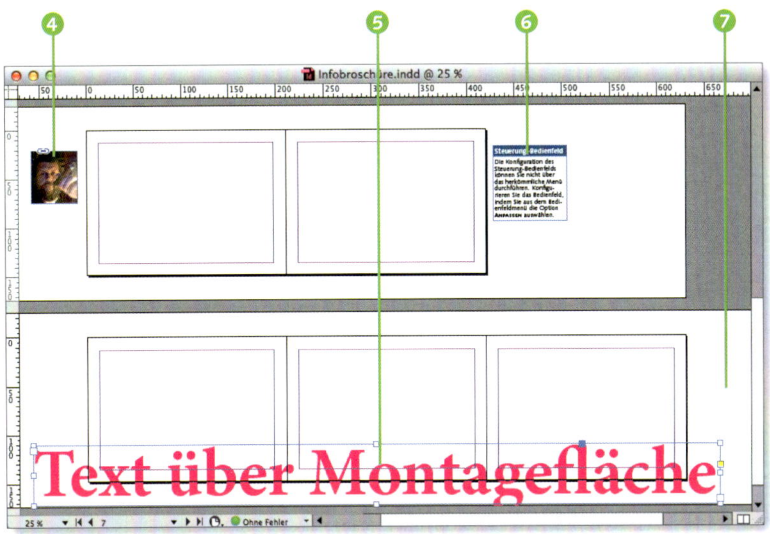

◀ **Abbildung 3.35**
Montagefläche mit drei Seiten ❼; Bild- ❹ und ein Textobjekt ❻ auf der Montagefläche; Textobjekt ❺, das über die Montagefläche hinausragt. Beachten Sie, dass es im Umfeld der digitalen Veröffentlichungen oft üblich ist, ganze Bilder über Montageflächen hinweg zu platzieren.

Darüber hinaus ist InDesign nicht empfindlich, wenn Sie, wie in Abbildung 3.35 gezeigt, Textkästen über die Montagefläche hinaus platzieren wollen. Fühlen Sie sich frei, und stellen Sie Ihre Objekte an die entsprechende Stelle!

Montagefläche in der Vertikalen vergrößern
Um die Montagefläche in der Vertikalen zu vergrößern, ändern Sie den Wert in der Option VERTIKALE RÄNDER, den Sie in den Voreinstellungen von InDesign im Register HILFSLINIEN UND MONTAGEFLÄCHE finden.

Ansicht wählen | InDesign bietet Ihnen die Möglichkeit, alle drei Flächen in Ihr Dokumentfenster einzupassen. Durch Ändern der Größe des Dokumentfensters werden die dargestellten Bereiche ebenfalls angepasst und skaliert.

- **Seite in Dokumentfenster einpassen**: Wählen Sie dazu ANSICHT • SEITE IN FENSTER EINPASSEN, oder drücken Sie das Tastenkürzel [Strg]+[0] bzw. [⌘]+[0].
- **Druckbogen in das Dokumentfenster einpassen**: Wählen Sie das Menü ANSICHT • DRUCKBOGEN IN FENSTER EINPASSEN, oder drücken Sie die Tastenkürzel [Strg]+[Alt]+[0] bzw. [⌘]+[⌥]+[0].
- **Montagefläche in Ihr Dokumentfenster einpassen**: Wählen Sie dazu das Menü ANSICHT • GANZE MONTAGEFLÄCHE oder das Tastenkürzel [Strg]+[Alt]+[⇧]+[0] bzw. [⌘]+[⌥]+[⇧]+[0].

Um die Montagefläche ganz auszublenden und nur Ihre Dokumentseiten so anzuzeigen, wie sie gedruckt werden, klicken Sie auf VORSCHAU im Werkzeuge-Bedienfeld.

Abbildung 3.36 ▶
Drei Seiten in einem Druckbogen mit aktiviertem Vorschau-Modus

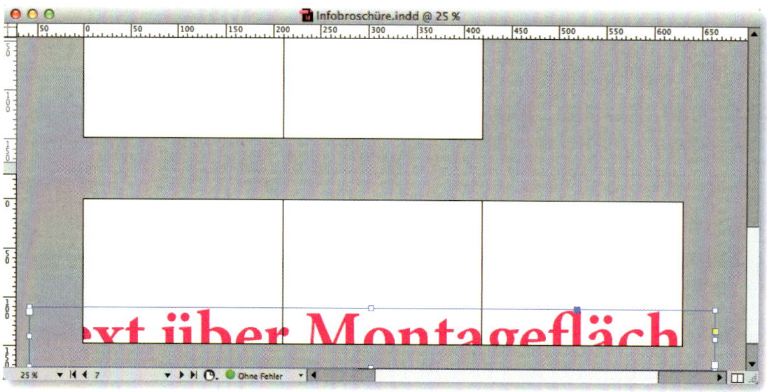

Navigation über das Seiten-Bedienfeld

Wenn hier von Dokumentseiten die Rede war, blieb bislang die Frage offen, woher diese Seiten eigentlich kommen. Über das fachgerechte Anlegen von Seiten und das Definieren von Musterseiten wird in Abschnitt 4.4, »Das Seiten-Bedienfeld«, auf Seite 145 und in Kapitel 18, »Musterseiten«, ab Seite 619 noch ausführlich die Rede sein. Für die Navigation mithilfe des Seiten-Bedienfelds müssen Sie vorerst nur Folgendes wissen: Das Seiten-Bedienfeld wird von InDesign standardmäßig angezeigt. Sollte es aber dennoch für Sie nicht sichtbar sein, wählen Sie das Menü Fenster • Seiten bzw. drücken die Tastenkürzel [Strg]+[F12] bzw. [⌘]+[F12].

Das Seiten-Bedienfeld besteht aus zwei Bereichen. Im oberen Bereich befinden sich die Musterseiten ❶. Von diesen Musterseiten werden die Dokumentseiten ❷ abgeleitet, indem die Musterseiten in den Layoutbereich in der unteren Hälfte gezogen werden.

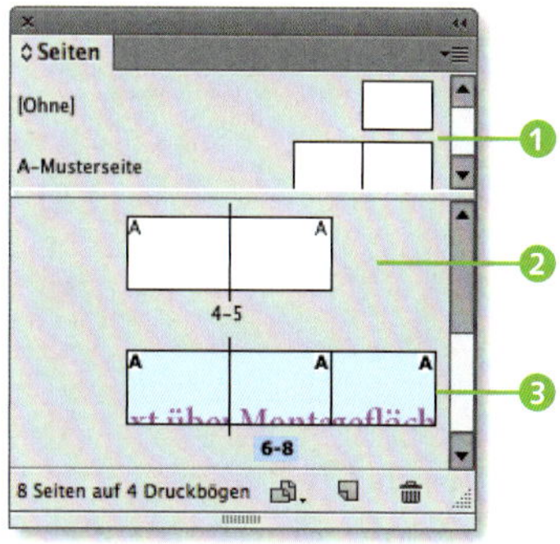

▲ **Abbildung 3.37**
Das Seiten-Bedienfeld mit dem Musterseitenbereich ❶, dem Dokumentseitenbereich ❷ und einem ausgewählten Druckbogen ❸

Seiten auswählen | Um eine einzelne Seite in diesem Dokument auszuwählen, bringen Sie zunächst die gewünschte Seite im Seiten-Bedienfeld per Scrollbalken ins Blickfeld. Ein Doppelklick auf die gewünschte Seite stellt sie im Dokumentfenster dar, wobei die derzeitige Skalierung der Seite erhalten bleibt. Wurde die Größe also über eine der Funktionen zum Einpassen festgelegt, wird auch die Seite im entsprechenden Kontext angezeigt. Ein Doppelklick auf die Seitennummern eines Druckbogens bringt den Bogen am Bund ausgerichtet ins Blickfeld, wobei auch hier der derzeitige Ansichtsmodus erhalten bleibt.

Seiten direkt anspringen | Um eine Seite direkt anzusteuern, können Sie auch die Tastenkürzel [Strg]+[J] bzw. [⌘]+[J] verwenden. Es öffnet sich ein Dialog, in den Sie die Seitennummer eingeben können, die Sie anspringen wollen.

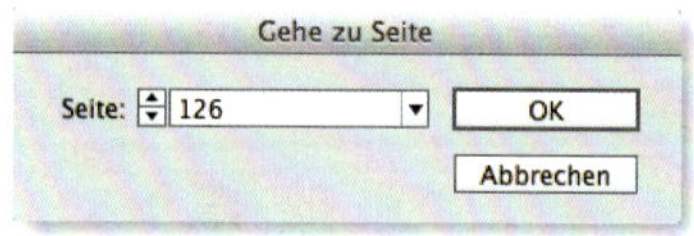

▲ **Abbildung 3.38**
Der Dialog Gehe zu Seite

Seiten über Statuszeile anspringen | In der Statuszeile wird die aktuell gewählte Seite ❻ angezeigt. Durch Auswählen dieser Seitennummer und Eingabe der gewünschten Seitenzahl können Sie ebenfalls auf jede Seite springen.

In der Statusleiste sind noch weitere Navigationselemente untergebracht. Sie können eine Seite zurück- ❺ oder vorblättern ❽ und die erste ❹ und die letzte ❾ Seite direkt anspringen. Mit dem Seitenauswahl-Menü ❼ können Sie aus den Dokumentseiten inklusive Musterseiten gezielt auswählen.

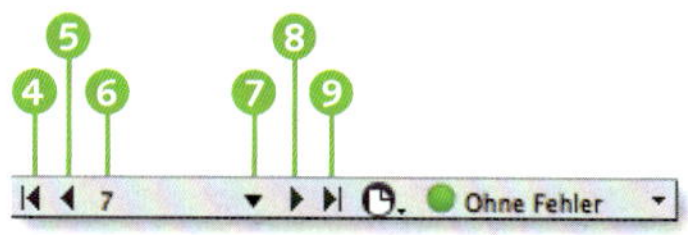

▲ **Abbildung 3.39**
Navigationsmöglichkeiten in der Statuszeile des Dokumentfensters

Wenn in einem Dokument mehrere Abschnitte mit eigener Seitennummerierung vorhanden sind, macht die direkte Auswahl von Seiten meistens nicht mehr viel Spaß, da dann die Abschnittsbezeichnung eingegeben werden muss.

Über Menübefehle blättern | Die Funktionen zum Blättern können Sie auch über die Menübefehle Erste Seite, Vorherige Seite, Nächste Seite, Letzte Seite, Nächster Druckbogen, Vorheriger Druckbogen, Zurück und Vor im Menü Layout aufrufen. Die entsprechenden Tastenkürzel dazu entnehmen Sie der Anzeige im Menü, oder schlagen Sie in Kapitel 43, »Tastenkürzel und Zeichencodes«, ab Seite 1167 nach.

Zoomen

Unter »Zoomen« versteht man die Änderung der Ansichtsgröße. InDesign bietet hierfür ein eigenes Werkzeug [Z] im Werkzeuge-Bedienfeld. Mit dem Zoomwerkzeug – oft auch einfach als Lupe bezeichnet – können Sie einen rechteckigen Bereich in Ihrem Dokument markieren, der anschließend in Ihr Dokumentfenster eingepasst wird.

Zoomwerkzeug | Ein Klick mit dem Zoomwerkzeug auf einen Punkt in Ihrem Dokument – das Symbol ist zu sehen – führt dazu, dass genau die angeklickte Stelle ins Zentrum Ihres Dokumentfensters gestellt und der Zoomfaktor um eine Stufe (25 %) erhöht wird. Wenn Sie die [Alt]- bzw. [⌥]-Taste gedrückt halten, während das Zoomwerkzeug ausgewählt ist, ändert sich das Pluszeichen in der Lupe in ein Minuszeichen, und anstatt zu vergrößern, wird nun die Ansicht verkleinert. Auch in diesem Zustand können Sie einen Bereich auswählen.

Da ein verkleinerter Bereich logischerweise nicht in das Fenster eingepasst werden kann, sind die Ergebnisse nicht unbedingt immer vorhersehbar. Am meisten Sinn hat diese Variante des Zoomens dann, wenn der ausgewählte Bereich die aktuelle Fenstergröße überschreitet. Beim Aufziehen des Auswahlrahmens scrollt das Fenster automatisch, und der zu große Bereich kann dann in das Fenster eingepasst werden.

Zoomwerkzeug während der Textbearbeitung

Das im Text erwähnte Tastenkürzel funktioniert auch, wenn der Textcursor in einem Text steht. Allerdings müssen Sie dabei darauf achten, dass Sie die Leertaste zuerst loslassen, sonst müssen Sie mit ungewollten Leerzeichen im Text rechnen. Zum Aktivieren des Tastenkürzels hingegen müssen Sie darauf achtgeben, dass Sie zuerst die Befehlstaste ([Strg]/[⌘]) und danach die Leertaste drücken.

Umschalten auf das Zoomwerkzeug | Sie können aus jedem Werkzeug kurzfristig in das Zoomwerkzeug umschalten. Unter Windows drücken Sie dazu [Strg]+Leertaste, um die vergrößernde, und [Strg]+[Alt]+Leertaste, um die verkleinernde Lupe aufzurufen. Unter Mac OS drücken Sie [⌘]+Leertaste bzw. [⌘]+[⌥]+Leertaste. Solange die Tasten gedrückt sind, steht das Zoomwerkzeug zur Verfügung; wenn Sie die Tasten wieder loslassen, wird in das letzte Werkzeug umgeschaltet.

Mac OS X: Spotlight

Alle Tastenkürzel mit [⌘]+Leertaste werden unter Mac OS X standardmäßig von *Spotlight* verwendet und deshalb vom Betriebssystem abgefangen.

Zoomen über Anwendungsleiste | Die bei einem einfachen Klick verwendete Zoomstufe wird in der Anwendungsleiste angezeigt. InDesign kann die Ansicht bis zu 4.000 % vergrößern und auf bis zu 5 % verkleinern. Diese Anzeige ist ein Eingabefeld, in dem Sie die gewünschte Zoomstufe direkt eintragen können.

Zoomen und Scrollrad

Wenn Sie beim Drehen des Scrollrads auf der Maus zusätzlich die [Alt]- bzw. [⌥]-Taste gedrückt halten, so können Sie damit sehr schnell in jede Zoomstufe wechseln.

Zoomen über Menü und Tastenkürzel | Ausgehend vom aktuellen Zoomfaktor können Sie die Vergrößerung um jeweils eine Stufe hinaufsetzen, indem Sie das Menü ANSICHT • EINZOOMEN wählen oder die Tastenkürzel [Strg]+[+] bzw. [⌘]+[+] eingeben. In die umgekehrte Richtung geht das mit ANSICHT • AUSZOOMEN oder mit [Strg]+[-] bzw. [⌘]+[-]. Wenn Sie dabei ein Element Ihres Layouts ausgewählt haben, wird dieses Element immer zentriert im Fenster dargestellt.

Neben EINZOOMEN und AUSZOOMEN stehen die Befehle SEITE IN FENSTER EINPASSEN, DRUCKBOGEN IN FENSTER EINPASSEN und GANZE MONTAGEFLÄCHE zur Verfügung. Die Tastenkürzel dazu entnehmen Sie entweder Abbildung 3.40 oder unserer Tastenkürzelübersicht in Kapitel 43 ab Seite 1167.

Drei interessante Möglichkeiten seien hier dennoch erwähnt. Durch das Drücken der Tastenkürzel [Strg]+[Alt]+[2] bzw. [⌘]+[⌥]+[2] wird zur vorherigen Zoomstufe gewechselt. Zudem können Sie durch Ausführen der Tastenkürzel [Strg]+[Alt]+[+] bzw. [⌘]+[⌥]+[+] das »Ausgewählte« in das Fenster einpassen. Auch in der Anwendungsleiste kann im Feld ZOOMFAKTOR [295,2 ▾] ein beliebiger Prozentsatz eingegeben werden.

Ein Doppelklick auf das Hand-Werkzeug [H] passt den aktuellen Druckbogen in Ihr Dokumentfenster ein, ein Doppelklick auf das Zoomwerkzeug sollte die Skalierung auf 100% stellen, was dem Menübefehl ANSICHT • ORIGINALGRÖSSE entspricht.

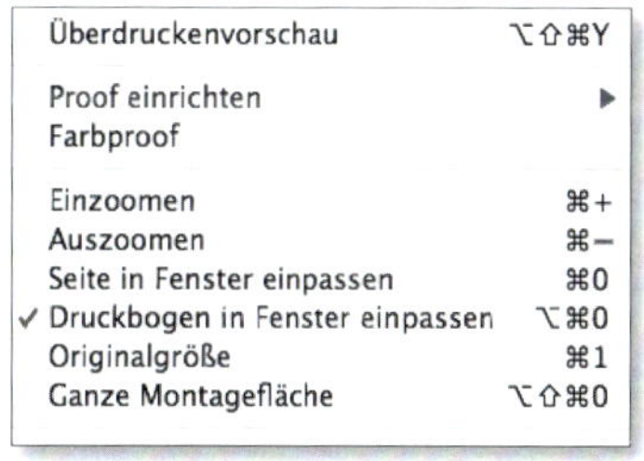

▲ **Abbildung 3.40**
Ausschnitt aus dem Menü ANSICHT. Wir empfehlen, sich speziell den Befehl DRUCKBOGEN IN FENSTER EINPASSEN zu merken, der sehr schnell Gesamtübersichten anzeigt.

Warum »sollte«?

In keiner bisherigen Version entsprach die 100%-Darstellung wirklich der Originalgröße des Dokuments. Seit InDesign CS6 stimmt die Darstellung zwar bei ANSICHT • ORIGINALGRÖSSE, aber nicht mehr bei einem Doppelklick auf das Zoomwerkzeug. Dieser Fehler wurde auch in InDesign CC nicht behoben.

Scrollen im Dokumentfenster

Um eine bestimmte Stelle in Ihrem Dokument zu erreichen, ohne dabei die Zoomstufe zu verändern, können Sie Ihr Dokumentfenster natürlich ganz normal mit den üblichen Scrollbalken am unteren und rechten Fensterrand scrollen. Es gibt aber weitere Möglichkeiten.

Mit Hand-Werkzeug verschieben | Wählen Sie dazu das Hand-Werkzeug aus dem Werkzeuge-Bedienfeld aus. Damit können Sie eine beliebige Stelle Ihres Dokuments »greifen« und die Ansicht innerhalb des Dokumentfensters verschieben. Auch auf dieses Werkzeug können Sie temporär umschalten: Drücken Sie [Alt]+Leertaste bzw. [⌥]+Leertaste, denn damit funktioniert das temporäre Umschalten auf das Hand-Werkzeug in jeder Lage.

Power-Zoom-Auswahlrahmen | Wenn Sie die Tastenkürzel [Alt]+Leertaste bzw. [⌥]+Leertaste drücken – das Hand-Werkzeug erscheint – und gleichzeitig länger die Maustaste gedrückt halten, erscheint ein roter Auswahlrahmen. Wenn Sie noch etwas warten, zoomt sich die Ansicht aus. Danach können Sie diesen Auswahlrahmen auf

Alternativen für das Umschalten zum Hand-Werkzeug

- **Drücken der Leertaste**: Wenn ein anderes als das Textwerkzeug ausgewählt ist, drücken Sie die Leertaste. Damit wird das aktuelle Werkzeug auf die Hand umgeschaltet, bis Sie die Leertaste wieder loslassen.
- **Drücken der Alt-Taste**: Ist ein Text ausgewählt oder blinkt der Textcursor in einem Text, würde die Leertaste natürlich Leerzeichen erzeugen. Deshalb gibt es für genau diese Situation die Taste [Alt] bzw. [⌥].

eine andere Stelle oder eine andere Seite verschieben und die Maustaste loslassen.

Abbildung 3.41 ▶
Den Zoombereich können Sie nicht nur über die Cursortasten verändern, sondern auch über das Scrollrad Ihrer Maus bzw. die vergleichbaren Funktionen eines Trackpads. Damit müssen Sie keinen Kunstgriff auf Ihrer Tastatur ausführen.

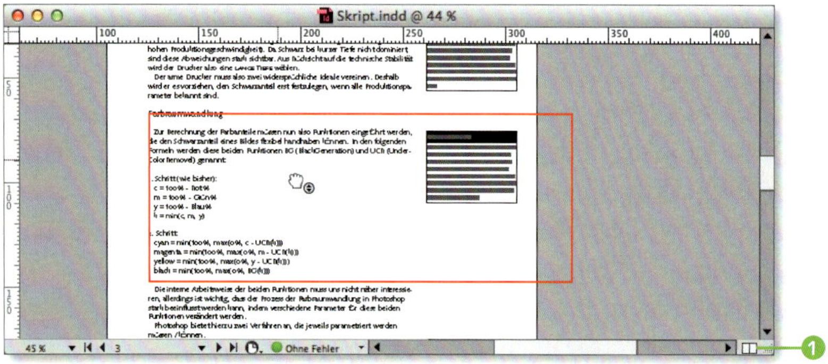

Nachdem Sie die Maustaste losgelassen haben, wird der Rahmen an die ausgewählte Stelle verschoben und im selben Zoomfaktor wie zuvor eingezoomt. Sie können jedoch nicht nur den Auswahlrahmen verschieben, sondern auch den Ausschnitt des Rahmens festlegen. Drücken Sie dazu, sobald Sie den Auswahlrahmen sehen, die Tasten ↓/↑ bzw. ←/→, um die Auswahl zu vergrößern oder zu verkleinern.

Fenster teilen

Seit InDesign CS6 können Sie Fenster auch teilen und so in ein und demselben Dokumentfenster in zwei nebeneinanderliegenden Ansichten arbeiten, also nicht nur zwei Ansichten nebeneinanderstellen.

Abbildung 3.42 ▶
Sie können in den beiden Teilbereichen alle Navigationsmethoden anwenden, die Sie kennengelernt haben.

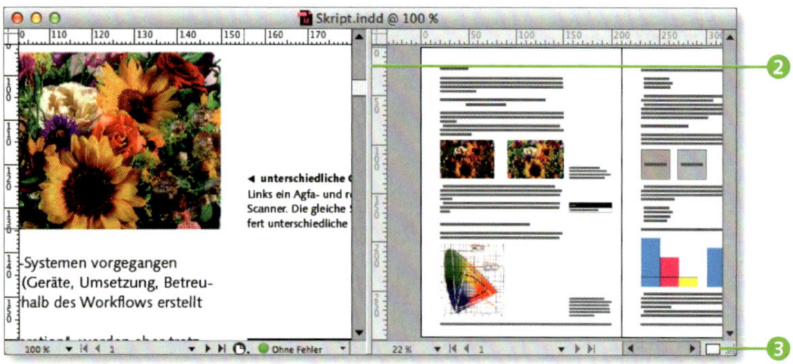

Klicken Sie in einem Dokumentfenster auf das Symbol ❶ (Abbildung 3.41), um das Fenster zu teilen. Das Flächenverhältnis der beiden Ansichten können Sie verändern, indem Sie die Trennlinie ❷ verschieben. Um die Darstellung wieder auf die Normalansicht zurückzuschalten, klicken Sie wieder auf ❸.

TEIL II
Layout anlegen und organisieren

Kapitel 4
Neue Dokumente anlegen

Mit der Erstellung des Dokuments legen Sie den Grundstein für die Arbeitsweise und für den Verwendungszweck. Deshalb sollte eine gründliche Arbeitsvorbereitung stattfinden, sodass ein InDesign-Dokument für den geplanten Ausgabekanal optimal vorbereitet ist. Erfahren Sie in diesem Kapitel, wie Sie in erster Linie ein für den Printbereich konzipiertes Dokument anlegen, welche Bereiche es im Dokument gibt und wie Sie mit dem zentralen Navigationsfenster – dem Seiten-Bedienfeld – umgehen sollen. Dieses Kapitel enthält auch einige weiterführende Hinweise dazu, wie Sie Dokumente auch für andere Ausgabekanäle wie für die Digital Publishing Suite oder für Online-Präsentationen anlegen sollten und wie mit älteren InDesign-Dokumenten umgegangen werden soll.

4.1 Dokumente für verschiedene Zielmedien

Jahrelang war Adobe InDesign das klassische Programm zum Erstellen von Dokumenten, die für die Druckausgabe konzipiert waren. Doch seit einigen Jahren wurde das Programm für den Einsatz zur Erstellung von Dokumenten, die in unterschiedlichsten Bereichen Verwendung finden, »aufgebohrt«. Diese Bereiche können, im Einklang mit dem zu verwendenden Zielmedium, folgendermaßen beschrieben werden:

Printbereich | Das Erstellen von Broschüren, Flyern, Plakaten, Zeitungen, Magazinen und Büchern zählte seit eh und je zu den Kernfunktionen von Adobe InDesign. Bis einschließlich InDesign CS3 konnten nur Dokumente für diesen Bereich erstellt werden, die zur Übergabe an die Druckerei in ein für die Druckvorstufe taugliches PDF konvertiert wurden. Mit der Erschaffung und Verbreitung neuer digitaler Endgeräte – Smartphones und Tablets – wurde, neben der Darstellung von Websites auf Monitoren, der Ruf nach Darstellung dieser PDF-Dateien auch auf diesen Geräten immer lauter. Die Darstellung stellt dabei nicht das Problem dar; der Anwender erwartet aber ein bisschen mehr Funktionali-

Kritische Betrachtung

Ob InDesign zukünftig das Werkzeug zur Erstellung von Dokumenten für sämtliche Zielmedien sein wird, steht in den Sternen. Wir Autoren glauben, dass InDesign dies schlussendlich nicht leisten kann! Wir sind jedoch davon überzeugt, dass die Verwendung von InDesign Layouter, Grafiker und Designer an Möglichkeiten der neuen Zielmedien heranführen wird.

Wer die Konzepte verstanden hat, wie man mit InDesign Dokumente für die verschiedenen Zielmedien aufbauen muss, hat sicherlich viel an Wissen für zukünftige Technologien und Arbeitsweisen erworben.

Hyperlinks und Lesezeichen

Sollen Layouts, die für den Druckbereich erstellt worden sind, auch in einer niedrigauflösenden PDF-Version für den Onlinebereich zur Verfügung gestellt werden, so gehört das Vorhandensein von *Lesezeichen* und *Hyperlinks* für alle URLs und Mailadressen heutzutage zum guten Ton in der Medienproduktion. Programme wie InDesign unterstützen Sie dabei optimal, sodass es keine Ausrede mehr gibt, diese Mindestanforderung nicht zu erfüllen.

Flash (SWF) oder HTML5

SWF als Dateiformat wird in den nächsten Jahren immer mehr von der Bildfläche verschwinden, da sich mit HTML5 in Verbindung mit dem Framework jQuery und JavaScript sehr viel vom bisher bekannten Funktionsumfang abdecken lässt.

Werkzeuge wie Adobe Edge Animate und auch Adobe Muse zeigen uns Anwendern schon, wohin die Reise zukünftig gehen wird.

tät, sodass neben der einfachen Darstellung auch ein gewisses Maß an Interaktivität gegeben sein muss.

Daher sorgte Adobe schließlich dafür, dass seit InDesign CS6 PDF-Dateien für verschiedenste Anwendungsgebiete erstellt und ausgegeben werden können. Dazu zählen:

- die Erstellung eines klassischen Druck-PDFs in Verbindung mit den aktuellen PDF/X-Standards
- die Erstellung von interaktiven PDF-Dateien, in denen neben Hyperlinks und Lesezeichen auch noch animierte Buttons, Animationen und Aktionen zur Verfügung stehen
- die Erstellung von barrierefreien PDF-Dateien zur Wiedergabe auf Lesegeräten im Rahmen des PDF/UA-Standards

Online-Veröffentlichung | Das layoutorientierte Dateiformat PDF stellt für die Verwendung im Onlinebereich nicht immer die geeignetste Lösung dar. Weder die Präsentationsmöglichkeiten noch die Dateigröße zeichnen das Format aus. Das sicherlich idealere Dateiformat für diesen Bereich stellt SWF dar, mit dem sehr kleine und animierte Dateien, versehen mit der notwendigen Einbindung multimedialer Inhalte wie Video und Sound, erstellt werden können. Adobe stellt seit einigen Versionen auch SWF als Ausgabemöglichkeit für InDesign zur Verfügung. Dadurch könnten folgende Anwendungsgebiete abgedeckt werden:

- das Erstellen von Werbebannern zur Integration in Webseiten
- das Erstellen von animierten, interaktiven Präsentationen, die mit allen multimedialen Inhalten versehen sein können
- das Erstellen von (einfachen) Blätterkatalogen, wobei die Kataloge von dem aktuell vorliegenden Drucklayout ausgehen

Digitale Veröffentlichungen | Weder PDF noch SWF kann für die neue Zielgruppe der Tablet- und Smartphone-Anwender jene Funktionen zur Verfügung stellen, die diese Anwender zur Verwendung des Endgerätes nutzen möchten. Dabei spielen zwei Faktoren für die Usability eine zentrale Rolle:

- Es gibt nicht nur eine Ausrichtung. Der Anwender betrachtet Inhalte auf dem Tablet entweder horizontal oder vertikal. Die Ausrichtung wird durch den Platzbedarf und die Handhabbarkeit bestimmt.
- Die »smoothe« Navigation am Tablet. Der Anwender verwendet die unterschiedlichsten Gesten wie Wischen, Zoomen und Schieben, um sich durch die Dokumente zu bewegen.

Um diesen Anforderungen gerecht zu werden, mussten neue Möglichkeiten zur Erstellung flexibler Layouts und auch ein dafür geeignetes

Dateiformat erfunden werden. Da flexible Layouts bereits Bestandteil von HTML waren, erschien es relativ naheliegend, dass dieses Format als Grundstock für diese Anwendungen am geeignetsten wäre.

Da HTML5 zu diesem Zeitpunkt noch nicht verfügbar (sprich: standardisiert) war, hat Adobe das eigene Format *Folio* entwickelt, mit dem all diese Anforderungen umgesetzt wurden. Da HTML5 nun standardisiert ist, wäre ein Umbau von Folio auf reines HTML mehr als überfällig.

Darüber hinaus kommt, speziell für den Vertrieb von Büchern, immer mehr der Begriff **E-Book** – eine textorientierte Variante von Inhalten – in Mode. Der Vertrieb von digitalen Büchern erfolgt im Dateiformat *EPUB*, weshalb in InDesign auch Vorkehrungen zur Aufbereitung und zum Export in dieses Format getroffen werden müssen.

Um für all diese Zielmedien die geeigneten Dateiformate aus InDesign heraus erzeugen zu können, musste das Programm einerseits hinsichtlich der Werkzeuge zum Erstellen und Aufbauen dieser Layouts kräftig erweitert und andererseits auf die Ausgabe in diese Dateiformate vorbereitet werden. Mit Adobe InDesign CC liegt ein Programm vor, mit dem Sie all diese Aufgaben lösen können – in wenigen Belangen aber leider mehr schlecht als recht.

Beginnen wir jedoch mit jener Funktion, die InDesign wirklich beherrscht: das Erstellen eines Layouts für den Druck, denn InDesign wird weiterhin überwiegend für diesen Anwendungsbereich eingesetzt. Daher müssen Sie diese Arbeitsweise beherrschen, um auch Dokumente für andere Zielmedien erstellen zu können.

Schlechte Implementierung

Die Ausgabe von SWF-Dateien aus InDesign heraus ist zwar möglich, die Erstellung dieser und der gewünschte Funktionsumfang lassen jedoch zu wünschen übrig. Zu versteckt und zu unübersichtlich sind Funktionen angeordnet, und deren Handhabung benötigt ein Feuerwerk an Klicks.

Auch die Idee, aus einem Drucklayout ein Layout für ein digitales Magazin abzuleiten, wird immer ein Traum bleiben. Zu unterschiedlich sind die Anforderungen an ein digitales Magazin und ein Drucklayout.

Die Implementierung der Erstellung von Folio-Dateien lässt erkennen, dass dies einen Fremdkörper für InDesign darstellt. Es wurden Funktionen halbherzig und unvollständig implementiert, sodass bei der Erstellung über Bedienfelder hinweg agiert werden muss und somit die Verwirrung für den Anwender sehr groß ist.

Anstatt für diese Bereiche konzeptionelle Ansätze umzusetzen, hat Adobe die Energie in den letzten Jahren im wahrsten Sinn des Wortes in die Luft – Cloud – gesetzt. Es bleibt noch viel zu tun.

4.2 Erstellen eines Dokuments

Wir wollen Ihnen nun die Funktionen zur Anlage neuer Dokumente erläutern, und zwar an einem konkreten Beispiel, das wir zunächst näher beschreiben wollen. Diese Überlegungen zur Anlage des Dokuments sind bei jedem neuen Dokument anzustellen.

Beispiel: Anlegen eines Buchlayouts

Unser Beispiel ist ein Buch mit dem Thema »Vom grafischen Entwurf zur digitalen Visualisierung«. Es ist in verschiedene Kapitel, die einzelne Themengebiete zu diesem Arbeitsthema beschreiben, gegliedert.

Das Buch ist in vier Kapitel unterteilt: Einleitung, der grafische Entwurf, die digitale Visualisierung und die Gegenüberstellung. Jedes Kapitel hat einen speziellen Kapitelanfang, und es gibt ein Inhaltsverzeich-

Hinweis

Das Thema »Vom grafischen Entwurf zur digitalen Visualisierung« ist in diesem Zusammenhang nur insofern interessant, als dass dadurch die Struktur des Projekts vorgegeben wird.

nis. Da es sich um eine sehr grafisch ausgerichtete Arbeit handelt, darf mit stilistischen Elementen nicht gegeizt werden.

Die Arbeit kann durchgängig als 4c-Datei aufgebaut werden. Eine perfekte Typografie und ein ausgewogener Aufbau des Layouts wird erwartet. Der Kern des Projekts soll im Anschluss im 60er-Raster auf 120 Gramm starkem, matt gestrichenem Papier im Offsetverfahren gedruckt werden. Als Bindung wird die Fadenheftung gewählt.

60er-Raster
In Programmen der Druckvorstufe wird die Rasterweite in lpi (lines per inch) angegeben. Der Begriff 60er-Raster (60 Linien pro Zentimeter) ist deutscher Sprachgebrauch und entspricht einer Rasterweite von 150 lpi.

Haben Sie die vorbereitenden Maßnahmen wie in Abschnitt 2.3, »Farbeinstellungen vornehmen«, auf Seite 83 beschrieben umgesetzt, so sind die Farbeinstellungen für die geforderte Papierklasse bereits gegeben. Sie müssen diesbezüglich keine weiteren Vorkehrungen mehr treffen.

Die Arbeitsvorbereitung | Im Rahmen der Arbeitsvorbereitung sollten Sie sich die folgenden Punkte stets vorher überlegen:

- *Seitenformat*: Welches Format ist das geeignetste, um das Buch mit dem gestellten Thema in ein angemessenes Gewand zu packen? Die Verwendung eines Standardpapierformats wäre günstig in der Produktion und mutet bekannt, aber somit auch langweilig an. Ein Quartformat wirkt edler, ist aber in der Produktion kostspieliger. Das Format wurde für das Buch mit 195 × 246 mm festgelegt.
- *Satzspiegel*: Die Frage nach der Breite des Satzspiegels kann nur in Zusammenhang mit der gewählten Schrift, der gewählten Schriftgröße und der daraus resultierenden Zeilenlänge erfolgen. Die Höhe des Satzspiegels ergibt sich aus den Mindesträndern, die zum Anfassen des Gedruckten benötigt werden, sowie aus dem gewählten Zeilenabstand, der den notwendigen Grauwert im Mengentext gewährleistet. Jede Projektart, ob Buch, Zeitung, Magazin oder Geschäftsbericht, folgt dabei eigenen Gesetzen, die Sie kennen müssen.
  - Die Breite des Satzspiegels beträgt 95 mm, die Höhe 185 mm.
  - Das Layout wird doppelseitig und die Ränder wie folgt bestimmt: Innen 30 mm, Aussen 70 mm, Oben 28 mm und Unten 33 mm.
- *Typo:* Es wird die Schrift »Myriad Pro« verwendet, die jedem InDesign-Anwender zum Nachvollziehen des Projekts zur Verfügung steht. Der Schriftgrad wird mit 10 Pt, der Zeilenabstand mit 5 mm (14,173 Pt) bestimmt, womit wir einer einfachen Regel (Zeilenabstand = halber Schriftgrad in Millimeter) gefolgt sind.
  Bedingt durch die Satzspiegelbreite, die gewählte Schriftgröße und den gewählten Zeilenabstand können somit in einer Zeile um die 60 Zeichen (eine gerade noch vertretbare Anzahl an Zeichen für die Gewährleistung einer guten Lesbarkeit) und auf einer Seite 37 Zeilen gesetzt werden. Zusatzinformationen werden in einer Marginalspalte mit der Breite von 40 mm gesetzt – 10 mm zum Satzspiegel versetzt.

Satzspiegel
Auch *Seitenspiegel* genannt. Definiert den Bereich einer Seite bzw. Doppelseite, der mit sich änderndem Inhalt versehen wird. Die Randstege liegen außerhalb des Satzspiegels. Die *Pagina* liegt außerhalb, und der Kolumnentitel liegt manchmal innerhalb und manchmal außerhalb des Satzspiegels.

Pagina
Unter diesem Begriff wird die Seitenziffer (Seitennummer) oder die Kolumnenziffer verstanden.

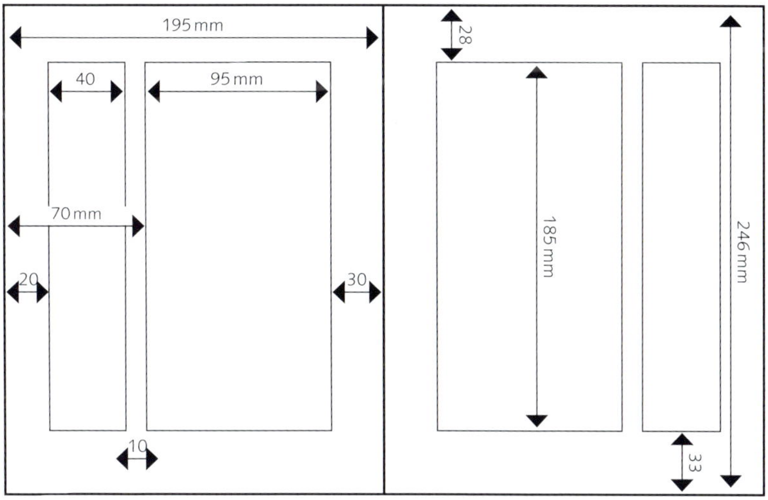

◂ **Abbildung 4.1**
Die schematische Darstellung des Layouts für das Buch. Jeder dieser Abstände ist das Resultat einer gründlichen Arbeitsvorbereitung. Auch wenn das nachträgliche Ändern von InDesign-Dokumenten möglich ist, bedeutet eine schlechte Arbeitsvorbereitung immer einen Mehraufwand in der Umsetzung von mehrseitigen Dokumenten. Der Änderungsaufwand hält sich bei kleinen Flyern, Flugblättern oder Plakaten hingegen in Grenzen.

- *Seitenumfang*: Der Umfang des Buchs ergibt sich aus dem vorliegenden Manuskript zuzüglich Zwischenblättern für die einzelnen Abschnitte und dem Umschlag. Aus dem Manuskript ergibt sich in unserem Fall ein geschätzter Gesamtumfang von 72 Seiten – aufgeteilt in vier Kapitel mit annähernd gleichem Seitenumfang – zuzüglich der vier Seiten für den Umschlag.

Richtwerte zum Seitenumfang

Achten Sie bei Druckprojekten darauf, ein Vielfaches von vier als Seitenanzahl anzupeilen, da diese meistens auf Druckbögen mit mindestens vier Seiten gedruckt werden. Bei mehrseitigen Arbeiten sollte die Seitenanzahl zumindest durch zwei teilbar sein. Bei Dokumenten, die für Online- bzw. für digitale Veröffentlichungen konzipiert sind, ist der Seitenumfang egal.

Ein neues Dokument erstellen

Nach Abschluss der Arbeitsvorbereitung können wir an die Umsetzung in InDesign herangehen und das Buch gemäß den Vorgaben anlegen. Starten Sie InDesign, und führen Sie den Befehl Datei • Neu • Dokument aus, oder drücken Sie das Tastenkürzel Strg+N bzw. ⌘+N.

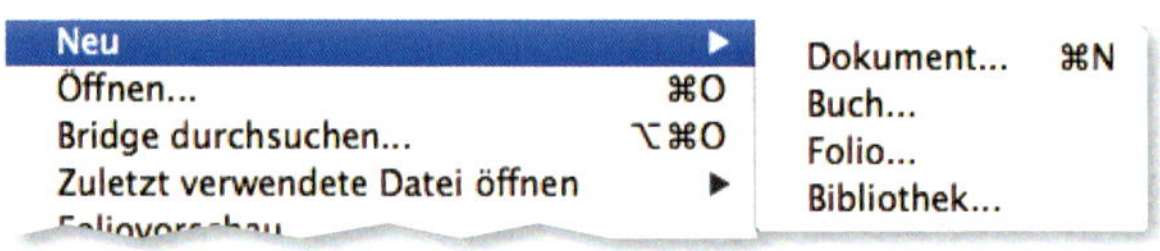

◂ **Abbildung 4.2**
Erstellen eines neuen Dokuments

Wie Sie aus Abbildung 4.2 erkennen können, sind über den Befehl Neu drei weitere Befehle – zum Anlegen eines Buchs, eines Folios und einer Bibliothek – zu erreichen, auf die wir später in den Kapiteln 19, 21 und 37 noch näher eingehen werden.

Hinweis

In umfangreichen Druckprojekten und bei Projekten im Bereich Digitale Veröffentlichung ist die Aufteilung von Kapiteln in eigene InDesign-Dokumente zu empfehlen. Wissenswertes zum Buchsatz erfahren Sie in Kapitel 19, »Buch, Inhaltsverzeichnis und Index«.

Grundlegende Parameter der Dokumentanlage

Nachdem Sie den Befehl ausgeführt haben, öffnet sich der Dialog Neues Dokument. Legen Sie hier die Seitenanzahl, die Seitennummer der ersten Seite, die Seitenorientierung, das Seitenformat, die Anzahl der Spalten mit dem Steg und die Ränder des Satzspiegels fest.

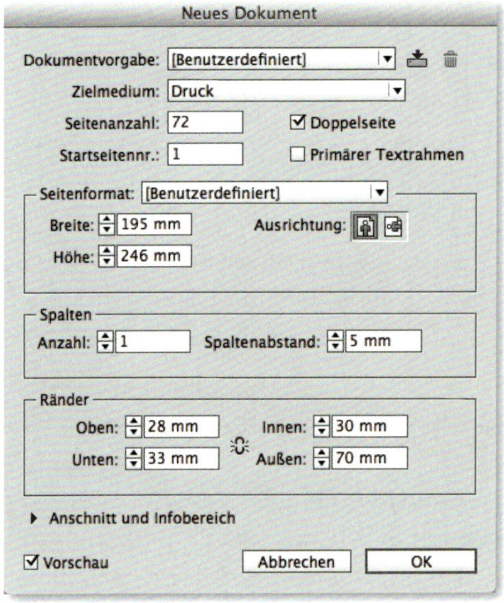

Abbildung 4.3 ▶
Der Dialog Neues Dokument ermöglicht die Eingabe der Seitengröße, der Spaltenanzahl, der Spaltenabstände und der Ränder für den Satzspiegel. Vermeiden Sie es, umfangreiche Dokumente mit 72 Seiten und mehr anzulegen. Überlegen Sie auch, ob es nicht sinnvoller wäre, einzelne Dokumente pro Kapitel anzulegen, um diese dann mit der Buchfunktion zusammenzuführen (Kapitel 19).

Allgemein | Legen Sie zunächst die grundlegenden Parameter für den Projektumfang fest und ob es einseitiges oder doppelseitiges Layout ist.

- Zielmedium: Definieren Sie hier, ob Sie das Dokument für den Druck, das Web oder für die Digitale Veröffentlichung erstellen wollen. Für das Buch wählen wir Druck aus. Dokumente für Online erstellen Sie durch die Wahl von Web. Folgende Optionen ändern sich dadurch:
  - Die Option Doppelseite wird deaktiviert.
  - Die Ausrichtung ändert sich vom Hoch- in das Querformat.
  - In der Option Seitenformat kann aus typischen Größen für das Web, basierend auf Pixel, gewählt werden.
  - Die Farben im Bedienfeld Farbfelder sind im Modus RGB.
- Seitenanzahl: Definieren Sie hier die gewünschte Seitenanzahl. InDesign generiert damit die vorgegebene Anzahl von Dokumentseiten im neuen Dokument. Ein nachträgliches Hinzufügen weiterer Seiten ist selbstverständlich jederzeit möglich. Die Anzahl der Seiten ist in InDesign auf 9.999 beschränkt; wir geben für das Buch 72 ein.
- Startseitennr.: Damit definieren Sie, welche absolute Seitennummer (Pagina) die erste Seite im Dokument haben soll. Für unser Buch geben wir die Zahl 3 ein, da die Seitennummerierung für das Buch mit der ersten Seite des Umschlags begonnen wird. Somit besitzt das Buch 72 Seiten mit den Seitennummern 3 bis 74.
- Doppelseite: Aktivieren Sie diese Option, wenn Sie Zeitschriften, mehrseitige Broschüren oder ein Buch erstellen möchten. Die Option

Zielmedium: Digitale Veröffentlichung
Dokumente für Smartphones oder Tablets erstellen Sie durch die Wahl von Digitale Veröffentlichung in der Option Zielmedium. Folgende Optionen ändern sich dadurch:

- Doppelseite ist deaktiviert
- Ausrichtung ändert sich vom Hoch- in das Querformat
- Die Option Primärer Textrahmen wird aktiviert.
- In Seitenformat kann aus typischen Größen für Tablets basierend auf Pixel gewählt werden.

Doppelseite
Gegenüberliegende bzw. zusammengehörige Seiten werden gleich zu einem Bogen zusammengefasst.

veranlasst InDesign, die Seiten im Seiten-Bedienfeld paarweise zusammenzustellen und somit auch im Satzspiegel zwischen rechter und linker Seite zu unterscheiden, indem die Ränder am Bund gespiegelt werden.

Ist die Option deaktiviert, werden Einzelseiten erstellt. Anwendung findet diese Einstellung im Druck bei Plakaten, Anzeigen, Visitenkarten, Montagen mit mehreren Nutzen und einfachen Drucksorten. Für das Buch aktivieren wir die Option Doppelseite.

- Primärer Textrahmen: Diese Funktion erstellt auf der Musterseite des neuen Dokuments automatisch einen (primären) Textrahmen im Ausmaß des Satzspiegels. Aktivieren Sie diese Option, wenn folgende Kriterien gegeben sind:
  - Wenn Texte beim Platzieren automatisch in die nächste Seite im Dokument fließen sollen.
  - Wenn Sie ein langes Textdokumente fortlaufend in einem Layout platzieren müssen, das sich hinsichtlich des Satzspiegels – verkürzte Höhe des Satzspiegels, Änderung der Spaltigkeit und/oder Seiten mit und ohne Marginalspalte – verändern kann.

  Für Layouts, die sich von Seite zu Seite grafisch stark verändern, bzw. für Layouts, die aus vielen kleinen Textmengen bestehen, die in einzelnen Kästchen platziert werden, sowie für Visitenkarten und Montagen sollten Sie auf die Aktivierung der Option eher verzichten.

Hinweis

Zum Erstellen von Dokumenten für den Onlinebereich und für Dokumente im Umfeld Digitale Veröffentlichung sind Einzelseiten vorzusehen. Beachten Sie diesen Umstand, wenn Sie ein Druckdokument anlegen, das Sie eventuell später für das Tablet ausgeben möchten.

Primärer Textrahmen

Sie sollten an dieser Stelle wissen, dass ein nachträgliches Umschalten zwischen einem primären Textrahmen und einem normalen Textrahmen jederzeit möglich ist. Ob es sich um einen primären Textrahmen handelt oder nicht, erkennen Sie am Symbol , das sich bei aktiviertem Textrahmen am linken oberen Rand zeigt.

Seitenformat | In diesem Bereich des Dialogs definieren Sie die Breite und die Höhe des Endformats sowie die Ausrichtung (Hoch | Quer) der Seite. Die Eingabe der Werte kann dabei in jeder Maßeinheit erfolgen, die InDesign verarbeiten kann.

Da meistens mit Standardformaten gearbeitet wird, bietet InDesign im Pop-up-Menü neben US- und DIN-Formaten auch das Format der Compact Disc (Format des Booklets) standardmäßig an. Für unser Buch geben Sie direkt im Dialog die vorgesehenen Werte 195 mm und 246 mm ein.

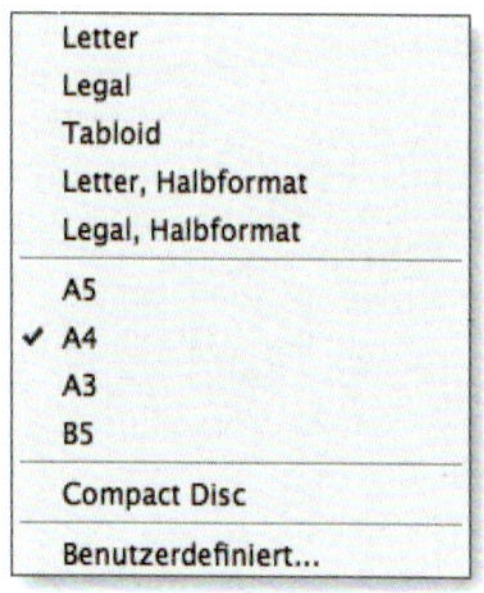

▲ **Abbildung 4.4**
Vordefinierte Standardseitenformate, wenn der Eintrag Druck in der Option Zielmedium gewählt wurde. Bei anderen Zielmedien stehen andere vordefinierte Seitenformate, wie 800 × 600, 1024 × 768, iPad, Android 10" usw. zur Verfügung.

Spalten | Wenn das zu bearbeitende Projekt durchgängig auf mehrere Spalten ausgelegt ist, definieren Sie dies durch Eingabe der Werte für die Anzahl der Spalten und für den Spaltenabstand. Es können bis zu 216 Spalten pro Seite angelegt werden.

Geben Sie beim Anlegen des Dokuments immer die typische Spaltenbreite für das Dokument an, da diese damit zum Defaultwert für das Dokument wird. Auf diesen Defaultwert greifen in Folge verschiedene Optionen zurück, z. B. der Standardspaltenabstand, der beim Aufziehen eines Rahmenrasters verwendet wird.

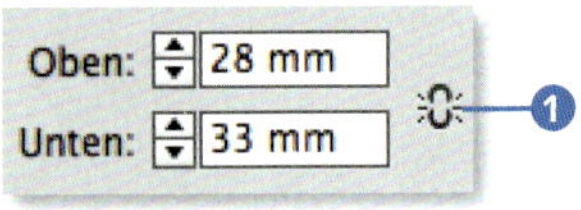

▲ **Abbildung 4.5**
Damit für Oben, Unten, Innen und Aussen getrennt Werte eingegeben werden können, muss der Verkettungsbutton ❶ entkettet sein.

Ränder | Der Satzspiegel wird über die Eingabe der Ränder bestimmt. Die Ränder des Satzspiegels werden für das Buch mit Oben 28 mm, Unten 33 mm, Innen 30 mm und Aussen 70 mm festgelegt. Achten Sie bei der Eingabe darauf, dass der Verkettungsbutton ❶ nicht aktiviert ist, da ansonsten Eingaben in einem Feld immer automatisch in die anderen Felder übertragen werden. Sollten Sie anstelle von Innen und Aussen die Bezeichnungen Links und Rechts sehen, so haben Sie vergessen, die Option Doppelseite zu aktivieren.

Erweiterte Parameter der Dokumentanlage

Abfallend
Abfallend bedeutet, dass Objekte über den Rand hinaus – aus der Seite abfallend – platziert werden, damit genügend Spielraum zum Beschneiden des Endformats besteht.

Für »abfallende« Druckprodukte muss noch der Anschnitt definiert werden. Klicken Sie dazu auf den Button Mehr Optionen. Sie können im erweiterten Bereich nun den Anschnitt und den Infobereich eingeben.

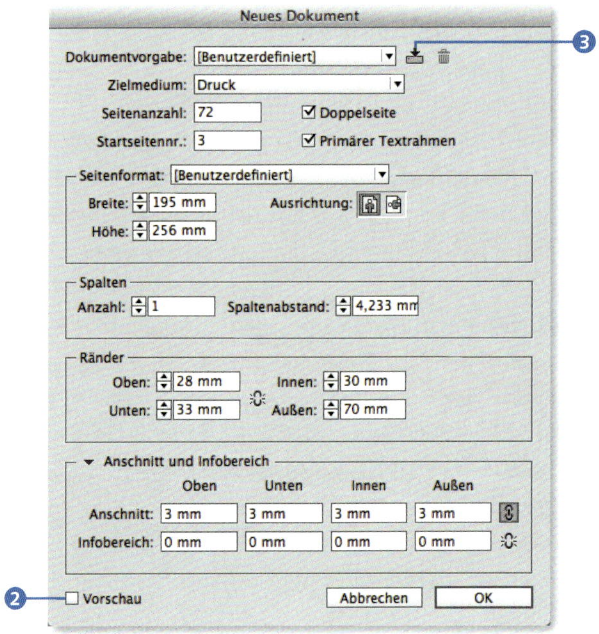

Abbildung 4.6 ▶
Der Dialog Neues Dokument mit aufgeklappten erweiterten Optionen, die zum Anlegen des Anschnitt- und Infobereichs ausgefüllt werden müssen. Durch das Aktivieren der Checkbox Vorschau ❷ können Sie sich seit InDesign CC schon beim Anlegen des Dokuments den notwendigen Überblick über die Seitengröße verschaffen.

Funktionen von Anschnitt und Infobereich
Neben der Beschneidung von abfallenden Objekten kommt diesen Bereichen auch noch bei der Wahl der Vorschau und bei der Ausgabe von Dokumenten eine zentrale Rolle zu.

Anschnitt und Infobereich | Legen Sie darin zusätzliche Flächen um das Endformat an, damit »abfallend« gedruckt werden kann.

- Anschnitt: Der Anschnitt dient zum Beschneiden von Objekten, die über das Endformat reichen. Für das Buch wählen wir einen Anschnitt von 3 mm, da wir abfallende Farbbalken anbringen wollen.
- Infobereich: Im Infobereich können z. B. Anweisungen an die Druckerei oder Informationen zum Dokument angebracht werden. Für das Buch definieren wir nur unten einen Infobereich. Wir wollen darin eventuell zu einem späteren Zeitpunkt Hinweise bezüglich eines

möglichen Nachdrucks anbringen und ausdrucken. Geben Sie die Werte laut Abbildung 4.6 ein.

Bevor Sie die Eingaben durch Anklicken von OK bestätigen, sollten Sie sich überlegen, ob Sie dieses Dokumentformat eventuell für spätere Arbeiten als Vorgabe abspeichern wollen.

Tipp

Um beispielsweise den Dateipfad zum Dokument beim Ausdrucken auszugeben, sollten Sie einen Infobereich anlegen, darin die entsprechende Textvariable platzieren und beim Ausdruck den Infobereich im Druckdialog wählen.

Dokumentvorgaben

Das Abspeichern einer Dokumentvorgabe erfolgt einfach durch Klick auf DOKUMENTVORGABE SPEICHERN, das seit InDesign CC durch das Symbol ❸ im Dialog NEUES DOKUMENT repräsentiert wird.

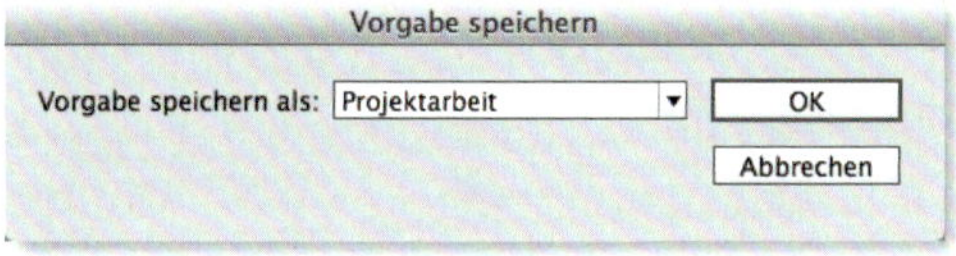

◀ **Abbildung 4.7**
Vergeben Sie einen sprechenden Namen für Ihre Dokumentvorgabe.

Benennen Sie die Vorgabe, und bestätigen Sie den Dialog mit OK.

Eine andere Möglichkeit besteht im Ausführen des Befehls DATEI • DOKUMENTVORGABEN • DEFINIEREN. Nachdem Sie im erscheinenden Dialog DOKUMENTVORGABEN (Abbildung 4.8) den Button NEU betätigt haben, bekommen Sie den Dialog NEUE DOKUMENTVORGABE angezeigt, – der Dialog entspricht dem Dialog aus Abbildung 4.6 –, in dem Sie die gewünschten Eingaben vornehmen können.

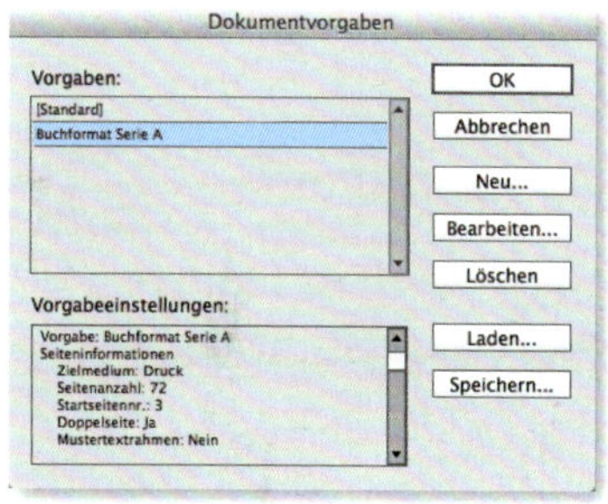

▲ **Abbildung 4.8**
Hier verwalten Sie die Dokumentvorgaben.

Dokument über Vorgabe anlegen | Um schnell ein neues Dokument basierend auf einer Vorgabe zu erstellen, müssen Sie lediglich die Vorgabe unter DATEI • DOKUMENTVORGABEN • [NAME der Vorgabe] auswählen, die gewünschte Seitenanzahl im erscheinenden Dialog ändern und diesen mit OK bestätigen.

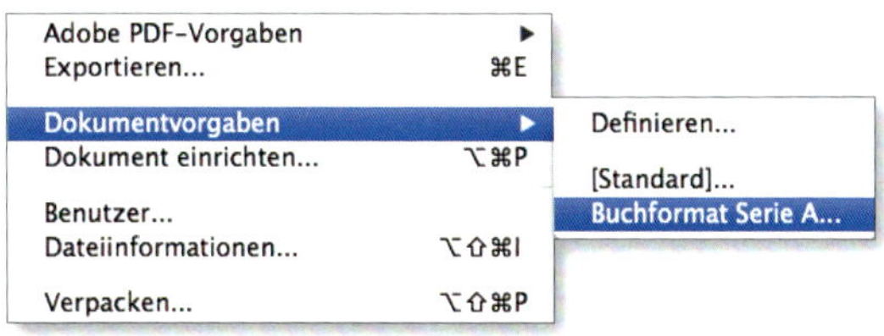

◀ **Abbildung 4.9**
Anlegen eines neuen Dokuments über den Befehl DATEI • DOKUMENTVORGABEN • [NAME DER VORGABE]

Vorgabe im »Neues Dokument«-Dialog auswählen | Um beim Anlegen eines neuen Dokuments diesem eine Vorlage zuzuweisen, wählen Sie im Pop-up-Menü DOKUMENTVORGABEN des Dialogs NEUES DOKUMENT die gewünschte Vorgabe aus. Passen Sie dann noch die Seitenanzahl an, und bestätigen Sie mit OK.

Tipp
Wenn Sie davon genervt werden, dass Sie immer beim Anlegen eines Dokuments den standardmäßig angegebenen SPALTENABSTAND von 4,233 mm auf 5 mm abändern müssen, so ändern Sie doch einfach die Dokumentvorgabe [STANDARD] in den DOKUMENTVORGABEN.

Vorgabe [Standard] mit sinnvollen Werten festlegen | Die Vorgabe [STANDARD] wird von InDesign immer benutzt, wenn Sie ein neues Dokument über den Tastaturbefehl ⌘+N bzw. Strg+N anlegen. Welche Einstellungen dabei verwendet werden, können Sie festlegen, indem Sie den Befehl DATEI • DOKUMENTVORGABEN • DEFINIEREN aufrufen, darin den Eintrag [STANDARD] auswählen und auf den Button BEARBEITEN klicken. Überschreiben Sie darin die Werte nach Ihren Wünschen, und speichern Sie die Vorgabe.

4.3 Die Bereiche eines Dokuments

Nachdem Sie den Neues Dokument-Dialog mit OK bestätigt haben, erscheint ein neues Dokument. Verschiedene farbige Hilfslinien kennzeichnen in der Grundeinstellung die unterschiedlichen Bereiche. Die Farben der Ränder können Sie in den Voreinstellungen von InDesign unter BEARBEITEN • VOREINSTELLUNGEN • HILFSLINIEN UND MONTAGEFLÄCHE (Windows) bzw. INDESIGN • VOREINSTELLUNGEN • HILFSLINIEN UND MONTAGEFLÄCHE (Mac) festlegen.

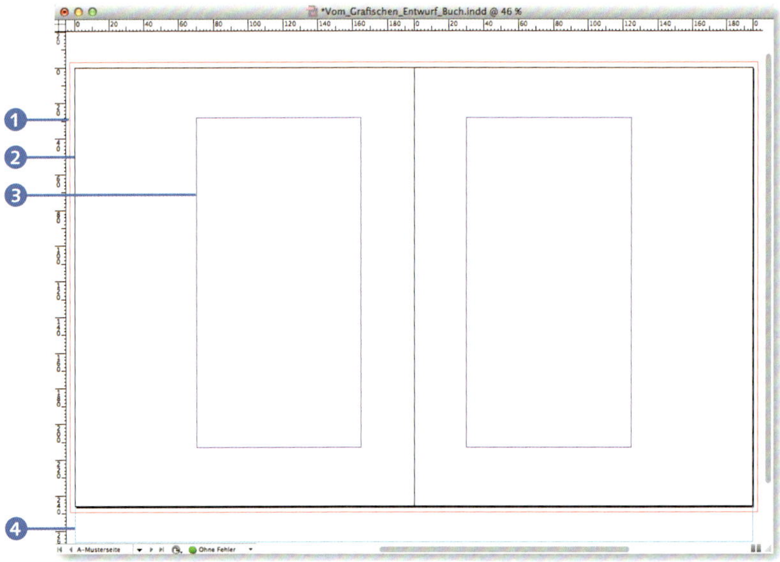

Abbildung 4.10 ▸
Die verschiedenen Bereiche in einem Dokument. INFOBEREICH und ANSCHNITT können für die Vorschau oder beim Ausdruck bzw. Exportieren in eine PDF-Datei eine wichtige Rolle spielen.

Hinweis
Der *Anschnitt* und das *Seitenformat* sind zentrale Bereiche, die in der Verarbeitung von PDF-Daten benötigt werden.

In einer PDF-Datei spricht man von der *BleedBox*, wenn man den Anschnitt meint, und von der *TrimBox*, wenn man das Endformat meint.

Nähere Informationen dazu erhalten Sie im Abschnitt »Das Register ›Marken und Anschnitt‹« auf Seite 886.

- **Infobereich** ④: Die rasterblaue Begrenzung umfasst den Infobereich. Hier können allgemeine Dokumenteninformationen zum Druckbogen oder Farbkeile für die Qualitätskontrolle abgelegt werden.
- **Anschnitt** ①: Die feuerrote Linie beschreibt den Bereich des Anschnitts. Dieser wird auch als »Bruttoformat« oder fälschlicherweise umgangssprachlich bzw. in FreeHand als »Überfüller« bezeichnet.

- **Seitenformat** ❷: Eine schwarze Begrenzung mit Schatten begrenzt das Endformat, auch manchmal als das »Nettoformat« bezeichnet.
- **Ränder** ❸: Normalerweise beschreiben die magenta- und rosafarbenen Linien den definierten Satzspiegel. Aufgrund unserer Voreinstellung aus Kapitel 2 sind Spalten- und Stegehilfslinien lila gefärbt.

4.4 Das Seiten-Bedienfeld

Die Zentrale zum Aktivieren, Einfügen, Verschieben, Löschen von Seiten und zum Zuweisen von benutzerdefinierten Formaten ist das Seiten-Bedienfeld. Sollte das Bedienfeld nicht angezeigt werden, können Sie es über das Menü FENSTER • SEITEN, durch einfachen Klick auf das Symbol aus den Bedienfeldern der rechten Seite oder über F12 bzw. ⌘+F12 aufrufen.

Unser Buch umfasst 72 Seiten. Das Seiten-Bedienfeld zeigt sich bei gewähltem Arbeitsbereich ERWEITERT so, wie dies in Abbildung 4.11 dargestellt ist. MUSTERSEITEN ❻ (darauf werden wiederkehrende Elemente der Seite angelegt) sind im oberen Teil, die DOKUMENTSEITEN ❼ (hier erfolgt das eigentliche Layout) im unteren Teil des Bedienfelds abgebildet. Standardmäßig wird eine Dokumentvorschau auf den Dokumentseiten angezeigt.

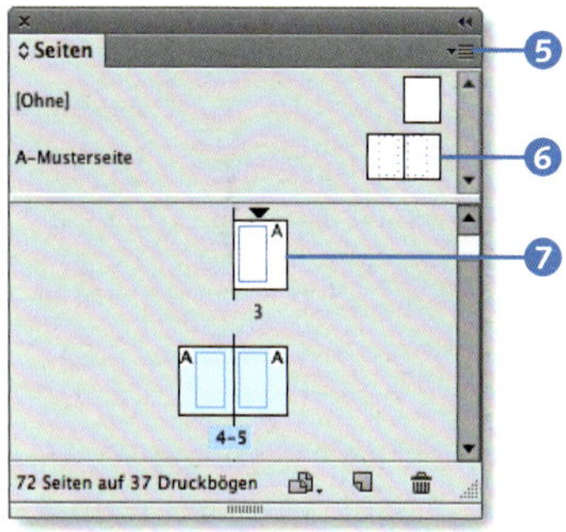

▲ **Abbildung 4.11**
Das Seiten-Bedienfeld des Arbeitsbereichs ERWEITERT im Falle unseres Buchs. Befinden sich noch keine Elemente auf der Seite, so stellt sich die Seite rein weiß dar. Da wir aber schon den primären Textrahmen auf der Musterseite beim Erstellen des Dokuments angelegt haben, wird dieser Textrahmen als blaue Linie somit schon in der Dokumentenvorschau angezeigt.

Darstellung verändern

Die Darstellung aus Abbildung 4.11 ist versierten Setzern sehr bekannt. Wenn Sie jedoch mehrere Dokumentseiten im Bedienfeld angezeigt bekommen wollen – um weniger scrollen zu müssen –, so können Sie über den Befehl SEITEN ANZEIGEN aus dem Bedienfeldmenü des Bedienfelds zwischen HORIZONTAL, VERTIKAL oder NACH ALTERNATIVEM LAYOUT wählen. Während VERTIKAL nur wenige Seiten anzeigen kann, ermöglicht die Wahl von HORIZONTAL, dass viel mehr Seiten auf derselben Fläche im Bedienfeld angezeigt werden können. Durch die Wahl von NACH ALTERNATIVEM LAYOUT werden pro Layout einzelne Spalten angezeigt.

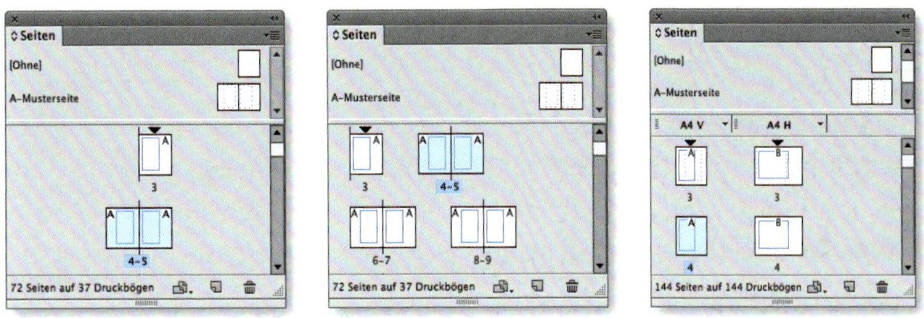

◀ **Abbildung 4.12**
Links: VERTIKALE ANORDNUNG des Inhalts im Seiten-Bedienfeld
Mitte: HORIZONTALE ANORDNUNG
Rechts: Die Anordnung NACH ALTERNATIVEM LAYOUT. Dabei werden vorhandene alternative Layouts im Dokument in Spalten angeordnet.

Bedienfeldoptionen

Sie können die Darstellung des Seiten-Bedienfelds über die Bedienfeldoptionen beeinflussen. Rufen Sie diese im Bedienfeldmenü 5 auf.

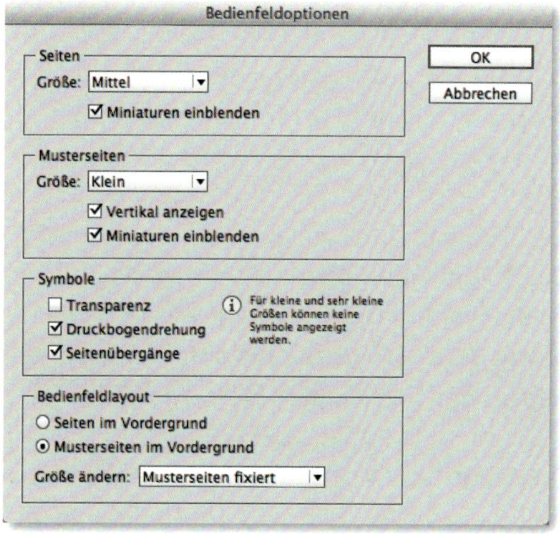

Abbildung 4.13 ►
Mit den Bedienfeldoptionen können Sie das Erscheinungsbild des Seiten-Bedienfelds bestimmen. Das Generieren von Miniaturen »on the fly« – diese werden nicht mit dem Dokument gespeichert – benötigt hohe Rechnerleistung.

Seiten | Hier bestimmen Sie neben der Größe der Dokumentseitensymbole auch, ob eine Dokumentvorschau generiert werden soll.

- Größe: Sie können zwischen Sehr klein, Klein, Mittel, Groß, Sehr groß und Riesig wählen.
- Miniaturen einblenden: Bestimmen Sie über die Option Miniaturen einblenden, ob InDesign bereits im Seiten-Bedienfeld Miniaturansichten der Dokumentseiten darstellen soll. Das ist eine besonders sinnvolle Funktion, mit der visuell orientierte Anwender gezielt eine bestimmte Seite aktivieren können. Sie benötigt jedoch dafür enorm viel an Rechnerressourcen.

Tipp
Wenn Sie keine Dokumentvorschau benötigen, so empfehlen wir, den Eintrag Klein zu wählen und im Bedienfeldmenü Seiten anzeigen auf Horizontal zu schalten, da Sie sich damit mehrere Seiten im Bedienfeld anzeigen lassen können und auf die ressourcenfressende Darstellung der Miniaturen verzichtet wird.

Musterseiten | Die Einstellungen für den oberen Bereich des Seiten-Bedienfelds sind analog zum Bereich Seiten vorzunehmen. Darüber hinaus gibt es hier noch folgende Option:

- Vertikal anzeigen: Durch das Deaktivieren der Option Vertikal anzeigen würden auch, wie zuvor im Abschnitt »Darstellung verändern« auf Seite 145 beschrieben, die Seiten in diesem Bereich nicht mehr vertikal, sondern nebeneinander (horizontal) aufgereiht sein.

Hinweis
Wenn Sie bei Größe die Option Klein bzw. Sehr klein wählen, wird keine Dokumentvorschau (Miniaturansicht) und werden auch keine Symbole im Seiten-Bedienfeld angezeigt.

Symbole | Bestimmen Sie in diesem Bereich, ob die Kennzeichnung bestimmter Attribute, die den Seiten anhaften, im Seiten-Bedienfeld erscheinen soll.

- Transparenz: Sobald sich auf dem Druckbogen Transparenzen befinden – ja, es reicht, wenn lediglich ein transparentes Objekt auf der rechten oder linken Seite angebracht wurde –, wird dies dem Layouter bei aktivierter Option durch das Symbol ❷ angezeigt.

- Druckbogendrehung: Wurde der Druckbogen zur besseren Bearbeitung von gestürzten Seiten gedreht, wird dies dem Layouter bei aktivierter Option durch das Symbol ❸ angezeigt. Wie Sie Druckbögen drehen, erfahren Sie auf Seite 153 in diesem Kapitel.
- Seitenübergänge: Wurde dem Druckbogen für die Ausgabe einer interaktiven PDF- oder SWF-Datei eine Seitenüberblendung hinzugefügt, so wird dies dem Layouter bei aktivierter Option durch das Symbol ❶ angezeigt. Welche Seitenübergänge es gibt und wie Sie Seitenübergänge an Druckbögen anbringen und entfernen, erfahren Sie in Abschnitt 32.5, »Seitenübergänge«, auf Seite 945.

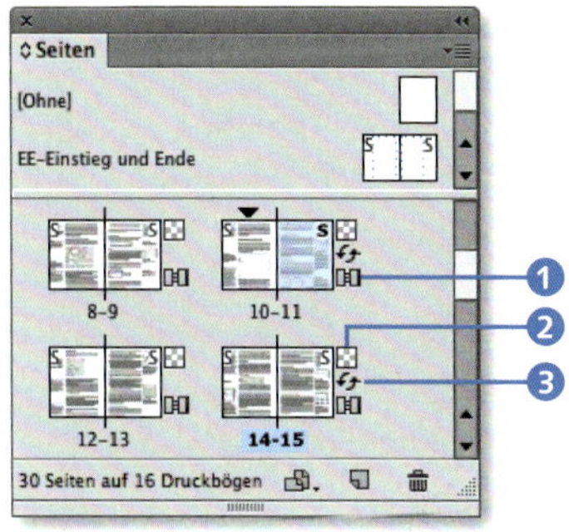

▲ **Abbildung 4.14**
Das Seiten-Bedienfeld, an dem der Layouter erkennt, dass der Druckbogen 14–15 eine Transparenz besitzt, einen Seitenübergang enthält und zur Darstellung in InDesign gedreht wurde

Bedienfeldlayout | Darin legen Sie fest, ob der Bereich Musterseiten über oder unterhalb des Seitenbereichs im Bedienfeld angeordnet ist.

- Mit der Option Seiten im Vordergrund können Sie die bestehende Anordnung – oben Musterseiten, unten Dokumentseiten – umdrehen.
- Durch die Aktivierung der Option Musterseiten im Vordergrund wird der Ausgangszustand wiederhergestellt. Diese Anordnung ist Anwendern geläufig und sollte nicht umgestellt werden.
- Mit den Optionen unter Grösse ändern bestimmen Sie, ob bei einer Vergrößerung des Seiten-Bedienfelds der Musterseitenbereich – Option Musterseiten fixiert – bzw. der Seitenbereich fixiert bleibt oder ob sich beide Bereiche proportional verändern.

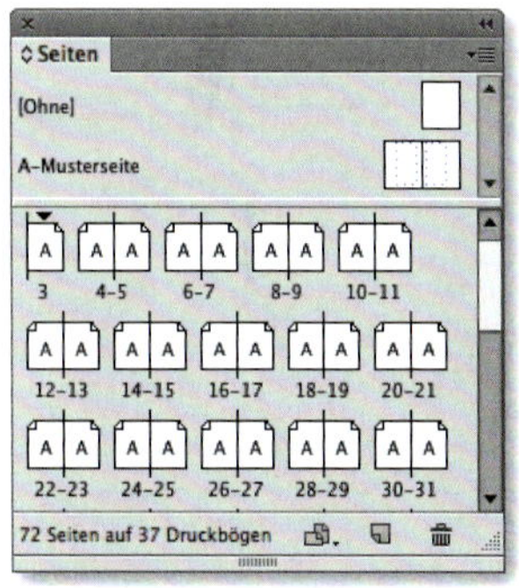

▲ **Abbildung 4.15**
Viel Überblick in einem kleinen Seiten-Bedienfeld durch Deaktivieren der entsprechenden Optionen

Wenn Sie die Option Vertikal im Bedienfeldmenü Seiten anzeigen und darüber hinaus noch den Eintrag Klein in der Option Grösse der Bedienfeldoptionen auswählen, stellt sich das Seiten-Bedienfeld unseres Buchs wie in Abbildung 4.15 gezeigt dar. Damit ist ein guter Überblick über das gesamte Dokument geschaffen und damit schnelles Navigieren möglich. Wie Sie zwischen Seiten hin und her springen und schnell auf eine bestimmte Seite kommen, haben Sie bereits in Abschnitt 3.7, »Navigation«, auf Seite 126 erfahren.

Einfügen und Löschen von Seiten

Wenn Sie im Dialog Neues Dokument nicht genügend oder zu viele Seiten für das Dokument angelegt haben, besteht natürlich die Möglichkeit, weitere Seiten nachträglich beliebig hinzuzufügen oder auch gezielt einzufügen bzw. überflüssige Seiten zu löschen. Folgende Optionen stehen Ihnen dabei zur Verfügung:

Tipp

Vergessen Sie in InDesign nie, die Alt- bzw. ⌥-Taste zu drücken, wenn Sie einen neuen Eintrag in Bedienfeldern durch Klick auf das Symbol anlegen. Dadurch wird automatisch der Einstellungsdialog zum Anlegen des Eintrags geöffnet.

In unserem Fall können Sie durch den Einstellungsdialog aus Abbildung 4.16 gezielt eine oder mehrere Seiten an einer bestimmten Stelle im Dokument einfügen und diese einer bestimmten Musterseite zuweisen.

Eine Seite einfügen | Durch einen Klick auf das Symbol oder durch Drücken der Tastenkürzel Strg+⇧+P bzw. ⌘+⇧+P wird eine neue Seite nach dem aktivierten Druckbogen in das Dokument eingefügt. Nachfolgende Seiten werden um die eingefügte Seite verschoben, was in den meisten Fällen jedoch zu Verschiebungen im Layout führt. Für die neue Seite wird dieselbe Musterseite verwendet wie für die vorhandene aktive Seite.

Mehrere Seiten einfügen | Rufen Sie dazu entweder den Befehl SEITEN EINFÜGEN über das Bedienfeldmenü auf, oder klicken Sie mit gedrückter Alt- bzw. ⌥-Taste auf das Symbol . Hier können Sie die Anzahl der einzufügenden SEITEN ❶ und die Einfügeposition über die Option EINFÜGEN ❷ exakt bestimmen. Dabei stehen zur Auswahl: NACH SEITE, VOR SEITE, AM ANFANG DES DOKUMENTS und AM ENDE DES DOKUMENTS. Welche Musterseite dabei der Seite zugrunde liegt, definiert die Option MUSTERSEITE ❸.

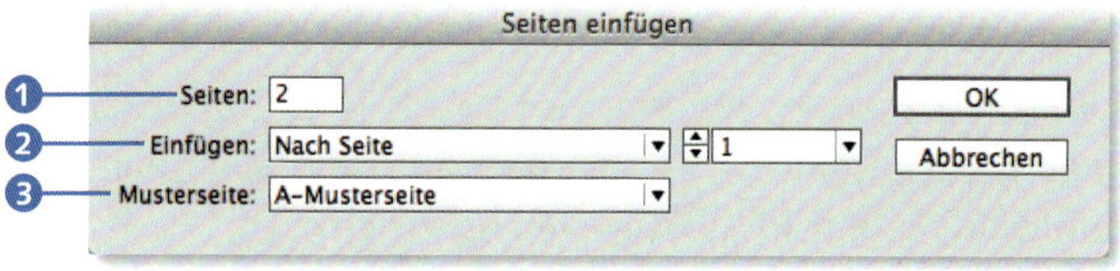

Abbildung 4.16 ▶
Der Dialog SEITEN EINFÜGEN

Sie können aber auch über DATEI • DOKUMENT EINRICHTEN oder durch Drücken der Tastenkürzel Strg+⌥+P bzw. ⌘+⌥+P die Seitenzahl ändern. In diesem Fall fügt InDesign die zusätzlichen Seiten am Ende des Dokuments hinzu, was meist auch die praktikabelste Form ist.

Seiten manuell einfügen durch Ziehen aus dem Musterseitenbereich in den Seitenbereich | Wenn Sie eine Musterseite in den Dokumentseitenbereich ziehen – klicken Sie dabei am besten auf den Namen der Musterseite –, können Sie zwischen zwei Seiten eine Doppelseite einfügen. Ziehen Sie das Symbol, bis es sich wie in Abbildung 4.17 zeigt. Beim Loslassen werden die Seiten an jener Stelle eingefügt und die nachfolgenden Seiten um die Doppelseite nach hinten verschoben.

Wollen Sie nur eine Seite hinzufügen, so klicken Sie auf das Symbol einer Seite im Musterseitenbereich und ziehen diese dann an die dafür vorgesehene Stelle.

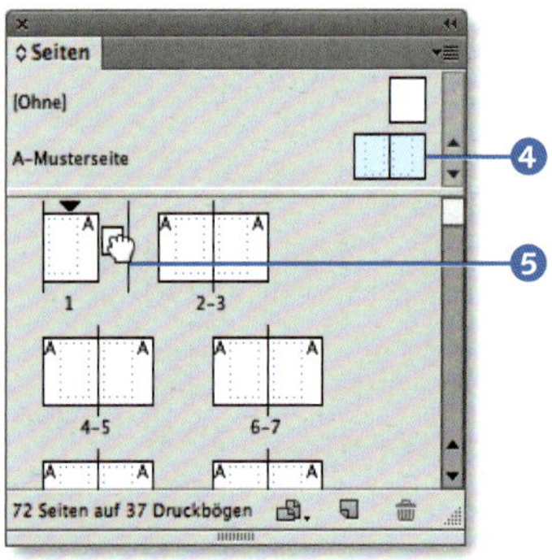

▲ Abbildung 4.17
Eine Doppelseite wird durch Ziehen aus dem Musterseitenbereich ❹ in den Dokumentseitenbereich nach Seite 1 ❺ eingefügt. Wenn Sie den Standardwert im Bedienfeldmenü nicht geändert haben, werden dadurch alle nachfolgenden Seiten nach hinten verschoben.

Ausgewählte Seiten löschen | Durch Klicken auf das Symbol oder Ausführen des Befehls SEITE (DRUCKBOGEN) LÖSCHEN aus dem Bedienfeldmenü bzw. LAYOUT • SEITEN • SEITEN LÖSCHEN kann eine ausgewählte Seite bzw. ein ausgewählter Druckbogen gelöscht werden – InDesign warnt Sie daraufhin mit einer Meldung, dass Objekte auf den Seiten verloren gehen. Um mehrere Seiten zu aktivieren, bedienen Sie sich der ⇧-Taste oder der Strg- bzw. ⌘-Taste.

Wird eine Seite aus einem Druckbogen herausgelöscht, so werden nicht zwingend alle Objekte gelöscht. Objekte, die auf der Montagefläche stehen, bleiben an derselben Position auf der »nachrutschenden« Seite stehen. Ein Objekt, das über mehrere Seiten reicht, wird nur dann gelöscht, wenn es der gelöschten Seite zugeordnet ist.

Löschen von Seiten

Sind Textrahmen über Seiten hinweg miteinander verkettet, wird durch das Löschen einer Seite nicht der Text gelöscht, sondern lediglich die Seite mit dem Textrahmen. Bedingt durch die Verkettung wird der darin bestehende Text in den nachfolgenden Textrahmen weitergeschoben.

Seitenformat zuweisen

Haben Sie eine Seite bzw. einen Druckbogen ausgewählt, so können Sie dieser Seite bzw. dem Druckbogen ein anderes Seitenformat zuweisen. Klicken Sie dazu auf das Symbol SEITENFORMAT BEARBEITEN ⑦ (Abbildung 4.19) in der Fußleiste des Seiten-Bedienfelds, und wählen Sie darin das gewünschte Seitenformat aus.

Steht das gewünschte Seitenformat nicht zur Verfügung, so können Sie ein anderes Seitenformat anlegen, indem Sie den Eintrag BENUTZERDEFINIERT auswählen. Es erscheint dadurch der Dialog BENUTZERDEFINIERTES SEITENFORMAT (Abbildung 4.18), in dem Sie den NAMEN, die BREITE und die HÖHE des Seitenformats angeben können.

Durch das Bestätigen des Dialogs mit OK wird das definierte Seitenformat somit in der Liste der Seitenformate eingetragen. Beachten Sie, dass Sie ab sofort für jedes Dokument auf das Seitenformat zurückgreifen können. Sie sollten somit alle gängigen Seitenformate durch Eintragen neuer benutzerdefinierter Seitenformate, z.B. die Größen gängiger Inseratenformate, der Liste hinzufügen.

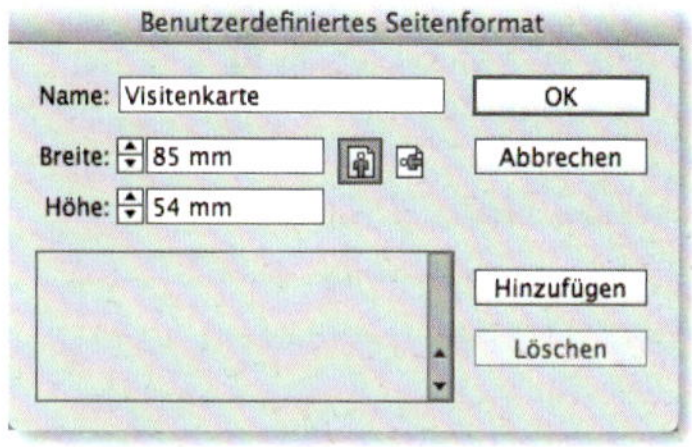

▲ **Abbildung 4.18**
Der Dialog BENUTZERDEFINIERTES SEITENFORMAT. Sie erhalten ihn durch Aufruf des Befehls BENUTZERDEFINIERT, entweder in der Option SEITENFORMAT des Neues Dokument-Dialogs oder durch Klick auf das Symbol SEITENFORMAT BEARBEITEN.

Seiten mit Farbetiketten versehen

Den einzelnen Seitenminiaturen im Seiten-Bedienfeld können farbige Markierungen zugewiesen werden. Mithilfe einer Farbbezeichnung könnte in der Praxis auf den Status der Seiten hingewiesen werden, z.B.: grüne Bezeichnungen für abgeschlossene Druckbögen, orangefarbene Bezeichnungen für Druckbögen, die noch in Bearbeitung sind, und rote Bezeichnungen für noch unbearbeitete Seiten.

Farbetiketten können dabei den Musterseiten und den einzelnen Seiten bzw. Druckbögen zugewiesen werden. Sind Etiketten den Musterseiten zugeordnet, so werden diese den jeweiligen Seiten, die auf der Musterseite basieren, automatisch zugewiesen. Wird solch einer Seite ein neues Farbetikett zugeordnet, so überschreibt dieses Etikett das der Musterseite.

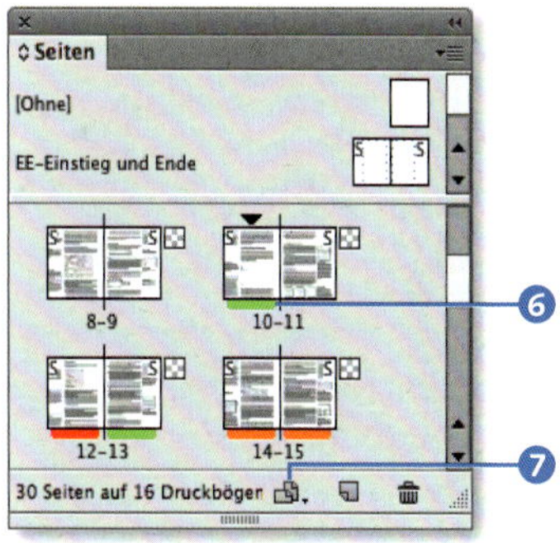

▲ **Abbildung 4.19**
Den einzelnen Seiten/Druckbögen kann ein Farbetikett ⑥ hinzugefügt werden, um den Status einer Seite in der Produktion zu kennzeichnen.

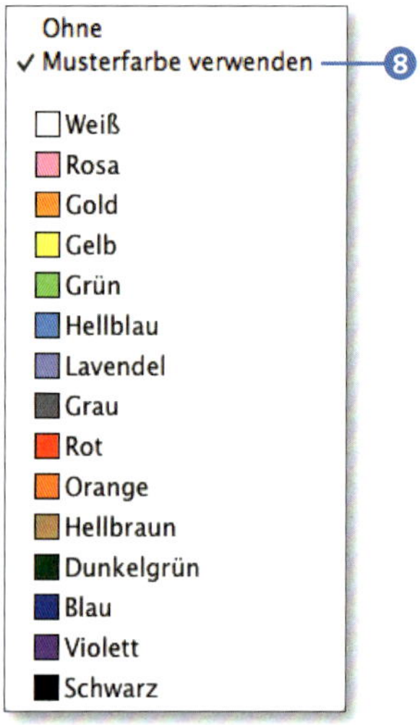

▲ **Abbildung 4.20**
Die Liste der möglichen Farben von Etiketten. Der Befehl Musterfarbe verwenden ⑧ dient dazu, einer einzelnen Seite wiederum das Farbetikett der Musterseite zuzuweisen.

Um ein Farbetikett einer Seite bzw. Musterseite hinzuzufügen, wählen Sie die Seite im Seiten-Bedienfeld aus und rufen danach den Befehl Seitenattribute • Farbetikett • [Gewünschte Farbe] aus dem Bedienfeldmenü auf. Das Farbetikett ⑥ (Abbildung 4.19) wird daraufhin unter der Seitenminiatur angezeigt.

Ändern der Seitenanordnung

Beim Einfügen der Seiten wird Ihnen aufgefallen sein, dass immer die jeweils folgenden Seiten weitergeschoben werden, egal, ob Sie eine Seite oder eine Doppelseite einfügen. Es ist in einem Standarddokument weder möglich, eine einzelne Seite zwischen zwei Druckbögen einzufügen, noch, eine dritte Seite einem Druckbogen anzuhängen. Diese Funktion würden wir aber benötigen, um beispielsweise eine Allonge für einen Umschlag erstellen zu können. Der Grund für dieses »automatische« Vorwärtsschieben und Beibehalten von Doppelseiten ist der Befehl Neue Dokumentseitenanordnung zulassen aus dem Bedienfeldmenü. Dieser Befehl ist standardmäßig aktiviert, sollte aus unserer Sicht jedoch für die tägliche Arbeit deaktiviert werden. Um also eine weitere Seite an eine Doppelseite anzuhängen, gibt es in InDesign zwei Verfahren:

Neue Dokumentseitenanordnung zulassen | Deaktivieren Sie den Befehl im Bedienfeldmenü. Dadurch können Einzel- oder Doppelseiten an eine Seite bzw. an den Druckbogen angehängt werden. Deaktivieren Sie diese Option speziell dann, wenn Sie in Projekten Seiten im Dokument verschieben müssen.

Wenn Sie diese Option deaktiviert haben, kann es beim Einfügen von mehreren Seiten zu folgender Fehlermeldung kommen:

Abbildung 4.21 ►
Ein Druckbogen kann maximal zehn Seiten besitzen.

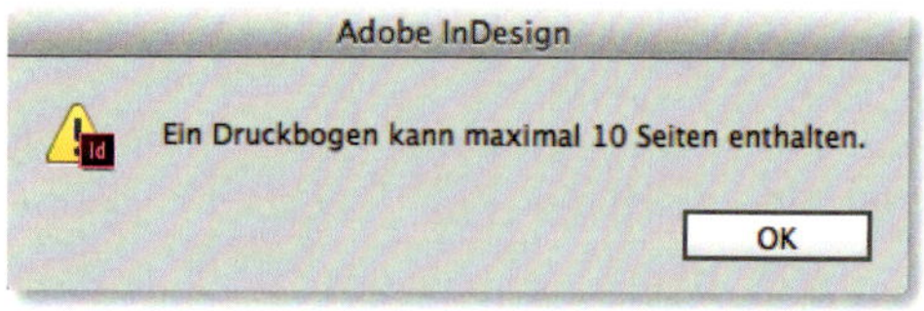

Vorsicht: Neue Dokumentseitenanordnung zulassen
Wurde die Option Neue Dokumentseitenanordnung zulassen deaktiviert, so führt die Option Nach Seite im Dialog Seiten einfügen dazu, dass die einzufügenden Seiten an den markierten Druckbogen angehängt werden.

Diese Fehlermeldung ist die logische Folge, wenn Sie mehr als neun Seiten über den Befehl Seiten einfügen aus dem Bedienfeldmenü des Seiten-Bedienfelds mit ausgewähltem Eintrag Nach Seite in der Option Einfügen einfügen wollen.

Neue Druckbogenanordnung zulassen | Ebenfalls im Bedienfeldmenü des Seiten-Bedienfelds befindet sich der Befehl Neue Druckbogenanordnung zulassen. Dadurch wird der aktivierte Druckbogen zu einer

Einheit zusammengefasst. Zu erkennen ist dies an der Seitenbezeichnung [4–6] ①. Der Unterschied zum oben genannten Verfahren besteht darin, dass die Funktion Neue Dokumentseitenanordnung zulassen für alle Seiten gilt, die Option Neue Druckbogenanordnung zulassen hingegen nur für den ausgewählten Druckbogen.

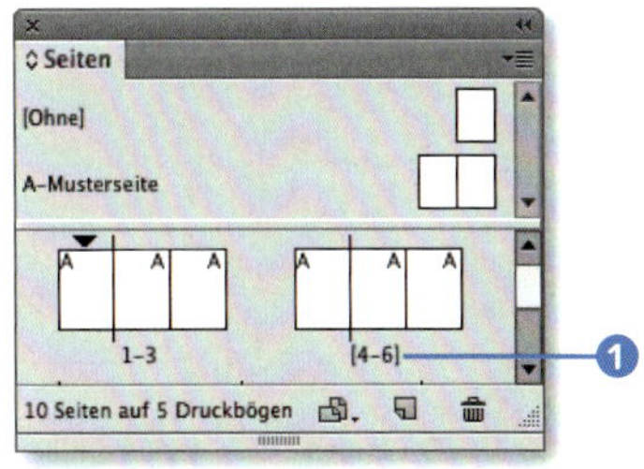

▲ **Abbildung 4.22**
Zusätzliche Seiten wurden an eine Doppelseite angehängt. Der neue Druckbogen 1–3 ist durch Deaktivieren der Option Neue Dokumentseitenanordnung zulassen entstanden, der Druckbogen [4–6] ① durch Markieren des Druckbogens über den Befehl Neue Druckbogenanordnung zulassen.

Schritt für Schritt: Zusammenstellen von Seiten in einem Dokument

Das Zusammenführen von mehreren Seiten zu einem Druckbogen wird sehr häufig, unter anderem zum Erstellen eines Buchumschlags, in der Praxis benötigt. Entscheiden Sie sich dabei für eine der zuvor beschriebenen Vorgehensweisen durch Deaktivierung/Aktivierung der Option Neue Dokumentseitenanordnung zulassen bzw. Neue Druckbogenanordnung zulassen. Nachfolgend haben wir uns für die Deaktivierung der Option Neue Dokumentseitenanordnung zulassen entschieden.

1 Anfangsdokument öffnen

Öffnen Sie das Dokument »Buchumschlag_v1.indd«, das sich auf der beiliegenden DVD im Ordner Beispielmaterial • Kapitel_04 befindet.

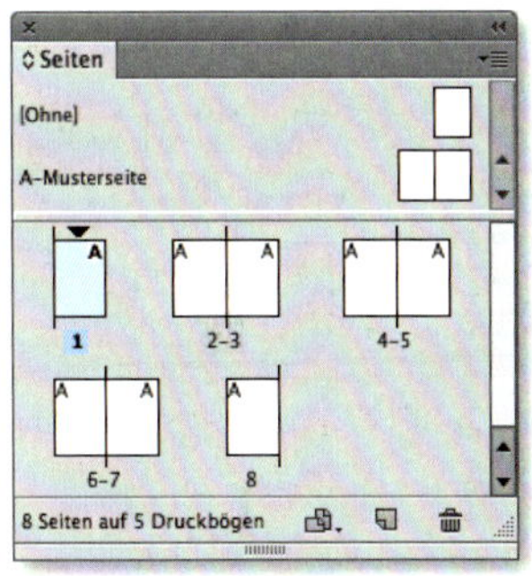

▲ **Abbildung 4.23**
Das Bedienfeld Seiten nach dem Öffnen des Ausgangsdokuments

2 »Neue Dokumentseitenanordnung zulassen« deaktivieren

Damit wir die Einzelseiten zu Druckbögen (für die Vorder- und Rückseite des Umschlags unserer Projektarbeit) zusammenfügen können, deaktivieren wir den Befehl Neue Dokumentseitenanordnung zulassen aus dem Bedienfeldmenü.

3 Die zwei Druckbögen erstellen

Schieben Sie nun Seite 1 nach Seite 3, bis Sie das Symbol der Hand mit dem Pfeil nach rechts sehen (linkes Bild), und lassen Sie die Maustaste los. Verschieben Sie Seite 8 zu Seite 3 (zweites Bild). Schieben Sie dann noch den Druckbogen 7–8 zum Druckbogen 5–6 (drittes Bild). Danach zeigt sich das Bedienfeld wie im vierten Bild der Abbildung 4.24.

▼ **Abbildung 4.24**
In vier Schritten werden fünf Druckbögen zu zwei zusammengefasst.

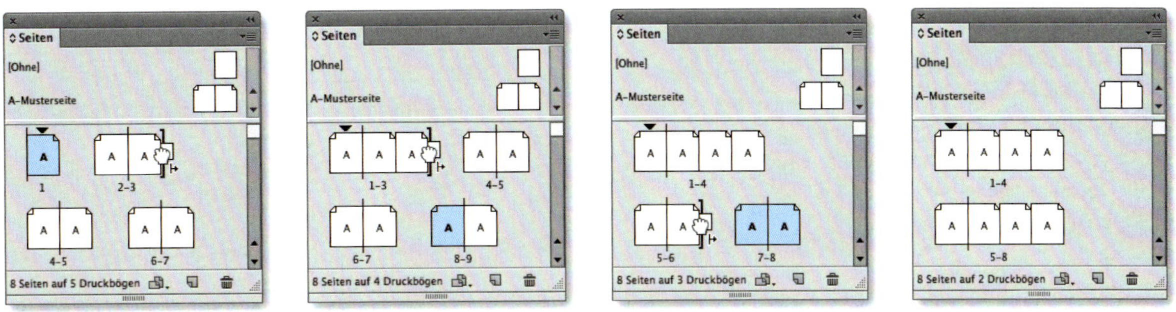

Verschieben und Duplizieren von Seiten

Da Sie nun wissen, wie man eine Seite an einer bestimmten Stelle einfügen kann, müssen Sie jetzt noch davon in Kenntnis gesetzt werden, wie Sie am einfachsten Seiten in einem Dokument bzw. in ein anderes Dokument verschieben oder auch duplizieren.

Hinweis

Bei der Beschreibung der Funktionen Seiten verschieben und Seiten duplizieren gehen wir von der deaktivierten Option Neue Dokumentseitenanordnung zulassen aus.

Verschieben | Das Verschieben von Seiten erfolgt entweder über Drag&Drop von Einzelseiten bzw. Druckbögen an die gewünschte Stelle im Dokumentseitenbereich oder über das Bedienfeldmenü und Seiten verschieben bzw. den Befehl Layout • Seiten • Seiten verschieben. Wir empfehlen Ihnen, den Seiten verschieben-Dialog aufzurufen, da Sie darin eine exakte Kontrolle über das Verschieben von Seiten besitzen, sogar über Dokumente hinweg.

Abbildung 4.25 ▶
Der Seiten verschieben-Dialog aus dem Bedienfeldmenü des Seiten-Bedienfelds

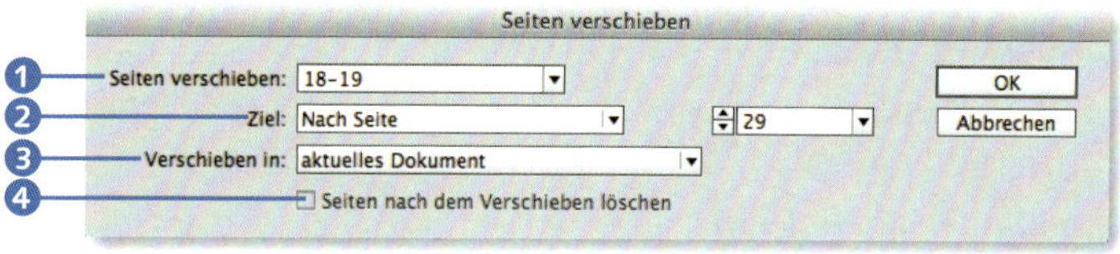

- **Seiten verschieben** ❶: Geben Sie hier den zu verschiebenden Seitenbereich ein. Haben Sie mehrere Seiten im Bedienfeld markiert, so wird dieser Seitenbereich hier automatisch eingetragen. Es ist sogar das Verschieben von mehreren unabhängigen Seitenbereichen und Einzelseiten möglich.
- **Ziel** ❷: An welche Stelle im Dokument die Seiten verschoben werden sollen, bestimmen Sie über Auswahl eines Eintrags in der Option Ziel. Es stehen dabei die Möglichkeiten Nach Seite, Vor Seite, Am Anfang des Dokuments oder Am Ende des Dokuments zur Verfügung. Bei Nach Seite und Vor Seite müssen Sie natürlich noch eine Seitennummer angeben.
- **Verschieben in** ❸: Das Verschieben von Seiten können Sie auch über Dokumente hinweg erledigen. Öffnen Sie dazu neben dem Quell- auch das Zieldokument, und wählen Sie dann unter der Option Verschieben in das Zieldokument aus.
- **Seiten nach dem Verschieben löschen** ❹: Aktivieren Sie diese Option, wenn die zu verschiebenden Seiten nach dem Einfügen in das neue Dokument aus dem Quelldokument entfernt werden sollen.

Ganze Seiten von einem Dokument übernehmen

Anwender, die es gewohnt sind, alles zu markieren und über Kopieren und Einfügen den gesamten Seitenaufbau in das andere Dokument zu bringen, sind gut beraten, wenn sie sich der genialen Funktion bedienen, Seiten einfach per Drag & Drop zwischen Dokumenten zu verschieben oder dies über den Seiten verschieben-Dialog abzubilden.

Seiten nach dem Verschieben löschen ist nicht aktiv

Sie müssen zuerst ein Zieldokument auswählen. Erst dann kann die Option Seiten nach dem Verschieben löschen ausgewählt werden.

Wenn Sie Seiten innerhalb eines Dokuments per Drag & Drop verschieben, müssen Sie Präzision an den Tag legen, denn bereits geringfügige Veränderungen an der Position bewirken, dass die Seite sich einmal rechts und ein anderes Mal links vom Bund anhängt. Achten Sie genau auf die kleinen Pfeilabbildungen, die beim Verschieben von Seiten zu sehen sind.

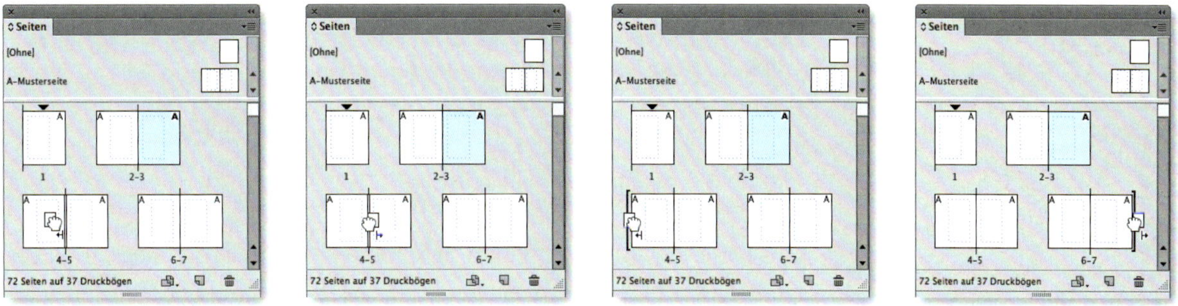

▲ **Abbildung 4.26**
Nur eine kleine Positionsänderung, und der Pfeil zeigt nach links oder rechts (erste und zweite Abbildung). Der Pfeil gibt an, auf welcher Position der Seite die verschobene Seite eingefügt wird.

In der ersten Abbildung wird die Seite als linke Seite nach Seite 4 eingefügt. In der zweiten Abbildung wird die Seite als rechte Seite vor Seite 5 eingefügt. In der dritten Abbildung wird die Seite als linke Seite vor Seite 4 eingefügt und in der letzten Abbildung als rechte Seite nach Seite 7. Während das Vorgehen aus den ersten beiden Abbildungen in jedem Fall möglich ist, können die Ergebnisse der letzten beiden Abbildungen nur erzielt werden, wenn die Option NEUE DOKUMENTSEITENANORDNUNG ZULASSEN deaktiviert ist.

Duplizieren | Zum Duplizieren von Seiten ziehen Sie entweder die Seitenbereichszahl unter einem Druckbogen auf das Symbol , rufen den Befehl SEITE DUPLIZIEREN aus dem Bedienfeldmenü oder den Befehl LAYOUT • SEITEN • SEITEN DUPLIZIEREN auf, oder Sie markieren einen Druckbogen bzw. eine Seite und verschieben die Seite bei gedrückter Alt-bzw. ⌥-Taste.

Druckbogenansicht drehen

In gewissen Situationen müssen gestürzte bzw. gedrehte Inhalte bearbeitet werden. Anstatt den Kopf zur Seite zu legen oder den Monitor zu drehen, können Sie die Druckbogenansicht drehen.

Drehung ausführen | Zum Drehen der Druckbogenansicht markieren Sie den gewünschten Druckbogen im Seiten-Bedienfeld und führen dann im Bedienfeldmenü den Befehl SEITENATTRIBUTE • DRUCKBOGENANSICHT DREHEN aus. Darin haben Sie die Möglichkeit, den Druckbogen entweder um 90 ° IM UZS, 90 ° GEGEN UZS oder um 180 ° zu drehen. Haben Sie die Option zum Anzeigen der SYMBOLE in den Bedienfeldoptionen markiert, erscheint nach dem Ausführen des Befehls das Symbol neben dem Druckbogen.

Eine Drehung hat keine Auswirkung auf die Ausgabe

Das Drehen der Druckbogenansicht hat keinen Einfluss auf die Druck- und Ausgabeergebnisse. Wenn jedoch die Druckbogenansicht während des Druckvorgangs noch aktiviert ist, müssen Sie im Bereich EINRICHTEN des Dialogfelds DRUCKEN möglicherweise die Ausrichtung ändern, um sicherzustellen, dass der gedrehte Druckbogen wie dargestellt gedruckt wird.

Sie sollten immer vor dem Drucken die Drehung der Druckbogenansicht aufheben!

Drehung entfernen | Einmal angebrachte Drehungen der Druckbogenansicht sollten vor der Ausgabe entfernt werden. Dazu führen Sie am einfachsten einen Rechtsklick auf das Symbol neben dem Druckbogen im Seiten-Bedienfeld aus und wählen den Befehl DREHUNG LÖSCHEN. Natürlich findet sich dieser Befehl auch im Bedienfeldmenü unter DRUCKBOGENANSICHT DREHEN wieder.

Weitere Optionen im Bedienfeldmenü

Hinweis

Die Befehle im Bedienfeldmenü nennen sich – je nachdem, ob lediglich eine Seite oder eine Doppelseite aktiviert ist – entweder SEITE DUPLIZIEREN oder DRUCKBOGEN DUPLIZIEREN.

Im Bedienfeldmenü befinden sich, neben den zuvor beschriebenen Befehlen, noch weitere Menüeinträge, die wir an dieser Stelle der Vollständigkeit halber anführen möchten. Teile davon werden noch in diesem Kapitel und der Rest wird an anderen Stellen in diesem Buch beschrieben.

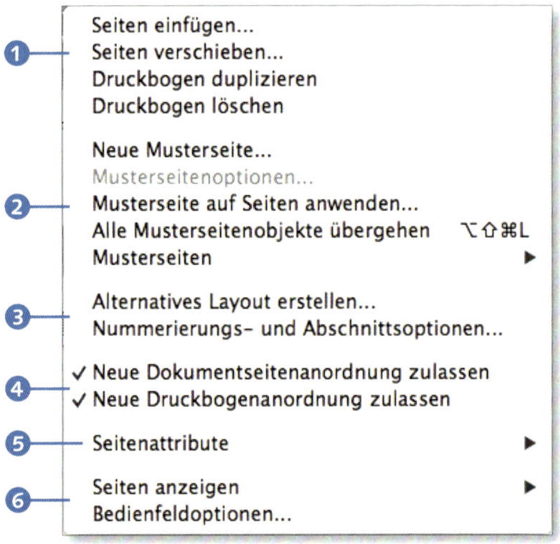

Abbildung 4.27 ▸
Das Bedienfeldmenü des Seiten-Bedienfelds. Darin verstecken sich sehr viele Menüeinträge, die Ihre tägliche Arbeitsweise sehr stark beeinflussen und natürlich auch erleichtern können. Seit InDesign CS6 steht das Bedienfeldmenü in einer sehr aufgeräumten Version zur Verfügung.

Die Befehle des ersten Bereichs ① – SEITEN EINFÜGEN, SEITEN VERSCHIEBEN, DRUCKBOGEN DUPLIZIEREN und DRUCKBOGEN LÖSCHEN – wurden bereits zuvor beschrieben.

Die Befehle des zweiten Bereichs ② beziehen sich auf den Umgang mit Musterseiten.

Die Befehle des dritten Bereichs ③ beziehen sich auf Abschnitte und die Erstellung alternativer Layouts. Der Befehl ALTERNATIVES LAYOUT ERSTELLEN wird in Grundzügen noch in diesem Kapitel auf Seite 163 und in Abschnitt 31.4, »Erstellen von alternativen Layouts auf Basis eines variablen Layouts«, auf Seite 914 detaillierter beschrieben. Weiterführende Informationen zum Befehl NUMMERIERUNGS- UND ABSCHNITTSOPTIONEN erhalten Sie in Kapitel 18, »Musterseiten«, auf Seite 619.

Informationen zu Musterseiten

Wie Sie Musterseiten anlegen, welche Musterseitenoptionen gewählt werden können, wie Sie Musterseiten auf Seiten anwenden und welche Möglichkeiten Sie haben, Objekte von der Musterseite zu lösen, erfahren Sie in Kapitel 18, »Musterseiten«, auf Seite 619.

Während die Befehle des vierten ❹ – Neue Dokumentseitenanordnung zulassen und Neue Druckbogenanordnung zulassen – und des sechsten Bereichs ❻ – Seiten anzeigen und Bedienfeldoptionen – bereits in diesem Kapitel beschrieben wurden, finden sich im fünften Bereich unter der Bezeichnung Seitenattribute ❺ noch ein paar unbekannte, aber auch ein paar schon beschriebene Befehle (Abbildung 4.28).

- Farbetikett: Lesen Sie dazu auf Seite 149 nach.
- Druckbogenansicht drehen: Lesen Sie dazu auf Seite 153 nach.
- Seitenübergänge: Für die Ausgabe eines interaktiven Dokuments in PDF oder SWF stehen mehrere Seitenübergänge zur Verfügung.
- Druckbogenreduzierung: In welcher Form und Qualität Transparenzen reduziert werden, kann in Abhängigkeit von der geplanten Ausgabeform unterschiedlich bestimmt werden. Wenn Sie diese unterschiedlichen Einstellungen auf Druckbögen zuweisen wollen, so benötigen Sie diesen Befehl.

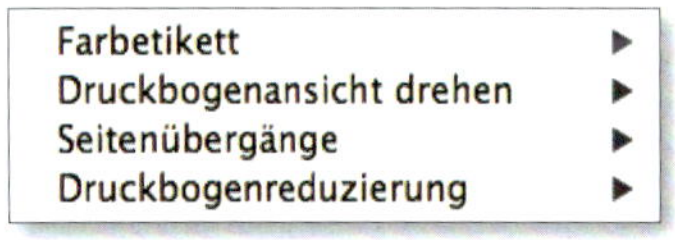

▲ **Abbildung 4.28**
Die Menüeinträge des Menüs Seitenattribute aus dem Bedienfeldmenü des Seiten-Bedienfelds. Anwender früherer Versionen werden diese Befehle suchen, da sie seit InDesign CS6 in den Menüeintrag Seitenattribute verschoben wurden.

Seitenübergänge und Druckbogenreduzierung
Wie Sie Seitenübergänge auswählen, anbringen und löschen, erfahren Sie in Abschnitt 32.5, »Seitenübergänge«, auf Seite 945.
Informationen zur Druckbogenreduzierung erhalten Sie in Abschnitt 24.5, »Ausgabe von Transparenzen«, auf Seite 783.

4.5 Seitenformat ändern

Nicht immer sind alle Seiten eines Dokuments gleich groß. Wir möchten Ihnen an einem konkreten Beispiel erklären, wann in einem Dokument unterschiedliche Seitenformate benötigt werden.

Anlegen eines Buchumschlags

Jedes Buch benötigt einen Umschlag, der je nach Umfang und Bindeverfahren unterschiedlich angelegt werden muss. Eines jedoch haben Umschläge gemeinsam: Sie sollten sie immer in einem getrennt vom Buchinhalt gesetzten Dokument anlegen. Die Gründe dafür sind:

- Ein Buchumschlag kann auch einen Buchrücken besitzen.
- Ein Umschlag kann auch etwas vom Format abweichen.
- Einem Umschlag kann auch eine Allonge angefügt werden.
- Ein Umschlag wird meist auf einem anderen Papier oder auch mit einem anderen Druckverfahren produziert, wodurch sich für das Dokument auch die Farbmanagementeinstellungen ändern sollten.

Die Arbeitsvorbereitung | Ein normaler Umschlag besteht aus vier (bzw. wenn ein Buchrücken benötigt wird aus sechs) Seiten. Da wir beabsichtigen, dem Umschlag eine Allonge mit einer Breite von 65 mm zu geben, kann das Dokument entweder mit acht Seiten – vier Seiten für den Umschlag, zwei Seiten für den Rücken und zwei Seiten für die Vorder- und Rückseite der Allonge – oder mit vier Seiten geplant werden,

Allonge
Unter einer Allonge versteht man beispielsweise den ausklappbaren Teil (Tafel) einer Seite. In der Regel wird dieser Teil maschinell mit einem schmalen Leimstreifen an einer Seite im Bund des Buchs befestigt und ist meist zum Aufklappen mehrfach gefalzt.

Umschlag mit Rücken
Einen Umschlag mit Rücken legen Sie am besten als sechsseitiges Dokument mit aktivierter Option Doppelseite an. Ist die Option Doppelseite aktiviert, so wird bzw. werden beim Ändern der Seitenbreite für den Rücken automatisch die nachfolgende(n) Seite(n) nachgeschoben.

wobei die rechte Seite entsprechend der Allongengröße größer angelegt wird. Wir entscheiden uns für die erste Variante (acht Seiten), da damit bei der PDF-Erstellung automatisch Falzmarken für die Endfertigung angebracht werden.

Beim Anlegen des Dokuments wissen wir jedoch noch nicht, welche Stärke der Buchrücken haben wird. Die Stärke des Rückens ist letztlich von der Anzahl der Seiten und dem gewählten Papier (Papierstärke) abhängig. Wir werden deshalb den Umschlag in Originalgröße zuzüglich einer eigenen Seite für den Buchrücken in der erwarteten Stärke von 4 mm anlegen. Die finale Rückenbreite wird nachträglich angepasst. Daraus ergeben sich nachstehende Maße für die einzelnen Bereiche.

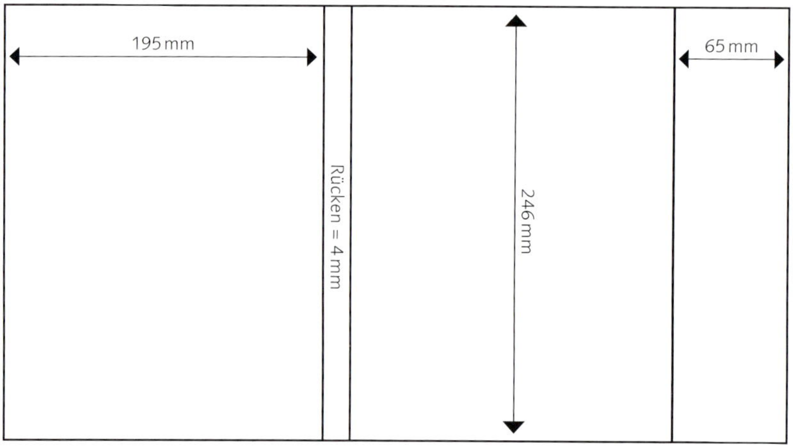

Abbildung 4.29 ▶
Der Umschlag unseres Buchs mit Allonge. Der Rücken wird dabei als eigene Seite angelegt, damit ein nachträgliches Ändern der Rückenstärke mit minimalem Aufwand verbunden ist.

Der Umschlag soll schlussendlich auf einem 300 Gramm starken, glänzend gestrichenen Papier gedruckt werden.

Hinweis zum Anlegen der Objekte für einen Buchumschlag
Versuchen Sie, die Objekte auf den einzelnen Seiten und nicht Objekte über den Druckbogen hinweg zu erstellen, da sonst bei einer nachträglichen Änderung des Buchrückens die Positionen der Objekte auf den einzelnen Seiten nicht korrekt beibehalten werden können.

Anlegen des Buchumschlags mit Allonge | Für den Umschlag legen wir ein neues Dokument über den Befehl Datei • Neu • Dokument mit den Werten aus Abbildung 4.30 an.

Obwohl es etwas fremd anmutet, legen wir die Datei nicht als »Einzelseiten«-Dokument an. Sie werden den Unterschied beim nachträglichen Verändern der Rückenbreite schätzen lernen, da dadurch beim Ändern der Rückenstärke die angrenzenden Seiten automatisch bündig aneinandergereiht bleiben.

Für die Seitenanzahl geben wir »8« ein. Das Seitenformat wird identisch zum Kern angelegt, und die Ränder werden auf 0 mm gestellt, da ansonsten die Seitenbreite des Buchrückens – diese ist kleiner als die kumulierten Ränder für Links und Rechts – nicht angelegt werden kann. Da der Umschlag ebenfalls »abfallend« gedruckt werden muss, fügen wir auch hier einen Anschnitt von 3 mm hinzu.

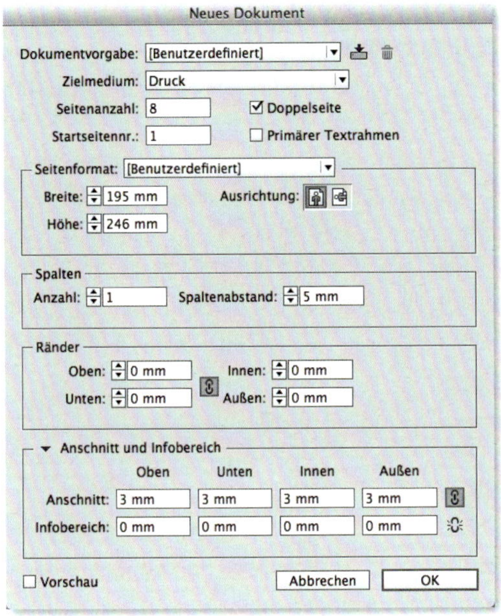

◄ **Abbildung 4.30**
Anlegen des Buchumschlags mit einer Allonge. Es ist absolut sinnvoll, den Umschlag eines Buchs getrennt vom Kern in einer eigenen Datei anzulegen, da in den meisten Fällen die beiden Teile auf einem unterschiedlichen Papier und somit meist auf unterschiedlichen Druckmaschinen produziert werden müssen. Unterschiedliche Druckmaschinen und Medien bedeuten in aller Regel auch ein unterschiedlich eingestelltes Farbmanagement.

Nachdem Sie die Werte wie in Abbildung 4.30 eingegeben und auf den Button OK geklickt haben, zeigt sich Ihnen das Seiten-Bedienfeld so, wie es in Abbildung 4.31 dargestellt ist: acht Seiten auf fünf Druckbögen in einem Dokument. Es müssten nun vier Seiten zu einem Druckbogen zusammengefügt werden und dabei die zweite und siebte Seite auf 4 mm und die Seiten 4 und 5 auf 65 mm Breite verkleinert werden.

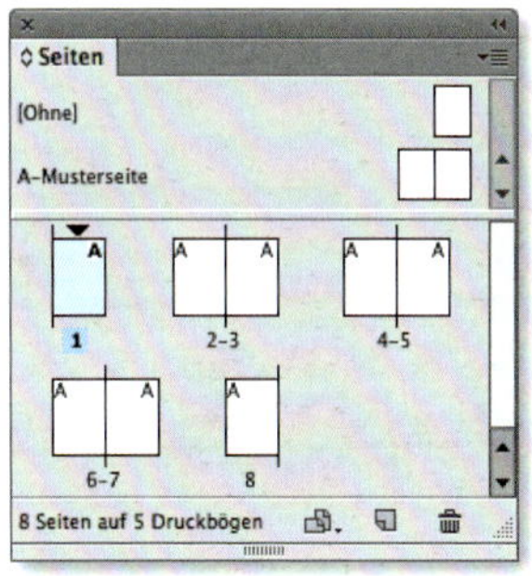

▲ **Abbildung 4.31**
Das Seiten-Bedienfeld des Buchumschlags vor dem Zusammenstellen der Druckbögen

Zusammenfügen von Seiten | Das Zusammenfügen von Seiten zu einem Druckbogen haben wir bereits in der Schritt-für-Schritt-Anleitung »Zusammenstellen von Seiten in einem Dokument« auf Seite 151 erläutert. Führen Sie nun die Seiten zu zwei Druckbögen zusammen, sodass sich die Darstellung im Seiten-Bedienfeld wie in Abbildung 4.32 zeigt. Ob Sie dabei nur eine linke Seite und drei rechte Seiten oder drei linke Seiten und nur eine rechte Seite erzeugen ist für den Umschlag egal.

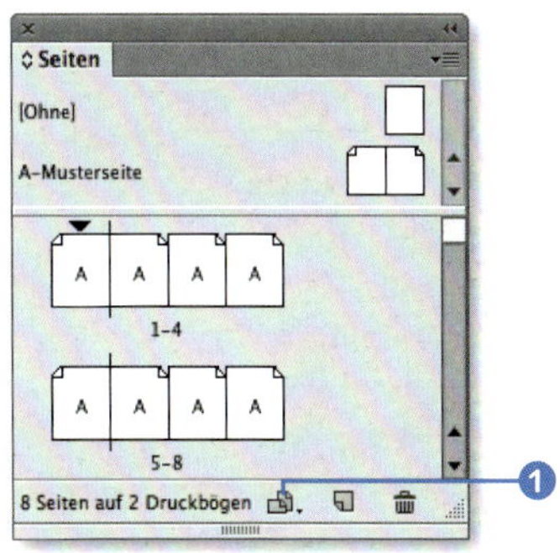

▲ **Abbildung 4.32**
Das Seiten-Bedienfeld des Buchumschlags nach der Zusammenführung zu zwei Druckbögen

Ändern des Seitenformats für eine Seite

Wir müssen nun noch den Rücken (Seite 2 und Seite 7) auf 4 mm Breite verkleinern und die Allonge für den ersten Druckbogen (Seite 4) und die Allonge für den zweiten Druckbogen (Seite 5) auf die Breite von 65 mm bringen. Es stehen dazu zwei Möglichkeiten zur Verfügung:

- SEITENFORMAT BEARBEITEN: Wählen Sie dazu die entsprechende Seite im Seiten-Bedienfeld aus, und klicken Sie auf das Symbol SEITENFORMAT BEARBEITEN (1). Wählen Sie darin ein vorhandenes Seitenfor-

Benutzerdefiniertes Seitenformat

Nähere Informationen zum Anlegen von benutzerdefinierten Seitenformaten erhalten Sie im Abschnitt »Seitenformat zuweisen« auf Seite 149.

mat aus, oder erstellen Sie sich über den Eintrag BENUTZERDEFINIERT ein neues Format, und wählen Sie dieses dann aus.

- SEITENWERKZEUG: Erledigen Sie das Ändern der Größe einer Seite mit dem Seitenwerkzeug.

Schritt für Schritt
Seitengröße mit dem Seitenwerkzeug verändern

Das Ändern des Seitenformats für die Seiten 2 und 7 (für den Rücken) sowie 4 und 5 (für die Allonge) erfolgt in wenigen Schritten.

1 Seite 2 auswählen

Drücken Sie [Strg]+[Alt]+[0] bzw. [⌘]+[⌥]+[0], um den ganzen Druckbogen am Monitor angezeigt zu bekommen.

Wählen Sie das Seitenwerkzeug aus ([⇧]+[P]), und klicken Sie damit auf die gewünschte Dokumentseite – in unserem Fall Seite 2. Die ausgewählte Seite wird dadurch mit einem Markierungsrahmen (1) versehen.

Abbildung 4.33 ▶
Der gesamte Druckbogen mit ausgewählter Seite 2. Sie können nicht die Seitengröße per Drag & Drop ändern, da der Markierungsrahmen immer in die Ausgangssituation zurückspringt.

2 Format der Seite 2 und 7 ändern

Sobald die Seite mit dem Seitenwerkzeug ausgewählt ist, ändert sich das Steuerung-Bedienfeld so, wie nachfolgend gezeigt.

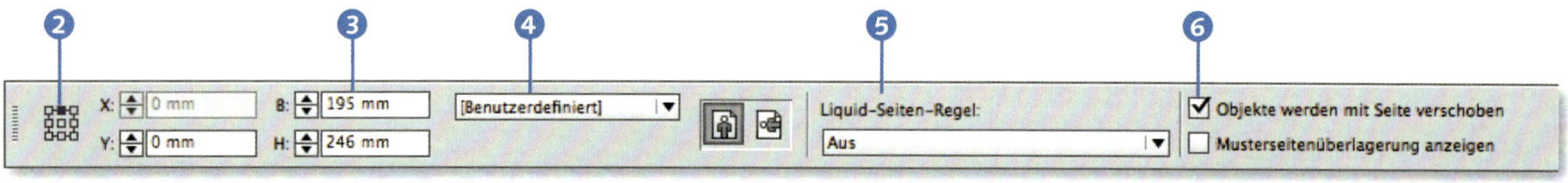

▲ Abbildung 4.34
Das Steuerung-Bedienfeld bei gewähltem Seitenwerkzeug und aktivierter Seite. Diesem Bedienfeld kommt in Verbindung mit dem Zuweisen und vor allem beim Austesten der LIQUID-SEITEN-REGEL (5) eine zentrale Bedeutung zu.

Wählen Sie den mittleren Punkt in URSPRUNG (2) aus, und geben Sie im Feld für die BREITE 4 mm (3) ein. Damit haben Sie die Breite des Rückens auf 4 mm gestellt.

Durch die Auswahl des Mittelpunkts in URSPRUNG und die Auswahl der Option OBJEKTE WERDEN MIT SEITE VERSCHOBEN (6) würde die Seite ausgehend von der Mitte verändert und eine Repositionierung der Objekte auf der Seite, ausgehend von der Mitte, erfolgen. Dieses Verhalten ist für den Rücken eher zu empfehlen.

Möchten Sie auf vorhandene Seitenformate zurückgreifen, so können Sie diese ganz einfach aus dem Eintrag BENUTZERDEFINIERT ④ auswählen oder ein neues Seitenformat anlegen.

Wählen Sie dann Seite 7 aus und wiederholen Sie die Schritte 2 und 3 für diese Seite.

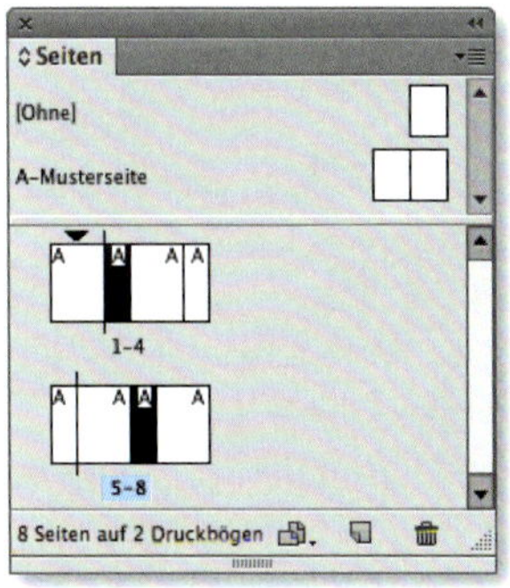

▲ **Abbildung 4.35**
Das Seiten-Bedienfeld des Buchumschlags nach Schritt 4

3 Die Allongegröße für Seite 4 und 5 festlegen

Wiederholen Sie die Schritte 2 und 3 auch für die Seiten 4 und 5. Abweichend sollten Sie jedoch für Seite 4 den linken oberen Punkt sowie für Seite 5 den rechten oberen Punkt in URSPRUNG auswählen und danach die BREITE auf 65 mm stellen.

Ob Sie alles korrekt gemacht haben, können Sie am schnellsten im Seiten-Bedienfeld sehen. Es müsste die Seiten 2, 4, 5 und 7, wie in Abbildung 4.35 zu sehen ist, verkleinert darstellen.

Nach dem Abschluss der Arbeiten müssten sich die beiden Druckbögen so wie in Abbildung 4.36 gezeigt darstellen. Auf der Buch-DVD finden Sie das finale Umschlag-Dokument im Ordner BEISPIELMATERIAL • KAPITEL_04 unter der Bezeichnung »Umschlag_v3.indd«.

▼ **Abbildung 4.36**
Die beiden Druckbögen nach der Zusammenführung und der Größenänderung

Das Seitenwerkzeug

Sie haben soeben gesehen, dass eine Änderung des Seitenformats über das Seitenwerkzeug und das Steuerung-Bedienfeld rasch zu erledigen ist. Die Optionen im Bedienfeld helfen Ihnen, die Steuerung einer Seitengrößenänderung zu beeinflussen. Zur Beschreibung beziehen wir uns auf Abbildung 4.34:

- URSPRUNG ②: Bestimmen Sie damit, von welchem Punkt ausgehend eine Änderung des Seitenformats erfolgen soll.
- X- und Y-WERT: Durch Ändern dieser Werte kann die vertikale und horizontale Position der Seite, bezogen auf andere Seiten im Druckbogen, festgelegt werden. Auf diese Möglichkeiten können Sie zurückgreifen, wenn Sie beispielsweise mehrere Seiten untereinander –

▲ **Abbildung 4.37**
Über das Seitenwerkzeug können Sie mehrere Seiten untereinander anordnen.

Leporello
Unter einem *Leporello* (auch Zickzackfalz genannt) wird ein Faltbuch verstanden, das ziehharmonikaartig zusammengelegt ist. Es wird vor allem für Foto- und Bilderserien, Faltblätter und Prospekte verwendet.

Liquid-Seiten-Regeln
Wie diese Regeln funktionieren und wie Sie diese austesten können, erfahren Sie im Abschnitt »Anbringen der Liquid-Layout-Regeln« auf Seite 916.

Hinweis
Vergessen Sie nicht, die Option Objekte werden mit Seite verschoben zu aktivieren, wenn Sie nachträglich beispielsweise den Buchrücken in der Breite ändern.

für einen mehrseitigen vertikalen Leporello-Falz konzipiertes Dokument – anordnen möchten. Beachten Sie, dass dazu die Option Doppelseite beim Anlegen des Dokuments deaktiviert sein muss.

- Breite und Höhe ❸: Damit ändern Sie die Breite und die Höhe der ausgewählten Seiten.
- Benutzerdefiniertes Format ❹: Sie können darin ein bestehendes Format auswählen oder ein neues Format als Formatvorlage anlegen.
- Ausrichtung: Ändern Sie damit die Seitenausrichtung.
- Liquid-Seiten-Regel ❺: Wenn Sie alternative Layouts von bestehenden Seiten anlegen müssen, so können Sie über die Zuweisung der Regeln – Skalieren, Erneut zentrieren, Objektbasiert und Hilfslinienbasiert – für die Seite bestimmen, wie eine dynamische Anpassung der Objekte an das neue Seitenformat erfolgen soll.
- Musterseitenüberlagerung anzeigen: Diese Option ist zu wählen, wenn über jeder Seite, die mit dem Seitenwerkzeug ausgewählt wird, die zugrunde liegende Musterseite überlagert angezeigt werden soll.
- Objekte werden mit Seite verschoben ❻: Durch die Aktivierung der Option werden Objekte mit der Seite verschoben.

4.6 Dokumentformat und Satzspiegel ändern

Das nachträgliche Ändern von Endformaten ist immer mit viel Arbeit verbunden, da es dabei nicht beim Ausführen des Befehls bleibt: Es bringt immer einen neuen Layoutumbruch mit sich.

Dokumentformat ändern

Ist ein Dokument angelegt, so stehen die Dokumentgröße des Endformats, die Seitenanzahl, der Satzspiegel sowie der Anschnitt- und Infobereich fest. Bis auf den Satzspiegel können Sie alle Parameter über den Dialog des Menüs Datei • Dokument einrichten nachträglich ändern.

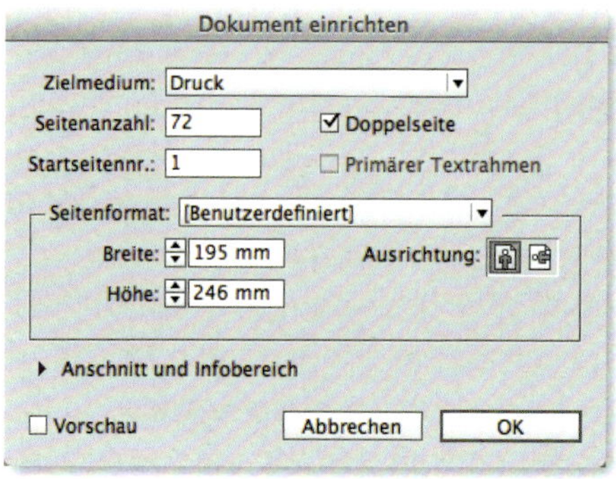

Abbildung 4.38 ▶
Änderungen im Dialog Dokument einrichten betreffen das gesamte Dokument. Wenn Sie eine Formatänderung bzw. die Ausrichtung nur für eine Seite vornehmen möchten, so greifen Sie auf das Seitenwerkzeug zurück.

Sie können ein bestehendes Doppelseitenlayout mit einem Klick auf die Option Doppelseite auf ein einseitiges Dokument zurücksetzen, nachträglich die Breite und Höhe des Dokuments und die Startseitennr. ändern und darüber hinaus einen noch nicht vorhandenen Anschnitt und Infobereich hinzufügen oder diese nachträglich ändern.

Wenn Sie beispielsweise das Dokument in der Breite ändern müssen – Sie müssen dem Dokument mehr Bund hinzufügen, dürfen jedoch dabei den Satzspiegel nicht ändern –, so ändern Sie einfach die Breite im Dialog Dokument einrichten und bestätigen dies durch Klicken auf OK. Sie werden feststellen, dass nach der Änderung der Inhalt des Dokuments horizontal mittig auf der Seite verschoben wird. Bei einem umfangreichen Dokument würde das nun bedeuten, dass Sie alle Objekte einer jeden Seite um einen gewissen Betrag nach außen verschieben müssten. Beginnen Sie in diesem Fall nicht einfach mit dem Verschieben der Objekte auf den Seiten, sondern lesen Sie in Kapitel 40, »Skripte«, nach, wie Sie diese Aufgabe schnell mit dem Skript *AdjustLayout.jsx* erledigen können.

Tipp

Die Startseitennummer können Sie auch über die Nummerierungs- und Abschnittsoption aus dem Bedienfeldmenü des Seiten-Bedienfelds ändern.

Zielmedium ändern | Seit InDesign CS6 können Sie das Zielmedium über den Dialog Dokument einrichten nachträglich ändern.

Durch das Ändern des Zielmediums im Dialog Dokument einrichten werden die Linealmaßeinheiten von Pixel in Millimeter oder umgekehrt, der Transparenzfüllraum von Dokument-RGB in Dokument-CMYK oder umgekehrt und alle Farben im Farbfelder-Bedienfeld von RGB in CMKY oder umgekehrt geändert. Die wesentliche Neuerung seit InDesign CS6 war, dass dadurch auch die Farbe [Schwarz] wiederum korrekt für die Verwendung im Druck mit 0|0|0|100 eingestellt ist.

Anwender von InDesign CS5 bzw. CS5.5 müssen, um eine nachträgliche Änderung vorzunehmen, Hand anlegen und all diese Parameter ändern. Die Farbe [Schwarz] kann jedoch dabei nicht mehr geändert werden.

Ändern der Linealmaßeinheit

Wie Sie nachträglich die Linealmaßeinheiten ändern, erfahren Sie in Abschnitt 5.4, »Lineale«, auf Seite 188.

Satzspiegel ändern

Sie können den Satzspiegel in einem Dokument (im Unterschied zum Ändern des Dokumentformats) nur für die jeweils aktivierte Seite bzw. den aktivierten Druckbogen ändern (dies kann aber auch eine Musterseite sein). Achten Sie also vor dem Ausführen des Befehls darauf, dass Sie die gewünschte Seite bzw. den Druckbogen – in den meisten Fällen wird es jedoch eine Musterseite sein – markiert haben.

Eine Änderung des Satzspiegels auf einer Musterseite über das Menü Layout • Ränder und Spalten wirkt sich auf alle Seiten aus, die auf die-

Änderungen mit definierten primären Textrahmen

Haben Sie beim Anlegen des Dokuments die Option Primärer Textrahmen aktiviert, so kann die Änderung des Satzspiegels, in Verbindung mit der Aktivierung der Option Layoutanpassung aktivieren, sehr schnell durchgeführt werden. Auch das nachträgliche Ändern der Spaltenzahlen und des Spaltenabstands ist damit einfach.

ser Musterseite basieren. Wollen Sie jedoch nur für einzelne Seiten den Satzspiegel ändern, so müssen Sie die zu ändernde Seite im Seiten-Bedienfeld durch einen Doppelklick aktivieren, den Befehl LAYOUT • RÄNDER UND SPALTEN aufrufen und darin Änderungen vornehmen.

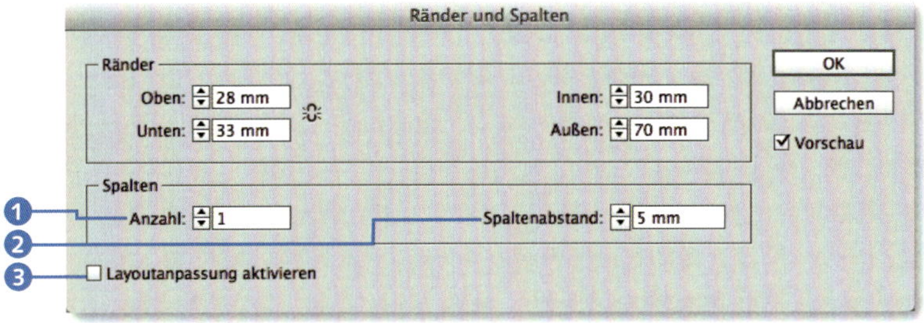

Abbildung 4.39 ▶
Änderungen im Dialog RÄNDER UND SPALTEN wirken sich auf die aktivierte Seite bzw. den aktivierten Druckbogen aus.

Bestimmen Sie für die ausgewählte Musterseite die neuen Ränder, und legen Sie bei Bedarf eine andere Spaltenanzahl ❶ fest. Steht anstelle von INNEN und AUSSEN nun RECHTS und LINKS, so haben Sie die Option DOPPELSEITE in Abbildung 4.38 nicht ausgewählt. Durch Aktivieren der Option LAYOUTANPASSUNG AKTIVIEREN ❸ werden alle Objekte innerhalb des Satzspiegels den neuen Gegebenheiten angepasst. Während Objekte sich dabei an die geänderten RÄNDER anpassen, wird eine Änderung der Spaltenanzahl ❶ und des SPALTENABSTANDS ❷ nur dann auf die Originalseiten angewandt, wenn Sie die Texte innerhalb eines primären Textrahmens gesetzt haben.

Unterschiedliche Satzspiegel

Unterschiedliche Satzspiegel werden in der Regel nicht manuell, sondern über verschiedene Musterseiten eingerichtet.

Unregelmäßige Spalteneinteilung erstellen

Die Eingabe mehrerer Spalten unter der Option ANZAHL in Verbindung mit dem SPALTENABSTAND erzeugt auf der aktivierten Seite bzw. dem aktivierten Druckbogen immer gleich breite Spalten. In sehr vielen Fällen ist jedoch eine unregelmäßige Spaltenverteilung vorgesehen.

Wechseln Sie zum Erstellen von unregelmäßigen Spaltenbreiten auf die dazugehörige Musterseite. Zum Verschieben der Spaltenhilfslinien müssen Sie jedoch zuerst den standardmäßig aktivierten Befehl ANSICHT • RASTER UND HILFSLINIEN • SPALTENHILFSLINIEN SPERREN deaktivieren. Nun können Sie mit dem Auswahlwerkzeug ➤ die Spaltenhilfslinien verschieben.

Hinweis

Das Verschieben von Spaltenhilfslinien über den Satzspiegel bzw. über die Seite hinaus ist nicht möglich.

Das Erstellen unterschiedlicher Stegbreiten ist leider nicht möglich. Wir empfehlen, für die Konzeption solcher Layouts auf die Platzierung von einzelnen Textrahmen pro Spalte zurückzugreifen und auf die Erstellung von mehrspaltigen Textrahmen über die Textrahmenoptionen zu verzichten. Das entsprechende Layoutraster können Sie mit Hilfslinien am schnellsten erstellen.

4.7 Alternative Layouts erstellen

Die Erstellung von alternativen Layouts basierend auf einem Ausgangslayout gewinnt für das Zielmedium PRINT wie auch für die Zielmedien WEB und DIGITALE VERÖFFENTLICHUNG immer mehr an Bedeutung. Vor allem im letztgenannten Bereich müssen schnell Layouts sowohl für die horizontale als auch die vertikale Ausrichtung erstellt werden.

Inwieweit eine automatische Erstellung von alternativen Layouts überhaupt möglich ist, hängt von verschiedenen Faktoren ab:

- **Komplexität des Layouts**: Komplexe Layouts, die aus vielen Grafikobjekten bestehen, können nur selten automatisiert in alternative Layouts umgesetzt werden.
- **Formatänderung**: Wird eine Formatänderung hinsichtlich der Ausrichtung vorgenommen, so hängt eine automatisierte Umsetzung eines Layouts von der Komplexität dessen ab. Sind jedoch nur geringfügige Layoutanpassungen – Änderung der Proportionen, Änderung der Breite oder der Höhe, Änderung der Spaltigkeit – vorzunehmen, kann die automatisierte Umsetzung ganz gut funktionieren.
- **Intelligente Algorithmen**: Wie eine Umsetzung automatisiert erfolgen kann, hängt im Wesentlichen von den dafür zur Verfügung stehenden Mechanismen in einem Programm ab.

Alternative Layouts in einem Dokument anlegen

Bis einschließlich InDesign CS4 mussten alternative Layouts gezwungenermaßen in eigenen Dokumenten angelegt werden.

Durch die Einführung des Seitenwerkzeugs und der Möglichkeit, variable Seitengrößen in einem Layout anzulegen, hätten InDesign CS5-Anwender schon alternative Layouts in einem Dokument anlegen können. Das Handling bzw. die Synchronisierungsmöglichkeiten zwischen den alternativen Layouts ließen noch zu wünschen übrig.

Erst mit InDesign CS6 ist die Verwaltung von alternativen Layouts in einem Dokument über die Anordnung der Seiten im Seiten-Bedienfeld brauchbar implementiert worden. Viele zusätzliche Synchronisierungsoptionen stehen dem Anwender zum Synchronisieren von Text- und Bildrahmen zur Verfügung.

Alternative Layouts erstellen

In der nachstehenden Schritt-für-Schritt-Anleitung wollen wir Ihnen zeigen, wie Sie selbst für den Printbereich auf diese Möglichkeiten zurückgreifen können.

Schritt für Schritt
Mutationen von Inseraten anlegen und verwalten

Nachdem ein Inserat entworfen wurde, müssen Sie es in Breite und Höhe an die verschiedenen Printmedien anpassen.

1 Erstellen bzw. öffnen des Ausgangsinserates

Erstellen bzw. öffnen Sie ein Inserat, das Sie für die verschiedenen Printmedien anpassen wollen. Unser Beispiel aus Abbildung 4.40 ist in der Größe von 100 × 140 mm angelegt. Das Inserat sollte zusätzlich in den beiden Größen 100 × 144 mm und 96 × 144 mm angelegt werden.

Das Beispielinserat steht auf der Buch-DVD im Ordner BEISPIELMATERIAL • KAPITEL_04 unter dem Dokumentnamen »Beispielinserat.indd« zur Verfügung.

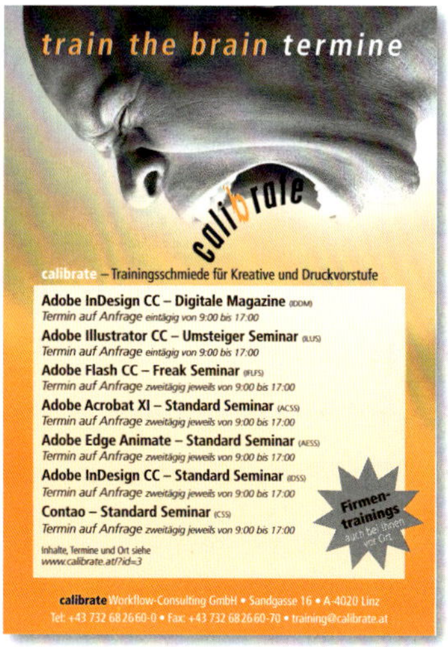

▲ **Abbildung 4.40**
Das Basisinserat

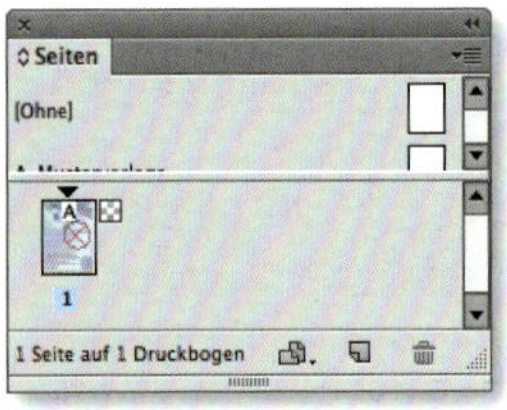

▲ **Abbildung 4.41**
Das Seiten-Bedienfeld vor dem Erstellen des alternativen Layouts

2 Alternatives Layout für das Magazin »News« erstellen

Für das Magazin »News« muss das Inserat in der Höhe von 140 mm auf 144 mm abgeändert werden. Öffnen Sie dazu das Seiten-Bedienfeld, und markieren Sie die Seite mit dem Inserat. Das Seiten-Bedienfeld sieht so wie in Abbildung 4.41 aus.

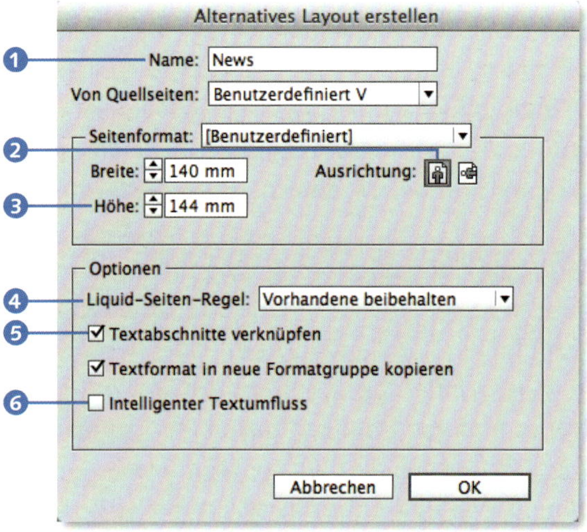

Abbildung 4.42 ►
Der Dialog Alternatives Layout erstellen. Durch die Aktivierung der Option Textabschnitte verknüpfen 5 werden alle Textabschnitte im alternativen Layout als Tochterrahmen, verlinkt mit dem Mutterrahmen, angelegt. Eine Textänderung im Mutterrahmen kann somit synchronisiert werden.

Rufen Sie dann den Befehl Alternatives Layout erstellen aus dem Bedienfeldmenü des Seiten-Bedienfelds oder über das Menü Layout auf, und ändern Sie darin folgende Optionen:

- Name 1: Vergeben Sie hier den Namen des Magazins, für das das Inserat verwendet werden soll, oder geben Sie die Inseratengröße ein.
- Ausrichtung 2: Stellen Sie, bevor Sie die Höhe ändern, die Ausrichtung auf Hoch, da InDesign beim Ausführen des Befehls automatisch die Ausrichtung auf Quer ändert.
- Höhe 3: Ändern Sie den Wert für die Höhe von 140 mm auf 144 mm.
- Liquid-Seiten-Regel: 4 Lassen Sie Vorhandene beibehalten ausgewählt. Dadurch wird keine automatisierte Anpassung der Objekte des Inserats vorgenommen. Lediglich, wenn Sie mit primären Textrahmen gearbeitet haben, würde eine Anpassung des Satzspiegels bzw. der Spaltigkeit vorgenommen werden.
- Textformate in neue Formatgruppe kopieren: Wurden für das Inserat Absatz- und Zeichenformate zur Auszeichnung von Texten angelegt, so ist es ratsam, diese Option zu aktivieren, da dadurch für jedes Inserat eigene Absatzformate, sortiert in Gruppen, angelegt werden.
- Intelligenter Textumfluss 6: Deaktivieren Sie die Option, da InDesign ansonsten eventuellen Übersatztext in einen neuen Rahmen auf einer neuen Seite einfügen würde, wenn Sie mit einem primären Textrahmen arbeiten.

Liquid-Seiten-Regel
In Kapitel 31, »Variables Layout«, werden Sie noch genauer erfahren, welche Auswirkung die Auswahl der Eintragungen Aus, Skalieren, Erneut zentrieren, Objektbasiert und Hilfslinienbasiert hat und wie Sie diese Funktionen zur automatisierten Anpassung von Objekten im neuen Layout verwenden können.

3 Alternatives Layout für die Zeitung »Der Standard« erstellen

Verfahren Sie auf dieselbe Weise wie in Schritt 2 beschrieben beim Erstellen des alternativen Layouts für die Zeitung »Der Standard«, und ändern Sie dabei nur die Breite auf 96 mm.

4 Das Ergebnis

Haben Sie beide alternativen Layouts erstellt, so präsentiert sich das Seiten-Bedienfeld wie in Abbildung 4.43. Das Umschalten auf die Spaltenansicht NACH ALTERNATIVEM LAYOUT nimmt InDesign automatisch vor.

Alle drei Inserate stehen in einem Dokument nun zur Bearbeitung zur Verfügung. Das Originalinserat wurde durch die gewählte Liquid-Seiten-Regel VORHANDENE BEIBEHALTEN zentriert im neuen Format kopiert, wodurch beim Inserat für *News* oben und unten ein 2 mm hoher Leerstreifen entstanden ist und beim Inserat für »Der Standard« das Inserat links und recht jeweils 2 mm beschnitten wurde.

Darüber hinaus wurden noch alle Textrahmen vom Originalinserat ausgehend verknüpft, alle angelegten Absatz- und Zeichenformate in eigene Formatgruppen im Absatzformate- und Zeichenformate-Bedienfeld zusammengestellt und für jedes Inserat eine eigene Mustervorlage ❻ angelegt – eine brauchbare Ausgangslage, um das Layout sehr schnell an die neuen Gegebenheiten anzupassen.

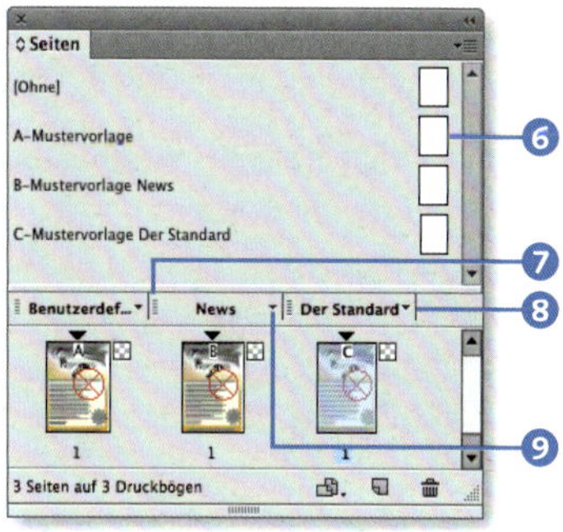

▲ **Abbildung 4.43**
Das Seiten-Bedienfeld nach dem Erstellen der alternativen Layouts

Alternative Layouts verwalten

Durch das Erstellen von alternativen Layouts wurde für jede Layoutvariante eine zusätzliche Seite im Dokument hinzugefügt. Somit besteht das Dokument nun aus drei aufeinanderfolgenden Seiten, die übersichtlich in Spalten im Seiten-Bedienfeld dargestellt werden. Die Spaltenüberschrift ❽ ergibt sich aus dem vergebenen Namen für das alternative Layout.

Spaltenreihenfolge ändern | Sie können durch einfaches Ziehen am Spaltenanfasser ❼ die Reihenfolge beliebig ändern. Dadurch werden natürlich auch die jeweilige(n) Seite(n) in der fortlaufenden Seitenfolge verschoben.

Ändern der Spaltenbeschriftung | Klicken Sie dazu einmal auf die Spaltenbeschriftung, und überschreiben Sie den Namen. Ein sinnvoller Name hilft, schnell ein alternatives Layout anzusprechen.

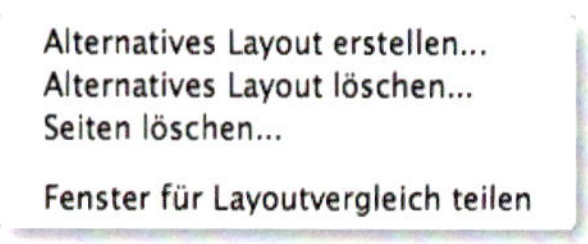

▲ **Abbildung 4.44**
Die Befehle des Submenüs der Spaltenüberschrift des alternativen Layouts.

Löschen von Seiten innerhalb eines alternativen Layouts bzw. Löschen des alternativen Layouts | Rufen Sie das Submenü ❾ der Spaltenüberschrift auf, und wählen Sie dort den entsprechenden Befehl Seiten löschen bzw. Alternatives Layout löschen.

Einen Layoutvergleich anzeigen lassen | Wenn Sie sich das Originalinserat mit einer Layoutvariante gegenüberliegend ansehen wollen, so wählen Sie den Befehl Fenster für Layoutvergleich teilen aus. Das Inserat wird Ihnen dann folgendermaßen gezeigt.

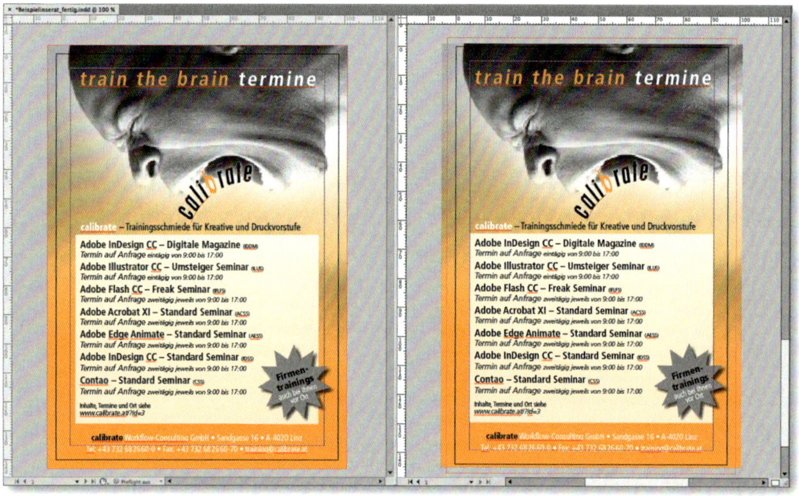

Abbildung 4.45 ▶
Die Darstellung des Arbeitsfensters bei aktiviertem Layoutvergleich. Sie können auf diese Ansicht darüber hinaus durch Klick auf das Symbol, welches sich am rechten unteren Dokumentenrand befindet, zugreifen. Wollen Sie wiederum zurück in die Einseitenansicht, so wählen Sie dazu den Befehl Teilung des Fensters aufheben aus dem Submenü der Spaltenüberschrift aus, oder klicken Sie auf das Symbol am rechten unteren Dokumentenrand.

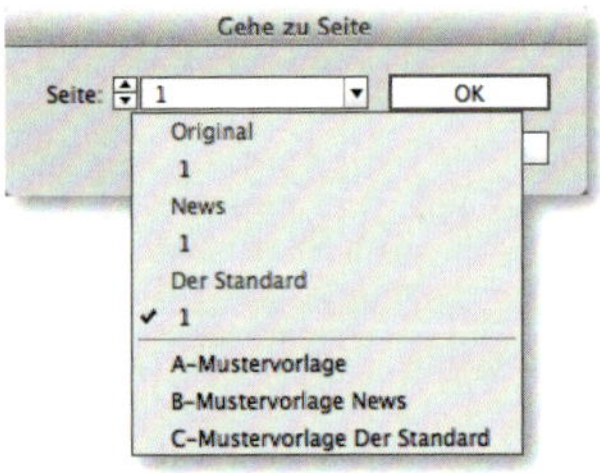

▲ Abbildung 4.46
Das Seiten-Bedienfeld nach dem Erstellen der alternativen Layouts

Eine bestimmte Seite im alternativen Layout auswählen | Sie können natürlich dazu die gewünschte Seite im Seiten-Bedienfeld suchen und markieren oder den Dialog Gehe zu Seite Strg+J bzw. ⌘+J aufrufen (Abbildung 4.46), worin Sie sehr schnell die gewünschte Seite anspringen können. Dieselbe Liste können Sie natürlich auch durch Klick auf den Seitenbereich in der Fußleiste des Dokumentenfensters erhalten.

Alternative Layouts ausgeben

Da wir durch das Anlegen von alternativen Layouts quasi eine Zwischenhierarchie in der Seitennummerierung eingefügt haben, müssen Sie bei der Ausgabe auf Druckern bzw. bei der PDF-Erstellung ebenfalls auf diese Gegebenheit Rücksicht nehmen.

Wählen Sie somit im Register Allgemein des Druck- bzw. PDF-Export-Dialogs in der Option Bereich ❶ den Name des alternativen Layouts aus, womit alle Seiten des alternativen Layouts ausgegeben werden. Wenn Sie jedoch nur eine bestimmte Seite des Layouts ausgeben wollen, so müssen Sie nach dem Namen des alternativen Layouts einen Doppelpunkt mit der absoluten Seitenzahl folgen lassen.

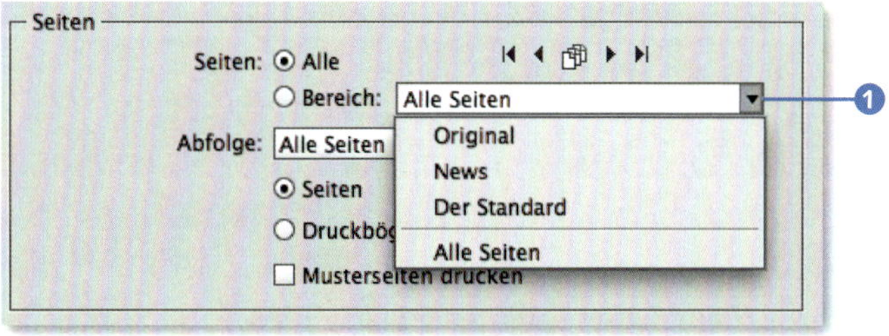

◄ **Abbildung 4.47**
Der Bereich SEITEN des Registers ALLGEMEIN im Druck-Dialog. Die Ausgabe einer bestimmten Seite eines alternativen Layouts muss folgender Syntax entsprechen: NEWS:2.

4.8 Übernahme von InDesign-Dokumenten

Generell können in InDesign CC Dokumente aller Vorversionen geöffnet werden. Durch einen Doppelklick auf das Dokument-Icon wird je nach Grundeinstellung im Betriebssystem bzw. in Adobe Bridge CC das Dokument mit InDesign CC geöffnet.

Das Öffnen von Dokumenten aus Vorversionen stellt in InDesign immer eine Konvertierung dar. Dass es sich um eine Konvertierung handelt, wird deutlich durch Hinzufügen des Zusatzes [UMGEWANDELT] im Dokumentnamen 

. Eine Konvertierung ist und bleibt eine Konvertierung, wodurch Änderungen möglich sind, aber auch nicht auftreten müssen.

Konvertieren von älteren InDesign-Dokumenten

Es wurden bis dato keine Probleme bei der Konvertierung von älteren InDesign-Dokumenten nach InDesign CC festgestellt. Durch permanente Änderungen von Voreinstellungen bzw. Veränderungen bei der Formatierung von Texten in den neueren InDesign-Versionen können Änderungen im Textumbruch aber immer wieder auftreten.

Sie sollten somit nie für eine 1:1-Übernahme eine neuere InDesign-Version benutzen. Konvertierungen sollten immer mit der Überarbeitung des Dokuments verbunden sein.

Bei der Konvertierung von InDesign-Dokumenten treten nicht so viele Unannehmlichkeiten auf wie bei der Konvertierung von QuarkXPress- bzw. Adobe PageMaker-Dokumenten.

Ausgabe von älteren InDesign-Dokumenten
Geben Sie grundsätzlich die Dokumente in der InDesign-Version aus, mit der sie auch erstellt wurden. Adobe nimmt zwischen den Programmversionen entscheidende Änderungen vor, was in seltenen Fällen nach der Konvertierung zu geänderten Textumbrüchen, Verschiebungen in der Bildplatzierung und zu Fehlern in der Darstellung der platzierten Bilder führen kann.

Was ist bei der Konvertierung von InDesign-Dokumenten zu beachten?

Wenn Sie Magazine, Zeitungen oder einfache Inserate von früheren InDesign-Versionen nach InDesign CC übernehmen, gibt es gewisse Bereiche, auf die Sie achten müssen, damit das konvertierte Dokument

Wahl des Farbstandards
Bei der Übernahme von älteren Dokumenten in InDesign CC steht einerseits die Überführung des Dokuments in den aktuell eingestellten Farbraum und andererseits die weitere Verwendung des damals definierten Farbraums zur Auswahl.

Fehlerbehebung – Wörterbuch
Umstellung aller Absatz- und Zeichenformate auf: DEUTSCH: RECHTSCHREIBREFORM 2006 bzw. auf den neuen Silbentrennungsstandard HUNSPELL

Fehlerbehebung – Plug-ins
Konvertieren Sie InDesign-Dateien in das InDesign-Austauschformat IDML, womit die Eintragung zu dem Plug-in in der InDesign-Datei gelöscht wird.

Fehlerbehebung – Schriften
Diesen Fehler können Sie nur beheben, indem Sie eine Schriftzuweisung über den Dialog SCHRIFTART SUCHEN erzwingen. Markieren Sie dort auch die Option "ALLE ÄNDERN" DEFINIERT AUCH ALLE FORMATE NEU, womit diese Änderung auch in alle Formate übertragen wird.

alle Möglichkeiten der aktuellen InDesign-Version ausnutzt. Diese Bereiche sind:

Farbmanagement | In den letzten zehn Jahren wurden die Farbstandards grundlegend überarbeitet und dabei den aktuellen Gegebenheiten, z. B. ISOCoated v2, angepasst. Deshalb kann es bei der Konvertierung dazu kommen, dass Farbwarnungen erscheinen, die auf diesen Umstand hinweisen. Wie Sie dabei vorgehen sollten, lesen Sie in Abschnitt 23.3, »Mit Profilwarnungen umgehen«, auf Seite 768.

Wörterbücher | Frühere InDesign-Versionen haben die jeweils aktuellste neue deutsche Rechtschreibung verwendet. Diese »alte« neue deutsche Rechtschreibung ist auch noch in InDesign CC vorhanden. Die aktuellste neue deutsche Rechtschreibung steht mit dem Wörterbuch DEUTSCH: RECHTSCHREIBREFORM 2006 zur Verfügung. Wenn Sie also zukünftig mit der aktuellen Silbentrennung und Rechtschreibprüfung arbeiten wollen, so müssen Sie diese in allen Absatz- und Zeichenformaten entsprechend umstellen. Ein einfaches Umstellen in den Voreinstellungen von InDesign CC ist nicht ausreichend.

Plug-ins | Wenn in InDesign-Dokumenten Plug-ins zur Formatierung verwendet wurden, sollten Sie prüfen, ob diese Plug-ins auch in der aktuellen Version verfügbar und auch installiert sind. Das Fehlen dieser Plug-ins könnte zu einer Veränderung im Textumbruch führen.

Schriften | Speziell bei der Konvertierung von InDesign CS-Dokumenten kann es bei Schriften vorkommen, dass Textstellen rosarot hinterlegt dagestellt werden, obwohl Sie nichts bei den Schriften geändert haben. Der Grund dafür ist, dass bei InDesign CS Fonts anders angesprochen wurden und somit beispielsweise anstelle des Schriftschnitts REGULAR die Bezeichnung BOOK oder NORMAL verwendet wurde. In neueren Versionen werden Fonts wiederum korrekt angesprochen.

Absatz- und Zeichenformate | Die einzige Möglichkeit, Absatz-, Zeichen- und Objektformate sortiert im Bedienfeld anzuzeigen, war bis inklusive InDesign CS2 das Hinzufügen von führenden Zahlen, z. B. »01_Head_1, »02_Head_2«. Mit InDesign CC können Sie das noch weiter beibehalten. Wäre es aber nicht sinnvoller, diese Struktur aufzulösen und auf die Ordnerstruktur in den Bedienfeldern zurückzugreifen?

Volltonfarben | Pantone-Farben besitzen einen *Alternate Color Space*, der unter anderem für die Konvertierung nach CMYK genutzt werden kann. Im Laufe der Jahre haben sich Farbzusammensetzungen, bedingt durch bessere Farbpigmentierung, geändert, was auch dazu geführt hat, dass die CMYK-Pendant-Werte für Pantone-Farben ebenfalls angepasst wurden. Mit InDesign CS6 wurde letztmalig die Pantone-Farbbibliothek geändert, wodurch eine Umrechnung nun über Lab erfolgt und nicht mehr die Alternate Colors verwendet werden. Beachten Sie also immer bei Konvertierungen von Volltonfarben aus älteren Dokumenten, dass in der Ausgabe andere Farbwerte entstehen können.

Fehlerbehebung – Volltonfarben
Volltonfarben müssen in einer 4c-Produktion bereits vor der Ausgabe auf die entsprechenden CMYK-Werte umgestellt werden, da es durch die Konvertierung von Volltonfarben durch InDesign CS6, bedingt durch aktuelle Farbumrechnungstabellen, in aktuellen Versionen zu Abweichungen kommen kann. Speziell beim Nachdruck von Printprodukten ist darauf zu achten!

Verschachtelte Formate | Mussten früher Auszeichnungen für Absätze mit einleitenden Fettwörtern noch mit sehr viel Mühe durchgeführt werden, kann das Umstellen des konvertierten Dokuments auf verschachtelte Formate in der täglichen Arbeit sehr viel Zeit sparen.

GREP-Stile | Wenn Sie Dokumente übernehmen, sollten Sie bei der Überarbeitung der Absatzformate über das Einbauen von GREP-Stilen zur automatisierten Formatierung nachdenken.

Aufzählungszeichen | Bis InDesign CS2 konnten Aufzählungszeichen direkt im Dialog Aufzählungszeichen und Nummerierung hinsichtlich verwendeter Schrift und Größe definiert werden. Seit InDesign CS3 fällt diese Möglichkeit weg, denn seither müssen Aufzählungszeichen über Zeichenformate formatiert werden. Die Konvertierung von älteren Dokumenten führt also dazu, dass automatisch Zeichenformate mit der Bezeichnung Aufzählungszeichen 1, Aufzählungszeichen 2 usw. erzeugt werden. Diese Formate sollten Sie auflösen oder zumindest sinnvoll bezeichnen.

Fehlerbehebung – Aufzählungszeichen
Versuchen Sie zuerst herauszufinden, welches der Zeichenformate mit der Bezeichnung Aufzählungszeichen 1, Aufzählungszeichen 2 usw. zu welchem Absatzformat gehört. Danach passen Sie die Zeichenformate den Gegebenheiten an und geben diesen auch einen entsprechenden Namen, damit eine logische Zuordnung vorgenommen werden kann.

Tag-Kennzeichnung | Sollen konvertierte InDesign-Dokumente herangezogen werden, um daraus ein EPUB oder ein barrierefreies PDF zu erstellen, so muss noch die Kennzeichnung der Absatz- und Zeichenformate mit Tags erfolgen.

Öffnen von InDesign-Dokumenten mit unterschiedlichen Wörterbüchern

Wenn Sie ein InDesign-Dokument öffnen, das nicht auf Ihrer Arbeitsstation erstellt worden ist, kann es zu einem Konflikt zwischen dem Silbentrennungswörterbuch der Originaldatei – der Ersteller hat Modifikationen im Benutzerwörterbuch vorgenommen – und dem aktuell installierten Benutzerwörterbuch kommen. Ist dies der Fall, so wird die Fehlermeldung aus Abbildung 4.48 angezeigt:

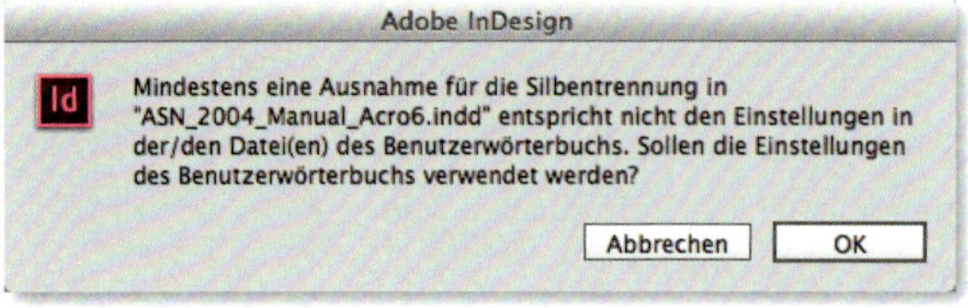

Abbildung 4.48 ▶
Diese Warnmeldung erscheint, wenn zwei divergierende Benutzerwörterbücher – ein lokales und ein dem Dokument angefügtes – angetroffen werden.

Hinweis für die Druckvorstufe

Aus Sicht eines Druckvorstufenbetriebs ist auf das Wörterbuch des Dokuments durch Klick auf OK zurückzugreifen, da es sonst zu unerwünschten Textumbrüchen durch geänderte Silbentrennungen kommen kann. Stellen Sie in den Voreinstellungen von InDesign im Register Wörterbuch in der Option Erstellen mit standardmäßig Dokument ein. Dadurch greift InDesign beim Öffnen nie auf Ihr geändertes Benutzerwörterbuch zurück. Die Fehlermeldung aus Abbildung 4.48 wird dann nicht mehr erscheinen.

Es stehen Ihnen nun zwei Möglichkeiten zur Verfügung:

- OK: Dadurch werden die Änderungen im Wörterbuch des Originaldokuments beibehalten. Eine Änderung des Textumbruchs kann somit weitestgehend vermieden werden – es sei denn, dass andere Faktoren einen Neuumbruch erzwingen.
- Abbrechen: Dadurch wird das Dokument durch das lokale Benutzerwörterbuch aktualisiert. Damit ist meist ein Umbruch verbunden, da sich u.a. auch geänderte Silbentrennungseinstellungen für Wörter in einem Wörterbuch befinden können.

Konvertieren von InDesign-Bibliotheken

Auch wenn die Konvertierung von Bibliotheken anscheinend reibungslos funktioniert, raten wir Ihnen dennoch, alle Bibliotheksobjekte zuerst in einem neuen InDesign-Dokument zu platzieren, für CC zu optimieren und davon eine neue CC-Bibliothek anzulegen.

4.9 Aktualisierung alter InDesign-Dateien

Wenn ältere Dokumente für die erneute Verwendung in einer neuen InDesign-Version nur minimal zu modifizieren sind, so halten Sie sich einfach an die Hinweise, die Sie zuvor gelesen haben. Bereinigen Sie diese Dokumente nach bestem Wissen und Gewissen, und speichern Sie sie dann in der neuen InDesign-Version ab.

In vielen Fällen kann es jedoch dabei dazu kommen, dass Sie Dokumente, die Sie schon vor fünf oder mehr Jahren verwendet haben, nun in der dritten, vierten oder sogar fünften Generation vorliegen haben. Grundsätzlich spricht nicht viel gegen eine Verwendung solch mutierter Urahnen. Doch bei der täglichen Arbeit beginnen solche Dokumente, ein gewisses Eigenleben zu führen, und verhalten sich in der Bearbeitung manchmal eigenartig. Es können dabei unter anderem folgende **Probleme** auftreten:

- Schriften lassen sich im aktuellen Dokument nicht verwenden bzw. auswählen. Wenn Sie jedoch ein neues Dokument anlegen, funktioniert die Schrift einwandfrei.

- Im Farbfelder-Bedienfeld befinden sich Schmuckfarben, die sich nicht löschen lassen.
- Die Dateigröße des Dokuments beträgt mehrere hunderte Megabyte, obwohl es nur 16 Seiten mit wenigen Bildern sind.
- Die Verarbeitungsgeschwindigkeit – der Aufbau des Dokuments am Monitor – kommt Ihnen sehr langsam vor.
- InDesign stürzt beim Arbeiten mit diesem Dokument gehäuft ab.
- Textstellen besitzen Größenangaben wie »12 Pt (8,6 Pt)«, und Linienstärken erscheinen viel dünner, als der Wert im Steuerung-Bedienfeld angegeben ist.
- Die Vorschau von platzierten EPS-Dateien erinnert Sie an Zeiten, die Sie schon überstanden geglaubt haben.

Wenn Sie solch ein Verhalten bemerken oder wenn Sie InDesign-Templates von Magazinen, Zeitungen oder Druckformen auf die aktuelle Version von InDesign portieren möchten, so empfehlen wir Ihnen, sich hier die notwendige Zeit zu nehmen und die InDesign-Dokumente auf den aktuellen Stand zu bringen. Sie und vor allem die Anwender, die diese Dokumente in Redaktionssystemen verwenden, sparen dadurch viel Zeit und bekommen weniger graue Haare.

Damit InDesign-Dokumente auf den aktuellen Stand gebracht werden können, müssen Sie diese einem »Waschvorgang« unterziehen und sie auf Basis der neuen Voreinstellungen von InDesign anlegen. Ob Sie dann noch auf modernere Arbeitsweisen durch Nutzung von GREP-Stilen, verschachtelte Absatzformate, den geänderten Dokumentenaufbau mit unterschiedlichen Seitengrößen usw. zurückgreifen, bleibt Ihrer Arbeitsweise überlassen.

Enorme Dateigrößen der InDesign-Dokumente

Kontrollieren Sie regelmäßig die Dateigrößen Ihrer InDesign-Dokumente. Dateigrößen von mehr als 100 MB – bei kleineren Dokumenten über 40 MB – sollten Ihnen schon zu denken geben. Sollten Sie für ein 16-seitiges Dokument mit vielen Bildern 1,4 GB benötigen, dann ist wirklich »Feuer am Dach«.

Die Gründe für übermäßige Dateigrößen können unterschiedlich sein. Sie sind:

- Dokumente basieren auf älteren Generationen von Dokumenten und beherbergen noch alten Dokumentencode.
- Es liegen hochauflösende Vorschaubilder durch häufiges Abspeichern der InDesign-Datei im Dokument vor.
- Es liegen hochauflösende Vorschaubilder von Bildern vor, die sich nicht mehr im Dokument befinden.

Wie alt ist mein Dokument: Die Analyse

Beginnen Sie eine Optimierung eines Dokuments immer mit der Analyse des Dokuments. Adobe stellt dafür einen sehr nützlichen Dialog zur Verfügung. Drücken Sie `Strg` bzw. `⌘`, und rufen Sie danach einmal den Befehl Hilfe • Über InDesign (Windows) bzw. InDesign • Über InDesign (Mac OS X) auf. Im erscheinenden Dialog erscheinen Informationen, die Ihnen helfen werden, mögliche Probleme zu lokalisieren. Folgende Informationen stehen zur Verfügung:

- Anwendungsinformationen zur aktuellen Version von InDesign und den installierten Plug-ins
- Die Dokumentchronik zum gewählten Dokument lässt tiefe Rückschlüsse auf die verwendeten InDesign-Versionen, die Herkunft des Dokuments und Ihre Arbeitsweise zu.

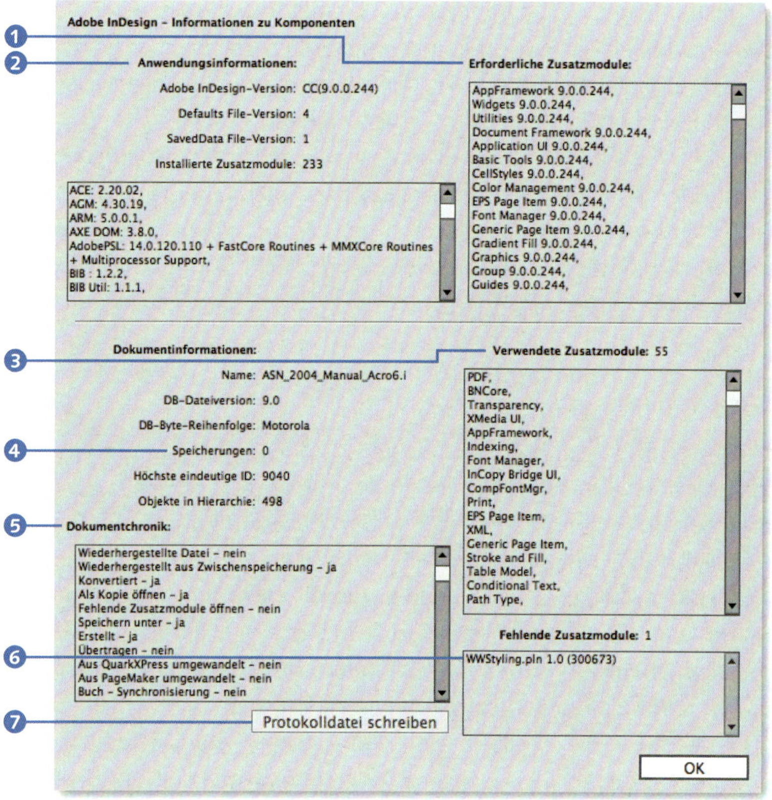

Abbildung 4.49 ▶
Der Dialog Adobe InDesign – Informationen zu Komponenten zeigt einerseits Informationen zum aktuellen Zustand der installierten InDesign-Version und andererseits die Dokumentenchronik des aktuell geöffneten Dokuments.

- Anwendungsinformationen ②: Erkennen Sie hier, welche InDesign-Version und speziell, welche Subversion Sie gerade verwenden. Erfahren Sie auch, welche Erforderlichen Zusatzmodule ① aktuell verwendet werden und welche Version davon installiert ist.
- Dokumentinformationen: Erfahren Sie hier, wie der aktuelle Zustand Ihres Dokuments ist.
  - Welche Plug-ins das Dokument benötigt, kann im Bereich Verwendete Zusatzmodule ③ ausgelesen werden.
  - Wie oft Sie bereits ein Dokument gespeichert haben, können Sie in Speicherung ④ sehen. Je häufiger das Dokument gespeichert wurde, desto defragmentierter ist die Dateistruktur.
  - Unter Fehlende Zusatzmodule ⑥ erfahren Sie, auf welche Zusatzmodule das Dokument bei der Erstellung bzw. bei der Übernahme in die Zwischenversion jemals zurückgegriffen hat. Es könnten dadurch noch Aufrufe in der Dokumentstruktur vorliegen.
  - Unter Dokumentchronik ⑤ kann der Werdegang des Dokuments sehr detailliert nachvollzogen werden. Durch Klick auf den Button Protokolldatei schreiben ⑦ wird eine Textdatei dieser Dokumentchronik auf dem Schreibtisch/Desktop gespeichert.

Dokumentanalyse

Aus der Dokumentchronik kann das eine oder andere Problem zwar nicht exakt herausgelesen werden, jedoch kann sie bei der Ursachenforschung sehr hilfreich sein. Speziell, wenn es sich um Anwender handelt, die aus Gewohnheit nach jedem geschriebenen Wort [Strg]+[S] bzw. [⌘]+[S] drücken, kann ein Overhead in der Dateistruktur entstehen und die Verarbeitung stark beeinträchtigen.

Die Protokolldatei liefert dabei u. a. folgende Informationen:

- Wann wurde das Dokument mit welcher Subversion angelegt?
- Wurde das Dokument aus einer QuarkXPress- oder Adobe PageMaker-Datei übernommen?
- Wie oft und in welchen Abständen wurde das Dokument gespeichert?
- Mit welcher InDesign-Version und Subversion kam das Dokument jemals in Berührung?
- Wann wurde das Dokument nach einem Absturz wiederhergestellt?
- Wurde das InDesign-Dokument in eine Buch-Datei aufgenommen?

»Waschen« des Dokuments

Aus den oben stehenden Ausführungen können Sie schon erkennen, dass sich all diese dokumentverändernden Prozesse irgendwo in der Dateistruktur niederschlagen müssen. Eine lineare Anordnung der Datei ist nicht mehr gegeben.

Aus diesem Grund macht es sich in vielen Umstellungsprozessen und Einführungen von Redaktionssystemen bezahlt, eine gründliche Reinigung des Dokuments vorzunehmen. Eine Reinigung des Dokuments kann vereinfacht oder wirklich mit 100° erfolgen.

Vorteil der einfachen Reinigung
Durch das erneute Speichern des Dokuments über den Befehl DATEI • SPEICHERN UNTER können Dateigrößen von InDesign-Dokumenten bereits drastisch reduziert werden. Gewöhnen Sie sich also an, diesen Schritt regelmäßig, zumindest jedoch vor der Ablage des Dokuments, durchzuführen. Wenn Sie die Daten über DATEI • VERPACKEN für die Ablage sammeln, erfolgt diese einfache Reinigung ohnedies automatisch.

Einfache Reinigung | Die einfache Reinigung beschränkt sich lediglich auf die Linearisierung der Dateistruktur, womit alle Zwischenspeicherungen, die als inkrementelle Objekte in die Dateistruktur eingearbeitet worden sind, aufgelöst werden. Diese einfache Reinigung erfolgt durch Ausführen des Befehls DATEI • SPEICHERN UNTER und Überschreiben der InDesign-Datei.

Vollwaschgang | Damit das InDesign-Dokument wiederum auf null zurückgestellt wird, müssen Sie das Dokument im InDesign-Austauschformat *IDML* abspeichern. Rufen Sie dazu den Befehl DATEI • SPEICHERN UNTER auf, und wählen Sie im SPEICHERN UNTER-Dialog in der Option FORMAT den Eintrag INDESIGN CS4 ODER HÖHER (IDML) aus. Speichern Sie das Dokument ab, wodurch das gesamte Dokument als XML-Datei abgespeichert und somit die Dokumentstruktur neu angelegt wird.

Hinweis
Das Erstellen der IDML-Datei funktioniert darüber hinaus noch immer über den Befehl DATEI • EXPORTIEREN und die Auswahl von INDESIGN MARK UP (IDML) in der Option FORMAT.

Eine IDML-Datei kann wiederum über den Befehl DATEI • ÖFFNEN mit allen InDesign-Versionen von CS4 bis CC geöffnet werden.

Welche Optionen sind zu überprüfen?

Zum Abschließen des Waschvorgangs müssen Sie die IDML-Datei noch in Adobe InDesign CC öffnen. Erledigen Sie das wie gewohnt über DATEI • ÖFFNEN. InDesign beginnt beim Öffnen das InDesign-Dokument auf Basis der abgespeicherten XML-Struktur wiederherzustellen. Dabei wird ein neues InDesign-Dokument angelegt, in dem der Inhalt der XML-Datei neu aufgebaut wird.

Da InDesign ein neues Dokument erstellt, wird dabei auf die Grundparameter der aktuell getroffenen InDesign-Voreinstellungen zurückgegriffen. Und genau deshalb müssen Sie auf folgende Parameter Rücksicht nehmen, da sich durch den Waschvorgang das Layout und der Textumbruch enorm verändern können.

Farbeinstellungen
Informationen zum Farbmanagement erhalten Sie in Kapitel 23, »Farbmanagement«.

- **Farbmanagement**: Das neue Dokument erhält das Quellprofil aus den aktuellen Arbeitsfarbraum-Einstellungen von InDesign. Eine farbliche Veränderung könnte bei der PDF-Erstellung die Folge sein.
- **Wörterbücher/Silbentrennung**: Die Silbentrennung wird nun standardmäßig mit HUNSPELL erfolgen. Somit wird die Silbentrennung sich nach der Vollwaschung enorm von der Ausgangssituation unterscheiden. Textumbrüche sind Ihnen 100 %ig sicher! Auch bei Änderungen in Sachen Wörterbücher – Sie besitzen für die aktuelle Version keinen *Dudenkorrektor* mehr – kann es natürlich zu drastischen Veränderungen kommen.

Rechtschreibprüfung und Silbentrennung
Informationen zu den Wörterbüchern erhalten Sie im Abschnitt »Wörterbücher bearbeiten« auf Seite 608.

- **Voreinstellungen**: Sie können davon ausgehen, dass sich die InDesign-Voreinstellungen zwischen dem Zeitpunkt, zu dem die InDesign-Datei angelegt wurde, und dem Zeitpunkt der Vollwaschung geändert haben. Dies betrifft speziell jene Parameter der InDesign-Voreinstellungen, die dokumentspezifisch gehandhabt werden. Zwei Beispiele inklusive Konsequenz wollen wir beschreiben:
  - TEXTUMFLUSS WIRKT SICH NUR AUF TEXT UNTERHALB AUS: War diese Option aus dem Register SATZ im Originaldokument nicht aktiviert und ist diese Option nun aktiviert, so würden jene Objekte, die zuvor im Hintergrund standen und den Text nach vorne verdrängt haben, nun den Text nicht mehr verdrängen. Das Layout würde sich drastisch ändern.
  - BENUTZERWÖRTERBUCH IN DOKUMENT EINLESEN: Ist diese Option im Register WÖRTERBÜCHER aktiviert, so kann die Konsequenz daraus sein, dass eine geänderte Silbentrennung und gefundene Trennungsverbote zu einer geänderten Textlänge führen.

InDesign-Voreinstellungen
Nähere Informationen zu den InDesign-Voreinstellungen und speziell, welche dabei dokumentspezifisch von InDesign gehandhabt werden, finden Sie in Abschnitt 2.2, »InDesign-Voreinstellungen«, auf Seite 48.

Hinweis
Die Durchführung der »Nullung« setzt auch die Dokumentchronik zurück.

Sie sehen, dass sich durch den Vollwaschgang sehr viel an Ihrer Datei ändern kann. Deshalb möchten wir hier noch einmal ausdrücklich darauf verweisen, dass diese Reinigung am Projektanfang gut ist, jedoch mitten im Projekt eher mit Vorsicht zu genießen ist. Es ist jedoch unbestritten, dass Sie durch diese »Nullung« eines Dokuments wiederum auf eine sauber strukturierte InDesign-Datei zurückgreifen können, in der alles wieder im Rahmen des normalen Fehlverhaltens von InDesign funktionieren sollte.

Kapitel 5

Hilfen für Ihr Layout: Ebenen, Lineale, Hilfslinien, Raster

InDesign gibt Ihnen einige Hilfsmittel an die Hand, die den Layoutprozess unterstützen. Objekte sowie Texte werden dabei in einem Koordinatensystem auf dem zur Verfügung stehenden Raum platziert und aneinander oder an der Satzspiegelkante ausgerichtet. Die Hilfsmittel, die dafür verwendet werden sind Lineale, Hilfslinien und Raster. Aber auch über Ebenen können verschiedenste Arbeitsweisen abgebildet werden, um beim Layouten viel Zeit zu sparen. Erfahren Sie in diesem Kapitel, warum, zu welcher Gelegenheit und vor allem wie Sie diese Hilfsmittel einsetzen sollen, damit die Erstellung eines Layouts für Sie sehr leicht von der Hand geht.

5.1 Überlegungen zu Ebenen

Mithilfe von Ebenen ist es möglich, Rahmen in den Vorder- oder Hintergrund zu stellen, mehrsprachige Textversionen zu verwalten und eine genaue Kontrolle über bestimmte Objekte zu gewährleisten.

Ebenen sind schlicht und einfach transparente Folien, die übereinander angeordnet sind. In InDesign angelegte Ebenen stehen auf jeder Seite im Zugriff und haben dort auch immer dieselbe Funktion. Sie können somit den InDesign-Ebenen im Unterschied zu Photoshop keine Transparenz hinzufügen oder Maskierungen auf Ebenen vornehmen. Ebenen sind sehr einfach gestrickt, womit ihre Anwendungsmöglichkeiten für den Einsatz im Kreativumfeld klar abgegrenzt sind.

Dennoch ist bei komplexen Dokumenten eine Ebenenverwaltung enorm hilfreich und eröffnet Ihnen bei der Dokumentplanung viele Freiheiten. Ebenen helfen Ihnen dabei, Objekte einfach und gezielt auszuwählen und/oder auszublenden, schneller bearbeitbar zu machen und in einem Dokument verschiedenste Layoutversionen zusammenzuhalten.

Vorder- und Hintergrund
Bei komplexen Layouts kann die Übersicht schnell verloren gehen, wenn Sie Objekte in den Vordergrund bzw. Hintergrund stellen. Durch den Einsatz von Ebenen kann eine Änderung der Objektreihenfolge über die Befehle Objekt • Anordnen • In den Vordergrund bzw. Objekt • Anordnen • In den Hintergrund einfach abgebildet werden.

Hinweis zu ganzseitigen Bildern im Hintergrund
In Publikationen, in denen ganzseitige Bilder bzw. Hintergrundflächen als stilistisches Element eingesetzt werden, muss darauf geachtet werden, dass diese Bilder nicht die Pagina verdecken. Wenn Sie das Musterseitenkonzept so aufgebaut haben, dass die auf der Musterseite angebrachte automatische Seitennummer in der Vordergrundebene steht, so kann Ihnen beim Layouten dieser Fehler nicht unterlaufen.

Anmerkungen nicht auf eigener Ebene anbringen
Sie können natürlich auch Anmerkungen über das Notiz-Werkzeug in InDesign anbringen. Diese sind jedoch für manche Layouter nicht so auffallend (dazu muss das Bedienfeld explizit geöffnet sein), sodass sie Gefahr laufen, eine wichtige Anmerkung zu übersehen.

Fazit zum Verwenden von Ebenen
Das Arbeiten mit Ebenen erfordert sehr viel Disziplin seitens des Layouters. Doch nur, weil mit Ebenen gearbeitet wird, werden damit nicht automatisch Probleme gelöst. Ebenen helfen nur, Dokumente zu organisieren, um eventuell schneller und auch sicherer eine Produktion zu finalisieren. Das Arbeiten mit nur einer Ebene kann auch funktionieren.

Doch worin bestehen nun die Vorteile, wenn der Layouter mit Ebenen und Unterebenen arbeitet? Ebenen haben folgende Vorteile:

- Trennung von Text, Bild und Vektoren in eigene Ebenen, um mehr Struktur und Ordnung in ein Dokument zu bringen
- Erstellen einer eigenen Ebene, um u.a. interaktive Elemente, die für die Druckausgabe nicht benötigt werden, auszublenden
- Erstellen einer Ebene für Layoutelemente – z.B. Pagina –, die für die Ausgabe auf dem Tablet unter Umständen nicht benötigt werden
- Trennung der Objekte auf Ebenen nach Zuordnung der Funktionen in einem Arbeitsfluss; Bildredakteure sollen nur Bilder und Bildtexte bearbeiten, Redakteure sollen nur ihre Kolumnen und Storys schreiben.
- Arbeiten mit Unterebenen, damit das gezielte Ergreifen, Auswählen und Verschieben von Objekten in komplexen Dokumenten von jedermann/-frau bewerkstelligt werden kann
- Erstellen von Hilfsebenen, wodurch produktionstechnische Stolpersteine – Probleme mit Texten in Verbindung mit Schlagschatten – von vornherein vermieden werden
- Erstellen einer Hilfslinienebene, um Hilfslinien separat von den anderen Ebenen zu schützen oder ein- und auszublenden
- Erstellen einer Info-Ebene, die zum Anbringen von Anmerkungen bestimmt ist, worüber die interne Kommunikation zwischen den Layoutern und zur Produktionsabteilung abgebildet werden kann
- Aufbau von Projekten in Ebenen, um mehrsprachige Textversionen in einer Layoutdatei zu verwalten und damit die Aktualisierung der Daten zu vereinfachen
- Aufbau von Layoutvariationen, um identische Layoutentwürfe mit alternativen Bildmotiven, verteilt auf Ebenen, abzubilden
- Aufbau von Projekten in Ebenen, um damit das Musterseitenkonzept nicht durch Herauslösen von Objekten zu gefährden
- Aufbau von Ebenen, damit in nachfolgenden Workflows in PDF-Dateien leichter Verarbeitungsschritte durchgeführt werden können

Einsatzgebiete

Warum sollte sich ein Layouter die Mühe machen, Ebenen anzulegen bzw. Objekte dann auch noch auf diese Ebenen zu positionieren? Die Vorzüge und Gründe für den Einsatz von Ebenen möchten wir nachfolgend an Beispielen kurz skizzieren.

Verwendung von Ebenen im Magazinlayout

Die Erstellung von Magazinen stellt für die Layouter, die Redakteure und die Producer Ausgabe für Ausgabe immer wieder eine Herausforderung dar, da der Zeitplan immer eng ist. Um dabei nicht zu oft die Nerven zu verlieren, brauchen Sie ein durchdachtes Konzept, eine gute Arbeitsvorbereitung und eine Grundlage, um Ideen möglichst rasch in der Produktion umzusetzen.

In vielen Magazinen wird meist »Layout vor Text« gearbeitet. Dabei werden zuerst mit dem Redakteur die Textlänge, die Anzahl der Zusatzinformationskästen oder Tabellen, die Anzahl der Bilder und der Inhalt des Artikels besprochen. Danach wird, aufbauend auf diesem Wissen, das erste Layout – meist gefüllt mit Blindtexten – erstellt und zur Begutachtung vorgelegt.

Der Aufbau des Layouts muss rasch und modulartig erfolgen und den Anforderungen gerecht werden, die beispielsweise ein eingeführtes Redaktionssystem mit sich bringt. Daher kann es folgende Gründe für den Einsatz von Ebenen im Magazin-Layout geben:

- Das Freischalten aller Textrahmen der Doppelseite bzw. des Dokuments für den Redakteur ist für den Layouter in einem Redaktionssystem oft mit viel Aufwand verbunden. Das Anbringen dieser Rahmen auf einer eigenen Ebene hilft, viel Zeit beim Aktivieren zu sparen.
- Das Freischalten der Bildrahmen, der Bildunterschriften und der Fotocredits für die Bildredaktion muss ebenfalls schnell möglich sein.
- Die Streckenkennzeichnung (Ressortbezeichnung) soll auf der Musterseite angelegt sein, womit einerseits ein irrtümliches Verschieben des Objektes verhindert und andererseits dieses Objekt einmalig für mehrere Seiten pro Strecke zur Verfügung gestellt wird. Wenn diese Bezeichnung dann auch noch auf einer bestimmten Ebene angelegt wird, so kann der Layouter ein abfallendes Bild oder ein Inserat durch Verschieben des Objekts auf eine andere Ebene leichter davor oder dahinter platzieren, ohne die Streckenkennzeichnung aus der Musterseite herauszulösen und zu löschen.
- Objekte, die für die Ausgabe im Print, nicht jedoch für die Ausgabe auf dem Tablet benötigt werden, sollen auf einer Ebene angebracht werden, um diese für die Ausgabe schnell ein- bzw. auszublenden.
- Werden Magazinproduktionen dokumentbasierend – durch Verschieben der InDesign-Dokumente von einem Zuständigkeitsbereich in den nächsten – und nicht in einem Redaktionssystem erstellt, so könnte eine »nicht druckende« Informationsebene für die interne Kommunikation von Interesse sein.

Verwendung von Ebenen für Sprachmutationen

Den Klassiker für die Verwendung von Ebenen stellen Sprachmutationen dar. Mehrsprachige Dokumente können über einzelne Sprachebe-

Ebenen stehen für das ganze Dokument zur Verfügung

Sie sollten immer im Hinterkopf behalten, dass Ebenen für das ganze Dokument gelten und nicht für einzelne Seiten angelegt werden können.

Sie sollten jedoch auch daran denken, dass die Ebenen somit auch auf den Musterseiten seiten- und dokumentübergreifend zur Verfügung stehen.

Alternativen zum Auswählen von Text- und Bildrahmen

Wenn Sie alle Textrahmen auf einer Seite auswählen wollen, so können Sie dies durch Klick auf den Ebeneneintrag mit gedrückter `Alt`- bzw. `⌥`-Taste oder über das Skript »SelectObjects« tun, das standardmäßig mit Adobe InDesign installiert wird.

Gelöste Objekte

Objekte, die aus der Musterseite gelöst, aber nicht auf der Originalseite verändert werden, bleiben mit der Musterseite verbunden. Positionsveränderungen bzw. Änderungen an den Attributen des Rahmens auf der Musterseite würden somit auch auf die gelösten Objekte übertragen werden.

nen, getrennt von einer Bildebene und zusätzlichen Vordergrund- und Hintergrundebenen, hervorragend organisiert werden. Wird ein Bild ausgetauscht, wird eine kleine Layoutänderung an der Dokumentvorlage gemacht; werden zusätzlich Bilder, die nur in gewissen Sprachen erscheinen müssen, benötigt oder müssen einfach nur Seiten im Dokument verschoben werden, so sind diese Aufgaben somit nur einmal – nicht wie üblich in mehreren Sprachdokumenten – durchzuführen.

Sprachmutationen über alternative Layouts

Anstatt eine Sprachmutation über »Sprachebenen« abzubilden, könnte auch über die Anlage von alternativen Layouts in einem Dokument nachgedacht werden.

Der Vorteil dabei wäre, dass das Layout mit synchron gehaltenen Bildrahmen angelegt werden könnte und eine Layoutänderung somit in einem Dokument über alle Sprachen hinweg durchgezogen werden kann.

Etwas aufwendiger wird die Sache, wenn Änderungen im Layout auch hinsichtlich der Textrahmen durchgeführt werden müssen. Sind jedoch alle Textrahmen in einem Dokument vorhanden, so können relativ schnell dieselben Werte für den veränderten Textrahmen auf alle drei Sprachebenen übertragen werden.

Der Aufbau von mehrsprachigen Dokumenten mit Ebenen in InDesign stellt jedoch gewisse Anforderungen an das Layout. So muss der Layouter beim Aufbau des Dokuments auf gewisse Dinge Rücksicht nehmen:

- **Textlängen**: Für ein deutsch-, englisch- oder italienischsprachiges Dokument ist zu berücksichtigen, dass Texte in Deutsch und Italienisch länger sind als im kompakteren Englisch. Das bedeutet, dass im Satzspiegel kleine Pufferzonen eingerichtet werden müssen, die – egal, ob mit Text gefüllt oder nicht – das Gesamtbild des Layouts nicht stören dürfen.
- **Interaktion zwischen Text und Bild**: Texte sollen mit den Bildern im Layout nicht in Berührung kommen, damit in der Druckvorstufe separate Druckplatten für die jeweilige Sprache und für den restlichen Dokumenteninhalt ausgegeben werden können. Damit werden enorme Kosten in der Produktion eingespart, denn es ist schon – bei einem dreisprachigen Dokument – ein Unterschied, ob ich sieben Druckplatten für einen Bogen benötige oder ob ich zwölf Druckplatten dafür verschwenden muss.
- **Text und Effekte**: Vermeiden Sie auch, irgendwelche Effekte auf Texte anzuwenden, da ansonsten in der Ausgabe gewisse Textstellen in ein Pixelbild umgewandelt werden müssen, weshalb hier wiederum Text auf mehreren Druckplatten ausgegeben würde. Beachten Sie, dass selbst eine Ausgabe als PDF/X-4 – ohne Verflachung der Transparenzen – dafür nicht die Lösung ist, da für die Ausgabe auf Druckplatten immer Effekte gerendert vorliegen müssen.
- **Absatzformate**: Darüber hinaus ist es notwendig, dass Sie für jede Sprache eigene Absatzformate anlegen, damit der Text in der jeweiligen Sprache korrekt umbrochen wird. Dazu verwenden Sie Absatzformate, die aufeinander basieren und sich nur im verwendeten Wörterbuch unterscheiden.

Hinweis

Nähere Informationen zum Aufbau von aufeinander basierenden Absatzformaten können Sie im Abschnitt »Aufeinander basierende Absatzformate« auf Seite 505 nachlesen.

Organisations- und produktionsbedingte Ebenen

Auch wenn Sie kein mehrsprachiges Dokument und auch kein Periodikum erstellen müssen, liegen aus unserer Sicht organisatorische und produktionsbedingte Gründe vor, die dafür sprechen, in allen Projekten mit Ebenen zu arbeiten.

Ebene für die interne Kommunikation und zur Fehlervermeidung in der Ausgabe | Legen Sie, sobald mehrere Personen an einem Projekt arbeiten müssen, eine nicht druckbare Ebene mit der Bezeichnung INTERN an. Doch was sollen Layouter und Grafiker mit dieser Ebene anfangen? Hier ein paar kleine Hinweise:

- **Inserateplatzierung**: Inserate stehen in der Produktion meist erst kurz vor Abgabeschluss zur Verfügung. In vielen Fällen werden von Firmen Inserate in derselben Größe, jedoch mit unterschiedlichem Inhalt für die diversen Ausgaben geschaltet. Der Layouter kann, um eine bessere Abstimmung des Layouts zu erreichen, bereits das Inserat der letzten Produktion platzieren und dieses dabei auf die Ebene INTERN stellen. Dadurch ist gewährleistet, dass der Layouter sich ein besseres Gesamtbild von der gestalteten Seite machen kann, und sichergestellt, dass das Inserat nicht irrtümlich in der Ausgabe erscheint. Steht das Originalinserat zur Verfügung, so muss nur noch der Austausch des bereits korrekt platzierten Inserats erfolgen, gefolgt vom Verschieben des Inserats auf eine der Produktionsebenen.
- **Hinweise**: Notizen zum Layout, Informationen für Personen, die zu einem späteren Zeitpunkt das Dokument weiterbearbeiten müssen, oder Informationen für die Reproabteilung zur Übermittlung von Wünschen, was mit den Bildern gemacht werden soll, können ebenfalls auf der Ebene INTERN abgelegt werden. Auch hier wird sichergestellt, dass nicht irrtümlich interne Anweisungen im gedruckten Projekt erscheinen. Oder würde es bei Ihrem Chef ein gutes Bild machen, wenn in der Firmenbroschüre die Anmerkung »aktuelles schlankeres Bild vom Alten einfügen« erscheinen würde?

Anlegen von nicht druckbaren Ebenen

Welche Ebenenoptionen Sie zum Erstellen einer nicht druckbaren Ebene aktivieren müssen, erfahren Sie im Abschnitt »Ebenenoptionen« auf Seite 183.

Hinweis

Beachten Sie für die Ausgabe in eine PostScript- oder PDF-Datei genau, welche Auswahl Sie im Druck- bzw. PDF-Export-Dialog in der Option EBENE DRUCKEN bzw. EBENEN EXPORTIEREN getroffen haben.

Informationen zu Auswirkungen der Einstellungen, die Sie in der Option EBENE DRUCKEN vornehmen können, erhalten Sie auf Seite 845, zu EBENEN EXPORTIEREN auf Seite 882.

Vorder- und Hintergrundebene | Legen Sie zusätzlich zu einer Arbeitsebene noch eine Vorder- und eine Hintergrundebene an. Wie Sie diese bezeichnen – als »oben«, »unten«, »vorne«, »hinten«, »Musterobjekt«, »Rest« –, bleibt Ihrer Kreativität überlassen. Vergeben Sie jedoch einen Namen, und arbeiten Sie nicht mit den Bezeichnungen »Ebene 1«, »Ebene 2« usw. Doch was sollen Layouter und Grafiker mit diesen Ebenen anfangen? Hier ein paar kleine Hinweise:

- **Vollflächige Hintergründe**: In einigen Projekten werden vollflächige Abbildungen oder Farbflächen im Hintergrund benötigt. Solche Ob-

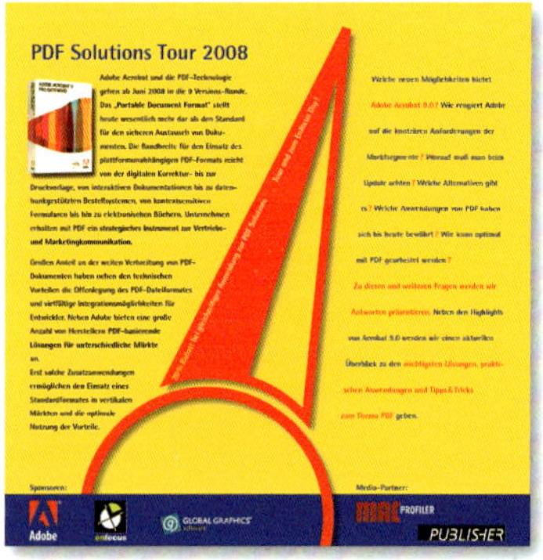

▲ **Abbildung 5.1**
Die gelbe und die blaue Fläche wurden in diesem Projekt auf der Hintergrundebene angebracht.

jekte können, wenn sie sich durch das gesamte Projekt hindurchziehen, auf der Musterseite platziert werden. Ist dies jedoch nur sporadisch der Fall, so können solche Objekte auf der Hintergrundebene angebracht und über das Sperren der Ebene vor einem weiteren unbeabsichtigten Zugriff durch den Layouter geschützt werden.

- **Anbringen von Musterseitenobjekten**: Musterseitenobjekte, die immer in der obersten Hierarchie erscheinen sollen, müssen auf der Vordergrundebene angebracht werden. Damit wird sichergestellt, dass nicht irrtümlich die Pagina oder eine Streckenkennzeichnung durch ein darüberliegendes Objekt verdeckt wird.

Ebenen und Transparenzen | Als Faustregel und als Hinweis auf die später erläuterte Transparenzreduzierung sollten Sie unbedingt darauf achten, dass Sie Texte oberhalb von Bildern platzieren.

Warum? Bei der Transparenzreduzierung werden Objekte mit Effekten mit darunterliegenden Objekten verrechnet. Dabei macht es keinen Unterschied, ob es sich um Texte, Vektoren oder Bilder handelt. Wird beispielsweise ein Schlagschatten auf ein platziertes Bild angewandt und wurde dieses Objekt irrtümlich in der Objektanordnung oberhalb eines benachbarten Textkastens platziert, so muss der Schlagschatten bei der Transparenzreduzierung mit dem Text verrechnet werden. Dadurch können teilweise Texte in Pixelbilder umgewandelt oder mit einer zusätzlichen Kontur versehen werden, was bei niedrigauflösenden Ausgabegeräten in einigen Fällen zur Verdickung der Schrift führen würde.

Ebenen für Lackformen | Wollen Sie im Druck zusätzlich partiell lackieren, um die Brillanz des Druckbilds zu erhöhen oder die Bilder oder schwarze Flächen vor Fettspuren zu schützen, so müssen die Daten bereits im Vorfeld mit einer eigenen Lackfarbe angelegt und die entsprechenden Bereiche mit dem Farbfeld für Lack versehen sein.

Auch diese Idee kann über eine eigene Lackebene abgebildet werden. Legen Sie dazu zuerst die Lackfarbe als Volltonfarbe und eine Ebene mit der Bezeichnung Lack an. Dann duplizieren Sie alle Objekte, die lackiert werden sollen, auf die zuvor erstellte Ebene, löschen die Inhalte aus den Bildkästen und füllen diese dann mit der angelegten Farbe Lack. Nun können Sie jederzeit die Ebene Lack zur besseren Bearbeitung des Dokuments deaktivieren und in der Ausgabe schließlich einen eigenen Lackauszug für die Druckerei generieren.

Ebenen für das PDF übergeben | Da seit der PDF-Version 1.5 auch in PDF-Dateien Ebenen vorhanden sein können und Sie durch den nativen PDF-Export auch InDesign-Ebenen nach PDF übergeben können, eröff-

Hinweis

Nähere Informationen zur Transparenzreduzierung und den dabei zu beachtenden Vorgehensweisen können Sie in Kapitel 24, »Transparenzen und Transparenzausgabe«, nachlesen.

Lack in Photoshop anlegen?

Bilder können aber auch in Photoshop mit einer Volltonfarbe Lack versehen und dann als PSD-Datei in InDesign platziert werden. Produktionstechnisch ist diese Arbeitsweise jener mit dem Kanal Lack gleichzusetzen.

Der Vorteil dieser Arbeitsweise über Photoshop besteht darin, dass Sie den Lack am Objekt viel genauer und selektiver anbringen und darüber hinaus noch im Layout das Bild skalieren können, ohne immer das Original- und das Lackobjekt zu verändern. Der Nachteil ist, dass Sie immer auf den Lack-Kanal Rücksicht nehmen müssen, wenn das Bild mehrfach verwendet wird.

nen sich für so manche Workflows ungeahnte Möglichkeiten, die eine Vereinfachung der Handhabung nach sich ziehen können. Denken Sie einmal über Möglichkeiten nach.

Wasserzeichen auf einer Ebene anlegen und ausgeben

Wenn Sie ein Wasserzeichen für die Ausgabe vorsehen wollen, so stellen Sie doch das Wasserzeichen auf eine eigene Ebene. Übergeben Sie dann die Ebene beim PDF-Export, und stellen Sie diese Ebene in Acrobat über die Ebeneneigenschaften bei Sichtbarkeit auf Nie sichtbar und bei Drucken auf Immer drucken. Vergessen Sie nicht, danach das PDF zu schützen, da sonst solche Mühen schneller als gedacht zunichte gemacht werden können.

5.2 Das Ebenen-Bedienfeld

Die Voraussetzung für das Arbeiten mit Ebenen ist das eingeblendete Ebenen-Bedienfeld. Es ist im Arbeitsbereich Erweitert als zweites Symbol in der Bedienfeldreihe verankert und durch das Symbol schnell zu erkennen. Sollten Sie das Ebenen-Bedienfeld entfernt haben, können Sie es jederzeit über das Menü Fenster • Ebenen oder über die Taste F7 einblenden.

Zur besseren Strukturierung von Dokumenten empfiehlt es sich, gleich zu Beginn die beabsichtigten Ebenen anzulegen. Dabei ist es ratsam, die Standardbezeichnungen wie »Ebene 1«, »Ebene 2« usw. durch geeignete sprechende Ebenenbezeichnungen zu ersetzen. Es empfiehlt sich, immer mindestens drei Ebenen anzulegen: eine *Arbeitsebene* für Texte und Bilder, eine *Hintergrund-* und eine *Vordergrundebene*.

Ebenen der obersten Hierarchie

Wie bei allen Bedienfeldern in InDesign können Sie durch Klick auf Neue Ebene erstellen ❻ eine neue Ebene anlegen und durch Klick auf Ausgewählte Ebenen löschen ❾ die aktive Ebene entfernen. Die Sichtbarkeit ❸ einer Ebene (die Ebene Englisch ❹ ist derzeit ausgeblendet) bzw. die Information, ob eine Ebene gesperrt ❷ ist oder nicht (die Ebenen Hintergrund und Vordergrund sind derzeit nicht zur Bearbeitung freigegeben), können für jede Ebene und auch für Unterebenen getrennt festgelegt werden.

Ebenenbezeichnung ist kursiv

Alle Ebenen, deren Ebenenbezeichnungen kursiv ❼ dargestellt werden, sind Ebenen, die als »nicht druckbare Ebene« gekennzeichnet wurden. Nähere Informationen dazu finden Sie auf Seite 183.

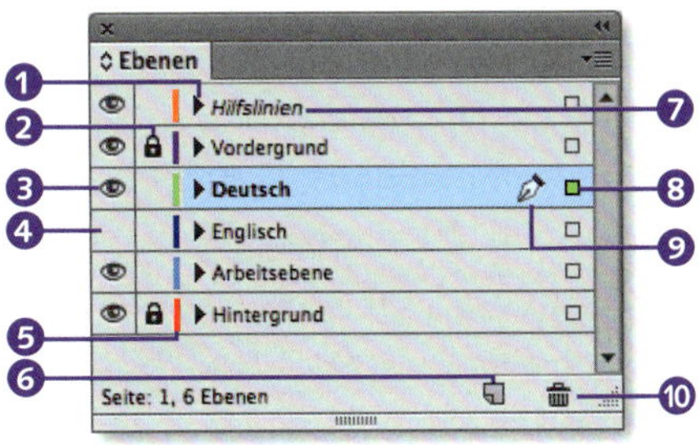

◀ **Abbildung 5.2**
Das Ebenen-Bedienfeld mit angelegten Ebenen (Haupteinträgen) in all seinen möglichen Ausprägungen

Ein Farbbalken ❺ vor dem Ebenennamen verleiht den Rahmen der darauf befindlichen Objekte beim Aktivieren die entsprechende Farbe. Die derzeit aktive Ebene wird durch das Zeichenstiftsymbol ❾ angezeigt. Es signalisiert dem Anwender, dass das nächste Objekt, das gezeichnet oder – in Abhängigkeit von der gewählten Option – eingefügt wird, der Ebene Deutsch zugeordnet wird. Ist ein Objekt im InDesign-Dokument ausgewählt, so erscheint der Markierungspunkt ■ ❽; sind mehrere Objekte unterschiedlicher Ebenen ausgewählt, so erscheint der Markierungspunkt auf jeder einzelnen Ebene.

Vor jedem Ebenennamen befindet sich ein Pfeil ▶ ❶, der Ihnen ermöglicht, auf die einzelnen Unterebenen zuzugreifen. Klicken Sie auf den Pfeil, um alle Unterebenen der Ebene zu sehen.

Tipp: Objekte ausblenden
Ein Objekt kann über das Ebenen-Bedienfeld oder über den Befehl Objekt • Ausblenden bzw. durch Drücken von Strg+3 bzw. ⌘+3 ausgeblendet werden.

Unterebenen und Objektgruppen

In InDesign wird jedes Objekt als eigene Unterebene angelegt. Damit wird es dem Anwender ermöglicht, jedes Objekt des Layouts auszuwählen, zu verschieben, auszublenden, zu sperren und zu benennen.

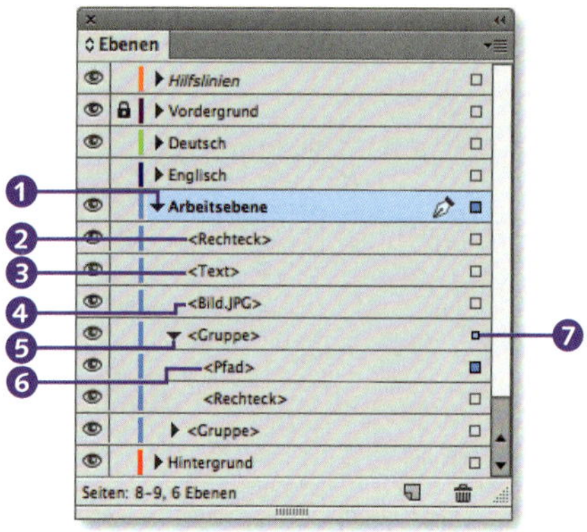

Abbildung 5.3 ▶
Das Ebenen-Bedienfeld mit aufgeklappter Ebenenhierarchie. Für jedes Objekt im Layout werden Unterebenen erzeugt, die je nach Objektart standardmäßig einen Namen bekommen. Der Ebenenname des Objekts kann natürlich beliebig abgeändert werden.

Der Standardname einer Unterebene wird dabei in Abhängigkeit vom verwendeten Werkzeug vorgegeben. Die Namen sind:

- **Rechteck** ❷: Objekte, die mit dem Rechteckrahmen- und dem Rechteck-Werkzeug erstellt worden sind
- **Ellipse**: Objekte, die mit dem Ellipsenrahmen- und dem Ellipse-Werkzeug erstellt worden sind
- **Polygon**: Objekte, die mit dem Polygonrahmen- und dem Polygon-Werkzeug erstellt worden sind
- **Pfad** ❻: Objekte, die mit dem Zeichenstift-, Linienzeichner- und dem Buntstift-Werkzeug erstellt worden sind
- **Dateinamen** ❹: Dateien, die in InDesign platziert wurden, bekommen automatisch den Dateinamen zugewiesen.
- **Gruppe** ❺: Werden Objekte im Layout gruppiert, so werden die davon betroffenen Unterebenen auch in der Ebenenhierarchie zusammengefasst. Auch hier steht dann wiederum ein Pfeil zum Aufklap-

Alle Unterebenen aufklappen
Wollen Sie alle Unterebenen einer Ebene aufklappen, so drücken Sie die Alt- bzw. ⌥-Taste, wenn Sie auf das Symbol ▶ ❶ klicken.

Namen für Unterebenen
Den Namen einer Unterebene können Sie jederzeit ändern und somit Ordnung in den Aufbau von komplexen Dokumenten bringen. Markieren Sie dazu die jeweilige Unterebene im Ebenen-Bedienfeld, und klicken Sie dann ein weiteres Mal auf den Namen.

pen zur Verfügung. Befindet sich hinter dem Ebenennamen der Gruppe ein kleiner Markierungspunkt ❼, so sind nicht alle Objekte der Gruppe ausgewählt.

- **Beliebiger Text** ❸: Der Name eines Textrahmens ermittelt sich standardmäßig aus dem Anfang des Textes.

Objekte aus oder in eine andere Gruppe verschieben

Die Möglichkeit, einzelne Objekte über das Ebenen-Bedienfeld auszuwählen, schafft jene Flexibilität, mit der Sie nun das ausgewählte Objekt in eine bestehende Gruppe hinein- oder aus ihr herausbewegen können.

5.3 Handhabung von Ebenen

Nachdem wir nun wissen, was die einzelnen Symbole und Bezeichnungen im Ebenen-Bedienfeld bedeuten, können wir uns daranmachen, Ebenen einzurichten.

Erstellen von Ebenen

Sie können durch Klick auf das Symbol Neue Ebene erstellen eine neue Ebene mit dem Namen »Ebene 2« anlegen. Halten Sie dabei die Alt- bzw. ⌥-Taste gedrückt, öffnet sich sofort der Ebenenoptionen-Dialog, in dem Sie auf alle Parameter für die erzeugte Ebene zurückgreifen können. Alternativ können Sie jedoch auch den Befehl Neue Ebene aus dem Bedienfeldmenü auswählen. Dadurch öffnet sich auch der Ebenenoptionen-Dialog.

Ebenenoptionen gleich beim Erstellen setzen

Beim Erstellen von Ebenen sollten Sie besonderes Augenmerk auf die Ebenenoptionen legen. Die dortigen Funktionen liefern weitere Ideen für den Aufbau einer Dokumentenstruktur.

Ebenenoptionen

Die Optionen im Ebenenoptionen-Dialog sollten bereits beim Erstellen der Ebene gesetzt werden. Wenn Sie jedoch nachträglich eine Option ändern wollen, so rufen Sie den Befehl Ebenenoptionen für "Name der Ebene" aus dem Bedienfeldmenü auf oder führen einfach einen Doppelklick auf den Ebenennamen im Ebenen-Bedienfeld aus.

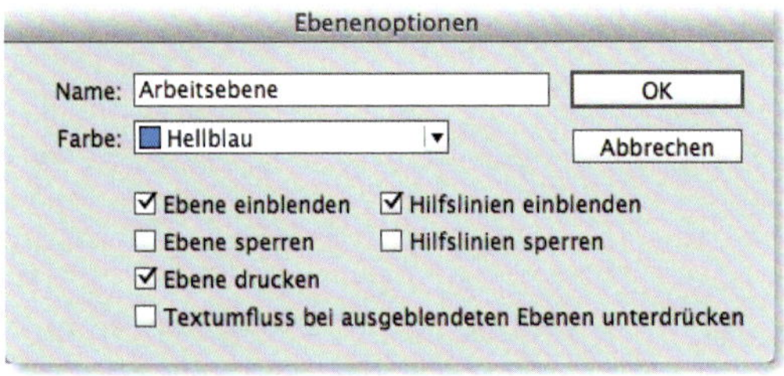

◂ **Abbildung 5.4**
Die Ebenenoptionen des Ebenen-Bedienfelds von InDesign

- Name: Vergeben Sie hier einen »sprechenden« Namen für die Ebene.
- Farbe: Wählen Sie eine entsprechende Farbe aus. Sie ist maßgebend für die Farbe eines aktivierten Rahmens. Über Benutzerdefiniert können Sie dort jede gewünschte Farbe auswählen.

Tipp

Wählen Sie nie Schwarz als Ebenenfarbe aus, da die Farbe des Inhaltsrahmens bei Bildern immer die Komplementärfarbe der Ebenenfarbe besitzt; somit wäre der Rahmen weiß.

Eigene Hilfslinienebene

Ob Sie eine eigene Hilfslinienebene erstellen und auf allen anderen Ebenen die Option Hilfslinien einblenden deaktivieren, bleibt Ihrer Fantasie und Arbeitsweise überlassen. Weiterführende Informationen zum Thema Hilfslinien erhalten Sie in Abschnitt 5.5, »Hilfslinien«, auf Seite 189.

Hinweis

Beachten Sie auch, dass Objekte einer »nicht druckenden« Ebene durch das Aktivieren der Überdruckenvorschau aus dem Menü Ansicht bzw. durch das Aktivieren des Vorschau-Modus in der Werkzeugleiste ebenfalls ausgeblendet werden.

- Ebene einblenden: Regelt das Ein- bzw. Ausblenden von Ebenen.
- Hilfslinien einblenden: Aus dieser Option ist ersichtlich, dass Hilfslinien bestimmten Ebenen zugeordnet und somit gemeinsam mit den Objekten einer Ebene ein- bzw. ausgeblendet werden können.
- Ebene sperren: Sperrt und entsperrt die Ebene und regelt somit den Zugriff auf die Objekte dieser Ebene.
- Hilfslinien sperren: Hilfslinien, die einer Ebene zugewiesen sind, können hiermit gegen ungewolltes Verschieben separat gesperrt werden. Daraus ergeben sich unterschiedliche Konzepte zum Aufbau der Dokumente.
- Ebene drucken: Durch Deaktivieren dieser Funktion können Ebenen quasi als Vorlagenebene – als nicht druckbare Ebene – definiert werden. Dieses Konzept kennen viele Macromedia-Freehand- und Adobe-Illustrator-Anwender, die Vorlagen zum Nachzeichnen auf einer nicht druckbaren Ebene positionieren. Ein anderer Anwendungszweck dafür wurde Ihnen bereits am Beispiel der Ebene Intern gezeigt, die zur verbesserten Kommunikation zwischen Layoutern und der Druckvorstufe verwendet werden kann.
- Textumfluss bei ausgeblendeten Ebenen unterdrücken: Wird diese Option aktiviert, so werden textverdrängende Objekte dieser Ebene nach dem Ausblenden der Ebene auf »nicht umfließend« gestellt. Es erfolgt dadurch ein komplett neuer Umbruch des Textes. Die Standardeinstellung behält somit den Textumfluss so bei, als wäre das Objekt noch sichtbar. Die Anwendungsmöglichkeiten für diese Option sind allerdings sehr eingeschränkt.

Der Umgang mit Ebenen

Nachdem wir nun Ebenen anlegen können und für die Ebenen die Ebenenoptionen bestimmt haben, wird es Zeit, den Umgang mit den Ebenen etwas näher zu beleuchten.

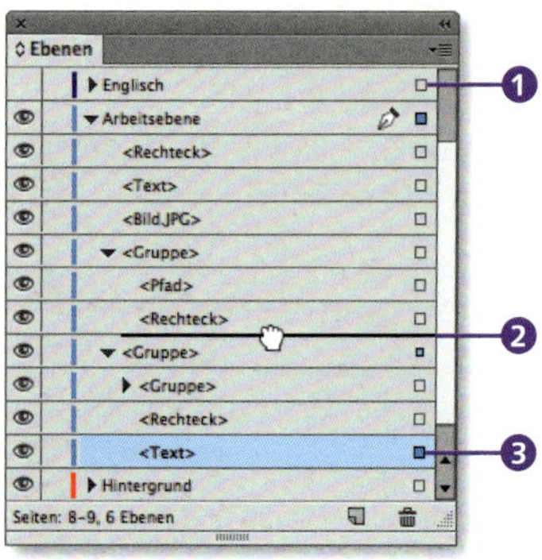

▲ **Abbildung 5.5**
Verschieben von einzelnen Objekten aus einer Gruppe heraus

Ebenenreihenfolge verändern | Das Verschieben von Ebenen erfolgt durch einfaches Ziehen der Ebenenbezeichnung an eine andere Position in der Liste.

Objekte über das Ebenen-Bedienfeld auswählen | Wenn Sie ein Objekt im Layout auswählen wollen, so steht Ihnen die klassische Art und Weise, das Objekt mit dem Auswahl- bzw. Direktauswahl-Werkzeug zu markieren, jederzeit zur Verfügung. Einige Objekte sind in einem komplex aufgebauten Dokument damit jedoch nur schwer auszuwählen. Über das Ebenen-Bedienfeld können Sie auch diese Objekte schnell erreichen und auswählen. Es stehen Ihnen dabei folgende Möglichkeiten zur Verfügung:

- **Alle Objekte einer Ebene auswählen**: Alle Objekte einer Ebene können auf einem Druckbogen ausgewählt werden, indem Sie mit dem Auswahlwerkzeug und gedrückter [Alt]- bzw. [⌥]-Taste auf die Ebenenbezeichnung im Ebenen-Bedienfeld oder auf den Markierungspunkt ❶ klicken.
- **Einzelnes Objekt auswählen**: Wenn Sie mit der rechten Maustaste auf den Namen der Unterebene klicken, können Sie zwischen zwei Möglichkeiten auswählen:
  - ELEMENT(E) AUSWÄHLEN: Damit wird das Element nur markiert und kein Zoom auf das Objekt ausgeführt. Schneller geht es jedoch, wenn Sie einfach auf das leere Markierungssymbol in der Unterebene klicken.
  - ELEMENT AUSWÄHLEN UND EINPASSEN: Damit wird das Objekt ausgewählt und automatisch auf das Objekt gezoomt, sodass es mittig am Monitor in einer entsprechenden Zoomstufe angezeigt wird.

Objekte auf eine andere Ebene verschieben | Wenn Sie jedoch lediglich ein Objekt von einer Ebene auf eine andere verschieben oder kopieren wollen, so stehen Ihnen drei Vorgehensweisen zur Verfügung:

- Zuerst müssen Sie das gewünschte Objekt auswählen. Ausgewählte Objekte werden durch einen Markierungspunkt ■ ❸ im Ebenen-Bedienfeld angezeigt. Verschieben Sie diesen Markierungspunkt per Drag & Drop auf die gewünschte Ebene.
- Verschieben Sie das jeweilige Objekt durch einfaches Verschieben ❷ der Unterebenenbezeichnung an die gewünschte Zielposition. In Abbildung 5.5 wird der Textrahmen <TEXT> aus einer Gruppe in eine andere Gruppe verschoben.
- Kopieren Sie das gewünschte Objekt über [Strg]+[C] bzw. [⌘]+[C] in die Zwischenablage. Wählen Sie dann die Zielebene im Ebenen-Bedienfeld aus, und führen Sie den Befehl BEARBEITEN • AN ORIGINALPOSITION EINFÜGEN aus, oder drücken Sie das Tastenkürzel [Strg]+[Alt]+[⇧]+[V] bzw. [⌘]+[Alt]+[⇧]+[V]. Sollten Sie noch keine Änderungen im Bedienfeldmenü vorgenommen haben, so wird das Objekt auf der Zielebene eingefügt.

Zusätzliche Funktionen im Bedienfeldmenü | Viele der bisher gezeigten Funktionen können auch über das Bedienfeldmenü des Ebenen-Bedienfelds aufgerufen werden. Zusätzliche Funktionen sind:

- NEUE EBENE: Erstellt eine neue Ebene und öffnet, zum Einstellen der Parameter, dabei den Ebenenoptionen-Dialog.

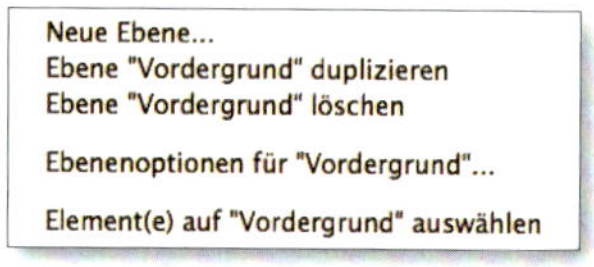

▲ **Abbildung 5.6**
Das Kontextmenü bei Rechtsklick auf die Ebenenbezeichnung. Sie können darin auch den Befehl ELEMENT(E) AUF »NAME DER EBENE« AUSWÄHLEN, um alle Objekte der Ebene auszuwählen.

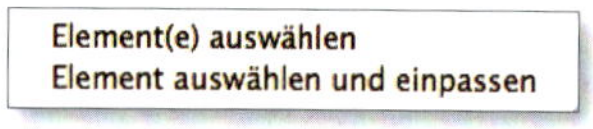

▲ **Abbildung 5.7**
Die Möglichkeiten, Objekte auszuwählen, stehen über das Kontextmenü durch Klick auf die Unterebenenbezeichnung und natürlich auch über das Bedienfeldmenü zur Verfügung.

Eingefügtes Objekt befindet sich nicht auf der Zielebene
Erscheint das eingefügte Objekt auf derselben Ebene, obwohl Sie eine andere Ebene ausgewählt haben, so wurde der Befehl EBENEN BEIM EINFÜGEN ERHALTEN aus dem Bedienfeldmenü des Ebenen-Bedienfelds aktiviert (siehe Abbildung 5.8).

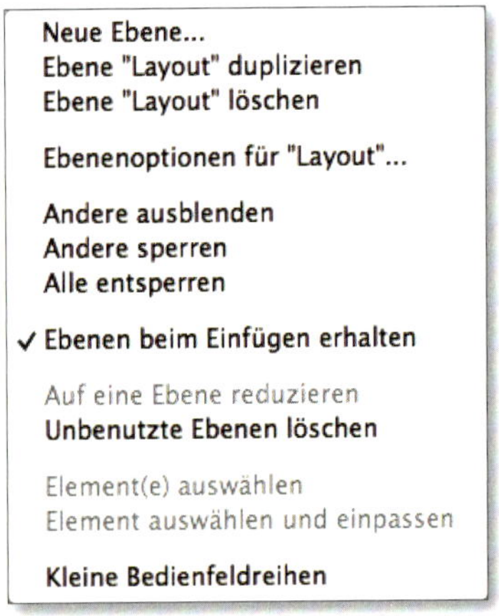

▲ Abbildung 5.8
Das Bedienfeldmenü des Ebenen-Bedienfelds

- Ebene »Name« duplizieren: Es wird ein Duplikat der gesamten Ebene des Dokuments erstellt, also mit allen Objekten der Ebene. Führen Sie diesen Befehl aus, wenn Sie stellungsgleich Objekte auf eine neue Ebene bringen möchten.
  Beachten Sie, dass Objekte, die aus der Musterseite herausgelöst worden sind, sich durch den Befehl Ebene »Name« duplizieren wiederum auf die Ursprungsposition zurückstellen. Sie können dieses Verhalten umgehen, indem Sie der Dokumentseite vor dem Duplizieren der Ebene einfach die Musterseite [Ohne] zuweisen.
- Andere ausblenden/sperren: Über diese beiden Befehle können Sie alle Ebenen, bis auf die aktuell ausgewählte Ebene, ausblenden bzw. sperren. Ist hingegen eine Ebene gesperrt oder ausgeblendet, so ändert sich der Menüeintrag in Alle Ebenen einblenden bzw. Alle Ebenen entsperren.
- Alle entsperren: Damit können Sie auch über das Bedienfeld alle gesperrten Objekte der Ebene in einem Aufwasch entsperren.
- Ebenen beim Einfügen erhalten: Diese Option ist standardmäßig deaktiviert. Die Aktivierung hätte zur Folge, dass, wenn Sie ein Objekt der Ebene Deutsch kopierten, die Ebene Englisch aktivierten und das Objekt aus der Zwischenablage einfügten, das Objekt auf der Ebene Deutsch eingefügt werden würde. Ist die Option deaktiviert, so wird das Objekt auf der Ebene Englisch eingefügt. Bei Verwendung von Bibliotheken und Snippets ist die Aktivierung zu empfehlen.
- Auf eine Ebene reduzieren: Sind zwei oder mehrere Ebenen im Bedienfeld markiert, so können diese zu einer Ebene verschmolzen werden, ohne dabei Objekte der einzelnen Ebenen zu verlieren.
- Unbenutzte Ebenen löschen: Alle unbenutzten Ebenen werden mit diesem Befehl markiert und ohne weitere Warnmeldung eliminiert.
- Element(e) auswählen: Haben Sie einen Eintrag in der Unterebene ausgewählt, so wird das Objekt durch Auswahl des Befehls markiert.
- Kleine Bedienfeldreihen: Wenn Sie sehr viele Ebenen in einem Dokument verwenden, können Sie auf diese kompaktere Darstellungsform umschalten. Mit mehr als drei bis fünf Ebenen zu arbeiten, ist nicht empfehlenswert.

InDesign-Vorgehensweise beim Ebenenreduzieren
Alle Objekte werden beim Reduzieren auf die zuerst aktivierte Ebene – nicht wie vermutet auf die unterste Ebene – reduziert.

Element auswählen und einpassen
Im Unterschied zum Befehl Element(e) auswählen wird durch Aufruf dieses Befehls das Objekt noch dazu in der Mitte der Anzeigefläche am Monitor dargestellt.

Hinweis
Photoshop-Anwender sind es gewohnt, Ebenen zu schützen bzw. auszublenden, indem sie über die Symbole bzw. der verschiedenen Ebenen streichen.

Tipps zum Umgang mit Ebenen

Zum Arbeiten mit Ebenen möchten wir Ihnen noch ein paar wichtige Hinweise geben.

Ausblenden aller Ebenen bis auf eine | Angenommen, Sie wollen nur den deutschen Text bearbeiten und dazu alle anderen Ebenen ausblenden. Klicken Sie dazu auf das Symbol vor der jeweiligen Ebenenbezeichnung, und halten Sie dabei die Alt- bzw. ⌥-Taste gedrückt. Alle anderen Ebenen werden dann ausgeblendet. Zum Einblenden der Ebenen verfahren Sie analog.

Sperren aller Ebenen bis auf eine | So, wie Sie zuvor beim Ausblenden verfahren sind, können Sie alle Ebenen bis auf eine auch durch Klick auf das Symbol vor der jeweiligen Ebenenbezeichnung und Drücken der Alt- bzw. ⌥-Taste sperren. Vergessen Sie nicht, dass der Befehl ANDERE SPERREN aus dem Bedienfeldmenü denselben Zweck erfüllt.

Zugriff auf gesperrte Ebenen | Sollten Sie beim Versuch, einen Rahmen zu erstellen, einmal das Symbol sehen, so versuchen Sie gerade, auf eine geschützte Ebene zuzugreifen. Klicken Sie auf die Arbeitsfläche, und eine Warnmeldung erscheint.

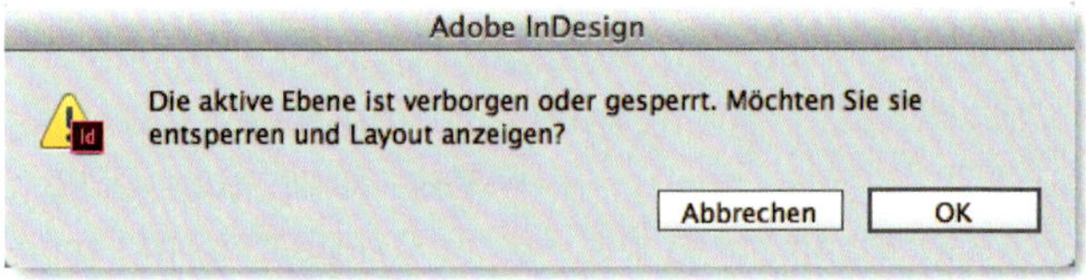

◄ **Abbildung 5.9**
Diese Warnmeldung erscheint, wenn Sie versuchen, auf einer gesperrten oder verborgenen Ebene Objekte zu erstellen.

Wenn Sie den Dialog mit OK bestätigen, wird die Ebene entsperrt, und Sie können wieder Objekte auf ihr anbringen.

Ausgewählte Objekte auf eine ausgeblendete oder gesperrte Ebene verschieben | Dieses eigentlich unmögliche Unterfangen können Sie dennoch durchführen, indem Sie die Strg- bzw. ⌘-Taste drücken, während Sie den Markierungspunkt auf die Zielebene verschieben.

Ausgewählte Objekte auf andere Ebene kopieren | Wie in anderen Situationen auch, können auch hier Objekte durch Drücken der Alt- bzw. ⌥-Taste dupliziert werden. Markieren Sie die gewünschten Objekte, und drücken Sie diese Taste, während Sie den Markierungspunkt auf die Zielebene verschieben (kopieren).

In Kombination mit der Strg- bzw. ⌘-Taste können Sie damit auch Objekte auf eine ausgeblendete bzw. gesperrte Ebene kopieren und somit duplizieren.

Ebenen anlegen | Beim Anlegen von Ebenen können Sie bestimmen, ob die Ebene oberhalb oder unterhalb der aktuellen Ebene erzeugt wird. Drücken Sie die ⇧-Taste, so wird die Ebene oberhalb eingefügt, mit gedrückter Strg- bzw. ⌘-Taste hingegen unterhalb.

Keine Ordner und Gruppen bei Ebenen
Obwohl in vielen anderen Bedienfeldern die Möglichkeit existiert, Elemente in Gruppen zusammenzufassen, funktioniert dies bei Ebenen nicht.

Objekte gruppieren und Ebenen
Wenn Sie Objekte, die auf unterschiedlichen Ebenen erstellt worden sind, über den Befehl OBJEKT • GRUPPIEREN zu einer Gruppe zusammenfassen, so werden alle Objekte standardmäßig auf eine Ebene verschoben. Abhilfe schafft dabei das Script »group_event.jsx« von Gerald Singelmann, durch das im Bedienfeldmenü der Menübefehl EBENEN BEIM GRUPPIEREN ERHALTEN erscheint.

Tipp
Natürlich funktionieren diese Tastenkürzel auch in Verbindung mit der Alt- bzw. ⌥-Taste, mit der Sie in den Ebenenoptionen-Dialog gelangen.

5.4 Lineale

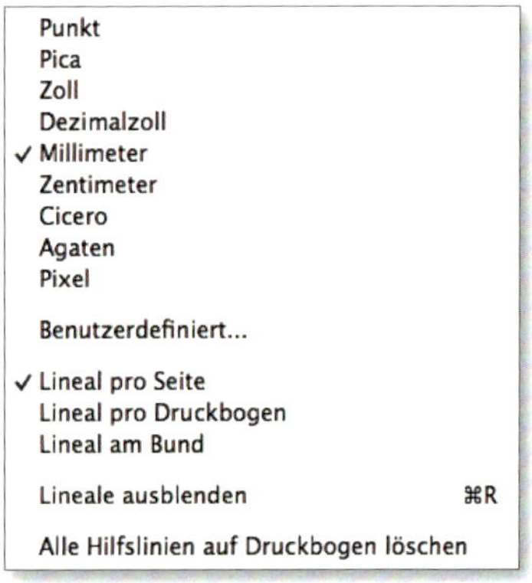

▲ **Abbildung 5.10**
Die Möglichkeiten des Kontextmenüs eines Lineals erscheinen durch Klick auf das Lineal. Die Maßeinheit Pixel wurde erstmals mit InDesign CS5 angeboten, und zwar aufgrund der erweiterten Funktionen im Bereich »Erstellen von Webinhalten«.

Lineale sind der Ursprung jeglicher Bemaßung. Sollten keine Lineale sichtbar sein, blenden Sie sie über Ansicht • Lineale einblenden oder über das Kürzel Strg+R bzw. ⌘+R ein. Ein horizontales und ein vertikales Lineal begrenzen nun das Dokument an der oberen und linken Seite. Das Ausblenden funktioniert dann natürlich über das gleiche Tastenkürzel.

Die verwendete Maßeinheit der Lineale wird von den Voreinstellungen im Menü InDesign • Voreinstellungen • Einheiten und Einteilungen (Mac) bzw. Bearbeiten • Voreinstellungen • Einheiten und Einteilungen (Windows) bestimmt. Wenn Sie jedoch kurzfristig auf eine andere Maßeinheit umsteigen wollen, so müssen Sie dies nicht in den Voreinstellungen tun, sondern es reicht, wenn Sie mit der rechten Maustaste auf das horizontale oder vertikale Lineal klicken und im Kontextmenü eine andere Maßeinheit festlegen.

Wie Sie dem Menü aus Abbildung 5.10 entnehmen können, können Sie darin auch Lineal pro Seite, Lineal pro Druckbogen und Lineal am Bund auswählen.

Der *Ursprung* des Koordinatensystems liegt standardmäßig links oben im Dokument. Je nach Einstellung kann sich der Ursprung – er wird in InDesign *Bezugspunkt* genannt – jedoch verschieben.

- Lineal pro Druckbogen: Ist dieser Eintrag gewählt, so läuft die Bemaßung des horizontalen Lineals vom Ursprung durchgehend über den ganzen Druckbogen hinweg. Wenn sich beispielsweise zwei A4-Seiten auf einem Druckbogen befinden, beginnt die linke Seite bei x=0 und endet bei 210 mm; die rechte Seite beginnt bei x=210 mm und endet bei 420 mm. Alle Objekte der rechten Seite würden somit ausgehend vom Nullpunkt in Bezug auf die x-Koordinate angezeigt werden.
- Lineal pro Seite: Ist jedoch Lineal pro Seite ausgewählt, so wird jeder einzelnen Seite im Druckbogen ein eigenes Koordinatensystem mit Ursprung in der linken oberen Ecke spendiert.
- Lineal am Bund: Dadurch wird der Druckbogen in zwei Bereiche – links und rechts des Bundes – aufgeteilt. Wenn sich somit zwei A4-Seiten auf einem doppelseitigen Druckbogen befinden, beginnt die linke Seite bei x=–210 und endet bei 0 mm; die rechte Seite beginnt bei x=0 mm und endet bei 210 mm.

Der Ursprung einer Seite – der Nullpunkt der Lineale – kann vom Anwender pro Dokument individuell gesetzt und fixiert werden. Das defaultmäßige Versetzen des Nullpunkts ist nicht vorgesehen.

Tipp

Das Arbeiten mit einem Lineal pro Seite entspricht den Gewohnheiten der Layouter und Grafiker. Stellen Sie in jedem Fall die Option Lineal pro Seite als Default-Wert im Reiter Einheiten und Einteilungen in den Voreinstellungen von InDesign CC ein.

Manuelles Positionieren

Natürlich können Objekte auch numerisch positioniert, mit dem Ausrichten-Bedienfeld aneinander ausgerichtet und mit den intelligenten Hilfslinien manuell exakt positioniert und ausgerichtet werden.

Nullpunkt verschieben | Um den Nullpunkt an eine andere Position im Dokument zu verschieben, klicken Sie in den Kreuzungsbereich des horizontalen und des vertikalen Lineals ❶ und ziehen das Fadenkreuz auf die gewünschte Position im Dokument. Das Verschieben des Nullpunkts hat nur in ganz speziellen Situationen seine Berechtigung – z. B. wenn Sie die Positionsangaben nur innerhalb des Satzspiegels eingeben wollen.

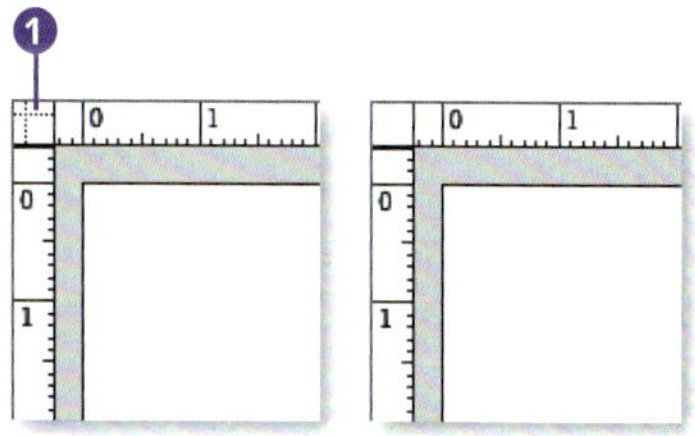

▲ Abbildung 5.11
Links: Im Kreuzungsbereich kann der Nullpunkt noch verschoben werden.
Rechts: Der Nullpunkt wurde über das Kontextmenü fixiert.

Nullpunkt auf Standard zurücksetzen | Sollte der Nullpunkt irrtümlich versetzt worden sein, so können Sie ihn auf die Programmvoreinstellung zurücksetzen, indem Sie in den Kreuzungsbereich der Lineale doppelklicken.

Nullpunkt fixieren und lösen | Sollten Sie aber bewusst den Nullpunkt verschoben haben, so ist es ratsam, diesen auch zu fixieren. Das Fixieren erfolgt, indem Sie über dem Kreuzungsbereich im Kontextmenü den Befehl NULLPUNKT FIXIEREN aktivieren. Sobald Sie den Nullpunkt fixiert haben, ist der Kreuzungsbereich weiß.

5.5 Hilfslinien

Hilfslinien sind in der Layoutphase eines Projekts sehr wichtig. Sie dienen der Ausrichtung und der Gliederung von Objekten in einem Layout und müssen daher flexibel einsetzbar sein. Damit die Flexibilität gewährleistet ist, werden in InDesign Hilfslinien wie Rahmen behandelt, die exakt positioniert, verschoben und gelöscht werden können. InDesign bietet in dieser Hinsicht fast alles, was sich Profis für das Layout wünschen. InDesign kennt verschiedene Arten von Hilfslinien:

- Randhilfslinien
- Spaltenhilfslinien
- frei wählbare Hilfslinien (nur horizontal und vertikal)
- Anschnitt-Hilfslinien
- Infobereich-Hilfslinien
- Hilfslinien des Grundlinien- und Dokumentrasters
- intelligente Hilfslinien
- Liquid-Hilfslinien

All diese Hilfslinienarten stehen in InDesign zur Verfügung und können zur Anlage von Projekten sinnvoll vom Layouter verwendet werden. Versuchen Sie, mit möglichst wenigen Hilfslinien zu agieren. Zu viele Hilfslinien stören den Betrachter des Dokuments.

Alternative zu Hilfslinien

Wenn Sie längere Zeit mit Adobe InDesign arbeiten, werden Sie feststellen, dass es neben Hilfslinien eine Vielzahl von anderen Möglichkeiten gibt, Objekte anzuordnen. Obwohl viele Dokumente in der Praxis in InDesign meist nur mit Grundlinienraster und Satzspiegel- und Spaltenhilfslinien angelegt werden, erscheint es uns jedoch wichtig, den exakten Umgang mit Hilfslinien zu erklären.

Liquid-Hilfslinie

Dieser Hilfslinientyp hat mit InDesign CS6 Einzug gehalten. Informationen zu diesem Typ erhalten Sie auf Seite 194.

Hinweis
Beachten Sie, dass in InDesign nur horizontale und vertikale Hilfslinien zur Verfügung stehen und dass Sie, wie Sie es eventuell aus Adobe Illustrator gewohnt sind, ein Hilfslinienkonstrukt nicht in ein zeichnendes (druckendes) Objekt konvertieren können und umgekehrt.

Schnelleres Anfassen von Hilfslinien zum späteren Zeitpunkt
Ziehen Sie Hilfslinien immer mit gedrückter [Strg]- bzw. [⌘]-Taste aus dem Lineal heraus. Dadurch können Sie die Hilfslinien später leichter außerhalb des Druckbogens markieren und verschieben.

Tipp: Hilfslinien schnell auf eine bestimmte Position stellen
Erstellen Sie eine Hilfslinie an einer beliebigen Position. Durch Drücken von [Strg]+[6] bzw. [⌘]+[6] springen Sie sofort in das Eingabefeld der Y- bzw. X-Position im Steuerung-Bedienfeld. Geben Sie nun den gewünschten Positionswert ein, und bestätigen Sie die Eingabe durch Drücken von [↵].

Hilfslinien erstellen, positionieren, übertragen und löschen

Lineale sind der Ausgangspunkt zum Erstellen von Hilfslinien. Wenn Sie also Hilfslinien durch Drag & Drop an einer Position im Dokument anbringen wollen, so müssen Sie natürlich zuerst das Lineal eingeblendet haben.

Hilfslinien werden erstellt, indem sie mit gedrückter Maustaste aus dem horizontalen oder vertikalen Lineal herausgezogen und auf der Montagefläche positioniert werden. Da Hilfslinien Objekte sind, können sie jederzeit aktiviert, verschoben und über die [Entf]-Taste oder [←]-Taste gelöscht werden. Nachstehend einige Hinweise zum Erstellen und Positionieren von Hilfslinien:

Hilfslinien auf einer Seite erstellen | Ziehen Sie aus dem Lineal eine Hilfslinie mit gedrückter Maustaste heraus, und bewegen Sie sie entweder auf die linke oder rechte Seite Ihres Druckbogens. Die Hilfslinie kann dabei jeden Wert im Lineal annehmen. Wenn Sie gleichzeitig die [⇧]-Taste drücken, so können Sie nur Hilfslinien erstellen, die sich genau mit den Einteilungen (Teilstrichen) im Lineal decken.

Hilfslinien für einen Druckbogen erstellen | Hilfslinien, die über eine Seite oder über zwei Seiten (Druckbogen) hinausragen, können auf zweierlei Art erstellt werden:

1. Ziehen Sie dazu entweder die Hilfslinie außerhalb des Druckbogens aus dem Lineal heraus, oder
2. halten Sie gleichzeitig die [Strg]- bzw. [⌘]-Taste gedrückt, womit Sie die Hilfslinie auch auf die Seite ziehen können. Dies funktioniert auch für vertikale Hilfslinien, die über die Seite hinausragen sollen.

Hilfslinien um InDesign-Objekte erstellen | Wenn Sie bereits einige Objekte (Text- oder Bildrahmen) auf der Dokumentseite angebracht haben, so besteht oft der Wunsch, Hilfslinien um die Objekte herum bzw. am Mittelpunkt der Objekte ausgerichtet anzulegen. InDesign stellt dafür keine eigene Funktion mittels Bordwerkzeugen zur Verfügung. Dennoch können Sie dieses Vorhaben über das Skript »AddGuides« abbilden. Lesen Sie dazu mehr in Kapitel 40, »Skripte«, auf Seite 1123.

Hilfslinien positionieren | Eine Hilfslinie ist ein Objekt und kann somit jederzeit mit dem Auswahlwerkzeug ▶ aktiviert und verschoben werden. Positionieren Sie die ausgewählte Hilfslinie auf der gewünschten Position, indem Sie direkt über das Steuerung- oder Transformieren-Bedienfeld die X-Position für die vertikalen und die Y-Position für die horizontalen Hilfslinien eingeben.

Hilfslinien auswählen, kopieren und auf anderer Seite einfügen | Haben Sie die benötigten Hilfslinien oder ein Hilfslinienraster erstellt, so können Sie, solange noch kein Text- oder Grafikrahmen auf dem Druckbogen bzw. der Montagefläche aufgezogen wurde, über das Tastenkürzel Strg+A bzw. ⌘+A alle Hilfslinien auswählen.

Sind bereits Objekte platziert, können Sie Hilfslinien wie jedes andere Objekt mit dem Auswahlwerkzeug markieren. Mit gedrückter ⇧-Taste können Sie somit mehrere Hilfslinien markieren. Wenn Sie die Hilfslinien kopieren und auf einer anderen Seite einsetzen, stehen sie dort an exakt der gleichen Position. Falls Sie jedoch bestimmte Hilfslinien auf jeder Seite benötigen, so sollten Sie die Hilfslinien auf der Musterseite anbringen und diese den Originalseiten zuweisen.

Alle Hilfslinien markieren

Wenn Sie Hilfslinien mit gedrückter Strg- bzw. ⌘-Taste erstellt haben, erzeugen Sie Hilfslinien, die nicht am Seitenrand enden, sondern in die Montagefläche hineinragen. Um schnell Hilfslinien markieren zu können, obwohl schon Text- bzw. Grafikrahmen auf der Seite bestehen, markieren Sie die Hilfslinie auf der Montagefläche, indem Sie mit dem Auswahlwerkzeug darüberstreichen.

Hilfslinien und Ebenen | Hilfslinien werden beim Erstellen der derzeit aktiven Ebene zugeordnet. Achten Sie also beim Aufziehen von Hilfslinien darauf, welche Ebene Sie aktiviert haben. Welche Hilfslinie welcher Ebene zugeordnet ist, erkennen Sie, wie bei anderen Rahmen und Linien, an der entsprechenden Markierungsfarbe. Sind Hilfslinien auf einer »roten« Ebene erstellt worden, so sind sie im aktivierten Zustand auch »rot« markiert.

Das Verschieben einer Hilfslinie auf eine andere Ebene funktioniert wie bei allen anderen Objekten durch das Verschieben des Markierungspunkts im Ebenen-Bedienfeld. Wie Sie schon bei der Beschreibung der Ebenenoptionen – siehe dazu Seite 183 – erfahren haben, können auf diese Weise die Hilfslinien mit der Ebene ein- und ausgeblendet und für die Ebene gesperrt werden.

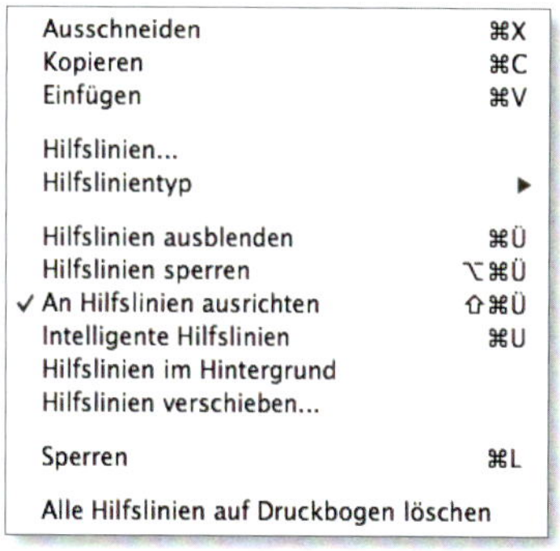

▲ **Abbildung 5.12**
Die Möglichkeiten des Kontextmenüs einer Hilfslinie. Damit können Sie die wichtigsten Befehle im Zusammenhang mit Hilfslinien ausführen.

Hilfslinien sperren bzw. entsperren | Die Position von Hilfslinien kann in bestimmten Fällen vor unerwünschtem Verschieben oder Löschen geschützt werden. Über den Befehl Ansicht • Raster und Hilfslinien • Hilfslinien sperren oder über das Tastenkürzel Strg+Alt+Ü bzw. ⌘+⌥+Ü werden alle Hilfslinien gesperrt. Achtung: Einzelne Hilfslinien können nicht über diesen Befehl gesperrt werden. Da Hilfslinien quasi InDesign-Objekten gleichgestellt sind, müssen Sie das Sperren einer Hilfslinie über den Befehl Objekt • Sperren, über das Kontextmenü bei markierter Hilfslinie oder über Strg+L bzw. ⌘+L erledigen. Das Sperren bzw. Entsperren von Hilfslinien kann auch nicht über das Ebenen-Bedienfeld abgebildet werden, da für Hilfslinien – zum Glück – keine Unterebene erzeugt wird.

Das Sperren und Entsperren von Hilfslinien kann in InDesign auf vielfältigste Art und Weise erfolgen. In der Praxis werden wir immer wieder mit der Frage konfrontiert: »Wie kann die Hilfslinie verschoben werden,

Herauslösen von Hilfslinien

Vorab hier nur der kleine Hinweis, dass eine Hilfslinie, die sich auf der Musterseite befindet, nur über einen Spezialgriff herausgelöst werden kann. Wählen Sie zuerst das Auswahlwerkzeug aus, und klicken Sie dann mit gedrückter ⌘+⇧- bzw. Strg+⇧-Taste auf die Hilfslinie auf der Dokumentseite.

Hilfslinien entsperren

Hilfslinien, die über den Befehl Objekt • Sperren gesperrt wurden, sind dennoch auswählbar – auch wenn die Option Auswahl von gesperrten Objekten verhindern im Register Allgemein der InDesign-Voreinstellungen aktiviert ist.

Das Entsperren von Hilfslinien erfolgt durch Auswahl der gesperrten Hilfslinie und Ausführen des Befehls Entsperren aus dem Kontextmenü.

wenn ich sie doch nicht markieren kann?« Deshalb möchten wir Ihnen Gründe für nicht aktivierbare und verschiebbare Hilfslinien nennen:

- Die Hilfslinie steht auf der Musterseite und muss zum Aktivieren herausgelöst werden (siehe den Hinweis auf der vorherigen Seite).
- Alle Hilfslinien wurden über den Befehl Hilfslinien sperren aus dem Menü Ansicht • Raster und Hilfslinien für das Dokument gesperrt.
- Die Hilfslinien wurden über den Befehl Hilfslinien sperren aus den Ebenenoptionen des Ebenen-Bedienfelds gesperrt.
- Die Ebene, auf der sich die Hilfslinie befindet, ist für jeglichen Zugriff gesperrt.
- Die Hilfslinie wurde mit dem Befehl Objekt • Sperren gegen unbeabsichtigtes Verschieben gesperrt.

Hilfslinien ausblenden und einblenden | Hilfslinien werden zum einen über den Befehl Ansicht • Raster und Hilfslinien • Hilfslinien ausblenden oder über das Tastenkürzel Strg+Ü bzw. ⌘+Ü ausgeblendet. Darüber hinaus werden auch alle Hilfslinien durch die Anwahl des Vorschau-Modus im Werkzeuge-Bedienfeld bzw. über Aktivierung der Überdruckenvorschau aus dem Menü Ansicht ausgeblendet – eine wirklich sinnvolle Einrichtung. Das Einblenden der Hilfslinien erfolgt analog zum Ausblenden.

Löschen von Hilfslinien

Das Löschen von Hilfslinien kann auf zweierlei Art erfolgen:

- Da Hilfslinien wie normale Objekte behandelt werden, können sie einfach markiert und mit der Entf- oder ←-Taste gelöscht werden.
- Hilfslinien können durch Zurückschieben der Hilfslinie in das Lineal eliminiert werden.

Vergessen Sie beim Löschen nicht, dass Sie Hilfslinien am schnellsten dadurch entfernen, dass Sie auf das Lineal klicken und aus seinem Kontextmenü Alle Hilfslinien auf Druckbogen löschen wählen.

Es kann verschiedenste Gründe haben, wenn Hilfslinien nicht sichtbar sind:

- Die Hilfslinien wurden über den Befehl Ansicht • Raster und Hilfslinien • Hilfslinien ausblenden ausgeblendet. Blenden Sie die Hilfslinien über Strg+Ü bzw. ⌘+Ü wieder ein.
- Der Vorschau-Modus im Werkzeuge-Bedienfeld ist aktiviert. Deaktivieren Sie ihn durch einen Klick auf das Symbol oder durch Drücken der Taste W.
- Die entsprechende Ebene wurde im Ebenen-Bedienfeld ausgeblendet. Blenden Sie die Ebene, auf der sich die Hilfslinie befindet, über einen Klick auf das Symbol ein.
- Ein Objekt steht oberhalb der Hilfslinie. Dies kann jedoch nur der Fall sein, wenn im Register Hilfslinien und Montagefläche der Voreinstellungen die Option Hilfslinien im Hintergrund aktiviert ist. Ändern Sie dort diese Voreinstellung, wenn Sie alle Hilfslinien im Vordergrund sehen wollen – das ist auch der Standardfall.

Hilfslinien einer Farbe und einer Zoomstufe zuordnen | Im Kontextmenü einer Hilfslinie gibt es unter anderem einen Menüpunkt Hilfslinien, den Sie aber auch über das Menü Layout • Hilfslinien aufrufen können.

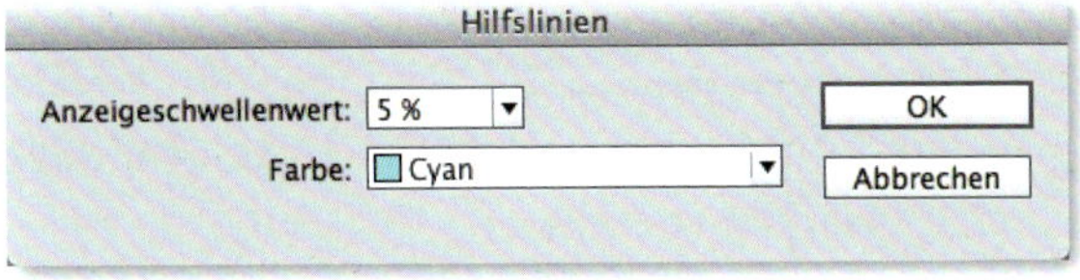

◄ **Abbildung 5.13**
Optionen, die für jede einzelne Hilfslinie eingestellt werden können

Über diesen Dialog können Sie jeder Hilfslinie eine Farbe zuordnen, die angezeigt wird, wenn die Hilfslinie nicht aktiviert ist, und Sie können festlegen, ab welcher Zoomstufe die Hilfslinie angezeigt wird.

- Farbe: Ist die Hilfslinie aktiviert, so wird sie standardmäßig in der Ebenenfarbe eingefärbt. Durch Auswahl einer Farbe in diesem Dialog werden markierte Hilfslinien für die Darstellung im nicht aktivierten Zustand in der gewählten Farbe angezeigt.
- Anzeigeschwellenwert: Über den Anzeigeschwellenwert legen Sie fest, ab welcher Zoomstufe die Hilfslinie angezeigt wird. Hilfslinien, die auf einen Anzeigeschwellenwert von 70 % gestellt sind, würden sich somit automatisch in der Normalansicht ausblenden, wenn zur Darstellung des Druckbogens von InDesign unter 70 % gezoomt werden muss.

Hilfslinien für den Verwendungszweck einfärben
Färben Sie Hilfslinien, an denen im Layout Textrahmen bzw. Bilder oder Kästen ausgerichtet werden sollen, in unterschiedlichen Farben ein.
Speziell wenn Sie nur mit einer Arbeitsebene arbeiten, sollten Sie die verschiedenen Hilfslinien farblich trennen. Dadurch können Layouter die Objekte schneller positionieren, ohne immer nachdenken zu müssen, welche Hilfslinie nun eigentlich für welche Begrenzung zuständig ist.

Erstellen eines Hilfslinienrasters

Ein gutes Layout besticht durch Ordnung. Die Platzierung von Objekten passiert dabei nicht zufällig, sondern folgt meistens bestimmten Gesetzmäßigkeiten, die häufig auf Basis eines Rasters entwickelt werden. In InDesign können Sie ein Hilfslinienraster erstellen, um einzelne Hilfslinien an bestimmten regelmäßigen Positionen im Layout zu platzieren.

Den Befehl zum Erstellen eines Hilfslinienrasters rufen Sie über das Menü Layout • Hilfslinien erstellen auf. Achten Sie vor dem Aufrufen des Befehls darauf, welche Ebene Sie aktiviert haben. Ebenso sollten Sie schauen, ob Sie einen Druckbogen oder nur eine Seite im Seiten-Bedienfeld ausgewählt haben, denn das Hilfslinienraster wird nur auf der ausgewählten Seite und Ebene erstellt.

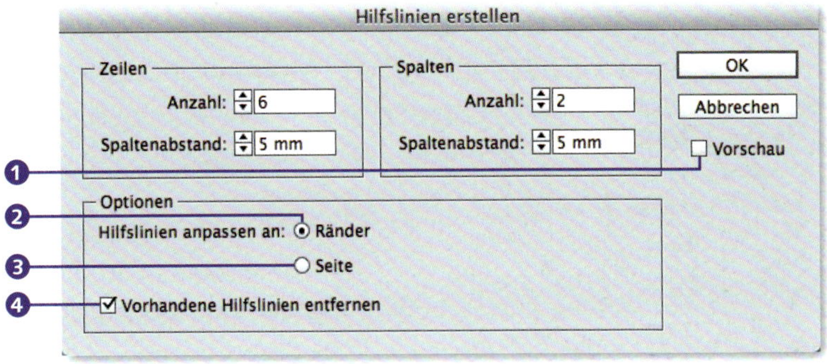

◄ **Abbildung 5.14**
Erstellen eines Hilfslinienrasters über den Befehl Hilfslinien erstellen aus dem Menü Layout

Zeilen und Spalten | Geben Sie die Anzahl der Spalten und den Spaltenabstand sowie die Anzahl der Zeilen, meistens ohne Spaltenabstand, ein. Aktivieren Sie den Button Vorschau ❶, um einen Überblick über das erstellte Hilfslinienraster zu haben.

Optionen | Wählen Sie aus, ob sich das Hilfslinienraster am Seitenrand (Papierformat) oder am Satzspiegel ausrichten soll. Für den Seitenrand wählen Sie die Option Seite ❸, für den Satzspiegel die Option Ränder ❷. Bereits erstellte Hilfslinien werden automatisch gelöscht und durch das neue Hilfslinienraster überschrieben, wenn Sie die Option Vorhandene Hilfslinien entfernen ❹ aktivieren.

Hilfslinien im Satzspiegel ausrichten

Hilfslinien können an bestimmten Positionen erstellt werden. In einigen Fällen ist es jedoch erforderlich, Hilfslinien auf dem Druckbogen, auf der Seite oder innerhalb des Satzspiegels mittig oder verteilt auszurichten.

Dieses Vorhaben können Sie am schnellsten durch Aufrufen des Befehls Layout • Hilfslinien erstellen erledigen. Wenn Sie darin im Bereich Spalten die Anzahl 2 und den Spaltenabstand 0 eingeben und bei der Option Hilfslinie anpassen an: Ränder aktivieren, so wird eine Hilfslinie in der Mitte des Satzspiegels angelegt.

Natürlich können Sie die Hilfslinie auch erstellen, indem Sie die Koordinaten der Hilfslinie über die X-Koordinate im Steuerung-Bedienfeld eingeben bzw. über Mittig ausrichten im Ausrichten-Bedienfeld anpassen, wenn die Option An Rändern ausrichten gewählt ist.

Start- und Endposition des Hilfslinienrasters bestimmen

Das Erstellen eines Hilfslinienrasters durch Eingabe einer bestimmten Start- bzw. Endposition und der gewünschten Anzahl an Hilfslinien im Zwischenraum ist in InDesign leider nicht möglich.

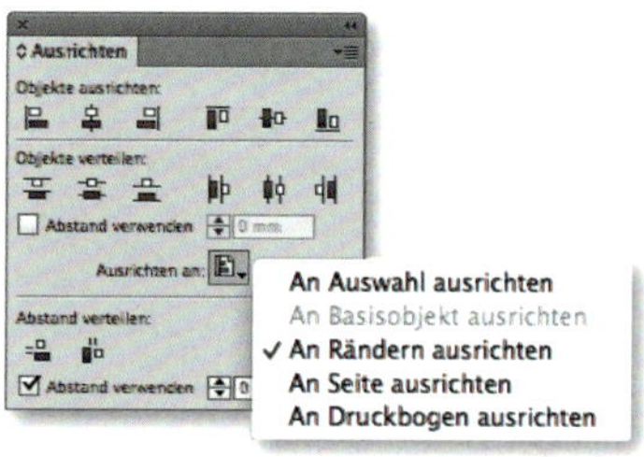

▲ **Abbildung 5.15**
Das Ausrichten-Bedienfeld mit aktiviertem Eintrag An Rändern ausrichten

5.6 Liquid-Hilfslinie

Die klassische Hilfslinie, die Sie zum Erstellen eines Layoutrasters aus dem horizontalen bzw. vertikalen Lineal herausziehen, ist eine durchgängig gezeichnete Linie, deren Farbigkeit vom Zustand der Aktivierung abhängt – siehe Seite 192. Mit InDesign CS6 wurde, bedingt durch die Liquid-Seiten-Regeln, ein zusätzlicher Hilfslinientyp eingeführt, die Liquid-Hilfslinie.

Verwendungszweck

Liquid-Hilfslinien werden in Verbindung mit der Liquid-Seiten-Regel Hilfslinienbasiert verwendet, um beim Umbau eines Layouts – z.B. von einem vertikalen Layout in ein horizontales Layout – eine Anpassungsregel für die betroffenen Objekte festzulegen. Diese Anpassungsregel funktioniert folgendermaßen:

- Eine vertikal angelegte Liquid-Hilfslinie erlaubt, dass alle Objekte, die von dieser Hilfslinie geschnitten werden, in der horizontalen Ausrichtung beim Anpassen verändert werden können.
- Eine horizontal angelegte Liquid-Hilfslinie erlaubt, dass alle Objekte, die von dieser Hilfslinie geschnitten werden, in der vertikalen Ausrichtung beim Anpassen verändert werden können.

Wichtig

Das horizontale bzw. vertikale Anpassen der geschnittenen Objekte betrifft nur den Objektrahmen und nicht den Inhalt.

Wie Sie auch den Inhalt dabei verändern können, erfahren Sie im Abschnitt »Anbringen der Liquid-Layout-Regeln« auf Seite 916.

Erstellen von Liquid-Hilfslinien

Um eine Liquid-Hilfslinie zu erstellen, wählen Sie aus dem Werkzeug-Bedienfeld das Seitenwerkzeug aus und markieren damit jene Seite (Druckbogen), auf der diese Hilfslinie erstellt werden soll. Sobald die Seite gewählt ist, erstellen Sie die Hilfslinie so, wie Sie eine normale Hilfslinie erstellen würden.

Anstelle einer durchgängig gezeichneten Hilfslinie erscheint die Liquid-Hilfslinie als gestrichelte Linie. Welche Farbe die Hilfslinie besitzt, ist wiederum von der Hilfslinienfarbe bzw. von der Ebene abhängig, auf der diese erstellt wurde.

Hinweis

Sie können beim Erstellen von Liquid-Hilfslinien in vollem Umfang auf alle bekannten Funktionen zurückgreifen, die zur Erstellung einer normalen Hilfslinie von Ihnen angewandt werden.

Liquid-Hilfslinien sind genauso magnetisch und können somit auch funktionell wie normale Hilfslinien verwendet werden.

Umschalten zwischen den Hilfslinientypen

Haben Sie jedoch nicht das Seitenwerkzeug beim Erstellen einer Hilfslinie ausgewählt, so wird eine klassische Hilfslinie erstellt. Wenn Sie diese Hilfslinie in eine Liquid-Hilfslinie umwandeln wollen, so stehen Ihnen zwei Möglichkeiten zur Verfügung:

- **Über das Kontextmenü**: Markieren Sie die Hilfslinie, und führen Sie einen Rechtsklick aus. Wählen Sie im Kontextmenü den Befehl Hilfslinientyp • Liquid-Hilfslinie aus.
- **Über das Umschaltsymbol**: Damit Sie das Symbol sehen können, lassen Sie sich am einfachsten den Druckbogen durch Drücken von Strg+Alt+0 bzw. ⌘+⌥+0 anzeigen. Fahren Sie danach mit dem Auswahlwerkzeug über die Hilfslinie, wodurch am oberen Seitenrand auf der Hilfslinie ein Symbol erscheint.
  - Sind Sie über eine Liquid-Hilfslinie gefahren, so zeigt sich das Symbol . Ein einfacher Klick auf das Symbol konvertiert sie in eine normale Hilfslinie.
  - Sind Sie über eine normale Hilfslinie gefahren, so zeigt sich das Symbol . Ein einfacher Klick auf das Symbol konvertiert die normale Hilfslinie in eine Liquid-Hilfslinie.

Das Symbol ist nicht sichtbar

Sollte das Umschaltsymbol beim Aktivieren der Hilfslinie nicht erscheinen, so müssen Sie zuerst einmal die Seite mit dem Seitenwerkzeug markieren und dann wiederum mit dem Auswahlwerkzeug die Hilfslinie aktivieren. Es dürfte sich dabei um einen Bug in Adobe InDesign CS6 handeln, in Adobe InDesign CC dürfte Adobe diesen Bug behoben haben.

Beachten Sie auch, dass Sie nicht den Vorschau-Modus aktiviert haben.

5.7 Grundlinien- und Dokumentraster

Das Ausrichten von Rahmen an Hilfslinien ist eine Möglichkeit, Ordnung in ein Layout zu bringen. InDesign bietet darüber hinaus noch zwei weitere Raster: das Dokumentraster und das Grundlinienraster. Auch diese können im Layout dazu verwendet werden, Objekte auszurichten.

Beim Verschieben von Objekten lassen sich Objekte nicht exakt positionieren

Sollten Sie beim Platzieren von Objekten das Gefühl haben, dass sich das Objekt nicht exakt auf einer Hilfslinie ausrichten lässt, so liegt das meist daran, dass Sie im Menü ANSICHT • RASTER UND HILFSLINIEN die Option AN DOKUMENTRASTER AUSRICHTEN aktiviert haben.

Dokumentraster

Unter einem Dokumentraster versteht man quasi ein elektronisches Millimeterpapier, das Sie über BEARBEITEN/INDESIGN • VOREINSTELLUNGEN • RASTER definieren und über das Menü ANSICHT • RASTER UND HILFSLINIEN • DOKUMENTRASTER EINBLENDEN oder mit dem Tastenkürzel Strg+ß bzw. ⌘+ß sichtbar machen können. Die Werte unserer Voreinstellungen aus dem Abschnitt »Der Einstellungsbereich ›Raster‹« auf Seite 64 erzeugen ein hellgraues Raster, bei dem pro Millimeter ein dünner und pro Zentimeter ein dickerer Rasterstrich horizontal und vertikal gezeichnet wird. Dabei wird das Raster im Hintergrund über die Option RASTER IM HINTERGRUND ❶ angelegt.

Abbildung 5.16 ▶
Ein Dokument mit eingeblendetem Dokumentraster. In welchem Abstand die Hauptlinien und wie viele Nebenlinien dazwischen angezeigt werden, legen Sie über die Voreinstellungen im Register RASTER fest. Das abgebildete Millimeterpapier ergibt sich aus den Werten aus Abbildung 5.17.

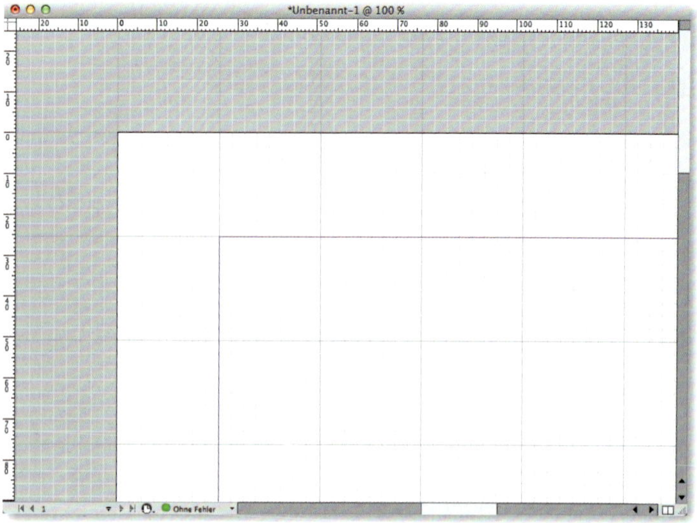

Die Ausrichtung erfolgt auf Basis der Kontur

Bei Objekten mit Konturen wird immer der Umriss und nicht der Pfad des Objekts zur Ausrichtung verwendet.

Ein Dokumentraster kann gut zum Ausrichten und Anordnen von Objekten in einem Layout verwendet werden. Wenn Sie zusätzlich das Menü ANSICHT • RASTER UND HILFSLINIEN • AN DOKUMENTRASTER AUSRICHTEN aktiviert haben, sind die Hilfslinien des Rasters magnetisch, wodurch Objekte beim Ausrichten automatisch angezogen werden und es nicht zu Ungenauigkeiten kommt.

Grundlinienraster

Unter einem Grundlinienraster versteht man ein Raster, an dem sich Textzeilen ausrichten sollen. Die Gründe dafür sind vielfältig:

- **Zeilen in Spalten sollen nicht gegeneinander verlaufen**: Wenn Zeilen in nebeneinanderliegenden Spalten nicht auf derselben Grundlinie stehen, führt dies zu einem unruhigen Layout. Speziell bei Mengensatz – in einem Buch, einem Magazin, einer Projektarbeit – ist das Verwenden des Grundlinienrasters nahezu Pflicht.
- **Texte der Rückseite schlagen durch**: Die Texte der Papierrückseite können bei dünnem Papier und bei Nichtaktivierung des Grundlinienrasters sichtbar werden, wodurch die Lesbarkeit des Textes leidet.
- **Ausrichten von Bildern am Grundlinienraster**: In vielen Fällen sollen Bildunterkanten mit der Grundlinie des danebenstehenden Textes abschließen.

Flexibles Grundlinienraster
InDesign kennt nicht nur ein Grundlinienraster, das für das gesamte Dokument verwendet wird, sondern auch ein Grundlinienraster, das für jeden Rahmen beliebig eingestellt werden kann. Nähere Informationen dazu erhalten Sie im Abschnitt 7.6, »Textrahmenoptionen«, auf Seite 262.

Definieren des Grundlinienrasters | Das allgemeine Grundlinienraster für ein Dokument wird über das Register Raster in den Voreinstellungen von InDesign festgelegt.

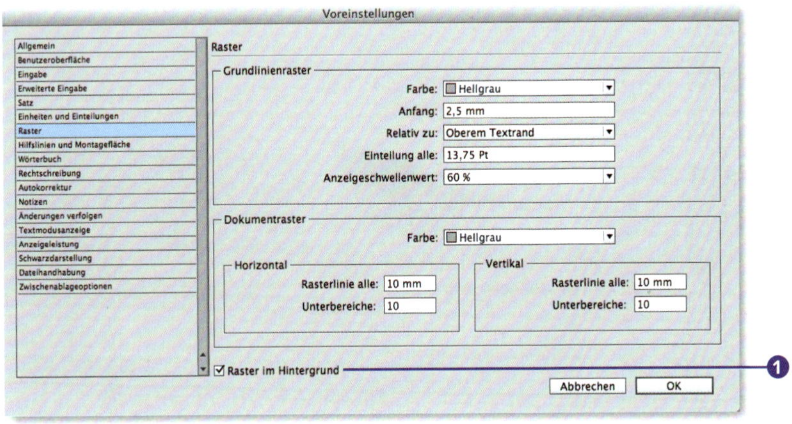

◄ **Abbildung 5.17**
Der Voreinstellungen-Dialog des Registers Raster. Sie können hier nicht nur das Grundlinienraster definieren, sondern auch ein Dokumentraster festlegen und beeinflussen, ob die Raster im Vorder- oder im Hintergrund des Dokuments angezeigt werden.

- Anfang: Jedes Grundlinienraster besitzt einen Startpunkt, an dem es auf einer Seite bzw. im Satzspiegel wirksam wird; Sie definieren ihn über die Option Anfang.
- Relativ zu: Damit kann der Startpunkt mit Bezug auf den gewählten Rand festgelegt werden.
  - Oberer Formatkante: Als Bezug wird hier die Seitengröße (Endformat) verwendet. Das Grundlinienraster verläuft somit über die ganze Seite bzw. Doppelseite.
  - Oberem Textrand: Als Bezug wird hier der definierte Satzspiegel verwendet. Das Grundlinienraster wird visuell auf den Satzspiegel beschränkt. Auch wenn das Grundlinienraster außerhalb des Satz-

Hinweis
Je nach verwendeter Schrift und Schriftgröße können Sie den Startpunkt über die Option Anfang so anpassen, dass die Oberlänge der Schrift ziemlich gleichauf mit der Satzspiegeloberkante ist. Das Ausrichten von Bildern an der Versalhöhe ist somit am Seitenanfang sehr leicht möglich.

Tipp

Wenn Sie zum Positionieren von Grafiken und Bildern auch das Grundlinienraster heranziehen wollen oder Zwischentitel bzw. Headlines auch auf dem Grundlinienraster anheften wollen, so können Sie auch ein feineres Grundlinienraster – beispielsweise mit dem halben Zeilenabstand – für das Dokument festlegen. Dadurch sind Sie etwas flexibler beim Ausrichten von Objekten im Layout.

spiegels nicht sichtbar ist, können außerhalb liegende Objekte daran ausgerichtet werden.

- Einteilung alle: Die Schrittweite des Grundlinienrasters wird in InDesign über diese Option festgelegt. Hier geben Sie normalerweise die Größe des Zeilenabstands ein. Damit kann der Zeilenabstand eines Textes, der auf das Grundlinienraster gesetzt wurde, nicht mehr fließend kontrolliert werden, sondern nur noch in Sprüngen des Rasters.
- Farbe: Die Wahl einer nicht zu dominanten Farbe macht das Arbeiten mit Grundlinienrastern etwas angenehmer.
- Anzeigeschwellenwert: So wie beim Dokumentraster wird auch hier festgelegt, ab welcher Zoomstufe das Grundlinienraster überhaupt eingeblendet werden soll. Wenn Sie beispielsweise beim Anzeigen der Doppelseite – Strg+Alt+0 oder ⌘+⌥+0 – automatisch das Grundlinienraster ausblenden wollen, so geben Sie den dafür zu verwendenden Zoomfaktor ein.

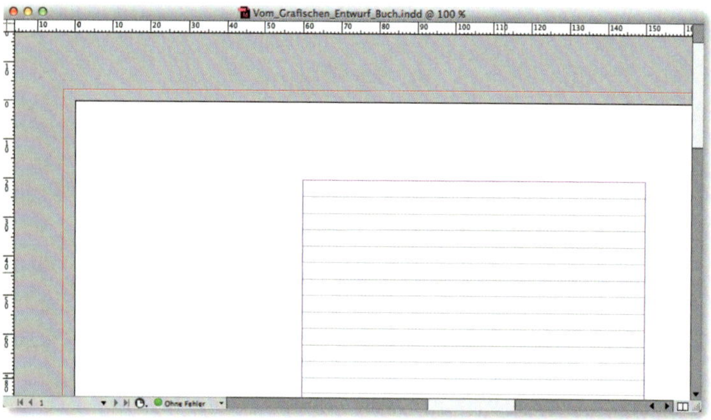

Abbildung 5.18 ▶
Das Grundlinienraster, das Sie durch Wahl der Parameter in den Voreinstellungen aus Abbildung 5.17 bekommen. Da in der Option Relativ zu der Eintrag Oberem Textrand gewählt wurde, werden die Hilfslinien des Grundlinienrasters nicht über den Satzspiegel hinaus angezeigt.

Einblenden des Grundlinienrasters | Das Grundlinienraster wird über das Menü Ansicht • Raster und Hilfslinien • Grundlinienraster einblenden bzw. Strg+Alt+ß oder ⌘+⌥+ß angezeigt.

Absätze eines Textes können dann über das Absatz- oder Steuerung-Bedienfeld am Grundlinienraster ausgerichtet werden. Das Ausrichten von Objekten am Grundlinienraster ist mit dem Menü Ansicht • Raster und Hilfslinien • An Hilfslinien ausrichten verbunden. Sie können das Ausrichten über das Tastenkürzel Strg+⇧+Ü bzw. ⌘+⇧+Ü ein- bzw. ausschalten.

Text am Grundlinienraster ausrichten

Sie können Texte über das Absatz- oder Steuerung-Bedienfeld am Grundlinienraster ausrichten. Schneller geht es durch Drücken von Strg+Alt+⇧+G bzw. ⌘+⌥+⇧+G.

Das Grundlinienraster ist ein sehr wichtiges Instrument, um Ordnung im Layout und in der Typografie entstehen zu lassen. Befassen Sie sich deshalb mit seiner Arbeitsweise und den verschiedenen Möglichkeiten – z. B. auch damit, ein abweichendes Grundlinienraster für einen Textrahmen zu definieren.

Kapitel 6

Rahmen erstellen und ändern

Alle Objekte innerhalb von InDesign werden als Rahmen behandelt. Der Umgang mit Rahmen gehört somit zu den Grundfähigkeiten, um schnell mit dem Layoutprogramm arbeiten zu können. Erfahren Sie in diesem Kapitel, wie Rahmen aufgebaut sind, wie Sie diese erstellen und in der Form verändern können und welche Hilfsmittel Ihnen zur Verfügung stehen, um Rahmen als Raster aufzubauen und Rahmen zueinander bzw. an bestimmten Objekten auszurichten.

6.1 Rahmenkonzepte

Das Rahmenkonzept von InDesign ist sehr einfach. Jedes Objekt bedient sich eines Objektrahmens, um die Inhalte im Layout zu platzieren und deren Größe zu bestimmen. Unterschieden wird lediglich zwischen Rahmen,

- in denen Inhalte wie Bilder oder Vektorgrafiken stehen (in Zukunft *Bildrahmen* genannt),
- in denen Texte geschrieben und formatiert werden können (in Zukunft *Textrahmen* genannt), und
- Rahmen, die zur direkten grafischen Bearbeitung – dem Erstellen von Formen und Flächen – vorgesehen sind (in Zukunft *Grafikrahmen* genannt).

Technische Betrachtung
Technisch gesehen, ist ein Rahmen ein Pfad, der mit unterschiedlichen Inhalten gefüllt werden kann. Dieser Inhalt kann jederzeit ausgetauscht werden, wodurch aus einem Bildrahmen ein Textrahmen erzeugt werden kann. Die von uns gewählte Nomenklatur – Bild-, Text- und Grafikrahmen – entspricht somit nicht der Definition von Rahmen in InDesign.

Die Handhabung der Rahmen ist dabei für alle Rahmentypen gleich, minimale Unterschiede in der Bearbeitung ergeben sich nur durch den Inhalt des Rahmens.

Die Trennung der Rahmentypen ist sinnvoll, denn Bild- und Textrahmen, die durch das Rechteckrahmen-Werkzeug – mit dem dazugehörigen Ellipsen- und Polygonrahmen-Werkzeug – und das Textwerkzeug erzeugt werden, besitzen standardmäßig keine Kontur- und Flächenfarbe. Hingegen wird mit dem Rechteck-Werkzeug ein Rah-

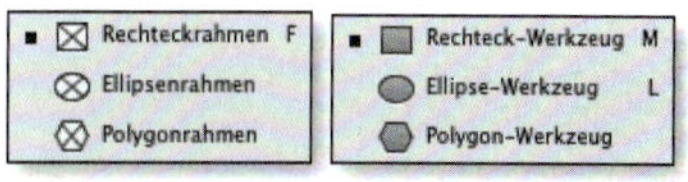

▲ **Abbildung 6.1**
Verschiedene Formen stehen dem Anwender sowohl im Fly-out-Menü des Rechteckrahmen- als auch des Rechteck-Werkzeugs zur Verfügung.

Symbole an der Rahmenkante

Besitzt der Rahmen ein kleines gelbes bzw. in der Rahmenfarbe eingefärbtes vollflächiges Quadrat in der oberen rechten Ecke, so dient das gelbe Quadrat zum Bearbeiten der Ecken (siehe Seite 220) und das vollflächige zum Verankern des Rahmens (siehe Seite 680).

Das Symbol an der linken oberen Ecke stellt den Verknüpfungsstatus (siehe Seite 324) des Bildes bzw. des verankerten Textes dar.

men (Grafikrahmen) erstellt, der sowohl Kontur als auch Füllung bereits beim Aufziehen des Rahmens enthalten kann. Damit soll nicht der Anschein erweckt werden, dass dem Rechteckrahmen-Werkzeug keine Kontur und keine Flächenfarbe zugewiesen werden kann, sondern aufgezeigt werden, dass bestimmte Werkzeuge für bestimmte Arten von Rahmen verwendet werden sollen.

Mit welchen Werkzeugen sollen Sie nun Rahmen erstellen? Wie können Sie am schnellsten gewisse Rahmengrößen anlegen und genau positionieren? Wieso benötigen Sie überhaupt drei verschiedene Werkzeuge, wenn doch die Trennung zwischen Text-, Bild- und Grafikrahmen eigentlich nicht gegeben ist? All diese Fragen sollten in diesem Abschnitt ausreichend beantwortet werden. Ihren Arbeitsstil bestimmen Sie jedoch selbst!

Rahmenwerkzeuge

Zum Erstellen von Rahmen stehen in InDesign vier Werkzeuge zur Verfügung: das Textwerkzeug, das Rechteckrahmen-Werkzeug, das Rechteck-Werkzeug und das Linienzeichner-Werkzeug. Die Verwendung der Werkzeuge kann wie folgt beschrieben werden:

▲ **Abbildung 6.2**
Ein Textrahmen. Die markanten Merkmale sind die Textverkettungsmarken am linken oberen und rechten unteren Rand sowie das Symbol #, wenn die Steuerzeichen über den Befehl Schrift • Verborgene Zeichen einblenden eingeblendet wurden.

Textwerkzeug T. | Verwenden Sie dieses Werkzeug, um Texte zu bearbeiten und um Textrahmen aufzuziehen, die weder mit einer Kontur noch mit einer Flächenfarbe versehen sein sollen. Das nachträgliche Einfärben und Versehen mit einer Kontur ist natürlich jederzeit möglich. Textrahmen werden in erster Linie zum Schreiben bzw. zum Platzieren von Texten verwendet. Bedingt durch die offene Art und Weise der Rahmenhandhabung ist auch das Platzieren von Grafiken und Bildern in einem Textrahmen möglich. Dabei wird der Rahmen automatisch in einen Rechteckrahmentyp umgewandelt. Sie können den Textrahmen auch mittels Eingabe über den Befehl Objekt • Inhalt • Grafik oder durch Platzieren eines Bilds umwandeln. Die typische Darstellung eines aktivierten Textrahmens ist in Abbildung 6.2 zu sehen.

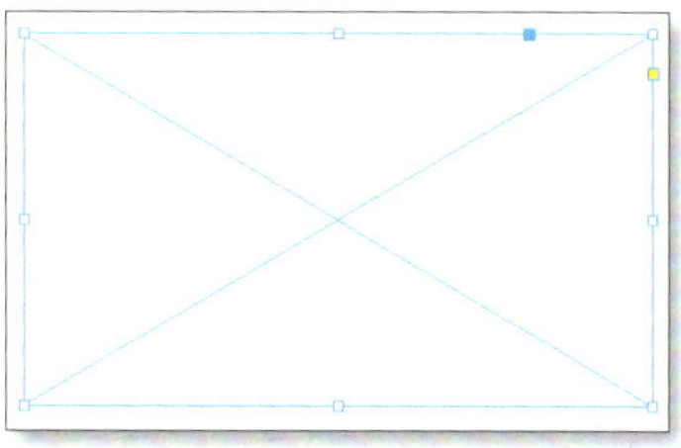

▲ **Abbildung 6.3**
Ein Bild- oder Grafikrahmen. Das Kreuz im Rahmen ist typisch dafür.

Rechteckrahmen-Werkzeug ⊠. | Verwenden Sie diesen Rahmentyp, um im Layout einen Container für zu platzierende Bilder, Illustrationen oder Logos (Bildrahmen) einzurichten. Dieser Platzhalter hat standardmäßig wie der Textrahmen weder Kontur noch Flächenfüllung. Auch hier gibt es selbstverständlich die Möglichkeit einer nachträglichen Veränderung. Das spätere Umwandeln eines leeren Rechteckrahmens in einen Textrahmen ist durch einen Klick mit dem Textwerkzeug auf den Rechteckrahmen oder über den Befehl Objekt • Inhalt • Text möglich.

Die typische Darstellungsform eines Platzhalters mit dem durchkreuzten Rahmen ist in Abbildung 6.3 zu sehen.

Rechteck-Werkzeug | Verwenden Sie diesen Rahmentyp, wenn Sie eine reine Fläche oder einen Rahmen mit Kontur ohne Inhalt oder die Kombination beider (Grafikrahmen) in Ihrem Layout benötigen. Je nach Voreinstellung der Konturstärke sowie der Kontur- und Flächenfarbe werden dem Rahmen bereits beim Aufziehen alle Attribute zugewiesen. Ein nachträgliches Umwandeln in einen Text- bzw. Rechteckrahmen erfolgt über den Befehl Objekt • Inhalt • Text bzw. Grafik oder über das Platzieren eines Textes bzw. Bilds in den Rahmen. Das Umwandeln eines Text- bzw. Rechteckrahmens in ein Rechteck erfolgt über den Befehl Objekt • Inhalt • Nicht zugewiesen. Die typische Darstellung eines solchen Rahmens ist in Abbildung 6.4 zu sehen.

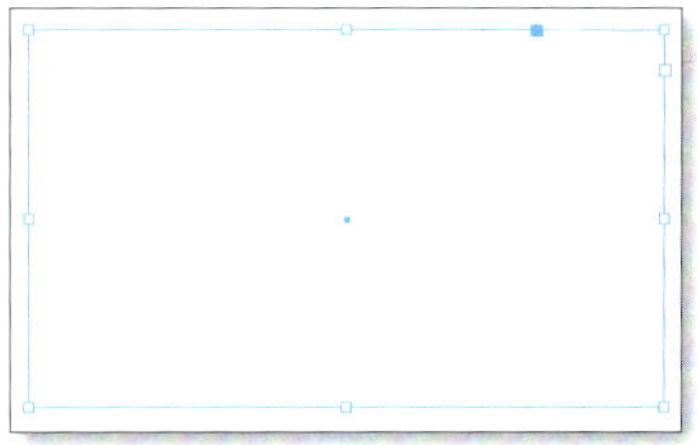

▲ **Abbildung 6.4**
Ein Grafikrahmen, der mit dem Rechteck-Werkzeug erstellt wurde

Linienzeichner-Werkzeug | Verwenden Sie dieses Werkzeug, um eine Linie zu erstellen, die von einem Rahmen umgeben ist. Eine Linie wird standardmäßig, wie beim Rechteck-Werkzeug, mit der voreingestellten Konturstärke, der Ausrichtung der Kontur auf dem Pfad und der Konturfarbe erstellt. Wie Sie mit Pfaden und diesem einfachen Rahmentyp umgehen, erfahren Sie in Kapitel 10, »Vektoren«, auf Seite 369.

Bild- und Grafikrahmen in einen Textrahmen umwandeln

Beachten Sie, dass standardmäßig ein leerer Bild- oder Grafikrahmen sofort in einen Textrahmen umgewandelt wird, wenn Sie bei ausgewähltem Textwerkzeug auf ihn klicken.

Um dieses Verhalten zu ändern, empfehlen wir, die Option Textwerkzeug wandelt Rahmen in Textrahmen um im Register Eingabe der InDesign-Voreinstellungen zu deaktivieren.

Der Aufbau von Rahmen

Ein Rahmen besteht generell aus einer *Fläche* und einer *Kontur*. Der Kontur können Attribute wie Konturstärke oder Konturtyp (gestrichelt, gepunktet, streifig oder durchgängig) sowie die Konturfarbe – eine reine Farbe, ein Farbton oder ein Verlauf – zugewiesen werden. Die Fläche kann hingegen nur mit einer Flächenfarbe, einem Farbton oder einem Verlauf eingefärbt und darüber hinaus mit Bildern, Grafiken oder auch Text versehen werden.

Ein Rahmen wird standardmäßig durch neun Punkte (siehe Abbildung 6.4) beschrieben. Acht Punkte stehen am Rand zum Anfassen zur Verfügung, und der Mittelpunkt stellt das rechnerische Zentrum des Rahmens dar. Während Sie über den Mittelpunkt nur die Position des Rahmens verschieben können, kann hingegen die Dimension des Rahmens über die acht anderen Punkte verändert werden. Alle Rahmentypen, somit auch Text- und Bildrahmen, können »offen« sein; das heißt, sie müssen keinen geschlossenen Pfad besitzen. Eine gefüllte Fläche wird in diesem Fall durch die direkte Verbindung zwischen Anfangs- und Endpunkt beschnitten. Auch Bilder und Text werden in derselben Art und Weise abgeschnitten.

▲ **Abbildung 6.5**
Rahmen müssen in InDesign nicht geschlossen sein. Offene Rahmen sollten jedoch weitestgehend vermieden werden.

6.2 Rahmen erstellen, positionieren und auswählen

Für das Layout werden verschiedene Platzhalter für Inhalte benötigt. Der Layouter kann auf verschiedene Werkzeuge und Techniken zurückgreifen, um das Layout stellungsgenau für die Bearbeitung aufzubereiten. Doch schön der Reihe nach.

Wie können Rahmen noch erstellt werden?
Neben dem Erstellen von Rahmen mit den zuvor genannten Werkzeugen können Rahmen darüber hinaus durch das Einfügen von Dateien über die Funktion Platzieren, durch Einfügen einer Datei per Drag & Drop oder durch Einfügen von Objekten aus der Zwischenablage erstellt werden.

Erstellen von Rahmen

Ein Rahmen ist schnell erstellt. Wählen Sie eines der zuvor genannten Werkzeuge im Werkzeuge-Bedienfeld aus, und ziehen Sie mit gedrückter Maustaste einen Rahmen auf Ihrer Seite auf. Die Größe des Rahmens wird Ihnen sofort am Objekt angezeigt. Sie erhalten – im normalen Ansichtsmodus – nach dem Loslassen einen aktiven Rahmen. Lediglich wenn Sie das Textwerkzeug verwendet haben, blinkt der Cursor, zur Texteingabe im Textrahmen bereit.

Mit dem Rechteckrahmen-, Rechteck- und Textwerkzeug können in Kombination mit diversen Tastenkürzeln gezielt Formen erstellt werden. Das Erstellen von Linien wird in Kapitel 10, »Vektoren«, ausführlich behandelt.

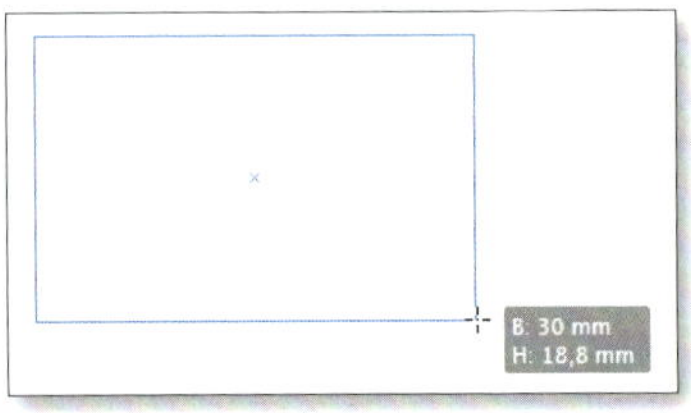

▲ **Abbildung 6.6**
Manuelles Aufziehen eines Rahmens mit der Anzeige der Größe

Erstellen von Quadraten und Kreisen | Wird beim Erstellen des Rahmens zusätzlich die ⇧-Taste gedrückt, so ziehen Sie ein Quadrat auf. Bei der Ellipse erzielen Sie dadurch einen Kreis, beim Polygon ein gleichseitiges Vieleck.

Erstellen von Rahmen aus dem Zentrum | Drücken Sie während des Aufziehens des Rahmens gleichzeitig die Alt- bzw. ⌥-Taste, so wird der Rahmen aus dem Mittelpunkt heraus aufgezogen.

Erstellen eines Kreises, Quadrats bzw. gleichseitigen Vielecks aus dem Zentrum | Kombiniert mit der Alt+⇧- bzw. ⌥+⇧-Taste, ziehen Sie aus dem Mittelpunkt heraus ein Quadrat, einen Kreis oder ein gleichseitiges Vieleck auf.

Rahmen mit einer Konturstärke von 1 Pt versehen
Ist lediglich ein Rahmen ohne Kontur und Fläche aufgezogen worden, so kann dem markierten Rahmen eine 1 Pt starke schwarze Kontur (die Stärke ist abhängig von der zuvor eingestellten Konturstärke) gegeben werden, indem Sie D drücken.

Numerische Eingabe der Breite und Höhe | Um die Eingabe numerisch vorzunehmen, wählen Sie eines der Werkzeuge – jedoch nicht das Textwerkzeug – zum Erstellen von Rahmen aus und klicken einfach auf die Seite oder auf die Montagefläche. Je nachdem, ob Sie ein Rechteck, eine Ellipse oder ein Polygon gewählt haben, erscheint der entsprechende Dialog.

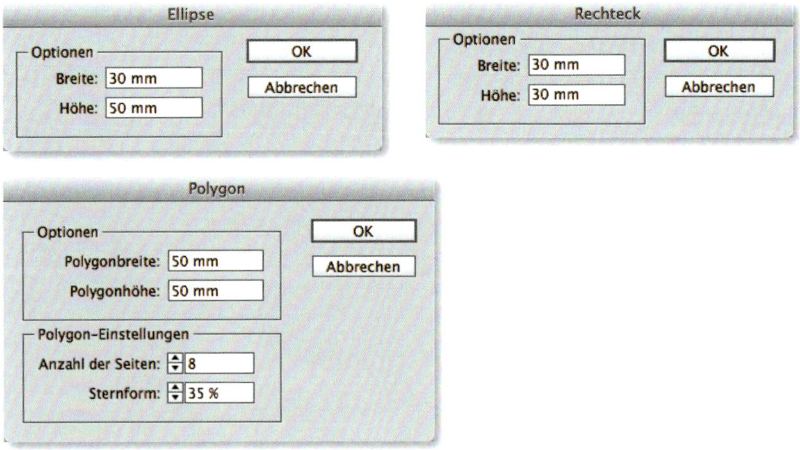

◂ **Abbildung 6.7**
Oben: Ellipsen- und Rechteckerstellung durch numerische Eingabe
Unten: Erstellen eines Sterns durch numerische Eingabe. Über die Anzahl der Seiten und den Prozentwert der Sternform bestimmen Sie die Form des Polygons.

In allen drei Dialogen können Sie durch Eingabe der Breite und der Höhe die Größe des zu erstellenden Rechtecks, der Ellipse und des Polygons bestimmen. Darüber hinaus müssen Sie bei der Eingabe eines Polygons die Anzahl der Seiten und die Sternform angeben, mit der die Tiefe der Einbuchtungen im Stern in Prozent definiert wird.

Eingabe in Dialogen rückgängig machen

Um die Eingabe in den Dialogen rückgängig zu machen, drücken Sie die `Alt`- bzw. `⌥`-Taste, wodurch sich der Button Abbrechen in Zurück ändert. Ein Klick auf Zurück stellt die Ausgangswerte wieder her.

Warum dies jedoch nicht im Eingabedialog Polygon funktioniert, entzieht sich unserer Kenntnis.

Bestimmen der Anzahl der Seiten und der Sternform beim Aufziehen des Polygons | Eine spezielle Möglichkeit stellt InDesign beim Aufziehen von Polygonen zur Verfügung: So wie bei Adobe Illustrator können Sie die Anzahl der Seiten und die Sternform beim Aufziehen des Polygons verändern.

- **Anzahl der Seiten verändern**: Während des Aufziehens des Polygons kann durch einmaliges Drücken der Leertaste umgeschaltet werden, damit durch Drücken der Pfeiltaste `↑` die Anzahl der Seiten auf maximal 100 erhöht bzw. durch Drücken der `↓`-Taste auf maximal drei Seiten verringert werden kann. Beide Extremformen sind in Abbildung 6.8 dargestellt.
- **Sternform verändern**: Auch hier müssen Sie während des Aufziehens des Polygons einmalig die Leertaste drücken, damit Sie durch Drücken der Pfeiltaste `→` die Einbuchtungen der Sternform vergrößern und durch Drücken der Pfeiltaste `←` die Einbuchtung der Sternform auf ein normales Polygon verringern.

▴ **Abbildung 6.8**
Links: maximale Seitenanzahl eines Polygons von 100; rechts: minimale Seitenanzahl von 3

Die Werte der unteren Abbildung aus Abbildung 6.7 ergeben einen Stern mit acht Zacken; die Einbuchtungen zum Mittelpunkt hin betragen 35 % (ca. ⅓ des Radius). Wird der Prozentwert auf 0 % gesetzt, so erhalten Sie ein achtseitiges Vieleck; wird der Prozentwert auf 100 % gestellt, so erhalten Sie einen Strahlenstern, der aus acht Einzelstrahlen besteht. Alle Formen sind in Abbildung 6.9 zu sehen.

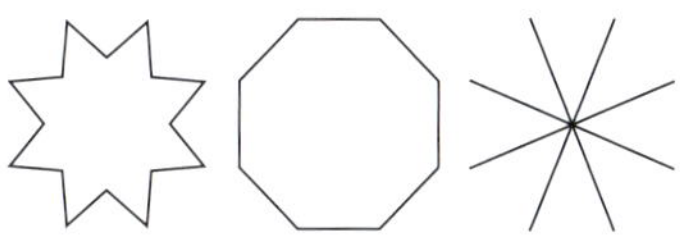

▴ **Abbildung 6.9**
Polygonvariationen. Der Unterschied ergibt sich durch die Eingabe des Prozentwerts für die Sternform.

Nachträgliche Änderungen
Das nachträgliche Ändern der Sternform ist über die Pfeiltasten nicht mehr möglich. Hier können Sie entweder auf den Befehl FORM KONVERTIEREN zurückgreifen oder durch Doppelklick auf das Polygon-Werkzeug die Form verändern.

Erstellen von mehreren Objekten in einem regelmäßigen Raster | Beabsichtigen Sie, ein regelmäßiges Raster von gleichen Objekten zu erstellen, so können Sie dies schon beim Erstellen des Objekts erledigen. Sie können dabei die Anzahl der Spalten und Zeilen wie auch den Abstand der Objekte zueinander sowohl horizontal als auch vertikal visuell bestimmen. Die exakte Eingabe der Größen ist dabei nicht vorgesehen. Folgen Sie dazu nachstehender Schritt-für-Schritt-Anleitung.

Schritt für Schritt
Raster von Dreiecken mit bestimmten Abstand erstellen

Das Erstellen eines Rasters aus gleich großen und im gleichen Abstand versetzten Dreiecken erfolgt in wenigen Schritten. Ob es sich dabei um Dreiecke, Kreise, Linien oder Rechtecke handelt, das bestimmen Sie durch die Wahl des entsprechenden Werkzeugs.

Hinweis
Das Aufziehen eines Rasters funktioniert auch mit dem Textwerkzeug. Textrahmen werden dabei darüber hinaus noch miteinander verkettet.

1 Standardabstand festlegen

Sie haben durch das Anlegen des Dokuments im Dialog NEUES DOKUMENT im Eingabefeld SPALTENABSTAND (siehe Abbildung 4.3 auf Seite 140) bereits einen Standardwert für das Dokument festgelegt. Dieser Abstand würde beim Aufziehen des Rasters auch verwendet werden.

Wenn Sie jedoch einen vom Dokumentstandard abweichenden Spaltenabstand setzen wollen, rufen Sie den Befehl LAYOUT • RÄNDER UND SPALTEN auf und geben darin im Eingabefeld SPALTENABSTAND den neuen Defaultwert ein. Legen Sie den Abstand mit 2 mm fest.

2 Auswahl des Rahmenwerkzeugs

Je nachdem, ob Sie ein Raster aus Rechtecken, Kreisen, Linien oder Polygonen erstellen wollen, wählen Sie das entsprechende Rahmenwerkzeug aus.

Da wir beabsichtigen, ein Raster aus Dreiecken zu erstellen, sollten Sie bereits die Einstellungen für das Dreieck im Polygon-Einstellungen-Dialog vornehmen. Führen Sie dazu einen Doppelklick auf das Polygon-Werkzeug aus, und geben Sie darin die Werte aus Abbildung 6.10 ein.

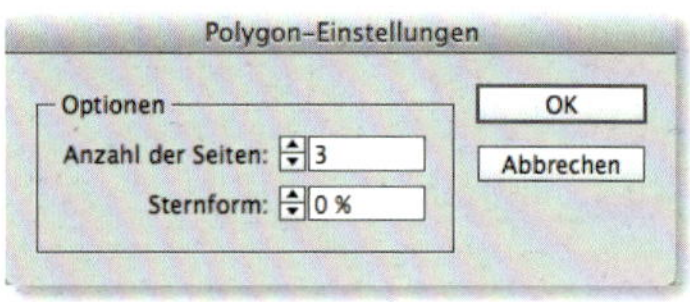

▲ **Abbildung 6.10**
Durch die Eingabe von 3 in ANZAHL DER SEITEN und der STERNFORM von 0 % wird ein Dreieck erstellt.

3 Aufziehen des Rasters

Beginnen Sie mit dem Aufziehen eines Dreiecks. Während des Aufziehens können Sie durch Drücken der Pfeiltaste [→] die Anzahl der Spalten vergrößern und durch Drücken der [←]-Taste die Anzahl der Spalten reduzieren. Analog dazu verfahren Sie mit den Pfeiltasten [↑]/[↓], um die Anzahl der Zeilen zu erhöhen bzw. zu reduzieren.

Ziehen Sie ein Dreieck auf, und drücken Sie viermal die →-Taste und dreimal die ↑-Taste. Dadurch erstellt sich ein Raster aus fünf Spalten und vier Zeilen mit Dreiecken, die im Abstand von 2 mm gesetzt sind. Lassen Sie die Maustaste erst jetzt los, womit das Raster aus Dreiecken angelegt wird.

Die Dreiecke sind alle markiert. Damit sie schwarz gefüllt werden, drücken Sie zuerst die Taste D und dann ⇧+X. Das Ergebnis dieser Vorgehensweise ist in Abbildung 6.11 zu sehen.

▲ **Abbildung 6.11**
Das Ergebnis aus Schritt 3

4 Nachträgliches Verändern des Objektabstands

Wollen Sie jedoch den Abstand zwischen den Dreiecken verkleinern oder sogar auf 0 mm stellen, so können Sie das auch noch beim Aufziehen des Rasters erledigen oder nachträglich mit dem Lückenwerkzeug zeilenweise abändern.

Um den Abstand zwischen den Objekten zu verringern bzw. zu vergrößern, drücken Sie zusätzlich zu den Pfeiltasten ↑/↓ die Strg- bzw. ⌘-Taste. Damit verändern Sie den horizontalen Abstand zwischen den Objekten. Drücken Sie hingegen die Pfeiltasten ←/→, so verändern Sie den vertikalen Abstand zwischen den Objekten. In welchen Schrittweiten dabei der Abstand verringert bzw. vergrößert wird, ist von den InDesign-Voreinstellungen im Register Einheiten und Einteilungen abhängig. Laut unseren Voreinstellungen aus Kapitel 2, »Modernes Publishing – vorbereitende Schritte«, wurde dabei der Wert für Pfeiltasten auf 0,1 mm gesetzt.

Um den Abstand zwischen den Dreiecken sowohl in der Horizontalen als auch in der Vertikalen auf 0 mm zu stellen, müssten Sie somit 20-mal die Pfeiltasten ↓ und ← bei gleichzeitig gedrückter Strg- bzw. ⌘-Taste drücken. Das Ergebnis dieses Schrittes ist in Abbildung 6.12 zu sehen.

▲ **Abbildung 6.12**
Das Ergebnis aus Schritt 4. Beachten Sie, dass der Abstand zwischen den einzelnen Objekten mindestens 0 mm betragen muss. Ein negativer Wert ist also dabei nicht zulässig.

Exakte Bestimmung der Position und der Größe

Ein schnell aufgezogener Rahmen wurde aus Sicht eines Layouters nur visuell in der Position und in der Dimension bestimmt. Doch alles im Leben hat seine Ordnung. Dies gilt auch für die Position und die Größe der verwendeten Rahmen. Vor allem bei Projekten wie Zeitungen, Magazinen, Dissertationen und auch Büchern spielen bestimmte Rahmenbreiten, die sich aus der Spaltenbreite oder aus der Breite des Satzspiegels ergeben, eine zentrale Rolle. Die Rahmenhöhe ist dabei meistens flexibel. Doch auch hier können sich Höhen auf ein Vielfaches des Zeilenabstands beschränken und am Grundlinienraster ausgerichtet werden.

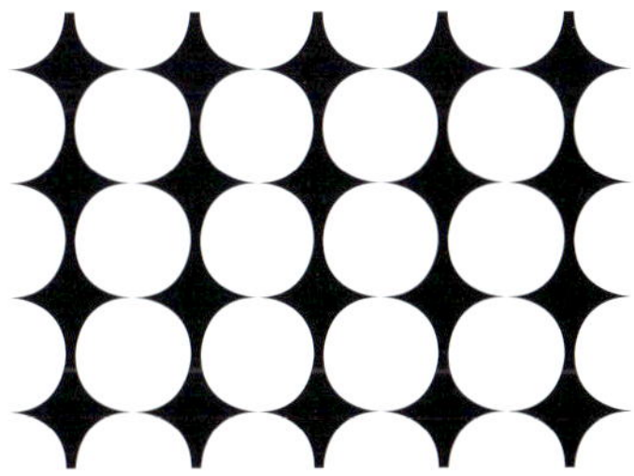

▲ **Abbildung 6.13**
Das Ergebnis aus Abbildung 6.12 wurde einer Formänderung unterzogen. Wählen Sie dazu das Raster von Dreiecken aus, und klicken Sie dann im Pathfinder-Bedienfeld im Bereich Form konvertieren auf das Symbol ⬡.

Um Rahmen exakt zu positionieren und die Breite und die Höhe zu bestimmen, bietet InDesign zwei Möglichkeiten an: Zentral können die Werte über das Steuerung- und das Transformieren-Bedienfeld gesteuert werden. Das Steuerung-Bedienfeld steht den Anwendern in der Standardansicht unterhalb der Menüleiste zur Verfügung. Das Transformieren-Bedienfeld muss über das Menü FENSTER • OBJEKT UND LAYOUT • TRANSFORMIEREN oder durch Klick auf das Symbol in der Bedienfeldleiste aufgerufen werden. Hinzu kommt, dass das Aufrufen des Transformieren-Bedienfelds eigentlich unnötig ist, da alle Einstellungen im Steuerung-Bedienfeld identisch abgebildet werden können.

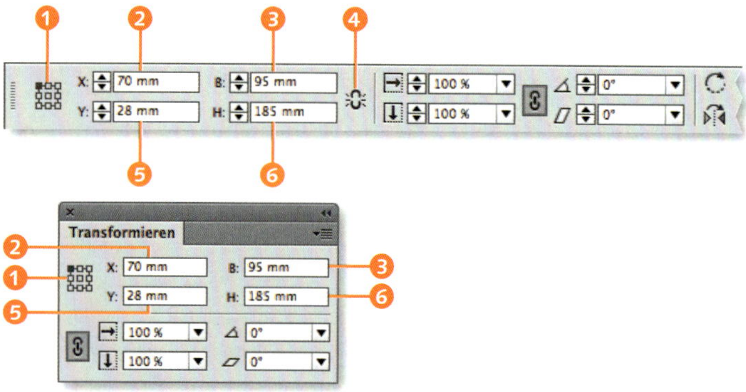

Abbildung 6.14 ►
Das Steuerung- und das Transformieren-Bedienfeld. Beachten Sie, dass Sie in den Eingabefeldern auch Berechnungen durchführen können. Beispielsweise würde die Eingabe von 95/2–2,5 die Spaltenbreite einer Spalte ergeben, wenn mit dem Spaltenabstand 5 mm gearbeitet wird.

Der *Ursprung* des Rahmens kann über das Bedienfeldsymbol vom Anwender frei gewählt werden. Alle Eingaben über das Bedienfeld erfolgen in Abhängigkeit vom gewählten Bezugspunkt. Wollen Sie, dass der Ursprung des Rahmens immer der linke obere Punkt sein soll, so wählen Sie den linken oberen Punkt im Bedienfeldsymbol BEZUGSPUNKT ❶ aus. InDesign schreibt beim Beenden des Programms den zuletzt gewählten Punkt in die Voreinstellungsdatei. Wie wir später noch sehen werden, kann für jeden Rahmen der Ursprung unterschiedlich über die RAHMENEINPASSUNGSOPTIONEN festgelegt werden. Seien Sie also nicht verwundert, wenn Sie Rahmen aktivieren und dabei immer einen anderen Ursprung markiert bekommen.

Durch die Eingabe der X-Koordinate ❷ bestimmen Sie den Versatz des linken oberen Punkts vom linken Rand, mit der Y-Koordinate ❺ hingegen den Versatz vom oberen Rand. Achten Sie darauf, dass sich eingegebene Werte immer auf die Maßeinheit des aktuell gewählten Lineals beziehen. Verschieben Sie den Ursprung im Lineal nicht, denn damit verwirren Sie den ungeübten Benutzer sicherlich vollends.

Bestimmen Sie durch die Eingabe von BREITE ❸ und HÖHE ❻ die Größe des Rahmens. Sollte sich bei der Eingabe der Breite automatisch der Wert der Höhe verändern, so haben Sie die Option PROPORTIONEN FÜR BREITE UND HÖHE BEIBEHALTEN ❹ aktiviert. Deaktivieren Sie dieses

Schnelle Eingabe der Werte

Ziehen Sie den Rahmen auf. Drücken Sie das Tastenkürzel [Strg]+[6] bzw. [⌘]+[6]. Geben Sie den X-WERT ein, drücken Sie [⇥], und geben Sie dann den Y-WERT ein. Mit [↵] beenden Sie die Eingabe.

Verhalten durch Klicken auf das Symbol . Wenn das Symbol die Darstellung besitzt, können Sie nicht-proportionale Verhältnisse eingeben. Beachten Sie, dass sich in diesem Fall nur der Rahmen, nicht jedoch der Inhalt (z.B. ein Bild) ändert.

Voreinstellungen beachten

Beachten Sie, dass in den Voreinstellungen – Register Einheiten und Einteilungen – festgelegt sein soll, dass jede Seite ihren eigenen Ursprung hat. Stellen Sie dort die Option Ursprung auf Seite.

Auswählen von Rahmen

Erstellte Rahmen müssen jederzeit verändert werden können. Eine Veränderung kann jedoch nur durchgeführt werden, wenn der Rahmen zuvor ausgewählt wurde.

Zum Auswählen von Rahmen stehen in erster Linie das Auswahlwerkzeug und das Direktauswahl-Werkzeug zur Verfügung. Zum Auswählen von Objekten beachten Sie folgende Hinweise:

Wo befinden sich Rahmen?

Haben Sie in InDesign im Werkzeuge-Bedienfeld den Vorschau-Modus aktiviert, so sind die Rahmenkanten ausgeblendet. Um zu erkennen, wo sich Rahmen befinden, müssen Sie auf Flächen bzw. Objekte klicken.

Wenn Sie jedoch die InDesign-Voreinstellung im Register Benutzeroberfläche nicht geändert haben, so ist dort die Option Objekt unter Auswahlwerkzeug hervorheben noch aktiviert. Wenn Sie mit ausgewähltem Auswahlwerkzeug einfach über die Zeichenfläche streichen, so werden Ihnen dadurch die einzelnen Rahmen angezeigt.

Mit dem Auswahlwerkzeug auswählen | Mit diesem Werkzeug können Sie den Rahmen auswählen, ihn in der Größe verändern und die Position verschieben. Markierte Objektrahmen werden mit einer durchgängigen Linie und Gruppen mit einer gestrichelten Linie angezeigt.

Mit dem Direktauswahl-Werkzeug auswählen | Durch die Auswahl von Rahmen mit diesem Werkzeug können die einzelnen Pfadpunkte und die Pfadlinien verschoben werden. Überstreichen Sie einen Rahmen mit diesem Werkzeug, so werden Ihnen die Pfadpunkte angezeigt. Die Auswahl eines Punktes ist damit schnell möglich.

Darunterliegendes Objekt auswählen | Befindet sich ein Objekt unterhalb eines anderen Rahmens, so kann es nur ausgewählt werden, indem Sie mit einem Auswahlwerkzeug mit gedrückter Strg- bzw. ⌘-Taste auf das Objekt klicken.

Rahmen über das Ebenen-Bedienfeld auswählen | Durch Klick auf den leeren Markierungspunkt im Ebenen-Bedienfeld können Sie Rahmen ebenfalls auswählen. Informationen dazu erhalten Sie im Abschnitt »Objekte über das Ebenen-Bedienfeld auswählen« auf Seite 184.

6.3 Rahmen transformieren

Das Verschieben, Drehen, Skalieren, Spiegeln und Scheren von Rahmen kann über die dazu vorgesehenen Werkzeuge oder per Eingabe über das Steuerung- und das Transformieren-Bedienfeld sowie über Eingabedialoge in den jeweiligen Werkzeugen erfolgen.

Wo sind die Transformationswerkzeuge?
Alle vier Transformationswerkzeuge befinden sich im Fly-out-Menü des Werkzeuge-Bedienfelds.

Werkzeuge zum Transformieren von Rahmen

Doch zuerst einmal wollen wir uns die vier Werkzeuge ansehen, mit denen eine Transformation von Rahmen durchgeführt werden kann. Vorausgeschickt sei, dass einerseits bei allen Transformationen in Verbindung mit der [⇧]-Taste immer die Proportionen erhalten bleiben oder feste Winkel angenommen werden und dass andererseits Transformationen sich auf den gewählten Ursprung beziehen.

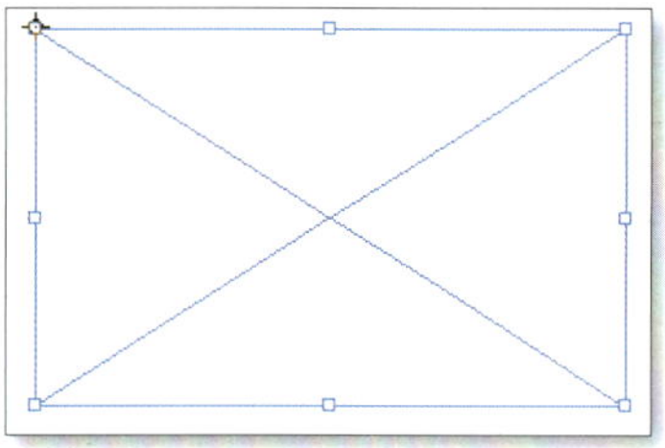

▲ **Abbildung 6.15**
Das Fadenkreuz (links oben) markiert den Rotationspunkt.

Drehen-Werkzeug | Durch Aktivieren des Werkzeugs aus dem Fly-out-Menü oder durch Drücken der Taste [R] erhält der ausgewählte Rahmen an der Position des gewählten Ursprungs ein Fadenkreuz ⌖. Dieses Fadenkreuz stellt den Bezugspunkt für die Drehung, den *Rotationspunkt*, dar. Mit gedrückter Maustaste kann das Objekt nun beliebig um diesen Punkt gedreht werden. Halten Sie gleichzeitig die [⇧]-Taste gedrückt, so kann nur in 45°-Schritten gedreht werden. Wenn Sie zu drehen beginnen und nachträglich die [Alt]- bzw. [⌥]-Taste drücken, so wird zugleich ein Duplikat erstellt.

Beim manuellen Drehen wird der Rotationswinkel direkt beim Objekt angezeigt (Abbildung 6.16). Diese Funktion vereinfacht das Rotieren und alle anderen Bearbeitungsprozesse enorm. Wenn Sie die Anzeige der Transformationswerte nicht wünschen, so müssen Sie die Option TRANSFORMATIONSWERTE ANZEIGEN im Register BENUTZEROBERFLÄCHE der InDesign-Voreinstellungen deaktivieren.

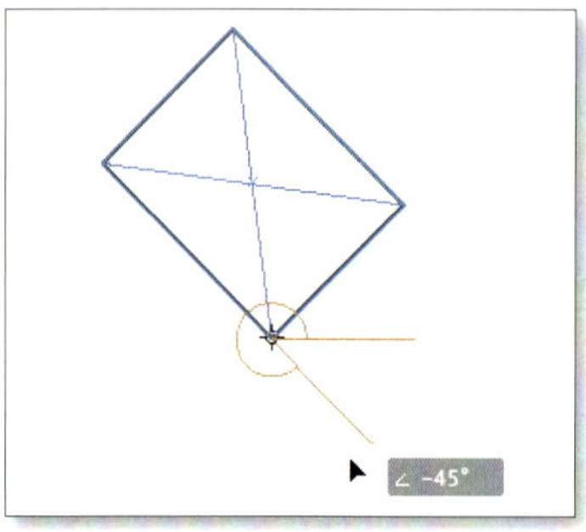

▲ **Abbildung 6.16**
Anzeige des Winkels beim manuellen Drehen von Objekten

Als Bezugspunkt kann im Ursprung ❶ (Abbildung 6.14) jeder der neun Punkte, also auch der Mittelpunkt, bereits vor oder nach dem Anwählen des Drehen-Werkzeugs festgelegt werden. Wenn Sie jedoch den Rotationspunkt verlegen möchten, so können Sie das wie folgt tun:

- Verschieben Sie ihn an die gewünschte Stelle.
- Klicken Sie bei ausgewähltem Drehen-Werkzeug an die vorgesehene Rotationsstelle.
- Ändern Sie den Bezugspunkt über das Steuerung- bzw. Transformieren-Bedienfeld.

Abbildung 6.17 ▶
Die numerische Eingabe für das Drehen-Werkzeug, die u.a. durch Klick auf das Symbol im Steuerung-Bedienfeld bei gedrückter [Alt]- bzw. [⌥]-Taste erscheint

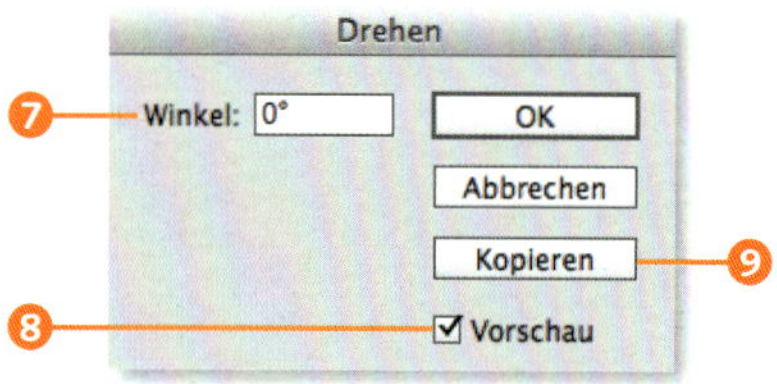

Durch Doppelklick auf das Drehen-Werkzeug oder durch Klick auf den gewünschten Rotationspunkt bei gedrückter [Alt]- bzw. [⌥]-Taste erscheint der Dialog aus Abbildung 6.17, in den Sie den WINKEL ❼ numerisch eingeben können. Ein positiver Rotationswinkel dreht das ausgewählte Objekt gegen den Uhrzeigersinn um den Rotationspunkt, ein negativer Winkel somit im Uhrzeigersinn. Damit Sie die Aktion auch gut kontrollieren können, sollten Sie die Vorschau (8) markieren. Durch Drücken des Buttons Kopieren (9) erzeugen Sie ein zweites gedrehtes Objekt.

Ob das Objekt mit Inhalt, der Rahmen ohne Inhalt oder nur der Inhalt gedreht wird, hängt von folgenden Faktoren ab:

- **Drehen des Objekts mit Inhalt**: Dazu wählen Sie das Objekt vor dem Drehen mit dem Auswahlwerkzeug aus.
- **Drehen des Rahmens ohne Inhalt**: Dazu markieren Sie den Rahmen mit dem Direktauswahl-Werkzeug. Achten Sie darauf, dass alle Ankerpunkte des Rahmens markiert sind (sie sind nicht weiß). Sollte dies nicht der Fall sein, so markieren Sie alle Punkte, indem Sie mit gedrückter Alt- bzw. ⌥-Taste auf einen Ankerpunkt klicken.
- **Drehen des Inhalts**: Dazu markieren Sie den Inhalt (Bild/Grafik) mit dem Direktauswahl-Werkzeug, oder Sie führen einen Doppelklick mit dem Auswahlwerkzeug aus, wodurch ebenfalls der Inhalt des Rahmens ausgewählt wird. Achten Sie darauf, dass der Inhaltsrahmen (die Farbe des Rahmens ist nun eine andere) sichtbar ist.

Das Drehen kann also per Hand oder über die Eingabe im Drehen-Dialog erfolgen. Sie können darüber hinaus noch den Winkel über das Steuerung-Bedienfeld eingeben oder durch Klick auf das Symbol Um 90° drehen (Uhrzeigersinn) bzw. auf das Symbol Um 90° drehen (gegen Uhrzeigersinn) im Steuerung-Bedienfeld das ausgewählte Objekt in 90°-Schritten drehen.

Ist ein Objekt gedreht, so erkennen Sie das an der Drehung des Symbols im Steuerung-Bedienfeld. Den exakten Winkel können Sie aus dem Feld daneben auslesen. Die Rotation auf den Ausgangswert zurückstellen können Sie, indem Sie einen Rechtsklick auf das Symbol ausführen und den Befehl Transformationen löschen wählen.

Skalieren-Werkzeug | Die Skalieren-Funktion arbeitet ähnlich wie das Drehen-Werkzeug. Wählen Sie einen Rahmen oder dessen Inhalt aus, und klicken Sie auf das Skalieren-Werkzeug, oder drücken Sie die Taste S. Auch hier erhalten Sie einen Ausgangspunkt für die Skalierung, der identisch mit dem gewählten Bezugspunkt ist. Ziehen Sie die Maus in die gewünschte Richtung, und das Objekt wird unproportional skaliert.

Wenn Sie rechts neben den Skalierungspunkt klicken und dann mit gedrückter Maustaste nach links ziehen, so wird das Objekt um die ho-

Verschieben des Rotationspunkts

Ist das Drehen-Werkzeug ausgewählt, so wird die Auswahl des Objekts durch Klicken auf eine Stelle außerhalb des Objekts nicht aufgehoben. Das Klicken verschiebt in diesem Fall den Rotationspunkt auf diese Stelle.

Intuitives Drehen

Wählen Sie mit dem Auswahlwerkzeug einen Rahmen oder des Inhalt des Rahmens aus, und stellen Sie den Zeiger außerhalb des Rahmens in die Nähe eines Auswahlgriffs; der Zeiger ändert sich in ↻. Drehen Sie damit den Rahmen bzw. den Inhalt um den gewünschten Winkel.

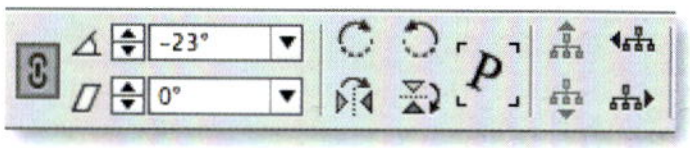

▲ **Abbildung 6.18**
Den Drehwinkel lesen Sie im Steuerung-Bedienfeld ab. Die Drehung des Symbols erfolgt analog zum eingegebenen Winkel.

Keine Transformationswerte

Waren wir bis jetzt von der Anzeige der Transformationswerte beim Aufziehen und Rotieren von Rahmen angenehm überrascht, so müssen wir in der Handhabung des Skalieren-Werkzeugs auf diese kleine Annehmlichkeit verzichten. Die prozentuale Skalierung wird aber im Steuerung-Bedienfeld während des Skalierens live angezeigt.

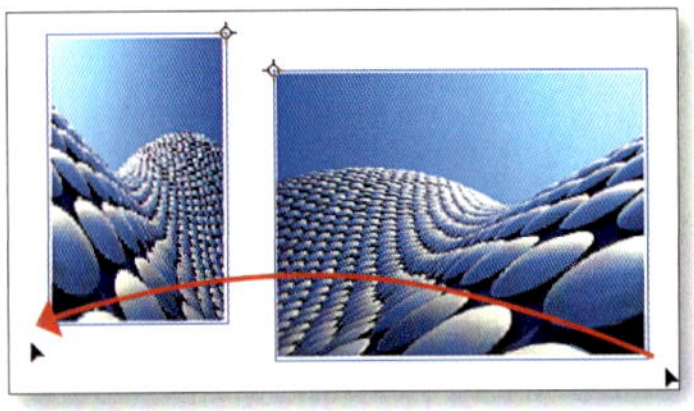

▲ **Abbildung 6.19**
Erzeugen eines gespiegelten und unproportional skalierten Bilds durch das Skalieren-Werkzeug

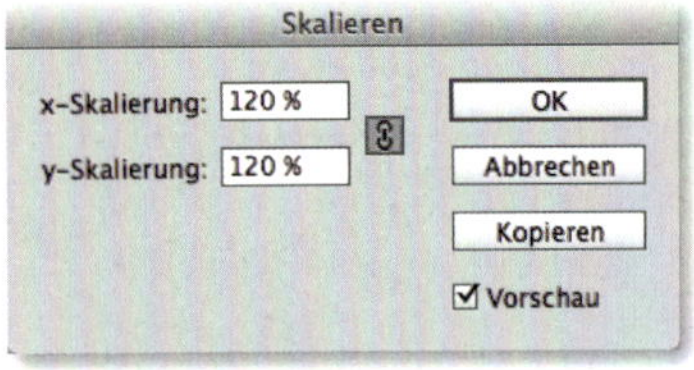

▲ **Abbildung 6.20**
Der Eingabedialog des Skalieren-Werkzeugs

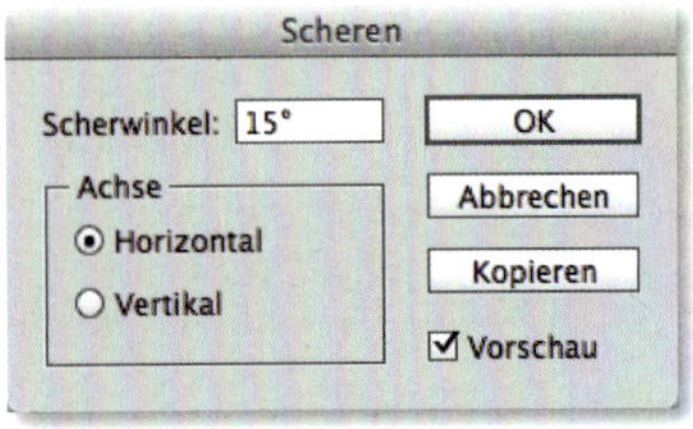

▲ **Abbildung 6.21**
Der Eingabedialog des Scheren-Werkzeugs

rizontale Skalierungsachse gespiegelt und zusätzlich skaliert (Abbildung 6.19). Das horizontale oder vertikale Spiegeln geht aber auch einfacher (siehe den Abschnitt »Spiegeln von Objekten« auf Seite 216).

Das Verschieben des Skalierungspunkts funktioniert analog zum Verschieben des Rotationspunkts. Etwas anders verhält es sich, wenn Sie beim Skalieren die ⇧-Taste gedrückt halten. Durch Ziehen in die Senkrechte bzw. in die Waagrechte wird nur vertikal bzw. horizontal skaliert. Ziehen Sie jedoch nach rechts unten, so wird der Rahmen (mit Inhalt) proportional vergrößert.

Ist ein Rahmen markiert, kann durch einen Doppelklick auf das dazugehörige Werkzeugsymbol oder durch einen Klick an die gewünschte Stelle mit gedrückter Alt- bzw. ⌥-Taste der Eingabedialog zum Skalieren geöffnet werden. Darin können Sie numerisch die gewünschten Werte und Einstellungen analog zum Drehen-Werkzeug eingeben.

Natürlich können Sie auch einen Rahmen bzw. den Inhalt skalieren, indem Sie mit dem Auswahlwerkzeug einen Rahmen oder den Inhalt des Rahmens auswählen und den Zeiger außerhalb des Rahmens in die Nähe eines Auswahlgriffs stellen, bis sich das Symbol ⤢ zeigt.

Scheren-Werkzeug | Diese Funktion dient zum Verbiegen eines Rahmens, und zwar in zwei Richtungen. Dadurch können Bilder, Grafiken und Texte in einer pseudodreidimensionalen Art verzogen und dabei skaliert werden. Das Scheren-Werkzeug, das Sie durch Klick auf das Symbol bzw. durch Drücken der Taste O erhalten, verhält sich analog zum Skalieren-Werkzeug. Um wirklich ansprechende Ergebnisse damit zu erzeugen, benötigen Sie etwas Geduld und vor allem viel Übung. Vielleicht hilft es Ihnen, wenn Sie numerische Werte im Eingabedialog (Abbildung 6.21) eingeben und dabei die Vorschau aktivieren.

Im Scheren-Eingabedialog kann nur Horizontal oder Vertikal geschert werden. Das gleichzeitige horizontale und vertikale Scheren ist nicht möglich. Das Scheren über die Eingabe im Symbol des Steuerung-Bedienfelds kann ebenfalls nur horizontal erfolgen. Was Sie dabei verbiegen, hängt vom gewählten Werkzeug ab.

Abbildung 6.22 ▶
Anwendungsbeispiele des Scheren-Werkzeugs

Frei-Transformieren-Werkzeug | Das aus Adobe Photoshop und Adobe Illustrator bekannte Werkzeug ist ein Kombinationswerkzeug, mit dem Sie sowohl verschieben, drehen, skalieren, spiegeln und scheren als auch frei transformieren können. Sie erreichen das Werkzeug durch Drücken von [E].

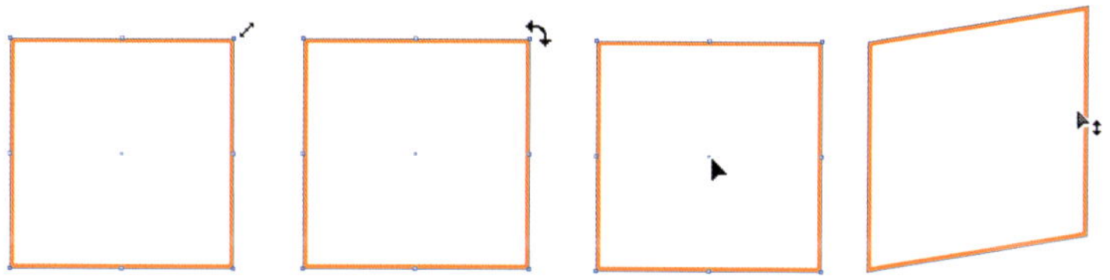

◀ **Abbildung 6.23**
Die verschiedenen Symbole des Frei-Transformieren-Werkzeugs: Skalieren, Rotieren, Verschieben und Scheren

Markieren Sie einen Rahmen, und aktivieren Sie das Frei-Transformieren-Werkzeug. Die Funktionsweise ist schnell erklärt:

- **Skalieren**: Um zu skalieren, bewegen Sie den Cursor auf einen Anfasserpunkt des Markierungsrahmens – dabei wandelt sich der Cursor in das Symbol ⤢ um. Wollen Sie dabei das Objekt ausgehend vom Zentrum skalieren, so drücken Sie zusätzlich die [Alt]- bzw. [⌥]-Taste.
- **Drehen**: Um drehen zu können, müssen Sie den Cursor irgendwo außerhalb des Rahmens in die Nähe eines Anfasserpunkts bewegen. Erscheint das Symbol ↷, so können Sie klicken und rotieren.
- **Verschieben**: Um den Rahmen zu verschieben, platzieren Sie den Cursor ▶ innerhalb des Objekts und verschieben das Objekt an die neue Position.
- **Scheren**: Lediglich beim Scheren müssen Sie zuerst auf einen Anfasserpunkt, jedoch nicht auf einen Anfasser in der Ecke, klicken und nachträglich zusätzlich die Steuerungstasten drücken:
  - Das Drücken der [Strg]- bzw. [⌘]-Taste verzerrt nur eine Seite, während die andere Seite an ihrer Position bleibt. Der Cursor verwandelt sich in das Symbol ▶↕.
  - Das Drücken der [Strg]+[Alt]- bzw. [⌘]+[⌥]-Taste verzerrt in beide Richtungen.

Tipp
Um in die Eingabedialoge und zu den entsprechenden Eingabefeldern der Werkzeuge zu gelangen, können Sie auch mit gedrückter [Alt]- bzw. [⌥]-Taste auf das Symbol klicken (z. B. [-23°] links neben dem Eingabefeld). Dies könnte sinnvoll sein, wenn Sie nicht nur transformieren, sondern gleichzeitig auch ein Duplikat erstellen wollen.

Um zu spiegeln (wie Sie gezielt spiegeln, erfahren Sie genauer auf Seite 216), müssen Sie einen Griffpunkt des Markierungsrahmens über die gegenüberliegende Kante hinaus verschieben.

Transformieren ausgewählter Objekte

Wenn Sie mehrere Objekte ausgewählt haben, so können Sie über die zuvor beschriebenen Transformationswerkzeuge selbstverständlich auch alle Objekte in einem Aufwasch transformieren. Mit InDesign CS5 wurde eine längst überfällige Funktion eingeführt: das Transformieren von ausgewählten Objekten über das Auswahlwerkzeug, ohne diese zu-

Hinweis für Umsteiger von älteren InDesign-Versionen
Früher mussten zum gleichzeitigen Skalieren von mehreren Objekten zuerst die Objekte gruppiert werden. Diese Schranke ist mit InDesign CS5 gefallen.

vor zu gruppieren. Markieren Sie dazu die Objekte – ein Auswahlrahmen umklammert alle ausgewählten Objekte –, und skalieren oder rotieren Sie die gesamte Auswahl, indem Sie außerhalb eines Anfasserpunkts den Cursor verschieben, bis das Symbol ⤢ oder ⤵ erscheint, um dann die Transformation vorzunehmen.

Wiederholen von Transformationen

Duplizieren von Objekten
Wie man Objekte duplizieren kann, haben Sie in diesem Kapitel schon gelernt. Wir möchten Sie darauf hinweisen, dass Sie mit dem Befehl Erneut transformieren diesen Vorgang ebenfalls erledigen können.

Einmal getätigte Transformationen in Bezug auf Skalieren, Verschieben, Drehen und Scheren können Sie mit dem Befehl Objekt • Erneut transformieren und den dazugehörigen Menüeinträgen elegant lösen.

Erstellen Sie dazu ein Objekt, und führen Sie eine der Transformationen aus dem Menü Objekt • Transformieren aus. In den Eingabedialogen kann der Button Kopieren gedrückt werden, wodurch ein transformierter Klon erstellt wird. Um eine weitere Kopie mit denselben Transformationswerten zu erstellen, führen Sie den Befehl Objekt • Erneut transformieren • Erneut transformieren aus.

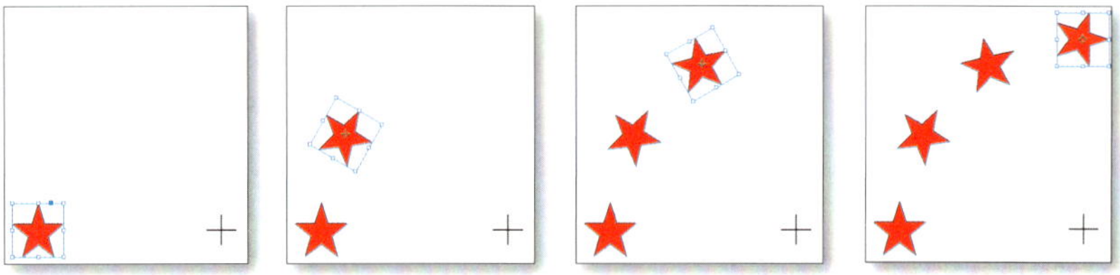

Abbildung 6.24 ▸
Schrittweise Erstellung von Sternen, die sich um den Drehpunkt + in 30°-Schritten positionieren, mit der Funktion Erneut transformieren – Abfolge

Die Schrittfolge in Abbildung 6.24 kann wie folgt beschrieben werden: Zuerst wurde ein Stern mit fünf Seiten erstellt (links). Danach wurde das Rotieren-Werkzeug ausgewählt und mit gedrückter [Alt]- bzw. [⌥]-Taste auf das Kreuz + geklickt. Im erscheinenden Dialog wurde –30° eingegeben und auf den Button Kopieren gedrückt (zweites Bild von links). Nach Bestätigung des Eingabedialogs wurde über den Befehl Objekt • Erneut transformieren • Erneut transformieren die Transformation wiederholt (drittes Bild von links). Ein neuerliches Ausführen des Befehls erzeugt den vierten Stern (Bild rechts).

Damit haben wir die Sterne sehr schnell um einen Rotationspunkt rotiert. Jedoch haben sich die Sterne nicht nur um den Rotationspunkt, sondern auch in sich um 30° nach rechts gedreht. Wenn Sie einmal einen Blick auf die Europa-Flagge werfen, so werden Sie erkennen, dass der Sternenkreis aus Sternen besteht, die in sich nicht gedreht sind.

▴ Abbildung 6.25
Die Europa-Flagge

Da InDesign die Schritte der Abfolge für das ausgewählte Objekt aufzeichnet, bis Sie ein anderes Objekt aktivieren, kann auch dieses Problem gelöst werden. Dazu müssen Sie nur eine Abfolge von Transformationen, z. B. Rotieren und dann Transformieren, auf ein Objekt anwenden und mit dem Befehl Objekt • Erneut transformieren • Erneut transformieren – Abfolge oder mit dem Tastenkürzel Strg+Alt+4 bzw. ⌘+⌥+4 die letzte Abfolge von Schritten erneut auf das Objekt anwenden.

Rahmen gleich breit machen

Sie haben verschiedene Rahmen auf einer Seite erstellt. Diese Rahmen besitzen jedoch eine unterschiedliche Rahmenbreite, die Sie vereinheitlichen wollen.

Wählen Sie dazu einen Rahmen aus, und bringen Sie diesen durch Eingabe der korrekten Rahmenbreite auf die Zielgröße. Wählen Sie danach alle anderen Rahmen aus, und führen Sie dann den Befehl Objekt • Erneut transformieren • Erneut transformieren – Abfolge, Einzeln aus. Alle Rahmen bekommen dieselbe Rahmenbreite.

Schritt für Schritt
Erstellen der Europa-Flagge

Eine Europa-Flagge aus dem Internet kopieren kann jeder. So erstellen Sie Ihre eigene Flagge – ganz ohne Copyright-Problem.

1 Blaue Flagge und gelben Stern erstellen

Erstellen Sie ein Rechteck mit den Maßen 23 × 16 mm, und färben Sie die Fläche mit Blau (100/70/0/0) ein. Erstellen Sie dann mit dem Polygon-Werkzeug einen Stern mit fünf Seiten und einer Sternform von 50 %. Die Größe des Sterns wird mit 2 mm mal 2 mm, die Farbe mit (0/15/100/0) festgelegt.

Erstellen Sie eine horizontale und eine vertikale Hilfslinien, und ordnen Sie den Stern und das Rechteck wie in Abbildung 6.26 gezeigt symmetrisch an.

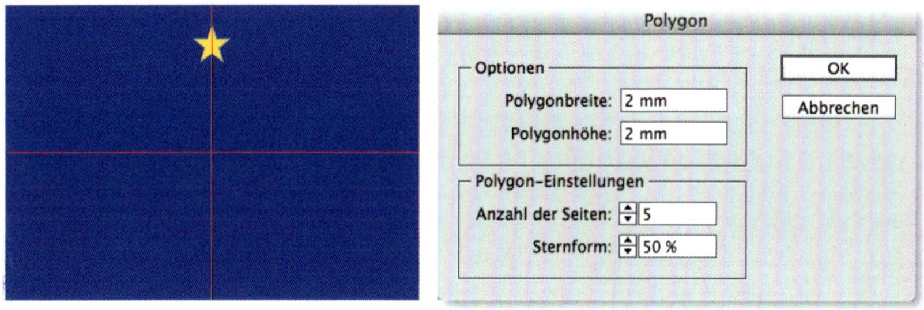

◄ **Abbildung 6.26**
Erstellen eines gelben Sterns mit fünf Seiten und einer Sternform von 50 %

2 Den Stern um 30° um den Mittelpunkt rotieren

Wählen Sie mit dem Auswahlwerkzeug den Stern aus, und wechseln Sie dann auf das Drehen-Werkzeug R.

Nun müssen Sie den Cursor genau auf den gewünschten Rotationspunkt (Schnittpunkt beider Hilfslinien +) stellen und mit gedrückter Alt- bzw. ⌥-Taste auf den Punkt klicken.

Im Drehen-Dialog geben Sie jetzt 30° ein und klicken dann auf den Button Kopieren (1). Der Dialog schließt sich. Eine rotierte Kopie des Sterns erscheint und ist ausgewählt.

Es ist nun wichtig, dass Sie nicht inzwischen eine andere Tätigkeit ausführen oder etwa den ausgewählten Stern deaktivieren, da Sie damit die Transformationsfolge unterbrächen.

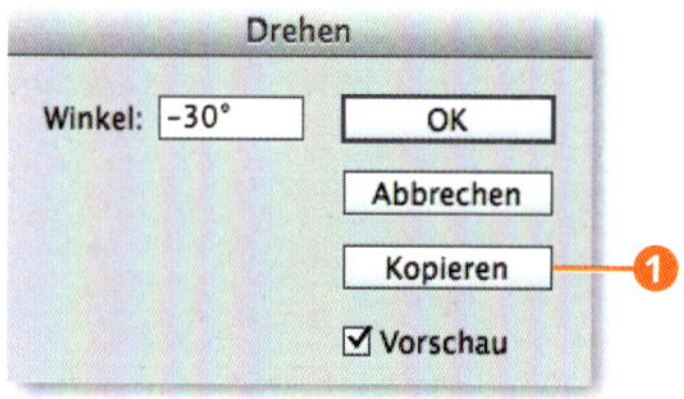

▲ **Abbildung 6.27**
Setzen des Rotationspunkts und Erstellen einer Kopie

▲ **Abbildung 6.28**
Das Ergebnis aus Schritt 2

3 Den rotierten Stern in sich zurückdrehen

Beachten Sie, welcher Punkt beim duplizierten Stern im Ursprung ausgewählt ist! In den meisten Fällen ist der linke obere Punkt ausgewählt.

Da wir ja den Stern in sich zurückdrehen wollen, müssen wir zuvor den Rotationspunkt im Ursprung auf das Zentrum setzen. Klicken Sie dazu im Steuerung-Bedienfeld auf dem Mittelpunkt im Ursprung. Der Rotationspunkt verschiebt sich beim ausgewählten Objekt in die Mitte.

Geben Sie nun im Steuerung-Bedienfeld im Feld Drehwinkel ① anstelle der –30 ° den Wert 0 ° ein. Dadurch wird der Stern im Mittelpunkt zurück auf die Ursprungsrotation gestellt.

Abbildung 6.29 ►
Das Steuerung-Bedienfeld beim Zurückdrehen des Sterns

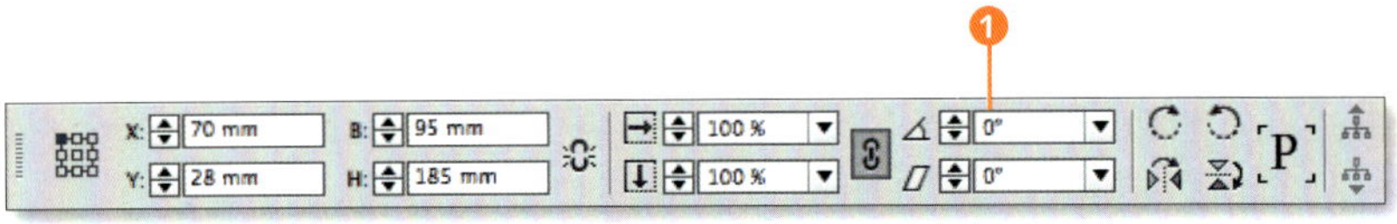

Damit haben Sie die Transformationsreihenfolge festgelegt und abgeschlossen. Beide Sterne stehen nun in derselben Ausrichtung, jedoch um den Rotationspunkt gedreht, zur Verfügung.

▲ **Abbildung 6.30**
Das Ergebnis aus Schritt 3

4 Wiederholen der Transformationsfolge

Nun müssen Sie nur noch zehnmal den Befehl Objekt • Erneut transformieren • Erneut transformieren – Abfolge ausführen oder das Tastenkürzel Strg+Alt+4 bzw. ⌘+⌥+4 drücken.

Das Ergebnis (siehe Abbildung 6.31) kann sich sehen lassen, und viel Aufwand brauchten wir dafür nicht treiben.

▲ **Abbildung 6.31**
Das Ergebnis aus Schritt 4

Neben den zwei Befehlen Erneut transformieren und Erneut transformieren – Abfolge stehen im Menü Objekt • Erneut transformieren noch zwei weitere Befehle zur Verfügung: Erneut transformieren – Einzeln bzw. Erneut transformieren – Abfolge, Einzeln. Diese beiden Befehle unterscheiden sich von den zuerst beschriebenen nur dadurch, dass durch sie Transformationen nur auf einzelne Objekte einer Gruppe und nicht auf die gesamte Gruppe angewandt werden.

Verschieben von Objekten

Zum Verschieben von Objekten steht Ihnen das Auswahlwerkzeug und zum Verschieben von Inhalten das Direktauswahl-Werkzeug oder das Inhaltsauswahlwerkzeug zur Verfügung, das in der Mitte eines Bildes erscheint, wenn Sie mit dem Auswahlwerkzeug über das Bild streichen. Das Verschieben von Objekten um einen bestimmten Wert innerhalb eines Druckbogens erfolgt entweder über einen Doppelklick auf das aktivierte Auswahlwerkzeug, über den Befehl Objekt • Transformieren • Verschieben oder über das Tastenkürzel [Strg]+[⇧]+[M] bzw. [⌘]+[⇧]+[M].

Verschieben Sie das ausgewählte Objekt horizontal und/oder vertikal durch Eingabe eines Werts in Horizontal bzw. Vertikal. Durch Eingaben in diesen Feldern werden automatisch die Werte in Abstand und Winkel angepasst. Wenn Sie lieber das Objekt entlang einer vom Winkel definierten Achse verschieben wollen, können Sie Werte bei Abstand und Winkel eingeben. Das Verschieben von Objekten kann aber auch über andere Befehle ausgeführt werden:

- **Ausschneiden und einfügen**: Ausgewählte Objekte können von einer Seite auf die andere bzw. in andere Dokumente verschoben werden, indem Sie zuerst den Befehl Bearbeiten • Ausschneiden ausführen. Springen Sie danach auf die gewünschte Seite im Dokument, und führen Sie den Befehl Bearbeiten • Einfügen aus. Das kopierte Objekt wird in der Mitte des Monitors auf dem Dokument eingefügt.
- **Objekt an Originalstelle auf eine andere Seite verschieben**: Gehen Sie dazu wie zuvor beschrieben vor. Beim Einfügen wählen Sie lediglich den Befehl Bearbeiten • An Originalposition einfügen aus.
- **Objekt auf vielen Seiten auf dieselbe Position setzen**: Gehen Sie dazu wie zuvor beschrieben vor, und stellen Sie das Objekt auf die Musterseite(n) des Dokuments.
- **Objekt mit Pfeiltasten verschieben**: Das Verschieben über die Pfeiltasten kann ebenfalls schnell zum gewünschten Ergebnis führen. In welchen Schritten dabei verschoben wird, hängt von den InDesign-Voreinstellungen im Register Einheiten und Einteilungen ab. Wird dabei zusätzlich die [⇧]-Taste gedrückt, so verschiebt sich das Objekt um den zehnfachen Wert.

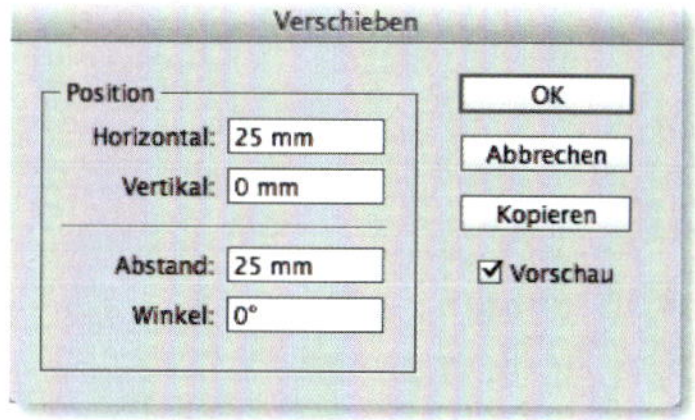

▲ **Abbildung 6.32**
Der Verschieben-Dialog von InDesign, der unter anderem durch Klick auf X bzw. Y im Steuerung-Bedienfeld bei gedrückter [Alt]- bzw. [⌥]-Taste erscheint

Wichtige Kurzbefehle

Die wichtigsten Kurzbefehle zum Ausschneiden und Einfügen von Objekten sind:

- Ausschneiden von Objekten: [Strg]+[X] bzw. [⌘]+[X]
- Einfügen von Objekten: [Strg]+[V] bzw. [⌘]+[V]
- An Originalposition einfügen: [Strg]+[Alt]+[⇧]+[V] bzw. [⌘]+[⌥]+[⇧]+[V]
- Unformatierten Text in einen Textrahmen einfügen: [Strg]+[⇧]+[V] bzw. [⌘]+[⇧]+[V]

Verschieben, Drehen, Skalieren und Scheren über das Steuerung-Bedienfeld und die Menübefehle

Zum Verschieben, Drehen, Skalieren und Scheren über einen Eingabedialog können Sie auch die Befehle Verschieben, Skalieren, Drehen und Scheren aus dem Menü Objekt • Transformieren nutzen. Dabei gelangen Sie zu den bisher gezeigten Eingabedialogen.

Auch die bereits zuvor beim Drehen genannten Funktionen Um 90° drehen (Uhrzeigersinn), Um 90° drehen (gegen Uhrzeigersinn) und Transformationen löschen können hier aufgerufen werden. Die Funktion Um 180° drehen finden Sie jedoch nur in diesem Menüeintrag – Sie können aber auch zweimal auf das Symbol klicken.

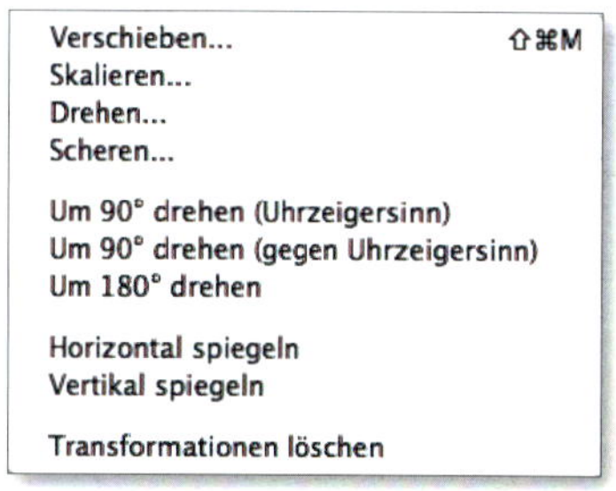

▲ **Abbildung 6.33**
Die verschiedenen Möglichkeiten des Menüs Objekt • Transformieren

Alle bisher beschriebenen Funktionen können auch über das Steuerung- und das Transformieren-Bedienfeld ausgeführt werden.

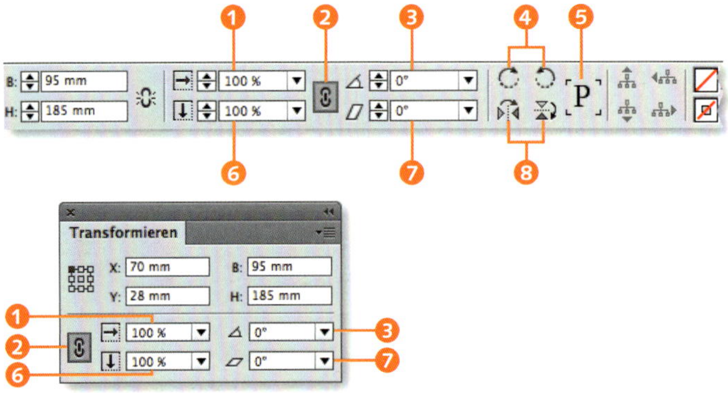

Abbildung 6.34 ▶
Das Steuerung- und das Transformieren-Bedienfeld mit den markierten Optionen zum Verschieben, Drehen, Skalieren und Scheren

Das Skalieren eines ausgewählten Rahmens erfolgt durch Eingabe eines Prozentwerts für die X-Skalierung 1 und die entsprechende Y-Skalierung 6. Ist die Option Proportionen beim Skalieren beibehalten 2 aktiviert, so wird durch die Eingabe eines Wertes das Objekt proportional skaliert. Das Rotieren 3 und Scheren 7 erfolgt über die Eingabe der gewünschten Winkel.

Spiegeln von Objekten

Wie Sie im Menü Objekt • Transformieren bereits gesehen haben, gibt es noch weitere Befehle, die das Drehen und Spiegeln ermöglichen. Über das Drehen haben wir uns ja schon zuvor ausführlich unterhalten. Wir sollten noch ergänzen, dass zum Rotieren von Objekten auch die Symbole Um 90° drehen (Uhrzeigersinn) und Um 90° drehen (gegen Uhrzeigersinn) 4 im Steuerung-Bedienfeld zur Verfügung stehen.

Das Spiegeln von Objekten kann außer durch das Ausführen des Befehls Horizontal spiegeln bzw. Vertikal spiegeln aus dem Menü Objekt • Transformieren auch über die Symbole Horizontal spiegeln und Vertikal spiegeln 8 im Steuerung-Bedienfeld erledigt werden. Ob das Bild gespiegelt oder rotiert ist, können Sie nun einfach am Symbol P 5 erkennen. Drehungen drehen das Symbol P, Spiegelungen lassen das P im Symbol mit einer Outline und gespiegelt erscheinen. Damit haben Sie auf einen Blick erfasst, was mit dem aktivierten Objekt passiert ist.

Wollen Sie alle Transformationen hinsichtlich Rotieren und Spiegeln rückgängig machen, so erledigen Sie das am einfachsten über einen Rechtsklick auf das Symbol P und den Befehl Transformationen löschen. Natürlich steht Ihnen auch der Befehl Objekt • Transformieren • Transformationen löschen zur Verfügung.

Wichtig

Ist der Inhalt eines Bildrahmens gespiegelt oder gedreht und haben Sie mit dem Auswahlwerkzeug den Bildrahmen selektiert, so können Sie dies über das Symbol P nicht erkennen, da ja nicht der Rahmen, sondern der Inhalt transformiert wurde.

Führen Sie einen Doppelklick auf den Bildrahmen aus, womit Sie den Inhalt markiert haben. Ob der Inhalt transformiert ist erkennen Sie dann am veränderten Symbol P.

Die Eingabe der Werte erfolgt, wie in allen Feldern des Transformieren- und des Steuerung-Bedienfelds, über direkte Eingabe oder die Auswahl vordefinierter Werte aus dem Pop-up-Menü des Eingabefelds. Wenn Sie den Cursor im Eingabefeld positionieren, können Sie auch die Werte über die Pfeiltasten ↑/↓ hinauf- oder heruntersetzen.

6.4 Rahmenformen ändern

Wie Sie Rahmen erstellen, diese exakt positionieren und mit den dafür vorgesehenen Werkzeugen verändern können, dürfte Ihnen jetzt bekannt sein. Dabei haben Sie gelernt, dass das Vergrößern, Verschieben und Verkleinern von Rahmen auf einfache Art und Weise bewerkstelligt werden kann. Das Verformen von Rahmen hingegen – sie sind meistens viereckig – kann ausschließlich über spezielle Techniken erfolgen.

Werkzeuge zum Ändern von Rahmenformen

Die für die einfache Bearbeitung vorgesehenen Werkzeuge sind das Auswahlwerkzeug V bzw. Esc, wenn Sie gerade einen Text schreiben, das Direktauswahl-Werkzeug A und das Zeichenstift-Werkzeug P. Mit diesen Werkzeugen ist es möglich, Rahmen zu bearbeiten, die im Wesentlichen aus einem Pfad und der darin eingeschlossenen Fläche bestehen. InDesign unterscheidet dabei, ob Sie nur den Rahmen als Ganzes oder den Inhalt bzw. die Kontur bearbeiten wollen.

Diese Trennung kommt durch das Auswahl- und das Direktauswahl-Werkzeug zum Ausdruck. In Verbindung mit diversen Tastenkürzeln können schnell Positions-, Größen- und Formveränderungen durchgeführt werden. Sehen wir uns die Werkzeuge etwas genauer an.

Auswahlwerkzeug | Das Verhalten dieses Werkzeugs ist aus der Beschreibung des Frei-Transformieren-Werkzeugs bekannt.

- **Rahmen mit Inhalt verschieben**: Dabei müssen Sie den Cursor innerhalb des markierten Rahmens – nicht jedoch auf das Inhaltsauswahlwerkzeug – oder auf den Rand des Rahmens positionieren und verschieben.
- **Rahmengröße ändern**: Um die Größe des Rahmens zu verändern, ohne dabei den Inhalt zu skalieren, müssen Sie auf einen der acht Griffpunkte des Markierungsrahmens klicken und dann ziehen.
- **Rahmen mit und ohne Inhalt proportional skalieren**: Bei gleichzeitig gedrückter ⇧-Taste wird der Rahmen (ohne Inhalt) proportional vergrößert bzw. verkleinert. Wenn Sie zusätzlich zur ⇧-Taste die

Schnell zwischen Auswahl und Direktauswahl umschalten

Ein schneller Wechsel zwischen Auswahl- und Direktauswahl-Werkzeug kann durch Drücken der Taste V bzw. A oder durch Drücken von ctrl + ⇥ (nur Mac) erfolgen.

Im Falle von Bildrahmen können Sie das Bild auch mit dem Inhaltsauswahlwerkzeug verschieben, ohne dass dabei das Werkzeug zu wechseln ist.

Konturstärke beim Skalieren nicht ändern

Wenn Sie ein Objekt mit einer Kontur skalieren wollen, müssen Sie sich entscheiden, ob InDesign dabei die Linienstärke skalieren soll oder nicht.

Soll die Linienstärke nicht skaliert werden so muss im Bedienfeldmenü des Steuerung-Bedienfelds die Option KONTURSTÄRKE BEI SKALIERUNG ANPASSEN deaktiviert werden.

[Strg]- bzw. [⌘]-Taste gedrückt haben, so wird der Rahmen mit dem gesamten Inhalt und der Kontur proportional skaliert. Wollen Sie die Konturstärke beim Skalieren nicht ändern, so lesen Sie den Tipp auf der vorherigen Seite.

- **Rahmen mit und ohne Inhalt verzerren**: Das unproportionale Skalieren von Rahmen mitsamt dem Inhalt erfolgt durch Ziehen bei gedrückter [Strg]- bzw. [⌘]-Taste. Wenn Sie eine proportionale Skalierung wünschen, müssen Sie also immer die [⇧]-Taste zusätzlich drücken, bevor Sie mit dem Skalieren beginnen.

Abbildung 6.35 ▸
Die linke Abbildung zeigt das Symbol, das beim Skalieren von Rahmen zu sehen ist. Die rechte Abbildung zeigt, wie ein Rahmen mit Inhalt skaliert wird.

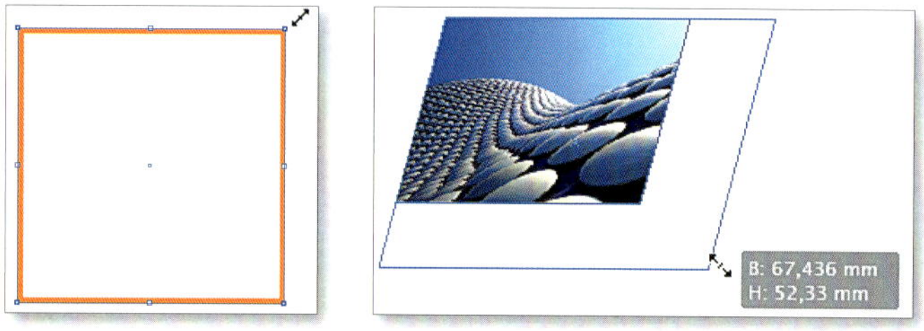

Textrahmen erweitern
Wollen Sie einen Textrahmen mit Übersatz nach rechts erweitern, so klicken Sie auf den rechten Breitenpunktanfasser. Wollen Sie ihn links an die Breite anpassen, so klicken Sie auf den linken Breitenpunktanfasser.

- **Rahmen an den Inhalt anpassen**: Dies erfolgt über einen Doppelklick auf einen Anfasserpunkt. Es ist dabei zu unterscheiden, ob Sie auf einen Eckpunktanfasser oder auf einen Breiten- bzw. Höhenpunktanfasser doppelklicken. Im ersten Fall wird der Rahmen sowohl in der Höhe als auch in der Breite an den Inhalt angepasst; im zweiten Fall wird der Rahmen an die Breite oder die Höhe des Inhalts angepasst. Es ist auch wichtig zu wissen, dass der Punkt, auf den Sie doppelklicken, verändert wird und dass nicht von diesem Punkt ausgehend eine Änderung durchgeführt wird.

Abbildung 6.36 ▸
Abhängig davon, auf welchem Anfasser Sie einen Doppelklick ausführen, erfolgt die Anpassung des Textrahmens..

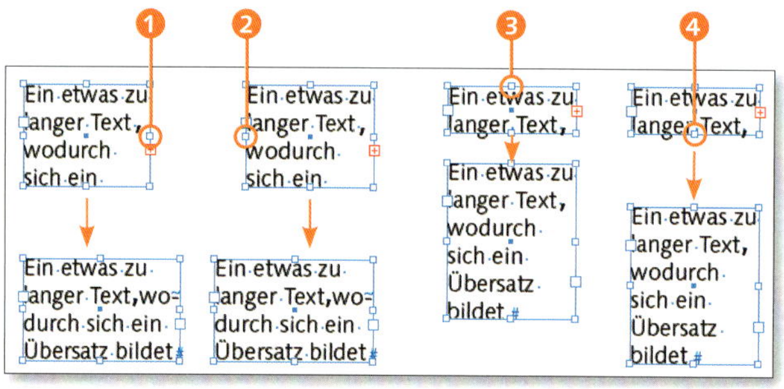

Durch einen Doppelklick auf den rechten Breitenanfasser ❶ wird der Rahmen ausgehend von links so weit in die Breite verschoben, dass der ganze Text im Rahmen sichtbar ist. Analog wird durch einen Doppelklick auf den linken Breitenanfasser ❷ der Textrahmen von rechts ausgehend links angepasst. Wenn Sie hingegen auf den oberen Höhenanfasser ❸ doppelklicken, so passt sich der Rahmen ausgehend von der unteren Rahmenkante nach oben an. Analog verfährt das Programm, wenn Sie auf den unteren Höhenanfasser ❹ doppelklicken: Ausgehend von der oberen Rahmenkante wird der Textrahmen nach unten angepasst. Letztere Möglichkeit kann auch durch Ausführen des Tastenkürzels Strg + Alt + C bzw. ⌘ + ⌥ + C bzw. durch Aufruf des Befehls Objekt • Anpassen • Rahmen an Inhalt anpassen erfolgen.

Rahmen an Inhalt anpassen funktioniert nicht

Die Möglichkeit, Rahmen durch einen Doppelklick auf einen Anfasserpunkt anzupassen, funktioniert bei Textrahmen nur so lange, wie kein mehrspaltiger Textrahmen angelegt bzw. der Textrahmen noch nicht mit einem anderen Textrahmen verkettet wurde.

Direktauswahl-Werkzeug | Verwenden Sie dieses Werkzeug, um den Inhalt eines Rahmens – dies kann auch bei Bildern über das Inhaltsauswahlwerkzeug erfolgen – oder die Form der Kontur zu ändern. Haben Sie einen Rahmen mit dem Auswahlwerkzeug markiert, so können Sie auf das Direktauswahl-Werkzeug umschalten, indem Sie die Taste A drücken bzw. ctrl + ⇆ (Mac OS) drücken.

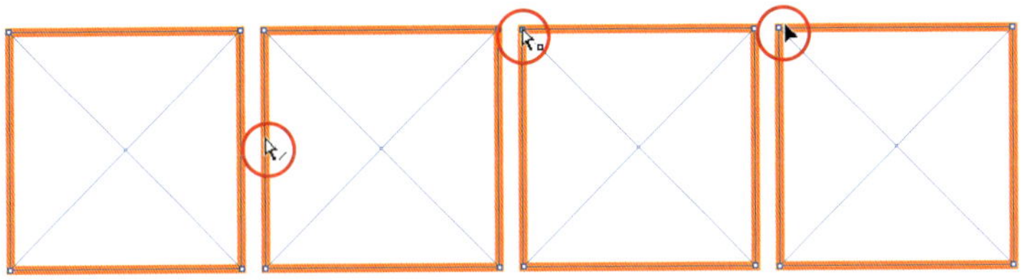

◄ **Abbildung 6.37**
Links: ausgewähltes Rechteck mit dem Direktauswahl-Werkzeug; restliche: drei Formen des Direktauswahl-Werkzeugs, durch rote Kreise markiert

Die uns bisher bekannten acht Punkte des Markierungsrahmens verschwinden, und stattdessen werden die einzelnen Pfadpunkte des Rahmens angezeigt (linkes Bild in Abbildung 6.37). Welche Arbeiten können nun mit diesem Werkzeug erledigt werden?

- **Linie verschieben**: Wenn Sie den Cursor auf eine Linie zwischen zwei Pfadpunkten bewegen, so ändert sich die Darstellung des Direktauswahl-Werkzeugs. Damit können Sie die Linie verschieben.
- **Einzelnen Punkt verschieben**: Bewegen Sie den Cursor auf einen Ankerpunkt – das Werkzeug wird um einen kleinen weißen Punkt ergänzt –, so können Sie den Pfadpunkt markieren und verschieben.
- **Objekt verschieben**: Wenn Sie den Cursor auf die Fläche des Objekts bewegen, so ändert der Cursor die Darstellungsform auf das Symbol ▶. Damit können Sie das Objekt auch mit dem Direktauswahl-Werkzeug verschieben.

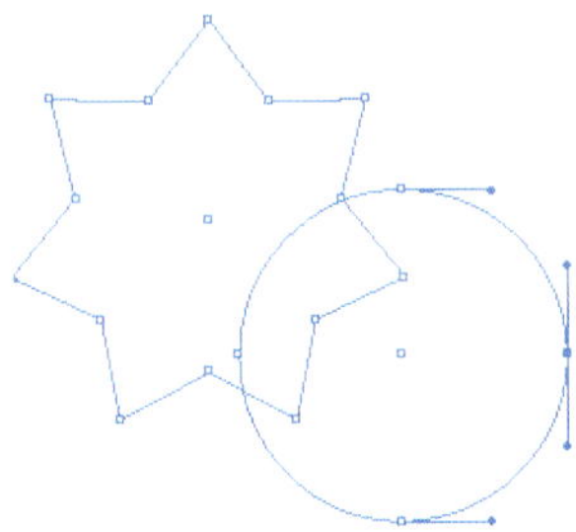

▲ **Abbildung 6.38**
Mit dem Direktauswahl-Werkzeug können alle Pfadpunkte eines Rahmens ausgewählt und verschoben werden.

Durch das Verschieben von Pfadpunkten können somit verschiedenste Formen eines Rahmens erzeugt werden. Erzeugen Sie einen Stern, und verschieben Sie eine Spitze, um damit einen unregelmäßigen Stern zu erstellen, oder erzeugen Sie eine Raute, indem Sie die Linie der oberen Seite eines Rechtecks verschieben.

Ein Spezialfall ist das Löschen eines markierten Pfadpunkts durch Drücken der Entf- bzw. ←-Taste. Dadurch wird ein Rahmen quasi »aufgeschnitten«, und es ist keine durchgängige Kontur mehr erkennbar. Erstellen Sie auf diese Weise aus einem Kreis einen Halbkreis, der an der Unterseite keine Kontur besitzt. Erstellen Sie damit aus einem Quadrat einen Pfeil oder aus einem Kreis ein Kreissegment.

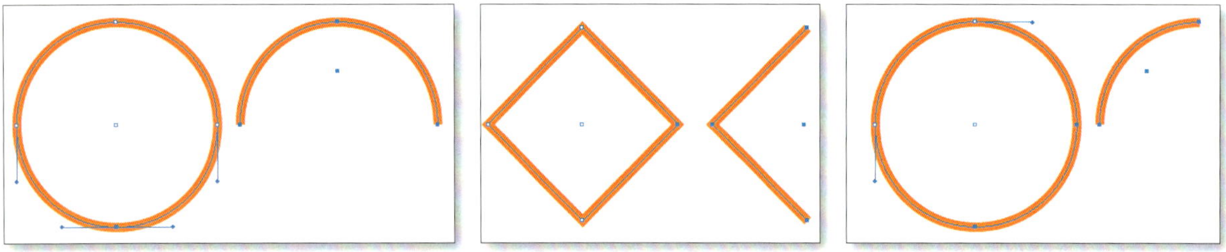

▲ **Abbildung 6.39**
Links: Löschen des unteren Pfadpunkts erzeugt einen Halbkreis. Mitte: Löschen des rechten Pfadpunkts erstellt einen Pfeil. Rechts: Markieren und Löschen des rechten und unteren Pfadpunkts erstellt ein Kreissegment.

Zeichenstift-Werkzeug | Da es sich bei einem Rahmen um einen Pfad handelt, können einzelne Punkte verändert werden. Um jedoch einen Punkt aus dem Pfad zu löschen (ohne dass der Rahmen dabei »offen« wird), einen neuen Pfadpunkt hinzuzufügen, einen Kurvenpunkt zu verändern oder aus einem Kurvenpunkt einen Eckpunkt zu machen, bedarf es des Zeichenstift-Werkzeugs P, das in seiner Arbeitsweise genauer im Abschnitt »Pathfinder« auf Seite 391 vorgestellt wird.

Schere-Werkzeug | Um die Form eines Rahmens zu verändern, können Sie das Schere-Werkzeug C nutzen. Durch einfaches Markieren von Pfadpunkten können damit Rahmen aufgeschnitten und somit in zwei Hälften zerteilt werden. Achtung: Textrahmen können mit der Schere nur geöffnet, jedoch nicht durchgeschnitten werden. Erweiterte Arbeitsweisen mit diesem Werkzeug werden auf Seite 377 vorgestellt.

Verändern von Rahmenecken

Gerade bei geometrischen Figuren ergibt sich gelegentlich der Bedarf, die Kontur zu modifizieren, indem z. B. Kanten abgerundet werden. Diese Modifikationen können Sie auf dreierlei Art und Weise erledigen.

Einstellungen über den Eckenoptionen-Dialog | Um in den Eckenoptionen-Dialog zu gelangen, markieren Sie ein Objekt und rufen danach den Befehl Eckenoptionen aus dem Menü Objekt auf.

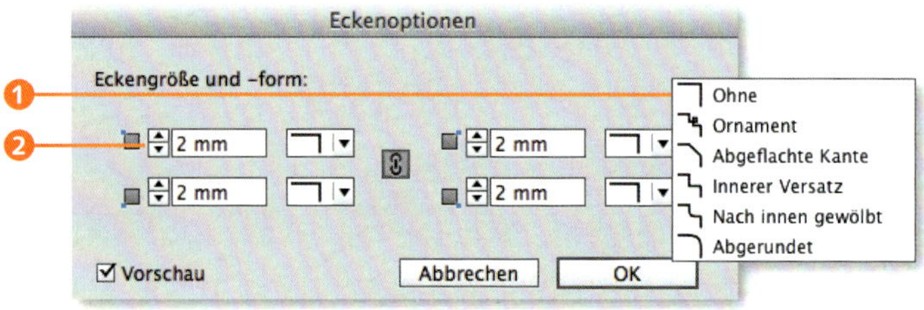

Abbildung 6.40 ▶
Der Eckenoptionen-Dialog, der sich seit InDesign CS5 im neuen Gewand zeigt. Erstmals können unterschiedliche Eckeneffekte auf einzelne Ecken gesetzt werden.

- **Eckenform**: Über das Ausklappmenü ECKENFORM ❶ kann für jeden einzelnen Punkt ausgewählt werden, welche Form die Ecke bekommen soll. Es stehen die Formen ORNAMENT, ABGEFLACHTE KANTE, INNERER VERSATZ, NACH INNEN GEWÖLBT und ABGERUNDET zur Verfügung.
- **Eckengröße**: ❷ Darin kann für jeden Eckpunkt festgelegt werden, wie stark diese Veränderung ausfallen soll. Der Wert in ECKENGRÖSSE definiert den Radius eines gedachten Kreises, der in eine Ecke gesetzt wird und die Wirkung des Effekts begrenzt. Deshalb kann der Wert einerseits nicht kleiner als 0 werden, zeigt aber andererseits ab einer bestimmten Obergrenze keine Wirkung mehr. Ist der Radius einmal so groß, dass er die beteiligten Pfadsegmente der Ecke überdeckt, hat eine Ausdehnung des Wirkungsradius keinen Effekt mehr.

Da es schwer ist, die Standardeffekte in Worten zu beschreiben, stellen wir die Effekte einfach anhand eines Beispiels dar. Der Ausgangspunkt ist dabei ein sechseckiges Polygon:

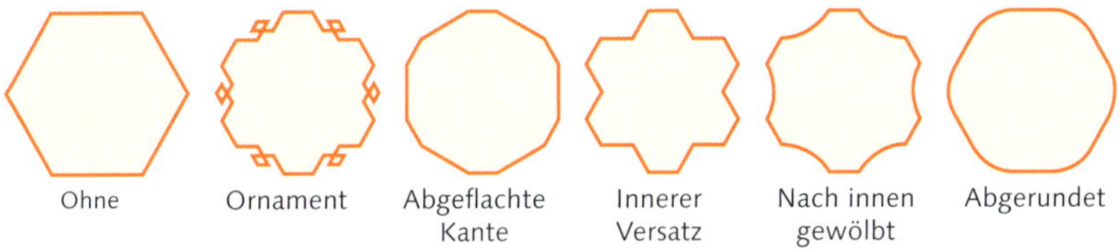

◄ **Abbildung 6.41**
Die verfügbaren Standard-Eckenoptionen aus InDesign

Die Eckenoptionen lassen also die Grundform unverändert und können auch wieder entfernt werden, indem Sie den Effekt eines Pfads wieder auf OHNE setzen.

Selbstverständlich können Sie auch die Eckenoptionen über das Steuerung-Bedienfeld auswählen. Die einzige Einschränkung besteht darin, dass Sie dabei die Eckenform nicht für jede einzelne Ecke, sondern nur für das gesamte Objekt verändern können.

▲ **Abbildung 6.42**
Die Möglichkeit, die Eckenform ❸ und Eckengröße ❹ im Steuerung-Bedienfeld zu ändern, steht erst seit InDesign CS5 zur Verfügung.

Verändern der Eckenoptionen über ein Skript | Mit dem Skript »CornerEffects«, das aus dem Skripte-Bedienfeld aufgerufen werden kann, können Sie ebenfalls Eckenformen und Eckengrößen verändern. Nähere Informationen dazu erhalten Sie in Kapitel 40, »Skripte«, auf Seite 1123.

Verändern der Ecken über die dynamischen Ecken | Um mit dynamischen Ecken arbeiten zu können, müssen Sie zuerst überprüfen, ob der Befehl ANSICHT • EXTRAS • DYNAMISCHE ECKEN EINBLENDEN aktiviert ist. Ist dieser Befehl aktiviert, so besitzt jeder Rahmen in der oberen Hälfte der rechten Rahmenkante ein gelbes Quadrat (links in Abbildung 6.43).

Aktivieren Sie die dynamische Eckenfunktion, indem Sie einmal auf das gelbe Quadrat klicken, womit Sie nun für jeden Eckpunkt eine gelbe

▲ **Abbildung 6.43**
Durch Klick auf das gelbe Quadrat (linkes Bild) kann auf die Bearbeitung der Ecken umgeschaltet werden. Sobald gelbe Rauten an den Eckpunkten sichtbar sind, kann die Eckengröße durch einfaches Verschieben geändert werden.

Hinweis

Sie können Eckenoptionen auf offene und geschlossene Pfade anwenden. Allerdings wirken sie nur – der Name deutet es an – auf eckige Pfadübergänge. In Kurvenpunkten sind die Effekte unwirksam.

Eckenformen skalieren

Wenn Sie die Größe eines Objekts verändern, bleibt der Eckenradius gleich. Wenn Sie das Objekt aber skalieren, wird der Eckenradius ebenfalls mitskaliert.

▲ **Abbildung 6.44**
Das Ergebnis, wenn mit gedrückter ⇧-Taste die rechte obere Raute verschoben wird

Eckenformen über Objektstile
Sollten Sie immer wiederkehrende Rahmen mit Eckenformen benötigen, so erstellen Sie sich dafür einen Objektstil, in dem Sie die Eckenformen ebenfalls abspeichern können.

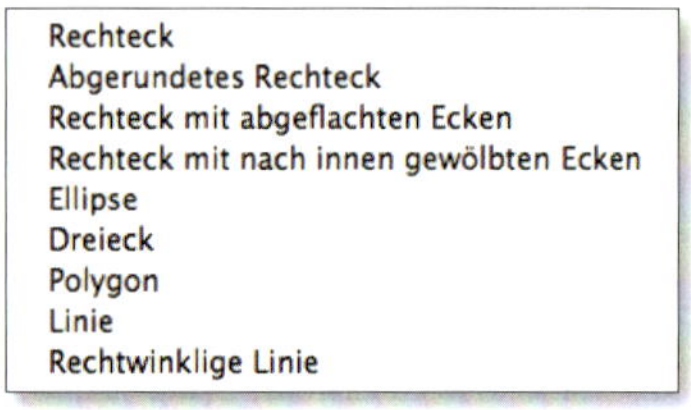

▲ **Abbildung 6.45**
Die verschiedenen Möglichkeiten aus dem Menü Objekt • Form konvertieren

▲ **Abbildung 6.46**
Das Bedienfeld Pathfinder mit den Form konvertieren-Optionen

Raute (rechts in Abbildung 6.43) erhalten. Durch Klicken auf eine Raute können Sie die Eckengröße dynamisch für alle Ecken verändern. Wenn Sie dabei die ⇧-Taste gedrückt halten, so ändern Sie nur die gewählte Ecke. Durch Klick mit gedrückter Alt- bzw. ⌥-Taste können Sie darüber hinaus noch die Eckenform ändern.

Rahmenformveränderung durch »Form konvertieren«

Wenn Sie die Form eines Objekts verändern möchten, können Sie dazu aus dem Menü Objekt • Form konvertieren aus verschiedenen Formen auswählen. Wir wollen uns allen an dieser Stelle die Erklärung ersparen. Die Bezeichnungen sind selbsterklärend. Bestimmte Fakten sollten Sie zu den Form konvertieren-Funktionen jedoch kennen:

- In welche Art von Polygon – bestimmt über die Anzahl der Seiten und Sternform (Seite 203) – umgewandelt wird, ergibt sich aus den Default-Einstellungen des Polygon-Werkzeugs, die Sie über einen Doppelklick auf das Werkzeug im Werkzeuge-Bedienfeld ändern können.
- Ein Dreieck ist immer gleichschenkelig und wird bei der Konvertierung immer in den Objektrahmen der ursprünglichen Form eingepasst.
- Bei Objekten mit Eckenoptionen werden die Effekte in die neue Form übernommen, sofern für diese Form Eckenoptionen möglich sind.
- Orthogonale Linien können zwar eine starke Kontur besitzen und deshalb eine Fläche belegen, aber trotzdem nicht in eine Form verwandelt werden. Bei Linien, die nicht ausschließlich horizontal oder vertikal verlaufen, funktioniert das schon, weil hier die Ausdehnung bereits über eine Fläche beschrieben wird.
- Werden Objekte wie Kreise oder Rechtecke in eine Linie konvertiert, so kann keine Rückkonvertierung in die Ursprungsform erfolgen.

All diese Konvertierungen können in InDesign auch über das Bedienfeld Pathfinder durchgeführt werden. Sie können den Pathfinder entweder über das Menü Fenster • Objekt und Layout • Pathfinder oder durch Klick auf das Symbol in der Bedienfeldleiste aufrufen. Darin können im oberen Teil des Bedienfelds Formen miteinander verrechnet und im unteren Teil die Form konvertieren-Möglichkeiten aktiviert werden.

Schritt für Schritt
Nachträgliches Ändern der Sternform

Sie haben viel Zeit darauf verwendet, einen Kreis aus Sternen zu erstellen. Dafür haben Sie beim Erstellen im Eingabedialog die Werte für die Anzahl der Seiten auf 8 und für die Sternform auf 35 % gestellt.

◀ **Abbildung 6.47**
Die Ausgangssituation: Die Sterne besitzen acht Zacken (Anzahl der Seiten) und eine Sternform von 35 %. Wie Sie dieses Muster schnell erstellen, erfahren Sie im Abschnitt »Wiederholen von Transformationen« auf Seite 212.

Ihr Auftraggeber sieht die Grafik und bemängelt, dass Europa-Sterne nur fünf Seiten besitzen. Wie können Sie dies schnell ändern?

1 Einfache Formkonvertierung vornehmen

Wenn Sie nun einfach alle Sterne auswählen und das Menü Objekt • Form konvertieren • Polygon auswählen (oder auf das Symbol im Pathfinder klicken), ändert sich zwar möglicherweise die Grafik, jedoch kann Ihr gewünschtes Ergebnis damit nicht erzielt werden.

2 Ändern der Default-Einstellungen im Polygon-Werkzeug

Da die Form konvertieren-Möglichkeiten auf die Default-Einstellungen der Werkzeuge zurückgreifen, müssen Sie zuerst diese Einstellung entsprechend Ihrem Wunsch ändern.

Auf der Buch-DVD finden Sie im Ordner Beispielmaterial • Kapitel_06 das Ausgangsdokument »Europa_Sterne.indd«.

Führen Sie dazu einen Doppelklick auf das Polygon-Werkzeug aus – dabei ist es unerheblich, ob Sie auf das Symbol oder klicken –, und geben Sie die Werte aus Abbildung 6.48 ein.

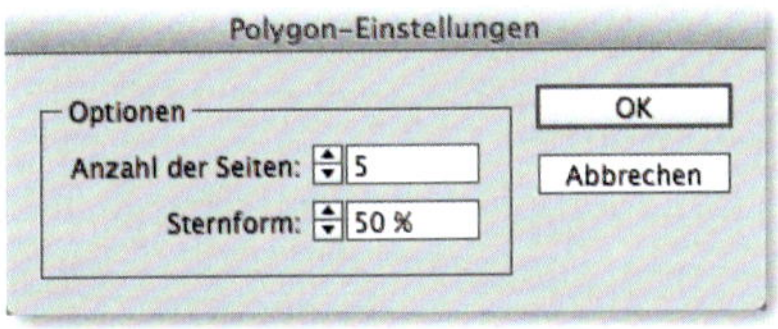

◀ **Abbildung 6.48**
Der Dialog Polygon-Einstellungen

> **Hinweis**
> Sie müssen seit InDesign CS4 die Default-Einstellungen des Polygon-Werkzeugs nicht verändern und danach Schritt 3 ausführen. Es reicht, wenn Sie die Sterne auswählen und einen Doppelklick auf das Polygon-Werkzeug ausführen, in dem Sie dann die Werte entsprechend anpassen.

3 Objekte auswählen und Form konvertieren

Wählen Sie alle Sterne dieser Grafik aus, und führen Sie nun den Befehl Objekt • Form konvertieren • Polygon aus, oder klicken Sie auf das entsprechende Symbol im Pathfinder.

◀ **Abbildung 6.49**
Das Endergebnis

Rahmenformen in freie Formen umwandeln

Der Wunsch, geometrische Objekte in x-beliebige Formen umzuwandeln, kann mit InDesign auf verschiedene Art und Weise realisiert werden. Wir wollen Ihnen an dieser Stelle einen kurzen Überblick geben.

Hinweis
Nähere Hinweise, wie Sie Rahmenformen in freie Formen umwandeln können, finden Sie in Kapitel 10, »Vektoren«, auf Seite 396.

Mehrere Objekte in eine Form umwandeln | Wenn Sie einen Torbogen erstellen wollen, so kann dies durch Zeichnen mit dem Zeichenstift-Werkzeug erfolgen oder einfach durch Verschmelzen eines Kreises mit einem Rechteck. Zum Zeichnen dieses Objekts, nehmen viele Anwender Hilfslinien zur Hand, um die entsprechenden Pfadpunkte an der dafür vorgesehenen Stelle zu platzieren. Es geht viel einfacher!

Schritt für Schritt
Einen Torbogen aus geometrischen Formen erstellen

Anstatt den Torbogen manuell zu zeichnen, können Sie dies schneller erledigen, indem Sie ein Rechteck mit einem Kreis verschmelzen.

1 Rechteck mit Flächen- und Konturattributen erstellen

Ziehen Sie ein Rechteck auf, füllen Sie es mit dem gewünschten Farbton, und legen Sie die gewünschte Konturstärke und Konturfarbe fest.

Abbildung 6.50 ▸
Die Ausgangssituation: ein gefülltes Quadrat, das mit einer Kontur versehen ist.

2 Rechteck duplizieren und verschieben

Duplizieren Sie das Rechteck und verschieben es mit dem Mittelpunkt auf die obere Kante des Rechtecks (links in Abbildung 6.51). Verschieben Sie mit dem Auswahlwerkzeug bei gedrückter [Alt]+[⇧]- bzw. [⌥]+[⇧]-Taste das Rechteck mit dem Mittelpunkt auf die obere Rahmenkante. Das Ergebnis ist rechts in Abbildung 6.51 zu sehen.

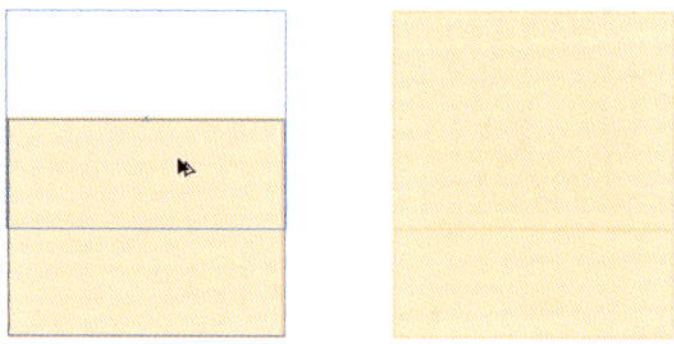

Abbildung 6.51 ▸
Das Quadrat wird dupliziert und dabei so weit verschoben, dass der Mittelpunkt des Quadrats mit der Oberkante des ersten Quadrats übereinstimmt.

3 Oberes Rechteck in Kreis umwandeln

Markieren Sie das obere Rechteck, und führen Sie den Befehl Objekt • Form konvertieren • Ellipse aus.

◂ **Abbildung 6.52**
Das obere Quadrat wurde über Form konvertieren in eine Ellipse umgewandelt.

4 Objekte miteinander verschmelzen
Nun müssen Sie beide Objekte markieren und über das Menü Objekt • Pathfinder • Addieren zu einem Objekt verschmelzen.

◂ **Abbildung 6.53**
Das Ergebnis: der Torbogen, der nun aus einem Pfad besteht

Sie können diesen Vorgang natürlich auch über das Bedienfeld Pathfinder erledigen, indem Sie auf das entsprechende Symbol klicken. Weiterführende Informationen zum Bedienfeld Pathfinder finden Sie im Abschnitt »Pathfinder« auf Seite 391.

Geometrische Objekte in freie Formen umwandeln | Ausgehend von einem geometrischen Objekt kann jede Abwandlung der Objekte am einfachsten über das Zeichenstift-Werkzeug erfolgen. Wie Sie entsprechende Pfadpunkte hinzufügen, diese löschen und auch verändern, erfahren Sie im Abschnitt »Pfade bearbeiten« auf Seite 375.

Modulierte Rahmenformen aus geometrischen Objekten erstellen | Um zufällige Konstrukte aus geometrischen Objekten generieren zu lassen, müssen Sie die in InDesign installierten Skripte verwenden. Die Sonderform in Abbildung 6.54 wurde ausgehend von einem Rechteck über das Skript »PathEffects« in Kombination mit dem Skript »AddPoints« erstellt. Welche Skripte zur Verfügung stehen und was diese eigentlich machen, erfahren Sie in Kapitel 40, »Skripte«, auf Seite 1123.

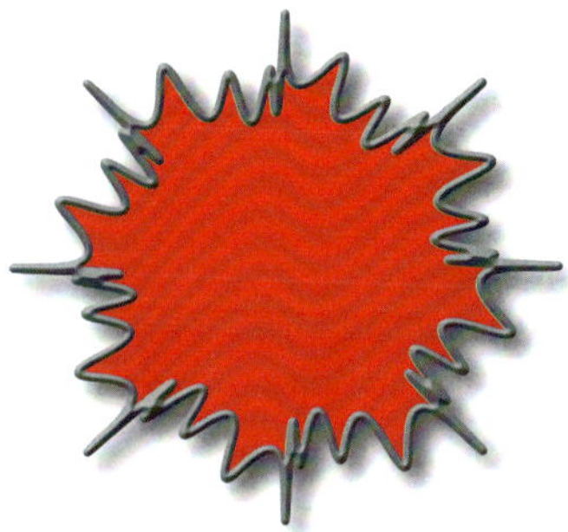

▴ **Abbildung 6.54**
Über Skripte kann ein Rechteck ganz schnell in diese zufällige Form umgewandelt werden.

6.5 Rahmen und Objekte duplizieren

Oft werden einzelne Objekte oder ganze Gruppen von Objekten ein zweites Mal benötigt. Das gilt z. B. auch für Textrahmen, die Sie an einer anderen Stelle im selben Erscheinungsbild verwenden wollen. InDesign stellt dazu eine Reihe von Möglichkeiten zur Verfügung.

Standardvorgehensweise beim Duplizieren

Sie duplizieren Objekte so, wie Sie es auch aus anderen Adobe-Applikationen kennen, indem Sie das Objekt mit dem Auswahlwerkzeug auswählen und dann mit gedrückter [Alt]- bzw. [⌥]-Taste das ausgewählte Objekt verschieben.

Versatz beim Duplizieren

Welcher Versatz dabei zum Tragen kommt, ist davon abhängig, welchen horizontalen und vertikalen Versatz Sie das letzte Mal entweder im Dialog DUPLIZIEREN UND VERSETZT EINFÜGEN eingegeben oder durch das Verschieben von Objekten mit gedrückter [Alt]- bzw. [⌥]-Taste durchgeführt haben.

Ein Duplikat an der Originalposition erstellen

Um ein Objekt an der Originalposition zu duplizieren, können Sie alternativ folgende Vorgehensweise wählen:

Markieren Sie das Objekt, und erzeugen Sie durch einmaliges Drücken einer Pfeiltaste bei gedrückter [Alt]- bzw. [⌥]-Taste ein Duplikat. Lassen Sie dann die [Alt]- bzw. [⌥]-Taste los, und drücken Sie die Pfeiltaste in die entgegengesetzte Richtung.

Einfaches Duplizieren

Das einfache Duplizieren von Objekten oder Objektgruppen kann auf verschiedene Art erfolgen. Je nachdem, welches Endergebnis gewünscht wird, wählen Sie aus folgenden Vorgehensweisen aus:

Duplizieren über das Menü | Wählen Sie das Ausgangsobjekt mit dem Auswahlwerkzeug aus, und rufen Sie BEARBEITEN • DUPLIZIEREN auf, oder drücken Sie das Tastenkürzel [Strg]+[Alt]+[⇧]+[D] bzw. [⌘]+[⌥]+[⇧]+[D]. Ihr Objekt wird dupliziert und, um ein kleines Stück horizontal und/oder vertikal versetzt, neben das Original gestellt.

Duplizieren über Kopieren und Einsetzen | Im Unterschied zum Befehl DUPLIZIEREN verwendet die Abfolge der Befehle BEARBEITEN • KOPIEREN ([Strg]+[C] bzw. [⌘]+[C]) und BEARBEITEN • EINFÜGEN ([Strg]+[V] bzw. [⌘]+[V]) die Zwischenablage – der Inhalt bleibt also in der Zwischenablage erhalten. Zusätzlich setzt InDesign ein Objekt, das über die Zwischenablage eingesetzt wird, immer in die Mitte des Dokumentfensters, wo man es in den meisten Fällen nicht wirklich haben will.

Duplizieren an derselben Stelle | Um zwei Arbeitsschritte kommen Sie nicht herum, wenn Sie die Kopie eines Objekts genau über dem Original einfügen bzw. das Objekt auf einer anderen Seite an derselben Position einfügen wollen.

Für diese Fälle wählen Sie beim Einfügen des Objekts den Menübefehl BEARBEITEN • AN ORIGINALPOSITION EINFÜGEN oder benutzen das – etwas unbequem zu drückende – Tastenkürzel [Strg]+[Alt]+[⇧]+[V] bzw. [⌘]+[⌥]+[⇧]+[V].

Duplizieren um einen visuell bestimmten Versatz | Ein Duplikat anlegen und die Zielposition in einem Schritt festlegen können Sie, wenn Sie ein ausgewähltes Objekt mit dem Auswahlwerkzeug bei gedrückter [Alt]- bzw. [⌥]-Taste bewegen. Das Originalobjekt bleibt bestehen, und InDesign erzeugt automatisch ein Duplikat, das Sie an die neue Position bewegen können. Der damit erzeugte Versatz ist ab sofort der Default-Wert für Duplikate, die über den zuvor beschriebenen Befehl BEARBEITEN • DUPLIZIEREN erstellt werden.

Mehrfaches Duplizieren

Bei vielen Duplikaten sind allerdings auch die zuvor beschriebenen Möglichkeiten recht mühsam, da das exakte Positionieren vieler Duplikate gut geplant werden will.

Mehrere Objekte mit bestimmtem Versatz duplizieren | Wählen Sie das Objekt aus, das Sie mehrfach duplizieren und gleich exakt positionieren wollen, und rufen Sie Bearbeiten • Duplizieren und versetzt einfügen (Strg+Alt+U bzw. ⌘+⌥+U) auf.

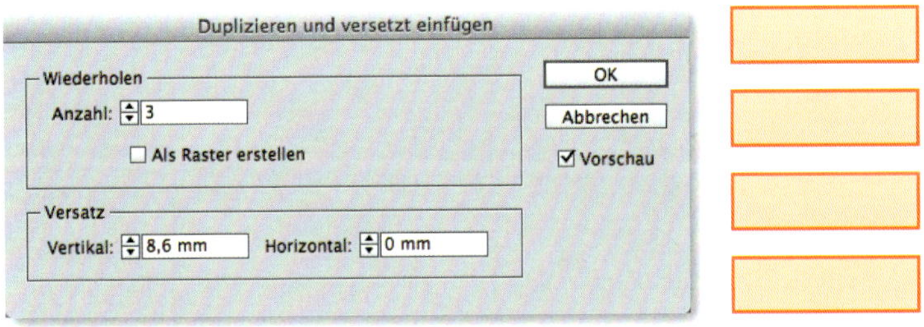

◂ **Abbildung 6.55**
Der Dialog Duplizieren und versetzt einfügen. Der daneben befindliche Stapel aus Rechtecken wurde mit dieser Einstellung dupliziert. Aktivieren Sie die Checkbox Vorschau, wodurch Sie immer Kontrolle über das Ergebnis haben.

- **Wiederholen**: Bei Anzahl legen Sie fest, wie oft das Objekt dupliziert werden soll. Beachten Sie, dass, wenn Sie die Zahl 3 eingeben, im Endeffekt vier Objekte gezeichnet werden.
- **Versatz**: Damit legen Sie fest, in welchem Abstand die Duplikate Vertikal bzw. Horizontal angelegt werden sollen. Wenn Sie sowohl einen horizontalen als auch einen vertikalen Versatz eintragen, ergibt sich dabei eine »diagonale« Anordnung der Duplikate.

Startpunkt für den Versatz

Beim Startpunkt wird von der linken bzw. oberen Kante des Objekts ausgegangen.

Alternative Vorgehensweisen zum mehrfachen Duplizieren von Objekten | Mit dem zuvor Erlernten können Sie nun schnell eine Mehrfachduplizierung vornehmen. Die Varianten sind:

- Durch mehrfaches Ausführen des Befehls Objekt • Duplizieren kann ein Objekt immer um denselben Wert versetzt dupliziert werden.
- Durch Verschieben des Objektes mit gedrückter Alt- bzw. ⌥-Taste kann das erste Duplikat visuell an die Zielposition verschoben werden. Wenn Sie dann den Befehl Objekt • Duplizieren bzw. das Tastenkürzel Strg+Alt+⇧+D bzw. ⌘+⌥+⇧+D erneut aufrufen, so wird im selben Abstand ein zusätzliches Duplikat erstellt.
- Anstelle des Befehls Bearbeiten • Duplizieren kann auch der Befehl Objekt • Erneut transformieren • Erneut transformieren aufgerufen werden. Der Befehl ist standardmäßig nicht über ein Tastenkürzel aufrufbar. Lesen Sie dazu nebenstehende Anmerkung.

Tastenkürzel für »Erneut transformieren«

Wenn Sie jedoch unseren Empfehlungen im Abschnitt »Definieren eines eigenen Tastenkürzel-Satzes« auf Seite 1184 gefolgt sind, so können Sie diesen Befehl auch über das Tastenkürzel Strg+Alt+⇧+T bzw. ⌘+⌥+⇧+T ansprechen.

Ein Raster aus Duplikaten erstellen

Mit den zuvor beschriebenen Möglichkeiten können Sie jederzeit ein Raster aus denselben Rahmenformen erstellen. Mit InDesign CS5 hat Adobe in der Funktionalität jedoch noch einmal nachgebessert, wodurch Sie zwei zusätzliche Möglichkeiten haben, ein Raster aus Duplikaten zu erstellen.

Als Raster erstellen | Im Dialog Duplizieren und versetzt einfügen kann die Option Als Raster erstellen aktiviert werden, wodurch ein zusätzliches Eingabefeld hinzugefügt wird, mit dem Sie die Anzahl der Zeilen und Spalten getrennt bestimmen können. In Verbindung mit dem horizontalen und vertikalen Versatz kann somit schnell das Raster erstellt werden.

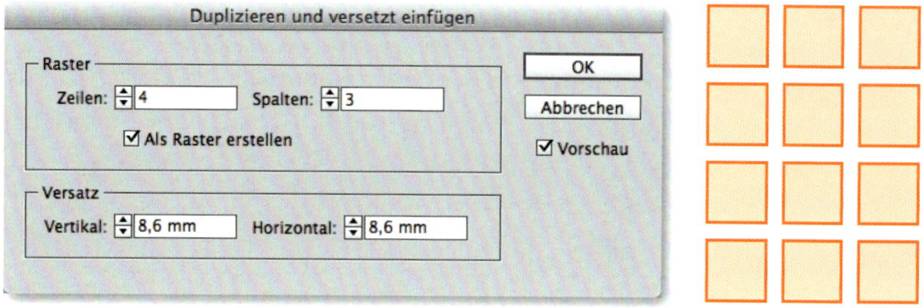

Abbildung 6.56 ▶
Der Dialog Duplizieren und versetzt einfügen mit aktivierter Option Als Raster erstellen. Das daneben befindliche Raster aus Rechtecken wurde mit dieser Einstellung (ausgehend vom linken oberen Quadrat) erstellt.

Raster über Maus und Tastatur erstellen | Auf ähnliche Art und Weise, wie Sie ein Raster zum Aufziehen von Rahmen (siehe dazu Seite 204) genutzt haben, können Sie dies auch noch später nachholen. Gehen Sie dabei wie folgt vor:

1. Wählen Sie das für das Raster zu duplizierende Objekt mit dem Auswahlwerkzeug aus.
2. Drücken Sie die `Alt`- bzw. `⌥`-Taste, und verschieben Sie das Objekt in der Diagonale – am einfachsten mit gedrückter `⇧`-Taste – auf den gegenüberliegenden Eckpunkt des zu erstellenden Rasters.
3. Dann lassen Sie die `Alt`- bzw. `⌥`-Taste los und drücken stattdessen die `→`-Taste, um die Anzahl der Spalten zu erhöhen. Drücken Sie die `←`-Taste, um die Anzahl der Spalten zu reduzieren. Analog dazu verfahren Sie mit den Pfeiltasten `↑`/`↓`, um die Anzahl der Zeilen zu verändern. Sie erstellen dadurch das Raster aus Abbildung 6.57.

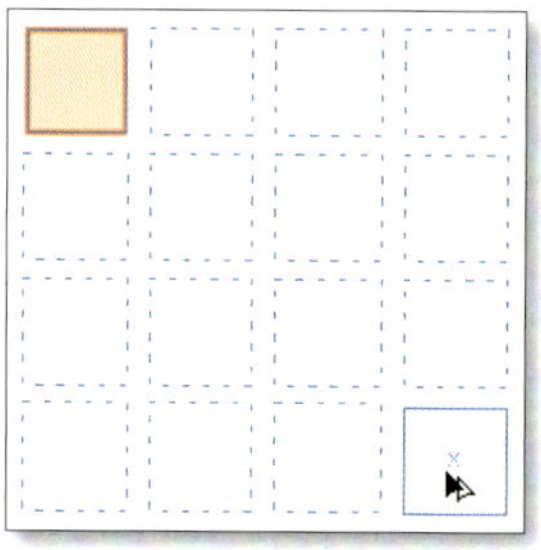

Abbildung 6.57 ▶
Symbolhaft wird das Raster angezeigt. Erst durch das Loslassen der Maustaste werden die Objekte schließlich erstellt und in dieser Anordnung angebracht.

Verschieben Sie noch das duplizierte Objekt, um den Rahmenabstand anzupassen. Ist das Raster perfekt, so müssen Sie nur noch die Maustaste loslassen.

6.6 Objektanordnung vornehmen

Haben Sie mehrere Rahmen bzw. Objekte aufgezogen oder durch Duplizieren erstellt, so können diese sich teilweise überlagern oder zur Gänze durch andere Objekte verdeckt sein. Für den Anwender ist es extrem wichtig, zu jeder Zeit Objekte auswählen und diese in die richtige Objektanordnung bringen zu können.

Generell sei hierbei angemerkt, dass das zuletzt durch ein Werkzeug aufgezogene oder über die Zwischenablage eingefügte Objekt sich immer an der obersten Stelle in der Objektanordnung befindet. Etwas anders verhält es sich beim Duplizieren von Objekten, denn hier wird das duplizierte Objekt oberhalb des Ausgangsobjekts erstellt.

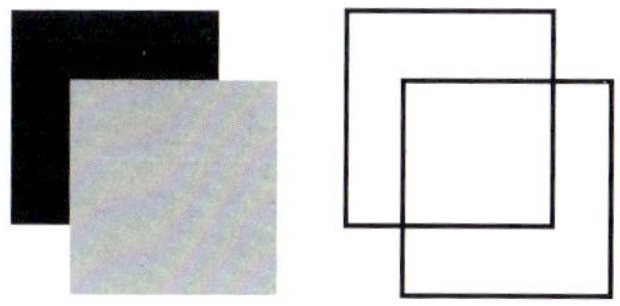

▲ **Abbildung 6.58**
Das graue Quadrat liegt über dem schwarzen Quadrat. Aber welcher Rahmen überlappt welchen?

◀ **Abbildung 6.59**
Beispiel der Objektanordnung durch Kopieren und Duplizieren

Im Beispiel in Abbildung 6.59 ist links der Ausgangszustand zu sehen: ein Rechteck mit heller Fläche und ein Rechteck mit dunkler Fläche. Dabei wurde zuerst das helle und dann das dunkle Rechteck über ein Werkzeug erstellt. In der mittleren Abbildung ist zu sehen, dass das helle Rechteck durch das Kopieren und Einfügen in der Objektanordnung ganz in den Vordergrund gestellt wird. Wird hingegen das linke, helle Rechteck dupliziert, so wird das Rechteck zwar oberhalb des hellen, jedoch unterhalb des dunklen Rechtecks in der Objektanordnung eingefügt.

Objektanordnung über Ebene

Die Objektanordnung kann über das Ebenen-Bedienfeld abgebildet werden. Wir unterscheiden hier zwei Zustände:

Objektanordnung in einer Ebene | Objekte der gleichen Ebene können sich überlappen. Die Anordnung der Objekte dabei ist nur über Unterebenen im Ebenen-Bedienfeld klar erkennbar. Wollen Sie jedoch nicht über das Ebenen-Bedienfeld eine Anordnung vornehmen, so können Sie Objekte auch über das Menü Objekt • Anordnen bzw. im Kontextmenü eines Objekts in der Hierarchie verschieben. Die Befehle sind:

- **In den Vordergrund**: Damit wird das ausgewählte Objekt auf der gleichen Ebene ganz nach oben gesetzt. Das Kürzel Strg+⇧+Ä bzw. ⌘+⇧+Ä sollten Sie sich für eine schnelle Arbeitsweise gut einprägen.

Kleiner Scherz am Rande
Wie kann man sich die komischen Kurzbefehle zum Verschieben von Objekten in den Vordergrund bzw. in den Hintergrund merken? Ganz einfach:

Tiroler Ureinwohner kommentieren das Verschwinden von Sachen immer mit dem Laut »Ö«.

Wenn sie wiederum das Gesuchte gefunden haben, tun sie ihre Freude durch den Laut »Aaahh« kund.

Oder merken Sie sich einfach: »Österreich ist, zumindest auf der Landkarte, ›unten‹!« Das merken sich unsere deutschen Nachbarn somit auch!

Hinweis
Die Tastenkürzel für das dosierte Nach-vorn- bzw. Nach-hinten-Stellen von Objekten lauten:
Schrittweise nach vorne:
[Strg]+[Ä] bzw. [⌘]+[Ä]
Schrittweise nach hinten:
[Strg]+[Ö] bzw. [⌘]+[Ö]

- **In den Hintergrund**: Damit wird das ausgewählte Objekt auf der gleichen Ebene ganz nach unten gesetzt. Auch dieses Tastenkürzel, [Strg]+[⇧]+[Ö] bzw. [⌘]+[⇧]+[Ö], sollten Sie sich gut einprägen.
- **Schrittweise nach vorne** bzw. **Schrittweise nach hinten**: Mit diesen beiden Befehlen können Sie das ausgewählte Objekt fein dosiert innerhalb des Objektstapels verschieben. Wenn Ihr Layout etwas komplexer aufgebaut ist, zeigt die Ausführung dieser Befehle schon das eine oder andere Mal keine Auswirkung, da sich nebeneinanderliegende Objekte nicht zwangsläufig auch untereinander im Objektstapel berühren müssen.

Objektanordnung über Ebenen hinweg | Eine Objektanordnung kann auch durch Verschieben der Objekte auf eine andere Ebene oder durch Verschieben der Unterebene in der Ebene erfolgen. Diese Vorgehensweise entspricht eher einem kontrollierten Aufbau der Objektanordnung und schafft speziell bei umfangreichen Projekten Durchblick. Wie Sie dabei vorgehen, können Sie im Abschnitt »Ebenenreihenfolge verändern« auf Seite 184 erfahren.

Umgang mit dahinterliegenden Objekten

Darunterliegendes Objekt kann nicht ausgewählt werden
Wenn Sie durch Drücken der [Strg]- bzw. [⌘]-Taste ein darunterliegendes Objekt nicht auswählen können, so sind die Objekte miteinander gruppiert worden. Wie Sie dennoch darunterliegende Objekte in einer Gruppe auswählen können, erfahren Sie auf Seite 242.

Ist ein Objekt zur Gänze durch andere Objekte verdeckt, so ist das Auswählen bzw. das Verschieben des Objekts nur wie folgt möglich:

Dahinterliegendes Objekt auswählen | Sie können dabei zuerst alle anderen Objekte in den Hintergrund stellen, womit das verdeckte Objekt sichtbar und somit auch auswählbar wird. Das ist der falsche Weg.

Sie können anstelle der beschriebenen Vorgehensweise auch einfach innerhalb eines Objektstapels »durchklicken«. Klicken Sie dazu mit gedrückter [Strg]- bzw. [⌘]-Taste auf das Objekt. Natürlich können Sie auch jedes Objekt über das Ebenen-Bedienfeld auswählen.

▲ **Abbildung 6.60**
Wählen Sie den Objektmittelpunkt zum Verschieben von Objekten aus.

Dahinterliegendes Objekt verschieben | Wenn Sie das verdeckte Objekt durch das »Durchklicken« auswählen konnten, so müssen Sie dieses Objekt nicht zuerst in den Vordergrund bringen, um es an eine andere Stelle zu verschieben. Besitzt das Objekt einen Inhalt – ein Bild oder eine Farbfläche –, so reicht ein einfacher Klick auf das Objekt, um das ausgewählte Objekt zu verschieben.

Besitzt das Objekt keinen Inhalt (Abbildung 6.60), so verschieben Sie es durch Klick auf den Objektmittelpunkt oder auf den Rand des Objekts. Markierte Objekte können auch über die Pfeiltasten verschoben werden.

6.7 Objekte ausrichten und verteilen

Layoutrahmen einzeln zu positionieren, ist zeitraubend und mühsam, insbesondere wenn Rahmen regelmäßig an anderen Rahmen, am Satzspiegel oder am Seitenrand ausgerichtet werden sollen. Neben der Möglichkeit, die Ausrichtung anhand von Hilfslinien zu bewerkstelligen (siehe den Abschnitt 5.5, »Hilfslinien«, auf Seite 184), stellt InDesign spezielle Werkzeuge zur Verfügung.

Jegliche Art von Objektansammlung kann über das Ausrichten-Bedienfeld erfolgen, das Sie über das Menü Fenster • Objekt und Layout • Ausrichten, durch Klick auf das Symbol in der Bedienfeldleiste oder durch Drücken des Tastenkürzels ⇧+F7 aufrufen können.

Im Bedienfeld müssen Sie vor dem Anwenden eines Befehls festlegen, ob Sie Objekte aneinander (An Auswahl ausrichten) oder an einem bestimmten Objekt (An Basisobjekt ausrichten) ausrichten wollen bzw. ob an einem vom Layout vorgegebenen Rand (Druckbogen, Seiten oder Ränder) ausgerichtet werden soll. Für letzteres Verhalten wählen Sie An Rändern ausrichten, An Seite ausrichten oder An Druckbogen ausrichten aus.

Betrachten wir zunächst das Ausrichten von Objekten aneinander – dies sind die Standardfunktionen. Wählen Sie dazu An Auswahl ausrichten ❶ im Ausrichten-Bedienfeld über die Option Ausrichten an aus.

Zugriff auf Funktionstasten für Mac OS X-Anwender
Unter Mac OS X sind die Funktionstasten standardmäßig zur Steuerung des Rechners reserviert. Um dennoch in InDesign auf diese Funktionstasten zurückgreifen zu können, müssen Mac OS X-Anwender in den Systemeinstellungen die Einstellungen für Tastatur auswählen und darin die Option Die Tasten F1, F2 usw. als Standard-Funktionstasten verwenden aktivieren.

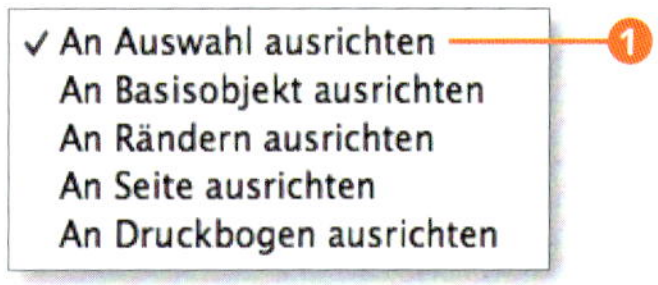

▲ **Abbildung 6.61**
Das Auswahlmenü der Option Ausrichten an des Ausrichten-Bedienfelds

Objekte aneinander ausrichten oder verteilen

Sie können mehrere Objekte ausrichten ❷ oder mehrere Objekte verteilen ❸, wobei dabei zwischen den Objekten zusätzlich ein Abstand über die Option Abstand verwenden ❹ vorgegeben werden kann.

Über die Funktionen in Abstand verteilen ❺ können Objekte innerhalb des ausgewählten Bereichs verteilt werden, wodurch der Abstand zwischen den Objekten gleichmäßig aufgeteilt wird. Über die Option Abstand verwenden ❻ kann, wie bei Objekte verteilen, ein zusätzlicher Abstand zwischen den Objekten eingefügt werden.

Objekte können generell vertikal und horizontal ausgerichtet und verteilt werden. Dabei kann in jeder Ausrichtungsart der Bezugspunkt der Ausrichtung zusätzlich unterschiedlich gewählt werden.

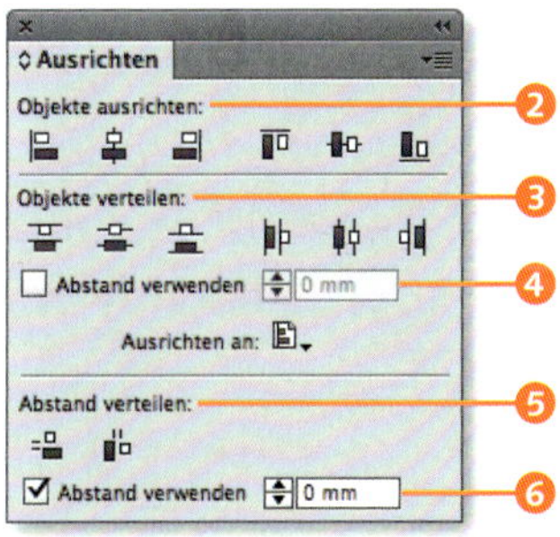

▲ **Abbildung 6.62**
Das Bedienfeld Ausrichten mit gewählter Standardfunktion An Auswahl ausrichten, was Sie am Symbol erkennen

Objekte aneinander ausrichten | Die Funktionsgruppe dient dazu, ausgewählte Objekte horizontal auszurichten. Eine Ausrichtung kann dabei an der linken Kante, am Mittelpunkt oder an der rechten Kante der ausgewählten Objekte vorgenommen werden. Bei ei-

Mehrere Objekte am Mittelpunkt ausrichten
Um zwei Objekte genau übereinanderzulegen, wählen Sie die beiden Objekte aus und richten sie zuerst vertikal und dann horizontal am Mittelpunkt aus. Damit decken sich die Mittelpunkte und somit die beiden Objekte technisch ganz exakt.

ner Ausrichtung an der linken oder rechten Kante werden alle Objekte an der linken bzw. rechten Kante des am weitesten links/rechts stehenden Objekts ausgerichtet. Bei der Ausrichtung am Mittelpunkt wird jener Bezugspunkt verwendet, der rechnerischer Mittelpunkt zwischen den beiden äußersten der ausgewählten Objekte ist; die horizontale Position der ausgerichteten Objekte ändert sich dadurch nicht.

Die Funktionsgruppe dient zur vertikalen Ausrichtung mehrerer Objekte, wobei sich alle Funktionen analog zu denen der horizontalen Ausrichtung verhalten. Die horizontale Position der Objekte bleibt unverändert, und die Ausrichtung erfolgt an der Ober- bzw. Unterkante oder dem Mittelpunkt.

Schritt für Schritt
Eine Zielscheibe bauen

Um unsere Zielscheibe aus Schritt 3 zu erstellen, benötigen wir vier Kreise und zwei Linien. Legen wir zuerst die Objekte an.

1 Vier Kreise erstellen und einfärben

Erstellen Sie vier Kreise mit den Radien 40 mm, 30 mm, 20 mm und 10 mm, und färben Sie diese dann mit den gewünschten Flächenfarben ein. Achten Sie darauf, dass Sie mit dem großen Kreis beginnen und sich dann bis zum kleinen Kreis durcharbeiten, denn der große Kreis muss das unterste Objekt im Objektstapel sein. Die Position der Kreise ist vollkommen egal.

Abbildung 6.63 ▶
Vier Kreise mit regelmäßig abgestuften Radien, abwechselnd eingefärbt

2 Eine horizontale und vertikale Linie erstellen

Wählen Sie das Linienzeichner-Werkzeug aus, und ziehen Sie bei gedrückter ⇧-Taste eine horizontale Linie. Die Konturstärke wird mit 1 Pt, die Länge mit 50 mm und die Konturfarbe mit Rot festgelegt.

Abbildung 6.64 ▶
Die horizontale rote Linie

Duplizieren Sie diese Linie, indem Sie das Auswahlwerkzeug wählen und sie mit gedrückter Alt- bzw. ⌥-Taste durch Verschieben duplizieren. Drehen Sie die duplizierte Linie um 90°. Dies können Sie am schnellsten erledigen, indem Sie auf das Symbol im Steuerung-Bedienfeld klicken.

3 Objekte ausrichten

Markieren Sie nun alle erstellten Objekte – vier Kreise und zwei Linien –, und klicken Sie im Ausrichten-Bedienfeld auf die Symbole und . Damit werden alle Objekte am Mittelpunkt horizontal und vertikal ausgerichtet. Die fertige Zielscheibe sieht wie folgt aus:

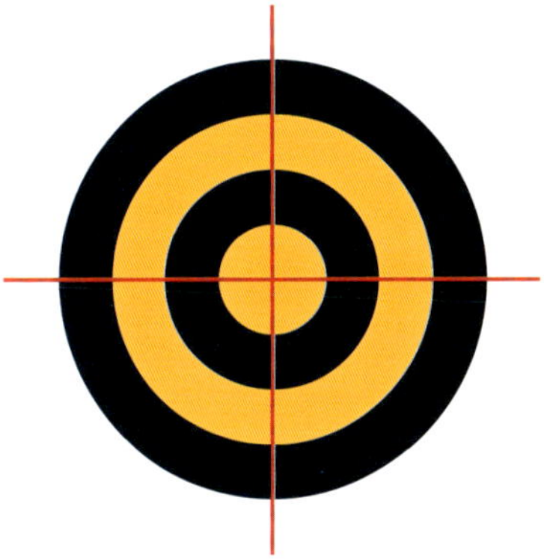

◄ **Abbildung 6.65**
Das Endergebnis unserer Schritt-für-Schritt-Anleitung – eine Zielscheibe

Objekte verteilen | Unter Objekte verteilen finden Sie wiederum zwei Funktionsgruppen zur vertikalen und horizontalen Verteilung von Objekten. Der Unterschied zum Ausrichten ist hier lediglich, dass die äußeren Objekte ihre vertikale/horizontale Position nicht ändern, sondern dass nur die Objekte, die zwischen den beiden liegen, gleichmäßig verteilt werden. Daraus folgt, dass diese Funktionen nur Wirkung zeigen, wenn Sie zumindest drei Objekte ausgewählt haben. Dabei können Sie in beiden Funktionsgruppen auswählen, ob die linke oder rechte Kante oder der Objektmittelpunkt zur Verteilung herangezogen werden soll.

Völlig anders verhalten sich die Funktionen aber, wenn Sie die Option Abstand verwenden ❹ (siehe Abbildung 6.62) aktivieren und im entsprechenden Feld einen Wert eintragen. Dann erfolgt keine gleichmäßige Verteilung der Objekte zwischen den äußeren Objekten mehr, sondern es werden die gewählten Objekte im festgelegten Abstand gegeneinander versetzt. Dabei können Sie wieder wählen, ob die Kanten oder die Objektmittelpunkte gestaffelt werden sollen. Das funktioniert auch mit nur zwei Objekten.

Alle diese Ausrichtungs- und Verteilungsfunktionen beziehen sich auf die Kanten oder die Mittelpunkte der Objekte.

Horizontal und vertikal verteilen
Beachten Sie, dass sich bei der vertikalen Verteilung die horizontale und bei der horizontalen Verteilung die vertikale Position der beteiligten Objekte nicht ändert.

Ausrichten über das Steuerung-Bedienfeld
Die sechs Ausrichten-Funktionen finden Sie auch im Steuerung-Bedienfeld, sobald Sie zwei oder mehr Objekte ausgewählt haben und sofern Ihr Monitor Platz für das verlängerte Steuerung-Bedienfeld bietet.

Gesperrte Objekte

Wenn sich die Ausrichtungs- und Verteilungswerkzeuge nicht so verhalten, wie Sie es erwarten, überprüfen Sie, ob ein Objekt der Gruppe, die Sie ausrichten wollen, mit OBJEKT • SPERREN fixiert wurde. Entsperren Sie dieses Objekt, und alles sollte sich ordnungsgemäß verhalten.

Abstand zwischen Objekten gleichmäßig verteilen | Mit der Zusatzoption ABSTAND VERTEILEN werden Objekte vertikal oder horizontal ausgerichtet, indem der Abstand zwischen ihnen gleichmäßig verteilt wird. Welcher rechnerische Wert sich für den Abstand dabei ergibt, hängt von den beiden Bezugsobjekten – dem jeweils linken/oberen und dem jeweils rechten/unteren – ab. Somit ist logisch, dass diese Option wiederum nur dann funktioniert, wenn zumindest drei Objekte beteiligt sind. Wenn Sie allerdings die Option ABSTAND VERWENDEN aktivieren und einen entsprechenden Eintrag im dazugehörigen Feld machen, werden die Abstände wiederum absolut festgelegt, was auch bei zwei Objekten funktioniert und damit die Anordnung der Objekte auf der entsprechenden Achse verändert.

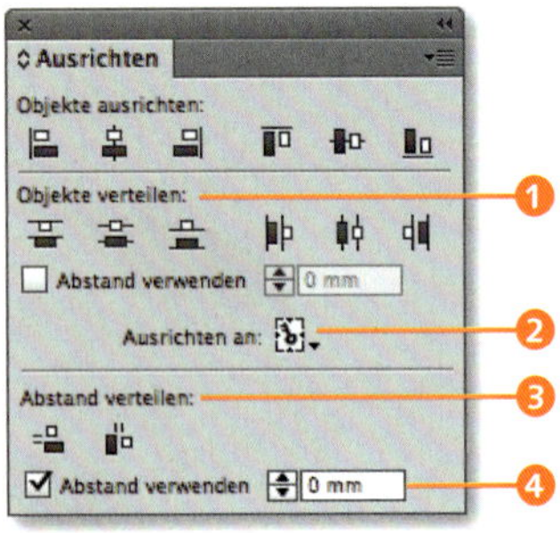

▲ **Abbildung 6.66**
Das Bedienfeld AUSRICHTEN mit gewähltem Eintrag AN BASISOBJEKT AUSRICHTEN. Das Symbol 2 zeigt den gewählten Zustand an.

Objekte im Layout ausrichten oder verteilen

Auf welchen Teil des Layouts sich die Ausrichtung beziehen soll, können Sie im Ausklappmenü des Ausrichten-Bedienfelds einstellen. Neben der bereits bekannten Einstellung AN AUSWAHL AUSRICHTEN gibt es folgende Möglichkeiten:

An Basisobjekt ausrichten | Acht InDesign-Versionen mussten ins Land ziehen, bis endlich mit InDesign CS6 auch die Möglichkeit besteht, Objekte an einem bestimmten Objekt auszurichten bzw. zu verteilen. Gehen Sie dazu wie folgt vor:

1. Wählen Sie die auszurichtenden Objekte mit dem Auswahlwerkzeug aus.
2. Wählen Sie in der Option AUSRICHTEN AN 2 den Eintrag AN BASISOBJEKT AUSRICHTEN aus. Dadurch ändert sich einerseits das Symbol neben der Option in , und andererseits wird eines der zuvor ausgewählten Objekte mit einer stärkeren Kontur hervorgehoben. Das hervorgehobene Objekt stellt ab sofort das Basisobjekt dar, an dem ausgerichtet werden soll.
3. Wollen Sie ein anderes Basisobjekt definieren, so wählen Sie es durch einfachen Klick auf den Mittelpunkt des Objekts aus. Die Hervorhebung wird nun auf das neue Objekt übertragen.
4. Führen Sie die gewünschte Ausrichtung aus den Bereichen OBJEKTE AUSRICHTEN, OBJEKTE VERTEILEN und ABSTAND VERTEILEN aus.

Tipp

Sie müssen beim Ausrichten an einem Basisobjekt dies nicht zwingend zuvor in der Option AUSRICHTEN AN anwählen. Es reicht ein Klick auf das zu wählende Basisobjekt.

An Rändern ausrichten | Das Symbol in der Option AUSRICHTEN AN 2 ändert sich auf . Das Bezugsobjekt für die Ausrichtung ist hier der Satzspiegel der jeweiligen Seite. Damit können Sie sehr schnell mehrere Grafiken innerhalb des Satzspiegels horizontal bzw. vertikal verteilen.

Ausrichten an

Die Einstellungen der Option AUSRICHTEN AN können, bei entsprechender Größe des Monitors, auch im Steuerung-Bedienfeld ausgewählt werden.

Beachten Sie, dass Sie dafür zuerst AN RÄNDERN AUSRICHTEN auswählen müssen und erst nachträglich auf das Symbol klicken. Das nachträgliche Ändern des Bezugs auf AN RÄNDERN AUSRICHTEN führt zu keiner Veränderung.

An Seite ausrichten | Das Symbol in der Option AUSRICHTEN AN ❷ ändert sich auf . Die einzelnen Objekte werden am Endformat – also an dem Endformat, das Sie unter DATEI • DOKUMENT EINRICHTEN definiert haben – ausgerichtet.

An Druckbogen ausrichten | Das Symbol in der Option AUSRICHTEN AN ❷ ändert sich auf . Bei einem Dokument mit einzelnen Seiten ist diese Option identisch mit AN SEITE AUSRICHTEN, bei allen anderen Dokumenten ist die Bezugsfläche die Fläche, die der aktuelle Druckbogen einnimmt.

Wenn Sie über ABSTAND VERTEILEN ❸ bzw. über OBJEKTE VERTEILEN ❶ mehrere Objekte verteilen wollen und dabei keinen Abstand vorgeben, werden die Objekte gleichmäßig innerhalb der gewählten Bezugspunkte verteilt. Wird ein Abstand in ABSTAND VERWENDEN ❹ eingegeben, so orientiert sich InDesign an der linken bzw. oberen Kante der begrenzenden Fläche. So können dadurch natürlich auch einzelne Objekte von der Seite rutschen.

Symbole für »Ausrichten an«

Während sich die Symbole für die Befehle AN AUSWAHL AUSRICHTEN und AN BASISOBJEKT AUSRICHTEN deutlich voneinander unterscheiden, sind die Symbole für die Befehle AN RÄNDERN AUSRICHTEN, AN SEITE AUSRICHTEN und AN DRUCKBOGEN AUSRICHTEN schwer voneinander zu unterscheiden.

Druckbogen

Bei einem zweiseitigen Layout besteht der Druckbogen aus den beiden gegenüberliegenden Seiten. Bei Bögen, die aus mehreren Seiten zusammengestellt wurden, besteht der Druckbogen somit aus dem Gesamtumriss aller zum Bogen gehörenden Seiten.

Einzelne Objekte bzw. Hilfslinien ausrichten

Da bei den Optionen AN RÄNDERN AUSRICHTEN, AN SEITE AUSRICHTEN und AN DRUCKBOGEN AUSRICHTEN in der Option AUSRICHTEN AN ❷ bereits ein Bezugsobjekt existiert, können somit auch einzelne Objekte im Layout ausgerichtet werden.

Beachten Sie auch, dass nicht nur InDesign-Objekte über das Ausrichten-Bedienfeld ausgerichtet bzw. verteilt werden können. Da für InDesign Hilfslinien auch Objekte darstellen, können natürlich auch Hilfslinien damit exakt ausgerichtet bzw. verteilt werden.

Objekte an Hilfslinie ausrichten

Da Sie in InDesign nicht zeitgleich Hilfslinien und Objekte auswählen können, ist das Ausrichten von Objekten an den Hilfslinien leider nicht möglich.

Diese eigentlich sehr nützliche Funktion gibt es nur in Adobe Illustrator.

Ausrichten mit intelligenten Hilfslinien

Intelligente Hilfslinien wurden erstmals mit Photoshop CS eingeführt. Photoshop-Anwender lieben diese Funktion, da damit das Ausrichten von Objekten an anderen Elementen in Photoshop wesentlich erleichtert wurde. Das wunderbar hilfreiche Konzept steht seit der Creative Suite 4 auch InDesign-Anwendern zur Verfügung.

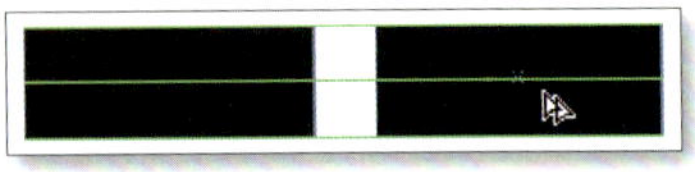

▲ **Abbildung 6.67**
Wird ein Objekt dupliziert und/oder verschoben, so werden intelligente Hilfslinien (die Standardfarbe ist Grün) sowohl an der oberen und unteren Kante als auch entlang des Mittelpunkts angezeigt, um das Ausrichten zu erleichtern.

Anzeige von intelligenten Hilfslinien über Ebenen hinweg
Intelligente Hilfslinien werden, auch wenn sich die verschobenen Objekte auf einer anderen Ebene befinden, gegenüber Objekten anderer Ebenen angezeigt. Selbst wenn Objekte auf gesperrten Ebenen liegen, werden die Hilfslinien noch angezeigt.

Wie funktioniert das Konzept? Beim Ziehen oder Erstellen eines Objekts werden vorübergehend Hilfslinien angezeigt, an denen Sie erkennen, dass das Objekt an einer Kante, an der Seitenmitte oder an einem anderen Seitenobjekt – damit sind aber auch die Ränder des Satzspiegels (violette Linien) gemeint – ausgerichtet wird.

Intelligente Hilfslinien werden standardmäßig angezeigt. Sie können sie jedoch insgesamt deaktivieren oder einzelne Kategorien der intelligenten Hilfslinien deaktivieren.

Intelligente Hilfslinien insgesamt deaktivieren | In sehr komplexen Layouts kann das Anzeigen von intelligenten Hilfslinien eher störend denn hilfreich sein. Wenn Sie die Anzeige von intelligenten Hilfslinien generell deaktivieren wollen, so müssen Sie den Befehl Ansicht • Raster und Hilfslinien • Intelligente Hilfslinien ausführen (das Häkchen vor dem Befehl ist nun nicht mehr zu sehen) oder das Tastenkürzel Strg+U bzw. ⌘+U drücken.

Einzelne Kategorien von intelligenten Hilfslinien anzeigen lassen | Welche Art von intelligenten Hilfslinien überhaupt angezeigt wird, bestimmen Sie über das Register Hilfslinien und Montagefläche der InDesign-Voreinstellungen.

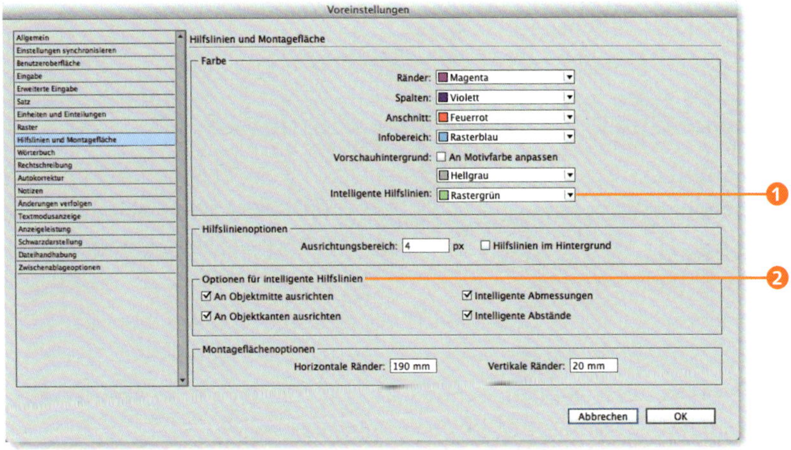

Abbildung 6.68 ▶
Das Register Hilfslinien und Montagefläche der InDesign-Voreinstellungen. Darin können Sie sowohl die Farbe von Intelligente Hilfslinien ❶ auswählen als auch die Arten der Hilfslinien, die angezeigt werden sollen; Letztere im Bereich Optionen für intelligente Hilfslinien ❷.

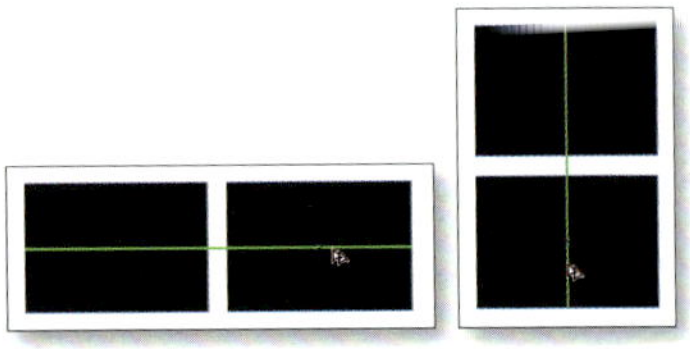

▲ **Abbildung 6.69**
Ist nur An Objektmitte ausrichten aktiviert, so werden nur Hilfslinien angezeigt, die eine mittige Ausrichtung ermöglichen.

- **An Objektmitte ausrichten**: Diese intelligente Objektausrichtung ermöglicht ein einfaches Ausrichten an der Mitte von Seitenobjekten – Objekte rasten beim Verschieben automatisch am Mittelpunkt benachbarter Objekte bzw. dem Satzspiegel ein. Zusätzlich zur Ausrichtung werden intelligente Hilfslinien dynamisch erstellt, um dem Anwender anzuzeigen, an welchem Objekt die Ausrichtung erfolgt. Erscheint neben der grünen horizontalen bzw. vertikalen intelligenten

Hilfslinie auch eine violette Hilfslinie, so sind einerseits beide Objekte horizontal bzw. vertikal mittig ausgerichtet und andererseits ist dort, wo die violette Hilfslinie angezeigt wird, das Objekt darüber hinaus noch mittig im Satzspiegel angeordnet.

- **An Objektkante ausrichten**: Durch diese intelligente Objektausrichtung werden die Objekte beim Verschieben automatisch an der oberen/unteren bzw. an der linken oder rechten Objektkante benachbarter Objekte oder am Satzspiegel ausgerichtet.

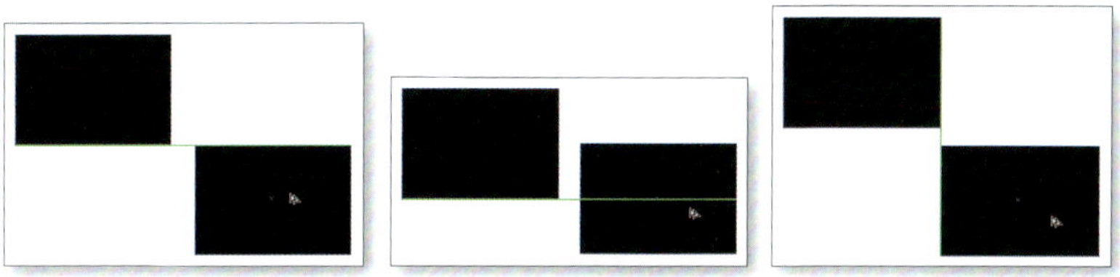

◀ **Abbildung 6.70**
Ist nur An Objektkanten ausrichten aktiviert, so werden nur solche Hilfslinien angezeigt, die eine Ausrichtung an der oberen/unteren bzw. linken/rechten Kante ermöglichen.

Besonders zu erwähnen ist, dass auch eine Ausrichtung des Mittelpunkts des verschobenen Objekts an einer Objektkante durchgeführt wird (mittlere Abbildung).

- **Intelligente Abmessungen**: Intelligente Abmessungen werden mit Bezug auf andere Objekte angezeigt, wenn Sie Seitenobjekte erstellen, drehen oder deren Größe ändern.
  Wenn Sie beispielsweise ein Objekt auf der Seite um 17° gedreht haben, wird ein Drehsymbol angezeigt, wenn Sie ein anderes Objekt ebenfalls um 17° drehen. Mithilfe dieses Hinweises können Sie das Objekt am selben Drehwinkel ausrichten wie das benachbarte Objekt. In Abbildung 6.71 können Sie die Darstellungsform für das Drehen um –17° (linkes Bild) und +17° (rechtes Bild) sehen.

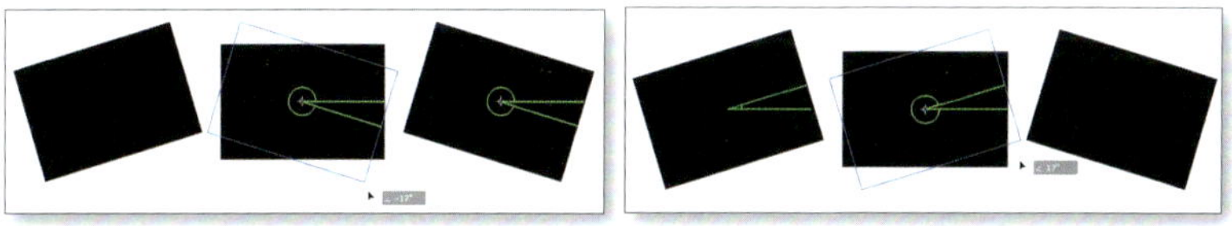

◀ **Abbildung 6.71**
Intelligente Abmessungen zeigen an, wann der Drehwinkel des Objekts mit einem Winkel eines benachbarten Objekts übereinstimmt.

Ähnlich verhält es sich, wenn Sie die Größe eines Objekts neben einem anderen Objekt ändern. In diesem Fall wird Ihnen durch ein Liniensegment mit Pfeilen an beiden Enden angezeigt, wann das Objekt dieselbe Breite oder Länge hat wie das benachbarte Objekt.

◀ **Abbildung 6.72**
Beim Skalieren eines Objekts wird angezeigt, wann das Objekt in der Breite oder Höhe mit einem benachbarten Objekt übereinstimmt.

- **Intelligente Abstände**: Damit können Sie Seitenobjekte schnell im gleichen Abstand anordnen. Temporäre Hilfslinien werden angezeigt, wenn der Abstand zwischen benachbarten Objekten gleich ist.

Abbildung 6.73 ▸
Beim Verschieben eines Objekts wird angezeigt, wann das Objekt im selben Abstand zu benachbarten Objekten steht.

Intelligente Abstände werden nur zwischen Objekten angezeigt, die sich in der Höhe bzw. Breite überlagern.

Wenn Sie ein Objekt verschieben oder seine Größe ändern, wird die Position des Cursors in einem grauen Kästchen als X- und Y-Werte angezeigt. Diese Anzeige ist unabhängig von den intelligenten Hilfslinien zu sehen. Wenn Sie diese Anzeige nicht wünschen, so müssen Sie die entsprechende Voreinstellung TRANSFORMATIONSWERTE ANZEIGEN im Register BENUTZEROBERFLÄCHE der InDesign-Voreinstellungen deaktivieren.

Welche intelligenten Hilfslinien sollen angezeigt werden?
Wir empfehlen, grundsätzlich alle intelligenten Hilfslinien anzeigen zu lassen. Sollten Sie in einem komplexen Layout die Anzeige eher als störend denn als hilfreich empfinden, so können Sie die Anzeige der intelligenten Hilfslinien über das Tastenkürzel Strg+U bzw. ⌘+U temporär deaktivieren.

Zwischenräume mit dem Lückenwerkzeug anpassen

Das nachträgliche Ändern bzw. Gleichschalten von Abständen zwischen einzelnen Rahmen kann so manchem Layout die notwendige Ordnung und Spannung verleihen. Dieser Vorgang kann viel Zeit in Anspruch nehmen. Adobe hat deshalb mit InDesign CS5 ein zusätzliches Werkzeug, das LÜCKENWERKZEUG |↔| U, in das Werkzeuge-Bedienfeld aufgenommen.

Mit diesem Werkzeug können Sie einerseits die Größe des Abstands zwischen zwei oder mehr Objekten schnell anpassen oder andererseits mehrere Objekte mit einheitlich ausgerichteten Kanten gleichzeitig ändern, während der Abstand dazwischen unverändert bleibt.

Es gilt also bei der Verwendung des Lückenwerkzeugs zuerst die Lücke zwischen Objekten auszuwählen und danach zu bestimmen, was mit der Lücke geschehen soll. Beachten Sie folgende Hinweise:

Nur bewegliche Objekte
Gesperrte Objekte und Musterseitenelemente werden bei der Verwendung des Lückenwerkzeugs ignoriert.

Auswahl der Lücke | Wählen Sie dazu das Lückenwerkzeug aus dem Werkzeuge-Bedienfeld aus, und bewegen Sie das Werkzeug zwischen Objekte. InDesign zeigt an, welcher Abstand verändert werden würde, wenn Sie die Maustaste drücken und die Objekte verschieben würden.

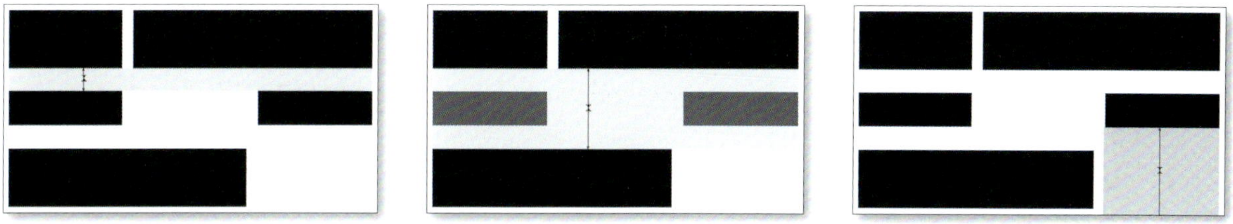

Welcher vertikale (Abbildung oben) bzw. horizontale (Abbildung unten) Abstand ausgewählt wird, hängt von der Position des Cursors ab. InDesign zeigt sehr deutlich, welcher Abstand dabei verändert werden würde.

▲ **Abbildung 6.74**
Je nach Position des Cursors wird angezeigt, welcher vertikale Abstand verändert werden würde.

Durch eine kleine Positionsänderung kann relativ schnell ein ganz anderer Bereich angesprochen werden.

▲ **Abbildung 6.75**
Je nach Position des Cursors wird angezeigt, welcher horizontale Abstand verändert werden würde.

Verändern der Lücke | Dieser Vorgang kann durch Drücken von zusätzlichen Tasten zu unterschiedlichen Ergebnissen führen.

- Einfaches Ziehen: Damit wird die Lücke verschoben und die Größe aller an der Lücke ausgerichteten Objekte geändert.
- Ziehen und Drücken der ⇧-Taste: Damit wird nur die Lücke zwischen den zwei nächstliegenden Objekten verschoben.
- Ziehen und Drücken der Strg- bzw. ⌘-Taste: Damit wird nur die Größe der Lücke geändert. Die Lücke wird nicht verschoben.
- Ziehen und Drücken der Strg+⇧- bzw. ⌘+⇧-Taste: Dadurch wird nur die Größe der Lücke zwischen den zwei nächstliegenden Objekten geändert.
- Ziehen und Drücken der Alt- bzw. ⌥-Taste: Damit werden sowohl die Lücke als auch die Objekte in derselben Richtung verschoben.
- Ziehen und Drücken der Alt+⇧- bzw. ⌥+⇧-Taste: Es werden nur die zwei nächstliegenden Objekte verschoben.
- Ziehen und Drücken der Strg+Alt- bzw. ⌘+⌥-Taste: Damit wird die Größe der Lücke geändert, und die Objekte werden verschoben.
- Ziehen und Drücken der Strg+Alt+⇧- bzw. ⌘+⌥+⇧-Taste: Damit wird die Größe der Lücke geändert, und es werden nur die zwei nächstliegenden Objekte verschoben.

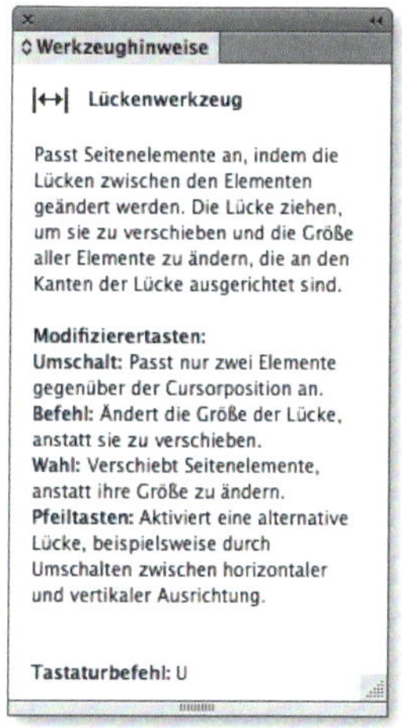

▲ **Abbildung 6.76**
Hinweise zur Verwendung von Werkzeugen werden im Werkzeughinweise-Bedienfeld angezeigt, wenn Sie ein Werkzeug ausgewählt haben. Dieses Bedienfeld können Sie über Fenster • Hilfsprogramme • Werkzeughinweise aufrufen.

6.8 Objekte sperren oder ausblenden

In umfangreicheren Projekten ist es nicht unüblich, dass bestimmte Objekte vor unerlaubter Bearbeitung geschützt oder von der Betrachtung ausgeschlossen werden sollen. Beides ist in InDesign möglich.

Objekte sperren und entsperren

Objekte können gesperrt werden, indem Sie das Objekt auswählen und den Befehl OBJEKT • SPERREN oder das Tastenkürzel [Strg]+[L] bzw. [⌘]+[L] drücken. Solange ein Objekt gesperrt ist, kann es nicht verschoben, jedoch je nach gewählter Voreinstellung nicht ausgewählt oder ausgewählt werden.

Gesperrte Objekte besitzen ein Symbol (siehe oberes Bild in Abbildung 6.77), an dem jeder Anwender sofort erkennen kann, dass das Objekt gegen unerlaubte Bearbeitung geschützt wurde. Um gesperrte Objekte zu entsperren, stehen Ihnen verschiedene Möglichkeiten zur Verfügung:

- Über den Befehl OBJEKT • ALLES AUF DRUCKBOGEN ENTSPERREN oder durch Drücken von [Strg]+[Alt]+[L] bzw. [⌘]+[⌥]+[L] können alle gesperrten Objekte eines Druckbogens auf einmal entsperrt werden. Leider können Sie ein einzelnes Objekt nicht über einen Menübefehl entsperren.
- Um ein einzelnes Objekt zu entsperren, bewegen Sie den Cursor auf das Schlosssymbol. Wenn sich das Symbol (siehe unteres Bild in Abbildung 6.77) ändert, können Sie durch einen einfachen Klick das Objekt entsperren.

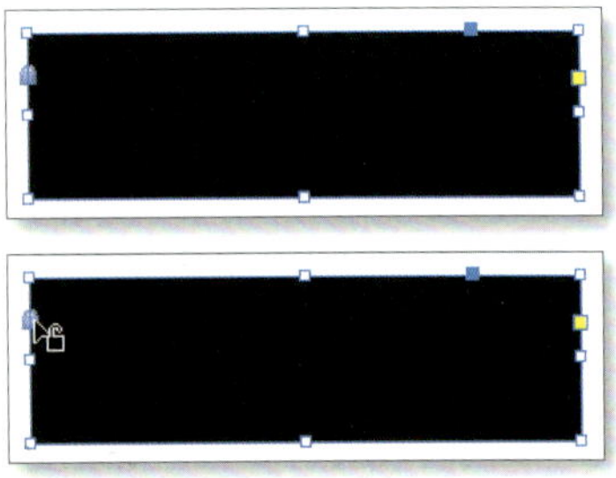

▲ **Abbildung 6.77**
Oben: Ein Schlosssymbol zeigt, dass das Objekt gesperrt ist. Unten: Das gesprengte Schloss zeigt, dass das Objekt durch einen einfachen Klick auf das Schlosssymbol entsperrt werden kann.

Gesperrte Objekte auswählen | Nach der Grundinstallation können gesperrte Objekte nicht ausgewählt werden. Wenn Sie jedoch in den InDesign-Voreinstellungen im Bereich ALLGEMEIN die Option AUSWAHL VON GESPERRTEN OBJEKTEN VERHINDERN deaktivieren, so können Sie gesperrte Objekte auswählen und somit deren Attribute wie z. B. die Farbe oder auch den Inhalt ändern.

Hinweis
Sie können Objekte und Ebenen auch über das Ebenen-Bedienfeld sperren und entsperren. Lesen Sie dazu mehr in Abschnitt 5.2, »Das Ebenen-Bedienfeld«, auf Seite 181.

Objekte aus- und einblenden

Um Objekte vorübergehend auszublenden, kann das jeweilige Objekt ausgewählt und über den Befehl OBJEKT • AUSBLENDEN oder das Tastenkürzel [Strg]+[3] bzw. [⌘]+[3] ausgeblendet werden. Ausgeblendete Objekte können weder gesehen, ausgewählt noch gedruckt und somit auch nicht exportiert werden.

Um ausgeblendete Objekte wiederum einzublenden, rufen Sie den Befehl OBJEKT • ALLES AUF DRUCKBOGEN ANZEIGEN auf oder drücken das Tastenkürzel Strg+Alt+3 bzw. ⌘+⌥+3.

6.9 Objektgruppen

Die Ausrichtungs- und Verteilungsfunktionen brauchen eine gewisse Übung. Wenn Sie nun nach einigem Training viele Objekte so angeordnet haben, wie Sie es wollten, sollte sich diese Anordnung natürlich nicht mehr ändern. Sie könnten die Position aller beteiligten Objekte natürlich sperren – das nachträgliche Bearbeiten wird etwas verkompliziert, da Objekte wiederum entsperrt werden müssen –, oder Sie fassen das Arrangement von Objekten zu einer Objektgruppe zusammen.

Objekte gruppieren

Objekte, die sich in ihrer Position zueinander nicht mehr verändern sollen, sollten Sie gruppieren. Wählen Sie dazu aus dem Menü OBJEKT die Funktion GRUPPIEREN. Das logische Tastenkürzel ist Strg+G bzw. ⌘+G. Um eine Objektgruppe wieder in ihre Einzelkomponenten aufzulösen, wählen Sie OBJEKT • GRUPPIERUNG AUFHEBEN oder drücken das Tastenkürzel Strg+⇧+G bzw. ⌘+⇧+G.

Gruppierte Objekte werden mit einem einzigen Auswahlrahmen umgeben und können miteinander bewegt werden. Die Objekte innerhalb der Gruppe können mit dem Direktauswahl-Werkzeug bzw. durch Doppelklick auf das jeweilige Objekt mit dem Auswahlwerkzeug trotzdem noch getrennt bearbeitet werden. Der Rahmen einer Gruppe unterscheidet sich optisch von einem normalen Objektrahmen durch eine gröber gestrichelte Linie (Abbildung 6.78 unten), um die Rahmen so besser unterscheiden zu können.

▲ **Abbildung 6.78**
Fünf Objekte (oben) werden zu einer Gruppe (unten) zusammengefasst.

Gruppieren von gesperrten Objekten | Sie können aber keine Objektansammlung gruppieren, die sowohl gesperrte als auch nicht gesperrte Objekte enthält. Wenn Sie es versuchen, können Sie aber entscheiden, wie die betroffenen Objekte behandelt werden sollen:

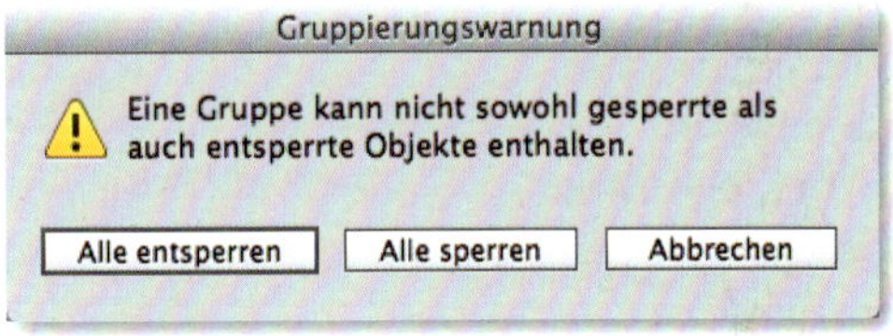

◀ **Abbildung 6.79**
Die Gruppierungswarnung erscheint, wenn sich in einer Objektgruppe sowohl gesperrte als auch nicht gesperrte Objekte befinden.

Gruppieren von Objekten unterschiedlicher Ebenen | Wenn Sie Objekte, die sich auf unterschiedlichen Ebenen befinden, gruppieren wollen, werden alle Objekte der Gruppe auf eine Ebene gestellt. Die ganze Gruppe wird dabei in die Ebene des am weitesten oben liegenden Objekts verschoben.

Wenn Sie jedoch genau diese Funktionalität, dass die Ebenen der gruppierten Objekte nach dem Entgruppieren erhalten bleiben, benötigen, so empfehlen wir die Verwendung des Skripts »group_event.jsx« von Gerald Singelmann. Sie können das Skript inklusive Anleitung unter *http://indesign-faq.de/de/ebenen-beim-entgruppieren-wiederherstellen* laden. Eine Anmeldung ist dazu erforderlich.

Objekte in Gruppen auswählen

In Abschnitt 6.6, »Objektanordnung vornehmen«, auf Seite 229 haben wir Ihnen gezeigt, wie Sie die Stapelordnung von Objekten verändern können. Was wir Ihnen aber verschwiegen haben, ist, wie Sie ein Objekt einer Gruppe auswählen können, das zur Gänze von einem Objekt verdeckt wird. Die beiden Methoden, um sich überlappende oder verdeckte Objekte auszuwählen, funktionieren im Wesentlichen gleich.

Tipp
Objekte in einer Gruppe können Sie durch einfaches »Durchklicken« mit dem Auswahlwerkzeug auswählen.

Wollen Sie die darüberliegende Gruppe auswählen, so drücken Sie einfach die [Esc]-Taste. Damit kommen Sie in einer verschachtelten Gruppe immer eine Gruppe höher.

Übereinanderliegende Objekte in der Gruppe auswählen | Der einfachste Fall ist, dass sich Objekte überlappen, die in keiner besonderen Beziehung zueinander stehen. Solange von jedem Objektrahmen ein Stück angeklickt werden kann, ist das kein Problem – Sie klicken das Objekt mit einem der beiden Auswahlwerkzeuge an.

Wenn ein Objekt vollständig ein anderes verdeckt, müssen Sie zuerst das oben liegende Objekt auswählen und können dann das darunterliegende Objekt im Objektstapel mit den Befehlen des Menüs Objekt • Auswählen auswählen. Die vier Menübefehle Erstes Objekt darüber, Nächstes Objekt darüber, Nächstes Objekt darunter und Letztes Objekt darunter sind selbsterklärend und den Befehlen zum Anordnen im gleichnamigen Menü sehr ähnlich. Diese Befehle finden Sie auch im Kontextmenü aller Objekte, und sie können über die entsprechenden Tastenkürzel ausgeführt werden.

▲ **Abbildung 6.80**
Über das Direktauswahl-Werkzeug können bei gedrückter [⇧]-Taste mehrere Objekte in der Gruppe ausgewählt werden.

Objekte in Containern bzw. Gruppen auswählen | Gruppierte Objekte besitzen einen Gruppenrahmen, der einen Behälter für die einzelnen Objekte darstellt. Solche Objektgruppen können auch in andere Objekte eingesetzt werden – wie, das zeigen wir Ihnen im Abschnitt »Objekte in die Auswahl einfügen« auf Seite 394. Dieses Objekt wird dann zum Behälter (Container) der ganzen Gruppe. Einzelne Objekte der Gruppe sowie Objektgruppen, die in andere Objekte eingesetzt sind, können dennoch weiterhin ausgewählt und bearbeitet werden.

Zum Bearbeiten von Objekten in einer Gruppe wählen Sie das Auswahlwerkzeug aus und führen einen Doppelklick auf das gewünschte Objekt aus. Damit können Sie das Objekt verschieben, in der Größe verändern und die Attribute des Rahmens ändern. Mit gedrückter ⇧-Taste können Sie zusätzliche Objekte in der Gruppe auswählen.

Um die Form von Objekten in einer Gruppe zu bearbeiten, wählen Sie das Direktauswahl-Werkzeug aus und aktivieren damit das gewünschte Objekt. Mit gedrückter ⇧-Taste können Sie zusätzliche Objekte in der Gruppe auswählen – man spricht dann vom Gruppenauswahl-Werkzeug. Sobald Sie ein oder mehrere Objekte in der Gruppe ausgewählt haben, können diese mit allen Werkzeugen wie gewohnt bearbeitet werden.

Alternative Auswahlmöglichkeiten in einer Gruppe

Es sei an dieser Stelle noch einmal darauf hingewiesen, dass Sie Objekte, die sich in einer Gruppe befinden, seit InDesign CS5 auch über das Ebenen-Bedienfeld auswählen können.

Innerhalb einer Gruppe besitzen die einzelnen Objekte eine Reihenfolge. Wurden beispielsweise mehrere Objekte in einer Gruppe zusammengefasst und im Anschluss mehrere solcher Gruppen wiederum gruppiert, so erhalten Sie eine verschachtelte Gruppe. Wenn diese übergeordnete Gruppe danach ausgeschnitten und in einen weiteren Rahmen innen eingefügt wurde, so dient dieser Rahmen als Container für die darin liegende verschachtelte Gruppe.

Um Objekte in diesem Objektstapel auszuwählen bzw. zu verändern, stehen Ihnen weitere Befehle im Menü OBJEKT • AUSWÄHLEN zur Verfügung. Die vier Menübefehle CONTAINER, INHALT, VORHERIGES OBJEKT und NÄCHSTES OBJEKT verfügen über keine Tastaturbefehle und wären deshalb in ihrer Anwendung sehr aufwendig. Lösung: Sobald Sie eine Objektgruppe oder ein Objekt ausgewählt haben, stehen im Steuerung-Bedienfeld alle Befehle als Schaltflächen zur Verfügung. Wählen Sie mit dem Auswahlwerkzeug eine Gruppe aus. Die Gruppe wird durch eine gestrichelte Linie ❶ umgeben. Die Objektauswahl-Schaltfläche stellt sich dann so wie in Abbildung 6.81 gezeigt dar.

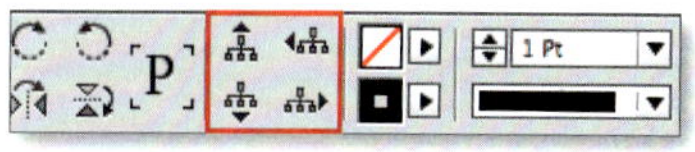

▲ **Abbildung 6.81**
Ausschnitt aus dem Steuerung-Bedienfeld mit den Funktionen zum Auswählen von Objekten in einem Container

- **Inhalt** : Um den Inhalt des Containers auszuwählen, müssen Sie eine Stufe nach unten steigen. Dies erledigen Sie durch Klick auf diese Schaltfläche. Allerdings werden dadurch nicht alle Elemente des Inhalts ausgewählt, sondern nur jenes Element, das am weitesten oben im Objektstapel liegt. Ein Doppelklick mit dem Auswahlwerkzeug geht schneller!
- **Container** : Unter »Container« wird der Rahmen verstanden, der die gesamte Objektgruppe umfasst. Ist ein Objekt in der Gruppe ausgewählt ❸ (Abbildung 6.83), so kann durch Klick auf diese Schaltfläche ganz nach oben im Objektstapel gesprungen werden. Diese Funktion können Sie auch durch Drücken der Esc-Taste ausführen.

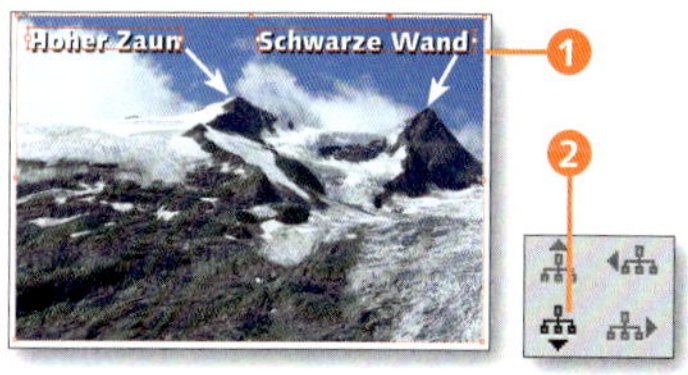

▲ **Abbildung 6.82**
Eine ausgewählte Gruppe ❶. Die Schaltfläche CONTAINER AUSWÄHLEN ❷ kann jetzt nicht aktiviert werden.

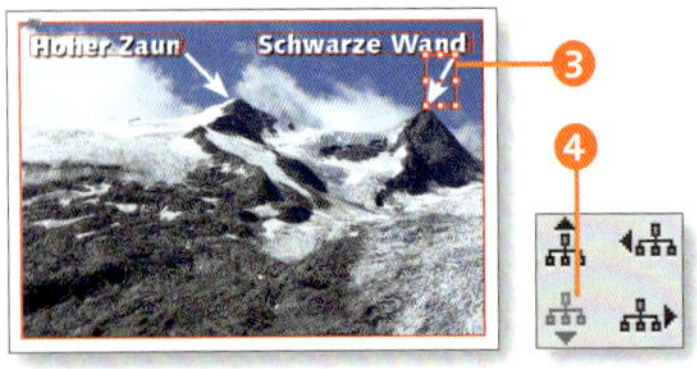

▲ **Abbildung 6.83**
Das oberste Objekt im Objektstapel ist ausgewählt ❸. Die Schaltfläche CONTAINER AUSWÄHLEN ❹ kann jetzt aktiviert werden.

▲ **Abbildung 6.84**
Ein Klick mit dem Direktauswahl-Werkzeug wählt einen Teilpfad aus (oben links), ein weiterer Klick mit gedrückter [Alt]- bzw. [⌥]-Taste wählt alle Teilpfad-Punkte aus (oben rechts) und ein dritter Klick den gesamten verknüpften Pfad (unten).

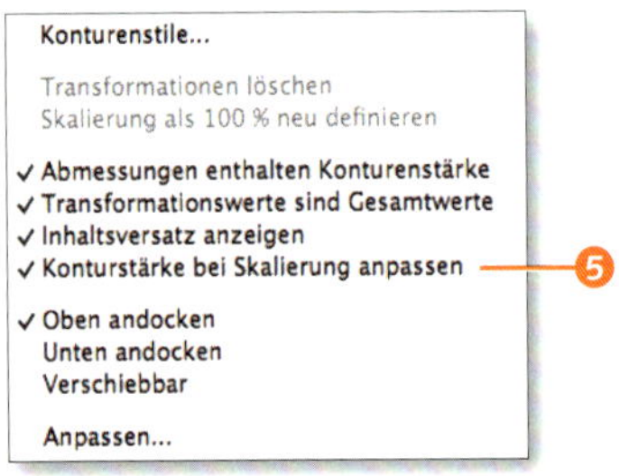

▲ **Abbildung 6.85**
Bedienfeldmenü des Steuerung-Bedienfelds. Damit die Konturstärke nicht skaliert wird, muss die Option KONTURSTÄRKE BEI SKALIERUNG ANPASSEN ❺ abgewählt sein.

- **Vorheriges Objekt**: Ist ein einzelnes Objekt in der Gruppe ausgewählt, wählen Sie damit das vorherige Objekt (das Objekt, das als nächstes unter dem aktuell ausgewählten liegt) im Objektstapel aus.
- **Nächstes Objekt**: Hier geht es in die Gegenrichtung – Sie bewegen die Auswahl zum Objekt oberhalb des aktuell ausgewählten.

Teilpfade von verknüpften Pfaden auswählen | Die Teilpfade eines verknüpften Pfads können Sie einzeln auswählen, indem Sie mit dem Direktauswahl-Werkzeug auf den Pfad (nicht auf einen Punkt) klicken. Um einen Teilpfad – in Abbildung 6.84 ist es die Punze des Buchstabens – zu verschieben, müssen alle Punkte ausgewählt sein.

Um die Auswahl innerhalb eines verknüpften Pfads zu verändern, müssen Sie eine Zusatzfunktion des Direktauswahl-Werkzeugs ausnutzen: Drücken Sie die [Alt]- bzw. [⌥]-Taste, und das Direktauswahl-Werkzeug verwandelt sich in das Gruppenauswahl-Werkzeug. Der Mauszeiger wird zur Kennzeichnung mit einem Plus versehen. Machen Sie mit dem Gruppenauswahl-Werkzeug einen zweiten Klick auf den ausgewählten Teilpfad. Damit werden alle Punkte des Teilpfads ausgewählt. Ein weiterer Klick mit dem Gruppenauswahl-Werkzeug auf den Teilpfad wählt schließlich den gesamten verknüpften Pfad aus. Sobald Sie die gewünschte Auswahl hergestellt haben, können Sie den Pfad wie gewohnt bearbeiten.

6.10 Fortgeschrittene Rahmenfunktionen

Sie haben in diesem Kapitel viel Grundlegendes zu Rahmen und deren Bearbeitung erfahren. Es gäbe dazu noch einige Funktionen zu nennen, die Ihnen das Leben mit InDesign vereinfachen bzw. das eventuell eigenartige Verhalten von InDesign erklärbar machen.

Objekte skalieren unter Beibehaltung der Rahmenstärke

Die Grundfunktionen zum Skalieren von Rahmen haben wir bereits in Abschnitt 6.3, »Rahmen transformieren«, behandelt. Da Rahmen oft als grafisches Element – mit Konturstärke versehen – eingesetzt werden, muss beim Skalieren die zentrale Frage gestellt werden: Soll die Konturstärke beim Skalieren verändert werden, oder soll nur das Objekt, bei gleichbleibender Konturstärke, skaliert werden?

Die Grundeinstellung von InDesign ist, dass sich die Konturstärke beim Skalieren verändert. Das gilt somit auch für das Skalieren eines Objekts. Wenn Sie dies nicht wollen, so müssen Sie die Option KONTUR-

Stärke bei Skalierung anpassen ⑤ im Bedienfeldmenü des Steuerung-Bedienfelds deaktivieren. Beachten Sie, dass das Ändern dieses Verhaltens nur für den Rechner gilt, an dem Sie gerade arbeiten. Sie können somit dem aktuell geöffneten Dokument das Verhalten nicht mitgeben.

Wir empfehlen Ihnen, sich gleich bei der Installation von InDesign für eine Grundeinstellung für die Skalierung von Konturstärken zu entscheiden. Unserer Ansicht nach sollten Sie zu Ihrer Sicherheit das Skalieren der Konturstärke nicht erlauben.

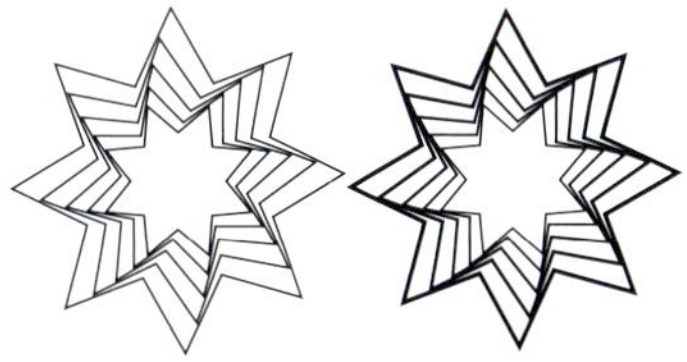

▲ **Abbildung 6.86**
Der linke Stern wurde mit deaktivierter Option Konturstärke bei Skalierung anpassen erstellt. Rechts war die Option aktiviert.

Probleme beim Skalieren von Effekten

Dass beim Skalieren von Objekten angebrachte Effekte nicht mitskaliert werden, nervt jeden InDesign-Anwender. Welche Wege Sie beschreiten können, um das Problem zu umschiffen, können Sie im Abschnitt »Skalieren von Effekten« auf Seite 410 nachlesen.

Angabe eines Skalierungsprozentsatzes bei Objekten

In InDesign CS3 wurde der Umgang mit dem Skalieren von Objekten vollständig neu programmiert. Dies hat zur Folge, dass ältere InDesign-Dokumente hinsichtlich der Konturstärke und der Angabe zur Schriftgröße ein eigenartiges Verhalten an den Tag legen. Folgende Sachverhalte können Sie antreffen:

- Die Konturstärke wird mit 3 mm angegeben, erscheint jedoch visuell sehr viel dünner.
- Zwei Linien mit einer Konturstärke von 5 Pt stehen nebeneinander, eine ist aber dünner als die andere.
- Die Textgröße wird mit 12 Pt (7,92 Pt) angegeben und ist effektiv nur 7,92 Pt groß.

Warum ist das so, und wie kann ich InDesign dieselbe Arbeitsweise aufzwingen? | Adobe sah bis InDesign CS3 vor, dass das Programm mit Objekthierarchien arbeitet, die beliebig tief verschachtelt sein können. Das hat zur Folge, dass, wenn Sie eine Gruppe aus Text, Bild und Konturen auf 66 % verkleinern, den Objekten lediglich der Skalierungsfaktor angeheftet wird, die Originalgrößen jedoch in der Anzeige erhalten bleiben. So wird ein Text mit 12 Pt auf die Größe von 7,92 Pt verkleinert und somit die Größe im Steuerung-Bedienfeld mit 12 Pt (7,92 Pt) angegeben. Der erste Wert stellt die Originalgröße, der Wert in der Klammer die tatsächliche Schriftgröße dar. Genauso verhält sich dies mit den Konturstärken. Ein Unterschied ist jedoch gegeben: Es wird nur die Originalkonturstärke angezeigt, die tatsächliche Stärke nicht.

Ändern der Schriftgröße ist nicht möglich
Wird die Schriftgröße mit 12 Pt (7,92 Pt) angegeben, so können Sie die Schriftgröße nicht einfach auf 8 Pt stellen, indem Sie diesen Wert eingeben. Wenn Sie das machen, wird die absolute Schriftgröße mit dem zugewiesenen Skalierungswert multipliziert.

Mit InDesign CS3 wurde diese Arbeitsweise zur Gänze überholt. Anwender, die dennoch dieses Verhalten für InDesign erzwingen wollen bzw. zum Skalieren von Effekten temporär aktivieren müssen, können dazu die Option SKALIERUNGSPROZENTSATZ ANPASSEN (1) im Register ALLGEMEIN der InDesign-Voreinstellungen auswählen.

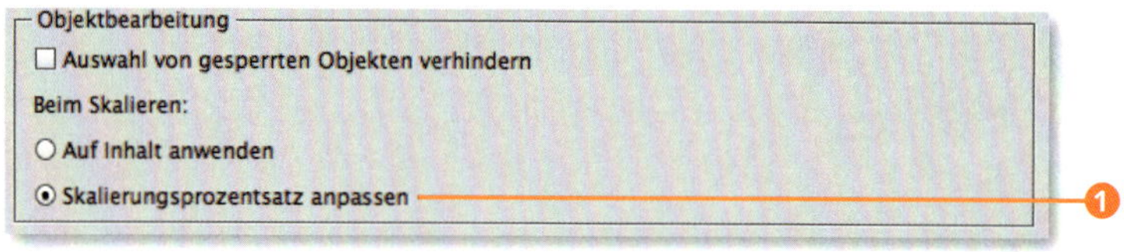

Abbildung 6.87 ▶
Wählen Sie diese Voreinstellung, wenn Sie in InDesign bei der Skalierung dasselbe Verhalten haben möchten, wie es Ihnen aus älteren InDesign-Versionen bekannt ist.

Durch die Auswahl dieser Option steht Ihnen die zuvor beschriebene Option KONTURSTÄRKE BEI SKALIERUNG ANPASSEN nicht mehr im Steuerung-Bedienfeld zur Verfügung. Die Konsequenz:

- Linien werden automatisch beim Skalieren in der Konturstärke angepasst. Der Wert der Konturstärke ändert sich im Eingabefeld nicht, eine Skalierung ist dadurch nicht erkennbar.
- Die Schrift wird vergrößert, und die Angabe der Schriftgröße erfolgt beispielsweise als »12 Pt (7,92 Pt)«.

Konturstärke zurückstellen, damit die korrekte Stärke angezeigt wird | Wenn Sie nicht korrekt angegebene Konturstärken in einem übernommenen InDesign-Dokument finden, so können Sie dieses Verhalten nicht einfach durch Aktivieren der korrekten Voreinstellung in InDesign CC ändern. Sie müssen in diesem Fall alle Objekte auf dem Druckbogen markieren und den Befehl TRANSFORMATIONEN LÖSCHEN aus dem Bedienfeldmenü des Steuerung-Bedienfelds ausführen. Die korrekten Größen für die Konturstärken werden nun angezeigt.

»Skalierung als 100 % neu definieren« nicht verfügbar
Wenn Ihnen der Befehl im Bedienfeldmenü des Steuerung-Bedienfelds nicht zur Verfügung steht, so befinden sich keinerlei Objekte mit einem angehefteten Skalierungsprozentsatz auf der Seite.

Schriftgröße 12 Pt (7,92) auf 7,92 umstellen | Dieses Problem können Sie beheben, indem Sie den/die Textrahmen markieren und ebenfalls den Befehl SKALIERUNG ALS 100 % NEU DEFINIEREN aus dem Bedienfeldmenü auswählen.

Wenn Sie diesen Vorgang für eine Gruppe von Textrahmen ausführen wollen, so funktioniert dies nur, wenn Sie die Gruppe auflösen und danach erst den Befehl ausführen.

Genau beobachten
Beobachten Sie genau, ob sich nach dem Ausführen des Befehls SKALIERUNG ALS 100 % NEU DEFINIEREN etwas auf der Seite verändert. Speziell bei konturgeführten Texten und bei Effekten kann es dadurch zu ungewollten Ergebnissen kommen.

TEIL III

Inhalte für Ihr Layout

Kapitel 7

Texte platzieren, bearbeiten und synchronisieren

Bisher haben Sie erfahren, wie Rahmen als Objekte funktionieren, wie sie verändert bzw. transformiert und wie sie mit oder ohne Hilfslinien exakt auf einer bestimmten Position oder auf einer bestimmten Ebene positioniert werden können. Ein Layout besteht eben nicht nur aus leeren Rahmen, sondern lebt von Inhalten und der Anordnung. In diesem Kapitel werden wir uns die Arbeitsweisen mit Textrahmen, dem wohl am meisten verwendeten Rahmentyp, näher ansehen.

7.1 Grundlagen zum Textrahmen

Der am meisten eingesetzte Rahmen ist der Textrahmen, der den Text enthält, der in InDesign gesetzt wird. Textrahmen können wie Grafikrahmen frei positioniert und in der Größe sowie in der Form manipuliert werden. Zum Aufziehen eines Rahmens, zum Schreiben oder zum Editieren von Texten ist das Textwerkzeug T zu verwenden. Zum Positionieren sowie zum Verändern der Größe nehmen Sie das Auswahlwerkzeug, zum Ändern der Form des Textrahmens sollten Sie das Direktauswahl- oder das Zeichenstift-Werkzeug verwenden.

Beim Aufziehen des Textrahmens ist die Startposition für die Positionierung des Rahmens entscheidend. Sobald Sie das Textwerkzeug ausgewählt haben und den Cursor auf die Montagefläche der Seite bewegen, erscheint die Textmarke (I-Beam). Die Startposition des Textrahmens ist seit InDesign CC die Pfeilspitze des schwarzen Pfeils der Textmarke. Achten Sie auf die Textmarke! Befindet sich nämlich der Cursor in der Nähe einer Hilfslinie – Grundlinienraster, Dokumentraster oder eine normale Hilfslinie –, ändert sich die Textmarke in das Symbol (magnetische Textmarke). Damit können Sie den Textrahmen, ausgerichtet an der Hilfslinie, erstellen.

Technische Betrachtung
Auch Textrahmen sind technisch betrachtet nur Pfade. Ihr Inhalt kann jederzeit ausgetauscht werden, und somit kann aus einem Textrahmen ein Bildrahmen bzw. ein Grafikrahmen erzeugt werden.

I-Beam
Der Begriff steht für einen I-förmigen Balken, der als typischer Mauscursor für die Einfügemarke bei Textverarbeitungsprogrammen eingesetzt wird.

Verschieben eines Textrahmens im Textbearbeitungsmodus

Wenn Sie während des Schreibens von Text einen Rahmen verschieben möchten, so müssen Sie dazu nicht das Auswahlwerkzeug wählen. Durch Drücken der Strg- bzw. ⌘-Taste können Sie kurzzeitig auf das Auswahlwerkzeug umschalten.

Ein einfacher Klick markiert den Rahmen, der damit verschoben und in der Größe geändert werden kann. Mit einem Doppelklick kann wiederum in den TEXTBEARBEITUNGSMODUS umgeschaltet werden.

Sobald Sie den Rahmen aufgezogen haben, blinkt der Textcursor im Rahmen. InDesign ist somit zur Texteingabe bereit. Dieser Zustand wird als *Textbearbeitungsmodus* bezeichnet. Um in den Grafikmodus umzuschalten, aktivieren Sie entweder das Auswahlwerkzeug oder drücken die Esc-Taste. Der neuerliche Wechsel in den Textbearbeitungsmodus erfolgt durch einen Doppelklick in den Text oder durch Auswahl des Textwerkzeugs.

Das Erstellen eines Textrahmen erfolgt auf dieselbe Weise, wie Sie einen Grafik- oder Bildrahmen erstellen. Eine Beschreibung dazu sparen wir uns hier.

7.2 Schreiben, Kopieren und Platzieren von Texten

Wie kommt der Text in einen Textrahmen? Um Texte in InDesign zu bringen, gibt es verschiedene Möglichkeiten, die je nach Arbeitsweise herangezogen werden können.

Texte in InDesign schreiben

Die einfachste Möglichkeit stellt dabei das Schreiben von Texten in InDesign dar. Text kann, wenn Absatz- und Zeichenformate bereits definiert sind, gleich beim Schreiben sehr schnell formatiert und ausgezeichnet werden. Die Vielfältigkeit, die InDesign hinsichtlich der Formatierung bietet, kann sich sehen lassen.

Die integrierte Rechtschreibprüfung, die Durchführung automatischer Eingabekorrekturen und typografische Feinheiten, wie verschiedene Leerräume, der Zugriff auf Sonderzeichen oder das Trennen mit weichen Trennungen, machen das Schreiben in InDesign sehr komfortabel.

Übernahme von Formatvorlagen aus MS Word

Beim Löschen von Absatzformaten kann ein anderes Absatzformat zugewiesen werden. Damit ist selbst die Verarbeitung von übernommenen Formatvorlagen aus Word fast kein Problem mehr.

Mehr Informationen dazu erhalten Sie im Abschnitt »Formate aus Word-Dokumenten übernehmen« auf Seite 528.

Texte durch Kopieren hinzufügen

Texte, die bereits in Microsoft Word, in einem E-Mail- oder einem anderen Texteditor vorliegen, können auf zwei Wegen in InDesign eingefügt werden. Die dabei in der Praxis gängigste Form ist, neben dem InDesign-Dokument auch das entsprechende Textdokument z. B. in Word zu öffnen und die Texte durch Kopieren über die Zwischenablage in einen bereits definierten Rahmen einzufügen.

Ob Sie dabei den reinen Text oder formatierten Text wählen, wodurch auch die Formatvorlagen aus Word übernommen werden, hängt von den gewählten Voreinstellungen ab.

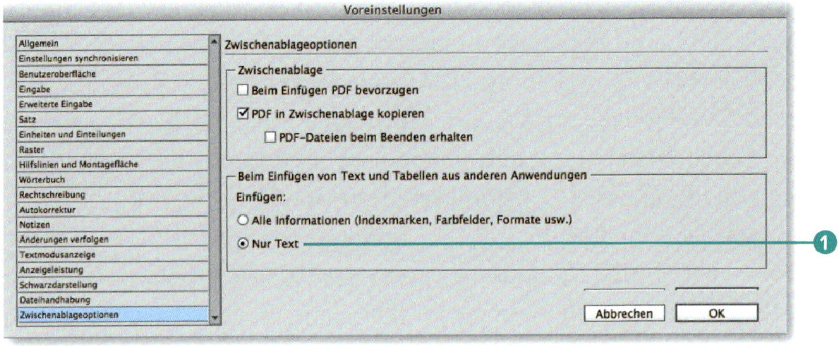

◀ Abbildung 7.1
Die Default-Einstellung im Register ZWISCHENABLAGEOPTIONEN, mit der beim Einfügen von Text nur der reine Text übernommen wird, ist eine gute Wahl, da Sie ansonsten durch das Einfügen eventuell störende Absatz- und Zeichenformate in Ihre sauber angelegte InDesign-Datei bekommen.

In den InDesign-Voreinstellungen können Sie im Register ZWISCHENABLAGEOPTIONEN im Bereich BEIM EINFÜGEN VON TEXT UND TABELLEN AUS ANDEREN ANWENDUNGEN durch Aktivierung der Option NUR TEXT ❶ das Übernehmen der Formatierung und der Formatvorlagen abschalten.

Texte aus anderen Programmen kopieren | Texte aus Word, E-Mails oder Texteditoren werden mit diesen Voreinstellungen über den Befehl BEARBEITEN • EINFÜGEN oder über Strg+V bzw. ⌘+V ohne Formatierung in den InDesign-Textrahmen eingefügt. Welche Formatierung dem Text in InDesign zugewiesen wird, ist abhängig davon, welches Absatz- oder Zeichenformat dem Textcursor in InDesign zugewiesen wurde. Wenn Sie keine spezielle Formatierung wünschen, sollten Sie, bevor Sie den Befehl EINFÜGEN ausführen, zuerst im Bedienfeld ABSATZFORMATE auf [EINF. ABS.] und im Bedienfeld ZEICHENFORMATE auf [OHNE] klicken.

Texte ohne aktivierten Textrahmen einfügen
Wenn Sie beim Einfügen von kopierten Texten den Textcursor nicht in einem Textrahmen stehen lassen, erzeugt InDesign automatisch einen Standardtextrahmen in einer fixen Breite und platziert darin den Text.

Texte aus anderen InDesign-Dokumenten kopieren | Der zuvor beschriebene Weg würde beim Kopieren und Einfügen von Textpassagen aus anderen InDesign-Dokumenten dazu führen, dass nicht nur der Text, sondern auch die Formatierung des Textes aus dem Ursprungsdokument übernommen würde. An dieser Stelle greift die Voreinstellung in den Zwischenablageoptionen von InDesign nicht mehr.

Um dennoch nur den Text in das Zieldokument zu übertragen, stehen der Befehl BEARBEITEN • UNFORMATIERT EINFÜGEN oder das entsprechende Tastenkürzel Strg+⇧+V bzw. ⌘+⇧+V zur Verfügung. Dadurch werden nur Textzeichen inklusive aller Weißräume und Steuerzeichen eingefügt und in der zugrunde liegenden Formatierung ausgezeichnet.

Textimportfilter
Direkt in InDesign können Texte im ASCII-, Nur-Text-, RTF-, MS Word-, MS Excel-, XML- sowie im InDesign-Tagged-Text-Format importiert werden. Spezielle Filter für andere Textverarbeitungsprogramme liegen nicht vor.

Texte durch Platzieren hinzufügen

Für umfangreichere Textvorlagen aus Word ist die zuvor beschriebene Arbeitsweise allerdings sehr aufwendig. InDesign wurde mit einer Reihe von Textimportfiltern versehen, mit denen ohne großen Aufwand das

Texte per Drag & Drop platzieren

Sie können Texte, wenn geeignete Textimportfilter zur Verfügung stehen, auch per Drag & Drop platzieren. Ziehen Sie dazu aus dem Explorer/Finder eine Textdatei mit gedrückter Maustaste in ein geöffnetes InDesign-Dokument. Es erscheint die Texteinfügemarke mit der Vorschau des Textes analog zum Platzieren von Bildern.

Platzieren von Texten aus Textverarbeitungs- und Tabellenkalkulationsprogrammen ermöglicht wird. Ja, Sie haben richtig gelesen! Excel-Dateien können innerhalb eines InDesign-Textrahmens als reiner Text oder als Tabelle platziert werden. Mehr dazu erfahren Sie in Abschnitt 15.2, »Tabellen einfügen, umwandeln und importieren«, auf Seite 538.

Sie können über DATEI • PLATZIEREN oder das Tastenkürzel [Strg]+[D] bzw. [⌘]+[D] – merken Sie sich den Befehl mit der Eselsbrücke »D steht für ›Den Text platzieren‹« – den Platziervorgang starten. Beim Platzieren von Texten/Tabellen können fünf verschiedene Vorgehensweisen unterschieden werden:

Die Textmarke steht in einem Textrahmen | Nach dem Aufziehen eines Textrahmens steht der Textcursor bereits innerhalb des Rahmens. Führen Sie nun den Befehl PLATZIEREN aus, so wird der ausgewählte Text in den Rahmen platziert. Ein Textüberhang wird durch die *Textüberlaufmarke* (siehe dazu Seite 270) angezeigt.

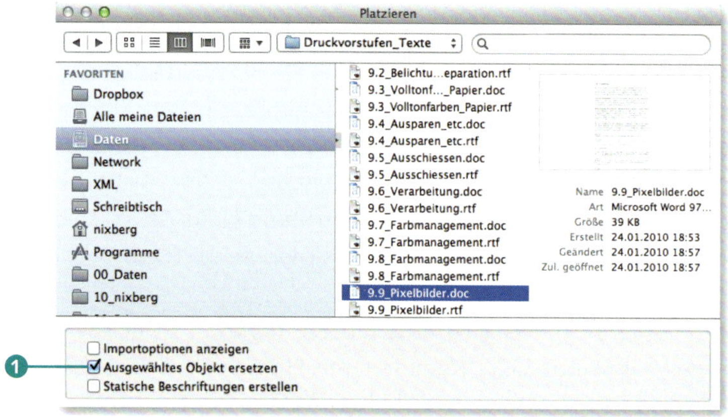

Abbildung 7.2 ▸
Der Platzieren-Dialog mit gewählter Option AUSGEWÄHLTES OBJEKT ERSETZEN ❶. Steht der Textcursor in einem bereits vorhandenen Text und ist die Option AUSGEWÄHLTES OBJEKT ERSETZEN nicht ausgewählt, so wird der neue Text beim Platzieren genau an dieser Stelle eingefügt. Nachfolgender Text wird am Ende des Textes angehängt.

Ein Textrahmen ist markiert | Markieren Sie einen Textrahmen mit dem Auswahlwerkzeug, und führen Sie den Befehl PLATZIEREN aus. Der Text wird in den markierten Rahmen platziert. Sollte sich bereits Text im Rahmen befinden, so wird dieser, wenn die Option AUSGEWÄHLTES OBJEKT ERSETZEN ❶ im Platzieren-Dialog aktiviert ist, durch den neuen Text überschrieben.

Vor dem Platzieren ist zu beachten...

Um nicht unerwartet Texte oder Bilder durch den Platzieren-Befehl zu löschen, empfehlen wir, vor dem Ausführen des Befehls den Befehl BEARBEITEN • AUSWAHL AUFHEBEN ([Strg]+[⇧]+[A] bzw. [⌘]+[⇧]+[A]) auszuführen, um damit eine eventuell vorhandene Auswahl aufzuheben.

Ein Grafikrahmen ist markiert | Sie können einen Text in einen Grafikrahmen platzieren, wodurch der Grafikrahmen in einen Textrahmen umgewandelt wird.

Ist im Grafikrahmen bereits ein Bild oder eine Grafik vorhanden, so wird das Bild bzw. die Grafik gelöscht und durch Text ersetzt. Das ist oft praktisch, allerdings können auch schnell Fehler passieren. Zum Glück gibt es in InDesign das Tastenkürzel Strg+Z bzw. ⌘+Z, womit sogar der Platzieren-Befehl rückgängig gemacht werden kann. Dabei bleibt aber der Text im Platziercursor zum Platzieren erhalten.

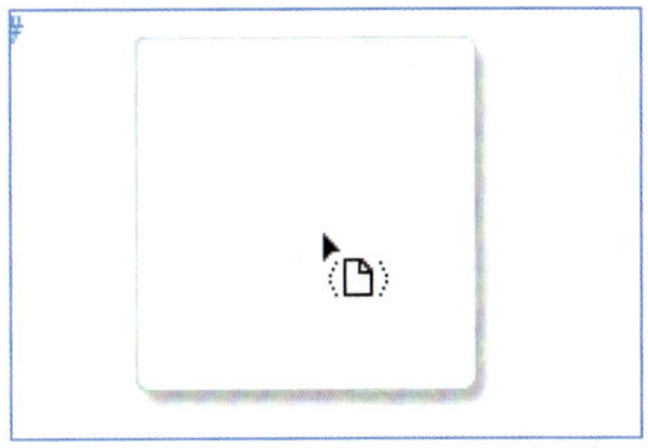

▲ **Abbildung 7.3**
Ein Textdokument wird aus Adobe Bridge auf einen leeren Textrahmen gezogen und dadurch platziert.

Ein leerer Textrahmen steht bereit | Sie können aus Adobe Bridge und Mini Bridge bzw. aus dem Explorer/Finder Textdateien per Drag & Drop auf den leeren Textrahmen verschieben. Das dabei gezeigte Symbol ist in Abbildung 7.3 zu sehen. Das Platzieren von Texten aus der Bridge in bereits gefüllte Rahmen funktioniert nicht.

Platzieren, ohne einen Rahmen markiert zu haben | Obwohl Sie keinen Rahmen markiert haben, können Sie dennoch Texte platzieren.

Deaktivieren Sie zuvor ausgewählte Objekte, indem Sie den Befehl Bearbeiten • Auswahl aufheben oder das Tastenkürzel Strg+⇧+A bzw. ⌘+⇧+A ausführen. Nach der Ausführung des Befehls Platzieren ändert sich der Cursor in das Text-platzieren-Symbol.

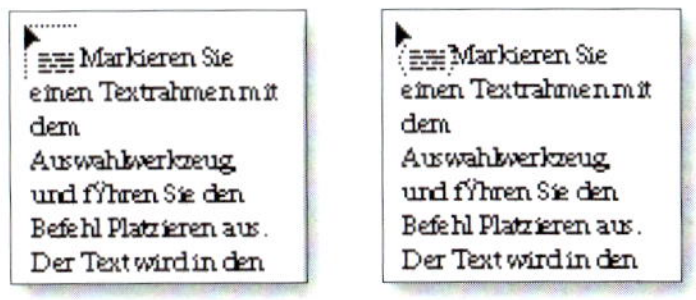

▲ **Abbildung 7.4**
Die Text-platzieren-Symbole in InDesign zeigen den zu platzierenden Text an. In diesen Zuständen zeigt sich der Cursor auch, wenn das Text-Platzieren rückgängig gemacht wurde. Das Abbrechen des Text-Platzierens erreichen Sie durch Drücken von Esc oder durch Auswahl eines anderen Werkzeugs.

Zeigt sich das Text-platzieren-Symbol wie in Abbildung 7.4 links dargestellt, so können Sie damit einen Textrahmen aufziehen, in den sich der geladene Text dann einfügt, oder Sie können an eine beliebige Stelle auf der Montagefläche klicken, wodurch sich automatisch ein Textrahmen einfügt, der den geladenen Text enthält.

Wenn Sie das Text-platzieren-Symbol über einen leeren Textrahmen oder einen nicht zugewiesenen Rahmen stellen, ändert sich der Cursor. Das rechte Symbol aus Abbildung 7.4 zeigt, dass sich darunter ein leerer Rahmen befindet und durch einen Klick der geladene Text in den Rahmen eingefügt würde.

Eine spezielle Form des Text-platzieren-Symbols ist das Symbol . Diese Darstellung symbolisiert, dass sich das Text-platzieren-Symbol an einer Hilfslinie orientiert und dadurch automatisch die linke bzw. obere Kante des Textrahmens an der Hilfslinie ausrichtet.

Beim Platzieren von Text das Bild ersetzen

Das Ersetzen von platzierten Bildern durch eines der Symbole ist glücklicherweise nicht vorgesehen. Dies passiert nur, wenn Sie einen Text platzieren und dabei einen Bildrahmen in InDesign ausgewählt haben und die Option Auswahl ersetzen nicht deaktiviert haben.

7.3 Texte importieren

Um beim Platzieren von Texten keine ungewollten »Konvertierungen« bzw. den Verlust von Auszeichnungen zu erleben, können beim Platzieren spezielle Importoptionen gewählt werden.

Das richtige Format für den Austausch von Texten

In Projekten werden gerne Texte in Microsoft Word erstellt und dann dem Layouter zur Verfügung gestellt. In der Zusammenarbeit zwischen

.doc unformatiert platzieren
Eine unformatierte Übernahme über die Word-Importoptionen durch Platzieren einer ».doc«- bzw. ».docx«-Datei kann hier ebenfalls zum Ziel führen. Lesen Sie mehr daz

Formatierungsfehler in Word
An chaotischen Formatvorlagen in Word ist nicht immer der Anwender schuld. Das Programm neigt leider zu einem gewissen Eigenleben und chronischer Bevormundung!

XML hat das Adobe InDesign-Tagged-Text-Format abgelöst
Da das Adobe InDesign-Tagged-Text-Format nur für InDesign verwendet werden kann, bietet InDesign eine Schnittstelle zu XML an, einem internationalen Standard zur Beschreibung von Daten. Wie Sie über XML einen Datenimport mit gleichzeitiger Formatierung durchführen können, lesen Sie in Kapitel 41, »Publishing mit XML«. Hinweise zum XML-Import erhalten Sie ebenfalls dort.

InCopy
Wie Sie einen Workflow zwischen InDesign und InCopy aufbauen und welche Möglichkeiten Anwender in InCopy haben, erfahren Sie im Zusatzkapitel »Redaktions-Workflow mit InCopy«, das Sie auf der DVD im Ordner ZUSATZKAPITEL finden.

der schreibenden und der layoutenden Zunft könnte durch bessere Absprachen der Reibungsverlust minimiert werden. Wie ist das möglich?

- **Übernahme von unformatierten Texten**: Werden Texte in Word geschrieben und dabei keine Formatvorlagen zur Formatierung verwendet, so empfehlen wir, die Texte unformatiert in InDesign zu übernehmen. Das geeignete Dateiformat dafür ist ».txt«, eine reine Textdatei, bei der jegliche Formatierung aus dem Text entfernt wird.
- **Übernahme von vorformatierten Texten**: Wenn dem Schreibenden ein Word-Dokument-Template zur Verfügung gestellt wird, in dem Formatvorlagen zur Auszeichnung vorbereitet sind, kann, mit gutem Willen des Schreibenden, dem Text bereits beim Schreiben die notwendige Auszeichnung zugewiesen werden. Diese Vorformatierung kann der Layouter beim Import geschickt umsetzen, womit viel Formatierungsarbeit im Layout gespart werden kann. Für diese Arbeitsweise sind Formate wie ».rtf«, ».doc« und ».docx« die beste Wahl.
- **Übernahme von formatierten Texten aus InDesign oder Textdumps aus Datenbanken**: Ein Austausch von Textabschnitten zwischen zwei InDesign-Dokumenten oder auch aus Datenbanken heraus kann hervorragend über das *Adobe InDesign-Tagged-Text*-Format erfolgen, da über diese spezielle Textbeschreibung Informationen zu Absatz- und Zeichenformaten beim Importieren mitgegeben werden können.
  Beim Erstellen eines Datenbank-Dumps müssen die Texte mit den entsprechenden InDesign-Tags angereichert werden, damit eine saubere Zuordnung im InDesign-Dokument erfolgen kann. Damit auch Bilder, verbunden mit formatierten Texten, eingelesen werden können, stehen diverse Erweiterungen in Form von Plug-ins zur Verfügung. Das Plug-in *Xtags* von EM-Software kann dabei mit sehr guten Funktionen aufwarten.
- **Nachträgliche Änderungen im bereits fertigen Dokument**: Wurden die Texte im Layout platziert und formatiert, gibt es häufig durch Korrekturen noch Änderungen am Text. Es stellt sich dabei die Frage: »An welcher Stelle sollen die Änderungen vorgenommen werden?«
  - **Textänderungen im Layout**: Diese Arbeitsweise stellt die wohl gängigste Form dar. Der Haken dabei ist, dass Übernahmefehler entstehen können. Eine mögliche Lösung wäre, dass der Autor die Änderungen eingibt. Da sich nicht jeder dafür InDesign zulegen möchte und damit sich Autoren – mit den Werkzeugen und Funktionen in InDesign – nicht am Layout vergreifen können, gibt es *Adobe InCopy*, mit dem der Autor nur seine Texte bearbeiten kann.
  - **Textänderung durch Aktualisierung**: In InDesign werden standardmäßig Texte durch den Import von lokalen Dateien in das Layout übernommen. Eine Verknüpfung mit der Originaldatei be-

steht dabei nicht. Wenn Sie jedoch in den InDesign-Voreinstellungen im Register DATEIHANDHABUNG die Option BEIM PLATZIEREN VON TEXT- UND TABELLENDATEIEN VERKNÜPFUNGEN ERSTELLEN ❶ aktiviert haben, wird beim Platzieren eine Verknüpfung zu dieser Datei hergestellt.

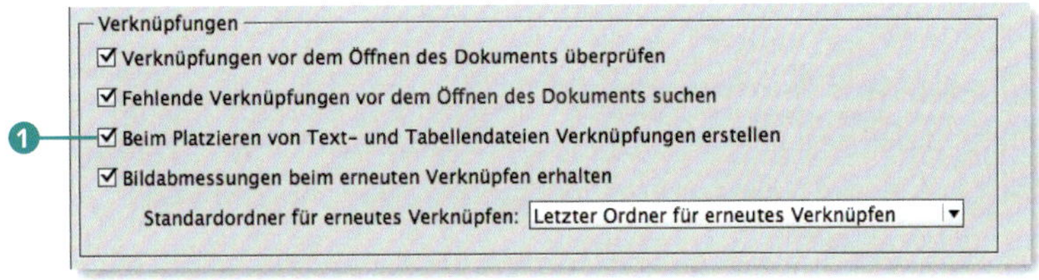

◀ **Abbildung 7.5**
Der Abschnitt VERKNÜPFUNGEN des Registers DATEIHANDHABUNG der InDesign-Voreinstellungen

Eine Änderung in der verknüpften Datei könnte somit aktualisiert werden. Auch wenn diese Arbeitsweise sehr einleuchtend klingt, können wir Ihnen zumindest bei Textdateien nur davon abraten, solche Aktualisierungen in einem Projekt einzuplanen. Der Grund: Es müssen in einem Layout, zumindest was Umbrüche angeht, Änderungen am Text vorgenommen werden, die bei einer Aktualisierung des Textes wiederum alle verloren gehen würden.
Bei Tabellen sieht die Sache hingegen schon anders aus. Hier kann eine Aktualisierung in gewissen Fällen sehr viel Zeit sparen.

Einrichten von aktualisierbaren Tabellen
Wie Sie solche Arbeitsweisen einrichten, erfahren Sie in Abschnitt 15.8, »Importierte Inhalte aktualisieren«, auf Seite 574.

Texte über Importoptionen platzieren

Ob es sich um eine Microsoft-Word-, eine RTF- oder eine reine Textdatei handelt, spielt für InDesign keine Rolle. Je nach Format bietet InDesign unterschiedliche Einstellungen in den Importoptionen an, mit denen Sie genau regeln können, welcher Inhalt in welcher Form – formatiert oder unformatiert – in InDesign übernommen werden soll.

Importoptionen
Beachten Sie, dass die IMPORTOPTIONEN durch Verschieben (also Drag & Drop) von Texten aus Adobe Bridge, Mini Bridge bzw. dem Explorer/Finder nicht aufgerufen werden können.

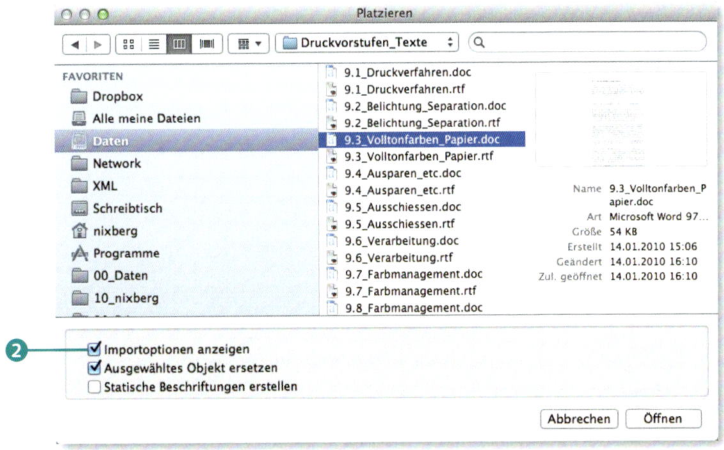

◀ **Abbildung 7.6**
Der Platzieren-Dialog mit aktivierter Option IMPORTOPTIONEN ANZEIGEN ❷

Importoptionen vorübergehend aufrufen
Sie können die Importoptionen auch temporär aktivieren, indem Sie beim Bestätigen des Platzieren-Dialogs die [⇧]-Taste gedrückt halten. Dadurch wird beim nächsten Aufruf des Dialogs die Option IMPORTOPTIONEN ANZEIGEN nicht standardmäßig aktiviert.

Die Textimportoptionen erreichen Sie, indem Sie den Befehl DATEI • PLATZIEREN oder das Tastenkürzel [Strg]+[D] bzw. [⌘]+[D] ausführen und im Platzieren-Dialog die Option IMPORTOPTIONEN ANZEIGEN ❷ (Abbildung 7.6) aktivieren. Wählen Sie das Textdokument aus, und bestätigen Sie den Befehl mit ÖFFNEN. Abhängig von dem zu platzierenden Dateiformat erscheint ein gesonderter Textimportoptionen-Dialog.

Import einer reinen Textdatei | Die einfachste Textdatei ist eine Nur-Text- oder eine ASCII-Datei. Diese Dateien enthalten alle verwendeten Zeichen und Steuerzeichen wie Tabulatoren und Zeilenschaltungen, jedoch keinerlei Formatierung.

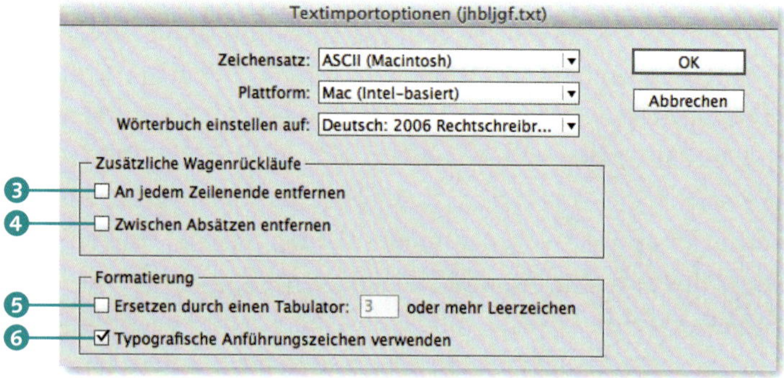

Abbildung 7.7 ▸
Spezielle Textimportoptionen, die beim Import von ASCII- bzw. Nur-Text-Dateien wählbar sind

- ZEICHENSATZ: Standardmäßig ist hier der Zeichensatz ausgewählt, der der Standardsprache von InDesign entspricht. Um jedoch Texte zu importieren, die auf anderen Grundlagen basierend abgespeichert wurden, können Sie verschiedene Zeichensätze wie ANSI, UNICODE oder WINDOWS CE auswählen.
- PLATTFORM: Legen Sie hier fest, auf welcher Plattform die Textdatei abgespeichert wurde. Fehler wie fehlende bzw. konvertierte Umlaute oder nicht vorhandene »ß« können damit behoben werden.
- WÖRTERBUCH EINSTELLEN AUF: Legen Sie damit fest, welches Wörterbuch auf den importierten Text angewendet werden soll. Durch die Zuordnung des korrekten Wörterbuchs können Wörter sofort richtig getrennt und einer Rechtschreibprüfung unterzogen werden.
- ZUSÄTZLICHE WAGENRÜCKLÄUFE: Sollten Sie Textdateien erhalten, die durch Zeilenschaltungen am Ende einer jeden Zeile erstellt worden sind, so können Sie diese durch die Aktivierung der Option AN JEDEM ZEILENENDE ENTFERNEN ❸ beheben. Aktivieren Sie die Option ZWISCHEN ABSÄTZEN ENTFERNEN ❹, wenn hintereinander auftauchende Zeilenschaltungen auf eine Zeilenschaltung reduziert werden sollen.
- FORMATIERUNG: Da Texte aus Datenbanken manches Mal zur Trennung zwischen den Feldern mit Leerzeichen aufgefüllt werden, kann

Hinweis
Beim Importieren von Text-Dateien wird der Text für die interne Verarbeitung in das Unicode-Format UTF-8 konvertiert.

Wagenrücklauf
Es gab auch eine Zeit vor dem Computer. Im Zeitalter der Schreibmaschine wurde der Wagen mit der Andruckwalze zum Einspannen des Papierbogens über das Biegen eines Hebels zurückgesetzt, um eine neue Zeile zu beginnen. Wer diesen mit einem leisen Klingeln quittierten Arbeitsschritt nicht mehr kennt, der sollte einmal auf dem Dachboden die Adler, Olympia oder Erika mit Duoband herausholen.

mit der Option Ersetzen durch einen Tabulator: 3 oder mehr Leerzeichen ❺ eine längere Serie von Leerzeichen durch ein Tab-Zeichen ersetzt werden. Wählen Sie als Untergrenze mindestens zwei Leerzeichen, da ohnehin niemals zwei Leerzeichen in Folge stehen dürfen! Gerade Anführungszeichen (" " oder ' ') können mit der Option Typografische Anführungszeichen verwenden ❻ rasch in typografisch korrekte Anführungszeichen („ " – auch 99 – 66 genannt – oder ‚ ') umgewandelt werden. Wenn Sie im Register Wörterbuch der InDesign-Voreinstellungen in den Optionen für Doppelte Anführungszeichen ❼ die französischen Guillemets (»«) eingetragen haben, werden diese natürlich für die Umwandlung beim Textimport verwendet.

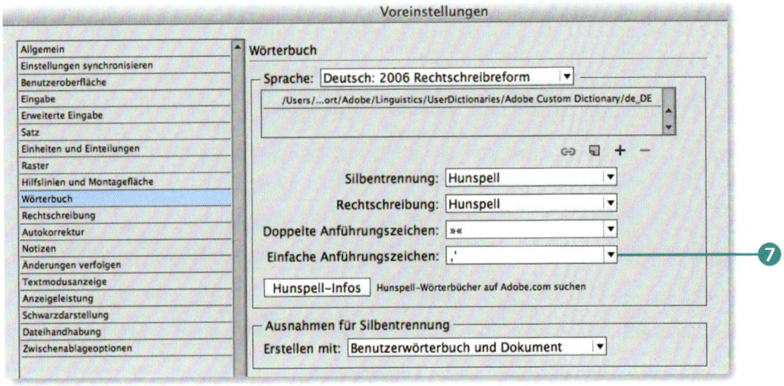

Autokorrektur beim Import
Die Autokorrektur von InDesign wird beim Textimport nicht angewandt.

Kontrolle der Voreinstellungen
Bevor Sie einen Import durchführen, kontrollieren Sie im Register Wörterbuch der InDesign-Voreinstellungen, welche Anführungszeichen für Doppelte Anführungszeichen gesetzt sind.

◀ **Abbildung 7.8**
Die Einstellungen im Register Wörterbuch der InDesign-Voreinstellungen entscheiden, welche Anführungszeichen beim Import zugewiesen werden.

Import von RTF-Dateien | Ein etwas umfangreicheres Textformat ist RTF. RTF-Dateien enthalten, wie der Name »Rich Text Format« schon aussagt, neben den Text- und Steuerzeichen auch noch Formatierungsanweisungen wie Schriftfamilie, Schriftschnitt, Größe, Einzüge, Seitenumbrüche, Farben und noch vieles mehr. Es werden RTF 1.4, 1.5, 1.6 und RTF-J für japanischen Text vom Importfilter unterstützt. Die Textimportoptionen sind identisch mit jenen eines Word-Imports.

Import von Word-Dateien | Welche Optionen beim Importieren von Texten aus Word-Dokumenten zur Verfügung stehen und vor allem welche Arbeitsweisen sich daraus ergeben, wird im Abschnitt »Formate aus Word-Dokumenten übernehmen« auf Seite 528 beschrieben.

Import von Adobe-InDesign-Tagged-Text-Dateien | Eine spezielle Form, Texte in InDesign zu platzieren, stellt der Import von Tagged-Text-Dateien dar. Darunter versteht man Textdateien, die mit speziellen, für InDesign interpretierbaren Tags (Markierungen) ausgestattet wurden. Solche Textdateien werden meistens automatisiert aus Datenbanken erzeugt, um Kleinanzeigen, Immobilienanzeigen usw. zu setzen.

Hinweis
Das automatische Generieren von Kleinanzeigen mit QuarkXPress basiert fast immer auf »XPress-Tags«. Werden solche Automatisierungen auf InDesign umgestellt, so bedienen Sie sich eher der XML-Schnittstelle von InDesign und nicht der proprietären InDesign-Tags-Auszeichnungssprache.

Nähere Informationen zum Erzeugen und Importieren von XML-Dateien erhalten Sie in Kapitel 41, »Publishing mit XML«, auf Seite 1143.

Mit Blindtext arbeiten

InDesign bietet, gerade für die Layoutphase, die Möglichkeit, einen Blindtext genau in der Länge des zur Verfügung stehenden Rahmens und im verwendeten Sprachsystem einfließen zu lassen. Dazu stellen Sie den Textcursor in einen Textrahmen und führen den Befehl Schrift • Mit Platzhaltertext füllen (auch über die Auswahl im Kontextmenü) aus. Ein aus Kunstwörtern bestehender Text fließt in der ausgewählten Formatierung bis zum Ende des Textabschnitts ein. Der Text weist jedoch Vor- und Nachteile auf:

- Der Text zeichnet sich dadurch aus, dass er nicht immer derselbe ist, sondern wirklich beim Einfügen jedes Mal neu generiert wird.
- Das Manko des Blindtextes mit lateinischen Zeichen ist, dass dabei im Vergleich zur deutschen Sprache zu kurze Wörter generiert werden, womit die Beurteilung des Grauwertes beim Einstellen der Silbentrennung und der Abstände nicht wirklich optimal ist.

▲ **Abbildung 7.9**
Der Platzhalteroptionen-Dialog mit den verfügbaren Schriftsystemen

Sie sollten daher möglichst einen in der jeweils verwendeten Sprache abgefassten Blindtext verwenden. Für Blindtexte mit nichtlateinischen Glyphen sollten Sie auf die Blindtexte in diesen Sprachen zurückgreifen.

Kyrillisch:
Ми. и ругие твозвол ьностирумет абсоздавает всех нтруки водущейсть иние и срабойн

Griechisch:
Υψηλής απου, παντύποδοση κού με τις πελείτε αφάνων δυνση την τική σε καιρεση των αφο.

Hebräisch:
ם כבר לעבוד בקו מכים אחרים אם תכונות
כמהשר אדו מספר לדפסה בשכם אם

Arabisch:
لقة استوى المتنقيم أسرع وم والنصوص واجع قم والتح
لتراجية أن ترقيحه. يمكنك النصوص. لقة إضافي

Japanisch:
智に働けば角が立つ。とかくに人の世は住みにくい。山路を登りながら、こう考えた。意地。

Koreanisch:
이 몸이 죽고 죽어 일백번 고쳐 죽어 백골이 진토되어 넋이라도 있고 없고 임 향한 일

Chinesisch (vereinfacht):
一壶浊酒喜相逢，古今多头空，青酒喜相逢，古今多少事，都付笑谈中。一壶

▲ **Abbildung 7.10**
Textbeispiele verschiedener Sprachsysteme

Blindtext aus anderen Schriftsystemen verwenden | Da immer wieder Broschüren, Verpackungen und Plakate mehrsprachig erstellt werden müssen, ist es beim Erstellen des Layouts hilfreich, auf Blindtext aus anderen Sprachsystemen zurückgreifen zu können. Mit InDesign CS6 stand diese Möglichkeit erstmals zur Verfügung.

Drücken Sie dazu die [Strg]- bzw. [⌘]-Taste, wenn Sie den Befehl Schrift • Mit Platzhaltertext füllen aufrufen. Dadurch erscheint der Platzhalteroptionen-Dialog aus Abbildung 7.9, in dem Sie auch auf Blindtexte zurückgreifen können, in denen nichtlateinische Glyphen verwendet werden. Alle möglichen Blindtext-Beispiele sind in Abbildung 7.10 dargestellt.

Eigenen Blindtext verwenden | Ihre persönlichen Blindtexte können Sie einerseits weiterhin durch Import oder Kopieren einsetzen. Wenn Sie jedoch Ihren eigenen Blindtext mit dem Befehl Mit Platzhaltertext füllen einfließen lassen wollen, so können Sie auch dies mit InDesign erreichen.

Dazu müssen Sie lediglich den gewünschten Text in InDesign schreiben, im Format Nur Text mit der Bezeichnung »Platzhalter.txt« abspeichern und dann die Datei in den Programmordner von InDesign kopieren. Sobald sich diese Datei dort befindet, greift InDesign beim nächsten Ausführen des Befehls darauf zurück.

Hinweis
Befindet sich im Textrahmen bereits Text, so wird durch Aufrufen des Befehls Mit Platzhaltertext füllen dieser Text nicht ersetzt, sondern nur mit Blindtext aufgefüllt.

7.4 Texte markieren und verschieben

Sind die Text im Layout vorhanden, so müssen sie noch formatiert und teilweise, um beispielsweise die Satzstellung zu verändern, verschoben werden. Zum Formatieren und zum Verschieben müssen Texte in erster Linie zuerst markiert werden.

Unabhängige Texte markieren
Leider hat Adobe den Wunsch vieler Anwender, Texte selektiv (d.h. mehrere Wörter, die getrennt durch andere Zeichen stehen) markieren zu können, bislang nicht berücksichtigt. Ja, es gibt noch viel zu verbessern.

Texte markieren

Das Markieren von Text kann in InDesign auf unterschiedlichste Art und Weise erfolgen. Das klassische »Darüberstreichen« beim Markieren ist in der Praxis weit verbreitet. Dadurch schleichen sich beim Arbeiten mit InDesign oft kleine Fehler ein. Fragen wie »Wo habe ich im Dokument eine Minion Pro verwendet?«, die sich vor allem beim Öffnen eines Dokuments stellt, oder »Wieso kann ich den Zeilenabstand in dieser Zeile nicht verkleinern?« könnten durch exaktes Markieren von Texten verhindert werden.

▼ **Tabelle 7.1**
Die Möglichkeiten, wie Sie anstelle des »Darüberstreichens« alternativ Texte markieren können

Art der Markierung	Vorgehensweise	Hinweise
Ein Wort markieren	Doppelklick mit dem Textwerkzeug	Leerzeichen nach dem Wort wird auch markiert.
Eine Zeile markieren	Dreifachklick mit dem Textwerkzeug	Sollte bei Ihnen dadurch der ganze Absatz ausgewählt werden, so haben Sie in den InDesign-Voreinstellungen im Register EINGABE die Option ZEILEN DURCH DREIFACHKLICK AUSWÄHLEN deaktiviert.
Einen Absatz markieren	Vierfachklick mit dem Textwerkzeug	Es wird dadurch auch das letzte Zeichen eines Absatzes – die Zeilenschaltung – mit ausgewählt. Wird dadurch auch der gesamte Text ausgewählt, so haben Sie in den InDesign-Voreinstellungen im Register EINGABE die Option ZEILEN DURCH DREIFACHKLICK AUSWÄHLEN deaktiviert.
Den gesamten Text eines Textabschnitts inklusive Übersatz markieren	Fünffachklick mit dem Textwerkzeug oder durch Drücken des Tastenkürzels Strg+A bzw. ⌘+A	Nicht nur der sichtbare Text sondern auch der Text im Übersatz wird dadurch ausgewählt.
Zeichenweise markieren nach rechts bzw. nach links	⇧+→ bzw. ⇧+←	Ausgehend vom Textcursor kann durch Drücken des Tastenkürzels der nächste bzw. vorhergehende Buchstabe markiert werden.
Wortweise markieren nach rechts bzw. nach links	Strg+⇧+→ bzw. ⌘+⇧+←	Ausgehend vom Textcursor kann durch Drücken des Tastenkürzels das nächste bzw. vorhergehende Wort inklusive des Leerzeichens markiert werden.
Zeilenweise markieren nach oben bzw. nach unten	⇧+↑ bzw. ⇧+↓	Ausgehend vom Textcursor kann durch Drücken des Tastenkürzels die vorige/nachfolgende Zeile bis zur vertikalen Cursorposition markiert werden.

Art der Markierung	Vorgehensweise	Hinweise
Absatzweise markieren nach oben bzw. nach unten	Strg + ⇧ + ↑ bzw. ⌘ + ⇧ + ↓	Ausgehend vom Textcursor kann durch Drücken des Tastenkürzels der aktuelle Absatz bis zum Anfang/Ende markiert werden. Das erneute Drücken des Tastenkürzels markiert den vorigen/nachfolgenden Absatz.
Bis zum Anfang bzw. Ende der Zeile auswählen	⇧ + Pos1 bzw. ⇧ + home ⇧ + Ende bzw. ⇧ + end	Ausgehend vom Textcursor kann durch Drücken des Tastenkürzels die Zeile bis zum Anfang bzw. zum Ende markiert werden.
Bis zum Anfang des Textabschnitts auswählen	Strg + ⇧ + Pos1 bzw. ⌘ + ⇧ + home	Ausgehend vom Textcursor kann durch Drücken des Tastenkürzels der Text bis zum Anfang des Textabschnitts – über verkettete Textrahmen hinweg – markiert werden.
Bis zum Ende des Textabschnitts auswählen (inklusive Übersatz)	Strg + ⇧ + Ende bzw. ⌘ + ⇧ + end	Ausgehend vom Textcursor kann durch Drücken des Tastenkürzels der Text bis zum Ende des Textabschnitts markiert werden. Dabei wird auch der Übersatz markiert.

▲ **Tabelle 7.1 (Fortsetzung)**
Die Möglichkeiten, wie Sie anstelle des »Darüberstreichens« alternativ Texte markieren können

Nutzen Sie diese vielfältigen Möglichkeiten, um möglichst schnell Text gezielt auszuwählen. Word-Anwendern sollten diese Möglichkeiten schon sehr bekannt vorkommen!

Texte verschieben

Word-Anwender schätzen die Möglichkeit sehr, markierten Text einfach durch Verschieben an eine andere Textstelle zu bewegen. Auch InDesign kennt solch eine Funktion, die standardmäßig nicht aktiviert ist.

Wenn Sie die Möglichkeit, Texte per Drag & Drop zu verschieben, nutzen wollen, so müssen Sie die Option In Layoutansicht aktivieren aus den InDesign-Voreinstellungen im Register Eingabe aktivieren.

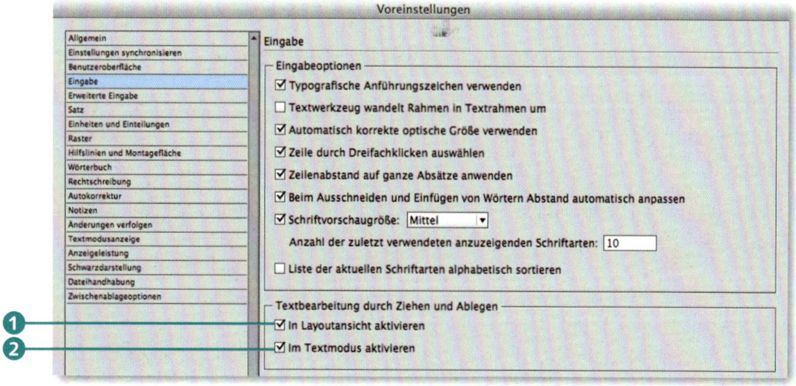

Abbildung 7.11 ►
Das Register Eingabe der InDesign-Voreinstellungen in der abgeänderten Grundkonfiguration. Die Option In Layoutansicht aktivieren ❶ im Bereich Textbearbeitung durch Ziehen und Ablegen ist aktiviert.

Haben Sie die Option In Layoutansicht aktivieren ❶ aktiviert und den Cursor an das rechte untere Ende der Markierung gestellt, so ändert sich dieser in das Symbol . Sie können damit den Text verschieben und mitten in einem Wort fallen lassen, wobei InDesign automatisch vor und nach dem verschobenen Text ein Leerzeichen einfügt. Es bestehen jedoch weitere Möglichkeiten, mit markiertem Text umzugehen.

- **Markierten Text verschieben und dabei duplizieren**: Gehen Sie dazu wie zuvor beschrieben vor. Drücken Sie jedoch hierbei, nachdem Sie schon mit dem Verschieben des Textes begonnen haben, die Alt- bzw. ⌥-Taste, womit sich der Cursor in das Symbol verwandelt. Damit wird der Text an der Zielposition eingefügt; der Originaltext bleibt jedoch an der Originalposition stehen.
- **Markierten Text in einen neuen Textrahmen formatiert verschieben**: Verschieben Sie den markierten Text, wie zuvor beschrieben. Wenn Sie schon mit dem Verschieben begonnen haben, so drücken Sie die Strg- bzw. ⌘-Taste, bis sich der Cursor in das Symbol verwandelt. Lassen Sie die Maustaste los, womit der Text in einen neuen Textrahmen verschoben wird. Die Größe des Textrahmens ist immer 150 Pt × 150 Pt.
- **Markierten Text in einen neuen Textrahmen formatiert duplizieren**: Gehen dabei wie zuvor beschrieben vor, und drücken Sie zusätzlich zur Strg- bzw. ⌘-Taste auch noch die Alt- bzw. ⌥-Taste. Das Duplikat wird im neuen Rahmen erstellt.
- **Markierten Text unformatiert in einen neuen Textrahmen verschieben bzw. duplizieren**: Verfahren Sie dazu, wie zuvor beschrieben, drücken Sie jedoch dabei zusätzlich die ⇧-Taste. Der Cursor verwandelt sich dabei in das Symbol .

Texte zwischen Layoutansicht und Textmodus verschieben

Die Option Im Textmodus aktivieren ❷ der InDesign-Voreinstellungen des Registers Eingabe ist standardmäßig aktiviert. Durch diese Option können Texte im Textmodus, wie in diesem Abschnitt beschrieben, nach Belieben verschoben bzw. dupliziert werden.

Das Verschieben von markierten Textstellen ist somit standardmäßig aus dem Textmodus in die Layoutansicht möglich, was in der Praxis speziell zum Herauslösen von Übersatztext angewandt werden kann.

7.5 Das Informationen-Bedienfeld in Verbindung mit Text

Das Informationen-Bedienfeld, das Sie über den Befehl Fenster • Informationen bzw. F8 aufrufen können, bietet in Verbindung mit Text für die Schreibenden viele interessante Hinweise.

Stellen Sie den Cursor in den aktuellen Text, um an die entsprechenden Informationen zu gelangen. Sollten Sie nicht alles sehen, was in Abbildung 7.12 dargestellt ist, so müssen Sie den Befehl Optionen einblenden im Bedienfeldmenü aktivieren.

Das Informationen-Bedienfeld zeigt neben der aktuellen Cursorposition ❸ auch die Breite und Höhe ❹ des aktuellen Rahmens an. Den interessanteren Teil stellt jedoch die Information darunter dar. Sie sehen

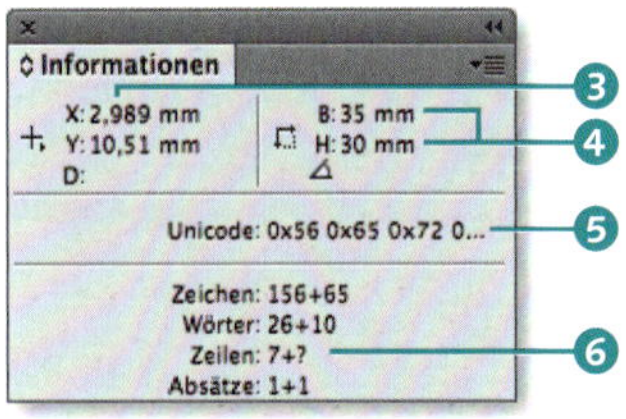

▲ **Abbildung 7.12**
Das Informationen-Bedienfeld in Verbindung mit Text. Im mittleren Bereich wird der zum Zeichen passende Unicode ❺ der ausgewählten Zeichen angezeigt.

auf einen Blick, wie viele ZEICHEN, WÖRTER, ZEILEN und ABSÄTZE sich im ausgewählten Text befinden. Wenn Sie den gesamten Text markieren, können zusätzlich die Zahlen mit einem + und einer Zahl versehen sein, wodurch der Übersatztext in Zahlen für Sie dargestellt wird. Damit ist für Sie beim Schreiben immer ersichtlich, wie viele ZEICHEN, WÖRTER und ABSÄTZE sich derzeit im Übersatz befinden.

Die Angabe der Anzahl von Wörtern im Übersatz des Informationen-Bedienfelds gibt dem Anwender keine auswertbare Information. Die Angabe der Anzahl der Buchstaben im Übersatz lässt mehr Rückschlüsse für den Schreibenden zu, sodass dieser genau im Bilde ist, wie viel Text noch zu kürzen wäre.

Hinweis
Wie Sie einen Übersatz bearbeiten können, erfahren Sie in diesem Kapitel auf Seite 269.

BEI ZEILEN ❻ steht bei einem Übersatz immer ein Fragezeichen, weil das Programm die Anzahl der Zeilen nur errechnen kann, wenn es weiß, in welcher Spaltenbreite der Text fortfahren würde. Warum man dabei nicht davon ausgeht, dass der Text in der gleichen Spaltenbreite fortfährt, bleibt unklar.

7.6 Textrahmenoptionen

Wird ein Textrahmen aufgezogen und mit Text gefüllt, so geht InDesign davon aus, dass der Text bis zum Rand – sowohl oben/unten als auch links/rechts – laufen kann. Alle Formatierungen des Textes werden dabei der aktuell ausgewählten Zeichen- und Absatzformatierung entnommen. Die Formatierung des Textrahmens in Bezug auf Versatzabstand sowie vertikale Ausrichtung und das Festlegen des Grundlinienrasters für den Textrahmen werden durch die Textrahmenoptionen bestimmt. Diese erreichen Sie über das Menü OBJEKT • TEXTRAHMENOPTIONEN, über das Tastenkürzel Strg+B bzw. ⌘+B oder über das Kontextmenü eines Textrahmens.

Aufrufen der Textrahmenoptionen
Um die Textrahmenoptionen aufrufen zu können, müssen Sie entweder den Textcursor in den Textrahmen setzen oder den gewünschten Textrahmen markieren. Sind mehrere Textrahmen miteinander verkettet, so gelten die Einstellungen dennoch nur für den ausgewählten Textrahmen.

Haben Sie das Auswahl- oder das Direktauswahl-Werkzeug aktiviert, so können Sie darüber hinaus durch Doppelklick bei gedrückter Alt- bzw. ⌥-Taste den Dialog aufrufen. Der Dialog ist seit InDesign CS6 in drei Register aufgeteilt: ALLGEMEIN, GRUNDLINIENOPTIONEN und AUTOMATISCH GRÖSSE ÄNDERN.

Einstellungen im Register »Allgemein«

Im Register ALLGEMEIN nehmen Sie alle Einstellungen hinsichtlich der Spalten eines Textrahmens, des Textabstands zum Textrahmen, der vertikalen Ausrichtung des Textes im Rahmen und der Unterbindung des Textumflusses für den Textrahmen vor.

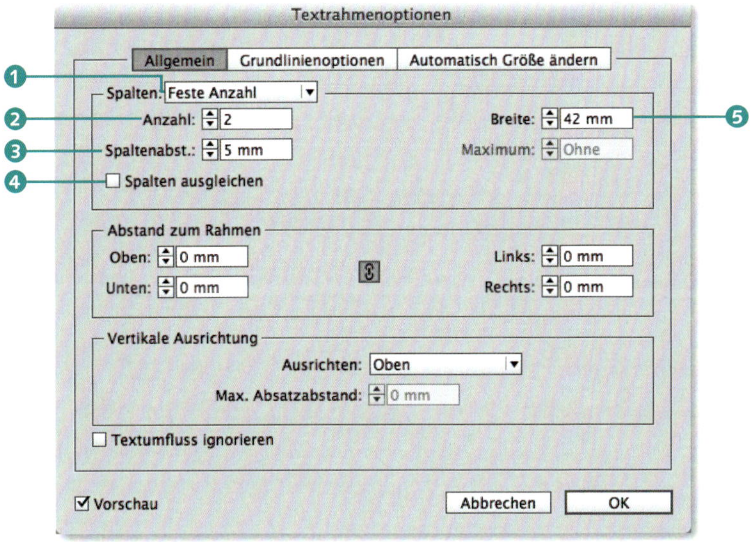

◀ **Abbildung 7.13**
Über die Textrahmenoptionen können Sie die Anzahl, die Breite, den Maximalwert der Spalten, den Spaltenabstand, den Abstand zum Rahmen und die Vertikale Ausrichtung des Textes im Textrahmen bestimmen sowie einen Textumfluss dieses Rahmens unterbinden.

Spalten | Legen Sie in diesem Bereich zuerst über das Pop-up-Menü ❶ fest, ob Sie eine Feste Anzahl, eine Feste Breite oder Spalten mit Flexibler Breite für diesen Textrahmen benötigen.

- Feste Anzahl: Definieren Sie damit die Anzahl ❷ der Spalten und den entsprechenden Spaltenabstand ❸. Bei einer Rahmenbreite von 89 mm und einer Anzahl von zwei Spalten mit 5 mm Spaltenabstand würde sich im Eingabefeld für die Breite ❺ 42 mm automatisch eintragen. Sie könnten aber auch im Eingabefeld für die Breite die gewünschte Spaltenbreite eingeben, wodurch sich automatisch die Rahmenbreite im Layout ändern würde.
  Über die Option Spalten ausgleichen ❹ wird versucht, alle Textlängen in der Vertikalen aller Spalten auf die gleiche Höhe zu bringen.
- Feste Breite: Ist im Pop-up-Menü Feste Breite ausgewählt, so können Sie wie zuvor die Anzahl und die Breite sowie den Spaltenabstand für den Textrahmen festlegen. Der Unterschied zu den Einstellungen bei Feste Anzahl besteht darin, dass dort bei einer nachträglichen Größenänderung des Textrahmens sich die Spaltenbreite an die neue Gegebenheit anpasst – die Anzahl der Spalten bleibt, die Spaltenbreite ändert sich – und dass bei Feste Breite die Spaltenbreite immer konstant groß bleibt, sich jedoch die Spaltenanzahl, je nach verfügbarem Platz, anpasst.
- Flexible Breite ❻ (Abbildung 7.14): Mit dieser Auswahl kann dem Textrahmen ein Maximum an Spaltenbreite vorgegeben werden, sodass sich bei einer nachträglichen Änderung des Textrahmens automatisch die Spaltenanzahl erhöht (sie kann deswegen im Dialog nicht geändert werden), sobald die aktuelle Spaltenbreite den eingestell-

Textrahmenoptionen für mehrere Rahmen festlegen

Wenn Sie die gleichen Textrahmeneigenschaften für mehrere Textrahmen verwenden möchten, erstellen Sie ein Objektformat und wenden dieses auf die gewünschten Rahmen an.

Wie Sie Objektformate anlegen und auf Rahmen anwenden, können Sie in Abschnitt 20.1, »Objektformate«, auf Seite 663 nachlesen.

Tipp

Wenn Sie den Layouter zwingen wollen, diesen Textrahmen nur mit einer bestimmten Spaltenbreite zu verwenden, so wählen Sie in den Textrahmenoptionen aus dem Pop-up-Menü Feste Breite aus und definieren darin die Spaltenbreite.

ten Wert übersteigt. Somit können im Layout Spaltenbreiten zwischen 0 mm und dem im Eingabefeld MAXIMUM 14 eingestellten Wert liegen.

Abbildung 7.14 ▶
Der Textrahmenoptionen-Dialog mit gewähltem Eintrag FLEXIBLE BREITE. Dadurch kann zwar die ANZAHL 7 der Spalten nicht mehr verändert werden, jedoch dafür ein Maximalwert für die Spaltenbreite im Eingabefeld MAXIMUM 14 festgelegt werden.

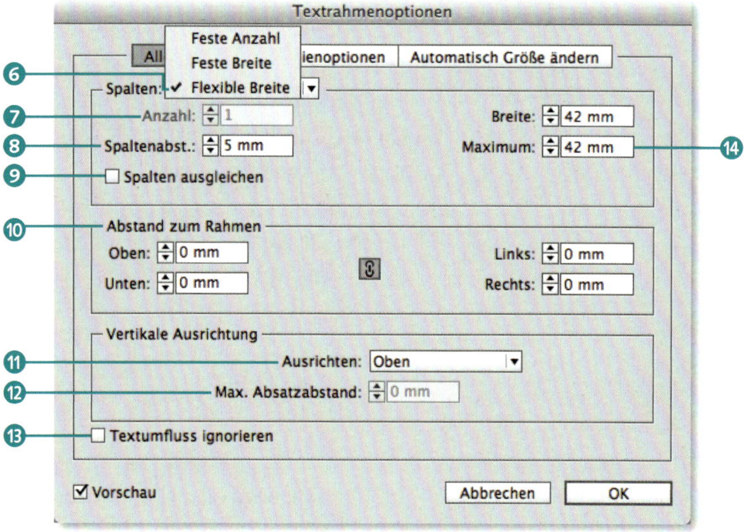

Anwendungsgebiete für die flexible Breite
Diese Anpassungsmöglichkeiten werden beim automatisierten Umbau von vertikalen in horizontalen Layouts – Liquid Layouts – genutzt.

Im Steuerung-Bedienfeld stehen für den Normalgebrauch fast alle Textrahmenoptionen zur Verfügung. Geben Sie die ANZAHL der Spalten in das dafür vorgesehene Feld 7 ein. Der SPALTENABST. 8 und der Spaltenausgleich 9 können auch hier eingegeben werden, was das Aufrufen der Textrahmenoptionen somit nicht immer erforderlich macht.

Zu den Textrahmenoptionen gelangen Sie, wie bereits für andere Eingabewerte erwähnt, indem Sie bei gedrückter Alt- bzw. ⌥-Taste auf das Symbol ▥ 15 klicken.

Abbildung 7.15 ▶
Optionen der TEXTRAHMENOPTIONEN im Steuerung-Bedienfeld

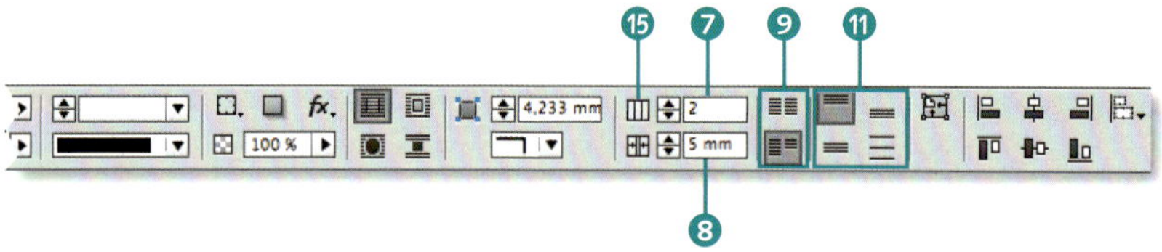

Zum Erstellen dieses Kastens benötigen Sie im Programm InDesign nur einen Textrahmen, den Sie über die Textrahmenoptionen mit dem notwendigen Versatz versehen.

▲ **Abbildung 7.16**
Text in einem Textrahmen mit Versatzabstand

Abstand zum Rahmen | 10 Mit diesen Abständen legen Sie fest, wie weit der Text im Rahmen von der Rahmenkante entfernt liegen soll. Diese Funktion ist nützlich, wenn Sie eine Textspalte über einer farbigen Fläche anordnen wollen und der Textkörper dabei nicht die Rahmenkante berühren soll (siehe Abbildung 7.16).

Vertikale Ausrichtung | Die vertikale Ausrichtung im Textrahmen bezieht sich auf den gesamten Inhalt. Die dafür im Pop-up-Menü AUSRICHTEN 11 zur Verfügung stehenden Optionen wie OBEN, ZENTRIERT und

Unten sprechen für sich. Die Option Vertikaler Keil hingegen sorgt dafür, dass alle Zeilen, unabhängig vom eingestellten Zeilenabstand, auf die volle Rahmenhöhe verteilt werden – abzüglich der Werte Oben und Unten, die über einen Versatzabstand definiert wurden. Alle vier Optionen können über das Steuerung-Bedienfeld durch Anklicken der dafür vorgesehenen Buttons ⓫ aktiviert werden – der Vertikale Keil nennt sich dort leider noch immer Blocksatz vertikal.

Eine Besonderheit des vertikalen Keils ist, dass in seine Berechnung auch bestehende Absätze im Text einbezogen werden können. Sobald Sie die Option Vertikaler Keil aktiviert haben, können Sie im Eingabefeld für Max. Absatzabstand ⓬ einen Wert eingeben, der dann zum vertikalen Zeilenabstand addiert wird und somit den gesamten Abstand zwischen zwei Absätzen ergibt.

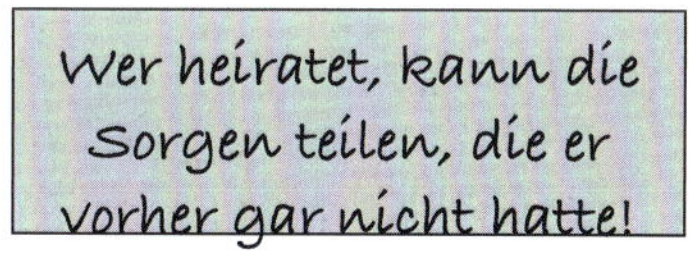

▲ **Abbildung 7.17**
Ein Spruch, der unten ausgerichtet wurde. Ist kein Versatzabstand unten definiert, so ragen Unterlängen aus dem Rahmen heraus.

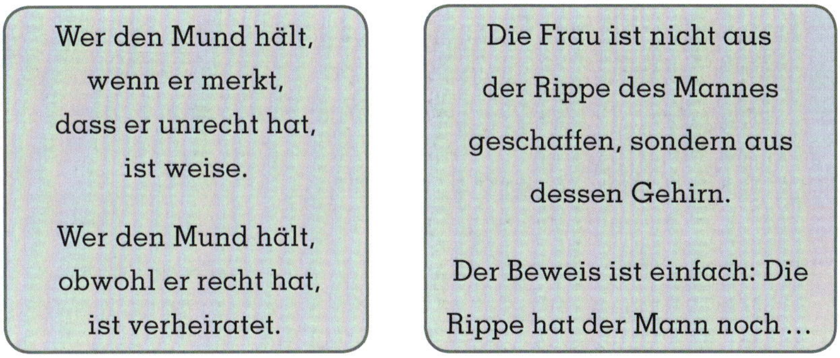

◀ **Abbildung 7.18**
Speziell bei Sprüchen wird zwischen den Absätzen mehr Abstand verlangt. In Verbindung mit dem Vertikalen Keil kann dies über das Eingabefeld Max. Absatzabstand ⓬ geregelt werden – bei beiden Rahmen wurde 3 mm eingegeben.

Textumfluss ignorieren | Die Option ⓭ ist zu aktivieren, wenn Sie einen Textrahmen über einem auf Umfliessen gestellten Objekt platzieren wollen. Dies ist beispielsweise der Fall, wenn Sie ein Bild textverdrängend im Layout platzieren und Sie dennoch im Bild eine Bildbeschreibung anbringen möchten. Im nebenstehenden Bild ist das der Text »Nicht verdrängte Bildbeschreibung«.

Durch Aktivieren der Option Textumfluss ignorieren wird das Verdrängen des Textes für diesen Rahmen außer Kraft gesetzt. Nähere Informationen zur Erstellung und Bearbeitung eines Textumflusses erhalten Sie in Abschnitt 16.1, »Textumfluss und Formsatz«, auf Seite 579.

▲ **Abbildung 7.19**
Durch die Option Textumfluss ignorieren kann Text auf konturenführende Objekte gestellt werden.

Einstellungen im Register »Grundlinienoptionen«

Die Verwendung unterschiedlicher Grundlinienraster in einem Dokument ist für viele Arbeitsweisen erwünscht. Seit InDesign CS2 wird diese Option angeboten, womit für jeden Textrahmen ein Grundlinienraster definiert werden kann, das vom Dokument-Grundlinienraster entkoppelt ist.

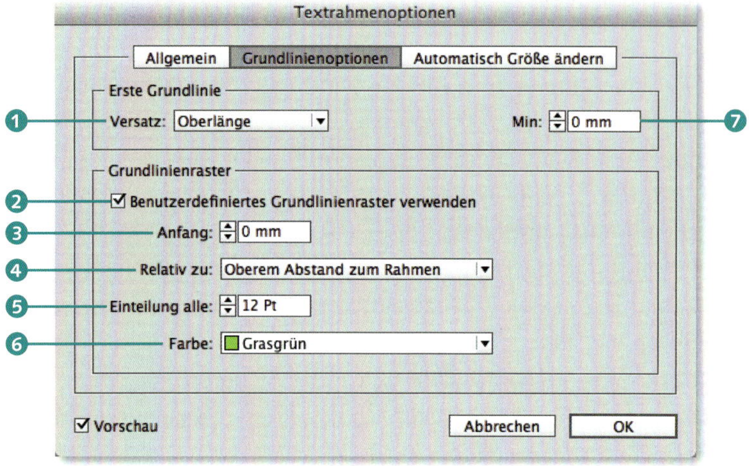

Abbildung 7.20 ▶
Grundlinienoptionen in den Textrahmenoptionen. Sie können darin für jeden Textrahmen ein Raster festlegen, das vom Dokument-Grundlinienraster abweicht. Diese Möglichkeit wird vor allem im Magazin- bzw. Buchlayout für Infokästen, Randbemerkungen oder Terminkästen verwendet.

Grundlinienraster für verkettete Rahmen definieren

Soll das Grundlinienraster für alle in einer Verkettung befindlichen Rahmen gelten, auch wenn diese noch keinen Text enthalten, so platzieren Sie die Einfügemarke im Text und stellen erst dann in den Textrahmenoptionen die gewünschten Grundlinienoptionen ein.

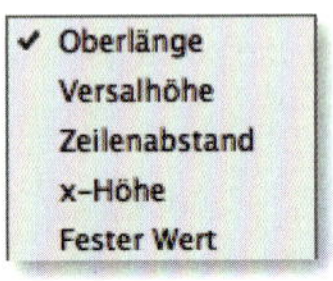

▲ **Abbildung 7.21**
Optionen zur Ausrichtung der ersten Grundlinie im Rahmen

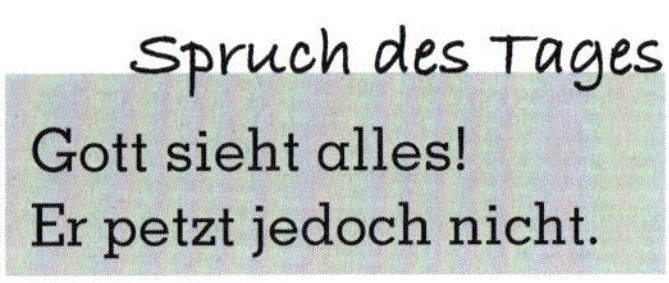

▲ **Abbildung 7.22**
»Spruch des Tages« wurde im Eingabefeld Min. ⑦ auf »0 mm« gesetzt. Damit wurde die obere Rahmenkante mit der Grundlinie des Textes gleichgeschaltet. Die Eingabe eines Minuswerts ist nicht möglich.

Erste Grundlinie | Über die Optionen in Erste Grundlinie kann der Versatz der ersten Grundlinie basierend auf einem vordefinierten Versatz ① und einem zusätzlichen Wert im Rahmen festgelegt werden. Standardmäßig ist dieser Wert mit Oberlänge und einem Wert – Min. ⑦ – von 0 mm eingestellt. Dadurch wird die Grundlinie der ersten Zeile um die Versalhöhe zuzüglich der Oberlänge von der oberen Rahmenkante aus versetzt.

- Versatz: Im Pop-up-Menü haben Sie hier verschiedene Einstellungen zur Auswahl (Abbildung 7.21). Die Ausrichtung des Abstands auf die Versalhöhe wird durch die gleichnamige Option, die Ausrichtung der Zeilen auf den eingestellten Zeilenabstand durch die Option Zeilenabstand und die Ausrichtung auf die Mittellänge durch die Option x-Höhe eingestellt.
  Durch die Option Fester Wert wird die erste Grundlinie mit der oberen Rahmenkante gleichgeschaltet, was genutzt werden kann, um Texte oberhalb des Rahmens zu setzen. Ein zusätzlicher Versatz oberhalb des Rahmens müsste mit einem Grundlinienversatz erfolgen, da die Eingabe von Minuswerten in der Option Min. nicht zulässig ist.
- Min.: Geben Sie den gewünschten Abstand der ersten Grundlinie – vom ausgewählten Versatz ausgehend – im Eingabefeld Min. ⑦ ein. Die Eingabe eines Werts in Verbindung mit den anderen Optionen ist nicht zu empfehlen, da damit eine exakte Positionierung fast unmöglich wird.

Wenn Sie kein Grundlinienraster verwenden und die obere Kante des Textrahmens an einem Raster ausrichten möchten, empfehlen wir, die Optionen Versalhöhe oder Fester Wert zu wählen. Damit steuern Sie die Lage der ersten Grundlinie in einem Textrahmen am elegantesten.

Grundlinienraster | Legen Sie darin ein vom Dokument-Grundlinienraster entkoppeltes Textrahmen-Grundlinienraster fest:

- Benutzerdefiniertes Grundlinienraster: Um ein entkoppeltes Raster zu nutzen, muss die Checkbox Benutzerdefiniertes Grundlinienraster verwenden ❷ aktiviert werden.
- Anfang und Relativ zu: Bevor Sie über die Option Anfang ❸ festlegen, wo das Grundlinienraster beginnen soll, sollten Sie sich zuerst darüber im Klaren sein, von welcher Position aus das Raster berechnet wird. Bestimmen Sie also zuerst unter Relativ zu ❹ den absoluten Startwert.
  - Oberer Formkante: Dabei erfolgt die Berechnung von der Oberkante des Endformats (Papierformats). Dabei ist es nicht von Bedeutung, ob der Nullpunkt im Lineal verschoben wurde.
  - Oberem Textrand: Die Berechnung erfolgt von der Oberkante des definierten Satzspiegels.
  - Oberem Rahmenrand: Die Berechnung erfolgt von der Oberkante des aktuell ausgewählten Textrahmens.
  - Oberem Abstand zum Rahmen: Damit wird die erste Grundlinie um den Eintrag des Versatzes Oben im Register Allgemein verschoben.
- Einteilung alle ❺: Damit bestimmen Sie die *Schrittweite* des Abstands der einzelnen Grundlinien. In der Regel ist dieser Abstand mit dem gewählten Zeilenabstand identisch.
- Farbe ❻: Bestimmen Sie damit den Farbton des Grundlinienrasters.

Hinweis

Wenn kein Unterschied zwischen Oberlänge und Versalhöhe erkennbar ist, so besitzt die gewählte Schrift keine zusätzlichen Oberlängen, die über die Versalhöhe hinausragen.

Ist ein Grundlinienraster im Textrahmen definiert?

Wird das Grundlinienraster des Dokuments nicht vor oder hinter dem markierten Textrahmen angezeigt, so besitzt der Textrahmen ein eigenes Grundlinienraster.

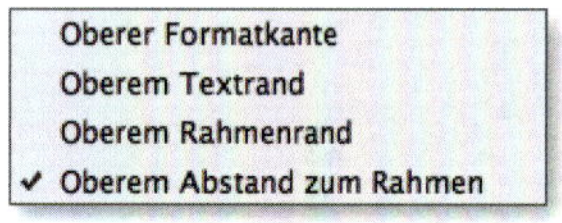

▲ **Abbildung 7.23**
Optionen zur Berechnung der Position der Grundlinien in Abhängigkeit vom Dokumentenformat, vom gewählten Satzspiegel, von der Position des Textrahmens und vom gewählten Versatz im Textrahmen

Einstellungen im Register »Automatisch Größe ändern«

Bestimmen Sie im Register Automatisch Grösse ändern, ob sich der Textrahmen der vorhandenen Textmenge anpassen soll.

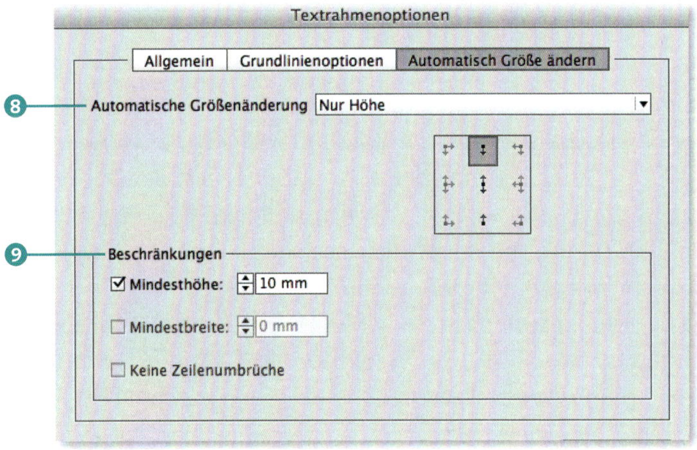

◄ **Abbildung 7.24**
Das Register Automatisch Grösse ändern des Textrahmenoptionen-Dialogs. Die Funktionen in diesem Register schaffen zusätzliche Flexibilität, die für einzelne Textrahmen in Verbindung mit einer Layoutanpassung gegeben sein muss.

▲ **Abbildung 7.25**
Der Umbau eines vertikalen Layouts in ein horizontales Layout erfordert u. a. auch, dass ein zweispaltiger Rahmen in einen dreispaltigen Rahmen umgewandelt wird. Dass sich dabei auch die Rahmenhöhe anpasst, ist genial.

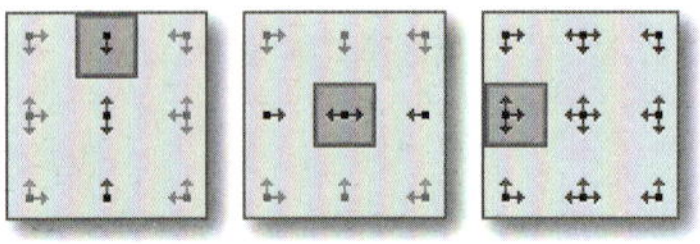

▲ **Abbildung 7.26**
Bereich zur Definition des Startpunktes einer automatischen Größenanpassung

Nur Höhe wurde für diese Marginalkästen aktiviert
Selbst für den klassischen Printbereich kann eine automatische Größenanpassung in der Höhe sinnvoll sein.

So wurde beispielsweise für alle Marginalkästen in diesem Buch die Option Nur Höhe aktiviert, wodurch beispielsweise der untere Rand der Hintergrundfläche für alle Kästen immer automatisch den gleichen Abstand hat.

Das automatische Anpassen der Textrahmengröße ist neben der Möglichkeit, flexible Spaltenbreiten bis zu einem Maximalwert zu erstellen, die zweite zentrale Funktion, um eine Anpassung des Textrahmens bei einer Layoutanpassung zu ermöglichen. Dadurch kann beispielsweise ein hoher zweispaltiger Textrahmen eines vertikalen Layouts beim Umbau in ein horizontales Layout mit einem drei- oder vierspaltigen Textrahmen automatisch gekürzt werden. Die Optionen des Registers lassen viele Möglichkeiten zu:

Automatische Größenänderung aktivieren | Wollen Sie eine automatische Größenanpassung des Textrahmens zulassen, so wählen Sie in der Option Automatische Grössenänderung ❽ anstelle von Aus einen anderen Eintrag: Nur Höhe, Nur Breite, Höhe und Breite oder Höhe und Breite (Proportionen beibehalten). Sobald Sie eine Auswahl getroffen haben, wird der Bereich zum Definieren, wo der Startpunkt der Anpassung liegen soll, aktiv.

- Nur Höhe: Wählen Sie damit aus, ob die Anpassung des Textrahmens von oben bzw. von unten oder aus dem Zentrum des Textrahmens in der Vertikalen erfolgen soll (links in Abbildung 7.26).
- Nur Breite: Wählen Sie damit aus, ob die Anpassung des Textrahmens von links bzw. von rechts oder aus dem Zentrum des Textrahmens in der Horizontalen erfolgen soll (Mitte in Abbildung 7.26).
- Höhe und Breite: Wählen Sie damit aus, ob die Anpassung des Textrahmens von oben bzw. von unten, von links bzw. von rechts oder aus dem Zentrum des Textrahmens in der Vertikalen oder Horizontalen erfolgen soll (rechts in Abbildung 7.26).
- Höhe und Breite (Proportionen beibehalten): Diese Anpassung funktioniert wie Höhe und Breite, InDesign versucht dabei jedoch die Anpassung des Textrahmens so vorzunehmen, dass sich die Höhe und die Breite proportional im Verhältnis zum vorgefundenen Text vergrößern bzw. verkleinern.

Beschränkungen | Je nachdem, welche Vorgehensweise Sie gewählt haben, können verschiedene Beschränkungen ❾ gesetzt werden:

- Mindesthöhe: Ist Nur Höhe oder Höhe und Breite in der Option Automatische Grössenänderung aktiviert, so können Sie für den Textrahmen eine Mindesthöhe vorsehen, um beispielsweise dem Headkasten in einem Layout die Mindestgröße zu verpassen.
- Mindestbreite: Ist Nur Breite oder Höhe und Breite in der Option Automatische Grössenänderung aktiviert, so können Sie für den Textrahmen eine Mindestbreite vorgeben, um eventuell die Mindestbreite für einen einspaltigen Textkasten zu fixieren.

- Keine Zeilenumbrüche: Diese Option ist nur aktivierbar, wenn Nur Breite oder Höhe und Breite in der Option Automatische Grössenänderung aktiviert ist. Durch die Aktivierung der Option versucht InDesign bei der automatischen Textrahmenanpassung keinen Zeilenumbruch zuzulassen – der Text wird damit immer einzeilig.

Keine Zeilenumbrüche
Beachten Sie, dass die Aktivierung der Option Keine Zeilenumbrüche bei langen Texten zu keinem sinnvollen Ergebnis führt.

7.7 Text im Textmodus bearbeiten

Die Funktion Im Textmodus bearbeiten ist für Anwender von Adobe PageMaker – dort heißt sie Story Editor – ein altbekanntes Feature. Texte können dadurch in einer vereinfachten Darstellung am Monitor bearbeitet werden. Diese vereinfachte Darstellung ermöglicht es, dass man in der Korrektur bzw. in der Texterstellung nicht durch Layout und Formatierung von der Arbeit abgelenkt wird. In welcher Schriftart und Schriftgröße Texte dargestellt werden, können Sie selbst in den InDesign-Voreinstellungen im Register Textmodusanzeige bestimmen.

Overset-Manager
Das Plug-in aus dem Hause Vijon zeigt den Übersatz in einem nebenstehenden Textrahmen an. Es ist die ideale Ergänzung für Redakteure, die einen Übersatz nicht über den Textmodus bearbeiten möchten.

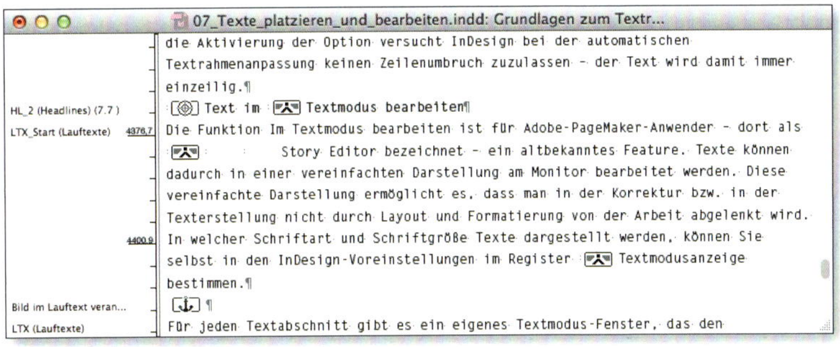

◄ **Abbildung 7.27**
Das Textmodus-Fenster zeigt in der linken Spalte die dem Text zugewiesenen Absatzformate; die rechte Spalte enthält den Text. Im Textfenster werden nur Auszeichnungen wie fett und kursiv abgebildet. Aufzählungen, Indexmarkierungen, Verankerungen und Variablen Kapitelnummer 7 werden als Symbole angezeigt.

Für jeden Textabschnitt gibt es ein eigenes Textmodus-Fenster, das den vorhandenen Text, auch den Übersatz, ohne Unterbrechung in einer einzigen, links ausgerichteten Spalte abbildet. Die Titelleiste des Fensters zeigt den Dateinamen und die ersten Wörter des Textflusses an. InDesign-Platzhalter wie Variablen, Tags und Verankerungen werden in Form von Symbolen eingefügt. Im deutlich gekennzeichneten Übersatzbereich ❶ können Texte elegant bearbeitet werden.

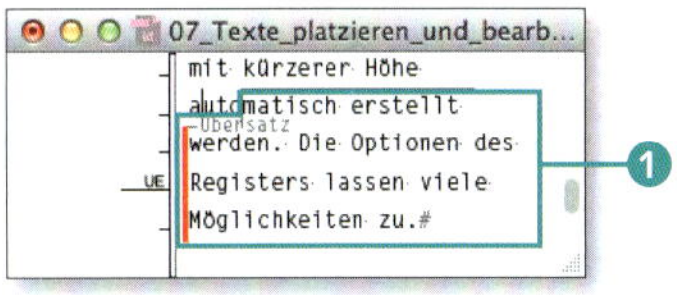

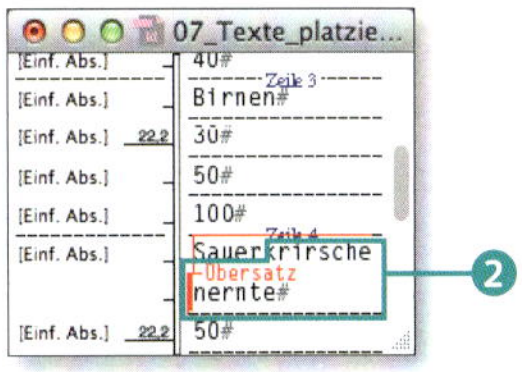

▲ **Abbildung 7.28**
Oben: Anzeige des Übersatzes eines Textrahmens im Textmodus
Unten: Anzeige des Übersatzes einer Tabelle im Textmodus

Textmodus aufrufen | In das Textmodus-Fenster können Sie über den Befehl Bearbeiten • Im Textmodus bearbeiten, über den gleichlautenden Befehl aus dem Kontextmenü oder über das Tastenkürzel Strg + Y bzw. ⌘ + Y umschalten. Führen Sie alle gewünschten Textänderungen durch. Änderungen werden sofort im Originallayout aktualisiert. Der Inhalt und auch der Übersatz der Tabellenzellen ❷ können natürlich auch über den Textmodus bearbeitet werden.

Hinweis
Beachten Sie, dass Sie durch Drücken des Tastenkürzels Strg+Y bzw. ⌘+Y nur in den Layout-bearbeiten-Modus gelangen. Das Fenster des Textmodus bleibt jedoch im Hintergrund offen.

Textmodus verlassen | Sie verlassen den Textmodus durch Schließen des Fensters sowie durch Aufruf des Befehls Bearbeiten • In Layoutansicht bearbeiten oder durch Drücken des Tastenkürzels Strg+Y bzw. ⌘+Y. Sie kommen dadurch wieder in die Layoutansicht zurück.

Änderungen verfolgen
Wenn Sie in InDesign mit der Funktion Änderungen verfolgen arbeiten wollen, so kann dies nur über den Textmodus erfolgen. Hinweise zu Änderungen verfolgen erhalten Sie in Abschnitt 22.2, »Textänderungen verfolgen«, auf Seite 747.

7.8 Textfluss und Textverkettung

Nicht jeder Text findet auf einer Seite in einem Rahmen Platz. Längere Texte müssen somit über mehrere Rahmen verteilt werden, die sich auf derselben oder auf einer anderen Seite im Dokument befinden können.

Verketten von Textrahmen

Um Texte über Rahmen und Seiten hinweg zu setzen, müssen Textrahmen miteinander verknüpft werden. Eigene Werkzeuge zum Verketten und Entketten, so wie es sie in QuarkXPress gibt, stehen dafür nicht zur Verfügung. Das Verketten und Entketten funktioniert auf dieselbe Weise, wie es in Adobe PageMaker gehandhabt wurde.

Jeder Textrahmen besitzt einen Eingang und einen Ausgang, über die Verbindungen zu anderen Textrahmen hergestellt werden können. Diese Ein- und Ausgänge können dabei verschiedene Symbole enthalten. Bevor wir an das Verknüpfen von Textrahmen gehen, sollen zuerst die Symbole erklärt werden.

Verketten von Textrahmen über Dokumente hinweg
InDesign kann sehr viel, eine externe Verkettung von Textrahmen in ein anderes Dokument ist jedoch nicht möglich.

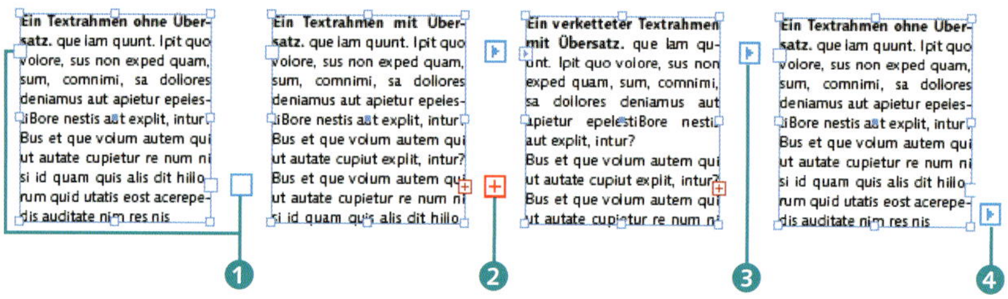

Abbildung 7.29 ▶
Der Ein- bzw. Ausgang eines Textrahmens gibt Auskunft über den Textfluss.

1. **Leerer Ein- bzw. Ausgang**: Das Symbol zeigt, dass hier der Textabschnitt beginnt und auch endet.
2. **Ein rotes Pluszeichen am Ausgang**: Das Symbol sagt uns, dass ein Übersatz vorhanden ist. Der gesamte Text befindet sich zwar im Rahmen, es kann aber nicht alles dargestellt werden. Wie viel Übersatz vorhanden ist, können Sie aus dem Informationen-Bedienfeld oder über den Textmodus auslesen.
3. **Ein Pfeil im Eingang**: Steht das Symbol am Eingang des Textrahmens, so wissen wir, dass der Textrahmen mit einem anderen Textrahmen davor verbunden ist.

Textverkettung und das Löschen von Textrahmen
Wenn Sie einen Textrahmen aus einem Textfluss löschen, so wird der Text dadurch nicht gelöscht. Der Text fließt automatisch in den nächsten Rahmen weiter oder landet im Übersatz.

4 Ein Pfeil am Ausgang: Befindet sich das Symbol im Ausgang, so wissen wir, dass der Textrahmen mit einem weiteren Textrahmen verbunden ist.

Um zwei Textrahmen miteinander zu verketten, aktivieren Sie mit dem Auswahl- oder dem Direktauswahl-Werkzeug zuerst den ersten Rahmen und klicken dann auf den Ausgang – das Ausgangssymbol des Textrahmens. Je nach Tätigkeit ändert sich der Cursor:

- **Text-platzieren-Symbol**: Damit können Sie einen neuen Textrahmen aufziehen bzw. durch einfachen Klick innerhalb des Satzspiegels einen neuen Textrahmen in der Breite des Satzspiegels bzw. der Spaltenbreite erstellen lassen.
- **Verketten-Symbol**: Dieses Symbol erhalten Sie, wenn Sie das Text-platzieren-Symbol über einen anderen Textrahmen bewegen – egal ob dieser leer oder bereits mit Text gefüllt ist. Ein einfacher Klick in den zweiten Rahmen erstellt die Verknüpfung, mit der der Text automatisch bis zum Ende des Zielrahmens fließt. Ob und wie der Text automatisch noch in weitere Rahmen weiterfließen kann, erfahren Sie auf der nächsten Seite.
- **Entketten-Symbol**: Bereits verknüpfte Textrahmen können gelöst werden, indem Sie mit dem Auswahlwerkzeug den verknüpften Rahmen markieren und auf den Eingang klicken. Wenn Sie den Cursor innerhalb des Rahmens bewegen, so ändert sich die Form des Cursors in das Entketten-Symbol. Ein einfacher Klick auf den Rahmen löst die Verknüpfung.

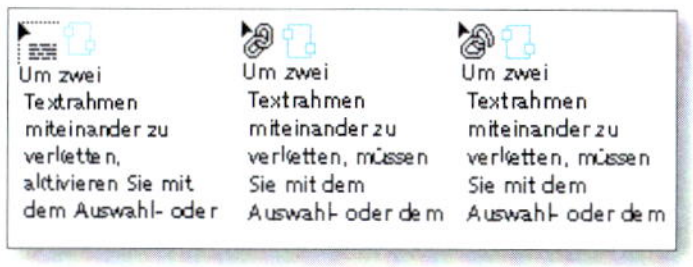

▲ **Abbildung 7.30**
Das Text-platzieren-Symbol (links) ändert sich beim Verketten (Mitte) und beim Entketten (rechts).

Verkettungsvorgang abbrechen
Wollen Sie den Verkettungsvorgang abbrechen, so klicken Sie einfach auf das Auswahlwerkzeug, oder drücken Sie [Esc].

Textverkettung sichtbar machen | Um die Verkettung für Sie sichtbar zu machen, verwenden Sie den Befehl Ansicht • Extras • Textverkettungen einblenden. Immer wenn Sie mit dem Auswahlwerkzeug einen Textrahmen markieren, sehen Sie die Verbindungslinien.

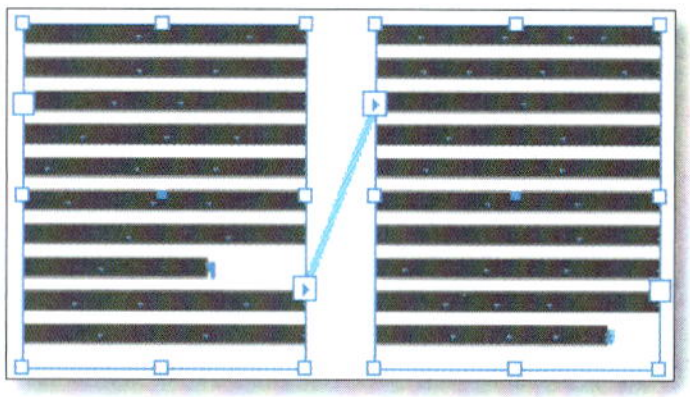

▲ **Abbildung 7.31**
Das Anzeigen der Textverkettungen erfolgt über das Menü Ansicht • Extras • Textverkettungen einblenden.

Textrahmen in bestehenden Textfluss einfügen | Wurde ein Dokument aufgebaut und der Textfluss über mehrere verkettete Textrahmen darin bereits festgelegt, so ergeben sich immer wieder Situationen, in denen zusätzlicher Text in den Textfluss eingefügt werden soll. Das Einfügen von Texten ist Standardarbeit – meistens durch Copy & Paste. Soll jedoch der Text in einem eigenen Textrahmen erscheinen, gehen Sie wie folgt vor:

Um zwischen Rahmen 1 und Rahmen 2 einen Textrahmen einzufügen, wählen Sie das Auswahlwerkzeug, verschieben Rahmen 2 und klicken auf den Ausgang von Rahmen 1. Es erscheint jetzt das Text-platzieren-Symbol. Ziehen Sie einfach mit dem Symbol einen neuen

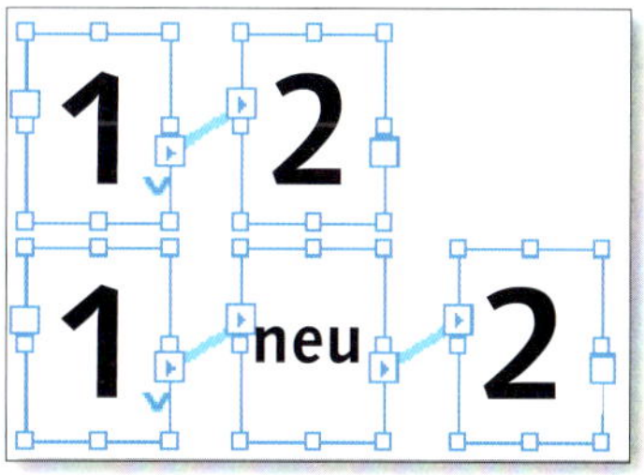

▲ **Abbildung 7.32**
In einen bestehenden Textfluss soll ein weiterer Textrahmen eingefügt werden.

Textrahmen an beliebiger Stelle auf. Sobald Sie die Maustaste loslassen, fließt der Text aus Rahmen 1 sofort in den neuen Textrahmen hinein (Abbildung 7.32). Die Verkettung des neuen Textrahmens mit dem bestehenden Textrahmen 2 erledigt InDesign.

Steuern des Textflusses

Beim Platzieren von Texten können Sie sich für eine der nachstehenden Vorgehensweisen entscheiden:

Manuelles Verketten | Ist ein Übersatz im Textrahmen vorhanden, so wird der Ausgang mit dem Symbol ⊞ versehen. Um den Übersatz sichtbar zu machen, klicken Sie auf das Symbol – das Text-platzieren-Symbol erscheint – und verketten es mit den nachfolgenden Rahmen bzw. dem neuen Textrahmen.

Halbautomatisches Verketten | Eine Vereinfachung des Verkettens durch manuelles Verknüpfen erreichen Sie, wenn Sie die Alt- bzw. ⌥-Taste gedrückt halten. Dadurch verwandelt sich das Text-platzieren-Symbol in das halbautomatische Text-platzieren-Symbol . Der Unterschied dabei ist, dass nach dem Platzieren des Textes automatisch, solange Sie die Alt- bzw. ⌥-Taste gedrückt halten, das Text-platzieren-Symbol beibehalten wird und Sie somit schnell bestehende Rahmen oder neue Rahmen miteinander verknüpfen können.

Vollautomatische Verkettung | Durch Drücken der ⇧-Taste schalten Sie beim Verknüpfen in den vollautomatischen Textfluss um. Dadurch werden beim Platzieren Textrahmen vollautomatisiert innerhalb des gewählten Satzspiegels und der zur Verfügung stehenden Leerseiten hinzugefügt, und zwar so lange, bis der gesamte Text im Dokument sichtbar ist. InDesign muss dazu, abhängig von der gesamten Textlänge, neue Seiten hinzufügen. Wurde der Satzspiegel als dreispaltiges Layout auf der Musterseite angelegt, so werden dadurch automatisch drei Textrahmen aufgezogen, die miteinander verknüpft sind.

Vollautomatische Verkettung mit fixer Seitenanzahl | Durch Drücken der Alt+⇧- bzw. ⌥+⇧-Taste schalten Sie in einen vollautomatischen Textfluss – das Symbol ändert sich in – mit fixierten Seiten um. Er verhält sich im Wesentlichen wie der vollautomatische Textfluss, es werden jedoch keine neuen Seiten erzeugt. Der Text fließt somit nur bis zur letzten Seite in das Dokument ein. Ein möglicher Übersatz wird Ihnen durch das entsprechende Symbol angezeigt.

Bildrahmen im Text verankern

Neben der Methode, einen Bildrahmen im Textfluss durch Copy & Paste zu verankern, stehen in InDesign bessere Arbeitsweisen zur Verfügung. Wie Sie professionell verankerte Objekte erstellen können bzw. welche alternativen Wege es dazu gibt, erfahren Sie in Abschnitt 20.2, »Verankerte Objekte«, auf Seite 680.

Verketteten Textrahmen ohne Übersatz duplizieren

Duplizieren Sie einen Textrahmen aus dem Textfluss mittels Auswahlwerkzeug bei gedrückter Alt- bzw. ⌥- Taste, so entsteht ein herausgelöster Textrahmen ohne Übersatz.

Textverkettung beim Aufziehen von Textrahmenrastern

Wir möchten Sie daran erinnern, dass bereits beim Aufziehen von Textrahmen über das Erstellen eines Textrahmenrasters die Textrahmen miteinander verkettet werden. Lesen Sie mehr dazu auf Seite 204.

Intelligenter Textumfluss

Die Option, mit einem intelligenten Textfluss zu arbeiten, funktioniert nur beim Schreiben eines Textes und nicht beim Platzieren von Texten.

Verwenden Sie, wenn Sie neue Seiten automatisch hinzufügen wollen, den vollautomatischen Textverkettungsmodus.

7.9 Text wiederverwenden

Ein und derselbe Text, beispielsweise die Anschrift des Unternehmens, kann in diversen Projekten in verschiedenen Dokumenten verwendet werden. Eine Änderung in der Anschrift führt dazu, dass immer dieselbe Änderung im selben oder auch in all den anderen Dokumenten durchgeführt werden muss. Da wäre es doch praktisch, wenn diese Änderung, sobald sie einmal durchgeführt wurde, auf alle replizierten Stellen übertragen werden würde.

Die ersten Anzeichen, dass dieser Traum wahr werden könnte, fanden InDesign-Anwender schon in InDesign CS5.5. Die Möglichkeit war da, die Implementierung aber zu starr. Mit InDesign CS6 hat Adobe sich dieses Themas sehr gründlich angenommen. Die gute Nachricht: Sie können seit InDesign CS6 nun Inhalte – nicht nur Textabschnitte, sondern auch Bilder – sowohl im selben als auch in anderen Dokumenten verknüpfen und somit synchron halten. Sie müssen nur noch entscheiden, ob nur der Text oder auch der Textrahmen mit all seinen Optionen synchron gehalten werden soll.

Verknüpfen ≠ Verketten
Beachten Sie, dass unter *Verknüpfen von Texten* das Erstellen von Textstellen im selben oder in einem anderen Dokument verstanden wird, die synchron gehalten werden können. Durch das *Verketten von Textrahmen* wird der Textfluss von einem Rahmen in den nächsten gesteuert. Das Verketten ist nur im selben Dokument möglich, das Erstellen eines Textflusses über Dokumente hinweg jedoch nicht.

Verknüpfte Textabschnitte erstellen

Sie können einen Textabschnitt über den Befehl BEARBEITEN • PLATZIEREN UND VERKNÜPFEN zum übergeordneten Textabschnitt (*Muttertext*) erklären und dann den gleichen Textabschnitt an anderen Stellen im Dokument oder in einem anderen Dokument als untergeordneten Textabschnitt (*Tochtertext*) platzieren.

Verknüpfte Textabschnitte verhalten sich wie normale Verknüpfungen. Sie werden im Verknüpfungen-Bedienfeld angezeigt, womit Sie den Überblick über den Status der Synchronisierung behalten.

Synchronisieren von Textabschnitten
Das Synchronisieren der verknüpften Textabschnitte erfolgt über das Symbol VERKNÜPFUNGEN AKTUALISIEREN im Verknüpfungen-Bedienfeld. Wie Sie mit dem Verknüpfungen-Bedienfeld umgehen, erfahren Sie in Abschnitt 8.8, »Arbeiten mit Verknüpfungen«, auf Seite 324.

Schritt für Schritt
Buchtitel am Buchrücken synchron halten

Gelegentlich sieht man bei gedruckten Werken den Fehler, dass der Buchtitel auf dem Cover nicht mit dem Titel auf dem Buchrücken übereinstimmt. Dabei wäre es so einfach!

1 Den Buchumschlag anlegen
Legen Sie sich ein neues Dokument an, und erstellen Sie den Buchumschlag so, wie Sie es schon im Abschnitt »Anlegen eines Buchumschlags« auf Seite 155 gelernt haben.

Auf der Buch-DVD finden Sie im Ordner BEISPIELMATERIAL • KAPITEL_07 das Ausgangsdokument mit dem Namen »Buchumschlag_Start.indd«.

Wir verzichten jedoch für dieses Beispiel auf die Allonge, sodass wir hier ein Dokument mit drei Seiten in einem Druckbogen anlegen und dem Buchrücken eine Breite von 15 mm geben. Ein entsprechendes Ausgangsdokument steht Ihnen auf der Buch-DVD zur Verfügung.

2 Den Buchtitel gestalten

Nun machen Sie sich gleich daran, den Umschlag zu gestalten – wir beschränken uns dabei auf die Außenseite.

Abbildung 7.33 ▶
Das Layout des Buchumschlags. Greifen Sie beim Erstellen des Layouts auf bereits erlernte Funktionen zurück. Wenn Sie sich die Zeit für das Layout sparen wollen, öffnen Sie das Dokument »Buchumschlag_01.indd«, das sich auf der Buch-DVD im Ordner BEISPIELMATERIAL • KAPITEL_07 befindet.

Beachten Sie dabei, dass alle Textteile als eigenständige Textrahmen angelegt werden, da wir diese Texte für den Buchrücken in einer anderen Anordnung benötigen.

3 Den Buchtitel auf dem Buchrücken replizieren

Um den Titel für den Buchrücken zu replizieren, stellen Sie den Textcursor in den Titel hinein – es darf nicht der Rahmen ausgewählt sein! – und rufen den Befehl BEARBEITEN • PLATZIEREN UND VERKNÜPFEN auf. Dadurch öffnet sich das Fenster INHALTSÜBERTRÄGER, das wir jedoch in dieser Phase nicht benötigen.

Abbildung 7.34 ▶
Der Überträger. Diesen Container benötigen wir dann, wenn mehrere Objekte in andere Dokumente übertragen werden sollen.

Blenden Sie den Inhaltsüberträger aus, indem Sie den Befehl ANSICHT • EXTRAS • ÜBERTRÄGER AUSBLENDEN ausführen. Dadurch bleibt nur das Textplatzierungssymbol sichtbar. Erstellen Sie damit einen neuen Textrahmen, drehen Sie den Textrahmen um 90° für die Positionierung auf dem Rücken, und formatieren Sie den Text wie gewünscht.

Verfahren Sie nun genauso mit den beiden Namen für die Autoren. Formatieren Sie den Text, und positionieren Sie den Rahmen wie gewünscht auf dem Rücken. Beide Tochtertextrahmen sind auf der linken oberen Ecke mit dem Symbol ausgestattet, woran der InDesign-Anwender erkennen kann, dass es sich um einen Tochtertextrahmen handelt. Das fertige Layout sollte dann wie in Abbildung 7.35 aussehen.

◂ **Abbildung 7.35**
Das Layout des Buchumschlags. Greifen Sie beim Erstellen des Layouts auf bereits erlernte Funktionen zurück. Wenn Sie sich die Zeit für das Layouten sparen wollen, öffnen Sie das Dokument »Buchumschlag_02.indd«, das sich auf der Buch-DVD im Ordner BEISPIELMATERIAL • KAPITEL_07 befindet.

4 Eine Änderung durchführen und synchronisieren

Wenn Sie nun einen Blick auf das Verknüpfungen-Bedienfeld werfen, werden Sie erkennen, dass für beide Textverknüpfungen je ein Eintrag im Bedienfeld angelegt wurde.

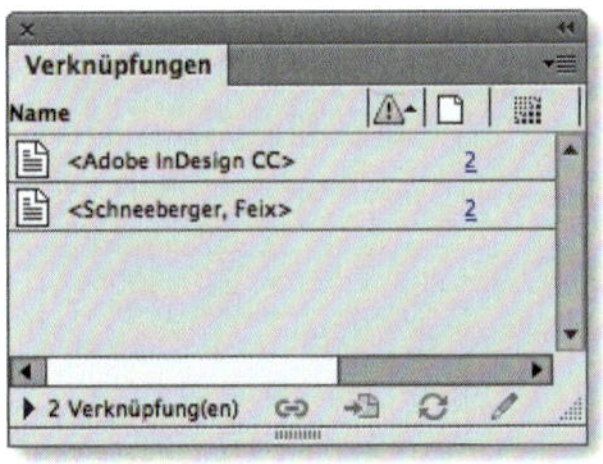

◂ **Abbildung 7.36**
Das Verknüpfungen-Bedienfeld nach dem Verknüpfen von zwei Textabschnitten

Da ja sicherlich irgendwann die nächste Version von InDesign zu erwarten ist, ändern wir den Titel im Muttertextrahmen auf »Adobe InDesign CC Plus«. Sobald Sie das gemacht haben, wird der STATUS des Eintrags im Verknüpfungen-Bedienfeld durch das Symbol ⚠ ergänzt. Ebenso sehen Sie dasselbe Symbol nun anstelle des Verknüpfen-Symbols an der linken oberen Ecke des Tochtertextrahmens.

Führen Sie eine Aktualisierung des Textes im Tochtertextrahmen durch, indem Sie einen Doppelklick auf das Symbol ⚠ ausführen. Eine Warnmeldung macht Sie nun darauf aufmerksam, dass lokale Änderungen beim Aktualisieren überschrieben werden. Klicken Sie dennoch auf JA.

Die Enttäuschung steht Ihnen nun ins Gesicht geschrieben. Der Text wurde zwar aktualisiert, jedoch wurde er dazu wiederum in derselben Schriftgröße, im selben Schriftschnitt, in derselben Schriftfarbe etc. wiederhergestellt.

Textverknüpfungen sind anscheinend modifiziert
Obwohl keine Änderungen am Muttertext durchgeführt wurden, zeigt InDesign nach dem Öffnen eines Dokuments mit Textverknüpfungen immer an, dass die Texte anscheinend nicht mehr synchron sind. Der Grund dafür liegt im geänderten Änderungsdatum des InDesign-Dokuments.

Verknüpfungen
Wie Sie noch mit Verknüpfungen umgehen können, erfahren Sie in Kapitel 8, »Bilder und Grafiken platzieren und organisieren«.

Absatzformate
Wie Sie Absatzformate definieren, anwenden und verwalten können, erfahren Sie in Kapitel 14, »Textformatierung«.

Machen Sie die Aktualisierung rückgängig, indem Sie [Strg]+[Z] bzw. [A]+[Z] so lange drücken, bis der Originaltext auf dem Cover sichtbar ist.

5 Absatzformate anlegen

Um genau das zu verhindern, sind wir nun angehalten, für alle Texte Absatzformate zu definieren und eine Synchronisierung dieser Absatzformate zwischen Mutter- und Tochtertextrahmen einzurichten. Doch beginnen wir zuerst mit dem Erstellen der Absatzformate.

Markieren Sie dazu den Text »InDesign CC« im Muttertextrahmen, und legen Sie über den Befehl Neues Absatzformat im Bedienfeldmenü des Absatzformate-Bedienfelds ein neues Absatzformat an. Nennen Sie es »Titel_Cover«, aktivieren Sie im geöffneten Dialog die Checkbox Format auf Auswahl anwenden, und bestätigen Sie den Dialog mit OK. Markieren Sie dann den Text des Titels im Tochtertextrahmen, und legen Sie auf dieselbe Art und Weise ein Absatzformat an, das Sie »Titel_Rücken« nennen.

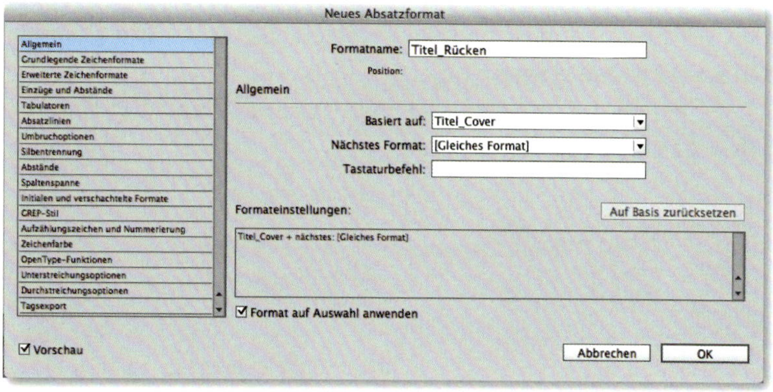

Abbildung 7.37 ▶
Der Neues Absatzformat-Dialog beim Definieren des Absatzformats für den »Titel_Rücken«. Wie Sie aus dem Dialog erkennen können, basiert dieser auf dem »Titel_Cover«, was sich im Falle einer Änderung der Schrift somit auch auf den Titel auf dem Rücken auswirken würde.

Dasselbe erledigen Sie dann noch für den Text der Autoren auf dem Cover und auf dem Buchrücken. Das Absatzformate-Bedienfeld besteht jetzt aus vier Absatzformaten und sollte sich so darstellen, wie in Abbildung 7.38 gezeigt.

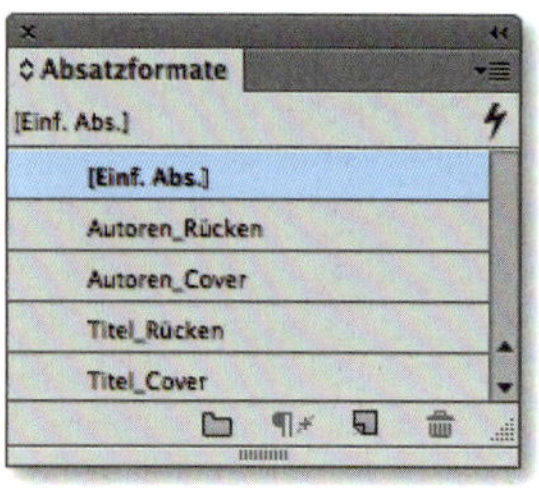

▲ **Abbildung 7.38**
Das Absatzformate-Bedienfeld, nachdem Sie die Aufgaben aus Schritt 5 erledigt haben.

6 Formatmapping durchführen

Nachdem wir die Absatzformate angelegt und den jeweiligen Texten zugewiesen haben, müssen wir nun noch das Mapping der Absatzformate vornehmen, sodass beim Aktualisieren der Text auf Basis des gemappten Absatzformates formatiert wird und somit der Titel auf dem Rücken nicht wieder die Originalgröße annimmt.

Wählen Sie dazu den Tochtertextrahmen des Buchtitels »Adobe InDesign CC« auf dem Buchrücken aus – es spielt dabei keine Rolle, ob Sie den Textrahmen ausgewählt oder nur den Cursor auf den Text gestellt haben –, und rufen Sie den Befehl VERKNÜPFUNGSOPTIONEN im Bedienfeldmenü des Verknüpfungen-Bedienfelds auf.

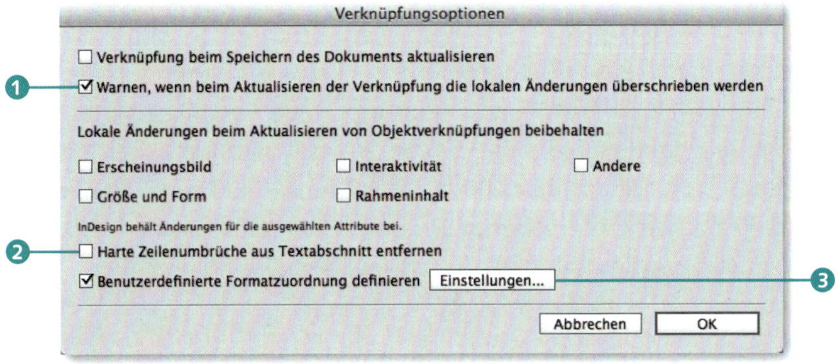

◀ **Abbildung 7.39**
Der Dialog VERKNÜPFUNGSOPTIONEN: TEXTABSCHNITT mit der standardmäßig aktivierten Option WARNEN, WENN BEIM AKTUALISIEREN DER VERKNÜPFUNG DIE LOKALEN ÄNDERUNGEN ÜBERSCHRIEBEN WERDEN ❶. Lassen Sie die Option aktiviert.

Im erscheinenden Dialog ist standardmäßig die Option WARNEN, WENN BEIM AKTUALISIEREN DER VERKNÜPFUNG DIE LOKALEN ÄNDERUNGEN ÜBERSCHRIEBEN WERDEN ❶ aktiviert. Diese Option war auch dafür verantwortlich, dass Sie beim Aktualisieren der Textänderung in Schritt 4 auf mögliche Folgen aufmerksam gemacht wurden.

Um eine Formatzuordnung zwischen Absatzformaten anzulegen, klicken Sie auf den Button EINSTELLUNGEN ❸. Dadurch öffnet sich der Dialog BENUTZERDEFINIERTE FORMATZUORDNUNG.

Harte Zeilenumbrüche aus Textabschnitt entfernen

Durch Aktivierung der Option ❷ können Sie alle Zeilenschaltungen aus dem Muttertextabschnitt im Tochtertextrahmen eliminieren.

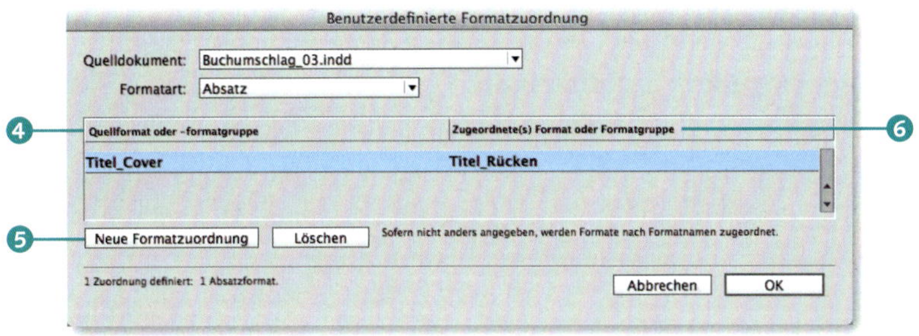

◀ **Abbildung 7.40**
Über den Dialog BENUTZERDEFINIERTE FORMATZUORDNUNG können Sie Absatzformate der Quellformate den Absatzformaten der Zielformate zuordnen.

Klicken Sie im Dialog auf den Button NEUE FORMATZUORDNUNG ❺, und wählen Sie im Bereich QUELLFORMAT ODER -FORMATGRUPPE ❹ das Absatzformat »Titel_Cover« aus sowie im Bereich ZUGEORDNETE(S) FORMAT ODER FORMATGRUPPE ❻ das Absatzformat »Titel_Rücken«.

Erledigen Sie das auch noch für den Tochtertextrahmen der Autoren auf dem Buchrücken, und weisen Sie die korrekten Absatzformate zu. Bestätigen Sie dann beide Dialoge mit OK, womit das Mapping fixiert ist.

7 Erneute Änderung durchführen

Führen Sie nun erneut eine Änderung am Muttertext auf dem Cover durch. Sobald am Tochtertextrahmen das Symbol ⚠ erscheint, führen Sie darauf einen Doppelklick aus. Siehe da – alles ist korrekt!

▲ **Abbildung 7.41**
Das Ergebnis des Covers (mit Schneidmarken) nach der Schritt-für-Schritt-Anleitung. Wir hoffen, dass der Buchrücken für das Buch InDesign CC Plus im Vergleich zu diesem Buch nicht noch breiter wird.

Der Umgang mit verknüpften Textabschnitten

Wenn Sie mit verknüpften Textabschnitten reibungslos arbeiten wollen, so müssen wir Ihnen noch folgende Hinweise nachreichen:

Hinweis

Beachten Sie, dass beim Erstellen der Verknüpfung immer der ganze Textabschnitt und nicht der markierte Text im Textrahmen verwendet wird.

Wenn Sie viele kleinere Textstellen verknüpfen wollen, müssen Sie diese in getrennten Textrahmen anlegen, die nicht miteinander verkettet sind.

Verknüpften Textabschnitt und dessen Status erkennen | Ob es sich um einen normalen Textrahmen oder um einen verknüpften Textrahmen handelt, erkennen Sie am Symbol ⊂⊃, das sich am linken oberen Rand des Textrahmens (linkes Bild in Abbildung 7.42) zeigt. Besitzt ein Textrahmen an der linken oberen Ecke kein Symbol, so ist es mit Sicherheit kein verknüpfter Rahmen. Je nach verwendetem Symbol kann der Zustand der aktuellen Verknüpfung ausgelesen werden.

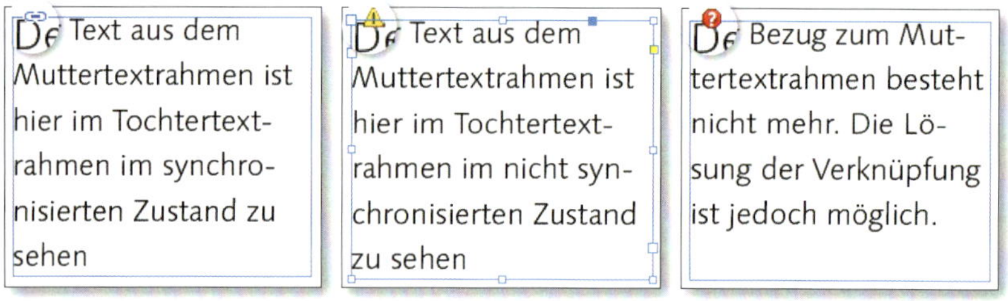

Abbildung 7.42 ►
Links: Der Tochtertextrahmen ist synchron mit dem Muttertext.
Mitte: Eine Änderung im Muttertext wurde vorgenommen.
Rechts: Der Muttertextrahmen fehlt.

Der Muttertextrahmen fehlt | Das rechte Bild in Abbildung 7.42 zeigt an, dass der Muttertextrahmen abhanden gekommen ist. Dieser Zustand kann jedoch nur erreicht werden, wenn ein Textabschnitt bzw. ein Textrahmen über ein Dokument hinweg verknüpft wurde und im Ursprungsdokument der Mutterrahmen gelöscht wurde.

Wird hingegen ein Mutterrahmen im selben Dokument, in dem sich der Tochterrahmen befindet, gelöscht, so wird der Tochterrahmen automatisch vom Mutterrahmen entkoppelt. Der Inhalt steht somit in keinem Bezug mehr zu einem anderen Rahmen.

Verknüpfung von Textabschnitten ist nicht möglich

Im Text verankerte Textrahmen können nicht als Mutterrahmen für verknüpfte Textabschnitte verwendet werden.

Verknüpften Textrahmen entkoppeln | Wenn Sie den Tochterrahmen vom Mutterrahmen entkoppeln wollen – es soll kein Bezug mehr zwischen diesen Rahmen bestehen –, so wählen Sie den Tochtertextrahmen mit dem Auswahlwerkzeug aus, wodurch der entsprechende Eintrag der Verknüpfung im Verknüpfungen-Bedienfeld (Abbildung 7.43) ausgewählt wird.

Entkoppeln Sie die Verknüpfung zum Muttertextrahmen, indem Sie aus dem Bedienfeldmenü des Verknüpfungen-Bedienfelds den Befehl Verknüpfung aufheben auswählen. Der Eintrag wird daraufhin im Bedienfeld entfernt: Der Textrahmen steht damit für sich alleine.

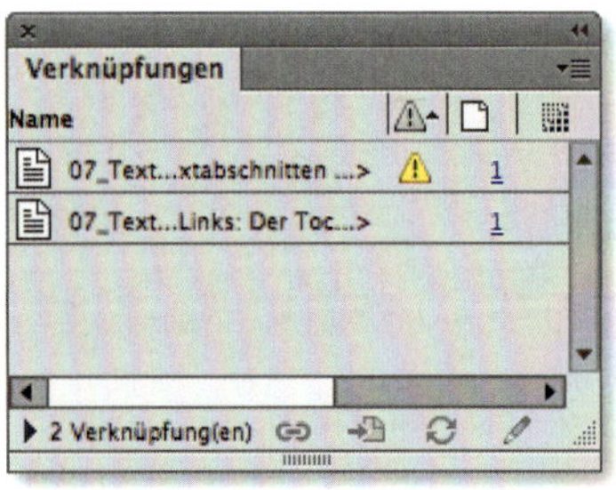

▲ Abbildung 7.43
Das Verknüpfungen-Bedienfeld mit einer modifizierten Textverknüpfung

Verknüpften Textabschnitt auswählen | Wollen Sie wissen, wo sich der verknüpfte Textrahmen im Layout befindet, so wählen Sie den entsprechenden Eintrag im Verknüpfungen-Bedienfeld aus. Klicken Sie danach auf das Symbol – Gehe zu Verknüpfung, was InDesign veranlasst, zum markierten Textrahmen zu springen und diesen auszuwählen.

Verknüpften Textabschnitt synchronisieren | Wird Text im Muttertextrahmen verändert, so wird der Eintrag des Tochtertextrahmens im Verknüpfungen-Bedienfeld mit dem Symbol ⚠ versehen. Sie müssen dann entweder auf das Symbol klicken oder einen Doppelklick auf das Symbol ⚠ beim Tochtertextrahmen durchführen.

▲ **Abbildung 7.44**
Oben: Text-Platzier-Cursor bei verknüpftem Textabschnitt
Unten: Text-Platzier-Cursor bei verknüpftem Textrahmen

Verknüpfte Textrahmen erstellen

Was vor dem Aufruf des Befehls Bearbeiten • Platzieren und Verknüpfen ausgewählt war, ist entscheidend dafür, ob ein *verknüpfter Textabschnitt* oder ein *verknüpfter Textrahmen* erstellt wird.

Wenn Sie zuvor den Cursor in den Text stellen bzw. den Text im Rahmen auswählen, so erstellen Sie einen verknüpften Textabschnitt. Wenn Sie zuvor den Textrahmen mit dem Auswahlwerkzeug ausgewählt haben, so erstellen Sie einen verknüpften Textrahmen. Doch worin liegt der Unterschied?

- **Anderer Text-Platzier-Cursor**: Die unterschiedlichen Symbole sind in Abbildung 7.44 dargestellt.
- **Ein bzw. zwei Einträge im Verknüpfungen-Bedienfeld**: Wie Sie in der Schritt-für-Schritt-Anleitung zuvor gesehen haben, wird beim Erstellen eines verknüpften Textabschnitts ein Eintrag für jeden Tochtertextrahmen im Verknüpfungen-Bedienfeld (siehe Abbildung 7.36) eingetragen. Wenn Sie jedoch einen verknüpften Textrahmen erstellen, so werden zwei Einträge im Verknüpfungen-Bedienfeld hinzugefügt. Der erste Eintrag ❶ stellt die Verknüpfung zu den Parametern des Textrahmens – Größe, Drehung, Farben, Effekte usw. – dar, und der zweite Eintrag ❷ stellt die Verknüpfung zum Inhalt, also zum verknüpften Textabschnitt, her.
  Wird der Inhalt im Muttertextrahmen geändert, so erscheint das Warndreieck ⚠ beim zweiten Eintrag ❷, wird hingegen die Geometrie des Muttertextrahmens geändert, so erscheint auch beim ersten Eintrag ❶ das Warndreieck. Sie können somit getrennt die Synchronisierung der Objektparameter und des Textinhalts vornehmen.
- **Mehr Optionen in den Verknüpfungsoptionen**: Wie Sie schon in Schritt 6 der Schritt-für-Schritt-Anleitung erfahren haben, können für jeden Tochtertextrahmen Verknüpfungsoptionen für den Textabschnitt festgelegt werden. Für den Eintrag ❶ können Sie nun darüber hinaus noch Verknüpfungsoptionen für das Objekt festlegen, um da-

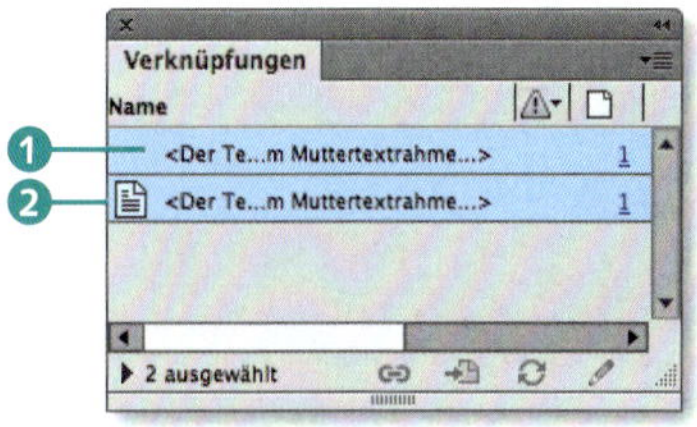

▲ **Abbildung 7.45**
Durch die Erstellung eines verknüpften Textrahmens werden gleich zwei Einträge im Verknüpfungen-Bedienfeld erzeugt. Während der erste Eintrag für die Synchronisierung der Objektparameter verwendet wird, ist der zweite Eintrag für die Synchronisierung des Textabschnitts zuständig.

mit zu steuern, welche lokalen Änderungen für den Tochtertextrahmen hinsichtlich der Änderungen am Mutterobjekt von einer Synchronisierung ausgeschlossen bleiben sollen.

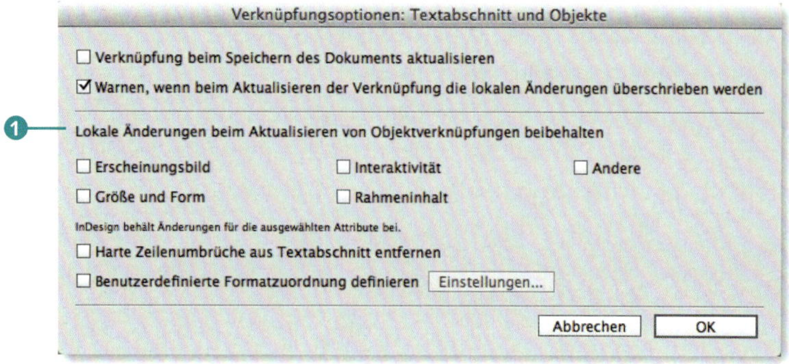

Abbildung 7.46 ▶
Der Dialog VERKNÜPFUNGSOPTIONEN: OBJEKTE. Standardmäßig sind alle Checkboxen im Bereich LOKALE ÄNDERUNGEN BEIM AKTUALISIEREN VON OBJEKTVERKNÜPFUNGEN BEIBEHALTEN ① deaktiviert. Somit werden alle Änderungen am Objekt des Muttertextrahmens mit dem Tochtertextrahmen synchronisiert.

Sobald Sie lokale Änderungen am Tochtertextrahmen durchführen und diese von der Synchronisierung ausschließen wollen, müssen Sie die entsprechende(n) Option(en) in diesem Dialog aktivieren. Was genau hinter den einzelnen Optionen steckt, erfahren Sie im Abschnitt »Umgang mit verknüpften Grafikobjekten« auf Seite 341.

- **Gleichheiten**: Ansonsten verhalten sich alle anderen Optionen so, wie diese zuvor beschrieben wurden.

Verknüpfungen über Dokumente hinweg erstellen

Ob Sie eine Verknüpfung als Textabschnitt oder Textrahmen im selben Dokument oder über Dokumente hinweg erstellen, bleibt vollkommen Ihnen überlassen. Die zuvor beschriebenen Vorgehensweisen sind genau gleich zu handhaben. Einen kleinen Unterschied bzw. eine mögliche Erleichterung in der Umsetzung gibt es aber doch.

Wie Sie in Schritt 3 der Schritt-für-Schritt-Anleitung schon erfahren haben, wird beim erstmaligen Aufruf des Befehls BEARBEITEN • PLATZIEREN UND VERKNÜPFEN der INTHALTSÜBERTRÄGER eingeblendet. Blenden Sie den Inhaltsüberträger über den Befehl ANSICHT • EXTRAS • ÜBERTRÄGER EINBLENDEN wiederum ein, denn zum Verknüpfen von mehreren Objekten über Dokumente hinweg ist er das ideale Werkzeug.

▼ **Abbildung 7.47**
Der INHALTSÜBERTRÄGER mit mehreren Inhalten. Welche Möglichkeiten und Optionen Sie durch die Verwendung des Inhaltsüberträgers haben, erfahren Sie im Abschnitt »Das Inhaltsplatzierung-Werkzeug« auf Seite 321.

Kapitel 8
Bilder und Grafiken platzieren und organisieren

Ein Layoutprogramm soll nicht nur mit Text hervorragend umgehen können, es muss vor allem auch eine Bild- bzw. Grafikintegration ermöglichen. Zu diesem Zweck können in InDesign Bilder in Bildrahmen geladen werden. Sind die Bilder platziert, so müssen sie nur noch für das Layout in die gewünschte Form, Größe und den gewünschten Ausschnitt gebracht werden. Dabei stehen in InDesign Möglichkeiten zur Verfügung, von denen Sie schon einige in den vorangegangenen Kapiteln kennengelernt haben. Ein Bildrahmen besteht jedoch aus dem Rahmen an sich und dem darin befindlichen Inhalt. Sowohl der Bildrahmen als auch der Inhalt können mit den notwendigen Techniken bearbeitet, für den Export vorbereitet und in Form gebracht werden.

8.1 Hintergrundinformationen

Das Aufziehen von Platzhaltern für Grafik- und Bildbestände erfolgt auf dieselbe Art, wie Sie es bereits bei den Textrahmen gelesen haben. Welche Bildformate platziert werden können, hängt im Wesentlichen von den zur Verfügung stehenden Importfiltern ab. Sind die Bestände einmal importiert, müssen Sie sie noch exakt positionieren und den Ausschnitt bestimmen.

Gedanken zu InDesign und Dateiformaten

Wer in der Vergangenheit mit Ungenauigkeiten in der Bildschirmdarstellung konfrontiert war und wer einfache Montagearbeiten immer mit Adobe Photoshop vornehmen musste, der wird InDesign richtig zu schätzen lernen. InDesign hat sich von einem »Montageprogramm« zu einem richtigen Layout- und Kreativprogramm entwickelt. In Verbindung mit Transparenzen, den Effekten, der Unterstützung nativer Datei-

Verwendung von EPS

Die Einführung von InDesign zieht auch ein Umdenken in der Verwendung des Dateiformats für Bildbestände nach sich. Das bisher gut funktionierende EPS wird dabei zunehmend ins Abseits gestellt. Sie werden die Vorzüge von TIFF- und PSD-Dateien erkennen und somit Ihre Bildbestände zukünftig nur noch in diesen Dateiformaten abspeichern. Die Verwendung von EPS hat oft noch für Vektordaten bzw. gemischte Inhalte ihre Berechtigung.

Ebenenkompositionen

Wenn Sie die Composings in Adobe Photoshop erstellen, so setzen Sie dort die Funktion der *Ebenenkomposition* ein. Erstellen Sie in Photoshop verschiedene »Views« auf Ihre Komposition, was durch einfaches Aktivieren und Deaktivieren von Ebenen erfolgt, und speichern Sie diese Ansichten im Bedienfeld EBENENKOMP. ab. Was Sie davon haben, erklären wir Ihnen im Abschnitt »PSD-Bildimportoptionen« auf Seite 289.

formate und einer hervorragenden Bildschirmdarstellungsqualität bietet das Programm jene Vorteile, die heutzutage kein Layouter und Grafiker mehr missen möchte.

InDesign akzeptiert nahezu alle Standardformate (von TIFF über EPS, PNG, JPEG, BMP bis hin zu PDF) für Bild- und Vektordateien. Darüber hinaus unterstützt InDesign die nativen Formate von Photoshop und Adobe Illustrator (.psd bzw. .ai) und auch InDesign-Dateien. Damit können Sie mit InDesign-Dateien, Bild- und Grafikbeständen arbeiten, in denen Alpha-Kanäle, Ebeneneffekte, Einstellungsebenen, Ebenenkompositionen, Freistellpfade sowie Schmuckfarben integriert sind – ein unglaublicher Vorteil für alle Designer, die unter Zeitdruck gute Ergebnisse präsentieren und dabei sofort beurteilen müssen, wie sich ein Photoshop-Composing in das Layout einfügt.

Der Nachteil, den manche sehen, ist, dass man dadurch mit sehr großen Dateien im Layout arbeitet. Wir können Sie da schnell beruhigen. Die Praxis zeigt: Wer die Vorteile von InDesign in Bezug auf Composing ausnutzt, benötigt keine 30-Ebenen-Photoshop-Dateien mehr, um seine Vorstellungen zu verwirklichen. Photoshop-Dateien mit bis zu fünf Ebenen sind dann die Norm, mit der Sie sicherlich auskommen werden. Darüber hinaus können Sie ja Ihre gewohnte Arbeitsweise mit InDesign fortsetzen.

Welches Dateiformat ist optimal?

Bevor Sie mehr zum Platzieren erfahren, erhalten Sie vorab Informationen zur Frage, welches Dateiformat Sie wählen sollten, wenn Sie Bild- (also Pixel-) und Grafikdateien (Vektoren bzw. Pixel-Vektor-Kombinationen) abspeichern möchten.

Tabelle 8.1 sollte Ihnen die Grundlage dafür liefern. Die Möglichkeiten, Sound-, Videoformate und Animationsdaten zu integrieren, werden hier nicht behandelt.

Format	Verwendung	Unterstützte Funktionen in InDesign
TIFF	Bitmap-, Graustufen- und Farbbilder	Kompressionen: ohne, JPEG, ZIP, LZW; Freistellpfade, Schmuckfarben, Alpha-Kanäle, Transparenzen, Farbmanagement
EPS	Graustufen- bzw. 4c-Farbbilder und -vektoren	Kompression: ohne, JPEG; Freistellpfade, Schmuckfarben, Duplex, Triplex, Quadruplex
PSD	Bitmap-, Graustufen- und Farbbilder	Kompression: ZIP; Freistellpfade, Schmuckfarben, Duplex, Alpha-Kanäle, Ebenen, Ebenenkompositionen, Transparenzen, Farbmanagement
PDF	alles	Kompression: ohne, ZIP, CCITT, JPEG, JPEG2000; Transparenzen ab PDF 1.4, Farbmanagement, Ebenen, Schmuckfarben

Format	Verwendung	Unterstützte Funktionen in InDesign
JPEG	Graustufen- und Farbbilder	Kompression: JPEG (minimal bis maximal); Freistellpfade, Farbmanagement
DCS 1.0	CMYK-Bilder	Kompression: ohne, JPEG; Freistellpfade
DCS 2.0	CMYK-Bilder und Schmuckfarben	Kompression: ohne, JPEG; Freistellpfade, Schmuckfarben
GIF	Indizierte Bilder	Kompression: ZIP; ist nur für den Einsatz am Monitor bestimmt.
PNG	Online-Dokumente	Ist für Office-Dokumente mit Transparenzen bestimmt, Alpha-Kanäle; patentfreie Alternative zu GIF; wird aber auch schon für Print verwendet
BMP	RGB-Bilder	Ist für Office-Dokumente bestimmt.
AI	Vektor- und gemischte Daten	Ist zur Übergabe von Illustrator-Dateien an InDesign als Container geeignet. InDesign behandelt AI-Dateien wie PDF-Dateien.
INDD	vollständige Inseratensujets oder einzelne Artikel in Redaktionsumgebungen	Müssen mehrere Personen zur selben Zeit Texte in das Layout schreiben, so kann dies über einzelne angelegte Artikel (als InDesign-Datei) erfolgen, die im Layout zusammengeführt werden.

▲ **Tabelle 8.1**
Speicherformate für Pixel- und Vektordaten und deren Einsatzzweck

Wie Sie der Tabelle entnehmen können, spricht sehr viel für die Verwendung von JPEG, TIFF und PSD in Verbindung mit Bilddaten sowie für PDF, AI und INDD als Format für Layout- und Grafikdaten. Welche Dateiformate Sie verwenden sollten, hängt vorwiegend davon ab, ob Sie diese im Creative-Cloud-Umfeld oder darüber hinaus verwenden wollen.

- **Im Creative-Cloud-Umfeld**: Wenn Sie Daten nur innerhalb der Creative-Cloud-Programme austauschen, so können Sie fast uneingeschränkt die Dateiformate mit ihren Eigenschaften nutzen.
- **Über das Creative-Cloud-Umfeld hinaus**: Müssen Sie Dateien abspeichern, die auch für CorelDRAW und QuarkXPress verwendbar sein sollen, so müssen Sie sich auf den kleinsten gemeinsamen Nenner begeben. Verwenden Sie dann nur TIFF, EPS und ab XPress 6.5 PDF und PSD. Speichern Sie TIFF-Daten entweder unkomprimiert oder LZW-komprimiert ab. EPS-Bestände können JPEG-komprimiert verwendet werden, und PDF-Dateien sollten als PDF 1.3 vorliegen.

JPEG2000

JPEG2000-Daten (mit der Endung .jpf) können, obwohl dies mit Adobe Illustrator schon seit einigen Versionen möglich ist, noch immer nicht in InDesign importiert werden. Die Ausgabe von JPEG2000-komprimierten Bildbeständen im Rahmen eines PDF-Exports ist jedoch möglich.

8.2 Platzieren von Bildern, Grafiken und PDF-Dateien

Das Platzieren von Bild- oder Grafikdateien funktioniert wie das Platzieren von Texten. Ob Sie einen Rahmen vorher aufgezogen haben, keinen

Platzieren versus Kopieren
Fügen Sie Bild- und Grafikbestände immer über den Befehl PLATZIEREN ein, da InDesign damit eine Verknüpfung zu den Originaldateien aufrechterhält. Eine Aktualisierung von Bildern ist somit wesentlich einfacher. Durch Kopieren von Bildbeständen über die Zwischenablage können Sie diesen Vorteil nicht mehr nutzen. Ob die Qualität beim Kopieren ausreichend ist, hängt von gewissen Faktoren ab.

Eine Ausnahme besteht nur beim Kopieren von AICB-Grafikbeständen aus Illustrator. Ist die Option AICB (KEINE TRANSPARENZ-UNTERSTÜTZUNG) im Register DATEIEN VERARBEITEN UND ZWISCHENABLAGE gewählt, so können über die Zwischenablage Illustrationen mit editierbaren Pfaden in InDesign eingefügt werden.

Rahmen bestimmt haben oder ob Sie die Datei per Drag & Drop vom Schreibtisch bzw. aus Bridge oder Mini Bridge auf die Montagefläche ziehen: Die Arbeitsweise ist analog zur Vorgehensweise bei Textrahmen. Zusätzliche Informationen dazu können Sie im Abschnitt »Texte durch Platzieren hinzufügen« auf Seite 251 nachlesen. Die Unterschiede bestehen einerseits im Symbol und andererseits in anderen Möglichkeiten beim Platzieren von Bildern.

▲ **Abbildung 8.1**
Das Bild wurde in einem leeren Rahmen platziert. Es wird ein Ausschnitt in Originalgröße gezeigt.

▲ **Abbildung 8.2**
Ein Klick mit dem Bild-platzieren-Symbol platziert das Bild in der Originalgröße.

Vorgehensweisen beim Platzieren von Bildern

Je nachdem, ob ein Bild in einen Rahmen eingefügt bzw. ersetzt wird oder irgendwo auf der Arbeitsfläche platziert werden soll, unterscheidet man verschiedene Vorgehensweisen. Führen Sie das Platzieren entweder über den Befehl DATEI • PLATZIEREN, das Tastenkürzel Strg+D bzw. ⌘+D oder durch Verschieben der Datei aus dem EXPLORER/FINDER oder aus Adobe Bridge bzw. der Mini Bridge aus.

Bild in Bildrahmen platzieren | Steht ein Platzhalterrahmen für ein Bild im Layout bereits zur Verfügung, so wird das Bild in Originalgröße in den Rahmen eingefügt. In den meisten Fällen sehen Sie dann nur einen Ausschnitt des gesamten Bilds (Abbildung 8.1).

Bild in Originalgröße platzieren | Steht kein Bildrahmen im Layout zur Verfügung, so wird das Bild in Originalgröße an der entsprechenden Stelle platziert. InDesign erstellt dabei automatisch einen Bildrahmen (siehe Abbildung 8.2).

Bild proportional durch Aufziehen eines Rahmens platzieren | Wird mit dem Bild-platzieren-Symbol ein neuer Bildrahmen aufgezogen, so wird der Bildrahmen automatisch proportional aufgezogen und das gesamte Bild füllend im Rahmen positioniert. Mit welchem Prozentsatz dabei das Bild verkleinert bzw. vergrößert im Layout platziert wird, wird Ihnen bereits beim Platzieren des Bilds über die Transformationswerte angegeben (siehe Abbildung 8.3).

Wollen Sie beim Aufziehen des Bildrahmens einen nicht den Proportionen des Bilds entsprechenden Rahmen erstellen, so müssen Sie beim Ziehen die ⇧-Taste gedrückt halten. Sie erstellen damit zwar einen x-beliebig großen Rahmen, das Bild wird dennoch proportional bildfüllend in den Rahmen geladen.

Bild ersetzen | Soll ein bereits platziertes Bild durch ein anderes ersetzt werden, so aktivieren Sie entweder die Option AUSGEWÄHLTES OBJEKT

ERSETZEN im BILD PLATZIEREN-Dialog oder verschieben einfach eine Datei aus dem Explorer bzw. Finder oder über die Bridge bzw. Mini Bridge auf ein bestehendes Bild im Layout. Natürlich kann dieser Vorgang auch über das Verknüpfungen-Bedienfeld für einzelne und für mehrere Vorkommen des Bilds ausgeführt werden. Klicken Sie dazu auf ERNEUT VERKNÜPFEN. Mehr über die Funktionen des Verknüpfungen-Bedienfelds erfahren Sie auf Seite 327.

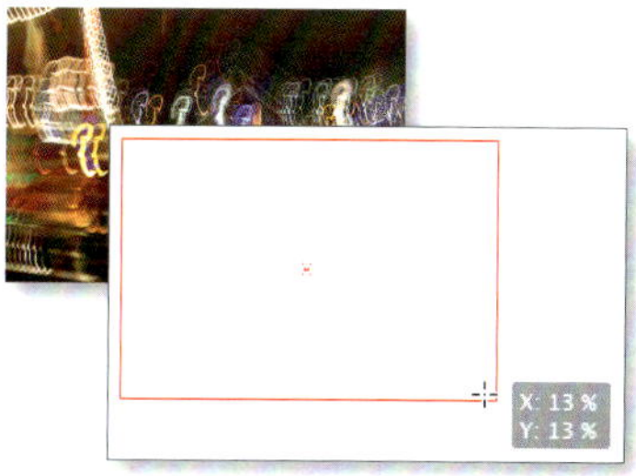

▲ **Abbildung 8.3**
Beim Aufziehen eines Bildrahmens mit dem Bild-platzieren-Symbol (links) werden die Transformationswerte während des Aufziehens angegeben (rechts).

Die Bild-platzieren-Symbole

Anstelle des Text-platzieren-Symbols bei Textrahmen wird das Bild-platzieren-Symbol (bzw. , wenn es in der Nähe einer Hilfslinie steht) angezeigt. Wird das Symbol angezeigt, so befindet sich der Cursor über einem leeren Rahmen.

▲ **Abbildung 8.4**
Die Bild-platzieren-Symbole werden seit InDesign CS3 durch eine Bildvorschau ergänzt. Die Zahl im rechten Bild gibt an, dass fünf Bilder zum Platzieren im Bild-platzieren-Symbol geladen wurden.

Die Möglichkeit, sich im Bild-platzieren-Symbol zusätzlich noch eine Preview des Bilds anzeigen zu lassen, kann durch die InDesign-Voreinstellung BEIM PLATZIEREN MINIATUR EINBLENDEN im Register BENUTZEROBERFLÄCHE deaktiviert werden.

Mehrere Bilder in einem Vorgang platzieren

Beim Platzieren können Sie durch Drücken der [Strg]- bzw. [⌘]- oder der [⇧]-Taste mehrere Dateien auswählen, womit in einem Aufwasch mehrere Bilder platziert werden. Sie können natürlich auch mehrere Bilder im Explorer/Finder bzw. in der Adobe Bridge CC oder der Mini Bridge auswählen und dann auf Ihr Layout in InDesign ziehen.

Sind mehrere Bilder zum Platzieren ausgewählt, so erscheint neben dem Bild-platzieren-Symbol zusätzlich eine Zahl, die die Anzahl der zu platzierenden Bilder wiedergibt. Welches Bild platziert wird, kann durch Drücken der [←]/[→]- bzw. [↑]/[↓]-Tasten bestimmt werden.

Auswahl von Dateien

Die zusammenhängende Auswahl von Dateien in einer Liste erfolgt durch Drücken der [⇧]-Taste. Wollen Sie jedoch in einer Liste mehrere Dateien einzeln auswählen, so drücken Sie [⌘] bzw. [Strg].

Bilder über Mini Bridge platzieren

Das Mini-Bridge-Bedienfeld stellt eine Untergruppe des Befehlsumfangs der Adobe Bridge dar. Mit Mini Bridge können Sie im Dateisystem navigieren und Vorschauen von Dateien als Miniaturen anzeigen, ohne dabei InDesign verlassen zu müssen. Anstatt Dateien in einem Dokument zu platzieren, können Sie die Dateien direkt per Drag&Drop aus Mini Bridge in InDesign ziehen. Dabei werden die durch Ziehen verschobenen Bilder, ebenso wie beim Ziehen aus Bridge, in den Platziercursor geladen. Die Arbeitsweise in Mini Bridge ist mit der Arbeitsweise in der Adobe Bridge gleichzusetzen. Wie Sie mit Adobe Bridge arbeiten, erfahren Sie im Zusatzkapitel »Adobe Bridge«, das sich auf dem Webserver von Galileo im Downloadbereich zu diesem Buch befindet.

▲ **Abbildung 8.5**
Das Bedienfeld MINI BRIDGE beim erstmaligen Aufruf

Mini Bridge aufrufen | Rufen Sie das Bedienfeld durch Klick auf das Symbol [Mb] in der Anwendungsleiste oder über FENSTER • MINI BRIDGE auf. Ist Adobe Bridge noch nicht gestartet, so zeigt sich die Mini Bridge, wie in Abbildung 8.5 dargestellt. Um mit Mini Bridge arbeiten zu können, müssen Sie auf VERBINDUNG WIEDERHERSTELLEN (1) klicken, wodurch Sie Adobe Bridge starten. Besteht eine Verbindung zu Adobe Bridge, so zeigt sich das Bedienfeld gleich in einem anderen Gewand.

Abbildung 8.6 ▶
Das Bedienfeld MINI BRIDGE, wenn eine Verbindung zu Adobe Bridge besteht. Die Anordnung der Bereiche kann, in Abhängigkeit von der gewählten Breite des Bedienfelds, von der Abbildung abweichen.

Dateien lokalisieren | Über die Vorauswahl (3) sollten Sie zuerst aus der Liste den Einstiegspunkt der Navigation auswählen:

- COMPUTER: Zeigt im Feld darunter (4) alle aktuell zur Verfügung stehenden Volumes an.
- UNSERNAME: Zeigt im Feld darunter die Ordner des Users an.
- FAVORITEN: Zeigt im Feld darunter alle in Adobe Bridge CC angelegten Favoriten an (ist in der Abbildung gewählt).
- LETZTE ORDNER: Zeigt im Feld darunter die letzten zehn Verzeichnisse an, in denen Sie zuvor waren.
- LETZTE DATEIEN: Zeigt im Feld darunter die Namen der Programme DREAMWEAVER, ILLUSTRATOR, INCOPY, INDESIGN und PHOTOSHOP an. Durch Klick auf einen Namen können Sie auf alle zuletzt verwendeten Dateien dieser Programme zurückgreifen.
- SAMMLUNGEN: Zeigt im Feld darunter alle in Adobe Bridge CC angelegten Sammlungen an.

Tipp
Fügen Sie bereits im Vorfeld Ihre Favoriten in Adobe Bridge CC hinzu, um in Mini Bridge auf sie zurückgreifen zu können.

Sammlungen
Gespeicherte Suchabfragen heißen seit der Adobe Bridge CS6 »Sammlungen«.

Haben Sie die Vorauswahl getroffen, so wählen Sie im Feld darunter den entsprechenden Eintrag aus, wodurch sich im Bereich daneben, dem Anzeigebereich, die Miniaturabbildungen zeigen.

Sind Sie am Zielordner angelangt, so können Sie in der Pfadleiste ❼ von Mini Bridge erkennen, wo Sie sich gerade befinden. Sie können natürlich durch Klick auf das Symbol jedes Unterverzeichnis des gewählten Pfadsegments ansehen und in einen Unterordner springen.

Wollen Sie wiederum den Inhalt des vorherigen Ordners ansehen, so klicken Sie in der Pfadleiste auf Zurück. Analog dazu verfahren Sie durch Klick auf Vor, um wiederum in den zuvor angezeigten Ordner zu springen. Damit können Sie sehr schnell zwischen zwei Verzeichnissen hin- und her springen.

▲ **Abbildung 8.7**
Über die Pfadleiste können Sie sehr schnell zwischen Verzeichnissen wechseln.

Miniaturbilder anzeigen | Im Anzeigebereich ❺ werden die Miniaturabbildungen der Bilder, Grafiken und InDesign-Dateien angezeigt. Wie viele Objekte sich im gewählten Ordner befinden, wird in der Fußzeile ❻ des Bedienfelds angezeigt. Die Größe der Miniaturbilder können Sie durch Verschieben des Reglers ❽ selbst bestimmen. Welche Dateien angezeigt werden, welche ausgeblendet werden und in welcher Reihenfolge die Objekte angezeigt werden, können Sie über die Optionen in der Titelleiste ❷ regeln. Diese sind:

- **Ansicht**: Es stehen darin verschiedene Menüeinträge zur Verfügung (Abbildung 8.8):
  - Aktualisieren: Erzwingt eine Neuberechnung der Ansicht.
  - Alles auswählen, Auswahl aufheben und Auswahl umkehren: Die Befehle sind selbsterklärend.
  - Diashow, Betrachtungsmodus und Vollbildvorschau: Damit können Sie den Inhalt des Ordners in Form einer Diashow, eines Bildauswahlrads (Abbildung 8.9) oder, wenn Sie nur ein Bild ausgewählt haben, als Vollbild anzeigen lassen. Beachten Sie, dass dabei InDesign auf Adobe Bridge umschaltet und dort diese Darstellungsmodi ausführt.
  - Anzeigen: Standardmäßig werden im Anzeigebereich die Miniaturen mit dem Dateinamen angezeigt. Wählen Sie hier zusätzliche Bezeichnungen (Abbildung 8.10) aus, die Ihnen somit zusätzlich unterhalb des Bilds im Anzeigebereich angezeigt werden.
  - Zurückgewiesene Dateien anzeigen: Haben Sie in Adobe Bridge CC beim Sichten von Bildern auf den Status »Zurückgewiesen« geklickt, so werden diese Bilder dennoch in Mini Bridge angezeigt.
- **Sortieren**: Bestimmen Sie darin die Sortierreihenfolge (auf- oder absteigend) und nach welchen Kriterien (Dateinamen, Typ, Erstellungs- und Änderungsdatum, Beschriftung…) sortiert werden soll.

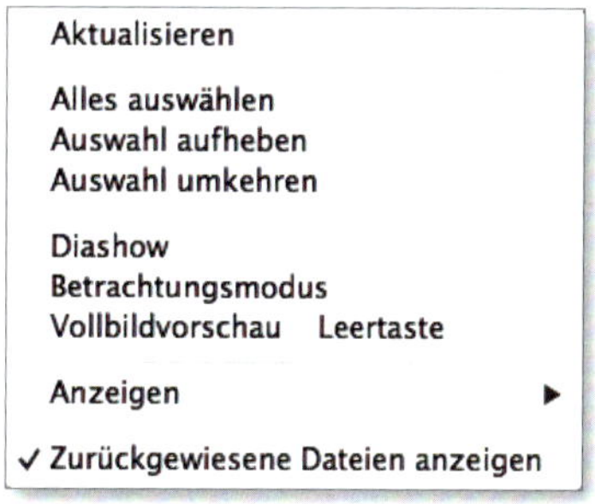

▲ **Abbildung 8.8**
Auswahlmöglichkeiten durch Klick auf das Symbol in Ansicht

▲ **Abbildung 8.9**
Die Darstellung der Ansicht in Form des Betrachtungsmodus

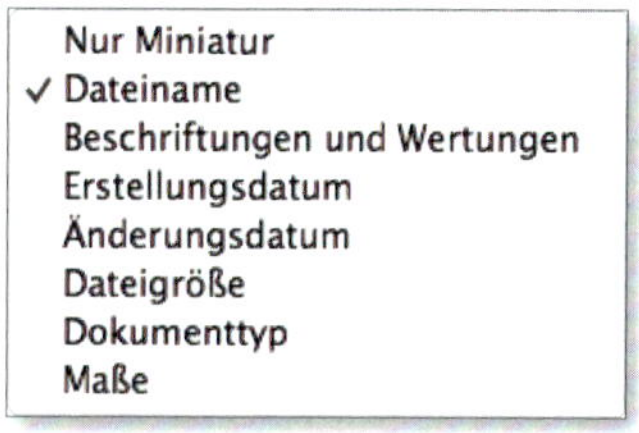

▲ **Abbildung 8.10**
Auswahlmöglichkeiten durch Klick auf den Menüeintrag Anzeige

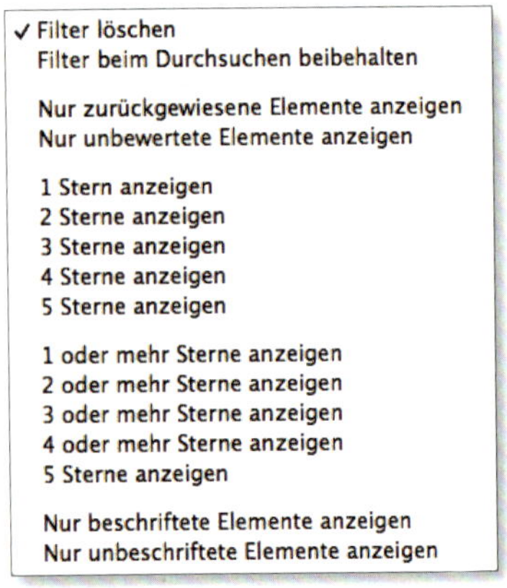

▲ **Abbildung 8.11**
Auswahlmöglichkeiten durch Klick auf das Symbol FILTER

- **Elemente nach Bewertung filtern** : Haben Sie in Adobe Bridge Dateien über das Menü BESCHRIFTUNG einer Bewertung (durch Hinzufügen von Sternen) unterzogen, so können Sie sich hier nur Dateien mit entsprechender Bewertung anzeigen lassen. Wollen Sie einen vorgenommenen Filter deaktivieren, so wählen Sie FILTER LÖSCHEN aus. Mit der Option FILTER BEIM DURCHSUCHEN BEIBEHALTEN wird die Filtereinstellung auf jeden über Mini Bridge ausgewählten Ordner angewendet. Mit den Optionen NUR ZURÜCKGEWIESENE ELEMENTE ANZEIGEN, NUR UNBEWERTETE ELEMENTE ANZEIGEN, NUR BESCHRIFTETE ELEMENTE ANZEIGEN und NUR UNBESCHRIFTETE ELEMENTE ANZEIGEN kann eine Vorauswahl der Dateien getroffen werden.

8.3 Bildimportoptionen

Tipp
Sie können auf die Importoptionen zurückgreifen, indem Sie die Option IMPORTOPTIONEN ANZEIGEN im Platzieren-Dialog aktivieren oder einfach die ⇧-Taste gedrückt halten, während Sie den Button ÖFFNEN anklicken. Beim Verschieben von Dateien vom Explorer bzw. Finder können Sie nicht auf die Importoptionen zurückgreifen!

Wie beim Import von Textdateien können Sie auch beim Platzieren von Bild- und Grafikdateien die Option IMPORTOPTIONEN ANZEIGEN aktivieren. Je nach Dateiformat ändern sich die angebotenen Optionen.

Nachstehend möchten wir Ihnen die Importoptionen für TIFF, PSD, EPS, PDF, Adobe Illustrator und InDesign erläutern. Ausführliche Informationen zu Textimportoptionen haben Sie ja bereits im Abschnitt »Texte über Importoptionen platzieren« auf Seite 255 erhalten.

TIFF-Bildimportoptionen

Die Importoptionen für TIFF-Dateien gliedern sich in die Register BILD und FARBE.

Bild | Darin können Sie auf Beschneidungspfade oder auf Alpha-Kanäle, die sich in der TIFF-Datei befinden, zurückgreifen.

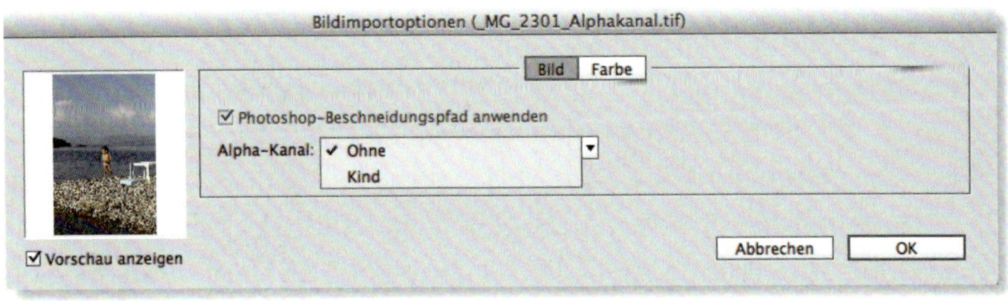

Abbildung 8.12 ▶
Das Register BILD der Importoptionen von TIFF-Dateien

Hinweis
Beachten Sie, dass in den Importoptionen nur dann auf den Beschneidungspfad zurückgegriffen wird, wenn ein Pfad in Photoshop auch als Beschneidungspfad abgespeichert wurde.

- PHOTOSHOP-BESCHNEIDUNGSPFAD ANWENDEN: Sobald in Photoshop ein Freisteller als Beschneidungspfad definiert wurde, so wird, wenn die Option aktiviert ist, beim Importieren nur das freigestellte Objekt platziert. Sind weitere Pfade in der TIFF-Datei angelegt worden, so können diese beim Import leider nicht ausgewählt werden. Wie Sie dennoch auf die anderen Beschneidungspfade zugreifen können, erfahren Sie noch im Abschnitt »Auslesen und Anwenden von Pfaden und Alpha-Kanälen« auf Seite 314.

- ALPHA-KANAL: Der Zugriff auf in der TIFF-Datei vorhandene Alpha-Kanäle ist durch die Auswahl des Kanals möglich. Damit lassen sich Freisteller, die in Photoshop durch einen Alpha-Kanal erzeugt wurden, in perfekter Qualität in InDesign platzieren und ausgeben.

▲ **Abbildung 8.13**
Eine Bildmontage in InDesign. Das Kind wurde aus einem Strandbild herausgelöst und auf die Straße gestellt.

Farbe | Im Register FARBE können Sie dem importierten Bild ein Quellprofil und einen Rendering-Intent zuweisen.

◄ **Abbildung 8.14**
Das Register FARBE der Importoptionen von TIFF-Dateien

- PROFIL: Je nach gewählter Farbeinstellung in Adobe InDesign wird hier entweder das dem Bild zugewiesene Profil angezeigt oder, wenn das Bild kein Quellprofil besitzt, der Eintrag DOKUMENTSTANDARD VERWENDEN gewählt.
  Das Auswählen eines anderen Profils weist dem importierten Bild das neue Quellprofil zu, wodurch natürlich keine Farbkonvertierung stattfindet. Sinnvoll ist das Zuweisen eines Profils jedoch nur, wenn dem Bild kein Quellprofil angehängt wurde.
- RENDERPRIORITÄT: Damit weisen Sie dem Bild den bevorzugten Rendering-Intent zu, der dann im Zuge der Farbkonvertierung herangezogen wird. Durch die Auswahl des Eintrags DOKUMENTBILDPRIORITÄT VERWENDEN wird der Default-Rendering-Intent des Quellprofils – meist perzeptiv – zur Farbkonvertierung herangezogen.

Hinweis
Wenn Sie jedoch DOKUMENTSTANDARD VERWENDEN auswählen, obwohl ein Quellprofil dem Bild angehängt war, so wird das angehängte Profil verworfen und das Dokumentprofil des gewählten Arbeitsfarbraums zugewiesen.

PSD-Bildimportoptionen

Die Importoptionen für PSD-Dateien gliedern sich in die Reiter BILD, FARBE und Ebenen. Die Register BILD und FARBE entsprechen den TIFF-Bildimportoptionen.

Rendering-Intent
Das Verschieben nicht druckbarer Farben in den Bereich druckbarer Farben kann auf unterschiedlichste Art und Weise erfolgen. Die dafür verantwortlichen Algorithmen werden als *Rendering-Intent* oder *Renderingpriorität* bezeichnet. Speziell für das Layout sind der perzeptive bzw. der relativ farbmetrische Rendering-Intent von Bedeutung.

Ebenen | Im Bereich EBENEN EINBLENDEN ❶ (Abbildung 8.15) können Sie auf jede einzelne Ebene und Ebenengruppe zugreifen, um diese zu aktivieren bzw. zu deaktivieren. Diese Möglichkeit schafft ungeahnte

Flexibilität in der Kreation und der Mehrfachverwendung einzelner PSD-Dateien innerhalb eines Layouts.

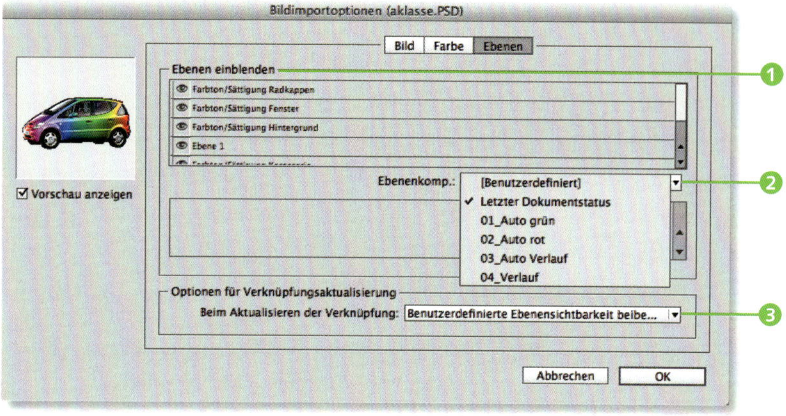

Abbildung 8.15 ▶
Das Register Ebenen der Importoptionen von PSD-Dateien. Greifen Sie auf Ebenenkompositionen ❷ zurück, und bestimmen Sie im Bereich Ebenen einblenden ❸, welche Ebenen importiert und somit ausgegeben werden.

Hinweis

Ob eine von der Photoshop-Datei abweichende Ebenensichtbarkeit in InDesign ausgewählt wurde, können Sie sich schnell über das Verknüpfungen-Bedienfeld anzeigen lassen, wenn darin die betreffende Kategoriespalte Abweich. Ebeneneinstel. zur Anzeige freigegeben wurde.

Diese Zusatzspalte sollten sich Druckdienstleister unbedingt im Verknüpfungen-Bedienfeld anzeigen lassen, da dann keine Überraschungen auftreten können, wenn sie die Bilddateien aus InDesign heraus in Photoshop öffnen.

Sollten Sie in Photoshop diverse »Views« in Form von Ebenenkompositionen angelegt haben, so können Sie beim Import von Bildern schnell darauf zugreifen, indem Sie eine Ebenenkomposition in der Option Ebenenkomp. ❷ auswählen.

Im Bereich Optionen für Verknüpfungsaktualisierung ❸ müssen Sie zuletzt noch festlegen, wie InDesign verfahren soll, wenn Bildbestände außerhalb von InDesign verändert worden sind.

- Ebenensichtbarkeit von Photoshop verwenden: Dadurch wird nach einer Aktualisierung wiederum der Originalzustand importiert – also jener, der beim Abspeichern der PSD-Datei bestand.
- Benutzerdefinierte Ebenensichtbarkeit beibehalten: Wählen Sie diesen Eintrag, wenn Sie einzelne Ebenen beim Importieren oder im Nachhinein über das Menü Objekt • Objektebenenoptionen deaktiviert haben. Dadurch bleiben die nicht sichtbaren Ebenen auch bei einer Aktualisierung des Bilds ausgeblendet.

EPS-Bildimportoptionen

Die Importoptionen bei EPS-Dateien beschränken sich auf wenige, jedoch für die Darstellung am Monitor sehr wichtige Einstellungen.

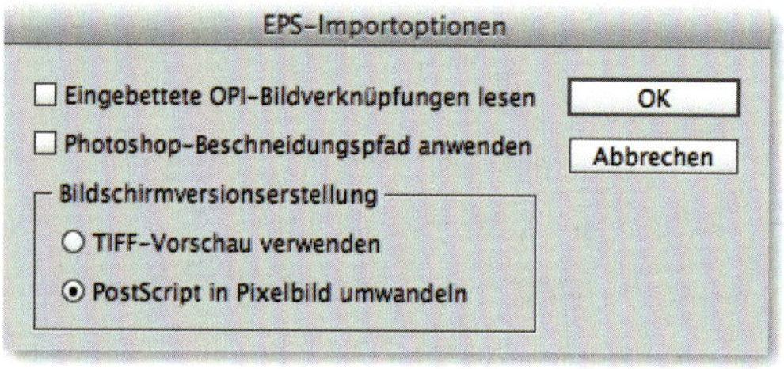

Abbildung 8.16 ▶
Die Importoptionen beim Platzieren von EPS-Dateien

- Eingebettete OPI-Bildverknüpfungen lesen: Diese Option ist nur zu aktivieren, wenn Sie mit einem OPI-Workflow-System produzieren.
- Photoshop-Beschneidungspfad anwenden: Wenn Sie den gespeicherten Beschneidungspfad in einer EPS-Datei standardmäßig anwenden wollen, so aktivieren Sie diese Option. Bleibt die Option deaktiviert, so wird die gesamte EPS-Datei platziert.

Bildschirmversionserstellung | Wenn Sie EPS-Dateien platzieren, so können Sie über diese Optionen festlegen, ob InDesign das 72-ppi-Vorschaubild aus der EPS-Datei platzieren soll oder ob eine hochauflösende Vorschau für die Darstellung in InDesign berechnet werden soll.

- TIFF- oder PICT-Vorschau verwenden: Wählen Sie diese Option, wenn in InDesign das 72-ppi-Vorschaubild aus der EPS-Datei platziert werden soll. Dabei werden, speziell bei älteren EPS-Dateien, transparente Stellen eines Logos nicht transparent, sondern am Monitor weiß (Abbildung 8.17) dargestellt.
- PostScript in Pixelbild umwandeln: Aktivieren Sie diese Option, um eine farbgetreue und hochauflösende Darstellung am Monitor zu erreichen. Eine farbgetreue und korrekte Abbildung von älteren EPS-Dateien ist damit sichergestellt.

Aktivieren Sie immer die Option PostScript in Pixelbild umwandeln, da es sonst zu einer falschen Darstellung älterer EPS-Dateien am Monitor kommen kann. In Abbildung 8.17 wurde auf einer gelben Fläche zweimal das gleiche Logo platziert. Links wurde es mit aktivierter Option PostScript in Pixelbild umwandeln platziert und rechts mit der Standardoption TIFF- oder PICT-Vorschau verwenden. Der eigentlich transparente Hintergrund wird als weißes Viereck am Monitor dargestellt; er würde jedoch korrekt ausgegeben.

Wenn Sie solche Darstellungsprobleme bei Ihren Dokumenten haben, so können Sie dennoch eine korrekte Darstellung am Monitor erhalten:

- **Anzeige mit hoher Qualität**: Durch das Umschalten auf die hochaufgelöste Darstellung über den Befehl Objekt • Anzeigeleistung • Anzeige mit hoher Qualität kann temporär dieses Problem auch in der Darstellung am Monitor korrigiert werden. Der Nachteil dabei ist, dass damit InDesign in der Verarbeitung am Monitor extrem langsam werden kann.
- **Überdruckenvorschau**: Durch die Aktivierung der Überdruckenvorschau über den Befehl Ansicht • Überdruckenvorschau (Strg+Alt+⇧+Y bzw. ⌘+⌥+⇧+Y) kann ebenfalls die Ansicht für alle Objekte hochauflösend erfolgen. Die Wahrscheinlichkeit, dass Anwender diesen Modus ein- bzw. ausschalten, ist dabei größer.

OPI
OPI steht für *Open Prepress Interface* und stellt eine Arbeitsweise dar, bei der im Layout lediglich niedrigauflösende Bilder zum Platzieren verwendet werden, die dann bei der Ausgabe von einem OPI-Server durch hochauflösende Bilder ersetzt werden.

Platzieren von EPS-Dateien
Um immer eine hochauflösende und farbgetreue EPS-Vorschau in InDesign zu erhalten, müssen Sie die Option PostScript in Pixelbild umwandeln in den EPS-Importoptionen einmalig aktivieren. InDesign merkt sich diese Voreinstellung für zukünftige EPS-Platziervorgänge.

▲ **Abbildung 8.17**
Eine EPS-Datei wurde mit den unterschiedlichen Importoptionen zweimal platziert. Die eigentlich perfekte Vorschau von InDesign kann transparente Stellen (rechte Abbildung) in der PICT-Preview nicht korrekt darstellen.

Keine Vorschau in der EPS-Datei gespeichert
Besitzt eine EPS-Datei keine Vorschau, so wird beim Importieren in InDesign automatisch eine Vorschau berechnet.

Hinweis

Wird eine Datei mehrmals in ein Dokument importiert, so gelten die Einstellungen für die Anzeigeleistung der ersten Instanz für alle Instanzen dieser Datei.

- **Bildschirmversionserstellung ändern:** Wenn Sie beim EPS-Import nachträglich unter BILDSCHIRMVERSIONSERSTELLUNG die Option POSTSCRIPT IN PIXELBILD UMWANDELN statt des Standards TIFF- ODER PICT-VORSCHAU VERWENDEN wählen, ändert das nichts am bereits erstellten Dokument. Sie müssen diese Einstellung in jedem Fall im Voraus ändern.

PDF-Importoptionen

Eine Spezialität von InDesign ist der PDF-Importdialog, durch den Sie beim Platzieren exakt auf bestimmte Bereiche, Seiten und Ebenen in einer PDF- und AI-Datei zurückgreifen können.

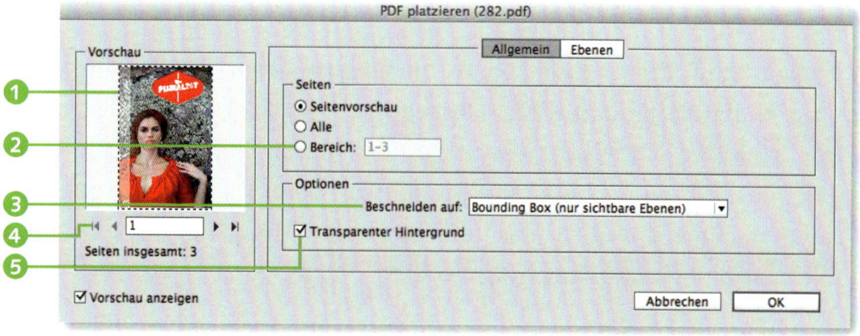

Abbildung 8.18 ▸
Das Register ALLGEMEIN des Dialogs PDF PLATZIEREN. Bestimmen Sie damit, welche Seiten einer mehrseitigen PDF-Datei platziert werden sollen, und auch, welchen Ausschnitt der jeweiligen Seite Sie platzieren möchten.

Allgemein | Hier bestimmen Sie, welche Seite(n) und welcher Ausschnitt der Seite platziert werden soll(en) und ob weiße Bereiche des Dokuments transparent erscheinen sollen oder nicht.

- **Seiten**: Hier können Sie sehen, wie viele Seiten sich in der PDF-Datei befinden und welche Seite angezeigt ❹ und platziert werden soll. Gehen Sie auf die Seite, die Sie platzieren wollen, indem Sie auf die Steuerungspfeile klicken. Wollen Sie mehrere Seiten importieren, so geben Sie den zu platzierenden Seitenbereich in der Option BEREICH ❷ ein. Die Eingabe »1, 2, 4-5« platziert dabei Seite 1 und 2 und die Doppelseite 4–5, jedoch leider als Einzelseiten.
- **Optionen**: Liegen in der PDF-Datei Seitenbereiche (PDF-Boxen) vor, so können Sie mit der Option BESCHNEIDEN AUF ❸ auf eine der fünf möglichen PDF-Boxen zurückgreifen:
  - BOUNDING BOX (NUR SICHTBARE EBENEN): Durch die Auswahl dieses Eintrags – dies ist der Default-Wert – wird der kleinste Bereich aus der PDF-Datei platziert, der alle Seitenobjekte der sichtbaren Ebenen (somit auch inklusive der Druckmarken) einschließt. Über die Option BOUNDING BOX (ALLE EBENEN) wird der kleinste Bereich, der sich ergeben würde, wenn alle Ebenen eingeblendet wären, verwendet werden. Beide Optionen spielt besonders beim Platzieren

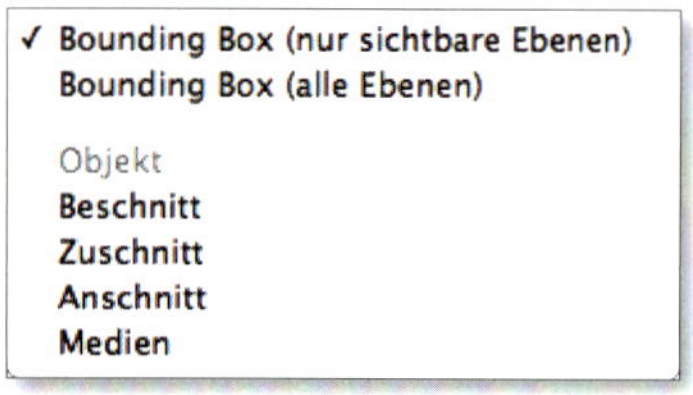

▲ Abbildung 8.19
Mögliche Optionen zum Beschneiden der PDF-Datei. Es werden jedoch immer alle Optionen angezeigt, auch wenn bestimmte Boxen nicht vorhanden sind.

Bounding Box

Der Begriff *Bounding Box* wird gerne mit dem Begriff BEGRENZUNGSRAHMEN übersetzt. In der PDF-Datei wird diese Box auch *ArtBox* genannt.

von Illustrator-Dateien eine entscheidende Rolle. Lesen Sie dazu mehr auf der nächsten Seite.

- OBJEKT: Durch die Auswahl dieses Eintrags greifen Sie auf die *Art-Box* (einen vom Dokumentenersteller angelegten Objektbereich) in der PDF-Datei zurück. Diese ist jedoch meistens mit der Trim- oder CropBox gleichgeschaltet (mit welcher genau, das hängt vom PDF-Erstellungsprogramm ab).
- BESCHNITT: Ist in der PDF-Datei ein Beschneidungsrahmen (*Crop-Box* (9)) angelegt worden, so können Sie durch Anwahl dieser Option genau auf diesen Bereich zurückgreifen.
- ZUSCHNITT: Wählen Sie diesen Eintrag, um den Teil der PDF-Datei zu platzieren, der dem Bereich des Endformats entspricht. Die entsprechende PDF-Box ist die *TrimBox* (7).
- ANSCHNITT: Wählen Sie diesen Eintrag, wenn Sie den Endformatbereich inklusive des Anschnitts, beispielsweise für abfallende Inserate, platzieren wollen. Die entsprechende PDF-Box ist die *Bleed-Box* (8).
- MEDIEN: Wählen Sie diesen Eintrag, um das gesamte PDF in der Originalgröße inklusive der Papiergröße zu platzieren. Die entsprechende PDF-Box ist die *MediaBox* (6).

Da in den meisten PDF-Dateien ein über den Anschnitt hinausreichender Bereich, der Medienrahmen, definiert ist, können Sie den weißen Bereich durch Aktivieren von TRANSPARENTER HINTERGRUND (5) ausblenden.

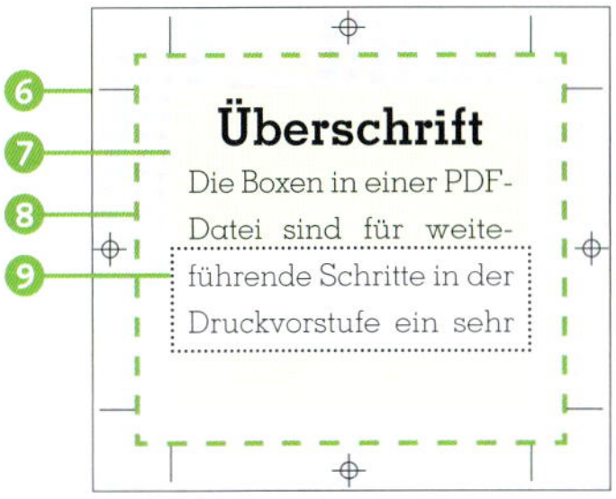

▲ **Abbildung 8.20**
Die Boxen, die beim Schreiben einer PDF-Datei erstellt werden müssen

Deutsche Übersetzung
InDesign bezeichnet die Boxen leider etwas anders als allgemein üblich. Je nachdem, welchen Seitenbereich Sie ausgewählt haben, wird in der VORSCHAU (1) durch eine gestrichelte Linie der zu platzierende Bereich eingefasst.

Alle PDF-Seiten auf einmal platzieren
Wählen Sie dazu im Bereich SEITEN die Option ALLE aus. Es wird das PDF-platzieren-Symbol angezeigt. Ziert ein [+]-Zeichen das Acrobat-Symbol, so ist das die Kennzeichnung einer mehrseitigen PDF-Datei. Durch einfaches Klicken auf den gewünschten Druckbogenbereich wird beim ersten Klick die erste Seite, beim zweiten Klick die zweite Seite usw. platziert. Sie können damit sehr schnell viele Seiten einer PDF-Datei im Layout platzieren. Wollen Sie jedoch alle Seiten automatisch auf der Seite platzieren, so drücken Sie zusätzlich die `Alt`- bzw. `⌥`-Taste. Das PDF-platzieren-Symbol ändert sich daraufhin in . Etwas schwierig sind die Symbole mit eingeblendeter Miniaturvorschau zu erkennen.

▲ **Abbildung 8.21**
Die verschiedenen PDF-platzieren-Symbole, die etwas von den normalen Bild-platzieren-Symbolen abweichen. Das mittlere Symbol weist wiederum auf die Nähe zu einer Hilfslinie hin. Das rechte obere Symbol zeigt, dass ein mehrseitiges PDF platziert wird. Das rechte untere Symbol zeigt, dass ein mehrseitiges PDF auf einer Seite platziert wird.

Ebenen | Auch hier können Sie auf vorhandene Ebenen zurückgreifen und die Verfahrensweise für eine Aktualisierung festlegen.

- **Ebenen einblenden** ((10) in Abbildung 8.22): Bestimmen Sie in diesem Bereich, welche Ebenen zur Darstellung und zur Ausgabe verwendet werden sollen. Klicken Sie dazu auf das Symbol 👁, um eine derzeit sichtbare Ebene auszublenden. Das Deaktivieren einer Ebene wird auch in der Vorschau – hier mit deaktivierter Ebene MARKEN UND ANSCHNITT – abgebildet.

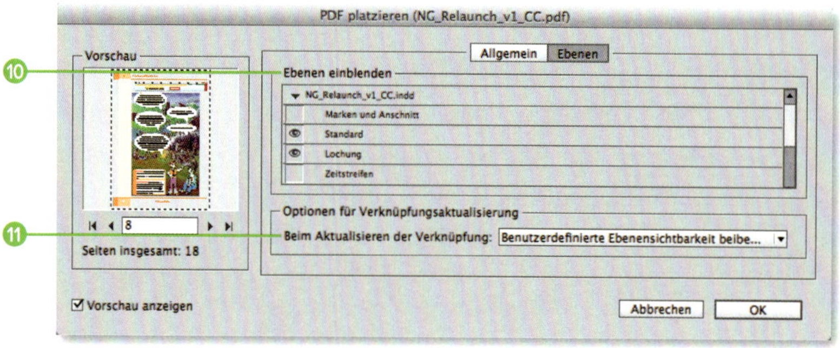

Abbildung 8.22 ▶
Ähnlich wie beim PSD-Import wählen Sie die zu verarbeitenden Ebenen aus und regeln, wie bei Aktualisierungen verfahren werden soll. Die Funktionen sind hier den Importoptionen einer PSD-Datei gleichzustellen.

▸ **Optionen für Verknüpfungsaktualisierung**: Legen Sie über die Option BEIM AKTUALISIEREN DER VERKNÜPFUNG Ihre Strategie zur Handhabung von Aktualisierungen fest. Sobald Sie im Importdialog eine weitere Ebene aus- oder einblenden, so sollten Sie den Eintrag BENUTZERDEFINIERTE EBENENSICHTBARKEIT BEIBEHALTEN aktivieren.

Ebenen in der PDF-Datei
In einer PDF-Datei können nur Ebenen vorhanden sein, wenn die PDF-Version mindestens 1.5 beträgt.

Adobe-Illustrator-Importoptionen

Das Adobe-Ilustrator-Format (.ai) entspricht inhaltlich einem PDF. Deshalb unterscheidet sich der Importdialog in keiner Weise vom Dialog PDF PLATZIEREN. Warum wir aber dennoch an dieser Stelle speziell auf dieses Dateiformat eingehen, hat einen bestimmten Grund, der in der Praxis dazu führt, dass Anwender sich statt für das .ai-Format immer noch für EPS als das Dateiformat für Vektorgrafiken entscheiden.

Das Problem: Wenn Sie ein Logo, das als EPS abgespeichert ist, in InDesign platzieren, so wird dieses sauber, beschnitten durch die in PostScript definierte *Bounding Box*, platziert. Um das Logo herum werden keine Ungenauigkeiten und vor allem keine weißen Ränder angezeigt oder gedruckt (Bild oben in Abbildung 8.23).

Wenn Sie denselben Vorgang mit einer .ai-Datei durchführen, so wird, aus für Sie unerklärlichen Gründen, das Logo mit einem bestimmten Rand versetzt im Bildrahmen platziert. Dieser Sachverhalt ist darauf zurückzuführen, dass Illustrator dabei einen Bereichsrahmen definiert, der keiner PDF-Box entspricht.

Die Lösung: Dieses Problem tritt in InDesign nur auf, wenn in den Importoptionen die Option BESCHNEIDEN AUF auf den Wert BOUNDING BOX gesetzt wurde. Aktivieren Sie den Wert OBJEKT, dann verhält sich der Import so, wie es sein soll.

▲ Abbildung 8.23
Oben: Die EPS-Datei wird im Rahmen bis zum Rand platziert.
Unten: Die .ai-Datei wird im Rahmen etwas versetzt vom Rand platziert.

Adobe-InDesign-Importoptionen

Der Import-Dialog von InDesign unterscheidet sich vom PDF-Import-Dialog nur im Bereich Optionen des Reiters Allgemein.

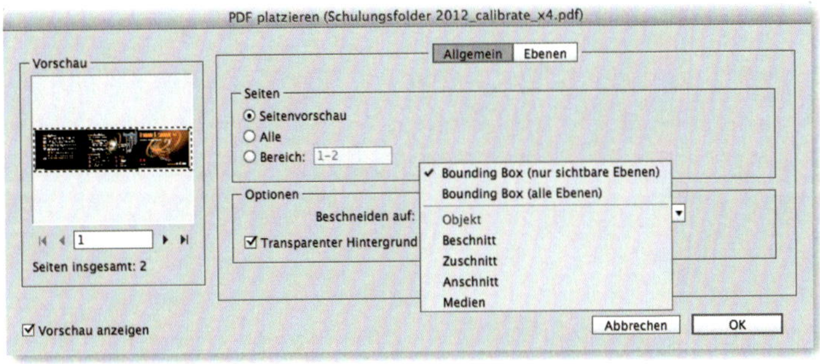

◀ **Abbildung 8.24**
Der InDesign-Importdialog. Wählen Sie den InDesign-Seitenbereich aus, den Sie platzieren wollen.

Platzierte InDesign-Dateien in InDesign-Objekte umwandeln
Mit Bordwerkzeugen ist dieses Vorhaben in InDesign nicht zu realisieren. Mit dem kostenlosen Zusatzskript »Layout Zone« können Sie auch dieses Vorhaben erledigen. Laden Sie sich das Skript unter *www.automatication.com/downloads* herunter.

Optionen | Statt auf die PDF-Boxen einer PDF-Datei können Sie beim Platzieren auf die InDesign-Seitenbereiche Seiten-Bounding-Box, Anschnitt-Bounding-Box und Infobereich-Bounding-Box zurückgreifen. Ansonsten verfahren Sie in den Registern Allgemein und Ebenen so, wie es beim Import von PDF-Dateien beschrieben wurde.

Anwendungsgebiete für das Platzieren von InDesign-Dateien

Platzieren von Inseraten: Wurden Inserate für ein Magazin im eigenen Haus produziert, so ist es in vielen Fällen sinnvoll, nicht zuerst ein PDF zu erzeugen, um diese zu platzieren, sondern gleich die InDesign-Datei zu platzieren. Änderungen im Inserat können damit schnell durchgeführt und im Layout aktualisiert werden. Der Nachteil: Sie müssen den Zugriff auf Schriften und Bilder sicherstellen.

Zwei Personen müssen an einem Dokument arbeiten: Angenommen, in einem Layout muss ein Terminkalender in der Randspalte von einer anderen Person gesetzt werden. Wie wäre es, wenn Sie eine Datei in der korrekten Größe des Terminkalenders anlegen und im Layout platzieren? Der Terminkalender kann je nach Fortschritt im Layout aktualisiert werden. Auch hierbei muss der Zugriff auf Schriften und Bilder sichergestellt sein. Platzierte InDesign-Dateien können im Nachhinein über das Skript »Layout Zone« der Firma Automatication in InDesign-Objekte umgewandelt werden.

Übersicht wahren: Sie sind für die Produktion eines Magazins verantwortlich. Dabei ist Ihr größter Wunsch, einen Überblick über den Fortschritt auf den einzelnen Seiten zu haben. Warum platzieren Sie nicht die einzelnen Dokumente in einer neuen InDesign-Datei und aktualisieren, wann immer Sie wollen, Ihre Datei? Sie können damit zwar den Fortschritt schnell erkennen, eine Textkorrektur kann jedoch nur im Originaldokument durchgeführt werden.

Manueller Ausschuss: Erstellen Sie Ihr gewünschtes Ausschussschema, und platzieren Sie darauf die gewünschten Seiten des InDesign-Dokuments. Egal, ob Sie dabei Visitenkarten oder ganze Bücher ausschießen wollen, es ist gar keine so schlechte Idee und spart mögliche teure Lösungen für den Ausschuss. Der Nachteil liegt hier ganz klar in der Erstellung des Schemas. Eine Aktualisierung einer anderen InDesign-Datei geht hingegen sehr schnell.

Verschiedene Inhalt gemeinsam platzieren

Generell sollten Bilder, Texte und InDesign-Dokumente immer über den Befehl Datei • Platzieren in ein Layout eingebaut werden, da über ihn

▲ **Abbildung 8.25**
Wenn Sie mehrere Objekte durch Drag & Drop aus Bridge bzw. Mini Bridge heraus auf die Arbeitsfläche verschieben, erscheint dieses Symbol.

▲ **Abbildung 8.26**
Sechs verschiedene Bilder in einem Platzierstapel. Mit den Pfeilen auf der Tastatur können Sie zwischen den Bildern hin und her schalten.

Mehrere Rahmen in der Größe verändern

Seit InDesign CS5 besteht er die Möglichkeit, mehrere Rahmen zu markieren und in der Breite oder Höhe gemeinsam zu verändern.

Wenn Sie also zwei übereinanderliegende Bilder – Hintergrund und Freisteller – gemeinsam in der Breite verändern wollen, so markieren Sie beide Rahmen mit dem Auswahlwerkzeug, fassen damit den rechten Anfasserpunkt an und verändern die gemeinsame Breite von beiden Bildern.

sämtliche Parameter der Importoptionen ausgeschöpft werden können. Sind jedoch die Importoptionen nicht von Bedeutung, können Bilder, Grafiken, Texte und InDesign-Dateien auch per Drag & Drop aus Adobe Bridge, Mini Bridge oder vom Explorer bzw. Finder auf den Druckbogen bzw. in einen definierten Rahmen verschoben werden.

Markieren Sie dazu alle Bilder und Texte, die Sie für das Layout benötigen, entweder über Datei • Platzieren oder einfach in der Adobe Bridge bzw. Mini Bridge. Verschieben Sie die ausgewählten Objekte auf die Arbeitsfläche des Layouts. Beim Verschieben erscheint das Symbol aus Abbildung 8.25.

In InDesign sehen Sie dann das bereits bekannte Platzieren-Symbol (Abbildung 8.26). Die Zahl im Zeiger gibt die Menge der zu platzierenden Dateien an, und das Platzieren-Symbol ändert sich, wenn sich die Marke über einem leeren Rahmen bzw. auf einem freien Hintergrund befindet. Bestimmen Sie durch Drücken der Tasten ←/→ bzw. ↑/↓, welches Bild platziert werden soll, oder drücken Sie die Esc-Taste, um ein Bild aus dem Platzierstapel zu löschen.

8.4 Bildrahmen und Inhalt bearbeiten

Wenn Sie eine Grafik oder ein Bild in einem vordefinierten Rahmen platziert haben, so entsprechen Breite und Höhe des Bilds meistens nicht den Dimensionen des Rahmens – das Bild passt also nicht genau in den Rahmen. Sie müssen entweder das Bild in den Rahmen einpassen oder den Rahmen an das Bild anpassen.

Bilder mit Bildrahmen positionieren, beschneiden und skalieren

Das Bearbeiten von Bildrahmen ist identisch mit dem Bearbeiten von Textrahmen. Mit dem Auswahlwerkzeug können Sie einerseits die Position des Rahmens verändern, indem Sie in den Rahmen klicken und ihn verschieben, andererseits ein Bild beschneiden oder den Ausschnitt vergrößern, indem Sie auf einen Rahmenanfasser klicken und ziehen.

Position und Größe des Bildrahmens bestimmen | Durch die Auswahl eines Rahmens mit dem Auswahlwerkzeug markieren Sie den Bildrahmen. Die Farbe des Markierungsrahmens und der Anfasser ist von der Ebenenfarbe abhängig.

Die Position kann durch einfaches Klicken auf den und Ziehen am Bildrahmen oder Mittelpunkt des Bilds verändert werden. Die Position des Bildrahmens wird durch die Koordinaten X/Y ❷ und die Größe durch B/H ❸ bestimmt. Alle Werte im Steuerung-Bedienfeld beziehen sich dabei auf den Bezugspunkt ❶. Die Größe des Bildrahmens kann durch Klicken und Ziehen eines Anfasserpunkts frei verändert werden. Bei gleichzeitig gedrückter ⇧-Taste wird der Bildrahmen (aber nicht der Inhalt) proportional vergrößert bzw. verkleinert.

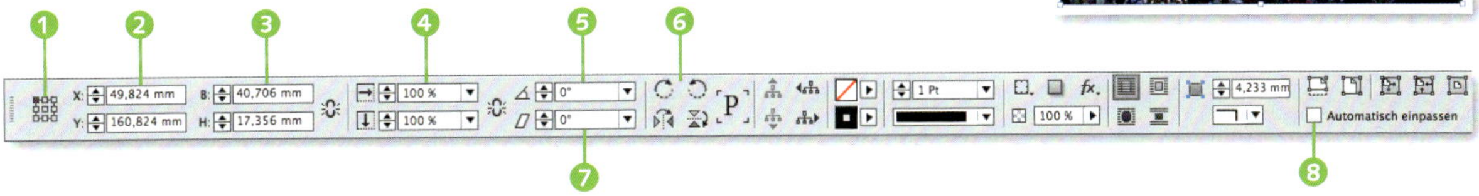

▲ **Abbildung 8.27**
Ein mit dem Auswahlwerkzeug ausgewähltes Bild (oben) mit dazu passendem Steuerung-Bedienfeld

Wollen Sie den Bildrahmen an die Bildhöhe anpassen ❿, so führen Sie einen Doppelklick auf den oberen oder unteren mittleren Anfasser aus. Wollen Sie hingegen den Bildrahmen an die Bildbreite anpassen ❾, so doppelklicken Sie auf den linken oder rechten mittleren Bildanfasser. Wollen Sie den Bildrahmen an das Bild anpassen ⓫, so führt ein Doppelklick auf einen der Eckenanfasser oder das Tastenkürzel Strg+Alt+C bzw. ⌘+⌥+C zum Erfolg.

▲ **Abbildung 8.28**
Durch einen Doppelklick auf einen der Anfasser kann der Bildrahmen an die Bildhöhe ❿, an die Bildbreite ❾ oder an Bildhöhe und -breite ⓫ angepasst werden.

Bildgröße mit Rahmen verändern | Wenn Sie beim Verändern der Bildrahmengröße das Bild mit Rahmen skalieren wollen, so können Sie dies auf drei Arten tun:

- **Durch Ziehen mit zusätzlicher Option**: Haben Sie im Steuerung-Bedienfeld die Option Automatisch einpassen ❽ aktiviert, so können Sie den Bildrahmen nach Belieben verändern; das Bild im Rahmen passt sich dabei der Größe an.
- **Durch Ziehen ohne zusätzlich gewählte Option**: Wenn Sie beim Ziehen Strg+⇧ bzw. ⌘+⇧ gedrückt halten, so wird der Inhalt mit dem Rahmen proportional skaliert. Ohne ⇧-Taste wird das Bild mit Bildrahmen verzerrt.
- **Durch Tastenkürzel**: Durch Drücken des Tastenkürzels Strg+. bzw. ⌘+. kann ein ausgewählter Bildrahmen mit dem Inhalt proportional vergrößert werden. Wenn Sie anstelle von . (Punkt) , (Komma) drücken, so wird das Bild mit dem Bildrahmen verkleinert.

Tipp
Durch zusätzliches Drücken der Alt- bzw. ⌥-Taste geht das Vergrößern bzw. Verkleinern des Bildrahmens mit dem Inhalt etwas schneller!

Den Prozentsatz der Skalierung auslesen
Wählen Sie dazu entweder das Bild im Rahmen aus, oder aktivieren Sie die Option SKALIERUNGSPROZENTSATZ ANPASSEN in den InDesign-Voreinstellungen. Damit wird der Prozentsatz im Steuerung-Bedienfeld angezeigt.

Ob das Bild skaliert ist oder nicht, können Sie mit ausgewähltem Auswahlwerkzeug nicht erkennen. Selbst wenn Sie den Prozentwert im Steuerung-Bedienfeld von Hand ändern, wechselt der Prozentwert im Feld X-SKALIERUNG bzw. Y-SKALIERUNG ❹ (Abbildung 8.27) wiederum auf 100 % zurück. Wenn Sie unbedingt den Skalierungsprozentsatz in Kombination mit dem Auswahlwerkzeug sehen wollen, so müssen Sie in den InDesign-Voreinstellungen die Option SKALIERUNGSPROZENTSATZ ANPASSEN im Register ALLGEMEIN aktivieren und auf die Default-Einstellung AUF INHALT ANWENDEN verzichten. Wir empfehlen, dies nicht umzustellen!

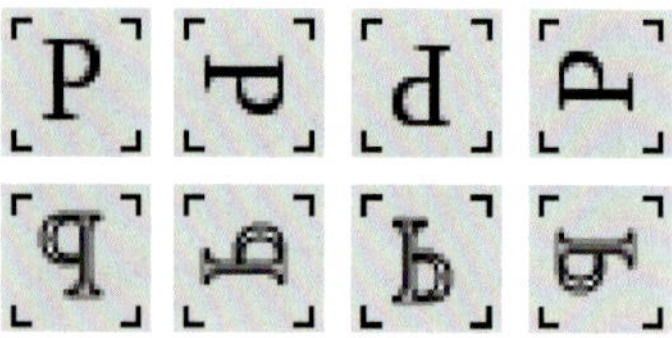

▲ **Abbildung 8.29**
Obere Reihe: rotierte Objekte
Untere Reihe: rotierte und gespiegelte Objekte

Bilder mit Bildrahmen über das Steuerung-Bedienfeld verzerren, rotieren und spiegeln | Das Rotieren bzw. das Spiegeln des Rahmens (mit Bildinhalt) erledigen Sie am bequemsten durch einen Klick auf das jeweilige Symbol ❻ (Abbildung 8.27) im Steuerung-Bedienfeld. Ob der Bildrahmen gespiegelt oder rotiert wurde, erkennen Sie an der Drehung bzw. der Outline des Symbols (Abbildung 8.29). Natürlich können Sie auch den Winkel im Steuerung-Bedienfeld durch Eingabe eines Werts im Eingabefeld DREHWINKEL ❺ (Abbildung 8.27) bestimmen. Das Verbiegen eines Bilds funktioniert auf dieselbe Weise. Geben Sie dazu im Eingabefeld SCHERWINKEL (X-ACHSE) ❼ (Abbildung 8.27) Ihren gewünschten Winkel ein. Beachten Sie, dass Sie beim Rotieren und Spiegeln des Bilds um die Bildmitte auch den dazu passenden Bezugspunkt im Steuerung-Bedienfeld aktiviert haben müssen und dass durch die Auswahl des Bildrahmens mit dem Auswahlwerkzeug immer Bildrahmen und Bild gemeinsam transformiert werden.

Hinweis
Wir wollen Sie an dieser Stelle noch einmal darauf hinweisen, dass sich, wenn Sie mit dem Auswahlwerkzeug den Zeiger außerhalb des Rahmens in die Nähe eines Ecken-Auswahlgriffs stellen, der Cursor in bzw. ändert, womit Sie das Drehen und Skalieren des Bildrahmens erledigen können. Wenn Sie dabei [Strg]+[⇧] bzw. [⌘]+[⇧] gedrückt halten, so dreht sich das Objekt um 45° und der Bildinhalt skaliert entsprechend dem Rahmen.

Bildrahmenform verändern | Eine besondere Funktion kommt dabei dem Direktauswahl-Werkzeug zu. Wie bei allen Rahmen können damit Pfadpunkte versetzt oder gelöscht werden. Das Versetzen eines Pfadpunkts erfolgt durch Auswahl eines nicht eingefärbten Eckpunkts und das Verschieben dieses Punkts an die gewünschte Stelle.

Wie Sie Pfadpunkte hinzufügen, löschen oder wie Sie aus Eckpunkten Kurvenpunkte erstellen, erfahren Sie in Abschnitt 10.2, »Das Aussehen eines Pfads bestimmen«, auf Seite 383. Welche Möglichkeiten der Rahmenformänderung in InDesign bestehen, haben Sie ja schon in Abschnitt 6.3, »Rahmen transformieren«, auf Seite 207 gelesen.

Bild im Rahmen auswählen

Zum Transformieren des Bildinhalts muss der Bildinhalt zuvor ausgewählt werden. Sie können zwischen drei Vorgehensweisen wählen:

Arbeiten mit dem Direktauswahl-Werkzeug | Die klassische alte Methode ist, dass Sie auf das Direktauswahl-Werkzeug wechseln (drücken Sie [A]) und mit einem Klick den Bildinhalt auswählen.

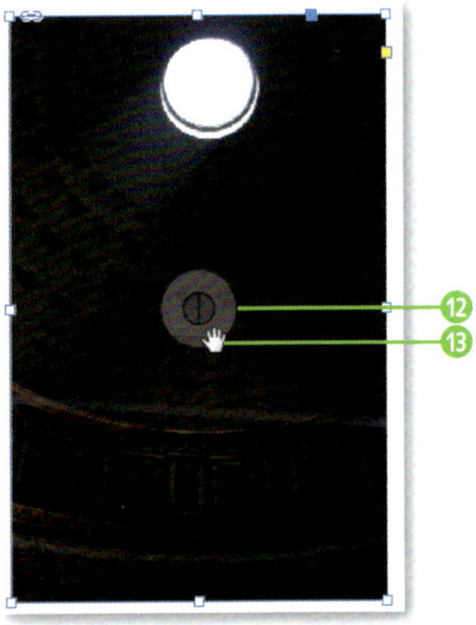

▲ **Abbildung 8.30**
Bild mit Inhaltsauswahlwerkzeug. Das Handsymbol erscheint, wenn der Cursor sich über dem Inhaltsauswahlwerkzeug befindet.

Arbeiten mit dem Inhaltsauswahlwerkzeug | Der Wechsel zum Direktauswahl-Werkzeug ist nicht mehr zwingend erforderlich, denn sobald Sie den Cursor mit ausgewähltem Auswahlwerkzeug auf ein Bild bewegen, erscheint das Inhaltsauswahlwerkzeug 12 – es wird in der Mitte des jeweiligen Rahmens in Form von zwei konzentrischen Kreisen angezeigt.

Um den Inhalt auszuwählen, bewegen Sie den Cursor auf das Inhaltsauswahlwerkzeug, wodurch sich der Cursor, wie in Abbildung 8.30 gezeigt, in das Handsymbol 13 verändert. Ein einfacher Klick auf diesen Bereich wählt den Inhalt des Rahmens aus, obwohl weiterhin das Auswahlwerkzeug aktiviert bleibt.

Arbeiten mit Doppelklick | Speziell alten InDesign-Hasen ist die bislang gewohnte Arbeitsweise, zwischen Auswahl- und Direktauswahl-Werkzeug zu wechseln, schon so in Fleisch und Blut übergegangen, dass diese gerne den alten Zustand wieder herbeiführen möchten. Diesen Anwendern kann gesagt werden, dass sie weiterhin auf ähnliche Art und Weise die Auswahl vornehmen können. Wenn das Inhaltsauswahlwerkzeug Sie dabei stört, so können Sie zuvor die Anzeige der Kreise über den Menübefehl Ansicht • Extras • Inhaltsauswahlwerkzeug ausblenden jederzeit deaktivieren.

Wählen Sie bei dieser Arbeitsweise zuvor den Bildrahmen mit dem Auswahlwerkzeug aus, und führen Sie einen Doppelklick auf das Bild aus. Dadurch wird der Inhalt ausgewählt – das Auswahlwerkzeug bleibt weiterhin ausgewählt –, womit Sie mit der Transformation des Inhalts beginnen können. Um wiederum den Bildrahmen auszuwählen, müssen Sie erneut einen Doppelklick auf das Bild ausführen.

▼ **Abbildung 8.31**
Der ausgewählte Bildinhalt und das dazu passende Steuerung-Bedienfeld

Bilder im Bildrahmen verschieben und skalieren

Um das Bild im Rahmen zu verschieben oder zu transformieren, muss der Inhalt ausgewählt werden. Wählen Sie dazu eine der zuvor gezeigten Möglichkeiten aus.

Ist der Inhalt ausgewählt, verwandelt sich der Cursor in eine Hand, womit jeder weiß, was er nun machen kann. Der orange-braune Rahmen (Abbildung 8.31) zeigt die Originalgröße des Bilds an.

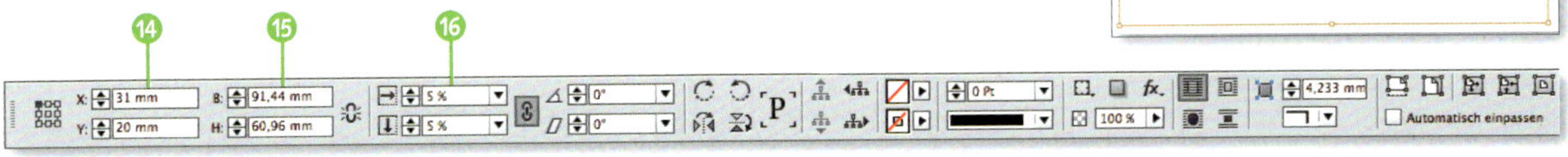

Tipp
Da die Farbe des Rahmens für das Bild immer die Komplementärfarbe zur Ebenenfarbe ist, sollten Sie die Ebenenfarbe nie auf Schwarz stellen.

Im Unterschied zur Arbeitsweise mit dem Inhaltsauswahlwerkzeug ist die Rahmenfarbe hier Orange-Braun. Sobald Sie einen braunen Bildrahmen sehen, wissen Sie, dass hier der Inhalt aktiviert ist und nicht der dazugehörige Bildrahmen.

Die Maße im Steuerung-Bedienfeld ändern sich entsprechend. Die Koordinaten für X und Y (14) (Abbildung 8.31) sind jetzt keine absoluten Koordinaten mehr, sondern sie sind relativ zum Bildrahmen zu sehen. Auch die Breite und Höhe (15) kennzeichnen die Originalgröße des Bilds. Mit welchem Prozentsatz das Bild skaliert wurde, können Sie nun in den Eingabefeldern X- bzw. Y-Skalierung (Prozentsatz) (16) sehen.

▲ **Abbildung 8.32**
Mit einer abgedimmten Vorschau werden Bildteile, die durch den Bildrahmen beschnitten werden, angezeigt, sobald der Bildinhalt verschoben wird.

Bild im Rahmen verschieben | Das Verschieben des Bilds ist, wenn der Inhalt ausgewählt ist, durch einfaches Klicken und Bewegen möglich.

InDesign zeigt dabei eine abgedimmte Vorschau des nicht platzierten Bildteils an, was zum Platzieren des richtigen Bildausschnitts sehr nützlich ist. Wie lange Sie abwarten müssen, bis Sie die abgedimmte Vorschau sehen, hängt von den InDesign-Voreinstellungen ab.

- Sofort: Ist dieser Wert in der Option Dynamische Bildschirmaktualisierung der InDesign-Voreinstellungen im Register Benutzeroberfläche gewählt, dann er scheint die Vorschau sofort.
- Verzögert: Ist dieser Wert gewählt, müssen Sie ein wenig warten, bevor Sie mit dem Verschieben beginnen.
- Nie: Ist dieser Wert gewählt, wird keine Vorschau angezeigt.

Natürlich können Sie auch das Verschieben über eine Eingabe im Steuerung-Bedienfeld bei den X- und Y-Koordinaten durchführen oder durch Drücken der Pfeiltasten [←]/[→] bzw. [↑]/[↓]. In welchen Sprüngen dabei verschoben wird, hängt von den Voreinstellungen im Register Einheiten und Einteilungen in der Option Pfeiltasten ab. Wollen Sie größere Sprünge beim Verschieben verwenden, ändern Sie die Voreinstellung, oder drücken Sie zusätzlich die [⇧]-Taste, während Sie die Pfeiltasten drücken.

Hinweis
Beachten Sie beim Ändern der Breite im Eingabefeld des Steuerung-Bedienfelds, dass dabei standardmäßig nur die Breite, nicht jedoch die Höhe proportional angepasst wird. Sie erhalten dadurch ein verzerrtes Bild.

Wenn Sie die Proportionen beibehalten wollen, so aktivieren Sie zuvor das Symbol rechts neben den Eingabefeldern.

Bild im Rahmen transformieren | Haben Sie den Inhalt des Bildrahmens ausgewählt, so können Sie jegliche Transformation – Skalieren, Rotieren, Spiegeln und Verzerren – entweder durch ein entsprechendes Werkzeug im Werkzeuge-Bedienfeld oder über die Eingabe von Werten im Steuerung-Bedienfeld erledigen. Worauf Sie dabei achten sollten, haben Sie ja bereits in Abschnitt 6.3, »Rahmen transformieren«, auf Seite 207 gelesen.

Das Skalieren des Inhalts funktioniert auch über die Tastenkürzel [Strg]+[.] bzw. [⌘]+[.] zum Vergrößern und [Strg]+[,] bzw. [⌘]+[,]

zum Verkleinern des Bilds sowie auch durch die Verwendung der Symbole ↰ bzw. ⤢, die Sie zu sehen bekommen, wenn Sie den Cursor außerhalb des Rahmens in die Nähe eines Ecken-Auswahlgriffs bewegen.

Bild in Rahmen einpassen | Natürlich sind Sie in gewissen Situationen darauf beschränkt, Bilder in vorhandene Rahmen optimal einzupassen. Das Einpassen von Bildern kann einerseits über das Skalieren des Bildinhalts (brauner Rahmen) mit den uns bekannten Werkzeugen und andererseits über bestimmte Befehle und die dazu passenden Tastenkürzel erfolgen. InDesign wartet hier zusätzlich zu den bekannten Funktionen mit den Befehlen Objekt • Anpassen • Rahmen proportional füllen und Objekt • Anpassen • Rahmeneinpassungsoptionen auf.

Alle Befehle können über das Menü Objekt • Anpassen, über die Symbole im Steuerung-Bedienfeld oder über Tastenkürzel aufgerufen werden. Die Optionen im Einzelnen:

- Inhalt an Rahmen anpassen: Damit wird das Bild vollflächig verzerrt in den Rahmen eingepasst. Die Proportionen bleiben nicht erhalten, womit eine Veränderung der Auflösung des Bilds in einer Richtung erfolgt! Den Befehl können Sie auch über das Symbol ❸ im Steuerung-Bedienfeld oder über das Tastenkürzel [Strg]+[Alt]+[E] bzw. [⌘]+[⌥]+[E] ausführen (Abbildung 8.34).
- Rahmen an Inhalt anpassen: Damit wird der Bildrahmen an das Bild angepasst. Den Befehl können Sie auch über das Symbol ❹ im Steuerung-Bedienfeld oder über das Tastenkürzel [Strg]+[Alt]+[C] bzw. [⌘]+[⌥]+[C] ausführen.
- Inhalt zentrieren: Damit wird das Bild zentriert in den vorhandenen Rahmen gesetzt. Die Bildgröße ändert sich dabei nicht! Den Befehl können Sie auch über das Symbol ❺ im Steuerung-Bedienfeld oder über das Tastenkürzel [Strg]+[⇧]+[E] bzw. [⌘]+[⇧]+[E] ausführen (Abbildung 8.35).
- Inhalt proportional anpassen: Damit wird das Bild zur Gänze proportional in den Rahmen eingepasst. Die Proportionen bleiben erhalten, die Bildauflösung passt sich dementsprechend an! Den Befehl können Sie auch über das Symbol ❷ im Steuerung-Bedienfeld oder über das Tastenkürzel [Strg]+[Alt]+[⇧]+[E] bzw. [⌘]+[⌥]+[⇧]+[E] ausführen (Abbildung 8.36).
- Rahmen proportional füllen: Durch den Befehl Rahmen proportional füllen passen Sie Bilder an der breiteren Seite des Originals in den Rahmen ein. Die Proportionen bleiben erhalten, die Bildauflösung passt sich dementsprechend an. Die Einpassung erfolgt immer von der linken oberen Ecke aus. Das Ändern des Bezugspunkts im Steuerung-Bedienfeld hat keine Auswirkung auf diesen Befehl. Den

Fehler von CS6 in CC behoben

Haben Sie irrtümlich ein Bild im Rahmen verzerrt, so können Sie in allen InDesign-Versionen (ausgenommen CS6) eine Entzerrung über den Befehl Rahmen an Inhalt anpassen erzwingen.

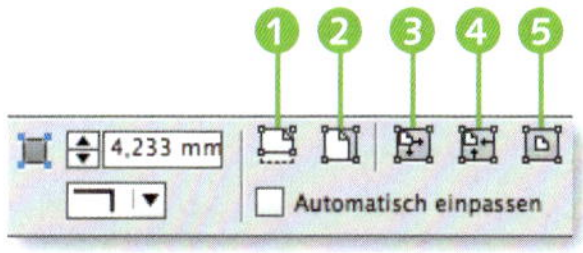

▲ **Abbildung 8.33**
Die Anpassen-Symbole des Steuerung-Bedienfelds

▲ **Abbildung 8.34**
Der Inhalt wurde hier dem Bildrahmen angepasst. Eine Verzerrung ist die Folge.

▲ **Abbildung 8.35**
Der Inhalt wurde hier im Bildrahmen zentriert.

▲ **Abbildung 8.36**
Der Inhalt wurde hier im Bildrahmen proportional angepasst.

▲ **Abbildung 8.37**
Der Inhalt wurde hier im Bildrahmen proportional angepasst.

Befehl können Sie auch über das Symbol ⌗ ❶ im Steuerung-Bedienfeld oder über das Tastenkürzel [Strg]+[Alt]+[⇧]+[C] bzw. [⌘]+[⌥]+[⇧]+[C] ausführen (Abbildung 8.37).

Rahmeneinpassungsoptionen

Mit dem Befehl RAHMENEINPASSUNGSOPTIONEN aus dem Menü OBJEKT • ANPASSEN können Sie den Bildrahmen bereits vor dem Befüllen mit Einpassungsparametern versehen, was speziell in der automatisierten Dokumenterstellung für das Importieren von Bildern oder als beabsichtigter Default-Wert für InDesign von zentraler Bedeutung ist.

Abbildung 8.38 ▶
Mit den RAHMENEINPASSUNGSOPTIONEN können Sie leeren Grafikrahmen bereits beim Layouten Einpassungsoptionen zuweisen.

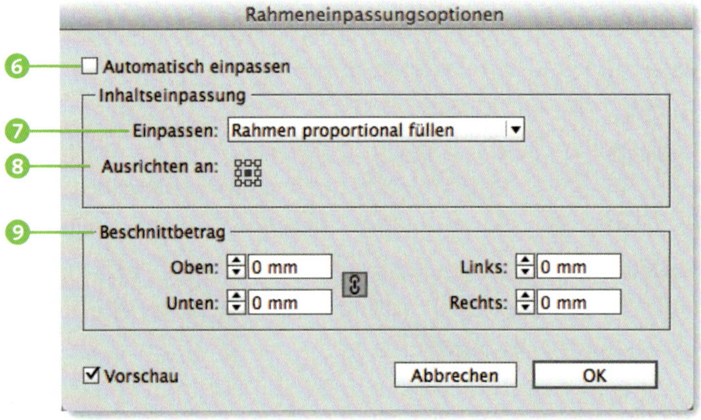

- AUTOMATISCH EINPASSEN ❻: Werden Bildrahmen mit dieser Funktion versehen, so wird das Bild bzw. der Bildausschnitt bei einer nachträglichen Änderung automatisch in der Größe angepasst. Diese Option kann auch im Steuerung-Bedienfeld aktiviert werden.
- INHALTSEINPASSUNG: In diesem Bereich können Sie über die Option EINPASSEN ❼ Ihre bevorzugte Einpassungsstrategie hinterlegen. Darüber hinaus können Sie bei AUSRICHTEN AN ❽ den Bezugspunkt für die Einpassungsoptionen wählen. Damit können Sie festlegen, dass der Inhalt immer vom Mittelpunkt aus proportional gefüllt wird.
- BESCHNITTBETRAG ❾: In diesem Bereich können Sie einen Versatz des Bilds im Rahmen absolut festlegen. Das automatisierte Platzieren von Bildern mit einem Abstand von 2 mm von der oberen Bildkante (Sie müssen in diesem Fall den Wert »–2 mm« eingeben) ist damit schon beim Platzieren möglich.

Tipp
Wir empfehlen die Einstellungen aus Abbildung 8.38 im Objektstil [EINFACHER GRAFIKRAHMEN] als Default-Wert zu definieren, da somit dieser Wert jedem neu aufgezogenen Grafikrahmen mitgegeben wird.

Rahmen proportional aus dem Zentrum heraus füllen
Während beim Ausführen des Befehls RAHMEN PROPORTIONAL FÜLLEN immer von der oberen linken Koordinate ausgegangen wird, können Sie den Bezugspunkt in den Rahmeneinpassungsoptionen frei wählen. Erstellen Sie einen Objektstil, und wenden Sie diesen dann auf die gewünschten Bilder an.

Das Löschen von definierten Rahmeneinpassungsoptionen kann in der Grundeinstellung von InDesign nur über den Befehl OBJEKT • ANPASSEN • RAHMENEINPASSUNGSOPTIONEN LÖSCHEN ausgeführt werden. Weder für diesen Befehl noch für den Befehl, um die Rahmeneinpassungsoptionen aufzurufen, ist standardmäßig ein Tastenkürzel vorgesehen. Sie können sich jedoch dafür die Tastenkürzel selbst anlegen.

Schnelles Freistellen von Bildern

In vielen Produktionen müssen Layouter schnell grobe Freisteller von Bildern, die noch ohne Freistellpfad abgespeichert wurden, auf der Seite platzieren. Dazu bieten sich mehrere Arbeitsweisen an:

- Zeichnen Sie mit dem Zeichenstift-Werkzeug einen Polygon-Bildrahmen, und platzieren Sie das Bild darin.
- Sie können ein platziertes Bild nachträglich mit dem Zeichenstift-Werkzeug grob freigestellen.
- Mit dem Buntstift-Werkzeug können Sie nachträglich einen schnellen Freisteller erzeugen. Diese Variante ist die schnellste.

Schritt für Schritt: Freistellen eines Bilds mit dem Buntstift-Werkzeug

Das schnelle Freistellen von Bildinhalten funktioniert mit dem Buntstift-Werkzeug ganz einfach. Es ist uns dabei schon bewusst, dass diese Vorgehensweise nur in der Layoutphase erfolgen kann. Ein sauberer Freisteller wird immer in Adobe Photoshop in Form von Masken oder Freistellpfaden angelegt.

1 Bild platzieren und auf die gewünschte Größe bringen

Platzieren Sie zuerst das Bild im Layout, und bringen Sie es auf die richtige Größe, Winkelung und den korrekten Ausschnitt.

2 Werkzeug wechseln

Führen Sie den Befehl Bearbeiten • Auswahl aufheben aus, und wechseln Sie dann zum Direktauswahl-Werkzeug.

Markieren Sie damit den Pfad des Bildrahmens. Es müssten damit die vier weißen Eckpunkte des Bildrahmens sichtbar sein (Abbildung 8.39). Erst danach wechseln Sie zum Buntstift-Werkzeug, indem Sie auf das Symbol klicken oder durch N drücken.

▲ **Abbildung 8.39**
Durch die Auswahl des Pfads mit dem Direktauswahl-Werkzeug werden die vier Eckpunkte des Bildrahmens sichtbar. Der Pfad ist somit editierbar.

3 Freisteller zeichnen

Beginnen Sie, vom Bildrahmenpfad ausgehend – das ist dabei besonders zu beachten –, den groben Freisteller zu zeichnen. Zeichnen Sie den Freisteller in einem Pfad durch, und beenden Sie das Zeichnen am Ausgangspunkt des Pfads bzw. etwas außerhalb des Bildrahmenpfads.

Abbildung 8.40 ▶
Der gezeichnete Freisteller. Gehen Sie dabei immer vom editierbaren Bildrahmen aus. Die Farbe des Freistellers – eine punktierte Linie – ist von der gewählten Ebenenfarbe abhängig.

Hinweis

Damit das Freistellen des Objekts mit dem Buntstift-Werkzeug so funktioniert, muss die Option Ausgewählte Pfade bearbeiten in den Optionen des Werkzeugs ausgewählt sein, was auch die Standardeinstellung des Werkzeugs ist.

Wenn Sie den Buntstift nun loslassen, steht Ihnen das grob freigestellte Bild zur weiteren Verarbeitung zur Verfügung.

Abbildung 8.41 ▶
Das freigestellte Bild

Sie sehen, dass damit sehr schnell ein grober Freisteller erstellt werden kann, der zumindest für den Textumfluss herangezogen werden kann.

8.5 Das Informationen-Bedienfeld und Bilderrahmen

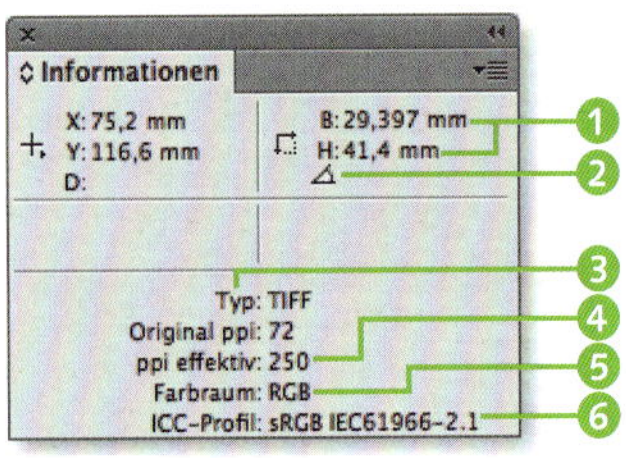

▲ **Abbildung 8.42**
Das Informationen-Bedienfeld in Verbindung mit einem ausgewählten Bild

Das Informationen-Bedienfeld liefert vor allem in Verbindung mit Bildern sehr aufschlussreiche Informationen. Neben der aktuellen Cursorposition, der Breite und Höhe ❶ des Bildrahmens bzw. des Originalbilds und der Winkelung ❷ (sie wird nur während der Drehung angezeigt) des Bilds durch den Rahmen oder im Rahmen kann der Anwender den Dateityp (Typ ❸), die Original ppi (die Bildauflösung, die das Bild beim Öffnen in Photoshop besitzt), die ppi effektiv ❹, den Farbraum ❺ sowie das angehängte ICC-Profil ❻ auslesen.

Beachtenswert ist vor allem, dass sogar Schmuckfarben (Volltonfarben) in PSD- oder TIFF-Dateien angezeigt werden. Von zentraler Bedeutung sind drei Parameter:

- PPI EFFEKTIV ❹: Die effektive Auflösung (also die Ausgabeauflösung) errechnet sich aus der Originalauflösung (ORIGINAL PPI) multipliziert mit dem bzw. dividiert durch den Skalierungsfaktor. Beachten Sie, dass das Bild verzerrt sein muss, wenn zwei Werte (z. B. 1154 × 1090) hier angezeigt werden. Bei proportional skalierten Bildern ist die horizontale und vertikale Auflösung (= nur ein Wert) identisch.
- FARBRAUM ❺: Damit erkennen Sie schon sehr früh, ob ein RGB-Bild platziert wurde.
- ICC-PROFIL ❻: Sie erkennen speziell bei RGB-Bildern, ob die Anzeige des Bilds am Monitor durch Zuweisung des DOKUMENT-RGB-PROFILS oder durch ein angehängtes Profil für die farbliche Darstellung erfolgt. Denn wird für das platzierte Bild als Quellprofil das Profil Ihrer Farbeinstellungen angezeigt, so kann es durchaus sein, dass das platzierte Bild ohne ICC-Profil abgespeichert wurde.
  Beim Platzieren von RGB-Bildern wird standardmäßig für alle Bilder ohne Profil das Profil des Arbeitsfarbraums zugewiesen. Dieser Schritt ist für eine CMYK-Konvertierung in der Ausgabe wichtig. Eine korrekte Farbverrechnung ist dadurch jedoch meistens nicht gewährleistet.

Das Informationen-Bedienfeld zeigt keine Werte an

Da in PDF-, AI-, InDesign- und EPS-Dateien verschiedene Inhalte – Pixel und Vektoren – und deshalb auch unterschiedliche Farbräume vorhanden sein können, wird die Information bei diesen Dateitypen nicht angezeigt. Lediglich reine Pixel-PDF- und -EPS-Dateien können ihre Farbräume bekanntgeben.

Zuweisen eines ICC-Profils

Wenn Sie einem platzierten Bild ein anderes Quellprofil zuweisen wollen, so tun Sie das über das Menü OBJEKT • FARBEINSTELLUNGEN FÜR BILD.

8.6 Spezielle Funktionen für Bilder

In Bildern können zusätzliche Informationen wie Alpha-Kanäle, Sonderfarben, Freistellpfade und dergleichen abgespeichert sein. Wie Sie auf diese Informationen zugreifen können und welche sonstigen Spezialitäten es beim Platzieren gibt, möchten wir Ihnen hier kurz vorstellen.

InDesign-Kontaktabzug erstellen

Das Erstellen von Kontaktabzügen gehört fast zur täglichen Arbeit eines Grafikers, denn immer wieder muss aus einem Pool von Bildern eine Auswahl vorgenommen werden, die der Grafiker in Form einer Übersicht dem Kunden zur Auswahl vorlegt.

Über den Arbeitsbereich AUSGABE der Adobe Bridge CC stellt Adobe jedem, auch Nicht-InDesign-Anwendern, die Möglichkeit zur Verfügung, einen Kontaktabzug als PDF zu erstellen. In InDesign selbst kann dieses Vorhaben aber auch über das Skript »ImageCatalog.jsx« erledigt werden. Lesen Sie dazu mehr in Kapitel 40, »Skripte«.

InDesign-Anwender können jedoch auch mit Bordwerkzeugen schnell ein regelmäßiges Raster aus einer größeren Anzahl von Bildern erstellen und somit einen Kontaktabzug generieren.

Kontaktabzug über Adobe Bridge erstellen

Wie Sie einen Kontaktabzug als PDF und als SWF erstellen können, erfahren Sie im Zusatzkapitel »Adobe Bridge«, das Sie sich als Webbonus zu diesem Buch vom Galileo-Server herunterladen können.

Schritt für Schritt
Kontaktabzug in InDesign erstellen

Hinweis
Der in Schritt 2 beschriebene Vorgang kann seit InDesign CS5 auch durch Drücken von [←]/[→] bzw. [↓]/[↑] beim Aufziehen des Platzierrahmens erfolgen. Lesen Sie dazu mehr auf Seite 192.

Wir wollen in dieser Anleitung einen Kontaktabzug mit variabler Bildanzahl und einem variablen Bildabstand erstellen, und ihn zu einem späteren Zeitpunkt noch um Informationen ergänzen. Doch beginnen wir mit der Erstellung des Bildrasters und dem Einstellen der Abstände.

1 Bilder auswählen
Angenommen, Sie wollen eine größere Anzahl von Bildern in einem regelmäßigen Raster platzieren, so müssen Sie eine InDesign-Datei geöffnet haben, Bilder in Bridge/Mini Bridge bzw. dem Explorer/Finder auswählen und diese Auswahl auf die Arbeitsfläche von InDesign ziehen.

2 Einen Standard-Kontaktabzug erstellen
Sie sehen das typische Bild-platzieren-Symbol mit der Zahl im Symbol, die uns anzeigt, wie viele Bilder platziert werden sollen.

▲ **Abbildung 8.43**
Das Bild-platzieren-Symbol mit 19 geladenen Bildern

Drücken Sie nun [Strg]+[⇧] bzw. [⌘]+[⇧]. Es erscheint das Symbol , mit dem angezeigt wird, dass Sie einen Kontaktabzug von standardmäßig neun Bildern erstellen können.

Wenn Sie nun klicken, erstellt InDesign einen Kontaktabzug von neun Bildern bei einem Querformat. Die restlichen, noch nicht platzierten Bilder bleiben im Platzierstapel stehen. Das erste Bild wird dabei standardmäßig auf den Koordinaten X = 0 und Y = 0 platziert. Die Größe der Bilder wird aus der zur Verfügung stehenden Seitengröße und der Anzahl der platzierten Bilder pro Seite berechnet. Das Ergebnis sieht so aus:

Abbildung 8.44 ▶
Der Standard-Kontaktabzug ohne zusätzlich gedrücktes Tastenkürzel. Der Kontaktabzug ist bis auf den Seitenrand gefüllt, der verwendete Spaltenabstand resultiert aus dem Defaultwert des Spaltenabstands. Die restlichen Bilder bleiben im Platziercursor geladen, womit Sie denselben Vorgang auf der nächsten Seite ausführen können.

3 Den Kontaktabzug anpassen
Sie wollen jedoch nicht nur neun Bilder auf dem Querformat platzieren, sondern 16 Bilder und darüber hinaus noch den Bildabstand in der Horizontalen verkleinern und in der Vertikalen vergrößern.

Um 16 Bilder auf der Seite zu platzieren, müssen Sie zuerst mit gedrückter Strg + ⇧ - bzw. ⌘ + ⇧ -Taste erneut einen Rahmen auf Ihrer Seite aufziehen und dabei mit den Cursorpfeilen die Anzahl der Spalten und Zeilen erhöhen oder verringern.

Drücken Sie ← / →, wird die Anzahl der Spalten verringert bzw. erhöht. Drücken Sie jedoch ↑ / ↓, so wird die Anzahl der Zeilen jeweils um eine Zeile reduziert oder erweitert. Am Bildschirm erscheint das Raster aus Abbildung 8.45. Lassen Sie die Maustaste jedoch noch nicht los!

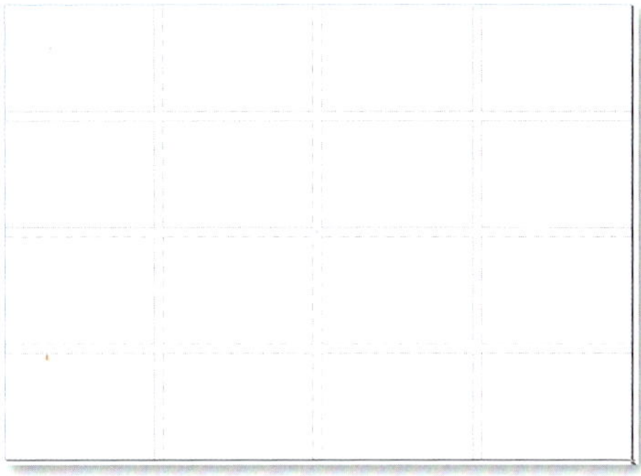

◄ **Abbildung 8.45**
Ein geändertes Raster zum Platzieren von 16 Bildern auf einer Seite mit dem standardmäßig erzeugten Spaltenabstand

4 Den Abstand zwischen den Bildern verändern

Um genügend Platz für die Bildbeschriftung unterhalb des Bilds zu bekommen, müssen die Abstände zwischen den Bildern zumindest in der Vertikalen angepasst werden.

Drücken Sie dazu noch zusätzlich die Strg - bzw. ⌘ -Taste, und betätigen Sie erneut die Pfeiltasten, um den Abstand zwischen den Bildern in der Horizontalen und der Vertikalen zu verändern. Das Ergebnis:

◄ **Abbildung 8.46**
Ein geändertes Raster zum Platzieren von 16 Bildern auf einer Seite. Der horizontale und vertikale Abstand wurde darüber hinaus angepasst, damit eine Bildunterschrift noch unterhalb der Bilder angebracht werden kann.

Haben Sie die gewünschte Spalten- und Zeilenanzahl sowie den vorgesehenen Abstand der Bilder in der Horizontalen und Vertikalen festgelegt, können Sie die Maustaste loslassen. Damit werden die ersten 16 geladenen Bilder in die kleinen Bildrähmchen platziert.

5 Bilder noch im Rahmen einpassen

Wenn Sie hoch- und quergestellte Bilder platziert haben oder die Bilder nicht zur Gänze den Bildrahmen ausfüllen, ist nun bei manchen Bildern der Bildrahmen größer als das Bild. Drücken Sie das Tastenkürzel Strg+Alt+⇧+C bzw. ⌘+⌥+⇧+C, wodurch nun die Bilder proportional in den Rahmen eingepasst werden. Das Ergebnis:

Abbildung 8.47 ▶
Der fertige Kontaktabzug, wobei die Bilder schon über den entsprechenden Befehl RAHMEN PROPORTIONAL FÜLLEN angepasst wurden

Abstände zwischen Bildern anpassen

Haben Sie ein Raster von Bildern entweder wie zuvor in der Schritt-für-Schritt-Anleitung oder durch manuelles Anordnen von Bildern zueinander erstellt, so besteht im Nachhinein immer wieder der Wunsch, die Abstände zwischen den Bildern zu ändern. InDesign bietet dazu eine Reihe von Möglichkeiten an, die wir an dieser Stelle in Erinnerung rufen wollen.

Hinweis
Welche Tastenkürzel Sie in Verbindung mit dem Lückenwerkzeug verwenden können und was diese bewirken, können Sie im Abschnitt »Zwischenräume mit dem Lückenwerkzeug anpassen« auf Seite 238 nachlesen.

Lückenwerkzeug | Wenn man einen Kontaktabzug erstellt, vergisst man oft den Leerraum für das Anbringen von Bildunterschriften zwischen den Bildzeilen. Dieser Fehler lässt sich mit dem Lückenwerkzeug |↔| bequem beheben.

Hinweis
Nähere Information zur Arbeitsweise mit dem Ausrichten-Bedienfeld erhalten Sie in Abschnitt 6.7, »Objekte ausrichten und verteilen«, auf Seite 231.

Ausrichten-Bedienfeld | Eine weitere Möglichkeit, Abstände zwischen Objekten zu verändern, besteht in der Verwendung des Ausrichten-Bedienfelds. Damit können Sie fixe Abstände zwischen den Objekten einfügen bzw. die Abstände der Objekte auf eine bestimmte Breite oder Höhe bringen.

Bildunterschriften aus Metadaten erzeugen

Ein Kontaktabzug ist erst dann perfekt, wenn sich unterhalb des Bilds der jeweilige Dateiname oder sonst irgendwelche Informationen befinden, wie der Name des Fotografen oder eine Copyrightinformation.

Anwender von früheren InDesign-Versionen haben dabei auf ein Skript mit dem Namen »LabelGraphics.jsx« zurückgegriffen, das Adobe mit InDesign CS5 aus der Standardinstallation entfernt hat. Adobe bietet seither eine dafür geeignetere Funktion mit der Bezeichnung BESCHRIFTUNGEN an, die weit über den Funktionsinhalt des Skripts hinausgeht.

Über die Optionen im Menü OBJEKT • BESCHRIFTUNGEN können Sie das Default-Verhalten dieser Funktion definieren, zu ausgewählten Bildern eine dynamische oder statische Beschriftung erzeugen lassen und dabei für den Inhalt auf eine sehr große Vielfalt von Metadatenfeldern, Dateinamen, Pfaden usw. zurückgreifen. Lassen Sie uns diese Funktion anhand einer Schritt-für-Schritt-Anleitung erkunden, in der der Dateiname mit dem Copyright-Vermerk unterhalb jedes Bilds erzeugt wird.

Hinweis
Alle Befehle des Menüs OBJEKT • BESCHRIFTUNGEN können für das jeweilige Bild auch über das Verknüpfungen-Bedienfeld ausgeführt werden.

Schritt für Schritt
Bildunterschriften aus Metadaten erzeugen lassen

Unterhalb der Bilder in einem Kontaktabzug möchten Sie den Dateinamen und den Copyright-Vermerk anbringen, der in den Metadaten der Bilder hinterlegt ist. Dabei sollte das Raster so dynamisch angelegt werden, dass selbst bei einem nachträglichen Bildaustausch sich beide Werte automatisch ändern.

1 Einrichten der Vorgabewerte für die Beschriftung

Um das Verhalten und die Form der Bildbeschriftung zu bestimmen, müssen Sie über den Befehl OBJEKT • BESCHRIFTUNGEN • BESCHRIFTUNG EINRICHTEN die Vorgabewerte festlegen. Da es sich hierbei um einen Vorgabewert handelt, müssen Sie dazu nur die entsprechende Datei geöffnet haben. Die Auswahl eines bestimmten Werkzeugs ist nicht nötig.

◄ **Abbildung 8.48**
Der Beschriftung einrichten-Dialog, worin Sie festlegen, welche Metadatenfelder ausgelesen und wie die Beschriftung positioniert und formatiert werden soll.

Da wir den Dateinamen und den Copyright-Vermerk unterhalb der Bilder einblenden wollen, legen Sie im Bereich METADATENBESCHRIFTUNG durch Klick auf + 4 eine zweite Eintragungszeile an. Vor dem Dateinamen soll »Dateiname:« und vor dem Copyright-Vermerk soll »Foto:«

stehen. Schreiben Sie diese Wörter in die jeweilige Zeile im Feld Text davor ①, und geben Sie jeweils danach einen Halbgeviert-Leerraum ein. Das Leerzeichen wurde durch Anklicken des Symbols ▸ und Auswahl des Eintrags Halbgeviert eingefügt.

Verschachteltes Absatzformat

Wie Sie ein verschachteltes Absatzformat anlegen, erfahren Sie in Abschnitt 14.4, »Initialen und verschachtelte Absatzformate«, auf Seite 507.

2 Position und Formatierung für die Beschriftung festlegen

Im Bereich Position und Format bestimmen Sie, wo das Textfeld mit der Bildunterschrift in Bezug auf das Bild positioniert wird und wie weit der Text zum Bild versetzt werden soll. Wählen Sie dazu in Ausrichtung ② in unserem Fall Unter dem Bild aus, und bestimmen Sie den Versatz ③ des Textes mit 0,8 mm.

In welcher Schrift, Schriftgröße, Farbe usw. die Bildunterschrift gesetzt werden soll, bestimmen Sie am einfachsten durch Auswahl eines Absatzformats in Absatzformat ⑤. Sollten Sie noch keines definiert haben, so legen Sie eines durch Aufruf des Befehl Neues Absatzformat an. Damit die Bezeichnung bis einschließlich des Doppelpunkts Bold gesetzt wird, müssen Sie ein verschachteltes Absatzformat einsetzen.

Hinweis

Durch die Wahl der Option Beschriftung mit Bild gruppieren können Sie keine abweichende Ebene auswählen, da InDesign Objekte nur dann gruppieren kann, wenn sie sich auf derselben Ebene befinden.

Wenn der Textrahmen auf einer anderen Ebene positioniert werden soll – Sie wollen eventuell die Bildunterschriften ausblenden –, wählen Sie in der Option Ebene ⑥ eine dafür geeignete Ebene aus.

Wenn das Bild mit der Beschriftung als Gruppe angelegt werden soll, so aktivieren Sie die Option Beschriftung mit Bild gruppieren ⑦.

Statische Beschriftung beim Platzieren erstellen

Beim Platzieren von Bildern können Sie im Platzieren-Dialog die Option Statische Beschriftungen erstellen aktivieren, wenn Sie gleich beim Platzieren der Bilder die Beschriftung (z. B. eine Bildunterschrift) erstellen wollen.

3 Die Beschriftungen hinzufügen

Was nun fehlt, ist die Bildbeschriftung. Um diese zu erstellen, wählen Sie die zu kennzeichnenden Bilder mit dem Auswahlwerkzeug aus. Danach rufen Sie den Befehl Objekt • Beschriftungen • Dynamische Beschriftung erstellen bzw. Objekt • Beschriftungen • Statische Beschriftung erstellen auf. Das Ergebnis sieht dann so aus:

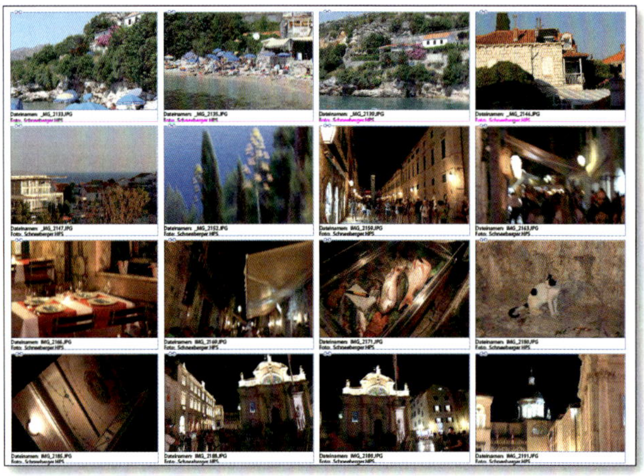

Abbildung 8.49 ▸
Der fertige Kontaktabzug mit eingefügten Bildunterschriften. Wurden die Bildunterschriften über die Funktion Dynamische Beschriftung einfügen erstellt, so können Sie nun nachträglich noch Bilder austauschen, wodurch sich die Bildunterschriften aktualisieren würden.

Dynamische Beschriftung erstellen | Wird eine dynamische Beschriftung erzeugt, so besteht eine Verbindung zur platzierten Datei. Werden beispielsweise Metadaten für dieses Bild geändert, wird der Anwender über das Verknüpfungen-Bedienfeld darauf aufmerksam gemacht, dass die Datei sich seit dem Platzieren geändert hat. Wird eine Aktualisierung durchgeführt, so wird auch die dynamische Beschriftung aktualisiert. Eine Änderung im Text der Bildunterschrift kann dadurch erfolgen.

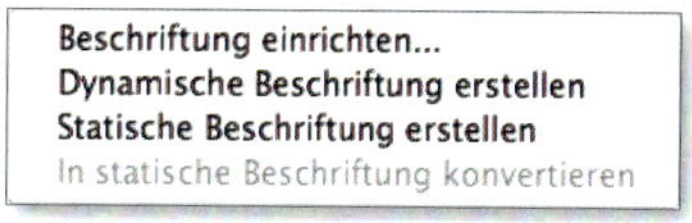

▲ **Abbildung 8.50**
Die Befehle des Menüeintrags Objekt • Beschriftungen

Statische Beschriftung erstellen | Wird eine statische Beschriftung erzeugt – dies kann auch durch Aktivierung der gleichlautenden Option im Platzieren-Dialog erfolgen –, werden die Informationen einmalig ausgelesen und platziert. Ändern sich Metadaten im Bild, so wird beim Aktualisieren des Bilds kein Austausch der Metadaten durchgeführt.

In statische Beschriftung konvertieren | Auf Textrahmen, deren Inhalt als Dynamische Beschriftung erzeugt worden ist, kann dieser Befehl ausgeführt werden. InDesign entkoppelt damit den Textrahmen von den hinterlegten Metadaten im Bild.

Einschränkungen | Die Funktion der dynamischen Beschriftung ist sicherlich in vielen Fällen einsetzbar. Wir möchten es aber nicht versäumen, Sie an dieser Stelle auf die eine oder andere Einschränkung hinzuweisen, sodass Sie bereits darauf Rücksicht nehmen können, wenn Sie planen, die Funktion einzusetzen.

- **Anzahl der Metadatenfelder**: Auch wenn es den Anschein hat, dass beim Einrichten der Beschriftung auf eine sehr große Anzahl von Metadatenfeldern zurückgegriffen werden kann, stehen dabei leider sehr viele Eintragungen zur Verfügung, die normalerweise niemand benutzt. Beachten Sie also, ob das Metadatenfeld, das Sie für diesen Automatismus verwenden wollen, auch wirklich zur Verfügung steht.
- **Beschriftungen sind Textvariablen**: Eine dynamische Beschriftung stellt in InDesign eine eingefügte Textvariable dar. Bei Textvariablen haben Sie mit gewissen Einschränkungen zu rechnen. Diese sind:
  - Umbrüche können nicht von Hand eingefügt werden.
  - Ist der Inhalt einer Textvariablen zu lang, so kann diese nicht in die nächste Zeile umbrochen werden.
  - Sie können nicht über diese Funktion zwei Beschriftungen in einer Zeile einfügen – z. B. links den Dateinamen und getrennt durch [⇧]+[⇥] den Copyright-Vermerk. Sie müssen dies händisch lösen.
- **Der Rahmen der dynamischen Beschriftung muss an das Bild andocken**: Damit der Inhalt eines Metadatenfelds wirklich ausgelesen und aktualisiert werden kann, muss einerseits eine dynamische Be-

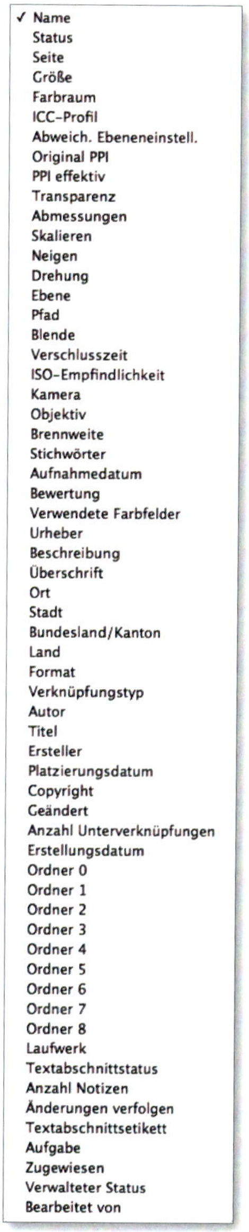

▲ **Abbildung 8.51**
Aus dieser Vielfalt können Informationen aus den Metadatenfeldern ausgelesen werden.

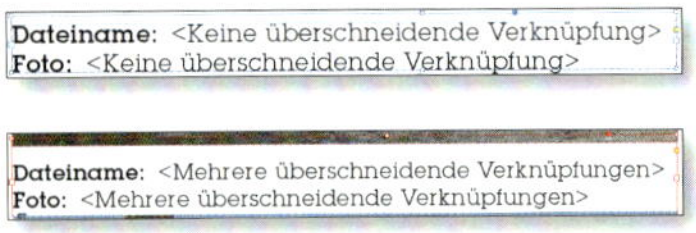

▲ **Abbildung 8.52**
Oben: Die Textzeile weist darauf hin, dass der Inhalt der dynamischen Beschriftung nicht aus den Metadaten ausgelesen werden kann – es besteht keine Überlappung zwischen Textrahmen und Bild.
Unten: Die Textzeile weist darauf hin, dass der Inhalt der dynamischen Beschriftung nicht aus den Metadaten ausgelesen werden kann – es besteht eine Überlappung zwischen Textrahmen und zwei Bildern.

schriftung erzeugt werden, und andererseits muss der dabei entstehende Textrahmen den Bildrahmen berühren oder überragen. Sobald Sie den Textrahmen vom Bild entfernen, fehlt der dynamischen Beschriftung der Bezug zum Bild, und es kann keine Information ausgelesen werden; berührt hingegen der Textrahmen zwei Bilder, so kann ebenfalls kein Wert ausgelesen werden. Beachten Sie also in der Planung dieses Verhalten. Damit sind automatisierte Fotocredits, die im Bund eines Magazins stehen, nicht zu erzeugen.

Bilder auf eine bestimmte Breite bringen

Wie Sie Bilder vergrößern bzw. verkleinern, haben Sie ja schon gelernt. Doch wie Sie einzelne oder mehrere Bilder auf ein und dieselbe Breite oder Höhe bringen, bedarf kleiner Hinweise bzw. einiger Tricks.

Einzelnes Bild auf eine bestimmte Breite bringen | Sie haben ein 20 mm breites Bild im richtigen Ausschnitt im Layout platziert. Aufgrund einer kleinen Formatänderung möchten Sie nun das Bild jedoch auf eine Breite von 35 mm bringen.

Nichts einfacher als das, denken Sie. Man muss doch nur das Bild markieren und im Steuerung-Bedienfeld die neue Breite des Rahmens eingeben. Wenn Sie das tun, ändert sich dieser Rahmen zwar tatsächlich auf die neue Breite, das Bild jedoch wird nicht mitskaliert. Folgende Lösungen stehen zur Verfügung:

- **Lösung 1**: Markieren Sie das Bild, und aktivieren Sie die Option Automatisch einpassen ❺ aus dem Steuerung-Bedienfeld. Danach aktivieren Sie dort auch die Option Proportionen für Breite und Höhe beibehalten ❷ und geben die neue Breite im Feld für die Breite ❶ ein.
- **Lösung 2**: Markieren Sie das Bild mit dem Auswahlwerkzeug, und geben Sie im Eingabefeld der x-Skalierung ❸ einfach 35 mm ein. Achten Sie jedoch darauf, dass die Option Proportionen beim Skalieren beibehalten ❹ aktiviert ist.

▼ **Abbildung 8.53**
Oben: Bild mit gewähltem Ausschnitt mit einer Breite von 20 mm; unten: das Bild in der Breite von 35 mm

Wenn Sie nun denken, das hätten Sie ja auch durch die Änderung der Breite des Rahmens und dann mit erneutem Aufruf des Befehls Rahmen proportional füllen erledigen können, so stimmt das. Wurde jedoch ein Bildausschnitt gewählt, so funktionieren Ihre Überlegungen nicht mehr.

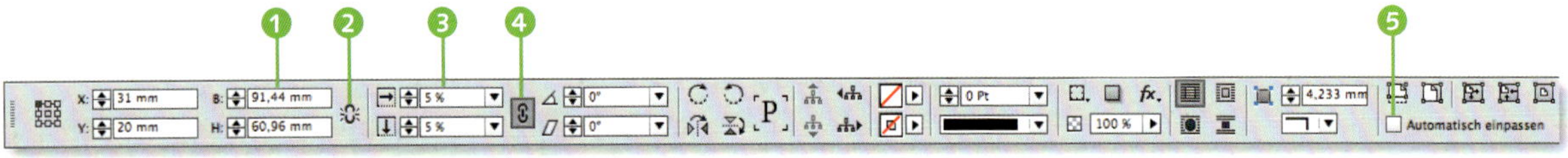

Mehrere Bilder auf die gleiche Höhe bringen | Sie können die zuvor beschriebenen Verfahren auf mehrere Bilder einzeln anwenden. Das verschlingt aber eine Menge Zeit. Unter bestimmten Umständen kann man sich diese Zeit sparen und eine Transformation über die Befehle in ERNEUT TRANSFORMIEREN aus dem Menü OBJEKT erneut ausführen.

Schritt für Schritt
Mehrere Bilder auf die gleiche Höhe bringen

Sie haben eine Reihe von Bildern in beliebiger Größe waagrecht und unregelmäßig verteilt platziert. Die Bilder werden vollflächig angezeigt, ohne dass Sie einen Ausschnitt gewählt haben.

◄ **Abbildung 8.54**
Ungleich große und unregelmäßig platzierte Bilder, an der Oberkante ausgerichtet

Das Ziel: Alle Bilder sollen auf die gleiche Höhe von 34 mm gebracht und in der Satzspiegelbreite gleichmäßig verteilt werden.

1 Ein Bild auf die korrekte Höhe bringen

Wählen Sie mit dem Auswahlwerkzeug ein Bild aus, und bringen Sie die Höhe des Rahmens auf 34 mm.

◄ **Abbildung 8.55**
Der Bildrahmen wird mit aktivierter Option PROPORTIONEN FÜR BREITE UND HÖHE BEIBEHALTEN auf die richtige Höhe gebracht.

Aktivieren Sie dazu im Steuerung-Bedienfeld die Option PROPORTIONEN FÜR BREITE UND HÖHE BEIBEHALTEN , und geben Sie im Eingabefeld der Höhe den Wert »34 mm« ein. Bestätigen Sie die Eingabe, womit der Rahmen nun die beabsichtigte Höhe besitzt. Der Bildinhalt wird dabei nicht skalliert, und die Rahmenbreite wird proportional angepasst.

2 Rahmen proportional füllen
Führen Sie auf den markierten Bildrahmen dann den Befehl OBJEKT • ANPASSEN • RAHMEN PROPORTIONAL FÜLLEN aus. Dadurch wird das Bild wiederum vollflächig in den Rahmen eingepasst.

3 Alle Bilder auf die gleiche Höhe bringen
Wählen Sie nun alle Bilder aus, und führen Sie den Befehl OBJEKT • ERNEUT TRANSFORMIEREN • ERNEUT TRANSFORMIEREN – ABFOLGE, EINZELN aus.

Abbildung 8.56 ▶
Die Transformationsfolge (Rahmengröße ändern und RAHMEN PROPORTIONAL FÜLLEN) wird über den Befehl ERNEUT TRANSFORMIEREN – ABFOLGE, EINZELN auf jedes einzelne Bild in der Auswahl übertragen.

Dadurch werden nun alle Bildrahmen auf dieselbe Höhe gebracht und der Inhalt aller Bilder über den Befehl PROPORTIONAL FÜLLEN an die neue Rahmengröße angepasst.

4 Bilder ausrichten
Zum Schluss müssen Sie nun nur noch die Objekte über das Ausrichten-Bedienfeld innerhalb des Satzspiegels gleichmäßig ausrichten. Fertig ist der Spaß.

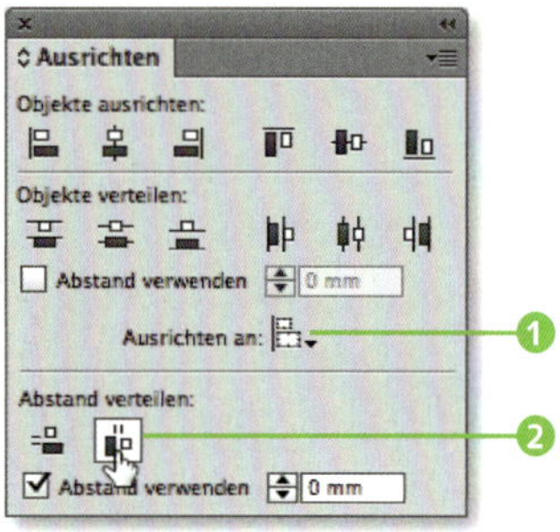

▲ **Abbildung 8.57**
Durch Auswahl des Eintrags AN RÄNDERN AUSRICHTEN in der Option AUSRICHTEN AN ① und Klick auf den Button ZWISCHENRAUM HORIZONTAL VERTEILEN ② werden die Bilder noch gleichmäßig innerhalb des Satzspiegels verteilt.

Auslesen und Anwenden von Pfaden und Alpha-Kanälen

Haben Sie Bilder, die in Photoshop mit Pfaden oder einem Alpha-Kanal (einem unsichtbaren Kanal, der transparente Bereiche eines Bildes definiert) erstellt worden sind, in InDesign platziert, so können Sie, wie bereits beschrieben, schon in den Importoptionen zumindest einen Alpha-Kanal bzw. den Beschneidungspfad angeben. Wenn Sie jedoch beim Importieren vergessen haben, dies zu aktivieren, so können Sie in InDesign auch nachträglich auf diese Informationen zurückgreifen.

Um auf Pfade und Alpha-Kanäle in Bildern zurückzugreifen, markieren Sie das Bild und führen den Befehl OBJEKT • BESCHNEIDUNGSPFAD • OPTIONEN aus, oder betätigen Sie das Tastenkürzel [Strg]+[Alt]+[⇧]+[K] bzw. [⌘]+[⌥]+[⇧]+[K]. Aus unerklärlichen Gründen finden Sie diesen Menübefehl nicht im Kontextmenü.

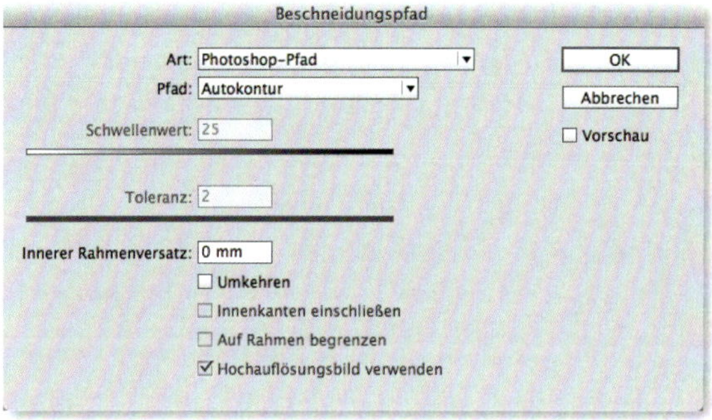

◀ **Abbildung 8.58**
Der Dialog Beschneidungspfad, in dem Sie nachträglich Beschneidungspfade auswählen können

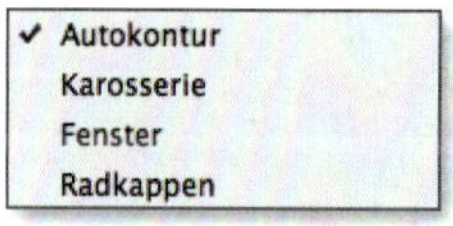

▲ **Abbildung 8.59**
Die Beschneidungspfad-Arten Kanten suchen, Alpha-Kanal und Photoshop-Pfad. Wurde der Freistellpfad in InDesign vom Layouter verändert, so wird der Eintrag Vom Benutzer geänderter Pfad aktiv.

- Art: Im Dialog Beschneidungspfad (Abbildung 8.58) wählen Sie in der Option Art eine der Möglichkeiten aus (Abbildung 8.59):
  - Kanten suchen: Diese Option erstellt einen Pfad, der Pixelpunkte innerhalb des gewählten Schwellenwerts umschließt. Dies führt jedoch nur bei Bildern mit einem sehr hellen bis weißen Hintergrund zum gewünschten Ergebnis.
  - Alpha-Kanal: Damit greifen Sie auf vorhandene Alpha-Kanäle bzw. Transparenzen in der platzierten Bilddatei zu.
  - Photoshop-Pfad: Über diese Option können Sie auf alle abgespeicherten Pfade in der importierten Datei zugreifen.
- Pfad: Sind mehrere Pfade in der Bilddatei angelegt, so können Sie hier den Pfad auswählen, der als Freisteller verwendet werden soll. Wurde ein Pfad in Photoshop als Freistellpfad gespeichert, so wird dieser standardmäßig beim Platzieren des Bilds verwendet. Wollen Sie diesen Pfad nicht verwenden, so deaktivieren Sie in den Importoptionen die Option Photoshop-Beschneidungspfad verwenden.
- Schwellenwert und Toleranz: Da es sich bei einem Pfad um eine klare Kontur handelt, können Sie hier keine Schwellenwertverschiebungen durchführen. Wäre dagegen die Option Kanten suchen oder Alpha-Kanäle im Spiel, so könnten Anpassungen des Freistellers mit den Optionen Schwellenwert und Toleranz vorgenommen werden. Die Ergebnisse sind dabei meist nicht zufriedenstellend.
- Innerer Rahmenversatz: Sie können damit den Beschneidungspfad erweitern oder verkleinern. So können Fehler bei Streupixeln behoben werden.
- Umkehren: Die Aktivierung dieser Option veranlasst, dass Bildbereiche innerhalb des Beschneidungspfads ausgeblendet und außerhalb des Beschneidungspfads eingeblendet werden. Eine hilfreiche Funktion, wenn der Beschneidungspfad bereits in der Photoshop-, TIFF-, EPS- oder JPEG-Datei den falschen Bereich maskiert.
- Innenkanten einschliessen: In Verbindung mit Kanten suchen, wo über den Schwellenwert die Transparenz je nach Helligkeit be-

Alpha-Kanäle: Dateiformate

Alpha-Kanäle können durch Adobe Photoshop für die Druckvorstufe nur in den Dateiformaten PSD und TIFF abgespeichert werden. Für Online-Dokumente wäre auch PNG geeignet.

Dateiformate mit Pfaden

Beschneidungspfade können nur in den Dateiformaten PSD, TIFF, EPS, DCS 1.0, DCS 2.0 und JPEG abgespeichert werden.

Beschneidungspfad in Rahmen konvertieren

Wenn Sie einen Beschneidungspfad eines Bildes als Bildrahmen benötigen, so können Sie den Beschneidungspfad über den Befehl Objekt • Beschneidungspfad • Beschneidungspfad in Rahmen konvertieren umwandeln.

stimmt wird, können Sie mit dieser Option den Pfad für helle Bereiche, die den Grenzwert erreichen, im Bild erweitern.

- Auf Rahmen begrenzen: Der Standardwert sorgt dafür, dass Bilder, die größer als der Bildrahmen sind, auch durch den Bildrahmen beschnitten werden. Wird die Option deaktiviert, ragt der Pfad über die Rahmenkanten hinaus.

Option: Hochauflösungsbild verwenden
Durch die Wahl der Option Hochauflösungsbild verwenden werden die Bildbereiche auf der Grundlage der tatsächlichen Datei berechnet, um die größtmögliche Präzision zu erzielen. Diese Option ist in Verbindung mit der Option Alpha-Kanal nicht verfügbar, da in InDesign ein Alpha-Kanal immer mit der tatsächlichen Auflösung verwendet wird.

Nachdem Sie den gewünschten Pfad ausgewählt und den Beschneidungspfad-Dialog mit OK bestätigt haben, bemerken Sie, dass der Inhaltsrahmen (brauner Rahmen) nun den Beschneidungspfad darstellt. Dieser Rahmen könnte nachträglich durch den Layouter verändert werden, um noch kleine Fehler im Beschneidungspfad zu beheben. Wir weisen Sie jedoch hier ausdrücklich darauf hin, dass Änderungen im Beschneidungspfad im Originaldokument – also in der Photoshop-Datei – vorzunehmen sind, da eine Änderung des Beschneidungspfads in Photoshop bei einer Aktualisierung des Bilds nicht den benutzerdefinierten Beschneidungspfad in InDesign überschreiben würde. Damit wird die Änderung im Beschneidungspfad durch InDesign ignoriert.

Zurücksetzen geänderter Beschneidungspfade
Wurde ein Beschneidungspfad durch den Anwender geändert, so sollte dies durch erneutes Auswählen des Photoshop-Beschneidungspfads im Dialog Beschneidungspfad zurückgesetzt werden.

Aktivieren von Objektebenen in importierten Dateien

Wie beim Platzieren von Bildern bereits beschrieben, können Sie schon beim Import von PSD-, PDF- und AI-Dateien entscheiden, welche Ebenen zur Ansicht und somit zur Ausgabe in InDesign aktiviert werden sollen. Wurde eine benutzerdefinierte Ebenenansicht verwendet, so können Sie diese Ansicht durch Ausführen des Befehls Objekt • Objektebenenoptionen oder durch den gleichnamigen Befehl im Kontextmenü nachträglich verändern.

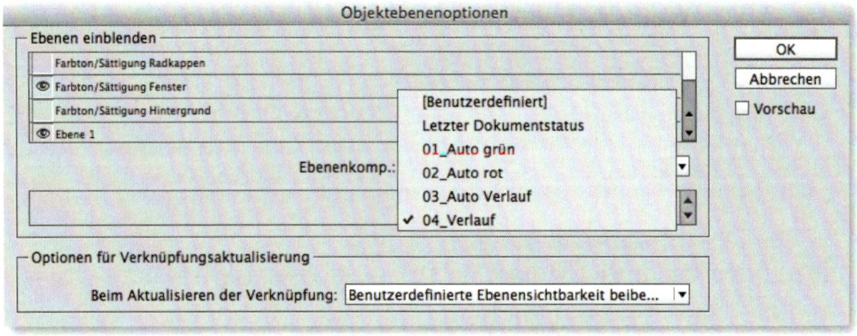

Abbildung 8.60 ▶
Der Objektebenenoptionen-Dialog

Benutzerdefinierte Ansichten anzeigen lassen
Ob Dateien mit einer benutzerdefinierten Ansicht bzw. Ebene platziert worden sind, kann im Verknüpfungen-Bedienfeld durch Aktivieren der Option Abweich. Ebeneneinstell. in den Bedienfeldoptionen angezeigt werden.

Vor allem dann, wenn Sie in Photoshop mit Ebenenkompositionen oder in PDF-Dateien z.B. mit Sprachmutationen gearbeitet haben, können Sie über diesen Befehl schnell und bequem zwischen den einzelnen »Views« bzw. »Sprachvarianten« umschalten.

Ein Bild in einen leeren Bildrahmen kopieren

Ein in der Praxis sehr oft falsch durchgeführter Arbeitsschritt ist das Kopieren eines platzierten Bilds in einen leeren Bildrahmen.

Der falsche Weg | Normalerweise würden Sie zu diesem Zweck das Bild mit dem Auswahlwerkzeug markieren und es über das Tastenkürzel Strg+C oder ⌘+C in die Zwischenablage kopieren. Dann markieren Sie den leeren Bildrahmen und fügen den Inhalt der Zwischenablage über den Befehl Bearbeiten • In die Auswahl einfügen oder das Tastenkürzel Strg+Alt+V bzw. ⌘+⌥+V in den Bildrahmen ein.

Damit haben Sie eine Verschachtelung von Bildrahmen erzeugt, da Sie damit einen Bildrahmen mit dem Bildinhalt in einen weiteren Bildrahmen eingefügt haben.

Umgang mit verschachtelten Rahmen

Der Umgang mit verschachtelten Rahmen ist sehr mühsam. Wie Sie damit umgehen sollten, können Sie im Abschnitt »Objekte in Gruppen auswählen« auf Seite 242 nachlesen.

Der richtige Weg | Wählen Sie, bevor Sie den Kopieren-Befehl ausführen, das Bild mit dem Direktauswahl-Werkzeug bzw. mit dem Inhaltsauswahlwerkzeug aus. Damit wird nur das Bild kopiert und somit nur das Bild in den neuen Bildrahmen eingefügt.

Bilder zwischen zwei Rahmen austauschen

Wollen Sie den Inhalt zweier Bildrahmen auf der Seite austauschen, so ist das mit InDesign-Bordwerkzeugen ein sehr komplizierter Vorgang. Sie müssten zuerst einen Bildrahmen duplizieren und dann das andere Bild durch Copy & Paste – so, wie oben beschrieben – von einem Rahmen in den zweiten übertragen. Dasselbe Prozedere müssten Sie dann mit dem zweiten Bild wiederholen.

Für diesen recht simplen Vorgang wollen wir Ihnen das Skript *»swapImage_de.jsx«* von Gerald Singelmann empfehlen. Sie können es sich unter *http://www.indesign-faq.de/de/swapping_images* laden.

8.7 Bilder, Grafiken und ganze Seiten über Layouts hinweg verwenden

Bilder und Grafiken werden in der Praxis in verschiedenen Publikationen mehrfach verwendet. Dabei werden diese Dateien auf die unterschiedlichste Art und Weise in die jeweiligen InDesign-Dokumente eingefügt und dort in die richtige Lage und Größe gebracht. Ihre Aktualität wird über das Verknüpfungen-Bedienfeld kontrolliert.

Ganz egal, ob Sie die Bilder in jedem Dokument neu platzieren, über Drag & Drop zwischen Dokumenten duplizieren oder über die Zwischenablage mit Copy & Paste in die neuen Dokumente bringen, es ist und bleibt immer viel Arbeit. Dabei wird nicht immer auf dieselben Dateien in einer statischen Ordnerstruktur zurückgegriffen, sondern Grafik- und Bildbestände dupliziert, um ja sicherzugehen, dass kein Bild irrtümlich geändert und somit in allen davon betroffenen Dokumenten aktualisiert wird. Diese Denkweise ist aus Sicht der Anwender verständlich, jedoch sehr ressourcenintensiv und einfach nur geordnetes Chaos.

Doch wenn Sie, speziell im Umfeld der digitalen Veröffentlichungen, viele Mutationen von Seiten oder sogar ganzen Magazinen erstellen müssen, so sollten Sie ab sofort beginnen, Ihre Arbeitsweise zu ändern. Adobe stellt seit InDesign CS6 dazu einerseits zwei neue Werkzeuge, das Inhaltsaufnahme-Werkzeug sowie das Inhaltsplatzierung-Werkzeug, und andererseits neue Techniken zur Erstellung von alternativen Layouts zur Verfügung, inklusive der Möglichkeit, Inhalte über Dokumente und Seiten hinweg zu synchronisieren.

Hinweis
Wie Sie alternative Layouts erstellen und dabei auch synchronisierte Inhalte anlegen können, erfahren Sie in Kapitel 31, »Variables Layout«.

Schieben wir vorerst die Techniken zum Erstellen von alternativen Layouts auf die Seite und konzentrieren wir uns hier auf die Möglichkeiten, um Inhalte schnell zu übertragen und dabei so anzulegen, dass eine Synchronisierung zu einem späteren Zeitpunkt möglich ist.

Das Inhaltsaufnahme-Werkzeug

Content-Collector-Tool
Der englische Begriff für das Inhaltsaufnahme-Werkzeug lautet *Content-Collector-Tool*. Diese Bezeichnung ist wohl etwas zutreffender als die deutsche Übersetzung.

Neben den Möglichkeiten, Objekte eines Layouts durch Copy & Paste oder durch Verschieben per Drag & Drop in andere Dokumente zu übertragen, können Sie dafür auch auf das Inhaltsaufnahme-Werkzeug zurückgreifen, das Sie durch Klick auf das Symbol bzw. durch Drücken von B auswählen können. Die Unterschiede zwischen den bisherigen Arbeitsweisen und dem Inhaltsaufnahme-Werkzeug sind:

- Es können einzelne oder mehrere Objekte von der aktuellen Seite, aus dem aktuellen Dokument oder aus anderen Dokumenten vor dem Einfügen im Zieldokument gesammelt werden. Sie müssen somit nicht mehrfach zwischen den Dokumenten hin- und herspringen.
- Sie können dabei auch noch bestimmen, ob das Objekt als verknüpfter Inhalt angelegt werden soll. Eine mögliche spätere Synchronisierung des Inhalts sowie der Größe kann dadurch abgebildet werden.
- Sind sehr viele Objekte im Inhaltsaufnahme-Werkzeug geladen worden, so kann schlussendlich beim Platzieren dieser Objekte über das Inhaltsplatzierung-Werkzeug schneller ausgewählt werden, welcher Inhalt überhaupt platziert werden soll.

Hinweis
Anstatt den zu platzierenden Inhalt über das Inhaltsplatzierung-Werkzeug auszuwählen, kann auch die Auswahl eines Objekts durch Drücken der ←/→-Taste beim Platzierungs-Cursor erfolgen.

Aus den genannten Unterschieden können Sie herauslesen, dass die Verwendung des Inhaltsaufnahme-Werkzeugs viele Vorteile mit sich bringen könnte. Nach der Auswahl des Werkzeugs erscheint das Inhaltsaufnahme-Fenster, das als HUD (Head Up Display) völlig frei verschiebbar oberhalb des Dokuments und aller Bedienfelder in die Oberfläche von InDesign eingebaut wurde. Sollte sich das Fenster – es wird in InDesign einfach nur ÜBERTRÄGER genannt – nicht zeigen, so haben Sie zu einem früheren Zeitpunkt die Darstellung des Fensters unterbunden. Blenden Sie das Fenster über den Befehl ANSICHT • EXTRAS • ÜBERTRÄGER EINBLENDEN ein, oder drücken Sie [Alt]+[B] bzw. [⌥]+[B].

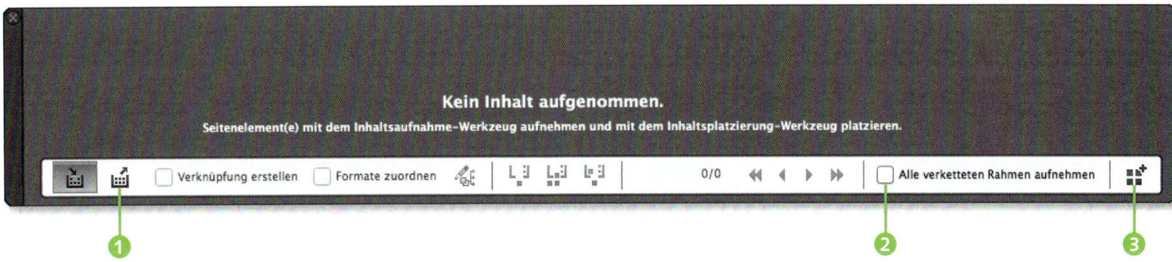

▲ **Abbildung 8.61**
Der leere Überträger mit gewähltem Inhaltsaufnahme-Werkzeug

Da noch kein Inhalt aufgenommen wurde, ist der Überträger zu Beginn leer. Es können aktuell nur drei Symbole ausgewählt werden:

- **Inhaltsplatzierung-Werkzeug** ①: Durch Klick auf das Symbol können Sie auf das Inhaltsplatzierung-Werkzeug umschalten bzw. wiederum durch Klick auf das Symbol zurück auf das Inhaltsaufnahme-Werkzeug schalten.
- **Alle verketteten Rahmen aufnehmen** ②: Aktivieren Sie diese Checkbox nur dann, wenn Sie ganze Textabschnitte, die durch Verkettungen miteinander verbunden sind, in den Überträger aufnehmen wollen.
- **Überträger laden** ③: Damit können Sie bestimmte Bereiche des aktuell geöffneten Dokuments in einem Aufwasch in den Überträger übernehmen.

Platzieren und Verknüpfen

Wenn Sie den Befehl BEARBEITEN • PLATZIEREN UND VERKNÜPFEN aufrufen, tun Sie im Wesentlichen dasselbe, als wenn Sie das Inhaltsaufnahme-Werkzeug verwenden.

Zum Aufnehmen von Objekten bzw. Inhalten von Dokumenten stehen Ihnen verschiedene Vorgehensweisen zur Verfügung. Beachten Sie jedoch bei jeder Vorgehensweise, welche Option Sie im Überträger aktiviert haben.

Einzelne Objekte hinzufügen | Wenn Sie mit dem ausgewählten Inhaltsaufnahme-Werkzeug über die Objekte der Seite gleiten, so wird jedes aufnehmbare Objekt mit einer dicken, in der Ebenenfarbe eingefärbten Linie umgeben. Ein einfacher Klick auf das Objekt reicht aus, um dieses Objekt in den Überträger zu laden. Das Objekt erscheint sofort im Inhaltsbereich des Überträgers. Einmal aufgenommene Objekte können nicht ein zweites Mal als einzelnes Objekt aufgenommen werden, wohl aber beim Aufnehmen einer ganzen Gruppe.

▲ **Abbildung 8.62**
Die dicke Umrandung zeigt an, welches Objekt mit dem Inhaltsaufnahme-Werkzeug aufgenommen werden kann.

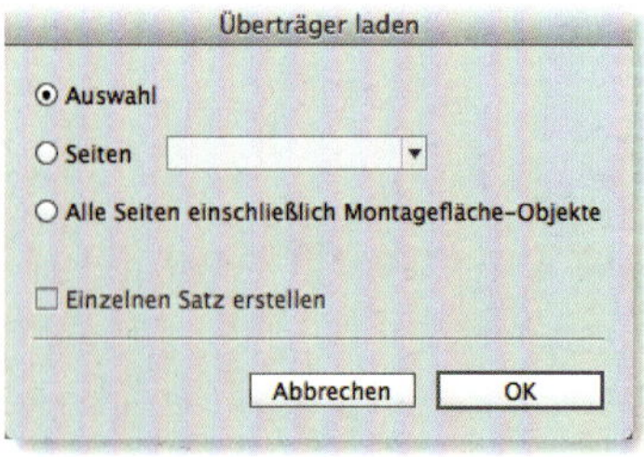

▲ **Abbildung 8.63**
Der Überträger laden-Dialog, mit dem Sie ausgewählte Objekte, eine ganze Seite bzw. einen Seitenbereich oder alle Objekte des Dokuments inklusive der Objekte, die sich auf der Montagefläche befinden, in den Überträger übernehmen können.

Mehrere Objekte einer Seite hinzufügen | Wollen Sie mehrere Objekte der Seite in den Überträger aufnehmen und diese Objekte als separaten Satz anlegen (darunter wird ein Stapel von Objekten verstanden), so stehen Ihnen zwei Möglichkeiten zur Verfügung:

1. Ziehen Sie mit dem ausgewählten Inhaltsaufnahme-Werkzeug so, wie Sie mehrere Objekte auswählen würden, ein imaginäres Rechteck um die ganzen Objekte herum auf.
2. Wählen Sie mit dem Auswahlwerkzeug im Vorfeld die zu übertragenden Objekte aus, und klicken Sie auf Überträger laden. Im erscheinenden Dialog (Abbildung 8.63) wählen Sie die Option Auswahl aus und bestätigen den Dialog mit OK.

Während Sie bei der ersten Variante meistens auch Objekte aufnehmen, die sich im Hintergrund befinden kann bei der zweiten Methode sehr selektiv vorgegangen werden. Das einfache Ziehen durch Drag & Drop von der Seite in den Überträger funktioniert leider nicht.

Alle Textrahmen eines Textflusses hinzufügen | Haben Sie ein Dokument, in dem sich längere Textpassagen in Form von verketteten Textrahmen über Seiten hinweg ziehen, so wollen Sie manchmal nur einen bestimmten Textrahmen und manchmal alle im Textfluss befindlichen Textrahmen übernehmen. Beachten Sie Folgendes:

- **Einzelnen Textrahmen übernehmen**: Verfahren Sie dabei so, wie wenn Sie ein einzelnes Objekt übernehmen wollen. Der Nachteil: Es wird zwar der Textrahmen, jedoch auch der ganze im Textfluss befindliche Text übernommen. Dies führt dazu, dass der Textrahmen in Originalgröße zwar im neuen Dokument platziert werden kann, der Text jedoch vom Textanfang ausgehend erscheint.
- **Alle verketteten Textrahmen übernehmen**: Durch das Aktivieren der Checkbox Alle verketteten Rahmen aufnehmen werden alle Textrahmen des Textflusses als Satz im Überträger aufgenommen.

Einen Textrahmen aus einem Textfluss übernehmen
Greifen Sie dazu auf die herkömmliche Methode zurück, indem Sie den Textrahmen mit dem Auswahlwerkzeug markieren, kopieren und wieder einfügen. Alt, aber gut!

Bestimmte Seiten des aktuellen Dokuments hinzufügen | Wollen Sie hingegen nur bestimmte Seiten des Dokuments in den Überträger aufnehmen, so klicken Sie auf Überträger laden und wählen im erscheinenden Dialog (Abbildung 8.63) die Option Seiten aus. Geben Sie dann im Feld daneben den gewünschten Bereich ein, wodurch alle Objekte der einzelnen Seiten als Satz im Überträger aufgenommen werden.

Mehrere Objekte in einem Satz zusammenführen
Wollen Sie, dass alle Objekte des gesamten Bereichs als ein Satz im Überträger angelegt werden, so aktivieren Sie die zusätzliche Option Einzelnen Satz erstellen am Fuße des Dialogs.

Alle Objekte des aktuellen Dokuments hinzufügen | Wollen Sie hingegen alle Objekte des Dokuments – auch die auf der Montagefläche –

in den Überträger aufnehmen, so klicken Sie auf ÜBERTRÄGER LADEN und wählen im erscheinenden Dialog (Abbildung 8.63) die Option ALLE SEITEN EINSCHLIESSLICH MONTAGEFLÄCHE-OBJEKTE aus.

Ob Sie bei all diesen Vorgängen die Objekte aus einem oder aus verschiedenen Dokumenten in den Überträger laden, spielt für den Vorgang der Befüllung keine Rolle. Haben Sie die Befüllung abgeschlossen, so zeigt sich der Überträger in einer so ähnlichen Form, wie Sie es in Abbildung 8.64 sehen können.

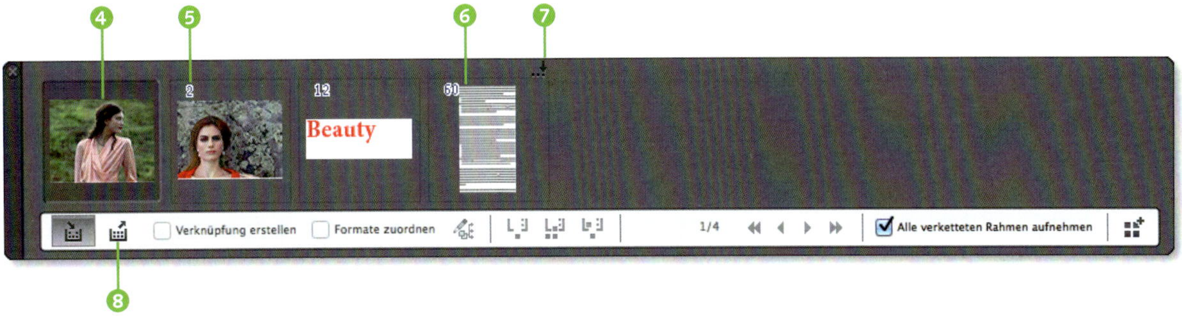

▲ **Abbildung 8.64**
Der befüllte Überträger mit gewähltem Inhaltsaufnahme-Werkzeug

Im Überträger befinden sich nun verschiedene Objekte bzw. Objektsätze – wir sprechen dabei der Einfachheit halber von einem »Satz«. Die Symbole an den einzelnen Eintragungen haben folgende Bedeutung:

- Die erste Abbildung 4 sagt uns, dass es sich dabei um ein einzelnes Objekt handelt.
- Die zweite Abbildung 5 hingegen stellt einen Objektsatz dar, der aus zwei Objekten besteht.
- Bei der vierten Abbildung 6 dürfte es sich um einen Objektsatz handelt, der einen verketteten Rahmen beherbergt. Die Darstellung eines Textrahmens, gekoppelt mit der Zahl 60, lässt auf einen sehr umfangreichen Textfluss schließen.
- Das Symbol 7 stellt die Endmarke der geladenen Objekte/Sätze dar.

Erweiterte Zwischenablage
Wenn Sie sich den Überträger genauer betrachten, so können Sie diesen Container im Wesentlichen als eine erweiterte Zwischenablage vorstellen. Der Überträger bleibt so lange mit den Objekten gefüllt, bis Sie diese löschen, alle Dokumente oder InDesign selbst schließen.

Das Inhaltsplatzierung-Werkzeug

Die Funktion des Überträgers kann als ein großer Container beschrieben werden, in dem Sie durch die große Anzahl der Objekte und Sätze navigieren, das zu platzierende Objekt aussuchen und vor dem Platzieren entscheiden können, ob eine Verknüpfung hergestellt werden soll.

Durch Klick auf dieses Symbol im Überträger bzw. im Werkzeuge-Bedienfeld oder durch Drücken der Taste [B] können Sie auf das Inhaltsplatzierung-Werkzeug umschalten, wodurch sich der Überträger so darstellt wie in Abbildung 8.65 auf Seite 322.

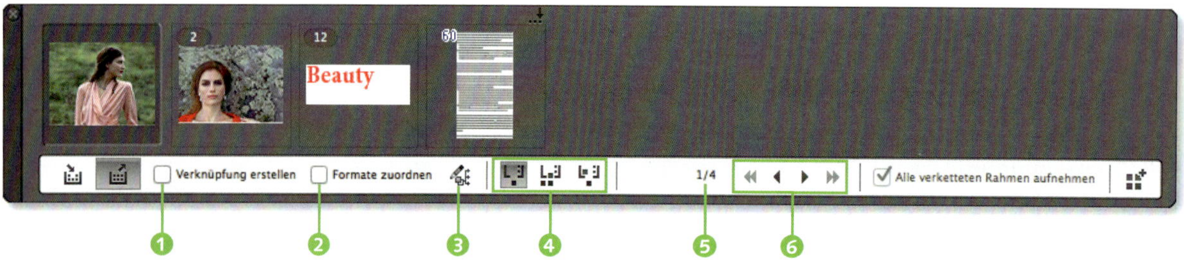

▲ **Abbildung 8.65**
Oben: Der befüllte Überträger mit gewähltem Inhaltsplatzierung-Werkzeug.
Unten: Der Bild/Text-Platzier-Cursor, den Sie sehen, sobald Sie auf das Inhaltsplatzierung-Werkzeug umschalten.

Sobald Sie auf das Inhaltsplatzierung-Werkzeug umgeschaltet haben, werden einerseits Optionen im Überträger aktiv, die zuvor nicht aktivierbar waren, und andererseits verwandelt sich der Cursor in den bereits bekannten Bild/Text-Platzier-Cursor ❼. Die auf dem Symbol befindliche Zahl gibt an, dass sich vier Objekte – es wird hier nicht zwischen Einzelobjekt und Satz unterschieden – im Platzierstapel befinden.

Wenn Sie beispielsweise auf das Platzier-Symbol für die erste Objektgruppe (die aus zwei Objekten besteht) umschalten und klicken, werden dadurch beide Objekte des Satzes in einem Aufwasch platziert. Stellen Sie sich das bei einem Satz von 60 miteinander verketteten Textrahmen vor. Und genau deswegen müssen wir Ihnen an dieser Stelle noch erklären, wie Sie mit dem Überträger bei gewähltem Inhaltsplatzierung-Werkzeug umgehen können.

Im Überträger navigieren | In der Fußleiste des Überträgers befinden sich Navigationspfeile ❻, mit denen Sie das NÄCHSTE ▸ bzw. VORHERIGE ◂ Objekt auswählen können. Das Drücken der [←]/[→]-Tasten erfüllt dieselbe Funktion. Die Zahl ❺ neben den Pfeilen gibt an, welches von wie vielen Objekten aktuell ausgewählt ist.

Sind im Überträger mehr als acht Objekte vorhanden, so können diese nicht dargestellt werden. Zum Anzeigen der nächsten acht Objekte klicken Sie auf NÄCHSTE ZUORDNUNGSEINHEIT ⏩, zum Anzeigen der vorherigen Objekte klicken Sie auf VORHERIGE ZUORDNUNGSEINHEIT ⏪.

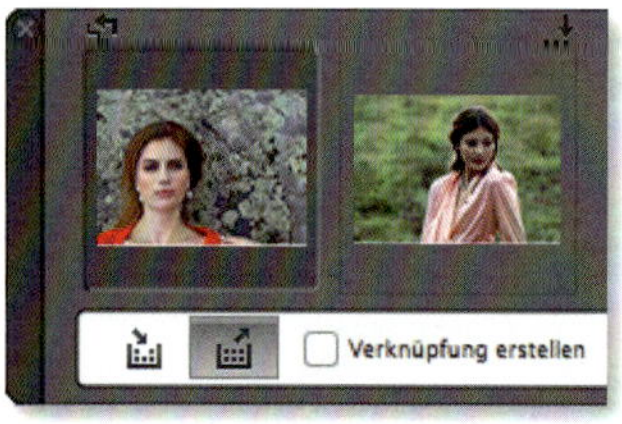

▲ **Abbildung 8.66**
Eine Gruppe wird im Überträger angezeigt.

Die Objekte eines Satzes ansehen | Beim Aufnehmen von Objekten können Ansammlungen von Objekten als Satz im Überträger angelegt worden sein. Die Zahl am Satz (2) gibt Aufschluss darüber, wie viele Objekte sich in diesem Satz befinden. Wollen Sie den Inhalt eines Satzes ansehen, so klicken Sie einmalig auf die Zahl, oder wählen Sie das Objekt zuerst im Überträger aus, und drücken Sie dann die [↓]-Taste.

Die Darstellung eines Satzes (Abbildung 8.66) unterschiedet sich von der Normaldarstellung nur in zwei kleinen Punkten:

- das Minimierensymbol: Über dieses Symbol kann die Darstellung des Satzes wiederum minimiert (geschlossen) werden.

- die Darstellung der Anzahl: Die Angabe zur Zahl 2.1/2 in der Fußleiste sagt, welches Objekt im Überträger dieser geöffnete Satz ist und welches Objekt von allen Objekten im Satz aktuell gewählt ist.

Einen Satz minimieren | Zum Minimieren eines Satzes klicken Sie auf das Minimierungssymbol oder drücken einfach die [↑]-Taste.

Verknüpfte Inhalte erstellen

Haben Sie ein Objekt im Überträger ausgewählt, so können Sie durch einfachen Klick an die Position im neuen Dokument das Objekt platzieren. Über diesen einfachen Vorgang erreichen Sie genau denselben Zustand, als wenn Sie das Objekt neu platziert oder durch Copy & Paste bzw. Drag & Drop im neuen InDesign-Dokument eingefügt hätten. Egal, ob es sich dabei um Texte oder um Bilder handelt, es besteht keine Beziehung zwischen dem Ursprungsobjekt und dem übertragenen Objekt. Für Bilder wird lediglich eine Verknüpfung (Abbildung 8.67) zur Originaldatei im Verknüpfungen-Bedienfeld angelegt.

Wollen Sie jedoch zwischen dem Originalobjekt und dem neu platzierten Objekt einen Bezug herstellen, so müssen Sie, bevor Sie das Objekt platzieren, die Option Verknüpfung erstellen ❶ aktivieren. Dabei wird, so wie Sie es schon auf Seite 273 beim Verknüpfen von Textrahmen kennengelernt haben, im Verknüpfungen-Bedienfeld neben der Verknüpfung zum Originaldokument für das Bild auch noch eine Verknüpfung zum Ursprungs-InDesign-Dokument (Abbildung 8.68) vorgenommen. So wie beim verknüpften Textrahmen ist der eine Eintrag (die Verknüpfung zum Originalbild) für die Aktualität des Inhalts zuständig und der andere Eintrag (die Verknüpfung zum InDesign-Dokument) für die Synchronisierung der Parameter wie Drehung, Skalierung, Bildrahmengröße, angewandter Effekt usw.

Handelt es sich beim zu verknüpfenden Objekt um einen Textrahmen, so können Sie zusätzlich noch die Option Formate zuordnen ❷ aktivieren. Welches Absatzformat bzw. Zeichenformat des Ausgangsdokuments welchem Format im Zieldokument zugeordnet wird, können Sie durch Klick auf Benutzerdefinierte Formatzuordnung bearbeiten ❸ noch festlegen.

Zustand der Objekte im Überträger regeln ❹ | Was soll nach dem Platzieren eines Objekts mit dem Eintrag im Überträger passieren? Sie können zwischen Platzieren, aus Überträger entfernen und nächstes laden, Mehrere platzieren und in Überträger behalten oder Platzieren, in Überträger behalten und nächstes laden wählen.

Verbesserungsbedarf

Dass Objekte im Überträger nur mit den Pfeiltasten ausgewählt werden können, ist verbesserungsbedürftig.

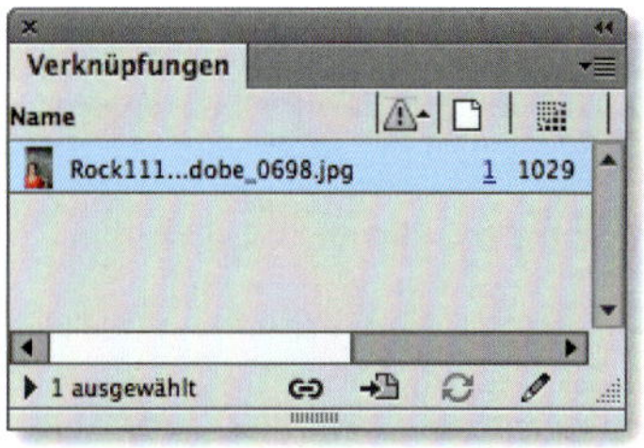

▲ **Abbildung 8.67**
Das Verknüpfungen-Bedienfeld mit dem Eintrag einer Verknüpfung zur Original-Bild-Datei

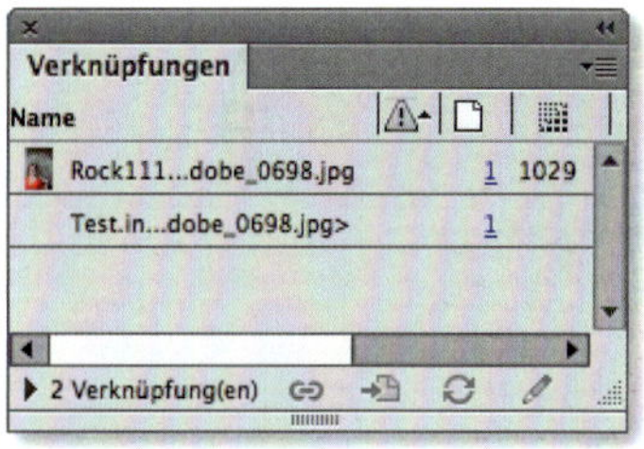

▲ **Abbildung 8.68**
Das Verknüpfungen-Bedienfeld mit einem Eintrag einer Verknüpfung zur Original-Bild-Datei und einem Eintrag zur Master-InDesign-Datei

Hinweise

Wie Sie eine Formatzuordnung anlegen, können Sie im Abschnitt »Der Umgang mit verknüpften Textabschnitten« auf Seite 278 lesen.

Welche Parameter Sie beim Synchronisieren von Bild- und Grafikobjekten in den Verknüpfungsoptionen zur Verfügung haben, erfahren Sie im Abschnitt »Umgang mit verknüpften Grafikobjekten« auf Seite 341.

8.8 Arbeiten mit Verknüpfungen

Beim Platzieren von Dateien in InDesign werden, damit eine korrekte Positionierung durchgeführt werden kann, Voransichten zur Verfügung gestellt. Platzierte Daten können dabei entweder lediglich verknüpft oder in das InDesign-Dokument eingebettet werden.

Bildpfade zu Verknüpfungen

Seit InDesign CS5 werden alle Pfade auf platzierte Dateien in die Metadaten des InDesign-Dokuments aufgenommen. Damit haben Sie die Möglichkeit, in der Adobe Bridge bzw. der Mini Bridge schnell auf alle platzierten Dateien zuzugreifen.

Verknüpftes Bildmaterial | Das platzierte Bildmaterial ist mit dem InDesign-Dokument lediglich verknüpft. Dadurch bleibt das Material vom Dokument unabhängig, womit auch die Dateigröße des InDesign-Dokuments möglichst klein gehalten werden kann. Selbstverständlich können Sie alle Transformationen in InDesign auch auf dieses Material anwenden, der Zugriff auf einzelne Bildkomponenten (Pixel) bleibt jedoch den dafür geeigneten Programmen wie Photoshop vorbehalten.

Werden verknüpfte Bilder mehrfach verwendet, so kann dies ohne Einschränkung erfolgen. Die Dokumentengröße nimmt dabei zwar ein wenig zu, aber nicht in dem gleichen Ausmaß, als wenn Sie neue Bilder platzieren würden. Darüber hinaus können Sie alle Verknüpfungen desselben Bilds in einem Aufwasch aktualisieren.

Beim Exportieren oder Drucken werden die Vorschauansichten durch die Originaldaten ausgetauscht, womit einer hochauflösenden Ausgabe nichts mehr im Wege steht. Ist jedoch die Verknüpfung nicht aktuell, so kann nur die Voransicht – also ein niedrigauflösendes Bild – in der Ausgabe verwendet werden.

Hinweis

Standardmäßig werden Grafikdateien, die kleiner als 48 kB sind, automatisch in das InDesign-Dokument aufgenommen. Es bleibt jedoch für diese Daten eine Verknüpfung zur Originaldatei erhalten, womit ein Aktualisieren auch weiterhin möglich ist.

Eingebettetes Bildmaterial | Werden importierte Grafiken/Bilder eingebettet, so werden diese in der vollen Auflösung in das Dokument aufgenommen. Damit ist klar, dass die Dateigröße des InDesign-Dokuments um die Dateigröße (in kB) der eingebetteten Objekte zunimmt.

Durch das Einbetten wird das InDesign-Dokument von externen Verweisen entkoppelt und somit unabhängig. Es ist dann aber nicht mehr möglich, ein Bild aus InDesign heraus in Photoshop zu bearbeiten. Der Status eines eingebetteten Bilds kann über das Verknüpfungen-Bedienfeld geändert werden.

Alle Bilder im Blick | Die Übersicht über alle verknüpften Dateien wird in InDesign über das Verknüpfungen-Bedienfeld abgebildet. Während alle Grafik- und Layoutprogramme nur Verknüpfungen zu Grafikdateien halten können, können mit InDesign darüber hinaus Verknüpfungen zu Text- und Excel-Dateien sowie Verknüpfungen zu anderen Objekten aus InDesign-Dateien bestehen bleiben. Erstere sind dabei von den in InDesign getroffenen Voreinstellungen abhängig.

Wenn Sie ein Dokument öffnen, in dem Verknüpfungen bestehen, die entweder als nicht aktuell (modifiziert) oder als fehlend erkannt werden, öffnet InDesign automatisch das Verknüpfungen-Bedienfeld, mit dem es sehr einfach ist, Verknüpfungsprobleme zu lösen. Dabei erlaubt InDesign das erneute Verknüpfen von Grafiken mit unterschiedlichen Namen und unterschiedlichen Dateiformaten. Alle Transformations-, Positionierungs- und Beschneidungsparameter bleiben beim erneuten Verknüpfen natürlich erhalten.

Dokumente in andere Verzeichnisse verschieben

Wenn Sie ein InDesign-Dokument im Dateiverzeichnis verschieben, so müssen Sie auch die verknüpften Grafikdateien verschieben bzw. neu verknüpfen, da diese nicht innerhalb des Dokuments gespeichert werden.

Das Verknüpfungen-Bedienfeld im Überblick

Das Bedienfeld VERKNÜPFUNGEN können Sie über den Befehl FENSTER • VERKNÜPFUNGEN, das Tastenkürzel [Strg]+[⇧]+[D] bzw. [⌘]+[⇧]+[D] oder über einen Klick auf das Symbol ⊖ in der Symbolleiste öffnen.

Das Bedienfeld hat zwei Bereiche: das Listenfeld für die Verknüpfungen und die Verknüpfungsinformationen, womit das Informationen-Bedienfeld für viele Anwender überflüssig wird.

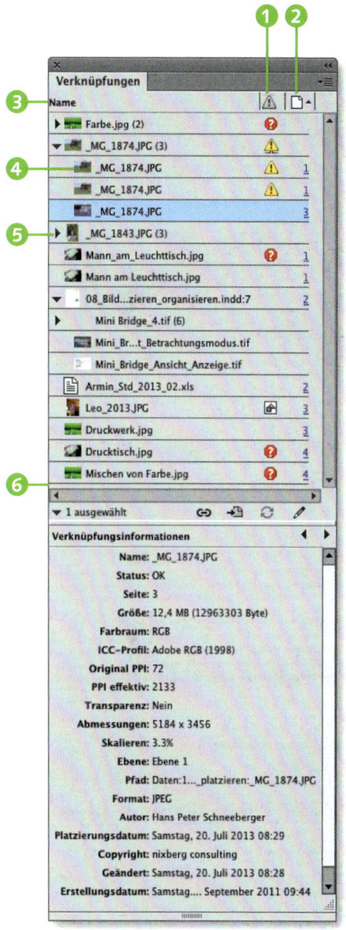

▲ **Abbildung 8.69**
Das Verknüpfungen-Bedienfeld. Es ist in zwei Bereiche eingeteilt. Beide Bereiche können je nach Konfiguration stark von der hier gezeigten Abbildung abweichen.

Listenfeld der Verknüpfungen | Im oberen Teil des Bedienfelds werden alle platzierten Objekte in Listenform angezeigt. Das Bedienfeld erscheint standardmäßig in einer gewissen Form:

- **Kategoriespalten**: Es stehen die Spalten für den Namen ❸ der Datei, die Kennzeichnung des STATUS ❶ und die Angabe der SEITE ❷ zur Verfügung. Weitere Kategoriespalten können über die Bedienfeldoptionen eingeblendet werden.
- **Sortierung**: Die Reihenfolge der Eintragungen wird dadurch bestimmt, in welcher Kategoriespalte welche Reihenfolge über das jeweilige Symbol gewählt wurde, z. B. ▯▴ oder ▯▾.
- **Miniatur**: Eine Miniatur ❹ zeigt Ihnen sofort, um welches Bild es sich handelt. Ob eine Miniatur angezeigt wird oder nicht, wählen Sie in den Bedienfeldoptionen des Verknüpfungen-Bedienfelds über die Option MINIATUREN: IN NAMENSSPALTE ANZEIGEN.
- **Mehrfachverwendung**: Wurden Bilder mehrfach in der Datei platziert, so werden sie in einer Gruppe zusammengefasst. Dabei wird am Ende des Namens ▸ Farbe.jpg (2) in runden Klammern angegeben, wie viele Vorkommen in der Datei angetroffen wurden. Durch Klick auf das Symbol ▸ ❺ wird die Liste aller Einträge sichtbar. Erst darin können Sie erkennen, auf welcher Seite sich die jeweilige Instanz des Bilds befindet. Wenn diese Darstellungsform Ihrer Arbeitsweise nicht entgegenkommt, so können Sie dieses Verhalten in den Bedienfeldoptionen des Verknüpfungen-Bedienfelds über die Option MEHRERE VERKNÜPFUNGEN MIT GLEICHER QUELLE MINIMIEREN abwählen.

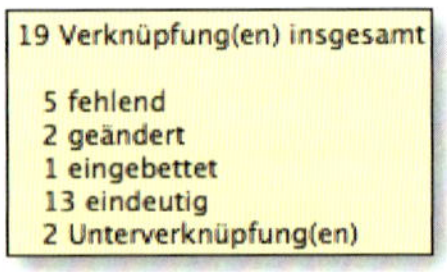

▲ **Abbildung 8.70**
Wenn Sie den Cursor auf die Aktionsleiste ⑪ des Verknüpfungen-Bedienfelds bewegen, erhalten Sie in der QuickInfo den Überblick über den Status aller im Dokument platzierten Dateien.

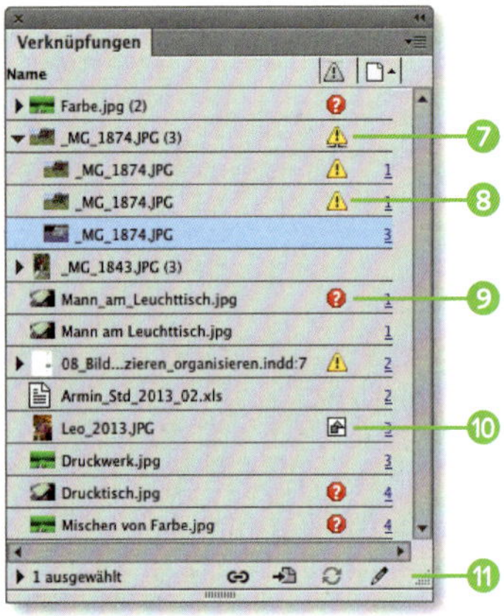

▲ **Abbildung 8.71**
Das Verknüpfungen-Bedienfeld mit ausgeblendeten Verknüpfungsinformationen. Die Einträge wurden hier in der Kategoriespalte STATUS nach dem Zustand aufsteigend sortiert.

Tipp
Seit InDesign CC können Sie eine fehlende bzw. eine geänderte Verknüpfung auch dadurch auflösen, dass Sie auf das Status-Symbol bzw. in der Verknüpfungsmarke am linken oberen Rand des Rahmens klicken.

Verknüpfungsinformationen | In diesem Bereich können Sie alle Informationen zum ausgewählten Bild ablesen. Welche Informationen dabei angezeigt werden und ob dieser Bereich überhaupt zum Aufklappen ⑥ zur Verfügung steht, kann individuell in den Bedienfeldoptionen über die Option VERKNÜPFUNGSINFORMATIONEN ANZEIGEN bestimmt werden.

Status der Einträge erkennen | In der Kategoriespalte STATUS ① sind manche Einträge mit einem Symbol versehen. Am Symbol können Sie erkennen, was es mit diesem Eintrag auf sich hat; befindet sich kein Symbol in dieser Spalte, so handelt es sich um eine gültige Verknüpfung.

- **Fehlende Verknüpfungen** ⑨: Werden durch das Symbol dargestellt. Ein Grund dafür kann sein, dass Bilder in einen anderen Ordner verschoben worden sind. Das Verschieben oder Umbenennen einer Datei oder eines Ordners, während das dazugehörige Dokument geöffnet ist, veranlasst InDesign leider nicht dazu, alle Pfade zu aktualisieren. Ein weiterer Grund für die fehlende Verknüpfung könnte sein, dass Bilder, die zuerst als EPS vorlagen, als TIFF abgespeichert wurden. Eine automatische Zuweisung ist in InDesign nicht vorgesehen. Fehlende Verknüpfungen müssen mit den Originaldateien über ERNEUT VERKNÜPFEN in der Aktionsleiste ⑪ neu verbunden werden.
- **Geänderte Verknüpfung** ⑧: Geänderte Verknüpfungen werden durch das Symbol dargestellt. Das Aktualisieren des Bilds erfolgt über den Button VERKNÜPFUNGEN AKTUALISIEREN in der Aktionsleiste ⑪, durch den gleichnamigen Befehl des Bedienfeldmenüs oder durch Doppelklick auf das Warndreieck.
  Eine etwas andere Version des Symbols ⑦ wird angezeigt, wenn eine Grafik geändert und eine oder mehrere Instanzen entsprechend aktualisiert werden, andere jedoch nicht.
- **Eingebettete Datei** ⑩: Das Symbol weist Sie darauf hin, dass dieses Bild platziert worden ist, jedoch die Grafik vom Anwender über den Menüpunkt VERKNÜPFUNG EINBETTEN aus dem Bedienfeldmenü komplett in die InDesign-Datei übernommen wurde.

Seitenbezug erkennen | In der Kategoriespalte SEITE ② wird die Seitenzahl angegeben, auf der sich diese Verknüpfung befindet. Anstelle der Seitenzahlen können Abkürzungen vorkommen, wie *MF* (Bilder auf der Montagefläche), *UE* (verankerte Bilder im Übersatz), *A* für das Präfix einer Musterseite (für Bilder auf der Musterseite A) bzw. *VT* für Bilder in verborgenen Texten.

Springen Sie zu einem Bild, indem Sie auf die Seitenzahl in der Spalte oder auf das Symbol GEHE ZU VERKNÜPFUNG klicken, oder führen Sie den gleichnamigen Befehl des Bedienfeldmenüs aus.

Das Verknüpfungen-Bedienfeld konfigurieren

Das Verknüpfungen-Bedienfeld kann abweichend von der Grundeinstellung mit weiteren Spaltenkategorien versehen werden, die zusätzliche Informationen zu den Grafiken bieten. Für jede Kategorie kann dabei angegeben werden, ob diese als Spalte im Verknüpfungen-Bedienfeld wie auch im Bereich VERKNÜPFUNGSINFORMATIONEN erscheinen soll.

Einstellungen ändern | Um eine Änderung im Verknüpfungen-Bedienfeld vorzunehmen, wählen Sie aus dem Bedienfeldmenü den Eintrag BEDIENFELDOPTIONEN aus. Im erscheinenden Dialog aktivieren Sie die entsprechenden Kontrollkästchen.

Tipp

Haben Sie sich einen Arbeitsbereich zurechtgelegt und diesen schon abgespeichert, so müssen Sie diesen erneut abspeichern, sobald Sie Änderungen in den Bedienfeldoptionen des Verknüpfungen-Bedienfelds vorgenommen haben. Alle Änderungen in Bedienfeldern sind im Arbeitsbereich zugewiesen und somit auch dadurch abgespeichert.

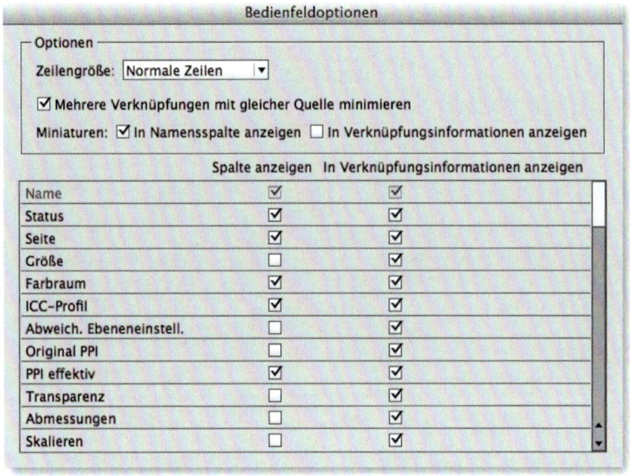

◀ **Abbildung 8.72**
Die BEDIENFELDOPTIONEN des Verknüpfungen-Bedienfelds in einer von uns vorgeschlagenen Mindestkonfiguration. Das Anzeigen des Namens, des Status, der Seite, des Farbraums, des verwendeten Profils und der effektiven Ausgabeauflösung sind aus unserer Sicht die wichtigsten Informationen.

- **Zeilengröße**: Wählen Sie KLEINE ZEILEN, NORMALE ZEILEN oder GROSSE ZEILEN aus, um die Größe des Eintrags zu bestimmen.
- **Mehrere Verknüpfungen mit gleicher Quelle minimieren**: Damit werden Mehrfachvorkommen desselben Eintrags zu einer Gruppe zusammengefasst.
- **Miniaturen**: IN NAMENSSPALTE ANZEIGEN/IN VERKNÜPFUNGSINFORMATIONEN ANZEIGEN: Eine Miniaturvorschau wird in der Namensspalte und/oder in den Verknüpfungsinformationen angezeigt.

Zur Verfügung stehende Informationen | Die Bedeutung und die Idee, die hinter der Auswahl der vielen Informationsarten stehen kann, wird in der nachfolgenden Tabelle erläutert.

▼ **Tabelle 8.2**
Die Liste der verschiedenen Informationsarten, die Sie über die Bedienfeldoption im Verknüpfungen-Bedienfeld aus- bzw. einblenden können.

Option	Beschreibung	Empfehlung
STATUS	Beschreibt den Zustand der jeweiligen Verknüpfung.	Muss aktiviert bleiben.
GRÖSSE	Darunter wird die Dateigröße der verknüpften Datei verstanden.	Anzeige ist nicht sinnvoll.

Option	Beschreibung	Empfehlung
Seite	Auf welcher Seite sich das Bild befindet, ist sicherlich eine wichtige Information, besonders wenn Verknüpfungen im Übersatz, auf den Musterseiten, in verborgenen Textstellen oder auf der Montagefläche stehen. Steht keine Seitenzahl in dieser Spalte, so handelt es sich um eine Gruppe von mehrfach platzierten Dateien. Auf welcher Seite sich das jeweilige Vorkommen der Datei befindet, können Sie nur erkennen, wenn Sie die Gruppe öffnen, indem Sie auf das Symbol ▸ klicken.	Muss aktiviert werden.
Farbraum	Kann der Verknüpfung ein eindeutiger Farbraum entnommen werden, so ist diese Kategorie sehr hilfreich, wenn Sie schnell alle RGB-Bilder im Überblick aufgelistet bekommen wollen. Ist kein Farbraum angegeben, so handelt es sich um Dateien, in denen mehrere Farbräume vorkommen können, beispielsweise PDF-, EPS-, InDesign- oder Textdateien.	Sollte aktiviert werden.
ICC-Profil	Wenn Sie Farbmanagement betreiben, so sollten Sie immer einen Überblick darüber haben, welches Quellprofil das importierte Bild besitzt. Sie können damit schnell Bilder finden, denen kein Quellprofil zugewiesen ist.	Sollte aktiviert werden.
Abweich. Ebeneneinstell.	An dem simplen Eintrag Ja (1) in dieser Spalte können Sie sofort erkennen, ob ein Layouter einer PSD- oder PDF-Datei eine abweichende Ebenensichtbarkeit für die Darstellung und Ausgabe aus InDesign zugewiesen hat. Ein Doppelklick auf den Eintrag öffnet sofort die Objektebenenoptionen aus dem Menü Objekt.	Abweichende Ebenensichtbarkeiten sollten Datenübernehmer bzw. Druckdienstleister sofort erkennen können.
Original PPI	Damit wird die Originalauflösung des Bilds in der Ursprungsapplikation angezeigt.	Die Aktivierung kann für die Praxis entfallen.
PPI effektiv	Zeigt die Ausgabeauflösung der Bilder an. Sie finden damit schnell Bilder, die durch die Skalierung unter eine bestimmte Auflösung gefallen sind, und auch Bilder, die nicht proportional skaliert wurden. Ob Bilder verzerrt wurden, erkennen Sie, wenn Sie zwei Werte anstelle eines Wertes in der Spalte angezeigt bekommen.	Sollte immer aktiviert sein.
Transparenz	Ist der Bildrahmen mit irgendeinem Effekt oder einer Transparenz versehen, so steht in dieser Kategoriespalte Ja. Bitte beachten Sie, dass nur Transparenzen auf Bildrahmen erkannt werden. Transparenzen, die auf dem Bildinhalt angebracht wurden, erkennt InDesign damit nicht, und es lässt Sie im Glauben, dass dem Bild keine Transparenz anhaftet.	Das Einblenden der Kategorie ist für Druckdienstleister zu empfehlen.
Abmessungen	Die Angabe der Abmessung erfolgt nur in Pixel. Eine Abmessungsangabe in einer Maßeinheit wäre sinnvoller.	Ist nicht sinnvoll.
Skalieren	Zeigt den Skalierungsprozentsatz des Bildinhalts, um zu erkennen, ob das Bild die richtige Auflösung für die Ausgabe besitzt. Ob das Bild durch eine Skalierung verzerrt wurde, können Sie in PPI effektiv ebenso erkennen.	Für QuarkXPress-Umsteiger ist diese Information sicherlich hilfreich.
Neigen	Zeigt an, ob ein Bild in InDesign horizontal oder vertikal geschert wurde.	Ist nicht sinnvoll.
Drehung	Zeigt an, in welchem Winkel der Bildrahmen gedreht wurde.	Ist nicht sinnvoll.

Option	Beschreibung	Empfehlung
Ebene	Zeigt den Ebenennamen an. Daran erkennen Sie Eintragungen, die sich auf einer nicht druckenden Ebene befinden.	Ist bedingt sinnvoll.
Pfad	Damit wird der gesamte Verknüpfungspfad angezeigt. Weil der Pfad sehr lang ist, kann er nicht übersichtlich im Bedienfeld angezeigt werden.	Ist nicht sinnvoll. Der Pfad kann über die QuickInfo ausgelesen werden.
EXIF-Daten	Informationen zu Blende, Verschlusszeit, ISO-Empfindlichkeit, Kamera, Objektiv, Brennweite, Aufnahmedatum, Urheber, Beschreibung, Überschrift, Ort, Stadt und Bundesland/Kanton können in separaten Spalten eingeblendet werden.	Der Sinn und die Praxistauglichkeit ist für den Layouter zu hinterfragen.
Metainformationen	Zeigt die Informationen zu Stichwörtern, zu der zugewiesenen Bewertung und zu den Namen der Farbfelder in separaten Spalten an.	Ist bedingt zur Anzeige der Bewertung sinnvoll.
Format	Zeigt das Dateiformat an, das Sie aber auch dem Namen der Datei entnehmen können.	Ist nicht sinnvoll.
Verknüpfungstyp	Hier steht aktuell nur der Eintrag Importieren zur Verfügung. Andere Zustände konnten bislang noch nicht festgestellt werden.	Ist nicht sinnvoll
Autor bzw. Titel	Speziell in Redaktionen müssen Bildunterschriften angebracht werden. Wenn in den Metadaten der Bilder die Bildunterschriften im Feld für Autor oder Titel eingesetzt würden, könnten Layouter ganz einfach über das Verknüpfungen-Bedienfeld auf diese Information zugreifen.	Ist in bestimmten Arbeitssituationen sehr sinnvoll
Ersteller	Es wird nicht der Fotograf, sondern die Erstellungsapplikation angezeigt.	Ist nicht sinnvoll
Platzierungsdatum	Gibt an, an welchem Tag das Bild platziert wurde. Eventuell ist diese Information für Aktualisierungen und Überprüfungen interessant.	Ist bei gewissen Arbeitsweisen sinnvoll
Coypright	Zeigt Informationen aus dem Metadatenfeld Copyright an. Layouter können somit schnell für die Erstellung des Fotocredits auf die Informationen zum Urheber zurückgreifen.	Ist in bestimmten Arbeitssituationen sehr sinnvoll.
Geändert	Damit wird das Aktualisierungsdatum der Verknüpfung preisgegeben.	Ist bedingt sinnvoll.
Anzahl Unterverknüpfungen	Zeigt alle Unterverknüpfungen an, die beispielsweise bei platzierten InDesign- oder EPS-Dateien gefunden werden. Sie können durch einen Klick auf das Symbol vor der InDesign- bzw. EPS-Datei alle Unterverknüpfungen ansehen und ihre Aktualität beurteilen.	Ist bedingt sinnvoll.
Erstellungsdatum	Damit wird Ihnen das Erstellungsdatum des Bilds angezeigt.	Ist nicht sinnvoll.
Ordner 0 bis Ordner 8	Zeigt das entsprechende Pfadsegment im Verknüpfungen-Bedienfeld an. Lautet der Pfad beispielsweise User/Nixberg/Daten/Buch CC/Satzdaten/Kapitel 8/Bilder, so würde in der Spalte Ordner 0 das letzte Segment des Pfads (hier Bilder) angezeigt. In der Spalte Ordner 1 würde das vorletzte Segment des Pfads (in unserem Fall Kapitel 8) angezeigt usw. Damit können Sie sich schnell einen Überblick über Bilder verschaffen, die sich in einer bestimmten Ordnerhierarchie befinden.	Bei manchen Arbeitsweisen ist es wichtig zu wissen, in welchem Ordner sich das platzierte Bild eigentlich befindet.

Option	Beschreibung	Empfehlung
Laufwerk	Gibt den Laufwerksbuchstaben an. Wenn sich beispielsweise Bilder zum Layouten auf dem lokalen Verzeichnis C: und die Druckdaten auf dem Laufwerk F: auf dem Server befinden, so kann erkannt werden, ob die Verknüpfungen mit den Druckdaten in Ihrem Dokument aktuell sind.	Ist bei gewissen Arbeitsweisen sinnvoll.
Optionen für InCopy-Workflows	Die Informationen Textabschnittstatus, Anzahl Notizen, Änderungen verfolgen, Textabschnittsetikett, Aufgabe, Zugewiesen, Veralteter Status und Bearbeitet von stehen nur zur Verfügung, wenn Sie Textabschnitte für InCopy freigegeben haben. Informationen zu den Begriffen erhalten Sie im Zusatzkapitel »Redaktions-Workflow mit InCopy«, das sich auf der beiliegenden DVD im Ordner Zusatzkapitel befindet.	Ist im Umfeld eines InCopy-Workflows absolut zu empfehlen.

▲ Tabelle 8.2
Die Liste der verschiedenen Informationsarten, die Sie über die Bedienfeldoptionen im Verknüpfungen-Bedienfeld aus- bzw. einblenden können

Die Liste der Parameter ist sehr umfangreich. Welche Optionen Sie sich anzeigen lassen, hängt im Wesentlichen von Ihrem Workflow ab. Beachten Sie, wenn Sie unterschiedliche Arbeitsweisen abbilden möchten, dass das Erscheinen der Optionen im Verknüpfungen-Bedienfeld vom abgespeicherten Arbeitsbereich abhängt.

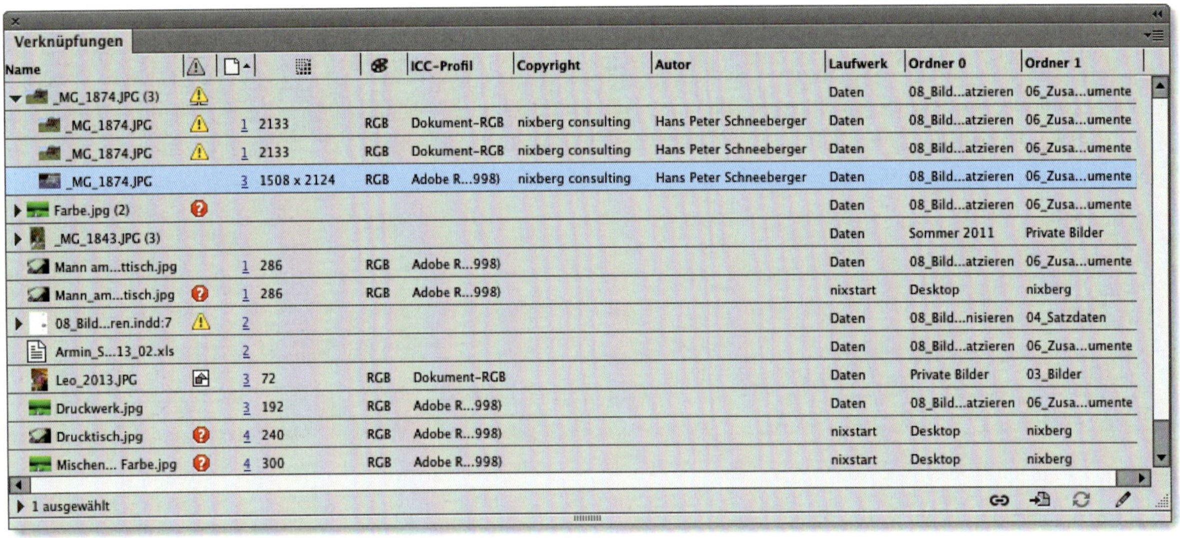

▲ Abbildung 8.73
Ein Vorschlag, wie das optimale Verknüpfungen-Bedienfeld aussehen kann. Es benötigt zwar recht viel Platz, die Informationen, die Sie ihm entnehmen können, sind jedoch enorm.

Ändern der Spaltenreihenfolge und der Spaltenbreite | Sie können die Reihenfolge der Spalten ändern, indem Sie eine Spalte markieren und an eine andere Stelle ziehen. Ziehen Sie an den Spaltengrenzen, um die Spaltenbreite zu ändern.

Ändern der Sortierreihenfolge | Wenn Sie auf einen Kategorietitel klicken, werden die Verknüpfungen in aufsteigender Reihenfolge nach dieser Kategorie geordnet. Bei erneutem Klicken wird die Sortierreihenfolge umgedreht (absteigend).

Voreinstellungen zur Bildaktualisierung

Die Voreinstellungen zur Bildaktualisierung im Bereich Verknüpfungen (1) in InDesign regeln, wie das Programm bei Problemen verfahren soll. Je nach gewählter Option können verschiedene Strategien für diverse Arbeitsweisen genutzt werden. Rufen Sie dafür das Register Dateihandhabung der InDesign-Voreinstellungen auf.

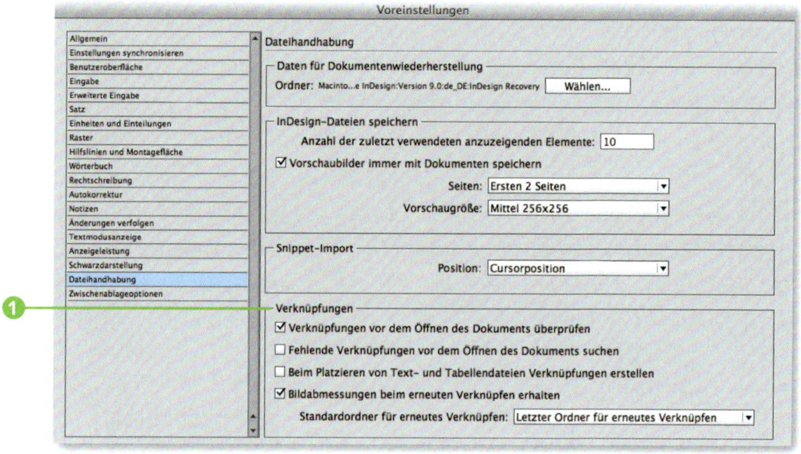

◄ **Abbildung 8.74**
Die Optionen im Bereich Verknüpfungen der InDesign-Voreinstellungen regeln, wie InDesign in bestimmten Situationen reagieren soll.

- Verknüpfungen vor dem Öffnen des Dokuments überprüfen: Mit dieser Standardeinstellung veranlassen Sie InDesign, beim Öffnen alle Verknüpfungen auf deren Aktualität hin zu überprüfen. Bei einigen Arbeitsweisen ist das Erscheinen der Warnmeldung, dass Verknüpfungen nicht aktuell sind bzw. fehlen, nicht erwünscht. Durch Deaktivieren der Option unterbinden Sie somit die Warnmeldung.
- Fehlende Verknüpfungen vor dem Öffnen des Dokuments suchen: Damit wird InDesign veranlasst, das Problem mit den fehlenden Verknüpfungen durch eigenmächtiges Suchen im Dateisystem zu lösen. Wenn das Öffnen von InDesign-Dateien langsam erscheint – InDesign sucht nach Verknüpfungen im Dateisystem und auch auf den verfügbaren Servern –, so ist das Deaktivieren der Option sinnvoll. Dadurch werden aber auch Verknüpfungen, die nach dem Verpacken mit dem InDesign-Dokument gesammelt wurden, nicht automatisch beim Öffnen des Dokuments aktualisiert.
- Beim Platzieren von Text- und Tabellendateien Verknüpfungen erstellen: Diese Option muss nur, wenn Sie Excel-Tabellen in InDesign platzieren und nachträglich aktualisieren wollen, aktiviert werden.
- Bildabmessungen beim erneuten Verknüpfen erhalten: Beim Aktualisieren oder Wiederherstellen einer Verknüpfung über die Funktion Erneut verknüpfen bleiben alle in InDesign vorgenommenen Transformationen erhalten, sofern Sie diese Option aktiviert haben.

Manuelles Überprüfen der Verknüpfungen

Haben Sie in den Voreinstellungen die Option Verknüpfungen vor dem Öffnen des Dokuments überprüfen deaktiviert, so können Sie dennoch manuell diesen Vorgang starten.

Führen Sie dazu den Befehl Nach fehlenden Verknüpfungen suchen aus dem Bedienfeldmenü Hilfsprogramme aus.

Standardordner für erneutes Verknüpfen festlegen

Durch die Wahl der Option Letzter Ordner für erneutes Verknüpfen wird der beim erneuten Verknüpfen zuletzt verwendete Ordner angezeigt. Durch die Wahl der Option Ursprünglicher Ordner für erneutes Verknüpfen wird der ursprüngliche Speicherort der verknüpften Datei angezeigt.

Aktualisieren und erneutes Verknüpfen von Bildern

Nachdem Sie nun das Bedienfeld Ihren Anforderungen entsprechend konfiguriert haben, lernen Sie nun die Grundarbeiten zum Aktualisieren und erneuten Verknüpfen kennen.

▲ **Abbildung 8.75**
Seit InDesign CS6 wird der Status der Verknüpfung auch am linken oberen Rahmenrand in Form der VERKNÜPFUNGSMARKE angezeigt.

Erneut verknüpfen | Fehlende Verknüpfungen werden mit dem Symbol im Verknüpfungen-Bedienfeld bzw. am linken oberen Rand des Rahmens mit der VERKNÜPFUNGSMARKE 1 angezeigt. Sie haben verschiedene Möglichkeiten, um die Verknüpfung wiederherzustellen:

- **Einzelne fehlende Verknüpfung von Hand zuordnen**: Dazu markieren Sie den Eintrag in der Liste der Verknüpfungen und klicken auf den Button ERNEUT VERKNÜPFEN in der Aktionsleiste oder führen den gleichnamigen Befehl aus dem Bedienfeldmenü aus. Ein einfacher Klick auf die Verknüpfungsmarke macht das Gleiche. Im erscheinenden Suchen-Dialog wählen Sie das zu verknüpfende Bild aus.

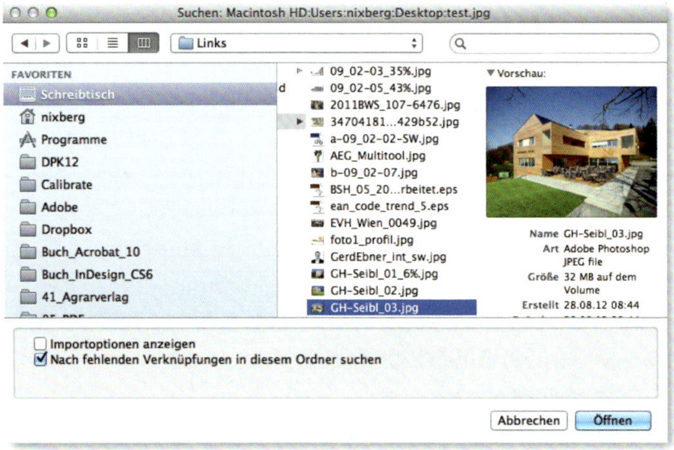

Abbildung 8.76 ▶
Der Erneut verknüpfen-Dialog mit aktivierter Option NACH FEHLENDEN VERKNÜPFUNGEN IN DIESEM ORDNER SUCHEN

- IMPORTOPTIONEN ANZEIGEN: Diese Option ist nur dann zu aktivieren, wenn Sie beim erneuten Verknüpfen der Datei eine geänderte Importstrategie verfolgen wollen.
- NACH FEHLENDEN VERKNÜPFUNGEN IN DIESEM ORDNER SUCHEN: Diese Option veranlasst InDesign, im aktuell gewählten Ordner automatisch nach all den fehlenden Verknüpfungen zu suchen, um diese alle im Anschluss automatisch zu aktualisieren.

Verknüpfungsmarke ausblenden

Wollen Sie die Verknüpfungsmarke ausblenden, die den Status der Verknüpfung direkt am Bildrahmen anzeigt, so wählen Sie den Befehl ANSICHT • EXTRAS • VERKNÜPFUNGSMARKE AUSBLENDEN.

Wenn Sie die Auswahl bestätigen, so wird die Verknüpfung zur ausgewählten Datei hergestellt und die Vorschau in InDesign aktualisiert. Wurde das eben verknüpfte Bild mehrfach in InDesign platziert, so wird damit nur der aktuell ausgewählte Eintrag neu verknüpft. Sollen mehrere Bilder in einem Schritt aktualisiert werden, so sind alle Einträge zuvor im Verknüpfungen-Bedienfeld zu markieren. Markieren Sie dabei einzelne Einträge durch Drücken der Strg- bzw. ⌘-Taste.

- **Alle fehlenden Verknüpfungen über den Suchen-Dialog neu zuordnen**: Dazu verfahren Sie ähnlich, wie zuvor beschrieben. Sie müssen nur mit gedrückter Alt- bzw. ⌥-Taste auf den Button VERKNÜPFUNG AKTUALISIEREN in der Aktionsleiste klicken. Damit wird einerseits für jeden Eintrag fehlender Verknüpfungen der Suchen-Dialog angezeigt, und andererseits werden mehrfach platzierte Bilder in einem Aufwasch neu verknüpft und aktualisiert.
- **Alle fehlenden Verknüpfungen ohne den Suchen-Dialog neu zuordnen**: Um alle Bilder neu zu verknüpfen, empfehlen wir, alle Bilder im gleichen Ordner wie die InDesign-Datei zu speichern und dann das InDesign-Dokument erneut zu öffnen. InDesign sucht fehlende Bilder zunächst anhand des hinterlegten Speicherpfads und dann in dem Verzeichnis, in dem sich auch das InDesign-Dokument befindet.

Gehe zu | Damit Sie das gewählte Bild in der Liste anspringen und genau inspizieren können, klicken Sie entweder auf die Seitenzahl in der Spaltenkategorie SEITE oder einfach auf GEHE ZU VERKNÜPFUNG in der Aktionsleiste. InDesign zoomt dann bildschirmfüllend auf das Bild.

Hinweis

Sie können natürlich auch den Befehl GEHE ZU VERKNÜPFUNG aus dem Bedienfeldmenü auswählen, um den Bildrahmen auf der entsprechenden Seite zu markieren.

Verknüpfungen aktualisieren | Modifizierte Verknüpfungen werden mit dem Symbol ⚠ im Verknüpfungen-Bedienfeld angezeigt. Auch hier stehen verschiedene Strategien zur Verfügung:

- **Ausgewählte Datei aktualisieren**: Wählen Sie zum Aktualisieren den gewünschten Eintrag in der Liste aus. Das Aktualisieren der Verknüpfung selbst erfolgt entweder durch Klick auf das Symbol, einfachen Klick auf das Warndreieck oder durch Ausführen des Befehls VERKNÜPFUNG AKTUALISIEREN aus dem Bedienfeldmenü. Mit der Aktualisierung berechnet InDesign die Vorschau neu.
- **Alle Verknüpfungen aktualisieren**: Verfahren Sie, wie zuvor beschrieben, halten Sie jedoch dabei die Alt- bzw. ⌥-Taste gedrückt, während Sie auf VERKNÜPFUNG AKTUALISIEREN klicken. Sie können dazu aber auch den Befehl ALLE VERKNÜPFUNGEN AKTUALISIEREN aus dem Bedienfeldmenü auswählen.

Möglichkeiten der Aktualisierung seit InDesign CS6

Sie können aber auch jedes einzelne Bild aktualisieren, indem Sie auf die Verknüpfungsmarke am oberen linken Rand des Rahmens doppelklicken.

In vielen Arbeitsweisen werden für das Erstlayout niedrigauflösende Bilder platziert und grob freigestellt. Nachdem die Reproarbeiten an den Originalbildern abgeschlossen sind, besteht der Wunsch, möglichst schnell die niedrigauflösenden Bilder durch die hochauflösenden Bilder in InDesign zu ersetzen.

Schritt für Schritt
Aktualisieren von niedrigauflösenden JPEG-Bildern durch hochauflösende TIFF-Bilder

Beim Layouten werden meistens niedrigauflösende Layoutbilder von Fotoagenturen (meist JPEG-Dateien) verwendet. Ist das Layout fertig, müssen die Bilder gekauft, bearbeitet, freigestellt und eventuell farbsepariert (meist als TIFF- oder PSD-Datei) abgespeichert werden. Nun gilt es, die niedrigauflösenden JPEG-Bilder durch gleichnamige hochauflösende TIFF-Bilder zu ersetzen. Gehen Sie dazu wie folgt vor:

1 Bilder im Verknüpfungen-Bedienfeld auswählen

Bringen Sie das Verknüpfungen-Bedienfeld über das Menü Fenster • Verknüpfungen in den Vordergrund.

Um schnell alle niedrigauflösenden Bilder in der Liste zu finden, sortieren Sie die Einträge durch Klick in den Kategorietitel der Spalte Auflösung. Dadurch wird die Liste aufsteigend nach der Auflösung sortiert.

Wählen Sie dann darin die zu ersetzenden Einträge durch einfachen Klick mit gedrückter Strg- bzw. ⌘- oder ⇧-Taste aus. Das Ergebnis von Schritt 1 sollte so wie Abbildung 8.77 aussehen.

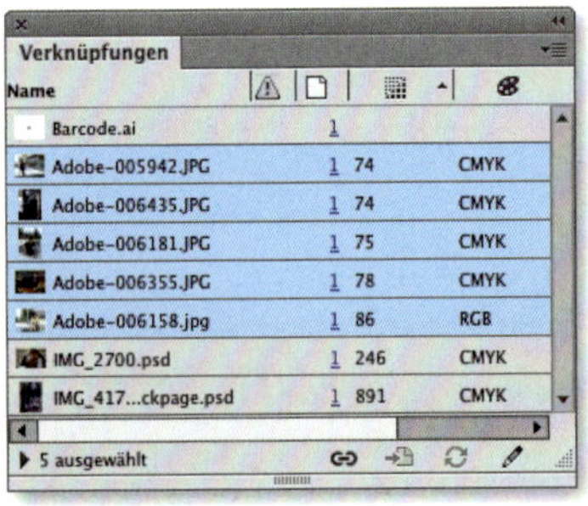

▲ **Abbildung 8.77**
Alle Bilder, die neu zugewiesen werden sollen, müssen zuerst in der nach Auflösung sortierten Liste ausgewählt werden.

2 Zuweisung vornehmen

Rufen Sie über das Bedienfeldmenü den Befehl Erneut mit Ordner verknüpfen oder den Befehl Dateierweiterung erneut verknüpfen auf. Letzterer kann nur eingesetzt werden, wenn sich die hochauflösenden Bilder im selben Ordner befinden.

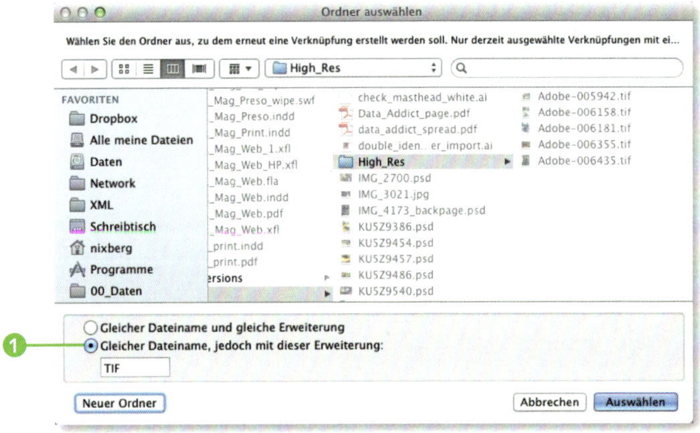

Abbildung 8.78 ▶
Auswahl des Ordners mit den hochauflösenden Bilddaten im Dateisystem Ihres Computers

Suchen Sie den Ordner, in dem sich die hochauflösenden Bilder befinden. In diesem Ordner sollten alle Bilder mit dem gleichen Dateinamen, jedoch einer anderen Dateierweiterung liegen.

Aktivieren Sie je nach Vorgehensweise die Option Gleicher Dateiname und gleiche Erweiterung oder, wie in unserem Fall, Gleicher Dateiname, jedoch mit dieser Erweiterung ①, und tragen Sie im dazugehörigen Feld die geänderte Dateierweiterung – in unserem Fall »TIF« – ein.

Falls Sie die Funktion Dateierweiterung erneut verknüpfen nutzen, müssen Sie den Ordner nicht angeben, da diese Funktion davon ausgeht, dass sich die Bilder mit gleichen Dateinamen und anderer Dateierweiterung im selben Ordner befinden. Anstelle des Dialogs aus Abbildung 8.78 erscheint folgender Dialog:

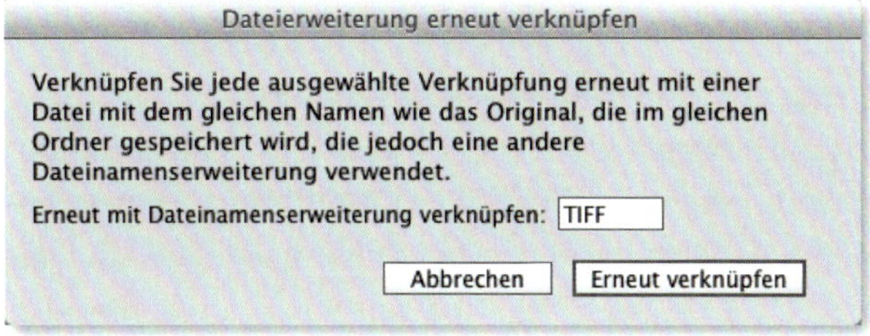

◀ Abbildung 8.79
Eingabe der Dateinamenserweiterung für automatisches Aktualisieren von Bildern im gleichen Ordner

3 Zuweisung abschließen

Klicken Sie auf den Button Auswählen (Abbildung 8.78) bzw. Erneut verknüpfen (Abbildung 8.79). InDesign führt für jeden gefundenen Eintrag einen neuen Import durch. Das Ergebnis müsste eine neu generierte Liste sein, wie sie in Abbildung 8.80 zu sehen ist.

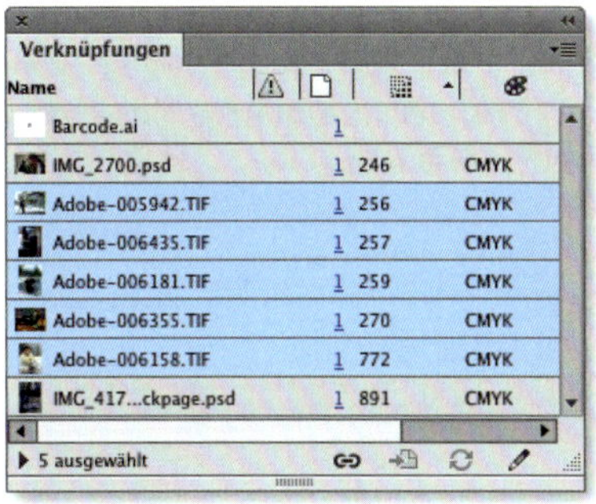

◀ Abbildung 8.80
Das Ergebnis des Bildtauschs. Die aktualisierten hochauflösenden Bilder sind in der Abbildung markiert.

Damit haben Sie sehr schnell eine Neuzuordnung von hochauflösenden Dateien vorgenommen.

Photoshop-EPS-Dateien öffnen sich in Illustrator?
Mit welcher Anwendung die verknüpfte Datei geöffnet wird, hängt von den Einstellungen ab, die Sie auf Systemebene zugewiesen haben. Eine Änderung der Dateizuordnung in Adobe Bridge CC wirkt sich darauf nicht aus.

Öffnen von Bildern in der Ausgangsapplikation

Liegt das Bild im falschen Farbraum vor, muss es farblich geändert bzw. retuschiert werden oder soll der Beschneidungspfad des Bilds überarbeitet werden, so können diese Veränderungen nur in der im System zugewiesenen Originalapplikation erfolgen.

Verknüpfung mit anderem Programm öffnen
Durch den Doppelklick mit gedrückter [Alt]- bzw. [⌥]-Taste werden Verknüpfungen in ihrer Ausgangsapplikation geöffnet. Das Öffnen der ausgewählten Verknüpfung in einem anderen Programm kann über den Befehl BEARBEITEN MIT aus dem Bedienfeldmenü erfolgen.

Öffnen Sie die Verknüpfung im Ursprungsprogramm (meistens Photoshop, Illustrator oder Acrobat) durch Anklicken des Symbols ORIGINAL BEARBEITEN im Verknüpfungen-Bedienfeld. Geübte Anwender werden das Tastenkürzel [Alt] bzw. [⌥] und einen Doppelklick mit dem Auswahl- bzw. Direktauswahl-Werkzeug auf das Bild verwenden. Führen Sie die gewünschten Änderungen durch, und speichern Sie die Datei ab.

Nachdem Sie die Datei geschlossen haben, werden Sie bemerken, dass eine Aktualisierung des Bilds in InDesign sofort durchgeführt wird. InDesign aktualisiert Verknüpfungen nur automatisch, wenn Sie diese aus InDesign geöffnet haben. Wurde ein Bild, das mehrfach im InDesign-Dokument platziert ist, aus InDesign geöffnet und geändert, so wird durch das Abspeichern der Änderung nur jenes Bild in InDesign automatisch aktualisiert, das Sie geöffnet haben. Alle anderen Verknüpfungen werden im Verknüpfungen-Bedienfeld als modifiziert ⚠ gekennzeichnet. Durch diese Arbeitsweise sparen Sie sich viel Zeit für das Datenhandling.

Einbetten und Herauslösen platzierter Grafiken

Einbetten von Dateien nicht immer notwendig
Verwenden Sie die Funktion des Einbettens von Dateien nur bewusst. Eine beschränkte Bearbeitungsmöglichkeit und die Dateigröße sind dafür Grund genug.

Verwenden Sie diese Funktion nur, wenn Sie Logos auf den Musterseiten verwenden. Wenn Sie Warnmeldungen zu fehlenden Bildern beim Öffnen der InDesign-Datei unterbinden möchten, erreichen Sie das einfacher, indem Sie die Option der InDesign-Voreinstellung VERKNÜPFUNGEN VOR DEM ÖFFNEN DES DOKUMENTS ÜBERPRÜFEN im Register DATEIHANDHABUNG deaktivieren.

Nachdem Bilder in InDesign platziert wurden, besteht eine Verknüpfung zur aktuellen Datei auf der Festplatte oder auf einem Server. Anwender von InDesign haben die Möglichkeit, jede einzelne Grafik in das Dokument einzubetten. Einbetten bedeutet, dass sich einerseits das InDesign-Dokument um die Dateigröße der Verknüpfung vergrößert und andererseits das Hantieren mit Grafiken für den Druckvorstufenbetrieb bei Änderungen erschwert wird. Originale von Bildern, die in das Dokument eingebettet sind, können nicht mehr über das Symbol ORIGINAL BEARBEITEN oder im Kontextmenü geöffnet werden. Sie müssen in diesem Fall zuerst die Einbettung der Datei aufheben.

Einbetten von Verknüpfungen | Das Einbetten einer Verknüpfung erfolgt über den Befehl VERKNÜPFUNG EINBETTEN aus dem Bedienfeldmenü des Verknüpfungen-Bedienfelds. Eingebettete Dateien erkennen Sie am Symbol, das sich in der Kategoriespalte STATUS zeigt. InDesign merkt sich trotz Einbettung den Speicherort (Pfad) und den Dateinamen, wodurch eine Aufhebung der Einbettung möglich wird.

Herauslösen von Bildern, die über die Zwischenablage in InDesign kopiert wurden | Wurden Bilder über die Zwischenablage in das InDesign-Dokument kopiert, so sind keine Einträge im Verknüpfungen-Bedienfeld hinterlegt. Damit ist das Herauslösen und das Bearbeiten der Bilder und Grafiken im Originalprogramm nicht mehr möglich.

Die einzige Möglichkeit, an das Bild heranzukommen, ist, das Bild über die Zwischenablage in Photoshop zu kopieren oder das ausgewählte Objekt als JPEG-Datei zu exportieren.

Bilder aus Office-Dateien

Eingebettete Bilder können auch aus importierten Office-Dateien in InDesign vorhanden sein. Diese Bilder werden mit der Bezeichnung *Bild* und einer nachstehenden, fortlaufenden Nummer aufgelistet. Man erkennt diese Bilder eindeutig an der Dateiendung ».png«.

Schritt für Schritt
Die Einbettung von Verknüpfungen aufheben

Sie haben ein InDesign-Dokument erstellt und wollen es einer anderen Person übermitteln. Anstatt die InDesign-Datei zu verpacken, haben Sie sich entschieden, die Bilder in das InDesign-Dokument einzubetten.

Aus Ihrer Sichtweise kann man dieser Arbeitsweise etwas abgewinnen. Doch was macht die Person, die das Dokument erhält, mit dieser Datei, wenn sie einzelne Bilder herauslösen und bearbeiten möchte? Gehen Sie dazu folgendermaßen vor:

1 Markieren des Eintrags

Markieren Sie im Verknüpfungen-Bedienfeld den Eintrag des eingebetteten Objekts.

2 Aufheben der Einbettung

Wählen Sie im Bedienfeldmenü den Eintrag Einbettung von Verknüpfung aufheben. Es erscheint folgender Dialog:

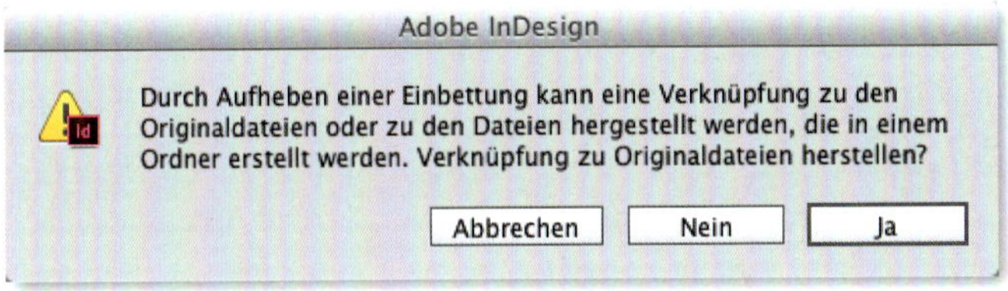

◂ **Abbildung 8.81**
Die Warnmeldung, in der Sie bestimmen können, ob eine Verknüpfung zur Originaldatei am selben Ort mit demselben Namen hergestellt oder ob die Datei aus InDesign extrahiert werden soll

3 Wahl der Strategie

Im erscheinenden Dialog wählen Sie Ja, wenn Sie den mitabgespeicherten Pfad verwenden und somit wiederum eine Verknüpfung zur Originaldatei erstellen wollen. Damit InDesign einen Pfad erneut aktivieren kann, müssen zwei Voraussetzungen erfüllt sein: Der Dateiname muss mit dem Namen der Ursprungsdatei übereinstimmen, und der Speicherort (Pfad zur Originaldatei) muss ebenfalls identisch sein.

Wenn das Originalbild nicht mehr in der gleichen Dateistruktur auf Ihrer Arbeitsstation vorliegt, so müssen Sie das Bild herauslösen (extrahieren) und an der gewünschten Stelle abspeichern. Dies können Sie durchführen, wenn Sie auf Nein klicken.

Verknüpfungen platzierter Textdateien aufheben

Vorsicht

Handelt es sich um ein aus InDesign 2.0 konvertiertes Dokument, so müssen Sie damit rechnen, dass im Verknüpfungen-Bedienfeld auch Textdokumente enthalten sein können. Aktualisieren Sie dann unter keinen Umständen alle Einträge im Bedienfeld, da sonst alle Textdateien neu importiert werden und somit alle Formatierungen und Korrekturen in InDesign verloren gehen!

Anders als bei Grafiken wird mit InDesign eine Textdatei komplett in das Dokument übernommen. Somit können Sie den Text frei in InDesign editieren, ohne ihn im Ursprungsprogramm öffnen zu müssen.

Ist die Option Beim Platzieren von Text- und Tabellendateien Verknüpfung erstellen im Register Dateihandhabung der InDesign-Voreinstellungen aktiviert, so bleibt die Verknüpfung zu den Text- und Tabellendateien erhalten, womit der Dokumentname als Verknüpfung im Verknüpfungen-Bedienfeld zu finden ist. Anwender können somit überprüfen, ob an den platzierten Text- bzw. Tabellendokumenten eine Änderung vorgenommen wurde, und diese gegebenenfalls aktualisieren.

Will der Anwender jedoch eine Aktualisierung unterbinden, so kann er über den Befehl Verknüpfung aufheben aus dem Bedienfeldmenü des Verknüpfungen-Bedienfelds die Verknüpfung aufheben. In Verbindung mit dem Aktualisieren von Tabellen sollten Sie sich jedoch das Loslösen wirklich gut überlegen.

Optionen für verknüpfte Textabschnitte bzw. Textrahmen

Neuerlicher Hinweis

Handelt es sich um einen verknüpften Textabschnitt, so wird nur ein Eintrag im Verknüpfungen-Bedienfeld angelegt. Handelt es sich hingegen um einen verknüpften Textrahmen, so werden zwei Eintragungen im Verknüpfungen-Bedienfeld angelegt. Ein Eintrag überprüft die Aktualität des Textes (Inhaltes), und der zweite Eintrag überprüft die Aktualität hinsichtlich Eigenschaften des Textrahmens und der Formatierung.

Wie Sie im Abschnitt »Verknüpfte Textabschnitte erstellen« auf Seite 273 schon gelesen haben, können sowohl Textabschnitte als auch ganze Textrahmen zur mehrfachen Verwendung über den Befehl Bearbeiten • Platzieren und Verknüpfen erzeugt werden. So wie platzierte Texte werden auch verknüpfte Textabschnitte bzw. verknüpfte Textrahmen als Verknüpfung im Verknüpfungen-Bedienfeld angezeigt und hinsichtlich Änderungen im Muttertextrahmen auf Aktualität hin überprüft.

Optionen für verknüpfte Textabschnitte | Markieren Sie dazu zuerst einen verknüpften Textabschnitt, und rufen Sie danach den Befehl Verknüpfungsoptionen aus dem Bedienfeldmenü des Verknüpfungen-Bedienfelds auf.

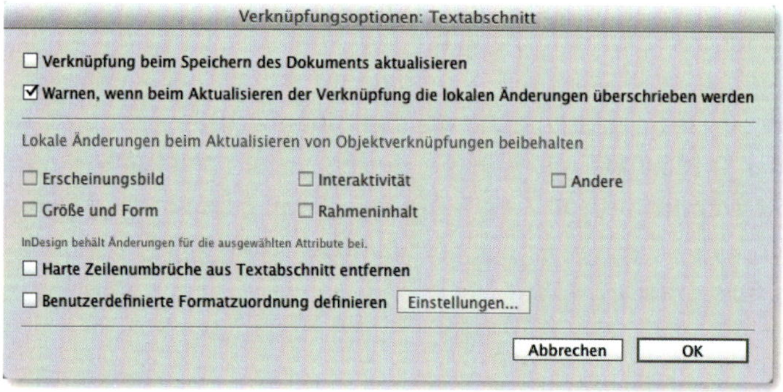

Abbildung 8.82 ▶
Verknüpfungsoptionen: Textabschnitt. Die Optionen im Bereich Lokale Änderungen beim Aktualisieren von Objektverknüpfungen beibehalten können für Textabschnitte nicht aktiviert werden.

Der erscheinende Dialog ist in drei Bereiche unterteilt, wobei der mittlere Bereich ausgegraut ist, wenn es um Textabschnitte geht. Folgende Optionen können Sie für einen Textabschnitt setzen:

- Verknüpfungen beim Speichern des Dokuments aktualisieren: Sobald Sie Datei • Speichern oder Strg+S bzw. ⌘+S drücken, wird der aktuell angewählte Rahmen aktualisiert.
- Warnen, wenn beim Aktualisieren der Verknüpfung die lokalen Änderungen überschrieben werden: Wird im Muttertextrahmen eine Textänderung gemacht, so würde InDesign den verknüpften Textabschnitt als modifiziert kennzeichnen. Haben Sie jedoch im Tochtertextrahmen z. B. eine manuelle Auszeichnung eines Worts gemacht, so würde InDesign erkennen, dass eine lokale Änderung am Text im Tochtertextrahmen durchgeführt worden ist, und bei aktivierter Option eine Warnmeldung (Abbildung 8.83) ausgeben. Ist die Option deaktiviert, unterlässt InDesign es, Sie zu warnen.

Tipp
Aktivieren Sie die Option Verknüpfungen beim Speichern des Dokuments aktualisieren lieber nicht vor allem, solange Sie sich nicht, wirklich zu 100 % mit den verknüpften Textabschnitten vertraut sind. Behalten Sie zu Beginn der Arbeit immer den Überblick!

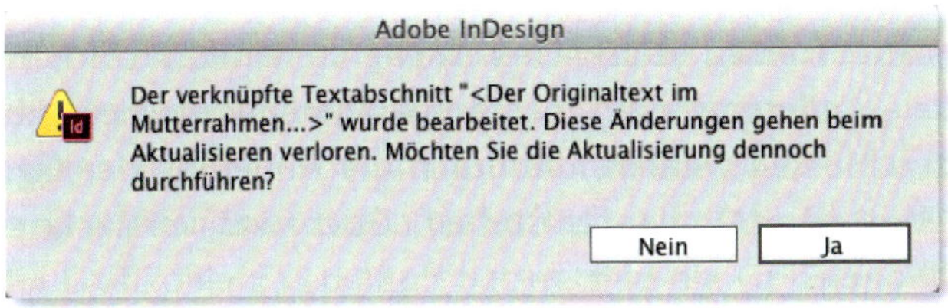

◀ **Abbildung 8.83**
Fehlermeldung, die durch die Aktivierung der Option Warnen, wenn beim Aktualisieren der Verknüpfung die lokalen Änderungen überschrieben werden entstehen kann

- Harte Zeilenumbrüche aus Text entfernen: Durch die Wahl dieser Option können vorhandene harte Zeilenschaltungen, die durch Drücken von ⇧+↵ im Text im Muttertextrahmen eingefügt wurden, aus dem Tochterrahmen eliminiert werden.
- Benutzerdefinierte Formatzuordnung definieren: Sind im Muttertextrahmen Absatz- bzw. Zeichenformate auf den Text angewandt worden, so können diese Formate anderen Absatz- und Zeichenformaten des Tochtertextrahmens im selben bzw. anderem Dokument zugewiesen werden. Durch das Mappen der Formate können Textänderungen im Muttertextrahmen mit den Tochtertextrahmen synchronisiert werden, ohne dass dabei die Textformatierung des Muttertextrahmens im Tochtertextrahmen übernommen wird.
  Die Formatzuordnung muss einerseits aktiviert und andererseits eingerichtet werden. Zum Einrichten der Formatzuordnung müssen Sie zuvor die Option aktivieren und danach auf den Button Einstellungen klicken.

Hinweis
Wie Sie eine Formatzuordnung einrichten, können Sie auf Seite 528 bzw. in der Schritt-für-Schritt-Anleitung »Buchtitel am Buchrücken synchron halten« auf Seite 273 nachlesen.

Optionen für verknüpfte Textrahmen | Haben Sie beim Erstellen der Textverknüpfung den Textrahmen ausgewählt, so wurde ein verknüpfter Textrahmen angelegt, wodurch zwei Eintragungen im Verknüpfun-

▲ **Abbildung 8.86**
Das Bedienfeldmenü des Verknüpfungen-Bedienfelds

Weitere Möglichkeiten im Bedienfeldmenü

Im Bedienfeldmenü können viele der bisher gezeigten Funktionen auch aufgerufen werden. Darüber hinaus stehen jedoch noch weitere Dienste zur Verfügung.

Bearbeiten mit | Damit können Verknüpfungen in anderen Programmen gezielt aus InDesign heraus geöffnet werden.

Im Finder/Explorer, In Bridge bzw. In Mini Bridge anzeigen | In bestimmten Situationen ist es hilfreich, zur Originaldatei im Dateisystem zu springen. Je nachdem, ob Sie sich diese dabei im Finder/Explorer oder in Adobe Bridge bzw. Mini Bridge anzeigen lassen wollen, wählen Sie den entsprechenden Befehl.

Hilfsprogramme | Darunter verbergen sich weitere Dienste, die Ihnen das Leben mit Bildern sehr vereinfachen können:

- NACH FEHLENDEN VERKNÜPFUNGEN SUCHEN: Damit stoßen Sie die Routine an, nach fehlenden Verknüpfungen zu suchen, die standardmäßig beim Öffnen eines InDesign-Dokuments durchgeführt wird.
- VERKNÜPFUNG(EN) KOPIEREN NACH: Damit können Sie Verknüpfungen in einen anderen Ordner kopieren und dabei den Pfad zu den kopierten Dateien umleiten. Dieser Befehl ist ideal, wenn Dateien während der Arbeit auf ein anderes Laufwerk verschoben werden sollen.
- XMP-DATEIINFORMATIONEN: Öffnen Sie damit den dem Bild zugeordneten XMP-Dialog.
- EINCHECKEN, AUSCHECKEN und AUSCHECKEN ABBRECHEN sind Funktionen zum Freigeben (Einchecken) bzw. Bearbeiten (Auschecken) von Textabschnitten, die im Zusammenspiel mit InCopy benötigt werden.

Beschriftungen definieren
Über das Bedienfeldmenü des Verknüpfungen-Bedienfelds können Sie ebenfalls auf alle Befehle für die Funktion BESCHRIFTUNGEN zugreifen.

Informationen kopieren | Damit können Sie Metadateninformationen zu Dateien als Textelement kopieren.

- VOLLSTÄNDIGEN PFAD KOPIEREN: Sie kopieren damit den vollständigen Pfad des ausgewählten Bilds (Abbildung 8.87).
- PLATTFORMSTILPFAD KOPIEREN: Damit wird der Speicherpfad wie zuvor, jedoch in einer anderen Form kopiert. Bei der Skripterstellung ist es sinnvoller, diesen Pfad zu verwenden (Abbildung 8.88).
- ALLE VERKNÜPFUNGSINFORMATIONEN KOPIEREN: Damit werden alle Informationen der ausgewählten Datei kopiert, die im Verknüpfungsinformationen-Fenster angezeigt werden.
- INFOS FÜR AUSGEWÄHLTE VERKNÜPFUNGEN KOPIEREN: Damit werden alle Informationen kopiert, die Sie sich im Verknüpfungen-Bedienfeld über die Bedienfeldoptionen haben einblenden lassen.

```
/Users/nixberg/Daten/Buch_InDesign_CC/04_Satzdaten/08_Bilder_platzieren_organisieren/Links/Verknüpfungsoptionen-Objekte.tif
```

▲ **Abbildung 8.87**
Beispiel eines vollständigen Pfades

```
Macintosh HD:Users:nixberg:Daten:Buch_InDesign_CC:04_Satzdaten:08_Bilder_platzieren_organisieren:Links:Verknüpfungsoptionen-Objekte.tif
```

▲ **Abbildung 8.88**
Beispiel eines Plattformstilpfads

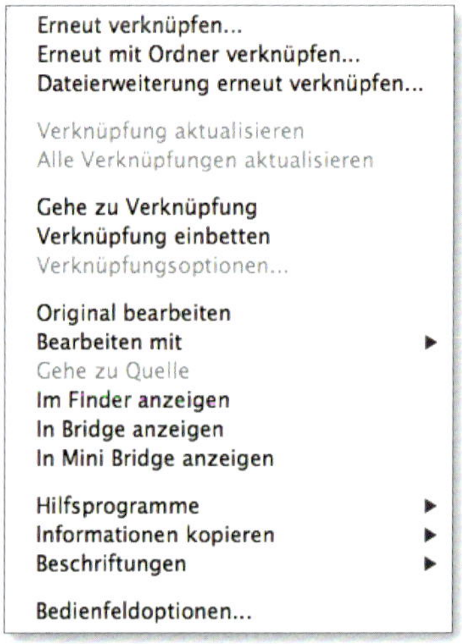

▲ **Abbildung 8.86**
Das Bedienfeldmenü des Verknüpfungen-Bedienfelds

Beschriftungen definieren
Über das Bedienfeldmenü des Verknüpfungen-Bedienfelds können Sie ebenfalls auf alle Befehle für die Funktion Beschriftungen zugreifen.

```
/Users/nixberg/Daten/
Buch_InDesign_CC/04_
Satzdaten/08_Bilder_
platzieren_organisieren/
Links/Verknüpfungsoptio-
nen-Objekte.tif
```

▲ **Abbildung 8.87**
Beispiel eines vollständigen Pfades

```
Macintosh HD:Users:nix-
berg:Daten:Buch_InDe-
sign_CC:04_Satzdaten:08_
Bilder_platzieren_orga-
nisieren:Links:Verknüp-
fungsoptionen-Objekte.
tif
```

▲ **Abbildung 8.88**
Beispiel eines Plattformstilpfads

Weitere Möglichkeiten im Bedienfeldmenü

Im Bedienfeldmenü können viele der bisher gezeigten Funktionen auch aufgerufen werden. Darüber hinaus stehen jedoch noch weitere Dienste zur Verfügung.

Bearbeiten mit | Damit können Verknüpfungen in anderen Programmen gezielt aus InDesign heraus geöffnet werden.

Im Finder/Explorer, In Bridge bzw. In Mini Bridge anzeigen | In bestimmten Situationen ist es hilfreich, zur Originaldatei im Dateisystem zu springen. Je nachdem, ob Sie sich diese dabei im Finder/Explorer oder in Adobe Bridge bzw. Mini Bridge anzeigen lassen wollen, wählen Sie den entsprechenden Befehl.

Hilfsprogramme | Darunter verbergen sich weitere Dienste, die Ihnen das Leben mit Bildern sehr vereinfachen können:

- Nach fehlenden Verknüpfungen suchen: Damit stoßen Sie die Routine an, nach fehlenden Verknüpfungen zu suchen, die standardmäßig beim Öffnen eines InDesign-Dokuments durchgeführt wird.
- Verknüpfung(en) kopieren nach: Damit können Sie Verknüpfungen in einen anderen Ordner kopieren und dabei den Pfad zu den kopierten Dateien umleiten. Dieser Befehl ist ideal, wenn Dateien während der Arbeit auf ein anderes Laufwerk verschoben werden sollen.
- XMP-Dateiinformationen: Öffnen Sie damit den dem Bild zugeordneten XMP-Dialog.
- Einchecken, Auschecken und Auschecken abbrechen sind Funktionen zum Freigeben (Einchecken) bzw. Bearbeiten (Auschecken) von Textabschnitten, die im Zusammenspiel mit InCopy benötigt werden.

Informationen kopieren | Damit können Sie Metadateninformationen zu Dateien als Textelement kopieren.

- Vollständigen Pfad kopieren: Sie kopieren damit den vollständigen Pfad des ausgewählten Bilds (Abbildung 8.87).
- Plattformstilpfad kopieren: Damit wird der Speicherpfad wie zuvor, jedoch in einer anderen Form kopiert. Bei der Skripterstellung ist es sinnvoller, diesen Pfad zu verwenden (Abbildung 8.88).
- Alle Verknüpfungsinformationen kopieren: Damit werden alle Informationen der ausgewählten Datei kopiert, die im Verknüpfungsinformationen-Fenster angezeigt werden.
- Infos für ausgewählte Verknüpfungen kopieren: Damit werden alle Informationen kopiert, die Sie sich im Verknüpfungen-Bedienfeld über die Bedienfeldoptionen haben einblenden lassen.

Verknüpfte Textrahmen und Textabschnitte entkoppeln | Wollen Sie die Verknüpfung zwischen Mutterrahmen und Tochterrahmen aufheben, so verfahren Sie so, wie Sie Verknüpfungen für platzierte Textdateien entkoppeln. Wählen Sie den verknüpften Textrahmen aus, und rufen Sie aus dem Bedienfeldmenü des Verknüpfungen-Bedienfelds den Befehl Verknüpfung aufheben auf.

Umgang mit verknüpften Grafikobjekten

Wie Sie schon im Abschnitt »Verknüpfte Inhalte erstellen« auf Seite 323 erfahren haben, werden beim Erstellen von verknüpften Grafikobjekten zwei Eintragungen im Verknüpfungen-Bedienfeld angelegt. Der eine Eintrag bezieht sich auf die Verknüpfung zur Originaldatei in Ihrem Dateisystem, und der zweite Eintrag bezieht sich auf die Objektparameter, die Sie dem Bildrahmen zugewiesen haben.

So wie bei verknüpften Textrahmen können Sie somit auch bei verknüpften Grafikobjekten eine Aktualisierung getrennt nach Inhalt und Objektparameter vornehmen und Verknüpfungsoptionen dafür festlegen. Rufen Sie die Verknüpfungsoptionen wie zuvor schon beschrieben auf, und wählen Sie aus den vielen Optionen (Abbildung 8.84) aus. Da Sie ein Grafikobjekt verknüpft haben, sind die Optionen Harte Zeilenumbrüche aus Textabschnitt entfernen und Benutzerdefinierte Formatzuordnung definieren natürlich nicht auswählbar.

Verknüpfungsoptionen bei verknüpften Grafikobjekten
Verfahren Sie mit verknüpften Grafikobjekten so, wie es in der Beschreibung zum Umgang mit verknüpften Textrahmen angegeben wurde.

Anzeigen von Metadaten zu Verknüpfungen

Enthalten verknüpfte Dateien Metadaten, so können Sie über den Befehl Hilfsprogramme • XMP-Dateiinformationen aus dem Bedienfeldmenü auf diese Informationen zurückgreifen, um sie selektiv durch Kopieren für das Layout zu übernehmen.

Metadaten hinzufügen
Die Möglichkeit, Metadaten für verknüpfte Dateien zu ändern, ist nicht gegeben. Solche Änderungen müssen in der Originalapplikation oder über Adobe Bridge durchgeführt werden.

Informationen zu verknüpften Dateien

Mehr Informationen zu Dateien erhalten Sie, wenn Sie auf den jeweiligen Eintrag im Bedienfeld doppelklicken. Dadurch wird der Bereich Verknüpfungsinformationen im Bedienfeld aufgeklappt, in dem Sie all jene Informationen auslesen können, die Sie für diesen Bereich in den Bedienfeldoptionen aktiviert haben.

Wenn Sie nicht alle Informationen benötigen, reicht meistens die Verwendung des Informationen-Bedienfelds aus, in dem Sie die effektive Auflösung der Bilder, den verwendeten Farbraum, den Dateityp und die Informationen zum angehängten Profil auslesen können.

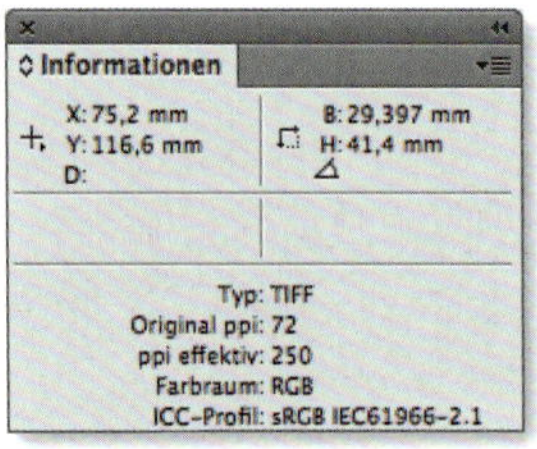

▲ **Abbildung 8.85**
Das Informationen-Bedienfeld mit den Informationen zu einem aktivierten Bild

gen-Bedienfeld angelegt werden. Zu den Verknüpfungsoptionen für den verknüpften Textrahmen gelangen Sie durch Aufrufen des Befehls VERKNÜPFUNGSOPTIONEN aus dem Bedienfeldmenü.

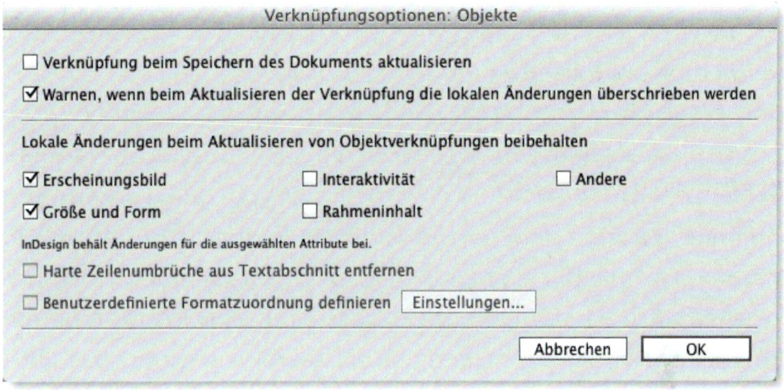

Abbildung 8.84 ▶
VERKNÜPFUNGSOPTIONEN: TEXTABSCHNITT UND OBJEKTE. Die Optionen im Bereich LOKALE ÄNDERUNGEN BEIM AKTUALISIEREN VON OBJEKTVERKNÜPFUNGEN BEIBEHALTEN können für Textrahmen und auch für Objekte – Bilder und Grafiken – hier aktiviert werden.

Anders als bei einem verknüpften Textabschnitt können Sie hier zusätzlich die Optionen im Bereich LOKALE ÄNDERUNGEN BEIM AKTUALISIEREN VON OBJEKTVERKNÜPFUNGEN BEIBEHALTEN aktivieren. Grundsätzlich können damit lokale Änderungen am Tochtertextrahmen von einer Aktualisierung ausgeschlossen werden, die durch die Änderung der Eigenschaften am Muttertextrahmen entstehen. Doch was versteckt sich hinter den Optionen?

- ERSCHEINUNGSBILD: Dadurch werden Änderungen wie Konturstärke, Kontur- und Flächenfarbe, Konturattribute, Effekte sowie Eckenoptionen, die am verknüpften Textrahmen vorgenommen worden sind, von einer Aktualisierung ausgeschlossen.
- GRÖSSE UND FORM: Dadurch werden Änderungen wie Drehen, Skalieren, Scheren, Spiegeln, Pfadformveränderungen sowie alle Einstellungen der Textrahmenoptionen, die am verknüpften Textrahmen vorgenommen worden sind, von einer Aktualisierung ausgeschlossen.
- INTERAKTIVITÄT: Dadurch werden am verknüpften Textrahmen angebrachte Animationen, Schaltflächen, Formulare, Objektstatus sowie Zeitpunkt-Einstellungen von einer Aktualisierung ausgeschlossen.
- RAHMENINHALT: Bei Texten hat diese Option keinen Einfluss. Bei Objektrahmen, die einen Inhalt – Bild, Grafik, Video, Sound, SWF-Datei oder HTML-Code – besitzen, können Änderungen, die am Inhalt über diverse Transformationen, über Änderungen im HTML-Code bzw. dem Medien-Bedienfeld vorgenommen wurden, von einer Aktualisierung ausgeschlossen werden.
- ANDERE: Damit können Sie Änderungen an den Textrahmenoptionen, an gesetzten Hyperlinks, am Textumfluss sowie an den Exportoptionen-Einstellungen, die am verknüpften Textrahmen vorgenommen worden sind, von einer Aktualisierung ausschließen.

Hinweis

Beachten Sie, dass in den Optionen im Bereich LOKALE ÄNDERUNGEN BEIM AKTUALISIEREN VON OBJEKTVERKNÜPFUNGEN BEIBEHALTEN lokale Änderungen, die in einem Fall durchgeführt wurden, durch die Aktivierung in verschiedenen Optionen deaktiviert werden können. Hier ist Probieren angesagt!

Hinweis

Ist die Option GRÖSSE UND FORM aktiviert, so bleiben dennoch angebrachte Animationen auf den Tochtertextrahmen von der Aktualisierung ausgeschlossen. Ein Fehler oder ein Feature?

Hinweis

Beachten Sie, dass eine Größenänderung des Inhalts durch die Option RAHMENINHALT nicht geschützt wird. Eine Änderung der Bildgröße im Mutterrahmen führt dennoch zu einer Größenanpassung im verknüpften Rahmen.

Der erscheinende Dialog ist in drei Bereiche unterteilt, wobei der mittlere Bereich ausgegraut ist, wenn es um Textabschnitte geht. Folgende Optionen können Sie für einen Textabschnitt setzen:

- Verknüpfungen beim Speichern des Dokuments aktualisieren: Sobald Sie Datei • Speichern oder Strg+S bzw. ⌘+S drücken, wird der aktuell angewählte Rahmen aktualisiert.
- Warnen, wenn beim Aktualisieren der Verknüpfung die lokalen Änderungen überschrieben werden: Wird im Muttertextrahmen eine Textänderung gemacht, so würde InDesign den verknüpften Textabschnitt als modifiziert kennzeichnen. Haben Sie jedoch im Tochtertextrahmen z. B. eine manuelle Auszeichnung eines Worts gemacht, so würde InDesign erkennen, dass eine lokale Änderung am Text im Tochtertextrahmen durchgeführt worden ist, und bei aktivierter Option eine Warnmeldung (Abbildung 8.83) ausgeben. Ist die Option deaktiviert, unterlässt InDesign es, Sie zu warnen.

Tipp

Aktivieren Sie die Option Verknüpfungen beim Speichern des Dokuments aktualisieren lieber nicht vor allem, solange Sie sich nicht, wirklich zu 100 % mit den verknüpften Textabschnitten vertraut sind. Behalten Sie zu Beginn der Arbeit immer den Überblick!

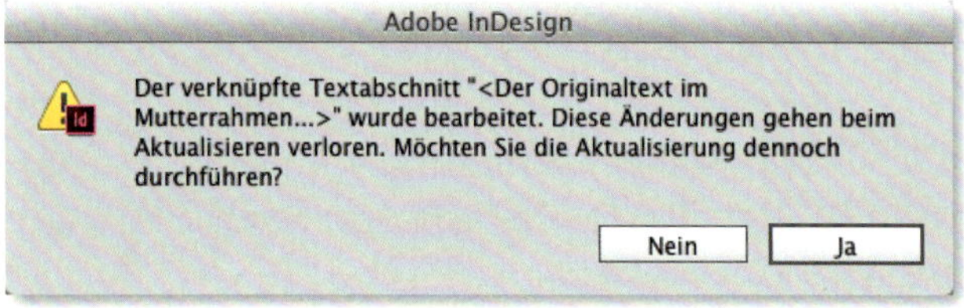

◄ **Abbildung 8.83**
Fehlermeldung, die durch die Aktivierung der Option Warnen, wenn beim Aktualisieren der Verknüpfung die lokalen Änderungen überschrieben werden entstehen kann

- Harte Zeilenumbrüche aus Text entfernen: Durch die Wahl dieser Option können vorhandene harte Zeilenschaltungen, die durch Drücken von ⇧+↵ im Text im Muttertextrahmen eingefügt wurden, aus dem Tochterrahmen eliminiert werden.
- Benutzerdefinierte Formatzuordnung definieren: Sind im Muttertextrahmen Absatz- bzw. Zeichenformate auf den Text angewandt worden, so können diese Formate anderen Absatz- und Zeichenformaten des Tochtertextrahmens im selben bzw. anderem Dokument zugewiesen werden. Durch das Mappen der Formate können Textänderungen im Muttertextrahmen mit den Tochtertextrahmen synchronisiert werden, ohne dass dabei die Textformatierung des Muttertextrahmens im Tochtertextrahmen übernommen wird.
  Die Formatzuordnung muss einerseits aktiviert und andererseits eingerichtet werden. Zum Einrichten der Formatzuordnung müssen Sie zuvor die Option aktivieren und danach auf den Button Einstellungen klicken.

Hinweis

Wie Sie eine Formatzuordnung einrichten, können Sie auf Seite 528 bzw. in der Schritt-für-Schritt-Anleitung »Buchtitel am Buchrücken synchron halten« auf Seite 273 nachlesen.

Optionen für verknüpfte Textrahmen | Haben Sie beim Erstellen der Textverknüpfung den Textrahmen ausgewählt, so wurde ein verknüpfter Textrahmen angelegt, wodurch zwei Eintragungen im Verknüpfun-

Kapitel 9
Farben

Farben dienen im Layout der Informationsaufnahme, der Orientierung und der Hervorhebung von wesentlichen Informationen. Ein Layoutprogramm wie Adobe InDesign muss deshalb Werkzeuge zur Erstellung von Farben, Farbtönen, Sonderfarben, normalen und weichen Verläufen sowie von Mischdruckfarben anbieten. Das Erstellen von Farben kann in Adobe InDesign auf unterschiedlichste Weise erfolgen – über den Farbwähler, das Farbfelder-Bedienfeld oder über das Farbe-Bedienfeld. Lernen Sie in diesem Kapitel, wie Sie Farben korrekt für Ihre Vorhaben anlegen und welche Möglichkeiten Ihnen zur Verfügung stehen, um den technischen Anforderungen der Produktion gerecht zu werden.

9.1 Der Farbwähler

Welche Flächenfarbe bzw. Konturfarbe das aktuell ausgewählte Objekt besitzt, erkennen Sie am schnellsten anhand des Werkzeuge-Bedienfelds im Symbol für die Fläche ❶ und für die Kontur ❷. Ein rot durchgestrichenes Symbol zeigt an, dass die Fläche bzw. die Kontur keine zugewiesene Farbe besitzt. Die Angaben aus Abbildung 9.1 symbolisieren somit, dass das gewählte Objekt eine rote Fläche ohne gefärbte Kontur besitzt. Besitzt die Kontur keine Farbe, so folgt daraus, dass die Kontur auch keine Konturstärke besitzt.

Alternativ können Sie jedoch auch den Zustand aus dem Steuerung-Bedienfeld auslesen. Dabei steht das Symbol ❹ für die Flächenfarbe und das Symbol ❸ für die Konturfarbe.

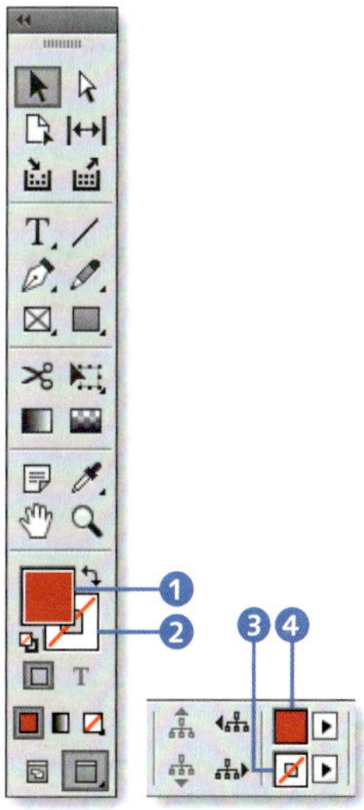

▲ **Abbildung 9.1**
Die Bedienfelder Werkzeuge (links) und Steuerung (rechts) geben Auskunft über den »Farbzustand« des gewählten Objekts.

Eine Farbe wählen

Führen Sie einen Doppelklick auf das Symbol für die Flächen- oder Konturfarbe aus. Damit öffnen Sie den Farbwähler, den Sie vielleicht schon aus Adobe Photoshop kennen.

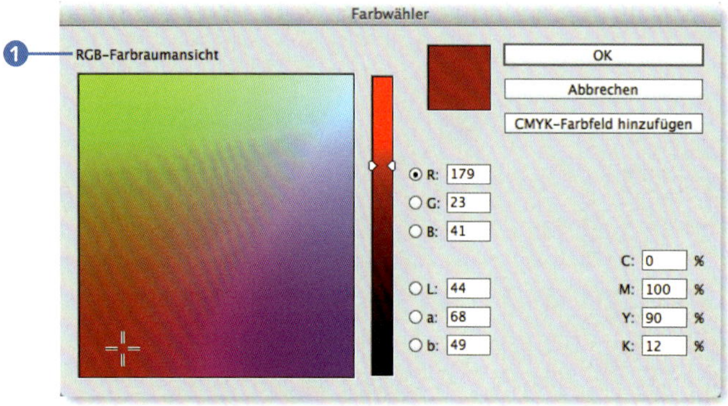

Abbildung 9.2 ▶
Der Farbwähler stellt eine intuitive Möglichkeit zum Anmischen von Farben dar. Eine farbverbindliche Darstellung der CMYK-Werte in der RGB-FARBRAUMANSICHT (1) der Farbraum wird immer in RGB – angezeigt – ist damit jedoch nicht gegeben.

Mit einem Klick in das Farbspektrum der Farbraumansicht wählen Sie eine Farbe aus. Es werden dadurch gleichzeitig die RGB-, Lab- und CMYK-Werte der ausgewählten Farbe angezeigt, die in Abhängigkeit vom gewählten Dokument-Arbeitsfarbraum für RGB und CMYK von der Abbildung abweichen können.

Die Farbräume

Zur Eingabe im Farbwähler stehen die drei Farbräume RGB, Lab und CMYK zur Verfügung. Sonderfarben wie Gold, Pantone, HKS und dergleichen können hier nicht angemischt werden.

- **RGB**: Geben Sie in den Eingabefeldern die gewünschten RGB-Werte von 0 bis 255 ein. Ein absolutes Schwarz wird in RGB durch 0, 0, 0 wiedergegeben, ein absolutes Weiß somit mit 255, 255, 255.
- **Lab**: Im Lab-Modus bestimmt der L-Kanal die Luminanz von 0 bis 100 %, der a-Kanal die Rot-Grün-Achse und der b-Kanal die Gelb-Blau-Achse. Die Werte der a- und b-Achse können von –127 bis +127 reichen. Betragen die Werte in beiden Achsen 0, so haben Sie ein technisch neutrales Grau erreicht.
- **CMYK**: Sie können für CMYK-Farben Werte zwischen 0 und 100 eingeben. Die Eingabe von Kommastellen für Farbe ist in InDesign zwar vorgesehen, es gehört jedoch (fast) zum guten Ton für Grafiker und Layouter, nur ganzzahlige Farbwerte einzugeben.

Farben dem Farbfelder-Bedienfeld hinzufügen
Wollen Sie ein CMYK-Farbfeld aus dem FARBWÄHLER dem Bedienfeld FARBFELDER hinzufügen, so geben Sie die Farbwerte in den Eingabefeldern für CMYK ein und klicken dann auf den Button CMYK-FARBFELD HINZUFÜGEN. Verfahren Sie analog auch für RGB- und Lab-Farben.

Keine Farbumfangwarnung
Obwohl im Farbwähler das Anmischen von Farben über CMYK möglich ist, wird dennoch das Farbspektrum immer in RGB angezeigt. Für geübte Anwender fehlt in diesem Dialog die Farbumfangwarnung, die jeder Photoshop-Anwender nützlich findet.

9.2 Das Farbfelder-Bedienfeld

Bevor wir jedoch Farben anlegen, sollten wir uns über die Symbolik im Farbfelder-Bedienfeld klar werden. Das Bedienfeld können Sie im Menü FENSTER • FARBE • FARBFELDER, durch Drücken der Taste [F5] oder durch Klick auf das Symbol in der Bedienfeldleiste aufrufen.

In Abbildung 9.3 wollen wir drei von vier möglichen Darstellungsformen einander gegenüberstellen.

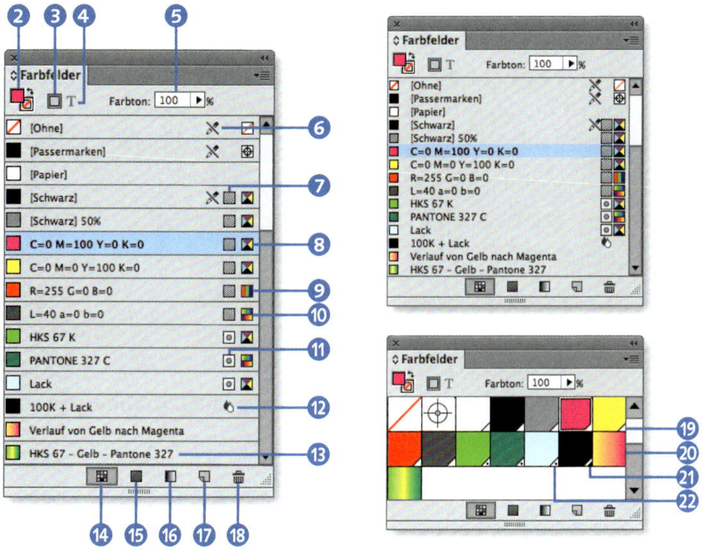

◀ **Abbildung 9.3**
Das Farbfelder-Bedienfeld kann als Namensliste (linke Abbildung), als kleine Namensliste (rechte Abbildung oben) oder als großes (rechte Abbildung unten) und kleines Farbfeld dargestellt werden. Das Umschalten auf die verschiedenen Ansichten erledigen Sie über die Menüeinträge Name, Name (klein), Kleines Farbfeld und Grosses Farbfeld des Bedienfeldmenüs.

Im *Kopfbereich* des Bedienfelds sehen Sie eine Miniatur des Werkzeugs Fläche und Kontur ❷ aus dem Werkzeuge-Bedienfeld. Dann folgt das Symbol Formatierung wirkt sich auf Rahmen aus ❸, das der Farbzuweisung für Rahmenflächen und Konturen dient, und das Symbol Formatierung wirkt sich auf Text aus ❹, das zur Farbzuweisung auf Text und dessen Kontur – [J] wechselt zwischen beiden Symbolen – verwendet wird. Daneben finden Sie das Eingabefeld Farbton ❺.

Im *mittleren Bereich* befindet sich, je nach gewählter Darstellungsform Name, Name (klein), Kleines Farbfeld oder Grosses Farbfeld (sie kann im Bedienfeldmenü gewählt werden), eine Liste der im Dokument befindlichen Farbfelder, Verläufe und Farbtöne.

An der *unteren Bedienfeldkante* finden Sie die Buttons Alle Farbfelder einblenden ⓮, Farbfelder einblenden ⓯ (durch den nur Farben und Farbtöne in der Liste angezeigt werden), Verlaufsfelder einblenden ⓰, Neues Farbfeld ⓱ und Farbfeld löschen ⓲.

Passermarken
Die Farbe [Passermarken] dient zur Markierung von Schnittmarken und Passkreuzen, die auf allen Farbauszügen vorhanden sein müssen. Sie ist als CMYK-Farbe (100/100/100/100 + 100% jeder verwendeten Schmuckfarbe) definiert. Diese Farbe dürfen Sie beim Auszeichnen von Flächen und Konturen nie verwenden, sondern nur, wenn Sie manuell Schneidmarken anlegen müssen.

Farbeintrag | Der Eintrag einer Farbe in der Farbliste hat immer denselben Aufbau. Zuerst wird die Farbe in einem kleinen Farbfeld dargestellt, gefolgt vom Farbnamen. Die Namen können dabei in eckigen Klammern stehen, z. B. [Schwarz], oder als Farbwertangabe (z. B. C=100 M=0 Y=0 K=0) oder selbst definiert erscheinen. Farben in eckigen Klammern sagen uns, dass sie Grundfarben sind und somit nicht gelöscht werden können. Das Symbol ❻ bedeutet, dass die Farbwerte der Farbe nicht geändert werden können.

Hilfe, ich sehe meine angelegten Verläufe nicht!
Wenn Sie nach dem Erstellen von Farbverläufen diese nicht im Farbfelder-Bedienfeld sehen, haben Sie wahrscheinlich nicht den Button Alle Farbfelder einblenden ⓮ in der Fußzeile des Farbfelder-Bedienfelds aktiviert.

Editieren der Farbe [Papier]
Die Farbe [Papier] kann durch den Anwender selbst festgelegt werden. Damit lässt sich beispielsweise ein Papierton – etwa der Papierton der Financial Times – zur Simulation der Kontraste am Monitor definieren.
Achtung: Der gewählte Papierton wird nicht ausgegeben.

Prozessfarben
Unter *Prozessfarben* werden Farbdefinitionen verstanden, die in der Ausgabe (Separation) in die vier Skalenfarben aufgeteilt werden können.

Der Alternativfarbraum von Pantone ist seit CS6 Lab
Bis InDesign CS5.5 wurden Pantone-Farben mit dem Alternativfarbraum CMYK angelegt. Mit der Creative Suite 6 wurde eine neue Library hinzugefügt, wodurch die Umrechnung seither auf Basis von *Lab* erfolgt.

Mischdruckfarben
Mischdruckfarben sind Farben, die zumindest aus zwei Farben (entweder einer Skalafarbe und einer Volltonfarbe oder aus zwei Volltonfarben) bestehen. Den Farbmodus erkennen Sie in der großen Farbfelddarstellung (Abbildung 9.3 rechts unten) an dem ausgefüllten Dreieck ㉑.

Alle Farben, die nicht geschützt und nicht als importierte Volltonfarbe vorliegen, können jederzeit umgestellt werden. Bei importierten Farben kann nur der Farbmodus geändert werden, nicht jedoch die Farbwerte.

Farbtyp und Farbmodus | Die letzten beiden Symbole eines Farbeintrags signalisieren uns den Farbtyp und den gewählten Farbmodus.

- **Farbtyp**: Hier wird zwischen Prozess ❼ und Vollton ⓫ unterschieden. In der großen Farbfelddarstellung (Abbildung 9.3 rechts unten) erkennen Sie den Farbtyp am rechten unteren Dreieck des Farbfelds: Ist das Dreieck leer ⓳, so ist es eine Prozessfarbe; befindet sich ein Punkt ㉒ darin, so ist es eine Volltonfarbe.
- **Farbmodus**: Der Farbmodus bestimmt, in welchem Farbraum die Farbdefinition vorgenommen wurde. Dabei wird zwischen Lab ❿, RGB ❾ und CMYK ❽ unterschieden. Der Farbmodus ist in der großen Farbfelddarstellung (Abbildung 9.3 rechts unten) nur anhand der eingeblendeten Werte in der QuickInfo ersichtlich.
  Beachten Sie, dass angelegte Volltonfarben der Farbskalen HKS bzw. Pantone zwar als Volltonfarben gekennzeichnet sind, der zugewiesene Farbmodus jedoch variieren kann. Einer Volltonfarbe ist standardmäßig ein *Alternativfarbraum* zugewiesen, der zur Umrechnung der Farbwerte verwendet wird. Davon abweichende Vorgehensweisen können im Druckfarben-Manager gewählt werden.

Mischdruckfarben und Verläufe | Eine *Mischdruckfarbe* erkennen Sie am Symbol ⓬ und in der großen Farbfelddarstellung an einem ausgefüllten Dreieck ㉑. Ein *Verlauf* ⓭ und ⓴ kann aus verschiedenen Farben bzw. auch aus transparenten Bereichen zusammengesetzt sein, weshalb keine Farbtyp- und Farbmodus-Kennzeichnung vorliegt.

9.3 Anlegen und Löschen von Farben

Beim Erstellen von Farben mit exakt definierten Farbwerten kommen Sie über das Farbfelder-Bedienfeld schnell zum gewünschten Ergebnis.

Erstellen einer Prozess- und Volltonfarbe

Rufen Sie die Funktion Neues Farbfeld im Bedienfeldmenü des Farbfelder-Bedienfelds auf. Unsere Empfehlung ist, das Symbol Neues Farbfeld bei gleichzeitig gedrückter Alt- bzw. ⌥-Taste anzuklicken. Im erscheinenden Dialog können Sie Farben für den gewünschten Farbtyp und Farbmodus erstellen und somit gleich hinzufügen.

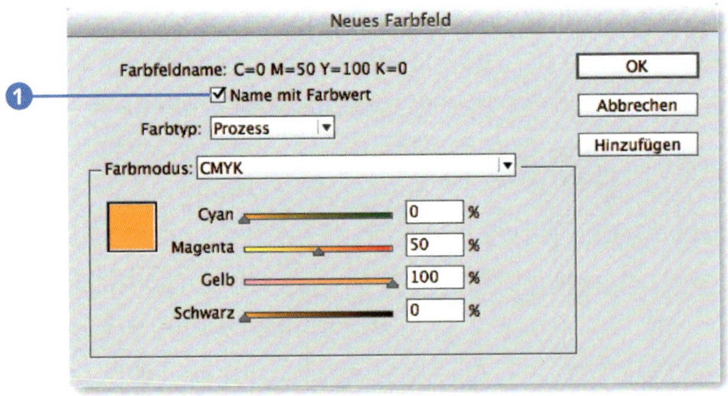

◀ **Abbildung 9.4**
Neues Farbfeld definieren: Legen Sie den gewünschten Farbtyp und Farbmodus fest, und bestimmen Sie den Farbfeldnamen. Diesen können Sie jedoch nur verändern, wenn Sie die Checkbox Name mit Farbwert ❶ deaktivieren.

Name von Farben vergeben

In großen Projekten ist es absolut ratsam, den Farben einen Namen zu geben, denn dadurch können die Farben ihrer Funktion leichter zugewiesen werden.

- **Farbfeldname**: Standardmäßig wird der Farbfeldname automatisch aus den eingegebenen Werten (CMYK, RGB, Lab) generiert.
- **Farbtyp**: Ob Sie eine Prozessfarbe oder eine Volltonfarbe erstellen wollen, legen Sie mit der Option Farbtyp ❷ fest.

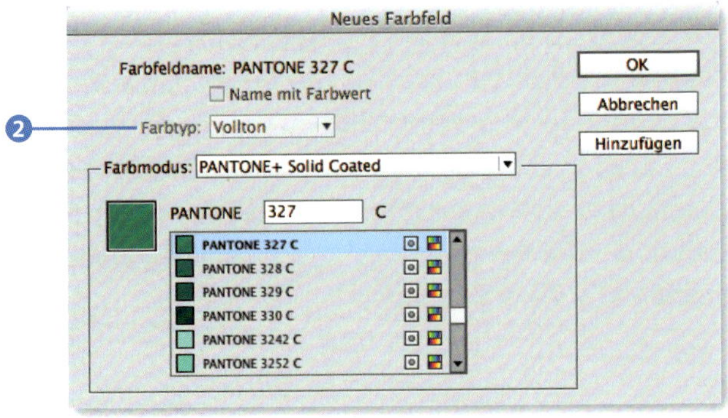

◀ **Abbildung 9.5**
Eingabe einer Pantone-Farbe über die entsprechende Farbnummer des gewählten Farbsystems

- **Farbmodus**: Wählen Sie den gewünschten Farbmodus aus der Liste der verfügbaren Farbmodi (Abbildung 9.6) aus, und geben Sie die Nummer der Farbe über das Eingabefeld ein. Der Farbfeldname und Farbtyp kann in diesem Fall nicht geändert werden. Wenn Sie die Pantone-Farbe auf die CMYK-Werte umschalten wollen, so wählen Sie in Farbmodus CMYK aus.

Haben Sie die Definition eines Farbfelds vorgenommen, so können Sie durch Klicken auf den Button Hinzufügen die aktuell eingestellten Farbwerte als Farbfeld der Liste anfügen. Sie können damit weiterhin im Dialog Neues Farbfeld bleiben und weitere Farben anlegen. Mit OK bestätigen Sie die Eingabe, und der Eingabedialog wird geschlossen.

▲ **Abbildung 9.6**
Alle Farbmodi, die zur Definition von Farben in InDesign zur Verfügung stehen

Farbtöne anlegen

Farbtöne entstehen durch die einheitliche Rücknahme des Farbauftrags in einer Farbe. Das Definieren eines Farbtons ist einfach: Markieren Sie den Basisfarbton in der Liste, und führen Sie danach aus dem Bedienfeldmenü den Befehl Neues Farbtonfeld aus. Im Eingabedialog geben Sie in das Feld Farbton ❸ den gewünschten Prozentwert ein.

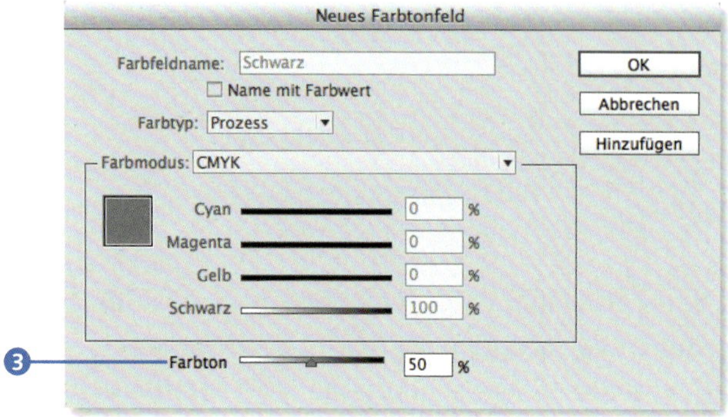

Abbildung 9.7 ▶
Definieren eines 50 % schwarzen Farbtonfelds. Sie können auch ein Farbtonfeld anlegen, indem Sie zuvor den Prozentwert im Eingabefeld Farbton ❹ eingeben und dann mit gedrückter [Alt]- bzw. [⌥]-Taste auf das Symbol Neues Farbfeld klicken.

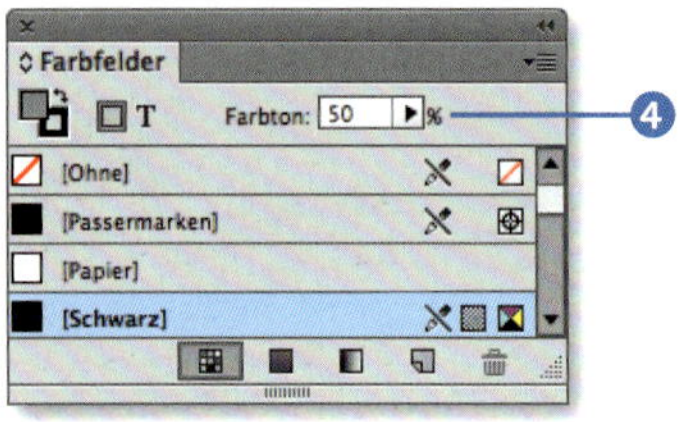

▲ **Abbildung 9.8**
Eingabe des Farbtons im Bedienfeld Farbfelder. Um den Farbton wiederum auf 100 % zu stellen, müssen Sie ein weiteres Mal auf den Farbnamen klicken.

An dieser Stelle fragen Sie sich vielleicht, ob es nicht einfacher wäre, einen Farbton erst im Layout durch Setzen des Prozentwerts im Eingabefeld Farbton ❹ (Abbildung 9.8) zu erzielen. Diese Arbeitsweise steht Ihnen natürlich zur Verfügung. Wir empfehlen Ihnen, die Farbtöne im Farbfelder-Bedienfeld anzulegen, denn dadurch können Sie beim Erstellen eines Verlaufs auf den Farbton zurückgreifen und vor allem nachträglich eine Anpassung des Farbtons über ein gesamtes Dokument hinweg mit nur einer Änderung bewerkstelligen.

Farbton in Photoshop
Was in InDesign »Farbton« heißt, nennt sich in Photoshop »Deckkraft«. Den Begriff Deckkraft finden Sie in InDesign auch. Damit erzeugen Sie hier jedoch eine Transparenz.

Löschen von Farben

Farben können einzeln oder, wenn mehrere in der Farbliste aktiviert wurden, gemeinsam gelöscht werden. Der Vorgang des Löschens sollte jedoch sehr gut überlegt sein.

Alle überflüssigen Farben aus dem Dokument entfernen | Bevor wir jedoch eine Farbe anlegen, empfehlen wir, alle überflüssigen Farben aus dem Dokument zu entfernen, damit der Überblick über die verwendeten Farben gewahrt bleibt. Dazu wählen Sie im Bedienfeldmenü den Befehl Alle nicht verwendeten auswählen. Dadurch werden alle nicht im Dokument verwendeten Farben in der Farbfeldliste markiert. Schauen Sie sich die Liste der Farben an, und entscheiden Sie, ob eventuell die eine oder andere Farbe doch nicht gelöscht werden soll.

Um eine Farbe aus der Auswahl zu entfernen, müssen Sie nur die [Strg]- bzw. [⌘]-Taste drücken und auf den entsprechenden Eintrag klicken. Um die ausgewählten Farben zu löschen, klicken Sie auf das Symbol Farbfelder löschen 🗑. Alle Farben werden ohne weitere Rückfrage aus dem Farbfelder-Bedienfeld entfernt.

Verwendete Farben löschen | Wenn Sie versuchen, eine Farbe zu löschen, die im Dokument verwendet worden ist, werden Sie durch einen Dialog aufgefordert, eine andere Farbe zur Kennzeichnung der eingefärbten Objekte zu wählen.

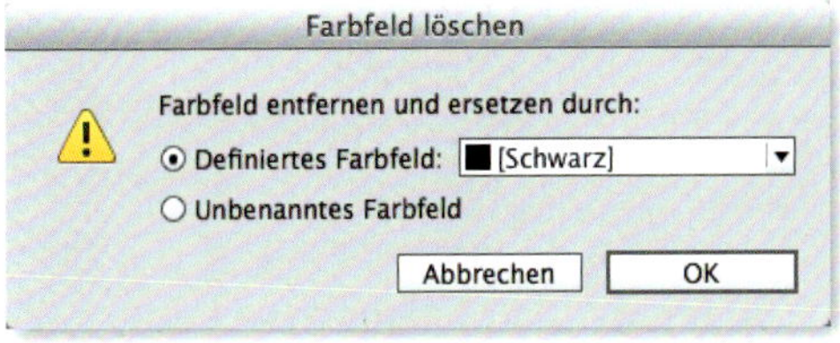

◀ **Abbildung 9.9**
Löschen einer in Verwendung befindlichen Farbe

- Definiertes Farbfeld: Löschen Sie Farben, indem Sie sie durch die ausgewählte Farbe ersetzen.
- Unbenanntes Farbfeld: Das Umwandeln in ein unbenanntes Farbfeld erhält die Farbwerte für die zugewiesenen Objekte, das Farbfeld wird jedoch aus dem Bedienfeld gelöscht. Damit kann diese Farbe nicht mehr global geändert werden.

Anlegen von Primärfarben

Wenn Sie beim Anlegen der Farben die Farbnamen »Magenta«, »Gelb«, »Cyan« oder »Schwarz« verwenden, werden Sie darauf hingewiesen, dass diese bereits definiert sind. Verwenden Sie eine andere Bezeichnung wie »100 M«, oder ergänzen Sie den Farbnamen durch ein Leerzeichen.

Unbenannte Farben | Wurden im Layout Farben einzelnen Objekten zugewiesen – über Farbaufnahme durch die Pipette bzw. über das Farbe-Bedienfeld durch einfachen Klick in das Spektrum –, so haben Sie unbenannte Farbfelder erstellt. Um diese Farbwerte einerseits in das Farbfelder-Bedienfeld aufzunehmen und andererseits damit einen Bezug zwischen Objektfarben und den Einträgen im Farbfelder-Bedienfeld herzustellen, müssen Sie nur im Bedienfeldmenü den Befehl Unbenannte Farben hinzufügen auswählen. Damit können sich beispielsweise Druckdienstleister, die das Dokument überarbeiten müssen, ganz einfach einen Überblick über die verwendeten Farben verschaffen.

Farbliste sortieren | Farbfelder können sortiert und zusammengestellt werden, indem Sie den Eintrag wie bei den Ebenen nach oben oder unten verschieben. Allerdings fehlt die Möglichkeit, Gruppen von Farben anzulegen, wie dies InDesign für Absatz-, Zeichen-, Zellen- und Tabellenformate sowie Objektstile in möglich ist.

Erstellen von Verlaufsfeldern

Der Weisheit »Hat der Grafiker nichts drauf, macht er einen Verlauf« können wir uns nur bedingt anschließen. Verläufe können neben ihrer eigentlichen Funktion in Verbindung mit Transparenzen bzw. als transparent auslaufende Verläufe oder einfache Verläufe im selben Farbton genial eingesetzt werden.

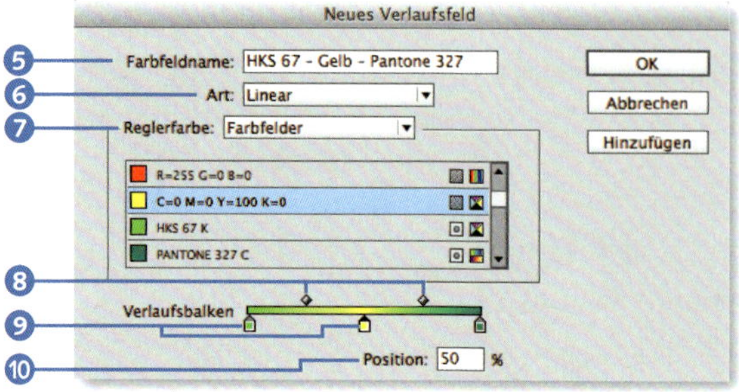

Abbildung 9.10 ▶
Die Definition eines Verlaufs funktioniert wie in Adobe Photoshop oder Adobe Illustrator. Es ist beim Definieren des Verlaufs dabei noch unerheblich, ob der Verlauf deckend oder transparent auslaufend wird.

Um einen Verlauf zu erstellen, führen Sie den Befehl Neues Verlaufsfeld aus dem Bedienfeldmenü aus.

- ▶ Farbfeldname ⑤: Geben Sie dem Verlauf einen treffenden Namen.
- ▶ Art ⑥: Mit dieser Option bestimmen Sie, ob Sie einen linearen oder einen radialen Verlauf erstellen wollen. Standardmäßig wird ein linearer Weiß-Schwarz-Verlauf angezeigt.
- ▶ Verlaufsbalken: Um dem Verlauf eine Farbe zuordnen zu können, müssen Sie zuerst auf einen der Regler ⑨ klicken.
- ▶ Reglerfarbe ⑦: Danach können Sie in der Option Reglerfarbe durch Auswahl von Farbfelder auf definierte Farbfelder zurückgreifen.

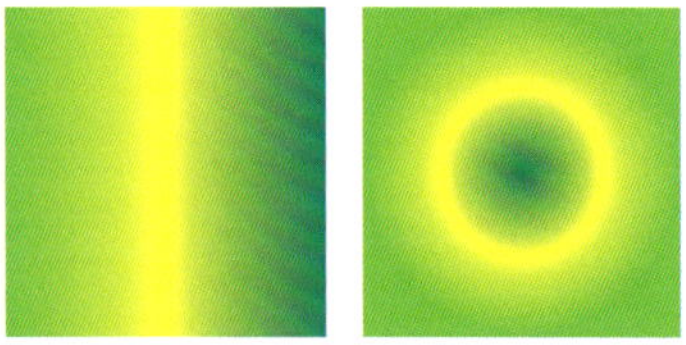

▲ Abbildung 9.11
Beispiele für einen linearen bzw. einen radialen Verlauf

Durch Auswahl des ersten und des letzten Reglers können Sie dann noch diesen die gewünschte Farbe zuweisen. Auch hier zahlt es sich aus, wenn Sie bereits definierte Farbfelder verwenden. Einerseits können Sie dann auf definierte Farbtöne im Verlauf zurückgreifen, und andererseits führt eine spätere Änderung einer definierten Farbe auch zu einer Anpassung des Verlaufs. Wollen Sie diesen Vorteil nicht nutzen, können Sie über die Option Reglerfarbe auch einen anderen Farbraum – Lab, CMYK und RGB – zum Definieren der Reglerfarbe verwenden.

▲ Abbildung 9.12
Die möglichen Farbmodi in der Option Reglerfarbe

Zusätzliche Farbe im Verlauf einbauen | Eine zusätzliche Farbe können Sie durch Hinzufügen eines weiteren Reglers ⑨ in einen Verlauf einbauen. Dazu müssen Sie nur unterhalb des Verlaufsbalkens klicken und den neuen Regler an die gewünschte Position verschieben. Ist ein Regler aktiviert, so kann er auch über die numerische Eingabe der Position ⑩ exakt gesetzt werden. Durch das Verschieben der Reglerpositionen können Sie sehr einfach einen asymmetrischen Verlauf erstellen.

Verlaufsübergänge einstellen | Eine besondere Aufgabe hat das Positionssymbol ⑧ zu erfüllen. Ein Verlauf wird normalerweise »fließend« von einer Farbe in die andere bzw. nach transparent überführt. Durch Verschieben des Positionssymbols können Sie breitere oder kürzere Verlaufsübergänge erstellen.

Verlauf mit hartem Farbübergang erstellen | Wenn zwei Regler auf dieselbe Position gestellt werden – dies kann nur über die numerische Eingabe der Position erfolgen –, so kann auch ein Verlauf erstellt werden, der aus einem weichen und einem harten Übergang besteht. Somit können Sie den Kastentitel »TV-Tipp«, wie er in Abbildung 9.13 dargestellt ist, mit nur einem einzigen Textkasten abbilden. Ein kurzer Verlauf von Weiß nach Dunkelrot und daran anschließend ein Verlauf von Rot nach Rot ermöglicht dieses Vorhaben.

▲ **Abbildung 9.13**
Während das Bild an der linken Seite mit einem normalen Schlagschatten versehen ist, muss der rote Titelbalken mit einem von Dunkelrot nach Weiß verlaufenden Schatten versehen werden. Am harten Übergang zwischen Dunkelrot und Rot stehen beide Regler an derselben Position.

Da Sie Verläufe auch auf Linien anwenden können, ergeben sich daraus noch zusätzliche interessante Möglichkeiten. Abbildung 9.14 zeigt Ihnen dazu ein Beispiel aus einem österreichischen Multimedia-Magazin. Der Kastentitel muss mit der Kapitelfarbe und einem 30%igen Farbton unterlegt werden. Dieses Vorhaben wäre eigentlich mit Absatzlinien darüber und darunter abbildbar (lesen Sie dazu den Abschnitt »Absatzlinien« auf Seite 463). Doch da zusätzlich eine punktierte Linie an der unteren Titelkante stehen muss, können Sie dies nur noch mit einer Absatzlinie darüber erstellen, die mit einem harten Verlaufsübergang ausgestattet ist. Den entsprechenden Verlauf erstellen Sie durch Eingabe von numerischen Positionen.

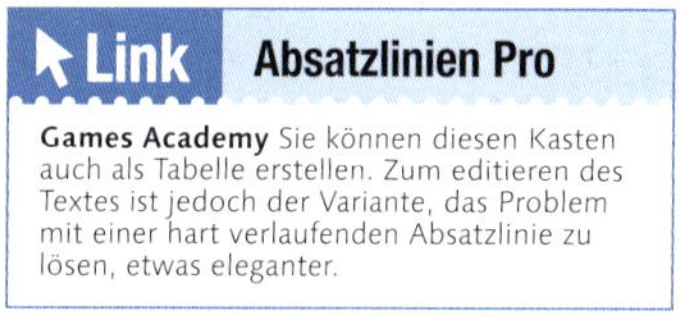

▲ **Abbildung 9.14**
Eine hart verlaufende Absatzlinie oben, gekoppelt mit einer punktierten Absatzlinie darunter

Schritt für Schritt
Verlauf mit hartem Übergang erstellen

1 Den Basisverlauf anlegen

Rufen Sie aus dem Bedienfeldmenü des Farbfelder-Bedienfelds den Befehl Neues Verlaufsfeld auf.

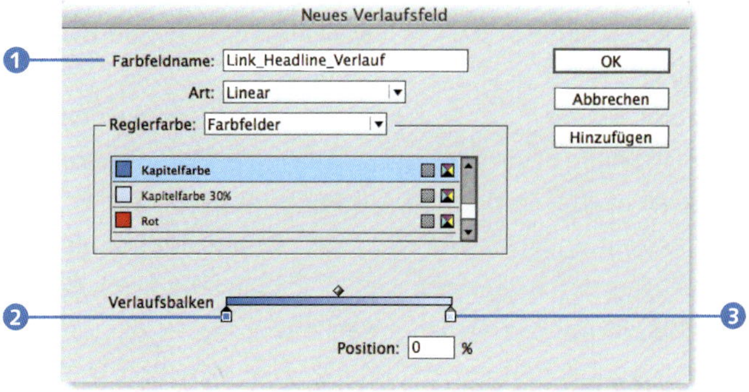

◀ **Abbildung 9.15**
Anlegen eines Verlaufs von einer dunkleren zu einer helleren Farbe

Geben Sie den Namen für den Verlauf unter Farbfeldname ❶ ein.

Wählen Sie dann den ersten Regler ❷ aus, und weisen Sie die dunklere Farbe aus den Farbfeldern zu. Dann wählen Sie den zweiten Regler ❸ aus und weisen diesem die hellere Farbe zu. Das Ergebnis müsste dann so wie in Abbildung 9.15 aussehen.

2 Zwei Regler hinzufügen

Fügen Sie einen Regler ④ hinzu, und setzen Sie diesen auf die dunklere Farbe. Stellen Sie dann die Position des Reglers auf 33 %. An dieser Position soll der harte Verlaufsübergang erfolgen.

Fügen Sie dann noch einen weiteren Regler ⑤ hinzu, und färben Sie diesen mit der helleren Farbe ein. Welche Position Sie diesem Regler geben, ist egal. Wichtig ist nur, dass der neue Regler ⑤ rechts neben dem ersten ④ steht und dass er auch als zweiter angelegt wurde. Der Dialog stellt sich dann so dar wie in Abbildung 9.16.

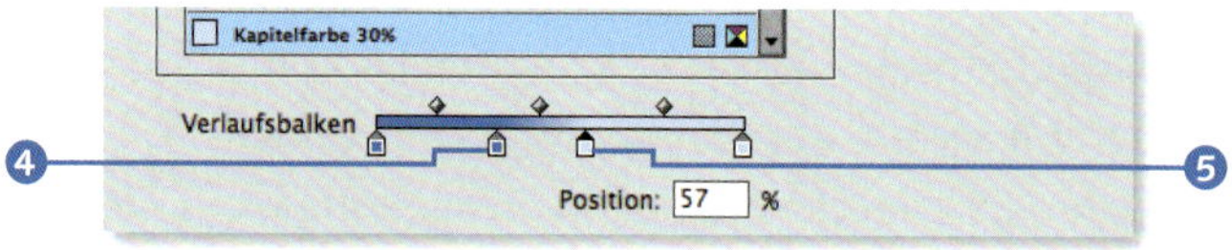

Abbildung 9.16 ▸
Der Verlauf besteht aus zwei Reglern mit dunklerer Farbe (Position 0 % und 33 %) und zwei Reglern mit der helleren Farbe; die Position des letzten Reglers ist 100 %.

3 Die Position für den zweiten Regler bestimmen

Abschließend müssen Sie nur noch den zweiten Regler ⑦ auswählen und dessen Position ⑥ ebenfalls auf 33 % stellen.

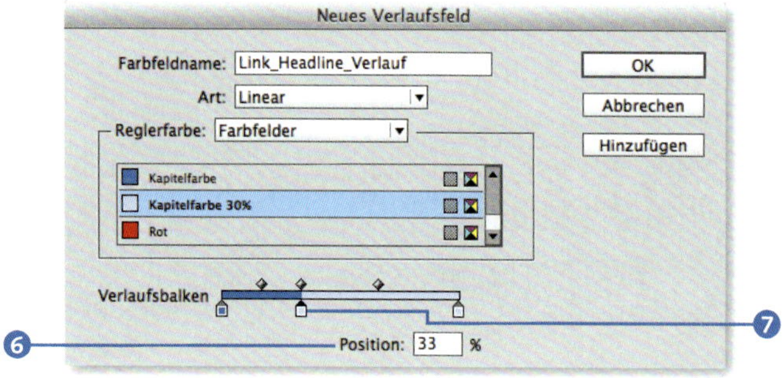

Abbildung 9.17 ▸
Auswählen des zweiten Reglers ⑥ und Eingabe der Position. Es stehen somit zwei Regler übereinander an der gleichen Position.

Bestätigen Sie Ihre Eingabe mit OK. Der harte Verlauf ist erstellt.

Darstellungsproblem bei Volltonfarbverläufen

Wenn Sie einen Verlauf, in dem eine Volltonfarbe vorkommt, in ein PDF exportieren, könnte es passieren, dass der Verlauf im PDF nicht korrekt angezeigt wird. Es handelt sich dabei nicht um ein Problem von InDesign oder PDF, sondern lediglich um ein Darstellungsproblem.

Volltonfarben werden zur korrekten Abbildung auf Überdrucken gestellt. Aktivieren Sie zum Anzeigen der Verläufe unbedingt die Überdruckenvorschau in Acrobat Pro bzw. im Adobe Reader (ab Version 7).

Volltonfarben in Verläufen verwenden | Mit InDesign können Verläufe von Vollton- zu Volltonfarben, Verläufe von Vollton- zu Prozessfarben und auch Verläufe nach transparent erstellt werden. Einer korrekten Ausgabe dieser Verläufe steht nichts im Wege, wenn darauf verzichtet wird, Flächen mit diesen Verläufen über das Effekte-Bedienfeld mit einer Füllmethode zu versehen – ausgenommen davon ist die Füllmethode Multiplizieren.

Erstellen von Mischdruckfarben

Bei Mischdruckfarben handelt es sich um Farben, die aus zumindest einer Volltonfarbe und einer oder mehreren anderen Farben »gemischt«

werden. Sie werden vor allem bei 2c-Produktionen eingesetzt, die aus Schwarz und einer Volltonfarbe bestehen, oder in Produktionen, bei denen Lack in Verbindung mit Farbe eingesetzt werden soll.

Lassen Sie uns dafür ein Beispiel skizzieren: Angenommen, Sie sollen einen Geschäftsbericht erstellen. Laut CI dürfen Sie nur HKS 67 K (als Volltonfarbe) und Schwarz einsetzen.

Geschäftsberichte zeichnen sich meistens durch das Vorhandensein vieler Tabellen aus. Um Tabellen attraktiver zu gestalten, werden gerne Zeilen farbig hinterlegt. Sie haben nun die Möglichkeit, die Zeilen schwarz oder grün mit allen Farbtonabstufungen (Schwarz 10 %, Schwarz 20 % bis Grün 80 %, Grün 90 %) zu hinterlegen. Das Leben ist manchmal grau genug, weshalb Sie gerne die Tabellen mit Grün-Farbtönen hinterlegen würden. Durch die Verwendung einer Mischdruckfarbe können Sie sämtliche Farbkombinationen (wie beispielsweise Grün 100 % + Schwarz 10 %) und somit dunklere Grüntöne erstellen, obwohl Sie nur mit zwei Farben arbeiten dürfen.

▼ **Abbildung 9.18**
Mit Mischdruckfarben können in 2c-Produktionen mehrere Farbabstufungen erzeugt werden.

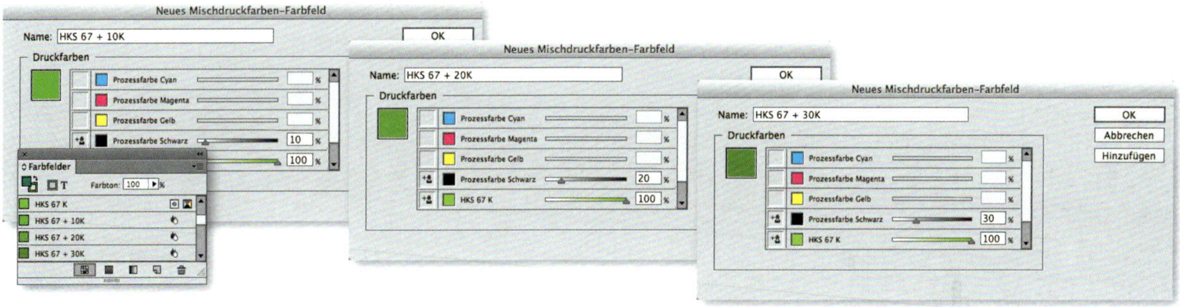

Partiell lackieren | Sie wollen bestimmte Schwarzpartien – Headlines oder Flächen – aus Effektgründen partiell lackieren? Dazu erstellen Sie neben »Schwarz« auch eine Mischdruckfarbe »Schwarz + Lack«, mit der Sie alles, was schwarz und lackiert sein muss, einfach einfärben können.

Effizientes Arbeiten
Die bisherige Arbeitsweise, eine Headline schwarz einzufärben und darüber ein mit Lack eingefärbtes Duplikat überdruckend zu positionieren, kann mit einer Mischdruckfarbe elegant umgangen werden.

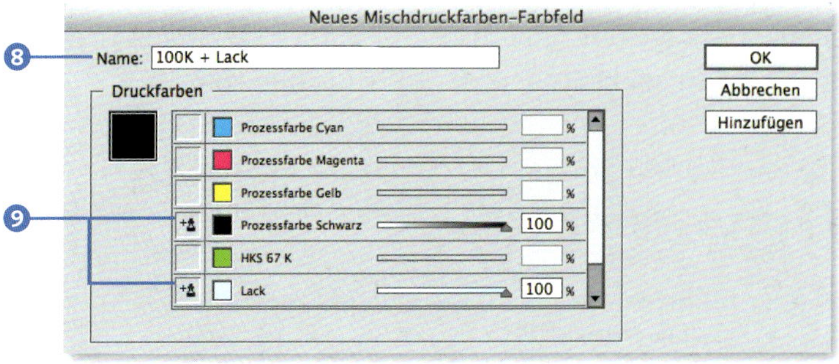

◀ **Abbildung 9.19**
Anlegen einer Mischdruckfarbe. Bei Mischdruckfarben können Sie zwei oder mehr Vollton- bzw. Prozessfarben miteinander kombinieren.

Mischdruckfarben anlegen | Eine Mischdruckfarbe legen Sie an, indem Sie aus dem Bedienfeldmenü den Befehl Neues Mischdruckfar-

»Neues Mischdruckfarben-Farbfeld« ist grau!

Der Befehl NEUES MISCHDRUCKFARBEN-FARBFELD ist nur aktiv, wenn zumindest eine Schmuckfarbe im Farbfelder-Bedienfeld existiert.

BEN-FARBFELD ausführen. Vergeben Sie darin einen entsprechenden Namen ⑧, und aktivieren Sie in den Aktivierungsfeldern ⑨ die Farben, die zur Mischdruckfarbe gehören. Sie müssen dann noch den Prozentwert definieren, mit dem die einzelnen Farben im Druck gemischt werden sollen.

Mischdruckfarben-Gruppe anlegen | Das Erstellen einer Mischdruckfarben-Gruppe ist sehr einfach. Aktivieren Sie durch Klick auf das Symbol all jene Farben, die in der Mischdruckfarbe vorhanden sein sollen, und bestimmen Sie den Anfangswert, die Anzahl der Wiederholungen und in welcher Abstufung ⑩ Mischdruckfarben erstellt werden sollen.

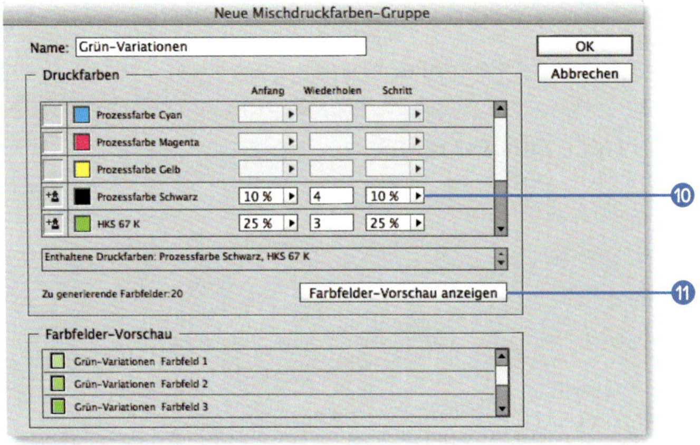

Abbildung 9.20 ▶
Sollten Sie mehrere Abstufungen von Mischdruckfarben benötigen, so empfehlen wir Ihnen, dieses über den Befehl NEUE MISCHDRUCKFARBEN-GRUPPE aus dem Bedienfeldmenü anzulegen.

Gesamtfarbauftrag beachten

Beim Anlegen von Mischdruckfarben, die aus mehreren Farben bestehen, kann schnell der maximale Gesamtfarbauftrag erreicht werden. Der Gesamtfarbauftrag sollte nie überschritten werden, da das Druckbild der gegenüberliegenden Seite auf die abgelegte Seite durchschlagen kann.

Für welches ISO/PSO-Profil welcher maximale Gesamtfarbauftrag verwendet werden darf, entnehmen Sie der Tabelle 23.1, auf Seite 765.

Durch Anklicken des Buttons FARBFELDER-VORSCHAU ANZEIGEN ⑪ sehen Sie alle Farbfelder, die generiert werden.

Durch diese Eingaben werden 20 Farbfelder erstellt: fünf Mischdruckfarben mit einem Schwarzanteil von 10 % und einem HKS-Anteil von 25 %, 50 %, 75 % und 100 %, fünf Mischdruckfarben mit einem Schwarzanteil von 20 % und den vier HKS-Abstufungen, fünf Mischdruckfarben mit einem Schwarzanteil von 30 % und den vier HKS-Abstufungen und noch weitere fünf Mischdruckfarben mit einem Schwarzanteil von 40 % und ebenfalls den vier HKS-Abstufungen.

9.4 Farben anwenden

Nachdem Sie nun imstande sind, Text-, Grafikrahmen sowie Konturen und Farben zu erstellen, dürfte es für Sie durch die Kombination aller bisher genannten Bedienfelder eine einfache Übung werden, Farben auch zuzuweisen. Sie können Flächen, Konturen und den Lücken einer Kontur eine Farbe zuweisen.

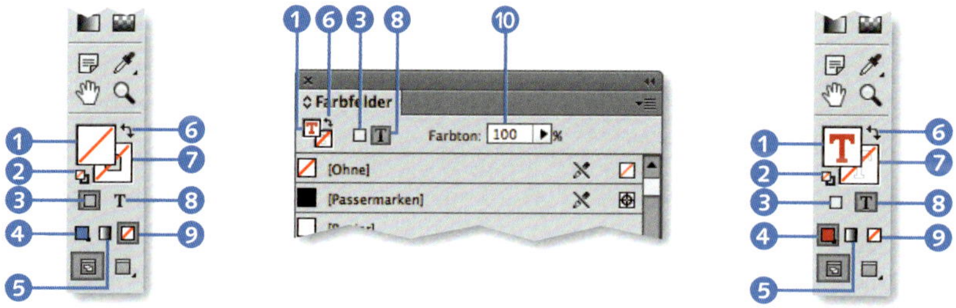

◂ **Abbildung 9.21**
Zuweisen der Farben über das Werkzeuge- bzw. Farbfelder-Bedienfeld. Sie können aber auch über das Steuerung-Bedienfeld zumindest die Flächenfarbe und die Konturfarbe zuweisen.

Bevor Sie Farben zuweisen, ist es wichtig, sich darüber im Klaren zu sein, ob Sie eine Farbe einem Rahmen bzw. einer Kontur oder einem Text zuweisen möchten. Die Auswahl nehmen Sie mit dem Symbol FORMATIERUNG WIRKT SICH AUF RAHMEN AUS ❸ bzw. FORMATIERUNG WIRKT SICH AUF TEXT AUS ❽ vor. Sind die Symbole für FLÄCHE ❶ und KONTUR ❼ mit einer roten Diagonale durchgestrichen, so besitzt der aktivierte Rahmen weder eine Flächen- noch eine Konturfarbe bzw. Konturstärke. Im Falle des Textes (rechte Abbildung) bedeutet das rote »T«, dass der Text eine rote Fläche, jedoch keine Konturfarbe besitzt.

Fläche mit Farbe füllen | Einen Rahmen können Sie auf zweierlei Art mit Farbe füllen.

1. Sie müssen zuvor den Text- bzw. Grafikrahmen aktiviert haben. Danach klicken Sie auf das Symbol FLÄCHE ❶ und wählen aus dem Farbfelder-Bedienfeld die gewünschte Flächenfarbe aus.
2. Sie haben keinen Rahmen ausgewählt oder über Strg+⇧+A bzw. ⌘+⇧+A alles deaktiviert. Dann ziehen Sie aus dem Farbfelder-Bedienfeld die gewünschte Farbe auf den leeren Rahmen, den Sie einfärben wollen. Der Cursor verändert sich und zeigt damit an, dass die darunterliegende Fläche nun eingefärbt werden kann.

Kontur mit Farbe füllen | Um der Kontur des Rahmens eine Farbe zuzuweisen, müssen Sie ihr zuerst im Kontur- oder Steuerung-Bedienfeld eine Konturstärke geben, das Symbol KONTUR ❼ auswählen und (wie bei der Fläche) der Kontur die gewünschte Konturfarbe zuweisen. So wie bei der Fläche können Sie auch die Kontur eines Objekts mit Farbe versehen, indem Sie eine Farbe aus dem Farbfelder-Bedienfeld auf die Kontur ziehen. Der Cursor ändert sich dabei in das Symbol .

Standardkontur- und -flächenfarbe herstellen | Durch Klicken auf das Symbol STANDARDFLÄCHENFARBE UND -KONTUR ❷ setzen Sie den aktivierten Rahmen auf den Standardwert zurück (keine Flächenfarbe und eine 1 Pt starke schwarze Kontur). Um Kontur- und Flächenfarbe zu wechseln, klicken Sie auf das Symbol FLÄCHE UND KONTUR AUSTAUSCHEN ❻.

Farbtypen auf Flächen oder Konturen zuweisen

Sie können alle Farbfelder, Farbtöne, Mischdruckfarben sowie Verläufe sowohl für die Fläche als auch für die Kontur verwenden.

Farbtöne erhalten

Ist ein Objekt über das Feld FARBTON ❿ mit 50 % aufgehellt worden, so wird beim Aktivieren einer anderen Farbe ebenfalls der zuvor definierte Tonwert auf die neue Farbe angewandt. Ein neuerlicher Klick auf das Farbfeld setzt den Tonwert auf 100 % zurück.

Tastenkürzel

Durch Drücken von , kann die angezeigte Farbe ❹ auf das ausgewählte Objekt angewandt werden.

Durch Drücken von D können Sie die ausgewählte Fläche auf die Standardflächen- und -konturfarbe zurücksetzen.

Durch Drücken von X wird das Flächen- oder Kontursymbol in den Vordergrund gebracht. Mit ⇧+X wird die Kontur- und Flächenfarbe ausgetauscht.

▲ **Abbildung 9.22**
Beispiel zur Farbzuweisung bei Text. Sie benötigen dazu einen Verlauf mit einem harten Übergang. Eine grafische Meisterleistung :-)

Farbe und Verlauf auf Fläche oder Kontur anwenden | Durch Klick auf das Symbol FARBE ANWENDEN ④ bzw. Drücken der Taste [,] (Komma) wird die darin gezeigte Farbe auf die gewählte Kontur oder Fläche angewandt. Um die Farbzuweisung zu entfernen, klicken Sie auf das Symbol KEINE ANWENDEN ⑤ bzw. drücken die Taste [#]. Um einen Verlauf anzuwenden, klicken Sie auf das Symbol VERLAUF ANWENDEN ⑨ bzw. drücken die Taste [.] (Punkt). Natürlich können Sie all dies auch über das Farbfelder-Bedienfeld erledigen. Zum Einfärben von Text gehen Sie analog vor. Achten Sie jedoch darauf, dass normalerweise eine Schrift nur aus einer Fläche besteht und somit keine Kontur besitzt.

9.5 Das Farbe-Bedienfeld

Neben dem Farbfelder-Bedienfeld steht das Farbe-Bedienfeld als eine weitere, intuitive Methode zur Verfügung, um Farben und Farbtöne zu definieren. Sie rufen es über das Menü FENSTER • FARBE • FARBE, die [F6]-Taste oder durch Klick auf das Symbol bei den Bedienfeldern auf.

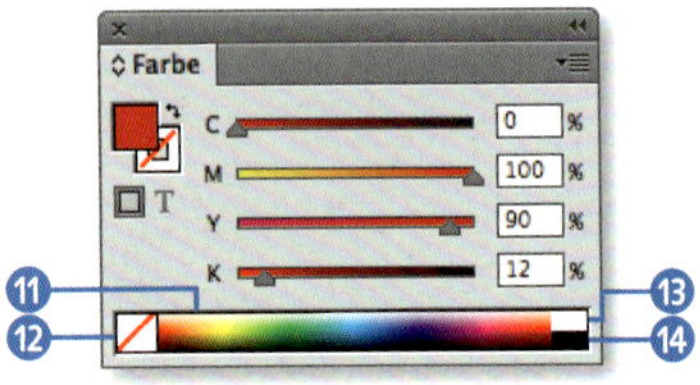

▲ **Abbildung 9.23**
Das Farbe-Bedienfeld im CMYK-Modus

Farben über das Farbe-Bedienfeld definieren | Eine Farbe definieren Sie, indem Sie im Bedienfeldmenü den gewünschten Farbraum auswählen (Abbildung 9.24) und dann entweder im Farbfeldspektrum ⑪ mit der Pipette – sie erscheint automatisch, sobald der Mauszeiger das Spektrum berührt – die gewünschte Farbe durch Klicken auswählen oder sie durch die numerische Eingabe der Werte bestimmen. Die Farben [SCHWARZ] ⑭ bzw. [PAPIER] ⑬ können Sie am rechten Ende des Farbspektrums, die Farbe [OHNE] ⑫ am linken Rand auswählen.

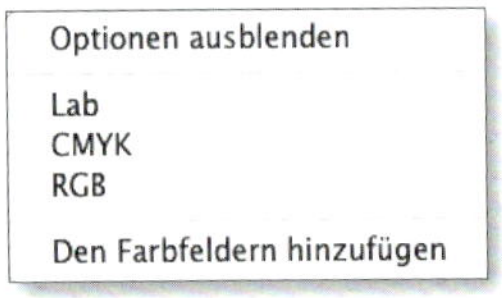

▲ **Abbildung 9.24**
Das Bedienfeldmenü des Farbe-Bedienfelds

Objekt einfärben oder Farbe den Farbfeldern hinzufügen | Entspricht die Farbe Ihren Vorstellungen, so können Sie sie durch Ziehen auf ein Objekt anwenden oder durch Ziehen auf das Farbfelder-Bedienfeld dort als Farbfeld hinzufügen. Letzteren Schritt können Sie auch über das Bedienfeldmenü bzw. über einen Rechtsklick und den Befehl DEN FARBFELDERN HINZUFÜGEN erledigen.

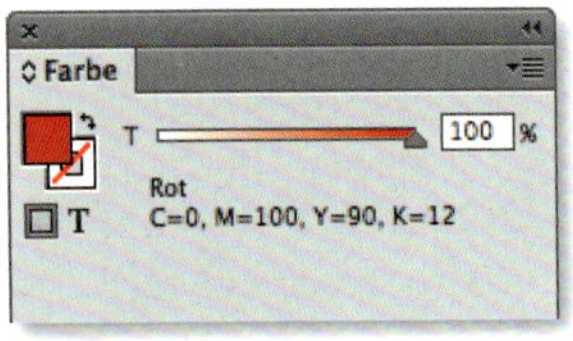

▲ **Abbildung 9.25**
Das Erstellen eines Farbtons im Farbe-Bedienfeld erfolgt durch Eingabe des Prozentwertes bzw. durch Verschieben des Reglers.

Farbtöne über das Farbe-Bedienfeld erzeugen | Aktivieren Sie eine Farbe im Farbfelder-Bedienfeld, und beachten Sie die Änderungen im Farbe-Bedienfeld. Das Bedienfeld ändert sich insofern, als Sie über das Farbtonspektrum mit der Pipette nun einen Farbton durch Klicken auswählen können. Die numerische Eingabe ist auch hier selbstverständlich möglich. Ein ausgewählter Farbton kann auf ein Objekt gezogen oder durch Ziehen auf das Farbfelder-Bedienfeld dort hinzugefügt werden. Den letzten Schritt können Sie auch hier über den Befehl DEN FARBFELDERN HINZUFÜGEN im Farbfelder-Bedienfeld erledigen.

9.6 Verläufe

Wie Sie einen Verlauf im Farbfelder-Bedienfeld anlegen und ihn auf eine Fläche bzw. Kontur anwenden, ist Ihnen schon bekannt. Da Sie aber nicht immer einen horizontalen linearen Verlauf wünschen, muss es noch Möglichkeiten geben, den Winkel und die Verlaufsbreite zu bestimmen. Diese Möglichkeiten haben Sie durch das Verlauf-Bedienfeld und das Verlaufsfarbfeld-Werkzeug.

Das Verlaufsfarbfeld-Werkzeug

Erstellen Sie einen Rahmen, und färben Sie diesen mit dem bereits definierten HKS 67-Gelb-Pantone 327-Verlauf ein. Dann wählen Sie aus dem Werkzeuge-Bedienfeld das Verlaufsfarbfeld-Werkzeug ▮ aus.

Fahren Sie mit dem Cursor an die Position, an der Sie den Startpunkt des Verlaufs setzen wollen. Klicken Sie, ziehen Sie in die gewünschte Verlaufsrichtung, und lassen Sie an der gewünschten Stelle (Endpunkt des Verlaufs) die Maustaste los. Sie sehen, dass sich die Verlaufsbreite umso kürzer darstellt, je näher Sie Start- und Endpunkt zueinander setzen. Jene Teile der Form, die nicht überstrichen wurden, werden mit den beiden Endfarben gefüllt. Wenn Sie beim Ziehen die ⇧-Taste gedrückt halten, wird der Verlauf in 45°-Schritten aufgezogen.

Tastaturkürzel
Sie können das Verlaufsfarbfeld-Werkzeug durch Drücken der Taste G auswählen.

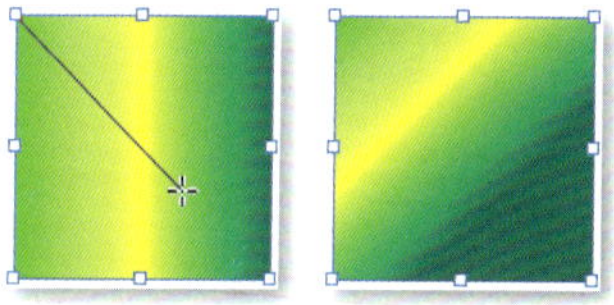

▲ **Abbildung 9.26**
Links: Aufziehen des Verlaufs mit dem Verlaufsfarbfeld-Werkzeug; rechts: der fertige Verlauf

Das Verlauf-Bedienfeld

Wie der Verlauf aufgebaut ist, können Sie sich im Verlauf-Bedienfeld ansehen. Das Bedienfeld können Sie über das Menü FENSTER • FARBE • VERLAUF oder durch einen Klick auf das Verlaufsfarbfeld-Werkzeug ▮ in den Vordergrund bringen.

Sollte das Bedienfeld nicht das zeigen, was in Abbildung 9.27 dargestellt wird, so müssen Sie noch den Befehl OPTIONEN EINBLENDEN im Bedienfeldmenü ausführen oder im Bedienfeldreiter einmal auf die Pfeile klicken. Können Sie im Bedienfeld keine Änderungen machen, so müssen Sie natürlich zuerst das Objekt mit dem Verlauf mit dem Auswahlwerkzeug markieren. Folgende Parameter können Sie einstellen:

- TYP: ❶ Wählen Sie aus, ob Sie einen linearen oder einen radialen Verlauf für das ausgewählte Objekt verwenden wollen.
- WINKEL: ❷ Ändern Sie hier nachträglich den Verlaufswinkel.

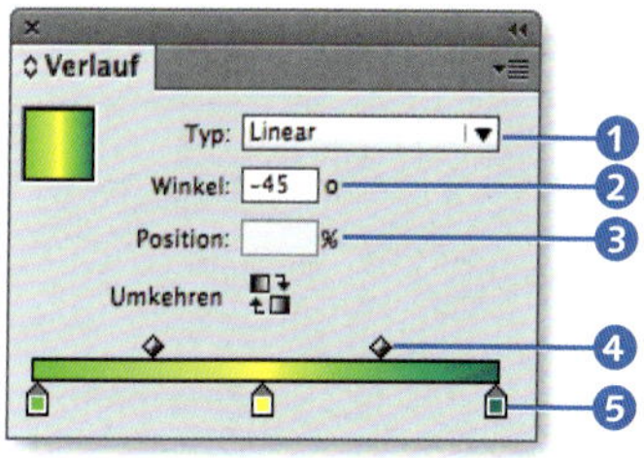

▲ **Abbildung 9.27**
Das Verlauf-Bedienfeld mit einem HKS 67-Gelb-Pantone 327-Verlauf, der sich bei einem Quadrat in der Diagonalen erstreckt

Neuen Regler hinzufügen
Fügen Sie neue Regler an der Unterseite des Verlaufsbalkens durch einfachen Klick hinzu.

Farbe dem Regler zuweisen
Wählen Sie den Regler aus, und klicken Sie danach im Farbfelder- bzw. Farbe-Bedienfeld mit [Alt] bzw. [⌥] die Farbe an.

Verlauf über mehrere Objekte
Sind mehrere Objekte ausgewählt, wird der Verlauf durch Ziehen mit dem Verlaufsfarbfeld-Werkzeug auf alle Objekte durchgängig angewandt.

Soll jedoch der Verlauf für die einzelnen Objekte, verwendet werden, so müssen Sie die entsprechenden Objekte markieren und im Farbfelder-Bedienfeld einen Verlauf auswählen.

▲ **Abbildung 9.28**
Ein spezieller radialer Verlauf

▲ **Abbildung 9.29**
Das Bild verläuft im Hintergrund transparent aus.

- Umkehren: Damit können Sie die Verlaufsrichtung umdrehen. Klicken Sie dazu auf das Symbol.
- Verlaufsbalken, Regler und Position:
  - Position des Reglers: Verschieben Sie die Regler ❺ an die gewünschte Position, oder bestimmen Sie über das Eingabefeld Position ❸ die Stellung des Reglers.
  - Positionssymbol: Über die Stellung des Positionssymbols ❹ wird der Übergang zwischen der Start- und der Endfarbe des Verlaufs bestimmt.

Sie sehen, dass Sie mit dem Verlauf-Bedienfeld eigentlich alles numerisch bestimmen können. Nur die Koordinaten des Start- bzw. Endpunkts lassen sich nicht numerisch eingeben. Damit wird das Rekonstruieren eines Verlaufs zur Glückssache. Sogar die Übernahme des Verlaufs mit der Pipette versagt hier zur Gänze.

Radialverlauf | Das Arbeiten mit Radialverläufen erfolgt wie soeben beschrieben. Eine Spezialität des radialen Verlaufs ist, dass man hier nicht nur symmetrische Verläufe, sondern auch asymmetrische Verläufe, die einen plastischen Effekt ergeben, erzeugen kann. Um das in Abbildung 9.28 gezeigte Ergebnis zu erstellen, ziehen Sie zunächst den Verlauf von der Mitte nach oben (etwas außerhalb des Kreises) auf. Danach klicken Sie einmal mit dem Verlaufsfarbfeld-Werkzeug an den gewünschten Punkt, wo die hellere Farbe am hellsten sein soll. Das Ergebnis müsste dann so wie nebenstehend gezeigt aussehen.

Sollte InDesign nicht das machen, was Sie wollen, so empfehlen wir, in diesem Fall den Kreis erneut aufzuziehen und den Vorgang zu wiederholen. In manchen Fällen sind den Objekten Parameter zugewiesen, mit denen dieser Effekt nicht beim ersten Versuch erzielt werden kann.

Das Weiche-Verlaufskante-Werkzeug

Mit dem Weiche-Verlaufskante-Werkzeug – [⇧]+[G] – können Sie Objekte transparent auslaufen lassen. Es handelt sich dabei nicht um einen Verlauf, sondern um einen Effekt.

Verwenden Sie dieses Werkzeug, wie Sie es vom Verlaufsfarbfeld-Werkzeug kennen. Der Unterschied liegt lediglich darin, dass zur Verwendung des Weiche-Verlaufskante-Werkzeugs kein Farbverlauf definiert werden muss. Sie können diesen Effekt in InDesign auf alle Objekte (einen Verlauf, ein Bild bzw. eine Illustration, einen Text, eine Kontur, eine Fläche usw.) anwenden. Wie Sie diesen Effekt steuern, erfahren Sie im Abschnitt »Weiche Verlaufskante« auf Seite 409.

9.7 Besonderheiten bei Farben

Durch die Verwendung von Farben können Anwender den einen oder anderen Effekt erzielen. In diesem Abschnitt möchten wir auf ein paar Sachverhalte hinweisen, die in Zusammenhang mit Farbe wichtig sind.

Die Farben Schwarz und [Schwarz]

Schwarz ist nicht gleich [Schwarz]! In der Praxis finden wir immer wieder zumindest zwei Farbfelder, die beide mit 100% K definiert sind, im Farbfelder-Bedienfeld vor. Dies kann beabsichtigt sein, ist jedoch in fast allen Fällen eher unbeabsichtigt, da diese Farben möglicherweise durch eine Konvertierung aus QuarkXPress übernommen wurden.

Sie mögen nun denken: Wo sehen die Autoren das Problem, wenn sich unnütze, nicht verwendete Farben im Farbfelder-Bedienfeld befinden? Wir wollen Ihnen deshalb an dieser Stelle die dazu notwendige Erklärung liefern.

[Schwarz] | Dieses Farbfeld ist in jedem InDesign-Dokument vorhanden und kann auch nicht gelöscht werden. Wenn Sie dieses Schwarz zum Einfärben von Flächen oder Texten verwenden und die Grundeinstellungen in InDesign diesbezüglich nicht verändert haben, so überdruckt diese Fläche bzw. der Text den Hintergrund.

Der Grund sind die Voreinstellungen von InDesign, wo im Register Schwarzdarstellung die Option Farbfeld [Schwarz] 100 % überdrucken aktiviert ist.

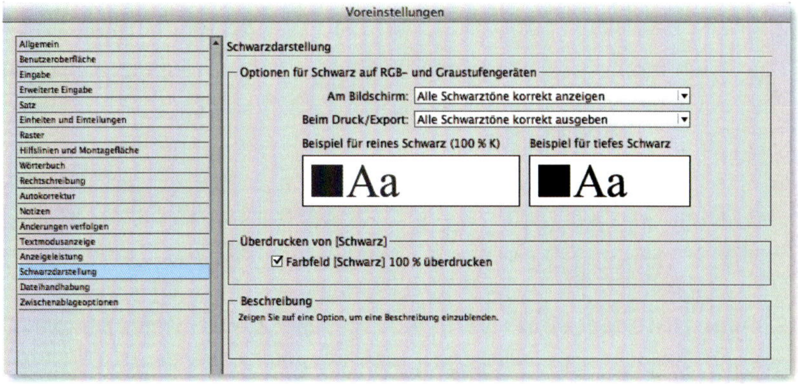

◀ **Abbildung 9.30**
Die Voreinstellungen des Registers Schwarzdarstellung in InDesign. Die Option Farbfeld [Schwarz] 100 % überdrucken ist standardmäßig aktiviert. Deaktivieren Sie diese Option lieber nicht.

Sie sollten diese Grundeinstellung nicht ändern. Welche negativen Effekte bzw. welche Vorteile dadurch für die Druckvorstufe gegeben sind, können Sie im Abschnitt »Überdrucken und dessen Nutzen« auf Seite 788 nachlesen.

Tiefschwarz

Die empfohlenen Werte für Tiefschwarz sind C=60%, M=0%, Y=0%, K=100%. Wem dieses Schwarz zu »kühl« vorkommt, der sollte die Werte C=50%, M=50%, Y=0%, K=100% wählen. Fügen Sie nicht noch Gelb hinzu, da Sie sonst Gefahr laufen, den maximalen Gesamtfarbauftrag zu überschreiten.

Schwarz | Werden Objekte mit dem Farbfeld SCHWARZ (ohne eckige Klammer mit C=0|M=0|Y=0|K=100) eingefärbt, so werden diese Objekte immer gegenüber dem Hintergrund ausgespart. Die Möglichkeit eines »Blitzers« ist im Druck gegeben.

Tiefschwarz | Darunter versteht man eine Farbe Schwarz, der neben 100% K zumindest eine weitere Farbe – meistens Cyan mit 60% – untergemischt wird. Diese Farbe wird gegenüber dem Hintergrund natürlich ausgespart, sie besitzt jedoch zumindest im Cyan-Farbkanal Werte, womit einerseits ein »dunkleres« Schwarz im Druck erzeugt wird und andererseits die Gefahr des »Blitzers« eher gebannt ist.

Einfärben von Bitmap- und Graustufenbildern

Ein wesentlicher Vorteil von TIFF- und PSD-Dateien ist, dass sich diese Bilder, wenn sie als Bitmap- oder Graustufen vorliegen, im Layoutprogramm einfärben lassen. Dies ist vor allem bei zweifarbigen Logos interessant, die erst im Layout die Farbe zugewiesen bekommen sollen.

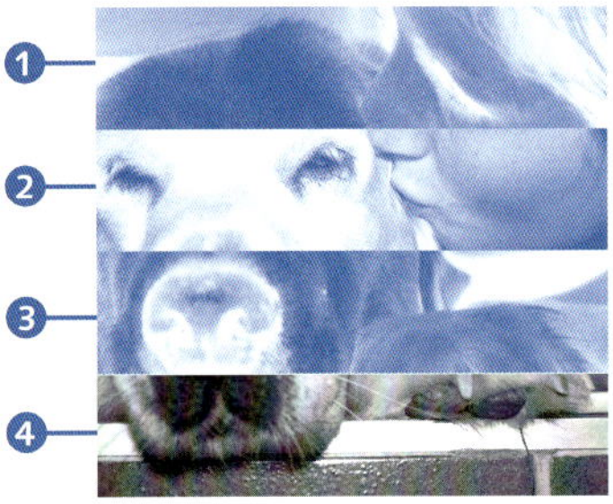

▲ **Abbildung 9.31**
Das Bild wurde geviertelt, und jeder Streifen wurde unterschiedlich behandelt:
4 Normales Graustufenbild
3 Der Hintergrund (weiße Pixel) wurde blau eingefärbt.
2 Das Bild (alle schwarzen Pixel) wurde blau eingefärbt.
1 Der Hintergrund wurde mit der Farbe Blau, das Bild mit der Farbe [PAPIER] eingefärbt.

Bilder einfärben | Zum Einfärben der Bilder müssen Sie aber Folgendes berücksichtigen: Wollen Sie nur das Bild (alle schwarzen Pixel) durch eine andere Farbe ersetzen (siehe Abbildung 9.31, 2), so klicken Sie mit dem Direktauswahl-Werkzeug auf das Bild und wählen danach das entsprechende Farbfeld im Bedienfeld aus. Sie können das aber auch durch Verschieben der Farbe auf den Bildinhalt erledigen.

Wollen Sie den Hintergrund (weiße Pixel) einfärben (siehe Abbildung 9.31, 3), so markieren Sie zuerst das Bild mit dem Auswahlwerkzeug und wählen danach die Farbe im Farbe- oder Farbfelder-Bedienfeld. Das Zuweisen von Farbverläufen zu Bildern geht nicht, das Zuweisen von transparent auslaufenden Verläufen jedoch schon!

Sie können in Verbindung mit eingefärbten Schwarzweiß- und Graustufenbildern auf alle Farbtypen zurückgreifen. Sogar die Verwendung von Schmuckfarben stellt kein Problem dar. Stellen Sie sich Abbildung 9.31 in Verbindung mit Lack vor – eine interessante Erscheinung.

Schwarze Bitmap-Bilder werden ausgespart | Auch wenn Sie gerade gelesen haben, dass alle Objekte, die mit der Farbe [SCHWARZ] eingefärbt sind, aufgrund der InDesign-Voreinstellung im Register SCHWARZDARSTELLUNG überdruckt werden, so gilt dieser Sachverhalt standardmäßig nicht für platzierte Graustufen- und Schwarzweißbilder. Werden solche Bilder auf einer Hintergrundfläche platziert, so wird das Bild von der Hintergrundfläche ausgespart.

Wenn Sie diesen Sachverhalt für die Druckausgabe korrigieren wollen – damit keine »Blitzer« entstehen –, so müssen Sie manuell das Bild (den Inhalt des Rahmens) im Attribute-Bedienfeld auf ÜBERDRUCKEN stellen. Nähere Informationen zum Attribute-Bedienfeld erhalten Sie in Abschnitt 25.2, »Die Überdruckenvorschau«, auf Seite 787.

▲ **Abbildung 9.32**
Links: Normales Schwarzweißbild mit eingefärbter Hintergrundfläche. Rechts: Das Ergebnis, wenn im Bedienfeld Separationsvorschau der Farbauszug für Schwarz ausgeblendet wird. Die Möglichkeit für Blitzer ist gegeben!

Bilder partiell lackieren

Auch wenn Sie in diesem Kapitel auf Seite 353 schon gelernt haben, wie man partielles Lackieren für InDesign-Objekte am einfachsten anlegen kann, so müssen in der Praxis öfter auch Teile aus einem platzierten Bild in der InDesign-Datei partiell lackiert werden.

Die typische Arbeitsweise für diesen Vorgang ist, dass jene Bereiche, die lackiert werden sollen, mit einem Pfad eingefasst werden und die daraus entstandene Fläche mit der Schmuckfarbe LACK gefüllt und überdruckt wird. Die Schwachpunkte dieser Vorgehensweise sind:

- Die Fläche muss, damit sie nicht ausgespart wird, manuell im Attribute-Bedienfeld auf ÜBERDRUCKEN gestellt werden.
- Wenn Sie nachträglich Position oder Größe des Bildes ändern, müssen Sie auch die überdruckenden Lackstellen anpassen.
- Der Lack kann, wenn man nicht zusätzliche Effekte in InDesign darauf anwendet, nur mit scharfen Kanten angebracht werden.

Schritt für Schritt
Partielles Lackieren von Bildteilen

Das partielle Lackieren von Bildstellen kann elegant im Zusammenspiel zwischen Photoshop und InDesign erfolgen.

1 Die Farbe »Lack« in InDesign anlegen

Legen Sie in InDesign eine Volltonfarbe namens »Lack« mit den Werten C=20, M=10, Y=10, K=0 an. Wie Sie das erledigen, haben Sie schon im Abschnitt »Erstellen einer Prozess- und Volltonfarbe« auf Seite 336 erfahren.

2 Bildstellen in Photoshop partiell lackieren

Öffnen Sie das Bild, das an bestimmten Stellen lackiert werden soll, in Adobe Photoshop.

Öffnen Sie dort das Kanäle-Bedienfeld aus dem Menü FENSTER, und legen Sie für das Bild einen neuen Volltonfarbkanal an. Wählen Sie dazu den gleichnamigen Befehl aus dem Bedienfeldmenü aus, und vergeben Sie denselben Namen für die Farbe wie in InDesign: »Lack«.

Abbildung 9.33 ▶
Volltonfarbkanaloptionen für einen angelegten Volltonfarbkanal in Adobe Photoshop

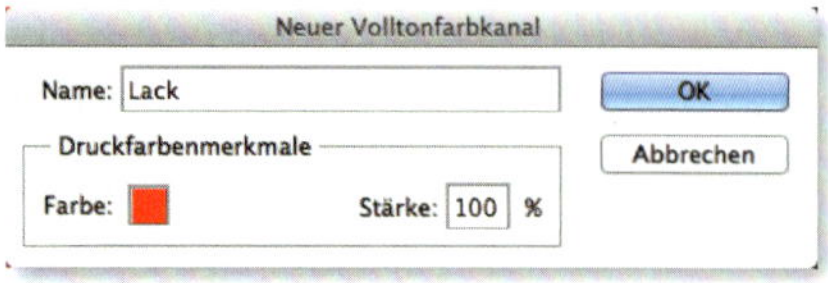

Markieren Sie nun in diesem Kanal jene Bereiche, die mit Lack versehen werden sollen. Ob Sie dabei in Photoshop auf das Pinsel-, Buntstift- oder Verlaufswerkzeug zurückgreifen, bleibt Ihnen überlassen. In unserem Beispiel wurde der jeweilige Bereich über das Menü Auswahl • Farbbereich ausgewählt und im Anschluss mit Farbe gefüllt. Das Bedienfeld und das Bild sollten sich dann folgendermaßen präsentieren:

Abbildung 9.34 ▶
Das Graustufenbild präsentiert sich mit angelegtem Volltonfarbkanal, wenn die Optionen laut Abbildung 9.33 eingegeben worden sind.

3 Das Bild abspeichern

Sie müssen das Bild dann entweder als PSD- oder TIFF-Datei abspeichern. Vergewissern Sie sich, dass Sie im Speichern-Dialog die Option Volltonfarbkanal aktiviert haben.

4 Bild in InDesign platzieren

Das Bild mit dem Volltonfarbkanal kann nun in jeder gewünschten Position und Größe platziert werden. Da es in InDesign bereits eine Farbe »Lack« gibt, wird diese beim Import automatisch zugewiesen. Wäre die Farbe noch nicht definiert, so würde automatisch die Farbe »Lack« mit der Farbdefinition aus Photoshop (hier bei uns Rot) angelegt werden.

Überprüfen Sie über das Bedienfeld Separationsvorschau, ob sich der Volltonfarbkanal für das Bild anzeigen lässt. Aus dieser Betrachtung können Sie erkennen, dass der Volltonfarbkanal nicht ausspart und somit, wie es für Lack üblich ist, überdruckend ausgegeben wird.

Druckfarben-Manager

Das wohl genialste Tool des Farbfelder-Bedienfelds ist der Druckfarben-Manager. Sie werden ihn vor allem dann schätzen lernen, wenn Sie mit vielen Fremddateien arbeiten müssen, die mit unzähligen Schmuckfarben und den unmöglichsten Farbbezeichnungen angeliefert werden.

Ein kleines Beispiel soll die Problematik erklären. In der Ausschreibung einer Firma steht: »Farben: 5/5-färbig (Skala + Sonderfarbe Grün = HKS 67 oder Pantone 361) bei Offsetdruck; 4/4-farbig bei Digitaldruck.«

Genau das befolgen auch die Grafiker und liefern Grafiken in Volltonfarben mit unterschiedlichen Namen an und platzieren diese dann im Layout. Befinden sich Volltonfarben in einer importierten Grafik, so werden diese automatisch beim Platzieren im Farbfelder-Bedienfeld mit der vom Grafiker gewählten Farbbezeichnung aufgenommen.

Was ist zu tun? Sie haben nun als Layouter die Möglichkeit, alle Grafiken zu öffnen und die Farben in den Originalen – sofern Sie die Erzeuger-Applikation installiert haben – zu vereinheitlichen. Oder Sie greifen auf den Druckfarben-Manager zurück, der in der Lage ist, zwei Farben auf einen Auszug »zusammenzumappen«. Bestimmen Sie darin auch, welche Auszüge gedruckt werden und ob vorhandene Volltonfarben in Prozessfarben umgewandelt werden sollen.

Achtung

Beachten Sie, dass Einstellungen im Druckfarben-Manager immer für das gesamte Dokument verwendet werden. Sollten Sie die Änderungen erst im Druckdialog vornehmen, so gelten diese somit auch für das gesamte Dokument.

Import von Volltonfarben

InDesign führt beim Importieren von Volltonfarben mit uneinheitlichen Farbkennungen – C, CV, CVS – diese automatisch zusammen. Ein Mappen von Schmuckfarben mit uneinheitlicher Farbkennung ist aus diesem Grunde fast nicht mehr notwendig – es sei denn, Sie haben in InDesign uneinheitliche Kennungen für Volltonfarben angelegt.

Druckfarben-Manager aufrufen | Rufen Sie den Druckfarben-Manager über das Bedienfeldmenü des Farbfelder-Bedienfelds auf. Sie können jedoch auch im Druck- und Exportdialog auf ihn zurückgreifen, da Sie meistens erst bei der Ausgabe wissen, was im Druck gewünscht ist.

Parameter im Druckfarben-Manager | Der Druckfarben-Manager liefert Ihnen Informationen über alle im Dokument verwendeten Volltonfarben und zur Art, Dichte und Druckabfolge. Auf einen Blick erkennen Sie, wie viele Separationen aus Ihrem InDesign-Dokument für die Belichtung ausgegeben würden.

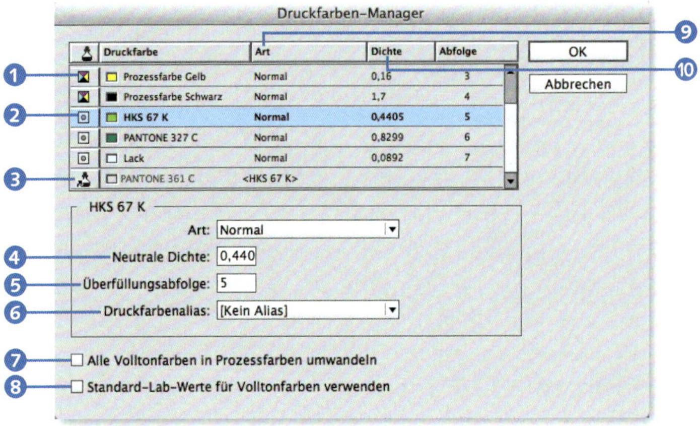

◀ **Abbildung 9.35**
Der Druckfarben-Manager mit der Option, bei der Konvertierung der Volltonfarben nicht nur auf die Alternativ-CMYK-Werte, sondern auch auf die dahinterliegenden Lab-Werte zurückzugreifen

- **Vorhandene Prozessfarben** ❶: Den vier Prozessfarben sind die Standardwerte für die Dichte ❿ und die Art ❾ zugewiesen. Änderungen sind nicht erforderlich.

Mappen von Volltonfarben

»Mappen« Sie Farben durch den Druckfarben-Manager erst in der Ausgabe, denn erst in diesem Stadium ist klar, wie viele Auszüge aus dem InDesign-Dokument ausgegeben werden.

»Mappen« löscht nicht den Farbeintrag im Bedienfeld

Durch das »Mappen« von Volltonfarben werden gemappte Farben nicht aus dem Farbfelder-Bedienfeld gelöscht. Die Zuweisung erfolgt erst in der Ausgabe und somit auch in der Separationsvorschau.

Alternative CMYK-Farbwerte

Die alternativen CMYK-Farbwerte, die den Sonderfarben hinterlegt sind, wurden von Pantone öfter angepasst. Dies kann zu leichten Farbverschiebungen in der Ausgabe führen, wenn ältere Logos mit Pantone-Farben innerhalb von Projekten verwendet werden.

Mit Adobe InDesign CS6 wurde die aktuelle Pantone-Library implementiert. Die Umrechnung erfolgt seither immer über den alternativen Lab-Wert. Aus diesem Grund ist die korrekte Zuweisung des Dokument-Farbprofils für die beabsichtigte spätere Separation besonders wichtig.

- **Vorhandene Volltonfarben**: Alle vorhandenen Volltonfarben werden durch das bekannte Symbol ❷ dargestellt. Einzelne Volltonfarben können durch Klick auf dieses Symbol in eine Prozessfarbe umgewandelt werden. Das Symbol ändert sich dabei in ☒.
- **Gemappte Volltonfarben** ❸: Die Farbe PANTONE 361 C wurde der Volltonfarbe HKS 67 über die Einstellung DRUCKFARBENALIAS ❻ zugewiesen. Durch die Zuweisung werden alle PANTONE 361 M-Farbelemente auf der Druckplatte der Farbe HKS 67 ausgegeben – dabei ist es unerheblich, ob die Elemente in InDesign erstellt oder über eine Datei importiert wurden. Die digitale Kontrolle der Auszüge über das Separationsvorschau-Bedienfeld zeigt Ihnen dann das Ergebnis. Dazu folgt mehr in Abschnitt 25.4, »Die Separationsvorschau«, auf Seite 796.
- **Alle Volltonfarben in Prozessfarben umwandeln** ❼: Durch Aktivieren dieser Option werden alle Volltonfarben im Dokument in Prozessfarben umgewandelt. Die Umwandlung erfolgt dabei in die Werte des »Alternate Color Space«, die den Volltonfarben hinterlegt sind.
- **Standard-Lab-Werte für Volltonfarben verwenden** ❽: Durch diese Funktion werden für die Konvertierung der Volltonfarben nach CMYK die im Arbeitsfarbraum-Profil gespeicherten Lab-Werte herangezogen. Damit können durch das Colormanagement für Volltonfarben im Zielfarbraum farblich angepasste Farben abgebildet werden, womit auch die entsprechenden Farbverschiebungen für ältere Logos angeglichen werden können.

In Workflows, in denen das Trapping über das Adobe-Trapping-Modul in einem RIP erledigt wird, können Sie über eine Eingabe unter NEUTRALE DICHTE ❹ einstellen, wann überfüllt wird, und die ÜBERFÜLLUNGSABFOLGE ❺ der Druckfarben festlegen. Dieses Spezialthema ist jedoch Druckvorstufenprofis vorbehalten.

9.8 Effizientes Arbeiten mit Farben

Wie Sie Farben anlegen, benennen, löschen und ersetzen, haben Sie in diesem Kapitel schon erfahren. Es gibt jedoch noch einiges zu sagen.

Unbenannte Farben hinzufügen

Farben werden nicht immer sauber über das Farbfelder-Bedienfeld angelegt, sondern gerne über das Farbe-Bedienfeld oder über den Farbwähler ausgewählt und den Objekten zugewiesen. Über den Befehl UNBENANNTE FARBEN HINZUFÜGEN aus dem Bedienfeldmenü werden alle nicht definierten Farben als Farbfelder aufgenommen. Der Farbname wird dabei automatisch durch die CMYK- bzw. RGB-Werte angelegt.

Duplizieren von Farben

Das Duplizieren von Farben erfolgt über den Befehl Farbfeld duplizieren aus dem Bedienfeldmenü oder durch Markieren der Farbe in der Liste und einen anschließenden Klick (oder durch Ziehen der Farbe) auf den Button Neue Farbe erstellen.

Importierte Volltonfarben umwandeln oder löschen

Volltonfarben aus platzierten PDF-, EPS-, PSD- und TIFF-Dateien werden im Farbfelder-Bedienfeld als Volltonfarben angezeigt.

Importierte Volltonfarben umwandeln | Sie können diese Farben auf Objekte in Ihrem Dokument anwenden oder sie in Prozessfarben konvertieren. Dies können Sie entweder über den Druckfarben-Manager oder durch einfachen Doppelklick auf das Farbfeld im Farbfelder-Bedienfeld und Umstellen des Farbtyps im Dialog Farbfelder definieren erledigen. Die Farbwerte können jedoch nicht geändert werden.

Importierte Volltonfarben löschen | Volltonfarben, die in importierten Grafiken vorkommen, können, solange die Grafik noch im Layout vorhanden ist, nicht gelöscht und durch eine andere Farbe ersetzt werden. Wenn Sie die Grafik löschen, werden die Farben in InDesign-Farben konvertiert. Damit können sie bearbeitet und gelöscht werden.

Farbfelder zusammenführen

Wenn Sie dieselbe Farbe mit anderen Namen im Farbfelder-Bedienfeld angelegt haben, können Sie über das Bedienfeldmenü Farbfelder zusammenführen die Farbnamen auf einen Eintrag reduzieren. Das Zusammenführen mehrerer unterschiedlicher importierter Volltonfarben funktioniert nur über den Druckfarben-Manager. Beim Zusammenführen von Farbfeldern bleibt das zuerst markierte Farbfeld erhalten.

Farbfelder innerhalb der Creative Suite austauschen

Farbfelder, die Sie in einer der Adobe-Creative-Suite-Anwendungen erstellt haben, können exportiert und somit in anderen Applikationen der Suite importiert werden.

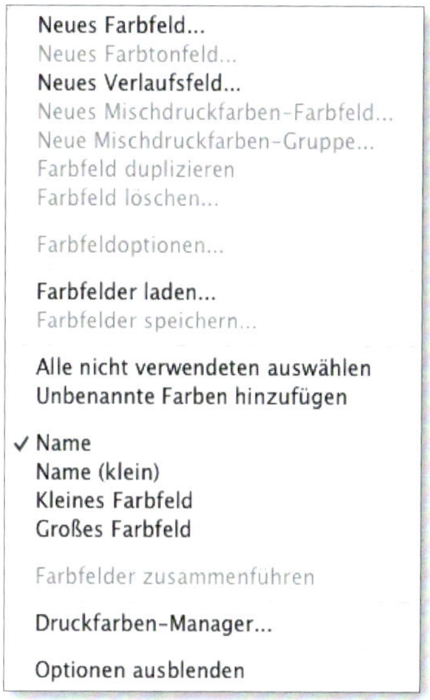

▲ **Abbildung 9.36**
Das Bedienfeldmenü des Farbfelder-Bedienfelds bietet erweiterte Funktionen zur Handhabung von Farben an.

Farben lassen sich nicht löschen
Sollte sich eine Volltonfarbe nicht löschen lassen, obwohl kein Bezug mehr zu importierten Grafiken besteht, so hilft es in den meisten Fällen, das InDesign-Dokument im InDesign-Austauschformat (.idml) zu speichern und es dann erneut zu öffnen.

▲ **Abbildung 9.37**
Das Icon der Farbfelderbibliothek, die zum Austausch zwischen den Creative-Suite-Anwendungen gespeichert werden kann

Legen Sie dazu Farben im Farbfelder-Bedienfeld von InDesign an, und löschen Sie alle nicht benötigten Farben. Wählen Sie die gewünschten Farben im Farbfelder-Bedienfeld aus. Speichern Sie diese Farben in eine Farbfelderbibliothek – eine *ASE-Datei* –, indem Sie den Befehl Farbfelder speichern aus dem Bedienfeldmenü ausführen. Nennen Sie die Datei, wie Sie wollen, und speichern Sie sie an der gewünschten Stelle ab.

Diese ASE-Datei kann nun in jeder Creative-Suite-Anwendung ganz einfach über den Befehl Farbfelder laden aus dem Bedienfeldmenü des Farbfelder-Bedienfelds importiert werden.

Leider können nicht alle angelegten Farbdefinitionen abgespeichert werden. Eine Warnmeldung macht Sie darauf aufmerksam.

Abbildung 9.38 ▶
Leider wurde die Funktionalität der Farbfelderbibliothek mit CS6 noch immer nicht erweitert.

Farbfelder suchen und ersetzen

Durch die Funktion Suchen/Ersetzen in InDesign können (fast) alle Objekte identifiziert und durch Objekte mit anderen grafischen Eigenschaften ersetzt werden, auch Farben.

Wenn Sie also Objekte suchen wollen, denen eine bestimmte Farbe zugewiesen wurde, so rufen Sie aus dem Menü Bearbeiten den Befehl Suchen/Ersetzen auf – Strg+F bzw. ⌘+F – und wählen dann den Reiter Objekt aus.

Abbildung 9.39 ▶
Im Dialog Suchen/Ersetzen können Sie alle Eigenschaften eines Layoutrahmens suchen und durch andere ersetzen. Speziell zum Finden von Objekten mit einer bestimmten Farbkennzeichnung ist das sehr hilfreich. Über die Option Art ❸ können Sie dabei zwischen Alle Rahmen, Textrahmen, Grafikrahmen und Nicht zugewiesene Rahmen filtern.

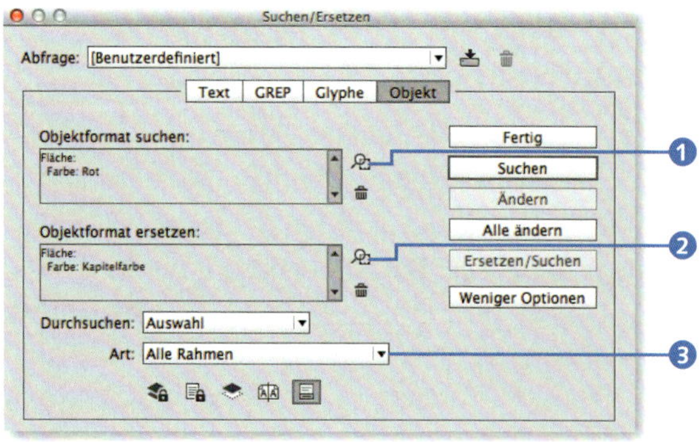

Objektformat suchen | Klicken Sie in diesem Bereich auf das Symbol ❶, und stellen Sie im erscheinenden Dialog Optionen für Objektformatsuche jene Suchkriterien ein, nach denen im Dokument gesucht werden soll. Sie können hier nur nach Attributen von Objekten suchen.

Objektformat ersetzen | Klicken Sie hier ebenfalls auf das Symbol ❷, womit Sie im Dialog Optionen für Objektformatersetzung jene Attribute festlegen können, die durch das Ersetzen den gefundenen Objekten zugewiesen werden sollen.

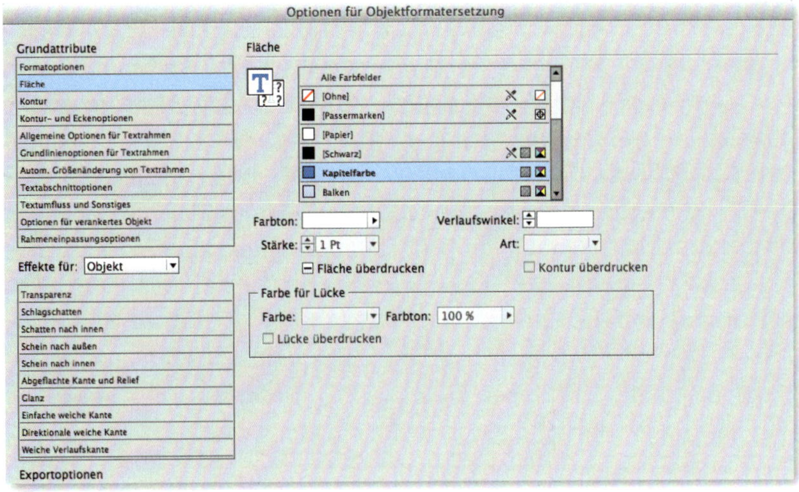

◄ **Abbildung 9.40**
Der Dialog Optionen für Objektformatersetzung in einer beschnittenen Darstellung

▲ **Abbildung 9.41**
Mit der App von Adobe Kuler können Sie selbst gewählte Farbkreationen über das Farbrad einstellen bzw. durch Aufnahmen über die Kamera Farbkombinationen entnehmen lassen. Das Farbschema wird auf der Creative Cloud abgespeichert und für alle Applikationen der CC-Serie zur Verfügung gestellt.

Starten Sie nach dem Festlegen der Parameter die Suche durch Klick auf den Button Suchen. Verabreichen Sie dann dem gefundenen Objekt durch Klick auf Ändern die neuen Attribute. Durch Klick auf Alle ändern werden alle Objekte, die gefunden werden, mit den neuen Attributen versehen.

9.9 Adobe Kuler

Adobe Kuler ist ein webbasiertes Hilfsprogramm zum Erstellen und Austauschen von Farbthemen. Kuler erreichen Sie über den Browser unter *www.kuler.adobe.com*, über die Kuler-App (Abbildung 9.41) auf Ihrem Smartphone und über das Bedienfeld Kuler von Adobe InDesign.

Kuler aufrufen und nach Farbthemen suchen | Rufen Sie Adobe Kuler über das Menü Fenster • Erweiterungen • Kuler oder durch Klick auf das Icon in der Bedienfeldleiste auf.

Im Bedienfeld können Sie im Suchen-Feld ❹ zu bestimmten Begriffen nach Farbthemen suchen. Geben Sie den Suchbegriff ein, und bestätigen Sie die Eingabe durch Drücken von ↵. Die Datenbank wird daraufhin online nach Farbthemen durchsucht, die alle aus fünf Farben bestehen. Die gefundenen Einträge werden in der Suchergebnisliste ❺ angezeigt.

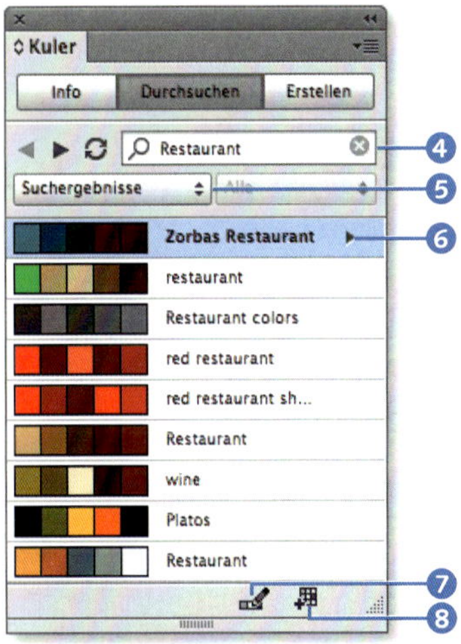

▲ **Abbildung 9.42**
Der Bereich Durchsuchen im Kuler-Bedienfeld

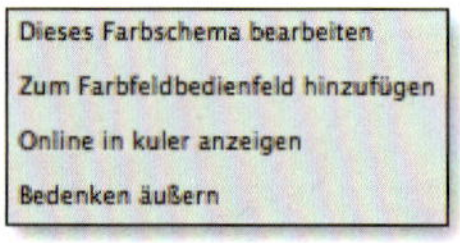

▲ **Abbildung 9.43**
Ausführbare Befehle für das gewählte Farbschema

Das Farbthema dem Farbfelder-Bedienfeld hinzufügen | Gefällt Ihnen eine Farbkombination, so wählen Sie diese aus und klicken dann auf das Symbol AUSGEWÄHLTES SCHEMA ZU FARBFELDERN HINZUFÜGEN 8. Die fünf Farbfelder werden damit in RGB angelegt und dem Farbfelder-Bedienfeld hinzugefügt. Wollen Sie jedoch zuvor das gewählte Schema noch überarbeiten, so klicken Sie auf das Symbol 7.

Beide Befehle können Sie durch Klick auf den Pfeil 6 im ausgewählten Schema im dann erscheinenden Menü (Abbildung 9.43) ebenfalls auswählen. Darin befinden sich noch die Befehle ONLINE IN KULER ANZEIGEN und BEDENKEN ÄUSSERN, womit Sie, wenn Sie sich über Ihre Adobe-ID authentifiziert haben, Bewertungen oder Kommentare abgeben und Informationen zu diesem Farbschema einsehen können.

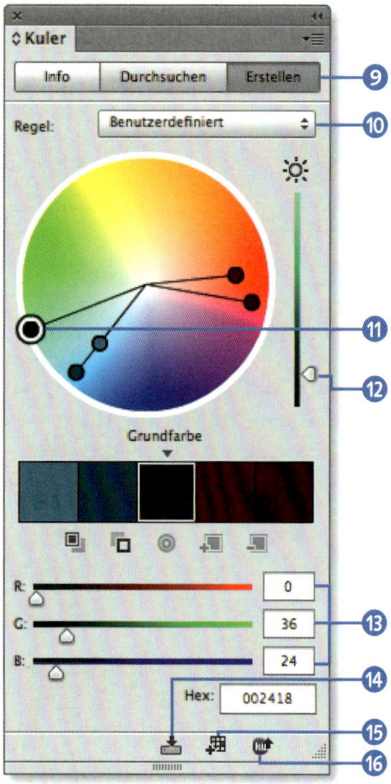

▲ **Abbildung 9.44**
Der Bereich ERSTELLEN des Kuler-Bedienfelds. Damit die gewählten Farben allen Anwendern von Kuler zur Verfügung stehen, müssen Sie die Farbe in die Creative Cloud hochladen und über MY THEMES das Schema auf PUBLIC stellen.

Farbthema erstellen | Durch den Klick auf ERSTELLEN 9 schaltet Kuler in den Erstellungsmodus (Abbildung 9.44) um. Sie sehen einen Farbkreis, in dem die fünf Farben des gewählten Farbthemas angezeigt werden. Die GRUNDFARBE 11 ist speziell durch einen weißen Ring markiert. Durch das Verschieben der einzelnen Farben im Farbkreis oder durch Eingabe anderer RGB-Werte 13 kann das Farbschema verändert werden.

Wählen Sie im Auswahlmenü REGEL 10 entweder ANALOG, MONOCHROMATISCH, TRIADE, KOMPLEMENTÄR, ZUSAMMENGESETZT oder SCHATTIERUNGEN aus, wodurch das Farbschema ausgehend von der GRUNDFARBE überarbeitet wird. Solange Sie eine der oben genannten Optionen als Regel gewählt haben, bleibt durch das Verschieben der Grundfarbe bzw. Ändern der HELLIGKEIT 12 der Abstand der Farben zueinander erhalten. Erst durch das Umstellen auf BENUTZERDEFINIERT können Sie alle Farben getrennt voneinander bearbeiten.

Farbthema speichern | Sind die Änderungen abgeschlossen bzw. haben Sie ein eigenes Farbthema angelegt, so können Sie entweder das SCHEMA BENENNEN UND SPEICHERN 14, das SCHEMA DEM FARBFELDER-BEDIENFELD HINZUFÜGEN 15 oder das FARBSCHEMA IN KULER HOCHLADEN 16.

Abbildung 9.45 ▶
Wenn Sie das Farbthema in Kuler hochladen wollen, so kommen Sie auf die Kuler-Webseite, wo Sie die Farbwerte vor dem Hochladen ein letztes Mal noch korrigieren 19 können. Zum Hochladen müssen Sie sich anmelden 17, den TITEL 18 eingeben und auf SAVE klicken.

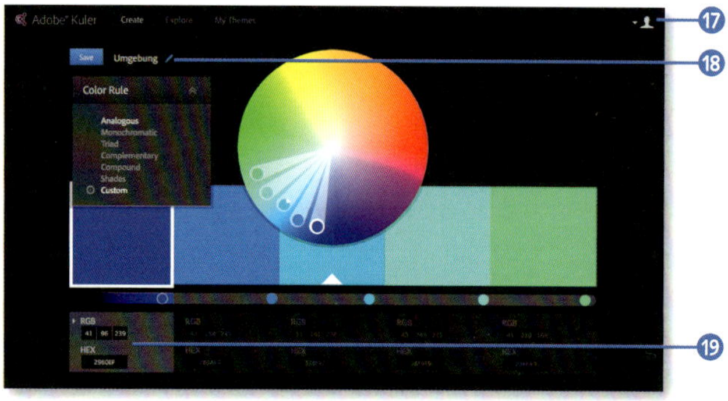

Kapitel 10
Vektoren

Der Bedarf an Werkzeugen für die Erstellung und Bearbeitung von Grafiken scheint in einem Layoutprogramm auf den ersten Blick gering zu sein. Trotzdem bietet InDesign viele Werkzeuge zur Bearbeitung von Pfaden. Selbstverständlich ist Adobe Illustrator das geeignetere Werkzeug für Grafiker, aber auch im Layoutbereich gibt es eine Reihe von Anwendungen für Vektoren. Sie tauchen in allen Konturen auf und werden benötigt, um Text um diese Konturen herumzuführen. Darüber hinaus muss nicht auf jede kleine Grafik mit Illustrator »eingeschlagen« werden.

10.1 Pfade

Zunächst einige Worte zu den verschiedenen Bezeichnungen: Der Begriff »Vektor« bezeichnet in Mathematik und Physik zumeist eine Richtung oder eine Kraft, die in eine bestimmte Richtung zeigt und eine bestimmte Größe besitzt. Aus diesen Eigenschaften kann man auch die Bedeutung in der Grafik ableiten. Vektoren beschreiben hier Linien, die sichtbar sein können, aber nicht müssen. Diese Linien haben eine bestimmte Richtung und Länge und beschreiben eine Form. Ist die Linie sichtbar, hat sie zusätzlich eine Stärke und andere Eigenschaften wie Farbe, Farbton und Form.

Vektor, Pfad, Zeichenweg

Grafiker sagen zu Vektoren auch gerne »Pfade«, weil Vektoren eben einen bestimmten Weg beschreiben. Altgediente FreeHand-Hasen sagen auch gelegentlich »Zeichenweg«. Wir werden hier die Begriffe »Pfad« und »Vektor« gleichwertig verwenden, auch wenn gelegentlich Diskussionen über Unterschiede entbrennen.

Die Anatomie von Pfaden

Sie können in InDesign kein Objekt erstellen, ohne dabei einen Pfad anzulegen. Ein normaler Textrahmen nimmt eine Fläche ein, die von einem Pfad begrenzt wird. Konkret gibt es im Fall eines Quadrats (Rechtecks) vier Punkte, die mit Linien verbunden sind und somit den Rahmen bilden. Diese Punkte werden *Ankerpunkte* genannt. Sie können einzeln bewegt und verändert werden.

Rahmen als Pfad

Gerade Umsteiger von QuarkXPress haben bestimmt schon die Erfahrung gemacht, dass sie mit dem Direktauswahl-Werkzeug versuchten, einen Rahmen in seiner Größe zu verändern, und tatsächlich nur eine Ecke aus der Form herausgezogen haben.

Ein Rahmen in InDesign ist die klassische Form eines geschlossenen Pfads – die vier Punkte sind miteinander verbunden. Wenn Sie mit dem Linienzeichner-Werkzeug eine Linie ziehen, entsteht ebenfalls ein Pfad. Dieser ist allerdings offen. Das bedeutet, dass die beiden Ankerpunkte, die Anfangs- und Endpunkt der Linie markieren, mit keinen weiteren Linien mehr verbunden sind. In einem Ankerpunkt treffen genau zwei Pfadsegmente aufeinander, oder es endet ein Segment im Ankerpunkt. Es gibt keinen Ankerpunkt, der drei oder mehr Linien verbindet!

Die Art, wie sich zwei Liniensegmente in einem Ankerpunkt treffen können, muss ebenfalls unterschieden werden.

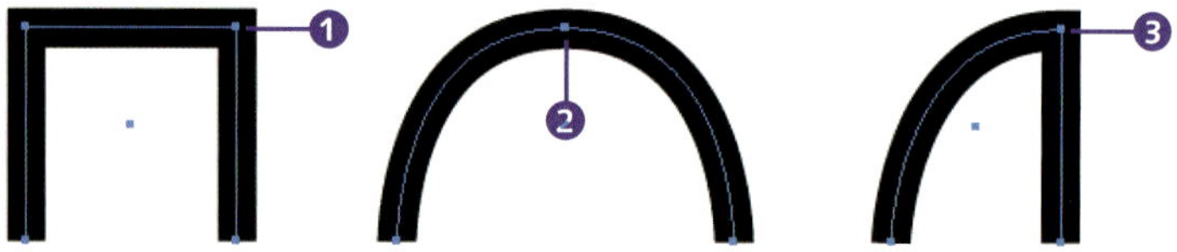

Abbildung 10.1 ▶
InDesign bezeichnet die verschiedenen Ankerpunkte nicht sehr logisch – wir beschränken uns vorerst auf die prinzipiellen Unterschiede.

- **Einfacher Eckpunkt**: Zunächst können zwei gerade Segmente aufeinandertreffen ❶. Dabei entsteht eine Ecke im Ankerpunkt. Bei einem normalen InDesign-Rahmen passiert genau dies. Die Bezeichnung EINFACHER ECKPUNKT wird auch von InDesign verwendet.
- **Kurvenpunkt**: Zum anderen können aber auch zwei gekrümmte Linien aufeinandertreffen ❷. In diesem Fall entsteht im Ankerpunkt ein weicher Übergang und keine Ecke.
- **Anschlusspunkt**: Zu guter Letzt kann eine gekrümmte auf eine gerade Linie treffen ❸ – dabei entsteht zwar eine Ecke, diese ist aber ganz allein Eigentum der geraden Linie.

Beim Zeichnen eines Pfads bestimmen Sie je nach Werkzeughandhabung, ob Sie einen Eck- oder einen Kurvenpunkt erzeugen. Dabei ist es oft hilfreich, wenn durch einfaches Klicken die Form zunächst grob aus Eckpunkten aufgebaut wird. Die Feinabstimmung des Pfads wird dann vorgenommen, indem Sie die einzelnen Punkte in eine andere Form ändern.

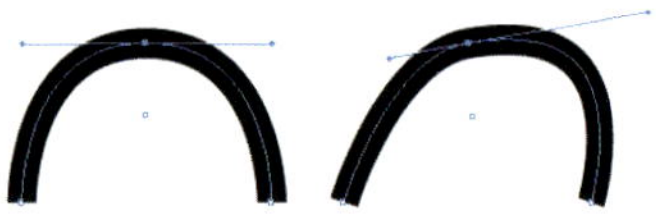

▲ Abbildung 10.2
Verzerrung eines Pfads durch unterschiedliche Lage und Länge der Richtungslinien. InDesign nennt einen Ankerpunkt mit gleich langen *Richtungslinien* einen *symmetrischen Kurvenpunkt*, einen Ankerpunkt mit ungleich langen Tangentenschenkeln einfach einen *Kurvenpunkt*.

Um den Pfad zu ändern, müssen Sie zuerst die Ankerpunkte sichtbar machen, indem Sie das Objekt mit dem Direktauswahl-Werkzeug anklicken. Ob der Pfad eine sichtbare Linie darstellt, bestimmen Sie, indem Sie dem Pfad eine Kontur bzw. eine Konturstärke und eine Farbe zuweisen – über Konturen werden wir uns noch später in diesem Kapitel unterhalten.

Die Krümmung des Pfads wird durch Tangenten im Kurvenpunkt beschrieben und kann damit auch geändert werden. InDesign bezeichnet die Tangentenabschnitte als *Richtungslinien*. Diese Richtungslinien können an ihren Endpunkten angefasst und um den Ankerpunkt gedreht oder in ihrer Länge verändert werden. Der Pfad folgt dabei den Bewegungen der Richtungslinien und schmiegt sich immer exakt an diese an. Die Lage der Richtungslinien bestimmt die Verzerrung des Pfads, und die Länge der einzelnen Richtungslinie wiederum bestimmt, wie weit die Krümmung über den Ankerpunkt hinausgezogen wird.

Ein Anschlusspunkt, in dem eine Linie endet, besitzt nur eine Richtungslinie, die die Form des gekrümmten Pfadstücks beeinflusst. Als Sonderform können auch zwei gekrümmte Linien in einem Ankerpunkt aufeinandertreffen und dabei trotzdem eine Ecke bilden. In diesem Fall werden tatsächlich zwei voneinander unabhängige Richtungslinien an den Pfad angelegt, die auch getrennt voneinander bewegt werden können. InDesign nennt diese Art des Übergangs einen *Eckpunkt* (im Gegensatz zum EINFACHEN ECKPUNKT, der keine Richtungslinien aufweist).

▲ Abbildung 10.3
Links: ein Anschlusspunkt (in InDesign gibt es dafür keinen eigenen Namen).
Rechts: Eckpunkt – Übergang zwischen Pfadsegmenten, die über getrennte Richtungslinien verfügen.

Pfadwerkzeuge

Die Bearbeitung von Pfaden und Ankerpunkten kann auf jeden Pfad angewendet werden, also auch auf Pfade, die ganz automatisch entstehen, wenn Sie einen Rahmen oder eine Linie zeichnen, auf Pfade einer Konturenführung oder auf Freistellpfade, die in platzierten Bildern enthalten sind. Sämtliche Werkzeuge finden Sie im Werkzeuge-Bedienfeld im Wesentlichen in zwei Gruppen.

Die erste Gruppe umfasst alle Werkzeuge zur exakten Konstruktion von Pfaden. Hierbei handelt es sich um die vier Werkzeuge ZEICHENSTIFT, ANKERPUNKT HINZUFÜGEN, ANKERPUNKT LÖSCHEN und RICHTUNGSPUNKT UMWANDELN, die Sie aus einem Menü auswählen können. Die zweite Gruppe umfasst die Freihandwerkzeuge BUNTSTIFT, GLÄTTEN und RADIEREN, die ebenfalls in einem Menü zusammengefasst sind.

Bis auf die Werkzeuge GLÄTTEN und RADIEREN können alle Werkzeuge über Tastenkürzel aufgerufen werden:

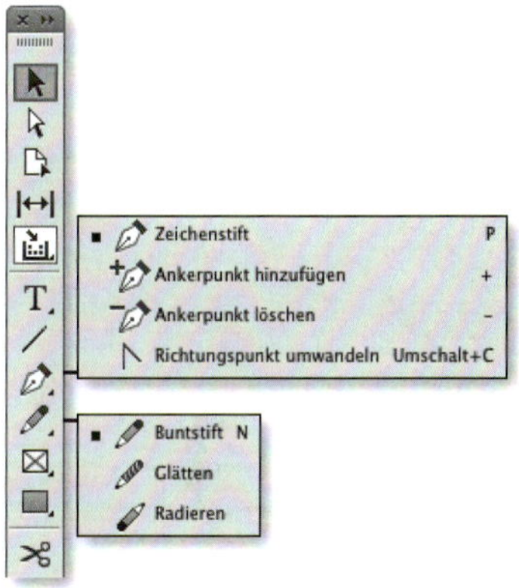

▲ Abbildung 10.4
Die Werkzeuge zur Pfadbearbeitung

Werkzeug	Windows	Mac OS
Zeichenstift	P	P
Ankerpunkt hinzufügen	+	+
Ankerpunkt löschen	-	-
Richtungspunkt umwandeln	⇧+C	⇧+C
Buntstift	N	N

▲ Tabelle 10.1
Tastenkürzel zum Aufrufen der Pfadwerkzeuge

Werkzeuge auswählen
Wenn Sie die Alt- bzw. ⌥-Taste gedrückt halten, während Sie auf ein Pfadwerkzeug im Werkzeuge-Bedienfeld klicken, wird auf das nächste Werkzeug der Gruppe umgeschaltet und dieses ausgewählt – das funktioniert auch bei allen anderen Werkzeuggruppen.

Erstellen von Pfaden aus geraden Linien

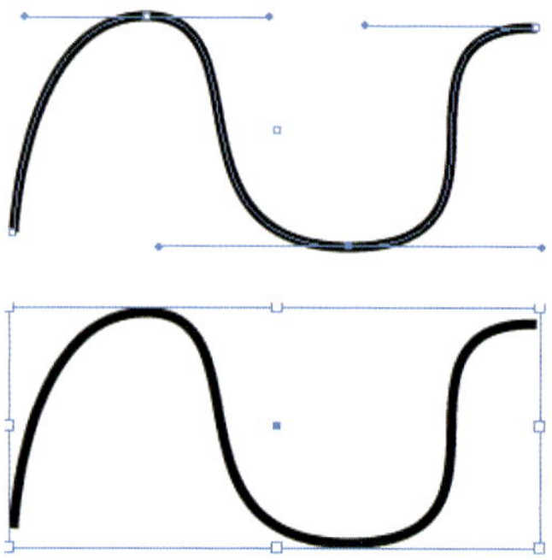

▲ **Abbildung 10.5**
Auswahl eines Pfads mit dem Direktauswahl-Werkzeug (oben) und dem Auswahlwerkzeug (unten). Mit dem Mittelpunkt können Sie den gesamten Pfad verschieben.

Das zentrale Werkzeug zum Erstellen eines Pfads ist das Zeichenstift-Werkzeug. Wählen Sie es aus, und klicken Sie auf die Arbeitsfläche. Damit wird ein erster Ankerpunkt gesetzt. Um einen weiteren Ankerpunkt zu setzen, klicken Sie an eine andere Stelle. InDesign verbindet beide Punkte mit einer Linie. Setzen Sie einen dritten Punkt an eine Stelle, sodass sich letztlich ein etwa gleichseitiges Dreieck ergibt. Nähern Sie sich nun Ihrem Ausgangspunkt, wird dem Zeichenstift-Mauszeiger ein kleiner Kreis hinzugefügt. Dieser Kreis ist das Zeichen dafür, dass Ihr Pfad nun geschlossen wird.

Pfade müssen aber nicht geschlossen werden. Wenn Sie nach dem dritten Punkt die Strg- bzw. ⌘-Taste drücken und erneut klicken oder ↵ drücken, wird der Pfad zwar beendet, aber nicht geschlossen. Das Auswählen eines anderen Werkzeugs oder ein zusätzlicher Klick auf das Zeichenstift-Werkzeug führt zum selben Ergebnis.

Klicken Sie nun mit dem Auswahlwerkzeug einmal auf den Pfad. Nun wird der Rahmen ausgewählt, der Ihren Pfad umfasst; der Pfad selbst ist Inhalt dieses Rahmens. Somit ist klar, dass Sie die Dimensionen Ihres Pfads einfach durch Änderung des umfassenden Rahmens verändern können.

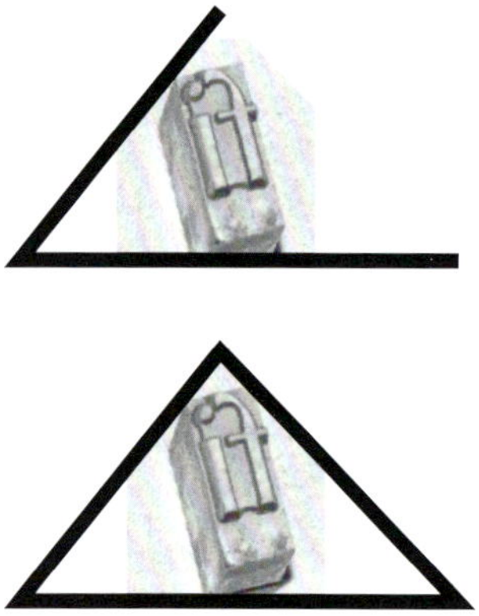

▲ **Abbildung 10.6**
Ein offener Pfad (oben) und ein geschlossener Pfad (unten) mit Bildfüllung

Die Tatsache, dass auch bei Pfaden konsequent zwischen Inhalt und Rahmen unterschieden wird, hat den angenehmen Nebeneffekt, dass Sie Ihren Pfad nun füllen können, egal, ob er geschlossen ist oder nicht. Auch offene Pfade füllen zu können, ist keine Selbstverständlichkeit. Neben normalen Farbfüllungen ist es auch möglich, Bilder und Texte in die Fläche zu platzieren, die der Pfad umgibt. Der Inhalt wird auf der offenen Seite der Form so beschnitten, als wenn die beiden Endpunkte miteinander verbunden wären.

Klicken Sie nun mit dem Direktauswahl-Werkzeug auf den Pfad, und bewegen Sie den Mauszeiger über die Pfadkomponenten. Der Mauszeiger ändert sich abhängig davon, welche Pfadkomponente Sie berühren. Der Zeiger bedeutet, dass Sie einen Ankerpunkt bearbeiten oder verschieben können. Mit dem Zeiger können Sie die Linien zwischen zwei Ankerpunkten auswählen und bewegen. Um den gesamten Pfad zu bewegen, ziehen Sie den eingeblendeten Mittelpunkt.

Erstellen von gekrümmten Pfaden per Richtungslinien

Das Zeichnen gekrümmter Pfade funktioniert ganz ähnlich wie bei geraden Pfaden und vor allem auch mit dem Zeichenstift-Werkzeug.

Wenn Sie einen Ankerpunkt setzen und bei gedrückter Maustaste am Ankerpunkt ziehen, werden die beiden Richtungslinien aus dem Ankerpunkt symmetrisch herausgezogen. Dadurch entsteht ein Kurvenpunkt. Der Pfad passt sich dabei an Ihre Bewegungen an. Der Rest läuft wie bisher: Schließen Sie die Form, oder beenden Sie den Pfad, indem Sie die [Strg]- bzw. [⌘]-Taste drücken, während Sie einen Mausklick machen. Die beiden Richtungslinien sind zunächst immer gleich lang.

Diese Art, Pfade zu erstellen, erfordert erfahrungsgemäß eine gewisse Übung und vor allem ein großes Maß an Vorstellungsvermögen. Sie müssen einerseits die gewünschte Form im Kopf haben und andererseits diese Form auf die technische Umsetzung mit Ankerpunkten und Richtungslinien abbilden können. Das gelingt nicht immer, weshalb es eine Reihe von Funktionen gibt, um einen Pfad nachträglich zu verändern. Aber auch während der Pfaderstellung können Sie Einfluss auf den Pfad nehmen und Korrekturen anbringen:

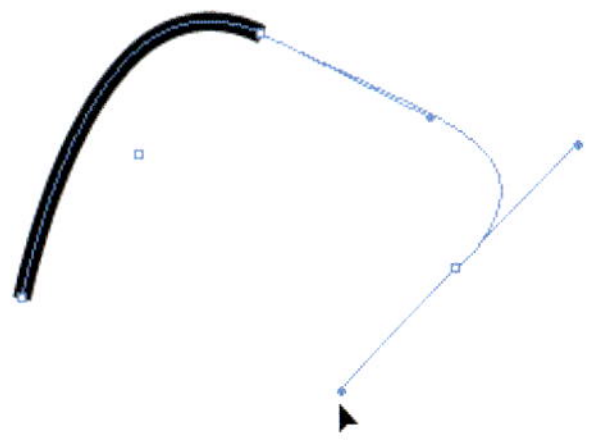

▲ **Abbildung 10.7**
Klicken Sie, um einen Ankerpunkt zu setzen, und ziehen Sie bei gedrückter Maustaste, um die Richtungslinien aus dem Ankerpunkt zu ziehen.

Ankerpunkt verschieben | Egal, ob Sie bereits Richtungslinien aus dem Ankerpunkt gezogen haben oder nicht: Solange Sie die Maustaste gedrückt halten, können Sie zusätzlich die Leeraste drücken, während Sie den Cursor bewegen. Die aktuelle Anordnung von Ankerpunkt und Richtungslinien kann nun noch verschoben werden.

Gewinkelten Pfad erstellen | Um beim Zeichnen einen Anschlusspunkt von einem gekrümmten zu einem geraden Pfadsegment zu erstellen, setzen Sie zunächst einen normalen Ankerpunkt und ziehen beide Richtungslinien aus dem Punkt. Drücken Sie dann die [Alt]- bzw. [⌥]-Taste, und bewegen Sie die aktuelle Richtungslinie weiter. Die gedrückte [Alt]/[⌥]-Taste entkoppelt in diesem Fall die beiden Richtungslinien. Sie können sowohl die Länge als auch den Winkel der beiden Richtungslinien zueinander verändern und die aktuelle Richtungslinie auch ganz in den Ankerpunkt zurückschieben.

Eine Richtungslinie unmittelbar nach dem Herausziehen löschen | Sobald Sie die Richtungslinien aus einem Ankerpunkt herausgezogen haben, können Sie die [Alt]/[⌥]-Taste drücken und auf einen Anfasser einer Richtungslinie klicken. Der dazugehörige Schenkel wird gelöscht und der Ankerpunkt so in einen Anschlusspunkt verwandelt. Der Pfad wird dadurch nicht beendet – Sie können also ganz normal weiterzeichnen.

Eine Richtungslinie in 45°-Schritten bewegen | Drücken Sie die [⇧]-Taste, um dafür zu sorgen, dass sich die Richtungslinie nur noch in 45°-Schritten bewegen lässt. Diese Funktion benötigen Sie häufig, wenn Sie gleichmäßige geometrische Figuren zeichnen.

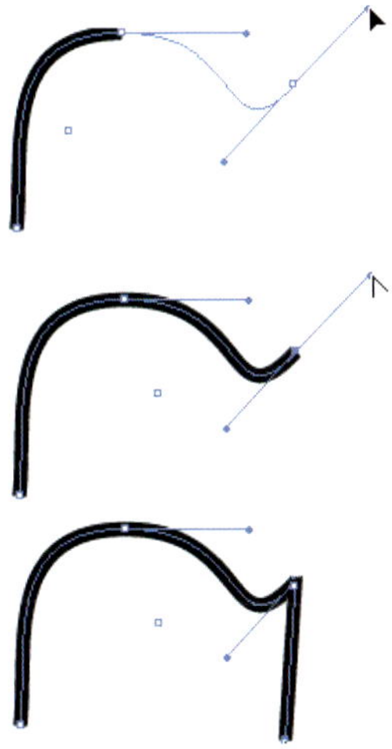

▲ **Abbildung 10.8**
Einen Anschlusspunkt erstellen: Ziehen Sie eine Richtungslinie aus dem Ankerpunkt (oben), drücken Sie die [Alt]/[⌥]-Taste, und klicken Sie auf einen Anfasser der Richtungslinie (Mitte), um den Schenkel zu löschen und einen Anschlusspunkt zu erstellen. Wenn Sie weiterzeichnen, wird mit einer geraden Linie fortgesetzt (unten).

Zusätzlich können Sie mit der [Strg]- bzw. [⌘]-Taste das Zeichenstift-Werkzeug jederzeit in das Direktauswahl-Werkzeug verwandeln, um beispielsweise einen Punkt noch zu verschieben.

Schritt für Schritt
Einen geschlossenen Pfad erstellen

Sie werden nun eine einfache geometrische Form erstellen. Folgende Grafik dient Ihnen als Vorlage – wir haben die Hilfslinien, die Sie benötigen werden, grau hervorgehoben:

Abbildung 10.9 ▶
»Malen nach Zahlen« – die Nummern in dieser Schablone folgen der Reihenfolge der Schritte.

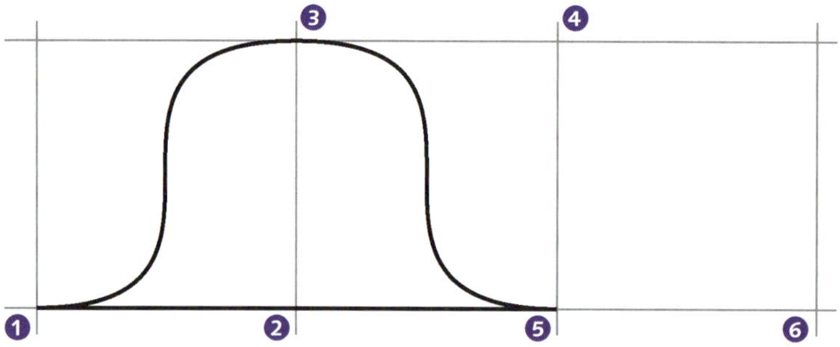

1 Hilfslinien anlegen und Konturstärke festlegen

Legen Sie vier vertikale Hilfslinien mit einem Abstand von 40 mm und zwei horizontale Hilfslinien an, ebenfalls mit einem Abstand von 40 mm. Öffnen Sie das Kontur-Bedienfeld über Fenster • Kontur oder [F10] bzw. [⌘]+[F10], und legen Sie im Kontur-Bedienfeld die Stärke auf 2 Pt fest.

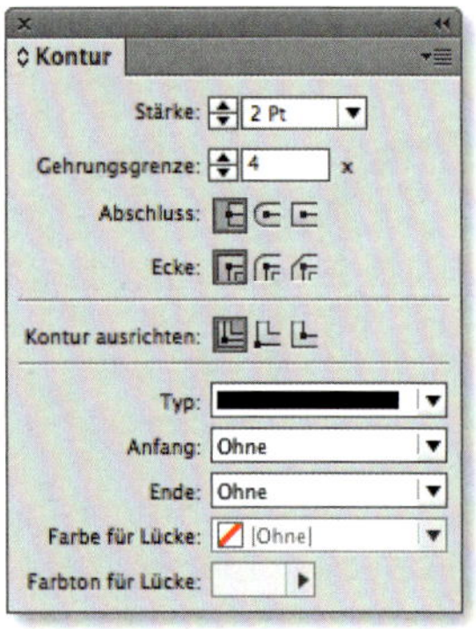

▲ Abbildung 10.10
Stellen Sie die Kontur für die Form im Kontur-Bedienfeld auf 2 Pt, wie hier gezeigt – Details zum Kontur-Bedienfeld erfahren Sie in Abschnitt »Das Kontur-Bedienfeld« auf Seite 384.

2 Die linke Hälfte der Form zeichnen

Wählen Sie das Zeichenstift-Werkzeug, und klicken Sie in den Kreuzungspunkt der Hilfslinien ❶. Halten Sie die Maustaste gedrückt, und ziehen Sie die Richtungslinien aus dem Punkt. Ziehen Sie die rechte Linie genau auf den Kreuzungspunkt ❷. Lassen Sie die Maustaste los.

3 Den Scheitelpunkt zeichnen

Klicken Sie auf den Kreuzungspunkt ❸, und ziehen Sie die Richtungslinie genau bis zum Kreuzungspunkt ❹.

4 Die rechte Hälfte der Form mit einer Ecke zeichnen

Klicken Sie nun auf den Kreuzungspunkt ❺, und ziehen Sie den Tangentenschenkel bis zum Punkt ❻. Drücken Sie anschließend die [Alt]- bzw. [⌥]-Taste, und klicken Sie auf den Tangentenschenkel, den Sie gerade aus dem Ankerpunkt gezogen haben, um ihn zu löschen. Wenn Sie die Form nicht schließen möchten, müssen Sie den Pfad nun beenden – dies geschieht automatisch, wenn Sie auf ein anderes Werkzeug wechseln oder ganz einfach die Strg- bzw. ⌘-Taste drücken und einen Mausklick machen. Hierdurch wechseln Sie kurzfristig zum Direktauswahl-Werkzeug, beenden den Pfad und lassen die Form offen. Wollen Sie die Form jedoch schließen, klicken Sie auf den Ausgangspunkt ❶.

Die Methode, eine gleichmäßige Form über Hilfslinien festzulegen, hat sich gerade für Anfänger gut bewährt. Wenn Sie eine Vorlage nachzeichnen möchten, können Sie zuerst ein Raster aus Hilfslinien festlegen, in dem die Kreuzungspunkte an den markanten Punkten liegen, wo der Pfad seine Richtung ändern wird.

Ankerpunkte immer sichtbar

Das Verfahren, um einen einzelnen Ankerpunkt auszuwählen, wurde in InDesign CS5 wesentlich verbessert: Nähern Sie sich mit dem Direktauswahl-Werkzeug einem Pfad (auch einem nicht ausgewählten), und seine Komponenten werden eingeblendet – so sind immer alle Ankerpunkte sichtbar, wenn Sie im Begriff sind, einen bestimmten Punkt auszuwählen.

Pfade bearbeiten

Auch die beste Planung und die ausgeprägteste Fantasie führen nicht zwingend zu einem perfekten Ergebnis im ersten Anlauf. Sie werden Ankerpunkte hinzufügen und löschen und die Art, wie ein Pfad seine Richtung ändert, verändern wollen bzw. müssen. Dazu gibt es unterschiedliche Methoden, die in verschiedenen Situationen bevorzugt werden. Grundsätzlich gilt, dass alle Werkzeuge immer von einem bestimmten Zustand ausgehen.

Sollte sich ein Werkzeug nicht so verhalten, wie wir es hier beschreiben, liegt das zumeist an einer falschen Pfadauswahl. Heben Sie zunächst die Auswahl auf, indem Sie Bearbeiten • Auswahl aufheben wählen oder das Tastenkürzel Strg+⇧+A bzw. ⌘+⇧+A drücken. Wählen Sie dann den betreffenden Pfad mit dem Direktauswahl-Werkzeug aus.

Um einen einzelnen Ankerpunkt zu verschieben oder die Richtung des Pfads im Punkt zu verändern, klicken Sie diesen Punkt mit dem Direktauswahl-Werkzeug an. Der Ankerpunkt wird gefüllt, und seine Richtungslinien werden angezeigt. Zusätzlich werden die Richtungslinien der beiden zugehörigen Pfadsegmente in den benachbarten Ankerpunkten angezeigt. Diese beiden Hälften der Richtungslinien beeinflussen den Verlauf des Pfads in diesem Bereich nämlich ebenfalls. Greifen Sie den Punkt, und verschieben Sie ihn an die gewollte Stelle, oder verändern Sie sowohl die Position als auch die Länge der Richtungslinien.

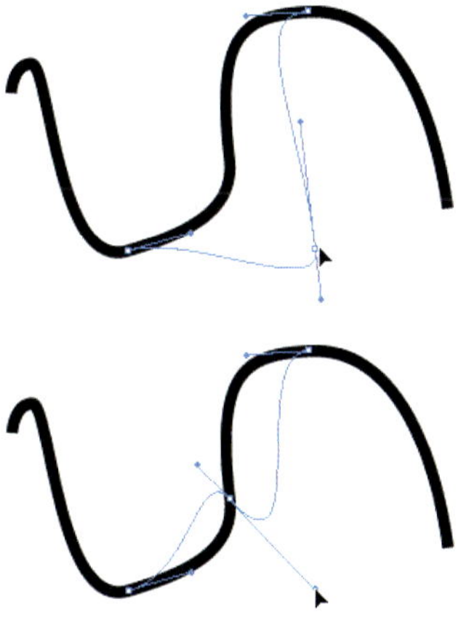

▲ **Abbildung 10.11**
Ankerpunkt versetzen (oben) und Richtungslinien bewegen (unten)

Die Länge der Richtungslinien können Sie getrennt verändern; den Winkel, den die beiden zueinander haben, allerdings nur dann, wenn die beiden Schenkel schon getrennt wurden – dazu kommen wir später.

Während Sie den Ankerpunkt oder die Anfasser der Richtungslinien bewegen, ändert sich der Mauszeiger in einen Pfeil ▸; die neue Kontur wird selbstverständlich angezeigt. Natürlich können Sie auch gekrümmte Pfade mit dem Direktauswahl-Werkzeug und dem -Cursor verschieben.

Universalwerkzeug Zeichenstift
Das Auswählen der verschiedenen Werkzeuge aus dem Werkzeuge-Bedienfeld ist zu Beginn noch erträglich. Wie Sie im Abschnitt »Universalwerkzeug Zeichenstift« sehen werden, kann das Zeichenstift-Werkzeug alle Funktionen der Pfadwerkzeuge übernehmen, wenn es in Verbindung mit diversen Tastenkombinationen verwendet wird.

Ankerpunkt hinzufügen | Um Ihrem Pfad einen Ankerpunkt hinzuzufügen, wählen Sie zunächst den Pfad aus und klicken dann mit dem Ankerpunkt-hinzufügen-Werkzeug an die Stelle in Ihrem Pfad, wo der Punkt eingefügt werden soll. Solange Sie die Maustaste noch gedrückt halten, können Sie natürlich auch gleich die Richtungslinien aus dem neuen Punkt ziehen.

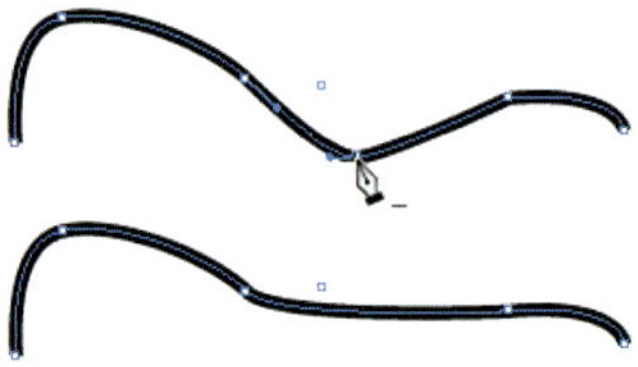

▲ **Abbildung 10.12**
Aus dem Pfad oben wird ein Ankerpunkt gelöscht, wodurch sich die untere Form ergibt.

Ankerpunkt löschen | Um einen Ankerpunkt zu löschen, klicken Sie mit dem Ankerpunkt-löschen-Werkzeug auf den betreffenden Punkt. Handelt es sich dabei um einen Endpunkt eines offenen Pfads, so wird damit das letzte Pfadsegment gelöscht. Wird ein Ankerpunkt innerhalb eines geschlossenen Pfads oder im Innenbereich eines offenen Pfads gelöscht, so entsteht ein neues Pfadsegment, das den vorhergehenden und den nachfolgenden Ankerpunkt verbindet.

Richtungspunkt umwandeln | Mit dem Direktauswahl-Werkzeug können Sie lediglich die Länge der einzelnen Tangentenschenkel verändern, nicht aber den Winkel zwischen den beiden Schenkeln. Dazu müssen Sie zuerst die Art, in der der Pfad seine Richtung im Ankerpunkt wechselt, mit dem Richtungspunkt-umwandeln-Werkzeug verändern.

Abbildung 10.13 ▸
Ein Klick mit dem Richtungspunkt-umwandeln-Werkzeug verändert eine Kurve (links) in eine Ecke (Mitte). Getrennte Richtungslinien sehen Sie rechts.

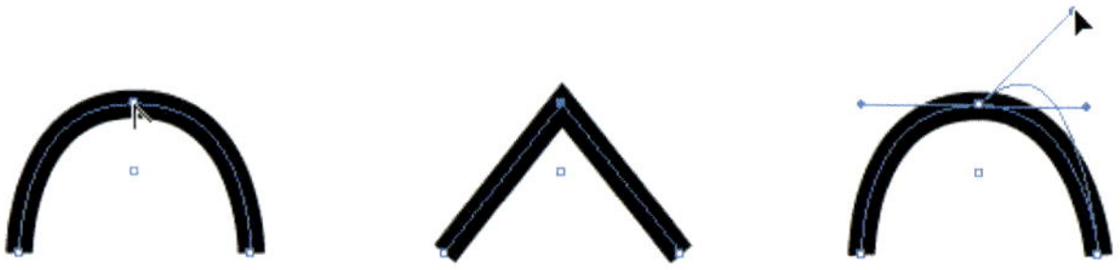

Dabei gibt es mehrere Möglichkeiten:

1. **Es handelt sich um einen Kurvenpunkt**: Klicken Sie mit dem Richtungspunkt-umwandeln-Werkzeug auf den Ankerpunkt. Der Ankerpunkt wird auf einen einfachen Eckpunkt umgestellt, womit die beiden Pfadsegmente »geradegebogen« werden.
2. **Der Ankerpunkt ist bereits ein Eckpunkt**: Klicken Sie mit dem Richtungspunkt-umwandeln-Werkzeug auf den Ankerpunkt, und ziehen Sie die Richtungslinien in Zeichenrichtung heraus.
3. **Im Ankerpunkt existiert bereits eine Richtungslinie**: Fassen Sie eine einzelne Richtungslinie an ihrem Anfasser an, und verschieben

Sie sie. Bei zwei Schenkeln ändern Sie damit den Winkel zwischen den beiden Schenkeln, sie werden also entkoppelt. Sie können eine einzelne (entkoppelte) Richtungslinie auch in den Ankerpunkt zurückschieben. Um eine einzelne Richtungslinie zu löschen, genügt ein einfacher Klick auf den Anfasser der zu löschenden Linie.

Um Ankerpunkte gezielt umzuwandeln, finden Sie im Menü OBJEKT • PUNKT KONVERTIEREN folgende Funktionen:

- EINFACHER ECKPUNKT entfernt die Richtungslinien aus dem ausgewählten Ankerpunkt. Je nachdem, wie der Pfad in diesem Ankerpunkt verläuft, entsteht dabei eben ein einfacher Eckpunkt oder ein Anschlusspunkt.
- ECKPUNKT entkoppelt die Schenkel im ausgewählten Punkt und wandelt ihn somit in einen Anschlusspunkt um.
- KURVENPUNKT koppelt die zwei entkoppelten Schenkel, ohne jedoch die Länge der einzelnen Schenkel zu verändern.
- SYMMETRISCHER KURVENPUNKT dagegen koppelt die beiden Schenkel und passt die Länge beider Schenkel an die Länge des zuletzt veränderten Schenkels an.

Namensgebung

Wie bereits erwähnt, erscheint uns die Bezeichnung, die Adobe für die verschiedenen Ankerpunkte gewählt hat, nicht sehr glücklich. Allerdings sind die Bezeichnungen seit InDesign CS5 schon viel besser als noch in InDesign CS4 – dort waren die Bezeichnungen teilweise widersprüchlich und kollidierten mit Bezeichnungen für Funktionen, die tatsächlich etwas ganz anderes bedeuten.

Sind die beiden Tangentenschenkel einmal getrennt, können sie auch mit dem Direktauswahl-Werkzeug getrennt bewegt werden.

Pfade zerschneiden und verbinden

Das Entfernen eines Ankerpunkts mit dem Ankerpunkt-löschen-Werkzeug dient primär dazu, eine Form zu vereinfachen. Da die Pfadsegmente verbunden bleiben, flacht sich die Form zumeist ab, und der gesamte Pfad wird vereinfacht. Wenn eine Form im ersten Anlauf etwas zu holprig geraten ist, kann sie so gut optimiert werden.

Ankerpunkt löschen | Sie können einen Ankerpunkt auch löschen, indem Sie ihn mit dem Direktauswahl-Werkzeug markieren (er ist dann gefüllt) und ihn wie jedes andere Element löschen. Der Ankerpunkt nimmt dabei die beiden Pfadsegmente, die sich in ihm treffen, mit ins Nirwana. Dabei zerfällt der Pfad also in zwei Teile.

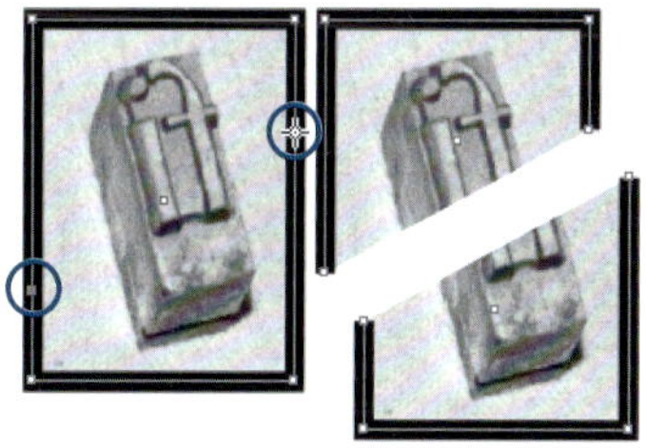

▲ **Abbildung 10.14**
Der Bildrahmen links wird mit zwei Klicks mit dem Schere-Werkzeug in zwei Bildrahmen zerlegt (rechts). Die Schneidepunkte sind mit einem kleinen Kreis gekennzeichnet.

Pfad zerschneiden | Wenn Sie einen Pfad in mehrere Teile zerschneiden, dabei aber alle Pfadkomponenten erhalten wollen, hilft Ihnen diese Funktion nicht. InDesign bietet deshalb dafür ein eigenes Werkzeug – die Schere ✂ – an (Tastenkürzel C). Sie finden sie im Werkzeuge-Bedienfeld unter den Rahmenwerkzeugen.

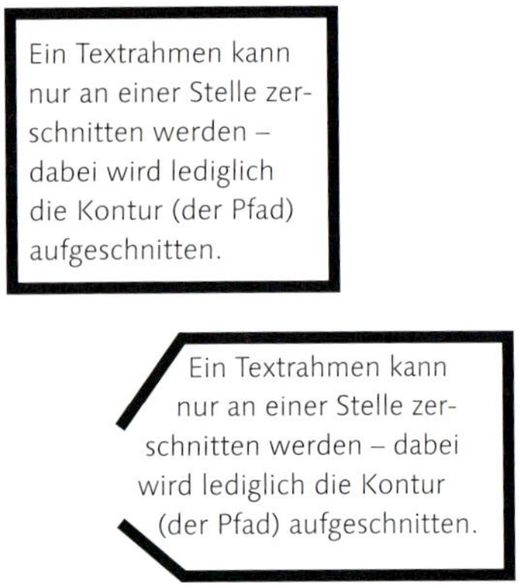

▲ **Abbildung 10.15**
Ein Textrahmen kann nur an einer Stelle aufgeschnitten werden. Werden die Ankerpunkte versetzt, folgt der Text der Kontur.

Immer gerade
Die von der Schere erzeugte Schnittlinie ist immer eine gerade Linie, auch wenn Sie Kurven damit zerschneiden.

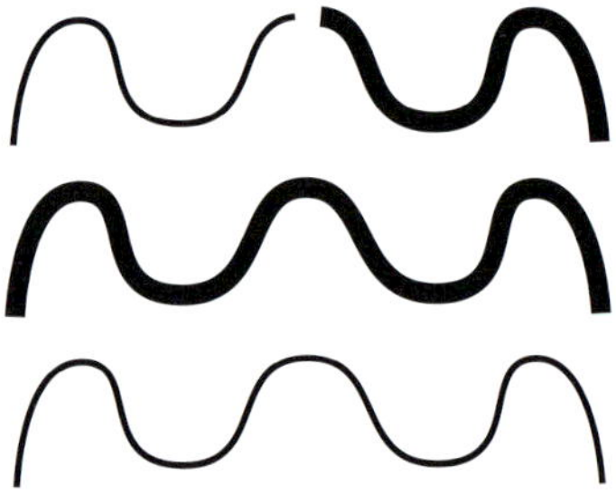

▲ **Abbildung 10.16**
Die beiden Pfade (oben) werden miteinander verbunden. Wird der rechte Endpunkt des dünnen Pfads mit dem linken Anfangspunkt des dicken Pfads verbunden, wird die Kontur des dicken Pfads übernommen (Mitte). In umgekehrter Richtung übernimmt der resultierende Pfad die Kontur des dünnen Pfads (unten).

Um einen Pfad zu zerschneiden, wählen Sie das Werkzeug SCHERE [C] aus und klicken auf die Stelle des Pfads, an der geschnitten werden soll. Der Pfad muss dabei nicht ausgewählt sein. Ein kleines Fadenkreuz kennzeichnet den Schnittpunkt auf dem Pfad.

Ein offener Pfad zerfällt mit einem Schnitt in zwei Teilpfade, die wirklich vollständig getrennt sind. Ein geschlossener Pfad wird mit einem Schnitt »aufgeschnitten« und mit einem weiteren Schnitt in zwei getrennte Pfade verwandelt.

Da Rahmen in InDesign nichts anderes als Pfade sind, können sie natürlich auch zerschnitten werden, wobei allerdings wesentlich ist, welchen Inhalt ein Rahmen hat. Ein Bildrahmen oder ein Rahmen ohne Inhalt (aber z. B. mit Kontur und Füllung) kann so in zwei Pfade zerlegt werden, die als offene Pfade aber genau den Inhalt erhalten, den der ursprüngliche Rahmen hatte. Auch die Konturen bleiben erhalten; da aber nun offene Pfade entstanden sind, fehlt die Kontur entlang der Schnittlinie.

Ein Textrahmen kann dagegen nicht in zwei Teilpfade zerschnitten werden. Hier können Sie lediglich die Kontur des Rahmens aufschneiden. Der Inhalt bleibt dabei erhalten, die Kontur ist geöffnet und kann so eine Lücke aufweisen.

Pfade verbinden | Um die Lücke wieder zu schließen, können wir erneut auf das Zeichenstift-Werkzeug zurückgreifen. Klicken Sie mit dem Zeichenstift auf einen Endpunkt des Pfads – damit wird dieser Punkt wieder aufgenommen, und Sie können weitere Ankerpunkte setzen oder den Pfad schließen, indem Sie auf den anderen Endpunkt des Pfads klicken. Sobald Sie den Endpunkt getroffen haben, zeigt InDesign ein Verbindungssymbol an.

Wenn Sie einen offenen Pfad auf die gerade beschriebene Weise schließen, ändert sich an der Kontur – um genau zu sein, an ihrer Stärke, ihrer Farbe, ihrem Stil – nichts.

Wenn Sie allerdings Pfade mit sichtbaren Konturen unterschiedlicher Eigenschaften miteinander verbinden, ist die Reihenfolge beim Verbinden entscheidend. Dabei gilt: Der aus der Verbindung mehrerer Pfade (Sie können mehrere Pfade in einem Arbeitsgang verbinden) resultierende Pfad übernimmt alle Konturattribute des Pfads, der dem Gesamtpfad als letzter hinzugefügt wurde.

Ganz anders verhält sich die Sache mit der Funktion OBJEKT • PFADE • VERBINDEN, die insgesamt drei Funktionen übernimmt:

1. Wenn genau ein offener Pfad ausgewählt ist, wird dieser geschlossen – VERBINDEN unterscheidet sich in diesem Fall nicht von der Funktion PFAD SCHLIESSEN, die Sie gleich kennenlernen werden.

2. Sind zwei offene Pfade ausgewählt, werden die beiden Pfade an den beiden Ankerpunkten, die am nächsten liegen, zu einem offenen Pfad verbunden.
3. Sind die Endpunkte zweier getrennter Pfade ausgewählt, werden die beiden Pfade an genau diesen Punkten miteinander verbunden. Der resultierende Pfad übernimmt hier die Eigenschaften des Pfads, dessen Endpunkt Sie als Erstes ausgewählt haben.

Sind mehr als zwei offene Pfade ausgewählt, hat die Funktion keine Auswirkung. Enthält die Auswahl einen geschlossenen Pfad, so wird dieser ignoriert.

Pfade öffnen und schließen

Wenn ein offener Pfad lediglich geschlossen werden soll, können Sie also auf die Funktion VERBINDEN zurückgreifen. Wenn Sie jedoch mehrere offene Pfade in einem Arbeitsgang schließen wollen, benutzen Sie besser OBJEKT • PFADE • PFAD SCHLIESSEN. Bei jedem ausgewählten Pfad werden die beiden Endpunkte verbunden, und das Ergebnis entspricht dem, das Sie auch mit dem Zeichenstift erreicht hätten.

Im Menü OBJEKT • PFADE finden Sie auch den Befehl PFAD ÖFFNEN, mit dem geschlossene Pfade an dem Ankerpunkt geöffnet werden, der zuletzt gezeichnet wurde. Welcher Punkt das tatsächlich ist, ist natürlich nicht immer vorhersehbar, da z. B. bei einem Polygon-Rahmen nicht direkt erkennbar ist, welcher Ankerpunkt von InDesign zuletzt gesetzt wurde. Sobald der Pfad geöffnet ist, wird der Punkt, an dem der Pfad geöffnet wurde, jedoch für Sie ausgewählt.

Es wäre schön, wenn man zuerst einen Ankerpunkt auswählen könnte und der Pfad dann an genau diesem Punkt geöffnet würde, aber leider wirkt sich eine solche Auswahl nicht auf das Ergebnis aus.

Im Pathfinder-Bedienfeld werden die Funktionen des Pfade-Menüs ebenfalls angeboten – siehe Seite 391. Den Befehl im Menü OBJEKT • PFADE • PFAD UMKEHREN werden wir ebenfalls dort behandeln.

Tastenkürzel definieren

Da die Funktion PFAD SCHLIESSEN relativ häufig gebraucht wird, wäre es günstig, wenn sie über ein Tastenkürzel erreichbar wäre – hier werden wir aber noch auf eine zukünftige Version von InDesign warten müssen.

Wie Sie eigene Tastenkürzel definieren können, lesen Sie auf Seite 1183 nach.

Punkte und Segmente löschen

Wenn Sie einen Ankerpunkt mit dem Direktauswahl-Werkzeug markieren und mit der Entf-bzw. ←-Taste (Rückschritt) löschen, dann wird nicht nur der Ankerpunkt gelöscht, sondern auch die zwei Pfadsegmente, die in ihn münden. Ein geschlossener Pfad wird dadurch logischerweise geöffnet. Ein offener Pfad wird in zwei getrennte Pfade zerlegt.

Universalwerkzeug Zeichenstift

Mit dem Zeichenstift-Werkzeug können Sie nicht nur zeichnen, sondern auch Pfade manipulieren. Tatsächlich ist es gewissermaßen das »Schweizer Messer« unter den Pfadwerkzeugen, weil es sämtliche Funktionen der bisher vorgestellten Werkzeuge übernehmen kann. Einige Funktionen trägt es dabei direkt in sich, für andere Funktionen müssen zusätzliche Tasten gedrückt werden.

Werkzeug	Aktion
Direktauswahl-Werkzeug	Strg bzw. ⌘
Ankerpunkt hinzufügen	Auf gewünschte Stelle im Pfad klicken
Ankerpunkt löschen	Auf einen Ankerpunkt klicken
Richtungspunkt umwandeln	Alt bzw. ⌥

▲ **Tabelle 10.2**
Funktionen des Zeichenstift-Werkzeugs

Durch Kombination der internen Funktionen mit den über die Zusatztasten erreichbaren Funktionen können Sie mit einem einzigen Werkzeug alle anderen Werkzeuge simulieren:

Funktion	Aktion
Verschieben eines Ankerpunkts	Strg bzw. ⌘ und Ankerpunkt bewegen
Verschieben eines Pfadsegments	Strg bzw. ⌘ und Pfadsegment bewegen
Ankerpunkt hinzufügen	Auf gewünschte Stelle im Pfad klicken
Ankerpunkt löschen, Pfad erhalten	Auf einen bestehenden Ankerpunkt klicken
Ankerpunkt löschen, Pfad trennen	Mit Strg bzw. ⌘ einen Ankerpunkt markieren und löschen
Umwandeln eines Eckpunkts in einen symmetrischen Kurvenpunkt	Mit Strg bzw. ⌘ einen Ankerpunkt aktivieren und dann mit Alt bzw. ⌥ Richtungslinien aus dem Ankerpunkt ziehen
Umwandeln eines Kurvenpunkts in einen Anschlusspunkt	Mit Strg bzw. ⌘ einen Ankerpunkt aktivieren und dann mit Alt bzw. ⌥ die Richtungslinien getrennt bewegen
Umwandeln eines Kurvenpunkts in einen Eckpunkt	Klick mit Alt bzw. ⌥ auf den Ankerpunkt
Erzeugen eines Kurvenpunkts	Mit Strg bzw. ⌘ einen Ankerpunkt aktivieren und dann mit Strg bzw. ⌘ Richtungslinien bewegen

▲ **Tabelle 10.3**
Funktionen des Zeichenstift-Werkzeugs

All diese Funktionen beziehen sich auf jeweils einen Punkt. Mit den Funktionen im Menü Objekt • Punkt konvertieren können Sie auch mehrere Punkte gleichzeitig umwandeln. Wählen Sie mehrere Punkte aus, indem Sie auf alle Punkte mit gedrückter ⇧-Taste klicken, oder benutzen Sie das Direktauswahl-Werkzeug, um einen Auswahlrahmen um alle Punkte zu ziehen. Ein Lasso, wie in Illustrator, gibt es leider nicht.

Die Freihandwerkzeuge

Um den Umgang mit Pfaden etwas natürlicher zu gestalten, bietet InDesign drei weitere Pfadwerkzeuge an: das Buntstift-Werkzeug, das Glätten-Werkzeug und das Radieren-Werkzeug. Das Buntstift-Werkzeug können Sie auch mit der Taste N erreichen.

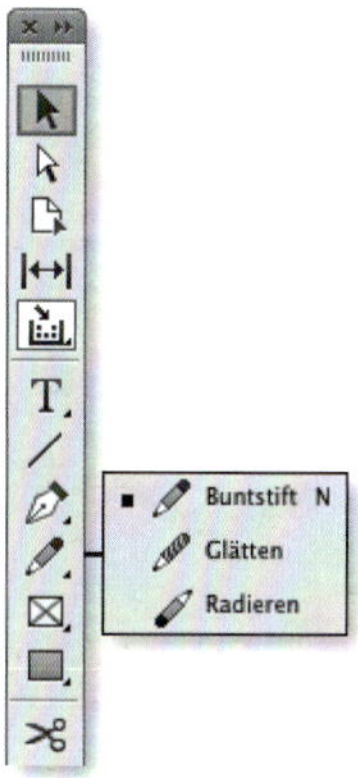

▲ **Abbildung 10.17**
Die Freihandwerkzeuge

Buntstift | Wenn Sie mit dem Buntstift-Werkzeug eine Linie zeichnen, hinterlässt es zunächst nur eine Spur aus winzigen Punkten, die von InDesign in einen Pfad umgerechnet werden, sobald Sie den Stift absetzen (also die Maustaste loslassen). Dabei entstehen zumeist eher »krakelige« Linien, die aber mit allen Pfadwerkzeugen bearbeitet werden können. Mit den anderen beiden Freihandwerkzeugen können die Formen darüber hinaus entschärft werden. Um den entstehenden Pfad von vornherein besser anzulegen, können Sie das Buntstift-Werkzeug nach Ihren eigenen Wünschen einstellen, indem Sie auf das Werkzeug im Werkzeuge-Bedienfeld doppelklicken. So gelangen Sie in das Fenster Voreinstellungen für Buntstift-Werkzeug, in dem Sie fünf Parameter festlegen können.

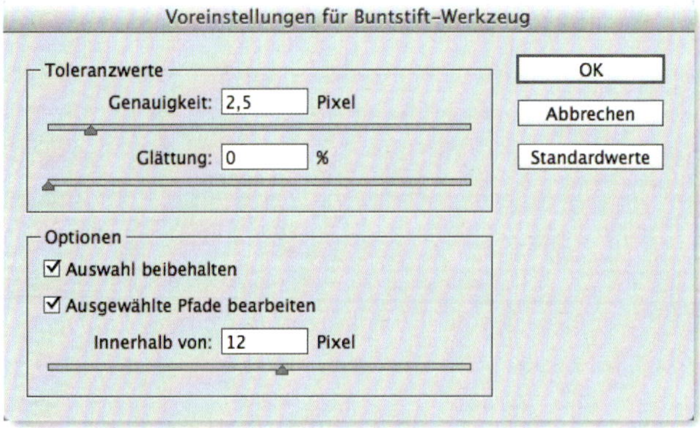

◄ **Abbildung 10.18**
Voreinstellungen für Buntstift-Werkzeug

Toleranzwerte | Im Bereich Toleranzwerte bestimmen Sie, wie exakt den handgezeichneten Linien gefolgt werden soll.

- Genauigkeit: Sie können einen Wert zwischen 0,5 und 20 Pixel eingeben. InDesign geht davon aus, dass Sie beim Zeichnen von der idealen Form geringfügig abweichen werden. Je geringer der Wert ist, desto früher wird Ihre Bewegung als Richtungswechsel des Pfads interpretiert. Ein höherer Wert erzeugt eine gleichmäßigere Kurve, da geringfügige Abweichungen ignoriert werden.
- Glättung: Der Wert der Glättung reicht von 0 % bis 100 %. Höhere Werte führen zu weniger Ankerpunkten und somit zu einer glatteren Kurve. Der Standardwert beträgt 0 %, d. h., es findet keine Glättung statt.

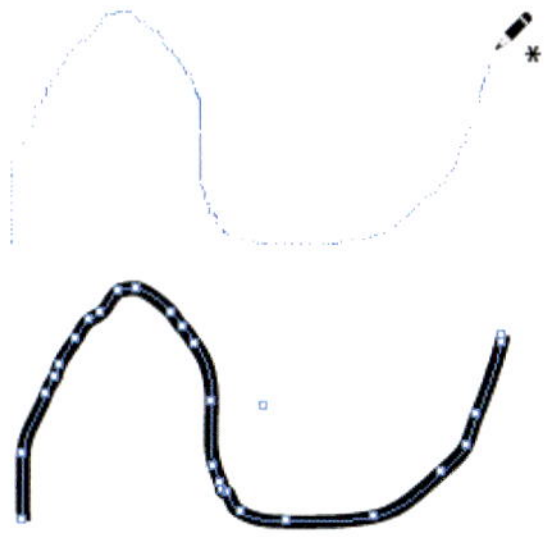

▲ **Abbildung 10.19**
Eine freihändig gezeichnete Linie und ihre Darstellung als Pfad

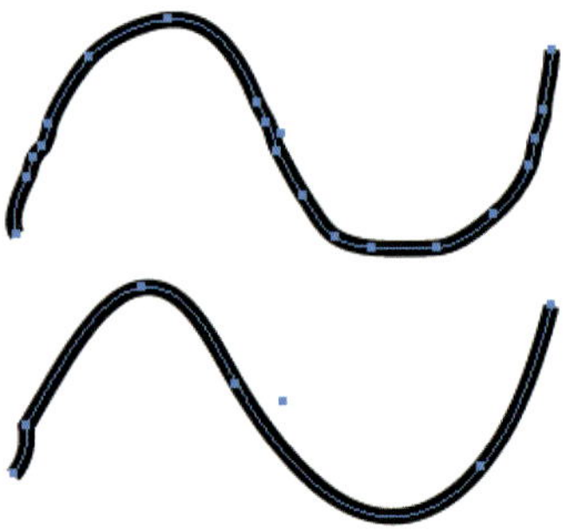

▲ **Abbildung 10.20**
Eine Form, die mit den Standardeinstellungen erzeugt wurde (oben) – und etwa die gleiche Form mit der Genauigkeit 10 Pixel und einer Glättung von 100 % (unten)

Optionen | Der Abschnitt Optionen legt fest, wie mit einem bereits gezeichneten Pfad verfahren werden soll.

- Auswahl beibehalten: Ist diese Option aktiviert, wird der neu gezeichnete Pfad nach dem Zeichnen ausgewählt und kann somit sofort nachbearbeitet werden.
- Ausgewählte Pfade bearbeiten: Wenn Sie einen Pfad ausgewählt haben, können Sie ihn mit dem Buntstift weiterbearbeiten, z. B. verlängern oder einzelne Pfadsegmente neu zeichnen, sofern Sie eine bestimmte Distanz zum Pfad einhalten.
- Innerhalb von: Dieser Wert kann in einem Bereich von 2 bis 20 Pixel eingestellt werden und gehört zur Option Ausgewählte Pfade bearbeiten. Sie legen damit fest, ab wann die Bearbeitung eines ausgewählten Pfads wirksam werden soll, bestimmen also die erwähnte Distanz. Der Standardwert 12 Pixel bedeutet, dass Sie den ausgewählten Pfad verlängern, wenn Sie im Abstand von maximal 12 Pixeln vom Endpunkt des Pfads aus gesehen mit dem Buntstift zeichnen. Wird hingegen außerhalb des Abstands von 12 Pixeln das Zeichnen des Pfads fortgesetzt, so wird ein neuer Pfad erstellt; eine Verbindung zum anderen Pfad besteht somit nicht.

Vorsicht mit dem Glätten-Werkzeug
Durch mehrfaches Anwenden des Glätten-Werkzeugs können Sie einen Pfad »zu Tode glätten« – der Optimierungsprozess führt nicht zwingend zu einer Reduktion von Ankerpunkten, sondern kann auch zusätzliche Ankerpunkte einfügen, um die Form zu erhalten.

Pfade glätten | Wenn Sie mit dem Ankerpunkt-löschen- oder dem Zeichenstift-Werkzeug Ankerpunkte aus einem Pfad entfernen, beeinflussen Sie die Form wesentlich. Eine Glättung des Pfads ist auf diese Weise nur möglich, wenn sich viele Ankerpunkte nah beieinander befinden. Die Ergebnisse sind oft schwer abzuschätzen. Hier setzt das Glätten-Werkzeug an.

Sie können damit einem ausgewählten Pfad folgen, und das Werkzeug wird im überstrichenen Bereich den Pfad glätten, indem zwar Ankerpunkte entfernt werden, die Form des Pfads dabei aber im Wesentlichen erhalten bleibt. Auch das Glätten-Werkzeug kann eingestellt werden, wenn Sie auf das Werkzeug doppelklicken. Sie finden dann die beiden Optionen aus dem Bereich Toleranzwerte des Buntstift-Werkzeugs vor, die auch vollkommen gleich zu verstehen sind. Im Prinzip wird der Bereich des Pfads, den Sie überstreichen, mit den geänderten Parametern also neu gezeichnet.

Freistellen mit dem Buntstift
Bitte beachten Sie die sehr praktische Anwendung des Buntstifts zum schnellen Freistellen eines Bilds auf Seite 303.

Pfadabschnitte wegradieren | Das Radieren-Werkzeug ist auf die gleiche Weise zu handhaben – Sie überstreichen damit einen Bereich eines ausgewählten Pfads. Der betroffene Bereich wird aus dem Pfad entfernt. Somit verhält sich das Radieren-Werkzeug wie eine Mischung aus Schere-Werkzeug und dem Löschen von Ankerpunkten bzw. Pfadsegmenten. Es kann nicht konfiguriert werden.

Die drei Freihandwerkzeuge sind mit der Maus nur schwer zu kontrollieren und mit den üblichen Zeigewerkzeugen, wie sie bei Laptop-Computern zum Einsatz kommen, noch schwerer. In Kombination mit einem Grafiktablett können Sie allerdings sehr intuitiv und elegant damit arbeiten. Alle drei Werkzeuge können mit der [Strg]- bzw. [⌘]-Taste in das Direktauswahl-Werkzeug umgeschaltet werden. Das Buntstift-Werkzeug wird in Kombination mit der [Alt]- bzw. [⌥]-Taste zum Glätten-Werkzeug.

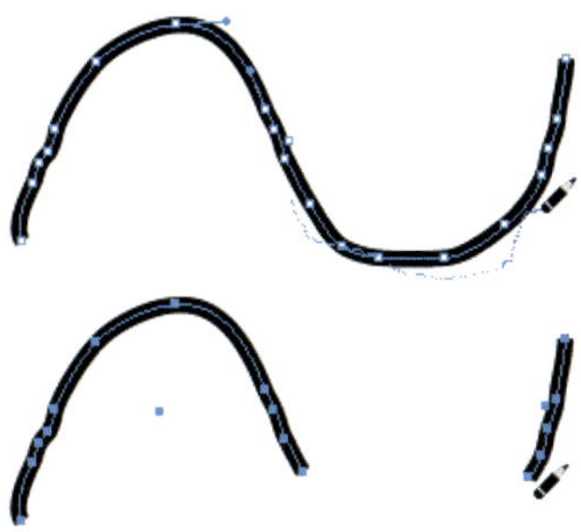

▲ **Abbildung 10.21**
Überstreichen Sie mit dem Radieren-Werkzeug einen Bereich eines ausgewählten Pfads, um Ankerpunkte und dazugehörige Pfadsegmente zu löschen. Eine exakte Kontrolle bietet dieses Werkzeug somit nicht.

Das Linienzeichner-Werkzeug

Das Aufziehen einer Linie mit dem Linienzeichner-Werkzeug ⁄ erfolgt analog zum Aufziehen von Rahmen. Wählen Sie das Werkzeug im Werkzeuge-Bedienfeld aus, und bewegen Sie den Cursor auf die Montagefläche. Beginnen Sie, eine Linie zu zeichnen, indem Sie klicken und die Linie in der gewünschten Länge in die gewünschte Richtung ziehen und am Endpunkt loslassen.

Auch hier helfen die uns bekannten Tastenkürzel, Linien gezielter zu erstellen. Durch gleichzeitiges Drücken der [⇧]-Taste können Sie Linien nur in 45°-Abstufungen zeichnen. Sollten Sie anstelle der [⇧]-Taste die [Alt]- bzw. [⌥]-Taste gedrückt halten, so wird eine symmetrische Linie aus dem gesetzten Startpunkt (somit Mittelpunkt des Objekts) heraus gezeichnet. Die Kombination beider Tasten führt dazu, dass Sie aus dem Startpunkt in 45°-Schritten eine symmetrische Linie erstellen.

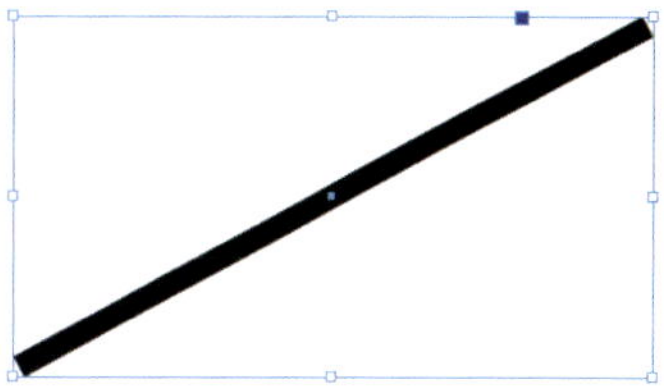

▲ **Abbildung 10.22**
Auch eine Linie, die mit dem Linienzeichner-Werkzeug erstellt wurde, ist von einem normalen Objektrahmen umgeben und unterscheidet sich nicht von einem geraden Pfadsegment, das z. B. mit dem Zeichenstift entstanden ist.

Ansonsten kann zum Linienzeichner nur noch gesagt werden, dass eine Linie als Kontur selbstverständlich nichts anderes als ein Pfad ist. Sie können Linien auch erstellen, indem Sie mit dem Zeichenstift-Werkzeug zwei Punkte setzen (mit dem Linienzeichner-Werkzeug wird die Linie aufgezogen). Das Ergebnis ist das gleiche. Sie können Linien, die mit dem Linienzeichner-Werkzeug erstellt wurden, über ihre Endpunkte an bestehende Pfade anbinden und auch alle anderen Funktionen auf sie anwenden.

10.2 Das Aussehen eines Pfads bestimmen

Nicht nur Objekte, die Sie mit den beschriebenen Werkzeugen erstellen, bestehen aus Pfaden; auch Rahmen sind Objekte, die von einem Pfad begrenzt sind. Es ist nun an der Zeit, sich über Konturen und deren Attribute zu unterhalten.

Sie können einer Kontur nicht nur Attribute wie Konturstärke, Farbe und Linientyp aus dem Steuerung-Bedienfeld zuweisen. Um alle Attri-

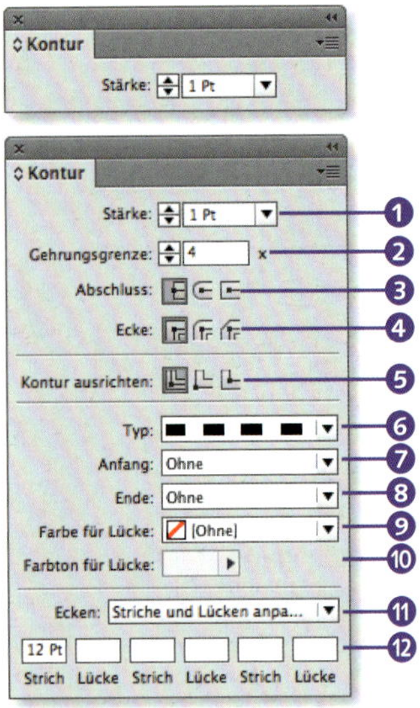

▲ **Abbildung 10.23**
Sind die Optionen des Kontur-Bedienfelds ausgeblendet, kann nur die Stärke eingestellt werden (oben).
In der erweiterten Darstellung (unten) haben Sie Zugriff auf alle Linienattribute. Einträge in ⓬ können nur erfolgen, wenn der Typ Gestrichelt aktiviert ist.

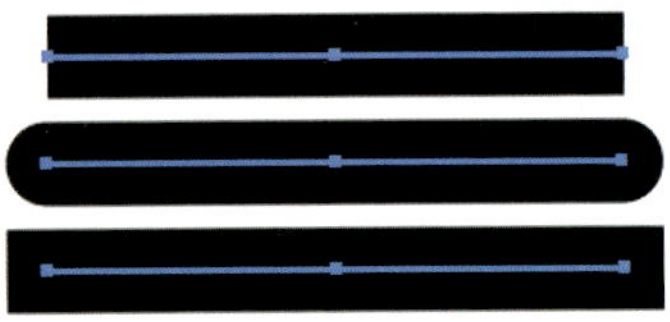

▲ **Abbildung 10.24**
Abschluss: Die Auswirkungen der drei möglichen Optionen – Abgeflacht, Abgerundet oder Überstehend.

bute zuweisen zu können, müssen Sie die Optionen des Kontur-Bedienfelds verwenden.

Das Kontur-Bedienfeld

Rufen Sie das Kontur-Bedienfeld über das Menü Fenster • Kontur oder über das Tastenkürzel F10 bzw. ⌘+F10 auf. Sollten Sie das Kontur-Bedienfeld in seiner Sparversion – nur die Stärke wird angezeigt – sehen, so müssen Sie im Bedienfeldmenü den Befehl Optionen einblenden ausführen oder auf die Pfeile vor dem Bedienfeldnamen klicken.

So wie im Steuerung-Bedienfeld können Sie auch im Kontur-Bedienfeld die Stärke ❶ der Linie eingeben oder über das Pop-up-Menü auswählen. Es ist natürlich auch hier zulässig, die Stärke in einer anderen Maßeinheit einzugeben oder im Eingabefeld eine Berechnung durchzuführen. Die resultierende Maßeinheit ist von den getroffenen Voreinstellungen abhängig.

Eine Linie besteht aus einem Anfangs- und einem Endpunkt. Die Form, wie eine Linie vorn und hinten abgeschlossen wird, bestimmen Sie über die Option Abschluss ❸ – siehe Abbildung 10.24.

Wie beim Abschluss können Sie auch die Form der Ecke ❹ wählen. Ob die Ecken spitz, abgerundet oder abgeflacht sind, hängt darüber hinaus mit der Gehrungsgrenze ❷ zusammen. Je kleiner der Winkel einer Ecke ist, umso größer muss die Gehrungsgrenze gesetzt werden, damit die Ecke nicht automatisch abgeflacht wird. Je niedriger die Gehrungsgrenze gesetzt wird, umso eher wird eine Abflachung der Ecken erfolgen (Abbildung 10.25).

Ein wesentlicher Punkt ist die Option Kontur ausrichten ❺. Das Zusammenspiel mit der Objektgröße soll dazu an einem Beispiel verdeutlicht werden:

Angenommen, Sie ziehen ein Quadrat mit der Seitenlänge von 15 mm × 15 mm auf. Wählen Sie zuerst die Option Kontur innen ausrichten (mittleres Symbol der Option Kontur ausrichten) und weisen Sie der Kontur eine Stärke von 1 mm zu, so bleibt der Rahmen 15 mm × 15 mm groß, und die 1 mm starke Kontur wächst nach innen. Wählen Sie hingegen zuerst die Option Kontur mittig ausrichten (linkes Symbol), so sind die neuen Ausmaße des Rahmens 15,5 mm × 15,5 mm. Haben Sie die Option Kontur aussen ausrichten gewählt, so ist die neue Rahmengröße 16 mm × 16 mm.

Mit Anfang ❼ und Ende ❽ können Sie spezielle Formen zur Erstellung von Pfeilen auswählen. Das Editieren der Spitzenformen ist in InDesign nicht vorgesehen, weshalb der Einsatz der Linienanfänge und -enden in sehr vielen Fällen unbrauchbar ist.

Mit der Option Typ ❻ können Sie aus einer definierten Liste verschiedene Linientypen auswählen. Wie Sie aus der Liste erkennen, gibt es dabei durchgehende und gestrichelte Linien sowie Linienformen, die sich durch Streifen aufbauen. Wir werden später noch sehen, dass es einfach ist, einer Linie eine Farbe bzw. einen Farbton zuzuweisen. Wenn das für eine Linie möglich ist, muss es auch für die »weißen« Teile einer Linie oder eines Streifens gelten. Genau diese Zuweisung können Sie mit den Optionen Farbe für Lücke ❾ und Farbton für Lücke ❿ vornehmen. Es ergeben sich dadurch interessante Möglichkeiten für Unterstreichungen und grafische Formen.

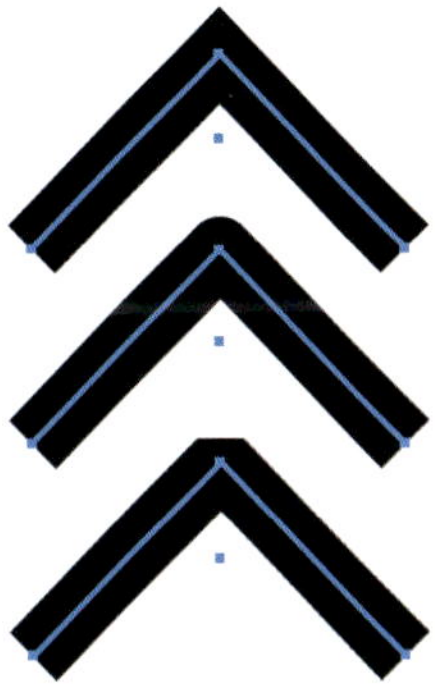

▲ **Abbildung 10.25**
Eckenformen

Wurde in der Option Typ die Linienform Gestrichelt ausgewählt, so werden am Ende des Bedienfelds sechs Eingabefelder ⓬ hinzugefügt. Der erste Wert definiert die Strichlänge des ersten Strichs in der gestrichelten Linie. Der zweite Wert legt die Länge der Lücke fest. Fahren Sie dementsprechend mit den restlichen Eingabefeldern fort. Wird kein weiterer Wert eingegeben, so wiederholt sich die definierte Länge des Strichs und der Lücke für den Rest der gestrichelten Linie.

Kontur auf Standard setzen
Ist nach dem Aufziehen keine Linie – Linienfarbe und Linienstärke – sichtbar, so drücken Sie einfach die Taste D. Dadurch erhält die Linie automatisch die Konturenfarbe [Schwarz] und die zuletzt im Kontur-Bedienfeld gewählte Konturstärke.

Über die Option Ecken ⓫ können Sie festlegen, wie InDesign die Ecken für eine gestrichelte Linie ausführen soll. Wählen Sie dabei zwischen Ohne, Striche anpassen, Lücken anpassen oder Striche und Lücken anpassen. In den meisten Fällen führt die letzte Option zur besten grafischen Form.

◀ **Abbildung 10.26**
Die vier verschiedenen Optionen zum Anpassen der Striche bzw. Lücken über die Option Ecke

Über das Kontur-Bedienfeld lassen sich somit unterschiedlichste Formen erstellen, wie Abbildung 10.27 zeigt.

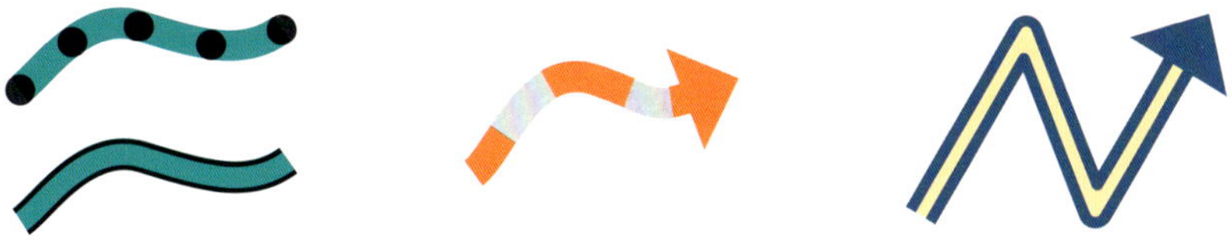

◀ **Abbildung 10.27**
Wahre grafische Prachtstücke von Linienformen mit unterschiedlichen Attributen

Konturenstile

Die Liste der definierten Konturenstile aus der Option Typ ❻ (siehe Abbildung 10.28) umfasst einerseits eine umfangreiche Sammlung an Standardstilen, die vor allem PageMaker- und QuarkXPress-Anwender gewohnt waren, und andererseits spezielle Effektstile, die Sie nicht selbst im Konturenstile-Editor erstellen könnten. Alle vorhandenen

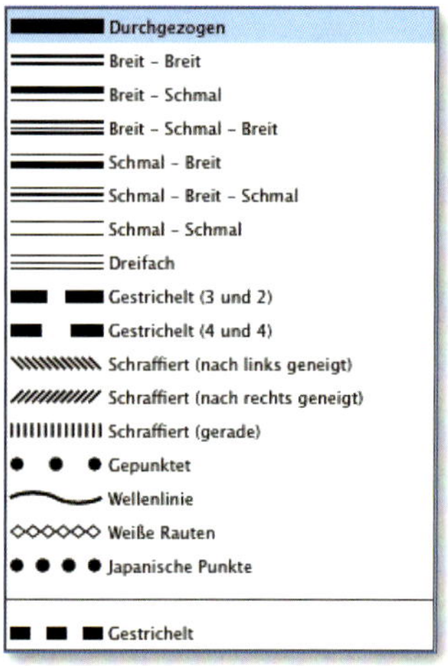

▲ **Abbildung 10.28**
Die Standard-Linientypen

Konturen können Sie in den Dialogen UNTERSTREICHEN, DURCHSTREICHEN, ABSATZLINIEN und TABELLEN verwenden.

Einen Konturenstil erstellen | Um eigene Formen für Linien und Streifen zu erstellen, öffnen Sie die KONTURENSTILE, die Sie über das Bedienfeldmenü des Kontur-Bedienfelds oder über das Bedienfeldmenü des Steuerung-Bedienfelds aufrufen können.

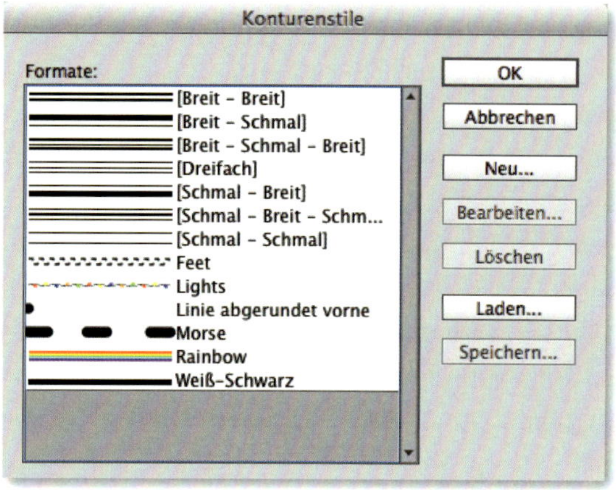

▲ **Abbildung 10.29**
Der Konturenstile-Editor. Konturen in eckigen Klammern sind Standardkonturen, die Sie nicht löschen können. Die Linie »Rainbow« erhalten Sie, wenn Sie eine neue Streifenkontur definieren und dieser den Namen »Rainbow« geben. »Feet« und »Lights« erhalten Sie, wenn Sie eine Strichkontur mit dem Namen »Feet« bzw. »Lights« anlegen.

Tabellenlinien
Wenn in einer Tabelle die senkrechten Linien nicht die horizontalen Linien berühren, sondern im Abstand von z. B. 1 mm enden sollen, können Sie einen Konturenstil weiß–schwarz–weiß anlegen und diesen auf die horizontalen Linien in einer etwas größeren Konturstärke anwenden.

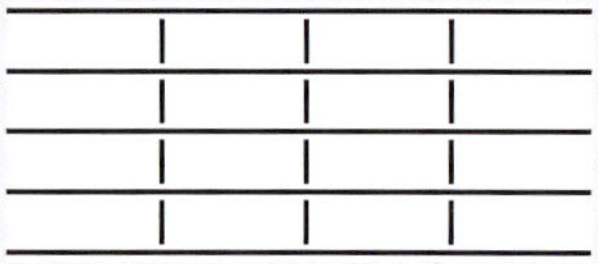

Über den Editor können Sie einen neuen Konturenstil erstellen, vorhandene BEARBEITEN oder LÖSCHEN bzw. ausgewählte Konturenstile SPEICHERN und diese dann in anderen Dokumenten wieder LADEN.

Drücken Sie NEU, um einen eigenen Konturenstil zu erstellen. Im eigentlichen Editor müssen Sie zuerst den Namen ❶ des Stils festlegen. Danach wählen Sie unter der Option ART ❷ aus, welche Art von Linie (GEPUNKTET, STRICH oder STREIFEN) Sie erstellen wollen. Je nach Typ unterscheiden sich die Eingabedialoge. Um eine benutzerdefinierte Streifen- oder eine Strich-Linienform zu erstellen, müssen Sie lediglich im Lineal die Randmarken ❸ (Anfang und Ende) bewegen. Das Ergebnis der Änderungen wird Ihnen permanent angezeigt.

Um beispielsweise eine zusätzliche Linie innerhalb des Streifens hinzuzufügen, müssen Sie nur im leeren Bereich des Lineals einen neuen Strich aufziehen. Bei STREIFEN und STRICH können Sie die Anfangs- und Endmarke ❹ auch numerisch eingeben. Bei den Linientypen GEPUNKTET und STRICH können Sie die LÄNGE DES MUSTERS ❼ darüber hinaus numerisch bestimmen. Zur permanenten Kontrolle steht Ihnen im Bereich VORSCHAU ❺ immer die aktualisierte Form der Kontur zur Begutachtung zur Verfügung.

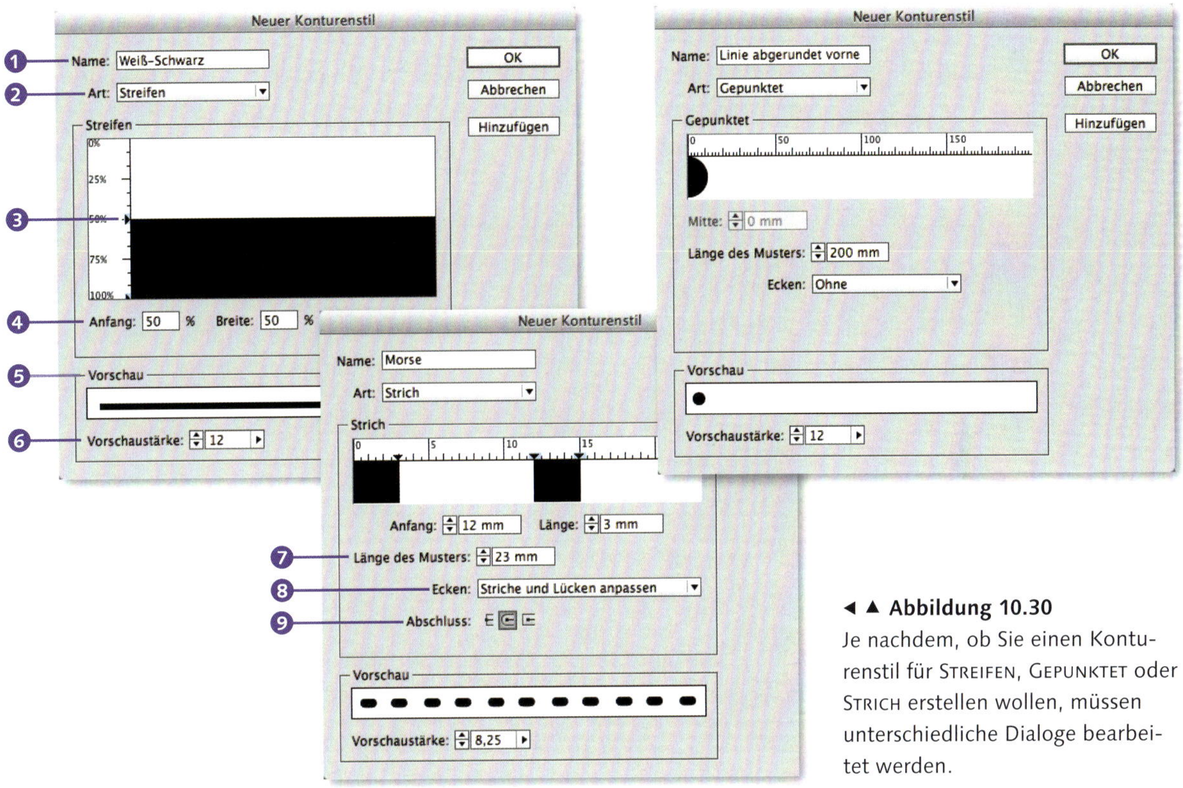

◀ ▲ **Abbildung 10.30**
Je nachdem, ob Sie einen Konturenstil für STREIFEN, GEPUNKTET oder STRICH erstellen wollen, müssen unterschiedliche Dialoge bearbeitet werden.

Mit der notwendigen VORSCHAUSTÄRKE ❻ können Sie sich darüber hinaus die Erscheinungsweise der Kontur in einer bestimmten Strich- bzw. Streifenstärke anzeigen lassen. Die Möglichkeit, ECKEN ❽ und ABSCHLUSS ❾ bei Linien zu definieren, rundet den Konturenstile-Editor ab.

Um eine Linie zu erstellen, die nur links abgerundet ist, müssen Sie die Werte aus dem Konturenstil LINIE ABGERUNDET VORNE in Abbildung 10.30 einstellen. Bedingt durch die große Länge des Musters wird nur zu Beginn der Linie ein Punkt gesetzt. Um eine Kontur zu erstellen, die nach außen hin eine weiße Kontur, gefolgt von einer schwarzen Linie, besitzt, müssen Sie die Werte aus dem Konturenstil WEISS-SCHWARZ aus Abbildung 10.30 einstellen.

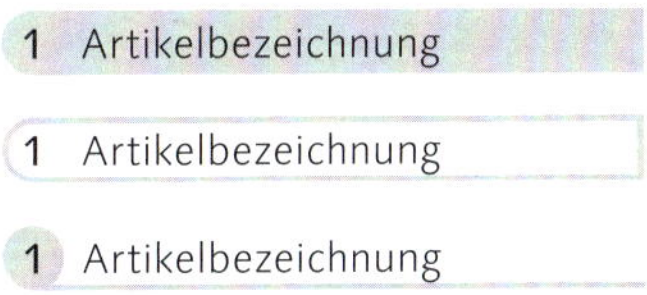

▲ **Abbildung 10.31**
Mögliche Absatzlinien, die durch Verwendung des Konturenstils LINIE ABGERUNDET VORNE aus Abbildung 10.30 erzeugt werden können. In Verbindung mit normalen Linien funktioniert dieser Konturenstil nicht. Verwenden Sie in diesem Fall die Option ABSCHLUSS des Kontur-Bedienfelds.

Konturenstile verwalten | Erstellte Linien und Streifen werden dann mit dem Dokument und in den Programmvorgaben – InDesign Defaults – abgespeichert. Wenn Sie diese zurücksetzen, werden auch definierte Konturenstile gelöscht. Also sichern Sie Ihre Kunstwerke in einer gesonderten Datei durch Drücken des Buttons Speichern. Die erzeugte Datei bekommt die Endung ».inst«.

Größe und Skalierung

- Größe des Objekts: Änderung der Größe des Auswahlrahmens.
- Skalierung: Eingabe in den Skalierungsfeldern des Steuerung-Bedienfelds bzw. dem Dialog des Skalieren-Werkzeugs und Größenänderung mit gedrückter [Strg]- bzw. [⌘]-Taste.

Pfade skalieren

Wie bei allen anderen Objekten auch (die ja letztlich von Pfaden umgeben sind) müssen Sie auch bei Pfaden mit sichtbaren Konturen unterscheiden, ob Sie die Größe des Objekts ändern oder das Objekt skalieren. Bei einer Skalierung wird die Stärke der Kontur mitskaliert, sofern die Option Konturstärke bei Skalieren anpassen aus dem Bedienfeldmenü der Steuerung-Palette aktiviert ist.

Ob die veränderte Konturstärke auch als numerischer Wert in den Eingabefeldern des Steuerung- bzw. Kontur-Bedienfelds sichtbar wird, hängt jedoch von den InDesign-Voreinstellungen für die Objektbearbeitung im Abschnitt Allgemein ab:

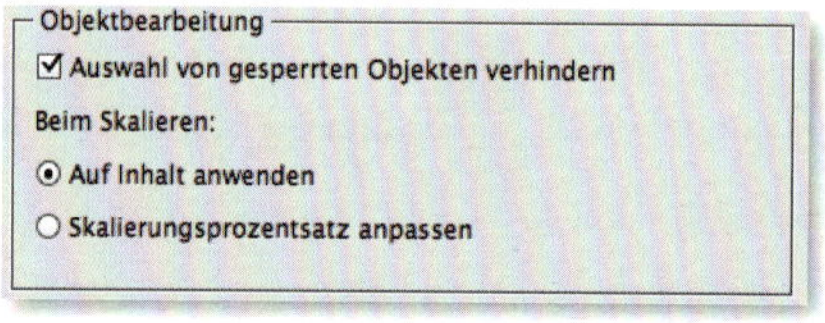

Abbildung 10.32 ▶
Voreinstellungen • Allgemein • Beim Skalieren: Diese Einstellungen beeinflussen, ob die Konturstärke eines Pfads in ihrer tatsächlichen Stärke oder skaliert angezeigt wird.

Die Einstellung Auf Inhalt anwenden unter Beim Skalieren bewirkt, dass eine 10 Pt starke Kontur, die um 100 % skaliert wurde, anschließend als 20 Pt stark mit einer Skalierung von 100 % angezeigt wird. Die Einstellung Skalierungsprozentsatz anpassen führt hingegen dazu, dass die Konturstärke weiterhin mit 10 Pt angegeben bleibt, jedoch mit einer Größe von 200 %.

Jede weitere Änderung an der Konturstärke wird in der Folge auf diese Skalierung zurückgerechnet, was zumeist sehr verwirrend ist. Wählen Sie in diesem Fall Skalierung als 100 % neu definieren aus dem Bedienfeldmenü des Steuerung-Bedienfelds, um die tatsächliche Stärke der Kontur anzeigen zu lassen.

10.3 Pfade, Rahmen und Objekte verschachteln

▲ **Abbildung 10.33**
Ein solches Signet besteht aus zwei verknüpften Pfaden, wobei das schwarze Quadrat ein simpler Rahmen ist, aus dem das Kleeblatt »ausgestanzt« wird.

Wie Sie bereits wissen, gibt es in Pfaden keine »Abzweigungen«; Sie können also keine Ankerpunkte erzeugen, in denen mehr als zwei Pfadsegmente münden. Trotzdem können Pfade aber miteinander kombiniert werden. Es ist allerdings sehr wichtig, zu verstehen, wie sich dabei die Eigenschaften der beteiligten Pfade verändern.

Pfade verknüpfen

Komplexe Formen können nicht in einem einzigen Pfad erstellt werden. Selbst simple Signets oder Ornamente sind schon aus mehreren Pfaden zusammengesetzt. Dabei ist es günstig, wenn die einzelnen Teilpfade bearbeitbar bleiben, aber trotzdem die gesamte Konstruktion wie ein einziges Objekt behandelt wird.

Wählen Sie zwei oder mehrere Pfade aus, und rufen Sie den Befehl Objekt • Pfade • Verknüpften Pfad erstellen auf, oder verwenden Sie das Tastenkürzel Strg+8 bzw. ⌘+8. Es entsteht nun ein neuer Pfad, der die Ausgangspfade als Teilpfade enthält.

Da aber ein übergeordneter einzelner Pfad entsteht, muss wiederum geklärt werden, welche Attribute die Pfadkontur und die Fläche haben sollen. InDesign geht dabei so vor, dass das Ergebnis alle Attribute von dem Objekt übernimmt, das am weitesten hinten liegt. Deshalb ist es wichtig, dass Sie die einzelnen Pfade zuerst in die richtige Reihenfolge bringen, bevor Sie sie verknüpfen.

Ein weiterer wichtiger Aspekt ist, dass InDesign beim erstmaligen Verknüpfen von Pfaden diese Pfade als »gegenläufig« betrachtet. Das bedeutet, dass Überlappungen automatisch entfernt werden, womit ein Signet wie in Abbildung 10.33 also tatsächlich ein Loch in Kleeblattform enthält. Pfade haben also eine Richtung, wie es sich für Vektoren eben gehört. Die Richtung des Pfads legt dabei fest, wie er mit anderen Pfaden interagiert. Die Pfadrichtung ist natürlich umkehrbar, wie wir Ihnen gleich zeigen werden.

Werden verknüpfte Pfade mit dem Menübefehl Objekt • Pfade • Verknüpften Pfad lösen wieder getrennt, übernehmen die einzelnen Teilpfade die Richtung des Gesamtpfads. Bevor Sie solche Pfade wieder verknüpfen, sollten Sie die Pfadrichtung also wieder ändern. Aber natürlich können Sie das auch im Nachhinein noch erledigen und so auch die Wechselwirkung vieler verknüpfter Pfade zueinander noch exakt kontrollieren.

Dreiecke
Dreiecke sind zwar simple grafische Formen, aber trotzdem schwierig zu zeichnen. Sie müssen allerdings nicht jedes Problem mit dem Zeichenstift lösen. Sie können jede Form, die eine Fläche belegt, über das Pathfinder-Bedienfeld in ein Dreieck umwandeln und sollten vor allem auch die Optionen des Polygon-Werkzeugs beachten (doppelklicken Sie auf das Werkzeug).

Even-Odd-Füllung
Das Prinzip der gegenläufigen Pfade kommt aus PostScript und wird dort *Even-Odd-Füllung* genannt. Die Zeichenrichtung von überlagernden Pfaden bestimmt, ob die eingeschlossene Fläche gefüllt oder nicht gefüllt ist.

Schritt für Schritt
Verknüpfte Pfade erstellen

Verknüpfte Pfade benötigen Sie sehr oft in der Logo- und Signetgestaltung – testen Sie die Wechselwirkung zwischen Pfaden anhand zweier simpler Formen.

Der farbige Hintergrund in unseren Abbildungen dient lediglich dazu, die Auswirkungen einer Pfadverknüpfung besser sichtbar zu machen. Er ist an der Verknüpfung selbst jedoch nicht beteiligt.

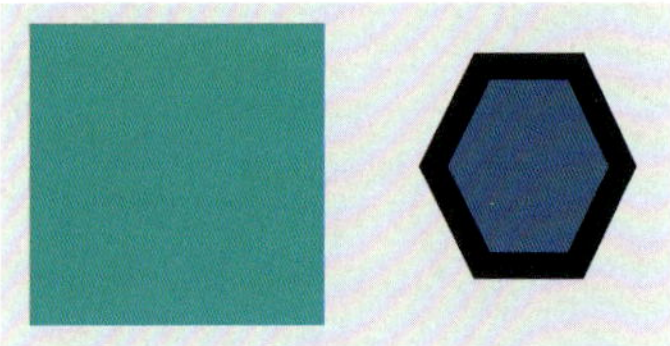

▲ **Abbildung 10.34**
Diese beiden Pfade werden verknüpft – die Eigenschaften des Polygons gehen dabei verloren.

▲ **Abbildung 10.35**
Die beiden Pfade sind gegenläufig. Deshalb spart das Polygon das Quadrat aus.

▲ **Abbildung 10.36**
Nach dem Lösen der Verknüpfung wird deutlich sichtbar, dass alle Teilpfade dieselben Eigenschaften haben.

▲ **Abbildung 10.37**
Die beiden Pfade sind wieder verknüpft, aber haben die gleiche Richtung.

1 Die beiden Teilpfade erstellen

Erstellen Sie zunächst ein Quadrat mit einer Kantenlänge von 20 mm, und füllen Sie es grün. Setzen Sie die Kontur auf 0 Pt. Als Nächstes erstellen Sie ein sechseckiges Polygon, füllen es blau und geben ihm eine innen liegende Kontur von 5 Pt. Stellen Sie die Dimensionen des Objektrahmens auf 15 × 15 mm. Wichtig ist hier lediglich, dass das kleine Objekt zur Gänze im großen Objekt liegen kann und dass sich die Eigenschaften der beiden Pfade deutlich unterscheiden.

2 Anordnung prüfen/korrigieren

Wenn Sie das kleine Polygon tatsächlich nach dem großen Quadrat erstellt haben, liegt es im Objektstapel bereits über dem großen Quadrat. Um sicherzugehen, wählen Sie das kleine Polygon aus und wählen anschließend Objekt • Anordnen • In den Vordergrund oder drücken ⇧+Strg+Ä bzw. ⇧+⌘+Ä.

3 Übereinanderlegen und beide Objekte auswählen

Legen Sie das kleine Polygon in das große Quadrat (die intelligenten Hilfslinien sind dabei eine große Hilfe), lassen Sie es selektiert, und wählen Sie das große Quadrat zusätzlich aus, indem Sie die ⇧-Taste drücken und auf das große Quadrat klicken.

4 Verknüpften Pfad erstellen

Wählen Sie Objekt • Pfade • Verknüpften Pfad erstellen, oder drücken Sie Strg+8 bzw. ⌘+8. Wie Sie sehen, spart das Polygon nun das Quadrat aus und übernimmt alle Eigenschaften vom unten liegenden Quadrat (Abbildung 10.35). Da die beiden Pfade nun als ein Pfad behandelt werden, können sie logischerweise keine unterschiedlichen Eigenschaften mehr haben. Vergewissern Sie sich, dass der Innenraum der neuen Form nun wirklich transparent ist.

5 Verknüpfung aufheben

Heben Sie die Verknüpfung wieder auf, indem Sie den Pfad auswählen und den Befehl Objekt • Pfade • Verknüpften Pfad lösen aufrufen oder das Tastenkürzel Strg+Alt+⇧+8 bzw. ⌘+⌥+⇧+8 verwenden. Nun werden Sie feststellen, dass das Polygon wirklich alle Eigenschaften des großen Quadrats übernommen hat (Abbildung 10.36).

6 Polygon verschieben und neu verknüpfen

Ziehen Sie das kleine Polygon so auf die rechte Kante des großen Quadrats, dass sich die beiden überlappen, und erstellen Sie aus den beiden Pfaden einen neuen verknüpften Pfad.

7 Teilpfad auswählen und umkehren

Wählen Sie nun mit dem Direktauswahl-Werkzeug das kleine Polygon aus. Sie können sehen, dass beide Teilpfade in der Gesamtform existieren. Wählen Sie einen einzelnen Punkt der Kontur des Polygons aus, um sicherzustellen, dass der richtige Pfad ausgewählt ist.

Wählen Sie den Menübefehl OBJEKT • PFADE • PFAD UMKEHREN. Die Überlappung wird nun wieder aus der Form entfernt. Dabei bleiben beide Pfade natürlich wieder erhalten.

▲ **Abbildung 10.38**
Nachdem die Richtung des Polygons umgekehrt wurde, spart der überlappende Bereich das Quadrat wieder aus.

Wenn Sie eine Schrift in einen Pfad umwandeln (dazu folgt später in Abschnitt 16.2, »Texte und Pfade«, ab Seite 587, mehr), werden die Öffnungen mancher Buchstaben über verknüpfte Pfade umgesetzt. Sie brauchen verknüpfte Pfade auch dann, wenn Sie getrennte Formen mit einem zusammenhängenden Inhalt füllen möchten. Nomale Farb- oder Verlaufsfüllungen sind dabei kein Problem – dazu reicht es aus, wenn Sie die beteiligten Objekte gruppieren. Für eine Füllung, z. B. mit einem Pixelbild, müssen Sie die Pfade jedoch verknüpfen.

▲ **Abbildung 10.39**
Auch Objekte, die sich nicht berühren, kann man verknüpfen und dann auch mit einem Bild füllen.

Pathfinder

Oft will man komplexe Pfade erstellen, ohne ihre Einzelteile zu erhalten. So können Sie Teile aus Pfaden ausstanzen und die neue Form wieder als eigenständigen Pfad bearbeiten. Auf diese Weise verschmolzene Pfade verändern in der Regel ihre Form und gehen so verloren.

Die nötigen Befehle finden Sie einerseits im Pathfinder-Bedienfeld, das Sie im Menü FENSTER • OBJEKT UND LAYOUT aufrufen können, und andererseits im Menü OBJEKT • PATHFINDER mit insgesamt fünf Menübefehlen, die den fünf oberen Schaltflächen des Pathfinder-Bedienfelds entsprechen.

Das Pathfinder-Bedienfeld ist in vier Funktionsgruppen aufgeteilt – beginnen wir mit den Funktionen, die Ihnen bereits bekannt sind:

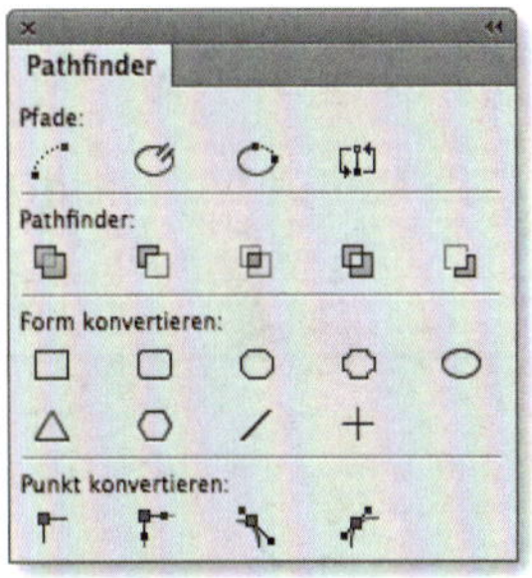

▲ **Abbildung 10.40**
Das Pathfinder-Bedienfeld wurde bisher in fast jeder neuen Version von InDesign umgebaut. Seit InDesign CS5 blieb es aber unverändert und enthält nun fast alle pfadbezogenen Funktionen aus dem Menü OBJEKT in Form von Schaltflächen.

Pfade | Die vier Funktionen sind alte Bekannte (siehe Seite 377), die hier über Icons dargestellt und sehr schnell aufzurufen sind: PFAD VERBINDEN, PFAD ÖFFNEN, PFAD SCHLIESSEN und PFAD UMKEHREN.

Punkt konvertieren | Auch die vier Funktionen EINFACHER ECKPUNKT, ECKPUNKT, KURVENPUNKT und SYMMETRISCHER KURVENPUNKT sind Ihnen bereits bekannt – schlagen Sie nötigenfalls auf Seite 377 nach.

Eckenoptionen in Pfad umwandeln

Wenn Sie ein Objekt mit darauf angewendeten Eckenoptionen in einen bearbeitbaren Pfad umwandeln wollen, wählen Sie das Objekt aus und klicken auf Pfad schliessen im Pathfinder-Bedienfeld. Oder wählen Sie den gleichnamigen Befehl aus dem Menü Objekt • Pfade: InDesign wandelt dann den Effekt in einen normalen InDesign-Pfad um.

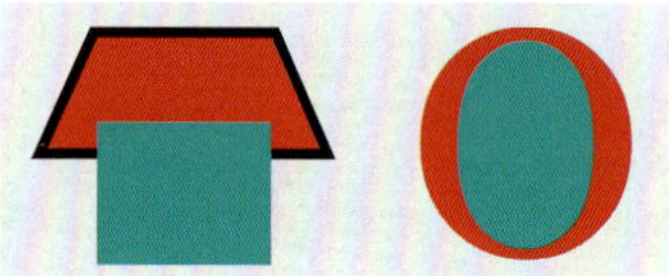

▲ **Abbildung 10.41**
Die Ausgangsform für die verschiedenen Pathfinder-Funktionen. Auch hier dient der farbige Hintergrund lediglich dazu, die Auswirkungen der Funktionen besser sichtbar zu machen.

▲ **Abbildung 10.42**
Die Pathfinder-Funktionen Addieren, Subtrahieren und Schnittmenge bilden

Form konvertieren | Im dritten Bereich des Pathfinder-Bedienfelds können Sie mit einem einzigen Klick sämtliche Transformationen für Pfadformen aus Objekt • Form konvertieren aufrufen (wir verwenden die Namen der Menübefehle): Rechteck, Abgerundetes Rechteck, Rechteck mit abgeflachten Ecken, Rechteck mit nach innen gewölbten Ecken, Ellipse, Dreieck, Polygon, Linie und Rechtwinklige Linie.

Die durch diese Funktionen entstehenden Formen entsprechen den Formen, die durch Objekt • Eckenoptionen erzeugt werden. Sie sind also über einen Effekt beschrieben, der auf einen Pfad angewendet wird und lediglich das Aussehen verändert, aber nicht den Pfad. Die drei Funktionen, die abgerundete, abgeflachte und gewölbte Ecken erzeugen, greifen dabei auch auf die aktuellen Einstellungen der Eckenoptionen zu.

Pathfinder | Im zweiten Bereich des Bedienfelds finden Sie die Funktionen aus dem Menü Objekt • Pathfinder, die sich geringfügig anders verhalten, wenn Sie sie auf Pfade anwenden, die sich vollständig überlappen, als bei Pfaden, die sich nur teilweise überlappen. Das Endergebnis ist immer dasselbe, aber die Art, in der die modifizierten Pfade vorliegen, kann sich unterscheiden.

Wir gehen in der folgenden Aufstellung von den beiden Formen in Abbildung 10.41 aus, wobei jede Funktion auf die beiden Formen getrennt angewendet wird. In der Randspalte finden Sie neben der Beschreibung der Funktion das jeweilige Ergebnis.

- Addieren: Der Umriss der beiden Pfade wird zu einem Pfad ausgeweitet, der als zusammenhängende Form vorliegt. Der resultierende Pfad übernimmt die Eigenschaften des oben liegenden Pfads.
- Subtrahieren: Der überlappende Teil des oben liegenden Pfads wird aus dem unten liegenden Pfad ausgestanzt. Das Ergebnis übernimmt die Eigenschaften des unteren Pfads. Bei Objekten, die sich vollständig überlappen, entsteht ein verknüpfter Pfad, den Sie auch wieder lösen können.
- Schnittmenge bilden: Aus beiden Pfaden werden alle Bereiche entfernt, die sich nicht überlappen. Der resultierende Pfad übernimmt die Eigenschaften des oben liegenden Pfads. Bei zwei Objekten, die sich vollständig überlappen, verschwindet dadurch einfach das größe Objekt.
- Überlappung ausschliessen: Aus beiden Pfaden werden alle Bereiche entfernt, die sich überlappen. Dies entspricht der normalen Funktion Objekt • Pfade • Verknüpften Pfad erstellen. Allerdings übernimmt hier im Gegensatz dazu der resultierende Pfad die Eigen-

schaften des oben liegenden Pfads. Die beiden Objekte müssen sich wirklich überlappen, damit die PATHFINDER-Funktion funktioniert, was für einen verknüpften Pfad keine Voraussetzung ist.

- HINTERES OBJEKT ABZIEHEN: Der unten liegende Pfad wird zur Gänze entfernt. Zusätzlich werden alle Überlappungen gelöscht. Bei einem oben liegenden Pfad, der zur Gänze im unteren Pfad liegt, kann das natürlich nicht funktionieren – Sie werden mit der Warnung »Der Vorgang konnte nicht abgeschlossen werden. Das Pathfinder-Ergebnis beschreibt einen leeren Bereich.« informiert, und die Pfade werden nicht angetastet.

▲ **Abbildung 10.43**
Die Pathfinder-Funktionen ÜBERLAPPUNG AUSSCHLIESSEN und HINTERES OBJEKT ABZIEHEN

Skripte und Eckenoptionen
Eine weitere Möglichkeit, um verschiedene grafische Formen aus und mit Pfaden zu erstellen, hält InDesign mit einigen Skripten für Sie bereit – siehe Kapitel 40, »Skripte«.
Bitte beachten Sie auch Kapitel 6, »Rahmen erstellen und ändern«, und die Beschreibung der Eckenoptionen ab Seite 220.

Schritt für Schritt
Pathfinder anwenden

Die Pathfinder-Funktionen werden häufig in der Logo- und Signet-Gestaltung verwendet oder auch für optische Effekte, wie in folgendem Beispiel.

1 Schriftzug erstellen
Erstellen Sie einen großen, fetten Schriftzug, und färben Sie ihn ein. Die Farbe der Schrift wird bei den folgenden Transformationen in das Ergebnis einfließen.

2 Schrift in Pfade umwandeln
Wählen Sie den Textrahmen aus (nicht die Schrift!), und wählen Sie SCHRIFT • IN PFADE UMWANDELN. Diese Funktion werden wir auf Seite 589 noch ausführlich behandeln – wir wenden sie an dieser Stelle schon einmal an.

3 Eine zweite Form anlegen
Stellen Sie eine gefüllte Fläche hinter das Ergebnis, sodass sie in etwa die untere Hälfte der Schrift überlagert. Die Art der Füllung ist egal, da sie im nächsten Schritt ohnehin verloren gehen wird; sie dient hier nur der besseren Sichtbarkeit beim Positionieren der Fläche.

◄ **Abbildung 10.44**
Achten Sie darauf, dass die Oberkante der Fläche die Querstriche der Schrift etwa halbiert.

4 Überlappung ausschließen
Wählen Sie beide Objekte aus, und klicken Sie im Pathfinder-Bedienfeld auf die Funktion ÜBERLAPPUNG AUSSCHLIESSEN.

Abbildung 10.45 ▶
Es entsteht ein verknüpfter Pfad, deshalb übernimmt das Ergebnis die Eigenschaften der Schrift.

Als Ergebnis liegt nun ein verknüpfter Pfad vor. Aus der Fläche sind die überlappenden Anteile der Schrift ausgespart worden, und die Reste der Schrift haben die Füllung der Fläche übernommen. Der Pfad sollte ausgewählt sein.

5 Verknüpfte Pfade lösen und füllen
Wählen Sie nun PFADE • VERKNÜPFTEN PFAD LÖSEN aus dem Menü OBJEKT.

Abbildung 10.46 ▶
Die getrennten Pfade können beliebig bearbeitet werden, sollten dann aber zumindest gruppiert werden.

Die einzelnen Komponenten erscheinen nun in ihren eigenen Objektrahmen. Die Einzelteile der Schrift können jetzt einzeln oder als Gruppe ausgewählt und beliebig gefüllt werden. Die Punzen (Innenräume von Zeichen wie e oder o), die bei dieser Operation nicht geteilt wurden, müssen Sie dabei gesondert behandeln.

Sie können die Zeichen mit Punzen z.B. wieder mit ihren Punzen in verbundene Pfade umwandeln, müssen dann aber die Pfadrichtung der innen liegenden Pfade umkehren, damit sie ausgespart werden.

Wenn Sie Objekte mit und ohne Eckeneffekte über PATHFINDER-Funktionen verknüpfen, werden die Effekte in den resultierenden Pfad hineingerechnet. Der Effekt an sich geht also verloren; die Darstellung wird erhalten. Dafür fügt InDesign automatisch zusätzliche Ankerpunkte in das Ergebnis ein.

Objekte in die Auswahl einfügen

Bei vielen grafischen Aufgabenstellungen ist es notwendig, verschiedene Komponenten in eine bestimmte Form einzusetzen und somit zu beschneiden. Illustrator-Anwender verwenden hierzu »Schnittmasken«. InDesign beherrscht diese Disziplin natürlich auch, und wir werden Ihnen im Folgenden zeigen, wie Sie solche Konstruktionen erstellen und bearbeiten können. Das Ziel ist es, den Lageplan aus Abbildung 10.47 zu erstellen.

Digitale Veröffentlichung
Sie werden diese Technik benötigen, wenn Sie für den Bereich DIGITALE VERÖFFENTLICHUNG in einer Folio-Datei durchlaufbare Rahmen erstellen wollen.

Schritt für Schritt
In die Auswahl einfügen

Der Lageplan besteht aus mehreren Komponenten. Zum einen wäre hier die Straßenkarte, die von einer Vorlage aus simplen, eingefärbten Flächen nachgezeichnet wurde. Die gelbe Hauptverkehrsstraße wird zusätzlich mit einer Kontur dargestellt. Da sie im Plan an mehreren Stellen offen ist, ragt sie in der Rohzeichnung über das Endformat hinaus und muss also beschnitten werden.

Sie finden das folgende Beispiel auf der Buch-DVD unter Beispielmaterial • Kapitel_10 • Lageplan.

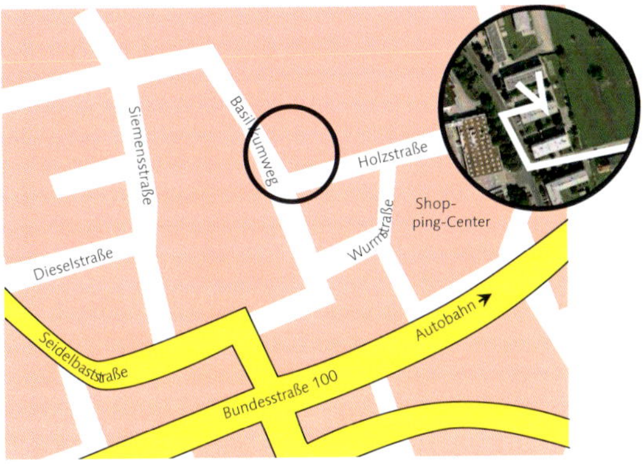

◀ **Abbildung 10.47**
Ein solcher Lageplan besteht aus Pfaden, Schrift und Pixelbildern, die allesamt von anderen Pfaden beschnitten sind.

Diese Beschneidung begrenzt dabei mehrere Pfade und gleichzeitig die Beschriftung der Straße. Die Detaildarstellung als Pixelbild, kombiniert mit einem Pfad als Wegbeschreibung, wird von einem Kreis beschnitten, der Pixelbild und Pfad enthalten muss. Beide Grafiken können dann ganz normal – zusammen mit der Markierung der Detailansicht – montiert werden.

1 Rohmaterial vorbereiten
Erstellen Sie zunächst die Straßenkarte aus einfachen, gefüllten Flächen. Die Straßenzüge ergeben sich aus den Abständen zwischen diesen Flächen. Lediglich der Hauptverkehrsweg wird als eigenständige Form über die Karte gelegt. Wie Sie in Abbildung 10.46 sehen, können Sie in den Randbereichen recht ungenau sein, da diese ohnehin beschnitten werden. Fügen Sie die Straßenbeschriftung hinzu.

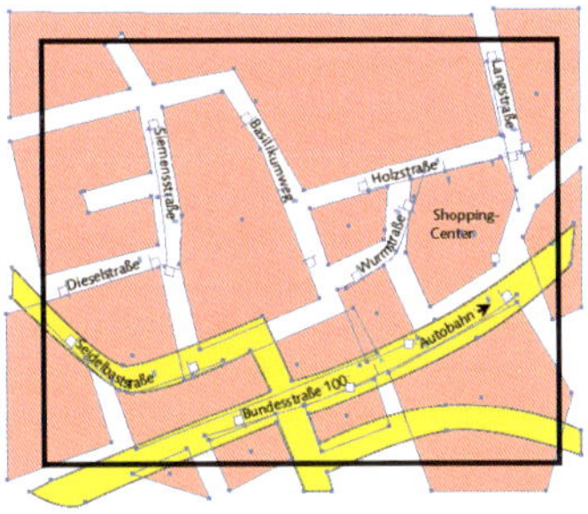

▲ **Abbildung 10.48**
Die Rohversion des Plans ist in den Randbereichen recht ungenau, weil die Ränder ohnehin beschnitten werden. Das gewünschte Endformat ist zur Orientierung eingezeichnet.

2 Beschneidung vorbereiten
Legen Sie den Rahmen fest, der den Lageplan begrenzen soll. Wählen Sie dann alle Komponenten der Straßenkarte aus, und gruppieren Sie sie. Dieser Schritt stellt sicher, dass Sie alle Komponenten in das Rechteck einsetzen können. Sobald mehr als ein Objekt in eine Form eingesetzt werden soll, müssen die Objekte gruppiert werden!

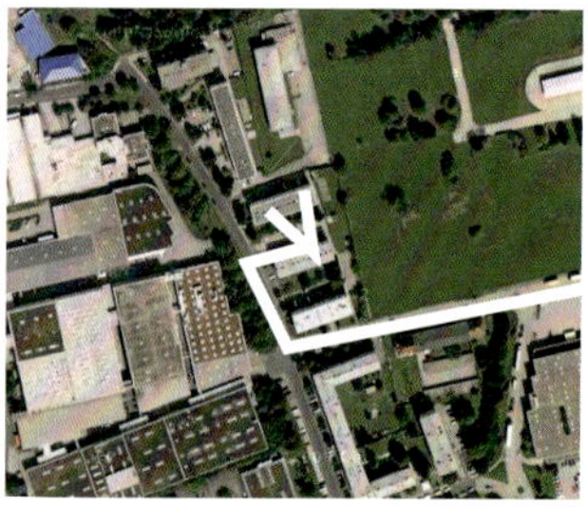

▲ **Abbildung 10.49**
Die Pixelbild-Detailansicht wird mit einem Pfad versehen (oben) und in einen Kreis eingesetzt (unten).

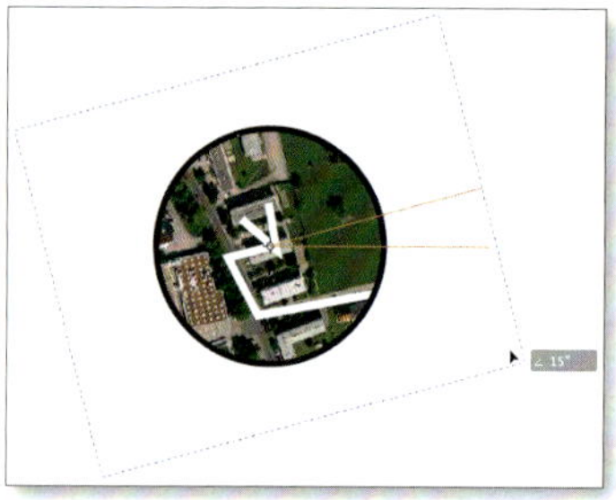

▲ **Abbildung 10.50**
Auch Objekte und Objektgruppen, die in ein anderes Objekt eingesetzt wurden, können noch bearbeitet werden.

3 In die Auswahl einfügen

Kopieren Sie nun die Objektgruppe des Straßenplans, oder schneiden Sie sie aus. Wählen Sie den Rahmen aus, und rufen Sie In die Auswahl einfügen aus dem Menü Bearbeiten auf. Die Objektgruppe erscheint nun im Rahmen und wird von dessen Kontur begrenzt (in unserem Fall ist diese aber 0 Pt stark).

4 Detailansicht erstellen

Platzieren Sie das Bild mit der Detailansicht, und fügen Sie einen Pfad hinzu, der die Zufahrt beschreibt. Gruppieren Sie auch diese beiden Komponenten. Erstellen Sie einen Kreis, der die Detailansicht aufnehmen soll, und setzen Sie die Detailansicht-Gruppe so in diesen Kreis ein, wie in Schritt 3 beschrieben.

5 Einzelteile montieren

Sie können nun die Einzelteile des Lageplans in die richtigen Positionen bringen, wie z. B. in Abbildung 10.47 zu sehen ist. Möglicherweise müssen Sie nun einige Korrekturen vornehmen.

6 Detailansicht korrigieren

Wenn die Orientierung der Detailansicht noch nicht zur Karte bzw. zum Straßenverlauf passt, markieren Sie sie, und klicken Sie auf Inhalt auswählen im Steuerung-Bedienfeld. Dadurch wird die Objektgruppe im Kreis ausgewählt und kann bearbeitet werden. Wählen Sie das Drehen-Werkzeug und einen Rotationspunkt, und drehen Sie den Inhalt des Kreises in die gewünschte Position. Nun können Sie die Montage endgültig abschließen, indem Sie alle Komponenten gruppieren und an ihrem Bestimmungsort absetzen.

Objektgruppen, die in andere Objekte eingesetzt wurden, bleiben natürlich Objektgruppen und können (wie Sie im letzten Schritt gesehen haben) innerhalb der Gruppe ausgewählt und wie gewohnt bearbeitet werden – schlagen Sie im Zweifelsfall in Abschnitt 6.9, »Objektgruppen«, auf Seite 241 nach.

Kapitel 11
Effekte

Licht aus, Spot an: Deckkraft reduzieren, Farben miteinander negativ multiplizieren, Rahmen mit weichen Kanten und Schattenwürfen versehen – das sind Grafikern und Layoutern bekannte Funktionen, die sie aus Adobe Photoshop kennen. InDesign-Anwender wenden diese Effekte über das Effekte-Bedienfeld an und weisen sie dem ausgewählten Objekt zu.

11.1 Hinzufügen von Transparenzeffekten

In der Erstellung und der Ausgabe von Transparenzen liegt der offensichtlichste Unterschied zwischen InDesign und den anderen Layoutprogrammen. InDesign bietet eine breite Palette an Funktionen an, die so mancher Anwender gar nicht als Transparenzen zu erkennen vermag.

Mit dem Effekte-Bedienfeld können Sie über die Optionen DECKKRAFT und FÜLLMETHODE Transparenzen festlegen, und zwar für das gesamte Objekt bzw. die Objektgruppe oder für die jeweilige KONTUR, FLÄCHE, für den TEXT und die GRAFIK des Objekts. Auch das Isolieren von Füllmethoden für bestimmte Gruppen und das Aussparen von Objekten in Bezug auf Transparenzen nehmen Sie damit vor.

Wenn Sie mehrere Objekte über den Befehl OBJEKT • GRUPPIEREN zu einer Gruppe zusammenfassen, gilt ein angewandter Effekt immer gleichermaßen für alle Objekte in der Gruppe. Wenn Sie einen Effekt nur auf ein Objekt der Gruppe anwenden möchten, so müssen Sie das Objekt zuvor mit dem Auswahl- oder Direktauswahl-Werkzeug markieren.

In InDesign wird zwischen einer einfachen Transparenz und einem Effekt unterschieden. Zu den einfachen Transparenzen zählen DECKKRAFT und FÜLLMETHODE. Sobald ein Schlagschatten, eine weiche Kante oder andere Methoden verwendet werden, handelt es sich um einen erweiterten Effekt. Die Unterscheidung ist für das Entfernen eines Effekts entscheidend.

Effekte sind Transparenzen
Beachten Sie beim Anwenden von Effekten immer, dass jeglicher Effekt eine Transparenz erzeugt! Was Sie unter einer Transparenz verstehen und worauf Sie bei Transparenzen für die Ausgabe Rücksicht nehmen sollten, erfahren Sie in Kapitel 24, »Transparenzen und Transparenzausgabe«, auf Seite 773.

▲ **Abbildung 11.1**
Das Erstellen eines Aufhellers im Hintergrund eines Textrahmens ist eine einfache Angelegenheit für InDesign.

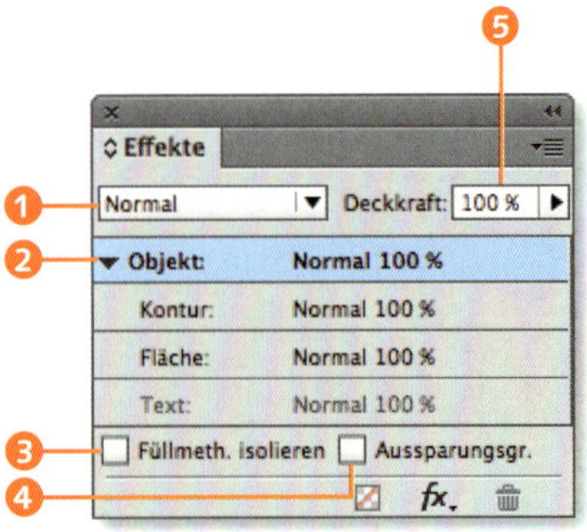

▲ **Abbildung 11.2**
Die Darstellung im Effekte-Bedienfeld bei ausgewähltem Textrahmen

Effekte einstellen
Neben dem Effekte-Bedienfeld und der Möglichkeit, im Steuerung-Bedienfeld den Einstellungsdialog der Effekte aufzurufen, können Sie auch über den Menübefehl OBJEKT • EFFEKTE auf Effekte zugreifen.

▲ **Abbildung 11.3**
Ein Bild mit der Füllmethode NORMAL steht auf dem Orangeverlauf.

▲ **Abbildung 11.4**
Ein Bild, versehen mit der Füllmethode MULTIPLIZIEREN, steht auf einem Orangeverlauf.

Das Effekte-Bedienfeld

Öffnen Sie das Effekte-Bedienfeld über das Menü FENSTER • EFFEKTE, oder drücken Sie [Strg]+[⇧]+[F10] bzw. [⌘]+[⇧]+[F10]. Sie können das Bedienfeld auch öffnen, indem Sie auf das Symbol [fx] in der Bedienfeldleiste klicken.

Markieren Sie zum Anwenden eines Effekts das Objekt mit dem Auswahl- oder Direktauswahl-Werkzeug. Wählen Sie OBJEKT ②, wenn sich die Einstellungen auf das gesamte OBJEKT – KONTUR, FLÄCHE und TEXT – auswirken sollen. Wollen Sie jedoch bestimmte Einstellungen nur auf einen Teil wirken lassen, so aktivieren Sie den entsprechenden Eintrag im Bedienfeld. Wenn Sie das Effekte-Bedienfeld nicht so wie in Abbildung 11.2 vorfinden, müssen Sie nur auf den Pfeil ▶ vor dem Eintrag OBJEKT klicken. Sofort haben Sie Zugriff auf alle Eigenschaften des Objekts. Fehlt in der Abbildung die letzte Zeile mit den Optionen FÜLLMETH. ISOLIEREN ③ und AUSSPARUNGSGR. ④, so müssen Sie darüber hinaus die Option OPTIONEN EINBLENDEN im Bedienfeldmenü auswählen. Nehmen Sie dann im Bedienfeld die gewünschten Einstellungen vor.

Füllmethode ① | Hinter jeder Füllmethode *(blend method)* steht eine definierte Verrechnungsmethode *(blend function)*. Die Verrechnung erfolgt dabei zwischen Vordergrundfarbe *(C_s = source color)* und der Hintergrundfarbe *(C_b = background color)*. Das Ergebnis ist die Ergebnisfarbe *(C_r = result color)*. Die Variablen c_r, c_b und c_s in der Funktion beschreiben die korrespondierenden Werte zu den Farben C_r, C_b und C_s, in addierender Form ausgedrückt. Wie aus Abbildung 11.2 ersichtlich, können Füllmethoden auf ganze Objekte bzw. auf deren Einzelteile angewandt werden.

- Mit NORMAL wird keine Wechselwirkung zwischen Hintergrund- und Vordergrundfarbe zugelassen. Die Vordergrundfarbe wird gegenüber der Hintergrundfarbe ausgespart. Die Ausgangssituation, das Gebäude ist auf einem Orangeverlauf platziert, können Sie in Abbildung 11.3 sehen.
  $B(c_b, c_s) = c_s$
- Bei MULTIPLIZIEREN *(multiply)* wird die Vordergrundfarbe mit der Hintergrundfarbe multipliziert. Das Ergebnis ist immer eine dunklere Farbe. Wird die Farbe mit Schwarz multipliziert, so wird die Farbe schwarz, bei Weiß wird die Farbe des Objekts nicht verändert.
  $B(c_b, c_s) = c_b \times c_s$
  Der Effekt MULTIPLIZIEREN eignet sich zur Anwendung bei Schlagschatten – dieser muss zur korrekten Darstellung mit dem Hintergrund verrechnet werden –, oder um ein Graustufen- oder Farbbild mit farbigem Untergrund zu verbinden (siehe Abbildung 11.4).

- Im Unterschied zu MULTIPLIZIEREN werden bei NEGATIV MULTIPLIZIEREN *(screen)* die Komplementärfarben miteinander multipliziert. Somit entsteht immer eine hellere Farbe, womit Glüheffekte oder Effekte für Lichter erzeugt werden können (siehe Abbildung 11.5).
  $B(c_b, c_s) = 1 - [(1-c_b) \times (1-c_s)]$
  Weiße Flächen mit 50%iger Deckkraft und dieser Füllmethode werden zum Aufhellen von Bildern verwendet.
- INEINANDERKOPIEREN *(overlay)* bewirkt, dass die Vordergrundfarbe je nach Hintergrundfarbe multipliziert oder negativ multipliziert wird. Durch das Mischen mit der Vordergrundfarbe bleiben der Helligkeitsgrad der Ursprungsfarbe, die Spitzlichter und die Schatten der Hintergrundfarbe erhalten. Das Ergebnis von INEINANDERKOPIEREN in Abbildung 11.6 ist eine Mischung aus Abbildung 11.4 und 11.5.
- Mit WEICHES LICHT *(softlight)* werden Farbwerte entweder MULTIPLIZIERT oder NEGATIV MULTIPLIZIERT. Ist die Vordergrundfarbe heller als 50%, so wird die Hintergrundfarbe aufgehellt, und zwar so, als wenn farbig abgewedelt wäre. Ist jedoch die Vordergrundfarbe dunkler als 50%, so wird die Hintergrundfarbe abgedunkelt, und zwar so, als wäre farbig nachbelichtet worden. Die Wirkung entspricht dem Anstrahlen eines Objekts mit diffusem Scheinwerferlicht (siehe Abbildung 11.7).
- Mit HARTES LICHT *(hardlight)* erzielen Sie den umgekehrten Effekt. Alles, was zuvor für die Füllmethode WEICHES LICHT gesagt wurde, dreht sich hier um. Die Wirkung entspricht dabei dem Anstrahlen von Objekten mit einem grellen Scheinwerferlicht. Das Beispiel zu dieser Füllmethode finden Sie in Abbildung 11.8.
- Mit FARBIG ABWEDELN wird die Hintergrundfarbe aufgehellt, um die Vordergrundfarbe darin zu reflektieren. Das Beispiel zu dieser Füllmethode finden Sie in Abbildung 11.9 (oberer Bildteil). Ist ein Farbwert Schwarz, so wird keine Verrechnung durchgeführt. Damit wird die Angleichungsfarbe gegenüber der Hintergrundfarbe aufgehellt.
- Mit FARBIG NACHBELICHTEN wird die Hintergrundfarbe abgedunkelt, um die Vordergrundfarbe darin zu reflektieren. Das Beispiel dazu finden Sie in Abbildung 11.9 (unterer Bildteil).
- Mit der Füllmethode ABDUNKELN *(darken)* werden Hintergrundfarben durch die Vordergrundfarben ersetzt, wenn die Hintergrundfarbe dunkler ist als die Vordergrundfarbe.
  $B(c_b, c_s) = \min(c_b, c_s)$
  Verwenden Sie diese Füllmethode, wenn von zwei übereinanderliegenden Bildern die hellen Bildstellen durch das Hintergrundbild und die dunklen Bildstellen durch das Vordergrundbild gezeichnet werden sollen (siehe dazu das Beispiel in Abbildung 11.10 auf Seite 400).

▲ **Abbildung 11.5**
Angewandte Füllmethode NEGATIV MULTIPLIZIEREN

▲ **Abbildung 11.6**
Angewandte Füllmethode INEINANDERKOPIEREN

▲ **Abbildung 11.7**
Angewandte Füllmethode WEICHES LICHT

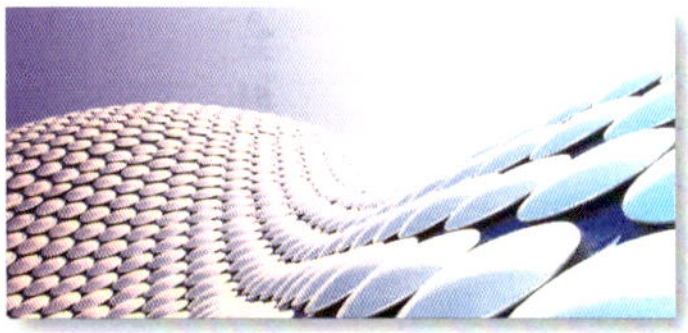

▲ **Abbildung 11.8**
Angewandte Füllmethode HARTES LICHT

▲ **Abbildung 11.9**
Angewandte Füllmethoden FARBIG ABWEDELN (OBEN) und FARBIG NACHBELICHTEN (unten)

▲ **Abbildung 11.10**
Angewandte Füllmethode ABDUNKELN

▲ **Abbildung 11.11**
Angewandte Füllmethode AUFHELLEN

▲ **Abbildung 11.12**
Angewandte Füllmethoden DIFFERENZ (OBEN) und AUSSCHLUSS (unten)

▲ **Abbildung 11.13**
Mit der Füllmethode FARBTON

- Mit der Füllmethode AUFHELLEN *(lighten)* werden Hintergrundfarben durch die Vordergrundfarben ersetzt, wenn die Hintergrundfarbe heller ist als die Vordergrundfarbe. Das Beispiel dazu finden Sie in Abbildung 11.11.
  $B(c_b, c_s) = max(c_b, c_s)$
- Beim Einsatz der Füllmethode DIFFERENZ *(difference)* werden die dunkleren Farbwerte von den einzelnen helleren Farben subtrahiert (siehe Abbildung 11.12, oberer Bildteil). Wäre ein Graustufenbild platziert, so würde dies ein schwarzes Bild ergeben, da dabei nur mit Helligkeitswerten eine Berechnung durchgeführt wird.
- Beim Einsatz der Füllmethode AUSSCHLUSS *(exclusion)* wird derselbe Effekt wie bei DIFFERENZ erzeugt, jedoch werden hier nicht so starke Kontraste erzeugt (siehe Abbildung 11.12, unterer Bildteil).
- Beim Einsatz der Füllmethode FARBTON *(hue)* werden Farbwerte erzeugt, die den Farbton der Vordergrundfarbe und die Sättigung bzw. Luminanz der Hintergrundfarbe besitzen. In unserem Beispiel würde somit der Verlauf aus dem Hintergrundobjekt in der Farbe des Vordergrundbildes erzeugt werden (siehe Abbildung 11.13).
- Beim Einsatz der Füllmethode SÄTTIGUNG *(saturation)* werden Farbwerte erzeugt, die die Sättigung der Vordergrundfarbe und den Farbton bzw. die Luminanz der Hintergrundfarbe besitzen. In unserem Beispiel wird der Verlauf aus dem Hintergrundobjekt durch das Bild im Vordergrundobjekt ersetzen (siehe Abbildung 11.14).
- Beim Einsatz der Füllmethode FARBE *(color)* werden Farbwerte erzeugt, die den Farbton und die Sättigung der Vordergrundfarbe und die Luminanz der Hintergrundfarbe besitzen. Unser Beispiel ergibt ein ähnliches Bild wie bei der Füllmethode FARBTON, jedoch nicht so kontrastreich (siehe Abbildung 11.15).
- Beim Einsatz der Füllmethode LUMINANZ *(luminosity)* werden Farbwerte erzeugt, die die Luminanz der Vordergrundfarbe und den Farbton und die Sättigung der Hintergrundfarbe besitzen. In unserem Beispiel bleiben die Helligkeitsunterschiede des Vordergrundbildes erhalten, und der Farbton für das Bild stammt aus dem Hintergrundbild (siehe Abbildung 11.16).

▲ **Abbildung 11.14**
Mit der Füllmethode SÄTTIGUNG

▲ **Abbildung 11.15**
Mit der Füllmethode FARBE

▲ **Abbildung 11.16**
Mit der Füllmethode LUMINANZ

Deckkraft ❺ | Geben Sie die Deckkraft in Prozent ein, mit der Sie Objekte oder Füllmethoden in die darunterliegenden Objekte einrechnen wollen. Je niedriger der Prozentsatz ist, desto deutlicher wird das darunterliegende Objekt sichtbar.

▲ **Abbildung 11.17**
Die Füllmethode der Kreise wirkt sich auf die Objekte in der Gruppe und nicht auf den Hintergrund aus – aktivierte Option Füllmethode isolieren.

Füllmethode isolieren ❸ | Wenn Sie eine der zuvor genannten Füllmethoden auf Objekte in einer Gruppe anwenden, so wirken sich die Einstellungen immer auch auf darunterliegende Objekte aus. Durch Aktivieren der Checkbox Füllmethode isolieren verhindern Sie, dass die ausgewählte Füllmethode, die auf Objekte innerhalb einer Gruppe angewandt wurde, auch auf die Objekte unterhalb verrechnet wird. In Abbildung 11.17 wurden die Kreise mit der Füllmethode Multiplizieren versehen. Damit sich das nicht auch auf den Hintergrund auswirkt, wurde zusätzlich die Option Füllmethode isolieren gewählt.

▲ **Abbildung 11.18**
Die Füllmethode der Kreise wirkt sich auf die Kreise und den Hintergrund aus – Aussparungsgruppe nicht aktiviert.

Aussparungsgruppe ❹ | Durch die Aktivierung dieser Option werden alle Deckkraft- und Angleichungsattribute der Objekte in der ausgewählten Gruppe ausgespart. In Abbildung 11.18 wurden alle Kreise unterschiedlich eingefärbt und mit der Füllmethode Multiplizieren versehen. Alle Kreise wurden dann zu einer Gruppe zusammengefasst und auf einen grauen Hintergrund gestellt.

- Deaktivierte Option Aussparungsgruppe: Alle Kreise werden miteinander und mit dem Hintergrund multipliziert.
- In Abbildung 11.19 wurde die Gruppe der Kreise mit der Option Aussparungsgruppe versehen. Dadurch ergibt sich, dass die Kreise zwar gegenüber dem Hintergrund multipliziert werden, jedoch innerhalb der Gruppe ausgespart bleiben. Damit haben Sie im Wesentlichen das Gegenteil zur Option Füllmethode isolieren erreicht.

▲ **Abbildung 11.19**
Die Füllmethode der Kreise wirkt sich nur noch gegenüber dem Hintergrund aus – aktivierte Aussparungsgruppe.

Eine Transparenz oder einen Effekt hinzufügen

Es gibt mehrere Möglichkeiten, Transparenzen oder Effekte auf ausgewählte Objekte anzuwenden:

- **Effekte-Bedienfeld**: Um einen Effekt hinzuzufügen, ist der jeweilige Effekt über das Symbol *fx.* in der Fußzeile des Bedienfelds auszuwählen. Füllmethode und Deckkraft können über die entsprechenden Eingabefelder ❶ bzw. ❺ gesetzt werden. Auf welchen Objektteil sich die Transparenz auswirken soll, muss zuvor durch Auswahl des Eintrags Objekt, Kontur, Fläche oder Text bzw. Grafik – steht nur zur Verfügung, wenn der Bildinhalt ausgewählt ist – bestimmt werden.
- **Steuerung-Bedienfeld**: Auch im Steuerung-Bedienfeld kann durch Drücken des Symbols ⬚. der Objektteil, auf den sich die Transparenz

▲ **Abbildung 11.20**
Das Menü OBJEKT • EFFEKTE. Dasselbe Menü erhalten Sie, wenn Sie im Steuerung-Bedienfeld auf das Symbol *fx* klicken.

auswirken soll, ausgewählt werden, bzw. durch Drücken des Symbols ein Schlagschatten hinzugefügt bzw. entfernt werden. Darüber hinaus kann über das Symbol *fx* gewählt werden, welcher Effekt angewandt werden soll bzw. durch Eingabe eines Prozentwertes im Feld 100 % der Prozentsatz der Deckkraft festgelegt werden.

- **Menüauswahl**: Über den Befehl OBJEKT • EFFEKTE gelangen Sie in den Einstellungsdialog für Transparenz und Effekte. Der Dialog ist in verschiedene Bereiche eingeteilt:

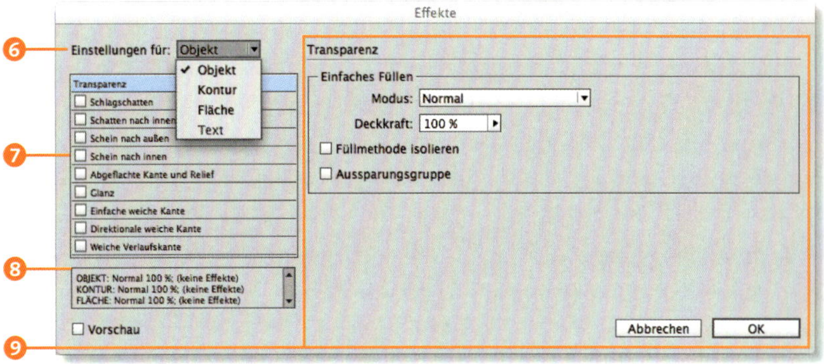

Abbildung 11.21 ▶
Der Einstellungsdialog für Transparenz und Effekte

- **Einstellungen für** ⑥: Wählen Sie zuerst den Objektteil aus, dem Sie eine Transparenz oder einen Effekt zuweisen wollen.
- **Auswahlbereich** ⑦: Wählen Sie hier den gewünschten Effekt oder ob lediglich eine Transparenz angebracht werden soll.
- **Parameterbereich** ⑨: Dieser Bereich steht dann für die Einstellung der Parameter zur Verfügung. Welche Parameter dabei auswählbar sind, erfahren Sie später in diesem Kapitel.
- **Zusammenfassung** ⑧: Alle angewandten Effekte und Deckkraftänderungen bzw. Füllmethoden werden hier nach Objektteil gegliedert aufgeführt.

Schnellaufruf des Einstellungsdialogs Effekte

Rufen Sie den Einstellungsdialog für EFFEKTE auf, indem Sie auf einem Eintrag im Effekte-Bedienfeld – OBJEKT, KONTUR, FLÄCHE, TEXT oder GRAFIK – einen Doppelklick ausführen.

Effekte löschen und auf andere Objekte übertragen

Befindet sich am rechten Rand eines Eintrags im Effekte-Bedienfeld das Symbol *fx* ⑬, so ist ein Effekt auf den jeweiligen Objektteil angewandt worden. Ob eine Deckkraftänderung oder eine Füllmethode für den Objektteil angelegt wurde, wird durch die Angabe des Prozentwerts ⑩ bzw. durch den Namen der Füllmethode ⑪ kundgetan.

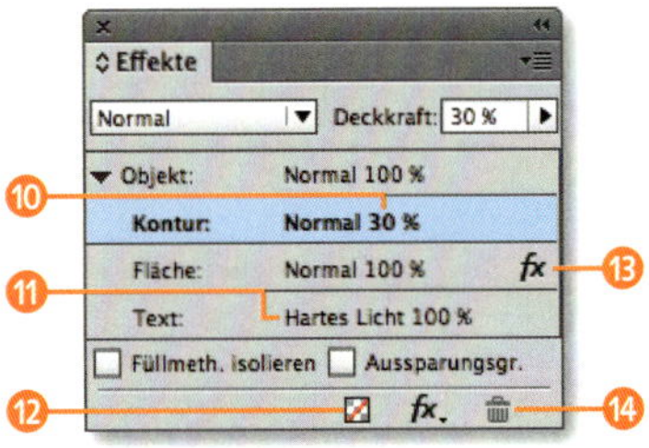

▲ **Abbildung 11.22**
Das Effekte-Bedienfeld mit einem erweiterten Effekt auf der FLÄCHE. Übertragen Sie diese Einstellung, indem Sie das Symbol ⑬ einfach auf das Zielobjekt ziehen.

Entfernen von Effekt und Transparenz | Durch Klick auf das Effekt löschen-Symbol ⑫ werden alle Effekte – auch die Deckkraftänderung und die gewählte Füllmethode – auf einmal entfernt, und das Objekt wird wieder lichtundurchlässig gemacht.

Entfernen des Effekts | Wollen Sie hingegen nur den Effekt entfernen, die Deckkraftänderung bzw. die Füllmethode jedoch erhalten, so klicken Sie auf das Effekte-entfernen-Symbol ⑭.

Effekte übertragen | Übertragen Sie einen Effekt von einem Objekt auf ein anderes, indem Sie das erste Objekt markieren und das Effekte-Symbol *fx* ⑬ auf ein Objektteil des Zielobjekts ziehen. Alle Parameter werden somit dem Zielobjekt zugewiesen.

Haben Sie beispielsweise einen Effekt auf eine Fläche angewandt, so können Sie denselben Effekt auch auf die Kontur übertragen, indem Sie das Effekte-Symbol *fx* ⑬ gedrückter [Alt]- bzw. [⌥]-Taste im Effekte-Bedienfeld von der Fläche auf die Kontur verschieben.

Achtung: Wirkt bereits ein anderer Effekt auf das Zielobjekt, so wird der neue Effekt nur hinzugefügt, der erste Effekt aber nicht gelöscht. Sollten Sie mehrere Objekte mit Effekten ausstatten müssen, so legen wir Ihnen nahe, dies mit Objektformaten zu tun. Lesen Sie dazu mehr in Abschnitt 20.1, »Objektformate«, auf Seite 663.

Effekte übertragen mit dem Pipette-Werkzeug
Natürlich können auch Effekte mit dem Pipette-Werkzeug übertragen werden. Beachten Sie dazu nur, dass die Option OBJEKTEFFEKT in der Kategorie OBJEKTEINSTELLUNGEN des Pipette-Werkzeugs gewählt ist.

Effekte übertragen
Das Übertragen von Effekten durch Verschieben des Effekte-Symbols funktioniert nicht für Deckkraft und Füllmethode, sondern lediglich für die erweiterten Effekte. Übertragen Sie deshalb Deckkraftänderungen und Füllmethoden ausschließlich mit dem Pipette-Werkzeug.

11.2 Effekte im Detail

Neben der Füllmethode und der Deckkraft können verschiedene Effekte das Aussehen des Objektes wesentlich beeinflussen.

Allgemeine Parameter

Bevor wir die einzelnen Effekte näher beleuchten, sollen ein paar Begriffe, die sich in vielen Dialogen wiederfinden, erklärt werden. Viele Parameter stehen in Wechselwirkung zueinander und können nicht sinnvoll beschrieben werden. Probieren ist angesagt, dennoch sollten Sie wissen, in welche Richtung Sie mit den einzelnen Optionen etwas verändern. Die wichtigsten Parameter für Effekte sind:

- WINKEL: Über den Parameter WINKEL wird der Beleuchtungswinkel für die Anwendung eines Lichteffekts auf die Effekte SCHLAGSCHATTEN, SCHATTEN NACH INNEN, ABGEFLACHTE KANTE UND RELIEF und GLANZ bestimmt. Beträgt der WINKEL 0°, so wird dabei von einer Beleuchtung auf Bodenhöhe ausgegangen, ist der WINKEL 90°, so steht die Lichtquelle senkrecht über dem Objekt. In Verbindung mit Effektverläufen wird über den Winkel natürlich nur die Verlaufsrichtung bestimmt.
- HÖHE: Über diesen Parameter bestimmen Sie bei ABGEFLACHTE KANTE UND RELIEF die optische Erhebung bzw. Tiefe. Beträgt der Wert 0°, so

▲ **Abbildung 11.23**
Beispiele in Verbindung mit Winkeln und verschiedenen Effekten:
1. Reihe: Schlagschatten
2. Reihe: Schatten nach innen
3. Reihe: Glanz
4. Reihe: Abgeflachte Kante und Relief bei einer Höhe von 30°

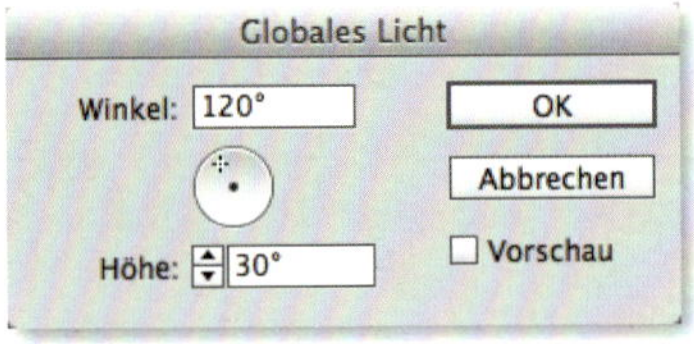

▲ **Abbildung 11.24**
Legen Sie in der Option Globales Licht aus dem Bedienfeldmenü eine generelle Beleuchtungseinstellung fest.

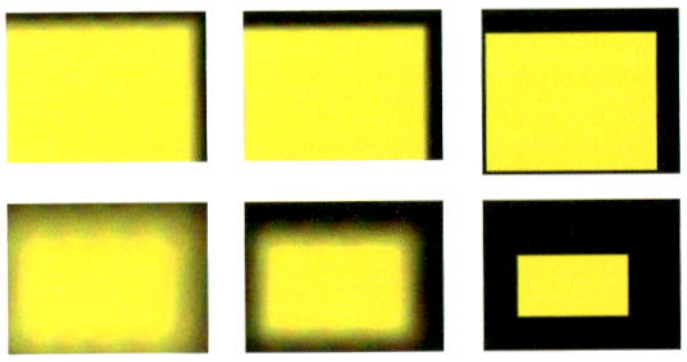

▲ **Abbildung 11.25**
Das Zusammenspiel von Grösse und Abschwächen am Beispiel des Effekts Schein nach innen. In der ersten Reihe wurde eine Grösse von 1 mm und in der zweiten der Wert 3 mm vergeben. Die linken Kästchen sind mit Abschwächen von 0 %, in der Mitte von 50 % und rechts von 100 % ausgestattet.

▲ **Abbildung 11.26**
Der Effekt Schein nach innen mit keinem Rauschen (0 % links), in der Mitte 15 % Rauschen und rechts 40 % Rauschen

▲ **Abbildung 11.27**
Übergriff-Beispiele: oben 0 % Übergriff, in der Mitte 50 % und unten 100 %

wirkt fast nur der Parameter Winkel. Gleiches gilt für 90°, eine Höhe dazwischen führt eher zum gewünschten Effekt.

- Globales Licht: Wenn Sie sich einmal in einem Projekt für einen Beleuchtungswinkel entschieden haben, so sollten Sie diese Einstellung über die Option Globales Licht aus dem Bedienfeldmenü des Effekte-Bedienfelds festlegen und über die Option Globales Licht verwenden bei den einzelnen Effekten darauf zurückgreifen.
- Grösse: Damit legen Sie den Umfang des Schattens fest. Diese Option steht bei den Effekten Schlagschatten, Schatten nach innen, Schein nach aussen, Schein nach innen und Glanz zur Verfügung.
- Abschwächen: In Kombination mit der Option Grösse wird damit festgelegt, wie viel des Schattens oder Scheins deckend und wie viel transparent bleiben soll. Ist der Wert hoch, so wird die Deckkraft erhöht, und je niedriger der Wert ist, umso transparenter werden die Effekte ausgeführt. Diese Option steht bei den Effekten Schatten nach innen, Schein nach innen und Weiche Kante zur Verfügung.
- Abstand: Damit wird der Versatzabstand für die Effekte Schlagschatten, Schatten nach innen und Glanz festgelegt. Bestimmen Sie den Winkel und den Abstand der entsprechende x- und y-Versatz errechnet sich daraus automatisch.
- x-Versatz und y-Versatz: Versetzt jeweils den Schatten auf der x- bzw. y-Achse um den festgelegten Wert. Diese Werte stehen in Wechselwirkung zum gewählten Winkel und zum definierten Abstand. Durch die Eingabe von Werten können sich die Werte bei der Option Winkel automatisch verändern. Einen Versatz können Sie bei den Effekten Schlagschatten und Schatten nach innen verwenden.
- Rauschen: Damit wird eine Störung für den Schein, die weiche Kante und alle Schattenformen hinzugefügt. Glatte Schlagschatten können damit etwas effektvoller aufbereitet werden.
- Übergriff: Die Option Abschwächen kann für alle Effekte eingestellt werden, die einen Lichteffekt nach innen verwenden (Schatten nach innen, Schein nach innen und Weiche Kante).

  Die Option Übergriff steht für alle Effekte zur Verfügung, die einen Lichteffekt nach außen verwenden (Schlagschatten und Schein nach aussen).

  Wie bei Abschwächen steht auch die Option Übergriff im Zusammenhang mit Grösse. Damit können Sie, wie in Abbildung 11.27 gezeigt, sehr einfach eine Dreifarbenschrift erzeugen. Der Text ist mit einer Farbe ausgezeichnet, die Kontur des Textes mit einer zweiten Farbe, und der Schlagschatten (x- und y-Versatz sind auf 0 mm gestellt) bekommt schließlich die dritte Farbe. Viele Versandhäuser und Lebensmittelvertriebsketten bedienen sich allzu gerne dieses Effekts.

- TECHNIK: Mit dieser Option wird die Wechselwirkung zwischen dem Rand eines Transparenzeffekts und der Hintergrundfarbe bestimmt. Sie können dabei aus zwei Parametern, die für die Effekte SCHEIN NACH AUSSEN und SCHEIN NACH INNEN zur Verfügung stehen, auswählen:
- WEICHER: Damit wird eine Weichzeichnung auf den Rand des Effekts gelegt. Bei größeren Elementen kommt es dabei zu Detailverlusten.
- PRÄZISE: Damit wird die Effektkante einschließlich der Ecken schärfer umrissen. Details bleiben hier besser erhalten.

▲ **Abbildung 11.28**
Die Unterschiede in der Technik; links: WEICHER, rechts: PRÄZISE

Alle anderen Parameter betreffen die bereits zuvor beschriebenen Einstellungen für DECKKRAFT und FÜLLMETHODE, die ebenfalls in allen erweiterten Effekten angewandt werden können. Wie sich die Parameter verhalten, lesen Sie bitte dort nach.

Effekte müssen in der Ausgabe gerendert werden
Alle erweiterten Effekte werden bei der Transparenzreduzierung immer in Pixeldaten umgewandelt. Berücksichtigen Sie dies speziell beim Downsampling von Farb- und Graustufenbildern in Ihren PDF-Export-Settings.

Beschreibung der Effekte

Die folgenden Effekte stehen in InDesign zur Verfügung. Eine kurze Beschreibung der Effekte in Verbindung mit Abbildungen zu möglichen Einsatzgebieten soll Ihnen das Experimentieren schmackhaft machen.

Schlagschatten | Mit diesem Effekt werden Schatten für ausgewählte Objekte bzw. Objektteile erstellt. Klicken Sie zum Erstellen eines Schlagschattens auf einen Eintrag im Effekte-Bedienfeld. Schneller kommen Sie zum Einstellungsdialog über das Tastaturkürzel Alt+Strg+M bzw. ⌘+⌥+M oder über das Kontextmenü EFFEKTE.

Im Einstellungsdialog können Sie im Bereich FÜLLEN den MODUS ❶ und die DECKKRAFT ❸ regeln. Im Bereich POSITION bestimmen Sie die Lage des Schattens. Die Optionen ABSTAND und WINKEL sind vom x- und y-Versatz abhängig.

Schlagschatten sollen immer multipliziert werden!
Stellen Sie, wenn Sie den Effekt SCHLAGSCHATTEN verwenden, immer den MODUS auf MULTIPLIZIEREN und nie auf NORMAL.

Im letzteren Fall würde der Schlagschatten aus der Hintergrundfarbe ausgespart, was im Ausdruck zu einem unnatürlichen Aussehen führen würde.

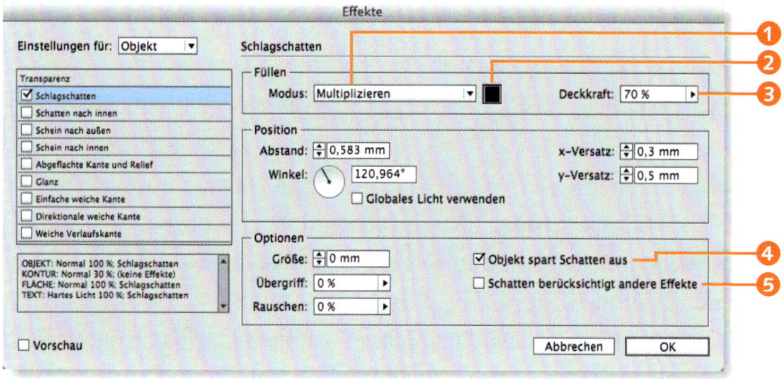

◀ **Abbildung 11.29**
Die Einstellungen für den harten Schlagschatten der Uhrzeitangabe aus Abbildung 11.30 (mittleres Bild). Die Farbe des Schlagschattens wählen Sie über die Option SCHATTENFARBE FESTLEGEN ❷.

- OPTIONEN: Hier können Sie mit den Optionen GRÖSSE, ÜBERGRIFF und RAUSCHEN spielen. Eine Größe von 0 mm erzeugt immer einen harten

Schlagschatten (Textschatten in der mittleren Uhrzeit bzw. Kastenschatten bei der linken Uhrzeit in Abbildung 11.30). Bestimmen Sie die Lage des Schlagschattens am einfachsten über die Eingabe des x- und y-Versatzes.

Abbildung 11.30 ▶
Verschiedene Uhrzeitangaben aus diversen TV-Magazinen

Mit der Option Objekt spart Schatten aus ④ (Abbildung 11.29) verdeckt das Objekt den erstellten Schatten. Anhand der nachfolgenden Schritt-für-Schritt-Anleitung sehen wir uns die Option näher an.

Schritt für Schritt
Erstellen einer Schattenschrift

Wenn Sie lediglich einen Schatten von einem Text benötigen, so müssen Sie mit den Optionen im Effekte-Dialog spielen.

1 Schattenschrift schreiben und Schlagschatten anbringen

Erstellen Sie einen Textrahmen, und schreiben Sie darin den gewünschten Text. Zeichnen Sie den Text mit einem möglichst fetten Schriftschnitt aus, und vergeben Sie als Textfarbe [Papier].

Fügen Sie dann dem Text (Achtung: nur dem Text und nicht dem Objekt) einen Schlagschatten hinzu. Experimentieren Sie im Effekte-Dialog (Abbildung 11.29) mit den Optionen Deckkraft, Abstand, Winkel, Grösse, Übergriff und Rauschen. Ihr Beispiel könnte wie nachfolgend dargestellt aussehen:

Abbildung 11.31 ▶
Ein weißer Text mit einem Schlagschatten

2 Schrift entfernen und Schatten stehen lassen

Wenn Sie nun glauben, dass Sie einfach nur der Schrift die Füllfarbe [Keine] zuweisen müssen, haben Sie sich geirrt, denn wo keine Fläche ist, da ist auch kein Schatten.

Deaktivieren Sie in den Effekte-Einstellungen für Schlagschatten die Option Objekt spart Schatten aus ④ (Abbildung 11.29), und achten Sie darauf, dass Sie diese Option nur für den Objektteil Text (Auswahl in der Option Einstellungen für) auswählen.

Als letzten Schritt müssen Sie noch im Effekte-Bedienfeld den Objektteil Text auf Multiplizieren stellen. Da nun weißer Text auf den Hintergrund multipliziert und das Objekt nicht mehr aus dem Schlagschatten ausgespart wird, ergibt sich unser gewünschtes Ergebnis.

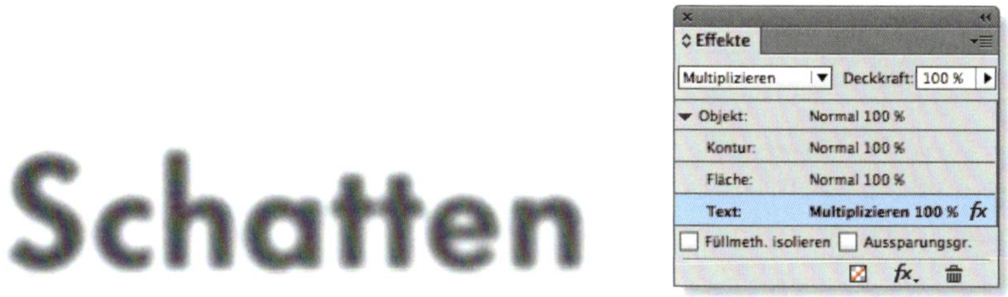

◀ **Abbildung 11.32**
Die Schlagschattenschrift mit den Einstellungen der Füllmethode für Text auf Multiplizieren. Da es sich hierbei noch immer um einen Text handelt, kann der Text somit schnell umgeschrieben werden.

Mit der Option Schatten berücksichtigt andere Effekte ❺ (Abbildung 11.29) können Sie beispielsweise die Abhängigkeit zwischen einem erstellten Schlagschatten und der einfachen weichen Kante für die Fläche regeln. In Abbildung 11.33 wurde für den Button »Sand« die Option nicht aktiviert, für den Button »Meer« wurde sie aktiviert. Achtung: Die Abhängigkeit ist nur innerhalb eines Objektteils gewährleistet, zwischen Text und Fläche jedoch nicht.

Wenn Sie Schlagschatten bei Bildern anbringen möchten, so sollten Sie wissen, dass ein Schlagschatten bei einem Bild getrennt auf den Bildinhalt und auf den Rahmen angewandt werden kann. Dazu müssen Sie den Bildinhalt auswählen und mit einem Schlagschatten versehen und danach extra dem Bildrahmen den Effekt zuweisen.

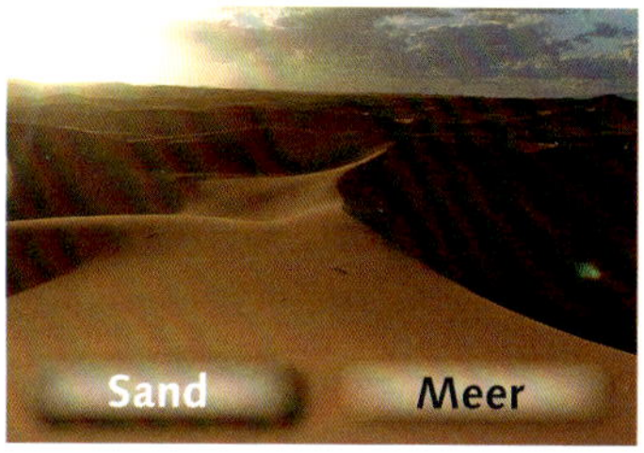

▲ **Abbildung 11.33**
»Meer«: Auswirkungen der Option Schatten berücksichtigt andere Effekte

◀ **Abbildung 11.34**
Links: Rahmen und Bildinhalt besitzen je einen Schlagschatten. Rechts: Die Farbe der Fläche wurde auf [Ohne] umgestellt. Das Ergebnis: Beide Schlagschatten verrechnen sich miteinander.

Schatten nach innen | Damit wird der Schatten innerhalb des Objekts platziert, wodurch der Eindruck einer Vertiefung (Abbildung 11.35) entsteht. Sie können den Schatten nach innen entlang unterschiedlicher Achsen versetzen und mit den Optionen Modus, Deckkraft, Abstand, Winkel, Grösse, Rauschen und Unterfüllung variieren.

▲ **Abbildung 11.35**
Mit dem Schatten nach innen bekommt man den Eindruck, als wenn die Wolken aus der Fläche ausgeschnitten wären.

Schein nach außen – Schein nach innen | Mit dem Effekt Schein nach aussen wird das Objekt wie von einem Scheinwerfer von der Objektun-

▲ **Abbildung 11.36**
Eine glühende weiße Schrift, erzeugt durch einen Schein nach außen

▲ **Abbildung 11.37**
Eine weiße Schrift mit dünner roter Kontur, versehen mit dem Effekt Schein nach innen in der Farbe Rot

▲ **Abbildung 11.38**
Beispiel für Abgeflachte Kante in Verbindung mit einem Schein nach aussen

terseite angestrahlt. Damit erzielen Sie schnell ein »Glühen« (Abbildung 11.36) hinter Objekten oder Texten. Sie können die Optionen Modus, Deckkraft, Technik, Rauschen, Grösse und Übergriff verwenden.

Mit Schein nach innen wird ein Schein ausgehend von der Quelle ausgestrahlt. Damit kann die Anmutung einer leichten Erhebung erzeugt werden. Im Unterschied zum Effekt Schein nach aussen können Sie hier zusätzlich die Quelle – den Startpunkt des Scheins – festlegen.

Wählen Sie als Quelle die Option Mitte, wenn der Schein vom Mittelpunkt ausgehen soll. Wählen Sie als Quelle die Option Kante, wenn der Schein von den Rändern ausgehen soll.

Abgeflachte Kante und Relief | Mit diesem Effekt können Sie Objekten ein realistisches, dreidimensionales Aussehen verleihen. Im Bereich Struktur werden Grösse und Form des Objekts bestimmt. Wählen Sie unter der Option Format zwischen Abgeflachte Kante und Relief. Beide Stile können nach innen oder nach außen ausgewählt werden. Über die Optionen Technik, Richtung, Grösse, Weichzeichnen und Tiefe regeln Sie die Erscheinungsform des Effekts.

Das Beispiel aus Abbildung 11.38 – Schrift im Aqua-Design – ist ein typischer Vertreter dieses Effekts, gekoppelt mit einem Schein nach außen. Die Einstellungen aus den beiden folgenden Dialogen führen zum Ergebnis aus der Abbildung.

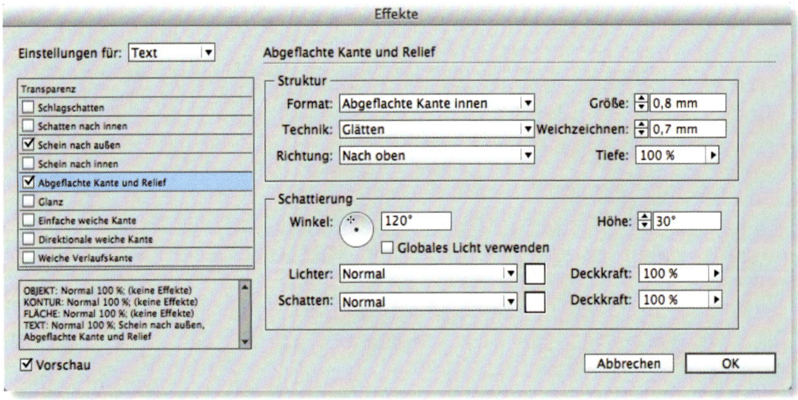

Abbildung 11.39 ▶
Der sehr umfangreich einzustellende Effekt Abgeflachte Kante und Relief. Die Werte aus der Abbildung entsprechen den Einstellungen aus Abbildung 11.38 bei einer Schriftgröße von ca. 72 Pt.

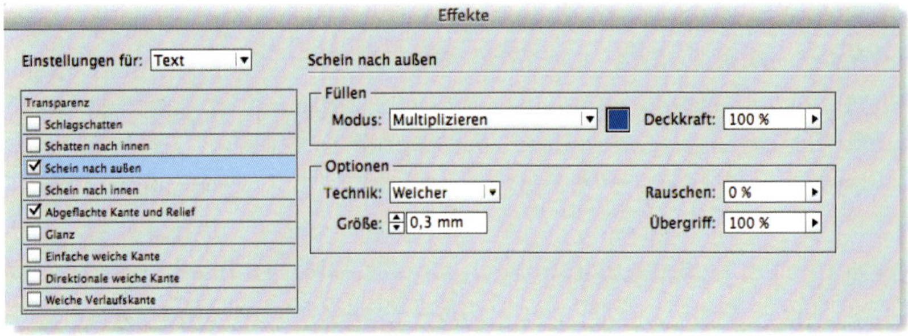

Abbildung 11.40 ▶
Um eine dünne Kontur für die Buchstaben zu erzeugen, muss der Effekt Schein nach aussen angewandt werden. Die Werte aus der Abbildung entsprechen den Einstellungen für das Beispiel in Abbildung 11.38.

Durch das Format Relief wird die Aufwölbung des Objekts in Bezug auf darunterliegende Objekte simuliert. In Abbildung 11.41 sind Kreise mit dem Effekt Relief in Kombination mit verschiedenen Techniken zu sehen.

Im Bereich Schattierung legen Sie die Werte für Winkel und Höhe fest und bestimmen, wie die Aufhellungs- und Abdunkelungsbereiche gegenüber dem Hintergrund erstellt werden.

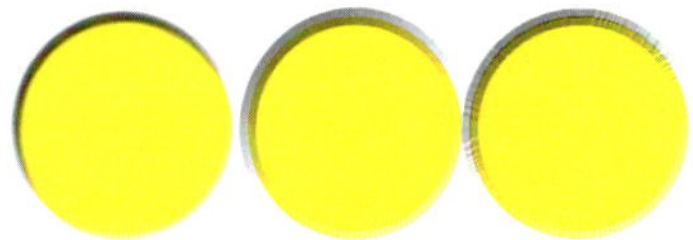

▲ **Abbildung 11.41**
Beispiele zu Relief in Kombination mit unterschiedlicher Technik. Von links nach rechts: Glätten, Hart meisseln, Weich meisseln.

Glanz | Damit können Sie den Objekten eine glatte, glänzende Oberfläche geben. Wählen Sie dabei aus den Einstellungen für Modus, Deckkraft, Winkel, Abstand und Grösse. Sie können hier über Umkehren festlegen, ob die Farben bzw. Transparenzen invertiert werden sollen.

Einfache weiche Kante | Dieser Effekt bewirkt ein Weichzeichnen (Verblassen) der Objektkanten über einen von Ihnen festgelegten Abstand. Der Effekt wirkt sich dabei auf alle Kanten im Objekt aus.

Über die Option Breite legen Sie den Bereich an, in dem das Objekt von deckend bis transparent auslaufen soll. Verfeinern Sie das Erscheinungsbild über die Optionen Abschwächen und Rauschen.

Ein besonderer Blick sollte auf die Option Ecken gelegt werden. Die darin auswählbaren Optionen Verschwommen, Abgerundet und Spitz ähneln sehr den Ausprägungen der Option Technik der anderen Effekte.

▲ **Abbildung 11.42**
Beispiele einer Einfachen weichen Kante: links mit ausgewählter Ecken-Option Verschwommen, und rechts mit ausgewählter Ecken-Option Abgerundet

Direktionale weiche Kante | Wenn Sie eine weiche Kante benötigen, diese jedoch nicht auf allen Seiten in derselben Ausprägung wünschen, dann sind Sie mit diesem Effekt gut bedient. Damit können Sie beispielsweise eine einfache weiche Kante auf der oberen und rechten Seite eines Bilds erstellen, jedoch die linke und untere Kante des Bilds mit einer harten Kante abschließen (Abbildung 11.43, links).

▲ **Abbildung 11.43**
Beispiele einer Direktionalen weichen Kante. Links wurden nur die obere und die rechte Kante abgesoftet. Rechts wurden hingegen die linke und untere Kante mit der Option Nur erste Kante (aus der Option Form) und einem Winkel von 45° versehen.

Weiche Verlaufskante | Durch diesen Effekt erreichen Sie ein Weichzeichnen des Objekts durch Auslaufen in Transparenz.

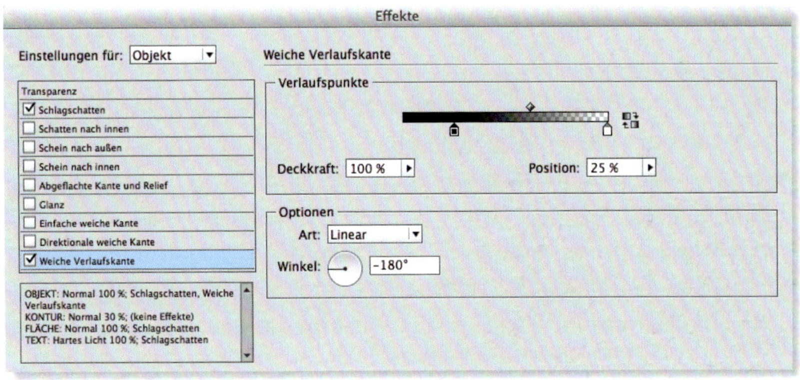

◄ **Abbildung 11.44**
Die Einstellungen im Effekt Weiche Verlaufskante für das rechte Bild in Abbildung 11.45

▲ **Abbildung 11.45**
Zwei Bilder wurden über eine Weiche Verlaufskante zu einem Bild verschmolzen.

http://www.indesign-faq.de/en/node/60

Bestimmen Sie eine Verlaufsunterbrechung – wie bei einem normalen Farbverlauf, indem Sie einzelne Regler setzen und den Farbton (sprich: die Deckkraft) der jeweiligen Position definieren. Das Hinzufügen von Reglern erfolgt analog zur Erstellung eines Farbverlaufs. Im Bereich Optionen bestimmen Sie noch über die Option Art, ob die weiche Verlaufskante Radial oder Linear sein soll und in welchem Winkel der lineare Verlauf erfolgen soll.

Die Anwendungsgebiete für eine weiche Verlaufskante sind vielfältig. Einfache Bildmontagen können somit im Layoutprogramm erfolgen, womit ein nachträgliches Ändern von Ausschnitten oder sogar der Austausch von Bildern sehr schnell möglich ist, ohne dass dadurch der Effekt neu definiert werden muss.

Beachten Sie, dass Sie mit dem Weiche-Verlaufskante-Werkzeug genau diesen Effekt erzeugen. Wir empfehlen Ihnen jedoch, die Einstellungen kontrolliert über das Bedienfeld vorzunehmen, denn damit sind Sie in der Lage, denselben Effekt auch auf andere Bilder zu übertragen.

Skalieren von Effekten

▲ **Abbildung 11.46**
Oben: Das Originalbild mit einem um 1 mm versetzten Schlagschatten.
Unten links: Das kleine Bild besitzt nach der Skalierung weiterhin einen um 1 mm versetzten Schlagschatten.
Unten rechts: Das kleine Bild – es wurde mit dem Skript »scaleEffects_en.jsx« verkleinert – besitzt nach der Skalierung einen um 0,5 mm versetzten Schlagschatten.

So toll Effekte sein können, so nervig kann es sein, wenn Sie in InDesign ein Logo mit Effekten erstellen und dieses Logo in verschiedenen Größen im Layout platzieren wollen. Denn wenn Sie dieses Logo einfach nur skalieren, so ändern sich nur die Objekte, der Effekt bleibt in den absolut eingegebenen Werten erhalten. Das heißt: Wenn Sie einen Schlagschatten mit 1 mm angelegt haben und das Logo um 50 % verkleinern, so wird der Schlagschatten nicht 0,5 mm schmal, sondern bleibt weiterhin 1 mm groß (siehe Abbildung 11.46, links unten).

Damit Sie auch Effekte skalieren können, stehen Ihnen folgende Möglichkeiten zur Verfügung:

- Das Logo wird in einer **separaten InDesign-Datei** mit angepasstem Papierformat erstellt und abgespeichert. Die InDesign-Datei wird im Layout platziert und in der Größe angepasst.
- Verwenden Sie das **Skript** »scaleEffects_en.jsx« – *http://www.indesign-faq.de/en/node/60*. Sie müssen dazu das Objekt zuvor skalieren. Wenden Sie dann das Skript auf dem Objekt an und geben Sie im erscheinenden Dialog den Skalierungswert ein.
- Verwenden der Grundeinstellung Skalierungsprozentsatz anpassen aus den InDesign-Voreinstellungen im Reiter Allgemein: Aktivieren Sie diese Option, womit auch alle Effekte, ausgenommen Schlagschatten, beim Skalieren angepasst werden. Deaktivieren Sie die Option danach sofort wieder, da Sie sonst die Größenangabe 12 Pt (6 Pt) bei skalierten Texten erhalten.

TEIL IV
Text professionell

Kapitel 12
Zeichen

Jede Aufgabe erfordert das richtige Werkzeug. Für die Bearbeitung von Pixelbildern hat sich Photoshop als Platzhirsch etabliert; zur Erstellung von Vektorgrafiken wählen Sie Illustrator oder CorelDraw. Dreh- und Angelpunkt der Layoutgestaltung ist jedoch InDesign, und somit sind hier alle Funktionen und Möglichkeiten der Typografie versammelt (auch wenn sich hier viele Funktionen für die Beeinflussung von Pixelbildern und für eine leistungsstarke Bearbeitung von Vektorgrafiken finden).

12.1 Das Zeichen- und Steuerung-Bedienfeld

Man könnte erwarten, dass das Zeichen-Bedienfeld den zentralen Punkt für die typografischen Grundfunktionen von InDesign darstellt. Allerdings bietet auch das Steuerung-Bedienfeld sämtliche Funktionen des Zeichen-Bedienfelds an und hat darüber hinaus noch den Vorteil, dass es sich kontextsensitiv an die aktuelle Situation anpasst und die beiden Bereiche Zeichen (»Zeichenformatierung«) und Absatz ¶ (»Absatzformatierung«) abdeckt. Bei Monitoren mit hoher Auflösung (mehr Platz in der Horizontalen) werden im rechten Teil des Bedienfelds im Zeichenmodus zusätzlich Funktionen für Absätze eingeblendet und umgekehrt.

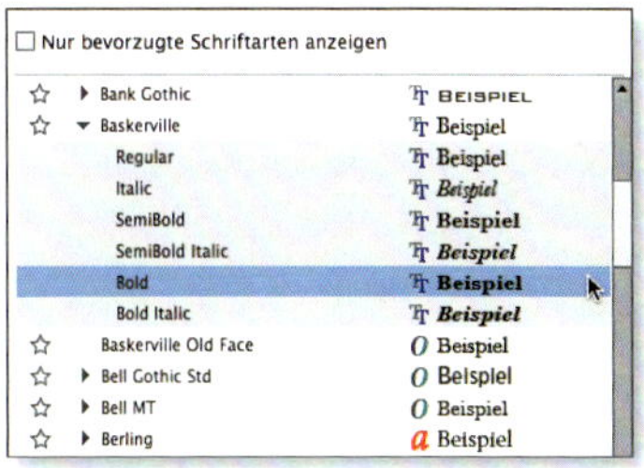

▲ **Abbildung 12.1**
Es werden nicht nur die Namen der Schnitte in den Auswahlfeldern angezeigt, sondern auch die Schrift selbst. Die Größe der Schriftmuster kann in den Voreinstellungen verändert werden.
Struktur und Auswahlmöglichkeiten wurden mit InDesign CC stark überarbeitet und erweitert.

Gemeinsame Funktionen

Sollte das Steuerung-Bedienfeld nicht eingeblendet sein, öffnen Sie es über das Menü Fenster • Steuerung oder [Strg]+[Alt]+[6] bzw. [⌘]+[⌥]+[6]. Ob Sie das Zeichen-Bedienfeld bereits am rechten Bildschirmrand angedockt vorfinden, hängt vom Arbeitsbereich ab, den Sie verwenden. Sie können es nötigenfalls über das Menü Fenster • Schrift und Tabellen • Zeichen bzw. über das Menü Schrift • Zeichen oder das Tastenkürzel [Strg]+[T] bzw. [⌘]+[T] einblenden.

Abbildung 12.2 ▼ ▶
Das Zeichen- und das Steuerung-Bedienfeld (Zeichen). InDesign stellt bei horizontalen Auflösungen des Monitors über 1.024 Pixel im rechten Teil des Steuerung-Bedienfelds weitere Optionen dar ⓬.

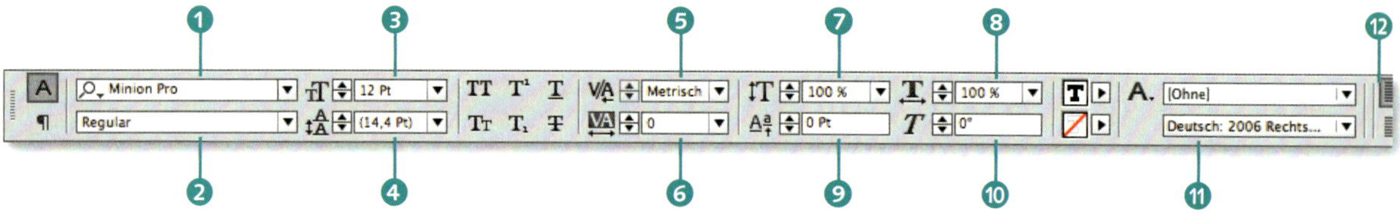

Schriftfamilie ❶ und Schriftschnitt ❷ können getrennt eingestellt werden. Wird das Menü Schriftfamilie aufgeklappt, werden der Schriftname und ein Schriftmuster der Schrift angezeigt. Die Größe der Schriftmuster können Sie in den Voreinstellungen im Abschnitt Eingabe über die Option Schriftvorschaugrösse kontrollieren. Der Zeilenabstand ❹ wird automatisch vom Schriftgrad ❸ abgeleitet, indem der Schriftgröße 20 % zugeschlagen werden. Das entspricht der gängigen Praxis im digitalen Satz und kann in den Einstellungen für Abstände verändert werden. In beiden Feldern kann aus einem Menü ausgewählt oder ein Wert eingetragen werden.

InDesign unterscheidet genau zwischen Kerning ❺ und Laufweite ❻ – auf die möglichen Einstellungen werden wir später noch im Detail eingehen.

Die Vertikale ❼ und Horizontale Skalierung ❽ sollten Sie mit großer Vorsicht anwenden. Einige grundsätzliche Überlegungen zum Verzerren von Schrift – wozu auch Neigen (Pseudo-Kursiv) ❿ gehört – werden wir ebenfalls später noch anstellen.

Der Grundlinienversatz ❾ wird z. B. für chemische und mathematische Formeln benötigt und erlaubt es, Textelemente in Punkten oder Bruchteilen davon über oder – mit einem negativen Betrag – unter ihre normale Schriftlinie zu verschieben.

Die Sprache des Textes ⓫ wird für die Rechtschreibprüfung und Silbentrennung benötigt. Da technisch gesehen ein Wort lediglich eine Ansammlung von Zeichen darstellt (semiotisch ist die Sache nicht ganz so einfach), ist die Funktion an dieser Stelle sinnvoll.

Zeilenabstand

Der Zeilenabstand wird von Grundlinie zu Grundlinie gemessen. Ungewöhnlich ist in InDesign, dass der Zeilenabstand als Attribut der Schrift gehandhabt wird. Eigentlich bestimmt der Zeilenabstand die Platzverhältnisse innerhalb des Absatzes und sollte somit auch ein Absatzattribut sein. Um den Zeilenabstand auf den ganzen Absatz anzuwenden, aktivieren Sie in den Voreinstellungen unter Eingabe die Option Zeilenabstand auf ganze Absätze anwenden.

Zuletzt verwendete Schriften | In beiden Bedienfeldern sind die Schriftfamilien in den entsprechenden Menüs nach ihrer »Herkunft« gruppiert. Am Beginn des Menüs werden seit InDesign CS6 die zuletzt verwendeten Schriften zusammengefasst. Wie viele Schriften sich InDesign für Sie merken soll, können Sie in den Voreinstellungen im Bereich EINGABE mit der Option ANZAHL DER ZULETZT VERWENDETEN ANZUZEIGENDEN SCHRIFTARTEN festlegen.

Von diesem Abschnitt durch eine Linie getrennt, werden seit InDesign CS5 die Schriften aufgelistet, die sich im DOCUMENT FONTS-Ordner Ihrer Satzdatei befinden. Diese Schriften sind also Ihrem Dokument zugeordnet – im Gegensatz zu den zuletzt verwendeten Schriften, die sich auf InDesign beziehen.

Ebenfalls durch eine Linie getrennt folgen dann die Schriften, die aus anderen Quellen (dem Betriebssystem, anderen Fonts-Ordnern) stammen.

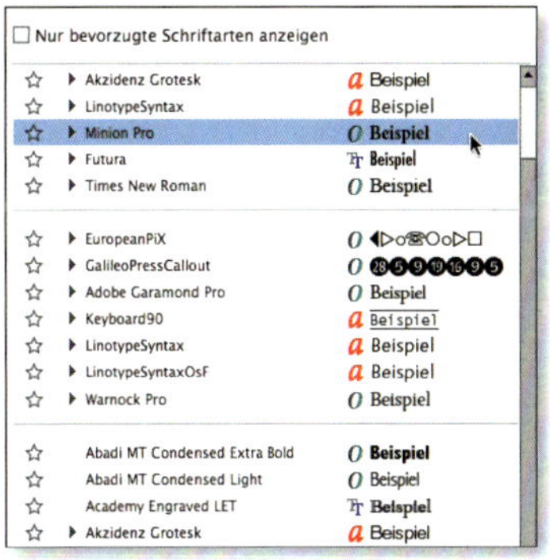

▲ **Abbildung 12.3**
InDesign CC merkt sich die zuletzt verwendeten Schriften und zeigt sie alphabetisch sortiert in einem eigenen Abschnitt am Beginn des Schrift-Menüs an.

Schriftschnitt auswählen | Generell muss bei der Auswahl der Schriftfamilie auch ein Schriftschnitt der Familie ausgewählt werden. Während Sie bis InDesign CS6 den Schnitt über ein Flyout-Menü der Familie wählen mussten, haben Sie seit InDesign CC zwei Möglichkeiten:

1. Wählen Sie einfach die Schriftfamilie im Menü ❶ aus. InDesign versucht festzustellen, welcher Schnitt der Standardschnitt (z. B. Regular, Book...) ist, und wählt diesen für Sie aus – siehe Abbildung 12.3.
2. Klappen Sie die Schriftschnitte einer Familie aus, indem Sie auf das Dreieck ▸ neben dem Namen der Schriftfamilie klicken, und wählen Sie den Schnitt selbst aus – siehe Abbildung 12.4.

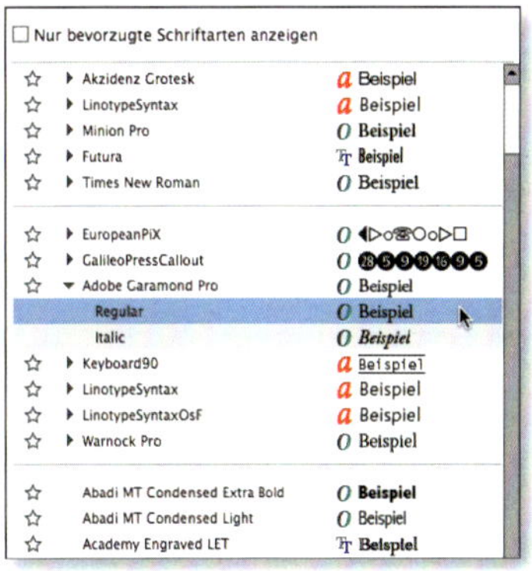

▲ **Abbildung 12.4**
Um bei der Wahl der Schriftfamile den Schnitt gezielt auszuwählen, klappen Sie das Schnitt-Menü auf.

Selbstverständlich können Sie unabhängig von der gewählten Methode den Schriftschnitt jederzeit selbst über das Menü SCHRIFTSCHNITT ❷ verändern.

Nur bevorzugte Schriften anzeigen | Beim Bändigen vieler auf einem System installierter Schriften ist die Gruppierung der Schriften im Schrift-Menü schon sehr hilfreich. Seit InDesign CC gibt es aber zusätzlich die sehr sinnvolle Möglichkeit, Schriften als bevorzugt zu kennzeichnen und sich nur diese im Menü anzeigen zu lassen. Um eine Schrift als bevorzugt zu kennzeichnen, klicken Sie bei geöffnetem Schrift-Menü auf den Stern ☆ neben dem Schriftnamen. Der angeklickte Stern wird gefüllt ★ und die betreffende Schrift damit gekennzeichnet. Aktivieren Sie nun die Option NUR BEVORZUGTE SCHRIFTARTEN ANZEIGEN am oberen Rand des Menüs, um das Schrift-Menü drastisch zu verkürzen.

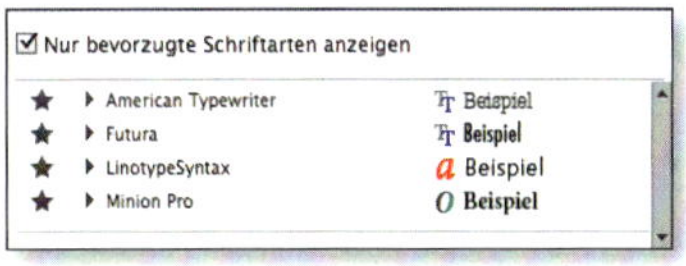

▲ **Abbildung 12.5**
Die OPTION NUR BEVORZUGTE SCHRIFTARTEN ANZEIGEN kann – zumindest kurzfristig – für mehr Übersicht im Menü SCHRIFT sorgen.

Beachten Sie bei der Verwendung der Option Nur bevorzugte Schriftarten anzeigen jedoch Folgendes:

- Wenn Sie mit Daten vieler unterschiedlicher Kunden arbeiten, ist diese Option nicht sehr hilfreich. Sie sollten in diesem Fall auf eine ordentliche Datenübergabe mit allen Schriften im Document Fonts-Ordner Wert legen und auf die Reihung der Schriften im Menü zurückgreifen. Details dazu erfahren Sie in Kapitel 26, »Schriftprobleme lösen«, ab Seite 801.
- InDesign erkennt bevorzugte Schriften allerdings auch in Document Fonts-Ordnern. Bei einer überschaubaren Menge an Kunden kann die Verwendung also durchaus funktionieren.
- Wenn Sie einer Schrift bei aktivierter Option Nur bevorzugte Schriftarten anzeigen die Eigenschaft »bevorzugt« entziehen, wird das Menü nicht dynamisch angepasst. Sie müssen die Option zuerst deaktivieren und dann erneut aktivieren.

Schriftarten suchen | Neben den neuen Methoden, Schriften im Schrift-Menü zu organisieren, hat Adobe mit InDesign CC auch noch die Möglichkeit verbessert, bestimmte Schriften über ihren Namen zu suchen. Das Eingabefeld des Schrift-Menüs dient dabei als Eingabefeld für einen Suchstring. Das hat auch schon in den bisherigen Versionen von InDesign funktioniert, nun können Sie allerdings festlegen, wie die Suche durchgeführt werden soll.

Klicken Sie zunächst auf die Lupe 🔍 neben dem Schriftnamen im Schrift-Menü, um die Suchfunktion nach Ihren Wünschen einzustellen. Die beiden dann erscheinenden Optionen sind nicht unbedingt selbsterklärend.

- Nach gesamtem Schriftnamen suchen: Der eingegebene Suchstring wird im gesamten Schriftnamen gesucht. Wenn Sie die Schrift »Helvetica Neue« suchen, so werden Ihnen im aufgeklappten Schrift-Menü alle Varianten der Helvetica angeboten, wobei die Suche schon bei der Eingabe der ersten Zeichen beginnt, aber erst ab dem dritten Zeichen halbwegs nützlich wird. Geben Sie nur »Neue« ein, dann wird »Helvetica Neue« in der Trefferliste erscheinen (sofern sie InDesign zur Verfügung steht).
- Nur nach erstem Wort suchen: Der Schriftname wird nur bei exakt gleicher Schreibweise gefunden, weshalb es auch keine Trefferliste im Menü gibt – das Schrift-Menü wird gar nicht aufgeklappt. Der aktuelle Treffer wird direkt im Eingabefeld angezeigt. »Helvetica Neue« wird erst gefunden, sobald Sie »Helvetica N« getippt haben. Eine Eingabe von »Neue« findet die Schrift »Helvetica Neue« gar nicht.

Einfach Schriften testen

Die Eingabefelder des Steuerung- und Zeichen-Bedienfelds arbeiten gut mit den Cursortasten zusammen. Wenn Sie im Entwurfsstadium für einen Text einige Schriftvarianten ausprobieren wollen, lässt sich das gut ausnutzen: Markieren Sie den Text (oder einen ganzen Textrahmen), klicken Sie in das Feld Schriftfamilie, und blättern Sie nun mit den Cursortasten durch die Einträge des Menüs. So können Sie schnell unterschiedliche Varianten ausprobieren und beurteilen. Das funktioniert auch in allen anderen Eingabefeldern, wie z. B. für den Schriftschnitt.

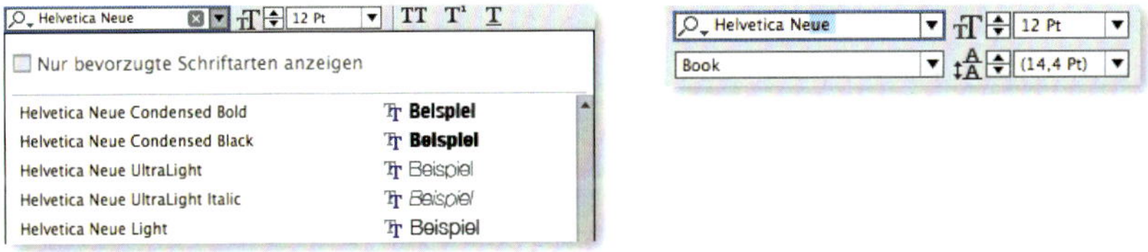

◀ **Abbildung 12.6**
Nach gesamtem Schriftnamen suchen präsentiert die Treffer in einer Liste, Nur nach erstem Wort suchen liefert genau einen Treffer.

Um das Suchfeld zu löschen, klicken Sie auf das Symbol ☒ (nur bei Nach gesamtem Schriftnamen suchen verfügbar), um eine Suche abzubrechen, drücken Sie die [Esc]-Taste. Wenn Sie die Suchfunktion verlassen, indem Sie einfach in Ihren Text klicken, wird die Suche mit Nach gesamtem Schriftnamen suchen einfach abgebrochen. Mit der Option Nur nach erstem Wort suchen wird der letzte Treffer allerdings auf Ihre Textauswahl übertragen. Eine so abgebrochene Suche kann also zu einer nicht gewollten Schriftauswahl führen.

Zusatzfunktionen des Steuerung-Bedienfelds

Neben den Grundfunktionen des Zeichen-Bedienfelds bietet das Steuerung-Bedienfeld zusätzliche Funktionen, die im Zeichen-Bedienfeld über das Bedienfeldmenü aufgerufen werden müssen.

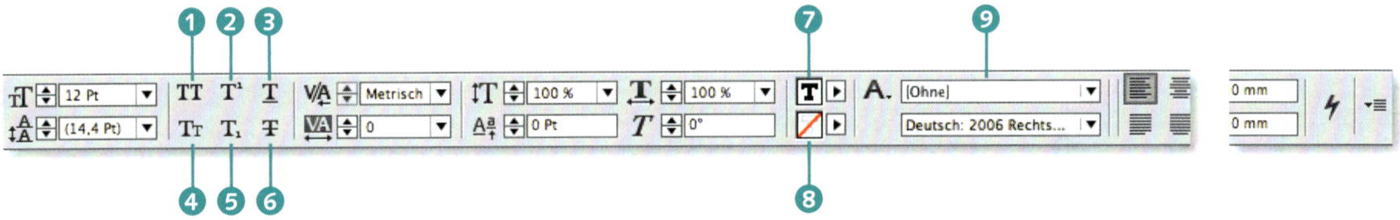

▲ **Abbildung 12.7**
Die Zusatzfunktionen des Steuerung-Bedienfelds

Sofern Sie Zeichenformate definiert haben, können Sie ein Format über das Menü Zeichenformat ⑨ oder über die Funktion Schnell anwenden ϟ am rechten Rand des Bedienfelds auswählen – das Erstellen und Anwenden von Zeichenformaten werden Sie später in Abschnitt 14.3, »Zeichenformate«, kennen lernen.

Um einen ausgewählten Text in Grossbuchstaben ① oder Kapitälchen ④ darzustellen, klicken Sie auf die entsprechenden Schaltflächen. Eine Darstellung in Versalien ist unkritisch und hängt letztlich von Ihren Bedürfnissen ab.

Versalien und Gemeine
Großbuchstaben werden als *Versalien* oder *Majuskeln* bezeichnet, Kleinbuchstaben als *Gemeine* oder *Minuskeln*.

Kapitälchen sollten jedoch immer mit einem entsprechenden Schriftschnitt gesetzt werden. Wenn InDesign keinen Kapitälchenschnitt findet, macht es mit dieser Funktion allerdings nichts anderes, als die Kleinbuchstaben als Versalien darzustellen und diese etwas kleiner zu machen. Um welchen Betrag diese Skalierung erfolgt, können Sie unter Voreinstellungen • Erweiterte Eingabe einstellen – die Standardein-

OpenType-Kapitälchen
OpenType-Schriften können Glyphen für echte Kapitälchen enthalten. Erkennt InDesign diese Glyphen, werden sie für die Funktion KAPITÄLCHEN auch verwendet.

stellung ist 70 %. Skalierte Versalien reduzieren auch ihre Strichstärken (Duktus), die dann nicht mehr zu den »echten« Versalien passen.

ECHTE KAPITÄLCHEN
FALSCHE KAPITÄLCHEN

Wie Sie hier sehen, ist der Unterschied gravierend. Beide Schriftproben haben die gleiche Größe und verwenden denselben Schnitt »Medium«, unterscheiden sich aber in der Darstellung der Gemeinen (Kleinbuchstaben) erheblich. In den »echten« Kapitälchen hat der Schriftdesigner darauf geachtet, dass die Strichstärken der Gemeinen zu den Versalien passen. Die Strichstärke der »falschen« Kapitälchen wird jedoch ebenfalls um 70 % skaliert und wirkt nun zu dünn.

HOCHGESTELLT ❷ und TIEFGESTELLT ❺ sind jeweils eine Kombination aus Grundlinienversatz und Schriftskalierung. Auch hier können Sie den Betrag der Skalierung unter VOREINSTELLUNGEN • ERWEITERTE EINGABE verändern. Sofern Sie einen Schriftschnitt besitzen, der die notwendigen hoch- und tiefgestellten Indexziffern anbietet, sollten Sie diese auch verwenden. Bitte beachten Sie, dass es die Auszeichnung »Index« aus QuarkXPress in InDesign nicht gibt – falls Sie Daten aus QuarkXPress übernehmen, müssen Sie diese Textteile manuell korrigieren!

UNTERSTRICHEN ❸ und DURCHGESTRICHEN ❻ sind für einen Lesetext vollkommen ungeeignete Auszeichnungsmethoden. Vor allem stellt sich die Frage, warum man einen gerade geschriebenen Text ~~durchstreichen~~ sollte. Solche Stilelemente haben wohl in der Verwendung von Text als grafisches Element ihre Berechtigung, in einem Lesetext haben sie jedoch nichts verloren. Allerdings erlaubt InDesign über die beiden Bedienfeldmenüs UNTERSTREICHUNGSOPTIONEN und DURCHSTREICHUNGSOPTIONEN, die verwendeten Linien genau zu beeinflussen – wie, das zeigen wir Ihnen ab Seite 425.

Sie haben die Möglichkeit, im Steuerung-Bedienfeld auch die Zeichenfarbe mit der Funktion FLÄCHE ❼ und die Farbe für eine KONTUR ❽ der ausgewählten Zeichen einzustellen. Beachten Sie jedoch, dass bei der Wahl der Kontur die ausgewählten Zeichen eine zusätzliche außen liegende Kontur von 1 Pt erhalten, die die Form der Zeichen natürlich verändert.

Beide Funktionen bieten ein Menü ▶ an, mit dem sich ein Fenster im Stil des Farbfelder-Bedienfelds öffnet, aus dem Sie die gewünschte Farbe auswählen können. Halten Sie die ⇧-Taste gedrückt, um den normalen Farbmischer anstelle der Farbfelder aufzurufen. Da die Funktionen getrennt sind, können Sie nicht zwischen FLÄCHE und KONTUR

▲ **Abbildung 12.8**
Die Menüs der beiden Funktionen FLÄCHE und KONTUR für Zeichen unterscheiden sich nur unwesentlich vom Farbfelder-Bedienfeld.

umschalten, allerdings sehr wohl wie gewohnt die beiden Farben austauschen.

Wenn Sie mit dem Zeichen-Bedienfeld arbeiten, können Sie die Zusatzfunktionen des Steuerung-Bedienfelds über das Bedienfeldmenü erreichen. Hier finden Sie auch die Unter- und Durchstreichungsoptionen sowie die Funktion Kein Umbruch, mit der Sie eine ungewollte Trennung unterbinden können. Bei dieser Funktion sollten Sie beachten, dass Sie sie nie auf eine Textmenge anwenden dürfen, die länger als die Spaltenbreite ist. Das würde zu einem Spaltenumbruch führen, da der Text dann ja nicht mehr in die aktuelle Spalte passt.

Für ein einzelnes Wort können Sie einen Umbruch besser verhindern, indem Sie vor das betreffende Wort einen bedingten Trennstrich setzen. Unter Windows funktioniert das mit dem Tastenkürzel [Strg]+[⇧]+[-], unter Mac OS mit [⌘]+[⇧]+[-].

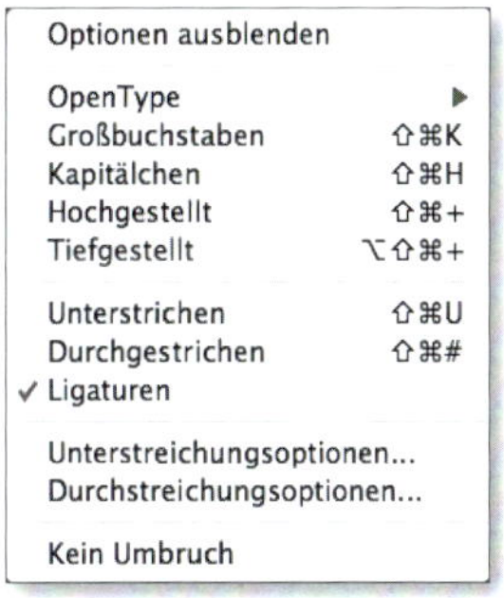

▲ **Abbildung 12.9**
Das Bedienfeldmenü des Zeichen-Bedienfelds. Das Menü des Steuerung-Bedienfelds zeigt hier nur eine Untermenge an, weil die Funktionen im Steuerung-Bedienfeld direkt erreicht werden können.

Tastenkürzel zur Textformatierung

Die meisten Textformatierungen können Sie über Tastenkürzel erreichen; einige Einstellungen erreichen Sie sogar nur über Tastenkürzel wie z. B. »fett« [Strg]+[⇧]+[B] bzw. [⌘]+[⇧]+[B] oder »kursiv« [Strg]+[⇧]+[I] bzw. [⌘]+[⇧]+[I]. Eine vollständige Liste aller Tastenkürzel finden Sie im Infoteil dieses Buchs.

Beachten Sie dabei, dass die Befehle für solche Textauszeichnungen das entsprechende Attribut jeweils ein- und ausschalten und dass bei der Veränderung von Wortzwischenräumen diese ausgewählt sein müssen (entweder einzelne Zwischenräume oder mehrere Zwischenräume in einer Textauswahl über mehrere Zeichen hinweg). Beim Umschalten zum Schriftschnitt »Bold« (fett) muss in der aktuellen Schriftfamilie ein Schnitt existieren, der als »Bold« erkannt wird – das funktioniert jedoch nicht immer, weil nicht der Name ausgewertet wird, sondern das interne Attribut »Bold« der betreffenden Schrift. Es kann somit auch vorkommen, dass der Semibold- oder Extrabold-Schnitt einer Schrift ausgewählt wird. Das Gleiche gilt auch für »Italic«, also kursiv. Diese Tastenkürzel ändern also den Schriftschnitt nur, sofern vorhanden.

Wozu ein Zeichen-Bedienfeld?
Wenn Sie mit dem Auswahlwerkzeug einen oder mehrere Textrahmen ausgewählt haben, schaltet das Steuerung-Bedienfeld in den Objektmodus. Mit dem Zeichen-Bedienfeld können Sie aber weiterhin den gesamten Text in allen ausgewählten Rahmen formatieren.

Textwerkzeug umschalten
Um mit dem Textwerkzeug einen Rahmen auszuwählen, drücken Sie die [Strg]- bzw. [⌘]-Taste und klicken auf den Rahmen. Für mehrere Rahmen nehmen Sie die [⇧]-Taste dazu. Das Steuerung-Bedienfeld bleibt in diesem Fall im Modus Zeichenformatierung- bzw. Absatzformatierung.

Groß-/Kleinschreibung ändern

Im Menü Schrift finden Sie noch vier weitere Funktionen zur Schriftgestaltung unter dem Menüpunkt Gross-/Kleinschreibung ändern. Die Namen dieser Funktionen – Grossbuchstaben, kleinbuchstaben, Erster Buchstabe im Wort Gross und Erster buchstabe im satz gross – und die Schreibweise im Menü beschreiben ihre Auswirkung ausreichend.

Outline und Schlagschatten

Positiv fällt auf, dass andere typografische Scheußlichkeiten wie Outline-Schrift oder schattierte Schrift als Standardfunktionen gar nicht angeboten werden und als grafische Elemente mit anderen Funktionen erstellt werden müssen. Das sollte sicherstellen, dass diese Stilmittel nicht leichtfertig verwendet, sondern gezielt genau so eingesetzt werden, wie es sinnvoll und nötig ist.

Allerdings ist etwas rätselhaft, warum diese Funktionen nicht den Zeichenattributen zugeordnet sind und somit in den dazugehörigen Bedienfeldern bzw. in deren Menüs untergebracht wurden. Das führt offensichtlich auch dazu, dass diese Funktionen nicht in Zeichen- und Absatzformaten verwendet werden können und in jedem Fall manuell angewendet werden müssen.

OpenType

Die zweite Option im Bedienfeldmenü des Zeichen-Bedienfelds (und die erste Option beim Steuerung-Bedienfeld) ist die sehr mächtige Funktion OpenType.

OpenType-Schriften verfügen über die Möglichkeit, typografische Funktionen über sogenannte Layout-Features zur Verfügung zu stellen. Mit dem Befehl OpenType aus dem Bedienfeldmenü können Sie auf diese Funktionen zugreifen – selbstverständlich nur dann, wenn Sie eine OpenType-Schrift ausgewählt haben und diese Schrift auch das gewünschte Layout-Feature anbietet.

▲ **Abbildung 12.10**
OpenType-Menü im Bedienfeldmenü des Zeichen-Bedienfelds. Layout-Features, die in eckigen Klammern im Menü angezeigt werden, sind in der ausgewählten Schrift nicht vorhanden.

Tabelle 12.1 ▶
OpenType-Layout-Features. Die beiden Features Formatsätze und Positionalform fehlen hier, weil sie wieder einige Varianten enthalten (können).

Layout-Feature	Beispiel	Schrift
Bedingte Ligaturen	ct, sp, st	Warnock Pro
Brüche	345⁄754, 6⁄8	Minion Pro
Ordinalzeichen	1st, 2nd, 3rd, 10th, Nº 7	Minion Pro
Schwungschrift	Schwung-Schrift	Warnock Pro
Titelschriftvarianten	TITELSCHRIFT	Adobe Garamond
Kontextbedingte Varianten	Kontextbedingte Varianten	Voluta Script Pro
Alles in Kapitälchen	ALLES IN KAPITÄLCHEN	Warnock Pro
Null mit Schrägstrich	1.000.000	Warnock Pro
Hochgestellt	m^3	Warnock Pro
Tiefgestellt	H_2O	Warnock Pro
Zähler	5⁄	Warnock Pro
Nenner	⁄6	Warnock Pro
Versalziffern für Tabellen	1234567890	Warnock Pro
Proportionale Mediävalziffern	1234567890	Warnock Pro
Proportionale Versalziffern	1234567890	Warnock Pro
Mediävalziffern für Tabellen	1234567890	Warnock Pro
Standardzahlenformat	1234567890	Warnock Pro

Allerdings unterstützen derzeit noch relativ wenige OpenType-Schriften die gesamte Palette der Layout-Features. Die nicht unterstützten Optionen sind im OpenType-Menü in eckige Klammern gesetzt (siehe Abbildung 12.10: [Titelschriftvarianten]). Da es sich bei den einzelnen Optionen zum Teil um sehr spezielle Feinheiten der Typografie handelt, sind Änderungen, die sich durch eine Umstellung ergeben, für ein untrainiertes Auge nicht auf Anhieb erkennbar. Viele Feinheiten sind auf dem Monitor nur in extremer Vergrößerung zu erkennen und werden erst im Druck mit hochauflösenden Geräten sichtbar.

Bedingte Ligaturen | Manche Zeichenkombinationen erfordern bestimmte Abstände, wie z. B. fi oder fl. Die beiden Zeichen werden näher zusammengerückt als andere Zeichen und bilden eine Einheit. Im Bleisatz gab es für solche Zeichenkombinationen – sprich Ligaturen – eigene Bleikegel. InDesign kann auf die Standardligaturen in der Schrift zugreifen, sofern sie in der Schrift existieren. Sie erreichen diese Funktion über das Bedienfeldmenü des Zeichen-Bedienfelds. OpenType-Schriften führen zusätzlich den Begriff der »bedingten Ligatur« ein. Dabei werden bestimmte Zeichenkombinationen durch Verbindungsstriche zu einer Einheit zusammengefasst – siehe auch Seite 424. Dieses Stilmittel ist allerdings nicht für jeden Text geeignet.

ct, sp, st

Brüche | Bruchzahlen werden üblicherweise mit einem Schrägstrich dargestellt: 1/4 – diese Darstellung ist aus typografischer Sicht jedoch falsch. Zähler und Nenner müssen hoch- bzw. tiefgestellt werden: $^1/_4$. Wie Sie jedoch an diesem Beispiel erkennen können, ergeben sich hier wiederum Probleme mit den unterschiedlichen Strichstärken (zum Vergleich – so sollte es aussehen: ¼), die aus der Skalierung der Ziffern resultieren. Das Problem kann durch den Einsatz von sogenannten Expert-Schnitten umgangen werden. Eine gut ausgestattete OpenType-Schrift liefert diese Formen bereits mit. Allerdings bieten hier manche Schriften nur Varianten für Brüche an, in denen sowohl der Nenner als auch der Zähler einstellig sind.

$^{345}/_{754}$, $^6/_8$

Expert-Schnitt
Ein *Expert-Schnitt* ist ein Schriftschnitt, der unterschiedliche Schriftzeichen, die im »normalen« Lesetext nicht vorkommen, vereint. Das können Linien, Bruchziffern, Ligaturen, Sonderzeichen verschiedener Sprachen, aber auch Ornamente und andere grafische Elemente sein.

Ordinalzeichen | Ordinalzeichen sind in der deutschsprachigen Typografie nicht besonders ausgezeichnet. Nebenstehend sehen Sie englische Beispiele und das Ordinalzeichen für »Nummer«. Wenn die verwendete Schrift Ordinalzeichen unterstützt und die Funktion eingeschaltet ist, werden die Hochstellungen für »st«, »nd« usw. automatisch formatiert. Auch in anderen Sprachen können diese Ordinalzeichen wirksam werden.

1st, 2nd, 3rd, 10th, N° 7

Schwung-Schrift

Schwungschrift | Schwungschrift verändert die letzten Buchstaben und die Versalzeichen von Wörtern. Das Wortende wird mit einem Fähnchen versehen.

TITELSCHRIFT

Titelschriftvarianten | Wenn Titel in Versalien gesetzt werden, werden in der Detailtypografie besondere Regeln für Zeichenabstände wirksam. Die Strichstärke der Schrift ist bei sehr großen Schriftgraden nicht immer passend. Die Titelschriftvarianten bieten hier eigene Darstellungen der Versalbuchstaben. Sie sollten diese Funktion wirklich nur im Versalsatz einsetzen. Bei »normalem« Text passen sonst die Versalien nicht mehr zu den Gemeinen.

Kontextbedingte Varianten

Kontextbedingte Varianten | Schon Gutenberg ließ für einige Zeichen unterschiedliche Varianten schneiden, die je nach ihrem Umfeld oder den Platzverhältnissen eingesetzt wurden. OpenType bietet mit den kontextbedingten Varianten ein ähnliches Konzept. Derartige Varianten müssen natürlich ganz genau kontrolliert werden. Der automatisierte Satzprozess liefert verständlicherweise auch nur ein Ergebnis, das immer gleiche Muster bietet. Das gezeigte Beispiel in der handschriftlichen Schrift *Voluta Script Pro* zeigt, dass kleine Modifikationen – z. B. Anstriche bei i und a – die handschriftliche Anmutung noch verstärken können.

Kontextbedingte Varianten und Kapitälchen

Obwohl Type-1 - und TrueType-Schriften selbstverständlich keine Layout-Features unterstützen, ist die kontextbedingte Variante auch in diesem Fall standardmäßig aktiviert. Dadurch kann es leider vorkommen, dass Zeichen, die als Kapitälchen formatiert wurden, plötzlich nicht mehr als solche angezeigt werden. Dieses Phänomen verschwindet und taucht dann plötzlich wieder auf. Deaktivieren Sie deshalb die kontextbedingte Variante bei Type-1 - und TrueType-Schriften.

ALLES IN KAPITÄLCHEN

Alles in Kapitälchen | Diese Funktion darf nicht mit dem Kapitälchen-Schnitt einer Schrift verwechselt werden. Genau genommen stellt sie lediglich eine alternative Form des Versalsatzes zur Verfügung, wobei die Versalien aber nur die Höhe der Gemeinen erreichen.

1.000.000

Null mit Schrägstrich | Um 0 und O besser unterscheidbar zu machen, können Sie auf die verschiedenen Zahlenformate oder auch auf dieses Layout-Feature zurückgreifen. Die Unterstützung in den verschiedenen Schriften ist allerdings recht spärlich und zumeist auf die Ziffern fixer Breite beschränkt.

Formatsätze | In Formatsätzen sind verschiedene stilistische Alternativen einer Schrift zu Gruppen zusammengefasst. Es können bis zu 20 solcher Gruppen verwendet werden. Sollten Sie mehrere Gruppen ausgewählt haben, wird nur die Gruppe mit der niedrigsten Nummer angewendet. Die Unterschiede in den verschiedenen Gruppen können sehr diffizil sein, und nur sehr wenige Schriften bieten dieses Layout-Feature überhaupt an. In den Versalien der *Poetica Std* sind die Unterschiede allerdings recht gut sichtbar.

Einen schnellen Überblick über die verschiedenen Varianten bietet Ihnen das Glyphen-Bedienfeld (siehe Seite 435).

Positionalform | Im arabischen Schriftsystem (möglicherweise auch in anderen) ändern einzelne Zeichen ihre Form in Abhängigkeit von der Position innerhalb des Wortes. Die jeweiligen Glyphenformen können hier gezielt ausgewählt werden. ALLGEMEINE FORM nimmt keine Rücksicht auf die Position, AUTOMATISCHE FORM bestimmt die Form aus der Position im Wort. Die restlichen Optionen legen die Positionsform unabhängig von der tatsächlichen Position des Zeichens im Wort fest.

Allgemeine Form
Ob in der arabischen Schrift bei Anwendung der allgemeinen Form ein lesbarer Text entsteht, ist von der Sprache abhängig, in der der Text verfasst ist.

Die Positionalform ist der kontextbedingten Variante nicht unähnlich. Solche Zeichenmutationen sind aber zumeist nur in handschriftlich anmutenden Schriften zu finden. Obwohl die Positionalform in manchen Schriften lateinischer Alphabete angeboten wird, ist oft keine Änderung im Aussehen der Zeichen feststellbar.

Hochgestellt und tiefgestellt | Wie Sie bereits wissen, führen die Standardfunktionen für hoch- und tiefgestellte Zeichen, die die vorhandenen Ziffern lediglich skalieren, zu veränderten Strichstärken, die dann nicht mehr zu den anderen Zeichen des Schriftschnitts passen. Gegen dieses Problem muss im Normalfall mit eigenen Expert-Schnitten für den Formelsatz vorgegangen werden. OpenType-Schriften können innerhalb eines Schnitts eigene Indexziffern anbieten und Ihnen so das Leben wesentlich erleichtern.

m^3 H_2O

Zähler und Nenner | Hier ist die Situation wie bei den Indexziffern, nur dass besonders auf die Ausrichtung zum Schrägstrich Rücksicht genommen wird.

5/ /6

Versalziffern für Tabellen | Diese Option liefert Versalziffern gleicher Breite (Dickte), was bei der Mehrheit der Schriften Standard ist, weil damit gut Zahlenkolonnen gesetzt werden können. Im Bleisatz waren sie die einzig praktikable Möglichkeit in Kombination mit gleich breiten Zwischenräumen, um schnell und exakt ausgerichtet Zahlen zu setzen.

1234567890

Versalziffern
Versalziffern haben eine einheitliche Höhe und sind heute der Regelfall.

Heute löst man dieses Problem mit Tabulatoren und Tabellen. Der Hinweis auf Tabellen ist aus heutiger Sicht also unter Umständen missverständlich.

Mediävalziffern
Unter *Mediävalziffern* (mittelalterlichen Ziffern) versteht man Ziffern, die Unter- und Oberlängen haben. Sie leiten sich aus den mittelalterlichen Handschriften ab.

1234567890

Proportionale Mediävalziffern | »Proportional« bedeutet, dass jede Ziffer genauso breit ist, wie es ihr Schriftbild verlangt. 1 ist somit schmaler als 8. »Mediäval« (mittelalterlich) bedeutet, dass die Ziffern Unter- und Oberlängen haben.

1234567890

Proportionale Versalziffern | Dies sind folglich Versalziffern mit schwankenden Ziffernbreiten. Bei Zahlen in einem Fließtext wirken sie harmonischer, für den Satz von Zahlenkolonnen sind sie allerdings nicht geeignet, weil die Spaltenstruktur verloren geht.

1234567890

Mediävalziffern für Tabellen | Damit ist der Ziffernreigen komplett. Hiermit verwenden Sie Ziffern mit Unter- und Oberlängen, die alle eine einheitliche Dickte haben.

1234567890

Standardzahlenformat | Welches Aussehen die Standardzahlen haben, wird vom Schriftdesigner festgelegt. Bei den meisten digitalen Schriften kommen allerdings einheitlich breite Versalziffern zum Einsatz. Meistens wird hier also kein Unterschied zu den Versalziffern für Tabellen vorliegen, lediglich die Breite könnte sich unterscheiden. Die Standardbreite von Ziffern im Bleisatz war ein Halbgeviert. Die Breite der nicht proportionalen Ziffern ist zwar für alle Ziffern gleich, über die absolute Breite ist damit allerdings nichts ausgesagt, und sie kann somit vom Halbgeviert abweichen.

Tipp
Verwenden Sie in einem Fließtext *Mediävalziffern*. Dadurch wird der Grauwert des Textes weniger gestört.

Ligaturen

ff fi fl ffi ffl
ﬀ ﬁ ﬂ ﬃ ﬄ

▲ **Abbildung 12.11**
Die klassischen Buchstabenverbindungen, die oft als Ligaturen dargestellt werden. Oben treffen die Zeichen »normal« aufeinander, unten wurden sie als Ligaturen formatiert.

Mit Ligaturen haben Sie zuvor in Form der bedingten Ligaturen als Layout-Feature von OpenType-Schriften Bekanntschaft gemacht. Allerdings sind Ligaturen keine Erfindung des OpenType-Zeitalters und als typografische Spezialität schon lange in Verwendung. InDesign kann Ligaturen auch in anderen Schriften anwenden, sofern diese Schriften auch Ligaturen anbieten, was bei vielen Qualitätsschriften der Fall ist.

Die Option Ligaturen im Bedienfeldmenü des Zeichen- und des Steuerung-Bedienfelds ist standardmäßig eingeschaltet. InDesign tauscht dann Zeichengruppen, die als Ligatur infrage kommen, gegen einzelne Zeichen aus. Tatsächlich geschieht das erst beim Druck bzw. bei der PDF-Ausgabe Ihres Dokuments. Obwohl auch auf dem Monitor Ligaturen dargestellt werden, können Sie weiterhin die einzelnen Zeichen einer Ligatur auswählen. Aus diesem Grund stören Ligaturen auch nicht in der Rechtschreibprüfung – intern betrachtet InDesign Ligaturen immer als getrennte Zeichen.

Verbindung unterdrücken | An dieser Stelle ist ein Vorgriff auf das Thema »Sonderzeichen« notwendig. Im Menü Schrift • Sonderzeichen einfügen • Andere finden Sie den Menüpunkt Verbindung unterdrücken, mit dem Sie Ligaturen im Einzelfall deaktivieren können. Eine Satzregel besagt nämlich, dass keine Ligaturen über Silbengrenzen hinweg gebildet werden dürfen. »aufladen« wäre also falsch und sollte richtig als »aufladen« gesetzt werden. Wenn Sie das Sonderzeichen Verbindung unterdrücken zwischen f und l setzen, wird an dieser Stelle keine Ligatur gebildet.

Ligaturen abschalten
Ligaturen sind standardmäßig eingeschaltet. Wenn Sie sie punktuell abschalten möchten, können Sie natürlich auch die betreffende Ligatur auswählen und über das Bedienfeldmenü des Steuer- bzw. Zeichen-Bedienfelds die Ligatur einfach abschalten.

Das Sonderzeichen Verbindung unterdrücken hat den Vorteil, dass es universell wirkt, also auch auf Zeichenverbindungen, die z. B. aus OpenType-Funktionen resultieren.

Unterstreichungs- und Durchstreichungsoptionen

Die wenigsten Schriftfamilien verfügen über Schnitte mit Unterstreichungen oder Durchstreichungen. Das ist auch verständlich, weil in einem Mengentext diese Stile ohnehin nicht vernünftig einsetzbar sind. Die elektronisch erzeugten Varianten wurden auch eher stiefmütterlich behandelt und waren zumeist in ihrer Stärke und Position recht unglücklich gestaltet, was eine Verwendung umso weniger empfahl. InDesign bietet alle Einstellmöglichkeiten für Unter- und Durchstreichungen. Die Optionen unterscheiden sich nur in einem kleinen Detail: der Lage der Linie.

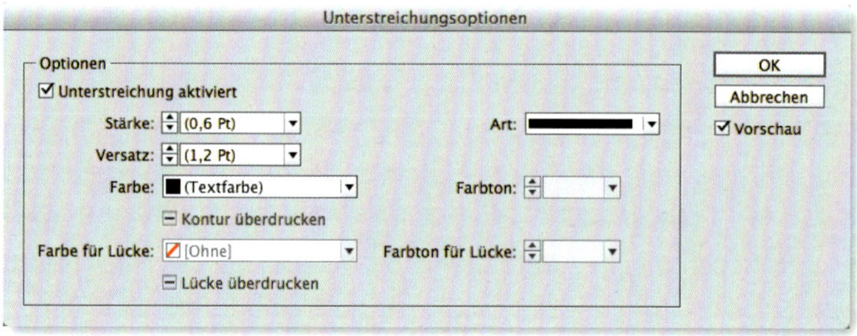

◂ **Abbildung 12.12**
Unterstreichungsoptionen, die im Übrigen genau die gleichen Einstellmöglichkeiten wie die Durchstreichungsoptionen bieten

- Unterstreichung aktiviert: Dies entspricht dem Auswählen von Unterstrichen im Bedienfeldmenü.
- Stärke: Die Stärke der Linie, wobei bei Linien wie Breit–Schmal–Breit die Stärke natürlich von Ober- zu Unterkante gemessen wird.
- Art: Eine ganze Reihe von Linienformen ist bereits vordefiniert und kann hier ausgewählt werden. Wie das Anlegen neuer Arten erfolgt, erfahren Sie im Abschnitt »Konturenstile« ab Seite 385.

Unterstreichung missbrauchen

Wenn Sie einen Text wie mit einem Textmarker unterlegen wollen, können Sie ihn unterstreichen, der Unterstreichung eine Farbe geben und sie etwas stärker als den Schriftgrad machen. Wenn Sie den Versatz nun noch so anpassen, dass die Unterstreichung etwas nach oben rückt, sieht das Ganze wie oben in diesem Absatz aus.

- Versatz: Damit ist der Abstand der Linie von der Grundlinie des Textes gemeint. Hier liegt der einzige Unterschied zu den Durchstreichungsoptionen. Ein positiver Wert versetzt die Linie unter die Grundlinie. In den Durchstreichungsoptionen verschiebt ein positiver Wert die Linie über die Grundlinie.
- Farbe und Farbton: Die Farbe der Unterstreichung steht standardmäßig auf Textfarbe, was in den meisten Fällen auch die richtige Einstellung sein dürfte. Sie können natürlich jede definierte Farbe zuweisen und unter Farbton den gewünschten Tonwert eintragen. Sie sollten dafür jedoch immer ein Tonwertfeld anlegen.
- Kontur überdrucken: Wenn die Linie in der Textfarbe gedruckt wird, wird sie wie der Text behandelt und verwendet somit auch die Überdrucken-Einstellungen des Textes. Wenn Sie eine abweichende Farbe verwenden, können Sie hier festlegen, ob überdruckt werden soll oder nicht. Sie sollten diese Option nur dann anwenden, wenn ein dringender Anlass dazu besteht, ansonsten erzielen Sie in der Ausgabe unbeabsichtigte Effekte.
- Farbe für Lücke, Farbton für Lücke, Lücke überdrucken: In allen gestrichelten Linien entstehen Lücken, aber auch parallel verlaufende Linien bilden einen Abstand aus, der gefüllt werden kann. Alle drei Einstellungen verhalten sich dabei genauso wie bei der Linie selbst. Die Überdrucken/Aussparen-Problematik potenziert sich hier natürlich, weshalb Sie diesbezüglich keine Einstellungen vornehmen sollten, wenn es keinen triftigen Grund dafür gibt.

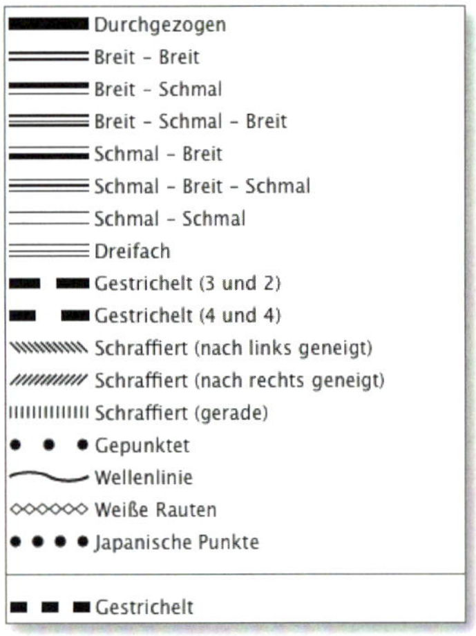

▲ **Abbildung 12.13**
Die standardmäßig verfügbaren Linienarten

Kerning und Laufweite

QuarkXPress-Benutzer sind gewohnt, dass QuarkXPress im Kontext unterscheidet, ob der Abstand zwischen genau zwei Buchstaben verändert werden soll (*Unterschneidung*) oder ob der Abstand zwischen mehreren Zeichen verändert werden soll (*Spationierung*). Die beiden Bezeichnungen sind die in der deutschen Setzersprache etablierten Begriffe. InDesign verwendet »Kerning« anstelle von »Unterschneidung« und »Laufweite« anstelle von »Spationierung«. Dafür bietet InDesign aber eine sehr exakte Kontrolle dieser Eigenschaften, die jeweils in Schritten von einem $^1/_{1000}$-Geviert verändert werden können – QuarkXPress arbeitet hingegen mit einem $^1/_{200}$-Geviert.

Aufgefallen?

Die Brüche, die wir hier verwenden, sehen leider nicht so aus, wie sie sollten, weil unsere Satzschrift nicht über Sonderzeichen für solche Brüche verfügt – wir bitten um Entschuldigung!

Kerning | Das Symbol zeigt deutlich, dass nur der Abstand zwischen genau zwei Zeichen verändert werden soll – der Textcursor muss also zwischen zwei Zeichen stehen. Neben einigen vorgegebenen Werten kennt Kerning zusätzlich zwei weitere Einstellungen:

- Metrisch: Schriften guter Qualität enthalten Unterschneidungstabellen, in denen die Abstände zwischen bestimmten Zeichenkombinationen vermerkt sind. Die Einstellung Metrisch greift auf diese Vorgaben zurück. Sie ist auch die Standardeinstellung.
- Optisch: Mit dieser Einstellung versucht InDesign, die Platzverhältnisse anhand der Buchstabenformen zu errechnen. Diese Einstellung ist sinnvoll, wenn Sie in einer Zeile mehrere Schriftarten und -grade mischen und somit die metrischen Abstände nicht mehr stimmen. Besonders zu empfehlen ist die Einstellung Optisch in Verbindung mit Zahlen, da zwischen der Ziffer 1 und den anderen Ziffern zumeist ein zu großer Zwischenraum entsteht. Bei OpenType-Schriften, die proportionale Ziffern als Layout-Feature anbieten, sollten Sie natürlich mit diesen Ziffern arbeiten und brauchen dann die Option Optisch nicht.

Vorsicht!
Das Ausgleichen von größeren Textmengen durch die Option Optisch bremst das Arbeitstempo von InDesign erheblich!

Steht der Cursor zwischen zwei Zeichen, wird im Feld Kerning der aktuelle Wert angezeigt, wobei Werte, die aus metrischen oder optischen Einstellungen resultieren, in Klammern dargestellt werden.

Laufweite | Haben Sie mehrere Zeichen ausgewählt, wie es das Symbol für die Laufweite andeutet, wird der Platz zwischen allen beteiligten Zeichen verändert. Erhöhen Sie die Abstände, führt das zu einer *Sperrung* des Textes.

Änderungen im Kerning bleiben erhalten, wenn der gleiche Text auch in seiner Laufweite verändert wird. Die einzelnen Einstellungen summieren sich dann, und die relativen Einstellungen verändern sich somit nicht.

Mit dem Tastenkürzel Alt+→/← bzw. ⌥+→/← können die Abstände zwischen Zeichen verändert werden, wobei aber kein Unterschied mehr zwischen Kerning und Laufweite gemacht wird. Die Schrittweite, mit der die Cursortasten arbeiten, kann in den Voreinstellungen verändert werden. Halten Sie die ⇧-Taste zusätzlich gedrückt, erhöht sich der Wert um das Fünffache des eingestellten Vorgabewerts.

Laufweite
Der Begriff *Laufweite* ist etwas unglücklich gewählt, da Laufweite eine Eigenschaft der Schrift ist, hier aber eine Methode zur Änderung der Platzverhältnisse zwischen Zeichen bezeichnet.

Verzerren von Schrift

Einige Funktionen führen implizit zu einer Verzerrung bzw. Skalierung von Schrift (Kapitälchen, Tiefgestellt, Hochgestellt). Auf die damit verbundene Problematik der skalierten Strichstärken haben wir bereits hingewiesen. Wenn Sie keine Expert- oder OpenType-Schriften zur Verfügung haben, werden Sie um den Einsatz dieser Funktionen nicht umhinkommen.

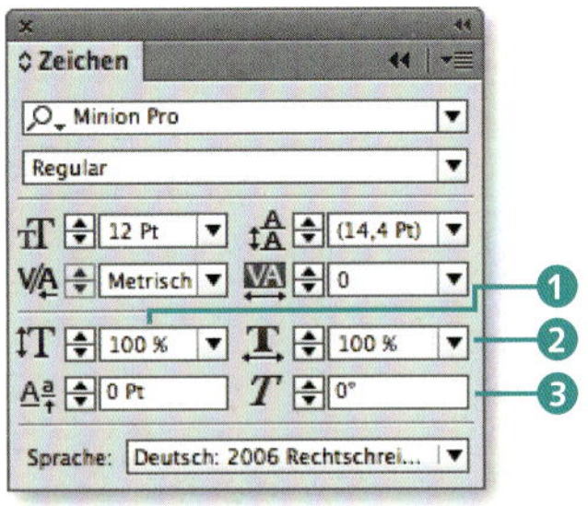

▲ **Abbildung 12.14**
Vertikale Skalierung ❶, Horizontale Skalierung ❷ und Neigen ❸ im Zeichen-Bedienfeld

Bei den beiden Funktionen Vertikale Skalierung ❶ und Horizontale Skalierung ❷ liegen die Dinge allerdings anders. Werden diese bei grafischen Arbeiten – z. B. Logo- oder Signetgestaltung – eingesetzt, ist dagegen natürlich nichts einzuwenden; für Lesetext sind die beiden Funktionen allerdings absolut tabu. Die Schriftenhersteller treiben einen enormen Aufwand, um Schrift schließlich so aussehen zu lassen wie geplant und somit einen Text gut lesbar zu machen, was ja letztlich die Aufgabe der Typografie ist. Eine gut ausgestattete Qualitätsschrift funktioniert somit von sich aus, und InDesign leistet viel, um korrekte und ansprechende Ergebnisse zu erzeugen. Das Verzerren von Schrift stört dieses Gefüge ganz erheblich und widerspricht somit den Idealen der guten Lesetypografie. Zusätzlich ist es aber auch eine Frage des Respekts vor der kulturellen Leistung der Schriftdesigner. Würden Sie es lustig finden, wenn die zuständige Behörde Ihr Bild im Führerschein horizontal auf 150 % skalieren würde?

Glyphenskalierung

Auf Seite 455 werden wir Ihnen die Funktion Glyphenskalierung vorstellen, die Blocksatz durch Skalierung der einzelnen Zeichen verbessert. InDesign optimiert dabei den Grauwert des Absatzes und steuert so gegen die optischen Auswirkungen einer – sehr moderaten – Verzerrung der einzelnen Glyphen. Obwohl hier also Zeichen verzerrt werden, ist das Ergebnis nicht mit brutalen Verzerrungen vergleichbar, die mit den Skalierungsfunktionen erzeugt werden können (aber nicht zwangsläufig erzeugt werden müssen!).

Die Funktion Neigen (Pseudo-Kursiv) ❸ beschreibt in ihrem Namen schon sehr gut, was sie einer Schrift antun kann. Auch hier gilt, dass die Anwendung im grafischen Bereich durchaus angebracht oder notwendig sein kann; in der Lesetypografie hat sie jedoch nichts verloren. Verwenden Sie immer einen kursiven Schnitt, und überdenken Sie Ihre Schriftwahl, wenn in der verwendeten Schriftfamilie kein Kursivschnitt vorhanden sein sollte.

In Abbildung 12.15 sehen Sie links in der ersten Zeile den Standardschnitt der Garamond und in der zweiten Zeile den Italic-Schnitt. Die dritte Zeile kursiviert den Standardschnitt mit einem Winkel von 18°, was in etwa dem Winkel des Kursivschnitts entspricht. Sie sehen, dass es im Schriftdesign nicht mit einer puren Verzerrung getan ist. Sämtliche Buchstabenformen – besonders auffällig das a – sind im Kursivschnitt speziell gestaltet worden.

Abbildung 12.15 ▶
Vergleich einer echten (Mitte links) und einer durch Verzerren entstandenen Kursiven (unten)

Um den Unterschied noch besser sichtbar zu machen, haben wir rechts beide Varianten übereinandergestellt, wobei der Umriss der künstlichen Kursivierung den echten Kursivschnitt überlagert. Die beiden haben so wenig miteinander zu tun, dass in unserem Führerschein-Beispiel nun anstatt Ihres Fotos das Bild eines Fremden zu sehen wäre.

Kursiv
Ursprünglich die Bezeichnung für Handschriften. Bei Satzschriften werden auch die Bezeichnungen *Italic* oder *Oblique* verwendet.

Pseudo-Kursiv kann und muss manchmal verwendet werden, wenn Sie keinen Einfluss auf die Schriftwahl haben, aber auch für grafische Anwendungen, wenn z. B. bestimmte Zeichen nur als Vorlage dienen und letztlich als Pfad weiterverwendet werden oder eine – zugegebenermaßen ungewöhnliche – Linksneigung gebraucht wird. Bei Groteskschnitten, also serifenlosen Schriften, kann eine sanfte Kursivierung oft ebenfalls vertretbar sein. Bei guten Antiqua-Schriften sollte es immer einen eigenen kursiven Schnitt geben, den Sie auch verwenden sollten.

▲ **Abbildung 12.16**
Die Tastatur einer Monotype-Satzmaschine aus dem Jahr 1931 zeigt, dass Schriftsetzer gewohnt sind, mit etwas mehr einzelnen Zeichen umzugehen, als es z. B. in der Textverarbeitung üblich ist.

12.2 Besondere Zeichen

Wie Sie sehen, ist ein gutes Ergebnis nicht nur von der Werkzeughandhabung abhängig. Es gilt auch, die bewährten Regeln des Schriftsatzes zu kennen und anzuwenden. Schriftsetzer unterscheiden viele unterschiedliche Abstände und wissen sehr genau, welche Abstände wo gemacht werden müssen.

Vielen erfahrenen Setzern blutet das Herz, wenn Trennstriche als Gedankenstriche verwendet werden. InDesign macht es Ihnen allerdings leicht, diese typografischen Feinheiten umzusetzen, die wir in der Folge näher beleuchten wollen.

Leerräume

Leerraum (oder auch »Weißraum« genannt) tritt an allen Stellen der typografischen Gestaltung auf. Kerning, Laufweite, Einzüge, Zeilenabstand, Tabulatoren usw. steuern die Verteilung von Zeichen und sorgen im Idealfall für einen angenehmen Grauwert im Text und somit für eine gute Lesbarkeit.

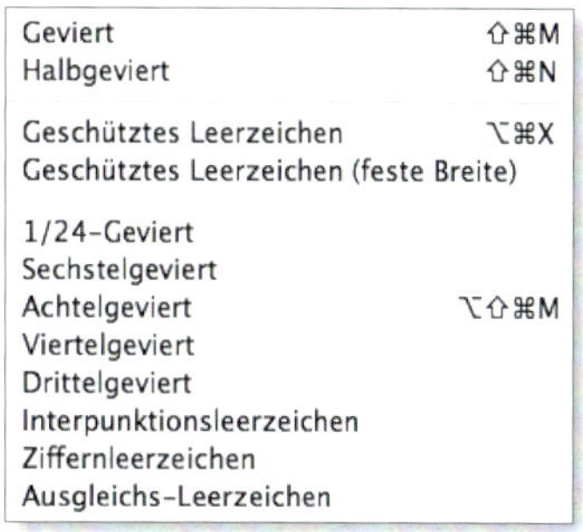

▲ **Abbildung 12.17**
Die wichtigsten Zwischenräume finden Sie im MENÜ SCHRIFT • LEERRAUM EINFÜGEN.

Darüber hinaus gibt es aber neben ästhetischen Überlegungen auch Erfahrungswerte, wie einzelne Textbereiche sinnvoll voneinander zu trennen sind.

Das Fatale an Leerzeichen ist, dass sie sich zwar bemerkbar machen, aus ihrem »Aussehen« aber nicht direkt geschlossen werden kann, um welches Zeichen es sich handelt. Aktivieren Sie deshalb die Option SCHRIFT • VERBORGENE ZEICHEN EINBLENDEN (Strg+Alt+I bzw. ⌘+⌥+I). Nun werden alle nicht direkt sichtbaren Zeichen, wie Absatzmarken, Tabulatoren etc., in Ihrem Text mit eigenen Symbolen angezeigt.

▶ GEVIERT: Ein Geviert ist genauso breit wie der Schriftgrad hoch ist, bei einer 12-Pt-Schrift also auch 12 Pt. Geviert-Leerzeichen wurden im Bleisatz gebraucht, um Einzüge in der ersten Zeile eines Absatzes zu

Verboten!
Weißraum mit zwei oder mehr Leerzeichen zu schaffen, ist absolut verboten! Nutzen Sie die vielfältigen Leerräume, die InDesign anbietet.

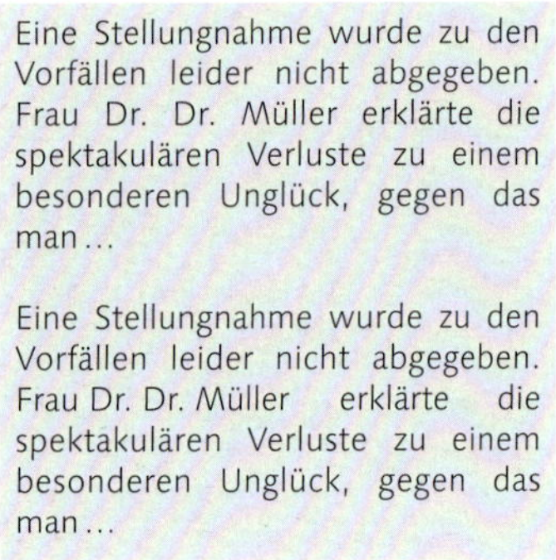

Eine Stellungnahme wurde zu den Vorfällen leider nicht abgegeben. Frau Dr. Dr. Müller erklärte die spektakulären Verluste zu einem besonderen Unglück, gegen das man …

Eine Stellungnahme wurde zu den Vorfällen leider nicht abgegeben. Frau Dr. Dr. Müller erklärte die spektakulären Verluste zu einem besonderen Unglück, gegen das man …

▲ **Abbildung 12.18**
Der Name soll nicht von den Titeln getrennt werden. Im oberen Absatz wird dazu das geschützte Leerzeichen verwendet, im unteren Absatz Geschütztes Leerzeichen (feste Breite) eingestellt. Die Platzverteilung innerhalb der Zeile wird völlig anders.

Drittelsatz
Im Bleisatz wurden zumeist Wortabstände von einem Drittelgeviert verwendet, gelegentlich jedoch auch Viertelgevierte, was aber schon recht eng ist. Um klarzustellen, wie gesetzt wurde, sprachen Setzer von *Drittelsatz* bzw. *Viertelsatz*.

erzeugen. Im digitalen Satz gibt es dafür entsprechende Funktionen, womit das Geviert-Leerzeichen zunehmend bedeutungslos wird. Trotzdem ist es ein guter Anhaltspunkt für die Wahl des richtigen Einzugs in der ersten Zeile. In diesem Buch wird das Geviert-Leerzeichen in den Kolumnentiteln zwischen Kapitelnummer und Titel eingesetzt.

- Halbgeviert: Ein halbes Geviert ist immer noch ein ziemlich großer Abstand und wird deshalb heute ebenfalls sehr wenig verwendet. Ziffern sind in den meisten Schriften ein Halbgeviert breit, womit sich eine Anwendung im Satz von Zahlenkolonnen anbietet – allerdings ist diese Aufgabe mit Tabulatoren und Tabellen wesentlich eleganter zu lösen.
- Geschütztes Leerzeichen: Das geschützte Leerzeichen verbindet zwei Wörter, was bewirkt, dass verbundene Wörter bei einem Zeilenumbruch nicht voneinander getrennt werden. Allerdings wird die Breite dieses Leerzeichens im Blocksatz variabel gehalten und somit zumeist ein besseres Satzbild erreicht. Sie benötigen es z. B. zwischen Titel und Namen des Titelinhabers oder anderen Wortkombinationen, die unbedingt zusammengehalten werden sollen. Das Geschützte Leerzeichen kann mit dem Tastenkürzel Strg+Alt+X bzw. ⌘+⌥+X in den Text eingefügt werden.
- Geschütztes Leerzeichen (feste Breite): Dieses geschützte Leerzeichen ist genauso breit wie der normale Wortzwischenraum, ändert im Blocksatz aber nicht seine Breite.
- 1/24-Geviert, Sechstelgeviert, Achtelgeviert, Viertelgeviert, Drittelgeviert: Diese Leerzeichen unterschiedlicher fixer Breite kommen in den unterschiedlichsten Situationen zum Einsatz. Ein so schmales Leerzeichen wie das 1/24-Geviert kann als Trennzeichen vor oder zwischen Satzzeichen verwendet werden. Allerdings streiten hier die Typografen, ob die nötigen Freiräume nicht schon in der Schrift vorgesehen sein sollten.
  Abkürzungen mehrerer Wörter, wie »z. B.«, sollten mit einem kleinen Zwischenraum gesetzt werden. Das Achtelgeviert ist hierzu geeignet. Außerdem wird es vor und nach einem Geviert- oder Halbgeviertstrich verwendet. Viertelgeviert und Drittelgeviert waren die üblichen Wortzwischenräume im Bleisatz und können somit auch als solche verwendet werden. Das Sechstelgeviert hat in der typografischen Tradition keine besondere Bedeutung und ist nur als zusätzliches Angebot zu sehen.
- Interpunktionsleerzeichen: Die Breite des Interpunktionsleerzeichens entspricht der Breite von Ausrufezeichen, Punkt oder Doppelpunkt, was in etwa einem Viertelgeviert entspricht – so ist das

Interpunktionsleerzeichen auch bei Abkürzungen einsetzbar, da sich der Abstand zwischen einem Viertel- und einem Achtelgeviert bewegen soll.

- Ziffernleerzeichen: Das Ziffernleerzeichen ist genauso breit wie die Standardziffern in der verwendeten Schrift und kann somit im Satz von Zahlenkolonnen verwendet werden. Wie Sie wissen, gibt es allerdings auch Proportionalziffern, die keine einheitliche Breite haben und somit für eine Kombination mit dem Ziffernleerzeichen nicht infrage kommen.
- Ausgleichs-Leerzeichen: Bei Absätzen mit Blocksatz (alle Zeilen) wird auch die letzte Zeile des Absatzes über die Spaltenbreite ausgetrieben, was aber meistens zu sehr großen und hässlichen Wortabständen führt. Wenn Sie die Zeilenbreite voll ausnutzen müssen oder wollen – z. B., um einen Artikel mit einem Redakteurskürzel abzuschließen –, setzen Sie vor das Kürzel ein Ausgleichsleerzeichen, das dann den gesamten verfügbaren Platz in der Zeile einnimmt.

Die Symbole, mit denen die Leerzeichen angezeigt werden, und die dazugehörigen Tastenkürzel sind in Tabelle 12.2 zusammengefasst:

Zeichen	Symbol	Windows	Mac OS X
Geviert	‾	Strg + ⇧ + M	⌘ + ⇧ + M
Halbgeviert	ˉ	Strg + ⇧ + N	⌘ + ⇧ + N
Geschütztes Leerzeichen (flexibel)	^	Strg + Alt + X	⌘ + ⌥ + X
Geschütztes Leerzeichen (feste Breite)	^	–	–
1/24-Geviert	¨	–	–
Sechstelgeviert	:	–	–
Achtelgeviert	˙	Strg + Alt + ⇧ + M	⌘ + ⌥ + ⇧ + M
Viertelgeviert	·	–	–
Drittelgeviert	:	–	–
Interpunktionsleerzeichen	!	–	–
Ziffernleerzeichen	#	–	–
Ausgleichs-Leerzeichen	~	–	–

Zahlen und Einheiten

Zwischen Zahlen und ihren Einheiten, aber z. B. auch bei 10 % sollte ein Achtelgeviert gesetzt werden. Der Vorteil aller dieser Geviert-Bruchteile ist dabei, dass sie wie geschützte Leerzeichen wirken und deshalb alle diese Zahlenangaben nicht getrennt werden.

Eine Stellungnahme wurde zu den Vorfällen leider nicht abgegeben. Frau Dr. Dr. Müller erklärte die spektakulären Verluste zu einem besonderen Unglück, gegen das man ... rf

▲ **Abbildung 12.19**
Das Ausgleichs-Leerzeichen hat eine situationsabhängige Breite. Da diese Breite sehr groß ausfallen kann, kann sich der gesamte Umbruch dramatisch verändern.

◄ **Tabelle 12.2**
Alle Leerräume, ihre Tastenkürzel und ihre Symbole, die Sie durch das Einblenden von Sonderzeichen erhalten. Die Grundlinie ist eingeblendet.

Wenn Sie Textteile per Drag & Drop oder über die Zwischenablage an einen neuen Ort verschieben, kümmert sich InDesign darum, dass Wortzwischenräume eingefügt werden, falls das nötig ist. Alle hier beschriebenen Leerzeichen werden nur berücksichtigt, wenn sie auch als Teil des Textes ausgewählt wurden.

Voreinstellungen
Damit Wortabstände beim Einsetzen automatisch eingefügt werden, müssen Sie im Bereich EINGABE der Voreinstellungen die Option BEIM AUSSCHNEIDEN UND EINFÜGEN VON WÖRTERN ABSTAND AUTOMATISCH ANPASSEN aktivieren.

Verschiedene Striche

Ein weites Feld, um die Gesetze der Detailtypografie zu verletzen, sind die verschiedenen Striche, die in Texten auftreten können. Grundsätzlich gibt es davon vier. Einer davon (Divis) hat im digitalen Satz verschiedene Funktionen, behält dabei aber sein Aussehen. OpenType-Schriften können allerdings einige Varianten zu den einzelnen Strichen anbieten, die sich in Strichstärke und Grundlinienversatz (Position in der Zeile) unterscheiden.

Überblick
Geviertstrich: —
Halbgeviertstrich: –
Minus: −
Divis: -
Die vier Striche sind linksbündig ausgerichtet – es ist gut zu sehen, dass sie von unterschiedlichen Weißräumen umgeben sind.

Geviertstrich | Der Geviertstrich belegt den Platz eines Gevierts, nutzt diesen Platz aber nicht ganz aus und ist somit kein Geviert lang. Heute wird er nur noch selten verwendet, obwohl er als Auslassungsstrich in Zahlenkolonnen durchaus genutzt werden kann (siehe Tabelle 12.2).

Halbgeviertstrich | Die Länge beträgt tatsächlich ein Halbgeviert und belegt die gesamte Breite, sodass mit dem Halbgeviertstrich durchgängige Linien gezogen werden können (was Sie aber nicht tun sollten). Der Halbgeviertstrich wird oft als Trennstrich missbraucht, was aber falsch ist. Der Trennstrich ist wesentlich kürzer. Aufgrund der Länge des Halbgeviertstrichs sollte er mit verringerten Abständen vor und nach dem Strich gesetzt werden und nicht am Zeilenanfang stehen – verbinden Sie ihn deshalb mit dem vorausgehenden Wort durch ein geschütztes Leerzeichen. Der Achtelgeviert-Leerraum wäre hierfür gut geeignet.

Halbgeviertstrich – Anwendung
Sie können den Halbgeviertstrich einsetzen als:
Gedankenstrich – so wie hier
Bis-Strich: 1939–1945
Auslassungsstrich bei Dezimalzahlen: € 27,–

Minus | Das Minus im Formelsatz ist ebenfalls ein Halbgeviert lang, zumeist etwas dünner und steht in der Zeile etwas höher, was aber in minderwertigen Schriften oft nicht berücksichtigt wird. Zudem ist es zwar in den meisten Schriften vorhanden, aber bei TrueType- und PostScript-Schriften an unterschiedlichen Stellen untergebracht.

Divis, Trennzeichen, Bindestrich | Ein Divis erscheint, wenn Sie die Taste [-] Ihrer Tastatur drücken. Es hat sowohl die Funktion, Wörter zu teilen, als auch, sie zu verbinden, und kann als Ergänzungsstrich verwendet werden. Ein Divis wird immer ohne Leerraum zu den angrenzenden Zeichen gesetzt. Es übernimmt im digitalen Satz einige Funktionen, mit denen die automatische Silbentrennung beeinflusst werden kann.

Umbruch optimieren | Wenn Sie mit einem *Zeilenumbruch* nicht zufrieden sind, müssen Sie den Umbruch der Zeile innerhalb des Absatzes manuell korrigieren. Die wichtigste Methode ist hier, die Silbentrennung zu überprüfen und gegebenenfalls zu korrigieren. Prinzipiell können Sie Wörter teilen, indem Sie an der gewünschten Trennstelle ein Divis eingeben. Erreicht das Wort den Spaltenrand und ist ein Umbruch nötig, wird an genau dieser Stelle getrennt werden, weil ein normales Divis – genauso wie ein Leerzeichen – als Worttrennzeichen behandelt wird.

Umbricht der Text aber neu, weil Wörter hinzukommen oder gelöscht werden oder andere Korrekturen den Text verändern, bliebe das Divis im Text stehen. Beispiele dafür sehen Sie fast täglich in Ihrer Tageszeitung. Dabei wäre die Lösung ganz einfach: Verwenden Sie einen *bedingten Trennstrich*. Sie erreichen ihn über SCHRIFT • SONDERZEICHEN EINFÜGEN • TRENN- UND GEDANKENSTRICHE • BEDINGTER TRENNSTRICH bzw. über das Tastenkürzel [Strg]+[⇧]+[-] oder [⌘]+[⇧]+[-]. Kommt das Wort mit dem bedingten Trennstrich zur Trennung infrage, wird an der angegebenen Stelle getrennt und der Trennstrich sichtbar gemacht. Ist die Trennung nicht mehr nötig, verschwindet der Trennstrich automatisch wieder.

InDesign verhält sich bei der Eingabe des bedingten Trennstrichs etwas eigenwillig, denn die Eingabe funktioniert in manchen Fällen nicht. Meistens hilft es, den Trennstrich zu setzen, dann ein Leerzeichen einzufügen und dieses Leerzeichen wieder zu löschen. Dadurch wird InDesign anscheinend angehalten, den Zeilenumbruch neu zu berechnen. Weitere Ursachen, warum das Einfügen des bedingten Trennstrichs nicht funktioniert, können sein:

- Ein Wort, das nicht am Rand der Spalte steht (es stehen also noch Wortteile oder ein Wort davor oder dahinter), kann über den bedingten Trennstrich nicht getrennt werden.
- Der Adobe-Absatzsetzer stellt eine Grauwertverletzung fest und verweigert daher die Silbentrennung.
- Es sind bereits zu viele Silbentrennungsstriche (Trennungen in Folge) vorhanden.
- Das Wort kann an dieser Stelle nicht getrennt werden, da dabei zu kurze Vor- oder Nachsilben entstehen würden.
- Auf das Wort wurde die Funktion KEIN UMBRUCH oder die Option [KEINE SPRACHE] angewendet.

Divis und seine Anwendung

Trennung: Trenn-strich
Bindestrich: TrueType-Schriften
Ergänzungsstrich: Zeichen- und Absatzformatierung

Trennung verhindern

Zwei weitere Möglichkeiten, eine Trennung zu verhindern:

- Markieren Sie das betreffende Wort, und wählen Sie KEIN UMBRUCH aus dem Bedienfeldmenü des Zeichen-Bedienfelds.
- Setzen Sie die Sprache des Wortes auf [KEINE SPRACHE] – InDesign findet dann kein Wörterbuch und kann das Wort nicht trennen.

Wenn Sie möchten, dass ein bestimmtes Wort gar nicht getrennt wird – das ist vor allem bei Eigennamen erwünscht –, setzen Sie den bedingten Trennstrich vor das Wort, das nicht geteilt werden soll.

Andererseits gibt es bestimmte Wortverbindungen, die zwar ein Divis enthalten, aber trotzdem nicht getrennt werden sollen, z. B. Firmennamen. In diesem Fall verwenden Sie den *geschützten Trennstrich* anstelle des Trennzeichens. Sie können ihn über SCHRIFT • SONDERZEICHEN EINFÜGEN • Trenn- und GEDANKENSTRICHE • GESCHÜTZTER TRENNSTRICH bzw. das Tastenkürzel [Strg]+[Alt]+[-] oder [⌘]+[⌥]+[-] einsetzen.

Tabelle 12.3 ▶
Die verschiedenen Trenn- und Gedankenstriche. GID ist die Nummer der Glyphe im Zeichensatz, und Unicode ist die Nummer der Glyphe in der Unicode-Spezifikation. Mit diesen Werten können Sie mit der SUCHEN/ERSETZEN-Funktion von InDesign nach den entsprechenden Zeichen suchen.

Strich		Windows	Mac OS X
Geviertstrich GID: 197, Unicode: 2014	—	[Alt]+[⇧]+[-]	[⌥]+[⇧]+[-]
Halbgeviertstrich GID: 196, Unicode: 2013	–	[Alt]+[-]	[⌥]+[-]
Minus GID: 19, Unicode: 2212	−	über das Glyphen-Bedienfeld	über das Glyphen-Bedienfeld
Divis GID: 34, Unicode: 002D	-	[-]	[-]

Weitere Sonderzeichen

Sie haben nun bereits mit dem Menü SCHRIFT • SONDERZEICHEN EINFÜGEN Bekanntschaft gemacht und festgestellt, dass es hier noch eine Reihe von weiteren Sonderzeichen gibt, die Sie einsetzen können. Im Untermenü SYMBOLE finden Sie folgende druckbare Zeichen:

Tabelle 12.4 ▶
SCHRIFT • SONDERZEICHEN EINFÜGEN • SYMBOLE

Sonderzeichen		Windows	Mac OS
Aufzählungszeichen	•	[Alt]+[8]	[⌥]+[Ü]
Copyrightsymbol	©	[Alt]+[G]	[⌥]+[G]
Auslassungszeichen	…	[Alt]+[Ü]	[⌥]+[.]
Absatzmarke	¶	[Alt]+[7]	[⌥]+[3]
Symbol für eingetragene Marke	®	[Alt]+[R]	[⌥]+[R]
Paragrafenzeichen	§	[Alt]+[6] oder [⇧]+[3]	[⇧]+[3]
Symbol für Marke	™	[Alt]+[2]	[⌥]+[⇧]+[D]

Die verschiedenen *Anführungszeichen* können ebenfalls über ein eigenes Untermenü ausgewählt werden. Das ist für verschachtelte Anführungszeichen auch notwendig, da InDesign nicht richtig mit ihnen umgehen kann. Die Form der Anführungszeichen legen Sie in den InDesign-Voreinstellungen im Register WÖRTERBUCH fest, wobei allerdings festzustellen ist, dass es nicht für alle doppelten Anführungszeichen auch passende Gegenstücke gibt – hier ist noch Bedarf an Nachbesserung. In einigen Schriften sind die passenden Zeichen allerdings auch nicht belegt und können deshalb nicht richtig dargestellt werden.

Französische Anführungszeichen
Für die »umgekehrten französischen Anführungszeichen«, wie wir sie in diesem Buch verwenden und wie sie in der deutschsprachigen Typografie auch korrekt sind, kennt InDesign keine einfache Ausführung.

Glyphen und Glyphensätze

Natürlich sind das bei Weitem noch nicht alle Sonderzeichen, die es gibt. Gerade bei OpenType-Schriften können noch viele Hunderte Schmuck- und Sonderzeichen zur Verfügung stehen. Mit aktivierten OpenType-Funktionen kümmert sich InDesign für Sie darum, dass die entsprechenden Glyphen an den richtigen Stellen eingefügt werden.

Wenn Sie aber auf ganz bestimmte Sonderzeichen zugreifen wollen, hilft Ihnen auch die beste Automatik nicht. Schon mit Type-1- und TrueType-Schriften war es schwierig, den Überblick zu bewahren; im Umgang mit OpenType-Schriften mit einigen Zigtausend Glyphen ist dies jedoch nahezu unmöglich. InDesign hilft auch hier mit einem eigenen Bedienfeld – Sie können es über die Menüs SCHRIFT • GLYPHEN oder FENSTER • SCHRIFT UND TABELLEN • GLYPHEN bzw. deren Tastenkürzel [Alt]+[⇧]+[F11] oder [⌥]+[⇧]+[F11] aufrufen.

Zunächst einmal können Sie hier die Schriftfamilie ❶ und den Schriftschnitt ❷ auswählen. Diese Auswahl wird auch auf einen markierten Text übertragen. Die Anzahl der dargestellten Glyphen und somit auch ihre Größe können Sie mit den beiden Schaltflächen ❸ und ❹ verändern.

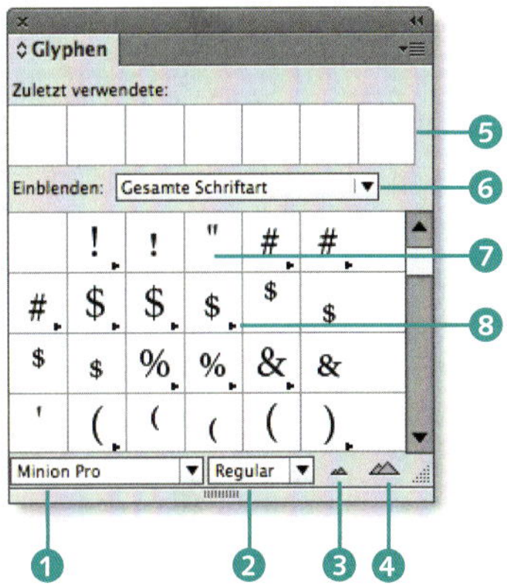

▲ **Abbildung 12.20**
Glyphen-Bedienfeld mit der – sehr gut ausgestatteten – Schrift Minion Pro.

Bei Type-1- und TrueType-Schriften werden die einzelnen Glyphen ohne Zusatz dargestellt ❼. Bei OpenType-Schriften werden hier allerdings alternative Glyphen, sofern vorhanden, angeboten. Glyphen mit alternativen Darstellungen sind mit einem kleinen Menüdreieck gekennzeichnet ❽ – mit einem Klick auf ein solches Menü können Sie sich die Alternativen anzeigen lassen und auswählen.

Über das Menü EINBLENDEN ❻ kann bei Type-1- und TrueType-Schriften der Zeichensatz in Funktionsgruppen wie Währungssymbole, Interpunktionszeichen usw. dargestellt werden. GESAMTE SCHRIFTART zeigt alle belegten Zeichen der ausgewählten Schrift an, ALTERNATIVEN FÜR AUSWAHL dagegen immer nur das im Bedienfeld ausgewählte Zei-

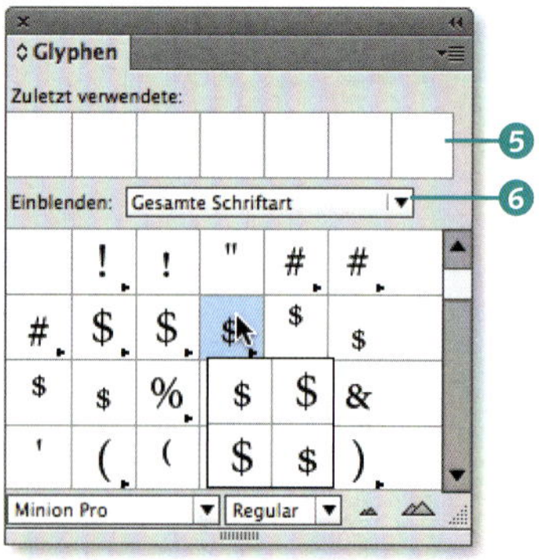

▲ **Abbildung 12.21**
Glyphen-Alternativen und das – leere – Protokoll Zuletzt verwendete.

chen, da der Mechanismus für alternative Glyphen nur in OpenType-Schriften verfügbar ist.

Bei einer ausgewählten OpenType-Schrift erhalten Sie über Einblenden 6 allerdings den vollen Zugriff auf alle Layout-Features der aktuellen Schrift – auch jene, die nicht über Funktionen im OpenType-Menü des Zeichen-Bedienfelds aktiviert werden können. So können Sie einen bestimmten Bereich auswählen und bekommen die entsprechenden Glyphen im Bedienfeld angezeigt. Verfügt eine Schrift nicht über bestimmte Layout-Features, werden sie im Menü auch nicht angezeigt. Unglücklicherweise ist InDesign in der Bezeichnung der Layout-Features nicht sehr konsistent.

Im Feld Zuletzt verwendete: 5 protokolliert das Bedienfeld die zuletzt verwendeten Glyphen für Sie mit. Darüber hinaus hat Adobe die Möglichkeit vorgesehen, sogenannte *Glyphensätze* anzulegen. Damit können Sie Glyphen, die Sie wiederkehrend beim Setzen Ihrer Publikation benötigen, als Set zusammenstellen.

Zuletzt verwendete Glyphen
Die Darstellung der Anzahl der verwendeten Glyphen ist abhängig von der Größe des Bedienfelds. Wenn Sie wirklich alle zuletzt verwendeten Glyphen anzeigen lassen wollen, so wählen Sie im Menü Einblenden 6 den gleichnamigen Eintrag aus.

Schritt für Schritt
Glyphensatz anlegen und verwenden

Ein Glyphensatz ist ein Behälter für einzelne Glyphen, wobei Sie festlegen können, ob nur die Glyphe an sich oder auch sonstige Attribute, wie Schriftfamilie, Schriftschnitt etc., gespeichert werden sollen.

1 Neuer Glyphensatz

Wählen Sie Neuer Glyphensatz aus dem Bedienfeldmenü des Glyphen-Bedienfelds.

2 Glyphensatz benennen

Benennen Sie im nun erscheinenden Fenster Ihren neuen Glyphensatz. Mit dem Menü Einfügereihenfolge legen Sie fest, ob neue Glyphen in der Reihenfolge, in der sie in den Satz aufgenommen wurden, sortiert werden (Am Anfang einfügen oder Am Ende anhängen) oder ob die Glyphen im Satz nach ihrem Code (Unicode-Reihenfolge) sortiert werden sollen.

Abbildung 12.22 ▶
Neuer Glyphensatz. Die Einfügereihenfolge können Sie auch nachträglich noch ändern.

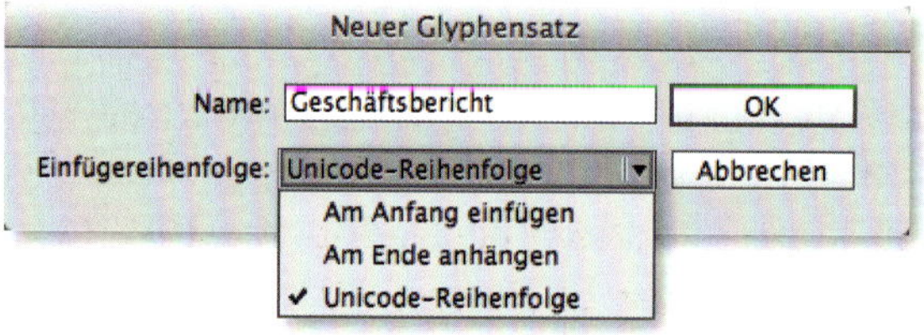

3 Glyphen in Glyphensatz aufnehmen

Wählen Sie eine Glyphe aus dem Glyphen-Bedienfeld aus, und rufen Sie aus dem Bedienfeldmenü Dem Glyphensatz hinzufügen • Geschäftsbericht auf. Wiederholen Sie diesen Schritt für alle Glyphen, die Sie in Ihren Glyphensatz aufnehmen wollen. Dabei können Sie verschiedene Schriftfamilien und Schriftschnitte mischen. Leider können Sie keine Mehrfachauswahl vornehmen.

4 Glypen aus dem Glyphensatz verwenden

Wählen Sie aus dem Menü Einblenden den Glyphensatz Geschäftsbericht aus. Positionieren Sie den Cursor in einem Text, und doppelklicken Sie auf eine Glyphe, um sie an der Cursorposition einzufügen.

Die Glyphensätze werden von InDesign automatisch verwaltet und gespeichert. Sie sind dem Programm und nicht etwa einem Dokument zugeordnet und somit immer verfügbar, sobald sie angelegt wurden. Werden allerdings die Voreinstellungen von InDesign wiederhergestellt, so werden dabei auch die Glyphensätze gelöscht! Das Sichern von Glyphensätzen ist nicht möglich.

Um einen Glyphensatz zu bearbeiten, wählen Sie im Bedienfeldmenü Glyphensatz bearbeiten • [Ihr Glyphensatz].

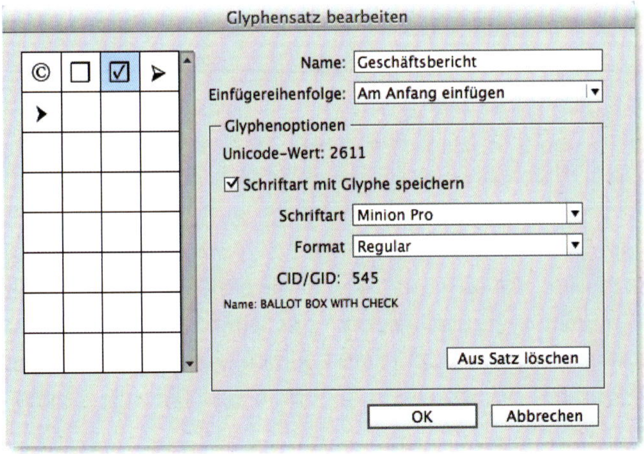

◀ **Abbildung 12.23**
Glyphensatz bearbeiten: CID/GID ist die interne Nummer einer Glyphe. Die GID und der Unicode-Wert einer Glyphe werden von InDesign angezeigt, wenn Sie im Glyphen-Bedienfeld den Mauszeiger über eine Glyphe stellen.

Hier können Sie den Namen des Satzes modifizieren und z.B. die Schriftart nachträglich ändern, was aber nur sinnvoll ist, wenn es sich um eine Glyphe handelt, die in der neuen Schrift auch an derselben Stelle vorhanden ist. Wenn Sie Schriftart mit Glyphe speichern deaktivieren, wird nur noch der Code der Glyphe gespeichert. Somit wird beim Einsetzen einer Glyphe in einen vorhandenen Text die Schriftart

Zuletzt verwendete Glyphen löschen

Die Liste der Glyphen, die unter Zuletzt verwendete gespeichert werden, ist letztlich auch nichts anderes als ein Glyphensatz. Sie können diesen Glyphensatz zwar nicht löschen, seinen Inhalt jedoch schon. Wählen Sie dazu Glyphensatz löschen • Zuletzt verwendete Glyphen aus dem Bedienfeldmenü des Glyphen-Bedienfelds.

Suchen/Ersetzen

Im Kontextmenü einer Glyphe finden Sie zwei interessante Zusatzfunktionen: Mit Glyphe in »Suchen« laden bzw. Glyphe in »Ersetzen« laden können Sie einzelne Glyphen in die Suchen/Ersetzen-Funktion übernehmen, was praktisch ist, da exotische Zeichen dort nur schwer eingegeben werden können.

nicht geändert, sondern die Glyphe im aktuellen Schriftschnitt dargestellt. Zusätzlich können Sie die EINFÜGEREIHENFOLGE hier noch ändern. Einzelne Glyphen können mit einem Klick auf AUS SATZ LÖSCHEN entfernt werden.

12.3 Steuerzeichen

Neben den bisher vorgestellten Zeichen gibt es eine Reihe von Sonderzeichen, die keine Zeichen im eigentlichen Sinne sind, sondern vielmehr Funktionen, die einen variablen Datenbestand des Dokuments anzeigen oder Strukturen erzeugen und steuern. Diese Steuerzeichen sind wie alle bisherigen Sonderzeichen über das Menü SCHRIFT • SONDERZEICHEN EINFÜGEN erreichbar.

Seitenzahlen, Abschnittsmarken und Fußnotennummern

Seitenzahlen sind im Endergebnis natürlich sichtbare Zeichen, aber selbstverständlich hat sich InDesign um die korrekte Nummerierung zu kümmern. Deshalb werden Seitenzahlen nicht manuell erstellt, sondern über Platzhalter, die zum Teil nur auf Musterseiten sinnvoll eingesetzt werden können. Die Gestaltung dieser Platzhalter erfolgt ganz normal; um den Inhalt kümmert sich InDesign. Diese Sonderzeichen sind im Menü SCHRIFT • SONDERZEICHEN EINFÜGEN im Untermenü MARKEN gruppiert:

Pagina
Der korrekte Begriff für *Seitenzahl* lautet *Pagina*. Die fortlaufende Nummerierung eines Dokuments nennt man »Paginierung«.

- AKTUELLE SEITENZAHL: Fügt die Seitenzahl der Seite, auf der dieses Sonderzeichen steht, in den Text ein. Umbricht der Text auf eine andere Seite, ändert sich die Seitenzahl entsprechend. Der aktuellen Seitenzahl ist das recht lange Tastenkürzel Strg+Alt+⇧+N bzw. ⌘+⌥+⇧+N zugeordnet.
- NÄCHSTE SEITENZAHL: Damit wird nicht etwa die Zahl der nächsten physikalischen Seite angezeigt, sondern die Seitenzahl der Seite, auf die der Text umbrechen wird. Wenn Sie einen Textrahmen auf Seite 3 mit einem Rahmen auf Seite 10 verbinden und sich das Sonderzeichen NÄCHSTE SEITENZAHL auf Seite 3 befindet, wird »10« angezeigt.
- VORHERIGE SEITENZAHL: Hier ist es umgekehrt: Es wird angezeigt, auf welcher Seite der Text steht, von der der Umbruch auf die aktuelle Seite erfolgt ist.
- ABSCHNITTSMARKE: Sie können jeder Seite Ihres Dokuments einen Textabschnitt zuweisen, an dem z. B. die Seitennummerierung neu gestartet werden soll. Mit einem solchen Textabschnitt können Sie auch eine Abschnittsmarke definieren, die ihre Gültigkeit bis zum

Nächste und vorherige Seitenzahl
In vielen, besonders englischsprachigen Tageszeitungen und Magazinen hat sich die Unsitte eingebürgert, einen Artikel in der gesamten Publikation zu verteilen und mit solchen Marken – »weiter auf Seite« bzw. »Fortsetzung von Seite« – zu verbinden.

nächsten Textabschnitt behält und die in Ihrem Text angezeigt werden kann.

- FUSSNOTENNUMMER: Wenn Sie mit Fußnoten arbeiten, verwaltet InDesign die Indexziffern der einzelnen Fußnoten automatisch. Allerdings kann es vorkommen, dass – aus welchem Grund auch immer – ein Fußnoteneintrag gelöscht wird. Um den zugehörigen Index wieder in Ihr Dokument einsetzen zu lassen, benötigen Sie dieses Steuerzeichen. Da das nur in einem Fußnotenabschnitt möglich ist, ist dieser Menüpunkt auch nur auswählbar, wenn sich der Textcursor in einem Fußnoteneintrag befindet. Wie Sie mit Fußnoten arbeiten, erfahren Sie in Abschnitt 20.3, »Fußnoten«.

Abschnittsmarken

Abschnittsmarken werden von InDesign wie ein einzelnes Zeichen behandelt. Deshalb können sie nicht über mehrere Zeilen umbrechen. Auch andere Mechanismen, wie verschachtelte Formate und GREP-Stile (siehe Abschnitt 14.4, »Absatzformate«) funktionieren deshalb mit Abschnittsmarken nicht.

Tabulatoren

Tabulatoren dienen der Strukturierung von Absätzen – deshalb werden wir sie im Detail in Kapitel 13, »Absätze«, behandeln. Technisch gesehen sind Tabulatoren einzelne Steuerzeichen, weshalb sie auch im Menü SCHRIFT • SONDERZEICHEN EINFÜGEN • ANDERE erscheinen. Der normale Tabulator kann hier per Menüauswahl eingesetzt werden, wofür es aber zumeist keinen Grund gibt, da jede Tastatur dafür eine eigene Taste anbietet.

Anders ist es beim Sonderzeichen SCHRIFT • SONDERZEICHEN EINFÜGEN • ANDERE • TABULATOR FÜR RECHTE AUSRICHTUNG. Wenn Sie eine Tabelle setzen, die immer über die gesamte Spaltenbreite laufen soll, muss sich stets ein Teil der Zeile am rechten Spaltenrand ausrichten. Das klassische Beispiel für solch eine »rechte Seite« wäre eine Speisekarte, deren Preise immer am rechten Spaltenrand stehen.

Kaffee	2,60
Tee	2,20
Wasser	1,80

Kaffee	2,60
Tee	2,20
Wasser	1,80

Tabulatoren »skalieren«

Wenn Sie einen Textrahmen mit gedrückter Strg- bzw. ⌘-Taste skalieren, wird nicht nur der Text mit dem Rahmen skaliert, es werden auch die Tabulatorpositionen entsprechend angepasst.

Der TABULATOR FÜR RECHTE AUSRICHTUNG kann schon während der Texteingabe mit ⇧+⇥ festgelegt werden und richtet sich immer am rechten Spaltenrand aus, auch wenn sich die Spaltenbreite verändert.

Fixe Tabulatoren

Wie Sie später sehen werden, kann man das Problem mit einem fixen, rechts ausgerichteten Tabulator lösen. Dafür ist ein zusätzlicher Arbeitsschritt notwendig, und es hat den Nachteil, dass sich die Spaltenbreite nicht mehr ändern darf bzw. dass bei einer Änderung auch der Tabulator versetzt werden muss.

Einzug bis hierhin

Einzüge sind ebenfalls eine Methode, um Absätze zu strukturieren, weshalb wir sie im nächsten Kapitel ausführlicher behandeln werden. Aber auch zum Thema Einzüge gibt es einen Sonderfall, der als Sonderzeichen flexibel in Ihren Text eingesetzt werden kann.

```
09:00h Abfahrt mit unserem modernen Reisebus mit Klimaanlage, Satelliten-TV
       und Bar
12:00h Ankunft in der Raststation »Heiß und Fettig«, gemeinsames Mittagessen,
       Gelegenheit zum Einkauf von Reiseverpflegung
```

In diesem Beispiel wurde nach der Uhrzeit ein Leerzeichen und dann ein Einzug bis hierhin gesetzt. Dadurch umbrechen alle folgenden Zeilen nur bis zu diesem Einzug. In einem solchen Fall sollten Sie keine Mediävalziffern verwenden. Da diese proportional sind, würde der Einzug in jedem Absatz an einer anderen Stelle landen. Solche Konstruktionen sind deshalb mit »echten« Einzügen besser zu kontrollieren. In einem einzelnen Absatz ist der Einzug bis hierhin aber oft sehr praktisch und hat den Vorteil, dass er eben als einzelnes Zeichen in Ihrem Text mitläuft. Wenn wir die Zeitangabe wie folgt umstellen, ändert sich der Einzug automatisch:

Einzug bis hierhin

Der Einzug bis hierhin macht sich immer erst in der folgenden Zeile des Absatzes bemerkbar, nach der er selbst gesetzt wurde, und wirkt nur innerhalb des aktuellen Absatzes. Wenn Sie ihn trotzdem über mehrere Absätze mitnehmen möchten, können Sie im Flattersatz Absatzumbrüche mit einem harten Zeilenumbruch (siehe nächste Seite) simulieren.

```
09:00 Uhr Abfahrt mit unserem modernen Reisebus mit Klimaanlage,
          Satelliten-TV und Bar
12:00 Uhr Ankunft in der Raststation »Heiß und Fettig«, gemeinsames Mittag-
          essen, Gelegenheit zum Einkauf von Reiseverpflegung
```

Sie können den Einzug bis hierhin über die Tastatur eingeben, indem Sie Strg + ´ bzw. ⌘ + ´ drücken, oder über das Menü Schrift • Sonderzeichen einfügen • Andere • Einzug bis hierhin. Bei mehreren Einzügen in einer Zeile orientiert sich InDesign an dem Einzug, der am weitesten rechts steht. In unterschiedlichen Zeilen können Sie in einem Absatz durchaus mehrere »Einzüge bis hierhin« verwenden. Dadurch ergibt sich innerhalb eines Absatzes eine Treppenstruktur.

Umbrüche

Die letzte Art von Sonderzeichen, die Sie in Ihren Text einfügen können, sind die Umbruchzeichen, die Sie über Schrift • Umbruchzeichen einfügen erreichen. Ein Teil dieser Umbrüche ist nur sinnvoll, wenn sie in mindestens zwei verketteten Textrahmen oder in einem Rahmen mit Spalten angewendet werden.

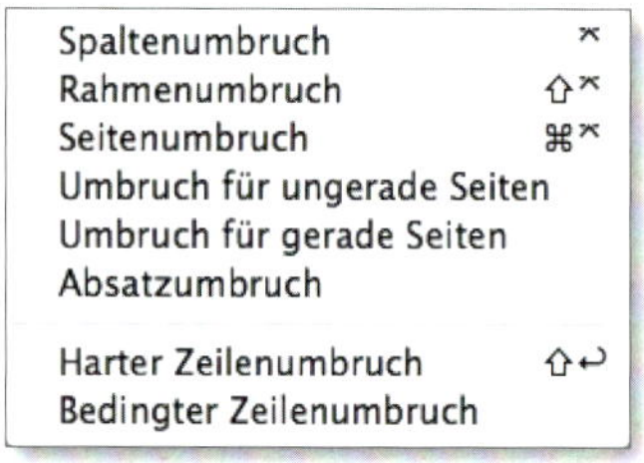

▲ **Abbildung 12.24**
Schrift • Umbruchzeichen einfügen: Die wichtigsten Umbruchzeichen können über Tastenkürzel eingegeben werden.

- Spaltenumbruch: In einem mehrspaltigen Textrahmen können Sie mit dem Spaltenumbruch Enter (auf dem Ziffernblock) bzw. ⌅ dafür sorgen, dass ein Text in die nächste Spalte des Rahmens umbricht. Gibt es in diesem Rahmen keine Spalte mehr, wird in den nächsten verketteten Rahmen umbrochen.
- Rahmenumbruch: Der Rahmenumbruch führt dazu, dass ein Text in jedem Fall in den nächsten Rahmen umbricht – auch dann, wenn

noch freie Textspalten verfügbar sind. Enthält ein Rahmen nur eine Spalte, besteht kein Unterschied zum SPALTENUMBRUCH. Das Tastenkürzel lautet: ⇧+Enter bzw. ⇧+⌅.

- SEITENUMBRUCH: Der Seitenumbruch führt dazu, dass der Text in einer Reihe von Textrahmen zum nächsten Rahmen auf einer neuen Seite umbricht, obwohl in der Textverkettung auf derselben Seite noch Spalten oder Textrahmen frei wären. Sie können den Seitenumbruch über die Tastatur mit Strg+Enter bzw. ⌘+⌅ eingeben.
- UMBRUCH FÜR UNGERADE SEITEN: Entspricht dem SEITENUMBRUCH, wobei aber nur der nächste Rahmen auf einer ungeraden (rechten) Seite verwendet wird.
- UMBRUCH FÜR GERADE SEITEN: Entspricht dem SEITENUMBRUCH, wobei aber nur der nächste Rahmen auf einer geraden (linken) Seite verwendet wird.
- ABSATZUMBRUCH: Der Absatzumbruch ist der Standardfall, mit dem ein Absatz abgeschlossen wird. Er entspricht dem Drücken auf die Zeilenschaltung ↵.
- HARTER ZEILENUMBRUCH: Mit dem harten Zeilenumbruch wird ein Absatz geteilt, wobei er aber als Absatz erhalten bleibt. Alle Absatzeigenschaften bleiben also für alle Einzelteile bestehen, optisch ergibt sich aber der Eindruck mehrerer Absätze. Sie können den harten Zeilenumbruch über die Tastatur mit ⇧+↵ eingeben.
- BEDINGTER ZEILENUMBRUCH: Der bedingte Zeilenumbruch ist gewissermaßen das Gegenstück zum bedingten Trennstrich. Wenn Sie ihn in einem Wort setzen und dieses Wort das Zeilenende erreicht, so wird es zwar abgeteilt, es erscheint aber kein Trennstrich, was nur selten gewünscht sein dürfte. Der bedingte Zeilenumbruch könnte eingesetzt werden, wenn Sie einen Ergänzungsbindestrich in die nächste Zeile umbrechen wollen (siehe Beispiel in der Randspalte). In diesem Fall steht ein Ergänzungsbindestrich vor »Schikane« und muss genau so umbrochen werden, wie nebenstehend zu sehen ist. InDesign löst diese Situationen oft richtig, aber nicht immer (siehe rechts oben). Sie können hier für klare Verhältnisse sorgen, wenn Sie vor den Ergänzungsbindestrich einen bedingten Zeilenumbruch setzen (rechts unten).

Umbruch für gerade/ungerade Seite

Je weiter der fortlaufende Text nach einem Umbruch entfernt ist, desto wichtiger ist es, den Leser sicher an diese Stelle zu führen. Hier sind die Sonderzeichen NÄCHSTE und VORHERIGE SEITENZAHL unbedingt notwendig, die Sie für solche Verweise einsetzen sollten.

Harter Zeilenumbruch und Blocksatz

Da der harte Zeilenumbruch den Absatz tatsächlich nicht teilt, wird die umbrochene Zeile weiterhin im Blocksatz gesetzt, was zumeist extrem große Wortzwischenräume erzeugt und entsprechend hässlich ist. In diesem Fall sollten Sie vor der harten Zeilenschaltung ein Ausgleichsleerzeichen setzen.

Bsp.: »Behördenwillkür und -
Schikane«

»Behördenwillkür und
-Schikane«

Löschen von Steuerzeichen

Bedingungen ändern sich, und somit kann auch so manches Sonderzeichen plötzlich nicht mehr erwünscht sein. Um diese Sonderzeichen zu löschen, müssen Sie sie zunächst einmal lokalisieren. Blenden Sie also zunächst alle Sonderzeichen mit dem Menübefehl SCHRIFT • VERBOR-

Verborgene Zeichen einblenden

Wenn Sie VERBORGENE ZEICHEN EINBLENDEN eingeschaltet haben und trotzdem keine Sonderzeichen sehen, haben Sie entweder den VORSCHAU-Modus oder die ÜBERDRUCKENVORSCHAU (oder beide) aktiviert – schalten Sie in den normalen Ansichtsmodus, schalten Sie die ÜBERDRUCKENVORSCHAU aus, und die Sonderzeichen werden sichtbar.

GENE ZEICHEN EINBLENDEN oder dem Tastenkürzel [Strg]+[Alt]+[I] bzw. [⌘]+[⌥]+[I] ein. Versuchen Sie nun, das betreffende Sonderzeichen auszuwählen. Das gelingt nicht bei allen Sonderzeichen auf Anhieb, und manchmal ist schlicht nicht zu erkennen, ob die Auswahl funktioniert hat. Falls das Zeichen eindeutig ausgewählt wurde, können Sie es wie gewohnt löschen.

Ansonsten setzen Sie die Einfügemarke vor das Zeichen, das dem Sonderzeichen folgt. Benutzen Sie dazu gegebenenfalls die Cursortasten. Nun drücken Sie die Rückschritt-Taste [←] – damit sollte das Sonderzeichen endgültig verschwinden.

Symbole und Tastenkürzel der Steuerzeichen

Damit Sie nicht die falschen Steuerzeichen auswählen und löschen, geben wir Ihnen zum Abschluss noch einen Überblick, wie die verschiedenen Steuerzeichen aussehen, sofern Sie SCHRIFT • VERBORGENE ZEICHEN EINBLENDEN aktiviert haben:

Tabelle 12.5 ▶ Aussehen der Steuerzeichen und ihre Tastenkürzel

Steuerzeichen		Windows	Mac OS
Tabulator	»	[⇥]	[⇥]
Tabulator für rechte Ausrichtung	⇥	[⇧]+[⇥]	[⇧]+[⇥]
Einzug bis hierhin	†	[Strg]+[´]	[⌘]+[´]
Spaltenumbruch	⌄	[Enter]	[⌤]
Rahmenumbruch	≚	[⇧]+[Enter]	[⇧]+[⌤]
Seitenumbruch	⩡	[Strg]+[Enter]	[⌘]+[⌤]
Umbruch für ungerade Seite	⩡	–	–
Umbruch für gerade Seite	⩡	–	–
Absatzumbruch	¶	[↵]	[↵]
Harter Zeilenumbruch	¬	[⇧]+[↵]	[⇧]+[↵]
Bedingter Zeilenumbruch	|	–	–

Für Umbrüche zu geraden und ungeraden Seiten und den bedingten Zeilenumbruch gibt es keine Tastenkürzel – diese können aber unter BEARBEITEN • TASTATURBEFEHLE belegt werden.

Kapitel 13
Absätze

Einzelne Wörter und die Zeichen, aus denen sie bestehen, sind die kleinsten Einheiten in einem Text. Sie bilden Zeilen, die zu Absätzen zusammengefasst sind. Die Absätze verfügen wiederum über eine Reihe von Attributen. Dabei sollten Sie sich immer vor Augen halten, dass der Absatz zwar aus Zeichen besteht, die Eigenschaften der Zeichen – Schriftart, Schriftgrad etc. – aber nie mit den Eigenschaften des Absatzes vermischt werden. Der Absatz, der den Text trägt, beschreibt primär die Platzverhältnisse und wie ein Text eine Fläche belegt. Dabei kann der Absatz zwar Eigenschaften der Zeichen, wie z. B. die Laufweite bei Blocksatz, beeinflussen, aber trotzdem bleibt in diesem Fall die Laufweite eine Eigenschaft der Zeichen.

13.1 Das Absatz- und Steuerung-Bedienfeld

Alle grundsätzlichen Anmerkungen über das Zeichen-Bedienfeld in Kapitel 12, »Zeichen«, gelten auch für das Absatz-Bedienfeld. Ebenso gilt, dass sich die Grundfunktionen für die Absatzformatierung sowohl im Absatz-Bedienfeld als auch im Steuerung-Bedienfeld finden.

Gemeinsame Funktionen

Sofern es nicht sichtbar ist, blenden Sie das Absatz-Bedienfeld über das Menü FENSTER • SCHRIFT UND TABELLEN • ABSATZ oder das Tastenkürzel `Alt`+`Strg`+`T` bzw. `⌥`+`⌘`+`T` ein, oder verwenden Sie das Steuerung-Bedienfeld (Absatz ¶).

Im Absatz-Bedienfeld steuern Sie alle grundlegenden Funktionen wie die Absatzausrichtung ❶, den EINZUG LINKS ❷ oder RECHTS ❹ und ob bzw. wie weit die erste Zeile eingezogen werden soll ❸. Genau wie der Einzug in der ersten Zeile dient auch ein Einzug in der letzten Zeile dazu, Absätze besser zu kennzeichnen. Gerade im Blocksatz kann es

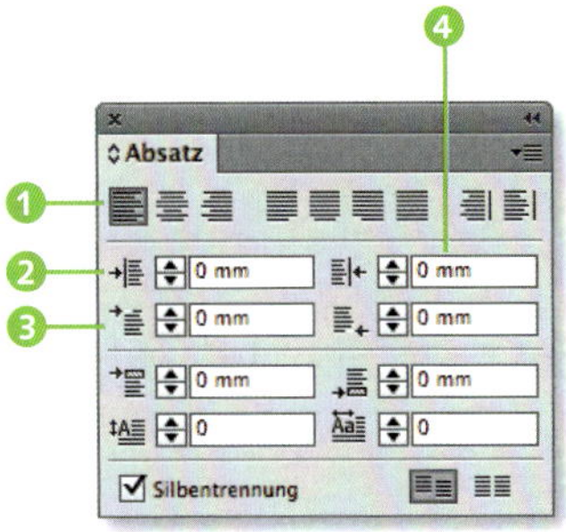

▲ **Abbildung 13.1**
Das Absatz-Bedienfeld

vorkommen, dass die letzte Zeile eines Absatzes über die gesamte Spaltenbreite läuft und somit das Ende des Absatzes nicht mehr erkannt wird. Für solche Fälle können Sie auch einen rechten Einzug für die letzte Zeile festlegen (8). Die Einzüge in der ersten und letzten Zeile summieren sich zu den Einzügen für den Gesamtabsatz.

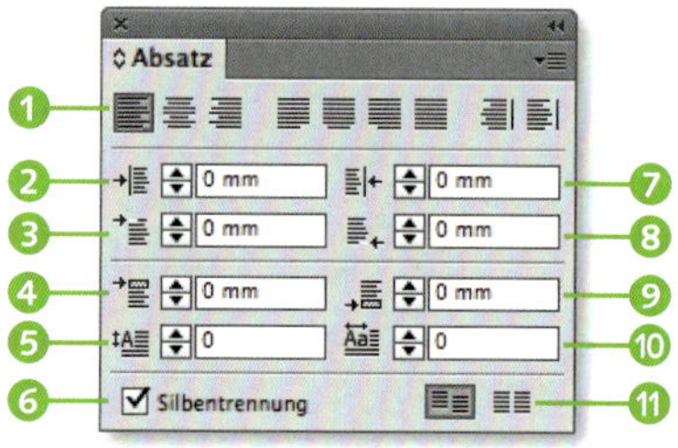

Abbildung 13.2 ▼ ▶
Absatz-Bedienfeld und Steuerung-Bedienfeld (Absatz)

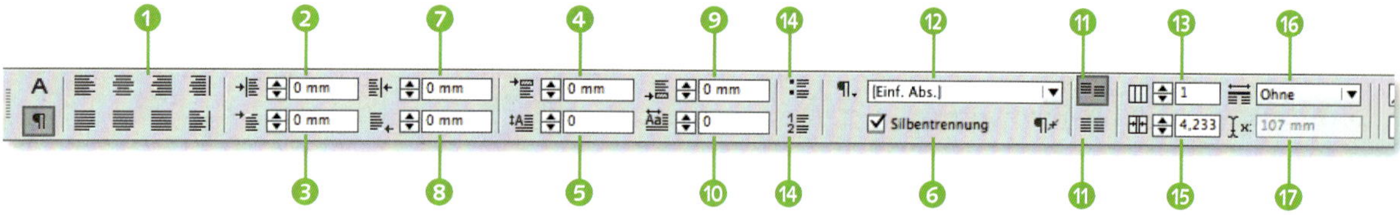

Darüber hinaus können Sie einen Abstand davor (4) oder danach (9) zu dem Absatz definieren sowie ein hängendes Initial über seine Initialhöhe (5) und die Anzahl der Zeichen (10) festlegen. Die Silbentrennung (6) beeinflusst die Platzverteilung im Absatz ganz wesentlich und kann hier gezielt ein- und ausgeschaltet werden. Ob sich der Absatz am Grundlinienraster ausrichten soll, kann ebenfalls in beiden Bedienfeldern festgelegt werden (11).

Im Steuerung-Bedienfeld wird zusätzlich die Horizontale Cursorposition angezeigt (17), und Sie können die Anzahl der Spalten (13) des Textrahmens verändern und deren Abstand festlegen (15). Diese Funktionsgruppe hat eigentlich nichts mit Absätzen zu tun. Die Information über die Cursorposition ist lediglich beschränkt nützlich, und die Anzahl der Textspalten ist eine Eigenschaft des Textrahmens und nicht der Absätze.

Eine Neuerung in InDesign CS5 war die Funktion Spaltenspanne (16), mit der Absätze einerseits über mehrere Spalten gesetzt werden können, sich andererseits aber auch Spalten innerhalb von Spalten definieren lassen.

Die Funktionen für Aufzählungslisten und nummerierte Listen (14) beziehen sich immer auf mehrere Absätze, die als Listen behandelt und dargestellt werden können. Sofern Sie Absatzformate verwenden, können Sie sie Ihrem Absatz zuordnen (12).

Die Bedienfeldmenüs der beiden Bedienfelder unterscheiden sich in einigen ganz wesentlichen Punkten. Während das Absatz-Bedienfeld nur Funktionen für Absätze anbietet, sind im Menü des Steuerung-Bedienfelds immer alle Attribute und Funktionen sowohl für Zeichen als auch für Absätze sichtbar – und zwar unabhängig davon, ob sich das Bedienfeld im Zeichenformatierung- oder im Absatzformatierung-Modus befindet.

Absatzausrichtung

Die Absatzausrichtung bedarf wohl keiner großen Erklärung. InDesign hat allerdings einige Spezialitäten zu bieten, die wir zumindest kurz auflisten wollen.

- Linksbündig ausrichten: Das ist der Standardfall – alle Zeilen haben einen gemeinsamen linken Bund und belegen ansonsten so viel Platz, wie sie benötigen.
- Zentrieren: Die Zeilenbreite wird hierdurch ebenfalls nicht beeinflusst. Jede Zeile wird an der Mittelachse der Spaltenbreite ausgerichtet.
- Rechtsbündig ausrichten: Alle Zeilen haben einen gemeinsamen rechten Bund und belegen ansonsten so viel Platz, wie sie benötigen.
- Blocksatz, letzte Zeile linksbündig: Der Standardfall im Blocksatz. Alle Zeilen werden über die Spaltenbreite »ausgetrieben«. Wie die Berechnung der Abstände erfolgen soll, können Sie beeinflussen. Die letzte Zeile wird nicht ausgeglichen, weil das in den meisten Fällen zu unschönen Löchern führen würde.
- Blocksatz, letzte Zeile zentriert: Dies ist eine exotische Variante, die Sie eher selten (z. B. für Gesetzestexte) brauchen werden.
- Blocksatz, letzte Zeile rechtsbündig: Der zweite Exot – auch diese Variante werden Sie selten benötigen. Diese Ausrichtungsvariante wird nur im Absatz-Bedienfeld angezeigt.
- Blocksatz (alle Zeilen): Da bei kurzen letzten Zeilen extreme Löcher zwischen Wörtern und Zeichen entstehen können, ist der Einsatz dieser Absatzausrichtung in den meisten Fällen eher nicht angebracht (siehe Abbildung 13.3). InDesign verfügt über Funktionen, die dieses Verhalten in den meisten Fällen entschärfen können – Details erfahren Sie im Abschnitt »Absatz- und Ein-Zeilen-Setzer« ab Seite 453.
- Am Rücken ausrichten: Befindet sich ein so ausgerichteter Absatz auf einer linken Seite Ihrer Publikation, so entspricht diese Ausrichtung rechtsbündig. Ändert dieser Absatz seine Position auf eine rechte Seite, wird er auf linksbündig umgestellt.
- Nicht am Rücken ausrichten: Befindet sich der so ausgerichtete Absatz auf einer linken Seite Ihrer Publikation, so entspricht diese

Vorsicht!
Ungeübte Benutzer verwechseln oft das Symbol für Blocksatz, letzte Zeile linksbündig mit dem Symbol für Blocksatz (alle Zeilen). Vergewissern Sie sich, dass Sie im Normalfall Blocksatz, letzte Zeile linksbündig verwenden.

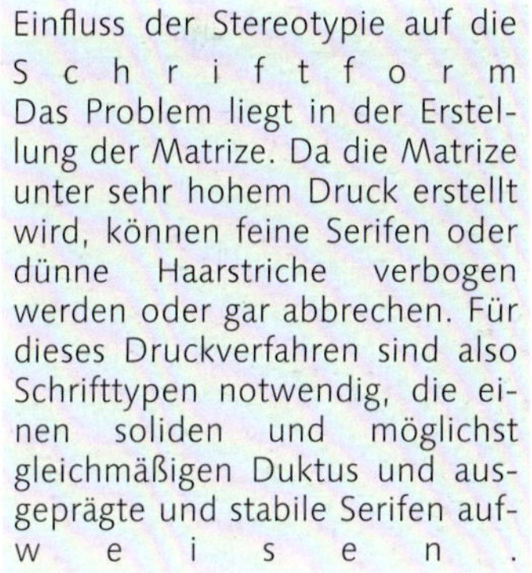

▲ **Abbildung 13.3**
Blocksatz (alle Zeilen) kann sehr hässliche Ergebnisse produzieren. Wie Sie aber im Abschnitt »Leerräume« erfahren haben, kann diese Ausrichtung allerdings in Kombination mit dem Ausgleichsleerzeichen für interessante Absatzabschlüsse eingesetzt werden.

Ausrichtung linksbündig. Ändert dieser Absatz seine Position auf eine rechte Seite, wird er auf rechtsbündig umgestellt.

Die letzten beiden Ausrichtungsvarianten können in jeder Layoutsituation hilfreich sein. Wenn z. B. Bildunterschriften in einem Buch am Bund gespiegelt werden sollen, wird die Ausrichtung automatisch von InDesign korrigiert, wenn sich die Position einer Bildunterschrift auf eine gegenüberliegende Seite verschiebt.

Geradezu unverzichtbar werden diese zwei Ausrichtungsarten, wenn Sie im Text verankerte Objekte verwenden, da sich hier die Position der Objekte mit dem Textfluss ändert und die Ausrichtung damit automatisch mitgeändert werden kann. Wie Sie Objekte im Text verankern und mitlaufen lassen, erfahren Sie in Abschnitt 20.2, »Verankerte Objekte«.

Abstände und Einzüge

Das Wort »Absatz« wird zumeist ganz selbstverständlich verwendet, ohne dass dabei überlegt wird, was es eigentlich bedeutet. Die Aufgabe des Absatzes ist es, inhaltlich abgeschlossene Texteinheiten auch optisch voneinander »abzusetzen«. Hierzu gibt es mehrere Methoden, die aber alle den Weißraum um den Absatz herum oder an einzelnen Seiten verändern.

Registerhaltigkeit
Registerhaltigkeit bedeutet, dass sich alle Zeilen auf allen Seiten an einem gleichen Grundlinienraster orientieren.

Die beliebteste Methode von Textverarbeitungsbenutzern ist diesbezüglich die *Leerzeile*. Das ist prinzipiell keine schlechte Wahl. Im Bleisatz wurden oft Abstände von einer halben Zeile oder geringer verwendet. Solche Abstände haben den Nachteil, dass sie bei Mengentext einen eher unruhigen Eindruck verursachen und dass damit manchmal keine Registerhaltigkeit möglich ist.

Bei Titelzeilen oder Zwischentiteln, die sich im Schriftgrad oft vom Mengentext unterscheiden, kann Registerhaltigkeit ohnehin nicht gewährleistet werden, und es gibt auch keinen Grund, solche Absätze – denn auch Titelzeilen sind nur Absätze – in die Textproportionen des Lesetextes zu zwängen.

Abstand davor
Der Abstand davor kann für die erste Zeile einer Textspalte nicht verwendet werden. Dafür müssen Sie die entsprechenden Textrahmenoptionen oder ein Grundlinienraster verwenden.

Um die Abstände einzelner Absätze zu anderen Absätzen zu kontrollieren, können Sie einen Abstand vor oder nach einem Absatz festlegen. Eine Kombination beider Abstände will gut überlegt sein, da sie sich natürlich summieren und somit meist nicht zum gewünschten Ergebnis führen. Für mehrere Absätze, die sich am Grundlinienraster ausrichten, ist die Festlegung von Abständen zumeist unsinnig, da in diesem Fall immer ein Mehrfaches des Zeilenabstands des Grundlinienrasters verwendet wird.

Absatzabstände sind aus produktionstechnischer Sicht Platzverschwendung. Eine ökonomisch sehr günstige und ästhetisch recht angenehme Art des »Absetzens« ist ein *Einzug in der ersten Zeile* eines Absatzes. In diesem Buch sehen Sie diese Version in den meisten Absätzen.

Einen allzu großzügigen Einzug in der ersten Zeile sollten Sie jedoch vermeiden, da dadurch Lücken entstehen, die die Absätze nicht nur trennen, sondern völlig voneinander entkoppeln. Als Faustregel können Sie annehmen, dass ein Einzug von einem Geviert in der Regel ausreicht, um den Absatz gut sichtbar zu kennzeichnen. Wichtig ist, den Einzug so zu wählen, dass das kürzeste Wort (bzw. der kürzeste Wortanteil) in der letzten Zeile des vorhergehenden Absatzes den Absatz in jedem Fall überragt.

Der Einzug des folgenden Absatzes ist eindeutig zu groß. Es entsteht eine Lücke, die über zwei Zeilen reicht und den Leser irritiert.

Der Einzug dieses Absatzes ist eindeutig zu groß. Es entsteht ein Lücke, die über zwei Zeilen reicht und den Leser irritiert.

▲ **Abbildung 13.4**
Ein viel zu großer Einzug – bei Gedichtbänden ist so etwas aber manchmal zu sehen.

Die Unsitte, Einzüge mit Leerzeichen zu konstruieren, ist allerdings vollkommen tabu! Ein Einzug ist ein kontrollierter Weißraum und kein Zeichen Ihrer Schrift. InDesign bietet Ihnen eine exakte Kontrolle des Einzugs im Absatz-Bedienfeld.

Eine weitere Möglichkeit, Absätze besonders zu kennzeichnen, ist es, den gesamten Absatz einzuziehen, was InDesign sowohl am linken als auch am rechten Rand vorsieht. Diese Methode werden Sie im Regelfall nur für einzelne Absätze in einer Serie von Absätzen anwenden. Relativ beliebt ist der linke Einzug in Kombination mit einem *hängenden Einzug in der ersten Zeile* des Absatzes:

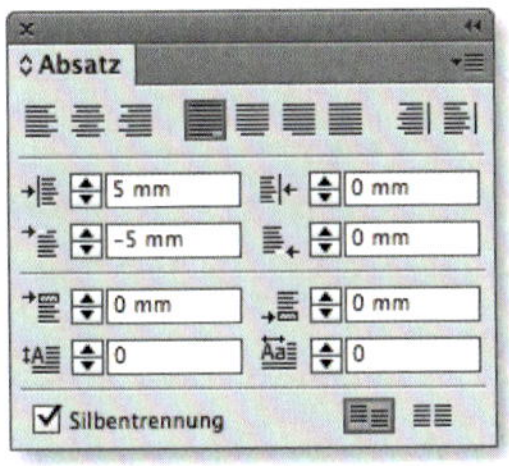

Stereotypie: Das Problem liegt in der Erstellung der Matrize. Da die Matrize unter sehr hohem Druck erstellt wird, können feine Serifen oder dünne Haarstriche verbogen werden oder gar abbrechen. Für dieses Druckverfahren sind also Schrifttypen notwendig, die einen soliden und möglichst gleichmäßigen Duktus und ausgeprägte und stabile Serifen aufweisen.

◀ **Abbildung 13.5**
Hängende Einzüge in der ersten Zeile: Legen Sie zunächst den Einzug für den gesamten Absatz fest, und ziehen Sie anschließend die erste Zeile um genau denselben Betrag, allerdings negativ, ein.

Hängende Einzüge sind eine wunderbare Methode, um Aufzählungen zu setzen. In der ersten Zeile steht das Aufzählungszeichen, dann folgt ein Tabulator, der an der gleichen Position wie der linke Einzug steht. Der Rest des Absatzes wird somit genauso weit wie der Beginn der ersten Zeile nach dem Aufzählungszeichen eingezogen.

Einzug bis hierhin
Auch der Einzug bis hierhin wäre eine geeignete Methode, um Aufzählungen elegant umzusetzen.

Hängende Initialen

Als weitere und ebenfalls sehr beliebte Art, Absätze zu kennzeichen, können Sie hängende Initialen verwenden, wie im nächsten Absatz demonstriert. Im Feld Ein oder mehrere Zeichen als Initiale geben Sie die Anzahl der Zeichen ein, und im Feld Initialhöhe (Zeilen) legen Sie fest, über wie viele Zeilen Ihre Initiale(n) »hängen« soll(en).

Hängende Initialen sind zwar eine reizvolle typografische Spezialität, sie wollen jedoch gut dosiert sein. Als Trennung aller Absätze sind sie absolut nicht geeignet. Üblicherweise wird lediglich ein Artikelbeginn in einer Zeitung damit versehen. Zudem sollten Sie beachten, dass ein Absatz mit einer hängenden Initiale zumindest doppelt so viele Zeilen lang sein sollte, wie seine Initiale hoch ist. Eine Kombination mit Einzügen – auch dem Einzug bis hierhin, z. B. nach dem oder den Initialzeichen – ist natürlich möglich.

Hängende Initialen verursachen bei sämtlichen Zeichen mit Unterlängen – Unterlängen gibt es auch bei manchen Versalien – das Problem, dass die Unterlänge in die Zeile(n) unterhalb der Initiale reicht und damit die dortigen Zeichen überlagert.

Jedes Zeichen ist von Weißraum umgeben, was bei Glyphen mit geraden Strichen und ohne Serifen dazu führt, dass das erste Zeichen nicht bis zum linken Rand reicht. Dieser Weißraum muss bei einer hängenden Initiale an der linken Seite entfernt werden.

Rufen Sie Initialen und verschachtelte Formate aus dem Bedienfeldmenü des Steuerung- oder Absatz-Bedienfelds auf, um beide Probleme zu beheben.

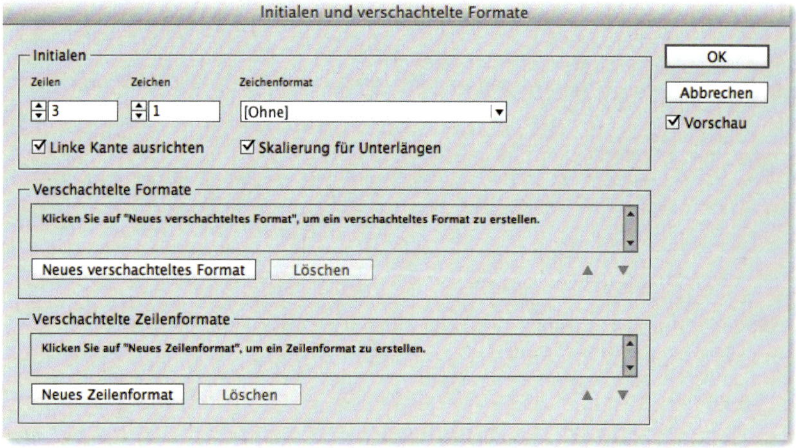

Abbildung 13.6 ▶
Der Dialog Initialen und verschachtelte Formate zur Steuerung von hängenden Initialen. Die beiden Abschnitte Verschachtelte Formate und Verschachtelte Zeilenformate sind ebenfalls bei manueller Formatierung nicht sinnvoll anzuwenden – wir werden sie ausführlich in Kapitel 14, »Textformatierung«, behandeln.

Um den Weißraum am linken Rand der Initiale zu entfernen, wählen Sie Linke Kante ausrichten. Um ein Initialzeichen so zu skalieren, dass die Unterlänge nicht mehr in die folgenden Zeilen reicht, entscheiden Sie sich für Skalierung für Unterlängen.

Sie können und müssen beide Optionen manchmal kombinieren. Das ist vor allem bei Kursiven der Fall, egal ob diese einen kursiven Schnitt darstellen oder kursiv im Sinne von handschriftlichem Charakter sind.

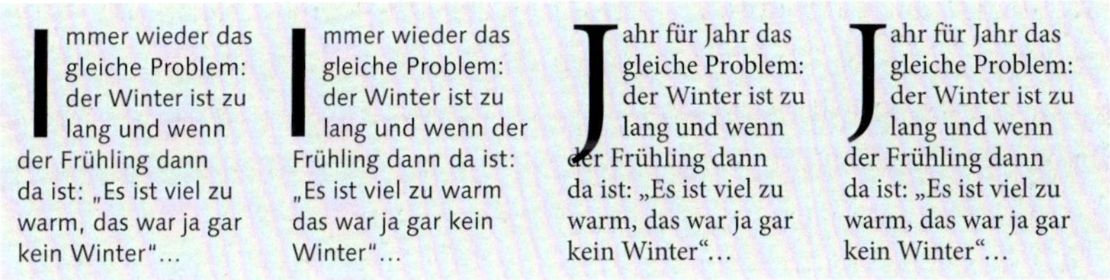

◂ **Abbildung 13.7**
In den beiden linken Spalten sehen Sie die Funktion LINKE KANTE AUSRICHTEN in Aktion und in den beiden rechten Spalten SKALIERUNG FÜR UNTERLÄNGEN.

Zusätzlich können Sie den Initialzeichen ein ZEICHENFORMAT zuweisen. Dies ist nötig, wenn Sie z. B. Ornamente als Initialen verwenden. Solange Sie nur manuelle Formatierungen vornehmen, können Sie das allerdings auch direkt im Text machen.

Eine besonders kräftige Initiale gebraucht üblicherweise einen fetteren Schnitt der verwendeten Schrift.

Grundlinienraster

Wie wir bereits ausgeführt haben, ist es bei textlastigen Publikationen anzustreben, die Lesetextanteile an einem Grundlinienraster auszurichten. Dadurch wird verhindert, dass bei mehrspaltigen Texten nebeneinanderliegende Spalten gegeneinander verlaufen. Noch wichtiger ist, dass ein Grundlinienraster verhindert, dass der Inhalt der Rückseite eines Blattes – der ja im Regelfall durch das Papier scheint – sich mit dem Inhalt der Vorderseite überlagert:

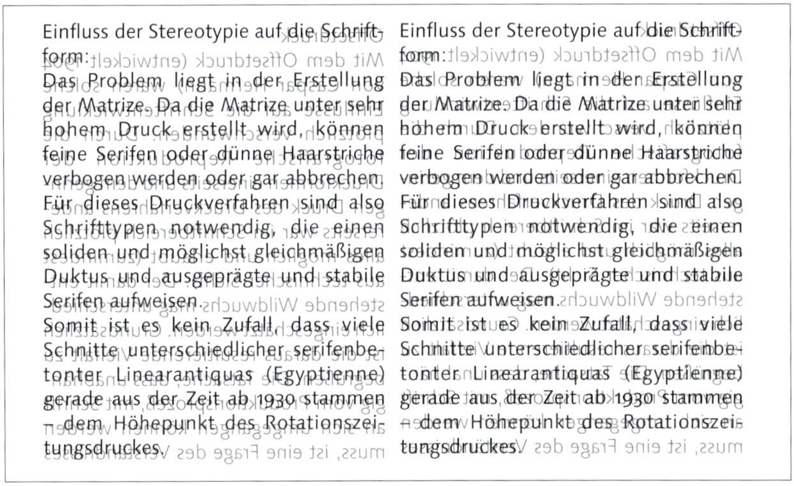

◂ **Abbildung 13.8**
Der Text auf der Rückseite der Seite scheint auf die Vorderseite durch.

Die linke Spalte stammt aus einem nicht registerhaltigen Dokument – das Textmuster der Rückseite überlagert den Text der Vorderseite. Das Muster der Rückseite ist auch in der rechten Spalte zu sehen. Das Textmuster orientiert sich jedoch am Grundlinienraster, wodurch zumindest die Struktur der Weißräume erhalten bleibt und die Zeilenführung nicht gestört wird.

Grundlinienraster in Textrahmen

Indem Sie ein Grundlinienraster für einen Textrahmen definieren (Abschnitt 7.6, »Textrahmenoptionen«), können Sie z. B. dafür sorgen, dass in der Marginalspalte ein abweichendes Grundlinienraster verwendet wird, und trotzdem in diesen Bereichen Registerhaltigkeit gewährleisten.

Selbstverständlich kann Nur erste Zeile an Raster ausrichten auch auf das Grundlinienraster von Textrahmen angewendet werden.

Das Grundlinienraster des Textrahmens überschreibt dabei immer lokal das dokumentweite Raster.

Wie Sie ein Grundlinienraster einrichten, haben Sie bereits in Abschnitt 5.7, »Grundlinien- und Dokumentraster«, erfahren. Um einzelne Absätze am Grundlinienraster auszurichten, klicken Sie auf ≣≣ und, um die Ausrichtung wieder aufzuheben, auf ≣≣ des Absatz-Bedienfelds bzw. des Steuerung-Bedienfelds.

Im Regelfall werden Sie ein Grundlinienraster definieren, das den Zeilenabstand des Mengentextes in Ihrem Dokument abbildet. Allerdings können Sie auch ein feineres Raster definieren, um es etwa als Montageraster zu verwenden. Dabei muss Ihnen allerdings bewusst sein, dass dann zumindest jede zweite Zeile des Rasters vom Text übersprungen wird. Diese Tatsache ist kein Problem, solange Sie dies kontrolliert einsetzen.

Allerdings gibt es eine Reihe von Situationen, in denen Sie dieses Verhalten grundsätzlich abschalten möchten. In diesen Fällen müssen Sie die betreffenden Absätze eben nicht am Grundlinienraster ausrichten, was aber auch oft nicht befriedigend wirkt. Aus dieser Misere hilft Ihnen InDesign mit der Option Nur erste Zeile an Raster ausrichten im Bedienfeldmenü des Absatz-Bedienfelds bzw. des Steuerung-Bedienfelds:

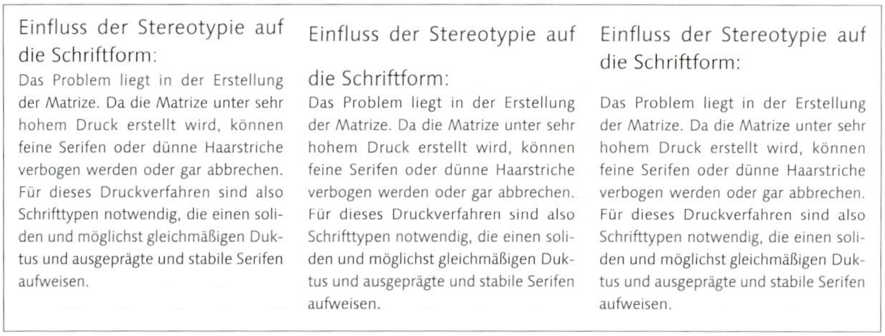

Abbildung 13.9 ▶
Nur erste Zeile an Raster ausrichten kann in solchen Situationen harmonische Platzverhältnisse schaffen.

In der linken Spalte sehen Sie den Titelabsatz, der nicht am Grundlinienraster ausgerichtet ist. In der mittleren Spalte wird der Titel ins Grundlinienraster gezwungen und überspringt somit eine Zeile des Rasters, was außerordentlich hässliche Platzverhältnisse schafft. In der rechten Spalte wurde lediglich die erste Zeile der Überschrift am Grundlinienraster ausgerichtet. Dadurch wird das Ideal der Registerhaltigkeit weitgehend eingehalten, und trotzdem sind die Zeilenabstände innerhalb des Titelabsatzes vollständig kontrollierbar.

In Zeitschriften haben Artikelvorspanne meist einen größeren Schriftgrad und somit einen größeren Zeilenabstand als der restliche Text. Deshalb können sie nicht am Grundlinienraster ausgerichtet werden. Damit der Text in der danebenliegenden Spalte trotzdem auf derselben Höhe wie der Vorspann beginnt, wird der Vorspann nur an der ersten

Zeile ausgerichtet. Am Beispiel oben können Sie beim Vergleich der ersten beiden Spalten noch erkennen, dass die beiden Spalten ansonsten gegeneinander verlaufen würden.

Silbentrennung

Hinter der kleinen Option Silbentrennung verbirgt sich eine enorm leistungsstarke Funktion, die große Auswirkungen auf sämtliche Ausrichtungsarten von Absätzen hat. Sie steht in einer Wechselwirkung mit allen anderen Technologien, die InDesign zum Zeilenausgleich im Flatter- und Blocksatz einsetzt und die Sie in der Folge noch kennenlernen werden.

Die Standardeinstellungen, die wirksam werden, wenn Sie diese Option im Absatz-Bedienfeld bzw. dem Steuerung-Bedienfeld einschalten, sind von Adobe ganz gut gewählt, sollten aber über den Menübefehl Silbentrennung aus den entsprechenden Bedienfeldmenüs an die jeweilige Satzsituation angepasst werden.

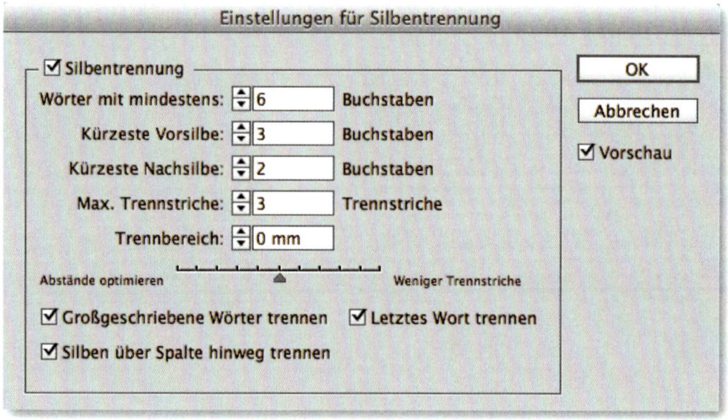

◄ **Abbildung 13.10**
Einstellungen für Silbentrennung: Diese Einstellungen eignen sich für Texte mit einer Spaltenbreite von unter 40 mm und einem Schriftgrad von unter 9 Pt.

Silbentrennung | Aktiviert die Silbentrennung für den ausgewählten Absatz und deckt sich mit der Option im Steuerung- und Absatz-Bedienfeld.

- Wörter mit mindestens: Damit ein Wort zur Trennung infrage kommt, muss es zumindest so viele Zeichen lang sein, wie Sie es in diesem Feld eintragen.
- Kürzeste Vorsilbe: Die Silbe, die vor der Trennung in der Zeile stehen bleibt, muss zumindest so viele Zeichen lang sein, wie hier angegeben ist.
- Kürzeste Nachsilbe: Der Wortteil, der in die nächste Zeile umbricht, muss mindestens so viele Zeichen lang sein, wie hier angegeben ist. In der Regel darf diese letzte Silbe um ein Zeichen kürzer sein als der Wortteil, der in der vorherigen Zeile stehenbleibt. Da der erste Wort-

teil mit einem Trennstrich abgeschlossen wird, entsteht am rechten Rand also etwas mehr Weißraum, der durch ein zusätzliches Zeichen kompensiert wird. Vor dem umbrochenen Wortteil gibt es keinen überschüssigen Weißraum, der kompensiert werden müsste.

- Max. Trennstriche: Da die Trennstriche also sehr wenig Substanz aufweisen und eine Häufung von Trennstrichen am rechten Rand somit ebenfalls viel Weißraum entstehen lassen würde, können Sie die maximale Anzahl von Trennstrichen in Folge beschränken.
- Trennbereich: Der Trennbereich wird nur im Flattersatz wirksam und nur bei Verwendung des Adobe-Ein-Zeilen-Setzers (siehe nächster Abschnitt). Er stellt eine Zone am rechten Rand (bei linksbündigem Flattersatz) dar, in die ein Wort hineinragen muss, um getrennt zu werden. Ein brauchbarer Wert wäre hier die Breite von maximal zwei Gevierten. Ein Wert von 0 veranlasst InDesign dazu, zu trennen, wo immer es möglich ist. Je breiter diese Zone ist, umso mehr Weißraum wird am rechten Rand der Spalte entstehen, da Wörter dann ja früher geteilt werden.
- Abstände optimieren – Weniger Trennstriche: Mit diesem Regler können Sie festlegen, ob Sie eher gewillt sind, viele Trennzeichen zu akzeptieren, oder ob eher die Abstände zwischen den Wörtern verändert werden sollen. Obwohl eine Änderung der Abstände nur im Blocksatz infrage kommt, wirkt die Einstellung auch auf Flattersatz und verändert die Anzahl der Trennungen.
- Grossgeschriebene Wörter trennen: Adobe hat erfreulicherweise auf die nationalen Anforderungen Rücksicht genommen und schaltet die Trennung großgeschriebener Wörter grundsätzlich ein. Im deutschsprachigen Satz würden ansonsten die Hauptwörter nicht getrennt, was praktisch nie zu guten Ergebnissen führt.
- Letztes Wort trennen: Wenn das letzte Wort eines Absatzes geteilt wird, kann sich eine kurze Silbe als letztes Textelement in der letzten Zeile ergeben. Gerade dann, wenn der folgende Absatz einen Einzug in der ersten Zeile hat, kann ein hässliches Loch zwischen den Absätzen entstehen.

  Mit dieser Option können Sie diese Situation entschärfen, indem Sie sie abschalten. Das letzte Wort wird dann nicht geteilt, sondern in seiner gesamten Länge in die letzte Zeile umbrochen. Dadurch verschieben sich jedoch die Platzverhältnisse in der vorletzten Zeile bzw. im gesamten Absatz.
- Silben über Spalte hinweg trennen: Wenn ein Text in die nächste Spalte oder den nächsten Rahmen umbricht, sind Worttrennungen an genau dieser Stelle eher ungünstig. Wenn Sie diese Option ausschalten, wird das betroffene Wort zur Gänze in die nächste Spalte

Maximale Anzahl von Trennstrichen

Ab drei Trennstrichen in Serie entsteht am rechten Bund ein optisches Loch – Sie sollten also die Anzahl der Trennstriche auf maximal drei beschränken.

Rausatz

Der Trennbereich dient dazu, einen stark flatternden Satz etwas zu entschärfen, indem starke Unterschiede in der Zeilenlänge durch Worttrennungen ausgeglichen werden. Diese Vorstufe zum Blocksatz wird *Rausatz* (auch *Rauhsatz*) genannt.

Trennbereich

Der korrekte Wert ist von der Spaltenbreite, der Schriftgröße und der Laufweite der Schrift abhängig. Der Standardwert von 12,7 mm erscheint uns jedoch als Ausgangspunkt in jedem Fall zu hoch.

umbrochen, wodurch sich natürlich wiederum die Platzverhältnisse im Absatz ändern.

Die Silbentrennung wird von den Einstellungen gesteuert, die Sie unter Voreinstellungen • Wörterbuch vorgenommen haben. Wie Sie die automatische Silbentrennung manuell korrigieren können, lesen Sie ab Seite 612.

Die Auswirkungen aller Einstellungen sind so vielfältig, dass sie nicht alle beschrieben werden können. Wenn Sie mit den Einstellungen experimentieren, sollten Sie deshalb in jedem Fall die Option Vorschau aktivieren und genau beobachten, wie sich Ihre Änderungen auswirken.

In diesem Absatz wird das letzte Wort geteilt, wodurch eine einzelne Silbe in die letzte Zeile umbricht.

Hier wird das letzte Wort nicht geteilt, also in seiner gesamten Länge in die nächste Zeile umbrochen.

Dadurch sieht zwar der Einzug besser aus, allerdings leidet durch den Umbruch die vorletzte Zeile.

▲ Abbildung 13.11
Im ersten Absatz wird das letzte Wort abgeteilt, wodurch eine Lücke zum nächsten Absatz entsteht. Das letzte Wort des mittleren Absatzes wurde nicht geteilt. Die längere letzte Zeile wirkt für den folgenden Einzug besser, allerdings enthält die vorletzte Zeile nun größere Löcher.

Absatz- und Ein-Zeilen-Setzer

Im Blocksatz besteht die Kunst darin, die Zeilen eines Absatzes so an beiden Rändern auszurichten, dass innerhalb der Zeile keine allzu großen (idealerweise gar keine) Abstände mit einer Breite über dem normalen Wortabstand entstehen. Im Bleisatz war das eine Hauptbeschäftigung der Setzer und eine sehr langwierige Aufgabe, die große Genauigkeit erforderte.

Als Maß für einen gut ausgeglichenen Absatz dient die gute Grauwertverteilung. Wenn ein Absatz aus einem bestimmten Abstand betrachtet wird, sollte das Textmuster möglichst gleichmäßig erscheinen. Satzprogramme erleichtern uns diese Aufgabe ganz enorm, dennoch gibt es verschiedene Methoden, die unterschiedlich gute Ergebnisse liefern.

Die klassische Methode, wie sie von Handsetzern angewendet wurde, ist die Einzelbetrachtung jeder Zeile. Jede Zeile wird unter Berücksichtigung verschiedener Optimierungsparameter, wie Anzahl der Trennungen in Folge oder Weißräume, die hinzugefügt oder entfernt werden können, ausgeglichen. Die Grauwertverteilung des Absatzes ergibt sich als Summe der einzelnen Zeilen. Eine Änderung in einer Zeile kann natürlich Auswirkungen auf die folgenden Zeilen haben und sogar dazu führen, dass sämtliche Zeilen neu bearbeitet werden müssen. Am Prinzip, jede Zeile getrennt zu bearbeiten, ändert sich dadurch allerdings nichts.

Austreiben
Der Fachbegriff für das Ausgleichen einer Zeile ist *Austreiben*.

Diese Arbeitsmethode kennt InDesign natürlich auch, und dieser Modus wird *Adobe-Ein-Zeilen-Setzer* genannt. Darüber hinaus beherrscht InDesign aber auch eine Methode, die den gesamten Absatz beim Ausgleichen aller Zeilen berücksichtigt und das technische Kriterium »Grauwert« direkt als Optimierungsziel anwendet – diese Methode nennt sich *Adobe-Absatzsetzer*.

Probleme mit dem Adobe-Absatzsetzer

Der Adobe-Absatzsetzer liefert grundsätzlich sehr gute Ergebnisse, er optimiert jedoch rein technisch. Wenn Sie manuelle Umbrüche anbringen müssen oder der Workflow in der Zeitschriftenproduktion eine nachfolgende Textkorrektur durch Korrektoren und Chefredakteure vorsieht, funktioniert das oft nicht, weil sich dieser Umbruch auf den gesamten Absatz auswirken würde. Wenn Sie Ihren Text also sehr fein manuell umbrechen möchten, verwenden Sie am besten den ADOBE-EIN-ZEILEN-SETZER.

Die Grauwertoptimierung des ADOBE-ABSATZSETZERS funktioniert auch dann nicht richtig, wenn Schriften im Text gemischt sind oder z. B. Bilder in den Text eingebettet sind.

Keil

Schriftsetzer nennen den Wortabstand auch *Keil*.

Welchen Setzer Sie verwenden wollen, wählen Sie im Bedienfeldmenü des Absatz- bzw. des Steuerung-Bedienfelds unter den entsprechenden Namen. Seit InDesign CS6 finden Sie die beiden Setzer hier auch in »globalen« Versionen – darauf werden wir später noch eingehen.

Im Normalfall liefert der Absatzsetzer ganz ausgezeichnete Ergebnisse, sein Verhalten ist allerdings etwas gewöhnungsbedürftig. Kleine Änderungen in einer Zeile führen unter Umständen zu einem drastischen Umbruch des ganzen Absatzes. Typografie-Experten können zur gezielten Kontrolle des Zeilenausgleichs auf den Ein-Zeilen-Setzer zurückgreifen und ihn für die üblichen Blocksatzregeln einstellen.

Um eine Zeile im Blocksatz gut auszurichten, gibt es grundsätzlich drei Möglichkeiten:

- **Silbentrennung**: Wenn ein Wort nicht mehr in die Zeile passt, soll es nach Möglichkeit so getrennt werden, dass ein Wortteil mit einer Länge zur Verfügung steht, die die Zeile möglichst optimal auffüllt.
- **Änderung der Wortabstände**: Muss nach der Silbentrennung die Zeile noch immer aufgefüllt werden (der Regelfall), kommt nur noch die Veränderung der Wortabstände infrage, die entweder so weit vergrößert werden, bis die Zeile gefüllt ist, oder auch verringert werden, bis ein größerer Teil des getrennten Wortes oder das ganze Wort in die Zeile passt. Nach einer geänderten Silbentrennung müssen natürlich wiederum die Wortabstände neu betrachtet und gegebenenfalls korrigiert werden.
- **Änderung der Zeichenabstände**: Zu guter Letzt können noch die Abstände zwischen den Zeichen verändert – verringert oder vergrößert – werden. Solche Änderungen beeinflussen allerdings auch sehr schnell den Charakter der Schrift, weshalb sie nur sehr fein dosiert werden sollten.

Wie Sie sehen, ist das Austreiben einer einzelnen Zeile Schwerstarbeit. Wenn wir uns diese Arbeit von einem geeigneten Werkzeug abnehmen lassen, ist allerdings klar, dass dieses Werkzeug eben auch nur Standardergebnisse liefern kann. Deshalb wird im digitalen Satz meist ein Satz an Regeln vorgegeben, der einen Rahmen definiert, in dem sich die Programme bewegen müssen, um ein möglichst ideales Ergebnis zu erreichen.

Diese Spielräume müssen der jeweiligen Situation angepasst sein und die Spaltenbreite, die Schriftgröße und die Laufweite der Schrift berücksichtigen. Die Vorgaben zur Silbentrennung, die Teil dieser Regeln sind, haben Sie bereits kennengelernt. Die Definition der Spielräume für Abstandsänderungen finden Sie im Bedienfeldmenü des Absatz-Bedienfelds bzw. des Steuerung-Bedienfelds unter ABSTÄNDE.

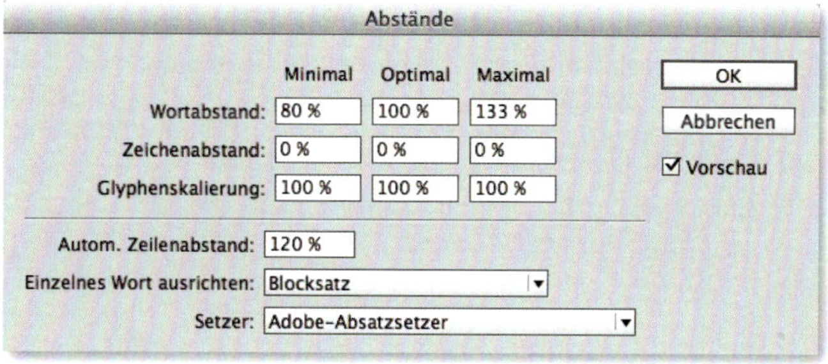

◂ **Abbildung 13.12**
Über den ABSTÄNDE-Dialog lassen sich die Parameter für den Ausgleich von Weißräumen bei Verwendung von Blocksatz und für die optimierte Laufweite im Flattersatz definieren.

WORTABSTAND und ZEICHENABSTAND bilden die beiden Strategien zum Austreiben einer Zeile, wie oben beschrieben, ab. Beim Wortabstand können drei Werte eingegeben werden, die sich jeweils als prozentuale Werte des »normalen Wortabstands« verstehen. Der Wert für OPTIMAL legt fest, wie der unveränderte Wortabstand aussehen soll; MINIMAL definiert, wie weit der Wortzwischenraum verringert werden darf – ein Wert von 75 % bedeutet also, dass der Zwischenraum um 25 % reduziert werden kann. MAXIMAL bestimmt, um wie viel der Wortzwischenraum verbreitert werden darf: Ein Wert von 135 % lässt somit einen zusätzlichen Raum von 35 % des Wortabstands zu.

Nach dem gleichen Prinzip können die Zeichenabstände verändert werden, wobei als Bezugsgröße die gesamte verfügbare Information aus Kerning und Laufweite berücksichtigt wird.

Minimale und maximale Werte werden nur beim Blocksatz berücksichtigt, der optimale Wert auch beim Flattersatz.

Die dritte Zeile, GLYPHENSKALIERUNG, bietet ein zusätzliches Verfahren an, das im Bleisatz nicht möglich war und vielen Typografen eher suspekt erscheint. InDesign bietet hier nämlich an, die Schriftzeichen zu skalieren, um einen besseren Blocksatz zu ermöglichen.

Maximaler Wortabstand

Die Einstellung für den maximalen Wortabstand wird als letztes Kriterium berücksichtigt und kann oft nicht eingehalten werden. Überschüssiger Weißraum muss ja schließlich irgendwo untergebracht werden, und so muss InDesign diesen Wert oft ignorieren, um eine Zeile tatsächlich austreiben zu können.

Glyphedingsbums

Die Funktion hieß bereits »Glyphe-Skalierung«, dann »Glyphenabstand« und schließlich wieder »Glyphenskalierung«, was aber am besten beschreibt, was sie wirklich tut.

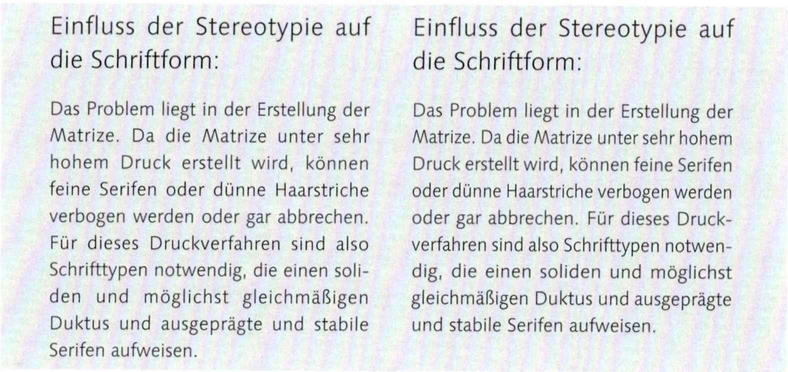

◂ **Abbildung 13.13**
Auch bei extremen Werten (rechte Spalte) wirkt das Ergebnis von GLYPHENSKALIERUNG nicht verzerrt: Die rechte Spalte wurde mit dem ADOBE EIN-ZEILEN-SETZER und einer GLYPHENSKALIERUNG von 60 %, 100 %, 160 % gesetzt – das Ergebnis ist besser, als es zu erwarten wäre.

Unsere Meinung zum Verzerren von Schrift haben wir bereits dargelegt, und Adobe selbst empfiehlt GLYPHENSKALIERUNG ausschließlich für den

Nur Mut!

GLYPHENSKALIERUNG ist für alte Hasen sicher eine recht ungewöhnliche Methode, aber versuchen Sie einmal folgende Einstellungen:

95 %	100 %	135 %
0 %	0 %	0 %
98 %	100 %	100 %

Mit bloßem Auge ist die sehr geringe Skalierung nicht festzustellen, schafft aber trotzdem sehr günstige Platzverhältnisse.

EIN-ZEILEN-SETZER, da er in Verbindung mit dem Absatzsetzer ungewöhnliche Ergebnisse liefert. Tatsächlich wendet InDesign auch bei sehr großzügigen Werten die GLYPHENSKALIERUNG nur sehr dezent an – dennoch ist das Verzerren von Schrift eine heikle Angelegenheit.

Unter AUTOM. ZEILENABSTAND können Sie den Zeilenabstand absatzbezogen festlegen – sofern Sie nicht ohnehin ein Grundlinienraster verwenden.

Wenn im Blocksatz ein einzelnes Wort im Absatz auf einer eigenen Zeile steht – das kann nur bei im Verhältnis zur Schriftgröße sehr schmalen Spalten passieren –, stellt sich die Frage, wie mit diesem Wort zu verfahren ist. Unter EINZELNES WORT AUSRICHTEN können Sie unter vier Möglichkeiten wählen: BLOCKSATZ treibt das Wort über die Spaltenbreite aus und sperrt es somit; LINKSBÜNDIG AUSRICHTEN, ZENTRIERT und RECHTSBÜNDIG AUSRICHTEN verändern das Wort nicht und richten es nur entsprechend aus, was natürlich zu Weißräumen am Beginn oder Ende der Zeile führt – wählen Sie eher die Option LINKSBÜNDIG AUSRICHTEN.

Zu guter Letzt können Sie noch den Setzer für den Absatz wählen – dies entspricht den Einstellungen des Bedienfeldmenüs.

Globaler Adobe-Absatz- und Adobe Ein-Zeilen-Setzer

Voreinstellungen

In den VOREINSTELLUNGEN unter ERWEITERTE EINGABE kann seit InDesign CC der Setzer, den Sie grundsätzlich immer verwenden wollen, als STANDARDSETZER bestimmt werden. Dabei tauchen auch noch zwei weitere Setzer für die japanischen Schriftsysteme auf, die dann aber weder in ABSTÄNDE noch in den entsprechenden Optionen der Absatzformate verwendet werden können.

Solche Einstellungen sollten Sie besser über Absatzformate oder auch die Änderung des [EINF. ABS.] regeln – wie das geht, erfahren Sie im nächsten Kapitel »Textformatierung«.

Seit InDesign CS6 finden Sie zwei weitere Setzer – GLOBALER ADOBE ABSATZSETZER und GLOBALER ADOBE EIN-ZEILEN-SETZER – in den Menüs der Bedienfelder. Diese beiden gibt es InDesign-intern bereits seit InDesign CS4, sie waren aber nie sichtbar. Sie stammen aus der *Middle-Eastern*-Version von InDesign und bieten Unterstützung für die unterschiedlichen nicht-lateinischen Schriftsysteme (z. B. Arabisch, Hebräisch).

Adobe verschweigt, warum diese beiden Setzer in den westlichen Versionen von InDesign auftauchen und ob es Unterschiede zu den bisherigen Setzern gibt, wenn sie mit lateinischen Schriftsystemen verwendet werden. Tatsache ist jedenfalls, dass für eine exakte Steuerung unterschiedlicher Sprach- und Schriftsysteme die Werkzeuge fehlen. Die Middle-Eastern-Version von InDesign bietet dafür z. B. eigene Zeichen- und Absatz-Bedienfelder und weitere Funktionen, die es erlauben, alles von der Dokumentstruktur (die erste Seite ist eine linke Seite) bis zum einzelnen Wort (Schreibrichtung umdrehen) zu kontrollieren.

Da wir beide die betreffenden Sprachen und Schriftsysteme nicht beherrschen und sich dieses Buch auch ausschließlich an Benutzer der westlichen Versionen von InDesign richtet, müssen wir Ihnen also gehaltvolle Informationen zur Verwendung dieser beiden Setzer in den westlichen Versionen von InDesign schuldig bleiben – wir bitten um Nachsicht.

Flattersatzausgleich

Wie Sie gesehen haben, hat der Blocksatz seine Tücken. Aber auch wenn Sie eine Publikation im Flattersatz erstellen, sollten Sie sich einige Gedanken über den Zeilenumbruch machen. Extrem flatternde Zeilen behindern den Lesefluss und sollten deshalb vermieden werden.

Aber natürlich bietet InDesign auch diesbezüglich Unterstützung: Die Option FLATTERSATZAUSGLEICH im Bedienfeldmenü sorgt dafür, dass Zeilen in linksbündigen, zentrierten oder rechtsbündigen Absätzen in ihrer Länge aneinander angepasst werden. Das funktioniert allerdings nur mit dem Adobe-Absatzsetzer; der Ein-Zeilen-Setzer ignoriert diese Einstellung.

Adobe empfiehlt die Verwendung des Flattersatzausgleichs bei mehrzeiligen Zwischentiteln und für zentriert gesetzten Text. Wir können uns diesen Empfehlungen nur beschränkt anschließen. In Abbildung 13.14 sehen Sie die Auswirkungen bei bestimmten – zugegebenermaßen ungünstigen – Satzsituationen.

Die erste Headline wurde ohne, die zweite mit Flattersatz gesetzt. Das Ziel, gleich lange Zeilen zu erzeugen, führt zu einer ungünstigen Silbentrennung, die Sie manuell korrigieren müssen. Bei einer noch schmaleren Spalte funktioniert zwar die Teilung in der vierten Headline, allerdings sollten Sie Worttrennungen in Titeln vermeiden, was genau zu dem Ergebnis in der dritten Headline führen würde, die sich ohne Flattersatzausgleich selbst einstellt.

Verwenden Sie den Flattersatzausgleich nicht, um Headlines auszugleichen. Kritische Satzsituationen sollten Sie besser manuell mit harten Zeilenumbrüchen lösen.

Verwechslungsgefahr!
Verwechseln Sie den FLATTERSATZAUSGLEICH nicht mit dem TRENNBEREICH! Der Trennbereich legt fest, wann ein Wort getrennt werden soll, der Flattersatzausgleich stellt gleiche Zeilenlängen her, greift dabei aber auf die Einstellungen der Silbentrennung inklusive des Trennbereichs zurück.

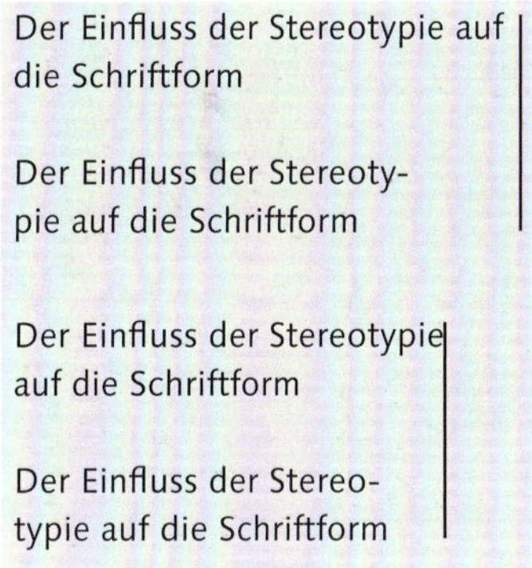

▲ **Abbildung 13.14**
Auswirkungen des Flattersatzausgleichs. Der rechte Spaltenrand ist zur Orientierung eingezeichnet.

Optischer Randausgleich

Typografie ist der ständige Kampf mit dem Weißraum. In allen gängigen Satzprogrammen – und ganz besonders bei InDesign – wird von den Softwareherstellern enormer Aufwand betrieben, um die Platzverhältnisse genau zu kontrollieren und exakte Bünde einhalten zu können.

Dieser technische Ansatz war von jeher der Hauptkritikpunkt am Desktop-Publishing. Die exakte technische Ausrichtung eines Textes an einem Bund berücksichtigt nicht die ästhetischen Erfordernisse mancher Zeichen. So sollte z. B. ein A oder ein W etwas über den Bund hinausgezogen werden, damit die weißen Keile, von denen diese Zeichen umgeben sind, nicht zu sehr stören. Adobe hat diese Kritik zwar gehört und in InDesign die Möglichkeit eingebaut, Text mit einem optischen Randausgleich zu versehen, die Umsetzung erfolgte allerdings ziemlich halbherzig.

Tipp
Verwenden Sie den optischen Randausgleich nicht bei mehrspaltigem Text, weil schmale Spaltenzwischenräume dabei zu sehr »verwischt« würden.

▲ **Abbildung 13.15**
Das Textabschnitt-Bedienfeld

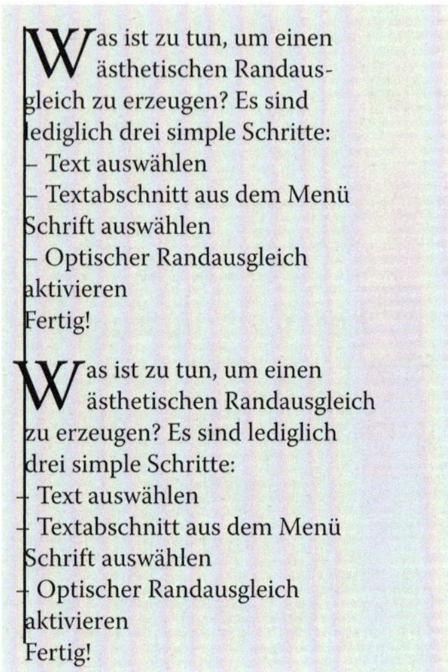

▲ **Abbildung 13.16**
Technischer Randausgleich (oben) im Vergleich zum optischen Randausgleich (unten)

Diesen Randausgleich können Sie nämlich nicht gezielt auf einzelne Absätze anwenden – er gilt immer für einen ganzen Textabschnitt. InDesign versteht darunter einen oder mehrere verkettete Textrahmen.

Um den optischen Randausgleich für einen Textabschnitt festzulegen, öffnen Sie das Textabschnitt-Bedienfeld, indem Sie den Menübefehl Schrift • Textabschnitt oder Fenster • Schrift und Tabellen • Textabschnitt aufrufen. Wählen Sie einen Textrahmen, oder setzen Sie den Textcursor in den Textfluss, und aktivieren Sie die Option Optischer Randausgleich im Textabschnitt-Bedienfeld. Da die Einstellung auf die ganze Textkette wirkt und deshalb auch unterschiedliche Schriftgrößen vorkommen können, müssen Sie festlegen, an welcher Schriftgröße sich der optische Randausgleich orientieren soll. Stellen Sie jene Schriftgröße ein, die in Ihrem Text am häufigsten vorkommt.

Sie können nun für einzelne Absätze den optischen Randausgleich deaktivieren, indem Sie den Textcursor in den betreffenden Absatz stellen und Optischen Rand ignorieren aus dem Bedienfeldmenü des Steuerung- oder Absatz-Bedienfelds wählen.

Wie sich der optische Randausgleich bemerkbar macht, sehen Sie in Abbildung 13.16. Der obere Ausschnitt eines Absatzes ist technisch am linken Rand ausgerichtet. Alle Zeichen orientieren sich an einem gemeinsamen Bund. Der untere Absatz verwendet den optischen Randausgleich, und somit werden die hängende Initiale W und die Halbgeviertstriche als Aufzählungszeichen recht deutlich über den Bund hinausgezogen.

Absatzumbrüche, Schusterjungen und Hurenkinder

Schusterjunge und Hurenkind
Da man die in diesen Begriffen steckende Diffamierung vermeiden möchte, werden manchmal die englischen Fachbegriffe »orphan« und »widow« verwendet. Wir versuchen, die Setzersprache nicht zu verändern. Ansonsten müssten wir hier – als Österreicher – auch »Schusterbub« sagen. Österreichische Setzer verwenden tatsächlich ein paar Fachbegriffe, die noch etwas würziger sind – wir werden sie Ihnen deshalb verschweigen.

Beim Satz umfangreicher Texte wie in diesem Buch oder in Zeitschriften dürfen einige Dinge nicht passieren, die allesamt wiederum mit der Platzverteilung auf einer Seite zu tun haben. Es gibt eine Fülle von Regeln, die unter einen Hut gebracht werden müssen, was aber oft schlicht und einfach nicht gelingt. Die wichtigsten Regeln wären:

1. Wenn ein Text in die nächste Spalte oder Seite umbricht, sollen im Absatz, der dadurch getrennt wird, zumindest zwei Zeilen vor dem Umbruch stehen bleiben. Eine Verletzung dieser Regel – es bleibt nur die erste Zeile des Absatzes stehen – führt zu einem sogenannten *Schusterjungen*.
2. Andererseits muss der Anteil des Absatzes, der in die nächste Spalte oder Seite umbricht, aus mindestens zwei Zeilen bestehen. Eine Verletzung dieser Regel nennt man *Hurenkind*.
3. Ein Zwischentitel darf nicht als letzter Absatz in einer Spalte/Seite stehen, und er darf nicht umbrochen werden, auch wenn er über

mehrere Zeilen läuft. Einem Zwischentitel müssen zumindest zwei Zeilen folgen.

4. Alle Texte auf einer Doppelseite – auch in Spalten – müssen auf derselben Höhe enden, sofern dort nicht ein anderes Element, wie z. B. ein Bild, den Text verdrängt.

Gerade die vierte Regel verkompliziert die Aufgabe erheblich. Alle anderen Regeln sind vergleichsweise einfach zu befolgen, wenn keine einheitliche Kolumnenhöhe eingehalten werden muss.

Wenn die erste Zeile eines Absatzes als letzte Zeile in einer Textspalte steht, nennen Setzer das einen »Schusterjungen«.

In diesem Absatz ist das auch schon passiert. Andererseits soll eine Textspalte auch nicht mit einer Zeile beginnen, die noch zum vorhergehenden Absatz gehört. So eine Zeile nennen die Setzer ein »Hurenkind«.

Das sehen Sie oben. Hurenkinder und Schusterjungen stören den Grauwert einer Textspalte und sollten vermieden werden.

▲ **Abbildung 13.17**
In der ersten Spalte sehen Sie einen klassischen Schusterjungen, in der dritten Spalte ein Hurenkind.

Sie können diese Umbruchregeln steuern, indem Sie im Bedienfeldmenü des Absatz-Bedienfelds oder des Steuerung-Bedienfelds den Menüpunkt UMBRUCHOPTIONEN aufrufen.

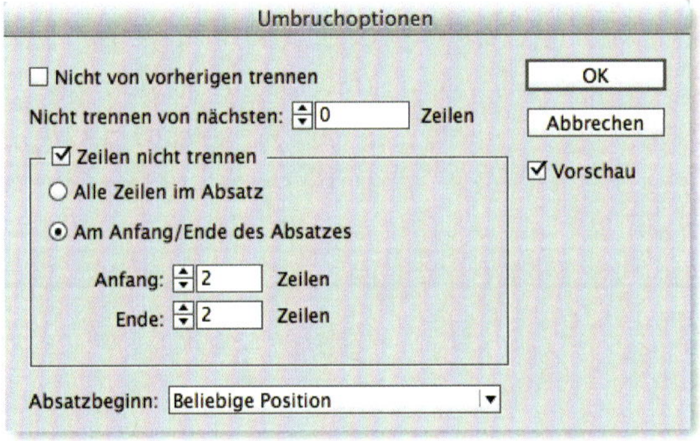

◀ **Abbildung 13.18**
UMBRUCHOPTIONEN: Hier regeln Sie, wie Schusterjungen und Hurenkinder vermieden werden sollen. Eine rein technische Lösung führt aber immer zu zusätzlichen Weißräumen.

- NICHT VON VORHERIGEN TRENNEN: Wenn Sie diese Option für einen Absatz aktivieren und dieser Absatz umbricht zur Gänze, so wird automatisch zumindest eine Zeile aus dem vorherigen Absatz ebenfalls umbrochen. Die Option wäre z. B. geeignet, um einen Zwischentitel an seinen Folgeabsatz zu binden, damit der Zwischentitel nicht alleine am Ende einer Spalte stehen bleibt. Die Funktion wirkt also auf den Absatz vor dem Absatz, für den Sie die Option aktivieren.
- NICHT TRENNEN VON NÄCHSTEN [X] ZEILEN: Dies wäre die Umkehrung der Funktion NICHT VON VORHERIGEN TRENNEN. Die Anzahl der Zeilen, die Sie hier eintragen, bezieht sich also auf den Absatz, der dem Absatz folgt, für den Sie diese Einstellung vornehmen. Muss dieser Folgeabsatz umbrochen werden, geschieht das nur, wenn zumindest so viele Zeilen, wie Sie hier angegeben haben, unter dem vorhergehen-

Zumindest eine Zeile?
Wie viele Zeilen des vorhergehenden Absatzes von der Option NICHT VON VORHERIGEN TRENNEN wirklich umbrochen werden, können Sie über die Option ENDE unter AM ANFANG/ENDE des Absatzes beeinflussen. Die Funktion NICHT VON VORHERIGEN TRENNEN löst also nur den Umbruch aus, kümmert sich jedoch nicht um die Anzahl der Zeilen, die umbrochen werden.

den Absatz stehen bleiben können. Ansonsten würde dieser Absatz ebenfalls in die nächste Spalte übernommen. Sie können maximal fünf Zeilen angeben. Diese Funktion ist ideal für Zwischentitel, denen zumindest drei Zeilen folgen sollen.

Spalten- und Seitenumbruch
Technisch gesehen besteht hier kein Unterschied. Ein Absatzumbruch auf die nächste Seite erfolgt genau genommen ja ebenfalls in eine Spalte. Wir verwenden die beiden Begriffe gleichwertig.

- ZEILEN NICHT TRENNEN: Hier aktivieren Sie die Regelung für Schusterjungen und Hurenkinder, die Sie dann noch näher definieren müssen.
  - ALLE ZEILEN IM ABSATZ: Dies ist die generelle Vermeidung von Absatzumbrüchen und somit auch von Schusterjungen und Hurenkindern. Die Zeilen eines so eingestellten Absatzes werden nie getrennt, und es wird immer der gesamte Absatz in die nächste Spalte umbrochen. Das ist z. B. bei mehrzeiligen Zwischentiteln notwendig – Zwischentitel sollten zwar nicht über mehrere Zeilen laufen, aber auch lediglich zwei Zeilen dürfen keinesfalls getrennt werden. Diese Strategie führt dann allerdings zu einem »tanzenden Kolumnenfuß«, weil nur selten alle Spalten mit derselben Linie abschließen.
  - AM ANFANG/ENDE DES ABSATZES: Die Einstellung für ANFANG regelt die Behandlung von Schusterjungen. Bei einer Einstellung von »2« wird der gesamte Absatz in die nächste Spalte umbrochen, wenn nur die erste Zeile in der vorherigen Spalte stehen bliebe. Das führt natürlich zu einer Leerzeile am Ende der vorherigen Spalte. Je größer Sie diese Einstellung wählen, umso größer wird auch die Lücke. ENDE legt fest, wie viele Zeilen mindestens in die nächste Spalte umbrochen werden müssen. Bei einer Einstellung von »2« wird also mindestens eine zweite Zeile »mitgenommen« – auch dadurch entsteht natürlich eine Lücke, die umso größer werden kann, je höher der Wert eingestellt ist.
- ABSATZBEGINN: Wenn ein Absatz umbrochen werden muss, wird er im Regelfall an der nächsten freien Position der Textkette positioniert. Sie können allerdings auch andere Ziele festlegen. Diese Ziele haben wir im Abschnitt »Umbrüche« bereits als manuelle Umbrüche vorgestellt.

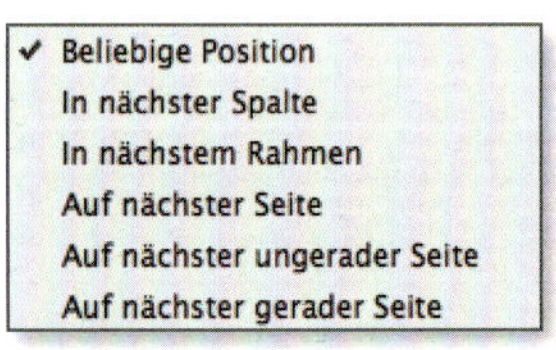

▲ **Abbildung 13.19**
Die sechs Möglichkeiten für das Ziel eines Textumbruchs aus dem Menü ABSATZBEGINN der UMBRUCHOPTIONEN

Die verschiedenen Einstellungen sind in sich immer logisch, können aber in der Realität oft nicht angewendet werden. Wenn ein Absatz nur drei Zeilen lang ist und sowohl Schusterjungen als auch Hurenkinder vermieden werden sollen, steht InDesign vor einem Dilemma, aus dem es sich nicht selbstständig befreien kann. Muss ein dreizeiliger Absatz umbrochen werden, können schlicht nicht alle Regeln eingehalten werden. In solchen Fällen müssen Sie manuell eingreifen. Um diese Problemstellen aufzuspüren, können Sie Verstöße gegen die Umbruchregeln sichtbar machen, indem Sie unter VOREINSTELLUNGEN • SATZ die Option

Absatzumbruchverletzungen aktivieren. InDesign hinterlegt die betroffenen Umbrüche nun in verschiedenen Gelbtönen, je nach Schwere der Verletzung.

Spaltenspanne und unterteile Spalte

Die vor allem im Zeitschriftenbereich ausserordentlich wichtige Funktion Spaltenspanne erlaubt es, einen Absatz über mehrere Spalten eines Textrahmens hinweg laufen zu lassen.

Die Funktion Unterteilte Spalte ermöglicht genau das Gegenteil: Sie können damit innerhalb einer Spalte bzw. eines Textrahmens Absätze auf mehrere Spalten aufteilen. Beide Funktionen können über Spalten aus den Bedienfeldmenüs des Steuerung- bzw. Absatz-Bedienfelds aufgerufen werden.

Eine Abkürzung zu den Grundeinstellungen finden Sie im Menü Spaltenspanne [Ohne] im Steuerung-Bedienfeld.

Leider nicht für Fußnoten

Fußnoten über mehrere Spalten laufen zu lassen wäre eine wichtige – und oft verlangte – Funktion. Dummerweise funktioniert die neue Funktion Spaltenspanne aber genau bei Fußnoten, genauer gesagt bei Absätzen, die von Fußnoten abstammen, nicht.

Spaltenspanne (Anwendung am Beginn eines mehrspaltigen Rahmens) | Um Absätze über zwei Spalten hinweg laufen zu lassen, klicken Sie in den betroffenen Absatz und rufen Spalten aus einem der Bedienfeldmenüs des Steuerung- bzw. Absatz-Bedienfelds auf.

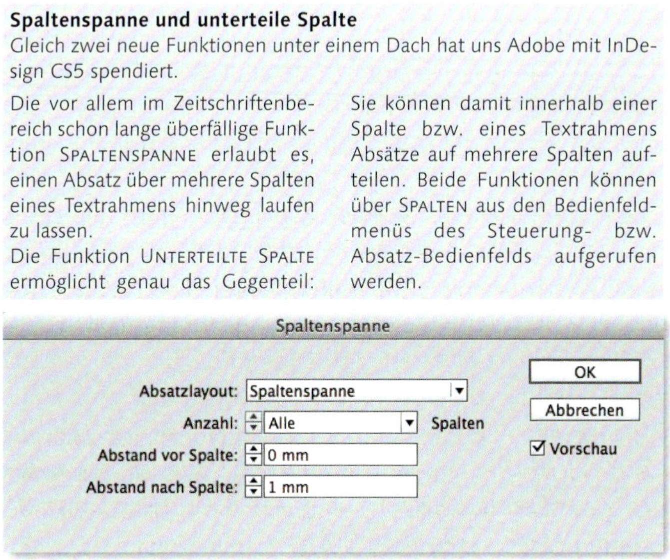

◀ **Abbildung 13.20**
Der Textrahmen ist zweispaltig, Titel und Anleser laufen jedoch über beide Spalten. Vor InDesign CS5 musste in solch einem Fall ein eigener Textrahmen verwendet werden oder ein Textrahmen im Text verankert werden, was aber nur mit sehr abenteuerlichen Einstellungen zu erreichen war.

Stellen Sie Absatzlayout auf Spaltenspanne. Die Anzahl können Sie auf Alle stellen oder auch auf genau 2. Mit Alle sind Sie jedoch in den meisten Fällen flexibler. Die Abstände vor und nach solchen Absätzen können zwar über die normalen Einstellungen für Absätze kontrolliert

Empfehlung

Verwenden Sie die Funktionen Abstand davor und Abstand danach. Diese Werte können Sie im Steuerung-Bedienfeld ersehen, die Werte aus Abstand vor und nach einer Spaltenspanne nicht.

werden, können aber zusätzlich (!) unter Abstand vor Spalte bzw. Abstand nach Spalte angegeben werden (die Bezeichnungen sind hier wiederum etwas unglücklich gewählt).

Spaltenspanne (Anwendung zwischen Absätzen eines mehrspaltigen Rahmens) | Wenn Sie die Spaltenspanne nicht am Beginn, sondern mitten im Text eines mehrspaltigen Rahmens anwenden, müssen Sie beachten, dass sich die Anzahl der Spalten, über die der Absatz läuft, auch auf den Text oberhalb auswirkt.

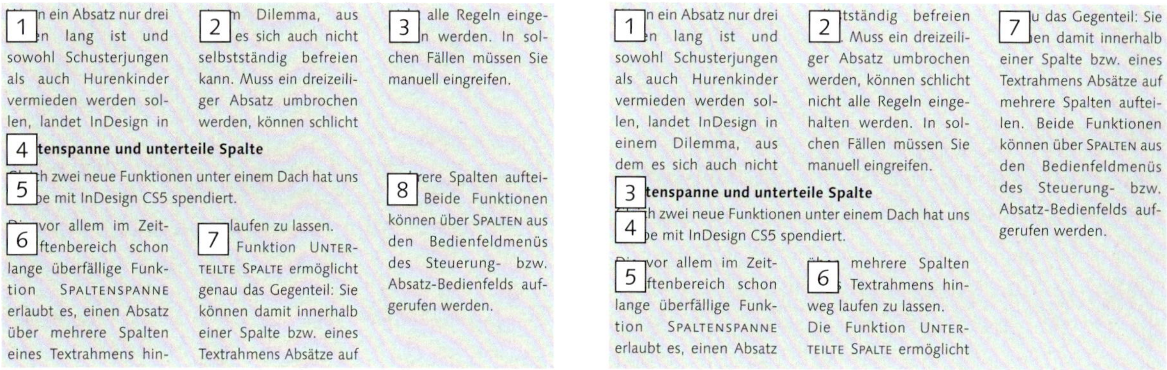

▲ **Abbildung 13.21**
Links: Der Zwischentitel reicht über alle drei Spalten (füllt sie aber nicht aus). Deshalb wird auch der Text oberhalb des Zwischentitels auf alle drei Spalten verteilt und der Text nach dem Zwischentitel beginnt in der dritten Spalte nach dem Zwischentitel.
Rechts: Der Zwischentitel reicht über zwei Spalten. Deshalb wird auch der Text oberhalb des Zwischentitels auf zwei Spalten verteilt. Die dadurch frei bleibende dritte Spalte wird vom Text nach dem Zwischentitel benutzt und steht in der dritten Spalte eigentlich zu hoch.

Im linken Beispiel reicht der fette Zwischentitel über drei Spalten (auch wenn er nicht so lang ist). Der oberhalb liegende Text wird deshalb auch auf drei Spalten aufgeteilt. Der Text fließt ganz anders (rechtes Beispiel), wenn der Zwischentitel lediglich über zwei Spalten reicht: Die dritte Spalte wird in diesem Fall vom Ende des Textes verwendet.

Unterteilte Spalte | Um innerhalb einer Spalte oder eines (einspaltigen) Textrahmens einen Absatz auf zwei Spalten aufzuteilen und so einen Einschub im Text zu erzeugen (wie in Abbildung 13.22), klicken Sie in den betroffenen Absatz und rufen Spalten aus einem der Bedienfeldmenüs des Steuerung- bzw. Absatz-Bedienfelds auf.

Stellen Sie für Absatzlayout Unterteilte Spalte ein, und wählen Sie »2« für die Option Unterspalten, um einen zweispaltigen Absatz zu erzeugen. Auch hier können Sie die Absatzabstände über die normalen Funktionen einstellen oder auch über die beiden Optionen Abstand vor Unterteilung bzw. Abstand nach Unterteilung.

Den Spaltenabstand kontrollieren Sie mit dem Parameter Innenabstand, der Aussenabstand bezieht sich auf die Abstände der Spalten links und rechts zur Breite derjenigen Spalte, in der die unterteilten Spalten enthalten sind. Sie können für diesen unterteilten Absatz auch mit den üblichen Einzügen arbeiten.

Spaltenspanne und unterteile Spalte
Gleich zwei neue Funktionen unter einem Dach hat uns Adobe mit InDesign CS5 spendiert. Die vor allem im Zeitschriftenbereich schon lange überfällige Funktion SPALTENSPANNE erlaubt es, einen Absatz über mehrere Spalten eines Textrahmens hinweg laufen zu lassen.

Vor InDesign CS5 musste in solch einem Fall ein eigener Textrahmen verwendet oder ein Textrahmen im Text verankert werden, was aber nur mit sehr abenteuerlichen Einstellungen zu erreichen war.

Die Funktion UNTERTEILTE SPALTE ermöglicht genau das Gegenteil: Sie können damit innerhalb einer Spalte bzw. eines Textrahmens Absätze auf mehrere Spalten aufteilen. Beide Funktionen können über SPALTEN aus den Bedienfeldmenüs des Steuerung- bzw. Absatz-Bedienfelds aufgerufen werden.

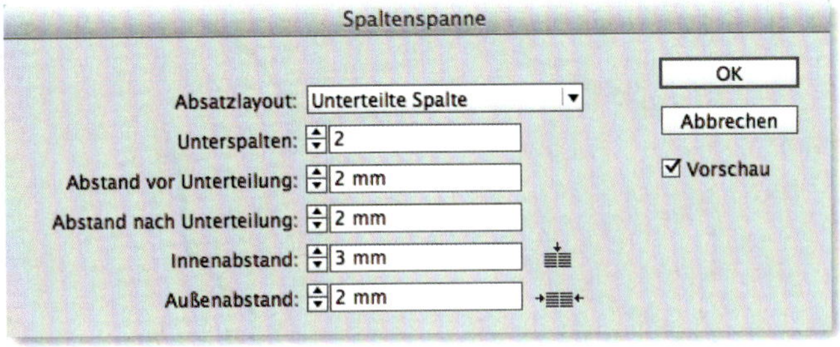

◄ **Abbildung 13.22**
Die Funktion UNTERTEILTE SPALTE teilt Spalten auf Absatzebene auf mehrere Spalten auf und kann somit eigentlich nur bei sehr breiten Spalten verwendet werden: Hier haben wir es mit einem einspaltigen Textrahmen zu tun, in dem über UNTERTEILTE SPALTE ein Einschub über zwei Spalten erzeugt wurde. Solche Einschübe sind in vielen Zeitschriften mangels Marginalspalte recht beliebt. Wenn Sie den Text farblich unterlegen oder mit einem Rahmen versehen wollen, müssen Sie jedoch nach wie vor einen Textrahmen in den Text einbetten, was allerdings eine einfache Übung ist.

Menü Spaltenspanne | Das Menü SPALTENSPANNE [Ohne] im Steuerung-Bedienfeld bietet lediglich die Spaltenanzahl an und ist deshalb nur eingeschränkt sinnvoll, weil Sie die restlichen Parameter nicht dauerhaft ändern können.

Absatzlinien

Im Abschnitt »Abstände und Einzüge« haben wir Ihnen gezeigt, wie Absätze mit Weißraum voneinander getrennt werden. In vielen Publikationen ist Platz aber derartige Mangelware, dass eine weitere Methode der Absatztrennung zum Einsatz kommt. In Versandhauskatalogen kommt zumeist dem Produkt selbst in Form einer Abbildung der meiste Platz zu. Die Beschreibung des Artikels muss demnach eher platzsparend ausfallen. Jede Leerzeile und sogar ein Einzug wäre verschenkter Platz für die Produktpräsentation. Hier wird zumeist mit Linien zwischen Absätzen gearbeitet. Aber auch in Tageszeitungen sind Linien als Trennung zwischen Kurzmeldungen zu finden.

In unserem Beispiel in Abbildung 13.23 sehen Sie eine typische Artikelbeschreibung, wie sie in Warenkatalogen verwendet wird. Die einzelnen Artikel sind mit einer Suchziffer gekennzeichnet, um ein Artikelbild dem Text zuordnen zu können. Nach einer kurzen Beschreibung folgt eine kleine Tabelle mit Bestellnummer, Größenangaben und Preis in jeder Zeile. Die letzte Zeile ist mit einer Linie abge-

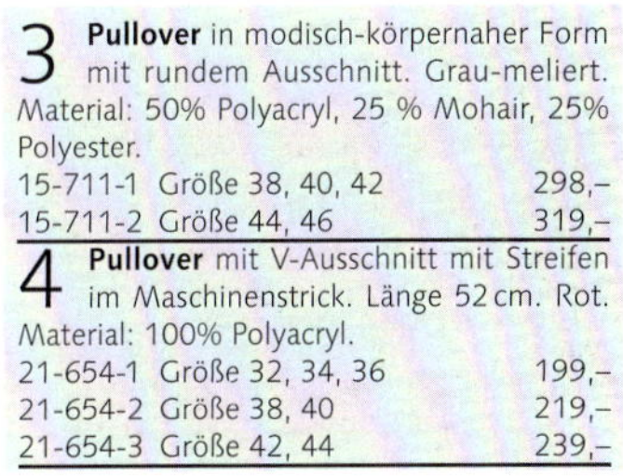

▲ **Abbildung 13.23**
Ein Beispiel für Absatzlinien

schlossen, damit die nächste Artikelbeschreibung leichter von der vorherigen unterschieden werden kann. Derartige Linien könnte man natürlich als grafisches Objekt unter der letzten Zeile einziehen, allerdings hätten Sie das Problem, dass Sie bei jeder Positionsänderung auch die Position der Linie korrigieren müssten. Solche Positionsänderungen ergeben sich aber ständig durch Änderungen der Artikelbeschreibung.

Deshalb haben Sie die Möglichkeit, Absätze mit Linien vorher oder nachher zu versehen. Die nötigen Einstellungen können Sie über den Aufruf von Absatzlinien im Bedienfeldmenü des Absatz-Bedienfelds vornehmen.

Abbildung 13.24 ▶
Absatzlinien: Beachten Sie, dass in diesem Dialog eigentlich zwei Dialoge versteckt sind. Sie müssen zunächst im Menü oben links auswählen, ob Sie die Linie darunter oder die Linie darüber bearbeiten wollen.

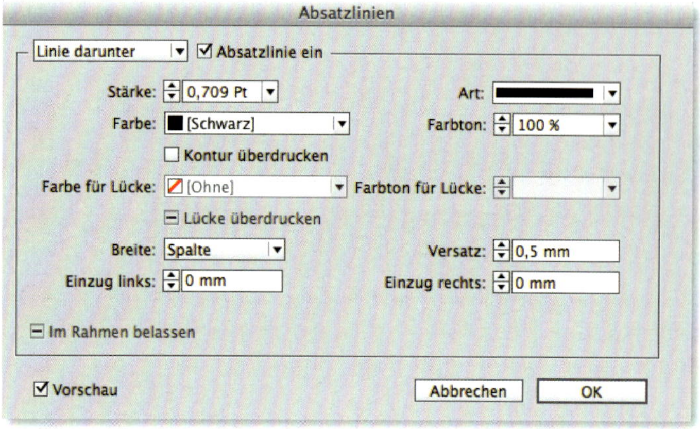

Die Einstellungsmöglichkeiten sind den Optionen für Unterstreichung und Durchstreichung sehr ähnlich, und auch die standardmäßig verfügbaren Linien sind die gleichen.

- Linie darunter/Linie darüber: Wählen Sie, ob Sie eine Linie unter oder über dem Absatz erstellen wollen.
- Absatzlinie ein: Um die Linie sichtbar zu machen, aktivieren Sie diese Option. Wenn Sie sowohl vor als auch nach dem Absatz eine Linie haben möchten, müssen Sie beide Linien getrennt aktivieren.
- Stärke, Art, Farbe, Farbton, Kontur überdrucken, Farbe für Lücke, Farbton für Lücke und Lücke überdrucken: Diese Einstellungen sind identisch mit den Einstellungen der Unterstreichungs- und Durchstreichungsoptionen auf Seite 425.
- Breite: Wählen Sie Spalte, wenn die Linie über die gesamte Spaltenbreite reichen soll. Wenn die Linie so lang sein soll wie die zugehörige Textzeile, wählen Sie die Option Text.
- Versatz: Ein Versatz von 0 bedeutet, dass die Linie auf der Grundlinie der Zeile steht. Ein positiver Wert bei Linie darunter schiebt die Linie unter die Grundlinie, ein negativer Wert schiebt sie darüber. Bei Linie darüber ist es genau umgekehrt.

Negative Einzüge

Die Einträge für Einzug links und Einzug rechts können auch negativ sein. Dann reichen die Linien über die Spaltenränder hinaus. Das wird gebraucht, wenn ein Textrahmen mit einem sichtbaren Rand über Versatzabstände verfügt, die Linien aber bis zum Rand reichen sollen. Bei einem linken Versatzabstand von 2 mm stellen Sie den Einzug links auf –2 mm.

- Einzug links und Einzug rechts: Neben den beiden Einstellungen für Breite können Sie hier zusätzlich Einzüge auf beiden Seiten der Linie definieren und die Länge der Linie bzw. ihre Reichweite weiter einschränken.
- Im Rahmen belassen: Diese Option ist nur für eine Linie darüber aktivierbar und wird lediglich aktiv, wenn der betroffene Absatz als erster in einem Rahmen bzw. einer Spalte liegt. Wird die Option aktiviert und treffen diese Bedingungen zu, kann die Linie mit dem Versatz nur bis zur Oberkante des Rahmens verschoben werden. Übersteigt der Versatz diese Distanz, wird der Absatz nach unten geschoben. Diese Option verursacht gelegentlich Probleme mit der Vorschau.

Beispiel 1 | Mit Absatzlinien können Sie interessante Zwischentitel gestalten. In den folgenden Beispielen verwenden wir eine Spaltenbreite von 42 mm. Die Schrift der Zwischentitel – und nur die interessieren uns hier – ist die Helvetica Bold Condensed mit einem Schriftgrad von 10 Pt. Auf die Kontrolle der Abstände vor und nach den Zwischentiteln werden wir nicht näher eingehen.

Einstellungen für die Abbildung 13.25 – »Kontakte«:

Linie darüber:	Stärke:	12 Pt
	Farbe:	[Schwarz]
	Farbton:	70 %
	Breite:	Spalte
	Versatz:	–0,8 mm
	Einzug links:	0 mm
	Einzug rechts:	0 mm

Mercedes 230 SEL, Bj. 1988, Privatverkauf, 128.000 km, Garagenzustand, VB: 3.400,– €, Tel.: 04852/65556 (ab 18.00 Uhr)

Opel Astra 1,9 TD, Bj.1998, Autohaus Mazda-Eder, 177.000 km, gutem Zustand, VB: 9.000,– €, Tel.: 04877/2323

Kontakte

Landwirt, 39 sucht nette, arbeitsame Frau für Bewirtschaftung eines Bergbauernhofes in Südbayern, Heirat nicht ausgeschlossen; Zuschriften unter C-23456-1 an die Red.

Hausfrau, 55 gut erhalten und noch willig sucht (München) Hausmann zur gemeinsamen Betreuung der schuldenfreien Küche, neben Arbeit auch noch Liebe erbeten; Zuschriften unter C-23456-2 an die Redaktion

▲ **Abbildung 13.25**
Ein inverser Zwischentitel auf einem grauen Feld

Bei einem Schriftgrad von 12 Pt ragt die Linie 2 Pt über den Text hinaus und wird deshalb um 0,8 mm unter die Grundlinie gezogen. Die Schriftfarbe muss natürlich auf [Papier] gesetzt werden. Eine Linie darunter gibt es hier nicht.

Beispiel 2 | In unserem zweiten Beispiel (Abbildung 13.26) entwickeln wir diese Version weiter – die Einstellungen für Linie darüber sind deshalb identisch mit den Einstellungen des ersten Beispiels. Die Linie darunter ist um 2 Pt schmaler und wird mit einem Versatz von –3,1 mm genau über die obere Linie gelegt – dadurch entstehen die »Rahmenlinien« oben und unten. Damit auch am linken und rechten Rand eine Linie entsteht, wird die Linie auf beiden Seiten um 0,35 mm eingezogen. An diesem Beispiel ist gut zu sehen, dass Linie darunter über der

Linie darüber liegt (wie in einer Ebene). Der Rahmen besteht also nicht aus echten Linien, sondern aus der Überlappung der Flächen, die von den Absatzlinien gebildet werden.

Mercedes 230 SEL, Bj. 1988, Privatverkauf, 128.000 km, Garagenzustand, VB: 3.400,– €, Tel.: 04852/65556 (ab 18.00 Uhr)

Opel Astra 1,9 TD, Bj.1998, Autohaus Mazda-Eder, 177.000 km, gutem Zustand, VB: 9.000,– €, Tel.: 04877/2323

Kontakte

Landwirt, 39 sucht nette, arbeitsame Frau für Bewirtschaftung eines Bergbauernhofes in Südbayern, Heirat nicht ausgeschlossen; Zuschriften unter C-23456-1 an die Red.

Hausfrau, 55 gut erhalten und noch willig sucht (München) Hausmann zur gemeinsamen Betreuung der schuldenfreien Küche, neben Arbeit auch noch Liebe erbeten; Zuschriften unter C-23456-2 an die Redaktion

▲ **Abbildung 13.26**
Ein Zwischentitel auf einem grauen Feld

Einstellungen für die Abbildung 13.26 – »Kontakte«:

Linie darüber:	Stärke:	12 Pt
	Farbe:	[Schwarz]
	Farbton:	100 %
	Breite:	Spalte
	Versatz:	–0,8 mm
	Einzug links:	0 mm
	Einzug rechts:	0 mm
Linie darunter:	Stärke:	10 Pt
	Farbe:	[Schwarz]
	Farbton:	20 %
	Breite:	Spalte
	Versatz:	–3,1 mm
	Einzug links:	0,35 mm
	Einzug rechts:	0,35 mm

Beispiel 3 | Das dritte Beispiel (Abbildung 13.27) ist eine Mischform aus den beiden ersten Beispielen. Die Linien sind gleich breit und werden per Versatz-Einstellung so verschoben, dass sie genau übereinanderliegen.

Mercedes 230 SEL, Bj. 1988, Privatverkauf, 128.000 km, Garagenzustand, VB: 3.400,– €, Tel.: 04852/65556 (ab 18.00 Uhr)

Opel Astra 1,9 TD, Bj.1998, Autohaus Mazda-Eder, 177.000 km, gutem Zustand, VB: 9.000,– €, Tel.: 04877/2323

3.2 Heiratssachen

Landwirt, 39 sucht nette, arbeitsame Frau für Bewirtschaftung eines Bergbauernhofes in Südbayern, Heirat nicht ausgeschlossen; Zuschriften unter C-23456-1 an die Red.

Hausfrau, 55 gut erhalten und noch willig sucht (München) Hausmann zur gemeinsamen Betreuung der schuldenfreien Küche, neben Arbeit auch noch Liebe erbeten; Zuschriften unter C-23456-2 an die Redaktion

▲ **Abbildung 13.27**
Die beiden Absatzlinien wurden mit einem Einzug zusammengestutzt und mit Versatzabständen nebeneinandergestellt.

Einstellungen für die Abbildung 13.27 – »Heiratssachen«:

Linie darüber:	Stärke:	12 Pt
	Farbe:	[Schwarz]
	Farbton:	100 %
	Breite:	Spalte
	Versatz:	–0,8 mm
	Einzug links:	0 mm
	Einzug rechts:	35,5 mm
Linie darunter:	Stärke:	12 Pt
	Farbe:	[Schwarz]
	Farbton:	20 %
	Breite:	Spalte
	Versatz:	–3,42 mm
	Einzug links:	7,5 mm
	Einzug rechts:	0 mm

Allerdings werden die Linien mit Einzügen so weit gekürzt, dass sie sich optisch nicht berühren, sondern ein Abstand bleibt. Linie darüber hat einen rechten Einzug von 35,5 mm. Bei einer Spaltenbreite von 42 mm ist sie somit 6,5 mm lang. Die Länge der Linie darunter ergibt somit 34,5 mm. In der Gesamtlänge fehlt also ein Betrag von 1 mm, der sich als Lücke zwischen den beiden Linien bemerkbar macht. Der Text des Zwischentitels ist etwas eingezogen, und die Ziffern »3.2« wurden auf [Papier] eingefärbt. Das Wort »Heiratssachen« beginnt an einem Tabulator, der genau so weit hinter der Lücke steht, dass sich der Text harmonisch in die graue Fläche einfügt.

Einzüge

Die Einzüge sind in mm angegeben, die Linienstärke allerdings in Pt – deshalb unterscheiden sich die Stärken der horizontalen und der vertikalen Linien geringfügig. Um auch die Einzüge in Pt zu definieren, muss lediglich bei der Eingabe die Einheit hinzugefügt werden.

Solche Beispiele sind natürlich immer mit etwas Tüftelei verbunden, aber einmal ausgearbeitet, sind sie eine sehr bequeme Methode, um schnell und elegant recht anspruchsvolle Gestaltungsaufgaben zu lösen. Werden sie über Absatzformate (siehe die folgenden Abschnitte) umgesetzt, können sie mit einem einzigen Klick in Ihrem Layout angewendet werden.

Die letzte Option aus dem Bedienfeldmenü des Absatz-Bedienfelds – GREP-Stile – bleiben wir Ihnen an dieser Stelle weiterhin schuldig. Diese recht leistungsstarke Funktion ist nur in Kombination mit Absatzformaten sinnvoll einsetzbar, weshalb wir sie in Abschnitt 14.4, »Absatzformate«, behandeln werden.

Sie finden das folgende Beispiel auf der Buch-DVD unter Beispielmaterial • Kapitel_13.

Aufgaben zu Absatzlinien

Wie Sie sehen, sind die Einsatzgebiete für Absatzlinien sehr vielfältig. Versuchen Sie, die beiden Aufgaben aus Abbildung 13.28 selbstständig zu lösen. Mögliche Lösungen finden Sie auf der Buch-DVD. Versuchen Sie in Aufgabe 13.1, den Rahmen und die Linie zwischen dem Wochentag und dem Datum mit Absatzlinien zu realisieren. In Aufgabe 13.2 werden Sie allein mit Absatzlinien nicht zum Ziel kommen. Bedenken Sie, dass auch Durch- und Unterstreichung Linien sind.

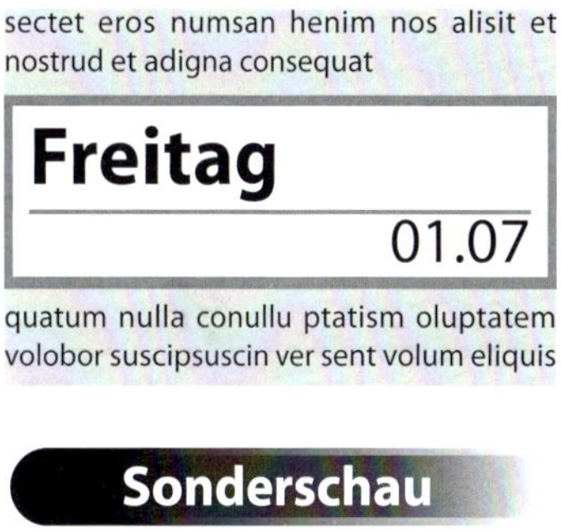

▲ **Abbildung 13.28**
Oben: Ergebnis von Aufgabe 13.1
Unten: Ergebnis von Aufgabe 13.2

13.2 Tabulatoren

Für das Beispiel in Abbildung 13.29 benötigen Sie die Möglichkeit, die tabellarischen Zeilen genau zu kontrollieren – so etwas wird bei solchen Aufgabenstellungen mit Tabulatoren gelöst. Möglicherweise empfinden Sie den letzten Satz als banal. Allerdings scheinen Tabulatoren zu den großen Geheimnissen der elektronischen Textbearbeitung zu gehören. Gerade bei EDV-Anfängern und bei Umsteigern von Textverarbeitungen (manchmal aber auch bei Umsteigern von XPress) erleben wir in Schulungen immer wieder, dass versucht wird, Tabellenspalten über Leerzeichen auszurichten. Bei Proportionalschrift ist das nahezu unmöglich.

Tatsächlich sind Tabulatoren eigenartige »Zeitgenossen«. Wir sind ihnen schon als einzelne Zeichen im Menü Schrift • Sonderzeichen einfügen • Andere begegnet, woraus ja folgt, dass ein Tabulator zunächst einmal ein einzelnes Zeichen ist. Andererseits nimmt ein Tabulator in der Regel wesentlich mehr Platz ein als ein einzelnes Zeichen, und dieser Platz schwankt zusätzlich auch noch.

Tabulatoren sind also Steuerzeichen (einzelne Zeichen), die im Normalfall Weißraum schaffen, der aber immer genau so viel Platz einnimmt, dass der dem Tabulator folgende Text stets an der gleichen Stelle beginnt. Sehen wir uns das Beispiel aus einem Versandhauskatalog in Abbildung 13.29 einmal näher an. Wir werden dieses Beispiel im nächsten Kapitel noch weiter strapazieren; an dieser Stelle interessieren wir uns lediglich für die Zeilen mit den Artikelnummern, Größenangaben und Preisen.

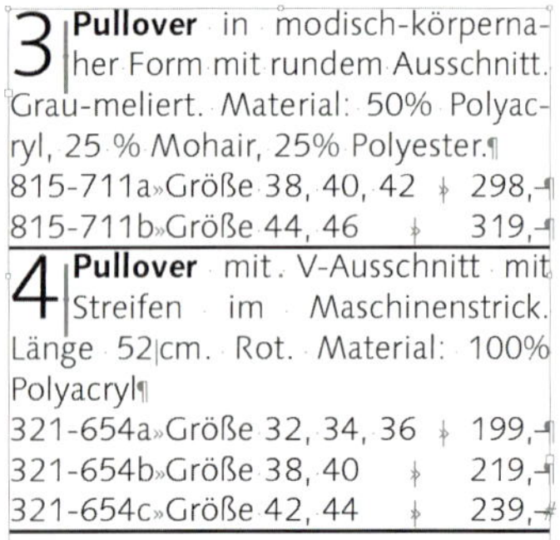
3 **Pullover** in modisch-körpernaher Form mit rundem Ausschnitt. Grau-meliert. Material: 50% Polyacryl, 25 % Mohair, 25% Polyester.¶
815-711a»Größe 38, 40, 42 298,-
815-711b»Größe 44, 46 319,-
4 **Pullover** mit V-Ausschnitt mit Streifen im Maschinenstrick. Länge 52 cm. Rot. Material: 100% Polyacryl¶
321-654a»Größe 32, 34, 36 199,-
321-654b»Größe 38, 40 219,-
321-654c»Größe 42, 44 239,-

▲ **Abbildung 13.29**
Beispiel einer Artikelbeschreibung mit allen Steuerzeichen

Die letzte Stelle der Artikelnummer ist immer ein Buchstabe. In proportionalen Schriften nehmen die einzelnen Buchstaben (oft aber auch die einzelnen Ziffern) immer nur genau so viel Platz ein, wie sie wirklich benötigen. Die mittlere Spalte beginnt hier immer mit dem Wort »Größe« und sollte über alle Zeilen immer im gleichen Abstand zum linken Spaltenrand beginnen.

An dieser Stelle benötigen wir einen Tabulator, der ganz nach Bedarf den variablen Platz zwischen Artikelnummer und mittlerer Spalte auffüllt.

Tabulatoren-Bedienfeld

Rufen Sie das Tabulatoren-Bedienfeld über SCHRIFT • TABULATOREN auf, oder öffnen Sie es mit dem Tastenkürzel [Strg]+[⇧]+[T] bzw. [⌘]+[⇧]+[T]. Zunächst ist zum Tabulatoren-Bedienfeld zu sagen, dass es sich nicht so verhält wie die anderen Bedienfelder – es kann nicht in Registerkarten abgelegt werden und ist deshalb immer ein schwebendes Bedienfeld. Dafür kann es allerdings an Textspalten oben angedockt werden.

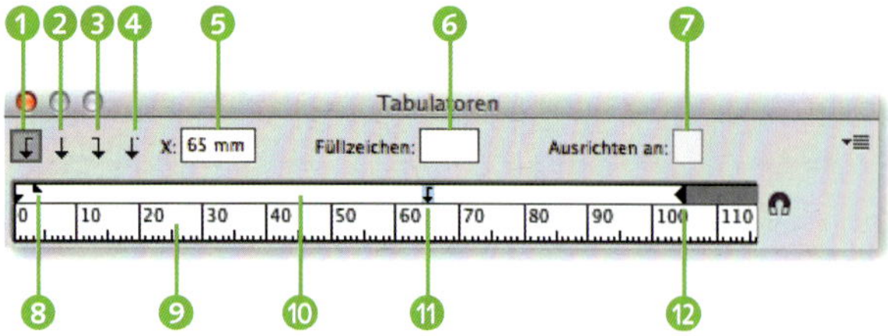

Abbildung 13.30 ▶
Tabulatoren-Bedienfeld

Im unteren Bereich des Bedienfelds finden Sie das Spaltenlineal 9 und den Ablagebereich für die einzelnen Tabulatoren 10. Hier können Sie auch die linken Einzüge der Textspalte verändern. Wenn Sie das obere Dreieck des linken Einzugs 8 verschieben, verändern Sie damit den Einzug in der ersten Zeile; mit dem unteren Dreieck beeinflussen Sie den Einzug der gesamten Spalte. Der rechte Einzug ⓬ ist folglich nur ein einziger Regler.

Um einen neuen Tabulator zu setzen, legen Sie zunächst fest, welchen Sie verwenden wollen:

- Linksbündiger Tabulator ❶: Der Text, der diesem Tabulator folgt, wird ab seiner Position nach rechts verdrängt.
- Zentrierter Tabulator ❷: Text, der an dieser Position eingegeben wird, wird zentriert an diesem Tabulator ausgerichtet.
- Rechtsbündiger Tabulator ❸: Ein Text, der diesem Tabulator folgt, wird ab dieser Position nach links verdrängt.
- Dezimal (oder anderes angegebenes Zeichen) ❹: Gebraucht wird dieser Tabulator für Zahlenkolonnen, die am Dezimaltrenner ausgerichtet werden. Im deutschsprachigen Raum ist das ein Komma, das schon für Sie in Ausrichten an ❼ eingetragen ist, sobald Sie einen solchen Tabulator in die Tabulatorablage setzen. Sie können aber jedes beliebige Zeichen eintragen und auf diese Art einen Tabulator definieren, der sich an diesem Zeichen (z. B. €, –, :) orientiert.

Preise:	12,80
	7,–
Sport:	0:1
	7:12
Distanzen:	Paris – Dakar
	Linz – Matrei

▲ **Abbildung 13.31**
Beispiele für Tabulatoren, die sich an unterschiedlichen Zeichen orientieren

Setzen von Tabulatoren

Nachdem Sie einen Tabulator ausgewählt haben, klicken Sie in den Ablagebereich ⓫ an die Stelle, an die der Tabulator gesetzt werden soll. Sofern Sie den Tabulator nur optisch ausrichten, ist die Sache damit erledigt.

Wenn Sie den Tabulator allerdings an einer bestimmten Stelle absetzen wollen, müssen Sie meistens die Position numerisch festlegen. Dazu markieren Sie den Tabulator und tragen im Feld X: ❺ die gewünschte Position ein.

Grundsätzlich wird der Weißraum bis zur Tabulatorposition nicht gesondert gekennzeichnet. Für Inhaltsverzeichnisse, Preislisten etc. werden jedoch manchmal Füllzeichen ❻ benötigt. Tragen Sie hier das gewünschte Zeichen oder die Zeichenkombination ein. Das Ergebnis könnte dann z. B. so aussehen:

- Füllzeichen 1: . . . . [.]Leerzeichen
- Füllzeichen 2:• - • - • - • - • - [•]Leerzeichen[-]Leerzeichen

Die Zeichensequenz darf maximal acht Zeichen lang sein. Zur Eingabe besonderer Zeichen müssen Sie die Zeichensequenz in Ihrem Text zusammenstellen und dann in das Füllzeichen-Feld kopieren. Eine Direkteingabe über das Glyphen-Bedienfeld funktioniert hier nicht.

Sie werden feststellen, dass sich der Abstand des ersten Füllzeichens zum Text vor dem Tabulator verändert. Das liegt daran, dass sich die Po-

Tabulator für rechte Ausrichtung

Der Tabulator für rechte Ausrichtung ([⇧]+[⇥]) übernimmt das Füllzeichen von jenem Tabulator, der am nächsten zum rechten Rand steht, und zwar unabhängig davon, ob er vor oder nach dieser Tabulatorposition eingesetzt wird.

Unterstreichung für Tabulator

Wenn Sie statt eines Füllzeichens eine Unterstreichung für den Tabulator wählen, müssen Sie einige Parameter für die Unterstreichung verändern. Bei vielen Tabulatoren ist das mühsam und fehleranfällig. Genau dafür gibt es Zeichenformate, die Sie im nächsten Kapitel kennenlernen werden.

sition des ersten Füllzeichens am linken Bund der Textspalte orientiert. Damit ist sichergestellt, dass die Füllzeichen in mehreren Zeilen nicht gegeneinander versetzt erscheinen. Über zusätzliche Weißräume ist dieser schwankende Abstand somit auch nicht zu kontrollieren.

Wenn Sie auf gleiche Abstände zwischen Füllzeichen und Text Wert legen, können Sie jedoch vor und nach dem Tabulator z. B. ein Halbgeviert setzen und für den Tabulator selbst die Unterstreichung aktivieren. Passen Sie die Stärke der Unterstreichung an die verwendete Schrift an, wählen Sie einen geeigneten Stil, und setzen Sie den Versatz auf 0. Bei unterbrochenen Unterstreichungen werden die Linienmuster nun zwar gegeneinander verlaufen, aber die Abstände zum »Füllzeichen« können Sie jetzt exakt kontrollieren.

Handhabung des Tabulatoren-Bedienfelds

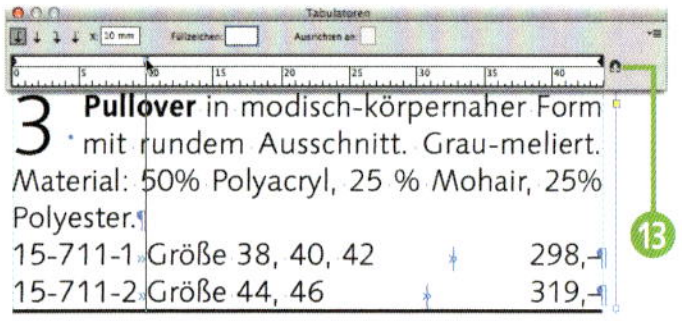

▲ **Abbildung 13.32**
Markierungslinie beim Verschieben eines Tabulators und Bedienfeld über Textrahmen positionieren

Die Tatsache, dass das Tabulatoren-Bedienfeld grundsätzlich ein schwebendes Bedienfeld ist, macht sich insofern unangenehm bemerkbar, als Sie die Tabulatoren an einer Stelle auf der Arbeitsfläche festlegen, sie aber an einer anderen Stelle wirksam werden. Deshalb sollten Sie das Tabulatoren-Bedienfeld über die Spalte stellen, in der Sie die Tabulatoren positionieren.

Das können Sie manuell vornehmen, oder Sie lassen sich von InDesign helfen: Klicken Sie auf Bedienfeld über Textrahmen positionieren (13).

Das funktioniert nur, wenn über dem Textrahmen ausreichend Platz ist, um das Bedienfeld anzuzeigen. Die Bildschirmansicht wird von InDesign nicht verändert, um den nötigen Platz zu schaffen! Aber auch, wenn das Bedienfeld nicht über dem Textrahmen positioniert werden kann, lässt sich die Position eines Tabulators noch gut einschätzen, indem Sie ihn anklicken und die Maustaste gedrückt halten. InDesign blendet dann in der Textspalte eine Linie ein, an der Sie sich orientieren können. Wenn Sie einen Tabulator auf diese Art verschieben, folgt die Linie Ihren Einstellungen.

Tabulatoren löschen und duplizieren

Um einen Tabulator zu löschen, ziehen Sie ihn einfach aus dem Lineal heraus. Wenn Sie alle Tabulatoren löschen möchten, wählen Sie Alle löschen aus dem Bedienfeldmenü.

Dort finden Sie auch einen Befehl, um Tabulatoren zu duplizieren. Setzen Sie zunächst einen Tabulator, oder nehmen Sie einen bestehenden, und wählen Sie dann Tabulator wiederholen aus dem Bedienfeldmenü. Der ausgewählte Tabulator wird so lange wiederholt, bis die gesamte Spaltenbreite überschritten ist. Als Basis für die Abstände der neuen Tabulatoren dient der Abstand zum linken Einzug oder – wenn zwischen dem zu duplizierenden Tabulator und dem Einzug andere Tabulatoren stehen – der Abstand zum nächstgelegenen Tabulator.

Wenn das Tabulatoren-Bedienfeld über dem Textrahmen positioniert wurde, reicht das Spaltenlineal im Regelfall genau über die Spaltenbreite. Sollten Sie auf den Bereich außerhalb der Spaltenbreite zugreifen wollen, können Sie das Lineal jedoch verschieben, indem Sie es mit dem Mauszeiger fassen – er verwandelt sich in eine Hand, sobald Sie ihn über das Lineal stellen – und nach links verschieben.

13.3 Aufzählungszeichen und Nummerierung

Bei der Erstellung von Listen werden meistens verschiedene Aufzählungszeichen wie Ziffern, Punkte, Striche etc. gebraucht. InDesign unterstützt Sie hier einerseits über das Glyphen-Bedienfeld und Glyphen-Sätze, wenn es sich um exotische Zeichen handelt. Andererseits können Sie die Funktion Aufzählungszeichen und Nummerierung aufrufen, um Listen und Aufzählungen automatisch erstellen zu lassen.

Grundfunktionen für Listen

Die beiden Funktionen Liste mit Aufzählungszeichen und Nummerierte Liste können Sie über die Bedienfeldmenüs des Steuerung- und des Absatz-Bedienfelds aufrufen. Sie wirken auf alle ausgewählten Absätze. Außerdem können Sie sämtliche Funktionen über das Menü Schrift • Aufzählungs- und nummerierte Listen aufrufen.

Die Funktion Nummerierte Liste nummeriert alle Absätze durch und fügt in der Standardeinstellung entsprechende Einzüge hinzu. Liste mit Aufzählungszeichen versieht die Absätze mit einem Aufzählungszeichen, das Sie natürlich – genauso wie die Darstellung der Ziffern – konfigurieren können. Wie so etwas aussehen könnte, sehen Sie in Abbildung 13.33. Die Standardnummerierung erfolgt mit arabischen Ziffern, und das Aufzählungszeichen ist der Punkt • (auch als »Bullet« bekannt). Diese Standardeinstellungen dürften zwar in den meisten Fällen die grundsätzlich gewollten sein, müssen aber doch zumeist in den Details etwas justiert werden.

Dazu können Sie im Bedienfeldmenü des Absatz-Bedienfelds oder des Steuerung-Bedienfelds den Menüpunkt Aufzählungszeichen und Nummerierung aufrufen oder auf eines der beiden Symbole mit ge-

DIN-16518:

I. Venezianische Renaissance-Antiqua
II. Französische Renaissance-Antiqua
III. Barock-Antiqua
IV. Klassizistische Antiqua
V. Serifenbetonte Linear-Antiqua
VI. Serifenlose Linear-Antiqua
VII. Antiqua-Varianten
VIII. Schreibschriften
IX. Handschriftliche Antiqua
X. Gebrochene Schriften
- Gotisch
- Rundgotisch
- Schwabacher
- Fraktur
- Fraktur-Varianten

XI. Fremde Schriften

▲ **Abbildung 13.33**
Nummerierte Absätze

drückter Alt- bzw. ⌥-Taste klicken. Wenn Sie mehrere Absätze ausgewählt haben und diese Funktionen aufrufen, können Sie die gewünschte Listendarstellung für diese Absätze aktivieren.

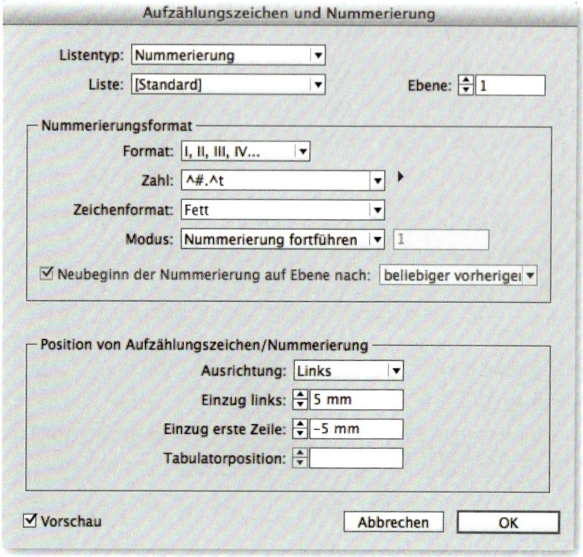

Abbildung 13.34 ▶
Das Nummerierungsformat, mit dem die Liste mit den römischen Ziffern in Abbildung 13.33 erstellt wurde

Listen ein- und ausschalten
Egal ob Sie die Funktion über die Schaltflächen im Steuerung-Bedienfeld oder über einen Aufruf von Aufzählungszeichen und Nummerierung zuweisen: Im Steuerung-Bedienfeld wird die Anwendung der jeweiligen Funktion markiert. Sie kann dort auch wieder deaktiviert werden, indem Sie ein weiteres Mal auf die markierte Schaltfläche klicken.

Im Fenster Aufzählungszeichen und Nummerierung können Sie unter Listentyp zwischen den drei Möglichkeiten Ohne, Aufzählungszeichen und Nummerierung wählen. Abhängig von Ihrer Auswahl verändert sich die obere Hälfte des Fensters.

Hinter dem Menü Liste versteckt sich nicht etwa die Möglichkeit, die Einstellungen zu speichern, sondern eine Funktion zur Definition von Listen, die über mehrere Textabschnitte und sogar mehrere Dokumente hinweg nummeriert werden sollen. Listen sind für jede Art von Nummerierung sehr praktisch, da sie aber auch über Dokumente hinweg funktionieren, werden wir sie Ihnen erst in Abschnitt 20.4, »Listen«, ab Seite 698 näher vorstellen. Die Option Ebene, die dazu dient, verschachtelte Listen zu erstellen, werden wir später in diesem Kapitel an einem Beispiel beschreiben.

Nummerierte Liste

Bei der Erstellung einer automatisch nummerierten Liste können Sie im Bereich Nummerierungsformat folgende Einstellungen vornehmen:

- Format: Hier legen Sie fest, nach welchem System die Liste nummeriert werden soll. Neben allen Nummerierungsarten, die auch für die Pagina verwendet werden können, finden Sie hier zusätzliche Optionen mit mehreren führenden Nullen.

- ZAHL: Hier wird die komplette Absatznummerierung zusammengestellt. In unserem Fall (siehe Abbildung 13.34 und Abbildung 13.36) besteht sie aus ^# (dem Platzhalter für die Nummer), einem Punkt und einem Tabulator ^t. Sichtbare Zeichen und einige Leerräume können Sie aus dem Menü auswählen, das sich über das Dreieck öffnet. Einige zusätzliche Nummernoptionen – dazu kommen wir später noch – können aus demselben Menü unter ZAHLENPLATZHALTER EINFÜGEN festgelegt werden. Weitere druckbare Zeichen können Sie natürlich direkt eintragen. Sollten Sie mit Ihren Eingaben die vorgeschriebene Reihenfolge der Einzelteile verletzen, werden Sie durch einen Warndialog davon abgehalten.
- ZEICHENFORMAT: Grundsätzlich werden die Formateinstellungen für die Nummerierung aus dem ausgewählten Absatz übernommen. Wenn Sie Nummern anders darstellen wollen, können Sie hier ein Zeichenformat auswählen. Wie Sie Zeichenformate erstellen, werden Sie in Kapitel 14, »Textformatierung«, kennenlernen. Für die Standardformatierung einer Liste benötigen wir sie vorerst nicht.
- MODUS: Natürlich muss eine Nummerierung nicht bei 1 beginnen. Hier können Sie festlegen, mit welchem Wert eine Liste starten soll. Für Listen, die von anderen Absätzen unterbrochen werden, können Sie bestimmen, wie nach dieser Unterbrechung weiternummeriert werden soll.
- NEUBEGINN DER NUMMERIERUNG AUF EBENE NACH: Sobald Sie mit verschachtelten Listen über zumindest zwei Ebenen arbeiten, können Sie festlegen, wann eine Hierarchiestufe wieder bei 1 starten soll. Näheres erfahren Sie in Abschnitt 20.2, »Listen«, ab Seite 698.

Im Bereich POSITION VON AUFZÄHLUNGSZEICHEN/NUMMERIERUNG legen Sie fest, wo die Nummerierung oder die Aufzählungspunkte platziert werden sollen. Diese Einstellungen sind für nummerierte Listen und Aufzählungslisten identisch.

- AUSRICHTUNG: Die AUSRICHTUNG bezieht sich auf die Nummerierung, die Einstellung wirkt sich aber nur aus, wenn ausreichend Platz links der Nummerierung vorhanden ist. Das ist nur dann der Fall, wenn der Listeneintrag selbst einen linken Einzug besitzt.
- EINZUG LINKS: Genau hier können Sie den Einzug einstellen, um die Ausrichtung auch wirksam werden zu lassen.
- EINZUG ERSTE ZEILE: Die erste Zeile kann gesondert eingezogen werden. Die Standardeinstellung ist hier ein hängender Einzug, der bis zum Spaltenrand zurückreicht.
- TABULATORPOSITION: InDesign setzt einen »virtuellen« Tabulator zwischen Nummernzeichen und Inhalt (deshalb das ^t in ZAHL). Stan-

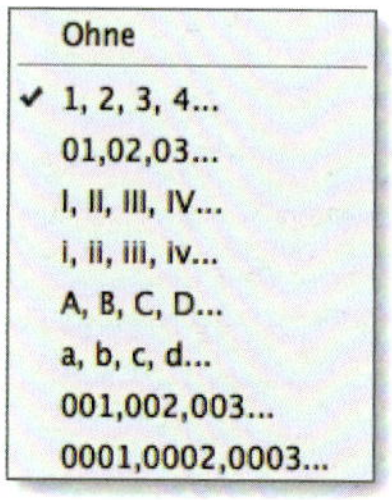

▲ **Abbildung 13.35**
Die verschiedenen Nummernformate

▲ **Abbildung 13.36**
Die Absatznummern werden aus einer laufenden Nummer, einem Punkt und einem Tabulator zusammengestellt.

▲ **Abbildung 13.37**
Die Standardformatierung der Liste mit Aufzählungszeichen (oben) und der nummerierten Liste

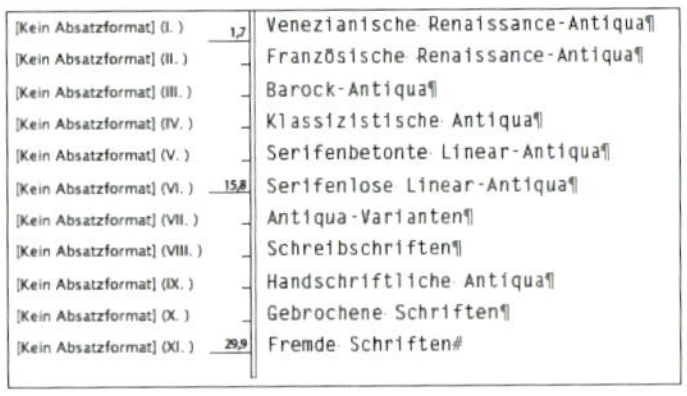

▲ **Abbildung 13.38**
Im Textmodus wird zwar die Nummerierung einer Liste in der Formatierungsspalte angezeigt, eine Aufzählungsliste ist hier aber nicht zu erkennen.

dardmäßig ist dieser Tabulator nicht sichtbar, und er wird von InDesign nur intern verwendet, um auch die erste Zeile eines Eintrags mit dem Einzug der folgenden Zeilen abschließen zu lassen. Wenn Sie diesen Abstand verändern möchten, definieren Sie hier eine Tabulatorposition – dies funktioniert, obwohl das Feld inaktiv erscheint. Ein so gesetzter Tabulator wird dann auch im Absatz sichtbar sein und kann auch nur dort gelöscht werden.

Aufzählungszeichen

Im Modus Aufzählungszeichen werden die Einstellungen für Liste und Ebene deaktiviert, der Abschnitt für die Positionseinstellungen bleibt unverändert, aber der mittlere Abschnitt des Fensters wird auf die Auswahl für Aufzählungszeichen umgeschaltet:

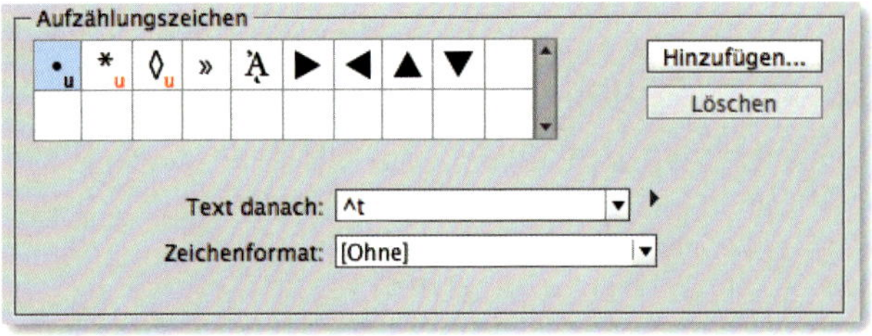

Abbildung 13.39 ▶
Einstellungen für Aufzählungszeichen

Listensymbole sind kein Text
Die von InDesign automatisch erstellten Listensymbole sind nicht Bestandteil des Textes. Sie können sie weder auswählen noch nach ihnen im Text suchen. Die Textformatierung erfolgt ausschließlich über Zeichenformate und die Funktion Aufzählungszeichen und Nummerierung.

Unter Aufzählungszeichen können Sie neben den Einstellungen für die Schrift über ein Zeichenformat noch ein Zeichen aus der Tabelle auswählen. Über Hinzufügen können Sie noch weitere Zeichen in die Tabelle einfügen. In Text danach können Sie Zeichen festlegen, die dem Aufzählungszeichen folgen sollen – standardmäßig ist hier wiederum ein Tabulator eingetragen.

Schritt für Schritt
Eine verschachtelte Liste erstellen

1 Text vorbereiten

Tippen Sie den Text aus Abbildung 13.40 ab, oder erstellen Sie einen vergleichbaren Text. Legen Sie die grundsätzlichen Parameter fest, z. B. Schriftgröße 9 Pt bei einer Spaltenbreite von 65 mm. Eine geeignete Schrift wäre z. B. Gill Sans.

2 Liste erstellen

Wählen Sie alle Zeilen nach der Überschrift aus, und klicken Sie auf Nummerierte Liste im Steuerung-Bedienfeld (Absatz).

3 Hauptliste formatieren

Rufen Sie Aufzählungszeichen und Nummerierung aus dem Bedienfeldmenü des Steuerung- oder Absatz-Bedienfelds auf, und schalten Sie die Vorschau ein. Stellen Sie das Format auf römische Ziffern in Versalien, stellen Sie den Einzug links auf 8 mm und Einzug erste Zeile auf –8 mm.

4 Unterliste umstellen

Wählen Sie die Zeilen XI bis XV aus, und klicken Sie auf Liste mit Aufzählungszeichen im Steuerung-Bedienfeld (Absatz). Wie Sie sehen, erkennt InDesign automatisch, dass die Hauptliste unterbrochen wurde, und korrigiert die Nummerierung selbstständig. Dieser Schritt war für die weitere Gestaltung eigentlich nicht nötig, aber so haben Sie gesehen, dass InDesign unterschiedliche Listentypen automatisch verschachtelt.

5 Unterliste formatieren

Rufen Sie Aufzählungszeichen und Nummerierung aus dem Bedienfeldmenü des Steuerung- oder Absatz-Bedienfelds auf (die Vorschau sollte bereits eingeschaltet sein). Stellen Sie den Listentyp auf Nummerierung um. Die Nummerierung der Liste ist nun wieder fortlaufend. Allerdings sollte die Unterliste eine eigene Nummerierung haben. Indem Sie Ebene auf »2« stellen, erreichen Sie genau das. Die Nummerierung läuft nun innerhalb des ausgewählten Blocks von I bis V. Stellen Sie jetzt das Format auf kleine römische Ziffern um.

6 Unterliste einziehen

Erhöhen Sie den Einzug links auf 16 mm, um die Unterliste weiter einzuziehen, und stellen Sie die Ausrichtung auf Mitte (hier ist nun genug Platz, um die Auswirkung zu sehen).
Legen Sie die Tabulatorposition mit 12 mm fest, um den Listentext näher an die Nummerierung heranzurücken.

Da solche Konstruktionen also schnell relativ aufwendig werden und solche Listendefinitionen nicht gespeichert werden können, empfiehlt es sich, für Listen, die mehrfach gestaltet werden müssen, Absatzformate zu erstellen – wie dies funktioniert, werden Sie im nächsten Kapitel erfahren.

Sollten Sie hingegen eine Liste nicht mehr verändern wollen, können Sie sie von der jeweiligen Funktion entkoppeln und die Formatierung in einen »normalen« Text umwandeln. Wählen Sie hierzu die betreffende

DIN-16518:
Venezianische Renaissance-Antiqua
Französische Renaissance-Antiqua
Barock-Antiqua
Klassizistische Antiqua
Serifenbetonte Linear-Antiqua
Serifenlose Linear-Antiqua
Antiqua-Varianten
Schreibschriften
Handschriftliche Antiqua
Gebrochene Schriften
Gotisch
Rundgotisch
Schwabacher
Fraktur
Fraktur-Varianten
Fremde Schriften

DIN-16518:
1. Venezianische Renaissance-Antiqua
2. Französische Renaissance-Antiqua
3. Barock-Antiqua
4. Klassizistische Antiqua
5. Serifenbetonte Linear-Antiqua
6. Serifenlose Linear-Antiqua
7. Antiqua-Varianten
8. Schreibschriften
9. Handschriftliche Antiqua
10. Gebrochene Schriften
11. Gotisch
12. Rundgotisch
13. Schwabacher
14. Fraktur
15. Fraktur-Varianten
16. Fremde Schriften

DIN-16518:
I. Venezianische Renaissance-Antiqua
II. Französische Renaissance-Antiqua
III. Barock-Antiqua
IV. Klassizistische Antiqua
V. Serifenbetonte Linear-Antiqua
VI. Serifenlose Linear-Antiqua
VII. Antiqua-Varianten
VIII. Schreibschriften
IX. Handschriftliche Antiqua
X. Gebrochene Schriften
XI. Gotisch
XII. Rundgotisch
XIII. Schwabacher
XIV. Fraktur
XV. Fraktur-Varianten
XVI. Fremde Schriften

▲ Abbildung 13.40
Oben: Schritt 1
Mitte: Schritt 2
Unten: Schritt 3
Bitte beachten Sie auch Abbildung 13.41 auf der folgenden Seite.

Liste aus, und rufen Sie Aufzählungszeichen in Text konvertieren bzw. Nummerierung in Text konvertieren aus dem Bedienfeldmenü des Absatz-Bedienfelds oder aus dem Kontextmenü der ausgewählten Liste auf.

▼ **Abbildung 13.41**
Linke Spalte: Schritt 4
Mittlere Spalte: Schritt 5
Rechte Spalte: Schritt 6

DIN-16518:	DIN-16518:	DIN-16518:
I. Venezianische Renaissance-Antiqua	I. Venezianische Renaissance-Antiqua	I. Venezianische Renaissance-Antiqua
II. Französische Renaissance-Antiqua	II. Französische Renaissance-Antiqua	II. Französische Renaissance-Antiqua
III. Barock-Antiqua	III. Barock-Antiqua	III. Barock-Antiqua
IV. Klassizistische Antiqua	IV. Klassizistische Antiqua	IV. Klassizistische Antiqua
V. Serifenbetonte Linear-Antiqua	V. Serifenbetonte Linear-Antiqua	V. Serifenbetonte Linear-Antiqua
VI. Serifenlose Linear-Antiqua	VI. Serifenlose Linear-Antiqua	VI. Serifenlose Linear-Antiqua
VII. Antiqua-Varianten	VII. Antiqua-Varianten	VII. Antiqua-Varianten
VIII. Schreibschriften	VIII. Schreibschriften	VIII. Schreibschriften
IX. Handschriftliche Antiqua	IX. Handschriftliche Antiqua	IX. Handschriftliche Antiqua
X. Gebrochene Schriften	X. Gebrochene Schriften	X. Gebrochene Schriften
• Gotisch	i. Gotisch	i. Gotisch
• Rundgotisch	ii. Rundgotisch	ii. Rundgotisch
• Schwabacher	iii. Schwabacher	iii. Schwabacher
• Fraktur	iv. Fraktur	iv. Fraktur
• Fraktur-Varianten	v. Fraktur-Varianten	v. Fraktur-Varianten
XI. Fremde Schriften	XI. Fremde Schriften	XI. Fremde Schriften

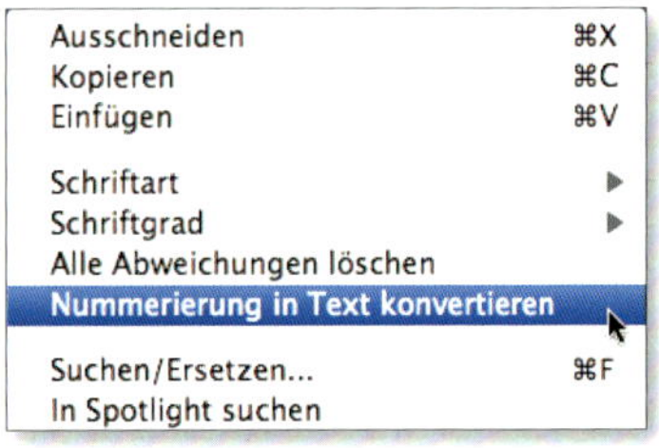

▲ **Abbildung 13.42**
Ausschnitt aus dem Kontextmenü einer Liste, wo Sie – neben vielen anderen Funktionen – auch die Möglichkeit finden, eine Liste in einen Text zu konvertieren.

Die Möglichkeit, die Formatierung der Liste weiterhin über Aufzählungszeichen und Nummerierung zu steuern, geht damit jedoch verloren. Sie können nun allerdings unterschiedliche Listen ineinanderkopieren und zusammenschneiden, wie Sie es möchten.

Nummerierte Listen aus Word übernehmen

Im Office-Bereich ist MS Word sicher das Flaggschiff in Sachen Textverarbeitung. Viele Funktionen in Word sind kompliziert, und Word neigt auch dazu, bestimmte Dinge mit einer gewissen Automatik zu erledigen, die nicht jedermanns Geschmack ist. Beim Erstellen von verschachtelten Listen ist Word jedoch vorbildlich. Die Hierarchiestufen werden einfach über die Tabulatortaste gesteuert. ⇥ rückt die Hierarchiestufe weiter ein, und ⇧+⇥ legt einen Listeneintrag wieder eine Hierarchiestufe höher.

Wir müssen es leider zugeben: Bei manuell formatierten Listen kann InDesign von Word noch etwas lernen. Allerdings spielt InDesign seine Kraft erst aus, wenn die eigenen – und recht gut kontrollierbaren – Automatismen ins Spiel kommen. Details dazu erfahren Sie in Kapitel 20, »Lange Dokumente«, ab Seite 663.

Wie können Sie jedoch Listen aus Word-Dokumenten übernehmen? Prinzipiell haben Sie zwei Möglichkeiten, die wiederum jeweils – abhängig von Ihren Voreinstellungen – zwei Ergebnisse produzieren.

Per Drag & Drop bzw. Copy & Paste | Markieren Sie eine Liste in Word, und ziehen Sie den Text in ein InDesign-Dokument. Abhängig von den InDesign-Voreinstellungen in ZWISCHENABLAGEOPTIONEN erhalten Sie zwei unterschiedliche Ergebnisse.

Drag & Drop vs. Copy & Paste
InDesign unterscheidet bei Word-Daten die beiden Möglichkeiten nicht – die Ergebnisse sind die gleichen. Ob Sie also lieber Texte kopieren und einsetzen oder per Mausbewegung verschieben, hängt ganz von Ihrer Arbeitsweise ab.

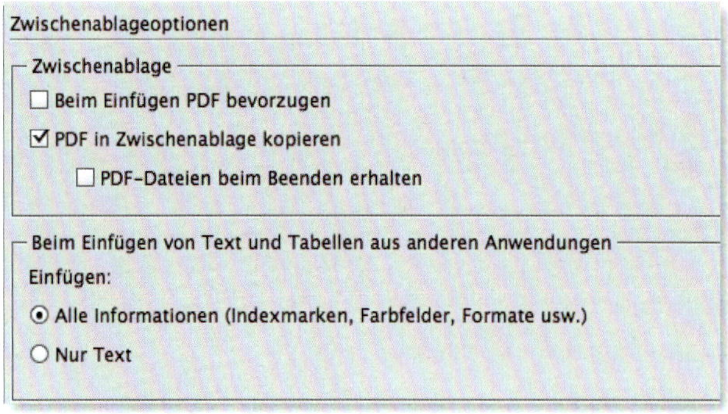

◂ **Abbildung 13.43**
Die ZWISCHENABLAGEOPTIONEN aus den InDesign-Voreinstellungen

- **Nur Text**: Unter BEIM EINFÜGEN VON TEXT UND TABELLEN AUS ANDEREN ANWENDUNGEN ist die Option NUR TEXT gewählt: Sie erhalten die Liste in einer reinen Textform. Die Nummern und Aufzählungszeichen sind zwar vorhanden, aber es gibt weder Tabulatoren noch werden irgendwelche Listenfunktionen übertragen.
- **Alle Informationen (Indexmarken, Farbfelder, Formate usw.)**: Unter BEIM EINFÜGEN VON TEXT UND TABELLEN AUS ANDEREN ANWENDUNGEN ist die Option ALLE INFORMATIONEN (INDEXMARKEN, FARBFELDER, FORMATE USW.) gewählt: Sie erhalten eine Liste mit sämtlichen Einstellungen für Hierarchieebenen und sämtlichen Absatzeinstellungen in Form von Absatzformaten. Damit sind solche Listen voll weiterverwendbar und mit den InDesign-eigenen Optionen bearbeitbar.

Unformatiert einfügen
Sie können Text aus der Zwischenablage jederzeit über BEARBEITEN • UNFORMATIERT EINFÜGEN oder Strg+⇧+V bzw. ⌘+⇧+V oder – sofern der Textcursor in einem Textrahmen steht – mit dem gleichnamigen Befehl aus dem Kontextmenü als unformatierten Text einsetzen. Wenn Sie den Text mit der Maus verschieben, führt das Tastenkürzel Strg+Alt+⇧ bzw. ⌘+Alt+⇧ zum gleichen Ziel.

Platzieren von Word-Dateien | Die Microsoft Word-Importoptionen werden wir im Abschnitt »Formate aus Word-Dokumenten übernehmen« ab Seite 528 noch näher beleuchten. Je nachdem, welche Einstellungen Sie für den Import setzen, passieren wieder zwei unterschiedliche Dinge.

- **Formate und Formatierung aus Text und Tabellen entfernen**: Unter FORMATIERUNG ist die Option FORMATE UND FORMATIERUNG AUS TEXT UND TABELLEN ENTFERNEN gewählt: Sie erhalten wiederum reinen Text, allerdings ohne Nummern oder Aufzählungszeichen.
- **Formate und Formatierung in Text und Tabellen beibehalten**: Wenn unter FORMATIERUNG die Option FORMATE UND FORMATIERUNG IN TEXT UND TABELLEN BEIBEHALTEN gewählt ist, erhalten Sie eine Liste mit sämtlichen Einstellungen für Hierarchieebenen und sämtlichen

Absatzeinstellungen in Form von Absatzformaten. Damit lassen sich solche Listen voll weiterverwenden und bearbeiten.

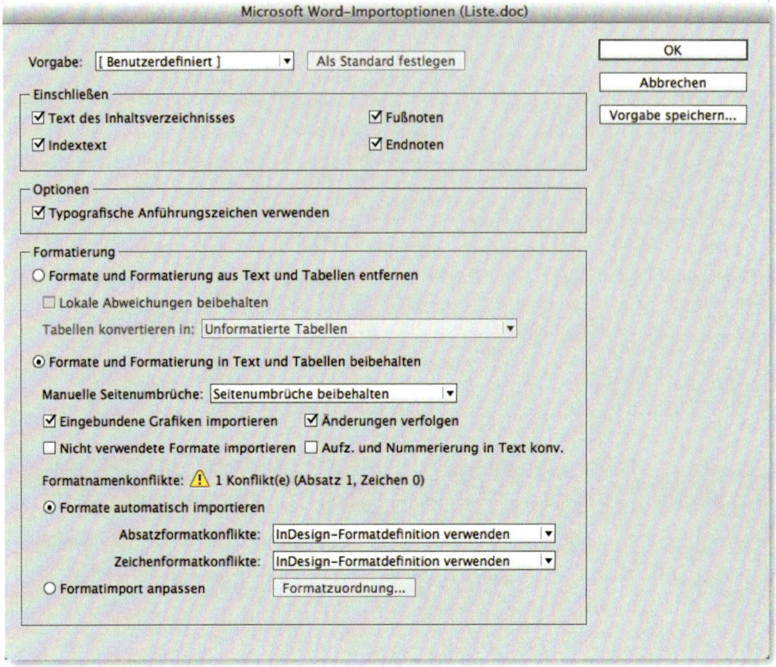

Abbildung 13.44 ▶
Microsoft Word-Importoptionen – sie erscheinen, wenn Sie im Platzieren-Fenster die Option Importoptionen anzeigen auswählen.

Um jedoch alle diese Einstellungen wirklich ausnutzen zu können, ist es notwendig, den nächsten Schritt zu tun. Im nächsten Kapitel werden Sie erfahren, wie Absatzformate funktionieren und wie Sie so die aus dem Word-Dokument stammenden Formate bearbeiten und an Ihre Bedürfnisse anpassen können.

Kapitel 14
Textformatierung

»Hier noch auszeichnen, hier die Schrift in Blau, und die Bildunterschriften sehen langweilig aus – die musst du auch noch ändern.« Mit solchen Sätzen kann man Layoutern viel Freude bereiten und ihnen den Tag versüßen. Der Arbeitsalltag ist voll von Änderungen. Das kostet Zeit und birgt die Gefahr von Fehlern, wenn nicht an allen Stellen exakt die gleichen Änderungen vorgenommen werden. InDesign hilft Ihnen, zügig zu arbeiten, und gewährleistet dabei auch noch, Fehler so weit wie möglich zu vermeiden.

14.1 Möglichkeiten der Textformatierung

Sowohl im Entwurfsprozess als auch in der Produktion sind Methoden gefragt, mit denen Sie schnell und sicher Varianten probieren, Änderungen umsetzen und den gewünschten Zustand einheitlich herstellen können. Hier bietet InDesign viele Möglichkeiten, Formatierungen zwischen Textteilen und Dokumenten auszutauschen, und liefert mit den Absatz- und Zeichenformaten darüber hinaus die notwendige Sicherheit und Schutz vor Formatierungsfehlern.

Absätze teilen

Nicht nur das wiederholte Erstellen bestimmter Formatierungseinstellungen ist lästig, oft müssen Einstellungen zurückgenommen werden. Wenn Sie einen Absatz mit einer normalen Zeilenschaltung teilen, bleiben die Formatierungen natürlich für beide Absätze erhalten. Gerade bei sehr auffälligen Formatierungen wie hängenden Initialen oder Absatzlinien führt das gelegentlich zu Irritationen und in den meisten Fällen eben dazu, dass einige Klicks notwendig sind, um nun überflüssige Formatierungen zurückzunehmen.

Textformatierung mit Bedienfeldern

In den beiden vorhergehenden Kapiteln haben Sie Text über das Zeichen- und das Absatz- bzw. das Steuerung-Bedienfeld in den beiden Modi Zeichenformatierung bzw. Absatzformatierung und die Bedienfeldmenüs dieser Bedienfelder formatiert. Wir haben bereits mehrfach darauf hingewiesen, dass für eine sichere und schnelle Textformatierung der Einsatz von Zeichen- und Absatzformaten unumgänglich ist. Die Beschreibung der Formate wird den größeren Teil dieses Kapitels einnehmen. Im Entwurfsprozess jedoch sind und bleiben die Bedienfelder die erste Wahl, wobei es prinzipiell egal ist, ob Sie über das Steuerung-

Bedienfeld arbeiten oder über das Zeichen- und Absatz-Bedienfeld. Trotzdem gibt es kleine Unterschiede, aber auch Vor- und Nachteile.

Unterschiede | Die Absatzausrichtung BLOCKSATZ, LETZTE ZEILE RECHTSBÜNDIG gibt es nur im Absatz-Bedienfeld.

Textwerkzeug umschalten

Um mit dem Textwerkzeug einen Rahmen auszuwählen, drücken Sie die [Strg]- bzw. [⌘]-Taste und klicken auf den Rahmen. Für mehrere Rahmen nehmen Sie die [⇧]-Taste dazu. Das Steuerung-Bedienfeld bleibt in diesem Fall im ZEICHENFORMATIERUNG- bzw. ABSATZFORMATIERUNG-Modus.

Vorteile | Da das Steuerung-Bedienfeld kontextsensitiv ist, können Sie keine Textformatierungen auf Basis von Textrahmen vornehmen. Das Steuerung-Bedienfeld schaltet in diesem Fall auf die Objekteigenschaften des Textrahmens um. Da Zeichen- und Absatz-Bedienfeld ihren Status nicht ändern, können Sie mit diesen beiden Bedienfeldern einen oder mehrere Textrahmen auswählen und Formatierungen auf den gesamten in diesen Rahmen enthaltenen Text anwenden.

Nachteil | Der wesentliche Nachteil der Formatierung über die Bedienfelder ist, dass diese Formatierungen eben manuell gemacht werden müssen – bei gleichen Einstellungen an mehreren Stellen im Text also mehrfach. Und das ist mit vielen Klicks und oft auch mit Fehlern verbunden. In der Entwurfsphase können Sie bei solchen Problemen auf das Pipette-Werkzeug zurückgreifen.

Textformatierung mit der Pipette

Die Pipette teilt sich den Platz im Werkzeuge-Bedienfeld mit dem Messwerkzeug und kann über die Taste [I] ausgewählt werden. Sie dient dazu, Objektattribute aufzunehmen und auf andere Objekte zu übertragen – das funktioniert auch mit Textattributen. Die Pipette ist das ideale Werkzeug, um in der Entwurfsphase verschiedene Varianten gegenüberzustellen und zu vergleichen.

Sobald Sie die Pipette ausgewählt haben, wird Ihr Mauszeiger als leere Pipette dargestellt – das bedeutet, dass die Pipette nun bereit ist, eine Formatierung aufzunehmen. Dies geschieht, indem Sie auf den Textteil klicken, dessen Attribute Sie auf andere Texte übertragen möchten. Damit ändert sich der Pipette-Zeiger und sieht nun gefüllt aus. Wenn Sie diesen Zeiger über einen anderen Textteil bewegen, ändert er sich in einen gefüllten Zeiger mit einem kleinen »T«, das anzeigt, dass Sie einen Text, den Sie nun auswählen, mit den aufgenommenen Textattributen formatieren können. Ein Doppelklick auf ein Wort überträgt die Formatierung auf dieses Wort und ein Dreifachklick auf die ganze Zeile.

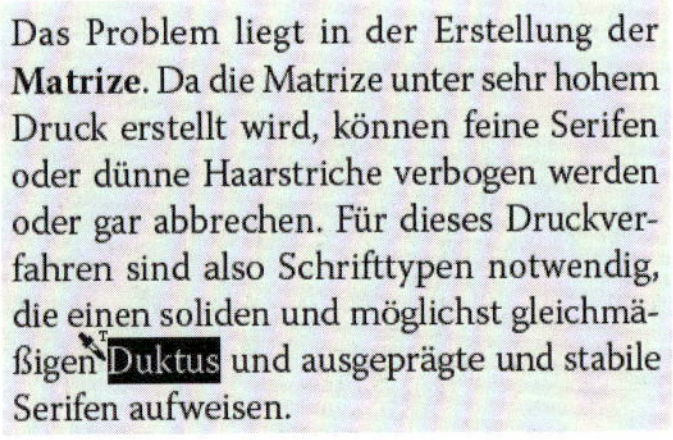
Das Problem liegt in der Erstellung der **Matrize.** Da die Matrize unter sehr hohem Druck erstellt wird, können feine Serifen oder dünne Haarstriche verbogen werden oder gar abbrechen. Für dieses Druckverfahren sind also Schrifttypen notwendig, die einen soliden und möglichst gleichmäßigen Duktus und ausgeprägte und stabile Serifen aufweisen.

▲ **Abbildung 14.1**
Klicken Sie zuerst mit der Pipette auf das Wort »Matrize«, und wählen Sie dann das Wort »Duktus« aus, um die Formatierung zu übertragen.

Eine zweite Möglichkeit funktioniert umgekehrt: Markieren Sie zunächst den Text, den Sie formatieren möchten. Wählen Sie dann das

Pipette-Werkzeug aus, und klicken Sie auf den Text, dessen Formatierung auf die Auswahl übertragen werden soll.

Bei beiden Methoden bleiben die ausgewählten Textattribute in der Pipette gespeichert. Sie bleibt also gefüllt, und Sie können die aufgenommene Formatierung auf weitere Textteile übertragen. Die in der Pipette gespeicherte Vorlage wird zurückgesetzt, sobald Sie ein anderes Werkzeug auswählen. Sie können aber jederzeit eine neue Einstellung aufnehmen, indem Sie bei gefüllter Pipette die [Alt]- bzw. die [⌥]-Taste drücken. Während Sie die Taste gedrückt halten, ändert sich der Mauszeiger wieder in die leere Pipette, und Sie können eine neue Formatierung aufnehmen.

In der Standardeinstellung ist bei beiden beschriebenen Methoden entscheidend, wie der Text formatiert wurde. Ist der Text mit Formaten gestaltet worden, werden die gesamten Formatinformationen übernommen. Das macht sich so bemerkbar, dass Sie zwar einen Text markieren können, wenn Sie aber dann mit der Pipette Attribute aus einem Text übernehmen, der mit einem Absatzformat gestaltet wurde, wird nicht nur der ausgewählte Text neu formatiert, sondern die gesamte Absatzformatierung übernommen.

Mit Formaten machen wir Sie im Anschluss bekannt. Das Problem ist aber insofern ein universelles, als es immer wieder Situationen geben kann, in denen Sie das Standardverhalten der Pipette ändern und ihre Funktion auf einige Attribute einschränken möchten. Das erreichen Sie, indem Sie auf das Pipette-Werkzeug doppelklicken.

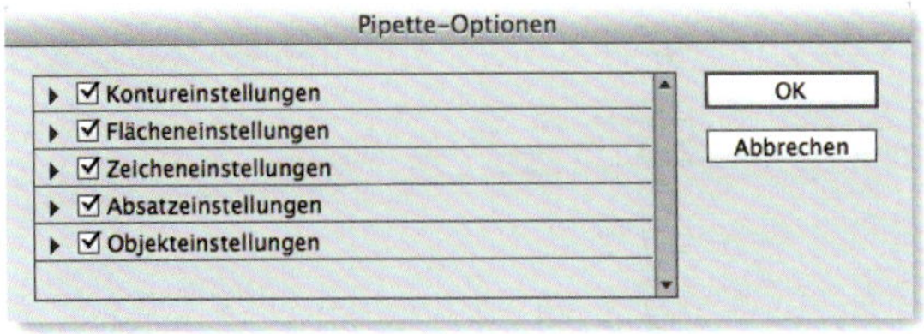

In den erscheinenden Pipette-Optionen können Sie genau festlegen, welche Attribute aufgenommen/übertragen werden sollen.

Die insgesamt fünf Einstellungsbereiche können aufgeklappt werden und bieten Ihnen dann die Möglichkeit, jedes Detail der Formatierung ein- und auszuschalten. Wenn Sie im Abschnitt Zeicheneinstellungen alle Optionen mit Ausnahme von Farbe und Farbton ausschalten, werden in der Folge eben auch nur die Farbinformationen auf das Ziel übertragen; alle anderen Textattribute bleiben unverändert.

Leider können die Piptette-Optionen nicht verändert werden, wenn bereits eine Formatierung aufgenommen wurde, weil das Aufrufen der Optionen die Pipette zurücksetzt. Es wäre gelegentlich sehr praktisch,

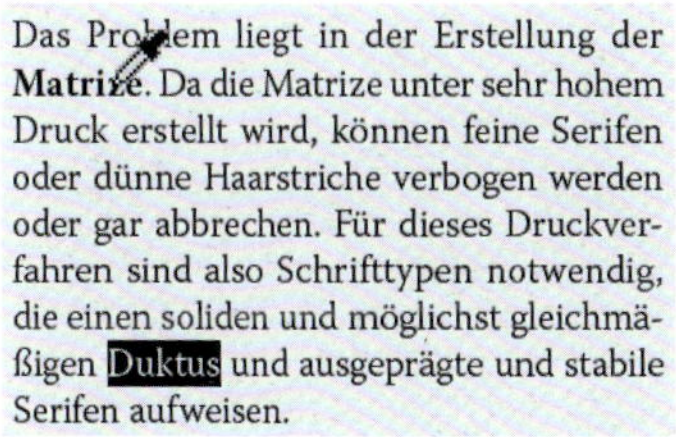

▲ **Abbildung 14.2**
Markieren Sie zuerst den zu formatierenden Text, und klicken Sie dann mit der Pipette auf die Vorlage.

Zwischen Dokumenten
Die Pipette kann zum Austausch von Formatinformationen zwischen Dokumenten verwendet werden. Sie können also in einem Dokument eine Formatierung aufnehmen und die gefüllte Pipette in einem anderen Dokument anwenden. Zeichen- und Absatzformate werden dabei natürlich ebenfalls übertragen.

◄ **Abbildung 14.3**
Pipette-Optionen: Neben Zeichen- und Absatzeinstellungen werden von der Pipette auch die verschiedenen Objekteigenschaften aufgenommen.

Nur Absatzattribute übertragen
Wenn Sie bei geladener Pipette die [⇧]-Taste drücken, werden nur die Absatzattribute übertragen.

▲ **Abbildung 14.4**
Einige Zeichenoptionen der Pipette-Optionen

wenn man einzelne Attribute nachträglich abschalten und somit unterschiedliche Varianten erstellen könnte. Die Stärke der Pipette liegt gerade in der Möglichkeit, sehr schnell kleine Korrekturen vorzunehmen. Für die Gestaltung umfangreicher Publikationen ist das Pipette-Werkzeug nicht geeignet. Deshalb bieten professionelle Satzprogramme hier weitergehende Möglichkeiten – in QuarkXPress werden sie »Stilvorlagen« genannt; InDesign nennt sie »Zeichen- und Absatzformate«.

Textformatierung mit Zeichen- und Absatzformaten

Das manuelle Formatieren langer und textlastiger Dokumente – egal ob mit oder ohne Pipette – hat im Wesentlichen folgende drei Nachteile:

1. Sich wiederholende Textformatierungen müssen für jedes Element neu vorgenommen werden. Das kann bei exzessiver Nutzung der Formatierungsoptionen eine langwierige Arbeit sein.
2. Die immer wiederkehrenden Formatierungen bergen viele Fehlerquellen in sich. Einmal wird die Schriftgröße falsch eingestellt, ein anderes Mal möglicherweise der Schriftschnitt.
3. Änderungen in der Typografie ziehen sich immer durch alle Details der Publikation. Jedes Element muss stets neu bearbeitet werden.

Deshalb wird das Konzept der Vorlagen, die Sie bereits in Form von Musterseiten kennengelernt haben, auch auf die Textgestaltung und auf andere Bereiche der Gestaltung übertragen.

Eigenschaften von Formaten | Es wird zunächst abstrakt beschrieben, wie ein bestimmter Textteil oder Absatz aussehen soll. In einem zweiten Schritt wird die abstrakte Vorlage auf die realen Elemente Ihrer Publikation übertragen. Dieser Zusatzaufwand rechtfertigt sich dadurch, dass Sie mit dieser Strategie alle potenziellen Probleme auf einmal erledigen können. Da die Vorlage alle Formatierungsattribute enthält, sparen Sie sich beim Übertragen der Vorlage die Einstellung aller einzelnen Attribute. Einmal definiert, können alle Auszeichnungsmerkmale mit einem Klick auf bestehende Elemente übertragen werden.

Die abstrakte Beschreibung führt unmittelbar zum zweiten Vorteil: Da es nur eine zentrale Definition gibt, ist sichergestellt, dass alle davon abgeleiteten Formatierungen auch genauso aussehen, wie Sie es beabsichtigt haben. Es kann kein Detail übersehen werden.

Die Textanteile, die über Formate gestaltet wurden, übernehmen nicht die Attribute der Vorlage auf der physikalischen Ebene, sondern auf einer logischen: »Dieser Textteil sieht so aus wie die Vorlage.« Das bedeutet, dass Sie die abstrakte Definition – »das Aussehen« – ändern

In Attributen blättern

Um verschiedene Textattribute (auch die Schriftfamilie oder den Schriftschnitt) eines ausgewählten Textes zu verändern, können Sie in allen Eingabefeldern, die der Textformatierung dienen, entweder über die Pfeile neben dem Feld oder auch (wenn Sie den Cursor in das Feld setzen) mit den Cursortasten Ihrer Tastatur blättern.

können und sich somit alle davon abgeleiteten Textelemente automatisch anpassen. Die entsprechenden Textelemente erben das Aussehen, nicht die einzelnen Attribute. Änderungen in der Typografie sind somit mit wenigen Mausklicks erledigt. Das bewährt sich besonders in der Entwurfsphase einer Publikation, kann aber auch bei Anpassungen periodischer Publikationen den Aufwand drastisch reduzieren.

Ein Element, das mit einem Format gestaltet wurde, ist dabei jedoch nicht starr auf dieses Format eingestellt, sondern Sie können jederzeit einzelne Attribute im Text korrigieren oder ergänzen. Einer Feinarbeit steht damit also nichts im Wege.

Da Formate darüber hinaus voneinander lernen können, können Sie hierarchische Beziehungen aufbauen, in denen, von einem Wurzelformat ausgehend, alle anderen Formate abgeleitet und nur noch in Details angepasst werden. Eine Änderung des Wurzelformats (oder jedes in der Hierarchie übergeordneten Formats) überträgt sich auf alle davon abgeleiteten Formate.

Trennung von Form und Inhalt

Die Trennung von Inhalt und Erscheinungsbild ist keine Spezialität von Layout-Programmen. In der Produktion aller möglichen digitalen Medien wird dieses Prinzip angewandt, weil Daten so leichter zwischen den unterschiedlichen Medien ausgetauscht werden können.

Im Webdesign wird bei der Gestaltung von HTML-Seiten auf CSS (Cascading Style Sheets) zurückgegriffen, die die Funktion von Stilvorlagen bzw. Formaten übernehmen.

Verwaltung von Formaten | Formate können zwischen Dokumenten ausgetauscht werden. Abhängig von den gewählten Voreinstellungen passiert das automatisch bei Drag & Drop- und Copy & Paste-Operationen, aber auch dann, wenn Sie mit Snippets (siehe Seite 743) oder Bibliotheksobjekten (siehe Seite 737) arbeiten.

Formate, die Sie in Word-Dokumenten angelegt haben, können beim Textimport auf InDesign-Formate abgebildet werden. Darüber hinaus sind Formate die Grundlage für viele Weiterverarbeitungsprozesse, wie z. B. für das Erstellen von Inhaltsverzeichnissen, die Übergabe von Daten an andere Programme und den XHTML- oder XML-Export. Da hier zumeist der Inhalt vom Erscheinungsbild getrennt wird, sind Formate notwendig, um das Erscheinungsbild sauber zu beschreiben.

An dieser Stelle möchten wir nur die Zeichenformate und Absatzformate betrachten. Beide werden über eigene Bedienfelder abgebildet, die standardmäßig in den Registerkarten am Bildschirmrand untergebracht sind. Diese Bedienfelder stellen eine Liste der definierten Formate zur Verfügung und geben Ihnen die Möglichkeit, Formate aus anderen Dokumenten zu übernehmen, Formate zu definieren, zu ändern und wieder zu löschen.

Die Absatzformate können alle Absatzattribute abbilden, die Sie in Kapitel 13, »Absätze«, zur Absatzformatierung kennengelernt haben. Darüber hinaus enthalten sie auch alle Informationen zum Text, den der jeweilige Absatz trägt. Die Details zur Anwendung von Absatzformaten erfahren Sie in Abschnitt 14.4, »Absatzformate«, auf Seite 500.

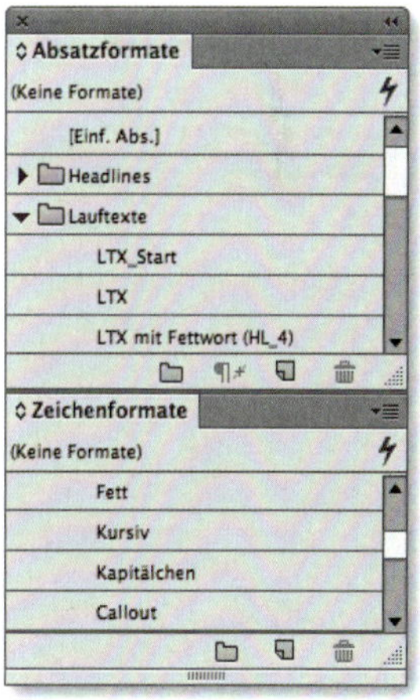

▲ **Abbildung 14.5**
Das Absatzformate- und das Zeichenformate-Bedienfeld in einer schwebenden Registerkarte mit einigen Formaten, die wir in diesem Buch verwenden

14.2 Grundlegende Handhabung von Absatz- und Zeichenformaten

Betrachten wir nun einige Eigenschaften, die beide Arten von Formaten (aber auch andere Hilfsmittel, wie Tabellen- und Zellenformate oder Objektformate) gemeinsam haben, und sehen wir uns an, wie Sie diese Eigenschaften in der Praxis am besten nutzen können.

Die Bedienfelder

Die Bedienfelder Zeichenformate und Absatzformate sind standardmäßig am rechten Bildschirmrand angedockt oder können im Menü Fenster • Formate aufgerufen werden. Das Zeichenformate-Bedienfeld können Sie auch mit Strg+⇧+F11 bzw. ⌘+⇧+F11 und das Absatzformate-Bedienfeld über Strg+F11 bzw. ⌘+F11 aufrufen.

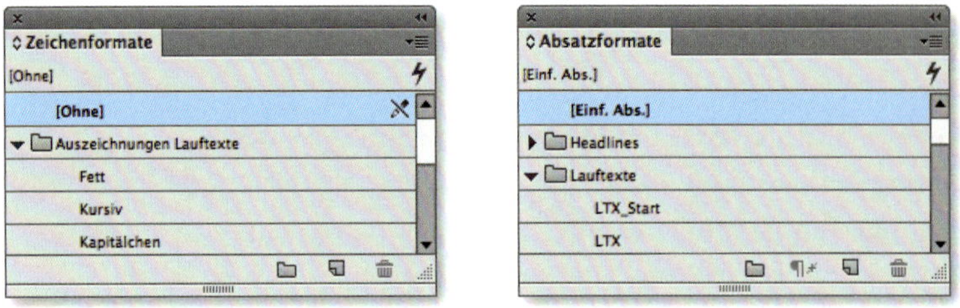

Abbildung 14.6 ▶
Das Absatzformate- und das Zeichenformate-Bedienfeld. Einige Formate sind in Gruppen zusammengefasst.

Beide Bedienfelder sind gleich aufgebaut. Die Unterschiede werden wir bei den jeweiligen Formaten behandeln. Das Anlegen neuer Formate funktioniert bei beiden Varianten gleich.

Formate anlegen

Um ein neues Zeichen- oder Absatzformat zu erstellen, rufen Sie Neues Zeichenformat aus dem Bedienfeldmenü des Zeichenformate-Bedienfelds bzw. Neues Absatzformat aus dem Bedienfeldmenü des Absatzformate-Bedienfelds auf.

Alternativ können Sie mit gedrückter Alt- bzw. ⌥-Taste auf klicken. Wenn Sie einen einfachen Klick auf machen, wird zwar ein neues Format angelegt, Sie müssen es jedoch über einen Doppelklick zur Bearbeitung aufrufen.

In der Folge erscheint das Fenster Neues Zeichenformat bzw. Neues Absatzformat. Beide Fenster sind in mehrere Abschnitte gegliedert, mit denen Sie sämtliche Attribute definieren können. Der erste Abschnitt, Allgemein, dient zur Verwaltung des Formats. Legen Sie zunächst einen Namen für Ihr Format fest, und tragen Sie ihn unter FORMATNAME ein.

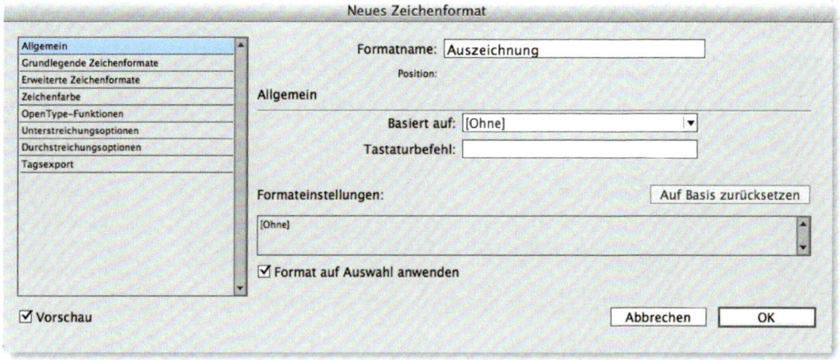

◀ **Abbildung 14.7**
Der Abschnitt ALLGEMEIN des Fensters NEUES ZEICHENFORMAT. Unter FORMATEINSTELLUNGEN zeigt InDesign eine Zusammenfassung aller derzeitigen Einstellungen Ihres Formats.

Sie sind in der Namenswahl nicht eingeschränkt. Vermeiden Sie aber sowohl die Sonderzeichen &, :, < und > in den Namen als auch Zahlen am Beginn des Namens von Formaten. Wenn Ihr Layout auf Basis von XML weiterverarbeitet wird, kann dies zu Fehlern führen. Umlaute dürfen Sie allerdings verwenden.

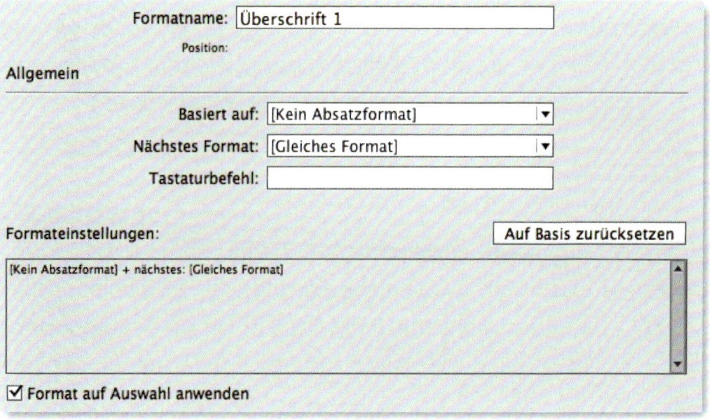

◀ **Abbildung 14.8**
Der Abschnitt ALLGEMEIN des Fensters NEUES ABSATZFORMAT: Der einzige Unterschied zu NEUES ZEICHENFORMAT liegt in der Option NÄCHSTES FORMAT, die wir später noch ausführlich behandeln werden.

Sie können folgende zusätzliche Einstellungen bei beiden Formaten vornehmen:

- BASIERT AUF: Mit BASIERT AUF können Sie festlegen, welche Attribute von einem bestehenden Zeichenformat übernommen werden sollen. Zu dieser leistungsstarken Funktion werden wir uns später noch ein paar Gedanken machen und sie in Abschnitt 14.4, »Absatzformate«, näher durchleuchten.
- TASTATURBEFEHL: Sie könnten dem Zeichenformat ein Tastenkürzel zuordnen, über das Sie das Format auf Textteile anwenden könnten. Der Konjunktiv im letzten Satz ist bewusst gewählt. InDesign bietet eine fast unüberschaubare Menge an Tastenkürzeln, und die freien

Möglichkeiten sind beschränkt. Als Tastenkürzel für Formate lässt InDesign nur die Ziffern des Ziffernblocks zu. Dazu muss die [Num]-Taste gedrückt sein. Unter Windows können Sie dann eine beliebige Kombination aus [Strg]-, [Alt]- oder [⇧]-Taste und zusätzlicher Ziffer des Ziffernblocks drücken. Unter Mac OS X benötigen Sie die üblichen Steuertasten [ctrl], [⌘], [⌥] und [⇧]. Die gewählte Tastenkombination wird im Zeichenformate-Bedienfeld neben dem Eintrag Ihres Formats auch angezeigt, sofern der Platz dazu ausreicht. Unzulässige Tastenkombinationen werden von InDesign verweigert; Fehler sind also nicht möglich.

- Auf Basis zurücksetzen: Wenn Sie bei Ihren Experimenten viele Einstellungen verändert haben, können Sie alle Änderungen rückgängig machen, indem Sie auf Auf Basis zurücksetzen klicken. Das Absatzformat wird in den Zustand zurückversetzt, in dem es sich befand, als Sie es neu angelegt haben.
- Format auf Auswahl anwenden: Format auf Auswahl anwenden ist nur aktiv, wenn Sie ein neues Format definieren. Wenn Sie diese Option aktivieren, wird die neue Definition sofort auf den ausgewählten Text angewendet. Diese Option ist praktisch, wenn Sie ein Format aus einem bereits gestalteten Text ableiten und es diesem Text in einem Arbeitsgang zuweisen möchten. Wenn Sie ein bestehendes Zeichenformat ändern, ist diese Option nicht auswählbar.

Ziffernblock

Bei portablen Systemen, die oft keinen Ziffernblock haben, ist eine Verwendung dieser Tastenkürzel unter Umständen gar nicht möglich, oder zumindest unpraktisch, weil meistens ein Teil der normalen Tastatur in den Ziffernblockmodus umgeschaltet wird.

Neues Format erstellen

Wenn Sie ohne gedrückte [Alt]- bzw. [⌥]-Taste ein Format anlegen und dann editieren, bearbeiten Sie auch ein bereits existierendes Format – deshalb ist dann die Option Format auf Auswahl anwenden ebenfalls nicht verfügbar.

Formate sinnvoll benennen

Jedes Format muss einen eindeutigen Namen haben. Gleichnamige Formate können zwar existieren, müssen aber in unterschiedlichen Formatgruppen liegen – siehe den Abschnitt »Formate in Gruppen zusammenfassen« auf Seite 488. Da die Formatgruppen wiederum eindeutige Namen haben, ist der einzelne Formatname somit automatisch wieder eindeutig. InDesign stellt bei allen Funktionen den Namen der Formatgruppe in Klammern hinter den Formatnamen.

In der Praxis zeigt sich, dass Sie sich, wenn Sie viele Formate haben, ein Schema zurechtlegen sollten, um das gewünschte Format leichter aufzufinden. In der Realität finden wir immer wieder Zeichenformate mit Namen wie »Times fett 9 Pt« vor. Solche Namen sollten Sie vermeiden, denn der Vorteil von Formaten ist ja gerade, dass sie jederzeit die gesamte Typografie in Ihrem Dokument umstellen können, indem Sie wenige Formate ändern. Ändert sich die Schrift, müssen Sie aber auch den Namen des Formats ändern. Oftmals wird dies jedoch übersehen. Werden solche Dokumente weitergegeben, ist die Verwirrung groß. Verwenden Sie also sprechende Namen!

Welche Funktion hat »Times fett 9 Pt«?

Es ist manchmal schwierig, einen »Funktionsnamen« für ein Format zu finden. Wenn Sie ein Zeichenformat definieren, über das Sie einzelne Wörter fett auszeichnen wollen, können Sie das Format einfach »fett« oder »Auszeichnung« nennen. Wenn Sie einen fetten Schnitt sowohl in Ihrem Haupttext als auch in Bildunterschriften, aber in unterschiedlichen Größen verwenden, wären z. B. »Auszeichnung Haupttext« und »Auszeichnung BU« geeignete Namen. Ändert sich die Auszeichnungsmethode dann auf »kursiv«, muss der Name der Formate nicht geändert werden – ihre Funktion hat sich ja auch nicht geändert.

Der Name sollte die Funktion des Formats wiedergeben, nicht den Inhalt. Das gilt auch für extreme Abkürzungen oder Wortkreationen wie »qudlbrmft«. Dies mag Sie persönlich erheitern, wer auch immer jedoch Ihr Dokument weiterbearbeiten muss, benötigt ausgesprochen viel Humor, um mit solchen Bezeichnungen arbeiten zu können. Den Namen eines Zeichenformats können Sie über FORMATOPTIONEN im Bedienfeldmenü ändern. Die Namen können aber auch direkt in der Liste des Bedienfelds geändert werden, indem Sie auf den Namen eines bereits ausgewählten Formats klicken. Es erscheint ein Editierrahmen, in dem Sie einen neuen Namen eingeben können. Wenn Sie die [↵]-Taste drücken oder auf eine Stelle außerhalb des Editierrahmens klicken, wird die Änderung übernommen.

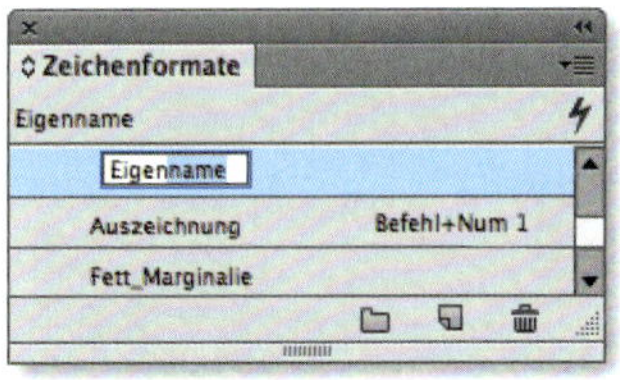

▲ **Abbildung 14.9**
Formatnamen können direkt im Bedienfeld editiert werden.

Auszeichnung
Die Hervorhebung eines Textteils, z. B. eines einzelnen Wortes

Aktive Auszeichnung
Eine Auszeichnung, die sich stark von dem umgebenden Text abhebt, z. B. **fett** oder unterstrichen

Integrierte Auszeichnung
Eine Auszeichnung, die sich gut in den umgebenden Text einfügt, z. B. *kursiv* oder KAPITÄLCHEN

Wann sollen Formate aufeinander basieren?

Sie haben sicher schon viel in unserem Buch gelesen, und es ist Ihnen sicher aufgefallen, dass der Haupttext zum größten Teil aus zwei Arten von Absätzen besteht: Absätze ohne Einzug in der ersten Zeile (sie stehen am Beginn einer Seite oder nach Objekten, die in den Text eingefügt sind – nennen wir sie »Startabsatz«) und Absätze mit einem solchen Einzug (sie folgen dem Absatz ohne Einzug bis zum Seitenende oder bis zu einem in den Text eingefügten Objekt – nennen wir diese Art »Standardabsatz«).

Die beiden Absatzarten unterscheiden sich wirklich nur im Einzug. Genau das ist die Situation, in der Absätze aufeinander basieren sollen. Wenn der Startabsatz auf dem Standardabsatz basiert, können Sie sich in der Definition darauf beschränken, den Einzug zu korrigieren. Alle anderen Attribute werden vom Standardabsatz übernommen, und diese Attribute bleiben auch mit dessen Definition verbunden. Wird die Schriftgröße im Standardabsatz verändert, ändert sich somit die Schriftgröße im Startabsatz ganz automatisch. Alle Attribute werden auf das abgeleitete Format übertragen, solange sie nicht im abgeleiteten Format manuell verändert wurden. Diese Vererbung würde bei unseren Formaten also nicht mehr funktionieren, wenn die Schriftgröße im Startabsatz bereits auf einen konkreten Wert gesetzt wurde. Würde beim Startabsatz z. B. der Einzug in der ersten Zeile ergänzt, würde der Standardabsatz seinen eigenen Einzug behalten.

Bei umfangreichen Publikationen ist allerdings eine gewisse Planung notwendig. Die dafür notwendige Zeit ist gut investiert, wenn es Änderungen an der Typografie gibt, seien es Planungsänderungen oder Fehlerkorrekturen. Eine gut ausgearbeitete Struktur erlaubt Änderungen mit wenigen Mausklicks.

Nachträgliche Änderungen
Die Information, auf welchem Format ein anderes Format basiert, kann auch nachträglich geändert werden. Die Ergebnisse sind aber unter Umständen nicht vorherzusehen.

Sprachversionen
In einem mehrsprachigen Projekt sind die Absatzformate für die unterschiedlichen Sprachen ideale Kandidaten, um aufeinander zu basieren. »FT_Italienisch« entspricht »FT_Deutsch«, lediglich die Einstellungen für das zu verwendende Wörterbuch unterscheiden sich.

Formate sortieren

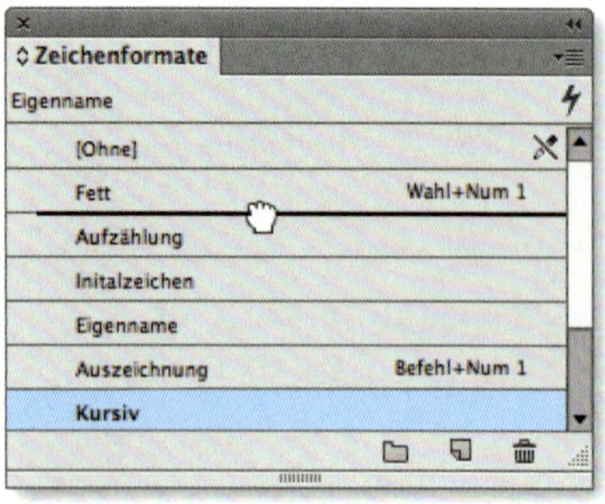

▲ **Abbildung 14.10**
Zeichenformate anordnen

InDesign legt neu angelegte Formate nach keinem erkennbaren Muster im jeweiligen Bedienfeld ab. Die Anordnung/Abfolge der Einträge können Sie auf unterschiedliche Art selbst festlegen. Greifen Sie ein Zeichenformat einfach mit dem Mauszeiger, und verschieben Sie es an eine andere Stelle in der Liste. Sollten Sie eine alphabetische Ordnung vorziehen, können Sie Nach Name sortieren im Bedienfeldmenü aufrufen.

Bei kleinen Dokumenten mit wenigen Formaten ist der Überblick über alle Definitionen auf diese Weise zwar zu wahren, in umfangreichen Projekten wäre die Scrollerei und Sucherei in den Bedienfeldern allerdings außerordentlich mühsam. Deshalb gibt es die Möglichkeit, Formate in Gruppen bzw. Ordnern zusammenzufassen.

Formate in Gruppen zusammenfassen

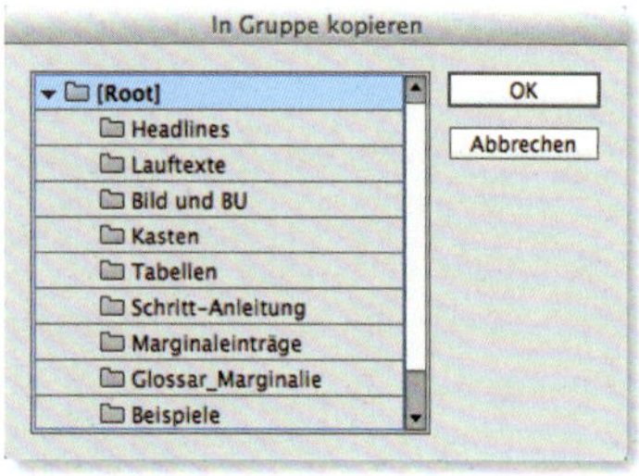

▲ **Abbildung 14.11**
Wenn Sie mehrere Formate in eine Gruppe kopieren wollen, müssen Sie das Ziel aus der Liste der existierenden Gruppen auswählen.

Klicken Sie auf Neue Formatgruppe erstellen, oder wählen Sie Neue Formatgruppe aus dem Bedienfeldmenü. Beim Anlegen über das Bedienfeldmenü werden Sie zunächst nach einem Namen für die Gruppe gefragt. Ein Klick auf erzeugt eine Formatgruppe mit einem Standardnamen, den Sie aber direkt im Bedienfeld ändern können (wie zuvor bei den Formatnamen beschrieben).

Ein Klick auf Neue Formatgruppe erstellen mit gedrückter [Alt]- bzw. [⌥]-Taste führt wiederum direkt zum Fenster Neue Formatgruppe, wo Sie den Namen der Gruppe eingeben können. Dabei müssen Sie jedoch auf eindeutige Namen achten – eine Gruppe kann nicht genauso wie ein einzelnes Format genannt werden, solange sich die beiden auf der gleichen Ebene in der Liste befinden.

Einzelne Formate können Sie nun direkt in den entsprechenden Ordner ziehen. Mehrere Formate können Sie zunächst auswählen und dann blockweise in einen Ordner bewegen, oder Sie nutzen In Gruppe kopieren aus dem Bedienfeldmenü. Allerdings entstehen dann wirklich lediglich Kopien. Die Originale müssen noch gezielt gelöscht werden, was zu lästigen Zuordnungsfragen führen kann. In einem solchen Fall ist es einfacher, wenn Sie alle Formate auswählen und Neue Gruppe aus Formaten aus dem Bedienfeldmenü aufrufen. Sie werden nun nach einem Namen für die neue Gruppe gefragt; die Gruppe wird angelegt, und alle Formate werden in diese Gruppe verschoben.

Die Gruppenordner können natürlich wieder nach Belieben in der Liste verschoben werden. Zusätzlich können diese Ordner aber auch ineinander verschachtelt werden, was endgültig die Möglichkeit bietet, auch eine große Anzahl an Formaten zu bändigen und zu strukturieren. Formatgruppen werden über das Dreieck neben dem Namen auf- und

Mehrere Formate auswählen

Eine zusammenhängende Liste von Formaten können Sie auswählen, indem Sie zunächst das erste Format markieren und dann mit gedrückter [⇧]-Taste das letzte Format.

Nicht beieinanderliegende Formate wählen Sie aus, indem Sie bei jedem Klick auf ein zusätzliches Format die [Strg]- bzw. [⌘]-Taste gedrückt halten.

zugeklappt. Befehle, über die Sie alle Gruppen gleichzeitig auf- oder zuklappen – Alle Formatgruppen öffnen und Alle Formatgruppen schliessen –, finden Sie im Bedienfeldmenü. Wenn Sie eine Gruppe löschen, werden auch alle darin enthaltenen Formate gelöscht – InDesign fragt Sie jedoch zur Sicherheit vorher noch nach Ihrem Einverständnis und gibt Ihnen die Möglichkeit, Nachfolger für die zu löschenden Formate zu nominieren.

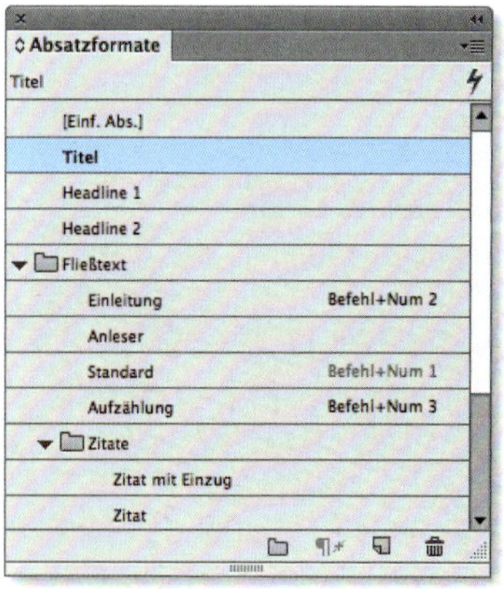

▲ **Abbildung 14.12**
Einzelne Formate und verschachtelte Formatgruppen im Absatzformate-Bedienfeld

Tagsexport

Die Einstellungen für den Tagsexport für Zeichen- und Absatzformate wurden mit InDesign CS5.5 eingeführt. Da sie die Typografie innerhalb Ihres InDesign-Dokuments nicht beeinflussen, haben Sie in unseren bisherigen Ausführungen zur Textformatierung darüber auch noch nichts gelesen.

Sie benötigen sie, wenn Sie ein InDesign-Dokument in ein HTML- oder EPUB-Dokument überführen wollen. In beiden Arten von Dokumenten existieren Möglichkeiten der Textformatierung, die den Formaten entsprechen, jedoch über CSS (Cascading Style Sheets) abgewickelt werden. Das Äquivalent eines Zeichen- oder Absatzformats heißt in CSS »Klasse«, wobei es prinzipiell zwei Arten von Klassen gibt:

1. Klassen, die der Benutzer selbst definiert. Dies entspricht der Definition von Zeichen- und Absatzformaten. Sie können damit alle oder auch nur einzelne Zeicheneigenschaften definieren. Ein nicht definiertes Attribut wird von der Software, die das Dokument darstellt, durch einen Standardwert ergänzt.
2. Klassen, die eine bestimmte Bedeutung haben und innerhalb der darstellenden Software bereits mit bestimmten Attributen belegt sind. So stellt die Klasse strong z. B. einen Text fett dar. Diese Klassen können erweitert werden, indem Attribute ergänzt oder überschrieben werden. Diese Erweiterung entspricht dem Mechanismus Basiert auf der InDesign-Formate.

HTML und EPUB
Beide Dokumentformate werden für Publikationen eingesetzt, die primär auf einem Display dargestellt werden und aufgrund unterschiedlicher Display-Größen frei umbrechen sollen. HTML ist die Standardsprache im Webdesign und wird von allen Webbrowsern verwendet. EPUB ist für eBooks konzipiert und basiert auf HTML.

Barrierefreies PDF
Für den Export barrierefreier PDFs zählen nur die Absatzformate. In PDF-Dateien gibt es keine Strukturen, die mit Formaten vergleichbar wären.

Tagsexport der Zeichenformate | Im Bereich Tagsexport der Zeichenformatoptionen bzw. der Definition eines Zeichenformats finden Sie lediglich zwei Optionen.

Unter Tag legen Sie fest, welchem HTML-Tag Ihr Zeichenformat zugewiesen werden soll. [Automatisch] leitet Namen und Attribute der Klasse aus dem Zeichenformat ab, wobei das `<span>`-Tag mit dem Namen des Zeichenformats als Klassenname verwendet wird und die definierten Attribute in die Klassendefinition übertragen werden – die entsprechende CSS-Formulierung sehen Sie im Rahmen Exportdetails.

Tag
Ein Tag umfasst einen Text oder ein Objekt und legt damit fest, wie weit bestimmte Darstellungsoptionen gültig sind. Das Tag `<span class="Auszeichnung">Buch</span>` legt z. B. fest, dass das Wort »Buch« entsprechend der Klassendefinition »Auszeichnung« darzustellen ist.

Den Klassennamen können Sie auch abweichend vom Namen Ihres Formats festlegen, indem Sie den gewünschten Namen im Feld Klasse eintragen.

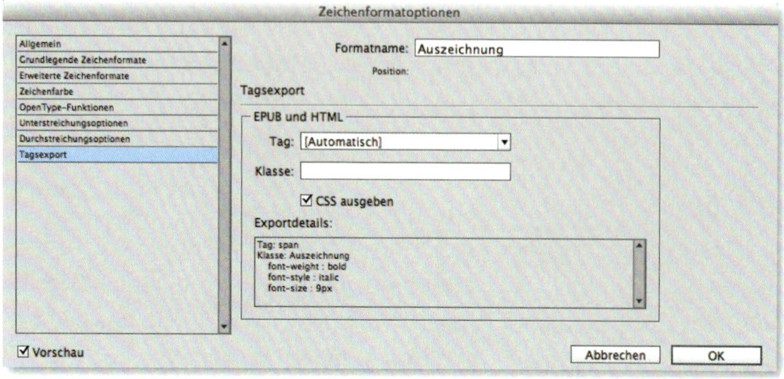

Abbildung 14.13 ▶
Da Zeichenformate nur für die Anwendung auf kleine Textmengen konzipiert sind, sind auch die Einstellungsmöglichkeiten begrenzt. Erweiterte Einstellungen finden Sie in den Absatzformaten.

Weitere Tags

Browser kennen noch weitere Tags zur Textauszeichnung. Um diese Tags verwenden und umdefinieren zu können, können Sie das Tag auch selbst im Feld Tag eintragen und über einen Klassennamen definieren oder die Darstellung dem Browser überlassen.

Sie können auch ein anderes HTML-Tag aus dem Menü Tag auswählen:

- span: In diesem Fall müssen Sie einen Klassennamen angeben, da die Definition ansonsten nicht vollständig ist. Das Ergebnis entspricht dann der Einstellung [Automatisch] mit einem selbst gewählten Klassennamen.
- em, strong: Diese beiden Tags sollten von jedem Browser verstanden und als Textauszeichnung interpretiert und dargestellt werden. *Wie* der Text dargestellt wird, überlassen Sie in diesem Fall jedoch dem Browser. Wenn Sie aber zusätzlich einen Klassennamen eintragen, wird das Tag mit der Definition Ihres Zeichenformats ergänzt und somit an Ihre Wünsche angepasst.

Klassennamen

CSS-Definitionen werden im Internet als reiner Text übertragen. Deshalb sollten Sie Klassennamen wählen, die in diesem Fall als »sicher« gelten, also keine nationalen Sonderzeichen oder Leerzeichen enthalten. Damit Sie durch diese Konventionen nicht in der Wahl der Formatnamen eingeengt werden, können Sie über das Feld Klasse jedem Format einen »sicheren« Namen zuordnen. InDesign überprüft oder entschärft Formatnamen nicht selbstständig!

Beim Export Ihrer Daten als EPUB oder HTML (siehe Seite 983) können Sie festlegen, ob InDesign CSS-Definitionen erzeugen soll. Seit InDesign CC können Sie mit der Option CSS ausgeben feiner einstellen, welche Formate in die CSS-Definition aufgenommen werden sollen. Wenn Sie zwar CSS-Definitionen ausgeben wollen, bestimmte Tags jedoch mit vorhandenen Definitionen überschreiben wollen, deaktivieren Sie CSS ausgeben für die betreffenden Formate. Die fehlenden Tags müssen dann im Ergebnis gesondert zugeladen werden.

Tagsexport der Absatzformate | Alles zu den Zeichenformaten Gesagte gilt sinngemäß auch für die Absatzformate. Statt Tags für eine kleine Textmenge bietet Ihnen InDesign Tags für Absätze (P) und Headlines (alle H-Tags) an, und Sie können natürlich wieder eigene Tags eintragen. Auch die Option [Automatisch] und die Verwendung des Klassennamens funktionieren gleich. Allerdings kommt bei den Absatzformaten eine Option für das Aufteilen des Dokuments in mehrere kleine Dokumente und eine Einstellung für den Export nach PDF dazu.

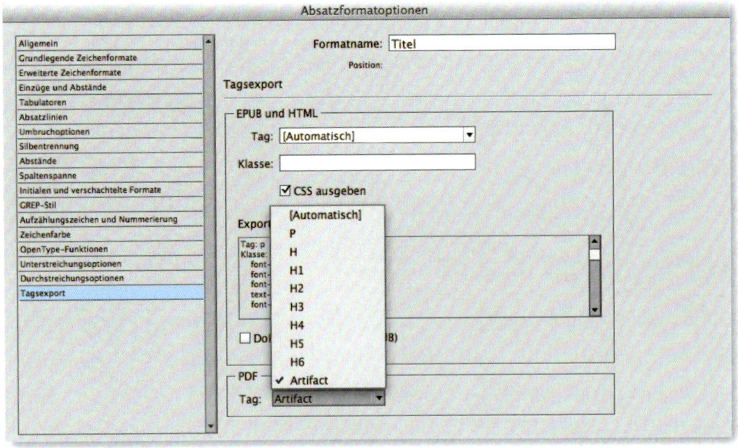

◄ Abbildung 14.14
Auch Bildunterschriften (wie diese) sollten für eine barrierefreie PDF-Datei als ARTIFACT gekennzeichnet sein. Software zur Unterstützung sehbehinderter Benutzer erwartet eine Bildbeschreibung als alternativen Text, der direkt dem Bild unterlegt ist.

- DOKUMENT TEILEN (NUR EPUB): Grundsätzlich enthält eine EPUB-Datei neben Bildern, Stylesheets usw. *ein* langes XHTML-Dokument, das den gesamten Inhalt enthält. Mit DOKUMENT TEILEN können Sie jedoch steuern, dass immer beim Auftreten des Formats, für das Sie die Option gesetzt haben, eine neue XHTML-Datei erstellt wird. Der betreffende Absatz wird dabei der erste Absatz des neuen Dokuments. Die Trennung erfolgt also vor dem Absatz.
  Das Aufteilen des Dokuments in mehrere kleine Dokumente soll die Leistung mancher EPUB-Reader steigern, die mit sehr großen Dokumenten Schwierigkeiten haben.
  Die Trennung selbst wird beim Export als EPUB gesteuert, wo Sie die Trennung unterbinden, für ein bestimmtes Format festlegen oder eben für alle Formate aktivieren können, bei denen die Option DOKUMENT TEILEN aktiviert ist.
- ARTIFACT als zusätzliches Tag für den PDF-Eport: Es handelt sich bei ARTIFACT um eine Absatzeigenschaft, die für barrierefreie PDFs von großer Bedeutung ist. Wenn eine PDF-Datei für einen sehbehinderten Benutzer automatisch vorgelesen werden soll, dann ist es günstig, wenn Texte, die lediglich der Strukturierung dienen, wie Kolumnentitel oder die Pagina und andere Komponenten, beim Vorlesen übersprungen werden. Ein Absatz, der als ARTIFACT gekennzeichnet ist, wird in diesem Fall ausgelassen und erlaubt somit eine flüssige Wiedergabe des Textes.

Übersichtliche Darstellung
Sie können die Zuordnung von FORMAT zu TAG in einer übersichtlichen Liste vornehmen, wenn Sie im Zeichen- oder Absatzformate-Bedienfeld aus dem Bedienfeldmenü die Funktion ALLE EXPORTTAGS BEARBEITEN aufrufen.

Barrierefreie PDFs
Informationen zur Erstellung strukturiert aufgebauter, elektronischer Dokumente finden Sie in Kapitel 36, »Barrierefreies PDF«, ab Seite 1037.

Die Optionen für den Tagsexport spielen in den weiteren Betrachtungen zur Textformatierung keine Rolle mehr.

14.3 Zeichenformate

Alle typografischen Attribute, die Sie in Zeichenformaten festlegen können, finden Sie später auch in den Absatzformaten. Allerdings werden alle Zeichenattribute in Absatzformaten auf den gesamten Text eines Absatzes übertragen. Zeichenformate sind für Textmengen gedacht, die kleiner als ein Absatz sind. Dadurch ergeben sich einige Unterschiede in Struktur und Anwendung.

Das Zeichenformat [Ohne]

Das Zeichenformat [Ohne] existiert in jedem neuen Dokument. Es wird von InDesign vorgegeben und kann weder verändert noch gelöscht werden. Es hat im Wesentlichen zwei Funktionen:

1. Prinzipiell basiert jedes Zeichenformat auf einem anderen. Wenn Sie eine neue Verkettung aufeinander basierender Formate starten wollen, dann wählen Sie für Basiert auf das Zeichenformat [Ohne]. Da dieses Format keinerlei Eigenschaften hat, beginnen Sie also wieder bei null.
2. Zeichenformate werden immer auf ausgewählten Text angewendet. Dieser Text hat jedoch schon Schriftattribute auf Basis des Absatzes erhalten. Wenn Sie die Formatierung eines Textes über ein Zeichenformat rückgängig machen wollen, weisen Sie dem Text das Zeichenformat [Ohne] zu. Da dieses Format keinerlei Eigenschaften hat, werden die Schriftattribute des Absatzes wieder wirksam.

[Ohne] wirkt nur bei Zeichenformaten

Das Zurücksetzen der Textattribute mit dem Zeichenformat [Ohne] funktioniert nur für Texte, die mit Zeichenformaten gestaltet wurden. Manuelle Änderungen an den Textattributen werden davon nicht erfasst!

Ein Zeichenformat anlegen

Erstellen Sie nun ein neues Zeichenformat, und blättern Sie durch die einzelnen Bereiche. Sie werden alte Bekannte aus den bisherigen Kapiteln antreffen, deren Wiederholung wir Ihnen hier ersparen. Wenn Sie sich in der Auswirkung der einzelnen Textattribute noch nicht ganz sicher sind, wählen Sie vor der Definition des Zeichenformats einen Text aus, und aktivieren Sie im Fenster Neues Zeichenformat die Option Vorschau – Sie können dann alle Einstellungen direkt in Ihrem Dokument nachvollziehen.

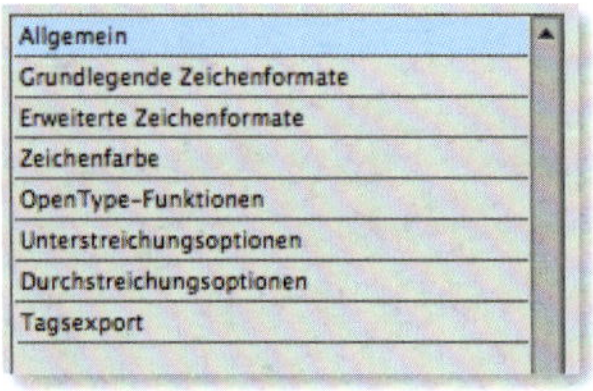

▲ **Abbildung 14.15**
Die Zeichenattribute für die Definition von Zeichenformaten sind in acht Bereiche gegliedert.

Wir haben in Kapitel 12, »Zeichen«, schon gezeigt, wie Sie Zeichen mit den neuen Optionen im Steuerung-Bedienfeld einfärben können. Da die diesbezüglichen Optionen in der Definition von Zeichenformaten jedoch ganz anders aussehen, werfen wir zuerst einen Blick auf das Register Zeichenfarbe, das für die Farbeinstellungen für Texte bzw. deren Konturen zuständig ist.

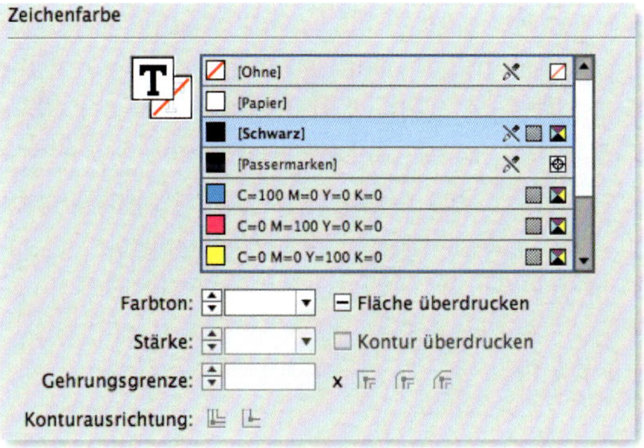

◀ **Abbildung 14.16**
Der Abschnitt ZEICHENFARBE – Einstellungen für die Schriftfläche

- FLÄCHE: Wenn Sie die Schrift einfärben wollen, aktivieren Sie dieses Symbol und wählen aus der Liste der definierten Farben die gewünschte Farbe aus. Bei neu angelegten Formaten ist die Farbe zunächst undefiniert, und FLÄCHE (und auch die Kontur) wird mit Fragezeichen gekennzeichnet. In diesem Fall lässt InDesign die Farbe des Textes, auf den das Zeichenformat angewendet wird, unverändert. Sollten Sie in der Liste der definierten Farben die richtige Farbe nicht finden, können Sie mit einem Doppelklick auf eines der Symbole TEXTFARBE oder KONTURFARBE ein Fenster zum Definieren eines neuen Farbfelds aufrufen.
- FARBTON: Diese Einstellung können Sie sowohl für die Zeichenfarbe als auch für die Kontur vornehmen. Wir empfehlen Ihnen jedoch, dafür ein Farbtonfeld zu definieren und zu verwenden.
- FLÄCHE ÜBERDRUCKEN: Wenn die Schrift überdrucken soll, aktivieren Sie diese Option (standardmäßig ist sie schon aktiviert, was allerdings nur bei schwarzem Text sinnvoll ist), ansonsten würde die Schrift aus dem Hintergrund ausgespart.

Für Zeichenkonturen gibt es folgende Einstellungen:

- ZEICHENKONTUR oder : Text kann als Umriss dargestellt werden. Hier legen Sie die Farbe des Umrisses fest. Ist die Farbe des Umrisses nicht definiert (), existiert auch die Kontur nicht, und InDesign stellt die Fläche der einzelnen Zeichen dar. Ansonsten müssen Sie noch weitere Einstellungen vornehmen und der Kontur z. B. auch eine STÄRKE geben.
- STÄRKE: Dies bezieht sich auf die Stärke der Schriftkontur und ist deshalb nur auswählbar, wenn Sie das Zeichenkontur-Symbol aktiviert haben. Legen Sie die STÄRKE der Kontur fest, indem Sie eine Vorgabe aus dem Menü wählen oder den gewünschten Wert eintragen.
- KONTUR ÜBERDRUCKEN: Wie bei der Schriftfläche legen Sie hier fest, ob die Kontur aus dem Hintergrund ausgespart wird oder nicht.

Tipp

Wenn Sie öfter Wörter fett und mit 80 % Grau setzen müssen, dann legen Sie sich dafür ein Zeichenformat an. In Zeichenformaten müssen Schriftfamilie, Schriftgrad usw. nicht definiert sein. Ein Format, das nur die Information »fett, 80 % Grau« enthält, überträgt auch nur diese Information auf den Text und verändert die anderen Schriftattribute nicht.

Überdrucken und kleine Schriften

Wenn Sie kleine Schriften in einer anderen Farbe als [SCHWARZ] setzen, hängt das Ergebnis vom Hintergrund ab, vor dem der Text steht. Wenn Sie FLÄCHE ÜBERDRUCKEN einschalten, wird sich die Schriftfarbe verändern. Schalten Sie das Überdrucken aus und hat die Schriftfarbe keine gemeinsamen Farbkomponenten mit dem Hintergrund, kann es auch bei den heutigen, sehr genauen Offset-Maschinen zu Blitzern kommen, die die Lesbarkeit ziemlich stören können.

Da die Schriftkontur in der Regel noch feiner ist als Schrift, verstärkt sich das Problem entsprechend (sofern so feine Konturen überhaupt noch gedruckt werden können).

- Gehrungsgrenze: Hier gelten alle Regeln für Konturen; beachten Sie vor allem, dass eine numerische Eingabe der Gehrungsgrenze nur für Gehrungsecken möglich ist und auch dann die Kontur eine bestimmte Mindeststärke haben muss, damit die Gehrungsgrenze aktiv bzw. sichtbar wird. Das dürfte nur bei sehr großen Schriftgraden der Fall sein.

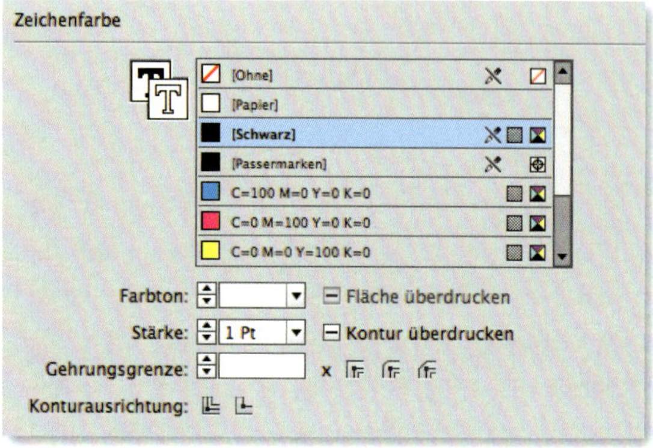

Abbildung 14.17 ▸
Der Abschnitt Zeichenfarbe – Einstellungen für die Schriftkontur

Zeichenkontur für Unterstreichung nutzen

Sie können Zeichenkonturen nutzen, um Unterstreichungen zu entschärfen. Geben Sie dem Text eine feine, weiße, außen liegende Kontur, um folgenden Effekt zu erreichen:

Typografie

- Konturausrichtung: Die Möglichkeiten Kontur mittig ausrichten und Kontur außen ausrichten entsprechen den normalen Einstellungen für Konturen. Da Schriftkonturen nicht auf Pfaden basieren, gibt es keine Möglichkeit, die Kontur mittig auszurichten. Die Sache funktioniert nur dann, wenn der Schriftgrad in einem vernünftigen Verhältnis zur Kontur steht – es ist einsichtig, dass eine 10 Pt starke Kontur nicht in einer 10 Pt großen Schrift liegen kann.

Schritt für Schritt Zeichenformat definieren

Definieren Sie in dieser Anleitung Ihr erstes Zeichenformat.

1 Das Zeichenformate-Bedienfeld aufrufen

Blenden Sie das Zeichenformate-Bedienfeld ein, oder rufen Sie es über Schrift • Zeichenformate auf.

2 Neues Zeichenformat

Wählen Sie Neues Zeichenformat aus dem Bedienfeldmenü. Das Fenster Neues Zeichenformat erscheint.

3 Benennen und Tastaturbefehl festlegen

Nennen Sie das neue Zeichenformat »Auszeichnung«. Stellen Sie sicher, dass die [Num]-Taste gedrückt ist, setzen Sie den Cursor in das Feld

TASTATURBEFEHL, und drücken Sie das Tastenkürzel [Strg]+[1] bzw. [⌘]+[1], wobei Sie die Tasten des Ziffernblocks verwenden müssen.

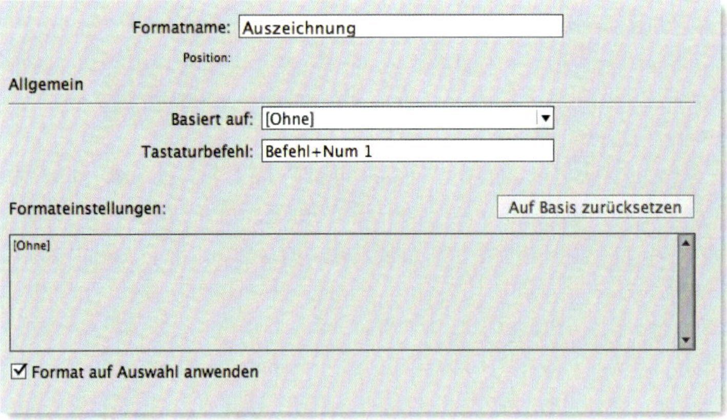

◄ **Abbildung 14.18**
NEUES ZEICHENFORMAT mit bereits zugewiesenem TASTATURBEFEHL 1. FORMAT AUF AUSWAHL ANWENDEN ist aktiviert, um das neue Format dem Text zuzuweisen, von dem es abgeleitet wurde.

4 Zeichenattribute festlegen

Wählen Sie den Abschnitt GRUNDLEGENDE ZEICHENFORMATE aus, und stellen Sie für SCHRIFTFAMILIE »Minion Pro«, für den SCHRIFTSCHNITT »Semibold Italic«, als Größe »9 Pt« und bei LAUFWEITE »5« ein. Die Schrift Minion Pro wird mit InDesign installiert und sollte Ihnen somit zur Verfügung stehen. Klicken Sie auf OK, um die Definition des Zeichenformats abzuschließen.

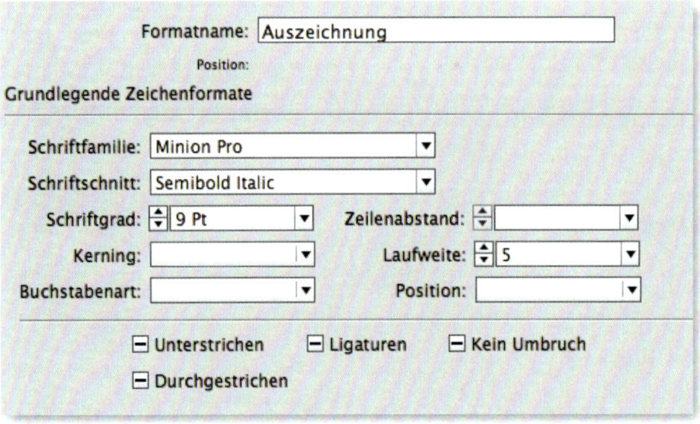

◄ **Abbildung 14.19**
Grundlegende Einstellungen für unser Zeichenformat

Das Zeichenformat wird nun im Zeichenformate-Bedienfeld angezeigt und kann ab sofort verwendet werden. Wird das Format in einem Text angewendet, der bereits in einem Schnitt der Minion Pro in Schriftgröße 9 Pt gesetzt ist, hätten Sie die Einstellungen für SCHRIFTSCHNITT und SCHRIFTGRAD auch weglassen können (so wie auch andere Attribute nicht festgelegt wurden), InDesign entnimmt diese Informationen dann dem Text, der für die Zuweisung des Formats ausgewählt ist.

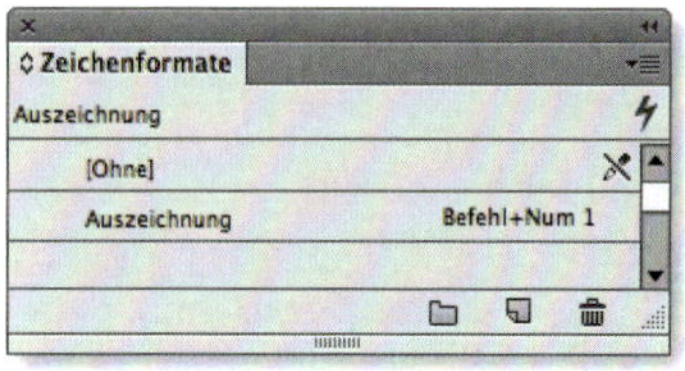

▲ **Abbildung 14.20**
Unser Zeichenformat erscheint im Zeichenformate-Bedienfeld. Der vergebene Tataturbefehl ist eingeblendet.

Zeichenformate anwenden und ändern

Um das Format anzuwenden, markieren Sie im betreffenden Text ein Wort und klicken auf Auszeichnung im Zeichenformate-Bedienfeld. Wenn Sie das Tastenkürzel eingetragen haben, können Sie auch Strg+1 bzw. ⌘+1 verwenden – jeweils mit gedrückter Num-Taste und den Ziffern auf dem Ziffernblock. Der ausgewählte Text wird nun im definierten Zeichenformat dargestellt.

Wenn Sie danach der Meinung sind, dass die Darstellung der Auszeichnung etwas unglücklich gewählt wurde, können Sie das Zeichenformat und somit alle damit formatierten Textanteile einfach ändern, müssen aber auf ein kleines Problem Rücksicht nehmen: Grundsätzlich können Sie die Definition des Formats ändern, indem Sie im Zeichenformate-Bedienfeld auf das Format doppelklicken. Haben Sie dabei allerdings einen Text ausgewählt, wird der erste Klick das Format auf den ausgewählten Text anwenden. Um dies zu vermeiden, halten Sie die Tasten Strg+Alt+⇧ bzw. ⌘+⌥+⇧ gedrückt und doppelklicken auf den Namen des Zeichenformats. Nun wird das Fenster Zeichenformatoptionen angezeigt, in dem Sie alle Einstellungen des Formats verändern können. In diesem Fall wäre eine Umstellung des Schriftschnitts auf Italic eine gute Idee. Sobald Sie das Fenster wieder mit OK schließen, werden alle Änderungen in die Formatierung des Textes übernommen.

Doppelklick auf den Formatnamen

Ein zweiter Klick auf den Namen eines Formats bewirkt, dass der Name editiert werden kann. Ab wann der zweite Klick als Doppelklick gewertet wird, hängt von Ihren Systemeinstellungen ab. Doppelklicken Sie zum Aufruf der Formatoptionen am besten links vor den Namen.

Abweichendes Zeichenformat

Wenn Sie nun mit der Definition des Zeichenformats zufrieden sind, kann es dennoch sein, dass Sie die Textformatierung geringfügig verändern wollen. Das ist grundsätzlich kein Problem, aber die abstrakte Definition des Zeichenformats deckt sich damit nicht mehr mit der realen Darstellung. InDesign macht Sie auf diesen Umstand aufmerksam, indem neben dem Namen des Formats im Zeichenformate-Bedienfeld ein Plus ① dargestellt wird.

Um festzustellen, welche Abweichung genau vorliegt, positionieren Sie den Mauszeiger über dem Namen des betroffenen Zeichenformats. InDesign blendet nach kurzer Zeit einen Tipp-Rahmen ein, in dem die abweichenden Attribute angeführt sind.

Es werden nur Abweichungen erkannt, die in der Definition des Zeichenformats *eindeutig* zugewiesen wurden. Deshalb erkennen Sie nicht, wenn ein Attribut manuell verändert wurde, da InDesign es nicht als Abweichung anzeigt. Wenn Sie also z.B. die Unterstreichung im Zeichenformat nicht explizit abschalten, werden Sie am Namen des Zeichenformats nicht erkennen, ob Ihr Dokument eine manuelle Unter-

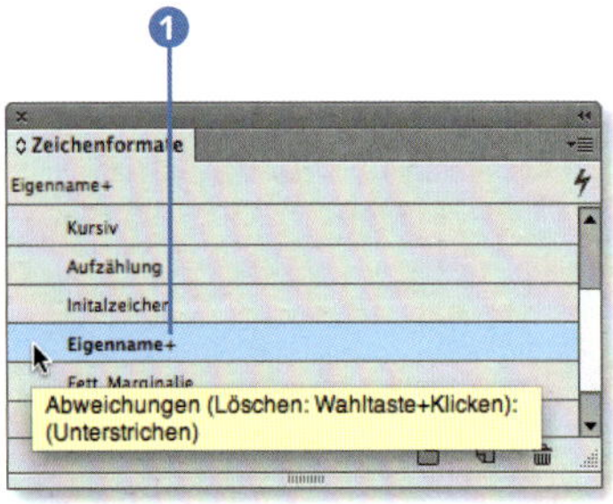

▲ **Abbildung 14.21**
InDesign zeigt Ihnen die Abweichungen in einem Zeichenformat, wenn Sie den Mauszeiger über den Formatnamen stellen.

streichung enthält. Das ist insofern fatal, als Sie unter Umständen sehr wohl ein Zeichenformat mit einer Unterstreichung einsetzen und die manuelle Unterstreichung natürlich nicht verändert wird, wenn Sie im Zeichenformat z. B. den Versatz der Linie verändern. In diesem Fall wird die manuelle Unterstreichung im Zeichenformat zwar nachträglich als Abweichung markiert – dies ist allerdings sehr leicht zu übersehen.

Zudem erkennen Sie eine Abweichung nur, wenn der ausgewählte Text nicht mehrere Abweichungen enthält. Bei mehreren Abweichungen wird kein Zeichenformat im Zeichenformate-Bedienfeld markiert, und über der Liste der Formatnamen wird (GEMISCHT) angezeigt.

Wenn Sie eine Abweichung eindeutig identifiziert (und ausgewählt) haben, klicken Sie auf den Namen des Zeichenformats, um die Textattribute wieder an die Zeichenformatdefinition anzupassen, oder auf [OHNE], um die Zuordnung des Formats wieder aufzuheben. Eine Mischform dieser beiden Varianten erreichen Sie, wenn Sie VERKNÜPFUNG MIT FORMAT AUFHEBEN aus dem Bedienfeldmenü aufrufen. Die Formatierung bleibt erhalten, aber dem Text wird das Format [OHNE] zugewiesen – ganz so, als wenn Sie den Text manuell verändert hätten.

▲ **Abbildung 14.22**
Im ausgewählten Text gibt es mehrere Abweichungen. Deshalb wird im Zeichenformate-Bedienfeld (GEMISCHT) eingeblendet.

Formate duplizieren, löschen und neu definieren

Im Regelfall werden Sie sogar bei kleineren Publikationen eine beachtliche Anzahl an Formaten erreichen. Zur Verwaltung und Organisation benötigen Sie einige Funktionen, die Sie im Zeichenformate-Bedienfeld bzw. in dessen Bedienfeldmenü finden.

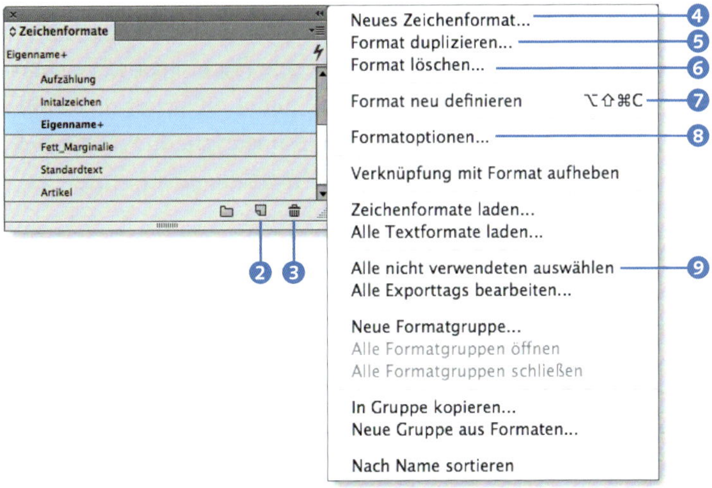

◀ **Abbildung 14.23**
Weitere Funktionen des Zeichenformate-Bedienfelds

Wie Sie ein neues Format über das Menü NEUES ZEICHENFORMAT ❹ erstellen, wissen Sie schon. Wie bei Adobe-Programmen üblich, können

Sie das aber auch über einen Klick auf NEUES FORMAT ERSTELLEN ❷ erledigen. Eine Kopie eines bestehenden Formats können Sie über das Menü FORMAT DUPLIZIEREN ❺ anlegen, aber auch, indem Sie es aus der Liste auf das Symbol NEUES FORMAT ERSTELLEN ❷ ziehen.

Nicht mehr benötigte Formate können Sie über das Menü FORMAT LÖSCHEN ❻ oder durch einen Klick auf das Symbol AUSGEWÄHLTE FORMATE LÖSCHEN ❸ entfernen. Sofern das Zeichenformat auf einen Text in Ihrem Dokument angewendet wurde – also in Gebrauch ist –, müssen Sie festlegen, wie in der Folge zu verfahren ist.

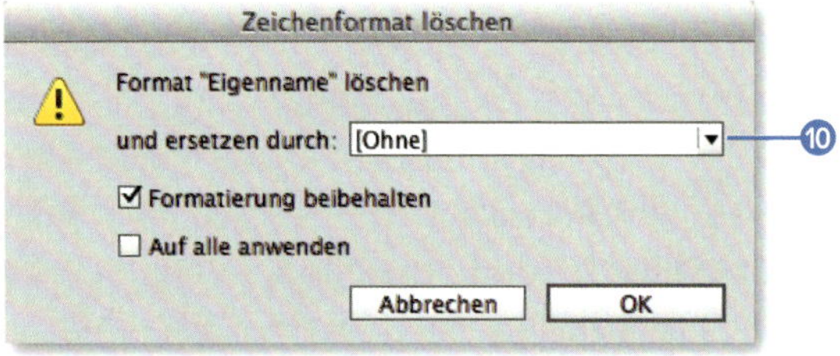

Abbildung 14.24 ▸
Wenn Sie ein Zeichenformat löschen, das noch in Verwendung ist, müssen Sie entscheiden, wie die betroffenen Textanteile formatiert werden sollen.

Aus dem Menü FORMAT "NAME" LÖSCHEN UND ERSETZEN DURCH ❿ können Sie ein Zeichenformat auswählen, das dem Text, der mit dem zu löschenden Format gesetzt wurde, nach dem Löschen des Originalformats zugewiesen werden soll. Wenn Sie [OHNE] wählen, müssen Sie entscheiden, ob der Text seine Formatierung behalten soll. Aktivieren Sie in diesem Fall FORMATIERUNG BEIBEHALTEN. Wenn Sie diese Option abschalten, wird der Text mit den Standardattributen formatiert.

Wurde ein Zeichenformat in Ihrem Dokument nicht verwendet, löscht InDesign es ohne Rückfragen. Sollten Sie mehrere Zeichenformate nicht oder nicht mehr verwenden und diese löschen wollen, können Sie zunächst einmal das Menü ALLE NICHT VERWENDETEN AUSWÄHLEN ❾ aufrufen. InDesign markiert dann alle nicht verwendeten Formate für Sie, und Sie können diese dann als Block auf AUSGEWÄHLTE FORMATE LÖSCHEN ❸ ziehen. Wenn Sie mehrere Formate löschen möchten, die noch in Verwendung sind, werden Sie für jedes Format mit dem Fenster ZEICHENFORMAT LÖSCHEN konfrontiert. Allerdings erscheint dann die Zusatzoption AUF ALLE ANWENDEN, mit der Sie für sämtliche zu löschenden Formate genau einen Nachfolger bestimmen können.

Zeichenformat in Verwendung
Ein Zeichenformat gilt auch dann als verwendet, wenn ein anderes Format auf ihm basiert – es muss also nicht zwingend auch auf einen Text angewendet sein.

Um die Attribute eines Formats zu verändern, wählen Sie FORMATOPTIONEN ❽ oder doppelklicken auf das gewünschte Format. Sie gelangen dann in das Fenster ZEICHENFORMATOPTIONEN, das sich vom Fenster NEUES ZEICHENFORMAT nur durch den Namen unterscheidet.

Erst gestalten, dann definieren
Die meisten Profis arbeiten so, dass sie zunächst einen Prototyp gestalten, aus dem dann das Format abgeleitet wird.

Eine ausgesprochen praktische Funktion versteckt sich hinter FORMAT NEU DEFINIEREN ❼, die Sie auch über das Tastenkürzel Strg+Alt+⇧+C bzw. ⌘+⌥+⇧+C schnell erreichen können. Wenn Sie die Formatierung eines Textteils verändern (und somit ein abweichendes Zeichenformat erhalten), sich genau diese Änderung aber als günstiger erweist, können Sie mit diesem Befehl die aktuelle Formatierung auf die Definition übertragen und somit in einem Arbeitsgang alle Formatierungen in Ihrem Dokument entsprechend ändern. Dazu ist es allerdings notwendig, dass bereits ein Zeichenformat existiert und dass Sie einen Text ausgewählt haben, der zwar ursprünglich mit dem Format gestaltet wurde, nun aber anders formatiert wurde.

Falls Sie nun eine Funktion vermissen, mit der aus der Formatierung eines Textes die Definition eines Zeichenformats abgeleitet werden kann, unterschätzen Sie InDesign: Sie können einen Text beliebig formatieren, auswählen und dann NEUES ZEICHENFORMAT aufrufen. In diesem Fall sind alle Textattribute im Fenster NEUES ZEICHENFORMAT bereits für Sie eingetragen. Benennen Sie Ihr neues Format, und legen Sie gegebenenfalls einen Tastaturbefehl fest, und die Definition ist bereits erledigt.

Beachten Sie ...
Wenn Sie Zeichenformate anhand eines manuell formatierten Textes definieren, werden nicht gesetzte Attribute ebenfalls als nicht definiert behandelt – Absatzformate verhalten sich hier anders.

Zeichenformate in verschachtelten Absatzformaten

Zeichenformate sind für Textmengen bestimmt, die kleiner als ein Absatz sind. Sie haben in Kapitel 13, »Absätze«, bereits zwei Funktionen kennengelernt, in denen Sie nun Zeichenformate einsetzen können:

Hängende Initiale | Um ein oder mehrere Initialzeichen in Farbe und etwas fetter als den restlichen Text zu setzen, definieren Sie ein Zeichenformat »Fett«, in dem der SCHRIFTSCHNITT auf den Bold-Schnitt des zugrunde liegenden Textes gestellt und eine FARBE ausgewählt wird, und weisen es in der Funktion INITIALEN UND VERSCHACHTELTE FORMATE als ZEICHENFORMAT zu.

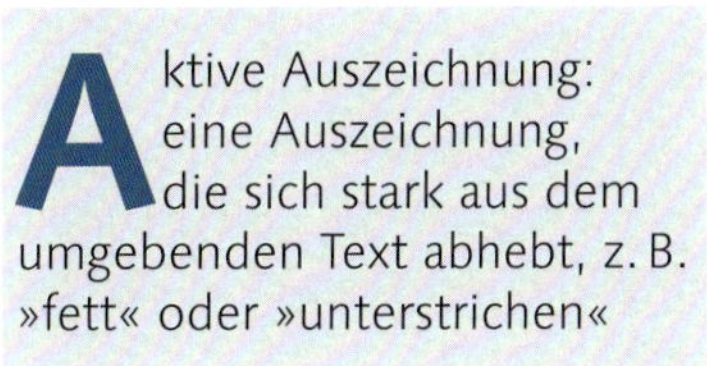

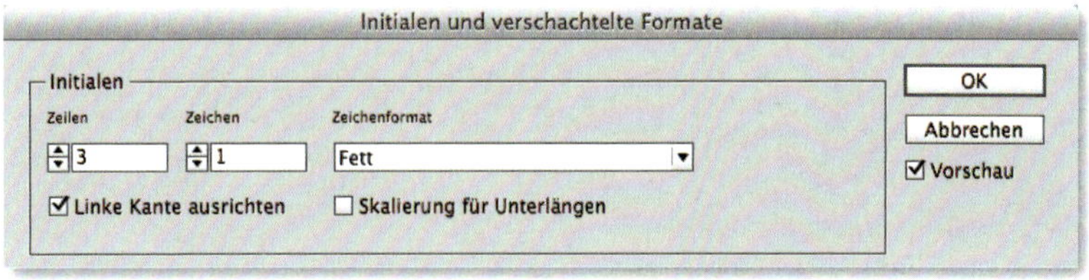

▲ **Abbildung 14.25**
Anwendung eines Zeichenformats bei hängenden Initialen

Aufzählungszeichen und Nummerierung | Wenn Sie eine nummerierte Liste mit römischen Ziffern verwenden und diese Ziffern etwas »römischer« aussehen lassen wollen, definieren Sie ein Zeichenformat mit einem Schriftschnitt, der der römischen Capitalis nachempfunden ist (die Schrift Trajan wäre dafür ein Kandidat), und weisen dieses Format in der Funktion AUFZÄHLUNGSZEICHEN UND NUMMERIERUNG ebenfalls als Zeichenformat zu. Wir sprechen bei solchen Konstruktionen von *verschachtelten Formaten*.

IV. Aktive Auszeichnung: eine Auszeichnung, die sich stark aus dem umgebenden Text abhebt, z. B. »fett« oder »unterstrichen«

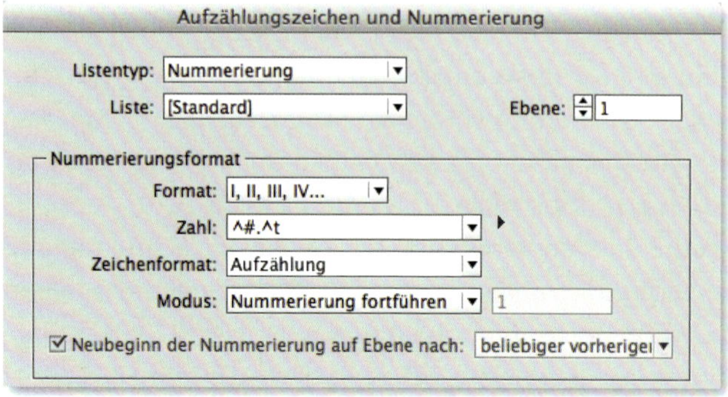

Abbildung 14.26 ▲ ▶
Anwendung eines Zeichenformats bei einer nummerierten Liste

Für das »Verschachteln« der Zeichenformate in den Absatz sorgt InDesign auf unsere Anweisung hin – und hier liegt auch der Nachteil: Wir müssen InDesign bei jeder Anwendung wieder von Neuem anweisen, die entsprechenden Zeichenformate auch anzuwenden. Solche Verschachtelungen können wesentlich komplexer werden und sind (auch bei diesen beiden Funktionen, darauf haben wir bereits hingewiesen) sinnvoll und effizient nur über Absatzformate einzusetzen.

14.4 Absatzformate

Es ist nun nicht mehr schwierig, zu erraten, dass das zentrale Element für Absatzformate das Absatzformate-Bedienfeld ist, das im Standardarbeitsbereich in einer Registerkarte am rechten Bildschirmrand sichtbar sein sollte. Ansonsten können Sie es über Schrift • Absatzformate, über Fenster • Formate • Absatzformate oder F11 aufrufen.

Das Absatzformat »Einf. Abs.«

Auch im Absatzformate-Bedienfeld ist bereits ein Format von InDesign vorgegeben: [Einf. Abs.], das bis InDesign CS5 noch [Einfacher Absatz] hieß (inwieweit sich InDesign durch diese Änderung verbessert haben soll, bleibt uns allerdings verschlossen). Anders als beim Zeichenformat [Ohne] sind bei [Einf. Abs.] jedoch alle Attribute gesetzt.

Sobald Sie einen Textrahmen erzeugen, wird dem darin befindlichen Text zunächst einmal das Absatzformat [Einf. Abs.] zugewiesen – durch dieses Standardverhalten ist das Format [Einf. Abs.] auch als Teil der Voreinstellungen von InDesign zu betrachten. Sie können dieses Absatzformat zwar nicht löschen, allerdings können Sie es verändern.

Formatierter Text
Wenn Sie formatierten Text platzieren oder über die Zwischenablage einsetzen, werden die Formate verwendet (und gegebenenfalls erst erzeugt), über die der Text schon verfügt, da in diesem Fall natürlich nicht auf eine Standardeinstellung zurückgegriffen werden muss.

Wenn Sie die Änderung vornehmen und dabei kein Dokument geöffnet ist, gilt die neue Definition für jedes neue Dokument. Bestehende Dokumente verwenden selbstverständlich die Definition von [EINF. ABS.], die im Dokument zuletzt gültig war. Wenn Sie einen Absatz in ein Dokument mit einer abweichenden Definition für [EINF. ABS.] einsetzen, wird die Definition des aktuellen Dokuments verwendet, und die Formatierung wird sich folglich ändern.

Was [EINF. ABS.] mit dem Zeichenformat [OHNE] gemeinsam hat, ist jedoch, dass auch dieses Format als Ausgangspunkt für aufeinander basierende Formate verwendet wird. Wenn Sie einem bereits formatierten Absatz das Format [EINF. ABS.] zuweisen, werden alle Attribute auf die Standardeinstellung zurückgesetzt. Ein Text, dem das Zeichenformat [OHNE] zugewiesen wird, übernimmt in dieser Situation also auch wieder die Einstellungen von [EINF. ABS.] – hier sieht man, dass das Standardverhalten dieser beiden vorgegebenen Formate durchaus durchdacht ist.

Standardeinstellungen

Sie können auch z. B. den Schriftschnitt über die jeweiligen Bedienfelder ändern, wenn kein Dokument geöffnet ist. Jeder neu angelegte und bislang unformatierte Text wird dann diese Schrift verwenden. Da dem Text aber weiterhin [EINF. ABS.] zugeordnet wird und nun die Schriftinformation abweicht, wird [EINF. ABS.] ab dann mit einem Plus als abweichend gekennzeichnet.

Wenn Sie also die Standardeinstellungen für noch unformatierte Texte ändern wollen, ändern Sie bitte immer das Absatzformat [EINF. ABS.].

Absatzformat erstellen, ändern und neu zuweisen

Das Absatzformate-Bedienfeld ist ähnlich aufgebaut wie das Zeichenformate-Bedienfeld, und auch die Verwaltungsfunktionen sind identisch. Einige Unterschiede gibt es jedoch im Bedienfeldmenü, in dem zusätzliche Befehle untergebracht sind.

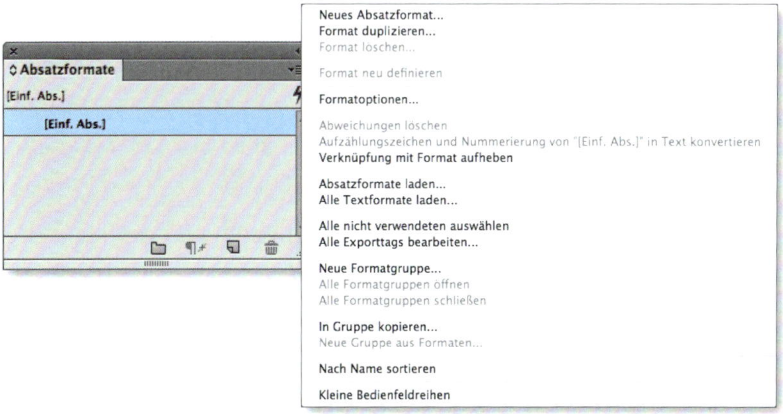

◂ **Abbildung 14.27**
Das Absatzformate-Bedienfeld mit seinem Bedienfeldmenü. Den Befehl AUFZÄHLUNGSZEICHEN UND NUMMERIERUNG IN TEXT KONVERTIEREN kennen Sie bereits aus dem Absatz- bzw. dem Steuerung-Bedienfeld.

Entfernen von Abweichungen | ABWEICHUNGEN LÖSCHEN erlaubt es, abweichende Absatzattribute wieder auf die definierten Einstellungen zurückzusetzen. Das erreichen Sie auch über einen Klick auf die Funktion ABWEICHUNG IN AUSWAHL LÖSCHEN ¶* im Steuerung-Bedienfeld (ABSATZ). Allerdings können Sie damit über zusätzliche Tastenkombinationen etwas feiner beeinflussen, welche Änderungen vorgenommen

Abweichungen löschen

Um alle manuelle erzeugten Abweichungen zu löschen, können Sie auch die [Alt]- bzw. [⌥]-Taste drücken und auf den Namen des Absatzformats klicken.

werden sollen. Noch feiner lässt sich dies über das Kontextmenü eines Absatzformats erledigen – darauf werden wir gegen Ende dieses Abschnitts noch im Detail eingehen.

Definieren von Absatzformaten | Das Definieren neuer Absatzformate funktioniert analog zur Definition von Zeichenformaten, umfasst aber wesentlich mehr Einstellungsmöglichkeiten, da Sie hier neben der Formatierung für den Text alle Absatzattribute festlegen. Es gibt lediglich eine Ausnahme:

Nächstes Format

Dieser Mechanismus erspart es dem Autor, jeden Absatz formatieren zu müssen, wenn die logische Folge der Formate ohnehin immer gleich ist. Solche verketteten Formate können auch nachträglich über das Kontextmenü eines Formats auf existierenden Text angewendet werden. Wie das geht, zeigen wir Ihnen ab Seite 519.

Nächstes Format | Die Option Nächstes Format ist sehr sinnvoll, sofern Sie die Texte Ihrer Publikation selbst verfassen (sie kann aber auch nachträglich noch verwendet werden). Die meisten Publikationen halten sich an ein bestimmtes Schema, was die Abfolge von Absätzen betrifft. In einem Text mit Zwischentiteln folgen diesen Zwischentiteln z.B. Absätze, die keinen Einzug haben. Alle folgenden Absätze haben dagegen einen Einzug von 4 mm in der ersten Zeile.

Daraus ergibt sich eine logische Folge, die in der Definition von Absatzformaten abgebildet werden kann. Wenn Sie einen Zwischentitel schreiben und den Absatz mit dem Format »Überschrift 3« formatieren, ist vollkommen klar, dass der nächste Absatz ein Absatz ohne Einzug in der ersten Zeile – wir nennen ihn hier »Standard« – sein muss. Sobald also der Zwischentitel mit der Zeilenschaltung abgeschlossen wird, entsteht ein neuer Absatz, der von InDesign automatisch mit dem Absatzformat »Standard« formatiert wird. In dieser Definition ist wiederum festgelegt, dass der nächste Absatz das Format »Standard mit Einzug« tragen soll, in dem eben ein Einzug in der ersten Zeile definiert ist.

4 **Pullover** mit V-Ausschnitt mit Streifen im Maschinenstrick. Länge 52 cm. Rot. Material: 100% Polyacryl

321-654a	Größe 32, 34, 36	199,–
321-654b	Größe 38, 40	219,–
321-654c	Größe 42, 44	239,–

▲ **Abbildung 14.28**
So soll unsere Artikelbeschreibung am Ende aussehen.

Schritt für Schritt
Das Absatzformat »Preistabelle« definieren und anwenden

Im Folgenden werden wir alle Zeichen- und Absatzformate für unser Beispiel »Artikelbeschreibung« – siehe Abbildung 14.28 – anlegen. Wir beginnen mit der Definition der Preistabelle, die aus den Zeilen mit den Artikelnummern, Größen und Preisen besteht und die tatsächlich aus zwei Formaten aufgebaut ist. Ein Format stellt eine Zeile ohne abschließende Linie dar – wir nennen dieses Format »Preistabelle« –, und ein zweites Format schließt die Zeile bzw. den Absatz mit einer Linie ab.

Die Spaltenbreite für unser Beispiel wird 35 mm betragen. Alle Einstellungen wie Schriftschnitt und Schriftgröße sind auf diese Spaltenbreite angelegt. Wenn Sie abweichende Einstellungen verwenden, müssen Sie unter Umständen die Spaltenbreite und damit auch andere Parameter verändern – für das Prinzip spielt dies natürlich keine Rolle.

1 Neues Absatzformat

Wählen Sie Neues Absatzformat aus dem Bedienfeldmenü des Absatzformate- bzw. über den Button ¶ des Steuerung-Bedienfelds, oder klicken Sie mit gedrückter [Alt]- bzw. [⌥]-Taste auf im Absatzformate-Bedienfeld.

2 Allgemein

Benennen Sie das Format »Preistabelle«, und aktivieren Sie die Option Format auf Auswahl anwenden. Dieses Format basiert auf keinem anderen Format – lassen Sie deshalb die Einstellung Basiert auf auf [Kein Absatzformat] eingestellt. Der Mechanismus zum automatischen Formatieren der Absätze kann hier noch nicht gewinnbringend eingesetzt werden.

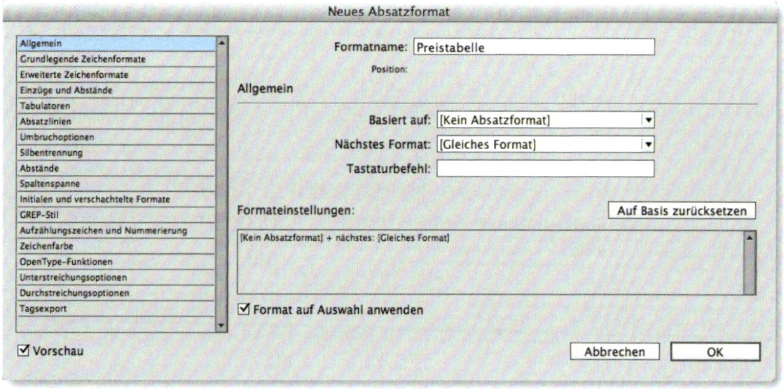

◀ **Abbildung 14.29**
Allgemeine Einstellungen für das Absatzformat »Preistabelle«

3 Grundlegende Zeichenformate

Legen Sie in Grundlegende Zeichenformate die Schriftfamilie, den Schriftschnitt und den Schriftgrad fest. In unserem Beispiel wird Helvetica Regular in 6 Pt mit automatischem Zeilenabstand verwendet.

4 Tabulatoren

Legen Sie im Abschnitt Tabulatoren einen linksbündigen Tabulator an der Position 10 mm fest. Sie können hier auch einen weiteren, rechtsbündigen Tabulator am rechten Rand der Spalte definieren.

In der Praxis werden Sie bei der Texteingabe einen Tabulator für rechte Ausrichtung verwenden, womit kein weiterer Tabulator gesetzt werden muss. Zur Erinnerung: Sie erreichen dieses Steuerzeichen über [⇧]+[⇥] bzw. das Menü Schrift • Sonderzeichen einfügen • Andere • Tabulator für rechte Ausrichtung.

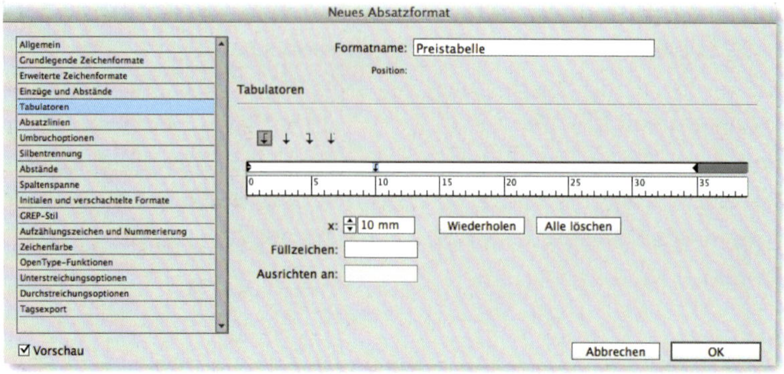

Abbildung 14.30 ►
Die Tabulatoreinstellungen für das Absatzformat »Preistabelle«

5 Speichern

Alle anderen Einstellungen können auf ihren Standardwerten bleiben. Mit einem Klick auf OK sichern Sie Ihr neues Absatzformat.

6 Text erfassen

Erfassen Sie nun den Text für die Artikelbeschreibung. Legen Sie einen Textrahmen mit 35 mm Breite an, und geben Sie folgenden Text ein:

»4 Pullover mit V-Ausschnitt mit Streifen im Maschinenstrick. Länge 52 cm. Rot. Material: 100 % Polyacryl
321-654 a [⇥] Größe 32, 34, 36 [⇧]+[⇥] 199,–
321-654 b [⇥] Größe 38, 40 [⇧]+[⇥] 219,–
321-654 c [⇥] Größe 42, 44 [⇧]+[⇥] 239,–«

Zur Erinnerung – Achtelgeviert
Das Achtelgeviert erreichen Sie über [Strg]+[Alt]+[⇧]+[M] bzw. [⌘]+[⌥]+[⇧]+[M]. Die Tabulatoren haben wir direkt im Text für Sie eingetragen.

Um den Überblick nicht zu verlieren, können Sie die Schriftgröße vorerst auf 6 Pt stellen. Geben Sie nach der Suchziffer ein Achtelgeviert-Leerzeichen ein. Ignorieren Sie ansonsten die Formatierung der Artikelbeschreibung. Nach den einzelnen Artikelnummern fügen Sie einen Tabulator ein, und nach den Größenangaben richten Sie die Preisangaben mit dem Tabulator für rechte Ausrichtung aus.

7 Absatzformat anwenden

Positionieren Sie nun den Textcursor in der ersten Zeile der Liste, und klicken Sie auf Preistabelle im Absatzformate-Bedienfeld. Der Absatz wird nun entsprechend formatiert. Wiederholen Sie die Formatierung für die zweite Zeile der Tabelle. Die dritte Zeile wird später formatiert werden.

Zur Definition des Absatzformats für die Tabellenzeilen mit den abschließenden Linien müssten wir nun alle Einstellungen noch einmal wiederholen und lediglich im Abschnitt Absatzlinien dafür sorgen, dass an der richtigen Stelle eine Linie auftaucht.

Das werden wir aber nicht tun! Zum einen erledigen wir identische Arbeiten offensichtlich zweimal. Viel gravierender ist aber, dass eine Änderung der Schriftgröße oder eines anderen Attributs des gesamten Absatzes dazu führt, dass beide Absatzformate verändert werden müssen. So etwas stellt immer ein erhebliches Fehlerrisiko dar.

Aufeinander basierende Absatzformate

Als Ergebnis unserer Schritt-für-Schritt-Anleitung sollten wir folgende Situation vorfinden: Die Zeilen/Absätze mit Linien sehen genauso aus wie die Zeilen/Absätze ohne Linien, haben nur – logisch – zusätzlich eine Linie. Und genauso kann eine Definition des nächsten Absatzformats auch aussehen: Die Option Basiert auf im Abschnitt Allgemein in der Definition eines neuen Absatzformats bedeutet genau das. Ein Absatzformat, das Sie hier einstellen, dient als Vorlage für das aktuelle Format. Alle Attribute werden übernommen, bleiben dabei aber vollständig bearbeitbar.

Für unser Beispiel bedeutet das konkret, dass wir die Text- und Tabulatoreigenschaften unverändert übernehmen und lediglich eine Linie nach dem Absatz hinzufügen. Sollte sich später die Schriftgröße verändern, muss nur die Vorlage verändert werden. Diese Änderungen werden automatisch in das abgeleitete Format übernommen, da es ja auf dem Format »Preistabelle« basiert.

Auf Basis zurücksetzen

Wenn Sie sich in der Definition eines Formats, das auf einem anderen basiert, verzetteln, dann klicken Sie auf Auf Basis zurücksetzen in den allgemeinen Einstellungen. Alle Optionen werden dann auf die des übergeordneten Absatzes zurückgesetzt.

Das sollten Sie auch machen, wenn Sie die Einstellung Basiert auf ändern und somit die Optionen eines anderen Absatzes übernommen werden. Meistens stimmen dann ja die vorgenommenen Änderungen nicht mehr.

Schritt für Schritt
Neues Format »Preistabelle mit Linie« auf bestehendem Format definieren und anwenden

In dieser Schritt-für-Schritt-Anleitung werden wir das Format für die letzte Zeile von unserem bestehenden Format ableiten und anwenden.

1 Format festlegen

Setzen Sie den Textcursor in eine bereits als »Preistabelle« formatierte Zeile. Dieser Schritt stellt sicher, dass Ihnen InDesign dieses Format gleich als Vorlage vorschlägt.

2 Neues Absatzformat

Legen Sie ein neues Absatzformat an, und nennen Sie es Preistabelle mit Linie. In Basiert auf ist schon das vorhin definierte Format »Preistabelle« eingetragen. Sie können nun die Einstellungen für Grundlegende

ZEICHENFORMATE und TABULATOREN überprüfen und werden feststellen, dass alle Einstellungen schon stimmen.

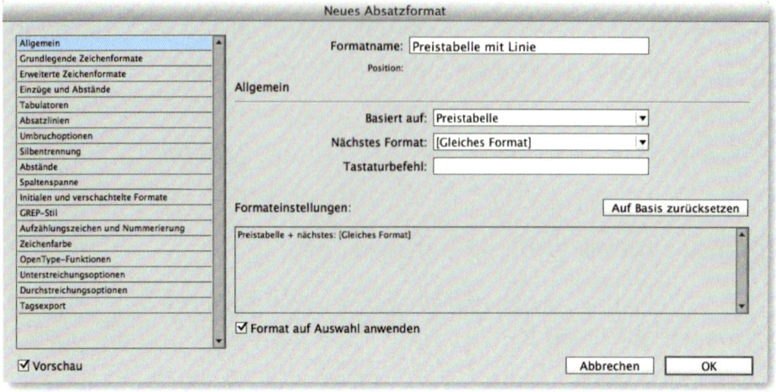

Abbildung 14.31 ►
Allgemeine Einstellungen für das Absatzformat »Preistabelle mit Linie«

3 Absatzlinien festlegen

Nehmen Sie im Bereich ABSATZLINIEN folgende Einstellungen vor: Legen Sie einen VERSATZ von 0,5 mm für die LINIE DARUNTER fest. Die Linienstärke 0,709 Pt entspricht 0,25 mm, was Sie auch genauso eingeben können. InDesign rechnet den Betrag dann in Pt um.

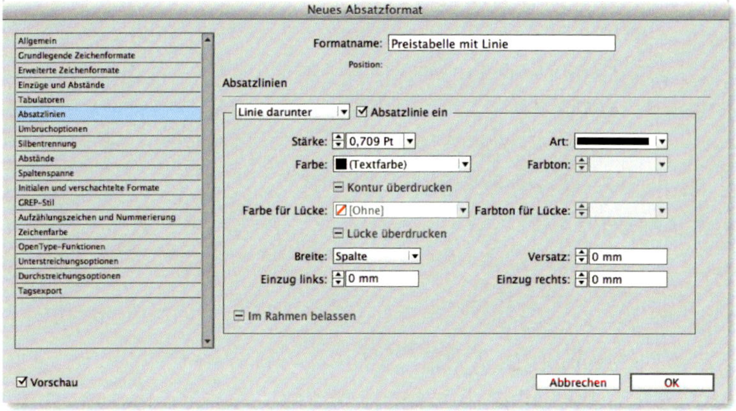

Abbildung 14.32 ►
Einstellungen der Absatzlinien für das Absatzformat »Preistabelle mit Linie«

Speichern Sie das neue Format mit einem Klick auf OK.

4 Pullover mit V-Ausschnitt mit Streifen im Maschinenstrick. Länge 52 cm. Rot. Material: 100% Polyacryl

321-654a Größe 32, 34, 36	199,–
321-654b Größe 38, 40	219,–
321-654c Größe 42, 44	239,–

▲ Abbildung 14.33
Vorläufiges Ergebnis für unsere Artikelbeschreibung

4 Absatzformat anwenden

Positionieren Sie nun den Textcursor in der letzten Zeile der Preistabelle, und weisen Sie dem Absatz das Format »Preistabelle mit Linie« zu, indem Sie auf das entsprechende Format im Absatzformate-Bedienfeld klicken.

Die Tabelle ist nun so weit fertig und sollte nun so wie in Abbildung 14.33 aussehen. Die Artikelbeschreibung selbst folgt im nächsten Schritt.

Die eigentliche Artikelbeschreibung ist etwas knifflig aufgebaut, weil sie sich aus unterschiedlichen Formatierungen zusammensetzt. Legen Sie zunächst zwei Zeichenformate an:

- **Standardtext**: Schrift: Helvetica Regular (bzw. die Schrift, die Sie für unser Beispiel bisher verwendet haben), Schriftgröße: 6 Pt, automatischer Zeilenabstand
- **Artikel**: Schrift: Helvetica Bold (bzw. der Fett-Schnitt Ihrer Schrift), Schriftgröße: 6 Pt, automatischer Zeilenabstand

Initialen und verschachtelte Absatzformate

Die Artikelbeschreibung besteht zunächst einmal aus einer hängenden Initiale. Bei der Texterfassung sollten Sie nach der Suchziffer, die in einem Katalog verwendet wird, um dem Artikel ein Bild zuordnen zu können, ein Achtelgeviert-Leerzeichen eingefügt haben. Dieser geringe Weißraum soll das Initialzeichen etwas weiter vom Artikeltext absetzen. Damit das ordentlich funktioniert, muss der Weißraum der hängenden Initiale zugeordnet werden – wir haben es also hier mit zwei Initialzeichen zu tun, die über zwei Zeilen hängen. Der Suchziffer folgt die Artikelbezeichnung, die fett gesetzt werden soll. Der gesamte Absatz ist im Blocksatz gesetzt; die letzte Zeile des Absatzes bleibt linksbündig. Hier kommt also einiges zusammen. Das Formatieren solcher Absätze bei einem Warenkatalog mit einigen Hunderten oder gar Tausenden von Artikeln ist ausgesprochen mühsam.

Initial
Das oder die ersten Zeichen eines Absatzes

Digitale Veröffentlichungen
Wenn Sie Ihr Dokument als HTML oder EPUB exportieren möchten, sollten Sie verschachtelte Formate meiden und wann immer möglich GREP-Stile verwenden. Nur über GREP-Stile angebrachte Zeichenformate werden beim HTML- und EPUB-Export korrekt gefunden und umgesetzt. Auszeichnungen aus verschachtelten Formaten werden nicht berücksichtigt.

Mit InDesign können solche Problemstellungen allerdings sehr elegant gelöst werden. Die Arbeitstechnik Initialen und verschachtelte Formate kann zwar grundsätzlich über das Absatz-Bedienfeld auch in der direkten Formatierung von Absätzen eingesetzt werden, allerdings wäre dies für ein einmaliges Auftreten einer entsprechenden Problemstellung zu aufwendig. Die volle Leistung können verschachtelte Formate erst im Zusammenhang mit Absatzformaten ausspielen. Allerdings ist es nicht leicht, mit ihnen zu arbeiten. Es erfordert einige Übung, um alle Möglichkeiten auszureizen.

Früher nur Zeichenformate
Früher konnten Layouter mit InDesign lediglich die hängende Initiale mit Absatzformaten bzw. Stilvorlagen umsetzen. Die Artikelbezeichnung aus unserem Beispiel musste jedoch manuell in jedem Artikel gesondert vorgenommen werden. Zeichenformate sind hier natürlich eine große Hilfe, dennoch verbrachten bisher viele Layouter kostbare Zeit mit überflüssigem Geklicke.

Prinzipiell werden Sie zur Definition verschachtelter Formate so vorgehen, dass Sie im zu formatierenden Text bestimmte Trennzeichen festlegen oder hinterlassen. Diese Trennzeichen gliedern den Text in Abschnitte, die innerhalb des Absatzes über Zeichenformate gestaltet werden.

Als Trennzeichen kommen nahezu alle Sonderzeichen infrage, die Sie eingeben können: Tabulatoren, verschiedene Leerzeichen oder Zeilenumbrüche. Darüber hinaus können Textelemente (wie Sätze, Wörter, Zeichen und Zeichengruppen) direkt angesprochen werden. Sollten Sie

Mehrere Trennzeichen

Sie können auch mehrere Trennzeichen festlegen. Wenn Sie z. B. sowohl einen Doppelpunkt als auch ein Divis als Trennzeichen eintragen, wird das verschachtelte Format beendet, sobald eines dieser Zeichen im Text gefunden wird.

in diesem Repertoire trotzdem nicht das finden, was Sie suchen, haben Sie die Möglichkeit, eine eigens dafür bestimmte Marke in Ihrem Text zu hinterlassen. Diese Markierung erreichen Sie über SCHRIFT • SONDERZEICHEN EINFÜGEN • ANDERE • VERSCHACHTELTES FORMAT HIER BEENDEN.

Die eigentliche Formatierung wird definiert, indem Sie für die einzelnen Bereiche des Textes in der Reihenfolge ihres Auftretens Regeln in Form von Zeichenformaten festlegen, die InDesign dann anwendet. Wie bereits angedeutet, ist das keine triviale Angelegenheit. Wir werden unser Beispiel nun mit einem verschachtelten Format vollenden, um zu verdeutlichen, wie die Sache funktioniert.

Schritt für Schritt
Verschachteltes Absatzformat »Artikelbeschreibung« definieren und anwenden

Im nächsten Absatzformat zeigen wir Ihnen die Grundlagen der verschachtelten Formate.

1 Neues Absatzformat

Legen Sie ein neues Absatzformat an, und bestimmen Sie die Zeichenattribute entsprechend den bisherigen Formaten (Helvetica Regular, 6 Pt). Nennen Sie es »Artikelbeschreibung«.

2 Initialen

Legen Sie zunächst im Abschnitt INITIALEN UND VERSCHACHTELTE FORMATE die hängende Initiale fest.

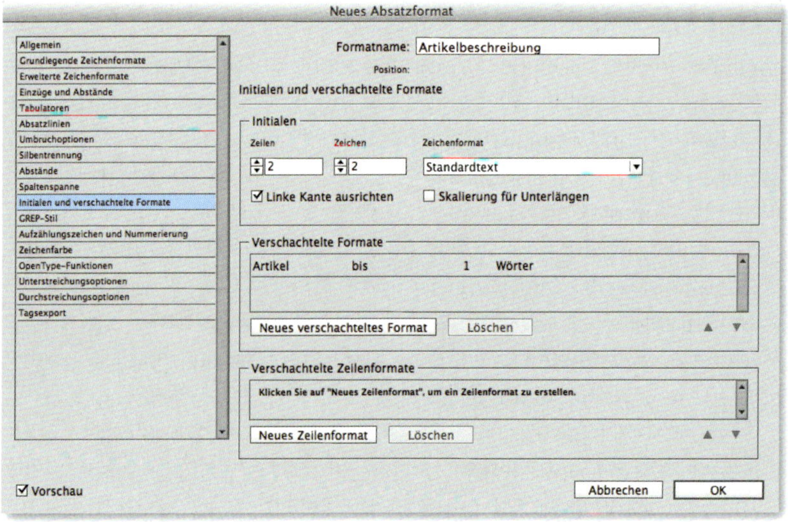

Abbildung 14.34 ▶
INITIALEN UND VERSCHACHTELTE FORMATE für unsere Artikelbeschreibung. Der Abschnitt VERSCHACHTELTE ZEILENFORMATE spielt an dieser Stelle keine Rolle und wird später noch behandelt werden.

Tragen Sie jeweils »2« für Zeilen und Zeichen (die Suchziffer und das Achtelgeviert) ein. Legen Sie als Zeichenformat »Standardtext« fest – dieses Zeichenformat sollten Sie bereits definiert haben –, und aktivieren Sie die Option Linke Kante ausrichten.

Skalierung für Unterlängen auch bei Ziffern?

Bei Mediävalziffern hat die Option Skalierung für Unterlängen durchaus Sinn – diese Ziffern haben ja teilweise Unterlängen, die Probleme mit der darunterstehenden Zeile verursachen können.

3 Neues verschachteltes Format

Klicken Sie auf Neues verschachteltes Format. Im Rahmen Verschachtelte Formate erscheint ein neuer Eintrag.

4 Formatierungsregeln festlegen

Wählen Sie in der ersten Spalte das Zeichenformat Artikel aus. Stellen Sie in der zweiten Spalte bis ein. Die Auswahl über bezöge das ausgewählte Zeichen ebenfalls in die Formatierung mit ein. Nun tragen Sie in der dritten Spalte »1« ein und wählen in der letzten Spalte Wörter aus. Somit wird das erste Wort nach den Initialzeichen mit dem Zeichenformat »Artikel« formatiert. Der Rest des Absatzes bleibt unverändert. Speichern Sie das Absatzformat, indem Sie auf OK klicken.

5 Absatzformat anwenden

Setzen Sie den Textcursor in den ersten Absatz, und klicken Sie auf Artikelbeschreibung im Absatzformate-Bedienfeld.

Damit ist die Definition der Absatzformate und zugleich die Gestaltung der ersten Artikelbeschreibung abgeschlossen – das Ergebnis sollte so aussehen wie in Abbildung 14.35.

4 **Pullover** mit V-Ausschnitt mit Streifen im Maschinenstrick. Länge 52 cm. Rot. Material: 100% Polyacryl

321-654a Größe 32, 34, 36	199,–
321-654b Größe 38, 40	219,–
321-654c Größe 42, 44	239,–

▲ **Abbildung 14.35**
Fertig! Das Ergebnis unserer Anleitungen zum Erstellen und Anwenden von Absatzformaten.

Das war einfach – vielleicht zu einfach. Deshalb wollen wir noch ein weiteres Beispiel präsentieren, das etwas komplexer ist und für viele Layouter relevant sein dürfte: In nahezu allen Zeitschriften und vielen Büchern werden Bilder mit Bildtexten versehen, die näher erklären, was zu sehen ist, und oftmals Quellenangaben enthalten. Diese Bildunterschriften sind zwar meistens kurz, erreichen aber gelegentlich eine beachtliche Komplexität, was sich natürlich im Zeitbedarf für die Formatierung niederschlägt.

In Abbildung 14.36 ist das erste Wort fett gesetzt. Es folgen die eigentliche Bildbeschreibung und eine Quellenangabe, die ihrerseits aus zwei unterschiedlichen Zeichenformaten besteht. Die Quellenangabe ist mit einem rechtsbündigen Tabulator am rechten Spaltenrand ausgerichtet. Das verschachtelte Format selbst bestimmt die Schrift und legt einen rechtsbündigen Tabulator am rechten Spaltenrand fest – hier 35 mm. Zusätzlich benötigen wir zwei Zeichenformate: Fett (Schriftschnitt »Bold«) und Kursiv (Schriftschnitt »Light Italic«).

Ampelbaum südlich des Westferry Circus in London *Foto:* **Feix**

▲ **Abbildung 14.36**
Ein Foto mit einer typischen Bildunterschrift

Schriftfamilie und -größe beziehen beide Formate aus dem Absatzformat. Wesentlicher ist hier allerdings, wie das verschachtelte Format aus diesen Zeichenformaten aufgebaut wird:

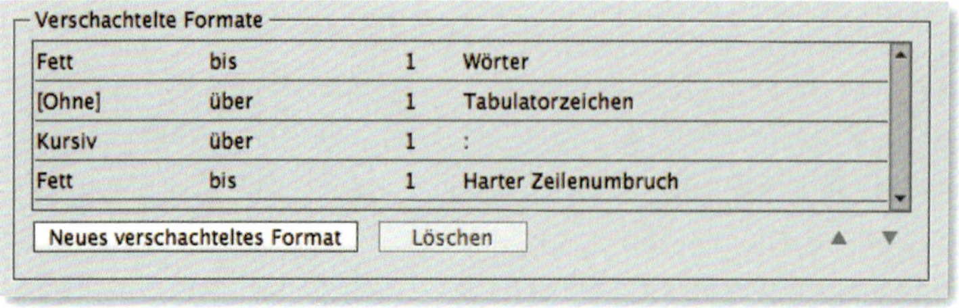

Abbildung 14.37 ▸
Verschachteltes Format »Bildunterschrift«

Wir beginnen mit dem »Bildtitel«, der über das erste Wort des Absatzes reicht (FETT BIS 1 WÖRTER). Der weitere Text wird nicht verändert – die Schriftformatierung wird aus dem Absatzformat übernommen ([OHNE] ÜBER 1 TABULATORZEICHEN), bis ein Tabulator auftaucht. Dann wird der Text bis zum nächsten Doppelpunkt kursiv formatiert (KURSIV ÜBER 1 :). Der restliche Text wird bis zum Zeilenende wieder fett formatiert (FETT BIS 1 HARTER ZEILENUMBRUCH). Beachten Sie, dass im Text gar kein harter Zeilenumbruch vorkommt. Über diesen etwas schmutzigen Trick zwingen wir InDesign dazu, das Absatzformat »Fett« bis zum Ende des Absatzes (das in diesem Fall früher gefunden wird als eine harte Zeilenschaltung) anzuwenden.

Tabulatoren

Wenn Sie statt eines fixen Tabulators einen TABULATOR FÜR RECHTE AUSRICHTUNG verwenden möchten, müssen Sie als Zeichen ^y eintragen, weil dieser Tabulator nicht direkt auswählbar ist.

Um solche Bildunterschriften vernünftig formatieren zu können, müssen Sie ohnehin die Zeichenformate definieren. Der Zusatzaufwand des verschachtelten Formats ist also vergleichsweise gering – der Nutzen hingegen enorm.

Verschachtelte Formate wiederholen

In manchen Absätzen werden bestimmte Muster von Zeichenformatierungen wiederholt. Solange die Anzahl dieser Wiederholungen immer gleich ist, können sie – wenn auch mühsam und aufwendig – über verschachtelte Formate abgebildet werden. Wenn die Anzahl der Wiederholungen allerdings schwankt, helfen Ihnen verschachtelte Formate nicht weiter. Deshalb gibt es die Möglichkeit, auch solche Wiederholungen zu definieren.

Nehmen Sie an, Sie erstellen CD-Cover. Innerhalb einer Serie von CDs sieht die Titelliste immer gleich aus, z. B. so:

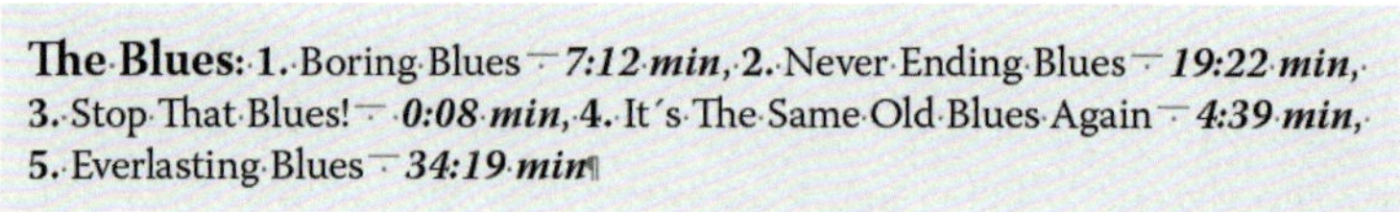

Abbildung 14.38 ▸
CD-Titelliste, die über wiederholende verschachtelte Formate gestaltet werden kann

Wir haben auch unsichtbare Trennzeichen eingeblendet, damit der Aufbau des Textes deutlicher wird. Schriftschnitte und -größen spielen hier keine Rolle, allerdings müssen alle Formatierungen über Zeichenformate umgesetzt werden. Das Absatzformat definiert die Basis-Schriftparameter. Folgende Zeichenformate werden gebraucht:

- CD: Für den Titel der CD bis zum ersten Doppelpunkt (»The Blues:«). Dieser Text wird etwas größer sein als die eigentliche Titelliste.
- Nummer: Für die Nummerierung der einzelnen Titel – dieses Format ist bis zum nächsten Punkt wirksam. Auf diese Weise können die Nummern auch mehrstellig werden. In unserem Fall ist die Nummer so groß wie der restliche Text der Titelliste, allerdings fett.
- Zeit: Für die Laufzeit der einzelnen Titel. Hier ist sie so groß wie der normale Text, allerdings fett und kursiv.

Alternative Trennzeichen

Wenn z. B. die Artikelbezeichnung oder der Bildtitel aus mehreren, aber unterschiedlich vielen Wörtern besteht, können Sie zwischen den Wörtern, die ausgezeichnet werden sollen, geschützte Leerzeichen einfügen. Damit wird die Wortgruppe vom Format als ein Wort behandelt.

Der Titel selbst ist von der Laufzeit mit einem Geviert-Leerzeichen getrennt und übernimmt die Formatierung aus dem Absatzformat, genauso wie das Komma, das jeden Titel abschließt. Das verschachtelte Format können Sie nun wie folgt aufbauen:

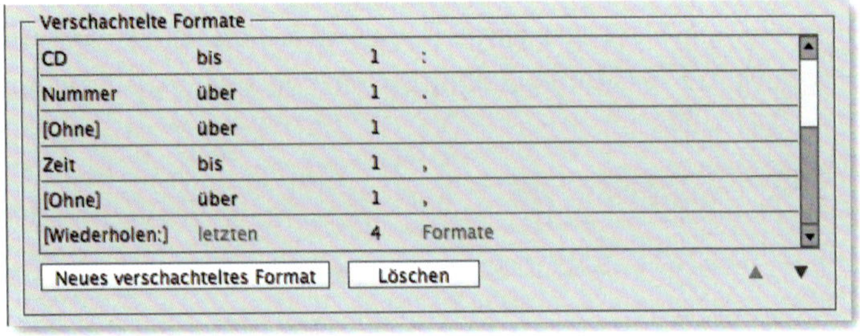

◀ **Abbildung 14.39**
Verschachteltes Format, das mit einer Wiederholung arbeitet. In der dritten Zeile ist als Trennzeichen ein Geviert-Leerzeichen eingetragen, das hier nicht erkennbar ist.

Lassen Sie sich hier nicht von der Darstellung irritieren – Sie werden nur vier Zeilen auf Ihrem Monitor sehen. Wir mussten mit Photoshop nachhelfen, um den Zusammenhang zu wahren ...

»CD« läuft bis zum ersten Doppelpunkt; es folgt die Nummer, die mit einem Punkt abgeschlossen wird. Für den Titel wird die Schriftinformation aus dem Absatzformat [Ohne] übernommen – diese Formatierung ist bis zu einem Geviert-Leerzeichen gültig. Das Geviert-Leerzeichen können Sie aus dem Menü neben dem Eingabefeld (hier nicht sichtbar) auswählen oder aus dem Text kopieren und hier einfügen.

Die Zeitangabe ist bis zum nächsten Komma gültig. Die Formatierung des Kommas selbst wird jedoch aus dem Absatz übernommen – Eintrag 5: [Ohne] über 1 , (Komma).

Die Abfolge Nummer – Titel – Zeit – Komma wiederholt sich bis zum Ende des Absatzes. InDesign sieht hier ein Pseudoformat [Wiederholen] vor, für das Sie lediglich die Anzahl der zu wiederholenden Formate

Anzeigefehler

Wenn Sie ein bestehendes verschachteltes Format editieren, zeigt InDesign statt [Wiederholen] immer [Ohne] an und stellt die Anzahl der zu wiederholenden Formate auf »2« – die Definition ist allerdings intakt; es handelt sich hier also nur um eine falsche Darstellung.

Dieser Fehler wurde mit InDesign CS3 mit den verschachtelten Formaten eingeführt und hat es unverändert bis in InDesign CC geschafft!

festlegen können. In unserem Fall sind das eben die letzten vier Formate. Das erste Format zur Gestaltung des CD-Titels wird nur einmal zu Beginn angewendet.

Harter Zeilenumbruch
Vermeiden Sie den harten Zeilenumbruch im Blocksatz, da sich damit extreme Löcher in den Zeilen ergeben können.

Wenn Sie die einzelnen Titeleinträge lieber untereinander darstellen möchten, müssen Sie zwischen den einzelnen Titeln einen harten Zeilenumbruch [⇧]+[↵] einfügen. Der harte Zeilenumbruch führt zwar zu einer Zeilenschaltung, trennt aber den Absatz nicht, sodass das verschachtelte Format bis zum Ende des Textes durchlaufen kann. Sie können den harten Zeilenumbruch aus dem Menü des Trennzeichenfelds für ein verschachteltes Format auswählen.

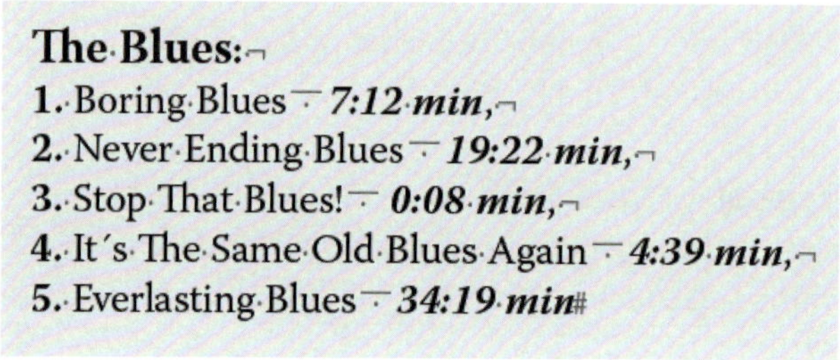

Abbildung 14.40 ▸
Mit dem harten Zeilenumbruch kann ein sich wiederholendes verschachteltes Format über mehrere Zeilen angewendet werden. Selbstverständlich kann eine solche Struktur aber auch mit einzeiligen Absätzen und einem Absatzformat pro Zeile erzeugt werden.

In diesem Fall können Sie sich eventuell auch das Komma sparen und somit das Format noch wesentlich verkürzen.

Verschachtelte Zeilenformate

Im letzten Bereich im Abschnitt Initialen und verschachtelte Formate finden Sie Optionen, die es ermöglichen, jeder Zeile oder ganzen Blöcken von Zeilen in einem Absatz ein bestimmtes Zeichenformat zuzuweisen. Das ist mit »normalen« verschachtelten Formaten nicht möglich, weil es kein Markierungszeichen für den aktuellen Zeilenumbruch gibt, an dem Sie sich orientieren könnten. Und hier liegt der einzige Vorteil dieser Formate: Egal, wie lang die Zeile wird oder ob der Text noch umbricht – der oder den Zeile(n) wird immer über die gesamte aktuelle Länge das entsprechende Zeichenformat zugewiesen.

Sie können dieses Format so einsetzen wie in diesem Absatz. Neben einer hängenden Initiale (ebenfalls aus der Klasse der verschachtelten Formate) möchten Sie die erste Zeile fett und blau setzen. Sogar wenn ein Wort geteilt und in die neue Zeile umbrochen wird, wird das Format zur Darstellung dieser Auszeichnung genau bis zum Ende der Zeile zugewiesen. Wir wünschen Ihnen nicht, so etwas manuell formatieren und vor allem kontrollieren zu müssen.

Reihenfolge
Wenn Sie alle Arten der verschachtelten Formate in einem Absatz einsetzen, werden zuerst die hängenden Initialen wirksam, dann die Zeilenformate und dann die verschachtelten Formate. Wenn Sie also ein Zeilenformat verwenden, das die ganze erste Zeile blau einfärbt, und ein Zeichenformat (in einem verschachtelten Format), das z. B. das dritte Wort des Absatzes (und somit vermutlich der ersten Zeile) rot färbt, dann wird das dritte Wort rot und der Rest der ersten Zeile blau sein.

Sie können auch mehrere Zeilenformate definieren – das funktioniert genauso wie bei den verschachtelten Formaten – und so im Extremfall jede Zeile anders aussehen lassen. Eine Abfolge von Zeilenformaten können Sie auch wiederholen lassen, indem Sie – ebenfalls genau wie bei verschachtelten Formaten – aus dem Menü der Zeichenformate die Option [Wiederholen:] wählen. Die Gültigkeit springt dann von für auf letzten, und Sie müssen lediglich noch die Anzahl der Wiederholungen eintragen.

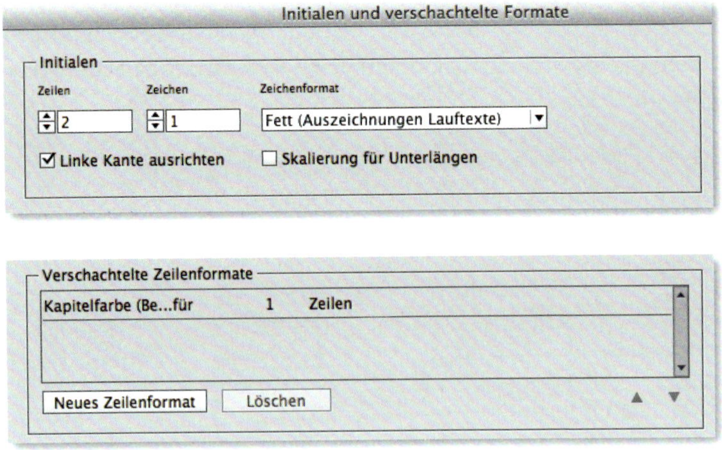

◀ Abbildung 14.41
Durch einen Klick auf Neues Zeilenformat können Sie weitere Zeilenformate anlegen und diese sogar wiederholen lassen – freuen wir uns, dass wir es könnten, aber nicht tun müssen …

Allerdings führt das zwangsweise zu heftigen Schrift- und Auszeichnungsmischungen im Absatz, was typografisch eher bedenklich ist. Zumindest wollen uns hier keine vernünftigen Anwendungsbeispiele einfallen. Die Anwendung eines Zeichenformats auf die erste Zeile eines Absatzes hat allerdings wirklich bislang gefehlt. Und wann bekommt man schon mehr als gewünscht?

GREP-Stile

Eine weitere Variante der verschachtelten Formate sind GREP-Stile. GREP stammt aus der Frühzeit der Unix-Betriebssysteme und wurde entwickelt, um Texte automatisiert zu durchsuchen und zu modifizieren. In dieser Epoche der EDV war die Benutzung eines Computers gleichbedeutend mit seiner Programmierung, und das sieht man GREP deutlich an.

GREP ist ein Textprozessor, der an einem Ende einen Text erwartet und dazu eine Beschreibung, was mit dem Text zu tun ist, und dann an seinem anderen Ende den modifizierten Text wieder ausspuckt. Wie GREP das macht, kann uns egal sein, aber die Beschreibung, was mit dem Text zu tun ist, müssen wir selbst formulieren. Diese Beschreibungen nennt man »Regular Expressions« (eigentlich nicht übersetzbar, aber im Deutschen hat sich die wörtliche Übersetzung »reguläre Aus-

GREP
Es herrscht Einigkeit darüber, dass GREP eine Abkürzung ist, allerdings nicht darüber, wofür die Abkürzung steht. Eine plausible und halbwegs sprechende Formulierung lautet »**g**lobal search for a **r**egular **e**xpression and **p**rint out matched lines«.

drücke« durchgesetzt). Die Syntax der regulären Ausdrücke wurde von Programmierern erdacht, und das bedeutet, dass sie einerseits vollkommen logisch, andererseits aber für Außenstehende vollkommen kryptisch ist – seien Sie gewarnt: Reguläre Ausdrücke sind wilde Tiere, die nur schwer zu zähmen sind.

Sehen Sie sich die Regular Expression in Abbildung 14.42 an. Imponierend, oder? So sieht ein »ganz normaler« regulärer Ausdruck aus. Bitte haben Sie Verständnis dafür, dass wir hier nicht sehr ins Detail gehen können und Ihnen lediglich einige Beispiele zeigen, wie Sie GREP-Stile einsetzen können.

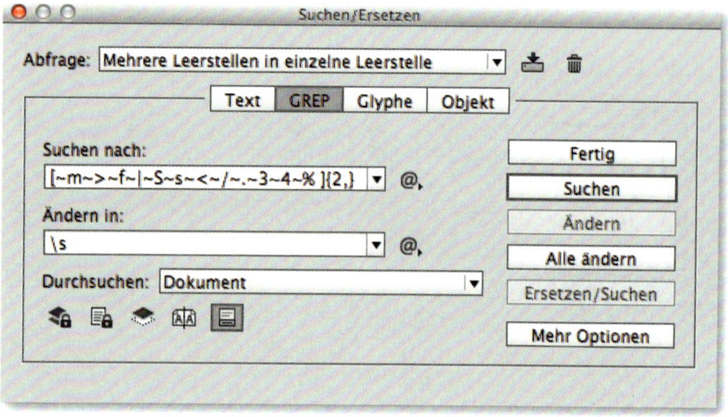

Abbildung 14.42 ▶
Wählen Sie Bearbeiten • Suchen/Ersetzen. Im Fenster Suchen/Ersetzen finden Sie ganz oben das Menü Abfrage. Wählen Sie hier Mehrere Leerstellen in einzelne Leerstelle. Nun wird automatisch in den Bereich GREP umgeschaltet, und im Feld Suchen nach erscheint der reguläre Ausdruck, mit dem per GREP nach zwei oder mehreren Leerzeichen gesucht wird.

Informationsquellen

zu GREP erfahren Sie in Kapitel 38, »GREP«.

Bei einer Recherche über GREP im Internet werden Sie einige Millionen Treffer finden. Auch wenn Sie »GREP« mit »InDesign« kombinieren, werden Sie noch ziemlich viel zu lesen haben. Wenn Sie auf deutschsprachige Informationen Wert legen, suchen Sie nach »reguläre Ausdrücke«.

Einige Vorüberlegungen | Ein »normales« verschachteltes Format orientiert sich an bestimmten Punkten in einem Text, die vorhanden sind oder geschaffen werden müssen. Dem Text jeweils zwischen zwei solchen Punkten wird entweder inklusive oder exklusive der Begrenzungspunkte ein Zeichenformat zugewiesen. Das verschachtelte Format kümmert sich nicht darum, was zwischen zwei Begrenzungspunkten steht.

Ein GREP-Stil dagegen kann auf den Inhalt eines Textes Rücksicht nehmen. Positionsangaben wären zwar möglich, aber die Leistung von GREP liegt primär darin, dass eben bestimmte Textstrings unabhängig von ihrer Position bearbeitet werden können (das dritte Wort eines Absatzes können Sie auch mit einem verschachtelten Format behandeln).

Beispiel: Titel und Name | Nehmen Sie an, Sie setzen einen Geschäftsbericht, in dem mehrfach der Name des Vorstands Dr. Huber auftaucht. In diesem Fall sollte der Name nie vom Titel getrennt werden, und der Name selbst sollte auch nicht getrennt werden.

Auf den Titel können Sie schon bei der Texterfassung Rücksicht nehmen, indem Sie zwischen »Dr.« und »Huber« ein geschütztes Leerzeichen einfügen. Allerdings bekommen Sie den Text ja angeliefert und müssen ihn nicht selbst tippen. Der komplette Name (also Titel plus

Nachname) soll zusätzlich fett ausgezeichnet werden. Diese Problemstellung schreit also nach einem Zeichenformat »Name«, das zum einen den Schriftschnitt auf »Fett« stellt und zum anderen den Text auf Kein Umbruch setzt – damit haben Sie beide Probleme in einem Aufwasch erledigt und müssen den Text nicht verändern (auch der GREP-Stil tut das nicht, er weist lediglich ein Zeichenformat zu).

Allerdings müssen Sie nun den Text nach dem Auftreten des Strings »Dr. Huber« durchsuchen und überall das Zeichenformat anwenden. Genau diese Arbeit nimmt Ihnen aber ein GREP-Stil ab. Legen Sie ein neues Absatzformat an, wechseln Sie in den Abschnitt GREP-Stil, und klicken Sie auf Neuer GREP-Stil:

Verschachteltes Format hier beenden
Über das Sonderzeichen Verschachteltes Format hier beenden können Sie in einem Absatz natürlich schon Strukturen schaffen, die sehr komplexe Zuordnungen zu Zeichenformaten erlauben, aber dazu müssen Sie den Text verändern und können keine Formatierungen vornehmen, die vom Text selbst abhängen.

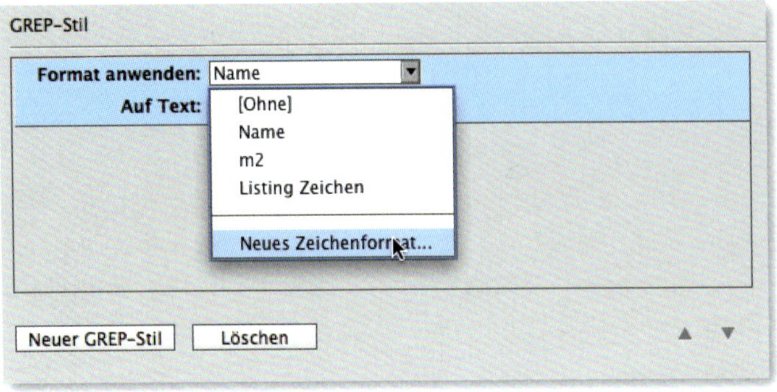

◂ **Abbildung 14.43**
Zeichenformate können auch in den verschiedenen Bereichen der Absatzformate definiert werden. In diesem Fall existiert das Zeichenformat »Name« aber bereits.

Wenn Sie noch kein Zeichenformat für die Formatierung des Namens definiert haben, können Sie auch hier noch eines anlegen. Nennen Sie es »Name«, stellen Sie in Grundlegende Zeichenformate den Schriftschnitt auf »Fett«, und aktivieren Sie die Option Kein Umbruch. Wenn Sie schon ein Zeichenformat definiert haben, wählen Sie es unter Format anwenden aus.

Nun muss noch unter Auf Text ein regulärer Ausdruck definiert werden, der den Text beschreibt, auf den das Zeichenformat angewendet werden soll. Tragen Sie hier den Text `Dr\.\sHuber` ein. Sie können die einzelnen Komponenten des regulären Ausdrucks auch aus dem Menü @, auswählen.

- `Dr` – ist hier einfach der erste Teil des Textes, den wir suchen.
- `\.` – steht für einen Punkt. Der Punkt hat für GREP eine besondere Bedeutung und beschreibt genau ein beliebiges Zeichen. Deshalb muss ein Backslash vorangestellt werden. Da der Punkt, den wir suchen, auch ein beliebiges Zeichen ist, würde die Sache hier auch ohne Backslash funktionieren, wäre aber nicht mehr eindeutig.
- `\s` – ist die GREP-Formulierung für »ein beliebiges Leerzeichen«. Egal, ob zwischen Titel und Name ein geschütztes, irgendein anderes oder ein ganz normales Leerzeichen steht.

Schreibweise ignorieren
Wenn Sie Groß- und Kleinschreibung nicht unterscheiden möchten, stellen Sie vor den regulären Ausdruck noch `(?i)`.

Suchen und Ersetzen
Sie können die Arbeit der GREP-Stile natürlich manuell über Suchen/Ersetzen erledigen, aber dazu ist zumindest ein zusätzlicher Arbeitsschritt nötig. Ändern sich die Voraussetzungen, müssen Sie alles noch einmal machen und möglicherweise vorher alle Änderungen rückgängig machen.

- `Huber` – muss wohl nicht erklärt werden, Sie sollten jedoch wissen, dass GREP grundsätzlich zwischen Groß- und Kleinschreibung unterscheidet. Es wird also wirklich nur genau diese Schreibweise des Nachnamens gefunden.

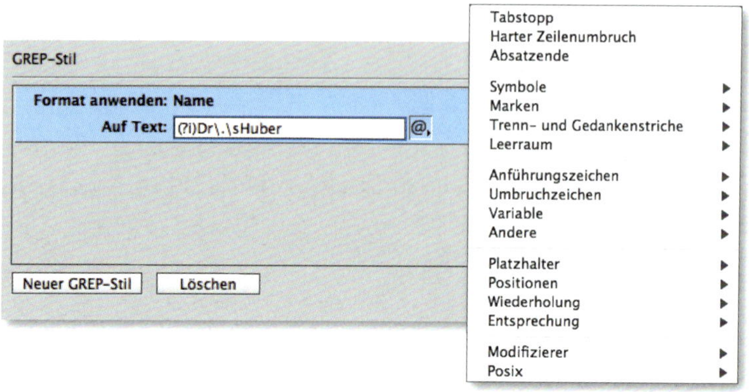

Abbildung 14.44 ►
Reguläre Ausdrücke können entweder direkt eingetippt oder – Stück für Stück – aus dem Menü zusammengestellt werden. Der obere Bereich des Menüs bis ANDERE enthält nur Zeichen, die Sie schon als Sonder- und Steuerzeichen kennen. Ab PLATZHALTER finden Sie GREP-spezifische Steuerzeichen und Funktionen.

Das Absatzformat, in dem Sie diesen GREP-Stil definiert haben, wird vermutlich weitere Formatierungen vornehmen und ab sofort die Zeichenkette »Dr. Huber« automatisch fett auszeichnen, den Titel nicht vom Namen und den Namen selbst ebenfalls nicht trennen – und zwar unabhängig davon, wo die Zeichenkette auftaucht und ob der Text noch umbricht.

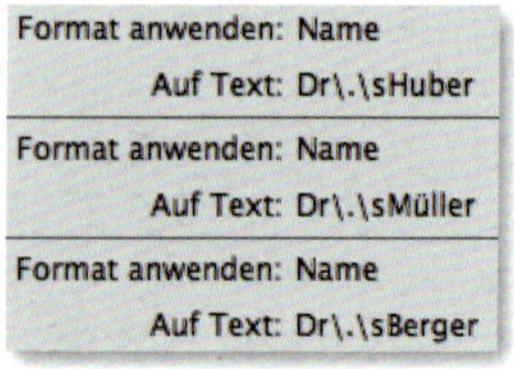

▲ **Abbildung 14.45**
Diese Variante hat eventuell die Nebenwirkung, dass ein Stil weiter unten in der Liste mit einem Stil darüber kollidiert (in diesem Beispiel kann das nicht der Fall sein), deshalb können Sie die Reihenfolge der Stile mit den Pfeilen ▲ ▼ verändern.

Verfeinerung | Was wäre nun, wenn der Vorstand aus drei Personen – Dr. Huber, Dr. Müller und Dr. Berger – bestünde, die natürlich alle drei mehrfach im Geschäftsbericht erwähnt werden? In diesem Fall haben Sie zwei Möglichkeiten:

1. Sie können für jeden Namen einen eigenen Stil definieren, indem Sie auf NEUER GREP-STIL klicken und im Wesentlichen die gleichen Einstellungen vornehmen und lediglich den Namen im regulären Ausdruck ändern.
2. Sie können sich aber auch etwas intensiver mit GREP auseinandersetzen und einen regulären Ausdruck formulieren, der alle drei Namen in einem Arbeitsgang abarbeitet:

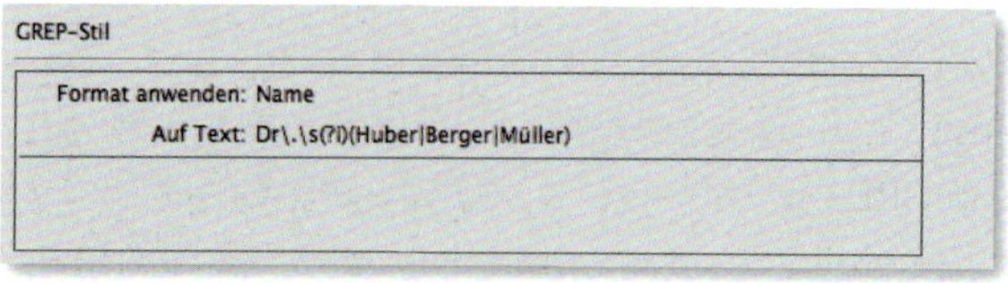

Abbildung 14.46 ►
Wenn mehrere Bedingungen in einem regulären Ausdruck zusammengefasst werden, können Widersprüche leichter vermieden werden. Damit wird der reguläre Ausdruck allerdings auch etwas komplexer.

Der erste Teil des regulären Ausdrucks bleibt hier gleich, aber statt eines spezifischen Namens wird eine Aufzählungsliste (das Zeichen dafür ist die Klammer) mit allen Suchbegriffen eingesetzt. Die senkrechten Striche zwischen den Namen bedeuten für GREP »oder«, also Huber oder Berger oder Müller. Eigentlich ganz einfach – wenn man es weiß …

Das leidige Quadratmeter-Problem | Im Kleinanzeigenbereich sind Immobilienanzeigen besonders aufwendig, sofern man sie anständig setzen will. Das Sorgenkind ist hier immer die m^2-Angabe, wie in Abbildung 14.47 zu sehen ist.

Kleines Nest in bester Lage, 55 m^2 und 4 m^2 Balkon, Wohnzimmer/Küche, Schlafzimmer, Vorzimmer und Bad. Für den begnadeten Heimwerker. Lift, Parkplatz, Kellerabteil mit 8 m^2. Kaufpreis 85.000,– €.

▲ Abbildung 14.47
Eine typische Immobilienanzeige mit unterschiedlichen Ziffern und dem Hauptproblem m^2.

Wenn Sie nun mit GREP-Stilen etwas experimentiert haben, ist Ihnen vermutlich aufgefallen, dass Ihnen InDesign beim Anlegen eines neuen Stils als regulären Ausdruck immer `\d+` vorschlägt. Dieser Ausdruck bedeutet »eine oder mehrere Ziffern«. Es wäre allerdings keine gute Idee, diesem Vorschlag einfach ein Zeichenformat zuzuweisen, das die Ziffer 2 hochstellt (vorzugsweise natürlich mit dem OpenType-Layout-Feature Hochgestellt). Schließlich befinden sich ja auch andere Ziffern in unserem Anzeigetext. Wir müssen also eine Bedingung einführen: »2« ist nur dann hochzustellen, wenn unmittelbar davor ein »m« steht.

In GREP nennt man so etwas *positives Lookbehind*. »Positiv«, weil überprüft werden muss, ob ein bestimmter Text existiert (»negativ« gibt es auch; es überprüft, ob ein bestimmter Text nicht existiert). »Lookbehind«, weil der Text, von dem wir die Formatierung abhängig machen, vor dem Text stehen muss, der formatiert wird.

Analog dazu gibt es auch positives/negatives Lookahead, bei dem die Existenz eines Textes nach dem zu formatierenden Text überprüft wird. Sie finden diese Steueranweisungen im Menü @, neben dem Eingabefeld für den regulären Ausdruck.

Sie benötigen natürlich wieder ein Zeichenformat, in dem der Text hochgestellt wird. Wenn Sie keine OpenType-Schrift verwenden oder Ihr Schnitt das Layout-Feature Hochgestellt nicht unterstützt, müssen Sie – trotz des Problems der Schriftskalierung – auf die InDesign-eigene Funktion Hochgestellt zurückgreifen.

Erstellen Sie ein neues Absatzformat und im Bereich GREP-Stil einen neuen Stil, dem Sie Ihr Zeichenformat zuweisen. Als regulären Ausdruck tragen Sie unter Auf Text: `(?<=m)2` ein. Der gesuchte Text ist »2«, wird aber nur behandelt, wenn »m« davorsteht. Der Ausdruck `(?<=m)` formuliert also ein positives Lookbehind, wobei `m` der Text ist, von dem die Formatierung abhängt.

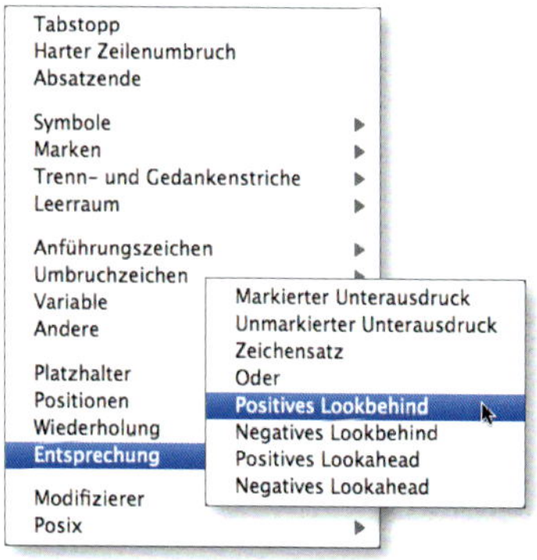

▲ Abbildung 14.48
Lookbehind und Lookahead finden Sie unter Entsprechung.

Wie Sie sehen, ist GREP leistungsstark und entsprechend komplex. GREP-Stile wenden Sie eher für Kleinigkeiten an, wie z. B. für das Umstellen von Jahreszahlen (alle vierstelligen Ziffern) auf Mediävalziffern oder für das Hochstellen von Cent-Beträgen (zwei Ziffern nach einem Komma) in Preisangaben.

Abweichende Formate

Im Abschnitt »Abweichendes Zeichenformat« auf Seite 496 haben Sie bereits erfahren, wie Sie abweichende Formate zurücksetzen können. Bei Absatzformaten ist dies allerdings etwas kniffliger, weil Absatzformate von Zeichenformaten, manuellen Änderungen in den Absatzattributen oder manuellen Änderungen in den Zeichenattributen überlagert sein können.

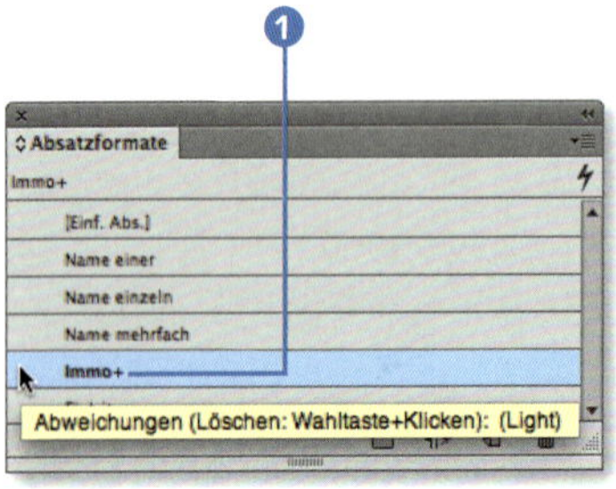

▲ **Abbildung 14.49**
Auch bei Absatzformaten zeigt Ihnen InDesign die Abweichungen, wenn Sie den Mauszeiger über dem Formatnamen positionieren.

Erkennen von Abweichungen | Klären wir zunächst, wie InDesign die unterschiedlichen Modifikationen registriert:

1. Wenn ein Absatz mit einem Absatzformat formatiert wurde und Sie nachträglich manuell z. B. den linken Einzug verändern, so wird das als abweichendes Absatzformat gewertet, und im Namen des betreffenden Formats erscheint ein Plus 1 als Kennzeichnung.
2. Ändern Sie die Darstellung eines Textteils im Absatz, indem Sie z. B. einen anderen Schriftschnitt zuweisen, so wertet InDesign das auch als Abweichung, und das Absatzformat wird markiert, wenn der Textcursor im veränderten Text steht.
3. Wenn Sie dagegen Textteile mit einem Zeichenformat auszeichnen, wird das nicht als Abweichung gewertet, weil es für diesen Fall ja eine gültige Definition gibt.

Abweichungen löschen

Die Methode der früheren InDesign-Versionen, mit gedrückter Alt- bzw. ⌥-Taste auf den Namen des Absatzformats zu klicken, funktioniert in InDesign CC nach wie vor.

Ein Klick mit Alt+⇧ bzw. ⌥+⇧ auf den abweichenden Absatzformatnamen setzt das Absatzformat zurück und löscht dabei auch die Zeichenformate.

Abweichungen löschen | Für die ersten beiden Fälle bietet InDesign die Funktion ABWEICHUNGEN IN AUSWAHL LÖSCHEN im Absatzformate-Bedienfeld: ¶*. Ein einfacher Klick setzt alle manuellen Änderungen im Absatz zurück – Formatierungen mit Zeichenformaten bleiben jedoch bestehen. Ein Klick mit gedrückter Strg- bzw. ⌘-Taste auf dieses Symbol setzt alle manuellen Änderungen an Textattributen zurück, und bei einem Klick mit gedrückten Strg+⇧- bzw. ⌘+⇧-Tasten werden lediglich die Absatzattribute zurückgesetzt.

Da eine Formatierung mit Zeichenformaten (Fall 3) von InDesign nicht als Abweichung gewertet wird, ist diese Funktion im Absatzformate-Bedienfeld nicht anwendbar, wenn alle anderen Attribute »sauber« sind. Trotzdem können Sie auch solche Formatierungen aufheben:

- Wenn Sie eine einzelne Formatierung mittels Zeichenformat im Absatz rückgängig machen wollen, markieren Sie den betreffenden Text, wechseln in das Zeichenformate-Bedienfeld und weisen [OHNE] zu. Die Zeichendefinition des Absatzformats wird nun für diesen Text wieder aktiv.
- Um alle Formatierungen mit Zeichenformaten im Absatz zurückzunehmen, rufen Sie das Kontextmenü des Absatzformats auf und wählen [ABSATZFORMAT] ANWENDEN, ZEICHENFORMATE LÖSCHEN. Nun

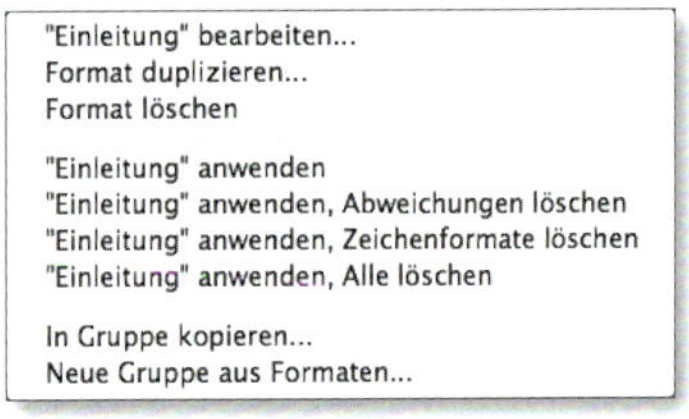

▲ **Abbildung 14.50**
Kontextmenü eines Absatzformats

werden nur alle Formatierungen mittels Zeichenformat zurückgesetzt; alle manuellen Änderungen an Zeichen- und Absatzattributen bleiben erhalten.

»Nächstes Format« nachträglich anwenden

Sofern Sie mehrere Absätze ausgewählt haben, erscheinen im Kontextmenü eines Absatzformats weitere Menüpunkte, mit denen Sie verkettete Formate – für die ein NÄCHSTES FORMAT definiert wurde – auf eine ganze Serie von Absätzen anwenden können.

Wenn Sie einen fertigen Text platzieren und die Publikation klare Strukturen für die Anwendung von Absatzformaten aufweist, können Sie so die Formatierung wesentlich beschleunigen. Die Bedingungen dafür sind bei den meisten Zeitschriften oder Büchern gegeben. In Abbildung 14.51 oben sehen Sie einen typischen Fachtext, der immer gleich strukturiert ist: Einem Titel folgt der Vorspann, der immer einen Absatz lang ist (ähnlich wie in diesem Buch). Dem Vorspann folgt ein Zwischentitel, dem wiederum eine Reihe von Absätzen folgt, die gleich formatiert werden sollen.

Technische Einflüsse
Nicht nur (schwachsinnige) politische Einflüsse hinterließen ihre Spuren in der Entwicklung, auch zwei Marksteine in der Entwicklung des Druckes beeinflussten die Druckschriften.
Rotationsdruck
Bis Mitte des 19. Jahrhunderts wurden Bücher im Wesentlichen nach der Methode von Johannes Gutenberg gedruckt. 1875 entwickelte Friedrich Koenig jr. die erste Rotationsdruckmaschine, die den Zeitungsdruck revolutionierte.
Beim Rotationsdruck erfolgt der Satz bis hin zum ersten Bürstenabzug …

Technische Einflüsse

Nicht nur (schwachsinnige) politische Einflüsse hinterließen ihre Spuren in der Entwicklung, auch zwei Marksteine in der Entwicklung des Druckes beeinflussten die Druckschriften.

Rotationsdruck

Bis Mitte des 19. Jahrhunderts wurden Bücher im Wesentlichen nach der Methode von Johannes Gutenberg gedruckt. 1875 entwickelte Friedrich Koenig jr. die erste Rotationsdruckmaschine, die den Zeitungsdruck revolutionierte.
Beim Rotationsdruck erfolgt der Satz bis hin zum ersten Bürstenabzug …

▲ **Abbildung 14.51**
Eine Serie von Absätzen kann nachträglich noch über NÄCHSTES FORMAT ANWENDEN formatiert werden.

Wenn diese Abfolge über die Option NÄCHSTES FORMAT in den einzelnen Definitionen der entsprechenden Absatzformate korrekt festgelegt wurde, markieren Sie alle Absätze vom Titel bis zum letzten Absatz des Textes nach dem Zwischentitel und wählen aus dem Kontextmenü des Absatzformats für den Titel [ABSATZFORMAT] UND DANN NÄCHSTES FORMAT ANWENDEN aus. InDesign weist nun dem ersten Absatz – also dem Titel – das richtige Absatzformat zu, arbeitet für alle folgenden Absätze die Nachfolger ab und weist sie zu. Das Ergebnis sehen Sie in Abbildung 14.51 unten.

Die Angelegenheit funktioniert natürlich nur so lange, bis sich das Muster ändert. In unserem Beispiel können dem Zwischentitel beliebig viele Absätze folgen. Sobald aber der nächste Zwischentitel auftaucht, müssen Sie eine neue Auswahl treffen und die Zuweisung der Formatkette ab dem Zwischentitel neu auslösen.

Wurde Ihr Text bereits manuell gestaltet und weisen die Absatzformate somit Abweichungen auf, so wird das Kontextmenü der Absatzformate nochmals erweitert, und Sie haben dann die Möglichkeit, alle Abweichungen in Zeichen- und Absatzattributen sowie zugewiesene Zeichenformate in einem Arbeitsgang zurückzusetzen und gleichzeitig eine Serie von Absatzformaten zuzuweisen. Die Befehle zum Zurücksetzen der Formatierung, wie oben beschrieben, werden dann von InDesign im Kontextmenü einfach mit der Funktion UND DANN NÄCHSTES FORMAT ANWENDEN kombiniert.

Formate löschen und Formatverknüpfung aufheben

Wenn Sie Absatzformate löschen, passiert exakt das Gleiche wie bei Zeichenformaten, und auch die gesamte Handhabung ist gleich. Sie können sich erst vergewissern, dass nur unbenutzte Formate gelöscht werden, indem Sie zunächst ALLE NICHT VERWENDETEN AUSWÄHLEN aus dem Bedienfeldmenü des Absatzformate-Bedienfelds aufrufen. Wenn Sie ein Absatzformat löschen wollen, das noch verwendet wird, werden Sie mit einer Abfrage konfrontiert, in der Sie auch gleich einen Nachfolger für das zu löschende Format festlegen können.

Selbstverständlich können auch Absatzformate neu definiert werden – den entsprechenden Befehl finden Sie ebenfalls im Bedienfeldmenü des Absatzformat-Bedienfelds; das dazugehörige Tastenkürzel lautet hier allerdings [Strg]+[Alt]+[⇧]+[R] bzw. [⌘]+[⌥]+[⇧]+[R].

VERKNÜPFUNG MIT FORMAT AUFHEBEN – ebenfalls im Bedienfeldmenü – löst die Verbindung zwischen Formatdefinition und Absatz auf. Die letzte Formatierung des Textes bleibt dabei erhalten. Zunächst ändert sich optisch also nichts! Was bewirkt dann aber diese Funktion? Sie werden es feststellen, wenn Sie ein Format anschließend ändern. Da nun keine Verbindung zur Definition des Formats mehr existiert, werden Änderungen folglich auch nicht mehr auf den Text übernommen.

Wenn Sie diese Funktion verwenden, sollte Ihnen aber bewusst sein, dass wirklich nur die Definition des Absatzformats betroffen ist. Sind Textstellen im Absatz mit Zeichenformaten gestaltet worden, so bleibt diese Zuweisung zu den Zeichenformaten erhalten

Verknüpfung mit Format aufheben

In früheren Versionen von InDesign wurde das Format [KEIN ABSATZFORMAT] zugewiesen. Die Verbindung zur Formatdefinition wurde damit zwar aufgelöst, aber es erschien nicht logisch, dass das nur über die Zuweisung eines anderen Formats funktioniert. [KEIN ABSATZFORMAT] erscheint zwar nicht mehr im Absatzformate-Bedienfeld, existiert aber weiterhin. Wenn Sie z. B. ein Format löschen, können Sie [KEIN ABSATZFORMAT] als Nachfolger nominieren.

14.5 Effizient Arbeiten mit Formaten

Einmal geleistete Arbeit sollte natürlich möglichst oft verwertet werden können. Gerade in der Definition von Formaten kann viel Zeit stecken. Deshalb ist es wichtig, vorhandene Definitionen schnell und elegant anwenden, verwalten und in anderen Dokumenten weiterverwenden zu können.

Formate erst bei Bedarf anlegen

Es hat in der Entwicklung von InDesign lange gedauert – bis InDesign CS4 –, bis es endlich möglich war, Formate erst bei Bedarf anzulegen. Diese kleine Änderung machte endlich Schluss damit, dass man die Definition eines verschachtelten Formats manchmal mehrfach abbrechen bzw. in mehreren Schritten durchführen musste. Es war oft wirklich hinderlich, dass man zwar das gewünschte Ergebnis im Kopf vor sich hatte, aber erst einmal vom Ziel abweichen musste, um die nötigen Vorbereitungen zu treffen.

Zugegeben: Wenn Sie erst einen Prototyp erstellen, aus dessen Formatierungen Sie dann die Zeichenformate und das Absatzformat erstellen, hilft Ihnen dieses Feature nicht viel. Aber auch dann werden Sie diese Funktion schätzen, wenn Sie manuell z. B. eine nummerierte Liste erstellen und schon beim Design des Prototyps ein Zeichenformat definieren können – sollte es sich noch ändern, müssen Sie lediglich am Ende das FORMAT NEU DEFINIEREN: [Strg]+[Alt]+[⇧]+[C] bzw. [⌘]+[⌥]+[⇧]+[C] (für Zeichenformate) und [Strg]+[Alt]+[⇧]+[R] bzw. [⌘]+[⌥]+[⇧]+[R] (für Absatzformate).

Schnell anwenden

Um Formate noch effizienter anzuwenden, können Sie auf die Funktion SCHNELL ANWENDEN zurückgreifen, die Sie im Steuerung-Bedienfeld und in allen Format- und Stil-Bedienfeldern über das Symbol ϟ erreichen. Sie erreichen SCHNELL ANWENDEN auch, indem Sie [Strg]+[↵] bzw. [⌘]+[↵] drücken. Es erscheint nun ein schwebendes Bedienfeld, in das Sie einen Suchbegriff eingeben können.

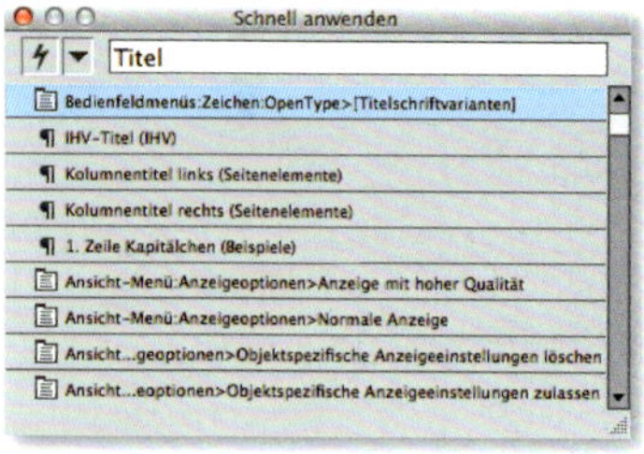

▲ **Abbildung 14.52**
SCHNELL ANWENDEN: Zum Begriff »Titel« werden nicht nur Formate gefunden, sondern auch Menübefehle, die auf die derzeitige Auswahl angewendet werden können.

In der Liste erscheinen alle Formate, die zu Ihrem Suchbegriff passen und die anhand des derzeit ausgewählten Objekts zugewiesen werden können. Das können auch Absatzformate oder Objektformate sein, die Sie später noch kennenlernen werden.

Die Länge dieser Liste ist also von der Eindeutigkeit Ihres Suchbegriffs abhängig. Zusätzlich erscheinen nicht nur Formate und Stile, sondern auch Funktionen, die über einen Menübefehl aufgerufen und auf die derzeitige Auswahl angewendet werden können. Klicken Sie auf das Dreieck neben dem Eingabefeld, um festzulegen, dass z. B. nur Formate, aber keine Menübefehle mehr angezeigt werden.

Sie können nun aus der Liste das richtige Format (oder gegebenenfalls einen Menübefehl) auswählen bzw. zuweisen, indem Sie darauf klicken. Sie können in der Liste allerdings auch mit den Cursortasten navigieren und einen Eintrag auswählen, indem Sie die [↵]-Taste drücken. Das Format wird auf Ihre Auswahl angewendet, und das Fenster SCHNELL ANWENDEN wird automatisch wieder geschlossen.

Sollten Sie kein Format zuweisen wollen, können Sie das Fenster schließen, indem Sie ein weiteres Mal auf ϟ klicken, irgendwo außerhalb des Fensters klicken oder die [Esc]-Taste drücken. So können Sie auch sehr lange Formatlisten bändigen, ohne Ihre Hände von der Tastatur nehmen zu müssen.

Formate suchen und ersetzen

Wenn Sie Formate löschen, die in Ihrem Dokument nicht verwendet wurden, erledigt InDesign das ohne Murren. Wenn ein Format jedoch verwendet wird, fragt InDesign nach, welches Format den verwaisten Texten zugewiesen werden soll – das kennen Sie schon. Allerdings wäre es in so einem Fall interessant zu wissen, welche Absätze oder Textteile eigentlich betroffen sind. Und genau das verschweigt uns InDesign.

Verschachtelte Formate

Sie können zwar nach verschachtelten Formaten suchen, allerdings werden Fundstellen oft nicht korrekt ausgewählt/markiert, weshalb diese Möglichkeit praktisch unbenutzbar ist.

Bevor Sie in diesem Fall beherzt auf OK klicken und dann möglicherweise einige Überraschungen erleben, sollten Sie sich zunächst einmal ansehen, wo das betreffende Format eigentlich noch zugewiesen ist. Rufen Sie BEARBEITEN • SUCHEN/ERSETZEN auf, oder drücken Sie Strg+F bzw. ⌘+F. Das SUCHEN/ERSETZEN-Fenster wird geöffnet.

Sie haben bereits bei den GREP-Stilen kurz Bekanntschaft mit diesem Fenster gemacht. Die Suche von Texten und Glyphen werden wir in Kapitel 17, »Text suchen und korrigieren«, behandeln. An dieser Stelle interessiert uns der untere Bereich des Fensters mit den beiden Feldern FORMAT SUCHEN und FORMAT ERSETZEN. Sollte dieser Teil des Fensters nicht sichtbar sein, klicken Sie auf MEHR OPTIONEN, um die Darstellung zu erweitern.

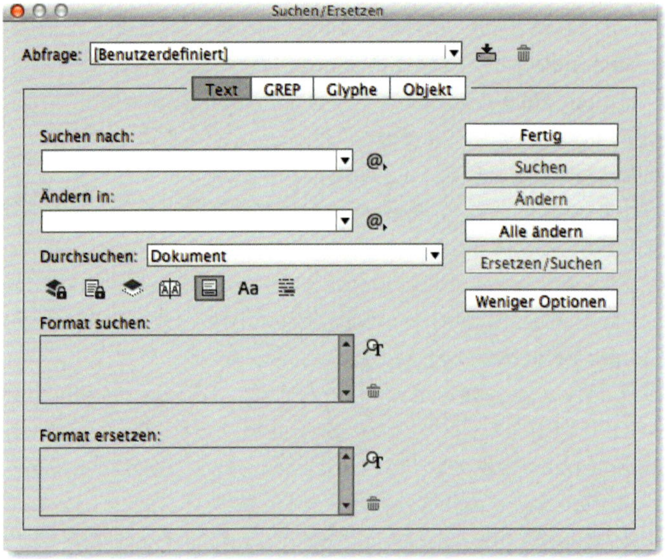

Abbildung 14.53 ▶
Bei der Suche nach Text kann nicht nur nach dem Inhalt, sondern nach allen Formatierungsattributen gesucht werden.

Klicken Sie in das Feld FORMAT SUCHEN oder auf das Symbol . Im nun folgenden Fenster FORMATEINSTELLUNGEN SUCHEN können Sie im Abschnitt FORMATOPTIONEN auswählen, ob Sie nach einem ZEICHENFORMAT, einem ABSATZFORMAT oder auch beidem suchen wollen. Wenn Sie nach beidem suchen, werden nur Textstellen gefunden, die mit dem betreffenden Absatzformat *und* dem Zeichenformat formatiert wurden.

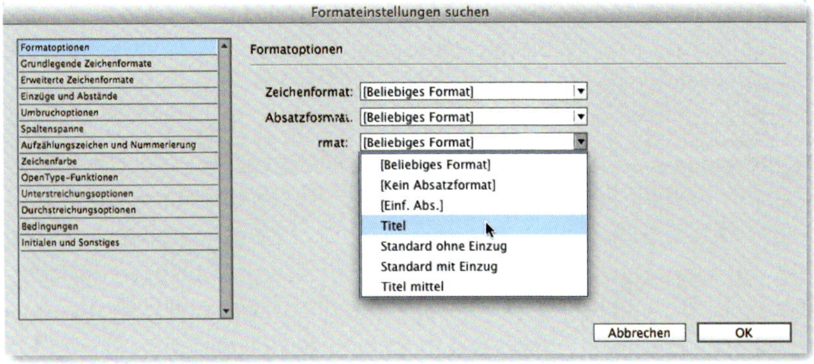

◄ **Abbildung 14.54**
Durch die vielen Kriterien, mit denen nach einer Formatierung gesucht werden kann, haben wir es hier mit einer sehr leistungsfähigen Funktion zu tun. In der Praxis werden Sie jedoch kaum mehr als zwei Kriterien kombinieren bzw. sich zumeist auf die Suche nach Formaten beschränken.

Wie Sie sehen, gibt es eine ganze Menge weiterer Bereiche, mit denen Sie nach manuellen Formatierungen suchen können. Auch diese Einstellungen werden logisch so miteinander verknüpft, dass alle Bedingungen erfüllt sein müssen. Allerdings können Sie für viele Optionen die Bedingungen umkehren. Eine Option, die mit ☑ markiert ist, muss zutreffen, und mit ⊟ darf sie nicht zutreffen. Das Symbol ☐ bedeutet, dass nach diesem Kriterium nicht gesucht werden soll.

Nehmen Sie Ihre Einstellungen vor, und klicken Sie auf OK. Wieder zurück im Fenster SUCHEN/ERSETZEN können Sie alle gewählten Einstellungen im Feld FORMAT SUCHEN kontrollieren. Legen Sie den Gültigkeitsbereich Ihrer Suche über das Menü DURCHSUCHEN fest. Wählen Sie DOKUMENT, und klicken Sie auf SUCHEN. InDesign zeigt Ihnen nun die erste Fundstelle oder benachrichtigt Sie, dass es keinen Text gibt, der Ihren Kriterien entspricht. Bei mehreren Fundstellen ändert sich der Name des Buttons SUCHEN in WEITERSUCHEN. Nach der letzten Fundstelle informiert InDesign Sie, dass es keine weiteren Treffer gibt. Die einzelnen Fundstellen werden Ihnen im Dokument gezeigt und zur Bearbeitung ausgewählt, womit Sie sich auch selbst davon überzeugen können, dass die Suche korrekt abläuft. Um eine neue Suche zu definieren, klicken Sie zunächst auf ANGEGEBENE ATTRIBUTE LÖSCHEN 🗑, um alle Einstellungen zurückzusetzen.

Sie können im Feld FORMAT ERSETZEN genau die gleichen Einstellungen wie in FORMAT SUCHEN vornehmen und, sofern es Fundstellen in Ihrem Dokument gibt, mit einem Klick auf ÄNDERN jede einzelne Fundstelle oder mit ALLE ÄNDERN alle Treffer in einem Arbeitsgang umformatieren lassen.

Gültigkeitsbereich für Textsuchen

Die Optionen DOKUMENT und ALLE DOKUMENTE im Menü DURCHSUCHEN bewirken, dass alle Texte durchsucht werden, unabhängig davon, ob sie irgendwie verkettet sind.

TEXTABSCHNITT und ZUM ENDE DES TEXTABSCHNITTS berücksichtigen, wo der Textcursor im Text steht. Allerdings ist die Bezeichnung »Textabschnitt« unglücklich gewählt. Texte außerhalb des Textabschnitts werden ignoriert.

Wenn Sie einen Textbereich ausgewählt haben, taucht die zusätzliche Option AUSWAHL auf, mit der Sie die Suche also ganz genau einschränken können.

Formate zwischen InDesign-Dokumenten austauschen

Sie möchten ein Format, das Sie in einem Dokument definiert haben, auch in einem anderen Dokument verwenden? Kein Problem: Es gibt

Unformatiert einfügen

Wenn Sie die Funktion Unformatiert Einfügen – Strg+⇧+V bzw. ⌘+⇧+V – verwenden, werden logischerweise auch keine Formatdefinitionen übernommen.

Farbnamen

Wenn in einem Format Farbnamen verwendet werden, die im Zieldokument schon existieren, werden die Farben beim Einsetzen neu angelegt und die Namen mit einer laufenden Nummer versehen.

Unterschiedliche Versionen

Sie können per Drag & Drop und Copy & Paste keine Objekte aus InDesign CS3 nach InDesign CS4 übertragen – von InDesign CS4 zu neueren InDesign-Versionen funktioniert das jedoch schon.

Drag & Drop für Text einschalten

Um ausgewählten Text innerhalb eines Dokuments oder zwischen Dokumenten bewegen zu können, müssen Sie in den InDesign-Voreinstellungen im Bereich Eingabe die Option Textbearbeitung durch Ziehen und Ablegen • In Layoutansicht aktivieren einschalten.

Darüber hinaus kann Drag & Drop natürlich nur zwischen zwei eigenständig bewegbaren Fenstern funktionieren.

eine Reihe von Möglichkeiten. Welche Methode Sie anwenden können, hängt allerdings teilweise davon ab, ob Sie Zugriff auf alle beteiligten Dokumente haben.

Copy & Paste | Kopieren Sie einen mit dem gewünschten Format gesetzten Text per Strg+C bzw. ⌘+C, und setzen Sie ihn im Zieldokument ein – Strg+V bzw. ⌘+V. Natürlich können Sie dazu auch die entsprechenden Einträge aus dem Bearbeiten-Menü verwenden. InDesign übernimmt nicht nur die Formatierung des Absatzformats, sondern auch die Definitionen aller beteiligten Zeichenformate. Existieren im Zieldokument die eingesetzten Formate noch nicht, dann werden sie einfach angelegt. Existieren jedoch Formate mit identischen Namen im Zieldokument, dann werden auf den eingesetzten Text die schon vorhandenen Formate angewendet, was natürlich zu Änderungen an der Typografie des Textes führen kann.

Drag & Drop | Sie können komplette Textrahmen jederzeit aus einem Dokument in ein anderes ziehen und dort absetzen. Alle darin angewendeten Formate werden im Zieldokument angelegt bzw. angewendet, wie bei Copy & Paste auch. Wenn Sie nur ausgewählten Text per Drag & Drop ins Zieldokument übertragen wollen, dann muss einerseits InDesign dafür konfiguriert sein und der bewegte Text andererseits im Zieldokument in einem Textrahmen abgelegt werden.

Pipette | Sie haben die Pipette am Beginn dieses Kapitels ja schon als Werkzeug zur Textformatierung kennengelernt. Sie funktioniert auch zwischen zwei Dokumenten. Beachten Sie dabei unbedingt, dass die Pipette aber für die Übertragung von Formaten konfiguriert werden muss. Der Vorteil der Pipette ist, dass sie wirklich nur die Formate überträgt und Sie keinen Text in das Zieldokument übertragen müssen.

Bibliotheksobjekte | In Abschnitt 21.1, »Bibliotheken«, werden wir Ihnen weitere Methoden vorstellen, um jegliche Art von InDesign-Objekten – also auch Texte bzw. Textrahmen – zu verwalten. Objekte in Bibliotheken, die als Container für mehrere unabhängige Objekte dienen, speichern auch alle Formateinstellungen. Werden solche Objekte in einem neuen Dokument platziert, werden die betreffenden Definitionen automatisch angelegt.

Snippets | Snippets verhalten sich genauso wie Objekte in Bibliotheken. Die einzelnen Objekte oder Objektgruppen werden jedoch als einzelne Elemente ohne übergeordneten Container abgespeichert. Der

Vorteil von Snippets ist, dass Sie keinen Zugriff auf die Ursprungsdatei haben müssen. Snippets sind eigenständige InDesign-Dokumente, die über einen beliebigen Datenträger oder ein Netzwerk, Mail usw. transportiert werden können.

Snippets entstehen, wenn Sie ein InDesign-Objekt, also z. B. einen Textrahmen, auf den Schreibtisch oder in Adobe Bridge ziehen – sie tauchen dort als Datei auf, deren Name mit »Snippet« beginnt und ansonsten aus einer zufälligen Zeichenfolge besteht. Die Endung lautet ».idms«. Sie können auch zumindest ein Objekt auswählen und dann Datei • Exportieren aufrufen. Wählen Sie unter Dateityp (Windows) bzw. Format (Mac OS X) die Option InDesign-Snippet. Hier können Sie den Namen des Snippets natürlich frei wählen.

Sie können eine Snippet-Datei in eine beliebige InDesign-Datei ziehen oder über Datei • Platzieren in ein Dokument einsetzen. Dabei wird das Ursprungsobjekt wiederhergestellt, und alle Formate werden angelegt bzw. zugewiesen wie bei den bisherigen Methoden auch.

Formate aus anderen Dokumenten laden | Wenn Sie in einem InDesign-Dokument Formate definiert haben, die Sie in einem anderen Dokument verwenden möchten, können Sie Zeichenformate und Absatzformate laden. Die entsprechenden Funktionen Zeichenformate laden und Absatzformate laden finden Sie in den Bedienfeldmenüs der Formate-Bedienfelder. In beiden Bedienfeldmenüs finden Sie auch den Befehl Alle Textformate laden, um Zeichen- und Absatzformate in einem Arbeitsgang zu laden.

Sobald Sie einen dieser Befehle aufrufen, müssen Sie im Dialog Datei öffnen ein InDesign-Dokument auswählen, aus dem InDesign dann alle Formatdefinitionen laden wird. Das kann bei umfangreichen Dokumenten etwas dauern. Sobald InDesign alle Formate ausgelesen hat, müssen Sie entscheiden, welche Formate geladen werden sollen.

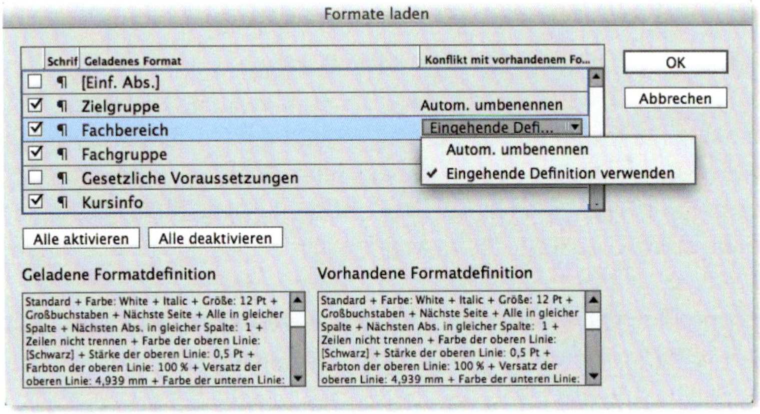

◀ **Abbildung 14.55**
Formate laden – das Format *Gesetzliche Voraussetzungen* wird nicht geladen, *Fachbereich* wird geladen und überschreibt das schon existierende gleichnamige Format, das Format *Zielgruppe* wird geladen, dabei aber umbenannt. *Kursinfo* existiert in der Zieldatei noch nicht und wird angelegt.

Farbnamen bei Snippets

Schon vorhandene Farben werden beim Platzieren eines Snippets nicht neu definiert – stattdessen wird die schon vorhandene Farbe verwendet.

Snippets aus Texten?

Wenn Sie unter Mac OS X die Voreinstellungen zum Bewegen von Text per Drag & Drop aktiviert haben, können Sie auch reinen Text auf den Schreibtisch ziehen. Dabei übernimmt aber das Betriebssystem das Kommando, und es wird kein Snippet erstellt, sondern eine Datei mit der Endung ».textClipping«. Unter Windows funktioniert dieser Mechanismus nicht.

Keine Snippets aus verankerten Objekten?

Im Text verankerte Objekte können nicht aus dem Dokument gezogen werden, weil InDesign die Bewegung als Positionsänderung im Text interpretiert – hier müssen Sie auf Datei • Exportieren zurückgreifen.

Auch ältere CS-Dateien

InDesign CC kann Formate auch aus Dateien der älteren CS-Versionen laden, ohne dass diese vorher in das CC-Format umgewandelt werden müssen.

Eine Umwandlung findet zwar temporär statt – weshalb das Laden auch ein Weilchen dauern kann –, die Originaldatei wird dabei aber nicht verändert.

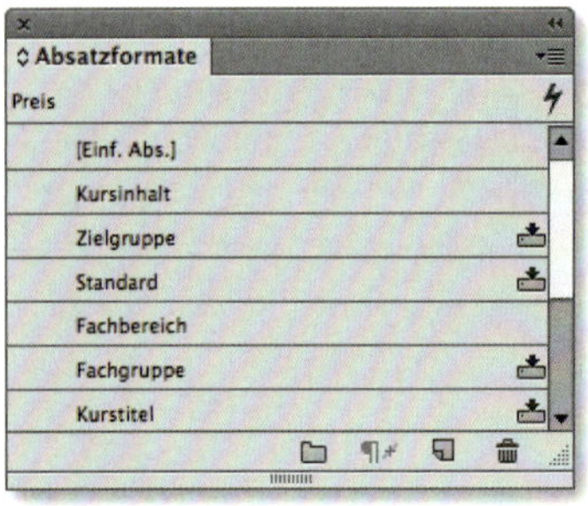

▲ **Abbildung 14.56**
Das Absatzformate-Bedienfeld mit importierten Formaten. Die Festplattensymbole zeigen an, dass sich die jeweilige Formatdefinition mit der Originaldefinition der Ursprungsdatei deckt. Sobald Sie eine Änderung an einem solchen Format vornehmen, wird es zum InDesign-Format, und das Symbol verschwindet. Diese Festplattensymbole werden auch bei Formaten aus Word-Dateien sichtbar.

In der Liste werden alle gefundenen Formate angezeigt. Zu jedem Namen einer Formatdefinition ist angegeben, ob es sich um ein Zeichen- oder um ein Absatzformat handelt. Mit der Checkbox am Beginn eines Listeneintrags können Sie auswählen, ob Sie das Format laden wollen. Hier zeigt sich der Unterschied zwischen Zeichen-/Absatzformate laden und Alle Formate laden – wenn Sie z. B. Zeichenformate laden gewählt haben, werden auch nur diese für Sie ausgewählt, was Sie aber nicht weiter behindert. Sie können immer eine eigene Auswahl treffen oder mit Alle aktivieren bzw. Alle deaktivieren sämtliche Markierungen ein- oder ausschalten.

Wenn Sie eine Zeile in der Liste auswählen, erscheint unter Geladene Formatdefinition die Beschreibung des Formats. Sofern im Zieldokument ein Format mit gleichem Namen existiert, erscheint auch das Textfeld Vorhandene Formatdefinition. So können Sie leicht entscheiden, ob es sich dabei tatsächlich um ein identisches Format handelt oder ob Abweichungen vorliegen. Sollten beide Formate identisch sein, gibt es eigentlich keinen Grund, das Format zu importieren (obwohl Sie das trotzdem machen können).

Sollte die Definition abweichen, müssen Sie in jedem Fall in der Spalte Konflikt mit vorhandenem Format festlegen, wie diese Abweichung zu handhaben ist:

- Autom. umbenennen importiert das Format, benennt es dabei aber anders (es wird das Wort »Kopie« an den Namen angehängt) und tastet die existierende Formatdefinition nicht an.
- Eingehende Definition verwenden dagegen überschreibt die existierende Definition, was sich natürlich auf die Formatierung Ihres Dokuments dramatisch auswirken kann, da sich die Abweichungen sofort auf alle mit diesem Format gestalteten Textelemente auswirken. Alle importierten Formate erscheinen in ihrem jeweiligen Bedienfeld und unterscheiden sich in der Folge nicht mehr von Formaten, die Sie manuell angelegt haben. Lediglich ein kleines Diskettensymbol rechts neben dem Formatnamen deutet darauf hin, dass das Format aus einer anderen Datei geladen wurde.

Platzieren und Verknüpfen | Diese Methode, um Formate zwischen InDesign-Dokumenten auszutauschen, steht seit InDesign CS6 zur Verfügung. Sie ist nicht für den Austausch von Formaten gedacht – das ist eher eine Nebenwirkung – wir wollen sie Ihnen aber trotzdem an dieser Stelle nicht verschweigen.

Wenn Sie einen Textrahmen, dessen Inhalt mit Formaten gestaltet wurde, markieren und Bearbeiten • Platzieren und Verknüpfen aufrufen, passieren drei Dinge.

1. Das Inhaltsplatzierung-Werkzeug wird ausgewählt, und das damit verbundene Fenster erscheint – dieses Fenster dürfen Sie an dieser Stelle getrost ignorieren. Es wird gleich wieder verschwinden.
2. Der Mauszeiger mutiert zu einem Platziercursor. Sie können das Objekt nun im gleichen Dokument platzieren oder auch in einem anderen. Diese Variante ist für uns hier interessant. Wechseln Sie also in das Zieldokument, und platzieren Sie das Objekt.
3. Sobald dies erledigt ist, entstehen im Zieldokument zwei Einträge im Verknüpfungen-Bedienfeld. Einer steht für den Textrahmen und einer für den Inhalt des Rahmens.

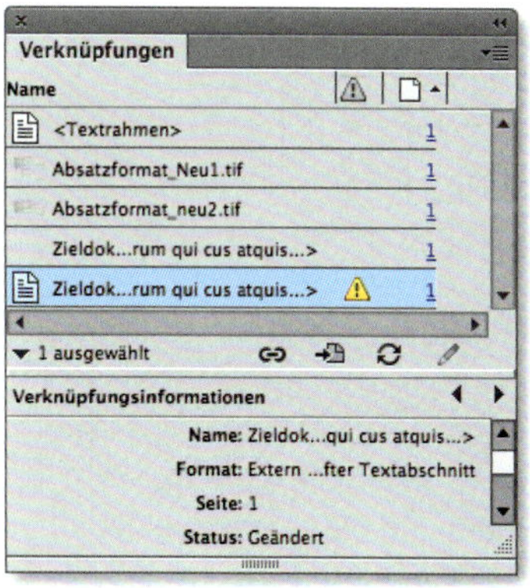

▲ **Abbildung 14.57**
Die unteren beiden Einträge des Verknüpfungen-Bedienfelds stammen aus einem Objekt, das über PLATZIEREN UND VERKNÜPFEN entstanden ist. Der Inhalt dieses Textrahmens hat sich verändert und kann aktualisiert werden, wie andere Inhalte auch.

Durch PLATZIEREN UND VERKNÜPFEN entsteht im Zieldokument also eine Verknüpfung zum Originalobjekt. Dieses Objekt bringt nun alle Definitionen in das Zieldokument mit. Ändert sich das Original, so werden Sie im Zieldokument auf die geänderte Verknüpfung hingewiesen, wie bei anderen Datenbeständen auch. Auch das Aktualisieren funktioniert genauso, wobei Sie nun aber mehrere Ebenen an Änderungen vorfinden. Es kann sich der Text, aber auch seine Formatierung geändert haben.

Diese Funktion werden Sie benötigen, wenn Sie mehrere Layout-Varianten (eine Print- und eine EPUB-Version) aus einem einzigen Datenbestand erstellen wollen. Gerade dann können und müssen Sie jedoch steuern, ob Absatz- und Zeichenformate wirklich aktualisiert werden sollen. Rufen Sie VERKNÜPFUNGSOPTIONEN aus dem Bedienfeldmenü des Verknüpfungen-Bedienfelds auf.

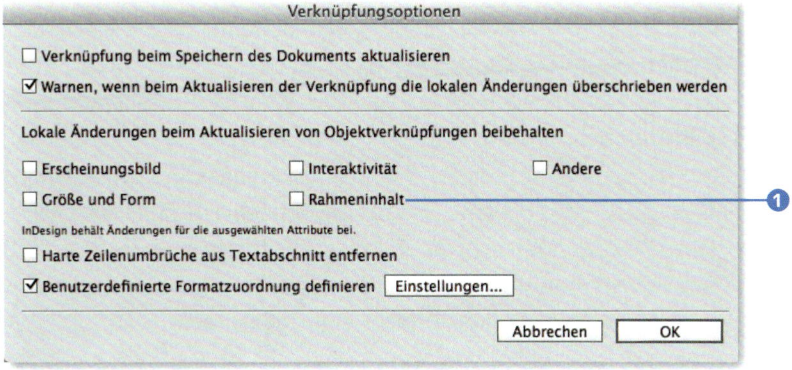

◀ **Abbildung 14.58**
Wir beschränken uns hier auf die Funktionen, die für Sie bei der Anwendung von Absatz- und Zeichenformaten wichtig sind.

Neben einigen Verwaltungseinstellungen können Sie hier festlegen, welche Änderungen bei einer Aktualisierung beibehalten werden sollen. Die Tatsache, dass die Option RAHMENINHALT ❶ *nicht* aktiviert ist, bedeutet, dass der Inhalt unseres Textrahmens von der Quelldatei in die Zieldatei übertragen wird. Was passiert aber, wenn sich ein verwendetes Absatzformat verändert hat?

Wenn die unterschiedlichen Varianten auch unterschiedliche typografische Konzepte verwenden (sehr wahrscheinlich), können Sie exakt steuern, welche Formate in welcher Variante verwendet werden sollen. Aktivieren Sie die Option BENUTZERDEFINIERTE FORMATZUORDNUNG DEFINIEREN, und klicken Sie auf EINSTELLUNGEN.

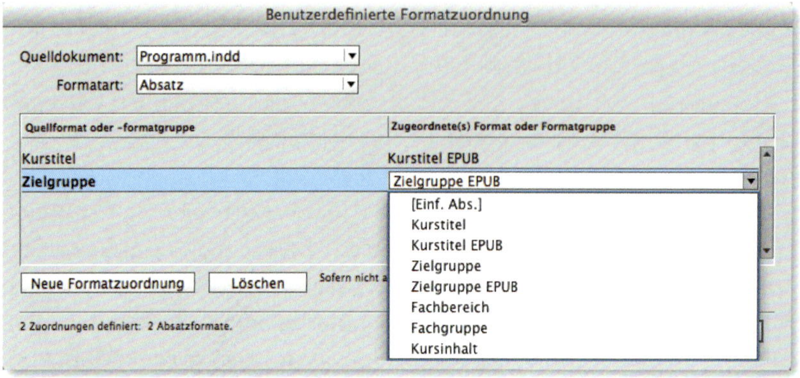

Abbildung 14.59 ▶
Sie können nicht nur einzelne Formate einander zuweisen, sondern auch – sofern vorhanden – ganze Formatgruppen.

In QUELLDOKUMENT können Sie alle geöffneten Dokumente auswählen und so alle Einstellungen auch schon festlegen, wenn noch keine Verknüpfung besteht. Unter FORMATART erscheinen neben Absatz- und Zeichenformaten auch Zellen- und Tabellenformate (siehe Kapitel 15, »Tabellen«).

Klicken Sie auf NEUE FORMATZUORDNUNG, um einen neuen Eintrag in der Zuordnungsliste zu erzeugen. Klicken Sie auf das Menü QUELLFORMAT ODER -FORMATGRUPPE, und legen Sie das ursprüngliche Format fest. Verfahren Sie für die Spalte ZUGEORDNETE(S) FORMAT ODER FORMATGRUPPE genauso, um die Zuordnung abzuschließen.

Ändert sich nun der Quell-Text, kann er gefahrlos aktualisiert werden, da im Zieldokument ein eigenes Absatzformat für seine Gestaltung festgelegt ist, sich die Formatierung also nicht verändern wird. Dieser Mechanismus ist recht elegant und für die Erstellung unterschiedlicher Layout-Varianten unerlässlich. Allerdings möchten wir Sie noch einmal darauf hinweisen, dass er uns für den Austausch von Formaten allein als zu aufwendig erscheint und auch nicht dafür gedacht ist.

Nicht die erste Wahl
Seien Sie darauf gefasst, dass dieser Mechanismus in Dokumenten, die Sie zur Bearbeitung erhalten, eventuell aktiviert ist und sich bei unvollständiger oder falscher Konfiguration auf Ihre Formatdefinitionen auswirken kann. Wenn Sie lediglich einzelne Formatdefinitionen austauschen wollen, sollten Sie auf den gezeigten reichhaltigen Strauß an Möglichkeiten zurückgreifen.

Formate aus Word-Dokumenten übernehmen

Die verschiedenen Methoden zum Austausch von Formaten zwischen Dokumenten funktionieren deshalb problemlos, weil es sich in jedem Fall um InDesign-Objekte und -Dokumente handelt.

Viele Redaktionen arbeiten mit freiberuflichen Redakteuren zusammen, die nicht unmittelbar in die Produktion der Publikation eingebunden sind. Diese Redakteure liefern üblicherweise ihre Texte im Microsoft-Word-Format (».doc« bzw. »docx«) an.

Den meisten Layoutern ist es lieber, wenn sich die Redakteure aus der Textgestaltung heraushalten. Leider leben wir aber nicht in einer idealen Welt, und deshalb treibt so mancher Redakteur tatsächlich mehr Aufwand mit der Textformatierung als mit dem Inhalt. Da diese Gestaltungsarbeiten nur selten etwas mit dem tatsächlichen Erscheinungsbild zu tun haben, müssen diese Formatierungen entfernt oder Strategien gesucht werden, wie mit ihnen umzugehen ist.

InDesign bietet einen sehr leistungsstarken Importfilter für Word-Dokumente, der auch Formatdefinitionen aus Word übernehmen kann. Formate, die aus Word-Dokumenten stammen, sind im betreffenden Bedienfeld mit einem Festplattensymbol gekennzeichnet, das wieder verschwindet, sobald Sie in InDesign Änderungen an der Formatdefinition vornehmen.

Der Word-Importfilter kann sehr fein eingestellt werden. Um die Importoptionen festzulegen, müssen Sie im Platzieren-Dialog die Option IMPORTOPTIONEN ANZEIGEN aktivieren oder beim Importieren die ⇧-Taste gedrückt halten. Wenn Sie Änderungen an den Importoptionen vornehmen und beim nächsten Platzieren einer ».doc«-Datei IMPORTOPTIONEN ANZEIGEN abschalten, werden die letzten Einstellungen des Filters verwendet.

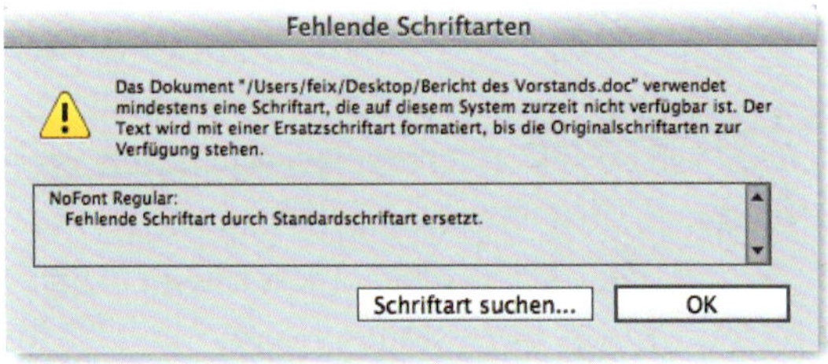

◄ **Abbildung 14.60**
Der Word-Importfilter macht sich auch bemerkbar, wenn seine Importoptionen nicht angezeigt werden.

So kann sich der Filter auch bemerkbar machen, wenn Sie ihn nicht gezielt einblenden, aber z. B. in der Word-Datei Schriften verwendet werden, die auf Ihrem System nicht verfügbar sind.

Bei aktivierten Importoptionen werden Sie mit einem sehr umfangreichen Dialog konfrontiert. Da die Einstellungsmöglichkeiten so umfangreich sind, haben Sie – wie in anderen Bereichen von InDesign auch – die Möglichkeit, verschiedene Einstellungen zu speichern und bei Bedarf wieder aufzurufen.

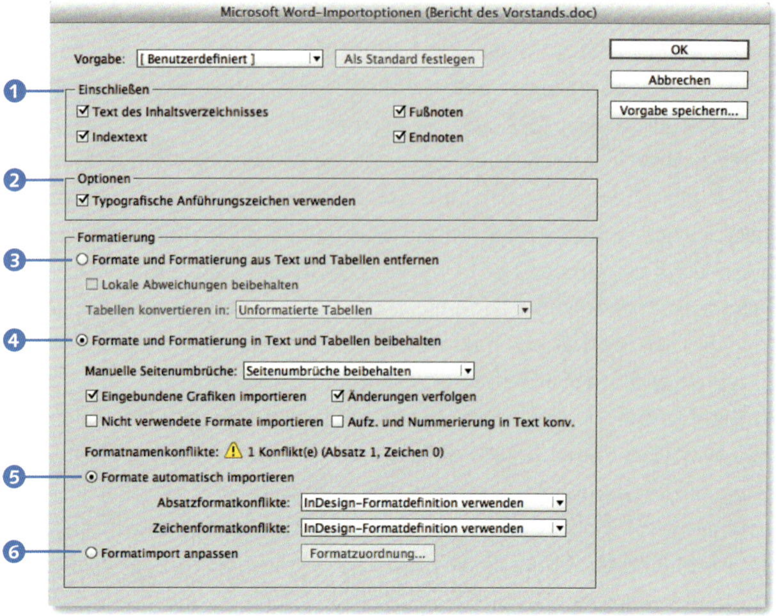

Abbildung 14.61 ▶
MICROSOFT WORD-IMPORTOPTIONEN: Wenn Sie öfter gleichartige Word-Dateien verarbeiten müssen, sollten Sie die fertigen Einstellungen als VORGABE SPEICHERN.

Einschließen | Unter EINSCHLIESSEN ❶ legen Sie fest, welche Textbereiche eines Word-Dokuments importiert werden sollen. Sämtliche Textbereiche werden dabei in einem InDesign-Textabschnitt platziert.

- TEXT DES INHALTSVERZEICHNISSES importiert ein Inhaltsverzeichnis als reinen Text. Ein Inhaltsverzeichnisformat entsteht hierbei jedoch nicht, und auch die aktuellen Inhaltsverzeichnis-Einstellungen Ihres InDesign-Dokuments bleiben unverändert. Sie werden das Inhaltsverzeichnis also mit den InDesign-eigenen Funktionen neu erstellen müssen, haben aber bereits einen Überblick über den Platzbedarf.
- INDEXTEXT importiert einen Index, sofern er existiert. Die indizierten Begriffe werden in InDesign auch weiterhin als Indexbegriffe markiert.
- FUSSNOTEN UND ENDNOTEN erledigen jeweils die gleiche Aufgabe für Fuß- und Endnoten. Die Fußnoten bleiben dabei funktional erhalten und können weiterbearbeitet werden. Da InDesign keine Endnoten erzeugen und verwalten kann, werden die Word-Endnoten als Text an das Ende des Textabschnitts gestellt.

Probleme mit dem Einschließen
Wenn Textteile, die Sie in EINSCHLIESSEN auswählen, nach dem Import fehlerhaft erscheinen, sollten Sie die Word-Datei als RTF-Datei speichern und den Import noch einmal versuchen. Oft lassen sich die Probleme so beheben.

Optionen | Unter OPTIONEN existiert tatsächlich nur eine Option, die auch gut in den letzten Abschnitt passen würde (wo sie in früheren Versionen auch untergebracht war):

- TYPOGRAFISCHE ANFÜHRUNGSZEICHEN VERWENDEN ❷ sorgt dafür, dass beim Textimport Anführungszeichen paarweise zusammengestellt und den Voreinstellungen entsprechend im Textabschnitt dargestellt werden. Welche Anführungszeichen verwendet werden, legen Sie in den InDesign-Voreinstellungen im Register Wörterbuch fest.

Formatierung | Die Einstellungen unter Formatierung beeinflussen, wie vorhandene Textformatierungen importiert und gehandhabt werden:

- Formate und Formatierung aus Text und Tabellen entfernen ③: Ist diese Option nicht aktiviert (Standard), werden alle Formatdefinitionen und alle Tabellen in InDesign-Tabellen übernommen. Wenn Sie diese Option einschalten, werden keine Formate in das Zieldokument importiert.
- Ist die Option Lokale Abweichungen beibehalten aktiviert, bleibt die Formatierung zwar erhalten, allerdings wird diese nicht über Formate zugewiesen, sondern landet so in Ihrem Dokument, als ob Sie den Text manuell formatiert hätten.
- Unter Tabellen konvertieren in legen Sie fest, wie mit Tabellen zu verfahren ist:
  - Unformatierte Tabellen erzeugt InDesign-Tabellen, deren Inhalt allerdings nicht mehr formatiert ist.
  - Unformatierter Text mit Tabulatortrennzeichen erstellt keine Tabellen mehr, sondern puren unformatierten Text, in dem an den Spaltengrenzen Tabulatoren eingefügt sind.
- Formate und Formatierung in Text und Tabellen beibehalten ④: Diese Option legt fest, dass die Formatierung inklusive der Stile weitgehend erhalten bleibt, und gibt Ihnen die Möglichkeit, Word-Stile in InDesign-Formate umzuwandeln bzw. vorhandene Stile InDesign-Formaten zuzuweisen.
  - Mit Manuelle Seitenumbrüche legen Sie fest, wie Seitenumbrüche – Word arbeitet seitenorientiert – in InDesign abgebildet werden sollen. Sie können entscheiden, ob Seitenumbrüche beibehalten werden sollen, ob Sie sie In Spaltenumbrüche umwandeln wollen oder ob überhaupt Keine Umbrüche importiert werden sollen.
  - Ist Eingebundene Grafiken importieren aktiviert, werden alle Bilder der Word-Datei in Ihr InDesign-Dokument eingebettet, ansonsten werden sie einfach ausgelassen (was zumeist die klügere Entscheidung ist). Derartige Bilddaten werden im Text verankert und können mit allen Attributen für verankerte Objekte versehen werden. Alle Bilder werden als ».png«-Dateien in das InDesign-Dokument eingebettet. Sie können die Einbettung aufheben und so die Bilddaten wieder lokal speichern. Die Auflösung der Bilder bleibt grundsätzlich erhalten, sofern sie in Word erhalten blieb – ein 300-ppi-Bild bleibt also auch ein 300-ppi-Bild. Aller-

Verankerte Objekte
Beliebige InDesign-Objekte können anstelle eines einzelnen Zeichens in einen Text eingefügt werden und fließen dann im Text mit. Wie Sie solche Objekte anlegen und steuern, zeigen wir Ihnen in Abschnitt 20.2, »Verankerte Objekte«.

dings werden alle Bilder von Word bereits beim Importieren in ein Word-Dokument in den RGB-Modus umgewandelt – sogar Graustufenbilder.

- Wenn Sie Nicht verwendete Formate importieren aktivieren, werden Stile, die in Word zwar definiert, aber nicht verwendet werden, in Ihr InDesign-Dokument übertragen – dafür gibt es kaum einen Grund.
- Word verfügt über eine interne Protokollfunktion für Änderungen. Seit InDesign CS5 können solche Textänderungen direkt in InDesign über das Bedienfeld Fenster • Redaktionelle Aufgaben • Änderungen verfolgen ausgewertet werden. Wenn Sie das nicht möchten, schalten Sie in diesem Fall Änderungen verfolgen aus, dann wird nur die letzte Version des Dokuments importiert.
- Wenn Sie die Option Aufz. und Nummerierung in Text konv. einschalten, werden Word-Listen in normal gestalteten Text konvertiert; schalten Sie sie dagegen aus, werden Word-Listen in Aufzählungslisten bzw. nummerierte InDesign-Listen umgewandelt. Formate aus Nummerierung und Aufzählungszeichen (z. B. der Stil »eins, zwei, drei«) und dergleichen können aus Word-Dokumenten nicht übernommen werden.
- Unter Formatnamenkonflikte werden eventuelle Kollisionen mit bereits existierenden Formaten angezeigt. Solche Konflikte können Sie mit den folgenden Optionen auflösen:
- Ist Formate automatisch importieren ❺ aktiviert, kümmert sich InDesign darum, dass alle Word-Stile korrekt importiert werden, wobei Sie sowohl für Zeichen- als auch für Absatzformate festlegen können, wie Kollisionen mit existierenden Formaten aufgelöst werden sollen.
  InDesign-Formatdefinition verwenden ignoriert die Word-Definition und verwendet die bereits existierenden InDesign-Formate. InDesign-Format neu definieren überträgt die Stildefinition aus dem Word-Dokument in die gleichnamige InDesign-Formatdefinition. Autom. umbenennen überträgt die originalen Stile aus dem Word-Dokument in neue Formate des InDesign-Dokuments und korrigiert die Namen so, dass keine Konflikte mehr auftreten.
- Formatimport anpassen ❻: Mit der Option Formatimport anpassen können Sie schließlich die Zuordnung von Word-Stilen zu InDesign-Formaten manuell regeln.
  Klicken Sie auf Formatzuordnung, und wählen Sie zu jedem Word-Stil das gewünschte InDesign-Format aus dem Menü in der zweiten Spalte aus. Mit einem Klick auf Konflikte automatisch

Änderungen verfolgen

Bis InDesign CS2 wurden unsichtbare Textanteile, die aus einer Änderungsverfolgung stammen, immer importiert, was den Text natürlich ziemlich entstellen kann. Seit InDesign CS3 können Sie entscheiden, ob sie importiert werden sollen oder nicht. Sichtbar wurden sie dann allerdings nur in InCopy. Seit InDesign CS5 können Textänderungen nun auch direkt in InDesign bearbeitet werden.

Umbenennen erreichen Sie das gleiche Ergebnis, als wenn Sie unter Formate automatisch importieren die Option Autom. umbenennen auswählen würden.

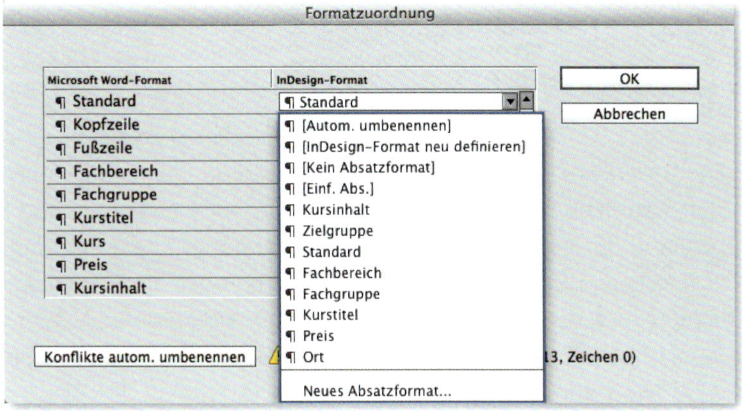

◀ **Abbildung 14.62**
Manuelle Zuordnung von Word-Stilen zu InDesign-Formaten

Bitte beachten Sie, dass es auch hier möglich ist, in einem Zwischenschritt ein Neues Absatzformat zu definieren, was auch den Word-Importfilter um ein Stück flexibler macht.

Das sollten Sie noch beachten | So ausgefeilt der Word-Importfilter auch arbeitet, wirklich gute Ergebnisse können doch nur erzielt werden, wenn alle Formatierungsregeln bereits bei der Texterfassung befolgt wurden. Wird Word nicht von einem ausgesprochenen Profi bedient, der auch mit Formaten umzugehen versteht, neigt Word dazu, bei jeder Zeilenschaltung ganz nebenbei Formate anzulegen oder zuzuweisen.

Es bleibt fraglich, ob unter diesen Bedingungen eine Struktur sichergestellt werden kann, in der Formate so konsequent eingesetzt werden, wie es für eine direkte Abbildung in InDesign nötig ist.

Die typischen Word-Fehler wären z. B. erzwungener Blocksatz oder falsch konfigurierte Silbentrennung. Wenn Sie solche Formate in ein InDesign-Dokument übernehmen und in den Voreinstellungen und Satz • Markieren alle möglichen Satzprobleme anzeigen lassen, müssen Sie mit vielen bunten Markierungen rechnen, die Ihnen anzeigen, dass InDesign mit den übernommenen Einstellungen in der aktuellen Satzsituation nicht zurechtkommt.

Bedenken Sie, dass Sie mit den aus Word-Dokumenten importierten Bildern in der Regel nicht viel anfangen können und Sie die Bilddaten deshalb gesondert aufbereiten müssen. Sind dann zusätzlich noch einige oder alle Formate fragwürdig definiert, sollten Sie darüber nachdenken, nur unformatierte Daten zu übernehmen und neu zu setzen –

der Word-Importfilter macht aus Word-Daten nicht automatisch reprofähige Dokumente. Der Aufwand einer sauberen Formatzuordnung allein ist für eine einmalige Datenübernahme zumeist nicht gerechtfertigt.

Formate aus RTF-Dokumenten übernehmen

RTF
Das *Rich Text Format* wurde von Microsoft als Austauschformat entwickelt und hat sich als solches auch durchgesetzt. Da es ein reines Textformat ist, kann es leicht von den unterschiedlichsten Programmen verarbeitet werden.

Um gestaltete Textdaten zwischen verschiedenen Systemen auszutauschen, ist das Dateiformat RTF (Rich Text Format) relativ beliebt. Es kann sämtliche Word-Formatierungen und auch eingebundene Bilder speichern. InDesign behandelt RTF-Daten zwar mit dem RTF-Importfilter und bezeichnet das dazugehörige Fenster auch als RTF-Importoptionen, allerdings sind sämtliche Optionen identisch mit denen des Word-Importfilters, und InDesign behandelt RTF-Dateien auch ganz genauso wie ».doc«-Dateien.

Da ».doc«-Dateien strukturell eher komplex werden können, können Sie bei Problemen während der Übernahme von Word-Dokumenten versuchen, die Datei als ».rtf« zu speichern und dann zu importieren. Beim Speichern als ».rtf«-Datei werden alle strukturellen »Verklemmungen« in der Regel behoben, und ein Import läuft oft etwas runder und sauberer.

Kapitel 15
Tabellen

In vielen Publikationen werden Daten in Tabellenform verwendet, weil damit sehr effizient große Mengen an Fakten in komprimierter Form dargestellt werden können. Aufgrund der hohen Informationsdichte sind Tabellen unter Layoutern gefürchtet, weil sie sehr fehleranfällig sind. Lange Jahre hindurch boten die diversen Satzprogramme praktisch keine Werkzeuge für einen komfortablen Tabellensatz. InDesign bot schon in frühen Versionen einen leistungsstarken Tabelleneditor, der einmal mehr und einmal weniger weiterentwickelt wurde.

15.1 Texttabellen

InDesign bietet eine Fülle an Funktionen zur Tabellengestaltung, aber es wäre falsch, für jede kleine Tabelle solch schwere Geschütze aufzufahren. In unserem Beispiel aus einem Versandhauskatalog in den Abschnitten »Tabulatoren« ab Seite 439 und 14.4, »Absatzformate«, ab Seite 500 haben Sie bereits gesehen, wie Sie begrenzte Datenmengen als Tabelle mit Absatzformaten erstellen können.

Bei einer solchen Problemstellung wäre es unsinnig, eine komplexe Tabellenstruktur aufzubauen. Die Tabellenzeilen sind Teil des Textes und sollen auch so behandelt werden, und tatsächlich ist jeder Inhalt einer noch so umfangreichen Tabelle zunächst einmal ein Text, den es zu formatieren gilt. Solch ein Text kann auf unterschiedliche Art entstehen.

Zunächst einmal kann der Text direkt vom Setzer eingetippt werden. Meistens werden die Daten aber bereits als Datei angeliefert. Das bevorzugte Format ist hier ein reines Textformat, in dem die einzelnen Datenelemente einer Zeile mit Tabulatoren getrennt sind. Eine solche Datei können Sie direkt in InDesign platzieren. Wie platzierte Daten in ihrer rohen Version aussehen, hängt von den InDesign-Importoptionen ab. Der rohe Text kann nach dem Importieren ziemlich chaotisch ausse-

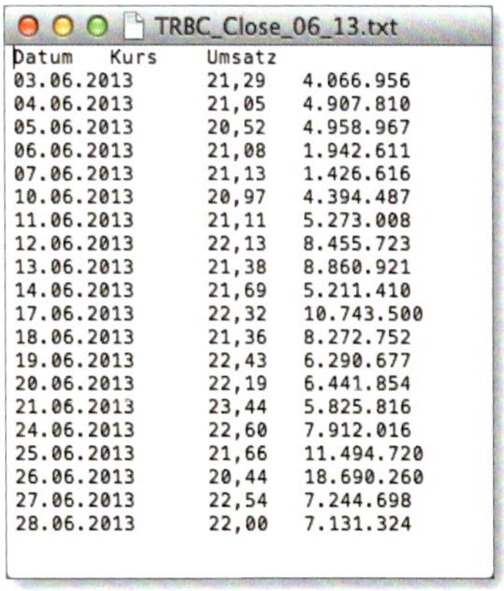
TRBC_Close_06_13.txt

Datum	Kurs	Umsatz
03.06.2013	21,29	4.066.956
04.06.2013	21,05	4.907.810
05.06.2013	20,52	4.958.967
06.06.2013	21,08	1.942.611
07.06.2013	21,13	1.426.616
10.06.2013	20,97	4.394.487
11.06.2013	21,11	5.273.008
12.06.2013	22,13	8.455.723
13.06.2013	21,38	8.860.921
14.06.2013	21,69	5.211.410
17.06.2013	22,32	10.743.500
18.06.2013	21,36	8.272.752
19.06.2013	22,43	6.290.677
20.06.2013	22,19	6.441.854
21.06.2013	23,44	5.825.816
24.06.2013	22,60	7.912.016
25.06.2013	21,66	11.494.720
26.06.2013	20,44	18.690.260
27.06.2013	22,54	7.244.698
28.06.2013	22,00	7.131.324

▲ **Abbildung 15.1**
Aktienkurse von »The Real Big Company« (TRBC) als mit Tabulatoren gegliederter Text. Darstellung in TextEdit unter Mac OS X.

hen, was Sie nicht beunruhigen sollte. Mit Absatzformaten ist es einfach, den Text schnell in eine ansprechende Form zu bringen.

Als Grundlage für unser Beispiel verwenden wir die Aktienkurse von »The Real Big Company« (TRBC) vom Juni 2013, die wir als einfache Tabelle darstellen möchten.

Die Rohdaten enthalten Spalten mit dem Datum, dem Schlusskurs und dem Tagesumsatz der TRBC-Aktien. Solche Daten können Sie sich von jedem Internetauftritt einer Börse (für Adobe z. B. unter *www.nasdaq.com*) besorgen, Sie finden die Daten für unser Beispiel aber auch auf der Buch-DVD. Die Struktur dieser Daten ist so einfach, dass Sie sicher reichlich Beispiele in Ihrer Umgebung finden werden, die Sie natürlich auch verwenden können.

Abbildung 15.2 ▶
Die fiktiven TRBC-Aktienkurse der ersten Juni-Wochen des Jahres 2013.

Datum	Kurs	Umsatz
03.06.2013	21,29	4.066.956
04.06.2013	21,05	4.907.810
05.06.2013	20,52	4.958.967
06.06.2013	21,08	1.942.611
07.06.2013	21,13	1.426.616
10.06.2013	20,97	4.394.487
11.06.2013	21,11	5.273.008
12.06.2013	22,13	8.455.723
13.06.2013	21,38	8.860.921
14.06.2013	21,69	5.211.410
17.06.2013	22,32	10.743.500
17.06.2013	21,36	8.272.752
19.06.2013	22,43	6.290.677
20.06.2013	22,19	6.441.854
21.06.2013	23,44	5.825.816

Schritt für Schritt
Tabelle mit Absatzformaten gestalten

Das gewünschte Ergebnis sehen Sie in Abbildung 15.2. Wir benötigen drei Absatzformate: für den Tabellenkopf, für die Kurszeile und für die letzte Kurszeile der Woche, die mit einer Linie abschließt.

1 Text laden oder erfassen

Die Datei »TRBC_Close_06_13.txt« finden Sie im Ordner Beispielmaterial • Kapitel_15.

Tippen Sie einen geeigneten Tabellentext, oder laden Sie unseren Beispieltext von der Buch-DVD (»TRBC Close 06_13.txt«). Kümmern Sie sich zunächst nicht um die Position der Tabulatoren, achten Sie aber darauf, dass sich zwischen den zukünftigen Spalten Tabulatoren befinden. Aktivieren Sie nötigenfalls Schrift • Verborgene Zeichen einblenden, oder drücken Sie Strg+Alt+I bzw. ⌘+⌥+I, damit die Tabulatoren auch eingeblendet werden.

2 Überschrift korrigieren

Fügen Sie nötigenfalls eine erste Zeile mit dem Text »Datum [Tab] Kurs [Tab] Umsatz« hinzu, bzw. korrigieren Sie die vorhandenen Überschriften entsprechend.

3 Absatzformat »Kurszeile«

Definieren Sie ein Absatzformat »Kurszeile« mit den folgenden Einstellungen:

- Basiert auf: [Kein Absatzformat]
- Schriftfamilie: Helvetica
- Schriftschnitt: Regular, Größe: 7 Pt
- Zeilenabstand: 9 Pt
- Tabulatoren: Dezimaltabulator an Position 30 mm, Ausrichten an: [,]
  rechtsbündiger Tabulator an Position 60 mm

4 Absatzformat »Kurszeile Wochenende«

Definieren Sie ein Absatzformat »Kurszeile Wochenende«. Dieses Absatzformat wird von »Kurszeile« abgeleitet und bekommt eine Absatzlinie nach dem Absatz. Sie müssen also nur die abweichenden Einstellungen festlegen:

- Basiert auf: »Kurszeile«
- Absatzlinie darunter, Stärke 0,25 mm, Versatz 2 Pt

5 Absatzformat »Tabellenkopf«

Die Tabellenüberschrift kann nun wiederum vom Absatzformat »Kurszeile Wochenbeginn« abgeleitet werden. Definieren Sie ein Absatzformat »Tabellenkopf« mit folgenden Einstellungen:

- Basiert auf: »Kurszeile Wochenende«
- Schriftschnitt: Bold
- Tabulatoren: Ändern Sie den Dezimaltabulator an Position 30 in einen zentrierten Tabulator.

6 Formate zuweisen

Wählen Sie zunächst alle Zeilen Ihrer Tabelle aus, und weisen Sie ihnen das Absatzformat »Kurszeile« zu. Klicken Sie nun in die Überschriftzeile, und weisen Sie ihr das Absatzformat »Tabellenkopf« zu. Um die Wochentrennung mit einer Linie zu versehen, klicken Sie auf die entsprechenden Zeilen und weisen ihnen das Absatzformat »Kurszeile Wochenende« zu. Natürlich können Sie sich auch durch die einzelnen Zeilen klicken und jeder Zeile einzeln das entsprechende Format zuweisen. Mit der vorgegebenen Methode sind Sie jedoch schneller.

Lange Tabellen
Bei sehr langen Tabellen, die über mehrere Seiten reichen, bricht die Arbeitsgeschwindigkeit von InDesign deutlich ein. Wenn es gestalterisch möglich ist, sollten Sie in solchen Fällen mit Absatzformaten gestaltete Texttabellen verwenden.

Tabellen über Absatzformate zu erstellen, ist nach wie vor in vielen Fällen der beste und problemloseste Weg. Durch den konsequenten Einsatz von Absatzformaten sind kleine Korrekturen leicht umzusetzen, und der Arbeitsaufwand hält sich in Grenzen. Allerdings sind damit die Gestaltungsmöglichkeiten schon ziemlich ausgereizt. Mehrzeilige Spalteneinträge innerhalb einer Zeile oder das Einfärben von Zeilen verursachen einen enormen Aufwand.

Um derartige Problemstellungen zu lösen, benötigen Sie eine »echte« Tabelle, die aus Zellen besteht, die in Zeilen und Spalten gruppiert, aber trotzdem einzeln bearbeitbar sind. Diese Zellen verhalten sich wie einzelne Textrahmen, können also eigene Formatierungen, Hintergründe usw. haben, teilen sich aber gemeinsame Begrenzungslinien, die ihrerseits beliebig gestaltet werden können.

15.2 Tabellen einfügen, umwandeln und importieren

Zur Erstellung von Tabellen benötigen Sie kein eigenes Werkzeug. Tabellen sind mit dem Textwerkzeug verbunden und liegen deshalb immer in einem Textrahmen.

Leere Tabellen einfügen

Um eine Tabelle zu erstellen, ziehen Sie zuerst einen Textrahmen in der gewünschten Tabellenbreite auf oder stellen den Textcursor in einen existierenden Textrahmen. Wählen Sie den Menüpunkt TABELLE • TABELLE EINFÜGEN. Im dann erscheinenden Fenster legen Sie die Eigenschaften der neuen Tabelle fest:

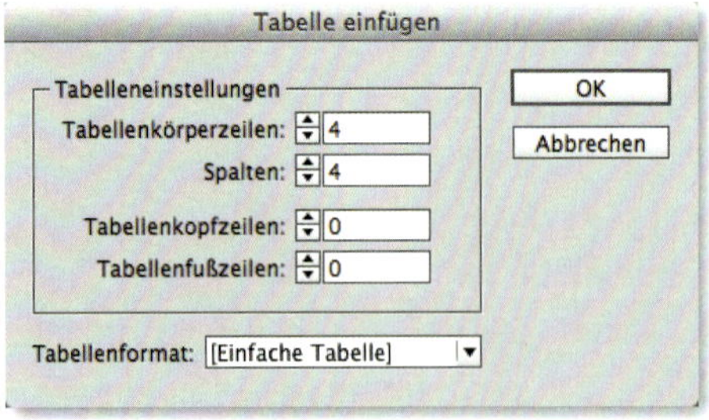

Abbildung 15.3 ▶
TABELLE EINFÜGEN:
Alt + ⇧ + Strg + T
bzw. ⌥ + ⇧ + ⌘ + T

- TABELLENKÖRPERZEILEN: Unter dem Tabellenkörper versteht InDesign die Tabellenzeilen ohne Spaltenüberschriften (Kopfzeilen) oder Fußzeilen. Legen Sie hier also die Nettoanzahl der Zeilen fest.

- SPALTEN: Die einzelnen Zeilen sind in Spalten geteilt – die gewünschte Anzahl von Spalten legen Sie hier fest.
- TABELLENKOPFZEILEN: Die Spaltenüberschriften sind in eigenen Kopfzeilen untergebracht. Diese Kopfzeilen haben die angenehme Eigenschaft, dass sie automatisch wiederholt werden, wenn die Tabelle in einen weiteren Rahmen oder eine Textspalte umbricht. So erscheint also bei jedem Umbruch immer die korrekte Spaltenüberschrift. Der hier eingetragene Wert legt somit fest, wie viele Zeilen bei einem Umbruch wiederholt werden sollen. Diese Kopfzeilen werden zu der Anzahl der Körperzeilen hinzugerechnet. In Abbildung 15.1 wäre also die Tabelle 21 Zeilen lang: 20 Körperzeilen + 1 Kopfzeile.
- TABELLENFUSSZEILEN: Hier gilt das für die Kopfzeilen Gesagte, nur legen Sie nun fest, wie viele Zeilen am Ende der Tabelle hinzugefügt und gegebenenfalls wiederholt werden sollen.
- TABELLENFORMAT: So, wie es Absatzformate für Textabsätze und Zeichenformate für Textteile gibt, können Sie auch Tabellenformate bzw. Zellenformate für Tabellen definieren – wir widmen diesen Möglichkeiten später den Abschnitt 15.7, »Zellen- und Tabellenformate«.

Tabellenkopfzeilen mit Textvariablen

Sie können einen lebenden Kolumnentitel in Form einer Textvariable auch in der Kopfzeile einer Tabelle verwenden. Was eine Textvariable ist und was InDesign unter einem lebenden Kolumnentitel versteht, erfahren Sie in Abschnitt 20.5, »Textvariablen«, auf Seite 703.

Tabellen anlegen | Steht der Textcursor in einer leeren Zeile, wird die Tabelle in dieser Zeile angelegt. Enthält die Zeile allerdings Text, wird die Tabelle in der nächsten Zeile angelegt. Die Tabelle wird immer so breit wie die Textspalte, in der sie angelegt wird. Die Spalten werden innerhalb dieser Breite gleichmäßig verteilt. Sämtliche Eigenschaften können natürlich später verändert werden.

Diese Art, eine Tabelle zu erstellen, werden Sie wählen, wenn Sie die Dimension der Tabelle genau kennen und die Tabelle manuell mit Inhalt füllen müssen.

Tabellenbreite

Wenn Sie eine Tabelle in einer vorgegebenen Textspalte erstellen müssen, haben Sie keine Möglichkeit, bei der Erstellung auf die absolute Breite Einfluss zu nehmen. Wenn Sie eine isolierte Tabelle erstellen, legen Sie den Textrahmen am besten gleich in der gewünschten Breite der Tabelle an.

Text in Tabelle einfügen | Sie können allerdings auch einen mit Tabulatoren aufgebauten Text in eine Tabelle einsetzen, indem Sie ihn kopieren und in die Tabelle einfügen.

Wichtig: Vor dem Einsetzen müssen Sie aber zumindest zwei Tabellenzellen auswählen. Dann wird der Text in der Tabelle verteilt. Wenn Sie lediglich eine Zelle markiert haben, wird der gesamte Text als Tabelle in diese eine Zelle eingefügt. Den Text können Sie auch aus anderen Programmen – z. B. Microsoft Excel – kopieren und dann direkt in InDesign weiterverarbeiten.

Dabei werden auch bereits vorformatierte Texte berücksichtigt, wenn Sie in den InDesign-Voreinstellungen im Bereich ZWISCHENABLAGEOPTIONEN unter BEIM EINFÜGEN VON TEXT UND TABELLEN AUS ANDEREN ANWEN-

Tabellen aus formatiertem Text
Textattribute, wie z. B. die Ausrichtung am Grundlinienraster oder eine deaktivierte Silbentrennung, haben in Tabellen manchmal unerwünschte Nebeneffekte. Wenn Sie bereits formatierten Text umwandeln, sollten Sie darauf achten, dass diese Attribute nicht verwendet werden. Sofern Sie das Absatzformat [Einf. Abs.] nicht verändert haben, können Sie es dem umzuwandelnden Text zuweisen, da in diesem Format die kritischen Attribute standardmäßig korrekt gesetzt sind.

dungen die Option Alle Informationen (Indexmarken, Farbfelder, Formate usw.) aktivieren. Bei Nur Text werden alle Texteigenschaften verworfen, und nur der unformatierte Text wird eingesetzt.

In Tabellen navigieren | Sie können die einzelnen Zellen direkt mit der Maus auswählen oder zwischen den Zellen mit ⇥ zur nächsten Zelle bzw. mit ⇧+⇥ zur vorherigen Zelle springen. Wenn Sie die letzte Zelle der Tabelle erreicht haben und noch einmal ⇥ drücken, wird eine neue Zeile angelegt und zur nächsten Zelle gesprungen.

Die einzelnen Tabellenzellen verhalten sich grundsätzlich wie Textrahmen, die natürlich auch Bilder in Form von verankerten Bildrahmen aufnehmen können.

Text in Tabelle umwandeln

Wenn Sie eine Tabelle über die Zwischenablage befüllen, sollten Sie vorher den Platzbedarf der Daten genau kennen; deshalb ist es oft einfacher, wenn Sie den Text zunächst in Ihrem Dokument platzieren, dann mit dem Textwerkzeug die Zeilen auswählen, die Sie in eine Tabelle umwandeln wollen, und den Menübefehl Tabelle • Text in Tabelle umwandeln aufrufen.

Im folgenden Dialog legen Sie fest, wie die Daten umgewandelt werden sollen. Sofern die ausgewählten Daten schon in einer Struktur vorliegen, die für eine klassische Tabelle geeignet wäre, können Sie die Standardeinstellungen verwenden.

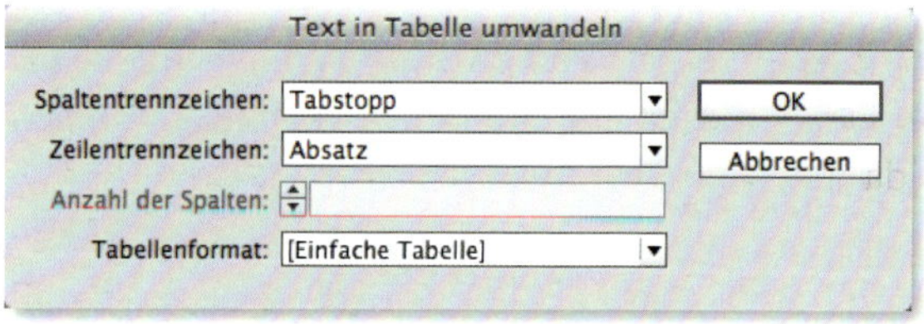

Abbildung 15.4 ▸
Text in Tabelle umwandeln

Trennzeichen
Legen Sie für den Zulieferer der Daten eindeutige Trennzeichen fest. Eine Definition der Zeilen aus dem Abzählen von Spalten kann lückenhafte Datenbestände vollkommen verstümmeln und eine Übernahme der Daten sogar unmöglich machen.

- Spaltentrennzeichen: Im Normalfall liegen die Daten als durch Tabulatoren getrennter Text vor – deshalb ist die Einstellung Tabstopp meist die richtige Wahl. Alternativen wären Komma und Absatz oder jedes andere Zeichen, das Sie in dieses Feld eingeben. Allerdings sind hier nur einzelne Zeichen und keine Zeichenkombinationen erlaubt, und selbstverständlich muss es sich um Zeichen handeln, die im Text selbst nicht vorkommen.
- Zeilentrennzeichen: Auch hier ist die Standardeinstellung Absatz zumeist die gewünschte. Sie können aber auch hier andere Trennzeichen festlegen.

- Anzahl der Spalten: Dieses Feld wird nur aktiv, wenn sich aus den Einstellungen in Spalten- und Zeilentrennzeichen keine eindeutige Dimension der Tabelle ergibt. Das ist dann der Fall, wenn als Spaltentrennzeichen Absatz gewählt wurde, weil ein Text immer eine Reihe von Absätzen ist, oder wenn in beiden Feldern identische Trennzeichen festgelegt wurden. In diesen Fällen muss festgelegt werden, nach wie vielen erkannten Spaltentrennzeichen die Zeile zu beenden ist. Die Anzahl der Absätze, die eine Zeile bilden, muss im Text natürlich immer gleich sein.
- Tabellenformat: Sollten bereits Tabellenformate existieren, können Sie auch hier schon festlegen, mit welchem Format die neue Tabelle gestaltet werden soll.

Datum	Kurs	Umsatz
03.06.2013	21,29	•
04.06.2013	21,05	•
05.06.2013	20,52	•
06.06.2013	21,08	•

▲ **Abbildung 15.5**
Der rote Punkt in der rechten Spalte der Tabelle zeigt einen Übersatz an. Wie alle Steuerzeichen oder auch die »normale« Anzeige für einen Übersatz in einem Textrahmen sind diese Übersatzpunkte mit aktivierter Vorschau oder der Überdruckenvorschau nicht sichtbar.

Die Tabelle, die durch diese Umwandlung entsteht, ist so breit wie die Textspalte, die den Ursprungstext enthalten hat. Die Spalten sind gleichmäßig verteilt. Dadurch kann es sich ergeben, dass Datenbestände nicht in die einzelnen Zellen passen. Solche Zellen werden mit einem roten Punkt markiert. Die Daten sind zwar vorhanden, können aber nicht angezeigt werden, bis der entsprechende Platz geschaffen wird.

Tabelle in Text umwandeln

Auch der umgekehrte Weg ist möglich, indem Sie einen Teil einer Tabelle aktivieren und den Menübefehl Tabelle • Tabelle in Text umwandeln auswählen. Die Optionen im entsprechenden Fenster sind allerdings reduziert, da in diesem Fall keine Zweifel an den Tabellendimensionen bestehen. Es reicht, den Cursor in einer Zelle der Tabelle positioniert zu haben, da dieser Befehl ohnehin immer auf die gesamte Tabelle wirkt.

Zellenübersatz
Der wichtigste Unterschied zwischen Tabellenzellen und Textrahmen ist leider, dass der Übersatz in einer Tabellenzelle nicht in eine andere Zelle verkettet werden kann.

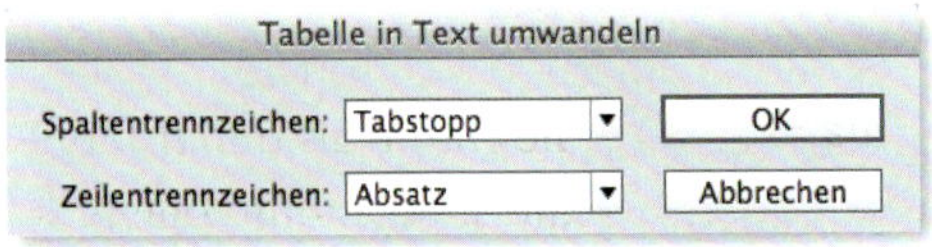

◂ **Abbildung 15.6**
Tabelle in Text umwandeln

Auf diese Funktion werden Sie dann zurückgreifen, wenn Sie bestehende Tabellen als Text mit Absatzformaten gestalten wollen.

Excel-Tabellen importieren

Im Abschnitt »Formate aus Word-Dokumenten übernehmen« ab Seite 528 haben Sie bereits gesehen, wie Word-Dateien importiert werden können und dass dabei Tabellen aus Word-Dokumenten in InDesign-Tabellen umgewandelt werden – schlagen Sie nötigenfalls dort noch einmal nach.

Unformatierte Tabellen bevorzugen

Übernehmen Sie Excel-Daten als unformatierte Tabellen. Sie ersparen es sich damit, alle Formatfehler zu korrigieren und überflüssige RGB-Farbfelder zu löschen.

Natürlich werden tabellarische Daten auch in Word-Dokumenten verwendet, aber im Regelfall werden vor allem größere Datenmengen als Excel-Dateien verwaltet und transportiert. Wenn Sie eine Excel-Datei (».xls«, ».xlsx«) platzieren, sollten Sie im PLATZIEREN-Fenster IMPORTOPTIONEN ANZEIGEN aktivieren. Sie können dann in den MICROSOFT EXCEL-IMPORTOPTIONEN festlegen, welche Teile der Excel-Datei platziert werden sollen und wie diese zu formatieren sind.

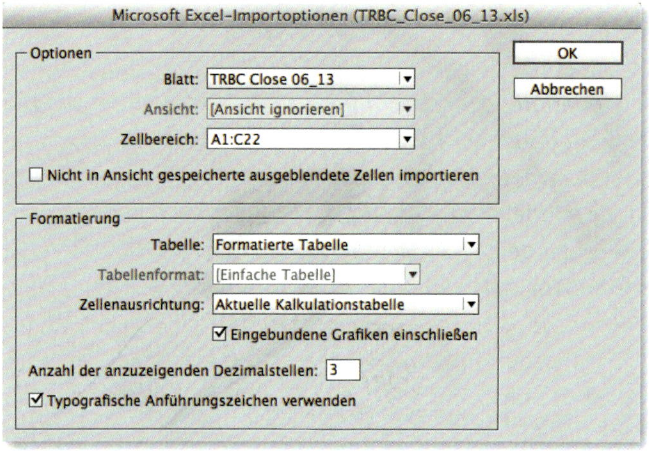

Abbildung 15.7 ▶
MICROSOFT EXCEL-IMPORTOPTIONEN: Diese erscheinen nur, wenn Sie im PLATZIEREN-Fenster die Option IMPORTOPTIONEN ANZEIGEN auswählen oder wenn Sie mit gedrückter [⇧]-Taste auf den ÖFFNEN-Button klicken.

Optionen | Unter OPTIONEN legen Sie fest, welche Daten aus der Excel-Datei übernommen werden sollen.

- BLATT: Excel-Dateien – auch »Arbeitsmappen« genannt – können in mehrere Arbeitsblätter gegliedert sein. Wählen Sie aus, welches Blatt Sie importieren möchten.
- ANSICHT: Zusätzlich zu den einzelnen Tabellen kann ein Excel-Benutzer eigene Ansichten der Daten definieren. Sind solche Ansichten definiert worden, können Sie sie hier auswählen – ansonsten ist diese Option nicht aktiv.
- ZELLBEREICH: InDesign importiert standardmäßig jene Zellbereiche eines Blatts, in denen Werte eingefügt wurden. Auch eingefärbte Zellen werden als gefüllt betrachtet. In den Importoptionen wird angezeigt, in welchem Bereich Daten gefunden wurden. Diese Vorgabe wird zumeist Ihren Vorstellungen entsprechen. Wurden in der Tabelle andere Daten »vergessen« oder wurde auch nur eine Zelle mit einem Rand versehen, wertet InDesign das als Datenbestand. In diesem Fall können Sie den Bereich selbst festlegen und nur die benötigten Daten auswählen.

Daten über Drag & Drop einfügen

Sie können tabellarische Daten aus Office-Programmen auch übernehmen, indem Sie die entsprechenden Daten in Excel auswählen und in Ihr InDesign-Dokument ziehen. Auch dann werden die ZWISCHENABLAGEOPTIONEN aus den VOREINSTELLUNGEN wirksam, und es entsteht entweder ein Text, der mit Tabulatoren getrennt ist – Option NUR TEXT –, oder eine InDesign-Tabelle – Option ALLE INFORMATIONEN (INDEXMARKEN, FARBFELDER, STILE USW.).

- NICHT IN ANSICHT GESPEICHERTE AUSGEBLENDETE ZELLEN IMPORTIEREN: Zeilen und Spalten können in Excel ausgeblendet werden, wenn sie z. B. nur Zwischenergebnisse enthalten, die in der Darstellung des Endergebnisses nicht benötigt werden. Wenn Sie diese Option aktivieren, werden diese unsichtbaren Daten übernommen.

Formatierung | Unter FORMATIERUNG bestimmen Sie, ob und welche Formatierungen übernommen werden sollen.

- TABELLE: FORMATIERTE TABELLE übernimmt fast alle Formate aus der Excel-Datei. InDesign versucht, die Darstellung möglichst genau nachzubilden. Gedrehte Texte in Tabellenzellen werden allerdings nur in der Einstellung ± 90° übernommen. UNFORMATIERTE TABELLE erzeugt zwar eine InDesign-Tabelle, die Formatierungen aus Excel gehen dabei aber verloren. UNFORMATIERTER TEXT MIT TABULATORTRENNZEICHEN importiert nur die Textinformation, es wird keine InDesign-Tabelle erstellt. Einen solchen Text müssen Sie folglich selbst in eine Tabelle umwandeln oder über Formate gestalten. Diese Einstellungen entsprechen den gleichnamigen Word-Importoptionen.
  NUR EINMAL FORMATIERT wirkt sich nur aus, wenn Sie mit Verknüpfungen zu Texten und Tabellen arbeiten. Details dazu werden Sie in Abschnitt 15.8, »Importierte Inhalte aktualisieren«, erfahren.
- TABELLENFORMAT: Hier haben Sie abermals die Möglichkeit, der neuen Tabelle bereits ein Aussehen über Tabellenformate zu geben. Diese Option ist nur bei UNFORMATIERTE TABELLE auswählbar.
- ZELLENAUSRICHTUNG: Für FORMATIERTE TABELLE und NUR EINMAL FORMATIERT – nur dann ist diese Option aktiv – können Sie die Ausrichtung des Textes innerhalb der Zellen auswählen. AKTUELLE KALKULATIONSTABELLE bedeutet, dass auch die Ausrichtung aus der Excel-Datei übernommen wird. Ansonsten können Sie zwischen LINKS, ZENTRIERT und RECHTS wählen.
- EINGEBUNDENE GRAFIKEN EINSCHLIESSEN: Sofern Sie eine formatierte Tabelle platzieren, können Sie entscheiden, ob enthaltene Grafiken ebenfalls importiert werden sollen. Diese Option bezieht sich nur auf Bilddaten, die in Excel eingefügt wurden, und nicht auf Diagramme, die von Excel selbst erstellt wurden. Darüber hinaus ist die Zuordnung zu den Tabellenzellen nicht immer klar – an welcher Position ein Bild also erscheinen wird, ist gelegentlich dem Zufall überlassen.
- ANZAHL DER ANZUZEIGENDEN DEZIMALSTELLEN: Die Bezeichnung ist etwas irreführend. Tatsächlich legen Sie hier nicht nur fest, wie viele Dezimalstellen angezeigt werden, sondern auf wie viele Stellen kaufmännisch gerundet werden soll.

Textverknüpfungen

Importierte Excel-Daten – wie auch andere Textdaten – können dynamisch mit ihrer Quelle verbunden werden, sofern Sie in den InDesign-Voreinstellungen im Abschnitt DATEIHANDHABUNG, Bereich VERKNÜPFUNGEN, die Option BEIM PLATZIEREN VON TEXT- UND TABELLENDATEIEN VERKNÜPFUNGEN ERSTELLEN aktiviert haben.

Bilddaten

Für Bilddaten gelten dieselben Probleme wie beim Word-Importfilter auch: Alle Daten sind als RGB-Bilder angelegt und deshalb mit Vorsicht zu genießen. Eine Farbraumumwandlung kann bei der Ausgabe erfolgen – beachten Sie dabei aber Ihre Farbeinstellungen.

Anführungszeichen in Excel
Wie die meisten Programme, die nicht für Satz und Layout gedacht sind, verwendet Excel standardmäßig die Darstellung " " und ' '.

- TYPOGRAFISCHE ANFÜHRUNGSZEICHEN VERWENDEN: Ist in den Daten Text enthalten, der in Anführungszeichen steht, kümmert sich InDesign darum, dass die Anführungszeichen entsprechend Ihren Voreinstellungen richtig dargestellt werden.

Die MICROSOFT EXCEL-IMPORTOPTIONEN haben seit Version CS3 keine erkennbaren Änderungen erfahren. Probleme der früheren Versionen mit der Anzeige der Importoptionen und vor allem mit dem korrekten Import von Datumsformaten wurden mit InDesign CS3 behoben.

15.3 Tabellen bearbeiten

Lückenwerkzeug
Das seit InDesign CS5 vorhandene Lückenwerkzeug wirkt bei gruppierten oder verschachtelten Objekten nur auf den Gruppierungsrahmen bzw. den Container. Da Tabellen immer in Textrahmen eingebettet sind, kann es folglich auch nicht zum Bearbeiten der Tabellen- und Zellendimensionen verwendet werden.

Zur Gestaltung von Tabellen und ihren Einzelteilen bietet InDesign eine fast unüberschaubare Menge an Funktionen, die auch noch über mehrere Wege erreicht werden können. Darüber hinaus sind manche Optionen – abhängig von der jeweiligen Situation – manchmal verfügbar und manchmal nicht. Um den Einstieg in die Tabellenformatierung möglichst schmerzfrei zu gestalten, zeigen wir Ihnen zunächst, wie Sie leicht die Übersicht bewahren und wie Ihnen die wichtigsten Funktionen stets zur Verfügung stehen. Die Details werden wir Ihnen erst in einem zweiten Schritt vorführen.

Tabellen, Zeilen und Spalten auswählen

Grundsätzlich werden Tabellen mit dem Textwerkzeug angesprochen. Der Mauszeiger verändert sich je nach Position innerhalb der Tabelle, um die jeweils mögliche Aktion anzuzeigen.

Tabellenbereiche auswählen | Mauszeiger ❶ erscheint nur über der linken oberen Ecke einer Tabelle – Sie können nun die gesamte Tabelle auswählen. Zeiger ❷ taucht nur am oberen Rand der Tabelle auf und dient zum Auswählen ganzer Spalten. Analog dazu erscheint Zeiger ❸ nur am linken Rand und wählt Zeilen aus. Sobald mit einem dieser beiden Werkzeuge eine Spalte/Zeile ausgewählt wurde, können Sie durch Ziehen des Zeigers die Auswahl erweitern oder, nachdem Sie die Maustaste losgelassen haben, mit gedrückter ⇧-Taste weitere Spalten/Zeilen der Auswahl hinzufügen.

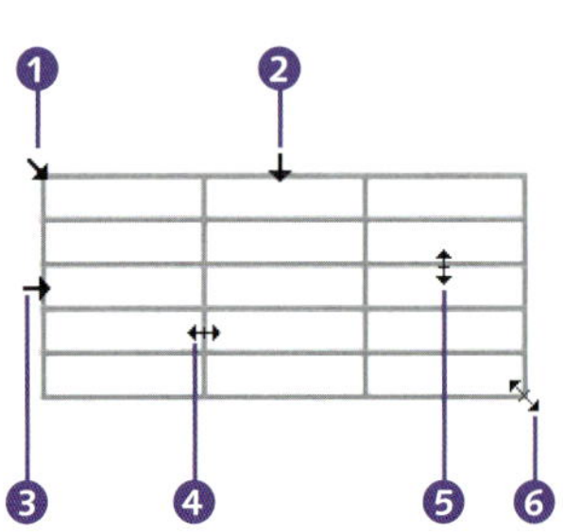

▲ **Abbildung 15.8**
Die verschiedenen Mauszeiger zum Auswählen und zur Größenänderung von Tabellenelementen

Zusammenhängende Zellen innerhalb der Tabelle können Sie auswählen, indem Sie den Mauszeiger mit gedrückter Maustaste über den gewünschten Bereich ziehen. Nicht zusammenhängende Bereiche können leider nicht ausgewählt werden.

Spaltenbreite und Zeilenhöhe ändern | Berühren Sie mit dem Mauszeiger eine vertikale Begrenzungslinie, erscheint Zeiger ❹, und Sie können die Spaltenbreite verändern. Zeiger ❺ verändert die Zeilenhöhe, und mit Zeiger ❻ können Sie die Tabellendimensionen ändern. Dazu muss aber die gesamte Tabelle sichtbar sein – sie muss also zur Gänze in den umgebenden Textrahmen passen.

Umgang mit einzelnen Zellen | Ein Klick in eine Zelle wählt nicht die Zelle aus, sondern positioniert den Textcursor im Inhalt der Zelle. Um eine Zelle auszuwählen, klicken Sie in die Zelle und drücken das Tastenkürzel [Strg]+[#] bzw. [⌘]+[#]. Diese Auswahl einer einzelnen Zelle kann mit den Cursortasten [↑], [↓], [→] und [←] bewegt werden. Halten Sie dabei die [⇧]-Taste gedrückt, erweitern Sie wiederum die Auswahl. Ist lediglich der Inhalt einer Zelle aktiviert, bewegen Sie sich mit den Cursortasten innerhalb des Zelleninhalts; ist die Zelle leer, springt der Cursor in die nächste Zelle (abhängig von der Cursortaste, die Sie gedrückt haben). Um in einzelnen Zellen zwischen Inhalt- und Zellenauswahl zu wechseln, drücken Sie die [Esc]-Taste.

Die wichtigsten Auswahlbefehle sind zusätzlich im Menü TABELLE • AUSWÄHLEN und im Kontextmenü unter AUSWÄHLEN untergebracht. Eine Übersicht aller Tastenkürzel zur Navigation innerhalb einer Tabelle und zum Auswählen von Tabellenbereichen finden Sie im Infoteil dieses Buchs ab Seite 1167.

Tabellendimensionen unverändert lassen

Um eine Spalte oder Zeile in einer Tabelle zu verändern, ohne dass dabei die Tabellenbreite oder -höhe verändert wird, halten Sie die [⇧]-Taste gedrückt, während Sie Zeilen- und Spaltenbegrenzungen verschieben.

Platz gleichmäßig verteilen

Wenn Sie die ganze Tabelle auswählen und die Tabellenbreite oder -höhe verändern, indem Sie die letzte bzw. rechte Begrenzungslinie bewegen und dabei die [⇧]-Taste drücken, wird die Spaltenbreite bzw. Zeilenhöhe aller Spalten/Zeilen gleichmäßig der neuen Dimension angepasst.

Tabellenformatierung mit dem Steuerung-Bedienfeld

Ist nun der richtige Bereich Ihrer Tabelle ausgewählt, können Sie jedes Attribut bis in das kleinste Detail verändern. Einige Eigenschaften werden dabei üblicherweise häufiger gebraucht, andere seltener. Egal, wie Ihre Auswahl auch aussehen mag, sie besteht immer aus einzelnen Zellen, und in den meisten Fällen werden diese Zellen Text enthalten. Die Formatierung dieses Textes bestimmt natürlich den Platzbedarf, und da die einzelne Zelle grundsätzlich ein Textrahmen ist, wird der verfügbare Platz von allen Textrahmenattributen beeinflusst, wie z. B. von Versatzabständen an allen vier Seiten des Textes.

InDesign bietet die wichtigsten Einstellungen im Steuerung-Bedienfeld an. Als nächste Instanz käme dann die Kombination von Tabelle- und Kontur-Bedienfeld infrage, die einige zusätzliche Funktionen anbietet. Zu guter Letzt werden hier – und natürlich über das Kontextmenü der jeweiligen Tabellenauswahl – die beiden Schlachtschiffe TABELLENOPTIONEN und ZELLENOPTIONEN aufgerufen, mit deren Einstellungsmöglichkeiten Sie ganze Wochenenden verbringen können.

Tipp

Zum manuellen Verändern der Spaltenbreite und Zeilenhöhe empfehlen wir Ihnen, die Ebenenfarbe auf eine kräftige Farbe einzustellen, damit Sie die Tabellenkonturen leichter erkennen können.

Wenn Sie einen Teil einer Tabelle ausgewählt haben, wechselt die rechte Hälfte des Steuerung-Bedienfelds vom Textmodus in den Tabellenmodus, der sich je nach Umfang der Auswahl in der Darstellung der Zellenkonturen unterscheidet.

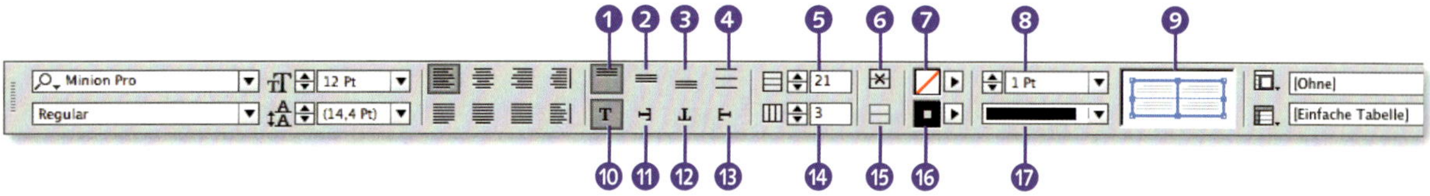

▲ **Abbildung 15.9**
Das Steuerung-Bedienfeld im Tabellenmodus. Die Darstellung der Zellenkonturen ❾ bedeutet, dass mehrere Zellen ausgewählt sind. In der linken Hälfte des Bedienfelds stehen die wichtigsten Einstellungen für die Textformatierung zur Verfügung.

Hier können Sie nun einstellen, wie der Text in den ausgewählten Zellen innerhalb einer Zelle positioniert ist. OBEN AUSRICHTEN ❶ lässt einen Text am oberen Rand der Zelle beginnen, ZENTRIEREN ❷ richtet ihn vertikal zentriert aus. UNTEN AUSRICHTEN ❸ positioniert den Inhalt am unteren Rand der Zelle. BLOCKSATZ VERTIKAL ❹ entspricht der vertikalen Ausrichtung in den TEXTRAHMENOPTIONEN und erhöht somit den Zeilendurchschuss so weit, dass die Textzeilen über die gesamte Zellenhöhe ausgetrieben werden. Diese Einstellungen stehen natürlich mit der Textformatierung selbst in Verbindung. Versatzabstände, Einzüge und fixe Zeilenabstände beeinflussen die Platzverhältnisse enorm.

Die Textorientierung legen Sie mit den vier Funktionen TEXT DREHEN UM 0° ❿, TEXT DREHEN UM 90° ⓫, TEXT DREHEN UM 180° ⓬ und TEXT DREHEN UM 270° ⓭ fest. Aus einer Excel-Tabelle können lediglich die Einstellungen ±90° übernommen werden; andere Winkel werden ignoriert, da sie hier auch nicht eingestellt werden können.

Die ANZAHL DER ZEILEN ❺ und ANZAHL DER SPALTEN ⓮ können mit diesen beiden Feldern verändert werden. Wenn Sie die Anzahl reduzieren, werden immer die letzten Zeilen bzw. die rechts stehenden Spalten entfernt. Da es hier zu Datenverlusten kommen kann, warnt InDesign Sie entsprechend (auch bei leeren Zeilen und Spalten).

Mehrere Zellen können mit ZELLEN VERBINDEN ❻ zu einer Zelle zusammengefasst werden. Diese Verbindung kann mit ZELLVERBINDUNG AUFHEBEN ⓯ wieder rückgängig gemacht werden. Sehr schön hat Adobe das Problem gelöst, was mit Zelleninhalten passieren soll, wenn Zellen verbunden werden: InDesign erhält die Inhalte aller Zellen und wandelt sie in Absätze um, die in der neu entstandenen Zelle platziert werden. Umgekehrt funktioniert das leider nicht mehr. Wenn Sie eine Verbindung auflösen, müssen Sie die einzelnen Absätze manuell in die neuen Zellen kopieren, sofern das nötig ist.

Die Farbe der FLÄCHE der einzelnen Zellen ❼ merkt sich InDesign jedoch und stellt somit die ursprüngliche Farbe wieder her, wenn eine Zellverbindung wieder gelöst wird.

Die Begrenzungslinien von Zellen, Spalten und Zeilen können über ihre Stärke ❽, ihren Stil ⓱ und ihre Farbe ⓰ (unglücklicherweise hier auch als KONTUR bezeichnet) verändert werden. Welche Linien davon betroffen sein sollen, legen Sie im Konturfeld ❾ vor der Änderung der Stärke fest. Grundsätzlich gilt, dass eine Änderung nur auf Linien angewendet wird, die blau dargestellt werden.

Sie können eine Linie deaktivieren, indem Sie einen einfachen Klick darauf machen. Sie wird dann grau dargestellt und von jeder folgenden Änderung an Linienstärke oder Stil ausgenommen. Ein Klick auf die Eckpunkte stellt den Modus aller den Punkt berührenden Linien um. Sind mehrere Zellen ausgewählt, bildet das Konturfeld die grundsätzliche Struktur der Auswahl ab. Dabei wird aber innerhalb der Auswahl immer nur ein Stellvertreter der horizontalen und vertikalen Trennlinien dargestellt.

Liniengruppen aktivieren und deaktivieren

Bitte beachten Sie auch noch folgende Abkürzungen zum Aktivieren/Deaktivieren von Liniengruppen:

- Dreifachklick in das Konturfeld: alle Linien ein-/ausschalten
- Doppelklick auf eine Randlinie: Tabellenrand ein- bzw. ausschalten
- Doppelklick auf eine horizontale oder vertikale Trennlinie: sämtliche Trennlinien ein-/ausschalten

Erweitertes Steuerung-, Tabelle- und Kontur-Bedienfeld

Mit dem Steuerung-Bedienfeld kommen Sie also in der Gestaltung von Tabellen schon sehr weit, aber es hat doch einen entscheidenden Nachteil: Die Zellen müssen wirklich immer ausgewählt sein. Es reicht nicht, wenn der Textcursor in der Zelle positioniert ist. Drücken Sie nötigenfalls die [Esc]-Taste, um die Zelle zu aktivieren. Sofern Sie mehrere Zellen gleichzeitig bearbeiten, ist das kein großes Problem; wenn Sie jedoch viele Veränderungen in einzelnen Zellen vornehmen müssen, ist das dauernde Umschalten zwischen Inhalt und Zelle eine sehr lästige Angelegenheit.

Tabelle-Bedienfeld | Abhilfe schafft das Tabelle-Bedienfeld, das Sie über FENSTER • SCHRIFT UND TABELLEN • TABELLE bzw. das Tastenkürzel [⇧]+[F9] öffnen. Im Standardarbeitsbereich ist es bereits am rechten Bildschirmrand verfügbar. Es ändert alle auf den Inhalt bezogenen Attribute auch dann, wenn nur der Textcursor in der Zelle steht, bietet darüber hinaus weitere Funktionen, die die gesamte Tabelle oder einzelne Zellen betreffen, und zeigt alle Funktionen, die sonst nur in der »langen« Version des Steuerung-Bedienfelds sichtbar sind.

Funktionstasten unter Mac OS

Dashboard und *Mission Control* belegen unter Mac OS X einige der Funktionstasten, die auch InDesign verwendet. Wenn solche Tastenkürzel also nicht funktionieren, überprüfen Sie Ihre Systemeinstellungen, und ändern Sie nötigenfalls die Tastenkürzel der kollidierenden Funktionen.

Kontur-Bedienfeld | Das Kontur-Bedienfeld ist in den Standardeinstellungen für den Arbeitsbereich immer sichtbar. Auch hier lohnt sich ein Blick auf die Tabellenfunktionen, wobei das Kontur-Bedienfeld die Tabellenfunktionen ebenfalls nur anzeigt, wenn Zellen ausgewählt sind – dieses Verhalten erscheint allerdings logisch, weil der Zelleninhalt (z. B. Text) auch eigene Konturen besitzen kann.

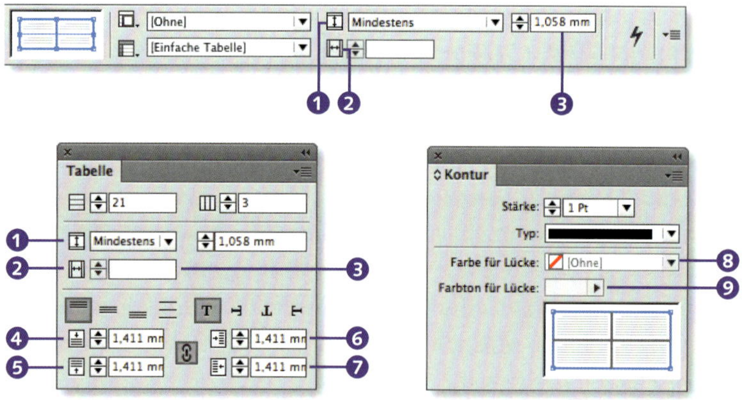

Abbildung 15.10 ▶
Erweiterte Version des Steuerung-Bedienfelds und das Tabelle-Bedienfeld: Ist ein Eingabefeld leer, so wie hier, bedeutet das, dass die Spaltenbreite der markierten Zellen unterschiedlich ist.

Zeilenhöhe

Wenn Sie die Zeilenhöhe auf 14 Pt eingestellt haben und der Zeilenabstand des Textes ebenfalls 14 Pt beträgt, passt der Text trotzdem nicht in die Zelle, weil es in den Zellen einen Standardversatz von 1,411 mm an allen vier Seiten der Zelle gibt.

Bei der Zeilenhöhe ❶ legen Sie zunächst fest, ob der gewählte Wert ❸ als Mindesthöhe zu interpretieren ist – in diesem Fall passt sich die Zeilenhöhe automatisch an den Inhalt an (unterschreitet aber den eingetragenen Wert nicht) – oder ob die Höhe Genau eingehalten werden soll. Dadurch ändert sich die Zeilenhöhe nicht automatisch, was zu einem Übersatz in der Zelle führen kann. Einen solchen Übersatz erkennen Sie an einem roten Punkt in der Zelle. Die Spaltenbreite ❷ wird immer absolut festgelegt. Die Möglichkeit, die Tabellenbreite festzulegen, gibt es leider nicht. InDesign berechnet die Tabellenbreite immer aus der Summe der Spaltenbreiten zuzüglich der Außenlinien der Tabelle.

Mit Oberer Zellenversatz ❹, Unterer Zellenversatz ❺, Linker Zellenversatz ❻ und Rechter Zellenversatz ❼ legen Sie die Abstände des Zelleninhalts zu den Begrenzungslinien fest.

Das Kontur-Bedienfeld bietet als zusätzliche Funktionen die Möglichkeit, für Linienstile mit Lücken eine Farbe ❽ und einen Farbton ❾ festzulegen.

Alle anderen Funktionen, die Sie schon aus dem Steuerung-Bedienfeld kennen, verhalten sich natürlich vollkommen identisch, werden aber auch aktiv, wenn lediglich der Zelleninhalt aktiv ist.

Zeilen und Spalten einfügen und löschen

Die Möglichkeit, Zeilen und Spalten über das Tabelle-Bedienfeld hinzuzufügen bzw. zu löschen, ist zwar praktisch, betrifft aber nur die Randbereiche einer Tabelle. Um gezielt Zeilen oder Spalten einzufügen bzw. zu löschen, benötigen Sie die Menübefehle Einfügen und Löschen, die Sie im Menü Tabelle, im Kontextmenü und auch im Bedienfeldmenü des Tabelle-Bedienfelds finden.

Um Zeilen oder Spalten einzufügen, reicht es aus, den Textcursor in einer Zelle zu platzieren. InDesign nimmt diese Zelle als Bezugspunkt und fragt Sie nach dem Menübefehl Tabelle • Einfügen • Zeile bzw. Tabelle • Einfügen • Spalte, an welcher Stelle von der ausgewählten Zelle aus gesehen die neuen Zeilen bzw. Spalten eingefügt werden sollen. In den entsprechenden Fenstern wählen Sie die Anzahl der Spalten bzw. Zeilen und legen fest, wo diese eingefügt werden sollen.

Auch bei den Menübefehlen Tabelle • Löschen • Zeile und Tabelle • Löschen • Spalte ist es nicht nötig, die Zeilen oder Spalten auszuwählen. InDesign löscht immer die Zeile/Spalte, in der der Textcursor blinkt. Wollen Sie mehrere Zeilen/Spalten löschen, müssen Sie natürlich alle betroffenen Elemente auswählen. Beachten Sie dabei aber immer, dass hier keine Sicherheitsabfrage mehr erscheint. InDesign löscht Ihre Auswahl bedingungslos. Unter Löschen finden Sie die zusätzliche Funktion Tabelle – auch hier ist es nicht nötig, die gesamte Tabelle vorher auszuwählen.

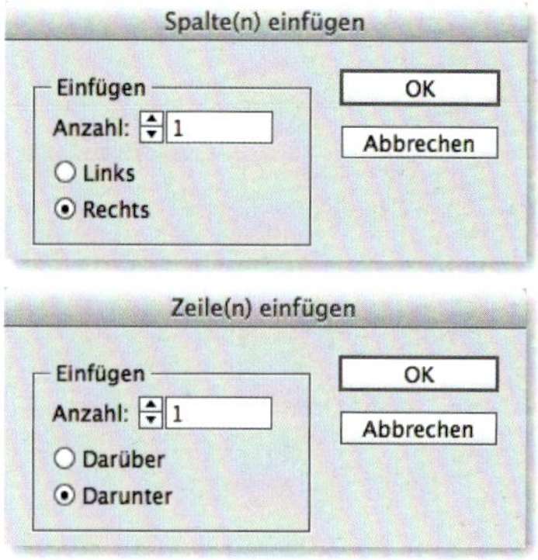

▲ **Abbildung 15.11**
Zeilen und Spalten einfügen

Funktion	Windows	Mac OS
Zeile(n) einfügen	Strg + 9	⌘ + 9
Spalte(n) einfügen	Strg + Alt + 9	⌘ + ⌥ + 9
Zeile löschen	Strg + ←	⌘ + ←
Spalte löschen	⇧ + ←	⇧ + ←
Zeile oder Spalte beim Ziehen der Begrenzungslinie einfügen	Greifen Sie eine Begrenzungslinie, und drücken Sie dann die Alt-Taste, während Sie ziehen.	Greifen Sie eine Begrenzungslinie, und drücken Sie dann die ⌥-Taste, während Sie ziehen.

▲ **Tabelle 15.1**
Tastenkürzel zum Einfügen und Löschen von Zeilen und Spalten

Wenn Sie eine oder mehrere Zeilen oder Spalten ausgewählt haben und löschen, bleibt die Auswahl erhalten, und die nächsten Zeilen/Spalten rücken einfach nach. Dieses Verhalten kann man ausnutzen, wenn viele Zeilen gelöscht werden müssen, aber nicht alle zu sehen sind, weil sie im Übersatz stehen. Sie ersparen sich das Auswählen der nächsten Zeilen, bis Sie auf Zeilen treffen, die nicht gelöscht werden sollen.

Das Einfügen und Löschen von Zeilen und Spalten führt in der Regel zu einer Änderung der Tabellenbreite bzw. -höhe. Deshalb werden Sie in einem nächsten Schritt die Breite und Höhe der Tabelle anpassen müssen und sich anschließend damit konfrontiert sehen, dass die Randbereiche der Tabelle wiederum ihre Dimensionen verändert haben. Um gegen dieses Dilemma vorzugehen, können Sie zunächst einmal dafür sorgen, dass alle Zeilen bzw. Spalten innerhalb der Tabelle gleich verteilt sind.

Textrahmen an Tabelle anpassen

Wenn Sie den Textrahmen an die Tabelle anpassen möchten, doppelklicken Sie auf einen Eckpunkt des Textrahmens, oder klicken Sie auf im Steuerung-Bedienfeld. Wenn Sie nur die horizontale oder vertikale Ausdehnung des Rahmens anpassen möchten, funktioniert das über einen Doppelklick auf einen der vertikalen oder horizontalen Anfasser des Rahmens.

Markieren Sie die Zeilen oder Spalten, die Sie anpassen möchten, oder die gesamte Tabelle [Strg]+[Alt]+[A] bzw. [⌘]+[⌥]+[A], und wählen Sie ZEILEN GLEICHMÄSSIG VERTEILEN bzw. SPALTEN GLEICHMÄSSIG VERTEILEN aus dem Menü TABELLE, dem Bedienfeldmenü des Tabelle-Bedienfelds oder dem Kontextmenü der Tabelle. Die ausgewählten Elemente behalten ihre Gesamtbreite bzw. -höhe: InDesign teilt den zur Verfügung stehenden Platz unter allen Elementen auf. Feinjustierungen können Sie mit gedrückter [⇧]-Taste vornehmen, ohne die Breite der Tabelle zu verändern.

Zellen verbinden und teilen

Übersatz in Zellen

Die Spaltenbreite zu reduzieren, führt oft zu Übersatz in einzelnen Zellen, wenn Sie die Zeilenhöhe auf einen festen Wert eingestellt haben. Klicken Sie in die betroffene Zelle, und drücken Sie zweimal die [Esc]-Taste. Dann ist der gesamte Inhalt ausgewählt, und Sie können z. B. die Schriftgröße ändern oder den Text ausschneiden und in einem normalen Textrahmen editieren. Das ist oft einfacher als eine erneute Breitenänderung der Spalte.

Die beiden Funktionen ZELLEN VERBINDEN und ZELLVERBINDUNG AUFHEBEN des Steuerung-Bedienfelds haben Sie bereits kennengelernt. Die beiden Funktionen gehören insofern zusammen, als das Aufheben einer Zellverbindung eben nur dann möglich ist, wenn für die betreffende Zelle vorher eine Verbindung vorgenommen wurde. Wenn Sie eine Zelle teilen möchten, die nicht aus der Verbindung mehrerer Zellen entstanden ist, kommen Sie mit dieser Funktion nicht weiter.

Um eine solche »jungfräuliche« Zelle zu teilen, wählen Sie ZELLE HORIZONTAL TEILEN bzw. ZELLE VERTIKAL TEILEN aus dem Menü TABELLE, dem Bedienfeldmenü des Tabelle-Bedienfelds oder dem Kontextmenü der Zelle. Damit wird innerhalb der Zelle eine weitere Spalte bzw. Zeile hinzugefügt, die aber in der Gesamtspalten- oder -zeilenanzahl der Tabelle nicht mitgezählt wird.

Um die dabei entstandenen Zellen wieder zu verbinden, können Sie erneut auf die Funktion im Steuerung-Bedienfeld zurückgreifen, die Sie mit ihrem Gegenstück ebenfalls in allen Menüs finden. Geteilte Zellen, die über ZELLEN VERBINDEN zusammengefasst wurden, befinden sich wieder im Originalzustand und können nicht mehr über ZELLVERBINDUNG AUFHEBEN geteilt werden.

Und nun zusammen …

Wir werden den grundlegenden Ablauf der Tabellenformatierung wieder mit dem einfachen Beispiel vom Beginn des Kapitels durchexerzieren. Sämtliche Textformatierungen sollten sinnvollerweise über Formate umgesetzt werden – aus Platzgründen und um den Blick auf das Wesentliche nicht zu verstellen, gestalten wir hier allerdings die Textanteile ohne Absatz- und Zeichenformate.

Schritt für Schritt
Grundlegende Tabellenformatierung

Die Daten für dieses Beispiel finden Sie auf der Buch-DVD (»TRBC Close 06_13.txt«).

Sie finden die Datei »TRBC_Close_06_13.txt« im Ordner BEISPIELMATERIAL • KAPITEL_15.

1 Text erfassen

Platzieren oder erfassen Sie einen geeigneten Text. Die Spalten sollten mit Tabulatoren getrennt sein. Fügen Sie nötigenfalls eine Kopfzeile mit den Spaltenüberschriften hinzu.

2 Text roh formatieren

Markieren Sie den Rohtext, stellen Sie den Text auf eine geeignete Schrift um – z. B. Helvetica Regular in 9 Pt –, stellen Sie den Zeilenabstand auf AUTOM., und setzen Sie den Text nicht auf Grundlinienraster.

Diese Einstellungen werden gleich in die Tabelle übernommen und bilden eine gute Basis für die weiteren Einstellungen. Die Tabelle sollte nun etwa so aussehen wie in Abbildung 15.12:

Datum Kurs	Umsatz	
03.06.2013	21,29	4.066.956
04.06.2013	21,05	4.907.810
05.06.2013	20,52	4.958.967
06.06.2013	21,08	1.942.611
07.06.2013	21,13	1.426.616
10.06.2013	20,97	4.394.487

◄ **Abbildung 15.12**
Da keine eindeutigen Tabulatorpositionen gesetzt wurden, stehen die Überschriften noch nicht korrekt über den Spalten.

3 In Tabelle umwandeln

Markieren Sie alle Textzeilen der zukünftigen Tabelle, und wählen Sie TABELLE • TEXT IN TABELLE UMWANDELN. Richten Sie die Spaltenbreiten so ein, dass in keiner Zelle der rote Übersatzpunkt erscheint. Vergessen Sie nicht, nötigenfalls die ⇧-Taste zu drücken, um die Breite der Tabelle nicht zu ändern.

Datum	Kurs	Umsatz
03.06.2013	21,29	4.066.956
04.06.2013	21,05	4.907.810
05.06.2013	20,52	4.958.967
06.06.2013	21,08	1.942.611
07.06.2013	21,13	1.426.616
10.06.2013	20,97	4.394.487

▲ **Abbildung 15.13**
Schritt 3: Die umgewandelte Tabelle

4 Alle Begrenzungslinien ausblenden

Wählen Sie die gesamte Tabelle aus, und setzen Sie im Steuerung-Bedienfeld die Linienstärke aller Begrenzungslinien – schließen Sie keine Linien aus – auf 0 Pt.

5 Kopfzeile gestalten

Wählen Sie die erste Zeile der Tabelle aus, und ändern Sie den SCHRIFTSCHNITT auf BOLD. Wählen Sie lediglich die untere Begrenzungslinie im Konturfeld aus (z. B. indem Sie zunächst mit einem Dreifachklick alle Linien ausschalten und dann mit einem Einfachklick die untere Linie wieder aktivieren), und stellen Sie die Linienstärke auf 1,5 Pt.

Abbildung 15.14 ▶
Schritt 5: Die Kopfzeile ist nun fett und entsprechend der Abbildung des Konturenfelds unterstrichen.

Datum	**Kurs**	**Umsatz**
03.06.2013	21,29	4.066.956
04.06.2013	21,05	4.907.810
05.06.2013	20,52	4.958.967
06.06.2013	21,08	1.942.611
07.06.2013	21,13	1.426.616
10.06.2013	20,97	4.394.487

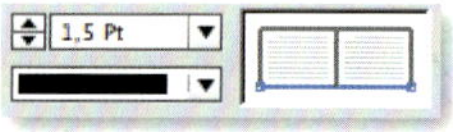

6 Zusätzliche Spalte einfügen

Markieren Sie die erste Spalte, wählen Sie TABELLE • EINFÜGEN • SPALTE, und fügen Sie eine Spalte links von der ausgewählten Spalte ein. Diese Spalte darf relativ schmal sein – Sie können sie in etwa so breit wie die Zeilenhöhe machen.

7 Trennlinien einfügen

Die Beispieldaten stellen den Kursverlauf der TRBC-Aktien über einen Zeitraum von vier Wochen dar. Wir wollen die einzelnen Wochen mit Linien trennen. Wählen Sie also die letzte Zeile der ersten Woche, und nehmen Sie die Einstellungen wie für die Überschriftzeile vor. Wiederholen Sie die Formatierung für alle Wochenwechsel.

8 Wochenbeschriftung

Die einzelnen Einträge für jede Woche werden nun noch entsprechend beschriftet. Wählen Sie die Zellen in der linken Spalte aus, die zu einer Woche gehören. Klicken Sie auf ZELLEN VERBINDEN ⊠ im Steuerung-Bedienfeld.

Legen Sie die restliche Textformatierung fest, solange die neue Zelle noch ausgewählt ist, indem Sie die Textausrichtung auf ZENTRIERT und die Textorientierung auf TEXT DREHEN UM 270° stellen. Heben Sie die Auswahl der Zelle mit [Esc] auf, und tippen Sie den Text »Woche 23« in die Zelle. Wiederholen Sie diesen Schritt für alle Wochen, wobei in unserem Beispiel die Wochen von 23 bis 26 laufen (hier aber nur zwei Wochen zu sehen sind).

	Datum	**Kurs**	**Umsatz**
Woche 23	03.06.2013	21,29	4.066.956
	04.06.2013	21,05	4.907.810
	05.06.2013	20,52	4.958.967
	06.06.2013	21,08	1.942.611
	07.06.2013	21,13	1.426.616
Woche 24	10.06.2013	20,97	4.394.487
	11.06.2013	21,11	5.273.008
	12.06.2013	22,13	8.455.723
	13.06.2013	21,38	8.860.921
	14.06.2013	21,69	5.211.410

▲ Abbildung 15.15
Schritt 8: Die Zellen der gedrehten linken Spalte beschriften die Wochenabschnitte.

9 Abstände korrigieren

Um eine bessere Platzausnutzung zu erreichen, reduzieren wir nun noch die Abstände der Zelleninhalte zu den Zellengrenzen. Öffnen Sie das Tabelle-Bedienfeld, sofern es nicht sichtbar ist, und wählen Sie wieder die gesamte Tabelle aus. Stellen Sie Oberer Zellenversatz und Unterer Zellenversatz im Tabelle-Bedienfeld auf 0,7 mm.

Linker und rechter Zellenversatz dürfen auf den Standardwerten stehen bleiben, da in unserem Beispiel ohnehin keine Begrenzungslinien sichtbar sind und somit die Spaltenzwischenräume optisch durch die Spaltenbreiten entstehen.

10 Feineinstellungen

Nun können Sie die Spaltenbreiten noch nach Belieben verändern und die beiden Spalten »Kurs« und »Umsatz« rechtsbündig ausrichten.

	Datum	Kurs	Umsatz
Woche 23	03.06.2013	21,29	4.066.956
	04.06.2013	21,05	4.907.810
	05.06.2013	20,52	4.958.967
	06.06.2013	21,08	1.942.611
	07.06.2013	21,13	1.426.616
Woche 24	10.06.2013	20,97	4.394.487
	11.06.2013	21,11	5.273.008
	12.06.2013	22,13	8.455.723
	13.06.2013	21,38	8.860.921
	14.06.2013	21,69	5.211.410

▲ **Abbildung 15.16**
Schritt 10: Fertig!

Während Sie die Trennlinien auch mit Texttabellen realisieren können, wäre eine Beschriftung der Wochen in dieser Art nur mit erheblichem Aufwand möglich und in der Folge nur sehr schwer zu warten. Eine ganze Reihe von Gestaltungselementen wäre aber auch mit großem Aufwand fast gar nicht umzusetzen, da die entsprechenden Einstellungen in den Tabellenoptionen und Zellenoptionen untergebracht sind.

Die Verwendung von Absatzformaten haben wir in dieser Schritt-für-Schritt-Anleitung ja bewusst unterlassen und auch die Ausrichtungsarbeiten nur optisch und »nach Gefühl« vorgenommen. In der Praxis werden Sie für die Textgestaltung natürlich Formate verwenden und die Zeilenhöhen absolut auf die Absatzformate abstimmen. Dabei müssen Sie immer die Versatzabstände der Zellen berücksichtigen bzw. entscheiden, ob Sie Texteinzüge über ein Absatzformat oder über den Textversatz der Zellen realisieren.

Wenn Sie ein Grundlinienraster verwenden, an dem Sie auch Text in Zellen ausrichten wollen, müssen alle Abstände exakt berechnet werden, weil in diesem Fall schon geringste Abweichungen zu sehr kuriosen Ergebnissen führen können.

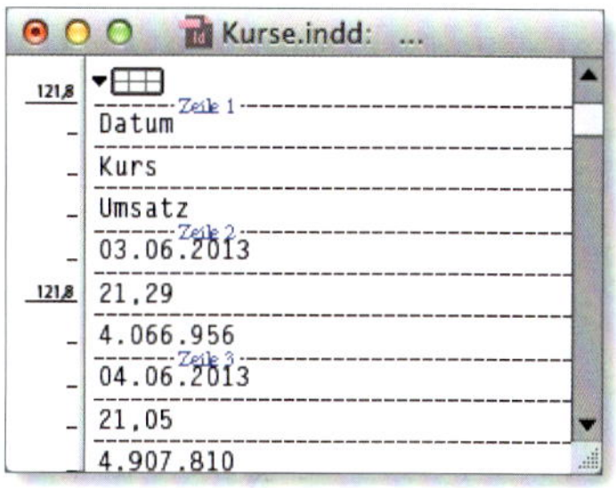

▲ **Abbildung 15.17**
Seit InDesign CS4 werden auch Zelleninhalte im Textmodus angezeigt. Bei komplexen Tabellen ist die Darstellung allerdings etwas verwirrend, woran sich auch in InDesign CC nichts geändert hat.

Tabellen und Grundlinienraster
Bei Tabelleninhalten ist Registerhaltigkeit kaum zu erreichen. Sie sollten deshalb in Tabellen grundsätzlich ohne Grundlinienraster arbeiten.

Tabellenkopf und -fuß

Tabellenkopf und -fuss sind ein Einstellungsbereich der Tabellenoptionen, die wir erst später behandeln werden. Trotzdem muss an dieser Stelle ein kleiner Vorgriff erfolgen, da hier zunächst einige grundlegende Funktionen geklärt werden müssen.

Im Abschnitt »Leere Tabellen einfügen« haben Sie schon erfahren, dass InDesign eine sehr praktische Funktion zum Wiederholen eines Tabellenkopfes oder -fußes zur Verfügung stellt. Früher hatten Layouter das riesige Problem, dass sie typische Spaltenüberschriften manuell einfügen mussten, wenn eine Tabelle über mehrere Textrahmen oder -spalten verteilt war. Der klassische Fall ist, dass eine sehr lange Tabelle über mehrere Seiten läuft und somit die Bezeichnung der Spalten zwingend auf jeder Seite zu wiederholen ist, weil der Leser sonst hin- und herblättern müsste. Das Unangenehme an dieser Aufgabenstellung ist, dass diese Kopfzeilen – hier stellvertretend für Kopf- und Fußzeilen – bei jeder Änderung in der Tabelle, die die Zeilenanzahl verändert, neu platziert werden müssen.

InDesign erlaubt es, eine bestimmte Anzahl von Zeilen am Beginn und am Ende einer Tabelle zu definieren, die bei einem Umbruch der Tabelle automatisch wiederholt werden. Diese Kopf- und Fußzeilen können beim Anlegen einer Tabelle bereits festgelegt werden – Sie haben das bei der Funktion Tabelle einfügen schon gesehen.

Texttabellen mit Kopf- und Fußzeilen

Wenn Sie sehr lange Tabellen als Texttabellen ausführen, können Sie auf keinen vergleichbaren Mechanismus zurückgreifen. In einem solchen Fall sollten Sie Kopf oder Fuß in einem eigenen Textrahmen unterbringen, damit die eigentliche Tabelle frei umbrechen kann. Um den Inhalt von Kopf bzw. Fuß flexibel zu halten und zentral zu verwalten, können Sie mit Textvariablen vom Typ Benutzerdefinierter Text arbeiten. Da in diesen Variablen allerdings keine Tabulatoren existieren können, werden Sie pro Spalte eine eigene Variable brauchen.

Tabellenkopf erzeugen | Um einen Bereich in eine Kopf-/Fußzeile zu verwandeln, müssen Sie zusammenhängende Zeilen am Tabellenbeginn bzw. am Tabellenende auswählen und dann die Befehle Tabelle • Zeilen umwandeln • In Tabellenkopf bzw. In Tabellenfuss ausführen. Dabei ändert sich die Anzahl der Zeilen nicht – Sie definieren ja bestehende Zeilen um.

Verständlicherweise ist es nicht möglich, eine Zeile aus dem Innenbereich der Tabelle zu Fuß oder Kopf zu ernennen. In Tabelle • Zeilen umwandeln finden Sie auch die Funktion In Tabellenkörper, mit der Sie beide Umstellungen wieder rückgängig machen können.

Tabellenoptionen | In den Tabellenoptionen im Abschnitt Tabellenkopf und -fuss können Sie nun gezielt Zeilen hinzufügen und dabei zu Kopf- oder Fußzeilen erklären.

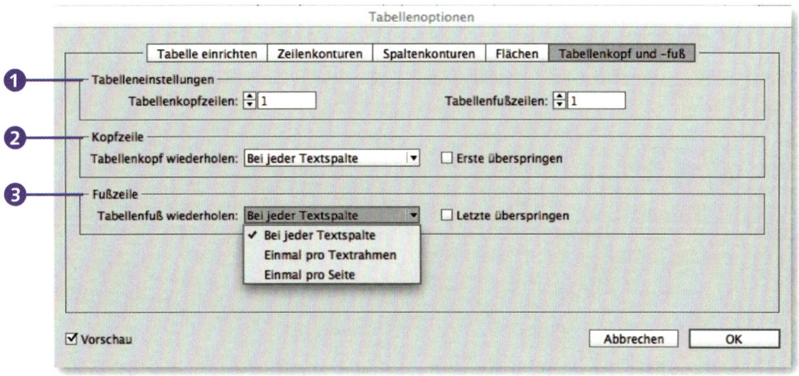

Abbildung 15.18 ▶
Tabelle • Tabellenoptionen • Tabellenkopf und -fuss, um z. B. Überschriften bei langen Tabellen nach jedem Umbruch wiederholen zu lassen

- Tabelleneinstellungen ❶: Legen Sie die Anzahl der Tabellenkopfzeilen bzw. der Tabellenfusszeilen fest. Die Zeilen werden der Tabelle hinzugefügt, zählen aber später bei abwechselnden Konturen und Flächen nicht mit!

- Kopfzeile ❷: Die Option Tabellenkopf wiederholen legt fest, wann der Kopf tatsächlich wiederholt werden soll. Für Tabellen, die sich in einem Textrahmen mit mehreren Spalten befinden, wählen Sie Bei jeder Textspalte.

  Befindet sich die Textspalte in verketteten Textrahmen ohne Spalten, wird in den meisten Fällen Einmal pro Textrahmen die passende Einstellung sein. Wenn Sie dagegen verkettete Rahmen haben, die z. B. untereinander auf der Seite stehen, ist Einmal pro Seite die bessere Wahl.

	Datum	Kurs	Umsatz
Woche 23	03.06.2013	21,29	4.066.956
	04.06.2013	21,05	4.907.810
	05.06.2013	20,52	4.958.967
	06.06.2013	21,08	1.942.611
	07.06.2013	21,13	1.426.616
Woche 24	10.06.2013	20,97	4.394.487
	11.06.2013	21,11	5.273.008
	12.06.2013	22,13	8.455.723
	13.06.2013	21,38	8.860.921
	14.06.2013	21,69	5.211.410

	Datum	Kurs	Umsatz
Woche 25	17.06.2013	22,32	10.743.500
	18.06.2013	21,36	8.272.752
	19.06.2013	22,43	6.290.677
	20.06.2013	22,19	6.441.854
	21.06.2013	23,44	5.825.816
Woche 26	24.06.2013	22,60	7.912.016
	25.06.2013	21,66	11.494.720
	26.06.2013	20,44	18.690.260
	27.06.2013	22,54	7.244.698
	28.06.2013	22,00	7.131.324

◀ **Abbildung 15.19**
Aktienkurse in zwei Spalten mit automatisch wiederholten Kopfzeilen in jeder Spalte

  Die Option Erste überspringen werden Sie eher selten brauchen, und sie ist eigentlich nur sinnvoll, wenn Sie keine Überschrift wiederholen, sondern den Mechanismus ausnutzen wollen, um Hinweise wie »Fortsetzung von …« umzusetzen.

- Fusszeile ❸: Alle Funktionen für die Kopfzeile sind identisch für die Fußzeile anzuwenden. Die Option Letzte überspringen entspräche hier »Fortsetzung auf …«.

Bei sehr großen Tabellen kann es hilfreich sein, wenn Sie die Kopf- bzw. Fußzeile direkt »anspringen« können, um sie zu bearbeiten. Diese Möglichkeit bieten die beiden Menübefehle Tabelle • Kopfzeile bearbeiten bzw. Tabelle • Fusszeile bearbeiten. Sie dienen lediglich zur Navigation und haben keine weitere Funktion.

Bitte beachten Sie in diesem Zusammenhang auch, dass sehr große Tabellen, die über mehrere Seiten reichen, viel Rechenleistung erfordern. Halten Sie Tabellen also so klein wie möglich. In Problemfällen sollten Sie die Tabelle mit Absatzformaten aufbauen.

Kopf und Fuß definieren

Auch wenn nicht vorgesehen ist, dass eine Tabelle umbricht, sollten Sie Tabellenkopf und -fuß festlegen, sofern die Struktur Ihrer Tabelle sie vorsieht. Die meisten Formatierungsarbeiten können dann in der Folge etwas einfacher umgesetzt werden (und Sie erleben keine Überraschungen, wenn die Tabelle wider Erwarten doch umbrochen werden muss).

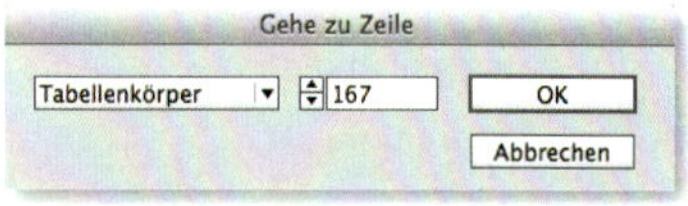

▲ **Abbildung 15.20**
Kopf- und Fußzeile, aber auch jede andere Zeile einer Tabelle können Sie über Tabelle • Gehe zu Zeile auswählen.

15.4 Tabellenoptionen

Die Tabellenoptionen vereinen alle Einstellungen, die sich auf die gesamte Tabelle beziehen und somit auch auf die untergeordneten Einheiten wie Zeilen, Spalten und einzelne Zellen wirken, obwohl es dafür auch eigene Einstellungsmöglichkeiten gibt.

Sie erreichen die Tabellenoptionen über Tabelle • Tabellenoptionen, aber wie üblich können Sie die Tabellenoptionen in allen Menüs der Tabellensteuerungen aufrufen, wobei Sie in einem Untermenü aus fünf Einstellungsbereichen wählen können. Alle Menüpunkte führen zum Fenster Tabellenoptionen, in dem mit den Reitern Tabelle einrichten, Zeilenkonturen, Spaltenkonturen, Flächen und Tabellenkopf und -fuss zwischen den fünf Bereichen umgeschaltet werden kann.

Alle Optionen erschöpfend zu behandeln, wäre hier nicht möglich; zu einem großen Teil ist dies jedoch auch nicht nötig. Sämtliche Einstellungen für Rahmen und Konturen entsprechen den Einstellungen, die Sie schon in früheren Kapiteln kennengelernt haben.

Tabelle einrichten

Hier sind sämtliche Einstellungen versammelt, die Sie beim Anlegen einer Tabelle schon kennengelernt haben. Darüber hinaus legen Sie hier den Tabellenrahmen fest und geben an, wie die Tabelle in den umgebenden Textrahmen eingebunden ist.

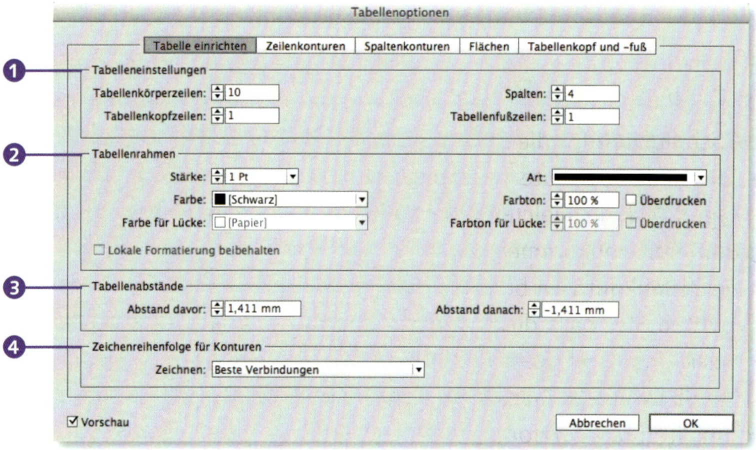

Abbildung 15.21 ▶
Tabelle • Tabellenoptionen • Tabelle einrichten: Sie erreichen dieses Fenster mit dem Tastenkürzel Alt + ⇧ + Strg + B bzw. ⌥ + ⇧ + ⌘ + B.

- Tabelleneinstellungen ①: Diese Optionen entsprechen denen von Tabelle einfügen bzw. denen des Tabelle-Bedienfelds und können hier nachträglich verändert werden.

- TABELLENRAHMEN ❷: Unter »Tabellenrahmen« versteht InDesign den Umriss der Tabelle. Die Einstellungen entsprechen denen des Kontur-Bedienfelds, wenn alle Trennlinien abgeschaltet sind. Allerdings können Sie alle Parameter für die Farbgebung der Linien und ihrer eventuellen Lücken mit den entsprechenden Überdrucken-Einstellungen festlegen. Da der Rand der Tabelle einzelne Zellen umfasst, denen möglicherweise bereits Linienattribute zugewiesen sind, können Sie mit der Option LOKALE FORMATIERUNG BEIBEHALTEN festlegen, dass diese Formatierungen nicht verändert werden sollen.
- TABELLENABSTÄNDE ❸: Tabellen sind immer in Textrahmen verankert und stellen innerhalb des Rahmens einen Absatz dar. Wie bei allen anderen Absätzen auch können Sie die Abstände zum vorherigen Absatz (ABSTAND DAVOR) oder zum folgenden Absatz (ABSTAND DANACH) definieren.
- ZEICHENREIHENFOLGE FÜR KONTUREN ❹: »Zeichen« hat hier die Bedeutung von »Zeichnen« – Sie können grundsätzlich jede Linie Ihrer Tabelle mit eigenen Attributen gestalten. Da sich diese Linien berühren und überschneiden, können Sie festlegen, welche Linie sich »durchsetzt«. Die beiden Optionen ZEILENKONTUREN IM VORDERGRUND und SPALTENKONTUREN IM VORDERGRUND beschreiben die jeweilige Strategie recht deutlich. BESTE VERBINDUNG bedeutet, dass InDesign für Sie entscheidet (leider verschweigt uns Adobe, wie ...), und mit INDESIGN 2.0-KOMPATIBILITÄT verhält sich InDesign CC wie sein betagter Vorgänger, wobei auch hier die angewandte Strategie tatsächlich nicht bekannt ist.

Standardabstand

Wenn Sie in einem Textrahmen zwei Tabellen unmittelbar nacheinander erstellt haben, befindet sich immer ein Abstand zwischen den beiden Tabellen, weil in den TABELLENOPTIONEN im Abschnitt TABELLE EINRICHTEN standardmäßig je ein Abstand von 1,411 mm vor der Tabelle eingetragen ist.

Zeilen- und Spaltenkonturen

Die Einstellungen für die ZEILENKONTUREN und die SPALTENKONTUREN regeln die Linienattribute für Trennlinien zwischen Spalten und Zeilen und legen fest, in welcher Regelmäßigkeit sie anzuwenden sind. Sie funktionieren vollkommen identisch, weshalb wir hier stellvertretend nur die Zeilenkonturen behandeln.

Beachten Sie, dass diese Funktionsbereiche ABWECHSELNDE ZEILENKONTUREN und ABWECHSELNDE SPALTENKONTUREN heißen, wenn sie über das Menü TABELLE • TABELLENOPTIONEN aufgerufen werden, im Fenster aber nur in ihrer Kurzform ZEILENKONTUREN und SPALTENKONTUREN erscheinen. Das ist insofern erwähnenswert, als für das Verständnis der Funktionen klar sein muss, dass hier immer *abwechselnde* Konturen definiert werden.

- ABWECHSELNDES MUSTER ❺: Die Option OHNE bedeutet, dass die Zeilenkonturen nicht wechseln, womit auch keine Trennlinien gesetzt

Datum	Kurs	Umsatz
03.06.2013	21,29	4.066.956
04.06.2013	21,05	4.907.810
05.06.2013	20,52	4.958.967
06.06.2013	21,08	1.942.611
07.06.2013	21,13	1.426.616
10.06.2013	20,97	4.394.487
11.06.2013	21,11	5.273.008
12.06.2013	22,13	8.455.723
13.06.2013	21,38	8.860.921
14.06.2013	21,69	5.211.410

▲ **Abbildung 15.22**
Das Einfügen der Trennlinien kann mit ABWECHSELNDE ZEILENKONTUREN in einem Arbeitsgang erledigt werden. Die ERSTE Zeile verwendet eine Kontur mit 0,75 Pt STÄRKE, die nächsten vier Zeilen haben keine Kontur – ihre STÄRKE beträgt 0 Pt. Da die erste Zeile eine Kopfzeile ist, werden in diesem Muster die ersten vier Zeilen übersprungen. Die Linien erscheinen in der Folge nach jeweils fünf Zeilen.

werden können. Bei der Einstellung NACH JEDER ZEILE werden zwei Zeilen miteinander betrachtet und die Trennlinien entsprechend den Einstellungen ERSTE und NÄCHSTE im Abschnitt ABWECHSELND wiederholt. Die beiden Einstellungen ALLE ZWEI ZEILEN und ALLE DREI ZEILEN funktionieren entsprechend, wobei zunächst zwei/drei Zeilen mit der Kontur für ERSTE und die nächsten zwei/drei Zeilen mit der Kontur für NÄCHSTE dargestellt werden. Dieses Muster wird bis zum Tabellenende wiederholt, wobei die Optionen ÜBERSPRINGEN: ERSTE(N) und ÜBERSPRINGEN: LETZTE(N) allerdings die Anzahl der Zeilen am Anfang bzw. am Ende der Tabelle festlegen, die von diesem Wechsel der Konturen ausgenommen werden sollen.

Die Vorgaben ALLE ZWEI/DREI ZEILEN legen die Anzahl der Zeilen für ERSTE und NÄCHSTE mit den gleichen Werten fest. Sobald Sie im Eingabefeld ERSTE bzw. NÄCHSTE einen Wert ändern, stellt sich die Option ABWECHSELNDES MUSTER auf BENUTZERDEFINIERTE ZEILE um. Sie können somit festlegen, dass z. B. nach zwei Zeilen mit einer bestimmten Kontur sieben Zeilen mit einer anderen Kontur folgen sollen.

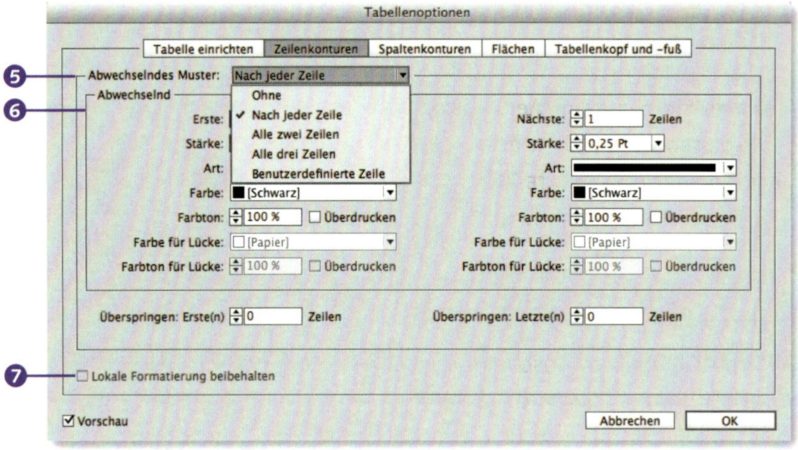

Abbildung 15.23 ▶
TABELLENOPTIONEN – ZEILENKONTUREN, die genauso anzuwenden sind wie die SPALTENKONTUREN

- ABWECHSELND ❻: Wie die wechselnden Konturen tatsächlich aussehen sollen, wird hier festgelegt, wobei Sie sämtliche Einstellungen schon von den Kontureinstellungen aus verschiedenen anderen Anwendungen, wie z. B. UNTERSTREICHUNGS- und DURCHSTREICHUNGSOPTIONEN, kennen.
- LOKALE FORMATIERUNG BEIBEHALTEN ❼: Wenn Sie in Ihrer Tabelle bereits Formatierungen vorgenommen haben, wird diese Einstellung aktiv. Um die entsprechenden Formatierungen zu erhalten, aktivieren Sie diese Option, da InDesign ansonsten sämtliche Formatierungen überschreiben würde.

Muster nur in Tabellenkörper

Der Bereich ABWECHSELNDES MUSTER bezieht sich nur auf den Tabellenkörper und berücksichtigt somit Tabellenkopf und -fuß nicht.

Abwechselnde Flächen

Auch die Einstellung für FLÄCHEN sollte korrekterweise wie im Menü TABELLE • TABELLENOPTIONEN • ABWECHSELNDE FLÄCHEN heißen. Die Methode ist hier nämlich identisch mit der Handhabung bei den Zeilen- bzw. Spaltenkonturen. Allerdings sind hier Spalten und Zeilen zusammengefasst, woraus folgt, dass Sie entweder nur Füllungen für Spalten oder für Zeilen festlegen können. Beides zusammen lässt sich nicht einstellen, was nicht unbedingt logisch ist. Offensichtlich wollte Adobe sich nicht auf die Probleme einlassen, die sich bei überkreuzenden Flächen ergeben.

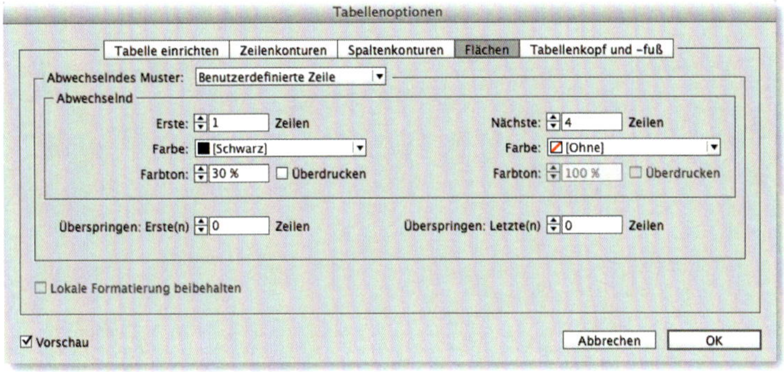

◂ **Abbildung 15.24**
TABELLENOPTIONEN • FLÄCHEN: Das Schema der Anwendung abwechselnder Flächen ist identisch mit dem abwechselnder Linien. Sämtliche Einstellungen sind Ihnen von anderen Farbgebungen für Flächen bereits bekannt.

Wählen Sie aus dem Menü ABWECHSELNDES MUSTER eine der Vorgaben für Spalten oder Zeilen aus, oder legen Sie Ihre eigenen Einstellungen mit BENUTZERDEFINIERTE ZEILE/SPALTE fest, und bestimmen Sie die Farbgebung für die Flächen.

	Datum	Kurs	Umsatz
Woche 23	03.06.2013	21,29	4.066.956
	04.06.2013	21,05	4.907.810
	05.06.2013	20,52	4.958.967
	06.06.2013	21,08	1.942.611
	07.06.2013	21,13	1.426.616
Woche 24	10.06.2013	20,97	4.394.487
	11.06.2013	21,11	5.273.008
	12.06.2013	22,13	8.455.723
	13.06.2013	21,38	8.860.921
	14.06.2013	21,69	5.211.410

▴ **Abbildung 15.25**
Mit den Einstellungen aus Abbildung 15.24 wird der Wochenschlusskurs unserer Tabelle grau hinterlegt. Da die verbundenen Zellen wie die erste Zelle der Gruppe behandelt werden, werden die Wochenbezeichnungen ebenfalls grau hinterlegt. Da die Kopfzeile ohnehin nicht mitspielt, müssen auch keine Zeilen übersprungen werden.

Tabellenkopf und -fuß

Wir erwähnen den Abschnitt TABELLENKOPF UND -FUSS hier nur noch der Vollständigkeit halber. Um Ihnen die Prinzipien der Kopf- und Fußzeilen und die Mechanik der Tabellenumbrüche näherzubringen, haben wir diese Optionen bereits im Abschnitt »Tabellenkopf und -fuß« ab Seite 553 beschrieben.

15.5 Zellenoptionen

Wie die TABELLENOPTIONEN können Sie die ZELLENOPTIONEN in allen Menüs der Tabellensteuerungen und natürlich über TABELLEN • ZELLENOPTIONEN aufrufen, wobei Sie aus den vier Einstellungsbereichen TEXT, KONTUREN UND FLÄCHEN, ZEILEN UND SPALTEN sowie DIAGONALE LINIEN wählen können.

Text

Wie schon erwähnt, benehmen sich Tabellenzellen prinzipiell wie kleine Textrahmen. Die Einstellungen für Text in einer Zelle sind deshalb nahezu identisch mit den TEXTRAHMENOPTIONEN.

Abbildung 15.26 ▶
ZELLENOPTIONEN • TEXT: Sie erreichen dieses Fenster mit dem Tastenkürzel [Alt]+[Strg]+[B] bzw. [⌥]+[⌘]+[B].

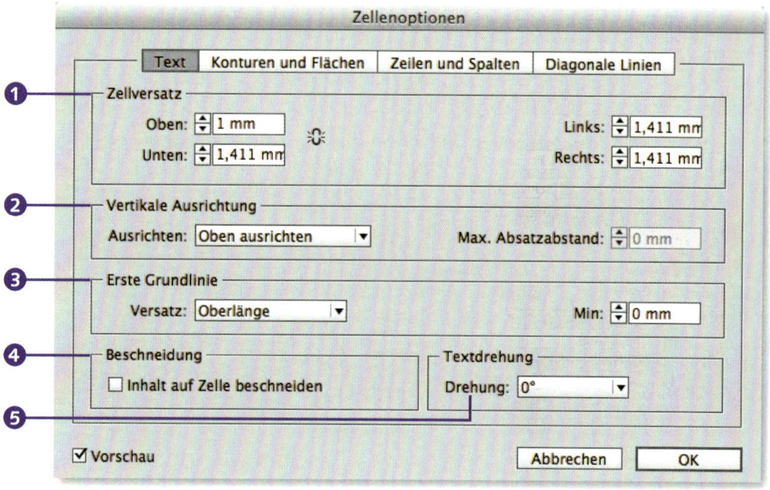

> **Bilder in Tabellenzellen platzieren**
> Stellen Sie die Option AUSRICHTEN auf UNTEN, die Option VERSATZ auf FESTER WERT, und aktivieren Sie die Option INHALTE AUF ZELLE BESCHNEIDEN, wenn Sie Bilder in Zellen platzieren, skalieren und drehen wollen.

- ZELLVERSATZ ❶: Die Abstände zwischen Trennlinien und Inhalt einer Zelle kennen Sie bereits aus dem Tabelle-Bedienfeld.
- Die VERTIKALE AUSRICHTUNG ❷ für den Zelleninhalt haben Sie beim Tabelle-Bedienfeld kennengelernt. Darüber hinaus finden Sie hier die Zusatzoption MAX. ABSATZABSTAND, die Sie schon von den TEXTRAHMENOPTIONEN kennen.
- ERSTE GRUNDLINIE ❸: Tabellenzellen verhalten sich wie Textrahmen – deshalb ist auch diese Option vollkommen identisch mit der Option ERSTE GRUNDLINIE in den TEXTRAHMENOPTIONEN.
- BESCHNEIDUNG ❹: Die Höhe von Tabellenzellen wird im Normalfall an den Inhalt angepasst. Bei Textzellen, die eine fixe Höhe haben, oder bei Zellen, die ein Bild enthalten, funktioniert das allerdings nicht. Dann führt ein Text zu einem Übersatz, gegen den Sie, außer den Inhalt an die Platzverhältnisse anzupassen, nicht viel tun können. Obwohl die BESCHNEIDUNG im Abschnitt TEXT der ZELLENOPTIONEN steht, wirkt die Option INHALT AUF ZELLE BESCHNEIDEN lediglich auf Bilder, die auf Zellengröße abgeschnitten werden, wenn sie über die Zelle hinausragen.
- TEXTDREHUNG ❺: Die Option DREHUNG entspricht den Einstellungen des Tabelle-Bedienfelds, um den Inhalt der Zelle in 90°-Schritten drehen können. Um Bilder in einer Zelle zu drehen, können Sie einen Wert im Eingabefeld DREHWINKEL des Steuerung-Bedienfelds eintragen oder den Rahmen einfach über einen Eck-Anfasser drehen.

Konturen und Flächen

Unter KONTUREN UND FLÄCHEN haben Sie folgende Einstellungsmöglichkeiten:

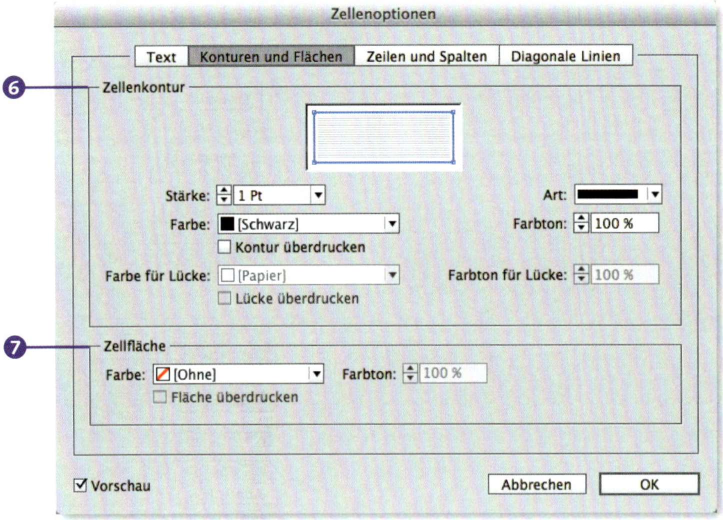

◂ **Abbildung 15.27**
ZELLENOPTIONEN • KONTUREN UND FLÄCHEN: Die meisten Optionen finden Sie auch in anderen Bedienfeldern, wie dem Steuerung- und dem Kontur-Bedienfeld.

- ZELLENKONTUR ❻: Der Abschnitt ZELLENKONTUR erweitert das Kontur-Bedienfeld um die FARBE, den FARBTON, die Überdrucken-Einstellung für die Begrenzungslinien sowie um die Option LÜCKE ÜBERDRUCKEN, sofern Sie eine Linienart mit Zwischenräumen gewählt haben.
- ZELLFLÄCHE ❼: Die Farbfüllung der Zellfläche kann in keinem Bedienfeld festgelegt werden, weil Sie sämtliche Füllungen über das Farbfelder- bzw. das Werkzeuge-Bedienfeld erledigen können. Sie haben zusätzlich die Möglichkeit, einen FARBTON festzulegen und mit FLÄCHE ÜBERDRUCKEN festzulegen, ob die Fläche überdruckt oder nicht.

Farbtöne

Wenn Sie Farbtöne als Zellenfüllung verwenden, sollten Sie entsprechende Farbtonfelder definieren. Nur so können Sie schnell Änderungen an der Farbgebung umsetzen.

Zeilen und Spalten

Auch in diesem Abschnitt finden Sie hauptsächlich Optionen, die Sie ohnehin schon in den verschiedenen Bedienfeldern gesehen oder benutzt haben. Lediglich die – allerdings enorm wichtigen – UMBRUCHOPTIONEN finden Sie nur hier.

- ZEILENHÖHE ❽ (siehe Abbildung 15.28): Diese Option mit den beiden Einstellungen MINDESTENS und GENAU entspricht den Einstellungen des Steuerung- bzw. des Tabelle-Bedienfelds. Zusätzlich können Sie ein Maximum für die Höhe der Zelle festlegen. Zellen, die mit einem Maximum versehen wurden, passen sich dem Inhalt nur noch bis zum eingetragenen Wert an. Inhalte, die über diese Größe hinausgehen, werden als Übersatz (roter Punkt) gekennzeichnet.

Unerwarteter Übersatz

Sollte in einer Zelle ein Übersatzpunkt erscheinen, obwohl die Höhe der Zelle für den Text ausreichen müsste, ist die Ursache zumeist ein zu langes Wort, das nicht geteilt werden konnte. Vergrößern Sie die Spaltenbreite, fügen Sie in langen Wörtern ein flexibles Trennzeichen ein, und stellen Sie die ursprüngliche Spaltenbreite wieder her. Natürlich können Sie den Text auch ausschneiden und in einem normalen Textrahmen editieren oder besser einfach im TEXTMODUS bearbeiten.

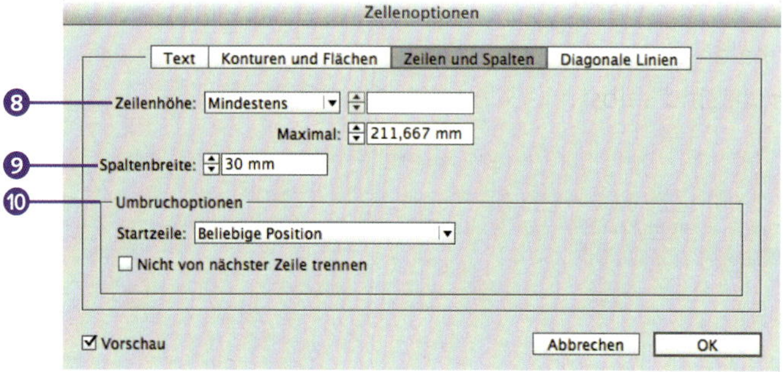

Abbildung 15.28 ▶
Zellenoptionen • Zeilen und Spalten: Wie in anderen Einstellungsfenstern auch bedeutet das leere Feld hinter Zeilenhöhe, dass mehrere Zeilen mit unterschiedlichen Höhen ausgewählt sind. Die Spaltenbreite ist hier dagegen für alle ausgewählten Zellen gleich.

- Spaltenbreite ⑨: Sie entspricht der Einstellung des Steuerung-Bedienfelds bzw. des Tabelle-Bedienfelds.
- Umbruchoptionen ⑩: Da Tabellen immer in Textrahmen verankert sind, verhalten sie sich grundsätzlich auch wie Text. Führt die Höhe der Tabelle zu einem Übersatz, kann die Tabelle in einen weiteren Rahmen umbrechen. Genau wie bei einem Textabsatz werden dabei aber stets ganze Zeilen umbrochen. Und genau wie bei einem Textabsatz können Sie Einfluss darauf nehmen, wie Zellen zusammengehalten oder geteilt werden sollen. Ist ein Umbruch notwendig, bedeutet die Einstellung Beliebige Position, dass InDesign die Tabellenzeilen so trennt, dass der zur Verfügung stehende Platz optimal genutzt wird. Das Ziel für den Umbruch ergibt sich aus der Rahmenverkettung, die Sie festgelegt haben.

  Sie können aber auch selbst einen Umbruch in der Tabelle festlegen, indem Sie für die Option Startzeile festlegen, an welches Ziel die betroffene Zeile umbrechen soll. Die Optionen In nächster Textspalte, In nächstem Rahmen, Auf nächster Seite und Auf nächster ungerader/gerader Seite bestimmen das Ziel innerhalb einer Textverkettung näher und entsprechen den Umbruchregeln für Textabsätze. Diese Umbrüche erfolgen allerdings bedingungslos!

  Wenn Sie verhindern wollen, dass zwei oder mehrere Tabellenzeilen getrennt werden, können Sie sie auswählen und mit der Option Nicht von nächster Zeile trennen verbinden. Die Zeilen werden dann miteinander umbrochen, sofern dies möglich ist. Wie Sie bereits von den Absatzumbruch-Regeln wissen, können solche Einstellungen nicht immer eingehalten werden.

Tabellen umbrechen

Regeln Sie einen benutzerdefinierten Tabellenumbruch, indem Sie die Höhe des Textrahmens verändern, der die Tabelle umfasst.

Diagonale Linien

InDesign konfrontiert uns im Bereich Diagonale Linien ein weiteres Mal mit den gesamten Einstellungen für Konturen. Der interessante Teil dieses Fensters ist der eher unscheinbare Bereich über den Kontureneinstellungen

stellungen. Mit den vier Funktionen □ ⧅ ⧄ ⊠ legen Sie fest, mit welchen diagonalen Linien die ausgewählten Zellen versehen werden sollen – die Symbole sind selbsterklärend.

◄ **Abbildung 15.29**
Zellenoptionen • Diagonale Linien: Eigentlich ist es verwunderlich, dass für Keine diagonalen Linien (wie hier) trotzdem Einstellungen wie Stärke und Art vorgenommen werden können.

Sofern Sie die Diagonalen nicht verwenden, um eine Zelle als leer zu markieren, überlappen sich die diagonalen Linien in der Tabellenzelle mit dem eigentlichen Inhalt der Zelle. Neben den normalen Einstellungen für die Linienkontur können Sie mit der Option Zeichnen festlegen, ob die Diagonalen im Vordergrund oder ob der Inhalt im Vordergrund stehen soll. Farbfüllungen stehen immer im Hintergrund.

Diese Einstellung kann mit den Überdrucken-Einstellungen für die Linienkontur kollidieren. Wenn Sie eine gelbe Schrift vor eine schwarze Diagonale stellen, darf die Linie natürlich nicht überdrucken. An dieser Stelle wird die gelbe Schrift natürlich ausgespart.

15.6 Verschiedene Zelleninhalte

Wenn Zellen Text enthalten, können sie natürlich auch alles andere beinhalten, was in einen Text eingebunden werden kann. Aber auch für Text ist eine Kleinigkeit zu beachten.

Textrahmen

Warum sollten Sie einen Textrahmen in einer Zelle verankern? Zum Beispiel, weil Sie den Inhalt von Zellen nur in 90°-Schritten drehen können. Wenn Sie andere Winkel benötigen, können Sie sich behelfen, indem Sie den Inhalt in einem eigenen Rahmen drehen und dann in eine Tabellenzelle einsetzen.

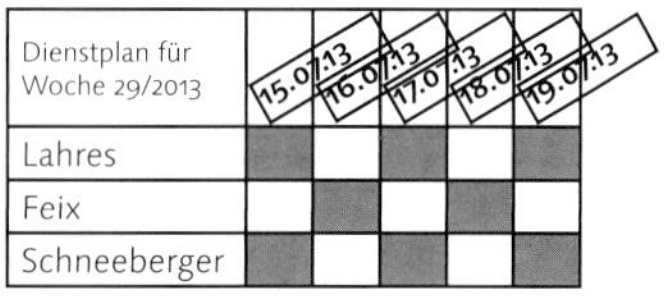

▲ **Abbildung 15.30**
Die um 30° gedrehten Datumseinträge sind mit InDesign-Bordmitteln nicht zu realisieren. Dazu müssen Sie gedrehte Textrahmen in Tabellenzellen einfügen.

Damit Sie die Struktur der Tabelle leichter erkennen können, haben wir in Abbildung 15.30 alle Begrenzungslinien eingeblendet. Für solche Konstruktionen müssen Sie unbedingt zwei Dinge beachten:

1. Sie müssen den Zellenversatz der Kopfzeile an allen vier Seiten auf 0 stellen, damit sich die Rahmen gut in die Zelle einschmiegen können. Allerdings wird es Ihnen auch dann nicht gelingen, die Zeilenhöhe genau auf den eingebetteten Rahmen einzustellen.
2. InDesign sieht immer Platz für Schrift vor – setzen Sie den ZEILENABSTAND der Tabellenzellen auf 0 Pt. Erst dann steht die gesamte Zellenfläche zur Verfügung.

Auf diese Art können Sie jedes Element – auch Bilder – in einer Zelle beliebig drehen.

Bilder

Der Vorteil von Tabellen, in denen Bilder eingebettet werden können, ist offensichtlich. Eine Texttabelle, in der sich an bestimmten Stellen Bilder befinden sollen, ist zwar möglich, jedoch sind solche Aufgaben geeignet, jeden Layouter in den Wahnsinn zu treiben.

Auch bei Bildern in Zellen sollten Sie auf die Zellenversätze achten, und unser Tipp mit dem Zeilenabstand vereinfacht die Sache. Selbstverständlich können Sie Bilder in ihren Rahmen verschieben, um einen Ausschnitt zu wählen, aber Sie haben auch die Möglichkeit, Bilder über die Funktion INHALT AUF ZELLE BESCHNEIDEN im Abschnitt TEXT der ZELLENOPTIONEN zu beschneiden. Wenn Sie wirklich nur das Bild und nicht die Form des Rahmens drehen müssen, sollten Sie die Drehung in der Bildbearbeitung erledigen – das gilt aber ohnehin in jedem Fall.

Tabellen in Tabellen

Ein weiterer wichtiger Inhalt, den Sie in Tabellenzellen platzieren können, sind Tabellen selbst. Durch das Verbinden und Teilen von Zellen können Sie zwar recht komplexe Strukturen aufbauen; allerdings kann diese Aufgabe sehr mühsam sein. Wenn Sie eine Tabelle erstellen müssen, die sehr fein unterteilt ist, dabei aber viele gleiche Strukturen enthält, können Sie die Tabellenzellen mit Tabellen füllen und diese Tabellen natürlich auch in anderen Zellen wiederverwenden. Das Gestalten von Formularen wird damit zwar nicht unbedingt zum Vergnügen, aber wesentlich einfacher.

Möglicherweise lässt der folgende Ausschnitt eines Formulars Bürokratenherzen höherschlagen, bei einem Layouter sorgt selbst so eine simple Struktur nicht für Begeisterung. Mit verschachtelten Tabellen ist die Angelegenheit allerdings ganz einfach.

Bezeichnung der Lehrveranstaltung:	
Nummer der Lehrveranstaltung:	
Lehrveranstaltungsleiter:	Nachname: Vorname: Dienststelle: Personalnummer:
Referent 1:	Nachname: Vorname: Dienststelle: Personalnummer:
Referent 2:	Nachname: Vorname:

◄ **Abbildung 15.31**
Ausschnitt eines typischen Formulars mit verschachtelten Tabellen

Der Block mit den Personendaten ist eine kleine Tabelle, die sich in den Zellen der verschiedenen Personen wiederholt und somit einfach kopiert und in eine andere Zelle der übergeordneten Tabelle eingesetzt werden kann.

Tabulatoren in Tabellen

Wenn Texttabellen in InDesign-Tabellen umgewandelt werden, können Sie verschiedene Spaltentrennzeichen auswählen. Meistens werden Spalten in tabellarischen Daten mit Tabulatoren getrennt, die bei der Umwandlung verschwinden. An ihre Stelle treten die Zellen-Begrenzungslinien. Allerdings können Tabellen wiederum Daten enthalten, bei denen Sie einen Tabulator benötigen. Der klassische Fall wäre eine Preisliste, in der die Preise an einem Dezimaltabulator ausgerichtet sein sollen.

Bei einer Preisliste wie in Abbildung 15.32 oben hilft das rechtsbündige Ausrichten der Preisspalte nicht weiter, da eventuell proportionale Ziffern und Auslassungsstriche verwendet werden. Die einzelnen Preise müssen am Dezimalkomma ausgerichtet werden. Für diesen Fall hat Adobe InDesign mit einer besonderen Verhaltensweise ausgestattet, die aber nur funktioniert, wenn alle beteiligten Zellen über keine besondere Ausrichtung verfügen. Richten Sie also zunächst alle Zellen der Preisspalte linksbündig aus – wie in Abbildung 15.32 Mitte. Wählen Sie die gesamte Spalte aus, und öffnen Sie das Tabulatoren-Bedienfeld mit Strg+⇧+T bzw. ⌘+⇧+T, oder rufen Sie es über Schrift • Tabulatoren auf.

Setzen Sie an der gewünschten Stelle einen Dezimaltabulator (tragen Sie ein Komma im Feld Ausrichten an ein; siehe Abbildung 15.32 un-

Tasche für Laptop	19,99
USB-Kabel	6,–
optische Maus	12,49
USB-Stick 8GB	9,90

Tasche für Laptop	19,99
USB-Kabel	6,–
optische Maus	12,49
USB-Stick 8GB	9,90

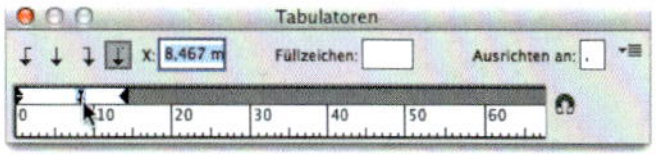

Tasche für Laptop	19,99
USB-Kabel	6,–
optische Maus	12,49
USB-Stick 8GB	9,90

▲ **Abbildung 15.32**
Tabelleninhalt an einem Dezimaltabulator ausrichten

ten). InDesign richtet alle Ziffern am Komma aus. Sie müssen also keinen Tabulator über die Tastatur eingeben. Allerdings ist das wirklich ein Sonderfall, der nur mit dem Dezimaltabulator und nur dann funktioniert, wenn Sie nicht in die Ausrichtung des Zelleninhalts eingegriffen haben.

Sollten Sie einen oder mehrere andere Tabulatoren benötigen, können Sie sie über das Tabulatoren-Bedienfeld natürlich genauso festlegen wie gewohnt. Allerdings stehen Sie dann vor dem Problem, wie Sie die Tabulatorpositionen in den Zellen anspringen können. Die ⇥-Taste bewirkt in Tabellen, dass in die nächste Zelle gesprungen wird. Nun klärt sich, warum Tabulatoren über den Menübefehl Schrift • Sonderzeichen einfügen • Andere • Tabulator in einen Text eingefügt werden können. Tabulatoren, die Sie so in eine Tabellenzelle einfügen, werden im Text positioniert und bewirken nicht, dass die nächste Zelle angesprungen wird. Obwohl für diesen Tabulator im Menü kein Tastaturkürzel eingeblendet ist, können Sie das Tastenkürzel Alt+⇥ bzw. ⌥+⇥ verwenden.

Tabellen in Tabellen

Prinzipiell sollten tabellarische Strukturen auch in Tabellenzellen mit Tabellen aufgebaut werden. Linksbündige, rechtsbündige und zentrierte Ausrichtungen können Sie für einzelne Spalten ohnehin über die Ausrichtung der Tabellenzelle festlegen.

15.7 Zellen- und Tabellenformate

Bei der Fülle an Einstellungsmöglichkeiten ist es nur konsequent, dass es auch für Zellen und Tabellen eine Möglichkeit gibt, die Formatierung zunächst abstrakt zu beschreiben und dann auf das reale Layout zu übertragen. Adobe hat InDesign allerdings erst in Version CS3 mit dieser Option ausgestattet und sie bis CC nur geringfügig überarbeitet.

Die dabei umgesetzte Strategie entspricht der Umsetzung der Zeichen- und Absatzformate. Entsprechend gibt es ein Zellenformate-Bedienfeld (für Zellen als Untermenge der Tabelle) und ein Tabellenformate-Bedienfeld, mit dem die Tabellen in die übergeordnete Struktur integriert werden können. Zusätzlich können Zellenformate auf Absatzformate zugreifen, um den Inhalt der Zelle ebenfalls formatieren zu können. Das Zusammenspiel dieser drei Ebenen ist eher mit verschachtelten Formaten zu vergleichen.

Zellen- und Tabellenformate sind also von Grund auf wesentlich stärker miteinander verbunden als Zeichen- und Absatzformate. Wir betrachten sie deshalb hier auch gemeinsam. Die Optionen, die Sie über die beiden Formatarten verwenden können, sind dabei mit den Zellen- bzw. Tabellenoptionen identisch. Wir beschränken uns im Folgenden somit auf die Optionen, die allein durch die jeweiligen Formate bestimmt sind, werden mit Ihnen jedoch ein Beispiel zur Anwendung von Tabellenformaten durchgehen.

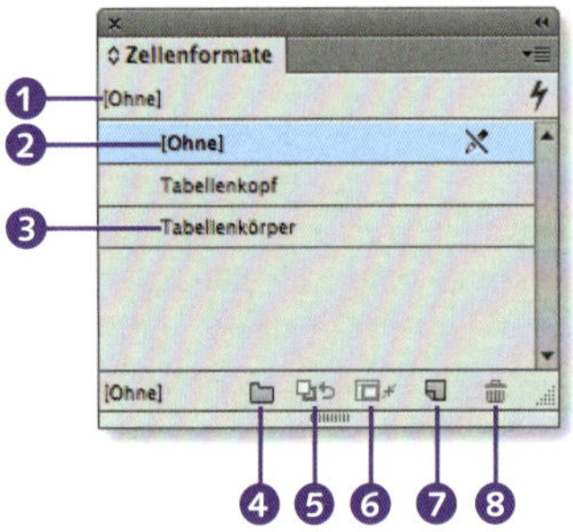

▲ **Abbildung 15.33**
Das Zellenformate-Bedienfeld: Der Eintrag [Ohne] ❷ dient dazu, die Zuweisung eines Zellenformats zu einer Zelle wieder zurückzusetzen. Selbst definierte Formate, wie z. B. »Tabellenkörper« ❸, werden in diesem Bedienfeld angezeigt und verwendet wie in allen anderen Formate-Bedienfeldern auch. In der Zeile über der Liste der Formate ❶ wird das derzeit zugewiesene Format eingeblendet.

Das Zellenformate-Bedienfeld

Sollte das Zellenformate-Bedienfeld in Ihrer gewählten Arbeitsumgebung nicht in einer Registerkarte am rechten Bildschirmrand eingeblendet sein, rufen Sie es über FENSTER • FORMATE • ZELLENFORMATE auf. Ein Tastenkürzel zum Aufrufen gibt es nicht.

Aufbau und Handhabung des Zellenformate-Bedienfelds entsprechen der Struktur und der Bedienung der Formate-Bedienfelder, die Sie schon kennen. Im Bedienfeldmenü finden Sie vertraute Befehle, wie FORMAT NEU DEFINIEREN, NEUE FORMATGRUPPE, NACH NAME SORTIEREN usw. Schlagen Sie gegebenenfalls in Kapitel 14, »Textformatierung«, ab Seite 479 nach, in dem diese Funktionen am Beispiel des Zeichenformate-Bedienfelds erklärt werden. Selbstverständlich können auch Zellenformate über die Funktion SCHNELL ANWENDEN zugewiesen werden.

Am unteren Rand des Bedienfelds finden Sie neben den üblichen Symbolen NEUES FORMAT ERSTELLEN ❼, AUSGEWÄHLTE FORMATE/GRUPPEN LÖSCHEN ❽ und NEUE FORMATGRUPPE ERSTELLEN ❹ zwei weitere Funktionen: NICHT VOM FORMAT DEFINIERTE ATTRIBUTE LÖSCHEN ❺ löscht die Attribute einer Zelle, die bei der Definition nicht explizit gesetzt wurden.

Abweichungen erkennen

Genau wie bei Zeichen- und Absatzformaten erscheint neben dem Namen eines Zellenformats ein Plus, wenn die aktuellen Einstellungen von der Definition des Formats abweichen. Bewegen Sie den Mauszeiger auf den Namen des Formats, und InDesign zeigt die Abweichungen in einem QuickInfo-Feld an.

Wie bei Zeichenformaten müssen in Zellenformaten nur die Eigenschaften gesetzt werden, die nicht aus der Tabellendefinition abgeleitet werden sollen. Wenn also die Kontur der Zelle nicht definiert wurde (weil sie z.B. als abwechselnde Kontur aus der Tabellendefinition kommt) und Sie die Kontur nachträglich manuell verändern, können Sie die Kontur so wieder zurücksetzen – also löschen. Die Funktion ABWEICHUNGEN IN AUSWAHL LÖSCHEN ❻ würde diese Änderung in der veränderten Zelle nicht erkennen, aber sehr wohl in den benachbarten, da sich die Zellen ja die Kontur teilen und in den Nachbarzellen nun Abweichungen vorliegen.

Ein Zellenformat anlegen

Um ein Zellenformat zu definieren, klicken Sie mit gedrückter [Alt]- bzw. [⌥]-Taste auf NEUES FORMAT ERSTELLEN, oder wählen Sie NEUES ZELLENFORMAT aus dem Bedienfeldmenü des Zellenformate-Bedienfelds, um direkt zur Definition zu gelangen. Allerdings können diese Funktionen nur aufgerufen werden, wenn gar kein Objekt oder aber eine Tabelle oder ein Tabellenteil ausgewählt ist.

Nur Formatierung

In Zellenformaten wird wirklich nur die Formatierung der Zelle festgelegt. Die Dimensionen der Zelle gehören nicht dazu.

Im Abschnitt ALLGEMEIN können Sie die üblichen Einstellungen für Formate vornehmen, einen Namen vergeben, einen TASTATURBEFEHL zuweisen und bestimmen, ob das Format auf einem bereits bestehenden basieren soll.

Da die Zelle ja auf jeden Fall einen Text enthalten wird – auch eingesetzte Bilder sind im Text der Zelle verankert –, können Sie unter Absatzformate bereits ein Format auswählen, mit dem der Zelleninhalt formatiert werden soll. Eine Option (Ignorieren) taucht in diesem Menü nur auf, wenn schon ein Format gewählt wurde, und dient dazu, das Menü auf keinerlei Auswahl zu setzen.

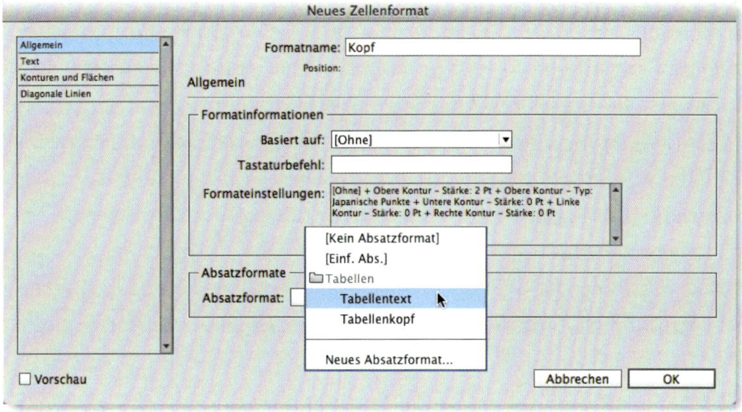

Abbildung 15.34 ▶
Neues Zellenformat • Allgemein: Formatgruppen erscheinen hier natürlich schon aufgeklappt, damit Sie die enthaltenen Formate auswählen können.

In den restlichen drei Abschnitten von Neues Zellenformat treffen wir nur alte Bekannte, da hier die Attribute der Zellenoptionen aus dem Tabelle-Menü festgelegt werden können. Tatsächlich entsprechen die drei Abschnitte Text, Konturen und Flächen und Diagonale Linien exakt den Einstellmöglichkeiten der gleichnamigen Zellenoptionen. Lediglich der Bereich Zeilen und Spalten fehlt hier, weil Zeilenhöhe und Spaltenbreite wohl kaum allgemeingültig festgelegt werden können. Das Gleiche gilt für die Umbruchoptionen – an welcher Stelle umbrochen werden soll, hängt von der realen Satzsituation ab und nicht von einer abstrakten Definition.

Wie bei Zeichenformaten auch stellen Sie hier zumeist nur die Abweichungen von der Tabelle ein. Zellenformate werden angewendet, indem Sie eine oder mehrere Zellen einer Tabelle auswählen und das Format mit einem Klick auf den Formatnamen im Zellenformate-Bedienfeld zuweisen – also ebenfalls genauso wie auch bei den bisherigen Formaten.

Zellenformate allein sind schon sehr praktisch, und bei unregelmäßig aufgebauten Tabellen sind sie die einzige Möglichkeit, um das Biest zu zähmen. Folgt eine Tabelle jedoch einem bestimmten Muster, in dem bestimmte Zellenformatierungen wiederholt werden müssen, können Sie den Nutzen der Zellenformate zusätzlich über ihre Anwendung in Tabellenformaten steigern. Ein Anwendungsbeispiel für Zellenformate werden wir deshalb auch in den nun folgenden Abschnitt verlegen.

Zellenformate über Prototyp erstellen

Bei einem Absatzformat können Sie zunächst einen Prototyp erstellen und daraus die Definition des Absatzformats ableiten. So können Sie mit Zellenformaten auch verfahren. Sie sollten dann aber beachten, dass wirklich nur Attribute der Zelle übernommen werden. Ein bereits eingestelltes Absatzformat für den Inhalt wird nicht erkannt und muss bei der Definition explizit angegeben werden.

Tabellenformate-Bedienfeld

Alle allgemeinen Anmerkungen zum Zellenformate-Bedienfeld gelten sinngemäß auch für das Tabellenformate-Bedienfeld. Allerdings gibt es hier nur die Funktion ABWEICHUNGEN IN AUSWAHL LÖSCHEN, da es ja kein übergeordnetes Format mehr gibt. Der Name ist darüber hinaus nicht ganz passend, weil sich die Änderungen immer auf die gesamte Tabellendefinition beziehen und nicht nur auf die Auswahl. Sollten Änderungen nicht in dem Ausmaß rückgängig gemacht werden, wie Sie es erwarten, werfen Sie einen Blick auf das Zellenformate-Bedienfeld. Formatierungen, die über Zellenformate zugewiesen wurden, werden niemals als Abweichung erkannt (genau wie bei den Absatzformaten).

Jedes Dokument enthält die beiden Formate [EINFACHE TABELLE], das standardmäßig auf neu erstellte Tabellen angewendet wird, und [KEIN TABELLENFORMAT], das Sie im Tabellenformate-Bedienfeld jedoch nicht sehen – es dient lediglich als Ausgangspunkt für aufeinander basierende Tabellenformate. Sie können das Format [EINFACHE TABELLE] zwar bearbeiten, aber weder löschen noch umbenennen.

Wenn Sie [EINFACHE TABELLE] verändern, während kein Dokument geöffnet ist, ändern Sie damit die Standardeinstellungen, mit denen Tabellen ab diesem Zeitpunkt in neuen Dokumenten erstellt werden. Bestehende Dokumente bzw. deren Tabellen ändern sich dadurch natürlich nicht.

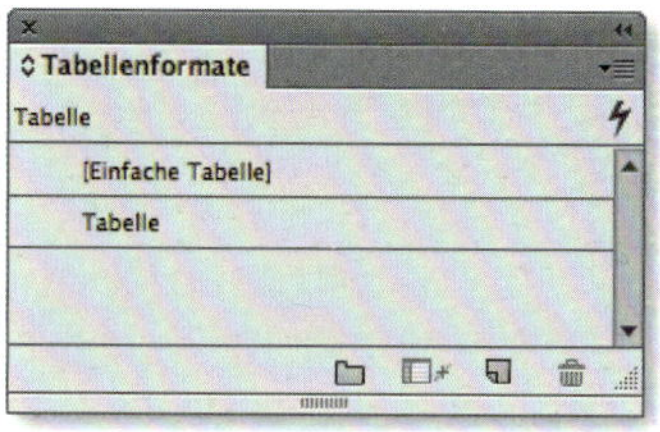

▲ **Abbildung 15.35**
Das Tabellenformate-Bedienfeld. Die Handhabung ist vollkommen identisch mit der des Zellenformate-Bedienfelds – lediglich die Funktion NICHT VOM FORMAT DEFINIERTE ATTRIBUTE LÖSCHEN fehlt.

Ein Tabellenformat anlegen

Um ein Tabellenformat zu definieren, klicken Sie mit gedrückter [Alt]- bzw. [⌥]-Taste auf NEUES FORMAT ERSTELLEN, oder wählen Sie NEUES TABELLENFORMAT aus dem Bedienfeldmenü des Tabellenformate-Bedienfelds, um direkt zur Definition zu gelangen.

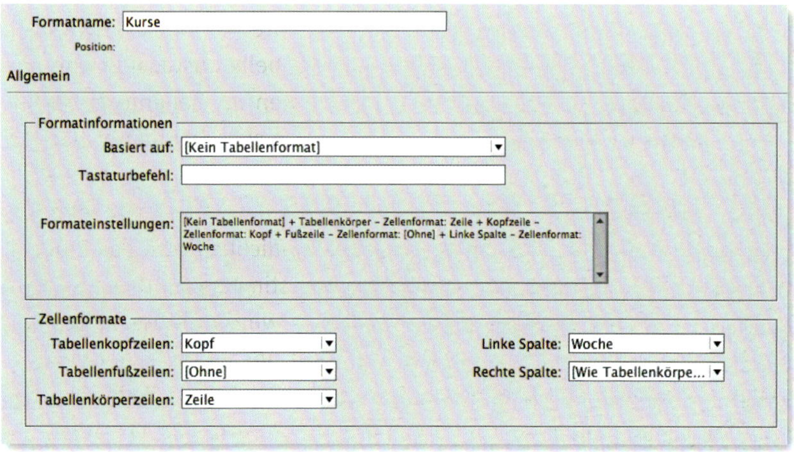

◀ **Abbildung 15.36**
NEUES TABELLENFORMAT • ALLGEMEIN – diese Einstellungen werden wir im nächsten Beispiel verwenden.

Stile wurden Formate

Bis InDesign CS4 wurden Zellenformate noch in manchen Fenstern als »Stile« bezeichnet. Mit InDesign CS5 wurden diese uneinheitlichen Bezeichnungen zumindest in diesem Bereich beseitigt. Wenn Sie also mit einer früheren Version von InDesign arbeiten, lassen Sie sich nicht von den alten Bezeichnungen irritieren – funktional hat sich nichts geändert!

	Datum	Kurs	Umsatz
Woche 23	03.06.2013	21,29	4.066.956
	04.06.2013	21,05	4.907.810
	05.06.2013	20,52	4.958.967
	06.06.2013	21,08	1.942.611
	07.06.2013	21,13	1.426.616
Woche 24	10.06.2013	20,97	4.394.487
	11.06.2013	21,11	5.273.008
	12.06.2013	22,13	8.455.723
	13.06.2013	21,38	8.860.921
	14.06.2013	21,69	5.211.410
Woche 25	17.06.2013	22,32	10.743.500
	18.06.2013	21,36	8.272.752
	19.06.2013	22,43	6.290.677
	20.06.2013	22,19	6.441.854
	21.06.2013	23,44	5.825.816

▲ **Abbildung 15.37**
Die Spalte ganz links spielt eine besondere Rolle. Um bei der Automatisierung der Tabellengestaltung auch solche besonderen Spalten berücksichtigen zu können, gibt es eigene Einstellungen für Linke Spalte und Rechte Spalte. Besondere Rollen, die von Spalten *innerhalb* der Tabelle übernommen werden sollen, können aber nicht automatisch formatiert werden.

Allgemein | Hier finden Sie neben den bekannten Einstellungen Formatname, Tastaturbefehl und Basiert auf die zentrale Beschreibung der Tabellenstruktur.

Die Tabellenstruktur wird im Bereich Zellenformate in fünf Bereiche aufgeteilt, die existieren können, aber nicht müssen. Diesen fünf Bereichen können Zellenformate zugewiesen werden, die dann die Gestaltung der Bereiche übernehmen und dabei – wie Sie wissen – ihrerseits auf Absatzformate zur Gestaltung des Inhalts zurückgreifen können.

Die drei Bereiche Tabellenkopfzeilen, Tabellenfusszeilen und Tabellenkörperzeilen kennen Sie bereits. Sie werden – sofern sie existieren – in der Regel unterschiedlich gestaltet sein. Wählen Sie die entsprechenden Zellenformate aus. Die Option [Ohne] bedeutet dabei, dass kein Zellenformat zugewiesen wird. Existiert z. B. eine Tabellenkopfzeile und wird ihre Formatierung hier auf [Ohne] gestellt, wird die Kopfzeile nicht automatisch formatiert und muss folglich manuell gestaltet werden. [Wie Tabellenkörperzeilen] (nur bei Kopf- und Fußzeilen auswählbar) übernimmt die Zellenformateinstellung von Ihrer Auswahl für die Körperzeilen. Deshalb ist hier neben den vorhandenen Zellenformaten auch nur [Ohne] auswählbar.

Die beiden Tabellenbereiche Linke Spalte und Rechte Spalte gehen davon aus, dass in vielen Tabellen die am weitesten links und/oder rechts stehende Spalte eine besondere Bedeutung hat. Bei der manuellen Formatierung einer Tabelle übernehmen Sie die Gestaltung dieser besonderen Rollen ohnehin selbst; bei einer automatischen Formatierung muss eine spezielle Auszeichnung auch vorgesehen sein und taucht deshalb in den Tabellenformaten auf: Sie können die Spalten nicht formatieren (stellen Sie dann [Ohne] ein), Sie können sie über die gleichnamige Funktion wie Tabellenkörperzeilen aussehen lassen oder ihnen ein bestimmtes Format zuweisen.

Wenn Sie eine Tabelle manuell formatieren, können Sie in den Tabellenoptionen einen Tabellenkopf und -fuss festlegen. Diese Möglichkeit fehlt bei der Definition eines Tabellenformats. Bei einer allgemeinen Beschreibung einer Tabelle ist ja nicht klar, ob es diese Zeilen geben wird. Sofern es sie gibt, können sie aber wie oben beschrieben gestaltet werden.

Restliche Abschnitte | Auch in den restlichen vier Abschnitten Tabelle einrichten, Zeilenkonturen, Spaltenkonturen und Flächen fehlen teilweise bestimmte Optionen, die nur bei konkreten Tabellen angewendet werden können. Wir bilden im folgenden Beispiel dennoch zwei dieser vier Bereiche ab und geben Ihnen dort auch noch ein paar Hinweise zu den Abweichungen.

Schritt für Schritt
Tabellenformat erstellen

Wir verwenden für dieses Beispiel die Datei »TRBC_Close_06_13_v2.txt«, die Sie auf der Buch-DVD finden. In ihr sind die Wochengrenzen angepasst und bereits beschriftet. Das Ergebnis soll wie Abbildung 15.37 aussehen.

Die Datei »TRBC_Close_06_13_v2.txt« finden Sie im Ordner BEISPIELMATERIAL • KAPITEL_15.

1 Absatzformate anlegen

Definieren Sie zunächst folgende drei Absatzformate, die von den Zellenformaten benötigt werden, um den Zelleninhalt zu gestalten:

»Kopftext«:
Helvetica Bold, 9 Pt
Ausrichtung: Rechts

»Zeilentext«:
Helvetica Regular, 9 Pt
Ausrichtung: Rechts

»Wochentext«:
Helvetica Regular, 8 Pt
Ausrichtung: Rechts

Lassen Sie die restlichen Einstellungen undefiniert, oder entscheiden Sie selbst, wie sie aussehen sollen. Wie Sie wissen, müssen Sie an dieser Stelle noch nicht alle Entscheidungen treffen, weil die Formate jederzeit geändert werden können.

2 Zellenformate anlegen

Definieren Sie folgende drei Zellenformate; lassen Sie nicht angegebene Attribute undefiniert:

»Kopf«:
Allgemein: Absatzformat »Kopftext«
Text: 0,5 mm an allen vier Seiten; Vertikale Ausrichtung: Zentrieren
Untere Zellenkontur: 0,5 Pt, Schwarz

»Zeile«:
Allgemein: Absatzformat »Zeilentext«
Text: 0,5 mm an allen vier Seiten
Zellenkonturen: 0 Pt

»Woche«:
Allgemein: Absatzformat »Wochentext«
Text: 0,5 mm an allen vier Seiten; Ausrichten: Zentriert; Textdrehung 270°
Konturen und Flächen: Zellfläche 20 %, Schwarz; Zellenkonturen: 0 Pt

3 Tabellenformat anlegen – Tabelle einrichten

Definieren Sie ein Tabellenformat »Kurse«, und legen Sie alle Einstellungen im Abschnitt ALLGEMEIN wie in Abbildung 15.36 auf Seite 569 fest. Definieren Sie folgende Einstellungen für TABELLE EINRICHTEN:

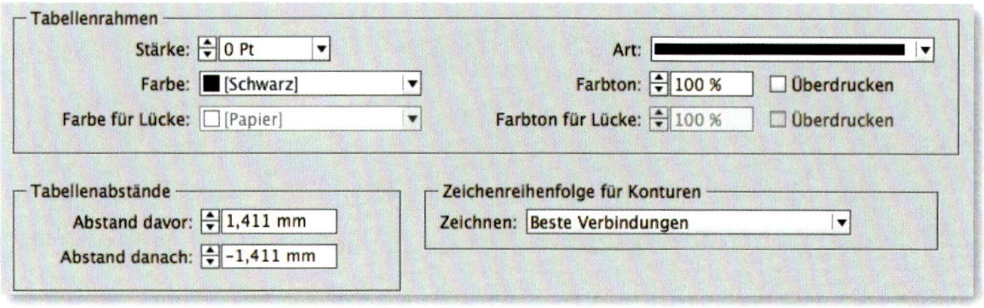

◀ **Abbildung 15.38**
Unter TABELLE EINRICHTEN fehlen die Einstellungen für die Tabellendimensionen und die Anzahl der Kopf- und Fußzeilen.

Unsere Tabelle benötigt keinen Rahmen, wir setzen die Stärke der Rahmenlinien daher auf 0 Pt. Da die Tabelle alleine stehen wird, müssen wir uns um die Abstände davor und danach nicht kümmern.

4 Tabellenformat anlegen – Konturen

In Zeilenkonturen und Spaltenkonturen müssen Sie keine Einstellungen vornehmen – vergewissern Sie sich aber, dass hier Abwechselndes Muster auf [Ohne] steht. Zeilenkonturen und Spaltenkonturen decken sich vollständig mit den Einstellungen der Tabellenoptionen.

5 Tabellenformat anlegen – Flächen

Eine Kurswoche umfasst fünf Tage. Um den Wochenwechsel zu betonen, wird der erste Tag der Woche grau hinterlegt, die restlichen vier Tage werden nicht gefüllt.

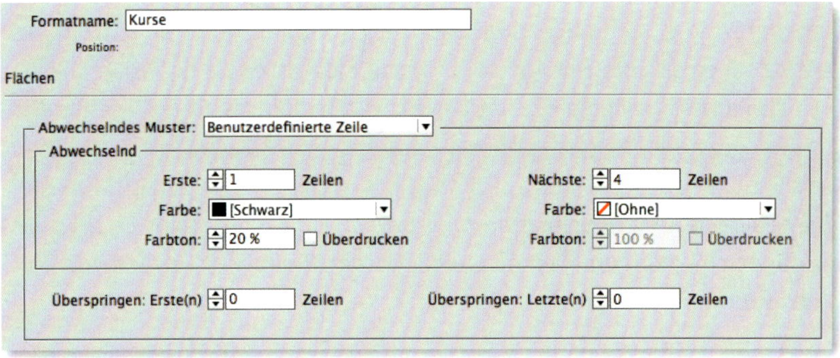

Abbildung 15.39 ▶
Neues Tabellenformat • Flächen: Die Flächen unterscheiden sich ebenfalls nicht von den Tabellenoptionen.

Die Datei »TRBC_Close_06_13_v2.txt« finden Sie im Ordner Beispielmaterial • Kapitel_15.

6 Text laden

Platzieren Sie den Text »TRBC_Close_06_13_v2.txt« von der Buch-DVD, und stellen Sie die Rahmenbreite auf 80 mm. Machen Sie sich dabei noch keine Gedanken über den Textumbruch.

7 Text in Tabelle umwandeln

Wählen Sie den Text aus, und wandeln Sie ihn in eine Tabelle um, indem Sie Tabelle • Text in Tabelle umwandeln wählen. Verwenden Sie als Spaltentrennzeichen Tabstopp und als Zeilentrennzeichen Absatz, und klicken Sie auf OK. Sie könnten an dieser Stelle bereits als Tabellenformat das neu erstellte Format »Kurse« auswählen, es ist aber für Sie leichter nachverfolgbar, was in der Folge noch passieren wird, wenn Sie das erst später machen.

8 Kopfzeile definieren und Wochenbeschriftung einrichten

Da noch keine Kopfzeile definiert wurde, stimmen im Folgenden die Wochengrenzen noch nicht. Markieren Sie die erste Zeile der Tabelle, und wählen Sie Zeilen umwandeln • In Tabellenkopf aus dem Menü Tabelle.

Markieren Sie die ersten fünf Zellen der ersten Spalte nach der Kopfzeile, und wählen Sie Tabelle • Zellen verbinden, oder klicken Sie auf ⊠ im Steuerung-Bedienfeld. Wiederholen Sie diesen Schritt für alle Wochen der Tabelle.

9 Tabellenformat anwenden

Für diesen Schritt reicht es, wenn der Textcursor in irgendeiner Zelle der Tabelle steht. Klicken Sie nun auf den Eintrag »Kurse« im Tabellenformate-Bedienfeld, um sämtliche Einstellungen auf die Tabelle zu übertragen.

Das Ergebnis hat bereits viel Ähnlichkeit mit dem gewünschten Zustand, jedoch müssen noch einige Korrekturen gemacht werden, die im Format nicht abgebildet werden konnten. Nun können Sie die Breite der ersten Spalte und eventuell auch der anderen Spalten anpassen und mit dem Feintuning der Absatz- und Zellenformate beginnen, bis es der Vorlage in Abbildung 15.40 entspricht.

	Datum	Kurs	Umsatz
Woche 23	03.06.2013	21,29	4.066.956
	04.06.2013	21,05	4.907.810
	05.06.2013	20,52	4.958.967
	06.06.2013	21,08	1.942.611
	07.06.2013	21,13	1.426.616
Woche 24	10.06.2013	20,97	4.394.487
	11.06.2013	21,11	5.273.008
	12.06.2013	22,13	8.455.723
	13.06.2013	21,38	8.860.921
	14.06.2013	21,69	5.211.410
Woche 25	17.06.2013	22,32	10.743.500
	18.06.2013	21,36	8.272.752
	19.06.2013	22,43	6.290.677
	20.06.2013	22,19	6.441.854
	21.06.2013	23,44	5.825.816

▲ **Abbildung 15.40**
Das Ergebnis nach dem Zuweisen des Tabellenformats und etwas Tuning.

Sollte sich irgendein Schritt nicht so verhalten, wie Sie es erwarten, stellen Sie sicher, dass in keinem der Formate-Bedienfelder eine Auswahl getroffen ist, wenn Sie den Text platzieren. Sollten hier noch Zeichen-, Absatz- oder Zellenformate von vorherigen Experimenten ausgewählt sein, überlagern sich diese Einstellungen mit den Formatierungen des Tabellenformats, wodurch sich Abweichungen ergeben können.

Formate organisieren

Selbstverständlich können auch Tabellen- und Zellenformate verwaltet und organisiert werden wie alle anderen Formate auch – Sie können sie duplizieren, gruppieren, nicht verwendete auswählen (um sie dann zu löschen) und abweichende Formate neu definieren.

Lediglich in der Funktion Verknüpfung mit Format aufheben gibt es eine Besonderheit aufgrund ihrer Verbindung mit Absatzformaten: Diese Verbindungen mit den verwendeten Absatzformaten werden nicht aufgehoben, und somit wird das Zellenformat [Ohne] logischerweise als abweichend markiert. Absatzformate müssen Sie also manuell entknüpfen, was aber sehr einfach über die Auswahl der gesamten Tabelle und den anschließenden Aufruf der Funktion Verknüpfung mit Format aufheben im Bedienfeldmenü des Absatzformate-Bedienfelds erledigt werden kann.

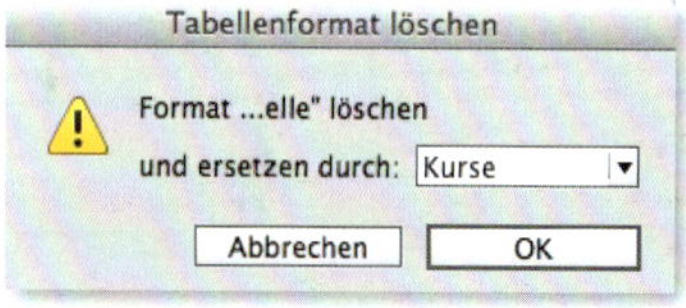

▲ **Abbildung 15.41**
Das Löschen von angewendeten Formaten führt dazu, dass Sie einen Nachfolger für das zu löschende Format bestimmen müssen. Nur über diesen Weg können Sie Tabellen- und Zellenformate gezielt austauschen. Die an sich sehr leistungsfähige Suchen-und-Ersetzen-Funktion von InDesign könnte hier noch etwas ausgebaut werden.

Nach Zellen- und Tabellenformaten kann nicht gesucht werden. Ein Austausch von angewendeten Formaten funktioniert somit nur, indem Sie das angewendete Format löschen und im Bestätigungsfenster einen Nachfolger nominieren.

Die beiden Funktionen TABELLENFORMATE LADEN und TABELLEN- UND ZELLENFORMATE LADEN aus dem Bedienfeldmenü sowohl des Tabellenformate- als auch des Zellenformate-Bedienfelds unterscheiden sich nur in der Vorauswahl der zu importierenden Formate. Grundsätzlich bieten Ihnen beide Funktionen an, Tabellenformate, Zellenformate und alle darin angewendeten Zeichenformate zu importieren. ZELLENFORMATE LADEN trifft hier lediglich die Vorauswahl, die Tabellenformate nicht zu importieren. Sollten ein oder mehrere Absatzformate verschachtelte Formate sein, so werden Ihnen natürlich auch die darin verwendeten Zeichenformate zum Import angeboten.

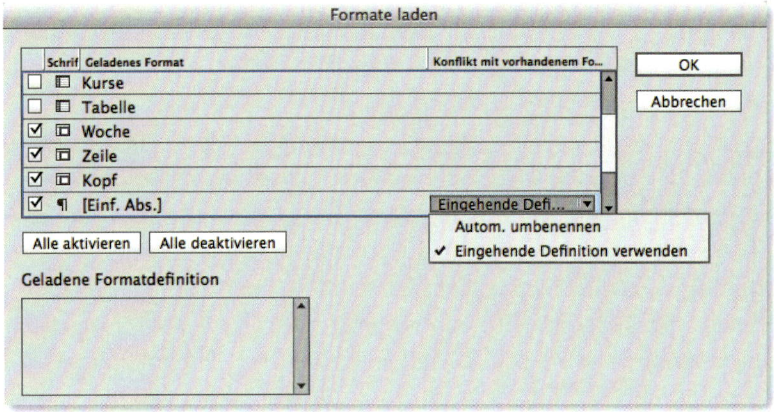

Abbildung 15.42 ▶
(Zellen-)FORMATE LADEN bietet Ihnen zwar an, auch Tabellenformate zu importieren, wählt sie jedoch nicht für Sie aus. Es werden nur die Absatz- und Zeichenformate für den Import angeboten, die auch in den Tabellen- und Zellenformaten verwendet wurden.

Die Möglichkeiten, Konflikte mit bereits vorhandenen Formaten aufzulösen, entsprechen den Möglichkeiten in Absatz- und Zeichenformaten.

15.8 Importierte Inhalte aktualisieren

Bei all diesen Gestaltungsmöglichkeiten darf man einen wesentlichen Punkt nicht aus den Augen verlieren: Es geht um effiziente Informationsvermittlung. Dummerweise (oder glücklicherweise?) neigen Informationen dazu, sich zu verändern. Unser zentrales Beispiel der Aktienkurse zeigt das recht eindrucksvoll (solche Daten sind bereits nach einem Tag veraltet). Das Gestalten der Tabelle ist eine Sache; den Inhalt immer aktuell zu halten, eine ganz andere. Dank der Tabellenformate ist es in InDesign möglich, tabellarische Daten zu aktualisieren, ohne dass dabei die gesamte Formatierung verloren geht.

Textverknüpfungen

Bei Bilddaten war es in allen Satz- und Layoutprogrammen schon immer üblich, die Originaldaten nicht in das Layoutdokument zu integrieren. Gespeichert werden lediglich eine Voransicht des Bilds und der Verweis auf die Originaldatei. Das hält die Satzdokumente kompakt und macht Änderungen an den Bilddaten einfach.

Gerade diese Änderungen haben in der Vergangenheit in der Produktion viele Tragödien verursacht. Die gängigen Werkzeuge warnen den Benutzer zwar, wenn sich Daten verändert haben, aber diese Warnung wurde oft mit einem einfachen Klick ignoriert. Doch nicht diese Bedienungsfehler sind hier interessant, sondern die Tatsache, dass Sie diesen Mechanismus in InDesign auch für Textdaten ausnutzen können. Hier steht weniger die Effizienz als die Möglichkeit im Vordergrund, veränderte Daten automatisch in das Layout zu übernehmen.

Damit InDesign eine aktuelle Verbindung zu externen Textdaten aufbaut, muss in den Voreinstellungen für Dateihandhabung die Option Beim Platzieren von Text- und Tabellendateien Verknüpfungen erstellen aktiviert sein. Diese Voreinstellung bezieht sich nur auf das aktuelle Satzdokument, es sei denn, Sie hätten beim Einstellen dieser Option kein Dokument geöffnet. In diesem Fall gilt die Einstellung für alle neuen Dokumente – davon raten wir jedoch ab.

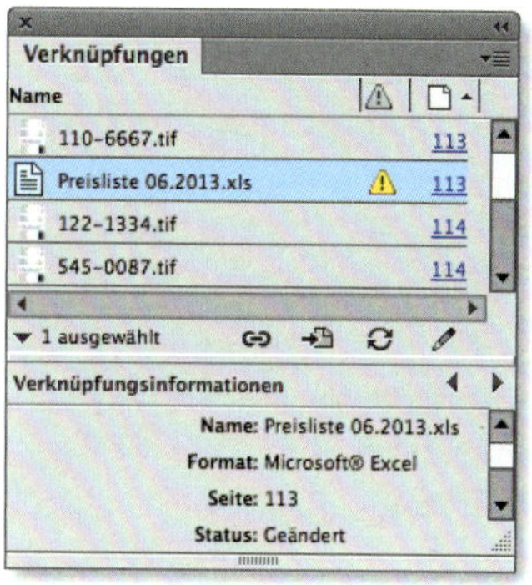

▲ **Abbildung 15.43**
Im Verknüpfungen-Bedienfeld werden auch veränderte Textdateien und Tabellen mit einem Warndreieck gekennzeichnet.

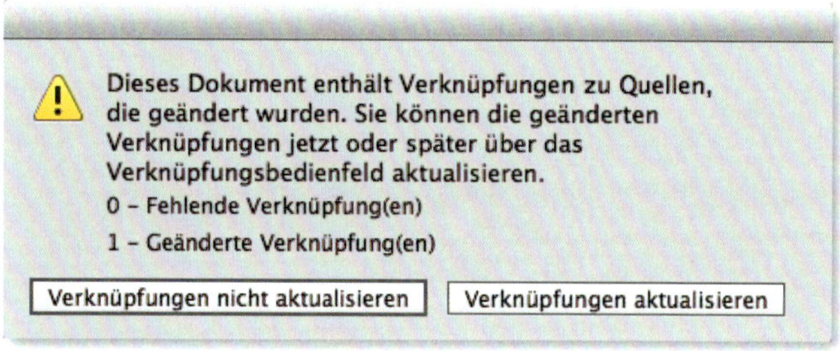

◀ **Abbildung 15.44**
Wenn Sie nun eine Tabelle platzieren, hält InDesign eine Verbindung zu den Originaldaten und überprüft, ob sich die Daten geändert haben. Ist das der Fall, macht InDesign Sie beim Öffnen Ihrer Satzdatei darauf aufmerksam.

Einen Überblick, welche Dateien sich geändert haben oder fehlen, bekommen Sie im Verknüpfungen-Bedienfeld. Wenn Sie entscheiden, eine Verknüpfung zu aktualisieren, markieren Sie die betroffene Datei im Verknüpfungen-Bedienfeld und klicken auf Verknüpfung aktualisieren. InDesign stellt nun den aktuellen Zustand her. In unserem Beispiel könnten so also jeden Monat die Aktienkurse von TRBC automatisch in Ihre Publikation übernommen werden. Voraussetzung dafür ist, dass InDesign auch feststellen kann, dass sich die Kurs-Datei verändert hat. Als Faustregel gilt hier, was auch für Bilddateien gilt: Verändern Sie weder den Namen noch den Speicherort der Datei.

Allerdings hat die Sache einen großen Haken: Sie werden im Regelfall die Rohdaten formatiert haben. Beim Aktualisieren gehen diese For-

Nur Zellenformate verwenden

Wenn Sie unregelmäßige Tabellen aktualisieren wollen, so raten wir dringend davon ab, dies mit Tabellenformaten zu machen. Formatieren Sie Ihre Tabelle nur mit Zellenformaten. Eine Aktualisierung funktioniert damit sehr gut!

Verknüpfung aufheben

Wenn Sie eine Verbindung zu einer Textdatei auflösen wollen, markieren Sie die entsprechende Datei im Verknüpfungen-Bedienfeld, und wählen Sie VERKNÜPFUNG AUFHEBEN aus dem Bedienfeldmenü. Der aktuelle Zustand der platzierten Daten bleibt erhalten.

Umgekehrt funktioniert das leider nicht. Wenn Sie also einen Text bereits platziert haben, können Sie diesem Text keine externe Datei zuweisen, mit deren Inhalt er überschrieben werden soll.

Importoptionen

InDesign merkt sich die Importoptionen, mit denen Daten zum ersten Mal platziert wurden. Wenn Sie also ursprünglich eine Excel-Datei als unformatierte Tabelle geladen haben, wird sie nach jeder Aktualisierung wieder eine Texttabelle sein. Um die Importoptionen umzustellen, müssen Sie einen neuen Textrahmen anlegen!

matierungen jedoch grundsätzlich verloren. Seit mit InDesign CS3 Zellen- und Tabellenformate eingeführt wurden, haben Sie jedoch die Möglichkeit, zu bestimmen, ob Ihre Formatierungen erhalten bleiben sollen oder nicht – allerdings funktioniert das nur bei Tabellen, die mit Zellenformaten gestaltet wurden, und auch nur dann, wenn Sie beim ersten Platzieren der Daten bereits auf eine geplante Aktualisierung Rücksicht nehmen.

Wenn Sie dabei Zellenformate im Umfeld von Tabellenformaten einsetzen, funktioniert das zusätzlich nur bei Tabellen, die vollkommen gleichmäßig aufgebaut sind. Reine Textdateien, die Sie erst in InDesign in eine Tabelle umwandeln, profitieren von diesem Mechanismus nicht, da ja ein reiner Text ohne Formatierung vorliegt.

Excel-Tabellen

Tabellen, die aus Microsoft Excel stammen, gelten dagegen prinzipiell immer als bereits formatiert. Wie wir Ihnen bereits gezeigt haben, können Sie diese Formatierung beim Platzieren der Datei in den Importoptionen allerdings ignorieren.

Da Sie in der Regel wenig Einfluss darauf haben, in welcher Form die Excel-Daten bereits formatiert wurden, ist das oft die beste Wahl. Wenn Sie jedoch festlegen können, wie die Formatierung der zu platzierenden Tabellen aussehen soll, achten Sie darauf, dass zumindest schon korrekte Schriftinformationen vorliegen, also schon in Excel dieselben Schriften wie im Satz verwendet werden. Vermeiden Sie Formatierungen, die in InDesign ohnehin nicht abgebildet werden können, wie z. B. in Zellen gedrehten Text.

Im Zweifelsfall gilt: Weniger ist mehr. Die typografische Gestaltung ist nicht Aufgabe von Excel. Je weniger Formatierungen Sie zurücknehmen müssen, umso besser, und umso leichter klappt eine Aktualisierung von Excel-Daten.

Excel-Importoptionen

Wenn Sie Excel-Tabellen platzieren, haben Sie die Möglichkeit, eine aus vier Optionen zu wählen. Mit UNFORMATIERTE TABELLE oder NUR EINMAL FORMATIERT können Sie bestimmen, ob und mit welchem Tabellenformat die neue Tabelle gestaltet werden soll.

Werden Tabellen, die mit einer dieser Optionen platziert wurden, aktualisiert, werden dabei nur die Inhalte ausgetauscht; die Formatierung auf Basis der Zellenformate bleibt dabei bestehen. Bei den beiden Optionen FORMATIERTE TABELLE und UNFORMATIERTER TEXT MIT TABULATOR-

TRENNZEICHEN gehen Formatierungen aus InDesign – egal ob manuell oder über ein Tabellenformat vorgenommen – wieder verloren.

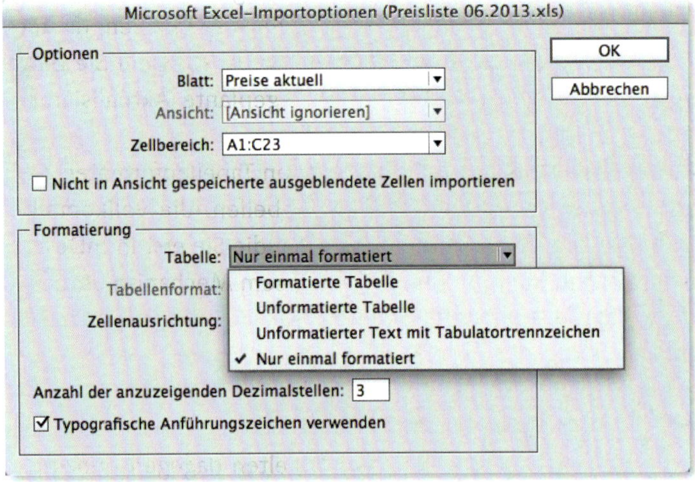

◄ **Abbildung 15.45**
NUR EINMAL FORMATIERT – die Tabelle übernimmt zunächst die Formatierung aus der Excel-Datei. Ändern Sie die Formatierung dann mit einem Tabellenformat und aktualisieren später den Tabelleninhalt, wird die Formatierung der Excel-Datei ignoriert, und die Formatierung in InDesign bleibt erhalten.

Ob die Formatierung im aktuellen Fall verloren gehen wird oder nicht, können Sie den entsprechenden Warnungen entnehmen, die Sie erhalten, bevor die Daten tatsächlich aktualisiert werden:

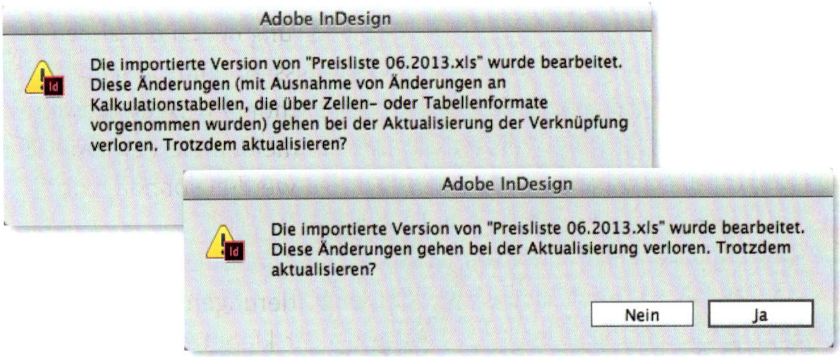

◄ **Abbildung 15.46**
Die Warnmeldungen beim Aktualisieren von Textdaten unterscheiden sich abhängig davon, wie die Daten ursprünglich platziert wurden und ob sie mit Tabellenformaten gestaltet wurden. Manuelle Änderungen gehen aber in jedem Fall verloren.

NUR EINMAL FORMATIERT liefert die Originalformatierung der Tabelle beim ersten Platzieren. Werden die Daten nicht über ein Tabellenformat gestaltet, gehen diese Formatierungen bei den folgenden Aktualisierungen verloren. UNFORMATIERTE TABELLE überlässt die Gestaltung der Formate zur Gänze Ihnen.

Nur einmal formatiert
Diese Variante ist dafür gedacht, dass Sie sich zunächst einen Eindruck darüber verschaffen, wie die Tabelle aussehen sollte, und auf dieser Basis ein Tabellenformat und die dazugehörigen ZELLENFORMATE erstellen, die Originalformatierung aber dann ohnehin verwerfen.

Inhalte über die Zwischenablage aktualisieren

Damit die Aktualisierung auf Basis der Importoptionen und der Tabellenformate gut funktioniert, ist für die jeweilige Situation eine Strategie notwendig, die dann strikt eingehalten werden muss. Sollen Tabellen

Drag & Drop

Eine Aktualisierung von Daten, die über Drag & Drop platziert wurden, funktioniert logischerweise nicht.

Unformatiert einfügen

Bei mit Tabulatoren getrenntem Text können Sie den Inhalt der Zwischenablage auch über BEARBEITEN • UNFORMATIERT EINFÜGEN in die Tabelle übernehmen. In diesem Fall wird der eingesetzte Text so formatiert wie der Text in den Tabellenzellen, in die der Text eingesetzt wird.

Bei normalen Textoperationen finden Sie diese Funktion auch im Kontextmenü – sobald Tabellenzellen im Spiel sind, können Sie sie nur noch über das Menü BEARBEITEN aufrufen.

Nur Text

Wenn Sie auf die Formatierung der Excel-Tabelle verzichten können, können Sie auch in den Voreinstellungen für die ZWISCHENABLAGEOPTIONEN die Option BEIM EINFÜGEN VON TEXT UND TABELLEN AUS ANDEREN ANWENDUNGEN auf NUR TEXT stellen. Der Inhalt der Zwischenablage wird dann als mit Tabulatoren getrennter Text behandelt.

nur sporadisch aktualisiert werden, so können Sie das auch spontan über die Zwischenablage erledigen. InDesign verhält sich dabei abhängig davon, woher die Daten in der Zwischenablage stammen (wie sie da hineinkommen), recht unterschiedlich.

Für jede Art von Daten muss unterschieden werden, welcher Teil einer Tabelle als Ziel festgelegt wurde:

Der Textcursor steht in einer Tabellenzelle | Der Inhalt der Zwischenablage wird unverändert in diese Zelle, gegebenenfalls in den Text der Zelle, eingefügt.

- Mit Tabulatoren getrennter Text bleibt ein mit Tabulatoren getrennter Text – in der Zelle entsteht für jede Zeile der Auswahl in der Zwischenablage ein eigener Absatz.
- Eine InDesign-Tabelle (bzw. ein Teil davon) wird als verschachtelte Tabelle in die Zelle eingefügt. Alle Formatierungen bleiben erhalten.
- Eine Excel-Tabelle (bzw. ein Teil davon) wird wie eine InDesign-Tabelle behandelt und folglich als verschachtelte Tabelle in die Zelle eingesetzt.

Es ist eine einzelne Zelle ausgewählt | (Es wurde also z. B. durch Drücken der Esc-Taste vom Inhalt der Zelle auf die Zelle selbst umgeschaltet.) In diesem Fall wird die tabellarische Struktur des Inhalts der Zwischenablage in die Zieltabelle eingefügt:

- Mit Tabulatoren getrennter Text: Die Tabulatoren werden also als Spaltentrennzeichen interpretiert. Die Textformatierung bleibt dabei grundsätzlich erhalten.
- InDesign-Tabellen werden ebenfalls in die Tabelle eingepasst, wobei alle manuellen Formatierungen erhalten bleiben. Die Formatierungen, die aus abwechselnden Flächen und Konturen resultieren, werden ignoriert.
- Excel-Tabellen werden seit InDesign CS5 – wie es zu erwarten ist – wie InDesign-Tabellen behandelt und in die vorhandene Tabelle eingepasst. In InDesign CS4 hat das noch nicht funktioniert.

Es sind zumindest zwei nebeneinander-/untereinanderliegende Zellen ausgewählt | Das Ergebnis unterscheidet sich nicht von einer einzelnen ausgewählten Zelle – InDesign nimmt als Bezugspunkt für das Einsetzen die linke bzw. obere respektive die am weitesten links und oben liegende Zelle Ihrer Auswahl. Seit InDesign CS5 werden dabei automatisch Spalten und Zeilen eingefügt, um dem Inhalt der Zwischenablage auch ausreichend Platz zu bieten.

Kapitel 16

Formensatz und Text auf Pfad

Die typografischen Funktionen von InDesign bestimmen, wie ein Text aussehen soll. Für große Textmengen benötigen Sie nun noch Funktionen, um Mengentext zu strukturieren und zu verwalten. Auf der übergeordneten Ebene des Layouts wird der Text dann geformt, in der Fläche angeordnet und mit grafischen Elementen versehen – oder der Text wird selbst zur Grafik.

16.1 Textumfluss und Formsatz

Sie haben sich in Kapitel 10, »Vektoren«, sicher schon ausgiebig mit Pfaden vertraut gemacht und wissen, dass Pfade frei geformt und jederzeit in einen Textrahmen umgewandelt werden können, indem Sie mit dem Textwerkzeug in den Pfad klicken (abhängig von der Option TEXTWERKZEUG WANDELT RAHMEN IN TEXTRAHMEN UM im Register EINGABE der InDesign-Voreinstellungen) oder über das Menü OBJEKT • INHALT gehen. Solche Rahmen formen den Text, den sie enthalten, durch ihre Kontur – sei sie nun sichtbar oder nicht. Aber nicht alle Probleme sind durch Formänderungen zu lösen.

Konturenführung = Textumfluss
Bis InDesign CS6 war immer die Rede von »Konturenführung« statt von »Textumfluss«. Dieser ursprüngliche Begriff war für viele Layouter etwas gewöhnungsbedürftig. Nachdem sich alle an diesen Begriff gewöhnt haben, hat Adobe ihn in InDesignCS6 verändert.
Wir werden den alten Begriff »Konturenführung« aber gelegentlich noch in der Form »konturenführend« verwenden. Gemeint ist dann also eine Textverdrängung durch ein Objekt.

Textumfluss

Ein Textrahmen, der grundsätzlich eine rechteckige Fläche belegt, muss nicht selbst verformt werden, Text kann auch im Rahmen entlang einer Kontur geführt und so geformt werden. Der Textrahmen wird dabei nicht angetastet und bleibt rechteckig. Dabei müssen allerdings zwei Voraussetzungen erfüllt sein:

1. Für den Textrahmen, dessen Text von einer Kontur geformt werden soll, darf die Option TEXTUMFLUSS IGNORIEREN in den TEXTRAHMENOPTIONEN *nicht* aktiviert sein.

2. Wenn in den InDesign-Voreinstellungen im Register Satz die Option Textumfluss wirkt sich nur auf Text unterhalb aus aktiviert ist, muss das Objekt, dessen Kontur den Text verdrängt, auch wirklich über dem Textrahmen liegen, dessen Text verdrängt werden soll.

▲ **Abbildung 16.1**
Verschiedene Textumflüsse

In Abbildung 16.1 sehen Sie unterschiedliche Varianten eines Textumflusses. Oben verdrängt ein Textrahmen die beiden Textspalten nach links und rechts, in der Mitte schmiegt sich der Text der beiden Textspalten an einen frei geformten Textrahmen, und unten wird der Text an das Motiv angepasst.

Denkbar wären auch Textverdrängungen, die in eine Textspalte hineinreichen, oder ein Objekt, das zur Gänze in einer Textspalte liegt und den Text auseinandertreibt. Diese letzte Variante macht einen Text aber praktisch unleserlich, weil das Auge beim Lesen viel zu große Sprünge machen müsste. Technisch gesehen sind alle Arten gleich zu behandeln.

Textumfluss-Bedienfeld

Rufen Sie das Textumfluss-Bedienfeld aus dem Menü Fenster • Textumfluss auf, oder drücken Sie die Tasten Strg + Alt + W bzw. ⌘ + ⌥ + W. Stellen Sie ein Objekt über einen Text. Im Normalfall überlagern sich die beiden Objekte. Im Textumfluss-Bedienfeld können Sie die Art der Textverdrängung festlegen. Wählen Sie das Objekt aus, das den Text verdrängen soll, und stellen Sie im Textumfluss-Bedienfeld eine der folgenden Optionen ein:

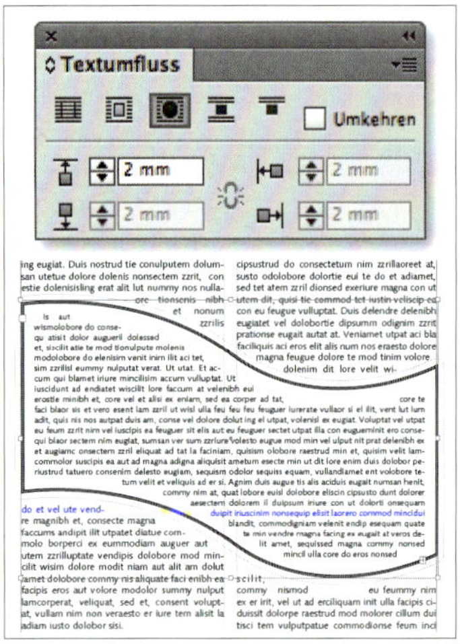

▲ **Abbildung 16.2**
Das Textumfluss-Bedienfeld (weitere Optionen sind ausgeblendet): Für den frei geformten Rahmen kann nur *ein* Außenabstand von 2 mm eingestellt werden, weil der Rahmen nicht rechteckig ist.

- Ohne Textumfluss: Das ist der Standardfall – Objekte überlagern sich, es wird kein Text verdrängt.
- Umfliessen der Bounding Box: Der Begrenzungsrahmen eines Objekts verdrängt Text, auf den er trifft. Dies entspricht dem oberen Beispiel aus Abbildung 16.1. Die verdrängte Fläche ist dabei immer rechteckig.
- Umfliessen der Objektform: Jedes Objekt, auch ein frei verformter Pfad, verfügt über solch einen rechteckigen Auswahlrahmen. Wenn Sie den Text an die eigentliche Form angleichen wollen, müssen Sie diese Option aktivieren – siehe Abbildung 16.2. Diese Option wählen Sie auch, wenn Sie einen Photoshop-Pfad, der im Bild gespeichert wurde, für den Textumfluss verwenden wollen – dazu sollten Sie alle Optionen des Textumfluss-Bedienfelds über den Befehl Optionen einblenden aus dem Bedienfeldmenü einblenden. Nur dann können Sie die verschiedenen Pfade auswählen und in der Folge auch noch feiner kontrollieren, wie sich der Text genau um das Objekt herum anpassen soll.

- Objekt überspringen : Bei der Standardeinstellung dieser Option findet eine Textverdrängung nur vertikal statt, d.h., links und rechts des Objekts wird kein Text angepasst. Der Text wird erst nach dem Objekt weitergeführt. Allerdings kann auch hier das Verhalten noch feiner eingestellt werden.
- In nächste Spalte springen : Hier verhält sich der Text ähnlich, allerdings beginnt er nicht unmittelbar nach dem verdrängenden Objekt, sondern wird in die nächste Spalte/Seite umbrochen. Nach dem Objekt ist also kein Text mehr in der Spalte sichtbar.
- Umkehren: Diese Option können Sie für alle Funktionen aktivieren, sie zeigt aber nicht bei allen eine Wirkung, und wenn, dann zumeist eine vollkommen unbrauchbare. Diese Option auf Umfliessen der Bounding Box anzuwenden, würde z.B. bewirken, dass der Text nur innerhalb des verdrängenden Objekts sichtbar würde. Sie werden selten eine passende Anwendung für diese Option finden.

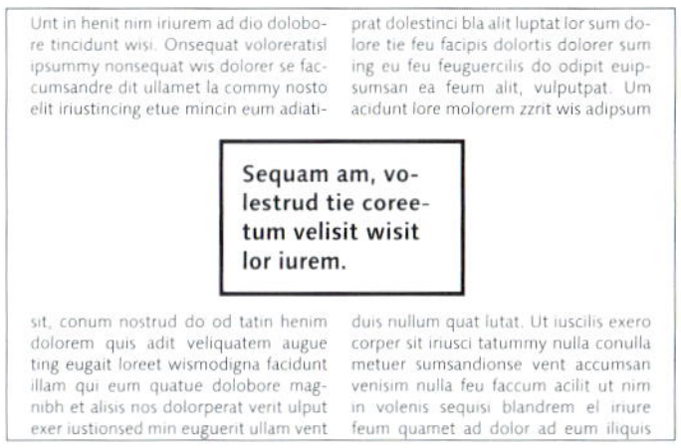

▲ **Abbildung 16.3**
Die Standardeinstellung der Funktion Objekt überspringen sorgt dafür, dass links und rechts des Objekts kein Text stehen bleibt.

Für alle fünf Funktionen können Sie im Textumfluss-Bedienfeld zusätzliche Abstände definieren. Bei frei geformten Objekten können Sie nur einen einheitlichen Abstand für alle Seiten festlegen. Der Textumfluss wird als Pfad eingeblendet und kann auch wie jeder andere Pfad bearbeitet werden.

Hinweis
Mit dem Textumfluss können keine Texte in Tabellen verdrängt werden.

Umflussoptionen

Blenden Sie nun alle Optionen des Textumfluss-Bedienfelds ein, indem Sie Optionen einblenden aus dem Bedienfeldmenü aufrufen.

Für die beiden Methoden Umfliessen der Bounding Box und Umfliessen der Objektform können Sie mit dem Menü Textumfluss ❶ einstellen, wie sich Text links und rechts eines verdrängenden Objekts verhalten soll:

- Die Standardeinstellung Rechte und linke Seite bewirkt (wie oben beschrieben und in Abbildung 16.3 zu sehen ist), dass der Text an beiden Seiten des Objekts verdrängt wird.
- Rechte Seite: Der Text wird an der rechten Seite des Objekts vorbeigeführt, die linke Seite bleibt frei. Liegt das Objekt zwischen zwei Spalten, wird es in der linken Seite vom Text übersprungen – siehe Abbildung 16.5 oben.
- Linke Seite: Diese Option verhält sich genau umgekehrt zu Rechte Seite.
- Dem Rücken zugewandte Seite: Mit »Rücken« ist der Bund eines doppelseitigen Dokuments gemeint. Befindet sich das konturenführende/textverdrängende Objekt auf der linken Seite, wird der Text

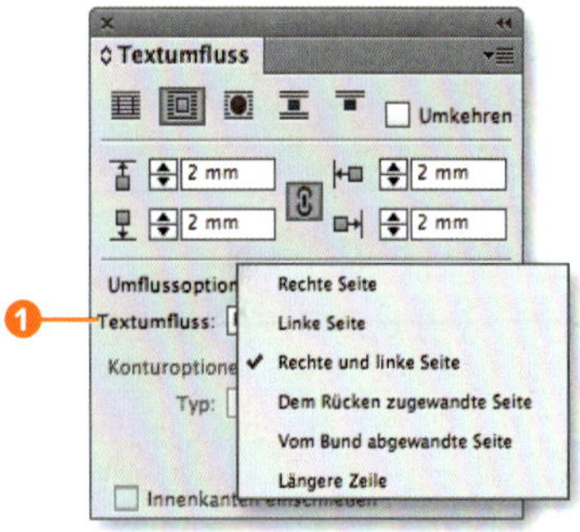

▲ **Abbildung 16.4**
Wenn alle Optionen des Textumfluss-Bedienfelds eingeblendet sind, können Sie über das Menü Textumfluss feiner einstellen, wie ein Text verdrängt werden soll.

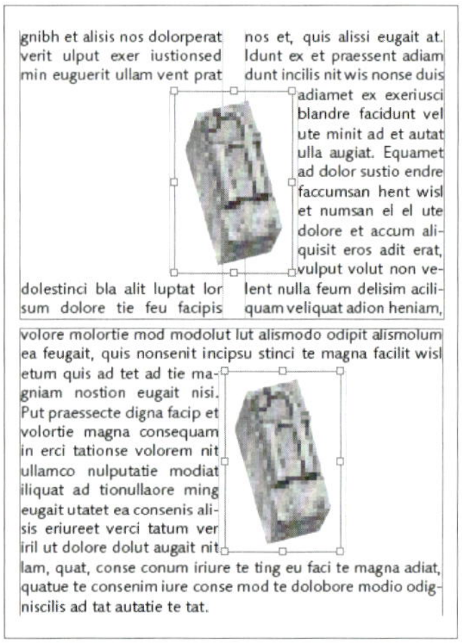

▲ **Abbildung 16.5**
Längere Zeile: Der Text wird an der Seite am Bild vorbeigeführt, an der der meiste Platz verfügbar ist.

rechts am Objekt vorbeigeführt und links vollkommen verdrängt. Auf der rechten Seite verhält es sich umgekehrt.

- Vom Bund abgewandte Seite: Der Text wird auf der Seite des Bundes übersprungen und an der gegenüberliegenden Seite am Objekt vorbeigeführt.
- Längere Zeile: Reicht das Objekt über zwei oder mehr Textspalten, wirkt sich diese Option nicht aus. Liegt das Objekt zur Gänze in einer Spalte, wird der Text an der Seite vorbeigeführt, an der der meiste Platz zur Verfügung steht – siehe Abbildung 16.5 unten.

Textumfluss und Musterseite | Wenn für ein Objekt, das sich auf der Musterseite befindet, ein Textumfluss aktiviert ist, stellt sich die Frage, wie sich der Textumfluss auf die Objekte der realen Satzseiten auswirken soll. Wie InDesign mit dieser Frage umgeht, hat sich über die bisherigen Versionen verändert.

Wenn Sie ein Objekt auf einer Musterseite platzieren und mit einem Textumfluss versehen, dann wirkt dieser Textumfluss standardmäßig auch auf einen Text, der sich auf der Dokumentseite befindet und das konturenführende Objekt der Musterseite überlappt. Allerdings können Sie dieses Standardverhalten ändern.

Aktivieren Sie die Option Nur auf Musterseite anwenden im Bedienfeldmenü des Textumfluss-Bedienfelds, um zu verhindern, dass der Textumfluss auf die Dokumentseite durchschlägt. Diese Option kann nur im Zusammenhang mit Objekten auf Musterseiten angewendet werden. Für alle anderen Objekte ist sie deaktiviert.

Wenn Sie die Option abgeschaltet lassen, wirkt sich der Textumfluss nur dann in der realen Seite aus, wenn das Objekt z. B. mit einem Klick auf das Objekt bei gedrückten [Strg]+[⇧]- bzw. [⌘]+[⇧]-Tasten von der Musterseite gelöst wird.

Voreinstellungen beachten
Da sich Objekte, die nicht von der Musterseite gelöst wurden, immer unter Objekten derselben Ebene befinden, die auf der Dokumentseite platziert werden, dürfen Sie die Option Textumfluss wirkt sich nur auf Text unterhalb aus im Register Satz der InDesign-Voreinstellungen nicht aktivieren, es sei denn, Sie regeln die Objektreihenfolge gezielt über Ebenen.

Bilder mithilfe von Freistellpfaden umfließen

Bilder sind grundsätzlich immer rechteckig. Das würde bedeuten, dass ein Bild einen Text nur wie die Optionen Umfliessen der Bounding Box und Umfliessen der Objektform verdrängen könnte.

In solch einem Fall könnten Sie natürlich einen eigenen Bildrahmen formen oder einen eigenständigen Pfad erstellen, der dem Bildmotiv überlagert wird. In der Praxis wird hier aber anders vorgegangen. Für solche Fälle werden bereits in der Bildbearbeitung Freistellpfade (Photoshop nennt sie »Beschneidungspfade«) im Bild untergebracht. Diese Pfade sind ursprünglich dafür gedacht, ein Bildmotiv vom Hintergrund zu isolieren, ohne dabei die Bilddaten auf Pixelebene zu verändern.

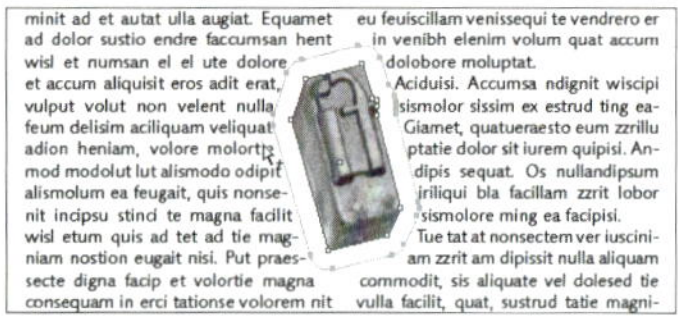

▲ **Abbildung 16.6**
Ein Bild mit einem Beschneidungspfad und einem aus einem Zusatzabstand resultierenden Verdrängungspfad.

Photoshop kann in einem Bild mehrere Pfade speichern und *einen* Pfad zum Beschneidungspfad ernennen – InDesign unterscheidet zwar zwischen »normalen Pfaden« und Beschneidungspfaden, kann aber alle Pfade für den Textumfluss verwenden.

Auf die Pfade eines Bilds haben Sie im Textumfluss-Bedienfeld Zugriff, sobald Sie für dieses Bild Umfliessen der Objektform aktivieren. Es werden zusätzliche Umflussoptionen aktiv, in denen Sie weitere Einstellungen vornehmen können. Befinden sich keine Pfade im Bild, haben Sie hier allerdings weniger Möglichkeiten, auf die wir später noch eingehen werden.

Im Menü Typ legen Sie zunächst fest, welcher Art das Objekt ist, das zum Textumfluss dienen soll. Die beiden Optionen Grafikrahmen und Bounding Box entsprechen dem Bildrahmen bzw. der Bildbegrenzung wie in den Standardfunktionen. Die Funktion Kanten suchen versucht anhand hoher Kontrastunterschiede, selbstständig einen Pfad zu erstellen. Wie Beschneidung wählt den Beschneidungspfad des Bilds aus. Wenn ein Bild weitere Pfade enthält, können Sie die Option Photoshop-Pfad wählen. Im Menü Pfad bestimmen Sie dann aus allen Pfaden des Bilds den gewünschten. Photoshop kann in Bildern auch Masken in Form von Alpha-Kanälen speichern. Mit der Option Alpha-Kanal können Sie auch diese Alpha-Kanäle als konturenführende Struktur auswählen. Wenn ein Pfad ein »Loch« enthält – zwei Pfade überlagern sich –, können Sie dieses Loch mit der Option Innenkanten einschliessen tatsächlich freilegen.

Sie können alle Pfade in Bildern auch noch in InDesign bearbeiten, akzeptieren Sie jedoch Folgendes als Faustregel: Pfade in Bildern werden nur in der Bildbearbeitung erstellt; meiden Sie die Funktion Kanten suchen, wenn das Bild vor einem farbigen Hintergrund steht.

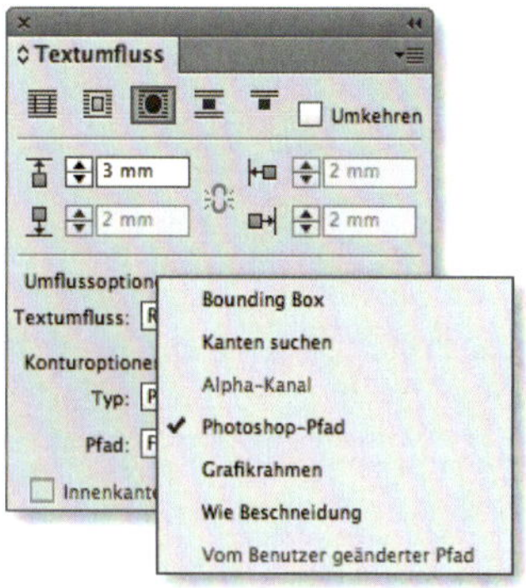

▲ **Abbildung 16.7**
Wenn sich Photoshop-Pfade im Bild befinden, können Sie sie unter Typ auswählen und dann unter Pfad bestimmen, welchen Photoshop-Pfad Sie verwenden wollen.

Wie Beschneidung
Befindet sich kein Beschneidungspfad im Bild, dann ist Wie Beschneidung identisch mit dem Begrenzungsrahmen des Bildes.

Beschneidungspfad in Rahmen konvertieren

Sollten Sie einen Pfad aus einem Bild für andere Möglichkeiten nutzen wollen, spricht allerdings nichts dagegen, den Pfad aus dem Bild zu lösen und ihn anschließend weiterzubearbeiten.

Zunächst muss ein Bild natürlich einen Pfad enthalten – InDesign unterscheidet auch hier nicht zwischen Freistellpfad und Photoshop-Pfad. Welcher Pfad aus einem Bild gelöst werden kann, definiert sich allein aus den Einstellungen in Objekt • Beschneidungspfad • Optionen. Sobald ein Pfad zum Beschneidungspfad ernannt wurde, können Sie Objekt • Beschneidungspfad • Beschneidungspfad in Rahmen konvertieren oder den gleichnamigen Befehl im Kontextmenü des betreffenden Bilds aufrufen. InDesign passt nun einerseits den ursprünglichen Objekt-

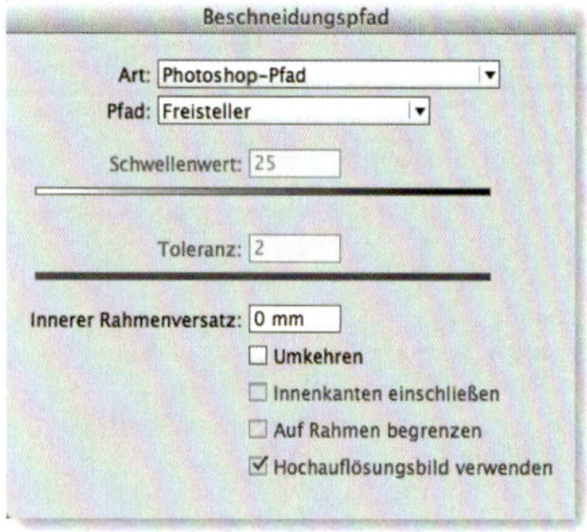

▲ **Abbildung 16.8**
Menü Objekt • Beschneidungspfad • Optionen: Die hier verfügbaren Optionen sind im Wesentlichen eine Untermenge der Einstellungen im Textumfluss-Bedienfeld.

rahmen an den Umriss des Beschneidungspfads an und löscht andererseits die Information über den Beschneidungspfad – allerdings können Sie diese Einstellungen im Beschneidungspfad-Fenster jederzeit neu vornehmen. Das Bild selbst wird jedoch nicht angetastet.

Abbildung 16.9 ▶
Ein Bild ohne Beschneidung (links), mit aktivem Beschneidungspfad (Mitte) und der isolierte und mit einer Kontur versehene Pfad (rechts). Sie können diesen Pfad bearbeiten wie jeden anderen Pfad auch.

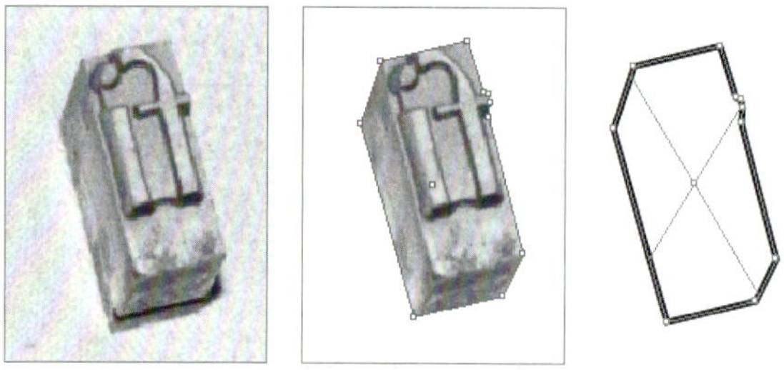

Schritt für Schritt
Partielle Lackierung erstellen

Eine partielle Lackierung ist ein Veredelungsverfahren, um einem bestimmten Motiv einerseits einen besonderen Glanz zu verleihen und andererseits auch den haptischen Eindruck eines Druckwerks zu verändern. Dabei wird ein Transparenzlack wie eine zusätzliche Druckfarbe in einem eigenen Arbeitsgang auf die Seite aufgetragen. Partielle Lackierungen können mit Beschneidungspfaden elegant umgesetzt werden.

Sie finden die Datei »Ligatur.psd« im Ordner Beispielmaterial • Kapitel_16.

1 Bild platzieren und duplizieren

Platzieren Sie ein Bild mit einem Beschneidungspfad. Ist in Ihrem Bild tatsächlich ein Beschneidungspfad enthalten und haben Sie in den Bildimportoptionen nichts Gegenteiliges festgelegt, wird der Beschneidungspfad automatisch wirksam und das Bildmotiv auch wirklich gleich freigestellt dargestellt. Ansonsten wählen Sie in den Beschneidungspfad-Optionen des Bilds einen Photoshop-Pfad aus. Duplizieren Sie das Bild, indem Sie es zunächst in die Zwischenablage kopieren und über Bearbeiten • An Originalposition einfügen oder Strg+Alt+⇧+V bzw. ⌘+⌥+⇧+V wieder einsetzen. Dadurch liegt das Duplikat genau über dem Original. Dies ist notwendig, weil das Bild einerseits freigestellt bleiben soll, der Beschneidungspfad bei der Umwandlung in einen Rahmen aber verloren geht.

Importoptionen
Findet InDesign beim Platzieren eines Bilds einen Freistellpfad im Bild, so wird er grundsätzlich automatisch aktiviert. Sie können aber beim Platzieren die Importoptionen anzeigen lassen und dort die Option Photoshop-Beschneidungspfad anwenden deaktivieren, um diesen Automatismus abzuschalten.

2 Beschneidungspfad konvertieren

Wählen Sie die oben liegende Kopie aus, und rufen Sie Objekt • Beschneidungspfad • Beschneidungspfad in Rahmen konvertieren auf. Klicken Sie mit dem Direktauswahl-Werkzeug in den neuen Rahmen, um den Inhalt auszuwählen, und löschen Sie ihn mit Entf bzw. ←.

3 Lack definieren

Öffnen Sie das Farbfelder-Bedienfeld, und wählen Sie Neues Farbfeld aus dem Bedienfeldmenü. Definieren Sie eine Volltonfarbe (wir benötigen ja einen zusätzlichen Druckdurchlauf), die aber tatsächlich keine Farbe aufträgt, und nennen Sie die Farbe »Lack«.

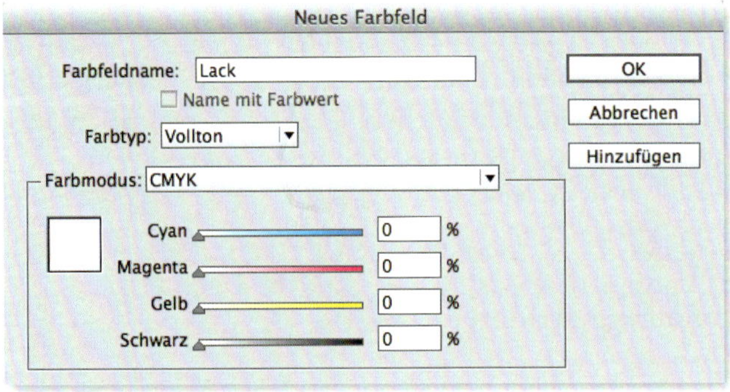

◀ **Abbildung 16.10**
Der Lack trägt keine sichtbaren Farben auf – um ihn aber wirklich transparent zu machen, benötigt er noch eine Sonderbehandlung.

4 Rahmen einfärben

Wenn unser Rahmen bei der Farbdefinition ausgewählt war, wurde ihm die Füllfarbe »Lack« bereits zugewiesen, ansonsten wählen Sie ihn aus, und weisen Sie ihm die Flächenfarbe »Lack« zu. Da unser Lack ja keine Farbe aufträgt, verhält er sich wie die Farbe [Papier] und spart somit den Hintergrund aus – unser Motiv ist nicht mehr zu sehen.

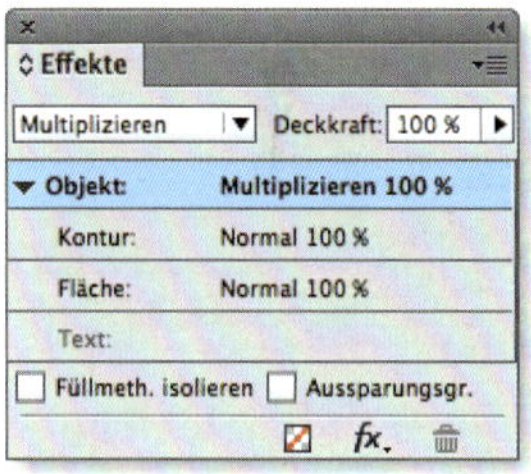

▲ **Abbildung 16.11**
Indem der Lack mit dem Hintergrund multipliziert wird, wird er tatsächlich transparent.

5 Sichtbarkeit korrigieren

Technisch ist das vollkommen in Ordnung, allerdings möchten wir, dass sich der Transparenzlack auch im Layout verhält wie in der Realität – also durchsichtig ist. Sofern der Lack-Rahmen nicht ausgewählt ist, wählen Sie ihn aus und öffnen das Effekte-Bedienfeld über Fenster • Effekte oder Strg+⇧+F10 bzw. ⌘+⇧+F10. Stellen Sie die Füllmethode auf Multiplizieren.

Da unser Lack dem Papierweiß entspricht, kann er im CMYK-Farbraum jeder Farbe zugemischt werden, ohne sie zu verändern (da das Papier ja ohnehin vorhanden ist).

6 Ergebnis überprüfen

Öffnen Sie das Separationsvorschau-Bedienfeld über Fenster • Ausgabe • Separationsvorschau oder über ⇧+F6. Wählen Sie im Menü Ansicht die Option Separationen, und klicken Sie auf den Eintrag Lack, der unsere fünfte Druckfarbe darstellt. Ihr Motiv sollte nun schwarz dargestellt werden, weil an dieser Stelle ja im Druck der Lack zu 100 % aufgetragen werden wird.

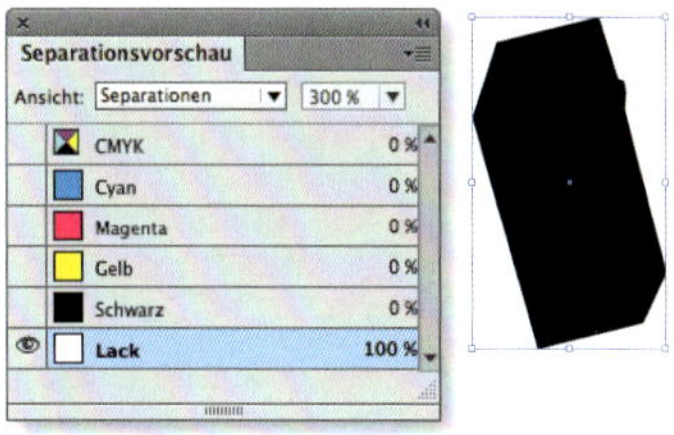

▲ **Abbildung 16.12**
In der Separationsvorschau können Sie überprüfen, ob der Lack vorhanden ist und auch zu 100 % aufgetragen wird.

Weitere Informationen zum Überprüfen der Ausgabe und zur Separationsvorschau finden Sie in Abschnitt 25.4, »Die Separationsvorschau«, auf Seite 796.

Frei geformte Textrahmen

Formsatz
Wenn Text in eine nicht rechteckige Form eingepasst wird oder die Grundlinie selbst einer Form folgt, sprechen Setzer von Formsatz.

Im Zeitschriften- und Buchsatz wird ein möglichst ruhiges und gleichmäßiges Layout angestrebt. Beim Satz von Anzeigen und Plakaten, aber auch bei Szene-Magazinen werden offenere Formen zum Gestalten von Text und für das Gesamtlayout benötigt.

Schritt für Schritt
Einen Textrahmen konstruieren

Um einen Textrahmen zu verformen, können Sie auf das gesamte Repertoire der Pfadwerkzeuge inklusive Skripten zur Formänderung zurückgreifen. Sie können Ankerpunkte hinzufügen oder löschen und den Umriss des Rahmens verzerren und verbiegen – oder sich einen eigenen Textrahmen bauen.

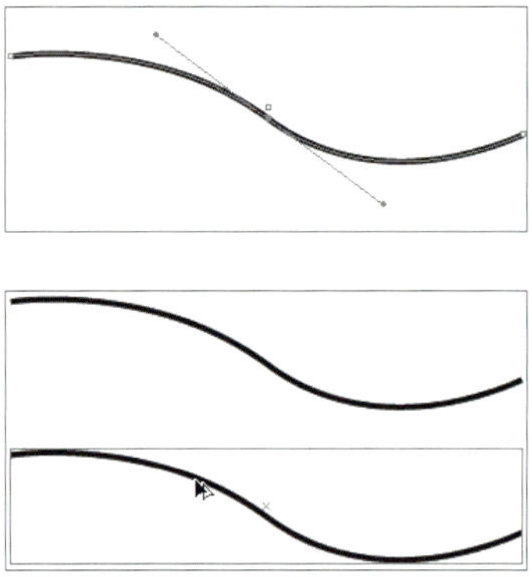

▲ **Abbildung 16.13**
Schritt 1 und 2 der Anleitung

1 Eine geschwungene Linie erstellen

Erstellen Sie mit dem Zeichenstift-Werkzeug eine geschwungene Linie. Sie besteht aus drei Ankerpunkten, die horizontal und vertikal versetzt sind. Lediglich aus dem mittleren Ankerpunkt ziehen Sie eine Tangente rechts heraus und drehen sie um ca. 30° nach unten.

2 Linie duplizieren

Wählen Sie die Form mit dem Auswahlwerkzeug aus. Drücken Sie [⇧] und [Alt] bzw. [⌥]. Ziehen Sie die Linie ein Stück nach unten.

Die [Alt]- bzw. [⌥]-Taste sorgt dabei dafür, dass ein Duplikat erzeugt wird. Die [⇧]-Taste hilft, dass die vertikale Ausrichtung exakt dem Original entspricht.

3 Form schließen

Wählen Sie das Zeichenstift-Werkzeug, und verbinden Sie auf beiden Seiten die untereinanderliegenden Endpunkte.

Alternativ dazu können Sie natürlich auch die beiden linken Endpunkte der Linien auswählen, mit Objekt • Pfade • Verbinden und dann mit Objekt • Pfade • Pfad schliessen die Form komplettieren. Beide Funktionen finden Sie auch im Pathfinder-Bedienfeld, wie Sie im Abschnitt »Pathfinder« auf Seite 391 nachlesen können.

4 In Textrahmen umwandeln und Text gestalten

Wählen Sie den Rahmen aus, und rufen Sie OBJEKT • INHALT • TEXT auf. Damit wandeln Sie die Form in einen Textrahmen um; füllen Sie den Rahmen mit Text (z. B. über das Menü SCHRIFT • MIT PLATZHALTERTEXT FÜLLEN), und gestalten Sie den Text wie gewünscht.

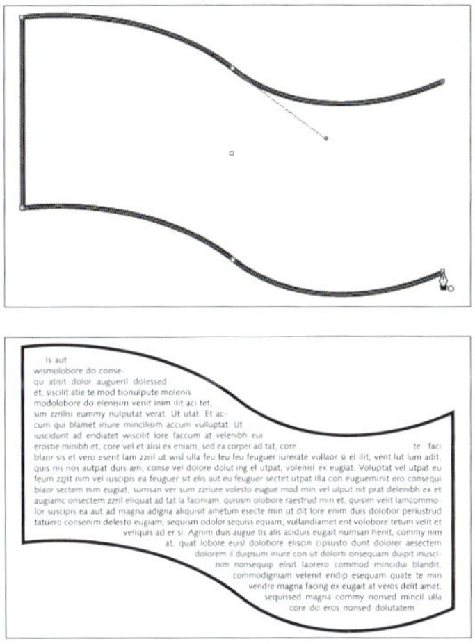

▲ **Abbildung 16.14**
Schritt 3 und 4 der Anleitung

In unserem Beispiel wurde der Text auf Blocksatz und der Versatzabstand auf 3 mm gesetzt sowie der Adobe-Ein-Zeilen-Setzer verwendet, der mit solchen Formen besser umzugehen scheint. Bei solchen verformten Rahmen können Sie nur einen einzigen Versatzabstand für alle Begrenzungslinien festlegen.

16.2 Texte und Pfade

Zu Beginn dieses Kapitels haben Sie gesehen, wie Sie per Textumfluss die Fläche formen können, die ein Text belegt. Auch die Grundlinie, auf der der Text läuft, kann verformt werden, und schließlich kann auch der Text selbst eine Form darstellen.

Text auf Pfad

Um den Text selbst auf einem Pfad laufen zu lassen, bietet InDesign das Text-auf-Pfad-Werkzeug, das Sie im Werkzeuge-Bedienfeld aus dem Menü des Textwerkzeugs bzw. mit ⇧+T auswählen können.

Wenn Sie damit auf einen Pfad klicken – natürlich funktioniert das auch bei Rahmen, auch bei einem Textrahmen –, wird der Textcursor auf den Pfad gesetzt, und Sie können nun Text eingeben, der dem Verlauf des Pfads folgt. Dieser Text kann ganz normal gestaltet werden. Zusätzlich können Sie den Text auf dem Pfad verschieben und über einen Doppelklick auf das Text-auf-Pfad-Werkzeug noch weitere Attribute des Textes festlegen. Grundsätzlich können Sie den Text aber auch mit dem normalen Textwerkzeug bearbeiten.

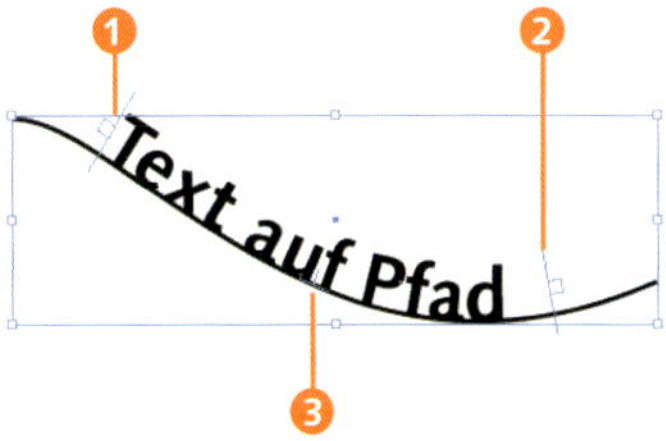

▲ **Abbildung 16.15**
Ein Text auf einem Pfad. Mit der Anfangsklammer 1 und der Endklammer 2 beschränken Sie den Bereich des Pfads, der vom Text genutzt werden kann. Mit der Mittelpunktklammer 3 können Sie den Text am Pfad spiegeln.

Sofern Sie die Länge und Position des Textes zu diesem Zeitpunkt schon einzuschätzen vermögen, können Sie einen Pfad mit dem Text-auf-Pfad-Werkzeug anklicken und bei gedrückter Maustaste bereits die Anfangs- und Endklammer durch Ziehen festlegen.

Pfadtextoptionen | Die Art, wie sich der Text an den Pfad schmiegt, und ob die Zeichen dabei verzerrt werden sollen, können Sie in den

Pfadtextoptionen einstellen, die Sie über Schrift • Pfadtext • Optionen, aber auch über das Kontextmenü des Pfadtextes aufrufen können.

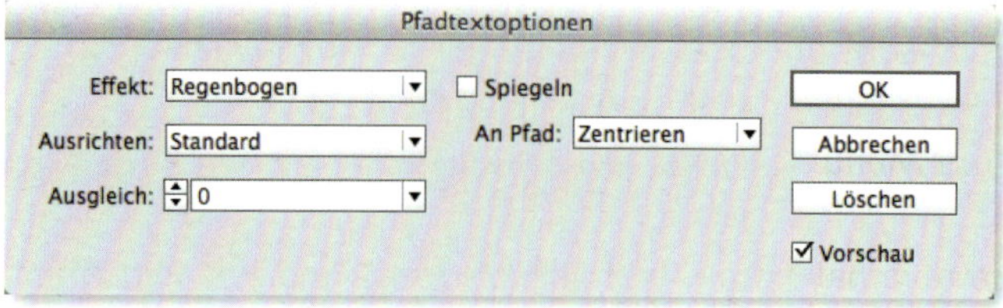

Abbildung 16.16 ▶
Die Pfadtextoptionen regeln die Kopplung von Pfad und Text.

- Effekt: Über das Menü Effekt können Sie festlegen, wie der Text auf dem Pfad »sitzen« soll.
  - Regenbogen setzt die einzelnen Buchstaben des Textes unter einem Winkel von 90° auf den Pfad, dreht sie also, um sie an den Pfad anzupassen.
  - Neigen verwendet den Pfad als Verzerrungsfunktion des Textes.
  - 3D-Band wendet die ersten beiden Funktionen gleichzeitig an.
  - Treppenstufe dreht die Buchstaben nicht, sondern ändert ihre vertikale Position, um sie am Pfad entlanglaufen zu lassen.
  - Mit dem Effekt Schwerkraft werden die einzelnen Zeichen so verzerrt, als würden sie von einem gemeinsamen Schwerpunkt angezogen. Bei stark gekrümmten Pfaden wird der Text dadurch vollkommen unleserlich.
- Ausrichten: Die vier Optionen Standard, Zentrieren, Unterlänge und Oberlänge legen fest, welcher Teil des Textes sich am Pfad ausrichten soll.
- Ausgleich: Bei scharfen Ecken und starker Pfadkrümmung können, je nach verwendetem Effekt, große Löcher zwischen den einzelnen Zeichen entstehen. Über die Einstellungen in Ausgleich können Sie solche Stellen entschärfen – dies entspricht einer Veränderung der Laufweite, abhängig von der Krümmung des Pfads.
- Spiegeln: Wenn Sie diese Option aktivieren, wird der Text am Pfad gespiegelt, also im Normalfall nach unten geklappt. Diese Spiegelung können Sie auch erreichen, wenn Sie an der Mittelpunktklammer ziehen – diese Markierung wird nur bei Texten auf einem Pfad eingeblendet.
- An Pfad: Hat der Pfad, auf dem der Text sitzt, eine sichtbare und etwas stärkere Kontur, können Sie hier festlegen, ob der Text Oben, Unten oder Zentriert an der Kontur ausgerichtet werden soll. Feiner können Sie diesen Abstand über den Grundlinienversatz des Textes kontrollieren. Hat der Pfad keine sichtbare Kontur, funktioniert diese Option natürlich auch, aber ohne optischen Bezugspunkt verändern Sie letztlich nur die Krümmung des Textes.

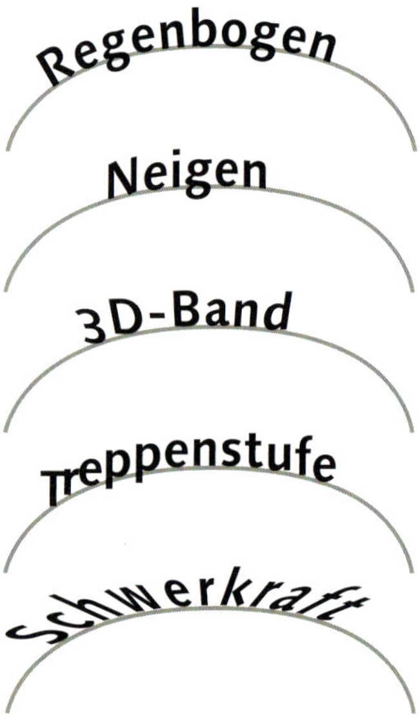

▲ Abbildung 16.17
Die fünf Effekte für einen Text auf einem Pfad

- Löschen: Durch einen Klick auf Löschen entfernen Sie den Text. Diese Funktion kann nur eingesetzt werden, wenn der Text auf dem Pfad mit dem Auswahl- oder Direktauswahl-Werkzeug ausgewählt wurde – also nicht, wenn Sie einzelne Zeichen ausgewählt haben oder der Textcursor im Text steht. Sie erreichen die Löschfunktion auch über das Menü Schrift • Pfadtext • Text aus Pfad löschen.

Texte auf Pfaden verhalten sich wie Texte in normalen Textrahmen: Sie haben einen Ein- und einen Ausgang, über den sie mit anderen Rahmen verkettet werden können. Wenn Sie einen Text auf einem Pfad löschen, der mit einem anderen Textrahmen verkettet ist, umbricht er in diesen Textrahmen, wird also tatsächlich nicht gelöscht.

Sie können alle Zeichen- und Absatzattribute anwenden. Lediglich Absatzlinien und Absatzabstände werden bei Texten auf Pfaden nicht wirksam; Unter- und Durchstreichungen dagegen schon.

Im Pfadtext verankerte Objekte

Sie können auch in Pfadtexten Objekte verankern, allerdings ist dann die Option Abstand davor nicht verfügbar.

Wie Sie Objekte im Text verankern, lesen Sie ab Seite 680.

Text in Pfad umwandeln

Manchmal muss die Schrift selbst in einen Pfad umgewandelt werden, wenn Sie z. B. einen Schriftzug mit einem Bild füllen wollen, einzelne Zeichen in ihrer Form modifizieren müssen oder die verwendete Schrift gegen Einbettung in eine PDF-Datei geschützt ist – in der Logo- und Signetgestaltung ist das Bestandteil der täglichen Arbeit. Die Umwandlung ist simpel – markieren Sie einen Text oder einen ganzen Textrahmen, und wählen Sie In Pfade umwandeln aus dem Menü Schrift, oder drücken Sie die Tastenkombination [Strg]+[⇧]+[0] bzw. [⌘]+[⇧]+[0]. Das können Sie auch mit einem Text auf einem Pfad machen.

Auswahl in Pfade umwandeln | Wenn Sie ein einzelnes Zeichen oder ein Wort innerhalb eines Textes in einen Pfad umwandeln, werden nur die ausgewählten Buchstaben in Pfade umgewandelt und miteinander verbunden. Dabei ist es wesentlich, dass dieser verknüpfte Pfad nun im Text verankert ist und bei Textänderungen wie ein einzelnes Zeichen im Text mitläuft. Alle Eigenschaften wie Textfarbe etc. werden in diese Pfade übernommen. Binnenräume (Punzen) von Buchstaben wie A, B und P werden dabei ebenfalls über einen verknüpften Pfad abgebildet. Funktionen des Pathfinders beziehen sich bei dieser Wandlung auf den Textrahmen und nicht auf die darin verankerten Pfade.

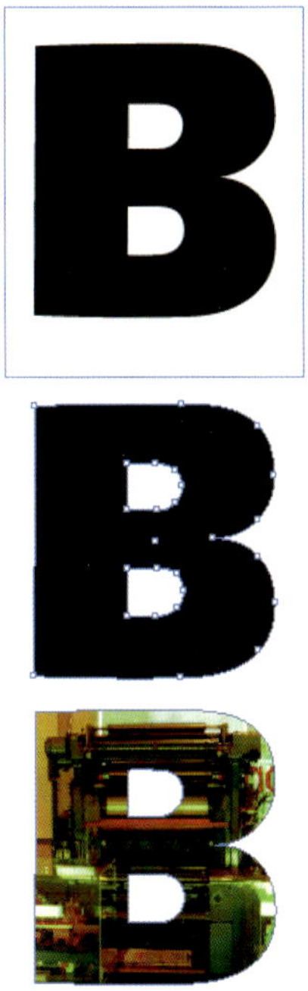

▲ **Abbildung 16.18**
Der Buchstabe B wurde in einen Pfad umgewandelt, und ein Bild wurde im Pfad platziert.

Textrahmen in Pfade umwandeln | Wenn Sie einen ganzen Textrahmen umwandeln, geht der Objektrahmen bei der Umwandlung verloren, und Sie bekommen direkt den verknüpften Pfad geliefert.

▲ **Abbildung 16.19**
Eine Füllung bei verknüpften Pfaden (oben) und bei nicht verknüpften Pfaden (unten)

Bei einer mehrzeiligen Auswahl oder einem Textrahmen mit mehreren Zeilen wird jede Zeile zu einem eigenständigen verknüpften Pfad. Bei der Umwandlung eines Textrahmens werden die einzelnen Zeilen automatisch gruppiert.

Das ist eine wichtige Tatsache, wenn Sie anschließend den gesamten in Pfade umgewandelten Text mit einem Inhalt füllen wollen. Bevor das funktioniert, müssen Sie die einzelnen Pfade abermals mit dem Befehl OBJEKT • PFADE • VERKNÜPFTEN PFAD ERSTELLEN (Strg+8 bzw. ⌘+8) miteinander verknüpfen.

Wenn Sie ein TIFF/PSD (Graustufen- oder Bitmap-Bild) im Pfad platzieren, wird der Hintergrund in den weißen Bereichen durchscheinen. Bei einem schwarzen Hintergrund – bei Texten dürfte das der Standardfall sein – müssen Sie die Füllung also entfernen, damit das Bild auch angezeigt wird.

Mengentext als Pfad | Oft ist es Praxis, auch größere Textmengen in Pfade umzuwandeln, um potenzielle Belichtungsprobleme wegen fehlender Schriften zu vermeiden.

Dadurch verlieren Sie die Möglichkeit, den Text noch zu korrigieren. Tun Sie das also bitte nur, wenn sich Produktionsprobleme nachweislich nicht anders lösen lassen. Ansonsten greifen Sie auf die Funktionen aller gängigen Grafik- und Layoutprogramme zurück, die sich für Sie um die Schriften kümmern, wenn Sie Daten weitergeben wollen.

Kapitel 17
Text suchen und korrigieren

Es gibt eine Reihe von Gründen, einen Text zu durchsuchen: Entweder haben Sie einen Text »verlegt« (»Wo habe ich eigentlich zuletzt in meinem Text das Finanzamt verflucht?«), oder Sie möchten einen Text inhaltlich oder auch gestalterisch verändern – nur wo steht dieser Text eigentlich? Oder Sie suchen Texte, die zweifelhaft sind (Rechtschreibung, Wortwiederholungen). Mit InDesign sind Sie für alle diese Fälle gerüstet.

17.1 Das Fundbüro: Suchen/Ersetzen

Sie werden im Folgenden mit drei unterschiedlichen Konzepten der textbezogenen Suche vertraut gemacht. Die Suche nach Objekten und deren Eigenschaften behandeln wir im Abschnitt »Nach Objektformaten suchen« auf Seite 675.

Grundwissen?

Wir ersparen Ihnen (und uns) an dieser Stelle eine grundlegende Erklärung, was mit Suchen und Ersetzen gemeint ist und wie es prinzipiell funktioniert.

Möglicherweise haben Sie Erstkontakt mit InDesign, aber wir gehen davon aus, dass Ihnen die grundlegenden Methoden der Textverarbeitung bekannt sind. Andernfalls wären Sie sicher nicht bis zu dieser Stelle des Buchs vorgedrungen.

Die Möglichkeiten

Grundsätzlich müssen wir unterscheiden, ob eine Suche nach einem statischen Text (Abfolge von Zeichen) durchgeführt wird oder ob auch die Eigenschaften eines Textes in die Suche einfließen sollen. Schließlich können wir noch nach einzelnen Glyphen suchen, wofür es in alphabetischen Schriftsystemen allerdings kaum eine Notwendigkeit gibt. InDesign bezeichnet diese drei Bereiche als:

1. **Text**: Ein statischer Text wird gesucht und gegebenenfalls gegen einen anderen statischen Text ausgetauscht und/oder mit einer Formatierung versehen. Wortteile werden dabei standardmäßig wie einzelne Wörter behandelt, sofern dieses Verhalten nicht explizit abgeschaltet wird.
2. **GREP**: Der zu suchende Text kann »weichgezeichnet« werden. Dabei werden Bedingungen festgelegt und Eigenschaften des Textes abge-

fragt – z. B. an welcher Stelle im Wort ein Textstring steht. Auch ob und wie ein Text ersetzt wird, kann von Bedingungen abhängig gemacht werden.

3. **Glyphe**: In einem lateinischen Zeichensatz ist eine Glyphe gleichbedeutend mit einem einzelnen druckbaren Zeichen. Nach solchen Zeichen können Sie auch mit den obigen beiden Methoden suchen. In Schriftsystemen wie z. B. dem chinesischen sind Glyphen allerdings gleichbedeutend mit ganzen Wörtern. Eine Suche eines bestimmten Wortes muss also über eine einzelne Glyphe definiert werden, und diese Glyphen müssen leicht in die Suche einzugeben sein.

Das Suchen/Ersetzen-Fenster

Was auch immer Sie in Ihren InDesign-Dokumenten suchen, alle dazu nötigen Funktionen finden Sie im Fenster SUCHEN/ERSETZEN, das Sie über BEARBEITEN • SUCHEN/ERSETZEN oder über Strg + F bzw. ⌘ + F aufrufen können. Dieses Fenster ist »schwebend« ausgeführt – das heißt, Sie könnten es eigentlich immer offen halten und trotzdem Ihr Dokument bearbeiten. Allerdings erübrigt sich das aufgrund der Größe.

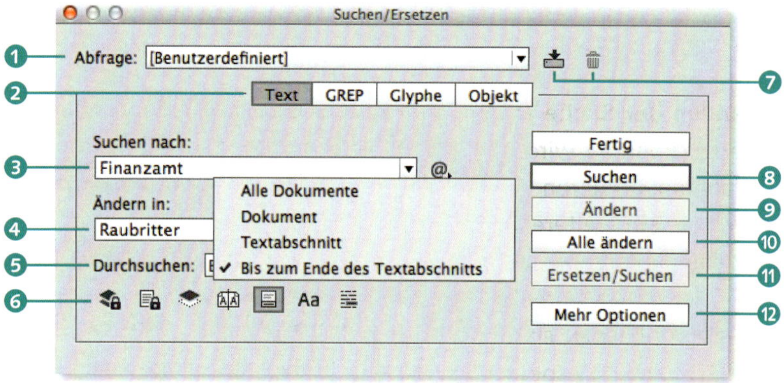

Abbildung 17.1 ►
Das Fenster SUCHEN/ERSETZEN: Über MEHR OPTIONEN ⓬ können noch die Funktionen für die Suche nach Textformatierungen eingeblendet werden – Sie kennen sie bereits aus Kapitel 14, »Textformatierung«.

Eine fertig ausformulierte Suche kann ziemlich kompliziert werden. Deshalb haben Sie – wie fast überall in InDesign – die Möglichkeit, Ihre Suche zu speichern ❼. Eine gespeicherte Suche nennt InDesign ABFRAGE ❶, und sie kann im gleichnamigen Menü ausgewählt werden. Sobald hier eine Abfrage ausgewählt ist, kann sie auch wieder gelöscht werden ❼. Solange Sie Ihre Suchabfrage frei formulieren, steht das Menü auf [BENUTZERDEFINIERT]. Die Art der Suche ❷ entscheidet über die Möglichkeiten und Funktionen der Suche. TEXT und GREP unterscheiden sich nur geringfügig in der Oberfläche, GLYPHE erfordert wie gesagt eigene Methoden. Einige Funktionen und Attribute haben jedoch alle Arten gemeinsam.

Vordefinierte Abfragen

Im Menü ABFRAGE finden Sie drei Bereiche mit vordefinierten Suchabfragen für TEXT, GREP und OBJEKT. Gerade die Abfragen für GREP sollten Sie sich einmal ansehen – sie sind gute Beispiele dafür, worauf Sie sich bei GREP einlassen müssen.

Gemeinsame Funktionen

Hier wäre zunächst einmal die Möglichkeit zu nennen, das gesuchte Textelement in SUCHEN NACH ❸ festzulegen. Soll der gefundene Text ausgetauscht werden, legen Sie den Ersatztext in ÄNDERN IN ❹ fest. In beiden Eingabefeldern können Sie schwer einzugebende Sonderzeichen aus dem Menü @ auswählen. InDesign führt über die Einträge in diesen Eingabefeldern für Sie Protokoll. Die zuletzt verwendeten Begriffe können über die Menüs der beiden Felder aufgerufen werden. Darüber hinaus können Sie Abfragen natürlich auch aus der Zwischenablage in die Eingabefelder kopieren.

Hinweis
Gespeicherte Abfragen sind Ihrem Arbeitsplatz zugeordnet und nicht einem Dokument. Da sie aber als XML-Dateien im InDesign-Programmordner in PRESETS/FIND-CHANGE QUERIES gespeichert sind (dort finden Sie die Ordner GREP, OBJECT und TEXT), können Sie diese Dateien zwischen Arbeitsplätzen austauschen.

Durchsuchen | Die Reichweite der Suche wird über DURCHSUCHEN ❺ festgelegt. ALLE DOKUMENTE durchsucht alle Texte in allen derzeit geöffneten Dokumenten. DOKUMENT beschränkt sich auf alle Texte im aktuellen Dokument. TEXTABSCHNITT durchsucht nur den Textfluss – das sind alle verketteten Textrahmen –, in dem derzeit der Textcursor steht. Sie können diese Suche auch auf den Text von der aktuellen Position des Textcursors BIS ZUM ENDE DES TEXTABSCHNITTS eingrenzen. Wenn Sie einen Text ausgewählt haben, taucht ein weiterer Menüpunkt (AUSWAHL) auf, mit dem Sie die Reichweite der Suche also gezielt einschränken können.

Anwenden der Suche auf | Auf welche Elemente des Dokuments die Suche angewendet wird, legen Sie über die Symbolleiste ❻ fest (diese Symbole funktionieren wie Schalter – ein Klick auf ein Symbol aktiviert die Option, ein weiterer Klick deaktiviert sie wieder), wobei alle Arten der Suche die folgenden fünf Optionen kennen (die Textsuche hat zwei mehr – siehe nächste Seite):

- GESPERRTE EBENEN EINBEZIEHEN (NUR »SUCHEN«): Bei einer reinen Suche können gesperrte Ebenen selbstverständlich mit durchsucht werden. Einen gefundenen Text können Sie genauso selbstverständlich nicht ersetzen.
- GESPERRTE TEXTABSCHNITTE UND OBJEKTE EINSCHLIESSEN (NUR FÜR »SUCHEN«): Das Gleiche gilt für gesperrte Textabschnitte, mit denen Sie aber nur in Redaktionssystemen in Verbindung mit InCopy in Berührung kommen können.
- AUSGEBLENDETE EBENEN UND OBJEKTE EINSCHLIESSEN: Ob Sie einen derzeit nicht sichtbaren Text suchen und gegebenenfalls ersetzen wollen, hängt davon ab, ob dieser Text jemals wieder sichtbar sein soll. Wenn nicht, stellt sich allerdings die Frage, warum er existiert.
- MUSTERSEITEN EINBEZIEHEN: Diese Option dürfte selbsterklärend sein.

Gesperrte Textabschnitte
Sie haben keine Möglichkeit, direkt in InDesign einen Textabschnitt zu sperren. Wenn Sie jedoch mit InCopy arbeiten, kann das der Administrator tun, der nur die Teile des Dokuments für Sie freigibt, die Sie auch bearbeiten müssen. Alle anderen Teile des Dokuments sehen Sie zwar, und Sie können sie auch durchsuchen, aber eben nicht verändern.

- FUSSNOTEN EINBEZIEHEN : Entscheiden Sie nach Ihren Bedürfnissen und je nachdem, ob Textteile in diesen Dokumentbereichen überhaupt existieren.

Mit einem Klick auf SUCHEN ❽ starten Sie Ihre Suche. Wenn ein Treffer erzielt wurde, wird Ihnen die Fundstelle im Dokumentfenster angezeigt und die Textstelle ausgewählt. Sie können dann entweder auf ÄNDERN ❾ klicken (sofern Sie einen Ersatztext eingegeben haben) oder auf WEITERSUCHEN – der Button SUCHEN ❽ wird nun so genannt, bis keine Treffer mehr erzielt werden. Wenn Sie nicht jede Änderung einzeln bestätigen wollen, klicken Sie auf ALLE ÄNDERN ❿, und alle Treffer werden in einem Arbeitsgang auf den neuen Text umgestellt. Um den Treffer auszutauschen und anschließend gleich den nächsten zu suchen, klicken Sie auf ERSETZEN/SUCHEN ⓫.

17.2 Textsuche

Textvariablen
Sie können zwar nach den verschiedenen Textvariablen suchen (Menü @, • VARIABLEN), nicht aber nach deren Inhalt.

Eine Textsuche kann sich einerseits auf den Inhalt des Textes beschränken, andererseits aber auch sämtliche Formatierungsoptionen und andere Attribute, wie z. B. die zugewiesene Sprache, berücksichtigen.

Text

Das Suchen und Ersetzen von statischem Text sollte nach der Beschreibung der Grundfunktionen eigentlich schon für Sie durchführbar sein. Allerdings müssen wir noch drei Ergänzungen anbringen.

Ganzes Wort
Ein eigenständiges Wort wird von InDesign dann erkannt, wenn es von jeder Art von Weißraum (inklusive Tabulatoren) oder von beliebigen Satzzeichen begrenzt wird. Bedingte Zeichen, wie z. B. das bedingte Trennzeichen, begrenzen ein Wort jedoch nicht.

Schreibweisen | Zunächst verfügt die Textsuche über die beiden zusätzlichen Optionen GROSS-/KLEINSCHREIBUNG BEACHTEN Aa und GANZES WORT . Wenn Sie beispielsweise einen Text über InDesign setzen wollen (so etwas soll vorkommen), müssen Sie bei diesem Produktbegriff auf die exakte Schreibweise achten. Wenn der Autor des Textes aber immer oder gelegentlich »Indesign« verwendet, kann eine Suche nach dieser falschen Schreibweise mühsam sein, weil der Begriff »InDesign« vermutlich öfter vorkommen wird.

Wenn Sie nach der exakten Falschschreibung – also mit einem kleinen d – suchen wollen, müssen Sie die Option GROSS-/KLEINSCHREIBUNG BEACHTEN Aa aktivieren. Ansonsten liefert die Suche auch alle korrekten Schreibweisen.

Wie wir schon erwähnt haben, betrachtet InDesign den Suchbegriff grundsätzlich als beliebigen Teil des Textes, in dem gesucht wird. Der

Begriff »Feld« wird sowohl in »Eingabefeld« als auch in »Bedienfeld« als auch in »Feldtheorie« gefunden. Soll der Begriff nur als eigenständiges Wort gefunden werden, aktivieren Sie die Option GANZES WORT.

Platzhalter | In den Menüs der beiden Eingabefelder finden Sie sämtliche Sonderzeichen, die InDesign anbietet. Bei der Suche gibt es einen zusätzlichen Eintrag PLATZHALTER. Hier können Sie noch vier »Sonderzeichen« in Ihre Suche einsetzen, die es als druckbare Zeichen in dieser Form nicht gibt. BELIEBIGE ZIFFER steht für jede Ziffer im Bereich 0 bis 9, BELIEBIGER BUCHSTABE für jedes Zeichen des Alphabets, nicht jedoch für Satzzeichen oder Leerräume. Diese können Sie unabhängig von ihrer Breite oder Funktion über ALLE LEERRÄUME einsetzen. Aber Vorsicht: Der normale Wortzwischenraum ist hier nicht inkludiert. Um nach diesem zu suchen, müssen Sie im Feld SUCHEN NACH ganz normal die Leertaste benutzen. Zwischen allen anderen Leerzeichen – Geviert und Bruchteile davon – wird jedoch nicht unterschieden.

All diese Sonderzeichen werden von InDesign in ihrer internen Darstellung formuliert. Der Platzhalter für ALLE LEERRÄUME liest sich somit als `^w`. Lassen Sie sich nicht von dieser Darstellung verwirren. Sollten Sie öfter nach gleichartigen Zeichen suchen, können Sie sich die Codierung dieser Zeichen merken und direkt in das Suchfeld eintragen und sparen sich somit das »Zusammenklicken« der Suchbegriffe.

Inhalt der Zwischenablage | Auch das Menü des Eingabefelds ÄNDERN IN kann mit interessanten Zusatzfunktionen aufwarten. Hier finden Sie unter ANDERE die beiden zusätzlichen Funktionen INHALT DER ZWISCHENABLAGE, FORMATIERT (`^c`) und INHALT DER ZWISCHENABLAGE, UNFORMATIERT (`^C`). Die Namen der beiden Funktionen beschreiben sehr gut, was sie tun, das wirklich Interessante daran ist jedoch, dass sich in der Zwischenablage auch etwas anderes als Text befinden kann. Mit diesen Funktionen können Sie somit auch Text gegen im Text verankerte Objekte, wie Bilder, austauschen.

Um dies zu verdeutlichen, gehen wir von folgender Problemstellung aus: Es gibt eine Reihe von Magazinen, die sich dem Genuss widmen. Dabei geht es um eine bestimmte Lebensart und bestimmte Luxusartikel, wie z. B. Wein, edle Brände oder Tabakwaren. Die verschiedenen Produkte werden in Form von »Tastings« beschrieben und bewertet, damit der Connaisseur auch weiß, was ihn erwartet – ein solches Tasting sehen Sie in Abbildung 17.2. Die Bewertungen des – in diesem Fall – Pfeifentabaks werden in der Texterfassung über Sternchen (von * bis *****) formuliert, die gegen etwas ausgetauscht werden sollen, was etwas mehr mit dem Produkt zu tun hat.

Alternative Datumsformate

Um in einem Text Datumsangaben im EDV-freundlichen ISO-8601-Datumsformat – also JJJJ-MM-TT – zu suchen, verwenden Sie `^9^9^9^9-^9^9-^9^9`. Um das Datum auf das deutsche Format TT.MM.JJJJ umzustellen, benötigen Sie jedoch GREP.

▲ **Abbildung 17.2**
In der Bewertung dieses Luxusartikels sollen die profanen Sternchen (oben) gegen Tabakblätter ausgetauscht werden (unten).

Schritt für Schritt
Text gegen Bild austauschen

Die Datei »Tasting.indd« finden Sie im Ordner BEISPIELMATERIAL • Kapitel_17.

Auf der DVD zu unserem Buch finden Sie die notwendigen Materialien, um diese Anleitung nachzuvollziehen, im Dokument »Tasting.indd«.

1 Datei öffnen

Öffnen Sie die Datei »Tasting.indd«. Sie finden hier die typografisch schon fertig gestaltete Version (Abbildung 17.2 oben) und das Symbol der Tabakblätter bereits in der richtigen Größe. Es handelt sich dabei um eine Vektorgrafik aus InDesign-Vektoren.

2 Suche vorbereiten

Wählen Sie das Symbol in der Vorlage aus, und kopieren Sie es in die Zwischenablage mit Strg+C bzw. ⌘+C. Setzen Sie den Textcursor in den Rahmen, der noch die Bewertungen mit den Sternchen enthält.

3 Suchoptionen einstellen

Öffnen Sie das Fenster SUCHEN/ERSETZEN über Strg+F bzw. ⌘+F oder den Befehl BEARBEITEN • SUCHEN/ERSETZEN. Nehmen Sie die Einstellungen gemäß Abbildung 17.3 vor:

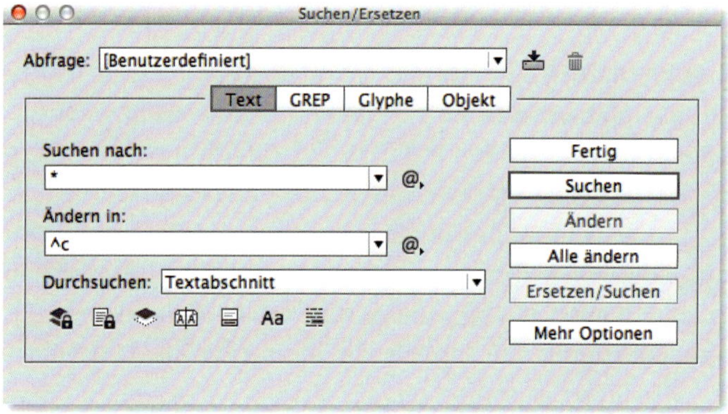

Abbildung 17.3 ▶
Führen Sie SUCHEN/ERSETZEN mit diesen Einstellungen aus. Beachten Sie besonders, dass es in einem solchen Fall sinnvoll ist, die Suche auf den Textabschnitt zu beschränken.

Setzen Sie in ÄNDERN IN über @ das Zeichen ANDERE • INHALT DER ZWISCHENABLAGE, FORMATIERT ein. Da die Zwischenablage ein Bild enthält, sollte die Formatierung eigentlich keine Rolle spielen. Wenn Sie den Inhalt unformatiert einsetzen, funktionieren aber gruppierte Objekte nicht richtig.

4 Suchen/Ersetzen ausführen

Klicken Sie zunächst auf SUCHEN, und beobachten Sie, dass InDesign nun den ersten Stern markiert. Um diesen Stern austauschen zu lassen, klicken Sie auf Ändern – statt des Sterns steht nun die Abbildung im Text. Um die Sache zu beschleunigen, klicken Sie auf Alle ändern.

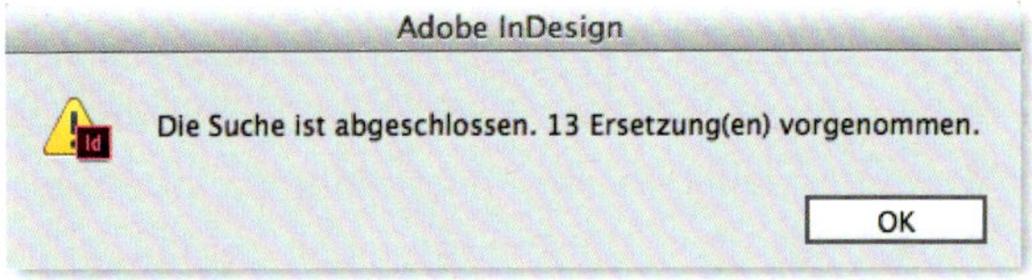

◄ **Abbildung 17.4**
Wenn Sie Alle ändern benutzen, meldet InDesign Ihnen, wie viele Änderungen durchgeführt wurden. 14 Sternchen waren vorhanden, eines haben wir allerdings über Ändern ausgetauscht.

Sobald alle Änderungen durchgeführt sind, informiert InDesign Sie über die Anzahl der ausgetauschten Treffer.

Im Abschnitt »GREP-Stile« haben wir Ihnen gezeigt, wie Sie »das leidige Quadratmeter-Problem« mit einem GREP-Stil lösen können. Die Voraussetzung dafür war, dass Sie entweder eine OpenType-Schrift und deren Layout-Feature Hochgestellt verwenden oder bereit sind, die typografisch nicht sehr günstige Funktion Hochgestellt von InDesign zu verwenden. Die meisten Schriften (also auch Type 1 und TrueType) verfügen jedoch über das Zeichen ^{2}, das Sie leicht im Glyphen-Bedienfeld finden.

Sie können also einmal die korrekte Darstellung »m^2« herstellen und in die Zwischenablage kopieren. Suchen Sie dann nach dem Text »m2«, und ersetzen Sie ihn durch den Inhalt der Zwischenablage, formatiert. Sie benötigen in diesem Fall also weder eine OpenType-Schrift noch ein Zeichenformat noch einen GREP-Stil und erreichen trotzdem ein typografisch korrektes Ergebnis.

GREP

Der Abschnitt GREP unterscheidet sich rein optisch von Text nur darin, dass die beiden Funktionen Gross-/Kleinschreibung beachten Aa und Ganzes Wort hier fehlen. Diese Vorgaben werden direkt im regulären Ausdruck formuliert und können dort auf Teile einer Suche beschränkt werden.

Die entsprechenden Codes finden Sie in @ • Modifizierer • Nicht zwischen Gross- und Kleinschreibung unterscheiden bzw. Zwischen Gross- und Kleinschreibung unterscheiden. Die restliche Handhabung der Suche entspricht ansonsten der Textsuche.

Der Vorteil von GREP ist jedoch, dass Sie nicht nach statischen Texten suchen, sondern zumeist nach Textmustern. Die Textsuche beherrscht zwar einige allgemeine Platzhalter, kann sie aber nicht flexibel austauschen. Anderseits kann GREP natürlich auch statisch Texte suchen, aber das wäre ja nicht neu – Sie sehen, die Übergänge sind fließend.

Vor der Komplexität von GREP und regulären Ausdrücken haben wir Sie schon mehrfach gewarnt. Auch an dieser Stelle ist es nicht möglich, das Thema umfassend zu behandeln. Wir beschränken uns hier auf ein Beispiel: Wenn Sie einen Katalog eines Reisebüros setzen, erhalten Sie die Texte zumeist direkt aus der Buchungsdatenbank, und wie es bei Datenbanken üblich ist, sind die darin enthaltenen Datumsangaben im EDV-freundlichen ISO-8601-Datumsformat verfasst. Datumsangaben gibt es bei Reiseveranstaltern naturgemäß reichlich.

Datumsformate
Das EDV-freundliche und gelegentlich im englischen Sprachraum verwendete Datumsformat Jahr/Monat/Tag ist im deutschsprachigen Raum nicht gebräuchlich – bzw. nur im EDV-Bereich, weil solche Daten sehr einfach sortiert werden können. In Lesetexten wird natürlich das Format Tag.Monat.Jahr verwendet.

Mit der Textsuche können Sie ein so formatiertes Datum zwar finden (siehe den Kasten »Alternative Datumsformate« auf Seite 595), müssten es aber dann manuell ändern. Hier kommt GREP ins Spiel, weil Sie damit nicht nur das Textmuster erkennen, sondern auch die Ersetzung des Textes flexibel halten können.

Um das auszuprobieren, erstellen Sie einen Text und spicken ihn mit Datumsangaben wie »2012/08/17«, also im Format JJJJ/MM/TT. Rufen Sie die Suche auf (Strg+F bzw. ⌘+F), und schalten Sie in den Bereich GREP:

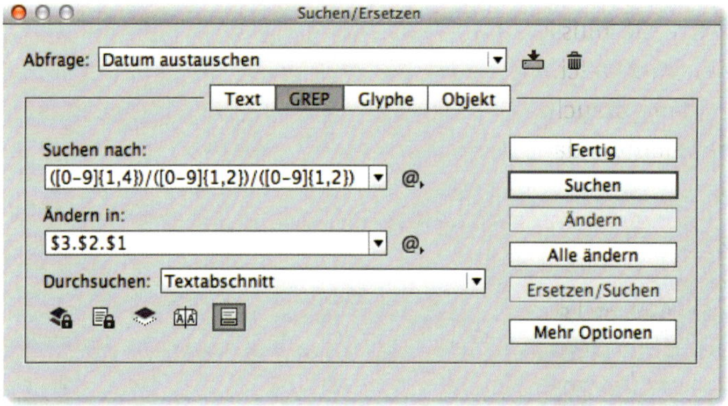

Abbildung 17.5 ▶
Die Suche (Abfrage) wurde bereits unter dem Namen »Datum austauschen« gespeichert und steht nun in allen Dokumenten zur Verfügung.

Der hier in Suchen nach verwendete reguläre Ausdruck ist folgendermaßen zu lesen:

Runde Klammern
Die runden Klammern umfassen die drei gesuchten Teile und begrenzen, was wir zur Weiterbearbeitung von GREP geliefert bekommen – da wir die Schrägstriche nicht brauchen, stehen sie also nicht in den Klammern.

- **([0-9]{1,4})**: Gesucht werden alle Zahlen zwischen 0 und 9, und zwar egal, ob sie ein-, zwei-, drei- oder vierstellig daherkommen. Dies ist der erste Teil des Treffers, der für sich allein betrachtet wird. `{1,4}` bedeutet »eine Stelle bis maximal vier Stellen«.
- **/([0-9]{1,2})**: Der zweite Teil des Treffers besteht aus einem Schrägstrich und umfasst in der Folge nur ein- oder zweistellige Zahlen.
- **/([0-9]{1,2})**: Genauso ist es mit dem dritten Teil des Treffers.

Diese drei Teile werden, sofern sie in dieser Reihenfolge gefunden werden, in drei getrennten Variablen abgelegt. Das ÄNDERN IN erfolgt hier einfach, indem festgelegt wird, dass zuerst der dritte Teiltreffer (`$3` – die Tage), dann ein Punkt, dann der zweite Teiltreffer (`$2` – der Monat) und ein Punkt und schließlich der erste Teiltreffer (`$1` – das Jahr) an der Position des gesamten gefundenen Textes eingesetzt werden soll. Das Datum wird somit in die Schreibweise TT.MM.JJJJ umgewandelt.

Sie können nun wie gewohnt SUCHEN, ÄNDERN oder ALLE ÄNDERN. Bei ALLE ÄNDERN teilt Ihnen InDesign am Ende wieder mit, wie viele Änderungen vorgenommen wurden.

Abweichende Syntax!

Falls Sie mit GREP bereits vertraut sind, werden Sie einwenden, dass in unserem Beispiel einige Sonderzeichen geradezu fahrlässig eingesetzt sind und der reguläre Ausdruck eigentlich nicht funktionieren dürfte.

Stimmt! Allerdings handhabt InDesign die GREP-Syntax sehr locker. So soll es offensichtlich Nicht-Technikern einfacher gemacht werden, damit zu arbeiten. Leider bringt das auch mit sich, dass die gängigen Syntax-Beschreibungen oft nicht direkt anwendbar sind.

Formatierte Texte suchen

In den beiden Abschnitten TEXT und GREP können Sie MEHR OPTIONEN einblenden und somit die Optionen zur Suche nach formatierten Texten aktivieren. Wie Sie dabei vorgehen müssen, haben wir Ihnen bereits im Abschnitt »Formate suchen und ersetzen« auf Seite 522 gezeigt.

An dieser Stelle deshalb nur noch folgender Hinweis: Wenn Sie nach einem Text *und* seiner Formatierung suchen, werden Sie auch nur Treffer erhalten, wenn der Text in genau dieser Formatierung vorliegt. Das klingt zwar banal, führt aber in der Praxis zumeist dazu, dass kein Text gefunden wird. Sie müssen in umfangreichen Dokumenten schon sehr genau wissen, wo welcher Text wie formatiert sein könnte, um Treffer zu erhalten (dann brauchen Sie die Suche aber vermutlich gar nicht). In kurzen Dokumenten dagegen brauchen Sie kaum so feine Suchmethoden.

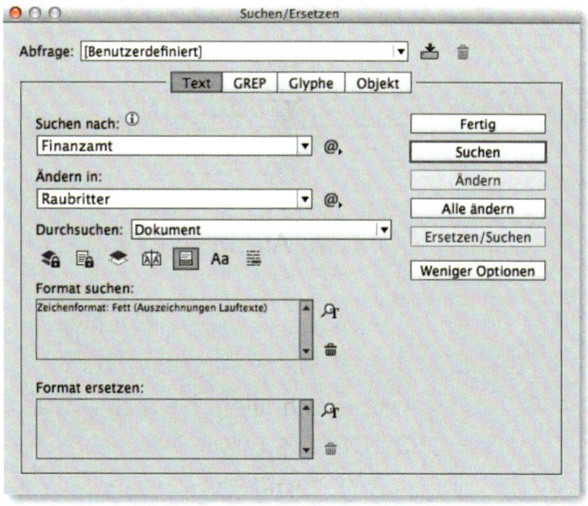

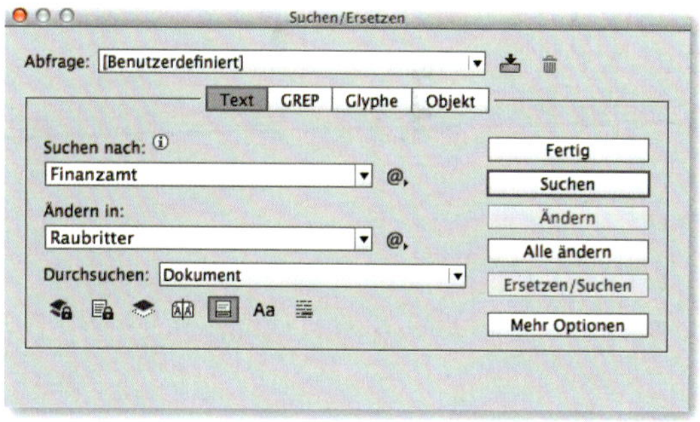

◄ ▲ **Abbildung 17.6**
Achten Sie immer darauf, ob im Fenster SUCHEN/ERSETZEN das Symbol ⓘ auftaucht, das Sie darauf hinweist, dass Sie eine kombinierte Text/Format-Suche durchführen.

Fatal kann sich diese Tatsache aber dann auswirken, wenn Sie an mehreren Dokumenten arbeiten und in Dokument 1 eine Text- mit einer

Zeichenformat-Suche kombinieren und dann z.B. MEHR OPTIONEN ausschalten und zu Dokument 2 wechseln, wo es das gesuchte Zeichenformat gar nicht gibt. InDesign merkt sich in diesem Fall nämlich die Einstellungen der Format-Suche, und Sie werden auch dann keinen Text in Dokument 2 finden, wenn dieses nur aus dem gesuchten Text besteht.

InDesign macht Sie auf dieses mögliche Problem durchaus aufmerksam. Aber leider sehr dezent. Sobald Sie nach einer Formatierung suchen, wird neben SUCHEN NACH das Symbol ⓘ eingeblendet, und zwar unabhängig davon, ob Sie MEHR OPTIONEN oder WENIGER OPTIONEN verwenden.

Treffer, aber keine Fundstelle?
Wenn Sie einen Text schrittweise über einzelne Klicks auf SUCHEN durchsuchen, könnte es sein, dass sich die Suche zwar normal verhält, aber keine Fundstelle angezeigt wird. Sehen Sie sich das Fenster SUCHEN/ERSETZEN genau an. Wenn neben SUCHEN NACH (ÜBERSATZTEXT) angezeigt wird, ist der Text zwar vorhanden, kann aber verständlicherweise nicht angezeigt werden.

Um die Fundstelle zu sehen, schalten Sie in den Textmodus um: Strg+Y bzw. ⌘+Y.

Glyphen suchen

Sie lesen dieses Buch auf Deutsch – das deutet darauf hin, dass Sie InDesign vermutlich im westlichen Kulturkreis einsetzen. Wenn dem so ist, dann werden Sie die Glyphe-Suche selten oder nie brauchen, da sie bei der Verwendung von alphabetischen Schriftsystemen nur in wenigen Situationen Nutzen bringt.

Die Glyphe-Suche ist primär für nicht-alphabetische Schriftsysteme gedacht. Die chinesische Sprache und große Teile der japanischen Sprache werden in chinesischen Schriftzeichen (Kanji) geschrieben. Bei geschätzten 40.000 Schriftzeichen (also Glyphen) in der chinesischen Schrift ist es nicht mehr so einfach, ein bestimmtes Zeichen zu formulieren oder auf geringe, aber bedeutende Unterschiede Rücksicht zu nehmen. Aber natürlich können Sie auch nach Glyphen in Expert-Schnitten suchen, die nicht direkt über die Tastatur eingegeben werden können.

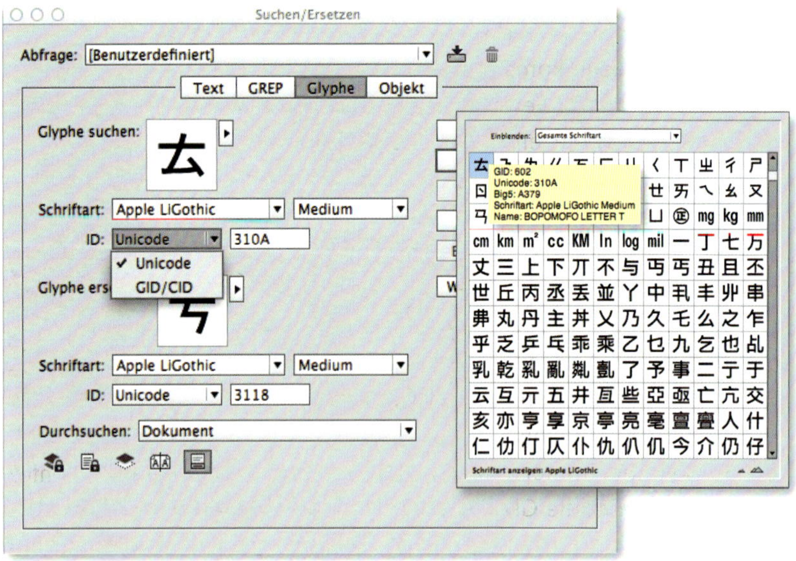

Abbildung 17.7 ►
Die Glyphe-Suche ist für nicht-alphabetische Schriftsysteme gedacht. Da unser beider Kenntnisse dieser Schriftsysteme sehr dürftig sind, bitten wir vorweg um Entschuldigung, falls wir eine besonders ungeeignete Glyphe erwischt haben sollten.
Die Auswahl der Glyphen ist einer der wenigen Bereiche, die sich in InDesign CC verändert haben.

Ein konkretes Schriftzeichen ist natürlich immer mit einem Zeichensatz (der ja die Form beschreibt) verbunden. Deshalb können Sie GLYPHE SUCHEN nur nutzen, wenn Sie einen Zeichensatz in SCHRIFTFAMILIE und SCHRIFTSCHNITT auswählen. Als Nächstes muss die Glyphe festgelegt werden, die Sie suchen wollen. Dabei haben Sie unter ID die Möglichkeit, entweder nach GID/CID (der internen Nummer im Zeichensatz) oder UNICODE (der Nummer der Glyphe in der Unicode-Spezifikation) zu suchen. Oder aber Sie wählen die betreffende Glyphe direkt unter GLYPHE SUCHEN bzw. mit einem Klick auf ▸ aus – dieses Menü sieht ähnlich aus, wie Sie es schon vom Glyphen-Bedienfeld oder auch von der Liste mit Aufzählungszeichen kennen. Erst wenn alle Einstellungen vorgenommen sind, wird der SUCHEN-Button aktiv.

▲ **Abbildung 17.8**
GID und UNICODE einer Glyphe können Sie auch im Glyphen-Bedienfeld feststellen, wenn Sie den Mauszeiger über eine Glyphe stellen.

Um GID oder UNICODE einer Glyphe zu erfahren, stellen Sie den Mauszeiger über ein Zeichen, und die gesuchten Daten werden in einem gelben Tipp eingeblendet.

Wenn Sie mit dem Glyphen-Bedienfeld arbeiten, können Sie eine Abkürzung benutzen und über das Kontextmenü einer Glyphe die beiden Funktionen GLYPHE IN »SUCHEN« LADEN und GLYPHE IN »ERSETZEN« LADEN verwenden. InDesign schaltet dann für Sie in die Glyphe-Suche und öffnet auch das SUCHEN/ERSETZEN-Fenster für Sie, sofern es nicht geöffnet ist.

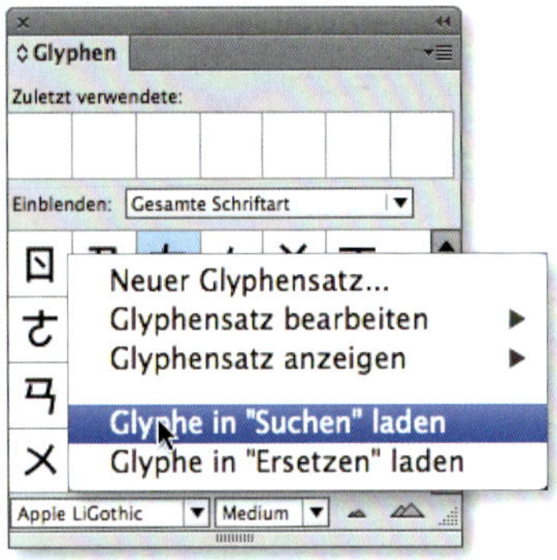

▲ **Abbildung 17.9**
Über das Kontextmenü einer Glyphe im Glyphen-Bedienfeld können Sie Glyphen direkt in SUCHEN/ERSETZEN kopieren.

Bei GLYPHE ERSETZEN verfahren Sie genauso, allerdings können Sie hier jeden beliebigen verfügbaren Zeichensatz wählen, was nahe liegend ist.

Die restlichen Parameter wählen Sie nach Bedarf – diese Einstellungen entsprechen denen der Text- und der GREP-Suche. Sie können eine definierte Glyphe-Suche natürlich auch speichern. Wenn Sie die gespeicherte Abfrage aber in einem Dokument verwenden wollen, in dem der Zeichensatz der zu suchenden Glyphe nicht verwendet wird, verweigert InDesign die Suche kommentarlos und füllt die entsprechenden Felder im SUCHEN/ERSETZEN-Fenster einfach nicht aus. In früheren Versionen wurden Sie noch mit einer entsprechenden Warnung auf das Problem hingewiesen.

Glyphe-Suche mit Expert-Schriften | Selbstverständlich können Sie die Glyphe-Suche auch mit alphabetischen Schriftsystemen benutzen, allerdings ist das meist komplizierter, als wenn Sie die normale Textsuche verwenden würden. Eine typische Anwendung wäre eine Suche nach einzelnen Glyphen eines Expert-Schnitts. Expert-Zeichensätze sind zwar codiert wie lateinische Zeichensätze, enthalten aber auch eher abstrakte Glyphen. Immer wenn Sie Zeichen über das Glyphen-Bedienfeld eingeben, kommt die Glyphe-Suche auch als Suchmethode infrage.

17.3 Rechtschreibung

Die Suche nach zweifelhaft geschriebenen Wörtern kann verständlicherweise nicht über eine normale Suchfunktion abgewickelt werden, und selbstverständlich hält sich InDesign in diesem Bereich an die üblichen Standards der Textverarbeitung. InDesign findet falsch geschriebene Wörter, Wortwiederholungen, eine falsche Groß- und Kleinschreibung und kleingeschriebene Satzanfänge und kümmert sich auch um die Silbentrennung.

Gemeinsame Verwendung von Wörterbüchern

Sie können Benutzerwörterbücher in einem Netzwerk zwar gemeinsam verwenden, aber nicht bearbeiten.

Der erste Nutzer des Wörterbuchs – in der Regel der erste Mitarbeiter einer Gruppe, der sein auf dieses Wörterbuch eingestelltes InDesign startet – sperrt es für alle anderen Benutzer. Diese können keine Änderungen oder Ergänzungen im Wörterbuch vornehmen, es aber als »Nachschlagewörterbuch« ganz normal verwenden.

Wörterbücher

Zu jeder Sprache, die Ihnen InDesign anbietet, gibt es zumindest ein Wörterbuch, auf das jedoch nur InDesign zugreifen kann. Zusätzlich wird für jeden Benutzer ein eigenes Benutzerwörterbuch angelegt, auf das nur Sie zugreifen können.

In diesen Benutzerwörterbüchern werden eigene Wörter, von der Rechtschreibprüfung ausgenommene Wörter und eigene Trennregeln für Wörter gespeichert. Sie können mehrere Benutzerwörterbücher anlegen, diese zur Verwendung durch mehrere Personen auch auf einem Server ablegen und zur Weitergabe Ihrer Satzdaten auch in ein InDesign-Dokument einbetten.

Die Verwaltung der Wörterbücher und des Grundverhaltens der Rechtschreibprüfung wird in den entsprechenden Voreinstellungen vorgenommen.

Voreinstellungen »Wörterbuch«

Öffnen Sie die InDesign-Voreinstellungen für die Wörterbücher über Bearbeiten • Voreinstellungen • Wörterbuch bzw. InDesign • Voreinstellungen • Wörterbuch.

Hunspell

Der Button Hunspell-Infos ❺ führt Sie zu einer Webseite, auf der erklärt wird, wie Sie zusätzliche Wörterbücher installieren können. Wir werden uns dieser Aufgabe noch am Ende dieses Kapitels widmen.

Sprache | Für jede Sprache ❶ existiert zunächst ein eigenes Benutzerwörterbuch. Wie Sie weitere Benutzerwörterbücher anlegen, werden wir Ihnen gleich zeigen. Von der Sprache hängen auch noch andere Verhaltensweisen von InDesign ab, so auch die Silbentrennung ❷ und selbstverständlich die Rechtschreibung ❸ (bzw. die Rechtschreibprüfung). Bis InDesign CS5 konnten Sie nur Proximity auswählen (dies ist die Herstellerbezeichnung für die Silbentrennungs- und Rechtschreibprüfungsmethoden), seit InDesign CS5.5 stellt Adobe auch die Hunspell-Wörterbücher zur Verfügung, die OpenOffice-Benutzern möglicherweise schon bekannt sind. Ebenfalls der Sprache zugeordnet ist die

Verwendung der typografisch korrekten Anführungszeichen, jeweils für DOPPELTE und EINFACHE ANFÜHRUNGSZEICHEN ❹. Die doppelten Anführungszeichen setzt InDesign für Sie, wenn Sie selbst einen Text erfassen. Sie können aber auch deren Anwendung beim Platzieren von Texten in den jeweiligen Importfiltern festlegen. Hier können Sie jedoch auch Anführungszeichen auswählen, die für die jeweilige Sprache eigentlich nicht vorgesehen sind.

Anführungszeichen im Deutschen

In der Typografie deutschsprachiger Texte sind zwei doppelte Anführungszeichen(paare) zulässig: entweder diejenigen im Format 99–66, so wie „hier", oder die »umgekehrten französischen« Anführungszeichen, die wir auch in diesem Buch verwenden.

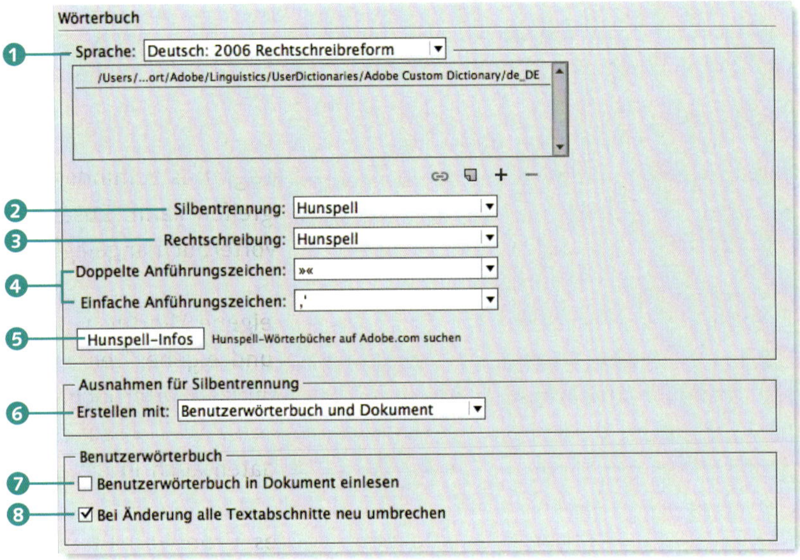

◀ **Abbildung 17.10**
In den VOREINSTELLUNGEN • WÖRTERBUCH legen Sie fest, welche SPRACHE verwendet wird und wo Benutzerwörterbücher und AUSNAHMEN FÜR SILBENTRENNUNG gespeichert werden.

Ausnahmen für Silbentrennung | InDesign kümmert sich natürlich auch um die Silbentrennung (sofern Sie sie nicht abgeschaltet haben). Da eine korrekte Silbentrennung vor allem im Blocksatz enorm wichtig ist und der Silbentrennalgorithmus von InDesign manchmal sehr kreative Trennungen vornimmt, haben Sie die Möglichkeit, eigene Trennungen zu definieren – wie, das werden wir Ihnen in Abschnitt 17.4, »Silbentrennung«, zeigen. In diesem Abschnitt der Wörterbuch-Voreinstellungen müssen Sie festlegen, wo diese Abweichungen von den Trennregeln gespeichert werden sollen. Unter ERSTELLEN MIT ❻ können Sie zwischen BENUTZERWÖRTERBUCH, DOKUMENT und BENUTZERWÖRTERBUCH UND DOKUMENT wählen. Diese drei Möglichkeiten dürften selbsterklärend sein – egal, welche Einstellung Sie wählen, sollten Sie jedoch spätestens bei der Weitergabe Ihres Dokuments in der Funktion DATEI • VERPACKEN die dokumentspezifischen Trennausnahmen im Dokument speichern.

Sprache ≠ Rechtschreibung

Die Einstellungen, die Sie für Wörterbücher vornehmen, geben lediglich den Arbeitsrahmen für die Rechtschreibprüfung vor. Durchgeführt wird die Rechtschreibprüfung dann anhand der Einstellungen für Ihren Text, die Sie in den Zeichen-Einstellungen und dort natürlich am besten in Zeichen- und Absatzformaten festgelegt haben.

Wenn Sie mehrsprachige Texte setzen und in jeder Sprache z. B. Trennausnahmen festlegen wollen oder müssen, dann sollten Sie auch identische Einstellungen der Benutzerwörterbücher für jede Sprache in den Voreinstellungen vornehmen.

Benutzerwörterbuch | Sie können Ihr Benutzerwörterbuch in das Dokument einbetten, indem Sie die Option BENUTZERWÖRTERBUCH IN DO-

KUMENT EINLESEN 7 auswählen. Das wäre nur dann sinnvoll, wenn Sie es mit Ihrem Dokument weitergeben wollen. Da Sie das Benutzerwörterbuch aber auch als eigenständige Datei speichern können, gibt es dafür keinen Grund. Die Rechtschreibprüfung an sich sollte bei der Weitergabe eines Dokuments entweder schon erledigt sein oder beim Empfänger unabhängig von Ihren Voreinstellungen erfolgen. Durch das Einlesen des Benutzerwörterbuchs werden die Dokumente zusätzlich unnötig groß.

Die Option BEI ÄNDERUNG ALLE TEXTABSCHNITTE NEU UMBRECHEN 8 (siehe Abbildung 17.10) bezieht sich auf Änderungen, die Sie unter ERSTELLEN MIT vornehmen. Wenn Sie für Ihr geöffnetes Dokument hier Änderungen vornehmen und somit z. B. die Trennausnahmen für Ihr Dokument nicht mehr verwendet werden, wird das Dokument neu umbrochen.

Neuumbruch auslösen

Sie können einen Neuumbruch Ihres Dokuments auch jederzeit selbst auslösen – das ist gerade bei gemeinsam benutzten Wörterbüchern auch notwendig. Drücken Sie dazu Strg+Alt+/ bzw. ⌘+⌥+/.

Benutzerwörterbücher verwalten

Um ein Benutzerwörterbuch anzulegen, klicken Sie auf das Symbol NEUES BENUTZERWÖRTERBUCH unter der Liste der Benutzerwörterbücher im Abschnitt SPRACHE – das Fenster NEUES BENUTZERWÖRTERBUCH wird geöffnet. Wählen Sie einen Speicherort und einen Namen; die Dateierweiterung sollte dabei natürlich ».udc« bleiben. Am von Ihnen ausgewählten Ort legt InDesign eine Datei an und trägt diese Datei in die Liste der Benutzerwörterbücher ein. Das Vorhandensein dieser Datei wird nicht sehr streng überprüft, sondern erst beim Zugriff der Rechtschreibprüfung auf das Benutzerwörterbuch. Wenn die Datei fehlt, verschoben oder umbenannt wurde, werden Sie von InDesign darauf hingewiesen.

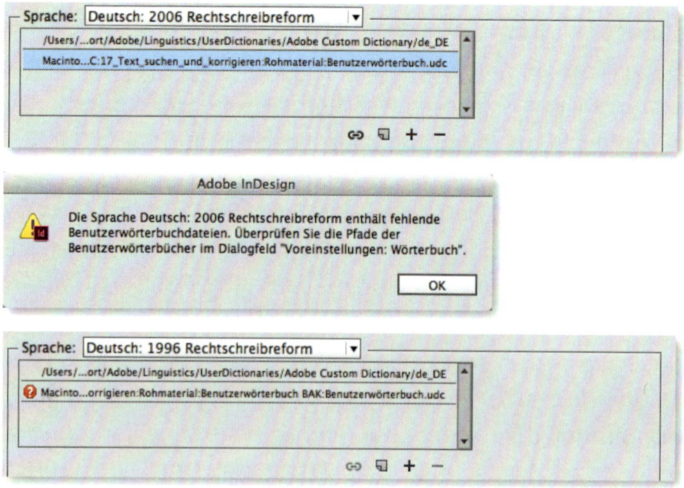

Abbildung 17.11 ▶
Ein neues Benutzerwörterbuch wurde angelegt (oben), dann aber offensichtlich verschoben, umbenannt oder gelöscht, worauf Sie von InDesign hingewiesen werden, sobald das Benutzerwörterbuch benötgt wird (Mitte). In den VOREINSTELLUNGEN • WÖRTERBUCH wird das Benutzerwörterbuch nun als fehlend markiert. Nun sollten Sie die Verbindung zum Wörterbuch aufheben oder neu zuweisen.

Bei einer fehlenden Benutzerwörterbuch-Datei können Sie mit einem Klick auf – das Benutzerwörterbuch entfernen. Wurde die Datei lediglich umbenannt oder verschoben, klicken Sie auf Benutzerwörterbuch erneut verknüpfen, um die ursprüngliche Einstellung wiederherzustellen. Wollen Sie ein Benutzerwörterbuch neu in die Liste aufnehmen, klicken Sie auf + Benutzerwörterbuch hinzufügen und wählen im gleichnamigen Fenster die neue Datei aus.

Voreinstellungen »Rechtschreibung«

Die Arbeitsbedingungen für die Rechtschreibung sind nun abgesteckt. Nun sollten Sie noch einige wenige Voreinstellungen für den Umfang der Rechtschreibung festlegen. Wechseln Sie in den Voreinstellungen in das Register Rechtschreibung:

◂ **Abbildung 17.12**
Im Register Rechtschreibung finden Sie auch die Voreinstellungen für die dynamische Rechtschreibkorrektur, die wir vorerst noch ignorieren.

Die einzelnen Optionen, die Sie hier einstellen können, bedürfen wohl kaum einer besonderen Erklärung. Zur Option Kleingeschriebene Satzanfänge sollten Sie jedoch wissen, dass InDesign jeden Punkt in einem Text als Ende eines Satzes betrachtet. Wenn Sie in Ihrem Text viele Abkürzungen verwenden, kann sich das Aktivieren dieser Option als sehr lästig herausstellen.

Benutzerwörterbuch entfernen
Wenn Sie ein Benutzerwörterbuch aus den Voreinstellungen entfernen, wird nur die Verbindung zwischen dem Wörterbuch und InDesign aufgehoben, die Wörterbuch-Datei wird dabei nicht gelöscht. Wenn Sie die zum Wörterbuch gehörige Datei wirklich löschen wollen, müssen Sie das über Ihr Betriebssystem erledigen.

Manuelle Rechtschreibprüfung

Nun können wir unser Dokument von InDesign auf alle in den Voreinstellungen festgelegten Fehler hin durchsuchen lassen – rufen Sie die Rechtschreibprüfung über Bearbeiten • Rechtschreibprüfung • Rechtschreibprüfung oder Strg+I bzw. ⌘+I auf.

InDesign öffnet das Fenster Rechtschreibprüfung und beginnt auch sofort mit der Prüfung. Die erste Fehlerstelle wird in ❶ (Abbildung 17.13) angezeigt (hier als Nicht im Wörterbuch – hier können die vier Fehler aus den Voreinstellungen aufgeführt sein) und zugleich in Ändern in ❷ übertragen, wo Sie eine manuelle Korrektur vornehmen können. Sie können aber auch einen der Korrekturvorschläge ❸ annehmen, indem Sie auf den entsprechenden Eintrag der Liste klicken. Sobald Sie die Korrektur gemacht oder ausgewählt haben, klicken Sie auf Ändern. Falls es sich bei diesem Fehler um Ihren Lieblingsschreibfehler handelt und Sie davon ausgehen, dass dieser Fehler noch mehrmals auftaucht, klicken Sie auf Alle ändern; InDesign wird Sie bei weiteren Fundstellen nicht mehr um eine Korrekturentscheidung bitten, sondern alle gleichen Schreibweisen im Rahmen dieses Korrekturlaufs ohne Rückfrage ersetzen.

Allerdings muss ein Wort ja nicht falsch geschrieben sein, nur weil es nicht im InDesign-Wörterbuch enthalten ist (z. B. Eigennamen). In diesem Fall können Sie auf Überspringen klicken, um diesen Einzelfall zu übergehen, oder auf Alle ignorieren, um auch alle weiteren Fundstellen nicht mehr angezeigt zu bekommen.

Alle ignorieren

InDesign führt eine Liste der ignorierten Wörter. Wenn Sie also ein Wort irrtümlich über Alle ignorieren von der Prüfung ausschließen und das Wort doch wieder prüfen möchten, müssen Sie es manuell aus dieser Liste entfernen – wir zeigen Ihnen im Abschnitt »Wörterbücher bearbeiten« auf Seite 608, wie das geht.

Abbildung 17.13 ▶

Im Fenster Rechtschreibprüfung suchen Sie nach Fehlern im Text, die Sie dann korrigieren oder auch ignorieren können. Darüber hinaus können Sie vermeintlich falsch geschriebene Wörter ins Wörterbuch aufnehmen und auch in die Bearbeitung der Wörterbücher springen. Gefundene Problemstellen werden im Dokumentfenster angezeigt und ausgewählt.

Welcher Teil Ihres Dokuments geprüft wird, ist dabei über das Menü Durchsuchen ❼ bestimmt – hier haben Sie genau die gleichen Auswahlmöglichkeiten wie bei allen anderen Suchvorgängen auch. In unserem Fall war die Rechtschreibprüfung auf das gesamte Dokument ausgedehnt.

Um ein Wort dauerhaft ins Wörterbuch aufzunehmen, dürfen Sie bei einem von InDesign reklamierten Wort weder eine manuelle Korrektur vornehmen noch einen Korrekturvorschlag ausgewählt haben. Nur dann ist der Button Hinzufügen aktiv. Bevor Sie aber auf ihn klicken, sollten Sie aus Hinzufügen zu ❹ das Wörterbuch auswählen, zu dem Sie das Wort hinzufügen wollen, und festlegen, ob die Rechtschreibprüfung die Gross-/Kleinschreibung beachten ❺ soll oder nicht. Eine Auswahl haben Sie in Hinzufügen zu nur dann, wenn Sie zumindest ein zweites Benutzerwörterbuch angelegt haben. Sobald Sie auf Hinzufügen klicken, wird das Wort Teil des Wörterbuchs, somit nicht mehr als Fehler erkannt, und InDesign setzt die Suche nach Fehlern fort. Die Sprache, auf der das ausgewählte Wörterbuch basiert, wird unter Sprache ❻ eingeblendet. Über Wörterbuch können Sie den Inhalt der Wör-

Einmal richtig – immer richtig

Wenn Sie einem Benutzerwörterbuch ein Wort hinzufügen, dann wird dieses Wort in allen Sprachen als richtig geschrieben erkannt.

terbücher bearbeiten – wie das geht, zeigen wir Ihnen im Abschnitt »Wörterbücher bearbeiten« ab Seite 608.

Wenn kein Fehler (mehr) gefunden wird, wird anstelle der Fehlerart das Symbol ✓ mit dem Text Bereit für Rechtschreibprüfung angezeigt, was insofern komisch klingt, als in diesem Fall eben keine Rechtschreibprüfung mehr durchgeführt wird. Klicken Sie also auf Fertig, oder schließen Sie das Fenster.

Dynamische Rechtschreibprüfung

Wenn Sie vorhandenen Text gestalten, ist die manuell gestartete Rechtschreibprüfung eine gute Wahl. Wenn Sie den Text jedoch selbst erfassen, könnte es eine Hilfe sein, wenn Sie schon während des Schreibens eine Rückmeldung zu potenziellen Schreibfehlern erhalten. Wenn Sie das möchten, rufen Sie Bearbeiten • Voreinstellungen • Rechtschreibung bzw. InDesign • Voreinstellungen • Rechtschreibung auf. In der unteren Hälfte des Registers Rechtschreibung können Sie die Dynamische Rechtschreibprüfung aktivieren. Ohne Umweg über die Voreinstellungen können Sie die dynamische Rechtschreibprüfung auch über Bearbeiten • Rechtschreibprüfung • Dynamische Rechtschreibprüfung oder über das Kontextmenü eines Textes mit Rechtschreibprüfung • Dynamische Rechtschreibprüfung aktivieren.

Dynamische Rechtschreibprüfung und Typografie
Wenn Sie an der Typografie eines Textes arbeiten, müssen Sie die dynamische Rechtschreibprüfung nicht unbedingt abschalten. Im Vorschau-Modus werden die Wellenlinien ausgeblendet und stören nicht das Schriftbild.

Sobald das geschehen ist, beginnt InDesign mit der Rechtschreibprüfung (und sieht Ihnen ab dann auch beim Schreiben auf die Finger) und unterstreicht zweifelhafte Wörter – hier gelten die Regeln, die Sie im selben Register unter Suchen festgelegt haben – mit Wellenlinien. Die Farben dieser Wellenlinien können Sie frei wählen.

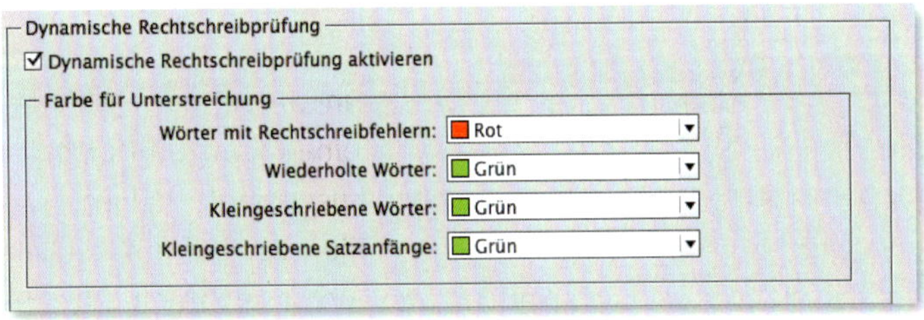

◀ **Abbildung 17.14**
Unter Farbe für Unterstreichung legen Sie fest, wie Schreibfehler markiert werden sollen. Es werden aber nur Fehler markiert, für die die Rechtschreibprüfung auch konfiguriert wurde.

Bei umfangreichen Dokumenten kann die dynamische Rechtschreibprüfung die Arbeit ziemlich bremsen. Sie beginnt automatisch, sobald das Dokument geöffnet wird, und es kann eine Weile dauern, bis alle Fehler gefunden und markiert sind, und somit auch ein Weilchen, bis Sie flüssig arbeiten und scrollen können. Auch wenn die Arbeit in der Folge wieder flüssiger wird, benötigt die dynamische Rechtschreibprüfung aber auch weiterhin einiges an Rechenleistung.

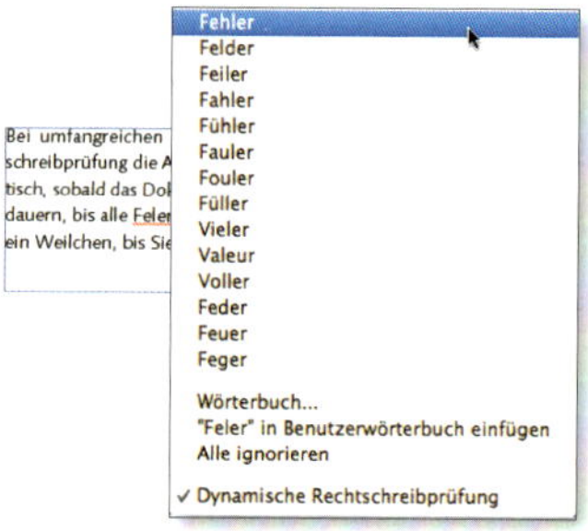

▲ **Abbildung 17.15**
Das Kontextmenü eines Wortes, das von der dynamischen Rechtschreibprüfung als fehlerhaft markiert wurde

Um einen Fehler zu korrigieren, rufen Sie das Kontextmenü des markierten Worts auf – unter Windows mit der rechten Maustaste, unter Mac OS X ebenfalls oder (falls Sie keine Maus mit rechter Taste haben) mit gedrückter `ctrl`-Taste. Im Kontextmenü werden einige Korrekturvorschläge gemacht und die wichtigsten Funktionen für die Handhabung der Wörterbücher angeboten. Das Kontextmenü erscheint nur, wenn Sie das Textwerkzeug benutzen.

Wenn Sie die dynamische Rechtschreibprüfung aktivieren und nahezu der gesamte Text als fehlerhaft markiert wird, dann haben Sie Ihrem Text eine falsche Sprache zugeordnet. Somit gibt es auch kein Wörterbuch, in dem irgendein Wort gefunden werden könnte. Wird hingegen keinerlei Korrektur vorgenommen und keine Silbentrennung durchgeführt, dann haben Sie Ihrem Text vermutlich [Keine Sprache] zugewiesen.

Wörterbücher bearbeiten

Button »Wörterbuch«

Der Button Wörterbuch im Fenster Rechtschreibprüfung wird nur aktiv, wenn bei der Rechtschreibprüfung Wörter gefunden wurden, die sich nicht im Wörterbuch befinden.

In diesem Kontextmenü, im Menü Bearbeiten • Rechtschreibprüfung und über den Button Wörterbuch im Fenster Rechtschreibprüfung können Sie das Fenster Wörterbuch aufrufen, in dem Sie Wörterbücher ergänzen, korrigieren und Wortlisten exportieren/importieren können.

InDesign ändert nie die vorhandenen Wörterbücher, sondern protokolliert die vorgenommenen Änderungen lediglich in den Benutzerwörterbüchern. Ignorierte Wörter werden allerdings auch hier nicht dauerhaft gespeichert.

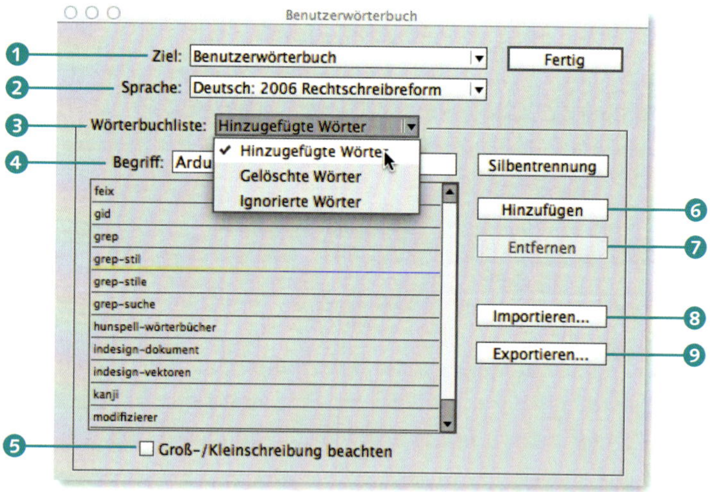

Abbildung 17.16 ▶
Die Bearbeitung von Benutzerwörterbüchern ist zwar simpel, achten Sie jedoch darauf, dass Sie die richtige Wörterbuchliste auswählen.
Die Option Gross-/Kleinschreibung beachten bezieht sich nur auf die Liste Hinzugefügte Wörter.

In Ziel ❶ haben Sie die Möglichkeit, neben dem Benutzerwörterbuch auch jede geöffnete Datei zu wählen und so das Benutzerwörterbuch eines Dokuments zu ergänzen. Die SPRACHE ❷ legt wiederum fest, auf welcher Sprache die Rechtschreibprüfung basieren soll.

Sie können ein Wort ins Wörterbuch aufnehmen, indem Sie es in BEGRIFF ❹ eintragen und auf HINZUFÜGEN ❻ klicken. HINZUFÜGEN wird nicht aktiv, wenn Ihre Eingabe Leerzeichen enthält – es können also wirklich nur Wörter aufgenommen werden. Interpunktionszeichen (z. B. für Abkürzungen) dürfen Sie jedoch verwenden.

Wörterbuchlisten editieren | Bevor Sie ein Wort dem Wörterbuch hinzufügen, sollten Sie festlegen, welcher WÖRTERBUCHLISTE ❸ es zugeordnet werden soll. Der Inhalt der jeweiligen Liste erscheint unter BEGRIFF. Sie haben drei Möglichkeiten:

- HINZUGEFÜGTE WÖRTER: Hier werden alle Wörter aufgelistet, die Sie während eines Korrekturlaufs oder manuell dem Wörterbuch hinzugefügt haben.
  Die Option GROSS-/KLEINSCHREIBUNG BEACHTEN ❺ existiert nur für diese Liste. Um in der Rechtschreibprüfung z. B. zwischen »InDesign« und »Indesign« unterscheiden zu können, aktivieren Sie diese Option, bevor Sie ein Wort hinzufügen. Um diese Einstellung nachträglich zu ändern, müssen Sie das gewünschte Wort aus der Liste mit einem Doppelklick in das Feld BEGRIFF übertragen, die Schreibweise im Feld BEGRIFF korrigieren, GROSS-/KLEINSCHREIBUNG BEACHTEN aktivieren und das Wort erneut hinzufügen.
- GELÖSCHTE WÖRTER: Einträge in diese Liste sollten Sie immer manuell im Fenster WÖRTERBUCH machen. Sie haben damit die Möglichkeit, Wörter, die von InDesign als korrekt betrachtet werden, von Ihnen jedoch nicht, aus der Rechtschreibprüfung auszuschließen. Die Ihrer Meinung nach korrekte Schreibweise sollten Sie dann natürlich in die Liste HINZUGEFÜGTE WÖRTER aufnehmen.
- IGNORIERTE WÖRTER: In diese Liste nimmt InDesign alle Wörter auf, die Sie in der Korrektur mit ALLE IGNORIEREN gekennzeichnet haben. Natürlich können Sie auch manuell Einträge hinzufügen. Allerdings überlebt diese Liste einen Neustart von InDesign nicht. Diese Einträge werden also nicht dauerhaft gespeichert. Deshalb wird auch die Auswahl für ZIEL deaktiviert, sobald Sie diese Wörterbuchliste auswählen.

Wenn Sie Abkürzungen verwenden …

Wenn nach kleingeschriebenen Satzanfängen gesucht wird, ist es sinnlos, Abkürzungen ins Wörterbuch aufzunehmen, da dann die verwendeten Punkte immer als Satzende interpretiert werden.

Um einen Eintrag aus einer Liste zu löschen, wählen Sie die gewünschte Liste, markieren den entsprechenden Eintrag und klicken auf ENTFERNEN ❼. Editierte und neu hinzugefügte Begriffe müssen manuell aus der jeweiligen Liste entfernt werden.

Gestörte Rechtschreibprüfung
Sollten Sie eine falsch codierte Wörterliste importieren und sollte das Benutzerwörterbuch dadurch Schaden nehmen, können Sie keine Wörter mehr hinzufügen oder löschen. Die gesamte Rechtschreibprüfung ist dadurch erheblich gestört, weil Sie natürlich auch im Rahmen eines Korrekturlaufs dem Wörterbuch keine Wörter mehr hinzufügen können.

Beenden Sie InDesign, und löschen Sie für die deutsche Rechtschreibung die folgende Datei:

- Windows 7 und 8: C:\Users\[Benutzer]\AppData\LocalLow\Adobe\ Linguistics\Dictionaries\UserDictionarys\Adobe Custom Dictionary\de_DE\added.txt
- Mac OS X: [Benutzer]/Library/Application Support/Adobe/Linguistics/Dictionaries/UserDictionarys/Adobe Custom Dictionary/de_DE/added.txt

und starten Sie InDesign neu. Die Datei »added.txt« wird dann angelegt, sobald Sie dem Wörterbuch neue Wörter hinzufügen – Sie verlieren dabei also Ihre Listen.

Wortlisten exportieren und importieren | Um Ihre mühsam erstellten Listen zu sichern oder auf einen anderen Arbeitsplatz zu übertragen, wählen Sie entweder Hinzugefügte Wörter oder Gelöschte Wörter aus. Klicken Sie auf Exportieren ❾, wählen Sie im Fenster Speichern unter ein Ziel und einen Namen für die Wortliste, und klicken Sie auf Sichern. Die dabei entstehende Datei ist eine reine Textdatei, die ASCII-codiert ist. Sie können diese Datei mit jedem Texteditor öffnen und bearbeiten. Achten Sie jedoch darauf, dass Sie sie auch wieder als ASCII-Datei speichern. Eine Textdatei, die UTF-codiert (Unicode) ist, kann zwar in der Folge importiert werden, aber sie kann Zeichen enthalten, die die Struktur des Benutzerwörterbuchs möglicherweise so sehr stören, dass die Rechtschreibprüfung den Dienst verweigert und Sie die Wörterbuchlisten auch nicht mehr editieren können.

Um eine exportierte Wörterbuchliste wieder zu laden, klicken Sie auf Importieren ❽ und öffnen die Datei im dann folgenden Fenster Benutzerwörterbuch importieren.

Da die Liste Ignorierte Wörter nur temporär existiert, funktioniert weder der Export noch der Import. Die entsprechenden Buttons sind schlicht nicht sichtbar, wenn Sie Ignorierte Wörter ausgewählt haben.

Autokorrektur

Der Name dieser Funktion deutet darauf hin, dass Adobe sie der Rechtschreibprüfung zuordnet. Sie können Tipp- und Rechtschreibfehler, die Sie häufig machen, schon von InDesign korrigieren lassen, während Sie schreiben, und so z. B. »giebt« automatisch durch »gibt« ersetzen lassen.

Eine mindestens genauso sinnvolle Anwendung wäre jedoch, bestimmte Abkürzungen durch ihre vollständige Formulierung austauschen zu lassen – jede bessere Textverarbeitung verfügt über eine solche Funktion.

Um die Autokorrektur zu verwenden, müssen Sie zunächst eine Liste aus Originalbegriffen und deren Austauschbegriffen definieren. Rufen Sie hierzu Bearbeiten • Voreinstellungen • Autokorrektur bzw. InDesign • Voreinstellungen • Autokorrektur auf.

Optionen | Schalten Sie die Autokorrektur ein, indem Sie die Option Autokorrektur aktivieren ❶ anhaken. Damit wird auch die Funktion Falsche Grossschreibung automatisch korrigieren ❷ aktivierbar, die unabhängig davon funktioniert, ob Sie eine Liste von zu korrigierenden Wörtern definieren, die aber aufgrund des schon beschriebenen Verhaltens von InDesign, dass Punkte in Abkürzungen als Satzende interpretiert werden, zu ziemlich verstümmelten Texten führen kann.

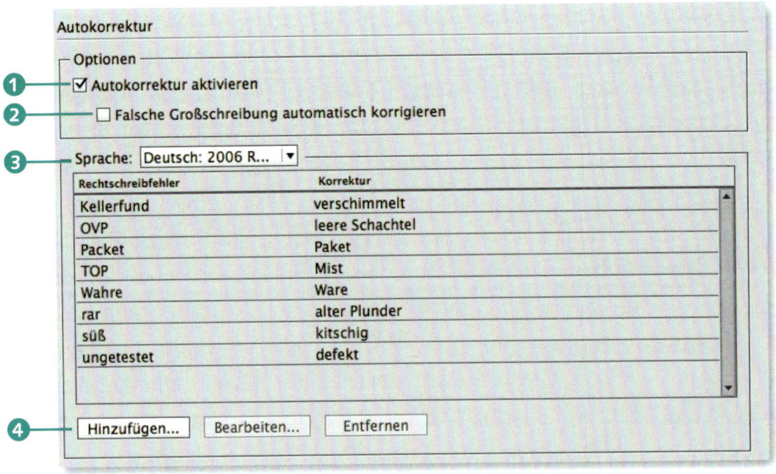

◂ **Abbildung 17.17**
Die AUTOKORREKTUR kann sowohl als Rechtschreibkorrektur als auch als Formulierungskorrektur eingesetzt werden. In dieser Liste finden Sie einige Ersetzungen, die wir manchen Händlern auf einer großen Online-Auktionsplattform empfehlen würden.

Sprache | Auch hier ist in SPRACHE ❸ eine Angabe notwendig, welchem Wörterbuch diese Korrekturen zugeordnet sein sollen. Wenn Sie hier eines der englischsprachigen Wörterbücher auswählen, werden Sie die Liste RECHTSCHREIBFEHLER und KORREKTUR bereits gut gefüllt vorfinden. Eine Liste für deutschsprachige Ersetzungen müssen Sie selbst aufbauen – klicken Sie auf HINZUFÜGEN ❹:

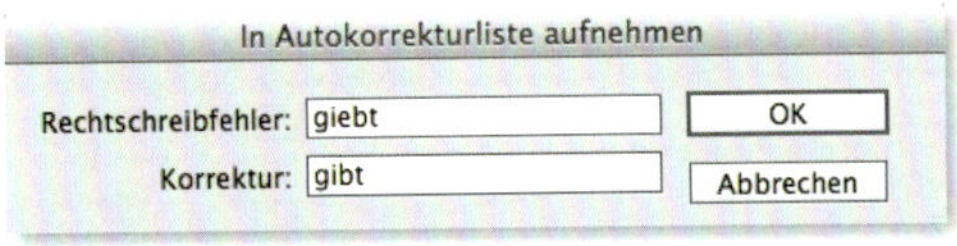

◂ **Abbildung 17.18**
Die Erfassung von Begriffspaaren erfolgt über ein sehr spartanisches Interface, das leider keinerlei Hinweise auf problematische Begriffe gibt.

Für Wortpaarungen, die Sie IN AUTOKORREKTURLISTE AUFNEHMEN wollen, gelten folgende Regeln:

- RECHTSCHREIBFEHLER: Er muss aus genau einem Wort bestehen, darf also keine Leerzeichen oder Satzzeichen enthalten.
- KORREKTUR: Hier dürfen Sie zwar Phrasen mit Interpunktion eintragen, alle verwendeten Zeichen müssen jedoch im Alphabet vorkommen. Somit dürfen Sie also keine speziellen Leerräume oder Sonderzeichen verwenden.

Sobald Sie eine Liste aus RECHTSCHREIBFEHLER/KORREKTUR erstellt haben, schaut InDesign Ihnen beim Tippen genau auf die Finger und ersetzt alle Wörter in der Spalte RECHTSCHREIBFEHLER durch den dazugehörigen Eintrag in der Spalte KORREKTUR.

Sie können Einträge in der Liste zwar bearbeiten, können dabei allerdings nur noch die KORREKTUR verändern. Wenn Sie einen »falschen Rechtschreibfehler« definiert haben, müssen Sie den betreffenden Eintrag ENTFERNEN und neu definieren.

Für Typografie bedeutungslos

Aufgrund der Einschränkungen, wie die Begriffe beschaffen sein müssen, können Sie die Autokorrektur leider nicht für feintypografische Probleme einsetzen. Es wäre schön, wenn man »z.B.« (ohne Leerraum) durch »z. B.« (getrennt mit einem Achtelgeviert) per Autokorrektur ersetzen lassen könnte.

Die Autokorrektur bezieht sich nur auf Texte, die Sie selbst eintippen. Die Funktion ist nicht auf bereits bestehende Texte anwendbar. Deshalb funktioniert sie auch nicht, wenn Sie z. B. die Paarung »giebt/gibt« definiert haben, dann aber erst »geibt« schreiben und es später in »giebt« ändern.

17.4 Silbentrennung

Hunspell-Silbentrennung
Aufgrund der sehr schwachen Silbentrennung der Proximity-Wörterbücher war die Hoffnung groß, dass sich mit der Einführung der Hunspell-Wörterbücher mit InDesign CS5.5 die Qualität der Silbentrennung endlich verbessern würde.

Die Silbentrennung ist jedoch unverändert schlecht – aber die Hoffnung stirbt ja bekanntlich zuletzt.

Die Rechtschreibprüfung hat sich jedoch verbessert, ist aber langsamer geworden …

Auf die Bedeutung der Silbentrennung für eine qualitativ hochwertige Typografie – vor allem im Blocksatz – haben wir bereits mehrfach hingewiesen. Die Standard-Trennverfahren in InDesign sind jedoch stellenweise deutlich verbesserungsbedürftig. Beachten Sie dabei jedoch, dass auch die besten Wörterbücher und Trennverfahren nichts helfen, wenn InDesign aufgrund der Platzverhältnisse eine Trennung an der gewünschten Stelle verweigert.

Eigene Silbentrennungen definieren

Änderungen an der Silbentrennung sind den Wörterlisten in Ihrem Benutzerwörterbuch zugewiesen und müssen deshalb über die Wörterbuchverwaltung erledigt werden. Rufen Sie also Bearbeiten • Rechtschreibprüfung • Benutzerwörterbuch auf.

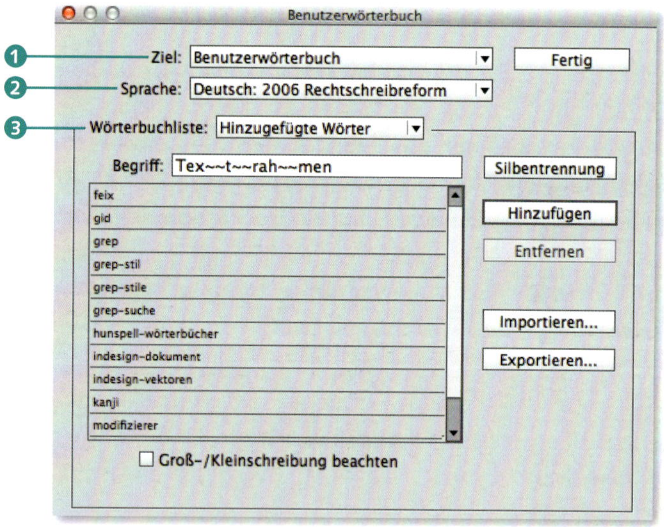

Abbildung 17.19 ▶
Die Trennvorschläge in den vorhandenen Wörterbüchern sind teilweise etwas eigenwillig, aber auch korrigierte Trennregeln führen oft nicht zum gewünschten Ergebnis. Vor allem der Adobe-Absatzsetzer, der sich allein nach dem Grauwert eines Absatzes richtet, verweigert oft Trennungen, obwohl sie möglich erscheinen.

Wählen Sie Ziel ❶ (Benutzerwörterbuch oder ein derzeit geöffnetes Dokument) und die Sprache ❷ aus. Wählen Sie eine Wörterbuchliste ❸ und dann durch Doppelklick ein Wort der Liste aus. Wenn Sie noch keine Wörterbuchlisten definiert haben, tragen Sie das Wort, dessen Trennung Sie bearbeiten möchten, im Feld BEGRIFF ein.

Klicken Sie nun auf SILBENTRENNUNG, um die Trennstellen im Wort anzeigen zu lassen – die Trennstellen sind mit einer, zwei oder drei Tilden ~ markiert. Um eine Trennstelle zu löschen, entfernen Sie einfach die dazugehörigen Tilden. Um Trennstellen einzufügen, tragen Sie an der gewünschten Stelle Tilden ein, wobei die Anzahl der Tilden die Priorität der Trennung festlegt:

- **Eine Tilde** definiert die einzige bzw. optimale Trennstelle.
- **Zwei Tilden** legen alternative und zusätzliche Trennstellen fest.
- Mit **drei Tilden** definieren Sie eine Trennung, die zwar noch akzeptiert wird, aber nach Möglichkeit zu vermeiden ist.
- **Eine Tilde** am **Beginn des Wortes** bedeutet, dass dieses Wort gar nicht getrennt werden darf.
- Ist die Tilde ein Bestandteil des Wortes, geben Sie sie als \~ ein.

Tilden eingeben
Sie können eine Tilde im Feld BEGRIFF kopieren und an der gewünschten Stelle einsetzen. Über die Tastatur können Sie eine Tilde unter Windows mit AltGr++ eingeben und unter Mac OS X, indem Sie zuerst ⌥+N drücken und dann die Leertaste.

Klicken Sie auf HINZUFÜGEN, um das Wort mit der neuen Trennregel in die Wortliste aufzunehmen. Die Trennstellen und ihre Priorität werden in der Liste angezeigt.

Silbentrennung und Verpacken

Benutzerdefinierte Trennausnahmen machen sich bei der Weitergabe von Dokumenten ungünstig bemerkbar, wenn sie nicht im Dokument gespeichert werden.

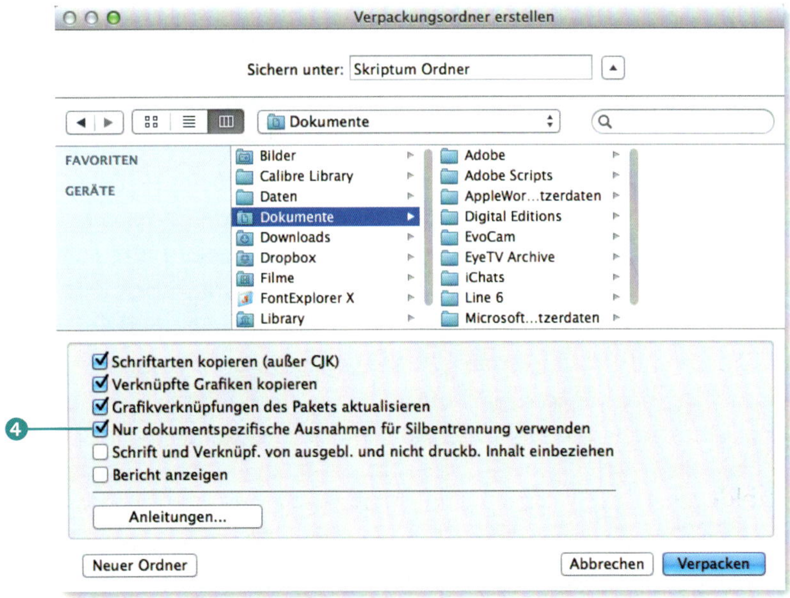

◀ **Abbildung 17.20**
Die Funktion VERPACKEN stellt sicher, dass alle Ausnahmen für die Silbentrennung im Dokument gespeichert werden – somit werden unerwartete Umbrüche bei der Datenübergabe vermieden.

Wenn Sie ein Dokument weitergeben, werden Sie selbstverständlich auf die Funktion VERPACKEN zurückgreifen, die Sie unter DATEI • VERPACKEN finden. Achten Sie beim Verpacken eines Dokuments zur Weitergabe unbedingt darauf, die Option NUR DOKUMENTSPEZIFISCHE AUSNAHMEN FÜR SILBENTRENNUNG VERWENDEN ❹ zu aktivieren. Damit stellen Sie sicher, dass das Benutzerwörterbuch des öffnenden Rechners nicht zum Neuumbruch des Textes führt.

17.5 Mit anderen Wörterbüchern arbeiten

Vielen Dank

Leider müssen wir es zugeben: Wir sind in Sachen Rechtschreibung und Silbentrennung keine sehr hellen Lichter …

Deshalb an dieser Stelle ein Dankeschön an alle Verlagsmitarbeiter, die mit scharfen Augen und spitzem Stift alle Fehler aufdecken und präzise anzeichnen. Wenn einzelne Fehler stehen bleiben, dann liegt das allein daran, dass wir sie in der Ausführung der Korrektur übersehen haben oder bei der Korrektur neue Fehler eingebaut haben.

Bis InDesign CS5 wurden lediglich die Proximity-Wörterbücher mit InDesign ausgeliefert. Die Qualität dieser Wörterbücher war wirklich keine Offenbarung. Seit InDesign CS5.5 gibt es als Alternative die Hunspell-Wörterbücher, die wir weiter oben schon erwähnt haben. Leider hat Adobe auch InDesign CC noch kein halbwegs bequemes Verfahren entwickelt, um InDesign neue Hunspell-Wörterbücher hinzuzufügen.

Wenn Sie selbst schreiben oder unkorrigierte Texte verarbeiten müssen und nicht – wie wir – auf ein professionelles Korrektorat zurückgreifen können, sollten Sie über die Anschaffung eines besseren Wörterbuchs für InDesign nachdenken.

Wenn Sie zusätzliche Hunspell-Wörterbücher installieren oder Produkte anderer Hersteller verwenden, ändert sich an der Arbeitsweise der Rechtschreibprüfung nichts – alle bisher beschriebenen Funktionen bleiben also gleich.

Hunspell-Wörterbücher

Die Hunspell-Wörterbücher, die auch in OpenOffice oder Mac OS X verwendet werden, machten Hoffnung auf zunehmende Qualität. Wie wir bereits an anderen Stellen angemerkt haben, scheint sich die Qualität der Silbentrennung nicht verbessert zu haben. Die Rechtschreibprüfung erscheint uns jedoch wesentlich treffsicherer, dafür aber auch etwas langsamer zu sein.

Was this helpful?

Vielleicht versteht Adobe endlich einmal, dass das veröffentlichte Verfahren untauglich ist, wenn mehr Benutzer von der Möglichkeit Gebrauch machen, den Nutzwert dieser Seite zu beurteilen – klicken Sie bitte beherzt auf »No«.

Es gibt eine Fülle an Wörterbüchern für alle erdenklichen Sprachen. Sie finden die Wörterbücher z. B. auf dem OpenOffice-Server unter: *http://extensions.services.openoffice.org/de/dictionaries*, aber auch in anderen Quellen. Um ein neues Wörterbuch zu installieren, gibt es nach wie vor kein Verfahren von Adobe. Die Informationen, die Sie vorfinden, wenn Sie auf HUNSPELL-INFOS in den VOREINSTELLUNGEN • WÖRTERBUCH klicken, sind in der Zwischenzeit aber zumindest so formatiert, dass sie zumindest lesbar sind. Die beschriebene Methode ist aber immer noch als fast fahrlässig zu bezeichnen. Adobe nimmt dabei keinerlei Rücksicht darauf, dass viele Benutzer keine Administrator-Rechte auf ihren Arbeitsplätzen haben oder dass bestimmte Pfade ab Mac OS X 10.7 sogar für Administratoren nicht mehr sichtbar sind und systemnahe Datenbereiche unter Windows ebenfalls vor den Benutzern prinzipiell versteckt sind.

Wir haben eine Installation eines Esperanto-Wörterbuchs durchgespielt und sind zur Erkenntnis gekommen, dass ein durchschnittlicher Anwender die Finger davon lassen sollte. Da wir **keinerlei Garantien oder Support** für diese unsägliche Methode von Adobe übernehmen können und wollen, geben wir hier lediglich einige Hinweise zur Original-Adobe-Anleitung. Sollten Sie auch nur eines dieser Kriterien nicht erfüllen oder sich bei einem dieser Kriterien der Tragweite und Bedeutung nicht bewusst sein, sehen Sie bitte von einer Installation ab, und warten Sie, bis ein findiger Entwickler (auf Adobe vertrauen wir diesbezüglich nicht mehr) eine einfachere Methode anbietet.

1. Sie benötigen Administrator-Rechte auf Ihrem Betriebssystem.
2. Unter Windows müssen alle Datenbereiche für Sie sichtbar sein. Unter Mac OS X muss das Library-Verzeichnis Ihrer Festplatte sichtbar sein (Terminalbefehl: `chflags nohidden ~/Library`).
3. Die heruntergeladenen Wörterbücher können unterschiedliche Dateierweiterungen haben. In der Adobe-Anleitung werden Sie aufgefordert, diese Endungen in .zip zu ändern und die Datei zu entpacken. Je nach Windows-Version benötigen Sie dafür ein Tool wie *WinZIP*. Mac OS X kann das grundsätzlich über einen Doppelklick mit Bordmitteln. Unter Umständen müssen Sie aber bei diesen Wörterbüchern trotzdem auf ein Tool wie *StuffIt Expander* zurückgreifen.
4. Adobe äußert sich nicht näher, wie die benötigten Dateien aus den ZIP-Archiven identifiziert werden können. Tatsächlich schwanken die Kennzeichen, und wir können Ihnen ebenfalls nur den **Regelfall** beschreiben:
   - Sie benötigen eine oder mehrere Dateien mit der Endung .AFF. Dabei handelt es sich um die Beschreibung der Affixe und Suffixe der Wörter im Wörterbuch.
   - Sie benötigen eine oder mehrere Dateien mit der Endung .DIC, deren Namen nicht mit HYPH beginnen. Das sind die eigentlichen Wörterbücher.
   - Es kann (muss also nicht) eine Datei geben, deren Name mit HYPH beginnt und die die Dateiendung .DIC hat – das ist die Silbentrennungsdatei.
5. Adobe verweist zur Formulierung der notwendigen Sprach-ISO-Codes auf verlässliche Quellen, verschweigt aber, dass die Einträge,

Mehrere Dateien?
Hunspell-Wörterbücher können aus vielen Dateien bestehen. Es kann mehrere .dic-Dateien geben (Wörterbuch, Thesaurus-Varianten), und dann gibt es zumeist auch zu jeder dieser Dateien eine .aff-Datei.

▲ **Abbildung 17.21**
Ein entpacktes Wörterbuch auf einem Macintosh: In diesem Wörterbuch sind lediglich die beiden Dateien LITERUMILO.AFF (die Affix-Datei) und LITERUILO.DIC (das Wörterbuch) interessant. Eine Silbentrennungsdatei existiert für dieses Wörterbuch nicht.

Affix, Suffix?
In den .aff-Dateien ist beschrieben, welche Silben oder Zeichen einem Wort vor- oder nachgestellt werden können – z. B. »Trennstrich« kann mit »e« (einem Suffix) zu »Trennstrich**e**« ergänzt werden.

Konfigurationsdatei
Die Konfigurationsdatei für die Rechtschreibung ist eine XML-Datei. Sie können sie mit jedem Texteditor bearbeiten. Ein XML-Editor mit Syntax-Highlighting erleichtert die Sache aber ungemein, weil XML-Dateien sehr schnell etwas unübersichtlich werden können.

die Sie manuell in den Konfigurationsdateien vornehmen müssen, eindeutig sein müssen. Bevor Sie also einen selbst erdachten Code eintragen, stellen Sie sicher, dass er wirklich noch nicht existiert. Es geht dabei nur um die Eindeutigkeit. Es gibt Sprachen, die keinem Land zugeordnet sind – in einem solchen Fall können Sie etwas schwadronieren: `eo_DE` wäre z. B. »Esperanto für Deutschland« (was zwar der Idee widerspricht, technisch gesehen aber eindeutig ist).

6. Für Mac OS-User: Wenn Sie bei einer Pfadangabe bei einer Datei landen, die ein Ordner sein sollte, können Sie diese Datei über das Kontextmenü mit PAKETINHALT ZEIGEN als Ordner öffnen.

Mit diesen Hinweisen sollte ein versierter und technisch orientierter Benutzer alternative Hunspell-Wörterbücher nach der Adobe-Anleitung installieren können. **Wir raten Ihnen aber trotzdem dringend davon ab!**

Duden

Updatezyklen
Genau wie viele Anwender auch scheint Duden mit den immer kürzer werdenden Updatezyklen überfordert zu sein. Zum Zeitpunkt der Drucklegung unseres Buchs war noch keine Version der aktuellen Duden-Software für InDesign CC auszumachen.
Darüber hinaus hat Duden die Lizenzpolitik drastisch geändert, so dass sich der einzelne Anwender die Anwendung wohl nicht mehr leisten kann.

Im deutschen Sprachraum bietet sich natürlich die Rechtschreibprüfung nach Duden an, die sich einfacher installieren lässt. Informationen über den »Duden Professional für Adobe Programme« (für InDesign CS6) erhalten Sie auf der Website *http://www.duden.de/shop/software-horbucher/duden-professional-adobe-download*.

Voreinstellungen anpassen

Sobald Sie ein alternatives Wörterbuch installiert haben, müssen Sie die Voreinstellungen für die Rechtschreibprüfung entsprechend anpassen. Beachten Sie bitte, dass die Rechtschreibprüfung für jede verwendete Sprache eingestellt werden muss.

Im Fall »Duden Professional für Adobe Programme« stellen Sie die Sprache in BEARBEITEN • VOREINSTELLUNGEN • WÖRTERBUCH bzw. INDESIGN • VOREINSTELLUNGEN • WÖRTERBUCH zunächst auf DEUTSCH: 2006 RECHTSCHREIBREFORM und anschließend sowohl die Option SILBENTRENNUNG als auch RECHTSCHREIBUNG auf DUDEN.

TEIL V

Lange Dokumente effizient meistern

Kapitel 18
Musterseiten

In einem Buch (wie Sie es gerade in der Hand halten) sind die einzelnen Kapitel farblich kodiert? In einer Zeitung gibt es im redaktionellen Teil 4-spaltige Seiten, aber auch 5-spaltige Seiten für die Kurzmeldungen, und der Kleinanzeigenteil ist gar 5-spaltig? Kein Problem! Diese und noch einige Probleme mehr können Sie mit Musterseiten erledigen.

18.1 Sinn und Zweck von Musterseiten

Musterseiten sind Grundseiten, die aus bestimmten Elementen (Objekten) aufgebaut sind. Einer Dokumentseite liegt immer eine und nur eine Musterseite zugrunde. Mit InDesign CS6 hat Adobe auch die Bezeichnung an den allgemein benutzten Begriff »Musterseite« (wie ihn alle QuarkXPress-Anwender kennen) angepasst. Vorher wurden sie als »Mustervorlagen« bezeichnet.

Was wird auf einer Musterseite platziert?

Auf einer Musterseite sollen Objekte untergebracht werden, die standgenau auf den einzelnen Dokumentseiten erscheinen sollen. Typische Objekte für Musterseiten sind zum Beispiel die Pagina, das Firmenlogo, Kolumnentitel oder auch Registerflächen, die oft zur Kennzeichnung von Kapiteln verwendet werden. Auch Satzspiegel und Hilfslinien sind zu definierende Elemente auf einer Musterseite.

Pagina
Unter *Pagina* versteht man die Seitenziffer. Die Paginierung ist somit das fortlaufende Nummerieren eines Druckwerks mit der Seitenziffer.

A-Musterseite
Beim Anlegen eines Dokuments entsteht automatisch eine Musterseite mit der Bezeichnung A-Musterseite. Sie können also gar nicht ohne Musterseiten arbeiten.

Wann sollten Musterseiten angelegt werden?

Handelt es sich bei der Arbeit um einen Einseiter oder einen kleinen A6-Folder mit sechs Seiten, so werden Sie in den meisten Fällen mit der Standardmusterseite A-Musterseite zurechtkommen. Es reicht meis-

Abschnittsmarke
Darunter wird ein Textplatzhalter (Textvariable) verstanden, der zur Kennzeichnung von Abschnittsbezeichnungen wie Kapitelüberschriften und dergleichen auf Musterseiten eingesetzt werden kann.

[Kapitelnummer]
In umfangreicheren Projekten erfolgt eine Kennzeichnung eines Kapitels durch eine *Kapitelnummer*. Eine Kapitelnummer kann pro Dokument nur einmal vergeben werden.

tens, den Satzspiegel festzulegen und eventuell ein Hilfslinienraster darüberzustreuen.

Wird jedoch eine mehrseitige Broschüre, eine Zeitschrift oder ein Buch erstellt, so ist das Arbeiten mit mehreren Musterseiten unumgänglich. Das Verwalten der Pagina, diverser Textvariablen wie Abschnittsmarke oder Kapitelnummer und der Kolumnentitel wird dadurch sehr vereinfacht. Oder können Sie sich vorstellen, in einem 100-seitigen Dokument die Pagina auf jeder Seite an dieselbe Stelle zu setzen und dazu noch die Seitenanzahl manuell einzugeben?

Das Arbeiten mit Musterseiten ist auch speziell für die Erstellung von EPUBs oder barrierefreien PDF-Dokumenten wichtig, da Standardelemente wie Pagina, Kolumnentitel und andere Rahmenelemente, die für das Layout wichtig sind, eben in diesen Formaten keine Bedeutung zukommt. Sind diese »überflüssigen« Informationen als Objekte der Musterseite erstellt worden, so können sie beim Export in diese Spezialformate ausgeblendet werden.

18.2 Erstellen einer Musterseite

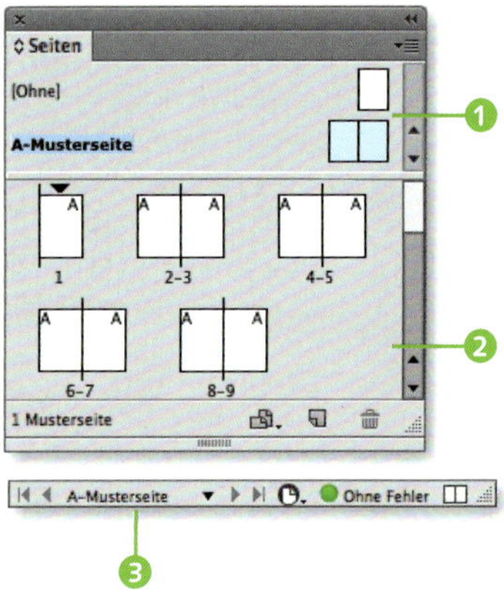

▲ **Abbildung 18.1**
Ein Doppelklick auf den Namen A-MUSTERSEITE aktiviert die Musterseite. Beachten Sie dabei auch, dass in der Statuszeile (links unten im Dokumentenfenster) der Name der Musterseite ❸ erscheint.

Wie uns aus Abschnitt 4.4, »Das Seiten-Bedienfeld«, auf Seite 145 bekannt ist, ist das Bedienfeld in zwei Bereiche unterteilt. Während sich im oberen Teil die *Musterseiten* ❶ befinden, sind im unteren Teil die *Dokumentseiten* ❷ platziert.

Ändern der Musterseitenbezeichnung

Wir wollen zunächst eine Musterseite anlegen, auf der sich nur Elemente befinden, die sich auf jeder Seite wiederholen. Dazu werden wir die bestehende Musterseite A-MUSTERSEITE einfach umbenennen. Als Beispiel soll eine Imagebroschüre dienen, bei der wir uns an diesem Punkt noch keine Gedanken über den Umschlag machen. Wir betrachten nur einmal die Grundfunktion von Musterseiten.

Das Ändern der Musterseitenbezeichnung erfolgt in den Musterseitenoptionen, die Sie auf zweierlei Weise aufrufen können:

1. Aktivieren Sie die verfügbare Musterseite mit einem Doppelklick auf die Bezeichnung A-MUSTERSEITE. Rufen Sie danach über das Bedienfeldmenü den Befehl MUSTERSEITENOPTIONEN FÜR "A-MUSTERSEITE" auf.
2. Drücken Sie `Alt` bzw. `⌥`, und klicken Sie auf den Namen A-MUSTERSEITE.

Im Dialog geben Sie folgende Werte ein:

◀ **Abbildung 18.2**
Musterseitenoptionen aus dem Bedienfeldmenü des Seiten-Bedienfelds

- Präfix: Der Buchstabe bezeichnet die zugrunde liegende Musterseite auf den Seitenminiaturen im Seiten-Bedienfeld. Stellen Sie das A auf I – für »Imagebroschüre« – um.
- Name: Vergeben Sie einen kurzen, prägnanten Namen, und vermeiden Sie, alles als »Musterseite 1« usw. zu bezeichnen.
- Basiert auf Musterseite: Da unsere Musterseite eigenständig ist, ist die Option [Ohne] zu wählen. Für weitere Musterseiten würden Sie die eben erstellte I-Imagebroschüre-Musterseite als Basis zuweisen.
- Seitenanzahl: Legen Sie fest, aus wie vielen Seiten die Musterseite bestehen soll. Für ein einseitiges Dokument wählen Sie 1; bei einem normal gebundenen Druckwerk wählen Sie 2. Für die Broschüre ist dieser Wert durch das zweiseitig angelegte Dokument vorgegeben.

Sie finden die Ausgangsdatei und das Ergebnis dieses Beispiels auf der Buch-DVD unter Beispielmaterial • Kapitel_18 • Broschuere.

Nachdem Sie den Dialog mit OK bestätigt haben, werden alle »A« auf den Dokumentensymbolen des Seiten-Bedienfelds durch »I« ersetzt, und der Name der Musterseite wird in »Imagebroschüre« geändert.

Präfix als Information nutzen

Verwenden Sie für das Präfix sprechende Buchstabenkombinationen wie S für Sport, K für Kultur, P für Politik, IHV für Inhaltsverzeichnis, V für Vorwort usw., anstatt einfach nach dem Alphabet vorzugehen. Sie können das Präfix mit maximal drei Buchstaben versehen.

Inhalte für die Musterseite

Die Grundeigenschaften unserer Musterseite sind nun festgelegt, und wir können sie mit Inhalten bestücken.

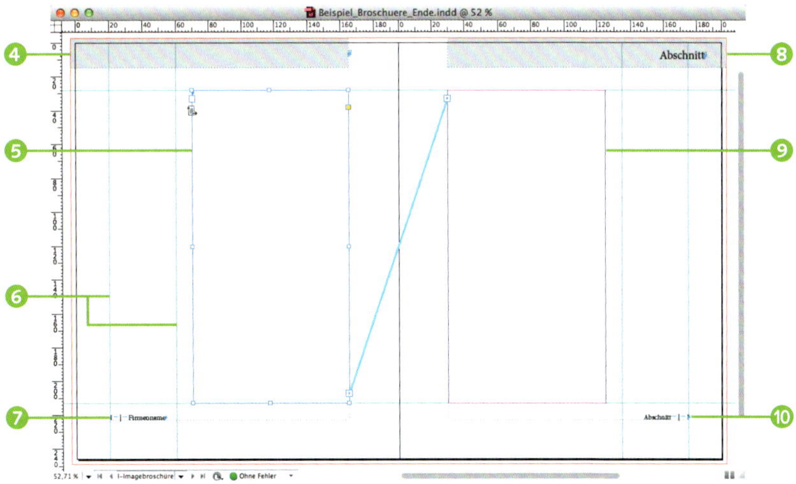

◀ **Abbildung 18.3**
So soll das Ergebnis aussehen. Wir platzieren die üblichen Objekte eines Layouts, Textrahmen und Farbflächen, aber auch die Pagina und eine Abschnittsmarke kommen zum Einsatz.
Näheres zu diesen Sonderzeichen bzw. Marken erfahren Sie im Abschnitt 12.3, »Steuerzeichen«, ab Seite 438.

Auf der linken Seite werden wir einen Balken ❹ am oberen Seitenrand positionieren. Hier könnte auch das Firmenlogo stehen. Weiters wird ein Textrahmen für den Haupttext ❺, Hilfslinien für Marginalien ❻ und die Pagina und der Firmenname ❼ platziert.

Auf der rechten Seite wird ein Kolumnentitel ❽ sichtbar sein, der die Broschüre in Abschnitte wie »Firmenleitung«, »Finanzinformationen« usw. gliedern wird. Unter dem Textrahmen ❾, der mit dem Textrahmen auf der linken Seite verknüpft ist, steht schließlich die Pagina der rechten Seite, und der Kolumnentitel ❿ wird noch einmal wiederholt.

Textrahmen

Seit InDesign CS6 gibt es eine Verfeinerung in der Handhabung von Textrahmen auf Musterseiten, die allerdings nicht in allen Situationen von Vorteil ist.

Textrahmen (der klassische Weg) | Wir benötigen zunächst je einen Textrahmen für den Mengensatz innerhalb des Satzspiegels. Bei diesen Rahmen stellt sich die Frage, ob überhaupt ein Textrahmen aufgezogen werden soll, denn wenn Sie die vollautomatische Textplatzierung verwenden, würde ja automatisch beim Einfließen des Textes ein Textrahmen in der Größe des angelegten Satzspiegels und der Spaltenbreite erstellt.

Wenn wir jedoch die Projektarbeit über Copy & Paste mit Texten bestücken wollen, schalten wir beim Platzieren auf den manuellen bzw. halbautomatischen Textfluss um. Wir erstellen somit für den Satzspiegel sowohl auf der linken als auch auf der rechten Seite einen Textrahmen und verketten diese beiden Rahmen miteinander. Die Koordinaten müssten mit den Satzspiegelrändern übereinstimmen.

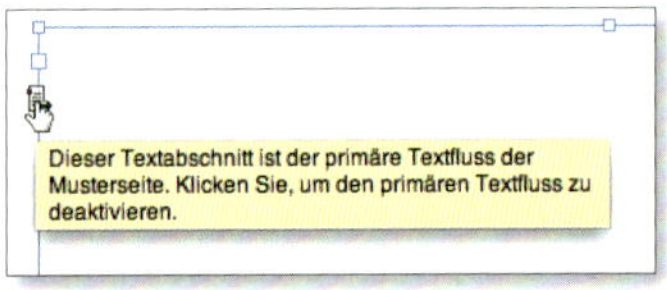

▲ **Abbildung 18.4**
Ein primärer Textrahmen wird auf den Dokumentseiten ebenfalls gekennzeichnet und über eine QuickInfo beschrieben.

Da InDesign die Objekte der Musterseite grundsätzlich gegen eine Änderung auf den realen Seiten schützt, müssen Sie diese Textrahmen vor der Verwendung zuerst freischalten, indem Sie mit gedrückter Strg+⇧- bzw. ⌘+⇧-Taste auf den Rahmen klicken. Mit InDesign CS6 hat sich die Verwendung von Textrahmen im Satzspiegel aber grundlegend verändert.

Primär
Wie der Name andeutet, kann es nur einen primären Textrahmen pro Musterseite geben.

Primärer Textrahmen | Wenn Sie beim Anlegen eines Dokuments die Option Primärer Textrahmen aktivieren, platziert InDesign auf der A-Musterseite für Sie im Satzspiegel bereits einen Textrahmen, der auf den realen Dokumentseiten direkt verwendbar ist, also nicht erst freigeschaltet werden muss. Das ist zwar eine wesentliche Verbesserung, hilft Ihnen aber nicht bei allen Layouts. Bei einem mehrspaltigen Zeitungslayout, in dem die einzelnen Artikel im Blocklayout platziert werden, ist der primäre Textrahmen keine Hilfe, aber in unserem Fall sollten Sie ihn verwenden.

Wenn Sie das beim Anlegen des Dokuments nicht gemacht haben (auch bei unserer Beispieldatei auf der DVD ist das nicht passiert), dann klicken Sie bei Ihren selbst erstellten Textrahmen auf das Symbol an der linken oberen Ecke des Rahmens, um ihn nachträglich zum primären Textrahmen zu ernennen. Das Symbol ändert sich somit auf – ein Klick darauf deaktiviert den primären Textrahmen wieder (einen entsprechenden Befehl finden Sie auch im Kontextmenü eines Textrahmens auf der Musterseite).

Für welche Projekte Sie am ehesten mit primären Textrahmen agieren sollten und wie Sie dabei am besten vorgehen, erfahren Sie im Abschnitt »Grundlegende Parameter der Dokumentanlage« auf Seite 139.

Unterschied

Ein Textrahmen, der nachträglich zum primären Textrahmen gemacht wurde, muss trotzdem auf der Dokumentseite freigeschaltet werden, kann dann aber problemlos mit anderen primären Rahmen verknüpft werden – dieses Verhalten erscheint uns noch etwas eigenartig.

Mustertextrahmen

Den grundsätzlichen Mechanismus des primären Textrahmens gab es auch schon in jeder früheren Version von InDesign, allerdings war die Handhabung dort eher träge. Mit der Einführung der Funktion Intelligenter Textumfluss bekam der Mustertextrahmen aber eine eindeutige Funktion und wurde mit InDesign CS6 neu definiert.

Hilfslinien

Die Marginalspalten werden in unserem Beispiel über Hilfslinien festgelegt. Sie benötigen auf jeder Seite zwei Hilfslinien. Die Koordinaten für die linke Seite sind x = 20 mm und x = 60 mm. Für die rechte Seite lauten die Koordinaten: x = 135 mm und x = 175 mm. Sollte es bei der Eingabe der Koordinaten für die Hilfslinie der rechten Seite Probleme geben, so haben Sie vermutlich die Lineale nicht auf getrennte Ursprünge für jede Seite gestellt – ändern Sie das nötigenfalls in den Voreinstellungen unter Einheit und Einteilungen • Linealeinheit • Ursprung, und wählen Sie die Option Seite, oder klicken Sie mit rechts auf das obere Lineal, und wählen Sie dort Lineal pro Seite.

Hilfslinien sind keine typischen Layoutobjekte, sie dienen Ihrer Orientierung. Wie Sie sehen, ist der Grund, warum ein Objekt auf der Musterseite platziert wird, vollkommen egal. InDesign sorgt einfach dafür, dass alle Objekte der Musterseite auf Ihren Dokumentseiten zur Verfügung stehen.

Hilfslinien über Druckbogen hinweg anlegen

Sie können Hilfslinien über den Druckbogen hinweg auch anlegen, wenn Sie beim Erstellen der Hilfslinie diese auf die Montagefläche ziehen und ablegen.

Pagina

Einer der wesentlichen Vorteile von Musterseiten ist, dass auf sie eine automatische Pagina gesetzt werden kann, die sich den jeweiligen Neuumbrüchen und den geänderten Seitenanordnungen anpasst.

Pagina erstellen | Auf der linken Seite soll die Pagina links unten, bündig mit der Marginalspalte und um ca. eine Leerzeile nach unten versetzt angebracht werden. Legen Sie einen Textrahmen mit 10 mm Höhe an, die Breite reicht von der linken Hilfslinie bis zum Innensteg (das entspricht 145 mm). Richten Sie den Inhalt des Rahmens unten aus: Objekt • Textrahmenoptionen • Allgemein • Vertikale Ausrichtung • Unten, oder gehen Sie über die Abkürzung Unten ausrichten im Steuerung-Bedienfeld.

Den Platzhalter für die Seitenziffer fügen Sie durch Ausführen des Befehls Schrift • Sonderzeichen einfügen • Marken • Aktuelle Seitenzahl oder durch Drücken des Tastenkürzels Strg+Alt+⇧+N bzw. ⌘+⌥+⇧+N ein. Als Platzhalter erscheint der Buchstabe »I« (jener Buchstabe, den Sie als Präfix in den Musterseitenoptionen für die Musterseite definiert haben). Nach der Pagina soll noch der Firmenname in der Form »I | Firmenname« erscheinen. Wir müssen nun nach der Pagina einen fixen Leerraum einfügen. Dazu führen Sie den Befehl Schrift • Leerraum einfügen • Geviert aus, wodurch ein Leerraum in der Breite eines Gevierts eingefügt wird. Den senkrechten Strich bekommen Sie, indem Sie das Tastenkürzel ⌥+7 (Mac OS) bzw. unter Windows AltGr+< drücken. Danach folgen wiederum das fixe Leerzeichen in der Größe eines Gevierts und der Firmenname.

Geviert
Ein Geviert ist eine relative Maßeinheit, die in der Typografie primär zur Bemessung von Leerräumen, Leerraumzeichen und Strichen sowie als Maß für das Kerning, die Schriftlaufweite und den Wortzwischenraum verwendet wird. Ein Geviert ergibt sich aus der Höhe des (virtuellen) Bleikegels eines Buchstabens, eines Zeichens oder einer Ziffer, also dem Schriftgrad, der auf die Breite umgelegt wird. So ist beispielsweise ein Viertelgeviert bei einer 10 Punkt großen Schrift 2,5 Punkt breit.

Wählen Sie nun den gesamten Text im Rahmen aus, und stellen Sie die gewünschte Schrift, den Schriftgrad und den Schriftschnitt ein.

Kolumnentitel per Abschnittsmarke

Auf der rechten Seite soll in der rechten oberen Ecke eine graue Fläche mit der Bezeichnung des aktuellen Abschnittes innerhalb der Broschüre stehen. Erstellen Sie einen Textrahmen mit einer Dimension von 168×18 mm, und stellen Sie die Textrahmenoptionen im Reiter Allgemein wie folgt ein:

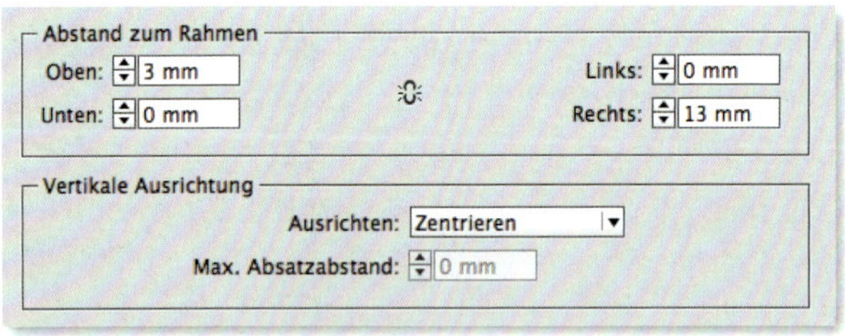

Abbildung 18.5 ▶
Die Abstände Oben und Rechts sorgen dafür, dass wir ausreichend Platz für den Anschnitt haben werden. Der Text im Rahmen wird zentriert sein, deshalb reichen 3 mm Mindestabstand nach oben.

Verschieben Sie den Rahmen genau an die Hilfsline des Anschnitts, und platzieren Sie den Textcursor im Rahmen. Stellen Sie Textausrichtung auf Rechtsbündig, und wählen Sie Schrift • Sonderzeichen einfügen • Marken • Abschnittsmarke. Im Text erscheint Abschnitt – diesen Platzhalter werden wir erst später mit Inhalt füllen. Vorerst können Sie ihn jedoch auswählen und alle typografischen Einstellungen vornehmen, die Sie möchten. Legen Sie ein FARBTONFELD mit 20% [SCHWARZ] an, und füllen Sie den Textrahmen mit dieser Farbe.

Die noch fehlenden Elemente – graue Fläche auf der linken Seite und Kolumnentitel/Pagina auf der rechten Seite – sind nur Wiederholungen der bereits angelegten Objekte.

Darstellung von Musterseitenobjekten 1
Musterseitenobjekte, die auf Dokumentseiten angezeigt werden, sind mit einem gepunkteten Rand umgeben, wenn sie aus der Musterseite lösbar sind.

Rahmen vor dem Überschreiben bzw. vor einer Positionsänderung schützen | Objekte, die Sie im Dokument in der Marginalspalte platzieren, sollen ihre Position verändern können. Das passiert aber ohnehin erst im Layout. Die beiden Textrahmen der Musterseite sollen zwar nicht bewegt werden, aber ihr Inhalt soll verändert werden können. Wählen Sie die beiden Textrahmen aus, und aktivieren Sie die Option OBJEKT • SPERREN, oder drücken Sie Strg+L bzw. ⌘+L. Damit können die Rahmen zwar von der Musterseite gelöst und mit Inhalt gefüllt, aber nicht verschoben werden.

Alle anderen Objekte sollen aber weder bewegt noch verändert werden können. Wenn Sie also diese Objekte schützen möchten, können Sie die betreffenden Objekte (beide Rahmen im Kopf und beide Rahmen, die die Pagina beinhalten) auswählen und den Befehl MUSTERSEITEN • MUSTERELEMENTE IN AUSWAHL DÜRFEN ÜBERSCHRIEBEN WERDEN (dieser Befehl ist standardmäßig aktiviert) im Bedienfeldmenü des Seiten-Bedienfelds deaktivieren.

Entsperren von Objekten
Zum Entsperren von Objekten muss ein Klick auf das Schlosssymbol ausgeführt werden.Ob gesperrte Objekte ausgewählt werden können oder nicht, kann in den InDesign-Voreinstellungen im Register ALLGEMEIN bestimmt werden.

Ebenen

Ebenen haben im Zusammenhang mit Musterseiten keine speziellen Eigenschaften, aber Sie sollten wissen, dass sich die Objekte der Musterseite auf den Dokumentseiten im Objektstapel immer ganz unten befinden. Wenn Sie also z. B. ganzseitige Bilder auf einigen Dokumentseiten platzieren, werden diese Objekte nicht sichtbar sein. Wenn Sie aber die Pagina in jedem Fall auf den Dokumentseiten angedruckt haben wollen, müssen Sie bereits auf der Musterseite die Pagina auf eine eigene Ebene platzieren, die über Ihrer Layout-Ebene liegt. Eine Kombination mit anderen Elementen, die dann nicht sichtbar sein sollen, funktioniert dann nicht wie gezeigt, sondern muss etwas aufwendiger montiert werden.

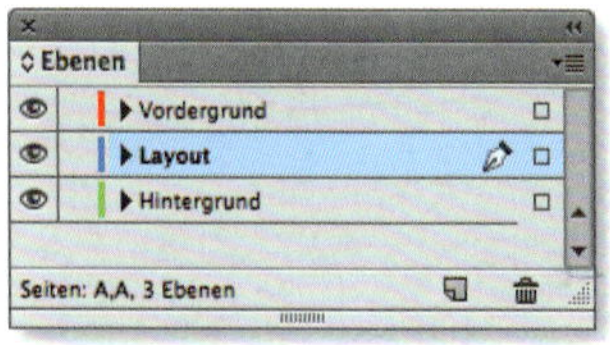

▲ **Abbildung 18.6**
Bei ganzseitigen Layoutelementen platzieren Sie die Pagina in einer eigenen über dem Layout liegenden Ebene und sperren diese gegen Bearbeitung.

Eigenschaften von Objekten der Musterseite

Elemente der Musterseite sind auf den Dokumentseiten prinzipiell gegen Bearbeitung gesperrt. Wenn Sie ein Objekt der Musterseite lösen wollen (InDesign nennt das »übergehen« oder »abtrennen«), dann können Sie mit gedrückter Tastenkombination Strg+⇧ bzw. ⌘+⇧ auf das Objekt klicken. Der punktierte Rahmen, der das Kennzeichen dafür ist, dass es sich bei diesem Objekt um ein Musterseitenobjekt handelt, wird auf einen normalen Objektrahmen umgestellt, und Sie können das Objekt normal bearbeiten. Beachten Sie dabei folgende Informationen:

- Losgelöste Objekte bleiben in allen Eigenschaften mit den Eigenschaften des Musterseitenobjekts verbunden, die Sie nicht ändern. Wenn Sie also einen Textrahmen »übergehen« und blau einfärben, bleibt der enthaltene Text mit der Musterseite verbunden. Ändern Sie den Text auf der Musterseite, und er wird sich auch auf der Dokumentseite ändern. Ändern Sie dagegen die Farbe des Textrahmens auf der Musterseite, wird sie nicht mehr auf das Objekt der Dokumentseite übertragen, da Sie dieses Attribut ja lokal verändert haben. Ändern Sie nun auch noch den Text auf der Dokumentseite, so wird auch die Verbindung des Textes zur Musterseite gekappt.
- Um die Verbindung eines losgelösten Objekts endgültig und in allen Attributen von der Musterseite zu unterbrechen, wählen Sie Musterseiten • Alle Objekte von Musterseite abtrennen aus dem Bedienfeldmenü des Seiten-Bedienfelds. Haben Sie ein oder mehrere Objekte ausgewählt, so lautet der Befehl Musterseiten • Ausgewählte Objekte von Musterseite abtrennen (siehe Abbildung 18.7).
- Sie können alle Objekte einer Seite lösen, indem Sie Alle Musterseitenobjekte übergehen aus dem Bedienfeldmenü des Seiten-Bedienfelds aufrufen oder das Tastenkürzel Strg+Alt+⇧+L bzw. ⌘+⌥+⇧+L drücken.
- Um den Zustand eines abgetrennten Objekts wieder auf den Zustand des Objekts der Musterseite zurückzustellen, wählen Sie das Objekt oder auch mehrere Objekte aus und rufen Musterseiten • Ausgewählte Musterseitenobjekte wiederherstellen auf.
- Wenn Sie alle Objekte einer Seite zurücksetzen wollen, wählen Sie Musterseiten • Alle Musterseitenobjekte wiederherstellen aus dem Bedienfeldmenü des Seiten-Bedienfelds.
- Alternativ können Sie die Musterseite aus dem oberen Bereich des Seiten-Bedienfelds auf die vorhandene Dokumentseite ziehen. Dabei bleiben allerdings die abgetrennten Objekte auf der Dokumentseite stehen und überdecken unter Umständen die neu zugeordneten Objekte der Musterseite.
- Hat ein Objekt, das von der Musterseite stammt, keinen punktierten Rahmen, kann es nicht übergangen und von der Musterseite abgetrennt werden. Wählen Sie das Objekt auf der Musterseite aus, und aktivieren Sie die Option Musterseiten • Musterelemente in Auswahl dürfen überschrieben werden im Bedienfeldmenü des Seiten-Bedienfelds, um das Objekt wieder übergehbar zu machen.

Darstellung von Musterseitenobjekten 2

Musterseitenobjekte, auf die der Befehl Musterseite • Musterelemente in Auswahl dürfen überschrieben werden angewandt wurde, können nicht mehr mit Strg+⇧+Klick bzw. ⌘+⇧+Klick auf das Objekt aus den Dokumentseiten herausgelöst werden. Dies wird dem Anwender dadurch kundgetan, dass keine gepunkteten Linien auf der Originalseite mehr sichtbar sind.

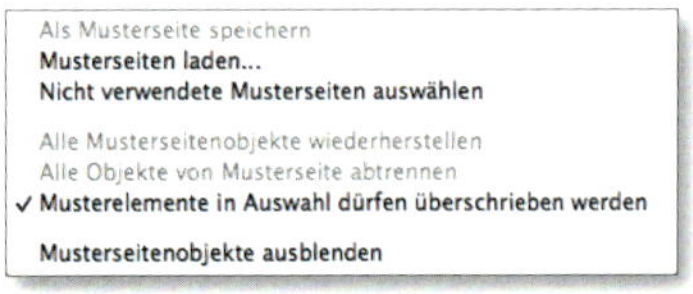

▲ **Abbildung 18.7**
Das Submenü des Menüeintrags Musterseiten aus dem Bedienfeldmenü des Seiten-Bedienfelds.

18.3 Setzen von Abschnitten

Die Musterseite aus unserem Beispiel kontrolliert bereits Aussehen und Integrität der Dokumentseiten und natürlich auch die Seitenziffer. Ein spezielles Element der Musterseite müssen wir aber auf den Dokumentseiten zum Leben erwecken – die *Abschnittsmarke*. Der InDesign-Begriff »Abschnitt« kann mit dem Wort »Kapitel« gleichgesetzt werden. Viele QuarkXPress-Anwender kennen diese Funktion entweder unter dem Begriff »Ressort« oder unter »Abschnitt«.

Wenn Sie die Dokumentseiten unseres Beispiels betrachten, werden Sie sehen, dass der Kolumnentitel auf der rechten Seite nicht existiert. Wir haben auf der Musterseite lediglich den Platzhalter ABSCHNITT platziert, der Inhalt fehlt noch. Wir werden nun das Dokument in Abschnitte gliedern und dabei die Abschnittsmarke mit einem Inhalt versehen, der für den jeweiligen Abschnitt gültig und sichtbar sein wird.

Lebender Kolumnentitel

Einen Kolumnentitel, der Bezug auf den Inhalt nimmt, nennt man »lebenden Kolumnentitel«. InDesign kennt eine TEXTVARIABLE, mit der Sie, anstatt die ABSCHNITTSMARKE manuell zu setzen, den Inhalt des Kolumnentitels aus dem Inhalt der Seite ableiten können. Informationen zu Textvariablen finden Sie ab Seite 703.

Ein nachträgliches Einfügen von Seiten repaginiert die Seitennummern und fügt automatisch auf den Seiten den korrekten Kolumnentitel ein.Doppelklicken Sie auf eine Dokumentseite Ihrer Wahl, um sie auszuwählen. Rufen Sie den Befehl NUMMERIERUNGS- UND ABSCHNITTSOPTIONEN aus dem Bedienfeldmenü auf.

Kontext- und Layout-Menü

Die NUMMERIERUNGS- UND ABSCHNITTSOPTIONEN erreichen Sie auch über das Kontextmenü einer Seite im Seiten-Bedienfeld und im Menü LAYOUT.

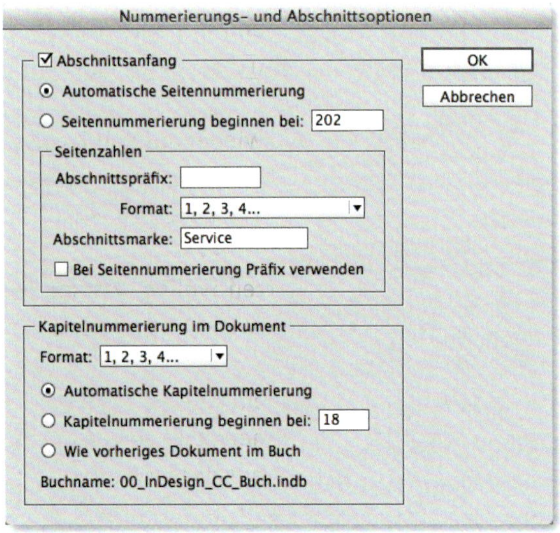

◀ **Abbildung 18.8**
Die NUMMERIERUNGS- UND ABSCHNITTSOPTIONEN. Informationen zum Anlegen und zur Verwendung von Kapitelnummern erhalten Sie im Abschnitt »Nummerierungsoptionen« auf Seite 637.

Aktivieren Sie die Option ABSCHNITTSANFANG, wenn Sie die aktivierte Seite als erste Seite eines Abschnitts kennzeichnen wollen.

Automatische Seitennummerierung | Ist diese Option gewählt, so kümmert sich InDesign darum, dass die Pagina »normal« weitergezählt und kein spezieller Seitensprung durchgeführt wird.

Allongen erstellen

Allongen können durch Hinzufügen von Seiten oder durch Verändern der Seitengröße angelegt werden. Um sich die zusätzliche Mühe mit der Änderung der Seitennummer zu ersparen, empfehlen wir Ihnen, die Allonge im Kern eines Magazins durch Ändern der Seitengröße im Dokument zu definieren.

Automatische Seitennummerierung bei Büchern

Achten Sie darauf, wenn Sie mehrere Dokumente in einem Buch zusammenfassen wollen, dass die Option Automatische Seitennummerierung bei den Dokumenten im ersten Abschnittsanfang eingestellt ist, da ansonsten die automatische Repaginierung im Falle einer Änderung des Seitenumfangs nicht funktioniert.

Seitennummerierung beginnen bei | Wollen Sie, dass beispielsweise die Seitennummerierung auf der Seite 4 mit der Ziffer 6 beginnt, so müssen Sie diese Option aktivieren und im Eingabefeld die entsprechende Seitennummer eintragen. Diese Option wird oft verwendet, wenn eine Allonge benötigt und dafür eine zusätzliche Seite an einer Doppelseite angefügt wird. Das zusätzliche Einfügen einer Seite würde die automatische Paginierung durcheinanderbringen. Mit dem Setzen eines neuen Abschnitts können Sie die eingefügte Seite außer Kraft setzen und eine fixe Pagina für die Folgeseite vergeben.

Seitenzahlen | Sie benötigen die Option Abschnittspräfix eigentlich nur in zwei Situationen:

1. Wenn Sie vor der Seitenzahl einen Zusatz einfügen wollen. Ein typisches Beispiel dafür wäre, wenn Sie einer Seitennummer immer einen senkrechten Strich und einen Halbgeviert-Leerraum voranstellen wollen: »| 1«. Auch könnten wir uns vorstellen, dass Sie die Seitennummer in einem Anhang mit »Anhang I, Anhang II« versehen wollen. In diesem Fall wird das Abschnittspräfix also sichtbarer Bestandteil des Inhalts, weshalb Sie auch die Option Bei Seitennummerierung Präfix verwenden aktivieren müssen. Das eingetragene Präfix wird dann automatisch mit der Pagina angezeigt.
2. Wenn Sie Seitennummern doppelt – es gibt mehrere Seiten 01, 02, 03 usw. – in Ihrem Dokument verwenden wollen, muss ein Präfix verwendet werden. Damit können bei Ausgabe die gleichnamigen Seiten angesprochen und durch Eingabe des Präfix ausgegeben werden. In unserem Fall bleibt die Option Bei Seitennummerierung Präfix verwenden deaktiviert.

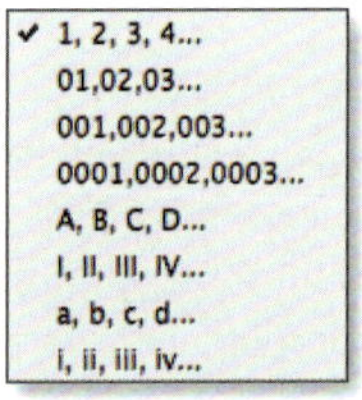

▲ **Abbildung 18.9**
Liste der zur Verfügung stehenden Nummerierungsformate

Format | Damit wählen Sie die Form der Seitenzahl aus. Es stehen Ihnen dazu einige Formatvorlagen (siehe Abbildung 18.9) zur Verfügung.

Abschnittsmarke | Im Eingabefeld der Option Abschnittsmarke fügen Sie nun den Titel des Kapitels/Abschnitts ein. Wichtig ist, dass der eingefügte Text in der Formatierung der Abschnittsmarke auf der Musterseite dargestellt wird. Eine zusätzliche paarweise Unterschneidung von Buchstaben oder das Anwenden von verschachtelten Absatzformaten ist dabei natürlich nicht mehr möglich.

Aktivieren Sie die Option Abschnittsanfang, fügen Sie in der Abschnittsmarke den Titel des Kapitels ein, und bestätigen Sie den Dialog mit OK. Betrachten Sie nun die ausgewählte Dokumentseite und alle Folgeseiten, und Sie sehen die Früchte Ihrer bislang geleisteten Arbeit! Fahren Sie jetzt für jeden Kapitelanfang wie beschrieben fort.

Sie finden das Ergebnis dieses Beispiels auf der Buch-DVD unter Beispielmaterial • Kapitel_18 • Broschuere.

Abschnitte verwalten | Sobald Sie einen Abschnitt in Ihrem Dokument definiert haben, erscheint im Seiten-Bedienfeld über der Seite, mit der der Abschnitt beginnt, ein Dreieck ▼, um den Abschnittsbeginn zu kennzeichnen. Mit einem Doppelklick darauf erreichen Sie zum Eingeben der gewünschten Marken (Präfix, Abschnitssmarke usw.) die NUMMERIERUNGS- UND ABSCHNITTSOPTIONEN des betreffenden Abschnitts und können den Abschnitt deaktivieren (mit Ausnahme des ersten Abschnitts), die Abschnittsmarke ändern oder löschen und das Aussehen der Pagina bestimmen.

Die erste Seite eines neuen Dokuments besitzt dieses Dreieck ganz automatisch, da mit dem Beginn des Dokuments logischerweise auch ein Abschnit im Dokument beginnt.

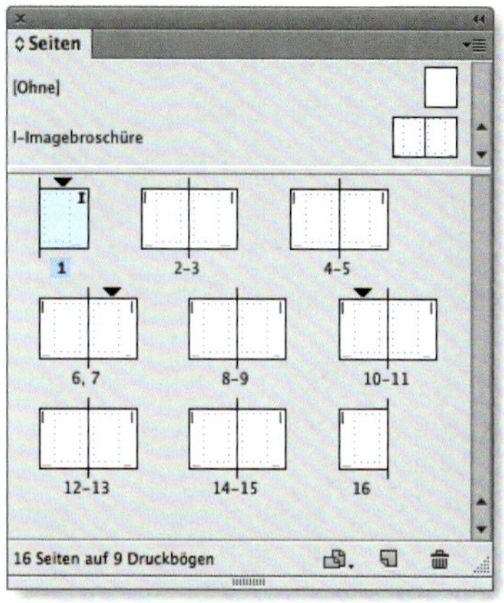

▲ **Abbildung 18.10**
Der Abschnittsanfang ist jeweils mit einem Dreieck markiert – mit Doppelklick auf dieses Dreieck erreichen Sie die dazugehörigen NUMMERIERUNGS- UND ABSCHNITTSOPTIONEN.

Kapitelnummer im Dokument | Die Funktion KAPITELNUMMERIERUNG kann speziell bei langen Dokumenten verwendet werden, so wie in diesem Buch für die Nummerierung der Bildunterschriften – z. B. »Abbildung 18.1«, wobei die erste Zahl die Referenz auf das Kapitel darstellt und die folgende Zahl fortlaufend erhöht wird –, was die oft lästigen Anpassungsfehler verhindert und das schnelle Verschieben von Textstellen zwischen Dokumenten (Kapiteln) vereinfacht.

18.4 Hierarchische Musterseiten

Sie haben nun gesehen, dass ein Dokument mit lediglich einer Musterseite schon viele Automatismen unterstützt. Solche Dokumente sind durchaus häufig. Im Zeitschriftenbereich werden jedoch mehrere Musterseiten benötigt, die sich zwar ähnlich sind, aber trotzdem kleine Unterschiede aufweisen.

Im nächsten Beispiel gehen wir von einer Fachzeitschrift aus, die recht einfach strukturiert ist. Die Zeitung liegt im A4-Format vor. Die redaktionellen Anteile sind dreispaltig, die ersten Seiten gehören zwar zum redaktionellen Anteil, enthalten aber aktuelle Kurzmeldungen, die von Nachrichtendiensten übernommen werden. Diese Kurzmeldungen werden vierspaltig gesetzt.

In jeder Ausgabe gibt es einen Gastartikel zu einem bestimmten Thema. Dieser Artikel wird also nicht von der Redaktion erstellt, und er wird zweispaltig gesetzt. Schließlich gibt es noch Seiten, die frei montiert werden (Leitartikel, Inhalt, ganzseitige Werbung) und keinen vorgegebenen Satzspiegel einhalten müssen. Der Umschlag der Zeitschrift wird gesondert produziert.

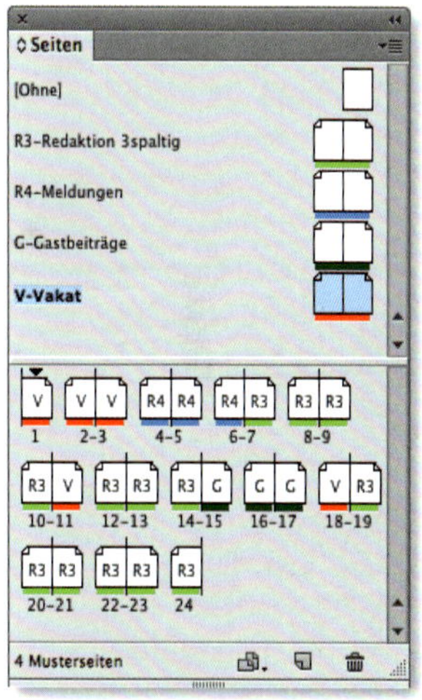

▲ **Abbildung 18.11**
Eine fertig zusammengestellte Ausgabe der Zeitschrift könnte so aussehen. Die redaktionellen Anteile sind mit R3 gekennzeichnet und grün markiert, der Gastbeitrag hat die Kennung G und ist dunkelgrün. Das Schema ist leicht zu durchschauen und anzuwenden.

Weitere Musterseiten anlegen

Sie finden die Ausgangsdatei und das Ergebnis dieses Beispiels auf der Buch-DVD unter Beispielmaterial • Kapitel_18 • Zeitschrift.

Öffnen Sie die Ausgangsdatei, die Sie auf der DVD finden. Sie wissen, dass ein InDesign-Dokument zumindest eine Musterseite besitzen muss. Dabei handelt es sich um die Musterseite R3-Redaktion 3spaltig, die wir schon für Sie eingerichtet haben.

Um eine neue Musterseite anzulegen, führen Sie den Befehl Neue Musterseite aus dem Bedienfeldmenü des Seiten-Bedienfelds oder aus dem Kontextmenü aus. Im erscheinenden Dialog geben Sie das Präfix »R4« und den Namen »Meldungen« ein. Legen Sie fest, dass diese Musterseite auf unserem bereits erstellten R3-Redaktion 3spaltig basiert, und klicken Sie auf OK.

Sie könnten auch das Seitenformat ändern, das wäre aber für eine derartige Printproduktion eher unsinnig.

Abbildung 18.12 ▶
Diese Einstellung sorgt dafür, dass die neue Musterseite alle bestehenden Objekte von der Musterseite R3-Redaktion 3spaltig übernimmt. Um eine existierende Musterseite auf einer anderen basieren zu lassen, reicht es, wenn Sie die Basis-Musterseite auf das Ziel-Musterseitensymbol ziehen.

Durch die Option Basiert auf Musterseite hat unsere neue Musterseite alle Eigenschaften der Musterseite R3-Redaktion 3spaltig übernommen. Allerdings sollte sie bei ansonsten unverändertem Satzspiegel vierspaltig sein, und wir möchten sie auch farblich anders markieren.

Rufen Sie aus dem Bedienfeldmenü des Seiten-Bedienfelds Seitenattribute • Farbetikett • Hellblau auf. Damit wird das Farbetikett der Vorlage mit der neuen Farbe überschrieben.

Musterseitenobjekte übergehen

Musterseiten, die auf anderen Musterseiten basieren, verhalten sich grundsätzlich wie Dokumentseiten. Das bedeutet, dass Sie Objekte der ursprünglichen Musterseite erst lösen müssen, um sie verändern zu können.

Ändern des Satzspiegels | Die neue Musterseite sollte bereits ausgewählt sein, aktivieren Sie sie ansonsten mit einem Doppelklick. Rufen Sie Layout • Ränder und Spalten auf.

Abbildung 18.13 ▶
Der Satzspiegel wird nachträglich verändert. Achten Sie darauf, auch wirklich die Musterseite ausgewählt zu haben. Diese Änderungen können nämlich auch auf einzelnen Dokumentseiten angewendet werden.

Stellen Sie die Anzahl der Spalten auf 4, lassen Sie alle anderen Optionen unverändert, und klicken Sie auf OK. Damit wurde eine weitere Musterseite definiert, die bereits alle Elemente der bestehenden Musterseite besitzt und an die Verwendung für Kurzmeldungen in der Zeitschrift angepasst wurde.

Erstellen Sie die fehlenden Musterseiten nach dem gleichen Schema, wobei G-Gastbeitrag ebenfalls auf R3-Redaktion 3spaltig basiert und nur zwei Spalten besitzt. Die Seite V-Vakat basiert auf keiner Musterseite. Setzen Sie die Ränder auf 0 und die Anzahl der Spalten auf 1. So erhalten Sie eine Leerseite, die Sie für die freien Montagen und ganzseitige Werbung in der Zeitschrift verwenden können.

Musterseite [Ohne]

Oft ist es Praxis, für Leerseiten die Musterseite [Ohne] zu verwenden. Technisch gesehen ist das zwar okay, wir empfehlen Ihnen aber, immer eine eigene Vakatseite anzulegen. Sie sind dann für eventuelle Änderungen besser gerüstet, und der Aufwand ist sehr gering.

Die Musterseite [Ohne] ist für die interne Verwendung durch InDesign gedacht – sie wird z.B. gebraucht, um Musterseiten nicht aufeinander basieren zu lassen.

Zuordnen der Musterseiten zu den Dokumentseiten

Nachdem nun alle Musterseiten definiert sind, können wir sie den Dokumentseiten zuweisen. Dafür gibt es mehrere Möglichkeiten.

Seiten neu anlegen | Wie Sie aus Musterseiten neue Seiten anlegen, ist nichts Neues mehr für Sie – das haben Sie sicher schon in Kapitel 4, »Neue Dokumente anlegen«, ab Seite 135 nachgelesen. Bei mehreren Musterseiten können Sie die einzelnen Dokumentseiten eben aus unterschiedlichen Vorlagen erstellen. Beachten Sie lediglich, dass Sie für Einzelseiten das jeweilige Symbol der linken oder rechten Seite in den Dokumentseitenbereich des Seitenbedienfelds ziehen müssen und für ganze Druckbögen den Namen der Musterseite.

Musterseite auf die Dokumentseite ziehen | Um einer Dokumentseite eine Musterseite zuzuweisen, ziehen Sie diese auf das Seitensymbol.

▼ Abbildung 18.14

Links: Zuweisen der Musterseite zu einer Dokumentseite durch Drag & Drop
Mitte: Zuweisen der Musterseite zu einer Doppelseite
Rechts: Markieren mehrerer Seiten im Seiten-Bedienfeld und Klick auf die Musterseite mit gedrückter [Alt]- bzw. [⌥]-Taste

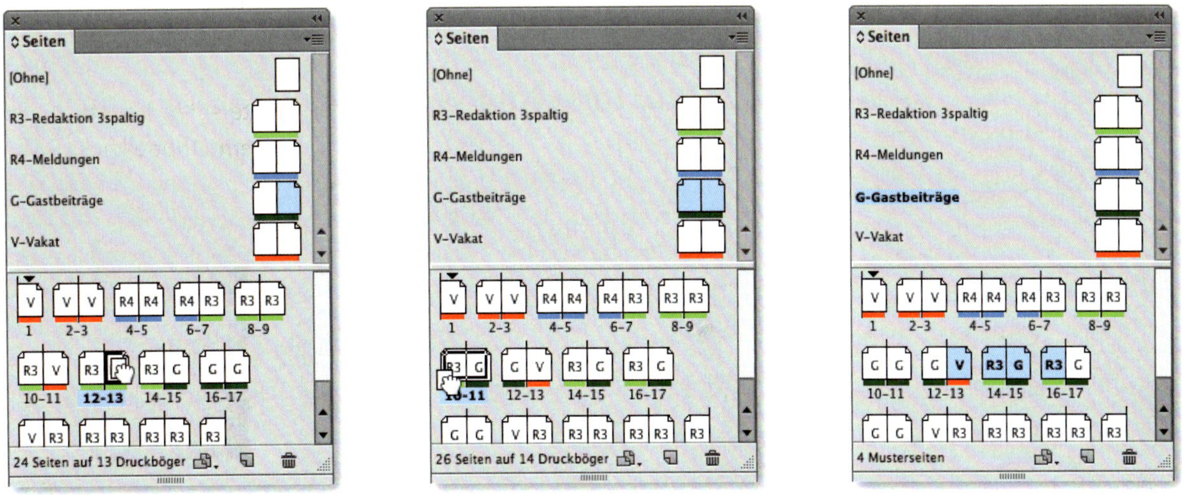

Achten Sie dabei darauf, was beim Daraufziehen schwarz eingerahmt wird. Wird nur die rechte oder die linke Seite schwarz umrandet, wird die Musterseite auch nur auf diese Seite angewendet. Um beiden Seiten die Musterseite zuzuweisen, empfehlen wir Ihnen, an der linken oder rechten unteren Ecke der Dokumentseite im Seitenbereich zu ziehen.

Eine Musterseite mehreren Dokumentseiten zuweisen | Wenn Sie genügend Zeit haben, können Sie nun die Musterseite durch Ziehen jeder einzelnen Doppelseite zuweisen. Schneller geht es, wenn Sie z.B. die Seiten 15–18 durch Klicken auf Seite 15 und dann durch Klicken auf Seite 18 bei gleichzeitig gedrückter [⇧]-Taste aktivieren und den Befehl Musterseite auf Seiten anwenden aus dem Bedienfeldmenü des Seiten-Bedienfelds auswählen.

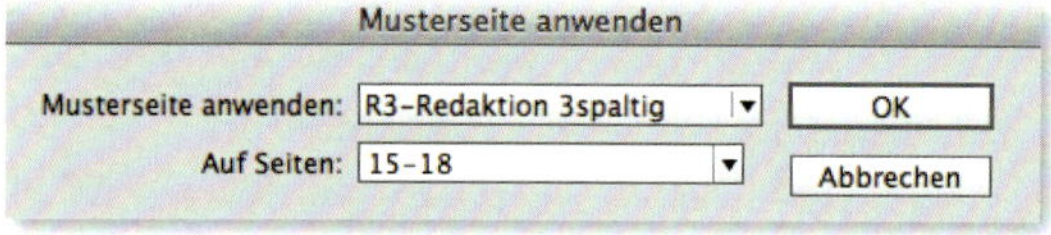

Abbildung 18.15 ▶
Zuweisen einer Musterseite über den Befehl Musterseite auf Seiten anwenden

> **Musterseiten auf Seiten anwenden**
> Wenn Ihnen das Aufrufen des Dialogs Musterseite anwenden zu aufwendig ist, so wählen Sie die gewünschten Seiten im Seitenbereich aus, drücken die [Alt]- bzw. [⌥]-Taste und klicken dann auf die gewünschte Musterseite. Fertig!

Im sich öffnenden Dialog wählen Sie bei der Option Musterseiten anwenden die Musterseite R3-Redaktion 3spaltig aus und geben unter Auf Seiten den gewünschten Seitenbereich an. Durch das Markieren der Seiten im Vorfeld sind diese bereits eingetragen. Sie können hier aber selbst bestimmen, welche Seiten die ausgewählte Musterseite zugewiesen bekommen sollen. Geben Sie z. B. »6-15;18« ein, so würde die Musterseite den Dokumentseiten 6 bis 15 und 18 zugewiesen werden.

Sie können nun auch komplexe Dokumente mit vielen Musterseiten Seite für Seite zusammenstellen und an Ihre Vorstellungen anpassen. Lassen Sie uns wiederholen: Sobald ein Objekt gleich auf zwei Seiten erscheinen soll, lohnt sich das Einrichten einer Musterseite.

Sie finden das Ergebnis dieses Beispiels auf der Buch-DVD unter Beispielmaterial • Kapitel_18 • Zeitschrift.

18.5 Musterseiten verwalten

Nachdem Sie nun wissen, wie man hierarchisch aufeinander aufbauende Musterseiten anlegt, ist es an der Zeit, dass Sie erfahren, auf welche Art und Weise Musterseiten noch erstellt bzw. von anderen Projekten übernommen werden können und wie Sie Musterseiten löschen.

Musterseite duplizieren

Sie können Musterseiten duplizieren, indem Sie den Befehl Musterdruckbogen »Name der Musterseite« duplizieren aus dem Bedienfeldmenü des Seiten-Bedienfelds aufrufen. Durch das Duplizieren von Musterseiten werden jedoch komplett eigenständige Musterseiten erzeugt, die keinen Bezug zur ursprünglichen Musterseite besitzen. Im Falle einer Änderung – beispielsweise soll ein Farbbalken verbreitert werden – muss dieser Schritt für alle eigenständigen Musterseiten erfolgen.

Dokumentseiten als Musterseite speichern

Wenn Sie eine Musterseite irrtümlich auf einer Dokumentseite angelegt haben, so speichern Sie sie am einfachsten über den Befehl Musterseiten • Als Musterseite speichern aus dem Bedienfeldmenü des Seiten-Bedienfelds. InDesign erstellt dadurch von den aktuell ausgewählten Dokumentseiten inklusive aller Seitenelemente und Hilfslinien eine Musterseite mit der Bezeichnung »A-Musterseite«.

Dokumentseiten von Hand übertragen
Sie können diesen Vorgang jedoch auch von Hand durchführen, indem Sie eine neue Musterseite anlegen und dann über Bearbeiten • Kopieren alle Seitenelemente auswählen und über Bearbeiten • An Originalposition einfügen auf der neu erstellten Musterseite einsetzen. Nachteil: Sie müssen die Hilfslinien in einem zweiten Kopiervorgang übertragen.

Musterseiten von anderen Dokumenten übernehmen

Die Übernahme von Musterseiten aus anderen Dokumenten kann auf dreierlei Art und Weise umgesetzt werden. Bis InDesign CS4 war dazu jedoch vorausgesetzt, dass Quell- und Zieldokument die gleiche Dokumentgröße und Ausrichtung besitzen. Mit InDesign CS5 entfiel diese Beschränkung.

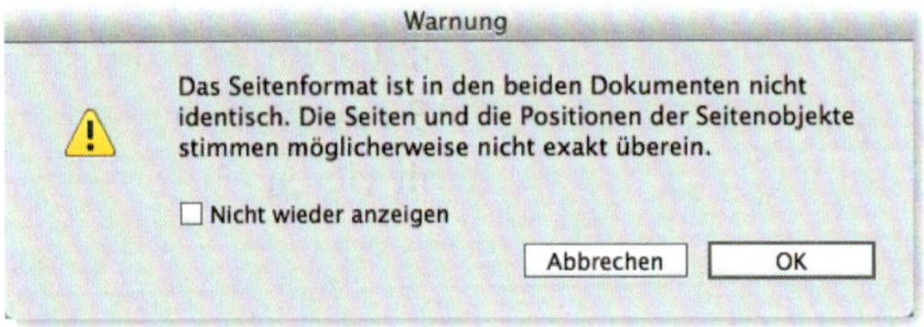

◄ **Abbildung 18.16**
Warnmeldung, wenn die Seitengröße der Musterseite des Zieldokuments nicht mit dem Seitenformat des Quelldokuments übereinstimmt

Musterseiten laden | Durch Aufrufen des Befehls Musterseiten • Musterseiten laden aus dem Bedienfeldmenü können Sie ein anderes InDesign-Dokument auswählen und alle Musterseiten – es kann leider keine Auswahl getroffen werden – des Quelldokuments übernehmen.

Musterseiten verschieben | Um Musterseiten über den Befehl Musterseiten verschieben aus dem Bedienfeldmenü zu verschieben, müssen sowohl das Quell- als auch das Zieldokument geöffnet sein. Wählen Sie im Quelldokument eine Musterseite aus, und führen Sie den Befehl aus. Im erscheinenden Dialog wählen Sie das Zieldokument aus und bestimmen, ob die Musterseite im Anschluss gelöscht werden soll oder nicht. Damit können Sie gezielt einzelne Musterseiten aus anderen Projekten übernehmen.

Musterseiten bei InDesign-Büchern übertragen
Musterseiten können auch beim Synchronisieren der Dokumente in einem Buch übertragen werden. Wie das geht und wie sinnvoll dies ist, erfahren Sie im Abschnitt »Buch synchronisieren« auf Seite 641.

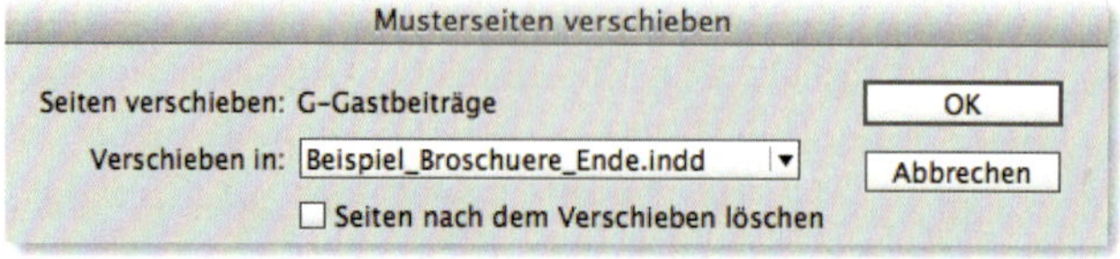

Abbildung 18.17 ▶
Der Dialog Musterseiten verschieben aus InDesign

Musterseiten per Drag & Drop überführen | Wenn Sie sowohl das Quell- als auch das Zieldokument nebeneinander angeordnet haben, können Sie Musterseiten durch Drag & Drop in das Zieldokument übernehmen.

Seiten nebeneinander anordnen
Dies erledigen Sie am schnellsten über die Funktion Dokument anordnen in der Anwendungsleiste oder durch Aufruf des Befehls Fenster • Anordnen • Neben-/Untereinander.

Musterseiten löschen

Das Löschen einer Musterseite erfolgt durch Auswahl der zu löschenden Musterseite und Ausführen des Befehls Musterdruckbogen löschen aus dem Bedienfeldmenü.

Wenn Sie nicht verwendete Musterseiten löschen wollen, so führen Sie zuerst den Befehl Nicht verwendete Musterseiten auswählen aus. Löschen Sie dann die ausgewählten Musterseiten über das Bedienfeldmenü oder durch Klick auf das Symbol 🗑 im Seiten-Bedienfeld.

18.6 Aktuelle Seitenzahl: Feld anpassen

In vielen Projekten besteht der Wunsch, dass sich auf der linken Seite die Seitenzahl der linken und der rechten Seite befinden soll. Die beiden Ziffern manuell hineinzuschreiben ist einfach. Wie kann das jedoch mit der Marke Aktuelle Seitenzahl gelöst werden?

Erstellen Sie dazu auf der linken Seite zwei eigene Textkästen. Der linke Textrahmen dient als Platzhalter für die Seitennummer der linken Seite, der rechte Textrahmen dient als Platzhalter für die rechte Seitennummer. Fügen Sie in beiden Textrahmen die Marke Aktuelle Seitenzahl aus dem Kontextmenü Sonderzeichen einfügen • Marken ein. Ziehen Sie dann den rechten Textrahmen in der Breite ganz über die rechte Musterseite hinweg (unterer Bereich in Abbildung 18.18). Da sich die Hauptfläche des Textrahmens nun auf der rechten Seite befindet, wird auch automatisch die Seitenzahl dieser Seite eingegeben.

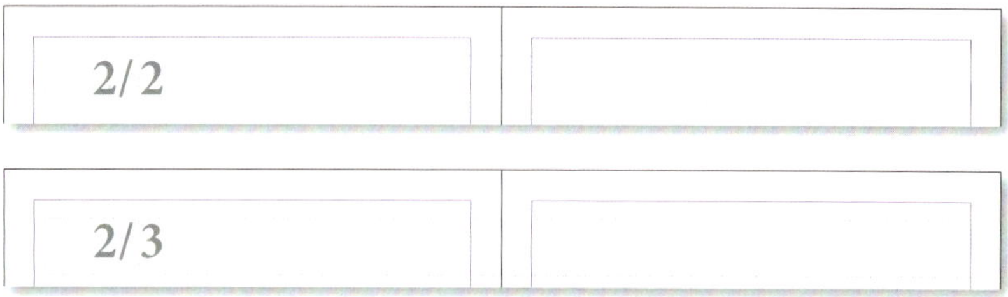

Abbildung 18.18 ▶
Oben: Der Textrahmen für die Seitennummer der rechten Seite steht nicht weit genug in die rechte Musterseite hinein.
Unten: Der Textrahmen für die Seitennummer der rechten Seite ist mehrheitlich der rechten Seite zugewiesen.

Kapitel 19
Buch, Inhaltsverzeichnis und Index

Der klassische Vertreter einer umfangreichen Publikation ist ein Buch, das zumeist aus mehreren Dateien besteht und mit einem Inhaltsverzeichnis und oft mit einem Index versehen werden muss. Über alle Dokumente hinweg muss für eine fortlaufende Paginierung, aber auch für die Kapitelnummerierung gesorgt werden.

19.1 Bücher

Der Zeitdruck in der Medienproduktion erlaubt es nicht, umfangreiche Publikationen linear zu erstellen. Zumeist arbeiten mehrere Personen parallel an einem Projekt. Damit ergibt sich aber das Problem, dass die unterschiedlichen Teile der Publikation zu einem Gesamtwerk zusammengefügt werden müssen.

Digitale Veröffentlichungen
Vor allem beim Publizieren digitaler Veröffentlichungen müssen Gesamtwerke in viele Einzelteile aufgeteilt werden. Das Zusammenfügen und auch die Verwaltung dieser Einzelteile zu einem Ganzen sollten Sie in jedem Fall über die Buch-Funktion abwickeln.

Das Buchdokument

InDesign bezeichnet die Zusammenstellung von Dokumenten generell als »Buch«. Selbstverständlich können Sie jede Art von Publikation als Buch verwalten. Den logischen Zusammenhang zwischen den Einzelteilen müssen Sie selbst herstellen, InDesign kümmert sich für Sie um alle technischen Aspekte wie Paginierung, Inhaltsverzeichnisse, Indexerstellung und die Ausgabe über mehrere Dokumente hinweg.

Um ein neues Buchdokument anzulegen, wählen Sie Datei • Neu • Buch. Im dann folgenden Dialog Neues Buch wählen Sie einen Namen für Ihr Buch und legen einen Speicherort fest. Die neue Datei erhält die Endung ».indb« (InDesign Book). Das Buchdokument wird von InDesign in einem Bedienfeld dargestellt, dessen Name mit dem Namen des Buchdokuments identisch ist.

Buch Typografie v6.indb

Da das Bedienfeld ein reales Dokument darstellt, gibt es keine allgemeine Form des Bedienfelds, die Sie im Menü Fenster aufrufen könnten.

Ihr neues Buchdokument ist zunächst leer und muss erst mit den einzelnen Dokumenten bestückt werden.

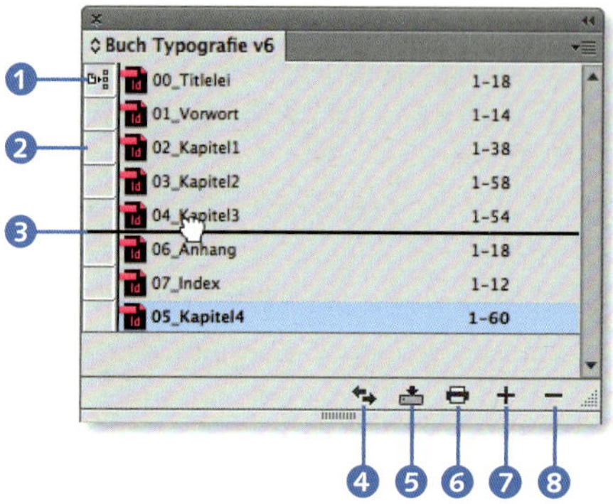

Abbildung 19.1 ▶
Das Buch-Bedienfeld mit einem kompletten Buchprojekt. Die einzelnen Dateien wurden dem Projekt gerade hinzugefügt. Die Dokumente sind noch nicht durchgängig paginiert.

Mehrere Dokumente öffnen
Um mehrere Dokumente im Fenster DOKUMENT HINZUFÜGEN auswählen zu können, halten Sie die [Strg]- bzw. [⌘]-Taste gedrückt, während Sie auf die einzelnen Dateien klicken.

Bis 1.000 Dokumente
Sie können bis zu 1.000 Dokumente in ein Buchdokument aufnehmen. Diese Angabe stammt von Adobe – wir haben diese Grenze noch nie erreicht und können sie daher nicht verifizieren.

Namen für Dokumente
Es ist sinnvoll, die Reihenfolge der Dokumente schon in deren Namensgebung zu berücksichtigen, wie in Abbildung 19.1 zu sehen ist. InDesign legt die einzelnen Dokumente dann gleich in der richtigen Reihenfolge im Buchdokument an.

Um ein Dokument in das Buch aufzunehmen, klicken Sie auf DOKUMENTE HINZUFÜGEN ⑦ und wählen im folgenden Fenster DOKUMENTE HINZUFÜGEN ein oder mehrere Dokumente aus. Alternativ können Sie auch InDesign-Dokumente direkt aus dem Explorer bzw. dem Finder in das Bedienfeld ziehen (oder auch aus anderen Buch-Bedienfeldern, sofern schon welche existieren).

Die Dokumente erscheinen nun im Bedienfeld. Wenn Sie mehrere Dokumente ausgewählt haben, ist die Wahrscheinlichkeit recht groß, dass die Reihenfolge der Dokumente nicht stimmt. Sie können die einzelnen Dokumente in die richtige Reihenfolge bringen, indem Sie ein Dokument an die gewünschte Position verschieben ③. Die neue Position wird mit einem schwarzen Balken angezeigt.

Die verschiedenen Dokumente sollten natürlich die gleichen Formate und Farbdefinitionen verwenden. In der Praxis zeigt sich aber, dass unterschiedliche Personen auch unterschiedliche Vorlieben in ihren Dokumenten abbilden. Deshalb können alle Dokumente an die Einstellungen eines Dokuments angepasst werden. Welches Dokument als Vorlage dienen soll, legen Sie mit einem Klick in ein FORMATQUELLE-Feld ② fest. Das Vorlagendokument wird dann in dieser Spalte entsprechend gekennzeichnet ①. Ein Klick auf FORMATE UND FARBFELDER MIT FORMATQUELLE SYNCHRONISIEREN ④ überträgt Farben, Absatz- und Zeichen- und auch Objektformate. Zuvor sollten Sie jedoch festlegen, wie diese Synchronisation aussehen soll – dazu kommen wir später.

Falls Sie das Bedienfeld BUCH jetzt schließen, werden Sie dazu aufgefordert, das Buch zu speichern. Diese Sicherheitsabfrage ist im Zusammenhang mit dem Schließen des Bedienfelds etwas ungewöhnlich. Da wir es hier aber mit einem Dokument zu tun haben, sollten Sie dieses in jedem Fall sichern. Eine Sicherung lösen Sie mit einem Klick auf BUCH SPEICHERN ⑤ aus. Diesen Befehl finden Sie auch im Bedienfeldmenü.

Dort finden Sie auch den Befehl Buch speichern unter, mit dem Sie eine Kopie Ihres Buchdokuments anlegen können. Der Sinn der Buch-Funktionen ist es ja, ein komplettes Dokument zu erstellen. Das Ausdrucken des Buchs ❻ ist dabei natürlich eine wesentliche Funktion. Sollten Sie einzelne Dokumente des Buchs entfernen wollen, können Sie das über Dokumente entfernen ❽ erledigen. Ein gesamtes Buch löschen Sie, indem Sie das Buchdokument selbst löschen – den einzelnen Kapiteln des Buchs geschieht dabei natürlich nichts.

Somit wäre Ihr Buch nun zusammengestellt. Um jetzt auch ein produzierbares Buch zu erstellen, müssen Sie allerdings noch einige Einstellungen vornehmen. Die nötigen Befehle finden Sie im Bedienfeldmenü des Buch-Bedienfelds, wobei Sie bei den verschiedenen Befehlen immer unterscheiden müssen, ob und wie viele Dokumente im Bedienfeld ausgewählt sind. Ist kein Dokument ausgewählt (oder sind alle ausgewählt), beziehen sich die Befehle auf das gesamte Buch. Sind einzelne Dokumente – auch mehrere, aber nicht alle – ausgewählt, beziehen sich die Funktionen auf die ausgewählten Dokumente. Auf die Standardbefehle wie Dokument hinzufügen oder Buch speichern in den oberen beiden Abschnitten des Bedienfeldmenüs werden wir nicht mehr näher eingehen.

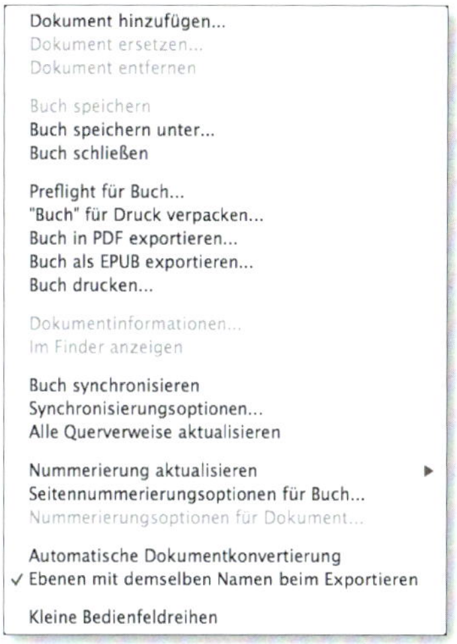

▲ **Abbildung 19.2**
Das Bedienfeldmenü des Buch-Bedienfelds für das gesamte Buch. Sind einzelne/mehrere Dokumente ausgewählt, lesen Sie hier statt »Buch« bei den meisten Optionen »Ausgewählte Dokumente«.

Nummerierungsoptionen

In der rechten Spalte des Buch-Bedienfelds finden Sie die Angaben zu den aktuellen Seitenzahlen der Dokumente, wobei die Notation aus den Vorgaben der Nummerierungs- und Abschnittsoptionen der einzelnen Dokumente übernommen wird.

Einen Teil der Nummerierungs- und Abschnittsoptionen haben Sie bereits in Kapitel 18, »Musterseiten«, kennengelernt, und Sie wissen, wie Sie ein einzelnes Dokument logisch gliedern und lebende Kolumnentitel erstellen.

Hier benötigen wir diese Optionen wieder, um die einzelnen Kapitel miteinander zu verbinden, damit InDesign die Seitennummern des gesamten Buchs korrekt ermitteln und verwalten kann.

Der Ausgangspunkt ist das erste Kapitel (= erstes Dokument), an das alle anderen Dokumente in einer Kette angehängt werden. Wählen Sie also das zweite Dokument von oben im Buch-Bedienfeld aus und Nummerierungsoptionen für Dokument aus dem Bedienfeldmenü, oder doppelklicken Sie auf die Seitennummern. InDesign öffnet das entsprechende Dokument und ruft die Nummerierungsoptionen für Dokument für Sie auf. Diese Funktion ist identisch mit den Nummerierungs- und Abschnittsoptionen; sie ist lediglich anders bezeichnet. Schalten

Dokumente öffnen

Ein Doppelklick auf den Namen eines Dokuments öffnet das Dokument. Ein Doppelklick auf die Seitenziffern im Buch-Bedienfeld öffnet das Dokument und ruft die Nummerierungsoptionen für Dokument auf.

Sie hier die Option AUTOMATISCHE SEITENNUMMERIERUNG ein. Damit übergeben Sie die Kontrolle über die Paginierung an InDesign. Lassen Sie alle anderen Einstellungen bestehen, und sichern Sie das Dokument. Da InDesign das Dokument geöffnet lässt – Sie sehen das auch im Buch-Bedienfeld am Symbol ● –, müssen Sie es selbst schließen. Wiederholen Sie diese Einstellungen für alle Dokumente des Buchs, mit Ausnahme des Startdokuments.

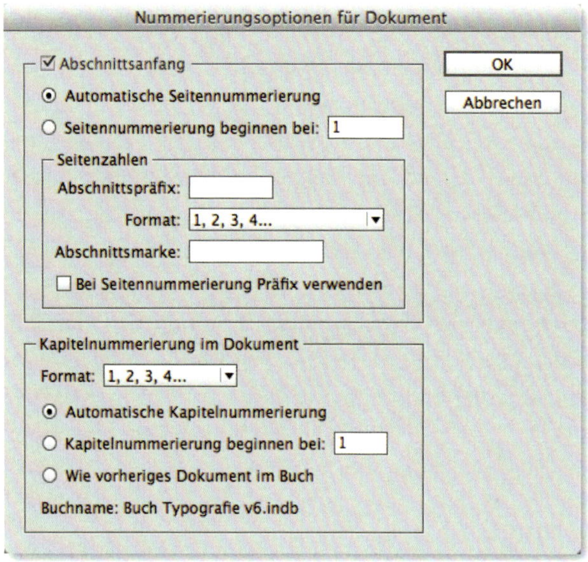

Abbildung 19.3 ▶
ABSCHNITTSANFANG für das erste Dokument im Buch. Für die folgenden Dokumente sollten die Optionen AUTOMATISCHE SEITENNUMMERIERUNG und AUTOMATISCHE KAPITELNUMMERIERUNG aktiviert werden. Eine sinnvolle Anwendung für KAPITELNUMMERIERUNG IM DOKUMENT gibt es nur im Buch-Umfeld, weil es innerhalb eines einzelnen Dokuments nur eine Kapitelnummer geben kann.

Kapitelnummerierung im Dokument | Für die einzelnen Dokumente können Sie auch die KAPITELNUMMERIERUNG IM DOKUMENT festlegen. Für ein Dokument, das nicht einem Buch zugeordnet ist, sind diese Einstellungen nur beschränkt hilfreich, da Sie nur eine Kapitelnummer pro Dokument vergeben können. Die beiden anderen Optionen werden erst im Umfeld eines Buchs aktiv.

Jedem InDesign-Dokument kann genau eine Kapitelnummer zugeteilt werden. Diese Nummer kann über einen Platzhalter (siehe Abschnitt 20.5, »Textvariablen«, auf Seite 703) in Ihr Dokument eingeblendet werden. Setzen Sie dazu die Textvariable KAPITELNUMMER über das Menü SCHRIFT • TEXTVARIABLEN • VARIABLE EINFÜGEN in Ihr Dokument ein. Der Platzhalter zeigt dann den Wert, der unter KAPITELNUMMERIERUNG BEGINNEN BEI eingetragen wurde, im jeweils eingestellten Format.

Bei einem einzigen Dokument, das niemals über die Buch-Funktionen mit anderen Dokumenten in Berührung kommt, beschränkt sich der Nutzen darauf, dass Sie nun den Wert des Platzhalters zentral ändern können. Da es aber dennoch nur einen Platzhalter gibt, sind die Anwendungsmöglichkeiten beschränkt. Völlig anders verhält es sich bei

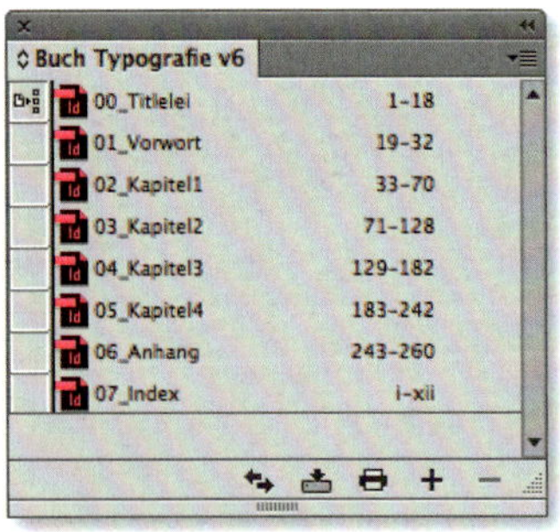

▲ **Abbildung 19.4**
Die einzelnen Kapitel des Buchs sind nun miteinander verbunden, und ihre Seiten sind fortlaufend nummeriert. Eine Ausnahme ist hier der Index, der wieder mit 1 beginnt und dessen Pagina mit kleinen römischen Ziffern dargestellt wird.

Dokumenten, die einem Buch zugeordnet sind. Wenn Sie die Kapitelüberschriften in Ihren Dokumenten nummerieren (wie in diesem Buch), können Sie anstelle einer fixen Nummer die Textvariable Kapitelnummer verwenden und in den Nummerierungsoptionen für Dokument auf die Option Automatische Kapitelnummerierung umschalten. Wenn Sie nun für Ihr erstes Kapitel die Kapitelnummer 1 festlegen, werden in den folgenden Dokumenten die Kapitelnummern pro Dokument jeweils um 1 erhöht, und Sie müssen sich keine Gedanken über die korrekte Nummerierung machen, auch dann nicht, wenn einzelne Kapitel innerhalb des Buchs verschoben werden.

Natürlich muss nicht jedes Dokument ein eigenständiges Kapitel darstellen. Wenn zwei oder mehr Dokumente in Folge die gleiche Kapitelnummer verwenden sollen, stellen Sie in diesen Dokumenten auf die Option Wie vorheriges Dokument im Buch um.

Damit die Änderungen in den Kapitelnummern auch in die restlichen Dokumente Ihres Buchs übernommen werden, müssen Sie aus dem Bedienfeldmenü des Buch-Bedienfelds Nummerierung aktualisieren • Kapitel- und Absatznummerierung aktualisieren aufrufen. InDesign weist Sie nach Änderungen an der Kapitelnummer auf diesen Umstand mit einer eigenen Warnmeldung hin, die aber unterdrückt werden kann.

Keine Textvariablen verfügbar?

Beim Konvertieren älterer Dokumente – in denen es Variablen noch nicht gab – wird dieser Standard-Variablensatz nicht ergänzt. Sie müssen die Variablen entweder selbst anlegen oder aus einem neuen Dokument laden. Wie Sie das machen können, lesen Sie in Abschnitt 20.5, »Textvariablen«.

Anzeige aktualisieren

Kapitel- und Absatznummerierung aktualisieren stellt zwar die richtigen Zustände innerhalb der Dokumente her, aktualisiert jedoch nicht die Anzeige im Dokumentfenster. Sollten sich Änderungen nicht bemerkbar machen, zwingen Sie InDesign dazu, die Bildschirmdarstellung zu aktualisieren, indem Sie das Tastenkürzel ⇧+F5 drücken, auf die Vorschau umschalten oder die Darstellungsgröße des Dokuments verändern.

Seitennummerierungsoptionen für Buch

Bücher sind die typischen Vertreter doppelseitiger Dokumente, da sich immer zwei Dokumentseiten gegenüberstehen. Sollte eines der Dokumente allerdings im Buchdokument eine ungerade Seitenanzahl haben, würde dadurch die Abfolge von linken und rechten Seiten durcheinanderkommen. Deshalb sollten Sie im nächsten Schritt festlegen, wie in diesem Fall zu verfahren ist. Wählen Sie Seitennummerierungsoptionen für Buch aus dem Bedienfeldmenü des Buch-Bedienfelds.

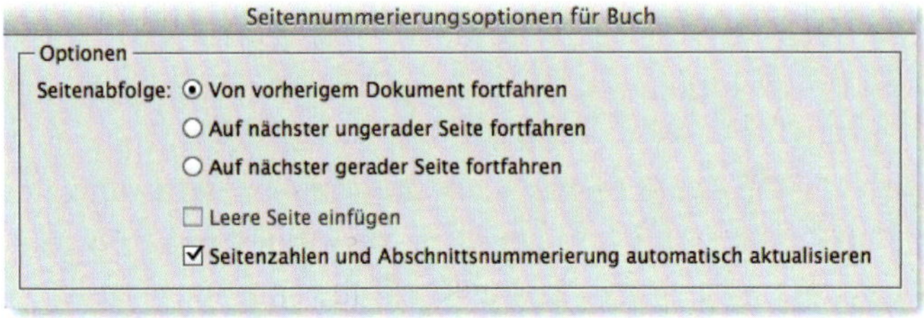

◀ **Abbildung 19.5**
Seitennummerierungsoptionen für Buch

Hier gibt es lediglich einen Abschnitt Optionen, in dem Sie festlegen, wie Seitenlücken ausgeglichen werden sollen.

- Seitenabfolge: Von vorherigem Dokument fortfahren bedeutet, dass die Seitennummern unabhängig davon, ob es sich um linke oder rechte Seiten handelt, einfach fortlaufend vergeben werden. So kann es also dazu kommen, dass eine rechte Seite eine gerade Seitennummer bekommt, was natürlich falsch wäre und auch zu Umbrüchen in Ihrem Layout führen würde. Auf nächster ungerader Seite fortfahren würde dafür sorgen, dass ein Kapitel (= Dokument) in jedem Fall auf einer ungeraden Seite beginnt. Auf nächster gerader Seite fortfahren entspricht genau dem Gegenteil. Wo ein Kapitel beginnen soll, ist letztlich eine Frage der Konventionen, deshalb hat diese Option durchaus ihre Berechtigung.

Pagina formatieren

Mit den Seitennummerierungsoptionen für Buch legen Sie die logische Abfolge der Seiten fest. Die Darstellung der Pagina wird allein über die Nummerierungs- und Abschnittsoptionen bzw. die Nummerierungsoptionen für Dokument festgelegt.

- Leere Seite einfügen: Da bei den letzten beiden Optionen Lücken in der Seitennummerierung entstehen, können Sie hiermit festlegen, ob diese Lücken mit Leerseiten geschlossen werden sollen. Da sich das Problem also nur mit den beiden Optionen Auf nächster ungerader Seite fortfahren und Auf nächster gerader Seite fortfahren stellt, können Sie Leere Seite einfügen auch nur anklicken, wenn Sie eine dieser beiden Optionen ausgewählt haben.
- Seitenzahlen und Abschnittsnummerierung automatisch aktualisieren: Diese Option ist standardmäßig eingeschaltet. Änderungen an den Buchdokumenten werden somit auch unmittelbar in das Buch übernommen. InDesign nummeriert die Seiten also neu, sobald sich die Seitenzahl in einem der Dokumente ändert. Bei umfangreichen Büchern kann das zu unfreiwilligen Pausen führen. Deshalb können Sie InDesign die Kontrolle über die Seitennummern entziehen, indem Sie diese Option abschalten. Eine Neunummerierung müssen Sie dann allerdings über Nummerierung aktualisieren • Seitenzahlen und Abschnittsnummerierung aktualisieren aus dem Bedienfeldmenü selbst veranlassen.

Dokumente in Verwendung

Ob InDesign tatsächlich bereits im Buch-Bedienfeld erkennt, ob ein Dokument bereits von jemand anderem geöffnet wurde, hängt von Ihrem Fileserver ab. Es kann somit vorkommen, dass ein Dokument zwar nicht als gesperrt angezeigt wird, InDesign sich aber trotzdem mit einer Fehlermeldung weigert, das Dokument zu öffnen.

Das Buchdokument verwaltet lediglich Verweise auf die Originaldokumente. Wenn also ein Dokument abhandenkommt oder umbenannt wurde, wird im Buch-Bedienfeld der Seitenbereich des fehlenden Dokuments mit einem Fragezeichen gekennzeichnet, da die Seitenziffern natürlich nicht berechnet werden können.

Befinden sich die Dokumente des Buchs auf einem Server und hat ein anderer Benutzer ein Dokument geöffnet, kann keine Funktion ausgeführt werden, die das gesamte Buch betrifft. Grundsätzlich verfügbare, aber bereits geöffnete Dokumente werden mit einem kleinen Vorhängeschloss gekennzeichnet. Ähnlich wie Bilder in normalen Satzdokumenten können Dokumente eines Buchs auch außerhalb des Buchs verändert werden. In diesem Fall werden sie mit einem Warndreieck markiert. Sobald Sie das betreffende Dokument über das Buch-Bedienfeld öffnen und dann wieder speichern, wird der aktuelle Zustand wiederhergestellt.

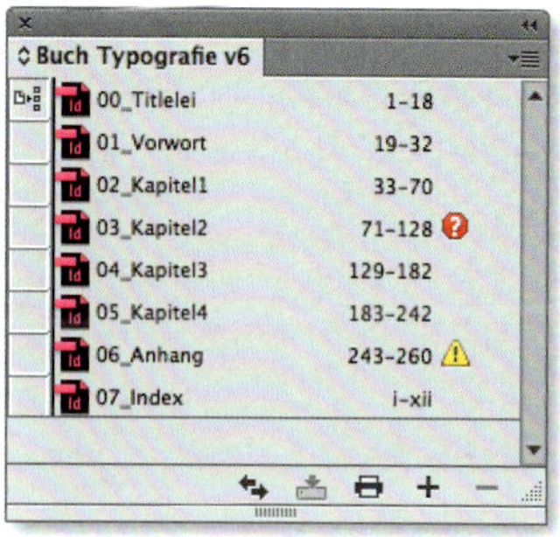

▲ Abbildung 19.6
Ein Buchdokument fehlt (»03_Kapitel2«) – eine automatische Seitennummerierung kann somit nicht mehr durchgeführt werden. Kapitel »06_Anhang« wurde außerhalb des Buchdokuments verändert und muss aktualisiert werden.

Buch synchronisieren

Damit alle Dokumente des Buchs identische Formate, Farbdefinitionen, Objektformate usw. verwenden, können Sie einzelne oder alle Dokumente abgleichen und so einen gemeinsamen Zustand herstellen.

Für diesen Abgleich werden Formate und Farben von einem Vorlagendokument auf die anderen Dokumente, die synchronisiert werden sollen, übertragen. Welches Buchdokument als Formatquelle dienen soll, definieren Sie, indem Sie in das entsprechende Formatquelle-Feld klicken. Vor dem Dokumentnamen erscheint dann das Symbol. Mit einem Klick auf FORMATE UND FARBFELDER MIT FORMATQUELLE SYNCHRONISIEREN oder durch den Befehl AUSGEWÄHLTE DOKUMENTE SYNCHRONISIEREN bzw. BUCH SYNCHRONISIEREN aus dem Bedienfeldmenü des Buch-Bedienfelds starten Sie den Abgleich.

InDesign geht dabei folgendermaßen vor: Definitionen, die in den zu synchronisierenden Dokumenten mit denselben Namen wie in der Formatquelle existieren, werden mit den Definitionen der Formatquelle überschrieben. Definitionen, die in den Zieldokumenten nicht existieren, werden aus der Formatquelle in das Dokument kopiert. Definitionen, die im Zieldokument existieren, in der Formatquelle jedoch nicht, werden nicht angetastet.

Dieser Mechanismus birgt natürlich einige Gefahren und kann das Layout eines Dokuments drastisch verändern. Deshalb sollten Sie einen Plan entwickeln, bevor Sie mit einem umfangreichen Projekt beginnen. Falls Erstellung und Bearbeitung der einzelnen Dokumente nicht Ihrer Kontrolle unterliegen, sollten Sie die Dokumente am besten nicht synchronisieren.

Wenn Sie im Zweifelsfall einen Test machen wollen, müssen Sie Folgendes beachten: Zum Synchronisieren müssen die einzelnen Dokumente nicht geöffnet sein. InDesign öffnet, ändert, speichert und schließt die Dokumente selbstständig. Das bedeutet, dass Sie die durchgeführten Änderungen nicht rückgängig machen können!

Wenn Sie jedoch alle Dokumente, die Sie synchronisieren wollen, vor der Synchronisation selbst öffnen, macht InDesign zwar die Änderungen, sichert und schließt die Dokumente jedoch nicht – Sie können dann noch eine Notbremse ziehen, indem Sie die Änderungen über BEARBEITEN • RÜCKGÄNGIG zurücknehmen oder die Dokumente schließen, ohne sie zu speichern.

Masterdokument

Bei einem Buchprojekt sollten Sie zunächst ein »Masterdokument« anlegen. Der Teil des Buchs, der später das Inhaltsverzeichnis tragen soll, ist dafür ein idealer Kandidat. Alle anderen Buchdokumente sollten Sie von diesem Masterdokument ableiten. Damit ist bereits zum Start des Projekts sichergestellt, dass einheitliche Formate und Farbfelder verwendet werden. Legen Sie anschließend ein Buch an, und definieren Sie das Masterdokument als Formatquelle. Sollten Formatänderungen notwendig werden, ändern Sie nur das Masterdokument innerhalb des Buchs und synchronisieren alle anderen Dokumente.

Prinzipiell werden nur Dokumente synchronisiert, die im Buch-Bedienfeld ausgewählt sind. So können Sie im Testfall den potenziellen Schaden ebenfalls begrenzen. Sind keine Dokumente ausgewählt, werden alle Dokumente synchronisiert. Um die Auswahl für ein bestimmtes Dokument aufzuheben, halten Sie die [Strg]- bzw. [⌘]-Taste gedrückt, während Sie das Dokument anklicken.

Wenn Sie bestimmte Stile, Formate oder Farbfelder von vornherein aus der Synchronisation ausklammern möchten, wählen Sie vor der Synchronisation Synchronisierungsoptionen aus dem Bedienfeldmenü des Buch-Bedienfelds.

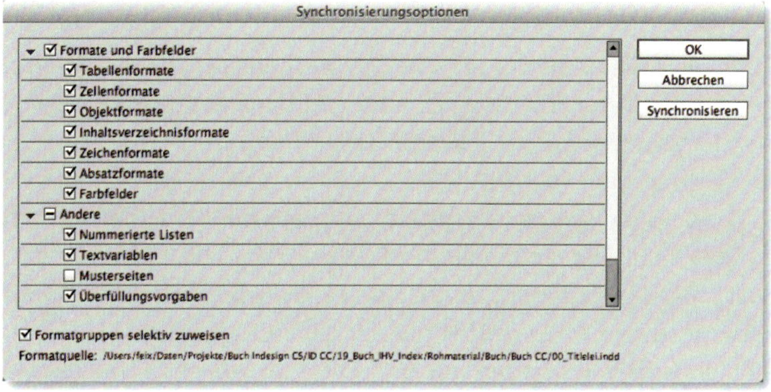

Abbildung 19.7 ▶
Synchronisierungsoptionen: Um ungewollte Änderungen in Ihren Dokumenten zu vermeiden, sollten Sie hier wirklich nur Optionen wählen, deren Auswirkung Sie auch abschätzen können. Aber seien Sie gewarnt: Wenn Sie Farbfelder deaktivieren, aber z. B. ein Absatzformat auf Farbfelder zugreift, dann werden diese Farbfelder trotzdem synchronisiert!

Wählen Sie aus, welche Formate bei der Synchronisation in die Zieldokumente übertragen werden sollen, und klicken Sie auf OK. Stile, Formate und Farbfelder, die nicht explizit ausgewählt sind, werden nun nicht mehr synchronisiert.

Der Synchronisationsprozess kann einige Zeit in Anspruch nehmen, und Sie erfahren am Ende leider nicht im Detail, welche Änderungen an den Dokumenten vorgenommen wurden.

Synchronisieren von Musterseiten

Adobe selbst warnt vor dem Synchronisieren von Musterseiten, da Objekte, die von der Musterseite abgetrennt und deren Attribute übergangen wurden, bei einer Synchronisation Eigenschaften annehmen, die nicht ohne Weiteres vorhersehbar sind. Besonders kritisch erscheinen hierarchische Musterseiten, bei denen solche Objekte erstellt wurden.

Listen in Büchern

Seitennummern und Kapitelnummern werden von InDesign im Rahmen der Buch-Funktion einwandfrei verwaltet, und innerhalb eines Dokuments funktioniert die Nummerierung per Liste anstandslos. Um die Nummerierung über mehrere Dokumente hinweg sicherzustellen, müssen folgende Voraussetzungen erfüllt sein:

1. In allen beteiligten Dokumenten müssen identische Listen existieren (gleicher Name, gleiche Einstellungen).
2. Für diese Liste(n) müssen die Optionen Nummerierung über Textabschnitte hinweg fortführen und Nummerierung von vorherigem Dokument im Buch fortführen aktiviert sein.

3. Um die Neunummerierung zu veranlassen, müssen Sie Nummerierung aktualisieren • Kapitel und Absatznummerierung aktualisieren aus dem Bedienfeldmenü des Buch-Bedienfelds aufrufen.

Sie können nummerierte Listen zwar zwischen Buchdokumenten synchronisieren, wenn Sie jedoch nicht auf diese Vorsichtsmaßnahmen Rücksicht nehmen, können die Ergebnisse unerwartet ausfallen und sind dann auch schwer zu korrigieren.

Querverweise im Buch

Querverweise in einem InDesign-Dokument können auch auf Absätze und Textanker in anderen InDesign-Dokumenten zeigen (siehe Abschnitt 20.6, »Querverweise«). Da solche Dokumente ja offensichtlich in Beziehung zueinander stehen, ist es wahrscheinlich, dass sie auch zu einem Buch zusammengefasst werden.

Beim Anlegen des Buchs und später bei jedem Seitenumbruch wird sich das Ziel der Querverweise bzw. deren Position im Dokument/Buch verändern, und die betroffenen Querverweise müssen aktualisiert werden. Da Querverweise in einem Buch aber durchaus »kreuz und quer« angelegt sein können, kann eine Änderung des einen Querverweises eine Änderung eines anderen Querverweises nach sich ziehen und damit die gesamte Aktualisierung sehr mühsam werden lassen.

Für diesen Fall hat Adobe vorgesorgt und bietet Ihnen die Möglichkeit, alle Querverweise im gesamten Buch in einem Arbeitsgang zu aktualisieren – wählen Sie Alle Querverweise aktualisieren aus dem Bedienfeldmenü des Buch-Bedienfelds. Die Aktualisierung startet und kann ein Weilchen laufen. Am Ende bekommen Sie eine Information über den Erfolg:

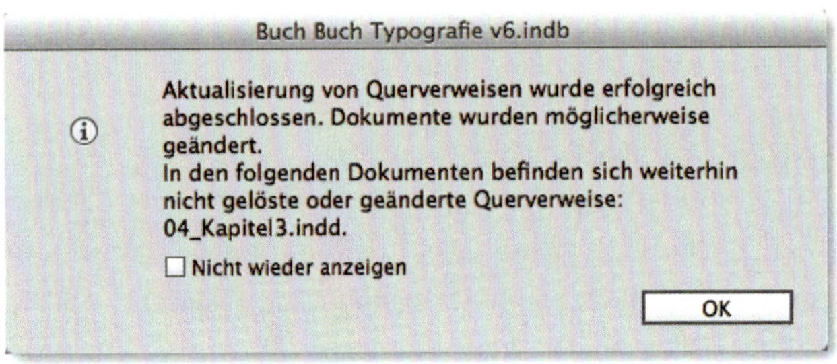

◄ **Abbildung 19.8**
Der Bericht nach dem Aktualisieren aller Querverweise in einem Buch – in einem Dokument befindet sich noch ein ungelöster Querverweis.

Beachten Sie besonders die zweite Hälfte der Meldung. Hier erhalten Sie wichtige Hinweise auf eventuell noch ungelöste Querverweise. Wir empfehlen hier auch den Profis, die Option Nicht wieder anzeigen nicht zu aktivieren.

Das Buch ausgeben

Buch oder Dokumente
Haben Sie im Buch-Bedienfeld einzelne Dokumente ausgewählt, beziehen sich alle vier Ausgabemethoden natürlich nur auf diese Dokumente.

Ein vollständig eingerichtetes Buch auszugeben, ist nun keine Kunst mehr. Insgesamt haben Sie vier Möglichkeiten für die Ausgabe des Buchs, die Sie alle im Bedienfeldmenü des Buch-Bedienfelds auswählen können. Zuerst sollten Sie jedoch das gesamte Buch auf Vollständigkeit und Produzierbarkeit hin überprüfen.

Preflight für Buch | Bereits mit InDesign CS4 haben sich im Bereich des Preflights dramatische Änderungen ergeben, die sich auch auf die Buchverwaltung auswirken – um diese Änderungen und das gesamte Konzept kennenzulernen, schlagen Sie bitte in Kapitel 27, »Preflight und Verpacken«, auf Seite 811 nach.

Rufen Sie Preflight für Buch aus dem Bedienfeldmenü des Buch-Bedienfelds auf. Dieser Befehl heißt immer so – auch wenn Sie einzelne Dokumente im Buch-Bedienfeld ausgewählt haben. Eine Entscheidung, ob Sie das Preflight nur für diese Dokumente durchführen wollen, können Sie erst im Fenster Optionen für Buch-Preflight treffen:

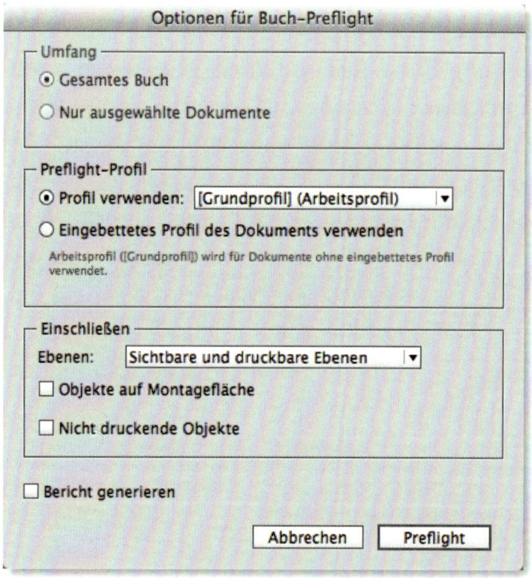

Abbildung 19.9 ▶
Als die Funktion Preflight für Buch aufgerufen wurde, war kein Buchdokument ausgewählt, deshalb ist der Umfang des Preflights auf Gesamtes Buch gesetzt und kann auch nicht verändert werden. Wenn Sie zumindest ein Dokument ausgewählt haben, können Sie entscheiden, ob Nur ausgewählte Dokumente oder Gesamtes Buch geprüft werden sollen.

- Preflight-Profil: Der Preflight-Mechanismus basiert auf Profilen, die auch im Dokument eingebettet sein können. Wählen Sie aus, ob Sie ein bestimmtes Profil für alle Dokumente verwenden wollen oder ob jedes Dokument mit seinem eingebetteten Profil geprüft werden soll.
- Einschliessen: Wählen Sie hier, wie mit Objekten verfahren werden soll, die unter Umständen im Ergebnis nicht sichtbar sein werden. Unter Ebenen können Sie bestimmen, ob Sichtbare und druckbare

Ebenen, nur Sichtbare Ebenen oder Alle Ebenen beim Preflight berücksichtigt werden sollen. Entscheiden Sie außerdem, ob Sie auch Objekte auf Montagefläche und Nicht druckende Objekte prüfen lassen wollen, da ja beide nicht im Ergebnis erscheinen werden.

- Bericht generieren: Wir empfehlen, auf jeden Fall einen Bericht erstellen zu lassen. Dieser kann als Text- oder PDF-Datei erzeugt werden und sehr detailliert ausfallen.

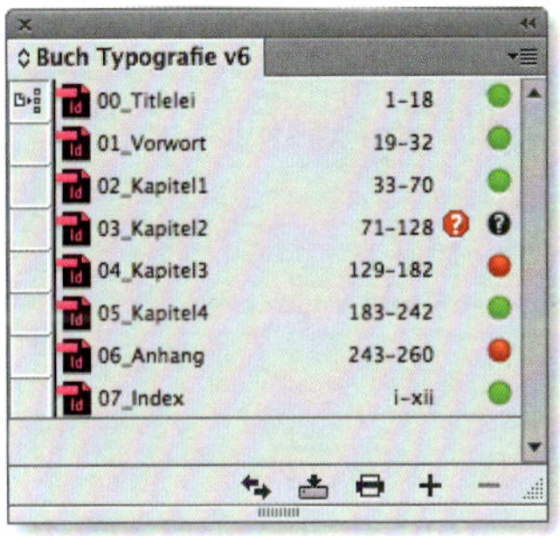

▲ **Abbildung 19.10**
Nach einem Preflight für Buch wurden zwei Dokumente mit einem roten Punkt gekennzeichnet. Diese Dokumente können eine fehlerfreie Ausgabe des Buchs gefährden oder gar unmöglich machen. Ist der Status des Dokuments nicht bekannt – z. B. weil es fehlt –, wird ein schwarzer Punkt mit einem Fragezeichen eingeblendet.

Sobald Sie ein Preflight für Buch durchgeführt haben, wird das automatische Preflighting für alle beteiligten Dokumente aktiviert, und Sie werden im Buch-Bedienfeld über den aktuellen Status der einzelnen Dokumente durch grüne (keine Fehler gefunden) oder rote (Fehler gefunden) Punkte informiert.

Wie Sie mit roten Punkten umgehen und Fehler korrigieren, erfahren Sie in Kapitel 27, »Preflight und Verpacken«. Sobald alle Fehler behoben sind, können Sie mit der Ausgabe des Buchs fortfahren.

Buch für Druck verpacken | Sie können zunächst das gesamte Buch oder einzelne Dokumente für den Druck verpacken. Dabei werden alle Satzdokumente mit allen benötigten externen Daten und Schriften und das Buchdokument selbst in einen neuen Ordner kopiert. Die Funktion stellt sicher, dass alle benötigten Komponenten für eine Weitergabe des gesamten Projekts gesammelt werden. Details zum Verpacken und wie Sie mit Fehlern beim Verpacken umgehen, erfahren Sie in Kapitel 27.8, »Verpacken«.

Buch als EPUB exportieren | Mit Buch als EPUB exportieren entsteht eine Datei, die z. B. mit Adobe Digital Editions oder mit einem anderen EPUB-Reader gelesen werden kann. Eine derartige Datei besteht intern aus XHTML-Dateien und kann somit für unterschiedliche Anzeigesysteme angepasst werden. Weitere Informationen zur Erstellung von EPUBs erhalten Sie in Kapitel 34, »E-Books erstellen«, auf Seite 997.

Buch in PDF exportieren | Selbstverständlich können Sie das gesamte Buch auch in PDF exportieren. Die gewünschte Vorlage können Sie erst im Fenster Adobe PDF exportieren auswählen. Details zum Erstellen von PDF-Dateien erfahren Sie in Kapitel 29, »PDF-Export für gedruckte Publikationen«.

Allerdings gibt es im Umfeld eines Buchs eine Besonderheit für den PDF-Export, die Sie nur hier finden: die Option Ebenen mit demselben Namen beim Exportieren zusammenführen, die Sie im Bedienfeldmenü des Buch-Bedienfelds ein- und ausschalten können, sofern Sie keine

Dateien im Buch-Bedienfeld ausgewählt haben. Wenn einzelne Dokumente Ihres Buchs Ebenen verwenden, können diese in eine PDF-Datei übertragen werden. In einer PDF-Datei landen grundsätzlich alle Ebenen aller InDesign-Dokumente, wodurch viele gleichnamige Ebenen entstehen können. Wenn Sie die Option Ebenen mit demselben Namen beim Exportieren zusammenführen aktivieren, werden gleichnamige Ebenen auf eine Ebene zusammengelegt, was zumeist der gewollten Struktur entspricht.

Ebenen erst ab PDF 1.5
Ebenen können nur dann in eine PDF-Datei übernommen werden, wenn diese zumindest der PDF-Version 1.5 (Acrobat 6) entspricht und Sie im Fenster Adobe PDF exportieren unter Allgemein die Option Acrobat-Ebenen erstellen aktivieren.

Buch drucken | Zu guter Letzt muss das Buch natürlich gedruckt werden können. Wählen Sie Buch drucken aus dem Bedienfeldmenü. Sie landen im Fenster Drucken, in dem Sie sehr genau einstellen können, wie Ihr Buch gedruckt werden soll – Details zum Drucken erfahren Sie im gleichnamigen Kapitel 28.

Automatische Dokumentkonvertierung

Wenn Sie komplette Buchprojekte von einer früheren InDesign-Version übernehmen, gibt es zwei Ansätze: Entweder öffnen Sie alle Dokumente, wandeln sie in das InDesign CC-Format um und fassen sie in einem neuen Buchdokument zusammen, oder Sie öffnen das alte Buchdokument mit InDesign CC und lassen die Konvertierung von InDesign vornehmen.

Das klingt allerdings komfortabler, als es ist. Aktivieren Sie zunächst die Option Automatische Dokumentkonvertierung im Bedienfeldmenü des Buch-Bedienfelds. Sobald Sie eine der beiden Funktionen Buch synchronisieren oder Seitenzahlen und Abschnittsnummerierung aktualisieren auswählen, werden die alten Dokumente in das InDesign CC-Format umgewandelt und unter den alten Namen gespeichert. Die Originaldateien werden dabei überschrieben.

Besser manuell umwandeln
Im Sinne der Kontrollierbarkeit empfehlen wir Ihnen, die Datenübernahme aus älteren InDesign-Versionen selbst vorzunehmen, sofern der Umfang des Projekts es zulässt. Sollten bei der automatischen Umwandlung kleine Probleme auftreten, unterscheidet sich der Aufwand aber ohnehin nur unmerklich.

Ist die Option deaktiviert, werden Sie beim Öffnen jeder Datei nach einem neuen Namen für die umgewandelte Datei gefragt, haben somit aber auch die Möglichkeit, die Originaldatei zu überschreiben. Sie müssen das allerdings für jede Datei selbst vornehmen, was der ersten Methode entspricht. Das alte Buchdokument müssen Sie in jedem Fall entweder überschreiben oder unter einem neuen Namen speichern.

Automatische Dokumentkonvertierung bezieht sich nur auf ganze Buchprojekte. Wenn Sie einem InDesign CC-Buch ein älteres InDesign-Dokument hinzufügen, wird das alte Dokument beim Hinzufügen in jedem Fall geöffnet und umgewandelt.

19.2 Inhaltsverzeichnisse

Eine wirklich umfangreiche Publikation wie z. B. ein Fachbuch kommt nicht ohne Inhaltsverzeichnis aus. Natürlich wäre das manuelle Erstellen eines Inhaltsverzeichnisses nicht nur viel Arbeit, solch ein Inhaltsverzeichnis müsste auch ständig angepasst werden, oder das Dokument müsste wirklich »eingefroren« werden, bevor ein Inhaltsverzeichnis erstellt werden könnte. Im Bleisatz war das auch der Fall. Im digitalen Satz gibt es glücklicherweise entsprechende Hilfsmittel, die das Erstellen und Verwalten von Inhaltsverzeichnissen wesentlich vereinfachen.

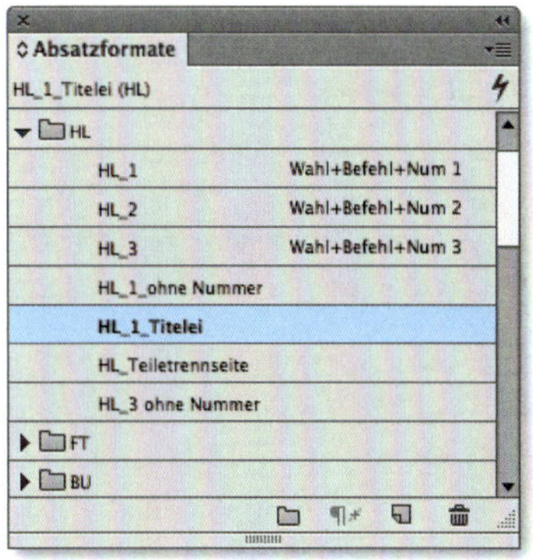

▲ **Abbildung 19.11**
Legen Sie für alle Titel, Zwischentitel, Überschriften usw. Absatzformate an, und benennen Sie sie entsprechend. In der Folge müssen diese Formate dann auch angewendet werden, wenn Sie ein Inhaltsverzeichnis automatisch erstellen wollen.

Die Voraussetzungen

Damit sich InDesign um das Inhaltsverzeichnis kümmern kann, müssen einige Bedingungen erfüllt sein. So muss z. B. in Ihrem Dokument in irgendeiner Form festgelegt werden, welche Textanteile in das Inhaltsverzeichnis aufzunehmen sind.

Die Lösung ist einfach: Da Titel und Zwischentitel in Ihrer Publikation ohnehin gleich aussehen müssen und ein großes Satzprojekt ohne Formate praktisch nicht abgewickelt werden kann, werden zur Kennzeichnung der Inhaltsverzeichniseinträge Absatzformate verwendet.

Bei einem sauberen Arbeitsstil ist das Kriterium Absatzformat also ohnehin erfüllt, und da die benötigten Absatzformate keine besonderen Merkmale aufweisen müssen, stellt diese Voraussetzung keinerlei Einschränkung dar.

Spätestens zu diesem Zeitpunkt sollten auch die »harten Handformatierer« vom Sinn der Formate überzeugt sein, denn die simple Regel lautet: keine Absatzformate = kein Inhaltsverzeichnis!

Einträge übergehen
Manchmal ist es nötig, bestimmte Überschriften nicht in das Inhaltsverzeichnis aufzunehmen. Legen Sie sich in einem solchen Fall ein zweites Absatzformat für die auszulassenden Einträge an. Dieses Format kann auf dem ursprünglichen Format basieren und ansonsten unverändert bleiben. Durch den anderslautenden Namen können Sie es bei der Erstellung des Inhaltsverzeichnisses dann auslassen.

Inhaltsverzeichnis erstellen

Sind diese Voraussetzungen erfüllt, können Sie mit der Funktion Inhaltsverzeichnis aus dem Menü Layout Inhaltsverzeichnisse erstellen lassen und auch sehr fein einstellen, wie das Ergebnis aussehen soll.

Das Grundprinzip dabei ist, dass InDesign Ihr Dokument nach jedem Text durchsucht, der mit bestimmten Absatzformaten formatiert wurde, diesen Text in eine Liste schreibt und jeden Eintrag mit der Nummer der Seite versieht, auf der er gefunden wurde.

Am Ende dieser Suche wird die Liste in Ihrem Dokument platziert und kann grundsätzlich als ganz normaler Text bearbeitet werden. Allerdings merkt sich InDesign, welcher Teil des Dokuments das Inhaltsverzeichnis ist, und kann so Änderungen am Dokument auch in das In-

Bitte in einem eigenen Textrahmen!

Das Inhaltsverzeichnis sollte immer in einem eigenen Textrahmen angelegt werden. Sie können es zwar auch vor einem existierenden Text in einen Rahmen einfügen lassen, dann würde der gesamte Inhalt des Rahmens aber verloren gehen, wenn Sie später das Inhaltsverzeichnis aktualisieren lassen!

haltsverzeichnis übernehmen. Änderungen am Inhaltsverzeichnis gehen dann verloren.

Da Sie nun gesehen haben, dass das Grundprinzip recht einfach ist, werden Sie hoffentlich nicht erschrecken, wenn Sie das Fenster der Funktion sehen – die Angelegenheit ist wirklich nicht so kompliziert, wie sie zunächst aussieht.

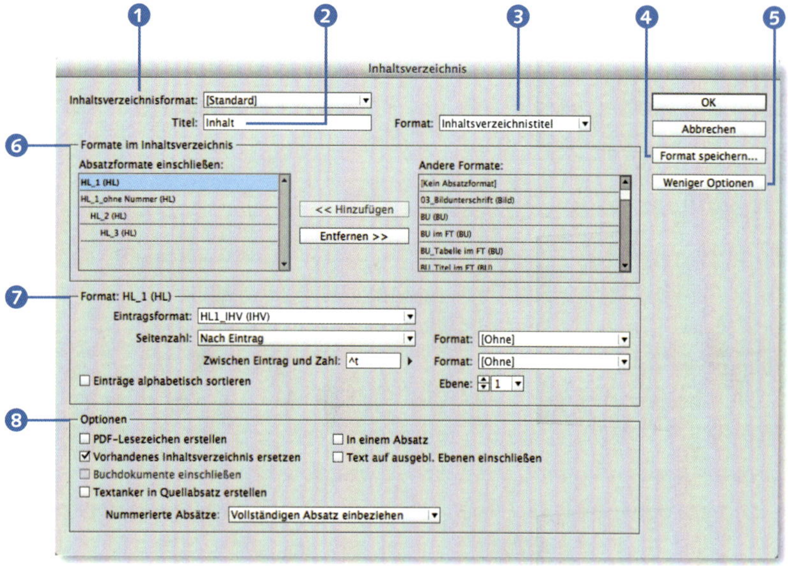

Abbildung 19.12 ►
Das Fenster der Inhaltsverzeichnis-Funktion sieht standardmäßig etwas weniger kompliziert aus. Blenden Sie dann mit einem Klick auf MEHR OPTIONEN alle Funktionen ein.

Neben den drei Bereichen, mit denen Sie die Erstellung, die Formatierung und zusätzliche Optionen des Inhaltsverzeichnisses festlegen und die wir im Folgenden noch im Detail beschreiben werden, gibt es noch folgende Steuerelemente:

- INHALTSVERZEICHNISFORMAT ❶ und FORMAT SPEICHERN ❹: Da Sie in diesem Fenster viele Einstellungen vornehmen können, ist es sinnvoll, die fertigen Einstellungen zu speichern. Die aktuellen Einstellungen können Sie über einen Klick auf FORMAT SPEICHERN sichern. Bestehende Formate können Sie aus dem Menü INHALTSVERZEICHNISFORMAT auswählen, wobei die Einstellung [STANDARD] bewirkt, dass alle Einträge im Inhaltsverzeichnis so aussehen, wie sie im Dokument formatiert wurden. Diese Einstellung werden Sie im Normalfall sicher verändern (und dann als Format speichern).
- TITEL ❷: Ein Inhaltsverzeichnis kann eine Überschrift haben, muss es aber nicht. Tragen Sie die gewünschte Überschrift – beispielsweise »Inhalt« – ein, oder lassen Sie das Feld leer.
- FORMAT ❸: Wenn Sie einen Titel festgelegt haben, können Sie hier ein Absatzformat auswählen, mit dem diese Überschrift im Endergebnis formatiert werden soll.

Inhaltsverzeichnis und EPUB

Definieren Sie für alle Dokumente, die eventuell zu einem späteren Zeitpunkt nach EPUB konvertiert werden, ein Inhaltsverzeichnisformat. Bei der EPUB-Erstellung kann ein Inhaltsverzeichnisformat herangezogen werden, um das Inhaltsverzeichnis für das EPUB zu erstellen. Die Bezeichnung des Formats bleibt Ihnen überlassen – »EPUB« würde jedoch einen klaren Hinweis liefern.

- Mehr Optionen/Weniger Optionen ❺: Über Mehr Optionen bekommen Sie zusätzliche Optionen zur Formatierung des Ergebnisses.

Formate im Inhaltsverzeichnis | Hier ❻ legen Sie fest, mit welchen Absatzformaten ein Text in Ihrem Dokument formatiert sein muss, damit er als Eintrag im Inhaltsverzeichnis landet. Die Liste Andere Formate zeigt Ihnen alle Absatzformate Ihres Dokuments an. Um eines dieser Formate für einen Inhaltsverzeichniseintrag vorzusehen, markieren Sie es und klicken auf <<Hinzufügen. Alternativ können Sie einen Eintrag auch einfach in die Liste Absatzformate einschliessen ziehen. In beiden Fällen steht der Formatname nun im Listenfeld Absatzformate einschliessen, das alle Formate zeigt, die bei der Suche nach Einträgen berücksichtigt werden.

Ziehen Sie alle Absatzformate, mit denen ein Eintrag des Inhaltsverzeichnisses formatiert sein kann, in die Liste Absatzformate einschliessen. Dabei werden Sie Folgendes beobachten: Ist bereits ein Formatname ausgewählt, wird der neue Eintrag mit einem kleinen Einzug unter den markierten Eintrag gestellt. InDesign versucht auf diese Weise, die Hierarchie des Inhaltsverzeichnisses darzustellen. Diese Einrückung können Sie auch nachträglich noch ändern. Grundsätzlich ist diese Darstellung sehr sinnvoll und beeinflusst bei bestimmten Einstellungen auch das Endergebnis.

Wenn Sie die Reihenfolge der Einträge ändern wollen, fassen Sie einen Eintrag mit dem Mauszeiger und verschieben Sie ihn an die gewünschte Stelle. Die neue Position wird von einem schwarzen Balken gekennzeichnet. Um einen Eintrag zu löschen, markieren Sie ihn und klicken anschließend auf Entfernen>>.

Format | Damit wäre nun festgelegt, welche Textanteile in das Inhaltsverzeichnis aufgenommen werden sollen. Im nächsten Schritt muss nun definiert werden, wie das Inhaltsverzeichnis aussehen soll ❼. Hierzu markieren Sie einen Formatnamen in der Liste Absatzformate einschliessen. Der Abschnitt Format ändert seine Bezeichnung in Format: Name des Absatzformats. Sie müssen die folgenden Einstellungen also für jedes einzelne Format des Inhaltsverzeichnisses vornehmen.

- Eintragsformat: Hier legen Sie fest, mit welchem Absatzformat der Eintrag im Inhaltsverzeichnis formatiert werden soll. [Gleiches Format] bedeutet, dass der Eintrag genauso aussehen wird wie in Ihrem Dokument – das ist jedoch zumeist nicht die gewünschte Formatierung.
- Seitenzahl: Die Seitenzahl wird von InDesign automatisch erstellt. Sie müssen nur festlegen, wo die Seitenzahl stehen soll, wobei Sie

Zuerst alle Optionen einblenden!

Beim Erstellen Ihrer ersten Einstellungen für Ihr Inhaltsverzeichnis sollten Sie immer alle Optionen einblenden. Haben Sie die richtigen Einstellungen gefunden und als Format gespeichert, brauchen Sie diese zusätzlichen Optionen natürlich nicht mehr einzublenden.

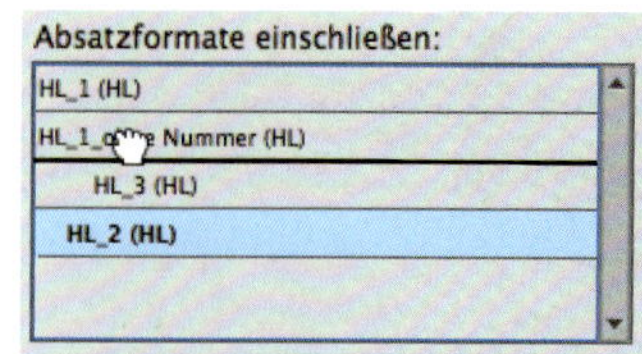

▲ **Abbildung 19.13**
Die Hierarchie der Überschriften wird von InDesign mit Einzügen dargestellt. Um die Reihenfolge der Formate zu verändern, können einzelne Einträge einfach verschoben werden. Die Reihenfolge hat jedoch keine Auswirkungen auf das Ergebnis.

Neues Absatzformat

Wenn Sie noch kein Absatzformat für das Eintragsformat definiert haben, können Sie den letzten Menüpunkt Neues Absatzformat aufrufen und das auch noch hier erledigen, ohne die Erstellung des Inhaltsverzeichnisses unterbrechen zu müssen.

Zahlenformat der Seitenzahl

Sie können lediglich die Textformatierung der Seitenzahl beeinflussen. Das Zahlenformat – also z. B. eine Darstellung als römische Ziffern – wird in den NUMMERIERUNGS- UND ABSCHNITTSOPTIONEN im Menü LAYOUT festgelegt. InDesign übernimmt zur Darstellung der Seitenzahl im Inhaltsverzeichnis diese Optionen.

Füllzeichen

Wenn Sie im Inhaltsverzeichnis das Auffinden der Seitennummern erleichtern wollen, können Sie das z. B. tun, indem Sie eine gepunktete Linie verwenden, um das Auge des Lesers zu führen. Nun kommen Sie nicht umhin, einen Tabulator zu setzen, für den Tabulator lässt sich dann nämlich ein Füllzeichen verwenden.

PDF-Lesezeichen erstellen

Das bedeutet einerseits, dass die Einträge des Inhaltsverzeichnisses auf Mausklicks reagieren und mit einem Klick die entsprechenden Seiten im Dokument angesprungen werden. Andererseits werden die Inhaltsverzeichniseinträge auch in der Seitenleiste LESEZEICHEN im PDF-Dokumentfenster angezeigt und reagieren dort natürlich ebenfalls auf Mausklicks.

drei Möglichkeiten haben: NACH EINTRAG bedeutet, dass die Seitenziffer rechts vom Eintrag stehen wird; VOR EINTRAG stellt die Seitenziffer vor den Eintrag, was allerdings in Inhaltsverzeichnissen von Büchern eher unüblich ist. Sie können die Inhaltsverzeichnis-Funktion allerdings für jede Art von Liste verwenden. So erklärt sich auch die Option KEINE SEITENZAHL – sie ist dann sinnvoll, wenn Sie lediglich eine Liste mit bestimmten Einträgen erstellen wollen, dazu die Seitennummer aber nicht benötigen.
Aus dem Menü FORMAT können Sie ein Zeichenformat auswählen, mit dem die Seitenzahl formatiert werden soll.

- ZWISCHEN EINTRAG UND ZAHL: Die Seitenzahl wird im Normalfall nicht unmittelbar an den Eintrag anschließen. Wie die beiden Elemente getrennt werden sollen, können Sie über dieses Menü festlegen, wobei Sie aus dem Großteil der InDesign-Sonder- und Steuerzeichen auswählen oder selbst ein Trennzeichen bzw. eine Zeichenkette eingeben können. Eine Serie von Sonderzeichen geben Sie ein, indem Sie mehrere Zeichen aus dem Menü auswählen, ohne eine Auswahl im Eingabefeld gemacht zu haben – die ausgewählten Zeichen werden dann einfach an die schon existierenden Zeichen angehängt. Sonderzeichen werden in ihrer kodierten Form angezeigt; das wohl gebräuchlichste Zeichen – der Tabulator – sieht dann so aus: `^t`. Auch hier gibt es wieder ein eigenes Format-Menü, mit dem Sie ein Zeichenformat für das bzw. die Trennzeichen auswählen können.
- EINTRÄGE ALPHABETISCH SORTIEREN: Auch diese Option ist in einem Inhaltsverzeichnis wenig sinnvoll. Wenn Sie allerdings z. B. ein Namensverzeichnis erstellen wollen, ist sie praktisch.
- EBENE: Die Abbildung der Hierarchie in der Liste ABSATZFORMATE EINSCHLIESSEN haben Sie bereits kennen gelernt. Mit der Option EBENE können Sie die Hierarchieebene der Formate verändern. Wenn Sie die Option EINTRÄGE ALPHABETISCH SORTIEREN ausgewählt haben, werden alle Einträge der gleichen Hierarchiestufe alphabetisch sortiert – so entsteht also für jede Hierarchiestufe ein eigener sortierter Block.

Optionen | Im letzten Abschnitt, OPTIONEN ❽, können Sie noch einige Feineinstellungen vornehmen, die den Erstellungsprozess beeinflussen.

- PDF-LESEZEICHEN ERSTELLEN: Wenn Sie diese Option aktivieren, werden im Inhaltsverzeichnis Informationen versteckt, die bei einem Export der Datei als PDF dazu führen, dass ein funktionsfähiges Inhaltsverzeichnis erzeugt wird.
- VORHANDENES INHALTSVERZEICHNIS ERSETZEN: Hat InDesign bereits ein Inhaltsverzeichnis für Ihr Dokument erstellt, kann mit dieser Option das bestehende Inhaltsverzeichnis ersetzt werden. Diese Option

kann nur ausgewählt werden – und ist dann standardmäßig eingeschaltet –, wenn bereits ein Inhaltsverzeichnis existiert und entweder der Textcursor in diesem Inhaltsverzeichnis steht oder der Textrahmen ausgewählt ist, der das Inhaltsverzeichnis enthält.

- Buchdokumente einschliessen: Falls das aktuelle Dokument Teil eines Buchs ist, können Sie hier festlegen, dass alle Dokumente, die zum Buch gehören, bei der Erstellung des Inhaltsverzeichnisses berücksichtigt werden sollen. Sie können grundsätzlich jedes in einem der Dokumente definierte Inhaltsverzeichnisformat benutzen. Platziert wird das Inhaltsverzeichnis allerdings nur in dem Dokument, für das Sie die Funktion aufrufen. Es empfiehlt sich also, das entsprechende Format in dem Dokument anzulegen, in dem das Inhaltsverzeichnis auch enthalten ist. Wenn Sie unseren Tipp zum Masterdokument auf Seite 641 befolgen, ist das automatisch der Fall.
- In einem Absatz: Diese Option bewirkt, dass alle Einträge der gleichen Hierarchiestufe mit ihren Seitenzahlen in einem Absatz zusammengefasst werden. Als Trennzeichen für die einzelnen Einträge wird ein Semikolon (;) eingefügt.
- Text auf ausgebl. Ebenen einschliessen: Eine Anwendung für diese Option wäre z. B., wenn Sie ein Sponsorenverzeichnis erstellen wollten, im Textteil die Sponsoren aber nicht vorkommen sollen. Bringen Sie die aktuellen Einträge der Sponsoren auf einer ausgeblendeten Ebene unter, und aktivieren Sie dann diese Option. Für so einen Fall werden Sie ein eigenes Format »Sponsorenliste« erstellen.
- Textanker in Quellabsatz erstellen: Diese – in InDesign CC neue – Option bewirkt, dass an den Trefferstellen Textanker im Text hinterlegt werden. Sie können diese Textanker verwenden, um z. B. in elektronischen Dokumenten eine eigene Navigation umzusetzen.
- Nummerierte Absätze: Wenn Sie Listen verwenden, um Absätze zu nummerieren, müssen Sie entscheiden, ob diese Nummerierung im Inhaltsverzeichnis verwendet werden soll. Stellen Sie Vollständigen Absatz einbeziehen ein, damit die Nummerierung vollständig übernommen wird. Für nummerierte Überschriften wäre das der Standard. Zahlen ausschliessen würde nur den Text der Überschriften übernehmen – das ist nur dann sinnvoll, wenn Sie längere Absätze nummeriert haben und aus diesen Absätzen eine Auflistung erstellen wollen. In einem typischen Inhaltsverzeichnis wäre das relativ unübersichtlich.

  Genau umgekehrt wirkt Nur Zahlen einbeziehen. Diese Option kann verwendet werden, um Kontrolllisten zu erstellen. In einem Inhaltsverzeichnis oder jeder Art von Liste den eigentlichen Eintrag zu unterdrücken widerspricht dem Sinn eines Verzeichnisses.

Inhaltsverzeichnisse editieren

Vermeiden Sie es nach Möglichkeit, das automatisch erzeugte Inhaltsverzeichnis zu editieren. Alle manuellen Änderungen gehen verloren, wenn Sie das Inhaltsverzeichnis aktualisieren, und Sie müssen die manuellen Änderungen erneut vornehmen!

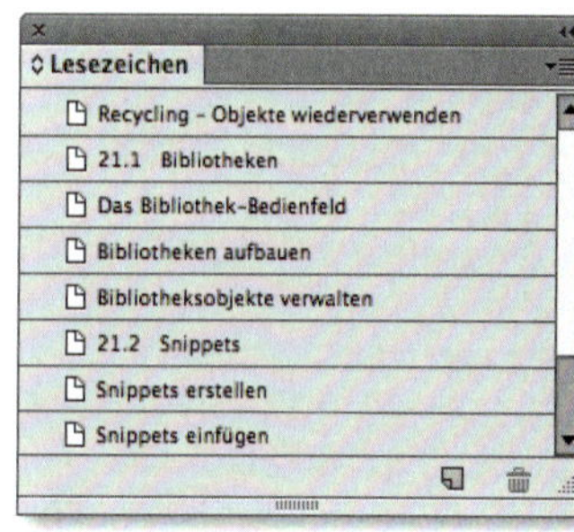

▲ **Abbildung 19.14**
Die Textanker, die von der Inhaltsverzeichnis-Funktion erstellt werden, finden Sie im Lesezeichen-Bedienfeld. Weitere Informationen zu Lesezeichen und Textankern finden Sie in Abschnit 32.1, »Lesezeichen«.

[Gleiches Format] verboten!

Wenn Sie nummerierte Absätze im Inhaltsverzeichnis aufnehmen wollen, dürfen Sie keinesfalls [Gleiches Format] als Eintragsformat wählen, da die Einträge dann in jedem Fall nummeriert würden – nur entweder falsch oder doppelt!

Nun sind alle Einstellungen getroffen – klicken Sie auf OK, und InDesign durchsucht nun das Dokument und stellt die Einträge des Inhaltsverzeichnisses zusammen. Sobald dieser Prozess abgeschlossen ist, verwandelt sich der Mauszeiger in die Markierung zum Einfügen von Text. Platzieren Sie nun das Inhaltsverzeichnis wie jeden anderen Text in Ihrem Dokument.

Speichern!
Wie Sie nun gesehen haben, können und müssen Sie viele Einstellungen verändern, um ein optimales Ergebnis zu erzielen. Speichern Sie deshalb eine einmal funktionierende Einstellung unbedingt ab. Die Formate werden im InDesign-Dokument gespeichert, können aber auch in andere Dokumente übernommen werden.

Inhaltsverzeichnisformate

Die Verwaltung der gespeicherten Formate können Sie unmittelbar im Inhaltsverzeichnis-Fenster vornehmen. Adobe hat InDesign allerdings mit einer eigenen Funktion zur Verwaltung der Formate ausgestattet, die Sie über das Menü Layout • Inhaltsverzeichnisformate erreichen. Hier können Sie neue Formate anlegen, wobei Sie dann wieder im Inhaltsverzeichnis-Fenster landen. Sie können bestehende Formate Bearbeiten und Löschen. Da das Löschen im Inhaltsverzeichnis-Fenster nicht möglich ist, ist das eine der Situationen, in denen Sie auf diese Funktion zurückgreifen müssen.

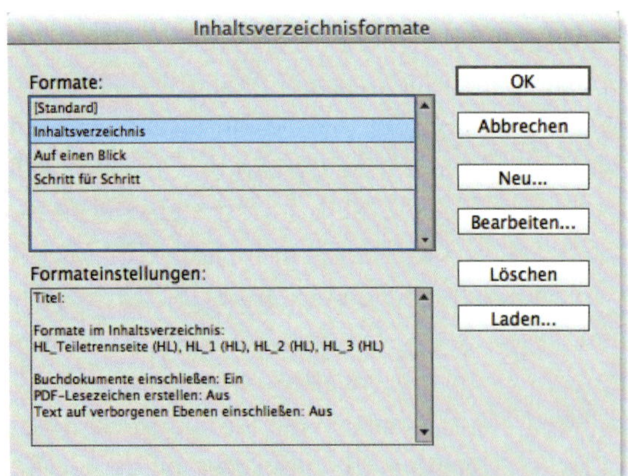

Abbildung 19.15 ▶
Neue Formate definieren und bestehende Formate bearbeiten können Sie auch im normalen Inhaltsverzeichnis-Dialog. Inhaltsverzeichnisformate löschen und aus anderen Dokumenten laden können Sie nur hier.

Eine zweite derartige Situation wäre, wenn Sie aus anderen InDesign-Dokumenten Inhaltsverzeichnisformate laden wollen. Klicken Sie auf die gleichnamige Schaltfläche, und wählen Sie im dann folgenden Fenster Datei öffnen ein InDesign-Dokument aus. Sie haben keine weitere Möglichkeit mehr, gezielt ein Format auszuwählen – es werden immer alle Formate importiert. Aber nicht nur das: Da auch die beteiligten Absatzformate geladen werden und diese die Definition der bestehenden Formate überschreiben, kann es nach dem Laden zu deutlichen Umbrüchen kommen, sofern sich die importierten Formate nicht mit den bestehenden decken.

Inhaltsverzeichnis aktualisieren

Als Vorteil des digitalen Satzes haben wir zu Beginn dieses Abschnitts aufgeführt, dass Sie mit der Erstellung und Verwaltung eines Inhaltsverzeichnisses nicht warten müssen, bis ein Dokument seinen endgültigen Zustand erreicht hat. Da sich Dokumente also noch ändern dürfen, müssen diese Änderungen auch ihren Weg in das Inhaltsverzeichnis finden. Sie können dazu jederzeit die Inhaltsverzeichnis-Funktion erneut aufrufen.

Existiert schon ein Inhaltsverzeichnis und steht der Textcursor in diesem Inhaltsverzeichnis oder ist zumindest der Textrahmen ausgewählt, der das Inhaltsverzeichnis enthält, dann ist die Option VORHANDENES INHALTSVERZEICHNIS ERSETZEN bereits für Sie ausgewählt, und Sie können mit einem Klick auf OK das Inhaltsverzeichnis aktualisieren. Eine Abkürzung stellt die Funktion INHALTSVERZEICHNIS AKTUALISIEREN im Menü LAYOUT zur Verfügung. Hier wird ohne Zwischenschritt ein vorhandenes Inhaltsverzeichnis auf den letzten Stand gebracht.

Aber auch hier gilt: Da durchaus mehrere Inhaltsverzeichnisse oder andere Listen, wie z. B. Inserentenverzeichnisse, in einem Dokument vorhanden sein können, müssen Sie den Textrahmen ausgewählt haben, der das Inhaltsverzeichnis enthält, oder den Textcursor in den Text des betreffenden Inhaltsverzeichnisses stellen. Andernfalls ist der Menübefehl INHALTSVERZEICHNIS AKTUALISIEREN nicht auswählbar.

Text im Übersatz

Wenn Sie beim Erstellen oder Aktualisieren eines Inhaltsverzeichnisses von InDesign gefragt werden, ob Sie Einträge im Übersatztext einschließen wollen, bedeutet das, dass derzeit nicht der gesamte Text in Ihrem Dokument sichtbar ist. Oft handelt es sich dabei nur um eine Leerzeile. Sie sollten trotzdem in Ihrem Dokument dafür sorgen, dass kein Übersatz existiert, weil Sie sonst beim Erstellen von Inhaltsverzeichnissen nie sicher sein können, ob es sich hier um einen wirklichen Fehler oder um eine Nichtigkeit handelt.

19.3 Index erstellen

Bei Fach- und Sachbüchern ist nun noch ein Index oder ein Glossar notwendig. InDesign bietet für diese Aufgabe umfangreiche Funktionen, mit denen Sie komplexe Indizes aufbauen können. Problematisch sind hierbei Konzept und Planung, da jeder Index an die jeweilige Publikation angepasst werden muss und es keine allgemeingültigen Rezepte gibt.

Das Index-Bedienfeld

Öffnen Sie das Index-Bedienfeld über den Menübefehl FENSTER • SCHRIFT UND TABELLEN • INDEX bzw. das Tastenkürzel ⇧+F8.

Das Index-Bedienfeld kennt zwei Arbeitsmodi. Im Modus VERWEIS ❶ (siehe nächste Seite) werden Sie am häufigsten arbeiten. Hier legen Sie Indexeinträge fest. Für jeden Eintrag müssen Sie bestimmen, in welchem Bereich des Dokuments bzw. Buchs er gültig sein und in welcher Form er im Index erscheinen soll.

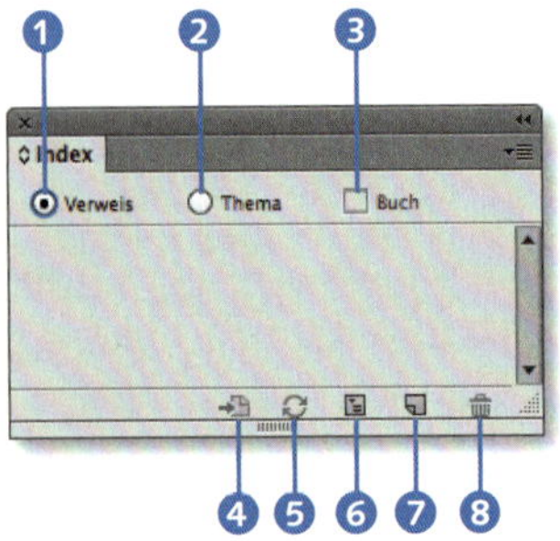

▲ **Abbildung 19.16**
Das noch leere Index-Bedienfeld – seinen Inhalt zeigt es erst, wenn mindestens ein Indexeintrag existiert.

Abkürzung
Um einen Eintrag ohne Umweg über das Fenster NEUER SEITENVERWEIS mit den Standardeinstellungen anzulegen, benutzen Sie das Tastenkürzel Strg+Alt+⇧+Ö bzw. ⌘+⌥+⇧+Ö.

Wie Inhaltsverzeichnis...
Die Indexerstellung verhält sich genau wie die Inhaltsverzeichniserstellung. Bei einem Buch bedeutet das, dass Sie sinnvollerweise ein eigenes Dokument für den Index anlegen und die Indexgenerierung nur von diesem Dokument aus starten sollten.

Die Indexerstellung kann erhebliche Zeit in Anspruch nehmen, denn bei einem Buch mit vielen Dokumenten und Hunderten von Seiten wird Ihr Computersystem stark gefordert.

Der Modus THEMA ❷ erlaubt es, eine Struktur aufzubauen, in der Sie zunächst festlegen, welche Begriffe indiziert werden sollen und in welcher Hierarchie sie zueinander stehen. Diese Begriffe erscheinen grundsätzlich auch als Verweise, allerdings müssen Sie die Verweise erst näher definieren, damit sie letztlich auch im Index erscheinen. Über Themen können Indexeinträge auch zwischen mehreren Dokumenten ausgetauscht werden.

Ist das Dokument, das Sie aktuell bearbeiten, Teil eines Buchs, können Sie die Option BUCH ❸ aktivieren. Die Anzeige im Index-Bedienfeld stellt dann alle Indexeinträge aller Buchdokumente dar.

Indexeintrag erstellen | Einen neuen Indexeintrag erstellen Sie, indem Sie im Modus VERWEIS auf NEUEN INDEXEINTRAG ERSTELLEN ❼ klicken oder das Tastenkürzel Strg+7 bzw. ⌘+7 drücken. Tatsächlich wird der Eintrag nicht sofort angelegt, sondern lediglich das Fenster NEUER SEITENVERWEIS geöffnet, in dem Sie den Eintrag definieren. Dieses Fenster können Sie auch über NEUER SEITENVERWEIS aus dem Bedienfeldmenü des Index-Bedienfelds aufrufen.

Indexeinträge können über AUSGEWÄHLTEN EINTRAG LÖSCHEN ❽ wieder aus dem Index entfernt werden. Da InDesign keine Mehrfachauswahl zulässt und bei jedem Löschen eines Eintrags zur Sicherheit nachfragt, nehmen Sie die Taste Alt bzw. ⌥ dazu, um Einträge ohne diese lästige Nachfrage zu löschen.

Sobald Indexeinträge existieren, können Sie die einzelnen Fundstellen mit GEHE ZU AUSGEWÄHLTER MARKE ❹ in Ihrem Dokument anzeigen lassen. Wenn Sie Textstellen ändern, die den Index beeinflussen, können Sie die Auflistung mit VORSCHAU AKTUALISIEREN ❺ auf den letzten Stand bringen.

Der Index wird mit einem Klick auf INDEX GENERIEREN ❻ erzeugt und kann, nachdem der Prozess abgeschlossen ist, als Text in Ihrem Dokument platziert werden.

Einen einfachen Index aufbauen

Indizes können eine beachtliche Komplexität erreichen. Wir zeigen zunächst, wie ein einfacher Index aufgebaut wird. Der Übersichtlichkeit halber gehen wir von einem einzelnen Dokument aus. Die Indexerstellung für ein Buch läuft technisch genauso ab, Sie müssen nur viel mehr logische Zusammenhänge Ihrer Indexeinträge im Auge behalten.

Markieren Sie einen Begriff in Ihrem Text, und klicken Sie auf NEUEN INDEXEINTRAG ERSTELLEN ◻. Das Fenster NEUER SEITENVERWEIS öffnet sich, und der markierte Begriff wird in das Fenster NEUER SEITENVERWEIS übernommen. Solange der Textcursor in einem Text steht, können Sie NEUEN INDEXEINTRAG erstellen bzw. NEUER SEITENVERWEIS ebenfalls aufrufen, da Indexeinträge grundsätzlich frei formuliert werden können.

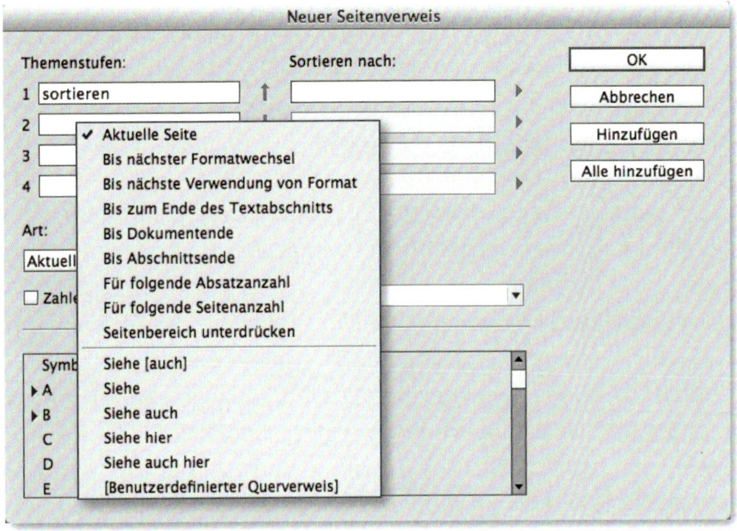

◂ **Abbildung 19.17**
Das Fenster NEUER SEITENVERWEIS – die vom Menü verdeckten Elemente sind für den ersten Indexeintrag belanglos. Sie erreichen dieses Fenster auch über Strg+7 bzw. ⌘+7. Wenn Sie mit gedrückter Alt- bzw. ⌥-Taste auf das Symbol NEUEN INDEXEINTRAG ERSTELLEN klicken, wird die Textauswahl ignoriert, und Sie können/müssen den Eintrag frei formulieren.

Indexeinträge können in THEMENSTUFEN angeordnet sein – dazu später mehr. Für einen einzelnen Eintrag verwenden wir die THEMENSTUFE 1. Wenn Sie Text markiert haben, ist dieser Text hier schon für Sie eingesetzt. Der einfachste Fall wäre, dass jedes Auftreten des Begriffs im Index aufgelistet werden soll. Ein Klick auf ALLE HINZUFÜGEN erledigt das, indem das gesamte Dokument nach dem Begriff durchsucht und jede Fundstelle im Index-Bedienfeld aufgelistet wird, wobei die Seitenziffer jedes Treffers angeführt wird. Bei einem mehrfachen Auftreten des Begriffs auf einer Seite wird die betreffende Seitennummer natürlich nur einmal aufgeführt. Im Index-Bedienfeld werden jedoch alle Fundstellen eingetragen.

Alle Fundstellen aufzunehmen ist jedoch nur bei ausgesprochenen Fachbegriffen eine gute Idee. Wenn in einem Buch zu InDesign der Begriff »InDesign« mit ALLE HINZUFÜGEN in den Index aufgenommen würde, wäre mit einer mehrzeiligen Liste von Seitenziffern zu rechnen. Deshalb wird man im Normalfall den Bereich, für den ein Indexeintrag Gültigkeit besitzt, beschränken.

Seitenbereiche festlegen | Der Seitenbereich, der ab dieser Indexmarke für den Index durchsucht wird, kann im Menü ART festgelegt werden.

- AKTUELLE SEITE: Ein weiteres Auftreten des Begriffs wird nur bis zum Seitenende ausgewertet. Da Seitennummern ohnehin nur einmal im

Sonderzeichen
Sollte der ausgewählte Text Sonderzeichen enthalten, werden diese im Fenster NEUER SEITENVERWEIS kodiert dargestellt, im Index selbst jedoch korrekt. Andere Objekte (z. B. Bildrahmen), die im Text verankert sind, werden immer ignoriert.

Verborgene Zeichen
InDesign legt für jeden Indexeintrag, der im Dokument festgelegt wurde, eine Indexmarke an, die im Dokument auch als Steuerzeichen sichtbar ist, sofern Sie VERBORGENE ZEICHEN EINBLENDEN aus dem Menü SCHRIFT aktiviert haben.

Index erscheinen, führt das also zu genau einer Seitenangabe zu diesem Begriff.

- Bis nächster Formatwechsel: Der Begriff wird so lange auf jeder Seite aufgenommen, bis sich das Absatzformat des Textes ändert.
- Bis nächste Verwendung von Format: Wenn Sie diese Option auswählen, erscheint rechts neben dem Menü Art ein zusätzliches Menü, aus dem Sie ein Absatzformat auswählen können. Der Indexeintrag wird geführt, bis im Text dieses Absatzformat angewendet wurde.
- Bis zum Ende des Textabschnitts: Die Indexmarke bleibt gültig, bis das Ende des Textes erreicht ist. Bei verketteten Textrahmen ist das also der letzte Textrahmen in der Kette.
- Bis Dokumentende: Es werden alle Fundstellen ab der Seite mit der Indexmarke bis zur letzten Dokumentseite aufgelistet.
- Bis Abschnittsende: Der Indexeintrag wird so lange geführt, bis im Dokument ein neuer Abschnitt beginnt. Gemeint sind hier Abschnitte, die mit der Funktion Layout • Nummerierungs- und Abschnittsoptionen definiert wurden.
- Für folgende Absatzanzahl: Neben dem Menü Art erscheint ein Eingabefeld, in das Sie die Anzahl der Absätze eintragen können, die nach der Indexmarke noch berücksichtigt werden sollen.
- Für folgende Seitenanzahl: Hier müssen Sie die Anzahl der Seiten festlegen, die nach der Indexmarke nach dem Begriff durchsucht werden sollen.
- Seitenbereich unterdrücken: Es wird lediglich der Begriff selbst im Index aufgeführt. Eine Fundstelle dazu wird im Index nicht angegeben. Im Index-Bedienfeld wird für einen solchen Eintrag die Seitenzahl in Klammern dargestellt.

Seitenbereich
Wenn Sie einen Seitenbereich festlegen, der über mehrere Seiten reicht, und in diesem Bereich der Indexeintrag auf mehreren unmittelbar aufeinanderfolgenden Seiten gefunden wird, werden im Index nur die erste und die letzte Seite, verbunden mit einem Halbgeviertstrich, aufgeführt.

A
Absatzformate 30
Automatische Dokumentumwandlung 31
B
Buch 3, 17
Buchdokumente 30

▲ **Abbildung 19.18**
Ein Index, der mit den Standardeinstellungen erzeugt wurde

Zu jedem Indexeintrag können Sie festlegen, ob die Seitenziffer(n) ausgezeichnet werden soll(en). Aktivieren Sie die Option Zahlenformat übergehen, und wählen Sie aus dem Menü rechts daneben ein Zeichenformat aus. Die Seitenziffer wird mit diesem Format gestaltet.

Wortgruppen indizieren | Sie können auch Wortgruppen indizieren. Diese werden standardmäßig als zusammenhängender Begriff in den Index aufgenommen – auch dann, wenn Sie mehrere Absätze markiert haben sollten.

Sie können einzelne Absätze allerdings getrennt aufnehmen lassen – ohne Umweg über das Fenster Neuer Seitenverweis wiederum mit dem Tastenkürzel Strg+Alt+⇧+Ö bzw. ⌘+⌥+⇧+Ö. Auf diese Art können Sie sehr schnell Listen indizieren, die nicht zwangsläufig als

Absätze vorliegen müssen. InDesign akzeptiert bei dieser Funktion folgende Trennzeichen für die einzelnen Einträge: Zeilenschaltung, harte Zeilenschaltung, Tabulator für rechte Ausrichtung, Strichpunkt und das Komma.

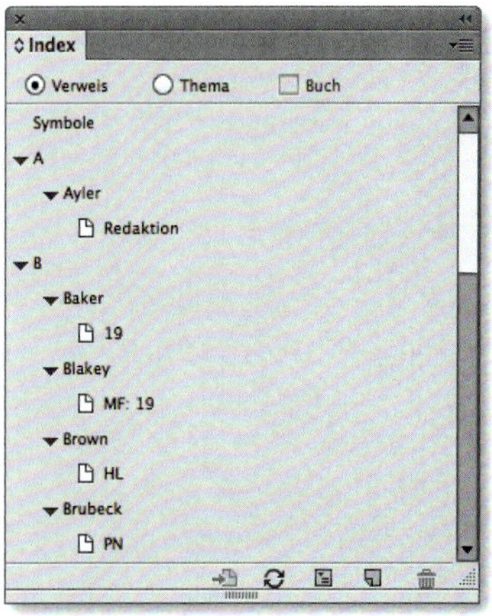

▲ **Abbildung 19.19**
Index-Bedienfeld mit einigen Verweisen. Bei diesen Einträgen findet sich nur ein einziger, der sinnvoll indiziert werden kann – »*Baker*« auf Seite 19. Die restlichen Einträge befinden sich auf Dokumentbereichen, die im Endergebnis unter Umständen nicht sichtbar sein werden. *Redaktion* ist der Name der Musterseite, auf der sich der Eintrag befindet. *Brubeck (PN)* befindet sich im Übersatz, *Blakey (MF: 19)* auf der Montagefläche neben Seite 19. *Brown (HL)* befindet sich auf einer ausgeblendeten Ebene.

Indexeinträge sortieren

Neben dem Indexeintragsfeld finden Sie im Fenster NEUER SEITENVERWEIS ein Eingabefeld SORTIEREN NACH. Wenn Sie in einem Kunstlexikon den Maler *Giorgio De Chirico* unter C wie »Chirico« in den Index aufnehmen wollen, dort allerdings den korrekten Namen »De Chirico« anführen wollen, dann indizieren Sie den Begriff »De Chirico«, tragen aber unter SORTIEREN NACH »Chirico« ein. Der Name »De Chirico« wird dann unter C aufgeführt.

Verweise erstellen

Begriffe über die Sortierung zu verschieben, ist nicht unbedingt immer die ideale Lösung. Deshalb können Sie auch Verweise definieren. In diesem Fall wäre der Name korrekt als »De Chirico« indiziert, unter »Chirico« würde der Leser jedoch einen Querverweis auf den richtigen Namenseintrag finden.

Einen Verweis anlegen | Um einen Querverweis zu erstellen, klicken Sie auf NEUEN INDEXEINTRAG ERSTELLEN oder wählen NEUER SEITENVERWEIS aus dem Bedienfeldmenü des Index-Bedienfelds.

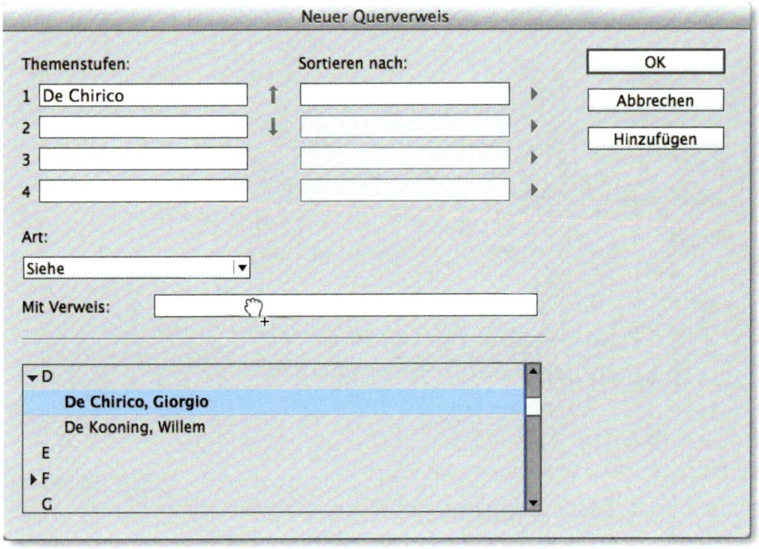

◄ **Abbildung 19.20**
Einen solchen Verweis können Sie jederzeit erstellen. Wenn der Textcursor nicht im Text steht (also z. B. ein Objekt ausgewählt ist oder gar keine Auswahl existiert), wird im Bedienfeldmenü des Index-Bedienfelds statt NEUER SEITENVERWEIS auch NEUER QUERVERWEIS angezeigt.

B
Bonichi, Gino 678
C
Chirico. Siehe De Chirico, Giorgio
D
De Chirico, Giorgio 513
De Kooning, Willem 224
K
Kooning. Siehe De Kooning, Willem
S
Scipione. Siehe Bonichi, Gino

▲ **Abbildung 19.21**
Beispiel für Verweise in einem Index

Namen indizieren
Namen werden normalerweise in der Form »Nachname, Vorname« (mit Komma dazwischen) indiziert. Dafür bietet InDesign ein eigenes Tastenkürzel: [Strg]+[Alt]+[⇧]+[Ä] bzw. [⌘]+[⌥]+[⇧]+[Ä]. Dabei wird das letzte Wort einer Auswahl als erstes Wort in den Index gestellt. Die restlichen Wörter werden danach angeführt, und zwar durch ein Komma getrennt. Aus »Robert Feix« wird somit »Feix, Robert«, und aus »Hans Peter Schneeberger« wird »Schneeberger, Hans Peter«. Der Eintrag erfolgt direkt, also ohne Umweg über das Fenster Neuer Seitenverweis.

Tragen Sie den Querverweis in Themenstufe 1 ein. Falls Sie einen Text ausgewählt haben und deshalb hier schon ein Eintrag vorhanden ist, können Sie diesen einfach überschreiben. Stellen Sie im Menü Art die Option Siehe ein, und suchen Sie in der Liste am unteren Fensterrand den Eintrag, auf den verwiesen werden soll. Fassen Sie diesen Eintrag, und ziehen Sie ihn in das Feld Mit Verweis.

Mit den weiteren Optionen im Menü Art können Sie für die Formulierung des Verweises noch weitere Möglichkeiten auswählen. Siehe, Siehe auch, Siehe hier, Siehe auch hier sind fixe Texte, die Sie aussuchen können. Siehe [auch] führt das Wort »auch« abhängig davon an, ob der Indexeintrag selbst eine Seitenzahl besitzt oder Untereinträge hat – dann lautet die Formulierung »Siehe auch«; andernfalls wird »auch« weggelassen.

[Benutzerdefinierter Querverweis] ermöglicht Ihnen die freie Auswahl des Textes – mit dieser Option erscheint ein Eingabefeld Benutzerdefiniert, in dem Sie Ihren Text festlegen können.

Themenstufen

Ein Indexeintrag kann auch untergeordnete Einträge aufweisen. InDesign kann bis zu vier solcher Hierarchiestufen verwalten. Um einen Indexeintrag einem anderen Eintrag zu unterstellen, legen Sie zunächst einen Indexeintrag an und nehmen im Fenster Neuer Seitenverweis die Einstellungen so vor wie in Abbildung 19.22.

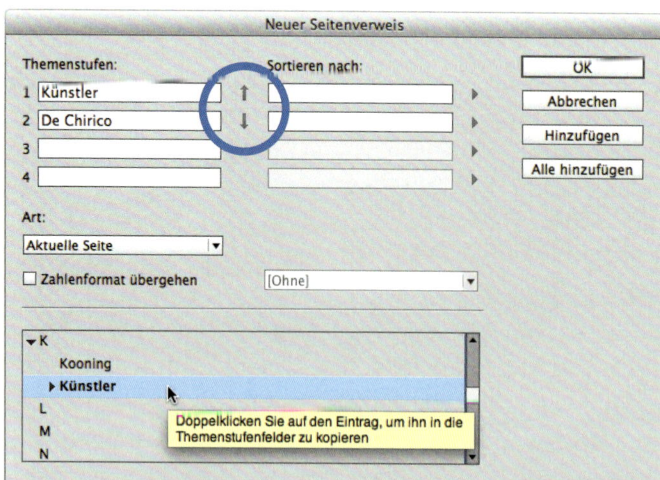

Abbildung 19.22 ▶
Arbeiten mit Themenstufen: Vier Hierarchiestufen erscheinen vielleicht wenig – bedenken Sie aber, dass ein Index auch bei vier Stufen schon sehr unübersichtlich wird.

Verschieben Sie den Eintrag, der nun in Themenstufe 1 erscheint, mit dem Pfeil (in der Abbildung mit einem Kreis markiert) nach unten in die Themenstufe 2, und setzen Sie den Textcursor in das nun frei gewordene

Feld Themenstufe 1. Suchen Sie in der Liste den Eintrag, dem Sie den neuen Begriff unterordnen wollen, und kopieren Sie ihn mit einem Doppelklick in das Feld Themenstufe 1.

So können Sie sehr komplex verschachtelte Indizes aufbauen. In der Folge ist es egal, ob ein Eintrag einem anderen untergeordnet ist, wenn Sie z. B. einen Verweis auf einen solchen Indexeintrag festlegen wollen. Wir können hier nicht auf alle Details eingehen, aber schon aus diesen Grundfunktionen können Sie schließen, dass für einen guten Index auch ein sehr gutes Konzept erstellt werden muss.

K

Künstler
 Bonichi, Gino 64
 De Chirico, Giorgio 87
 De Kooning, Willem 12

▲ **Abbildung 19.23**
Unter dem Eintrag »Künstler« befindet sich eine zweite Hierarchiestufe mit den Namen.

Seitenverweis oder Thema ändern | Einen Seitenverweis können Sie ändern, indem Sie im Index-Bedienfeld auf die Seitennummer des entsprechenden Eintrags doppelklicken oder den Eintrag markieren und aus dem Bedienfeldmenü Seitenverweisoptionen wählen. Für ein Thema doppelklicken Sie im Index-Bedienfeld auf den Text des Eintrags, oder markieren Sie ihn, und wählen Sie Themenoptionen aus dem Bedienfeldmenü.

Da ein Thema lediglich den Text des Eintrags beschreibt – also ohne Angaben zum Ort –, können Sie in diesem Fall auch nur den Text und die Sortierung ändern.

Index generieren

Tatsächlich werden Sie noch Änderungen an Ihrem bisherigen Index vornehmen wollen. Um das erste Ergebnis einmal zu überprüfen, klicken Sie auf Index generieren, oder wählen Sie den gleichnamigen Menübefehl aus dem Bedienfeldmenü.

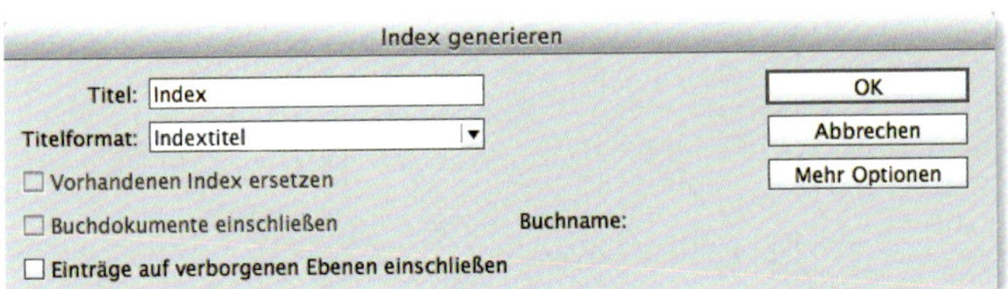

◀ **Abbildung 19.24**
Index generieren ohne zusätzliche Optionen – für den ersten Versuch reicht diese Darstellung.

Tragen Sie unter Titel die Überschrift für Ihren Index ein, oder lassen Sie das Feld leer, und wählen Sie unter Titelformat ein Absatzformat aus, mit dem dieser Titel gestaltet werden soll.

Wurde bereits ein Index erstellt, ist die Option Vorhandenen Index ersetzen standardmäßig eingeschaltet. Der vorhandene Index wird dann von der aktuellen Version überschrieben.

Handelt es sich bei dem Dokument, für das Sie den Index erstellen, um ein Dokument, das einem Buch zugeordnet ist, können Sie die Op-

Gestaltung mit Formaten

Die Option Vorhandenen Index ersetzen führt dazu, dass sämtliche manuellen Formatierungen verloren gehen. Sie sollten Änderungen nach Möglichkeit also über Änderungen an den verwendeten Absatz- und Zeichenformaten umsetzen.

tion BUCHDOKUMENTE EINSCHLIESSEN aktivieren, um die Indexerstellung auf das gesamte Buch auszudehnen. Der BUCHNAME wird zu Ihrer Information eingeblendet.

Bedingter Text
Ausgeblendeter bedingter Text wird nicht in den Index aufgenommen.

Die Option EINTRÄGE AUF VERBORGENEN EBENEN EINSCHLIESSEN ist mit Vorsicht zu genießen. Sollte die Ebene bei der Ausgabe des Dokuments auch ausgeblendet sein, enthält der Index Einträge, die in der Publikation möglicherweise nicht zu sehen sind.

Nach einem Klick auf OK erstellt InDesign den Index, den Sie dann im Dokument platzieren können. Das Ergebnis ist bereits brauchbar formatiert, wird aber in den meisten Fällen noch an die Gestaltung des Dokuments angepasst werden müssen. Das ist relativ einfach, da InDesign für sämtliche Formatierungen, die es am Index vornimmt, automatisch Absatzformate anlegt, die Sie lediglich ändern müssen.

Vorschau aktualisieren
Wenn Sie Ebenen ein- und ausblenden, wirkt sich das nicht auf das Index-Bedienfeld aus – benutzen Sie nach solchen Manipulationen immer die Funktion VORSCHAU AKTUALISIEREN, die Sie auch im Bedienfeldmenü des Index-Bedienfelds aufrufen können.

Die Einstellungen für die professionellere Methode, den Index schon während der Erstellung zu gestalten, erreichen Sie, wenn Sie im Fenster INDEX GENERIEREN mit einem Klick auf MEHR OPTIONEN alle Formatierungsoptionen einblenden lassen.

»Verschachtelt« und »In einem Absatz« | Die Formatierung funktioniert ganz ähnlich wie die Formatierung von Inhaltsverzeichnissen – wir beschränken uns deshalb auf einen groben Überblick. Die gesamten Formatierungseinstellungen können zwischen zwei Arten umgeschaltet werden, wobei sich an den Optionen allerdings nichts ändert.

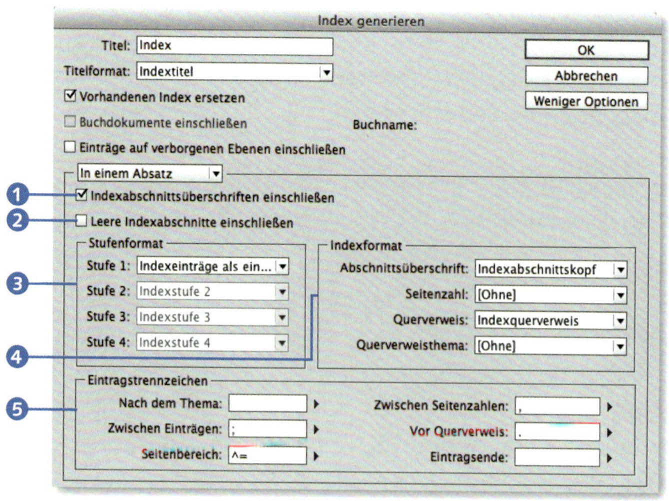

Abbildung 19.25 ▶
INDEX GENERIEREN mit allen Optionen zum Formatieren des Index. Sämtliche Absatz- und Zeichenformate werden von InDesign automatisch angelegt und können dann Ihren Wünschen entsprechend geändert werden.

- Mit VERSCHACHTELT werden alle Seitenzahlen zusammen mit ihrem Indexeintrag in einen Absatz gestellt, der ab der zweiten Zeile einen Einzug besitzt. IN EINEM ABSATZ macht genau das Gleiche, zieht die Zeilen aber nicht ein.

- Indexabschnittsüberschriften einschliessen ❶ ist standardmäßig aktiviert und bewirkt, dass der jeweils passende Indexbuchstabe (A, B, C...) über die alphabetisch geordneten Gruppen gesetzt wird.
- Leere Indexabschnitte einschliessen ❷ ist standardmäßig ausgeschaltet – dadurch werden Indexbuchstaben, zu denen es keine Einträge gibt, auch nicht aufgeführt.
- Die Einstellungen in Stufenformat ❸ und Indexformat ❹ sind genauso zu verstehen wie bei den Inhaltsverzeichnissen. An den Standardeinstellungen sehen Sie, welche Absatzformate InDesign für Sie anlegt, wenn sie für den Index benötigt werden.
- Auch die Eintragstrennzeichen ❺ sind für Sie nichts Neues mehr, wenn Sie sich bereits mit Inhaltsverzeichnissen auseinandergesetzt haben. Da die Indexeinträge über mehrere Komponenten verfügen können, müssen Sie hier auch mehrere Einstellungen vornehmen. Allerdings sind die Standardeinstellungen sehr gut gewählt.

Themen

Der Themenmodus dient der Verwaltung des Index auf abstrakter Ebene. Das macht sich bemerkbar, wenn Sie Themen aus anderen Dokumenten importieren. Der Befehl Themen importieren heißt in beiden Modi des Index-Bedienfelds gleich. Wenn Sie ihn aufrufen, können Sie die Themenliste aus einem anderen InDesign-Dokument übernehmen. Mit den realen Verweisen könnten Sie in Ihrem Dokument natürlich nichts anfangen, aber die Themen dienen zum Austausch von Begriffen. Die Begriffe sind auf alle Fälle gleichlautend, und so bleibt Ihr Index konsistent.

Gerade bei Themenlisten, die Sie aus anderen Dokumenten übernommen haben, ist die Wahrscheinlichkeit recht hoch, dass Sie gar nicht alle Themen benötigen. Um nur die Verweise anzuzeigen, die auch verwendet werden, rufen Sie die Funktion Nicht verwendete Themen ausblenden aus dem Bedienfeldmenü des Index-Bedienfelds auf. Wenn Sie Ihren Index fertig aufgebaut haben, können Sie ebenfalls aus dem Bedienfeldmenü des Index-Bedienfelds Nicht verwendete Themen entfernen aufrufen und überflüssige Themen endgültig löschen.

Themen verwalten

Themen sind nur abstrakte Begriffe, die im Dokument nicht erscheinen müssen. Ein Thema gilt dann als nicht verwendet, wenn es nicht zu einem realen Verweis führt. Die Funktionen zum Verwalten der Themen sind deshalb nur im Verweismodus des Index-Bedienfelds aufrufbar.

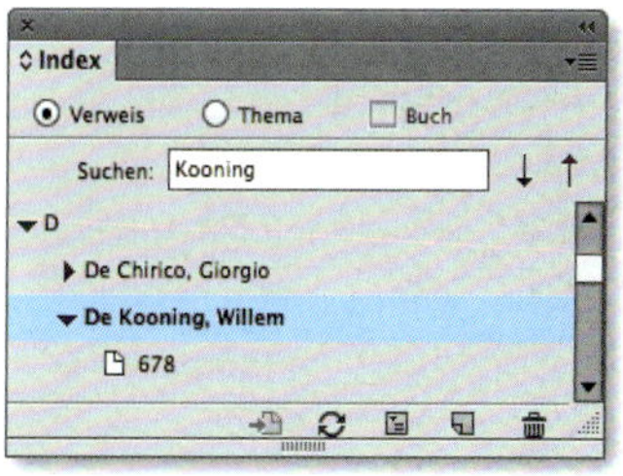

▲ **Abbildung 19.26**
Über das Suchfeld suchen Sie zunächst in der Verweisliste und können dann über Gehe zu ausgewählter Marke zum Indexbegriff im Dokument springen.

Indexeinträge suchen

Um in Ihren Indexeinträgen zu suchen, rufen Sie Suchfeld einblenden aus dem Bedienfeldmenü des Index-Bedienfelds auf. Tragen Sie im Textfeld Suchen Ihren Suchbegriff ein, und klicken Sie auf einen der beiden Pfeile ↓ ↑, um ausgehend von der momentanen Auswahl den nächsten oder vorherigen Begriff zu finden. Sofern sich das Index-Bedienfeld im Verweismodus befindet, können Sie auf einen realen Eintrag klicken und über die Funktion GEHE ZU AUSGEWÄHLTER MARKE direkt zum dazugehörigen Begriff in Ihrem Dokument springen.

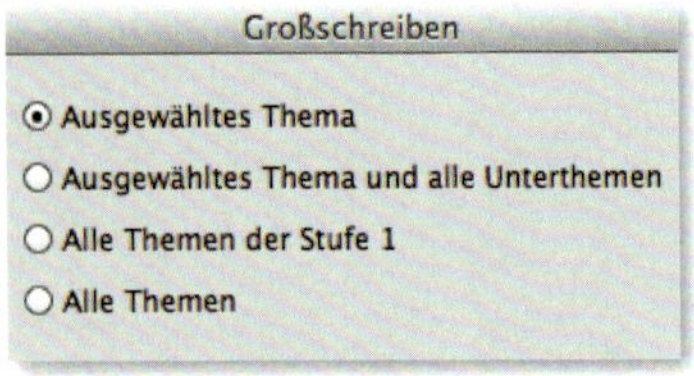

▲ **Abbildung 19.27**
Mit der Funktion GROSSSCHREIBEN können Sie unterschiedliche Schreibweisen von Wörtern als gleichwertig im Index aufnehmen.

Großschreiben

InDesign unterscheidet bei der Verwaltung eines Index genau zwischen Groß- und Kleinschreibung. Bei Wörtern, die sowohl groß- als auch kleingeschrieben werden können, müssten Sie deshalb beide Varianten in Ihren Index aufnehmen. Um dieses Problem zu umgehen, markieren Sie einen Verweis im Index-Bedienfeld und wählen GROSSSCHREIBEN aus dem Bedienfeldmenü.

Wählen Sie aus, ob beide Schreibweisen nur für das ausgewählte Thema, für das Thema und alle dazugehörigen Themenstufen, für alle Themen der Stufe 1 oder für alle Themen im Index gleich behandelt werden sollen.

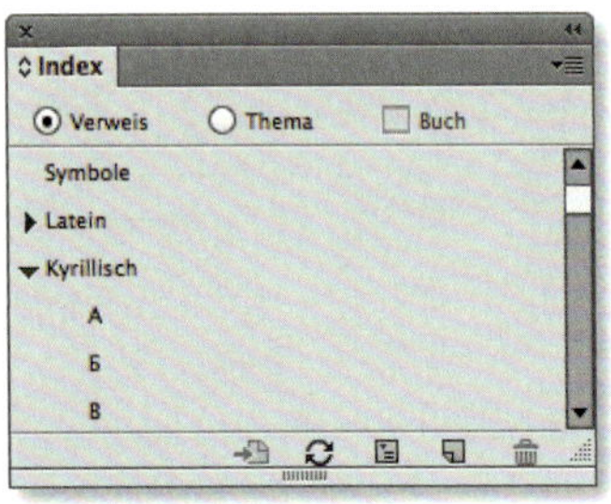

▲ **Abbildung 19.28**
Für jede Sprache, die Sie in den SORTIEROPTIONEN aktivieren, erscheint im Index-Bedienfeld ein eigener Abschnitt.

Sortieroptionen

Im Deutschen folgt ein Index der alphabetischen Ordnung des lateinischen Schriftsystems. Bei fremdsprachigen/mehrsprachigen Texten, die unterschiedliche Schriftsysteme verwenden, müssen Sie festlegen, wie Indexeinträge geordnet werden sollen. Bei Schriftsystemen, die nicht alphabetisch organisiert sind (z. B. asiatischen Schriftsystemen), ist das natürlich auch nur beschränkt möglich.

Abbildung 19.29 ▶
Rufen Sie SORTIEROPTIONEN aus dem Bedienfeldmenü des Index-Bedienfelds auf, und bestimmen Sie, wie mit unterschiedlichen Schriftsystemen verfahren werden soll. Begriffe in kyrillischer Schrift würden mit diesen Einstellungen also nach den Begriffen in lateinischer Schrift in den Index eingereiht.

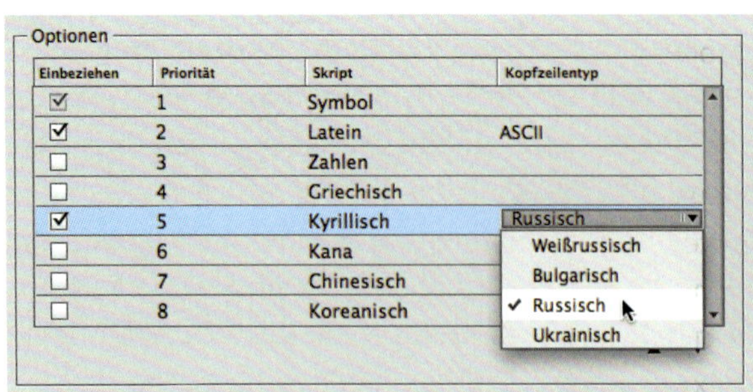

Schriftsysteme, die hier nicht angeboten werden oder abgeschaltet sind, erscheinen als Symbole im Index. Mit den Pfeilen ▲▼ regeln Sie die Reihenfolge der Sortierung. Schriftsysteme, die in der Liste weiter oben stehen, werden vor die anderen Schriftsysteme gesetzt.

Kapitel 20

Lange Dokumente

Komplexe Layouts bestehen aus Bergen von Text und vielen Objekten, die zumeist nach einheitlichen Prinzipien gestaltet sein sollen. Der Textfluss verläuft dabei nicht immer linear: Es gibt Fußnoten zu verwalten, die Sichtbarkeit von Textalternativen zu kontrollieren und vieles mehr. InDesign kann eigene Inhalte in Form von Variablen zur Verfügung stellen, die natürlich auch verwaltet und kontrolliert werden wollen. Bilder und andere Objekte stehen mit dem Text in Beziehung und können auch direkt in den Text eingebunden werden und den Layouter damit davor bewahren, einzelne Layoutobjekte bei umbrechenden Texten immer wieder auf der Seite verschieben zu müssen. Und kombiniert mit Objektformaten wird diese Arbeit sogar fast zum Kinderspiel.

20.1 Objektformate

Wie Sie Texte und Tabellen schnell mit Formaten gestalten können, haben Sie ja bereits mit der Erstellung und Anwendung von Absatz-, Zeichen-, Zellen- und Tabellenformaten gelernt. Mit Objektformaten sind Sie in der Lage, genauso schnell Rahmen zu formatieren, und können dabei auf alle Attribute für Konturen und Flächen zurückgreifen.

Objektformate enthalten Einstellungen für die Grundattribute (z. B. Kontur, Farbe), Effekte (z. B. Transparenz, Schlagschatten) und – neu seit InDesign CC – Exportoptionen (z. B. Alternativer Text, PDF mit Tags), die Sie getrennt voneinander oder als gesamte Gruppe zur Formatierung einzelner Objekte einstellen können.

Objektformate können auf Objekte und Objektgruppen einschließlich Textrahmen angewandt werden. Dabei kann ein Format entweder alle Objekteinstellungen anwenden, löschen und ersetzen oder nur bestimmte Attribute auf Objekte anwenden und die restlichen Einstellungen beibehalten. Welche Einstellungen sich dabei auf das jeweilige Ob-

Objektformate in anderen Programmen

Objektformate in InDesign ähneln von der Funktionsweise her den »Grafikstilen« in Adobe Illustrator oder den »Stilen« in Adobe Photoshop (die allerdings auf Ebenen und nicht auf Objekte angewendet werden).

jekt in welcher Weise auswirken, legen Sie bei der Definition eines Formats im Dialog NEUES OBJEKTFORMAT fest.

Das Objektformate-Bedienfeld

Das zentrale Element zum Aufbau eines Objektformats ist das Objektformate-Bedienfeld, das Sie über den Befehl FENSTER • FORMATE • Objektformate oder über das Tastenkürzel [Strg]+[F7] bzw. [⌘]+[F7] aufrufen können.

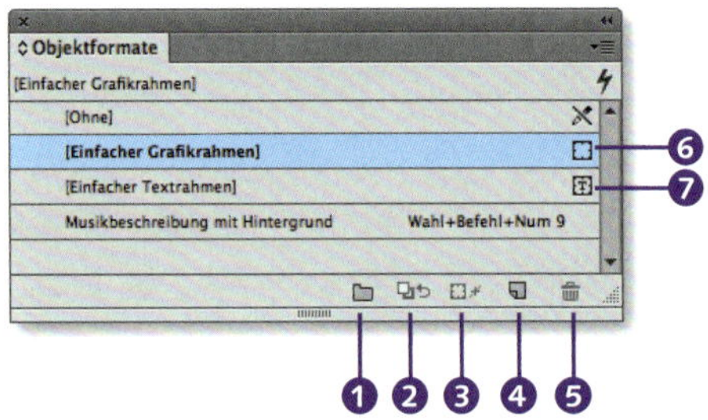

Abbildung 20.1 ▶
Das Objektformate-Bedienfeld mit den beiden Standardrahmenformaten und einem selbst definierten Objektformat

Über das Objektformate-Bedienfeld können Sie ein NEUES FORMAT ERSTELLEN ❹, dieses benennen und durch Klick auf den Eintrag anwenden. Standardmäßig befindet sich, sobald Sie ein neues Dokument anlegen, ein Standardsatz an Objektformaten im Bedienfeld, zu denen die Formate [EINFACHER GRAFIKRAHMEN] ❻ und [EINFACHER TEXTRAHMEN] ❼ zählen. Diesen beiden Formaten können Sie jene Einstellungen zuweisen, die Sie erwarten, wenn Sie einen Bild- bzw. Textrahmen in Ihrem Dokument verwenden wollen.

Doch Achtung: Damit werden keine Voreinstellungen getroffen, die Sie durch Aufziehen von Textrahmen mit dem Textrahmen-Werkzeug bzw. von Bildrahmen mit dem Rechteckrahmen-Werkzeug erhalten würden. Beide Werkzeuge bleiben neutral – keine Kontur und keine Fläche –, solange Sie nicht den beiden Werkzeugen als Default-Wert ein Objektformat [EINFACHER TEXTRAHMEN] bzw. [EINFACHER GRAFIKRAHMEN] zuweisen.

Löschen Sie nicht mehr benötigte Objektformate durch Klick auf das Symbol AUSGEWÄHLTES FORMAT LÖSCHEN ❺. Da in Objektformaten nur gewisse Einstellungen enthalten sein können, können sie die Eigenschaften eines bereits ausgezeichneten Objekts überlagern.

Um ein Objekt auf das Ursprungsformat zurückzusetzen, klicken Sie auf NICHT VOM FORMAT DEFINIERTE ATTRIBUTE LÖSCHEN ❷. Wurde an einem Objekt, das zuvor mit einem Objektformat formatiert wurde, nachträglich eine Einstellung, die das Objektformat ebenfalls beschreibt,

Voreinstellungen für einen Textrahmen

Schließen Sie alle Dokumente. Ändern Sie zuerst die Voreinstellungen für das Objektformat [EINFACHER TEXTRAHMEN] nach Ihren Vorstellungen. Aktivieren Sie das Textwerkzeug, und klicken Sie einmal auf das Objektformat [EINFACHER TEXTRAHMEN]. Ab diesem Zeitpunkt werden alle neu erstellten Textrahmen in der eingestellten Art und Weise formatiert. Genauso verfahren Sie mit dem Rechteckrahmen-Werkzeug. Schneller geht das, wenn Sie STANDARD-TEXTRAHMENFORMAT aus dem Bedienfeldmenü des Objektformate-Bedienfelds aufrufen und dort das gewünschte Format auswählen.

manuell verändert, so können Sie durch Ausführen des Befehls ABWEICHUNGEN LÖSCHEN ❸ die Differenzen zum Objektformat eliminieren. Wie in allen anderen Formate-Bedienfeldern auch, können Sie eine NEUE FORMATGRUPPE ERSTELLEN ❶ und Ihre Objektformate in Ordnern organisieren.

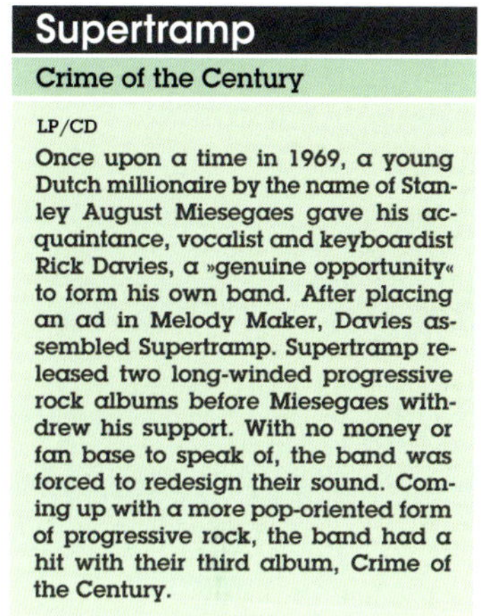
Supertramp
Crime of the Century
LP/CD
Once upon a time in 1969, a young Dutch millionaire by the name of Stanley August Miesegaes gave his acquaintance, vocalist and keyboardist Rick Davies, a »genuine opportunity« to form his own band. After placing an ad in Melody Maker, Davies assembled Supertramp. Supertramp released two long-winded progressive rock albums before Miesegaes withdrew his support. With no money or fan base to speak of, the band was forced to redesign their sound. Coming up with a more pop-oriented form of progressive rock, the band had a hit with their third album, Crime of the Century.

▲ **Abbildung 20.2**
Vorlage für die Schritt-für-Schritt-Anleitung zum Erstellen eines Objektformats

Anlegen von Objektformaten

Objektformate können grundsätzlich auf zwei Arten angelegt werden:

- Sie versehen ein bereits bestehendes Objekt mit allen Attributen z. B. aus den Bedienfeldern FARBFELDER, KONTUR und EFFEKTE sowie aus dem Dialog TEXTRAHMENOPTIONEN und den Einstellungen für ECKENOPTIONEN, und erstellen das Objektformat durch Klick auf NEUES FORMAT ERSTELLEN.
- Sie legen ein Objektformat von Grund auf an, ohne dass zuvor ein Objekt ausgewählt wurde. Wir empfehlen die erste Variante.

Um Ihnen die verschiedenen Optionen besser vorstellen zu können, haben wir uns hier jedoch für den zweiten Weg entschieden. Wir wollen Ihnen in der folgenden Schritt-für-Schritt-Anleitung die Erstellung des Textrahmens aus Abbildung 20.2 erklären.

Sie finden das folgende Beispiel auf der Buch-DVD unter BEISPIELMATERIAL • KAPITEL_20 • MUSIKBESCHREIBUNG.

Schritt für Schritt
Ein Objektformat zur Formatierung eines Textrahmens erstellen

Das Ziel des Objektformats ist es, dass der Text (Band-Name, Album-Titel, Album-Format und Album-Beschreibung – jeweils durch eine Zeilenschaltung voneinander getrennt) in einen in der Breite nicht bestimmten Textrahmen eingegeben werden kann und durch Zuweisen des Objektformats »Musikbeschreibung mit Hintergrund« in einem Aufwasch das gewünschte Aussehen erhält.

1 Die benötigten Farbfelder anlegen

Für unser Objekt benötigen wir vier verschiedene Farben, die wir der Einfachheit halber zu Beginn anlegen. Erstellen Sie über das Farbfelder-Bedienfeld neben der Farbe [SCHWARZ] noch die Farbe C, M, Y, K = 70, 50, 50, 50, die Farbe 30, 5, 30, 0 und 15, 5, 20, 0. Wir haben ein Farbschema aus Kuler übernommen – siehe Abschnitt 9.9, »Adobe Kuler«, auf Seite 367. Das Farbfelder-Bedienfeld sollte danach so wie in Abbildung 20.3 aussehen.

▲ **Abbildung 20.3**
Neben [SCHWARZ] werden drei weitere Farben benötigt, die Sie als Farbfelder anlegen müssen.

2 Die Absatzformate anlegen

Die Musikbeschreibungen im Magazin »Posthof« werden immer im selben Schema aufgebaut. Zuerst steht der Bandname, gefolgt vom Album-Titel, dem Album-Tonträger und der Album-Beschreibung. Für jeden dieser Einträge erstellen wir ein Absatzformat. Legen Sie die Absatzformate »Band-Name« und »Album-Titel« durch Definition nachstehender Werte an.

Absatzformat:		»Band-Name«	»Album-Titel«
Grundlegende Zeichenformate:	Schriftfamilie:	ITC Avant Garde Gothic Std	ITC Lubalin Graph Std
	Schriftschnitt:	Demi	Demi
	Schriftgrad:	10 Pt	7 Pt
	Zeilenabstand:	11 Pt	8,4 Pt
	Kerning:	metrisch	metrisch
	Laufweite:	0	0
Einzüge und Abstände:	Ausrichtung:	links	links
	Abstand danach:	1,1 mm	2,117 mm
	An Raster ausrichten:	ohne	ohne
Absatzlinien:	Linie darüber:	aktivieren	aktivieren
	Stärke:	13 Pt	10 Pt
	Farbe:	C=70 M=50 Y=50 K=50	C=30 M=5 Y=30 K=0
	Farbton:	100 %	100 %
	Breite:	Spalte	Spalte
	Einzug links:	–2 mm	–2 mm
	Einzug rechts:	–2 mm	–2 mm
	Versatz:	–1,2 mm	–0,8 mm
Absatzlinien:	Linie darunter:	aktivieren	aktivieren
	Stärke:	1 Pt	1 Pt
	Farbe:	(Textfarbe)	[Papier]
	Breite:	Spalte	Spalte
	Einzug links:	–2 mm	–2 mm
	Einzug rechts:	–2 mm	–2 mm
	Versatz:	1 mm	0,9 mm
Zeichenfarbe:	Fläche:	[Papier]	[Schwarz]
	Kontur:	[Ohne]	[Ohne]

Da sich das Absatzformat »Album-Titel« sehr von »Band-Name« unterscheidet, stellen wir auch keinen Bezug zum zuvor definierten Absatzformat her.

Legen Sie danach das Absatzformat »Album-Tonträger« fest. Dieses Format lassen wir auf dem Album-Titel basieren und ändern nur folgende Werte:

Grundlegende Zeichenformate:	Größe:	5 Pt
Einzüge und Abstände:	Absatz danach:	0,5 mm
Absatzlinien:	Linie darüber:	deaktiviert
Absatzlinien:	Linie darunter:	deaktiviert

Legen Sie noch das Absatzformat »Album-Beschreibung« fest. Dieses Absatzformat wird wiederum gesondert angelegt, ohne Bezug auf ein bestehendes Absatzformat.

Grundlegende Zeichenformate:	Schriftfamilie:	ITC Lubalin Graph Std
	Schriftschnitt:	Demi
	Schriftgrad:	6 Pt
	Zeilenabstand:	7 Pt
	Kerning:	metrisch
	Laufweite:	10
Silbentrennung:	Wörter mit mindestens:	4
	Kürzeste Vorsilbe:	2
	Kürzeste Nachsilbe:	2
	Max. Trennstriche:	3
	Trennbereich:	12,7 mm
	Abstände optimieren:	Pfeil ganz links
	Trennung gr. Wörter:	aktivieren
Abstände:	Wortabstand:	85 % 100 % 150 %
	Zeichenabstand:	0 % 0 % 0 %
	Glyphenabstand:	97 % 100 % 100 %
	Setzer:	Adobe-Absatzsetzer
Zeichenfarbe:	Fläche (Text):	C=70 M=50 Y=50 K=50
	Kontur (Text):	[Ohne]

3 Den Absatzformaten noch mehr Intelligenz zuweisen

Wie Sie bereits wissen, können Sie in einem Absatzformat festlegen, was zu geschehen hat, wenn bei der Eingabe durch Drücken der ↵-Taste ein neuer Absatz erzeugt wird. Diese Option – NÄCHSTES FORMAT – machen wir uns hier für die Erstellung des Objektformats zunutze. Öffnen Sie erneut den Einstellungsdialog zum Absatzformat »Band-Name« (Doppelklick auf den Namen), wählen Sie in der Option NÄCHSTES FORMAT das Format »Album-Titel« aus, und bestätigen Sie die Änderungen mit OK. Ändern Sie danach im Einstellungsdialog zum Absatzformat »Album-Titel« die Option NÄCHSTES FORMAT auf »Album-Tonträger«. Genauso gehen Sie auch im Absatzformat »Album-Tonträger« vor und ändern dort die Option auf »Album-Beschreibung«. Wir haben nun alle Grundlagen definiert, sodass wir zur Definition des Objektformats schreiten können.

4 Alles deaktivieren

Bevor Sie ein neues Objektformat anlegen, sollten Sie zuvor den Befehl BEARBEITEN • AUSWAHL AUFHEBEN ausführen, da dadurch sichergestellt wird, dass keine Formatanweisungen eines bereits bestehenden Objekts irrtümlich dem neuen Objektformat zugrunde liegen.

5 Das Objektformat anlegen

Öffnen Sie das Objektformate-Bedienfeld, und wählen Sie dort NEUES FORMAT ERSTELLEN bzw. NEUES OBJEKTFORMAT.

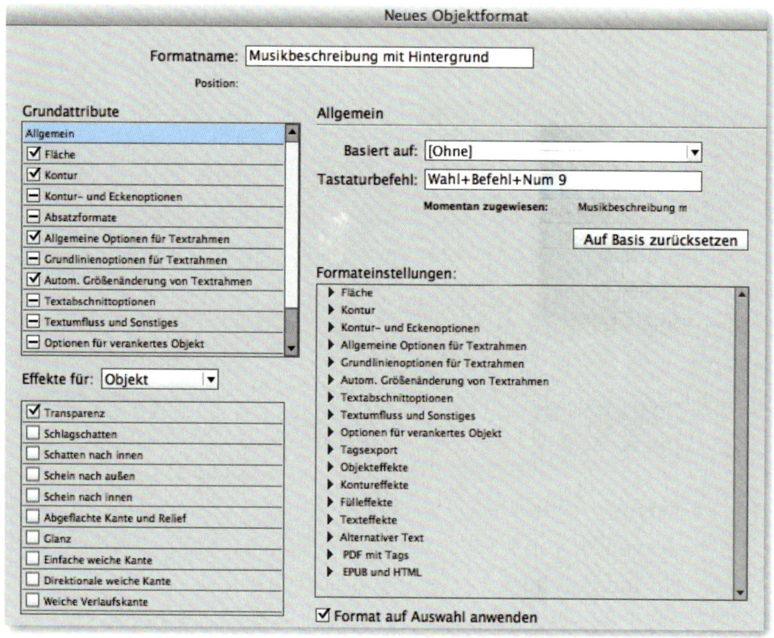

Abbildung 20.4 ▶
Auch Effekte können über Objektformate angewendet werden. Lassen Sie unter EFFEKTE FÜR die Option TRANSPARENZ aktiviert, da die Standardeinstellung den Verrechnungsmodus NORMAL verwendet und somit keine Transparenz erzeugt.
Sie sehen hier nur den linken oberen Bereich des Fensters. Die üblichen Schaltflächen und der – seit InDesign CC neue – Bereich EXPORTOPTIONEN spielen an dieser Stelle keine Rolle.

Legen Sie FORMATNAME im gleichlautenden Eingabefeld fest, und deaktivieren Sie die Registereinträge KONTUR- UND ECKENOPTIONEN, GRUNDLINIENOPTIONEN FÜR TEXTRAHMEN, TEXTABSCHNITTOPTIONEN, OPTIONEN FÜR VERANKERTES OBJEKT und RAHMENEINPASSUNGSOPTIONEN, da Einstellungen aus diesen Bereichen für unseren Textrahmen nicht benötigt werden. Als deaktiviert gilt ein Eintrag dann, wenn er im Kontrollkästchen einen Strich zeigt ⊟.

So wie Absatzformate können auch Objektformate auf einem Grundformat basieren. Wählen Sie den Eintrag [OHNE] aus, und definieren Sie, wenn dieses Format häufig angewandt werden muss, ein Tastenkürzel, das nur über Steuerungstasten und Zahlen aus dem numerischen Tastenfeld erstellt werden kann, wie Sie bereits von den Absatz- und Zeichenformaten her wissen.

Deaktivierte Optionen

Ein deaktivierter Optionsbereich bedeutet, dass Attribute eines Objekts in diesem Bereich vom Format ignoriert werden.

Wenn Sie also eine solche Eigenschaft manuell verändern, wird diese Änderung vom Format nicht als Abweichung registriert. Vollständig abschalten können Sie diesen Bereich nicht, weil die dazugehörigen Attribute trotzdem existieren.

6 Die Attribute für Fläche und Kontur definieren

Klicken Sie auf den Registereintrag FLÄCHE, und bestimmen Sie die Flächenfarbe des Textrahmens als C=15 M=5 Y=20 K=0. Der FARBTON bleibt in diesem Fall auf 100%. Da unser Textrahmen keine Kontur besitzen darf, legen wir im Registereintrag KONTUR fest, dass die Farbe der Kontur [OHNE] ist, und setzen die STÄRKE auf 0 Pt. Diese Einstellung wurde von uns bewusst vorgenommen, da somit die Definition einer Kontur im Layout zu einem abweichenden Objektformat führt, das uns im Objektformate-Bedienfeld durch ein angehängtes Pluszeichen als Fehler angezeigt wird.

▼ **Abbildung 20.5**
Einstellungen für Fläche und Kontur

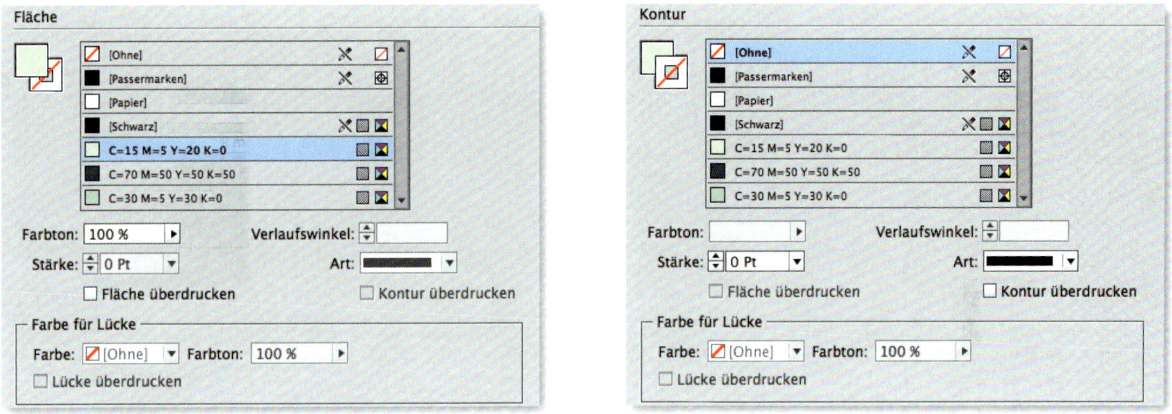

7 Die Attribute für Absatzformate definieren

Mit dem Zuweisen von Absatzformaten innerhalb eines Objektformats können sehr interessante Lösungen erzielt werden.

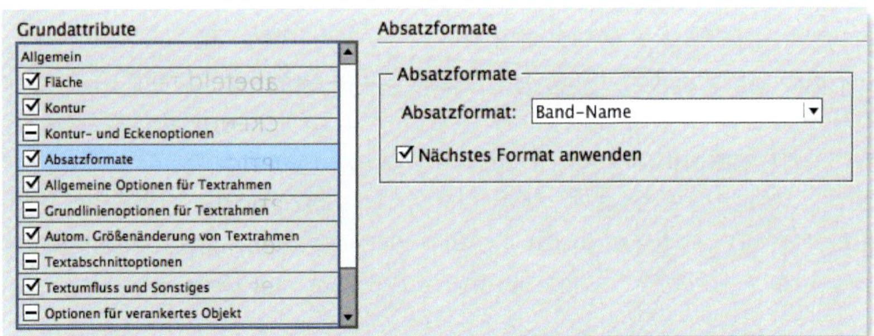

◀ **Abbildung 20.6**
Mit diesen Einstellungen funktioniert die Textformatierung automatisch, indem einander folgende Absatzformate nachträglich auf den Text angewendet werden.

Da unsere Musikbeschreibung immer mit dem Bandnamen beginnt, wählen Sie in der Option Absatzformat »Band-Name« aus, wodurch allen Texten im Textrahmen dieses Absatzformat zugewiesen wird.

Durch Aktivierung der Option Nächstes Format anwenden kommt nun die gesamte Intelligenz der Absatzformate vollständig zum Tragen: InDesign greift auf die im Absatzformat hinterlegten Einträge der Option Nächstes Format zurück und formatiert somit alle nachstehenden Absätze im definierten Absatzformat.

8 Die allgemeinen Optionen für Textrahmen definieren

Als vorletzten Schritt müssen wir noch die Optionen für den Textrahmen festlegen. Klicken Sie dazu auf den Registereintrag Allgemeine

Optionen für Textrahmen. Stellen Sie das Menü Spalten auf Feste Anzahl, das Feld Anzahl auf »1«. Dadurch erreichen Sie, dass der Textrahmen jede beliebige Breite haben darf. Lassen Sie die Option Spalten ausgleichen deaktiviert – sie wirkt nur bei mehrspaltigen Rahmen.

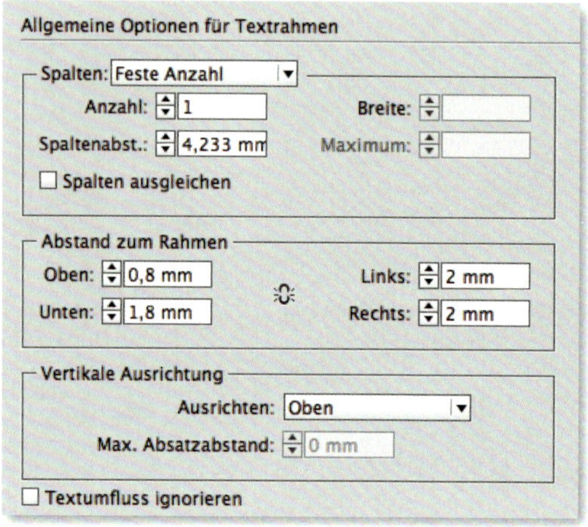

Abbildung 20.7 ▶
Allgemeine Optionen für Textrahmen: Der Text orientiert sich an der Oberkante des Rahmens und hält nach unten nur einen Mindestabstand ein.

Im Bereich Abstand zum Rahmen legen Sie den Einzug des Textes vom Textrand für alle vier Seiten fest. Geben Sie die Werte so wie in Abbildung 20.7 gezeigt ein. Im Bereich Vertikale Ausrichtung brauchen Sie keine Einstellungen vorzunehmen, da unser Text lediglich durch den oberen Versatz nach unten verschoben werden soll.

9 Den Textrahmen automatisch wachsen lassen

Die Texte können unterschiedlich lang ausfallen. Um die Höhe des Textrahmens automatisch an die Textmenge anzupassen, wechseln Sie in den Abschnitt Autom. Grössenänderung von Textrahmen.

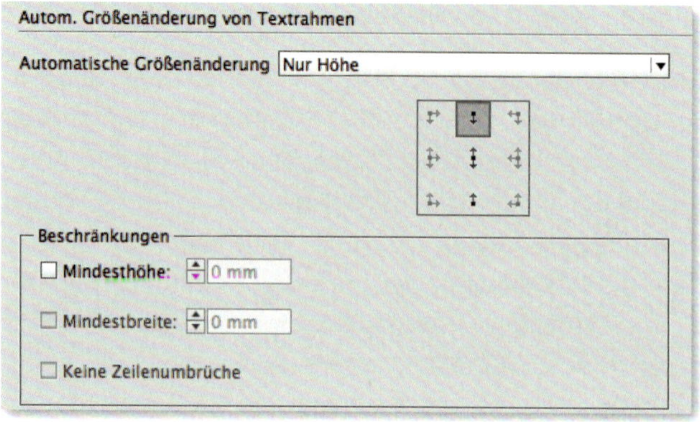

Abbildung 20.8 ▶
Die automatische Anpassung der Rahmenhöhe geht von der Oberkante aus und berücksichtigt selbstverständlich den Mindestabstand von Text zur Unterkante aus Schritt 8.

Die Einstellungen aus Abbildung 20.8 sorgen dafür, dass sich die Höhe des Textrahmens immer an die Textmenge anpasst.

10 Die restlichen Einstellungen definieren

Im letzten Schritt wollen wir noch dem Textrahmen einen Textumfluss zuweisen.

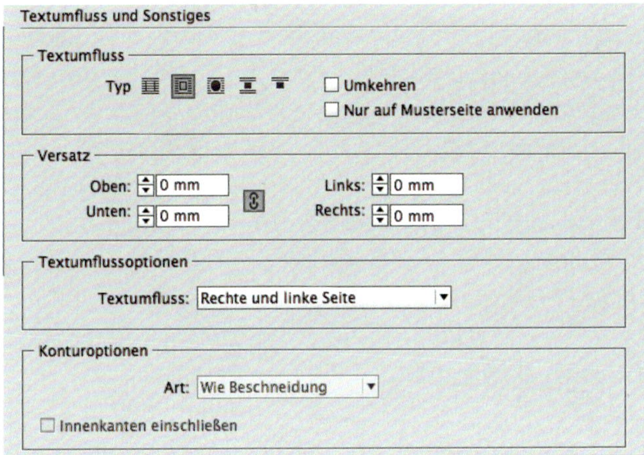

◀ **Abbildung 20.9**
Durch die Aktivierung des Textumflusses kann der Textrahmen auch über Text in vorhandenen Spalten gestellt werden.

Texte, die dahinterstehen (das hängt von den getroffenen Voreinstellungen zum Textumfluss ab), sollen automatisch den Textrahmen umfließen. Dazu wählen Sie das Register Textumfluss und Sonstiges aus und nehmen die in Abbildung 20.9 dargestellten Einstellungen vor. Klicken Sie zum Abschluss auf OK.

Sie haben damit ein sehr effizientes Objektformat festgelegt. Die Arbeitserleichterungen, die Sie so erreichen, werden die doch sehr aufwendige Erstellungsarbeit belohnen.

Alle nicht verwendeten Einstellungen sind diesem Objektformat nicht zugeordnet. Welche Werte in den einzelnen Registereinträgen einzustellen wären, entnehmen Sie den jeweiligen Abschnitten des Buchs. Eine neuerliche Beschreibung der gesamten Einstellungsmöglichkeiten würde den Rahmen dieses Kapitels sprengen.

```
Supertramp ↵
Crime of the Century ↵
LP/CD ↵
Once upon a time in 1969, a
young Dutch millionaire by
the name of Stanley August
Miesegaes gave his ac-
quaintance, vocalist and
keyboardist Rick Davies, a
»genuine opportunity« to
form his own band. After
placing an ad in Melody Ma-
ker, Davies assembled Super-
tramp. Supertramp released
two long-winded progressive
rock albums before Miesegaes
withdrew his support. With
no money or fan base to
speak of, the band was
forced to redesign their
sound. Coming up with a more
pop-oriented form of pro-
gressive rock, the band had
a hit with their third al-
bum, Crime of the Century.
```

▲ **Abbildung 20.10**
Das Textbeispiel – Sie finden es auf der Buch-DVD unter Beispielmaterial • Kapitel_20 • Musikbeschreibung.

Anwenden von Objektformaten

Um das soeben erstellte Objektformat anwenden zu können, benötigen Sie nur noch einen Textrahmen, in den Sie den Text aus Abbildung 20.10 schreiben (oder Sie verwenden die Vorlage auf der Buch-DVD). Wenn Sie einen eigenen Text verwenden, achten Sie darauf, dass nach jeder Bezeichnung eine harte Zeilenschaltung erfolgt und dass unser definiertes Objektformat speziell nur für den Aufbau eines solchen Textkastens bestimmt ist. Eine Änderung des Formats – etwa die Eingabe ei-

Schnell anwenden

Wir möchten Sie noch einmal darauf hinweisen, dass Sie zur noch schnelleren Zuweisung den Befehl Bearbeiten • Schnell anwenden benutzen können. Sie rufen diesen Befehl über das Tastenkürzel Strg + ↵ bzw. ⌘ + ↵ auf und geben anschließend den Anfangsbuchstaben des Objektformats ein. Nach erfolgter Auswahl müssen Sie nur noch die ↵-Taste betätigen. Wenn Sie »o:« vor dem Suchbegriff eingeben, werden nur Objektformate angezeigt.

Festlegen des einfachen Grafik- und Textrahmens

Es ist bei manchen Projekten oft ratsam, die Default-Einstellungen der Standardobjektformate [Einfacher Grafikrahmen] und [Einfacher Textrahmen] zu ändern. Definieren Sie solche Einstellungen, während das Dokument geöffnet ist. Somit werden diese abweichenden Formate dem Dokument – und nicht als Standardeinstellung für das Programm – zugeordnet.

Abweichungen bei der Formatanwendung löschen

Diese Funktion finden Sie im Bedienfeldmenü des Objektformate-Bedienfelds. Adobe verlautbart dazu, dass man sich – sofern sie aktiviert ist – die Alt- bzw. ⌥-Taste sparen könne, wenn man Abweichungen löschen möchte. Wir können das leider nicht bestätigen.

nes zweizeiligen Bandnamens – ist in unserem Objektformat nicht vorgesehen. Um auf den soeben geschriebenen Textrahmen das erstellte Objektformat anzuwenden, stehen Ihnen zwei Möglichkeiten zur Verfügung:

- Markieren Sie zuerst den Textrahmen mit dem Auswahl- oder Direktauswahl-Werkzeug. Klicken Sie im Anschluss im Objektformate-Bedienfeld auf den entsprechenden Eintrag (in der Vorlage »Musikbeschreibung mit Hintergrund«), oder wählen Sie das Objektformat im Steuerung-Bedienfeld aus.
- Wählen Sie das Objektformat im Objektformate-Bedienfeld aus, und ziehen Sie das Objektformat per Drag & Drop auf den gewünschten Rahmen. Sobald sich der Cursor in eine Faust mit Pluszeichen verwandelt, können Sie die Maustaste loslassen. Der betroffene Rahmen muss dazu nicht aktiviert sein.

Alle definierten Einstellungen werden dadurch auf das markierte Objekt übertragen. Einfach genial!

Arbeiten mit Objektformaten

Ist einmal ein Objekt, Text- oder Grafikrahmen mit einem Objektformat versehen worden, so können dennoch im Nachhinein Änderungen am Objekt vorgenommen werden. Wenn Sie die durchgeführten Änderungen generell dem Objektformat zuweisen wollen, wählen Sie den Befehl Format neu definieren aus dem Bedienfeldmenü aus. Achten Sie darauf, dass alle Objekte, die im Dokument mit dem Objektformat formatiert wurden, ebenfalls diese Veränderung erfahren.

Abweichende Objektformate | Ob einem Objekt ein vom Objektformat abweichendes Attribut zugewiesen wurde, erkennen Sie am Pluszeichen am Ende des Objektformatnamens. Da die Bedienfelder oft zu schmal eingestellt sind und der Formatname somit nicht zur Gänze dargestellt werden kann, ist das Erkennen solcher Abweichungen eher schwierig. Absolut sicher erkennen Sie eine Abweichung, indem Sie das Objekt markieren und die Zeichen am Fuß des Objektformate-Bedienfelds beobachten. Bleibt das Symbol gedimmt, so liegt keine Abweichung vor. Ist das Symbol jedoch aktiv, so können Sie die Abweichung auf zwei verschiedene Arten aufheben:

- Klicken Sie mit gedrückter Alt- bzw. ⌥-Taste auf den Namenseintrag im Objektformate-Bedienfeld. Diese Vorgehensweise sind Sie aus den verschiedensten Bedienfeldern in InDesign CC bereits gewohnt.

- Klicken Sie auf das aktive ABWEICHUNGEN LÖSCHEN-Symbol im Objektformate- bzw. Steuerung-Bedienfeld.

Abweichungen erkennen | Wenn Sie jedoch vorher wissen wollen, welche Attribute eigentlich vom Objektformat abweichen, so müssen Sie den Cursor nur auf den Eintrag im Objektformate-Bedienfeld bewegen. In der erscheinenden QuickInfo sind alle abweichenden Einstellungen aufgelistet.

Eine andere Situation ist gegeben, wenn einem formatierten Objekt ein zusätzliches Attribut zugeordnet wird, das nicht durch die Einstellungen im Objektformat abgedeckt ist. Dies ist dann keine Abweichung zum bestehenden Format, sondern eine Überlagerung eines anderen Attributs. Die Auswirkungen zeigen wir Ihnen bei einem Ausflug in das Thema »Effekte in Objektformaten«, anhand dessen der Sachverhalt gut dargestellt werden kann.

Objekt mit Schatten skalieren
Wenn Sie ein Objekt mit einem Schatten skalieren, wird der eingestellte X- und Y-Versatz des Schattens nicht mitskaliert. Um dieses Problem in den Griff zu bekommen, bietet InDesign leider keine Standardroutinen an. Eine Vereinfachung bei der Lösung der Probleme könnten die zuerst behandelten Objektformate bieten. Definieren Sie Objektformate, die nur den Versatz und die Einstellungen für den Schlagschatten enthalten. Damit können Sie zumindest schnell den skalierten Objekten den korrekten Schlagschattenversatz zuweisen.

Objektformate und Effekte

Wir versehen nun unseren formatierten Textrahmen mit einem Schlagschatten. Dazu können wir einfach das Menü OBJEKT • EFFEKTE • SCHLAGSCHATTEN oder das Effekte-Bedienfeld verwenden. Damit würden wir jedoch eine Abweichung vom Objektformat produzieren. Deshalb verändern wir natürlich die Definition des Formats selbst.

Wenn der Textrahmen ausgewählt ist, können Sie das Fenster OBJEKTFORMATOPTIONEN mit einem Doppelklick auf den Namen des Objektformats aufrufen – bzw. besser auf die Spalte links des Namens, weil Sie sonst unter Umständen nur den Namen zur Änderung auswählen.

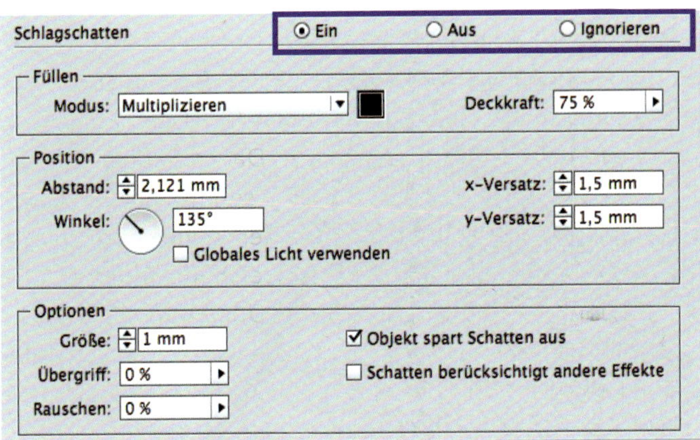

◂ **Abbildung 20.11**
SCHLAGSCHATTEN: Ob ein Effekt ein- oder ausgeschaltet ist oder ignoriert wird, kann über die Kontrollfelder neben dem Effektnamen, aber auch über die drei im Bild eingerahmten Optionen festgelegt werden.

Alternativ verwenden Sie den Befehl FORMATOPTIONEN des Bedienfeldmenüs. Ist der Textrahmen nicht ausgewählt, erreichen Sie die OBJEKTFORMATOPTIONEN am einfachsten, indem Sie im Kontextmenü des Ob-

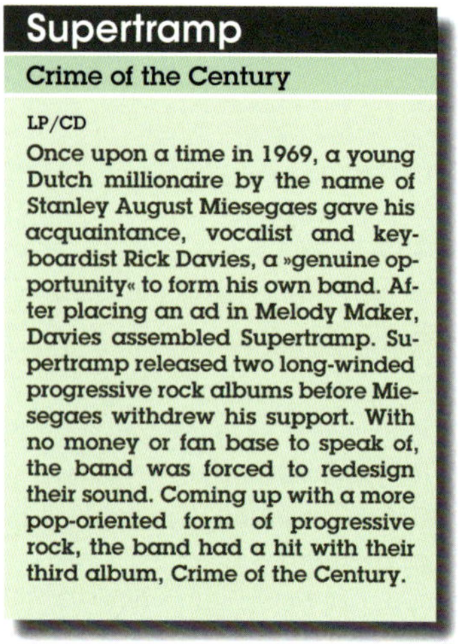

▲ **Abbildung 20.12**
Formatierter Textrahmen mit zusätzlichem Schlagschatten

jektformats den Befehl »OBJEKTFORMATNAME« BEARBEITEN aufrufen. Im Fenster OBJEKTFORMATOPTIONEN nehmen Sie nun unter EFFEKTE FÜR: OBJEKT für den Schlagschatten die Einstellungen laut Abbildung 20.11 vor.

Ab sofort werden alle Rahmen, die mit unserem Objektformat formatiert wurden, mit einem Schlagschatten versehen. Genauso verfahren Sie mit allen anderen Effekten, die Sie einem Objekt noch hinzufügen möchten.

Was passiert nun, wenn Sie eine Einstellung des Schlagschattens nachträglich manuell verändern? Das hängt davon ab, in welchem Modus Sie den Effekt angelegt haben. Für einen ausgeschalteten Effekt ☐ wird in diesem Fall die Funktion ABWEICHUNGEN LÖSCHEN aktiv, wie soeben beschrieben. Das Gleiche passiert, wenn der Effekt eingeschaltet ☑ wird. Wird der Effekt dagegen auf IGNORIEREN ⊟ gestellt, wird bei nachträglichen manuellen Änderungen die Funktion NICHT VOM FORMAT DEFINIERTE ATTRIBUTE LÖSCHEN aktiv. Da im Format keine eindeutige Definition hinterlegt wurde, wird dieser Zustand nicht als Abweichung erkannt und der Name des Objektformats folglich auch nicht mit einem Plus versehen. Um die Abweichung zu löschen, klicken Sie auf .

Objektformate verwalten

Im Objektformate-Bedienfeld haben Sie die üblichen Möglichkeiten, Formate zu verwalten, inklusive der Möglichkeit, Formatgruppen – also Ordner für Objektformate – anzulegen, mit den entsprechenden Funktionen, um ein oder mehrere Objektformate in oder zwischen Gruppen zu verschieben.

Objektformate importieren | Objektformate aus Dokumenten können in neue bzw. bestehende Dokumente importiert werden. Dabei werden alle benötigten Ressourcen wie Farbfelder, eigene Konturen sowie Absatz- und Zeichenformate ebenfalls übernommen.

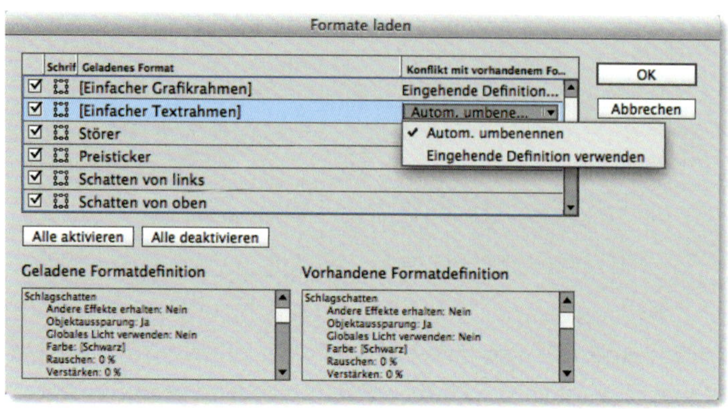

Abbildung 20.13 ▶
Aktivieren Sie die zu importierenden Objektformate, und lösen Sie auftretende Namenskonflikte im Dialog FORMATE LADEN.

Liegt dabei ein Farbfeld mit demselben Namen vor, so wird das neue Farbfeld durch eine fortlaufende Zahl im Namen ergänzt.

Importieren Sie Objektformate, indem Sie im Bedienfeldmenü den Befehl Objektformate laden ausführen und danach das Ausgangsdokument öffnen. Im erscheinenden Dialog können Sie die zu importierenden Objektformate auswählen und sich bei bestehenden Namenskonflikten für eine Vorgehensweise entscheiden.

Welche Einstellung welchem Format zugeordnet ist, können Sie in den beiden Beschreibungsfeldern unten im Dialog ausführlich einsehen.

Objektformate kopieren

Eine Möglichkeit des Importierens besteht darin, dass Sie formatierte Objekte aus dem Ausgangsdokument kopieren und in das Zieldokument einfügen. Damit werden dieselben Vorgänge aktiviert, lediglich bei Konflikten zwischen Formaten werden diese automatisch umbenannt.

Objektformate duplizieren | Duplizieren Sie ein Objektformat, indem Sie es auswählen und im Bedienfeldmenü des Objektformate-Bedienfelds oder über das Kontextmenü den Befehl Objektformat duplizieren auswählen.

Objektformate löschen | Beim Löschen von Objektformaten sollten Sie vorsichtig sein. Beim Löschen über das Symbol oder über den Menübefehl Format löschen aus dem Bedienfeldmenü werden Sie aufgefordert, ein Ersatzformat festzulegen. Durch diesen Vorgang wird allen Objekten, die mit dem gelöschten Objektformat ausgezeichnet wurden, sofort die neue Auszeichnung zugewiesen. Bei unvorsichtiger Vorgehensweise kann dieser Schritt katastrophale Folgen haben.

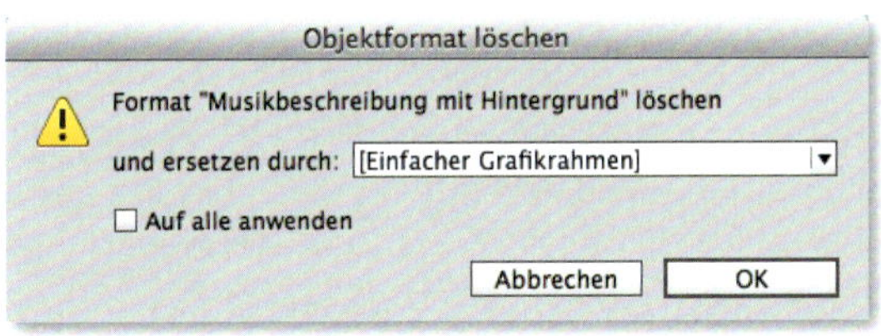

◂ **Abbildung 20.14**
Warnmeldung beim Löschen von Objektformaten. Die Option Auf alle anwenden erscheint nur, wenn Sie mehrere Formate löschen, die noch in Verwendung sind.

Diesem Problem können Sie nur begegnen, indem Sie die Objekte, denen das Objektformat zugewiesen ist, markieren und die Zuweisung über den Befehl Verknüpfung mit Format aufheben aus dem Bedienfeldmenü entkoppeln. Besteht keine Verbindung zwischen einem Objektformat und einem Objekt, so wird das Objektformat ohne Warnmeldung gelöscht.

Nach Objektformaten suchen

Vielleicht haben Sie sich beim letzten Absatz gefragt: »Nur woher weiß ich, wo ein Objektformat angewendet wurde?« – eine durchaus berechtigte Frage.

Suchen/Ersetzen | In Abschnitt 17.1, »Das Fundbüro: Suchen/Ersetzen«, haben wir Ihnen gezeigt, wie die sehr umfangreiche Suchfunktion in InDesign funktioniert, und im Abschnitt »Farbfelder suchen und ersetzen« auf Seite 366 haben Sie bereits nach Objektattributen gesucht, die manuell zugewiesen wurden. Hier zeigen wir Ihnen lediglich die Möglichkeit, gezielt nach Objekten zu suchen, denen bestimmte Objektformate zugewiesen wurden.

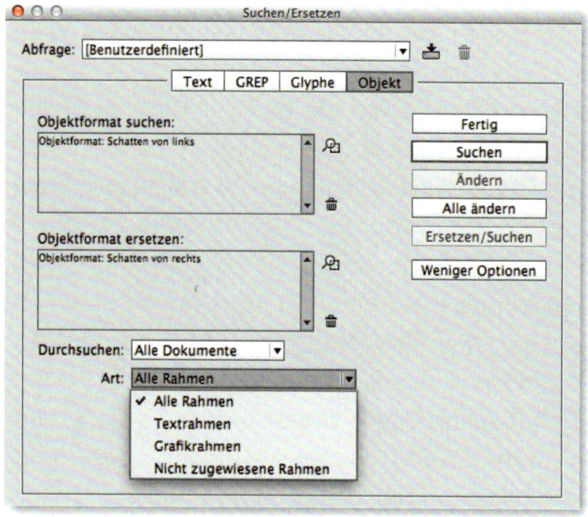

Abbildung 20.15 ▶
In dieser Suche werden alle Objekte mit einem Schatten von links auf eine andere Lichtsituation umgestellt.

Öffnen Sie das Suchen/Ersetzen-Fenster über Bearbeiten • Suchen/Ersetzen oder Strg+F bzw. ⌘+F, und wählen Sie das Register Objekt aus. In den beiden Feldern Objektformat suchen und Objektformat ersetzen erscheinen in der Folge die von Ihnen gewählten Kriterien für die Suche.

Eine Suche formulieren | Sollten sich noch Eingaben aus einer vorherigen Suche in den beiden Feldern befinden, klicken Sie zunächst auf Angegebene Attribute löschen 🗑, um das entsprechende Feld – und somit die Suche – zurückzusetzen. Klicken Sie dann auf Suchattribute angeben, um in das sehr große Fenster Optionen für Objektformatsuche zu gelangen.

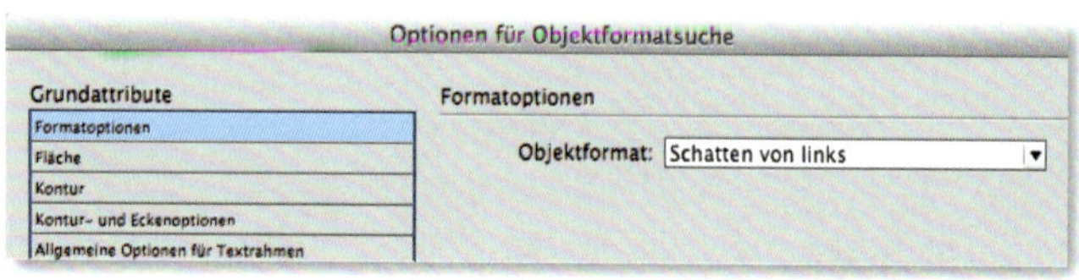

Abbildung 20.16 ▶
Wählen Sie das Objektformat, das Sie suchen wollen, im ansonsten vollkommen leeren Register Formatoptionen aus.

In der Liste Grundattribute können Sie sämtliche Attribute festlegen, über die ein Objekt verfügen kann. All diese Attribute können auch in

Objektformaten angewendet sein, und da wir ja hier Objektformate suchen wollen, wählen Sie FORMATOPTIONEN aus der Liste GRUNDATTRIBUTE. Sie können dann nur noch genau eine Option OBJEKTFORMAT auswählen.

Der Rest der Suche dürfte nun klar sein: Wählen Sie das gesuchte Objektformat aus, und verfahren Sie auch für das Feld OBJEKTFORMAT ERSETZEN genauso, sofern Sie auf Objekte angewendete Formate auch austauschen wollen. Der Rest läuft so ab wie bei einer normalen TEXT-, GREP- oder GLYPHE-Suche auch. Schlagen Sie gegebenenfalls in Kapitel 17 (ab Seite 591) nach.

Reichweite der Suche beschränken | Mit der Option DURCHSUCHEN können Sie die Suche auf die ausgewählten Objekte beschränken – eine sehr sinnvolle Option und auch die Standardeinstellung. Alternativ können Sie die Suche auf das gesamte DOKUMENT oder ALLE DOKUMENTE ausdehnen, die Sie derzeit geöffnet haben.

Da es keine Objekte gibt, die sich nicht in einem Rahmen befinden, aber Rahmen unterschiedliche Inhalte haben können, können Sie die ART der Rahmen, nach denen gesucht werden soll, noch weiter einschränken: auf TEXTRAHMEN, GRAFIKRAHMEN oder Rahmen, deren Inhalt nicht spezifiziert ist – NICHT ZUGEWIESENE RAHMEN. Die Standardeinstellung ist ALLE RAHMEN.

Verankerte Objekte

Die Suchfunktion für Objektformate findet natürlich auch Objekte, die in einem Text verankert sind. Die Art Textrahmen hat darauf keinen Einfluss. Gesucht wird das Objekt selbst, nicht worin es enthalten ist.

Über verankerte Objekte können Sie im gleich folgenden Abschnitt 20.2 mehr lesen.

InDesign benimmt sich plötzlich komisch?

Egal ob Sie erst beginnen, mit Objektformaten zu arbeiten, oder Ihre ersten Erfahrungen schon gemacht haben – Sie werden bestimmt schon den Fall erlebt haben, dass sich InDesign plötzlich eigenartig benimmt. Textrahmen haben eine Kontur, obwohl sie keine haben sollten, oder ein neuer Grafikrahmen präsentiert einen Schlagschatten, den Sie ganz sicher nicht eingestellt haben.

Die Ursache für dieses Verhalten sind die Objektformate (auch wenn Sie bislang keine verwendet haben, aber ganz besonders dann, wenn Sie schon mit Objektformaten arbeiten). Adobe hat sich zwar ein geniales Konzept einfallen lassen; was die Kontrollierbarkeit dieses Konzepts betrifft, setzt Adobe aber eine sehr strenge Disziplin voraus, die im hektischen Arbeitsalltag kaum aufgebracht werden kann.

▲ **Abbildung 20.17**
Das Objektformat »Preisticker« wurde als neues Standard-Grafikrahmenformat definiert.

Die Standardobjektformate | Jedes neu angelegte Dokument wird mit drei Objektformaten bestückt, die neuen Objekten zugewiesen werden:

- [OHNE]: Dieses Format wird einem platzierten Bild und jeder Platzhalterform (alle Objekte, die mit ihren Diagonalen dargestellt wer-

Ändern der Standardformate
Die Tatsache, dass die beiden Objektformate [Einfacher Grafikrahmen] und [Einfacher Textrahmen] verändert werden können, ist tatsächlich sehr praktisch. Wir haben Sie an mehreren Stellen in diesem Buch darauf hingewiesen, dass Sie das Standardverhalten von InDesign damit sehr umfassend verändern können. Und dafür gibt es wirklich reichlich Gründe in den unterschiedlichsten Produktionsbedingungen.

Allerdings sollten die Änderungen eher sparsam eingesetzt werden, und alle Mitarbeiter, die an einem so modifizierten Arbeitsplatz arbeiten, sollten auch über die veränderte Situation und deren Konsequenzen informiert sein.

Einen 50 % transparenten Textrahmen mit einem 5 mm starken Schlagschatten sollten Sie aber immer als eigenes Objektformat anlegen.

den) zugewiesen. Außerdem wird es als Ausgangspunkt für Objektformate verwendet, die auf keinem anderen Format basieren sollen. [Ohne] kann nicht verändert und nicht gelöscht werden.

- [Einfacher Textrahmen]: Dieses Format wird jedem neuen Textrahmen zugewiesen. Es ist also grundsätzlich mit dem Textwerkzeug verbunden, muss es aber nicht bleiben (eine der Ursachen für das Übel). Dieses Format kann verändert, aber nicht gelöscht werden.
- [Einfacher Grafikrahmen]: Dieses Format wird allen anderen Objekten zugewiesen, die mit einem der anderen Werkzeuge (alle Rahmen, Zeichenstift usw.) erstellt werden. Auch dieses Format kann bearbeitet, aber nicht gelöscht werden.

Sobald weitere Objektformate existieren, können sie zu neuen Standardobjektformaten ernannt werden, indem Sie im Bedienfeldmenü die Funktionen Standard-Textrahmenformat oder Standard-Grafikrahmenformat verwenden.

Hinter beiden Menüs erhalten Sie die Liste aller definierten Objektformate, aus der Sie das neue Standardformat auswählen. Das aktuelle Standard-Textrahmenformat ist dann mit [T] im Objektformate-Bedienfeld gekennzeichnet, das Standard-Grafikrahmenformat mit [ ]. Neue Objekte werden mit diesen Formaten erstellt.

So weit ist die Sache durchaus logisch und leicht nachvollziehbar. Leider hat Adobe ein Zusatzverhalten in InDesign eingebaut, das nicht unbedingt logisch ist und oft zur totalen Verwirrung führt.

Automatische Änderung der Standardformate | Um dieses Verhalten zu verstehen, probieren Sie Folgendes: Legen Sie ein neues Dokument an, und öffnen Sie das Objektformate-Bedienfeld. Wählen Sie nun das Textwerkzeug, und klicken Sie im Objektformate-Bedienfeld auf [Einfacher Grafikrahmen]. Damit ist es auch schon passiert. Ob Sie nun noch einen Textrahmen aufziehen oder nicht, ist für die weiteren Überlegungen unwesentlich.

Das Format [Einfacher Grafikrahmen] übernimmt nun die Rolle von Standard-Text- und Standard-Grafikrahmen. Diese automatische Umstellung der Standardformate tritt immer dann auf, wenn Sie keine Objekte ausgewählt haben und mit einem beliebigen Werkzeug, mit dem Objekte erzeugt werden können, auf ein Objektformat klicken.

Bei vielen Objektformaten können Sie so bei fast jedem zweiten Klick im Objektformate-Bedienfeld ein anderes Objektformat zum Standardformat für jedes beliebige Werkzeug machen. Solange Sie das bewusst machen, ist das natürlich okay – nur manchmal treibt dieses InDesign-Verhalten auch gefestigte Layouter in den Wahnsinn.

Marschverschärfung »Abweichende Formate« | Um die Sache nicht zu einfach werden zu lassen, müssen Sie auch noch auf folgendes Verhalten Rücksicht nehmen: Wenn kein Objekt ausgewählt ist, Sie gerade das Auswahlwerkzeug verwenden und eine Änderung an der Kontur im Kontur-Bedienfeld vornehmen, wird der nächste Grafikrahmen die neue Kontureinstellung verwenden, und das Format [Einfacher Grafikrahmen] – bzw. das aktuell als Standard-Grafikrahmenformat gewählte Format – wird mit einem Plus als abweichend gekennzeichnet. Diese abweichende Einstellung wird aber bei der Erstellung neuer Grafikrahmen verwendet, bis sie wieder geändert wird.

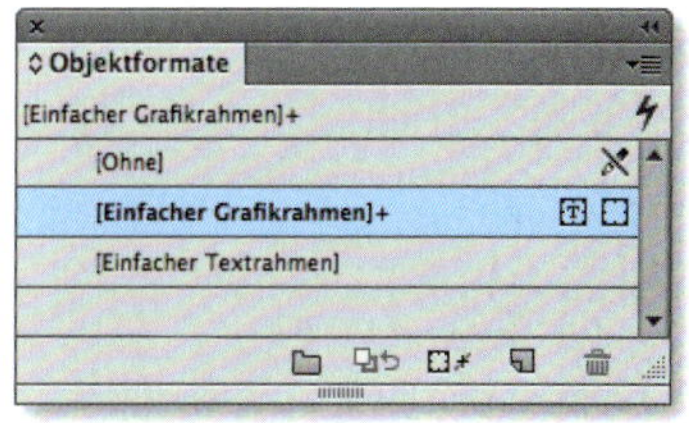

▲ **Abbildung 20.18**
Ein unbedachter Klick genügt, und [Einfacher Grafikrahmen] übernimmt auch die Arbeit von [Einfacher Textrahmen], was zumeist zu einiger Verwirrung führt.

Die Kombinationen aus beiden Automatismen im Umgang mit Objektformaten sind derart vielfältig, dass wir sie hier gar nicht aufzählen könnten, zumal es ja immer von den realen Gegebenheiten abhängt, wie sich veränderte Standardformate und abweichende Formate überlagern. Viel wichtiger ist auch, Ihnen zu erklären, wie Sie sich aus diesem Dilemma am besten wieder befreien.

Klare Verhältnisse schaffen | Wenn plötzlich jedes neue Objekt anders und unerwartet aussieht, machen Sie Folgendes:

1. Aktivieren Sie das Auswahlwerkzeug.
2. Heben Sie eventuelle Auswahlen auf, indem Sie Strg+⇧+A bzw. ⌘+⇧+A drücken.
3. Ernennen Sie [Einfacher Grafikrahmen] und [Einfacher Textrahmen] wieder zu den Standardformaten, indem Sie die entsprechenden Funktionen aus dem Bedienfeldmenü des Objektformate-Bedienfelds aufrufen.
4. Inspizieren Sie nun die beiden Standardformate im Objektformate-Bedienfeld. Wenn Sie ein Plus neben einem oder beiden Einträgen finden, drücken Sie die Alt- bzw. ⌥-Taste, und klicken Sie links neben den Namen der beiden Objektformate [Einfacher Grafikrahmen] und [Einfacher Textrahmen].

Nun sollten wieder klare Verhältnisse herrschen, und InDesign sollte sich wieder so benehmen, wie Sie es erwarten – zumindest so lange, bis die automatische Formatzuordnung wieder zuschlägt. Kehren Sie in diesem Fall zu Punkt 1 zurück.

Sie können abweichende Objektformate natürlich auch eliminieren, indem Sie sie mit dem Befehl Format neu definieren im Bedienfeldmenü des Objektformate-Bedienfelds zur neuen Definition des Formats machen. Bei Objektformaten kann es aber sein, dass dieser Befehl gar nicht verfügbar ist. In diesem Fall sind die abweichenden Attribute nicht Teil der Objektformatdefinition.

20.2 Verankerte Objekte

Verankerte Objekte und elektronische Dokumente
Bereits InDesign CS5.5 zeigt eine deutliche Ausrichtung auf die Erstellung von Produkten, die nur am Monitor gelesen werden sollen. Mit InDesign CS6 hat Adobe diesen Anwendungsbereich noch weiter ausgebaut und mit InDesign CC die internen Mechanismen für die Erstellung digitaler Medien deutlich überarbeitet.

HTML-Dokumente und auch E-Books haben eine lineare Struktur, d. h., Montagen mit Objekten, die nicht in Beziehung zueinander stehen, sind in dieser Art von Dokumenten sehr schwer abzubilden. Durch das Verankern von Objekten im Text wird eine solche Beziehung hergestellt. Wir empfehlen diesen Abschnitt also besonders Lesern, die sich für die Erstellung solcher rein digitalen Publikationen interessieren.

Große Textmengen, die auch noch reichlich bebildert sind, stellen Layouter vor das immer gleiche Problem: Bilder und Illustrationen sollen sich in der Nähe des Textes befinden, auf den sie Bezug nehmen. Dazu können sie entweder direkt in den Text eingebunden oder z. B. in einer Marginalspalte neben der entsprechenden Textstelle positioniert werden, und sie sollten den Text, auf den sie Bezug nehmen, bei Umbrüchen begleiten.

Objekte in Text einbinden

In den Text eingebundene Bilder sehen Sie in diesem Buch auf nahezu allen Seiten. Sämtliche Screenshots und Beispiele, die in der Textspalte platziert sind, sind im Text verankert und laufen so bei Umbrüchen selbstständig und gleich ausgerichtet im Text mit. Die einzelnen Bilder haben dabei den Charakter eines einzelnen Zeichens. Bei Abbildungen von Werkzeugen oder Symbolen, die wir an vielen Stellen im Text untergebracht haben – z. B. –, ist das deutlich zu sehen. Diese Bilder sind klein und orientieren sich an der Schriftgröße und am Zeilenabstand unseres Textes. Aber auch die Screenshots sind, technisch gesehen, lediglich einzelne Zeichen im Text. Allerdings stehen diese »Zeichen« zumeist allein in einem Absatz, um die Position und die Abstände nach oben und unten besser kontrollieren zu können.

Grundsätzlich ist zu unterscheiden, ob bereits ein Objekt existiert, das im Text verankert werden soll, oder ob Sie zunächst einen Platzhalter erstellen wollen, um dessen Inhalt und Eigenschaften Sie sich später kümmern werden. Für den ersten Fall wurde mit InDesign CS5.5 eine neue Funktion eingeführt, die das Verankern von Objekten besonders einfach macht, indem ein existierendes Objekt einfach an die gewünschte Stelle im Text gezogen werden kann.

Nicht nur Bilder
Wir verwenden hier Bilder als Beispiele für verankerte Objekte, aber tatsächlich können Sie jedes Objekt, das Sie in InDesign erstellen können, im Text verankern, also auch Pfade und Textrahmen. Tabellen liegen sogar immer als in einen Textrahmen eingebundenes Objekt vor.

InDesign geht bei den Standardeinstellungen, die zum Zeitpunkt des Einfügens zugewiesen werden, bei den unterschiedlichen Methoden, ein Objekt zu verankern, von zwei unterschiedlichen Anwendungsarten aus:

- **Eingebunden oder über Zeile**: Ein Objekt, das über die Zwischenablage eingesetzt wird, bekommt Eigenschaften zugewiesen, die es im Text mitlaufen lassen. Dabei bestimmt das Textumfeld die Position des Objekts – es bewegt sich im Text.
- **Benutzerdefiniert**: Bei einem Platzhalter wird jedoch davon ausgegangen, dass lediglich eine Position im Text definiert wird, an der sich das Objekt orientiert, das sich selbst aber außerhalb des Textes

befinden kann (aber nicht muss). Bei beiden Methoden wird das verankerte Objekt aber bei Textumbrüchen mit dem Text bewegt. Die Position des Objekts im Bezug zum Text wird hier vom Benutzer festgelegt. Es bewegt sich mit, aber nicht zwangsläufig im Text.

Bei einem Objekt, das direkt in einen Text hineingezogen wird, können Sie entscheiden, welche Anwendung Sie benutzen wollen, indem Sie das Objekt einfach ziehen (Benutzerdefiniert) oder beim Ziehen die ⇧-Taste drücken (Eingebunden oder über Zeile).

Um Ihnen die grundsätzlichen Eigenschaften von verankerten Objekten zu zeigen, beginnen wir jedoch bei der Methode, zunächst einen Platzhalter zu definieren.

Einen Platzhalter einfügen | Um einen Platzhalter zu erstellen, platzieren Sie den Textcursor an der gewünschten Stelle im Text und rufen aus dem Menü Objekt das Kommando Verankertes Objekt • Einfügen auf.

Sie landen im Fenster Verankertes Objekt einfügen, das in zwei Bereiche gegliedert ist. Da zu diesem Zeitpunkt noch kein Objekt existiert, müssen Sie im Bereich Objektoptionen zunächst die Eigenschaften eines Platzhalters festlegen. Ignorieren Sie vorerst die Einstellungen im unteren Bereich des Fensters.

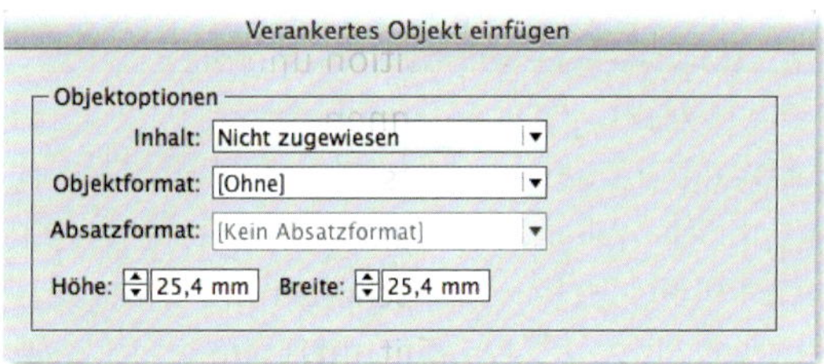

◂ **Abbildung 20.19**
Bei einem Aufruf über Objekt • Verankertes Objekt • Einfügen müssen Sie unter Objektoptionen zunächst einen neuen Platzhalter definieren.

Sie finden in den Objektoptionen folgende Grundeigenschaften für Ihr neues Objekt:

- Inhalt: Ein Objekt ist immer von einem Rahmen umgeben, und im Normalfall ist zum Zeitpunkt der Verknüpfung klar, welche Art von Daten dieser Rahmen enthalten wird. Wählen Sie Text oder Grafik oder, falls der Inhalt noch nicht festgelegt wurde, Nicht zugewiesen.
- Objektformat: Mit Objektformaten können Sie in einem Arbeitsgang die Eigenschaften des Objekts und auch nahezu alle Eigenschaften des Inhalts festlegen.
- Absatzformat: Wenn Sie beim Erstellen des Objekts den Inhalt mit Text festgelegt haben, können Sie hier gleich das Absatzformat auswählen, mit dem der Text des Objekts formatiert werden soll.

Inhalt ändern

Sie können den Inhalt für Ihren Platzhalter jederzeit über Objekt • Inhalt verändern. Da InDesign aber sehr dynamisch Inhalte von Rahmen an die jeweiligen Gegebenheiten anpasst, ist das zumeist nicht notwendig.

- Höhe und Breite: Wenn Sie den Platzbedarf des Objekts schon kennen, können Sie die entsprechenden Dimensionen des Rahmens hier festlegen.

Ein existierendes Objekt, das im Text verankert werden soll, verfügt über diese Eigenschaften bereits und muss eben nur noch verankert werden, wobei Sie zwei Möglichkeiten haben:

Mehrere Objekte im Text verankern
Wenn Sie mehrere Objekte im Text platzieren wollen, müssen Sie alle Einzelobjekte zunächst gruppieren, da nur dann der Charakter eines einzelnen Zeichens hergestellt werden kann. Die einzelnen Objekte in der Gruppe können allerdings auch im Text noch mit dem Direktauswahl-Werkzeug bearbeitet werden. Um ein Objekt der Gruppe auszuwählen, doppelklicken Sie mit dem Auswahlwerkzeug auf das gewünschte Objekt.

Objekt über Zwischenablage einsetzen | Erstellen oder platzieren Sie das betreffende Objekt zunächst einmal an einer beliebigen Stelle in Ihrem Dokument, und bringen Sie es in die gewünschte Form und Größe. Schneiden Sie es über Strg+X bzw. ⌘+X aus, oder kopieren Sie es. Setzen Sie nun den Textcursor an die Stelle im Text, an der das Objekt verankert werden soll, und fügen Sie es aus der Zwischenablage ein. Das Objekt behält dabei natürlich alle Eigenschaften, die es zum Zeitpunkt des Einsetzens bereits besaß, und diese Eigenschaften können natürlich auch im verankerten Zustand noch geändert werden.

Die Position im Text können Sie aber vorerst nur so weit beeinflussen, wie es auch für einzelne Zeichen möglich wäre. Zu den umfangreichen Möglichkeiten, mit denen Sie festlegen können, wie sich das Objekt im Textumfeld verhält, kommen wir gleich.

Um ein eingebundenes Objekt zu löschen, können Sie es mit dem Auswahlwerkzeug markieren und wie gewohnt löschen.

Verankerungspunkt nicht sichtbar?
... oder möchten Sie ihn nicht sehen? Sie können die Anzeige des Punkts über Ansicht • Extras • Steuerelement für verankertes Objekt einblenden/ausblenden kontrollieren.

In den Text ziehen | Seit InDesign CS5.5 ist jeder Objektrahmen mit einem zusätzlichen blauen Punkt ❹ in der Nähe der rechten oberen Ecke versehen. Ziehen Sie diesen Punkt mit dem Auswahl- oder Direktauswahl-Werkzeug in einen Text. Während Sie ziehen, verwandelt sich der Mauszeiger in den Verankerungscursor ❷, und sobald Sie einen Text erreichen, wird neben diesem Cursor eine Einfügemarke ❶ sichtbar, die die Position des verankerten Objekts anzeigt. Während des Verankerns durch Ziehen ist allerdings keine Verbindungslinie sichtbar. Lassen Sie die Maustaste los: Fertig ist das neue verankerte Objekt.

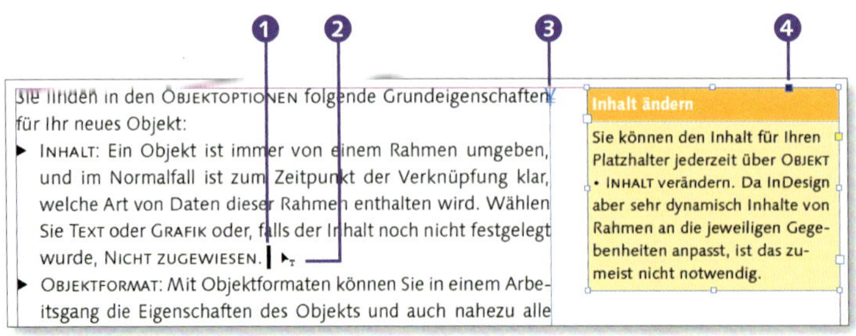

Abbildung 20.20 ▸
Nach dem Verankern erkennen Sie die Position des Objekts im Text am Symbol ¥ ❸, sofern Sie Schrift • Verborgene Zeichen einblenden aktiviert haben.

Es wird auf diese Art als Benutzerdefiniert verankert. Wenn Sie beim Ziehen die [⇧]-Taste gedrückt halten, wird es als Eingebunden oder über Zeile im Text verankert. Halten Sie die [Alt]- bzw. [⌥]-Taste zusätzlich (aber auch alleine) gedrückt, erscheint das Fenster Optionen für verankertes Objekt, in dem Sie die Eigenschaften Ihres Objekts verändern können.

Sobald das Objekt verankert ist, verwandelt sich der Verankerungspunkt des Objektrahmens in einen Anker ⚓, der anzeigt, dass das Objekt im Text eingebunden ist. An welcher Textstelle es verankert ist, sehen Sie erst nach dem Verankern, sofern Sie die Option Ansicht • Extras • Textverkettung einblenden aktiviert und eines der beteiligten Objekte ausgewählt haben, an einer gestrichelten Linie in der aktuellen Ebenenfarbe.

Bezugspunkt kann nicht verändert werden

Leider werden die Objekt-Einstellungen im Steuer-Bedienfeld nicht berücksichtigt. Bei einem per Drag & Drop verankerten Objekt nimmt InDesign immer den rechten unteren Punkt als Bezugspunkt an.

Verankerte Objekte und Ebenen

Es ist nicht möglich, ein benutzerdefiniert verankertes Objekt auf eine andere Ebene als die des Textrahmens, in dem das Objekt verankert ist, zu verschieben.

Eingebunden oder über Zeile

Um die Art, wie sich ein Objekt ins Textumfeld einfügt, besser kontrollieren zu können, wählen Sie für das ausgewählte Objekt das Menü Objekt • Verankertes Objekt • Optionen oder klicken mit gedrückter [Alt]- bzw. [⌥]-Taste auf das Ankersymbol des Objekts. Sie finden einen entsprechenden Befehl auch im Kontextmenü des Objekts.

Bei einem Objekt, das Sie über die Zwischenablage im Text verankert haben, sollte im nun erscheinenden Fenster Optionen für verankertes Objekt unter Position bereits die Option Eingebunden oder über Zeile vorausgewählt sein.

Eingebunden | Eingebunden bedeutet, dass ein über die Zwischenablage im Text platziertes Objekt mit der Unterkante auf der Grundlinie der Textzeile steht, in die es eingebunden wurde. Ist das Objekt höher als der Zeilenabstand, ragt es über die Zeile hinaus und verdeckt den Text oberhalb.

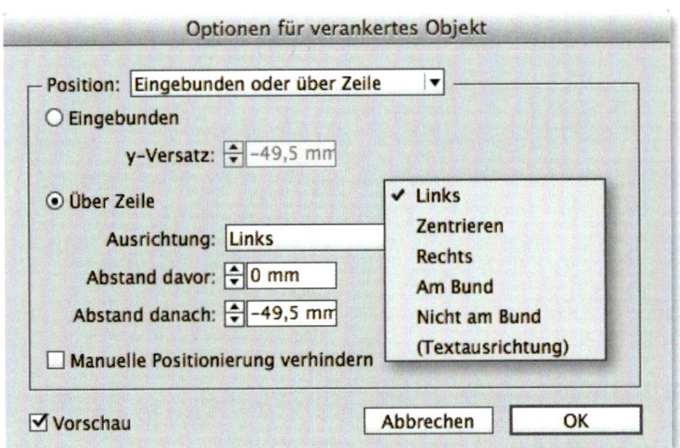

◂ **Abbildung 20.21**
Für ein über die Zwischenablage im Text verankertes Objekt sollte die Option Eingebunden oder über Zeile vorausgewählt sein, ansonsten wählen Sie sie im Menü Position aus.

Das Objekt kann mit den Cursortasten von der Grundlinie versetzt und – da es ja technisch als einzelnes Zeichen behandelt wird – natürlich auch per Grundlinienversatz verschoben werden. Wenn Sie den Grundlinienversatz mit den Cursortasten verändern, entspricht das dem Y-Versatz. Diese Methode ist hauptsächlich für sehr kleine Objekte geeignet, die gut in einer Zeile mitlaufen können, oder für Objekte, die in einem eigenen Absatz im Text mitlaufen sollen.

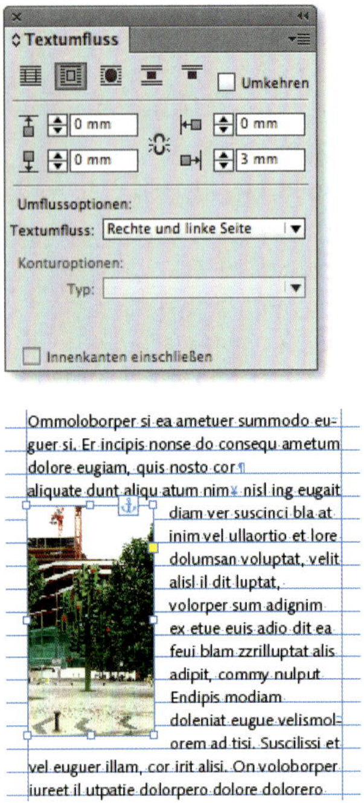

▲ Abbildung 20.22
Der Textumfluss für dieses im Text eingebundene Objekt wurde aktiviert. Die Optionen für verankertes Objekt sind wie in Abbildung 20.21 eingestellt. Das »Vorbeiführen« von Text wirkt nur auf den Text, der dem Objekt folgt, und nicht für die Zeile, in der das Objekt eingesetzt wurde.

Über Zeile | Bei der Methode Über Zeile ist der Unterschied zu Eingebunden der, dass solch ein Objekt den Text verdrängt – der Text oberhalb des Objekts wird also nicht mehr verdeckt. Dadurch wird der Text an der Stelle getrennt, an der das Objekt steht, und das eingebundene Objekt belegt nun – scheinbar – einen eigenen Absatz.

Dadurch kann das Objekt nun gesondert vom Text eine eigene Ausrichtung besitzen. Neben den Standardausrichtungen Links, Zentriert und Rechts können Sie festlegen, ob sich das Objekt Am Bund (gemeint ist der Innensteg) oder Nicht am Bund (gemeint ist die Außenseite einer Seite) orientieren soll. Beide Optionen verändern die Ausrichtung des Objekts abhängig davon, ob es sich auf einer linken oder der rechten Seite befindet. So richtet sich ein Objekt mit Am Bund linksbündig aus, wenn es auf einer rechten Dokumentseite steht, und rechtsbündig, wenn es auf der linken Seite steht. Nicht am Bund richtet das Objekt immer an der Außenseite der jeweiligen Dokumentseite aus. Die Option (Textausrichtung) übernimmt die Ausrichtung von dem Absatz, in den das Objekt eingebunden ist.

Möchten Sie zum Text oberhalb des Objekts zusätzlichen Abstand einhalten, können Sie das über Abstand davor festlegen. Ein negativer Wert führt dabei zu einer Überlappung mit dem Text oberhalb des Objekts. Ein positiver Wert in Abstand danach rückt den folgenden Text entsprechend vom Objekt ab, wie es bei Absätzen üblich ist. Ein negativer Betrag zieht den Text unterhalb des Objekts allerdings nach oben und führt somit dazu, dass der Text über dem Objekt liegt.

In dieser Standardeinstellung ist der Vorteil nicht unmittelbar zu sehen. Wenn Sie jedoch den Textumfluss für das Objekt aktivieren, können Sie dafür sorgen, dass der dem Objekt folgende Text nun am Objekt vorbeiläuft. Wenn Sie den Abstand auf die Höhe des Objekts (oder größer) stellen, erreichen Sie also, dass das Objekt einerseits mit dem Text läuft und umbricht und dass andererseits der dem Objekt folgende Text neben dem Objekt vorbeigeführt wird.

Manuelle Positionierung verhindern | Verankerte Objekte können beschränkt in der Vertikalen verschoben werden. Auch die Größe kann verändert werden. Beide Manipulationen führen jedoch zu geänderten Umbrüchen. Wenn Sie solche Änderungen unterbinden möchten, aktivieren Sie die Option MANUELLE POSITIONIERUNG VERHINDERN.

Benutzerdefiniert – »freilaufende« Objekte

Der größere Teil der Leistung verankerter Objekte verbirgt sich jedoch hinter BENUTZERDEFINIERT im Fenster OPTIONEN FÜR VERANKERTES OBJEKT. Allerdings ist diese Funktion etwas komplex und abstrakt, weshalb wir zunächst das grundlegende Konzept erklären müssen.

Ein Beispiel für Objekte, die sich mit dem Text bewegen sollen, halten Sie gerade in den Händen: dieses Buch. Wir verwenden in unserem Buch Bilder und Illustrationen, die im Text verankert sind. Diese Bilder sollen sich mit ihrer Oberkante immer an der Oberlänge der Zeile im Haupttext orientieren, neben der sie stehen. Darüber hinaus gibt es Abbildungen und Infokästen, die direkt in der Marginalspalte stehen und natürlich in der Nähe des Textes platziert sein sollen, auf den sie sich beziehen.

Das ist an sich schon knifflig, viel schlimmer ist jedoch, dass alle Elemente in der Marginalspalte versetzt werden müssen, wenn der Haupttext auch nur um eine Zeile umbricht. Noch aufwendiger sind natürlich größere Verschiebungen, die dazu führen können, dass ein bestimmtes Objekt plötzlich von einer linken auf eine rechte Seite wechselt. Ein Element in der Marginalspalte, das gerade noch genug Platz fand, könnte bei einem ungünstigen Textumbruch plötzlich der nächsten Seite zugeordnet sein – deren Marginalspalte ist aber bereits gut gefüllt und muss dadurch ebenfalls umorganisiert werden.

Kurz und gut: Diese Objekte sollten ebenfalls im Text verankert werden. Der Unterschied zur bereits beschriebenen Art der verankerten Objekte ist, dass diese Objekte nicht *im Text* mitlaufen und umbrechen, sondern *mit dem Text*. Sie befinden sich in der Regel außerhalb der Textspalte. Alle diese Probleme können Sie mit den OPTIONEN FÜR VERANKERTES OBJEKT in BENUTZERDEFINIERT lösen.

Die vielen Parameter, die Sie hier einstellen können, stehen alle in Beziehung zueinander. Das macht es schwierig, vorherzusehen, wie sich die verschiedenen Kombinationen auswirken werden – abhängig von den verschiedenen Konstellationen unterscheiden sich manche Parameter tatsächlich nicht voneinander.

Relativ zum Bund | Diese auf den ersten Blick unscheinbar wirkende Option stellt tatsächlich eine großartige Funktion zur Verfügung: Sämtliche Einstellungen, die Sie im Folgenden vornehmen, werden automa-

Optionen

Bedenken Sie: Alle diese Optionen können Sie jederzeit verändern, indem Sie für ein verankertes Objekt OBJEKT • VERANKERTES OBJEKT • OPTIONEN (bzw. das gleichnamige Kontextmenü) aufrufen oder die Verankerungsmarke bei gedrückter [Alt]- bzw. [⌥]-Taste anklicken. Lediglich die Eigenschaften des Platzhalters werden dann natürlich nicht mehr angezeigt.

Dabei können die beiden Arten in die jeweils andere umgewandelt werden – dadurch gehen allerdings viele Eigenschaften verloren.

Objektformate

Alle Optionen für verankerte Objekte lassen sich in Objektformaten speichern – in der Praxis werden Sie also funktionierende Einstellungen als Objektformat anlegen und verwenden.

tisch gespiegelt, und zwar abhängig davon, ob sich das Objekt, das automatisch verschoben wird, auf einer linken oder einer rechten Seite befindet.

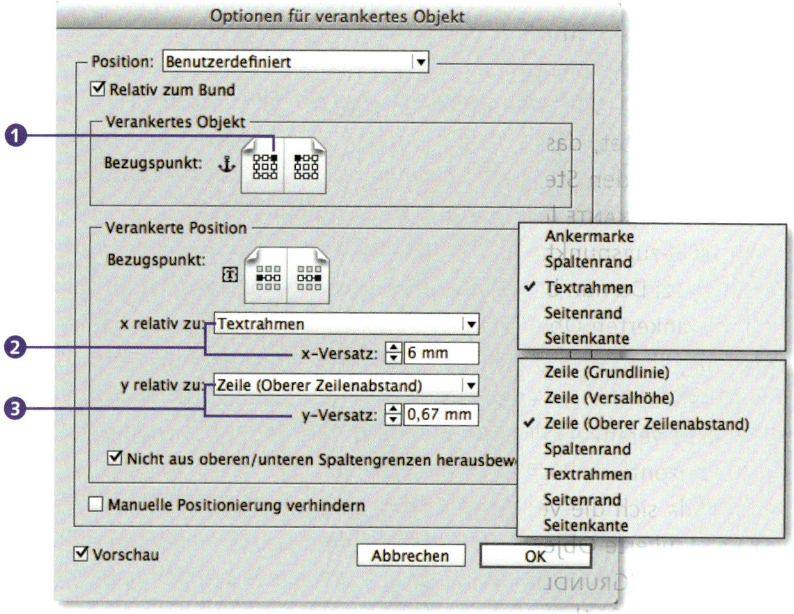

Abbildung 20.23 ▶
POSITION BENUTZERDEFINIERT: Diese Bildunterschrift ist links vom zugehörigen Bild verankert. Auf der linken Seite dient die rechte obere Ecke als Bezugspunkt ❶, der sich auf der Seite am Spaltenrand des Haupttextes ausrichtet und 6 mm Abstand zum Textrahmen ❷ einhält. Die Oberkante des Textrahmens liegt neben der Oberkante des Bilds ❸. Die 0,67 mm Y-VERSATZ ergeben sich daraus, dass die Versalhöhe der Schrift für die Bildunterschrift auf derselben Höhe steht wie die Grundlinie (an der das Bild oben abschließt).

Verankertes Objekt | Ein Objekt wird an der Position des Textcursors im Text verankert. Wenn sich der Bezugspunkt bewegt, wird sich auch das verankerte Objekt bewegen, wobei Sie festlegen müssen, welchen horizontalen und vertikalen Abstand es dabei einhalten soll. Damit diese Abstände eindeutig definiert sind, müssen Sie einen BEZUGSPUNKT für das verankerte Objekt festlegen. Dies entspricht den üblichen Einstellungen für Positionen und Dimensionen in InDesign.

Im Pfadtext verankerte Objekte

Sie können auch in Pfadtexten Objekte verankern, allerdings ist dann die Option ABSTAND DAVOR nicht verfügbar.

Verankerte Position | Der Bezugspunkt für die Abstände zum verankerten Objekt wurde bereits festgelegt – um einen eindeutigen Abstand zu erhalten, muss nun der Bezugspunkt festgelegt werden, von dem aus der jeweilige Abstand gemessen werden soll.

- BEZUGSPUNKT: Dieser Ausgangspunkt kann sich auf die Position im Text oder auf ein Objekt (Rahmen, Spalte …) beziehen, das den Bezugspunkt enthält. Diese Objekte belegen eine Fläche, und deshalb muss festgelegt werden, auf welchen Teil der Fläche sich der Punkt bezieht, ab dem der Abstand zum verankerten Objekt gemessen werden soll.
- X RELATIV ZU: Wenn Sie ANKERMARKE auswählen, wird sich das verankerte Objekt auch in der Horizontalen bewegen können, da die Ankermarke den Punkt festlegt, an dem der Textcursor stand, als Sie das

Drei oder neun Positionen

Wenn Sie unter Y RELATIV ZU eine Zeilenoption auswählen, wird die vertikale Position des Bezugspunkts eben durch die Zeile definiert, in der sich die Ankerposition befindet – Sie können deshalb nur noch zwischen den drei horizontalen Positionen wählen.

Objekt eingefügt haben. Da diese Position im Text mitläuft, folgt das verankerte Objekt allen Positionsänderungen, die durch Textumbrüche entstehen. SPALTENRAND unterscheidet sich von TEXTRAHMEN nur dann, wenn der Textrahmen mindestens zwei Spalten enthält. Springt die Ankermarke in die nächste Textspalte, wird sich die horizontale Position des verankerten Objekts verändern; existiert nur eine Spalte, ist der Rand des Rahmens identisch mit dem Rand der Spalte. SEITENRAND bedeutet, dass sich der horizontale Abstand des verankerten Objekts auf den Steg der Seite (somit also auf den Satzspiegel) bezieht. SEITENKANTE legt die Beschnittkante des Endformats Ihrer Seiten als Bezugspunkt fest.

- X-VERSATZ: Da nun beide Bezugspunkte für den horizontalen Abstand des verankerten Objekts zur Position im Text festgelegt sind, können Sie nun den Abstand zwischen beiden Bezugspunkten festlegen.
- Y RELATIV ZU und Y-VERSATZ: Die Einstellungen für die vertikale Position des verankerten Objekts entsprechen im Wesentlichen denen der horizontalen Position, allerdings spielt die Ankermarke hier keine Rolle, da sich die vertikale Position aus der Zeile ergibt, in der sich das verankerte Objekt befindet. Dafür können Sie mit den drei Optionen ZEILE (GRUNDLINIE), ZEILE (VERSALHÖHE) und ZEILE (OBERER ZEILENABSTAND) festlegen, auf welchen Abstand innerhalb der Zeile sich der Y-VERSATZ beziehen soll.

  Während ZEILE (GRUNDLINIE) und ZEILE (VERSALHÖHE) übliche Bezugsgrößen in der Typografie sind, erschließt sich der Sinn von ZEILE (OBERER ZEILENABSTAND) nicht unmittelbar. Sie können diese Option verwenden, wenn Sie z. B. ein Bild im Text verankert haben. Da dieses Bild vermutlich über mehrere Zeilen reicht, können Sie eine Ankerposition, die neben dem Bild festgelegt wurde, tatsächlich an die Oberkante des Bildes legen, da die Zeile, in der das Bild steht, tatsächlich über mehrere Textzeilen reicht.

Schritt für Schritt
Ein verankertes Objekt in eine Marginalspalte einfügen

Für diese Schritt-für-Schritt-Anleitung benötigen Sie ein doppelseitiges Dokument, wie Sie es in Teil II dieses Buchs erstellt haben. Ein geeignetes Dokument finden Sie auch auf der beiliegenden DVD im Ordner BEISPIELMATERIAL • KAPITEL_20.

Bitte beachten Sie: Die Arbeitsweise für verankerte Objekte wurde mit InDesign CS5.5 wesentlich verändert. In dieser Anleitung müssen Anwender älterer InDesign-Versionen Objekte über die Zwischenablage einsetzen und dann die Einstellungen wie gezeigt vornehmen.

Sie finden das folgende Beispiel auf der Buch-DVD unter BEISPIELMATERIAL • KAPITEL_20 • PROJEKTARBEIT.

1 Dokument einrichten und Bildmaterial bereitstellen

Falls Sie kein passendes Dokument zur Hand haben, legen Sie unser Projekt anhand der folgenden Dokumentvorgaben an (oder verwenden Sie das Dokument der Buch-DVD) und füllen einige Textspalten mit Text. Halten Sie ein Bild bereit, das Sie in den Text einfügen können (oder verwenden Sie das Bild auf der Buch-DVD). Dieses Bild wird im Text mitlaufen, und die dazugehörende Bildunterschrift wird es bei jedem Umbruch in der Marginalspalte begleiten.

Abbildung 20.24 ▸
Ein solches Layout ist ein geeigneter Kandidat, um das Verhalten verankerter Objekte zu testen. Für eigene Experimente benötigen Sie die verschiedenen Abstände und Stege.

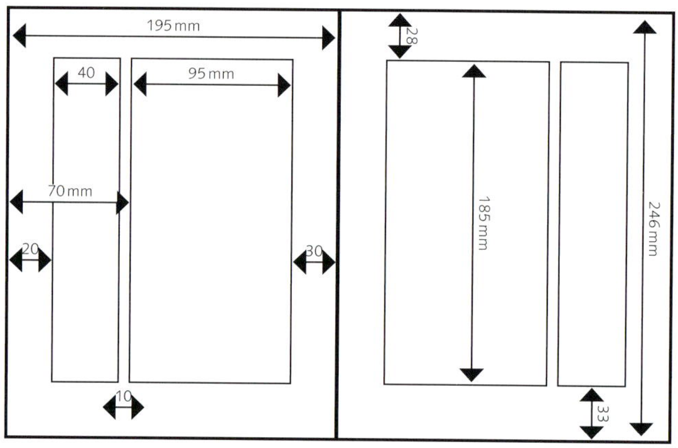

2 Bild platzieren und im Text verankern

Laden Sie ein Bild, und platzieren Sie es am besten auf der Montagefläche. Bringen Sie es auf eine geeignete Größe. Platzieren Sie den Textcursor im Text. Eine geeignete Stelle wäre im unteren Drittel der Textspalte auf der linken Seite – so können Sie das Verhalten des Bilds beim Umbruch auf die rechte Seite leicht überwachen.

Abbildung 20.25 ▸
Das Bild ist im Text verankert und läuft nun bei Textumbrüchen wie ein eigenständiger Absatz in der Textspalte weiter, solange es genügend Platz findet.

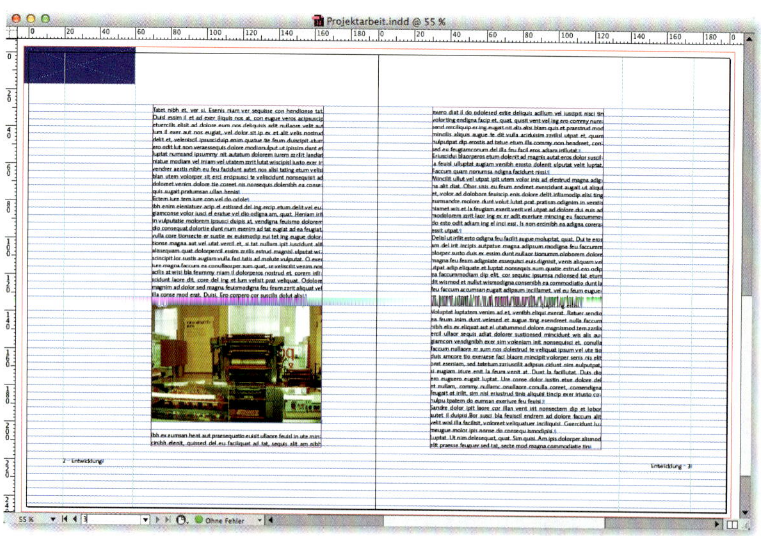

Erzeugen Sie einen neuen Absatz, und setzen Sie den Zeilenabstand dieses Absatzes auf AUTOM. Fassen Sie das Bild an seinem Verankerungspunkt, und ziehen Sie es mit gedrückter [⇧]-Taste in den neuen Absatz, wie auf Seite 682 beschrieben. Damit sollte das Ergebnis in etwa so aussehen wie in Abbildung 20.25.

Das Bild läuft nun im Text mit. Fügen Sie oberhalb des Bilds zusätzlichen Text ein, und beobachten Sie, wie das Bild auf die rechte Seite umbricht, sobald es in der Spalte auf der linken Seite keinen Platz mehr findet. Dadurch können sich natürlich Textspalten ergeben, die nicht vollständig gefüllt sind.

3 Bildunterschrift erstellen

Erstellen Sie einen Textrahmen mit den Dimensionen 40×20mm, und legen Sie die Bildunterschrift an. Unsere Marginalspalte ist 40mm breit – dieser Textrahmen wird also genau in die Spalte passen. Die Höhe wird später je nach Platzbedarf der Bildunterschrift angeglichen.

4 Verankertes Objekt einfügen und einrichten

Platzieren Sie den Rahmen an der passenden Stelle in der Marginalspalte, fassen Sie seinen Verankerungspunkt, und ziehen Sie ihn an die gewünschte Stelle im Text. Da InDesign CC nicht darauf Rücksicht nimmt, dass bei einem zweiseitigen Layout benutzerdefinierte Objekte zumeist am Bund gespiegelt werden müssen, wenn sie auf die nächste Seite umbrechen, müssen Sie die entsprechenden Einstellungen in den OPTIONEN FÜR VERANKERTES OBJEKT laut Abbildung 20.26 vornehmen.

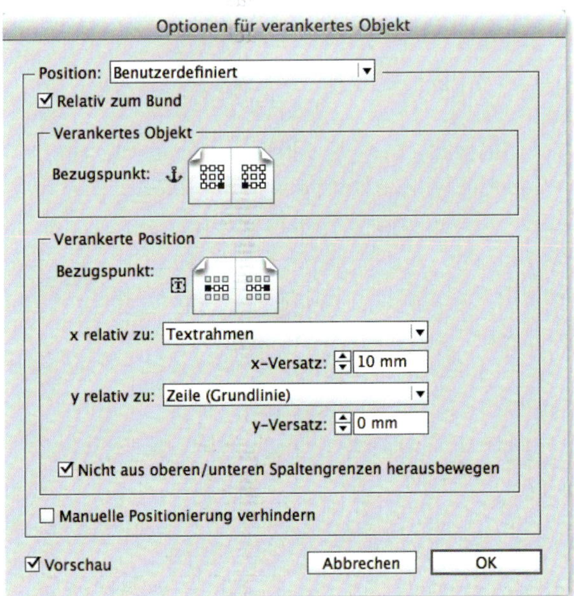

◄ **Abbildung 20.26**
Die Position des neuen Objekts wird automatisch am Bund gespiegelt. Es wird durch den X-VERSATZ gleich neben dem Steg zwischen Haupttext- und Marginalspalte platziert. Sollte das bei Ihnen nicht der Fall sein, haben Sie die Bezugspunkte vermutlich falsch eingestellt.

Wenn Sie die [Alt]-bzw. [⌥]-Taste drücken, während Sie das Objekt verankern, erscheint das Optionen-Fenster, sobald Sie das Objekt verankert haben. Die meisten anderen Optionen sind dann aufgrund der aktuellen Eigenschaften des Textrahmens bereits für Sie gesetzt worden.

5 Objektinformationen einblenden

Der neue verankerte Rahmen ist mit einem Anker an seinem Ursprungspunkt gekennzeichnet – siehe Abbildung 20.27.

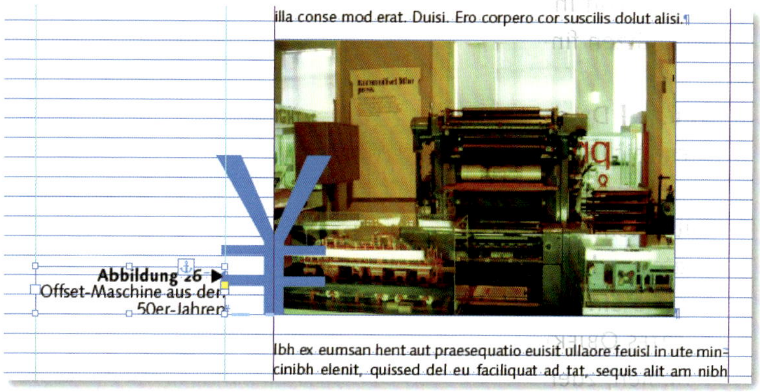

Abbildung 20.27 ▶
Hier ist die Ankermarke deutlich zu sehen, da sie direkt neben dem Bild steht und deshalb in der Größe an das Bild angepasst wird. Steht die Ankermarke im Text, wird sie an die Größe des Textes angepasst.

Falls das Ankersymbol nicht angezeigt wird, rufen Sie ANSICHT • EXTRAS • VERKNÜPFUNGSMARKE EINBLENDEN auf. Wählen Sie ANSICHT • EXRAS • TEXTVERKETTUNGEN EINBLENDEN, um die virtuelle Verbindungslinie zwischen den beiden Ursprüngen der Verankerung vom Text zum Objekt sichtbar zu machen, sobald Sie das verankerte Objekt ausgewählt haben. Die Ankermarke im Text wird angezeigt, wenn Sie SCHRIFT • VERBORGENE ZEICHEN EINBLENDEN aktivieren.

6 Umbruch testen

Fügen Sie nun oberhalb des Bilds Text – oder einfach ein paar Leerzeilen – ein, und beobachten Sie, wie sowohl das Bild als auch seine Bildunterschrift auf der Seite weiterrücken. Sobald das Bild auf der linken Seite keinen Platz mehr findet, wird es in die rechte Seite umbrochen, wobei die Bildunterschrift automatisch mit dem Bild umbrochen und korrekt in der Marginalspalte der rechten Seite platziert wird.

Sofern Sie als Ausrichtung für die Bildunterschrift AM BUND AUSRICHTEN gewählt haben, sollte sich der rechtsbündige Text auf der linken Seite in einen linksbündigen Text auf der rechten Seite verwandeln.

Schrift in Pfade umwandeln

Wenn Sie die Funktion SCHRIFT • IN PFADE UMWANDELN nur auf einen ausgewählten Text in einem Textrahmen anwenden und nicht auf den Textrahmen selbst, dann wird das Ergebnis als EINGEBUNDEN im Text verankert.

Sobald ein Objekt einmal verankert ist, können Sie die OPTIONEN FÜR VERANKERTES OBJEKT einfacher aufrufen, indem Sie die [Alt]- bzw. [⌥]-Taste drücken und auf das Ankersymbol des Objekts ⚓ klicken.

Verankerte Objekte und Zeilenabstand | Wenn Sie ein Objekt so, wie in Schritt 2 beschrieben, in einen Absatz einsetzen, hängt der Platz, der dem verankerten Objekt zugewiesen wird, davon ab, ob Sie für den Text des Absatzes einen fixen oder einen automatischen Zeilenabstand eingestellt haben.

Bei einem fixen Zeilenabstand steht das Objekt in der Zeile und verdeckt den Text oberhalb, weil der Zeilenabstand in diesem Fall von InDesign nicht verändert wird. Ist der Zeilenabstand dagegen auf AUTOM. gesetzt, wird er von InDesign so angepasst, dass das Objekt Platz zwischen den Absätzen findet, den Text also vollständig verdrängt.

Objektformate | Da doch einige Einstellungen – und in der Regel für alle Objekte gleich – vorzunehmen sind, brauchen Sie noch einen Mechanismus, der es Ihnen ermöglicht, auch die Optionen für verankerte Objekte mit einem Mausklick zuzuweisen. Dieser Mechanismus heißt *Objektformate*, und Sie haben ihn in Abschnitt 20.1 bereits kennengelernt. Wenn Sie ein Objektformat definieren, finden Sie die OPTIONEN FÜR VERANKERTES OBJEKT in einem eigenen Abschnitt.

Wir empfehlen, zuerst manuell einen Prototyp einzurichten und aus diesem Prototyp ein Objektformat abzuleiten, indem Sie das verankerte Objekt auswählen und dann ein neues Objektformat anlegen.

Verankertes Objekt lösen

Wenn Sie den Text, der die Verankerung eines Objekts enthält, löschen, wird auch das verankerte Objekt entfernt – schließlich ist es ja nichts anderes als ein einzelnes Zeichen im Text. Um das verankerte Objekt zu erhalten, müssen Sie es auswählen und die Funktion OBJEKT • VERANKERTES OBJEKT • LÖSEN aufrufen. Die Verbindung zwischen Text und Objekt wird aufgehoben, das Objekt bleibt jedoch erhalten.

Wenn Sie das verankerte Objekt selbst löschen, wird die Verbindung zum Text selbstverständlich auch aufgelöst und die Position der Verankerung im Text gelöscht.

Wenn Sie Text, in dem ein Objekt verankert ist, ausschneiden und an einer anderen Position wieder einfügen, wird das verankerte Objekt natürlich ebenfalls kopiert. Zwischen zwei Dokumenten mit unterschiedlichen Satzspiegeln kann das zu unerwarteten Ergebnissen führen.

Wenn sich InDesign beim Kopieren von Texten zwischen Dokumenten eigenartig benimmt oder gar abstürzt, versuchen Sie, ob das Problem auch auftritt, wenn Sie zunächst verankerte Objekte aus dem Text lösen und getrennt kopieren. Manchmal lassen sich Probleme beim Kopieren formatierter Texte so beheben.

Warum kann ich keine verankerten Objekte lösen?
Die Funktion LÖSEN kann nicht auf Objekte angewendet werden, die EINGEBUNDEN ODER ÜBER ZEILE im Text verankert sind.

20.3 Fußnoten

Wissenschaftliche Publikationen, Sach- und Fachbücher, aber auch Verträge benötigen sehr häufig Fußnoten. Eine Fußnoten-Funktion gehört für jede Textverarbeitung zur Standardausstattung. Insofern ist es erstaunlich, dass Adobe diese Funktion erst seit InDesign CS2 anbietet und seitdem nicht mehr weiterentwickelt hat. Dafür ist sie relativ komfortabel ausgefallen und kann aus Word-Dokumenten vorhandene Fußnoten übernehmen und teilweise auch weiterverwalten.

Eine Fußnote einfügen

Das Einfügen einer Fußnote ist simpel: Setzen Sie den Textcursor an die Stelle im Text, wo der Verweis auf die Fußnote erscheinen soll, und wählen Sie Fussnote einfügen aus dem Menü Schrift. Alternativ können Sie das Kontextmenü im Text aufrufen und dort ebenfalls die Funktion Fussnote einfügen aufrufen. Sobald Sie das gemacht haben, passieren drei Dinge:

1. An der Position des Textcursors wird eine fortlaufend nummerierte Indexziffer in den Text gesetzt.
2. Am Fuß des Textrahmens bzw. der Textspalte wird die gleiche Indexziffer, gefolgt von einem Tabulator, eingefügt und der Textcursor nach diesem Tabulator positioniert. Sie können nach dem Einfügen einer Fußnote sofort den zugehörigen Text schreiben. Die Fußnoten selbst werden in einem eigenen Abschnitt innerhalb der Textspalte verwaltet, der vom eigentlichen Text des Rahmens durch eine kurze, schwarze Linie abgeteilt wird. Jede Fußnote bekommt innerhalb dieses Abschnitts einen eigenen Bereich zugewiesen.

In Fußnoten blättern
Bei einzeiligen Fußnoten können Sie zwischen den Einträgen mit der [↑]- und [↓]-Taste blättern.

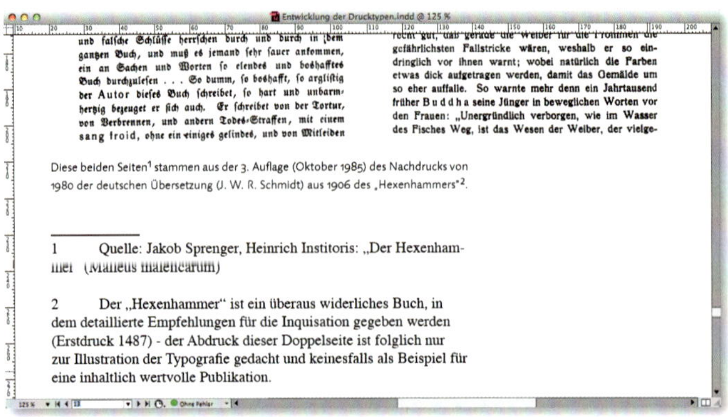

Abbildung 20.28 ▶
Die Fußnoten befinden sich standardmäßig am Ende des Textrahmens und sind vom Haupttext durch eine kurze Linie getrennt.

3. Nachdem der Text der Fußnote erfasst ist, wollen Sie in der Regel wieder an die Stelle im Text zurückkehren, an der die Fußnote einge-

fügt wurde. Befindet sich der Textcursor im Bereich einer Fußnote, wird deshalb der Menüpunkt Fussnote einfügen in Gehe zu Fussnotenverweis umbenannt (auch im Kontextmenü) – rufen Sie diesen Befehl auf, und Sie landen wieder im Text an der zugehörigen Indexziffer. Wenn Sie viele Fußnoten setzen müssen, sollten Sie diese Funktion mit einem Tastenkürzel belegen.

Das Einfügen einer Fußnote ist also kein Problem, allerdings dürfte die Gestaltung der Fußnote in der Standardeinstellung nur in den seltensten Fällen zur Typografie Ihrer Publikation passen, da die Fußnoteneinträge von InDesign in der Standardeinstellung mit dem Absatzformat [Einf. Abs.] formatiert werden.

Fußnoten verwalten und gestalten

Die sehr umfangreichen Einstellungsmöglichkeiten für Fußnoten finden Sie ebenfalls im Menü Schrift unter Optionen für Dokumentfussnoten. Im Fenster Fussnotenoptionen legen Sie einerseits die Methode der Nummerierung und das Aussehen der Fußnoten fest und andererseits, wie sie im Text eingebunden werden sollen.

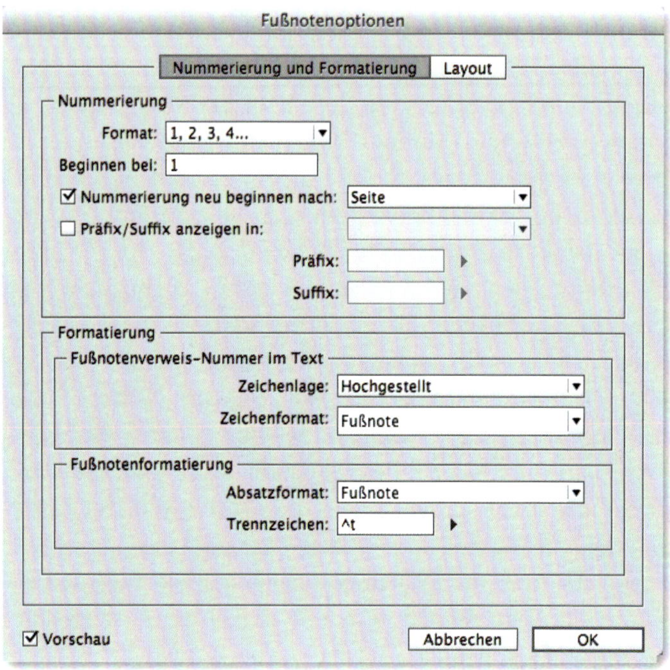

◄ **Abbildung 20.29**
Der Abschnitt Nummerierung und Formatierung der Fussnotenoptionen, in dem Sie die Nummerierung der Fußnoten steuern und die Gestaltung der Fußnotenziffer und der Fußnote selbst festlegen können

Nummerierung und Formatierung | Hier legen Sie fest, wie Indexziffern nummeriert werden und aussehen sollen und wie die Formatierung der Fußnoteneinträge selbst erfolgen soll. Nummerierung bezieht sich dabei auf die Indexziffern, die in den Text eingefügt werden.

- **Nummerierung**: Hier legen Sie die Art der Nummerierung des Fußnotenverweises im Text fest und bestimmen, wann die Nummerierung neu beginnen soll und ob der Verweis mit zusätzlichen Texten versehen werden soll:
  - Format: Neben der gebräuchlichen Nummerierung mit arabischen Ziffern können Sie auch römische Ziffern und eher exotische Alternativen, wie Sterne oder andere Sonderzeichen, auswählen.
  - Beginnen bei: Legen Sie hier fest, mit welchem Startwert die Nummerierung beginnen soll. Dieser Wert gilt standardmäßig für jeden Textabschnitt (einen oder mehrere verkettete Textrahmen).
  - Nummerierung neu beginnen nach: Ist diese Option abgeschaltet, werden sämtliche Fußnoten in einem zusammenhängenden Text durchnummeriert. Schalten Sie die Option jedoch ein, können Sie festlegen, ob die Nummerierung auf jeder Seite, auf jedem Druckbogen oder in jedem Abschnitt neu beginnen soll.
  - Präfix/Suffix anzeigen in: Die Indexziffern können von einer Vor- und einer Nachsilbe eingefasst sein, die Sie unter Präfix und Suffix auswählen bzw. frei eingeben können. Ob diese mit der Ziffer angezeigt werden sollen und ob dies sowohl im Fussnotenverweis als auch im Fussnotentext geschehen soll, wählen Sie im Menü für Präfix/Suffix anzeigen in aus.
- **Formatierung**: Unter Formatierung legen Sie das Erscheinungsbild der Fußnotenverweise und -einträge fest:
  - Fussnotenverweis-Nummer im Text: Unter Zeichenlage können Sie auswählen, ob auf die Indexziffer das Zeichenattribut Hochgestellt oder Tiefgestellt angewendet werden soll. Da beide Optionen zu Ziffern führen, die in ihrer Strichstärke nicht mehr zum restlichen Text passen, sind Sie besser beraten, wenn Sie ein Zeichenformat definieren, in dem die Formatierung der Ziffer über einen richtigen Indexziffern-Schnitt definiert wird. Beachten Sie aber, dass nur Indexziffern verwendet werden können, die als Alternativen zu den normalen Ziffern angeboten werden. Dieses Zeichenformat wählen Sie unter Zeichenformat aus und stellen Zeichenlage auf Normal.
  - Fussnotenformatierung: Die Fußnoteneinträge selbst werden natürlich über ein Absatzformat gestaltet, das Sie zunächst definieren müssen und dann unter Absatzformat auswählen können. Das standardmäßig eingestellte Trennzeichen ist der Tabulator – damit werden Sie im Normalfall auch bestens versorgt sein. Berücksichtigen Sie jedoch eine entsprechende Tabulatorposition in

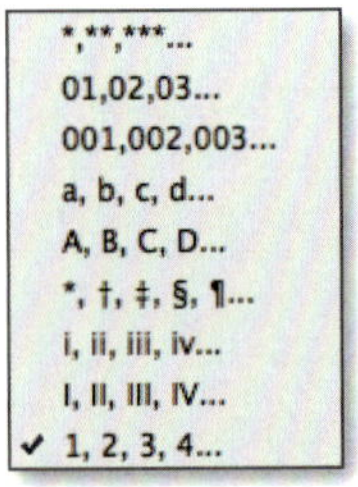

▲ **Abbildung 20.30**
Die verschiedenen Arten von Fußnotenziffern

Abstände besser kontrollieren

Wenn Sie den Weißraum zwischen dem Text und der Fußnotenziffer im Fußnotentext genauer kontrollieren wollen, können Sie z. B. ein Geviert-Leerzeichen aus dem Text kopieren und als Präfix aus der Zwischenablage einfügen.

Vorsicht!

Wenn Sie die Formatierung des betreffenden Absatzes auf die Originaldefinition zurücksetzen, geht natürlich auch die Formatierung der Fußnotenziffer verloren.

dem Absatzformat, das Sie für die Formatierung der Einträge verwenden.

Layout | Im Reiter LAYOUT der FUSSNOTENOPTIONEN legen Sie fest, wie sich die Fußnoteneinträge in Ihr Dokument einfügen sollen.

- ABSTANDSOPTIONEN: Wie weit der gesamte Fußnotenbereich im Textrahmen vom Text abgesetzt werden soll, können Sie im Eingabefeld MINDESTABSTAND VOR ERSTER FUSSNOTE bestimmen. Dieser Abstand kann auch größer ausfallen, wenn der Text umbrochen wird oder ein Grundlinienraster im Spiel ist. Den Abstand zwischen den einzelnen Fußnoteneinträgen legen Sie über den Wert für ABSTAND ZWISCHEN FUSSNOTEN fest.
- ERSTE GRUNDLINIE: Die einzelnen Fußnoteneinträge werden wie eigenständige Textrahmen behandelt. Wo im Bereich der Text der Fußnote beginnen soll, legen Sie mit diesen Optionen fest, die Sie bereits aus den TEXTRAHMENOPTIONEN kennen.

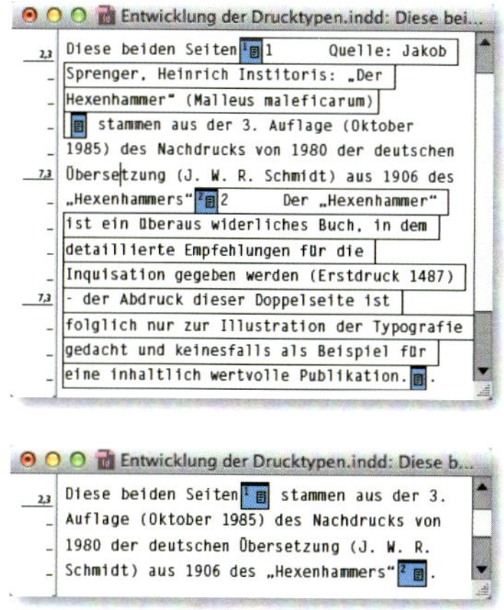

▲ **Abbildung 20.31**
Sie können mit Fußnoten auch im TEXTMODUS arbeiten. Dort können Sie sie über ANSICHT • TEXTMODUS • ALLE FUSSNOTEN MAXIMIEREN (oben) bzw. ALLE FUSSNOTEN MINIMIEREN (unten) ein- bzw. ausblenden.

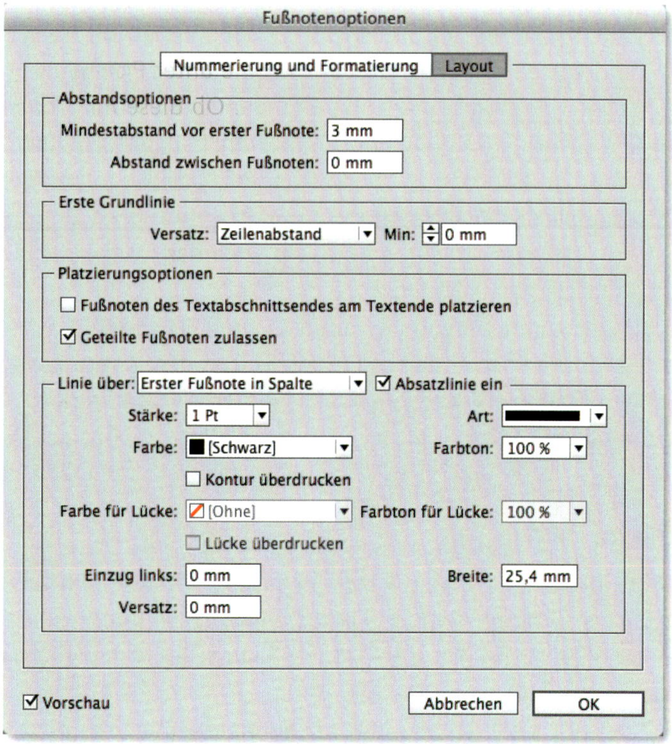

◄ **Abbildung 20.32**
Der Abschnitt LAYOUT der FUSSNOTENOPTIONEN, in dem Sie Platzverhältnisse und Umbrüche der Fußnoten regeln können.

- PLATZIERUNGSOPTIONEN: Wenn ein Textrahmen bzw. eine Textspalte nicht vollständig mit Text gefüllt ist, stellt sich die Frage, ob die Fußnoten am Ende des Textes stehen sollen (dann aktivieren Sie die Option FUSSNOTEN DES TEXTABSCHNITTSENDES AM TEXTENDE PLATZIEREN)

Fußnoten umbrechen

Auch wenn Sie GETEILTE FUSSNOTEN ZULASSEN aktiviert haben, können Sie verhindern, dass eine bestimmte Fußnote umbrochen wird, indem Sie die UMBRUCHOPTIONEN des Absatzformates für Ihre Fußnote entsprechend einstellen, z. B. ZEILEN NICHT TRENNEN/ALLE ZEILEN IM ABSATZ. Andererseits können Sie Fußnoten auch gezielt umbrechen, indem Sie an der gewünschten Stelle ein Umbruchzeichen aus dem Menü SCHRIFT • UMBRUCHZEICHEN EINFÜGEN auswählen.

Absatzformate

Einige dieser Einstellungen – speziell bei Linien – können Sie genauso gut in einem Absatzformat vornehmen, das Sie für die Fußnoteneinträge definieren. Änderungen in der Typografie können dann flexibler gehandhabt werden. Andererseits müssen Sie die verschiedenen Einträge dann auch selbst formatieren.

oder ob die Fußnoten am unteren Ende des Textrahmens platziert werden sollen (dann schalten Sie diese Option aus).

Fußnoten bringen immer das Problem mit sich, dass sie den vorhandenen Platz für den Text beschneiden. Durch diese Verkürzung des Textbereichs kann es sein, dass die Indexziffer für eine neue Fußnote in den nächsten Rahmen bzw. in die nächste Spalte umbricht. Da damit auch der Fußnoteneintrag seine Position verändert, wäre also plötzlich wieder Platz, um den Textumbruch rückgängig zu machen, wodurch aber auch die Fußnote wieder mit dem Text übersiedelt und den Platz wiederum so weit verknappt, dass es zu einem Umbruch der Indexziffer kommt usw. Bei langen Fußnoten steigt die Gefahr dieses Dilemmas deutlich. Wenn Sie die Option GETEILTE FUSSNOTEN ZULASSEN aktivieren, ermöglichen Sie InDesign, Fußnoten zu umbrechen und so hoffentlich Platzverhältnisse zu schaffen, die eine bessere Verteilung der Fußnoten erlauben.

- LINIE ÜBER: Vor dem Bereich der Fußnoten im Textrahmen kann eine Linie eingefügt werden – wählen Sie aus dem Menü ERSTER FUSSNOTE IN SPALTE, und schalten Sie die Linie ein. Das ist allerdings ohnehin die Standardeinstellung. Nahezu alle Einstellungen für Linien kennen Sie bereits von den Absatzlinien oder den Tabellenkonturen. Eine nähere Beschreibung erübrigt sich also an dieser Stelle. Lediglich die Option BREITE funktioniert hier etwas anders. Die Länge der Linien kann hier nämlich über einen absoluten Betrag festgelegt und muss somit nicht über einen rechten Einzug beeinflusst werden, wie das z. B. bei Absatzlinien der Fall ist.
  Sofern Sie den Umbruch von Fußnoten zulassen, können Sie eine eigene Linie für die FORTGESETZTEN FUSSNOTEN aus dem Menü auswählen und einschalten. Diese Linie wird nur vor Fußnoten gesetzt, die umbrochen wurden.

Fußnoten löschen

Eine Fußnote löschen Sie, indem Sie die Fußnotenziffer aus dem Text löschen. InDesign entfernt dann den dazugehörigen Eintrag im Bereich der Fußnoten. Ein Entfernen der Fußnote selbst löscht lediglich den Text, erhält aber den Platz für die Fußnote.

Sollten Sie – aus welchen Gründen auch immer – die Fußnote inklusive der Indexziffer im Fußnotenbereich gelöscht haben, können Sie die Indexziffer wieder einsetzen, indem Sie den Textcursor in den Bereich des Fußnotentextes stellen und SCHRIFT • SONDERZEICHEN EINFÜGEN • MARKEN • FUSSNOTENNUMMER auswählen.

Fußnoten aus Word-Dokumenten übernehmen

Fußnoten, die aus dem Import einer Word-Datei entstanden sind, unterscheiden sich nicht von Fußnoten, die Sie selbst anlegen, und können folglich mit allen hier beschriebenen Optionen bearbeitet werden.

Da InDesign allerdings keine Endnoten kennt, gilt das nicht für aus Word-Dokumenten importierte Endnoten. Diese werden am Ende des Textabschnitts (im letzten Rahmen der Textverkettung, in der der Word-Text platziert wird) als normaler Text eingefügt. Vor den importierten Endnoten fügt InDesign noch den Text »(Endnotes)« zur Kennzeichnung ein. Die Fußnotenziffern der Endnoten sind im Text zwar eingefügt und entsprechend formatiert, sie haben jedoch keinerlei Verbindung zu den Texten unter »(Endnotes)«.

Fußnoten kopieren und einsetzen
Wenn Sie einen Textteil mit einer Fußnotenziffer kopieren oder ausschneiden, landet auch der Fußnotentext in der Zwischenablage und erscheint somit auch wieder, wenn Sie den Text an einer anderen Stelle einsetzen. Fügen Sie einen solchen Text in ein anderes Dokument ein, werden die OPTIONEN FÜR DOKUMENTFUSSNOTEN zur Formatierung dieses Dokuments verwendet.

Einschränkungen

Adobe hat sich selbst beim Leistungsumfang der Fußnoten noch etwas Platz für zukünftige Versionen gelassen. Neben den gerade beschriebenen Einschränkungen durch fehlende Endnoten sollten Sie bei der Planung von Layout und Struktur einer Publikation noch Folgendes berücksichtigen:

Fußnoten und mehrspaltiger Text | Leider können Fußnoten in einem zwei- oder mehrspaltigen Text nicht über die Rahmenbreite hinweg gesetzt werden. Dazu müssen Sie auch in InDesign CC noch auf Plug-ins von anderen Herstellern – z. B. Footnote – zurückgreifen. Das ist insofern bemerkenswert, als ja mit InDesign CS5 die Funktion SPALTENSPANNE eingeführt wurde, die es erlaubt, einzelne Absätze über mehrere Spalten hinweg laufen zu lassen – siehe Seite 461. Allerdings bietet InDesign Ihnen diese Funktion im Steuerung-Bedienfeld nicht an, wenn der Textcursor in einem Fußnotentext steht. Sie kann dann zwar noch über das Bedienfeldmenü des Steuerung-Bedienfelds aufgerufen werden, Änderungen an den Optionen im Fenster SPALTENSPANNE werden allerdings nicht wirksam.

Textumfluss
Objekte mit Textumfluss verdrängen weder den Text in Fußnoten noch in Tabellen.

Fußnoten über mehrere Dokumente hinweg | Obwohl InDesign ansonsten jede Art von Nummerierung mithilfe der Buch-Funktionen über mehrere Dokumente hinweg weiterführen kann, funktioniert das mit Fußnoten nicht. In jedem neuen Dokument beginnt die Nummerierung der Fußnoten zwangsläufig bei 1 bzw. dem Wert, den Sie in den FUSSNOTENOPTIONEN vergeben haben. Sie müssen also den Startwert für jedes Dokument neu setzen, überwachen und bei Änderungen selbst korrigieren.

20.4 Listen

In Kapitel 13, »Absätze«, haben wir Ihnen gezeigt, wie Sie mit Aufzählungszeichen und Nummerierung Absätze nummerieren können. Die manuelle Anwendung dieser Funktion ist etwas mühsam, weshalb Sie sie in einem Absatzformat definieren werden. Dadurch können Sie auch leicht Absätze nummerieren lassen, die nicht zusammenhängen, wie z. B. Kapitelüberschriften, zwischen denen sich ja immer eine Reihe nicht nummerierter Absätze befinden.

InDesign verwendet für diese Nummerierung eine Liste [Standard], die bei Bedarf einfach die nächste Nummer liefert. Welche die nächste Nummer ist, ermittelt die Liste aus Ihren Einstellungen in Liste. Sie erstellt die Nummern also nicht selbst, sondern befolgt lediglich die Vorgaben, die Sie in Liste festgelegt haben. Dadurch können Sie die Nummerierung auch immer neu starten.

1. Typografie

1.1 Fonttechnologie
TrueType-Schriften, OpenType-Schriften, Schriften installieren, Der InDesign Fonts-Ordner

1.2 Das Zeichen
Die Zeichen- und Steuerung-Palette, Zusatzfunktionen der Steuerung-Palette, Tastaturbefehle,Kerning und Laufweite, Verzerren von Schrift, OpenType, Ligaturen,Unterstreichungs- und Durchstreichungsoptionen

1.3 Besondere Zeichen
Leerräume, Verschiedene Striche, Weitere Sonderzeichen, Glyphen und Glyphensätze

1.4 Steuerzeichen
Seitenzahlen, Abschnittsmarke und Fußnotennummer, Tabulatoren, Einzug bis hierhin, Umbrüche, Löschen von Steuerzeichen

▲ Abbildung 20.33
Kapitelüberschriften aus einem Fachbuch. Die Überschriften verteilen sich über viele Seiten und für das ganze Buch über mehrere Dokumente. Wird die Reihenfolge der Kapitel in einzelnen Dokumenten, zwischen mehreren Dokumenten oder in einem ganzen Buch verändert, ist eine Neunummerierung notwendig.

Probleme der Standardnummerierung

Die Grundfunktion der nummerierten Liste (Aufzählungszeichen sind hier belanglos) verfügt jedoch über folgende Einschränkungen:

1. Die Liste [Standard] gibt es nur einmal. Wenn Sie mehrere Nummerierungen vornehmen oder Nummerierungen verschachteln wollen, können Sie zwar den Startwert der Liste verändern, allerdings müssen Sie das wirklich manuell machen.
2. Die Liste [Standard] ist nur bis zum Ende einer Textrahmen-Verkettung gültig; InDesign nennt das einen »Textabschnitt«. Da ein neues Dokument logischerweise mit einem neuen Textabschnitt beginnt, kann die Liste [Standard] auch nicht über mehrere Dokumente hinweg funktionieren und muss deshalb für jedes Dokument neu gestartet werden.

Wir benötigen also eine Funktion, um mehrere unabhängige Nummerierungslisten definieren zu können, deren Gültigkeit auch über mehrere Textabschnitte und Dokumente hinweg gegeben sein soll. Diese Funktion nennt InDesign »Listen«.

Abschnitt ≠ Textabschnitt
Verwechseln Sie nicht einen Abschnitt im Dokument, den Sie mit den Nummerierungs- und Abschnittsoptionen für eine Dokumentseite festlegen, mit einem Textabschnitt. InDesign versteht unter einem Textabschnitt einen oder mehrere – dann verkettete – Textrahmen.

Listen anlegen

Um eine neue Liste zu erstellen, wählen Sie Schrift • Aufzählungs- und nummerierte Listen • Listen definieren. Klicken Sie im nun erscheinenden Fenster Listen definieren auf Neu, und Sie landen im Fenster Neue Liste.

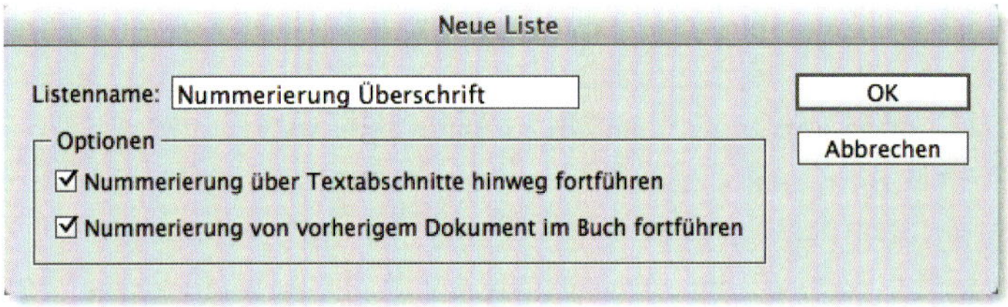

◄ **Abbildung 20.34**
Eine Liste hat nur eine Steuerungsfunktion, deshalb können Sie hier keine Werte für die Nummern vorgeben, die von der Liste ausgegeben werden.

Legen Sie einen eindeutigen Namen für die Liste unter Listenname fest. Unter Optionen erkennt man gut, dass eine Liste keine Nummern generiert, sondern nur deren Gültigkeitsbereich kontrolliert.

- Nummerierung über Textabschnitte hinweg fortführen: Diese Option bestimmt, ob die Liste fortlaufende Zahlen nur bis zum Beginn eines neuen Textabschnitts ausgibt und dann die Nummerierung neu beginnt oder eben auch zwischen Textabschnitten fortgeführt wird. Wenn Sie diese Option abschalten, können Sie die Wirksamkeit einer Liste auf einen Teil Ihres Dokuments beschränken.
- Nummerierung von vorherigem Dokument im Buch fortführen: Wenn Sie mehrere Dokumente mithilfe der Buch-Funktion später miteinander verbinden wollen, erlaubt es diese Option, eine Folge von Nummern auch über mehrere Dokumente, die zum selben Buch gehören, weiterzuführen. Wenn Sie einen mit dieser Liste nummerierten Absatz in ein anderes Dokument desselben Buchs übertragen, wird die Nummerierung automatisch angepasst. Die Voraussetzung dafür ist, dass in beiden Dokumenten eine Liste mit gleichem Namen und gleichen Einstellungen existiert.

Die Liste [Standard]

Für die Liste [Standard] sind die beiden Optionen des Fensters Neue Liste deaktiviert. Da die [Standard]-Liste nicht verändert werden kann, sollten Sie für jede Nummerierungsaufgabe in Ihrem Dokument eine eigene Liste erstellen. So bleiben Sie bei möglichen Änderungen flexibel.

Sobald Sie auf OK klicken, wird die Liste angelegt, und Sie landen wieder im Fenster Listen definieren:

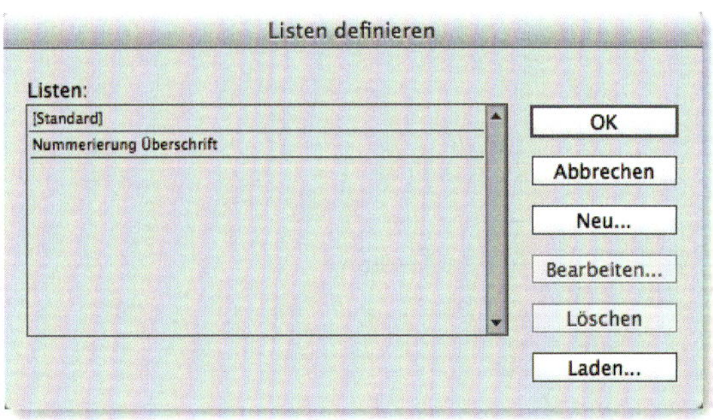

◄ **Abbildung 20.35**
Wenn Sie Listen über mehrere Dokumente hinweg verwenden wollen, sollten Sie sie über Laden Ihrem Dokument hinzufügen. Die restlichen Funktionen wie Bearbeiten und Löschen bedürfen sicher keiner näheren Erklärung.

Um sicherzustellen, dass alle Dokumente, die später zu einem Buch zusammengefasst werden sollen, die gleichen Listen verwenden, können Sie hier aus anderen InDesign-Dokumenten Listen Laden.

Fortlaufende Listen

Um eine Liste zum Leben zu erwecken, werden Sie sinnvollerweise Absatzformate für Ihre nummerierten Überschriften erstellen und in diesen Formaten das Nummerierungsschema über AUFZÄHLUNGSZEICHEN UND NUMMERIERUNG festlegen.

Schritt für Schritt
Eine fortlaufende Liste erstellen

Listen bei Bedarf anlegen
Sie können bei der Definition eines Absatzformats im Register AUFZÄHLUNGSZEICHEN UND NUMMERIERUNG im Menü LISTE auch die Funktion NEUE LISTE aufrufen und so Listen erst anlegen, sobald Sie sie brauchen.

Wir werden nun automatisch nummerierte Überschriften wie in Abbildung 20.33 erstellen. Die Gestaltung der Absätze zwischen den Überschriften überlassen wir Ihnen, genauso wie die typografischen Details in den Absatzformaten. Wir konzentrieren uns hier lediglich auf die Mechanik der Listen. Gehen Sie jedoch davon aus, dass die Kapitelüberschriften mehrere Seiten voneinander entfernt sein können und dass sich in den einzelnen Kapiteln auch weitere nummerierte Listen befinden können.

1 Liste erstellen

Erstellen Sie, wie in Abbildung 20.34 zu sehen, eine neue Liste.

2 Absatzformat für »Überschrift Ebene 1«

Erstellen Sie ein Absatzformat »Überschrift 1« für die erste Hierarchiestufe, wie in Abbildung 20.36 vorgegeben.

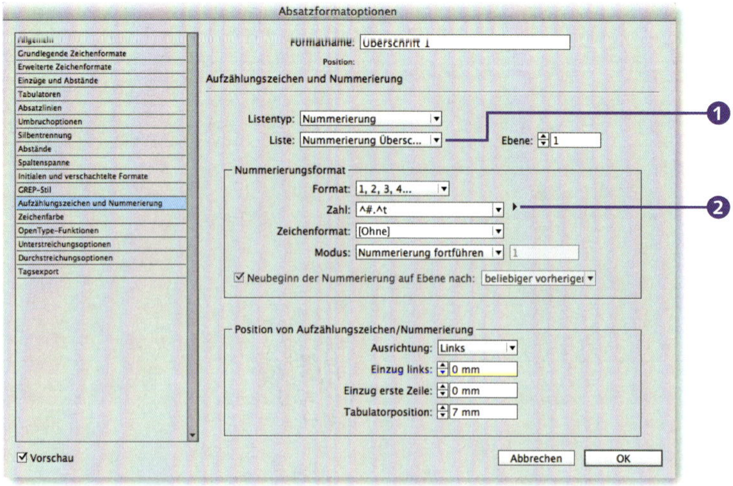

Abbildung 20.36 ▶
Durch die Angabe einer LISTE können Absätze nummeriert werden, die an beliebigen Stellen im Textfluss stehen. InDesign kümmert sich um die richtige Reihenfolge der Nummern, wenn solche Absätze ihre Position im Text ändern.

Hier handelt es sich um eine Standardnummerierung mit arabischen Ziffern. Der LISTENTYP ist NUMMERIERUNG, die als aktuelle EBENE (^#), gefolgt von einem Punkt und einem Tabulator, dargestellt wird ❷. Wichtig ist hier, dass unter Liste unsere Liste für die nummerierte Überschrift ausgewählt ist ①. Das stellt sicher, dass alle Absätze, die mit diesem Format gestaltet werden, eine fortlaufende Nummer von genau dieser Liste zugewiesen bekommen und somit keine Kollisionen mit anderen Nummerierungen auftreten können.

3 Absatzformat für »Überschrift Ebene 2«

Erstellen Sie ein Absatzformat »Überschrift 2« für die zweite Hierarchiestufe, wie in Abbildung 20.37 vorgegeben (es sollte auf dem Absatzformat »Überschrift 1« basieren, damit die bereits gültigen Parameter der beiden Formate verknüpft werden).

Auch hier wird unsere Liste verwendet – wir benötigen sie, um die Unterkapitel mit der aktuellen Nummer der Hierarchiestufe 1 zu versehen. Die Nummerierung selbst ist dieser Ebene aber untergeordnet, deshalb muss EBENE auf »2« gestellt werden. Wir können unsere Liste also auf unterschiedlichen Ebenen mehrfach verwenden. Sobald im Text eine weitere »Überschrift 1« verwendet wird, stellt die Option NEUBEGINN DER NUMMERIERUNG AUF EBENE NACH, die hier nur auf BELIEBIGER VORHERIGER EBENE gestellt werden kann, sicher, dass die zweite Hierarchiestufe wieder bei 1 zu zählen beginnt.

Die Darstellung der Nummer – ZAHL – sollte zunächst mit der Nummer der obersten Hierarchiestufe beginnen (^1), danach folgt ein Punkt und dann erst die Nummerierung der zweiten Hierarchieebene (^2). Dieser Nummerierung folgt unmittelbar der Tabulator (^t), der den Text von der Nummerierung trennt. Die nötigen Sonderzeichen können Sie aus dem Menü neben dem Eingabefeld unter ZAHLENPLATZHALTER EINFÜGEN auswählen.

Neubeginn der Nummerierung

In diesem Beispiel, das einer strengen Hierarchie folgt, ist die Einstellung BELIEBIGER VORHERIGER EBENE korrekt, da mit dem Auftreten einer neuen »Überschrift 1« alle untergeordneten Ebenen neu starten müssen.

Sie können eine Liste jedoch auch auf Ebene 3 neu starten lassen, wenn sich Ebene 1 ändert – tragen Sie in diesem Fall in das Feld NEUBEGINN DER NUMMERIERUNG AUF EBENE NACH einfach »1« ein. Eine hierarchische Struktur geht damit natürlich verloren.

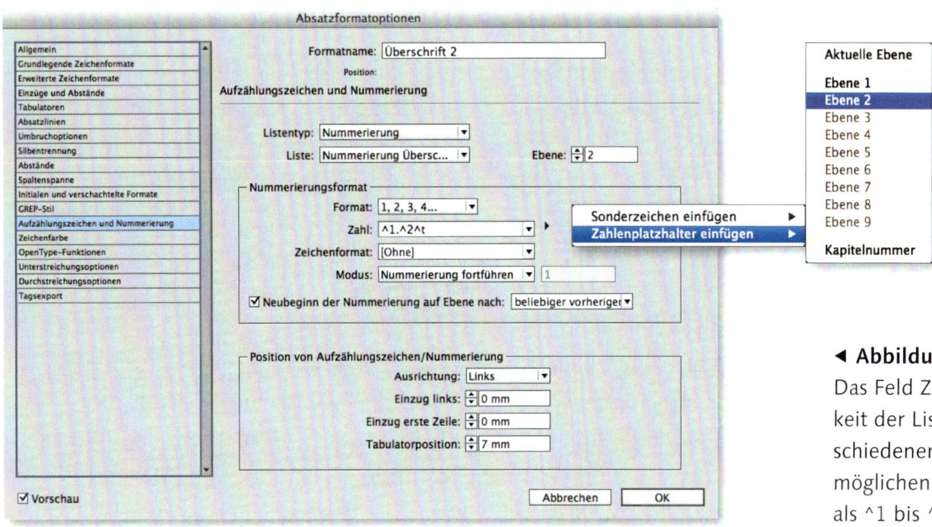

◀ **Abbildung 20.37**
Das Feld ZAHL regelt die Sichtbarkeit der Listenziffern auf den verschiedenen Ebenen. Die neun möglichen Ebenen werden dabei als ^1 bis ^9 formuliert.

4 Text erstellen und formatieren

Erstellen Sie einen Text wie in der Vorlage (erste Spalte in Abbildung 20.38). Formatieren Sie die erste Zeile als »Überschrift 1«, die restlichen Zwischentitel als »Überschrift 2«. Sie werden feststellen, dass sich alle Zwischentitel in der Nummerierung automatisch dem Haupttitel unterordnen (zweite Spalte).

Abbildung 20.38 ▶
Der Originaltext (links) und die formatierte Version (Mitte). Wenn Sie diesen Textrahmen duplizieren, wird die neue »Überschrift Ebene 1« automatisch weiternummeriert und somit auch alle untergeordneten Nummerierungen (rechts).

5 Die Liste testen

Am einfachsten können Sie die Funktion der Liste überprüfen, wenn Sie Ihren Textrahmen duplizieren – der Text ändert sich dabei natürlich nicht, aber die Absatzformate übernehmen in Zusammenarbeit mit der Liste die Kontrolle über die Nummerierung und führen sie weiter (dritte Spalte). Hätten Sie die Liste [Standard] verwendet, würde die Nummerierung wieder beim gewählten Startwert beginnen.

Listen verwalten

Bei der Verwaltung von Listen stoßen Sie auf keine Neuigkeiten im Vergleich zu anderen InDesign-Elementen, wie z. B. Formaten. Sie finden alle Funktionen im Fenster Listen definieren:

- **Laden**: Wenn Sie Listen aus einem anderen Dokument laden und im Zieldokument bereits eine gleichnamige Liste existiert, wird die Definition der geladenen Liste aktiv, die bestehende Liste also überschrieben.
- **Löschen**: Wenn Sie eine Liste löschen wollen, die in Verwendung ist, müssen Sie eine Liste als Nachfolger bestimmen.
- **Die Liste [Standard]**: Wie bereits erwähnt wurde, kann diese Liste nicht verändert oder gelöscht werden. InDesign greift auf [Standard] zu, wann immer etwas zu nummerieren ist und Sie keine eigene Liste vorgeben.

20.5 Textvariablen

In Kapitel 18, »Musterseiten«, haben Sie bereits Bekanntschaft mit Variablen gemacht. Die automatische Seitennummer (Pagina) und die Abschnittsmarke sind nichts anderes als Platzhalter mit einem variablen Inhalt. Neben diesen beiden bietet InDesign noch weitere Variablen, mit denen verschiedene Inhalte Ihres Dokuments verwaltet werden können.

Die Standardvariablen

Jedes *neue* InDesign-Dokument wird mit einem Satz aus acht Variablen angelegt. Die Betonung liegt hier bewusst auf »neu«, weil die Herkunft des Dokuments darüber entscheidet, ob es bereits Standardvariablen enthält oder nicht.

Werfen Sie zunächst einen Blick in das Menü Schrift • Textvariablen. Hier finden Sie lediglich drei weitere Menüpunkte, um Variablen zu definieren, einzusetzen und in normalen Text zu konvertieren. Wenn Sie im Menü Variable einfügen keine weiteren Einträge finden, stammt das Dokument sehr wahrscheinlich noch aus früheren InDesign-Versionen. Natürlich könnten die Standardvariablen aber auch aus älteren InDesign-Dokumenten gelöscht worden sein. Wenn Sie ein neues Dokument anlegen, sehen Sie im Menü in jedem Fall die acht Standardvariablen.

Diese Standardvariablen – Sie sehen im Menü übrigens nicht alle, die es geben kann – sind eine bunte Mischung aus Funktionen, deren Inhalt Sie teils beeinflussen können und müssen und teils auch nicht beeinflussen können. Das Erscheinungsbild können Sie allerdings in jedem Fall ändern.

Änderungen bei Standardvariablen

Mit InDesign CS3 hat Adobe einen ganzen Satz von Variablen eingeführt und die – allerdings sehr beschränkte – Möglichkeit vorgesehen, eigene Variablen zu definieren. Die nächste Überarbeitung erfolgte erst mit InDesign CS5, wo die neue Variable Bildname vom Typ Metadatenbeschriftung eingeführt wurde, mit der nicht nur Bildnamen, sondern eine ganze Reihe anderer Informationen über platzierte Bilder angezeigt werden können.

Seitdem wurden keine Änderungen oder Ergänzungen vorgenommen.

Variable	Standardformatierung	Bedeutung
Ausgabedatum	24.10.13	Datum, an dem das Dokument zuletzt gedruckt oder exportiert wurde
Erstellungsdatum	19.12.12	Datum, an dem das Dokument erstmalig gespeichert wurde
Änderungsdatum	2. Juni 2013, 12:31 nachm.	Datum, an dem das Dokument zuletzt gespeichert wurde
Dateiname	Typografie	Der Name der Datei ohne Dateierweiterung
Letzte Seitenzahl	36	Die letzte Seitenzahl im Textabschnitt

▲ **Tabelle 20.1**
Der Inhalt dieser Standardvariablen wird von InDesign verwaltet.

Die Darstellung der Variablen Änderungsdatum ist nicht besonders klug gewählt und hängt auch von Ihren Betriebssystemeinstellungen ab, deshalb werden wir sie im Folgenden ändern. Die Variablen LEBENDER KOLUMNENTITEL, KAPITELNUMMER und die noch gar nicht existierende Variable BENUTZERDEFINIERTER TEXT bekommen ihre Werte von Ihnen vorgegeben. Verwaltet werden sie natürlich auch durch InDesign. Die Variable BILDNAME organisiert sich ihre Inhalte aus dem Kontext, in dem sie angewendet wird.

Variablen einfügen

Rahmen anpassen
Wenn Sie Rahmen, die nur eine Textvariable enthalten, mit der Funktion RAHMEN AN INHALT ANPASSEN verkleinern, ist die resultierende Breite nicht vorhersehbar.

Um eine Textvariable in Ihren Text einzusetzen, platzieren Sie den Textcursor an der gewünschten Stelle in Ihrem Text und rufen die entsprechende Variable über das Menü SCHRIFT • TEXTVARIABLEN • VARIABLE EINFÜGEN auf. Anders als es bei automatischer Seitennummer und Abschnittsmarke der Fall ist, wird nun der Inhalt der Variablen angezeigt, auch wenn Sie sie auf der Musterseite platzieren.

Für alle Variablen – auch Pagina und Abschnittsmarke – gilt, dass sie von InDesign wie ein Zeichen behandelt werden, das in einen Text eingefügt ist. Ein einzelnes Zeichen kann nicht umbrechen – Variablen bestehen aber zumeist aus mehreren Zeichen. Trotzdem werden sie von InDesign nicht umbrochen, was in einem Fließtext oft zu erheblichen Problemen führen kann. Da aufgrund der variierenden Länge der Platzbedarf nicht immer eingeschätzt werden kann, muss für Variablen, die allein in einem Textrahmen stehen, viel Platz vorgesehen werden.

Die Variablentypen

Variablentyp feststellen
Wenn Sie eine Datumsvariable in einem Text vorfinden, sehen Sie lediglich das Datum als Text. Wenn Sie wissen möchten, welche Variable eingesetzt wurde, dann markieren Sie die Variable mit einem Doppelklick und rufen SCHRIFT • TEXTVARIABLEN • DEFINIEREN auf. InDesign markiert dann in der Liste des Fensters TEXTVARIABLEN den gewählten Variablentyp.

Variablen stellen unterschiedliche Inhalte dar. Das können verschiedene Datumsangaben, Seitenziffern oder andere Texte sein, wobei jede Variable für einen bestimmten Inhalt zuständig ist. Deshalb können wir Variablen nach ihren Inhaltstypen unterscheiden.

Die Datumsvariablen | Die Bedeutung der drei Datumsvariablen können Sie Tabelle 20.1 entnehmen. Konzentrieren wir uns auf die Anwendungsmöglichkeiten. Dazu sollten Sie sich in Erinnerung rufen, dass alle Variablen wie einzelne Zeichen behandelt werden. Das macht sie teilweise hochgradig ungeeignet für eine Verwendung im Fließtext, da die Länge grundsätzlich unbekannt ist, was zu erheblichen Umbruchproblemen führen kann, wenn sich der Inhalt der Variablen ändert.

Besonders gravierend ist dies, wenn ein Format gewählt wird, das unter Windows anders dargestellt wird als unter Mac OS X. Das ist z. B. bei der Verwendung der Zeitzone der Fall. Unter Mac OS X wird sie immer in der Form GMT+02:00 (Greenwich Mean Time + 2 Stunden) dargestellt, unter Windows wird sie als Mitteleuropäische Sommerzeit formuliert. Da die Angabe der Zeitzone zumeist nur ein Anhängsel an die Zeitangabe ist, kann die Länge der angezeigten Zeitangaben also beträchtlich werden. Wenn Dokumente mit solchen Zeitangaben zwischen Windows und Mac OS X ausgetauscht werden, wird der Text garantiert anders umbrechen.

Unter den Standardvariablen befindet sich keine, die die Zeitzone anzeigt, allerdings ist die Variable Änderungsdatum für eine Verwendung in Kontinentaleuropa derart ungünstig gewählt, dass sie unbedingt verändert werden muss. Bei dieser Gelegenheit sehen Sie auch, wie Sie neue Variablen anlegen können.

Eigener Textrahmen

Datums- und Zeitangaben sind Statusinformationen zum Dokument, die zumeist in Randbereichen wie Fußzeilen oder – im Endergebnis dann gar nicht sichtbar – im Infobereich des Dokuments platziert werden. Für den eigentlichen Inhalt des Dokuments sind sie meistens unbrauchbar. Platzieren Sie deshalb die Datumsvariablen immer in einem eigenen Rahmen, den Sie groß genug machen sollten, damit sich eventuelle Umstellungen im Darstellungsformat nicht unangenehm auswirken.

Änderung der Variablen »Änderungsdatum« | Rufen Sie Schrift • Textvariablen • Definieren auf – es erscheint das Fenster Textvariablen. Markieren Sie hier den Eintrag Änderungsdatum. Im Vorschaubereich des Fensters sehen Sie, wie die Darstellung der Variablen derzeit definiert ist.

Sie können die Variable per Doppelklick ändern oder indem Sie auf Bearbeiten klicken. Sie können allerdings auch eine eigene Änderungsdatum-Variable definieren, indem Sie auf Neu klicken. In diesem Fall dient die aktuell ausgewählte Variable als Vorlage.

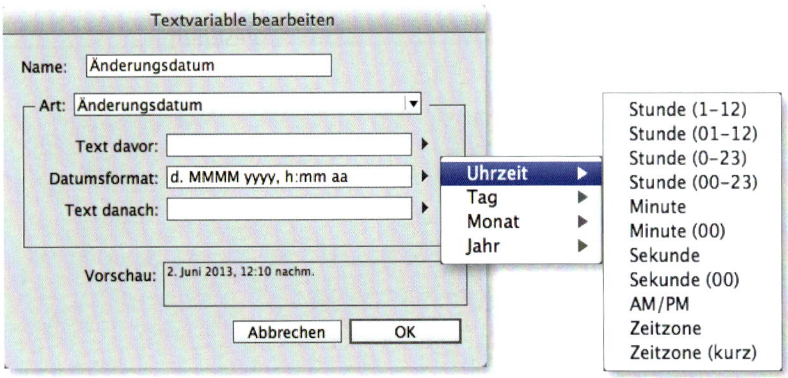

◂ **Abbildung 20.39**
Wenn Sie eine neue Variable definieren, ändern Sie den Namen im Feld Name; wenn Sie lediglich die Definition der Variablen ändern (wie hier), können Sie den Namen auch ändern, müssen es aber nicht.

Art ist von InDesign bereits auf Änderungsdatum voreingestellt. Sie können hier den Typ der Variablen ändern und auch Variablen anlegen, die im Standardumfang nicht enthalten sind.

In den beiden Feldern Text davor und Text danach können Sie eigene Texte unterbringen, wie z.B. »geändert am:«. Um Trennzeichen – z.B. ein Leerzeichen – zwischen den drei Textteilen müssen Sie sich selbst kümmern. Aus den Menüs neben den Feldern können Sie aus dem üblichen Repertoire an Sonderzeichen wählen, die Sie bereits aus anderen Eingabefeldern und dem Schrift-Menü kennen.

Mehrere Datumsvariablen

Wenn Sie eine neue Datumsvariable definieren, definieren Sie tatsächlich nur eine neue Formatierung der bereits existierenden Variablen. Da z.B. das Änderungsdatum ja für Ihr ganzes Dokument einheitlich ist, ändert sich der Inhalt der Variablen selbstverständlich nicht.

Der spannende Teil ist die Formulierung der Datums- bzw. Zeitdarstellung im Feld DATUMSFORMAT. Diese Formulierung können Sie als Textstring vornehmen, Sie müssen sich dazu aber mit den unterschiedlichen Kürzeln der Datums- und Zeitangaben auseinandersetzen. Viel einfacher ist es, die einzelnen Teile aus dem Menü neben dem Feld auszuwählen. Für Trennzeichen zwischen den Textelementen müssen Sie aber selbst sorgen.

Tabelle 20.2 ▶
Diese Datums- und Zeitkomponenten können Sie im Menü neben dem Feld DATUMSFORMAT auswählen.

Menü	Beschreibung	Beispiel	Kürzel
Uhrzeit			
Stunde (1–12)	Stunde ohne führende Null, 12-Stunden-Format	4	h
Stunde (01–12)	Stunde mit führender Null, 12-Stunden-Format	04	hh
Stunde (0–23)	Stunde ohne führende Null, 24-Stunden-Format	16	H
Stunde (00–23)	Stunde mit führender Null, 24-Stunden-Format	16	HH
Minute	Minute ohne führende Null	7	m
Minute (01)	Minute mit führender Null	07	mm
Sekunde	Sekunde ohne führende Null	7	s
Sekunde (01)	Sekunde mit führender Null	07	ss
AM/PM	Zusatz zur 12-Stunden-Anzeige	vorm. bzw. nachm.	a
Zeitzone Zeitzone (kurz)	Zeitzone (abgekürzt oder ausgeschrieben)	system-abhängig	z oder zzzz
Tag			
Zahl	Tageszahl ohne führende Null	4	d
Zahl (01)	Tageszahl mit führender Null	04	dd
Name	Vollständiger Wochentagsname	Freitag	EEEE
Name (kurz)	Wochentagsname zweistellig abgekürzt	Fr	E
Monat			
Zahl	Monatszahl ohne führende Null	9	M
Zahl (01)	Monatszahl mit führender Null	09	MM

Text davor und Text danach
Diese Textteile werden Bestandteil des Variableninhalts. InDesign umbricht somit auch an den Übergängen dieser Textkomponenten nicht. Wenn Sie das Änderungsdatum um den TEXT DAVOR »geändert am:« ergänzen und diese Information auf der Musterseite unterbringen wollen, sollten Sie den Zusatztext besser einfach vor die Variable in die Musterseite schreiben.

Weitere Zeichen
Zeichen, die Sie im Menü neben den Eingabefeldern nicht auswählen können, können Sie immer noch über die Zwischenablage einfügen. Das ist zwar relativ aufwendig, aber zumindest eine Lösung.

Menü	Beschreibung	Beispiel	Kürzel
Name	Vollständiger Monatsname	Septem-ber	MMMM
Name (kurz)	Monatsname dreistellig abgekürzt	Sep	MMM
Jahr			
Zahl	Vollständige Jahreszahl	2007	y oder YYYY
Zahl (kurz)	Jahreszahl (letzte zwei Stellen)	07	yy oder YY
Ära	Ära (abgekürzt oder ausgeschrieben)	n. Chr.	G oder GGGG

Das Problem der Originaldefinition des Änderungsdatums liegt in der 12-Stunden-Darstellung. Diese ist im deutschsprachigen Raum ungebräuchlich, aber auch wenn Sie persönlich das nicht stören würde, würden Sie sicher die im englischen Sprachraum üblichen Zusätze »am« und »pm« verwenden wollen. Die Übersetzungen »vorm.« und »nachm.« sind sehr unglücklich gewählt.

Ändern Sie deshalb den Eintrag in Datumsformat in »dd.MM.yyyy, HH:mm«, und klicken Sie auf OK und im Fenster Textvariablen auf Fertig. Damit ist die neue bzw. veränderte Variable gespeichert und kann ab sofort verwendet werden.

Bildname | Diese Textvariable haben Sie bereits in Kapitel 8, »Bilder und Grafiken platzieren und organisieren«, ab Seite 281 kennengelernt. Sie wird von der Funktion Objekt • Beschriftungen • Dynamische Beschriftung erstellen verwendet (erst ab InDesign CS5 verfügbar). An dieser Funktion ist gut ersichtlich, dass sich diese Variable nicht für eine Anwendung im Fließtext eignet. Damit InDesign den Namen eines platzierten Bilds auswerten kann, muss der Textrahmen, in dem die Variable Bildname eingesetzt wurde, mit ebendiesem Bild Kontakt haben (es überlappen oder zumindest berühren) oder mit diesem Bild gruppiert sein. Dies ist eine Situation, die in einem Fließtext oft nicht erreicht werden kann.

Der Variablentyp der Variablen Bildname ist Metadatenbeschriftung – dahinter verbirgt sich die Möglichkeit, auf sage und schreibe 61 Attribute eines platzierten Bilds zuzugreifen und diese abermals mit Text davor und Text danach anzuzeigen. So sinnvoll es sein mag, sich über alle diese Daten informieren zu können, so stellt sich doch die Frage, was all

Ära

Ära ist eine weitere Angabe, deren Darstellung vom Betriebssystem bzw. den Systemeinstellungen abhängt. In der deutschsprachigen Version scheint es auch keinen Unterschied zwischen abgekürzt und ausgeschrieben zu geben.

Abweichende Bezeichnungen

Einige Ergebnisse können sich abhängig von Ihren Systemeinstellungen ändern. Auf die unterschiedliche Formulierung der Zeitzone zwischen Mac OS X und Windows wurde bereits hingewiesen.

Unter Mac OS X wird zusätzlich kein Unterschied zwischen langer und kurzer Darstellung der Zeitzone gemacht. Die unglückliche Übersetzung »vorm.« und »nachm.« dürfte jedoch eine fixe Übersetzung in InDesign sein, da sich die Änderung der Systemeinstellungen unter Windows (dort könnte man diese Einstellung nämlich vornehmen) in InDesign nicht auswirkt.

InDesign als Übersetzer

Wenn Sie eine Datumsvariable im Text auswählen und dann die Sprache für diesen Text auf eine andere Sprache stellen, übersetzt InDesign die Textanteile – z. B. die Monatsnamen – in die gewählte Sprache.

Preflight
Die Preflight-Funktion greift ebenfalls auf diese Metadaten zu, was für Attribute wie Auflösung und Farbraum natürlich sehr sinnvoll ist – nähere Informationen finden Sie in Kapitel 27, »Preflight und Verpacken«.

Sie finden Beispiele zu Metadaten-Variablen auf der Buch-DVD unter Beispielmaterial • Kapitel_20 • Variablen.

diese Daten in einem Fließtext verloren haben könnten. Etwa die Hälfte der Attribute fällt in InDesign selbst an, und diese wurden über die verschiedenen Bedienfelder festgelegt und sind deshalb dort zu sehen, und die andere Hälfte stammt aus dem platzierten Bild, kann existieren, muss es aber nicht und ist für einen Fließtext ungeeignet, aber auch für eine Bildunterschrift eher zweifelhaft. Adobe ist hier eindeutig etwas über das Ziel hinausgeschossen.

Die Beschreibung aller Attribute erscheint uns deshalb hier unsinnig, würde den Rahmen sprengen und den meisten unserer Leser keinen Vorteil bringen. Wenn Sie sich die verschiedenen Attribute ansehen wollen, können Sie einen Blick auf die Buch-DVD werfen, wo wir ein Dokument mit allen definierbaren Metadatenbeschriftung-Variablen und ihre Zustände (zumeist Keine Daten von Verknüpfung) für Sie vorbereitet haben.

Dateiname | Die Textvariable Dateiname ist ebenfalls eine Statusvariable, deren Inhalt allein von InDesign verwaltet wird. Rufen Sie wiederum Schrift • Textvariablen • Definieren auf, und gehen Sie wie eben beschrieben vor, um die bestehende Variable zu ändern oder eine neue anzulegen.

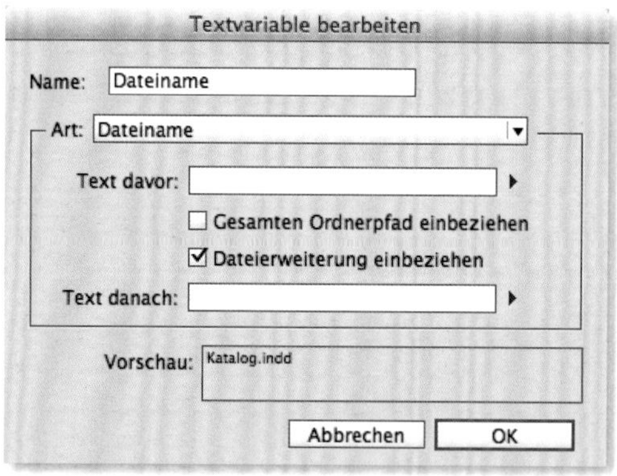

Abbildung 20.40 ▶
Dem Dateinamen kann der Zugriffspfad voran- und die Dateiendung nachgestellt werden. Das aktuelle Aussehen können Sie im Feld Vorschau überprüfen.

Neben der Möglichkeit, wieder einen Text davor und einen Text danach einzutragen, können Sie festlegen, ob Sie den Gesamten Ordnerpfad einbeziehen wollen. Dann wird nicht nur der Dateiname angezeigt, sondern der gesamte Zugriffspfad, beginnend beim Namen des Volumes, auf dem sich die Datei befindet. Die Option Dateierweiterung einbeziehen fügt dem Dateinamen noch die Erweiterung ».indd« hinzu.

Letzte Seitenzahl | Bei Geschäftspapieren muss recht häufig eine Pagina als »Seite 1 von X« oder ähnlich formuliert werden, und in jeder durchschnittlichen Textverarbeitung gibt es eine Standardfunktion dafür. In früheren Versionen von InDesign musste diese Information manuell zur Pagina gesetzt und natürlich auch gewartet werden.

Nun gibt es aber diese Variable, und sie kann sowohl in ihrem Erscheinungsbild als auch in ihrem Gültigkeitsbereich modifiziert werden. Mit dem Menü Format legen Sie fest, wie die Seitenzahl dargestellt werden soll. Es gibt hier dieselben Möglichkeiten wie für die Pagina, und Sie werden im Normalfall auch dieselbe Einstellung verwenden. Genau das legen Sie über die Option [Aktuelles Nummerierungsformat] fest.

Im Menü Bereich bestimmen Sie, ob sich der Wert auf den Abschnitt beziehen soll (die Standardeinstellung) oder auf das Dokument. Allerdings könnte es für den Leser Ihrer Publikation verwirrend sein, wenn Sie im Dokument mehrere Abschnitte mit unterschiedlichen Paginierungsbereichen verwenden.

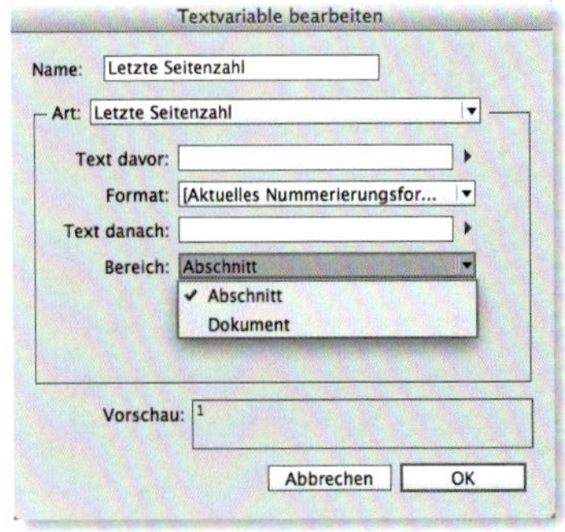

▲ **Abbildung 20.41**
Die Einstellungen für Letzte Seitenzahl erreichen Sie wie bei allen bisherigen Variablen auch. Die Möglichkeit, Zusatztexte einzutragen, kennen Sie bereits.

Kapitelnummer | Den Wert der Variablen Kapitelnummer müssen Sie selbst festlegen – tun Sie das nicht, hat sie immer den Wert 1. Die Kapitelnummer ist immer für das gesamte Dokument gültig und kann pro Dokument auch nur einmal existieren. Um den Wert zu ändern, rufen Sie Layout • Nummerierungs- und Abschnittsoptionen auf.

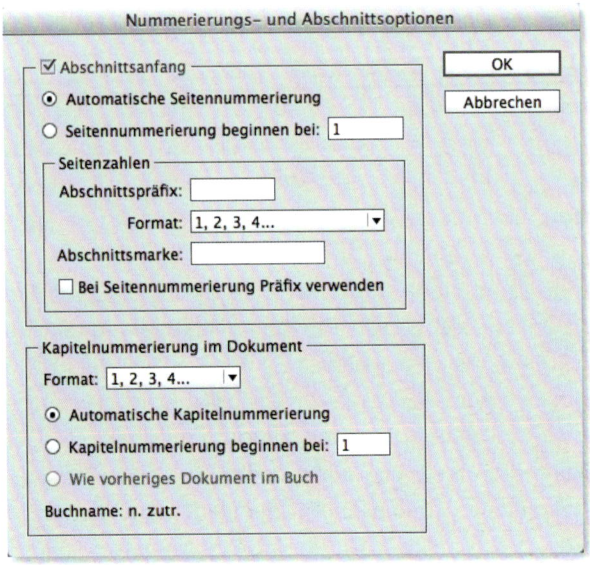

◄ **Abbildung 20.42**
Adobe dürfte nicht allzu viel Zeit für die Planung verschwendet haben, als beschlossen wurde, den Bereich Kapitelnummerierung im Dokument im gleichen Fenster wie den Abschnittsanfang unterzubringen. Während Abschnitte Dokumentteile definieren, ist die Kapitelnummer für das ganze Dokument gültig. Am besten legen Sie die Kapitelnummer im ersten Abschnitt des Dokuments auf Seite 1 fest, so wie hier – damit vermeiden Sie, ungewollt einen Abschnittsanfang im Dokument anzulegen.

Die Abschnittsoptionen kennen Sie bereits aus Abschnitt 18.3, »Setzen von Abschnitten«. Im oberen Teil des Fensters stellen Sie die Optionen für den Textabschnitt ein. Da die Kapitelnummer ohnehin für das ganze Dokument gültig ist, ist es irrelevant, für welche Seite Sie die Nummerierungs- und Abschnittsoptionen aufrufen. Allerdings sollten Sie dann die Option Abschnittsanfang deaktivieren, sofern Sie nur den Wert der Kapitelnummer ändern und keinen neuen Textabschnitt beginnen wollen, oder die Einstellung auf Seite 1 des Dokuments, die ja einen Abschnittsanfang darstellt, vornehmen.

Wie kann die Kapitelnummer aber ausgenutzt werden? Nehmen wir dieses Buch als Beispiel. In diesem Kapitel mit der Nummer 20 sind einige Elemente mit der Kapitelnummer gekennzeichnet: die Überschriften in der zweiten Hierarchiestufe (z. B. »20.5 Textvariablen«) und die Bild- und Tabellenunterschriften (z. B. »Abbildung 20.42«).

Bei der Erstellung dieser Textanteile ist es sinnvoll, die Kapitelnummer auf 20 zu setzen und sie anstelle der Ziffer 20 in allen Texten einzusetzen, die sich auf die Kapitelnummer beziehen. Das klingt nach mehr Arbeit und ist es auch! Allerdings macht sich der Aufwand bezahlt, wenn Textteile in ein anderes Kapitel wandern. Diese Teile nehmen dann nämlich automatisch die Kapitelnummer des Dokuments an, in dem sie platziert werden.

Wenn Sie mehrere Dokumente über die Buch-Funktion verbinden (siehe Seite 635), kann die Kapitelnummer sogar automatisch fortlaufend verwaltet werden. Dazu benötigen Sie die beiden Optionen Automatische Kapitelnummerierung und Wie vorheriges Dokument im Buch in den Nummerierungs- und Abschnittsoptionen – was sie bedeuten, zeigen wir Ihnen auf Seite 639.

Benutzerdefinierter Text | Im Standardsatz der Textvariablen fehlt eine Variable vom Typ Benutzerdefinierter Text – das ist einsichtig, da InDesign natürlich keine solchen Texte vorgeben kann. Diese Art von Variablen existiert schon, Sie müssen sie jedoch selbst anlegen und definieren.

Hier ändert sich die Vorgehensweise allerdings geringfügig, da Sie keine existierende Variable als Vorlage benutzen können. Rufen Sie Schrift • Textvariablen • Definieren auf, und klicken Sie direkt auf Neu. Wählen Sie dann im Menü Art die Option Benutzerdefinierter Text aus.

Im Eingabefeld Text können Sie nun einen beliebigen Text eintragen und dazu natürlich wieder alle Sonderzeichen im Menü neben dem Eingabefeld verwenden.

Wenn Sie in Ihrer Publikation z. B. das gesamte Bildmaterial mit einem Copyrightvermerk versehen müssen, dann löschen Sie – falls eine Datumsvariable ausgewählt war, als Sie auf Neu geklickt haben, schlägt Ihnen InDesign nämlich ein Datum vor – zunächst das Feld Text. Wählen Sie dann aus dem Menü neben dem Textfeld das Copyrightsymbol, und tragen Sie Ihren Namen und die entsprechende Jahreszahl ein. Das

Planung und Konsequenz erforderlich

Sie sollten bei neuen Projekten, die mehrere Dokumente umfassen, die Kapitelnummer schon ab Projektstart einsetzen, wann immer Sie können. Der Mehraufwand rechnet sich bei Korrekturen und Textverschiebungen bald. Glauben Sie zwei geplagten Buchschreibern: Das passiert häufiger, als Ihnen lieb sein wird.

Ein nachträgliches Umstellen umfangreicher Dokumente auf Kapitelnummern ist dagegen sehr mühsam.

Kapitelnummer in einzelnen Dokumenten

Da die Kapitelnummer immer für das ganze Dokument gilt, bietet sie für Satzprojekte, die nur aus einem Dokument bestehen, relativ wenig Nutzen. Eine Möglichkeit wäre z. B. das zentrale Austauschen einer Jahreszahl in einem Geschäftsbericht, der sich textlich nur wenig ändert.

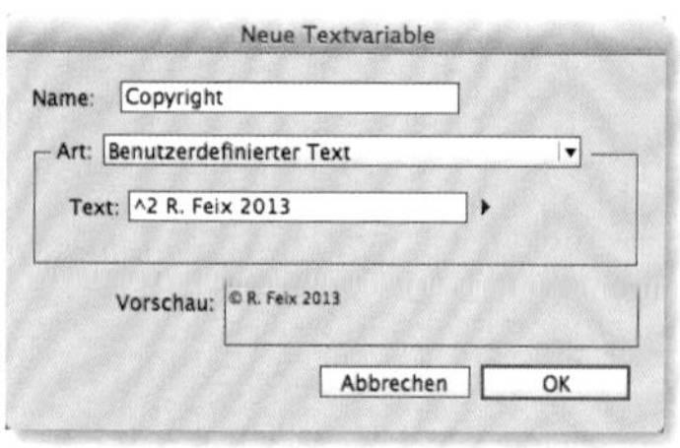

▲ **Abbildung 20.43**
Benutzerdefinierter Text erlaubt es, bequem an einer Stelle einen Text zu ändern, der mehrfach in Ihrem Dokument vorkommt.

Copyrightsymbol wird von InDesign als ^2 dargestellt. Speichern Sie Ihre Textvariable ab.

Ab sofort können Sie es sich ersparen, den kompletten Copyrightvermerk einzugeben oder zu duplizieren. Sollte sich die Schreibweise des Namens oder die Jahreszahl ändern, dann ändern Sie einfach die Variable, und die gesamte Änderungsarbeit ist erledigt. Für mehrere Rechte-Inhaber können Sie pro Inhaber eine eigene Textvariable anlegen und leicht pflegen.

Textlänge
Bitte achten Sie besonders bei benutzerdefiniertem Text auf die Länge bzw. auf genug Platz im Textrahmen – auch diese Variable umbricht nicht.

Lebender Kolumnentitel | Der Variablentyp LEBENDER KOLUMNENTITEL ist im Standardset der Textvariablen zwar vorhanden und direkt einsetzbar, kann mit den Standardeinstellungen aber nicht sinnvoll verwendet werden, da die dafür notwendigen Einstellungen nicht über Standardeinstellungen vorgegeben werden können.

Der Inhalt eines lebenden Kolumnentitels wird zwar von InDesign festgelegt, Sie definieren allerdings, mit welchen Werten diese Variable jeweils gefüllt werden soll. Insgesamt gibt es vier Varianten dieser Variablen, die sich jedoch alle gleich verhalten – am besten sehen wir uns zunächst ein Problem an, das mit lebenden Kolumnentiteln gelöst werden kann.

Lebender Kolumnentitel
Textteile, die auf jeder Seite der Publikation immer an derselben Stelle im Satzspiegel auftauchen, auf den Inhalt Bezug nehmen und somit ihren Inhalt ändern, nennt man *lebende Kolumnentitel*. Ändern Sie ihren Inhalt nicht, gelten sie folglich als »tot«. Die Pagina ändert sich zwar, gilt aber trotzdem als tot – sie nimmt keinen Bezug auf den Inhalt.

Im folgenden Beispiel wird ein Jazzmusiker-Lexikon aufgebaut. Zu jedem Namen gibt es eine kurze Beschreibung – momentan existieren nur Blindtexte:

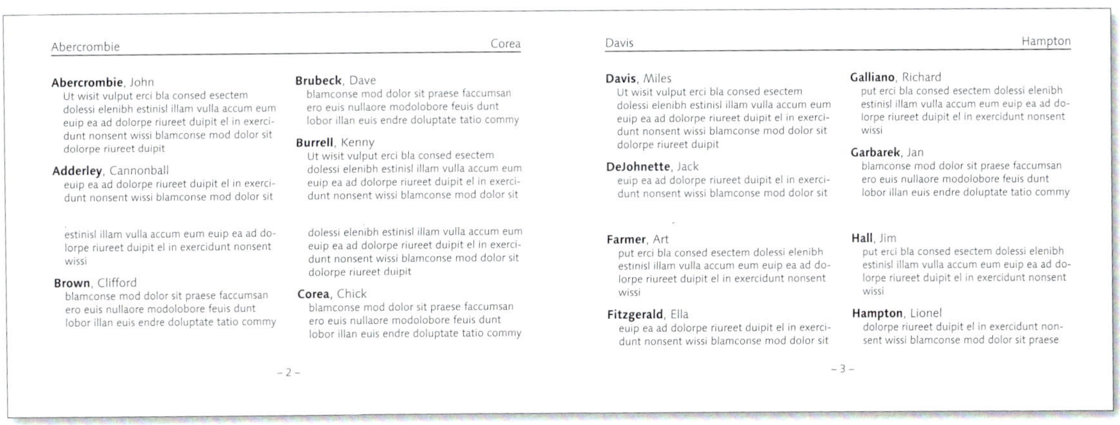

▲ **Abbildung 20.44**
Die Suchbegriffe über den Spalten eines Lexikons sind nur sehr schwer aktuell zu halten, da sie sich bei kleinsten Umbrüchen über Seiten hinweg ändern können.

Wie in einem Lexikon üblich, soll der erste Name der linken Spalte als Suchbegriff über der Spalte stehen, der letzte Name der rechten Spalte dagegen über der rechten Spalte. Während die Texte eingesammelt und aktualisiert werden, ist es nahezu unmöglich, die Suchbegriffe über den Spalten aktuell zu halten. In dieser Phase ist das aber auch noch nicht unbedingt nötig. In der Endphase der Produktion können sich jedoch

Tabellenkopfzeilen mit Textvariablen
Sie können einen lebenden Kolumnentitel in Form einer Textvariable auch in der Kopfzeile einer Tabelle verwenden.

auch kleinste Umbrüche so auswirken, dass die Suchbegriffe über viele Seiten hinweg nicht mehr stimmen. Anstelle der Suchbegriffe müsste eine Variable stehen, die ihren Inhalt abhängig von einem Kriterium verändert. Die Suchbegriffe sind die Namen der Musiker, und diese werden wiederum mit einem bestimmten Zeichenformat gestaltet.

Um den Suchbegriff über der linken Spalte abzubilden, muss unsere Variable lediglich den Text wiederholen, der als Erster in der linken Spalte steht und mit dem Zeichenformat für die Künstlernamen formatiert ist. Für die rechte Spalte gilt dies analog für den letzten Text im gleichen Format – genau das machen lebende Kolumnentitel.

Schritt für Schritt
Lebende Kolumnentitel erstellen

Um Ihnen den doch recht aufwendigen Nachbau dieses Beispiels zu ersparen, haben wir die ersten drei Seiten des Lexikons auf die Buch-DVD gestellt (»Lexikon_ohne_Variablen.indd«).

Die Datei »Lexikon_ohne_Variablen« finden Sie auf der Buch-DVD unter BEISPIELMATERIAL • KAPITEL_20 • VARIABLEN.

In der folgenden Anleitung gehen wir nur auf die einzelnen Schritte ein, die Sie durchführen müssen, um unser Problem zu lösen. Detaileinstellungen sind hier wenig interessant und können dieser Vorlage entnommen werden.

1 Zeichenformat anlegen

Da der Mechanismus auf Zeichen- oder Absatzformaten basiert, legen wir zunächst alle beteiligten Formate an. Der Nachname der Musiker, nach dem dann ja gesucht werden soll, benötigt ein Zeichenformat »Nachname«, in dem wir als einzige Abweichung vom Absatzformat, in dem es angewendet wird, die Schrift auf Bold setzen.

2 Absatzformat anlegen

Das Absatzformat für die Namenseinträge, »Musiker«, ist ein verschachteltes Format, das den Beginn des Absatzes bis zum ersten Komma mit dem Zeichenformat »Nachname« setzt.

Darstellung aktualisieren
Wenn sich Variablen nicht zu ändern scheinen, zwingen Sie InDesign dazu, die Ansicht zu aktualisieren, indem Sie entweder in den Vorschaumodus wechseln, die Skalierung Ihrer Dokumentansicht verändern oder die Tasten ⇧+F5 drücken. Zumeist reicht es auch, wenn Sie den fraglichen Bereich kurz aus dem Fenster scrollen, da ja auch dann die Darstellung neu berechnet werden muss.

3 Textvariablen für die lebenden Kolumnentitel definieren

Rufen Sie SCHRIFT • TEXTVARIABLEN • DEFINIEREN auf, und klicken Sie auf NEU. Wählen Sie LEBENDER KOLUMNENTITEL (ZEICHENFORMAT) aus dem Menü ART aus. Nennen Sie die Variable »Kolumnentitel links«, und wählen Sie im Menü FORMAT das Zeichenformat »Nachname« aus. Unter VERWENDEN wählen Sie ERSTES AUF SEITE.

Damit haben Sie festgelegt, dass der Inhalt der Variablen der Text sein soll, der als Erstes auf der Seite auftaucht und mit dem Zeichenformat »Nachname« formatiert wurde. Die Option Letztes auf Seite benötigen Sie für die zweite Variable, »Kolumnentitel rechts«.

4 Zusatzoptionen festlegen

Neben den nun schon bekannten Möglichkeiten, Zusatztexte hinzuzufügen, können Sie bei laufenden Kopfzeilen noch Interpunktion am Ende löschen. Das wäre z. B. nötig, wenn Sie im Absatzformat »Musiker« das Zeichenformat »Nachname« nicht bis vor, sondern über das erste Komma laufen lassen. Darüber hinaus können Sie die Gross-/Kleinschreibung ändern. Dafür gibt es in unserem Beispiel keinen Grund – die Optionen sind Ihnen aus Kapitel 12, »Zeichen«, bekannt und decken sich mit den Einstellungen, die Sie in Schrift • Gross-/Kleinschreibung ändern finden.

5 Variablen im Layout platzieren

Die beiden Textvariablen werden in Ihrem Layout über den betreffenden Textspalten platziert, indem sie über Schrift • Textvariablen • Variable einfügen in einen Textrahmen eingesetzt werden – in unserem Beispiel sind sie von einem Tabulator für rechte Ausrichtung getrennt, was sie automatisch an den beiden Enden des Textrahmens über den beiden Spalten platziert. Die Variablen sollten sinnvollerweise auf der Musterseite platziert werden, funktionieren aber auch an jeder anderen Stelle im Dokument.

6 Text platzieren und mit Formaten gestalten

Beginnen Sie nun mit dem Satz des Lexikons, und formatieren Sie die Musikernamen mit unserem Absatzformat »Musiker« (in der Datei »Lexikon_ohne_Variablen.indd« ist das schon für Sie erledigt). Damit wird der Nachname des jeweiligen Musikers automatisch mit dem Zeichenformat »Nachname« formatiert. Ab sofort sollte sich der Kolumnentitel automatisch ändern.

7 Auf Absatzformate umstellen

Um den Künstlernamen inklusive Vorname als Suchbegriff anzuzeigen, müssen Sie die beiden Textvariablen lediglich auf Laufende Kopfzeile (Absatzformat) stellen und als Format »Musiker« auswählen. Zur Formatierung der Textvariablen können Sie leider das Absatzformat »Musiker« nicht verwenden, da der Inhalt der Variablen ja den Charakter eines einzelnen Zeichens hat und das verschachtelte Format somit nicht funktionieren kann.

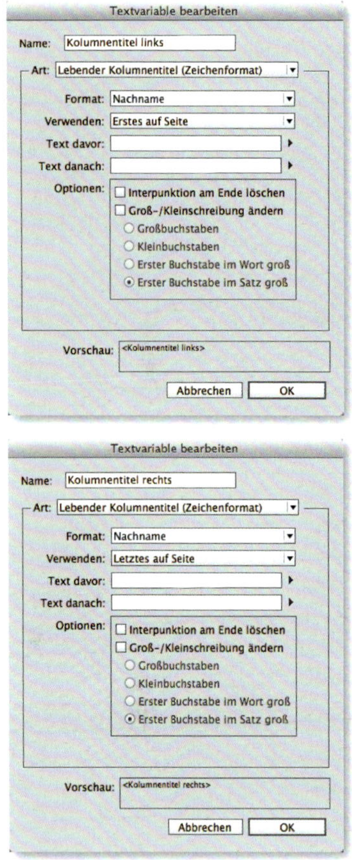

▲ **Abbildung 20.45**
Die Definition der beiden Textvariablen unterscheidet sich lediglich in der Option Verwenden.

Die Datei »Lexikon_fertig« finden Sie auf der Buch-DVD unter Beispielmaterial • Kapitel_20 • Variablen.

Sie finden die fertige Datei ebenfalls auf der DVD (»Lexikon_fertig.indd«) und können somit auch erst in Schritt 7 einsteigen.

Variablen verwalten

Einige wesentliche Funktionen zur Verwaltung von Variablen haben Sie bereits zu Beginn dieses Themas kennengelernt: Den Inhalt einer Textvariablen in Ihrem Text löschen Sie wie jedes andere Textelement auch.

Variablen löschen | Wenn Sie dagegen die Definition der Variablen – und somit die Variable selbst – im Fenster Textvariablen löschen entfernen, stellt sich die Frage, was mit dem Inhalt der Variablen in Ihrem Text passieren soll. Und genau diese Frage müssen Sie beantworten, wenn Sie eine Variable löschen, die in Ihrem Dokument verwendet wird.

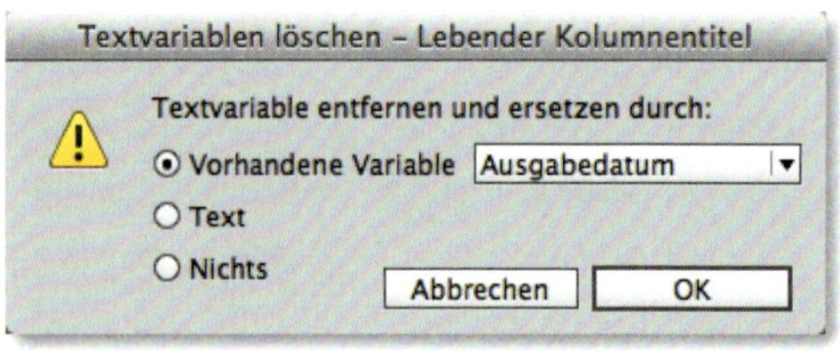

Abbildung 20.46 ▶
Wird eine Variablendefinition gelöscht, obwohl diese Variable in Ihrem Dokument in Verwendung ist, müssen Sie eine Entscheidung treffen.

Entscheiden Sie, ob die betroffene Variable in Ihrem Dokument durch eine andere Vorhandene Variable ersetzt werden soll, ob sie in einen Text konvertiert oder ob der Inhalt einfach gelöscht werden soll – Einstellung Nichts.

Variablen und InCopy
InCopy kann nicht auf Elemente der Musterseite zugreifen. Wenn ein Redakteur mit InCopy arbeitet, aber z. B. eine Rubrik für eine längere Textstrecke ändern können muss, dürfte der Text der Rubrik also nicht auf der Musterseite platziert werden, was wiederum die Verwaltung des Layouts verkompliziert. Sie können dann den Rubriktext in einer Textvariablen unterbringen und diese Variable auf der Musterseite positionieren. InCopy kann nämlich nur die Variable einfügen. Der Wert kann jedoch nicht geändert werden.

In Text umwandeln | Das Umwandeln einer Variablen bzw. von deren Inhalt in einen Text können Sie auch gezielt auslösen, wobei Sie zwei Möglichkeiten haben: Um alle Inhalte einer Variablen im Text umzuwandeln, rufen Sie das Fenster Textvariablen auf, wählen die gewünschte Variable und klicken auf In Text konvertieren. Um gezielt das Auftreten einer Variablen im Text umzuwandeln, wählen Sie den Inhalt der Variablen aus und dann Schrift • Textvariablen • Variable in Text konvertieren. In diesem Fall bleiben alle anderen Anwendungen der Variablen im Text weiterhin bestehen.

Beide Anwendungen der Funktion In Text konvertieren heben die Verbindung zur Variablen auf, d. h., der Inhalt der Variablen bleibt im Text zwar bestehen, wird aber nun als Text aus einzelnen Zeichen behandelt, wodurch sich Umbrüche ergeben können. Eine Änderung der Variablendefinition hat keine Auswirkungen mehr auf diesen Text.

Variablen laden | Rufen Sie Schrift • Textvariablen • Definieren auf. Es erscheint das Fenster Textvariablen. Klicken Sie auf Laden, und wählen Sie das Dokument, aus dem Sie Variablendefinitionen übernehmen wollen.

Im Fenster Textvariablen laden erscheinen jetzt die Textvariablen des gewählten Dokuments, die im Zieldokument noch nicht existieren. Ist lediglich der Name gleich, nicht aber die Definition der Variablen, können Sie in der Spalte Konflikt mit vorhandener Textvariablen wählen, ob Sie sie umbenennen oder die bestehende Variable überschreiben wollen.

Variable einfügen

Die Funktion Einfügen im Fenster Textvariablen entspricht dem Menübefehl Schrift • Textvariablen • Variable einfügen, hat im Fenster Textvariablen aber den Vorteil, dass eine gerade definierte Variable direkt an der Position des Textcursors eingesetzt werden kann. Eingefügt wird immer die Variable, die in der Liste ausgewählt ist.

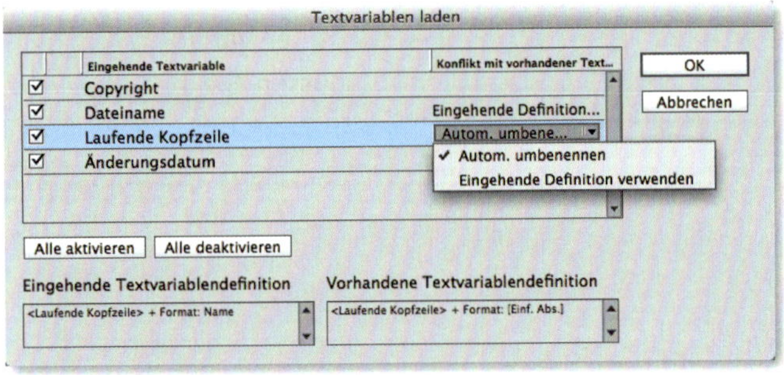

◂ **Abbildung 20.47**
Wenn in Ihrem Dokument bereits eine Textvariable mit gleichem Namen und gleicher Definition existiert, wird sie Ihnen in diesem Fenster erst gar nicht zum Import angeboten.

Wählen Sie Variablen aus, indem Sie die entsprechenden Checkboxen markieren oder auf Alle aktivieren klicken, um alle Variablen auszuwählen, und beenden Sie den Dialog mit OK, um alle ausgewählten Variablen in Ihr Dokument zu übernehmen.

20.6 Querverweise

Bei komplexen Inhalten ist es oft notwendig, den Leser an eine andere Stelle der Publikation oder sogar auf eine andere Publikation (PDF, Weblink etc.) zu verweisen. In einer gedruckten Publikation sucht der Leser/die Leserin die angegebene Stelle (eine Seite, eine Abbildung …) in der Publikation selbst. Wir betrachten an dieser Stelle diese Art von Verweisen, also Texte, die einen Hinweis auf andere Textstellen geben.

Interaktive Querverweise

In elektronischen Dokumenten wie PDF-Dateien oder HTML-Dokumenten können solche Verweise zusätzlich eine funktionale Ebene haben – ein Klick auf die Textinformation führt Sie dann direkt zum Ziel des Querverweises.

Einen Querverweis anlegen

Das Anlegen und die Verwaltung von Querverweisen erfolgt über das Hyperlinks-Bedienfeld (Sie haben richtig gelesen), das in zwei Bereiche aufgeteilt ist: Hyperlinks und Querverweise. Diese Verquickung beider Funktionen im gleichen Bedienfeld unterstreicht die nahe Verwandtschaft und führt auch dazu, dass Sie von mehreren Stellen aus auf ein

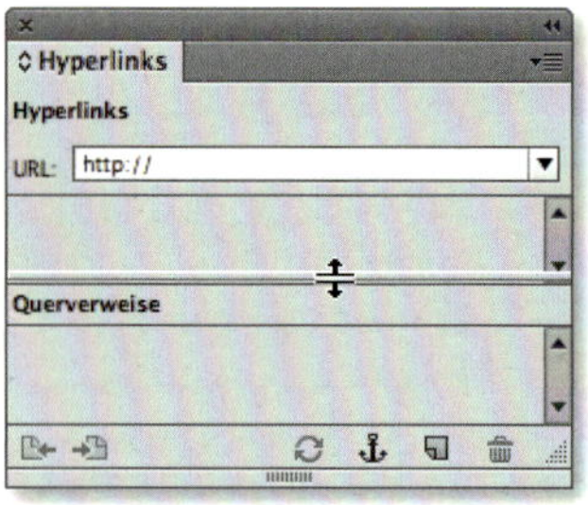

▲ **Abbildung 20.48**
Wenn Sie nur mit Textverweisen innerhalb von InDesign-Dokumenten arbeiten, können Sie den Bereich Hyperlinks minimieren, indem Sie die Trennlinien zwischen den beiden Bereichen unter den Kartenreiter schieben.

und dieselben Funktionen zugreifen können. So können Sie das Hyperlinks-Bedienfeld über Fenster • Schrift und Tabellen • Querverweise und über Fenster • Interaktiv • Hyperlinks aufrufen und die wichtigsten Funktionen beider Bereiche über Schrift • Hyperlinks und Querverweise.

Die beiden Bereiche des Bedienfelds können aus- und eingeblendet werden, indem Sie die Trennlinie ganz nach oben oder unten schieben. Um den jeweils anderen Bereich wieder sichtbar zu machen, ziehen Sie die Trennlinie wieder in den mittleren Bereich des Bedienfelds.

Um einen Querverweis in einen Text einzufügen, positionieren Sie den Textcursor im Text an der gewünschten Stelle und klicken auf Neuen Querverweis erstellen ⚓ im Hyperlinks-Bedienfeld oder rufen Schrift • Hyperlinks und Querverweise • Querverweis einfügen auf. Wenn Sie einen Text ausgewählt haben, wird er durch den neuen Querverweis ersetzt werden. Im Fenster Neuer Querverweis können bzw. müssen Sie nun eine Reihe von Einstellungen vornehmen:

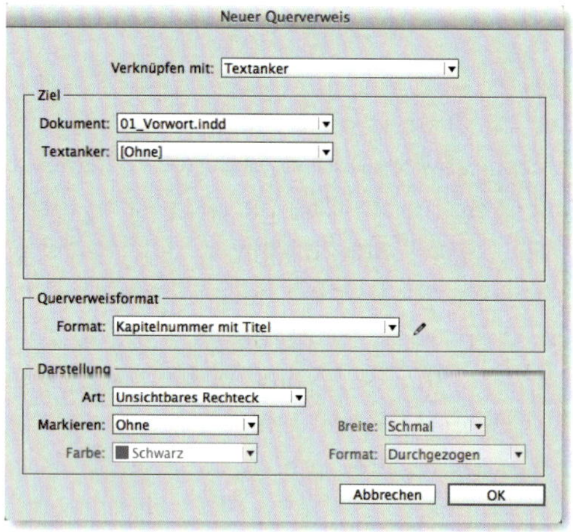

▲ **Abbildung 20.49**
Sie können einen neuen Querverweis auf einen Absatz (links) oder einen Textanker (rechts) im selben oder einem anderen InDesign-Dokument zeigen lassen.

Verknüpfen mit | Sie haben zwei Möglichkeiten, ein Ziel des Querverweises festzulegen, die wir noch im Detail beschreiben werden; hier zunächst der Unterschied der beiden Optionen:

- Absatz: Der Querverweis bezieht sich auf einen ganzen Absatz in Ihrem Text. Dieser Absatz kann sich auch in einem anderen Dokument befinden, und Sie können in der Folge festlegen, ob der Inhalt des Absatzes, seine Position oder beides als Querverweis erscheinen soll.
- Textanker: Ein Textanker ist ein benanntes Ziel in einem InDesign-Dokument, das einen bestimmten Text umfassen kann, aber nicht muss. Sie können den Absatz, in dem sich der Textanker befindet, oder auch nur den Namen des Textankers als Querverweis in Ihren Text aufnehmen.

Ziel | Unabhängig davon, ob Sie einen Absatz oder einen Textanker verwenden, müssen Sie zunächst das Dokument auswählen, in dem das Ziel liegen soll. Hier werden alle derzeit geöffneten Dokumente angezeigt. Möchten Sie auf ein Dokument verweisen, das noch nicht geöffnet ist, rufen Sie Durchsuchen aus dem Menü Dokument auf und wählen dann das gewünschte Dokument.

Das Dokument wird geöffnet und, sobald Sie ein Ziel festlegen, von InDesign auch verändert. Sie müssen das Dokument selbst wieder schließen und dabei auch speichern, ansonsten wird der neu angelegte Verweis ins Leere zeigen – ein solcher Verweis wird im Hyperlink-Bedienfeld mit einem roten Fähnchen gekennzeichnet.

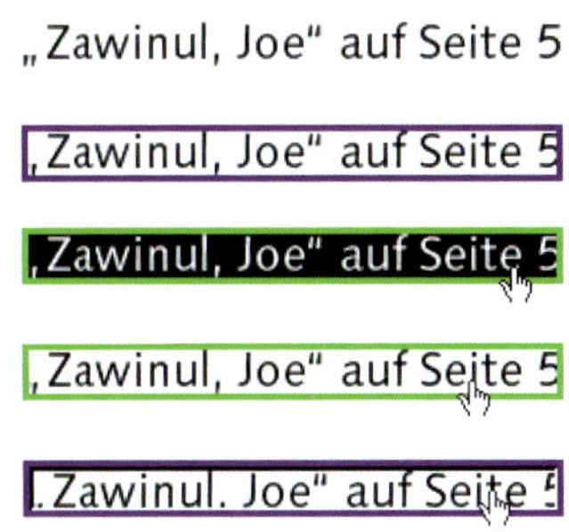

▲ Abbildung 20.50
Von oben nach unten: Ein Querverweis ohne Rechteck und mit einem violetten Rechteck.
Und in einer PDF-Datei aktiviert mit Markieren-Optionen Umkehren, Kontur und Innerer Versatz.

Querverweisformat | Der Inhalt des Querverweises – welche Anteile aus dem Ziel übernommen werden sollen – und eingeschränkt auch die typografische Erscheinung des Verweises werden über Querverweisformate festgelegt. InDesign bringt einige vordefinierte Formate mit. Wie diese Formate aufgebaut sind und wie Sie selbst welche definieren können, zeigen wir Ihnen später.

Darstellung | Hier legen Sie fest, wie der Querverweis in Ihrem Dokument dargestellt werden soll. Sie können wählen, ob Sie ein Sichtbares oder ein Unsichtbares Rechteck verwenden möchten. Ist das Rechteck sichtbar, können Sie ihm eine Farbe und mit Breite den Linien eine Stärke (Breit, Mittel oder Schmal) geben. Darüber hinaus können Sie in Format festlegen, ob die Linien Durchgezogen oder Gestrichelt sein sollen. Die Auswirkung der Optionen unter Markieren werden Sie in InDesign nie sehen – hier legen Sie fest, wie der Querverweis in einer PDF- oder SWF-Datei aussehen soll, wenn der Benutzer gerade darauf klickt.

Überlegungen zur Darstellung

In der finalen Version einer Printpublikation werden Sie in der Regel keine Markierung wünschen. Sie können aber auch in einer Printproduktion ein besonderes Aussehen eines Verweises wählen, um z. B. noch zu ändernde Verweise zu kennzeichnen.

Wenn Ihre Publikation allerdings nur elektronisch aufgelegt wird und dann natürlich einen funktionalen Verweis enthalten soll, sollten Sie die Querverweise entsprechend kennzeichnen, damit Ihre Leser auch wissen, dass dieser Verweis auf ihren Klick reagieren kann.

Querverweis auf Absatz

Für Ihre ersten Versuche legen Sie am besten ein neues Dokument an und ziehen einen leeren Textrahmen auf. Fügen Sie einen Querverweis wie beschrieben in Ihren noch leeren Textrahmen ein, um in das Fenster Neuer Querverweis zu gelangen, und stellen Sie dort die Option Verknüpfen mit auf Absatz.

Wählen Sie im Bereich Ziel unter Dokument das Dokument aus, auf das Sie verweisen wollen. Öffnen Sie nötigenfalls ein vorhandenes Dokument über Durchsuchen im Menü Dokument. Ein geeigneter Kandidat wäre das Lexikon, das Sie bereits aus Abschnitt 20.5, »Textvariablen«, kennen bzw. dort angelegt haben.

Alle weiteren Einstellungen im Bereich ZIEL hängen davon ab, welche Absatzformate im Zieldokument existieren. In unserem Lexikon-Dokument wären das lediglich zwei, womit die Übersicht sicher gewahrt bleibt.

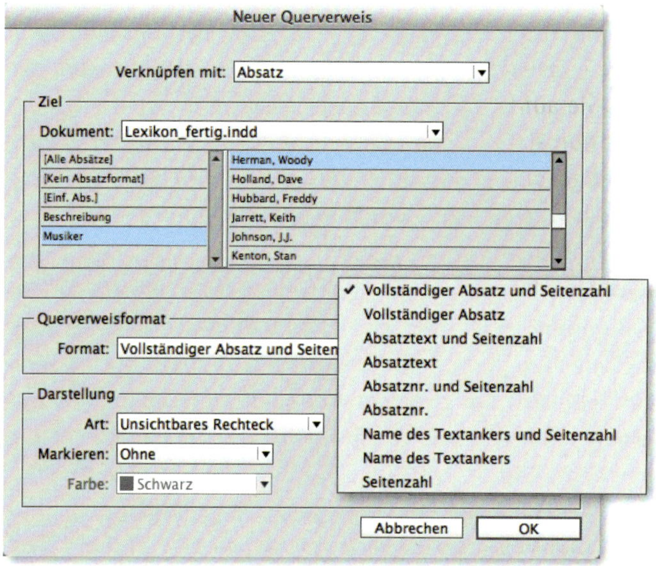

Abbildung 20.51 ▶
Die hier sichtbaren Querverweisformate sind von InDesign vorgegeben und können verändert und gelöscht werden. Die beiden Formate NAME DES TEXTANKERS UND SEITENZAHL und NAME DES TEXTANKERS sind bei einer Verknüpfung mit einem Absatz nicht sinnvoll anzuwenden.

Im nächsten Schritt legen Sie fest, nach welcher Absatzformatierung Sie suchen wollen. Dazu bekommen Sie in der linken Spalte im Bereich Ziel alle Absatzformate angeboten, die im Zieldokument existieren. Für jedes InDesign-Dokument werden immer folgende drei Absatzformate angeboten:

- [ALLE ABSÄTZE]: Die Auswahlmethode basiert zwar auf Absatzformaten, Sie können diese Tatsache aber ignorieren und einfach [ALLE ABSÄTZE] auswählen, um in der rechten Spalte eine Auflistung aller Absätze im Zieldokument zu erhalten.
- [EINF. ABS.]: Wenn im Zieldokument gar nicht mit Absatzformaten gearbeitet wurde, ist trotzdem allen Absätzen das Format [EINF. ABS.] zugewiesen, das lokal dann sehr wahrscheinlich von der Standarddefinition abweicht. Wenn Sie nach einem bestimmten Absatzformat suchen, den dazugehörigen Absatz in der rechten Liste jedoch nicht sehen, dann finden Sie ihn sehr wahrscheinlich, wenn Sie in der rechten Spalte [EINF. ABS.] auswählen.
- [KEIN ABSATZFORMAT]: Diese Auswahl dürfte eigentlich nie ein Ergebnis liefern, da Sie das Format [KEIN ABSATZFORMAT] gar nicht auf einen Absatz anwenden können. Dieses Format wird zwar verwendet, um beim Löschen eines Absatzformats, das noch in Verwendung ist, festzulegen, dass ein Nachfolger zur Formatierung verwendet werden

[Einf. Abs.]

Querverweise sind ein weiterer Grund, warum Sie immer sämtlichen Text in Ihren Dokumenten mit Absatzformaten gestalten sollten – nur so können Sie die Dokumentstruktur leicht überblicken und Ziele in einem Dokument schnell finden.

soll. Aber auch in diesem Fall wird den betroffenen Absätzen letztlich das Format [Einf. Abs.] zugewiesen.

Wenn Sie unserem Rat gefolgt sind, unser Lexikon-Dokument zu verwenden, finden Sie noch die beiden Absatzformate »Musiker« und »Beschreibung« in der Liste. Bringen Sie das Fenster Neuer Querverweis in eine Position, sodass Sie den Textcursor in Ihrem Dokument sehen können, und klicken Sie auf »Musiker«.

InDesign listet nun alle Absätze in der rechten Spalte auf, die mit diesem Absatzformat gestaltet wurden, und wählt den ersten Eintrag auch gleich aus; dadurch wird auch das entsprechende Ergebnis gleich in Ihrem Dokument sichtbar. Ändern Sie die Auswahl in der rechten Spalte, und beobachten Sie, dass sich damit auch der Querverweis im Dokument ändert.

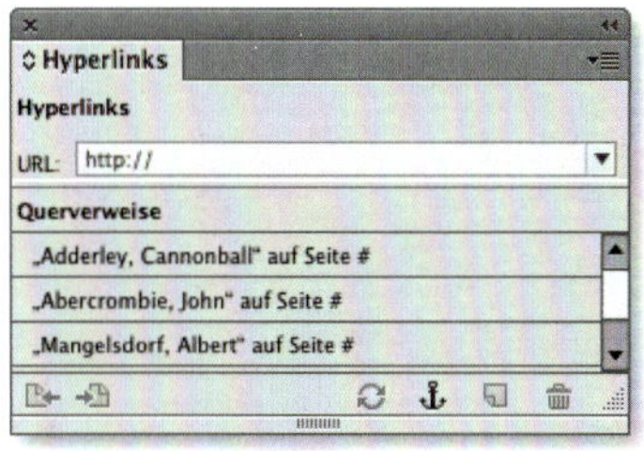

▲ **Abbildung 20.52**
Das Hyperlinks-Bedienfeld mit Querverweisen, die sich auf das Jazz-Lexikon aus Abschnitt 20.5, »Textvariablen«, beziehen.

Format | Probieren Sie nun die verschiedenen Querformatverweise im Menü Format aus. Diese Formate sind von InDesign vorgegeben und beschreiben mit ihren Namen ganz gut, welche Informationen zum Ziel verwendet werden. Wie Sie diese Formate definieren, zeigen wir Ihnen später in diesem Kapitel.

Die beiden Formate Absatznr. und Absatznr. und Seitenzahl beziehen sich auf Absätze, die in nummerierten Listen verwendet werden, und liefern für unser Dokument keine verwertbaren Ergebnisse. Name des Textankers und Seitenzahl und Name des Textankers beziehen sich nicht auf Absätze, sondern auf die zweite Methode, Querverweise zu erstellen.

Querverweis auf Textanker

Der Nachteil der Methode, auf Absätze zu verweisen, ist, dass Sie als Text des Querverweises entweder den Inhalt des Absatzes (bzw. den Beginn des Absatzes) oder nur die Position des Ziels – und natürlich beides kombiniert – in Ihr Dokument einblenden können. Wenn Sie den Vorteil von Querverweisen nutzen wollen, dass InDesign sich um die Verwaltung kümmert, aber den Text des Verweises flexibler halten möchten, müssen Sie auf selbst definierte Textanker zurückgreifen.

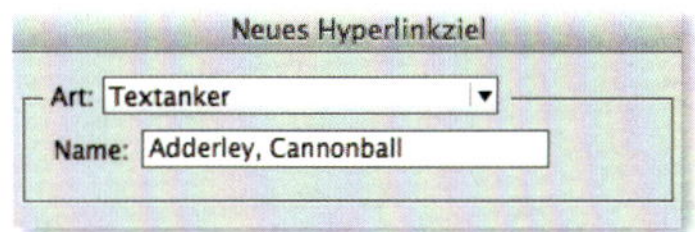

▲ **Abbildung 20.53**
Textanker sind benannte Ziele, auf die auch ein Querverweis zeigen kann.

Textanker anlegen | Damit Sie auf einen Textanker verweisen können, müssen Sie zunächst einen definieren. Das können Sie im selben Dokument oder wiederum in einem anderen machen.

Positionieren Sie den Textcursor im Jazz-Lexikon neben dem Eintrag »Adderley, Cannonball«, oder wählen Sie den Text aus. Rufen Sie nun

Neues Hyperlinkziel aus dem Bedienfeldmenü des Hyperlinks-Bedienfelds auf. Wählen Sie im Menü Art die Option Textanker. Wenn Sie einen Text ausgewählt haben, wurde er für Sie im Eingabefeld Name eingesetzt; korrigieren Sie ihn nach Ihren Vorstellungen oder für unser Beispiel wie in Abbildung 20.53. Wenn Sie keinen Text ausgewählt haben, schlägt InDesign den Namen »Anker« mit einer laufenden Nummer vor. Klicken Sie auf OK, um den Textanker zu definieren.

Auf einen Textanker verweisen | Kehren Sie nun in Ihr Ausgangsdokument zurück, und legen Sie einen neuen Querverweis an:

Abbildung 20.54 ▶
Um den Text eines Querverweises flexibel zu halten, können Sie einen Textanker definieren und dessen Namen als Text für den Querverweis verwenden.

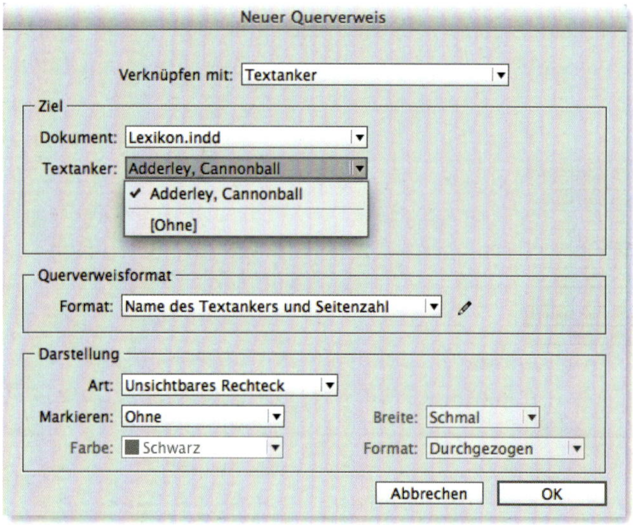

Ziele auf Musterseiten
Ein Querverweis kann auch auf einen Text auf einer Musterseite verweisen – dann wird für die Position des Textes anstelle der Seitennummer allerdings <MS> angezeigt, was zumeist nicht hilfreich ist.

Wählen Sie aus Verknüpfen mit nun Textanker aus. Im Abschnitt Ziel können Sie nun unseren soeben angelegten Textanker »Adderley, Cannonball« auswählen. Querverweisformate, die sich auf Absätze beziehen, funktionieren auch hier, da sich der Textanker ja in einem Absatz befindet; die beiden Optionen Name des Textankers und Name des Textankers und Seitenzahl bekommen allerdings erst jetzt ihre Bedeutung, da diese beiden Formate nun anstelle des Absatztextes den Namen des Ankers und somit einen von Ihnen gewählten Text als Querverweis in Ihr Dokument einblenden.

Querverweisformate

Die von InDesign vorgegebenen Querverweisformate sind in vielen Situationen schon direkt verwendbar, aber eben nicht in allen. Zusätzlich bieten Querverweisformate zwei Features, die Sie nur über eigene Formate definieren können.

Ein Querverweisformat definieren | Rufen Sie Querverweisformate definieren aus dem Bedienfeldmenü des Hyperlinks-Bedienfelds auf. Alternativ können Sie auch beim Einfügen eines Querverweises im Abschnitt Querverweisformate auf das Symbol Querverweisformate erstellen oder bearbeiten klicken. Sie gelangen in das Fenster Querverweisformate.

Sie können Querverweisformate ändern, indem Sie auf einen Eintrag in der linken Liste doppelklicken, oder ein bestehendes Format löschen, indem Sie das Format auswählen und auf das Minus ❷ unter der Liste klicken. Ein neues Querverweisformat legen Sie an, indem Sie auf das Plus ❶ klicken. Da in der Liste der existierenden Formate immer ein Eintrag ausgewählt ist, wird das ausgewählte Format als Vorlage für das neue Format verwendet und auch der Name des Formats kopiert – ändern Sie also zunächst den Namen.

Querverweis im Querverweis?

Da der Text eines Querverweises als vollständig editierbare Zeichenkette in Ihren Text eingesetzt wird, können Sie auch den Textcursor im Verweistext platzieren. Dann können Sie allerdings keinen Querverweis mehr anlegen. InDesign erlaubt solche Verschachtelungen nicht.

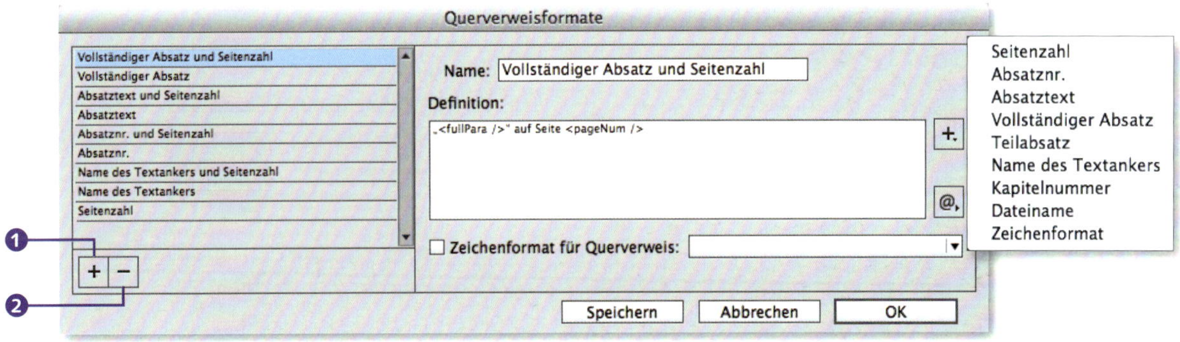

▲ **Abbildung 20.55**
Um im Fenster Querverweisformate lediglich den Namen eines Formats zu ändern, klicken Sie auf das gewünschte Format, ändern den Inhalt des Felds Name und klicken noch einmal auf den Namen des Formats in der linken Liste.

Die Definition des Formats erfolgt, indem Sie verschiedene Elemente aus dem Menü [+] in das Feld Definition kopieren; nötige Sonder- oder Trennzeichen können Sie aus dem Menü [@] einfügen. Diese Elemente – Adobe nennt sie »Bausteine« – beschreiben die verschiedenen Komponenten, aus denen der Querverweis zusammengesetzt werden soll:

- Seitenzahl: Die Seitenzahl der Seite des Dokuments, auf der sich das Ziel befindet.
- Absatznr.: Ist der Absatz als nummerierte Liste formatiert, die Nummer des Absatzes, ansonsten – also auch bei Listen mit Aufzählungszeichen – leer.
- Absatztext: Ist der Absatz als nummerierte Liste formatiert, wird hier nur der Text des Absatzes ohne Nummerierung geliefert. Aufzählungszeichen werden jedoch ignoriert.
- Vollständiger Absatz: Wie Absatztext, nur inklusive Nummerierung, sofern vorhanden.
- Teilabsatz: Dies ist eines der Features, die in den vorgegebenen Formaten nicht verwendet werden (können). Sie können hier ein Trenn-

zeichen festlegen, bis zu dem der Text des Absatzes verwendet werden soll, und somit nur den Beginn des Absatzes als Text in Ihrem Querverweis verwenden – wie das funktioniert, zeigen wir Ihnen noch an einem Beispiel.

- Name des Textankers: Diesen Baustein haben Sie als Format bereits kennengelernt – es wird der Name eines Textankers geliefert. Er funktioniert somit nur, wenn Sie einen Verweis auf einen Textanker verwenden.
- Kapitelnummer: Setzt die aktuelle Kapitelnummer des Zieldokuments ein.
- Dateiname: Liefert den Dateinamen des Zieldokuments.
- Zeichenformat: Dieser Baustein liefert keinen Text, sondern ermöglicht es, Teile des Textes, den Sie aus den restlichen Bausteinen zusammenstellen, zu formatieren. Das erfordert ein wenig Tüftelei, deshalb zeigen wir Ihnen dieses Feature an einem Beispiel.

Bausteine als Variablen
Die Bausteine, mit denen Sie Verweistexte zusammenstellen können, verhalten sich – mit einer Ausnahme: Zeichenformat – wie Variablen, und die betreffenden Inhalte werden von InDesign auch wie Textvariablen verwaltet. Von der Handhabung her gibt es nur den Unterschied, dass Verweistexte umbrechen können.

Das Zusammenklicken der Bausteine ist etwas gewöhnungs- und sicher auch noch erklärungsbedürftig. Die einzelnen Teile folgen der XML-Syntax, und InDesign sieht Ihnen genau auf die Finger: Wenn Sie unkorrekte Änderungen machen, erhalten Sie Hinweise, die unter dem Feld Definition eingeblendet werden.

Sie haben zu guter Letzt noch die Möglichkeit, dem Querverweistext in seiner Gesamtheit ein Zeichenformat zuzuordnen. Aktivieren Sie die Option Zeichenformat für Querverweis, und wählen Sie aus dem Menü ein Zeichenformat aus, oder definieren Sie nötigenfalls ein Neues Zeichenformat über den gleichnamigen Menübefehl.

Allerdings können Sie das auch gezielt für bestimmte Bausteine im Feld Definition erledigen. Dann allerdings muss die Option Zeichenformat für Querverweis unbedingt abgeschaltet sein.

▲ **Abbildung 20.56**
Querverweise werden im Textmodus angezeigt und ansonsten wie normaler Text behandelt.

Schritt für Schritt
Querverweisformat definieren

Um einen Querverweis der Art »siehe Seite XX – *Suchbegriff*« zu erstellen, gehen Sie wie folgt vor:

1 Neues Querverweisformat anlegen

Rufen Sie Querverweisformat definieren aus dem Bedienfeldmenü des Hyperlinks-Bedienfelds auf. Markieren Sie in der linken Spalte den Eintrag Seitenzahl, um ihn als Vorlage zu verwenden, klicken Sie auf das Plus unter der Liste, und ändern Sie den Namen des Formats auf »Name und Seite«.

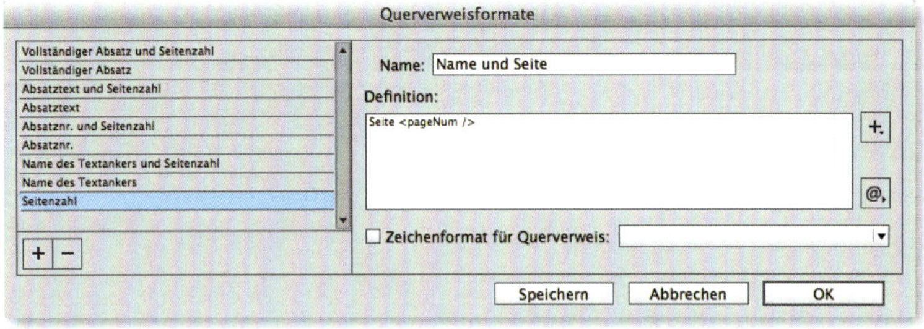

◀ Abbildung 20.57
Das ausgewählte Format dient als Vorlage für ein neues Format. Wir wählen SEITENZAHL, da wir die Seitenzahl ohnehin benötigen, aber sonst alle anderen Bausteine selbst hinzufügen wollen.

2 Vorspann und Gedankenstrich ergänzen

Im Feld DEFINITION steht bereits `Seite <pageNum />`. Setzen Sie den Textcursor vor `Seite`, und ergänzen Sie den Text mit `siehe `. Klicken Sie nun hinter >, tippen Sie ein Leerzeichen, wählen Sie aus dem Menü @, den HALBGEVIERTSTRICH, und tippen Sie noch ein Leerzeichen ein. Der Halbgeviertstrich wird als ^= dargestellt.

3 Zeichenformat anlegen und einfügen

Wenn Sie noch kein Zeichenformat »kursiv« definiert haben, tun Sie es jetzt, indem Sie aus dem Menü neben der Option ZEICHENFORMAT FÜR QUERVERWEIS den Befehl NEUES ZEICHENFORMAT aufrufen. Es reicht, wenn Ihr Zeichenformat lediglich den Schnitt auf den Kursivschnitt Ihrer Schrift setzt. Beachten Sie, dass das neu definierte Zeichenformat, nachdem Sie die Definition beendet haben, nun ausgewählt ist und InDesign auch die Option ZEICHENFORMAT FÜR QUERVERWEIS aktiviert hat – deaktivieren Sie die Option unbedingt! Setzen Sie den Textcursor hinter das letzte Leerzeichen aus Schritt 2, und wählen Sie aus dem Menü + den Eintrag ZEICHENFORMAT. Damit wird der Text `<cs name="" ></cs>` eingefügt. Fügen Sie zwischen den beiden Anführungszeichen »kursiv« ein. Der vollständige Text im Feld Definition sollte nun so lauten: `(siehe Seite <pageNum /> ^= <cs name="kursiv"></cs>`.

Zeichenformat für Querverweis

Wenn Sie ein Zeichenformat auf einen Teil des Textes anwenden, müssen Sie die Option ZEICHENFORMAT FÜR QUERVERWEIS deaktivieren, weil sie sonst auf das gesamte Ergebnis angewendet würde und somit den bereits formatierten Text wieder umformatieren würde.

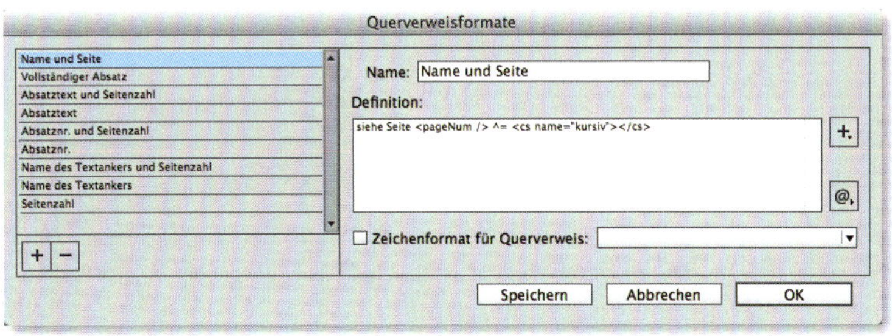

◀ Abbildung 20.58
Wenn Sie ein Zeichenformat neu definieren, achten Sie darauf, anschließend die Option ZEICHENFORMAT FÜR QUERVERWEIS zu deaktivieren.

4 Teilabsatz festlegen

Um nur den Nachnamen des Musikers in den Querverweis zu übernehmen, legen wir nun einen Teilabsatz fest, der bis zum ersten Komma reicht – also genau bis zum Ende des Nachnamens.

includeDelim ändern

Die Option `includeDelim` wird nur bei der ersten Definition eines Querverweisformats angezeigt. Wenn Sie die Definition des Formats später wieder aufrufen, taucht sie nicht mehr auf und kann somit nicht ohne Weiteres geändert werden. Sie müssen sie zu diesem Zweck selbst dazuschreiben.

Positionieren Sie den Textcursor nach `<cs name="kursiv">`, und wählen Sie TEILABSATZ aus dem Menü [+]. Nun wird der Text `<fullPara delim="" includeDelim="false"/>` eingefügt.

Wir müssen nun das Trennzeichen eintragen, bis zu dem der Absatz übernommen werden soll. Fügen Sie zwischen den Anführungszeichen von `delim=""` ein Komma ein. Die Option `includeDelim="false"` besagt, dass das Trennzeichen selbst nicht mehr zur Textauswahl zählen soll. Wenn Sie das jedoch möchten, setzen Sie statt `false` das Wort `true` ein. Statt `false` können Sie auch `0` und statt `true` auch `1` verwenden. Wir verändern hier diese Einstellung nicht.

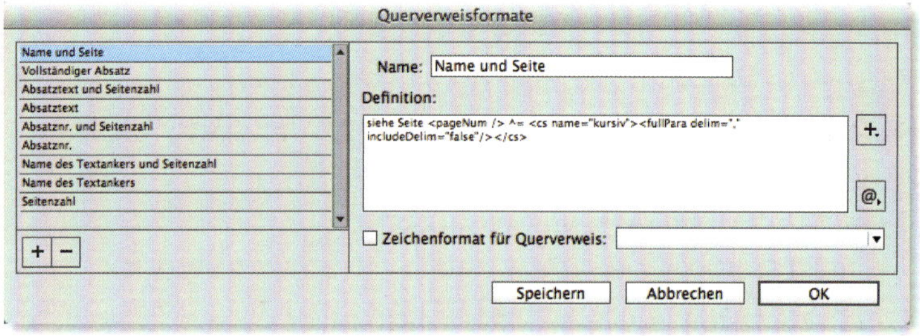

Abbildung 20.59 ▶
Das fertige Querverweisformat erstellt Verweise im Format »siehe Seite 26 – *Abercrombie*«.

Sie können nun noch die ganze Definition z. B. in Klammern setzen. Klicken Sie auf OK, um die Definition des Querverweisformats abzuschließen.

Querverweise verwalten

Die Tatsache, dass bei Querverweisen zwei unter Umständen weit voneinander entfernte Stellen in einem oder zwei Dokumenten verbunden sind, bringt es mit sich, dass sich an der Beziehung zwischen den beiden Textstellen gewollt oder ungewollt etwas ändert. InDesign überwacht die Querverweise und macht Sie auf Probleme aufmerksam.

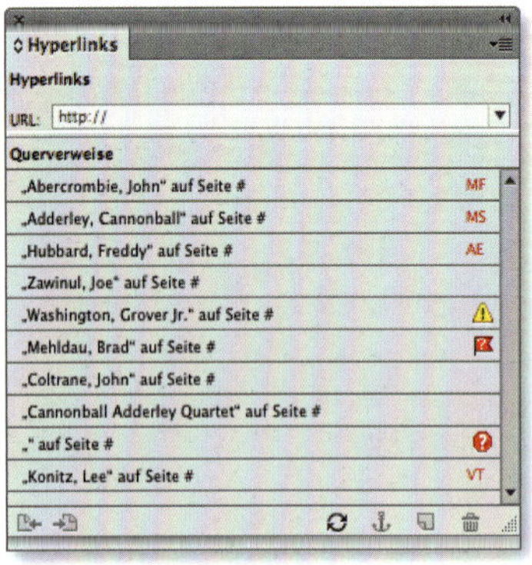

▲ **Abbildung 20.60**
Alle möglichen Zustände von Querverweisen. Lediglich drei Einträge sind in Ordnung, alle anderen gelten als »ungelöst«.

Status von Querverweisen | Es gibt einige Gründe, warum ein Querverweis von InDesign nicht aufgelöst werden kann. Im Hyperlinks-Bedienfeld wird dann neben dem Eintrag eines Querverweises der konkrete Grund für das Problem eingeblendet:

- **Montagefläche** MF : Das Ziel befindet sich auf der Montagefläche und wird deshalb nicht sichtbar sein.
- **Musterseite** MS : Das Ziel befindet sich auf der Musterseite und ist deshalb nicht eindeutig.
- **Ausgeblendete Ebene** AE : Das Ziel befindet sich auf einer ausgeblendeten Ebene und wird deshalb nicht sichtbar sein.

- **Übersatz** OS : Das Ziel ist derzeit nicht sichtbar, weil es sich im Übersatz befindet.
- **Verborgener Text** VT : Das Ziel ist ein bedingter Text, der derzeit ausgeblendet ist.
- **Ziel wurde verändert** ⚠ : Der Zielabsatz existiert zwar und ist auch sichtbar, er hat sich aber inhaltlich verändert. Der Querverweis ist zwar intakt, sein Inhalt deckt sich jedoch nicht mehr mit dem Ziel. Diesen Status erhalten Sie auch, wenn Sie bei einem Querverweis auf einen Textanker den Namen des Ankers ändern.
- **Ziel fehlt** : Entweder wurde der Zielabsatz oder Textanker gelöscht, oder das Dokument, in dem sich das Ziel befindet, wurde verschoben, gelöscht oder umbenannt.

Kontrolle im Preflight-Bedienfeld
Sie sollten das Preflight-Bedienfeld so konfigurieren, dass ungelöste und/oder veraltete Querverweise als Fehler angezeigt werden und Sie so unmittelbar einen Hinweis auf veränderte oder fehlende Querverweisziele bekommen, auch wenn das Hyperlinks-Bedienfeld nicht geöffnet ist.

Quelle und Ziel suchen | Bei vielen Querverweisen ist die reine Auflistung der Verweise im Hyperlinks-Bedienfeld für einen Überblick nicht mehr ausreichend. Um die Quelle eines Querverweises – also die Stelle, an der er eingeblendet wird – aufzusuchen, markieren Sie den Querverweis im Bedienfeld und wählen Sie Gehe zur Quelle aus dem Bedienfeldmenü. Um zum Ziel zu springen, wählen Sie Gehe zum Ziel.

Wenn Sie den Textcursor in einer Querverweisquelle positionieren, wird der dazugehörige Eintrag im Hyperlinks-Bedienfeld für Sie ausgewählt. Somit ist es also sehr einfach, auch das dazugehörige Ziel aufzusuchen.

Querverweise aktualisieren und bearbeiten | Wird für einen Verweis ein verändertes Ziel angezeigt ⚠, klicken Sie auf den Eintrag im Hyperlinks-Bedienfeld und anschließend auf Querverweise aktualisieren, oder wählen Sie Querverweis aktualisieren aus dem Bedienfeldmenü des Hyperlinks-Bedienfelds.

Fehlt die Datei, die ein Ziel enthält, können Sie eine andere Datei neu mit dem Querverweis verbinden. Markieren Sie den Eintrag im Bedienfeld, und wählen Sie Querverweis erneut verknüpfen aus dem Bedienfeldmenü des Hyperlinks-Bedienfelds. Existiert im neuen Dokument die Position des alten Ziels nicht, wird der Verweis weiterhin mit einem fehlenden Ziel markiert, und Sie können dann auch keine neue Datei mehr verknüpfen. In diesem Fall müssen Sie den Querverweis bearbeiten, um ein neues Ziel festzulegen.

Doppelklicken Sie auf den betreffenden Eintrag im Hyperlinks-Bedienfeld, und Sie landen im Fenster Querverweis bearbeiten, in dem Sie die gleichen Optionen wie im Fenster Neuer Querverweis vorfinden. Der einzige Unterschied ist, dass in diesem Fall die Quelle bereits

Mehrere Querverweise aktualisieren
Weichen mehrere Verweise ab, ist aber kein bestimmter ausgewählt, aktualisiert der Befehl Querverweis aktualisieren alle Querverweise.

Beachten Sie, dass sich der veränderte Querverweis auf den Textumbruch auswirken kann. Bei vielen Aktualisierungen kann die Auswirkung auch sehr heftig sein – aktualisieren Sie Querverweise im Zweifelsfall also lieber Stück für Stück.

Querverweise in Inhaltsverzeichnissen
In vielen Magazinen werden die Aufmacher der verschiedenen Rubriken im Inhaltsverzeichnis besonders hervorgehoben und sind deshalb mit den üblichen Methoden zur Erstellung eines Inhaltsverzeichnisses nicht verwaltbar.

Um die Seitenziffern auf dem Bogen mit dem Inhaltsverzeichnis (siehe unten) trotzdem aktuell zu halten, können Sie Querverweise einsetzen und so nicht nur die Seitenziffer einblenden lassen, sondern auch Änderungen in der Zeitschrift gut überwachen.

Querverweise einsetzen
Da sich zwischen dem Kopieren und Einsetzen bei einer normalen Arbeitsweise das Ziel kaum verändern wird, ist das Aktualisieren eines eingesetzten Querverweises grundsätzlich kein Problem. Da sich aber logischerweise die Quelle des Verweises ändert, wird er als verändert gekennzeichnet.

existiert und auch nicht verändert wird, egal wo der Textcursor derzeit im Text steht.

Änderung der Quelle | Wenn Sie den Text des Querverweises inhaltlich ändern, wird der Querverweis als abweichend ⚠ gekennzeichnet. Wenn Sie diesen Querverweis aktualisieren, wird Ihre Textänderung mit dem Originaltext des Ziels überschrieben.

Änderungen an der Typografie der Quelle verhalten sich etwas eigenwillig. Wenn Sie einen Teil des Querverweistextes z. B. auf fett setzen und der Verweis später aktualisiert werden muss, geht auch die Formatierung verloren, und zwar unabhängig davon, ob Sie die Änderung manuell oder über ein Zeichenformat gemacht haben.

Wenn Sie dagegen den gesamten Querverweistext abweichend vom Absatz gestalten und diesen Verweis aktualisieren, bleibt die Formatierung erhalten.

Querverweise löschen und kopieren | Wenn Sie einen Querverweis im Hyperlinks-Bedienfeld markieren und auf Ausgewählte Hyperlinks und Querverweise löschen klicken, werden Sie darauf hingewiesen, dass der Text des Querverweises erhalten bleibt – es wird dabei also lediglich die Verbindung zum Ziel gelöscht.

Es ist keine Standardmethode vorgesehen, um Querverweise zwischen Dokumenten auszutauschen. Der Bedarf dafür dürfte auch wirklich begrenzt sein. Wenn Sie jedoch Text, der einen Querverweis enthält, über die Zwischenablage in ein anderes Dokument kopieren, muss Ihnen bewusst sein, dass damit auch die Querverweisdefinition inklusive Querverweisformat in das Zieldokument übertragen wird. Dabei entsteht ein als verändert gekennzeichneter Querverweis, um den Sie sich kümmern sollten.

Laden und löschen von Querverweisformaten | Um bestehende Querverweisformate aus einem anderen Dokument zu laden, wählen Sie Querverweisformate laden aus dem Bedienfeldmenü des Hyperlinks-Bedienfelds. Wählen Sie dann das Dokument aus, aus dem die Formate geladen werden sollen.

Das Laden erfolgt ohne jegliche Rückmeldung. Sollten im Zieldokument bereits Querverweisformate mit gleichen Namen existieren, so werden sie von den geladenen Formaten überschrieben.

Ein Querverweisformat löschen Sie, indem Sie es im Fenster Querverweisformate markieren und auf das Minus [–] unter der Auflistung der Formate klicken. Das funktioniert aber nur, wenn das Format nicht in einem Querverweis verwendet wird. Sie müssen also im Zweifelsfall erst alle Querverweise löschen, die das fragliche Format verwenden, und dabei die Querverweise in reinen Text umwandeln.

Querverweise und InCopy | Querverweisformate können in InCopy nur in eigenständige Dokumente importiert werden. Querverweisformate aus reinen InCopy-Dokumenten können jedoch nicht in InDesign-Dokumente geladen werden.

20.7 Bedingter Text

Viele Probleme mit alternativen Texten – als Stellvertreter seien hier unterschiedliche Sprachversionen von Büchern und Broschüren genannt – können über Ebenen gelöst werden. Sollen jedoch Textteile in einem Absatz sichtbar/unsichtbar gemacht werden, kommen Sie mit Ebenen nicht weiter.

Anwendungsgebiete

Weitere typische Fälle wären z. B. Preislisten, die in einer Großhändler-Version mit den Einkaufspreisen und in einer Verkaufspreisliste inkl. Mehrwertsteuer aufgelegt werden sollen. Ob Sie eine solche Preisliste als vollständige Duplikate in Ebenen oder gleich in zwei Dokumenten verwalten, ist schon ziemlich gleichgültig.

Oder wir könnten unser Buch in einer Windows- und einer Mac-Version erscheinen lassen. Hierzu müssten in der Windows-Ausgabe alle Tastenkürzel für Windows anstelle der Tastenkürzel für Mac OS X dargestellt werden – Sie sehen: mit Ebenen unlösbar. Was wäre in diesem Fall mit den Screenshots? Wir müssten alle Screenshots von Mac OS X gegen Screenshots von Windows austauschen. Da alle Bilder, Marginalien, Glossareinträge aber im Text eingebunden sind, wäre das als bedingter Text kein Problem.

Im Text verankerte Objekte
Da jedes im Text verankerte Objekt grundsätzlich als einzelnes Zeichen im Text behandelt wird, kann es deshalb auch – wie in Notizen – als bedingter Text aus- und eingeblendet werden.

Als letztes Beispiel und Basis für die Funktionsbeschreibung seien noch Lehrunterlagen genannt. Arbeitsblätter für Schüler gibt es zumeist in zwei Versionen: Es gibt das »echte« Arbeitsblatt, in das die Schüler die hoffentlich richtige Lösung der Aufgaben eintragen müssen, die sie auf dem Arbeitsblatt vorfinden; zusätzlich gibt es zumeist das Lösungsblatt, das alle richtigen Antworten bereits enthält.

Ob ein Lehrer das Lösungsblatt verwendet, um seine Kompetenz vor den Schülern zu stärken, oder ob er es den Schülern auch aushändigt, um ihnen eine Selbsteinschätzung der eigenen Leistung zu ermöglichen, sei dahingestellt. Typische Ergänzungsübungen, in denen z. B. in freie Stellen einzelne Wörter eingetragen werden, sind über Ebenen ebenfalls nicht abbildbar.

Bedingten Text verwenden

Die Mechanik von bedingten Texten ist eigentlich recht simpel, aber relativ schwierig (und trocken) abstrakt zu beschreiben. Wir beginnen deshalb mit einem Beispiel und liefern Ihnen die Details später nach.

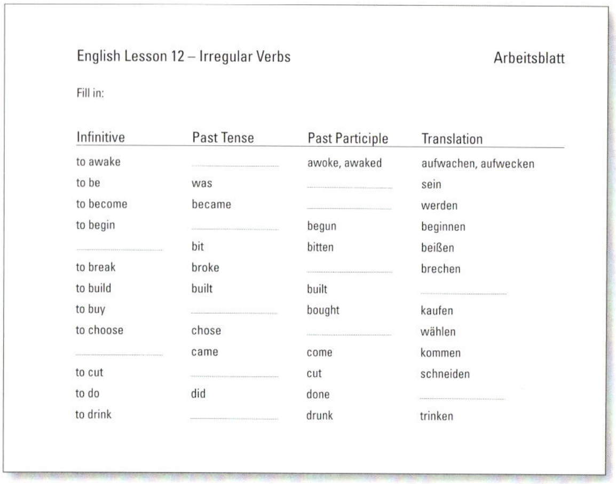

English Lesson 12 – Irregular Verbs — Arbeitsblatt

Fill in:

Infinitive	Past Tense	Past Participle	Translation
to awake	....	awoke, awaked	aufwachen, aufwecken
to be	was	....	sein
to become	became	....	werden
to begin	....	begun	beginnen
....	bit	bitten	beißen
to break	broke	....	brechen
to build	built	built	....
to buy	....	bought	kaufen
to choose	chose	....	wählen
....	came	come	kommen
to cut	....	cut	schneiden
to do	did	done	....
to drink	....	drunk	trinken

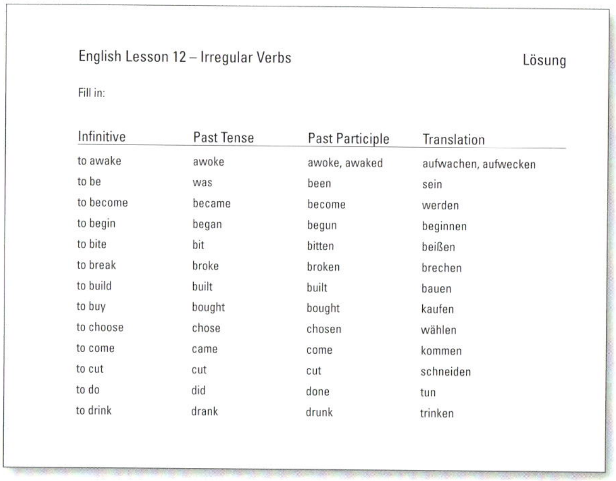

English Lesson 12 – Irregular Verbs — Lösung

Fill in:

Infinitive	Past Tense	Past Participle	Translation
to awake	awoke	awoke, awaked	aufwachen, aufwecken
to be	was	been	sein
to become	became	become	werden
to begin	began	begun	beginnen
to bite	bit	bitten	beißen
to break	broke	broken	brechen
to build	built	built	bauen
to buy	bought	bought	kaufen
to choose	chose	chosen	wählen
to come	came	come	kommen
to cut	cut	cut	schneiden
to do	did	done	tun
to drink	drank	drunk	trinken

▲ **Abbildung 20.61**
Verschiedene Arbeitsblätter können aus ein und demselben Text abgeleitet werden, wenn Sie bedingten Text einsetzen.

Solche Arbeitsblätter kennen wir alle aus der Schule. In diesem Fall sollen die unregelmäßigen Verben im Englischen trainiert und überprüft werden. Die Schüler müssen den jeweils fehlenden Teil in jeder Zeile eintragen.

Sie finden die Datei »Irregular_Verbs.txt« und das fertige Arbeitsblatt im Ordner Beispielmaterial • Kapitel_20 • Arbeitsblatt.

Schritt für Schritt
Arbeits- und Lösungsblatt erstellen

Um es Ihnen zu ersparen, Ihre Schulbücher zu suchen oder den obigen Text abzutippen, haben wir den hier verwendeten Text auf der Buch-DVD untergebracht (»Irregular_Verbs.txt«). Es handelt sich um reinen, mit Tabulatoren versehenen Text.

1 Text einrichten

Platzieren Sie den Text, und formatieren Sie ihn nach Ihren Vorstellungen. Der Text sollte mit Tabulatoren (nicht in einer Tabelle) ausgerichtet werden. Bei einem A4-Dokument mit »normalen« Rändern und einer Schriftgröße von 12 Pt sollten Sie bei drei Tabulatoren mit je 40 mm Abstand gut mit dem Text zurechtkommen. Es versteht sich von selbst, dass für die Formatierung Absatzformate verwendet werden – für die

Anwendung von bedingtem Text und die folgenden Schritte ist das jedoch nicht zwingend notwendig.

▲ **Abbildung 20.62**
Das Bedingter-Text-Bedienfeld: Die beiden Bedingungen aus unserem Beispiel sind bereits angelegt, und die Bedienfeldoptionen sind eingeblendet.

2 Das Bedingter-Text-Bedienfeld – Bedingungen definieren

Öffnen Sie das Bedingter-Text-Bedienfeld über FENSTER • SCHRIFT und TABELLEN • BEDINGTER TEXT. Ein Tastenkürzel gibt es dafür nicht. Klicken Sie auf NEUE BEDINGUNG, und tragen Sie im nun erscheinenden Fenster NEUE BEDINGUNG unter NAME »Arbeitsblatt« ein. Unter KENNZEICHNUNG legen Sie fest, wie der bedingte Text markiert sein soll, wenn er eingeblendet ist. Wenn Sie in METHODE die Option UNTERSTRICHEN auswählen, können Sie eine DARSTELLUNG der Linie wählen; entscheiden Sie sich aber für MARKIEREN, wird der Text mit der gewählten FARBE hinterlegt. Auch eine Linie als Markierung wird in der gewählten FARBE dargestellt. Sie legen hier lediglich fest, wie der bedingte Text dargestellt wird, sofern er sichtbar ist; ob die Kennzeichnung überhaupt sichtbar ist, können Sie später noch bestimmen.

Legen Sie eine zweite Bedingung, »Lösung«, an, und legen Sie die gewünschten Optionen fest. Wenn Sie eine dieser Optionen nachträglich ändern wollen, doppelklicken Sie auf den Bedingungseintrag im Bedingter-Text-Bedienfeld, oder rufen Sie BEDINGUNGSOPTIONEN aus dem Bedienfeldmenü auf.

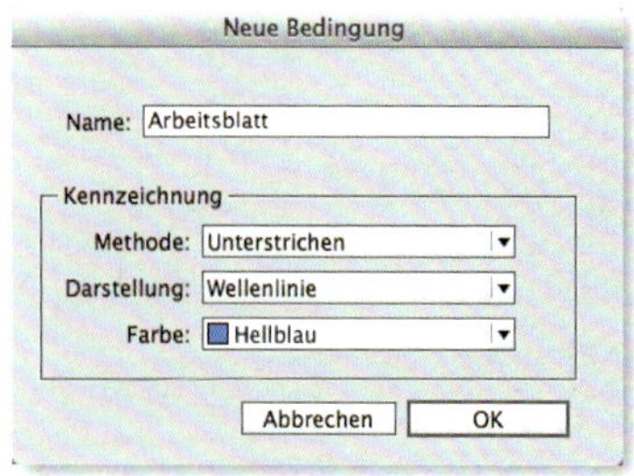

▲ **Abbildung 20.63**
Die Optionen von Bedingungen legen nur fest, wie ein bedingter Text gekennzeichnet sein soll, wenn er sichtbar ist; ob die Markierung dann wirklich sichtbar sein soll, können Sie hier noch nicht einstellen.

3 Bedingte Texte für das Lösungsblatt festlegen

Der volle Text, den Sie gesetzt haben, entspricht ja dem Lösungsblatt. In dieser vollständigen Lösung markieren wir nun die Texte, die nur auf der Lösung sichtbar sein sollen. Alle nicht als bedingter Text gekennzeichneten Texte werden sowohl auf dem Arbeitsblatt als auch auf der Lösung sichtbar sein.

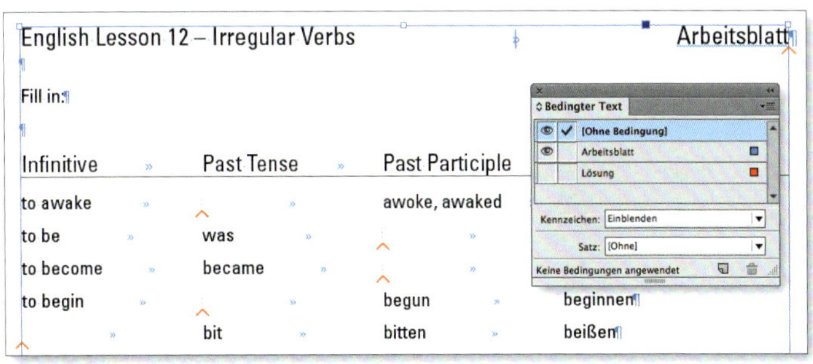

◀ **Abbildung 20.64**
Der Text, der nur auf der Lösung sichtbar sein soll, ist ausgeblendet. Im Text sind jedoch Marken eingeblendet, die die Position der unsichtbaren Texte anzeigen.

Wählen Sie mit einem Doppelklick in jeder Zeile einen Begriff aus, und klicken Sie auf LÖSUNG im Bedingter-Text-Bedienfeld. Dadurch wird der ausgewählte Text mit der von Ihnen festgelegten Markierung unter- bzw. hinterlegt.

Wenn Sie das für alle Zeilen erledigt haben (vergessen Sie dabei das Wort »Lösung« in der Überschrift nicht), klicken Sie auf das Auge neben dem Eintrag LÖSUNG. Damit legen Sie die Sichtbarkeit des Textes auf dem Lösungsblatt fest. Ihr Text sollte nun etwa so aussehen wie in Abbildung 20.64.

4 Bedingte Darstellung für das Lösungsblatt erstellen

Erstellen Sie eine horizontale Linie mit 0,5 Pt Stärke, 30 mm Länge und einem Stil, der Ihnen geeignet erscheint, z. B. JAPANISCHE PUNKTE. Diese Linie wird den unsichtbaren Lösungstext vertreten. Da wir die Linien im Text verankern, können wir ihre Sichtbarkeit über eine Bedingung bestimmen.

Kopieren Sie die Linie in die Zwischenablage, klicken Sie der Reihe nach rechts neben die Markierungen für den unsichtbaren Text, und fügen Sie die Linie per [Strg]+[V] bzw. [⌘]+[V] in den Text ein. Das Ergebnis sollte etwa so aussehen wie in Abbildung 20.65.

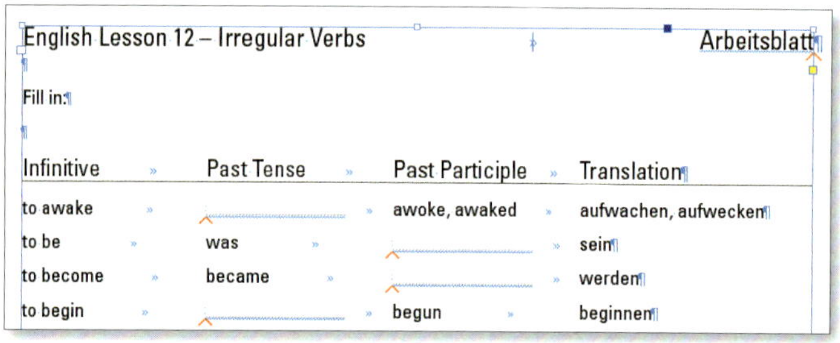

Abbildung 20.65 ▶
Die Linien sollen auf dem Arbeitsblatt sichtbar sein, nicht jedoch auf dem Lösungsblatt. Deshalb müssen sie ebenfalls mit einer Bedingung ausblendbar werden.

5 Den verankerten Linien eine Bedingung zuweisen

Wir könnten nun die einzelnen Linien mit dem Textwerkzeug auswählen und ihnen die Bedingung »Arbeitsblatt« zuweisen, damit sie nur auf dem Arbeitsblatt sichtbar sind und in der Lösung ausgeblendet werden können. Allerdings wäre das sehr mühsam. Wie Sie wissen, kann in InDesign nach nahezu allem gesucht werden. Deshalb werden wir nun alle verankerten Linien suchen und ihnen per Ersetzen-Funktion die Bedingung »Arbeitsblatt« zuweisen.

Rufen Sie SUCHEN/ERSETZEN über [Strg]+[F] bzw. [⌘]+[F] auf, und wählen Sie das Register TEXT. Wählen Sie aus dem Menü neben SUCHEN NACH die Option MARKEN • MARKE FÜR VERANKERTES OBJEKT aus. Im Feld SUCHEN NACH erscheint der InDesign-Code für verankerte Objekte: ^a. Wir suchen also gar keinen echten Text (siehe Abbildung 20.66).

Wir ersetzen auch nicht die Linie selbst, sondern ändern lediglich ihr Attribut für bedingten Text von [OHNE BEDINGUNG] in LÖSUNG. Klicken Sie dazu auf ÄNDERUNGSATTRIBUTE EINGEBEN neben dem Feld FORMAT ERSETZEN.

Linie auswählen

Die einzelnen Linien in dieser Situation mit dem Auswahlwerkzeug zu markieren, würde nicht zum Erfolg führen. Sie müssen die Position der Linie im Text als Text auswählen!

Im Fenster Formateinstellungen ersetzen wählen Sie das Register Bedingungen und aktivieren die Checkbox neben dem Eintrag Arbeitsblatt. Schließen Sie das Fenster mit OK, und klicken Sie im Suchen/Ersetzen-Fenster auf Alle ändern.

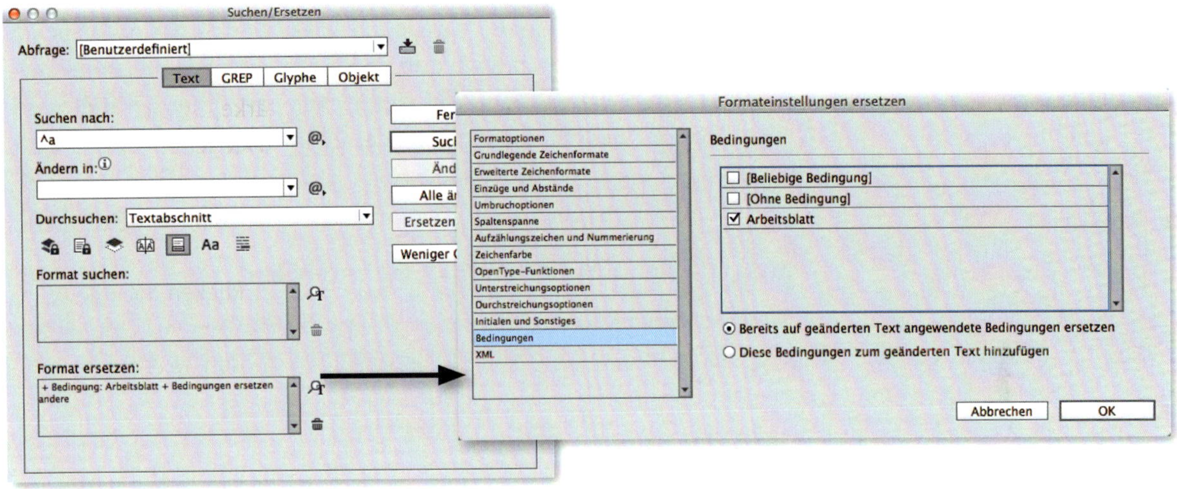

▲ **Abbildung 20.66**
Die Suchoptionen, um eine im Text verankerte Linie zu suchen und ihr eine Bedingung zuzuweisen

Nun werden alle Linien wie Text behandelt, und ihnen wird die Sichtbarkeit für das Arbeitsblatt zugewiesen. Sie können dies wiederum mit einem Klick auf das Auge überprüfen und durch wechselweises Auswählen der beiden Bedingungen bzw. deren Sichtbarkeit einen Blick auf Arbeitsblatt und Lösung werfen.

Dieses wechselweise Auswählen kann bei zwei Bedingungen noch praktikabel sein, bei vielen Bedingungen, die womöglich zu mehreren Sichtbarkeitskombinationen zusammengefasst werden müssen, wäre diese Methode sehr mühsam und fehlerträchtig.

6 Einen Bedingungssatz erstellen

Stellen Sie zunächst den Zustand her, der die Sichtbarkeit für das Arbeitsblatt (also Linien, aber keine Lösungen) darstellt, indem Sie die Sichtbarkeit Arbeitsblatt ein- und die Sichtbarkeit Lösung ausschalten. Wählen Sie aus dem Menü Satz im Bedingter-Text-Bedienfeld Neuen Satz erstellen aus. Tragen Sie im dann folgenden Fenster Name des Bedingungssatzes einen Namen ein. Es ist hier kein Problem, wenn Sie als Name »Arbeitsblatt« wählen, obwohl es schon eine gleichnamige Bedingung gibt.

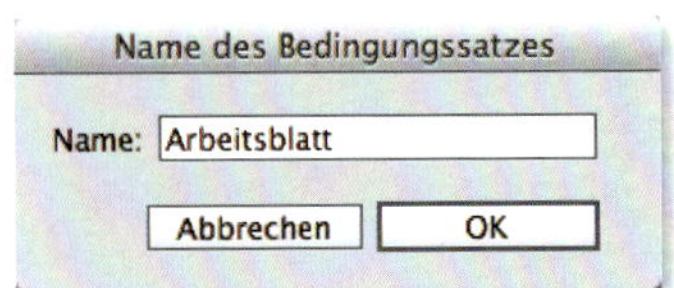

▲ **Abbildung 20.67**
Ein Bedingungssatz muss zwar einen eindeutigen Namen haben, der darf aber schon gleichlautend mit einer Bedingung sein.

Ändern Sie die Sichtbarkeit so, dass nur die Lösung sichtbar wird, und legen Sie damit einen Bedingungssatz Lösung an. Von nun an können Sie die beiden Zustände des Dokuments aus dem Menü Satz auswählen und so ohne viel Herumgeklicke zwischen den beiden Textvarianten wie in Abbildung 20.61 auf Seite 728 wechseln.

Wenn Sie unsere Schritt-für-Schritt-Anleitung bis zum Ende durchgearbeitet haben, haben Sie die wesentlichen Methoden inklusive Suchen und Ersetzen von Bedingungen durchgespielt. Im Folgenden wollen wir Ihnen nur noch einige Optionen nachreichen und Ihnen noch ein paar Hinweise zur Dokumentplanung bei der Benutzung von bedingtem Text geben.

Zusätzliche Funktionen für bedingten Text

Neben den Funktionen, die Sie in unserer Schritt-für-Schritt-Anleitung kennengelernt haben, gibt es noch folgende Möglichkeiten:

Bedingter-Text-Bedienfeld | Beim Anlegen einer neuen Bedingung haben Sie bereits festgelegt, wie ein Text, dem eine Bedingung zugewiesen ist, gekennzeichnet werden soll. Da diese Kennzeichnung aber auch störend sein kann, können Sie im Menü KENNZEICHEN festlegen, wo die Kennzeichnung wirklich dargestellt werden soll. Die drei Möglichkeiten EINBLENDEN, EINBLENDEN UND DRUCKEN und AUSBLENDEN dürften selbsterklärend sein.

Neben der Möglichkeit, einzelne Bedingungen und somit den damit belegten Text ein- und auszublenden, indem Sie auf das Auge neben der entsprechenden Bedingung klicken, können Sie im Bedienfeldmenü noch ALLE EINBLENDEN und ALLE AUSBLENDEN wählen. Beide Optionen sind gute Ausgangspunkte, um Zustände herzustellen, die Sie dann als Bedingungssatz speichern.

Sofern Sie VERBORGENE ZEICHEN EINBLENDEN aus dem Menü SCHRIFT aktiviert haben, werden aufgrund einer Bedingung ausgeblendete Texte mit dem Marker im Text gekennzeichnet. Für jeden ausgeblendeten Text an derselben Stelle kommt dabei ein Doppelpunkt über dem Winkel dazu.

Neue Bedingung

Das Bedingter-Text-Bedienfeld verhält sich beim Aufruf der Funktion NEUE BEDINGUNG über das Symbol anders als die meisten anderen Bedienfelder. Sie werden dann nämlich sofort mit dem Fenster NEUE BEDINGUNG konfrontiert. Halten Sie die [Alt]- bzw. [⌥]-Taste gedrückt, wird kommentarlos eine neue Bedingung angelegt, deren Optionen Sie dann erst festlegen müssen.

Bedingungen und Bedingungssätze | Sie können ein und demselben Text auch mehrere Bedingungen zuweisen. In diesem Fall können Sie die einzelnen Bedingungen zurücknehmen, indem Sie den entsprechenden Text auswählen und die Bedingung mit einem Klick auf das Häkchen neben der Bedingung ausschalten. Möchten Sie alle einem Text zugewiesenen Bedingungen auf einmal zurücknehmen, wählen Sie den Text aus und weisen ihm [OHNE BEDINGUNG] aus dem Bedingter-Text-Bedienfeld zu. Grundsätzlich ist einem Text immer [Ohne Bedingung] zugewiesen – dadurch ist Text prinzipiell immer sichtbar.

Wenn Sie einen Bedingungssatz ausgewählt haben und Änderungen an der Sichtbarkeit der beteiligten Bedingungen im Bedingter-Text-Bedienfeld vornehmen, wird diese Abweichung – analog zu Formaten – durch ein Plus neben dem Namen des Bedingungssatzes angezeigt. Sie haben dann die Möglichkeit, über Bedingungssatz neu definieren im Menü Satz die Abweichung zur neuen Definition des Bedingungssatzes zu machen. Wenn Sie den Satz [Ohne] auswählen, bleibt der letzte Zustand von sichtbaren Bedingungen erhalten, und Sie können weitere manuelle Änderungen vornehmen, ohne eine Abweichung in einem bestimmten Bedingungssatz zu produzieren.

▲ **Abbildung 20.68**
Um einen Bedingungssatz umzubenennen, müssen Sie ihn zunächst auswählen. Sie können dann aus dem Menü Satz den Befehl Umbenennen auswählen.

Verwalten von Bedingungen und Bedingungssätzen | Um eine Bedingung zu löschen, markieren Sie sie im Bedingter-Text-Bedienfeld und klicken auf 🗑 oder wählen Bedingung löschen aus dem Bedienfeldmenü. Wenn die zu löschende Bedingung einem Text zugewiesen ist, müssen Sie einen Nachfolger bestimmen.

Einen Bedingungssatz löschen Sie, indem Sie ihn zuerst auswählen und dann aus dem Menü Satz den Befehl Bedingungssatz löschen auswählen. Das Löschen von Bedingungssätzen erfolgt kommentarlos und ohne Rückfrage.

Um Bedingungen und Bedingungssätze aus anderen Dokumenten zu laden, wählen Sie entweder Bedingungen laden bzw. Bedingungen und Bedingungssätze laden aus dem Bedienfeldmenü des Bedingter-Text-Bedienfelds. Sie werden dann aufgefordert, eine Datei auszuwählen, aus der die entsprechenden Definitionen geladen werden sollen. Das Laden selbst erfolgt wiederum ohne jegliche Rückmeldung, und zwar auch dann, wenn im Zieldokument bereits Bedingungen und Bedingungssätze mit gleichen Namen existieren. Bei Bedingungen ist das prinzipiell verständlich, weil Abweichungen letztlich nur die Optik betreffen. Bei Bedingungssätzen kann es jedoch funktionale Unterschiede geben. In diesem Fall wird die Definition des geladenen Bedingungssatzes aktiv und der vorhandene Bedingungssatz somit als abweichend markiert (mit einem + neben dem Namen). Seit InDesign CS5 können Sie nun bestimmen, dass die zuletzt gültige Definition (also vor dem Laden) aktiv werden soll, indem Sie Alle Sätze aktualisieren aus dem Menü Satz wählen.

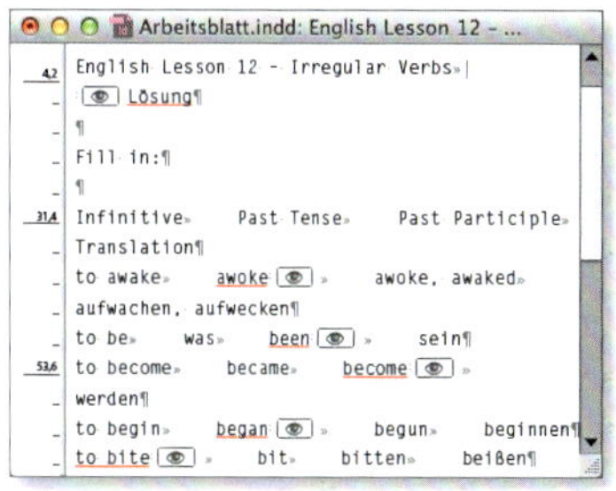

▲ **Abbildung 20.69**
Bedingter Text wird im Textmodus durch ein Auge markiert, kann aber nicht bearbeitet werden.

Suchen/Ersetzen-Optionen | Wie Sie einem Text per Suchen/Ersetzen eine Bedingung zuweisen können, haben wir Ihnen bereits gezeigt. Wenn Sie eine Bedingung suchen, haben Sie die Möglichkeit, im Reiter

Text, nicht Bedingung

Wenn Sie bei der Suche nach Text Bedingungen ins Spiel bringen, muss Ihnen klar sein, dass Sie dabei nie die Bedingung suchen, sondern immer einen Text, der die Bedingung erfüllt.

Deshalb können Sie vermutlich auch nicht nach Bedingungssätzen suchen, obwohl das ja nichts anderes wäre, als eine bestimmte Kombination von Bedingungen als Vorauswahl anzubieten. Möglicherweise können wir das aber in einer zukünftigen InDesign-Version.

Bedingungen des Fensters Formateinstellungen suchen zusätzlich zu real vorhandenen Bedingungen auch nach [Beliebige Bedingung] zu suchen – dabei wird nur überprüft, ob einem Text eine Bedingung zugewiesen wurde, jedoch nicht welche. Wählen Sie jedoch [Ohne Bedingung], wird Text, der mit einer Bedingung belegt ist, von der Suche ausgeschlossen.

Die gleichen Bedingungen können Sie auch auswählen, wenn Sie unter Format ersetzen die Änderungsattribute angeben. Allerdings gibt es hier die Eigenheit, dass Sie nur reale Bedingungen auswählen können, die aktuell auch sichtbar sind. Sie suchen ja auch nach einem Text und nicht nach einer Bedingung – ausgeblendeter Text wird grundsätzlich nicht behandelt. Zusätzlich finden Sie zwei Optionen:

- Bereits auf geänderten Text angewendete Bedingungen ersetzen: Wird ein Text gefunden, dem bereits andere Bedingungen zugewiesen sind, dann werden diese Bedingungen gelöscht und die neue(n) Bedingung(en) zugewiesen.
- Diese Bedingungen zum geänderten Text hinzufügen: Alle bereits bestehenden Bedingungen, die dem gefundenen Text zugewiesen sind, bleiben erhalten, und die ausgewählte(n) Bedingung(en) wird/werden zusätzlich zugewiesen.

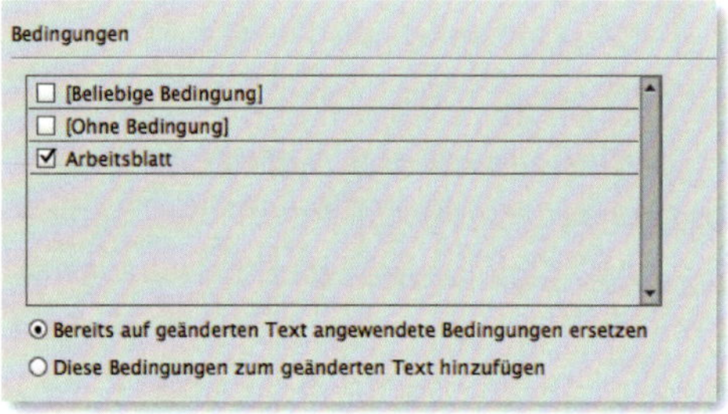

Abbildung 20.70 ▶
Zusätzliche Optionen beim Ersetzen von Texten, die mit Bedingungen belegt sind

Die Zuweisung von [Beliebige Bedingung] beim Ersetzen verändert den Text tatsächlich auf dieser Ebene nicht. Sie können diese Möglichkeit jedoch nutzen, um einem bedingten Text z. B. ein Zeichenformat zuzuweisen.

Den Einsatz von bedingtem Text planen

Je größer die Textmenge, die über Bedingungen ein- und ausgeblendet wird, umso heftiger werden die Umbrüche ausfallen. Wenn Sie also ein Drittel einer Publikation über Bedingungen verwalten wollen, sollten Sie auch über die klassische Methode nachdenken, die Sichtbarkeit über Ebenen oder sogar über ein alternatives Dokument abzubilden. Bedingte Texte sind keine Wundermedizin, aber trotzdem mit Nebenwirkungen versehen – probieren Sie den Einsatz zunächst an kleineren Textmengen, um abschätzen zu können, ob Sie mit den zwangsläufig auftretenden Umbrüchen zurechtkommen. Ein Einsatz bei sehr kleinen Textmengen – wie in unserer Schritt-für-Schritt-Anleitung – sollte dagegen immer gut funktionieren.

Berücksichtigen Sie beim Einsatz von bedingtem Text auch folgende potenzielle Problemfelder:

- **Intelligenter Textumfluss**: Wenn Sie bedingten Text in Kombination mit intelligentem Textumfluss einsetzen, führen stark unterschiedliche Textlängen unter Umständen dazu, dass je nach Sichtbarkeit des Textes automatisch neue Dokumentseiten hinzugefügt oder bestehende entfernt werden.
- **Reihenfolge festlegen**: Wenn Sie drei Textvarianten planen, sollten Sie die Reihenfolge der Texte – also z. B. deutsch/englisch/französisch – verbindlich festlegen und bei der Erfassung des Textes einhalten.
- **Interpunktion**: Legen Sie darüber hinaus fest, wie Interpunktionszeichen und Leerzeichen den bedingten Texten zugeordnet werden sollen. Steht ein bedingter Text am Satzende, müssen alle Textalternativen entweder mit oder ohne Punkt – in jedem Fall aber einheitlich – als bedingter Text dargestellt werden (oder eben nicht). Ansonsten kann es sein, dass in einer Variante ein Punkt sichtbar ist, in einer anderen dagegen kein Punkt und in einer dritten womöglich zwei Punkte.
- **Fußnoten**: Das Problem der Textumbrüche kann sich bei Fußnoten potenzieren. Hier reicht es im Wesentlichen, einen Fußnotenverweis auszublenden (ein Zeichen), um eine oder mehrere Zeilen im gesamten Text zu verlieren, weil damit auch die zugehörige Fußnote ausgeblendet wird.
  Selbstverständlich blendet InDesign nicht nur Fußnoten aus, die zu einem ausgeblendeten Text gehören, es korrigiert auch die Nummern der Fußnoten selbstständig.
- **Von InDesign verwaltete Texte**: Über eine Bedingung ausgeblendeter Text wird von InDesign so behandelt, als wäre er gar nicht vorhanden. Das ist auch logisch, sinnvoll und gut so. Wenn Sie auf InDesign-Funktionen zurückgreifen, um aus einem Text Inhaltsverzeichnisse, Indexeinträge oder Querverweise abzuleiten, so haben bedingte Texte nicht nur eine Auswirkung auf die Stelle im Text, an der sie sichtbar/unsichtbar sind, sondern auch auf die Ergebnisse ebendieser Funktionen. Einen Index müssen Sie also in jedem Fall für jede Textvariante gesondert erstellen lassen und im Dokument selbst verwalten. Querverweise müssen bei Änderung der Sichtbarkeit ebenfalls manuell aktualisiert werden. Ein Querverweis, bei dem Quelle

Zeichenformate

Es wäre sinnvoll, wenn Bedingungen auch in Zeichenformaten angegeben werden könnten.

Adobe hat sich vermutlich dagegen entschieden, weil je nach definierter Sichtbarkeit Texte beim Zuweisen eines solchen Zeichenformats plötzlich verschwinden könnten.

Schnell anwenden

Sie können Bedingungen zwar keine Tastenkürzel zuweisen, aber Sie können sie über die Funktion SCHNELL ANWENDEN aufrufen.

und Ziel nicht zum selben Zeitpunkt sichtbar sind, zerstört die gesamte Logik des Textes.

Wie Sie sehen, gibt es eine Reihe von Zusammenhängen zu beachten, wenn Sie bedingten Text einsetzen wollen. Trotzdem sind bedingte Texte eine interessante Funktion, die – dosiert eingesetzt – einige bislang unlösbare Probleme beseitigen kann.

Kapitel 21
Recycling – Objekte wiederverwenden

Bei immer wiederkehrenden Aufgaben benötigen Sie auch die diversen Layoutelemente immer wieder. Oft ist es üblich, ganze Dokumente zu kopieren und zu überarbeiten oder einzelne Komponenten aus bestehenden Dokumenten herauszukopieren. Diese Strategie ist allerdings mit Problemen behaftet. Wenn Sie ein neues Rechnungsformular für einen Kunden erstellen und das alte Rechnungsdokument öffnen, um z. B. das Logo oder den Bankverbindungstext zu kopieren, kann es natürlich sein, dass sich diese Daten in der Zwischenzeit geändert haben. Deshalb sollten Sie auch in solchen Fällen einen einzigen Datenbestand mit den aktuellen Layoutkomponenten Ihres Kunden verwalten. InDesign bietet Ihnen dafür zwei Möglichkeiten: Bibliotheken und Snippets.

21.1 Bibliotheken

Die erste Methode zur Verwaltung von Objekten wird von InDesign über Bibliotheken realisiert. Eine Bibliothek ist ein InDesign-Dokument, das lediglich als Behälter für Layoutobjekte dient.

Das Bibliothek-Bedienfeld

Um eine neue Bibliothek anzulegen, wählen Sie den Menübefehl Datei • Neu • Bibliothek. Sie werden nach einem Namen und einem Speicherort gefragt. Das Bibliothek-Dokument wird später in einem Bedienfeld angezeigt. Der Name des Bedienfelds ist mit dem Dateinamen identisch, den Sie hier festlegen.

Das ist das erste und letzte Mal, dass Sie ein Bibliothek-Dokument sichern müssen. Ab sofort erledigt InDesign das automatisch für Sie. Das Bibliothek-Dokument – Dateiendung ».indl« – kann wie jedes andere Dokument zwischen Arbeitsplätzen ausgetauscht werden. Sollte es auf einem Server liegen, kann es aber immer nur von einem einzigen Benutzer geöffnet werden.

Bibliothek CC.indl

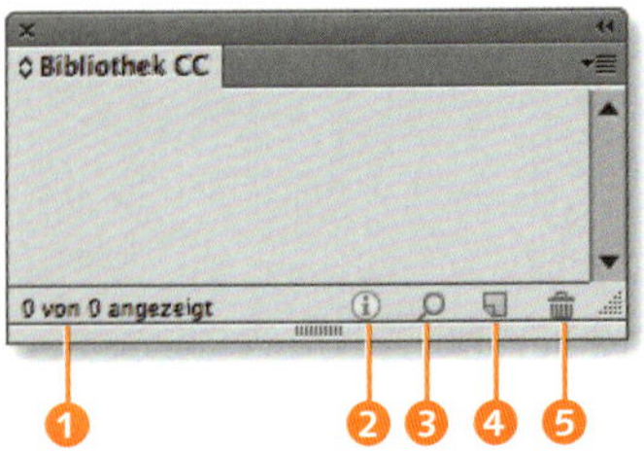

▲ **Abbildung 21.1**
Ein noch leeres Bibliothek-Bedienfeld

Copy & Paste, Drag & Drop
Wenn Sie Objekte zwischen Dokumenten per Copy & Paste oder Drag & Drop kopieren, können diesen Objekten Formate und Stile zugewiesen sein, die es im Zieldokument bereits gibt. Sind die Definitionen dieser Formate und Stile gleich, ändert sich in Ihrem Dokument nichts. Weichen die Definitionen aber ab, kommt es darauf an, welche Art von Definition mit dem Objekt kopiert wurde.

Absatz- und Zeichenformate, Tabellen- und Zellenformate, Objekt- und Querverweisformate werden dann nicht kopiert, bzw. die Definition des Zieldokuments wird erhalten bleiben und angewendet.

Farbfelder und Konturenstile werden in diesem Fall neu angelegt, und ihr Name wird mit einer laufenden Nummer versehen, um die beiden Definitionen unverändert zu erhalten.

Wenn Sie ein Bibliothek-Dokument öffnen, wird es in einem Bedienfeld angezeigt. Öffnen Sie mehrere Bibliotheken gleichzeitig, werden alle Bibliothek-Bedienfelder in einer gemeinsamen Registerkarte untergebracht. Die einzelnen Bedienfelder verfügen natürlich auch über die üblichen Bedienfeldoptionen im Bedienfeldmenü zum SCHLIESSEN des Bedienfelds (und somit der Bibliothek) und zur Auswahl einer LISTENANSICHT, einer MINIATURANSICHT und einer GROSSEN MINIATURANSICHT (danke, Adobe, für diese Wortkreation ...).

Die Objekte in der Bibliothek können in Untergruppen zusammengefasst werden, deshalb wird angezeigt, wie viele Objekte die Bibliothek enthält und wie viele derzeit sichtbar sind ①. Neben den üblichen Funktionen zum Anlegen ④ und Löschen ⑤ gibt es eine Funktion, um BIBLIOTHEKSOBJEKTINFORMATIONEN ② anzuzeigen, und die Suchfunktion BIBLIOTHEKSUNTERGRUPPE EINBLENDEN ③.

InDesign merkt sich, welche Bibliothek geöffnet war, wenn Sie das Programm beenden, und öffnet diese automatisch beim nächsten Start wieder. Allerdings werden Bibliotheken nicht mit einem Arbeitsbereich gespeichert.

Bibliotheken aufbauen

Um ein Objekt in der Bibliothek abzulegen, haben Sie grundsätzlich zwei Möglichkeiten: Entweder ziehen Sie ein Objekt oder eine Objektgruppe Ihres Dokuments in das Bedienfeld, oder Sie wählen ein Objekt Ihres Dokuments aus und klicken auf NEUES BIBLIOTHEKSOBJEKT des Bibliothek-Bedienfelds oder wählen OBJEKT HINZUFÜGEN aus dem Bedienfeldmenü.

Objekte in Bibliothek ablegen | Die einfachere Methode ist natürlich das Hineinziehen von Objekten, allerdings können Sie dadurch nicht alle Objekte in der Bibliothek ablegen, die sie auch aufnehmen kann. Bibliotheken können nämlich nicht nur sämtliche Elemente eines Layouts, sondern auch Strukturhilfen wie Hilfslinien speichern. Hilfslinien können Sie nur in der Bibliothek aufnehmen, indem Sie sie auswählen und über NEUES BIBLIOTHEKSELEMENT oder OBJEKT HINZUFÜGEN in die Bibliothek befördern.

Zusätzlich können Sie alle Objekte einer Seite in der Bibliothek ablegen, indem Sie aus dem Bedienfeldmenü des Bibliothek-Bedienfelds ELEMENTE AUF SEITE XX HINZUFÜGEN wählen. Wenn Sie dagegen den Befehl ELEMENTE AUF SEITE XX ALS SEPARATE OBJEKTE HINZUFÜGEN aufrufen, landen die einzelnen Elemente der Seite als eigenständige Objekte in der Bibliothek.

Sobald ein Objekt in die Bibliothek aufgenommen wurde, bekommt es den Standardnamen »Unbenannt«. Objekte wie z.B. platzierte Bilder, die ja einen Dateinamen haben, werden mit ihrem Dateinamen bezeichnet. Um den Namen zu ändern, doppelklicken Sie auf das Objekt und klicken auf Bibliotheksobjektinformationen ⓘ oder wählen Objektinformationen aus dem Bedienfeldmenü.

Im Fenster Objektinformationen können Sie nun einen entsprechenden Namen unter Objektname eintragen. Die Objektart beschreibt den Typ des Objekts näher. Die meisten Objektarten sind selbsterklärend; Hilfslinien werden als Seite und eine Vektorgrafik wird als Geometrie bezeichnet. Eine Änderung dieser Einstellung wirkt sich bei der Suche nach Objekten aus, am Datenbestand ändert sich damit nichts. Es ändert sich lediglich das Symbol im Bedienfeld und ermöglicht eine andere Sortierung.

Objektinformationen beim Aufnehmen des Objekts eingeben

Wenn Sie die Alt- bzw. ⌥-Taste gedrückt halten, während Sie ein Objekt in das Bibliothek-Bedienfeld ziehen, erscheint das Fenster Objektinformationen für das neue Objekt automatisch.

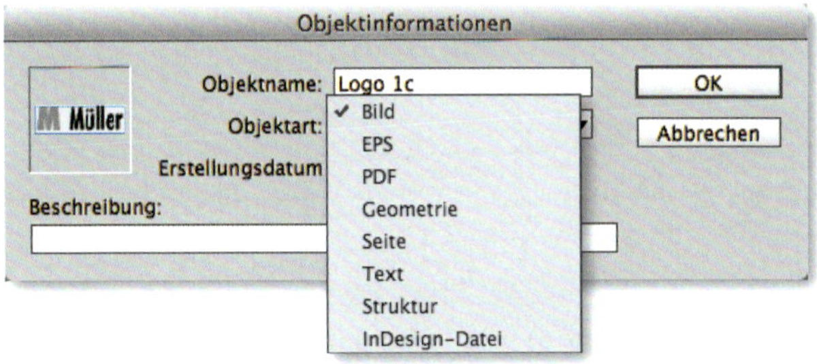

◂ **Abbildung 21.2**
Objektinformationen für Bibliotheksobjekte: Da seit InDesign CS3 ganze InDesign-Dokumente in einem Dokument platziert werden können, gibt es dafür die Objektart InDesign-Datei.

Aus dem Erstellungsdatum lässt sich ablesen, ob das Objekt tatsächlich aktuell ist, und unter Beschreibung können Sie einen Kommentar zum Objekt ablegen.

Mehrere Objekte aufnehmen

Wenn Sie mehrere Objekte ausgewählt haben und die ganze Gruppe in das Bibliothek-Bedienfeld ziehen, so wird die ganze Gruppe als ein einziges Bibliothekselement gespeichert.

Bibliothekselemente verwenden | Um ein Bibliotheksobjekt auf der Seite zu platzieren, nehmen Sie den umgekehrten Weg wie beim Aufnehmen von Objekten in die Bibliothek. Ziehen Sie ein Bibliothekselement einfach aus dem Bedienfeld auf eine Seite Ihres Dokuments, oder markieren Sie ein Objekt der Bibliothek, und wählen Sie Objekt(e) platzieren aus dem Bedienfeldmenü. Aus der Schreibweise geht bereits hervor, dass Sie in einem Arbeitsgang mehrere Objekte platzieren können – es werden alle ausgewählten Objekte verwendet.

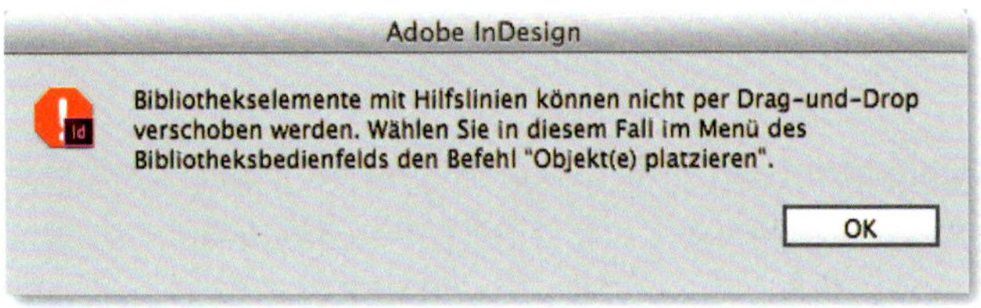

◂ **Abbildung 21.3**
Objekte mit Hilfslinien können nicht aus dem Bedienfeld gezogen werden.

Koordinaten

Wenn Sie ein Objekt mit der Maus aus dem Bedienfeld ziehen, wird es an der Position abgesetzt, an der Sie die Maustaste loslassen. Wenn Sie Objekt(e) platzieren verwenden, werden sie an ihrer ursprünglichen Position abgesetzt.

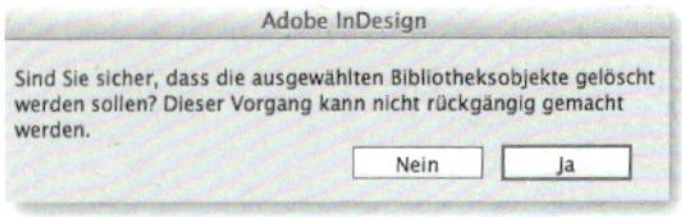

▲ **Abbildung 21.4**
InDesign warnt sehr ausdrücklich, wenn Sie Objekte aus einer Bibliothek löschen.

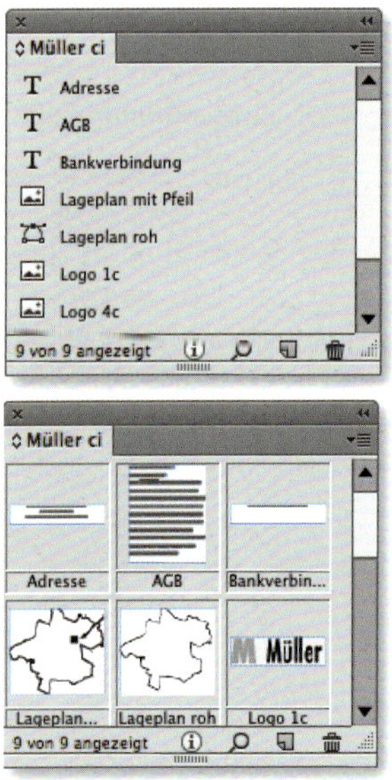

▲ **Abbildung 21.5**
Listenansicht und Miniaturansicht eines Bibliothek-Bedienfelds. Wählen Sie die gewünschte Darstellung aus dem Bedienfeldmenü.

Bei Hilfslinien müssen Sie wiederum den Menübefehl wählen, weil diese Objektart nicht direkt aus dem Bedienfeld gezogen werden kann.

Bibliotheksobjekte verwalten

Neben den Funktionen, um Bibliothekselemente zu löschen oder umzubenennen, wartet das Bibliothek-Bedienfeld mit der Möglichkeit auf, in Bibliotheken zu suchen. Adobe hat sich dafür allerdings eine ungewöhnliche Bezeichnung ausgedacht.

Bibliothekselemente löschen und aktualisieren | Um ein Bibliotheksobjekt zu löschen, wählen Sie es im Bedienfeld aus und klicken auf Bibliotheksobjekt löschen 🗑 oder wählen den Befehl Objekt(e) löschen aus dem Bedienfeldmenü. Dabei werden Sie darauf hingewiesen, dass Sie das Löschen eines Bibliotheksobjekts nicht rückgängig machen können. Diesen Hinweis können Sie allerdings übergehen, wenn Sie beim Löschen `Alt` bzw. `⌥` gedrückt halten.

Natürlich können Bibliotheksobjekte auch aktualisiert werden. Wählen Sie dazu zunächst das veränderte Objekt in Ihrem Layout aus und dann das entsprechende Objekt im Bibliothek-Bedienfeld. Wählen Sie nun Bibliotheksobjekt aktualisieren aus dem Bedienfeldmenü des Bibliothek-Bedienfelds. Beachten Sie dabei aber, dass InDesign keine Beziehung zwischen den beiden Objekten erkennt. Es wird immer das im Bedienfeld ausgewählte Objekt ausgetauscht, egal ob es sich tatsächlich um eine ältere Version des neuen Elements handelt oder nicht. Das kann sich fatal auswirken, weil Sie auf diese Tatsache nicht hingewiesen werden und die Aktualisierung auch nicht rückgängig gemacht werden kann.

Bibliotheksobjekte tragen alle Eigenschaften des Objekts, aus dem sie abgeleitet wurden. Wenn ein Text über Zeichen-, Absatz-, Objektformate und Farbfelder formatiert wurde und diese Formate im Dokument, in dem der Text platziert wurde, existieren, so werden die vorhandenen Formate verwendet. Existieren die Formate nicht, werden sie beim Platzieren eines Bibliotheksobjekts automatisch angelegt.

Ebeneninformationen werden nur dann in Ihr Dokument übernommen, wenn Sie im Bedienfeldmenü des Ebenen-Bedienfelds Ebenen beim Einfügen erhalten aktiviert haben.

Objekte zwischen Bibliotheken austauschen | Sie können Bibliotheksobjekte zwischen zwei Bibliotheken austauschen, indem Sie ein oder mehrere Objekte von einem Bedienfeld auf das andere ziehen. Das Originalobjekt wird dabei kopiert, es existiert nun also in beiden Bibliotheken. Wenn Sie die [Alt]- bzw. [⌥]- Taste gedrückt halten, wird das Objekt verschoben, also aus der ursprünglichen Bibliothek gelöscht.

Prinzipiell kann eine Bibliothek beliebig groß werden, eine Einschränkung stellt lediglich der verfügbare Speicherplatz dar. Bei großen Bibliotheken ist es aber schwer, den Überblick zu behalten.

In Bibliotheken suchen – Untergruppen | Um den Überblick zu wahren, können Sie Untergruppen bilden – was damit gemeint ist, wird besser über das Symbol 🔍 beschrieben. Es handelt sich hier um eine Suchfunktion. Klicken Sie auf das Symbol Bibliotheksuntergruppe einblenden, oder wählen Sie Untergruppe anzeigen aus dem Bedienfeldmenü.

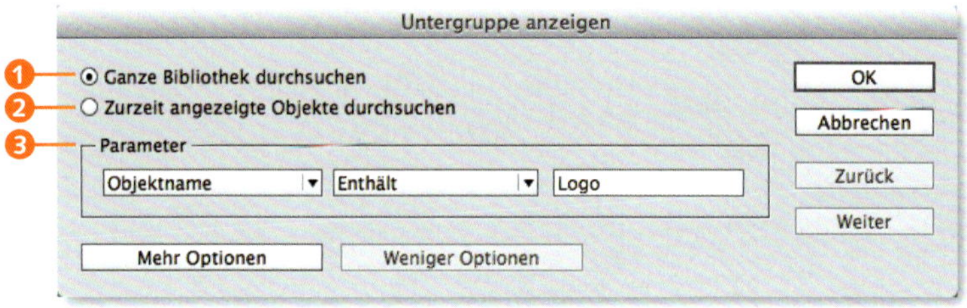

◄ **Abbildung 21.6**
Die Suchfunktion Untergruppe anzeigen des Bibliothek-Bedienfelds

Legen Sie zunächst fest, welchen Bereich der Bibliothek Sie durchsuchen möchten. Ganze Bibliothek durchsuchen ① bezieht sich auf alle Objekte der aktuellen Bibliothek. Wenn Sie allerdings bereits eine Suche durchgeführt haben, die Sie nun weiter einschränken möchten, wählen Sie Zurzeit angezeigte Objekte durchsuchen ②.

Unter Parameter ③ können Sie die Kriterien für die Suche bestimmen. Sie können nach Objektname, Erstellungsdatum, Objektart und Beschreibung suchen. Nach welchen Einträgen innerhalb dieser Kategorien gesucht werden soll, legen Sie in den nächsten beiden Spalten fest. Abhängig vom Kriterium unterscheiden sich die weiteren Einstellungsmöglichkeiten. Für Objektname und Beschreibung können Sie in der dritten Spalte einen Text eintragen und in der zweiten Spalte festlegen, ob dieser Text im Namen oder in der Beschreibung enthalten oder nicht enthalten sein soll.

Beim Erstellungsdatum können Sie festlegen, ob es im Vergleich zum vorgegebenen Datum Grösser als, Kleiner als, Gleich oder Ungleich sein soll. Unter Objektart bestimmen Sie, ob das Objekt im Vergleich zu einem vorgegebenen Typ Gleich oder Ungleich sein soll. Sobald Sie Ihre Einstellungen vorgenommen haben, klicken Sie auf OK. Damit wird die Suche gestartet, und das Ergebnis wird angezeigt. Sollten keine Objekte, die Ihren Kriterien entsprechen, in der Bibliothek gefunden werden, bleibt das Bibliothek-Bedienfeld leer.

Objekte zwischen Bibliotheken kopieren
Sollten mehrere Bibliothek-Bedienfelder in einem gemeinsamen Bedienfeldstapel untergebracht sein, müssen Sie zumindest eines der beteiligten Bedienfelder in ein schwebendes Bedienfeld verwandeln, indem Sie es an seinem Kartenreiter auf die Arbeitsfläche ziehen.

Alle Objekte anzeigen | Sie können nun alle Objekte wieder anzeigen lassen, indem Sie Alle einblenden aus dem Bedienfeldmenü aufrufen, oder Sie können die Suche wiederholen. Werden zu viele Objekte gefunden, haben Sie wiederum zwei Möglichkeiten:

- Rufen Sie das Fenster Untergruppe anzeigen noch einmal auf, stellen Sie die Option Zurzeit angezeigte Objekte durchsuchen ein, und legen Sie ein Suchkriterium fest, das die Suche weiter einschränkt.
- Die zweite Methode ist, dass Sie im Rahmen einer neuen Suche von vornherein die Suchkriterien weiter verfeinern. Dazu klicken Sie im Fenster Untergruppe anzeigen auf Mehr Optionen.

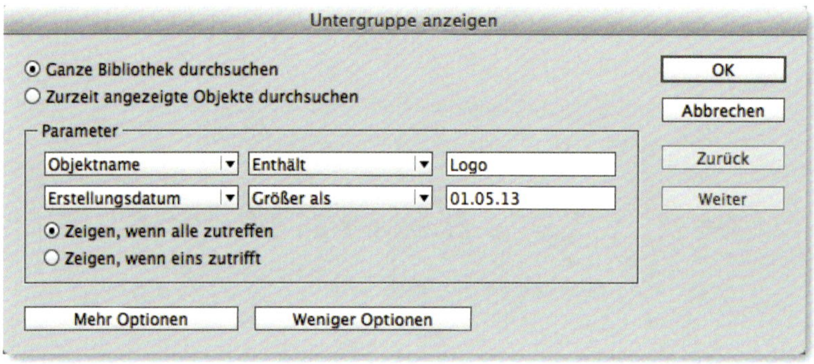

Abbildung 21.7 ▶
Die Suchfunktion Untergruppe anzeigen mit mehreren Suchkriterien. Ein Klick auf Zurück stellt die letzte Abfrage wieder her.

Mit jedem Klick auf Mehr Optionen wird der Parameterliste eine weitere Zeile hinzugefügt, in der Sie ein zusätzliches Kriterium festlegen können. Die beiden zusätzlichen Optionen regeln, wie diese einzelnen Kriterien miteinander verknüpft werden sollen.

- Zeigen, wenn alle zutreffen bedeutet, dass alle angegebenen Kriterien für ein Objekt zutreffen müssen, damit es als Treffer infrage kommt.
- Zeigen, wenn eins zutrifft findet ein Objekt, wenn zumindest ein Suchkriterium erfüllt ist, also auch dann, wenn mehrere Kriterien zutreffen.

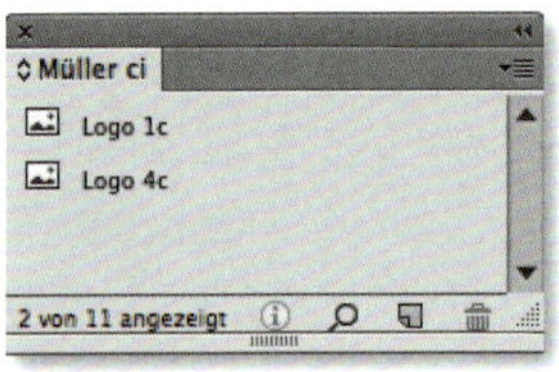

▲ Abbildung 21.8
Das Ergebnis der Suche – zwei der neun Objekte haben den Suchkriterien entsprochen und werden als Untergruppe angezeigt.

Objekte sortieren | Die aktuell angezeigten Objekte einer Bibliothek können zusätzlich sortiert werden. Wählen Sie aus dem Bedienfeldmenü Objekte sortieren und eine der Sortierreihenfolgen nach Name, nach Datum (neuestes), nach Datum (ältestes) oder nach Typ aus.

Verknüpfte Objekte | Sowohl Bibliotheksobjekte als auch Snippets können natürlich Verknüpfungen zu Bildern, Texten oder Tabellen enthalten. Wenn Sie in einer Arbeitsgruppe solche Objekte austauschen und alle beteiligten Komponenten auf einem gemeinsamen Server liegen, ist das kein Problem. Ansonsten müssen Sie nach dem Einfügen solcher Objekte die Verknüpfungen aktualisieren. Eingebettete Bilder werden natürlich mit dem Bibliotheksobjekt (und auch in Snippets) gespeichert.

21.2 Snippets

Snippets (wörtlich »Schnipsel«) sind InDesign-Objekte oder -Objektgruppen, die als eigenständige Dateien gespeichert werden können. Sämtliche Objekte, die Sie in Bibliotheken ablegen können, können Sie auch als InDesign-Snippets speichern. Snippets können in Adobe Bridge umfassend verwaltet werden. Sie haben dort ebenfalls eine Vorschau, können Schlüsselwörter hinzufügen und haben sämtliche Such- und Sortiermöglichkeiten. Wir empfehlen Ihnen, die Arbeitsweise mit Snippets zu organisieren, da damit eine zentrale Verwaltung der einzelnen Elemente auf einem Server ermöglicht wird und somit der Austausch von Bibliotheken nicht notwendig ist.

Technischer Hintergrund
Snippets sind XML-Dateien, deshalb können Sie sie mit einem Texteditor öffnen und auch außerhalb von InDesign bearbeiten. Andererseits können Sie somit ein Snippet auch zur Gänze – z. B. automatisiert – außerhalb von InDesign erstellen und in ein InDesign-Dokument einfügen.

Snippets erstellen

Sie können Snippets auf zwei Arten erstellen, wobei – wie bei Bibliotheksobjekten – bestimmte Layoutobjekte nur mit einer der beiden Methoden gespeichert werden können.

Snippet_302159D3B.idms

Drag & Drop | Um ein Snippet per Drag & Drop zu erstellen, ziehen Sie ein InDesign-Objekt, also z. B. einen Textrahmen, auf den Schreibtisch oder in Adobe Bridge und natürlich auch auf das Mini-Bridge-Bedienfeld – das Snippet taucht dort als eine Datei auf, deren Name mit »Snippet« beginnt und ansonsten aus einer zufälligen Zeichenfolge besteht. Die Endung lautet seit CS4 ».idms« (bis InDesign CS3 ».inds«).

Exportieren | Sie können auch zumindest ein Objekt auswählen und dann Datei • Exportieren aufrufen. Wählen Sie unter Dateityp (Windows) bzw. Format (Mac OS X) die Option InDesign-Snippet. Hier können Sie den Namen des Snippets natürlich frei wählen.

Die dabei entstehende Datei ist grundsätzlich identisch mit einer, die per Drag & Drop entstanden ist. Sie müssen jedoch auf die Export-Funktion zurückgreifen, wenn Sie entweder Hilfslinien in Ihrem Objekt oder ein im Text verankertes Objekt als Snippet speichern wollen. Im Text verankerte Objekte können nicht aus dem Dokument gezogen werden, weil InDesign die Bewegung als Positionsänderung im oder relativ zum Text interpretiert.

Masterdokumente über Snippets kompakt halten
Speziell bei umfangreichen Projekten wie Magazinen empfehlen wir, die Musterdokumente so schlank wie möglich zu halten und sich wiederholende Seitenaufbauten über Snippets abzubilden.

Kompatibilität
Das Datenformat der Snippets wurde mit InDesign CS4 geändert – die Dateiendung lautet seitdem ».idms«. Sie können in InDesign CC Snippets aus früheren InDesign-Versionen (Dateiendung ».inds«) einfügen und auch in InDesign CS4 Snippets aus InDesign CS5, CS5.5, CS6 und CC platzieren. Funktionen, die erst seit InDesign CC existieren, wie z. B. QR-Codes, gehen dabei allerdings verloren. Snippets mit der Dateiendung ».idms« können jedoch nicht in InDesign-Versionen vor CS4 verwendet werden.

Snippets einfügen

Sie können eine Snippet-Datei in eine beliebige InDesign-Datei ziehen oder über Datei • Platzieren in ein Dokument einsetzen. Dabei wird das Ursprungsobjekt wiederhergestellt, und alle Formate werden angelegt bzw. zugewiesen wie beim Kopieren über die Zwischenablage auch. Ebeneninformationen werden auch bei Snippets nur dann in Ihr Dokument übernommen, wenn Sie im Bedienfeldmenü des Ebenen-Bedienfelds Ebenen beim Einfügen erhalten aktiviert haben.

Beim Platzieren eines Snippets haben Sie mehr Kontrolle über die Position, an der der Inhalt des Snippets in Ihrem Dokument platziert werden soll, da Sie einen Platziercursor erhalten, wie z. B. bei Bildern oder Text. Da in einem Snippet aber auch die Originalposition eines Objekts gespeichert wird, hängt die Position von den InDesign-Voreinstellungen für Snippets ab, in denen Sie bestimmen, wo ein Snippet standardmäßig platziert werden soll.

Voreinstellungen für Snippets

Wenn Sie in den InDesign-Voreinstellungen im Bereich Datei-Handhabung unter Snippet-Import die Option Ursprüngliche Position auswählen, werden Snippets an der Position der Seite platziert, an der sich das Originalobjekt zum Zeitpunkt des Exports befand. Bei abweichenden Seitengrößen funktioniert das natürlich nur beschränkt. Innerhalb einer Dokumentserie – z. B. Drucksachen für ein Unternehmen, in denen sich Logo, Kontoinformationen usw. immer an derselben Stelle befinden und alle Seiten gleich groß sind – ist das unheimlich praktisch. Um diesen Mechanismus temporär außer Kraft zu setzen, halten Sie Alt bzw. ⌥ gedrückt, wenn Sie ein Snippet platzieren oder in Ihr Dokument ziehen – beachten Sie, dass Sie die Alt- bzw. ⌥-Taste erst loslassen dürfen, wenn das Snippet bereits an der Zielposition steht. Das Snippet wird dann an der Position des Mauszeigers abgesetzt.

Wenn Sie jedoch Cursorposition wählen, wird das Snippet standardmäßig an der Cursorposition platziert. Wenn Sie nun wiederum Alt bzw. ⌥ beim Platzieren drücken, wird die Voreinstellung ebenfalls temporär in das gegenteilige Verhalten geschaltet und das Snippet an seiner Originalposition eingefügt.

InDesign erstellt für platzierte Snippets keine Verknüpfungen. Das ist insofern unverständlich, als ja auch ganze InDesign-Dokumente platziert werden können und dabei sehr wohl ein Link zum Original entsteht. Andererseits können Snippets aber auch nicht mit InDesign editiert werden, können sich also im Gegensatz zu InDesign-Dokumenten auch nicht ohne Weiteres verändern.

Keine Snippets aus Texten
Wenn Sie unter Mac OS X die Voreinstellungen zum Bewegen von Text per Drag & Drop aktiviert haben, können Sie auch reinen Text auf den Schreibtisch ziehen. Dabei übernimmt aber das Betriebssystem das Kommando, und es wird kein Snippet erstellt, sondern eine Datei mit der Endung ».textClipping«. Wenn Sie eine solche Datei wieder in ein InDesign-Dokument ziehen, verhält sie sich aber wie ein Snippet. Platzieren können Sie solch eine Datei allerdings nicht.

Kapitel 22
Redaktionelle Aufgaben

Im redaktionellen Umfeld sind aus Sicht von InDesign zwei Personengruppen zu unterscheiden: Die eine Gruppe (Redakteure) kümmert sich um die inhaltliche Gestaltung der Publikation, und die andere Gruppe (Layouter) kümmert sich um die optische Gestaltung. Jede Gruppe hat ihre eigene Methode und verwendet unterschiedliche Werkzeuge. Da es aber keine vollständige Trennung der beiden Bereiche geben kann, stellt Adobe zunehmend Redaktionsfunktionen in InDesign zur Verfügung.

22.1 Teamwork

Adobe hat mehrere Versuche gestartet, die beiden Gruppen technisch zusammenzubringen. Die Betonung liegt auf *technisch*. Alle Lösungen versuchten und versuchen, die Produktionsabläufe zwischen Redaktion und Layout zu regeln.

Was bisher geschah

Mit den ersten Versionen der Creative Suite wurde *Version Cue* eingeführt. Damit sollten Arbeitsgruppen gemeinsam an *einem* Datenbestand arbeiten können, wobei sich Version Cue um die dabei entstehenden Kollisionen aufgrund unterschiedlicher Dokumentversionen kümmern sollte. Version Cue war ressourcenhungrig, langsam und störanfällig. Es wurden zwar einige Verbesserungen vorgenommen (z. B. Adobe Drive statt des eigenen Dateidialogs), aber letztlich überwogen die Probleme, und Version Cue wurde zu Grabe gelassen – möge es ewig ruhen.

Als man die Cloud zur neuen Zukunftstechnik erklärte, wurde Buzzword in InDesign integriert. Buzzword ist ein Online-Datendienst im Rahmen von *acrobat.com*, der eine Textverarbeitung mit einem Webinterface zur Verfügung stellt. Die Buzzword-Dokumente wurden zentral auf dem acrobat.com-Server gespeichert und konnten direkt in InDesign platziert werden. InDesign konnte auch Textstrecken direkt auf Buzzword speichern. Die Dokumente (aus Sicht von InDesign nur Textschnipsel) konnten von ganzen Arbeitsgruppen bearbeitet werden und waren mit einer Änderungs-History versehen.

Neben dem Problem, dass alle Beteiligten ein zusätzliches System benutzen mussten, das weder eine besonderen Vorteil brachte noch mit der eigentlichen Aufgabenstellung etwas zu tun hatte, gingen beim Update von Buzzword-Daten in InDesign auch noch die bereits vorgenommenen Textformatierungen verloren. Adobe versprach, dieses Problem zu beheben, und hat das auch gemacht, indem die Buzzword-Integration in InDesign CS6 einfach wieder entfernt wurde.

Erlauben Sie uns hier die Anmerkung, dass die Lücken, die Version Cue und Buzzword hinterlassen, recht klein sind.

Buzzword lebt

Buzzword existiert im Rahmen von *acrobat.com* weiter. Adobe hat lediglich die Integration in InDesign ersatzlos gestrichen. Sie können Buzzword-Daten natürlich über die Zwischenablage zwischen InDesign und *acrobat.com* austauschen.

Sie finden ein Bonus-Kapitel zu InCopy auf der Buch-DVD unter »Zusatzkapitel«.

Adobe InCopy

InCopy ist ein System, das schon seit Jahren funktioniert und genau auf die Arbeitsabläufe zugeschnitten ist, die sich in der Zusammenarbeit von Redakteur und Layouter ergeben. Es ist eine Art Mini-InDesign für Redakteure, die die Layout-Fähigkeiten von InDesign nicht brauchen, und ist somit als Alternative zu InDesign anzusehen.

Da es kaum reine InCopy-Arbeitsumgebungen gibt, implementiert Adobe auch in InDesign einige InCopy-Funktionen. Die Bedeutung dieser Funktionen in einer reinen Layout-Arbeitsumgebung ist aber eher gering, weshalb wir uns auf einen kurzen Überblick über zwei Funktionen beschränken, die auch von Layoutern sinnvoll eingesetzt werden können. Da es sich dabei aber um typische Arbeitsgruppen-Funktionen handelt, müssen Sie zuerst Vorkehrungen treffen, um in einer Arbeitsgruppe – am besten eindeutig – als Mitarbeiter identifiziert werden zu können.

Benutzer

Um als Mitglied einer Arbeitsgruppe identifiziert werden zu können, müssen Sie für alle Arbeiten, die eine Arbeitsgruppe betreffen können, eine Benutzerkennung verwenden. Diese Kennung wird bei der Installation von InDesign aus Ihren Registrierungsdaten abgeleitet. Da in Unternehmen mit vielen InDesign-Lizenzen die einzelne Lizenz oft nicht dem Mitarbeiter zugeordnet ist, sondern einer Abteilung, können Sie den Benutzernamen ändern, indem Sie Datei • Benutzer aufrufen.

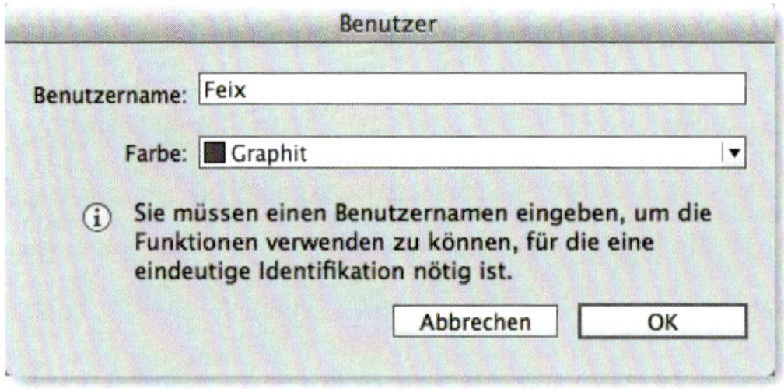

◀ **Abbildung 22.1**
Einstellungen für den Benutzer – die Farbe dient nur dem Überblick und dem leichteren Erkennen zusammengehöriger Notizen.

Legen Sie hier Ihren Benutzernamen fest. Mithilfe der Farbe, die Sie zusätzlich auswählen können, werden alle Spuren, die Sie in Form von Textänderungen und Notizen in einem Dokument hinterlassen, mit Ihrer Benutzerkennung gekennzeichnet.

22.2 Textänderungen verfolgen

Änderungen an einem Text verfolgen zu können, ist nicht nur sinnvoll, wenn mehrere Benutzer einen Text bearbeiten – alle, die selbst schreiben, können so leicht unterschiedliche Textvarianten ausprobieren und zwischenlagern, um erst später zu entscheiden, welche Version letztlich wirklich die bessere ist.

Änderungsarten

InDesign kann für Sie folgende Textänderungen aufzeichnen:

- Gelöschter Text: Text, der gelöscht wurde, bleibt zunächst erhalten und wird erst gelöscht, wenn Sie diese Änderung annehmen.
- Hinzugefügter Text: Hinzugefügter Text wird natürlich normal angezeigt, Sie haben jedoch die Möglichkeit, diese Änderung später abzulehnen, womit der eingefügte Text aus Ihrem Layout wieder verschwindet.
- Verschobener Text: Diese Kombination aus Löschen und Hinzufügen entsteht, wenn Sie einen Textblock per Mauszeiger verschieben.

Lediglich hinzugefügter Text wird in der Layoutansicht für Sie sichtbar, gelöschter Text wird nur im Textmodus angezeigt und dort einerseits mit der Benutzerfarbe des betreffenden Benutzers hinterlegt und andererseits mit der Art der Änderung markiert.

Mit den Standardeinstellungen sieht das z. B. aus, wie in Abbildung 22.2 auf der nächsten Seite: Dieses Dokument wurde von zwei Benutzern bearbeitet; Benutzer Schneeberger verwendet die Farbe Blau und Benutzer Feix die Farbe Grün.

Textbearbeitung durch Ziehen und Ablegen
Ob Sie einen Text durch Ziehen mit dem Mauszeiger verschieben können, hängt von den Voreinstellungen für Eingabe ab. Dort können Sie entscheiden, ob Sie die Textverarbeitung durch Ziehen und Ablegen in Layoutansicht aktivieren oder Im Textmodus aktivieren (oder beides) wollen.

Copy & Paste
Bitte beachten Sie, dass alle Textverschiebungen, die per Copy & Paste erledigt werden, nicht als Änderung verfolgt werden. Verschobene Texte werden nur mit ZIEHEN UND ABLEGEN erfasst.

Grün hinterlegter Text ❹, der im Textmodus durchgestrichen erscheint, wurde somit von Benutzer Feix gelöscht (und ist in der Layoutansicht deshalb auch nicht mehr sichtbar). Ein Textblock wurde im Textfluss nach oben verschoben ❷ – er erscheint deshalb an seiner Originalposition als durchgestrichen und an seiner neuen Position umrandet. Sowohl an einer bislang unveränderten Stelle ❺ als auch in einem verschobenen Text ❶ wurde zusätzlicher Text eingefügt. Alle Textstellen, die von InDesign als verändert erkannt werden, werden am linken Rand des Textbereichs mit ÄNDERUNGSLEISTEN ❸ markiert.

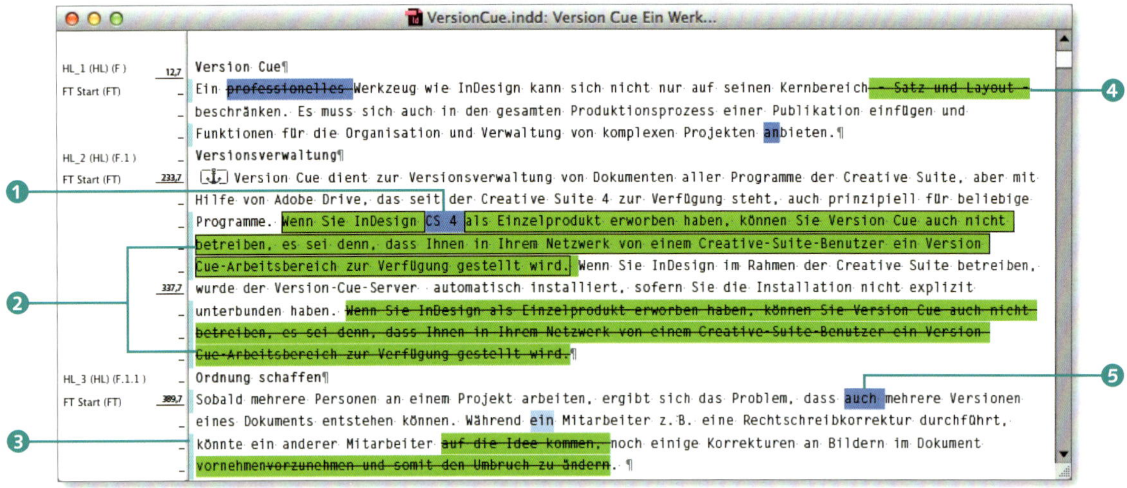

▲ **Abbildung 22.2**
ÄNDERUNGEN VERFOLGEN können Sie nur im Textmodus, indem Sie den Textcursor im gewünschten Text platzieren und [Strg]+[Y] bzw. [⌘]+[Y] drücken oder BEARBEITEN • IM TEXTMODUS BEARBEITEN aufrufen.

Das Erscheinungsbild der verschiedenen Textänderungen bestimmen Sie also einerseits über die Benutzerfarbe und andererseits über die Voreinstellungen für ÄNDERUNGEN VERFOLGEN.

Voreinstellungen

Um die Voreinstellungen zu ändern, rufen Sie BEARBEITEN • VOREINSTELLUNGEN • ÄNDERUNGEN VERFOLGEN bzw. INDESIGN • VOREINSTELLUNGEN • ÄNDERUNGEN VERFOLGEN auf.

Einblenden | Sie können im Abschnitt EINBLENDEN über die Checkbox neben den drei Änderungsarten HINZUGEFÜGTER TEXT, GELÖSCHTER TEXT und VERSCHOBENER TEXT festlegen, ob die Änderungen überhaupt angezeigt werden sollen. Für Änderungen, die sichtbar werden sollen, legen Sie jeweils eine Farbe für den TEXT selbst oder für den HINTERGRUND fest. Die BENUTZERFARBE ist dafür perfekt geeignet. Sollte ein anderer Benutzer die gleiche Farbe wie Sie selbst verwenden, können Sie InDesign anweisen, für diesen Benutzer eine andere Farbe zu wählen, indem Sie die Option Doppelte Benutzerfarben verhindern aktivieren. Wie die Art der Änderung dargestellt werden soll, legen Sie über das Menü Markierung für die drei Arten fest.

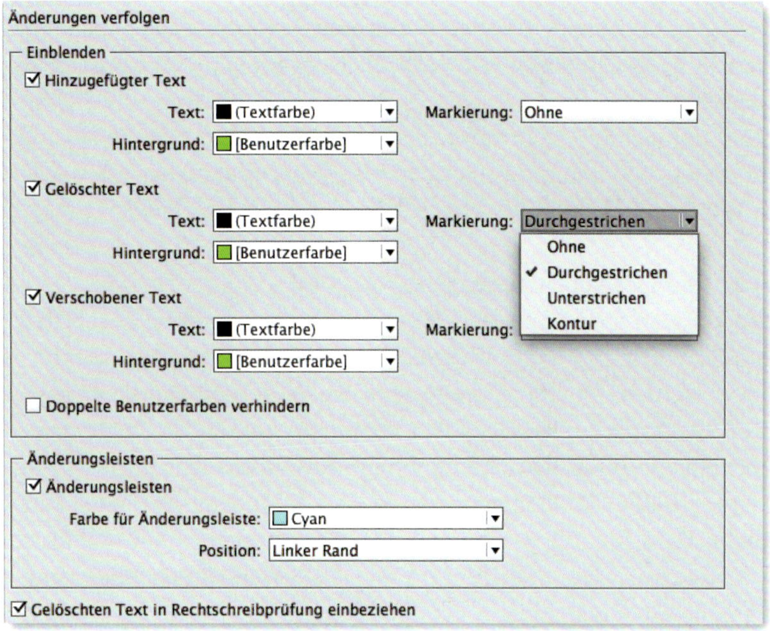

◀ **Abbildung 22.3**
Sie können die Hintergrundfarbe auch jeweils auf Ohne setzen, allerdings wird der Text dadurch sehr schnell praktisch unlesbar. Auch wenn Sie die Markierung Ohne mehr als einmal verwenden, werden Sie schnell den Überblick über die Änderungen verlieren. Die von Adobe gewählten Standardeinstellungen sind durchaus sinnvoll gewählt.

Änderungsleisten und Rechtschreibprüfung | Legen Sie fest, ob die Änderungsleisten sichtbar sein sollen, indem Sie die Option Änderungsleisten Ihren Wünschen entsprechend ändern, und legen Sie für sichtbare Änderungsleisten eine Farbe und eine Position (Linker Rand oder Rechter Rand) fest. Bestimmen Sie, ob Sie Gelöschten Text in Rechtschreibprüfung einbeziehen wollen.

Rechtschreibprüfung für gelöschte Texte

Bedenken Sie, dass in der Folge ein gelöschter Text wieder zurückgenommen und somit wieder Bestandteil des sichtbaren Textes werden kann. Wenn Sie also auf die Rechtschreibprüfung von InDesign setzen, sollte diese sich auch um einen nur momentan nicht sichtbaren Text kümmern.

Änderungen mit InDesign verfolgen

Rufen Sie das Änderungen-verfolgen-Bedienfeld über Fenster • Redaktionelle Aufgaben • Änderungen verfolgen auf, und positionieren Sie den Textcursor in dem Textabschnitt, für den Sie die Änderungen-verfolgen-Funktion verwenden möchten.

Die einzige Aktion, die Sie auch in der Layoutansicht ausführen können, ist ein Klick auf Änderungen in aktuellem Textabschnitt verfolgen aktivieren im Änderungen-verfolgen-Bedienfeld. Ein weiterer Klick deaktiviert die Funktion wieder. Sie können auch den Befehl Änderungen in aktuellem Textabschnitt verfolgen aus dem Bedienfeldmenü des Bedienfelds verwenden. Dort finden Sie auch die beiden

Textabschnitt

Unter »Textabschnitt« versteht InDesign einen oder mehrere miteinander verkettete Textrahmen (nicht zu verwechseln mit den Textabschnitten der Funktion Nummerierungs- und Abschnittsoptionen!).

▲ **Abbildung 22.4**
Über das Änderungen-verfolgen-Bedienfeld können Sie die Verfolgungsfunktion und die Sichtbarkeit der Änderungen im Textmodus steuern, innerhalb der Änderungen navigieren und Änderungen annehmen oder ablehnen. Aber beachten Sie, dass damit die Änderungsverfolgung nur für den aktuell gewählten Textabschnitt aktiviert wurde.

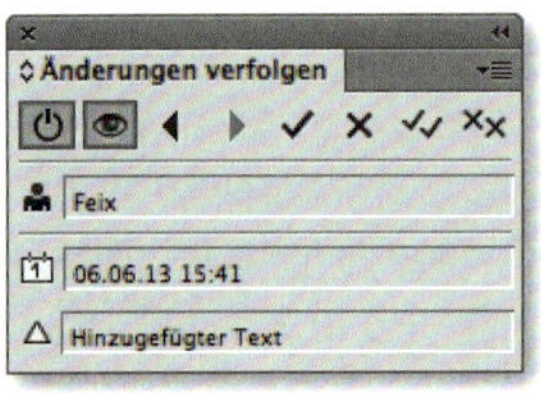

▲ **Abbildung 22.5**
Eine Änderung ist im Textmodus-Fenster ausgewählt. Der Benutzer Feix hat zum angegebenen Zeitpunkt einen Text hinzugefügt.

Ziehen und Ablegen
Wurde ein Text mit ZIEHEN UND ABLEGEN bewegt, führt das zu zwei Änderungen, die getrennt angenommen oder abgelehnt werden müssen bzw. können.

Funktionen ÄNDERUNGSVERFOLGUNG IN ALLEN TEXTABSCHNITTEN AKTIVIEREN bzw. ÄNDERUNGSVERFOLGUNG IN ALLEN TEXTABSCHNITTEN DEAKTIVIEREN.

Ab sofort protokolliert InDesign alle Änderungen, die Sie im Text vornehmen – Ihre Arbeitsweise ändert sich damit nicht, solange Sie in der Layoutansicht arbeiten. Um die vorgenommenen Änderungen auch verwalten zu können, schalten Sie in den TEXTMODUS um, indem Sie entweder BEARBEITEN • IM TEXTMODUS BEARBEITEN aufrufen oder das Tastenkürzel Strg+Y bzw. ⌘+Y verwenden.

Nun können Sie zunächst einmal die Änderungen einblenden bzw. ausblenden. Sind die Änderungen ausgeblendet, sehen Sie denselben Text wie in der Layoutansicht.

Navigation | Sobald Änderungen protokolliert wurden, werden sie im Textmodus entsprechend den Voreinstellungen angezeigt. Sichtbarer Text (also Text, der nicht als gelöscht markiert ist) kann ganz normal editiert werden, allerdings greift dann die Änderungsverfolgung nicht mehr! Alle Änderungen, die Sie im Textmodus vornehmen, werden also unmittelbar in Ihren Text übernommen. Um Änderungen gezielt zu bearbeiten, sollten Sie sie über das Änderungen-verfolgen-Bedienfeld auswählen. Dafür benutzen Sie die beiden Funktionen VORHERIGE ÄNDERUNG bzw. NÄCHSTE ÄNDERUNG, die die entsprechenden Änderungen für Sie markieren.

Ist eine Änderung einmal ausgewählt, erscheinen im Änderungen-verfolgen-Bedienfeld Zusatzinformationen zum ZEITPUNKT DER ÄNDERUNG, zur ART DER ÄNDERUNG und der BENUTZERNAME des Benutzers, der die Änderung gemacht hat.

Änderungen annehmen und ablehnen | Für »Korrekturen an Änderungen« sind die Änderungen-Funktionen nicht ausgelegt. Sie helfen Ihnen, den gewünschten Zustand des Textes herzustellen, indem Sie hier Änderungen annehmen und somit in Ihrem Layout verbindlich machen oder diese ablehnen und verwerfen. Im Änderungen-verfolgen-Bedienfeld finden Sie dafür die folgenden Funktionen:

- ÄNDERUNG ANNEHMEN ✔: Wenn Sie eine Änderung annehmen, wird sie in Ihr Layout übernommen. Die Änderung verschwindet damit aus dem Protokoll und somit auch aus der Darstellung im Textmodus. Die Darstellung in der Layoutansicht ändert sich dadurch nicht, da diese ja immer den aktuellen Zustand anzeigt.
- ÄNDERUNG ABLEHNEN ✖: Wenn Sie eine Änderung ablehnen, wird sich Ihr Layout dagegen verändern, weil damit ja ein vorheriger Zustand wiederhergestellt wird.

- Alle Änderungen im Textabschnitt annehmen: Alle Änderungen im Textabschnitt werden in einem Aufwasch für Sie angenommen. Die Auswirkungen entsprechen natürlich denen der schrittweisen Annahme. InDesign warnt Sie jedoch vor der Durchführung und fragt noch einmal nach, bevor alle Änderungen angenommen werden.
- Alle Änderungen im Textabschnitt ablehnen: Hier müssen Sie mit einigen Umbrüchen in Ihrem Layout rechnen, weshalb Sie ebenfalls von InDesign um Bestätigung gebeten werden. Diese Funktion ist zwar etwas gefährlich, kann aber über Strg+Z bzw. ⌘+Z rückgängig gemacht werden. Darüber hinaus finden Sie im Bedienfeldmenü des Änderungen-verfolgen-Bedienfelds die beiden Funktionen Alle Änderungen annehmen • In diesem Textabschnitt und Alle Änderungen annehmen • In diesem Dokument. Mit Letzterem können Sie also Schaden im ganzen Dokument anrichten.

Änderungen von InCopy-Anwendern überprüfen
Sie sollten in einem redaktionellen Umfeld vor der Ausgabe von Dokumenten einen Blick in den Textmodus werfen und feststellen, ob ungelöste Änderungsverfolgungen vorliegen. Lösen Sie diese gegebenenfalls auf. Es kann sonst zu Umbrüchen und Änderungen kommen, die in der Layoutansicht nur schwer zu erkennen sind.

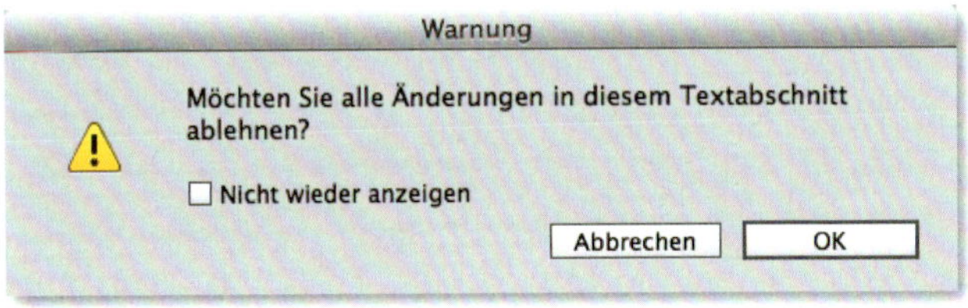

◂ **Abbildung 22.6**
Jede Blockabfertigung von Änderungen muss bestätigt werden, weil es dabei zu umfangreichen neuen Umbrüchen kommen kann.

Zudem können Sie die Entscheidung über Annahme und Ablehnung von Änderungen über Alle Änderungen von diesem Benutzer annehmen/ablehnen jeweils wiederum in den beiden Varianten In diesem Textabschnitt und In diesem Dokument treffen. Auch diese Funktionen müssen bestätigt werden.

Preflight
Die Überprüfung, ob noch unbestätigte Änderungsverfolgungen im Text vorliegen, können Sie auch von Preflight erledigen lassen.

22.3 Notizen

Notizen sind zunächst reine Textinformationen, die zwar in den Text eingefügt werden, im Endergebnis aber nicht sichtbar sein werden. Die Notizen-Funktionen sind vor allem im InCopy-Umfeld wichtig, sinnvoll anwendbar sind sie jedoch auch in InDesign.

Notizenmodus

Um Notizen in einem Dokument zu hinterlassen, müssen Sie in den Notizenmodus wechseln. Dazu muss der Textcursor in einem Text stehen, es sollte jedoch noch kein Text ausgewählt sein. Sie können nun den Befehl Schrift • Notizen • Notizenmodus aufrufen oder das Tastenkür-

▲ **Abbildung 22.7**
Im oberen Bereich des Notizen-Bedienfelds finden sich Informationen zum Autor, Datums- und Zeitstempel und Längen- und Positionsangaben zur Notiz. Die Darstellung der Notiz im unteren Bereich kann nicht verändert werden. Sie können allerdings den Notiz-Bereich wegschalten, indem Sie NOTIZINFORMATIONEN AUSBLENDEN aus dem Bedienfeldmenü aufrufen.

zel Strg+F8 bzw. ⌘+F8 drücken. InDesign öffnet das Notizen-Bedienfeld und legt auch sofort die erste Notiz an der aktuellen Cursorposition an. Sie können das Notizen-Bedienfeld auch selbst unter FENSTER • REDAKTIONELLE AUFGABEN • NOTIZEN öffnen. InDesign schaltet in den Notizenmodus, sobald Sie die erste Notiz erstellen.

Sobald Sie eine Funktion des Notizen-Bedienfelds benutzen, werden alle Nicht-Text-Funktionen und Nicht-Text-Werkzeuge deaktiviert, und InDesign wird in einen reduzierten Arbeitsmodus geschaltet, dessen Möglichkeiten in etwa denen im Textmodus – und somit denen von InCopy – entsprechen. Um den Notizenmodus wieder zu beenden, können Sie an eine andere Stelle des Textes oder mit dem Textwerkzeug außerhalb des Textes klicken oder das Notizen-Bedienfeld schließen.

Mit Notizen arbeiten

Neben zwei Arten, eine Notiz anzulegen, können Sie Notizen natürlich löschen, durch Notizen blättern und den Inhalt einer Notiz verändern. Allerdings lässt sich die Sichtbarkeit der Notizen im Text im Notizenmodus nur sehr eingeschränkt kontrollieren – Notizen gelten in der Layoutansicht grundsätzlich als ausgeblendet. Im Textmodus haben Sie dagegen die volle Kontrolle.

Notizen können nicht in eine PDF-Datei ausgegeben und gedruckt werden. Auch in einem aus InDesign exportierten Text erscheinen sie nicht.

Notizen anlegen | Um eine Notiz in den Text einzufügen, haben Sie zwei Möglichkeiten:

- **Leere Notiz anlegen**: Der Textcursor blinkt im Text, und Sie rufen den Notizenmodus über SCHRIFT • NOTIZEN • NOTIZENMODUS oder Strg+F8 bzw. ⌘+F8 auf. An der Stelle des Cursors wird eine leere Notiz verankert. Weitere Notizen können Sie anlegen, indem Sie den Textcursor an der gewünschten Stelle platzieren und auf NEUE NOTIZ im Notizen-Bedienfeld klicken oder NEUE NOTIZ aus dem Menü SCHRIFT • NOTIZEN bzw. dem Bedienfeldmenü des Notizen-Bedienfelds aufrufen. Der Inhalt des Menüs NOTIZEN und des Bedienfeldmenüs des Notizen-Bedienfelds sind im Übrigen vollkommen gleich. Den Text der neuen Notiz erfassen Sie im Notizbereich des Notizen-Bedienfelds.
- **Ausgewählten Text in Notiz verwandeln**: Wenn Sie einen Text ausgewählt haben, sind die Methoden zum Anlegen einer neuen Notiz nicht verfügbar. Wählen Sie IN NOTIZ UMWANDELN aus dem Bedien-

Bilder und andere Objekte in Notizen

Gedacht ist die Notizen-Funktion primär für Text. Je nachdem, wie Sie eine Notiz in Ihrem Dokument anlegen, können aber auch andere Objekte in Notizen enthalten sein. Jedes im Text verankerte Objekt wird ja grundsätzlich als einzelnes Zeichen im Text behandelt und kann deshalb auch in einer Notiz enthalten sein.

feldmenü des Notizen-Bedienfelds. Der ausgewählte Text wird nun ausgeblendet und als Notiz in das Notizen-Bedienfeld übernommen.

Die Position der Notiz wird im Text mit einem Notizanker in der jeweiligen Benutzerfarbe gekennzeichnet. Dieser Anker ist auch sichtbar, wenn Sie VERBORGENE ZEICHEN AUSBLENDEN im Menü SCHRIFT aktiviert haben, verschwindet aber im Vorschaumodus. Um Notizanker ein- und auszublenden, klicken Sie auf das Auge im Notizen-Bedienfeld.

Notizen verwalten | Sie können durch alle Notizen blättern, indem Sie auf GEHE ZU VORHERIGER NOTIZ bzw. GEHE ZU NÄCHSTER NOTIZ klicken oder die entsprechenden Befehle aus einem der Menüs aufrufen. InDesign rückt dabei die Position der Notiz im Text in Ihr Blickfeld. Wenn Sie den Mauszeiger über einen Notizanker stellen, erscheinen die Informationen zur Notiz und natürlich die Notiz selbst in einem QuickInfo-Feld.

Einen Anker können Sie gezielt anspringen bzw. auswählen, indem Sie auf GEHE ZU NOTIZANKER klicken. Mit etwas Geschick können Sie einen Anker auch im Text auswählen; die dazugehörige Notiz erscheint dann im Notizen-Bedienfeld.

- NOTIZ LÖSCHEN: Eine Notiz können Sie löschen, indem Sie den Notizeintrag im Notizen-Bedienfeld auswählen und auf NOTIZ LÖSCHEN klicken. Alle Notizen löschen Sie mit dem Befehl NOTIZEN AUS TEXTABSCHNITT ENTFERNEN bzw. ALLE NOTIZEN ENTFERNEN aus dem Bedienfeldmenü.
- NOTIZEN TEILEN: Wenn Sie in den Text der Notiz im Notizen-Bedienfeld klicken und NOTIZ TEILEN aus dem Bedienfeldmenü wählen, wird die Notiz an der ausgewählten Stelle in zwei Notizen aufgeteilt. Das funktioniert natürlich nicht bei leeren Notizen oder wenn der Textcursor am Beginn oder am Ende der Notiz steht.
- IN TEXT UMWANDELN: Wie Sie bereits wissen, können Sie einen Text in eine Notiz umwandeln, indem Sie ihn auswählen und den Befehl IN NOTIZ UMWANDELN aus dem Bedienfeldmenü aufrufen. Das Gegenstück, um eine Notiz wieder in einen Text zu verwandeln, finden Sie ebenfalls im Bedienfeldmenü des Notizen-Bedienfelds unter IN TEXT UMWANDELN.

Textmodus | In der Layoutansicht Ihres Dokuments machen sich Notizen nur durch ihre Notizanker bemerkbar. Wenn Sie Ihren Text jedoch über Strg+Y bzw. ⌘+Y im Textmodus betrachten, können Sie mit NOTIZEN IN TEXTABSCHNITT MAXIMIEREN/MINIMIEREN aus dem Bedienfeldmenü des Notizen-Bedienfelds diese zur Gänze im Text einblenden – hier ist die Herkunft aus InCopy sehr deutlich zu sehen.

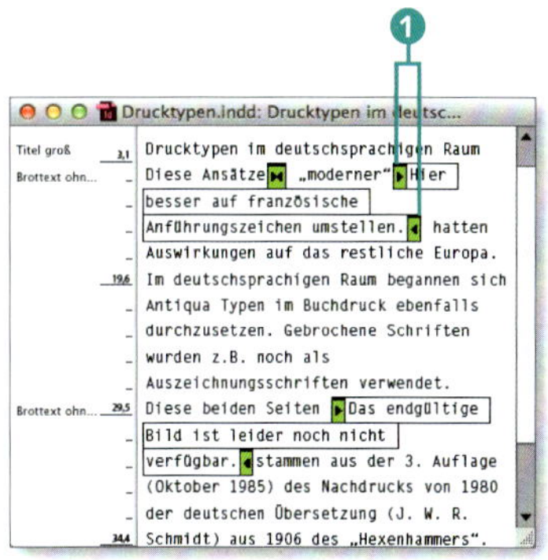

▲ **Abbildung 22.8**
Im Textmodus können Sie nicht nur alle Notizen gleichzeitig maximieren/minimieren, sondern auch einzelne Notizen, und zwar indem Sie auf eine der beiden Buchstützen (1) einer Notiz klicken. Die erste Notiz in diesem Text ist minimiert.

Voreinstellungen für Notizen

Wenn Sie viel mit Notizen arbeiten (müssen), sollten Sie auch einen Blick in die Voreinstellungen für Notizen werfen. Allzu viel können Sie hier allerdings nicht einstellen, und vor allem können Sie keinerlei grundsätzliche Funktionen beeinflussen. Rufen Sie in den InDesign-Voreinstellungen das Register NOTIZEN auf.

Lediglich zwei der verfügbaren Optionen beziehen sich auf die Layoutansicht in InDesign: Die NOTIZFARBE kann für den Benutzer vorgegeben werden. Wenn Sie hier eine Farbe auswählen, kann der Benutzer zwar eine eigene Farbe in den Benutzereinstellungen im Datei-Menü wählen, diese wird aber für Notizeneinträge nicht verwendet. Lassen Sie die Standardeinstellung (BENUTZERFARBE) ausgewählt, wird die selbst gewählte Farbe des Benutzers verwendet. Das beschriebene Verhalten, dass über den Notizankern QuickInfo-Felder mit dem Notizinhalt angezeigt werden, wenn sie mit dem Mauszeiger berührt werden, können Sie mit der Option QUICKINFO FÜR NOTIZEN EINBLENDEN ein- bzw. ausschalten.

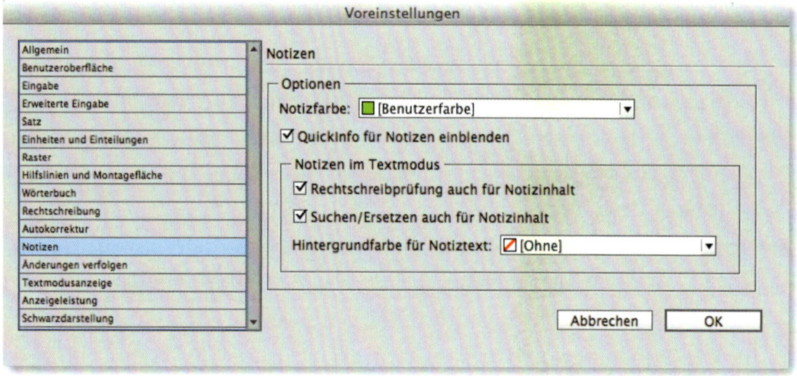

Abbildung 22.9 ▶
Die Voreinstellungen für Notizen deuten ebenfalls darauf hin, dass Notizen – als InCopy-Funktion – eher für eine Verwendung im Textmodus gedacht sind. Deaktivieren Sie die Rechtschreibprüfung für Notizen, wenn Sie Notizen nicht zum Auslagern von Texten benötigen, sondern zum Anbringen von Verarbeitungshinweisen.

InDesign blendet Notizen in der Layoutansicht nicht nur aus, es ignoriert auch deren Inhalt. Für den Textmodus können Sie dagegen festlegen, ob die RECHTSCHREIBPRÜFUNG AUCH FÜR NOTIZINHALT und SUCHEN/ERSETZEN AUCH FÜR NOTIZINHALT angewendet werden soll.

Beachten Sie jedoch: Wenn Sie in SUCHEN/ERSETZEN die Funktion ALLE ERSETZEN ausführen, werden auch die Inhalte von Notizen bearbeitet und gegebenenfalls ersetzt!

Mit der Option HINTERGRUNDFARBE FÜR NOTIZTEXT legen Sie fest, ob im Textmodus lediglich Buchstützen, die den Notiztext umfassen, in der Benutzerfarbe dargestellt werden sollen oder auch der Text zwischen ihnen.

TEIL VI

Printproduktion

Kapitel 23
Farbmanagement

Farbmanagement ist das wohl heißeste Eisen, das im grafischen Gewerbe angefasst werden kann. Jeder versteht darunter etwas Spezielles und Unterschiedliches. Ganze Bücher wurden zu diesem Thema geschrieben, eine Reihe von Seminaren wurde abgehalten und Spezialwissen in den einzelnen Abteilungen angehäuft, doch nach wie vor ist jedem bei der Anwendung von Farbmanagement unwohl zumute. Doch klammheimlich hat das Farbmanagement bereits Einzug in unsere tägliche Arbeit gehalten. Viele wollen es nicht wahrhaben, doch wer mit aktuellen Programmversionen arbeitet, befasst sich längst mit diesem Thema.

23.1 Eine kleine Einführung

Der Sinn und Zweck digitalen Farbmanagements ist vornehmlich die richtige Wiedergabe von Farben auf den Ausgabegeräten wie Monitor oder Drucker. Farbmanagement stellt dabei so weit wie möglich sicher, dass die Darstellung bestimmter Farbwerte auf verschiedenen Ein- und Ausgabegeräten für das menschliche Auge »gleichgeschaltet« wird. Dabei müssen RGB- bzw. CMYK-Werte verändert werden, um einen einheitlich visuellen Eindruck zu erzeugen.

Damit Farbmanagement verständlich gemacht werden kann, müssen zuvor vier Grundbegriffe – *Color Gamut, ICC-Profil, Color Engine* und *Rendering-Intent* – definiert werden.

Hinweis

Farbmanagement wird bereits im Alltag in fast allen Bereichen zum Vorteil des Anwenders eingesetzt. Wir möchten aber an dieser Stelle darauf hinweisen, dass es im Umfeld von Farbe kein absolutes Ideal gibt. Es geht dabei vielmehr um den Zustand, dass jeder bei Farbanpassungen und Farbkonvertierungen »gleich« vorgeht und somit innerhalb einer definierten Bandbreite Farben erzeugt bzw. Farben für die Ausgabe optimiert.

Color Gamut

Der Begriff *Color Gamut* beschreibt die Anzahl der darstellbaren bzw. aufnehmbaren Farben eines Ein- oder Ausgabegeräts. Während das menschliche Auge einen doch sehr großen Farbumfang erkennen kann – den absoluten Farbraum (dargestellt im chromatischen Diagramm: linkes Bild in Abbildung 23.1) –, können, bedingt durch die verwendete

Technik (Tinte, Wachs, Druckfarbe, Papier) bzw. den verwendeten Farbraum (additive und subtraktive Farbmischung), die Ein- und Ausgabegeräte nur eine beschränkte Anzahl von Farben abbilden.

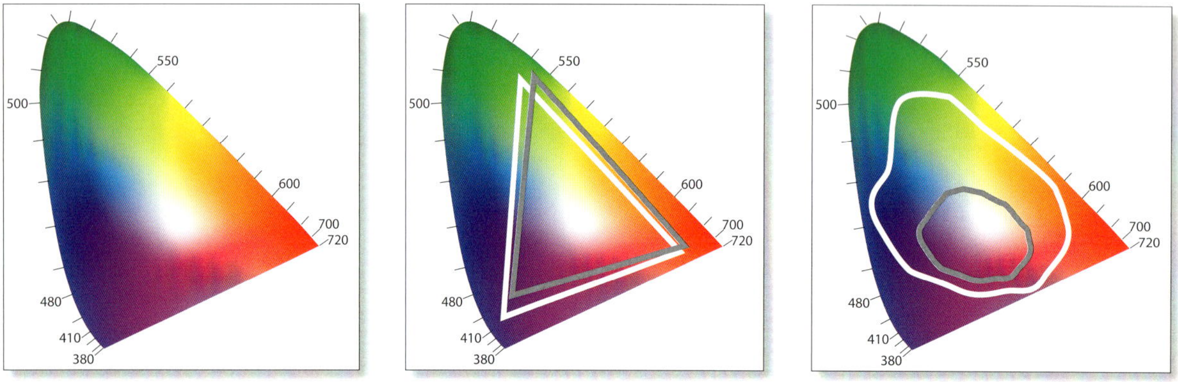

▲ **Abbildung 23.1**
Links: Das chromatische Diagramm nach DIN 5033. Der sichtbare Bereich für das menschliche Auge liegt zwischen 380 und 720 nm.
Mitte: Zwei Monitore bedeuten auch zwei unterschiedliche Color Gamuts.
Rechts: Zwei Drucker bzw. Drucker- und Medienkombinationen bedeuten auch zwei unterschiedliche Color Gamuts.

Wie aus der Abbildung gut erkennbar ist, können am Monitor bzw. im Druck bestimmte Farben nicht mehr reproduziert werden. Wir unterscheiden somit:

- **Nicht darstellbare und nicht druckbare Farben**: Das sind Farben, die weder am Monitor dargestellt noch im Druck reproduziert werden können.
- **Darstellbare, jedoch nicht druckbare Farben**: Das sind jene Farben, die am Monitor dargestellt, jedoch nicht im Druck reproduziert werden können.
- **Druckbare, jedoch nicht darstellbare Farben**: Ja, auch das gibt es, speziell dann wenn billige Monitore verwendet werden, die nicht einmal den Color Gamut des Druckers abbilden können.
- **Druckbare und darstellbare Farben**: Das sind jene Farbwerte, die sowohl im Druck reproduziert als auch am Monitor dargestellt werden können.

Farbmanagement versucht die Unterschiede im Farbumfang auszugleichen.

ICC-Profile

ICC-Profile beschreiben den farbreproduktionsspezifischen Charakter des Farbraums eines Geräts in der Terminologie des absoluten Farbraums. Anders gesagt: Ein Profil ist eine Tabelle, in der die Farbwerte (RGB oder CMYK) aller verfügbaren Farben des Geräts und die entsprechenden Farbwerte in Lab (die Farbnummernbeschreibung des absoluten Farbraums) aufgelistet werden.

R	G	B		L	a	b
255	255	255	▶	100	0	0
255	255	254	▶	100	0	1
255	255	253	▶	100	0	1
...	...	...		...	...	...
146	237	89	▶	81	–71	62
147	236	89	▶	81	–70	62
147	236	90	▶	81	–70	62
147	236	91	▶	81	–70	61
147	236	92	▶	81	–70	61
...	...	...		...	...	...
5	0	0	▶	1	3	1
4	0	0	▶	1	2	1
3	0	0	▶	1	2	1
2	0	0	▶	1	1	0
1	0	0	▶	0	1	0

L	a	b		C	M	Y	K
100	0	0	▶	0	0	0	0
100	0	1	▶	0	0	1	0
100	1	1	▶	0	1	1	0
...	...	...		...	...		...
81	–71	62	▶	72	0	97	0
81	–70	62	▶	72	0	96	0
81	–70	61	▶	72	0	96	0
81	–70	60	▶	73	0	95	0
81	–69	60	▶	72	0	95	0
...	...	...		...	...	...	...
1	1	2	▶	80	78	72	92
1	1	1	▶	80	78	69	92
1	1	0	▶	84	79	66	92
0	1	0	▶	86	81	64	92
0	0	0	▶	88	79	65	93

▲ Abbildung 23.2
Die linke Tabelle zeigt am Beispiel des »eciRGB_v2.icc«-RGB-Profils, welche Lab-Werte den entsprechenden RGB-Werten zugewiesen sind. Die rechte Tabelle zeigt dies am Beispiel des »ISOcoated_v2_eci.icc«-Druckprofils.

Damit eine Farbkonvertierung stattfinden kann, wird immer ein Quell- und ein Zielprofil vorausgesetzt. Fehlt eines der beiden Profile, so muss, um eine Farbverrechnung durchführen zu können, auf ein Default-Profil zurückgegriffen werden.

Eine Konvertierung von RGB nach CMYK läuft somit in folgenden drei Schritten ab:

1. Ein Pixel in einem Bild besitzt den Farbwert RGB=146|237|89.
2. Dieser Farbwert wird im Quellprofil gesucht, und es wird der danebenstehende Lab-Wert=81|–71|62 ausgelesen.
3. Der ausgelesene Lab-Wert wird dann im Zielprofil gesucht und in den danebenstehenden CMYK-Wert=72|0|97|0 konvertiert.

Eine Farbkonvertierung wird somit immer über den absoluten Farbraum (Lab) geführt, was im Falle einer RGB-zu-CMYK-Konvertierung unproblematisch ist. Wird jedoch eine CMYK-zu-CMYK-Konvertierung durchgeführt, so bedeutet das, dass eine zuvor optimierte Separation wiederum in einen 3-Kanal-Farbraum überführt und erneut – möglicherweise mit einem anderen Schwarzaufbau oder mit Untertönen in ehemals reinen Primärfarben – separiert wird. Und genau darin liegen die Grenzen des klassischen Farbmanagements.

Nicht die gesamte Anzahl der Farben ist beschrieben

Da mit RGB 16,7 Millionen Farben definiert werden können, müsste ein RGB-Profil 16,7 Millionen Farbeinträge in der Tabelle besitzen. Die Realität: Es wird nur eine bestimmte Anzahl von Farben (Stützpunkte) in ein Profil aufgenommen.

Zwischenwerte werden anhand von Algorithmen, die u.a. durch die Rendering-Intents vorgegeben sind, durch den Farbrechner – die Color Engine – errechnet.

Color Engine

Die Color Engine – der Farbrechner – ist für die Verrechnung der Farben vom Quell- in den Zielfarbraum zuständig. Dabei ist das kleine Stück

Farbrechner unter Mac OS, Windows und Windows Vista

Der Farbrechner wird unter Mac OS durch *ColorSync*, unter Windows durch *ICM* und unter Windows Vista und Windows 7 bzw. 8 durch *WCS* zur Verfügung gestellt.

Software einerseits für die Suche von Farbwerten in ICC-Profilen und andererseits für die Berechnung fehlender Farbwerte in den ICC-Profilen zuständig.

Rendering-Intent

Bei einer Reproduktion für den Druckprozess muss häufig der größere RGB-Farbraum eines Eingabesystems auf den kleineren CMYK-Farbraum des Drucksystems projiziert werden.

Eine Farbraumprojektion muss dabei so erfolgen, dass eine für den Betrachter empfindungsgemäß ideale Farbanpassung herauskommt. In der Reproduktion für den Druck handelt es sich bei diesem Vorgang meist um eine Farbraumkompression (Gamut Mapping). Dabei werden u.a. die Behandlung des Bildweißpunkts, des Bilddynamikumfangs sowie die Behandlung der eigentlich nicht mehr darstellbaren Farben festgelegt. Da es in der Reproduktionstechnik unterschiedliche Abbildungsabsichten gibt, sind in der Spezifikation der ICC vier verschiedene Rendering-Intents (RI) definiert. Diese sind:

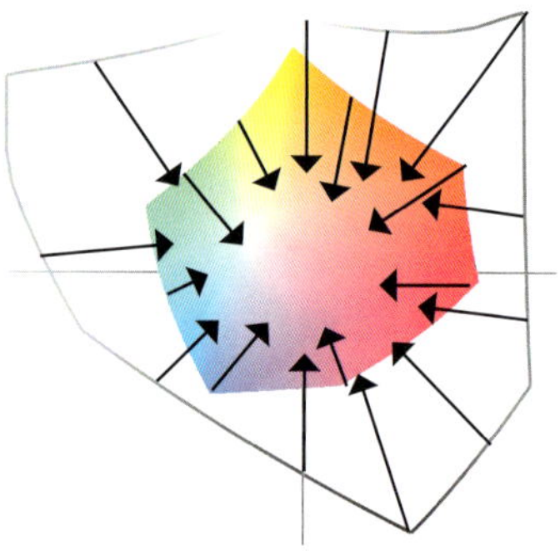

▲ **Abbildung 23.3**
Beim fotografischen Rendering-Intent wird der Quellfarbraum so weit gestaucht, bis er in seinen ursprünglichen Proportionen in den Zielfarbraum passt. Dadurch bleiben die Abstände der einzelnen Farben zueinander erhalten, eine Verkleinerung der Abstände erfolgt jedoch. Der Weißpunkt wird dem Zielfarbraum angepasst.

Fotografisch | Die wahrnehmungsorientierte Farbumfanganpassung (engl. *perceptual*) bewirkt die empfindungsgemäß bestmögliche Anpassung des Quellfarbraums (Vorlagenfarbraum) an den Zielfarbraum (Ausgabefarbraum). Die Farben eines Bilds werden so auf den Zielfarbraum abgebildet, dass alle Farben etwas verändert werden, um Platz für die außerhalb des darstellbaren Farbraums liegenden Farben zu schaffen. Insgesamt wird also der Farbraum so komprimiert, dass möglichst alle vor der Transformation unterscheidbaren Farben auch nachher noch unterscheidbar bleiben. Dabei erfolgt diese Farbumfanganpassung stets unter Beibehaltung der Graubalance.

Dieser Rendering-Intent wird vor allem bei der Separation von Bildern zur harmonischen Wiedergabe von Vorlagenfarben eingesetzt. Das Bild wird jedoch in der Summe meistens heller.

Absolut farbmetrisch | Die absolut farbmetrische Farbumfanganpassung (engl. *absolute colorimetric*) bewirkt, dass alle innerhalb des Zielfarbraums liegenden Farben inklusive des Weißpunkts identisch abgebildet werden und alle außerhalb des Zielfarbraums liegenden Farben auf den Rand des Farbraums verschoben werden, sie werden quasi abgeschnitten (im Fachjargon auch Clipping genannt). Eine »Ansammlung« von Farbwerten in den gesättigten Farbbereichen und der Verlust von Details, der Farbunterschiede in den zuvor nicht druckbaren Farben, sind die Folge dieser Vorgehensweise.

Diese Farbumfanganpassung wird empfohlen, wenn die Farbräume von Quell- und Zielfarbraum fast identisch (sehr groß) sind oder der Zielfarbraum größer ist als der Quellfarbraum. Beim Erstellen eines Soft- bzw. Papierproofs ist die Verwendung des absolut farbmetrischen Rendering-Intents Pflicht, da dadurch der Weißpunkt – das Papierweiß – des zu simulierenden Ausgabefarbraums im Proof erhalten bleibt, womit die Anmutung des Bedruckstoffs annähernd abgebildet werden kann.

Proofen
Als *Proofen* bezeichnet man die Simulation eines Offset- oder Tiefdrucks auf einem gewöhnlichen Farbdrucker. Dazu werden heutzutage fast ausschließlich Drucker eingesetzt, die auf Basis der Tintenstrahltechnologie funktionieren.

Relativ farbmetrisch | Die relativ farbmetrische Farbumfanganpassung (engl. *relative colorimetric*) funktioniert wie der absolut farbmetrische Rendering-Intent, jedoch fällt hier der Weißpunkt des Quellfarbraums mit dem Weißpunkt des Zielfarbraums zusammen. Damit werden alle außerhalb des Zielfarbraums liegenden Farben auf den Rand des Farbraums verschoben und alle druckbaren Farben relativ zum neuen Weißpunkt neu positioniert.

Dieser Rendering-Intent wird zur exakten und medienbezogenen Wiedergabe der Vorlagenfarbe herangezogen. Eine gute Ausgangsbasis dafür besteht, wenn der Zielfarbraum sich nicht sehr stark vom Quellfarbraum unterscheidet oder sich im Ausgangsbild nicht sehr viele »nicht druckbare« Farben befinden. Dieser Rendering-Intent ist in der Praxis der bevorzugte Intent, da damit möglichst gesättigte Farben erzielt werden und Weiß für den Betrachter als Weiß erhalten bleibt.

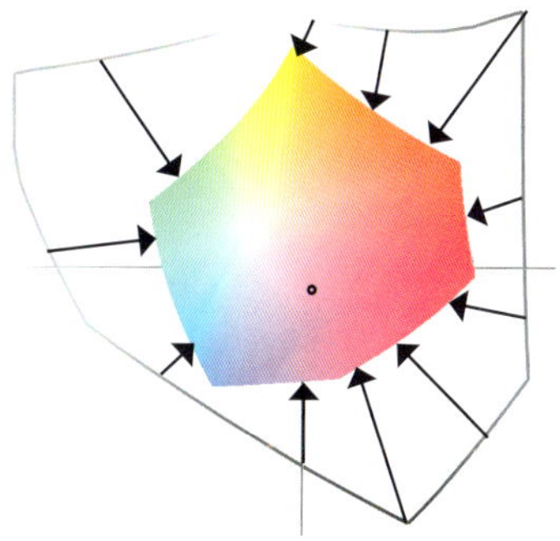

▲ **Abbildung 23.4**
Beim relativ farbmetrischen Rendering-Intent werden alle Farben des Quellfarbraums, die nicht im Zielfarbraum enthalten sind, in die nächste Farbe des Zielfarbraums verschoben.

Sättigungserhaltend | Die sättigungserhaltende Farbumfanganpassung (engl. *saturation* = Sättigung) wird vor allem bei Bildern angewendet, die aus hochgesättigten Farben bestehen, wie dies bei Farbgrafiken (Business Charts) häufig der Fall ist. Die Sättigung besitzt bei diesem Rendering-Intent einen höheren Stellenwert als der Farbton, wodurch nicht druckbare Farben durch Verschieben auf den nächstliegenden gesättigten Farbton gemappt werden. Helligkeit und Farbtreue werden dabei vernachlässigt, solange eine Steigerung der Sättigung gewährleistet werden kann.

Dieser Rendering-Intent wird somit für die Ausgabe von Geschäftsgrafiken und Präsentationen empfohlen, nicht jedoch zur Verarbeitung von Bildern in der Druckvorstufe.

Nicht nur »relativ farbmetrisch« verwenden
Ein genereller Tipp, nur den relativ farbmetrischen Rendering-Intent für die Druckvorstufe zu verwenden, kann nicht gegeben werden, da eine Farbumfanganpassung immer auf Basis des verwendeten Bilds zu erfolgen hat.

Eine Konvertierung von RGB nach CMYK erfolgt in der Regel jedoch immer unter Einsatz des relativ farbmetrischen oder des fotografischen Rendering-Intents (RI). Seit der Einführung von ISO Coated v2 wird sogar nur noch zum Einsatz des fotografischen RI geraten.

23.2 Farbeinstellungen

Das Farbmanagement wird bei Adobe-Applikationen in Farbeinstellungssets niedergeschrieben und dann den jeweiligen Programmen zugewiesen.

Welche Profile sollten verwendet werden?

Eine allgemeingültige Antwort auf diese Frage ist nicht möglich. Sollte die Druckerei kein spezielles RGB- und Druckprofil zur Verfügung stellen, das die Druckbedingungen und das verwendete Papier am eindeutigsten kennzeichnet, so greifen Sie je nach Ausgabemedium auf ein Standardprofil der ECI zurück. Diese können Sie unter *www.eci.org* oder unter *www.pdfx-ready.ch* im Bereich DOWNLOAD laden.

RGB-Profil | Wir empfehlen die Verwendung des eciRGB_v2-Farbprofils. Damit ist garantiert, dass sich alle druckbaren Farben – auch in Bezug auf das ISO Coated v2 – zumindest im RGB-Farbraum befinden. Doch was ist mit eciRGB, ADOBE RGB oder sRGB?

- **eciRGB**: eciRGB_v2 unterscheidet sich von der Vorgängerversion ECI-RGB dadurch, dass eine visuelle Gleichabständigkeit bei der Konvertierung erreicht wird. Die durch die Farbraumkonvertierung verursachten Fehler (z.B. *Banding* oder *Farbkipper*) werden durch eciRGB_v2 auf das aktuell technisch mögliche Minimum reduziert. Das Gamma von 1.8 wurde durch eine L*-Charakterisierung abgelöst, wodurch sich vor allem in den Tiefen die Gefahr von Abrissen verringert.
- **Adobe RGB**: Dieses Profil unterscheidet sich von eciRGB_v2 im Farbumfang in kleinen Bereichen. In diesem Farbraum können nicht alle Farbwerte abgebildet werden, die Sie beispielsweise im Druck mit ISO COATED v2 reproduzieren können.
- **sRGB**: Dieses Profil stellt den kleinsten gemeinsam zu erreichenden Farbumfang der Medienindustrie dar. Vor allem in den Grün- und Cyan-Tönen kann sRGB sehr viele Farbwerte nicht darstellen, die im Druck sehr wohl reproduziert werden können.

CMYK-Profile | Wir empfehlen, die Profile der ECI zu verwenden. Sie repräsentieren den aktuellen »Prozess-Standard Offsetdruck« (PSO) des Bundesverbands Druck und Medien.

Im Jahre 2007 wurde der bis dahin geltende Standard ISO COATED (basierend auf den FOGRA27-Messdaten) durch den aktuellen Standard mit der Bezeichnung ISO COATED v2 (ECI) (basierend auf den FOGRA39-Messdaten) abgelöst.

Mit der Creative Suite bzw. der Creative Cloud wird von Adobe zusätzlich zum COATED FOGRA27- das COATED FOGRA39-Profil standardmäßig mitinstalliert. Auch wenn die Profile ISO COATED v2 (ECI) und COATED FOGRA39 (ISO 12467-2:2004) auf Basis derselben Messdaten erstellt wurden, sind Unterschiede zwischen beiden festzustellen. Wir empfehlen jedoch, der Einfachheit halber und dem PSO-Standard entsprechend die Profile der ECI zu verwenden.

Profile der ECI laden

Greifen Sie zur Herstellung von Druckprodukten in Europa auf die Profile der ECI (European Color Initiative) zurück, auch wenn Adobe ähnliche Profile mit anderen Namen – z.B. COATED FOGRA39 (ISO 12647-2:2004) – zur Verfügung stellt.

Die aktuellen Profilsets – ECI_OFFSET_2009.ZIP (für Offset) bzw. ECI_GRAVURE_PSR_V2_2009.ZIP (für Tiefdruck) und ECIRGBV20.ZIP – können unter *www.eci.org* kostenlos geladen werden.

Empfehlung

Generell empfiehlt die ECI, bereits bei der Datenerstellung mit dem eciRGB_v2-Profil zu arbeiten. Dies gilt vor allem beim Konvertieren von RAW-Daten oder von 16-Bit-Material in 8-Bit Farbtiefe.

Ist nur eciRGB v2 sinnvoll?

Die Antwort lautet ganz klar: nein! Wer bisher in einem Farbraum wie beispielsweise ADOBE RGB oder COLORMATCH RGB arbeitet, sollte seinen Bildbestand keinesfalls in eciRGBv2 umwandeln, um alle Bilder in der Ablage als eciRGB-Daten zu halten! Die Verwendung von eciRGB v2 ist aber sicherlich für denjenigen optimal, der einen neuen RGB-basierten Workflow einrichten möchte.

Die Profile in ECI_OFFSET_2009.ZIP sind die Standardprofile für die gängigen Papierklassen für den Offsetdruck. Wenn Sie auch Druckdaten für den Tiefdruck erzeugen sollen, so laden Sie sich auch noch die Datei ECI_GRAVURE_PSR_V2 _2009.ZIP.

Sobald Sie die Profile geladen haben, installieren Sie diese in das entsprechende Verzeichnis auf Ihrem System. Welches das ist und wie Sie dabei vorgehen, können Sie in der Schritt-für-Schritt-Anleitung »Das Farbmanagement professionell einrichten« auf Seite 85 nachlesen.

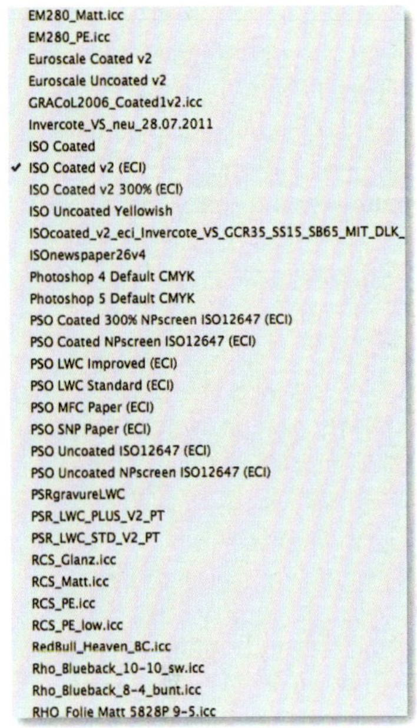

▲ **Abbildung 23.5**
Nach der Installation der ISO/PSO-Profile stehen diese in der erweiterten Liste zur Auswahl zur Verfügung. Das ISONEWSPAPER26V4-Profil müssen Sie sich von der Webseite der IFRA – WWW.IFRA.COM – laden. Beim Download von der PDF/X-ready-Webseite ist dieses Profil bereits enthalten.

Der Farbeinstellungen-Dialog

Wenn Sie nicht auf die Einstellungssets der PDF/X-ready-Initiative – siehe dazu die oben erwähnte Schritt-für-Schritt-Anleitung – zurückgreifen wollen, sondern sich eigene Einstellungssets anlegen möchten, so müssen Sie dies über den Farbeinstellungen-Dialog im jeweiligen Programm machen. Empfehlung: Legen Sie ein Farbeinstellungsset immer in Photoshop an, da Sie dort mehr Parameter einstellen können.

Rufen Sie in Photoshop den Befehl BEARBEITEN • FARBEINSTELLUNGEN oder das Tastenkürzel [⌘]+[⇧]+[K] bzw. [Strg]+[⇧]+[K] auf.

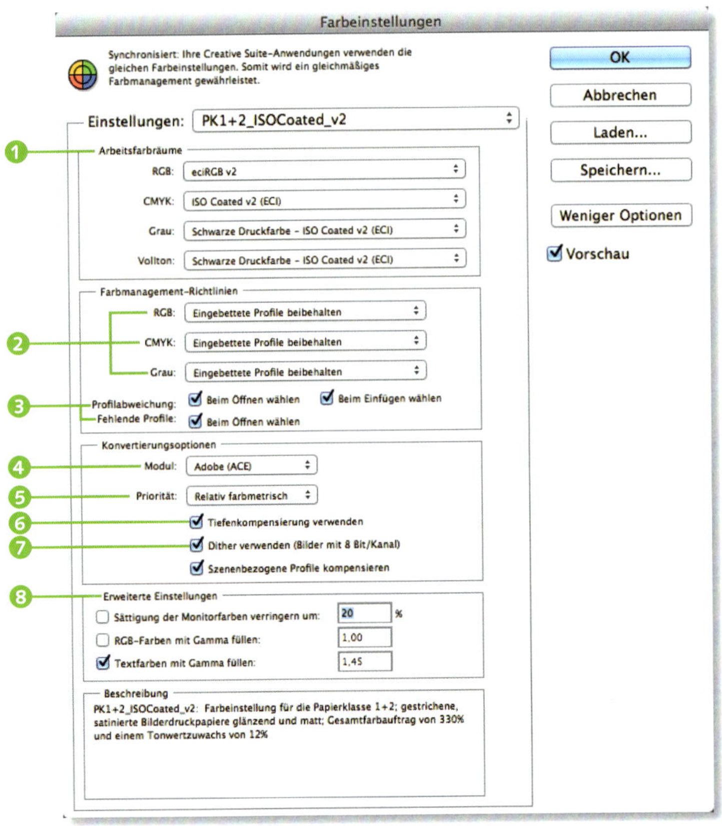

◀ **Abbildung 23.6**
Der Farbeinstellungen-Dialog in Adobe Photoshop CC. Die Farbeinstellungen, die Sie darin festlegen, können als Farbeinstellungsdatei gespeichert und somit in jeder Adobe-Applikation der Creative Suite 3 bis CC aktiviert werden. Warum sollen Farbeinstellungsdateien nur in Adobe Photoshop eingestellt werden? Ganz einfach: Nur in Photoshop können Sie tatsächlich alle Einstellungen vornehmen, die in einer Farbeinstellungsdatei gespeichert werden sollten.

Zur Konvertierung müssen Quellprofile vorhanden sein
Da für die Farbkonvertierung ein Quell- und ein Zielprofil vorhanden sein müssen, werden die im Bereich ARBEITSFARBRÄUME eingestellten ICC-Profile als Quellfarbraum verwendet, wenn Objekte als Device-RGB bzw. Device-CMYK vorliegen.

Das bedeutet, dass nicht gekennzeichnete Objekte bei der Farbkonvertierung zuvor mit dem Quellprofil aus dem Bereich ARBEITSFARBRÄUME gekennzeichnet werden. Daher würde auch sRGB als Arbeitsfarbraum Sinn haben, wenn Sie von der Annahme ausgehen, dass nicht getaggte RGB-Bilder nur von Laien produziert werden können, die sicherlich den kleinsten Farbraum verwenden.

Tiefenkompensierung
Wird der wahrnehmungsorientierte Rendering-Intent verwendet, so kann die Option TIEFENKOMPENSIERUNG VERWENDEN vernachlässigt werden. Hingegen sind bei der Verwendung des relativ farbmetrischen Rendering-Intents deutliche Unterschiede mit und ohne aktivierte Option zu erkennen.

Dithering
Dithering (engl. Schwanken, Zittern) ist eine Technik in der Bildverarbeitung, um bei Bildern mit einer geringeren Farbtiefe die Illusion einer größeren Farbtiefe zu erzeugen. Fehlende Farben werden durch eine bestimmte Pixelanordnung aus verfügbaren Farben nachgebildet.

Arbeitsfarbräume | Die Arbeitsfarbräume ❶ stellen die innerhalb der Anwendung verwendeten Farbräume dar. Bei allen neu angelegten Dateien werden standardmäßig die eingestellten Profile der Datei hinterlegt. Um den Arbeitsfarbraum eines InDesign-Dokuments zu ändern, rufen Sie den Befehl BEARBEITEN • PROFILE ZUWEISEN auf.

Farbmanagement-Richtlinien | Hier legen Sie fest, was das Programm tun soll, wenn eine zu öffnende Datei bereits mit einem ICC-Profil versehen ist. Um eine versehentliche oder unbemerkte Konvertierung zu vermeiden, sollten Sie die Richtlinie EINGEBETTETE PROFILE BEIBEHALTEN ❷ sowie die Optionen PROFILABWEICHUNG: BEIM ÖFFNEN WÄHLEN, PROFILABWEICHUNG: BEIM EINFÜGEN WÄHLEN und FEHLENDE PROFILE: BEIM ÖFFNEN WÄHLEN ❸ aktivieren. Im Zweifelsfall fragt das Programm Sie nun beim Öffnen der Datei, was zu tun ist.

Konvertierungsoptionen | Darin bestimmen Sie die zu verwendende *Color Engine* und den *Rendering-Intent*.

Wählen Sie die Color Engine ADOBE (ACE) in der Option MODUL ❹ aus, da sie unter Windows wie auch am Macintosh identisch zur Verfügung steht. Die PRIORITÄT – darunter werden die Rendering-Intents verstanden – legen Sie mit RELATIV FARBMETRISCH ❺ fest.

Die Option TIEFENKOMPENSIERUNG VERWENDEN ❻ ist im ICC-Standard zwar nicht definiert, sollte aber dennoch aktiviert werden, da es so zu einer besseren Helligkeits- und Tiefenanpassung bei der Konvertierung kommt, wenn der relativ farbmetrische Rendering-Intent verwendet wird. Die Option DITHER VERWENDEN ❼ sollten Sie aktivieren, da damit homogenere Verläufe entstehen.

Erweiterte Einstellungen ❽ | Da die Auswirkungen dieser Einstellungen in einem standardisierten ICC-basierten Workflow nicht definiert sind, sollten Sie diese Optionen nicht aktivieren. Vor allem werden Änderungen in diesem Bereich nur in Photoshop wirksam.

Farbeinstellungssets für alle Papierklassen anlegen

Nachdem Sie nun wissen, was in den einzelnen Bereichen des Farbeinstellungen-Dialogs festgelegt werden kann, können wir darangehen, Farbeinstellungssets zu definieren und abzuspeichern.

Abgespeicherte Farbeinstellungssets stehen damit allen Programmen der Creative Suite bzw. der Creative Cloud im Farbeinstellungen-Dialog zur Verfügung. Doch welche Profile und welche Parameter sollten dabei in der Farbeinstellung gewählt werden?

Um die Antwort einfach zu halten, beschränken wir uns hier einerseits auf die Offsetdruckverfahren und andererseits auf Standards hinsichtlich der Papiere und Farbprofile innerhalb des *Prozess-Standards Offset (PSO)*, der in der ISO-Norm 12647-2 verankert ist.

Bei den *Farbprofilen* beschränken wir uns auf die Profile der ECI, die Sie bereits geladen und installiert haben. In einem Farbprofil wird einerseits der farbreproduktionsspezifische Charakter des Farbraums eines Geräts in der Terminologie des absoluten Farbraums beschrieben, und andererseits werden dort die Separationstabellen für den gewählten Rendering-Intent inklusive der *Tonwertzunahme* hinterlegt. In der jeweiligen Separationstabelle sind auch der *Schwarzaufbau* – wie stark die Farbe Schwarz zum Druck von dunklen Farbtönen verwendet wird (Buntaufbau = kurzer Schwarzaufbau; Unbuntaufbau = langer Schwarzaufbau) – und der *Gesamtfarbauftrag* – die Summe der Farbwerte für einen Bildpunkt (400% ist bei CMYK das Maximum) – festgelegt.

Für *Papier* gibt es – im Gegensatz zur Farbe – keine eigene ISO-Norm. Stattdessen werden die Anforderungen an den Bedruckstoff auch durch die PSO-Norm 12647-2 geregelt. Festgelegt sind darin Papierweiße, Farbort, Glanz und Flächengewicht. Die Papiere im Prozess-Standard Offset werden in fünf Papierklassen eingeteilt. In Tabelle 23.1 stellen wir für Sie einen Gesamtüberblick über die Papierklassen und die dazu zu berücksichtigenden Parameter dar. Dabei werden die Begriffe »Tonwertzuwachs« mit TWZ und »Gesamtfarbauftrag« mit TAC (*total amount of color* bzw. *total average coverage*) abgekürzt.

Tonwertzunahme
Mit dem Begriff *Tonwertzunahme* (auch Punktzunahme, Druckpunktzunahme, Druckzuwachs genannt) wird die Punktvergrößerung des Rasterpunkts im Druck gegenüber dem in der Druckvorstufe definierten Rastertonwert beschrieben. Die Ursache dafür liegt darin, dass sich die Farbe abhängig von der Papierqualität mehr oder weniger tief in das Papier hineinsaugt. Die Tonwertzunahme wird mittels Kennlinien beschrieben. Mit Kennlinien kann der Effekt ausgeglichen werden, indem der Rasterpunkt im Vorfeld also kleiner angelegt wird, womit er dann durch den Punktzuwachs die gewünschte Größe im Druck erreicht.

▼ Tabelle 23.1
Gesamtüberblick zu den Papierklassen und den damit zu verwendenden Farbprofilen

Papierklasse	Papierbeschreibung	TWZ	TAC	Profilbezeichnung
Papierklasse 1	Glänzend gestrichenes Bilderdruckpapier, 115 g/qm (Bogenoffset)	CMY = 13 % | K = 16 % CMY = 13 % | K = 16 %	330 % 300 %	ISO Coated v2 ISO Coated v2_300
Papierklasse 2	matt gestrichenes Bilderdruckpapier, 115 g/qm (Bogenoffset)	CMY = 13 % | K = 16 % CMY = 13 % | K = 16 %	330 % 300 %	ISO Coated v2 ISO Coated v2_300
Papierklasse 3	LWC-Papier (Light Weight Coated) – Magazinpapiere, 65 g/qm (Rollenoffset)	CMY = 15 % | K = 19 % CMY = 15 % | K = 19 %	300 % 300 %	PSO LWC Standard PSO LWC Improved
	holz- oder altpapierhaltige Papiere – Zeitungspapiere, 52 g/qm (Rollenoffset)	CMY = 23 % | K = 24 %	240 %	ISOnewspaper26v4 (IFRA26)
Papierklasse 4	ungestrichene weiße (gebleichte) Papiere – Offsetpapiere (Laserdruckpapiere), 115 g/qm (Bogenoffset)	CMY = 17 % | K = 21 %	300 %	PSO Uncoated ISO 12647 (ECI)
Papierklasse 5	ungestrichene leicht gelbliche (ungebleichte) Papiere – Naturpapiere, 115 g/qm (Bogenoffset)	CMY = 18 % | K = 22 %	320 %	ISO Uncoated Yellowish

LWC-Papiere
Unter dieser Bezeichnung werden Light-Weight-Coated-Papiere verstanden. Diese sind beidseitig gestrichen und wiegen zwischen 39 und 80 g/m².

Nun gilt es, für die jeweilige Papierklasse ein Farbeinstellungsset zu erzeugen und abzuspeichern, damit dieses in den jeweiligen Programmen der Creative Suite bzw. der Creative Cloud sowie über die gesamte Creative Suite bzw. Creative Cloud hinweg verwendet werden kann.

Hinweis
Fertige Einstellungssets inklusive aller benötigten ICC-Profile stehen u. a. auch auf der Website der PDF/X-ready-Vereinigung unter *http://www.pdfx-ready.ch/index.php?show=535* zum Download zur Verfügung.

Schritt für Schritt
Farbeinstellungsset für Papierklasse 1 erstellen

Am Beispiel der Papierklasse 1 wollen wir Ihnen erklären, welche Parameter Sie zu wählen haben. Stellen Sie sie auch ein, wenn Sie zu Beginn der Produktion noch nicht wissen, auf welchem Papier gedruckt werden soll. Für andere Papierklassen verfahren Sie analog.

1 Farbeinstellungen-Dialog in Photoshop aufrufen

Starten Sie Adobe Photoshop CC, und rufen Sie dort den Befehl Bearbeiten • Farbeinstellungen auf, oder drücken Sie das Tastenkürzel [⌘]+[⇧]+[K] bzw. [Strg]+[⇧]+[K].

2 Default-Set wählen

Im Dialog wählen Sie in der Option Einstellungen das Set Europa, Druckvorstufe 3 aus. Dieses Set stellt eine gute Ausgangslage für weitere Änderungen zur Verfügung.

Soll eciRGB v2 oder sRGB verwendet werden?
Wenn Sie in einer Produktion davon ausgehen, dass nicht gekennzeichnete RGB-Bilder (Device-RGB) nur von »Nicht-Profis« zur Verfügung gestellt werden können, kann die Wahl von sRGB die bessere Wahl sein, denn dadurch werden Device-RGB-Objekte für die Farbkonvertierung zuvor mit sRGB gekennzeichnet.

Die Wahrscheinlichkeit, dass damit ein besseres Konvertierungsergebnis erzielt werden kann, ist sehr hoch.

3 Arbeitsfarbräume festlegen

Bevor Sie die Profile für die Arbeitsfarbräume wählen, sollten Sie den Button Mehr Optionen anklicken, damit Photoshop auf alle Profile in den unterschiedlichen Verzeichnissen des Systems zugreifen kann. Wenn Sie diesen Button nicht wählen, sehen Sie in der Auswahlliste der jeweiligen Optionen RGB, CMYK, Grau und Vollton keines der installierten Profile der ISO/ECI.

Wählen Sie dann aus der Option RGB den Eintrag eciRGB v2 und in CMYK den Eintrag ISO Coated v2 (ECI) aus.

In den Optionen Grau und Vollton wählen Sie den Befehl Graustufen- bzw. Vollton-Farbeinstellungen laden aus. Wählen Sie dann für beide das Profil ISO Coated v2 aus dem jeweiligen Profile-Ordner aus. Dadurch erscheint der Eintrag für Schwarze Druckfarbe – ISO Coated v2 (ECI) in der Option Grau und Vollton, womit nur der Schwarzauszug aus dem Profil geladen wurde. Sie sollten diesen (Profil-)Auszug als separates Profil durch Klick auf den Befehl Graustufen speichern der Option Grau im Profil-Ordner abspeichern. Dadurch steht das Profil auch anderen Anwendungen auf Ihrem System zur Verfügung, womit auch diese Programme auf dieses Profil zurückgreifen können.

4 Farbmanagement-Richtlinien festlegen

Durch die Wahl des Sets Europa, Druckvorstufe 3 sind bereits die empfohlenen Vorgaben für die Farbmanagement-Richtlinien definiert worden. Beachten Sie, dass in allen Richtlinien der Eintrag Eingebettete Profile beibehalten gewählt ist und dass die Optionen in Profilabweichungen und Profilfehler aktiviert sind. In manchen Fällen ist das Deaktivieren der Option Profilabweichung: Beim Öffnen wählen sinnvoll. Lesen Sie dazu den nebenstehenden Hinweis.

Hinweis

Die Option Profilabweichung: Beim Öffnen wählen kann eventuell auch deaktiviert werden, da damit eine Fehlermeldung, die auf ein abweichendes Profil hinweist, unterbunden werden kann. Denn es ist für ein funktionierendes Farbmanagement nur wichtig, dass ein Quellprofil zugewiesen ist. Welches dies ist, spielt für die Funktionsweise des Farbmanagements keine Rolle.

5 Konvertierungsoptionen festlegen

Auch hier sind durch das Set Europa, Druckvorstufe 3 bereits optimale Vorgaben gewählt worden. Behalten Sie diese Einstellungen bei, und ändern Sie, wenn dies speziell gewünscht wird, den bevorzugten Render-Intent auf Perzeptiv. Im Falle der Papierklasse 3 und der Produktion von auf Zeitungspapier gedruckten Inhalten sollten Sie in jedem Fall Perzeptiv verwenden, da bei dieser Farbkonvertierung ein sehr großer eciRGB-Farbraum in einen sehr kleinen Farbraum konvertiert wird.

6 Farbeinstellungsset abspeichern

Nun müssen wir nur noch diese Einstellungen in einem Set – einer .csf-Datei – abspeichern und darauf achten, dass diese Datei sich im richtigen Ordner befindet.

Klicken Sie auf den Button Speichern. Im Speichern-Dialog geben Sie einen sprechenden Namen ein – den Namen des Profils oder die damit zu bearbeitende Papierklasse. Beachten Sie, dass Sie das Set in den Ordner Settings speichern. Wo sich dieser Ordner befindet, entnehmen Sie dem Hinweis »Verzeichnisse für ›.csf‹-Farbeinstellungsdateien«.

Verzeichnisse für ».csf«-Farbeinstellungsdateien

Kopieren Sie die Farbeinstellungssets mit der Endung ».csf« unter Windows in C:\Benutzername\AppData\Roaming\Adobe\Color\Settings und unter Mac OS X in Festplatte/Benutzer/Benutzername/Library/Application Support/Adobe/Color/Settings.

Nach einem Klick auf Speichern gelangen Sie in den Dialog Farbeinstellungen: Anmerkung. Darin können Sie weitere Hinweise für die Verwendung des Farbeinstellungssets hinterlegen. Wir empfehlen beispielsweise folgenden Text:

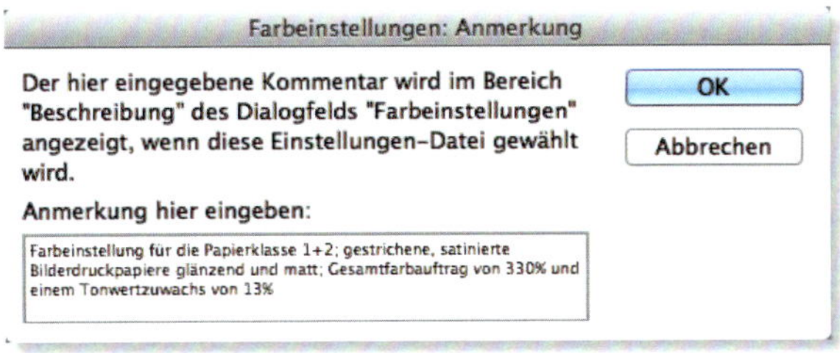

◄ **Abbildung 23.7**
Wenn Sie Farbeinstellungsinformationen eingeben, kann ein Anwender das Einsatzgebiet für dieses Set schneller erkennen.

Nachdem Sie den Text eingegeben und den Button OK gedrückt haben, sollte sich Ihnen der Farbeinstellungen-Dialog so wie in Abbildung 23.6 auf Seite 763 zeigen.

Auf der Buch-DVD finden Sie die .csf-Dateien für alle Papierklassen im Ordner SETTINGS • CSF-DATEIEN.

CSF

CSF steht für *Color Setting File*. In einer CSF-Datei sind alle Werte in Bezug auf Arbeitsfarbräume, Farbmanagement-Richtlinien und die Konvertierungsoptionen hinterlegt. Diese Einstellung kann als Datei auf andere Systeme übertragen und in den Adobe-Applikationen der Creative Suite bzw. Creative Cloud aktiviert werden.

Die Vorgehensweise aus der Schritt-für-Schritt-Anleitung können Sie nun für alle gewünschten Papierklassen bzw. Profile heranziehen. Damit Sie nicht alle Sets anlegen müssen, haben wir für Sie die gängigen Sets auf der beiliegenden DVD abgespeichert (beachten Sie den Hinweis in der Randspalte). Kopieren Sie diese Sets in die dafür vorgesehenen Verzeichnisse.

Achtung: Beachten Sie, dass mit dem Laden der .csf-Dateien nur die Einstellungen geladen werden, die auf im System verfügbare Profile zeigen. Haben Sie keine Profile installiert, würde die Wahl der Einstellungsdatei fehlschlagen und somit keine korrekte Farbzuordnung für die Datei erfolgen.

Farbeinstellungen nur für InDesign CC vornehmen | Wenn Sie jedoch kein Adobe Photoshop besitzen, sondern nur InDesign installiert haben, so müssen Sie die Farbeinstellungen analog zur zuvor beschriebenen Vorgehensweise bzw. zu Abbildung 23.6 vornehmen: Sie können darin keine Arbeitsfarbräume für GRAU und VOLLTON festlegen. Für Sie ist damit die Farbeinstellung abgeschlossen. Das Synchronisieren der Farbeinstellungen über andere Programme hinweg entfällt für Sie zur Gänze.

Farbeinstellungen synchronisieren

Hinweis

Wie Sie Farbeinstellungen synchronisieren, können Sie in der Schritt-für-Schritt-Anleitung »Mindestanforderung für das Farbmanagement festlegen« auf Seite 83 nachlesen.

Nachdem Sie die Profile und die CSF-Dateien in das richtige Verzeichnis kopiert bzw. sich Ihre Einstellungsdatei selbst erstellt haben, steht einer Synchronisierung der Farbeinstellungen für die gesamte Adobe Creative Suite von Version 3 bis Version 6 bzw. für die gesamte Creative Cloud über Adobe Bridge CC nichts mehr im Wege.

23.3 Mit Profilwarnungen umgehen

Medienneutrale Produktionsweise

Wie Sie solch eine Produktionsweise anlegen können, erfahren Sie in Abschnitt 2.5, »Verfahrensangepasste oder medienneutrale Produktionsweise«, auf Seite 92.

Bei der täglichen Arbeit gilt es, diese Farbeinstellungssets zu verwenden und bereits beim Anlegen des Dokuments die Entscheidung zu treffen, für welche Papierklasse das Druckdokument erzeugt werden soll. Das klingt sehr einfach. Doch die Praxis zeigt uns immer wieder, dass Änderungen in letzter Sekunde die Realität sind.

Sobald sich die Farbeinstellungen geändert haben, werden Sie beim Öffnen der Datei auf den Missstand hingewiesen. Um die Dateien den geänderten Farbeinstellungen anzupassen, stehen Ihnen zwei Verfahren zur Verfügung. Wie Sie damit umgehen, ist für eine funktionierende Farbreproduktion entscheidend.

Profile zuweisen

Durch das Aufrufen des Befehls Bearbeiten • Profile zuweisen können Sie dem Dokument ein anderes Quellprofil zuweisen. Durch das Zuweisen eines anderen Profils können sich zwar am Monitor die jeweiligen Farben beträchtlich ändern, die Farbwerte im Dokument bleiben jedoch dadurch unangetastet.

Das beantwortet die Frage: Wie würden die Farben wiedergegeben, wenn sie unverändert auf einem anderen Papier ausgegeben würden? Profile zuweisen stellt somit die Ausgabesimulation dar. Wählen Sie diese Vorgehensweise, wenn Sie das InDesign-Dokument für eine andere Papierklasse kennzeichnen wollen. Damit wird das Quell- und Zielprofil für die Farbkonvertierung gesetzt.

Hinweis

Die Befehle Profile zuweisen und In Profil umwandeln stehen in den Programmen Photoshop, Illustrator und InDesign jeweils unter dem Menü Bearbeiten zur Verfügung.

In Profil umwandeln

Durch Aufruf des Befehls Bearbeiten • In Profil umwandeln können Sie die Farben des Dokuments an den neuen Zielfarbraum anpassen. Dadurch ändern sich die Farben am Monitor zwar nur marginal, die Farbwerte hingegen können damit drastisch modifiziert werden.

Diese Vorgehensweise wird dann herangezogen, wenn Sie die Farben an die neue Ausgabegegebenheit anpassen müssen, was Sie im Falle von InDesign nie tun sollten (siehe den nebenstehenden Hinweis).

Wichtig

InDesign-Dokumente werden eigentlich nur über den Befehl Profile zuweisen bearbeitet. Beachten Sie, dass es beim Konvertieren – In Profil umwandeln – eines InDesign-Dokuments zu Änderungen der in InDesign angelegten Farbwerte kommt. Platzierte Inhalte werden hingegen nicht konvertiert.

Der Profilwarnung-Dialog

Sobald eine vom Arbeitsfarbraum abweichende Einstellung bzw. ein fehlendes Profil beim Öffnen des InDesign-Dokuments festgestellt wird, erscheint nachstehende Warnmeldung.

▼ **Abbildung 23.8**
Die RGB- und CMYK-Farbwarnung-Dialoge aus InDesign

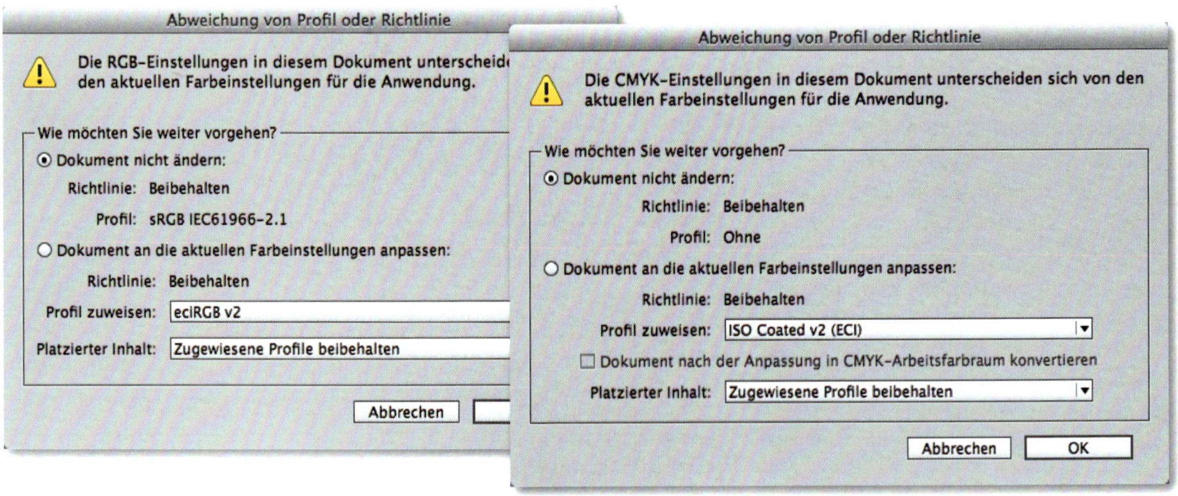

Da in InDesign sowohl RGB- als auch CMYK-Inhalte platziert werden können, kann es zu abweichenden Farbeinstellungen für beide Farbräume kommen. Deshalb besteht die Chance, dass zwei Warnmeldungen beim Öffnen des Dialogs angezeigt werden. Welche Möglichkeiten haben Sie dabei?

Farbeinstellungen beim Öffnen anpassen | Wollen Sie beim Öffnen des InDesign-Dokuments die Farbeinstellungen des aktuell gewählten Farbeinstellungssets zuweisen, so wählen Sie die Option DOKUMENT AN DIE AKTUELLEN FARBEINSTELLUNGEN ANPASSEN. Dabei müsste in beiden Dialogen in der Option PROFIL ZUWEISEN das aktuell eingestellte Farbprofil des Farbeinstellungssets standardmäßig ausgewählt sein.

Sie können durch die Wahl eines anderen Profils somit auch die Kennzeichnung für eine andere Papierklasse bzw. ein anderes RGB-Profil beim Öffnen vornehmen.

Durch Klick auf OK wird das InDesign-Dokument geöffnet und werden die Farbwerte auf Basis des neu gewählten Quellprofils angezeigt.

Farbeinstellungen zu einem späteren Zeitpunkt anpassen | Wollen Sie die Kennzeichnung der Dokumentenprofile zu einem späteren Zeitpunkt durchführen, so wählen Sie die Option DOKUMENT NICHT ÄNDERN in beiden Dialogen und klicken auf OK. Dadurch wird das Dokument geöffnet, die farbliche Darstellung basiert jedoch nun noch immer auf den ursprünglich zugewiesenen RGB- und CMYK-Profilen.

Um nachträglich die korrekten Profile zuzuweisen, rufen Sie den Befehl BEARBEITEN • PROFIL ZUWEISEN auf und wählen das gewünschte Profil für RGB und CYMK aus.

Wie wird mit Graustufen- bzw. Schwarzweiß-Inhalten umgegangen?

Gekennzeichnete Schwarzweiß- und Graustufen-Inhalte werden in InDesign mit den angehängten ICC-Profilen eingelesen und in der Ausgabe mit unveränderten Werten exportiert.

Hinweis

Werden keine Warnmeldungen beim Öffnen eines InDesign-Dokuments angezeigt, so kann das zwei Gründe haben:

- Das InDesign-Dokument entspricht den aktuell gewählten Farbeinstellungen.
- Das InDesign-Dokument entspricht nicht den aktuell gewählten Farbeinstellungen. Sie erhalten aber nur dann keine Fehlermeldung, wenn die Optionen für PROFILABWEICHUNG bzw. FEHLENDE PROFILE im Farbeinstellungen-Dialog deaktiviert sind.

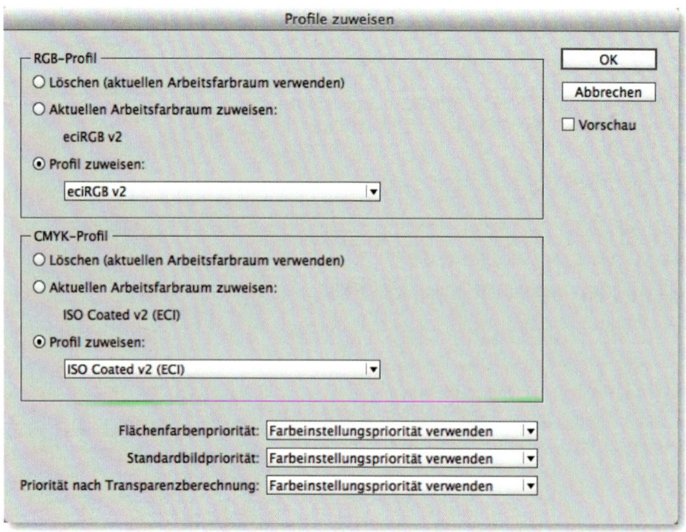

Abbildung 23.9 ►
Der PROFILE ZUWEISEN-Dialog aus Adobe InDesign CC. In einem Dialog können Sie nachträglich die Dokumentprofile für das aktuell geöffnete InDesign-Dokument festlegen. Beachten Sie, dass Sie damit nicht die Vorgehensweise im Bereich FARBMANAGMENT-RICHTLINIEN des Farbeinstellungen-Dialogs ändern können. Lassen Sie den Eintrag FARBEINSTELLUNGSPRIORITÄT VERWENDEN in den Optionen FLÄCHENFARBENPRIORITÄT, STANDARDBILDPRIORITÄT und PRIORITÄT NACH TRANSPARENZBERECHNUNG dabei immer stehen.

23.4 Farbmetrisch korrekte Arbeitsweise

Haben Sie die vorbereitenden Arbeiten wie in Kapitel 2 beschrieben umgesetzt, so haben Sie sich dafür entschieden, dass die Profile von platzierten RGB-Dateien als Quellprofil verwendet werden, jedoch Profile von platzierten CMYK-Dateien verworfen werden. Letzteres legen Sie durch den Eintrag Werte beibehalten (Profile in Verknüpfungen ignorieren) in der Option CMYK des InDesign-Farbeinstellungen-Dialogs im Bereich Farbmanagement-Richtlinien fest. Dieser Eintrag wird durch das Synchronisieren der Farbeinstellungen über die Creative Suite bzw. Creative Cloud hinweg für InDesign gesetzt.

Für eine farbmetrisch korrekte Arbeitsweise, bei der alle Daten (auch CMYK-Bestände) in den Zielfarbraum konvertiert werden müssen, ist diese Einstellung eigentlich falsch gewählt. Sie müssten im Farbeinstellungen-Dialog von InDesign im Bereich Farbmanagement-Richtlinien bei CMYK auch den Eintrag Eingebettete Profile beibehalten aktivieren.

Tipp
Wenn Sie sich nicht hinsichtlich Farbeinstellungen verwirren lassen wollen, so lesen Sie diesen Abschnitt nicht. Die Denkweise wäre richtig. Es scheitert leider an der Umsetzung von Adobe, sodass eigentlich eine farbmetrisch korrekte Arbeitsweise nicht zu 100 % abgebildet werden kann.

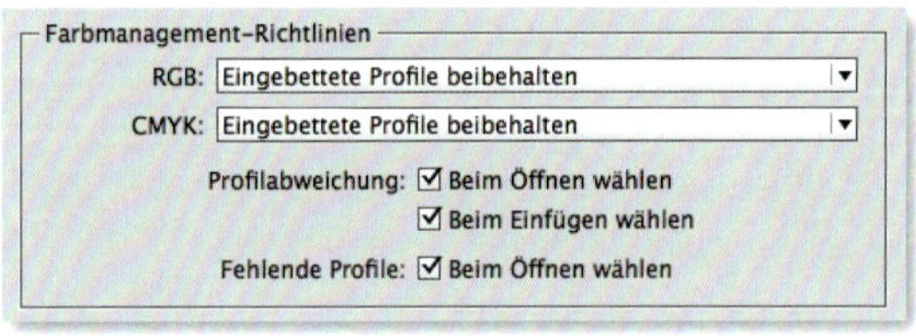

◂ **Abbildung 23.10**
Der Bereich Farbmanagement-Richtlinien des Farbeinstellungen-Dialogs von InDesign mit korrekt gesetzten Attributen für die farbmetrisch korrekte Arbeitsweise

Das Ergebnis dieser Einstellungen ist, dass alle CMYK-Objekte, selbst wenn diese im selben Farbraum wie der Zielfarbraum vorliegen, bei der Konvertierung in den Zielfarbraum verrechnet werden. Selbst wenn sich die neuen Werte sehr nahe an den ursprünglichen Werten befinden, ist dieser Zustand für eine kontrollierte Produktion eher nicht zu empfehlen.

Schritt für Schritt
Farbmanagement-Richtlinien für Dokumente anpassen

Ist ein InDesign-Dokument erst einmal mit den Farbmanagement-Richtlinien für CMYK – Werte beibehalten (Profile in Verknüpfungen ignorieren – angelegt, so können Sie diese Richtlinien nur über den Dialog Profil zuweisen beim Öffnen eines InDesign-Dokuments abändern. Gehen Sie dazu folgendermaßen vor:

1 Farbeinstellungen für die farbmetrisch korrekte Produktion einstellen

Um überhaupt eine Farbabweichungsmeldung beim Öffnen des InDesign-Dokuments zu erhalten, müssen Sie zuvor die Einstellung laut Abbildung 23.10 im Farbeinstellungen-Dialog von InDesign einstellen. Damit ist eine Abweichung beim Öffnen des InDesign-Dokuments gegeben.

2 Dokument öffnen

Öffnen Sie das Dokument. Da die Farbmanagement-Richtlinien mit den aktuell gewählten Einstellungen nicht übereinstimmen, erscheint der Dialog ABWEICHUNG VON PROFIL ODER RICHTLINIE.

3 Umstellen auf farbmetrisch korrekte Arbeitsweise

Wählen Sie die Option DOKUMENT AN DIE AKTUELLEN FARBEINSTELLUNGEN ANPASSEN, und wählen Sie in der Option PROFIL ZUWEISEN das beabsichtigte Profil aus.

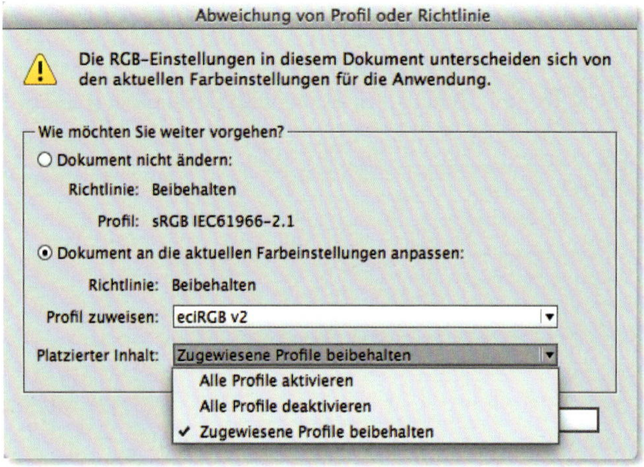

Abbildung 23.11 ▶
Der Dialog ABWEICHUNG VON PROFIL ODER RICHTLINIE aus InDesign, der nur dann erscheint, wenn Abweichungen zu den Farbeinstellungen beim zu öffnenden Dokument festgestellt wurden.

Damit InDesign darüber hinaus auf alle den Dateien anhaftenden Quellprofile zugreifen kann, wählen Sie in der Option PLATZIERTER INHALT den Eintrag ALLE PROFILE AKTIVIEREN aus und klicken auf OK.

Ob die Arbeit korrekt erledigt wurde, können Sie im Verknüpfungen-Bedienfeld überprüfen, wo Sie die aktuellen Quellprofile angezeigt bekommen, wenn Sie sich die Spalte für das ICC-Profil anzeigen lassen.

Das Ergebnis der Bemühungen ist, dass InDesign bei einer Farbkonvertierung im Rahmen der PDF-Erstellung auf die korrekten Quellprofile zurückgreifen kann und somit alle Daten – auch die CMYK-Daten – in den Zielfarbraum konvertiert.

Hinweis

Damit InDesign zum Farbverrechnen auf das originale Quellprofil des platzierten Dokuments zurückgreifen kann, wenn Sie ein PDF erstellen wollen, können Sie auch den Befehl OBJEKT • FARBEINSTELLUNGEN FÜR BILD verwenden. Der erste Eintrag in der Liste der Profile weist das Profil des platzierten Objekts aus.

Kapitel 24
Transparenzen und Transparenzausgabe

Als das Desktop-Publishing noch in den Kinderschuhen steckte, konnten Grafik-, Pixel- und Layoutprogramme lediglich deckende und überdruckende Objekte erstellen. Mit der Zeit lernten die Pixelprogramme (z. B. Adobe Photoshop), durch Ebenen und Verrechnungsmethoden mit Transparenzen zu arbeiten. Um eine Weiterverwendung der Daten in Grafik- und Layoutprogrammen zu gewährleisten, mussten diese Daten reduziert und in universellen Formaten wie EPS oder TIFF abgespeichert werden. Das Erstellen von Transparenzen ist heutzutage für viele Designer und Grafiker nichts Neues mehr. Mit der Vorstellung von Adobe InDesign 2.0 und Acrobat 5.0 im Jahre 2001 wurde das Thema »Transparenz« sehr rasch in die Druckvorstufe getragen. Zu verführerisch waren Funktionen wie Schlagschatten und weiche Verlaufskanten, durch die im Design kreative Freiheit ermöglicht wurde. Mit der Ausgabe von Transparenzen wusste allerdings nicht jeder umzugehen. Ausführlichere Informationen dazu hätten so manches Problem gar nicht erst aufkommen lassen.

24.1 Transparenzformen

Spricht man von Transparenzen und deren möglichen Problemen, so sind meist die Begriffe *reduzierte* bzw. *native Transparenz* zu hören. Bevor wir uns ansehen, wie Transparenzen reduziert werden und was alles für Adobe InDesign eine Transparenz ist, wollen wir zuvor diesen beiden Begriffen auf den Grund gehen.

Live-Transparenzen
Sollten Sie den Begriff *Live-Transparenz* lesen, so wird darunter die native Transparenz verstanden.

Reduzierte Transparenzen

In den Adobe-Applikationen InDesign und Illustrator konnten Anwender bereits frühzeitig Transparenzen erstellen und diese auch im Eigenformat, ohne eine Reduzierung dieser neuen Objekte, abspeichern. Sobald jedoch eine Ausgabe über PostScript vorgenommen wurde, führte das Vorhandensein von Transparenzen entweder zu PostScript-Fehlern oder zu falschen bzw. sehr schlechten Ergebnissen.

Eigenformate
Eigenformate sind Dateiformate, die alle Funktionen der Applikation abspeichern können. Das Eigenformat von Photoshop ist das ».psd«-Format, das von Adobe Illustrator ».ai« und das von Adobe InDesign ».indd«.

Formate ohne Transparenzen

Zu den Dateiformaten, die keine Transparenzen abspeichern können, gehören PostScript, EPS, DCS, Adobe PDF 1.3 und älter, JPEG und BMP. Darüber hinaus sind in diesem Zusammenhang noch TIFF-Dateien zu erwähnen, die nicht mit Photoshop 6.0 und neuer erstellt wurden.

OPI und DCS

Das Vorhandensein von Feindaten und Composite-Dateien lässt Arbeitsweisen mit Transparenzen in Verbindung mit OPI- und DCS-Workflows scheitern. Wie Sie dennoch eine Ausgabe mit DCS meistern können, erfahren Sie im auf Seite 781.

Die Gründe für diese Missstände sind schnell erklärt. Transparenzen können im Seitenbeschreibungsmodell von PostScript nicht abgebildet werden. Das bedeutet, dass Transparenzen für eine Ausgabe reduziert (verflacht) werden müssen. Aus diesem Grund hat Adobe seit 2000 in allen Grafik- und Layoutprogrammen (nicht jedoch im Adobe Reader) die Transparenzreduzierungsoption eingebaut. Beim Export einer Datei in ein Fremdformat sorgt der *Flattener* in der Applikation dafür, dass eine Reduzierung der Transparenz erfolgt. Um eine erfolgreiche Verflachung durchzuführen, müssen im Vorfeld bestimmte Bedingungen erfüllt sein:

- Eine exakte Reduzierung kann nur bei vorliegenden Feindaten durchgeführt werden. Da das Reduzieren beim Ausdruck oder Export noch vor dem Generieren des PostScript-Codes passiert, ist darauf zu achten, dass bei der Ausgabe die Feindaten verfügbar sind. Liegen nur Grobdaten (OPI-Daten) vor, so erfolgt eine Berechnung der Transparenz auf Basis dieser Grobdaten.
- Damit transparente Bereiche korrekt verarbeitet werden, sind bei der Reduzierung Composite-Daten erforderlich. Das Vorhandensein vorseparierter Inhalte (DCS-Dateien) führt ebenfalls zu einer Verflachung der Transparenz mit der für die Darstellung der Platzierung verwendeten Auflösung.

Liegen dem InDesign-Dokument die Fein- und Composite-Daten vor, so kann der Flattener eine korrekte Wiedergabe berechnen. Der Anwender kann bei der Ausgabe selbst Reduzierungsparameter zur Berechnung der Transparenzen definieren. Beim Verflachen werden die Transparenzen dann durch Beschneiden in komplexe Bereiche (atomare Bereiche) zerlegt. Dies führt dazu, dass Bilder, Vektorgrafiken und Text in viele kleine Elemente aufgeteilt werden.

Die daraus erzeugten Segmente können weder im Quellprogramm noch in PDF-Editoren sinnvoll geändert werden.

▼ **Abbildung 24.1**
Das Ergebnis der Transparenzreduzierung ist eine Zerteilung der Objekte. Im rechten Bild wurden die einzelnen (atomaren) Bereiche zur Verdeutlichung verschoben.

Das Verflachen bzw. Reduzieren von Ebenen auf eine Hintergrundebene in Adobe Photoshop kann man sich noch relativ gut vorstellen. Dabei werden z. B. zwei Pixelpunkte, die übereinanderstehen und ineinander multipliziert wurden, einfach miteinander verrechnet, indem die Farbwerte gemischt werden. In Photoshop werden dabei, bis auf wenige Ausnahmen, immer Pixelwerte in ihrem jeweiligen Farbmodus miteinander verrechnet. Das Ergebnis ist ein neues RGB- oder CMYK-Pixel. InDesign hingegen ist ein Layoutprogramm, in dem Vektordaten, Texte und Pixelbilder platziert sein können, die darüber hinaus in verschiedenen Farbräumen von Bitmap bis zu Lab vorliegen können. Transparenz kann dabei auf alle Objekte angewendet werden. Damit stellt sich schnell die Frage, was der Flattener macht, wenn Elemente unterschiedlicher Herkunft und mit unterschiedlichem Farbraum verrechnet werden müssen.

Eine Reduzierung wirkt sich immer auf die Seite aus

Eine Transparenzreduzierung wirkt sich beim Verflachen durch InDesign immer auf die ganze Seite aus. Wird beim PDF-Export oder beim Druck die Option Druckbögen ausgewählt, so behandelt InDesign diesen Druckbogen als eine Seite, was somit zur Transparenzreduzierung des gesamten Druckbogens führt.

Native (Live-)Transparenzen

Man spricht von nativen Transparenzen, wenn Objekte in InDesign oder in einer PDF-Datei noch eine echte transparente Eigenschaft (Objektbeschreibung) besitzen. Im Unterschied zu reduzierten Transparenzen können aus Dateien, die Live-Transparenzen enthalten, die transparenten Objekte in der Quellanwendung bearbeitet werden. Für den Druck müssen sich Transparenzen immer als Bildpunkt auf der Druckplatte wiederfinden. Da Druckpunkte nicht transparent sein können, müssen Transparenzen in irgendeiner Weise in einen Druckpunkt umgewandelt werden.

Live-Transparenzen können in den Eigenformaten von Photoshop (».psd«), Illustrator (».ai«) und InDesign (».indd«, ».idms«), in PDF 1.4 und höher, PNG, GIF sowie in TIFF enthalten sein.

Hinweis

Live-Transparenzen können aus InDesign lediglich über den PDF-Export in Verbindung mit PDF 1.4 und höher in eine PDF-Datei übergeben werden. Der Weg über den Acrobat Distiller – somit die Ausgabe über PostScript – erzeugt, ebenso wie PDF 1.3, reduzierte Transparenzen.

24.2 Transparenzen in InDesign

Transparenzen können in InDesign auf unterschiedlichste Weise entstehen. In diesem Abschnitt möchten wir aufzeigen, wann im Designprozess durch welche Option eine Transparenz entsteht.

Transparenz verursachende Optionen

Im Bedienfeld Effekte finden Sie jene Funktionen, mit denen in InDesign Transparenzen mit Bordmitteln erstellt werden können.

Füllmethoden und Effekte
Mehr Informationen zu den einzelnen Füllmethoden und den Effekten finden Sie in Abschnitt 11.1, »Hinzufügen von Transparenzeffekten«, auf Seite 397.

Dazu gehören:

- **Deckkraft**: Bei Änderung des Prozentsatzes
- **Füllmethoden**: Bei Auswahl der Füllmethoden Multiplizieren, Negativ Multiplizieren, Ineinanderkopieren, Weiches Licht, Hartes Licht, Farbig abwedeln, Farbig nachbelichten, Abdunkeln, Aufhellen, Differenz, Ausschluss, Farbton, Sättigung, Farbe und Luminanz
- **Effekte**: Beim Aktivieren von Schlagschatten, Schatten nach innen, Schein nach aussen, Schein nach innen, Abgeflachte Kante und Relief, Glanz, Einfache weiche Kante, Direktionale weiche Kante und weiche Verlaufskante

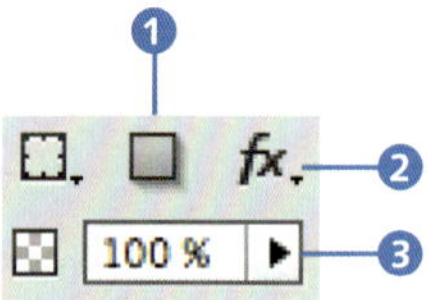

▲ **Abbildung 24.2**
Die Effekte-Optionen aus dem Steuerung-Bedienfeld

Beachten Sie dabei, dass Sie auch dann eine Transparenz erzeugen, wenn Sie im Steuerung-Bedienfeld die Optionen Deckkraft ③, Schlagschatten ① und Effekt ② verwenden oder mit dem Weiche-Verlaufskante-Werkzeug aus dem Werkzeuge-Bedienfeld einen transparent auslaufenden Verlauf erzeugen. All diese Funktionen stellen wiederum eine Möglichkeit aus dem Effekte-Bedienfeld dar.

Importierte Transparenzen

Neben den zuvor beschriebenen Möglichkeiten können Transparenzen natürlich auch über einen Import von Dateien bzw. über das Kopieren von Objekten über die Zwischenablage aus anderen Programmen in InDesign gebracht werden.

Live-Transparenzen können wie zuvor beschrieben in Dateien der Formate ».psd«, ».ai«, ».inds«, ».idms«, ».png«, ».gif«, in PDF 1.4 und höher und ».tif« enthalten sein.

Photoshop-Ebenen
Beachten Sie, dass es automatisch zu einer Transparenz in InDesign führt, wenn Sie eine Photoshop-Datei in Photoshop nicht auf die Hintergrundebene reduzieren!

Werden Live-Transparenzen importiert, so verhalten sich die Einstellungen so, wie diese in den Ursprungsprogrammen vorgenommen wurden. Eine Änderung des Verhaltens muss deshalb auch in der Originalapplikation stattfinden. Weitere Effekte über die Bordmittel von InDesign auf solche importierten Dateien anzuwenden, ist darüber hinaus jederzeit möglich. Dabei entstehen oft ganz neue Möglichkeiten.

24.3 Der Transparenzfüllraum

In InDesign können sich unterschiedliche Farbräume auf einer Seite befinden. Müssen Bilder oder Objekte aufgrund einer Transparenz verflacht werden, so müssen die erstellten neuen Pixel in einen Zielfarbraum abgespeichert und somit konvertiert werden. Durch die Auswahl des Transparenzfüllraums über das Menü Bearbeiten • Transparenz-

Füllraum können Sie in InDesign diesen Zielfarbraum bestimmen. Sie haben dabei nur die Möglichkeit, entweder Dokument-RGB- oder Dokument-CMYK-Farbraum zu wählen. Als Zielfarbraum kann also immer nur der RGB- bzw. CMYK-Farbraum eingestellt werden, den Sie durch das Aktivieren des Farbmanagements definiert haben.

Im Falle eines »harten« schwarzen Schlagschattens bedeutet dies, dass dieser nicht in eine Bitmap-Datei (schwarz-weiß), sondern in CMYK umgewandelt wird. Der Schlagschatten wird dabei glücklicherweise nicht auf alle Auszüge separiert, sondern sauber auf den Schwarzauszug der CMYK-Datei bzw. in einen Schmuckfarbkanal Schwarz gestellt.

Harte Schlagschatten und Downsampling

Wenn Sie beim Generieren einer PDF-Datei »harte« Schlagschatten erstellen, müssen Sie dringend das Downsampling für die Farbbilder deaktivieren, da ansonsten der »harte« Schlagschatten, der ja nach der Transparenzreduzierung als CMYK-Datei vorliegt, auf die Auflösung der Halbtonbilder heruntergerechnet wird.

24.4 Die Transparenzreduzierung

Das Verflachen von Transparenzen – auch *Flattening* genannt – kann vereinfacht als Prozess verstanden werden, durch den alle überlappenden Bereiche in einem Stapel transparenter Objekte in deckende Objekte umgewandelt werden, wobei das Aussehen der ursprünglichen transparenten Objekte beibehalten wird.

Der Flattener muss beim Reduzieren drei Schritte durchlaufen, um alle Konstellationen korrekt zu verrechnen:

1. **Aufspüren der transparenten Bereiche**: Während der Transparenzreduzierung sucht InDesign nach Bereichen, in denen Objekte von transparenten Objekten überlagert werden. Das gefundene Bildmaterial wird in eine Sammlung von Bereichen unterteilt. Diese Bereiche werden dabei von Adobe als »atomare Bereiche« bezeichnet. Die Form eines atomaren Bereichs folgt dabei normalerweise den Linien, Kurven und Formen der entsprechenden Objekte.
2. **Beibehalten der Eigenschaften von Objekten**: Jeder atomare Bereich wird analysiert, um zu ermitteln, ob er im Vektorformat dargestellt werden kann oder in Pixelbilder umgewandelt werden muss, um den erwarteten Transparenzeffekt zu erzielen. Es kann allerdings vorkommen, dass Schrift oder Vektordaten gerastert oder Teile von Schriften in Outlines – Glyphen werden dabei durch ihre Kontur abgebildet – konvertiert werden müssen. Dies ist dann der Fall, wenn Transparenzen in Verbindung mit Schrift und Pixelbildern auftreten.
3. **Rastern der transparenten Bereiche**: Der Flattener rastert die Bereiche mit den jeweils in der Transparenzreduzierungsvorgabe definierten Auflösungen für Strichgrafiken und Text sowie für Verlauf, Schatten und Gitterobjekte. Welche Farbe das Endpixel besitzt, wird durch die Einstellungen im Farbmanagement und durch den gesetzten Transparenzfüllraum bestimmt.

Transparente Bereiche

Was mit dem Aufspüren von transparenten Bereichen gemeint ist, erkennen Sie am schnellsten, wenn Sie das Reduzierungsvorschau-Bedienfeld zum Anzeigen der transparenten Objekte verwenden. Wo und wie das funktioniert, steht in Abschnitt 25.3, »Die Reduzierungsvorschau«, auf Seite 792.

Transparenzfüllraum

Je nach eingestelltem Farbraum und nach eingestelltem ARBEITSFARBRAUM in den Farbmanagementeinstellungen werden beim Verflachen der Transparenzen die entsprechenden neu errechneten Pixelfarben in dem eingestellten Farbraum angelegt.

Standardmäßig ist der Transparenzfüllraum bei Druckdokumenten auf DOKUMENT-CMYK gestellt. Haben Sie jedoch beim Anlegen eines neuen Dokuments in der Option ZIELMEDIUM: WEB oder DIGITALE VERÖFFENTLICHUNG ausgewählt, so wird der Transparenzfüllraum auf DOKUMENT-RGB gestellt.

Die gerasterten Flächen und die teilweise in Konturen umgewandelten Objekte werden als reduzierte (verflachte) Transparenz in den PostScript-Code übergeben. Damit ist jeder PostScript-Level-2-Interpreter in der Lage, diese Daten zu verarbeiten.

Die Transparenzreduzierungsvorgaben

In welcher Auflösung Bilder nach der Transparenzreduzierung vorliegen und ob Texte in Pixelbilder oder in Vektorgrafiken umgewandelt werden, das können Sie über die TRANSPARENZREDUZIERUNGSVORGABEN bestimmen.

Sie müssen für jedes Ausgabegerät, vom Kopierer über den Proof-Drucker bis hin zur Film- oder CtP-Erstellung, eine Einstellung vornehmen, damit Sie diese im Druck- bzw. im PDF-Export-Dialog auswählen können.

Um eine Transparenzreduzierungsvorgabe anzulegen, müssen Sie den Befehl BEARBEITEN • TRANSPARENZREDUZIERUNGSVORGABEN aufrufen. Im Dialog können Sie bestehende Vorgaben BEARBEITEN und LÖSCHEN sowie mit NEU eigene Vorgaben erstellen. Getroffene Vorgaben können, nachdem sie markiert wurden, über SPEICHERN exportiert und dann über LADEN auf andere Arbeitsstationen übertragen werden.

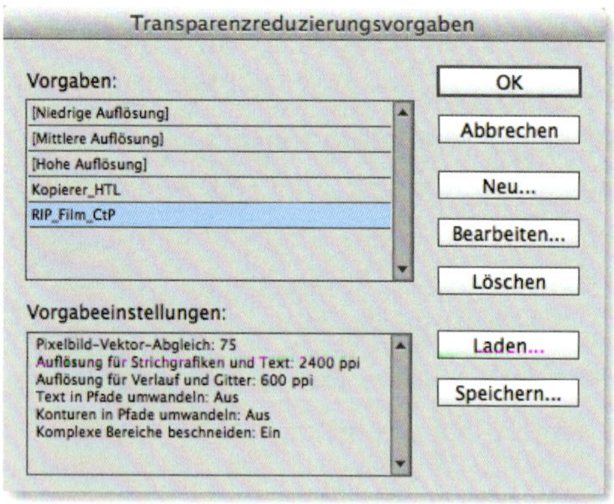

Abbildung 24.3 ▶
Der Dialog TRANSPARENZREDUZIERUNGSVORGABEN. Drei Sets sind mit InDesign standardmäßig vorinstalliert. Bauen Sie darauf die Einstellung für Ihre Ausgabegeräte auf. Sie können die TRANSPARENZREDUZIERUNGSVORGABEN auch nutzen, um während des Reduzierungsvorgangs Texte in Pfade oder alle Objekte in Pixel zu konvertieren.

Im Dialog TRANSPARENZREDUZIERUNGSVORGABEN können Sie durch Drücken des Buttons NEU Ihre eigenen Vorgaben definieren. Markieren Sie dazu zuerst die Einstellung [HOHE AUFLÖSUNG]. Damit werden die Einstellungen, die diesem Set hinterlegt sind, als Grundlage für die neue Vorgabe verwendet.

- NAME: Geben Sie der Vorgabe den Namen des Ausgabegeräts. Dieser kann im PDF-Export- bzw. Druck-Dialog gewählt werden.
- PIXELBILD-VEKTOR-ABGLEICH: Wenn Sie den Schieberegler ganz nach links stellen, wird der Flattener dazu angehalten, alle Transparenzen

in Pixelbilder umzuwandeln. Steht der Schieberegler ganz rechts, so wird versucht, so viel wie möglich in Vektoren zu erhalten. In welcher Auflösung eine Umwandlung in Pixel geschieht, hängt von den Einstellungen darunter ab.

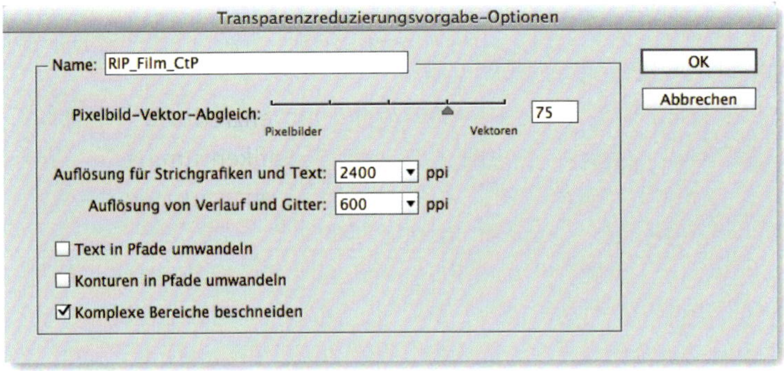

◂ **Abbildung 24.4**
Die Transparenzreduzierungsvorgabe für die Ausgabe auf hochauflösenden RIPs für Film oder CtP. Die Komplexität der atomaren Bereiche wird vorwiegend durch den Pixelbild-Vektor-Abgleich bestimmt.

- ▶ Auflösung für Strichgrafiken und Text: Legt die Auflösung für Vektorobjekte und Strichgrafiken fest, die durch die Transparenzreduzierung in Pixelbilder umgewandelt werden. Ist der Flattener gezwungen, Bitmaps (Strichgrafiken) oder Text zu konvertieren, so generiert er dafür eine CMYK-Datei mit der eingestellten Auflösung von 2.400 dpi.
- ▶ Auflösung von Verlauf und Gitter: Legt die Auflösung für Verläufe, Schlagschatten, weiche Kanten und Gitter fest. In unserem Beispiel werden diese Elemente mit 600 dpi berechnet. Führen Sie auch dazu Tests durch: Bei manchen Geräten muss, bedingt durch den Druckertreiber, der Wert etwas angehoben werden.
- ▶ Komplexe Bereiche beschneiden: Diese Option lässt sich nur dann aktivieren, wenn der Schieberegler für den Pixelbild-Vektor-Abgleich nicht ganz links und nicht ganz rechts steht. Durch diese Option werden die Grenzen zwischen Vektorgrafiken und Pixelbildern auf bestehende Objektpfade gelegt. Dadurch reduziert sich das »Stitching« von Grafiken, das entsteht, wenn ein Teil eines Objekts in ein Pixelbild umgewandelt wird, während der andere Teil seine Vektorform behält.

Gitter
Unter *Gitter* versteht Adobe jene Verläufe, die auf dem aus PostScript 3 bekannten Operator *Smooth Shades* basieren. Illustrator-Anwender kennen den Begriff durch das Gitter-Werkzeug des Programms.

Wenn Sie den Schieberegler für den Pixelbild-Vektor-Abgleich ganz nach links gestellt haben, sind die weiteren Parameter im Dialog ausgegraut. Steht jedoch der Schieberegler nicht ganz links, so können weitere zwei Optionen aktiviert werden:

- ▶ Text in Pfade umwandeln: Mit diesem Befehl werden alle Texte auf Seiten, auf denen sich Transparenzen befinden (und nur dort), in Pfade umgewandelt. Wichtig zu wissen ist, dass auch Texte, die gar

Probleme bei der Reduzierung
Wenn InDesign während der PDF-Erstellung bei der Transparenzreduzierung den Geist aufgibt, so liegt das meistens an der zu hohen Komplexität bei der Reduzierung. Verringern Sie in diesem Fall den Wert des Pixelbild-Vektor-Abgleichs. Der Wert von 75 funktioniert meistens.

nicht von einer Transparenz betroffen sind, in Konturen umgewandelt werden. Diesen Sachverhalt können Sie bewusst nutzen, um den Text in Pfade umzuwandeln.

- Konturen in Pfade umwandeln: Dabei werden alle Konturen auf der Seite in ihre gefüllten Umrisse umgewandelt. Dadurch wird bei der Transparenzreduzierung sichergestellt, dass alle Linienstärken durch das Verflachen eine konstante Breite besitzen. Beachten Sie, dass durch die Aktivierung dünne Linien in der Ausgabe etwas stärker erscheinen.

Vorgabe für eine niedrigauflösende Ausgabe
Stellen Sie die Auflösung für Strichgrafiken und Text bei niedrigauflösenden Ausgabegeräten immer auf die vom Hersteller genannte Ausgabeauflösung.

Sobald sich auf einer Seite eine Transparenz befindet, werden alle Objekte der Seite durch die Transparenzreduzierung mit einer Farbkonvertierung und einer Auflösungsberechnung verarbeitet, auch wenn sie überhaupt nicht mit der Transparenz in Berührung kommen. Alle Bilder der Seite liegen somit im selben Farbraum und in derselben Auflösung vor. Das Aufsetzen eines medienneutralen PDF/X-3-Workflows in Verbindung mit platzierten RGB-Bildern und Transparenzen ist somit trotz der Wahl der Option Keine Farbkonvertierung im Druck- bzw. PDF-Export-Dialog nicht möglich, da alle Objekte der Seite in CMYK-Bildbestände konvertiert werden. Die Lösung des Problems erfolgt beim Exportieren in ein PDF/X-4, womit Farbräume erhalten bleiben und Transparenzen bis zur Ausgabe nativ bearbeitet werden können.

Problemfelder der Reduzierung

Wenn Sie zu einer Transparenzreduzierung angehalten werden, so müssen Sie im Aufbau von Layoutdateien auf bestimmte Gegebenheiten Rücksicht nehmen, damit beim Erstellen der PDF-Datei nicht die eine oder andere Überraschung auftritt. Nachstehend sind spezielle Szenarien beschrieben, die mögliche Problemfelder aufzeigen.

Transparenzen und Vollton | In InDesign werden Volltonfarben – sogar jene, die in Verbindung mit Transparenzen und »Überdrucken« verwendet werden – und Duplexfarben korrekt verarbeitet. Damit Transparenzen in Verbindung mit Volltonfarben verarbeitet werden können, muss der Flattener bei der Reduzierung atomare Bereiche mit Volltonfarben auf Überdrucken stellen. Somit werden alle überlappenden Bereiche auf Überdrucken gestellt. Eine Simulation der Ausgabe am Monitor erfolgt durch Aktivierung des Menüs Ansicht • Überdruckenvorschau. Damit werden am Monitor alle auf dem Zieldrucker erreichbaren Zustände dargestellt, vorausgesetzt, dass der Drucker (RIP) die Überdruckeneinstellungen auch ausführt.

Überdruckenvorschau aktivieren
Um auch Volltonfarben mit Transparenzen verarbeiten zu können, muss der Flattener manche Objekte auf Überdrucken stellen. Sollte Ihnen bei der Betrachtung der PDF-Datei die Volltonfarbe nicht angezeigt werden, so müssen Sie nur den *Überdruckenvorschau-Modus* in Acrobat – durch Drücken von Strg+⇧+7 bzw. ⌘+⇧+7 in Acrobat 8 bzw. durch Aufruf der Ausgabevorschau in Acrobat 9, X und XI – aktivieren, den es seit Acrobat 5.0 gibt.

Dienstleister, die InDesign-Dokumente oder PDF-Dokumente aus InDesign in Verbindung mit Volltonfarben ausgeben sollen, müssen ihren Workflow überdenken. Überprüfen Sie Ihre RIP-Konfiguration, damit nicht alle überdruckenden Objekte automatisch auf nicht überdruckend gestellt werden.

Achten Sie bei der Erstellung darauf, dass sich alle Flächen mit Volltonfarben in der Objektanordnung so weit oben wie möglich befinden. Das Anbringen von Transparenzen auf Objekten mit Volltonfarben ist mit Ausnahme der DECKKRAFTÄNDERUNG und der Füllmethode MULTIPLIZIEREN verboten. Eine Missachtung dieser Empfehlung führt in der Produktion unweigerlich zu Problemen.

DCS
Eine *DCS-Datei* ist eine spezielle Form einer EPS-Datei, die eine vorseparierte Abspeicherung von Farbauszügen zulässt. Es wird zwischen DCS 1.0 und 2.0 unterschieden.
Mit *DCS 1.0* wird ein 5-File-EPS erstellt, wobei vier Dateien zur Abspeicherung der CMYK-Bestände dienen und die fünfte Datei als Vorschaudatei verwendet wird.
Mit *DCS 2.0* können die einzelnen Auszüge und der Platzhalter in einer Datei abgelegt werden. Darüber hinaus können Sonderfarben abgespeichert werden.

Transparenzreduzierung für DCS-Workflows | Damit die transparenten Bereiche korrekt verarbeitet werden, sind bei der Transparenzreduzierung Composite-Daten erforderlich. Da DCS-Dateien vorsepariert sind, werden sie von der Reduzierung nicht richtig erkannt. Es wird nur die Vorschau (das Layoutfile, meistens ein 72-dpi-RGB-Bild) verrechnet. Bei der Ausgabe sollten jedoch die Feindaten verwendet werden – die korrekte Verrechnung von Transparenzen ist somit nicht möglich.

Verwenden Sie also in Verbindung mit InDesign keine DCS-Dateien. Sollten Sie diese jedoch zur Ausgabe bekommen, so müssen Sie diese Daten zuvor in eine PSD- oder TIFF-Datei konvertieren, damit eine Verflachung und Composite-Ausgabe für die PDF-Erstellung funktioniert.

Verhindern von Transparenzproblemen | Um transparenzbezogene Probleme auf ein Mindestmaß zu beschränken, sollten Sie nachstehende Probleme kennen und bei der Verwendung von Transparenzen Folgendes beachten:

- **Textobjekte auf die oberste Ebene**: Verschieben Sie alle Textobjekte, die nicht mit Transparenzen zusammenwirken sollen, in die oberste Ebene des Dokuments. So verhindern Sie, dass Textstellen teilweise in Pfade umgewandelt werden, wodurch Texte bei der Betrachtung in Acrobat und bei der Ausgabe auf niedrigauflösenden Druckern »fetter« erscheinen würden.
- **Verzicht auf DCS-Dateien**: Verzichten Sie auf die Verwendung von DCS-Dateien. Die Möglichkeit, Volltonfarben aus Photoshop- oder TIFF-Dateien über InDesign separiert auszugeben, ist nicht mehr auf die Verwendung von DCS-2.0-Dateien beschränkt.
- **Verwendung von OPI-Workflows**: Verzichten Sie auf die Verwendung von Transparenzen, wenn der Einsatz eines OPI-Workflows geplant ist und falls Sie die dafür notwendigen Erweiterungen auf den Produktionsservern (z. B. PDF HandShake von Helios) nicht besitzen.

OPI-Workflows
OPI – *Open Prepress Interface* – wurde ursprünglich dafür entwickelt, im Layout mit niedrigaufgelösten Ansichtsdateien zu arbeiten und trotzdem auf hochaufgelöste Feindaten für die Druckausgabe zurückgreifen zu können. Damit können Ladezeiten beim Platzieren und Ausgabezeiten beim Drucken stark reduziert werden. In der Praxis sind jedoch OPI-Workflows immer seltener anzutreffen, da Dateigrößen und Bandbreiten fast schon unbeschränkt zur Verfügung stehen.

Vorsicht bei Schmuckfarben und Effekten

Verwenden Sie für Objekte mit Volltonfarben aus dem Effekte-Bedienfeld nur die Optionen Deckkraft und Multiplizieren. Alle anderen Methoden können zu Fehlern in Form von Farbverschiebungen in der Ausgabe führen!

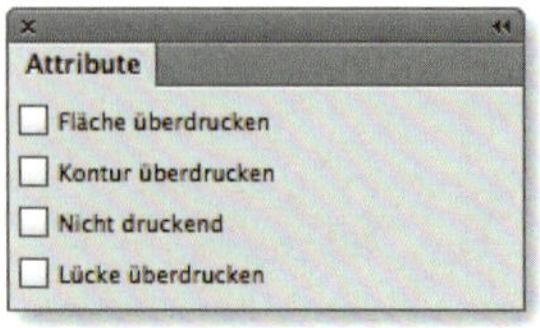

▲ **Abbildung 24.5**
Das Attribute-Bedienfeld. Alle Optionen können in Verbindung mit Transparenzen verwendet werden.

▲ **Abbildung 24.6**
Weiße dünne Linien, die sich nach der PDF-Erstellung am Monitor zeigen, sind meistens nur am Monitor zu sehen. Verändern Sie die Zoomeinstellung, und beobachten Sie, ob die weißen Linien damit verschwinden. Haben Sie in den Transparenzreduzierungsvorgaben den Pixelbild-Vektor-Abgleich unter 100 % gestellt und die Option Komplexe Bereiche beschneiden aktiviert, so tritt dieser Darstellungsfehler nicht mehr so häufig auf.

InDesign wäre zwar in der Lage, zur Transparenzreduzierung die hochaufgelösten Bildbestände vom OPI-Server einzubeziehen, eine unproblematische Produktionsweise kann dabei aber nur mit viel Disziplin und Fachwissen erzielt werden. In Verbindung mit Erweiterungen ist es unproblematisch.

- **Verwendung von Volltonfarben und Überdrucken**: Seien Sie bei der Verwendung von Volltonfarben in Verbindung mit dem Überdrucken bei der Transparenzreduzierung vorsichtig. Beachten Sie bereits beim Aufbau von Layoutdateien nebenstehende Warnung. In der Ausgabe ist es dann schon zu spät!
  Das Verwenden der Optionen Fläche überdrucken, Kontur überdrucken und Lücke überdrucken aus dem Attribute-Bedienfeld ist hingegen nicht so problematisch. Die Option Nicht druckend ist jedoch auch hier niemals nützlich.
- **Aktivieren der Überdruckenvorschau**: Zur Simulation der Transparenzeffekte wählen Sie in InDesign den Befehl Ansicht • Überdruckenvorschau. In Acrobat oder Adobe Reader müssen Sie die Überdruckenvorschau in den Voreinstellungen aktivieren, damit transparenzreduzierte PDF-Dateien mit Volltonfarben genauso wie in InDesign dargestellt werden. Ist die Überdruckenvorschau deaktiviert, können ganze Objekte am Monitor fehlen.
- **Beim Betrachten der PDF-Datei in Acrobat sind weiße Linien an den Kanten der atomaren Bereiche zu erkennen**: Dabei handelt es sich lediglich um einen Darstellungsfehler in Acrobat. Je nach Zoomstufe erscheinen und verschwinden diese weißen Linien. Ausblenden können Sie diese Ungereimtheit, indem Sie in Acrobat bzw. dem Reader im Register Seitenanzeige der Voreinstellungen die Option Vektorgrafiken glätten deaktivieren.
- **Bilder werden unscharf**: Der Grund dafür liegt meistens in der zu niedrig eingestellten Reduzierungsauflösung, die als Grundlage für alle Bilder der Seite verwendet wird. Wenn sich trotz höherer Auflösung im Ergebnis nichts ändert, sind bei der PDF-Generierung in der Registerkarte Bilder die Distiller- bzw. PDF-Export-Einstellungen anders einzustellen.
- **Text erscheint in Acrobat und auf niedrigauflösenden Druckern fetter**: Dieses Problem entsteht, wenn Glyphen teilweise von einer Transparenz überlagert sind. Die Lösung liegt in der Umrechnung auf Pixelbilder durch die Transparenzreduzierung. Ein Auftreten der fetteren Schrift gibt es bei hochauflösenden Ausgabegeräten (ab 500 Linien pro cm) nicht.

24.5 Ausgabe von Transparenzen

Spätestens auf der Druckplatte gibt es nur noch druckende und nichtdruckende Stellen. Demnach muss es im Workflow von der InDesign-Datei bis hin zur Druckplatte zu einer Umwandlung von »transparenten« Teilen kommen. Werden Transparenzen nicht schon beim Erstellen der PDF-Datei reduziert, so muss spätestens beim Erzeugen der »Pixel« für die Druckplatte eine Umwandlung durchgeführt werden.

Genau an dieser Stelle können wir zwischen zwei technischen Möglichkeiten unterscheiden. Eine dieser Möglichkeiten ist im »Ausgabe-RIP« der Plattenbelichtungseinheiten sicherlich integriert. Neuere Ausgabe-RIPs besitzen sogar meist beide Technologien.

Über PostScript (CPSI)

Mit der CPSI-Technologie wird eine PDF-Datei, die an die Ausgabestation übertragen wird, wiederum in eine PostScript-Datei umgewandelt, die dann für die Ausgabe auf einer Druckplatte in eine Matrix von Druckpunkten gerendert wird. Diese »Bilddatei« wird dabei im Dateiformat TIFF-B abgespeichert und anschließend auf die angeschlossenen Rekorder (z. B. Belichter) ausgegeben.

CPSI
Der Begriff CPSI steht für *Configurable PostScript Software Interpreter*. Es handelt sich dabei um einen PostScript-RIP, dessen Aufgabe darin besteht, Informationen aus einer PostScript-Datei so in Pixel zu konvertieren, dass sie auf dem gewünschten Gerät ausgegeben werden können.

Hinsichtlich der Transparenzen muss beim Umwandeln der PDF-Datei nach PostScript die Verflachung durchgeführt werden. Adobe nimmt dazu den im RIP installierten *Adobe Flattener* zur Hilfe, der im Wesentlichen mit derselben Technologie, wie sie bei InDesign oder Acrobat angewandt würde, eine Transparenzreduzierung durchführt. Sind in der PDF-Datei beispielsweise noch RGB-Bilder vorhanden, so würde beim Reduzieren eine Farbraumtransformation nach CMYK – mit den im RIP hinterlegten Farbmanagementeinstellungen – durchgeführt werden. Treten dabei Probleme in Form von Farbverschiebungen bei angrenzenden atomaren Bereichen auf, so ist dieser Fehler erst im Druck zu sehen.

TIFF-Varianten
Das Dateiformat TIFF kann in verschiedenen Ausprägungen abgespeichert werden. Jede dieser Ausprägungen besitzt eine eigene Bezeichnung.

- TIFF-G: Enthält nur einen Farbkanal.
- TIFF-B: Enthält eine 1-Bit-Bitmap.
- TIFF-R: Enthält drei Farbkanäle.

Da PostScript ein 8-Bit-basierter Code ist, kann speziell zur Berechnung von Farbwerten beim Reduzieren nur auf 256 Abstufungen zurückgegriffen werden. Dies führt unter anderem dazu, dass es bei angrenzenden einfarbigen Flächen zu messtechnisch unterschiedlichen Farbwerten kommt, was in ungünstigen Konstellationen zu sichtbaren Farbstößen führen kann.

Über Adobe PDF Print Engine (APPE)

Die Adobe PDF Print Engine ist eine neue Softwaregeneration, die im Unterschied zu CPSI ausschließlich mit PDF-Daten arbeitet und voll-

JDF
JDF – *Job Definition Format* – ist ein offenes Dateiformat, das basierend auf XML den direkten Datenaustausch zwischen verschiedenen EDV-Systemen und den dahinterliegenden Maschinen vom Produktdesign über die Vorstufe und den Druck bis hin zur Weiterverarbeitung beschreiben kann. Mittels JDF werden Management- und Produktionsdaten zusammengeführt.

ständig durch JDF/JMF gesteuert wird. Die Daten werden dabei vom RIP (Raster Image Processor) in Druckdaten umgewandelt, als TIFF-B-Datei abgespeichert und anschließend auf die angeschlossenen Rekorder (z. B. Plattenbelichter) ausgegeben.

Hinsichtlich der Transparenzen erfolgt hier das Flattening nicht über den Adobe Flattener, sondern zeitgleich mit dem Erzeugen der Druckdaten. Dies hat folgende Vorteile:

- Muss eine Farbkonvertierung noch angewandt werden, so wird diese einheitlich für alle Objekte durchgeführt.
- Bei der Generierung von Farbwerten, die aufgrund von transparenten Objekten entstehen würden, ist keine Limitierung auf 256 Abstufungen mehr gegeben.
- Da alle Objekte – egal ob Vektoren, Texte oder Pixel – in derselben Auflösung hochauflösend gerastert werden, kann es keine Abstufungen mehr zwischen Vektoren und Pixeln geben.

Dem Verfahren, PDF-Daten über die PDF Print Engine zu rastern, gehört die Zukunft. Transparenzprobleme sollten somit obsolet sein.

24.6 Ohne Transparenzreduzierung publizieren

Die sicherste Ausgabe von Transparenzen erfolgt beim Rastern der Daten für die Plattenausgabe im Druckvorstufenbetrieb, denn nur er kennt die technischen Eigenschaften seiner Ausgabegeräte wirklich.

Die sicherste Methode, um ein vollständiges und noch nicht transparenzreduziertes Dokument zu transportieren, ist PDF/X-4. Zeitgemäß ausgestattete Druckereien oder Druckvorstufenbetriebe sollten damit problemlos umgehen können. Trotzdem sollten Sie die Verwendung von PDF/X-4 immer mir dem Dienstleister abstimmen.

Korrekte PDF-Dateien für die Adobe PDF Print Engine
Die einzig brauchbare Form einer PDF-Datei für den PDF-to-PDF-Workflow – somit auch für die Adobe PDF Print Engine – stellt PDF/X-4 dar. Erstellen Sie also in Absprache mit der Druckerei nur noch PDF/X-4-Dateien aus InDesign, wenn Sie technischen Einschränkungen hinsichtlich der Transparenzreduzierung aus dem Weg gehen wollen.

Für Kunden PDF-Dateien erstellen

Wenn Sie für den Downloadbereich Ihres Auftraggebers eine niedrigauflösende PDF-Datei erstellen müssen, so stellen Sie sich dabei immer die Frage, ob diese PDF-Datei beim Betrachter des Dokuments zu irgendeinem Zeitpunkt auf einem Drucker ausgegeben werden muss. Wenn das der Fall ist, sollten Sie für solche PDF-Dateien keine nativen Transparenzen vorsehen und somit alle Transparenzen reduzieren. Der Grund: Es könnten sich sonst im Ausdruck schwarze oder weiße Flächen ergeben, da die ausgebende Software nicht mit Transparenz umgehen kann.

Kapitel 25
Ausgabehilfen

Die Kontrolle von Dokumenten im Vorfeld der PDF-Erstellung oder der Ausgabe auf Druckern bzw. RIPs ist für den Datenersteller enorm wichtig. Der Bildschirm-Modus, die Überdruckenvorschau, die Separationsvorschau und das Erkennen von Transparenzen über die Reduzierungsvorschau erleichtern Ihnen die Kontrolle von InDesign-Dokumenten und ersparen Ihnen damit unnötige Kosten für die Überarbeitung von PDF-Dateien in der Druckvorstufe.

25.1 Die Bildschirmmodi

Bevor das Dokument ausgegeben werden soll, können wichtige Teile im Bildschirm-Modus überprüft werden. Um zwischen dem normalen Ansichts-Modus und dem Vorschau-Modus zu wechseln, müssen Sie auf die entsprechenden Symbole im Werkzeuge-Bedienfeld klicken oder das Tastenkürzel [W] drücken. Sie können zwischen fünf verschiedenen Ansichten wählen:

Tastenkürzel zur Aktivierung der Vorschau im Textmodus
Da das Standard-Tastenkürzel [W] zum Umschalten in den Vorschau-Modus im Textmodus nicht funktioniert, sollten Sie speziell für die Aktivierung des Vorschau-Modus während der Texteingabe ein Tastenkürzel über den Befehl Bearbeiten • Tastaturbefehle festlegen. Für Mac OS X-Anwender drängt sich die Kombination [ctrl]+[W] auf.

Vorschau-Modus | In diesem Modus werden die Seiten so angezeigt, wie sie später beschnitten aussehen werden, also ohne Anschnitt und ohne nicht druckbare Objekte. Zu den nicht druckbaren Objekten zählen Lineale, Hilfslinien, Dokument- und Grundlinienraster, Objektrahmen und all jene Objekte, die speziell mit der Option Nicht druckend im Attribute-Bedienfeld gekennzeichnet wurden.

Anschnitt-Modus | Es werden hier zusätzlich alle druckbaren Objekte innerhalb des Anschnitts angezeigt. Der Anschnittbereich wird standardmäßig durch eine rote Linie begrenzt. Die Druckindustrie verlangt, dass der Anschnittbereich mindestens 3 mm außerhalb des Endformats – als schwarze Linie gekennzeichnet – angelegt wird.

Arbeiten mit zwei Monitoren
Im Präsentation-Modus kann das InDesign-Dokument nicht bearbeitet werden. Wenn Sie jedoch zwei Monitore besitzen, so können Sie zwei unterschiedliche Modi auf den zwei Monitoren aktivieren.

Rufen Sie dazu den Befehl FENSTER • ANORDNEN • NEUES FENSTER auf, womit Sie dasselbe Dokument in einer neuen Ansicht betrachten können. Verschieben Sie dann ein Fenster auf den zweiten Monitor, und aktivieren Sie für dieses Dokument den Präsentation-Modus. Damit können Sie das Dokument in zwei Ansichten – eine im Präsentation-Modus und eine editierbar – bearbeiten.

Deaktivieren des gewählten Vorschau-Modus
Wenn Sie den Vorschau-Modus aktiviert haben, wird automatisch auf die Normalansicht umgeschaltet, wenn Sie eine Hilfslinie aus dem Lineal auf das Dokument ziehen.

Ganze Druckbögen anzeigen
Zur visuellen Kontrolle sollten Sie den ganzen Druckbogen ansehen. Sie können durch Drücken des Tastenkürzels [Strg]+[Alt]+[0] bzw. [⌘]+[⌥]+[0] den ganzen Druckbogen am Monitor einpassen. Sie können dafür aber auch den Präsentation-Modus wählen.

Infobereich-Modus | In diesem Modus werden außerdem alle weiteren Informationen wie Schriftenlisten, Farbcodes, die Pfadangabe für das Dokument in unserem Buch usw. angezeigt, die vom Dokumentenersteller angelegt und in den Infobereich gestellt wurden.

Präsentation-Modus | Dieser Modus erlaubt es, das aktive InDesign-Dokument als Präsentation anzuzeigen. Dabei werden alle Menüs, Bedienfelder, Hilfslinien und Rahmenkanten ausgeblendet und das Dokument vollflächig am Monitor angezeigt. Weicht die Größe des Dokuments von der Proportion des Monitors ab, so wird standardmäßig ein schwarzer Hintergrund angezeigt. Die Hintergrundfarbe kann jedoch über Tastenkürzel – [W] für Weiß, [G] für Grau und [B] für Schwarz – geändert werden. Wenn Sie sich im Präsentation-Modus befinden, können Sie die Präsentation durch Drücken von weiteren Tastenkürzeln steuern:

- **Vorwärts blättern**: Dies können Sie durch einen Mausklick oder durch Drücken der [→]/[↓]-Taste herbeiführen.
- **Rückwärts blättern**: Dies können Sie durch einen [⇧]-Mausklick oder durch Drücken der [←]/[↑]-Taste herbeiführen.
- **Gehe zum ersten Druckbogen**: Drücken Sie dazu [Pos1] unter Windows bzw. die [↥]-Taste unter Mac OS X.
- **Gehe zum letzten Druckbogen**: Drücken Sie dazu [Ende] unter Windows bzw. die [↧]-Taste unter Mac OS X.
- **Präsentation-Modus aktivieren**: Dies können Sie entweder über die Auswahl des Symbols im Werkzeuge-Bedienfeld oder durch Drücken des Tastenkürzels [⇧]+[W] erreichen.
- **Präsentation-Modus beenden**: Drücken Sie dazu die [Esc]-Taste oder erneut das [⇧]+[W]-Tastenkürzel.

Normal-Modus | Durch Klicken auf den Button für den Normal-Modus wechseln Sie wiederum in Ihre vorherige Ansicht zurück. Ob Sie Rahmenkanten, Hilfslinien, Dokumentraster oder Grundlinienraster sehen, ist dabei unter anderem auch von den Einstellungen im Menü ANSICHT • RASTER UND HILFSLINIEN abhängig. Wenn Ihnen irgendwelche Objektrahmen, Rasterlinien oder Hilfslinien nicht angezeigt werden, so finden Sie die Lösung meistens in diesem Menüeintrag.

Visuelle Kontrolle | Um einen Eindruck von dem finalen Dokument zu haben, empfehlen wir die Wahl des Vorschau-Modus. Zur Kontrolle, ob alle Objekte auch genügend im Anschnitt verankert wurden, ist der Anschnitt-Modus sicherlich die richtige Wahl.

25.2 Die Überdruckenvorschau

Mit der Funktion ÜBERDRUCKENVORSCHAU aus dem Menü ANSICHT oder durch Drücken des Tastenkürzels Strg+Alt+⇧+Y bzw. ⌘+⌥+⇧+Y werden am Monitor Transparenzen und überdruckte Objekte so simuliert, wie sie in der Ausgabe erscheinen würden. Dabei greift InDesign auf alle importierten Dateien zu, egal ob Objekte innerhalb von EPS-Dateien oder PDF-Dateien auf ÜBERDRUCKEN gestellt wurden. Viele Fehler können so bereits im Vorfeld erkannt werden. InDesign hat sich so zu einem der leistungsstärksten Digitalproof-Systeme entwickelt.

Das zentrale Bedienfeld zum Steuern überdruckter Elemente ist das Attribute-Bedienfeld aus dem Menü FENSTER • AUSGABE • ATTRIBUTE. Sie können darin die Optionen FLÄCHE ÜBERDRUCKEN, KONTUR ÜBERDRUCKEN, NICHT DRUCKEND und LÜCKE ÜBERDRUCKEN aktivieren. Alle Optionen dürften selbsterklärend sein.

Möglicherweise vermissen Sie die Option *Aussparen* im Bedienfeld. Der Grund ist einfach: Überlagernde Objekte werden in InDesign generell gegenüber dahinterliegenden Objekten ausgespart. In InDesign können Teile von Objekten – Fläche und Kontur – nur auf überdruckend gestellt werden, ganze Elemente können darüber hinaus auf NICHT DRUCKEND gestellt werden.

Eine Ausnahme von dieser Arbeitsweise gibt es aber. In den VOREINSTELLUNGEN ist im Register SCHWARZDARSTELLUNG die Option FARBFELD [SCHWARZ] 100 % ÜBERDRUCKEN standardmäßig aktiviert. Dies ist vor allem für Text gedacht, der fast immer überdruckt werden soll. Diese allgemeine Grundeinstellung wirkt sich jedoch auch auf schwarze Flächen aus, die in InDesign mit der Farbe [SCHWARZ] eingefärbt wurden. Abhilfe schafft nur die Erzeugung einer zweiten Schwarzfarbe, die zwar vom Prozentwert identisch mit der Farbe [SCHWARZ] ist, bedingt durch den anderen Farbnamen jedoch ausgespart wird.

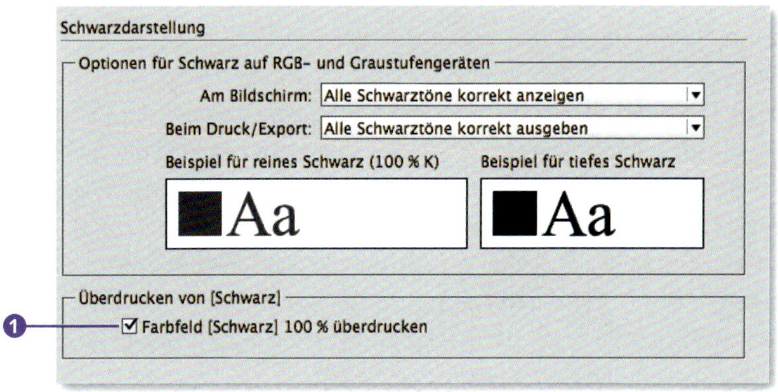

◂ **Abbildung 25.2**
Durch die Wahl der Option FARBFELD [SCHWARZ] 100 % ÜBERDRUCKEN ❶ werden standardmäßig alle in dieser Farbe ausgezeichneten Elemente überdruckt.

Überdrucken
Unter dem Begriff *Überdrucken* wird das objektbezogene Setzen von überdruckenden Teilen mithilfe des Attribute-Bedienfelds verstanden.

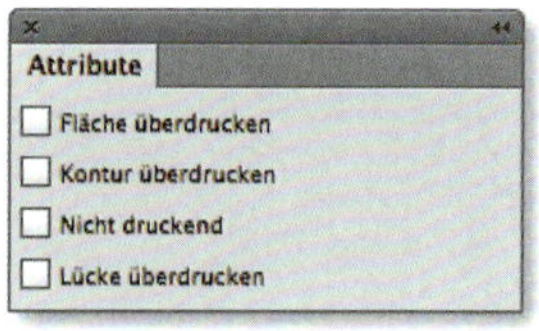

▲ **Abbildung 25.1**
Das Attribute-Bedienfeld. Alle Optionen lassen sich nur dann aktivieren, wenn ein Objekt eine Fläche und eine gestrichelte Kontur besitzt.

Welches Schwarz wird überdruckt?
Nur Objekte/Texte, die mit dem Farbfeld [SCHWARZ] eingefärbt wurden, werden in der Ausgabe überdruckt! Einzig davon ausgenommen sind platzierte 1-Bit-Bilder. Diese müssen immer von Hand auf ÜBERDRUCKEN gestellt werden.

Aussparen
Unter dem Begriff *Aussparen* wird das gezielte »Ausstanzen« von Objekten oder Flächen aus dem Hintergrund in der Separation verstanden. InDesign geht dabei grundsätzlich davon aus, dass alle überlappenden Objekte ausgespart werden.

Die durch die Überdruckenvorschau am Monitor erzielten Farben sind eigentlich ganz brauchbar. Ein Proof-Druck ist dadurch jedoch nicht zu ersetzen. Bedingt durch die verbesserte Farbdarstellung, die Adobe im Adobe Graphics Manager in Verbindung mit der Adobe Color Engine implementiert hat, ist durch die Überdruckenvorschau am Monitor sogar ein deutlicher Unterschied zwischen einer Volltonfarbe und dem alternativen CMYK-Wert zu sehen.

Überdrucken und dessen Nutzen

Die Möglichkeit, einzelne Flächen und Texte zu überdrucken, ist eine recht alte Methode, um transparenzähnliche Darstellungen zu erzeugen. Besonders im Zusammenhang mit Schmuckfarben wird Überdrucken zu kreativen Zwecken eingesetzt. Da jedoch in InDesign schon seit Einführung des Programms Transparenzeinstellungen möglich sind, stellt sich für uns die Frage, ob das Überdrucken überhaupt noch als Gestaltungselement für die Kreation eingesetzt werden soll.

Überdrucken von Schwarz bei zu hohem Farbauftrag
Für den Druck auf stark saugenden Papieren wird gegebenenfalls die Druckfarbe Schwarz nicht überdruckt oder der Schwarzaufbau reduziert. Das können Sie sich einmal ansehen, wenn Sie einen Comic zur Hand nehmen und dort die Schattenflächen genauer betrachten. Hier werden diese generell mit nur 100 % Schwarz gedruckt, um den Farbauftrag zu reduzieren und den Farbverbrauch, der bei Comics auch durch das verwendete Papier selbst sehr hoch ist, zu minimieren.

Schwarzer Text | Die Grundeinstellung für die Farbe [SCHWARZ] lautet immer: Schwarz überdrucken. Dies ist auch absolut sinnvoll, wenn Sie schwarzen Text in kleinen Schriftgrößen (4 bis 12 pt) auf eine farbige Fläche stellen. In der Ausgabe – im Druck – werden dann Schriftfarbe und Hintergrundfarbe zusammengemischt, womit Blitzer an den Schriftkonturen vermieden werden. Sobald größere Schriftgrade verwendet werden, kann es in ungünstigen Konstellationen schon mal zu ungewollten Effekten – Objekte, die darunterliegen, schimmern in Teilen der Schrift durch – bzw. zu Einfärbungen von Schrift oder zu einem Abrieb kommen.

Abrieb
Beim Zeitungsdruck taucht unter anderem das Problem des Abriebs auf – noch nicht getrocknete Objekte der gegenüberliegenden Seite färben ab. Die Reduktion des Gesamtfarbauftrags durch einen Unbuntaufbau oder durch Deaktivieren von schwarz überdruckenden Elementen ist dabei oft ein gefragtes Instrument.

Schwarze Flächen | Überlagert eine schwarze Fläche einen farbigen Hintergrund, ist ein ähnliches Ergebnis zu erwarten wie bei schwarzem Text in Verbindung mit größeren Schriftgraden.

Farbige Objekte | Das Überdrucken von farbigen Objekten – egal ob Texte oder Flächen –, um damit Effekte zu erzielen, ist aus der Sicht der Druckvorstufe erlaubt. Technisch gesehen können Sie diese Methode uneingeschränkt verwenden. Aus der Sicht des Anwenders bzw. Ihres Kunden würden wir auf die Verwendung dieser Technik jedoch eher verzichten. Die Gründe dafür sind:

1. Anwender müssen bei der Betrachtung sowohl in InDesign als auch in Acrobat die Überdruckenvorschau aktiviert haben, um den zu erzielenden Effekt zu sehen.

2. Beim Ausdruck auf Farbkopierern können viele vorgeschaltete RIPs mit der Überdrucken-Einstellung meistens nichts anfangen, wodurch der Effekt beim Ausdruck auf Papier nicht sichtbar gemacht werden kann.
3. Viele Druckvorstufenbetriebe sind noch immer der Ansicht, dass es sich bei überdruckenden Elementen in einer Datei um ein ungewolltes Konstrukt seitens des Datenerstellers handelt, weshalb sie alle überdruckenden Elemente in der Datei – bis auf Schwarz – auf Aussparen setzen.

Überdrucken simulieren

Wenn Sie im Druck- bzw. PDF-Export-Dialog die Option ÜBERDRUCKEN SIMULIEREN aktivieren, bekommen Sie dasselbe Ergebnis in der PDF-Datei und sogar im Ausdruck simuliert, wie dies durch die Überdruckenvorschau am Monitor dargestellt wird. Damit InDesign eine möglichst getreue Farbdarstellung erzielen kann, werden zur Simulation die Lab-Farbwerte der einzelnen Farben verwendet.

Schritt für Schritt
Überdrucken, Aussparen und die Darstellung von Schwarz und Schmuckfarben austesten

In der folgenden Schritt-für-Schritt-Anleitung legen wir eine Testseite – mit allen ungewollten und gewollten Effekten – an.

1 Anlegen des Dokuments mit verschiedenen Farben

Legen Sie ein neues InDesign-Dokument an, und überprüfen Sie, ob die Grundfarben CYAN, MAGENTA und YELLOW angelegt sind. Sollten Ihre Grundeinstellungen dies nicht vorsehen, so legen Sie für diese Testseite diese drei Grundfarben an.

Erstellen Sie die Farbe PANTONE ORANGE 021 C aus der Pantone-solid-coated-Farbtabelle und als zusätzliche Farbe das entsprechende CMYK-Äquivalent mit den Werten C=0, M=53, Y=100, K=0.

Legen Sie darüber hinaus zwei weitere Schwarz-Farben an. Aktivieren Sie dazu das Farbfeld [SCHWARZ], und duplizieren Sie diese Farbe über FARBFELD DUPLIZIEREN aus dem Bedienfeldmenü des Farbfelder-Bedienfelds. Nennen Sie diese Farbe SCHWARZ AUSSPAREND. Zusätzlich legen Sie die Farbe TIEFSCHWARZ mit den Werten C=50, M=50, Y=0, K=100 an.

Das entsprechende Dokument zu dieser Schritt-für-Schritt-Anleitung finden Sie auf der Buch-DVD im Ordner BEISPIELMATERIAL • KAPITEL_25 unter dem Namen »Schwarz_Ueberdrucken.indd«.

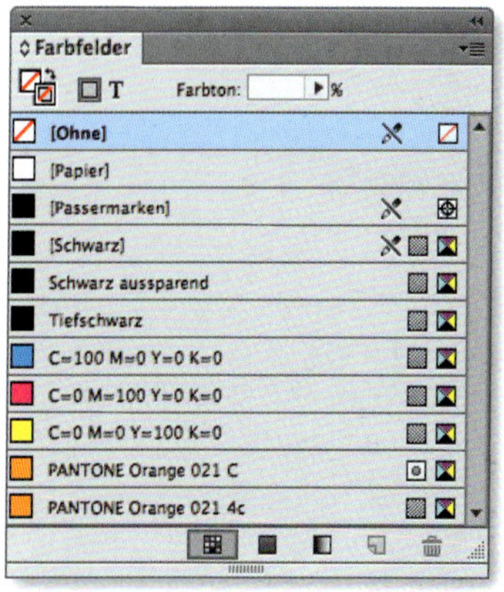

▲ **Abbildung 25.3**
Ihr Farbfelder-Bedienfeld sollte nach Schritt 1 so wie in dieser Abbildung gezeigt aussehen.

2 Erstellen der Testobjekte in Bezug auf Schwarz

Erstellen Sie im oberen Drittel des Dokuments drei Flächen, und färben Sie diese mit MAGENTA ein. Mittig darüber stellen Sie jeweils eine kleinere schwarze Fläche. Färben Sie die linke Fläche mit der Farbe [SCHWARZ], die mittlere Fläche mit SCHWARZ AUSSPAREND und die rechte Fläche mit der Farbe TIEFSCHWARZ ein.

Darunter erstellen Sie drei lange Balken jeweils in den Primärfarben CYAN, MAGENTA und YELLOW. Darüber stellen Sie einen schwarzen Text. Den Text »[Schwarz]« färben Sie mit der gleichnamigen Farbe ein, den

Text »Tief« (am Ende der Zeile) färben Sie hingegen mit der Farbe Tiefschwarz ein. Ihre Seite sollte nun so aussehen wie in Abbildung 25.4.

▲ **Abbildung 25.4**
Unterschiedliche Schwarzdefinitionen zum besseren Verständnis für Probleme, die sich daraus ergeben können.
Vergleichen Sie auch die Unterschiede in der Darstellung der Farben am Monitor, die sich durch Aktivierung der Überdruckenvorschau nicht negativ verändert.

3 Aktivieren der Überdruckenvorschau

Aktivieren Sie die Überdruckenvorschau aus dem Menü Ansicht • Überdruckenvorschau. Am Monitor sollten Sie nun die Effekte wie im Beispiel gedruckt erkennen können.

- Bei der linken schwarzen Fläche – Schwarz wird überdruckt – müsste der über die Magentafläche hinausragende Teil in einem reinen Schwarz erscheinen, beim unteren Teil schimmert die dahinterliegende Magentafläche durch.
- Bei der mittleren schwarzen Fläche – Schwarz spart gegenüber Magenta aus – müssten der obere und der untere Teil der schwarzen Fläche identisch sein.
- Beim rechten Schwarz – es wurde das Farbfeld Tiefschwarz mit einem 50 %igen Cyan- und Magenta-Unterton verwendet – müssten die obere und untere Hälfte ebenfalls identisch sein. In der Summe müssten jedoch Sie als Betrachter dieses Schwarz als »gesättigteres/dunkleres« Schwarz empfinden.

Unterfarbe scheint durch

Dies ist der Fall, wenn schwarze Flächen oberhalb eines »undefinierten« Hintergrunds – eines Pixelbilds oder eines Verlaufs – gestellt und mit der Farbe [Schwarz] gefüllt wurden.

Im Falle unseres Textbeispiels können Sie beim Text »[Schwarz]« – Schwarz wird hier überdruckt – erkennen, dass die Unterfarben durch den Text durchschimmern, was in den meisten Fällen zu einem unerwünschten Ergebnis führen würde. Das Wort »Tief« wurde hingegen mit der Farbe Tiefschwarz eingefärbt.

Wenn Sie dieses Ergebnis auf dem Monitor nicht erkennen können, so haben Sie entweder nicht die Überdruckenvorschau markiert, oder Sie haben die Voreinstellungen für die Schwarzdarstellung nicht wie in Abbildung 25.2 gezeigt eingestellt.

4 Erstellen der Testobjekte in Bezug auf Farbe

Erstellen Sie zuerst zwei Flächen nebeneinander, und färben Sie die linke Fläche mit PANTONE 021 C und die rechte Fläche mit dem CMYK-Äquivalent der Pantone-Farbe ein.

Darunter erstellen Sie drei Objekte, die sich teilweise überlagern, und färben diese in den Primärfarben CYAN, MAGENTA und YELLOW ein. Duplizieren Sie das Gebilde, und verschieben Sie es an den rechten Rand.

Markieren Sie die rechten Objekte, und aktivieren Sie für diese im Attribute-Bedienfeld die Option FLÄCHE ÜBERDRUCKEN.

▼ **Abbildung 25.5**
Die normale Darstellung ohne aktivierte Überdruckenvorschau

5 Aktivieren der Überdruckenvorschau

Mit aktivierter Überdruckenvorschau zeigt sich:

▲ **Abbildung 25.6**
Mit aktivierter Überdrucken-vorschau

Sie müssten einerseits einen deutlichen Unterschied zwischen der Farbwiedergabe der Pantone-Farbe und deren CMYK-Äquivalent am Monitor und andererseits die Farbabbildung der überdruckenden Farben erkennen können. Sollten sich also beim Aktivieren der Überdruckenvorschau so enorme Farbunterschiede ergeben, wird wahrscheinlich anstelle einer CMYK-Farbe eine Schmuckfarbe verwendet. Die Wiedergabe der Schmuckfarbe auf einem 4c-Ausgabegerät entspricht somit eher der Farbwiedergabe bei nicht aktivierter Überdruckenvorschau.

Neben der Simulation von überdruckten Objekten werden durch das Aktivieren der Überdruckenvorschau am Monitor auch die durch den Druckfarben-Manager gemappten Farben in der jeweiligen Alias-Farbe angezeigt.

Beachten Sie jedoch, dass all jene Überfüllungsergebnisse, die mit der internen Überfüllung bzw. der Adobe-In-RIP-Überfüllung erzeugt werden, von der Überdruckenvorschau nicht dargestellt werden können.

Warum wird ein »harter« Schlagschatten ausgespart?

Wird ein »harter« Schlagschatten mit der Farbe [Schwarz] erstellt und dabei der Füllmodus Normal gewählt, so wird der Schlagschatten aus dem Hintergrund ausgestanzt.

Da wir nun wissen, dass einerseits die Farbe [Schwarz] standardmäßig auf Überdrucken gestellt ist, andererseits der Schlagschatten beim Drucken oder Exportieren als CMYK-Bild gerechnet wird, wäre eigentlich zu erwarten, dass dieses Schwarz gegenüber einer Hintergrundfläche überdruckt.

Da wir es durch die Transparenzreduzierung mit einem CMYK-Bild zu tun haben, wird der Schatten im Schwarzauszug selbstverständlich ausgespart. Aus diesem Grund müssen Sie die Füllmethode für diese Anwendung immer auf Multiplizieren stellen.

Beachten Sie also ganz genau, welches Schwarz Sie für die Erstellung der Daten benötigen.

Beachten Sie diese Erläuterungen vor allem, wenn Sie Dokumente von QuarkXPress mit InDesign (oder mit einem dazu käuflich zu erwerbenden Plug-in) in ein InDesign-Dokument konvertieren, denn bei der Konvertierung wird die Farbe Schwarz aus QuarkXPress in eine InDesign-Farbe Schwarz konvertiert. Und da die Farbbezeichnung nicht [Schwarz] lautet, werden somit alle Objekte, die mit dieser Farbe eingefärbt wurden, ausgespart.

25.3 Die Reduzierungsvorschau

Die Problematik der Transparenzen – für die Ausgabe müssen Transparenzen auf eine Bildebene pro Druckplatte reduziert bzw. beim Erstellen der Druckplatten berücksichtigt werden – wurde bereits ausführlich in Kapitel 24, »Transparenzen und Transparenzausgabe«, ab Seite 773 besprochen.

Im Idealfall erfolgt die Reduzierung erst in der Ausgabe durch PDF-Workflow-Systeme, die bereits in der Lage sind, PDF-1.4-Dateien mit Transparenzen zu verarbeiten; aber auch auf älteren Systemen müssen Transparenzen ausgegeben werden können.

Dazu wurden in InDesign Funktionen geschaffen, die eine Ausgabe durch das Reduzieren der Transparenzen sicherstellen. Darüber hinaus stehen in InDesign CC Zusatzfunktionen zur Verfügung, die bereits vor der Ausgabe Problemfelder erkennen lassen bzw. das konsistente Verarbeiten von Transparenzen ermöglichen:

PDF-Workflow-Systeme, die Transparenzen verarbeiten

Zu den PDF-Workflow-Systemen, die Transparenzen verarbeiten können, zählen alle Renderer, die mit der *Adobe PDF Print Engine 2* oder mit aktuellen *Harlequin-RIPs* ausgestattet sind. Die Firmen Kodak, Heidelberg und Esko bieten diese Funktionalität bereits in ihren Workflow-Systemen an. Hersteller wie OCE oder GMG setzen ebenfalls bereits die Adobe Print Engine 2 für ihre Softwarelösungen ein.

Transparenzreduzierungsvorgaben | Durch das Vorhandensein von Transparenzreduzierungsvorgaben wird eine konsistente Reduktion für alle Aufträge in der Ausgabe bzw. während des Exports sichergestellt. Nähere Informationen dazu erhalten Sie im Abschnitt »Die Transparenzreduzierungsvorgaben« auf Seite 778.

Schnelles Erkennen von Transparenzen | Für den ausgebenden Betrieb ist es wichtig, schnell zu erkennen, auf welchen Seiten Transparenzen zur Anwendung kommen. Dabei ist es unerheblich, ob Transparenzen in InDesign erstellt oder dem InDesign-Dokument in Form von importierten Dateien hinzugefügt wurden.

Um ein Dokument auf Transparenzen hin zu überprüfen, aktivieren Sie das Seiten-Bedienfeld. Sobald auf einer der beiden Seiten eines Druckbogens Transparenzen verwendet wurden, wird dem Seitensymbol rechts oben ein kariertes Quadrat ❶ hinzugefügt. Achtung: Beachten Sie, dass dieses Symbol seit InDesign CS5 nicht mehr standardmäßig angezeigt wird. Wollen Sie diese Möglichkeit haben, so müssen Sie in den Bedienfeldoptionen des Seiten-Bedienfelds die Größe der Seitensymbole zumindest auf MITTEL gestellt und im Bereich SYMBOLE die Option TRANSPARENZ aktiviert haben.

Auf den Seiten 2–3 der Abbildung 25.7 befinden sich transparente Objekte. Ob sich das Element auf der linken bzw. auf der rechten Seite oder auf beiden Seiten befindet, kann daraus nicht geschlossen werden, obwohl InDesign die Einzelseite als kleinste Einheit zur Transparenzreduzierung heranzieht.

Transparente Objekte können entweder direkt in InDesign erstellt oder durch den Import aus folgenden Formaten entstanden sein: Illustrator ab Version 9 im nativen AI-Format, Photoshop 4.0 oder höher des nativen Photoshop-PSD- bzw. TIFF-Formats oder importiertes PDF 1.4 und höher, das in Applikationen wie Illustrator, Photoshop, Acrobat oder InDesign erstellt worden ist.

Auch Schlagschatten zählen zu den Effekten
Fragen Sie den Ersteller der InDesign-Datei besser nicht, ob in der Arbeit Effekte verwendet wurden. Viele Anwender sind sich der Tatsache nicht bewusst, dass bereits durch die Verwendung von Schlagschatten eine Transparenz entsteht.

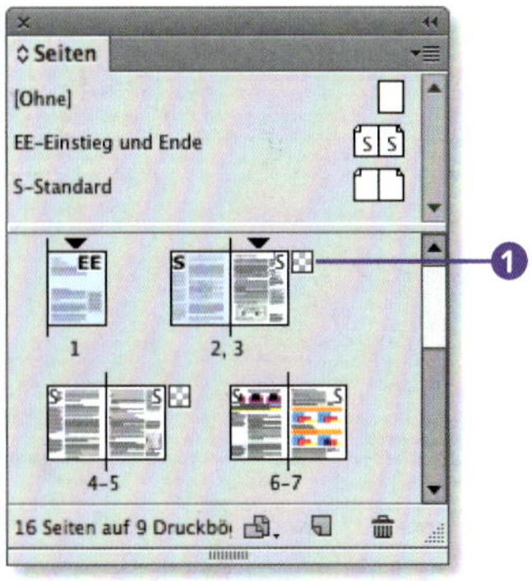

▲ **Abbildung 25.7**
Über das Seiten-Bedienfeld können Sie schnell erkennen, ob sich auf einer Seite bzw. einem Druckbogen Transparenzen befinden.

Erkennen von Problemen durch die Reduzierungsvorschau | Da Sie nun wissen, auf welchen Seiten Transparenzen vorkommen, können Sie mit der in InDesign implementierten Reduzierungsvorschau jede Seite bereits vor der Ausgabe auf Probleme in Bezug auf die Transparenzreduzierung hin begutachten.

Rufen Sie dazu das gleichnamige Bedienfeld unter FENSTER • AUSGABE • REDUZIERUNGSVORSCHAU auf. Falls Sie jedoch das Bedienfeld REDUZIERUNGSVORSCHAU bereits in Ihrem Arbeitsbereich eingerichtet haben, so klicken Sie auf das Symbol ☑.

Um alle transparenten Objekte der Seite zu erkennen, müssen Sie nur im Reduzierungsvorschau-Bedienfeld im Pop-up-Menü MARKIEREN die Option TRANSPARENTE OBJEKTE ❷ auswählen. Dadurch werden alle

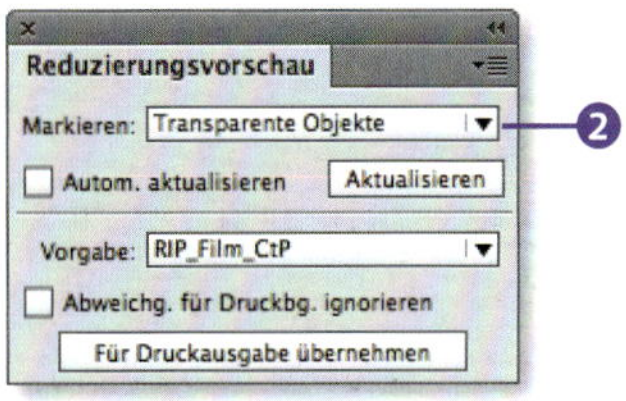

▲ **Abbildung 25.8**
Das Reduzierungsvorschau-Bedienfeld

transparenten Objekte bzw. Bereiche rötlich ❸ und alle Objekte ohne Transparenzen grau ❼ eingefärbt. Sie sollten darüber hinaus in der Option VORGABE ❺ die von Ihnen erstellte Transparenzreduzierungsvorgabe – wir hatten die Vorgabe RIP_FILM_CTP im Abschnitt »Die Transparenzreduzierungsvorgaben« auf Seite 778 angelegt – auswählen: So wird die der Ausgabe entsprechende Reduzierung im Bedienfeld auch angezeigt. Nach dem Umstellen müssen Sie jedoch noch einmal auf den Button AKTUALISIEREN ❹ klicken, damit InDesign die Seite erneut analysiert und die Transparenzen hervorhebt.

Abbildung 25.9 ▶
Durch die Auswahl des Eintrags TRANSPARENTE OBJEKTE in der Option MARKIEREN des Bedienfelds REDUZIERUNGSVORSCHAU werden alle transparenten Objekte rötlich eingefärbt.

Aus der Abbildung können Sie einige Rückschlüsse auf den Aufbau der InDesign-Datei und auf die daraus resultierende Transparenzreduzierung ziehen:

1. Der harte Schlagschatten im Preisticker ❽ wurde durch den Effekt SCHLAGSCHATTEN in InDesign erstellt. Viele Layouter bedienen sich gerne dieser Funktion, damit sie elegant Preisänderungen durchführen können, bei denen sich der Schlagschatten automatisch ändert.
2. Der harte Schlagschatten ist vom Aufbau her unterhalb des »STATT«-Preises angelegt. Dies kann daraus geschlossen werden, dass der untere Teil des S ❻ von »STATT« nicht rötlich eingefärbt ist.
3. Der Preis »89,95« ❼ hingegen ist deckend.
4. Alle Bälle dürften freigestellt und in Adobe InDesign ebenfalls mit einem Schlagschatten versehen worden sein.
5. Die Artikelbeschreibung links unten im Inserat dürfte für einige Ausgaben zum Problem werden, da hier nur Teile des Textes ❾ von einer Transparenz betroffen sind. Um dies zu prüfen, wurde im Menü MARKIEREN die Option IN PFADE UMGEWANDELTER TEXT oder die Option TEXT UND KONTUREN MIT PIXELBILDFÜLLUNG ❿ ausgewählt.

◀ **Abbildung 25.10**
Sie erkennen Problemstellen, die durch Überlappung von Text und Transparenzen entstehen können, durch die Reduzierungsvorschau.

Es ist deutlich zu erkennen, dass nur ein Teil des Textes in eine Outline konvertiert würde, der Rest des Textes als Duplikat jedoch im Hintergrund bestehen bliebe. Durch diese Option werden auch noch Konturen, die in Pixel umgewandelt werden, gekennzeichnet. Auch dabei könnte es in der Ausgabe, vor allem bei niedrigauflösenden Ausgabegeräten bis zu 600 ppi, zu ungewollten Kanten mit unterschiedlicher Breite der Linie kommen. Die Lösung des Textproblems liegt darin, dass lediglich der Text auf die vorderste Ebene gehoben werden muss. Eine Überprüfung durch die Reduzierungsvorschau ergibt dann, dass der Text als Text erhalten bleibt und nicht wie vorher teilweise in Konturen umgewandelt wird.

Das Problem mit den Linien kann auf dieselbe Art und Weise behoben werden. Generell werden beide Probleme weniger oft auftreten, da in der PDF Library 9.9 (ab InDesign CS5) diesbezüglich viel geändert wurde.

Was wird durch die Transparenzreduzierung erzeugt? | Über die Option Markieren ⑩ können Sie Einträge auswählen, die Ihnen schon im Vorfeld zeigen, was durch die Reduzierung mit den Objekten passiert. Was bedeuten die verschiedenen Einträge?

- In Pixelbilder umgewandelte komplexe Bereiche: Dabei werden jene Bereiche markiert, die je nach eingestelltem Pixelbild-Vektor-Abgleich der gewählten Transparenzreduzierungsvorgabe in Pixelbilder umgewandelt werden. Steht der Regler im Pixelbild-Vektor-Abgleich ganz links, so wird die gesamte Seite in ein Pixelbild umgewandelt und deshalb hier vollständig in Rot eingefärbt.
- Transparente Objekte: Markiert jene Objekte, die mit Transparenzen versehen sind. Objekte, die eventuell unabsichtlich mit Transparenzen versehen wurden, können damit schnell lokalisiert und eliminiert werden.
- Alle betroffenen Objekte: Markiert alle Objekte, die an der Transparenz beteiligt sind, einschließlich transparenter Objekte und Objekte, die von transparenten Objekten überlappt sind.

Eigene Textebene anlegen

Werden komplexe Montagen in InDesign erstellt und wird dabei viel mit Effekten gespielt, empfiehlt es sich, dafür eine eigene Textebene anzulegen, damit Sie sichergehen können, dass solche Konstellationen nicht entstehen können.

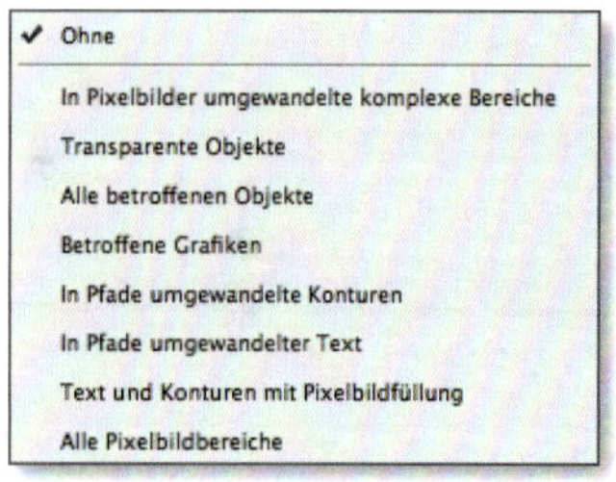

▲ **Abbildung 25.11**
Alle möglichen Einträge in der Option Markieren

Hinweis

Der Schnittpunkt von zwei Verläufen wird immer in ein Pixelbild umgewandelt, selbst wenn der Pixelbild-Vektor-Abgleich 100 ist.

Tipp

Beachten Sie, dass an den Grenzen der markierten Bereiche mit größerer Wahrscheinlichkeit keine glatten Übergänge entstehen können, da dies von den Einstellungen im Druckertreiber und der Pixelbildauflösung abhängt. Wählen Sie deshalb in den Transparenzreduzierungsvorgaben die Option Komplexe Bereiche beschneiden aus, um Probleme mit sichtbaren Übergängen zu minimieren.

In Pfade umgewandelter Text

Ist Text in einem Transparenzstapel eingebunden, so werden die einzelnen Glyphen bei der Reduzierung nicht nur in ein Pixelbild umgewandelt, sondern darüber hinaus noch durch Pfadkonturen der Glyphen maskiert. Die Option In Pfade umgewandelter Text zeigt Ihnen alle davon betroffenen Textstellen an.

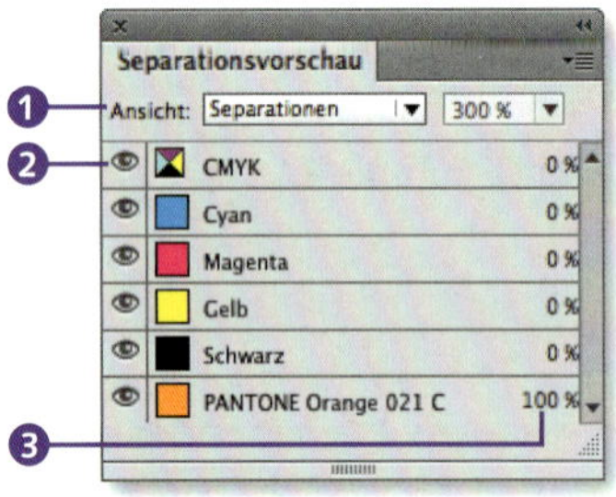

▲ **Abbildung 25.12**
Über die Separationsvorschau können Sie schnell einzelne Farbauszüge digital begutachten und darüber hinaus die Farbwerte auslesen.

- Betroffene Grafiken: Der Eintrag ist speziell für Druckdienstleister wichtig, da damit nur platzierte Objekte, die mit Transparenzen versehen sind, markiert werden. In der Ausgabe ist auf diese Bereiche besonders zu achten.
- In Pfade umgewandelte Konturen: Damit werden alle Konturen hervorgehoben, die in Pfade (eine Fläche) umgewandelt werden, wenn sie an der Transparenz beteiligt sind oder wenn die Option Konturen in Pfade umwandeln in der gewählten Transparenzreduzierungsvorgabe ausgewählt ist.
- Text und Konturen mit Pixelbildfüllung: Markiert Textstellen und Konturen, die durch die Transparenzreduzierung als Pixelbild und dabei maskiert ausgegeben werden.
- Alle Pixelbildbereiche: Markiert Objekte und Schnittpunkte von Objekten, die durch die Transparenzreduzierung in Pixel umgewandelt werden, weil sie auf keine andere Weise in PostScript dargestellt werden können oder weil sie komplexer als der Schwellenwert sind, der durch den Pixelbild-Vektor-Abgleich-Regler angegeben wurde.

25.4 Die Separationsvorschau

Mit Acrobat 6.0 Professional wurde erstmals die Separationsvorschau, d.h. die Möglichkeit, eine digitale Auszugskontrolle bereits am Monitor durchzuführen, in einer Adobe-Applikation implementiert. Die hervorragende Funktionalität wurde sodann in InDesign CS integriert, womit Sie nun bereits im Layout unter anderem Volltonfarben, die für die Ausgabe verwendet werden, aufspüren und durch Deaktivieren der einzelnen Auszüge eine digitale »Filmkontrolle« durchführen können.

Kontrollieren Sie darüber hinaus, ob richtig ausgespart oder überdruckt wird und welche CMYK-Prozentwerte hinter den jeweiligen Farbflächen liegen.

Das Separationsvorschau-Bedienfeld können Sie über das Menü Fenster • Ausgabe • Separationsvorschau oder über das Tastenkürzel ⇧+F6 aufrufen. Wird das Bedienfeld in der Bedienfeldleiste angedockt, bekommt es das Symbol . Bevor Sie sich jedoch die einzelnen Separationen anschauen können, müssen Sie zuerst in der Option Ansicht 1 den Eintrag Separationen auswählen. Damit sind alle Funktionen scharfgeschaltet. Die Handhabung ist dann ein Kinderspiel.

- **Auszüge ein- und ausblenden**: Das Deaktivieren einzelner Kanäle erfolgt durch Klick auf das Symbol vor dem Kanal. Wollen Sie jedoch nur einen Farbauszug sehen, obwohl mehrere Kanäle eingeblendet sind, so klicken Sie auf den Namen des Kanals, den Sie alleine sehen möchten. Ab dann führt ein Klick auf einen beliebigen Kanalnamen dazu, dass dieser Kanal aktiviert wird und alle anderen Kanäle deaktiviert werden. Drücken Sie dabei zusätzlich die ⇧-Taste, so können zusätzliche Kanäle eingeblendet werden. Sie können einzelne Auszüge auch über Tastenkürzel einblenden. Das Tastenkürzel für Magenta wäre z. B. Strg+Alt+⇧+2 bzw. ⌘+⌥+⇧+2.

- **Nur Schmuckfarben anzeigen**: Wenn Sie auf das Symbol 👁 vor dem Eintrag CMYK ❷ klicken, werden alle Vierfarbkanäle deaktiviert. Es bleiben somit nur noch die Schmuckfarbkanäle eingeblendet.
- **Der Auszug Cyan wird am Monitor schwarz angezeigt**: Ist nur noch ein Kanal sichtbar, so wird dieser in Schwarz angezeigt. Wollen Sie den Kanal in der Eigenfarbe sehen, so müssen Sie im Bedienfeldmenü die Option Einzelplatten in Schwarz anzeigen deaktivieren.
- **Anzeigen der Farbwerte**: Wenn Sie den Mauszeiger über InDesign-Objekte oder über importierte Bilder bzw. Grafiken des Dokuments bewegen, erscheinen am rechten Rand des Bedienfelds ❸ die dazugehörigen Prozentwerte. Schneller geht es nicht! Achtung: Die angezeigten CMYK-Prozentwerte lassen jedoch nicht den Schluss zu, dass es sich bei den importierten Bildern, über die Sie gerade mit dem Cursor streichen, auch wirklich um CMYK-Bilder handelt. Selbst wenn Sie RGB- oder Lab-Farbinformationen im Dokument platziert haben, werden immer die entsprechenden CMYK-Werte angezeigt. Die Basis für die Berechnung der CMYK-Werte ist der in dem Dokument hinterlegte CMYK-Arbeitsfarbraum. Die angezeigten Prozentwerte geben somit jene Werte wieder, die bei einer Separation des Dokuments aus InDesign heraus durch das eingestellte ICC-Ausgabeprofil generiert würden. Ein Grund mehr, warum das Colormanagement eingeschaltet und korrekt eingestellt werden sollte.
- **Tiefschwarze Objekte erkennen**: Das Erkennen *tiefschwarzer* Objekte, der irrtümlichen Verwendung der Farbe [Passermarken] bzw. von Texten, die in RGB in InDesign vorliegen, ist über das Separationsvorschau-Bedienfeld auch sehr schnell möglich. Deaktivieren Sie dazu einfach den Schwarzauszug. Sind schwarze Objekte noch immer sichtbar bzw. ist schwarzer Text noch immer grau abgebildet, so wurden diese als tiefschwarz oder mit der Farbe [Passermarken] eingefärbt bzw. mit einer in RGB definierten Farbe ausgezeichnet.
- **Überdruckende und aussparende Objekte erkennen**: Speziell durch das Deaktivieren des Schwarzauszugs können Sie schnell erkennen, ob Elemente in importierten Objekten oder in InDesign CC geschriebene Texte und Objekte hinsichtlich der Farbe Schwarz auf Überdrucken oder auf Aussparen gestellt sind.

Warum wird automatisch die Überdruckenvorschau aktiviert?
Sobald in InDesign die Separationsvorschau aktiviert wird, wendet das Programm automatisch den Überdruckenvorschau-Modus an, um damit auch die Transparenzen und die überdruckenden Elemente durch die Separationsvorschau korrekt abbilden zu können.

Schwarz-Sättigung verringern
Durch die Aktivierung der Option Schwarz-Sättigung verringern aus dem Bedienfeldmenü des Separationsvorschau-Bedienfelds wird alles, was schwarz ist, gräulich dargestellt. Damit können Sie auch sehr schnell tiefschwarze Objekte erkennen.

ICC-Ausgabeprofil
Ein *ICC-Profil* beschreibt den Farbumfang eines Mediums. Handelt es sich dabei um ein Ausgabeprofil (auch Druckerprofil genannt), so wird damit die Charakteristik der Farben auf einem bestimmten Drucker, einem bestimmten Papier und der verwendeten Farbe beschrieben.

Tiefschwarz
Als *Tiefschwarz* werden Farben bezeichnet, denen neben einem hohen K-Anteil auch noch Unterfarben aus den anderen Primärfarben hinzugefügt wurden. Wir empfehlen für Tiefschwarz die Werte K = 100 % und C = 60 % bzw. K = 100 %, C = 50 % und M = 50 %. Zusätzliche Unterfarben würden den Gesamtfarbauftrag nur nach oben treiben.

25.5 Gesamtfarbauftrag-Vorschau

Gesamtfarbauftrag
Unter dem *Gesamtfarbauftrag* versteht man die Summe aller Prozentwerte der einzelnen Auszüge für die ausgewählten Pixel.

Eine sehr nützliche Funktion in InDesign ist die Kontrolle des Gesamtfarbauftrags. Damit können Problemstellen aufgedeckt werden, die zu einem »Zuschmieren« von Farben führen würden.

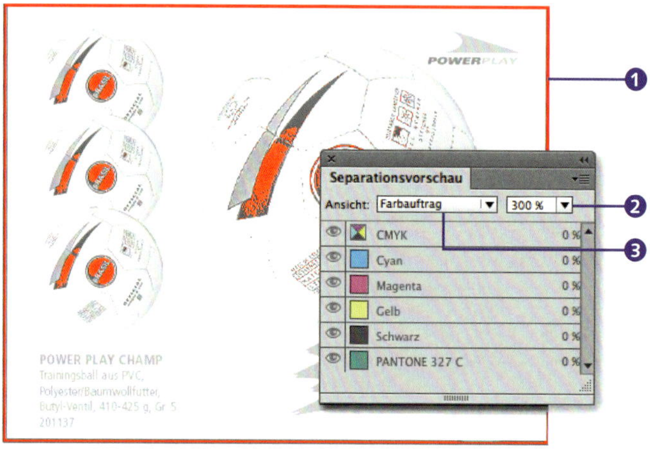

Abbildung 25.13 ▶
Erkennen Sie schnell jene Bereiche innerhalb einer Seite, die einen bestimmten Gesamtfarbauftrag überschreiten. InDesign analysiert dabei auch alle importierten Grafiken, Bilder und PDF-Dateien.

Wählen Sie im Menü Ansicht des Separationsvorschau-Bedienfelds die Option Farbauftrag ❸. Wählen Sie im Eingabefeld den gewünschten Gesamtfarbauftrag ❷ in Prozent aus. Alle Bereiche, die den eingegebenen Wert überschreiten, werden rot eingefärbt. Den für die gewünschte Papierklasse maximal erlaubten Wert (Prozentsatz) entnehmen Sie Tabelle 23.1, »Gesamtüberblick zu den Papierklassen«, auf Seite 765. Stellen Sie sich gelegentlich selbst auf die Probe, und überprüfen Sie mit dieser Funktion Ihre Dokumente. Sie werden verblüfft sein, wie wenig Sie sich bisher mit dieser Frage auseinandergesetzt haben.

Routinemäßig stellen wir beim Überprüfen von Kundendokumenten den Farbauftrag im Eingabedialog auf 400 %. Es kommt regelmäßig vor, dass noch rote Bereiche ❶ im Dokument zu sehen sind. Der Grund dafür: Der Ersteller hat meistens beim Zuweisen von Farben irrtümlich dem Rahmen oder der Fläche die Farbe [Passermarken] zugewiesen. Dadurch veranlassen Sie InDesign, den Rahmen bzw. die Fläche auf allen vorhandenen Auszügen zu erzeugen.

Gesamtfarbauftrag in Pixelbildern und externen Grafiken
Die Behebung dieser Problembereiche muss in der Ausgangsapplikation der platzierten Datei durch Konvertieren von Bildbeständen in einen anderen Farbumfang erfolgen.

Die Farbe [Passermarken]
Darunter wird jene Farbe verstanden, die auf allen Auszügen jeweils zu 100 % gedruckt wird. InDesign weist diese Farbe den Schnitt- und Passermarken sowie der Seiteninformation in der Ausgabe zu.

25.6 Hochauflösende Darstellung

Die qualitativ hochwertige Darstellung von platzierten Objekten ist für perfektes Arbeiten enorm wichtig. Neben der bereits bekannten Überdruckenvorschau stehen in InDesign weiterführende Möglichkeiten zur

Verfügung, um eine hochauflösende Darstellung einzelner Objekte bzw. ganzer Dokumente zu erwirken. Wollen Sie jedoch Ihre Arbeiten hochauflösend dargestellt bekommen, so stellt die Aktivierung der Überdruckenvorschau die bequemste und schnellste Möglichkeit dar, um die gewünschte Darstellung zu erzielen. Schauen wir uns dennoch die anderen Möglichkeiten an.

Anzeigeleistung

Hinsichtlich der Anzeigeoptionen finden Sie in InDesign an mehreren Stellen verschiedene Möglichkeiten. Was unter diesen Begriffen verstanden wird, lässt sich folgendermaßen beschreiben:

- **Schnell**: Durch die Aktivierung werden alle Bilder durch graue Flächen ersetzt, Effekte und Text mit mäßiger Qualität (nicht geglättet) abgebildet.
- **Typisch**: Durch die Aktivierung werden Bilder etwas niedrigauflösender abgebildet, Texte und Effekte jedoch mit sehr guter Qualität am Monitor dargestellt.
- **Hohe Qualität**: Durch die Aktivierung wird jedes Pixel eines Bilds, das Sie auch in Photoshop sehen würden, auf dem Monitor dargestellt. Wurden im Layout EPS-Dateien platziert, so müssen dabei enorme Datenmengen gerendert werden, um eine Darstellung zu gewährleisten.

Tastenkürzel: Anzeigeleistung

- Schalten Sie über [Alt]+[Strg]+[⇧]+[Z] bzw. [⌥]+[⌘]+[⇧]+[Z] die Darstellung aller Objekte auf SCHNELLE ANZEIGE um.
- Schalten Sie über [Alt]+[Strg]+[Z] bzw. [⌥]+[⌘]+[Z] die Darstellung aller Objekte auf NORMALE ANZEIGE (typisch) um.
- Schalten Sie über [Alt]+[Strg]+[H] bzw. [ctrl]+[⌥]+[⌘]+[H] die Darstellung aller Objekte auf ANZEIGE MIT HOHER QUALITÄT um.

Voreinstellungen zur Anzeigeleistung

In den Voreinstellungen von InDesign ist im Bereich ANZEIGELEISTUNG die STANDARDANSICHT auf TYPISCH gestellt. Verändern Sie die Standardansicht bitte nicht, denn enorme Performanceprobleme und sehr große InDesign-Dateien wären die Folge.

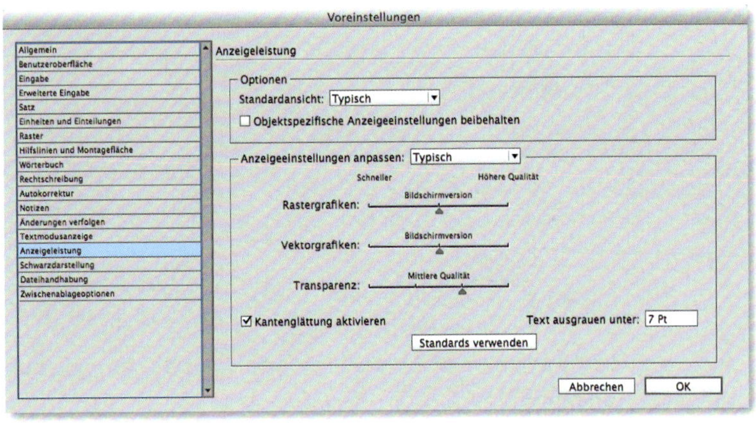

◄ **Abbildung 25.14**
Das Register ANZEIGELEISTUNG der InDesign-Voreinstellungen. Wählen Sie im Bereich OPTIONEN über die Option STANDARDANSICHT aus, in welcher Qualität InDesign standardmäßig die Dokumente anzeigen soll.

Anzeigeoptionen für Bereiche bzw. Objekte wählen

Hochauflösende Darstellung
Um eine hochauflösende Darstellung für die jeweils gezeigte Seite bzw. den Druckbogen herbeizuführen, aktivieren Sie am einfachsten die Überdruckenvorschau.

Beachten Sie jedoch, dass zur hochauflösenden Darstellung von Effekten die Aktivierung der Überdruckenvorschau nicht ausreicht. Wählen Sie in diesem Fall das entsprechende Objekt aus, und führen Sie darüber hinaus noch für das Objekt den Befehl Objekt • Anzeigeleistung • Anzeige mit hoher Qualität aus.

Um Bilder hochaufgelöst darzustellen, können Sie in InDesign zwischen zwei Vorgehensweisen wählen:

- **Ändern der Anzeigeoptionen für das gesamte Dokument**: Über das Menü Ansicht • Anzeigeleistung wählen Sie die Darstellungsqualität aus, die dann für das gesamte Dokument berechnet wird. Wenn Sie ein umfangreiches Dokument geöffnet haben, kann dies schon etwas Zeit in Anspruch nehmen. Standardmäßig ist darin die Option Objektspezifische Ansichtseinstellungen zulassen aktiviert. Deaktivieren Sie die Option, wenn der Anwender keine Änderungen an der Ansicht vornehmen soll. Mit der Option Objektspezifische Anzeigeeinstellungen löschen können Sie die Anzeige auf die gesetzten Voreinstellungsparameter zurückstellen.
- **Ändern der Anzeigeoptionen für ein ausgewähltes Objekt**: Um jedoch abweichend von der voreingestellten Anzeigeoption ein Objekt auf die hochaufgelöste Darstellung umzuschalten, müssen Sie das Objekt mit dem Auswahlwerkzeug markieren und über den Befehl Objekt • Anzeigeleistung oder im Kontextmenü die gewünschte Anzeigeleistung auswählen.

25.7 Farb- und Graustufenproof

Proof-Druck
Korrekte Einstellungen für den Farbproof sind besonders wichtig, wenn Sie einen Hardproof – also einen Testdruck – machen möchten. Wie Sie dabei vorgehen, erfahren Sie in Kapitel 28, »Drucken«, ab Seite 839.

InDesign unternimmt standardmäßig keine besonderen Aktivitäten, um die Farben im Dokument (vor allem von platzierten Objekten) korrekt darzustellen. Um einen Softproof (Simulation der Ausgabe auf dem Monitor) zu aktivieren, wählen Sie Ansicht • Farbproof. Die Farbdarstellung wird dann an den eingestellten Arbeitsfarbraum angepasst.

Wenn Sie den Farbraum für den Softproof ändern möchten, wählen Sie Ansicht • Proof einrichten • Benutzerdefiniert und wählen im Fenster Proof-Bedingung anpassen unter Zu simulierendes Gerät das gewünschte Farbprofil aus.

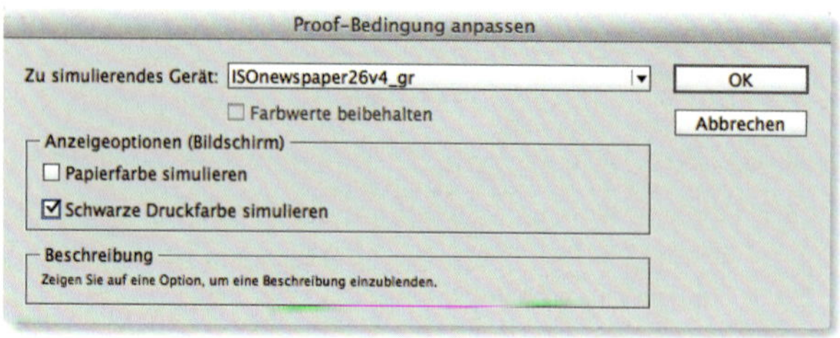

Abbildung 25.15 ▶
Seit InDesign CS6 ist es möglich, auch Graustufen-Profile für den Farbproof auszuwählen, weil seit dem auch die Möglichkeit gegeben ist, Graustufen-PDFs zu erzeugen.

Eine halbwegs verbindliche Farbdarstellung erreichen Sie jedoch nur, wenn Ihr Monitor kalibriert ist.

Kapitel 26
Schriftprobleme lösen

Ohne Schriftprobleme hätten die Druckvorstufen-Mitarbeiter einige graue Haare weniger. Auch InDesign CC reagiert speziell bei Schriftproblemen (wie Kollisionen der Font-ID von geladenen Schriften) oder bei Verwendung von defekten Schriften mit absoluter Arbeitsverweigerung – das Starten von InDesign ist dann unter Umständen nicht mehr möglich.

26.1 Fonttechnologie

Schaffen wir aber zunächst die Basis, um Schriften in der Folge auch richtig anwenden zu können, wobei wir die technischen Details nicht zu ausführlich behandeln wollen – das würde den Rahmen dieses Buchs sprengen und auch nicht bei allen Lesern auf Interesse stoßen.

Font
In der Zeit des Lichtsatzes wurden Schriften auf Filmstreifen belichtet und von diesen Filmen wiederum neue Filme mit dem gewünschten Text – schon frei skalierbar – belichtet. Diese Filmstreifen wurden *Fonts* genannt. Dieser Name hat sich auch für digitale Schriften eingebürgert.

Fontformate

Das Problem der ersten Generation der digitalen Schriften war, dass sämtliche Ausgaben – egal, ob auf dem Monitor oder auf Papier – aus Punkten zusammengesetzt werden mussten. Feinheiten in der Formgebung der einzelnen Zeichen gingen so verloren, und die Schriften konnten nicht skaliert werden, weil die Punkte in einer größeren/kleineren Fläche anders verteilt werden mussten.

All diese Probleme sind zwar in der Zwischenzeit behoben, aber die Definition der gegenwärtigen Technologie war zunächst von einigen Konkurrenzkämpfen geprägt. Die folgende Auflistung ist vor diesem Hintergrund in chronologischer Abfolge zu verstehen.

Type-1-Schriften (PostScript-Schriften) | Zunächst bot Adobe eine geniale Lösung an: Die Darstellung von grafischen Daten auf dem Bildschirm wurde von der Druckausgabe entkoppelt. Beim Drucken wurden die Funktionen, die die Darstellung von Daten auf dem Bildschirm realisieren, in eine neutrale Seitenbeschreibungssprache umgewandelt. Das Ausgabegerät interpretiert diese Seitenbeschreibung und setzt sie, den Möglichkeiten des jeweiligen Ausgabegeräts entsprechend, um. Schrift wurde nur noch durch ihren Umriss beschrieben, der frei skalierbar war. Die möglichst exakte Füllung der Fläche war Aufgabe des RIPs. Die neue Seitenbeschreibungssprache wurde PostScript getauft und dominiert heute die gesamte Druckvorstufe.

RIP
Raster Image Prozessor – Software, die die Beschreibung von Grafik und Schrift in Punkte umwandelt, die dann gedruckt werden können. Da RIPs oft auf eigenständigen Computern laufen, wird gelegentlich die Kombination aus Rechner und RIP-Software als RIP bezeichnet.

Allerdings waren und sind Type-1-Schriften auch mit Problemen behaftet: Zum einen können in einem Schnitt lediglich 256 Glyphen abgebildet werden, und zum anderen konnten und können Type-1-Schriften nicht ohne Weiteres zwischen Windows und Mac OS X ausgetauscht werden. Da Adobe mit PostScript eine Monopolstellung im Bereich der Druckausgabe innehatte und die interne Codierung der Type-1-Schriften zunächst auch nicht veröffentlichte, war es außer Adobe niemandem möglich, PostScript-Schriften zu erstellen, und neben der RIP-Software mussten auch die Schriften von Adobe bezogen werden.

TrueType-Schriften | Um nicht von Adobe abhängig zu sein, definierte Apple eine eigene Schrifttechnologie mit der Bezeichnung *TrueType*, und Microsoft lizenzierte sie. TrueType-Schriften verfolgen die gleiche Strategie wie PostScript-Schriften. Die einzelnen Glyphen werden als skalierbare Pfade beschrieben, die den Umriss der Schrift definieren. Das »Rastern« der Schrift, also die Umsetzung der Form in eine mit Punkten gefüllte Fläche, wurde von den Betriebssystemen erledigt. Dies ermöglichte eine qualitativ hochwertige Ausgabe von Schrift auf Geräten, die nicht PostScript unterstützten.

Zeichencodierung
PostScript-Schriften sind pro Schriftschnitt auf 256 Zeichen beschränkt. TrueType-Schriften können aufgrund eines erweiterten Codebereichs wesentlich mehr Glyphen aufnehmen, was ein echter Vorteil der TrueType-Schriften ist, der jedoch kaum genutzt wurde.

Adobe reagierte auf diese Kampfansage. 1990 (und somit noch ein Jahr vor dem Erscheinen von TrueType) wurde die Type-1 Spezifikation veröffentlicht – eine Ausgabe von TrueType-Schriften auf den RIPs von Adobe wurde jedoch zunächst noch nicht unterstützt. Da die TrueType-Schriften mit der PostScript-Technologie nicht gut zusammenspielten, kam es zu extrem schwierigen Produktionsbedingungen in der Druckvorstufe. Anwender ignorierten die Inkompatibilitäten zwischen der aktuellen PostScript-Technik und den TrueType-Schriften und verwendeten unbekümmert TrueType-Schriften, die in der Qualitätsproduktion nicht ausgegeben werden konnten. Erst mit PostScript Level 2 (Version 2017.104) implementierte Adobe in seinen PostScript-RIPs auch die Unterstützung von TrueType-Schriften. Trotzdem war die Schriften-Landschaft in den folgenden Jahren von Problemen gekennzeichnet:

- Type-1-Schriften konnten nicht zwischen den beiden dominierenden Betriebssystemen ausgetauscht werden.

TrueType und Normen
Die technischen Probleme aus ihrer Anfangszeit haften den TrueType-Schriften auch heute noch an. Obwohl sie mit heutiger Technik problemlos produziert werden können, sind sie in vielen Druckvorstufen-Unternehmen nach wie vor nicht gern gesehen.

- Zur Darstellung von Type-1-Schriften auf dem Bildschirm war bis zum Erscheinen von Windows 2000 bzw. Mac OS X der ATM (Adobe Type Manager) notwendig.
- Type-1-Schriften sind Single-Byte-Schriften und deshalb auf 256 Zeichen pro Schriftschnitt beschränkt.
- TrueType-Schriften waren nicht zwischen den verschiedenen Betriebssystemen austauschbar.
- Nach anfänglichen technischen Problemen konnten sich TrueType-Schriften in der Druckindustrie nicht durchsetzen.
- Obwohl TrueType eine erweiterte Zeichencodierung bot, gab es keine Struktur, mit der diese Fähigkeit auch genutzt werden konnte. Multinationale Zeichensätze oder Expert-Schnitte wurden als eigenständige Schriften erstellt und waren nur schwer anzuwenden.

OpenType-Unterstützung
OpenType ist zwar die jüngste Entwicklung im Bereich der digitalen Schriften, aber auch kein Neuling mehr. OpenType-Schriften sind bereits seit 1997 verfügbar, wurden aber in den Betriebssystemen erst mit größeren Release-Sprüngen und somit zum Teil verzögert eingebaut.

Mit diesen Zuständen waren nicht nur die Anwender und die Dienstleister in der Druckvorstufe unglücklich, sondern auch die Schriftenhersteller. Deshalb erfolgte mit der Definition der OpenType-Schriften der nächste Versuch, Ordnung ins Chaos zu bringen.

OpenType-Schriften | OpenType ist kein neues Schriftformat, sondern lediglich ein »Containerformat«, das sowohl PostScript- als auch TrueType-Schriften enthalten kann. Der Container stellt sicher, dass die Schrift zwischen den Betriebssystemen ausgetauscht werden kann. Darüber hinaus sind die in OpenType-Dateien enthaltenen Schriften Unicode-codiert. Dadurch kann ein wesentlich erweiterter Zeichensatz abgebildet werden. Diese Zeichensätze können in Ebenen angeordnet sein, die jeweils eine unterschiedliche Funktion haben und *Layout-Features* genannt werden.

Unicode
Unicode ist ein internationaler Standard, der die Kodierung fast aller weltweit verwendeten Glyphen regelt. Pro Glyphe stehen 16 Bit zur Verfügung, womit in Unicode-Zeichensätzen genügend Platz für alle gängigen Schriftsysteme inklusive Kyrillisch, Arabisch, Hebräisch und der asiatischen Schriftsysteme ist.

OpenType-Schriften können grundsätzlich auf allen modernen Betriebssystemen mit Unicode-Unterstützung verwendet und mithilfe des Adobe Type Managers auch auf älteren Betriebssystemen eingesetzt werden. Das bedeutet allerdings nicht, dass Sie in allen Programmen problemlos mit OpenType arbeiten können. Unicode-Fähigkeit ist die Voraussetzung für Programme, um OpenType-Schriften in vollem Umfang zu nutzen. Bei den derzeit aktuellen Programmen für die Druckvorstufe können Sie von Unicode- und somit OpenType-Unterstützung ausgehen.

Eine Vielzahl der OpenType-Schriften bietet allerdings auch noch keine Layout-Features. Zumeist wurden nur die bekannten Schriftschnitte in das OpenType-Format übertragen und mit wichtigen Ergänzungen, wie dem €-Zeichen, ausgestattet. Ein kleiner Teil der OpenType-Schriften liegt bereits in voll ausgestatteten Versionen vor.

Layout-Features
Layout-Features können eine Reihe von typografischen Feinheiten abbilden. Alle Zeichensätze können in unterschiedlichen nationalen Ausprägungen vorhanden sein, und alle Funktionen sind so strukturiert, dass sie untereinander verknüpft werden können, womit z. B. alternative Glyphen angeboten und ausgewählt werden können.

dfont | Mac OS X-Benutzer sind mit Schriften konfrontiert, die die Dateiendung ».dfont« aufweisen. Diese Schriften werden primär vom Betriebssystem selbst verwendet und sind ein Überbleibsel aus der vorherigen Systemversion. Es handelt sich dabei um TrueType-Schriften. Sie sollten sie trotzdem nicht verwenden, weil Sie sonst mit Problemen bei der Datenübergabe an Windows-User rechnen müssen.

Welche Schriftentechnologie soll ich verwenden?

Std und Pro
Schriften der Schriftbibliotheken von Adobe und Linotype sind im Namen mit Zusätzen gekennzeichnet. »Std« bedeutet, dass die Schrift dem Umfang der PostScript-Variante entspricht und zusätzlich zumindest das €-Zeichen besitzt, »Pro« als Teil des Namens deutet dagegen auf eine gut ausgebaute OpenType-Schrift hin.

OpenType-Schriften sind bereits recht weit verbreitet, und die Zukunft gehört ganz sicher den OpenType-Schriften. Allerdings gibt es keinen Grund, bestehende Schriftsammlungen zu entsorgen. Erfreulicherweise sind die technischen Probleme in der Verwendung der diversen Technologien größtenteils behoben.

Wenn Sie gezwungen sind, in einer Arbeitsgruppe mit unterschiedlichen Softwareprodukten zu arbeiten, achten Sie beim Einsatz von OpenType-Schriften darauf, dass alle beteiligten Softwarekomponenten auch problemlos damit umgehen können. Innerhalb der Creative Suite ist das selbstverständlich der Fall.

Die aktuellen Betriebssysteme bringen einen umfangreichen Satz an Schriften mit – diese sind jedoch zumeist für die Bildschirmdarstellung optimiert und für seriöse Typografie nur beschränkt verwendbar.

Sie werden also zusätzliche Schriften installieren müssen. Dazu gibt es eine Reihe von Tools und natürlich die bordeigenen Methoden Ihres Betriebssystems. All diese Möglichkeiten haben mit InDesign wenig zu tun, weshalb wir sie an dieser Stelle nicht behandel.

InDesign kümmert sich

Um nicht auf die Schriftverwaltung der verschiedenen Betriebssysteme angewiesen zu sein, hat Adobe für InDesign immer schon eine eigene Möglichkeit vorgesehen, Schriften (*nur* für InDesign) verfügbar zu machen.

Tipp
Sie müssen nicht einzelne Schriften in die Fonts-Ordner kopieren. InDesign akzeptiert auch Schriftordner, die vollständig nach Schriften durchsucht werden.

Fonts-Ordner der Creative Suite | Mit der Creative Suite werden Schriften ausgeliefert, die zum Teil in Schriftordnern untergebracht sind, die für die gesamte Creative Suite verwendbar sind. Sie finden diese Ordner unter Windows z. B. in C:\COMMON FILES\ADOBE\ und auf dem Mac unter FESTPLATTE/LIBRARY/ADOBE/. Diese Ordner können wir für die Creative-Suite-weite Verwaltung von Schriften nicht empfehlen. Verwenden Sie besser die Schriftverwaltung des Betriebssystems, wenn Sie mehrere Programme mit einheitlichen Schriften versorgen wollen.

Der InDesign-Fonts-Ordner | Im Programmordner von InDesign finden Sie einen Ordner FONTS, der standardmäßig leer ist. Sie können Ihre Schriften manuell direkt in diesen Ordner kopieren (auch wenn InDesign bereits gestartet ist) und sofort verwenden – allerdings wirklich nur mit InDesign.

Der enorme Zusatznutzen dieses Ordners ist, dass damit nicht nur OpenType-, sondern auch TrueType-Schriften zwischen Windows und Mac OS X ausgetauscht und Windows-Type-1-Schriften auf den Mac übernommen werden können, obwohl das von den Betriebssystemen selbst nicht oder nur eingeschränkt unterstützt wird.

Schriften in den Fonts-Ordnern

TrueType-Schriften von Windows werden von Mac OS X direkt unterstützt, Type-1-Schriften dagegen nicht. Sie können aber über den Fonts-Ordner doch verwendet werden. Unter Windows funktionieren Type-1-Schriften vom Macintosh aufgrund des Datenformats, das von Windows nicht gelesen werden kann, leider immer noch nicht.

Der »Document fonts«-Ordner | Das Gleiche gilt für den Ordner DOCUMENT FONTS, der entsteht, wenn Sie ein Dokument mit der Option SCHRIFTARTEN KOPIEREN (AUSSER CJK) verpacken.

Existiert dieser Ordner am selben Ort wie Ihre Satzdatei, verwendet InDesign ab CS5 die Schriften in diesem Ordner ebenfalls. Der Ordner DOCUMENT FONTS hat keine besonderen Eigenschaften, lediglich der Name führt dazu, dass die enthaltenen Schriften von InDesign verwendet werden – Sie können diesen Ordner also auch selbst anlegen und mit Schriften bestücken.

Schriften, die aus dem DOCUMENT FONTS-Ordner stammen, werden im Schriftmenü ganz am Beginn angezeigt und sind von den restlichen Schriften durch eine Linie getrennt.

InDesign stürzt unter Mac OS X beim Starten ab

Der Hauptgrund, weshalb InDesign bereits beim Starten des Programms abstürzt, sind meistens Probleme mit Fonts. Um der Sache auf den Grund zu gehen, raten wir Ihnen, zuerst einmal alle geladenen Schriften über Ihr Schriftverwaltungssystem zu deaktivieren und erneut einen Start zu versuchen.

Sollte InDesign dennoch wieder abstürzen, so müssen Sie die Schriftenverzeichnisse des Systems – den Benutzer-Font- und den globalen Font-Ordner – ebenfalls entleeren. Falls weitere Probleme auftauchen, so sollten Sie den Font-Cache der Programme und des Systems löschen. Dazu könnten Sie unter Mac OS X den *Linotype FontExplorer X – www.linotype.com* – oder andere Hilfsprogramme wie *ONYX* oder *Cocktail* benutzen, die diese Funktion unterstützen.

Reihenfolge | Da einerseits das jeweilige Betriebssystem Schriften zur Verfügung stellt und InDesign selbst mehrere Ordner überwacht, können Schriften also auch mehrfach existieren. InDesign geht ab Version CS6 bei der Anwendung der verfügbaren Schriften wie folgt vor:

1. Zuerst wird der Schriftordner des Dokuments verwendet, das Sie öffnen. Finden sich darin nicht alle nötigen Schriften, wird
2. der InDesign-eigene Fonts-Ordner durchsucht. Findet sich auch darin die nötige Schrift nicht, wird
3. noch in den Schriftordnern der Creative Suite nachgesehen und schließlich
4. auf die Schriften des Betriebssystems zurückgegriffen.

26.2 Mögliche Probleme

Damit ein Druckjob richtig ausgegeben werden kann, müssen alle verwendeten Schriften geladen sein. Wie Sie gesehen haben, fängt InDesign einige Probleme ab, sofern es korrekt verwendet wird. Leider leben

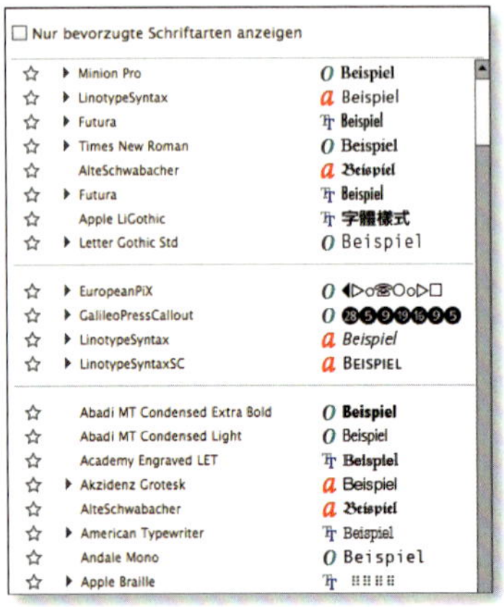

▲ **Abbildung 26.1**
Seit InDesign CS6 werden die zuletzt verwendeten Schriften am Beginn des Schrift-Menüs angezeigt; danach die Schriften im DOCUMENT FONTS-Ordner und dann die Schriften aus anderen Quellen.

wir in keiner perfekten Welt – man glaubt, alle Schriften geladen zu haben, und dennoch können Sie beim Öffnen von Fremddokumenten mit der Fehlermeldung konfrontiert werden, dass Schriften fehlen. In diesem Fall, aber auch generell bei der Übernahme von Kundendaten, stellen sich folgende Fragen:

- Welche Schriften verwendet ein Dokument?
- Welche Schrift fehlt?
- Welche Schriften werden in den importierten Grafiken benutzt?
- Welche Fonttypen werden eigentlich verwendet?
- In welchen Absatz- und Zeichenformaten werden welche Schriften verwendet?
- Verwendet InDesign CC auch wirklich die Kundenschriften, oder greift das Programm auf andere Schriften im Dateisystem zurück?
- Verwende ich geschützte, nicht einbettbare Schriften?

Im Vorfeld die benötigten Schriften erkennen

Wenn Sie Adobe Bridge verwenden, können Sie sich einen Überblick darüber verschaffen, welche Schriften in einem InDesign-Dokument verwendet werden, ohne dieses Dokument zu öffnen. Adobe schreibt alle verwendeten Schriften eines InDesign-Dokuments in die Metadaten des InDesign-Dokuments. Somit können Sie mit Adobe Bridge CS6 alle benötigten Schriften aus dem Metadaten-Bedienfeld herauslesen, um nur die benötigten Schriften in Ihrer Schriftverwaltung zu aktivieren.

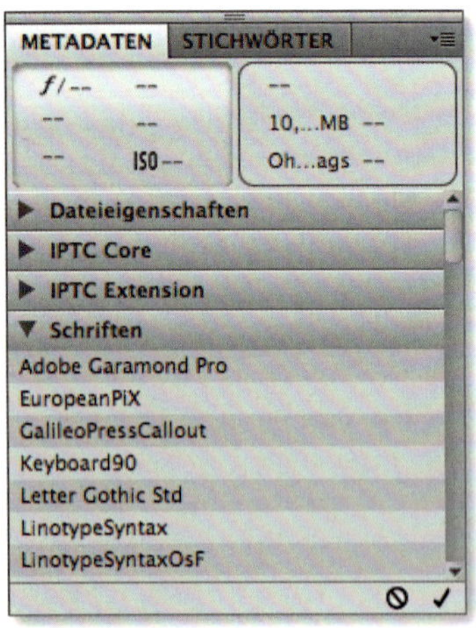

▲ **Abbildung 26.2**
Das Metadaten-Bedienfeld aus Adobe Bridge CC mit aufgeklappter Rubrik SCHRIFTEN. Diese Rubrik steht nur zur Verfügung, wenn Sie ein InDesign-Dokument ausgewählt haben.

Verfahren bei Schriftnamensgleichheit

Beim Installieren von InDesign CC werden Zugaben in Form von Schriften installiert. Adobe benutzt dafür bestimmte Ordner, die nur für die Applikationen der Creative Suite bzw. InDesign zugänglich sind. Darüber hinaus benötigt jedes Betriebssystem ebenfalls bestimmte Schriften, die das Betriebssystem auch in speziellen Ordnern ablegt.

Aufgrund der vielen Speicherorte und der speziell bei Mac OS X-Anwendern beliebten Schriftverwaltungsprogramme kann es schon mal passieren, dass dieselben Schriften für das geöffnete InDesign-Dokument zur Verfügung stehen. Es stellt sich somit die Frage: »Welcher Font wird eigentlich verwendet, wenn Namensgleichheit bei zwei verfügbaren Schriften gegeben ist?« Folgende Vorgehensweisen werden dabei von Adobe eingehalten:

- Wenn zwei oder mehr Schriftarten aktiv sind, die den gleichen Familiennamen, aber unterschiedliche Adobe-PostScript-Namen haben, sind die Schriftarten in InDesign auch mehrfach verfügbar. Doppelt vorkommende Schriftarten werden im Schriftmenü z. B. als Times (TT), als Times (T1) oder als Times (OTF) aufgeführt und könnten verwendet werden.

- Wenn zwei oder mehr Schriftarten aktiv sind und denselben PostScript-Namen haben und der Name einer der Schriften .dfont enthält, wird diese nicht verwendet.
- Sind zwei oder mehrere Schriftarten aktiv, die den gleichen Familien- und PostScript-Namen besitzen, jedoch unterschiedliche Versionsnummern, so findet keine Unterscheidung im Schriftmenü statt – es wird die zuerst gefundene Schrift verwendet.
- Welche Schrift als »zuerst gefundene« gilt, hängt vom Speicherort der Schrift ab – siehe den Punkt »Reihenfolge« auf Seite 805.

Unterschiedliche PostScript-Namen

Werden zwei Schriften mit gleichem Schriftnamen, jedoch unterschiedlichem PostScript-Namen in einem InDesign-Dokument verwendet, so empfehlen wir, diese vor der Ausgabe unbedingt zu vereinheitlichen, um mögliche fehlende Glyphen in der Ausgabe auszuschließen!

26.3 Nicht geladene oder fehlende Schriften

Beim Öffnen eines Dokuments, das Schriften verwendet, die nicht in Ihrem System installiert sind, nicht über das Schriftverwaltungsprogramm geladen werden, dem InDesign-Font-Ordner nicht hinzugefügt worden sind, oder für das kein Document fonts-Ordner gefunden wurde, zeigt InDesign eine Fehlermeldung an, in der alle fehlenden Schriften aufgelistet werden – auch jene, die in importierten Grafiken fehlen.

Sie können nun gleich den Dialog Schriftart suchen aufrufen, oder Sie akzeptieren die Fehlermeldung, indem Sie auf den Button OK klicken, und führen den Befehl Schrift • Schriftart suchen zu einem späteren Zeitpunkt aus.

Adobe Typekit

Mit Einführung der Creative Cloud hat Adobe auch die Integration des Schriften-Dienstes *Typekit* angekündigt.

Damit könnten Sie auf eine Fülle an Schriften zur lokalen Anwendung, aber auch im Web, zugreifen. Zur Drucklegung unseres Buchs hat es *Typekit* allerdings noch nicht über die Ankündigung hinaus geschafft …

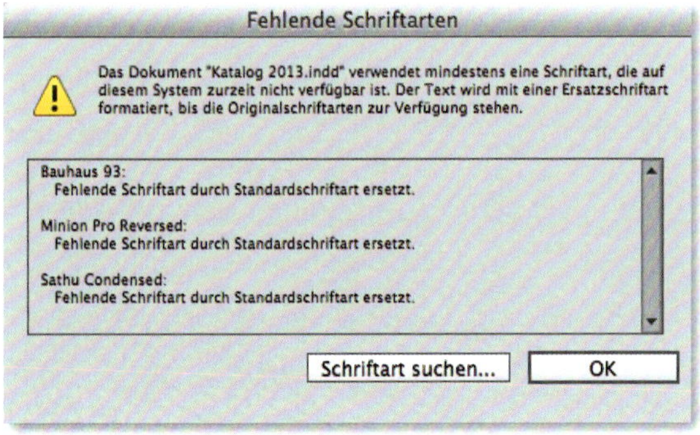

◂ **Abbildung 26.3**
Warnmeldung zu fehlenden Schriften beim Öffnen eines Dokuments. InDesign erkennt manchmal Schriften als fehlend, bevor *Suitcase* bzw. *Linotype FontExplorer* diese durch die automatische Aktualisierung laden kann. Wir empfehlen, die automatische Aktualisierung von Schriften zu unterbinden.

Nach dem Bestätigen wird das Dokument geöffnet, und alle fehlenden Schriften werden durch eine Ersatzschrift dargestellt, die dem Original aber sehr nahekommt. Visuell erkennen Sie fehlende Schriften im Dokument, wenn Sie den Normal-Modus im Werkzeuge-Bedienfeld aktivieren. Alle ersetzten Textstellen, nicht jedoch Texte in importierten

Fehlende Schriften in importierten Grafiken

InDesign erkennt bei der Schriftanalyse auch alle fehlenden Schriften in platzierten EPS-, PSD-, TIFF- und PDF-Dateien. Fehlt eine Schrift in mehreren Grafiken, so wird in der Liste im Dialogfeld Schriftart suchen für jede Grafik einzeln die Schrift angezeigt.

Grafiken, werden in Rosarot – das ist die Standardeinstellung – hinterlegt. Deaktivieren Sie in den Voreinstellungen im Register Satz die Option Ersetzte Schriftarten, wenn Sie diese farbige Kennzeichnung fehlender Schriften nicht wünschen. Wir empfehlen, diese Einstellung nicht zu deaktivieren.

Fehlen beim Platzieren von Grafiken bereits Schriften, so werden Sie unmittelbar auf den Missstand aufmerksam gemacht. Beheben Sie diesen Umstand sofort, und gehen Sie bitte nicht davon aus, dass der Druckerei die Schrift vorliegt. Für Fehler in der Ausgabe von Schriften ist immer der Ersteller verantwortlich.

26.4 Der »Schriftart suchen«-Dialog

Um zu überprüfen, ob und welche Schriften fehlen, können Sie jederzeit über den Befehl Schrift • Schriftart suchen die Liste aller verwendeten Schriften im Dokument einsehen.

Im Dialog Schriftart suchen können Sie die Schriftenliste einsehen und damit alle fehlenden Schriften im Dokument erkennen. Die Schriftenliste ist in erster Linie nach den Gruppen *fehlende*, *geladene*, *in Grafiken fehlende* und *in Grafiken geladene* Schriften sortiert, in der jeweiligen Gruppe erfolgt die Sortierung dann alphabetisch. Die Schriften sind mit einem Schrifttyp-Symbol dargestellt. Fehlende Schriften des Dokuments, zu erkennen am Symbol ⚠, stehen am Anfang der Liste.

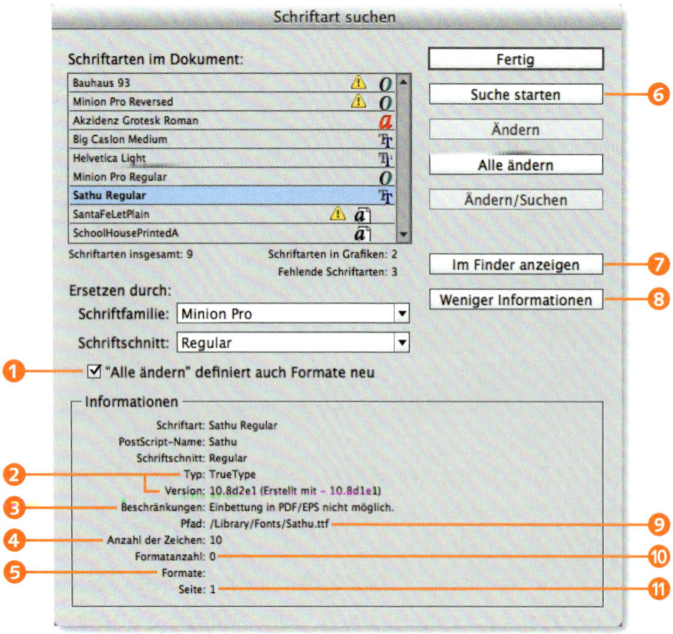

Abbildung 26.4 ▶
Anhand der Symbole ist zu erkennen, welcher Schrifttyp verwendet wird. Dabei steht das Symbol *a* für Type-1-Schriften, das Symbol Tт für TrueType-Schriften, das Symbol *O* für OpenType-Schriften, das Symbol MM für MultipleMaster-Schriften und das Symbol für Composite-Schriften. Weiters sind auch alle Schriften gelistet, die durch importierte Grafiken im Dokument benötigt werden, und alle Schriften, die derzeit nicht zur Verfügung stehen.

Über den Button Mehr/Weniger Informationen ❽ können Sie wichtige Detailinformationen zur aktivierten Schrift ein-bzw. ausblenden.

- **Typ und Version** ❷: Damit können Sie das verwendete Schriftformat und die Schriftversion ausfindig machen.
- **Beschränkungen** ❸: Welchen Beschränkungen der verwendete Font unterliegt, erfahren Sie aus diesem Eintrag. Normal lässt eine uneingeschränkte Verarbeitung beim Exportieren zu. Erscheint hier jedoch der Eintrag Einbettung in PDF/EPS nicht möglich, dann kann ein PDF/X-Export, bei dem alle Schriften eingebettet sein müssen, nicht vorgenommen werden.
- **Pfad** ❾: Da Sie sicherlich mehrere Varianten der Schriften Helvetica, Times, Arial oder ZapfDingbats auf Ihrer Festplatte haben, kann InDesign beim Öffnen des Dokuments auf eine dieser Varianten zurückgreifen. Für InDesign ist dieser Zustand okay, weshalb für diese Schrift auch keine Fehlermeldung ausgegeben wird. Ob die geladene Schrift auch wirklich identisch mit der verwendeten Schrift im Kundendokument ist, kann aber nicht mit Sicherheit gesagt werden. Überprüfen Sie also vor der Ausgabe immer, auf welche Schrift InDesign für die Verarbeitung des Dokuments zurückgreift!
- **Anzahl der Zeichen** ❹: Zu wissen, wie viele Zeichen von der ausgewählten Schrift betroffen sind, ist deshalb interessant, weil es in einigen Fällen oft nur um ein Zeichen – z. B. einen Leerraum – geht, wo eine Zuweisung der Brotschrift schnell durchgeführt werden kann.
- **Formatanzahl** ❿: Gibt Ihnen an, in wie vielen Absatz- und Zeichenformaten die ausgewählte Schrift verwendet wird.
- **Formate** ❺: Auf einen Blick können Sie erkennen, in welchen Absatz- und Zeichenformaten die ausgewählte Schrift verwendet wird.
- **Seiten** ⓫: Die Anzeige, welche Seite bzw. welche Seiten die Schrift verwenden, hilft Ihnen bei der Suche nach den Zeichen und Textstellen mit falsch zugewiesener Schrift.
- **Im Finder anzeigen** (Mac OS X) bzw. **Im Explorer anzeigen** (Windows) ❼: Damit öffnen Sie das Verzeichnis, in dem die verwendete Schrift abgelegt ist. So können Sie sehr schnell eine im System doppelt verwendete Schrift lokalisieren und eliminieren.
- **"Alle ändern" definiert auch Formate neu** ❶: Sie können damit alle falschen Schriftzuordnungen in Absatz- und Zeichenformaten in einem Aufwasch auflösen..

In platzierten Grafiken verwendete Schriften finden

Der Dialog Schriftart suchen zeigt Ihnen auch, welche Schriften in importierten Grafiken oder InDesign-Dokumenten vorhanden sind. Befin-

Geschützte Schriften

Innerhalb von TrueType- und OpenType-Schriften können Schriftdesigner ihre Schriften gegen eine Weitergabe in Form einer Einbettung schützen.

Achten Sie vor dem Erstellen von PostScript- und PDF-Dateien darauf, ob für Ihre Dokumentenschriften solche Beschränkungen vorliegen. Spätestens beim PDF-Export werden Sie jedoch auf diesen Umstand hingewiesen.

Ersetzen von Schriften mit Null-Zeichen

Befindet sich im Dialog Schriftart suchen eine Schrift, die »0 Zeichen« verwendet, so handelt es sich in den meisten Fällen um leere Textrahmen und dabei meistens um Rahmen, in denen Tabellen verankert sind. Sollten Sie diese Schrift nicht ersetzen können, so liegt das meistens daran, dass dem Objektformat [Einfacher Textrahmen] eine nicht geladene Schrift zugewiesen ist. Ändern Sie in jedem Fall diesen Zustand. Sollten sich dadurch noch immer Schriften mit »0 Zeichen« im Dokument befinden, so hilft das Abspeichern des Dokuments in das InDesign-Austauschformat. Öffnen Sie danach das Dokument erneut in InDesign. Führt auch das nicht zum Erfolg, so müssen Sie auf die Suche nach den leeren Rahmen gehen.

det sich eine für InDesign verfügbare Schrift in einer Grafik (PSD, TIFF, PDF, EPS), so wird dies mit dem Symbol gekennzeichnet. Durch Klicken auf den Button GRAFIK SUCHEN 6 (in Abbildung 26.4 steht SUCHE STARTEN, da keine in einer Grafik verwendete Schrift aktiviert ist) kann die entsprechende Grafik angezeigt werden. Wird jedoch das Symbol angezeigt, so bedeutet dies, dass in der Grafik eine Schrift verwendet wird, die zurzeit nicht geladen ist oder als fehlend erkannt wurde. Beachten Sie jedoch, dass Sie fehlende Schriften in eingebetteten Grafiken nicht über InDesign ersetzen können. Das Erkennen und Beheben des Problems können zusammen mit dem Dokumentenhersteller damit aber sehr schnell durchgeführt werden.

Das Laden von Schriften schlägt fehl

Wenn Schriften beim Laden über die Schriftverwaltung Probleme machen, so legen Sie diese Schriften einfach in den Ordner ADOBE INDESIGN CC/FONTS bzw. erstellen auf derselben Hierarchie des InDesign-Dokuments einen DOCUMENT FONTS-Ordner, in den Sie die Schrift kopieren.

Beachten Sie auch, dass hier unter Mac OS X auch Windows-Type-1-Schriften, jedoch unter Windows keine Mac-Type-1- bzw. Mac-TrueType-Fonts verarbeitet werden können.

Umgang mit geschützten Schriften

Sind Schriften vor dem Einbetten in eine PDF- bzw. PowerPoint-Datei geschützt, so wird Ihnen diese Information im Dialog SCHRIFTART SUCHEN (siehe Abbildung 26.4) im Eintrag BESCHRÄNKUNGEN angezeigt. Lösen können Sie dieses Problem durch eine Umwandlung der Texte in Pfade. Dies können Sie entweder über den entsprechenden Menübefehl SCHRIFT • IN PFADE UMWANDELN erledigen oder während der Ausgabe im Zuge der Transparenzreduzierung durch die Verwendung einer Transparenzreduzierungsvorgabe, die Schriften beim Reduzieren in Pfade umwandelt.

Schriften in Pfade umwandeln

Eine generelle Konvertierung aller Mengentext-Schriften ist nicht zu empfehlen, weil sie sich nicht mehr editieren lassen.

Schriften ersetzen

Gerade bei Umstellungen von Periodika, Zeitungen oder auch Buchprojekten von anderen Layoutprogrammen auf InDesign wird gern gleichzeitig auch die verwendete Schrifttechnologie auf OpenType umgestellt. Wir empfehlen Ihnen dringend, dies auf der Prioritätenliste auf jeden Fall ganz nach oben zu stellen.

Kapitel 27
Preflight und Verpacken

Bevor Sie ein Dokument ausdrucken, ein PDF erstellen oder die offenen Daten dem Druckdienstleister übergeben, sollten Sie unbedingt das Dokument hinsichtlich qualitativer Mängel überprüfen. Die Bezeichnung Preflight ist der branchenübliche Begriff dafür. Neben der manuellen Überprüfung von Bildern über das Informationen-Bedienfeld und der Überprüfung der verwendeten Schriften über den Dialog »Schriftart suchen« stellt InDesign Überprüfungsfunktionen zum Erkennen von Fehlern in Bezug auf Schriften, Verknüpfungen und Bildinformationen sowie für verwendete Farben und Zusatzmodule im Preflight-Bedienfeld zur Verfügung. Wird das Dokument für in Ordnung befunden, so können die InDesign-Daten zur Weitergabe an den Druckdienstleister verpackt bzw. in ein PDF konvertiert werden. Erfahren Sie in diesem Kapitel, wie Sie Preflight einsetzen und wie Sie InDesign-Dokumente verpacken können. Der Erstellung von Druck-PDFs ist ein eigenes Kapitel gewidmet.

27.1 Grundlagen zu Preflight

Das Prüfen von Dokumenten ist unerlässlich, will man sich im Nachhinein Diskussionen und auch Kosten ersparen. Auch wenn Profis am Werk sind, passiert es in der Hitze des Gefechts immer wieder, dass sich Fehler in die Produktion einschleichen. Diese Fehler können unterschiedlicher Art sein:

- **Grundlegende Fehler**: Dazu zählen Fehler in der Anlage des Dokuments, wie das falsche Seitenformat, die falsche Ausrichtung, eine falsch gewählte Seitenanzahl oder das Vorhandensein von leeren Seiten in einem Dokument.
- **Qualitative Fehler**: Dazu zählen Fehler wie Weiß überdruckende Objekte, Schwarz aussparende Elemente, Haarlinien (speziell wenn diese aus zwei Farben bestehen), zu geringe Auflösung, das Platzieren von Objekten zu nahe am Beschnitt, das Nichtplatzieren von Objekten im angelegten Anschnitt, das Unterschreiten von Mindestschriftgrößen oder verzerrte Bilder und Texte.

Preflight alleine reicht nicht
Die Technologie des Preflights kann nur technische Parameter einer Datei überprüfen. Inhaltliche Probleme sowie Positionierungsungenauigkeiten auf der Seite können niemals erkannt werden.

OPI und Schmuckfarben sind keine Fehler?

Grundsätzlich müssen OPI-Kommentare in Bildern und Schmuckfarben keine Fehler in einer Produktion darstellen. Bei bestimmten Arbeitsweisen und Produktionen können diese Parameter jedoch erhebliche Fehler verursachen.

- **Produktionstechnische Fehler**: Dazu zählen Fehler wie die Verwendung von OPI, das Fehlen von Schriften oder Glyphen, das Fehlen von Verknüpfungen zu extern geladenen Objekten oder das Vorhandensein von RGB- oder Schmuckfarben.

Die Vielfalt an möglichen Fehlern zeigt uns schon, dass dem Anwender die Möglichkeit gegeben werden muss, sich die gewünschten Parameter auszusuchen und in einem Preflight-Profil zusammenzusetzen. Während produktionstechnische Fehler in jedem Dokument auf dieselbe Art und Weise abgefragt werden müssen, ist dies bei qualitativen und speziell bei den allgemeinen Fehlern nicht immer gegeben.

Warum sollte man im Layoutprogramm schon eine Prüfung durchführen? Ist es nicht ausreichend, wie es im Abschnitt »Überlegungen zum PDF-Export« auf Seite 879 erklärt wird, ein unverändertes PDF zu exportieren, um dieses dann vollständig über Preflight in Acrobat Pro zu prüfen? Die Antworten darauf sind:

- **Die PDF-Prüfung in Acrobat ist zwingend durchzuführen**: Einerseits sollte in Acrobat eine PDF/X-Prüfung erfolgen, und andererseits können nicht alle Parameter in Preflight von InDesign in der gewünschten Güte überprüft werden. Darüber hinaus schleichen sich Fehler auch erst beim Erstellen der PDF- oder PostScript Datei ein.
- **Die Prüfung im Layoutprogramm erspart viel Zeit**: Wird der Fehler erst im PDF erkannt, muss er zuerst im Layoutprogramm oder in der platzierten Datei behoben werden; dann muss erneut ein PDF exportiert werden. Das kostet Zeit!
- **Die Prüfung im Layoutprogramm hat erzieherischen Wert**: Auch wenn wir InDesign-Anwender von unserem Können überzeugt sind, so machen doch auch wir nicht unbedingt wenige Fehler. Die Prüfung im Layoutprogramm kann Azubis und auch Profis permanent unterstützend zur Seite stehen.

▲ **Abbildung 27.1**
In der Statuszeile des Dokuments können Sie den jeweiligen Zustand von Preflight erkennen. Wenn Preflight gerade eine Prüfung durchführt, zeigt sich der Zustand so, wie im untersten Bild ❹ dargestellt.

27.2 Eine Prüfung durchführen

Preflight ist in InDesign standardmäßig aktiviert. Ist Preflight nicht scharfgeschaltet, so können Sie das in der Statuszeile – am linken unteren Rand im Dokumentenfenster – an der Kennzeichnung PREFLIGHT AUS ❶ erkennen. Wenn Preflight aktiviert ist, wird in der Statusleiste ein roter Punkt ❷ angezeigt, sobald InDesign ein Problem feststellt. Ist hingegen alles im Dokument korrekt, so lacht Ihnen das grüne Symbol ❸ entgegen. Das Preflight-Bedienfeld können Sie folgendermaßen aufrufen:

- über das Menü Fenster • Ausgabe • Preflight
- durch Drücken des Tastenkürzels Strg+Alt+⇧+F bzw. ⌘+⌥+⇧+F
- über das Symbol in der Bedienfeldleiste
- durch Doppelklick in der Statusleiste im Bereich 1 Fehler

Ist das Preflight-Bedienfeld geöffnet, so können Sie die Prüfung einschalten, indem Sie die Checkbox Ein ❺ aktivieren. InDesign beginnt sofort mit der Dokumentenanalyse und meldet am linken unteren Rand ⓮ des Preflight-Bedienfelds, wie viele Fehler gefunden wurden. Welche Fehler gefunden werden, hängt vom gewählten Profil ❻ und vom Seitenbereich ⓭ ab, den Sie zur Prüfung freigegeben haben. Die Fehler und ihre Beschreibung werden in zwei Bereichen angezeigt:

Fehler-Bereich | Dieser Bereich listet alle gefundenen Fehler auf. Dabei erfolgt die Gruppierung anhand der Hauptgruppen Verknüpfungen, Farbe, Bilder und Objekte, Text und Dokument. Die Zahl hinter der Hauptgruppenbezeichnung ❼ gibt an, wie viele Fehler in der Hauptgruppe insgesamt gefunden wurden.

Durch das Aufklappen der Hauptgruppe – durch Klick auf den Pfeil ❽ – können Sie alle in dieser Gruppe gefundenen Fehler einsehen. Die Zahl hinter dem Eintrag ❾ gibt die Anzahl der gefundenen Objekte an, die diesen Fehler aufweisen. Durch Klick auf die Seitenzahl ❿ springen Sie direkt zum Objekt, das den Fehler verursacht hat.

Informationen-Bereich | Darin werden Anleitungen ⓬ zum Beheben des markierten Fehlers ⓫ angezeigt. Konvertierte und neu angelegte Dokumente in InDesign werden standardmäßig mit dem Profil [Grundprofil] geprüft. Dieses Profil erfasst fehlende Verknüpfungen, Übersatztexte und fehlende Schriftarten.

Preflight sollte beim Arbeiten deaktiviert sein

Nachdem Sie InDesign gestartet haben, sollten Sie – ohne zuvor ein Dokument geöffnet zu haben – Preflight deaktivieren. Ist das Live-Preflight aktiviert, müssen Sie mit enormen Geschwindigkeitseinbußen rechnen.

Führen Sie eine Prüfung immer erst am Ende des Erstellungsprozesses durch.

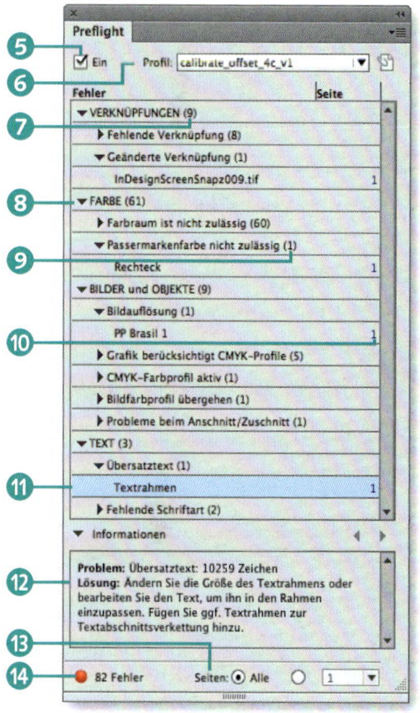

▲ **Abbildung 27.2**
Verschaffen Sie sich den Überblick über alle im Dokument vorhandenen Fehler.

27.3 Parameter eines Preflight-Profils

Die Güte der Prüfung ist entscheidend von den gewählten Parametern im zugewiesenen Profil abhängig. Das Profil [Grundprofil] kann weder bearbeitet noch gelöscht werden. Deshalb ist es ratsam, sich selbst ein Preflight-Profil zu erstellen (lesen Sie dazu die Schritt-für-Schritt-Anleitung auf Seite 821) oder sich ein vordefiniertes Profil vom Druckdienstleister zu besorgen und zu laden.

Die Parameter werden in Preflight in fünf Hauptgruppen – Verknüpfungen, Farbe, Bilder und Objekte, Text und Dokument – unterteilt.

Prüfungen über ein Buch hinweg durchführen

Wie Sie ein ganzes InDesign-Buch mit Preflight prüfen, erfahren Sie im Abschnitt »Das Buch ausgeben« auf Seite 644.

Die Bezeichnung der Hauptgruppe erscheint jedoch nur, wenn in dieser ein Fehler im Dokument gefunden worden ist.

Parameter der Hauptgruppe »Verknüpfungen«

In dieser Hauptgruppe legen Sie fest, ob OPI, nicht aktualisierte oder fehlende Verknüpfungen – für Bilder und Querverweise – als Fehler erkannt werden sollen.

- **Links fehlen oder wurden geändert**: Findet fehlende bzw. nicht aktualisierte Verknüpfungen. Das Ignorieren des Zustands würde in der Ausgabe dazu führen, dass nur die RGB-Vorschaubilder in der Bildschirmauflösung ausgegeben würden.
- **Nicht verfügbare URL-Verknüpfungen**: Sind Verknüpfungen zu Textdateien diverser Online-Textverarbeitungen nicht mehr aktuell, so wird ein Fehler angezeigt.
- **OPI-Verknüpfungen**: Überprüft, ob platzierte Bilder einen OPI-Kommentar besitzen. Da OPI-Kommentare in den PDF/X-Standards X-1a, X-3 oder X-4 nicht zulässig sind, werden solche Einträge spätestens bei der PDF/X-Erstellung gelöscht.

Empfehlung
Die Aktivierung der Optionen LINKS FEHLEN ODER WURDEN GEÄNDERT bzw. NICHT VERFÜGBARE URL-VERKNÜPFUNGEN ist für jede Prüfung eines Dokuments sinnvoll. Die Aktivierung der Option OPI-VERKNÜPFUNGEN kann unterbleiben.

Device- und ICC-basiert
Die Farbräume Grau, RGB und CMYK können sowohl als geräteabhängige (Device) wie auch als geräteunabhängige Farbe vorliegen. Der Unterschied besteht lediglich darin, ob den Daten ein ICC-Profil angehängt ist oder nicht. Ist ein ICC-Profil angehängt, so spricht man vom geräteunabhängigen Farbraum.

Parameter der Hauptgruppe »Farbe«

Legen Sie damit fest, welcher Transparenzfüllraum erforderlich ist und welche Farbräume oder Überdruckeneinstellungen für Objekte in der InDesign-Datei zulässig sind. Die Parameter sind:

- **Transparenzfüllraum erforderlich**: Damit wird überprüft, welcher Transparenzfüllraum für das Dokument im Menü BEARBEITEN • TRANSPARENZFÜLLRAUM eingestellt ist.
- **Cyan-, Magenta- und Gelb-Platten sind nicht zulässig**: Objekte, die in der Ausgabe separiert werden müssten und somit einen Cyan-, Magenta- oder Yellow-Auszug erzeugen würden, werden als Fehler angezeigt. Die Aktivierung dieser Option ist für eine reine 1c- bzw. eine 1c-mit-Schmuckfarben-Produktion sinnvoll.
- **Unzulässige Farbräume und -modi**: Damit wird das Dokument auf Farbräume aller InDesign-Objekte und platzierter Objekte hin untersucht. Eine Unterscheidung hinsichtlich Device- oder ICC-basierter Farbräume wird leider nicht getroffen.
- **Volltonfarbeinrichtung**: Darin überprüfen Sie einerseits die Anzahl der Volltonfarben und andererseits, ob die Umrechnung nach CMYK über Lab oder einen CMYK-Farbraum bestimmt ist.
  - MAXIMAL ZULÄSSIGE ANZAHL VOLLTONFARBEN: Für eine einfarbige Produktion mit einer Volltonfarbe muss einerseits in dieser Option

Empfehlung
Aktivieren Sie TRANSPARENZFÜLLRAUM ERFORDERLICH für gedruckte Dokumente immer, und wählen Sie den Wert CMYK.

Empfehlung
Wenn Sie eine verfahrensangepasste 4c-Produktion planen, sollten Sie unbedingt die Checkboxen RGB, VOLLTONFARBE und LAB in der Option UNZULÄSSIGE FARBRÄUME UND -MODI aktivieren. Wenn Sie jedoch eine medienneutrale Produktion planen, dürften Sie RGB und LAB nicht aktivieren.

die ANZAHL auf 1 beschränkt und andererseits die Checkbox VOLLTONFARBEN im Parameter UNZULÄSSIGE FARBRÄUME UND -MODI deaktiviert werden.

- VORDEFINIERTE VOLLTONFARBEN MÜSSEN LAB-WERTE VERWENDEN: Durch die Aktivierung überprüfen Sie, ob die Umrechnung der Volltonfarbwerte nach CMYK über Lab erfolgt oder nicht.

- **Überdrucken in InDesign angewendet**: Diese Option findet alle Objekte, die über das Attribute-Bedienfeld in InDesign auf ÜBERDRUCKEN gestellt wurden. Aktivieren Sie also diese Option, wenn Sie die irrtümlich überdruckenden Objekte in InDesign aufspüren wollen.
- **Überdrucken auf Weiß oder [Papier]-Farbe angewendet**: Sucht weiß überdruckende Objekte, die im Druck nicht sichtbar bleiben. Sie können in InDesign diesen Fehler erzeugen, indem Sie die Farbwerte einer überdruckenden Fläche nachträglich auf Weiß stellen.
- **[Passermarken]-Farbe angewendet**: Diese Farbe ist nur für die Kennzeichnung von Schneide- und Passermarken in InDesign vorgesehen. Das Verwenden im Layout würde zu einem 400%igen Gesamtfarbauftrag führen, womit wiederum ein Abrieb im Druck möglich wird. Diese Option ist somit immer zu aktivieren. Der einzige Nachteil ist, dass die Fehlermeldung Sie auch dann warnt, wenn Sie ein PDF mit Schnittmarken in InDesign platzieren – auch wenn diese durch Verkleinern des Bilderrahmens oder durch Platzieren auf der TrimBox ausgeblendet sind.

Hinweis
Ob die Umrechnung der Volltonfarben nach CMYK über Lab oder über den alternativen CMYK-Farbwert erfolgt, bestimmen Sie im DRUCKFARBEN-MANAGER über die Aktivierung der Option STANDARD-LAB-WERTE FÜR VOLLTONFARBEN VERWENDEN.

Tipp
Damit Sie die Option [PASSERMARKEN]-FARBE ANGEWENDET immer aktivieren können, sollten Sie vor dem Platzieren von Inseraten entweder die Passermarken im Inserat entfernen oder die Passermarken-Farbe durch reines K ersetzen lassen. Beide Möglichkeiten stehen Ihnen mit der *callas pdfToolbox* als Funktion in Acrobat zur Verfügung.

Parameter der Hauptgruppe »Bilder und Objekte«

Im Bereich BILDER UND OBJEKTE werden die Anforderungen an Bildauflösung, Transparenz, Konturstärken, interaktive Elemente und Objektpositionen im Dokument angegeben.

- **Bildauflösung**: Damit können die minimalen und maximalen Bildauflösungen für Farbbilder, Graustufenbilder und 1-Bit-Bilder überprüft werden. Aktivieren Sie für diese drei Bildtypen immer die gewünschte Minimalauflösung. Welcher Wert dabei herangezogen werden muss, hängt von der auszugebenden Rasterweite bzw. vom Druckverfahren ab. Ob Sie die Überschreitung einer Maximalauflösung ebenfalls abfragen möchten, bleibt Ihnen überlassen.
- **Nicht proportionale Skalierung des platzierten Objekts**: Das nicht proportionale Skalieren von Objekten ist in den meisten Fällen ein nicht beabsichtigter Vorgang. Aktivieren Sie also diese Option immer dann, wenn diese Skalierung für Sie eine Fehlleistung darstellt.
- **Verwendet Transparenz**: Auch wenn Sie keinen Effekt in InDesign angewandt haben, können dennoch über das Platzieren von Dateien

Hinweis
Beachten Sie, dass in der PDF-Datei 150-ppi-Bilder gefunden werden können, selbst wenn korrekt aufgelöste Bilder im Layout platziert sind. Die Gründe dafür können vielschichtig sein. Es könnte die falsche Transparenzreduzierungsvorgabe oder bei TIFF-Bildern der Wert AUFLÖSUNG REDUZIEREN in der Option DATEN SENDEN des Druckdialogs gewählt worden sein.

Transparenzen in das InDesign-Dokument gelangen. Aktivieren Sie also die Option, wenn Sie alle transparenten Objekte finden wollen.

- **ICC-Profil des Bildes**: Während eine Option auf eine mögliche CMYK-Verrechnung in der Ausgabe aufmerksam macht, findet die zweite Option platzierte Objekte, denen ein anderes ICC-Profil zugewiesen wurde.
  - Profileinstellung kann CMYK-Umwandlung zur Folge haben: Durch Aktivierung dieser Option werden alle CMYK-Objekte gefunden, die ein ICC-Profil besitzen.
  - Alle Profilabweichungen: Damit werden alle Objekte gefunden, denen über den Befehl Objekte • Farbeinstellungen für Bild ein vom Dokumentenstandard abweichendes Profil zugewiesen wurde, oder Objekte, denen kein Profil zugewiesen ist. Letzteres kann durch Aktivierung der zusätzlichen Option Bilder ohne eingebettetes Profil ausschliessen unterbunden werden.
- **Abweichungen von Ebenensichtbarkeit**: Beim Layouten kann man durch abweichende Ebenensichtbarkeiten schnell Mutationen erstellen und exportieren. In einigen Workflows sind jedoch solche Daten verboten, speziell dann, wenn Bilder im Workflow automatisch ausgetauscht werden müssen. Hier bestünde die Gefahr, dass Ebenensichtbarkeiten durch die Aktualisierung in InDesign nicht mehr zum Tragen kommen.
- **Mindestkonturstärke**: Die gefürchtete Haarlinie, die beim Umkopieren vom Film auf die Druckplatte gerne verloren ging, ist bei heutiger Technologie eigentlich kein Thema mehr. Haarlinien werden meistens durch das RIP auf die Mindeststärke hochgerechnet.
  - Auf Konturen mit mehreren Druckfarben oder Weiss beschränken: Dünne Linien, die entweder weiß oder mehrfarbig sind, stellen für den Druck ein Problem dar. Weiße Linien können im Druck durch das »Verlaufen« der Farbe verschwinden, mehrfarbige dünne Linien können bei Passerungenauigkeiten bedingt durch ihren Tonwert ebenfalls nicht mehr sichtbar sein. Aktivieren Sie deshalb diese Option, wenn Sie auf eine Mindestkonturstärke prüfen.
  - Mindestkonturstärke: Der Wert für die dünnsten mehrfarbigen und weißen Linien sollte 0,05 Pt für den Offsetdruck (auf Papierklasse 1) nicht unterschreiten.
- **Interaktive Elemente**: Damit werden alle interaktiven Elemente in einer Datei aufgespürt. Aktivieren Sie diese Option für Druckdaten, da interaktive Elemente im Druck keine Verwendung haben.
- **Probleme beim Anschnitt/Zuschnitt**: Mit dieser Option können Sie prüfen, ob sich Objekte in der Nähe des Zuschnitts bzw. Anschnitts befinden. Sie können dazu die notwendigen zu überprüfenden Ab-

Hinweis

Da die Option Profileinstellung kann CMYK-Umwandlung zur Folge haben alle CMYK-Objekte, denen ein ICC-Profil anhaftet (auch wenn es dasselbe Profil wie das Dokumentprofil ist), als Fehler anzeigt, ist die Option nur beschränkt einsetzbar. Ob eine Farbverrechnung stattfindet oder nicht, bestimmen Sie beim Drucken bzw. Exportieren in eine PDF-Datei.

Unterschiedlicher Default-Wert der Ebenensichtbarkeit

Der Default-Wert für die Ebenensichtbarkeit in InDesign CS3 war Ebenensichtbarkeit von Photoshop verwenden. In CS4 wurde dieser Default-Wert auf Benutzerdefinierte Ebenensichtbarkeit erhalten umgestellt. Denn nur mit der zuletzt genannten Option kann ein automatisierter Austausch von Bildern erfolgen.

Überprüfen Sie also diese Einstellungen für Objekte über den Befehl Objekt • Objektebenenoptionen.

Haarlinie

Darunter wird eine Linie mit einer Liniendicke bzw. Strichstärke von 0,075 mm bzw. 1/5 Didot-Punkt verstanden.

stände für Oben, Unten, Links/Innen und Rechts/Aussen separat eingeben. Folgende Regeln gelten:

- Ist kein Anschnitt definiert, so muss jedes Objekt ausgehend vom Zuschnitt außerhalb des eingegebenen Bereichs liegen. Liegen Objekte genau am Zuschnitt, so werden sie nicht erkannt.
- Ist ein Anschnitt definiert, so gilt auch das zuvor Gesagte. Darüber hinaus müssen Objekte, die in den Anschnitt reichen, vollständig den Anschnittbereich ausfüllen. Objekte, die also bei einem 3-mm-Anschnitt nur 2,8 mm in den Anschnitt hineinragen, werden erkannt. Objekte, die darüber hinausragen, werden nicht erkannt.
- Auf Objekte in der Nähe des Bundes prüfen: Durch Aktivieren dieser Option wird zusätzlich geprüft, ob Objekte im Bund nicht in die gegenüberliegende Seite hineinragen.

- **Ausgeblendete Seitenelemente**: Die Möglichkeit, einzelne Objekte über den Befehl Objekt • Ausblenden von der Anzeige und Ausgabe auszuschließen, stellt für die Druckproduktion ein Problem dar. Aktivieren Sie diese Option, um sicherzugehen, dass alle Objekte ausgegeben werden, die sich auch im Layout befinden.

Zuschnitt
Unter *Zuschnitt* wird das Nettoformat, also das Endformat, des finalen zusammengetragenen und beschnittenen Druckwerks verstanden.

Ausgeblendete Objekte einblenden
Um alle ausgeblendeten Objekte des Druckbogens wieder einzublenden, machen Sie Folgendes: Gehen Sie zu dem Druckbogen, und führen Sie den Befehl Objekt • Alles auf Druckbogen anzeigen aus, bzw. nutzen Sie das Tastenkürzel Strg + Alt + 3 bzw. ⌘ + ⌥ + 3.

Parameter der Hauptgruppe »Text«

Im Bereich Text werden Fehler für Elemente angezeigt, die sich hinsichtlich der Formatierung und Zuweisung von Eigenschaften auf Textelementen im Layout ergeben.

- **Übersatztext**: Übersatztexte können ein Zeichen dafür sein, dass sich durch eine Layoutänderung auch der Umbruch des Textes geändert hat. Diese Option ist generell zu aktivieren, da fehlende Textstellen so manche Werbebotschaft und Bücher vernichten können.
- **Absatz- und Zeichenformatabweichungen**: Aktivieren Sie diese Option, wenn erkannt werden soll, welcher Absatz abweichend vom zugewiesenen Absatz- bzw. Zeichenformat gesetzt wurde. Diese Option ist nur zu aktivieren, wenn Sie sich sicher sein wollen, dass alle Vorgaben hinsichtlich Typografie eingehalten wurden. Um dieser Prüfung etwas an Aggressivität zu nehmen, stehen zusätzliche Optionen zur Verfügung, die bestimmte Vorkommnisse ausschließen:
  - Schriftschnittabweichungen ignorieren: Unterbindet das Erkennen von manuell geänderten Schriftschnitten.
  - Sprachabweichungen ignorieren: Unterbindet das Erkennen von manuell geänderten Wörterbuchzuweisungen.
  - Abweichungen bei Kerning/Laufweite ignorieren: Unterbindet das Erkennen von manuell angebrachten Spationierungen und manuellem Kerning.

Hinweis
Auch wenn Sie die Prüfung auf Übersatztext nicht aktivieren, so bekommen Sie dennoch beim Aufrufen des Druck- bzw. PDF-Export-Dialogs eine Warnmeldung, die Sie noch einmal auf Übersatztexte hinweist.

Sollten Sie diesen Dialog trotz vorhandenem Übersatztext nicht bekommen, so haben Sie einmal die in diesem Dialog angebrachte Checkbox Nicht wieder anzeigen aktiviert. Klicken Sie in diesem Fall auf den Button Alle Warndialogfelder zurücksetzen im Register Allgemein der InDesign-Voreinstellungen.

- Farbabweichungen ignorieren: Unterbindet das Erkennen von manuell geänderten Farbzuweisungen.
- **Schriftart fehlt**: Wenn eine Schriftart – eine Schriftfamilie oder ein Schriftschnitt – fehlt, so ist dies in jedem Fall anzuzeigen.
- **Glyphe fehlt**: Dieser ganz schwerwiegende Fehler, auch wenn es sich nur um ein Leerzeichen handelt, muss eigentlich in jedem Druckprodukt gefunden werden. Fehlende Glyphen unterbinden die Generierung von PDF/X-4-Dokumenten.

Glyphe
Ein übergeordneter Begriff für Schriftzeichen

- **Dynamische Rechtschreibprüfung meldet Fehler**: Damit können orthografische und grammatikalische Fehler gefunden werden. Eine Aktivierung dieser Option ist kontraproduktiv.
- **Unzulässige Schrifttypen**: Für den Fall, dass in einer Produktion bestimmte Schrifttypen zu Fehlern führen, steht eine große Auswahl an Schrifttypen und Ausprägungen zur Prüfung zur Verfügung.
  - Geschützte Schriftarten: Diese Option sollte immer aktiviert sein, da ansonsten ein PDF/X-Export immer fehlschlägt.
  - Bitmap: Diese Fonts sind nur für die Bildschirmdarstellung erstellt worden; eine Outlinebeschreibung für die Ausgabe fehlt. Typische Vertreter sind Schriften mit Städtenamen wie Chicago, Geneva usw.
  - OpenType CFF: Dieses Fontformat erlaubt eine sehr kompakte und effiziente Beschreibung von Glyphen bei komplexen 2-Byte-Fonts. OpenType-CFF-Schriften basieren auf PostScript-Outlines. Es sind also Type-1-Fonts im OpenType-Gewand. Sie werden auch als Type-0-Font bezeichnet. Die File-Extension dieses Typs ist ».otf«.
  - OpenType CFF CID: Darunter werden CEF-Schriften verstanden, die darüber hinaus als CID-Fonts vorliegen.
  - OpenType TT: Darunter werden TrueType-Schriften im OpenType-Gewand verstanden. Sie werden auch als Type-2-Font bezeichnet. Die File-Extension dieses Typs ist ».ttf«.
  - TrueType: Darunter werden die klassischen TrueType-Schriften verstanden. TT-Schriften sind nicht plattformunabhängig.
  - Type 1 Multiple Master: Findet das sehr alte Sonderformat Multiple Master. Wenn Sie noch ältere RIPs einsetzen, so ist es ratsam, zu prüfen, ob dieser Schrifttyp verwendet wird, da diese RIPs in sehr vielen Fällen nicht mit dem Fontformat umgehen können.
  - Type 1: Darunter werden die klassischen PostScript-Schriften verstanden, die nicht plattformunabhängig sind.
  - Type 1 CID: Darunter werden Type-1-Schriften verstanden, die darüber hinaus als CID-Fonts vorliegen.
  - ATC (Adobe Type Composer): Darunter werden Schriften verstanden, die mit dem Dienstprogramm *Adobe Type Composer (ATC)* erstellt wurden. Aktivieren Sie diesen Parameter sicherheitshalber

Texte in Pfade umwandeln
Die Umwandlung von Texten in Outlines sollte, wenn es um ganze Textblöcke geht, über den Befehl Schrift • In Pfade umwandeln erfolgen. Den Befehl können Sie auch über das Tastenkürzel Strg+⇧+O bzw. ⌘+⇧+O ausführen.

CID
CID-Fonts (steht für **C**haracter **ID**entifier) nutzen das Zweifach-Byte-Encoding. Sie werden auch »Doppelbyte-Fonts« oder »Mehrbyte-Fonts« genannt.

Hinweis
Das Vorhandensein von Type-1-Schriften führt in der Druckvorstufe nur in Kombination mit TrueType-Schriften des gleichen Namens zu Problemen. Generell können sowohl TrueType- und Type-1-Schriften im vollen Umfang für die Druckvorstufe verwendet werden.

immer, wenn Sie sich nicht sicher sind, dass Ihr Ausgabesystem ATC-Schriften ohne Probleme weiterverarbeiten kann.

- **Nicht proportionale Schriftenskalierung**: Das Verzerren von Schriften ist nur aus typografischer Sicht bedenklich. Vom technischen Standpunkt aus können solche Verzerrungen ohne Einschränkungen umgesetzt werden. Dieser Parameter wird deshalb wohl nur von Art-Direktoren und feinfühligen Typografen aktiviert werden.
- **Mindestschriftgröße**: Schriftgrößen kleiner als 4 Pt sind, bezogen auf den normalen Leseabstand von 30 cm, nicht wirklich lesbar! Die Überprüfung auf Mindestschriftgrößen hin ist für die Ausgabe auf niedrigauflösenden Geräten und für Typografen interessant.
  - Auf Text mit mehreren Druckfarben oder Weiss beschränken: Aktivieren Sie die Option, wenn zu kleine Schriftgrade in Verbindung mit weißem bzw. mehrfarbigem Text erkannt werden sollen.
- **Querverweise**: Speziell in umfangreicheren Projekten, wo Querverweise angelegt wurden, ist vor der Ausgabe immer die Aktualität der Verweise zu überprüfen. Aktivieren Sie diese Option in jedem Fall, denn ein fehlender, veralteter bzw. ungelöster Querverweis ist ein Ärgernis für den Leser.
  - Querverweise sind veraltet: Ein veralteter Querverweis – das Symbol zeigt sich im Hyperlinks-Bedienfeld – führt zum Fehler.
  - Querverweise sind ungelöst: Ein ungelöster Querverweis (liegt vor, wenn keine Referenz auf eine andere Stelle besteht) führt zum Fehler. Sie sehen das Symbol im Hyperlinks-Bedienfeld.

  Sollten anstelle der Symbole Buchstabenpaare erscheinen, so bedeuten diese Folgendes:
  - AE – Der Verweis zeigt auf ein ausgeblendetes Element bzw. eine ausgeblendete Ebene.
  - MF – Der Verweis zeigt auf ein Element der Montagefläche.
  - MS – Der Verweis zeigt auf ein Element auf der Musterseite.
  - ÜS – Der Verweis zeigt auf ein Element im Übersatz.
  - VT – Der Verweis zeigt auf einen verborgenen Text.
- **Kennzeichen für bedingten Text werden gedruckt**: Bedingter Text kann zur visuellen Überprüfung in der Option Kennzeichnen des Bedienfelds Bedingter Text hervorgehoben werden. Wurde jedoch dabei der Wert Einblenden und drucken ausgewählt, so würde neben dem Text auch die Kennzeichnung ausgedruckt werden. Druckdienstleister sollten vor der Ausgabe auf bedingte Texte hin überprüfen.
- **Nicht aufgelöste Beschriftungsvariable**: Damit werden dynamisch ausgelesene Werte aus den Metadaten (diese wurden über den Befehl Objekt • Beschriftungen • Dynamische Beschriftung erstellen angelegt) auf ihre Aktualität hin überprüft. Aktivieren Sie diese Über-

Adobe Type Composer

Mit dem Hilfsprogramm *ATC* können Sie beispielsweise eine zusammengesetzte japanische Schrift erzeugen, die verschiedene Schriften für verschiedene Zeichenarten verwenden kann: eine Schrift für Kanji und eine andere für Kana oder Gaiji.

Mindestschriftgrößen-Werte für die Praxis

Der Wert von 6 Pt für die Mindestschriftgröße und die Aktivierung der Option Auf Text mit mehreren Druckfarben oder Weiss beschränken ist in der Praxis eine gute Wahl.

Wie entsteht ein verborgener Text?

Dieser kann durch Optionen beim bedingten Text entstehen.

Hinweis

Es fehlt hier leider eine Option, die generell prüft ob bedingte Texte im Dokument vorliegen.

prüfung also immer! Wird ein Fehler gefunden, so kann daraus eine statische Beschriftung über den Befehl Objekt • Beschriftungen • In statische Beschriftung konvertieren erzeugt werden.

- **Einstellung »Spaltenspanne« wurde nicht berücksichtigt**: Die Aktivierung meldet einen Fehler, wenn Sie eine Headline im Layout mit der Funktion Spaltenspanne über zwei Spalten gesetzt und nachträglich diesen Rahmen von zwei auf eine Spalte reduziert haben. In diesem Fall kann die Einstellung in der Option Spaltenspanne nicht berücksichtigt werden.
- **Verfolgte Änderung**: Durch Aktivierung der Checkbox werden Sie darauf aufmerksam gemacht, dass sich noch nicht aufgelöste verfolgte Änderungen im Text befinden. Änderungen müssen angenommen oder abgelehnt werden, damit sie »aufgelöst« werden.

Hinweis

Nähere Informationen zum Erstellen und Verwalten von Beschriftungen erhalten Sie im Abschnitt »Bildunterschriften aus Metadaten erzeugen« auf Seite 308.

Parameter der Hauptgruppe »Dokument«

Die Parameter dieser Hauptgruppe zielen vorwiegend auf die allgemeinen Fehlermöglichkeiten wie Seitengröße und -ausrichtung, Seitenanzahl, leere Seiten und das Einrichten von Anschnitt und Infobereich ab.

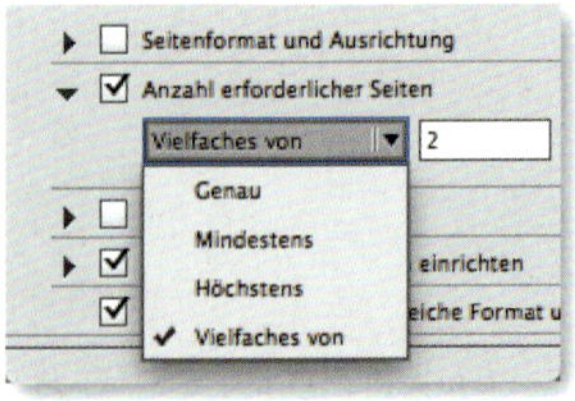

▲ **Abbildung 27.3**
Ausschnitt aus dem Bereich Dokument des Preflight-Profile-Dialogs. Bei der Überprüfung der erforderlichen Seiten kann auf eine exakte Seitenanzahl, auf eine minimale und maximale Seitenanzahl und ein Vielfaches von Seiten hin überprüft werden.

- **Seitenformat und Ausrichtung**: Die Überprüfung auf Seitenformat und Ausrichtung ist für wiederkehrende Projekte sinnvoll.
  - Ausrichtung ignorieren: Damit wird nur auf das Seitenformat hin überprüft. Ob die längere Seite hoch oder quer ist, ist dabei egal.
- **Anzahl erforderlicher Seiten**: Die Überprüfung auf einen Mindestumfang, auf eine bestimmte bzw. maximale Seitenanzahl und auf ein Vielfaches von Seiten hin ist für den Ausschuss wichtig.
- **Leere Seiten**: Die Überprüfung auf das Vorhandensein von leeren Seiten hin ist in einigen Projekten sinnvoll. Doch wann ist eine Seite als leere Seite zu erkennen?«
  - Seiten gelten als leer, wenn sie nur Musterseitenobjekte enthalten: Beachten Sie, dass damit eine Seite, auf der Sie nur ein Musterseitenobjekt herausgelöst haben, nicht mehr erkannt wird.
  - Seiten gelten als leer, wenn sie nur nichtdruckende Objekte enthalten: Damit werden Vakatseiten, auf denen nur die Pagina zu sehen ist, nicht als Vakatseite erkannt.
- **Anschnitt und Infobereich einrichten**: Erkennen Sie damit, ob der Anschnitt und der Infobereich in Bezug auf eine minimale, exakte oder maximale Größe der eingegebenen Werte besteht.
  - Erforderliche Grösse des Anschnitts: Definieren Sie die Werte für den Anschnitt für Oben, Unten, Links und Rechts.
  - Erforderliche Grösse des Infobereichs: Definieren Sie die Werte des Infobereichs für Oben, Unten, Links und Rechts.

Unterschiedlicher Anschnitt

Da Datenersteller immer wieder mit unterschiedlichen Anschnittwerten konfrontieren werde, führt dazu, dass dadurch unterschiedliche Prüfprofile angelegt werden müssten.

Wir empfehlen, einfach generell einen Anschnitt von 3 mm den Dokumenten hinzuzufügen und damit auch immer die Prüfung durchzuführen. Sollte ein Druckdienstleister jedoch 5 mm benötigen, so kann dies am Ende vor der Ausgabe noch umgestellt werden.

- **Alle Seiten müssen das gleiche Format und die gleiche Ausrichtung haben**: Die Überprüfung auf unterschiedliche Seitenformate in einem Dokument ist unabdingbar.

27.4 Erstellen eines Preflight-Profils

Nun haben Sie einen umfassenden Überblick über die Parameter erhalten, die zur Prüfung von Layoutdokumenten in InDesign zur Verfügung stehen. Eine doch sehr umfangreiche Anzahl möglicher Checks kann herangezogen werden.

In der nachfolgenden Schritt-für-Schritt-Anleitung wollen wir Ihnen zeigen, wie Sie ein Preflight-Profil für ein Buchprojekt erstellen. Dieses Profil »Buch_4c_v1.idpp« – es steht auf der beigefügten DVD zur Verfügung – können Sie auch für die klassische 4c-Produktion von InDesign-Dokumenten heranziehen.

Fehlerfreie InDesign-Dokumente können noch immer nicht druckbar sein!

Eine umfassendere Überprüfung der Inhalte muss über PREFLIGHT in Acrobat Pro erfolgen, da es sich bei PDF-Dateien ja schließlich um die Druckdaten handelt und somit alle möglichen Fehler der PDF-Erstellung ebenfalls eingeschlossen sind.

Fehler, die zwar im Layoutdokument vorliegen, jedoch durch die PDF-Erstellung (z. B. durch eine unbeabsichtigte Farbkonvertierung) behoben wurden, können in der PDF-Datei natürlich nicht mehr erkannt werden.

Schritt für Schritt
Erstellen eines Preflight-Profils

Zum Anlegen eines Preflight-Profils muss kein Dokument geöffnet sein. Es ist aber ratsam, sich zuerst ein Dokument mit bewusst angelegten Fehlern zurechtzulegen, um sofort beim Erstellen des Profils Rückmeldungen hinsichtlich der Verhaltensweisen von Optionen zu erhalten.

1 Ausgangspunkt Preflight-Bedienfeld

Öffnen Sie das Preflight-Bedienfeld, wählen Sie in der Option PROFIL den Eintrag [GRUNDPROFIL] (ARBEITSPROFIL) ❶ aus, und aktivieren Sie die Checkbox EIN ❷, um die Prüfung für das Testdokument zu starten.

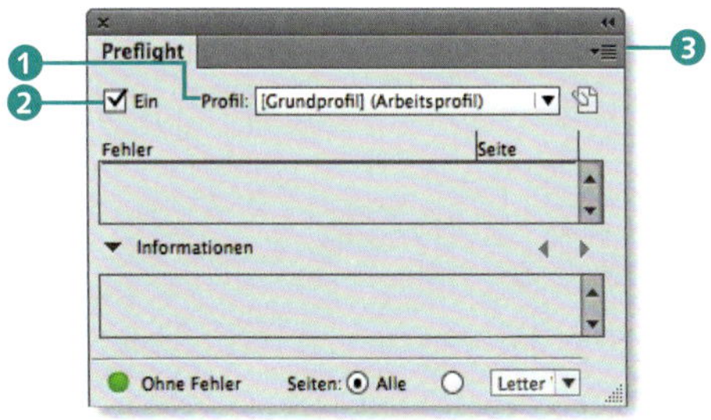

◄ **Abbildung 27.4**
Das Standard-Preflight-Bedienfeld. Die Prüfung ist eingeschaltet, und es ist ausgewählt, mit welchem Prüfprofil geprüft werden soll.

2 Anlegen des Preflight-Profils

Wählen Sie aus dem Bedienfeldmenü ❸ des Preflight-Bedienfelds den Eintrag PROFILE DEFINIEREN aus. Der Dialog aus Abbildung 27.5 wird angezeigt, das [GRUNDPROFIL] ❹ ist ausgewählt.

Standardprofil »Digitale Veröffentlichungen«

Neben dem Prüfprofil [GRUNDPROFIL] steht auch das Profil DIGITALE VERÖFFENTLICHUNGEN standardmäßig zur Verfügung.

Abbildung 27.5 ▶
Anlegen eines Preflight-Profils auf Basis des Grundprofils

Eingebettet?
Ein Prüfprofil kann in InDesign-Dokumente eingebettet werden. Der Eintrag ❼ am Fuß des Dialogs zeigt an, dass dieses Profil im aktuell geöffneten InDesign-Dokument nicht eingebettet ist.

Kästchen mit einem Minus ❺ bei den Hauptgruppen zeigen, dass das Grundprofil nicht alle Parameter bei VERKNÜPFUNGEN und TEXT abfragt.

Das Anlegen eines neuen Preflight-Profils erfolgt durch Klick auf das Symbol ⊞ ❻, wodurch ein Duplikat vom zuvor ausgewählten Preflight-Profil angelegt wird.

Abbildung 27.6 ▶
Die Hauptgruppe ALLGEMEIN beim Anlegen eines Preflight-Profils

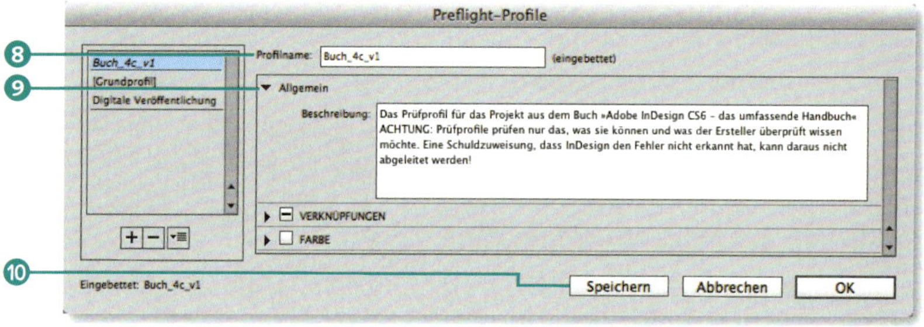

Benennen Sie das Profil mit der Bezeichnung »Buch_4c_v1« im Feld PROFILNAME ❽. Durch Klick auf das Symbol ▼ ❾ vor dem Haupteintrag ALLGEMEIN können Sie eine Beschreibung zum Profil eingeben.

Klicken Sie nach der Anlage des Profils einmal auf den Button SPEICHERN ❿, um zumindest die Grundlage einmal abzuspeichern.

3 Festlegen der Parameter in »Verknüpfungen«

Darin ist die Überprüfung hinsichtlich fehlender und geänderter Verknüpfungen zu Bildern und URLs vollkommen ausreichend, da OPI-Kommentare bei der PDF/X-Erstellung ohnedies eliminiert werden.

Abbildung 27.7 ▶
Die Hauptgruppe VERKNÜPFUNGEN beim Anlegen eines Preflight-Profils

Aktivieren Sie zusätzlich die Option NICHT VERFÜGBARE URL-VERKNÜPFUNGEN, und schalten Sie dann auf den Hauptbereich FARBE um.

4 Festlegen der Parameter in »Farbe«

Lassen Sie hier immer eine Überprüfung des erforderlichen TRANSPARENZFÜLLRAUMS auf CMYK 11 und hinsichtlich UNZULÄSSIGER FARBRÄUME 12 zumindest auf RGB, VOLLTONFARBEN und LAB durchführen.

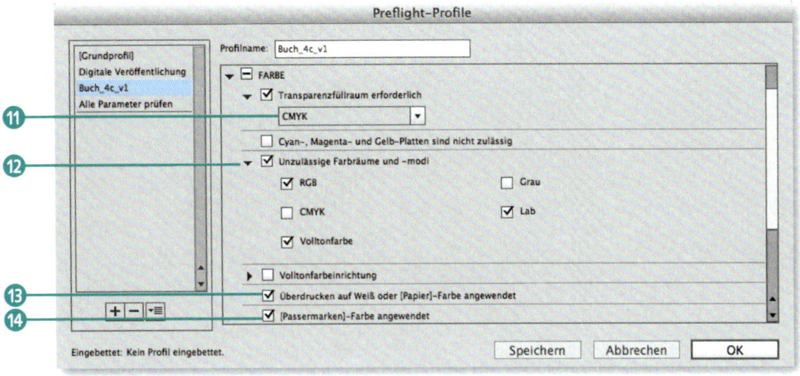

◂ Abbildung 27.8
Die Hauptgruppe FARBE beim Anlegen eines Preflight-Profils. Da für dieses Profil Volltonfarben generell ein Problem darstellen, muss die Option VOLLTONFARBE aktiviert sein.

Hinweis
Wenn Sie medienneutrale Dokumente anlegen, so dürfen Sie in der Option UNZULÄSSIGE FARBRÄUME UND -MODI RGB und LAB nicht aktivieren.

Die Überprüfung der VOLLTONFARBEINRICHTUNG kann für das Profil ausgelassen werden. Die Optionen ÜBERDRUCKEN AUF WEISS ODER [PAPIER]-FARBE ANGEWENDET 13 und [PASSERMARKEN]-FARBE ANGEWENDET 14 können auch für jedes Projekt als Standardcheck aktiviert werden.

5 Festlegen der Parameter in »Bilder und Objekte«

In Abhängigkeit von Rasterweite und Druckverfahren legen Sie hier in der Option BILDAUFLÖSUNG die MINIMALAUFLÖSUNGEN 15 für FARBBILDER, GRAUSTUFENBILDER und 1-BIT-BILDER fest.

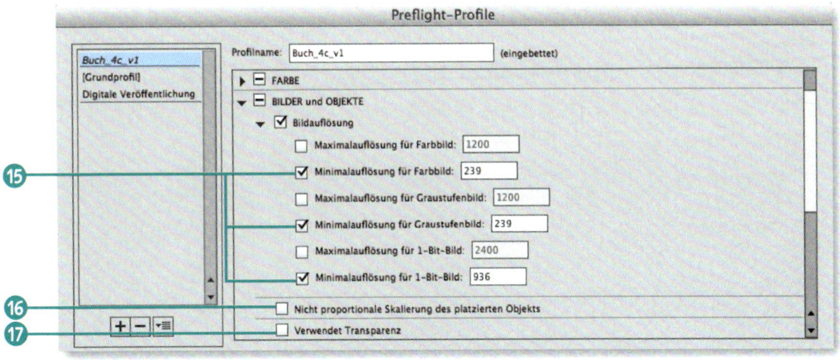

◂ Abbildung 27.9
Die Hauptgruppe BILDER UND OBJEKTE beim Anlegen eines Preflight-Profils. Die in der Abbildung gezeigten Werte entsprechen den Empfehlungen für das 60er-Raster.

Die Option NICHT PROPORTIONALE SKALIERUNG DES PLATZIERTEN OBJEKTS 16 sollte bei Anfängern oder bei Tageszeitungs- oder Magazinproduktionen, bei denen Redakteure als Layouter fungieren wollen, aktiviert werden, da diese oft vergessen, beim Skalieren die ⇧-Taste zu drücken.

Wenn Sie transparente Objekte aufspüren wollen, können Sie die Option VERWENDET TRANSPARENZ 17 aktivieren.

Das Aufspüren von CMYK-Bildern mit ICC-Profilen kann, wenn eine CMYK-zu-CMYK-Verrechnung geplant wird, auf mögliche Farbkonvertierungen in der Ausgabe hinweisen. Als Druckdienstleister wollen Sie erkennen, welchem Bild manuell ein geändertes Farbprofil zugewiesen wurde. Deshalb sollten Sie die Option ALLE PROFILABWEICHUNGEN ⓲ und BILDER OHNE EINGEBETTETES PROFIL AUSSCHLIESSEN aktivieren.

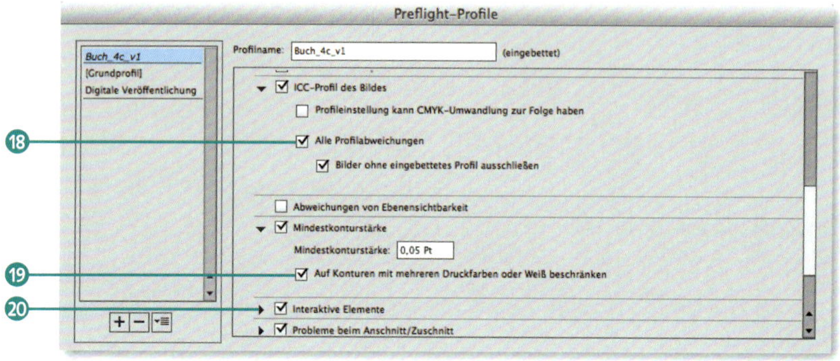

Abbildung 27.10 ▶
Die Hauptgruppe BILDER UND OBJEKTE (Fortsetzung) beim Anlegen eines Preflight-Profils

Das Finden von MINDESTKONTURSTÄRKEN sollte über die Suboption AUF KONTUREN MIT MEHREREN DRUCKFARBEN ODER WEISS BESCHRÄNKEN ⓳ eingeengt und die zu findende Stärke auf 0,05 Pt gesetzt werden.

INTERAKTIVE ELEMENTE ⓴ gehören nicht zu Druckdokumenten und müssen somit gefunden und für den Druck in eine entsprechende Form gebracht oder eliminiert werden.

Die Möglichkeit, Objekte zu finden, die zu nahe am Zuschnitt, Anschnitt und dem Bund sind, kann in Abhängigkeit vom Projekt über die Parameter in der Option PROBLEME BEIM ANSCHNITT/ZUSCHNITT ㉑ aktiviert werden. Grundsätzlich sollten Layouter zumindest auf die möglichen Fehler aufmerksam gemacht werden. Optional können Sie auch noch AUF OBJEKTE IN DER NÄHE DES BUNDS PRÜFEN ㉒.

Finden von ausgeblendeten Seitenelementen

Ob AUSGEBLENDETE SEITENELEMENTE ㉓ vorhanden sind, sollte ebenfalls vor der Ausgabe noch abgeklärt werden.

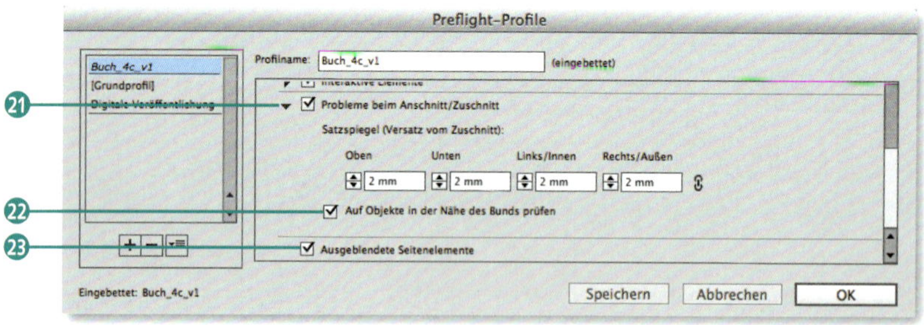

Abbildung 27.11 ▶
Die Hauptgruppe BILDER UND OBJEKTE (Fortsetzung) beim Anlegen eines Preflight-Profils

6 Festlegen der Parameter in »Text«

Hinsichtlich der Prüfung von Text sollten zumindest die Optionen ÜBERSATZTEXT ❶, SCHRIFTART FEHLT ❷ und GLYPHE FEHLT ❸ aktiviert werden. Bezüglich unzulässiger Schrifttypen empfehlen wir, unbedingt nach GE-

SCHÜTZTE SCHRIFTARTEN ❹ zu suchen und optional nach BITMAP ❺ sowie nach ATC ❻, da Sie speziell mit diesem Fonttyp sicherlich noch keine große Erfahrung haben.

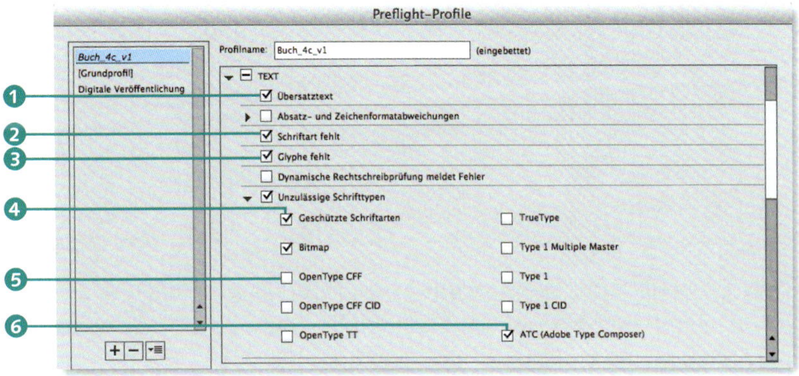

◄ **Abbildung 27.12**
Die Hauptgruppe TEXT beim Anlegen eines Preflight-Profils

Wenn Sie überhaupt auf die Mindestschriftgröße hin überprüfen wollen, so sollten Sie die Prüfung über die Option AUF TEXT MIT MEHREREN DRUCKFARBEN ODER WEISS BESCHRÄNKEN ❼.

Speziell bei umfangreicheren Dokumenten sollte die Option QUERVERWEISE SIND VERALTET und optional die Option QUERVERWEISE SIND UNGELÖST aktiviert werden ❽. Im ersten Fall könnte eine falsche Seitenzahl oder Textstelle im Druck erscheinen.

Unbedingt sollten Sie die Option KENNZEICHEN FÜR BEDINGTEN TEXT WERDEN GEDRUCKT ❾ aktivieren, denn diese Möglichkeit im Bedienfeld BEDINGTER TEXT ist nur für die Erstellung eines Korrekturabzugs gedacht.

In jedem Fall zu aktivieren

Die Option NICHT AUFGELÖSTE BESCHRIFTUNGSVARIABLE ❿ sollte aktiviert werden. Die Optionen EINSTELLUNG »SPALTENSPANNE« WURDE NICHT BERÜCKSICHTIGT ⓫ und VERFOLGTE ÄNDERUNG ⓬ müssen hingegen nicht unbedingt aktiviert werden, da dadurch kein Fehler im Druckbild entstehen kann.

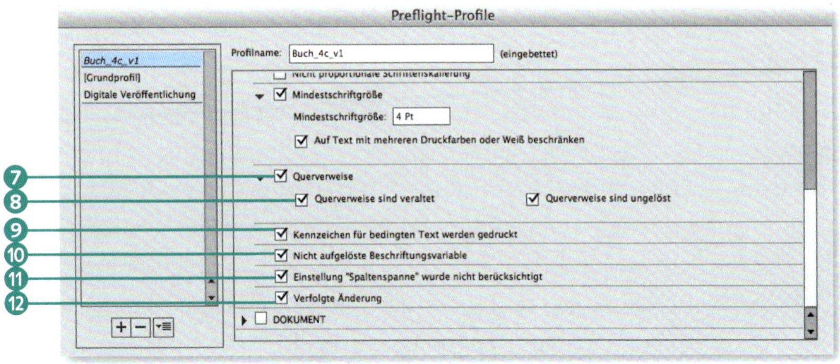

◄ **Abbildung 27.13**
Die Hauptgruppe TEXT (Fortsetzung) beim Anlegen eines Preflight-Profils

7 Festlegen der Parameter in »Dokument«

Die Parameter für den Bereich DOKUMENT müssen dokumentenspezifisch angelegt werden. Eine Grundeinstellung könnte zumindest die Überprüfung der Anzahl von Seiten im Dokument umfassen. Bestimmen Sie dann in der Option ANZAHL ERFORDERLICHER SEITEN ⓭, dass diese zumindest ein VIELFACHES VON 2 sein soll.

Abbildung 27.14 ▶
Die Hauptgruppe Dokument beim Anlegen eines Preflight-Profils

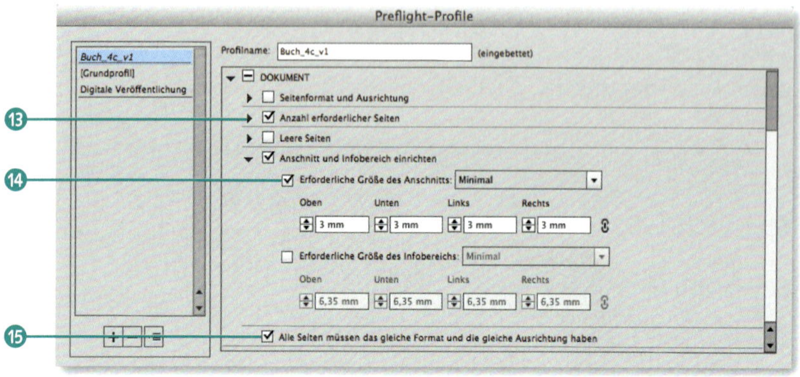

Dass generell immer ein Anschnitt von 3 mm beim Anlegen des Dokuments vorgesehen werden soll, können Sie über die Option Anschnitt und Infobereich einrichten und dort über die Suboption Erforderliche Grösse des Anschnitts (14) mit Minimal 3 mm festlegen.

Die Option Alle Seiten müssen das gleiche Format und die gleiche Ausrichtung haben (15) sollte immer aktiviert sein.

8 Speichern des Profils

Damit haben wir die notwendigen Parameter für das Buch-Prüfprofil festgelegt. Speichern Sie nun das Profil durch einen Klick auf den Button Speichern. Durch Klick auf OK gelangen Sie wiederum zurück in das Preflight-Bedienfeld. InDesign beginnt dann, das Dokument mit dem Prüfprofil zu überprüfen.

InDesign stürzt im Betrieb laufend ab

Sollte InDesign während des Arbeitens nach unbestimmter Zeit immer wieder mal abstürzen oder eine extrem langsame Verarbeitungsgeschwindigkeit aufweisen, so kann die Ursache meistens bei Preflight gesucht werden. Dies ist vor allem dann der Fall, wenn Sie EPS-Dateien im Layout platziert haben.

Deaktivieren Sie in diesem Fall zuerst einmal Preflight. Sollte sich dadurch keine Besserung zeigen, so überprüfen Sie, ob eventuell Querverweise im Dokument bestehen. Sie sind besonders oft für eine Verlangsamung der Arbeitsgeschwindigkeit von InDesign verantwortlich.

27.5 Mit Profilen arbeiten

Das Preflight-Profil ist erstellt und die Prüfung des Dokuments aktiviert. Nun stellen sich uns noch einige Fragen: Gibt es Grundeinstellungen, die man berücksichtigen muss? Kann ich festlegen, dass zukünftig jedes Dokument beim Anlegen mit meinem erstellten Profil geprüft wird? Müssen Dokument und Preflight-Profil getrennt voneinander abgespeichert werden? Kann die Anzahl der dargestellten Fehler minimiert werden? Kann man sich einen angepassten Prüfbericht erstellen lassen? Alle diese Fragen möchten wir Ihnen in diesem Abschnitt beantworten.

Festlegen der Preflight-Optionen

Bevor Sie mit Preflight in InDesign arbeiten, sollten Sie sich eine Strategie zurechtlegen, wie zukünftig Ihre selbst erstellten sowie übernommenen Dokumente geprüft werden sollen. Soll jedes geöffnete Dokument automatisch geprüft werden? Mit welchem Profil soll es geprüft werden? Diese Überlegungen können für Ihre Arbeitsweise als Grundeinstellung in den Preflight-Optionen hinterlegt werden.

Rufen Sie den Menüeintrag PREFLIGHT-OPTIONEN aus dem Bedienfeldmenü des Preflight-Bedienfelds auf, und legen Sie darin Ihre Vorgaben fest – jene, die Ihrer Arbeitsweise am besten entsprechen.

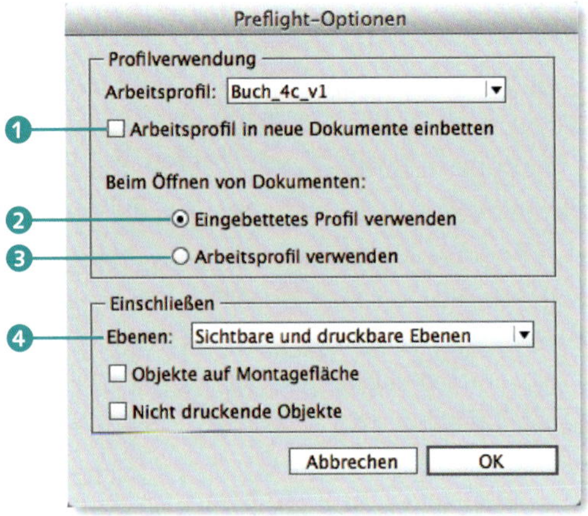

◄ **Abbildung 27.15**
Die Preflight-Optionen regeln das generelle Verhalten und die Verfahrensweise, mit welchem Preflight-Profil geprüft werden soll.

- ARBEITSPROFIL: Wählen Sie darin das zuvor erstellte Profil – »Buch_4c_v1« – aus. Durch die Wahl des Arbeitsprofils werden neu angelegte Dokumente und Dokumente ohne Profil damit geprüft.
- ARBEITSPROFIL IN NEUE DOKUMENTE EINBETTEN: ❶ Dadurch wird jedem neuen Dokument das »Arbeitsprofil« zugewiesen und in es eingebettet.
- EINGEBETTETES PROFIL VERWENDEN ❷: Ist ein Profil im Dokument eingebettet, so wird dieses Preflight-Profil verwendet.
- Durch die Wahl der Optionen im Bereich EINSCHLIESSEN kann die Prüfung generell erweitert bzw. eingrenzt werden.
  - EBENEN: Wählen Sie SICHTBARE UND DRUCKBARE EBENEN ❹, wenn Sie Objekte von ausgeblendeten Ebenen nicht prüfen wollen.
  - OBJEKTE AUF MONTAGEFLÄCHE: Da Objekte auf der Montagefläche nicht gedruckt werden, ist die Aktivierung dieser Option nur in sehr speziellen Fällen sinnvoll.
  - NICHT DRUCKBARE OBJEKTE: Auch die Prüfung von nicht druckbaren Objekten erscheint nicht wirklich sinnvoll.

Empfehlung für Druckdienstleister

Den Druckdienstleistern empfehlen wir die Aktivierung der Option ARBEITSPROFIL VERWENDEN ❸, denn damit wird das Dokument mit Ihrem Arbeitsprofil geprüft.

Laden, Exportieren, Einbetten und Löschen

Das Laden, Exportieren, Einbetten und Löschen von Preflight-Profilen können Sie im Preflight-Profile-Dialog erledigen. Rufen Sie dazu den Eintrag PROFILE DEFINIEREN aus dem Bedienfeldmenü des Preflight-Bedienfelds auf.

Abbildung 27.16 ▸
Das Laden, Exportieren, Einbetten und Löschen von Preflight-Profilen erfolgt über den Preflight-Profile-Dialog.

▲ Abbildung 27.17
Die Endung IDPP steht für InDesign Preflight Profile. Solche Dateien besitzen das in der Headline gezeigte Icon und können in InDesign nur über PROFIL LADEN hinzugefügt werden.

- PROFIL LADEN: Um das Preflight-Profil von der Buch-DVD in InDesign zu laden, klicken Sie auf das Symbol ❻ und wählen im Menü den Eintrag PROFIL LADEN aus. Sie können danach entweder Dateien mit der Endung ».idpp« oder ein InDesign-Dokument auswählen, in dem das gewünschte Preflight-Profil eingebettet ist.
- PROFIL EXPORTIEREN: Das Exportieren von Profilen erfolgt durch Auswahl des Profils und Ausführen von PROFIL EXPORTIEREN.
- PROFIL EINBETTEN: Das Einbetten von Profilen in InDesign-Dokumente kann auf zweierlei Art erfolgen:
  - Auswahl des Profils und Aufrufen des Befehls PROFIL EINBETTEN aus dem Bedienfeldmenü
  - Auswahl des Profils in der Option PROFIL des Preflight-Bedienfelds und Klick auf das Symbol
- PROFIL LÖSCHEN: Das Löschen von Profilen erfolgt durch Auswahl des Profils und Klick auf das Symbol ❺. Wenn Sie dabei die Alt- bzw. ⌥-Taste drücken, wird das Profil ohne weitere Warnung gelöscht.

Einbettung von Profilen ändern oder aufheben

Wenn Preflight-Profile dem InDesign-Dokument durch den Befehl PROFIL EINBETTEN hinzugefügt werden können, muss man auch das eingebettete Profil entfernen können. Die Vorgehensweisen dazu sind:

- **Austausch des eingebetteten Profils**: Wählen Sie im Preflight-Bedienfeld das gewünschte Profil aus, und nutzen Sie eines der beiden zuvor beschriebenen Verfahren zum Einbetten des Profils.
- **Abändern des eingebetteten Profils**: In einigen Fällen ist es notwendig, dass Sie das eingebettete Prüfprofil in bestimmten Parametern abändern. Wählen Sie dazu im Dialog PREFLIGHT-PROFI, das eingebettete Profil ❼ aus, und ändern Sie dann die entsprechenden Parameter in der jeweiligen Hauptkategorie.
- **Entfernen des eingebetteten Profils**: Dazu rufen Sie den Dialog PREFLIGHT-PROFILE auf, wählen das eingebettete Profil aus ❼ und führen den Befehl PROFILEINBETTUNG AUFHEBEN ❽ aus, den Sie durch Anklicken des Symbols erhalten.

Welches Profil ist eingebettet?
Der Name des eingebetteten Profils wird am Fuß des Preflight-Profile-Dialogs ❾ angezeigt. Eingebettete Profile werden darüber hinaus an oberster Stelle der Profileliste ❼ mit kursiv gesetztem Namen angezeigt.

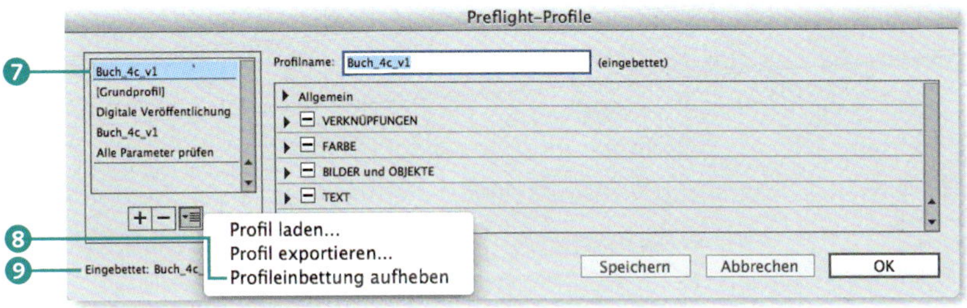

◀ **Abbildung 27.18**
Das Aufheben der Profileinbettung ist etwas versteckt.

Damit haben Sie die Zuordnung des Prüfprofils zum InDesign-Dokument aufgehoben.

27.6 Fehler anzeigen und beheben

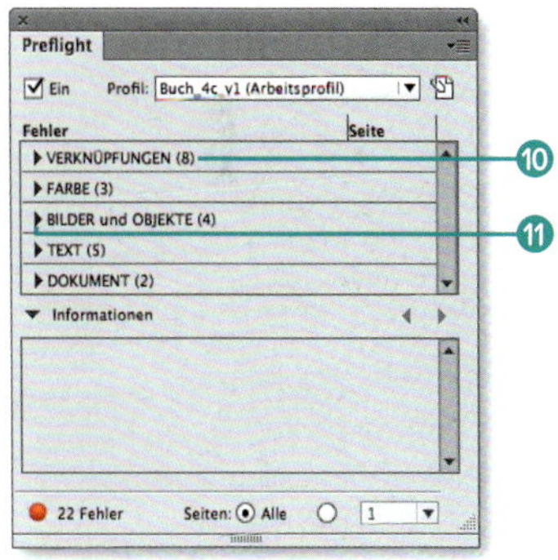

▲ **Abbildung 27.19**
Durch die Prüfung wurden 22 Fehler in allen fünf Hauptkategorien gefunden.

Nachdem wir nun die Voreinstellung und ein Prüfprofil für die 4c-Produktion eines Buchs definiert und angelegt haben, können wir ein Dokument öffnen und an dessen Analyse gehen.

Alle gefundenen Fehler werden in der Fehlerliste angezeigt. Es werden dabei nur jene Hauptkategorien aufgeführt, in denen auch tatsächlich Fehler gefunden wurden. Die Zahl hinter dem Kategorieeintrag ⑩ gibt an, wie viele Fehler in dieser Kategorie gefunden wurden.

Klicken Sie auf den Pfeil ⑪ links neben der jeweiligen Kategorie, um sie zu maximieren bzw. zu minimieren. Alle gefundenen Fehler dieser Kategorie werden angezeigt. Durch einen weiteren Klick auf den Pfeil neben der jeweiligen Subkategorie können Sie die Liste aller gefundenen Objekte einsehen. Beachten Sie jedoch beim Anzeigen der Fehlerliste folgende Aspekte:

- Wurde beispielsweise ein niedrigauflösendes RGB-Bild platziert, so werden zwei Fehler angezeigt: einer für die Auflösung und der andere für das RGB-Bild. Somit kann ein und dasselbe Bild in mehreren Kategorien zu einem Fehler führen.
- In manchen Fällen verursachen Designobjekte wie Farbfelder, Absatz- oder Zeichenformate ein Problem. Das Designobjekt selbst wird dabei nicht als Fehler in der Fehlerliste angezeigt. Stattdessen werden alle Seitenobjekte aufgeführt, auf die das Designobjekt angewendet wurde.
- Fehler, die in Übersatztext oder ausgeblendetem bedingten Text auftreten, werden nicht aufgeführt.
- Ein Musterseitenobjekt, in dem ein Fehler aufgetreten ist, wird nicht aufgeführt, wenn die Musterseite keiner Originalseite zugewiesen wurde. Wenn in einem Musterseitenobjekt ein Fehler vorliegt, wird dieser nur einmal – nicht für jede Seite – aufgeführt.

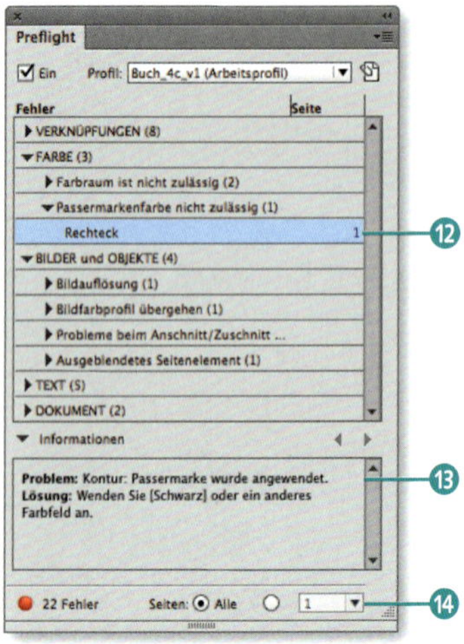

▲ **Abbildung 27.20**
Durch das Maximieren der Haupt- und Unterkategorien kann auf jedes fehlerhafte Seitenobjekt zugegriffen werden.

Tipp
Um die Übersicht im Fehlerfenster zu wahren, sollten Sie die Anzahl der Einträge auf 25 begrenzen.

- Durch Klick auf die Seitennummer ⓬ eines Seitenobjekts können Sie sehr schnell das fehlerhafte Seitenobjekt anspringen. Wird jedoch keine Seitennummer angezeigt, so handelt es sich um gefundene Fehler wie »Falsche Einstellungen im Druckfarben-Manager« oder »Falsche Anzahl von Volltonfarben«, die nicht einzelnen Seitenobjekten zuzuordnen sind. In manchen Fällen stehen anstelle einer Seitennummer andere Buchstabenkombinationen:
  - A: Das Seitenobjekt befindet sich auf der A-Musterseite.
  - MF: Das Seitenobjekt befindet sich auf der Montagefläche.
- Fehler, die in nicht druckbaren Seitenobjekten, in Seitenobjekten auf der Montagefläche oder auf verborgenen oder nicht druckbaren Ebenen auftreten, werden nur dann in der Fehlerliste aufgeführt, wenn in den Preflight-Optionen die entsprechenden Optionen angegeben sind (siehe dazu Seite 826).
- Es werden unter Umständen nicht alle Fehler angezeigt, da die Anzahl der Einträge pro Fehler begrenzt sein kann. Die Begrenzung der Fehlereinträge erfolgt dabei über das Menü Anzahl Zeilen pro Fehler begrenzen aus dem Bedienfeldmenü des Preflight-Bedienfelds. Standardmäßig ist die Anzahl auf 100 Einträge beschränkt.
- Wenn Sie nur bestimmte Seiten ausgeben möchten, können Sie die Preflight-Prüfung auf einen bestimmten Seitenbereich ⓮ einschränken. Geben Sie unten im Preflight-Bedienfeld einen Seitenbereich an.

Aus dem Preflight-Bedienfeld können Sie durch Doppelklick auf die Seitennummer oder auf den Eintrag in der Fehlerliste direkt zum betroffenen Seitenobjekt springen. Lösungsvorschläge zur Behebung des Fehlers können Sie dem Informationen-Bereich ⓭ des Preflight-Bedienfelds entnehmen.

27.7 Preflight-Report

Fehlerberichte, in denen alle Fehler aufgeführt werden, können als reine Textdatei oder als PDF-Datei abgespeichert werden. Darüber hinaus enthält der Bericht Angaben zu Zeit, Dokumentname und Profilname.

Prüfbericht erstellen

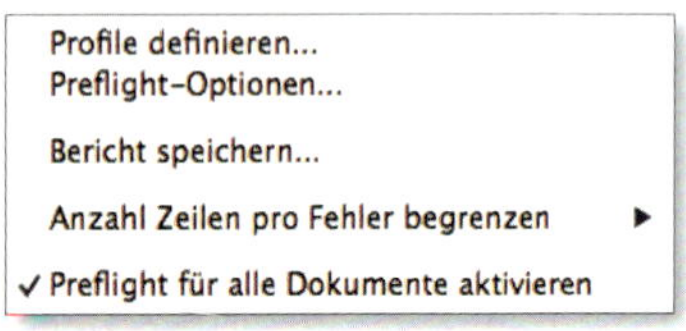

▲ **Abbildung 27.21**
Das Bedienfeldmenü des Preflight-Bedienfelds

Das Speichern eines Fehlerberichts erfolgt durch Ausführen des Befehls Bericht speichern aus dem Preflight-Bedienfeldmenü. Im erscheinenden Dialog wählen Sie dann Portable Document Format (*.pdf) in der Option Format aus und vergeben einen entsprechenden Namen.

Da Sie PDF gewählt haben – Prüfberichte können auch als Textdatei (.txt) ausgegeben werden –, erstellt InDesign den Prüfbericht auf Basis einer vordefinierten InDesign-Vorlage, die Sie zumindest vom Layout her Ihren Erfordernissen anpassen können.

Schritt für Schritt
Anpassen des Prüfberichts

Um den Prüfbericht der CI des Unternehmens anzupassen, müssen Sie die entsprechende InDesign-Vorlage bearbeiten.

Hinweis
Die Datei »PreflightReport.indt« – ein InDesign-Template – liegt im Programmordner ADOBE INDESIGN CC/SCRIPTS/PREFLIGHT.

1 Öffnen der Vorlage

Öffnen Sie die InDesign-Vorlage »PreflightReport.indt« aus dem Ordner PROGRAMME/ADOBE INDESIGN CC/SCRIPTS/PREFLIGHT.

2 Ändern der Absatzformate und Textvariablen

Die Vorlage besteht aus Textvariablen, die in der Fußzeile auf der Musterseite »A-Master« platziert sind, und aus Textstellen, die mit Absatzformaten ausgezeichnet sind, auf der Layoutseite.

Ändern Sie die Absatzformate nach Ihrem Geschmack. Bevor Sie damit loslegen, lösen Sie zuvor alle Absatzformate vom Format mit der Bezeichnung BASE durch Auswahl des Bedienfeldmenüs VERKNÜPFUNG MIT FORMAT AUFHEBEN, da ansonsten immer Minion Pro anstelle der von Ihnen gewählten Schriftfamilie eingefügt wird.

Wenn Sie darüber hinaus noch das Erstellungsdatum des Berichts einfügen wollen, erzeugen Sie eine entsprechende Textvariable – ÄNDERUNGSDATUM – und formatieren diese nach Ihrem Geschmack.

Auf der Buch-DVD finden Sie im Ordner BEISPIELMATERIAL • KAPITEL_27 den angepassten Prüfbericht unter der Bezeichnung »PreflightReport.indt«.

3 Speichern der Vorlage

Überschreiben Sie das Original mit derselben Bezeichnung. Vergessen Sie nicht, den Prüfbericht als InDesign-Vorlage abzuspeichern. Wählen Sie dazu INDESIGN CC-VORLAGE in der Option FORMAT des Dialogs SPEICHERN UNTER aus.

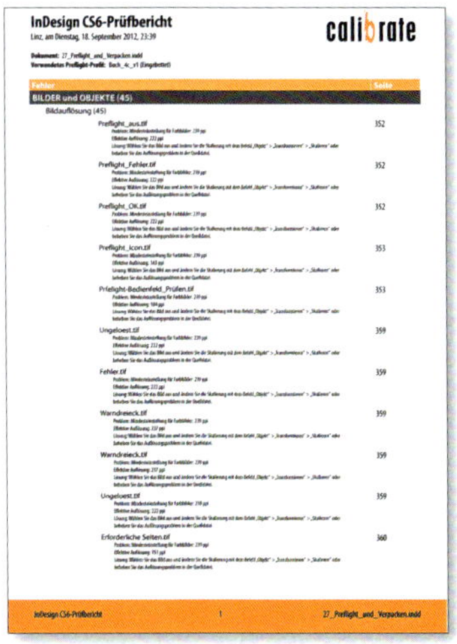

▲ **Abbildung 27.22**
Mögliche Form eines modifizierten Preflight-Berichts

27.8 Verpacken

Nachdem wir nun zuerst eine umfassende Prüfung der Layoutdaten mit PREFLIGHT durchgeführt und darüber hinaus alle produktionsrelevanten Überprüfungen abgeschlossen haben, können wir ein vollständiges Paket erstellen, das aus der eigentlichen InDesign-Datei, allen verwendeten Schriften und allen Bildern bzw. Grafiken besteht.

Warum werden Pakete geschnürt?

Die Erstellung von InDesign-Paketen kann aus verschiedenen Motiven heraus erfolgen. Dazu zählen:

- die Übergabe von »offenen« Datenbeständen zur Weiterverarbeitung durch andere Layouter, Grafiker und Datenbankverantwortliche
- die Übergabe von »offenen« Datenbeständen zur Ausgabe in der Druckerei, speziell, wenn mit OPI-Systemen gearbeitet wird
- das Erstellen von vollständigen Paketen für nachfolgende PDF-Workflows, die automatisiert aus dem InDesign-Dokument eine PDF-Datei erstellen müssen. Eine automatisierte Verarbeitung kann dabei nur garantiert werden, wenn alle Ressourcen zur Verfügung stehen.
- die vollständige Archivierung von Projekten, sodass auch noch in einigen Jahren auf den Bildbestand und vor allem auf die damals verwendeten Schriften – in Form des DOCUMENT FONTS-Ordners – zurückgegriffen werden kann.

Hinweis
Zu den PDF-Workflow-Systemen, die eine automatisierte PDF-Erstellung auf Basis von InDesign-Paketen durchführen können, zählen *Switch* von Enfocus – *www.enfocus.com* – und das InDesign-Plug-in *MadeToPrint* aus dem Hause axaio – *www.axaio.com*.

Das Erstellen von InDesign-Paketen ist ein Kinderspiel. Nur wenige Schritte sind dazu erforderlich. Es sollte jedoch zuvor sichergestellt sein, dass InDesign zum Verpacken Zugriff auf alle benötigten Daten hat.

Verpacken eines Dokuments

Die nachstehende Schritt-für-Schritt-Anleitung zeigt Ihnen, wie Sie ein vollständiges Paket für die Druckvorstufe erstellen können.

Schritt für Schritt
Verpacken von InDesign-Dokumenten

Bevor Sie ein Dokument verpacken, sollten alle Verknüpfungen aktualisiert und das Dokument gespeichert sein.

1 Den Befehl »Verpacken« ausführen

Führen Sie DATEI • VERPACKEN oder Strg + Alt + ⇧ + P bzw. ⌘ + ⌥ + ⇧ + P am geöffneten Dokument aus.

Eine automatische Dokumentenüberprüfung wird gestartet. Es wird der Paket-Dialog angezeigt, der Sie darüber informiert, ob bestimmte Fehler in der InDesign-Datei gefunden wurden oder nicht.

2 Gesamtanalyse im Register »Übersicht«

Auf einen Blick erkennen Sie, dass in unserem Dokument Probleme mit Schriften und importierten Bildern vorliegen. Dies wird jedem Anwender sofort durch das Symbol ⚠ (1) vermittelt.

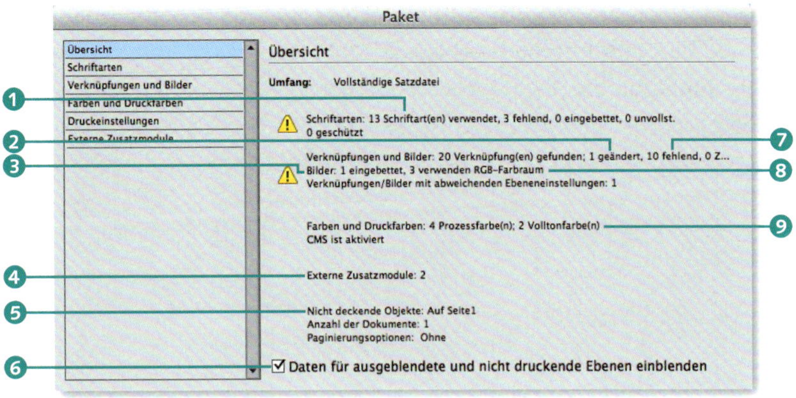

◄ **Abbildung 27.23**
Das Register ÜBERSICHT im Paket-Dialog, den Sie durch den Verpacken-Befehl aufrufen. Durch die Wahl der Option DATEN FÜR AUSGEBLENDETE UND NICHT DRUCKENDE EBENEN EINBLENDEN ❻ kann die Gesamtprüfung stark eingeschränkt werden.

Wenn Sie den Dialog jedoch etwas genauer betrachten, können Sie feststellen, dass von 13 verwendeten Schriftarten ❶ drei fehlen und dass von 20 Verknüpfungen zehn Bilder als FEHLEND ❼, ein Bild jeweils als GEÄNDERT ❷ bzw. als EINGEBETTET ❸ vorgefunden wurden. Darüber hinaus sind drei RGB-Bilder ❽, zwei VOLLTONFARBEN ❾ und zwei weitere EXTERNE ZUSATZMODULE ❹ im Dokument gefunden worden. Durch den Eintrag NICHT DECKENDE OBJEKTE ❺ wird Ihnen mitgeteilt, dass sich auf SEITE 1 Transparenzen befinden. Mehr Informationen zu den einzelnen Fehlern können Sie in den jeweiligen Registern einsehen.

3 Fehler in »Schriftarten« analysieren und beheben

Werden beim Verpacken fehlende Schriften, inklusive fehlender Schriften aus platzierten PDF- und EPS-Dateien, im Dokument gefunden, so wird die erste Fundstelle ausgewiesen.

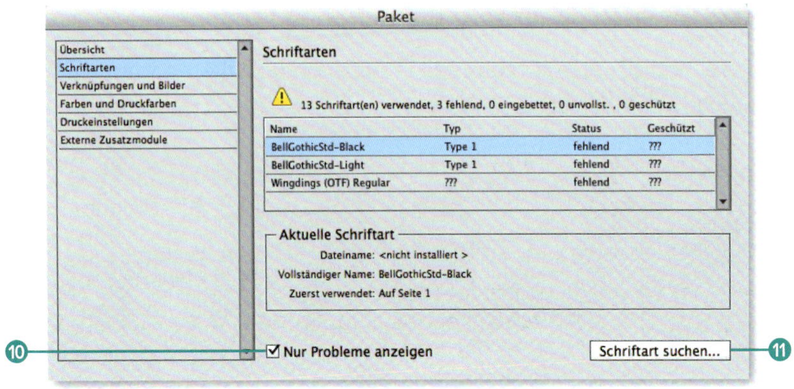

◄ **Abbildung 27.24**
Das Register SCHRIFTARTEN im Paket-Dialog. Lassen Sie sich hier alle Problemfelder hinsichtlich verwendeter Schriften anzeigen.

Wenn Sie die Option NUR PROBLEME ANZEIGEN ❿ aktivieren, werden Ihnen nur die fehlenden Schriften in der Liste aufgeführt. Über SCHRIFTART SUCHEN ⓫ können Sie alle Informationen zur Schrift auslesen und die entsprechende Zuweisung vornehmen.

Hinweis

Nähere Hinweise zum Dialog SCHRIFTART SUCHEN erhalten Sie in Abschnitt 26.4, »Der ›Schriftart suchen‹-Dialog«, auf Seite 808.

4 Fehler in »Verknüpfungen und Bilder« erkennen und beheben

Hier werden alle Informationen zum Status der platzierten Dateien in Bezug auf Farbraum, Dateityp und ICC-Profil angezeigt. Zusätzlich können die Informationen zur Auflösung ⓬ – ORIGINAL PPI und PPI EFFEKTIV – und der Speicherort ⓭ für jedes einzelne Bild ausgelesen werden.

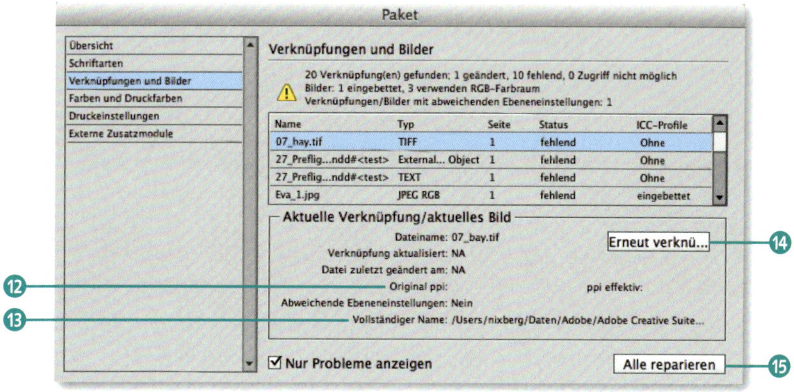

Abbildung 27.25 ▸
Das Register VERKNÜPFUNGEN UND BILDER im Paket-Dialog. Fehlende Bilder können noch beim Verpacken der InDesign-Datei erneut verknüpft ⓮ werden.

Als Fehler werden Bildverknüpfungen, die fehlen oder nicht aktualisiert sind, sowie verwendete RGB-Bilder erkannt.

Mit dem Button AKTUALISIEREN bzw. ERNEUT VERKNÜPFEN ⓮ werden modifizierte bzw. fehlende Verknüpfungen aktualisiert. Mit ALLE REPARIEREN ⓯ werden fehlende Bilder durch Neuzuweisung aktualisiert. Zu empfehlen ist dies in diesem Stadium nicht.

> **Tipp**
> Führen Sie eine Aktualisierung immer kontrolliert im Dokument durch, da Sie sonst meistens bei der Ausgabe eine ungute Überraschung erwartet.

5 Das Register »Farben und Druckfarben«

Hier können Sie alle Prozess- und Volltonfarben, die in InDesign oder in platzierten EPS- und PDF-Dateien verwendet worden sind, auf einen Blick erfassen. Die verwendeten Winkel- und Rasterweiteneinträge – für eine Composite-Ausgabe spielen diese keine Rolle – basieren auf der aktuell gewählten PPD-Datei (PostScript Printer Description).

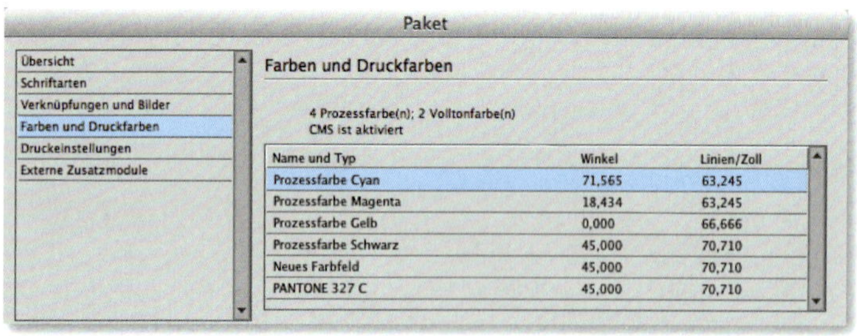

Abbildung 27.26 ▸
Das Register FARBEN UND DRUCKFARBEN im Paket-Dialog

Wenn es sich beim zu verpackenden Dokument um eine reine 4c-Datei handeln soll, so müsste die überflüssige Volltonfarbe eliminiert werden. Aus dem Dialog PAKET heraus kann dieser Schritt nicht erfolgen. Sie müssen dafür zuerst den Verpacken-Vorgang abbrechen und die Farben im Farbfelder-Bedienfeld in CMYK-Farbfelder umwandeln oder im Druckfarben-Manager zur Konvertierung kennzeichnen.

6 Die Register »Druckeinstellungen«, »Externe Zusatzmodule«

Im Register DRUCKEINSTELLUNGEN werden die aktuell gewählten Parameter für das Drucken zusammengefasst. Im Register EXTERNE ZUSATZMODULE sind jene Plug-ins aufgelistet, die neben den Standard-Plug-ins von InDesign CC verwendet werden. Zum Öffnen des Dokuments auf anderen Stationen dürften diese Plug-ins jedoch nicht benötigt werden.

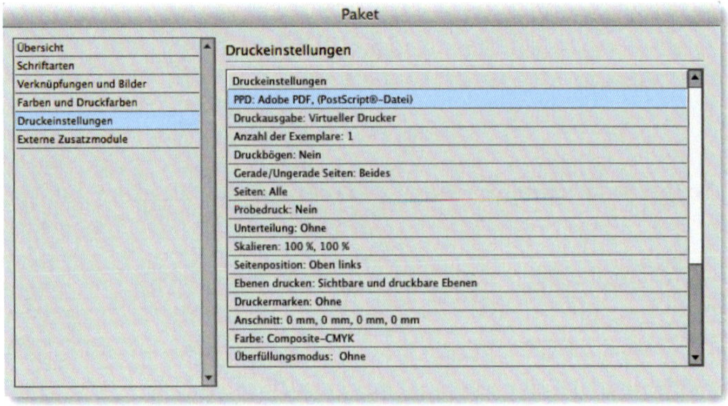

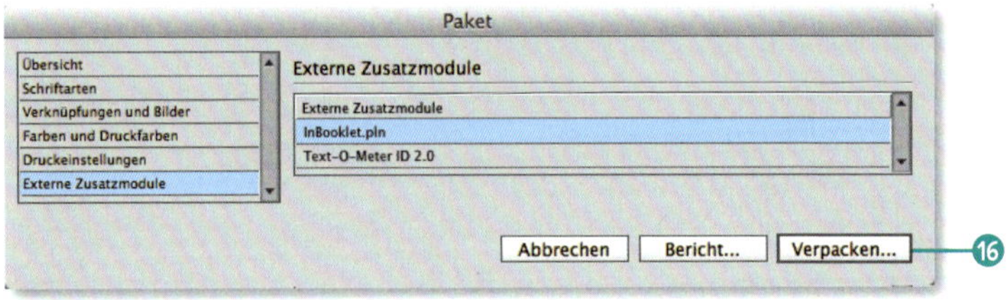

◄ **Abbildung 27.27**
Oben: Das Register DRUCKEINSTELLUNGEN im Paket-Dialog
Unten: Das Register EXTERNE ZUSATZMODULE im Paket-Dialog

Einträge zu externen Zusatzmodulen löschen

Überflüssige Zusatzmodule können entfernt werden, indem Sie den Vorgang des Verpackens abbrechen und die »Waschmaschinen-Funktion« durch Speichern in das InDesign-Markup-Format ausführen. Hinweise dazu erhalten Sie im Abschnitt »IDML – InDesign Markup Language« auf Seite 903.

7 Vorbereitungen zum Verpacken treffen

Sind alle Probleme behoben, so kann mit dem Verpacken der Datei begonnen werden – d. h. mit dem Anlegen einer Sammlung in Form eines Ordners, in dem sich neben dem InDesign-Dokument zwei Ordner mit der Bezeichnung DOCUMENT FONTS und LINKS befinden. Klicken Sie dazu auf den Button VERPACKEN 16. Wurde zuvor das Dokument nicht gespeichert, so erscheint die Warnmeldung aus Abbildung 27.28.

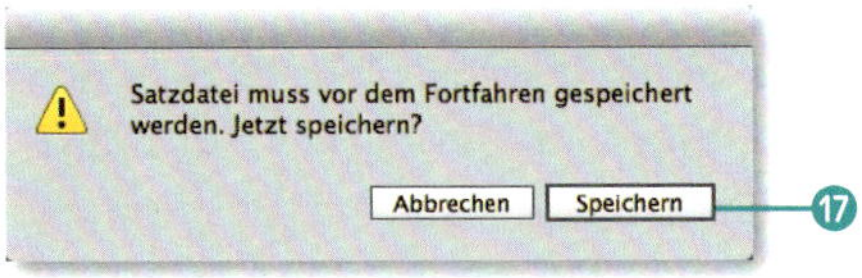

◄ **Abbildung 27.28**
Fehlermeldung, die auf den nicht gespeicherten Zustand hinweist

Durch einen Klick auf SPEICHERN 17 wird das InDesign-Dokument gespeichert und mit dem Verpacken fortgefahren.

Danach erscheint ein Dialog, in dem Sie die Informationen zum Dokument, Adressinformationen und Anweisungen für die Druckerei hinterlegen können.

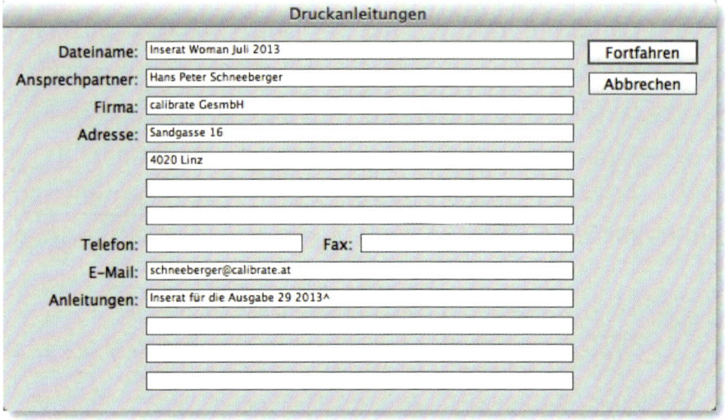

Abbildung 27.29 ▶
Geben Sie die Grundinformationen zum Auftrag im Dialog DRUCKANLEITUNGEN ein. Diese Eingaben werden als Textdatei im verpackten Ordner abgespeichert.

Nach dem Ausfüllen klicken Sie auf FORTFAHREN. Sie werden danach aufgefordert, einen Namen für den Verpackungsordner im Eingabefeld SICHERN UNTER ⑱ zu vergeben. Standardmäßig schlägt InDesign den Dateinamen mit dem Zusatz »Ordner« vor. Wählen Sie danach den Speicherort aus, und aktivieren Sie die von Ihnen gewünschten Parameter im Optionenbereich des Dialogs VERPACKUNGSORDNER ERSTELLEN.

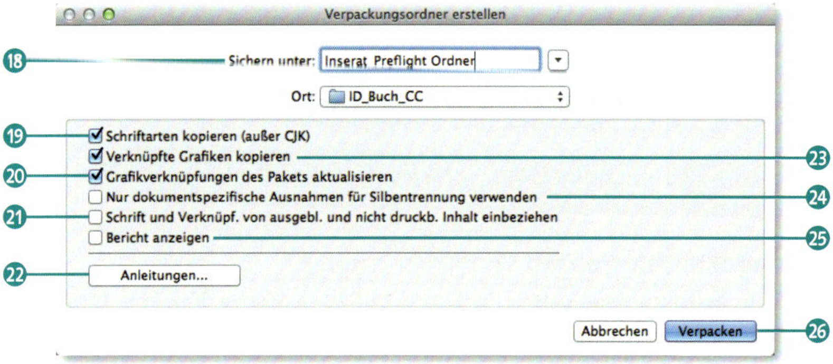

Abbildung 27.30 ▶
Bestimmen Sie im Dialog VERPACKUNGSORDNER ERSTELLEN, welche Zusätze zur aktuellen InDesign-Satzdatei mit verpackt werden sollen.

Durch die Option SCHRIFTARTEN KOPIEREN (AUSSER CJK) ⑲ – C = Chinesisch, J = Japanisch, K = Koreanisch – werden alle benötigten Schriften, nicht jedoch die gesamte Schriftfamilie kopiert.

Aktivieren Sie immer die Option VERKNÜPFTE GRAFIKEN KOPIEREN ㉓, da dadurch alle verknüpften Grafiken, Bilder, InDesign-Dateien, Textabschnitte, Texte und Tabellen in einen Ordner mit der Bezeichnung LINKS kopiert werden. Wurden unterschiedliche Bilder mit dem gleichen Namen aus unterschiedlichen Ordnern in einem InDesign-Dokument platziert, so werden diese Dateien beim Verpacken automatisch mit einer fortlaufenden Nummer versehen. Somit kann eine Kollision beim Verpacken umschifft werden. Wichtig: Verknüpfte Textdateien werden unabhängig von dieser Option immer kopiert.

Durch die Aktivierung der Option GRAFIKVERKNÜPFUNGEN DES PAKETS AKTUALISIEREN ⑳ werden alle Pfade auf den neuen Speicherort aktualisiert, und die Vorschaudatei wird neu errechnet. Textverknüpfungen werden selbstverständlich nicht aktualisiert!

Um alle platzierten Dateien, auch die der unsichtbaren Ebenen, zu übertragen, müssen Sie die Option SCHRIFT UND VERKNÜPF. VON AUSGEBL. UND NICHT DRUCKB. INHALT EINBEZIEHEN ㉑ aktivieren.

Die Option BERICHT ANZEIGEN ㉕ öffnet nach dem Verpacken automatisch die erstellte Druckanleitung aus Abbildung 27.29.

Aktivieren Sie die Option NUR DOKUMENTSPEZIFISCHE AUSNAHMEN FÜR SILBENTRENNUNG VERWENDEN ㉔, wenn Sie das Dokument einem Druckvorstufenbetrieb zur Weiterverarbeitung übergeben. Dadurch wird das Dokument mit Kennzeichnungen versehen, damit kein neuer Textumbruch stattfindet, wenn ein anderer Benutzer die Datei auf einem anderen Computer öffnet.

Um die Druckanleitung einzusehen, aktivieren Sie den Button ANLEITUNGEN ㉒.

Kein Konflikt durch Verknüpfungen mit gleichem Namen

Wurden in einem InDesign-Dokument Dateien aus verschiedenen Ordnern/Verzeichnissen, jedoch mit gleichen Namen platziert, so kommt es beim Verpacken zur Umbenennung einzelner Dateien. Aus diesem Grunde ist es sehr wichtig, dass nach dem Verpacken die Grafikverknüpfungen noch aktualisiert werden. Dies kann automatisch erfolgen, wenn Sie die Option GRAFIKVERKNÜPFUNGEN DES PAKETS AKTUALISIEREN ⑳ aktivieren.

8 Verpacken der InDesign-Datei

Starten Sie nun das Verpacken des Jobs, indem Sie auf den Button VERPACKEN ㉖ klicken. Bevor InDesign jedoch den Auftrag erledigt, werden Sie mit einem Warndialog konfrontiert, der Sie darauf aufmerksam macht, dass die Weitergabe von Schriften illegal sein könnte.

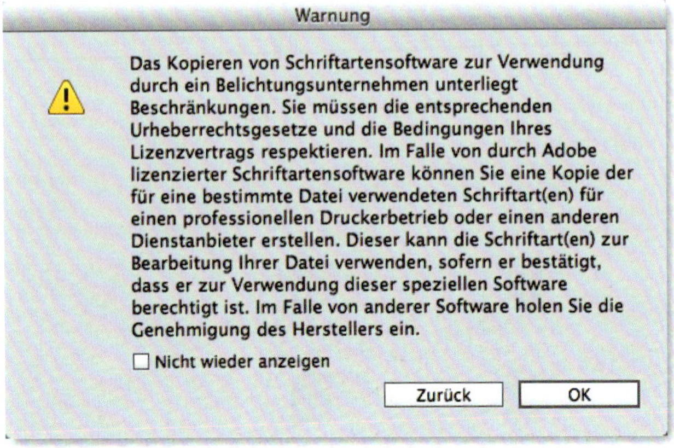

◄ **Abbildung 27.31**
InDesign warnt, dass es illegal sein könnte, Schriften zu kopieren. Wenn Sie nicht bei jedem Verpackungsvorgang hinsichtlich des Rechteproblems gewarnt werden wollen, aktivieren Sie hier ausnahmsweise die Checkbox NICHT WIEDER ANZEIGEN.

Die Weitergabe von Schriften innerhalb einer PDF-Datei würde in den meisten Fällen nicht zu einer Lizenzverletzung führen. Drücken Sie OK, und InDesign erstellt einen vollständigen Jobordner. Das erstellte Paket sieht dann so schön geordnet aus, wie in Abbildung 27.32 gezeigt.

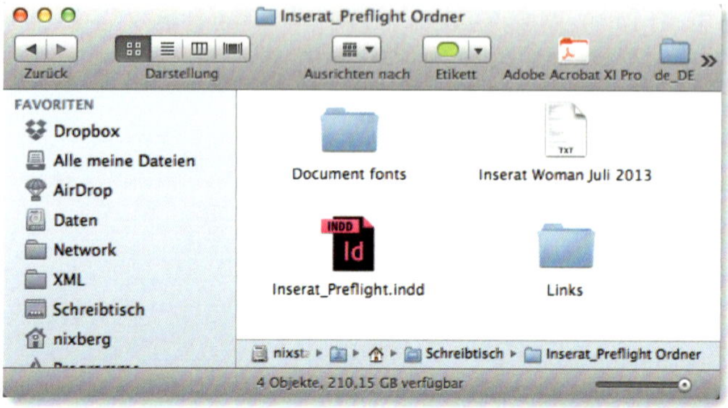

Abbildung 27.32 ▶
Die Struktur eines verpackten Ordners mit dem Document fonts-Ordner und dem Links-Ordner, in den alle platzierten Dateien gespeichert werden

Verpacken bei OPI-Workflows

Bitte beachten Sie Folgendes: Wurden niedrigauflösende Bilder (OPI-Daten) platziert, so werden beim Verpacken natürlich nur diese Bilder verpackt. Ein Austausch durch hochauflösende Bilder ist über die Verpacken-Funktion nicht möglich.

Beachten Sie, dass Sie zur Übergabe von Paketen an den Druckdienstleister diesen Ordner darüber hinaus noch ZIP-komprimieren sollten, da speziell bei Schriften – es sei denn, es sind nur OpenType-Schriften – eine Übertragung auf Dateisysteme anderer Betriebssysteme immer noch Probleme bereitet.

Verpacken von Büchern

Besonders angenehm beim Verpacken ist, dass es die Möglichkeit gibt, das Verpacken über ein gesamtes InDesign-Buch hinweg durchzuführen.

Wählen Sie dazu mehrere oder alle Dokumente eines Buchs aus, und rufen Sie den Befehl "Ausgewählte Dokumente" für Druck verpacken aus dem Bedienfeldmenü des Buch-Bedienfelds auf. InDesign kopiert die ausgewählten Dateien inklusive der Buchdatei (».indb«) in einen Ordner und legt auch in diesem Fall die Unterordner Document fonts und Links an. Die Buchdatei enthält die Verknüpfungen zu allen im Ordner befindlichen InDesign-Dateien.

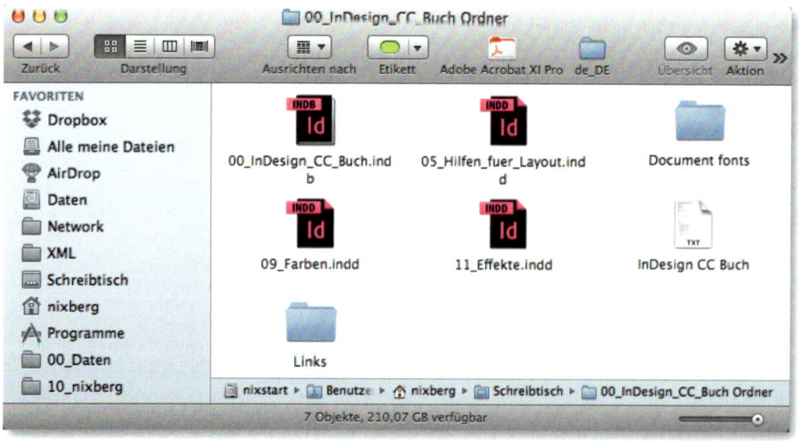

Abbildung 27.33 ▶
Der Ordnerinhalt eines über ausgewählte Dokumente hinweg erzeugten Pakets der InDesign Buch-Funktion. Nähere Informationen erhalten Sie im Abschnitt »Das Buch ausgeben« auf Seite 644.

Kapitel 28
Drucken

Die Broschüre, der Flyer, das Magazin oder der Geschäftsbericht ist fertig gestaltet und muss nun erstmals auf Papier ausgegeben werden. Die Ausgabe auf Papier, aber auch die Ausgabe in eine PostScript-Datei erfolgt in InDesign über den Druckdialog, in dem Sie je nach Ausgabeabsicht passende Werte setzen können. Damit Sie Ihre Arbeit auch in der gewünschten Qualität ausgeben können, sollten Sie diesem Kapitel die notwendige Aufmerksamkeit schenken, denn ein falscher Klick, eine versehentlich aktivierte Option oder die Wahl der falschen PPD-Datei kann zu einer ungewollten, fehlerhaften oder niedrigauflösenden Ausgabe führen und damit Ihre gesamte Arbeit vernichten. Erfahren Sie in diesem Kapitel, welche Druckoptionen Sie für welche Ausgabeform aktivieren müssen und wie Sie unter anderem auch einen kleinen Ausschuss in Form einer Broschüre direkt auf Ihrem Drucker ausgeben können.

28.1 Bereiche des Druckdialogs

Im Druckdialog können zur Ausgabe von Dokumenten alle druckerspezifischen Parameter wie z. B. Seitenformate, die Position auf dem Seitenformat, das Hinzufügen von Druckmarken (Passermarken oder Schneidzeichen), der Ausgabefarbraum, die Transparenzreduzierung sowie der Umgang mit Schriften und die Berechnung der Auflösung der Bilder eingestellt werden. Immer wiederkehrende Einstellungen im Druckdialog können als Druckvorgabe für InDesign abgespeichert und somit zur rascheren Verarbeitung von Druckjobs aufgerufen und ausgeführt werden.

Den Druckdialog können Sie über den Befehl DATEI • DRUCKEN oder über das Tastenkürzel Strg+P bzw. ⌘+P oder durch Aufrufen einer gewählten Druckvorgabe über DATEI • DRUCKVORGABEN • [NAME DER DRUCKVORGABE] aufrufen.

Drucken von Büchern
Um Dokumente auszudrucken, die über die Buch-Funktion zu einem Buch zusammengefasst wurden, müssen Sie zuerst im Buch-Bedienfeld alle bzw. keines oder die gewünschten Dokumente auswählen und danach im Bedienfeldmenü den Befehl BUCH DRUCKEN bzw. AUSGEWÄHLTE DOKUMENTE DRUCKEN ausführen.

Abbildung 28.1 ▶
Der Druckdialog ist in fünf Bereiche eingeteilt: Wahl des Druckers ❶, Wahl des Registers ❷, Einstellungen für das gewählte Register ❸, Vorschauansicht ❹ und Fußleiste ❺.

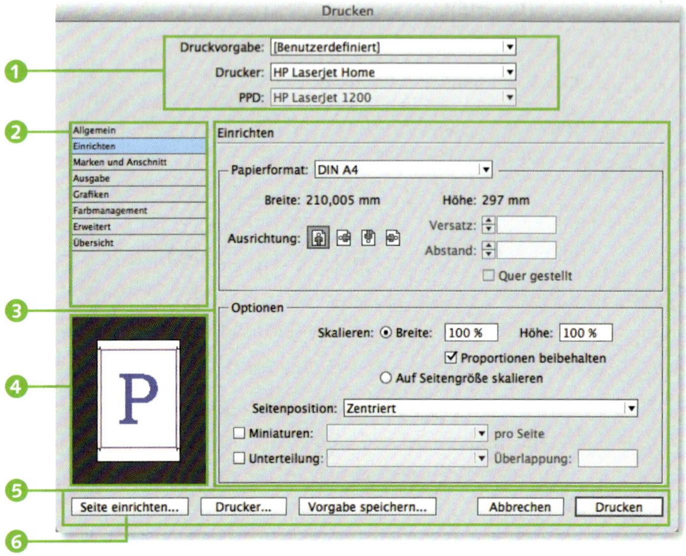

Wahl des Druckers

Das Einstellen von DRUCKVORGABE, DRUCKER und PPD-Datei ❶ steht logischerweise am Beginn des Druckdialogs, da von dieser Auswahl auch der Inhalt der einzelnen Registerbereiche abhängt.

Von oben nach unten
Nehmen Sie die Einstellungen in den Bereichen immer von oben nach unten vor. Wählen Sie also zuerst den Drucker mit der PPD und erst dann die Parameter in den einzelnen Registern.

Druckvorgabe | Druckvorgaben sind Sets von Einstellungen, die für eine bestimmte Ausgabe auf einem dafür gewählten Ausgabegerät erstellt worden sind. Mehr dazu erfahren Sie auf Seite 864.

Drucker und PPD | Mit den Optionen DRUCKER und PPD bestimmen Sie, wie die Ausgabe Ihres Dokuments über PostScript erfolgen soll. InDesign kann dabei ein *geräteabhängiges* (durch die Wahl einer PPD-Datei) oder ein *geräteunabhängiges* PostScript (durch die Wahl von GERÄTEUNABHÄNGIG) generieren. Die Auswahl der PPD-Datei sollte durch den ausgewählten PostScript-Drucker bestimmt sein, weshalb dieser ausgegraut dargestellt wird. Wenn Sie jedoch eine PostScript-Datei über eine bestimmte PPD generieren wollen, so ist in der Option DRUCKER der Eintrag POSTSCRIPT®-DATEI zu wählen. Dadurch können Sie auf alle PPD-Dateien der aktuell angelegten Drucker zugreifen.

PPD
Verwechseln Sie nicht den Begriff *Druckertreiber* mit dem Begriff PPD! PPD steht für *PostScript Printer Description*. In ihr stehen alle gerätespezifischen Parameter wie RIP-Version, verfügbare Schriften, verwendete Farbräume, Auflösung und die zur Verfügung stehenden Papierformate. Der geräteunabhängige PostScript-Code aus InDesign wird durch die Wahl der zum Ausgabegerät passenden PPD-Datei in einen geräteabhängigen PostScript-Code umgewandelt.

Register wählen und Einstellungen vornehmen

In der Liste der Register ❷ können Sie auf die unterschiedlichen Bereiche des Druckdialogs zugreifen. Mit den Cursorpfeilen [↑]/[↓] springen Sie schnell zwischen den Registern hin und her.

Einstellungen für gewählte Register vornehmen | Haben Sie ein Register ausgewählt, können Sie die Einstellungen für das Register im Einstellungsbereich ❸ vornehmen. Was die Optionen bedeuten, erfahren Sie in Abschnitt 28.2, »Druckoptionen«, auf Seite 842.

Vorschauansicht

In der Vorschauansicht ❹ können Sie jene Informationen auslesen, die benötigt werden, um zu beurteilen, ob sich die bisherigen Einstellungen auch mit den Einstellungen des Papierformats decken.

Durch einfachen Klick in die Fläche können Sie zwischen drei verschiedenen Vorschauansichten wählen, in denen wichtige Informationen für die Ausgabe stehen.

- **Standard-Vorschauansicht**: Diese Art der Darstellung gibt Antwort auf die Fragen »Wie steht die Seite bzw. der Bogen relativ zum Papierformat?« und »Wurde ein Anschnitt angelegt?« (Sie erkennen ihn am rötlichen Bereich).
  Alle Änderungen der Optionen Papierformat, Anschnitt, Druckmarken und Miniaturansicht werden hier angezeigt.
- **Ansicht für benutzerdefinierte Seiten oder Einzelblätter**: Diese benutzerdefinierte Ansicht zeigt die Auswirkungen bestimmter Druckeinstellungen. Sie können erkennen, wie das Medium an das Ausgabegerät angepasst wird und welchen maximalen druckbaren Bereich das Ausgabegerät besitzt.
  Ein kleines Symbol ❼ in der linken unteren Ecke gibt darüber Auskunft, in welchem Ausgabemodus – SEPARIERT, COMPOSITE-GRAU, COMPOSITE-RGB oder COMPOSITE-CMYK – ausgegeben wird. Der Ausgabemodus COMPOSITE UNVERÄNDERT hat kein eigenes Symbol.
- **Textansicht**: Die Textansicht zeigt die numerischen Werte des Medien-, Endformatrahmens und des Skalierungsfaktors auf Basis der getroffenen Druckeinstellungen an. Wenn Sie ein Übersichtsblatt ausgeben, so wird Ihnen im Bereich MINIATUREN ❽ angezeigt, wie viele Seiten auf dem gewählten Papierformat in der Übersicht erscheinen. Müssen Sie ein großes Plakat auf einem A4/A3-Drucker ausgeben, so muss eine Zerteilung erfolgen. Ob die Ausgabe für eine Teilung angelegt wurde, können Sie in UNTERTEILUNGEN ❾ sehen.

▲ **Abbildung 28.2**
Die Standard-Vorschauansicht

▲ **Abbildung 28.3**
Die Vorschauansicht für benutzerdefinierte Seiten oder Einzelblätter

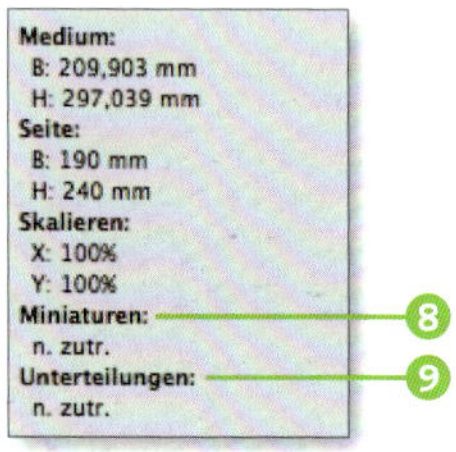

▲ **Abbildung 28.4**
Die Vorschauansicht in der Textansicht

Gerätespezifische Optionen

Einige Ausgabegeräte haben spezielle Funktionen, die nicht in einem Druckdialog untergebracht werden können. Um auf gerätespezifische Funktionen zurückzugreifen – beispielsweise die Ansteuerung einer Du-

Wichtig

Einstellungen wie Seitenbereich, Seitengrösse, PostScript-Level und Schrifthandling kommen unter anderem im InDesign-Druckdialog und im Dialog Seite einrichten vor. Stellen Sie alle Parameter im Druckdialog ein, denn diese überschreiben Einstellungen, die Sie im Dialog Seite einrichten vorgenommen haben.

Für nicht-PostScript-fähige Drucker muss die Druckersteuerung jedoch immer über den druckereigenen Dialog erfolgen.

PostScript-Datei für die Druckvorstufe erstellen

Wenn Sie die Einstellungsempfehlungen aus diesem Abschnitt zum Erstellen von PostScript-Dateien für die Druckvorstufe wählen, sind Sie immer auf der sicheren Seite. Die gewählten Einstellungen versuchen, alle Informationen aus InDesign *unverändert* zu übergeben. Lediglich die Transparenzreduzierung muss, bedingt durch die Ausgabe in eine PostScript-Datei, die Daten verändern.

Auf der Buch-DVD finden Sie die Druckerbeschreibung ADPDF9.0 im Verzeichnis Settings • PPD-Datei.

Hinweis

Die Verwendung der PPD-Dateien *Normalizer* und *Prinergy Refiner* (von AGFA bzw. Heidelberg) ist ebenfalls zu empfehlen.

plex- und Heftungseinheit, die Anordnung der Seiten auf einem Ausschussbogen sowie die Ansteuerung der Papierladen –, müssen Sie auf den Button Seite einrichten ❻ (Abbildung 28.1) klicken (Windows: Einrichten) und im erscheinenden Dialog in den Druckoptionen jene Parameter auswählen, die Sie zur Ausgabe benötigen.

28.2 Druckoptionen

Die ideale Form zur Übergabe von Druckdaten ist eine PDF-Datei. Deshalb erklären wir nachstehend exemplarisch den Druckdialog anhand der Generierung einer PostScript-Datei, die zur Erstellung von PDF-Dateien verwendet wird. Diese PostScript-Datei sollte alle hochaufgelösten Bilder, Schriften, Farben und die zur Produktion relevanten Druckermarken sowie den Anschnitt und eventuell auch den Infobereich enthalten. Einer Verarbeitung durch den Adobe Distiller steht dann nichts mehr im Wege.

Vorbereitende Schritte (für Mac OS X)

Seit InDesign CS5 erfolgt das Aufrufen des Druckdialogs in Sekundenschnelle. Dies konnte dadurch erreicht werden, dass InDesign beim Aufruf des Dialogs nicht mehr alle PPD-Dateien des Systems durchsuchen muss, sondern nur noch die PPD-Dateien der aktuell installierten Drucker für die Anzeige in der Option PPD auflistet.

Nachdem Adobe jedoch seit Acrobat 9 Pro (Version 9.04) den standardmäßig installierten *AdobePrinter* entfernt hat, können nun InDesign-Anwender nicht mehr auf die Datei *ADPDF9.0* in der Option PPD zugreifen. Damit Sie wieder darauf zugreifen können, müssen Sie

1. einen Ordner mit der Bezeichnung PPDS im Ordner Programme/Adobe InDesign CC/Presets anlegen und
2. die Druckerbeschreibung *ADPDF9.0* – sie befindet sich auf der beigefügten DVD – dort hineinkopieren.

Druckdialog aufrufen

Nach dem Ausführen des Befehls Datei • Drucken erscheint der Druckdialog. Bevor Sie mit den Einstellungen in den einzelnen Registern beginnen, sollten Sie zuerst unter Drucker PostScript®-Datei ❿ auswählen. Dadurch wird der Button Drucken in Speichern ㉒ umbenannt.

Wählen Sie unter PPD Adobe PDF 9.0 ⓫ aus. Die Verwendung dieser PPD ist für die Druckvorstufe fast immer die richtige Wahl.

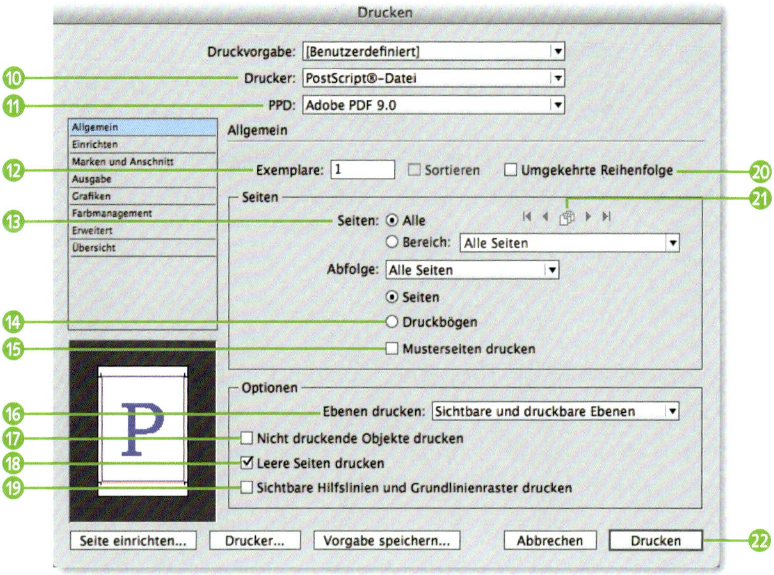

◂ **Abbildung 28.5**
Das Register ALLGEMEIN des Druckdialogs. Darin legen Sie Grundeinstellungen wie die Anzahl der zu druckenden Kopien, die zu druckenden Seiten und die Seitenfolge fest. In den OPTIONEN können darüber hinaus bestimmte Objekte vom Druckvorgang ausgeschlossen oder in ihn aufgenommen werden. Bevor Sie mit der Auswahl der Einstellungen in den Registern beginnen, wählen Sie den Zieldrucker und die dazu passende PPD-Datei aus. Wurde der Zieldrucker korrekt installiert, so wird die korrekte PPD-Datei in PPD (11) ausgewählt.

Nachdem Sie den Drucker und die dazu passende PPD-Datei gewählt haben, werden Ihnen nun im Einstellungsbereich die entsprechenden geräteabhängigen Optionen in den einzelnen Registern angezeigt.

Das Register »Allgemein«

Legen Sie bei der Ausgabe auf einem realen Drucker zuerst fest, wie viele EXEMPLARE (12) Sie für die Ausgabe benötigen. Der Einsatz der Optionen EXEMPLARE und SORTIEREN ist nur in Zusammenhang mit der direkten Ausgabe auf einem realen Drucker möglich, bei der Erstellung einer PostScript-Datei sind diese Optionen nicht sinnvoll.

Die Option UMGEKEHRTE REIHENFOLGE (20) kann hingegen auch bei der Erstellung einer PDF-Datei über den ADOBE PDF 9.0-Drucker (sinnloserweise) angewandt werden. Mit den letzten beiden Optionen können Sie sich viel manuelle Sortierarbeit ersparen; der Druckvorgang wird dadurch jedoch drastisch verlängert.

Absolute Nummerierung
Durch die Wahl des Eintrags ABSOLUTE NUMMERIERUNG im Register ALLGEMEIN der InDesign-Voreinstellungen entsprechen die Nummern, die Sie für Seiten oder Seitenbereiche angeben, der absoluten Position der Seiten im Dokument. Um zum Beispiel die fünfte Seite eines Dokuments zu drucken, würden Sie im Druckdialog unter BEREICH die Zahl 5 eingeben.

Bereich »Seiten« | Hier können Sie über die Auswahl SEITEN (13) bestimmen, ob ALLE oder nur bestimmte Bereiche des Dokuments ausgegeben werden sollen. Beachten Sie, dass Sie durch Klick auf ▾ die im Dokument definierten Bereiche, die durch alternative Layouts erstellt wurden, schnell auswählen können. Die Angabe von Seitenbereichen kann dabei in *absoluter Nummerierung* (die Position der Seite im aktuellen Dokument) oder in der *Abschnittsnummerierung* (die der Seite zugewiesene Abschnitts- und Seitennummer) erfolgen. Standardmäßig wird im

Abschnittsnummerierung
Durch die Wahl des Eintrags ABSCHNITTSNUMMERIERUNG im Register ALLGEMEIN der InDesign-Voreinstellungen entsprechen die Nummern, die Sie für Seiten oder Seitenbereiche angegeben haben, den Seitennummern, wie sie im Layout bezeichnet sind.

Tipp

Wenn Sie Bereiche ausgeben wollen, so sollten Sie folgende Hinweise berücksichtigen:

- »5-« gibt Seiten von Seite 5 bis zum Ende des Dokuments aus.
- »-5« gibt alle Seiten vom Anfang bis einschließlich Seite 5 aus.
- »+-5« gibt alle Seiten mit Ausnahme von Seite 5 aus.

Hinweis

Werden keine geänderten Parameter für die Seitenbereiche unterschiedlicher Seitengröße eingegeben, so wird das gesamte Dokument mit den gewählten Optionen ausgegeben. Dass in diesem Fall auch Teile des Dokuments nicht ausgedruckt werden können, ist somit logisch.

Überprüfen Sie also beim Drucken immer, ob unterschiedliche Seitengrößen im Dokument vorhanden sind.

Hinweis

Bei nicht-arabischer Nummerierung muss auch im gewählten Nummerierungssystem formuliert werden (also römisch oder alphabetisch).

Hinweis

Beachten Sie, dass über PostScript die Abschnittsnummerierung auch in die PDF-Datei übertragen wird. Die Seitennavigation ist damit im PDF unhandlich.

Druckdialog der im Menü Voreinstellungen • Allgemein • Seitennummerierung angegebene Eintrag – meistens Abschnittsnummerierung – verwendet. Die folgende Betrachtung geht von der Abschnittsnummerierung aus.

Wenn Sie z. B. unter Bereich »1-8« eingeben, so werden nur die Seiten 1 bis 8 ausgegeben. Wenn Sie »1-8,15,19-24« eingeben, werden die Seiten 1 bis 8, die Seite 15 und die Seiten 19 bis 24 in eine PostScript-Datei ausgegeben.

Damit *unterschiedliche Seitengrößen* im Dokument schnell ausgedruckt werden können, besteht die Möglichkeit, alle Seitenbereiche, die das gleiche Endformat besitzen, über das Symbol ⏮ ◂ ⧉ ▸ ⏭ 21 im Druckdialog auszuwählen. Ist das Symbol ausgegraut, so besitzen alle Seiten des aktuell zu druckenden Dokuments dieselbe Seitengröße. Können Sie jedoch eines der Symbole auswählen, so liegen unterschiedliche Seitengrößen im Dokument vor. Gehen Sie wie folgt vor:

- Klicken Sie auf ⏮, um den ersten Bereich von Seiten auszuwählen, die dieselbe Größe besitzen.
- Klicken Sie auf ⧉, um alle Bereiche auszuwählen, die dieselbe Seitengröße (wie die aktuell ausgewählte Seite) besitzen.
- Klicken Sie auf ◂, um den vorherigen Bereich von Seiten auszuwählen, die dieselbe Größe besitzen.
- Klicken Sie auf ▸, um den nächsten Bereich von Seiten auszuwählen, die dieselbe Größe besitzen.
- Klicken Sie auf ⏭, um den letzten Bereich von Seiten auszuwählen, die dieselbe Größe besitzen.

Ein weiterer Spezialfall ist gegeben, wenn Sie im Bedienfeldmenü des Seiten-Bedienfelds in den Nummerierungs- & Abschnittsoptionen das Präfix »Politik« für das Ressort »Politik«, »Sport« für das Ressort »Sport« und »Gesund« – Präfixe dürfen nur acht Zeichen lang sein – für das Ressort »Gesundheit« in einem Magazin eingegeben haben. In diesem Fall müssen Sie diese Präfixangabe bzw. den Namen des alternativen Layouts zur Seitennummer hinzufügen. Wenn Sie z. B. Seite 1 (liegt im Ressort »Politik«) bis Seite 17 (liegt im Ressort »Gesundheit«) ausgeben wollen, müssen Sie unter Bereich »Politik1–Gesundheit17« eingeben.

Wählen Sie mit der Option Abfolge, ob Alle Seiten, Nur gerade Seiten oder Nur ungerade Seiten ausgegeben werden sollen. Durch die Anwahl der Option Druckbögen 14 wird der Druckbogen – gegenüberliegende bzw. nebeneinander angeordnete Seiten – auf einer Seite ausgegeben. Aktivieren Sie diese Option, wenn Sie auf Ihrem A3-Drucker zwei A4-Seiten nebeneinander ausgeben möchten. Zur Produktion von PDF-Dateien ist die Checkbox Druckbögen fast immer zu deaktivieren.

Die Checkbox Musterseiten drucken (15) ist nur zu aktivieren, wenn Sie den *Standbogen* Ihrer Musterseiten ausdrucken möchten.

Bereich »Optionen« | Hier befindet sich die Option Ebenen drucken (16), mit der Sie im Druckdialog auf die gewählte Sichtbarkeit und Druckbarkeit der Ebenen in InDesign reagieren können. Diese Funktion ist wichtig, wenn beispielsweise eine Stanzform, die sich auf einer nicht druckbaren Ebene befindet, für den Korrekturauszug ausgedruckt, aber in der PDF-Ausgabe nicht exportiert werden soll.

Die nachfolgende Erklärung bezieht sich auf die drei möglichen Konstellationen im Ebenen-Bedienfeld (Abbildung 28.7). Die Auswirkung der gewählten Option kann folgendermaßen beschrieben werden:

- Alle Ebenen: Damit werden alle Ebenen ausgegeben, auch wenn diese nicht druckbar oder ausgeblendet sind. Die Objekte der Ebenen »Platzhalter«, »Inserat« und »Layout« werden ausgegeben.
- Sichtbare Ebenen: Damit würden nur die Ebenen »Layout« und »Platzhalter« aus unserem Beispiel ausgegeben werden.
- Sichtbare und druckbare Ebenen: Wurde eine nicht druckbare Ebene für das Anbringen von internen Korrekturanweisungen im Dokument angelegt, so werden diese Objekte für die Ausgabe ausgeblendet. Somit würde nur die Ebene »Layout« ausgegeben werden.

Über die Checkbox Nicht druckende Objekte drucken (17) – das sind Objekte, die über das Attribute-Bedienfeld auf Nicht druckend gestellt worden sind – können Sie auch diese Objekte dem PostScript-Stream übergeben. Es sei hier darauf hingewiesen, dass es im Druckdialog nur die Möglichkeit gibt, alle nicht druckbaren Elemente auf druckbar zu stellen.

Aktivieren Sie die Checkbox Leere Seiten drucken (18), damit freigeschlagene Seiten – echte Vakatseiten – auch in einer PDF-Datei erhalten bleiben. Die Ausgabe von Leerseiten bei der Ausgabe auf Laserdruckern oder Farbkopierern ist unerwünscht, für die PDF-Erstellung im Druck sind Leerseiten immer auszugeben.

Durch Aktivierung der Checkboxen Druckbögen und Sichtbare Hilfslinien und Grundlinienraster drucken (19) können Sie einen *Standbogen* inklusive aller Grundelemente Ihres Layouts ausgeben.

Das Register »Einrichten«

Unter Einrichten definieren Sie die Parameter, die sich auf den Medienrahmen, die Positionierung innerhalb des Medienrahmens sowie die Skalierung des Ausgangsformats beziehen.

Standbogen

Unter einem *Standbogen* versteht man eine Papiervorlage der Doppelseite eines Layouts, auf der alle Ränder, Grundlinien und Hilfslinien zum Scribbeln bzw. Reinzeichnen eines Layouts zur Verfügung stehen.

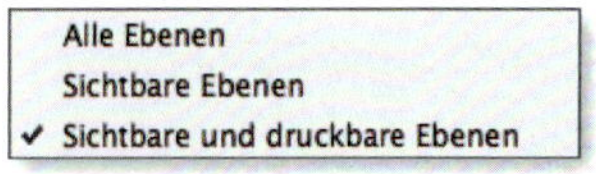

▲ **Abbildung 28.6**
Möglichkeiten, um in der Ausgabe noch auf den Status von Ebenen Rücksicht zu nehmen

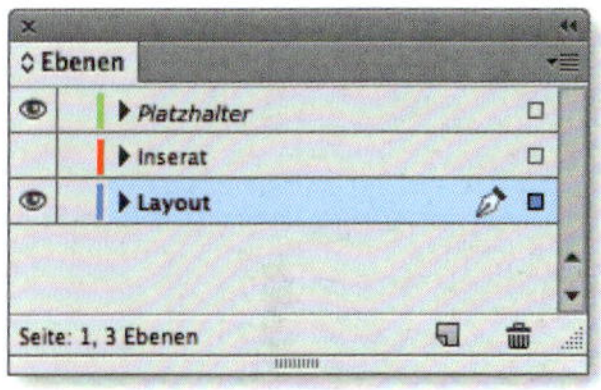

▲ **Abbildung 28.7**
Mögliche Konstellationen, die für die Ausgabe von Bedeutung sind. Die Ebene Layout ist auf sichtbar und druckbar gestellt. Die Ebene Platzhalter ist sichtbar, jedoch nicht druckbar (der Ebenenname ist kursiv). Die Ebene Inserat ist druckbar, jedoch nicht sichtbar.

Leere Seiten

Als leer gilt in InDesign eine Seite auch dann, wenn sie nur Elemente der Musterseite – z. B. die Pagina – enthält.

Hinweis

Die Auswahl der Checkbox Sichtbare Hilfslinien und Grundlinienraster drucken ist bei der Erstellung einer PostScript-Datei nicht möglich.

Abbildung 28.8 ▶
Das Register EINRICHTEN des Druckdialogs. Darin legen Sie das Ausgabepapierformat und die Position der zu druckenden Seite auf dem Papier fest.

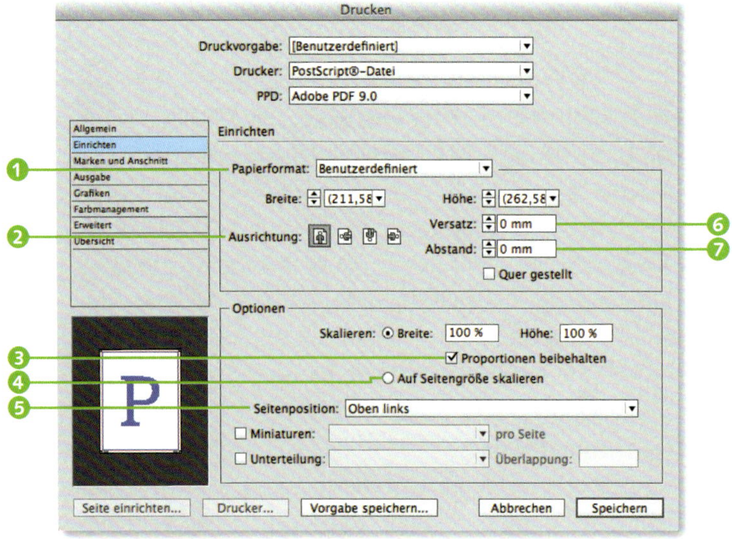

MediaBox
Unter einer *MediaBox* wird der Medienrahmen in einer PDF-Datei verstanden – die Papiergröße entspricht dem Netto- zuzüglich Bruttoformat und dem Weißraum, auf dem die Druckermarken platziert sind.

Papier- oder Seitenformat
Es ist wichtig, zwischen dem *Seitenformat*, wie es im Dialogfeld DOKUMENT EINRICHTEN eingestellt wird, und dem *Papierformat* – dem Papierbogen oder bedruckten Bereich der Platte – zu unterscheiden. So kann es vorkommen, dass Sie als Seitenformat A4 verwenden, zum Druck jedoch einen größeren Bogen brauchen, damit Druckermarken, Anschnitt- und Infobereich eingefügt werden können.

Hinweis
Bei der Erstellung einer PostScript-Datei sind die Optionen AUSRICHTUNG, VERSATZ, ABSTAND und QUER GESTELLT unbedeutend.

Bereich »Papierformat« | Hier können Sie im Pop-up-Menü aus den in der PPD-Datei hinterlegten Standardpapierformaten auswählen. Wollen Sie eine bestimmte Größe für die Ausgabe festlegen oder wird Ihnen vom Druckdienstleister eine bestimmte Größe vorgegeben, so wählen Sie BENUTZERDEFINIERT ❶ aus. Dadurch können Sie beispielsweise die BREITE auf 240 mm und die HÖHE auf 327 mm setzen, um somit A4 + 15 mm Rand pro Seite festzulegen. A4 ist dabei das Seitenformat, das Papierformat ist dabei um 30 mm höher und breiter. Diese Maße sind für den *Medienrahmen* (Papierformat) – er entspricht der MediaBox in PDF – zuständig und sorgen somit dafür, dass genügend Rand zur Abbildung von Anschnitt und Druckermarken zur Verfügung steht. Wenn Sie von Ihrem Druckdienstleister kein spezielles Papierformat vorgegeben bekommen, ändern Sie die BREITE und HÖHE nicht. InDesign berechnet die für die Ausgabe benötigte Größe automatisch. Die Werte für die BREITE und die HÖHE stehen dann in runden Klammern.

Wählen Sie durch Klicken auf eines der Symbole, wie die AUSRICHTUNG ❷ des Inhalts im Medienrahmen erfolgen soll. Über die Eingabe eines Werts im Feld VERSATZ ❻ können Sie den Startpunkt der Belichtung, ausgehend vom linken Rand des Materials, eingeben. Im Eingabefeld ABSTAND ❼ definieren Sie den Seitenvorschub, der zwischen zwei Belichtungen erfolgen soll. Durch Aktivieren der Checkbox QUER GESTELLT kann bei der Filmausgabe Filmmaterial gespart werden.

Bereich »Optionen« | Hier können Sie eine Skalierung von 1 % bis 1000 % – auch Kommastellen sind zugelassen – für die Ausgabe erreichen. Sollten Sie eine unproportionale Verzerrung wünschen, müssen Sie die

Checkbox PROPORTIONEN BEIBEHALTEN ③ deaktivieren. Wollen Sie, dass Ihr Dokument automatisch auf den verfügbaren Druckbereich verkleinert/vergrößert wird, so aktivieren Sie die Checkbox AUF SEITENGRÖSSE SKALIEREN ④. Achten Sie dabei darauf, dass der druckbare Bereich in den meisten Fällen nicht mit der verwendeten Papiergröße identisch ist. Oft ist der druckbare Bereich eines Tintenstrahldruckers um bis zu 1,5 cm auf allen Seiten kleiner.

Die Option SEITENPOSITION ⑤ stellen Sie auf ZENTRIERT. Somit kann in der Weiterverarbeitung, z. B. beim Ausschießen, mit konstanten Rändern gerechnet werden. Aktivieren Sie die Checkbox MINIATUREN ⑨, um ein mehrseitiges Dokument verkleinert und in Form eines Übersichtsblatts (Kontaktabzug bzw. Indexprint) ausdrucken zu lassen. Sobald Sie die Checkbox aktiviert haben, können Sie im Pop-up-Menü aus vordefinierten Schemata von 1 × 2 bis 7 × 7 (Abbildung 28.9) auswählen.

Durch Aktivieren der Checkbox UNTERTEILUNG ⑧ haben Sie die Möglichkeit, beispielsweise ein A0-Plakat auf einem A3-Drucker, aufgeteilt auf mehrere Seiten, auszugeben. Damit beim Zusammenkleben der Einzelseiten noch genügend überlappende Bereiche zur Verfügung stehen, können Sie den Bereich definieren, in dem sich Teilbereiche der Seite überlappen sollen.

Ausgabe für den Tiefdruck

Eine nicht proportionale Ausgabe wird speziell für den Tiefdruck benötigt, wo es, bedingt durch den verwendeten Zylinder, zu Verkürzungen in der Ausgabe kommen muss.

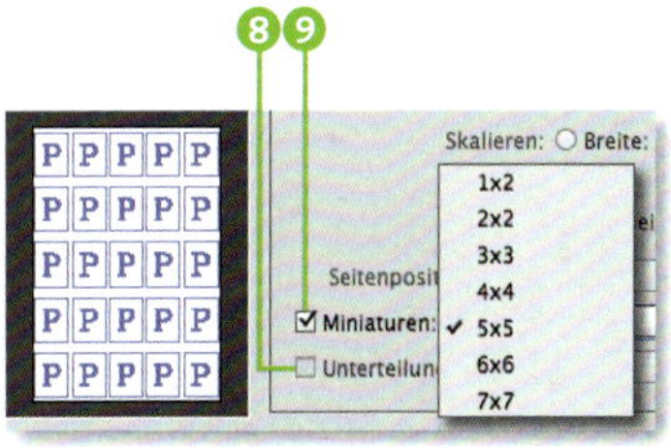

▲ **Abbildung 28.9**
Durch die Auswahl der Option MINIATUREN ⑨ kann sehr schnell ein Kontaktabzug für die Ausgabe erstellt werden. In der Vorschauansicht können Sie das daraus resultierende Ergebnis sofort ableiten.

Das Register »Marken und Anschnitt«

Hier haben Sie die Möglichkeit, alle druckrelevanten Parameter wie Schnittmarken, Anschnittsmarken, Passermarken, Farbkontrollstreifen, Seiteninformationen sowie die Erweiterung des Ausgabebereichs (Anschnitt und Infobereich) einzustellen.

Anschnittsmarken

Diese kennzeichnen den Anschnittbereich. In manchen Fällen, in denen zuerst auf den Anschnitt beschnitten wird, sind somit auch diese Marken von Bedeutung. In früheren InDesign-Versionen wurden diese als BESCHNITTZUGABEMARKEN bezeichnet.

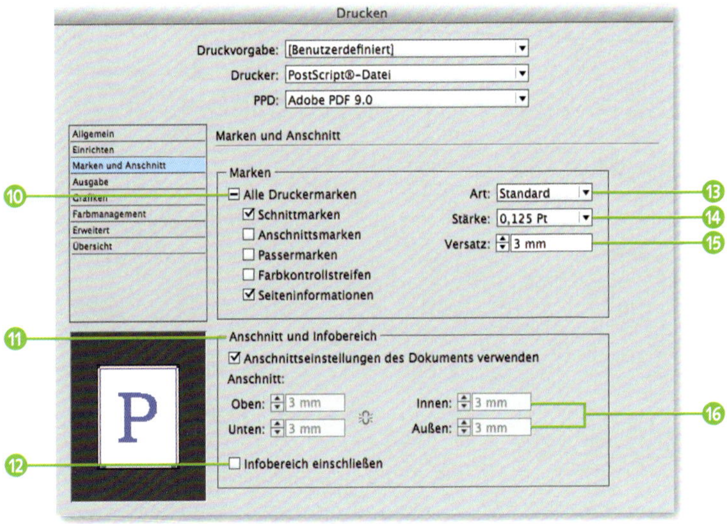

◄ **Abbildung 28.10**
Das Register MARKEN UND ANSCHNITT des Druckdialogs. Darin können alle druckrelevanten Parameter wie SCHNITTMARKEN, ANSCHNITTSMARKEN, PASSERMARKEN, FARBKONTROLLSTREIFEN und die SEITENINFORMATIONEN gesetzt werden. Auch die Ausgabe des Anschnitts- bzw. des Infobereichs kann hier für die verschiedensten Workflows ein- oder ausgeblendet werden.

Schnittmarken im Anschnitt

In manchen Fällen ist es jedoch erwünscht, dass die Schnittmarken in den Anschnitt wachsen, damit auch nach dem Beschnitt auf die Anschnittsmarken immer noch die Schnittmarken zu sehen sind. Vermeiden Sie jedoch in jedem Fall, dass die Schnittmarken zu nahe an das Endformat (Seitenformat) verschoben werden.

TrimBox

Unter *TrimBox* wird der Endformatrahmen – das Nettoformat des beschnittenen Produkts – in einer PDF-Datei verstanden.

BleedBox

Unter *BleedBox* wird der Anschnittrahmen – das Bruttoformat inklusive des abfallenden Bereichs – in einer PDF-Datei verstanden.

Infobereich wird BleedBox

Wenn Sie die Checkbox INFOBEREICH EINSCHLIESSEN aktivieren, so wird dieser Bereich zur *BleedBox* innerhalb der PDF-Datei. Aktivieren Sie somit diese Option nicht, wenn Sie lediglich 3 mm Anschnitt in der PDF-Datei benötigen.

Bereich »Marken« | Aktivieren Sie hier jene Druckermarken (10), die Sie für die Weiterverarbeitung benötigen. Wählen Sie bei ART (13) den Typ der verwendeten Passermarken aus. Im Lieferumfang von InDesign steht dabei nur STANDARD zur Verfügung. Setzen Sie die STÄRKE (14), die zur Abbildung der Druckermarken verwendet wird, auf 0,125 Pt, und legen Sie den ABSTAND für diese Marken in der Option VERSATZ (15) mit 3 mm fest. Damit werden alle Druckermarken mit der angegebenen Stärke erstellt und außerhalb des Anschnitts positioniert.

Bereich »Anschnitt und Infobereich« | In diesem Bereich bestimmen Sie, ob eine Erweiterung des gedruckten Bereichs erfolgen soll. Ist für das Dokument kein Anschnitt festgelegt, so werden alle über die Seiten hinausstehenden Teile am Seitenrand abgeschnitten. Haben Sie jedoch einen Anschnitt eingestellt, so müssen Sie nur die Checkbox ANSCHNITTSEINSTELLUNGEN DES DOKUMENTS VERWENDEN (11) aktivieren. Ein fehlender Anschnitt im Dokument für die Ausgabe kann über die vier Eingabefelder nachträglich hinzugefügt werden. Geben Sie in den vier Feldern ANSCHNITT 3 mm für alle Seitenränder ein. Ist das Dokument doppelseitig, so steht statt der Werte LINKS und RECHTS die Bezeichnung INNEN und AUSSEN (16). In diesem Fall sollten Sie den Innen-Wert, er liegt ja im Bund, mit 0 mm definieren. Bei einseitigen Dokumenten sollten Sie alle Werte gleichmäßig auf 3 mm einstellen. Welcher Anschnitt ideal ist, sollten Sie vorher mit dem Druckdienstleister absprechen.

Wurde im Dokument ein Infobereich festgelegt, so können Sie diesen durch Aktivierung der Checkbox INFOBEREICH EINSCHLIESSEN (12) ausgeben. Alles, was über den Infobereich hinausragt, wird abgeschnitten.

Das Register »Ausgabe«

Bestimmen Sie in diesem Register die Form der Ausgabe in Bezug auf Farbe, Ausgabe als Composite oder als separierter Farbauszug.

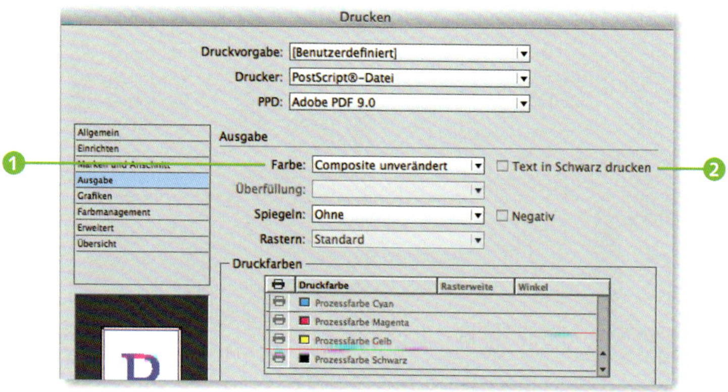

Abbildung 28.11 ▸
Das Register AUSGABE des Druckdialogs. Darin kann die Ausgabe als Composite oder als separierte Einzelseite erfolgen. Speziell bei der separierten Ausgabe – Ausgabe auf Film – müssen im Vergleich zur Composite-Ausgabe zusätzliche Informationen angegeben werden.

Wählen Sie unter FARBE ① aus, ob Sie eine der COMPOSITE- oder eine der Separationsvarianten ausgeben möchten.

Wenn Sie zusätzlich die Checkbox TEXT IN SCHWARZ DRUCKEN ② aktivieren, bedeutet dies, dass Text immer als 100% K gedruckt wird, unabhängig davon, ob es sich um farbigen oder weißen Text handelt und ob das Layoutdokument mit CMYK- oder RGB-Farben angelegt wurde. Diese Option ist für Textkorrekturabzüge sinnvoll, es sollten dazu jedoch auch die Bilddaten für die Ausgabe deaktiviert werden.

Text in Schwarz drucken
TEXT IN SCHWARZ DRUCKEN ② ist in Verbindung mit Composite-Grau, -RGB und -CMYK, nicht jedoch mit PostScript aktivierbar. Texte aus platzierten EPS- oder PDF-Dateien werden dabei jedoch nicht berücksichtigt.

Composite-Modi | Die Composite-Ausgabe von InDesign-Dokumenten wirkt sich auf platzierte Pixelbilder und auf InDesign-Objekte aus. Platzierte EPS- und PDF-Dateien bleiben in einigen Fällen unverändert!

- Wählen Sie COMPOSITE-GRAU aus, um eine Graustufen-Version der Seiteninhalte in die PostScript-Datei zu übergeben und dabei im besten Fall alle platzierten Objekte in Grau umzuwandeln.
- Wählen Sie COMPOSITE-RGB, um eine RGB-Version der Seiteninhalte an die PostScript-Datei zu übergeben. Dabei werden nicht alle im Dokument verwendeten Farben nach RGB konvertiert. In welchen RGB-Farbraum dabei konvertiert wird, hängt von den Einstellungen im Register FARBMANAGEMENT ab bzw. davon, welche Einstellungen im Adobe Distiller vorgenommen wurden.
- Wählen Sie COMPOSITE-CMYK aus, um eine 4c-Variante mit Volltonfarben an die PostScript-Datei zu übergeben. Die Ausgabe nach Composite-CMYK führt bei fast allen Dateien zum gewünschten Ergebnis.
- Mit COMPOSITE UNVERÄNDERT erstellen Sie eine PostScript-Datei, in der die verwendeten Farbräume auch als solche erhalten bleiben. Wurden RGB-Dateien platziert, so bleiben diese ebenfalls als solche erhalten, solange sich keine Transparenzen auf der entsprechenden Seite befinden. Sobald sich Transparenzen auf der Seite befinden, werden alle RGB-, Lab- und Bitmap-Informationen nach CMYK konvertiert.

Fazit Composite-Grau
Composite-Grau ist nur für die Ausgabe auf Schwarzweiß-Laserdruckern geeignet. Die Konvertierung einer 4c-Satzdatei nach 1c ist nicht zu empfehlen.

Fazit Composite-RGB und Composite-CMYK
Composite-RGB funktioniert nur sauber, wenn keine Volltonfarben verwendet werden und aktuelle Dateiformate platziert werden.

Composite-CMYK funktioniert in den meisten Situationen.

▼ **Tabelle 28.1**
Eine Zusammenfassung zur Frage: »Welcher Farbraum wird durch welchen Modus in welchen Zielfarbraum konvertiert?«

Farbraum	Composite-Grau	Composite-RGB	Composite-CMYK	Com.-unverändert
Bitmap	Graustufen	RGB	DeviceN-K (Grau)	DeviceN-K (Grau)*
Graustufen	Graustufen	RGB	DeviceN-K (Grau)	DeviceN-K (Grau)*
RGB	Graustufen	RGB	CMYK	RGB*
CMYK	Graustufen, Problem: 4c-EPS	RGB, Problem: 4c-EPS	CMYK	CMYK
Volltonfarben	In Grautöne konvertiert	Volltonfarben	Volltonfarben	Volltonfarben

* Solange keine Transparenz auf der zu exportierenden Seite angebracht wurde, bleiben die Farbräume erhalten. Sind Transparenzen enthalten, so werden alle Objekte in den Transparenzfüllraum konvertiert, auch wenn diese nicht mit der Transparenz in Berührung kommen.

Alle Volltonfarben bleiben in Verbindung mit jeder Composite-Variante erhalten. Das Umwandeln der Volltonfarben muss gegebenenfalls über den Druckfarben-Manager erfolgen.

Rasterweite und Winkel
Über die Eingabe der Rasterweite und des Rasterwinkels kann auf die Lage (WINKEL) und die Punktgröße (RASTERWEITE) des Rasterpunkts Einfluss genommen werden.
Die Vergabe falscher Werte für RASTERWEITE und WINKEL ⑤ würde in den meisten Fällen zu einem Moiré im Druck führen.

Separierte Ausgabe | Während für die Composite-Ausgabe die Parameter für RASTERWEITE und WINKEL nicht benötigt werden, gewinnen Rastereinstellungen bei der vorseparierten Ausgabe an Bedeutung.

- Wählen Sie SEPARATIONEN in der Option FARBE ① aus, wenn eine Farbseparation für die Ausgabe auf Film oder Platte durchgeführt werden soll.
- Wählen Sie IN-RIP-SEPARATIONEN aus, wenn Sie quasi eine Composite-Ausgabe mit definierten Rasterwerten an den RIP übertragen wollen. Die übertragenen Rasterwerte werden durch den RIP berücksichtigt, sofern der RIP nicht generell alle Informationen dieser Art ignoriert.

Wenn Sie eine Druck-PDF-Datei erstellen wollen, wählen Sie immer eine der Composite-Varianten aus, denn die separierte Ausgabe ist bei der PDF/X-Erstellung nicht erlaubt. Deshalb können Sie unter RASTERWEITE und WINKEL ⑤ keine Werte eingeben, wenn Sie oben eine Composite-Ausgabe gewählt haben.

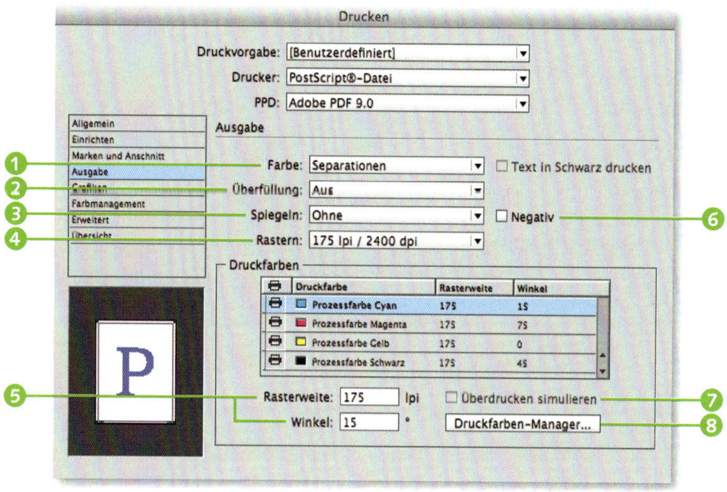

Abbildung 28.12 ▶
Das Register AUSGABE des Druckdialogs. Darin können alle für die separierte Ausgabe benötigten Parameter wie RASTERWEITE, WINKEL ⑤ und die Spiegelung ③ bestimmt werden.

Bereich »Druckfarben« | Sobald Sie einen der Ausgabemodi SEPARATIONEN bzw. IN-RIP-SEPARATIONEN gewählt haben, können Sie zusätzlich in den Optionen ÜBERFÜLLUNG sowie SPIEGELN und RASTERN Einstellungen vornehmen und die Checkbox NEGATIV aktivieren. Diese drei Optionen sind für eine direkte Ausgabe auf PostScript-RIPs sehr wichtig.

Wählen Sie in der Option ÜBERFÜLLUNG ② jene Überfüllungsvorgabe aus, die Sie sich für den jeweiligen Ausgabefall angelegt haben.

Hinweis
Wie Sie Überfüllungsvorgaben definieren, können Sie im Abschnitt »Überdrucken und dessen Nutzen« auf Seite 788 nachlesen.

Die Option Spiegeln ❸ erlaubt es Ihnen, für die Ausgabe auf Film die zu wählende Schichtseite zu berücksichtigen. Die Option Negativ ❻ ermöglicht in Kombination auch noch die Negativausgabe auf Film. Die Angaben unter Rastern ❹ sind feste Voreinstellungen, die aus der gewählten PPD-Datei ausgelesen werden. Die Wahl des Rasters und der dazu passenden Rasterwinkelung ist je nach Produktionsweise temporär in den Optionen Rasterweite und Winkel ❺ vorzunehmen. Wollen Sie andere Rasterwinkel und Rasterweitenkombinationen standardmäßig in der Auswahlliste angeboten bekommen, so müssen Sie diese in der PPD-Datei mithilfe eines einfachen Texteditors eintragen.

Die Option Überdrucken simulieren ❼ ist eine hervorragende Möglichkeit, eine Visualisierung aller überdruckten Elemente in einem Composite-Workflow zu ermöglichen. Dadurch werden Elemente, die im Layout oder in importierten EPS- und PDF-Dateien auf überdruckend gestellt wurden, in der Ausgabe farblich miteinander verrechnet, was einer Simulation der überdruckten Farben im Druck gleichkommt. Für den Druck ist diese Option jedoch unbrauchbar! Achten Sie daher darauf, dass Sie die Option Überdrucken simulieren nur im Zusammenhang mit elektronischen Bürstenabzügen (Korrekturabzug) über PDF oder für die Ausgabe auf einem Farbkopierer verwenden.

Die Funktion von Druckfarben-Manager ❽ wurde bereits im Abschnitt »Druckfarben-Manager« auf Seite 362 beschrieben. Sie haben damit noch einmal vor der Ausgabe im Druckdialog die Möglichkeit, Volltonfarben zu »mappen« oder diese für die PDF-Erstellung in CMYK umzuwandeln.

Überfüllen

InDesign kann sehr fein einstellbare Überfüllungen für Seiten bzw. Seitenbereiche verarbeiten. Überfüllen ist ein sehr komplexes Thema, weshalb es den Spezialisten in der Druckvorstufe vorbehalten bleiben soll, denn nur sie wissen, bei welchen Druckmaschinen in Verbindung mit welchem Papier ein Überfüllen notwendig ist.

Das Überfüllen *(Trappen)* sollte somit immer einer der letzten Schritte bei der Ausgabe einer Datei sein.

Überdrucken simulieren

Verwenden Sie Überdrucken simulieren ❼ nur im Zusammenhang mit elektronischen Bürstenabzügen über PDF oder für die Ausgabe auf einem Farbkopierer oder Farbtintenstrahldrucker. Fehler, wie weiße Schrift, die auf einer farbigen Fläche auf überdruckend gestellt wurde, sind somit sofort im Korrekturabzug erkennbar.

Das Register »Grafiken«

Im Register Grafiken werden die Parameter in Sachen vollauflösende Daten, Laden von Schriften und unterstützte PostScript-Level festgelegt. Die Wahl der richtigen Parameter ist produktionsentscheidend.

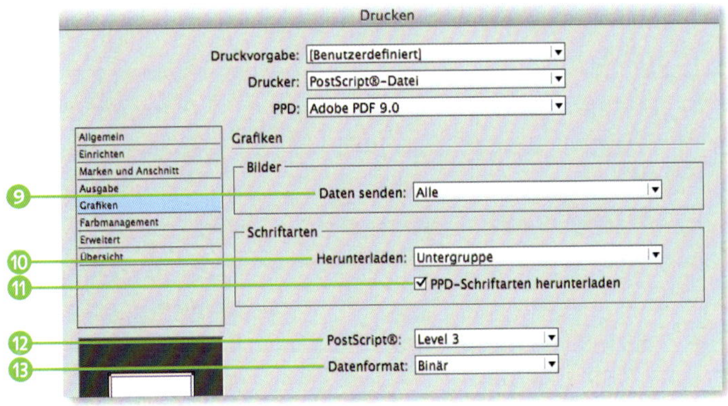

◄ **Abbildung 28.13**
Das Register Grafiken des Druckdialogs. In welcher Auflösung Bilder und ob überhaupt Bilder und Schriften in die PostScript-Datei übergeben werden, bestimmt entscheidend, wie das gedruckte Ergebnis schließlich aussieht. Profis aus der Druckvorstufe fragen sich zu Recht, weshalb man hier überhaupt Änderungen machen kann.

Subsampling und TIFF
InDesign hat die Eigenschaft, dass TIFF-Bilder (Halbtonbilder) bei der Ausgabe auf das Zweifache der eingestellten Auflösungseinstellung (Rasterweite in lpi) heruntergerechnet werden. Es erfolgt somit ein Subsampling. Ein Bild, das beispielsweise in einer effektiven Auflösung von 450ppi in InDesign vorliegt, wird bei der Ausgabe für ein 30er-Raster = 76,2 lpi (30 × 2,54 = 76,2) auf 152,4ppi heruntergerechnet.

Bereich »Bilder« | Hier wählen Sie über die Option DATEN SENDEN (9), welche Bildauflösung bzw. ob überhaupt ein Bild an den Drucker gesendet werden soll.

- ALLE: Wählen Sie für eine hochaufgelöste Ausgabe immer ALLE aus dem Pop-up-Menü aus.
- AUFLÖSUNG REDUZIEREN: Diese Option eignet sich hervorragend zur Ausgabe von Dateien mit importierten TIFF-Beständen auf PostScript-fähigen Ausgabegeräten, da damit die Berechnungszeiten des RIP drastisch verringert werden können. Beachten Sie jedoch, dass, wenn Sie diese Wahl vornehmen, das Phänomen des Subsamplings von platzierten TIFF-Bildern auftreten kann.
- BILDSCHIRMVERSION: Durch die Wahl dieses Eintrags werden alle platzierten Bilder mit der Bildschirmauflösung an das Ausgabegerät bzw. den PostScript-Code übergeben. Für die Ausgabe eines Probedrucks können Sie diese Option jederzeit wählen.
- OHNE: Wählen Sie OHNE, so werden bei der Ausgabe alle Bildrahmen als graue Fläche dargestellt, um die Position der Grafiken und Bilder auf den Seiten sehen zu können. Die Ausgabe ohne diese grauen Flächen ist leider nicht möglich.

Abbildung 28.14 ▶
Durch die Wahl der Option OHNE werden Bilder im Ausdruck ausgegraut.

Bereich »Schriftarten« | In diesem Bereich regeln Sie, in welcher Form die Schriftinformationen in die PostScript-Datei geschrieben werden. Wählen Sie in der Option HERUNTERLADEN (10) einen der drei Einträge OHNE, VOLLSTÄNDIG oder UNTERGRUPPE aus.

- VOLLSTÄNDIG: Wählen Sie diesen Eintrag, wenn Sie alle Glyphen des verwendeten Schriftschnitts in den PostScript-Stream einbinden möchten. Ob dadurch wirklich alle Glyphen eingebettet werden, hängt von verschiedenen Faktoren ab. Aufgrund der Voreinstellungen des Programms werden bei OpenType- und TrueType-Schriften lediglich Schriften, die weniger als 2.000 Zeichen besitzen, vollständig in den PostScript-Stream eingebunden. Hat die OpenType-Schrift mehr als 2.000 Zeichen, so wird eine Fontuntergruppe eingebettet.
- UNTERGRUPPE: Wird der Eintrag UNTERGRUPPE aktiviert, so werden dagegen Subsets von allen verwendeten Schriftschnitten eingebunden.
- OHNE: Diese Auswahl ist nur in Verbindung mit einem PDF/X-2- bzw. PDF/X-5-Workflow von Interesse oder dann, wenn Sie erzwingen

Volleinbettung
Die *Volleinbettung* veranlasst, dass alle Zeichen des verwendeten Schriftschnitts (auch solche, die im Layout nicht verwendet wurden) vollständig eingebettet werden.

Fontuntergruppe
Unter einer *Fontuntergruppe* (Font-Subset) versteht man nicht etwa einen Schriftschnitt einer Schriftfamilie, sondern nur die verwendeten Zeichen eines Schriftschnitts.

möchten, dass die Schriften des Druckers für die Ausgabe verwendet werden. Ein Risiko!

Aktivieren Sie in jedem Fall die Checkbox PPD-Schriftarten herunterladen ⓫. Wird diese nicht aktiviert, so wird keiner der in der PPD aufgelisteten Fonts in die PostScript-Datei gepackt. Es wird dabei davon ausgegangen, dass diese Schriften dem Adobe Distiller (bzw. dem RIP) zur Verfügung stehen. Allein diese Kleinigkeit kann Produktionen vernichten, wenn beispielsweise der Distiller zwar auf eine Times zugreifen kann, diese Version der Times aber im Gegensatz zur verwendeten Schrift kein €-Zeichen besitzt.

Wählen Sie unter PostScript® ⓬, wenn möglich, Level 3 aus. InDesign unterstützt nur PostScript-Level-2- und PostScript-3-RIPs. Bei der Erstellung von PostScript-Dateien für die PDF-Erstellung wählen Sie immer Level 3 aus, da seit Acrobat 4.0 der Adobe Distiller auf einem PostScript-3-Interpreter basiert.

Wenn Sie darüber hinaus das Datenformat ⓭ auf Binär stellen, kann die PostScript-Datei um bis zu 25% kleiner werden und damit die Übertragung im Netzwerk beschleunigen.

Vorteile von PostScript 3

- **Smooth Shading**: Damit werden Verläufe erst beim Rastern der Ausgabe berechnet und nicht im Vorfeld durch Aneinanderreihung von farbig abgestuften Farbflächen erzeugt.
- **Device-N**: Das Abbilden von Duplexbildern und die Verarbeitung von Volltonfarben sind damit kein Problem mehr.
- **Flate-Kompression**: Alle LZW- komprimierten Bildbestände werden in die lizenzfreie Flate-Kompression umgewandelt.
- **Idiom Recognition**: Existierender »alter« Post-Script-Code (z. B. streifiger Verlauf) wird dynamisch durch modernen, optimierten PostScript-Code ersetzt.
- **CID-Fonts**: Die Verarbeitung von »Zwei-Byte-Schriften« ist nun vollständig möglich.

Das Register »Farbmanagement«

Im Register Farbmanagement nehmen Sie die Einstellungen für eine mögliche Farbverrechnung vor. Die in diesem Dialog gezeigten Parameter sind dabei von den Einstellungen im Register Ausgabe und dem für das Dokument definierten Farbmanagement abhängig.

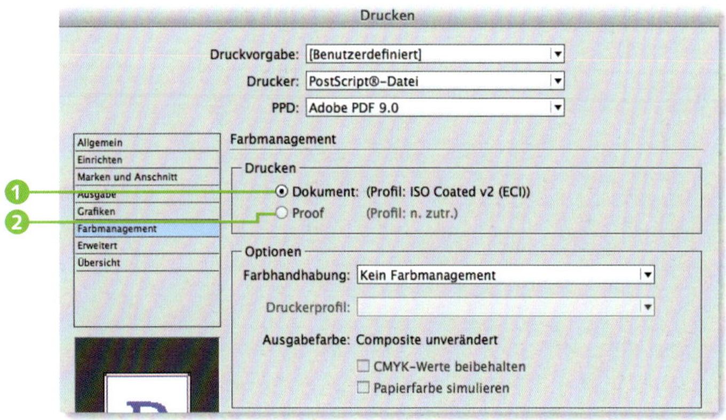

◂ **Abbildung 28.15**
Das Register Farbmanagement des Druckdialogs. Die abgebildete Einstellung entspricht der Empfehlung für die Erstellung einer medienneutralen PDF-Datei. Die Durchführung einer Farbkonvertierung bei der Erstellung einer PostScript-Datei ist aus unserer Sicht zu diesem Zeitpunkt falsch.

Bereich »Drucken« | Hier kann zwischen den Optionen Dokument und Proof ausgewählt werden. Wählen Sie Dokument ❶, wenn Sie eine Ausgabe auf einen RIP oder eine PostScript-Datei für die PDF-Erstellung wünschen. Damit wird der im Druckdialog ausgewählte Ausgabefarbraum zur Verrechnung der Bildbestände verwendet. Wählen Sie PROOF (2), wenn Sie den über den Menübefehl ANSICHT • PROOF EINRICHTEN definierten Farbraum als Zielfarbraum für die Ausgabe verwenden wollen.

Bereich »Optionen« | Hier müssen Sie zuerst entscheiden, ob eine Farbkonvertierung in den Ausgabefarbraum durch InDesign oder erst im RIP erfolgen soll. Haben Sie sich im Register AUSGABE für den Farbmodus COMPOSITE UNVERÄNDERT entschieden, so können Sie in der Option FARBHANDHABUNG (3) nur zwischen KEIN FARBMANAGEMENT und POSTSCRIPT®-DRUCKER BESTIMMT FARBEN wählen. In diesem Fall ist dieses Register für Sie nicht von Bedeutung. Haben Sie sich jedoch für COMPOSITE-CMYK oder einen anderen Modus entschieden, stehen Ihnen verschiedene Möglichkeiten offen. Nachstehende Ausführungen beschreiben die Ausgabe im Composite-CMYK-Modus, durch den Lab- und RGB-Daten beim Drucken nach CMYK umgewandelt werden.

- **Die Farbkonvertierung erfolgt erst im RIP**: Diese Ausgabeform bleibt den Druckvorstufenbetrieben vorbehalten, denn nur sie wissen, welche Parameter auf ihren Ausgabesystemen verwendet werden. Ist der Wert POST-SCRIPT®-DRUCKER BESTIMMT FARBEN (5) gewählt, so werden alle mit ICC-Profil versehenen platzierten Bildbestände unverändert in ihrem Farbraum in den PostScript-Stream übergeben. Bilder ohne Profil und InDesign-Objekte (hier vor allem schwarzer Text) bekommen den eingestellten Arbeitsfarbraum als *CSA* – das sind Quellprofile in PostScript – zugewiesen. Gerade für letzteren Fall spielt die Option CMYK-WERTE BEIBEHALTEN (4) eine wichtige Rolle.

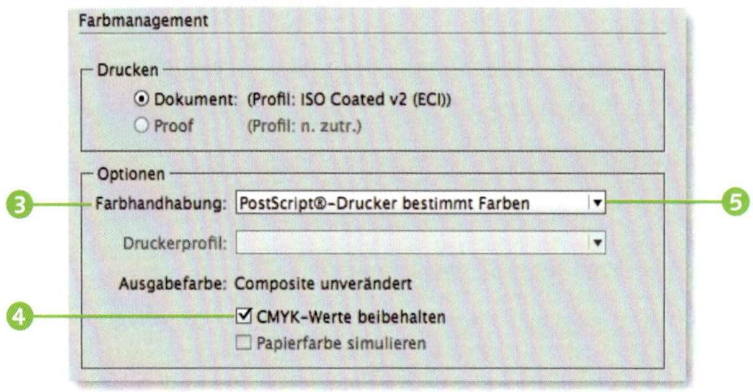

Abbildung 28.16 ►
Das Register FARBMANAGEMENT des Druckdialogs mit eingestellten Optionen zur Ausgabe von PostScript-Dateien, wobei eine mögliche Farbkonvertierung durch den RIP erfolgen soll.

Ist die Option aktiviert, so bleiben die Farbnummern der Bilder ohne Profil wie auch alle InDesign-Objekte (vor allem der schwarze Text) von einer Farbkonvertierung durch das im RIP eingestellte *Color Rendering Dictionary* (CRD = Ausgabeprofil) verschont. Damit haben Sie sichergestellt, dass schwarzer Text sich in der Ausgabe nicht aus allen vier Farbauszügen aufbaut und dass sich reine Farbtöne, die Sie in InDesign erstellt haben, nicht farbnummernmäßig verändern.

Hinweis
Das Einrichten eines Soft-Proofs sowie die Wahl der Einstellungen für die Durchführung eines Hard-Proofs werden in Abschnitt 28.4, »Proofen«, auf Seite 861 noch näher ausgeführt.

Tipp
Zum Erstellen einer medienneutralen PDF-Datei wählen Sie im Register AUSGABE den Ausgabemodus COMPOSITE UNVERÄNDERT und im Register FARBMANAGEMENT die Option KEIN FARBMANAGEMENT aus. Damit werden, wenn keine Transparenzen vorhanden sind, alle Daten im Originalfarbraum in den PostScript-Stream übergeben.

PostScript Colormanagement (PCM) und CSA
PCM ist seit PostScript Level 2 – ab Version 2017 – in PostScript implementiert. Zur Beschreibung der Konvertierung wird in PCM ebenfalls mit Profilen gearbeitet. Das *CSA* (Color Space Array) entspricht dabei dem Eingabeprofil.

- **Die Farbkonvertierung erfolgt durch InDesign**: Liegen Bild- und Vektorbestände in einem Farbraum vor, der nicht dem Farbraum des Zielfarbraums entspricht, so muss eine Konvertierung erfolgen. Wählen Sie dazu InDesign bestimmt Farben ⑥ aus.

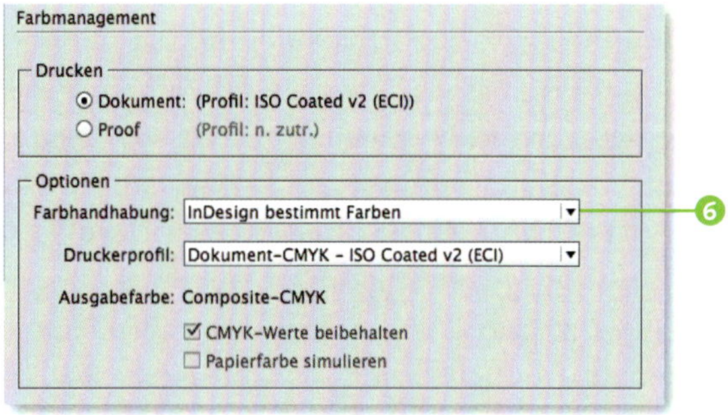

◂ **Abbildung 28.17**
Standardeinstellung des Registers Farbmanagement im Druckdialog bei gewähltem Composite-CMYK-Ausgabeverfahren

Sie wollen ein InDesign-Dokument inklusive aller InDesign-Objekte und Vektorgrafiken sowie Pixelbilder, egal in welchem Farbraum sie vorliegen, in ein PDF überführen, das nur aus Vollton- und CMYK-Farben besteht. Wählen Sie dabei unter Druckerprofil aus den drei Vorgehensweisen aus:

- **Dokument-CMYK – Profilname**: Abbildung 28.17 zeigt die Standardeinstellung, die Ihnen angeboten wird, wenn Sie Composite-CMYK ausgeben wollen. Das Profil des Dokuments entspricht dabei dem Ausgabeprofil. Die Option CMYK-Werte beibehalten ist hier standardmäßig aktiviert.
  Das Ergebnis: Volltonfarben-, Graustufen-, 1c-Bilder und schwarzer Text bleiben im Farbraum erhalten; alle Lab- oder RGB-Daten werden nach CMYK (Druckerprofil) transformiert. CMYK-Bilder, bei denen Quellprofil und Druckerprofil übereinstimmen, werden nicht konvertiert. CYMK-Bilder, bei denen ein vom Druckerprofil abweichendes Quellprofil aktiviert ist, werden konvertiert.
- **Dokumentenprofil ist nicht identisch mit dem Zielprofil**: Wählen Sie das gewünschte Ausgabeprofil in der Option Druckerprofil ⑦, und aktivieren Sie die Checkbox CMYK-Werte beibehalten ⑧.

Tipp
Um PDF/X-1a-konforme PDF-Dateien zu erstellen, wählen Sie eine der ersten beiden Vorgehensweisen. Es empfiehlt sich dabei jedoch, die Option CMYK-Werte beibehalten zu aktivieren, da sonst schwarzer Text in 4c aufgelöst wird.

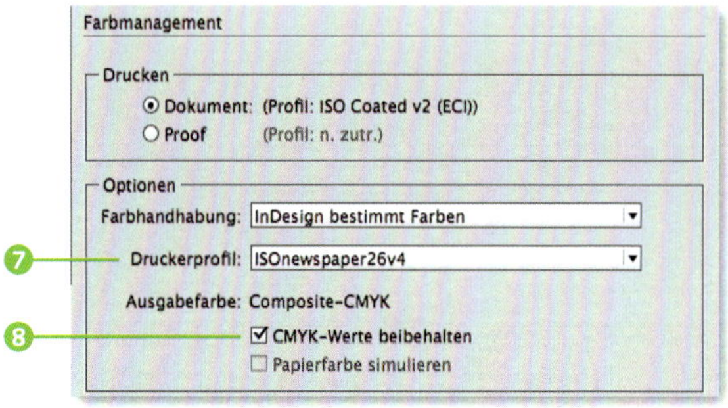

◂ **Abbildung 28.18**
Das Register Farbmanagement im Druckdialog mit eingestellten Optionen zur Ausgabe in einem anderen Zielfarbraum

Tipp
Wenn Sie Ihr Dokument durchgängig medienneutral – alle platzierten Bilder liegen in RGB mit angehängtem Profil vor – aufgebaut haben, so führt diese Einstellung im Druckdialog dazu, dass alle Bilder in den Zielfarbraum konvertiert werden und dabei auch den gewünschten Gesamtfarbauftrag besitzen. Sobald ein gemischter Aufbau des Dokuments vorliegt, empfiehlt es sich, Variante 1 zu wählen und alle platzierten CMYK-Bilder auf den Dokumentenstandard zu setzen, der für Farbeinstellungen für Bild gilt.

Das Ergebnis: Volltonfarben-, Graustufen-, 1c-Bilder und schwarzer Text bleiben in ihrem Farbraum erhalten, alle Lab- oder RGB-Daten werden in das neue Zielprofil (ISONewspaper26v4) nach CMYK transformiert. CMYK-Bilder ohne ICC-Profil bzw. CMYK-Bilder mit zugewiesenem Dokumentenstandard sowie in InDesign erstellte Objekte (in ihnen ist das Dokumentenprofil hinterlegt) werden durch die Aktivierung der Checkbox CMYK-Werte beibehalten nicht konvertiert. CYMK-Bilder, bei denen ein vom Druckerprofil abweichendes Quellprofil aktiviert ist, werden konvertiert.

- **Dokumentenprofil ist nicht identisch mit dem Zielprofil, und »CMYK-Werte beibehalten« ist nicht aktiviert**: Wird die Checkbox CMYK-Werte beibehalten 8 deaktiviert, so werden alle CMYK-Bestände in den Zielfarbraum konvertiert – zum Erschrecken aller wird auch der schwarze Text in ein 4c-Schwarz umgewandelt. Das Einsatzgebiet für diese Variante ist in der Praxis genau zu hinterfragen!

Die sauberste Produktionsweise wäre es, wenn Sie alle Bilder in einem vereinbarten Zielfarbraum (mit angehängtem ICC-Profil) abspeichern und eine Ausgabe Composite unverändert durchführen. Damit wären alle Bilder und InDesign-Objekte – selbst Bilder ohne eingebettetes Profil – in der PDF-Datei mit dem vereinbarten CMYK- oder RGB-Profil versehen: ein optimaler Ansatz zur PDF/X-1a-Generierung.

Das Register »Erweitert«

Im Register Erweitert nehmen Sie die Einstellungen in Bezug auf Ausgabeauflösung, OPI und Transparenzreduzierung vor.

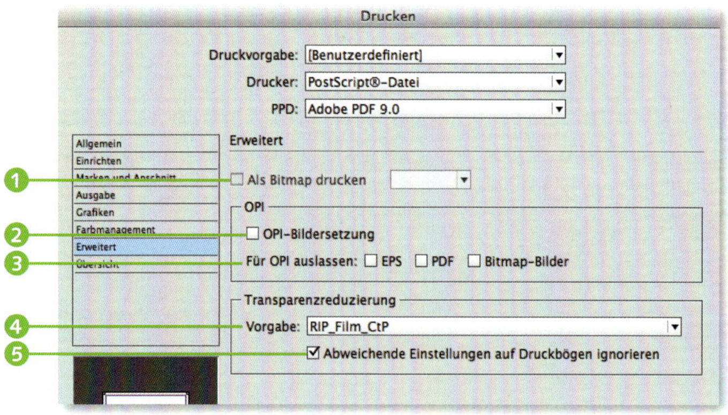

Abbildung 28.19 ▶
Das Register Erweitert des Druckdialogs. Vor allem die Optionen im Bereich Transparenzreduzierung sind von essenzieller Bedeutung für die Qualität des Druckergebnisses.

Durch die Option Als Bitmap drucken 1 können Sie auf nicht-PostScript-fähigen Druckern alle Grafiken für die Ausgabe bereits durch In-

Design rastern lassen. Besonders wichtig ist diese Option, wenn Sie unter Windows Dokumente mit komplexen Objekten auf nicht-PostScript-fähigen Druckern ausgeben, da dadurch die Fehler in der Ausgabe verringert werden.

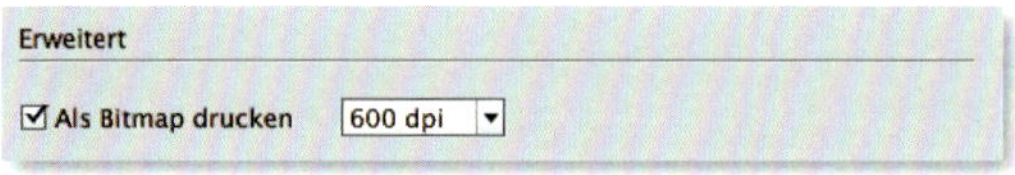

◂ **Abbildung 28.20**
Ausgeben auf nicht-PostScript-fähigen Druckern

Stellen Sie die Auflösung für den Bitmapdruck auf denselben Wert, wie er für die gewählte Papierart und die gewählte Ausgabeauflösung im Druckertreiber hinterlegt ist.

Bereich »OPI« | Deaktivieren Sie OPI-Bildersetzung ❷ zum Erstellen einer PostScript-Datei, die für die Generierung einer PDF/X-Datei gedacht ist. Verwenden Sie diese Option nur, wenn die Ausgabe über einen OPI-Server erfolgt. In diesem Fall können Sie über die Checkboxen EPS, PDF und Bitmap-Bilder in der Option Für OPI auslassen ❸ bestimmen, welche Bilddaten in PostScript nur mit einem OPI-Kommentar gekennzeichnet sind oder ob die Originaldaten inklusive des OPI-Kommentars in der PostScript-Datei vorliegen sollen.

Bei Transparenzen wird InDesign dazu angehalten, alle Bildinformationen, die für die Transparenzreduzierung benötigt werden, durch Originaldaten auszutauschen und für den PostScript-Stream zu verflachen.

Bereich »Transparenzreduzierung« | Da die Übergabe von nativen Transparenzen in PostScript nicht möglich ist (technisch würde das »Durchschleusen« von Transparenzen über PostScript-XObjects möglich sein), müssen Sie unter Vorgabe die Option RIP_Film_CtP ❹ aktivieren (die definierte Transparenzreduzierungseinstellung Ihres Ausgabegeräts – mehr Informationen dazu erhalten Sie im Abschnitt »Die Transparenzreduzierungsvorgaben« auf Seite 778).

Zusätzlich aktivieren Sie Abweichende Einstellungen auf Druckbögen ignorieren ❺, um sicherzustellen, dass keine benutzerdefinierte Transparenzreduzierung zur Anwendung kommt, die über das Menü Druckbogenreduzierung des Bedienfeldmenüs Seitenattribute im Seiten-Bedienfeld geändert werden kann.

Abweichende Einstellungen ignorieren
Um sicherzugehen, dass in der Ausgabe nicht unterschiedliche Transparenzreduzierungen zum Einsatz kommen, sollten Sie diese Einstellung immer aktivieren. Anwender von InDesign können nämlich über den Befehl Seitenattribute • Druckbogenreduzierung im Bedienfeldmenü des Seiten-Bedienfelds abweichende Einstellungen vornehmen.

Das Register »Übersicht«

Alle im Druckmenü vorgenommenen Einstellungen werden in diesem Register zusammengefasst und lassen sich als Textdatei, quasi als Report, abspeichern.

Abbildung 28.21 ▶
Das Register Übersicht des Druckdialogs. Die gewählten Druckeinstellungen werden zusammengefasst und können als Textdatei abgespeichert und dem Auftrag in digitaler Form hinzugefügt werden. Durch Klicken auf Speichern ❶ wird die PostScript-Datei erstellt, die Sie dann im Anschluss mit dem Acrobat Distiller – hoffentlich mit den korrekten Einstellungen – in ein PDF konvertieren.

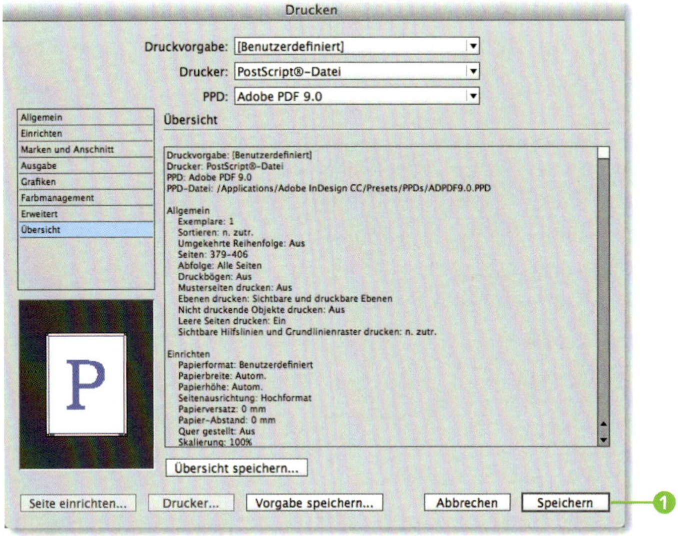

28.3 Tintenstrahl- und PCL-Drucker

Für einen Probedruck, einen Korrekturauszug oder eine Präsentation müssen Sie eventuell das Layout auf einem Tintenstrahldrucker ausgeben. Bei den meisten Tintenstrahldruckern handelt es sich um nicht-PostScript-fähige Ausgabegeräte. Aus diesem Grund wird die Aufbereitung der Druckdaten über den installierten Druckertreiber vorgenommen, wodurch es nicht möglich ist, einen positionsgenauen Druck anzufertigen. So werden Linienstärken anders berechnet als in der Ausbelichtung, oder das Kerning der Schrift wird nicht präzise umgesetzt. Viele Laserdrucker hingegen verfügen über einen eingebauten PostScript-RIP oder eine PCL-Emulation. Ist dem Tintenstrahldrucker kein PostScript-RIP vorgeschaltet und der Laserdrucker auf die Verarbeitung von PCL-Daten eingestellt, so liegen die Unterschiede zu der bisher gezeigten Vorgehensweise in der fehlenden PPD-Datei und den Einträgen in den Registern Ausgabe, Farbmanagement und Erweitert.

PCL
PCL – *Printer Command Language* – ist eine von Hewlett-Packard entwickelte Befehlssprache zum Steuern von Laser- und Tintenstrahldruckern. PCL ist viel einfacher als PostScript aufgebaut.

Wählen Sie zuerst den gewünschten Tintenstrahldrucker bzw. Laserdrucker in der Option Drucker aus. Wird in der Option PPD ein Eintrag angezeigt, so handelt es sich um ein Ausgabegerät, das über ein PostScript-RIP angesteuert wird. Ist hingegen kein Eintrag in der Option PPD zu sehen, so wird für das Ausgabegerät der Druckertreiber des Druckerherstellers bzw. PCL als Druckersprache verwendet.

Im Folgenden zeigen wir Ihnen die Einstellungen, die Sie brauchen, um eine Ausgabe eines »Layout-Dummys« optimal aufzubereiten. Dabei können wir die Register Allgemein (siehe Seite 843) und Einrichten (siehe

Seite 845) überspringen, da hier keine Änderungen in der Einstellung vorzunehmen sind.

Das Register »Marken und Anschnitt«

Obwohl es sich um keinen PostScript-fähigen Drucker handelt, können Sie dennoch die Schnittmarken, Anschnittmarken, Passermarken, Farbkontrollstreifen, Seiteninformationen sowie eine Erweiterung des Ausgabebereichs um den Anschnitt oder den Infobereich einstellen. Wenn Ihnen einige Optionen dabei nicht geläufig sind, lesen Sie auf Seite 848 in diesem Kapitel nach.

Das Register »Ausgabe«

Tintenstrahldrucker arbeiten zwar in der Ausgabe mit CMYK bzw. mit sechs oder acht Farben (CMYK + helles Magenta + helles Cyan + Grau + helles Schwarz), intern werden die Daten jedoch durch den Druckertreiber nach RGB konvertiert, da so die Berechnung der Farbwerte für die Ausgabe auf Basis der acht Farben optimiert erfolgen kann. Im Unterschied zu PostScript-Druckern kann somit im Pop-up-Menü Farbe nur noch Composite-Grau oder Composite-RGB ❷ ausgewählt werden. Der Druckertreiber liefert dadurch nur RGB-Informationen an den Drucker – selbst wenn Sie Composite-Grau aktiviert haben.

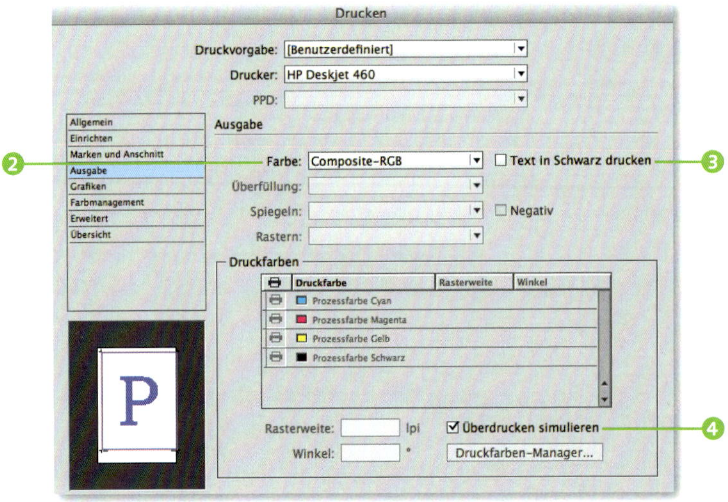

◂ **Abbildung 28.22**
Das Register Ausgabe des Druckdialogs, wenn ein nicht-PostScript-fähiger Drucker – keine PPD ist auswählbar – gewählt ist. Bei den meisten Tintenstrahldruckern werden dabei die Farbinformationen nach RGB umgewandelt, um somit den größeren Farbumfang dieser Ausgabegeräte besser nutzen zu können.

Die Aktivierung der Checkbox Text in Schwarz drucken ❸ ist daher auch nicht zielführend, da generell alle Farben nach RGB transformiert werden. Auch Text wird dabei nach RGB als R=0, G=0, B=0 transformiert. Die Aktivierung der Option Überdrucken simulieren ❹ ist bei

Profile installieren

Kopieren Sie die ICC-Profile des Herstellers unter Mac OS X in das Verzeichnis FESTPLATTE/LIBRARY/COLORSYNC/PROFILES und unter Windows 7/8 in C:\WINDOWS\SYSTEM 32\SPOOL\DRIVERS\COLOR. Somit haben Sie in den Adobe-Programmen Zugriff darauf.

der Ausgabe auf Tintenstrahldruckern sinnvoll, da Sie dadurch alle im Dokument versteckten Überdruckeneinstellungen erkennen können.

Das Register »Farbmanagement«

Wie Sie aus den Ausführungen zum Register AUSGABE wissen (Informationen finden Sie auf Seite 859), ist die Wahl des Profils von großer Wichtigkeit. Wählen Sie, um sehr farbkräftige Ergebnisse zu erzielen, eines der vom Hersteller mitgelieferten RGB-Profile aus. Beachten Sie, dass die meisten Hersteller verschiedene Profile für das jeweils verwendete Papier zur Verfügung stellen.

Wählen Sie in DRUCKERPROFIL ① das Profil, das zum verwendeten Papier passt. Aufgrund der unterschiedlichen Farbräume, die durch verschiedene Papiersorten abgebildet werden können, sind die Unterschiede durch die Verwendung der Profile enorm.

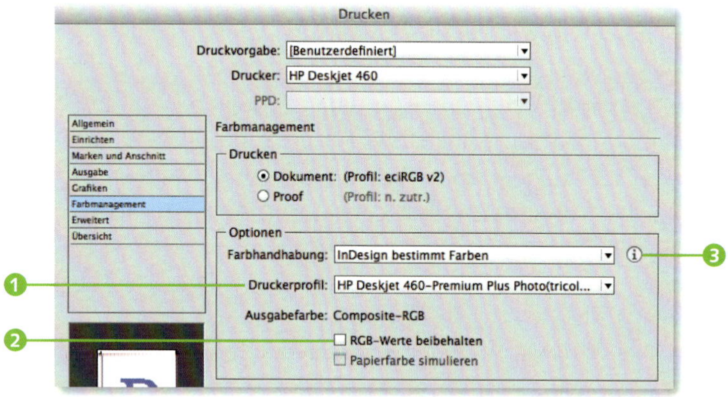

Abbildung 28.23 ▶
Das Register FARBMANAGEMENT des Druckdialogs, wenn ein nicht-PostScript-fähiger Drucker gewählt ist. Greifen Sie bei der Wahl des Druckerprofils in erster Linie auf Profile zurück, die Ihnen der Hersteller zu dem gewählten Gerät zur Verfügung stellt. In den meisten Fällen können damit auch sehr gute Ergebnisse erzielt werden.

Eine kleine Sprechblase ③ neben der Option FARBHANDHABUNG fordert Sie auf, die Colormanagement-Funktionalität in Ihrem Druckertreiber zu deaktivieren, da es ansonsten zu einer doppelten Verrechnung der Daten käme. Aktivieren Sie die Option RGB-WERTE BEIBEHALTEN ②, wenn für RGB-Bilder und RGB-Objekte keine Farbverrechnung in den Zielfarbraum erfolgen soll.

Tipp

Die Verrechnung aller RGB-Daten führt meistens zu besseren Ergebnissen. Aktivieren Sie also die Option RGB-WERTE BEIBEHALTEN nicht standardmäßig.

Das Register »Erweitert«

Um bei Text, Pixeln und Grafiken eine möglichst einheitliche Schärfewirkung zu erhalten, aktivieren Sie die Option ALS BITMAP DRUCKEN ④. Stellen Sie dabei die Ausgabeauflösung des Druckers ein.

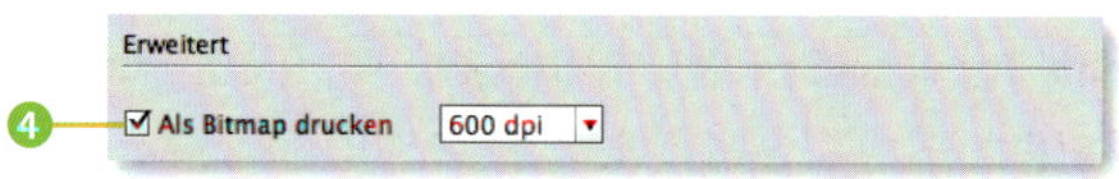

Abbildung 28.24 ▶
ALS BITMAP DRUCKEN wandelt alles vor der Ausgabe in ein Bitmap um.

28.4 Proofen

Sollten Sie kein hochwertiges Proof-System zur Verfügung haben, so bietet Ihnen InDesign dennoch die Möglichkeit, den Abzug Ihrer Daten zu simulieren. Alles, was Sie dazu brauchen, ist ein geeignetes Proof-Profil. Entweder greifen Sie auf Profile der Hersteller zurück oder – besser – Sie erstellen sich ein Profil selbst.

Um ein Druckprofil zu erstellen, müssen Sie zuerst die Testtargets mit deaktiviertem Farbmanagement 5 aus Adobe Photoshop über den Befehl Datei • Drucken auf dem zu profilierenden Papier ausdrucken.

Testtargets

Da der Druckertreiber alle vorliegenden CMYK-Werte nach RGB konvertiert, muss auch ein entsprechendes Testtarget zur Vermessung ausgedruckt werden. Verwenden Sie das Target mit der Bezeichnung »TC9.18 RGB.tif«, das jeder Profilierungssoftware beigefügt ist.

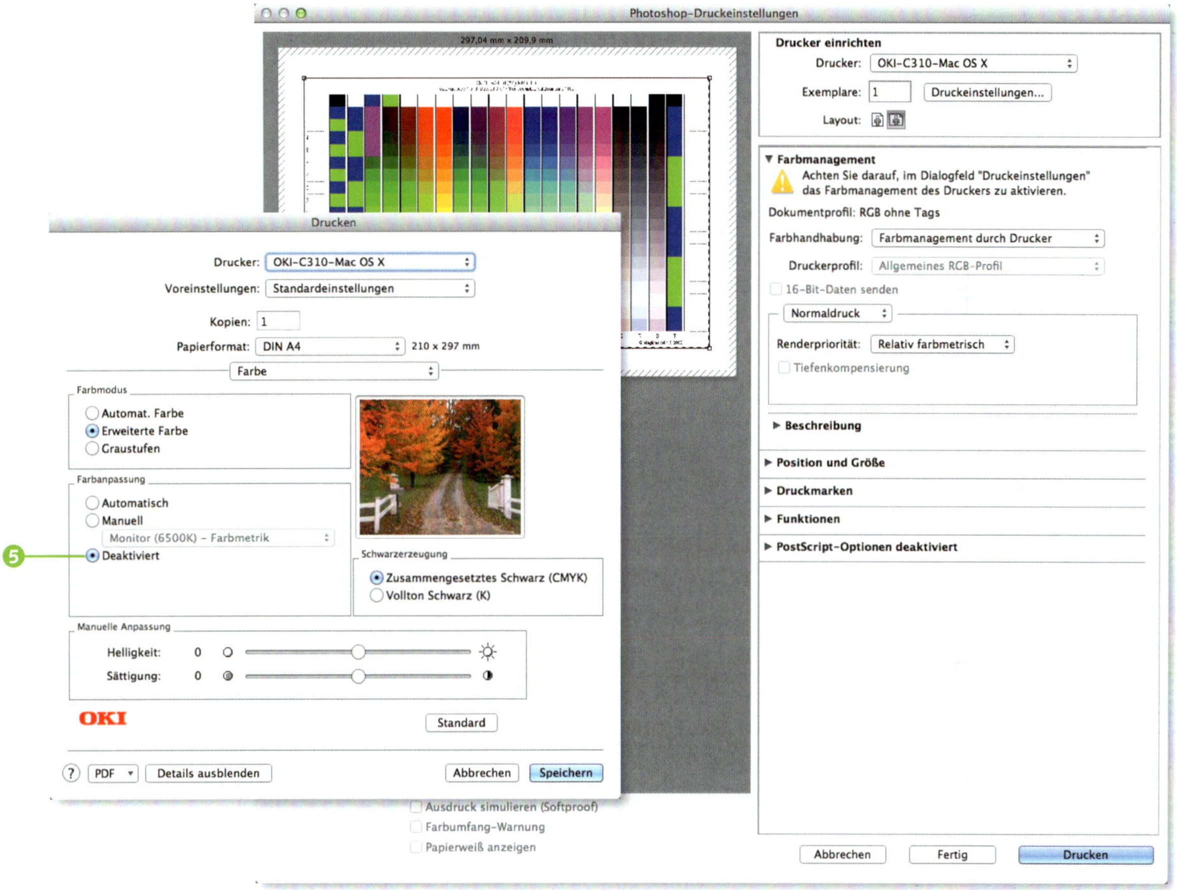

▲ **Abbildung 28.25**
Der Druckdialog aus Adobe Photoshop. Das Farbmanagement muss für die Ausgabe entweder im Druckdialog oder, wie in der Abbildung zu sehen ist, in den Druckoptionen deaktiviert werden.

Im Anschluss müssen Sie Ihre ausgedruckten Testcharts farbmetrisch vermessen. Hersteller wie *X-Rite* oder *Color Solution* bieten dazu Softwarepakete und geeignete Messgeräte an. Wer sich jedoch diese Kosten nicht antun möchte, der hat immer noch die Möglichkeit, sich so ein Profil ausmessen und berechnen zu lassen. Es gibt sicherlich auch in Ihrem Umfeld einen Farbexperten, der diese Arbeit gegen Entgelt ausführt. Beachten Sie, dass Sie für jedes Papier, das Sie zu verwenden gedenken, ein eigenes Druckprofil erstellen müssen. Die ICC-Profile müssen Sie dann nur noch in das richtige Verzeichnis kopieren (siehe dazu den Hinweis »Profile installieren« auf Seite 860), und in einigen Fällen müssen Sie die verwendeten Applikationen neu starten. Damit können Sie nun einen Proof-Ausdruck auf Ihrem gewählten Papier erzeugen.

In der folgenden Schritt-für-Schritt-Anleitung gehen wir davon aus, dass Sie auf dem Tintenstrahldrucker *HP Deskjet 460* simulieren wollen, wie das Inserat in der Tageszeitung aussehen wird.

Schritt für Schritt
Proofen auf einem Farbdrucker

Bevor Sie einen Proof-Druck durchführen können, müssen Sie zuerst in InDesign die Proof-Bedingungen für einen Soft-Proof – die simulierende Farbwiedergabe am Monitor – festlegen.

1 Proof-Bedingung einrichten

Wählen Sie dazu den Befehl Ansicht • Proof einrichten • Benutzerdefiniert aus. Diese Simulationseinstellung wird in der Ausgabe für die Simulation auf dem Druckpapier verwendet.

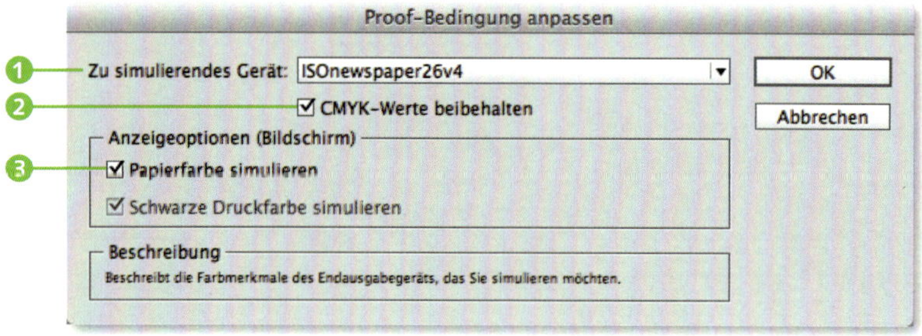

Abbildung 28.26 ▶
Anpassen der Proof-Bedingung zur Simulation am Monitor. Diese hat auch für die Ausgabesimulation eine große Bedeutung.

Wählen Sie in der Option Zu simulierendes Gerät ❶ das Zielprofil der Tageszeitung aus, und aktivieren Sie RGB-Werte beibehalten oder CMYK-Werte beibehalten ❷. Das Aktivieren dieser Option wird beim sicheren CMYK-Workflow empfohlen, bei RGB-Ausdrucken müssen Sie diese Checkbox nicht aktivieren.

Aktivieren Sie auch die Option Papierfarbe simulieren ❸, wenn Sie den »Graustich« des Zeitungspapiers auf dem Proof bzw. auf dem Monitor sehen möchten, und klicken Sie auf OK. Nicht erschrecken: Auf dem Monitor sehen Sie nun den Soft-Proof mit dem Graustich.

Ob Sie einen Farbdruck am Monitor simulieren oder nicht, erkennen Sie im Dokumentenreiter. Das simulierte Profil wird in Klammern angegeben 

.

Tipp
Sollte Ihnen durch Aktivieren der Option Papierweiss simulieren die Wiedergabe am Monitor zu »unnatürlich« vorkommen, so deaktivieren Sie diese Option. Lassen Sie jedoch immer die Option Schwarze Druckfarbe simulieren aktiviert.

2 Druckbefehl aufrufen und Parameter einrichten

Führen Sie den Druckbefehl über Datei • Drucken aus, und wählen Sie in der Option Drucker den Proof-Drucker aus. Nehmen Sie in den Registern Allgemein, Einrichten, Marken und Anschnitt, Ausgabe und Grafiken die gewünschte Einstellung vor, und schalten Sie dann auf das Register Farbmanagement.

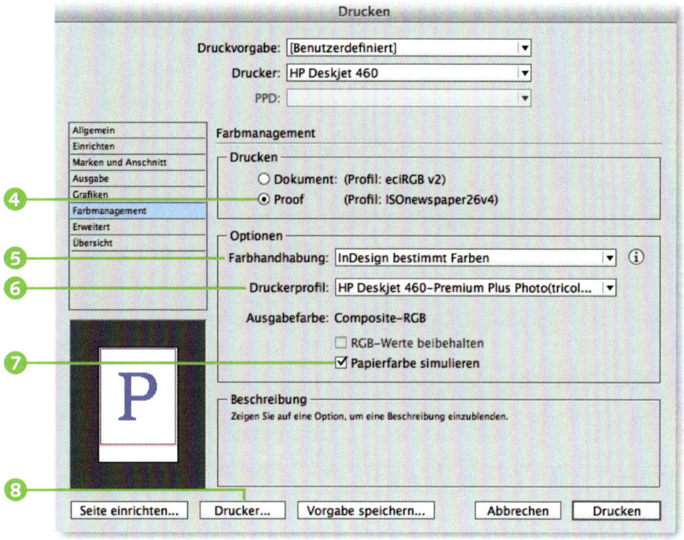

◄ Abbildung 28.27
Das Register Farbmanagement für die Ausgabe eines Proofs auf dem HP Deskjet 460. Die zu simulierende Ausgabe ist ISONewspaper26v4, das Druckerprofil ist HP Deskjet 460-Premium Plus Photo.

Im Bereich Drucken wählen Sie den Button Proof ④ aus. Das zuvor eingestellte Profil für den Soft-Proof wird daraufhin angezeigt. Durch die Option Proof kann eine Simulation des Zielprofils auf Basis des gewählten Druckerprofils erfolgen. Um auch die Anmutung des Bedruckstoffs zu simulieren, kann die Option Papierfarbe simulieren ⑦ aktiviert werden.

Im Bereich Optionen wählen Sie bei Farbhandhabung die Option InDesign bestimmt Farben ⑤. In der Option Druckerprofil ⑥ wählen Sie das zum Papier passende Proof-Profil – in unserem Fall ist es das Papierprofil des Herstellers HP Deskjet 460-Premium Plus Photo – aus. Aktivieren Sie Papierfarbe simulieren nur dann, wenn Sie auch im Ausdruck den »Graustich« des Papiers simuliert bekommen möchten.

3 Druckertreiber-Einstellung überprüfen

Überprüfen Sie noch einmal Ihre Druckertreiber-Einstellungen, und schalten Sie das Farbmanagement im Druckertreiber aus. Durch Klick auf den Button Drucker ⑧ können Sie die Druckertreiber-Einstellungen ändern. Sollte der Druckertreiber das Deaktivieren der Farbeinstellungen nicht zulassen, so ist eine farbverbindliche Ausgabe nicht gewährleistet.

Farbmanagement lässt sich nicht deaktivieren

Beachten Sie, dass einige Hersteller es versäumt haben, dem Anwender die Möglichkeit zu geben, das Farbmanagement im Druckertreiber zu deaktivieren. Was können Sie tun? Den Hersteller wechseln und beim Kauf auf dieses kleine Detail besonderes Augenmerk legen.

Nachdem Sie das Farbmanagement im Druckertreiber deaktiviert und die geänderten Einstellungen bestätigt haben, können Sie mit dem Ausdruck beginnen.

28.5 Druckvorgaben

Einmal vorgenommene Einstellungen können als Druckvorgaben abgespeichert werden und somit für die Ausgabe auf dem jeweiligen Ausgabegerät schnell aufgerufen werden. Im Unterschied zu anderen Layoutprogrammen können in den Druckvorgaben auch Einstellungen des Druckers, wie Auflösung oder Endfertigungsoptionen (Duplexdruck, Anordnungen, Farbmanagement, verwendetes Papier und Ausgabeprofil usw.) gespeichert werden.

Schritt für Schritt
Anlegen einer Druckvorgabe

Hilfestellung für Systemadministratoren

Legen Sie Druckvorgaben an, damit der Systemadministrator sie einfacher verteilen kann.

Diese Schritt-für-Schritt-Anleitung zeigt Ihnen, wie Sie eine Druckvorgabe zur Ausgabe von geprooften Einzelseiten mit Anschnitt auf A3-Papier am Beispiel eines RICOH Farblaserkopiere einrichten sollten.

1 Den Druckvorgaben-Dialog aufrufen

Führen Sie den Menübefehl Datei • Druckvorgaben • Definieren aus. Im erscheinenden Dialog können Sie Druckvorgaben neu erstellen, bearbeiten, löschen, laden oder speichern.

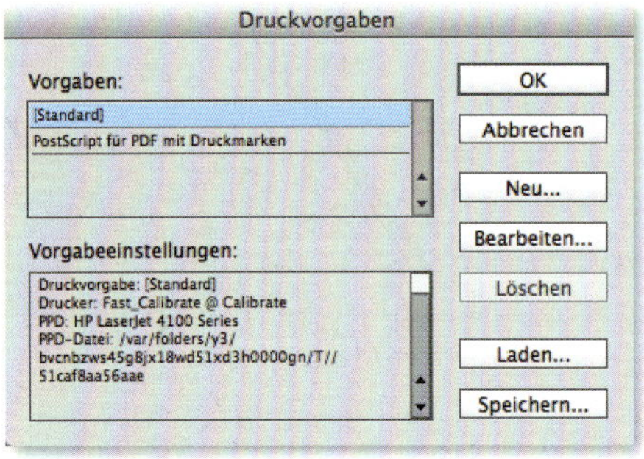

Abbildung 28.28 ▸
Der Druckvorgaben-Dialog zum Verwalten und Anlegen von Druckvorgaben

- **Neu**: Durch Drücken des Buttons Neu öffnet sich der Dialog Neue Druckvorgabe, in dem Sie den Namen der Druckvorgabe eingeben sowie die für die jeweilige Ausgabeform bestimmten Druckparameter in den jeweiligen Registern angeben können.
- **Bearbeiten**: Wählen Sie eine bestehende Druckvorgabe aus, und klicken Sie auf Bearbeiten, um darin Änderungen vorzunehmen.

- **Löschen**: Ausgewählte DRUCKVORGABEN werden damit gelöscht.
- **Laden**: Damit können gespeicherte DRUCKVORGABEN importiert werden. Werden Druckvorgaben importiert, die auf einen im System nicht vorhandenen Drucker oder eine nicht vorhandene PPD-Datei verweisen, so erscheint eine Fehlermeldung, die auf diesen Zustand hinweist. In diesem Fall müssen Sie die importierte, jedoch fehlerhafte Druckvorgabe überarbeiten und den korrekten Drucker bzw. die PPD-Datei auswählen.
- **Speichern**: Damit können ausgewählte DRUCKVORLAGEN exportiert werden. Druckvorlagen werden als .prst-Dateien gespeichert. Achten Sie darauf, dass die Endung ».prst« beim Speichern erhalten bleibt.

▲ **Abbildung 28.29**
Das Icon einer gespeicherten Druckvorgabe

Hinweis
Handelt es sich beim ausgewählten Drucker um einen PostScript-fähigen Drucker, so wird die entsprechende PPD-Datei in der Option PPD (ausgegraut) angezeigt.

2 Neue Druckvorgabe anlegen

Klicken Sie im Druckvorgaben-Dialog nun den Button NEU. Im erscheinenden Dialog geben Sie im Feld NAME die Bezeichnung für die Druckvorgabe – in unserem Fall »Farbkopierer A3-Proof« – ein. Wählen Sie daraufhin den gewünschten Drucker in der Option DRUCKER aus.

3 Die Register »Allgemein« und »Einrichten«

In diesen Registern wählen Sie die OPTIONEN aus Abbildung 28.30. Da wir beabsichtigen, eine Seite in Originalgröße auf einem A3-Papier auszugeben, darf die Option DRUCKBÖGEN ❶ und die Option AUF SEITENGRÖSSE SKALIEREN ❷ nicht aktiviert werden.

Hinweis
Weitere Informationen zu den Registern ALLGEMEIN und EINRICHTEN finden Sie ab Seite 843.

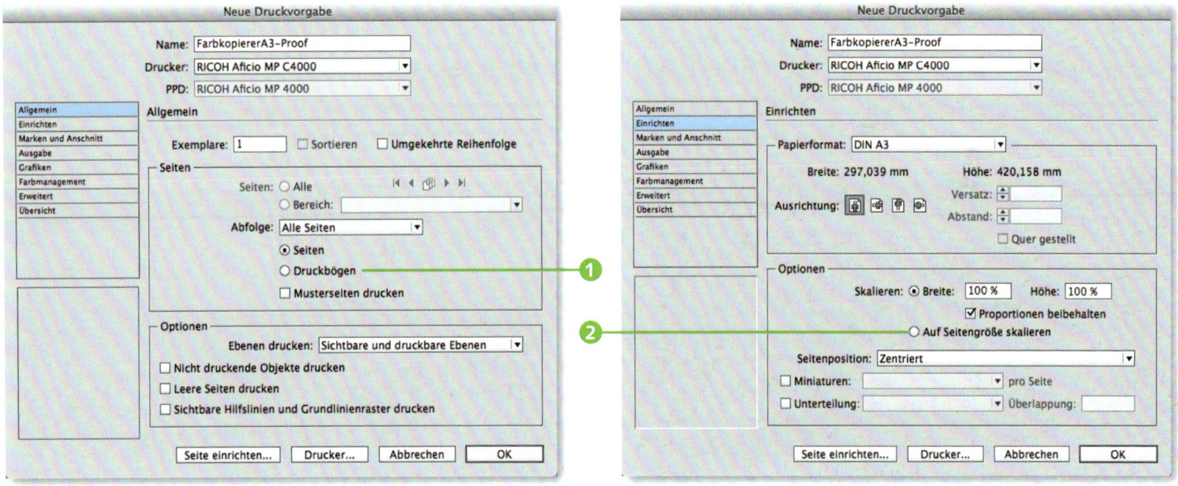

4 Die Register »Marken und Anschnitt« und »Ausgabe«

In diesen Registern wählen Sie die Optionen aus Abbildung 28.31. Ob SCHNITTMARKEN gedruckt oder ob der ANSCHNITT ❸ mit ausgegeben werden soll, kann später beim Aufruf der Druckvorgabe gewählt werden.

▲ **Abbildung 28.30**
Die Register ALLGEMEIN und EINRICHTEN

Da fast kein Tintenstrahldrucker überdruckende Objekte aus InDesign standardmäßig korrekt ausgeben kann, aktivieren Sie im Register AUSGABE zusätzlich die Option ÜBERDRUCKEN SIMULIEREN ❹.

Weitere Informationen zu den Registern MARKEN UND ANSCHNITT und AUSGABE finden Sie ab Seite 847.

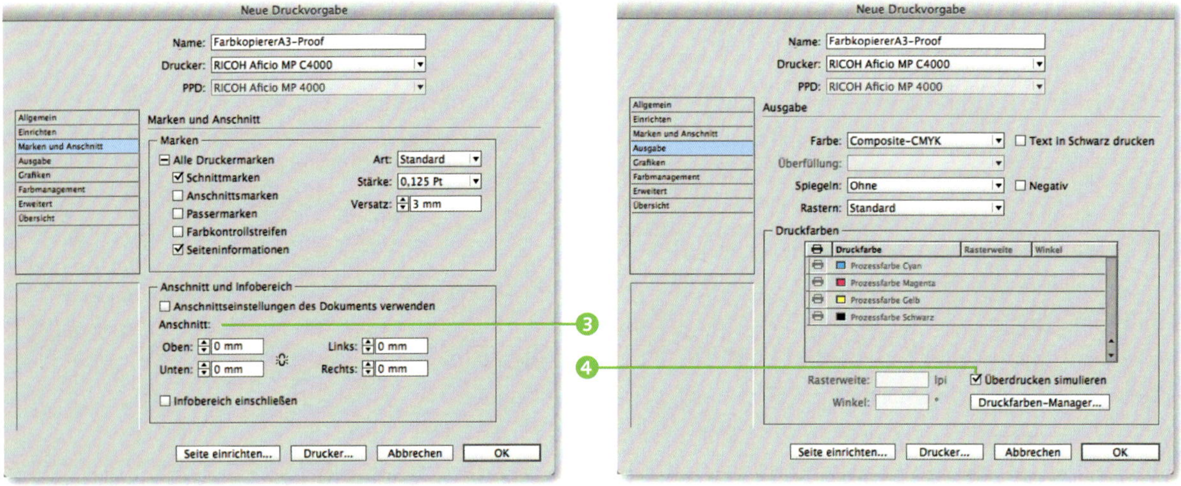

▲ **Abbildung 28.31**
Die Register MARKEN UND ANSCHNITT und AUSGABE

▼ **Abbildung 28.32**
Die Register GRAFIKEN und FARBMANAGEMENT

5 Die Register »Grafiken« und »Farbmanagement«

In diesen Registern wählen Sie die Optionen aus Abbildung 28.32. Im Register FARBMANAGEMENT müssen Sie die Option PROOF ❺ aktivieren und in der Option DRUCKERPROFIL ❻ das zum Papier passende Ausgabeprofil auswählen. Für die Proof-Ausgabe sollten Sie auch die Option PAPIERFARBE SIMULIEREN ❼ aktivieren, da dadurch die Anmutung des Druckergebnisses – durch Verschieben der Farben in Richtung Papierweiß – simuliert werden kann.

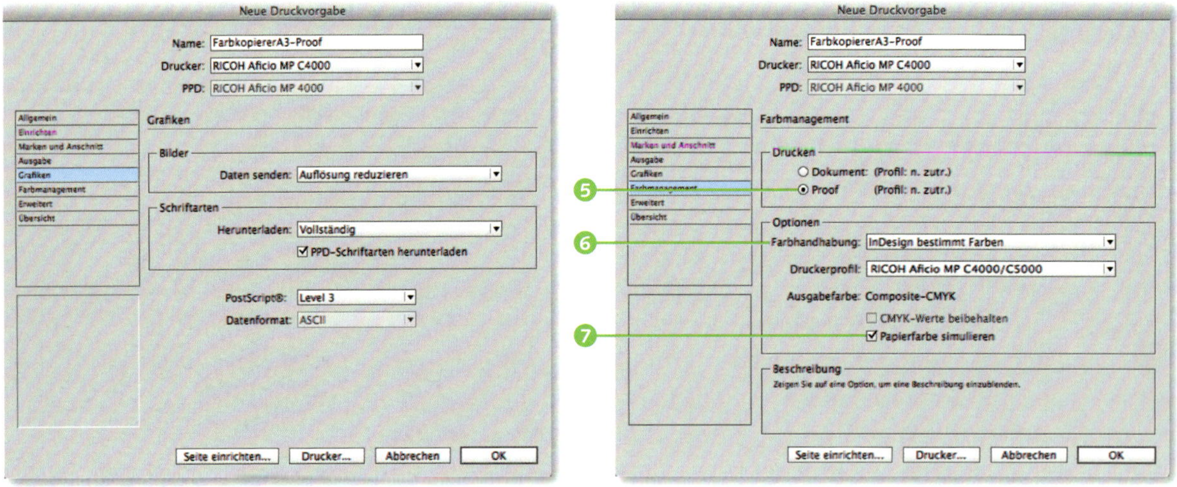

6 Die Register »Erweitert« und »Übersicht«

Im Register ERWEITERT wählen Sie die für den Drucker erstellte TRANSPARENZREDUZIERUNGSVORGABE 8 aus.

Im Register ÜBERSICHT 10 können Sie noch die Zusammenfassung der gewählten Optionen nachlesen.

Hinweis

Informationen zu den Registern GRAFIKEN und FARBMANAGEMENT finden Sie ab Seite 851.

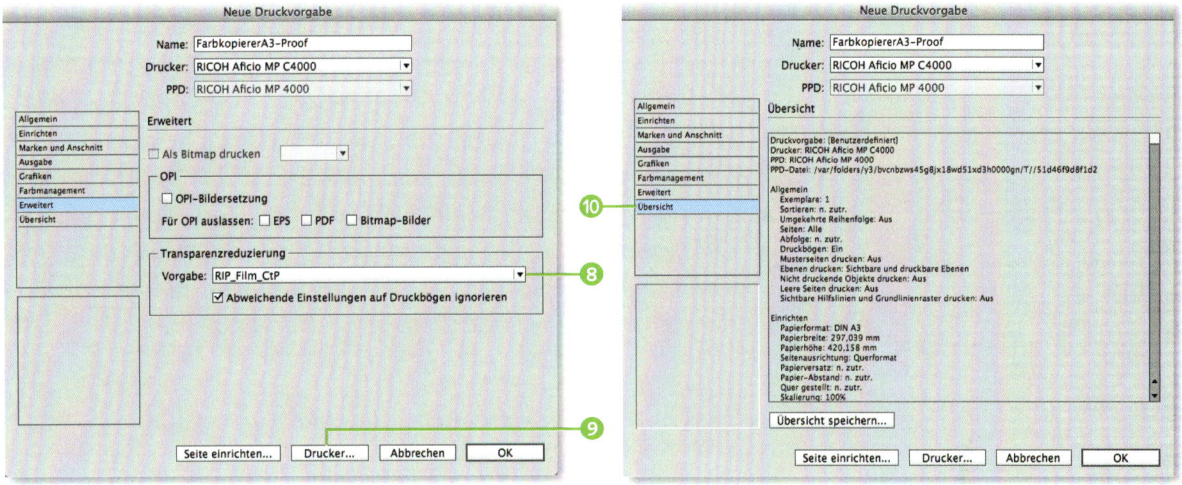

▲ **Abbildung 28.33**
Die Register ERWEITERN und ÜBERSICHT

Sollen noch Parameter des Druckertreibers – Anpassung der Farbe, Wahl des Papierschachts, Wahl des Papiers, Wahl der Ausgabeauflösung und dergleichen – in der Druckvorgabe berücksichtigt werden, so klicken Sie auf den Button DRUCKER 9. Nehmen Sie im Einstellungsdialog des Druckertreibers die gewünschten Einstellungen vor.

Hinweis

Achten Sie bei der Proof-Ausgabe darauf, dass das Farbmanagement im Druckertreiber in jedem Fall deaktiviert ist. Eine doppelte Verrechnung der Farben – einmal durch InDesign und ein zweites Mal durch den Druckertreiber – kann in der Praxis nicht funktionieren.

7 Die Druckvorgabe finalisieren

Nachdem wir nun alle Parameter des Druck- und Einstellungsdialogs des Druckertreibers gewählt haben, muss durch Klick auf OK der Einstellungsvorgang abgeschlossen werden.

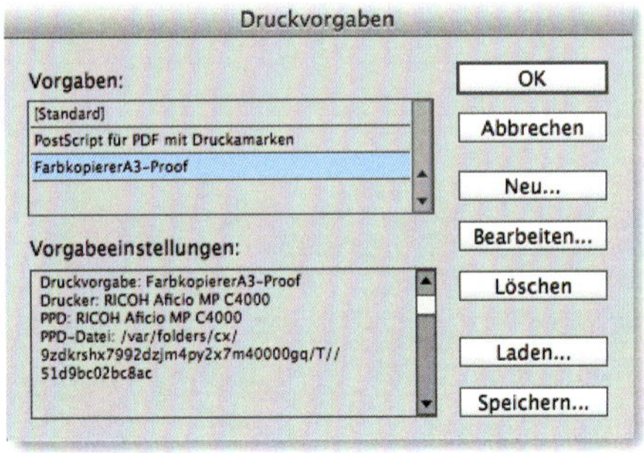

◀ **Abbildung 28.34**
Der Druckvorgaben-Dialog mit der angelegten Druckvorlage

Zurück im Druckvorgaben-Dialog kann nun die DRUCKVORGABE über den Button SPEICHERN exportiert werden.

Sichern Sie in jedem Fall immer Ihre definierten Druckvorgaben, da diese nur in den InDesign-Präferenzen abgespeichert werden. Sollten Sie zu einem bestimmten Anlass die Präferenzen löschen müssen, so sind auch Ihre Druckvorgaben eliminiert. Durch erneutes Laden der Druckvorgaben ersparen Sie sich dann eine Menge Zeit.

Andere Vorgehensweise zum Anlegen einer Druckvorgabe

Default-Einstellung im Druckdialog
InDesign merkt sich die zuletzt getätigte Einstellung, auch wenn das Dokument zwischenzeitlich geschlossen wurde.

Sie können eine DRUCKVORGABE nicht nur wie in der Schritt-für-Schritt-Anleitung gezeigt anlegen. Sie können auch einfach den Druckbefehl ausführen, die gewünschten Parameter im Druck- und im Einstellungsdialog des Druckertreibers vornehmen und dann über den Button VORGABE SPEICHERN eine Druckvorgabe direkt aus dem Druckdialog anlegen.

Notwendige Anpassungen für die Druckvorgabe führen Sie dann über den Befehl DATEI • DRUCKVORGABEN • DEFINIEREN aus.

Ausführen des Druckbefehls über Druckvorgaben

Hinweis
Es ist leider nicht möglich, den Druckdialog mit einer bereits gewählten Druckvorgabe über ein Tastenkürzel auszuwählen. Sie können lediglich den Druckdialog über Strg+P bzw. ⌘+P aufrufen und dann in der Option DRUCKVORGABE auf die gewünschte Einstellung zurückgreifen.

Um auf die getroffene Druckvorgabe für die Ausgabe zurückzugreifen, stehen Ihnen zwei Möglichkeiten zur Verfügung:

- Führen Sie den Befehl DATEI • DRUCKEN aus. Im Druckdialog können Sie in der Option DRUCKVORGABE aus den Vorgaben auswählen.
- Führen Sie den Befehl DATEI • DRUCKVORGABEN • NAME DER DRUCKVORGABE aus. Dadurch öffnet sich der Druckdialog, und die gewählte Druckvorgabe ist bereits in der Option DRUCKVORGABE ausgewählt.

28.6 Broschüre drucken

Nachdem Sie nun die Druckvorgaben für verschiedenste Ausgabeformen angelegt haben, sollten wir nun noch eine spezielle Ausgabe behandeln, und zwar das Ausschießen von umfangreicheren Dokumenten direkt auf dem Drucker oder in eine PDF-Datei.

Was ist Ausschießen, und was ist Montieren?

Das *Ausschießen* beschreibt den Vorgang, einzelne Dokumentenseiten in der richtigen Reihenfolge und Ausrichtung für den Druckbogen zu sortieren. Die *Montage* ist hingegen die passergenaue Fixierung auf dem gesamten Druckbogen. Dabei ist es wichtig, je nach Größe des Druckbogens und späterer Verarbeitung wie Schneiden, Binden, Klammern, Heften, Falzen oder Stanzen die Seiten in der richtigen Position und Ausrichtung zu platzieren, sodass das Endprodukt – z. B. ein gebundenes Buch – die richtige Seitenfolge erhält. Mit der Funktion Broschüre drucken aus dem Menü Datei können Sie Druckbögen für die professionelle Druckausgabe – ausgeschossen – ausgeben.

Ausgabe einer Broschüre auf einem Farbkopierer

Ein achtseitiger abfallend gesetzter Folder soll im Digitaldruck auf einem Farbkopierer ausgeschossen ausgegeben werden. Der Folder hat eine Breite von 105 mm und eine Höhe von 210 mm. Der Folder wird einmal gefalzt und am Rücken durch zwei Klammern zusammengefasst.

Der achtseitige Folder wird dazu in InDesign geöffnet und über den Befehl Datei • Broschüre drucken auf dem Kopierer auf A3 ausgegeben. Durch das Ausführen des Befehls erscheint der Dialog Broschüre drucken mit den drei Registern Einrichten, Vorschau und Übersicht.

Hinweis
Dokumente mit unterschiedlichen Seitenformaten können nicht als Broschüre ausgedruckt werden.

Druckvorgaben mit Broschüren
Für die Ausgabe einer Broschüre ist es ratsam, zuerst eine Druckvorgabe zu definieren, da der Dialog Broschüre drucken am schnellsten durch die Auswahl einer Druckvorgabe abgearbeitet werden kann.

Sollten Sie dennoch Änderungen im Druckdialog durchführen wollen, so können Sie dies natürlich durch einen Klick auf den Button Druckeinstellungen ❺ im Nachhinein tun.

Register »Einrichten« | Wählen Sie hier zuerst das gewünschte Ausgabegerät in Druckvorgabe ❶ aus. Steht keine entsprechende Vorgabe zur Verfügung, so können Sie über den Button Druckeinstellungen ❺ in den Druckdialog schalten, wo Sie die Einstellungen für den Ausdruck in den jeweiligen Registern vornehmen können.

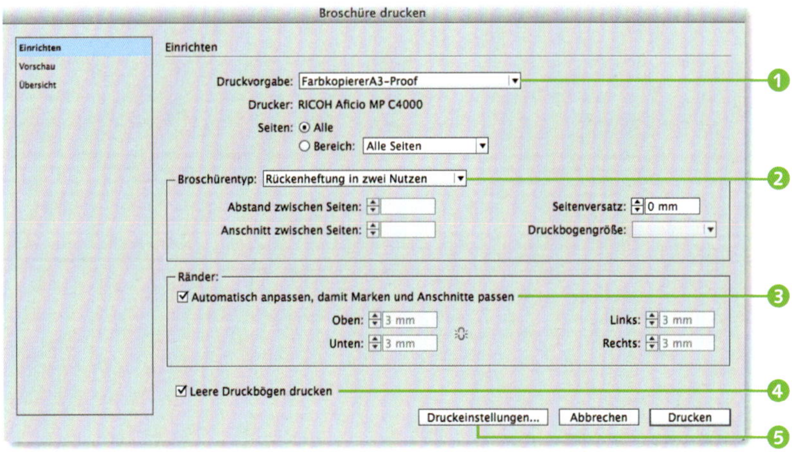

◄ **Abbildung 28.35**
Der Dialog Broschüre drucken aus InDesign. Wählen Sie den Broschürentyp ❷ aus, und definieren Sie die dazu notwendigen Parameter.

Sind der Drucker und speziell das Papierformat gewählt, so bestimmen Sie als Nächstes die Art des Ausschusses über die Option Broschürentyp ❷. Es stehen dabei fünf Typen zur Auswahl – siehe Abbildung 28.36 und 28.40.

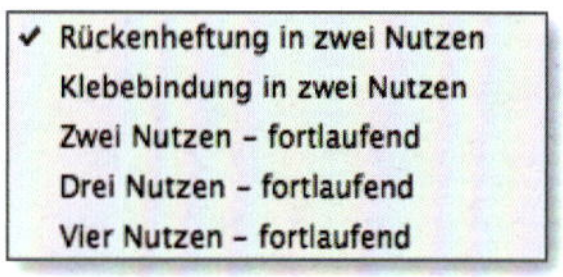

▲ **Abbildung 28.36**
Broschürentypen des Dialogfelds Broschüre drucken

Wählen Sie für unseren Folder-Dummy die Option Rückenheftung in zwei Nutzen. Für die Rückenheftung müssen einzelne Druckbögen ineinandergeschoben werden, damit diese durch eine Klammer zusammengeheftet werden können. Dafür muss sichergestellt werden, dass jeweils die Seiten 8 und 1, 7 und 2, 6 und 3, 5 und 4 gegenüberliegend auf der Seite ausgegeben werden. Beachten Sie besonders genau – wenn Ihr Farbkopierer doppelseitig drucken kann –, ob die Position auf der Vorder- und Rückseite nach der Ausgabe stimmt. Ansonsten müssen Sie noch in den Druckeinstellungen eine Feinabstimmung vornehmen.

Leere Seiten
Als leer gilt in InDesign eine Seite auch dann, wenn sie nur Elemente der Musterseite – z. B. die Pagina – enthält.

Markieren Sie im Bereich Ränder die Option Automatisch anpassen, damit Marken und Anschnitte passen ❸, um die Druckmarken in entsprechender Entfernung zum Endformat zu positionieren.

Die Option Leere Druckbögen drucken ❹ kann in einigen Fällen sinnvoll sein, führt jedoch bei der direkten Ausgabe auf einem Laserdrucker möglicherweise zur unnötigen Ausgabe von weißem Papier.

Register »Vorschau« | Hier können Sie sich vor der Ausgabe noch einmal visuell – durch Blättern ❻ zwischen den einzelnen Druckbögen – davon überzeugen, dass sich Ihre Einstellungen auch wirklich so verhalten, wie Sie es beabsichtigen. Sind alle Einstellungen korrekt, so steht der Ausgabe nichts mehr im Wege.

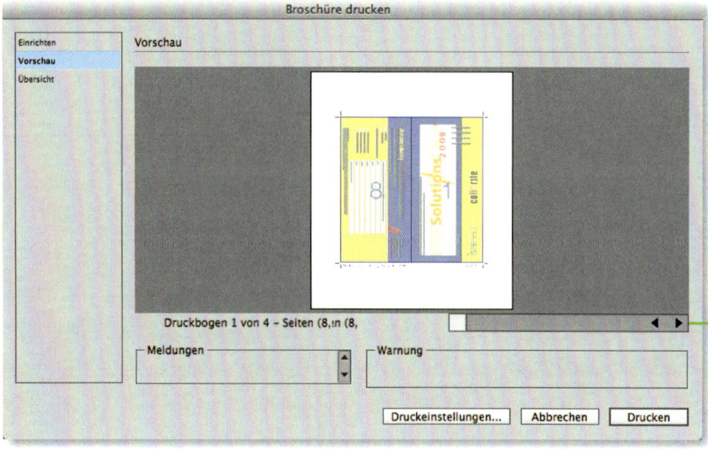

Abbildung 28.37 ▶
Das Register Vorschau im Dialog Broschüre drucken. Darin wird visuell noch einmal das gezeigt, was Sie nach der Ausgabe erwarten wird.

Ausgabe eines Buchs als PDF für die Klebebindung

Zur Ausgabe eines Buchs, das durch Klebebindung am Rücken verleimt werden soll, müssen andere Einstellungen gewählt werden, da bei einer Klebebindung im Unterschied zur Rückenheftung die einzelnen Druckbögen aneinandergereiht und dann verleimt werden.

Hinweis
Welche Parameter der Druckvorgabe PostScript für PDF mit Druckmarken hinterlegt sind, können Sie ab Seite 842 nachlesen.

Nach dem Aufruf des Befehls Datei • Broschüre drucken wählen Sie die in diesem Kapitel beschriebene Druckvorgabe PostScript für PDF mit Druckmarken ❼ und in der Option Broschürentyp den Eintrag Klebebindung in zwei Nutzen ❽ aus.

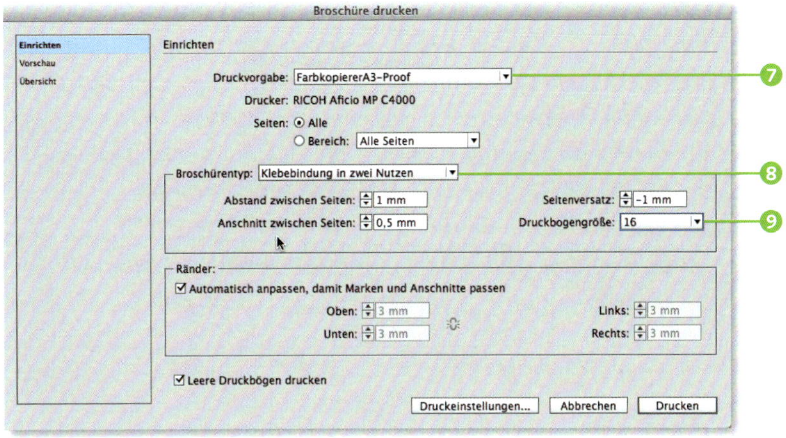

◄ **Abbildung 28.38**
Das Register EINRICHTEN im Dialog BROSCHÜRE DRUCKEN, wenn der Broschürentyp KLEBEBINDUNG IN ZWEI NUTZEN gewählt ist. Durch die zusätzlichen Optionen können die Papierstärke und die dazu benötigte Verjüngung für die Ausgabe berücksichtigt werden.

Wir wollen ein 48-seitiges Dokument mit KLEBEBINDUNG IN ZWEI NUTZEN ausgeben. Bei einer DRUCKBOGENGRÖSSE 9 von 16 Seiten (acht Seiten auf der Schön- und acht Seiten auf der Widerdruckseite) benötigen wir zur Ausgabe somit sechs Bögen (Signaturen).

Schön- und Widerdruck
Als *Schöndruckseite* wird die Vorderseite (erstdruckende) des Papiers bezeichnet. Die *Widerdruckseite* ist somit die Rückseite.

Papierverdrängung beim Ausschießen

In InDesign stehen zwei Ausschussschemata zur Verfügung: die *Rückenheftung* und die *Klebebindung*. Speziell bei der Rückenheftung, wo mehrere Druckbögen ineinandergeschoben werden, kann es beim Zuschneiden der Seiten dazu kommen, dass die in der Mitte der Broschüre liegenden Seiten am Rand zu weit beschnitten werden.

Nutzen
Als *Nutzen* wird die größtmögliche Anzahl darstellbarer Seiten pro Druckbogen oder Doppelbogen inklusive Anschnitt und weiterer Druckermarken bezeichnet.

Um diesen Fehler zu vermeiden, müssen die außen liegenden Druckbögen von der Mitte heraus etwas verdrängt werden. InDesign sieht dazu im Bereich BROSCHÜRENTYP verschiedene Optionen vor, die eine perfekte Ausgabe ermöglichen. Die Optionen sind:

- **Abstand zwischen Seiten**: Diese Option gibt die Größe des Abstands zwischen den gegenüberliegenden Seiten an. Sie legt fest, um wie viel die Außenseite eines Bogens – diese besitzt, bedingt durch den entstandenen Bug, die größte Breite – durch Hinzufügen eines Abstands vergrößert werden muss. In unserem Beispiel wurde der Außenseite des Druckbogens 1 mm Abstand gegeben.
- **Anschnitt zwischen Seiten**: Diese Einstellung gibt den Anschnittbereich an, der bei gegenüberliegenden Seiten in die andere Seite hineinragen darf, um keine weißen Ränder zwischen den ausgeschossenen Seiten entstehen zu lassen. Der Wert liegt zwischen 0 und der Hälfte des eingegebenen Abstands zwischen den Seiten.
- **Seitenversatz**: Durch die Eingabe des Seitenversatzes bestimmen Sie die Verdrängung – die Verringerung des Abstands zwischen den ge-

Optionen nicht verfügbar
Die Optionen ABSTAND ZWISCHEN SEITEN und ANSCHNITT ZWISCHEN SEITEN sind bei der Rückenheftung nicht zulässig.

genüberliegenden Seiten –, die pro Seite im Druckbogen durchgeführt werden soll. Werden, wie in unserem Fall, acht Seiten pro Bogen ausgeschossen und wird der Abstand zwischen den Seiten mit 1 mm festgelegt, so kann der Seitenversatz für die Innenseite des Druckbogens auf –1 mm gestellt werden.
Bei der Rückenheftung kann über diese Option eingestellt werden, um wie viel die Seite von außen nach innen in der Mitte verkürzt wird. Beachten Sie, dass damit die innenliegenden Seiten entsprechend verkürzt werden!

▼ Abbildung 28.39
Obere Reihe: Die Schöndruckseite mit den entsprechenden Verjüngungen, die für die Klebebindung angebracht werden müssen
Untere Reihe: Die Widerdruckseiten mit den entsprechenden Verjüngungen

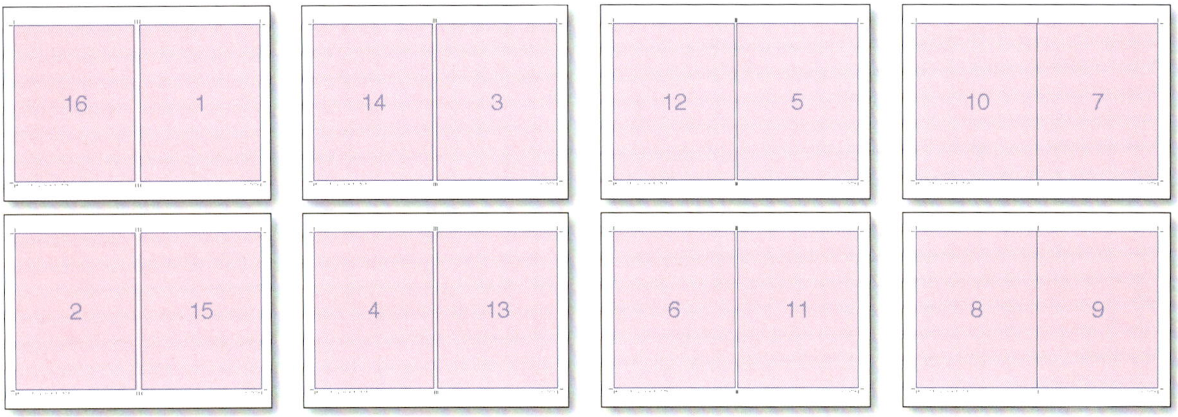

- **Druckbogengröße**: Hier geben Sie an, wie viele Seiten die einzelnen Signaturen (Druckbögen) enthalten. Wenn die Anzahl der auszuschießenden Seiten nicht durch den Wert für die Druckbogengröße teilbar ist, werden am Ende des Dokuments so viele Leerseiten wie nötig eingefügt. Markieren Sie im Bereich Ränder die Option Automatisch anpassen, damit Marken und Anschnitte passen und um die Druckmarken in entsprechender Entfernung zum Endformat zu positionieren. Aktivieren Sie die Option Leere Druckbogen drucken, da ansonsten Vakatseiten beim Ausschuss ausgelassen werden.

▼ Abbildung 28.40
Die fünf Broschürentypen. Den Seitenabstand können Sie dabei (außer bei der Rückenheftung) bei jedem Broschürentyp eingeben.

Unterschiede in den Broschürentypen

Wie sich die Broschürentypen hinsichtlich des Ausschusses unterscheiden, entnehmen Sie der nachfolgenden schematischen Illustration.

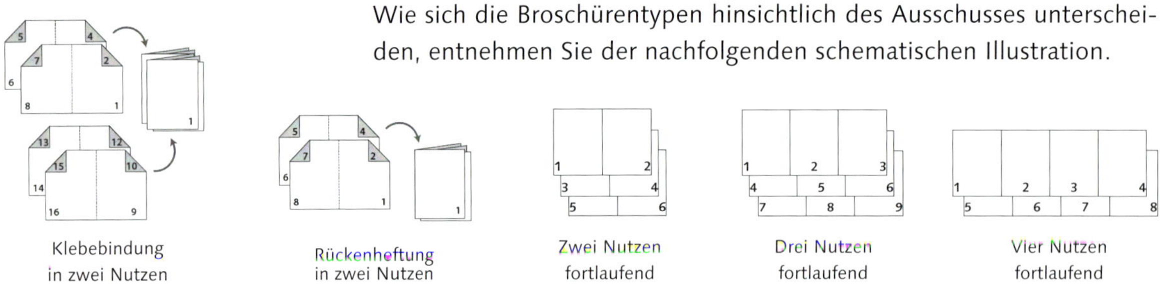

Kapitel 29
PDF-Export für gedruckte Publikationen

Ob für das Internet, für den Digitaldruck, für die Druckvorstufe oder als PDF/X: InDesign bietet für jede Ausgabeform eine PDF-Vorgabe an, die Sie verwenden könnten. Doch nicht immer entsprechen vordefinierte Sets den geforderten Qualitäten. Das Erstellen von eigenen Vorgaben ist aus unserer Sicht unerlässlich, denn der Anwender sollte verstehen, was bei den gewählten Einstellungen eigentlich mit den Originaldaten passiert. Deshalb sollten Sie nach dem Studium des Kapitels in der Lage sein, für jegliches Anwendungsgebiet – Internet, Office-Umgebung, Digitaldruck oder Druckvorstufe – das richtige PDF zu erstellen.

29.1 Allgemeines zur PDF-Technologie

Mit dem Portable Document Format (PDF) hat die Firma Adobe ein universelles Dateiformat geschaffen, um Daten der Medienindustrie abspeichern zu können. Diese universelle Einsetzbarkeit bringt viele Vorteile, womit PDF in vielen Bereichen der Medienindustrie eingesetzt werden kann. Auf der anderen Seite ist genau diese Vielfalt das größte Manko, denn für den Einsatz von PDF im Druck müssen nicht druckbare Inhalte in druckbare umgewandelt bzw. eliminiert werden.

Bevor wir ein PDF exportieren, wollen wir Ihnen zuvor das notwendige Hintergrundwissen zu PDF vermitteln, damit Sie mit den Anforderungen der Druckerei zur PDF-Erstellung zurechtkommen.

PDF als Container

Neben grafischen Elementen – Pixel, Vektoren, Text und seit PDF 1.4 auch Transparenzen – können in eine PDF-Datei auch Videos, Sounds und Animationen integriert werden. Ja, sogar ganze Dokumente anderen Ursprungs können in eine PDF-Datei eingebettet sein. PDF fungiert dabei als reiner Container für verschiedene Inhalte. Das Zauberwort PDF-Portfolio wurde dafür mit Acrobat 9 eingeführt.

Allgemeines zu PDF

Mit dem Portable Document Format ist ein plattformübergreifender Austausch von Dokumenten zur Darstellung von Inhalten ermöglicht worden. Dabei spielt es keine Rolle, auf welchem Betriebssystem und in welcher Applikation das Dokument erstellt worden ist, und auch nicht, auf welchem Ausgabegerät das PDF angezeigt werden soll. PDF wurde aber nicht nur zur Abbildung von druckbaren Inhalten entwickelt, vielmehr hat sich das Format wegen der Abbildung multimedialer Inhalte und wegen der PDF-Formulare einen guten Namen gemacht.

PDF ist ein sehr mächtiges Format. Unterschiedlichste Inhalte können darin abgebildet werden, wodurch nicht jeder Empfänger in der Lage ist, mit den Daten etwas anzufangen. PDF-Dateien müssen somit bereits bei der Erstellung in InDesign für das spätere Verwendungsgebiet aufbereitet werden. Die Einstellungen dafür müssen im Exportdialog von InDesign bzw. im Adobe Distiller korrekt gesetzt werden.

PDF-Erstellung

Bei der Erstellung von PDF-Dateien aus InDesign heraus unterscheiden wir grundsätzlich zwischen zwei Vorgehensweisen.

PDF-Erstellung über PostScript | In Kapitel 28, »Drucken«, erfahren Sie, wie Sie eine PostScript-Datei erstellen, die für die Erstellung einer PDF-Datei optimal ist. Die Erstellung der PostScript-Datei ist Basis für die PDF-Konvertierung mit dem Adobe Distiller. Das Ergebnis hängt allerdings von den Einstellungen im Druckdialog von InDesign und den getroffenen Konvertierungseinstellungen des Adobe Distillers ab. In der PostScript- und somit auch der PDF-Datei sind alle Informationen vorhanden, die für eine hochauflösende Ausgabe von Inhalten benötigt werden. Multimediale Inhalte können jedoch über PostScript nicht transportiert werden! Worin liegen die Vor- und die Nachteile?

- **Vorteil**: Die Produzierbarkeit eines Dokuments kann damit überprüft werden. Würde die Konvertierung fehl schlagen, so würde auch die Ausgabe nicht funktionieren. PDF-Dateien, die über PostScript mit dem Distiller erstellt wurden, müssen nur noch gerendert werden.
- **Nachteil**: Anwender können sowohl bei der Erstellung der PostScript-Datei als auch bei der Wahl von Konvertierungsoptionen im Adobe Distiller Fehler begehen, was zu einem unbrauchbaren Ergebnis führen würde. Der wesentlichste Nachteil ist jedoch, dass durch die Erstellung einer PostScript-Datei alle in InDesign erstellten und importierten Transparenzen verflacht werden müssen, womit eine Editierbarkeit der PDF-Datei unmöglich gemacht wird.

PostScript versus PDF
Während PostScript eine Seitenbeschreibungssprache (Programmiersprache zur Beschreibung von Elementen auf einer Seite) darstellt, ist PDF ein Dateiformat, in dem beschriebene Elemente gespeichert werden.

PostScript und Multimedia
Multimediale Inhalte können nicht in eine PostScript-Datei ausgegeben werden. PostScript ist und bleibt eine Seitenbeschreibungssprache zur Beschreibung von druckbaren Inhalten in einem Dokument.

Eine PDF-Erstellung über den Distiller scheidet damit aus.

Hinweis
Im Jahre 2013 gibt es nur noch sehr wenige Systeme, die mit PDF-Dateien aus InDesign Probleme haben. Betriebe, die damit Probleme haben, haben sicherlich auch ein noch größeres Problem.

PDF-Erstellung über nativen Export | Adobe stellt in InDesign einen PDF-Export zur Verfügung. Dabei werden alle InDesign-Objekte in PDF-Objekte – ohne PostScript-Konvertierung – überführt. Die hierzu notwendige Technologie nennt sich *Adobe PDF Library* und wird auch von anderen Softwareherstellern verwendet. Damit kann ein PDF-to-PDF-Workflow von InDesign ausgehend angestoßen werden.

- **Vorteil**: Dieser liegt in einer verkürzten Erstellungszeit, einer Minimierung der Anwenderfehler und der Möglichkeit, nun auch PDF-Dateien für Multimedia zu erstellen.
- **Nachteil**: Vorausgesetzt wird ein PDF-Workflow-System, das zumindest PostScript-RIP (Version 3011) implementiert hat.

PDF-Spezifikationen

Die Programme zur Erstellung, Be- und Verarbeitung von PDF-Dateien sind der Adobe Reader, Acrobat Professional und der Adobe Distiller. Im Jahre 1993 wurde die erste PDF-Spezifikation vorgestellt. Seither gab es einige neue Versionen, die sowohl den Funktionsumfang als auch die Bearbeitbarkeit von PDF-Dateien wesentlich erweitert haben. In Tabelle 29.1 kann die Entwicklung von Acrobat nachgelesen werden.

▼ **Tabelle 29.1**
Zu jeder Acrobat-Version – ausgenommen Acrobat 9, X und XI – wurde eine neue PDF-Spezifikation vorgestellt. Mit der nächsten Acrobat-Version, die wahrscheinlich 2014 zu erwarten ist, wird es vermutlich wieder eine neue PDF-Version geben.

Acrobat-Version	PDF-Version	PostScript-Version	PostScript-Bezeichnung	Jahr
Carousell	1.0	PostScript Level 1	–	1992
Acrobat 2.0	1.1	PostScript Level 2	2014	1993
Acrobat 3.0	1.2	PostScript Level 2	2017	1996
Acrobat 4.0	1.3	PostScript 3	3010	1999
Acrobat 5.0	1.4	PostScript 3	3011	2001
Acrobat 6.0	1.5	PostScript 3	3015	2003
Acrobat 7.0	1.6	PostScript 3	3016	2004
Acrobat 8.0	1.7	PostScript 3	3016	2006
Acrobat 9.0	1.7	PostScript 3	3018	2008
Acrobat X	1.7	PostScript 3	3018	2011
Acrobat XI	1.7	PostScript 3	3018	2012

Wie aus der Tabelle hervorgeht, wurden, im Gegensatz zu PostScript, die PDF-Spezifikationen stetig weiterentwickelt. PostScript wurde hingegen lediglich geringfügig angepasst, damit eine Abbildung der neuen Funktionen in der Druckvorstufe in gewissen Teilen möglich ist.

Mit der Vorstellung der PDF-Version 1.3 wurde die erste Gleichschaltung zwischen PostScript und PDF für die Ausgabe von Printmedien erreicht. Seither haben sich beide Technologien auseinanderentwickelt. PDF hatte mit der PDF-Spezifikation 1.4 PostScript bereits überholt.

Mit der PDF-Version 1.7 kam die kontinuierliche Weiterentwicklung der PDF-Spezifikation etwas zum Stillstand. Der Grund dafür ist, dass Adobe die PDF-Spezifikation der ISO übergeben hat. Diese strategische

PDF 1.3

Verwenden Sie PDF 1.3, wenn Sie nicht wissen, welche Reader-Version der Empfänger des PDF-Dokuments besitzt. Da durch PDF 1.3 alles, was in PostScript beschrieben werden kann, auch abgebildet wird, ist dies die ideale Basis für den Austausch von WYSIWYG-Dokumenten.

PDF 1.4

Verwenden Sie PDF 1.4 bzw. PDF/X-4, wenn Sie aus InDesign PDF-Dateien exportieren und dabei sichergehen wollen, dass bei der Erzeugung der PDF-Datei die Originaldaten bedingt durch die Transparenzreduzierung nicht verändert werden.

Was ist PDF/A?

PDF/A beschäftigt sich mit Empfehlungen zur Erstellung von PDF-Dateien, die als Archivbestände gelagert werden müssen, um eine Verarbeitung der Dateien in Zukunft zu ermöglichen. Speziell hinsichtlich der vollständigen Einbettung aller Glypheninformationen gibt es die wohl größten Unterschiede.

Entscheidung verlangsamt zwar einerseits die permanente Weiterentwicklung des Funktionsumfangs, hat jedoch andererseits die Basis für die ISO geschaffen, PDF weit über die Druckvorstufe hinaus als das Standardformat für viele Bereiche in der Industrie zu etablieren.

Der Druckvorstufe ist diese Verlangsamung nur willkommen, denn es gibt wirklich fast keinen offenen Wunsch mehr, der in PDF berücksichtigt werden muss. Der Standard für die Druckvorstufe wurde PDF/X.

PDF/X

Wie Sie aus den vorangegangenen Ausführungen erkennen konnten, können in einer PDF-Datei sehr unterschiedliche Datenbestände integriert sein. Der Traum der Druckvorstufe, vom Kunden ein zum Drucken optimal aufbereitetes PDF-Dokument zu erhalten, schien mit jeder PDF-Spezifikation weiter in die Ferne zu rücken. Durch PDF/X könnte der Traum jedoch in Erfüllung gehen.

Bei PDF/X handelt es sich um keine PDF-Spezifikation, sondern um eine ISO-Normen, worin die Erfahrungen der letzten zwanzig Jahre aus dem Bereich »PDF-Erstellung für die Druckvorstufe« zusammengefasst wurden. Die PDF/X-Norm beschreibt, was nicht in einer PDF-Datei enthalten sein darf, was enthalten sein muss, was enthalten sein kann und wie solche Elemente beschaffen sein müssen. PDF/X und Empfehlungen für den Dokumentenersteller ermöglichen es, ein für die Druckvorstufe geeignetes PDF zu erstellen.

Doch auch bei PDF/X gibt es verschiedene Normen. Es können dabei zwei Gruppen unterschieden werden:

- PDF/X-Normen, die einen *vollständigen* Datenaustausch zwischen Datenersteller und Druckdienstleister ermöglichen
- PDF/X-Normen, die einen *unvollständigen* Datenaustausch zwischen den beteiligten Gruppen ermöglichen. Dabei geht man davon aus, dass der Datenersteller nur mit Layoutbildern arbeitet und die Originalbilder beim Druckdienstleister in der Ausgabe ausgetauscht werden. Dasselbe gilt hier auch für Schriften.

▼ Tabelle 29.2
Alle gültigen ISO-Normen zu PDF/X (ISO 15930) im Überblick

PDF/X-Bezeichnung	Teil von 15930	Vollständiger Austausch	CMM möglich	Unterstützte Farbräume	PDF-Versionen
PDF/X-1a:2001	1	Ja	Nein	S/W, Grau, CMYK, Spot	1.2–1.3
PDF/X-1a:2003	4	Ja	Nein	S/W, Grau, CMYK, Spot	1.2–1.4
PDF/X-2:2003	5	Nein	Ja	S/W, Grau, RGB, CMYK, Spot, ICCbased	1.2–1.4
PDF/X-3:2002	3	Ja	Ja	S/W, Grau, RGB, CMYK, Spot, ICCbased	1.2–1.3
PDF/X-3:2003	6	Ja	Ja	S/W, Grau, RGB, CMYK, Spot, ICCbased	1.2–1.4

PDF/X-Bezeichnung	Teil von 15930	Vollständiger Austausch	CMM möglich	Unterstützte Farbräume	PDF-Versionen
PDF/X-4:2008	7	Ja	Ja	S/W, Grau, RGB, CMYK, Spot, ICCbased	1.2–1.6
PDF/X-4:2010	7	Ja	Ja	S/W, Grau, RGB, CMYK, Spot, ICCbased	1.2–1.6
PDF/X-4p:2008	7	Nein	Ja	S/W, Grau, RGB, CMYK, Spot, ICCbased	1.2–1.6
PDF/X-5g:2008	8	Nein	Ja	S/W, Grau, RGB, CMYK, Spot, ICCbased	1.2–1.6
PDF/X-5g:2010	8	Nein	Ja	S/W, Grau, RGB, CMYK, Spot, ICCbased	1.2–1.6
PDF/X-5pg:2008	8	Nein	Ja	S/W, Grau, RGB, CMYK, Spot, ICCbased	1.2–1.6
PDF/X-5pg:2010	8	Nein	Ja	S/W, Grau, RGB, CMYK, Spot, ICCbased	1.2–1.6
PDF/X-5n:2008	8	Nein	Ja	zuzüglich n-colorant	1.2–1.6

▲ Tabelle 29.2 (Forts.)
Alle gültigen ISO-Normen zu PDF/X (ISO 15930) im Überblick

Für die Ausgabe aus InDesign stehen nur PDF/X-1a, PDF/X-3 und PDF/X-4 in Verbindung mit der Erstellung druckfähiger PDF-Dateien zur Verfügung. Während der Unterschied zwischen PDF/X-1a und -X-3 in den verwendbaren Farbräumen liegt (PDF/X-3 kann alles, was X-1a kann; es können jedoch zusätzlich RGB-, Lab- und ICC-basierte Farbräume enthalten sein), kommt mit PDF/X-4 zu den bisherigen Elementen (Pixel, Vektor und Text) einer Seite noch die Transparenz als Seitenbeschreibungsobjekt hinzu. Damit kann erstmals ein nativer PDF-Export abgebildet werden. Die Reduzierung der Transparenzen obliegt dem Druckdienstleister.

In Tabelle 29.3 sind exemplarisch einige Bestimmungen (Spielregeln) aufgelistet, die einer PDF/X-1a- und PDF/X-3-Datei zugrunde liegen.

Hinweis

Aus InDesign heraus können nur PDF/X-Dateien exportiert werden. PDF/A-, PDF/VT, PDF/E und PDF/UA sind noch nicht vorgesehen.

▼ Tabelle 29.3
PDF/X-Spielregeln

Spielregel	Bedeutung
Vollständige Einbettung von Fonts	Schriften müssen als Font-Untergruppen oder vollständig eingebettet sein.
Empfohlene Dateinamen	Im Dateinamen soll die zugrunde liegende Norm enthalten sein, z. B. »name_x1.pdf«.
Eindeutige Dateikennungen	Die Dateien enthalten Informationen darüber, wer das Dokument wann mit welchem Programm und mit welchem PDF-Erstellungstool generiert hat.
Keine Druckkennlinien	Druckkennlinien dienen der Gegensteuerung in Sachen Punktzuwachs. Sie müssen im PDF entfernt oder eingerechnet sein.
PDF-Version	PDF/X-1a aus 2001 und PDF/X-3 aus 2002 müssen in PDF 1.3 oder älter abgespeichert sein. Die überarbeiteten Versionen PDF/X-1a und PDF/X-3 aus 2003 basieren auf PDF 1.4, sie dürfen jedoch keine nativen Transparenzen enthalten.
Alle für die Wiedergabe benötigten Ressourcen müssen in der PDF/X-1a- und PDF/X-3-Datei enthalten sein.	Neben Schriften müssen auch alle Bilder vollständig in der PDF-Datei vorliegen. Somit sind OPI-Workflows in Verbindung mit PDF/X-1a und PDF/X-3 nicht zulässig. Mögliche Varianten dafür sind PDF/X-2 und PDF/X-5.

Spielregel	Bedeutung
Composite-PDF-Datei	PDF-Dateien dürfen nicht separiert vorliegen.
Farbräume	PDF/X-1a-Dateien können neben Bitmap- auch Graustufen- und CMYK-Farbbestände sowie Schmuckfarben beinhalten. In PDF/X-3 können alle Farbräume von PDF/X-1a zuzüglich des Lab- und RGB-Farbraums enthalten sein.
Keine nativen Transparenzen	Obwohl auch PDF 1.4 bei PDF/X-1a und -X-3 erlaubt ist, müssen alle Transparenzen in der Ausgabe verflacht vorliegen. Bei PDF/X-4 sind sie erlaubt.
Output-Intent (Ausgabeabsicht)	Mit dem Output-Intent wird dem Druckdienstleister mitgeteilt, auf welcher Basis die Bilddaten und die Layoutdatei aufgebaut wurden.
Anmerkungen; JavaScripts und PostScript-XObjects	Anmerkungen (wie Haftnotizen usw.) dürfen in der PDF-Datei enthalten sein; sie müssen jedoch außerhalb des druckbaren Bereichs in geschlossener bzw. geöffneter Form positioniert sein. JavaScript- und PostScript-Code dürfen nicht in einer PDF-Datei verwendet werden.
PDF-Boxen vorhanden	Es muss zumindest die Art- oder die TrimBox – nicht jedoch beide – enthalten sein. Crop-, Bleed- und MediaBox können vorhanden sein.

▲ **Tabelle 29.3 (Forts.)**
PDF/X-Spielregeln

Die vorher aufgelisteten Spielregeln gelten natürlich auch für den aktuellen PDF/X-4-Standard. Worin liegt denn dann der Unterschied? Der Unterschied zwischen PDF/X-3 und PDF/X-4 ist, dass PDF/X-4 alles, was PDF/X-3 enthalten kann, und darüber hinaus zusätzlich die PDF-Spezifikation 1.6 unterstützt, womit neben *nativen Transparenzen* auch noch *Ebenen* (Optional Content) sowie *JPEG2000*, *OpenType-Schriften* und der *Skalierungsfaktor* in der PDF-Datei enthalten sein können.

PDF/X-4:2010-Export

Wie in diesem Kapitel beschrieben wird, können in einer PDF/X-4-Datei neben den druckbaren Elementen Pixel, Vektoren und Grafiken auch noch Transparenzen nativ vorliegen. Bis dorthin folgt Adobe auch den Erfordernissen beim Export einer PDF/X-4-Datei.

Doch in einer PDF/X-4-Datei können darüber hinaus noch Ebenen, JPEG2000-komprimierte Bilder, OpenType-Schriften und der Skalierungsfaktor eingebettet sein. All diese Funktionen stehen erst seit InDesign CS 5.5 verbunden mit dem aktuellen Standard PDF/X-4:2010 vollständig zur Verfügung.

Was ist PDF/X nicht?

PDF/X-Normen beschreiben nur die technischen Rahmenbedingungen, die einer PDF-Datei zugrunde liegen müssen. Wie viele Schmuckfarben verwendet werden, welche Bildauflösungen vorliegen sollen, ob ein Anschnitt definiert wurde, ob Haarlinien vorkommen und ob RGB-Farbräume vorliegen, das wird in PDF/X nicht beschrieben. Eine qualitative Überprüfung der PDF-Datei ist somit auf Basis der PDF/X-Rahmenbedingungen jedenfalls durchzuführen. Die hierzu notwendigen Prüfungen stehen in Acrobat Pro durch das Werkzeug Preflight oder auch teilweise in InDesign über das Preflight-Bedienfeld zur Verfügung. Die Prüfung hinsichtlich drucktechnischer Gesichtspunkte ist über Preflight in Acrobat wesentlich umfangreicher als die Prüfung durch InDesign.

Wer jedoch nicht nur prüfen, sondern bei der Prüfung zugleich kleine Korrekturen vornehmen oder eine PDF-Datei als PDF/X abspeichern will, der kann dies mit Acrobat Pro, dem Plug-in *Enfocus PitStop* sowie mit der *callas pdfToolbox 6* innerhalb von Acrobat Pro erledigen.

Quo vadis PDF?

Durch die Übergabe der PDF-Spezifikation an die ISO sind Neuerungen hinsichtlich des Funktionsumfangs nicht vor 2014 zu erwarten. Auch wenn Adobe mit der nächsten Acrobat-Version XII eine neue PDF-Version angeben wird, so hat diese Bezeichnung aller Wahrscheinlichkeit nach nichts mit der aktuell vorliegenden PDF-Version 1.7 zu tun.

Datenersteller und Datenverarbeiter können sich aktuell sehr gut auf die Möglichkeiten der aktuellen Version 1.7 einstellen.

29.2 PDF exportieren

Das Exportieren von PDF-Dateien über die Exportfunktion von InDesign erfolgt auf Basis der eingebauten aktuellen Adobe PDF Library 10.0.1. InDesign-Objekte werden dabei in PDF-Objekte überführt. Ob es dabei zu einer Veränderung der Objekte kommt, hängt von den Einstellungen ab, die Sie vornehmen.

PDF/X-1a anstelle von PDF/X-3 verwenden
Auch wenn der Druckdienstleister von Ihnen PDF/X-3 verlangt, so empfehlen wir, dass Sie eine PDF/X-1 a-Datei erstellen, denn in PDF/X-3 wären RGB-, Lab- und ICC-basierte-Farbräume erlaubt – und genau diese will der Druckdienstleister bekanntlich nicht.

Überlegungen zum PDF-Export

Bevor wir Ihnen die Einstellungen in den einzelnen Registern näherbringen, möchten wir vorab auf die Frage »Welche PDF-Datei ist die richtige?« eingehen.

Viele Druckereien und Druckdienstleister fordern von den Kunden »druckfähige« PDF-Dateien. »Druckfähig« ist ein sehr weiter Begriff, mit dem der Datenersteller eigentlich nicht wirklich viel falsch machen kann. Einige Druckereien hingegen fordern von ihren Zulieferern bereits PDF/X-Dateien, meist PDF/X-3. Dieser Standard ist für viele das Zauberwort, das sicherstellen soll, eine druckfähige PDF-Datei zu sein. Aus unserer Sicht sollten Anwender eine PDF/X-Datei erstellen und darüber hinaus zusätzliche Fragen klären:

- Welche Mindestauflösung ist gefordert?
- In welchen Farbräumen sollten die angelieferten Daten vorliegen, und dürfen Schmuckfarben enthalten sein oder nicht?
- Sind die Anschnitte (Beschnittzugaben) gesetzt, und stehen auch alle Objekte ausreichend im Anschnitt?
- Sind Druckkennlinien und technische Raster hinterlegt?
- Sollte PDF/X-1a, PDF/X-3 oder PDF/X-4 verwendet werden?

PDF/X-4 verwenden
Sprechen Sie sich mit Ihrem Druckdienstleister ab, und versuchen Sie, alle Ihre Druckjobs auf Basis von PDF/X-4 abzuwickeln. Dadurch bleiben alle Informationen in der PDF-Datei für nachfolgende Verarbeitungsschritte erhalten. Die Transparenzreduzierung sollte auf den spätesten Zeitpunkt verschoben werden, also kurz vor dem Druck oder besser noch erst im RIP mit der *Adobe PDF Print Engine* durchgeführt werden.

Die Aufforderung der Druckerei an den Datenersteller, dieser möge eine 4c-PDF/X-4-Datei mit 3 mm Anschnitt erstellen, in der die Bildauflösung von 300 ppi für Farbbilder und 800 ppi für Schwarzweiß-Bilder gegeben sein soll, ist sicherlich noch perfekter, als nur eine PDF/X-Datei zu fordern. Absolut perfekt wäre dann noch der Hinweis der Druckerei, dass alle technischen Raster und Druckkennlinien im Workflow eliminiert werden sollten.

Doch bevor Sie die »druckfähige« PDF/X-Datei erstellen und es möglicherweise je nach gewählter PDF/X-Norm bereits beim Exportieren zu Änderungen an den Daten kommt, sollten Sie aus unserer Sicht bei der PDF/X-Datei-Erstellung die nachstehende Checkliste durchlaufen:

1. Erstellen Sie die Daten nach bestem Wissen in InDesign.
2. Erstellen Sie eine unveränderte PDF/X-4-Datei über den PDF-Export aus InDesign. Damit bleiben Auflösungen, Farben und auch Transparenzen erhalten, womit sich jeglicher Fehler, den Sie schon in der Datenerstellung gemacht haben, auch in der PDF-Datei wiederfindet.
3. Prüfen Sie die PDF-Dateien mit dem Werkzeug Preflight aus Acrobat Pro. Dabei sollte nur eine Qualitätsprüfung hinsichtlich Farben, Auflösungen, überdruckender Inhalte, Strichstärken, Druckkennlinien, OPI-Informationen und technischer Raster, aber nicht hinsichtlich der PDF/X-Version erfolgen. Eine visuelle Überprüfung der Daten muss natürlich auch erfolgen.
4. Gefundene Fehler werden in der Originaldatei behoben, und diese wird erneut unverändert als PDF/X-4 exportiert und erneut geprüft. Dieser Kreislauf sollte sich so lange fortsetzen, bis keine qualitativen Probleme mehr in den Originaldateien erkennbar sind.
5. Zum Schluss kann nun die geforderte »druckfähige« PDF/X-Datei auf zweierlei Wegen erstellt werden: Der erste Weg ist die Erstellung der PDF/X-Datei in Acrobat oder über erneuten Export aus InDesign heraus, wobei nur die notwendigen Änderungen in den Einstellungen des PDF-Export-Dialogs vorgenommen werden müssen. Unsere Empfehlung geht eher dahin, dass Sie die geforderte PDF/X-Konvertierung in der aktuellen Acrobat-Version durchführen.

Qualitätsprüfprofil

Wenn Sie sich fragen, welches Prüfprofil Sie für die qualitative Prüfung verwenden sollten, so schauen Sie gleich auf der beigelegten DVD nach, laden Sie sich das dort im Ordner SETTINGS • PRUEFPROFILE zur Verfügung stehende Profil 01_STANDARDPRUEFUNG_CMYK V 2.0.KFP in Acrobat Preflight, und prüfen Sie damit Ihre Dateien. Das zur Verfügung gestellte Acrobat-Prüfprofil erhebt jedoch nicht den Anspruch auf Vollständigkeit. Das Profil ist frei zugänglich, einer persönlichen Adaptierung steht damit nichts im Wege.

Hinweis

Ein neuerlicher Export der InDesign-Datei in der gewünschten PDF/X-Norm ist genauso richtig! Vergessen Sie jedoch nicht, diese Datei noch einmal mit Preflight in Acrobat auf Qualitätsmängel und PDF/X-Norm hin zu überprüfen.

Wenn Sie diese Checkliste bei allen Ihren Produktionen einhalten, kann technisch gesehen nicht wirklich viel schiefgehen. Nachstehend möchten wir Ihnen die Erstellung einer unveränderten PDF/X-4-Datei näherbringen. In den Hinweiskästen mit der Bezeichnung »Kunden-PDF« sind darüber hinaus die jeweiligen Einstellungen des Registers zur Erzeugung eines Korrekturabzugs in Form einer PDF-Datei aufgeführt.

Führen Sie den Befehl DATEI • EXPORTIEREN aus, oder drücken Sie Strg+E bzw. ⌘+E. Es erscheint der Exportieren-Dialog, in dem Sie aufgefordert werden, den Dateinamen, das gewünschte FORMAT/DATEITYP ❷ ADOBE PDF (DRUCK) und den ORT ❶ der Speicherung auszuwählen. Dann klicken Sie auf SICHERN ❸.

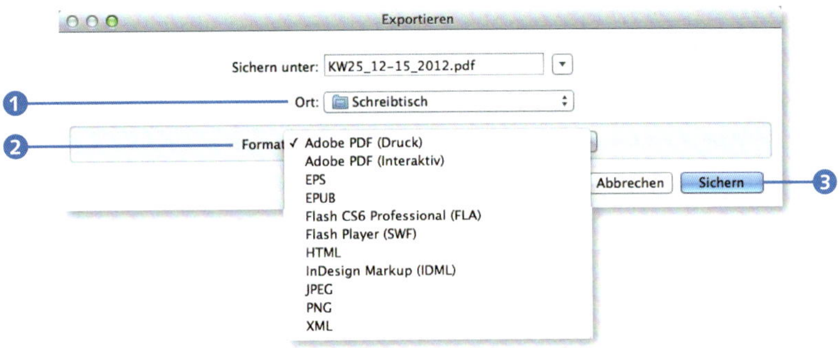

◂ **Abbildung 29.1**
Wählen Sie das gewünschte Exportformat aus. Neben ADOBE PDF (DRUCK) stehen weitere Formate zur Verfügung. Mit InDesign CS5 wurde der PDF-Export für die Anwendungsgebiete DRUCK und INTERAKTIV in zwei unterschiedliche Dialoge aufgeteilt.

Das Register »Allgemein«

Nach dem Absetzen des SPEICHERN-Befehls kommen Sie zu den Einstellungen im Register ALLGEMEIN. Hier werden grundlegende Einstellungen zur PDF-Version, der PDF/X-Norm, für die Seitenbereiche und diverse allgemeine Einstellungen vorgenommen.

Damit Sie Ihr benutzerdefiniertes Set erstellen können, empfiehlt es sich, auf eine der vordefinierten Vorgaben zurückzugreifen. Wir raten Ihnen, unter der Option ADOBE PDF-VORGABE 4 das Set [PDF/X-4:2008] auszuwählen. Damit ist eine sehr gute Grundeinstellung für die Erstellung von unveränderten PDF/X-4-Dateien gegeben. Durch die Wahl dieser Vorgabe werden in den Optionen STANDARD 5 und KOMPATIBILITÄT 11 sofort die entsprechenden Einträge aktiviert.

PDF-Vorgaben für alle Programme der Creative Suite
InDesign greift mit der Option ADOBE PDF-VORGABE auf alle Einstellungsdateien zurück, die Sie im Acrobat Distiller 9 und XI, in InDesign CS3 bis CC und in allen anderen Programmen der Creative Suite 3 bis 6 erstellt haben.

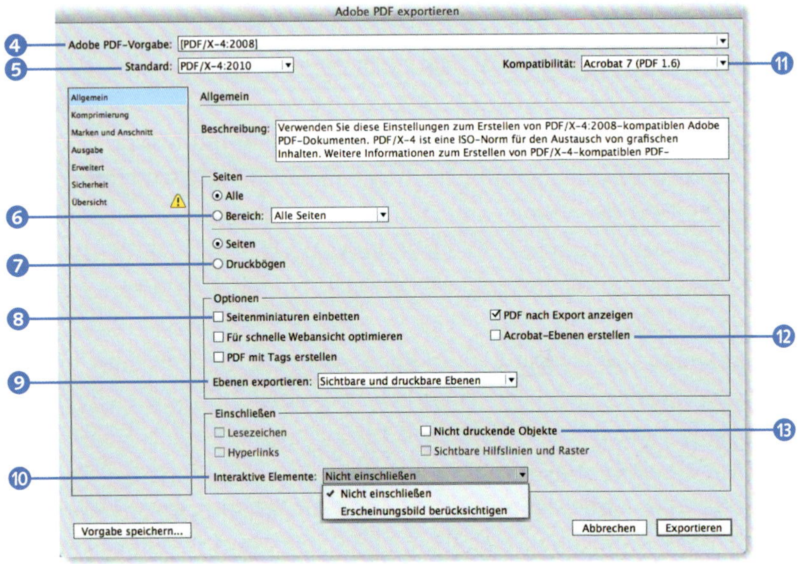

◂ **Abbildung 29.2**
Das Register ALLGEMEIN. Hier werden die entscheidenden Weichen für das Anwendungsgebiet der PDF-Datei gestellt. Die Wahl der PDF-Version bildet dabei die entscheidende Basis. Zu beachten ist, dass, obwohl die PDF-Vorgabe [PDF/X-4:2008] ausgewählt ist, in der Option STANDARD PDF/X-4:2010 und in der Option KOMPATIBILITÄT ACROBAT 7 (PDF 1.6) erscheint. Die Vorgabe [PDF/X-4:2008] wurde von InDesign vor CS5.5 verwendet, wo in der Option KOMPATIBILITÄT noch ACROBAT 5 (PDF 1.4) verwendet wurde.

Seiten | Wählen Sie hier aus, ob Sie das gesamte Dokument oder nur einen BEREICH 6 ausgeben möchten. Das Bestimmen des Bereichs folgt denselben Regeln, die in Kapitel 28, »Drucken«, auf Seite 839 beschrieben worden sind.

Wenn Sie statt Einzelseiten Druckbögen ausgeben wollen, aktivieren Sie die Option DRUCKBÖGEN ⑦.

Optionen | Hier können Sie die Optionen SEITENMINIATUREN EINBETTEN, PDF NACH EXPORT ANZEIGEN und FÜR SCHNELLE WEBANSICHT OPTIMIEREN optional aktivieren. Die Wahl der Option SEITENMINIATUREN EINBETTEN ⑧ ist überflüssig, da Acrobat selbstständig die Vorschauansichten in seinem Seitenminiaturen-Fenster berechnet. Die Option PDF NACH EXPORT ANZEIGEN kann in einigen Arbeitsweisen – wenn Sie immer gleich nach dem Export eine Prüfung der PDF-Datei vornehmen wollen – sehr hilfreich sein und den Prüfprozess beschleunigen.

Wenn Sie beabsichtigen, jeglichen Inhalt – auch die Ebenen der InDesign-Datei – an die PDF-Datei zu übergeben, so kann dies durch die Wahl von ACROBAT 7 (PDF 1.6) in der Option KOMPATIBILITÄT und die Aktivierung der Option ACROBAT-EBENEN ERSTELLEN ⑫ erledigt werden.

Die Funktion, Ebenen als sichtbar, aber nicht druckbar zu kennzeichnen, findet ihren Niederschlag in der Option EBENEN EXPORTIEREN ⑨. Wählen Sie den Eintrag SICHTBARE UND DRUCKBARE EBENEN aus, wenn Sie die sichtbaren Ebenen mit Ausnahme der als »nicht druckbar« gekennzeichneten Ebenen ausgeben wollen. Achtung: Diese Funktion ist immer aktivierbar, auch wenn nur eine Ebene in InDesign angelegt ist; darüber hinaus muss dazu nicht die Option ACROBAT-EBENEN ERSTELLEN gewählt sein.

Das Aktivieren der Option PDF MIT TAGS ERSTELLEN ist bei Druck-PDFs nicht relevant. Die Aktivierung der Option bewirkt, dass in der PDF-Datei Absätze, Formatierungen, Listen und Tabellen mit entsprechenden Tags versehen werden, wodurch eine Kennzeichnung der Inhalte für die barrierefreie Verwendung von PDF-Dateien erfolgt. Die Aktivierung der Option in Verbindung mit einer PDF-Version höher als PDF 1.5 bewirkt, dass diese Tags zusätzlich in der PDF-Datei komprimiert werden.

Einschließen | In diesem Bereich können die meisten Optionen in Verbindung mit der Erstellung einer PDF/X-Datei nicht aktiviert werden. Die Aktivierung dieser Checkboxen ist nur möglich, wenn Sie die Option STANDARD ⑤ auf OHNE gestellt haben.

Durch die Aktivierung der Optionen LESEZEICHEN und HYPERLINKS werden alle in InDesign erstellten Lesezeichen und Hyperlinks an die PDF-Datei übergeben. Wurde darüber hinaus beim Erstellen eines Inhaltsverzeichnisses in InDesign die Option PDF-LESEZEICHEN ERSTELLEN (siehe Seite 650) aktiviert, so werden dadurch alle Einträge im Inhalts-

Druckermarken auf eine separate Ebene stellen

Sobald Sie die Option ACROBAT-EBENEN ERSTELLEN ⑫ aktiviert haben, werden alle Druckermarken – Schneidemarken, Passermarken, Seiteninformationen und Farbkontrollstreifen – auf eine separate Ebene gestellt.

»Kunden-PDF«: Allgemein

- Standard: ohne
- Druckbögen: Nur aktivieren, wenn gegenüberliegende Seiten auf einer Doppelseite erzeugt werden müssen.
- Kompatibilität: Acrobat 4, wenn die Datei ausgedruckt werden muss; Acrobat 5, wenn diese nur am Monitor angesehen wird
- Für schnelle Webansicht optimieren: ja
- PDF mit Tags erstellen: ja
- PDF nach Export anzeigen: ja, wenn das Ergebnis sofort angezeigt werden soll.
- Nicht druckbare Objekte: ja
- Alle anderen Optionen sollten nicht aktiviert werden.

verzeichnis mit einem Hyperlink hinterlegt, was einer Navigation in der PDF-Datei sehr dienlich ist.

Sind Objekte über das Bedienfeld ATTRIBUTE auf NICHT DRUCKEND gestellt worden, so werden sie durch Aktivierung der Option NICHT DRUCKENDE OBJEKTE ⑬ dennoch gedruckt. Nicht druckbare Objekte können im PDF-Export-Dialog nicht selektiv auf druckbar gestellt werden. Hier lautet die Formel immer »alles oder nichts«. Kontrollieren Sie dies jedoch vorher visuell durch Aktivieren der VORSCHAU im Werkzeuge-Bedienfeld, um nicht in der PDF-Datei mit Überraschungen konfrontiert zu werden.

Durch die Aktivierung der Option SICHTBARE HILFSLINIEN UND RASTER können Sie alle Hilfslinien und das Grundlinienraster als sichtbare Objekte in die PDF-Datei übernehmen.

In der Option INTERAKTIVE ELEMENTE ⑩ können Sie sich nur zwischen NICHT EINSCHLIESSEN und ERSCHEINUNGSBILD BERÜCKSICHTIGEN entscheiden. Beachten Sie, dass für ein Druck-PDF keinerlei interaktive Elemente im InDesign-Dokument platziert sein sollten. Durch Wahl der Option ERSCHEINUNGSBILD BERÜCKSICHTIGEN wird lediglich die Bildschirmauflösung des Videobilds in das PDF überführt.

Das Register »Komprimierung«

Im Register KOMPRIMIERUNG sind alle Einstellungen zur Neuberechnung bzw. Komprimierung von Bildbeständen vorzunehmen, und Sie bestimmen hier, ob über den Objektrand hinausstehende Bildbestände beschnitten werden.

Aktivieren Sie zum Erstellen einer unveränderten PDF/X-4-Datei die Einstellungen, wie in Abbildung 29.4 dargestellt, wodurch keine Neuberechnung und eine verlustfreie Kompression für Bilder vorgenommen wird. Diese Einstellung garantiert, dass alle Bildbestände, die platziert wurden, auch in der PDF-Datei unverändert vorliegen.

Ob eine Neuberechnung der Bilder erfolgen soll, können Sie über die Auswahl von KEINE NEUBERECHNUNG ①, DURCHSCHNITTLICHE NEUBERECHNUNG AUF, SUBSAMPLING AUF und BIKUBISCHE NEUBERECHNUNG AUF bestimmen. Welcher Neuberechnungsalgorithmus gewählt wird, hängt vom gewünschten Ergebnis ab. In der Praxis werden Halbtonbilder – Farb- und Graustufenbilder – fast ausschließlich mit der bikubischen Neuberechnung heruntergerechnet, einfarbige Bilder werden hingegen meistens nicht reduziert. Wird dennoch eine Reduktion gewünscht, so wählen Sie SUBSAMPLING AUF, da hier die bikubische Berechnung zu einer stärkeren »Ausfransung« (einer gewissen Unschärfe) der »scharfen« Kanten führen würde. In der Praxis werden zur Erstellung einer PDF-Da-

Lesezeichen exportieren

Damit Lesezeichen überhaupt in ein PDF überführt werden können, müssen sie zuerst in InDesign über das Lesezeichen-Bedienfeld oder beim Erstellen eines Inhaltsverzeichnisses angelegt werden. Das Anlegen eines Lesezeichens dort erfolgt einfach durch Markieren des entsprechenden Worts bzw. Objekts und einen Klick auf das Symbol im Bedienfeld.

Ob Sie Lesezeichen und Hyperlinks über ADOBE PDF (DRUCK) oder ADOBE PDF (INTERAKTIV) in ein PDF exportieren, bleibt Ihnen überlassen.

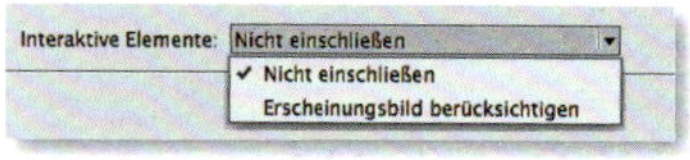

▲ **Abbildung 29.3**
Die Auswahl bei der Option INTERAKTIVE ELEMENTE des Registers ALLGEMEIN kommt der Entscheidung zwischen Cholera und Pest gleich.

Subsampling auf

Bei dieser Methode wird der Farbton des mittleren bzw. rechten unteren Pixels für das neu berechnete Pixel verwendet.

Durchschnittliche Neuberechnung auf

Bei dieser Methode wird der Durchschnittswert der betroffenen Pixel ermittelt und damit das neu berechnete Pixel eingefärbt.

tei für das 60er-Raster nicht die Einstellungen aus Abbildung 29.4 verwendet, da dadurch zu speicherintensive Dateien entstünden. Die Wahl der Option Bikubische Neuberechnung auf mit einer Auflösung von 300 ppi für die Farb- und Graustufenbilder und einer Komprimierung: Automatisch (JPEG) mit Bildqualität: Maximal stellt für fast alle Produktionsweisen und »druckfähige« PDF-Dateien akzeptable Parameter dar.

Bikubische Neuberechnung auf
Bei dieser Methode wird die Bildung des Mittelwerts im Unterschied zur durchschnittlichen Neuberechnung gewichtet. Die Gewichtung des Mittelwerts ist dabei von der Umgebung der einzelnen Pixel abhängig. Noch geringere Qualitätseinbußen sind die Folge, und Verläufe lassen sich so besser darstellen.

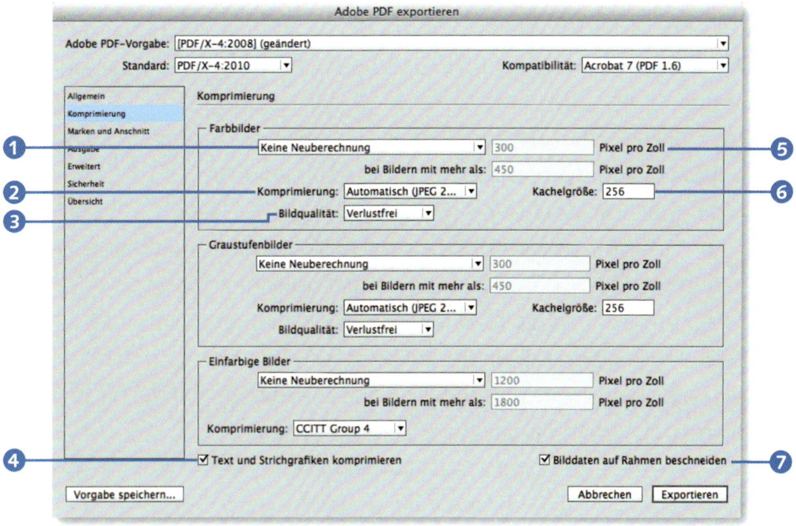

Abbildung 29.4 ►
Das Register Komprimierung. In den Bereichen Farbbilder, Graustufenbilder und Einfarbige Bilder können Sie die dafür vorgesehene Endauflösung und die zu verwendende Komprimierung auswählen.

Den gewünschten Auflösungsbereich, in den hochauflösende Bilder heruntergerechnet werden, können Sie in den dahinterstehenden Eingabefeldern ❺ wählen. Geben Sie im oberen Feld die zu erreichende Zielauflösung an. Die Empfehlung für den unteren Wert lautet: Eingabe von zumindest der 1,5-fachen Zielauflösung. Doch auch dieser Wert hat in einigen Fällen schon zur »Verzahnung« von feinen Linien geführt, da InDesign einen anderen (schlechteren) Downsampling-Algorithmus als Adobe Photoshop besitzt. Die Eingabe von zumindest der zweifachen Zielauflösung hat für fast alle Fälle das gewünschte Ergebnis gebracht.

Ob komprimiert wird oder nicht, legen Sie mit der Option Komprimierung ❷ fest. Dabei stehen ZIP (verlustfreie Kompression), JPEG (verlustbehaftete Kompression), JPEG2000 (verlustfreie bis verlustbehaftete Kompression, ab PDF 1.5 verwendbar) und bei Einfarbige Bilder noch CCITT und Run Length (beides verlustfreie Kompressionsverfahren) zur Verfügung. Durch die Wahl von Automatisch (JPEG) bzw. Automatisch (JPEG2000) bei der Option Bildqualität ❸ werden 8-Bit-Graustufen- und 8-, 16-, 24- und 32-Bit-Farbbilder mit fließenden Farbverläufen mit JPEG bzw. JPEG2000 komprimiert; 2- und 4-Bit-Graustufen- wie auch 4-Bit-Farbbilder und indizierte Farbbestände werden mit ZIP komprimiert. Zu ZIP sei nur noch angemerkt, dass ZIP im Grunde zu

Verlustbehaftete Kompression
Eine *verlustbehaftete Kompression* führt zur Erzeugung von Dateien mit sehr kleinen Dateigrößen. Dies wird dadurch erreicht, dass Bildinformationen aus dem Bild genommen bzw. Farbpixel mit den benachbarten Farbpixeln gleichgeschaltet werden. JPEG ist der prominenteste Vertreter.

Verlustfreie Kompression
Bei *verlustfreien Kompressionen* werden sich wiederholende Informationen in Dateien zusammengefasst und durch kleinere Einheiten ersetzt.

den verlustfreien Kompressionsverfahren zählt. Werden jedoch 32-Bit-Farbbilder platziert und beim PDF-Export mit ZIP komprimiert, so wird die Farbtiefe dabei auf 8 Bit pro Kanal reduziert.

Durch die Wahl von ACROBAT 6 (PDF 1.5) bzw. ACROBAT 7 (PDF 1.6) in der Option KOMPATIBILITÄT können Sie auch auf JPEG2000 in einer verlustbehafteten (MINIMUM, NIEDRIG, MITTEL, HOCH, MAXIMUM) und einer verlustfreien Komprimierung (VERLUSTFREI) zurückgreifen. Die Vorteile von JPEG2000 sind:

- **Anderer Kompressionsalgorithmus**: Anstelle von *DCT* wird auf den Kompressionsalgorithmus *Wavelet* zurückgegriffen.
- **ROI**: Es können Bereiche *(Regions of Interest)* vor einer zu starken Kompression geschützt werden.
- **Variable Kachelgröße**: Die KACHELGRÖSSE ❻ – jener Wert, den der Algorithmus zur Berechnung der neuen Farbwerte heranzieht – kann beschränkt werden. Dadurch werden die 8×8-Kacheln unterbunden, wie sie bei der DCT gebildet werden.
- **Verlustfrei und verlustbehaftet**: Beide Zustände sind auswählbar.
- **Native Transparenz**: Es können Transparenzen abgebildet werden. In JPEG wird auf den Hintergrund verflacht.
- **10 Bit Farbtiefe für indizierte Farbräume**: Anstelle von 256 Farben können bis zu 1.024 Farben indiziert abgespeichert werden.

Aktivieren Sie die Optionen TEXT UND STRICHGRAFIKEN KOMPRIMIEREN ❹ – Strichgrafik ist hier eine Vektorgrafik – und BILDDATEN AUF RAHMEN BESCHNEIDEN. Ersteres reduziert zusätzlich die Dateigröße der PDF-Datei durch »verkürzte« Kodierung (Flate Compression) von Zeichen und Vektorgrafiken. Die Flate-Kompression ist der ZIP-Kompression von Pixelbeständen sehr ähnlich.

Die Option BILDDATEN AUF RAHMEN BESCHNEIDEN ❼ bettet nur den Ausschnitt des Bilds ein, der durch die Beschneidung des Bilds durch den Objektrahmen in InDesign festgelegt wurde. Wird die Option nicht aktiviert, so wird das gesamte Bild in die PDF-Datei eingebettet. Da für die Ausgabe im Druck die restlichen Informationen nicht mehr benötigt werden, ist diese Option in der Druckvorstufe zur Erzeugung kleinerer PDF-Dateien immer zu aktivieren. Lediglich zur Erstellung von weiterbearbeitbaren PDF-Dateien kann die Deaktivierung der Option zielführend sein.

In Tabelle 29.4 möchten wir Ihnen typische Einträge des Registers KOMPRIMIERUNG vorschlagen, die je nach Anwendungsgebiet eingestellt werden sollten. In der Spalte »Neuberechnung« steht dabei der erste Wert für alle FARB- und GRAUSTUFENBILDER, der zweite Wert steht für EINFARBIGE BILDER.

Downsampling

Reduzieren der Bildauflösung ist die effektivste Weise, um Dateigrößen zu reduzieren. Von den drei zur Verfügung stehenden Verfahren verwenden Sie in den meisten Fällen BIKUBISCHE NEUBERECHNUNG AUF, da dadurch die Farben der Umfeldpixel in die Berechnung des neuen Pixels einbezogen werden. Beachten Sie jedoch, dass durch Downsampling schneller Störungen im Bild erkennbar sind als durch die verlustbehaftete Kompression.

DCT

Steht für *Diskrete Cosinus Transformation*. Dabei werden die Grafiken mit Blöcken zu 8x8 Pixeln zusammengefasst und darin befindliche hohe Ortsfrequenzen – jene, die das menschliche Auge nicht wahrnehmen würde – herausgefiltert.

Wavelet

Bei der *Wavelet-Kompression* erhält man für jedes Pixel einen Koeffizienten. Diese sind leichter zu komprimieren, da sich die wichtigen Informationen auf einige wenige Koeffizienten konzentrieren.

»Kunden-PDF«: Komprimierung

- Farb- und Graustufenbilder: BIKUBISCHE NEUBERECHNUNG AUF; 150–200 ppi; AUTOMATISCH (JPEG); Mittel
- Einfarbige Bilder: SUBSAMPLING AUF; 600–900 ppi; CCITT Group 4;
- Text und Strichgrafiken komprimieren: ja
- Bilddaten auf Rahmen beschneiden: ja

Verwendung	Neuberechnung	Konprimierung
High-End-PDF ohne Verluste (entspricht der direkten Ausgabe)	Keine Neuberechnung	JPEG2000 oder ZIP CCITT Group 4
High-End-PDF für das 60er-Raster ohne sichtbare Verluste	Bikubische Neuberechnung auf 300 bis 600 ppi für Farb- und Graustufenbilder Keine Neuberechnung für einfarbige Bilder	JPEG2000 oder JPEG – maximal CCITT Group 4
High-End-PDF für das 80er-Raster ohne Verluste (Kunstdruckpapier)	Bikubische Neuberechnung auf 350 bis 700 ppi für Farb- und Graustufenbilder Keine Neuberechnung für einfarbige Bilder	JPEG2000 verlustfrei oder ZIP CCITT Group 4
High-End-PDF für das 30er-Raster ohne sichtbare Verluste (Zeitungspapier)	Bikubische Neuberechnung auf 150 bis 300 ppi für Halbtonbilder Subsampling auf 900–1.200 ppi für einfarbige Bilder	JPEG2000 oder JPEG – mittel CCITT Group 4
PDF-Dateien für den Austausch (zum Ausdruck auf Farbdruckern ausreichend)	Bikubische Neuberechnung auf 100 bis 200 ppi für Farb- und Graustufenbilder Subsampling auf 600 ppi für einfarbige Bilder	JPEG2000 oder JPEG – mittel CCITT Group 4
PDF-Dateien zum Betrachten im Web (ein Ausdruck der PDF-Datei wird nicht erwartet)	Bikubische Neuberechnung auf 72 bis 108 ppi für Farb- und Graustufenbilder Subsampling auf 300 ppi für einfarbige Bilder	JPEG2000 oder JPEG – minimal CCITT Group 4
PDF-Dateien für Multimedia	Wie bei PDF-Dateien zum Betrachten im Web	JPEG2000 – verlustfrei; CCITT Group 4
PDF zur Archivierung	Keine Neuberechnung für Farb- und Graustufenbilder und einfarbige Bilder	JPEG2000 – verlustfrei; CCITT Group 4

▲ **Tabelle 29.4**
Komprimierungseinstellungen für verschiedene Anwendungsgebiete

Art, Stärke und Versatz

Die Form der Passkreuze kann in der Option Art – es stehen keine anderen zur Verfügung – ausgewählt werden. Mit Stärke bestimmen Sie die Linienstärke, die für die Schneidemarken verwendet wird. Der Wert von 0,125 Pt ist für die Ausgabe über CtP ideal. Setzen Sie den Versatz auf denselben Wert, den Sie für den Anschnitt definiert haben, womit die Schneidemarken nicht mehr in den Anschnitt hineinragen.

Das Register »Marken und Anschnitt«

Die korrekte Definition der Optionen in diesem Register ist dafür verantwortlich, dass die produktionsrelevanten Parameter wie *Passermarken* und *Schnittmarken* sowie der *Anschnitt*, egal ob im Dokument ein Anschnittbereich hinterlegt ist oder nicht, in die PDF-Datei übernommen werden. Natürlich entbindet die Aktivierung des Anschnitts den Datenersteller nicht davon, die Objekte genügend weit im Anschnitt zu positionieren.

Marken | Aktivieren Sie hier die gewünschten Druckermarken ❶, deren Art ❺, Stärke ❻ und den benötigten Versatz ❼ der Marken vom Endformat. Informationen zu Druckermarken können Sie im Abschnitt »Das Register ›Marken und Anschnitt‹« auf Seite 847 erhalten.

Anschnitt und Infobereich | Aktivieren Sie hier die Option Anschnittseinstellungen des Dokuments verwenden ❷ nur dann, wenn für den Export die *BleedBox* – das ist der Anschnittbereich in einer PDF-Datei –

auf den Wert, den der Benutzer beim Anlegen des Dokuments für den Anschnitt vorgesehen hat, gesetzt und in die PDF-Datei eingebettet werden soll. Sollte kein Anschnitt im Dokument festgelegt sein, so können Sie den gewünschten Anschnittwert für den Export in den Eingabefeldern OBEN, UNTEN, INNEN und AUSSEN ❸ eintragen.

Haben Sie kein doppelseitiges Dokument angelegt, so steht anstelle von INNEN und AUSSEN RECHTS und LINKS. Das Festlegen eines Anschnitts von 3 mm ist hier eigentlich nie falsch. Halten Sie diesbezüglich aber Rücksprache mit Ihrem Druckdienstleister. Alle Objekte, die im Originaldokument über den Anschnitt hinausragen, werden in der Ausgabe nur bis zum Anschnitt gedruckt.

BleedBox
Die *BleedBox* ist eine der fünf Boxen in einer PDF-Datei. Mit der BleedBox wird der Anschnittbereich der Seite in der PDF-Datei gekennzeichnet.

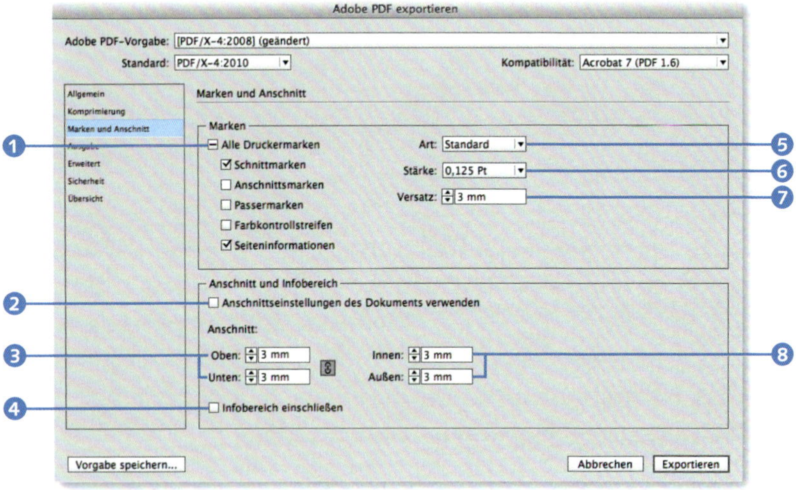

◀ **Abbildung 29.5**
Das Register MARKEN UND ANSCHNITT. Alle Druckermarken werden durch die Aktivierung der Option ACROBAT-EBENEN ERSTELLEN im Register ALLGEMEIN auf eine eigene Ebene in der PDF-Datei gesetzt.

Durch die Aktivierung der Option INFOBEREICH EINSCHLIESSEN ❹ wird der Anschnitt erweitert bzw., wenn der Infobereich im Dokument kleiner als der Anschnitt angelegt wurde, verkleinert, und alle Objekte werden durch den Infobereich in der Ausgabe beschnitten.

Verwenden Sie den Infobereich unter anderem dazu, Dokumentname, Benutzerangaben, Ausgabedatum und Uhrzeit sowie Dokumentpfade, die auch über die Textvariablen in InDesign angelegt werden können, in die PDF-Datei auszugeben.

»Kunden-PDF«: Marken und Anschnitt
Deaktivieren Sie in diesem Register alle Checkboxen. Den Betrachter des PDFs würden solche Marken verwirren.

Allein der Infobereich kann für zusätzliche Informationen, die den Kunden betreffen, herangezogen werden.

Das Register »Ausgabe«

Im Register AUSGABE sind alle Einstellungen in Bezug auf Farbverarbeitung und Kennzeichnung von PDF/X-Dateien vorzunehmen. Ob eine Farbverarbeitung im Zuge der PDF-Erstellung sinnvoll ist, hängt von der beabsichtigten Arbeitsweise ab. Die Konvertierung von Farben sollte entweder ganz zu Beginn, bei der PDF-Erstellung oder am Ende der

Hinweis
Eine Farbkonvertierung von RGB-Farbräumen nach CMYK kann ohne Einschränkung in derselben Güte, wie dies über Photoshop möglich wäre, auch bei der PDF-Erstellung (direkter Export) erfolgen.

Produktionsstrecke erfolgen. Nachstehend werden vier mögliche Vorgehensweisen im Umgang mit Farbkonvertierungen beschrieben.

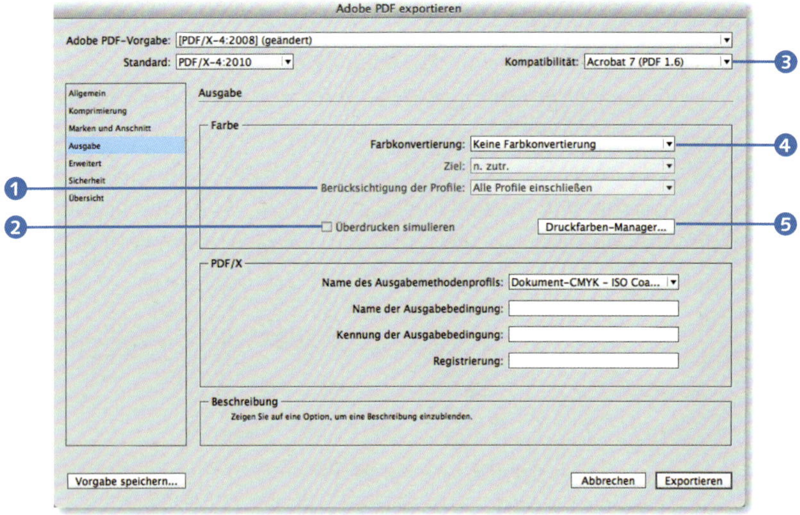

Abbildung 29.6 ▶
Das Register Ausgabe zur Ausgabe einer medienneutralen PDF/X-4-Datei. Es erfolgt keine Farbkonvertierung, womit alle Farbräume erhalten bleiben, die in InDesign angelegt bzw. platziert wurden. Die Kennzeichnung des beabsichtigten Ausgabefarbraums erfolgt über den Output-Intent in der Option Name des Ausgabemethodenprofils.

Erstellen einer medienneutralen PDF-Datei (Option »Standard«: »PDF/X-4:2010«) | Wählen Sie Keine Farbkonvertierung ❹ in der Option Farbkonvertierung aus. Damit stellen Sie sicher, dass alle ursprünglichen Farbräume in die PDF-Datei übergeben werden. Der Eintrag Alle Profile einschliessen ❶ in der Option Berücksichtigung der Profile weist darauf hin, dass für platzierte Bilder mit ICC-Profilen das ICC-Profil in der PDF-Datei beibehalten wird, wenn das Profil nicht mit dem ICC-Profil des Dokuments übereinstimmt. InDesign-Objekte und importierte CMYK-Bilder ohne zugewiesenes ICC-Profil besitzen hingegen kein Profil in der PDF-Datei, da die entsprechende Ausgabekennzeichnung über den Output-Intent (Dokumentprofil) erfolgt.

Die Optionen Überdrucken simulieren ❷ (ist in Verbindung mit der Wahl eines PDF/X-Standards nicht aktivierbar) und Druckfarben-Manager ❺ verhalten sich so, wie bereits im vorherigen Kapitel beschrieben

Das **Ergebnis der Konvertierung** sieht wie folgt aus:

- Alle Farbräume – auch Schmuckfarben – bleiben im PDF erhalten. Eine Konvertierung der RGB- und der CMYK-Objekte in den Zielfarbraum des ICC-Profils des Dokuments erfolgt nicht.
- Da die Option Kompatibilität ❸ durch die Wahl von PDF/X-4 höher als Acrobat 4.0 (PDF 1.3) ist, bleiben auch alle nativen Transparenzen in der PDF-Datei erhalten. Würde hingegen Acrobat 4 (PDF 1.3) eingestellt, so verhält sich das Ergebnis wie im übernächsten Szenario – Erstellung einer PDF/X-1a-Datei – beschrieben.

Hinweis

CMYK-Dateien ohne Quellprofil wird das entsprechende Dokumentprofil beim Platzieren zugewiesen. Da beim PDF-Export das Quell- und das Zielprofil gleich sind, entfällt die Kennzeichnung mit einem ICC-Profil. Alle Daten liegen somit als Device-CMYK vor.

Überdrucken simulieren

Wählen Sie diese Option nur, wenn Sie auf einen Farblaserdrucker ausgeben oder ein Kontroll-PDF erstellen. Die Aktivierung dieser Checkbox bei der Ausgabe auf Proofern führt zu einer falschen Farbsimulation.

Im Abschnitt »Das Register ›Ausgabe‹« auf Seite 848 finden Sie weiterführende Informationen dazu, wie Sie das Überdrucken simulieren.

Erstellen einer verfahrensangepassten PDF/X-4-Datei im Farbraum des Dokumentprofils (Option »Standard«: »PDF/X-4:2010«) | Ausgehend von der zuvor gewählten Einstellung wählen Sie hier in der Option Farbkonvertierung den Eintrag In Zielprofil konvertieren (Werte beibehalten) ⑫ aus. Damit stellen Sie sicher, dass alle RGB-Objekte in den Zielfarbraum des in der Option Ziel gewählten Profils konvertiert werden. Alle CMYK-Objekte – auch wenn Sie ein vom Dokumentprofil abweichendes ICC-Profil angehängt haben – werden hingegen nicht konvertiert. Der Eintrag Zielprofil einschliessen ⑦ in der Option Berücksichtigung der Profile weist darauf hin, dass Bilder mit ICC-Profilen, die in InDesign importiert wurden, das ICC-Profil in der PDF-Datei beibehalten, wenn das Profil nicht mit dem ICC-Profil des Dokuments übereinstimmt. InDesign-Objekte und importierte CMYK-Bilder ohne zugewiesenes ICC-Profil besitzen hingegen kein Profil in der PDF-Datei, da die entsprechende Ausgabekennzeichnung über den Output-Intent (Dokumentprofil) erfolgt.

Alle Optionen im Bereich PDF/X sind nun anwählbar, da unter Standard ⑥ eine PDF/X-Version PDF/X-4:2010 ausgewählt ist. Da in diesem Szenario eine PDF/X-Datei erstellt wird, muss das für eine PDF/X-Datei erforderliche Ausgabemethodenprofil in der Option Name des Ausgabemethodenprofils ⑧ festgelegt werden. Die Ausgabeabsicht (Output-Intent) wird dabei am einfachsten durch die Auswahl eines ICC-Profils beschrieben. Es ist ratsam, immer Dokument-CMYK – Name des ICC-Profils ⑬ auszuwählen, da damit automatisch der Dokumentfarbraum in Form eines Ausgabeprofils (ICC-Profil) hinzugefügt wird und somit auch eine Konvertierung von RGB-Objekten – jedoch mit Ausnahme der Sonderfarben – in diesen durchgeführt wird.

»Kunden-PDF«: Ausgabe

Stellen Sie den Eintrag in der Option Standard auf Ohne. Stellen Sie die Option Farbkonvertierung auf Keine Farbkonvertierung und die Option Berücksichtigung der Profile auf Profile nicht einschliessen. Dadurch bleiben CMYK-Bilder in ihrem Farbraum erhalten; eine Konvertierung nach RGB erfolgt nicht.

Sie können aber auch alternativ den Eintrag In Zielprofil konvertieren auswählen und das Zielprofil auf sRGB IEC-61966-2.1 stellen. Dadurch werden alle Bilder nach RGB konvertiert. Damit dies wirklich auch so geschieht, müssen Sie den Transparenzfüllraum im Menü Bearbeiten ebenfalls auf Dokument-RGB umstellen.

In jedem Fall raten wir Ihnen, die Option Überdrucken simulieren ② zu aktivieren. Dadurch ist das Betrachten der PDF-Datei unabhängig von einer möglicherweise eingeschalteten Überdruckenvorschau gewährleistet.

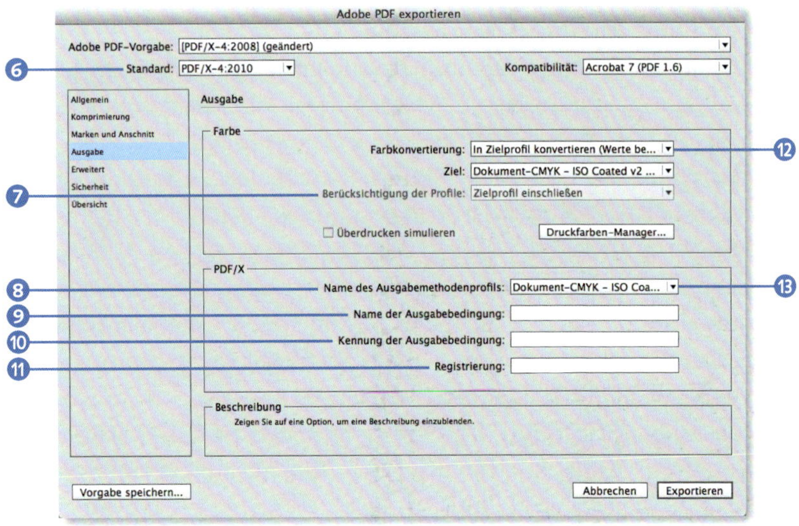

◂ **Abbildung 29.7**
Das Register Ausgabe zur Ausgabe von PDF/X-4-Dateien, wobei alle platzierten RGB-Objekte nach CMYK umgewandelt werden. CMYK-Daten sind von der Farbkonvertierung ausgeschlossen.

Registratur

Sind ICC-Profile beim ICC registriert, so ist dafür ein Eintrag in der »ICC Characterization Data Registry« hinterlegt.

Führen Sie im Feld REGISTRIERUNG ⑪ Änderungen nur durch, wenn Sie wissen, was Sie tun. Ein falscher Eintrag könnte zu missverständlichen Anweisungen führen.

Schmuckfarbe K-Konstrukte

Das Öffnen von *Schmuckfarbe K-Konstrukte* in Photoshop über das Objekt-auswählen-Werkzeug von Acrobat Pro ist nicht möglich, da dieser Farbraum von Photoshop nicht unterstützt wird.

Im Eingabefeld NAME DER AUSGABEBEDINGUNG ⑨ können zusätzliche Erläuterungen optional erfolgen. Die KENNUNG DER AUSGABEBEDINGUNG ⑩ kennzeichnet eine Ausgabeabsicht in einer für den Menschen lesbaren Form. Ist das ausgewählte Profil beim Server der ICC registriert, so wird die Kennung automatisch eingetragen. Dasselbe gilt für den Eintrag im Feld REGISTRIERUNG ⑪. In diesem Feld wird die URL der Registratur hinterlegt. Das Ändern der Einträge ist nicht immer möglich.

Das **Ergebnis der Konvertierung** sieht wie folgt aus:

- Alle CMYK-Objekte, die beim Quellprofil auf den Eintrag DOKUMENTSTANDARD VERWENDEN zurückgreifen, werden auf Basis der getroffenen Farbeinstellungen unangetastet in das PDF überführt. Für diese CMYK-Objekte erfolgt die Kennzeichnung des Dokumentenfarbraums über den Output-Intent (Device-CMYK). CMYK-Objekte, denen ein in InDesign vom Dokumentenstandard abweichendes Quellprofil zugewiesen ist, werden konvertiert – selbst wenn das Quellprofil gleich dem ICC-Profil des Dokumentenstandards ist!
- Alle RGB-Objekte werden in das Dokumentprofil konvertiert – jenes ICC-Profil, das in der Option ZIEL eingetragen ist.
- Graustufenbilder werden als Schmuckfarbe K in der PDF-Datei abgespeichert.
- Alle Schmuckfarben bleiben erhalten, da diese in jeder PDF/X-Norm uneingeschränkt verwendet werden können. Sollten auch Sonderfarben nach CMYK konvertiert werden, so muss dies über die Option DRUCKFARBEN-MANAGER gelöst werden. Aus welchen zwei Möglichkeiten Sie dabei wählen können, lesen Sie auf Seite 362 nach.
- Schwarzer Text bleibt als schwarzer Text erhalten.

Erstellen einer verfahrensangepassten PDF/X-1a- oder PDF/X-4-Datei mit einem vom Arbeitsfarbraum abweichenden Zielfarbraum | Wählen Sie bei FARBKONVERTIERUNG ③ den Eintrag IN ZIELPROFIL KONVERTIEREN (WERTE BEIBEHALTEN) und bei ZIEL das gewünschte Zielprofil – hier PSO UNCOATED ISO 12647 (ECI) – ② aus. Entscheiden Sie darüber hinaus, ob Sie das neue Zielprofil den Bildern und Objekten in der PDF-Datei hinterlegen wollen oder nicht. Die Einträge in der Option BERÜCKSICHTIGUNG DER PROFILE ④ – ZIELPROFIL EINSCHLIESSEN bzw. PROFILE NICHT EINSCHLIESSEN – sind dafür maßgebend. Diese Option kann allerdings nur ausgewählt werden, wenn die Option STANDARD ① auf OHNE gestellt ist. Wird jedoch der Standard: PDF/X-1a:2001 ausgewählt, so wird die Option BERÜCKSICHTIGUNG DER PROFILE automatisch auf PROFILE NICHT EINSCHLIESSEN gestellt. Und wird in der Option STANDARD der Eintrag PDF/X-4:2010 gewählt, so wird ZIELPROFIL EINSCHLIESSEN aktiviert.

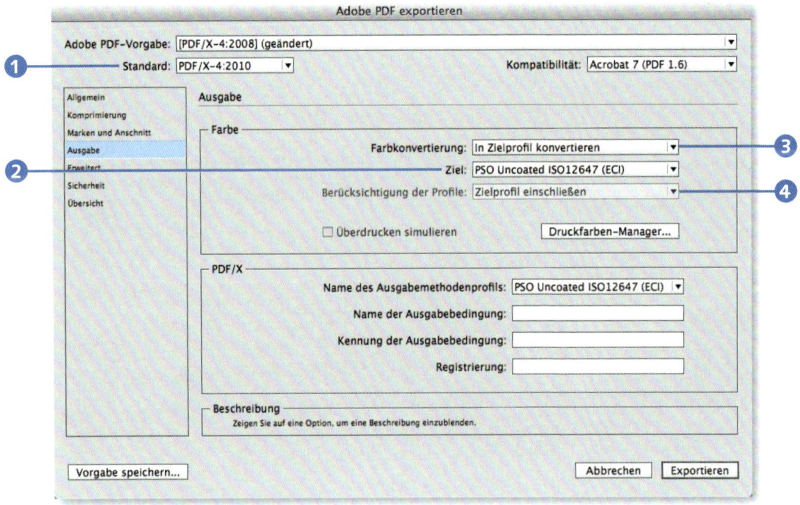

◀ **Abbildung 29.8**
Das Register Ausgabe bei der Konvertierung in ein vom Arbeitsfarbraum abweichendes Zielprofil. Hierbei bleiben bereits in CMYK vorliegende Bild- und Vektordaten unangetastet, wenn Sie den Empfehlungen des Abschnitts 2.3, »Farbeinstellungen vornehmen« auf Seite 83 gefolgt sind.

Das **Ergebnis dieser Konvertierung** sieht wie folgt aus:

- RGB-Bilder und -Objekte werden in den neuen Zielfarbraum PSO Uncoated ISO 12647 (ECI) konvertiert.
- Auf Basis unserer getroffenen Farbeinstellungen werden CMYK-Bilder und -Objekte mit den definierten Farbnummern durchgereicht – eine Reduzierung des Gesamtfarbauftrags auf 300 % erfolgt damit also nicht.
- Schwarzer Text bleibt somit als K = 100 % erhalten.
- Alle Schmuckfarben bleiben erhalten. Die Konvertierung von Sonderfarben nach CMYK erfolgt über den Druckfarben-Manager.
- Die Option Berücksichtigung der Profile ❹ entfällt bei PDF/X-1a, bei PDF/X-4 hingegen bleiben vom Output-Intent abweichende Quellfarbräume mit Profilen gekennzeichnet.
- Transparente Objekte werden bei der Wahl von PDF/X-1a reduziert und dabei auch in den Zielfarbraum konvertiert, bei der Wahl von PDF/X-4 bleiben diese nativ erhalten.

Erstellen einer verfahrensangepassten PDF/X-4- bzw. PDF/X-1a-Datei mit Konvertierung aller Farben in einen vom Arbeitsfarbraum abweichenden Zielfarbraum | Wählen Sie wie zuvor in der Option Farbkonvertierung den Eintrag In Zielprofil konvertieren ❺ und in der Option Ziel ❾ das gewünschte Zielprofil. Sofort nach Auswahl dieses Eintrags erscheint ein Warndreieck ❽, das auf mögliche Konsequenzen hinweist, die durch die Konvertierung eintreten würden. Besonders der Satzteil »Alle Farben werden in den Farbraum des Zielprofils umgewandelt (es sei denn, Ihre Profile stimmen mit dem Zielprofil überein)«, den Sie im Feld Warnung ❼ lesen können, sollte Sie etwas stutzig machen.

Werte beibehalten

Wählen Sie zur Konvertierung in einen Zielfarbraum immer die Option In Zielprofil konvertieren (Werte beibehalten) ❸, wenn alle importierten Bilder und Objekte im Dokumentprofil vorliegen. Dieser Empfehlung folgt auch die von Adobe vordefinierte PDF-Vorgabe PDF/X-1 a.

Erstellen eines Graustufen-Druck-PDFs

Wenn Sie beabsichtigen, aus der InDesign-Datei ein Graustufen-Druck-PDF zu erstellen, so müssen Sie in Standard: PDF/X-4:2010, in Farbkonvertierung In Zielprofil konvertieren und in Ziel das gewünschte Graustufenprofil – z.B. Schwarze Druckfarbe – ISOCoated v2 – auswählen. In Verbindung mit PDF/X-1a ist diese Kombination leider nicht möglich.

Abbildung 29.9 ▶
Das Register Ausgabe zur Konvertierung in ein vom Arbeitsfarbraum abweichendes Zielprofil, wobei alle Objekte des InDesign-Dokuments in den Zielfarbraum konvertiert werden. Der Eintrag in der Option Berücksichtigung der Profile ❻ – Zielprofil einschliessen – erinnert Sie daran, dass bei PDF/X-4 alle vom Zielprofil abweichenden Quellprofile in der PDF/X-Datei gekennzeichnet werden.

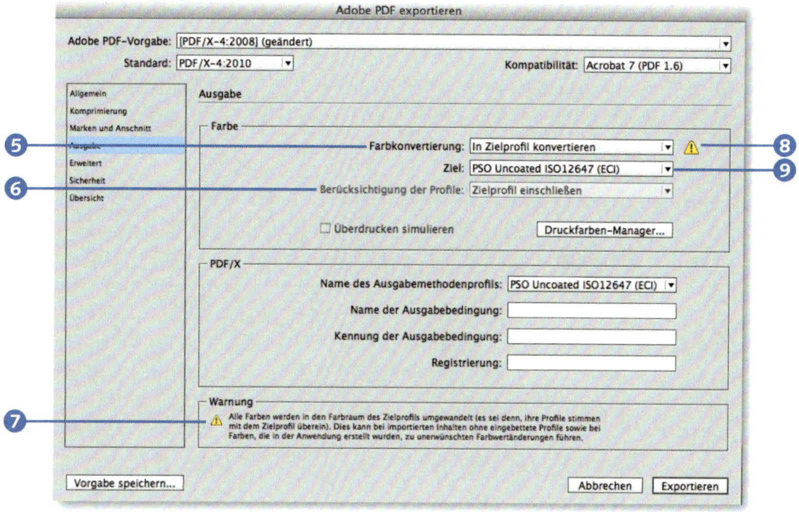

Das **Ergebnis dieser Konvertierung** sieht folgendermaßen aus:

- Alle Bilder und Objekte, egal, ob sie in InDesign mit einem Profil versehen waren oder nicht, werden in den Zielfarbraum konvertiert. Damit werden auch alle in InDesign definierten Farben in den Zielfarbraum verrechnet, wodurch schwarzer Text nun in 4c aufgelöst wird. (Wir wollen ja viel erreichen, aber diesen Zustand kann ein Druckvorstufenbetrieb am wenigsten gebrauchen!)
- Alle Schmuckfarben bleiben erhalten. Die Konvertierung von Sonderfarben nach CMYK erfolgt über den Druckfarben-Manager.

Hinweis
Die unsinnige Vorgehensweise, alle Farben in einen Zielfarbraum zu konvertieren, entsprach den Einstellungen aus InDesign CS, wenn in ein anderes Zielprofil konvertiert wurde. Verwenden Sie diese Einstellungen nie – oder nur dann, wenn kein Text im Dokument ist: also doch nie!

Das Register »Erweitert«

Im Register Erweitert sind die Einstellungen in Bezug auf Schrifteinbettung, OPI und Transparenzreduzierung vorzunehmen.

Bereich »Schriftarten« | Stellen Sie den Prozentwert in der Option Schriften teilweise laden, wenn Anteil verwendeter Zeichen kleiner als auf 1 % ⓫, damit theoretisch die Einbettung der Schrift in vollem Umfang möglich ist. Werden OpenType- und TrueType-Fonts verwendet, die mehr als 2.000 Glyphen besitzen, so werden sie standardmäßig als Fontuntergruppe eingebettet. Möchten Sie Fontuntergruppen in die PDF-Datei einbetten, so wählen Sie den gewünschten Prozentsatz. Der Prozentwert 100 % garantiert, dass alle Schriftarten mit Ausnahme jener, die das Schutz-Flag Option gegen eine unerlaubte Einbettung enthalten, nur als Untergruppe in die PDF-Datei eingebettet werden. Schriftarten, die mehr als 2.000 Glyphen besitzen – der Wert ist durch die Voreinstellung bestimmt –, müssen in CID-Fonts konvertiert werden.

Hinweis
Auch wenn Sie den Prozentsatz in diesem Register auf 0 % und die Vorgabe in InDesign hinsichtlich der Grenze von 2.000 Glyphen zur Volleinbettung auf 70.000 Glyphen stellen und die PDF-Version 1.6 wählen, kann InDesign selbst in der aktuellen Version keine OpenType-Schriften einbetten. Sind OpenType-Schriften in platzierten PDF-Dateien enthalten, so bleiben diese jedoch erhalten.

OPI | Das Aktivieren der Option Für OPI auslassen ⑫, mit der Grob- und Feindaten wie EPS, PDF und Bitmap-Bilder innerhalb eines OPI-Workflows für die PDF-Generierung ausgelassen werden können, ist nur möglich, wenn die Option Standard ⑩ auf Ohne gestellt ist.

CID
CID-Schriften sind Zwei-Byte-Schriften, die mehr als 256 Zeichen pro Schriftschnitt abbilden. Dies wurde für Adobe durch die Ausweitung der Technologie im asiatischen Markt ein Muss.

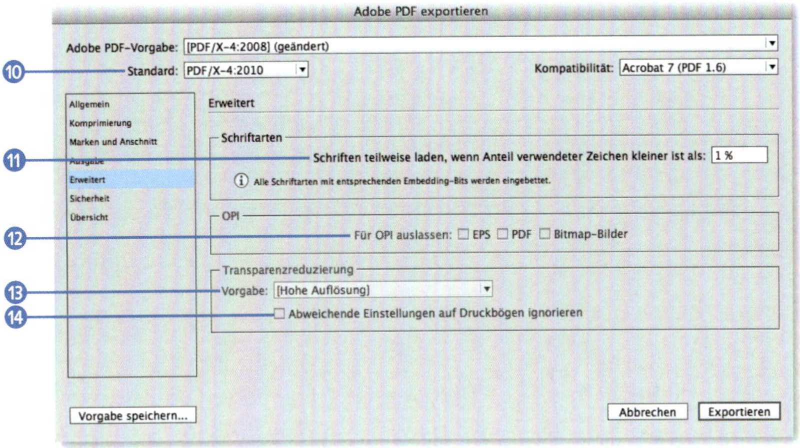

◀ **Abbildung 29.10**
Das Register Erweitert regelt das Schrifthandling, das Einfügen von OPI-Kommentaren und die Transparenzreduzierung.

Transparenzreduzierung | Sobald Sie eine PDF-Version höher als PDF 1.3 oder den Standard: PDF/X-4 ⑩ ausgewählt haben, ist dieser Bereich ausgegraut. Alle Transparenzen werden nativ – ohne eine Reduzierung – in die PDF-Datei überführt. Sollen Sie ein Druck-PDF auf Basis von PDF 1.3 erstellen, so wählen Sie in der Option Vorgabe ⑬ das für Ihr Ausgabegerät bestimmte Set aus. Wählen Sie das im Abschnitt »Die Transparenzreduzierungsvorgaben« auf Seite 778 erstellte Set »Ausgabename_RIP_hoch« oder [Hohe Auflösung] aus.

Aktivieren Sie dann die Option Abweichende Einstellungen auf Druckbögen ignorieren ⑭, da gesetzte Einstellungen zur Transparenzreduzierung für Druckbögen Ihre Auswahl überschreiben würden.

OPI und PDF/X
Für die Erstellung von Composite-PDF-Dateien in Verbindung mit niedrigauflösenden »Layoutbildern« sind die PDF/X-Standards PDF/X-2 und PDF/X-5 vorgesehen. Da diese Arbeitsweisen selten vorzufinden sind, wurden diese Standards in InDesign nicht implementiert. Werden OPI-Server jedoch verwendet, so kann dies nur durch die Wahl von Standard: Ohne umgesetzt werden.

Job Definition Format (JDF) | (Nur für InDesign-Versionen vor CS6 – mit InDesign CC wurde die Implementierung ersatzlos gestrichen). In diesem Bereich können Sie dort durch Aktivieren der Checkbox JDF-Datei mit Acrobat erstellen eine separate JDF-Datei zur PDF-Datei erstellen. Nach der Erstellung wird Acrobat – dies ist nur in Verbindung mit Acrobat Pro 8 bis XI möglich – gestartet und die JDF-Datei in die JDF-Auftragsinformationen von Acrobat übergeben.

JDF
JDF ist ein offenes, auf XML basierendes Dateiformat, das sich als Standard für die grafische Industrie durchgesetzt hat. JDF wird zum Datenaustausch zwischen verschiedenen Systemen verwendet – ausgehend von der Erstellung über die Druckvorstufe und die anschließende Weiterverarbeitung bis hin zu E-Business-Anwendungen.

Das Register »Sicherheit«

In diesem Register können Sie Schutzrechte festlegen, die das Drucken, das Entnehmen von Inhalten und das Öffnen der PDF-Datei regeln.

Abbildung 29.11 ▶
Das Register Sicherheit regelt die Beschränkungen hinsichtlich Editierbarkeit und Entnahme von Inhalten der exportierten PDF-Datei. Das Schützen von Druckdaten ist nicht sinnvoll und deshalb auch in den PDF/X-Standards verboten. Die Aktivierung von Optionen im Register ist somit bei Wahl eines Standards nicht möglich.

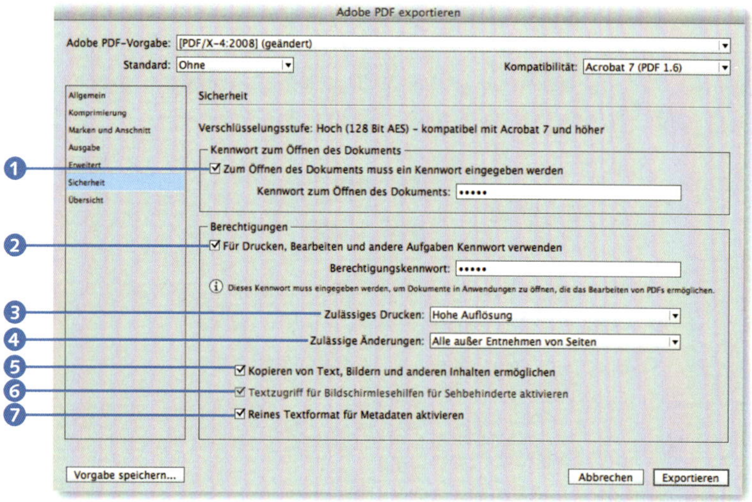

»Kunden-PDF«: Sicherheit

- Zum Öffnen des Dokuments muss ein Kennwort eingegeben werden: deaktivieren
- Für Drucken, Bearbeiten und andere Aufgaben Kennwort verwenden: Kennwort
- Zulässiges Drucken: Hohe Auflösung
- Zulässige Änderungen: Ohne

PDF für die Druckvorstufe

PDF/X- und PDF-Dateien, die unverändert für die Überprüfung in Acrobat übergeben werden, dürfen nicht geschützt werden. Deaktivieren Sie somit für den Druck immer jegliche Option in diesem Register.

PDF für das Office-Umfeld

Nehmen Sie Einstellungen in diesem Register nur für Kunden-PDFs oder in Verbindung mit Formularen vor. Speziell bei der Erstellung von Kunden-PDFs ist es ratsam, den Zugriff auf Änderungsmöglichkeiten zu beschränken.

Kennwort zum Öffnen des Dokuments | Soll der Empfänger die PDF-Datei nur durch Eingabe eines Passwortes öffnen können, so müssen Sie in der Option Zum Öffnen des Dokuments muss ein Kennwort eingegeben werden ❶ aktivieren und ein Kennwort eingeben. Es muss mindestens achtstellig sein. Der Schutz erfolgt dabei über den *RC4-Standard*, der mit PDF 1.3 in 48 Bit und seit PDF 1.4 mit einer Schlüssellänge von 128 Bit erfolgen kann. Seit PDF 1.6 wird der *AES* (Advanced Encryption Standard) zur Verschlüsselung herangezogen.

Berechtigungen | In diesem Bereich können Sie den Zugriff auf den Inhalt sowie die Ausgabequalität beim Drucken bestimmen. Dafür müssen Sie zuerst die Option Für Drucken, Bearbeiten und andere Aufgaben Kennwort verwenden ❷ aktivieren und ein Kennwort eingeben.

Durch die Wahl des Eintrags Hohe Auflösung in der Option Zulässiges Drucken ❸ kann uneingeschränkt ausgedruckt werden. Wählen Sie hier jedoch den Eintrag Niedrige Auflösung (150 dpi) oder Ohne, so kann nur niedrigauflösend bzw. gar nicht ausgedruckt werden.

In der Option Zulässige Änderungen ❹ beschränken Sie den Empfänger der PDF-Datei in seinen Möglichkeiten, Änderungen am Dokument vorzunehmen. Die Möglichkeiten im Menü sind selbsterklärend.

Die Optionen Kopieren von Text, Bildern und anderen Inhalten ermöglichen ❺, Textzugriff für Bildschirmlesehilfen für Sehbehinderte aktivieren ❻ und Reines Textformat für Metadaten aktivieren ❼ können darüber hinaus aktiviert werden.

Beachten Sie, dass sich die in Abbildung 29.11 gezeigten Parameter anders darstellen können, wenn Sie in der Option Kompatibilität einen anderen PDF-Standard wählen.

Das Register »Übersicht«

In diesem Register werden alle Einstellungen noch einmal zusammengefasst. Sollte ein Warndreieck ⚠ den Eintrag zieren, so beachten Sie dieses, und lesen Sie dazu die Warnmeldung im Feld WARNUNGEN ⑨ durch. Durch einen Klick auf ÜBERSICHT SPEICHERN ⑩ können Sie Ihre Einstellungen mit der BESCHREIBUNG ⑧ exportieren.

Erweiterter Schutz im PDF

Aufgrund der beschränkten Möglichkeiten beim PDF-Export von InDesign empfehlen wir, Sicherheitsbestimmungen für PDF-Dateien in Acrobat hinzuzufügen. Die Möglichkeiten dort sind vielfältiger und mit dem aktuellen Sicherheitsstandard 256-Bit AES möglich. Darüber hinaus kann dort u.a. auch ein Schutz des Dokumenteninhalts und nicht nur des Dokumentcontainers eingerichtet werden.

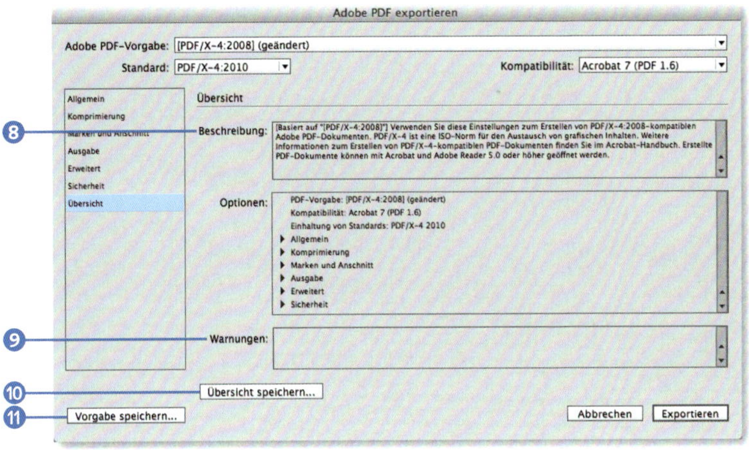

◀ **Abbildung 29.12**
Das Register ÜBERSICHT. Alle getroffenen Einstellungen können im Überblick eingesehen und für die Dokumentation exportiert werden.

29.3 Adobe PDF-Vorgaben

Nachdem Sie alle Einstellungen in den Registern vorgenommen haben, sollten Sie die Einstellungen als Vorgabe speichern. Klicken Sie dazu auf den Button VORGABE SPEICHERN ⑪. Im erscheinenden Dialog geben Sie den Namen für die Vorgabe ein. Hinsichtlich der Namensgebung sollten Sie zwei Punkte berücksichtigen:

- **Voranstellen der Applikationskennzeichnung**: Da sich alle Vorgaben aus allen CS3- bis CC-Applikationen und Adobe Distiller im selben Ordner befinden, ist es ratsam, jedem Setting eine Kennzeichnung im Dateinamen der Vorgabe zu geben, damit eine Unterscheidung beim Export aus den einzelnen Programmen erfolgen kann.
- **Namensbezeichnung**: Namen wie »PDF-High-End«, »Druck-PDF«, »PDF-hochauflösend« und dergleichen gaukeln vor, ein geglücktes Set zu sein. Klare Informationen im Dateinamen erinnern Sie bei jedem Export an die getroffenen Einstellungen.

Wo werden Settings abgelegt?

Die gespeicherte Vorgabe wird unter FESTPLATTE/BENUTZER/LIBRARY/APPLICATION SUPPORT/ADOBE/ADOBE PDF/SETTINGS (Mac OS X) oder unter C:\USERS\USER\APPDATA\ROAMING\ADOBE\ADOBE PDF\SETTINGS (Windows 7/8) abgelegt.

Vorschlag zur Benennung | Vergeben Sie Namen wie:

- »ID_Ebenen_JPEG2000_unver«: Damit ist klar, dass das Set für den Export aus InDesign konzipiert ist, wo die Inhalte unverändert mit allen Ebenen und Bilddaten JPEG2000-komprimiert exportiert werden.

Sinnvolle Settings

Legen Sie sich vier Vorgaben an: »ID_Ebenen_JPEG2000_unver_x4«, »ID_JPEG2000_300_4c_x4«, »ID_JPEGmax_300_4c_x1a« und »ID_JPEGmin_72_ueberdrucken«, um eine Exportvorgabe für alle Fälle zu haben.

- »ID_JPEG2000_300_4c_x4«: Dieser Name bedeutet, dass damit eine CMYK-PDF/X-4-Datei gekoppelt mit einer Auflösungsreduktion auf 300 ppi mit JPEG2000-komprimierten Bildern (ohne Transparenzreduzierung) erstellt wird.

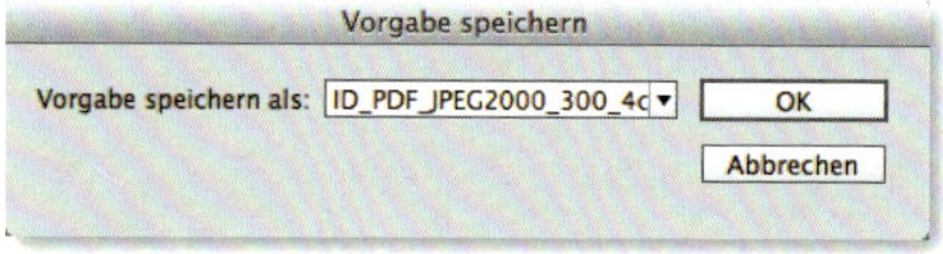

Abbildung 29.13 ▶
Der Dialog Vorgabe speichern

Weitere Vorgaben können Sie über den Befehl Datei • Adobe PDF-Vorgaben • Definieren festlegen.

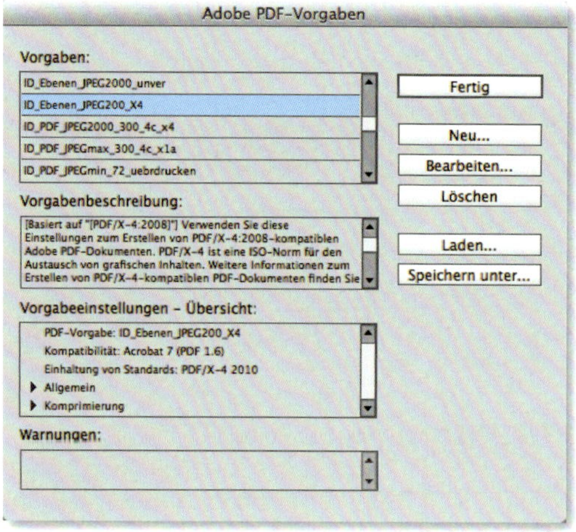

Abbildung 29.14 ▶
Im Dialog Adobe PDF-Vorgaben können Sie ausgewählte Vorgaben durch Drücken des Buttons Speichern unter exportieren. Gespeicherte Vorgaben können über den Button Laden importiert werden. PDF-Vorgaben in eckiger Klammer befinden sich in der globalen Library, alle anderen PDF-Vorgaben sind in der Benutzer-Library gespeichert.

Das Löschen, Bearbeiten und Anlegen neuer PDF-Vorgaben erfolgt in derselben Form, wie wir es bereits im Druckvorgaben-Dialog auf Seite 864 beschrieben haben.

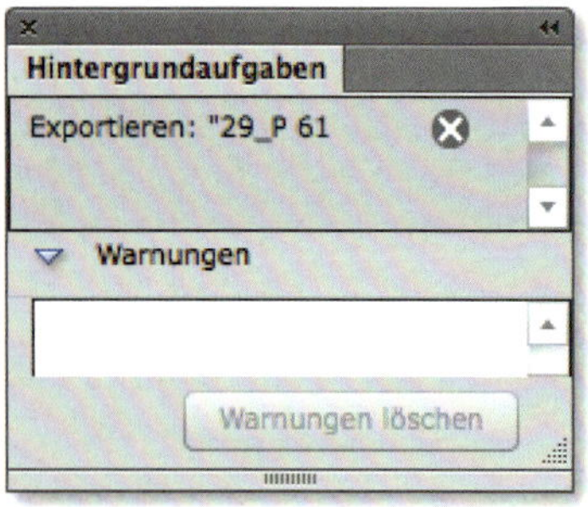

▲ Abbildung 29.15
Das Hintergrundaufgaben-Bedienfeld aus InDesign. Darin erkennen Sie den Exportfortschritt und auch eventuelle Fehler, die beim Exportieren aufgetreten sind. Sie können das Bedienfeld über Fenster • Hilfsprogramme • Hintergrundaufgaben aufrufen.

PDF-Export über PDF-Export-Vorgaben ausführen

Um mit einer gespeicherten Vorgabe zu drucken, führen Sie den Befehl Datei • Adobe PDF-Vorgaben • Name der Vorgabe aus. Legen Sie darin nur noch den Seitenbereich fest, bestimmen Sie, ob Sie einen Anschnitt benötigen, und klicken Sie auf Exportieren. Sie können aber zuerst den PDF-Export-Dialog öffnen und darin die Vorgabe aufrufen.

Das Bedienfeld »Hintergrundaufgaben«

Während des PDF-Exports kann weitergearbeitet werden. Adobe lagert den PDF-Export als Hintergrundaufgabe aus. Den jeweiligen Fortschritt des Exports können Sie im Bedienfeld Hintergrundaufgaben verfolgen.

Kapitel 30
Alternative Datenformate exportieren

Die beste Möglichkeit, fertige Publikationen elektronisch weiterzugeben, ist unbestritten in Form einer PDF-Datei. InDesign beherrscht nicht nur diese Disziplin perfekt. Darüber hinaus haben Sie die Möglichkeit, Texte mit anderen Benutzern auszutauschen, InDesign-Dokumente oder Teile daraus als Bilder zu speichern sowie sie für eine Weiterverwendung in InDesign (z. B. zur Verwendung in früheren Versionen oder um sie erneut zu platzieren) oder zur Weiterverarbeitung in anderen Programmen (für Web oder andere Medien) zu exportieren.

30.1 Textexport

InDesign bietet drei Möglichkeiten, um Text entweder neutral, formatiert – zumeist für Word-Benutzer – oder für InDesign formatiert zu exportieren.

Nur Text

Um einen neutralen Text zu exportieren, wählen Sie einen Text aus oder stellen den Textcursor in einen Textrahmen (in diesem Fall wird der gesamte Text in diesem und allen damit verketteten Rahmen exportiert). Wählen Sie DATEI • EXPORTIEREN, oder drücken Sie [Strg]+[E] bzw. [⌘]+[E]. Legen Sie einen Namen und ein Verzeichnis für die exportierte Datei fest. Wählen Sie unter DATEITYP (Windows) bzw. FORMAT (Mac OS) die Option NUR TEXT, und klicken Sie auf SICHERN.

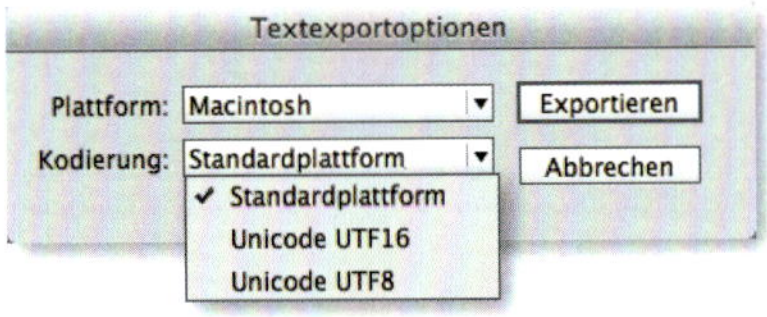

◂ **Abbildung 30.1**
PLATTFORM bezieht sich hier auf den Prozessor Ihres Computers. Macs mit Intel-Prozessoren unterscheiden sich hier eigentlich nicht mehr von den Windows-PCs.

Wählen Sie die PLATTFORM, auf der der Text weiterbearbeitet werden soll (MACINTOSH oder PC), und lassen Sie zunächst die KODIERUNG auf

Neutraler Text
Bei einem Export von NUR TEXT gehen alle Formatierungen verloren. Dies kann sich auch auf nationale Sonderzeichen auswirken, da es in einem neutralen Text keine Möglichkeiten mehr gibt, auf alle Sonderfälle Rücksicht zu nehmen.

STANDARDPLATTFORM. Dadurch wird der Text so kodiert, wie es den Gepflogenheiten Ihrer Hardware-Plattform entspricht. Sollten die Empfänger der Daten Probleme mit dem Text haben – nationale Sonderzeichen werden falsch dargestellt –, versuchen Sie eine der Optionen UNICODE UTF8 oder UNICODE UTF16. Dadurch wird die Kodierung des Textes auf Unicode-Kodierung mit 8 bzw. 16 Bit umgestellt. Die Software, mit der der Text weiterbearbeitet wird, muss diese Standards unterstützen. Dann allerdings funktionieren auch exotische Glyphen.

Eine generelle Empfehlung können wir hier leider nicht geben, weil die korrekten Einstellungen eben von der Empfänger-Applikation, aber auch von der Sprache des Textes abhängen.

RTF

RTF-Einschränkungen
Erwarten Sie von den Ergebnissen eines RTF-Exports allerdings nicht allzu viel. InDesign beherrscht Feinheiten in Sachen Textformatierung, die in RTF nicht abgebildet werden können. Dabei gehen einige Formatierungen (wie z. B. Absatzlinien), aber auch Sonderzeichen (wie die verschiedenen Bruchteile eines Gevierts) verloren.

Wenn Sie die Formatierung des Textes übernehmen wollen, wählen Sie den Export als RTF-Text. Das RTF-Format wurde von Microsoft für MS Word definiert. Soll der Text in Word weiterbearbeitet werden, ist RTF also die erste Wahl. Allerdings hat sich RTF als Standard-Austauschformat für Texte etabliert und wird von den meisten Programmen unterstützt, die zur Textverarbeitung gedacht sind.

Um einen RTF-Text zu exportieren, gehen Sie wie beim Export eines neutralen Textes vor. Wählen Sie aber unter DATEITYP bzw. FORMAT die Option RICH TEXT FORMAT, und klicken Sie auf SICHERN. Da der kleinste gemeinsame Nenner von Word und InDesign den Rahmen des Exports vorgibt, gibt es keine Optionen, die Sie beim Export festlegen könnten.

Adobe InDesign-Tagged-Text

Tags
Tags sind Textmarkierungen (also ihrerseits Text), die in Text eingefügt werden und beschreiben, wie der Text formatiert werden soll. Die Software, die für die Darstellung des Textes zuständig ist, muss die Tags getrennt vom eigentlichen Inhalt interpretieren. Die bekanntesten Vertreter von Tags sind wohl HTML-Tags, die zur Beschreibung von Webseiten dienen.

Um Text innerhalb der InDesign-Produktlinie auszutauschen und dabei die Formatierung inklusive Definitionen von Absatz- und Zeichenformaten zu erhalten, können Sie auf Tagged-Text zurückgreifen.

Dabei ist auch ein Austausch zwischen unterschiedlichen Versionen von InDesign möglich, allerdings können Textattribute, die es nur in der neueren Version gibt, verständlicherweise nicht oder nur begrenzt übertragen werden.

Neben der Möglichkeit, Texte zwischen unterschiedlichen InDesign-Versionen auszutauschen, kann das Tagged-Text-Format zum Einsatz kommen, wenn Texte zur Gänze außerhalb von InDesign entstehen, dann aber bereits formatiert platziert werden sollen. Da Tagged-Text eben ein Textformat ist, kann es leicht bearbeitet oder bereits beim Export von Daten aus einer Datenbank den eigentlichen Daten hinzugefügt werden. In einem solchen Fall ist es sinnvoll, einen Text-Prototyp, der lediglich beschreibt, wie der Text auszusehen hat, als Tagged-Text zu exportieren, um daraus die Syntax der Tags zu übernehmen und Platzhalter zu definieren, die beim Export der Daten aus der Datenbank zu ersetzen sind.

Um einen Tagged-Text zu exportieren, gehen Sie wie beim Export eines neutralen Textes vor. Wählen Sie unter Dateityp bzw. Format aber die Option Adobe InDesign-Tagged-Text, und klicken Sie auf Sichern.

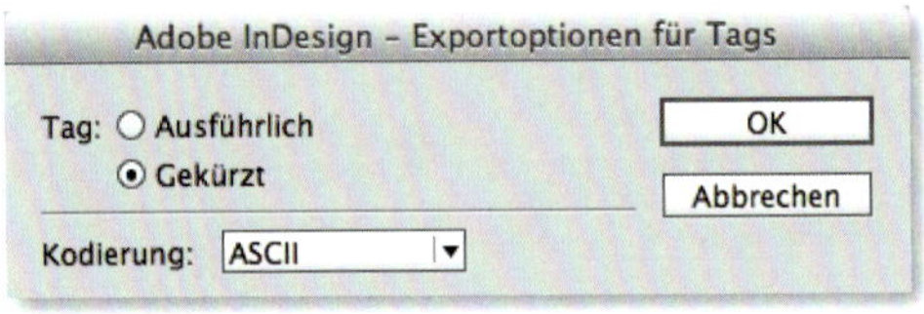

◂ **Abbildung 30.2**
Ausführlich erzeugt größere, dafür aber besser lesbare Dateien. Das Ergebnis des Exports ist in jedem Fall eine Textdatei mit der Dateierweiterung ».txt«.

Exportoptionen | Tags folgen einer strengen Syntax, die in InDesign jedoch zwei Schreibweisen vorsieht. In der Version Ausführlich liest sich das Tag zur Anwendung eines Absatzformats z. B. so: `<ParaStyle:Name>`, in der Version Gekürzt dagegen so: `<pstyle:Name>`.

Die Kodierung sieht einige Alternativen vor, allerdings sind Sie mit der Option ASCII immer auf der sicheren Seite, da dann alle Zeichen – auch nationale Sonderzeichen – so kodiert werden, dass sie in jedem Fall sauber rekonstruiert werden können.

Definitionen auslesen

Wenn Sie einen InDesign-Tagged-Text-Export mit ausführlicher Tag-Kennzeichnung durchführen, können Sie in textueller Form alle Formatbeschreibungen der einzelnen Absatz- und Zeichenformate auslesen. Speziell wenn Sie eine Dokumentation zu einem Projekt erstellen müssen, ersparen Sie sich damit eine Menge Arbeit.

Tagged-Text importieren | Obwohl es in diesem Kapitel um den Export geht, möchten wir Ihnen noch kurz den Import von Tagged-Text zeigen. Platzieren Sie einen Tagged-Text wie einen anderen Text auch, aktivieren Sie jedoch Importoptionen anzeigen im Platzieren-Fenster:

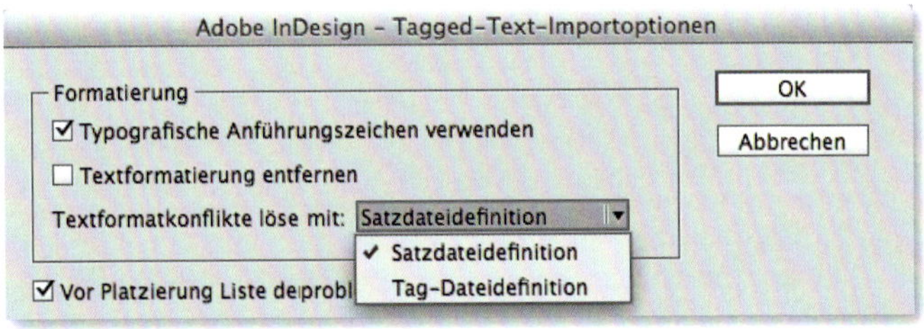

◂ **Abbildung 30.3**
InDesign erkennt einen Tagged-Text beim Platzieren zwar selbstständig, die dazugehörigen Importoptionen werden jedoch nur auf Ihre Anweisung hin angezeigt.

Legen Sie unter Formatierung fest, ob der platzierte Text Typografische Anführungszeichen verwenden soll – gemeint ist hier »entsprechend den aktuellen Einstellungen Ihres Dokuments« – und ob Sie die Textformatierung entfernen wollen.

Wenn der Text formatiert platziert wird, legen Sie im Menü Textformatkonflikte lösen mit fest, wie zu verfahren ist, wenn im Tagged-Text Absatz- und Zeichenformate definiert werden, die in Ihrem Dokument bereits existieren. Satzdateidefinition bedeutet, dass die Definitionen des Tagged-Textes verworfen werden, Tag-Dateidefinition heißt dagegen, dass die Formatdefinitionen in Ihrer Datei vom Tagged-Text überschrieben werden.

Da in einem Tagged-Text Tags verwendet werden können, die von Ihrer InDesign-Version nicht interpretiert werden können (z. B. wenn Sie einen Tagged-Text aus InDesign CC in InDesign CS6 platzieren), sollten Sie Vor Platzierung Liste der problemat. Tags anzeigen auswählen. Stößt InDesign beim Platzieren auf unbekannte Tags, werden Sie darauf aufmerksam gemacht und können bereits abschätzen, welche Textteile davon betroffen sind.

30.2 Bildexport

Um Seiten Ihres InDesign-Dokuments oder Teile daraus in anderen Programmen platzieren zu können, gibt es die Möglichkeit, Ihre Dokumente auch als Bild zu exportieren.

EPS

So wie PDF-Dateien können auch EPS-Dateien mit den notwendigen Informationen für die Druckvorstufe (wie Anschnitt, Schriften und OPI-Kommentaren) exportiert werden.

▼ Abbildung 30.4
Für jede Seite des Bereichs wird eine eigene EPS-Datei gespeichert. Sie können nur ganze Seiten und keine Auswahl exportieren.

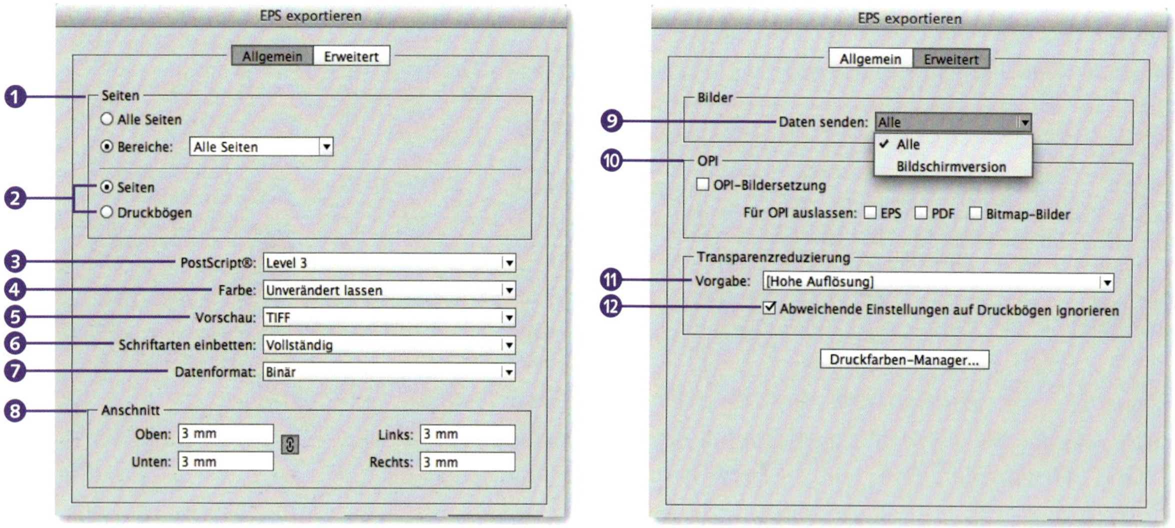

Legen Sie den zu exportierenden Bereich fest ❶ – InDesign kann keine Auswahl als EPS-Datei exportieren –, und wählen Sie bei Bedarf die Option ❷ Seiten oder (für zusammengehörige Seiten) Druckbögen aus.

Allgemein | Legen Sie den gewünschten PostScript-Level ❸, die FARBE ❹ für eine CMYK-, RGB-, Graustufen- oder medienneutrale Übergabe, die Schrifteinbettung ❻ und das DATENFORMAT ❼ fest. Wählen Sie unter VORSCHAU ❺ immer die Option TIFF – damit ist eine plattformübergreifende Verwendbarkeit garantiert –, und fügen Sie, wenn gewollt, einen ANSCHNITT ❽ zur EPS-Datei hinzu. Schriften sollten Sie immer vollständig in die EPS-Datei exportieren.

Erweitert | Bestimmen Sie, welche Daten – ALLE oder BILDSCHIRMVERSION ❾ – in der PostScript-Datei eingeschlossen sein sollen, ob Sie mit OPI ❿ arbeiten wollen und vor allem, welche Transparenzreduzierungsvorgabe ⓫ zum Verflachen der Transparenzen verwendet werden soll. Aktivieren Sie auch hier die Option ABWEICHENDE EINSTELLUNGEN AUF DRUCKBÖGEN IGNORIEREN ⓬.

Nur einseitig

Im Unterschied zu PDF können EPS-Dateien nur einseitig sein. Wenn Sie mehrere Seiten als EPS exportieren, so erhalten Sie für jede Seite eine eigene Datei. Die Größe der *BoundingBox* in der EPS-Datei wird dabei durch das Seitenformat zuzüglich des eingetragenen Werts für den Anschnitt bestimmt.

JPEG

Während beim Export in eine PDF- oder EPS-Datei immer nur ganze Seiten oder Druckbögen exportiert werden können, ist mit dem JPEG-Export das Exportieren einzelner Seiten, Druckbögen und Objekte möglich.

Um ein Objekt zu exportieren, muss das gewünschte Objekt mit dem Auswahlwerkzeug ausgewählt werden. Wird kein Objekt auf der Seite ausgewählt, so wird die ganze Seite oder, wenn die Option DRUCKBÖGEN markiert ist, auch der gesamte Druckbogen in eine JPEG-Datei exportiert. Führen Sie dazu den Befehl DATEI • EXPORTIEREN oder das Tastenkürzel [Strg]+[E] bzw. [⌘]+[E] aus, und wählen Sie in der Option DATEITYP (Windows) bzw. FORMAT (Mac OS) JPEG.

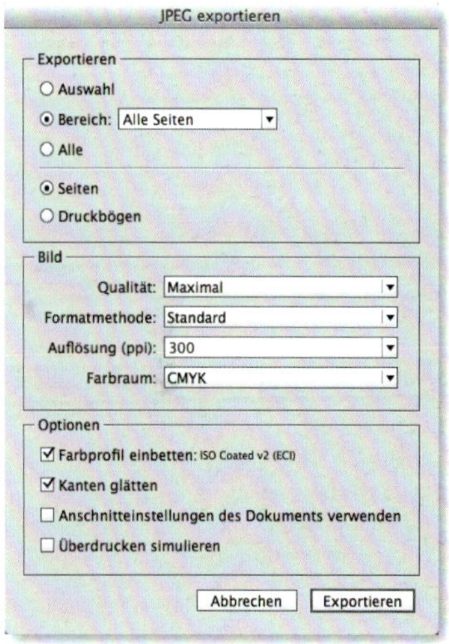

▲ **Abbildung 30.5**
Der JPEG-Export wurde bereits mit InDesign CS5 wesentlich erweitert und hat einen Standard erreicht, der sinnvoll eingesetzt werden kann. Somit kann auch der Farbraum (inklusive Graustufen) ausgewählt werden.

Exportieren | Hier können Sie zwischen AUSWAHL, einem bestimmten BEREICH zu exportierender Seiten und ALLE SEITEN wählen und bestimmen, ob SEITEN als Einzelseiten oder als DRUCKBÖGEN exportiert werden sollen. Ist die Option AUSWAHL gewählt, so können selbstverständlich keine DRUCKBÖGEN angewählt werden.

Bild | Legen Sie die QUALITÄT (MAXIMAL, HOCH, MITTEL und NIEDRIG), die FORMATMETHODE (STANDARD und PROGRESSIV) und die Zielauflösung in ppi fest. Durch die Wahl der FORMATMETHODE STANDARD werden JPEG-Dateien, die im Internet zur Betrachtung geladen werden, erst dann angezeigt, wenn die gesamte Datei übertragen ist. Die Option PROGRESSIV baut die JPEG-Datei schichtweise auf, womit im Browser eine Darstellung von unscharf bis scharf erzielt wird.

Qualitätseinstellung »Niedrig«
Bei der Qualitätseinstellung Niedrig berücksichtigt InDesign die Auflösung von Pixelbildern im auszugebenden Bereich. Es wird dann nämlich lediglich auf die Vorschauauflösung der platzierten Bilder zurückgegriffen. Wenn Sie eine Exportauflösung von 150 ppi gewählt haben, wird die nötige Auflösung also aus einem 72-ppi-Bild errechnet, auch wenn das platzierte Bild eine höhere Auflösung zur Verfügung stellen würde.

Was sich Adobe bei dieser Strategie gedacht hat, bleibt uns ein Rätsel.

Optionen | Es stehen weitere Optionen zum Definieren der Bildparameter zur Verfügung:

- Farbprofil einbetten: Dabei wird abhängig vom gewählten Farbraum entweder Ihr RGB- oder CMYK-Profil des Dokument-Arbeitsfarbraums eingebettet; Graustufenbilder bleiben folglich unprofiliert.
- Kanten glätten legt im Wesentlichen einen dezenten Weichzeichner über das Ergebnis, was durchaus sinnvoll ist, da hohe Kontrastübergänge im JPEG-Format dazu neigen, zackig zu werden.
- Anschnitteinstellungen des Dokuments verwenden ist nur auswählbar, wenn Sie Seiten oder einen Seitenbereich ausgeben. Abfallende Objekte reichen somit bis zur Kante des erzeugten Bilds, ansonsten entsteht ein weißer Rand.
- Wenn Sie in Ihrem Dokument Volltonfarben verwenden, so können diese nicht in die JPEG-Datei übernommen werden und werden somit in den gewählten Farbraum umgewandelt. Mit der Option Überdrucken simulieren legen Sie fest, dass die umgewandelte Volltonfarbe mit ihrem Hintergrund verrechnet wird, sich also mit einer darunterliegenden Farbe vermischt. Das Ergebnis entspricht also nur dann der Darstellung auf Ihrem Monitor, wenn Sie die Überdrucken-vorschau aktiviert haben. Die normalen Prozessfarben werden unabhängig davon immer mit dem Hintergrund verrechnet, wenn Sie Objekte, auf die diese Farben angewendet wurden, über das Attribute-Bedienfeld auf Überdrucken gestellt haben.

PNG

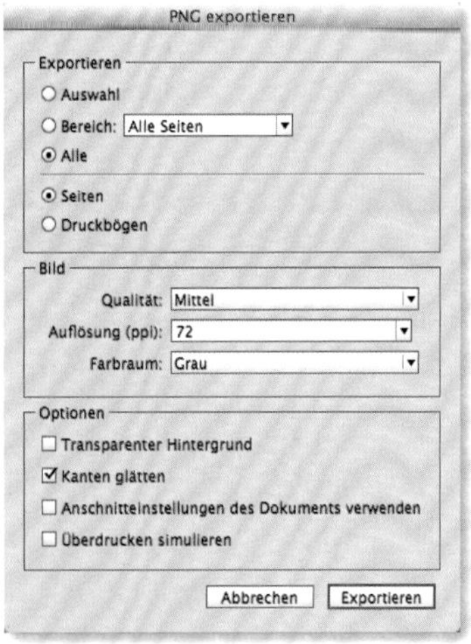

▲ **Abbildung 30.6**
Der PNG-Export unterscheidet sich vom JPEG-Export nur durch einige fehlende Möglichkeiten. Besondere Eigenschaften, die PNG im Vergleich zu JPEG hätte, werden jedoch nicht unterstützt.

Seit InDesign CS6 ist auch ein PNG-Export möglich, der aber noch etwas halbherzig umgesetzt wurde, was sich auch in InDesign CC nicht geändert hat. Er unterscheidet sich vom JPEG-Export nur dadurch, dass Sie keine Formatmethode festlegen und kein Farbprofil einbetten können – beides unterstützt das Dateiformat schlicht nicht. Der CMYK-Farbraum wird von PNG ebenfalls nicht unterstützt.

Dafür können Sie mit Transparenter Hintergrund alle nicht gefüllten Bereiche transparent machen. »Nicht gefüllt« bedeutet eine Füllung mit [Ohne] bzw. nicht bedeckte Flächen von Seiten und nicht etwa [Papier] (was der Name durchaus vermuten ließe).

Weiters haben Sie keinen Einfluss auf die Farbtiefe des Ergebnisses, obwohl PNG grundsätzlich 1-, 2-, 4-, 8- und 16-Bit-Kanäle unterstützen würde. Sie sind immer auf 8-Bit-Kanäle festgelegt. Dadurch können Sie also auch keine PNG-Dateien exportieren, die im indizierten Farbraum vorliegen (sogenannte 8-Bit-PNGs).

30.3 Weiterverarbeitung in InDesign

InDesign-Dokumente zur Verarbeitung mit InDesign zu speichern klingt zunächst merkwürdig, ist aber die Voraussetzung dafür, Dokumente in der jeweiligen Vorgängerversion von InDesign bearbeiten zu können.

Snippets
Um nur einzelne Objekte oder Objektgruppen innerhalb von InDesign auszutauschen, können Sie auf Snippets zurückgreifen (siehe Seite 743).

IDML – InDesign Markup Language

Mit InDesign CS4 ist ein neues Format definiert worden – IDML –, das es erleichtert, InDesign-Dokumente ganz ohne InDesign zu erstellen. Und seit InDesign CS5 ist dieses Format auch dafür zuständig, Daten mit InDesign CS4 auszutauschen. Versionen vor InDesign CS4 können dieses Format nicht bearbeiten.

Die praktische Bedeutung des IDML-Formats besteht, neben dem Datenaustausch mit früheren InDesign-Versionen, auch darin, dass Sie damit Störungen in Dokumenten beheben können. Bei einem Export nach IDML müssen alle Dokumentstrukturen in das streng strukturierte XML umgewandelt und somit strukturelle Schäden aufgelöst werden – Adobe empfiehlt, z. B. dann auf IDML zurückzugreifen, wenn sich Farbfelder nicht löschen lassen oder eine Fontzuweisung fehlschlägt.

Um eine IDML-Datei zu exportieren, wählen Sie Datei • Speichern unter und als Format InDesign CS4 oder höher (IDML). Alternativ können Sie Datei • Exportieren wählen oder Strg+E bzw. ⌘+E drücken und unter Dateityp bzw. Format die Option InDesign Markup (IDML) einstellen. Legen Sie einen Namen und ein Verzeichnis für die exportierte Datei fest, und klicken Sie auf Sichern. Der Export ist nicht parametrierbar, deshalb gibt es auch keine Exportoptionen.

IDML=XML
Die Besonderheit von IDML ist, dass es ein reines XML-Format ist, womit es möglich wird, InDesign-Dokumente vollkommen ohne InDesign zu erstellen – theoretisch mit einem Texteditor. In der Praxis würde diese Aufgabe allerdings ebenfalls per Software erledigt, da die Angelegenheit nicht so einfach ist.

▲ **Abbildung 30.7**
Das Icon einer InDesign-Markup-Datei. Diese Datei ist tatsächlich ein ZIP-Archiv, das Sie auch entpacken können (fügen Sie notfalls die Dateiendung ».zip« hinzu). Dabei entsteht ein Ordner, der Ihr komplettes InDesign-Dokument, auf mehrere XML-Dateien aufgeteilt, enthält. Der Ordner Stories enthält z. B. die Texte der einzelnen Textrahmen.

Übernahme einer InDesign CC-Markup-Datei nach InDesign CS4 bis CS6

Öffnen Sie die Datei nun in InDesign CS6, InDesign CS5.5/5 oder InDesign CS4 – wie bereits angedeutet, können InDesign-Versionen vor CS4 damit nichts anfangen. Die IDML-Datei wird wieder in eine InDesign-Datei konvertiert. Bei Dateien, die schon länger in Verwendung sind, werden Sie jedoch feststellen, dass die neue Datei wesentlich kleiner geworden ist, da alle nicht mehr benötigten Altlasten beim Export entfernt wurden. Dies ist besonders dann bedeutsam, wenn Sie Dateien von QuarkXPress, PageMaker oder älteren InDesign-Versionen übernommen und damit Probleme haben. Versuchen Sie in diesen Fällen, die Probleme mit einem Export nach IDML zu beheben.

Bedenken Sie beim Öffnen der Datei in einer früheren Version von InDesign, dass es sich bei diesem Datenaustausch um eine Konvertierung handelt. Neue Funktionen aus InDesign CC (wie QR-Codes) können dabei in früheren Versionen nicht abgebildet werden. Eine Überprüfung des konvertierten Dokuments ist daher unumgänglich.

Qualität des IDML-Exports | Durch den Export in eine IDML-Datei können leider auch Informationen wie Fußnoten, Indexeinträge usw. verloren gehen. Ob es sich dabei um einen Fehler oder um das Ergebnis einer strukturellen Bereinigung handelt, entzieht sich unserer Kenntnis.

XML-Reader
».inx«-Dateien sind XML-Daten, die von dem XML-Reader interpretiert werden müssen, der in InDesign eingebaut ist. Damit dieser XML-Reader auch immer die aktuellen Definitionen verwendet, müssen Sie auch ältere InDesign-Versionen aktuell halten, solange sie noch im Einsatz sind.

Die älteste von Adobe noch unterstützte Version von InDesign ist CS4. Sollten Sie diese Version noch im Einsatz haben und weiterhin verwenden wollen, lassen Sie also regelmäßig die Update-Funktion von InDesign bzw. der Creative Suite laufen, um eventuelle Updates nicht zu übersehen.

Speichern einer InDesign CS4-Datei für InDesign CS3

Vor InDesign CS4 war zum Datenaustausch mit der unmittelbaren Vorgängerversion (also CS4 auf CS3, CS3 auf CS2 usw.) das Interchange-Format im Einsatz. Um eine InDesign CS5-IDML-Datei für InDesign CS3 umzuwandeln, müssen Sie sie also in InDesign CS4 öffnen und das Dokument über das Interchange-Format (Dateiendung ».inx«) in das InDesign CS3 -Format umspeichern.

Eine InDesign CS3-Datei aus InDesign CS4 abspeichern | Das Exportieren der InDesign CS3-Datei erfolgt abermals über den Befehl Datei • Exportieren oder das Tastenkürzel [Strg]+[E] bzw. [⌘]+[E]. Daraufhin erscheint der Dialog Exportieren. Wählen Sie im Menü Format bzw. Dateityp die Option InDesign CS3 Interchange-Format (INX) aus. Durch einen Klick auf Sichern wird eine XML-Datei erstellt, die vom XML-Reader in InDesign CS3 interpretiert werden kann. Nun können Sie über den Befehl Datei • Öffnen in InDesign CS3 die zuvor exportierte ».inx«-Datei öffnen.

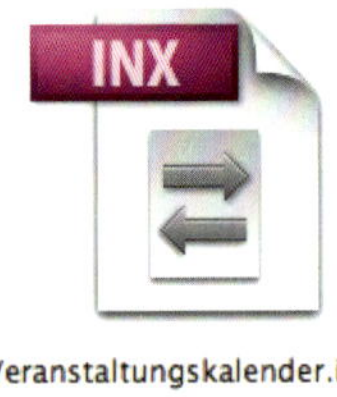

▲ **Abbildung 30.8**
Das Icon einer InDesign-Austauschdatei

Ältere Versionen | Wie schon angedeutet, müssen Sie das Spiel für jede ältere Version von InDesign erneut spielen. Sie müssen also zuerst die Dokumente aus InDesign CS3 für InDesign CS2 exportieren, dann in InDesign CS2 die Austauschdatei öffnen und erneut wie beschrieben vorgehen. Bei jedem Schritt werden Eigenschaften des Dokuments, die es in der älteren Version noch nicht gab, auf der Strecke bleiben.

Eine 1:1-Übernahme für InDesign CS aus InDesign CC heraus ist damit unmöglich. Es fragt sich aber auch, wer eine derartige Vorgehensweise benötigt, da eine Rückkonvertierung immer mit Problemen behaftet ist.

TEIL VII

Layout multimedial

Kapitel 31
Variables Layout

Verschiedene Ausgabekanäle bescheren uns auch verschiedene Ausgabeformate, die darüber hinaus noch als horizontales oder auch als vertikales Dokument erzeugt werden müssen. Um den Prozess der Erstellung solcher Layoutvariationen zu beschleunigen, stehen entsprechende Techniken zur Verfügung, die erstmals mit InDesign CS6 eingeführt worden sind. Die Erstellung der Layoutvariationen kann sich dabei sehr zeitaufwendig gestalten, wenn in der Konzeption des variablen Grundlayouts Fehler vorliegen. Liegt jedoch ein Grundlayout vor, das bereits in Hinblick auf die Erstellung von Layoutvariationen konzipiert ist, so können die Funktionen in InDesign Ihnen viel Arbeit und somit Zeit ersparen.

31.1 Layoutmutation versus variables Layout

Wenn wir von einem *variablen Layout* (responsives Design) sprechen, so verstehen wir darunter den Aufbau eines Layouts, das sich an neue Gegebenheiten – Änderung der Größe, Lage und Auflösung – anpassen kann. Während diese Denkweise Webdesignern schon in Fleisch und Blut übergegangen ist, können Anwender von InDesign, die vor allem Dokumente für den Printbereich erstellt haben, noch relativ wenig damit anfangen. Doch auch diese Zielgruppe wird sich in Zukunft mit diesem Thema befassen müssen, denn neben der klassischen Printproduktion müssen manche Dokumente auch für andere Ausgabeformate optimiert und abgespeichert werden.

Wenn Printdesigner von einer *Layoutmutation* sprechen, so verstehen sie darunter, denselben Inhalt auf verschiedene Art und Weise abzubilden. Das Erstellen und das Aktualisieren von Layoutmutationen ist in der Praxis jedoch mit einem enormen Zeitaufwand verbunden. Das Durchführen von einfachen Änderungen – z.B. einer Telefonnummer – kann dabei zur Geduldsprobe werden.

Konsequenzen

Damit das Layout eines Printprodukts variabel gehalten werden kann, müssen Sie bereits im Vorfeld konzeptionell an den Aufbau des Dokuments herangehen. Die Konsequenz einer solchen Vorgehensweise ist meistens ein reduziertes, klar strukturiertes Layout.

Anpassungsparameter
Wie Sie Anpassungsparameter für Textrahmen und Bildinhalte definieren, können Sie sowohl in Abschnitt 7.6, »Textrahmenoptionen« auf Seite 262 als auch im Abschnitt, »Rahmeneinpassungsoptionen« auf Seite 302 nachlesen.

Text- und Bildverknüpfungen
Wie Sie solche Verknüpfungen anlegen, ist sowohl im Abschnitt »Verknüpfte Textabschnitte erstellen« auf Seite 273 als auch im Abschnitt »Verknüpfte Inhalte erstellen« auf Seite 323 beschrieben.

Responsives Design
Unter einem responsiven Design verstehen wir ein Layout, bei dem der grafische Aufbau, insbesondere die Strukturierung der einzelnen Elemente und Texte, unter Berücksichtigung der Anforderungen des betrachtenden Gerätes erfolgt.

Mit InDesign CC stehen Ihnen einerseits jene Werkzeuge zur Verfügung, mit denen Sie ein durchdachtes variables Layout aufbauen können, und andererseits wurden mit der Vorstellung von InDesign CS6 neue Möglichkeiten geschaffen, mit denen Sie solche Layouts sehr schnell in eine andere Form bringen können. Die Techniken, auf die dabei zurückgegriffen wird, können in drei Kategorien unterteilt werden:

- **Techniken im Umfeld von Liquid-Layout**: Darunter wird vor allem das Regelwerk verstanden, auf das beim Erstellen von Mutationen zurückgegriffen werden kann. Darüber hinaus können Anpassungsparameter für Text- und Bildrahmen gesetzt werden, die selbst diese Inhalte den geänderten Größenverhältnissen anpassen.
- **Textrahmen- und Bildrahmenverknüpfungen**: Darunter wird die Technik verstanden, ausgehend von einem Mutterrahmen einen Tochterrahmen abzuleiten. Dadurch können Änderungen am Inhalt bzw. am Layout über Dokumente bzw. Seiten hinweg synchron gehalten werden – genial!
- **Alternative Layouts**: Printmutationen werden in einem Dokument zusammengefasst und nicht wie bisher auf viele Dokumente aufgeteilt.

Viele dieser Techniken wurden bereits in anderen Kapiteln beschrieben, an dieser Stelle werden wir noch erklären, wie Sie das Regelwerk für Seiten festlegen können und welche Seitenregel am ehesten für welchen Einsatzzweck geeignet ist. Wir werden Ihnen die Vorgehensweise am Beispiel eines Inserates zeigen, das Sie in alternierende Formatgrößen mutieren sollen.

Doch bevor wir Ihnen diese Vorgehensweise beschreiben, möchten wir noch erklären, wie Sie auch mit einfachen Mitteln Layoutvariationen in Verbindung mit dem primären Textrahmen oder mit der schon immer zur Verfügung stehenden Layoutanpassung erstellen können.

31.2 Anpassung über den primären Textrahmen

Geschäftsberichte, Jahresberichte, Projektarbeiten, technische Dokumentationen und viele ähnlich gelagerte Printprodukte zeichnen sich vor allem dadurch aus, dass es sich dabei um umfangreichere Arbeiten handelt, die ein klar definiertes Raster in Bezug auf den Satzspiegel und die Spaltenanzahl besitzen. Der Unterschied im Layout kann das eine oder andere Mal durch eine Änderung des Satzspiegels bzw. der Spaltenanzahl erfolgen. Und genau für solche Projekte sollten Sie sich die Technik des primären Textrahmens genauer ansehen.

Primären Textrahmen erstellen

Primäre Textrahmen sind Textrahmen, die als solche gekennzeichnet auf den Musterseiten eines Dokuments angelegt werden können. Dabei können Sie pro Musterseite nur einen Textrahmen als primären Textrahmen markieren. Um einen primären Textrahmen festzulegen, öffnen Sie eine Musterseite und führen einen der folgenden Schritte aus:

- Klicken Sie auf das Symbol ▤ nahe der linken oberen Ecke des Textrahmens. Ist das Symbol ▤ zu sehen, so handelt es sich nun um einen primären Textrahmen.
- Klicken Sie mit der rechten Maustaste auf den Textrahmen, und wählen Sie im Kontextmenü den Befehl PRIMÄRER TEXTRAHMEN aus.

Hinweis

Beachten Sie, dass das Erzeugen eines primären Textrahmens als Option beim Anlegen eines Dokuments aktiviert werden kann.

Haben Sie ein doppelseitiges Layout angelegt, so verketten Sie den linken primären Textrahmen mit dem Textrahmen auf der rechten Seite. Dadurch befinden sich auf der Doppelseite nun zwei Textrahmen, die für den Textfluss als ein primärer Textrahmen fungieren.

Schritt für Schritt
Projekt mit primärem Textrahmen anlegen

Wir wollen eine Projektarbeit anlegen, in der Texte ein-, zwei- und dreispaltig im Format A4 gesetzt werden sollen. Dabei wollen wir darüber hinaus noch einerseits eine Kapitel-Introseite erstellen, die mit einem größeren oberen Rand ausgestattet sein soll, und andererseits eine Variante eines Zweispalters anlegen, in der die Möglichkeit besteht, Marginalien außerhalb des Satzspiegels zu platzieren.

1 Dokument mit einspaltiger Musterseite anlegen

Legen Sie über den Befehl DATEI • NEU ein doppelseitiges Dokument von vier Seiten in der Größe von A4 an. Setzen Sie dabei die Ränder für OBEN auf 15 mm, für UNTEN auf 25 mm, für INNEN auf 10 mm und für AUSSEN auf 20 mm. Vergessen Sie nicht, die Option PRIMÄRER TEXTRAHMEN im Dialog NEUES DOKUMENT zu aktivieren.

Legen Sie das Dokument an, indem Sie die Eingaben durch Klick auf OK im Dialog NEUES DOKUMENT bestätigen.

▲ **Abbildung 31.1**
Das Seiten-Bedienfeld nach dem Anlegen eines mehrseitigen Dokuments mit Doppelseiten

2 Musterseite umbenennen und primären Textrahmen prüfen

Im Seiten-Bedienfeld wurde dadurch die Musterseite mit der Bezeichnung A-MUSTERSEITE angelegt (Abbildung 31.1). Wählen Sie A-Musterseite über einen Doppelklick aus, wodurch diese dann angezeigt wird.

Führen Sie danach mit gedrückter [Alt]- bzw. [⌥]-Taste einen Doppelklick auf den Namen A-MUSTERSEITE aus, wodurch sich der Dialog

Primären Textrahmen erzeugen

Befindet sich an der linken oberen Ecke des Textrahmens auf der Musterseite das Symbol, so handelt es sich um einen normalen Textrahmen. Durch Klick auf dieses Symbol können Sie den Textrahmen in einen primären Textrahmen umwandeln.

Bedenken Sie, dass die Bezeichnung »primär« darauf hinweist, dass es nur einen solchen Rahmen auf der Seite bzw. auf dem Druckbogen geben kann.

Musterseitenoptionen öffnet. Geben Sie darin für das Präfix die Zahl 1 und für den Namen »einspaltig« ein. Bestätigen Sie den Dialog durch Drücken des Buttons OK. Damit haben Sie die Musterseitenbezeichnung umbenannt.

Haben Sie in Schritt 1 nicht vergessen, die Option Primärer Textrahmen zu aktivieren, so müsste sich schon auf der Doppelseite der Musterseite 1-einseitig ein verketteter Textrahmen befinden, der bereits als primärer Textrahmen gekennzeichnet ist. Überprüfen Sie dies, indem Sie den Textrahmen markieren. Befindet sich an der linken oberen Ecke das Symbol, so ist dies richtig definiert.

3 Zwei- und dreispaltige Musterseitenvariante anlegen

Legen Sie eine weitere Musterseite an, indem Sie im Bedienfeldmenü des Seiten-Bedienfelds den Befehl Neue Musterseite aufrufen. Geben Sie im Dialog Neue Musterseite die Werte aus Abbildung 31.2 ein.

Abbildung 31.2 ▸
Der Dialog Neue Musterseite. Vergeben Sie darin das Präfix und den Namen, und legen Sie fest, dass die Musterseite auf der zuvor angelegten Musterseite basiert.

Wählen Sie in der Option Basiert auf Musterseite den Wert 1-einspaltig aus, wodurch auch ein primärer Textrahmen auf der neuen Musterseite anlegt wird. Bestätigen Sie den Dialog durch Klick auf OK.

Vor Ihnen liegt nun die neue Musterseite, die auf der Musterseite »1-einspaltig« basiert. Auf ihr sollte sich ebenfalls ein Textrahmen befinden, der als primärer Textrahmen gekennzeichnet ist. Überprüfen Sie diesen Zustand, bevor Sie weiter fortschreiten.

Nun müssen Sie nur noch den primären Textrahmen auswählen und auf zweispaltig mit dem gewünschten Spaltenabstand setzen. Ob Sie das durch Eingabe der Werte in den Textrahmenoptionen oder durch Eingabe der Werte im Steuerung-Bedienfeld machen, bleibt Ihnen überlassen. Um die Einstellungen über die Textrahmenoptionen vorzunehmen, rufen Sie diese über das Menü Objekt • Textrahmenoptionen bzw. durch Drücken von Strg+B bzw. ⌘+B auf und geben für unser Vorhaben folgende Werte ein: Im Eingabefeld Anzahl steht der Wert »2« und bei Spaltenabst. 5 mm (Abbildung 31.4). Bestätigen Sie den Dialog, und machen Sie dasselbe für den Textrahmen auf der rechten Seite.

Formatänderungen

Durch die Definition einer neuen Musterseite können Sie nicht nur das Präfix, den Namen und die Vorgabe, auf welcher Musterseite diese basieren soll, wählen, Sie können darin auch ein neues Seitenformat bestimmen.

Sie können somit nicht nur hinsichtlich der Anzahl der Spalten und der Satzspiegelgröße eine Änderung vornehmen, sondern beide Optionen auch noch in Kombination mit einer neuen Seitengröße abbilden.

Legen Sie auf dieselbe Art und Weise auch noch die Musterseite »3-dreispaltig« an. Das Seiten-Bedienfeld sieht danach so aus, wie in Abbildung 31.3 gezeigt.

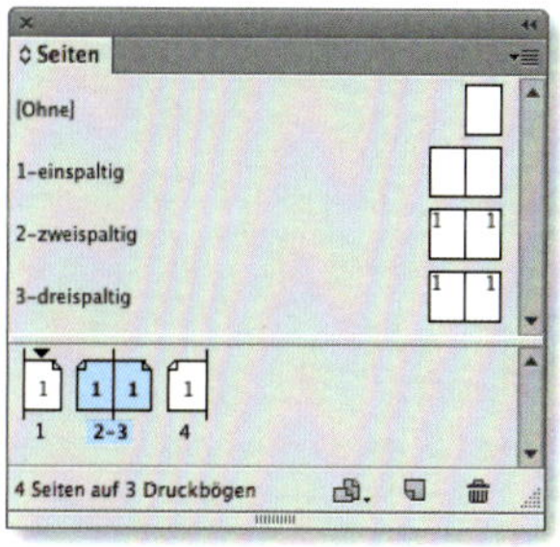

▲ **Abbildung 31.3**
Die Darstellung des Seiten-Bedienfelds nach Schritt 3

4 Musterseiten für Introseiten und für 2-spaltige Texte mit Marginalien anlegen

Auf Basis der Musterseite »2-zweispaltig« legen Sie erneut eine Musterseite mit der Bezeichnung 2I-ZWEISPALTIG INTROSEITE an. Im Unterschied zu einer normalen zweispaltigen Seite möchten wir den Satzspiegel verkürzen, indem wir den Rand OBEN von 15 mm auf 70 mm ändern. Rufen Sie dazu den Befehl LAYOUT • RÄNDER UND SPALTEN auf, und ändern Sie den Wert im Eingabefeld OBEN.

◀ **Abbildung 31.4**
Über den Dialog RÄNDER UND SPALTEN können Sie nachträglich die Satzspiegelgröße anpassen.

Nach dem Bestätigen des Dialogs sehen Sie, dass sich die Satzspiegelränder nun an der neuen Position zeigen. Der Textrahmen passt sich jedoch nicht automatisch an den neuen Satzspiegel an. Dies müssen Sie nun noch von Hand für die linke und rechte Seite erledigen.

Ähnlich verfahren Sie beim Anlegen der zweispaltigen Musterseite, auf der noch Platz für Marginalien im Außenbereich des Satzspiegels eingeplant werden soll. Legen Sie eine weitere Musterseite mit der Bezeichnung 2M-ZWEISPALTIG MIT MARGINALIEN an, die ebenfalls auf der Musterseite 2-ZWEISPALTIG basiert. Ändern Sie danach noch im Dialog RÄNDER UND SPALTEN den Wert im Eingabefeld AUSSEN von 20 mm auf 65 mm, und passen Sie zum Schluss die Textrahmen dem neuen Satzspiegel an. Das Ergebnis der Schritt-für-Schritt-Anleitung sind somit fünf Musterseiten-Variationen (siehe Abbildung 31.5) mit geänderter Spaltenanzahl und geänderten Satzspiegelrändern.

Das Beispiel zu dieser Schritt-für-Schritt-Anleitung finden Sie auf der Buch-DVD im Ordner BEISPIELMATERIAL • KAPITEL_31 unter dem Dateinamen »Primaerer_Textrahmen.indd«.

▼ **Abbildung 31.5**
Fünf verschiedene Layoutvariationen, die alle in Form von verketteten primären Textrahmen auf einzelnen Musterseiten angelegt worden sind

1-einspaltig | 2-zweisplatig | 3-dreispaltig | 2I-zweispaltig Introseite | 2M-zweispaltig Marginalien

Durchführen von Layoutänderungen

Haben Sie den Text in einem Dokument platziert, das vom Konzept her so aufgebaut ist, wie es in der Schritt-für-Schritt-Anleitung gezeigt wurde, so können Sie nun eine einfache Layoutänderung durchführen, indem Sie die entsprechende Musterseite aus dem Bereich der Musterseiten des Bedienfelds Seite auf die Originalseite ziehen.

Dadurch werden Texte, die in einem primären Textrahmen gesetzt wurden, entsprechend der neuen Position des Textrahmens auf der Musterseite auf die Originalseite angewandt. Die Formatgröße wird ebenfalls berücksichtigt. Der schnelle Umbau von textlastigen Seiten auf Basis von vordefinierten Layouts kann somit schnell erfolgen.

31.3 Layoutanpassung

Skript »AdjustLayout«
Bei manchen Layoutumstellungen kann das Skript »AdjustLayout« eine Hilfe sein – eine Beschreibung finden Sie in Kapitel 40, »Skripte«, ab Seite 1123.

Befindet sich jedoch nicht nur ein Textrahmen im Dokument, sondern ist das Layout klassisch aus mehreren Bild- und Textrahmen aufgebaut, so werden Änderungen an Orientierung und Größe der Seiten schwierig.

Um diese Arbeit zu vereinfachen, konnte in InDesign zunächst die Funktion Layoutanpassung verwendet werden. Allerdings weist Adobe selbst dabei darauf hin, dass diese Methode unvorhersehbare Ergebnisse liefert.

Mit InDesign CS6 wurde diese Funktion vollständig durch den Funktionsumfang von Liquid Layout erweitert. Aus diesem Grund ist die Funktion Layoutanpassung standardmäßig deaktiviert.

Nur für Dokument aktivierbar
Die Option Layoutanpassung aktivieren gilt für das ganze Dokument, wird aber durch Änderungen von Musterseiten gesteuert.

Aktivieren der Layoutanpassung

Ein Aktivierung der Funktion erfolgt, indem Sie das Bedienfeld Liquid Layout über das Menü Layout aufrufen und darin im Bedienfeldmenü den Befehl Layoutanpassung aktivieren ausführen. Es erscheint folgender Dialog, in dem Sie die Option Layoutanpassung aktivieren wählen, die Optionen setzen und den Dialog mit OK bestätigen.

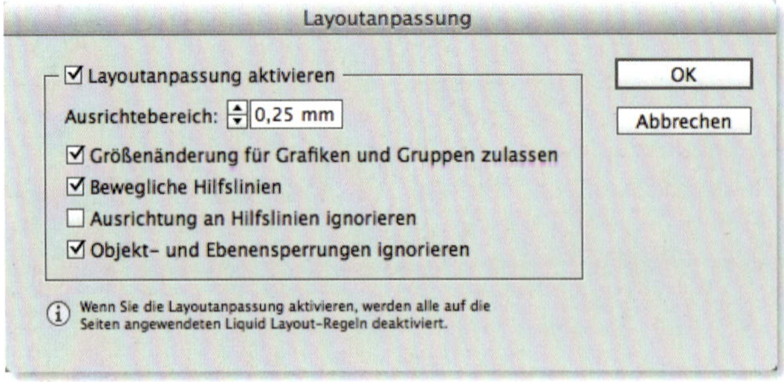

Abbildung 31.6 ▶
Der Dialog Layoutanpassung. Aktivieren Sie darin einerseits, ob die Funktion aktiviert sein soll oder nicht, und darüber hinaus, nach welchem Regelwerk die Layoutanpassung agieren soll.

Im Dialog Layoutanpassung stehen einige Optionen zur Verfügung, mit denen Sie das Regelwerk, anhand dessen die Funktion agieren soll, festlegen können.

- Größenänderungen für Grafiken und Gruppen zulassen: Damit bestimmen Sie, ob Grafiken und gruppierte Objekte sich im neuen Layout anpassen sollen oder nicht. Bei deaktivierter Option können Grafiken und Gruppen durch die Layoutanpassung verschoben, nicht jedoch in der Größe geändert werden.
- Bewegliche Hilfslinien: Aktivieren Sie diese Option, wenn Hilfslinien durch die Layoutanpassungsfunktion neu positioniert werden sollen. Diese Option ist fast immer zu wählen, wie Sie gleich am nachfolgenden Beispiel erkennen können.
- Ausrichten an Hilfslinien ignorieren: Sind unzählige Hilfslinien, die nicht zum Ausrichten von Objekten verwendet worden sind, im Layout angelegt worden, so entfernen Sie zuvor diese Hilfslinien oder aktivieren diese Option, damit ein Ausrichten nicht an falschen Hilfslinien erfolgt.
- Objekt- und Ebenensperrungen ignorieren: Aktivieren Sie diese Option, wenn einzeln gesperrte oder auf einer gesperrten Ebene liegende Objekte bei der Layoutanpassung auch neu positioniert werden sollen.

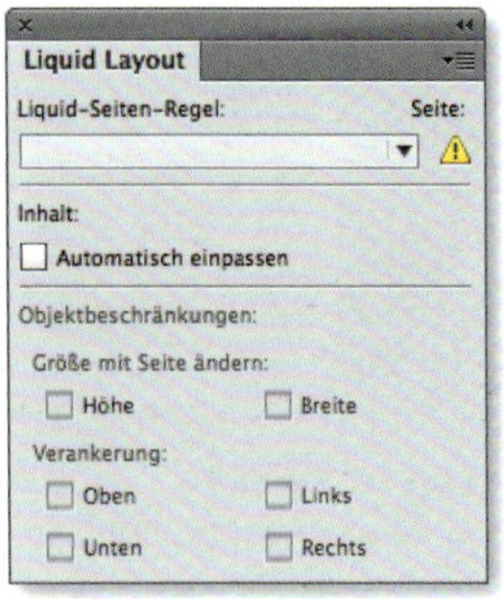

▲ Abbildung 31.7
Das Liquid Layout-Bedienfeld zeigt, wenn Sie die Layoutanpassung aktiviert haben, ein Warndreieck neben den Optionen der Liquid-Seiten-Regeln. Damit wird klar, dass sich keine Liquid-Seiten-Regeln auf die Seiten anwenden lassen.

Layoutanpassung vornehmen

Nehmen Sie an, Sie möchten eine Bildschirmpräsentation (DIN-Proportionen, Querformat) für den Druck in ein Hochformat umwandeln. Wenn Sie die Layoutanpassung noch nicht aktiviert hätten und Sie dann mit ausgewähltem Seitenwerkzeug das Querlayout auf ein Hochlayout umschalteten, so passierte Folgendes:

▼ Abbildung 31.8
Ohne Layoutanpassung verändert InDesign weder die Größe noch die Proportionen von Objekten.

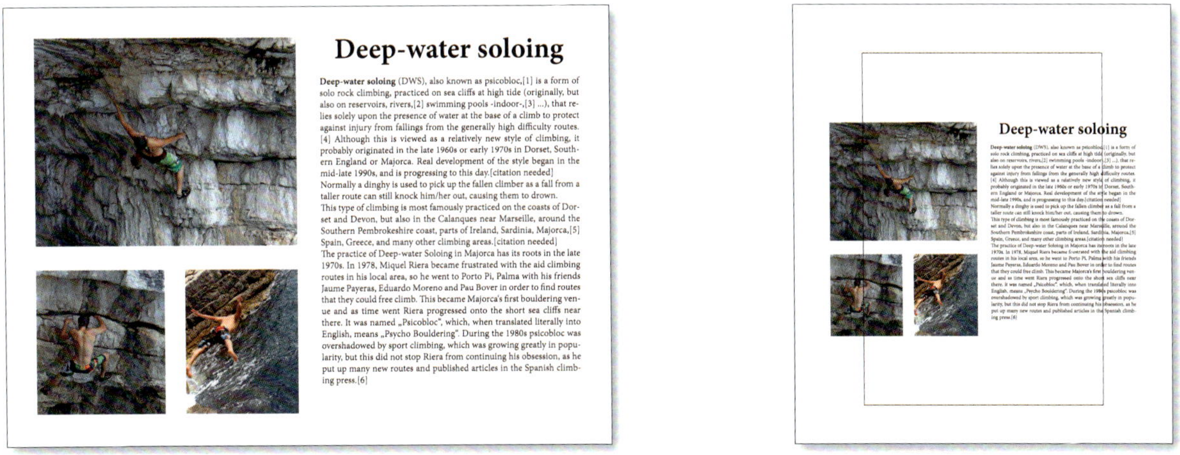

Die Objekte der Seite würden in der gedrehten Seite zentriert platziert. Sie müssten alle Änderungen selbst vornehmen.

▲ **Abbildung 31.9**
Das horizontale Layout mit hinzugefügten Hilfslinien

Haben Sie jedoch die Option LAYOUTANPASSUNG AKTIVIEREN scharfgeschaltet, so werden dadurch beim Ändern der Orientierung bzw. der Seitengröße automatische Anpassungen durchgeführt. Die Anpassungen werden dabei anhand der gewählten Optionen und einer internen Logik, die nicht immer ein vorhersehbares Ergebnis erwarten lässt, durchgeführt. Damit Sie das beste Ergebnis erzielen können, raten wir Ihnen, folgendermaßen vorzugehen:

1. Fügen Sie den Objekten an allen Kanten eine Hilfslinie hinzu. Anhand dieser Hilfslinien sollte eine Layoutanpassung durchgeführt werden, da diese Hilfslinien sich proportional im neuen Layout einpassen werden. Entweder ziehen Sie eine Hilfslinie an jeder Kante für jedes Objekt händisch, oder Sie verwenden das Skript *AddGuides.jsx*. Danach sollte das Layout wie in Abbildung 31.9 aussehen.
2. Damit sich der Textkasten auch automatisch in der Länge anpasst, sollten Sie für den Textrahmen eine automatische Größenänderung zulassen. Rufen Sie dazu OBJEKT • TEXTRAHMENOPTIONEN auf, und wählen Sie darin im Register AUTOMATISCH GRÖSSE ÄNDERN die gewünschte Anpassung aus. Nähere Informationen dazu erhalten Sie in Abschnitt 7.6, »Textrahmenoptionen«, auf Seite 262.
3. Damit auch der Bildausschnitt annähernd derselbe bleibt, empfehlen wir auch noch, die Option AUTOMATISCH EINPASSEN im Steuerung-Bedienfeld für jedes Bild zu aktivieren. Nähere Informationen dazu erhalten Sie im Abschnitt »Rahmeneinpassungsoptionen« auf Seite 302.
4. Erst danach führen Sie eine Änderung der Orientierung bzw. der Seitengröße über das Seitenwerkzeug aus. Die Hilfslinie wird proportional verschoben, und die Position des Bilds orientiert sich nun an dieser versetzten Hilfslinie.

Skript »AddGuides«
Um ein Objekt an allen erdenklichen Stellen nachträglich mit Hilfslinien zu versehen, kann das Skript »AddGuides« eine Hilfe sein – eine Beschreibung finden Sie in Kapitel 40, »Skripte«, ab Seite 1123.

▲ **Abbildung 31.10**
Das vertikale Layout, das sich durch eine Layoutanpassung (nur wenn die Hilfslinien für Objekte gesetzt sind) generieren würde

Das Ergebnis (siehe Abbildung 31.10) ist besser, aber damit sind die Grenzen der Layoutanpassung bereits erreicht – oder genau genommen überschritten.

31.4 Erstellen von alternativen Layouts auf Basis eines variablen Layouts

Am Beispiel einer Serie von Inseraten möchten wir Ihnen zeigen, wie eine Größenmutation dieser Inserate für die Verwendung in diversen Printmedien in InDesign angelegt werden soll. Darüber hinaus sollten dabei die Texte synchron gehalten und auch die einzelnen Mutationen in einem InDesign-Dokument gehalten werden können. Als Vorlage dient die Inseratenserie der Firma »calibrate« aus Abbildung 31.11.

Sollten Sie zuvor Versuche mit der Layoutanpassung durchgeführt haben, so stellen Sie sicher, dass die Option Layoutanpassung aktivieren wiederum deaktiviert ist. Überprüfen Sie den Zustand des Liquid Layout-Bedienfelds, indem Sie das Bedienfeld über das Menü Layout aufrufen. Befindet sich ein Warndreieck neben der Option Liquid-Seiten-Regel (siehe Abbildung 31.7), so ist der Funktionsumfang für die Layoutanpassung aktiviert.

▲ **Abbildung 31.11**
Vier Inserate, die sich nur durch das verwendete Bild und im Slogan unterscheiden

Erstellen des variablen Grundlayouts

Das vertikale A4-Inserat besteht aus einem großflächigem Hintergrundbild ❷, einem Slogan ❶, dem Logo ❹, dem Inseratentext ❺ und einer weißen Hintergrundfläche ❸, auf der Text und Logo platziert sind. Das Inserat wurde in InDesign CC in bekannter Art und Weise aufgebaut. Das Bild wurde abfallend platziert; der Slogan wurde zentriert im oberen Drittel mittig ausgerichtet; die weiße Hintergrundfläche abfallend links und rechts in der bestimmten Höhe im unteren Drittel platziert; der Text wurde in Form gebracht und auf die bestimmte Position gestellt; und das Logo wurde im selben Abstand zum rechten Dokumentenrand positioniert, den der Text zum linken Rand hat.

Was ist beim Anlegen der Inserate zu beachten? Damit eine Größenanpassung weitestgehend nach Regeln ablaufen kann, müssen Sie »Anpassungsregeln« für die Inhalte setzen, da sonst keinerlei automatische Anpassung an die neue Größe erfolgen kann.

- **Hintergrundbild**: ❷ Damit sich das Hintergrundbild automatisch an die neue Rahmengröße anpassen kann, muss das Bild ausgewählt werden und die Option Automatisch einpassen unter Objekt • Anpassen • Rahmeneinpassungsoptionen aktiviert werden. Die Einpassung soll dabei ausgerichtet am Mittelpunkt und über Rahmen proportional füllen erfolgen.
- **Logo** ❹: Das Logo soll in der Größe erhalten bleiben. Deshalb müssen dafür auch keine Anpassungsoptionen gesetzt werden.
- **Texte**: Auch wenn Sie in der Praxis für diese Texte nie Absatzformate anlegen würden, raten wir Ihnen, dies auch für diese Texte zu tun. Eine Aktualisierung von Textänderungen über Layouts hinweg kann sonst nicht funktionieren. Legen Sie also die Absatzformate mit der Bezeichnung »Inseratentext« und »Slogan« an.
- **Textrahmen für Inseratentext**: ❺ Schmale Layouts sind meist einspaltig, breite Layouts sind eher mehrspaltig. Um solche Anpassungs-

▲ **Abbildung 31.12**
Der Aufbau des Inserats ist sehr einfach. Je komplexer ein Layout aufgebaut wird, desto schwieriger ist es, eine automatisch funktionierende Layoutmutation zu erstellen.

parameter für einen Textrahmen zu setzen, müssen Sie dessen Textrahmenoptionen ändern.

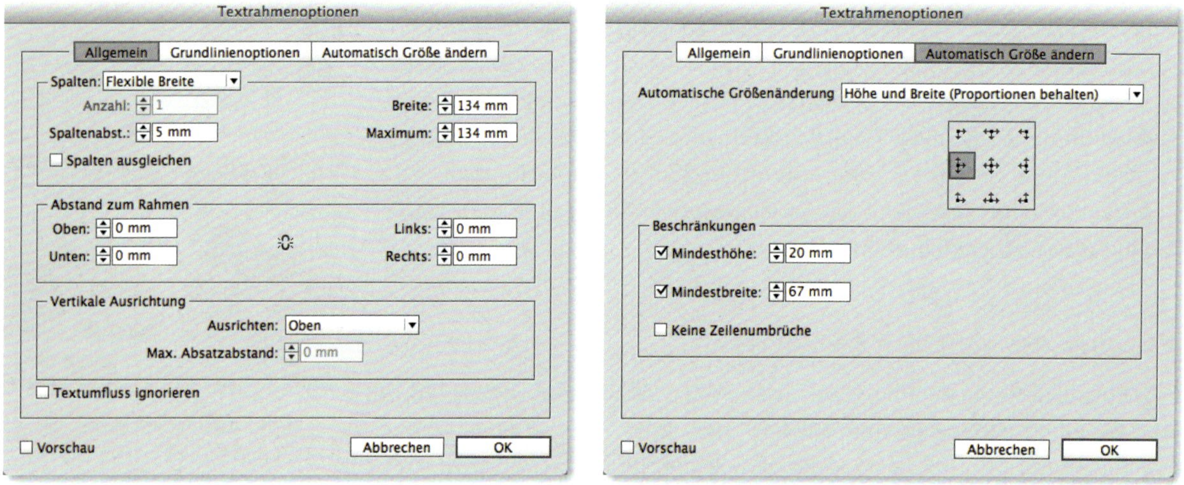

▲ **Abbildung 31.13**
Die Reiter Allgemein und Automatisch Grösse ändern des Dialogs Textrahmenoptionen mit den Werten für das Inserat

- Im Reiter Allgemein wählen Sie die Parameter aus dem linken Teil von Abbildung 31.13. Das bedeutet, dass bei einer Größenänderung des Textrahmens der Textrahmen maximal 134 mm breit wird. Sollte die Breite des Textrahmens über diesem Maximum-Wert liegen, so wird der Textrahmen zweispaltig und bekommt dabei den Spaltenabstand von 5 mm zugewiesen.
- Wählen Sie im Reiter Automatische Grösse ändern die Einstellungen des rechten Teils von Abbildung 31.13. Damit haben Sie festgelegt, dass sich der Textrahmen proportional (ausgehend vom horizontalen linken Mittelpunkt) in der Größe ändern kann und dabei mindestens 20 mm hoch und 67 mm breit bleiben muss.

- **Textrahmen für den Slogan** 1: Auch hier sollten Sie zumindest vorsehen, dass sich der Textrahmen automatisch in der Größe anpasst.

Hinweis
Beachten Sie, dass ein Text, der durch eine Layoutanpassung nicht mehr zur Gänze Platz findet, im Übersatz landet. Wenn Sie die Größe des Textrahmens automatisch anpassen lassen, so bleibt zumindest immer der gesamte Text sichtbar.

Anbringen der Liquid-Layout-Regeln

Sie müssen nun für jede Seite ein Regelwerk festlegen, wie sich Objekte des Layouts beim Umstellen der Seitengröße anpassen sollen. Welche Liquid-Seiten-Regel für die jeweilige Seite am besten anzuwenden ist, können Sie am schnellsten durch Probieren herausfinden.

Hinweis
Das Liquid Seiten-Bedienfeld können Sie entweder über das Menü Layout oder über das Menü Fenster • Interaktiv aufrufen.

Austesten der Änderungen | Um zu sehen, was mit dem Inhalt durch das Anwenden der gewählten Liquid-Seiten-Regel passiert, öffnen Sie das Liquid Layout-Bedienfeld und wählen das Seitenwerkzeug aus.

Durch die Wahl des Seitenwerkzeugs bekommt die aktuell gewählte Seite acht Anfasser ⑥, und im Bedienfeld Liquid Layout wird in der Option Liquid-Seiten-Regel der Standardwert Aus aktiviert. Wählen Sie einen anderen Wert in der Option Liquid-Seiten-Regel aus, und ziehen Sie dann an einem der acht Anfasser. Alle Objekte werden dann gemäß dem definierten Regelwerk im neuen Seitenverhältnis entsprechend angepasst. Sobald Sie die gedrückte Maustaste wieder loslassen, springt das Dokument in den Originalzustand zurück.

Wenn Sie jedoch genau die Größe des neuen Formats austesten wollen, so können Sie auch die finale Breite ⑦ und Höhe ⑧ im Steuerung-Bedienfeld eingeben und auch hier die Liquid-Seiten-Regel ⑨ wählen.

▲ **Abbildung 31.15**
Die Layoutseite mit den acht Anfassern zum Verändern der Größe

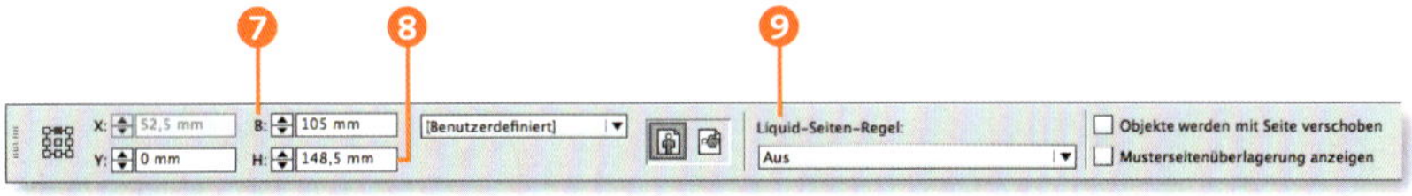

▲ **Abbildung 31.14**
Das Steuerung-Bedienfeld mit gewähltem Seitenwerkzeug

Das Bedienfeld »Liquid Layout« | In der Option Liquid-Seiten-Regel stehen sechs verschiedene Regeln zur Verfügung. Was diese Regeln bewirken, wird nachfolgend erklärt.

- Aus: Es erfolgt keine Anpassung der Seite, der Originalzustand wird 1:1 im neuen Dokumentenformat kopiert.
- Gesteuert durch Musterseite: Dabei greift das Regelwerk auf die zuvor beschriebene Möglichkeit in Verbindung mit dem primären Textrahmen zurück. Für das Inserat ist diese Variante nicht geeignet.
- Skalieren: Damit wird der gesamte Inhalt proportional in der Breite oder Höhe angepasst, wodurch natürlich weiße Ränder oben und unten bzw. links und rechts entstehen können (der rote Rand in der Abbildung zeigt das Endformat zuzüglich des Anschnitts an) ⑩. Diese Regel kann also nur verwendet werden, wenn eine Layoutanpassung an ein ähnlich kleineres oder größeres Format erfolgen soll bzw. wenn Sie aus einem A4-Inserat ein A5-Inserat erzeugen müssen.
- Erneut zentrieren: Damit wird das gesamte Inserat in der Originalgröße zentriert im neuen Seitenformat positioniert. Diese Regel kann für Anpassungen verwendet werden, wo die Zielgröße annähernd der Originalgröße – es ändert sich nur die Höhe – entspricht. In unserem Beispiel kommt es dadurch zum Beschneiden des Bildes. Der rote Rand in der Abbildung zeigt den Anschnitt ⑪ an.
- Hilfslinienbasiert: Wenn Sie eine vertikale Liquid-Hilfslinie ⑫ auf dem Inserat positionieren, so bedeutet das, dass alle Objekte der Seite, die von dieser Hilfslinie durchschnitten werden, sich bei einer

▲ **Abbildung 31.16**
Die angewandte Liquid-Seiten-Regel Skalieren

▲ **Abbildung 31.17**
Die angewandte Liquid-Seiten-Regel Erneut zentrieren

▲ **Abbildung 31.18**
Die angewandte LIQUID-SEITEN REGEL: HILFSLINIENBASIERT.

Layoutanpassung in der horizontalen Ausdehnung anpassen. Analog dazu funktioniert das mit einer horizontalen Liquid-Hilfslinie. Alle Objekte, die von dieser Hilfslinie durchschnitten werden, können bei einer Layoutanpassung vertikal angepasst werden.

Dieses Regelwerk funktioniert in unserem Fall ziemlich optimal, wenn das Seitenformat breiter wird. Soll jedoch daraus eine sehr schmale Variante generiert werden, so ist das Ergebnis unbrauchbar.

- OBJEKTBASIERT: Die wohl praktikabelste Lösung für fast alle Anwendungsbereiche stellt das Regelwerk OBJEKTBASIERT dar. Dabei müssen Sie für jedes Objekt festlegen, ob sich die Größe des Objekts sowohl in der HÖHE als auch der BREITE ändern darf und an welcher Seite – OBEN, UNTEN, LINKS oder RECHTS – das Objekt zum Seitenrand hin verkettet werden soll.

  Das Setzen der Optionen kann entweder durch Auswahl des Objekts und Anklicken der Optionen im Bedienfeld LIQUID LAYOUT oder durch Klick auf die Symbole beim aktivierten Objekt erfolgen.

▼ ▶ **Abbildung 31.19**
Die objektbasierten Einstellungen für den Textrahmen des Slogans im Bedienfeld LIQUID LAYOUT und am Objekt selbst

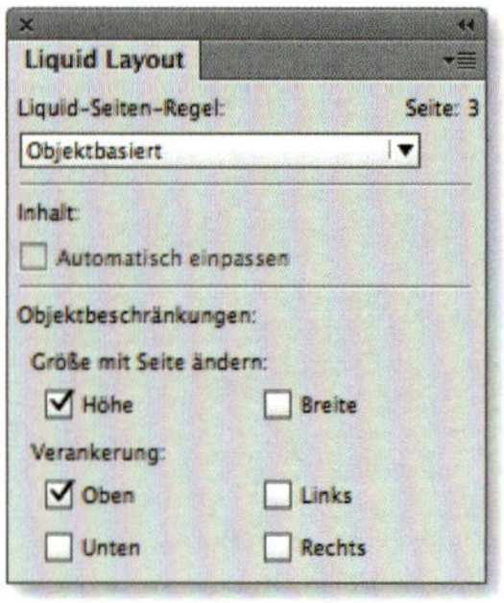

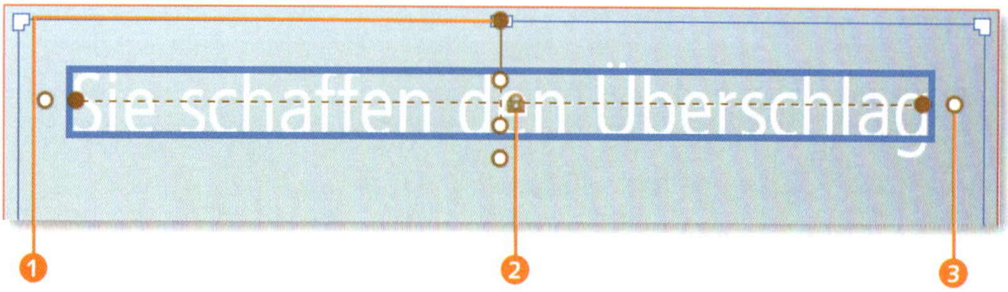

Die Einstellungen aus Abbildung 31.19 zeigen die Parameter für den Textkasten mit dem Slogan. Damit ist festgelegt, dass sich der Textrahmen nach der Formatänderung in der Breite und Höhe anpassen kann, jedoch der Abstand zum oberen Seitenrahmen fixiert bleibt.

- **Gefüllter Punkt am Seitenrand** 1: Dies bedeutet, dass der Abstand zum Objekt ausgehend von diesem Punkt fixiert ist.
- **Gestrichelte Linie mit zwei gefüllten Endpunkten und Schlosssymbol** 2: Dies bedeutet, dass sich die Größe des Objekts – hier die BREITE – nicht ändern darf.
- **Gestrichelte Linie mit zwei leeren Endpunkten und Wellenlinie**: Dies bedeutet, dass sich die Größe des Objekts – hier die HÖHE – ändern darf. Die Wellenlinie ist aufgrund der kurzen Distanz in Abbildung 31.19 nicht zu sehen.
- **Leerer Punkt am Seitenrand** 3: Dies bedeutet, dass sich der Abstand zum Objekt ausgehend von diesem Punkt frei verändern kann.

Am Objekt Funktion aktivieren
Ob der Punkt gefüllt oder leer ist, bestimmen Sie durch einfachen Klick auf den Punkt. Dasselbe gilt für das Schlosssymbol bzw. die Wellenlinie.

Sie müssen nun für alle anderen Objekte die Parameter festlegen. In Abbildung 31.20 sind die Einstellungen für alle Objekte zu sehen.

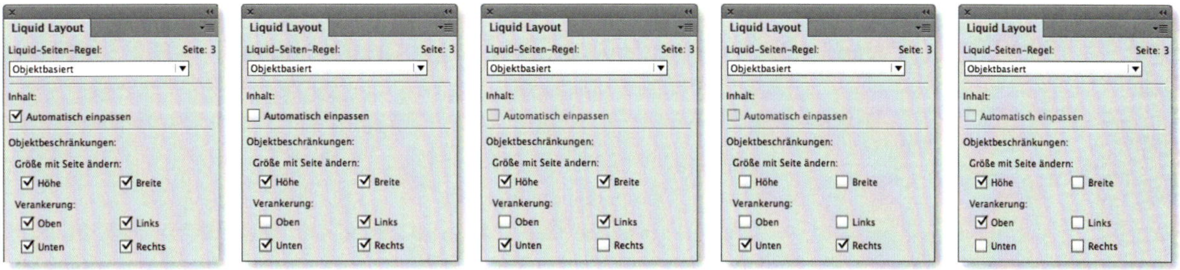

▲ **Abbildung 31.20**
Bild 1: Parameter für das Bild
Bild 2: Parameter für die Fläche
Bild 3: Parameter für den Text
Bild 4: Parameter für das Logo
Bild 5: Parameter für den Slogan

Durch diese Regel erzielen wir (auch wenn sie aufwendig einzurichten ist) das beste Ergebnis für sämtliche Formatanpassungen. Das Beispiel in Abbildung 31.21 zeigt, wie das Inserat automatisch nach einer Änderung der Seitenausrichtung von Hoch auf Quer angepasst würde.

◀ **Abbildung 31.21**
Das auf Basis der gewählten Einstellungen aus Abbildung 31.20 umgewandelte Inserat in A4-quer. Das Ergebnis ist nicht perfekt, es stellt jedoch eine gute Ausgangsbasis zum Überarbeiten der Layoutmutation dar.

Aus dieser Darstellung sollten Sie erkennen, dass viel Zeit und Übung erforderlich ist, um eine nicht zu 100% verwendbare Mutation zu erstellen. Ob sich dieser Aufwand lohnt, müssen Sie selbst entscheiden.

Setzen der Regeln | Sie müssen nun Seite für Seite bestimmen, mit welcher Liquid-Seiten-Regel eine Umsetzung am ehesten möglich sein wird. Sie können jedoch auch mehrere Regeln pro Seite setzen. So können Sie Liquid Hilfslinie wählen und gleichzeitig auch die Parameter für jedes Objekt objektbasierend definieren. Welche Regel zur Anwendung kommt, wird dann bei der Formatgrößenänderung angegeben.

Alternative Layouts erstellen und verwalten

Nachdem Sie die Liquid-Seiten-Regeln für jede Seite festgelegt haben, können Sie schnell die ersten Entwürfe für die anderen Inseratengrößen anlegen. Wie Sie ein alternatives Layout anlegen, können Sie in Abschnitt 4.7, »Alternative Layouts erstellen«, auf Seite 163 nachlesen. Im Unterschied zu dem dort Beschriebenen müssen Sie zusätzlich in der Option Liquid-Seiten-Regel entweder auf die für die Seite definierte

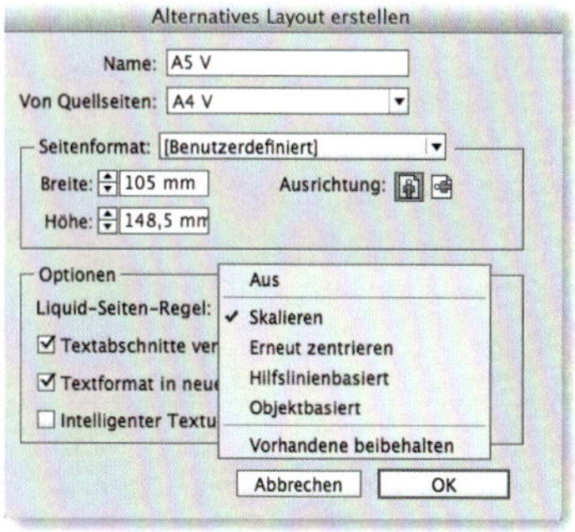

▲ **Abbildung 31.22**
Der Dialog Alternatives Layout erstellen mit den Auswahlmöglichkeiten für Liquid-Seiten-Regeln

Textabschnitte verknüpfen

Mehr Informationen dazu erhalten Sie im Abschnitt »Der Umgang mit verknüpften Textabschnitten« auf Seite 278.

Textformat in neue Formatgruppe kopieren

Mehr Informationen dazu erhalten Sie im Abschnitt »Formate in Gruppen zusammenfassen« auf Seite 488.

Regel zurückgreifen – aktivieren Sie dazu VORHANDENE BEIBEHALTEN –, oder wählen Sie eine andere Regel aus, die für das neue Seitenformat besser geeignet erscheint. Folgen Sie dabei diesen Überlegungen:

- **Die Formatgröße von A4 auf A5 ändern**: Um dieses Vorhaben perfekt umzusetzen, sollten Sie in der Option LIQUID-SEITEN-REGEL den Eintrag SKALIEREN auswählen.
- **Die Formatgröße von A4 auf 230×290 ändern**: Da sich hier die Breite stärker ändert als die Höhe (diese wird verkürzt), sollten Sie in der Option LIQUID-SEITEN-REGEL den Eintrag HILFSLINIENBASIERT auswählen.
- **Die Formatgröße von A4 Vertikal auf A4 Horizontal ändern**: Um dieses Vorhaben einigermaßen umzusetzen, sollten Sie in der Option LIQUID-SEITEN-REGEL den Eintrag OBJEKTBASIERT auswählen.

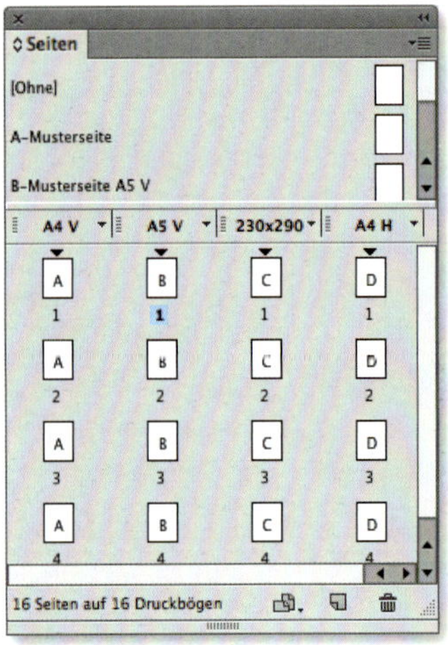

▲ **Abbildung 31.23**
Das Seiten-Bedienfeld in der Darstellungsform NACH ALTERNATIVEN LAYOUTS

Wenn Sie die zuvor genannten Formatänderungen durchführen und auf das Seiten-Bedienfeld schauen (Abbildung 31.23), so werden Sie feststellen, dass die Darstellung sehr stark vom Gewohnten abweicht. Die vier Alternativen sind nun in Spalten nebeneinander angeordnet, und – was besonders elegant ist – die Alternativen befinden sich auch in einem Dokument. Darüber hinaus wurde für jede Mutation eine eigene Musterseite angelegt, womit eventuell durch eine Änderung am primären Textrahmen eine zusätzliche Anpassung erfolgen könnte. Das beschriebene Inseratenbeispiel befindet sich auf der Buch-DVD im Ordner BEISPIELMATERIAL • KAPITEL_31 und dort im Unterordner INSERATENBEISPIEL.

Zum Schluss gehen Sie nun die einzelnen Seiten durch und passen im letzten Feinschliff die Objekte an die neue Umgebung an.

Nachträgliche Anpassungen durchführen

Haben Sie die Mutationen fertig angelegt, so sollten keine nachträglichen Anpassungen – generelle Änderungen im Layout – erfolgen. Denn für diesen Fall müssen Sie alles von Hand auf die jeweiligen Mutationen übertragen bzw. durch Anwenden verschiedener Techniken diese Inhalte anpassen. Wollen Sie eine zusätzliche Layoutvariation (z. B. mit einem anderen Bild) hinzufügen, so wird es kompliziert.

Wir möchten hier nochmals darauf hinweisen, dass dazu besonders die Funktionen des ÜBERTRÄGERS, gekoppelt mit allen Funktionen des Inhaltsaufnahme-Werkzeugs und des Inhaltsplatzierung-Werkzeugs, gute Dienste leisten. Mehr Informationen zu den Möglichkeiten mit diesen Werkzeugen erhalten Sie im Abschnitt »Das Inhaltsaufnahme-Werkzeug« auf Seite 318.

Kapitel 32
Interaktive Dokumente und Animation

Einmal produzieren, mehrfach publizieren – das ist das erklärte Ziel der Medienproduktion. Die Ausgabe von InDesign-Dokumenten für andere Kanäle in Form von HTML, EPUB, als interaktives PDF, SWF und Folio bzw. E-Book stellt dabei eine Komponente dar. Die Aufbereitung der Dokumente für den Einsatz in den genannten Kanälen – jeder Kanal bietet dem Anwender auf unterschiedlichste Weise Möglichkeiten, an Informationen zu gelangen – stellt die zweite, sehr wesentliche Komponente in der Medienproduktion dar. In diesem Kapitel werden all jene Funktionen behandelt, die zur Erstellung von Interaktion und Animation innerhalb von InDesign zur Verfügung stehen.

32.1 Lesezeichen

Lesezeichen kommen für die PDF-Version einer Publikation infrage. Sie übernehmen dort die Funktion von Inhaltsverzeichnissen und dienen der Navigation – speziell bei barrierefreien PDF-Dokumenten. Ein Klick auf ein Lesezeichen führt direkt zu einem vorgegebenen Ziel im Dokument und kann den Leser auch zum Ausführen einer Aktion veranlassen. Mit Acrobat XI, dem Adobe Reader und anderen PDF-Lesewerkzeugen können Sie Lesezeichen einblenden und zur Navigation im Dokument verwenden.

Verwendbarkeit
Lesezeichen können nur für die Ausgabe von PDF-Dateien verwendet werden. In SWF, HTML, EPUB und im Folio-Format können diese Informationen nicht verwendet werden. Lesezeichen werden darüber hinaus auch bei einer Konvertierung einer PDF-Datei in einen Blätterkatalog ausgewertet.

Lesezeichen aus Inhaltsverzeichnissen

Mit Lesezeichen haben Sie bereits in Abschnitt 19.2, »Inhaltsverzeichnisse«, ab Seite 647 kurz Bekanntschaft gemacht. Sie können beim Erstellen von Inhaltsverzeichnissen festlegen, dass Sie die Einträge mit Lesezeichen hinterlegen möchten. Wird das Dokument als PDF ausgegeben, sorgt InDesign automatisch dafür, dass die Einträge des Inhaltsverzeichnisses als Lesezeichen im PDF-Dokument landen. Die hierarchische Struktur der Lesezeichen wird korrekt übernommen.

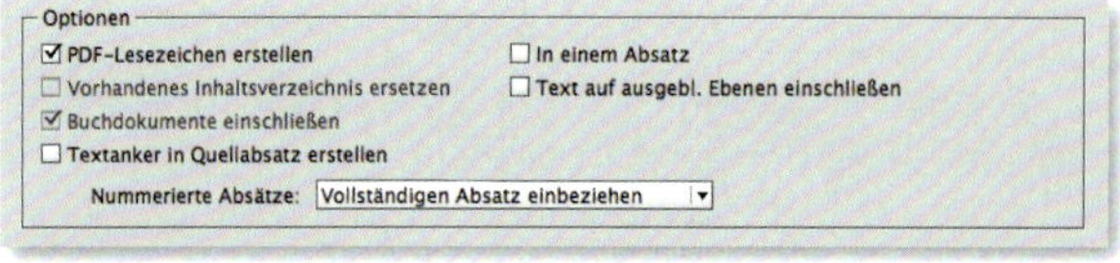

Abbildung 32.1 ▶
Die Option PDF-Lesezeichen erstellen erzeugt Lesezeichen für die Ausgabe in eine PDF-Datei.

> **Hyperlinks**
> Technisch ist ein Hyperlink etwas komplexer aufgebaut als ein einfaches Lesezeichen – wir behandeln den Unterschied in Abschnitt 32.2, »Hyperlinks«, auf Seite 924 noch näher.

Die Einträge des in InDesign erzeugten Inhaltsverzeichnisses sind dabei ausschlaggebend für die Benennung der Lesezeichen. Die einzelnen Einträge des Inhaltsverzeichnisses werden beim PDF-Export zusätzlich mit Hyperlinks versehen. Ein Klick auf einen Eintrag im Inhaltsverzeichnis entspricht dem Klick auf das gleichlautende Lesezeichen.

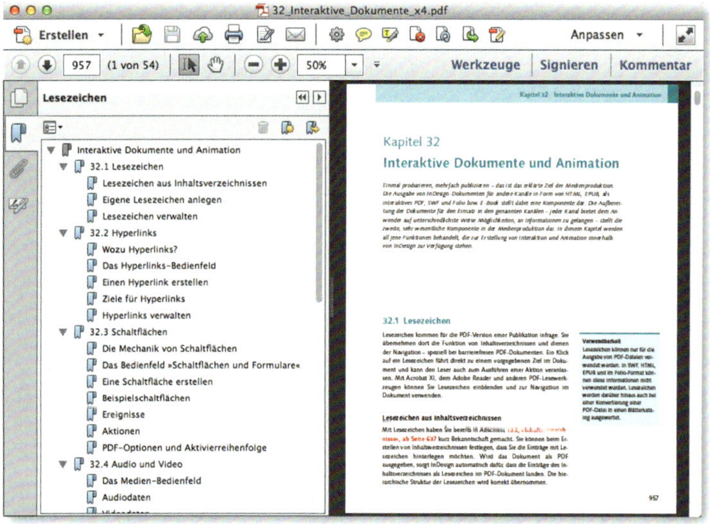

Abbildung 32.2 ▶
Lesezeichen in Adobe Acrobat XI, die bei der Erstellung eines Inhaltsverzeichnisses automatisch entstanden sind

In Acrobat – nicht im Adobe Reader – können Sie das Verhalten eines Lesezeichens sehr umfangreich beeinflussen. Ein automatisch erstelltes Lesezeichen in InDesign können Sie in seinem Verhalten nicht näher bestimmen, jedoch wie jedes andere Lesezeichen auch mit Acrobat bearbeiten.

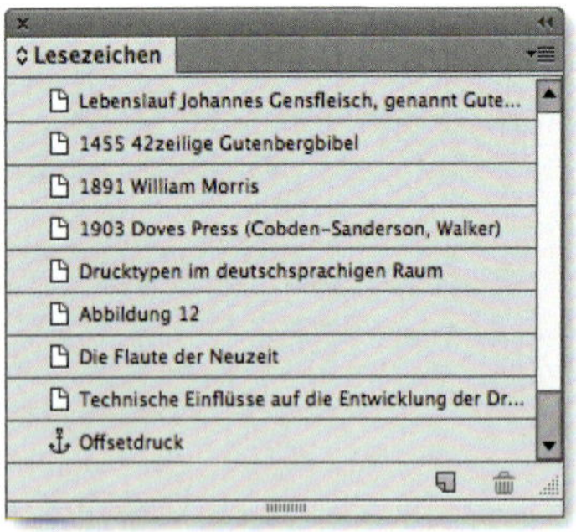

▲ Abbildung 32.3
Lesezeichen-Bedienfeld mit Lesezeichen. Lesezeichen, die auf Seiten und Bilder zeigen, werden mit dem gleichen Symbol dargestellt.

Eigene Lesezeichen anlegen

Wenn Ihre Publikation kein Inhaltsverzeichnis enthält, müssen Sie die Lesezeichen manuell anlegen. Da auch hierbei die Möglichkeiten von Acrobat nicht angeboten werden, ist das Erstellen von Lesezeichen extrem einfach. Rufen Sie das Lesezeichen-Bedienfeld über das Menü Fenster • Interaktiv • Lesezeichen auf.

Im Lesezeichen-Bedienfeld finden Sie Funktionen, die Sie schon von anderen Bedienfeldern her kennen, und auch im Bedienfeldmenü tut sich nicht allzu viel Neues.

Beim Anlegen eines neuen Lesezeichens legen Sie letztlich nur das Ziel fest, das bei einem Klick auf das Lesezeichen in der PDF-Datei angezeigt werden soll. Folgende Möglichkeiten bestehen:

1. Setzen Sie den Textcursor in einen Text, oder wählen Sie einen Text aus. Dadurch wird der ausgewählte Text automatisch als Name für das Lesezeichen vorgeschlagen.
2. Wählen Sie eine Grafik aus.
3. Wählen Sie eine Dokumentseite im Seiten-Bedienfeld durch einen Doppelklick aus.

Klicken Sie nun auf Neues Lesezeichen erstellen, oder rufen Sie den Befehl Neues Lesezeichen aus dem Bedienfeldmenü auf. Im Bedienfeld erscheint ein neuer Eintrag. War ein Text ausgewählt, ist der Eintrag bereits mit dem ausgewählten Text als Name versehen, ansonsten wird der Name mit »Lesezeichen Nr.« angegeben. In beiden Fällen ist der Name für Sie ausgewählt, sodass Sie ihn leicht eingeben bzw. verändern können.

Haben Sie beim Anlegen eines Lesezeichens bereits einen Eintrag im Lesezeichen-Bedienfeld ausgewählt, so wird das neue Lesezeichen dem bestehenden untergeordnet. So können Sie Hierarchien von Lesezeichen aufbauen und Gruppen bilden, die miteinander aus- und eingeblendet werden können.

Abhängig von Ihrer Auswahl kann ein Lesezeichen mit verschiedenen Symbolen gekennzeichnet sein: ⚓ – es handelt sich um einen Texteintrag; 🗋 – das Ziel ist eine Seite, ein Seitenbereich oder ein Bild.

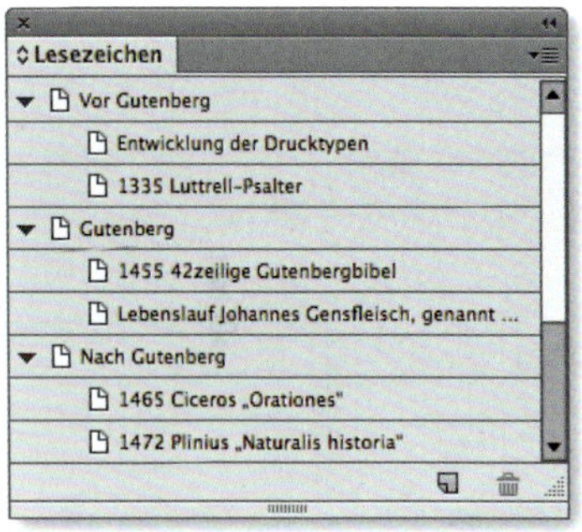

▲ **Abbildung 32.4**
Hierarchisch organisierte Lesezeichen: Die untergeordneten Lesezeichen können mit einem Klick auf den schwarzen Pfeil des übergeordneten Lesezeichens ein- bzw. ausgeblendet werden.

Lesezeichen verwalten

Die Lesezeichen erscheinen in der PDF-Datei genauso, wie sie auch im Lesezeichen-Bedienfeld aufgereiht sind. Um die Anordnung zu verändern, ziehen Sie ein Lesezeichen an die gewünschte Position. An welcher Position das Lesezeichen abgelegt werden wird, wird dabei von einem schwarzen Balken angezeigt.

Position in der Hierarchie ändern | Um ein Lesezeichen einem anderen zu unterstellen, ziehen Sie es auf das gewünschte Lesezeichen. Wenn Sie ein Lesezeichen auf eine höhere Ebene befördern wollen, ziehen Sie es zunächst an die gewünschte Position und so weit nach links, bis die Hierarchiestufe stimmt – der schwarze Einfügebalken zeigt Ihnen nicht nur die Position, sondern über seinen Abstand zum linken Rand auch die Stufe innerhalb der Hierarchie an. Die Ziele der Lesezeichen ändern sich damit selbstverständlich nicht.

▲ **Abbildung 32.5**
Verschieben eines Lesezeichens

Verschachtelte Lesezeichen
Über die maximale Verschachtelungstiefe von Lesezeichen schweigt sich Adobe leider aus. Unsere Versuche zeigen ausreichende Reserven.

Lesezeichen sortieren | Die Reihung der Lesezeichen wird sich meistens mit der realen Abfolge innerhalb des Dokuments decken. Beim Anlegen der Lesezeichen kann diese Reihenfolge aber u. U. durcheinandergeraten. Um die Reihung im Lesezeichen-Bedienfeld an die Abfolge der Ziele im Dokument anzupassen, wählen Sie LESEZEICHEN SORTIEREN aus dem Bedienfeldmenü.

Sortiert wird in diesem Fall innerhalb der gleichen Hierarchiestufe und Gruppe. Zuerst werden also die Lesezeichen der obersten Stufe sortiert, dann alle Lesezeichen innerhalb der Gruppen. Sollte eine Gruppe eine weitere Gruppe enthalten, wird innerhalb dieser Gruppe genauso verfahren.

Mehrere Lesezeichen auswählen
Mehrere einzelne Lesezeichen können nur innerhalb derselben Gruppe ausgewählt werden.

Ziel eines Lesezeichens | In InDesign selbst kann auf die Funktion der gesetzten Lesezeichen nicht zurückgegriffen werden. Um zu einem Ziel eines Lesezeichens zu gelangen, führen Sie einen Doppelklick auf das entsprechende Lesezeichen im Lesezeichen-Bedienfeld aus. Oder wählen Sie ein Lesezeichen im Bedienfeld aus, und rufen Sie GEHE ZU AUSGEWÄHLTEM LESEZEICHEN aus dem Bedienfeldmenü auf. Das Ziel eines Lesezeichens kann nicht verändert werden – der einzige Weg, ein Lese-zeichen-Ziel zu verändern, ist also, das Lesezeichen zu löschen und neu anzulegen.

Löschwarnung umgehen
Sie können die Löschwarnung dauerhaft unterdrücken, indem Sie im Warnungsfenster die Option NICHT WIEDER ANZEIGEN aktivieren.

Lesezeichen umbenennen und löschen | Um ein Lesezeichen umzubenennen, klicken Sie einmal auf den Namen des Lesezeichens im Bedienfeld und überschreiben den Namen, oder rufen Sie LESEZEICHEN UMBENENNEN aus dem Bedienfeldmenü auf.

Sie können Lesezeichen und Gruppen von Lesezeichen löschen, indem Sie die zu löschenden Lesezeichen auswählen und auf AUSGEWÄHLTES LESEZEICHEN LÖSCHEN 🗑 klicken oder LESEZEICHEN LÖSCHEN aus dem Bedienfeldmenü aufrufen. Sie müssen das Löschen zusätzlich bestätigen, es sei denn, Sie halten beim Klick auf 🗑 die [Alt]- bzw. [⌥]-Taste gedrückt.

Verwendbarkeit
Hyperlinks können in PDF, SWF, HTML, EPUB und im Folio-Format nutzbar eingesetzt werden. Im Folio-Format können nur Hyperlinks des Typs URL, E-MAIL und SEITE verwendet werden. Querverweise werden nicht unterstützt.

32.2 Hyperlinks

Lesezeichen sind genau auf die Navigation in PDF-Dateien abgestimmt. Der Ausgangspunkt ist im fertigen PDF-Dokument das Lesezeichen-Register in Acrobat oder im Adobe Reader. In Zeiten des World Wide Web erwarten Benutzer elektronischer Dokumente allerdings weitergehende Navigationsmöglichkeiten innerhalb eines Dokuments oder zu anderen Dokumenten.

Wozu Hyperlinks?

Um den Unterschied zu Lesezeichen klarer zu machen, können wir abermals die Erstellung von Inhaltsverzeichnissen mit InDesign heranziehen. Mit der Option PDF-LESEZEICHEN ERSTELLEN werden nämlich nicht nur Lesezeichen erstellt, sondern den Einträgen des Inhaltsverzeichnisses auch Hyperlinks überlagert. Wenn Sie mit dem Mauszeiger einen solchen Eintrag in der PDF-Datei berühren, verwandelt sich der Mauszeiger in eine Hand mit einem ausgestreckten Zeigefinger; ein Klick auf den Eintrag führt Sie zu der entsprechenden Stelle im Dokument.

Der Unterschied zu den Lesezeichen auf dieser Ebene ist also, dass nicht nur ein *Ziel* festgelegt werden muss, sondern dass der Hyperlink selbst einen Platz im Inhalt einnimmt – diesen Platz nennt man die *Quelle* des Hyperlinks. Die Quelle beschreibt zum einen die Fläche, die auf einen Klick des Benutzers reagiert, und zum anderen den an dieser Stelle sichtbaren Inhalt. Die Begriffe Quelle und Ziel zeigen deutlich die nahe Verwandtschaft zu den Querverweisen, die Sie aus Abschnitt 20.6, »Querverweise«, bereits kennen. Beide haben gemeinsam, dass sie in PDF-, SWF-, EPUB- und Folio-Dateien auf Klicks reagieren. Allerdings gibt es folgende Unterschiede:

1. Mit Hyperlinks können viele Arten von Zielen angesprungen werden, die auch außerhalb eines InDesign-Dokuments liegen können, inklusive der Möglichkeit, Mails zu erstellen.
2. Die Quelle eines Hyperlinks wird inhaltlich nicht mit dem Ziel abgestimmt – das bedeutet, dass Sie den Text oder die Fläche, der bzw. die einen Hyperlink darstellt, frei festlegen können.

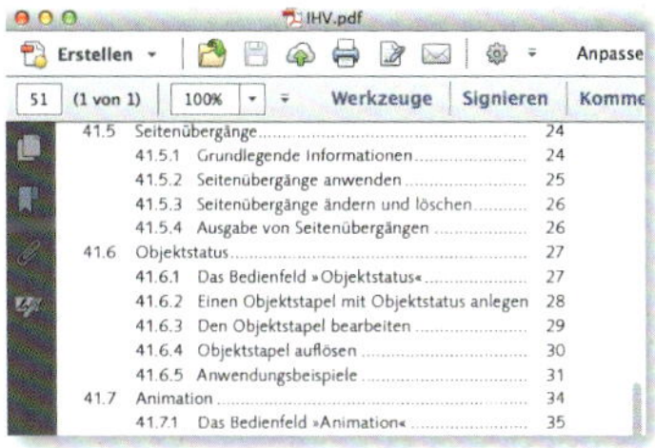

▲ **Abbildung 32.6**
Hyperlink in einem Inhaltsverzeichnis. Hyperlinks können auch in SWF-Dateien exportiert werden und sind dort natürlich ebenfalls voll funktionsfähig.

Fehler in InDesign CS6!
Wenn Sie die Trennlinie ❷ zwischen den Bereichen des Hyperlinks-Bedienfelds in InDesign 8.0 oder 8.0.1 ganz nach oben oder ganz nach unten schieben, können Sie sie anschließend nicht mehr bewegen! Um diesen Fehler zu beheben, müssen Sie die InDesign-Voreinstellungen löschen – siehe Seite 83.

Das Hyperlinks-Bedienfeld

Öffnen Sie das Hyperlinks-Bedienfeld über das Menü FENSTER • INTERAKTIV • HYPERLINKS. Das Bedienfeld ist Ihnen bereits aus Abschnitt 20.6, »Querverweise«, bekannt. Im selben Bedienfeld befinden sich auch die Hyperlink-Funktionen. Diese Tatsache verursachte in InDesign CS6 leider erhebliche Probleme (beachten Sie unsere Warnung in der Randspalte) – mit InDesign CC ist der Fehler aber behoben.

Neben den üblichen Funktionen NEUEN HYPERLINK ERSTELLEN ❺ und AUSGEWÄHLTE HYPERLINKS UND QUERVERWEISE LÖSCHEN ❻ können Sie mit GEHE ZUR QUELLE DES AUSGEWÄHLTEN HYPERLINKS ODER QUERVERWEISES ❸ und GEHE ZUM ZIEL DES AUSGEWÄHLTEN HYPERLINKS ODER QUERVERWEISES ❹ alle Hyperlinks kontrollieren. Im Feld URL ❶ können sogenannte freigegebene Hyperlink-Ziele angelegt und – einmal angelegt – über das zugehörige Menü ausgewählt werden.

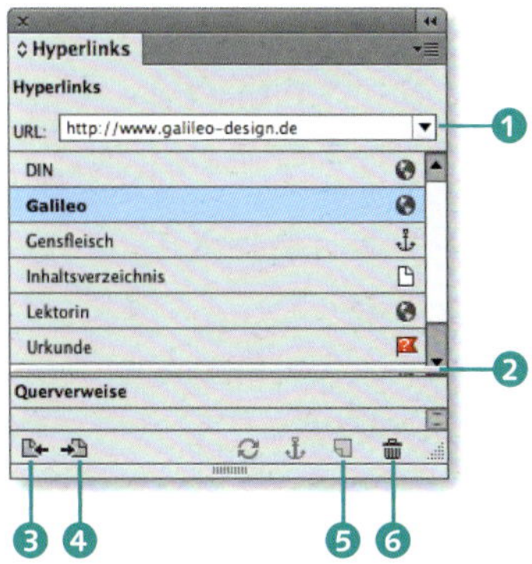

▲ **Abbildung 32.7**
Das Hyperlinks-Bedienfeld besteht aus den Bereichen HYPERLINKS und QUERVERWEISE. Die hier nicht bezeichneten Elemente gehören zum Bereich QUERVERWEISE.

Einen Hyperlink erstellen

Um einen Hyperlink anzulegen, wählen Sie einen Text, einen Rahmen oder ein Grafik-/Bildobjekt aus und klicken auf NEUEN HYPERLINK ERSTELLEN ⑤, oder wählen Sie NEUER HYPERLINK aus dem Bedienfeldmenü des Hyperlinks-Bedienfelds. Ihre Auswahl bestimmt dabei die Fläche, die auf einen Klick des Benutzers reagieren soll.

Freigegebene Hyperlink-Ziele
Ein freigegebenes Hyperlink-Ziel ist ein benanntes und gespeichertes Ziel, das aus dem Menü zum Feld URL ausgewählt und somit mehrfach verwendet werden kann.

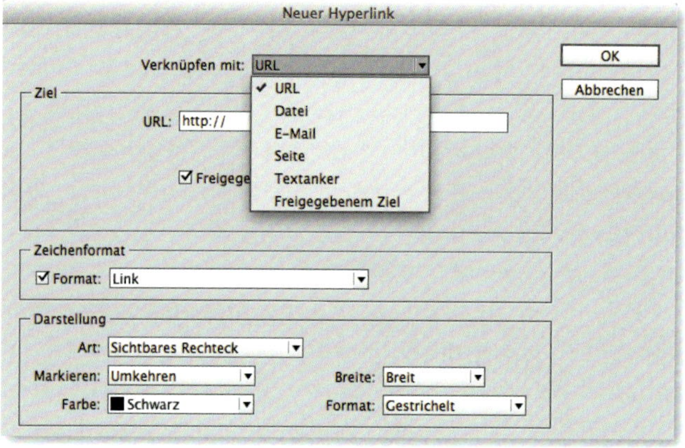

Abbildung 32.8 ▶
Die letzte erkennbare Überarbeitung hat NEUER HYPERLINK in InDesign CS4 erfahren. Die Optik wurde in InDesign CC verändert, die Funktionen wurden nicht überarbeitet.

Im Fenster NEUER HYPERLINK legen Sie das Ziel des Hyperlinks fest – Sie haben insgesamt sechs Möglichkeiten – und bestimmen auch das Aussehen der Hyperlink-Quelle im Ergebnis. Da diese Einstellungen für alle Ziele gleich sind, klären wir zuerst diese Optionen.

Neuer Hyperlink aus URL
Dieser Befehl im Bedienfeldmenü des Hyperlinks-Bedienfelds sollte eigentlich »Neuer Hyperlink aus Text« heißen. Sie können ihn nur aufrufen, wenn Sie Text ausgewählt haben. Dieser Text wird dann als FREIGEGEBENES HYPERLINK-ZIEL im Feld URL eingetragen. Es wird aber auch ein Hyperlink damit erzeugt. Die Bezeichnung stimmt also nur, wenn Sie auch eine URL ausgewählt haben.

Zeichenformat und Darstellung | Sofern Sie einen Text ausgewählt haben, können Sie unter ZEICHENFORMAT die Option FORMAT aktivieren und im dazugehörigen Menü ein Zeichenformat – in unserer Abbildung das FORMAT • LINK – auswählen, mit dem die Hyperlink-Quelle versehen sein soll.

Die Einstellungen unter DARSTELLUNG bestimmen, wie die Fläche, die auf einen Klick reagieren soll, dargestellt wird. Diese Optionen haben wir bereits im Abschnitt »Einen Querverweis anlegen« auf Seite 715 behandelt.

Dokumentpfade
Beachten Sie, dass es sich beim Auswählen von Zielen immer um absolute Pfadangaben handelt. Damit Ziele auch auf anderen Systemen angesprochen werden können, müssen sie beim Verlinken bereits im korrekten Verzeichnis stehen.

Ziele für Hyperlinks

Bei den Zielen, auf die ein Hyperlink zeigen kann, ist zu unterscheiden, ob sich das Ziel in einem Dokument befindet (oder ein Dokument ist), ob es ein Ziel im Internet ist (auch hier wird natürlich auf eine Datei gezeigt, die aber von einem Webbrowser dargestellt wird) oder ob es eine Mailadresse ist – in diesem Fall wird die weitere Behandlung in der Regel an die lokale Mail-Client-Software des Benutzers übergeben.

URL | Der klassische Fall eines Hyperlinks ist ein Verweis auf ein Ziel im Internet. Folgende Arten stehen dabei zur Verfügung:

- **Eintrag im Feld URL**: Wählen Sie einen Text oder ein Objekt aus, und tragen Sie im Feld URL des Hyperlinks-Bedienfelds eine gültige URL ein (InDesign schlägt als Verbindungsprotokoll hier immer `http://` vor, Sie können aber jedes gültige Protokoll, z. B. `ftp://` bzw. `mailto:`, verwenden). Drücken Sie danach [Enter] bzw. [⌅] oder die [⇥]-Taste. Der Hyperlink wird mit den aktuellen Einstellungen angelegt.
  Um die Darstellung zu ändern, führen Sie entweder einen Doppelklick auf den Hyperlink-Eintrag aus oder wählen den Link aus und rufen danach den Befehl Hyperlinkoptionen aus dem Bedienfeldmenü auf. Hier können Sie auch das Ziel des Hyperlinks verändern.
  Durch den Eintrag im Feld URL wird automatisch ein Freigegebenes Hyperlink-Ziel angelegt, das Sie auch für weitere Hyperlinks verwenden können.
- **Bestehendes freigegebenes Hyperlink-Ziel**: Wenn Sie bereits freigegebene Hyperlink-Ziele gespeichert haben, können Sie einen Text oder ein Objekt markieren und dann das Hyperlink-Ziel aus dem Menü URL im Hyperlinks-Bedienfeld auswählen. Es wird dann ein Hyperlink mit dem ausgewählten Text als Name und dem gewählten Hyperlink-Ziel angelegt. Haben Sie ein Objekt ausgewählt, lautet der Name einfach »Hyperlink« mit einer laufenden Nummer.
- **Neuer Hyperlink aus URL**: Wenn Sie einen Text ausgewählt haben, der eine vollwertige URL (also mit Protokoll) darstellt, können Sie auch Neuer Hyperlink aus URL aus dem Bedienfeldmenü aufrufen. Name und Ziel des Hyperlinks werden dann direkt aus Ihrem ausgewählten Text erstellt.
- **Neuer Hyperlink**: Wieder ausgehend von einer Text- oder Objektauswahl führen Sie einen Klick auf Neuen Hyperlink erstellen [icon] aus oder wählen Neuer Hyperlink aus dem Bedienfeldmenü des Hyperlinks-Bedienfelds.

◀ **Abbildung 32.9**
Aktivieren Sie die Option Freigegebenes Hyperlink-Ziel, wenn der Eintrag als freigegebenes Ziel für weitere Hyperlinks verwendet werden soll.

Im Fenster Neuer Hyperlink wählen Sie aus Verknüpfen mit die Option URL aus. Unter Ziel tragen Sie bei URL das Ziel des Hyperlinks ein oder wählen ein bereits bestehendes freigegebenes Hyperlink-Ziel aus. Wenn Sie ein neues Hyperlink-Ziel bei URL eintragen,

URL
Uniform Resource Locator: Gibt ein eindeutiges Ziel eines Datenbestands an (zum Beispiel *www.adobe.com/de/products/indesign*) und wie – mit welchem Protokoll – dieses Ziel zu erreichen ist (zum Beispiel *http://*).

Hyperlinks in PDF
In einer PDF-Datei werden Texte, die als URL erkannt werden, automatisch mit einem Hyperlink überlagert. Die Definition eines Hyperlinks auf InDesign-Ebene ist in einem solchen Fall eigentlich gar nicht nötig.

Ziele in einer Folio-Datei
Die Definition eines Ziels in einer Folio-Datei muss den Namen des Artikels beinhalten. Informationen dazu erhalten Sie auf Seite 1075.

können Sie durch Aktivieren der Option FREIGEGEBENES HYPERLINK-ZIEL bestimmen, ob dieses Ziel für weitere Hyperlinks gespeichert werden soll.

Datei | Um einen Hyperlink auf eine Datei zu definieren, wählen Sie die gewünschte Hyperlink-Quelle – Text oder Objekt – aus und erzeugen einen neuen Hyperlink.

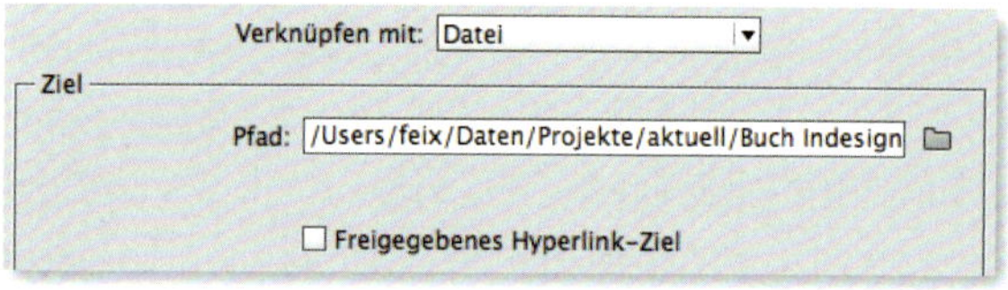

Abbildung 32.10 ▶
Einstellungen für einen Hyperlink zu einer Datei. Die dabei intern verwendete URL benutzt als Protokoll *file:* und zeigt somit nur auf lokal verfügbare Dateien.

Tragen Sie unter PFAD den vollständigen Pfad zur gewünschten Datei ein, oder klicken Sie auf 🗀, um in einem Datei-öffnen-Fenster eine Datei auszuwählen.

E-Mail | Wählen Sie die gewünschte Hyperlink-Quelle – Text oder Objekt – aus, und erzeugen Sie einen neuen Hyperlink.

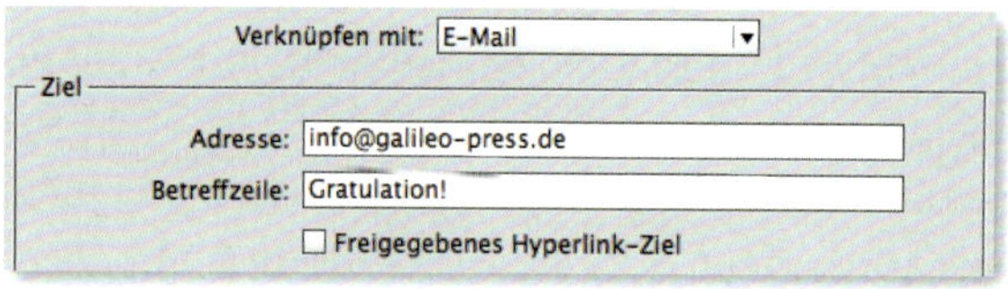

Abbildung 32.11 ▶
Prinzipiell können Sie E-Mails auch als normale URL mit der Protokollangabe *mailto:* erzeugen, allerdings fehlt dann das Eingabefeld für die Betreffzeile.

Legen Sie ADRESSE und BETREFFZEILE fest. Klickt ein Benutzer in der Ergebnisdatei (PDF, HTML, SWF, Folio) auf einen solchen Hyperlink, wird der Mail-Client des Benutzers aufgerufen und eine neue Mail erzeugt, in der diese beiden Informationen bereits für den Benutzer eingetragen sind. Ob diese Mail abgeschickt wird, muss der Benutzer selbst entscheiden.

Seite | Erzeugen Sie einen neuen Hyperlink, und wählen Sie in VERKNÜPFEN MIT den Eintrag SEITE aus. Die Seite kann sich im selben Dokument oder in einer anderen geöffneten Datei befinden. Ist das Zieldokument noch nicht geöffnet, so wählen Sie im Menü DOKUMENT die Option DURCHSUCHEN aus. Bestimmen Sie dann die zu öffnende Datei. Mit diesem Menü können Sie auch zwischen den geöffneten Dokumenten umschalten.

Die Seitennummer, auf die Sie verweisen wollen, tragen Sie im Eingabefeld SEITE ein. Zusätzlich müssen Sie festlegen, wie die aufgerufene Seite im Dokumentfenster dargestellt werden soll.

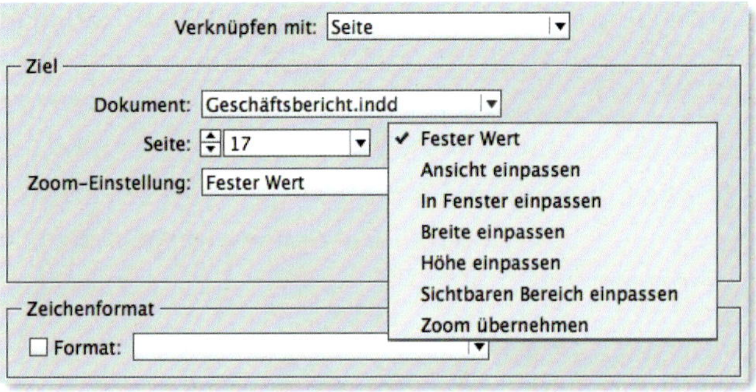

◂ **Abbildung 32.12**
Hyperlink zu einer Seite. Die konkrete Auswirkung der Zoom-Einstellung hängt auch immer von der Größe und den Proportionen des Fensters ab, in dem die (PDF-) Datei letztlich dargestellt wird.

Dabei können Sie aber lediglich die Größe der Darstellung in Zoom-Einstellung verändern:

- Fester Wert: Der aktuelle Zoomfaktor in InDesign wird für die Zoomeinstellung im PDF verwendet.
- Ansicht einpassen: Der derzeit sichtbare Teil der Seite im InDesign-Dokument wird auch im PDF-Dokument angezeigt.
- In Fenster einpassen: Die gesamte Seite wird angezeigt.
- Breite einpassen: Die Seite wird auf die Fensterbreite skaliert.
- Höhe einpassen: Die Seite wird auf die Fensterhöhe skaliert.
- Sichtbaren Bereich einpassen: Es wird der Teil der Seite in das Fenster eingepasst, der sichtbare Elemente enthält. Die Seitenränder werden bei dieser Option dann ausgeblendet.
- Zoom übernehmen: Die Seite wird im PDF-Dokument mit dem Skalierungsfaktor angezeigt, der zuletzt in Acrobat bzw. im Adobe Reader eingestellt war – die Darstellung wird also nicht aus dem InDesign-Dokument abgeleitet.

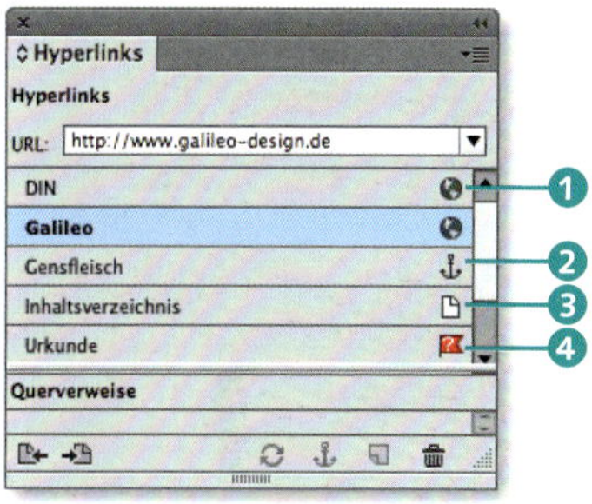

▲ **Abbildung 32.13**
Die verschiedenen Ziele eines Hyperlinks werden im Hyperlinks-Bedienfeld mit bestimmten Symbolen gekennzeichnet: URL, Datei, E-Mail und Freigegebene Ziele mit Symbol ❶, Seite mit Symbol ❷, Textanker mit ❸, und wenn das Ziel noch unbestimmt ist oder der Link nicht aktuell ist, erscheint das Symbol ❹.

Textanker | Ein Textanker ist ein »benanntes Ziel« in einem InDesign-Dokument. Was ein Textanker ist und wie Sie diesen anlegen, haben Sie bereits in Abschnitt 20.6, »Querverweise«, auf Seite 715 gelernt. Um einen Hyperlink auf einen Textanker verweisen zu lassen, müssen Sie das Ziel (Textanker) zunächst definieren.

Ein Textanker stellt nur einen Teil eines Hyperlink-Ziels dar und ist deshalb im Hyperlinks-Bedienfeld nicht sichtbar, sondern kann nur bei der Definition des Hyperlinks ausgewählt werden.

Textanker anlegen

Einen Textanker legen Sie an, indem Sie das Ziel (Text/Bild) auswählen und den Befehl Neues Hyperlinkziel aus dem Bedienfeldmenü aufrufen.

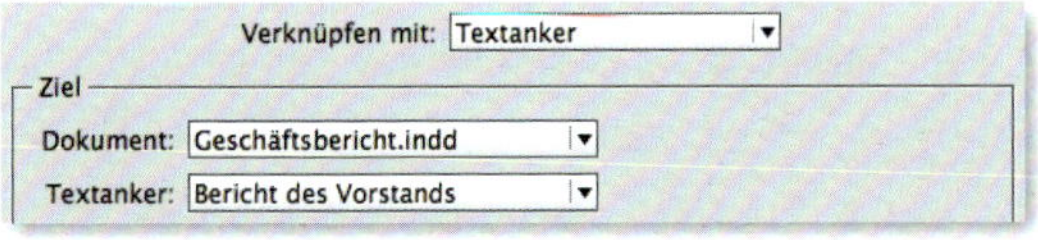

◂ **Abbildung 32.14**
Optionen für einen Hyperlink, der auf einen Textanker in einem InDesign-Dokument zeigt

Wählen Sie zunächst das Dokument aus, in dem sich der Textanker befindet, oder öffnen Sie das betreffende Dokument. Im Menü Textanker werden Ihnen dann alle in diesem Dokument vorhandenen Textanker angeboten.

Freigegebenes Ziel | Da Sie auf freigegebene Hyperlink-Ziele ohnehin direkt zugreifen können, benötigen Sie diese Art des Hyperlinks nur, wenn Sie auf Hyperlink-Ziele in anderen Dateien als Ihrem aktuellen Dokument zugreifen wollen.

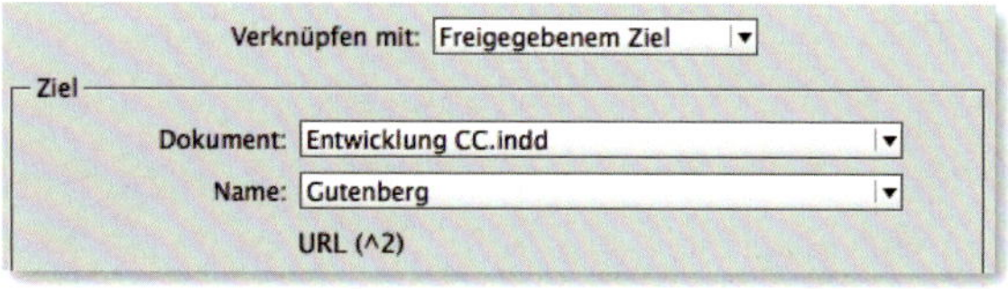

Abbildung 32.15 ▶
Das freigegebene Ziel »Gutenberg« ist eine URL und befindet sich in der Datei »Entwicklung CC.indd«.

Öffnen Sie die gewünschte Zieldatei (InDesign-Dokument) zuvor, und wählen Sie sie im Menü Dokument aus. Im Menü Name können Sie dann alle freigegebenen Ziele dieses Dokuments auswählen. Wie Sie ja gesehen haben, können Sie in einigen Definitionen von Hyperlinks bestimmen, dass das Ziel des Hyperlinks für eine weitere Verwendung gespeichert werden soll. Deshalb können hier die unterschiedlichsten Ziele auftauchen. Welcher Art ein Ziel ist, wird, nachdem Sie Ihre Wahl getroffen haben, unter dem Menü Name eingeblendet.

Hyperlinks verwalten

Um einen Hyperlink zu löschen, wählen Sie ihn im Hyperlinks-Bedienfeld aus und klicken auf Ausgewählte Hyperlinks und Querverweise löschen 🗑 oder wählen Hyperlink/Querverweis löschen aus dem Bedienfeldmenü. Standardmäßig werden Sie mit einer Warnung konfrontiert, die sich jedoch auf Querverweise bezieht, die in dieser Situation in einen Text umgewandelt werden. Sie können diese Warnung also getrost ignorieren oder den Klick auf 🗑 mit gedrückter [Alt]- bzw. [⌥]-Taste durchführen, um die Warnmeldung zu übergehen.

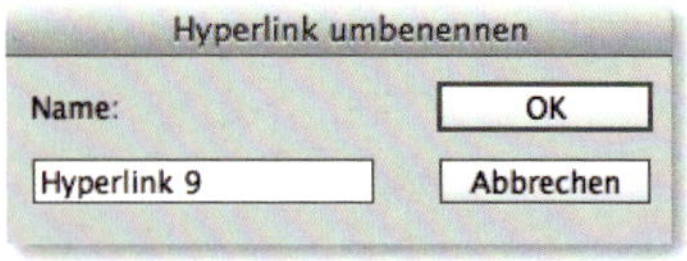

▲ Abbildung 32.16
Umbenennen eines Hyperlinks. Sie benötigen diese Funktion vor allem, wenn Ihre Hyperlink-Quelle ein InDesign-Objekt, also kein Text, war. Die Hyperlinks werden dann nämlich einfach als »Hyperlink« mit einer laufenden Nummer benannt.

Hyperlink-Quelle ändern | Bei der Änderung der Hyperlink-Quelle sind zwei Möglichkeiten zu unterscheiden:

- **Änderung des Namens**: Wählen Sie den zu ändernden Hyperlink, und rufen Sie Hyperlink umbenennen aus dem Bedienfeldmenü des Hyperlinks-Bedienfelds auf.
- **Änderung von Ort/Fläche der Quelle**: Wählen Sie einen Text oder ein Objekt aus. Um einem bestehenden Hyperlink nun diese Auswahl als neue Quelle zuzuordnen, wählen Sie den betreffenden Hyperlink im Hyperlinks-Bedienfeld aus und rufen Hyperlink zurück-

Setzen aus dem Bedienfeldmenü auf. Wenn die Quelle einen sichtbaren Rahmen hatte, werden Sie sehen, dass dieser Rahmen nun gelöscht wird und bei Ihrer neuen Auswahl wieder auftaucht.

Hyperlink-Ziele aktualisieren | Um ein verändertes Hyperlink-Ziel in einem anderen Dokument zu aktualisieren, markieren Sie den betreffenden Hyperlink im Hyperlinks-Bedienfeld und wählen Hyperlink aktualisieren aus dem Bedienfeldmenü.

Die Hyperlinkoptionen eines Hyperlinks erreichen Sie durch einen Doppelklick auf den Hyperlink-Eintrag oder indem Sie den Hyperlink auswählen und Hyperlinkoptionen aus dem Bedienfeldmenü aufrufen. Im Fenster Hyperlink bearbeiten können Sie nun das Ziel und die Formatierung ändern.

Liste der freigegebenen Ziele bearbeiten

Ein *freigegebenes Ziel* ist wie die Angabe einer Seite oder ein Anker als Hyperlink-Ziel im Dokument festgelegt. Um die Liste dieser Ziele zu bearbeiten, wählen Sie den Befehl Hyperlinkzieloptionen aus dem Bedienfeldmenü des Hyperlinks-Bedienfelds aus. Darin können Sie Einträge – somit auch die freigegebenen Ziele – bearbeiten oder löschen.

URLs in Hyperlinks konvertieren | Mit diesem Befehl aus dem Bedienfeldmenü durchsucht InDesign den gewählten Bereich Dokument, Textabschnitt, Auswahl nach Zeichenfolgen, die auf eine URL abgebildet werden können.

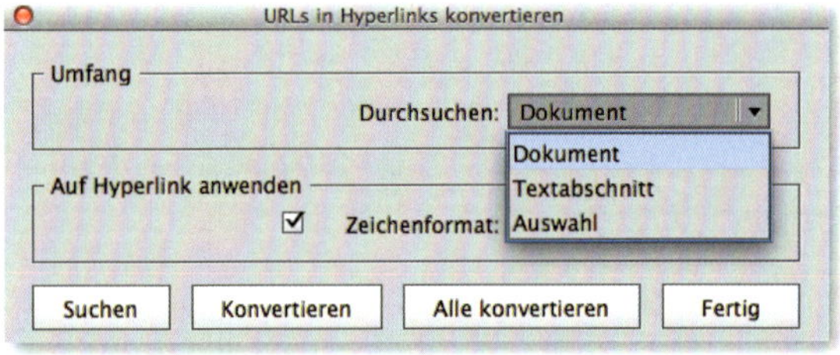

◄ **Abbildung 32.17**
Der Umfang der Suche hängt von Ihrer aktuellen Auswahl ab. Es werden Ihnen nur die Reichweiten angeboten, die derzeit auch möglich sind.

Die Treffer werden in Hyperlinks umgewandelt und auch gleichzeitig einem Zeichenformat zugewiesen. Über Suchen und Konvertieren können Sie die Treffer einzeln behandeln oder mit Alle konvertieren alle Treffer in einem Aufwasch umwandeln.

Protokolle

Fehlt bei einem erkannten URL die Protokollangabe (`http://`, `ftp://`), kann sie verständlicherweise nicht automatisch ergänzt werden.

32.3 Schaltflächen

Hyperlinks waren das zentrale Element in der Frühzeit des World Wide Web. Man erkannte aber bald, dass eine Navigation auf Basis grafischer Elemente nicht nur attraktiver aussieht, sondern wesentlich erweiterte Strukturierungsmöglichkeiten bietet. Die Benutzer sind es von diversen Programmen gewohnt, eine Anwendung über grafische Elemente zu bedienen und zu steuern. Neben Menüs sind hier Schaltflächen (*Buttons*) das Hauptwerkzeug.

Verwendbarkeit

Schaltflächen aus InDesign CC können in PDF, SWF und im Folio-Format eingesetzt werden. In PDF- und Folio-Dateien können Schaltflächen hinsichtlich Funktionalität und Erscheinungsform nur eingeschränkt verwendet werden.

Die Mechanik von Schaltflächen

Obwohl Ihnen selbstverständlich vollkommen klar ist, was eine Schaltfläche ist und wie Sie damit umzugehen haben, müssen wir trotzdem einen kleinen theoretischen Einschub machen: Eine Schaltfläche ist ein Element, das auf den Benutzer reagieren kann. Dabei gibt es einerseits verschiedene Verhaltensweisen, die der Benutzer setzen kann, und andererseits unterschiedliche Aktionen, die durch dieses Verhalten ausgelöst werden können. Eine Aktion, die ein Benutzer setzt, wird auch *Ereignis* genannt. Das gängigste Ereignis ist ein Klick auf eine Schaltfläche. Aber auch das reine Berühren einer Schaltfläche kann ein Ereignis sein.

Als *Aktionen*, die aufgrund eines Ereignisses stattfinden, kommen alle Navigationsfunktionen infrage, die Sie schon kennengelernt haben. Zusätzlich können andere Aktionen, wie das Öffnen einer Datei, das Abspielen eines Films und dergleichen ausgelöst werden.

Darüber hinaus hat eine Schaltfläche eine Darstellung, die sich unabhängig von der Funktion je nach Situation ändern kann. Hier wird üblicherweise zwischen drei Zuständen unterschieden:

▲ **Abbildung 32.18**
Die drei möglichen Zustände einer Schaltfläche

- **Die Schaltfläche ist nicht aktiviert**: Die Schaltfläche ist an keinem Benutzer-Ereignis beteiligt – siehe Abbildung 32.18 oben.
- **Der Mauszeiger befindet sich über der Schaltfläche**: Der Benutzer berührt die Schaltfläche zwar, hat aber noch kein Ereignis in Form eines Klicks auf die Schaltfläche ausgelöst – Abbildung 32.18 Mitte.
- **Die Schaltfläche ist aktiviert**: Der Benutzer hält die Maustaste über der Schaltfläche gedrückt. Das ist also der Moment des Klicks auf die Schaltfläche – siehe Abbildung 32.18 unten.

Das unterschiedliche Aussehen (Erscheinungsbild) in diesen drei Situationen nennt InDesign *Statusdarstellung*. Die unterschiedlichen Arten, wie ein Benutzer mit der Schaltfläche in Kontakt tritt, können Aktionen auslösen bzw. das Erscheinungsbild ändern. Auf welches Ereignis – Berührung, Klick, die gedrückte Maustaste loslassen usw. – wie zu reagieren ist, wird in Form von Aktionen festgelegt.

Eine Schaltfläche kann dabei auf mehrere Ereignisse reagieren, aber auch mehrere Aktionen ausführen, wie zum Beispiel erst einen Sound abspielen und dann auf die nächste Seite des Dokuments blättern. Einige Aktionen schließen sich dabei allerdings logisch aus, obwohl sie technisch möglich wären, zum Beispiel erst eine Seite vor- und dann eine Seite zurückblättern.

Schaltflächen werden in InDesign erzeugt, indem ein Objekt bzw. eine Gruppe von Objekten in eine Schaltfläche umgewandelt wird. Es können nahezu alle Objekte bis auf dynamische Daten – platzierte Video- und Audio-Clips – in eine Schaltfläche umgewandelt werden.

Schaltflächen und Formulare

Mit InDesign CS6 hat Adobe die Möglicheit geschaffen, auch PDF-Formularfelder in InDesign zu definieren. Die Optionen für Formularfelder sind im bisherigen Schaltflächen-Bedienfeld untergebracht und können weggeschaltet werden, was wir in diesem Kapitel auch tun werden. Den PDF-Formularen widmen wir das Kapitel 35, »PDF-Formulare«, ab Seite 1021.

Dafür besitzen dynamische Daten eigene Fähigkeiten, um sich sozusagen selbst abzuspielen, wenn auf sie geklickt wird oder ein anderes Ereignis eintritt.

Das Bedienfeld »Schaltflächen und Formulare«

Das Bedienfeld Schaltflächen und Formulare ist das zentrale Element zur Bearbeitung von Schaltflächen. In diesem Kapitel behandeln wir lediglich die obere Hälfte des Bedienfelds und werden es daher auch verkürzt lediglich als »Schaltflächen-Bedienfeld« bezeichnen. Rufen Sie es über Fenster • Interaktiv • Schaltflächen und Formulare auf.

Jede Schaltfläche hat einen Namen ❷ und kann auf sechs Ereignisse reagieren, die im Menü Ereignis ❸ ausgewählt werden. In Abbildung 32.19 ist das Ereignis »Benutzer hat die Maustaste losgelassen«, kurz Bei Loslassen oder antippen, zu sehen. Zu jedem Ereignis können Aktionen ❹ definiert werden, die das Ereignis auslösen soll. Aktionen werden über das Menü + hinzugefügt und mit − wieder gelöscht.

Abhängig von der aktuell ausgewählten Aktion können weitere Optionen im Bedienfeld auftauchen ❺, müssen es aber nicht. In diesem Fall kann für die Aktion Gehe zu nächster Seite festgelegt werden, ob/wie die Ansicht der Seite angepasst werden soll.

Von den drei möglichen Erscheinungsbildern ❻ muss zumindest die Darstellung [Normal] ❼ existieren. Die anderen beiden Darstellungen können existieren ❽ oder auch nicht ❾. Wenn eine Darstellung existiert, kann sie über einen Klick auf 👁 aktiviert bzw. deaktiviert werden. Ist sie deaktiviert, bleibt sie erhalten, wird aber nicht wirksam.

Um ein Erscheinungsbild tatsächlich zu löschen, wählen Sie eine Darstellung aus und klicken auf Optionalen Status und dessen Inhalt löschen ⓮. Der Status selbst wird dabei nicht gelöscht, er wird lediglich deaktiviert und muss neu mit einem Aussehen befüllt werden, wenn er wieder aktiviert werden soll.

Soll eine Schaltfläche zunächst nicht sichtbar sein und erst als Ergebnis einer Aktion eingeblendet werden (zum Beispiel, um eine Art Tooltipp einzublenden), aktivieren Sie die Option Bis zum Auslösen ausgeblendet ❿.

Innerhalb von InDesign können Sie die verschiedenen Erscheinungsbilder einer Schaltfläche nur über das Bedienfeld SWF-Vorschau simulieren. Öffnen Sie das Bedienfeld durch einen Klick auf Druckbogenvorschau ⓬. Sie können sich die verschiedenen Erscheinungsformen ansehen, die Funktion damit jedoch nur beschränkt überprüfen.

Um der Schaltfläche ihre Fähigkeit zur Interaktion zu nehmen und sie somit wieder in ein normales InDesign-Objekt zurückzuverwandeln, kli-

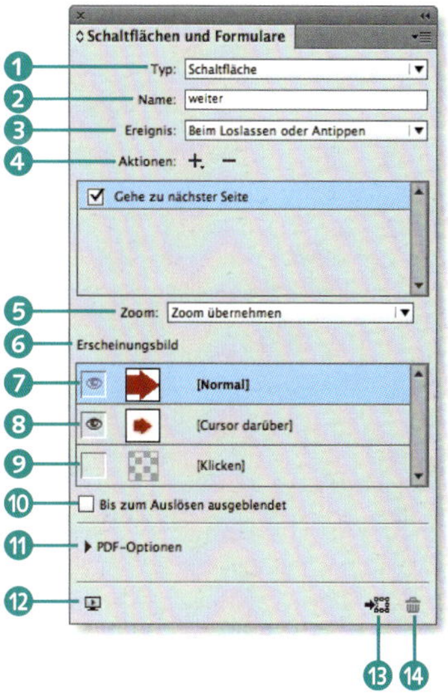

▲ **Abbildung 32.19**
Das Bedienfeld Schaltflächen und Formulare für eine Schaltfläche ❶, die bei einem Klick zur nächsten Seite weiterblättert, ohne die Seitendarstellung zu verändern. Diese Schaltfläche ändert ihr Aussehen, wenn sie mit dem Mauszeiger berührt wird, aber nicht, wenn darauf geklickt wird.
Die PDF-Optionen ⓫, die an dieser Stelle irrelevant sind, sind ausgeblendet.

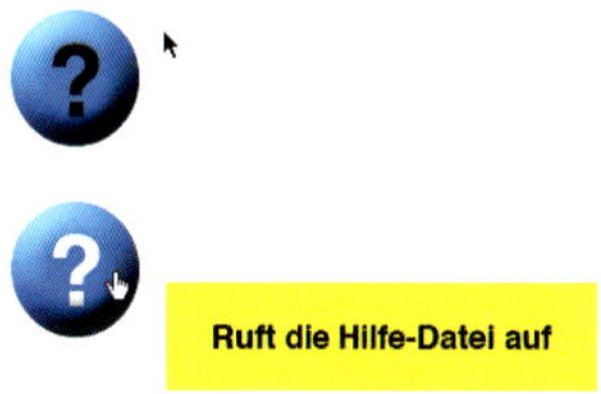

▲ **Abbildung 32.20**
Bis zum Auslösen ausgeblendet: Die gelbe Fläche ist eine Schaltfläche, die zunächst unsichtbar ist (oben) und erst eingeblendet wird, wenn die Schaltfläche mit dem Fragezeichen vom Mauszeiger berührt wird (unten).

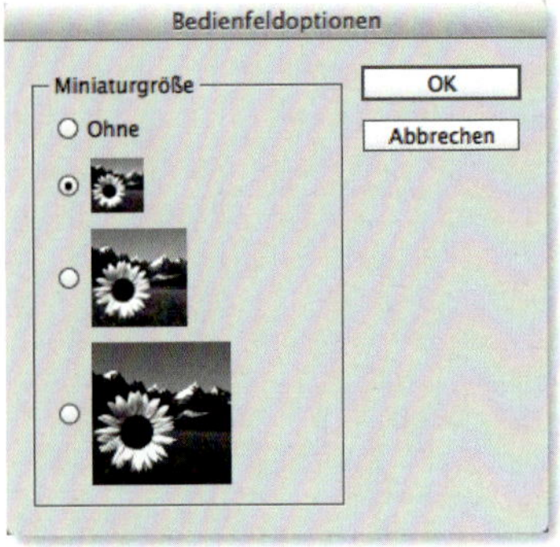

▲ **Abbildung 32.21**
Um in der Statusdarstellung das Aussehen der Zustände besser beurteilen zu können, können Sie über die BEDIENFELDOPTIONEN aus dem Bedienfeldmenü des Schaltflächen-Bedienfelds die Größe der Vorschaubilder verändern.

cken Sie auf IN OBJEKT KONVERTIEREN ⑬. Haben Sie ein Objekt ausgewählt, das noch keine Schaltfläche ist, nennt sich diese Funktion IN SCHALTFLÄCHE UMWANDELN und wird als dargestellt, womit auch geklärt wäre, wie Sie eine Schaltfläche erzeugen können.

Eine Schaltfläche erstellen

Eine Alternative zur Funktion IN SCHALTFLÄCHE UMWANDELN im Schaltflächen-Bedienfeld wäre der Menübefehl OBJEKT • INTERAKTIV • IN SCHALTFLÄCHE UMWANDELN. Beide Methoden führen dazu, dass das Objekt zwar in eine Schaltfläche umgewandelt wird und dass auch die Normaldarstellung festgelegt wird – die Schaltfläche reagiert aber noch nicht auf irgendwelche Ereignisse und löst somit auch keine Aktionen aus.

Schritt für Schritt
Eine Schaltfläche erstellen

Wir erstellen eine Schaltfläche, die in einer PDF-Datei eine andere PDF-Datei mit weiteren Informationen (z. B. Hilfedatei) öffnet.

Abbildung 32.22 ▶
Die Statusdarstellungen von links nach rechts: [NORMAL], [CURSOR DARÜBER], [KLICKEN]

Für die Schaltfläche werden alle drei Statusdarstellungen wie zuvor dargestellt definiert.

1 Ein Objekt für die Schaltfläche erstellen

Erstellen Sie einen Kreis mit dem Ellipse-Werkzeug, indem Sie beim Aufziehen der Ellipse die ⇧-Taste gedrückt halten, Durchmesser ca. 15 mm, keine Kontur, Füllung: Cyan. Um der Schaltfläche eine kleine 3D-Anmutung zu verleihen, stellen Sie für den Kreis den Effekt aus Abbildung 32.23 ein.

Unsere Schaltfläche soll mit einem Fragezeichen beschriftet werden. Da die Grundform ein Kreis ist, wäre es mit etwas Tüftelei verbunden, das Fragezeichen direkt im Kreis in der Horizontalen zu platzieren. Deshalb wählen wir einen anderen Weg. Legen Sie zuerst einen Textrahmen an, und tippen Sie ein Fragezeichen (Helvetica in 30 Pt).

Verkleinern Sie den Textrahmen auf seine Mindestdimension, indem Sie einen Doppelklick auf den rechten unteren Anfasser des Rahmens ausführen.

Auch Gruppierung möglich
Sie können den Textrahmen auch frei über dem Kreis platzieren und die beiden Objekte dann gruppieren. Unsere Methode hat jedoch den Vorteil, dass Sie einer Schaltfläche damit ein sehr komplexes Innenleben aus Pixelbild, Vektorgrafik und Schrift geben können, das dabei vom Kreis beschnitten wird.

Beachten Sie lediglich, dass Sie alle Objekte, die Sie in die Schaltfläche einsetzen wollen, vorher gruppieren müssen.

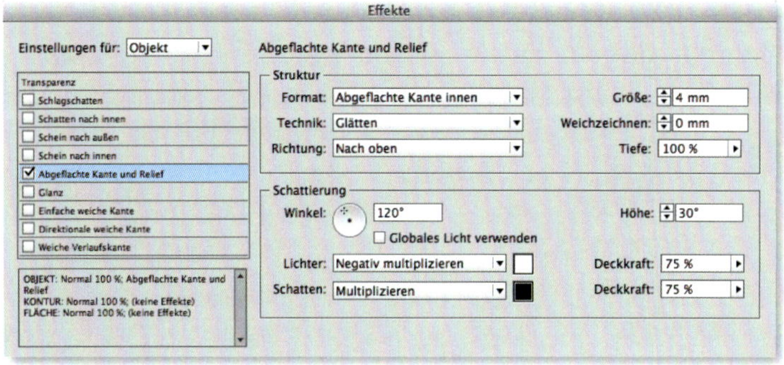

◀ **Abbildung 32.23**
Eine Abgeflachte Kante innen soll unserer Schaltfläche etwas mehr Tiefe geben – Informationen zu den Effekten finden Sie in Kapitel 11, »Effekte«, auf Seite 397.

Schneiden Sie den Rahmen aus, wählen Sie den Kreis aus, und rufen Sie Bearbeiten • In die Auswahl einfügen auf. Der Textrahmen wird nun zentriert in den Kreis eingesetzt.

Vorsicht bei Transparenzen
Transparenzen in Schaltflächen können dazu führen, dass die Schaltflächen in SWF-Dateien nicht ordnungsgemäß funktionieren.

2 Schaltfläche erzeugen

Das nun erstellte Objekt wird unsere Normalansicht für die neue Schaltfläche werden. Wenn Sie das Schaltflächen-Bedienfeld noch nicht geöffnet haben, öffnen Sie es nun über Fenster • Interaktiv • Schaltflächen und Formulare, wählen Sie den Kreis aus, und klicken Sie auf In Schaltfläche umwandeln. Dadurch wird eine Schaltfläche für den Normalzustand erzeugt und mit einem eigenen Symbol gekennzeichnet, das in der rechten unteren Ecke eingeblendet wird. Stellen Sie Typ auf Schaltfläche, und benennen Sie die neue Schaltfläche unter Name mit »Hilfe«.

3 Die restlichen Statusdarstellungen festlegen

Klicken Sie auf die Statusdarstellung [Cursor darüber] – dadurch wird die Normaldarstellung in [Cursor darüber] kopiert. Wählen Sie das Fragezeichen aus, und stellen Sie die Farbe auf [Papier]. Damit ändert sich auch die Darstellung in [Cursor darüber]. Jede Änderung, die Sie an einer Schaltfläche vornehmen, während eine Statusdarstellung im Schaltflächen-Bedienfeld ausgewählt ist, wird in genau diese Darstellung übertragen.

Klicken Sie nun in die Statusdarstellung [Klicken]. Dadurch wird wieder die Normaldarstellung nach [Klicken] kopiert. Ändern Sie den Farbton des Kreises auf 50%. Damit sind alle drei Erscheinungsbilder laut Abbildung 32.24 festgelegt.

Beachten Sie, dass es leider keine Möglichkeit gibt, das Erscheinungsbild eines anderen Status einfach durch Auswahl eines anderen Objekts bzw. Bilds zu übernehmen.

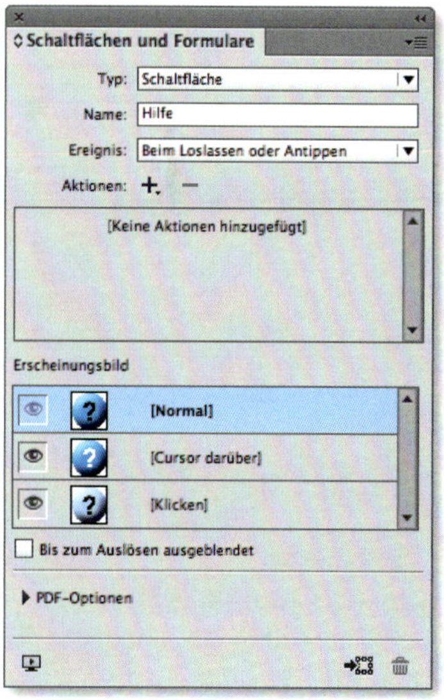

▲ **Abbildung 32.24**
Nach Schritt 3 sollten die Erscheinungsbilder so aussehen. Es sind aber noch keine Ereignisse oder Aktionen definiert.

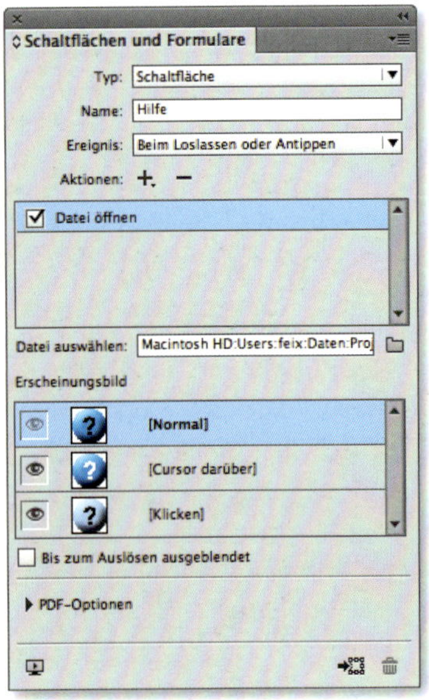

▲ **Abbildung 32.25**
Unsere Schaltfläche reagiert nun auf einen Klick und öffnet dabei eine Datei.

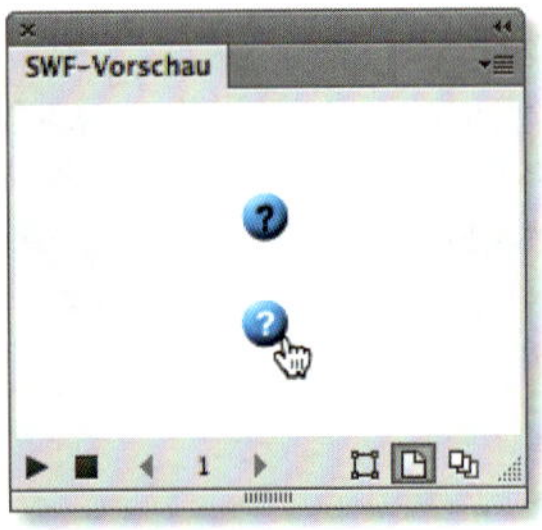

▲ **Abbildung 32.26**
SWF-Vorschau-Bedienfeld: Die beiden Schaltflächen sind identisch, die untere wird gerade mit dem Mauszeiger berührt und ändert deshalb ihr Erscheinungsbild.

4 Ereignis und Aktion definieren

Da die Aktion nicht ausgelöst werden soll, sobald die Maustaste gedrückt wird, sondern erst, nachdem sie losgelassen wurde, wählen Sie Beim Loslassen oder Antippen im Menü Ereignis. Wählen Sie dann aus dem Menü Neue Aktion für ausgewähltes Ereignis hinzufügen + die Option Datei öffnen. Sie finden sie im unteren Drittel des Menüs unter Nur PDF.

Sie sollten nun eine Datei vorbereiten, die Sie als Hilfe-Datei auswählen können. Der Standardfall wäre eine PDF-Datei, Sie können aber grundsätzlich jede beliebige Datei auswählen.

Klicken Sie nun auf , und wählen Sie die gewünschte Datei aus. Die Definition unserer Schaltfläche ist damit abgeschlossen.

5 Die Schaltfläche testen

Wie sich die Schaltflächen schließlich präsentieren, können Sie durch Klick auf Druckbogenvorschau im erscheinenden SWF-Vorschau-Bedienfeld überprüfen. Bewegen Sie dazu den Mauszeiger über die Darstellung der Schaltfläche im Vorschaubereich.

Um auch die Funktion der Schaltfläche zu testen, müssen Sie allerdings eine interaktive PDF-Datei erstellen: Rufen Sie Datei • Exportieren auf, und wählen Sie im Speichern-Dialog die Option Adobe PDF (interaktiv) aus. Haben Sie den Eintrag Adobe PDF (Druck) gewählt, so werden standardmäßig interaktive Objekte gar nicht in die PDF-Datei übernommen, bzw. es wird im besten Fall nur das Erscheinungsbild übergeben – Sie haben im Register Allgemein im Bereich Einschliessen in der Option Interaktive Elemente den Eintrag Erscheinungsbild berücksichtigen ausgewählt. Welche Einstellungen Sie dazu im PDF-Export-Dialog vornehmen können, erfahren Sie in Abschnitt 33.3, »Adobe PDF (Interaktiv)«, auf Seite 989.

Stellen Sie sicher, dass sich die zu öffnende Datei entweder am gleichen Ort befindet wie zu dem Zeitpunkt, als sie ausgewählt wurde, oder stellen Sie sie in denselben Ordner, in dem sich auch die neu exportierte Datei mit der Schaltfläche befindet.

Die Schaltfläche sollte nun reagieren, wenn sie mit dem Mauszeiger berührt wird, und natürlich auch, wenn auf sie geklickt wird. Einerseits sollte sie ihr Aussehen ändern, und andererseits sollte nach dem Klick die Hilfe-Datei geöffnet werden.

Beispielschaltflächen

Das Erstellen von Schaltflächen ist also nicht allzu schwierig. Adobe hat InDesign trotzdem eine eigene Bibliothek mit Beispielschaltflächen mitgegeben, die für unterschiedliche Zwecke mit den verschiedensten Verhaltensweisen ausgestattet sind.

Öffnen Sie diese Bibliothek über den Befehl BEISPIELSCHALTFLÄCHEN UND -FORMULARE aus dem Bedienfeldmenü des Schaltflächen-Bedienfelds. Die dazugehörige Datei finden Sie im Ordner BUTTON LIBRARY im Ordner PRESETS des InDesign-Programmordners unter dem Namen »BUTTONLIBRARY.INDL«, wo Sie die Bibliothek auch über einen Doppelklick öffnen können.

Da die Beispielschaltflächen in einer InDesign-Bibliothek untergebracht sind, können Sie zur Verwaltung auf alle Bibliotheksfunktionen zurückgreifen und Elemente ergänzen, löschen oder hinzufügen. Da Adobe keine zusätzlichen Informationen zu den Schaltflächen hinterlegt hat, müssen Sie sich selbst über Ereignisse und Aktionen dieser Schaltflächen informieren und bei Bedarf Kommentare zu den Schaltflächen in die Bibliothek aufnehmen.

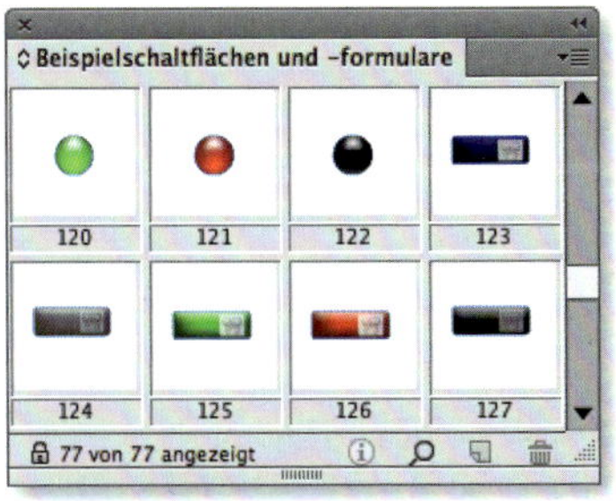

▲ **Abbildung 32.27**
Bibliotheksbedienfeld mit der Bibliothek BEISPIELSCHALTFLÄCHEN UND -FORMULARE, die zum Lieferumfang von InDesign CC gehört. Der obere Bereich bis Objekt 25 bietet Formularfelder für PDF-Formulare, ab Objekt 101 finden Sie verschiedene Schaltflächen.

Ereignisse

Jede Schaltfläche kann auf sechs unterschiedliche Ereignisse reagieren; die ersten vier sind Ereignisse, die der Betrachter des Dokuments mit der Maus auslösen kann oder bei einem Gerät mit berührungssensitivem Display über eine entsprechende Geste steuert (zumeist mit dem Finger, aber auch mit einem Stift/Stylus):

- BEIM LOSLASSEN ODER ANTIPPEN: Der Benutzer hat auf die Schaltfläche geklickt und die Maustaste wieder losgelassen bzw. auf das Display eines mobilen Geräts getippt.
- BEI KLICK: Der Benutzer hat auf die Schaltfläche geklickt, aber die Maustaste noch nicht losgelassen bzw. den Finger noch nicht angehoben.
- BEI ROLLOVER: Der Benutzer hat die Schaltfläche berührt, aber die Maustaste nicht gedrückt bzw. die Schaltfläche angetippt. Hier ist zu beachten, dass jede Schaltfläche einen rechteckigen Hotspot beschreibt. Auch unsere runde Schaltfläche aus der letzten Schritt-für-Schritt-Anleitung reagiert hier auf den quadratischen Bereich, der den Kreis umfasst.
- BEI ROLLOFF: Der Benutzer hat mit dem Mauszeiger bzw. dem Finger den Hotspot wieder verlassen.

▲ **Abbildung 32.28**
Die sechs Ereignisse, auf die jede Schaltfläche reagieren kann

Hotspot
Unter einem *Hotspot* versteht man eine Fläche, innerhalb derer eine Interaktion durchgeführt werden kann.

Wenn sich mehrere Schaltflächen (oder auch Eingabefelder für Formulare) in Ihrem Dokument befinden, können in einer PDF-Datei die einzelnen Oberflächen-Elemente – dazu zählen auch Hyperlinks – mit der ⇆-Taste angesprungen werden; ⇆ springt zum nächsten Element,

Unterschiedliche Strategien

Wie sich die [⇥]-Taste konkret beim Umschalten zwischen Schaltflächen benimmt, hängt vom Betriebssystem und natürlich von der Applikation ab, die Sie verwenden.

Unter Windows ist es eher üblich, alle Oberflächenelemente (Eingabefelder, Schaltflächen) in den Auswahlzyklus aufzunehmen. Unter Mac OS X können Sie in den Systemeinstellungen festlegen, ob nur Eingabefelder oder auch Schaltflächen angesprungen werden sollen. Natürlich kann jedes Programm diese Einstellung auch ignorieren.

[⇧]+[⇥] zum vorherigen – Sie kennen das ja aus den verschiedenen Programmen. Für diese Fälle sind die letzten beiden Ereignisse gedacht:

- Feld aktivieren (PDF): Drückt der Benutzer die [⇥]-Taste und erreicht dabei die Schaltfläche bzw. das Eingabefeld, dann gilt diese als aktiviert, und das Ereignis wird ausgelöst. Da die Schaltfläche auch mit einem Mausklick oder durch Antippen aktiviert werden kann, wird das Ereignis also auch in diesen Fällen ausgelöst.
- Feld deaktivieren (PDF): Ist die Schaltfläche bzw. das Eingabefeld aktiviert und drückt der Benutzer wieder die [⇥]-Taste, um zum nächsten Element zu gelangen, oder klickt er auf ein anderes Objekt, wird die Aktivierung des aktuellen Elements aufgehoben und das Ereignis ausgelöst.

Wie Sie die Reihenfolge festlegen können, in der die Schaltflächen über die [⇥]-Taste angesprungen werden, zeigen wir Ihnen noch in diesem Kapitel.

Aktionen

▲ **Abbildung 32.29**
Die verschiedenen Aktionen müssen zum Teil um weitere Parameter ergänzt werden.

Ein jedes Ereignis kann eine oder mehrere oder auch gar keine Aktion auslösen. Alle sechs beschriebenen Ereignisse werden von der betroffenen Schaltfläche empfangen (und sind deshalb auswählbar); ob und wie auf die Ereignisse reagiert wird, definiert sich ganz allein über die Aktionen, die Sie für ein Ereignis festlegen.

Die meisten Aktionen betreffen dabei die Navigation zu bestimmten Stellen in einem Dokument, zu Seiten oder anderen Dokumenten. Als Dateiformat für interaktive Elemente kommen PDF, SWF, HTML5 und Folio infrage, aber nicht alle Aktionen funktionieren in allen Formaten. Die Anordnung der Aktionen im Menü gibt darüber Auskunft, welche Aktion in welchem Dateiformat funktioniert.

Aktionen, die in allen Dateiformaten funktionieren:

- Gehe zu Ziel: Springt zu einem Lesezeichen oder Textanker, den Sie in den Zusatzoptionen Dokument und Ziel festlegen. In der Option Zoom bestimmen Sie, wie die Zielansicht in das Dokumentfenster eingepasst werden soll.
- Gehe zu erster, letzter, nächster, vorheriger Seite: Da die betreffenden Seiten im gleichen Dokument liegen müssen, gibt es lediglich die Zusatzoption Zoom.
- Gehe zu URL: Öffnet das Ziel der URL, die Sie in der Zusatzoption URL eintragen, im Webbrowser. Bei einer PDF-Datei wird dieser also aufgerufen, bei einer SWF-Datei, die bereits im Browser angezeigt wird, wird einfach die Seite gewechselt.

Audio- und Videodaten

Platzierte Audio- und Video-Clips bringen eigene Steuerungsmöglichkeiten mit, die wir Ihnen in Abschnitt 32.4, »Audio und Video«, vorstellen werden.

- Schaltflächen und Formulare ein-/ausblenden: Stellt die Sichtbarkeit der in der gleichnamigen Option dargestellten Schaltflächen her, wobei eine Schaltfläche unverändert sein kann ×, sichtbar oder unsichtbar gemacht werden kann. Den aktuellen Status ändern Sie mit einem Klick auf das Symbol neben dem Namen der Schaltfläche oder indem Sie eine Schaltfläche in der Liste Sichtbarkeit auswählen und den entsprechenden Status über die Buttons unter der Liste aktivieren.
- Audio und Video: Ermöglicht die Steuerung von Film- und Audio-Clips. Im Zusatzmenü Audio bzw. Video können Sie nur Film-/Audio-Clips auswählen, die zuvor im InDesign-Dokument platziert wurden. Wählen Sie unter Optionen, ob Sie den Clip Abspielen, unterbrechen (Pause), Fortsetzen oder Anhalten wollen. Die Option Wiedergabe ab Navigationspunkt gibt es nur für Video-Daten. Sie setzt voraus, dass Sie im betreffenden Video-Clip einen Navigationspunkt gesetzt haben (wie das geht, sehen Sie im nächsten Abschnitt), den Sie dann unter Navigationspunkte auswählen können. Die Option Alle anhalten (nur SWF) funktioniert – wie der Name es andeutet – nur in SWF-Dateien und hält alle laufenden Clips an.

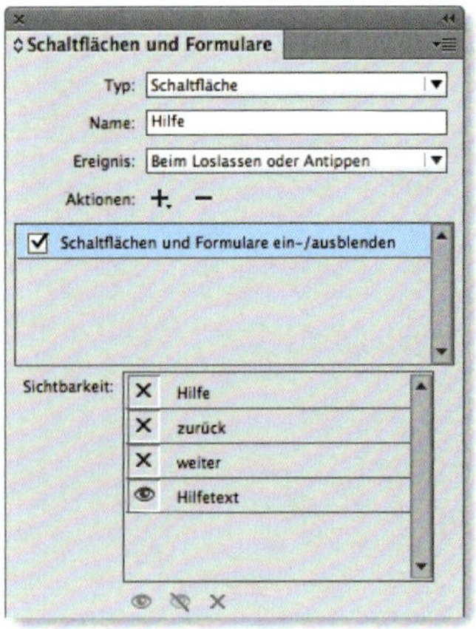

▲ **Abbildung 32.30**
Die Sichtbarkeit der Schaltflächen wird entweder über die Symbole der jeweiligen Schaltflächen oder – zum Beispiel für mehrere Schaltflächen – über die drei Statusfunktionen unter der Liste festgelegt.

Aktionen, die nur in einer SWF- und HTML5-Datei funktionieren:

- Animation: Dynamische Daten können seit InDesign CS5 auch in InDesign erstellt werden. Sie können Objekte mit mehreren Status erstellen (siehe Abschnitt 32.8, »Objektstatus«) und Animationen (siehe Abschnitt 32.9, »Animation«), die Sie dann mit einer Schaltfläche steuern können. Sie müssen dazu eine Animation auswählen und können dann die gleichen Einstellungen vornehmen wie bei einem Videoclip.
- Gehe zu Seite: Springt zu der Seite, die Sie in der Zusatzoption Seite ausgewählt haben. Über die Option Zoom können Sie wiederum festlegen, wie das Ziel im Dokumentfenster angezeigt werden soll.
- Gehe zu Status, Gehe zu nächstem Status, Gehe zu vorherigem Status: Wenn Sie Objekte mit mehreren Status verwenden (siehe Abschnitt 32.8, »Objektstatus«), können Sie die einzelnen Zustände des Objekts aufrufen. Wählen Sie im Menü Objekt das betreffende Objekt und gegebenenfalls einen bestimmten Status aus (nur bei Gehe zu Status) und ob nach dem letzten bzw. dem ersten Status gestoppt werden soll (nur bei Gehe zu nächstem/vorherigem Status).

Schaltflächen im Folio-Format

Im Folio-Format bleiben nur Schaltflächen mit gewähltem Ereignis: Beim Loslassen oder Antippen erhalten. Darüber hinaus können nur die Aktionen Gehe zur ersten Seite, Gehe zur letzten Seite, Gehe zu URL und Gehe zu Seite korrekt übertragen werden.

Für Diashows können zusätzlich noch die Aktionen Gehe zu Status, Gehe zu vorherigem Status und Gehe zu nächstem Status gewählt werden.

Aktionen, die für Schaltflächen in PDF-Dateien gedacht sind:

- Gehe zu nächster Ansicht: Diese Aktion funktioniert nur, wenn vorher die Aktion Gehe zu vorheriger Ansicht ausgeführt wurde. So können Sie zwischen Ansichten hin und her blättern wie bei einem Webbrowser.

- Gehe zu vorheriger Ansicht: Springt zur zuletzt angezeigten Seite im PDF-Dokument. Hat der Benutzer jedoch die Zoom-Stufe verändert, wird die vorherige Zoom-Stufe verwendet.
- Datei öffnen: Diese Aktion und ihre Optionen haben Sie bereits in unserer Anleitung auf Seite 936 kennengelernt.
- Ansichtszoom: Die aktuelle Seite wird entsprechend den Einstellungen in Zoom dargestellt. Hierbei handelt es sich um sämtliche Zoom-Stufen, die von Acrobat angeboten werden (zum Beispiel Fortlaufend - Doppelseiten oder Gedreht).

Aktionen, die für Formulare in PDF-Dateien gedacht sind – diese Aktionen gibt es seit InDesign CS6:

- Formular zurücksetzen: Diese Aktion bewirkt, dass in einem PDF-Formular alle Eingaben des Benutzers wieder zurückgesetzt werden, d. h., der Inhalt von Eingabefeldern wird gelöscht, und Auswahlmöglichkeiten werden auf ihren Ursprung gesetzt.
- Formular drucken: Wird diese Aktion aktiviert, wird der Druckdialog aufgerufen.
- Formular senden: In der Zusatzoption URL geben Sie z. B. `mailto:max.mustermann@musterdomain.com` ein, um die PDF-Datei Ihrem lokalen Mailsystem zu übergeben. In diesem Fall wird eine neue Mail erstellt, der Empfänger eingetragen und die PDF-Datei als Anhang hinzugefügt. Webbasierte Maildienste werden verständlicherweise nicht unterstützt.

Alternative Protokolle

Um ein Formular zu versenden, können Sie auch andere Protokolle (wie z. B. FTP) verwenden. Die Formulierung des URL gestaltet sich dann allerdings unter Umständen recht schwierig. Eine Rückmeldung, ob ein URL funktioniert oder nicht, erhalten Sie erst bei der Anwendung des PDF-Formulars.

PDF-Optionen und Aktivierreihenfolge

Wie Sie gerade gesehen haben, können Sie die Sichtbarkeit von Schaltflächen über Aktionen steuern oder Schaltflächen von vornherein unsichtbar machen, indem Sie für das Objekt Bis zum Auslösen ausgeblendet im Schaltflächen-Bedienfeld aktivieren. In PDF-Dateien gibt es allerdings noch weitere Situationen, die den Zugriff auf Schaltflächen regeln und auf die Sie Rücksicht nehmen sollten. Blenden Sie durch einen Klick auf ▶ die PDF-Optionen im Schaltflächen-Bedienfeld ein.

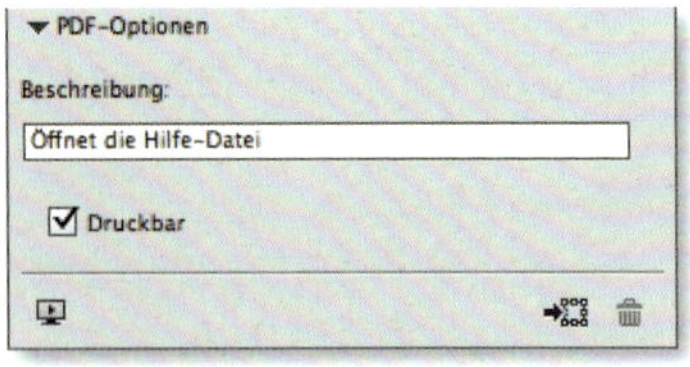

▲ **Abbildung 32.31**
Die PDF-Optionen für Schaltflächen regeln das Verhalten interaktiver Objekte in PDF-Dateien. Im Feld Beschreibung können Sie Informationen für Tooltips und barrierefreie PDFs eingeben.

Drucken von Schaltflächen | Die Sichtbarkeit der Schaltfläche in einer PDF-Datei wird aus Ihren Einstellungen in der InDesign-Datei übernommen. Darüber hinaus können Sie festlegen, ob eine Schaltfläche beim Ausdruck der PDF-Datei ausgedruckt werden soll. Aktivieren Sie dazu die Option Druckbar.

Beschreibung | Für barrierefreie PDF-Dateien muss eine Textbeschreibung zu jedem Objekt vorliegen, das zur Erklärung des Inhalts notwendig ist. Tragen Sie hierfür in Beschreibung einen möglichst aussagekräftigen Text für die Schaltfläche ein. Dieser Text wird von Acrobat auch als Tooltip für die Schaltfläche bzw. das Eingabefeld angezeigt.

Aktivierreihenfolge festlegen | Wenn Sie zwischen mehreren Schaltflächen mit [⇥] bzw. [⇧]+[⇥] navigieren, stellt sich die Frage, welche Schaltfläche eigentlich die nächste ist. Die ursprüngliche Reihenfolge wird aus der Reihenfolge abgeleitet, in der die Schaltflächen und Formularfelder erstellt wurden. Diese Aktivierreihenfolge – also die genaue Abfolge, in der die einzelnen Elemente mit der [⇥]-Taste angesprungen werden – kann natürlich verändert werden.

Wählen Sie Objekt • Interaktiv • Aktivierreihenfolge festlegen, um ins Fenster Aktivierreihenfolge zu gelangen:

Nicht nur sichtbare

Bei der Festlegung der Aktivierreihenfolge werden auch Schaltflächen berücksichtigt, die sich auf ausgeblendeten Ebenen befinden, was zu Störungen in der Darstellung führen kann.

◀ **Abbildung 32.32**
Die Aktivierreihenfolge, die Sie hier festlegen, wirkt sich sowohl in PDF- als auch in SWF-Dateien aus.

Hier finden Sie alle Schaltflächen Ihres Dokuments aufgelistet. Die Reihenfolge für die Navigation mittels [⇥]-Taste beginnt in dieser Liste mit dem obersten Eintrag. Verschieben Sie die einzelnen Einträge mit der Maus, oder wählen Sie einen Eintrag, und klicken Sie auf Nach oben bzw. Nach unten, um seine Position in der Abfolge zu verändern.

32.4 Audio und Video

Dass dynamische Daten in der Produktion digitaler Veröffentlichungen eine wesentliche Rolle spielen, versteht sich von selbst. Aber auch eine »gewöhnliche« Präsentation kann mit zusätzlichen dynamischen Daten wie Sound oder Film wesentlich aufgewertet werden. InDesign erlaubt es Ihnen, auch solche Daten in einem Layout zu platzieren. Während frühe InDesign-Versionen noch sehr restriktiv waren, was unterstützte Datenformate angeht (nur AVI, MOV, MPEG und SWF), lautet die Devise seit InDesign CS5: »Wenn Flash es verwenden kann, kann es auch InDesign«. Somit ist es nun also möglich, auch MP4-, FLV- und MP3-Daten zu platzieren.

Verwendbarkeit

In InDesign platzierte Audio- und Videodateien können in PDF, SWF, HTML5 und im Folio-Format nutzbar eingesetzt werden. Beim Folio-Format gibt es jedoch die Einschränkung, dass das Abspielen von Schleifen und das Streamen von Daten nicht möglich sind.

Das Medien-Bedienfeld

Die Verwendung dynamischer Daten stellt eine eigene kleine Insel innerhalb von InDesign dar, die über das Medien-Bedienfeld verwaltet wird. Sie können dynamische Daten zwar in Ihrem Layout platzieren, wie alle anderen Medien auch, aber im Medien-Bedienfeld gibt es dafür sogar eigene Funktionen. Öffnen Sie das Medien-Bedienfeld über FENSTER • INTERAKTIV • MEDIEN.

▲ **Abbildung 32.33**
Das Medien-Bedienfeld bei einer ausgewählten SWF-Datei (links), bei FLV- und MP4-Dateien (Mitte) und einer MP3-Datei (rechts)

Sichtbar, aber nicht abspielbar

BEIM LADEN DER SEITE ABSPIELEN ist erst im Ergebnis sichtbar und kann in InDesign nicht simuliert werden. Seit InDesign CS5 gibt es allerdings den Vorschaubereich im Medien-Bedienfeld, um bei der Verwendung dynamischer Medien nicht völlig im Blindflug unterwegs zu sein, und seit InDesign CS6 können Sie aus dem Bedienfeld die SWF-Vorschau aufrufen, um alle dynamischen Daten der Seite überprüfen zu können.

Wenn Sie bereits dynamische Daten platziert und ausgewählt haben, stellt sich das Medien-Bedienfeld abhängig vom ausgewählten Datenbestand unterschiedlich dar, wobei es aber immer einen Vorschaubereich ❶ gibt. Einige Optionen gelten aber für alle Medien: BEIM LADEN DER SEITE ABSPIELEN ❷ sorgt dafür, dass der Clip startet, sobald ein Benutzer auf die Seite blättert. Mit STANDBILD ❸ können Sie festlegen, wie ein Clip dargestellt werden soll, solange er nicht abläuft.

An Funktionen bietet das Medien-Bedienfeld lediglich vier an. Seit InDesign CS6 können Sie mit einem Klick auf DRUCKBOGENVORSCHAU ❹ die SWF-Vorschau öffnen und darin die grundsätzliche Interaktivität der platzierten Objekte im Seiten-Umfeld testen. OPTIONEN FÜR DEN EXPORT INTERAKTIVER PDFs FESTLEGEN ❻ bietet einige PDF-spezifische Optionen an und ist mit den PDF-Optionen der Schaltflächen vergleichbar. Sie finden diese Funktion als PDF-OPTIONEN auch im Bedienfeldmenü. Die anderen beiden Funktionen betreffen das Platzieren von dynamischen Daten in Ihrem Layout.

Video- und Audiodatei platzieren ❼ | Ein Klick auf diese Funktion öffnet das Fenster MEDIEN PLATZIEREN, das einem normalen Fenster PLATZIEREN entspricht, aber über keinerlei Optionen verfügt. Die Verwendung unterscheidet sich jedoch nicht. Wenn Sie Medien über die normale Platzierfunktion – Strg+D bzw. ⌘+D – platzieren, gibt es zwar die Möglichkeit, Optionen anzeigen zu lassen, dabei passiert unter Mac OS X aber nichts.

Video mithilfe einer URL platzieren | Diese Funktion finden Sie auch im Bedienfeldmenü, allerdings unter dem Namen VIDEO PER URL. Um diese Funktion aufrufen zu können, müssen Sie zunächst einen Rahmen erstellen, der als Platzhalter für das Video fungieren soll. Wählen Sie diesen Rahmen aus, und klicken Sie auf VIDEO MITHILFE EINER URL PLATZIEREN ❺. Im sich nun öffnenden Fenster können Sie eine URL zu einem Videoclip eintragen. Beachten Sie die Anleitung in diesem Fenster, und seien Sie sich bewusst, dass beim Platzieren mithilfe einer URL sehr viele Instanzen zwischen den Daten und Ihrem Layout stehen – rechnen Sie also nicht damit, dass diese Methode problemlos funktioniert.

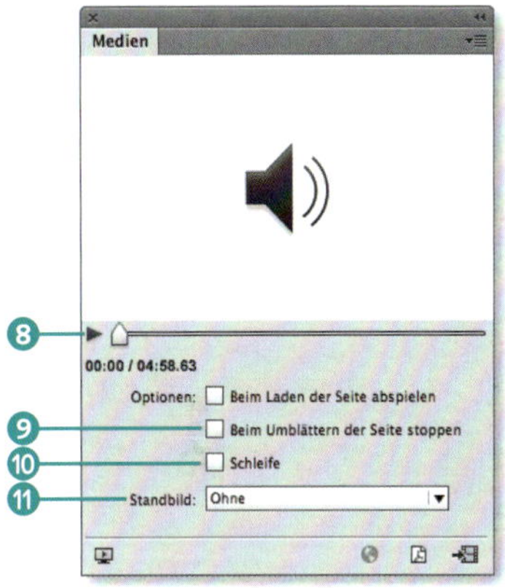

▲ **Abbildung 32.34**
Die spezifischen Optionen des Medien-Bedienfelds für Audiodaten. Zum Abspielen der Audiodatei klicken Sie auf den Start-Pfeil ❽.

Audiodaten

Wenn Sie Audiodaten in Ihrem Layout platzieren, erscheinen diese zunächst einmal mit einem Platzhaltersymbol. Allerdings können Sie mit der Option STANDBILD ⓫ im Medien-Bedienfeld festlegen, wie die Audiodatei dargestellt werden soll, indem Sie ihr ein Bild zuordnen. OHNE stellt die Datei gar nicht dar, STANDARD stellt ein Lautsprechersymbol dar, und über BILD AUSWÄHLEN haben Sie die Möglichkeit, ein beliebiges Bild anstelle des Platzhalters im Layout darzustellen.

BEIM UMBLÄTTERN DER SEITE STOPPEN ❾ stoppt die Wiedergabe der Audiodatei, sobald der Benutzer die Seite verlässt. SCHLEIFE ❿ spielt die Audiodatei so lange immer wieder von vorne ab, bis sie entweder manuell gestoppt wird, bis die Datei, in der sie enthalten ist, geschlossen wird oder bis der Benutzer weiterblättert, sofern die Option BEIM UMBLÄTTERN DER SEITE STOPPEN aktiviert war.

▲ **Abbildung 32.35**
Die Steuerungsmöglichkeiten für SWF-Dateien sind sehr reduziert.

Videodaten

Bei Videodaten ist zu unterscheiden, ob Sie SWF- oder FLV- bzw. MP4-Dateien platzieren. Die beiden Letzteren bieten wesentlich mehr Möglichkeiten und werden von InDesign gleich behandelt.

SWF | SWF-Clips bieten keine besonderen Einstellungsmöglichkeiten, die Sie nun nicht schon kennen würden. Lediglich im Menü STANDBILD finden Sie die Zusatzoption AUS AKTUELLEM BILD, die denjenigen Frame als Platzhalter festlegt, der im Clip gerade zu sehen war, als Sie den Befehl aufriefen. Sobald dies geschehen ist, können Sie das Standbild ändern, indem Sie auf das Symbol klicken, das erst auftaucht, sobald ein Platzhalter existiert. Das Standbild wird dann durch den aktuellen Frame ersetzt.

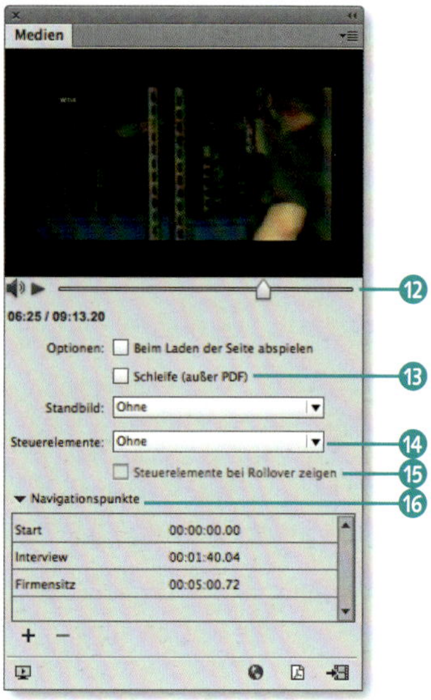

▲ **Abbildung 32.36**
FLV- und MP4-Clips können sehr genau gesteuert werden.

FLV und MP4 | Neben den schon bekannten Funktionen und Optionen haben Sie bei FLV- bzw. MP4-Daten die größte Kontrolle im Medien-Bedienfeld selbst ⑫, aber auch eine Reihe Zusatzoptionen zur Ablaufsteuerung.

So können zum Beispiel auch diese Daten in einer SCHLEIFE (AUSSER PDF) ⑬ abgespielt werden, was sich allerdings nur auswirkt, wenn Sie als Zielformat eine SWF-Datei verwenden.

Für die Wiedergabe eines Clips können Sie unter STEUERELEMENTE ⑭ aus einer ganzen Reihe von Möglichkeiten wählen, aus welchen Steuerungselementen das Steuerpanel des Clips aufgebaut werden soll. Die verschiedenen Optionen sind aus Kennungen wie »Fullscreen«, »Play« usw. aufgebaut und beschreiben, welche Steuerelemente jeweils zu sehen sein sollen.

Die Option STEUERELEMENTE BEI ROLLOVER ZEIGEN ⑮ bewirkt, dass das Steuerpanel nur eingeblendet wird, wenn der Benutzer den Mauszeiger in die Begrenzungsfläche des Videoclips bewegt, und dass es wieder ausgeblendet wird, wenn der Mauszeiger diese Fläche wieder verlässt. Diese Option ist sehr sinnvoll, da die Steuerelemente, wenn Sie den Film überlagern, als störend empfunden werden.

Da es den Rahmen sprengen würde, sämtliche Kombinationen an dieser Stelle aufzulisten oder gar abzubilden, haben wir einige Einstellungen für Sie ausgewählt (siehe Abbildung 32.37) und verlassen uns ansonsten auf Ihren Spiel- und Experimentiertrieb. Beachten Sie jedoch, dass Sie die aktuelle Einstellung erst sehen, wenn Sie Ihr Layout in ein geeignetes Format exportiert haben.

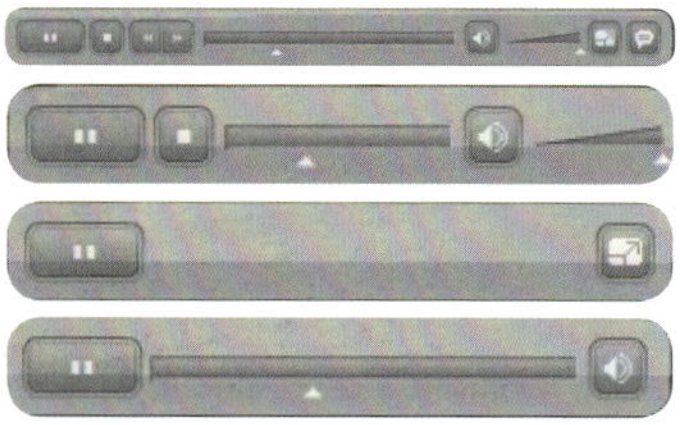

▲ **Abbildung 32.37**
Einige Kombinationen aus Steuerelementen – von oben nach unten:
SKINOVERALL
SKINOVERPLAYSTOPSEEKMUTE
SKINOVERPLAYFULLSCREEN
SKINOVERPLAYSEEKMUTE

Im aufklappbaren Feld NAVIGATIONSPUNKTE ⑯ haben Sie die Möglichkeit, in Ihrem Clip bestimmte Frames festzulegen, die Sie dann über Schaltflächen direkt anspringen können – diese Möglichkeit haben wir bereits in Abschnitt 32.3, »Schaltflächen«, vorgestellt. Die Definition eines Navigationspunkts ist denkbar einfach:

Klicken Sie auf +. Der Frame, der aktuell in der Vorschau angezeigt wird, wird nun als Navigationspunkt angelegt. Seine Frame-Nummer (Zeitangabe) erscheint im Feld NAVIGATIONSPUNKTE, und der Name des neuen Navigationspunkts wird für Sie ausgewählt, um ihn gleich sprechend benennen zu können. Ein einmal gesetzter Navigationspunkt kann nicht mehr editiert werden. Sie müssen diesen also löschen – und neu anlegen.

Ausgabe von Audio- und Videodaten

Adobe hat InDesign seit CS5 eine eigene Export-Option für PDF-Dateien mit dynamischen Daten spendiert, die hier natürlich für die Ausgabe zum Einsatz kommt. Sie sollten aber bei der Verwendung dynamischer Daten in jedem Fall folgende Punkte beachten:

- Ein nicht-rechteckiger Medienrahmen wird nicht angezeigt.
- Medien, deren Standbilder gedreht oder verbogen wurden, werden unter Umständen nicht korrekt dargestellt.
- Auf Standbilder angewendete Masken werden nicht korrekt oder gar nicht dargestellt.
- Transparenzen, die mit dynamischen Daten in Berührung kommen, können eigenwillige Ergebnisse liefern.
- Der Empfänger der PDF-Datei, die dynamische Daten enthält, sollte zumindest Adobe Reader 6 oder Acrobat 6 verwenden.

PDF 1.3 und 1.4
In diesen PDF-Versionen gibt es zusätzliche Einschränkungen, weshalb wir Ihnen die Verwendung nicht empfehlen können:

- Nicht-RGB-Standbilder werden nicht angezeigt.
- MPEG- und SWF-Clips können nicht abgespielt werden.
- Beschneidungspfade in Standbildern werden nicht wirksam.
- Filmdaten können nicht eingebettet und Audiodaten nicht verknüpft werden.

Alle weiteren Exportmöglichkeiten entnehmen Sie bitte Kapitel 33, »Digitale Dokumente exportieren«.

32.5 Seitenübergänge

Sie haben bereits eine Reihe von Steuermöglichkeiten kennengelernt, um in PDF- und SWF-Dateien, die aus InDesign exportiert wurden, zwischen Seiten zu wechseln und zu blättern. Um den Übergang von einer Seite zur nächsten etwas attraktiver zu gestalten, können Sie auf vordefinierte Seitenübergänge zurückgreifen.

Verwendbarkeit
In InDesign erstellte Seitenübergänge können nur in PDF und SWF abgebildet werden. Der Seitenübergang UMBLÄTTERN kann allerdings nur in SWF verwendet werden.

Seitenübergänge können in PDF nur im Vollbildmodus ausgeführt werden. Um den Vollbildmodus in Acrobat bzw. im Adobe Reader zu aktivieren, drücken Sie [Strg]+[L] bzw. [⌘]+[L].

Für das Folio-Format sind Seitenübergänge nicht nutzbar.

Grundlegende Informationen

Sie haben zwei Möglichkeiten, einem Druckbogen (!) einen Seitenübergang hinzuzufügen, die natürlich die gleichen Funktionen verwenden und sich lediglich in den Auswahl- und Einstellmethoden unterscheiden. Bei beiden Verfahren können Sie einen Übergang auf alle Bögen des Dokuments anwenden. Dabei sollten Sie grundsätzlich folgende Informationen beachten:

- Seitenübergänge werden nur auf den Druckbogen angewendet. Da interaktive Dokumente immer den Charakter einer Präsentation haben, sollten Sie bei der Erstellung der InDesign-Dokumente immer von einseitigen Dokumenten ausgehen.
- Ein Seitenübergang ist immer der Seite zugewiesen, von der aus zur nächsten Seite geblättert wird (die also beim Blättern betreten wird). Wenn Seite 1 also keinen Seitenübergang verwendet, Seite 2 aber

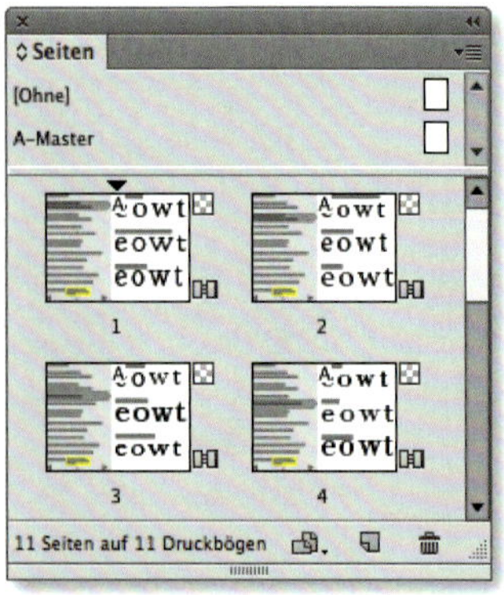

▲ **Abbildung 32.38**
Bögen, denen ein Seitenübergang zugewiesen ist, werden im Seiten-Bedienfeld mit dem Symbol gekennzeichnet. Dazu muss die Seitendarstellung in den BEDIENFELDOPTIONEN jedoch zumindest auf MITTEL gestellt werden. In den BEDIENFELDOPTIONEN des Seiten-Bedienfelds können Sie die Darstellung der SEITENÜBERGÄNGE auch ganz abschalten.

schon, wird beim Übergang auf Seite 2 noch kein Effekt sichtbar sein, wohl aber beim Weiterblättern auf Seite 3.

- In PDF-Dateien wird der Seitenübergang auch sichtbar, wenn Sie mit den Cursortasten navigieren. Bei SWF-Dateien hängt es davon ab, ob die SWF-Datei im Flash Player betrachtet wird (Cursortasten funktionieren) oder im Browserumfeld (Cursortasten werden in der Regel vom Browser verwendet).

Seitenübergänge anwenden

Um Seitenübergänge auf eine Seite anzuwenden und dabei das Verhalten des Übergangs auch nach Ihren Wünschen einzustellen, verwenden Sie das Seitenübergänge-Bedienfeld, das Sie über FENSTER • INTERAKTIV • SEITENÜBERGÄNGE aufrufen. Alternativ können Sie Seitenübergänge auch über das Bedienfeldmenü des Seiten-Bedienfelds zuweisen und hier SEITENATTRIBUTE • SEITENÜBERGÄNGE • WÄHLEN aufrufen. So gelangen Sie in das Fenster SEITENÜBERGÄNGE, wo Sie den gewünschten Seitenübergang aus einer Übersicht aufrufen können.

Seitenübergänge-Fenster | Wählen Sie eine Seite im Seiten-Bedienfeld aus, und rufen Sie aus dem Bedienfeldmenü des Seiten-Bedienfelds den Befehl SEITENATTRIBUTE • SEITENÜBERGÄNGE • WÄHLEN auf, um in das Fenster SEITENÜBERGÄNGE zu gelangen.

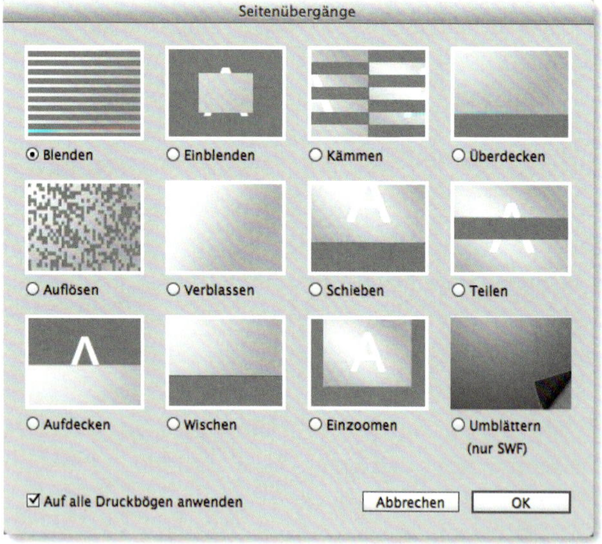

▲ **Abbildung 32.39**
Eine Vorschau, wie die einzelnen Seitenübergänge aussehen, erhalten Sie, wenn Sie den Mauszeiger über einen der Seitenübergänge stellen.

Welcher Bogen ist ausgewählt?
Eine Seite oder ein Bogen ist dann ausgewählt, wenn die entsprechende Seitennummer ausgewählt ist. Führen Sie für eine gezielte Auswahl also im Zweifelsfall einen Doppelklick auf die Seitenziffer(n) des gewünschten Bogens bzw. der Seite aus.

Haben Sie dagegen einen Seitenbereich ausgewählt, gelten die Seitenübergänge für alle ausgewählten Seiten/Bögen.

Von den zwölf möglichen Seitenübergängen funktionieren alle in SWF-Dateien, aber der Effekt UMBLÄTTERN (NUR SWF) als einziger nicht in PDF-Dateien. Wählen Sie den gewünschten Seitenübergang aus. Dieser Übergang wird grundsätzlich auf die ausgewählte Seite angewendet, es sei denn, Sie aktivieren die Option AUF ALLE DRUCKBÖGEN ANWENDEN.

Seitenübergänge-Bedienfeld | Im Seitenübergänge-Bedienfeld müssen Sie zunächst einen ÜBERGANG ❷ auswählen, um die entsprechende VORSCHAU ❶ zu erhalten. Für die meisten Übergänge können Sie eine RICHTUNG ❸ (Ausnahme: AUFLÖSEN, VERBLASSEN, UMBLÄTTERN (NUR SWF)) und eine GESCHWINDIGKEIT ❹ festlegen (Ausnahme: UMBLÄTTERN (NUR SWF)). Um den ausgewählten Übergang auf alle Bögen anzuwenden, klicken Sie auf AUF ALLE DRUCKBÖGEN ANWENDEN ❺.

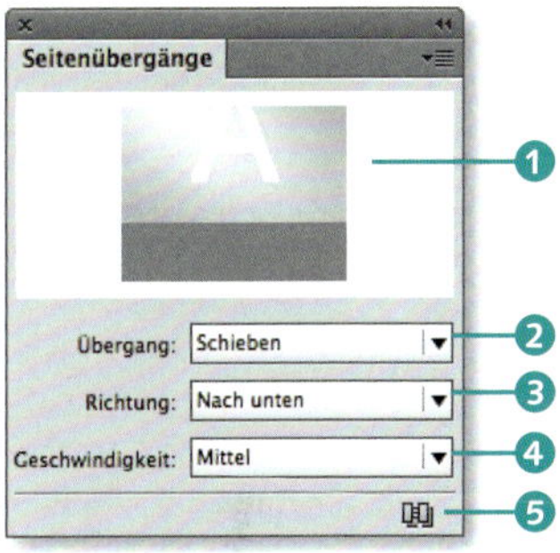

▲ **Abbildung 32.40**
Seitenübergänge-Bedienfeld

Seitenübergänge ändern und löschen

Um einen Seitenübergang zu ändern, wählen Sie den betreffenden Bogen aus, stellen im Seitenübergänge-Bedienfeld den neuen Seitenübergang ein und ändern die RICHTUNG und GESCHWINDIGKEIT nach Ihren Vorstellungen. Sie können einzelne Seitenübergänge natürlich auch verändern, wenn Sie ursprünglich einen Übergang auf alle Seiten angewendet haben. Wenn Sie im Seiten-Bedienfeld die Funktion SEITENATTRIBUTE • SEITENÜBERGÄNGE • BEARBEITEN aus dem Bedienfeldmenü aufrufen, landen Sie nicht mehr im Fenster SEITENÜBERGÄNGE. Es wird lediglich das Seitenübergänge-Bedienfeld geöffnet, sofern es nicht ohnehin geöffnet ist.

Seitenübergänge löschen | Um einen einzelnen Seitenübergang zu löschen, gehen Sie genauso wie beim Ändern eines Übergangs vor, wählen allerdings den Übergang OHNE aus.

Alle Seitenübergänge können Sie löschen, indem Sie die Funktion ALLE LÖSCHEN aus dem Bedienfeldmenü des Seitenübergänge-Bedienfelds oder SEITENATTRIBUTE • SEITENÜBERGÄNGE • ALLE LÖSCHEN aus dem Bedienfeldmenü des Seiten-Bedienfelds aufrufen.

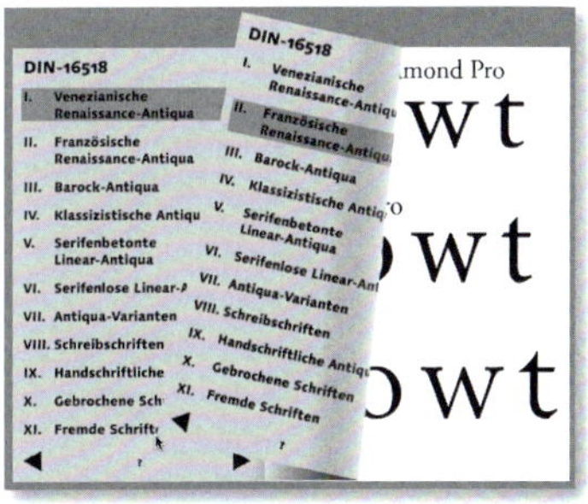

▲ **Abbildung 32.41**
Der Seitenübergang UMBLÄTTERN (NUR SWF) ist exklusiv Dokumenten vorbehalten, die in SWF-Dateien exportiert werden. Er ist der einzige Effekt, dessen Bewegung vom Benutzer mit der Maus gesteuert wird, und er kann zusätzlich zu den anderen Übergängen verwendet werden.

Ausgabe von Seitenübergängen

Da die Ausgabe auf die Dateiformate PDF und SWF beschränkt ist, achten Sie beim Anlegen von Seitenübergängen auf Folgendes:

- Der Effekt UMBLÄTTERN (NUR SWF) kann nur in eine SWF-Datei ausgegeben werden. Sollten Sie versuchen, eine PDF-Datei mit diesem Übergang zu erzeugen, macht InDesign Sie auf diesen Umstand auf-

Seitenübergänge und PDF

Wie alle interaktiven Funktionen können Sie auch Seitenübergänge nicht in der InDesign-Datei austesten, sondern nur, wenn Sie Ihre Datei als PDF- oder SWF-Datei exportieren.

Für PDF-Dateien können Sie in Adobe Reader oder Acrobat eigene Seitenübergänge festlegen – diese werden von den Seitenübergängen, die Sie mit InDesign erstellen, allerdings überschrieben.

merksam. Eine PDF-Datei wird dabei zwar erstellt, der Übergang wird jedoch entfernt.

- Für PDF-Dateien müssen Sie beim Exportieren das Format Adobe PDF (INTERAKTIV) auswählen, da beim Export im Format ADOBE PDF (DRUCK) interaktive Elemente maximal in ihrem visuellen Erscheinungsbild ausgegeben werden. Diese Trennung wurde mit InDesign CS5 eingeführt.
- Für SWF-Dateien müssen Sie im Fenster SWF EXPORTIEREN die Option SEITENÜBERGÄNGE • AUS DOKUMENT aktivieren. Wenn Sie zusätzlich INTERAKTIVES AUFROLLEN DER SEITE EINSCHLIESSEN aktivieren, kann der Übergang UMBLÄTTERN (NUR SWF) zusätzlich zu den ausgewählten Übergängen verwendet werden.

32.6 HTML einfügen

Verwendbarkeit

Eingebetteter HTML-Code ist primär für die Verwendung in Folios gedacht, funktioniert aber natürlich auch in exportierten HTML-Daten. In SWF und PDF werden lediglich die Vorschaubilder angezeigt.

InDesign unterstützt seit Version CS6 eine neue Art dynamischer Daten, die an dieser Stelle gar nicht ordentlich benannt werden kann. Es gibt nun die Möglichkeit kleine Stücke HTML-Code in ein InDesign-Dokument zu integrieren. Was immer in diesem Code enthalten und für das darstellende System auch über ein Netzwerk erreichbar und darstellbar ist, kann auf diese Weise über InDesign in Datenformate übernommen werden, die solche Einbettungen unterstützen.

Anwendungsgebiete

Einbettung ist hier das Zauberwort. OBJEKT • HTML EINFÜGEN ist nicht dafür gedacht, HTML-Code zu erstellen. Sie können auch keinen HTML-Code laden oder getrennt sichern/ausgeben. Sie können diese Funktion nur über die Zwischenablage beschicken und haben keinerlei Einfluss auf die Funktion oder Optionen, um sie zu parametrieren.

Die Funktion HTML EINFÜGEN ist sogar so lieblos implementiert, dass Sie sie – wenn Sie sie einmal angewendet haben – nur noch über das Kontextmenü des HTML-Objekts aufrufen können, um Änderungen am eingefügten HTML-Code vorzunehmen.

Ein Beispiel

Manche Portale stellen HTML-Code zur Verfügung, um Teile des Portals in andere Webseiten einbetten zu können. In der folgenden Schritt-für-Schritt-Anleitung zeigen wir Ihnen, wie Sie diesen HTML-Code in ein InDesign-Dokument einfügen können.

Schritt für Schritt
Google Maps in ein Dokument integrieren

Wenn Sie in einer digitalen Veröffentlichung Ihre Kontaktdaten hinterlegen wollen, geschieht das dem Medium entsprechend am besten, indem Sie auf die üblichen Datendienste und Portale zurückgreifen und z. B. über Google Maps dem Leser die Gelegenheit geben, eine Routenplanung durchzuführen.

1 Ein Testdokument anlegen

Rufen Sie Datei • Neu • Dokument auf. Wählen Sie Zielmedium Digitale Veröffentlichung und als Seitenformat iPhone. Daraus ergibt sich ein einseitiges Dokument mit einer Spalte. Stellen Sie die Ränder Ihren Vorstellungen entsprechend ein, oder akzeptieren Sie für den ersten Test den Vorschlag InDesigns.

Darstellung festlegen

Google Maps erlaubt es Ihnen, die Darstellung für die eingebettete Karte festzulegen, indem Sie auf den Link Eingebettete Karte anpassen und Vorschau anzeigen klicken.

2 Die Datenquelle im Internet festlegen

Starten Sie Ihren Webbrowser, rufen Sie Google Maps über z. B. *maps.google.de* auf, und suchen Sie den Ort Ihres Interesses. Stellen Sie die Zoomstufe nach Ihren Wünschen ein.

3 Den einbettbaren Code kopieren

Klicken Sie auf das Symbol , um die Links zu Ihrem Treffer einzublenden. Sie haben die Möglichkeit, einen direkten Link zu verwenden oder einen Link, der in bestehende Dokumente eingesetzt werden kann.

▼ **Abbildung 32.42**
Eine Adresse wurde in Google Maps gesucht und der dazugehörige HTML-Code zur Einbettung aufgerufen und ausgewählt.

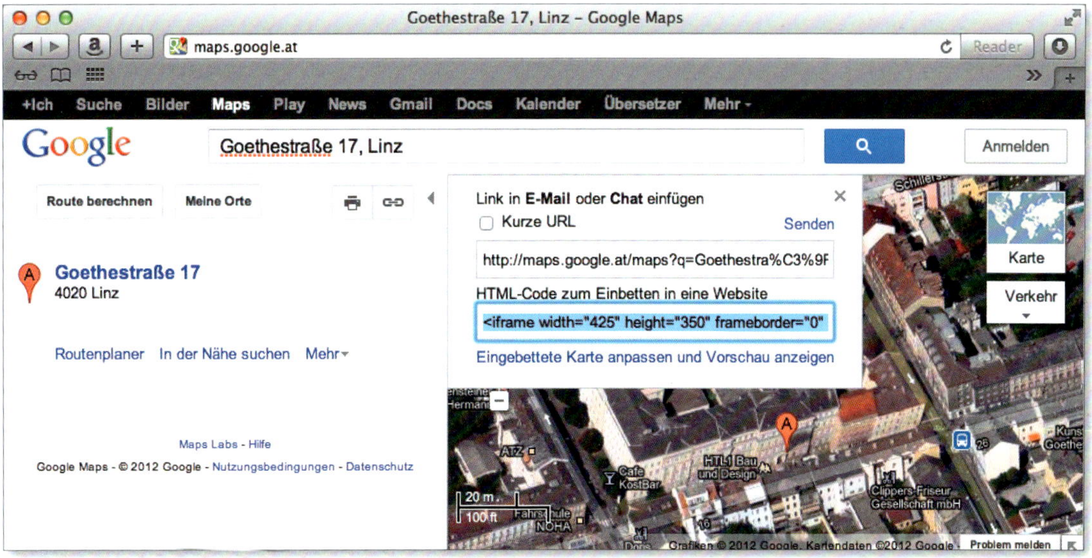

Klicken Sie in das Feld HTML-Code zum Einbetten in eine Website, und wählen Sie den gesamten Text aus (in der Regel wird das automatisch für Sie erledigt). Kopieren Sie die Auswahl in die Zwischenablage.

4 HTML einfügen

Wechseln Sie in das InDesign-Testdokument, und rufen Sie Objekt • HTML einfügen auf. Setzen Sie nun den kopierten URL in das Feld HTML-Code ein.

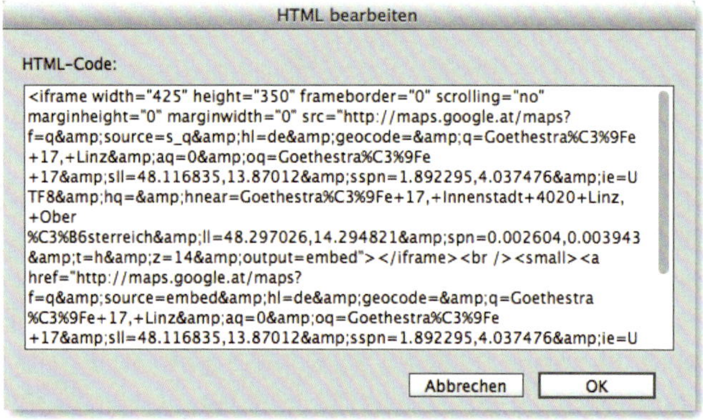

Abbildung 32.43 ▶
Der Inhalt des Felds HTML-Code kann zwar editiert werden, bei Änderungen am Einbettungs-Code empfiehlt es sich jedoch, den geänderten Code neu einzusetzen.

Stellen Sie sich darauf ein, dass InDesign eine Weile rechnet, da zunächst eine Vorschau des Ziels errechnet wird, wozu es nötig ist, dass das Ziel zunächst über das Netzwerk geladen und dann in ein Bild umgerechnet wird. Das Ergebnis des Einfügens wird von InDesign auch als Bild dargestellt und gehandhabt – Sie können es wie gewohnt skalieren, um es in Ihr Layout einzupassen (was allerdings in der ersten Darstellung des Ergebnisses zunächst keine Auswirkung haben wird). Einen Eintrag im Verknüpfungen-Bedienfeld werden Sie jedoch nicht finden.

▲ **Abbildung 32.44**
Ein sehr einfaches Dokument mit eingebettetem Code einer Google Map

5 Das Dokument testen

Die SWF-Vorschau, die ansonsten für die Darstellung dynamischer Daten zuständig ist, hilft Ihnen bei eingebettetem HTML-Code nicht weiter. Hier ist die *Foliovorschau* zuständig, die zunächst konfiguriert werden muss. Rufen Sie Datei • Foliovorschau-Einstellungen auf, lassen Sie die Einstellungen für Rasterformat und JPEG-Qualität unverändert, aktivieren Sie die Option Vorschau für aktuelles Layout, und bestätigen Sie die Einstellungen mit OK.

Rufen Sie nun Datei • Foliovorschau auf. Machen Sie sich auch hier wieder auf eine kleine Pause gefasst. Es wird zunächst wieder eine Vorschau für die Seite bzw. den Bogen errechnet, dann wird der *Adobe Content Viewer* gestartet, dem Ihr Folio-Dokument zur Darstellung übergeben wird.

▲ **Abbildung 32.45**
Die Foliovorschau-Einstellungen mit den Optionen für Schritt 5

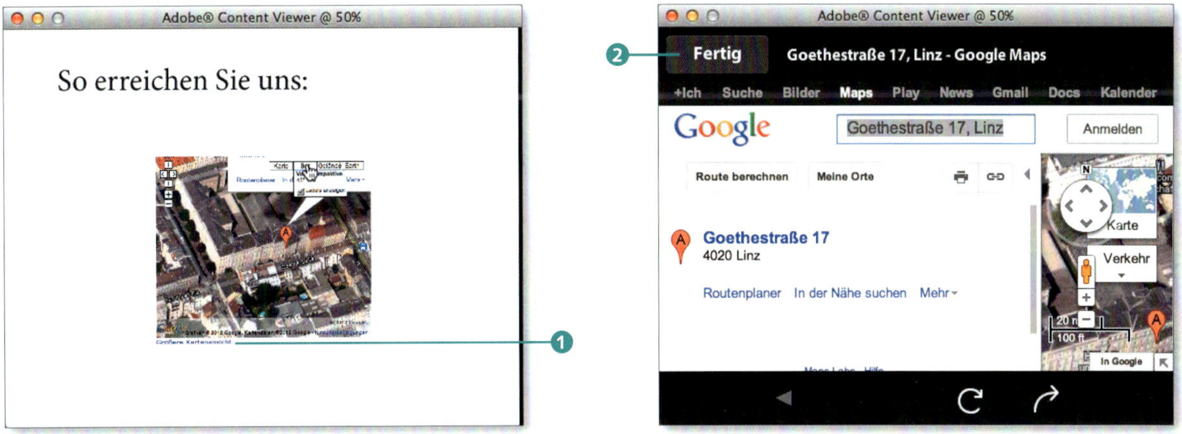

▲ **Abbildung 32.46**
Nicht alle einbettbaren Inhalte sind für jedes Gerät geeignet – die Große Kartendarstellung von Google Maps ist für das kleine Display eines iPhones nicht ideal.

Sobald *Adobe Content Viewer* Ihr Dokument geöffnet hat, können Sie in der Google Map wie gewohnt navigieren oder auf die Google-Originaldarstellung umschalten, indem Sie auf den Link Grosse Kartenansicht ❶ klicken. Die große Kartenansicht können Sie verlassen, indem Sie auf Fertig ❷ klicken.

Als Quelle für diese Art von Daten kommen alle Datendienste infrage, die Ihnen eine Einbettung anbieten. Ein Klassiker wäre hier wohl YouTube. Die angebotenen Inhalte müssen natürlich auf dem Gerät, für das Sie Ihre Publikation erstellen, auch darstellbar sein. Beachten Sie, dass FLV-Clips auf iOS nach wie vor nicht funktionieren und dass die Unterstützung für das Flash-Plug-in auch für andere mobile Plattformen nicht mehr gesichert ist.

Versuchen Sie nicht, Hyperlinks und andere typische HTML-Elemente über HTML einfügen in InDesign-Dokumente einzuschleusen. Das würde zwar funktionieren, wäre aber extrem schwer zu warten und in vorhandene Inhalte einzupassen. InDesign bietet für solche Aufgaben sehr brauchbare eigene Werkzeuge, die wir Ihnen in diesem Kapitel bereits vorgestellt haben.

HTML bearbeiten

Wenn sich der HTML-Code für eingebettete Inhalte ändert, können Sie über das Kontextmenü des HTML-Objekts HTML bearbeiten aufrufen und den HTML-Code editieren – was wir nicht empfehlen – oder ihn austauschen, indem Sie den vorhandenen Code auswählen und löschen und den neuen Code einsetzen. Wie Sie sehen, ist das nicht weniger Arbeit, als das HTML-Objekt komplett neu anzulegen.

32.7 QR-Codes

▲ **Abbildung 32.47**
Der Text »Adobe InDesign CC - Das umfassende Handbuch« als QR-Code.

Während eingefügter HTML-Code für digitale Publikationen gedacht ist, schlagen QR-Codes die Brücke zwischen gedruckten und digitalen Publikationen. Scannen Sie einen solchen Code mit einem geeigneten Gerät (zumeist ein Smartphone mit eingebauter Kamera und entsprechender Software), und Sie erhalten Informationen wie den Verweis zu einer Webseite, eine Visitenkarte oder die Möglichkeit, eine Textnachricht zu versenden.

Der **Q**uick **R**esponse Code ist eine Entwicklung und ein Markenname der Firma Denso Wave. Es gibt verschiedene Definitionen, die sich in der Redundanz (7 % – 30 % Sicherungsinformationen) und der Kapazität (bis ca. 4.200 Zeichen des lateinischen Alphabets) unterscheiden.

Verwendbarkeit
QR-Codes werden von InDesign CC intern als EPS-Objekte verwaltet. Somit können sie in allen Arten von Publikationen eingesetzt werden.

QR-Code generieren

InDesign kann solche QR-Codes seit Version CC erzeugen. Sie finden die entsprechende Funktion unter OBJEKT • QR-CODE GENERIEREN und landen damit im gleichnamigen Fenster, in dem Sie zunächst den INHALT des QR-Codes festlegen, wobei QR-Codes einige unterschiedliche Arten an Informationen unterstützen.

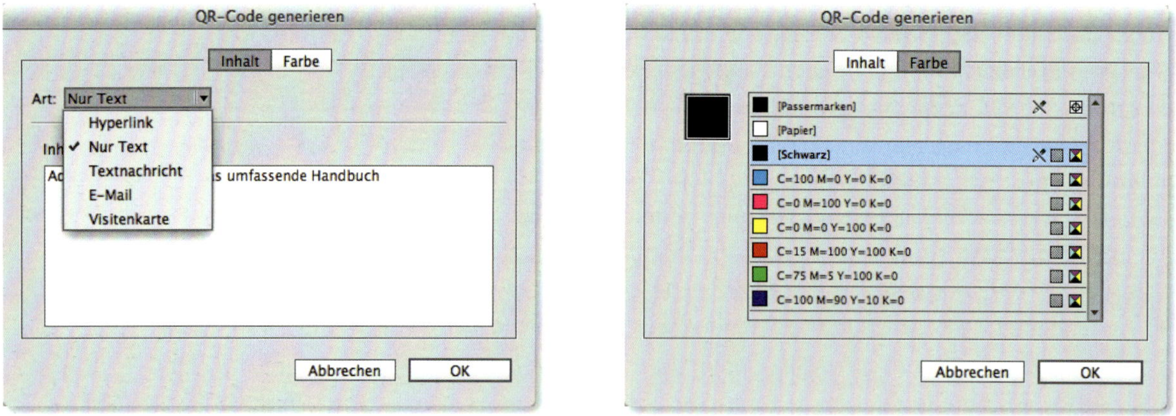

▲ **Abbildung 32.48**
Bei der Wahl der Farbe sollten Sie bedenken, dass ein möglichst hoher Kontrast die Lesbarkeit des Codes für die meisten Kameras deutlich verbessert.

- HYPERLINK: Ein solcher Code wird an den Browser des scannenden Geräts übergeben und auf diese Weise eine Webseite aufgerufen. Vermeiden Sie Links zu Downloads, da der Benutzer dafür auf seinem Smartphone evtl. keine Verwendung hat.
- NUR TEXT: Diese Art ist geeignet, um Zusatzinformationen an den Benutzer zu übergeben. Der eingegebene Text wird komprimiert, und somit können laut Denso Wave bis zu 7.089 Dezimalziffern, 4.296 lateinische Zeichen oder 1.817 Kanji-Zeichen codiert werden.

- Textnachricht: Sie können eine Telefonnummer und die Nachricht selbst eingeben und somit auf dem Smartphone des Benutzers eine Textnachricht erzeugen.
- E-Mail: Dementsprechend können Sie hier die E-Mail-Adresse, einen Betreff und die Nachricht eingeben, um für den Benutzer eine E-Mail zu erzeugen.
- Visitenkarte: Sie können eine Reihe von Informationen wie Name, Anschrift usw. eingeben und damit Ihre Visitenkarte an den Benutzer übertragen. Ob diese Daten im vCard-Format in der Kontaktliste des Smartphones oder in einer Adressbuch-App des Benutzers landen, hängt von der Ausstattung des scannenden Geräts ab.

AddQRCode
Eine Alternative, um QR-Codes zu erzeugen, bietet das Skript AddQRCode, das wir auf Seite 1128 kurz beschreiben.

Im Register Farbe wählen Sie eine geeignet Farbe aus den vorhandenen Farbfeldern aus. Je kleiner der QR-Code ist, umso kontrastreicher sollte die Darstellung sein.

QR-Codes verwenden

Bei der Anwendung von QR-Codes sollten Sie noch folgende Dinge beachten:

- Obwohl ein QR-Code in InDesign CC als Vektorobjekt vorliegt, können Sie ihn nicht direkt manipulieren, sondern müssen bei ausgewähltem QR-Code immer über die Funktion Objekt • QR-Code bearbeiten das gleichnamige Fenster aufrufen, das genau dieselben Möglichkeiten bietet wie das Fenster QR-Code generieren.
- Wenn Sie einen *Design-QR-Code* erzeugen wollen, kommen Sie also in InDesign nicht weiter. Sie können aber einen QR-Code über die Zwischenablage z. B. in Adobe Illustrator übernehmen und dort modifizieren. Auf diesem Weg können Sie natürlich auch andere Programme mit QR-Codes, die Sie in InDesign CC erstellen, beschicken.
- Sie können die im QR-Code gespeicherte Information nicht mit einer Textvariablen auslesen. Wenn Sie also zu einem QR-Code die lesbare Variante des Inhalts darstellen wollen, müssen Sie die Information zweimal erstellen und in der Folge auch warten. Ob sich die beiden Informationen decken, erkennen Sie, wenn Sie den Cursor über einen QR-Code stellen. InDesign zeigt Ihnen dann den Inhalt als Tooltip.
- Technisch gesehen sind QR-Codes frei skalierbar, sie sollten jedoch eine Mindestgröße (die von der Dichte der enthaltenen Information abhängt) nicht unterschreiten. Für sehr kurze Informationen, die auch nur wenig Platz benötigen, gäbe es *Micro-QR-Codes*, die InDesign CC jedoch nicht unterstützt.

Design-QR-Codes
In Design-QR-Codes werden lesbare Informationen – z. B. ein kleines Logo – in den QR-Code integriert.

Das funktioniert deshalb, weil die codierten Informationen sehr redundant sind und somit bis zu 30 % des Codes abgedeckt werden können, die Originalinformation aber trotzdem noch entschlüsselt werden kann.

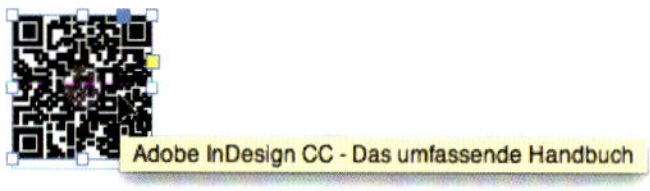

▲ **Abbildung 32.49**
Tooltips bieten einen schnellen Überblick über den Inhalt eines QR-Codes.

32.8 Objektstatus

Verwendbarkeit

In InDesign erstellte Diashows auf Basis von Objektstatus können nur in SWF abgebildet werden. Für den Export in das Folio-Format muss eine Diashow mit der Funktion Bildsequenz aus dem Bedienfeld Folio Overlays erzeugt werden.

Über einen Objektstatus können viele interaktive Elemente in einer Folio-Datei – Einblenden von Objekten über Schaltflächen, Einblenden von Texten bei Rätseln usw. – abgebildet werden.

In InDesign kann ein Objekt in Abhängigkeit von verschiedenen Umfeldfaktoren seine Darstellungsform ändern. Dabei werden die Umfeldfaktoren meistens über Schaltflächen bestimmt, und die Form der Erscheinung – der Objektstatus – wird über das Bedienfeld Objektstatus festgelegt.

Die typische Anwendung für den Objektstatus sind beispielsweise Diashows innerhalb von Präsentationen, in denen die Betrachter sich durch Klick auf einen Vorwärts- und Rückwärtspfeil Bilder zu einem bestimmten Thema ansehen können. Dabei werden die verschiedenen Bilder in Form eines Objektstapels an derselben Position übereinander platziert. Jedem Bild wird im Objektstapel dabei ein Status zugewiesen, der dann durch Klick auf Pfeile (diese sind in Form von interaktiven Buttons anzulegen) angesprochen werden kann. Da im Objektstapel mehrere Bilder übereinanderliegen, wird natürlich in der Druckausgabe bzw. beim PDF-Export das aktuell angezeigte Bild gezeigt.

Das Bedienfeld »Objektstatus«

Nur ein Objekt pro Status?

Im Normalfall ist ein Objekt für einen Status vorgesehen. Beachten Sie aber, dass ein Objektstatus auch aus mehreren Objekten bestehen kann.

Um einen Objektstapel anzulegen und zu verwalten, müssen Sie das Bedienfeld Objektstatus über Fenster • Interaktiv • Objektstatus oder durch Klick auf das Symbol öffnen.

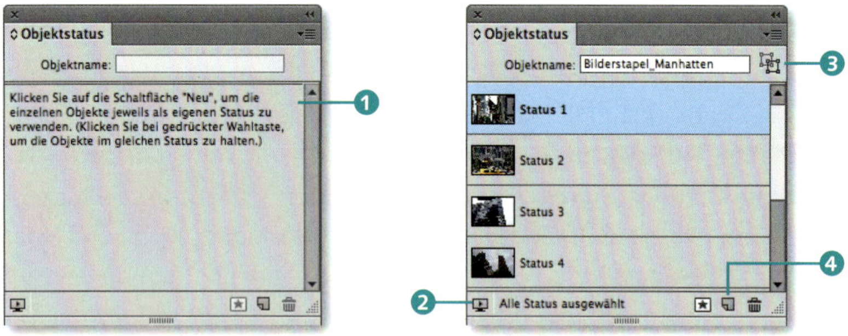

Abbildung 32.50 ▶
Das Objektstatus-Bedienfeld in der Ausgangsdarstellung (links) und gefüllt mit verschiedenen Bildern, denen jeweils ein Status zugewiesen wurde

Das geöffnete Bedienfeld zeigt sich standardmäßig ohne jeglichen Inhalt. Erst wenn Sie mehrere Objekte im Layout markiert haben, zeigt sich das Bedienfeld so, wie in Abbildung 32.50 (linkes Bild) dargestellt. Wie Sie dem Text 1 entnehmen können, können Sie nun beginnen, einen Objektstapel anzulegen.

Haben Sie einen Objektstapel dem Bedienfeld hinzugefügt, so zeigt sich das Bedienfeld so, wie im rechten Bild in Abbildung 32.50. Dem Objektstapel wird ein Objektname 3 zugewiesen.

Auch bei Objektstatus ist die SWF-Vorschau für die Darstellung zuständig – Sie erreichen sie über einen Klick auf DRUCKBOGENVORSCHAU ❷.

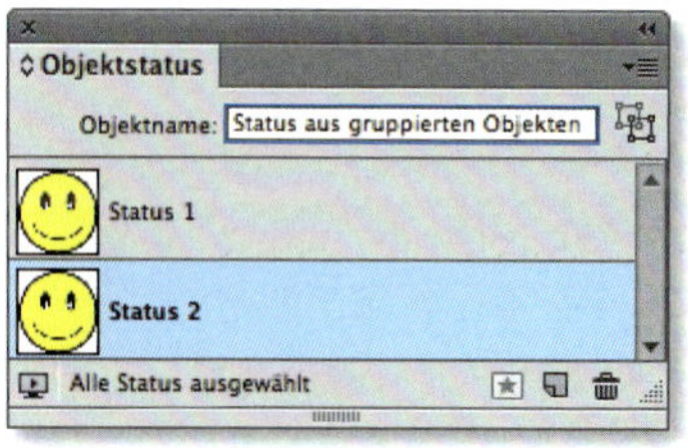

▲ **Abbildung 32.51**
Ein gruppiertes Objekt wird dem Objektstatus-Bedienfeld hinzugefügt. Es wird dabei automatisch ein zweiter Status desselben Objekts hinzugefügt.

Einen Objektstapel mit Objektstatus anlegen

Um einen Objektstapel mit verschiedenen Status zu erstellen, müssen Sie zuerst diese Objekte im Layout erstellen und an die entsprechende Position und in die entsprechende Anordnung bringen. Sind die Objekte erstellt, stehen insgesamt drei Vorgehensweisen zur Verfügung:

- **Ein Objekt bzw. eine Objektgruppe ist ausgewählt**: Haben Sie nur ein Objekt ausgewählt, so können Sie durch Klick auf das Symbol ❹ das Objekt dem Bedienfeld hinzufügen. Beachten Sie, dass dadurch zwei Einträge, STATUS 1 und STATUS 2, mit demselben Objekt im Bedienfeld (Abbildung 32.51) erscheinen. Der zweite Status kann später durch eine andere Abbildung ersetzt werden.
- **Mehrere Objekte (ungruppiert) sind ausgewählt**: Dabei stehen zwei Vorgehensweisen zur Verfügung.
  - **Im gleichen Status behalten**: Markieren Sie die einzelnen Objekte – der Smiley besteht aus dem Kreis, dem Mund und den beiden Augen –, und klicken Sie mit gehaltener [Alt]- bzw. [⌥]-Taste auf das Symbol AUSWAHL IN OBJEKT MIT MEHREREN STATUS UMWANDELN.
  - **Jedem Objekt wird ein Status zugewiesen**: Sind mehrere Objekte (ungruppiert) ausgewählt, so wird durch Klick auf das Symbol AUSWAHL IN OBJEKT MIT MEHREREN STATUS UMWANDELN jedem einzelnen Objekt ein eigener Objektstatus zugewiesen. Dabei wird dem in der Hierarchie an oberster Stelle gelegenen Objekt der STATUS 1 und allen darunterliegenden Objekten je nach Hierarchiestufe ein Status zugeordnet. Dieser Vorgehensweise bedienen Sie sich, wenn Sie einen Bilderstapel zum Blättern in einer SWF- bzw. in einer PDF-Datei verwenden wollen (Abbildung 32.50 zeigt einzelne Bilder in je einem Status). Im Falle des Smileys würde kein brauchbares Ergebnis damit erzielt werden. Das Ergebnis ist in Abbildung 32.53 dargestellt.

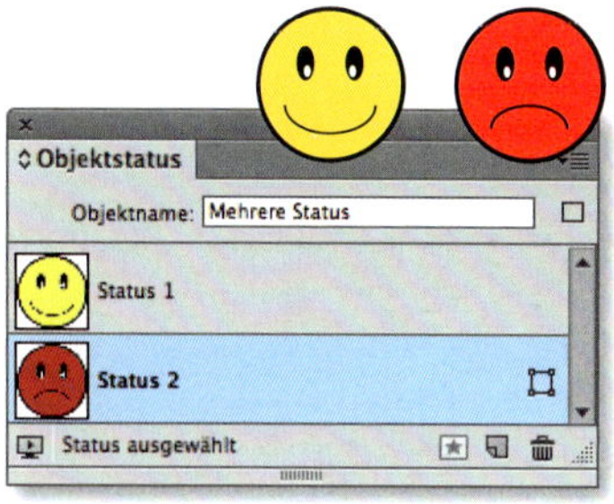

▲ **Abbildung 32.52**
Ein Smiley besteht aus vielen Objekten, die einem Status zugewiesen werden sollen. Mit gedrückter [Alt]-Taste werden alle Objekte einem Status zugeordnet.

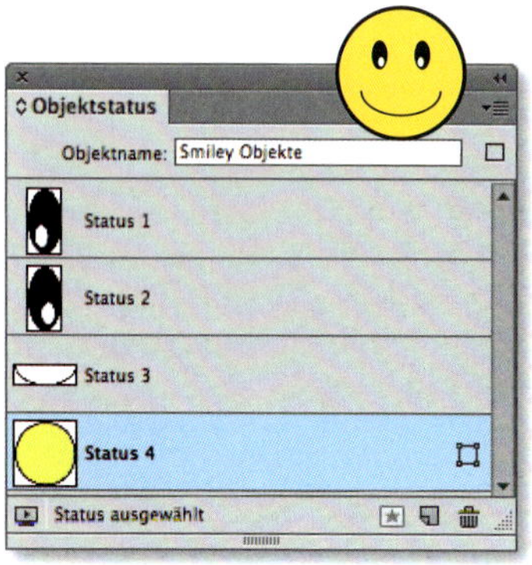

▲ **Abbildung 32.53**
Die ungruppierten Objekte des Smileys liegen als einzelne Status im Bedienfeld vor.

Einen Objektstapel erkennen Sie im Layout an einer dickeren gestrichelten Umrandung und am Symbol in der rechten unteren Ecke des Objekts. Sobald Sie das Objekt auswählen, erscheinen die einzelnen Status im Bedienfeld. Welcher Status aktuell im InDesign-Dokument angezeigt wird, bestimmen Sie durch einfachen Klick auf den jeweiligen Status im Bedienfeld.

Den Objektstapel bearbeiten

Der einzelne Status und auch die Objekte des einzelnen Status können nachträglich noch bearbeitet werden. Dazu muss der jeweilige Status im Bedienfeld ausgewählt und ein entsprechender Befehl ausgeführt werden.

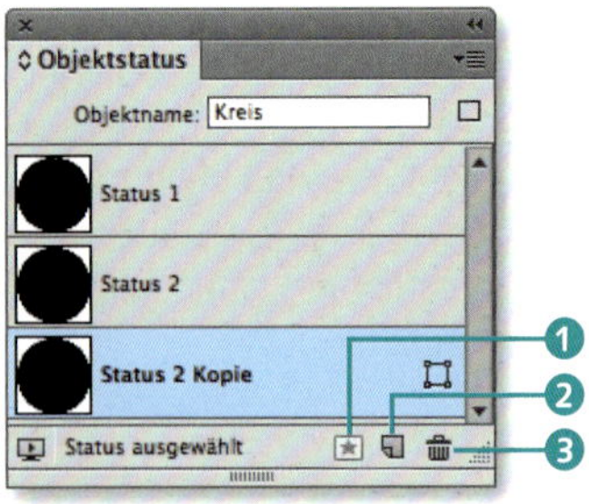

▲ **Abbildung 32.54**
Das Objektstatus-Bedienfeld mit einem duplizierten Status

Einen Status duplizieren | Duplizieren Sie einen Status, indem Sie einen Status, auf dem der neue Status basieren soll, im Bedienfeld auswählen und auf das Symbol NEUEN STATUS ERSTELLEN ❷ klicken. Sie können aber auch stattdessen den Befehl NEUER STATUS aus dem Bedienfeldmenü aufrufen. Danach kann diesem Status ein weiteres Objekt hinzugefügt werden oder eines gelöscht oder bearbeitet werden.

Einem Status ein Objekt hinzufügen | Oft muss einem Status im Nachhinein zusätzlich ein Objekt hinzugefügt werden. Um dies zu bewerkstelligen, wählen Sie das neue Objekt aus und kopieren es über [Strg]+[C] bzw. [⌘]+[C] in die Zwischenablage. Danach wählen Sie den Status, zu dem das Objekt hinzugefügt werden soll, im Bedienfeld aus und fügen den Inhalt der Zwischenablage ein, indem Sie auf das Symbol KOPIERTE OBJEKTE IN AUSGEWÄHLTEN STATUS EINFÜGEN ❶ klicken. Sie können dazu auch den Befehl IN STATUS EINFÜGEN aus dem Bedienfeldmenü ausfuhren.

Dadurch wird das Objekt zentriert im ausgewählten Status eingefügt. Die Größe und die Lage des Objekts müssen Sie danach noch manuell anpassen.

Symbole beim Auswählen

Beachten Sie die Symbole am rechten Rand des jeweils ausgewählten Status.

Wird das Symbol angezeigt, so haben Sie den gesamten Inhalt des Status ausgewählt. Wird jedoch das Symbol angezeigt, so ist gerade ein Objekt des ausgewählten Status selektiert.

Den Status benennen | Es wird empfohlen, dem jeweiligen Status eine eindeutige Kennzeichnung zu geben, um diesen durch eine Aktion ansteuern zu können. Ändern Sie den Namen des Status, indem Sie den Status durch einfachen Klick auswählen und den Namen überschreiben, nachdem Sie wieder auf den Namen geklickt haben. Es steht dafür kein Befehl im Bedienfeldmenü zur Verfügung.

Einen Status löschen | Um einen Status aus dem Stapel zu löschen, wählen Sie den Status im Bedienfeld aus und klicken auf das Symbol AUSGEWÄHLTEN STATUS LÖSCHEN ❸. Alternativ rufen Sie den Befehl STATUS LÖSCHEN aus dem Bedienfeldmenü auf.

Einen Status bearbeiten | Das eine Objekt bzw. die einzelnen Objekte in einem Status können mit den zur Verfügung stehenden Werkzeugen in InDesign uneingeschränkt bearbeitet werden. Um den Status zu verändern, muss dieser natürlich zuvor im Bedienfeld ausgewählt werden.

Objektstapel soll standardmäßig nicht angezeigt werden | Soll ein Objektstapel aus mehreren Status beim Anzeigen einer Seite ausgeblendet bleiben, so wählen Sie den Befehl BIS ZUM AUSLÖSEN AUSGEBLENDET aus dem Bedienfeldmenü aus. Damit können z. B. Bildergalerien erst dann erscheinen, wenn der Betrachter des Dokuments einen bestimmten »Hotspot« mit der Maus berührt.

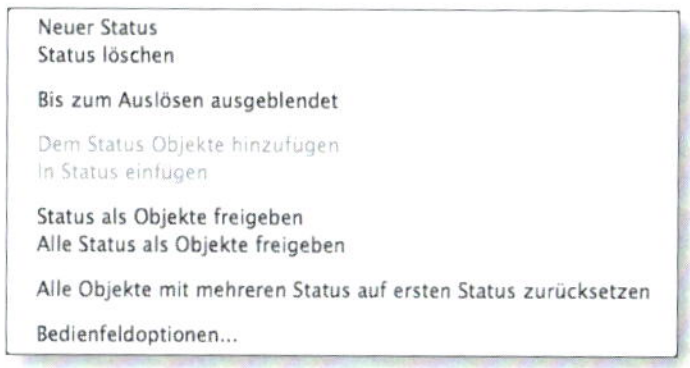

▲ **Abbildung 32.55**
Das Bedienfeldmenü des Objektstatus-Bedienfelds

Die Anzeige für alle Objektstapel im Dokument auf den ersten Status setzen | Wenn Sie einen Status in einem Objektstapel ausgewählt haben, so wird dieser Status auch für die Darstellung im exportierten Dokument verwendet. Um alle Objektstapel in einem Dokument auf die Anzeige des ersten Status zurückzusetzen, wählen Sie ALLE OBJEKTE MIT MEHREREN STATUS AUF ERSTEN STATUS ZURÜCKSETZEN aus dem Bedienfeldmenü aus. Beachten Sie, dass dieser Befehl nur ausgewählt werden kann, wenn eine vom ersten Status abweichende Darstellung im Dokument gewählt ist.

Objektstapel auflösen

Um einen Objektstapel wiederum in einzelne Objekte zurückzuführen, kann aus zwei Vorgehensweisen gewählt werden:

- **Auf ein Objekt zurückführen**: Wenn Sie einen Objektstapel mit mehreren Status auf ein einziges Objekt zurückführen wollen (es soll für die Printpublikation ein bestimmter Status abgebildet werden), so wählen Sie den gewünschten Status im Bedienfeld aus und rufen danach den Befehl STATUS ALS OBJEKTE FREIGEBEN aus dem Bedienfeldmenü auf.
- **Objektstapel auflösen und alle Status als Objekte erhalten**: Wenn alle Status als Einzelobjekte erhalten bleiben sollen, wählen Sie ALLE STATUS ALS OBJEKTE FREIGEBEN aus dem Bedienfeldmenü aus.

Anwendungsbeispiele

Aus der Kombination Schaltflächen und Objektstatus können Sie einige interessante Anwendungen (wie z. B. eine Bildergalerie) erstellen.

▲ **Abbildung 32.56**
Eine Bildergalerie mit Navigationspfeilen

Schritt für Schritt
Eine Bildergalerie für ein SWF-Dokument erstellen

Sie möchten gerne acht Bilder in Form einer Bildergalerie in eine Flash-Präsentation einbauen. Das Navigieren zum nächsten bzw. zum vorherigen Bild soll über Navigationspfeile (Buttons) möglich sein, und

Auf der Buch-DVD finden Sie das Endergebnis dieser Schritt-für-Schritt-Anleitung im Ordner Beispielmaterial • Kapitel_32 • Bildergalerie_Objektstapel im Dokument »Bildergalerie_Objektstapel.indd«.

beim Anzeigen des Dokuments soll das Bild aus dem ersten Status angezeigt werden.

1 Bilder vorbereiten und platzieren

Bereiten Sie acht Bilder mit einheitlichen Dimensionen Ihren Vorstellungen entsprechend vor, und platzieren Sie diese in einem neuen InDesign-Dokument (vorzugsweise im Querformat).

2 Objekte anordnen und einen Objektstapel erzeugen

Sind alle acht Bilder in der Originalgröße platziert, müssen Sie die Bilder exakt übereinander anordnen, daraus einen Objektstapel erstellen, die einzelnen Status mit sprechenden Namen versehen und dann die Reihung der Bildfolge vornehmen.

Um die Bilder exakt übereinander auszurichten, wählen Sie alle acht Bilder mit dem Auswahlwerkzeug aus und wählen aus dem Ausrichten-bzw. dem Steuerung-Bedienfeld die Symbole und , womit alle Objekte am oberen und linken Rand ausgerichtet werden.

Für jedes ausgewählte Bild (Objekt) wird durch Klick auf das Symbol im Objektstatus-Bedienfeld ein Status angelegt. Jedes Bild erhält dabei den Namen Status mit fortlaufender Nummer.

▲ **Abbildung 32.57**
Um die einzelnen Status besser in Aktionen ansprechen zu können, empfehlen wir, jedem Bild eine entsprechende beschreibende Bezeichnung zu verpassen. Wählen Sie dazu den jeweiligen Status aus, und klicken Sie erneut auf den Namen, womit Sie die Bezeichnung frei eingeben können.

Benennen Sie jeden einzelnen Status sprechend. Der gesamte Objektstapel wird über Aktionen angesprochen, weshalb auch für den gesamten Objektstapel ein Name vergeben werden muss. Geben Sie den Namen in der Eingabezeile Objektname ein.

Die Bildreihenfolge können Sie durch einfaches Ziehen und Verschieben eines Status im Objektstatus-Bedienfeld ändern.

3 Navigationspfeile als Buttons

In diesem Schritt geht es darum, einerseits die Symbole für die Navigation zum vorigen bzw. nächsten Bild grafisch anzulegen und andererseits das Erscheinungsbild festzulegen, das sich bietet, wenn der Betrachter des Dokuments den Cursor auf bzw. über den Button bewegt.

▲ **Abbildung 32.58**
Vorschlag für Navigationspfeile

Erstellen Sie zwei Objekte – einen grauen Balken mit einem weißen, darüberliegenden Dreieck (siehe Abbildung 32.58) –, und gruppieren Sie beide Objekte. Beachten Sie dabei, dass der graue Balken die Größe der Bildhöhe unseres Objektstapels bekommt. Markieren Sie die linke Abbildung (Pfeil nach links – bestehend aus zwei Objekten), und rufen Sie das Bedienfeld Schaltflächen und Formulare auf. Durch Klick auf das Symbol wird die Grafik in eine Schaltfläche konvertiert und der Normalzustand für die Schaltfläche festgelegt.

Bezeichnen Sie die Schaltfläche sinnvoll mit dem Namen Vorheriges Bild, und geben Sie den Namen in der Eingabezeile Name ein. Danach können Sie noch das Erscheinungsbild für den Fall festlegen, dass der Betrachter den Cursor über den Pfeil bewegt. Klicken Sie im Bereich Erscheinungsbild auf den Eintrag [Cursor darüber], womit dieselbe Erscheinungsform für diesen Zustand übernommen wird. Nun müssen Sie nur noch mit dem Auswahl- bzw. Direktauswahl-Werkzeug die Objekte auswählen und sie je nach Wunsch einfärben. Das Ergebnis dieser Bearbeitungsschritte ist in Abbildung 32.59 zu sehen.

Im Anschluss verfahren Sie auf dieselbe Art und Weise mit dem Navigationspfeil für das nächste Bild. Sie kommen sehr schnell zum Ziel, wenn Sie die zuvor angelegte Schaltfläche duplizieren, diese über das Symbol im Steuerung-Bedienfeld spiegeln und den Namen im Bedienfeld Schaltflächen und Formulare von Vorheriges Bild auf Nächstes Bild ändern. Das Ergebnis dieses Bearbeitungsschritts ist in Abbildung 32.60 zu sehen.

Positionieren Sie nun nur noch beide Navigationspfeile an den linken und an den rechten Rand unserer Bildergalerie. Wie das aussehen soll, entnehmen Sie der Abbildung 32.56.

4 Navigationspfeile mit Interaktion versehen

Nachdem wir die grafische Erscheinung unserer Navigationspfeile für den Normalzustand und für den Zustand des darüberstehenden Cursors bestimmt haben, müssen wir diesen Pfeilen nun nur noch die notwendige Intelligenz verleihen.

Beim Hinzufügen von Aktionen zum Ereignis muss, wie bereits zuvor im Abschnitt über Schaltflächen beschrieben, immer das Anwendungsgebiet berücksichtigt werden. Um auf den nächsten bzw. vorherigen Status im Objektstapel zu springen, muss in unserem Fall die Ausgabe zwingend für SWF erfolgen. Für die Ausgabe in ein interaktives PDF oder in das Folio-Format kann nicht auf die Bildergalerie zurückgegriffen werden.

Wählen Sie die Schaltfläche Vorheriges Bild (Pfeil nach links) aus, und wählen Sie im Bedienfeld Schaltflächen und Formulare in der Option Ereignis den Eintrag Bei Klick aus. Danach klicken Sie in der Option Aktion auf das Symbol + und wählen den Eintrag Gehe zu vorherigem Status aus. Aus dem Eintrag geht hervor, dass diese Aktion nur mit einem SWF-Export funktionsfähig ist.

Beachten Sie, dass bei der Option Objekt der von Ihnen zuvor erstellte Bildstapel ausgewählt ist. Darüber hinaus aktivieren Sie noch die Option Stopp beim ersten Status, da sonst wiederum auf das letzte Bild im Objektstapel gesprungen wird.

Wenn Sie nun noch glauben, dass ein Blättern innerhalb der Bildergalerie ein netter Effekt wäre, so müssen wir Sie an dieser Stelle leider

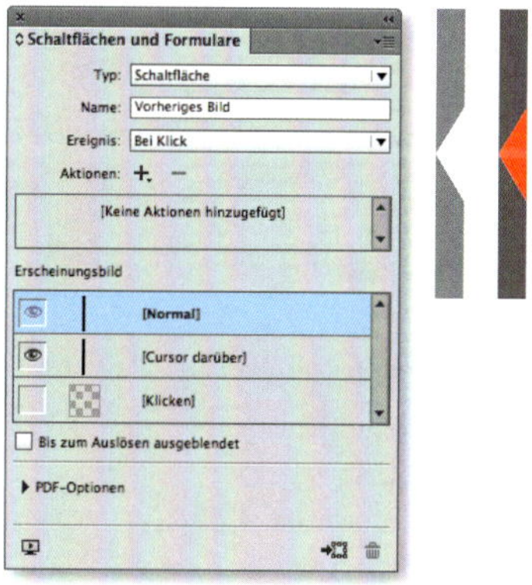

▲ **Abbildung 32.59**
Das Schaltflächen-Bedienfeld für den Navigationspfeil nach links und die dafür vorgesehene Erscheinungsform

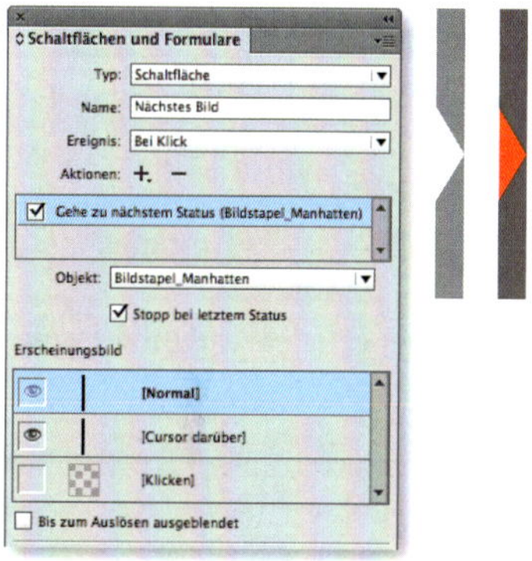

▲ **Abbildung 32.60**
Das Schaltflächen-Bedienfeld für den Navigationspfeil nach rechts und die dafür vorgesehene Erscheinungsform und mit der hinzugefügten Aktion Gehe zu nächstem Status für das Ereignis, dass der Anwender auf den Pfeil klickt.

Bildergalerie für das Folio

Damit eine Bildergalerie im Folio-Format genutzt werden kann, müssen Sie die Funktion Diashow im Bedienfeld Folio Overlays wählen.

Bildergalerie für PDF-Datei
Wollen Sie eine Bildgalerie auch in eine interaktive PDF-Datei einbauen, so müssen Sie eine Bildergalerie in SWF exportieren und diese SWF-Datei wiederum in InDesign platzieren.

enttäuschen. Das Blättern in SWF-Dateien ist aus InDesign heraus nur zwischen Seiten möglich und kann leider nicht für einen Objektstapel verwendet werden.

Analog können Sie für den Navigationspfeil Nächstes Bild verfahren. Der Unterschied liegt lediglich in der ausgewählten Aktion. Wählen Sie hier den Eintrag Gehe zu nächstem Status aus, und aktivieren Sie die Option Stopp bei letztem Status. Das Ergebnis ist in Abbildung 32.60 zu sehen.

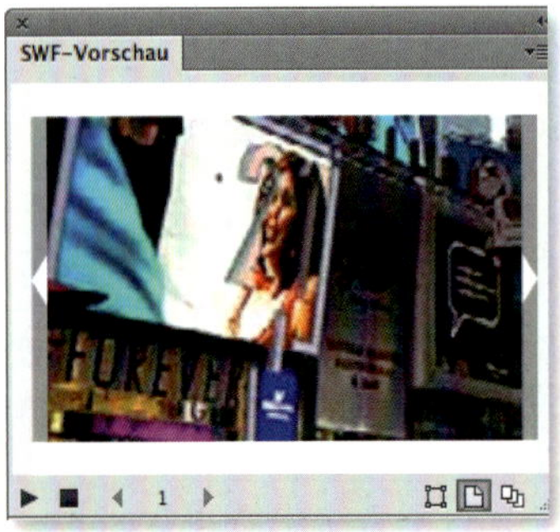

▲ **Abbildung 32.61**
Das SWF-Vorschau-Bedienfeld, in dem Sie alle Animationen und das Verhalten von Schaltflächen testen können

5 Funktionalität testen
Um die Funktionalität zu testen, müssen Sie nicht jedes Mal einen SWF-Export durchführen; dafür steht das Bedienfeld SWF-Vorschau zur Verfügung. Klicken Sie auf das Symbol im Objektstatus-Bedienfeld.

Sie können nun die Funktionalität in vollem Umfang testen. Durch einen Klick auf das Symbol ■ können Sie die Vorschau löschen, um dadurch eine Neuberechnung durch einen Klick auf ▶ zu erzwingen.

Wollen Sie jedoch das ganze Dokument hinsichtlich Animation und Schaltflächen testen, so klicken Sie zuvor auf das Symbol und erst danach auf das Symbol ▶. Wenn alles funktioniert, steht dem Export nun nichts mehr im Wege.

32.9 Animation

Animationen für Folio
Für die Ausgabe in ein Folio können Animationen über das Programm *Adobe Edge* erstellt werden, die Sie dann in InDesign platzieren und somit in ein Folio übertragen können.

Eine Animation kann eine gewisse Dynamik in Präsentationen bringen. Über Animationen können Aussagen visualisiert und dadurch verständlicher vermittelt werden. Der Einsatz von Animationen ist aber sehr behutsam zu planen und muss zielgerichtet erfolgen, denn mit einer falsch angelegten Animation kann die Aufmerksamkeit weg von der Information und hin zur Animation gelenkt werden.

Wir wollen uns an dieser Stelle nicht mit dem Sinn und dem zielgerichteten Einsatz von Animationen auseinandersetzen, sondern den Funktionsumfang von InDesign zum Erstellen von Animationen näher beschreiben. Beachten Sie jedoch, dass jegliche Animation nur in Verbindung mit einem SWF-Export visualisiert werden kann. Für den Export eines interaktiven PDFs, für ein E-Book oder ein digitales Magazin sind die in InDesign erstellten Animationen nicht zu gebrauchen.

AnimationEncyclopedia
Wollen Sie sich einen Überblick über Aufbau und Arbeitsweise von verfügbaren Animationen verschaffen, so testen Sie dazu das Skript »AnimationEncyclopedia.jsx« aus.

Das Animation-Bedienfeld

Das Animation-Bedienfeld kann über Fenster • Interaktiv • Animation oder durch Klick auf das Symbol in der Bedienfeldleiste aufgerufen werden. Das Bedienfeld wird dabei in vier Bereiche unterteilt, die je nach gewählter Vorgabe ❽ unterschiedlich detailliert ausfallen.

- **Animationsanzeige**: ❻ In diesem Bereich wird am Beispiel des Schmetterlings gezeigt, wie sich die Animation darstellen würde, die Sie in der Option Vorgabe ❽ gewählt haben.
- **Vorgabebereich**: In diesem Bereich wählen Sie die gewünschte Animation aus der Liste in der Option Vorgabe aus. Ist eine Animation gewählt, so können Sie die Dauer ❿, die Anzahl der Abspielvorgänge in der Option Abspielen ⓫ und die Geschwindigkeit ⓬ des Abspielvorgangs bestimmen. Darüber hinaus lassen sich der Name ❼ des Objekts und sein Verhalten beim erstmaligen Aufruf bestimmen. Letzteres kann in der Option Ereignis(se) ❾ festgelegt werden.
- **Eigenschaftenbereich**: ⓭ In diesem Bereich können weitere Eigenschaften zur gewählten Vorgabe festgelegt werden. Dazu zählen Parameter, die eine Animation hinsichtlich Ursprung ⓰, Drehen ⓯, Skalieren ⓱ und Deckkraft ⓲ beeinflussen. Über die Option Animieren ⓮ bestimmen Sie das Aussehen des Objekts zu einem bestimmten Zeitpunkt.
- **Steuerungsleiste**: Über die Funktionen Druckbogenvorschau ❶, Animationsversion anzeigen ❷ und Zeitpunktbedienfeld anzeigen ❸ können Sie sich die aktuelle Version der Animation anzeigen lassen und die Reihenfolge der einzelnen Animationen über das Zeitpunkt-Bedienfeld steuern. Darüber hinaus können Sie eine Animation entfernen ❺ bzw. einen Pfad über die Option In Bewegungspfad umwandeln ❹ als Bewegungspfad festlegen.

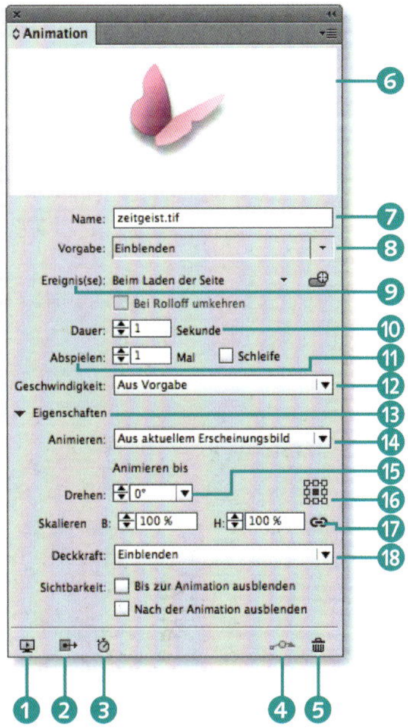

▲ **Abbildung 32.62**
Das Animation-Bedienfeld, in dem Sie Animationen anlegen und deren Darstellung und Bewegung über Optionen und Eigenschaften exakt bestimmen können

Animationen für Objekte anlegen

Um eine Animation zu erstellen und zu testen, sind immer dieselben Schritte durchzuführen:

1. Das zu animierende Objekt muss in InDesign platziert und an der gewünschten Stelle positioniert werden.
2. Auswahl der Animation im Animation-Bedienfeld. Dabei ist aus der bestehenden Liste in der Option Vorgabe eine Auswahl zu treffen.
3. Aus den unzähligen Vorgaben und Eigenschaften sind im Animation-Bedienfeld die gewünschten Parameter für die Animation zu wählen.
4. Animationen verlaufen meistens entlang eines Animationspfads. Sollte ein Animationspfad nicht nur linear sein, sondern in einer geschwungenen Form vorliegen, so kann dieser Animationspfad mit den aus InDesign bekannten Werkzeugen Zeichenstift, Auswahlwerkzeug und dem Direktauswahl-Werkzeug bearbeitet werden.

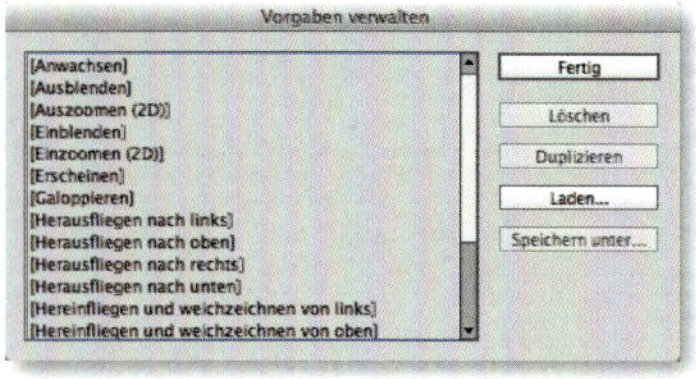

▲ **Abbildung 32.63**
Der Dialog VORGABEN VERWALTEN, den Sie über den gleichlautenden Befehl aus dem Bedienfeldmenü des Animation-Bedienfelds aufrufen können. Damit können Sie erstellte Vorgaben – es handelt sich dabei um XML-Dateien – aus Flash CC in InDesign CC importieren.

5. Auf einer Seite können sich mehrere Animationen befinden, die in einer bestimmten Reihenfolge abgespielt werden können. Die Abspielreihenfolge wird im Zeitpunkt-Bedienfeld festgelegt (siehe dazu Abschnitt 32.10, »Zeitpunkt«).
6. Ist die Animation fertig, so muss diese nur noch getestet werden. So wie wir die Funktionalität schon bei den Status geprüft haben, können Animationen selbstverständlich auch über das SWF-Vorschau-Bedienfeld ausgetestet werden.

Um eine Animation für ein bestimmtes Objekt anzulegen, müssen Sie also nur das entsprechende Objekt mit dem Auswahlwerkzeug anklicken und die entsprechende VORGABE (Animation) aus dem Animation-Bedienfeld auswählen.

Optionen und Eigenschaften

Ist eine Animation gewählt, so können Sie sie über verschiedene Vorgaben und Eigenschaften in ihrer Erscheinung und Dauer beeinflussen. Damit Ihnen die einzelnen Möglichkeiten geläufig sind, sollten wir zuvor die einzelnen Optionen und Eigenschaften besprechen. Folgende Bewegungsvorgabeoptionen stehen zur Verfügung:

- NAME ❼: Geben Sie hier einen aussagekräftigen Namen für die Animation ein. Sie werden es schätzen lernen, wenn Sie beispielsweise eine Aktion einrichten, die eine Animation auslösen soll. Eindeutigkeit hilft bei der schnellen Zuordnung.
- VORGABE ❽: Diese Option ist das Kernstück des Animation-Bedienfelds. Wählen Sie darin die gewünschte Animationsvorgabe aus. In Abbildung 32.64 sehen Sie die Auswahlmöglichkeiten, die Ihnen standardmäßig zur Verfügung stehen.
- EREIGNIS(SE) ❾: Bestimmen Sie damit, wann (jedoch nicht, in welcher Reihenfolge) die Animation beginnen soll. Es stehen dazu fünf Optionen, die miteinander kombiniert werden können, zur Auswahl:
  - BEIM LADEN DER SEITE: Diese Option ist standardmäßig vorgegeben. Dadurch beginnt die Animation, wenn die entsprechende Seite in der SWF-Datei geöffnet wird.
  - BEI KLICK AUF SEITE: Durch diese Auswahl wird die Animation erst dann ausgeführt, wenn der Benutzer einen Klick auf die Seite ausführt. Das einfache Öffnen der Seite in der SWF-Datei ist somit nicht mehr ausreichend. Ob das zu animierende Objekt beim Öffnen der Seite schon sichtbar ist oder nicht, hängt davon ab, welche Option Sie bei SICHTBARKEIT wählen bzw. von der gewählten

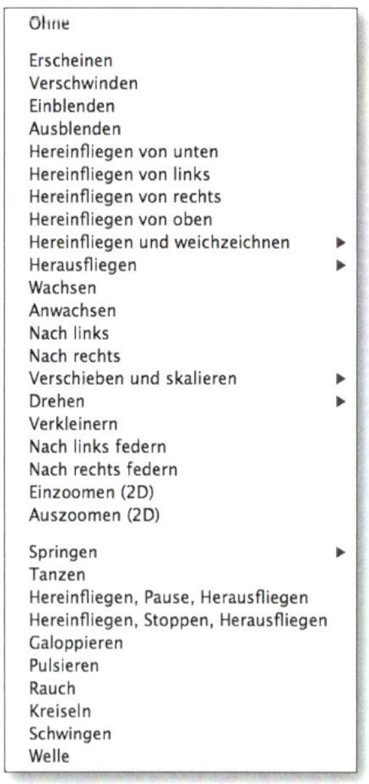

▲ **Abbildung 32.64**
Die Liste aller Vorgaben, die in InDesign standardmäßig für Animationen zur Verfügung stehen

Animationsvorgabe (das Bild ist zu Beginn der Animation außerhalb des sichtbaren Bereichs).

- Bei Klick (Selbst): Damit wird die Animation erst dann ausgeführt, wenn der Benutzer auf das Objekt selbst klickt. Dies kann speziell bei Interaktionen, bei denen Antworten erwartet werden, eine sehr interessante Option sein.
- Bei Rollover (Selbst): So wie bei der Option Bei Klick (Selbst) erfolgt die Animation erst dann, wenn die Maus über das Objekt bewegt wird. Hier ist noch von Interesse, dass, sobald Sie diese Option aktiviert haben, die Option Bei Rollover umkehren aktiviert werden kann. Dadurch wird die Animation umgekehrt ausgeführt, wenn der Cursor vom Benutzer aus dem Objekt bewegt wird.
- Bei Schaltflächenereignis: Aktivieren Sie diesen Eintrag, wenn Sie eine Schaltfläche erstellt haben, die gedrückt werden muss, um die Animation auszulösen.

▶ Schaltflächenauslöser erstellen (neben 9): Um die Animation durch Klick auf eine Schaltfläche zu starten, muss zuvor eine Schaltfläche erstellt werden und dabei die Aktion Animation (siehe Abbildung 32.66) mit der dazu passenden Animation gewählt werden. Um den eher zeitaufwendigen Vorgang zu verkürzen, bietet das Animation-Bedienfeld die Option Schaltflächenauslöser erstellen über das Symbol an.
Wählen Sie das Objekt mit der erstellten Animation aus, und klicken Sie auf das Symbol Schaltflächenauslöser erstellen. Der Cursor verwandelt sich danach in das Symbol. Klicken Sie damit auf das Objekt, das als Schaltfläche fungieren soll. Das Objekt wird damit in eine Schaltfläche konvertiert; die entsprechende Feineinstellung für die Schaltfläche muss jedoch noch im Bedienfeld Schaltflächen und Formulare eingestellt werden.

▶ Dauer 10: Geben Sie hier die Zeit in Sekunden an, die für die Animation verwendet werden soll.

▶ Abspielen 11: Geben Sie hier an, wie oft die Animation abgespielt werden soll. Die Gesamtdauer der Animation ergibt sich somit aus den in der Option Dauer und Abspielen gewählten Werten.

▶ Schleife: Diese Option stellt eine Sonderform der Option Abspielen dar. Wählen Sie diese Checkbox, wenn eine Animation endlos wiederholt werden soll.

▶ Geschwindigkeit 12: Ist in der Option Ohne gewählt, so erfolgt keine Anpassung der Geschwindigkeit. Die Animation wird linear abgespielt. Wählen Sie den Eintrag Beschleunigen, wenn die Abspielgeschwindigkeit der Animation bis zum Ende zunehmen soll, bzw. Abbremsen, wenn sie sich bis zum Ende verringern soll.

Auf der Buch-DVD finden Sie im Ordner Beispielmaterial • Kapitel_32 • Praesentation das Dokument »Praesentation.indd«. Dieses Dokument beinhaltet eine Fülle von Animationen, auf die wir uns im Folgenden beziehen werden. Spezieller Dank für die Erstellung an Philipp Neumann (St. Michael/Lg).

▲ **Abbildung 32.65**
Auf Seite 3 unseres Präsentationsbeispiels können Sie eine Anwendung für Rollovers und die Option Bei Rollover umkehren sehen. Die Buttons werden hier leicht vergrößert und beim Verlassen des Bereichs wiederum verkleinert.

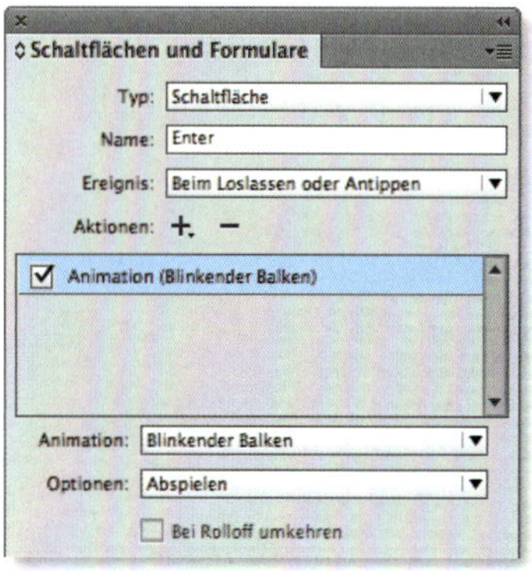

▲ **Abbildung 32.66**
Das Schaltflächen-Bedienfeld, wenn eine Schaltfläche in Verbindung mit einer Animation gekoppelt werden soll

- Animieren ⑭: Diese Option regelt, welcher Zustand bei welcher Position eingenommen werden soll. Es können drei verschiedene Einstellungen gewählt werden:
  - Aus aktuellem Erscheinungsbild: Diese Auswahl soll verwendet werden, um die aktuellen Eigenschaften des Objekts wie Skalierungsprozentsatz, Drehwinkel und Position als Startpunkt für die Animation zu verwenden.

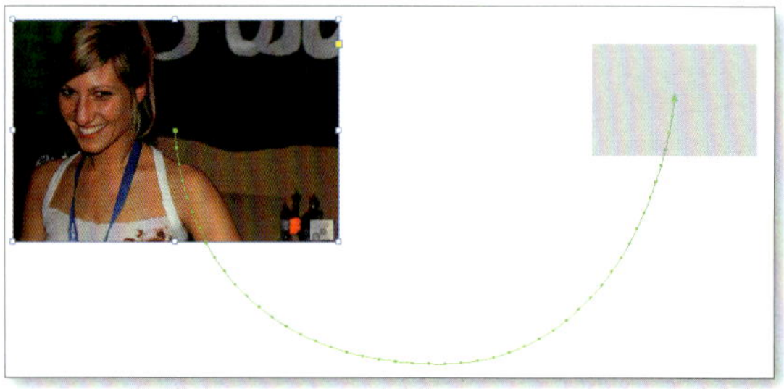

Abbildung 32.67 ▶
Durch Klick auf den Button Animationsversion anzeigen wird Ihnen grafisch dargestellt, wo sich die Endposition (graue Fläche) in welcher Größe befinden würde. Die gewählte Skalierung gilt hier für das Endbild.

  - Bis zum aktuellen Erscheinungsbild: Wählen Sie diese Einstellung, um die Eigenschaften des ausgewählten Objekts als Endpunkt für die Animation zu verwenden, bzw. dann, wenn Objekte, die von außerhalb der Seite angeflogen kommen, auf der Seite und nicht im Arbeitsbereich angezeigt werden sollen.

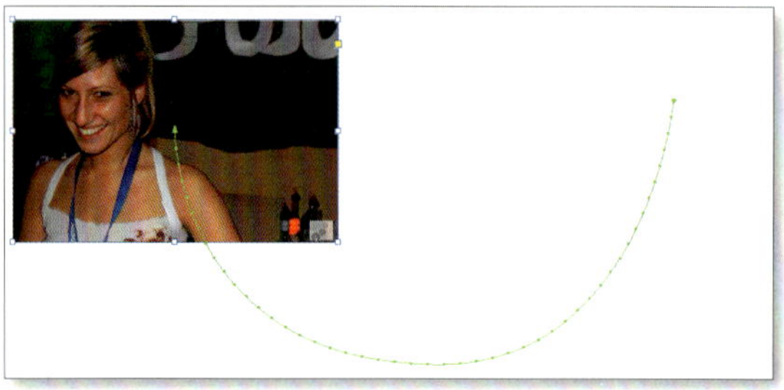

Abbildung 32.68 ▶
Durch Klick auf den Button Animationsversion anzeigen wird Ihnen grafisch dargestellt, dass hier die Position des gewählten Bilds die Endposition der Animation darstellt. Die gewählte Skalierung gilt hier für das Anfangsbild.

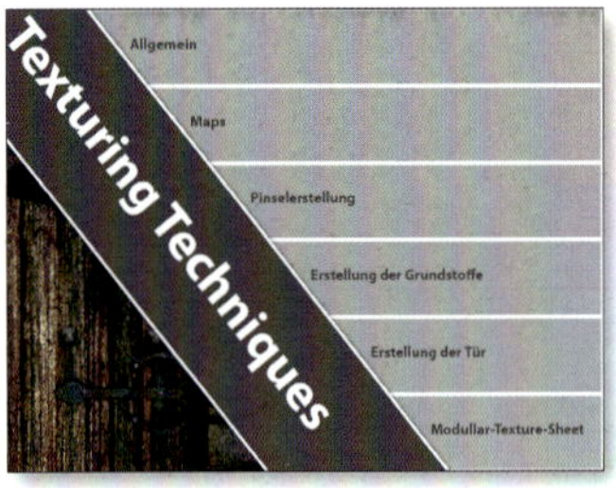

▲ Abbildung 32.69
Auf Seite 1 unseres Präsentationsbeispiels können Sie eine Anwendung für Animieren: Bis aktuelle Position – das Hereinfliegen von einzelnen Menüpunkten – sehen.

  - Bis zur aktuellen Position: Wählen Sie diesen Eintrag, um die aktuellen Eigenschaften des Objekts als Startpunkt und die Position des Objekts als Endpunkt für die Animation zu verwenden. Diese Option ähnelt der Option Bis zum aktuellen Erscheinungsbild, nur dass sich das Objekt am Ende der Animation an seiner aktuellen Position befindet und der Bewegungspfad versetzt wird. Verwenden Sie diese Option in Verbindung mit den Animationsvorgaben Weichzeichnen sowie Ein- und Ausblenden, denn dadurch wird verhindert, dass das Objekt am Ende der Animation in einem unerwünschten Zustand angezeigt wird.
    Hervorragend können Sie diese Option für die Erstellung von Präsentationen verwenden, bei denen Sie Präsentationspunkte her-

einfliegen lassen wollen. Legen Sie dazu die Erscheinungsform und Position des Menüpunkts fest, und wählen Sie dann in der Option ANIMIEREN den Eintrag BIS ZUR AKTUELLEN POSITION aus – fertig ist der Zauber.

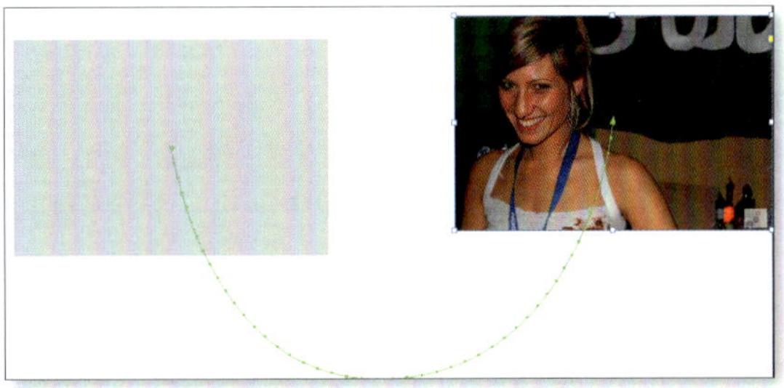

◀ **Abbildung 32.70**
Durch Klick auf den Button ANIMATIONSVERSION ANZEIGEN wird Ihnen grafisch dargestellt, dass hier die Position des gewählten Bilds die Endposition der Animation darstellt. Die gewählte Skalierung gilt hier auch für das Endbild.

- DREHEN ⑮: Bestimmen Sie hier den Winkel der Drehung, die das Objekt erfahren soll. Beachten Sie, dass, wenn sich das Objekt mehrfach drehen soll, auch entsprechend der Winkel größer als 360° eingegeben werden muss. Über das Vorzeichen bestimmen Sie, ob die Drehung gegen den oder im Uhrzeigersinn erfolgt.
- SKALIEREN: Bestimmen Sie hier, um welchen Prozentsatz sich das Objekt bei der Animation vergrößern oder verkleinern soll. Gerade beim Skalieren ist Rücksicht auf die getroffene Einstellung in der Option ANIMIEREN zu nehmen, denn je nach Auswahl bezieht sich die Skalierung auf das Anfangs- bzw. Endbild.
- URSPRUNG ⑯: Wählen Sie den Ausgangspunkt einer Drehung bzw. der Skalierung aus, indem Sie einen der neun Punkte im Symbol URSPRUNG aktivieren.
- DECKKRAFT ⑱: Wählen Sie hier aus, ob sich die Deckkraft während der Animation verändern soll. Durch die Wahl des Eintrags OHNE erfolgt keine Deckkraftänderung zwischen Anfangs- und Endbild. Wird EINBLENDEN gewählt, so wird das Anfangsbild transparent und durch Erhöhung der Deckkraft das Endbild deckend dargestellt. Umgekehrt verhält es sich bei der Wahl der Option AUSBLENDEN.
- SICHTBARKEIT: Wählen Sie hier BIS ZUR ANIMATION AUSBLENDEN aus, wenn vor dem Abspielen das Objekt nicht angezeigt werden soll. Wählen Sie NACH DER ANIMATION AUSBLENDEN, um das Objekt nach dem Abspielen auszublenden.

Schau genau
Beachten Sie genau den Bewegungspfad. Sie erkennen durch die Symbole *Punkt* und *Pfeil*, in welche Richtung die Bewegung erfolgt und welchen Zustand das Objekt am Anfang bzw. am Endpunkt hat.

▲ **Abbildung 32.71**
Auf Seite 3 unseres Präsentationsbeispiels können Sie eine Anwendung für SKALIEREN sehen: Der Menüpunkt zum Springen auf die Materialerstellung von Stein vergrößert sich, sobald der Cursor über dem Bereich steht.

Bewegungspfad

Nachdem Sie nun wissen, welche Optionen Sie für eine Animation verwenden können, müssen wir uns noch über den Bewegungspfad unterhalten. Ein Bewegungspfad beschreibt den Weg, an dem entlang die

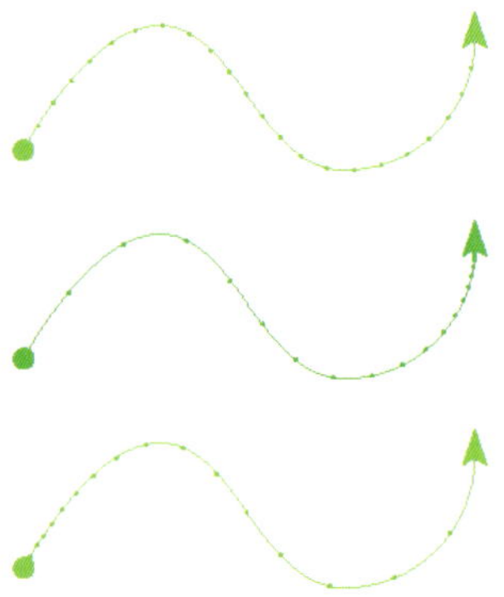

▲ **Abbildung 32.72**
Oben: Der Bewegungspfad, wenn in der Option GESCHWINDIGKEIT der Wert OHNE gewählt wurde.
Mitte: Der Bewegungspfad, wenn in der Option GESCHWINDIGKEIT der Wert ABBREMSEN gewählt wurde.
Unten: Der Bewegungspfad, wenn in der Option GESCHWINDIGKEIT der Wert BESCHLEUNIGUNG gewählt wurde.

Animation ausgeführt wird. Die Anatomie eines Bewegungspfads entspricht einer ganz normalen Bézier-Kurve, weshalb ein Bewegungspfad mit den bekannten Werkzeugen aus InDesign vollständig bearbeitet werden kann.

Wie Sie in Abbildung 32.72 sehen, wird der Bewegungspfad grün dargestellt. Der Anfang des Pfads wird mit dem Symbol ● und das Ende mit dem Symbol ➤ angezeigt.

Die vielen kleinen Punkte auf dem Bewegungspfad geben den Verlauf der Geschwindigkeit an. Stehen die Punkte enger beieinander, so wird dadurch angezeigt, dass hier mehr Zeit für die Strecke verwendet wird. Stehen die Punkte jedoch weiter auseinander, so bedeutet dies, dass weniger Zeit für die Animation verwendet wird.

Bewegungspfad bearbeiten | Wenn Sie eine Grafik animieren wollen, so wird durch die Auswahl einer VORGABE im Animation-Bedienfeld ein Standard-Bewegungspfad angezeigt. Diesen können Sie durch Bearbeitung mit dem Direktauswahl- und dem Zeichenstift-Werkzeug nachträglich editieren, indem Sie Punkte hinzufügen, Kurvenpunkte in Eckpunkte umwandeln, Eckpunkte in Kurvenpunkte umwandeln, Punkte verschieben oder auch Punkte löschen.

Sie können aber auch einen eigenen Pfad erstellen und diesen für ein Objekt zum Bewegungspfad machen. Wie das geht, erfahren Sie u.a. in der folgenden Schritt-für-Schritt-Anleitung.

Pfade

Wie Sie Pfade bearbeiten und welche Tricks Sie dabei anwenden können, erfahren Sie in Kapitel 10, »Vektoren«, auf Seite 369.

Schritt für Schritt
Ein Objekt entlang eines erstellten Pfads animieren lassen

Wollen Sie beispielsweise einen Radfahrer entlang einer Hügelkette fahren lassen, so benötigen Sie dafür einen Radfahrer, die Hügelkette und den Pfad, an dem entlang der Radfahrer bewegt werden soll.

1 Zu animierendes Objekt und Hügellandschaft erstellen

Erstellen Sie das Objekt des Radfahrers, indem Sie ganz einfach in InDesign die notwendigen Objekte zueinander platzieren und die gesamte Grafik gruppieren. Beachten Sie, dass die Gruppierung notwendig ist, da das Erstellen eines Bewegungspfads nur bei zwei ausgewählten Objekten funktioniert.

Abbildung 32.73 ►
Das Objekt des Radfahrers. Sie können aber auch ein Bild dafür verwenden.

Erstellen Sie dann noch die Hügellandschaft. Färben Sie die Flächen und eventuell Konturen nach Belieben ein.

◀ **Abbildung 32.74**
Die Hügellandschaft

2 Animationspfad erstellen

Wir benötigen für den Bewegungspfad einen eigenständigen Pfad. Da sich dieser mit unserer Hügellandschaft teilweise deckt, duplizieren wir das Objekt und schneiden den Pfad an den dafür geeigneten Punkten mit dem Schere-Werkzeug auf. Das Ergebnis sieht folgendermaßen aus:

◀ **Abbildung 32.75**
Der Animationspfad, der identisch mit dem oberen Pfad der Hügellandschaft ist

Es spielt dabei keine Rolle, ob das Objekt mit einer Flächen- oder Konturfarbe versehen worden ist, denn durch die Konvertierung verliert der Bewegungspfad sämtliche grafischen Parameter.

Positionieren Sie nun alle Objekte zueinander, sodass nachstehendes Gesamtbild entsteht.

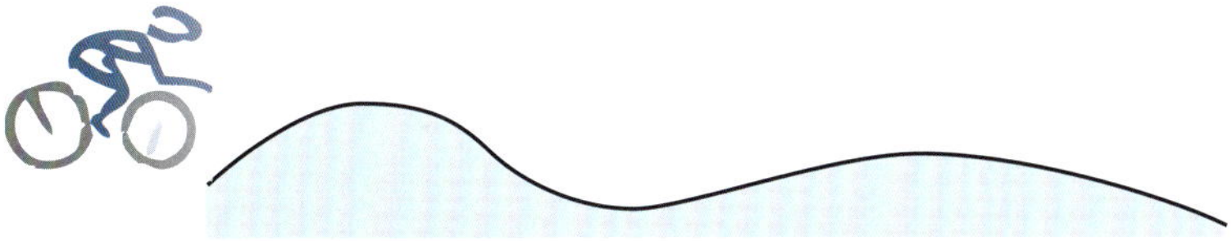

◀ **Abbildung 32.76**
Alle drei Objekte wurden zueinander in die gewünschte Ausgangsposition gebracht.

3 Pfad in Bewegungspfad konvertieren

Nun muss nur noch der Pfad in einen Bewegungspfad konvertiert werden. Dazu markieren Sie die Objekte – Radfahrer und Pfad – mit dem Auswahlwerkzeug.

Öffnen Sie das Animation-Bedienfeld, und klicken Sie auf das Symbol in der Steuerungsleiste des Animation-Bedienfelds. Ist das Symbol nicht aktiviert, so haben Sie mehr als zwei Objekte markiert, d.h. Sie haben auch die Hügellandschaft ausgewählt.

Nach der Konvertierung müssen Sie noch den Ursprung für den Bewegungspfad auf die rechte untere Ecke setzen. Klicken Sie dazu auf den jeweiligen Punkt in der Option Ursprung.

Ist der Bewegungspfad danach nicht ganz deckungsgleich mit der Hügellandschaft, so verschieben Sie das Objekt des Radfahrers, bis der Zustand erreicht ist, den Sie in der Abbildung sehen.

Abbildung 32.77 ▶
Der Bewegungspfad deckt sich exakt mit der oberen Kante der Hügellandschaft.

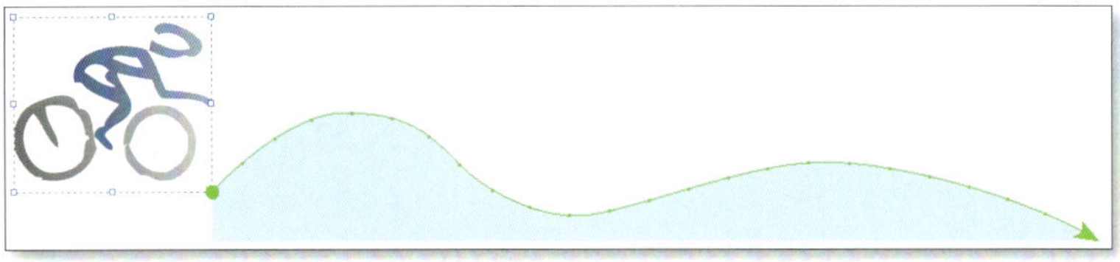

Damit haben Sie eine benutzerdefinierte Animation erstellt. Dies wird Ihnen durch den Eintrag Benutzerdefiniert in der Option Vorgabe angezeigt. Wählen Sie darin keine andere Vorgabe aus, da damit der erstellte Bewegungspfad wiederum durch einen aus der Vorgabe definierten Bewegungspfad ersetzt werden würde.

4 Animationseinstellungen vornehmen

Nun müssen Sie nur noch die gewünschten Änderungen hinsichtlich der Geschwindigkeit und des Zeitpunkts, an dem das Objekt erscheinen soll, im Vorgaben- bzw. Eigenschaftenbereich des Bedienfelds Animation vornehmen. Öffnen Sie dazu das Animation-Bedienfeld, und wählen Sie das zu bewegende Objekt aus – der Bewegungspfad ist erst dann zu sehen.

Da Sie die Animation automatisch ablaufen lassen wollen, sobald die Seite aufgerufen wird, lassen Sie in der Option Ereignis(se) den Wert Beim Laden der Seite (Default) aktiviert.

Da es sich um eine anstrengende Radfahrt handelt, wählen Sie in der Option Dauer 3,5 Sekunden aus und aktivieren die Checkbox Schleife, wodurch die Animation so lange wiederholt wird, bis Sie die Seite verlassen.

In der Option Geschwindigkeit stehen leider nur die Werte Ohne, Abbremsen, Beschleunigen und Beschleunigen und abbremsen zur Verfügung. Eigentlich wäre aufgrund der Berg- und Talfahrt eine Geschwindigkeitsanpassung für die anstrengende Bergfahrt, aber auch für die schnelle Abfahrt wünschenswert. Hier sind wir jedoch in unseren Möglichkeiten eingeschränkt, weshalb wir auf eine Anpassung der Geschwindigkeit verzichten und den Eintrag Ohne auswählen.

In der Option Animieren wählen wir den Eintrag Aus aktuellem Erscheinungsbild, da wir schon zuvor die Anfangsposition für das Startbild bestimmt haben. Die Auswahl eines anderen Eintrags würde die Position des Bewegungspfads verschieben.

Über die Optionen Drehen, Skalieren und Deckkraft bestimmen Sie, ob sich der Radfahrer während der Animation drehen soll, ob er sich dabei vergrößern oder verkleinern soll und ob sich der Radfahrer erst im Verlaufe der Animation einblenden oder auch ausblenden soll. Verändern Sie keinen Wert, wenn eine ganz normale Berg- und Talfahrt

▲ Abbildung 32.78
Der Bewegungspfad, wenn in der Option Geschwindigkeit der Wert Beschleunigung gewählt wurde

des Radfahrers durchgeführt werden soll. Eine lustige Variante ergibt sich, wenn Sie, wie in Abbildung 32.78 gezeigt, in der Option DREHEN 180 ° eingeben. Das Ergebnis zeigt den Radfahrer, wie er den Berg hinauffährt und dann aufgrund zu hoher Geschwindigkeit die Bodenhaftung verliert und sich überschlägt.

▲ **Abbildung 32.79**
Das SWF-Vorschau-Bedienfeld, in dem Sie Animationen und die Interaktivität von Schaltflächen testen können

5 Animation testen

Abschließend sollten Sie Ihr Meisterwerk austesten, um eventuell noch Änderungen an den gewählten Parametern vorzunehmen. Sie testen die Animation am einfachsten, indem Sie auf das Symbol im Animation-Bedienfeld klicken. Damit öffnet sich das Bedienfeld SWF-VORSCHAU, in dem Sie die aktuell gewählte Seite hinsichtlich Animation und Interaktion austesten können.

Haben Sie eine Änderung bei den Parametern im Animation-Bedienfeld durchgeführt, so klicken Sie im SWF-Vorschau-Bedienfeld auf das Symbol ■, um die aktuelle Animation erneut zu laden. Danach können Sie wiederum auf das Symbol ▶ klicken, um die geänderte Animation auszutesten.

Auf der Buch-DVD finden Sie das Endergebnis dieser Schritt-für-Schritt-Anleitung im Ordner BEISPIELMATERIAL • KAPITEL_32 • ANIMATIONEN im Dokument »Radfahrer.indd«.

Vorgaben verwalten

Sie können eine getätigte Animationseinstellung als Bewegungsvorgabe in InDesign speichern, Sie können jedoch auch Bewegungsvorgaben, die in Adobe Flash CC erstellt worden sind, für InDesign CC laden und verwenden.

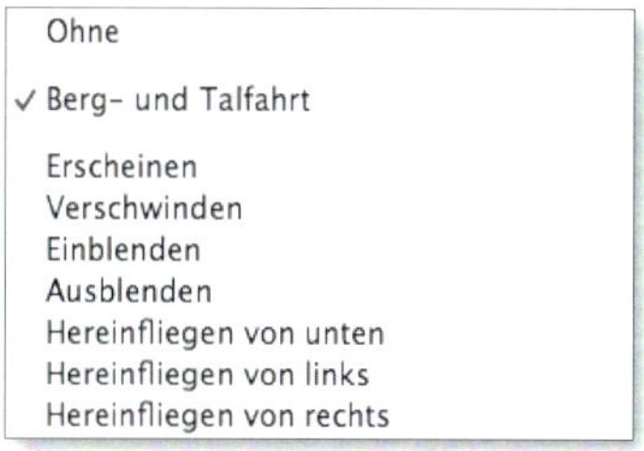

▲ **Abbildung 32.80**
Liste der Vorgaben nach dem Speichern einer benutzerdefinierten Vorgabe

Benutzerdefinierte Animation speichern | Um beispielsweise die gewählte Animation als Animationsvorgabe zu speichern, wählen Sie – in unserem Fall – den Radfahrer aus (alle gewählten Parameter werden im Animation-Bedienfeld angezeigt) und rufen den Befehl SPEICHERN aus dem Bedienfeldmenü auf.

Es erscheint folgender Dialog, in dem Sie den Namen der Animationsvorgabe im Feld NAME eingeben und die Vorgabe mit OK speichern:

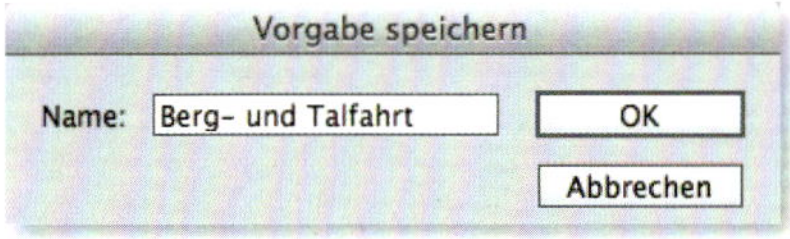

◀ **Abbildung 32.81**
Dialog VORGABE SPEICHERN

Nach dem Speichern steht diese Vorgabe in der Auswahlliste der Option VORGABE (Abbildung 32.80) des Animation-Bedienfelds zur Verfügung.

Animationsvorgabe für InDesign- bzw. Flash-Anwender exportieren | Rufen Sie dazu aus dem Bedienfeldmenü den Befehl VORGABEN VERWALTEN auf. Der Dialog VORGABEN VERWALTEN erscheint.

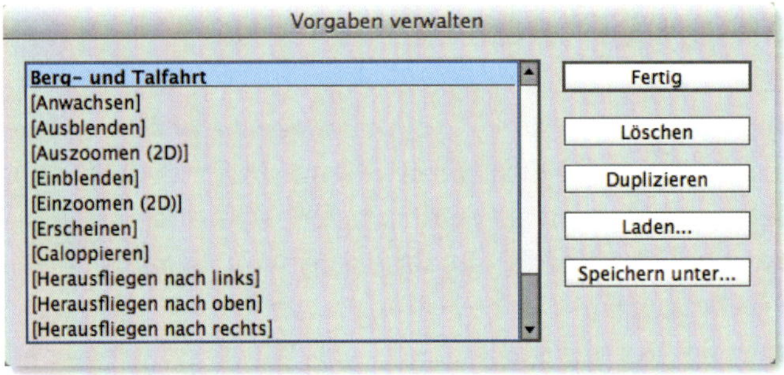

Abbildung 32.82 ▶
Der Dialog VORGABEN VERWALTEN, den Sie durch Aufruf des gleichnamigen Befehls aus dem Bedienfeldmenü erhalten

Durch Klick auf den Button SPEICHERN UNTER wird diese Vorgabe als XML-Datei importiert.

Bewegungsvorgabe übernehmen | Bewegungsvorgaben können aus InDesign CC bzw. aus Adobe Flash CC in Form einer XML-Datei exportiert werden. Um abgespeicherte Bewegungsvorgaben in InDesign CC zu importieren, rufen Sie erneut den Dialog VORGABEN VERWALTEN (siehe Abbildung 32.82) auf. Klicken Sie darin auf den Button LADEN, und importieren Sie damit die gespeicherte Vorgabendatei.

Einschränkungen bei Animationen

Wie Sie in der vorherigen Schritt-für-Schritt-Anleitung schon erkennen konnten, können Sie, was Animationen anbelangt, nicht alle Ideen umsetzen. Sie sind auf die vordefinierten Vorgaben beschränkt. Sie haben jedoch jederzeit die Möglichkeit, selbst eine Vorgabe in Flash zu erzeugen und für InDesign CC zur Verfügung zu stellen.

An dieser Stelle möchten wir Sie darüber hinaus noch auf die bekannten Einschränkungen hinweisen, damit Sie nicht eine aufwendige Animation erstellen und anschließend enttäuscht sind:

- **Nur in SWF-Dateien verwendbar**: Animationen, die über das Animation-Bedienfeld erstellt worden sind, können nur beim SWF-Export exportiert werden. Beim Export in eine interaktive PDF-Datei bzw. in das Folio-Format werden diese verworfen.
- **Nicht im Folio-Format verwendbar**: Wenn Sie beabsichtigen, eine Animation auf dem iPad (E-Magazin) darzustellen, so muss sie an anderer Stelle eingebaut werden. Animierte Objekte werden beim Erstellen eines Artikels für die Folio-Datei reduziert. Der Umweg, ein animiertes InDesign-Dokument in das FLA-Format zu exportieren

Animationen in PDF

Wollen Sie in einer PDF-Datei Animationseffekte abbilden, so exportieren Sie diese aus InDesign CC in eine SWF-Datei und platzieren anschließend diese SWF-Datei in einem InDesign-Dokument.

Damit wird diese Animation als platziertes Medium (Animation) beim Export in eine interaktive PDF-Datei als SWF-Animation eingebettet und durch den Flash Player (der in jedem Adobe Reader ab Version 8 integriert ist) ausgeführt.

und aus Adobe Flash CC in eine HTML5-Datei zu erstellen, könnte Abhilfe schaffen. Diese HTML5-Datei könnte dann als Webinhalt-Überlagerung im Bedienfeld Folio Overlays für den Folio-Export verwendet werden.

- **Nicht in EPUB-Dateien verwendbar**: Da das EPUB-Format von der Konzeption her nur auf die Darstellung von Text und Bild ausgerichtet ist, kann es keine Animationen abspielen.
- **Einschränkungen beim Aufruf einer Seite**: Werden Animationseffekte wie Einblenden mit einem Seitenübergang oder mit dem Aufrollen einer Seite kombiniert, so verhält sich die Animation im SWF-Vorschau-Bedienfeld oder in der exportierten SWF-Datei manchmal nicht wie erwartet.
  So sind zum Beispiel Objekte, die auf Einblenden gesetzt sind, beim Umblättern sichtbar, obwohl sie eigentlich unsichtbar sein sollten. Wenden Sie deshalb entweder auf Seiten mit Animationen keine Seitenübergänge an, und deaktivieren Sie beim SWF-Export die Option Interaktives Aufrollen der Seite einschliessen, oder lesen Sie nebenstehenden Tipp. Die Bewegungsvorgaben Erscheinen, Einblenden, die verschiedenen Hereinfliegen-Vorgaben, Einzoomen (2D) und Schwingen verhalten sich in Verbindung mit einem Seitenübergang und beim Aufrollen von Seiten meistens anders.

Animationen für Folio

Für die Ausgabe in ein Folio können Animationen über das Programm *Adobe Edge* erstellt werden. Die Edge-Animation platzieren Sie dann in InDesign und können sie somit in ein Folio übertragen.

Tipp

Um diese Einschränkung zu umgehen, können Sie sich überlagernde Objekte an dieser Stelle platzieren, die wiederum als Animation erst beim Klick auf die Seite ausgeblendet werden.

32.10 Zeitpunkt

Haben Sie mehrere Objekte auf einer Seite animiert, so sollen diese in den meisten Fällen nicht in der Erstellungsreihenfolge nacheinander abgespielt werden. Sie haben in diesem Abschnitt schon erfahren, dass Sie den Zeitpunkt, an dem eine Animation gestartet werden soll, über die Auswahl Beim Laden der Seiten, Bei Klick auf Seite, Bei Klick (Selbst) und Bei Rollover (Selbst) der Option Ereignis(se) bestimmen können. Doch wie können Sie die zeitliche Abfolge verschiedener Animationen auf einer Seite in eine bestimmte Reihenfolge – zuerst fährt der Radfahrer über die Berge, und danach geht die Sonne unter – bringen? Um genau diese Reihenfolge bestimmen zu können, steht seit InDesign CS5 das Zeitpunkt-Bedienfeld zur Verfügung.

Das Zeitpunkt-Bedienfeld

Sie rufen das Zeitpunkt-Bedienfeld über Fenster • Interaktiv • Zeitpunkt auf, sofern es nicht in der Bedienfeldleiste sichtbar ist.

Im oberen Teil des Bedienfelds bestimmen Sie über die Option EREIGNIS ❶ den Startzeitpunkt bzw. die VERZÖGERUNG ❷ sowie über die Option ABSPIELEN ❸ die Anzahl der Wiederholungen einer Animation. Im unteren Teil sind alle animierten Objekte der aktuellen Seite nach ihrer Erstellungsreihenfolge aufgelistet ❹.

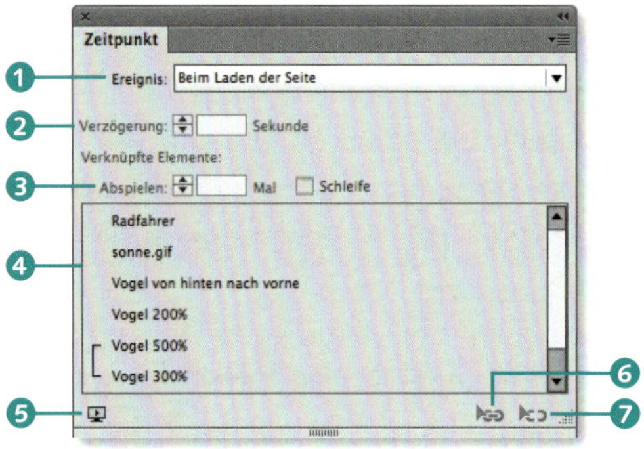

Abbildung 32.83 ▸
Das Zeitpunkt-Bedienfeld. Über die Option DRUCKBOGENVORSCHAU ❺ kann die Animation im Bedienfeld SWF-VORSCHAU angesehen werden. Über die Option GEMEINSAM ABSPIELEN ❻ können ausgewählte Animationen zeitgleich abgespielt werden. Über die Option GETRENNT ABSPIELEN ❼ können für GEMEINSAM ABSPIELEN markierte Animationen wieder getrennt werden.

Die Ablauffolge festlegen

Die Animationen der Seite werden in der Reihenfolge ihrer Erstellung in der Liste der verfügbaren Animationen im Bedienfeld aufgeführt. Das bedeutet, dass diese Animationen nacheinander ausgeführt werden (die Liste wird sequenziell von oben nach unten abgearbeitet).

Für unser Beispiel aus Abbildung 32.83 gilt somit, dass zuerst der Radfahrer über die Hügelkette fährt (stürzt), danach die Sonne erscheint, anschließend der Vogel von hinten nach vorne fliegt, dann die Animation zum Objekt Vogel 200 % erfolgt und ganz zum Schluss zeitgleich die Objekte Vogel 300 % und Vogel 500 % animiert werden. Um das Drehbuch zur Seite zu verändern, stehen im Zeitpunkt-Bedienfeld verschiedene Möglichkeiten zur Verfügung.

Die Reihenfolge verändern | Die Reihenfolge der Animationen kann durch einfaches Verschieben einer Animation an die beabsichtigte Stelle verändert werden.

Bringen Sie also zuerst die Animationen in die gewünschte Reihenfolge. In unserer Animation wollen wir natürlich zuerst die Sonne aufgehen lassen, danach den Radfahrer starten lassen und dann erst die Vögel in eine bestimmte Ordnung bringen. Das Bedienfeld sollte dann so aussehen, wie in Abbildung 32.84 gezeigt.

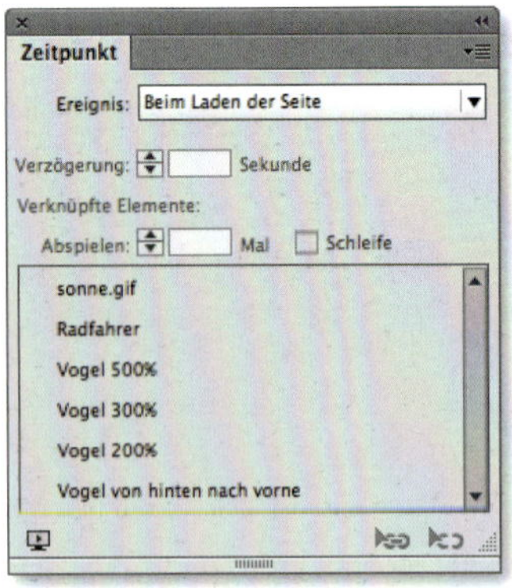

▲ Abbildung 32.84
Das Zeitpunkt-Bedienfeld mit geänderter Reihenfolge der Animationen

Den Einsatzzeitpunkt festlegen | Ob die Animation automatisch BEIM LADEN DER SEITE oder erst durch Interaktion des Anwenders BEI KLICK AUF SEITE abgespielt werden soll, haben Sie bereits beim Anlegen der

Animation gewählt, indem Sie den gleichnamigen Eintrag in der Option EREIGNIS(SE) des Animation-Bedienfelds zugewiesen haben. Das Zeitpunkt-Bedienfeld übernimmt diese Vorgaben aus der Animation.

Sie können sich schnell ein Bild über den Einsatzzeitpunkt der verschiedenen Animationen machen, indem Sie im Zeitpunkt-Bedienfeld in der Option EREIGNIS den jeweiligen Einsatzzeitpunkt auswählen. Es werden Ihnen damit nur jene Animationen in der Liste angezeigt, denen der gewählte Einsatzzeitpunkt zugewiesen wurde.

Möchten Sie jedoch einer bestimmten Animation einen abweichenden Einsatzzeitpunkt zuweisen, so wählen Sie die Animation in der Liste aus und rufen danach aus dem Bedienfeldmenü des Zeitpunkt-Bedienfelds den Eintrag NEU ZUWEISEN "BEI KLICK AUF SEITE" bzw. NEU ZUWEISEN "BEIM LADEN DER SEITE" auf.

Um die Vorgabe für den Einsatzzeitpunkt zu löschen, wählen Sie aus dem Bedienfeldmenü den Eintrag ELEMENT ENTFERNEN aus. Dadurch besitzt die jeweilige Animation keinen Einsatzzeitpunkt, weshalb diese dann auch keiner zeitlichen Abfolge zugewiesen werden kann.

Eine Animation besitzt zwei Einsatzzeitpunkte

Wenn Sie einer Animation zwei EREIGNIS(SE) im Animation-Bedienfeld zugewiesen haben, können diese im Zeitpunkt-Bedienfeld für beide Ereignisse ausgewählt werden.

▲ **Abbildung 32.85**
Das Bedienfeldmenü des Zeitpunkt-Bedienfelds

Mehrere Animationen zeitgleich bzw. überschneidend abspielen | Haben Sie die Animationen in die richtige Reihenfolge gebracht und den einzelnen Animationen den Einsatzzeitpunkt zugewiesen, können Sie nun an die Planung der exakten zeitlichen Abfolge herangehen. Sollen dabei im Drehbuch mehrere Animationen zeitgleich bzw. sich überschneidend abgespielt werden, so müssen Sie diese zuvor aus der sequenziellen Abspielfolge herausnehmen und festlegen, dass sie gemeinsam abgespielt werden sollen.

In unserem Beispiel sollen manche Animationen teilweise gleichzeitig und andere etwas verzögert abgespielt werden. Dazu wählen Sie im Zeitpunkt-Bedienfeld alle betroffenen Animationen aus. Klicken Sie danach auf das Symbol GEMEINSAM ABSPIELEN . Danach sollte sich das Zeitpunkt-Bedienfeld so darstellen wie in Abbildung 32.86.

Um gemeinsam ablaufende Animationen wiederum in die sequenzielle Reihenfolge zurückzuführen, müssen Sie auf das Symbol GETRENNT ABSPIELEN klicken.

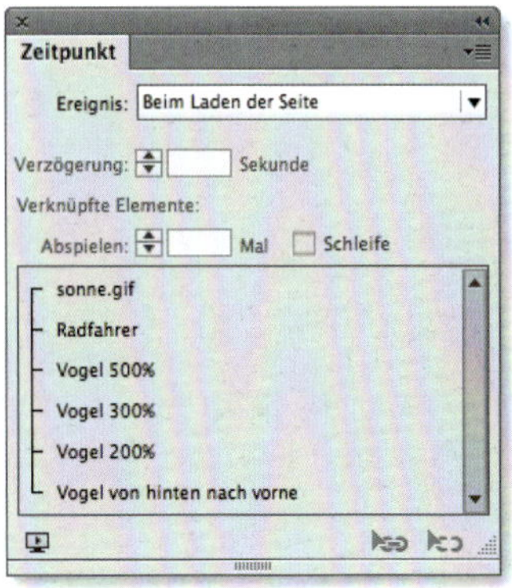

▲ **Abbildung 32.86**
Das Zeitpunkt-Bedienfeld, nachdem alle Animationen zum gemeinsamen Abspielen gekennzeichnet wurden

Der Verzögerung basierend auf dem Einsatzzeitpunkt festlegen | Haben Sie alle Animationen zum gemeinsamen Abspielen gekennzeichnet, so beginnen alle zur gleichen Zeit und verhalten sich in der Dauer und der Anzahl der Abspielfolgen so, wie Sie es beim Anlegen der Animation über die Optionen DAUER, ABSPIELEN und SCHLEIFE im Animation-Bedienfeld bestimmt haben.

Bestimmen Sie über die Option VERZÖGERUNG, wann die gewählte Animation beim gewählten Ereignis mit welcher Verspätung abgespielt werden soll. Für unsere Animation haben wir folgende Verzögerungen eingegeben:

- **Sonne**: VERZÖGERUNG = 0; sobald die Seite geöffnet wird, soll die Sonne eingeblendet werden. Da die Sonne einmalig binnen acht Sekunden bis zur aktuellen Position wächst (siehe dazu Abbildung 32.87), dauert dieser Vorgang genau diese Zeit, bis eine sequenziell nachfolgende Animation gestartet werden kann. (Diesen Sachverhalt müssen wir uns bis zu einer späteren Ergänzung merken.)
- **Radfahrer**: Da der Radfahrer erst nach Sonnenaufgang starten soll, haben wir für diese Animation eine VERZÖGERUNG von 0,75 Sekunden vorgesehen. Somit wird die Sonne etwas vergrößert – sie soll ja bis auf 200 % vergrößert werden –, bevor der Radfahrer startet.
- **Vogel 500 %**: Der Vogel sollte ebenfalls etwas später erscheinen und dann je nach eingestellter Dauer bis auf 500 % anwachsen. Die VERZÖGERUNG wird auf 0,5 Sekunden eingestellt.
- **Vogel 300 %**: Die VERZÖGERUNG wird auf 0,75 Sekunden festgelegt.
- **Vogel 200 %**: Die VERZÖGERUNG wird auf 1 Sekunde festgelegt.
- VOGEL VON HINTEN NACH VORNE: Für den Vogel, der zu Beginn außerhalb der Seite steht, wird der Wert für die Verzögerung auf 1,25 Sekunden festgelegt.

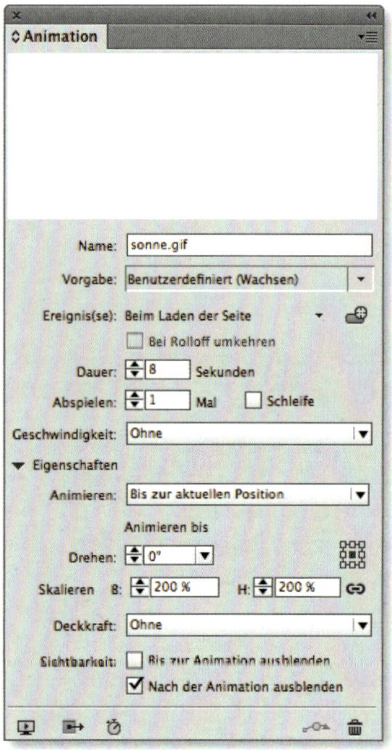

▲ **Abbildung 32.87**
Die Einstellungen zur Animation SONNE

Sehen Sie sich das Ergebnis dieser festgelegten Zeitpunkte an, indem Sie auf das Symbol klicken bzw. den Befehl DRUCKBOGENVORSCHAU aus dem Bedienfeldmenü des Zeitpunkt-Bedienfelds aufrufen.

Eine weitere Animation auf ein Objekt bringen

In den vorherigen Teilschritten haben wir Ihnen gezeigt, wie Sie Animationen in die gewünschte Reihenfolge bringen und zum festgelegten Zeitpunkt starten lassen können. Nachdem unsere Animation jetzt fertig ist, stellen sich noch drei Fragen:

1. Wie kann ich die Sonne, die als letztes Objekt über dem Hügel stehen bleibt, ausblenden lassen?
2. Wie kann ich eine Animation in einer Schleife ablaufen lassen?
3. Wie kann ich eine Endlos-Animation stoppen bzw. wieder starten?

▲ **Abbildung 32.88**
Ausschnitt (ca. bei der Hälfte) aus der erstellten Animation

Die Sonne am Ende ausblenden lassen | Diese Frage kann folgendermaßen beantwortet werden: Einem Objekt, auf das bereits eine Animation angewendet wurde, kann keine weitere Animation zugewiesen werden; Sie müssen also durch die Hintertür an die Lösung des Problems herangehen.

Damit die Sonne am Ende der Animation ausgeblendet wird, muss dasselbe Objekt in InDesign dupliziert und mit geänderten Animationsparametern versehen werden. Dabei muss die Animation Bis zur Animation ausgeblendet bleiben und der Eintrag Bis aktuelles Erscheinungsbild in der Option Animieren eingestellt werden. Mit letzterer Option haben Sie die Animation aus Abbildung 32.87 umgekehrt, womit nun die Sonne innerhalb von acht Sekunden wieder schön langsam verschwindet. Die benötigten Parameter sehen Sie in Abbildung 32.89.

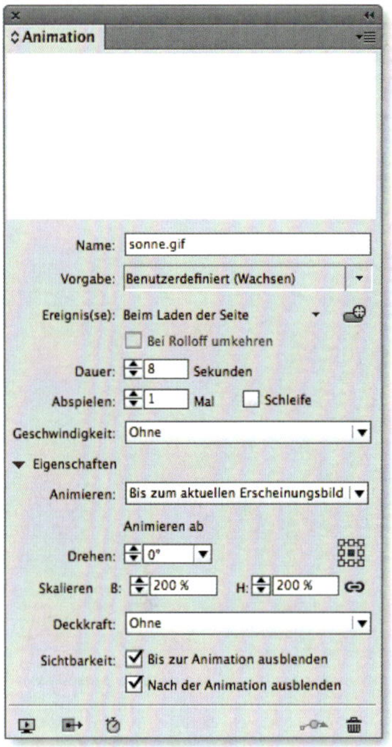

▲ **Abbildung 32.89**
Die Einstellungen zur Animation Sonne, damit diese wieder kleiner wird und verschwindet

Animation in einer Schleife ablaufen lassen | Um eine Animation fortlaufend wiederholen zu lassen, müssen Sie jene Animationen, die zum gemeinsamen Abspielen markiert sind, aktivieren. Dadurch können Sie für diese Objekte nun über die Option Abspielen bestimmen, wie oft diese Animation in Folge abgespielt werden soll, bzw. durch Klick auf die Checkbox Schleife eine Endlos-Animation erstellen. Die entsprechende Situation ist in Abbildung 32.90 zu sehen.

Beachten Sie, dass nur Animationen, die über die Option Gemeinsam abspielen aneinandergehängt worden sind, über das Zeitpunkt-Bedienfeld in einer Schleife abgespielt werden. Wollen Sie einzelne Animationen in einer Schleife abspielen lassen, so müssen Sie dies bereits in den Animationsparametern im Animation-Bedienfeld anlegen.

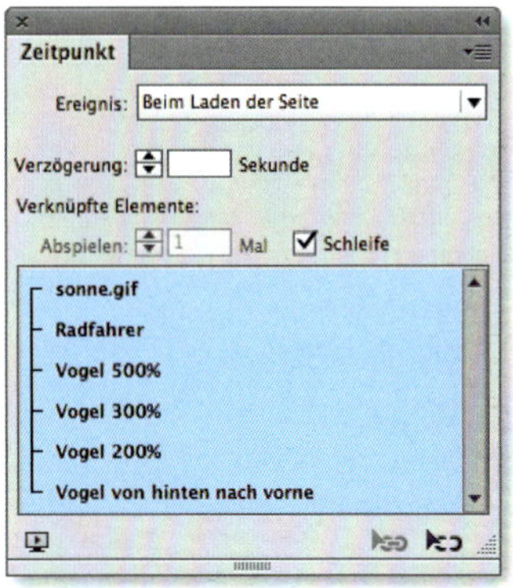

▲ **Abbildung 32.90**
Animationen werden für die Endlos-Animation in eine Schleife gesetzt.

Eine Animation in einer Schleife stoppen und starten | Das Stoppen bzw. benutzerdefinierte Starten von Animationen kann nur über entsprechende Schaltflächen ermöglicht werden. Erstellen Sie zum Stoppen einer Animation einen Button, weisen Sie diesem das entsprechende Erscheinungsbild ❻ (Abbildung 32.91, siehe nächste Seite) für den Zustand [Normal] und [Cursor darüber] zu, und wählen Sie in der Option Ereignis ❶ den Eintrag Bei Klick aus. Danach fügen Sie durch Klick auf das Symbol + ❸ den Eintrag Animation ❷ hinzu – unsere erstellte Animation (Radfahrer) ist sofort ausgewählt. Nun müssen Sie nur noch unter Optionen ❺ den Eintrag Alle anhalten auswählen, da die anderen Einträge nur auf die gewählte Animation ❹ angewendet werden können.

Um die Animation erneut zu starten, müsste eine weitere Aktion der Schaltfläche hinzugefügt werden. Dabei kann jedoch ein vollkommener Reset (zurück zum Start) nicht ausgewählt werden. Sie müssen sogar jede einzelne Animation erneut starten lassen, was Sie auch durch Hinzufügen von vielen Aktionen erledigen können.

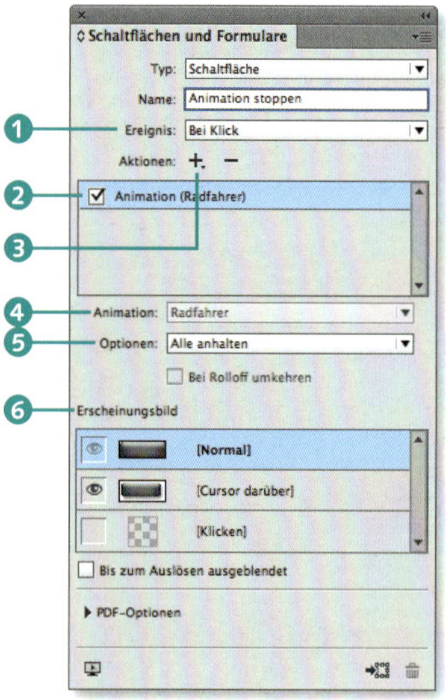

▲ **Abbildung 32.91**
Das Schaltflächen-Bedienfeld mit den Optionen, die zu wählen sind, um die gesamte Animation zu stoppen

Nun haben wir unsere Animation fertiggestellt. Das fertige Beispiel befindet sich zum Nachmachen auf der Buch-DVD im Ordner BEISPIELMATERIAL • KAPITEL_32 • ANIMATIONEN unter der Bezeichnung »Radfahrer_mit_Zeitpunkt.indd«.

Ein letztes Beispiel

Das Arbeiten mit Animationen erfordert viel Geduld, verbunden mit dem Durchführen von Tests. Am Beispiel der Präsentation von der Buch-DVD soll ein noch ein etwas komplexerer Aufbau erklärt werden.

Durch Klick auf eines der sechs kleinen Kästchen soll die Abbildung im großen Bildrahmen eingeblendet und darüber hinaus noch der beschreibende Text animiert eingeblendet werden. Um dies zu erreichen, muss ein Objektstapel (bestehend aus allen sechs Abbildungen) erstellt werden. Damit die Texte animiert von links hereinfliegen, muss für jeden Text ein Textrahmen erstellt und animiert werden.

Abbildung 32.92 ▶
Sie finden diese Präsentation auf der Buch-DVD. Die Präsentation enthält viele Anwendungen für die verschiedenen Abschnitte in diesem Kapitel.

Damit nicht alle Textrahmen angezeigt werden, werden diese auch in einem Objektstapel zusammengefasst. Zum Schluss müssen nur noch aus den sechs kleinen Abbildungen Buttons erzeugt werden, die in einer Aktion den jeweiligen Status (Bild und Text) ansprechen.

Kapitel 33
Digitale Dokumente exportieren

Wir haben bei den verschiedenen interaktiven Elementen bereits einige Hinweise gegeben, was Sie beim Export berücksichtigen müssen. Dabei haben wir uns auf die beiden Dateiformate PDF und SWF beschränkt. Grundsätzlich ist zu unterscheiden, ob Sie mit InDesign bereits das Endprodukt aus einem interaktiven Dokument erzeugen (PDF, SWF, EPUB) oder Ihr Layout zur Weiterbearbeitung in anderen Programmen exportieren (Flash, Adobe Digital Content Bundler), die interaktive Objekte bearbeiten können. Das HTML-Format ist sowohl als Endprodukt als auch zur weiteren Bearbeitung geeignet. Lesen Sie hier, welche Optionen Sie beim Export von Dokumenten in diese Formate haben.

33.1 Export vorbereiten

Dateiformate wie PDF oder SWF können die Struktur eines Layouts bzw. einzelner Seiten direkt abbilden, andere Formate – wie HTML oder EPUB – können das nicht. Somit stellt sich die Frage, wie die Anordnung von Objekten zueinander in einem Layout abgebildet werden kann. Die Objekte selbst haben in einer elektronischen Publikation Eigenschaften, die sie in einem InDesign-Layout nicht benötigen. Auch diese Informationen müssen den Objekten erst zugewiesen werden. All diese Zusatzinformationen werden zwar sinnvollerweise schon während der Dokumenterstellung festgelegt, spätestens beim Exportieren in ein digitales Format müssen Sie sich aber davon überzeugen, ob das wirklich der Fall ist, und die nötigen Informationen eventuell nachreichen.

XML-Struktur
InDesign-Dokumente können auch von XML-Strukturen überlagert werden, aus denen die Beziehung der verschiedenen Objekte abgeleitet werden kann. Das ist allerdings etwas knifflig und oft sehr aufwendig.

Kennzeichnen von Bildern, Objekten und Texten für den Export

Bei der Entwicklung jüngerer Versionen von InDesign wurde speziell für den Export von InDesign-Dateien nach HTML, EPUB oder in barrierefreie PDF-Dateien eine Menge Arbeit investiert. Um bereits im Layout die für den Export benötigten Parameter und Informationen für die verschiedenen Objekte anbringen zu können, steht seit InDesign CS5.5 der Dialog OBJEKTEXPORTOPTIONEN zur Verfügung.

Objektexportoptionen können auf Text- und Grafikrahmen sowie auf ganze Gruppen angewendet werden. Dabei können die vorgenommenen Einstellungen die globalen Exporteinstellungen überschreiben, die Sie in den jeweiligen Exportdialogen vornehmen.

Objektexportoptionen können für verschiedene Zwecke eingesetzt werden. Diese sind:

- Definieren von alternativem Text für platzierte Bilder und Grafiken, um eine Beschreibung des Dargestellten für Screenreader verfügbar zu machen
- Anbringen von Tags bzw. Übernahme von beschreibenden Texten aus den Metadaten, die für die Erstellung von barrierefreien PDF-Dateien benötigt werden
- Festlegen der für den Export zu verwendenden Konvertierungseinstellungen für jedes Objekt, damit alle Objekte unabhängig von der Bildschirmgröße und Pixeldichte optimal wiedergegeben werden können

Schwebendes Fenster

Der OBJEKTEXPORTOPTIONEN-Dialog muss nicht geschlossen werden, wenn Sie ein anderes Objekt auswählen. Lassen Sie zum Kennzeichnen der Informationen immer den Dialog offen, und wählen Sie mit dem Auswahlwerkzeug das zu kennzeichnende Objekt aus.

Um den Dialog OBJEKTEXPORTOPTIONEN aufrufen zu können, sollten Sie zuerst ein Objekt bzw. eine Objektgruppe mit dem Auswahlwerkzeug auswählen und erst danach den Befehl OBJEKT • OBJEKTEXPORTOPTIONEN aufrufen. Haben Sie nur einen Text mit dem Textwerkzeug markiert, so können Sie zwar den Dialog öffnen, jedoch keine Einträge vornehmen.

Der Dialog OBJEKTEXPORTOPTIONEN teilt sich in drei Teilbereiche auf, die je nach Anwendungsgebiet verwendet werden müssen.

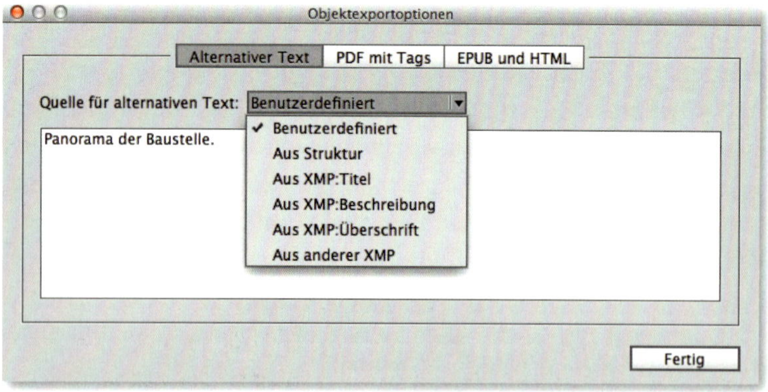

Abbildung 33.1 ▶
Das Register ALTERNATIVER TEXT des Dialogs OBJEKTEXPORTOPTIONEN. Legen Sie darin fest, welcher Text für die Beschreibung alternativer Texte verwendet werden soll.

Alternativer Text | Bilder müssen für die barrierefreie Verwendung in einer PDF-Datei bzw. in HTML und EPUB mit alternativen Beschreibungen versehen werden. Welche Beschreibung für den alternativen Text verwendet wird bzw. aus welcher Quelle diese Informationen bezogen werden sollen, kann in diesem Register festgelegt werden, wobei folgende Möglichkeiten zur Verfügung stehen:

- Benutzerdefiniert: Geben Sie hier den Alternativtext manuell im Eingabefeld darunter ein.
- Aus Struktur: Damit wird jener Text ausgelesen, der in der XML-Struktur diesem Objekt im Attribut (über das Tag `<alt>`) hinzugefügt wurde.
- Aus XMP:Titel; Aus XMP:Beschreibung; Aus XMP:Überschrift: Damit wird der Text, der in diesen XMP-Feldern eingetragen wurde, für die Beschreibung des alternativen Textes verwendet. Beachten Sie, dass alternative Textbeschreibungen durch die Änderungen in den XMP-Daten eines Bilds ebenfalls aktualisiert werden.
- Aus anderer XMP: Greifen Sie damit, so wie zuvor auf Titel, Beschreibung oder Überschrift, auf andere XMP-Felder zur Beschreibung des alternativen Textes zurück. Geben Sie dazu den vollständigen Namespace und den Eigenschaftsnamen ein.
  Sollte die Beschreibung aus dem XMP-Feld »`IPTC-Themencode`« entnommen werden, so lautet der Eigenschaftswert »`Iptc4xmpCore:SubjectCode`«.

DOC-Import
Beim Import von Word-Dokumenten importiert InDesign auch den für die Bilder festgelegten alternativen Text.

Objektformate
Alle Optionen der Objektexportoptionen lassen sich seit InDesign CC in Objektformaten speichern – in der Praxis werden Sie also einmal festgelegte Einstellungen als Objektformat anlegen und verwenden.

Diese Tatsache ist natürlich nur hilfreich, wenn Sie keine benutzerdefinierten Texte verwenden, sondern alle variablen Textelemente automatisch beziehen können.

PDF mit Tags | Bestimmen Sie in diesem Register, aus welcher Quelle der Tagname stammen soll, der dem Objekt im PDF zugewiesen wird, und kennzeichnen Sie grafische Elemente, die tatsächlichen Text darstellen.

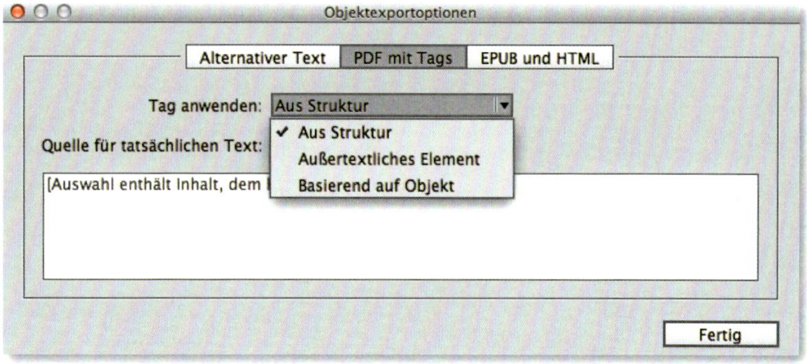

◀ Abbildung 33.2
Das Register PDF mit Tags des Dialogs Objektexportoptionen

Welche Quelle für den Tagnamen im PDF verwendet werden soll, bestimmen Sie über die Option Tag anwenden. Hier stehen drei Möglichkeiten zur Verfügung:

- Aus Struktur: Der in der Struktur festgelegte Text wird in der PDF-Datei verwendet.

Endmarke eines Textes
Die grafische Kennzeichnung eines Textendes durch eine Endmarke wäre ein typisches Beispiel dafür, dass dieses mit dem Tag `<Artifact>` ausgezeichnet werden soll, da die Endmarke keine inhaltliche Bedeutung hat.

- AUSSERTEXTLICHES ELEMENT: Wählen Sie diese Option für Grafikelemente, die von einem Screenreader nicht vorgelesen werden sollen. Diesen Elementen wird das Tag `<Artifact>` zugewiesen. Dieses Tag wird zwar in den Tag-Baum aufgenommen, Screenreader lesen jedoch den Inhalt dieses Tags nicht vor.
- BASIEREND AUF OBJEKT: Damit bestimmt InDesign automatisch den Inhalt des Rahmens und weist für einen Textrahmen das Tag `<p>` und für Grafikrahmen das Tag `<figure>` zu.

Neben alternativen Texten unterstützt das PDF-Format auch Text, der als Grafik vorliegt: Über die Option QUELLE FÜR TATSÄCHLICHEN TEXT kann einem Grafikelement der darin enthaltene Text zugewiesen werden. Verwendet man zum Beispiel Schriftzüge, die als gescanntes Bild in das Layout eingebaut wurden, oder Ornamente, die als Initialen einem Absatz vorangestellt wurden, kann man auf diese Weise den abgebildeten Text hinterlegen. In der Option QUELLE FÜR TATSÄCHLICHEN TEXT stehen die gleichen Optionen wie für ALTERNATIVER TEXT zur Verfügung.

Bildqualität und Position
Über die Konvertierungseinstellungen steuern Sie, mit welcher Qualität die Rasterung von Texteffekten wie Schlagschatten oder abgeflachten Kanten beim HTML- bzw. EPUB-Export umgesetzt werden soll, sowie die Position der Objekte im Ergebnis.

EPUB und HTML | Über dieses Register können Bildkonvertierungsoptionen für Objekte für den Export nach EPUB bzw. HTML festgelegt werden. Wenn Sie dem Objekt keine benutzerdefinierten Parameter anhängen, werden die für den EPUB-Export festgelegten Bildkonvertierungseinstellungen verwendet.

Was die verschiedenen Parameter bedeuten, zeigen wir Ihnen im nächsten Kapitel 34, »E-Books erstellen«, wenn es um den konkreten Export Ihrer Daten gehen wird.

Das Artikel-Bedienfeld

Exportreihenfolge und XML
Bei einem XML-Export wird die Reihenfolge ignoriert, die Sie im Artikelbedienfeld vorgeben. Bei einem EPUB- und dem HTML-Export hingegen wird sie berücksichtigt.

Jedes Objekt eines Dokuments kann über das Artikel-Bedienfeld zu einem Artikel ernannt werden, was sich auf das InDesign-Dokument selbst in keiner Weise auswirkt. Sie legen dadurch lediglich die Beziehung von Objekten untereinander in Form einer Reihenfolge fest. Aus dieser Reihenfolge wird beim Export die Abfolge der Objekte abgeleitet. Objekte, die nicht als Artikel definiert wurden, werden dabei übergangen, also nicht exportiert.

Als Artikel kommen wirklich nur Objekte infrage, also keine ausgewählten Texte oder Teile von Vektoren. Bei einer Textauswahl wird ein leerer Artikel erstellt, bei Teilen von Vektorobjekten gilt der ganze Vektor als Artikel. Artikel können aber aus mehreren Objekten bestehen.

Rufen Sie das Artikel-Bedienfeld über FENSTER • ARTIKEL auf, ein Tastenkürzel gibt es nicht.

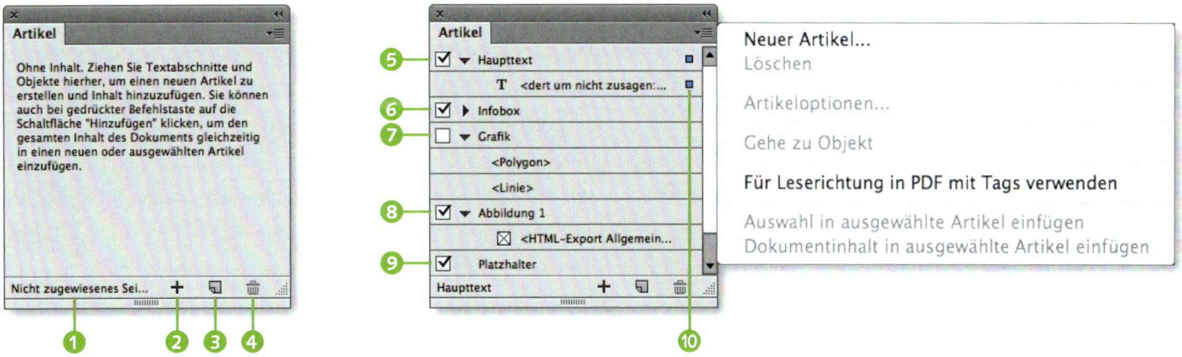

▲ **Abbildung 33.3**
Textobjekte ❺ werden im Artikel-Bedienfeld durch einen Teil des Textes, den sie beinhalten, bezeichnet, Grafiken durch ihre Art ❼ und Pixelbilder durch ihren Dateinamen ❽.

Das zunächst leere Artikel-Bedienfeld zeigt Ihnen eine kurze Anleitung, wie Sie zur Definition eines Artikels vorgehen müssen. Sobald Sie ein Objekt auswählen, erscheint in ❶ der Hinweis, dass dieses Objekt noch keinem Artikel zugewiesen wurde. Klicken Sie auf Neuen Artikel erstellen ❸, oder wählen Sie Neuer Artikel aus dem Bedienfeldmenü, um Ihren ersten Artikel anzulegen. Alternativ können Sie ein Objekt auch auf das Artikel-Bedienfeld ziehen (wie z. B. beim Bibliothek-Bedienfeld).

Im Fenster Neuer Artikel wählen Sie einen Namen für diesen Artikel und legen fest, dass dieser Artikel beim Export berücksichtigt werden soll. Der neue Artikel erscheint nun im Artikel-Bedienfeld ❺. In unserem Fall war ein Textrahmen ausgewählt. Die Checkbox neben dem Namen zeigt an, dass dieser Artikel exportiert werden wird – diese Eigenschaft kann hier also schnell verändert werden. Die Punkte rechts neben den Objekteinträgen eines Artikels ❿ zeigen die Zugehörigkeit des Objekts zu diesem Artikel an, wobei ein Objekt auch mehreren Artikeln zugeordnet sein kann.

Artikeleinträge, denen Objekte zugeordnet sind, verfügen über ein Dreieck, mit dem die Liste der enthaltenen Objekte auf- und zugeklappt werden kann. Sie können allerdings auch leere Artikel anlegen ❾, indem Sie die entsprechende Funktion aufrufen, ohne ein Objekt ausgewählt zu haben. Haben Sie dagegen mehrere Objekte ausgewählt, werden alle ausgewählten Objekte einem Artikel zugeordnet ❼. Auf diese Art können Sie also mehrere Objekte in Gruppen zusammenfassen.

Wenn Sie einem (z. B. leeren) existierenden Artikel ein Objekt hinzufügen wollen, wählen Sie das Objekt (oder mehrere) aus und klicken auf Auswahl in Artikel einfügen ❷, oder wählen Sie Auswahl in ausgewählte Artikel einfügen aus dem Bedienfeldmenü. Um alle Objekte des Dokuments einem Artikel hinzuzufügen, wählen Sie zunächst den Artikel im Bedienfeld aus und rufen Dokumentinhalt in ausgewählte

Struktur abbilden

Wenn Sie die Dokumentstruktur genau vor Augen haben, können Sie auch zunächst leere Artikel anlegen und benennen und dann erst die Objekte des Layouts diesen Artikeln per Drag & Drop zuweisen.

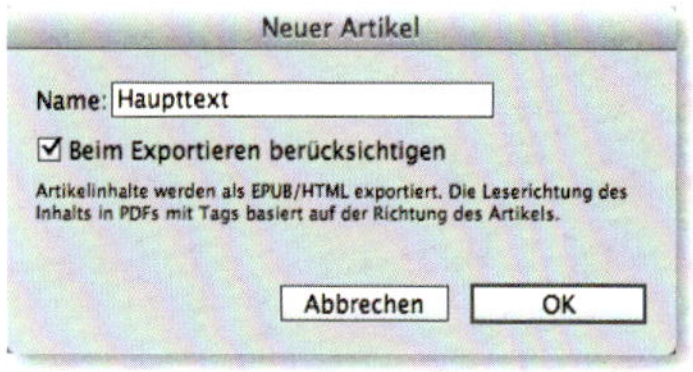

▲ **Abbildung 33.4**
Die Eigenschaften, die Sie beim Anlegen eines neuen Artikels festlegen, können im Bedienfeldmenü des Artikel-Bedienfelds nachträglich über Artikeloptionen aufgerufen werden.

Artikel einfügen aus dem Bedienfeldmenü auf, und um einen Artikel aus allen Objekten des Dokuments zu erstellen, halten Sie die [Strg]- bzw. [⌘]-Taste gedrückt und klicken auf Auswahl in Artikel einfügen ❷, was nicht unbedingt logisch erscheint.

Das Löschen eines Artikels ❹ muss wohl nicht näher erklärt werden. Die Artikeloptionen für einzelne Artikel erreichen Sie über den gleichnamigen Menübefehl aus dem Bedienfeldmenü oder über einen Doppelklick auf den entsprechenden Eintrag im Artikel-Bedienfeld. Durch einen einfachen Klick auf einen Artikelnamen können Sie ihn nach einer kurzen Wartezeit verändern.

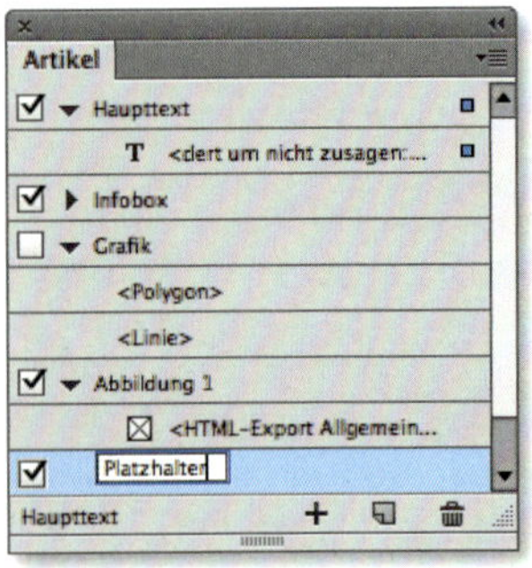

▲ **Abbildung 33.5**
Markieren Sie einen Artikeleintrag, und klicken Sie einmal auf den Namen, um ihn zu ändern.

PDF-Dateien bilden zwar das Layout einer Seite richtig ab, aber in bestimmten Situationen (umbrechende PDFs oder barrierefreie PDFs) ist die Leserichtung – das ist die Reihenfolge von Objekten, die Sie im Artikel-Bedienfeld festlegen – ebenfalls von Bedeutung. Aktivieren Sie dann für Ihre Artikel die Option Für Leserichtung in PDF mit Tags verwenden im Bedienfeldmenü des Artikel-Bedienfelds.

Artikel organisieren | Bei der Definition von Artikeln sollten Sie folgende Verhaltensweisen berücksichtigen:

- Im Text verankerte Objekte gehören zum Text und somit zum Textrahmen, der den Text enthält. Ein verankertes Objekt ist somit automatisch Bestandteil eines Artikels, der aus dem übergeordneten Textrahmen erstellt wird.
- Wenn Sie versuchen, aus einem im Text verankerten Objekt einen Artikel zu machen, entsteht ein leerer Artikel.
- Im Text verankerte Objekte können nicht auf das Artikel-Bedienfeld gezogen werden.
- Einzelne Objekte können auch mehreren Artikeln zugeordnet werden. Sie werden dann auch mehrfach exportiert.

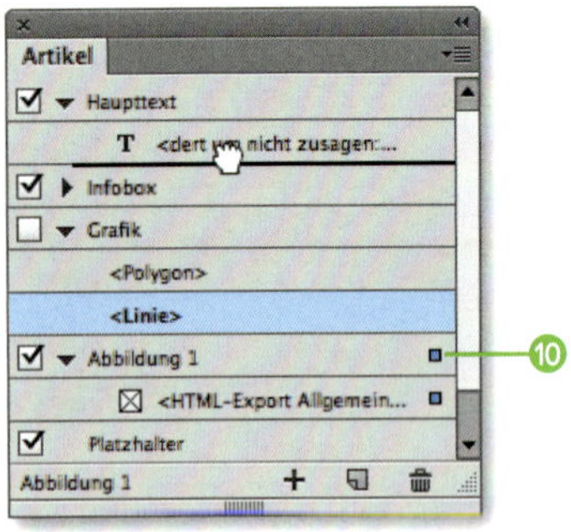

▲ **Abbildung 33.6**
Artikel- oder Objekteinträge können auch im Artikel-Bedienfeld verschoben werden, wie in anderen Bedienfeldern auch.

Navigation | Um festzustellen, welchem Artikel oder welchen Artikeln ein Objekt zugeordnet ist, wählen Sie das Objekt aus und sehen sich die Markierungen ❿ im Bedienfeld an. Umgekehrt können Sie auch einen Objekteintrag im Bedienfeld markieren und Gehe zu Objekt aus dem Bedienfeldmenü aufrufen. InDesign wählt das betreffende Objekt aus und bringt es in den sichtbaren Bereich des Dokumentfensters.

Reihenfolge ändern | Sie können einzelne Artikeleinträge mit dem Mauszeiger fassen und verschieben, wie in anderen Bedienfeldern auch. Allerdings können Sie keinen kompletten Artikel in einen anderen Artikel verschieben. Dazu müssen Sie die einzelnen Objekte verschieben und dann einen möglicherweise entstehenden leeren Artikel löschen.

Eine Mehrfachauswahl von Objekten – auch in unterschiedlichen Artikeln – ist jedoch möglich, indem Sie die Einträge mit gedrückter [Strg]- bzw. [⌘]-Taste auswählen.

Über die Anordnung und Kombination der Objekte innerhalb der Artikel und der Artikel untereinander können Sie die Ergebnisse eines Exports nach HTML und EPUB ganz entscheidend beeinflussen. Eine Verwendung des Artikel-Bedienfelds ist in diesem Fall für Layouts, die nicht streng linear, sondern als Montagen einiger/vieler Objekte ausgeführt sind, zwingend.

EPUB exportieren

Informtionen zum EPUB-Export finden Sie im nächsten Kapitel 34, »E-Books erstellen«.

33.2 HTML

Mit InDesign CS5.5 hat sich Adobes Einschätzung der Bedeutung von HTML als Exportformat offensichtlich deutlich verschoben. Zum einen wurden die Exportfunktionen in InDesign integriert (vorher wurde der Export noch über Skripte abgewickelt), wobei kräftig aufgerüstet wurde. Zum anderen ist die Funktion nun neutraler in InDesign verankert. Bis InDesign CS5 wurde sie als Für Dreamweaver exportieren bezeichnet, was deutlich zeigt, dass das Ergebnis zur Weiterbearbeitung gedacht war.

Mit InDesign CS6 wurden einige Details des HTML-Exports erweitert, der Export platzierter HTML-Snippets implementiert und die Einbettung von Adobe Edge-Daten vorgesehen. In InDesign CC wurden die Handhabung und Erzeugung von Stylesheets überarbeitet.

Adobe Edge

Es wird gemunkelt, dass Adobe Edge Animate der Flash-Nachfolger werden könnte. Zumindest wird es massiv weiterentwickelt und laufend ergänzt.

Edge-Pakete (Dateiendung .oam) können direkt in InDesign platziert und dann in HTML- und EPUB-Dokumente (für EPUB 3.0) exportiert werden.

Umfang des HTML-Exports

Dass beim HTML-Export die internettypischen interaktiven Elemente erhalten bleiben, versteht sich von selbst. Beim Exportieren können Sie festlegen, wie mit Bildern verfahren werden soll und wie Absatz-, Zeichen-, Objekt-, Tabellen- und Zellenformate aus InDesign auf die exportierten Inhalte angewendet werden sollen. Letzteres erfolgt durch Kennzeichnung der InDesign-Formatnamen durch gleichnamige CSS-Formatklassen in der HTML-Datei. Beachten Sie dabei jedoch folgende Vorgaben:

- **Exportiert werden können**: Alle markierten Textabschnitte, verknüpfte und eingebettete Bilder, SWF-Filmdateien, Fußnoten, Textvariablen (sie werden nicht als Variablen, sondern als Text exportiert), Aufzählungslisten und nummerierte Listen sowie auf Text verweisende Hyperlinks. Tabellen können darüber hinaus auch exportiert werden. Die Formatierung einer Tabelle (Auszeichnung von

CSS – Cascading Style Sheets
CSS sind gesammelte Formatierungsregeln, die das Erscheinungsbild von Inhalten auf einer Webseite steuern. Durch CSS kann der Inhalt von der Darstellung getrennt werden. Der Inhalt der Seite befindet sich in der HTML-Datei selbst. Die CSS-Regeln, aus denen sich die Präsentation des Codes ableitet, befinden sich in einer anderen Datei (in einem externen Stylesheet) oder im HTML-Dokument (normalerweise im Head-Abschnitt).

Linienform, Linienfarbe und Linienstärke) kann nicht übernommen werden, Zellverbindungen und Kopfzeilen sowie Zellenformatierungen (Farbe, Farbton) dagegen schon. Seit InDesign CS6 können auch HTML-Snippets und Adobe Edge-Daten exportiert werden.

- **Nicht exportiert werden können**: Objekte wie Polygone, Kreise, Rechtecke, in Pfade konvertierte Texte usw., die Sie in InDesign erstellt haben – diese Objekte werden jedoch in Bilder umgewandelt und somit sichtbar sein –, Marken (wie Pagina und Abschnittsmarke), platzierte Filmdateien (außer FLV-Dateien), Hyperlinks (außer auf Text verweisende Hyperlinks) und Lesezeichen sowie Indexmarken und Objekte, die auf der Montagefläche stehen. Beachten Sie auch, dass Objekte der Musterseiten, solange sie nicht herausgelöst wurden, nicht in eine HTML-Datei exportiert werden können.

In welcher Reihenfolge die Objekte exportiert werden, hängt von der Anordnung in InDesign ab. Standardmäßig wird die Lesereihenfolge von Seitenobjekten beim Export durch Scannen von links nach rechts und von oben nach unten ermittelt. Seit InDesign CS5 kann die Objektanordnung auch über die XML-Struktur des Dokuments beeinflusst werden; seit InDesign CS5.5 funktioniert das recht komfortabel über das Artikel-Bedienfeld (wie Sie dem vorherigen Abschnitt bereits entnommen haben).

Exportieren

Um Teile Ihres Dokuments als XHTML zu exportieren, wählen Sie die zu exportierenden Textrahmen, Textbereiche, Tabellenzellen oder Grafiken in InDesign CC aus und führen den Befehl Datei • Exportieren aus oder verwenden das Tastenkürzel Strg+E bzw. ⌘+E. Geben Sie einen Namen und Speicherort für das HTML-Dokument an, und wählen Sie im Exportieren-Fenster unter Format die Option HTML aus.

Allgemein | Im Bereich Exportieren legen Sie fest, ob Sie das gesamte Dokument oder nur die Auswahl exportieren möchten.

Inhaltsreihenfolge beeinflusst die Reihenfolge und Anordnung der InDesign-Objekte im HTML-Ergebnis. Wenn Sie eine XML-Struktur für Ihr Layout festgelegt haben, können Sie diese Struktur verwenden, um Ihr Layout zu beschreiben – wählen Sie die Option Wie XML-Struktur. Da XML technisch gesehen sehr eng mit HTML verwandt ist, können die Ergebnisse wesentlich verbessert werden – werden es aber nicht unbedingt! Beachten Sie, dass durch diese Option auch nur Objekte exportiert werden, die über ein XML-Tag verfügen.

Mit der Option Basierend auf Seitenlayout wird versucht, die Objektanordnung auf der Seite zu erhalten, wie in der Einleitung beschrieben. Wenn Sie in Ihrem Dokument noch keine XML-Struktur angelegt haben, erscheint uns der Aufwand, nur für den Export eine Struktur zu definieren, als zu groß. Arbeiten Sie stattdessen mit dem Arikel-Bedienfeld.

Wie Artikelbedienfeld bedeutet, dass die lineare Abfolge der Objekte in der HTML-Datei aus der Reihenfolge der Objekte im Artikel-Bedienfeld abgeleitet wird. So können Sie sehr einfach die Abfolge bei kleineren Publikationen steuern. Bei umfangreicheren wird die Sache allerdings auch schnell unübersichtlich. Auch hier gilt: Wurde ein Objekt nicht in das Artikel-Bedienfeld aufgenommen, wird es auch nicht exportiert.

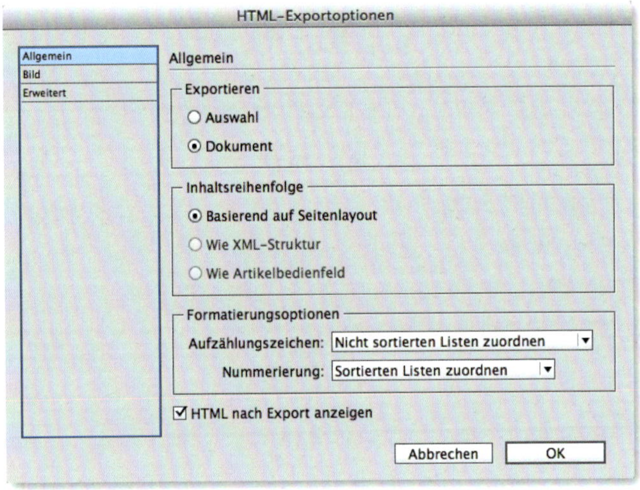

◀ **Abbildung 33.7**
Legen Sie in den HTML-Exportoptionen zunächst fest, ob Sie das ganze Dokument oder nur Teile daraus exportieren wollen. Die Option HTML nach Export anzeigen öffnet nach der Erstellung der HTML-Datei Ihren Browser und zeigt Ihnen das Ergebnis an.

Im Bereich Formatierungsoptionen bestimmen Sie die Zuordnung von InDesign-Nummerierungs- und Aufzählungslisten zu `unordered` oder `ordered list` in der HTML-Datei.

Wählen Sie in der Option Aufzählungszeichen den Eintrag Nicht sortierten Listen zuordnen, wenn Sie nummerierte Listen aus InDesign in Listenelemente mit dem Tag `<UL>` in HTML formatieren möchten. Wählen Sie jedoch In Text umwandeln, wenn Sie Aufzählungszeichen unter Verwendung des Tags `<p>` als Text formatieren möchten.

Wählen Sie in der Option Nummerierung den Eintrag Sortierten Listen zuordnen, wenn Sie Absätze mit Aufzählungszeichen aus InDesign in Listenelemente mit dem Tag `<OL>` in HTML formatieren möchten. Wählen Sie Statisch sortierten Listen zuordnen, wenn Sie nummerierte Listen aus InDesign in Listenelemente umwandeln möchten. Es wird dabei jedoch, basierend auf der aktuellen Nummer, in InDesign ein

In Text konvertierte Listen
Da es in HTML ebenfalls automatisch nummerierte Listen und Aufzählungslisten gibt, sollten Sie diese auch verwenden, da der exportierte Text sonst per HTML-Editor (nicht nur Dreamweaver) nur noch mit zusätzlichem Aufwand umgestellt werden kann.

Attribut <value> zugewiesen. Wählen Sie In Text umwandeln, wenn Sie nummerierte Listen als Absätze formatieren möchten, die mit der aktuellen Absatznummer als Text beginnen.

Bild | Wählen Sie in der Option Bilder kopieren den Wert Original aus, wenn die Originalbilder in den Unterordner für Webbilder verschoben werden sollen. Dies setzt allerdings voraus, dass die platzierten Bilder in InDesign bereits in einem optimierten Zustand für das Web vorliegen. Sie können mit dieser Option keine weiteren Einstellungen mehr vornehmen.

Wählen Sie in der Option Bilder kopieren den Wert Optimiert aus, wenn Sie Änderungen zur Optimierung des Bildexports festlegen wollen. Aktivieren Sie die Checkbox Aussehen aus Layout beibehalten, wenn Sie InDesign-Formatierungen wie Drehungen oder Skalierungen bei Webbildern so weit wie möglich beibehalten wollen.

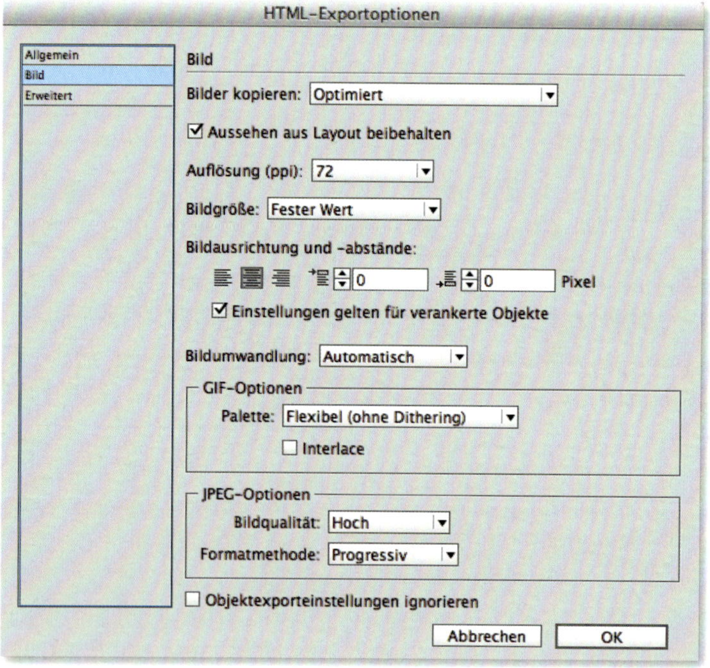

Abbildung 33.8 ▶
Eine hier nicht sichtbare Änderung betrifft das Problem, dass InDesign CS6 oft krumme Auflösungen produzierte, wie z. B. 71,984 ppi statt 72 ppi. Dieser Fehler ist in InDesign CC behoben!

Die Bildgrösse kann absolut (Fester Wert) oder proportional zur Seitenbreite des InDesign-Dokuments (Relativ zur Seite) festgelegt werden. Im zweiten Fall wird die Bildgröße also verändert, um nicht zu sagen: unkontrollierbar …

Bildausrichtung und -abstände: Legen Sie fest, ob die Bilder in der HTML-Datei linksbündig, rechtsbündig oder zentriert erscheinen sollen, und legen Sie einen Abstand vor und/oder nach dem Bild fest. Einstel-

Auflösung

Viele Jahre war die Zielauflösung im Webdesign auf 72 ppi festgelegt. Heutige Technologien erlauben aber die Darstellung einer wesentlich höheren Dichte. Apples Retina-Display verfügt z. B. über Auflösungen von 220 ppi bis 326 ppi. Die Option Auflösung (ppi) erlaubt es, auf diese Geräte (bzw. ihre Benutzer) Rücksicht zu nehmen.

Lungen gelten für verankerte Objekte bewirkt, dass im Text verankerte Objekte in einen eigenen Absatz gestellt werden.

Über die Option Bildumwandlung können Sie noch auf die Qualität der Bildkonvertierung für die Formate GIF und JPEG Einfluss nehmen. Wählen Sie Automatisch, wenn InDesign automatisch entscheiden soll, welches Format jeweils verwendet wird. Sie können dann jedoch Qualitätsvorgaben für die beiden möglichen Formate GIF und JPEG festlegen. Wählen Sie dagegen GIF, JPEG oder PNG, werden alle Bilder in genau diese Formate umgewandelt, wobei natürlich auch die Einstellungen in den Bereichen GIF-Optionen bzw. JPEG-Optionen zur Bilderstellung verwendet werden.

Interlace und Progressiv
Die beiden Optionen für GIF und JPEG zielen auf den gleichen Effekt ab. In Zeiten sehr niedriger Netzgeschwindigkeiten erschien es günstig, zumindest ein Teilbild bzw. eine unscharfe Variante eines Bilds darstellen zu können, während das Bild noch geladen wird. Bei heutigen Verbindungsgeschwindigkeiten sollte das Problem nur noch bei sehr großen Bildern auftreten. Gängige Browser stellen dann den Teil des Bilds dar, der schon geladen wurde. Beide Optionen führen dazu, dass die Bilder größer werden und somit noch länger brauchen, um vollständig geladen zu werden. Wir empfehlen Ihnen, die beiden Optionen nicht zu verwenden.

Unter GIF-Optionen können Sie die zu verwendende Farbpalette festlegen. Flexibel (ohne Dithering) erzeugt eine für das Bild optimierte Farbpalette; die anderen Einstellungen greifen auf standardisierte Paletten zurück, was das Bild jedoch drastisch verändern kann. Die Option Interlace zerlegt das Bild in vier Teilbilder, über die das Bild bei der Darstellung im Browser schrittweise aufgebaut wird.

Die JPEG-Optionen entsprechen den üblichen Einstellungen aus Photoshop oder anderen Bildverarbeitungsprogrammen. Wählen Sie eine Bildqualität zwischen Niedrig und Maximal (je höher die Qualität, umso mehr Speicherplatz wird das Bild belegen), und die Formatmethode: Progressiv codiert das Bild so, dass es bei der Darstellung zunehmend schärfer wird. Standard verzichtet auf diesen Effekt; solange das Bild noch nicht dargestellt werden kann, weil es noch nicht vollständig geladen wurde, erscheint im Browser ein allgemeiner Platzhalter.

Wenn Sie in der Option Bilder kopieren den Eintrag Mit Serverpfad verknüpfen wählen, werden Bilder nicht in einen Unterordner exportiert.

◄ **Abbildung 33.9**
Mit diesen Einstellungen für den Bildexport wird davon ausgegangen, dass die Bilder bereits existieren und lediglich der relative Pfad zu diesen Bildern bekannt gegeben werden muss.

Sie haben dann die Möglichkeit, einen lokalen Serverpfad einzugeben, der vor die Bilddaten in der HTML-Datei gesetzt wird (zum Beispiel <img src=«../pics/aquo_red.jpg« alt=«aquo_red.psd« />). Diese Option ist besonders effektiv, wenn Sie Bilder selbst in webkompatible Bilder konvertieren.

Manuelle Bildumwandlung
Webdesigner bevorzugen in der Regel unbearbeitetes Bildmaterial, weil sie dann direkte Kontrolle über das Ergebnis haben. Es kann also durchaus sinnvoll sein, keine Bilder exportieren zu lassen.

Falls Sie Exportoptionen für einzelne Objekte festgelegt haben (siehe Seite 977), können Sie mit Objektexporteinstellungen ignorieren diese Einstellungen für den Bildexport übergehen. Die Objektexportoptionen entsprechen in ihrem Bereich EPUB und HTML genau den soeben beschriebenen Bildexportoptionen.

Erweitert | Hier können Sie im Bereich CSS-Optionen wählen, ob Sie auf eine bereits definierte CSS-Datei referenzieren möchten oder ob die CSS-Klassendeklaration von inDesign CC erzeugt werden soll. Diese Deklaration wird dann als externe Datei erstellt, mit der resultierenden HTML-Datei verlinkt und immer aus der Definition der Absatz- und Zeichenformate abgeleitet.

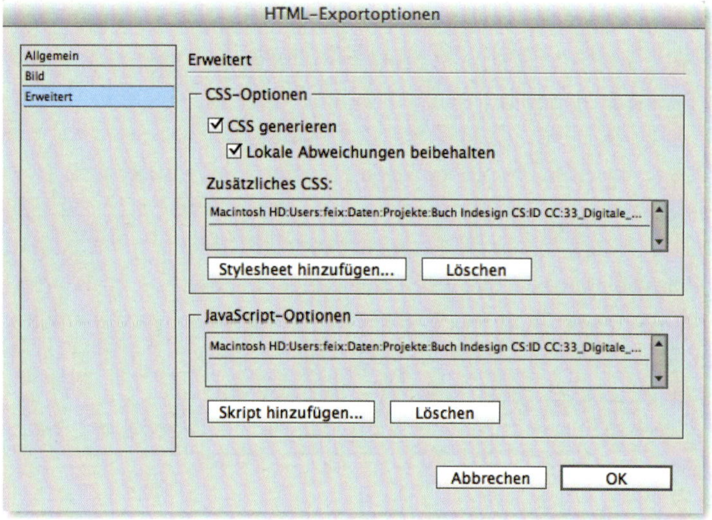

Abbildung 33.10 ▶
Wenn Sie nicht mit Absatz- und Zeichenformaten arbeiten (was Sie nicht sollten), aber trotzdem CSS generieren aktivieren, entsteht eine CSS-Datei, die jede manuelle Formatierung als Stylesheet mit dem Namen »CharOverride« und einer laufenden Nummer enthält. Das Ergebnis ist somit nahezu unwartbar.

Legen Sie mit CSS generieren fest, ob eine Datei mit den Stylesheets erstellt werden soll oder nicht. Wenn Sie zusätzlich Lokale Abweichungen beibehalten aktivieren, werden manuelle Auszeichnungen als Stylesheets formuliert.

Wenn Sie über die Option Zusätzliches CSS und den Button Stylesheet hinzufügen eine – oder seit InDesign CS6 auch mehrere – bereits existierende CSS-Datei referenzieren, so werden die ausgewählten Dateien in das Ergebnis kopiert und in der HTML-Datei relativ verlinkt.

Im Bereich JavaScript-Optionen können Sie der erstellten HTML-Datei ein Skript hinzufügen, das beim Öffnen der Webseite geladen werden soll. Auch hier können Sie mehrere Dateien angeben, die ins Ergebnis kopiert werden, und es handelt sich wieder um eine relative URL. Einer direkten Veröffentlichung steht somit nichts im Wege.

Nachdem Sie nun alle Parameter sorgfältig eingestellt haben, müssen Sie nur noch auf den Button OK klicken. Ein Dokument mit dem angegebenen Namen und der Erweiterung ».html« wird erstellt. Sofern angegeben, wird am selben Speicherort auch ein Unterordner mit weiteren Ordnern für Bilder, Stylesheets und JavaScript-Dateien angelegt.

33.3 Adobe PDF (Interaktiv)

Prinzipiell können Sie interaktive PDFs (solange nur Hyperlinks und Lesezeichen übernommen werden müssen) über den normalen PDF-Export (Druck) aus InDesign erzeugen. Mit InDesign CS5 hat Adobe jedoch die Exportoption Adobe PDF (Interaktiv) eingeführt, auf die wir uns an dieser Stelle konzentrieren.

Erstellen Sie mit InDesign CC interaktive (nicht jedoch barrierefreie) PDF-Dateien nur noch über diese Funktion, und beachten Sie dabei, dass nur folgende interaktive Objekte in einer PDF-Datei verwendet werden können:

- **Lesezeichen**: Die von Ihnen erstellten Lesezeichen (siehe Seite 921) erscheinen in Adobe Acrobat (in allen Acrobat-Versionen seit 1994) oder dem Adobe Reader in einem eigenen optional einblendbaren Bereich am linken Rand der Dokumentanzeige. Lesezeichen können auch beim Erstellen von Inhaltsverzeichnissen innerhalb von InDesign CC erzeugt werden und werden dann so behandelt wie selbst erzeugte Lesezeichen.
  Lesezeichen können nur mit Adobe Acrobat ergänzt bzw. geändert werden. Mit dem Adobe Reader können diese nur ausgewählt werden.
- **Audio- und Video-Clips**: Solche dynamischen Daten (siehe Seite 941) können je nach PDF-Version eingebettet werden oder als externer Datenbestand erhalten werden. Video-Clips können auch über eine URL als externer Datenbestand angesprochen werden.
- **Hyperlinks**: Hyperlinks (siehe Seite 924) landen als funktionsfähige Links in der PDF-Datei und können mit Acrobat natürlich auch bearbeitet werden. Hyperlinks können allerdings nur mit Adobe Acrobat ergänzt bzw. geändert werden. Mit dem Adobe Reader können diese nur ausgewählt werden.
- **Querverweise**: Auch Querverweise bleiben als Navigationselement erhalten und werden als Hyperlink in der PDF-Datei gespeichert. Hinsichtlich Bearbeitbarkeit gilt somit auch das Gleiche wie für die Hyperlinks.

InDesign CS5
Für Dreamweaver exportieren

InDesign CS5-Benutzern stehen deutlich weniger Optionen zur Verfügung, und die Export-Funktion ist auch noch anders bezeichnet – verwenden Sie den Befehl Datei • Exportieren in • Dreamweaver:

Allgemein: Dieser Bereich entspricht großteils den beschriebenen Optionen von InDesign CC, allerdings können Sie keine Objektreihenfolge über das Artikel-Bedienfeld festlegen (da es erst mit InDesign CS5.5 eingeführt wurde) und auch keine Stege für das Dokument definieren.

Bilder: Die Optionen von InDesign CS5 sind gegenüber InDesign CC deutlich reduziert. Die Option Formatiert entspricht der Option Aussehen aus Layout aus InDesign CC. Alle anderen Parameter heißen und funktionieren genauso.

Erweitert: Es gibt noch keine Möglichkeit, eine externe CSS-Datei direkt auszuwählen.

Seitenübergänge in PDFs
Seitenübergänge sind in PDF-Dateien nur sichtbar, wenn sie im Vollbildmodus betrachtet werden, den Sie über [Strg]+[L] bzw. [⌘]+[L] aktivieren (und wieder deaktivieren) können.

- **Schaltflächen und PDF-Formularobjekte**: Alle Schaltflächen und die seit InDesign CS6 möglichen PDF-Formularobjekte werden natürlich korrekt exportiert und erhalten in der PDF-Datei erst ihre volle Funktion.
- **Seitenübergänge**: Lediglich der Seitenübergang UMBLÄTTERN (NUR SWF) kann nicht in eine PDF-Datei übertragen werden, alle anderen Übergänge überschreiben die Seitenübergänge, die in Adobe Reader oder Acrobat als Voreinstellung definiert sein können.

Dieser Liste haben Sie sicher entnommen, dass Adobe Edge-Daten nicht in PDF-Dateien eingebettet werden können (auch wenn INTERAKTIV darauf hindeuten würde).

PDF ausgeben | Wählen Sie DATEI • EXPORTIEREN und im folgenden Fenster EXPORTIEREN einen Speicherort für die PDF-Datei. Unter DATEITYP (Windows) bzw. FORMAT (Mac OS X) wählen Sie die Option ADOBE PDF (INTERAKTIV). Klicken Sie auf SICHERN – es erscheint das Fenster ALS INTERAKTIVE PDF EXPORTIEREN.

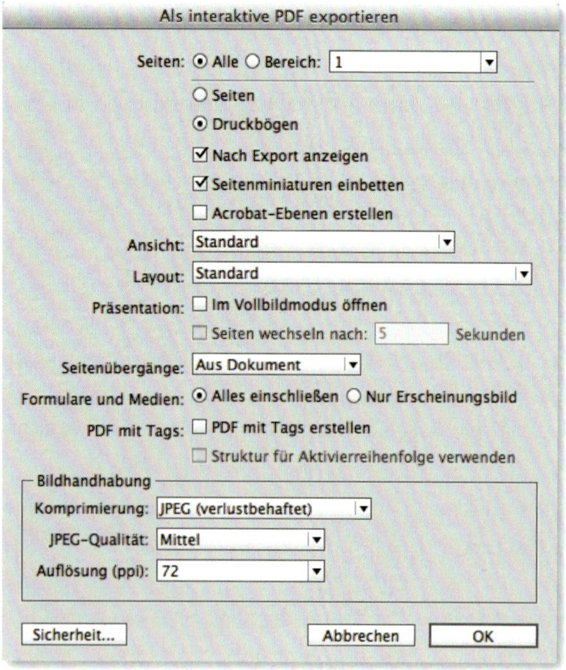

Abbildung 33.11 ▶
ADOBE PDF (INTERAKTIV) nimmt Ihnen einige Entscheidungen bei der PDF-Erstellung ab. Sie müssen sich nur noch um die Darstellung und die Bildqualität kümmern und können die Sicherheitsregeln für die PDF-Datei festlegen.

Die richtige PDF-Version
Wenn Sie den herkömmlichen Weg der PDF-Erstellung wählen, müssen Sie eine Entscheidung über die PDF-Version treffen. Vermeiden Sie PDF-Versionen vor Version 1.5, da Sie dann weder MPEG- noch SWF-Clips abspielen können. Darüber hinaus können Filmdaten nicht eingebettet und Audiodaten nicht verknüpft werden.
Diese Entscheidung nimmt Ihnen die Exportoption ADOBE PDF (INTERAKTIV) ab.

- SEITEN: Legen Sie fest, ob Sie ALLE Seiten oder nur einen BEREICH ausgeben wollen. Bereiche von Seiten werden hier genauso formuliert wie im Druckdialog von InDesign – schlagen Sie nötigenfalls auf Seite 843 nach. Seit InDesign CS6 haben Sie die Möglichkeit, auch

einzelne SEITEN zu exportieren (vorher waren nur DRUCKBÖGEN möglich). Nachdem Sie den Seitenbereich festgelegt haben, entscheiden Sie, ob Sie das Ergebnis NACH EXPORT ANZEIGEN lassen wollen.
SEITENMINIATUREN EINBETTEN erstellt eine Seitenvorschau für alle Seiten und bettet diese fix in die PDF-Datei ein. Das macht die Datei größer und ist eigentlich nicht notwendig, da der Adobe Reader und alle Acrobat-Versionen beim Öffnen einer PDF-Datei Thumbnails (SEITENMINIATUREN) automatisch erstellen.
Wenn Sie Ihr Layout in Ebenen aufgebaut haben, können diese Ebenen in die PDF-Datei übernommen werden, wenn Sie ACROBAT-EBENEN ERSTELLEN aktivieren. Dafür gibt es selten einen Grund, da Sie ja bereits das Endergebnis erstellen und zumeist keine Alternativen mehr benötigen.

- ANSICHT und LAYOUT: Diese beiden Optionen regeln, wie die PDF-Datei nach dem Öffnen dargestellt werden soll. ANSICHT bestimmt dabei die Größe der Darstellung und LAYOUT die Anordnung der Seiten.
- PRÄSENTATION: Alternativ zu diesen Einstellungen können Sie die Datei gleich als PRÄSENTATION öffnen lassen, wenn Sie IM VOLLBILDMODUS ÖFFNEN aktivieren. Dann werden alle Oberflächenelemente ausgeblendet, und es erscheint nur der Inhalt der Datei auf dem Bildschirm. Eine solche Präsentation kann auch selbstständig ablaufen. Legen Sie unter SEITEN WECHSELN NACH fest, nach wie vielen Sekunden automatisch auf die nächste Seite geblättert werden soll.
- SEITENÜBERGÄNGE: Wählen Sie aus, ob die Seitenübergänge AUS DOKUMENT entnommen werden sollen, ob es keine Seitenübergänge geben soll (OHNE), oder wählen Sie einen der Seitenübergänge, der dann für alle Seiten verwendet wird.
- FORMULARE UND MEDIEN: ALLES EINSCHLIESSEN übernimmt alle Schaltflächen, Formularfelder (seit InDesign CS6) und Medien als funktionale Bestandteile in die PDF-Datei. Mit NUR ERSCHEINUNGSBILD werden diese Elemente mit ihren Platzhaltern zwar dargestellt, sind aber inaktiv.
- Die Option PDF MIT TAGS ERSTELLEN sorgt dafür, dass Absätze und Tabellen auch in der PDF-Datei als solche erhalten bleiben. Das vereinfacht einerseits das Editieren der PDF-Datei und ist andererseits eine wichtige Option beim Erstellen von barrierefreien PDF-Dateien.
  Die Zusatzoption (sie wird nur auswählbar, wenn Sie PDF MIT TAGS ERSTELLEN aktiviert haben) STRUKTUR FÜR AKTIVIERREIHENFOLGE VERWENDEN berücksichtigt die Einstellungen, die Sie unter OBJEKT • INTERAKTIV • AKTIVIERREIHENFOLGE FESTLEGEN festgelegt haben. Diese Option ist für PDF-Formulare zwingend. Natürlich müssen Sie die Aktivierreihenfolge auch definiert haben.

Vollbildmodus
Wenn Sie Seitenübergänge aus InDesign übernehmen wollen (aber bitte nur dann), wählen Sie beim Exportieren von interaktiven PDF-Dateien immer IM VOLLBILDMODUS ÖFFNEN aus, denn nur im Vollbildmodus werden die Seitenübergänge ausgeführt.

- Bildhandhabung: Sie finden hier reduzierte Einstellungsmöglichkeiten für den JPEG-Export der im Layout enthaltenen Bilder. Wählen Sie, ob die Bilder mit JPEG (verlustbehaftet) oder mit JPEG 2000 (verlustfrei) komprimiert werden sollen, oder lassen Sie InDesign entscheiden (Automatisch). Die Einstellungen für die Bildqualität (hier unsinnigerweise JPEG-Qualität genannt) und für ein Downsampling der Bildauflösung – Auflösung (ppi) – entsprechen den üblichen Optionen für einen JPEG-Export, der an dieser Stelle sicher keiner Erklärung mehr bedarf – ansonsten schlagen Sie bitte auf Seite 901 nach.
- Sicherheit: Hier können Sie die üblichen Sicherheitseinstellungen für PDF-Dateien festlegen. Bestimmen Sie, ob bereits für das Öffnen der Datei ein Kennwort notwendig ist oder erst bei einem weitergehenden Zugriff auf die Inhalte, oder beschränken Sie die Druckbarkeit der Datei.

Seitenformat
Wenn ein Dokument für die Ausgabe als reine Bildschirmversion gedacht ist, sollten Sie das Format beim Erstellen gleich über eine entsprechende Vorgabe in Pixeln unter Seitenformat festlegen. Sie finden dort die üblichen Dimensionen und Proportionen.

Seit InDesign CS5 können Sie beim Anlegen eines neuen Dokuments bereits entscheiden, ob das Zielmedium Web oder Druck sein soll, und seit InDesign CS6 ist Digitale Veröffentlichung dazugekommen. Wenn Sie Web wählen, wird ein einseitiges Dokument mit Dimensionen in Pixeln vorgeschlagen.

Bitte beachten Sie, dass Sie die getroffene Entscheidung in einem bestehenden Dokument nicht mehr ändern können. Sie können jedoch die Maßeinheit für Lineale jederzeit auf Pixel, den Transparenzfüllraum auf Dokument-RGB und die Farben/Farbfelder auf RGB umstellen und auch nachträglich das Seitenformat ändern.

33.4 Export für Flash

Die beiden Formate SWF und FLA greifen auf die Flash-Technologien zurück, die seit der Übernahme von Macromedia durch Adobe auch Teil der Creative Suite/Cloud sind. Das Format SWF ist dafür gedacht, Daten für den Endbenutzer zu erstellen, das Format FLA dagegen ist dafür bestimmt, InDesign-Daten an Flash zur Bearbeitung zu übergeben.

Exportmöglichkeiten

Da die beiden Formate aber auf der gleichen Technologie aufbauen (SWF wäre wiederum das Ergebnis, das aus einer FLA-Datei nach der Bearbeitung mit Flash entsteht), beachten Sie die folgenden Hinweise:

- **InDesign-Seiten**: Aus jedem Druckbogen wird ein eigenständiger Clip erstellt, dem ein Keyframe zugeordnet ist.
- **Schaltflächen und Formulare**: Einige Aktionen von Schaltflächen funktionieren in SWF-Dateien nicht – eine Übersicht finden Sie ab Seite 938. PDF-Formulare werden nicht exportiert und sind in SWF auch nicht sichtbar.
  Bei einem Export nach FLA werden Schaltflächen und Formularobjekte nicht berücksichtigt und müssen in Flash neu aktiviert werden.
- **Hyperlinks**: Hyperlinks werden nicht in FLA übergeben.
- **Seitenübergänge**: Alle von InDesign angebotenen Seitenübergänge funktionieren in SWF-Dateien – und nur dort. In eine FLA-Datei werden Seitenübergänge nicht übertragen.

- **Text**: Text kann beim Export als Flash-Text, als vektorisiertes Objekt oder gerastert gespeichert werden. Eine Weiterbearbeitung ist in Flash verständlicherweise nur bei Flash-Text möglich. Soll der Text in einer SWF-Datei durchsuchbar – und somit barrierefrei – sein, muss er ebenfalls als Flash-Text gespeichert werden.
- **Bilder**: Sowohl beim SWF- als auch beim FLA-Export können Sie auf die Qualität und Kompression von Bildern Einfluss nehmen.
- **Farben**: Flash-Daten liegen im RGB-Farbraum vor. Deshalb werden alle Daten aus anderen Farbräumen inklusive Schmuckfarben nach sRGB konvertiert. Damit sich die Farben von transparenten Objekten nicht unerwartet verschieben, stellen Sie den Transparenzfüllraum über Bearbeiten • Transparenzfüllraum auf Dokument-RGB um.
- **Transparenzen**: Interaktive Objekte, die mit Transparenzen in Berührung kommen, können ihre interaktiven Fähigkeiten beim Export verlieren. Verwenden Sie, wo immer möglich, bereits reduzierte Daten.
- **Audio- und Video-Clips**: Dynamische Daten werden in SWF-Dateien eingeschlossen, sofern sie als SWF, FLV, F4V, MP4 oder MP3 vorliegen. Beim Export in FLA landen lediglich die Standbilder im Ergebnis, sofern welche existieren. Mit FLA können Sie natürlich die Daten in Flash wieder hinzufügen.
- **Adobe Edge**: Adobe Edge-Animationen werden sowohl in SWF als auch in FLA nur als Standbild übergeben und funktionieren somit also nicht.

Mehrfach verwendete Bilder

Bilder, die auf jeder Seite an der gleichen Position verwendet werden, sollten Sie unbedingt auf der Mustervorlage platzieren. In diesem Fall wird die Bilddatei beim Export für Flash auch nur einmal gespeichert, womit Sie die resultierende Datei viel schlanker halten.

Bilder, die Sie über die Zwischenablage eingesetzt haben – was Sie nicht tun sollten –, werden immer als eigenständige Objekte behandelt, auch wenn sie mehrfach verwendet werden.

SWF-Exportoptionen

Um eine InDesign-Datei als SWF-Datei zu speichern, wählen Sie Datei • Export und stellen im Exportieren-Fenster unter Dateityp (Windows) bzw. Format (Mac OS X) die Option Flash Player (SWF) ein, um ins Fenster SWF exportieren zu gelangen. Es ist in zwei Abschnitte unterteilt, und aus den Optionen, die Sie einstellen können, dürfen Sie bereits schließen, dass Ihr Dokument vollkommen transformiert/umgewandelt werden wird.

Allgemein | Hier bestimmen Sie Umfang, Größe und Erscheinungsbild des Exportergebnisses.

- Exportieren: Hier wählen Sie aus, ob Sie lediglich die ausgewählten Objekte (Auswahl), Alle Seiten oder nur einen Bereich von Seiten exportieren wollen. Zum anderen bestimmen Sie die Beschaffenheit der Seiten und wie sie betrachtet werden sollen.
  - HTML-Datei generieren: Wenn Sie das Ergebnis mit einem Webbrowser betrachten wollen (das Flash-Plug-in muss installiert

sein), aktivieren Sie diese Option. Dann wird eine HTML-Seite erstellt, die Sie unmittelbar mit Ihrem Browser öffnen können und die alle Informationen enthält, um die SWF-Datei darstellen zu können.

- SWF NACH EXPORT ANZEIGEN: Die Anzeige erfolgt mit Ihrem Standard-Webbrowser – deshalb kann diese Option nur aktiviert werden, wenn Sie auch die Option HTML-DATEI GENERIEREN ausgewählt haben.

- GRÖSSE (PIXEL): Mit der Option SKALIEREN können Sie die Größe der resultierenden Datei sozusagen stufenlos einstellen. In der Regel werden Sie aber eine absolute Größe in Pixeln auswählen, die Sie entweder unter EINPASSEN IN bestimmen (hier sind einige Bildschirmformate auswählbar) oder über BREITE und HÖHE selbst festlegen.

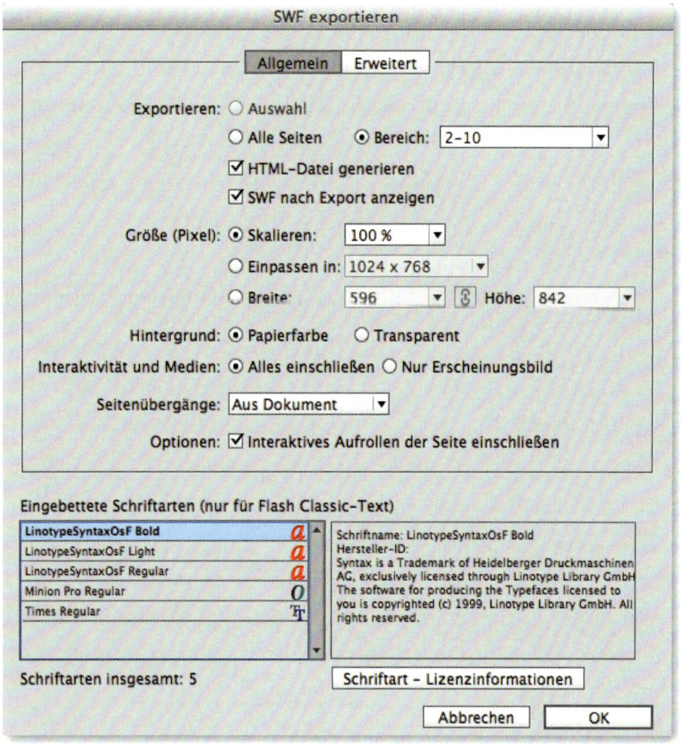

Abbildung 33.12 ►
Dateien, die als SWF exportiert werden, können unmittelbar mit dem Flash Player geöffnet werden oder auch mit Ihrem Webbrowser, sofern das Flash-Plug-in installiert ist (was in der Regel aber der Fall sein dürfte).

- HINTERGRUND: Legen Sie fest, ob der Hintergrund in der PAPIERFARBE erscheinen soll (sofern Sie eine festgelegt haben, ansonsten eben standardmäßig Weiß) oder ob der Hintergrund TRANSPARENT sein soll.
- INTERAKTIVITÄT UND MEDIEN: ALLES EINSCHLIESSEN übernimmt alle Schaltflächen und Medien als funktionale Bestandteile in die SWF-Datei. Mit NUR ERSCHEINUNGSBILD werden diese Elemente mit ihren Platzhaltern zwar dargestellt, sind aber inaktiv.

- Seitenübergänge: Wählen Sie aus, ob die Seitenübergänge Aus Dokument entnommen werden sollen, ob es keine Seitenübergänge geben soll (Ohne), oder wählen Sie einen der Seitenübergänge, der dann für alle Seiten verwendet wird.
- Zusätzlich zu diesen Übergängen können Sie noch mit Interaktives Aufrollen der Seite einschliessen dafür sorgen, dass der Betrachter die Seiten zusätzlich manuell mit dem Mauszeiger umblättern kann – dies entspricht dem Seitenübergang Umblättern (nur SWF).
- Eingebettete Schriftarten (nur für Flash Classic-Text): Die Einstellungen für den Text nehmen Sie erst im Abschnitt Erweitert vor, diese Schriftübersicht ist aber in beiden Abschnitten sichtbar. Leider enthält sie keine verwertbare Information.
  Sobald Sie in der Liste der verwendeten Schriften eine auswählen, bekommen Sie in der rechten Spalte Informationen wie Hersteller und Copyright angezeigt. Die Information, ob eine Schrift gegen Einbettung geschützt ist, fehlt allerdings. Die Informationen, die sich hinter Schriftart-Lizenzinformationen verbergen, sind genauso nutzlos.

Unterschied »Interaktives Aufrollen« und »Blättern«

Wenn Sie in Ihrer Datei eigene Blätterfunktionen über Schaltflächen oder Hyperlinks vorgesehen haben, dann wird beim Blättern auf die Seitenübergänge zugegriffen. Wenn Sie Blättern (nur SWF) eingestellt haben, wird also auch bei einem Klick auf eine Blättern-Funktion dieser Effekt wirksam.

Wenn Sie einen der anderen Seitenübergänge gewählt haben und zusätzlich die Option Interaktives Aufrollen der Seite einschliessen beim Export aktivieren, dann wird bei einem Klick auf ein Navigationselement der eingestellte Seitenübergang wirksam, aber der Benutzer hat zusätzlich die Möglichkeit, mit dem Mauszeiger zu blättern. Der Effekt ist dabei der gleiche.

Erweitert | Hier bestimmen Sie die technischen Parameter der entstehenden Animation.

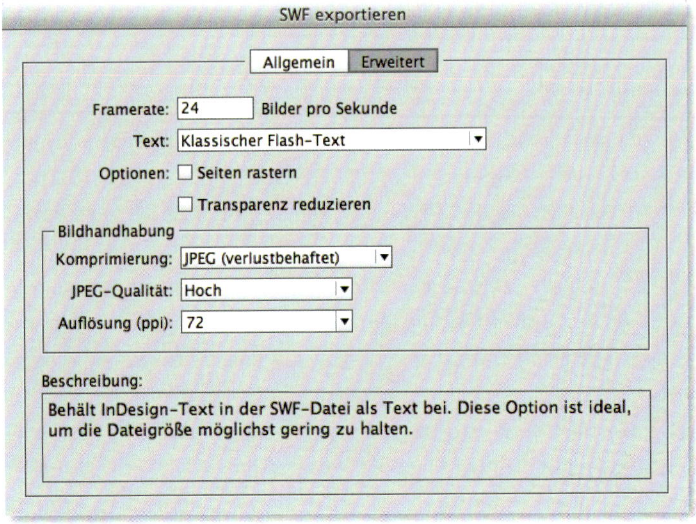

◂ **Abbildung 33.13**
Der Abschnitt Erweitert der SWF-Exportoptionen ist mit einer Hilfefunktion ausgestattet, die unter Beschreibung Erklärungen zu den verschiedenen Optionen einblendet.

- Framerate: Da SWF Videoclips enthalten kann, müssen Sie die Framerate für den resultierenden SWF-Clip festlegen. Je höher die Framerate ist, umso größer wird die Datei.
- Text: Wählen Sie die Option Klassischer Flash-Text, wenn der Text frei skalierbar und auch durchsuchbar bleiben soll. In Pfade um-

Framerate

Adobe empfiehlt für alle Flash-Anwendungen, eine Framerate von 12 Bildern pro Sekunde nicht zu unterschreiten.

WANDELN wandelt den Text in Vektoren um – ähnlich der Funktion SCHRIFT • IN PFADE UMWANDELN. Der Text bleibt zwar skalierbar, aber nicht mehr durchsuchbar. IN PIXEL KONVERTIEREN wandelt den Text in Pixelbilder um, was den Text nicht nur nicht mehr durchsuchbar und schlecht skalierbar macht, sondern auch noch die Ergebnisdatei größer werden lässt.

- OPTIONEN: Die beiden Optionen beeinflussen die Größe und Funktionalität des Ergebnisses ganz wesentlich:
  - SEITEN RASTERN: Alle Seitenobjekte werden in Pixelbilder umgerechnet. Dadurch wird mehr Speicherplatz benötigt, und zusätzlich ist die Seite schlecht skalierbar.
  - TRANSPARENZ REDUZIEREN: Alle Transparenzeffekte werden aus dem Ergebnis herausgerechnet und verflacht. Das Erscheinungsbild ändert sich dadurch nicht, allerdings gehen sämtliche interaktiven Funktionen der betroffenen Objekte verloren.
- BILDHANDHABUNG: Sie finden hier reduzierte Einstellungsmöglichkeiten für den JPEG-Export der im Layout enthaltenen Bilder. Wählen Sie, ob die Bilder mit JPEG (VERLUSTBEHAFTET) oder mit PNG (VERLUSTFREI) komprimiert werden sollen, oder lassen Sie InDesign entscheiden (AUTOMATISCH). Die Einstellungen für die Bildqualität und für ein Downsampling der Bildauflösung – AUFLÖSUNG (PPI) – entsprechen den üblichen Optionen für einen JPEG-Export.

FLA-Exportoptionen

Um eine InDesign-Datei als FLA-Datei zu speichern, wählen Sie DATEI • EXPORT und stellen im Fenster EXPORTIEREN unter DATEITYP (Windows) bzw. FORMAT (Mac OS X) die Option ADOBE FLASH CS6 PROFESSIONAL (FLA) ein.

Mit einer FLA-Datei erzeugen Sie noch nicht das Endergebnis, deshalb können Sie nur auf einen Teil der Optionen für SWF-Dateien zugreifen. Diese Optionen haben genau die gleiche Wirkung wie beim SWF-Export.

Lediglich unter TEXT gibt es die zusätzliche Option FLASH TLF-TEXT, die jedoch nicht mehr mit Adobe Flash CC kompatibel ist. Nur mit dieser Option wird auch die Zusatzoption STELLEN FÜR BEDINGTE TRENNSTRICHE EINSCHLIESSEN aktiv, die es Flash erlaubt, im Text Silbentrennungen vorzunehmen.

Sofern Sie Adobe Flash CS6 bzw. Flash CC installiert haben, können Sie das Resultat des Exports in Flash über DATEI • ÖFFNEN oder über einen Doppelklick öffnen und unmittelbar damit arbeiten. Einen Weg von Flash zurück nach InDesign gibt es nicht.

Adobe Flash CS6?
Da die Möglichkeiten der Schriftbearbeitung in Flash CC von Adobe eingeschränkt wurde, InDesign diese Möglichkeiten aber noch anbietet, wird an dieser Stelle tatsächlich eine ältere Flash-Version angeboten.

TLF-Text
Das *Text Layout Framework* (TLF) wurde mit Flash CS5 eingeführt und bietet wesentlich bessere Textbearbeitung unter Flash, wie zum Beispiel auch mehrsprachigen Text mit unterschiedlichen Laufrichtungen.

Kapitel 34
E-Books erstellen

Der Begriff des »Elektronischen Buchs« gewann in den letzten drei Jahren immer mehr an Popularität. Doch was in der Praxis unter einem E-Book alles verstanden wird, kennt (fast) keine Grenzen. Die einen verstehen darunter ein PDF, die anderen ein digitales Magazin und manche sogar noch eine Webseite. Wir wollen Ihnen in diesem Kapitel das vermitteln, was man unter dem Begriff »E-Book« im engeren Sinn versteht, welche technischen Grundlagen einem E-Book zugrunde liegen, wie Sie ein E-Book mit InDesign anlegen müssen und wie Sie diesen Inhalt dann in das EPUB-Format ausgeben können.

34.1 Allgemeines zu E-Books

E-Books sind eindeutig im Kommen, und natürlich mischt auch Adobe kräftig mit. Der Adobe-eigene E-Book-Reader nennt sich »Adobe Digital Editions« und kann von der Adobe-Website heruntergeladen werden. Die Zwischenversion CS5.5 wurde besonders wegen der Funktionen für EPUB- und HTML5-Export herausgebracht, und in InDesign CS6 wurde kräftig nachgelegt. In InDesign CC wurden einige experimentelle Einstellungen für die Erstellung von EPUB-Dateien entfernt, dafür aber unter der Haube einige Verbesserungen vorgenommen.

EPUB versus E-Book
Beide Begriffe können nicht synonym verwendet werden. Während *EPUB* ein Dateiformat darstellt, mit dem Buchproduktionen in elektronischer Form abgespeichert werden können, ist der Begriff *E-Book* als abstrakter Begriff, der jegliche Art einer elektronischen Wiedergabeform umfasst, zu verstehen.

In diesem Kapitel werden wir alle Beschreibungen zum Begriff E-Book immer auf die Basis des Dateiformats EPUB stellen.

Was ist ein E-Book?

Unter einem E-Book wird ein eher textlastiges Dokument verstanden, das in Form eines elektronisches Buchs über Online-Stores zum Download zur Verfügung gestellt wird. Das elektronische Buch wird dafür in ein spezielles Format konvertiert, das einerseits der Speicherung von Texten und Abbildungen dient und andererseits das Framework darstellt, wie dieser Inhalt mit der Lesesoftware (E-Book-Reader) dargestellt bzw. gerendert wird.

EPUB-Format

IDPF
Die Abkürzung steht für *International Digital Publishing Forum*, eine Handels- und Standardisierungsorganisation, die sich für die Entwicklung und die Verbreitung der digitalen Veröffentlichung einsetzt.

EPUB ist ein Format, in das ein E-Book konvertiert werden kann. Der Ursprung des Formats liegt in den späten 90er-Jahren. Zu dieser Zeit haben die Firmen *SoftBook Press* und *NuvoMedia Inc.* ein Format mit der Bezeichnung *Open eBook* entwickelt. Im September 2007 wurde EPUB als Weiterentwicklung von Open eBook als offizieller Standard des *IDPF* vorgestellt.

EPUB (Electronic Publication) ist ein offener Standard zum Veröffentlichen von E-Books. Da EPUB ein Format für Veröffentlichung von elektronischen Inhalten ist, beinhaltet es all jene spezifischen Inhalte, die ein solches Format benötigt. Dazu gehören:

- Text, der in verschiedene Dokumente aufgesplittet vorliegen kann
- Formatierungsanweisungen in Form von Stylesheets, die dem Text das entsprechende Aussehen verleihen
- Bilder und andere Medien, die dem Text hinzugefügt wurden
- Skripte, die sich unter anderem um die dynamische Anpassung des Inhalts kümmern können
- Schriften, die zur Darstellung des Textes verwendet werden
- und noch vieles mehr.

AZW und Mobipocket/kf8
Etwa zur gleichen Zeit, als EPUB öffentlich vorgestellt wurde, hat Amazon sein eigenes Kindle-Projekt gestartet. Benutzer eines Kindles können über den Amazon-Store elektronische Bücher beziehen. Auf diesen Geräten können jedoch keine EPUB-Dateien gelesen werden, da Amazon sein eigenes Format *AZW* bzw. *Mobipocket* als Standard etablieren möchte.

Während AZW am Markt immer mehr verschwindet – es wurde für die ersten Generationen von Kindle zur Darstellung von Schwarzweiß-Inhalten verwendet –, erfreut sich Mobipocket (.mobi) bzw. .kf8 immer größerer Beliebtheit und steht dem EPUB in Sachen Marktdurchdringung in nichts nach.

Die Erstellung einer .mobi-Datei bzw. einer .kf8-Datei ist aus InDesign heraus nicht möglich. Die Konvertierung einer EPUB-Datei in ein .mobi bzw. .kf8 ist jedoch mit wenig Aufwand zu bewerkstelligen. Erstellen Sie somit immer eine EPUB-Datei, da Sie damit ohnehin beide Formate bedienen können.

EPUB basiert auf einer Anzahl von freien Standards wie HTML, CSS, XML und ZIP. Es kann bildlich als eine Webseite in einer Box angesehen werden. EPUB ist aber mehr als eine Webseite. Die Kerntechnologie des Formats kümmert sich nämlich auch um die Verwaltung der Lizenzrechte und verfügt über Methoden, die das Kopieren und Verwalten von E-Books unter Einhaltung der Lizenzrechte ermöglichen. Auf der Ebene des Exports aus InDesign können Sie diese Methoden jedoch nicht beeinflussen.

Spezifikation | Die Spezifikation von EPUB gliedert sich in drei Teile, womit die Bereiche einer EPUB-Datei festgeschrieben werden:

- **Open Publication Structure**: Die Formatierung der Inhalte wird mit OPS geregelt. Diese liegt aktuell in Version 3.0 vor. Die Inhalte werden, mit jeweils einer Untermenge von XHTML 1.1 und CSS 2.1 formatiert, in einer oder mehreren UTF-8- oder UTF-16-codierten Dateien mit der Dateinamenserweiterung .xhtml gespeichert.
- **Open Packaging-Format**: Die Strukturierung der EPUB-Datei wird durch OPF geregelt. Es liegt aktuell in Version 2.0.1 vor. Die Beschreibung der Struktur und die Aufnahme von Metadaten erfolgen in der Datei (Dateiendung ».opf«). Darin befinden sich drei Abschnitte:
    - **manifest**: Darin werden alle im Archiv gespeicherten Dateien aufgelistet und die Metadaten im Dublin-Core-Schema bereitgestellt.

  - **spine**: Dieses stellt ein minimales Inhaltsverzeichnis dar. Über das Attribut `toc` wird darin auf das ausführliches Inhaltsverzeichnis verwiesen.
  - **navMap**: Das ausführliche Inhaltsverzeichnis wird in diesem Abschnitt im XML-Format NCX (Dateiendung ».ncx«) angegeben. Jedem Eintrag wird im Attribut `playOrder` eine Position innerhalb der Reihenfolge des wiederzugebenden Textes zugeordnet.
- **OEBPS Container Format**: Damit erfolgt die Verpackung aller Teildateien in eine einzelne Datei. Die Struktur des darin enthaltenen Dateisystems wird durch das OEBPS Container Format (OCF) geregelt. Es liegt aktuell in Version 1.0 vor.

In der Umsetzung von Projekten wird immer von zwei Spezifikationen – dem EPUB 2.01 und EPUB 3.0 – gesprochen. Die Unterschiede werden in groben Zügen anhand nachfolgender Auflistung beschrieben.

EPUB2	Mobi 7	EPUB3	KF8
➡ XHMTL 1.1	➡ HMTL 3+4	➡ HMTL5 mit Erweiterungen	➡ HMTL5-Teile mit Erweiterungen
➡ CSS 2.0	➡ CSS 1	➡ CSS 2.1 und Teile von CSS3	➡ CSS 2.1 und Teile von CSS3

◀ **Abbildung 34.1**
Überblick über den technischen Unterbau zu den verschiedenen E-Book-Formaten

Die Firma Apple hat darüber hinaus noch Erweiterungen zum EPUB 3.0-Format implementiert, um eine layoutgetriebene Version eines EPUBs umsetzen zu können. Man spricht in diesem Zusammenhang von einen »fixed-Layout-EPUB«. Diese Dateien basieren auf EPUB 3.0, eine Erstellung solcher Dateien ist jedoch nicht aus Adobe InDesign CC heraus möglich. Angesehen werden kann dieses EPUB nur auf Apple-eigenen Geräten mit der App iBooks.

Der EPUB-Container | Die Dateien, die als EPUB exportiert werden, sind tatsächlich ZIP-Dateien. Ändern Sie die Endung ».epub« in ».zip«, entpacken Sie die Datei, und Sie werden einen Ordner erhalten, der Ihr Buch in einer XHTML-Version mit den dazugehörigen Stylesheets, den Bildern und auch den Dokumentschriften enthält, die aber nicht zuverlässig verwendet werden.

In einer EPUB-Datei müssen mindestens nachstehend aufgelistete Teile bzw. Dateien enthalten sein:

- Eine unkomprimierte Datei mit dem Namen »mimetype«. Darin muss im Wurzelverzeichnis der Eintrag `application/epub+zip` erfolgt sein.
- Ein Verzeichnis META-INF mit einer Datei namens »container.xml«, die auf die Stammdatei der Publikation verweist.

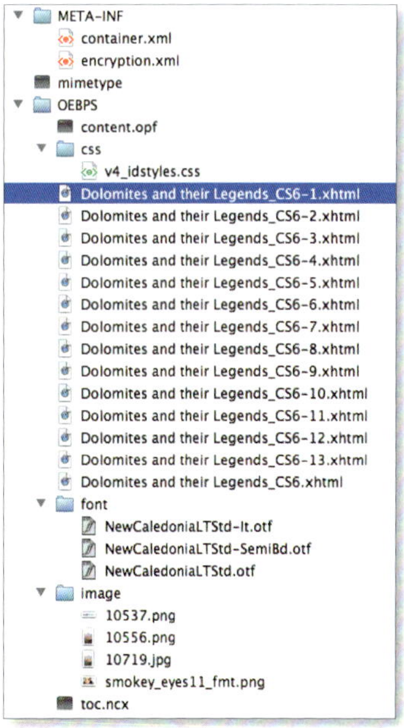

▲ **Abbildung 34.2**
Die Struktur einer EPUB-Datei im entzippten Zustand

- Die Stammdatei mit dem Namen »content.opf«.
- Ein Inhaltsverzeichnis zur Navigation durch die Publikation und
- mindestens eine Inhaltsdatei.

E-Book-Reader

Um das EPUB-Format lesen zu können, müssen EPUB-Reader verwendet werden. Dazu gibt es eine Fülle von verschiedenen Readern, die alle das EPUB-Format lesen können und auf ihre Art und Weise Ihre E-Books verwalten. Der Markt ist umkämpft und in Bewegung – in der nachstehenden Tabelle versuchen wir trotzdem, Ihnen einen groben Überblick (ohne Anspruch auf Vollständigkeit) zu geben.

▼ **Tabelle 34.1**
Übersicht der EPUB-Reader

EPUB-Reader	Betriebssystem	Bemerkung
Adobe Digital Editions	Windows, Mac OS X	kostenlos von der Adobe-Homepage zu laden
Aldiko	Android	–
Bluefire Reader	iOS, Android	–
BookGlutton	Web	kostenloser Online-EPUB-Reader
Calibre	Windows, Mac OS X, Linux	Open-Source-Suite für E-Books
FBReader	Windows, Linux, iOS, Android	
i2Reader	iOS	–
iBooks	iOS	iPad, iPhone, iPod touch (mit iOS 3.2 oder neuer)
Laputa Reader	Android	Das Blättern ist optisch ansprechend gelöst.
Lucidor	Windows, Linux, Mac OS X	Die Weiterentwicklung scheint zu stagnieren.
Mobipocket Reader	Windows, BlackBerry, Symbian, Windows Mobile, Palm OS	–
Moon+ Reader	Android	–
Okular	Linux	–
Stanza	Windows, Mac OS X, Apple iOS	–
Talking Clipboard	Windows	Kann E-Books (und andere Daten) vorlesen.
WordPlayer	Android	–

E-Book-Editoren

Die Möglichkeit, EPUB-Dateien zu erzeugen, wird in immer mehr Programmen angeboten, und darüber hinaus gibt es auch verschiedene Authoring-Werkzeuge, die auf die Erstellung von EPUB-Dateien spezialisiert sind. Eine Auswahl der am Markt befindlichen Werkzeuge wäre *Atlantis Word Processor, eBooksWriter, ePuper* (für Windows), *eCub, Sigil* (für Windows, Linux und Mac OS) und *iBooks Author* oder auch *Pages* von Apple (für Mac OS X).

Obwohl sich PDF auch im Bereich des E-Books gut etabliert hat, kommt ein Layoutprogramm wie Adobe InDesign – schließlich werden unzählige Bücher in diesem Programm erstellt – nicht darum herum, ebenfalls eine Lösung für diesen Bereich anzubieten, und InDesign wurde diesbezüglich ziemlich ausgebaut. Die Ergebnisse des Exports haben jedoch bei etwas komplexeren Dokumenten oft recht wenig mit dem Original zu tun. Da E-Books frei umbrechen können, scheiden die meisten Layout-Konstellationen für eine 1:1-Abbildung aus.

Ein zusätzliches Problem ist die mangelnde Möglichkeit, Schriften systemübergreifend in ein E-Book zu integrieren. Es besteht zwar die Option, die Dokumentschriften (für die XHTML-Version einer EPUB-Datei) in das E-Book zu integrieren, allerdings verwendet sogar Adobe Digital Editions diese Schriften nicht, nur teilweise oder falsch (was aber auch mit der lizenzrechtlichen Situation zu tun hat). Bei der Erstellung eines E-Books sind also zunächst einige Versuche notwendig, was natürlich mit einer einfachen Verwendung bestehender Dokumente nicht viel zu tun hat.

Bücher als EPUB

Im Bedienfeldmenü des Bedienfelds eines Buch-Dokuments finden Sie den Befehl BUCH ALS EPUB EXPORTIEREN, der den Export für Ihr gesamtes Buch erledigt.

34.2 InDesign-Dokumente für den EPUB-Export vorbereiten

Eine InDesign-Datei in eine EPUB-Datei zu exportieren, ist eine einfache Sache. Das InDesign-Dokument jedoch so aufzubereiten, dass durch den Export nach EPUB auch noch etwas Brauchbares herauskommt, ist eine andere Geschichte. Sie werden in der Praxis dabei mit zwei verschiedenen Ausgangslagen konfrontiert sein.

- Ist das Buch noch nicht erstellt, so können Sie schon das InDesign-Dokument für den EPUB-Export richtig aufbauen und dabei allen Anforderungen an die Dokumentanlage inklusive des reduzierten linearen Layouts gerecht werden.
- Ist das Buch bereits für den Druck mit einem entsprechenden grafischen Layout aufgebaut worden, so müssen Sie sich entscheiden, ob Sie das bestehende Layout für die Erstellung des EPUBs verwenden können oder ob Sie die Inhalte in ein neues Dokument übernehmen und dort alle Vorkehrungen für das Gelingen des EPUB-Exports berücksichtigen. Wir meinen, dass die zweite Entscheidung wahrscheinlich immer die beste sein wird.

Warum eine neue Datei?

Da eine EPUB-Datei im Wesentlichen einen Textfluss vom Anfang bis zum Ende darstellt, in den alle Bilder und Illustrationen eingebunden werden müssen, widerspricht ein gut gestaltetes Layout dem Ansinnen der linearen Anordnung sehr. Darüber hinaus werden Elemente wie Kopf- und Fußzeilen, Seitenzahlen sowie Kolumnentitel in einem EPUB nicht verwendet.

In der nachfolgenden Beschreibung wollen wir in jedem Fall davon ausgehen, dass alle Inhalte in ein neues Dokument übernommen werden und darin die einzelnen Themenbereiche korrekt aufbauen.

Wie Sie die Inhalte übernehmen, bleibt Ihre Sache. Ob Sie dabei auf die seit InDesign CS6 zur Verfügung stehende Funktion der Verknüpfung von Texten zwischen Originallayout und dem EPUB-Dokument zurückgreifen oder nicht, bleibt an dieser Stelle vollkommen Ihnen überlassen. Wir meinen jedoch, dass in fast allen Projekten zu viele inhaltliche Änderungen vorgenommen werden müssten, sodass sich eine Verknüpfung meistens nicht bezahlt macht.

Die Beschreibung in diesem Kapitel bezieht sich somit nicht auf die konkrete Umsetzung eines Projekts, sondern darauf, welche Schritte Sie von der Anlage der neuen Datei bis hin zur fertig ausgezeichneten InDesign-Datei durchwandern müssen und welche speziellen Tricks Sie für bestimmte Situationen in InDesign verwenden müssen, da es das EPUB-Format eben so haben will. Das Geschriebene bezieht sich ausschließlich auf die Erstellung eines EPUBs für die Verwendung auf einem iPad in Verbindung mit dem E-Book-Reader *iBooks*.

Nur iBooks am iPad?

Obwohl die Ausführungen in diesem Kapitel sich ausschließlich auf die Betrachtung des E-Books auf dem iPad in Verbindung mit dem E-Book-Reader iBooks beschränken, gelten allgemeine Erklärungen natürlich auch für andere E-Book-Reader.

Neues Dokument anlegen

iBooks verwendet zur Darstellung des EPUBs im Hochformat einen Satzspiegel von ca. 560×800 Pixel und im Querformat – iBooks zeigt standardmäßig eine Doppelseite an – beträgt der Satzspiegel für eine Seite ca. 400×570 Pixel. Wird jedoch eine Seite im Vollbildmodus im Hochformat angezeigt, so beträgt der Satzspiegel ca. 570×860 Pixel.

Deshalb ist die Anlage eines neuen Dokuments im Verhältnis 4:3 – 800×600 bzw. 1024×768 – zu empfehlen.

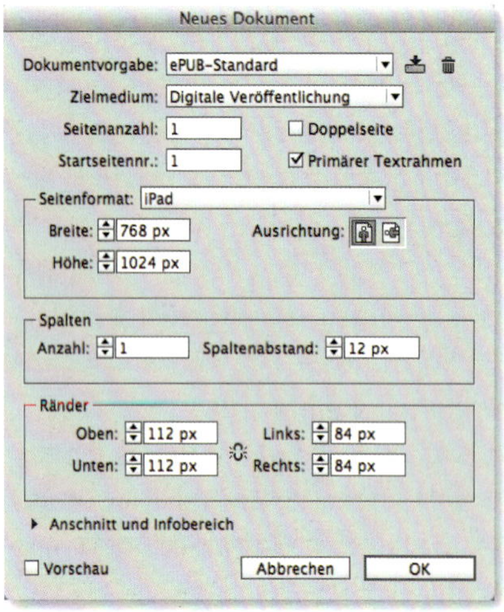

Abbildung 34.3 ▶
Der Dialog Neues Dokument, in dem empfohlene Werte für die Anlage eines InDesign-Dokuments für die Verwendung als EPUB eingetragen sind. Die eingestellten Ränder lassen eine grobe Anmutung des Satzspiegels beim Betrachten des EPUBs über iBooks im Vollbildformat zu.

Durch die Auswahl von Digitale Veröffentlichung in der Option Zielmedium können Sie sofort auf die Auflösung des iPads zurückgreifen. Die Ausrichtung stellen Sie auf Hoch, und für ein textlastiges Objekt zahlt es sich aus, mit dem primären Textrahmen zu arbeiten. Aktivieren Sie deshalb auch diese Option.

Die in Abbildung 34.3 eingegebenen Werte für die Ränder (Definition des Satzspiegels) lassen lediglich eine gute Vorstellung der Proportionen zu, die unter iBooks im Vollbildformat zu erwarten sein wird.

Einseitiges Dokument
Wie bei allen elektronischen Formaten ist auch hier auf die Verwendung eines Doppelseitenlayouts zu verzichten. Deaktivieren Sie deshalb die Option Doppelseite im Dialog Neues Dokument beim Anlegen eines neuen Dokuments.

Ändern der Voreinstellungen | Da Sie mit primären Textrahmen arbeiten und die Anzahl der Seiten für ein EPUB nicht von Bedeutung ist, empfehlen wir Ihnen, die Voreinstellung zum Bereich Intelligenter Textumfluss entgegen unseren Empfehlungen in Kapitel 2 im Register Eingabe zu aktivieren. Wählen Sie dabei die Werte aus nachfolgender Abbildung, womit automatisch Seiten hinzugefügt und gelöscht werden, wenn sich zu viel oder zu wenig Text in einem Dokument befindet.

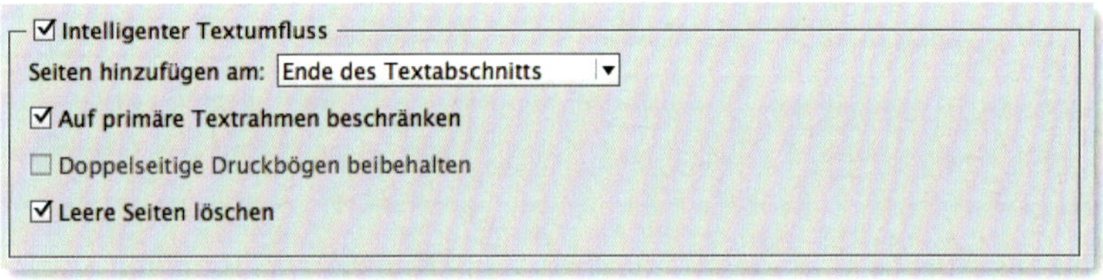

◂ **Abbildung 34.4**
Der Bereich Intelligenter Textumfluss des Registers Eingabe der InDesign CC-Voreinstellungen

Texte dem Dokument hinzufügen | Übernehmen Sie nun im ersten Schritt Text für Text, und fügen Sie diesen in der korrekten linearen Abfolge in das neu erstellte InDesign-Dokument ein. Beachten Sie dabei folgende Hinweise:

- Liegt ein Ausgangsdokument vor, worin schon sauber mit Absatz- und Zeichenformaten gearbeitet wurde, so können Sie den Text durch einfaches Kopieren und Einfügen dem InDesign-Dokument hinzufügen. Dadurch werden die Formatanweisungen des Ausgangsdokuments übernommen. Ändern Sie dann in den Absatzformaten nur Parameter wie Am Grundlinienraster ausrichten, da Registerhaltigkeit für EPUB vollkommen überflüssig ist.
- Liegt ein Ausgangsdokument vor, in dem sich nur Texte befinden, denen kein Absatzformat zugewiesen wurde, so kopieren Sie den Text im Ursprungsdokument, und fügen Sie ihn dem InDesign-Dokument durch Bearbeiten • Unformatiert einfügen ein.
- Erstellen Sie für den Vorspann und für jedes Kapitel eines Buchs ein eigenes InDesign-Dokument, da durch diese Trennung in der EPUB-Datei für jedes Kapitel eine eigene `section` erzeugt wird, was Vorteile für die Performance des iBook-Readers bringt.

Noch keine Abbildungen hinzufügen
Verzichten Sie im ersten Schritt darauf, Abbildungen vom Originaldokument in das EPUB-Dokument zu übernehmen, da wir uns zuerst einmal auf den Text, den wichtigsten Bestandteil eines EPUBs, konzentrieren.

Hinweis
Die Trennung in eigene InDesign-Dokumente für die Kapitel ist allerdings nicht zwingend, da mit InDesign CC eine Option zu finden ist, mit der eine Kapiteltrennung eingefügt werden kann.

Buchfunktion
Hinweise zum Umgang mit Büchern erhalten Sie in Abschnitt 19.1, »Bücher«, auf Seite 635.

Unnütze Informationen entfernen
Um möglichst schnell doppelte Leerzeichen, doppelte Zeilenschaltungen und doppelte Tabulatoren zu löschen, empfehlen wir Ihnen, das Skript FINDCHANGEBYLIST.JSX zu verwenden. Nähere Hinweise zum Skript erhalten Sie in Kapitel 40, »Skripte«, auf Seite 1123.

Das Entfernen von harten Zeilenschaltungen können Sie über den Suchen/Ersetzen-Dialog bewerkstelligen oder diese Suche zusätzlich im oben genannten Skript hinzufügen.

Manuell gesetzte Divis
Manuell gesetzte Divis haben zwar in keinem Text etwas verloren, aber gelegentlich müssen auch wir sie machen, weil InDesign einfach nicht korrekt umbrechen will.

- Fügen Sie die einzelnen Kapitel über die Buchfunktion von Adobe InDesign CC zu einem gesamten Buch zusammen. Die Synchronisierung der Absatzformate über die Dokumente des Buchs hinweg kann, wenn Änderungen in den Absatzformaten vorgenommen werden müssen, dadurch jederzeit stattfinden.

Texte säubern | Texte, die Sie von Originaldokumenten übernehmen, bringen manchmal einige Überraschungen mit. Deshalb säubern Sie den Text schon im Vorfeld, und zwar hinsichtlich folgender Parameter:

- **Doppelte Leerzeichen** – diese können beim Lesen von EPUB-Dateien auf einem kleinen Display sehr störend wirken.
- **Doppelte Zeilenschaltungen** – auch wenn diese sowieso bei der Darstellung im E-Book-Reader ignoriert werden, ist es dennoch ratsam, sie zu entfernen, damit Sie sofort in Ihrem InDesign-Dokument erkennen können, wo den Absatzformaten richtig angelegte Abstände davor und danach zugeordnet wurden.
- **Harte Zeilenschaltungen** – ein harter Zeilenumbruch kann in einem EPUB störend wirken, da es beim Umbrechen des Textes im E-Book-Reader zu unschönen Situationen kommen könnte. Auch wenn Sie beim Erstellen der EPUB-Datei die Option HARTE ZEILENUMBRÜCHE ENTFERNEN aktivieren können, raten wir Ihnen, diese doch zuvor schon aus dem Text zu eliminieren, damit eine eventuell benötigte Ausnahme im Text damit nicht ebenfalls beim Erstellen des E-Books gelöscht werden würde.
- **Tabulatoren** – Tabulatoren werden in EPUBs ignoriert. Wenn Sie also eine tabellarische Auflistung im Text finden, so muss diese zuvor in eine Tabelle umgewandelt werden. Nur Tabellen können in EPUBs auch korrekt dargestellt werden.

Texte bearbeiten

Haben Sie nun die gesäuberten Dokumente vorliegen, so müssen wir uns an die Formatierung und Auszeichnung der Texte machen. Da Text das Hauptelement in einer EPUB-Datei darstellt, kann sich dieser Schritt schon etwas in die Länge ziehen.

Grundsatzfragen | Doch bevor wir mit der Auszeichnung loslegen, sollten wir uns noch ein paar Gedanken zu Texten in EPUB-Dateien machen.

- **Typografie**: Hinsichtlich der Typografie müssen Sie bei EPUBs etwas »lockerer« werden. Das ist wohl eines der Hauptprobleme, die ein Grafiker für Druckprodukte mit E-Books haben wird.

- Sie können nicht jede Schrift zur Darstellung auf dem E-Book-Reader verwenden. Abhängig von der gewählten Schrift, vom verwendeten E-Book-Reader und der gewählten EPUB-Spezifikation können Schriften zwar technisch gesehen eingebettet werden, allerdings führen manche Reader in dieser Sache ein gewisses Eigenleben.
- Ob Sie Flattersatz oder Blocksatz für die Darstellung am E-Book-Reader bevorzugen, hängt von dem zu verwendenden Reader ab. Nicht jeder E-Book-Reader kann eine integrierte Silbentrennung vorweisen, so dass es bei Blocksatz in der Darstellung manchmal zu Lücken zwischen den Wörtern kommen kann. Bei iBooks stellt sich diese Frage nicht, da dieser Reader auch auf Hunspell-Wörterbucher zurückgreift.

- **Lineare Struktur**: Handelt es sich bei dem Buch um einen Inhalt, der fast ausschließlich aus einem langen Fließtext besteht, oder liegt dieser Fließtext, so wie in diesem Buch, mit vielen Randbemerkungen, Infokästen und Definitionen in der Randspalte vor? Stellen Sie sich folgende Fragen:
  - Kann der ganze Text inklusive der Textzusätze der Marginalspalten in eine lineare Ordnung gebracht werden?
  - Besteht bei den Überschriften eine klare hierarchische Struktur, die eine Zuordnung der Tags `<H1>` bis `<H6>` zulässt?

  Wenn Sie beide Fragen mit »Ja« beantworten können, so steht einer Umsetzung nicht mehr viel im Wege.
- **Auszeichnungen**: Ausgezeichnete Texte können in ein EPUB übernommen werden. Es stehen jedoch nur zwei Tags für Auszeichnungen – `<em>` für kursiv und `<strong>` für fett – zur Verfügung. Grafische Auszeichnungen, wie sie in so manchen Drucklayouts verwendet werden, können also nur in einer reduzierten Form dargestellt werden.
- **Fußnoten**: Da eine EPUB-Datei den Begriff der Seite nicht kennt, können auch Fußnoten nicht im Fuß der Seite angebracht werden. Zur Lösung dieses Problems in EPUB können Sie jedoch zwischen zwei Varianten wählen: Entweder die Fußnote wird nach dem Absatz im EPUB eingefügt, oder alle Fußnoten werden am Ende des Kapitels aufgelistet. Welches der beiden Verfahren gewünscht wird, können Sie beim Export nach EPUB bestimmen. Sie müssen keine andersartigen Änderungen im Text vornehmen.
- **Striche und Leerzeichen**: Typografen lieben es, richtige Strichlängen für die jeweilige Textsituation zu setzen. Sie lieben es auch, den Weißraum zwischen den Buchstaben durch Einfügen von speziellen Leerzeichen auszugleichen. Zu diesem Thema bietet EPUB eine

Font-Formate

Die EPUB3-Spezifikation unterstützt das *Web Open Font Format* (WOFF) sowie das *Open Type-Font-Format* (OTF).

Fontverschlüsselung

Damit Fonts aus einer EPUB-Datei nicht einfach zur Verwendung auf Ihren Systemen entnommen werden können, führt InDesign beim EPUB-Export eine Verschlüsselung für die mitgegebenen Fonts durch. Und genau mit dieser Verschlüsselung können viele E-Book-Reader nicht umgehen.

Hinweis

Texte, die Überschriften auf mehr als drei Ebenen benötigen, sind generell schwerer zu erfassen.

Zeichenformate

Sie müssen Auszeichnungen über Zeichenformate abbilden, denn nur darüber kann ein entsprechendes Tag für die Auszeichnung im EPUB hinterlegt werden.

Manuelle Fußnoten

Sollten Fußnoten in einem Dokument manuell angebracht worden sein, da die Funktionalität in InDesign hinsichtlich Fußnoten nicht ausreicht, so müssen diese Fußnoten aufgelöst und über die Fußnotenfunktion von InDesign abgebildet werden.

schlechte und eine gute Nachricht. Zuerst die schlechte: Alle speziellen Leerräume werden durch einfache Leerschritte ersetzt. Die gute Nachricht: Zumindest der Gedankenstrich, der Bindestrich und das Minuszeichen werden in EPUB richtig umgesetzt. Andere Strichlängen wie z.B. Geviertstriche werden durch einen Bindestrich ersetzt.

- **Formelsatz und Symbole**: Auf Formelsatz müssen Sie verzichten oder die Formeln als Bilder im Textfluss einbinden. Gewisse Symbole wie beispielsweise das Multiplikationszeichen »×«, die Auslassungszeichen »…« oder das Minuszeichen »–« können im EPUB korrekt angezeigt werden, wenn sich die korrekten Zeichen auch im Text befinden. Wenn Sie anstelle eines Multiplikationszeichens ein »x« eingeben, so wird dies auch als solches abgebildet. Schöner wäre natürlich das korrekt gesetzte Zeichen »×«.

Hinweis
Das Zuweisen von Tags in den Absatz- und Zeichenformaten kann nur mit InDesign-Versionen höher als CS5 abgebildet werden.

Tags den Absatz- und Zeichenformaten zuordnen | Absatz- und Zeichenformate sind das Herzstück der Auszeichnungstechniken. Durch die Zuweisung dieser Formate in Adobe InDesign CC werden Texte mit Auszeichnungs- und Strukturinformationen versehen, die beim EPUB-Export zu CSS-Stilen konvertiert werden.

Zum Auszeichnen von Absätzen werden Absatzformate verwendet. Es werden dafür die Tags wie `<p>`, `<H1>` bis `<H6>` verwendet. Zum Auszeichnen von Buchstaben oder ganzen Wörtern werden Zeichenformate eingesetzt. Zeichenformate werden in HTML mit dem `<span>`-Element beschrieben. In InDesign gibt es darüber hinaus noch ein paar Spezialfälle, die es ermöglichen, dass Sie über Absatzformate dem Text Formatierungsanweisungen in Form von Zeichenformaten zuweisen können. Diese Spezialfälle sind:

- Verschachtelte Formate – Zeichenformate werden bis zum Antreffen eines bestimmten (Steuer)zeichens dem Text zugewiesen.
- Zeilenformate – Einer bestimmten Anzahl von Zeilen im Absatz wird ein Zeichenformat zugewiesen.
- GREP-Stile – Zeichenformate werden Textstellen zugewiesen, die über einen regulären Ausdruck identifiziert wurden.

Klassen
Klassen sind wichtige Elemente in CSS. Da es nicht für jeden Sachverhalt ein spezielles Tag gibt, kann über die Klasse jene Information transportiert werden, die eine Zuordnung für eine andere Auszeichnung erst ermöglicht. So kann beispielsweise einer Bildunterschrift das Tag `<p>` und die Klasse `<Bildunterschrift>` zugewiesen werden. Die eindeutige Identifizierung für Bildunterschriften ist damit gegeben.

Greifen Sie für die Verwendung von Formatierungen in einem EPUB nur auf verschachtelte Formate und GREP-Stile zurück. Beide Techniken können die Zuweisung von Zeichenformaten korrekt auflösen. Da es im EPUB keine fixen Zeilenlängen gibt, kann auf Zeilenformate nicht zurückgegriffen werden.

Die Zuordnung der Tags und der Klasse kann seit InDesign CS5.5 direkt im Absatzformat erfolgen. Wenn Sie aber keine Lust verspüren, diesen Schritt für jeden Absatz zu wiederholen, so können Sie dies für alle Absatz- und Zeichenformate im Eingabedialog ALLE EXPORTTAGS BEARBEITEN erledigen.

Führen Sie einen Doppelklick auf das jeweilige Absatzformat aus, und definieren Sie im Bereich TAGSEXPORT das TAG und die KLASSE. Sollte das gewählte Absatzformat auch für eine Dokumentteilung in der EPUB-Datei herangezogen werden, so müssen Sie die Option DOKUMENT TEILEN (NUR EPUB) aktivieren.

Dokument teilen

Diese Funktion kann auch durch Anlegen von mehreren InDesign-Dateien, die in einem InDesign-Buch zusammengefasst werden, erfolgen. Es können jedoch beide Verfahren kombiniert werden.

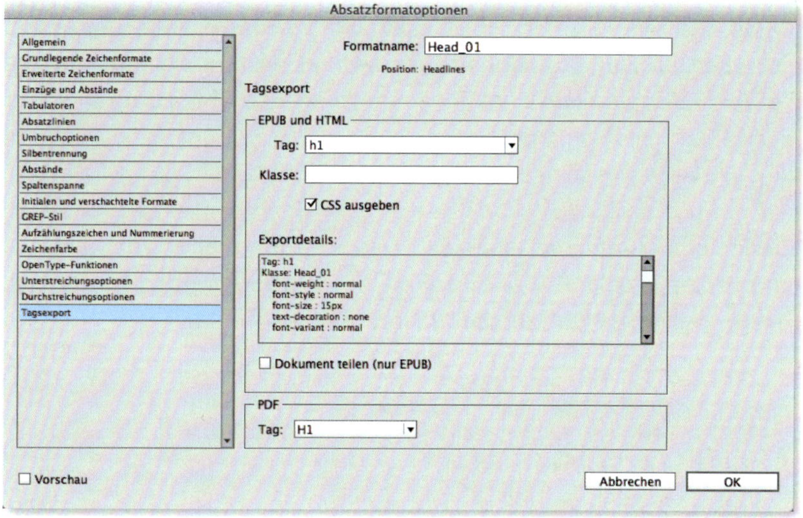

◂ **Abbildung 34.5**
Der Bereich TAGSEXPORT des Absatzformatoptionen-Dialogs. Sie müssen darin das TAG und die KLASSE festlegen. Die Neuerung in InDesign CC ist, dass automatisch der Name des Absatzformates als Klasse standardmäßig zugewiesen wird.

Oder rufen Sie den Befehl ALLE EXPORTTAGS BEARBEITEN aus dem Bedienfeldmenü des Absatzformate- bzw. Zeichenformate-Bedienfeldes auf.

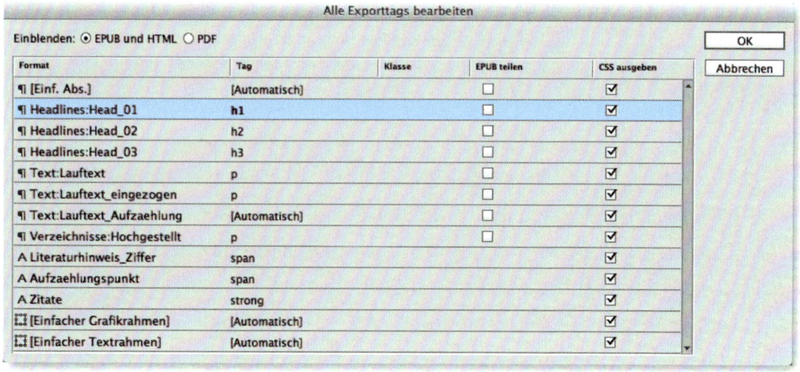

◂ **Abbildung 34.6**
Der Dialog ALLE EXPORTTAGS BEARBEITEN, in dem Sie für alle Absatz- und Zeichenformate das Mapping zu den Tags vornehmen können

Weißraum vor und nach Absätzen schaffen | Zusätzlicher Weißraum vor und nach einem Absatz kann grafisch auf unterschiedliche Art und Weise umgesetzt werden. Hier ein paar Beispiele:

- Einfügen von Texten in separaten Textrahmen, die im Layout an die gewünschte Position verschoben werden

- Einfügen von zusätzlichen Zeilenschaltungen und Anpassen des Zeilenabstands für diese Leerzeilen
- Ausrichten von Absätzen an der nächsten Grundlinie
- Eingabe eines Versatzes für die erste Zeile in den TEXTRAHMENOPTIONEN
- Einfügen eines Abstands vor oder nach einem Absatz

Alle genannten Möglichkeiten führen bis auf eine Ausnahme nicht zum Erfolg. Richten Sie zusätzlichen Weißraum vor und nach einem Absatz nur über die Funktion ABSTAND DAVOR und ABSTAND DANACH ein. Sie können aber auch die Funktionen ABSTAND VOR SPALTE und ABSTAND NACH SPALTE aus den Optionen der SPALTENSPANNE verwenden, obwohl dies in einem einspaltigem Dokument widersinnig ist.

Zusammenhalten von Absätzen | Das Zusammenhalten von Absätzen und Zeilen in einem Absatz können Sie in InDesign über den Bereich UMBRUCHOPTIONEN im Absatzformatoptionen-Dialog steuern.

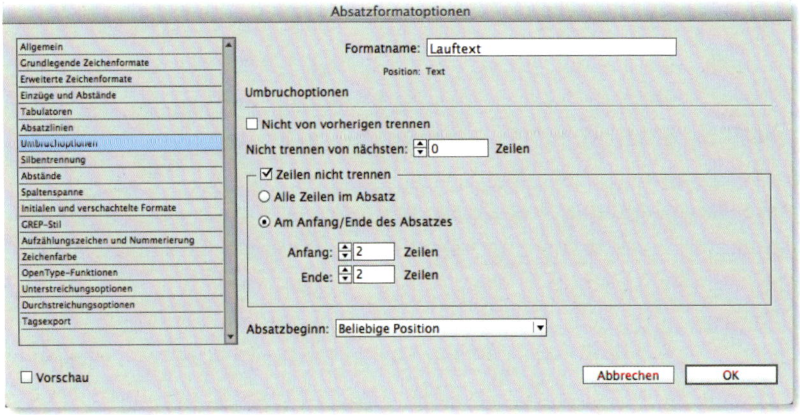

Abbildung 34.7 ▶
Der Bereich UMBRUCHOPTIONEN im Absatzformatoptionen-Dialog mit der Definition für den Lauftext, damit keine Hurenkinder und Schusterjungen bei der Darstellung des EPUBs auf dem Tablet entstehen sollen.

```
p.Text_Lauftext {
    color:#000000;
    font-family:"Myriad Pro Light",
    font-size:0.833em;
    font-style:normal;
    font-variant:normal;
    font-weight:300;
    line-height:1.417;
    margin-bottom:0;
    margin-left:0;
    margin-right:0;
    margin-top:0;
    orphans:2;
    page-break-after:auto;
    page-break-before:auto;
    text-align:justify;
    text-decoration:none;
    text-indent:0;
    widows:2;
}
```

▲ Abbildung 34.8
Der Eintrag für den Lauftext in der CSS-Datei. Der Eintrag `orphans: 2` und `widows: 2` soll Hurenkinder und Schusterjungen vermeiden.

Regeln Sie damit, ob Hurenkinder und Schusterjungen erlaubt sind, ob ganze Absätze zur Darstellung auf einer Seite zusammengehalten werden müssen oder ob die Headline mit mindestens zwei folgenden Zeilen im nächsten Absatz zusammen stehen bleiben muss.

All diese Optionen sind seit InDesign CC im Stylesheet des InDesign-EPUB-Exports zu finden. Ob der E-Book-Reader diese Formatanweisungen auch berücksichtigt, muss für jeden Reader ausgetestet werden.

Seitenumbrüche | Wenn Sie wollen, dass ein bestimmter Absatz immer auf einer neuen Seite beginnen soll, so können Sie das ebenfalls über die Option ABSATZBEGINN im Bereich UMBRUCHOPTIONEN (Abbildung 34.7) festlegen.

Auch diese Parameter können, wie Sie in Abbildung 34.8 durch die Einträge `page-break-after:auto` bzw. `page-break-before:auto` erkennen können, seit InDesign CC korrekt aus InDesign heraus dem CSS übergeben werden. Auch hier stellt sich die Frage, ob der E-Book-Reader diese Anweisung umsetzt?

Listen mit Aufzählungszeichen und Nummern | Beim Erstellen von nummerierten Aufzählungen bzw. Listen mit Aufzählungssymbol haben Sie grundsätzlich in InDesign die Möglichkeit, diese manuell durch Einfügen der Ziffern und Symbole oder über die Funktion Liste mit Aufzählungszeichen bzw. Nummerierte Liste zu erstellen. Sollten die Listen manuell im Dokument angelegt sein, so ist das für die Darstellung des EPUBs ok, im Sinne des strukturierten Aufbaus eines Textes sollten Sie jedoch eher auf die von InDesign zur Verfügung gestellten Funktionen zurückgreifen. Beachten Sie dabei folgende Hinweise:

- **Aufzählungszeichen**: Aufzählungszeichen werden durch den EPUB-Export eliminiert und somit durch einfache Bullets im E-Book-Reader dargestellt. Selbst wenn Sie ein anderes Zeichen im Absatzformat dafür ausgewählt haben, wird dies also nicht berücksichtigt.
- **Formatierung des Aufzählungszeichens**: Weisen Sie dem Aufzählungszeichen in InDesign CC ein Zeichenformat zu. Dadurch wird die Formatierung der Symbole für die Darstellung am E-Book-Reader über die CSS-Datei formatierbar, wenn die Aufzählungszeichen in Text konvertiert werden.
- **Aufzählungszeichen in Text umwandeln**: Wenn Sie Aufzählungszeichen in Text umwandeln, so kann der E-Book-Reader auf keine Listenstruktur mehr zurückgreifen, wodurch der Einzug bei der Liste in der Darstellung verlorengehen würde. Dadurch würden aber die Aufzählungszeichen für die Darstellung erhalten und über das CSS auch für das EPUB formatierbar bleiben. Hinterfragen Sie jedoch, aus welcher Schrift die Aufzählungszeichen entnommen worden sind? Nicht jede Symbolschrift steht, wenn die Schrift nicht eingebettet werden kann, dem E-Book-Reader auf den Tablets zur Verfügung. Aufzählungszeichen aus der Schrift des Grundtextes wären wohl die beste Alternative.
- **Aufzählungszeichen in Form einer Grafik**: Wenn Sie jedoch sicher sein wollen, dass das spezielle Aufzählungszeichen in allen E-Book-Readern dargestellt werden soll, so müssen Sie die Aufzählungszeichen in eine Grafik umwandeln. Dies müssen Sie in InDesign CC manuell über den Befehl Schrift • In Pfade umwandeln erledigen. Sie müssten dann noch die Listenfunktion deaktivieren, da Sie sonst ein Bullet und die Grafik im EPUB angezeigt bekommen würden. Da-

Auszeichnungen von Listen in HTML

Eine Liste mit Aufzählungszeichen wird als *unordered list* mit dem Tag `<ul>` in HTML geführt. Eine Nummerierte Liste wird als *ordered list* mit dem Tag `<ol>` in HTML geführt.

Der Kennzeichnung, ob es sich um eine *ordered* bzw. *unordered list* handelt, folgen in HTML die einzelnen Listeneinträge, die das Tag `<li>` bekommen.

Aufzählungszeichen in Text umwandeln

Sie können diesen Vorgang generell für das gesamte EPUB beim Exportieren aus InDesign durch die Auswahl der Option Aufzählungszeichen in Text umwandeln und Aufzählungszeichen des Registers Allgemein erledigen oder manuell für einzelne Listen im Dokument durch Aufruf des Befehls Aufzählungszeichen von [Formatname] in Text konvertieren durchführen.

durch würden Sie jedoch auch für diesen Fall die strukturierte Liste verlieren. Um dieses Problem jedoch in den Griff zu bekommen, müssten Sie genau diesen Export – Bullet und Grafik – erzwingen und das Problem dann manuell über die CSS-Formatierung beheben.

- **Verschachtelte Liste**: Wenn Sie beispielsweise nummerierte Listen mit drei Unterebenen erstellen, so würde dies durch den Standardexport nach EPUB dazu führen, dass auch zwei tiefer liegende Ebenen erzeugt würden. Den Wert für den Einzug müssten Sie dann manuell über das CSS einstellen.

Listenfunktion
Hinweise zum Erstellen von Listen erhalten Sie in Abschnitt 13.3, »Aufzählungszeichen und Nummerierung«, auf Seite 471.

Tabellen | Der Aufbau von Tabellen in InDesign sollte dringend über die Tabellenfunktionen erstellt werden, da HTML mit Tabulatoren ja nicht wirklich umgehen kann. Tabellen werden aus InDesign CC heraus ziemlich sauber, mit allen Formatierungen und Flächenfarben, in das EPUB übernommen. Was jedoch die einzelnen E-Book-Reader dabei darstellen können, müssen Sie für jeden selbst austesten. Beachten Sie folgende Hinweise:

Tabellenfunktionen
Hinweise zum Erstellen von Tabellen erhalten Sie in Kapitel 15, »Tabellen«.

- **Absatzformate**: Erstellen Sie für die Texte in den Tabellen eigene Absatzformate, und lassen Sie im Register TAGSEXPORT den Tageintrag auf [AUTOMATISCH] stehen.
- **Zellen- und Tabellenformate**: Erstellen Sie für jeden Zellentyp ein Zellenformat, und weisen Sie dem Zellenformat das zuvor angelegte Absatzformat zu. Erstellen Sie auch noch Tabellenformate, speziell, wenn Sie Tabellen mit abwechselnden Flächen erstellen wollen. Wenn Sie dies konsequent erledigen, so kann der Code für die Tabelle sehr sauber – die einzelnen Zellen und die Tabellen haben entsprechende Stylesheet-Einträge im CSS – im EPUB angetroffen werden.
- **Formatanpassungen**: Je nach E-Book-Reader wird die Tabelle unterschiedlich dargestellt. Hinsichtlich der Darstellung im E-Book-Reader müssen Sie händische Eintragungen im CSS des EPUBs vornehmen.
- **Tabellen als Bilder**: Wenn Sie das Aussehen der Tabelle unbedingt erhalten wollen, so bleibt Ihnen nur die Möglichkeit, von der Tabelle ein Bild zu machen und diese dann im Text zu verankern. Wie Sie das am schnellsten lösen, erfahren Sie noch auf den nächsten Seiten.

Bilder und Grafiken vorbereiten

Nachdem wir nun die Formatierung des Textes abgeschlossen und auf alle möglichen Details Rücksicht genommen haben, ist es nun an der Zeit, uns anzusehen, wie Grafiken, Bilder und Illustrationen im EPUB behandelt werden müssen.

Bringen Sie also alle Abbildungen der Druckversion in das neu erstellte InDesign-Dokument, und platzieren Sie diese an den beabsichtigten Positionen im Textfluss. Ist die Position in der linearen Abfolge nicht eindeutig, so müssen Sie diese Frage mit dem Autor des Werks abklären.

Bestehen Abbildungen aus einem Bild und einer Bildunterschrift, so markieren Sie beide Objekte und gruppieren diese zu einem Objekt. Wenn Sie einen Textumfluss für die Gruppe festlegen, so können Sie die Bilder vorerst einmal an die gewünschte Position in der linearen Abfolge stellen.

Texte in Gruppen

Textrahmen, die sich in einer Gruppe befinden, bleiben standardmäßig als Texte erhalten. Sie werden nicht als Bild gerendert.

Bilder und Vektorgrafiken im EPUB | Bilder und Vektorgrafiken werden für die Verwendung im EPUB in ein Pixelbild konvertiert. Dabei werden alle Bilder neu gerendert und hinsichtlich der Auflösung und des Farbraums optimiert.

Wenn Sie keine Änderungen am Objekt und in den Exporteinstellungen vornehmen, so werden diese Objekte standardmäßig nach RGB konvertiert, auf eine Auflösung von 150 ppi reduziert und im PNG-Format abgespeichert.

Hinweis

Vermeiden Sie, Bilder im Layout zu drehen, da die Drehung beim Export ignoriert wird.

Bilddimensionen | Bilder sollten schon im Layout auf eine bestimmte Größe gebracht werden. Bildgrößen zwischen 300 und 600 px in der Breite und einer maximalen Höhe von 860 px sind für die Verwendung im EPUB richtig dimensioniert.

Bringen Sie nun alle Objekte in Ihrem Layout auf die gewünschte Größe. Verwenden Sie die dafür in InDesign zur Verfügung stehenden Werkzeuge und Techniken.

Ob der E-Book-Reader die Größen wirklich verwendet oder ob dieser die Bilder einfach auf die maximale Breite vergrößert bzw. verkleinert, muss für den gewählten E-Book-Reader getestet werden.

Ganzseitige Bilder für den iBook-Reader

Sollen Bilder ganzseitig abgebildet werden, so gibt es für die Betrachtung des EPUBs am iBook-Reader eine Spezialität, die Sie kennen sollten. Stellen Sie die Auflösung für ein Bild auf 600 × 860 px – das ist der Trick.

Objekte bewusst in Bilder umwandeln lassen | Haben Sie InDesign dazu verwendet, Abbildungen zu erstellen, so besteht diese Abbildung sicherlich aus einem platzierten Objekten (oder auch nicht), eventuell InDesign-Grafikobjekten und eventuell auch diversen Texten, die in einzelnen Textrahmen angebracht worden sind – siehe Abbildung 34.9. Damit die Grafik leichter gehandhabt werden kann, haben Sie diese Objekte sicherlich alle miteinander gruppiert.

Würden Sie dieses gruppierte Objekt in ein EPUB exportieren, so würden das Bild und auch die Linien in einzelne Bilder konvertiert werden und nachfolgend jeder Textkasten als einzelner Absatz im EPUB landen. Das Gruppieren alleine hilft für dieses Problem noch nicht weiter. Damit diese Zerstörung der Abbildung nicht stattfindet, sondern die

▲ **Abbildung 34.9**
Typischer Aufbau einer Abbildung mit InDesign-Objekten

Abbildung als Ganzes in ein Bild konvertiert wird, müssen Sie die Gruppe auswählen, den Objektexportoptionen-Dialog über OBJEKT • OBJEKTEXPORTIOPTIONEN aufrufen und dort den Reiter EPUB UND HTML aktivieren.

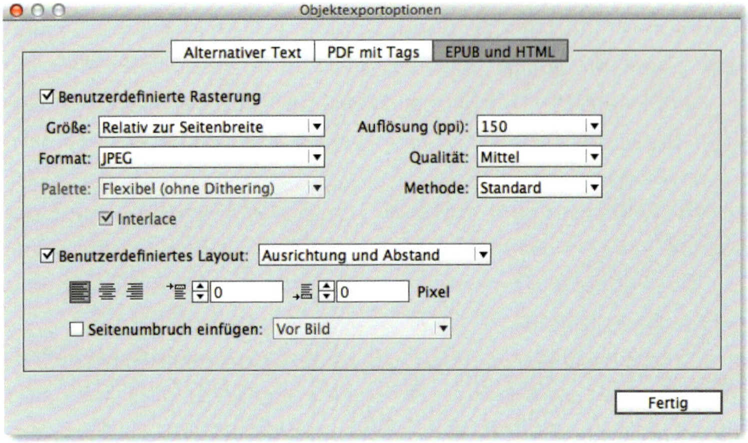

Abbildung 34.10 ▶
Der Reiter EPUB UND HTML des Objektexportoptionen-Dialogs

Objektformat

InDesign CC-Anwender können die Einstellungen aus dem Objektexportoptionen-Dialog auch als Objektformat abspeichern.

Aktivieren Sie die Checkbox BENUTZERDEFINIERTE RASTERUNG, damit Sie auf die Qualitätsparameter zurückgreifen können.

- GRÖSSE: Diese kann absolut (FESTER WERT) oder proportional zur Seitenbreite des InDesign-Dokuments (RELATIV ZUR SEITENBREITE) festgelegt werden. Im zweiten Fall wird die Bildgröße also verändert, um nicht zu sagen: unkontrollierbar…
- FORMAT: Über die Option können Sie noch auf die Qualität der Bildkonvertierung für die Formate GIF, JPEG und PNG Einfluss nehmen. Mit der Wahl des Formats erzwingen Sie, dass alle Bilder in genau diese Formate umgewandelt werden, wobei natürlich auch die Einstellungen in den Bereichen PALETTE bzw. QUALITÄT und METHODE zur Bilderstellung verwendet werden.
  - Unter PALETTE – ist nur auswählbar, wenn GIF gewählt ist – können Sie die zu verwendende Farbpalette – FLEXIBEL (OHNE DITHERING), WEB, SYSTEM (MAC) und SYSTEM (WIN) – auswählen. FLEXIBEL (OHNE DITHERING) erzeugt eine für das Bild optimierte Farbpalette; die anderen Einstellungen greifen auf standardisierte Paletten zurück, was das Bild jedoch drastisch verändern kann.
  - Die JPEG-Optionen, die Sie unter JPEG auswählen können, entsprechen den üblichen Einstellungen aus Photoshop oder anderen Bildverarbeitungsprogrammen. Wählen Sie eine QUALITÄT zwischen NIEDRIG, MITTEL, HOCH und MAXIMAL (je höher die Qualität, desto mehr Speicherplatz wird das Bild belegen). Die METHODE: PROGRESSIV codiert das Bild so, dass es bei der Darstellung zuneh-

Hinweis zu PNG

Durch die Wahl von PNG können Sie nicht auf Parameter zur Erstellung des Bildes zurückgreifen.

mend schärfer wird. STANDARD verzichtet auf diesen Effekt; solange das Bild noch nicht dargestellt werden kann, weil es noch nicht vollständig geladen wurde, erscheint im Reader ein allgemeiner Platzhalter.

  - AUFLÖSUNG: Bestimmen Sie damit, in welcher Auflösung die Bilder vorliegen sollen. Achten Sie hier immer auf einen guten Kompromiss zwischen Qualität und Dateigröße.

- BENUTZERDEFINIERTES LAYOUT: Legen Sie darin fest, ob das Objekt in der HTML-Datei linksbündig oder rechtsbündig durch Auswahl des Eintrags LINKS SCHWEBEND bzw. RECHTS SCHWEBEND erscheinen soll. Haben Sie jedoch den Eintrag AUSRICHTUNG UND ABSTAND gewählt, so können Sie selbst bestimmen, wie die Ausrichtung zu erfolgen hat und welcher Abstand vor und nach dem Bild eingefügt werden soll. Die Eingabe erfolgt hier in festen Pixelwerten.
  Durch Aktivierung der Option SEITENUMBRUCH EINFÜGEN können Sie sogar noch für diese Abbildung einen Seitenumbruch VOR BILD, NACH BILD oder VOR UND NACH BILD veranlassen.

Verbesserungsmöglichkeit
Würde anstelle von Pixeleinheiten die Auswahl `Ems` zur Verfügung stehen, so könnten Sie Abstände im Verhältnis zu der zur Verfügung stehenden Fläche im HTML-Code einfügen.

Möchten Sie diese Exporteinstellungen auf mehrere Objekte anwenden, so besteht für InDesign-Anwender seit InDesign CC die Möglichkeit, diese Einstellungen als Objektformat zu speichern, womit ein schnelles Zuweisen zu Objekten ermöglicht wird.

Verwenden Sie diese Technik auch dann, wenn Sie grafisch gestaltete Texte wie z.B. Überschriften in spezieller Schrift im EPUB abbilden wollen. Sie müssen dazu nur den Text in einen eigenen Textrahmen stellen und dann darauf die Objektexportoptionen anwenden.

Bilder und Grafiken verankern

Würden Sie die Abbildungen im InDesign-Dokument nur an die richtige Position stellen und dann das Verdrängen des Textes über das Bedienfeld UMFLIESSEN veranlassen, so würden bei einem EPUB-Export die Abbildungen am Ende des Textes eingereiht werden. Der Grund liegt darin, dass die Lesereihenfolge von links oben nach rechts unten automatisch angelegt wird. Und da der Text ein über mehrere Seiten angelegter Textfluss ist, würde zuerst natürlich der Text und erst dann die Bilder in der linearen Struktur erzeugt werden.

Damit die Bilder an der richtigen Stelle im Textfluss erscheinen, müssen diese Bilder bzw. Objektgruppen in den Textfluss eingebunden werden. Sie können dies machen, indem Sie die Objekte kopieren und an der gewünschten Textstelle einfügen. Sie können auch auf die seit InDesign CS5.5 zur Verfügung stehende Möglichkeit zurückgreifen, Ob-

Verankern von Objekten
Hinweise zum Verankern von Objekten erhalten Sie in Abschnitt 20.2, »Verankerte Objekte«, auf Seite 680.

jekte im Text durch einfaches Ziehen des Steuerungselements für verankerte Objekte an der gewünschtne Textposition abzubilden.

Hilfreiches zum Verankern von Objekten | Damit Sie die Verankerung gezielt steuern können, ist es immer ratsam, eine eigene Leerzeile für verankerte Objekte anzulegen.

Legen Sie zu diesem Zweck ein Absatzformat mit entsprechendem ABSTAND DAVOR und ABSTAND DANACH an. Dadurch haben Sie im EPUB immer dieselben Abstände vor und nach der Abbildung, und zweitens können Sie über das CSS noch eine Feinjustierung vornehmen, um eventuell fixe Pixelwerte durch prozentuale Werte auszutauschen.

Bilder oder Objekte im EPUB umfließen | Dieses Vorhaben können Sie aus InDesign heraus nicht direkt abbilden. Sie können aber Vorkehrungen treffen, sodass es dann über eine manuelle Nachbearbeitung im CSS des EPUBs möglich werden kann. Machen Sie Folgendes:

1. Gruppieren Sie alle zusammengehörenden Objekte in eine Objektgruppe.
2. Verankern Sie diese Objektgruppe an die gewünschte Stelle direkt in den Textfluss hinein, und erstellen Sie für diesen Fall keine eigene Leerzeile. Die Verankerung an einem Absatzbeginn wäre ideal.
3. Setzen Sie die Objektgruppe auf TEXTUMFLUSS, sodass sich der Grundtext nicht hinter dem Objekt befindet. Welchen Abstand Sie dafür bestimmen, spielt für die spätere Bearbeitung keine Rolle.
4. Damit dieses Objekt als Tag mit entsprechender Klasse in der CCS-Datei des EPUBs eingetragen wird, müssen Sie noch für die Objektgruppe ein Objektformat definieren. Legen Sie das Objektformat an, wenn die Objektgruppe ausgewählt ist, denn dadurch werden automatisch die Werte des Umfließens in die Objektgruppe übernommen.
5. Mit etwas CCS-Kenntnis können Sie die entsprechende Überarbeitung noch zu einem späteren Zeitpunkt im CSS umsetzen.

Video und Audio im EPUB

Die Verwendung von Audio und Video ist erst mit der EPUB3-Spezifikation möglich. Wenn Sie sich dabei auf mp3-Audiodateien und mp4-Dateien mit H.264 beschränken, so sind die Chancen für die Betrachtung von EPUBs über iBooks am höchsten. Die notwendige Konvertierung in das Format können Sie über den Adobe Media Encoder CC jederzeit durchführen.

Wie Sie Audio- und Video-Dateien in InDesign platzieren und welche Einstellungsmöglichkeiten Sie über das Medien-Bedienfeld haben, können Sie in Abschnitt 32.4, »Audio und Video«, auf Seite 941 nachlesen.

Beachten Sie jedoch, dass eine EPUB-Datei nie zu groß werden soll, da sich sonst der Ladevorgang im E-Book-Reader drastisch verlangsamen kann. Achten Sie in jedem Fall darauf, dass die Dateigröße von 2 GB nie überschritten wird.

Welche anderen E-Book-Reader die aktuelle EPUB3-Spezifikation mit Audio und Video unterstützen, muss konkret mit jedem Reader ausgetestet werden.

Querverweise und Links

Für elektronische Bücher sind Hyperlinks und entsprechende Querverweise wohl der größte Vorteil gegenüber Printmedien. Hyperlinks funktionieren natürlich auch in EPUB-Dateien.

Erstellen Sie die Hyperlinks im InDesign-Dokument entweder durch Markieren von Texten oder von Objekten und die Eingabe des Hyperlinks über das Bedienfeld HYPERLINKS.

Setzen von Hyperlinks

Hinweise zum Erstellen von Hyperlinks erhalten Sie in Abschnitt 32.2, »Hyperlinks«, auf Seite 924.

Artikelfluss definieren

Haben Sie InDesign-Dokumente mit nur einem Textfluss erstellt und alle Abbildungen, Audio- und Videodateien verankert, so muss kein vom Dokument abweichender Artikelfluss definiert werden. Beim Exportieren in ein EPUB ergibt sich die Reihenfolge im ersten Schritt durch die Reihenfolge im Bedienfeld Buch und im zweiten Schritt dann durch die Reihenfolge innerhalb der einzelnen Dokumente. Wird kein Artikelfluss im Dokument erstellt, so wird die Leserichtung von links oben nach rechts unten festgelegt.

Wenn sich jedoch mehrere Textrahmen und Abschnitte in einem InDesign-Dokument befinden, so müssen Sie die lineare Abfolge vor dem Export festlegen. Das Bedienfeld, mit dem Sie diese Arbeit verrichten können, nennt sich Artikel. Rufen Sie es unter Fenster • Artikel auf, legen Sie dort Artikel an, und weisen Sie die einzelnen Objekte dem jeweiligen Artikel zu.

Artikelfluss definieren

Hinweise zum Erstellen von Artikelflüssen erhalten Sie in Abschnitt 33.1, »Export vorbereiten«, auf Seite 977.

Cover vorbereiten

Jedes Buch, auch elektronische Bücher, benötigen ein Cover. Das Cover für das EPUB sollte aus einem Pixelbild bestehen. Die Größe des Covers sollte an das zur Verfügung stehende Endgerät angepasst sein. Für das iPad wollen wir somit ein Bild in der Größe von 600 × 800 px erstellen. Zum Erstellen des Covers bieten sich zwei Varianten an:

1. Erstellen Sie in InDesign CC ein Cover in der genannten Größe, und exportieren Sie dieses Cover als JPEG mit maximaler Qualität und einer Auflösung von zumindest 144 dpi.
2. Erstellen Sie das Cover auf der ersten Seite des InDesign-Dokuments in der entsprechenden Größe, fassen Sie alle Objekte zu einer Gruppe zusammen, und wenden Sie auf diese Gruppe dann die zuvor besprochene Objektexportoption aus Abbildung 34.10 an.

Cover dem EPUB hinzufügen

Ob Sie die exportierte JPEG-Datei verwenden oder ob Sie die erste Seite als Cover rastern lassen, entscheiden Sie im Register Allgemein des EPUB-Exportoptionen-Dialogs unter der Option Deckblatt.

Inhaltsverzeichnis anlegen

Wenn man im Zusammenhang mit EPUB von einem Inhaltsverzeichnis spricht, kann man von zwei verschiedenen Verzeichnissen ausgehen.

1. Jedes EPUB benötigt das Hauptinhaltsverzeichnis, das in der *Navigation Map* des EPUBs abgebildet wird.
2. Ein Inhaltsverzeichnis, so wie wir es klassisch aus der Buchproduktion kennen, befindet sich am Anfang des Buchs oder vor jedem Kapitel. Den Einträgen dieser Inhaltsverzeichnisse sind in elektronischen Medien (PDF, HTML usw.) meistens Verlinkungen zugewiesen, sodass die entsprechende Stelle direkt angesprungen werden kann.

Seitenzahlen in Inhaltsverzeichnissen

Die Anzeige einer Seitenzahl im Inhaltsverzeichnis muss für EPUBs dynamisch angepasst werden. Diese Funktion übernimmt die Navigation Map. Wenn Sie jedoch klassische Inhaltsverzeichnisse in ein EPUB bringen wollen, so verzichten Sie auf die Angabe von Seitenzahlen.

Navigation erstellen | Zum Erstellen einer *Navigation Map* müssen Sie nur ein Inhaltsverzeichnisformat anlegen, worin die Überschriften, die in der Navigation erscheinen sollen, der jeweiligen hierarchischen Struktur zugewiesen worden sind. Wie so etwas aussehen könnte, ist in Abbildung 34.11 zu sehen. Wie Sie zu diesem Ergebnis kommen, können Sie in Abschnitt 19.2, »Inhaltsverzeichnisse«, auf Seite 647 nachlesen.

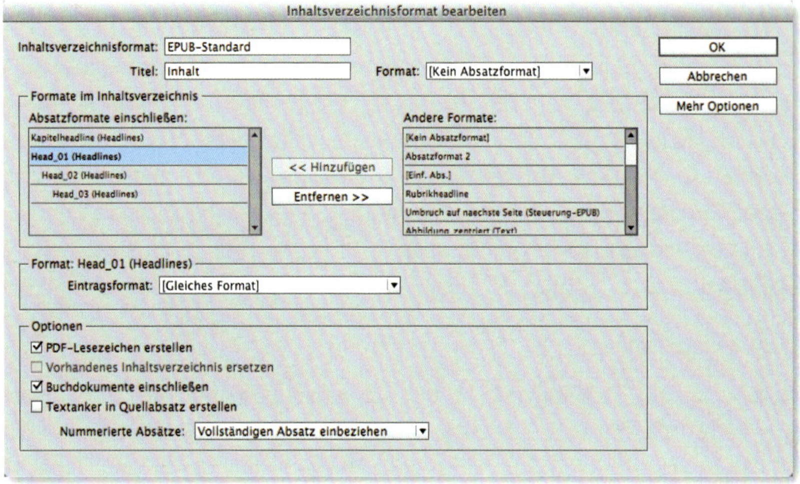

Abbildung 34.11 ▶
Der Inhaltsverzeichnisformat bearbeiten-Dialog. Es ist für die Definition des Inhaltsverzeichnisformats nicht notwendig, dass Formatzuweisungen für die Auszeichnung der Einträge im Inhaltsverzeichnis festgelegt werden. Für die Navigation ist nur die hierarchische Struktur notwendig. In welcher Form die Darstellung in der Navigation erfolgt, ist dem jeweiligen E-Book-Reader überlassen.

Vergeben Sie einen Namen für das Inhaltsverzeichnisformat. Dieser Name wird im Register Allgemein in der Option Navigation der EPUB-Exportoptionen (Abbildung 34.12) schlussendlich ausgewählt und zur Erstellung der Navigation im EPUB verwendet.

Klassische Inhaltsverzeichnisse hinzufügen | Verfahren Sie beim Hinzufügen eines Inhaltsverzeichnisses wie bei einer Printproduktion, und platzieren Sie die Inhaltsverzeichnisse in jedem Kapitel vor dem Grundtext. Eine Verlinkung der Einträge mit den jeweiligen Seiten würde somit auch funktionieren. Wenn Sie jedoch ein klassisches Inhaltsverzeichnis über das gesamte Buch hinweg erstellen wollen, so kollidiert dieses mit der zuvor eingerichteten Navigation.

34.3 EPUB exportieren

Um das Dokument als E-Book (Dateiendung ».epub«) zu exportieren, wählen Sie den Befehl Datei • Exportieren und dann unter Dateityp (Windows) bzw. Format (Mac OS) EPUB aus. Wählen Sie einen Namen und den Speicherort aus, und klicken Sie auf Sichern/Speichern.

Register »Allgemein«

Bestimmen Sie in diesem Register, welche EPUB-Spezifikation verwendet, woraus das Deckblatt erstellt, welche Navigation verwendet und welche Leseflussreihenfolge berücksichtigt werden soll.

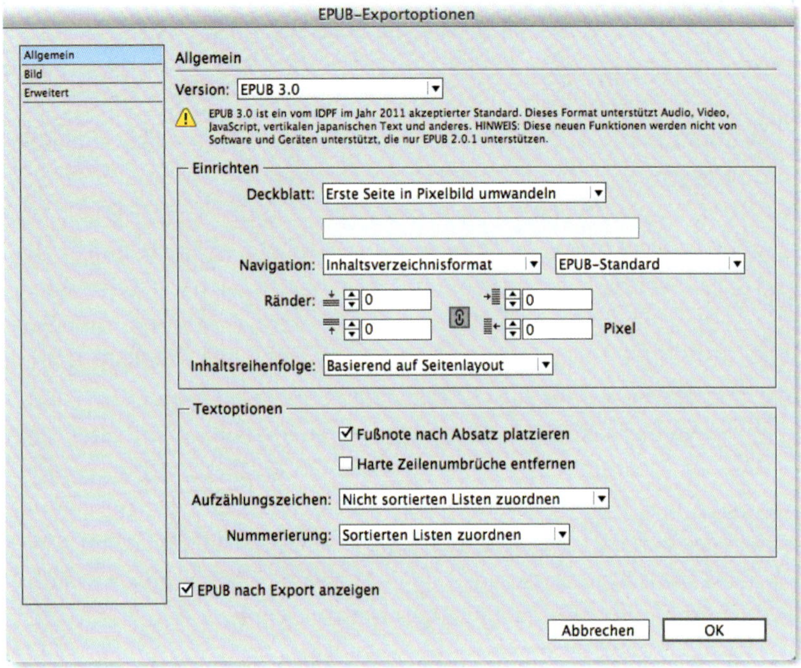

◄ Abbildung 34.12
Die allgemeinen Einstellungen für den Export eines E-Books im ».EPUB«-Format. Das Ergebnis kann nach dem Export nur angezeigt werden, wenn Sie das Programm Adobe Digital Editions oder einen anderen EPUB-Editor auf Ihrem Computer installiert haben.

- Version: Die EPUB-Spezifikation liegt nunmehr in Version 3 vor. InDesign bietet diese Version und außerdem die Version 2.0.1 an. Zu jeder Version wird im Fenster eine Information eingeblendet, die Sie auch beachten sollten.
  - EPUB 2.0.1: Diese Version existiert seit 2007. Obwohl sie genau genommen veraltet ist, ist sie die sicherste Methode, ein EPUB zu erstellen, weil sie von fast allen Readern gelesen werden kann.
  - EPUB 3.0: Die Spezifikation der aktuellen Version 3.0 wurde im Oktober 2011 verabschiedet. Wie es mit neuen Standards eben ist, ist auch Version 3.0 mit Vorsicht zu genießen, da noch nicht zwangsläufig alle Reader korrekt damit umgehen können.
- Einrichten: Hier wählen Sie Ausstattung und Ränder für Ihr E-Book:
  - Deckblatt: E-Books haben zwar keinen Umschlag, können aber ein Deckblatt haben. Entscheiden Sie, ob Sie ein E-Book Ohne Deckblatt erstellen wollen, ob InDesign die Erste Seite in Pixelbild umwandeln und als Deckblatt verwenden oder eine vorhandene Bilddatei verwenden soll. Im letzten Fall können Sie ein Bild Auswählen, sind dabei aber auf .jpg, .png und .gif festgelegt.

EPUB 3.0 und Adobe Edge

Adobe Edge-Animationen basieren auf JavaScript und passen somit gut zu den XHTML-Inhalten von EPUB. Mit EPUB 3.0 ist auch eine JavaScript-Integration gegeben. Adobe Edge Animate-Daten sollten also in EPUB 3.0-E-Books funktionieren. Allerdings ist unklar, ob und wie gut die JavaScript-Integration in den jeweiligen Readern implementiert ist. Adobe übernimmt deshalb keine Garantie dafür, dass Adobe Edge-Animationen in EPUB 3.0 wirklich funktionieren.

Möglicherweise hat das aber auch mit einer gewissen Freizügigkeit zu tun, mit der Adobe manche Spezifikationen interpretiert.

In EPUB 2.0.1 wird JavaScript und somit Adobe Edge Animate nicht unterstützt.

- Navigation: Die Minimalvariante der Navigation ist der Dateiname des Dokuments, über den Sie letztlich nur zum Beginn des Dokuments springen können. Haben Sie jedoch, wie zuvor beschrieben, ein Inhaltsverzeichnisformat für den EPUB-Export erzeugt, so müssen Sie den gleichnamigen Eintrag auswählen und danach im Feld dahinter das Inhaltsverzeichnisformat festlegen.
- Ränder: Legen Sie die Ränder für Ihr E-Book entweder gemeinsam oder getrennt fest.
- Inhaltsreihenfolge: Diese Option entspricht der gleichnamigen Option im HTML-Export (siehe Seite 984).

- Textoptionen: Neben den Einstellungen für den Umgang mit Aufzählungszeichen und Nummerierung, die den Einstellungen des HTML-Exports entsprechen, finden Sie noch zwei neue Optionen:
  - Fussnote nach Absatz platzieren: Grundsätzlich werden alle Fußnoten beim Export in Endnoten umgewandelt. In einem E-Book ist das eher unpraktisch. Aktivieren Sie diese Option, um Fußnoten direkt nach dem Absatz anzuzeigen, in dem sie enthalten sind.
  - Harte Zeilenumbrüche entfernen: Durch diese Option werden alle Leerzeilen entfernt, egal, ob sie durch die Zeilenschaltung oder den harten Zeilenumbruch [⇧]+[↵] entstanden sind.
- EPUB nach Export anzeigen: Eine Anzeige des Ergebnisses kann natürlich nur erfolgen, wenn Sie einen E-Book-Editor installiert haben.

Inhaltsverzeichnisformate

Die Exportfunktion für EPUB scheint das Dokument Ebene für Ebene zu durchsuchen. Einträge für das Inhaltsverzeichnis, die sich zwar auf derselben Seite, aber auf unterschiedlichen Ebenen befinden, können somit falsch gereiht werden.

Application Loader unter Mac OS X

Die Option EPUB nach Export anzeigen bewirkt, dass die neue Datei mit dem zuständigen Programm für EPUB-Daten geöffnet wird. Unter Mac OS X ist das jedoch unter Umständen der Application Loader, der Ihnen freundlich, aber ausgesprochen lästig helfen will, Ihr E-Book zu veröffentlichen.

In diesem Fall sollten Sie die Information für die EPUB-Datei aufrufen und die Option Öffnen mit auf Adobe Digital Editions (oder den Reader Ihrer Wahl) umstellen.

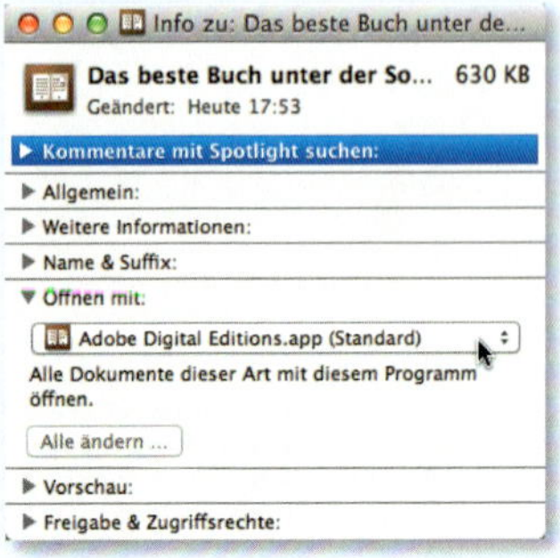

Register »Bild«

Die Einstellungen in diesem Register sind dafür verantwortlich, dass alle Bilder, denen nicht eine Objektexporteinstellung zugewiesen wurde, mit diesen Werten erstellt werden. Die Parameter darin entsprechen weitesgehend den Einstellungen aus Abbildung 34.10 auf Seite 1012. Es gibt kleine Abweichungen:

- Aussehen aus dem Layout beibehalten: Durch Aktivieren der Option wird keine Neuberechnung der Bilder veranlasst. Tun Sie es nicht.
- Einstellungen gelten für verankerte Objekte: Dadurch werden im Text verankerte Objekte in einen eigenen Absatz gestellt.
- Objektexporteinstellungen ignorieren: Dadurch werden alle auf Objekten angebrachten Exporteinstellungen ignoriert.

Register »Erweitert«

Unter Erweitert klären Sie hauptsächlich die Struktur- und Metadaten-Einstellungen. Die Einstellungen für zusätzliche CSS- und JavaScript-Dateien kennen Sie schon aus dem HTML-Export (siehe Seite 984).

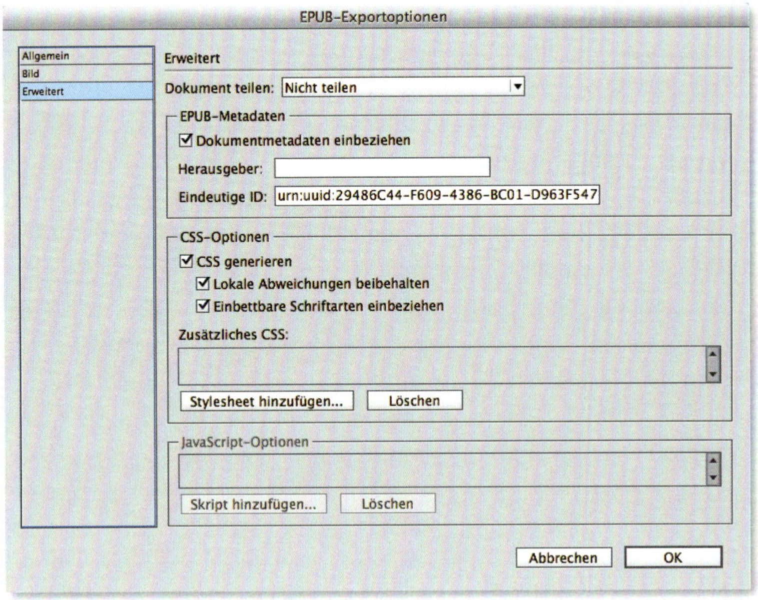

◀ **Abbildung 34.13**
Beachten Sie im Abschnitt Erweitert der EPUB-Exportoptionen, dass Sie auch bei der Definition von Absatzformaten im Abschnitt Tagsexport festlegen können, ob Sie eine Teilung des Dokuments vor dem Auftreten des Formats erzwingen wollen. Das kann hier unter Dokument teilen mit der Option Basierend auf Absatzformat-Exporttags vorgegeben werden.

- Dokument teilen: Durch diese Option wird Ihr Dokument in mehrere Dateien innerhalb der EPUB-Datei aufgeteilt. Die Trennung erfolgt jeweils vor dem Auftreten des Absatzformats, das Sie aus dem Menü auswählen. E-Book-Reader, die unter eingeschränkten Systembedingungen laufen – z. B. auf Mobiltelefonen –, kommen mit solchen EPUBs offensichtlich besser zurecht.
- EPUB-Metadaten: Wählen Sie, ob Sie in Ihr E-Book die Dokumentmetadaten einbeziehen wollen. Um die Metadaten einzugeben oder zu editieren, wählen Sie vor dem Export Datei • Dateiinformationen, oder drücken Sie Strg+Alt+⇧+I bzw. ⌘+⌥+⇧+I. Tragen Sie unter Herausgeber zum Beispiel eine URL zum Verlagsprogramm ein oder jede andere Information, die Sie für sinnvoll erachten. Jede EPUB-Datei muss eine Eindeutige ID (also Kennung) besitzen. Wenn Sie dieses Feld leer lassen, wählt InDesign eine geeignete Kennung für Sie aus.
- CSS-Optionen: Hier legen Sie fest, ob und wie eine CSS-Datei erstellt werden soll. Diese Einstellungen entsprechen großteils denen des HTML-Exports. Informationen zum HTML-Export erhalten Sie in Abschnitt 33.2, »HTML«, auf Seite 983.
  - CSS generieren: Es werden alle Formatierungen mit Absatz- und Zeichenformaten übernommen. Es entsteht somit eine CSS-Beschreibung, die Ihren Absatz- und Zeichenformaten entspricht und auch auf den Text des E-Books angewendet ist. Eine entsprechende Anpassung der Darstellung im E-Book kann somit schnell über eine Änderung in der CSS-Datei erfolgen.

Metadaten bei Buchdateien
Wenn Sie Buch als EPUB exportieren aus dem Buch-Bedienfeld aufrufen, werden die Metadaten dem Dokument entnommen, das als Formatquelle definiert ist.

Schriften einbetten
Um Restriktionen hinsichtlich der Einbettung von Schriften erkennen zu können, müssen Sie die Schrift in einem Font-Erstellungswerkzeug öffnen und den jeweiligen Status auslesen.

Meistens können Sie dann mit diesem Font-Editor illegalerweise den Schutzflag aufheben.

- LOKALE ABWEICHUNGEN BEIBEHALTEN: Mit dieser Einstellung bleiben darüber hinaus alle manuellen Formatierungen erhalten.
- EINBETTBARE SCHRIFTARTEN EINBEZIEHEN: Dadurch werden alle Schriften in das EPUB eingebettet. Ausgenommen sind nur Schriften, bei denen dies explizit nicht erlaubt ist. Beachten Sie jedoch, dass Adobe bei der Einbettung eine Verschlüsselung auf die Schriften legt, sodass die Schriften aus einem EPUB-Paket für eine anderweitige Verwendung nicht funktionieren. Mit diesem Schutz haben einige E-Book-Reader ein Problem.
  Wenn Sie die Schriften ohne diesen Schutz einbetten wollen, so ersetzen Sie einfach die Schriften im EPUB-Paket durch Ihre am System installierte Version. Wir gehen davon aus, dass Sie dabei die lizenzrechtlichen Bestimmungen beachten werden.

Um den Export zu starten, klicken Sie auf OK. Das E-Book kann dann mit dem Adobe Digital Editions Reader oder einem anderen E-Book-Reader geöffnet und eventuell noch überarbeitet werden.

34.4 EPUBs mit dem Editor nachbearbeiten

Wie Sie aus den bisherigen Ausführungen erkennen konnten, wird es ein EPUB-Projekt ohne Überarbeitung nach dem Export aus InDesign heraus in der Praxis nicht geben. Zu viele Anpassungen müssen noch manuell eingearbeitet werden, damit gewisse Formatierungen im EPUB möglich sind und eine möglichst große E-Book-Reader-Anzahl mit dem erstellen E-Book umgehen kann.

Zum wahrscheinlich besten EPUB-Editor zählt das Open-Source-Projekt *Sigil*. Sie können den Editor unter *http://code.google.com/p/sigil/* kostenlos für Mac oder Windows laden.

Sigil kann eine EPUB-Datei öffnen und alle Inhalte des Pakets bearbeiten und Änderungen wiederum in die EPUB-Datei zurückschreiben. Viele EPUB-Editoren sprechen beim Zurückschreiben von geänderten Inhalten sehr gerne eine eigene Sprache, was so manche EPUBs unbrauchbar machen würde.

Eine sehr wesentliche Funktion in Sigil ist, dass Sie das erstellte EPUB validieren, die bestehende Navigation abändern, alle Metadaten eintragen und abändern und auch nachträglich ein Cover hinzufügen können. Sie werden dieses Tool nicht mehr missen wollen.

Kapitel 35
PDF-Formulare

PDF-Formulare zu designen und diese als PDF zu exportieren ist eine Sache – dem PDF-Formular die Formularfelder hinzuzufügen, damit Daten eingegeben, gespeichert und übermittelt werden können, ist eine andere. Bis InDesign CS6 konnten Sie nur die Erstellung und den Export von Formularvorlagen erledigen. Der Rest musste mühevoll in Acrobat Pro gemacht werden. Seit InDesign CS6 können Sie nun vollständige PDF-Formulare mit Formularfeldern erstellen und exportieren. Der Aufwand, das Formular noch in Acrobat Pro zu finalisieren, reduziert sich damit fast auf null.

35.1 Formulardesign und Formularfelder

Formulare werden unter anderem in der Kommunikationsindustrie zum Sammeln von Informationen eingesetzt. Daten können damit digital, in einer strukturierten Form erfasst und dabei daraufhin überprüft werden, ob die eingegebenen Werte plausibel sind.

Formulare können dem Anwender dabei online über die Webseite, aber auch offline in Form eines PDF-Formulars zur Verfügung gestellt werden. Das Erstellen von PDF-Formularen musste bis InDesign CS6 in zwei voneinander getrennten Schritten erfolgen:

1. Erstellen des Formulardesigns inklusive der PDF-Datei: Das Formular wurde inhaltlich festgelegt und grafisch mit den in InDesign zur Verfügung stehenden Werkzeugen umgesetzt. War das Layout fertig, so wurde das Layout in ein PDF exportiert.
2. Formularfelder in Acrobat Pro erstellen und PDF freischalten: Die Formularfelder wurden entweder manuell in Acrobat Pro aufgezogen oder über den dort zur Verfügung stehenden Formularassistenten automatisch angelegt. Für jedes Formularfeld wurden dabei die Erscheinungsform, der Defaultwert und auch die Form der Validierung einer Eingabe festgelegt. War das Formular fertig, so musste es noch

Formularassistent
In Acrobat Pro kann über den Befehl ERSTELLEN im Bereich FORMULARE der Acrobat-Werkzeugleiste automatisch ein vorliegendes PDF mit Formularfeldern ausgestattet werden. Dabei kann jedoch der Formularassistent nur dann Formularfelder erzeugen, wenn eindeutige Bereiche – umrandete Felder; Checkboxen und dergleichen – in der PDF-Datei gefunden wurden. Seit InDesign CS6 müssen Sie sich um solche Vorgaben keine Gedanken mehr machen.

freigeschaltet werden, sodass auch Adobe Reader-Anwender diese Formulare ausdrucken und speichern konnten.

Mit InDesign CC können Sie einige Schritte vereinfachen, d.h. zumindest schon die Formularfelder in InDesign erzeugen und an das PDF übergeben. Ein perfektes Formular wird jedoch auch weiterhin noch in Acrobat Pro verfeinert werden müssen, da Adobe sich für zukünftige Versionen hier noch etwas Spielraum gelassen hat.

Formulardesign

Ein Formular muss so konzipiert werden, dass all jene Informationen, die u.a. auch für die maschinelle Weiterverarbeitung benötigt werden, sich in abgeschlossenen Einheiten (Feldern) befinden. Das Design des Formulars obliegt, wenn Sie nicht mit dem Formularassistenten von Acrobat Pro arbeiten müssen, vollkommen Ihren kreativen Fähigkeiten. Gestalterische Einschränkungen sind aufgrund des Formularaufbaus in InDesign nicht gegeben. Der einzige »Feind« ist und bleibt der zur Verfügung stehende Platz, denn Formulare, die sich dynamisch an die Verhältnisse anpassen sollen, können Sie mit InDesign nicht erstellen.

Zum Aufbau von Formularen sollten Sie in InDesign auf Ihnen bereits bekannte Techniken zurückgreifen. An dieser Stelle wollen wir Ihnen einige dieser Techniken in Erinnerung rufen:

- **Formularfelder sind ausgerichtet**: Bedienen Sie sich dazu entweder der intelligenten Hilfslinien oder der Funktionen im Bedienfeld Ausrichten.
- **Ebenen verwenden**: Vor allem, wenn Sie dynamische Formulare mit sich ändernden Inhalten erstellen wollen, empfiehlt es sich, unbedingt mit Ebenen zu arbeiten. Damit können Sie schneller ganze Formularfeldgruppen auswählen oder auch ausblenden.
- **Effekte vermeiden**: Personen, die PDF-Formulare ausfüllen und digital versenden, haben immer noch die Angewohnheit, die ausgefüllten Formulare auszudrucken und in Ordnern abzulegen. Je nach verfügbarem Drucker kann der Drucker mit Transparenzen umgehen oder auch nicht.
- **Farbräume**: Da PDF-Formulare über den PDF-Export-Dialog für interaktive PDFs erzeugt werden müssen, werden alle Farben für den Export nach RGB konvertiert. Die Wahl des Arbeitsfarbraums von sRGB ist für diese Tätigkeit sicherlich optimal.
- **Druckversion des Formulars**: Erstellen Sie für all jene Inhalte, die für eine Druckversion des PDF-Formulars verwendet werden, eigene Objekte die Sie am besten auf einer eigenen Ebene anlegen. Es ist

Keine dynamischen Formulare
Mit InDesign CC können Sie keine dynamischen Formulare erstellen, bei denen sich die Größe des Formulars ändert. Sie können aber dennoch immer mit Bezug auf den zur Verfügung stehenden Platz Formularfelder in Abhängigkeit von gewählten Optionen ein- und ausblenden lassen

Ebenen
Hinweise, wie Sie mit Ebenen umgehen können, finden Sie in Abschnitt 5.3, »Handhabung von Ebenen«, auf Seite 183.

sRGB zuweisen
Das Zuweisen eines anderen Quellfarbraums erledigen Sie über den Befehl Bearbeiten • Profile zuweisen.

möglich, ein PDF-Formular mit einer Druckversion und einer online ausfüllbaren Version in einem Dokument anzulegen. Dazu müssen Sie aber das InDesign-Dokument entsprechend strukturieren.

Formularfeldtypen und ihre Optionen

Das zentrale Element eines PDF-Formulars sind die Formularfelder, die einerseits auf einem Formularfeldtyp basieren und andererseits, je nach Typ ①, mit unterschiedlichen Optionen ausgestattet werden können. Formularfelder können über das Bedienfeld Schaltflächen und Formulare erstellt werden. Die Optionen für den gewählten Formularfeldtyp können im Bereich PDF-Optionen ② gewählt werden.

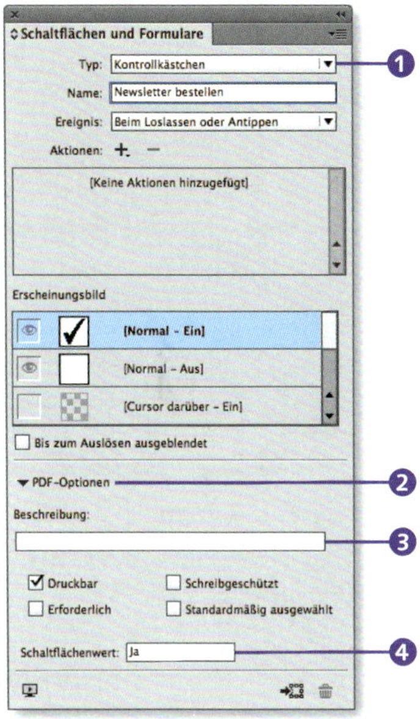

▲ **Abbildung 35.1**
Das Bedienfeld Schaltflächen und Formulare mit den Einstellungsoptionen für den Formularfeldtyp Kontrollkästchen.

Formularfeldoptionen | Legen Sie über die Formularfeldoptionen fest, wie sich der Umgang mit dem Feld in der PDF-Datei gestalten soll. Je nachdem, welcher Formularfeldtyp gewählt ist, stehen unterschiedliche Optionen zur Verfügung. Mögliche Optionen sind:

- Beschreibung: ③ Geben Sie hier Informationen zum Formularfeld ein. Diese Informationen stehen (sehenden) Anwendern in Form von Tooltips zur Verfügung. Für sehbehinderte Personen können diese Informationen durch den Screenreader ausgelesen werden. Das Ausfüllen dieses Feldes ist für alle Formularfelder nur zu empfehlen.
- Druckbar: Bestimmen Sie damit, ob das Formularfeld ausgedruckt werden kann oder nicht. Während die Aktivierung für alle Formularfelder, die eine Eingabe von Werten zulassen, sinnvoll ist, ist die Deaktivierung dieser Option speziell für Buttons, die der Navigation dienen, zu empfehlen.
- Schreibgeschützt: Formularfelder werden auf Schreibgeschützt gesetzt, wenn bereits Inhalte wie Kundennummer, Bestellnummer usw. im Basisformular enthalten sind, die vom Anwender nicht überschrieben werden dürfen.
- Erforderlich: Ist ein Formularfeld mit dieser Option versehen, so muss ein Inhalt in diesem Feld eingegeben werden. Das Abschicken des Formulars ist so lange nicht zulässig, bis alle »Pflichtfelder« ausgefüllt sind. Pflichtfelder sollten im Formular gekennzeichnet werden. Meistens wird dafür das Symbol * verwendet. Acrobat zeigt darüber hinaus Pflichtfelder mit einem roten Rahmen an.
- Standardmässig ausgewählt: Bei Formularfeldtypen, bei denen eine Checkbox aktiviert oder deaktiviert werden muss (Kontrollkästchen und Optionsfeld), kann durch die Wahl dieser Option der Zustand »aktiviert« standardmäßig gesetzt werden. Der Zustand »deaktiviert« kann damit nicht gesetzt werden.

Finden von »Muss-Feldern«
Wenn Sie in Acrobat Pro die Option Vorhandene Felder markieren aktivieren, so werden alle Formularfelder in einem hellen Graublau angezeigt. Felder, in denen eine Eingabe erforderlich ist, werden darüber hinaus noch mit einem roten Rand ausgezeichnet.

- SCHALTFLÄCHENWERT: ❹ KONTROLLKÄSTCHEN und OPTIONSFELDER können nur zwei Zustände (aktiviert oder deaktiviert) besitzen. Welcher Wert für diese Checkbox beim Übertragen der Formularfeldinhalte exportiert werden soll, müssen Sie in diesem Feld eintragen.
- SCHRIFTGRAD ❼ (Abbildung 35.4): Bestimmen Sie damit die Schriftgröße, die zur Eingabe der Inhalte verwendet werden soll. Welche Schrift verwendet wird, können Sie damit aber nicht bestimmen.
- LISTENELEMENTE: ❺ Für die Formularfeldtypen KOMBINATIONSFELD und LISTENFELD können Sie der Liste mehrere Einträge hinzufügen, die dem Anwender des Formulars als Vorschlagwerte zur Verfügung stehen sollen.
- ELEMENTE SORTIEREN: Durch die Aktivierung dieser Option werden die Listenelemente alphabetisch sortiert.
- MEHRFACHAUSWAHL: Durch die Aktivierung dieser Option kann der Anwender mehrere Eintragungen in einer Liste auswählen, indem er auch die Strg- bzw. ⌘-Taste drückt.
- KENNWORT: Damit bei der Eingabe von vertrauliche Daten im Formular diese nicht leserlich angezeigt werden, können Sie diese Option markieren. Die Zeichen werden damit nur als ••••••• angezeigt.
- MEHRERE ZEILEN: Durch Aktivierung dieser Option kann ein Textfeld mehrzeilig werden.
- BILDLAUF MÖGLICH: Mehrzeilige Textfelder können darüber hinaus noch mit einem Rollbalken versehen werden. Wenn Sie das wünschen, so aktivieren Sie diese Option.

Mehrfachauswahl
Diese Option steht nur bei der Verwendung eines Listenfelds zur Verfügung.

Kennwort und Mehrere Zeilen
Stehen nur bei Textfeld zur Verfügung.

Bildlauf bei Listenfeldern
Listenfelder werden automatisch mit einem Rollbalken bzw. mit einem Aufklappmenü versehen.

Formularfeldtypen | Durch die Wahl des Formularfeldtyps in der Option TYP des Bedienfelds SCHALTFLÄCHEN UND FORMULARE bestimmen Sie in erster Linie, welche Art von Inhalt eingegeben und ausgewählt werden kann. Bevor Sie mit der Erstellung eines Formulars loslegen, sollten Sie die verschiedenen Feldtypen kennenlernen:

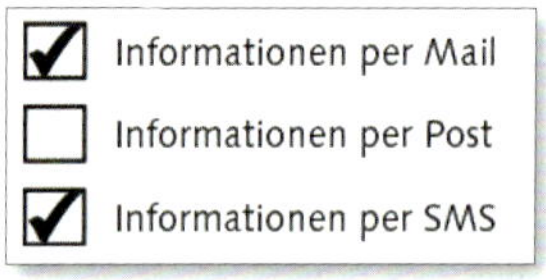

▲ **Abbildung 35.2**
Der Formularfeldtyp KONTROLLKÄSTCHEN

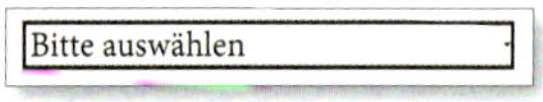

▲ **Abbildung 35.3**
Der Formularfeldtyp KOMBINATIONSFELD. Durch Klick in das Feld kann aus der Liste ausgewählt werden.

- KONTROLLKÄSTCHEN (siehe Abbildung 35.1): Dieser Feldtyp stellt die einfachste Variante zum Darstellen von Checkboxen in einem Formular zur Verfügung. Die Checkbox kann aktiviert oder deaktiviert werden. Der zu übergebende Wert muss dazu in der Option SCHALTFLÄCHENWERT ❹ eingegeben werden. Verwenden Sie diesen Typ, wenn der Anwender aus einer Auflistung von Möglichkeiten mehrere Werte auswählen darf (Abbildung 35.2). Ein Kontrollkästchen wird in InDesign durch das kleine Symbol ☑ angezeigt.
- KOMBINATIONSFELD: Mit diesem Feldtyp stellen Sie dem Anwender im PDF-Formular eine Liste von Auswahlmöglichkeiten zur Verfügung. Der Anwender muss keinen Wert eingeben. Welche Werte in der Liste stehen, geben Sie über das Eingabefeld LISTENELEMENTE ein. Ge-

ben Sie dazu die Bezeichnung im Eingabefeld ❺ ein, und drücken Sie danach auf das Symbol +. Damit wird der Wert in die Liste ❻ aufgenommen. Um Werte aus der Liste zu löschen, müssen Sie den Eintrag auswählen und dann auf das Symbol − klicken.
Die Werte werden in der Liste entweder in der Eingabereihenfolge oder alphabetisch sortiert. Letztere Sortierung kann durch Aktivieren der PDF-Option ELEMENT SORTIEREN durchgeführt werden. Das manuelle Umsortieren der Eintragungen in der Liste durch Verschieben der Einträge war in InDesign CS6 nicht möglich, mit InDesign CC funktioniert das Verschieben nun wieder.
Welcher Wert standardmäßig im Formular angezeigt werden soll, bestimmen Sie durch einfaches Aktivieren des entsprechenden Eintrags in der Liste. In unserem Beispiel wurde der Eintrag »Bitte auswählen« markiert. Dieser Wert wird somit, so wie in Abbildung 35.3 gezeigt, dem Anwender vorgeschlagen. Beachten Sie, dass Sie durch einen automatischen Vorschlagwert einerseits dem Anwender Arbeit ersparen, jedoch andererseits eine gewisse Manipulation des Anwenders beim Ausfüllen von Inhalten herbeiführen können.
Ein Kombinationsfeld wird in InDesign durch das kleine Symbol angezeigt.

- LISTENFELD: Es gibt zwei Unterschiede zwischen einem Kombinationsfeld und einem Listenfeld:
  - In der Liste können, wenn die Option MEHRFACHAUSWAHL gewählt wurde, mehrere Werte ausgewählt werden.
  - Die Liste wird nicht in einem Aufklappmenü angezeigt. Sie müssen das Formularfeld größer anlegen, sodass mehrere Eintragungen sichtbar werden. Über einen zusätzlichen Rollbalken kann auf noch nicht angezeigte Werte gesprungen werden.

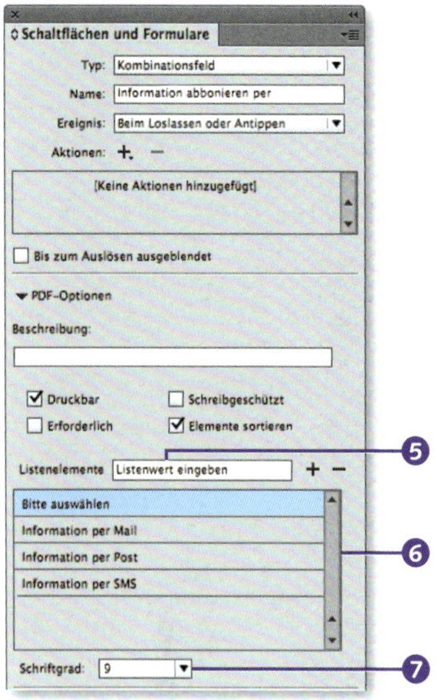

▲ **Abbildung 35.4**
Das Bedienfeld SCHALTFLÄCHEN UND FORMULARE mit den Einstellungsoptionen für den Formularfeldtyp KOMBINATIONSFELD

Mangelhafte Implementierung
Der klassische Unterschied zwischen Listenfeld und Kombinationsfeld liegt darin, dass beim Kombinationsfeld eine benutzerdefinierte Eingabe zulässig wäre. Und genau das wurde bei der Implementierung vergessen.

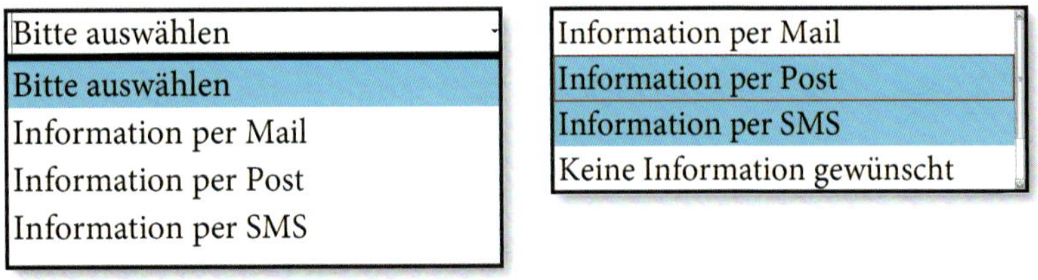

◀ **Abbildung 35.5**
Links: Darstellung eines Kombinationsfelds mit aufgeklappter Liste Rechts: Darstellung eines Listenfelds mit vorgenommener Mehrfachauswahl

Ein Listenfeld wird in InDesign durch das kleine Symbol angezeigt.

- OPTIONSFELD: Wenn der Anwender in einem Formular aus mehreren Möglichkeiten eine Auswahl (Option) zu treffen hat, dann sind Optionsfelder die richtige Wahl. Typische Beispiele dafür sind: Mann oder Frau; Einbettzimmer ohne Frühstück, Zweibettzimmer ohne Frühstück, Einbettzimmer mit Frühstück, Zweibettzimmer mit Frühstück; vegan, vegetarisch, fleischlos, glutenfrei usw.

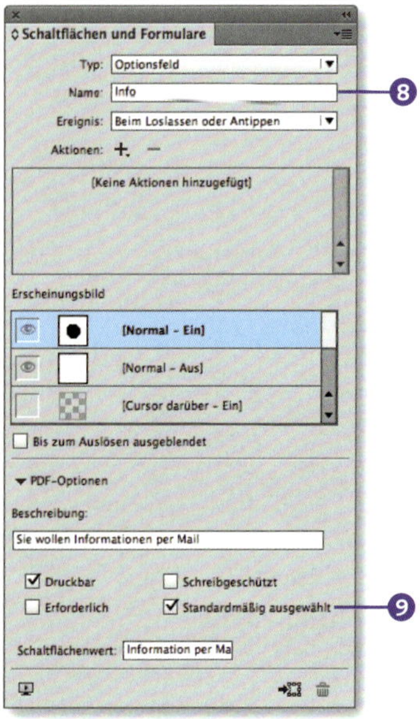

▲ **Abbildung 35.6**
Das Bedienfeld SCHALTFLÄCHEN UND FORMULARE mit den Einstellungsoptionen für den Formularfeldtyp OPTIONSFELD

Der Unterschied zum KONTROLLKÄSTCHEN besteht also darin, dass hier nur *ein* Wert ausgewählt werden kann. Die möglichen Optionen eines Optionsfelds sind dem Kontrollkästchen gleichgestellt. Doch wie erkennt das Formular, welche Optionsfelder zusammengehören? Die Antwort ist einfach: Alle Felder mit dem gleichen Namen ❽ gehören zu einer Optionsfeldgruppe. Achten Sie also beim Anlegen eines Optionsfelds darauf, dass der Eintrag im Feld NAME immer gleich ist. Legen Sie dazu am einfachsten ein Optionsfeld an, konfigurieren Sie es mit den gewünschten Optionen, und duplizieren Sie dann dieses Feld so oft, wie Sie es benötigen. Sollte eine der Optionen im Formular bereits ausgewählt sein, so aktivieren Sie für ein Optionsfeld die Option STANDARDMÄSSIG AUSGEWÄHLT ❾.

Ein Optionsfeld wird in InDesign durch das kleine Symbol ◉ angezeigt.

- UNTERSCHRIFTSFELD: Das Signieren von PDF-Formularen durch das Anbringen einer digitalen Signatur wird immer geläufiger. Wenn Sie ein Feld für die digitale Signatur im Formular anbringen wollen, so ist dieser Feldtyp die richtige Wahl.
  Dass es sich um ein Unterschriftsfeld handelt, wird im PDF durch einen kleinen roten Pfeil in Form eines Notizzettels angezeigt. Berührt der Cursor diesen Notizzettel, so wird der Tooltip aus Abbildung 35.7 gezeigt.

Abbildung 35.7 ▶
Darstellung eines Unterschriftsfelds in einem PDF-Formular

  Ein Unterschriftsfeld wird in InDesign durch das kleine Symbol angezeigt.

- TEXTFELD: Zur Eingabe von Texten und Ziffern wird ein Textfeld erstellt. Dabei kann leider nicht zwischen Text- und Nummernfeld unterschieden werden.
  Textfelder besitzen die meisten PDF-Optionen. So können hier einerseits die Optionen MEHRERE ZEILEN und BILDLAUF MÖGLICH eingesetzt werden und andererseits über die Option KENNWORT die Eingabe verschlüsselt erfolgen. Für die erstgenannten Optionen sollten Sie folgende Hinweise beachten:
  - **Die Optionen »Mehrere Zeilen« und »Bildlauf möglich« sind aktiviert** (Bild oben in Abbildung 35.8): Dadurch kann x-beliebig viel Text eingegeben werden, wodurch der Text automatisch in der Breite des Formularfelds umbrochen wird. Wird der Text nicht vollständig angezeigt, so wird dies durch das Symbol ⊞ angezeigt.
  - **Nur die Option »Bildlauf möglich« ist aktiviert** (Bild mittig in Abbildung 35.8): Dadurch kann ebenfalls x-beliebig viel Text ein-

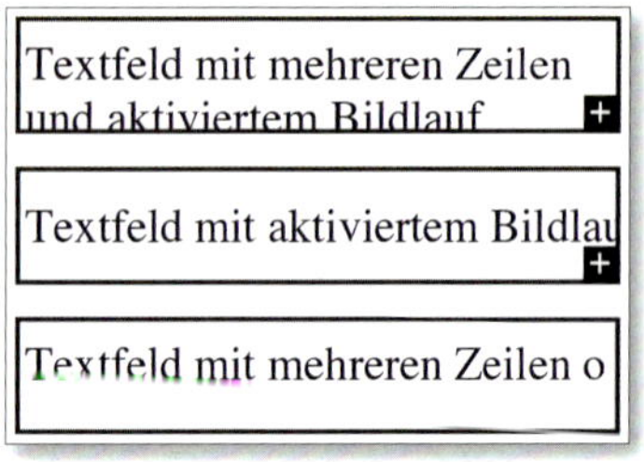

▲ **Abbildung 35.8**
Die Darstellung der Textfelder in Acrobat Pro mit unterschiedlich aktivierten Optionen

gegeben werden. Der Text wird, da die Option MEHRERE ZEILEN nicht aktiviert ist, nicht umbrochen; er wird in einer Zeile fortlaufend geschrieben.

- **Die Option »Mehrere Zeilen« ist aktiviert, die Option »Bildlauf möglich« ist nicht aktiviert** (Bild unten in Abbildung 35.8): Dadurch kann in der vorhandenen Feldgröße mehrzeilig so viel Text eingegeben werden, bis der Text nicht mehr dargestellt werden kann. Ist das Textfeld voll, so wird eine weitere Eingabe verweigert, wodurch Sie die Eingabe auf eine bestimmte Anzahl von Zeichen begrenzen können.

Beschränkung der Eingabe auf eine Anzahl von Zeichen
InDesign sieht keine Möglichkeit vor, die Anzahl der Zeichen in einem Textfeld zu beschränken. Sie können dies aber, über die Deaktivierung der Option BILDLAUF MÖGLICH, quasi durch die Hintertür dennoch erledigen.

35.2 Das Bedienfeld »Schaltflächen und Formulare«

Das Bedienfeld SCHALTFLÄCHEN UND FORMULARE wurde bereits erschöpfend auf Seite 933 beschrieben. Der Unterschied zu dem dort Beschriebenen liegt lediglich in der Auswahl in der Option TYP ⑩, wo entweder eine Schaltfläche oder ein Formularfeldtyp ausgewählt werden kann.

Formularfelder können, so wie Schaltflächen, darüber hinaus auch noch mit AKTIONEN ⑫ versehen werden, die bei einem bestimmten EREIGNIS ⑪ ausgeführt werden sollen. Ob dabei beim Klick auf ein Formularfeld eine Audiodatei oder ein Video abgespielt werden soll oder nicht, ist zu hinterfragen. Wenn aber durch die Aktivierung einer Checkbox andere Formularfelder zur Verfügung gestellt werden, ist der Einsatz von Aktionen in Verbindung mit Formularen schon klarer zu erkennen. Folgende Gründe können für einen Einsatz von Aktionen sprechen:

- Erklärungen zum Formularfeld sollten zumindest durch einen Tooltip im Eingabefeld BESCHREIBUNG ⑮ erfolgen. Die Erklärung zum Formularfeld in Form einer Audiobotschaft anzubringen ist bei einigen Feldern eventuell sinnvoll. Bitte setzen Sie sie nicht bei jedem Feld ein!
- Das Einblenden von anderen Formularfeldern in Abhängigkeit von einer gewählten Option kann das PDF-Formular dynamisch machen. Die Einstellungen aus Abbildung 35.9 sorgen dafür, dass die Formularfelder RE_ANSPRECHPARTNER, RE_UID_NUMMER ⑬ und die Beschriftungsfelder RE_ANSPRECHPARTNER_BESCHREIBUNG UND RE_UID-NUMMER_TEXT ⑭ ausgeblendet werden, wenn die Rechnung für eine Privatperson ausgestellt wird. Analog dazu müssten, wenn die Checkbox FIRMA aktiviert wird, diese Formular- und Beschriftungsfelder wiederum eingeblendet werden.
- Formulare müssen zurückgesetzt (geleert), ausgedruckt und versandt werden. Dazu können u.a. die seit InDesign CS6 zur Verfügung ste-

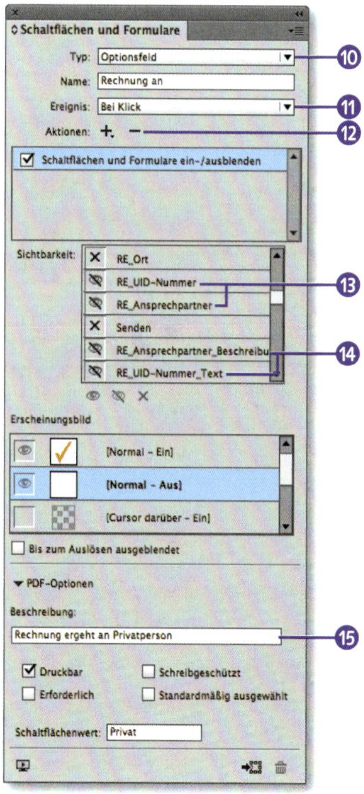

▲ **Abbildung 35.9**
Das Bedienfeld SCHALTFLÄCHEN UND FORMULARE mit den Einstellungsoptionen für den Formularfeldtyp OPTIONSFELD mit der gesetzten AKTION SCHALTFLÄCHEN UND FORMULARE EIN-/AUSBLENDEN

henden Aktionen FORMULAR ZURÜCKSETZEN, FORMULAR DRUCKEN und FORMULAR SENDEN ausgewählt werden. Ob Sie diese Buttons selbst erstellen oder auf die in der Bibliothek BEISPIELSCHALTFLÄCHEN UND -FORMULARE vorhandenen Buttons zurückgreifen, bleibt Ihnen überlassen.

35.3 Ein Formular erstellen und exportieren

Sehen wir uns nun den ganzen Ablauf von der Anlage in InDesign bis zum fertigen PDF-Formular etwas genauer an. Die Arbeit muss dabei in drei Schritten erfolgen: Formular erstellen, Eingabe-Reihenfolge festlegen und PDF erstellen.

Erstellen eines Formulars

Wir wollen nun eine Druckversion und eine Onlineversion eines Formulars in einem Dokument erstellen. Legen Sie dazu in InDesign das Formular in der gewünschten Größe an, und wählen Sie dabei im Dialog NEUES DOKUMENT in der Option ZIELMEDIUM den Eintrag DRUCK aus. Berücksichtigen Sie dabei auch die Einstellungen für abfallende Elemente im Layout im Bereich ANSCHNITT UND INFOBEREICH.

Beginnen Sie zuerst mit der Erstellung der *Druckversion* des PDF-Formulars. Berücksichtigen Sie dabei folgende Hinweise:

- Erstellen Sie alle Objekte auf einer Ebene. Der zu vergebende Ebenenname sollte Sie daran erinnern, dass sich auf dieser Ebene die Druckversion des Formulars befindet.
- Fügen Sie Formularfeldern so weit wie möglich durchgehende Konturen und Flächen hinzu. Dadurch könnten fehlende Formularfelder noch durch den Formularassistenten von Acrobat Pro ergänzt werden.
- Bereiten Sie den Inhalt für die Druckversion in der für die Papierklasse bestimmten Art und Weise auf, oder erstellen Sie ein medienneutrales Dokument, für das erst beim Export in eine PDF-Datei eine verfahrensangepasste Farbkonvertierung erfolgen soll.

Medienneutrale Dokumentanlage

Wie Sie ein medienneutrales InDesign-Dokument anlegen, erfahren Sie in Abschnitt 2.5, »Verfahrensangepasste oder medienneutrale Produktionsweise«, auf Seite 92. Wie Sie ein verfahrensangepasstes Druck-PDF ausgehend von einem medienneutralen InDesign-Dokument erstellen, erfahren Sie im Abschnitt »Das Register ›Ausgabe‹« auf Seite 859.

Ist die Druckversion fertig, so beginnen Sie mit der Erstellung des Formulars für die *Onlineversion*. Duplizieren Sie dazu die Ebene der Druckversion, und löschen Sie alle Objekte, die nicht Formularfelder sind, aus dieser Ebene. Somit bleiben auf dieser Ebene nur alle Formularfelder, jedoch ohne Beschriftungsfelder für die Formulare, stehen. Bei einigen Beschriftungsfeldern, die mit dynamischen Formularfeldern ein- bzw. ausgeblendet werden müssen, können Abweichungen auftreten.

Warum eigene Ebenen erzeugen?

Durch das Umwandeln eines Objekts (z. B. eines rechteckigen weißen Rahmens) in ein Formularfeld wird das Objekt in ein interaktives Objekt umgewandelt, wodurch es Ihnen somit in der Ausgabe für ein Druck-PDF fehlen würde, da interaktive Objekte im Druck ausgeblendet werden.

Beim Erstellen der Formularfelder sollten Sie generell noch folgende Hinweise berücksichtigen:

- Fügen Sie immer den benutzerdefinierten Status (Normal – Ein; Normal – Aus; Cursor darüber – Ein) für Schaltflächen, Kontrollkästchen und Optionsfelder hinzu.
- Legen Sie für das jeweilige Formularfeld immer den Schriftgrad für die Texteingabe fest. Achten Sie dabei auf Einheitlichkeit.
- Beachten Sie, dass vertrauliche Daten wie Kreditkartennummern oder Passwörter in Formularen immer über ein Textfeld mit aktivierter Option Kennwort verborgen werden.
- Geben Sie für jedes Formularfeld im Eingabefeld Beschreibung immer einen beschreibenden Text ein.
- Greifen Sie zum Erstellen von Optionsfeldern und Kontrollkästchen auf die mitgelieferte Bibliothek Beispielschaltflächen und -formulare (Abbildung 35.10) zurück. Rufen Sie diese Bibliothek über den gleichnamigen Befehl des Bedienfelds im Bedienfeld Schaltflächen und Formulare auf.

▲ **Abbildung 35.10**
Die Bibliothek Beispielschaltflächen und -formulare mit all den für die Formularerstellung zur Verfügung stehenden Bibliothekselementen. Die Elemente 001 bis 025 sind Formularelemente, alle anderen Elemente sind Schaltflächenelemente.

Schritt für Schritt
Aufbau eines Formulars für Seminaranmeldungen

Die Firma calibrate GmbH möchte für die elektronische Seminaranmeldung ein PDF-Formular erstellen, damit die Datenerfassung ohne Übertragungsfehler in das Kursverwaltungsprogramm erfolgen kann. Das Formulardesign ist abgeschlossen, und eine Druckversion des PDF-Formulars liegt uns als InDesign-Dokument vor. Sie ist in zwei Ebenen aufgebaut, die Hintergrund und Druckversion heißen.

1 Objekte für die Onlineversion duplizieren

Öffnen Sie die Ausgangsdatei »Formular_Trainingsanmeldung_Start.indd«, die sich auf der Buch-DVD im Ordner Beispielmaterial • Kapitel_35 befindet.

Sie sollten im nächsten Arbeitsschritt zumindest eine Ebene mit allen Formularfeldern erstellen. Ob Sie dabei eine Ebene anlegen und die Felder auf dieser Ebene kopieren oder die Ebene der Druckversion duplizieren und dann die überflüssigen Objekte entfernen, bleibt Ihnen überlassen.

Da in der Praxis immer wieder ganze Blöcke des Formulars verschoben werden müssen, schlagen wir vor, die Objekte für die Teilbereiche des Formulars auf eigenen Ebenen zusammenzufassen, um die Objekte schneller auswählen und ausblenden zu können. Legen Sie also vier Ebenen an: eine Ebene für die *Teilnehmerdaten*, eine für die *Rechnungs-*

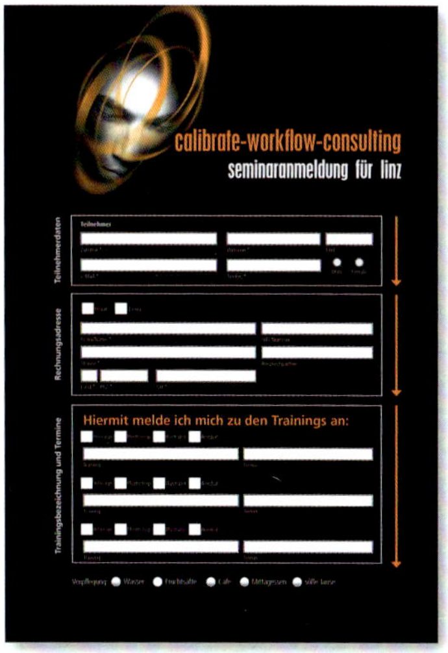

▲ **Abbildung 35.11**
Die Druckversion des Anmeldeformulars

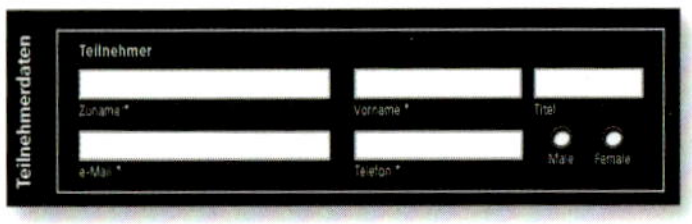

▲ **Abbildung 35.12**
Der Bereich Teilnehmerdaten des Formulars

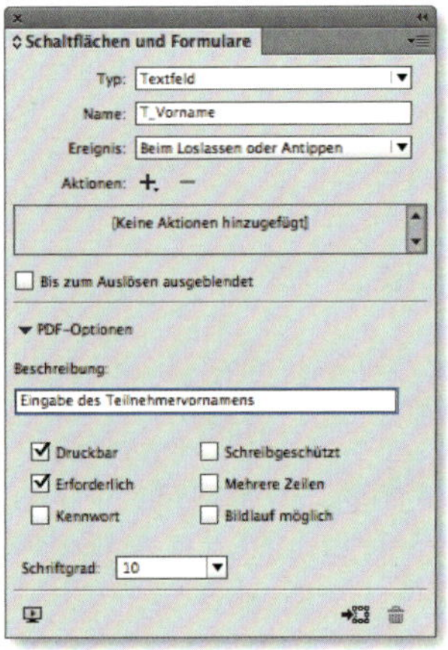

▲ **Abbildung 35.13**
Die Werte für das Eingabefeld des Teilnehmervornamens

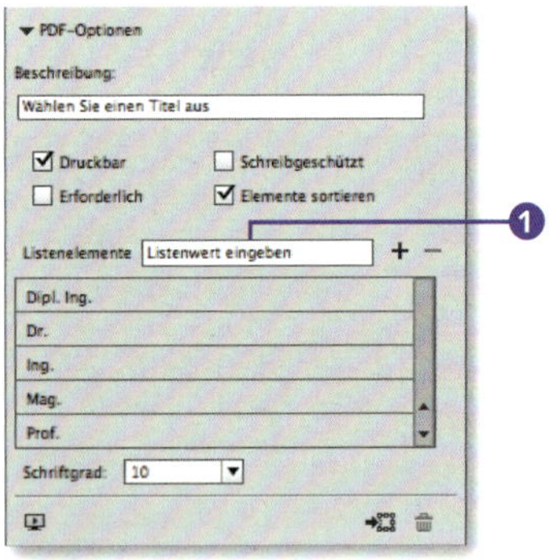

▲ **Abbildung 35.14**
Die PDF-Optionen für das Eingabefeld *Titel*. Die Einträge entsprechen dabei einer typisch österreichischen Vorauswahl.

anschrift, eine für *Trainingsbezeichnung* und eine für *Infos*. Verschieben Sie dann alle Objekte, die zu den jeweiligen Teilbereichen gehören, auf die entsprechende Ebene. Um diese Übung nicht mühevoll nachbauen zu müssen, können Sie auf das Dokument »Formular_Trainingsanmeldung_Schritt_1.indd« zurückgreifen, das sich im selben Ordner auf der DVD befindet.

2 Formularfelder für den Bereich »Teilnehmerdaten« erstellen

Teilnehmer am Seminar müssen *Zunamen, Vornamen, Titel, E-Mail-Adresse, Telefonnummer* und ihr *Geschlecht* bekannt geben. Zum Umwandeln der Felder in Formularfelder rufen Sie zuerst das Bedienfeld Schaltflächen und Formulare über das Menü Fenster • Interaktiv auf.

Wählen Sie die Felder *Zuname, Vorname, e-Mail* und *Telefonnummer* mit dem Auswahlwerkzeug aus, und konvertieren Sie diese Felder in Textfelder, indem Sie im Bedienfeld Schaltflächen und Formulare in der Option Typ den Eintrag Textfeld auswählen.

Markieren Sie dann nur das Feld *Zuname*, und geben Sie im Feld Name »T_Zuname«, im Feld Beschreibung »Eingabe des Teilnehmerzunamens« und im Feld Schriftgrad »10 Pt« ein. In den PDF-Optionen legen Sie darüber hinaus fest, dass die Eingabe für diese Felder erforderlich ist und dass das Feld auch ausgedruckt werden darf. Verfahren Sie in gleicher Weise für die Felder *Vorname* (Abbildung 35.13), *e-Mail* und *Telefon*.

Für das Eingabefeld *Titel* wollen wir eine Auswahlliste von Werten zur Verfügung stellen. Der Anwender soll jedoch nur einen Wert auswählen können. Markieren Sie das Feld *Titel* mit dem Auswahlwerkzeug, und wandeln Sie dieses in ein Kombinationsfeld um. Die Umwandlung erfolgt durch Aufruf des gleichnamigen Eintrags in der Option Typ des Bedienfelds Schaltflächen und Formulare. Geben Sie danach noch im Feld Name »T_Titel«, im Feld Beschreibung »Geben Sie Ihren Titel ein.« und im Feld Schriftgrad »10 Pt« ein. Die Werte der Auswahlliste müssen Sie noch im Feld Listenelemente ❶ eingeben und hinzufügen. Beachten Sie, dass der ausgewählte Eintrag der Standardwert ist, der dem Anwender angezeigt wird.

Das letzte Formularfeld in diesem Bereich ist das Feld zur *Angabe des Geschlechts*. Hier muss eine Checkbox angebracht werden, wo der Anwender nur eine Option von beiden anwählen kann. Verwenden Sie dazu einfach das Bibliothekselement »019« aus der Bibliothek Beispielschaltflächen und -formulare (Abbildung 35.10), und platzieren Sie es im Formular. Da wir nur zwei Checkboxen benötigen, löschen wir die überflüssige dritte Checkbox und platzieren die Checkboxen in der korrekten Größe an der entsprechenden Position. Sie haben durch das Platzieren dieser Bibliothekselemente zwei Optionsfelder, die denselben Namen besitzen. Damit diese Optionsfelder für unser Formular verwendet werden können, müssen noch kleine Änderungen vorgenommen werden. Diese sind:

- Anpassen des Erscheinungsbilds: Die Farbe des markierten Zustands soll, bedingt durch den schwarzen Hintergrund, auf Orange ❸ und die Farbe des deaktivierten Zustands auf Weiß ❹ gestellt werden.
- Dieselbe Bezeichnung im Feld Name ❷ setzen: Nur wenn das erfolgt, können Optionsfelder zu einer Optionsfeldgruppe zusammengefasst werden.
- Eingabe der Beschreibung zu jedem Optionsfeld
- Eingabe des Schaltflächenwerts ❻ für jedes Optionsfeld. Dieser Wert wird beim Export entsprechend zur Auswertung übergeben.
- Bestimmen Sie über die Option Standardmässig ausgewählt ❺, welche Option defaultmäßig aktiviert sein soll.

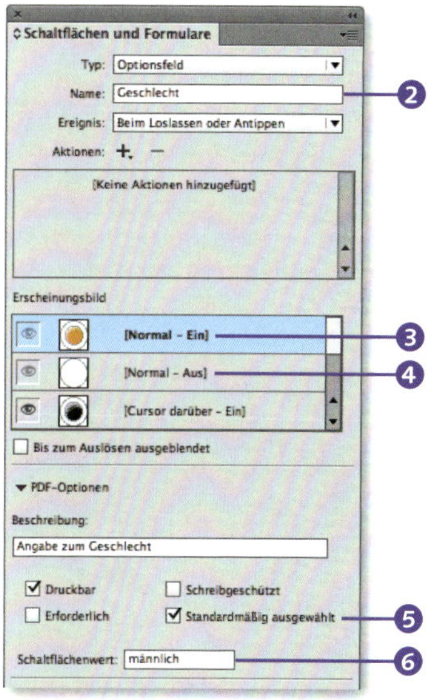

▲ **Abbildung 35.15**
Die Einstellungen für das Optionsfeld *Geschlecht - männlich*

3 Formularfelder für den Bereich »Rechnungsanschrift« erstellen

Teilnehmer müssen bekannt geben, ob die Rechnung auf eine Privat- oder eine Firmenadresse ausgestellt werden soll. Für beide Adressarten müssen dazu *Firma/Name, Straße, Land, Postleitzahl* und *Ort* bekannt gegeben werden. Handelt es sich um eine Firmenadresse, so müssen zusätzlich *UID-Nummer* und ein *Ansprechpartner* genannt werden.

Wandeln Sie dazu die Felder *Firma/Name, Straße, PLZ* und *Ort* in ein Textfeld um, und legen Sie die PDF-Optionen dafür fest. Für das Eingabefeld *Land* erstellen Sie wiederum ein Kombinationsfeld und tragen die Listenelemente A, D, CH und I ein. Den Defaultwert für den Anwender stellen Sie auf A.

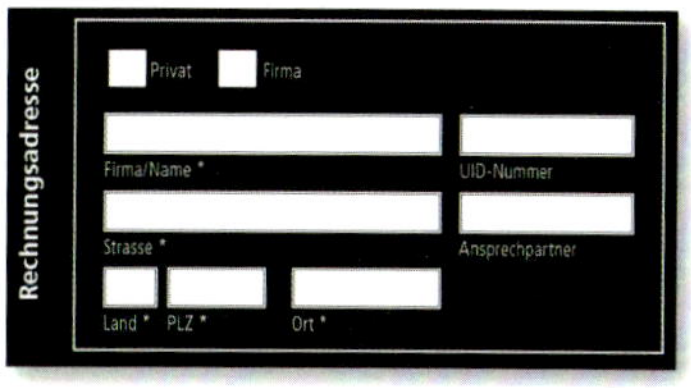

▲ **Abbildung 35.16**
Der Bereich Rechnungsanschrift des Formulars

Ob es sich um eine Privat- oder Firmenadresse handelt, wird durch ein Optionsfeld abgefragt. Kopieren Sie dazu die Optionsfelder für das *Geschlecht* aus Schritt 2, und positionieren Sie dieses Optionsfeld an der dafür vorgesehenen Stelle im Bereich *Rechnungsanschrift*.

Bevor Sie die Optionsfelder konfigurieren, sollten Sie zuerst noch die Formularfelder für die *UID-Nummer* und für den *Ansprechpartner* mit den passenden Beschriftungen vorbereiten. Wandeln Sie das Feld *UID-Nummer* und *Ansprechpartner* in ein Textfeld um, und versehen Sie es mit den gewünschten PDF-Optionen. Die Beschriftungen zu den Feldern wandeln Sie am einfachsten in eine Schaltfläche um, damit diese Texte gemeinsam mit den beiden Formularfeldern aus- bzw. eingeblendet werden können. Vergeben Sie einen sprechenden Namen.

Nun müssen Sie nur noch die Optionsfelder für *Firmenadresse* und *Privatadresse* mit den richtigen Parametern versehen. Nehmen Sie folgende Änderungen vor:

Erstellen einer Schaltfläche
Wie Sie eine Schaltfläche erstellen, können Sie in Abschnitt 33.3, »Schaltflächen«, auf Seite 989 nachlesen.

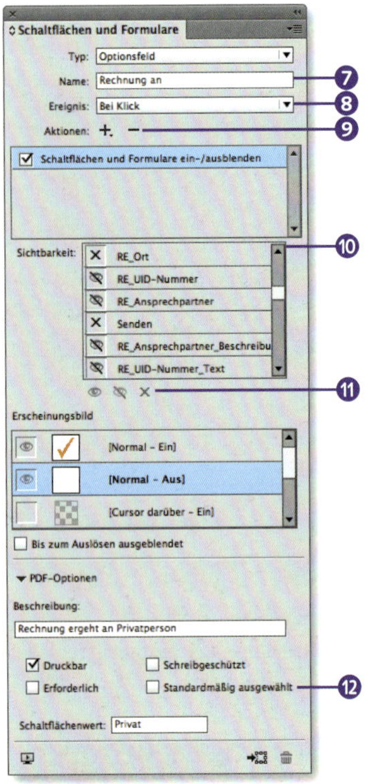

▲ **Abbildung 35.17**
Das Bedienfeld Schaltflächen und Formulare mit den Einstellungsoptionen für den Formularfeldtyp Optionsfeld bei gesetzter Option Schaltflächen und Formulare ein-/ausblenden.

- Schalten wir zuerst einmal den Namen der beiden Optionsfelder gleich. Geben Sie die Bezeichnung »Rechnung an« im Feld Name ❼ des Bedienfelds Schaltflächen und Formulare für beide Optionsfelder ein. Damit haben Sie die Optionsfeldgruppe für die Rechnungsanschrift definiert.
- Wählen Sie in der Option Ereignis den Eintrag Bei Klick ❽ aus, und fügen Sie über die Option Aktionen ❾ den Eintrag Schaltflächen und Formulare ein- /ausblenden hinzu.
  Sobald diese Aktion hinzugefügt worden ist, erscheinen im Feld Sichtbarkeit ❿ alle auf der Seite vorgefundenen Schaltflächen und Formularfelder. Wählen Sie nun darin jenes Formularfeld bzw. jene Schaltfläche aus, die ausgeblendet werden soll, und klicken Sie auf das Symbol ⓫, womit diese Felder bei einem Klick durch den Anwender ausgeblendet werden.
- Führen Sie diese Schritte nun auch für die Firmenadresse aus. Der einzige Unterschied dabei ist, dass dort die Option Standardmässig ausgewählt ⓬ aktiviert werden soll (es werden hauptsächlich Rechnungen an Firmen ausgestellt) und dass die zuvor gewählten Formularfelder bzw. Schaltflächen im Bereich Sichtbarkeit mit dem Symbol ausgestattet werden sollen.

Damit haben Sie es geschafft, dass die Felder für die *UID-Nummer* und des *Ansprechpartners* inklusive der Beschreibung zu den Feldern ausgeblendet werden, sobald die Option Privat im Formular aktiviert wird. Klicken Sie hingegen auf die Option Firma, so werden diese Felder wieder eingeblendet.

4 Formularfelder für den Bereich »Trainingsbezeichnung« erstellen

Schlussendlich muss noch bekannt gegeben werden, für welche Trainings sich der Teilnehmer anmelden möchte. Dabei soll der Anwender nicht aus einer langen Liste von Trainings auswählen müssen, sondern zuerst das Programm wählen und dann zum Programm die entsprechend gefilterte Liste an Trainings angezeigt bekommen. Da dieses Vorhaben nicht so einfach zu realisieren ist, müssen wir hier etwas in die Trickkiste greifen und das Formular mit vielen Feldern aufbauen, die sich an derselben Stelle befinden.

Beginnen wir jedoch zuerst mit der Auswahl des Programms. Da nur ein Programm pro Zeile (der Anwender kann sich maximal zu drei Trainings pro Formular anmelden) ausgewählt werden kann, müssen wir auch hier vier Optionsfelder (für InDesign, Illustrator, Photoshop und Acrobat) anlegen. Verwenden Sie dazu das Bibliothekselement »011«

aus der Bibliothek Beispielschaltflächen und -formulare (Abbildung 35.10), und platzieren Sie diese im Formular an die gewünschte Stelle.

Bevor wir festlegen können, welches Formularfeld eingeblendet werden soll, wenn der Anwender beispielsweise auf InDesign klickt, müssen wir zuvor noch die Felder erstellen, in denen die jeweiligen Trainings zu den Programmen aufgelistet werden.

Erstellen Sie dazu ein Kombinationsfeld mit dem Namen »Trainingsauswahl für InDesign_01«, und fügen Sie in Listenelemente die Bezeichnungen für die Trainings – InDesign-Standard-Seminar; InDesign-Freak-Seminar; InDesign-Update-Seminar usw. – hinzu. Daneben erstellen Sie ein einfaches Textfeld für die Eingabe des Seminartermins. Die Zeile sollte so aussehen wie in Abbildung 35.18 .

Defaultwert setzen

Fügen Sie ein Listenelement in der Form »-----------« ein, und markieren Sie dieses. Dadurch wird dem Anwender dieser Wert als Defaultwert angezeigt.

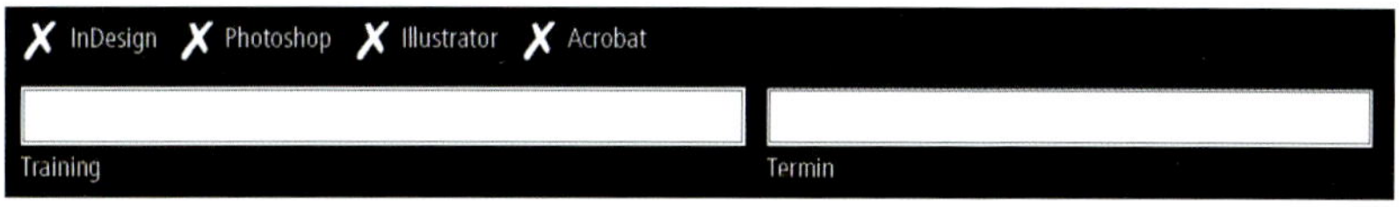

◀ **Abbildung 35.18**
Ausschnitt aus dem Bereich »Trainingsbezeichnung«

Da wir noch eine Auswahlliste für Photoshop-Seminare benötigen, kopieren Sie das Formularfeld *Trainingsauswahl für InDesign_01* und fügen es über das Tastenkürzel Strg+Alt+⇧+V bzw. ⌘+⌥+⇧+V an derselben Stelle wieder ein. Ändern Sie für dieses Feld nur den Namen auf *Trainingsauswahl für Photoshop_01*, und ändern Sie die Listenelemente entsprechend der angebotenen Photoshop-Seminare ab. Verfahren Sie dann auf dieselbe Weise für die Programmauswahl für Illustrator und Acrobat. Schlussendlich stehen vier Kombinationsfelder übereinander an derselben Stelle.

So wie wir schon bereits im Bereich *Rechnungsanschrift* bestimmte Felder aus- bzw. eingeblendet haben, wenn *Firma* oder *Privat* angeklickt wurde, verfahren wir nun auch hier mit den Optionsfeldern für die Programmauswahl. Als Beispiel für das Optionsfeld *InDesign* sind die gewählten Optionen in Abbildung 35.19 zu sehen. Dabei wird das Feld *Trainingsauswahl_InDesign_01* ⓭ angezeigt, während die Felder für die Trainingsauswahl für Photoshop, Illustrator und Acrobat ausgeblendet werden. Stellen Sie analog die Werte für die Optionsfelder für *Photoshop*, *Illustrator* ⓮ und *Acrobat* ein.

Wir möchten aber noch zwei weitere Zeilen zur Auswahl von Seminaren im Bereich *Trainingsbezeichnung* anlegen. Kopieren Sie dazu einfach alle Optionsfelder sowie die Trainingsauswahlfelder (Kombinationsfelder) und das Textfeld für die Eingabe des Seminardatums, und fügen Sie diese Ansammlung von Feldern in zweifacher Ausfertigung an der gewünschten Position ein. Da wir den Namen für die Kombinationsfelder am Ende mit der Nummer »_01« versehen haben, erhöht In-

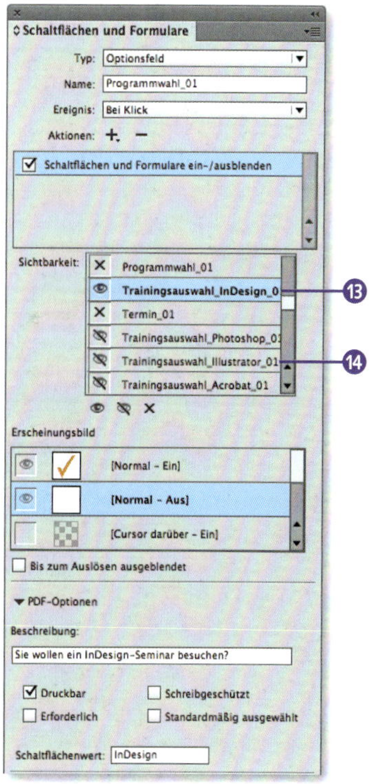

▲ **Abbildung 35.19**
Das Bedienfeld Schaltflächen und Formulare mit den Einstellungsoptionen für das Formularfeld InDesign der Optionsfeldgruppe *Programmwahl_01*

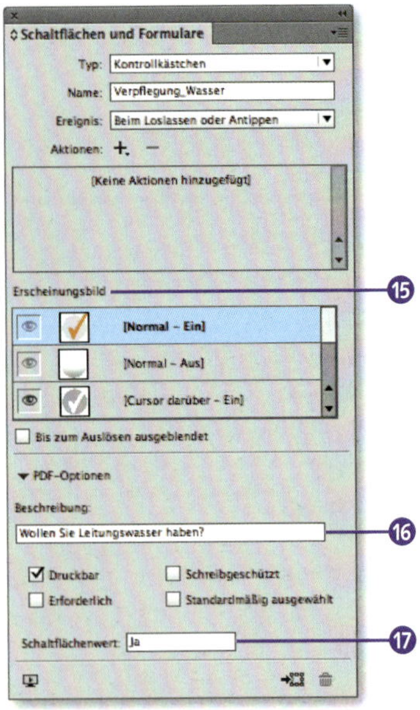

▲ **Abbildung 35.20**
Das Bedienfeld Schaltflächen und Formulare mit den Einstellungsoptionen für das Formularfeld *Verpflegung_Wasser*

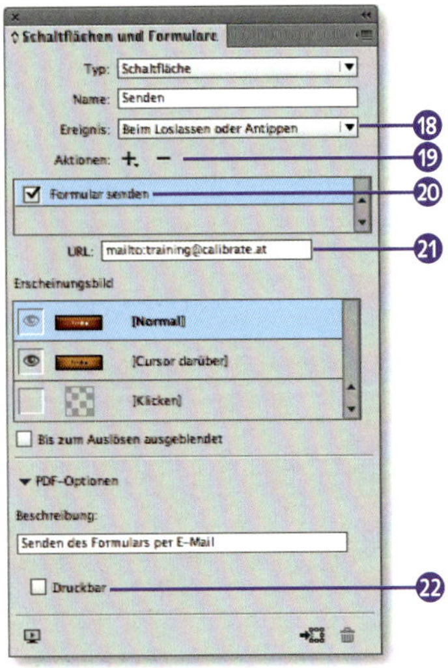

▲ **Abbildung 35.21**
Das Bedienfeld Schaltflächen und Formulare mit den Einstellungsoptionen für den Button *Senden*

Design automatisch für die zweite Zeile den Wert auf »_02« und natürlich für die dritte Zeile auf »_03«. Sie müssen nun nur noch den Namen der Optionsfelder für die Programmauswahl in Zeile 2 von »01« auf »02« und in Zeile 3 auf »03« abändern. Damit funktionieren alle drei Zeilen zur Auswahl der Seminarthemen wie beabsichtigt.

5 Informationsfelder zur Verpflegung erstellen

Ein Seminar kann nur gelingen, wenn auch für das Wohlbefinden der Teilnehmer gesorgt wird. Deshalb müssen noch Auswahlfelder für die gewünschte Verpflegung angelegt werden.

Um dieses Vorhaben zu erledigen, könnten Sie entweder auf den Feldtyp Listenfeld oder auf einfache Kontrollkästchen zurückgreifen. Da nicht alle Anwender wissen, dass sie in einem Listenfeld mehrere Einträge auswählen können, bilden wir die Auswahl der Verpflegung einfach über Kontrollkästchen ab.

Erstellen Sie für jede Verpflegungsmöglichkeit ein Kontrollkästchen, geben Sie die entsprechenden PDF-Optionen (Beschreibung 16 und Schaltflächenwert 17) für die gewählte Checkbox ein, und bestimmen Sie das Erscheinungsbild 15 nach Belieben. Die Optionen für die Checkbox »Wasser« sind in Abbildung 35.20 zu sehen.

6 Schaltflächen zum Leeren, Drucken und Versenden

Jedes Formular muss zum Schluss übermittelt oder ausgedruckt werden. Eine Möglichkeit zum Leeren von falsch ausgefüllten Formularen sollte darüber hinaus auch immer zur Verfügung stehen.

Legen Sie dazu drei Buttons – zum *Löschen*, zum *Drucken* und zum *Senden* des Formulars – im Fußbereich des Formulars an. Nehmen Sie dazu das Bibliothekselement »106« aus der Bibliothek Beispielschaltflächen und -formulare (Abbildung 35.10), und platzieren Sie es im Formular an der gewünschten Stelle. Damit durch einen Klick auf die Buttons das auch passiert, was diese vorgeben zu tun, müssen Sie den Buttons noch die entsprechende Aktion zuordnen.

Wählen Sie dazu zuerst den Button *Löschen* mit dem Auswahlwerkzeug aus. Da es sich bereits um einen Button handelt, müssen wir dieses Objekt nicht erst in einen Button umwandeln. Wählen Sie danach im Bedienfeld in der Option Ereignis den Eintrag Beim Loslassen oder Antippen 18 aus, und fügen Sie über die Option Aktionen 19 den Eintrag Formular zurücksetzen ein. Zur Erklärung der Schaltfläche geben Sie natürlich auch eine entsprechende Beschreibung ein. Deaktivieren Sie die Option Druckbar 22, sodass beim Ausdrucken des Formulars dieser Button nicht mit ausgegeben wird. Auf dieselbe Art und Weise verfahren Sie mit dem Button *Drucken*. Der Unterschied zum Button *Lö-*

schen liegt nur in der Auswahl der Aktion. Wählen Sie hier aus der Option Aktion den Eintrag Formular drucken aus.

Etwas abgewandelt zu den zuvor beschriebenen Buttons muss die Schaltfläche *Senden* angelegt werden. Sie müssen für diesen Button einerseits die Aktion Formular senden (20) auswählen und im Feld URL (21) die Empfängeradresse eingeben. Wollen Sie beispielsweise das Formular per Mail versenden, so geben Sie den Befehl `mailto:name@firma.at` ein. Dadurch wird das Formular mit dem Inhalt abgespeichert und als Attachment in einem Mail an den Mailempfänger eingefügt.

Damit haben wir alle Formularfelder und Schaltflächen für das Formular angebracht. Das fertige Formular steht Ihnen auf der Buch-DVD zum Untersuchen zur Verfügung.

Auf der Buch-DVD finden Sie im Ordner Beispielmaterial • Kapitel_35 das Dokument »Formular_Trainingsanmeldung_Final.indd«.

Hinweis

Sind nicht alle Pflichtfelder ausgefüllt, so verweigern die Aktionen Formular drucken und Formular senden den Dienst.

Aktivierreihenfolge festlegen

Ist das Formular gestaltet und mit allen Formularfeldern versehen, so müssen Sie, um für benutzerfreundliche und barrierefreie Formulare zu sorgen, noch etwas Zeit investieren und die Aktivierreihenfolge bestimmen, also wie von Formularfeld zu Formularfeld bzw. zu Schaltflächen gesprungen wird. Die Standardreihenfolge ergibt sich aus der Reihenfolge, in der Sie Formularfelder hinzugefügt haben. Wenn Sie jedoch eine abgeänderte Aktivierreihenfolge haben wollen bzw. nachträglich ein hinzugefügtes Formularfeld in die richtige Aktivierreihenfolge bringen möchten, so stehen Ihnen zwei Methoden zur Auswahl, um dies zu erreichen:

- **Über das Artikel-Bedienfeld**: Öffnen Sie dazu das Bedienfeld Artikel, und legen Sie darin zumindest einen Artikel an (in Abbildung 35.22 wurde für jeden Eingabebereich des Formulars ein Artikel angelegt). Markieren Sie die Artikelbezeichnung, und fügen Sie nun die Formularfelder in der gewünschten Reihenfolge durch einen Klick auf das Symbol **+** hinzu. Haben Sie alle Felder dem/n Artikel/n hinzugefügt, so können Sie natürlich noch im Nachhinein eine Änderung der Reihenfolge vornehmen, indem Sie einfach den Eintrag in der Liste verschieben.

  Aktivieren Sie dann noch im Bedienfeldmenü des Artikel-Bedienfelds den Befehl Für Leserichtung in PDF mit Tags verwenden. Dadurch wird die Kennzeichnung mit der Aktivierreihenfolge für das PDF-Formular gesetzt. Darüber hinaus müssen Sie noch beim PDF-Export die Option PDF mit Tags erstellen auswählen.
- **Über den Dialog »Aktivierreihenfolge festlegen«**: Öffnen Sie dazu den Dialog über Objekte • Interaktiv • Aktivierreihenfolge festle-

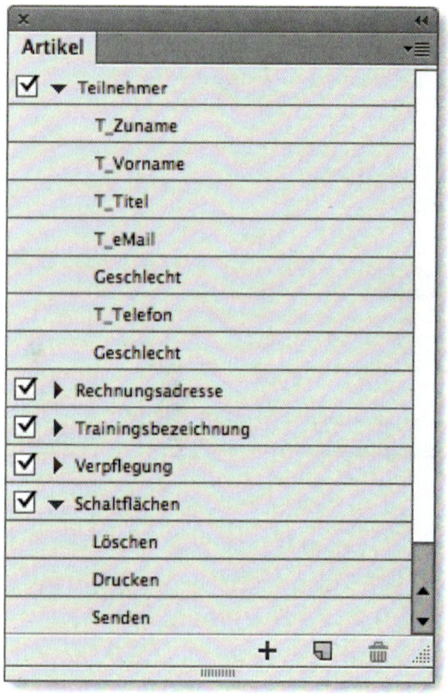

▲ **Abbildung 35.22**
Das Artikel-Bedienfeld mit den fünf Artikeln (Teilbereiche unseres Formulars) und den darin befindlichen Formularfeldern in der gewünschten Aktivierreihenfolge. Weiterführende Informationen zum Artikel-Bedienfeld erhalten Sie im Abschnitt »Das Artikel-Bedienfeld« auf Seite 980.

GEN, und bringen Sie darin alle Feldbezeichnungen in die gewünschte Reihenfolge.

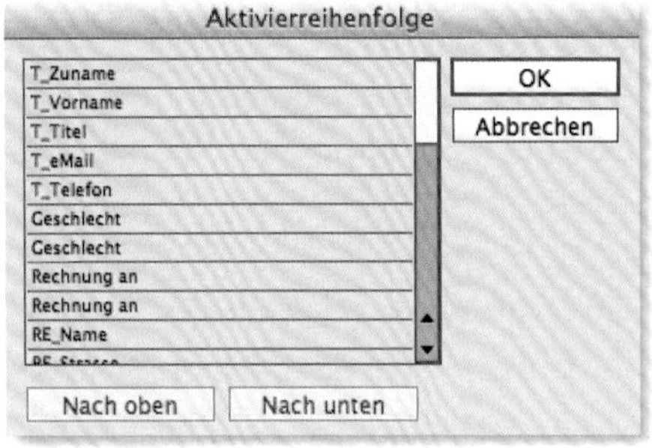

Abbildung 35.23 ▶
Der Aktivierreihenfolge-Dialog mit der festgelegten Aktivierreihenfolge für unser Formular. Mehr Informationen dazu erhalten Sie im Abschnitt »PDF-Optionen und Aktivierreihenfolge« auf Seite 940.

Wenn Sie diese Vorgehensweise wählen, so müssen Sie darüber hinaus beim PDF-Export neben der Option PDF MIT TAGS ERSTELLEN noch die Option STRUKTUR FÜR AKTIVIERREIHENFOLGE VERWENDEN aktivieren.

Formular als PDF exportieren

Ist das PDF-Formular mit allen Formularfeldern und einer sinnvollen Aktivierreihenfolge ausgestattet, so müssen Sie nun nur noch den PDF-Export durchführen. Da es sich durch die Formularfelder um interaktive Elemente handelt, müssen Sie den PDF-Export über DATEI • EXPORTIEREN ausführen und im Exportieren-Dialog in der Option FORMAT den Eintrag ADOBE PDF (INTERAKTIV) auswählen. Die Einstellungen, die Sie darin vornehmen sollen, entnehmen Sie Abbildung 35.24.

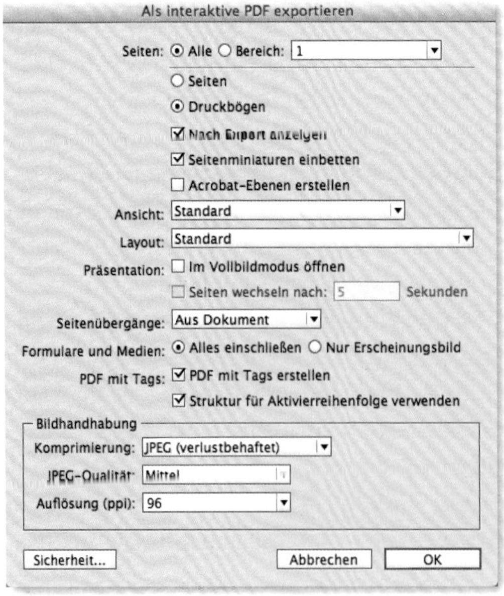

Abbildung 35.24 ▶
Der Dialog ALS INTERAKTIVE PDF EXPORTIEREN, worin die Einstellungen zum Erstellen eines PDF-Formulars gesetzt sind. Was die jeweils anderen Einstellungen bedeuten, erfahren Sie in Abschnitt 33.3, »Adobe PDF (Interaktiv)«, auf Seite 989.

Kapitel 36
Barrierefreies PDF

Barrierefreiheit ist ein Begriff, mit dem manch ein Kreativer noch nicht viel anfangen kann – schließlich geht es dabei um formale Vorgaben und weniger um den gestalteten Inhalt. Die Forderung nach Barrierefreiheit wird Kreative jedoch lehren, ihre Aufmerksamkeit nicht nur auf das visuelle Erscheinungsbild eines Dokuments und auf ein tolles Design zu richten, sondern auch strukturell anders zu arbeiten. In diesem Kapitel werden Sie in die Thematik der Barrierefreiheit eintauchen und erfahren, wie Dokumente in Adobe InDesign CC anzulegen sind, damit einem Export in ein barrierefreies PDF nicht mehr viel im Wege steht.

36.1 PDF und Barrierefreiheit

Der Begriff *Barrierefreiheit* – engl. *Accessibility* und wörtlich übersetzt Zugänglichkeit – wird für viele Arten von Einschränkungen eingesetzt.

Zur Informationsbeschaffung stehen uns Technologien wie Computer und das Internet zur Verfügung, wo früher ein Gang in die Bibliothek nötig war. Damit Informationen jeder Person, die diese technischen Möglichkeiten besitzt, zur Verfügung gestellt werden können, müssen die Webseiten und natürlich auch alle Dokumente, die von diesen Seiten geladen bzw. geöffnet werden können, barrierefrei sein. Der Begriff »barrierefrei« gilt dabei für den Zugang zu den Informationen, der je nach Art der Behinderung – Sehbehinderung, Blindheit, motorische Einschränkungen, Lernschwierigkeiten und Gehörlosigkeit – unterschiedlich gestaltet sein muss. In diesem Kapitel wollen wir in erster Linie dem Zugang zu Informationen für Blinde und ansatzweise auch für verschiedene Sehbehinderungen Rechnung tragen und Ihnen zeigen, wie eine Umsetzung aus Adobe InDesign CC heraus erfolgen kann.

Damit das Erfassen der Inhalte möglich ist, müssen zusätzlich zum freien Zugang zu den Informationen im Internet auch noch entsprechende Hilfsmittel zum Vorlesen bzw. Erfassen des Textes angeschafft

Barrierefreiheit in der Informationsbeschaffung
Das W3C definiert barrierefreie Webseiten folgendermaßen: »Menschen mit Behinderung können das Web nutzen bzw. das Web wahrnehmen, verstehen, navigieren und damit interagieren«. Genau dieselbe Forderung gilt auch für alle Dokumente, die über Webseiten zur Verfügung gestellt werden.

Screenreader
Unter einem *Screenreader* versteht man eine Vorlese-Anwendung. Damit werden Informationen – Bedienelemente und Texte – mittels Sprachsynthese akustisch oder taktil über eine Braillezeile wiedergegeben.

Brailleschrift
Die *Brailleschrift* ist eine Blindenschrift. Einzelne Zeichen werden dabei in Form von sechs Punkten (aufgebaut in zwei Spalten und drei Zeilen) dargestellt. Entwickelt wurde die Brailleschrift von Louis Braille im Jahre 1825. 1829 wurde sie offiziell veröffentlicht. Mehr Informationen zur Brailleschrift erhalten Sie unter *www.braille.ch*.

werden. Die bekanntesten Hilfsmittel hierfür sind ein Screenreader, der den Text vorliest, und eine Braillezeile, die Text in Brailleschrift ausgibt.

Allgemeine Betrachtung

Um Inhalte möglichst schnell zu verteilen, hat sich PDF als ideales Dateiformat durchgesetzt. Jeder kann auf Knopfdruck ein PDF erstellen, das überall dargestellt und ausgegeben werden kann. Bei diesem Ansatz hat man jedoch eine Zielgruppe vergessen: Personen mit Behinderungen. Denn kaum ein PDF ist auch automatisch barrierefrei!

Mit PDF ist zwar eine plattformunabhängige identische Darstellung von Inhalten sichergestellt, jedoch ist PDF nicht gleich PDF: So können in einem PDF beispielsweise nur Bildinformationen enthalten sein, die von einem Screenreader nicht vorgelesen werden können, es sei denn, zuvor wurde eine Texterkennung durchgeführt.

Die Verbreitung von PDF ist enorm, und zumeist sind Werkzeuge zur PDF-Erstellung und Möglichkeiten zur Anzeige von PDFs schon in den Betriebssystemen integriert. Der Inhalt von PDF-Dateien kann indiziert werden, sodass eine Volltextsuche über Dateinamen hinweg auch in PDF-Dateien möglich ist.

Die Verbreitung, die Integration im Betriebssystem und eine volle Indizierbarkeit von PDFs sind die Basis für den barrierefreien Einsatz.

Der PDF/UA-Standard

Hinweis
Die Mindestvoraussetzung für Barrierefreiheit von PDF-Dateien ist PDF 1.4! Je höher die Version, umso mehr Tags können verwendet werden, um somit größtmögliche Barrierefreiheit zu gewährleisten.

Damit auch Menschen mit Behinderung PDF-Dateien nutzen können, müssen einige Vorkehrungen in PDF-Dateien getroffen werden. Bei der Entwicklung von PDF Anfang der 90er-Jahre hat Adobe nicht an Barrierefreiheit oder an Semantik in PDF gedacht. Erst seit der Vorstellung von Acrobat 5 und PDF 1.4 im Jahre 2001 können semantische Informationen in PDF gespeichert werden. So wie in HTML kann nun auch in PDF die Bedeutung einzelner Inhalte mithilfe von Strukturinformationen (Tags) bestimmt und somit maschinenlesbar gemacht werden.

2004 wurde eine Arbeitsgruppe eingerichtet, deren Ziel es war, Grundlagen zur Beurteilung von Barrierefreiheit in PDF-Dokumenten zu erarbeiten. Diese Arbeit fand ihren Abschluss im Sommer 2012 mit der Verabschiedung des PDF/UA-Standards (PDF/Universal Accessibility). PDF/UA soll jener Standard sein, der die *WCAG 2.0*-Konzepte für barrierefreie Webseiten auf PDF anwendet.

Die Guidelines | Die WCAG 2.0 Guidelines können auf drei Konkretisierungsebenen betrachtet werden:

- **Prinzipien**: Inhalte müssen *wahrnehmbar*, *bedienbar* und *verständlich* sein, und die Wahrnehmung dieser Inhalte muss auf *robuste* Art und Weise erfolgen können.
- **Richtlinien**: Die Richtlinien beschreiben, wie eine konkrete Umsetzung der Prinzipien zu erfolgen hat.
- **Erfolgskriterien**: Ein Kriterienkatalog liegt zugrunde, aus dem ersichtlich ist, welche Richtlinie bei der Umsetzung eingehalten wurde.

Somit müssen Textalternativen für Nicht-Text-Inhalte (Richtlinie) angelegt werden, damit der Inhalt wahrnehmbar (Prinzip) bleibt. Ob die Umsetzung durch Hinzufügen von Alternativtexten für Bilder oder Untertitel für Videos (Erfolgskriterien) erfolgt ist, kann überprüft werden.

WCAG 2.0
Die *Web Content Accessibility Guidelines* 2.0 wurden am 11. Dezember 2008 veröffentlicht. In dieser Richtlinie wird eine breite Palette von Empfehlungen gegeben, wie Webinhalte für alle Benutzergruppen mit Behinderungen zugänglicher gemacht werden können. Nähere Informationen dazu erhalten Sie unter *http://www.w3.org/Translations/WCAG20-de*.

Konsequenzen | Der ISO-Standard 14289-1 basiert auf der PDF-Spezifikation 1.7 (ISO 3200:2008). Er wurde konzipiert, damit die Verwendung von PDF für die Erstellung barrierefreier elektronischer Dokumente auf einer klar definierten Basis erfolgen kann. Was ändert sich durch PDF/UA?

- **Klare Vorgaben**: Es wird u.a. geregelt, wie viele Tags vorliegen müssen, damit der Ersteller von einem barrierefreien PDF sprechen kann.
- **Vereinheitlichung**: Softwareentwickler, Auftraggeber und Auftragnehmer beziehen sich auf einen vereinheitlichten Leistungskatalog.
- **Bezugnahme**: In Verordnungen bzw. Leistungsbeschreibungen kann darauf Bezug genommen werden.

Die Folgen von PDF/UA
Im öffentlichen Sektor und auch in Konzernen, die sozial verantwortlich in der Gesellschaft agieren möchten, werden alle veröffentlichten PDF-Dokumente den PDF/UA-Standard erfüllen müssen. Damit müssen Informationsbroschüren, Gemeindezeitungen, Veröffentlichungen usw. barrierefrei erstellt werden. Aber auch klassische Produktangebote in Form von Flyern, Katalogen usw. können, wenn sie barrierefrei gehalten sind, die Käuferschaft erweitern.

Vorteile von barrierefreien PDF-Dateien

Die Erstellung barrierefreier Publikationen ist zwar mit etwas Arbeit verbunden, es sprechen aber einige Gründe dafür:

1. **Barrierefreie Publikationen vergrößern Ihre Zielgruppe**: Nicht nur Blinde und Sehbehinderte können via Screenreader Ihre Publikationen konsumieren, sondern auch Analphabeten oder viele andere körperlich oder geistig eingeschränkte Personen. Wenn Sie jene 5 % der Bevölkerung, die im Durchschnitt einer Einschränkung ausgesetzt sind, in Ihrer Zielgruppe ansprechen können, vergrößern Sie deutlich Ihren Markt.
2. **Barrierefreie Publikationen erschließen neue Zielmärkte**: Barrierefreiheit ist nicht nur auf Personen bezogen, sondern auch auf Geräte. Denn digitale Endgeräte sind im Gegensatz zum Papier hinsichtlich Darstellungsgröße, Farbigkeit und Bedienbarkeit inhomogen. Der wohl einfachste Weg führt dabei über PDF-Dateien, die sich neben der Layouttreue auch durch Tagging barrierearm umsetzen lassen,

wodurch sich der Inhalt dynamisch an die Darstellung anpassen kann oder zumindest in korrekter Reihenfolge vorgelesen wird.

3. **Barrierefreiheit von PDF-Dateien steigert die Effektivität und Effizienz der Publikation**: Barrierefreie Dokumente unterscheiden sich auf den ersten Blick nicht unbedingt von nicht barrierefreien Dokumenten. Der Unterschied liegt meist unter der Oberfläche, wo der Inhalt durch Auszeichnung der Inhalte auf Basis von Tags strukturiert wird. Tags können in InDesign über die stringente Anwendung von Absatz- und Zeichenformaten sehr schnell auf Inhalte angewandt werden. Und genau diese konsequente Verwendung von Absatz- und Zeichenformaten würde auch für nicht-barrierefreie Publikationen zu erheblichen Vereinfachungen führen, da eine zeitaufwendige Nacharbeit von Hand so vollständig entfallen könnte. Achten Sie also schon beim Erstellen des Layouts darauf, Form und Inhalt zu trennen.

Hinweis
Eine Übersicht über alle PDF-Tags inkl. Erläuterung finden Sie in der Adobe Acrobat-Hilfe.

36.2 InDesign-Dokumente vorbereiten

Ob ein InDesign-Dokument für die Erstellung eines barrierefreien PDFs gut geeignet ist oder nicht, hängt sehr stark von der Art und Weise ab, wie der Dokumentersteller gearbeitet hat. Vor allem, wenn Sie nicht der Ersteller des Dokuments sind, müssen Sie sich einerseits einen Überblick über die Struktur und den Aufbau des InDesign-Dokuments verschaffen und andererseits Vorkehrungen treffen, um mit den zur Verfügung stehenden Werkzeugen, Bedienfeldern und Dialogen in InDesign CC schnell die Umsetzung des barrierefreien PDFs zu realisieren.

Technische Voraussetzung
Zur Erstellung von barrierefreien PDF-Dateien aus InDesign heraus müssen Sie mindestens InDesign CS5.5 besitzen.
Wenn Sie jedoch auch PDF-Formulare barrierefrei ausgeben möchten, so müssen Sie zumindest InDesign CS6 verwenden. Mit InDesign CC ist der Funktionsumfang für den PDF-Export nicht verbessert worden, die Handhabung einer Zuweisung von Objektexportoptionen über Objektformate jedoch schon.

Einen Arbeitsbereich für dieses Arbeitsgebiet einrichten

Wir empfehlen, sich für dieses Arbeitsgebiet einen eigenen Arbeitsbereich anzulegen und auch abzuspeichern. Zur Umsetzung des Vorhabens sind folgende Bedienfelder im direkten Zugriff zu halten:

- **Seiten- und Verknüpfungen-Bedienfeld**: Diese benötigen Sie in jedem Arbeitsbereich, um Musterseiten und Layoutseiten zu verwalten und den Umgang mit den platzierten Daten zu ermöglichen.
- **Absatzformate- und Zeichenformate-Bedienfeld**: Diese benötigen Sie, um einerseits Formatierungsanweisungen für Absätze und einzelne Zeichen inklusive der Zuordnung der »Tags« zu definieren und um andererseits diese Formate dann auf Textstellen im InDesign-Dokument anwenden zu können.
- **Tabellenformate-, Zellenformate- und Tabelle-Bedienfeld**: Über diese Bedienfelder müssen Tabellen in einem InDesign-Dokument

Voraussetzung
Texte, die von Screenreadern erfasst werden sollen, müssen im InDesign-Dokument mit einem Absatz- bzw. Zeichenformat ausgestattet sein!

formatiert werden, und darüber muss eine klare Zuweisung für die Tabellenkopfzeilen, Tabellenfußzeilen und Rubriktiteln erfolgen.

- **Objektformate-Bedienfeld**: Durch die Zuweisung von Objektformaten auf InDesign-Objekte kann der Anwender sehr schnell Formatierungsstile vereinheitlichen. In Bezug auf die Barrierefreiheit können damit seit InDesign CC auch Objektexportoptionen für Grafiken, Bilder und anderen platzierten Inhalt zugewiesen werden.
- **Lesezeichen-, Querverweise- und Hyperlinks-Bedienfeld**: Damit bringen Sie die für die Barrierefreiheit wichtigen Verlinkungen zu Textstellen innerhalb und außerhalb des InDesign-Dokuments an.
- **Artikel-Bedienfeld**: Da sich die grafische Umsetzung eines Layouts oft sehr stark von einer linearen Abfolge der Informationsaufbereitung unterscheidet – ein wesentlicher Bestandteil der Barrierefreiheit –, müssen Werkzeuge zur Verfügung stehen, die eine Reihung der Informationsteile ermöglichen. Diese Funktion übernimmt das Artikel-Bedienfeld. Es hat darüber hinaus sonst keine Funktionen anzubieten.

Hinweise

Ausführliche Informationen zu den Bedienfeldern für Tabellen erhalten Sie in Kapitel 15, »Tabellen«.

Informationen zum Umgang mit Objektformaten finden Sie in Kapitel 20, »Lange Dokumente«, und Informationen zu den Bedienfeldern LESEZEICHEN, QUERVERWEISE und HYPERLINKS können Sie in Kapitel 32, »Interaktive Dokumente und Animation«, nachschlagen.

Ausführliche Informationen zum Artikel-Bedienfeld erhalten Sie in Kapitel 33, »Digitale Dokumente exportieren«.

Ordnung in das InDesign-Dokument bringen

Der Umgang mit Dokumenten lässt sich erleichtern, indem eine gewisse Ordnung in das Dokument gebracht wird. Folgen Sie unseren Empfehlungen, Sie werden diese Mühen später zu schätzen wissen.

- **Überflüssige Farben löschen und unbenannte Farben hinzufügen**: Diese Bereinigung hat nicht nur kosmetische Funktion, sondern ist auch für barrierefreie Dokumente hinsichtlich einer Änderungsmöglichkeit von Farbkombinationen beim PDF-Export für Sehbehinderungen und Sehschwächen wichtig.
- **Überflüssige Absatz- und Zeichenformate löschen**: Wird ein Absatzformat nicht verwendet, so muss es auch nicht für den PDF-Export mit »Tags« versehen werden. Wenn Sie Absatzformate nicht benutzen, so können Sie diese löschen. Es erspart Zeit beim Tagging!
- **Überflüssige Objektformate löschen**: Das zuvor Gesagte trifft auch auf Objektformate zu.
- **Objekt-, Zeichen- und Absatzformate in Gruppen zusammenfassen**: Hierarchische Strukturen sind für die Barrierefreiheit sehr wichtig. Damit Sie auch erkennen können, welche Hierarchie in der Textstruktur vorliegt, sollten Sie Informationseinheiten gleicher Gewichtung in Ordnern zusammenfassen. Beispiele dafür wären: Headlines, Grundtexte, Bildunterschriften, Informationskästen, Personenbeschreibungen oder Tabellen.

- **Nicht aufgelöste Hyperlinks reparieren**: Hyperlinks zu Textankern im selben InDesign-Dokument sowie zu URL-Aufrufen müssen gültig und aktuell sein, bevor wir mit der Auszeichnung beginnen.
- **Nicht aktualisierte und fehlende Verknüpfungen auflösen**: Damit die Metadaten aus den platzierten Bildern übernommen und aktualisiert werden können, müssen alle Verknüpfungen aktualisiert sein.
- **Herausgelöste Paginierungen und Kolumnentitel wieder den Musterseiten zuordnen**: Wurden Seitenzahlen und Kolumnentitel beim Layouten ohne nennenswerten Grund auf die Originalseite herausgelöst, so sollten diese mit dem Befehl Ausgewählte Musterseitenobjekte wiederherstellen wiederum der Musterseite zurückgegeben werden. Den Befehl finden Sie im Bedienfeldmenü des Seiten-Bedienfelds unter Musterseiten.

Hinweis

Objekte der Musterseite werden beim Export in ein barrierefreies PDF standardmäßig nicht in die Tag-Struktur der PDF-Datei aufgenommen. Seitennummer und meistens auch der Kolumnentitel sind »überflüssige« Objekte, die durch den Screenreader eigentlich nicht vorgelesen werden sollten.

Hinsichtlich des Dokumentaufbaus der InDesign-Datei sind keine Einschränkungen gegeben, wenn es nur um die korrekte lineare Auszeichnung der Texte geht. Wenn es aber auch darum geht, dass für sehbehinderte Personen ein PDF mit Einzelseiten erstellt werden soll, so ist der Aufbau von gewissen Dokumenten zu überdenken. Am Beispiel einer Broschüre im Format A4-Quer, die als sechsseitiger Wickelfalz endgefertigt werden soll, möchte ich den Sachverhalt näher beschreiben.

▲ **Abbildung 36.1**
Ein sechsseitiger Folder, wie er für den Druck bereits ausgeschossen vorbereitet sein müsste.
Links: Die Vorderseite mit den Seiten 5,6 und 1
Rechts: Die Rückseite mit den Seiten 2, 3 und 4

Wenn Sie so einen Folder gestalten und dafür ein InDesign-Dokument anlegen wollen, so gibt es zwei Vorgehensweisen:

- **Anlage mit zwei A4-Seiten**: Es werden in InDesign zwei A4-Querseiten erstellt und mit Hilfslinien die Einteilung für die einzelnen Seiten angelegt. Die für den Druck benötigte Verkürzung auf Seite 4 und 5 wird ebenfalls durch eine Hilfslinie für das Layout gekennzeichnet. Für die Druckerei werden noch oberhalb und unterhalb der

Seiten Falzmarken angebracht, damit entsprechende Marken zum Einstellen für die Falzmaschine vorhanden sind.

- **Anlage mit sechs Einzelseiten**: Es wird ein Dokument mit sechs Einzelseiten mit einer Seitengröße von 99 × 210 mm angelegt und dann in zwei Druckbögen zu je drei Seiten zusammengefasst. Für die einzelne Seite kann ein entsprechender Satzspiegel bestimmt werden, und die Verkürzung der Seite 4 und 5 kann über die Änderung der Seitenbreite von 99 mm auf 97 mm mit dem Seitenwerkzeug schnell und unkompliziert abgeändert werden. Die notwendigen Schneid- und Falzmarken werden dadurch automatisch bei der PDF-Ausgabe der zwei Druckbögen in ein zweiseitiges PDF erstellt.

Hinweis
Wie Sie Seiten zu einem Druckbogen zusammenfassen und wie Sie das Seitenwerkzeug benutzen können, erfahren Sie in Abschnitt 4.5 »Seitenformat ändern«, auf Seite 155.

Die meisten Layouter würden wahrscheinlich Variante 1 wählen, da dies die Arbeitsweise der letzten 20 Jahre gewesen ist. Mit InDesign CS5 wurde das Seitenwerkzeug eingeführt, womit Variante 2 einfach und unproblematisch umgesetzt werden kann.

Hinsichtlich der Ausgabe eines barrierefreien PDFs, das sowohl für Blinde als auch für Sehbehinderte geeignet ist, müssen einerseits das Tagging und die Vorgabe der Lesereihefolge bestimmt werden, und andererseits muss ein Einzelseiten PDF, geordnet von Seite 1 bis Seite 6, ausgegeben werden. Wenn Sie Variante 2 wählen, so können beide Anforderungen erfüllt werden. Bei Variante 1 kann eine Einzelseitenausgabe nicht mehr abgebildet werden, sondern nur ein PDF erstellt werden, das dem gedruckten aufgeklappten Folder entspricht.

Anforderung 1: Durchsuchbarkeit von Text
Barrierefreie Dokumente müssen durchsuchbaren Text enthalten. Eingescannte Textstellen können nicht getaggt und somit gelesen werden.

Überprüfen Sie die Durchsuchbarkeit von PDF-Dateien, indem Sie das PDF in Acrobat Pro oder Adobe Reader öffnen und das Tastenkürzel [Strg]+[F] bzw. [⌘]+[F] drücken und im Eingabefeld nach einen Begriff suchen.

Struktur analysieren

Haben Sie die notwendige Ordnung im Dokument umgesetzt und eventuell notwendige Änderungen im Dokumentaufbau durchgeführt, so müssen Sie sich nun mit dem Inhalt der Broschüre bzw. des umzusetzenden Druckwerks auseinandersetzen.

Überprüfen Sie, ob der Inhalt linear lesbar ist und eine klare hierarchische Gliederung erkennbar ist. Stellen Sie an das Dokument folgende Fragen:

- Welcher Text kann als Hauptüberschrift angesehen werden?
- Welcher Text kann als erste Unterüberschrift angesehen werden?
- Welcher Text kann als Unterüberschrift der zweiten, dritten, vierten, fünften und sechsten Ebene angesehen werden?
- Welcher Text ist normaler Lesetext, der als gleichwertige Information betrachtet werden kann?
- Welcher Text stellt normalen Text dar, der in der linearen Struktur als Einschub eingebaut werden soll?

Anforderung 2: Konsistente Gliederung

Dokumente sollen über eine konsistente Gliederung verfügen. Der obersten Überschriftenebene in einem Dokument soll das Tag <H1> und den darunterliegenden Überschriften <H2> bzw. <H3> usw. zugewiesen werden. Es dürfen dabei keine Überschriftenebenen übersprungen werden, nur weil es grafisch eben besser aussieht.

- Erkennen Sie eine roten Faden, der sich von vorne bis ganz zum Schluss durchzieht?
- Welche Abbildungen, Symbole und Illustrationen sind zum Erfassen des Inhalts wichtig, und welche sind es nicht?

Wenn die Struktur der Information für Sie klar vorliegt, so können Sie mit der Umsetzung beginnen. Sind jedoch Unklarheiten in der Struktur gefunden worden, so müssen Sie zuvor mit dem Autor des Projekts Rücksprache halten und Unstimmigkeiten klären.

Hinweise zur Umsetzung

Allgemein betrachtet sollte man bei der Umsetzung von solchen Projekten gewisse Schritte einhalten. Wir wollen Ihnen die jeweiligen Arbeitsphasen nennen und diese kurz beschreiben.

- **Strukturiert arbeiten**: Bereiten Sie Inhalte schon von Beginn an semantisch und nicht nur rein optisch auf. Die Möglichkeiten, die InDesign dahingehend anbietet, sind enorm.
- **Barrierefreie Gestaltung**: Achten Sie schon beim Gestalten in InDesign darauf, dass Sie für Sehbehinderte geeignete Kontrastverhältnisse schaffen und Sonderzeichen und gestalterische Elemente nur sparsam in den Text einbauen.
- **Merkmale der Barrierefreiheit im Ausgangsprogramm hinzufügen**: Reizen Sie die Möglichkeiten des Layoutprogramms aus, um Objekte und Texte mit Standard-Tags für den PDF-Export zu kennzeichnen.
- **Erstellen der Tags**: Bei der Erstellung des PDFs können Sie mit einem Erstellungswerkzeug den PDF-Tag-Baum anlegen. Objekte mit Auszeichnungen werden so im Dokument mit Tags versehen.
- **Erstprüfung**: Nach dem ersten Export als barrierefreies PDF sollten Sie eine Erstprüfung durchführen, um zu testen, ob alle Einstellungen richtig umgesetzt werden. Treten dabei Fehler auf, so sind diese so weit wie möglich in der Ausgangsapplikation zu korrigieren.
- **Eigenschaften vervollständigen**: Selbst bei aus InDesign CC erstellten PDF-Dateien müssen Sie, um alle Eigenschaften barrierefrei zu setzen, noch in der PDF-Datei Hand anlegen und weiterführende Tags hinzufügen. Dieser Schritt ist mühevoll und kann nicht ohne Grundwissen durchgeführt werden.
- **Schlussprüfung**: Zur Qualitätssicherung sollten Sie die PDF-Datei zum Schluss auf faktische Barrierefreiheit hin überprüfen. Dabei können Sie auf automatische Prüfungen zurückgreifen, die jedoch nur technische Fakten abklären können. Eine manuelle Prüfung (sich die Datei im Vorlesemodus vorlesen lassen) bleibt niemandem erspart.

Hinweis

Seit InDesign CS5.5 bietet Adobe über die Objektexportoptionen, das Artikel-Bedienfeld und das Zuweisen der Rolle von PDF-Tags zu Absatzformaten wichtige Grundfunktionen zum Hinzufügen von barrierefreien Merkmalen an.

Auf PDF/UA-Konformität hin überprüfen

Greifen Sie auf Werkzeuge zurück, mit denen Sie eine Konformitätsprüfung zum ISO-Standard PDF/UA durchführen können, z. B. *PAC 2.0*. Informationen dazu erhalten Sie unter *http://www.access-for-all.ch*.

- **Festlegen der Sicherheiten**: Sollen Dokumente mit Sicherheitsanweisungen versehen werden, so sind diese erst am Schluss des Erstellungs- und Optimierungsprozesses zu setzen.

36.3 InDesign-Dokumente für den barrierefreien Export aufbereiten

Am Beispiel unseres in Abbildung 36.1 auf Seite 1042 präsentierten Folders möchten wir Ihnen nun zeigen, wie Sie viele der zuvor theoretisch beschriebenen Hinweise mit den aktuell in InDesign CC vorliegenden Funktionen bestmöglich umsetzen können.

Den ungetaggten und getaggten Flyer finden Sie auf der Buch-DVD im Ordner BEISPIELMATERIAL • KAPITEL_36.

Wir gehen bei der Beschreibung vom Grundsatz aus, dass dem Sehbehinderten die Chance gegeben werden soll, den Inhalt ebenso gut zu erfassen, wie ihn Sehende erfassen könnten. Unterstützende Strukturinformationen können natürlich immer noch nachträglich eingepflegt werden. Ihr Ergebnis nach dem Export aus InDesign CC ist zumindest eine sehr gute Basis, auf der Sie fortgeschrittene Techniken zur Erstellung von barrierefreien PDF-Dateien anwenden können.

Das vorliegende Dokument muss hinsichtlich der Hauptbereiche Tags und inhaltliche Struktur, Bilder und andere Nicht-Text-Inhalte sowie Formulare, Lesezeichen und Inhaltsverzeichnis und der nicht-technischen Aspekte überarbeitet werden.

Tags und inhaltliche Struktur

Texte müssen strukturiert aufgebaut und mit den dafür geeigneten Tags ausgezeichnet werden. Es stehen dazu laut PDF/UA-Norm explizit 36 Tags zur Verfügung. Schauen wir uns an, welche textuellen Inhalte welche Tags zugewiesen bekommen und mit welcher Technik Sie dies in InDesign CC am schnellsten regeln.

Eigene Tag-Bezeichnungen
Sie können jederzeit eigene Tag-Bezeichnungen hinzufügen und diese auch einsetzen. Damit eine PDF/UA-Konformität erreicht werden kann, müssen die Tags über die Rollenzuordnung mit den Tags des Standards gemappt werden.

Überschriften und Grundtext | Die oberste Regel lautet: »Jeder Text, der für das Verständnis des Inhalts in einem barrierefreien PDF wichtig ist, muss mit dem vorgesehenen Absatzformat ausgezeichnet sein.« Das Arbeiten mit Zeichenformaten ist zum Formatieren des Textes ebenfalls zu empfehlen, ist aber nur in einem Fall zum Erstellen von barrierefreien PDF-Dateien notwendig. Beachten Sie folgende Hinweise:

Namensgebung
Wenn Sie sich hinsichtlich der Namensgebung für die Absatzformate etwas an die Konvention der Tag-Bezeichnungen halten, so ist es um ein Vielfaches leichter, die Struktur des Dokuments zu verstehen.

Alle Absatz- und Zeichenformate sind mit der Rollenzuweisung und den Tags anzulegen. Weisen Sie den jeweiligen Absatzformaten Standard-Tags zu, die für barrierefreie PDF-Dateien verwendet werden. Sie können das für jedes Absatzformat einzeln erledigen, indem Sie das Absatzformat öffnen und im Register Tagsexport das entsprechende Tag wählen.

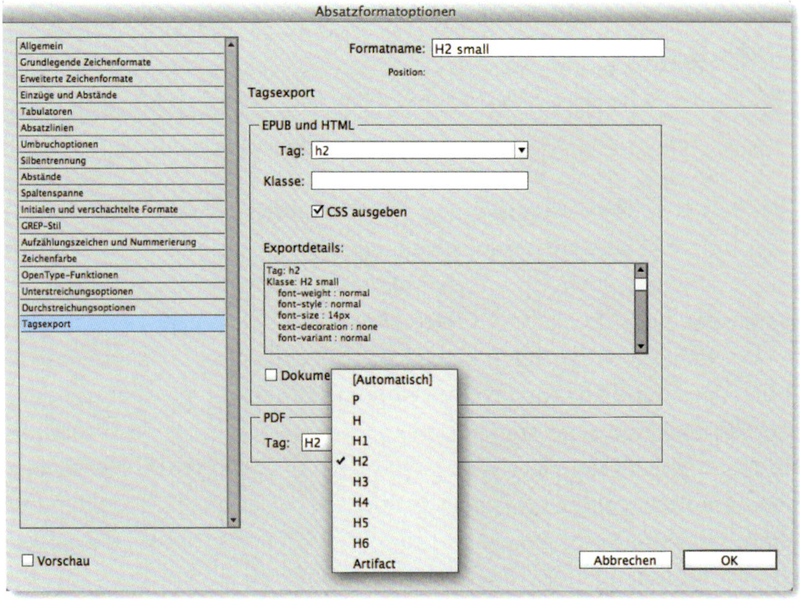

Abbildung 36.2 ▶
Der Bereich Tagsexport des Absatzformatoptionen-Dialogs. Hier können Sie für jedes Absatzformat einzeln einen Tag aus der Liste oder den Eintrag [Automatisch] wählen.

Sie können das aber auch gesammelt durch Aufruf des Befehls Alle Exporttags bearbeiten aus dem Bedienfeldmenü des Absatzformate-Bedienfelds tun. Wählen Sie für unser Beispiel folgende Exporttags aus:

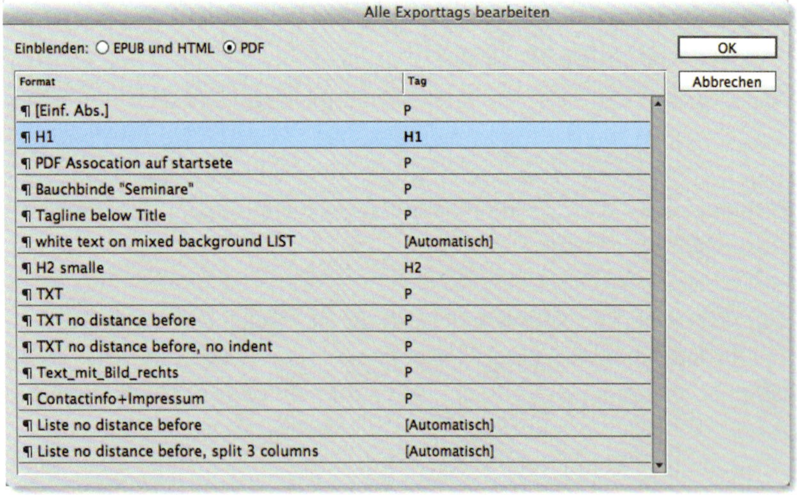

Abbildung 36.3 ▶
Weisen Sie allen Hauptüberschriften das <H1>-Tag, allen Überschriften der zweiten Ebene das <H2>-Tag und allen Texten das <p>-Tag zu. Da in der Auswahl nur <H1> bis <H6>, <p> und <Artifact> zur Verfügung stehen, markieren Sie alle anderen Absatzformate mit dem Eintrag [Automatisch]. Dadurch werden Aufzählungen sauber als Listen und Tabellen sauber mit den entsprechenden Tabellen-Tags gekennzeichnet.

Beachten Sie, dass in der PDF-Datei der *Tag-Name* so wie das Absatzformat benannt wird. Das zugeordnete Tag wird in die *Rollenzuordnung* eingetragen. Letztere ist auch für die Interpretation durch Screenreader wichtig.

Für Überschriften und Grundtexte (Lesetext, Vorspann oder Hinweise) werden folgende Tags im Tag-Baum verwendet:

- <p> **Generischer Absatz**: Ein Absatz stellt ein abgeschlossenes Blockebenen-Element dar.
- <H> **Heading**: Ein H-Element sollte das erste untergeordnete Element einer übergeordneten Einteilung sein.
- <H1> bis <H6> **Überschriftenebenen**: Für Anwendungen, die Abschnitte nicht hierarchisch verschachteln, sind sechs Ebenen von Überschrifttten verfügbar. Die Nummer im Tag-Namen steht gleichzeitig für die entsprechende hierarchische Ebene.

Artefakte | Eine besondere Erwähnung soll das Tag <Artefakt> an dieser Stelle bekommen: Elemente im Dokument, die zur Erfassung des Inhalts nicht relevant sind, sollten als Hintergrundelement über das Tag <Artifact> ausgezeichnet werden – es wird in InDesign auch als außertextliches Element bezeichnet. Objekte, die als Hintergrundelemente in einem Layout verwendet werden, sind: Kolumnentitel, Pagina, farbige Flächen, Hintergrundbilder, grafische Ornamente usw.

Listen | Legen Sie in InDesign nummerierte Listen und Listen mit Aufzählungszeichen intelligent über die Funktion Aufzählungszeichen und Nummerierung an.

- Fügen Sie bei nummerierten Listen die Nummerierung nicht händisch als Textzeichen ein, sondern lassen Sie die Nummerierung automatisch durch InDesign erzeugen.
- Fügen Sie auch Aufzählungen mit Symbolen nicht über von Hand eingefügte Aufzählungszeichen und entsprechenden Einzug ein, sondern greifen Sie auch hier auf die automatische Generierung zurück. Dadurch sind die Aufzählungszeichen in der PDF-Datei zwar sichtbar, sie werden jedoch für den Screenreader ausgeblendet. Wenn Sie dies nicht machen, würde unter Umständen ein Screenreader das Symbol als Textzeichen vorlesen.

Beiden Listentypen darf im Absatzformat kein Tag zugewiesen werden – nicht einmal <p>. Die Zuweisung muss auf [Automatisch] bleiben, denn nur damit werden Listen mit den richtigen Tags versehen. Welche Tags dabei im Tag-Baum der PDF-Datei anzutreffen sind, können Sie der Liste im nebenstehenden Hinweiskasten entnehmen.

Fußnoten | Diese spezielle Informationsart besteht einerseits aus einer Verknüpfung, deren Quelle die Fußnotenmarke im Text ist, und andererseits aus dem eigentlichen Text.

Sinn des <H>-Tags

In der Tag-Struktur in der PDF-Datei kann eine hierarchische Gliederung der Überschriften über die Tags <H1> bis <H6> erfolgen oder über die Verschachtelung von mehreren <H>-Tags. Verwenden Sie das <H>-Tag einfach nicht!

Artefakte

Elemente, die als Artefakt gekennzeichnet sind, werden von InDesign beim PDF-Export ausgelassen und nicht in den Tag-Baum im PDF aufgenommen.

Tags für Listen

Ist die Tag-Zuordnung in InDesign auf [Automatisch] gestellt, so verwendet InDesign folgende Tags:

- <L> **Liste**: Abfolge von Einträgen mit ähnlicher Bedeutung oder Relevanz; die unmittelbar untergeordneten Elemente müssen Listeneinträge sein.
- <LI> **Listeneintrag**: Einzelnes Element einer Liste; ihm kann ein Beschriftungselement (optional) und muss ein Listenkörperelement (obligatorisch) untergeordnet sein.
- <LBL> **Beschriftung**: Aufzählungszeichen, Name oder Nummer; das Element kennzeichnet einen Eintrag und dient zu seiner Unterscheidung von anderen Einträgen in derselben Liste.
- <LBody> **Listenkörper**: Der beschreibende Inhalt eines Listeneintrag

Weisen Sie dem Absatzformat für Fußnoten das <p>-Tag zu, die Verknüpfung wird korrekt über das <Link>-Tag automatisch von InDesign abgebildet.

Tags für Tabellen
Tabellenelemente sind spezielle Elemente zur Strukturierung von Tabellen:

- <Tabelle> **Tabelle**: Zweidimensionale Anordnung von Daten- oder Textzellen, die sich aus untergeordneten Tabellenzeilenelementen zusammensetzt und als erstes oder letztes untergeordnetes Element ein Bildunterschriftselement enthalten kann
- <TR> **Tabellenzeile**: Eine Zeile mit Überschriften oder Daten in einer Tabelle; das Element kann Tabellenüberschriftselemente und Tabellendatenzellenelemente enthalten.
- <TD> **Tabellendatenzelle**: Tabellenzelle mit Daten, die nicht als Überschrift dienen
- <TH> **Tabellenüberschriftszelle**: Tabellenzelle mit Überschriftstext oder -daten, die eine oder mehrere Zeilen bzw. Spalten einer Tabelle beschreiben

Tabellen | Diese Informationsart ist für Sehende teilweise schwer zu überblicken. Blinde können über Funktionen bei Screenreadern schnell durch Tabellen navigieren. Erstellen Sie deshalb Tabellen in InDesign nicht über tab-getrennte Texte, deren grafische Zeilentrennung auf Basis von Absatzlinien erfolgt, sondern ausschließlich über die klassische Tabellenfunktion, wodurch eine saubere Kennzeichnung der Tabelle in der PDF-Datei sichergestellt ist. Beachten Sie dazu folgende Hinweise:

- Besitzt eine Tabellen eine *Spaltenüberschrift*, so ist diese mit dem Befehl Tabelle • Zeilen umwandeln • In Tabellenkopfzeile umwandeln zu konvertieren. Fehlt die Auszeichnung für die Kopfzeile, so kann beim Lesen der Tabelle die Spaltenüberschrift nicht jederzeit vorgelesen werden.
- Besitzt eine Tabelle eine *Fußzeile*, so gilt das zuvor Gesagte auch für die Fußzeile in einer Tabelle. Der Befehl zum Umwandeln lautet Tabelle • Zeilen umwandeln • In Tabellenfusszeile umwandeln.
- Weisen Sie den Absatzformaten, die Sie zur Auszeichnung von Zelleninhalten verwenden, im Dialog Alle Exporttags bearbeiten die Auswahl [Automatisch] zu. Dadurch wird eine saubere Kennzeichnung der Tabellen für barrierefreie PDF-Dateien erzeugt.

Wenn Sie alle diese Empfehlungen berücksichtigen, so werden beim PDF-Export durch InDesign die korrekten Tags für Tabellen zugewiesen. Welche Tags dies sind, entnehmen Sie nebenstehendem Infokasten.

Beachten Sie, dass das Anlegen von Zellen- und Tabellenformaten für die Barrierefreiheit nicht erforderlich ist.

Hinweis
Nähere Informationen zum Erstellen und Umgang mit Hyperlinks und Querverweisen erhalten Sie in Kapitel 32, »Interaktive Dokumente und Animation«.

Hyperlinks | Mit Hyperlinks können Verknüpfungen sowohl zu anderen Dokumenten als auch innerhalb eines Dokuments erstellt werden. Erstellen Sie alle Hyperlinks und Querverweise ausschließlich über das Hyperlinks-Bedienfeld, denn damit erstellte Verweise können von Screenreadern interpretiert und abgearbeitet werden.

Verlinkungen innerhalb barrierefreier PDF-Dateien müssen über das Tag <Link> abgebildet werden. Und damit Links über die Tastatur angesteuert werden können, muss das Tag <Link> zusätzlich mit dem untergeordneten Tag <OBJR> (Object Reference) versehen werden.

Sonderfälle bei Text | In der Umsetzung eines klassischen Layouts muss schon die eine oder andere Notlösung herangezogen werden, damit das Endergebnis genau so aussieht, wie es sich ein kreativer Geist vorgestellt hat. Solche kreativen Ansätze müssen, wenn sie zum Erfassen des Inhalts wichtig sind, einer entsprechenden Lösung für die Verwendung in barrierefreien PDFs unterliegen. Hier ein paar Hinweise und Gegebenheiten:

- **Korrekter Zeichencode**: Ein zentrales Merkmal von Barrierefreiheit ist, dass alle enthaltenen Zeichen einer Schrift interpretierbar sind. Technisch gesehen, kann dies durch die Verwendung der Unicode-Zeichencodierung erreicht werden. In der Theorie können dadurch alle Texte extrahiert und somit alle Sonderzeichen korrekt abgebildet werden.
- **Sonderzeichen**: Die korrekte Abbildung von Buchstaben ist in der Praxis über Unicode zu erreichen. Für Sonderzeichen gibt es aber keine Unicode-Entsprechung. Deshalb können nur gewisse Sonderzeichen von Screenreadern interpretiert werden, und genau auf diese sollten Sie sich beschränken.
  Verwenden Sie nur Sonderzeichen wie das Unicode-Zeichen `2022` (Aufzählungszeichen •), `2013` ((Gedanken-)Strich –) und `25A0` (schwarzes Quadrat ■). Damit können die meisten Screenreader umgehen.
- **Sonderzeichen im Text in Pfade umwandeln**: Müssen verschiedene Sonderzeichen wie Endmarken, Telefonsymbole, Boxen usw. im Text verwendet werden, so sorgen Sie dafür, dass diese Symbole nicht als Font-Zeichen, sondern als Grafik vorliegen. Wandeln Sie dazu die Font-Zeichen über den Befehl Schrift • In Pfade umwandeln in einen Pfad um, und fügen Sie diesem Zeichen einen entsprechenden Alternativtext hinzu.
- **Silbentrennstrich**: Der Silbentrennstrich (Divis) stellt einen Spezialfall in der Zeichenkodierung dar. Automatisch generierte Silbentrennstriche sollen zum einen nicht vorgelesen und zum anderen beim Neuumbruch wieder ausgeblendet werden.
  InDesign setzt Silbentrennstriche, die automatisch durch den Umbruch erzeugt werden bzw. auch manuell eingefügte bedingte Trennungen beim PDF-Export korrekt in der Tag-Struktur der PDF-Datei um, sodass diese Zeichen vom Screenreader nicht vorgelesen werden.
- **Weißraum nicht durch Zeilenschaltungen erzeugen**: Vermeiden Sie im Layout die Verwendung von mehrfachen Zeilenschaltungen. Erstellen Sie Weißraum durch Absatzformate mit Abstand davor bzw. Abstand danach.
- **Abkürzungen**: Akronyme und Abkürzungen werden standardmäßig von Screenreadern (ist vom Leistungsumfang des Screenreader ab-

Unicode Checker

Verwenden Sie zur Prüfung der korrekten Zeichenzuordnung den Unicode-Checker – *http://earthlingsoft.net/UnicodeChecker.*

Bedingte Trennungen

Der Einsatz von bedingten Trennungen in einem Text ist das Gebot der Stunde. Von Hand eingefügte Trennungen werden vom Screenreader auch als solche vorgelesen.

Kennzeichnung von Akronymen

Damit Akronyme und Abkürzungen wie etc., Str., Dr. usw. korrekt vorgelesen werden können, muss in einem barrierefreien PDF das <E>-Tag (Expansion-Tag) eingebaut werden, wodurch die Langform der Abkürzung für den Vorlesevorgang herangezogen werden kann.

hängig) nicht aufgelöst, sondern als Zeichenfolge vorgelesen. Damit dies nicht geschieht, müssen solche Textpassagen mit einem speziellen Tag <E> versehen werden.

Die Kennzeichnung mit diesem Tag ist in InDesign nicht möglich, womit eine manuelle Nachbearbeitung für diese Stellen in der PDF-Datei notwendig wäre.

- **Sprachwechsel**: Jedem barrierefreien PDF ist eine Dokumentsprache zugewiesen. Wenn Sie jedoch beispielsweise innerhalb eines deutschen Textes Wörter bzw. Fachausdrücke einer anderen Sprache verwenden, so müsste hier ein Sprachwechsel für die Vorlesesprache des Screenreaders veranlasst werden.

  Fügen Sie in InDesign CC einen korrekt getaggten Sprachwechsel ein, indem Sie das Wort markieren und die entsprechende Sprache (1) im Steuerung-Bedienfeld auswählen. Die Anlage eines Zeichenformats ist für diesen Zweck nicht verpflichtend. Im Sinne der vollständigen Auszeichnung von Texten wäre die Anlage des Zeichenformats auch hier angebracht.

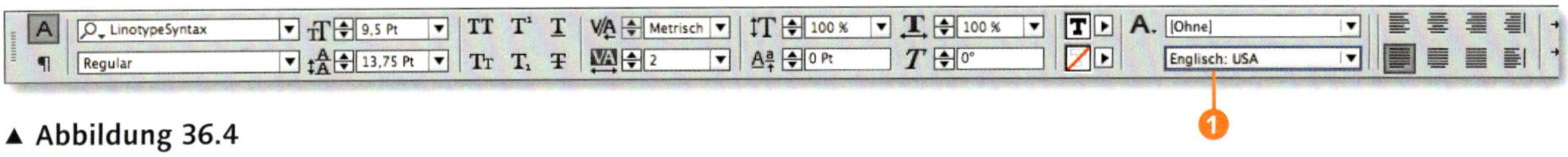

▲ **Abbildung 36.4**
Das Steuerung-Bedienfeld, worin Sie die Sprache für einen Sprachwechsel vornehmen können. Sie können dies natürlich auch über das Zeichen-Bedienfeld abbilden.

Artikel für Texte anlegen | Um die lineare Struktur des Textes abzubilden, müssen Sie noch die einzelnen Textobjekte (Textrahmen) in eine Reihenfolge bringen. Dazu müssen Artikel angelegt werden und die Objekte, die dem Artikel zuzuordnen sind, richtig gereiht zugewiesen werden.

Öffnen Sie dazu das Artikel-Bedienfeld, und legen Sie darin zumindest einen Artikel an. Für unseren Folder wird nur ein Artikel benötigt. Wenn Sie jedoch ein Magazin oder eine Tageszeitung barrierefrei machen sollen, so ist es ratsam, für die einzelnen Artikel auch jeweils einen Eintrag im Artikel-Bedienfeld vorzusehen.

Hinweis

Nähere Informationen zum Umgang mit dem Artikel-Bedienfeld erhalten Sie in Kapitel 33, »Digitale Dokumente exportieren«.

Weisen Sie danach Textrahmen für Textrahmen dem jeweiligen Artikel zu. Beachten Sie dabei, dass Sie dem Artikel nur den ersten Textrahmen von mehreren verketteten Textrahmen hinzufügen müssen. Wurde irrtümlich die Reihenfolge nicht korrekt im Artikel-Bedienfeld abgebildet, so kann die Reihenfolge nach Belieben im Bedienfeld geändert werden.

Verankern von Informationskästen | So wie in diesem Buch sind in viele anderen Projekten Zusatzinformationen und Hinweise in Form von Hinweiskästen in der Marginalspalte oder im Text eingebaut. Wenn sich dabei ein Informationskasten zwischen zwei Textrahmen befindet, so kann dieser ganz einfach in der richtigen Reihenfolge im Artikel-Bedienfeld eingeordnet werden.

Wenn jedoch der Informationskasten zu einem bestimmten Absatz im Textfluss eingefügt werden soll, so bleibt Ihnen nur die Möglichkeit, diesen Textkasten im Textfluss zu verankern. Wie Sie eine Verankerung von Textkästen bewerkstelligen können, haben Sie bereits in Abschnitt 20.2, »Verankerte Objekte«, auf Seite 680 erfahren. Verankerte Textkästen werden korrekt im Tag-Baum der PDF-Datei abgebildet.

Haben Sie dem Artikel-Bedienfeld alle Textrahmen hinzugefügt, so zeigt sich das Bedienfeld in unserem Beispiel so wie in Abbildung 36.5.

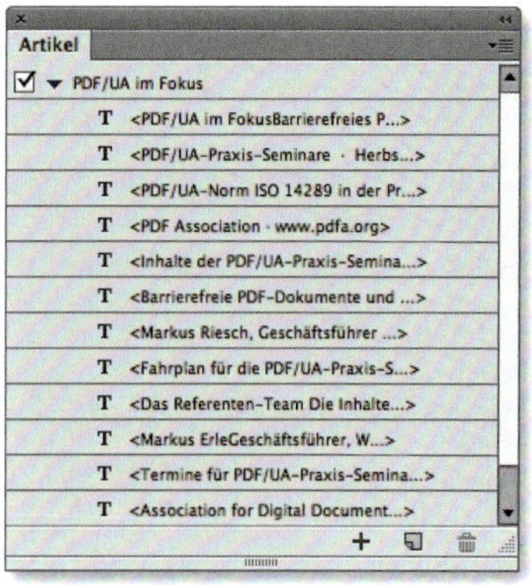

▲ **Abbildung 36.5**
Das Artikel-Bedienfeld zum Folder, nachdem alle Textobjekte in linearer Abfolge hinzugefügt wurden.

Bilder und andere Nicht-Text-Inhalte

Ein Bild sagt mehr als tausend Worte. Diese Aussage trifft zwar für Sehende zu, für blinde und hochgradig sehbehinderte Personen müssen jedoch Bilder beschrieben werden, wenn sie zum Verständnis des Inhalts essenziell sind.

Bilder und Grafiken auszeichnen | Bilder und Grafiken müssen für den Screenreader mit alternativen Texten versehen werden. Eine Beschreibung durch Alternativtexte muss kurz und bündig sein, beziehungsweise sollten diese Texte gewissen Mindestanforderungen entsprechen.

Der Weg zur Eingabe von Alternativtexten führt über die Objektexportoptionen. Rufen Sie den Befehl Objektexportoptionen aus dem Menü Objekt auf. Bestimmen Sie im geöffneten Dialog im Register Alternativer Text, woher InDesign den Text für die alternativen Informationen nehmen soll – Aus Struktur, Aus XMP:Titel, Aus XMP:Beschreibung, Aus XMP:Überschrift, Aus anderer XMP oder Benutzerdefiniert.

<Figure>-Tag

Wollen Sie mehr Informationen zum Dialog Objektexportoptionen erhalten, so empfehlen wir Ihnen, den Abschnitt »Kennzeichnen von Bildern, Objekten und Texten für den Export« auf Seite 977 näher zu studieren.

Beachten Sie, dass Bildelemente mit dem Tag `<Figure>` gekennzeichnet werden. Screenreader suchen nur bei diesem Tag nach alternativen Texten.

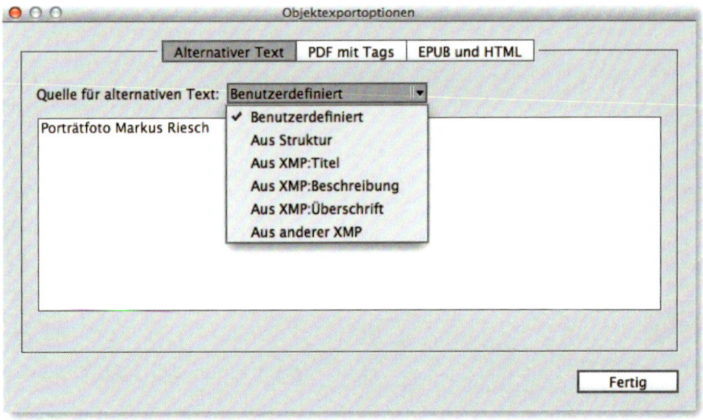

◀ **Abbildung 36.6**
Das Register Alternativer Text des Fensters Objektexportoptionen von InDesign CC. Beachten Sie, dass dieses Fenster schwebend ist, wodurch Sie es immer im geöffneten Zustand (wie ein Bedienfeld) halten können, um möglichst schnell das Taggen von Elementen vornehmen zu können.

Wie sollen Alternativtexte aufgebaut sein?

- Alternativtexte sollten nicht zu lang sein.
- Verzichten Sie darauf, eine komplexe Grafik im Detail zu beschreiben.
- Das Beschreiben der Kernaussage komplexer Grafiken ist jedoch erforderlich.
- Muss zum Verständnis des Inhalts eine komplexe Grafik dennoch näher beschrieben werden, so sollte dies in Form einer Bildunterschrift (mit dem Tag <Caption>) bzw. durch einen Verweis (mit dem Tag <Link>) geschehen.
- Das Beschreiben von Diagrammen – diese basieren meistens auf Tabellen – sollte anhand der Tabelle erfolgen.

Ihnen stehen verschiedene Arbeitsweisen zur Verfügung, wie Sie zur Beschreibung des alternativen Textes kommen:

- Sie tragen für das Bild/Objekt eine alternative Textbeschreibung ein, um situationsbezogen Informationen zur Erläuterung einzugeben.
- Haben Sie die Informationen zur Bildunterschrift in einem Metadatenfeld eingetragen, so kann InDesign beim Export automatisch auf diesen Inhalt zugreifen. Wie Sie dynamische Bildunterschriften erstellen und anwenden, erfahren Sie im Abschnitt »Bildunterschriften aus Metadaten erzeugen« auf Seite 308.
  Wenn Sie die alternativen Textbeschreibungen für Bilder aus den Metadaten entnehmen und die Bildunterschrift ebenfalls aus den Metadaten generiert wurde, so können Sie die Bildunterschriften auch als Aussertextliches Element markieren (siehe Abbildung 36.7).

Sonderbehandlungen von Bildern | In vielen Situationen werden Bilder und Illustrationen, die lediglich der grafischen Verschönerung dienen, im Layout platziert. Nicht jedes Bild muss ausgezeichnet werden, wenn es dem Verständnis des Inhalts nicht dient. Hingegen müssen manche Abbildungen als normaler Text vorgelesen werden, wenn beispielsweise für ein Initial ein Bild, das den Buchstaben darstellt, verwendet wird. Sehen wir uns ein paar Beispiele an.

- **Symbole im Text**: Symbole, die zum Zwecke der Gestaltung im Text in Form einer Symbolschrift vorhanden sind, müssen als Symbolbild (durch Umwandlung in Pfade) vorhanden sein, da sonst der Screenreader das entsprechende Zeichen vorlesen würde (z. B. ergibt das kleine »n«, formatiert in der Schrift Zapf Dingbats, das Symbol ■). Da dieses Symbol ebenso wie viele Hintergrundbilder, Textornamente oder so manche Bildinitiale zum Erfassen des Inhalts nicht von Bedeutung ist, müssen diese als außertextliche Elemente – <Artifact> – gekennzeichnet werden.

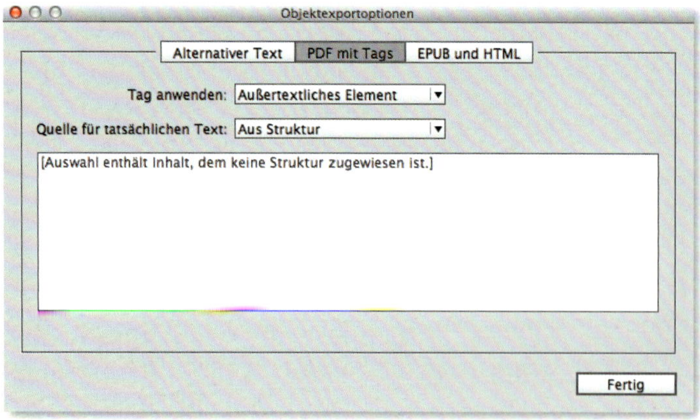

Abbildung 36.7 ▸
Das Register PDF mit Tags der Objektexportoptionen von InDesign CC mit ausgewähltem Eintrag Aussertextliches Element in der Option Tag anwenden

- **Hintergrundbilder**: Haben Sie die Hintergrundbilder platziert, die für das Verständnis des Textes nicht von Bedeutung sind, so können Sie diese Objekte auswählen und diese ebenfalls über die OBJEKTEXPORTOPTIONEN als AUSSERTEXTLICHES ELEMENT kennzeichnen.
  Für alle anderen Objekte im Layout – z. B. das Inserat, die Symbole, Ornamente usw. – müssen Sie diesen Arbeitsschritt nicht jedes Mal von Hand erledigen, da Adobe seit InDesign CC die Möglichkeit der Zuweisung von Objektexportoptionen in einem Objektformat anbietet.
- **Initial als Bild**: Wie in Abbildung 36.8 zu sehen ist, kann ein Initial auch grafisch aufgewertet werden, indem anstelle des Buchstabens ein Bild mit dem Buchstaben eingefügt wird. Für den Screenreader muss das Bild als Buchstabe »E« vorgelesen werden. Die Umsetzung dieses Sachverhalts kann in InDesign CC ebenfalls über den Exportoptionen-Dialog abgebildet werden. Wählen Sie im Register PDF MIT TAGS in der Option TAG ANWENDEN den Eintrag AUS STRUKTUR und in der Option QUELLE FÜR TATSÄCHLICHEN TEXT den Eintrag BENUTZERDEFINIERT aus.

in Initial kann auch grafisch aufgelöst werden. Die Lesbarkeit wird dadurch nicht erhöht, eine grafische Aufwertung kann jedoch erzielt werden.

▲ **Abbildung 36.8**
Beispiel eines Initials, bei dem das Initial einen Buchstaben darstellt, jedoch als Bild im Text verankert wurde.

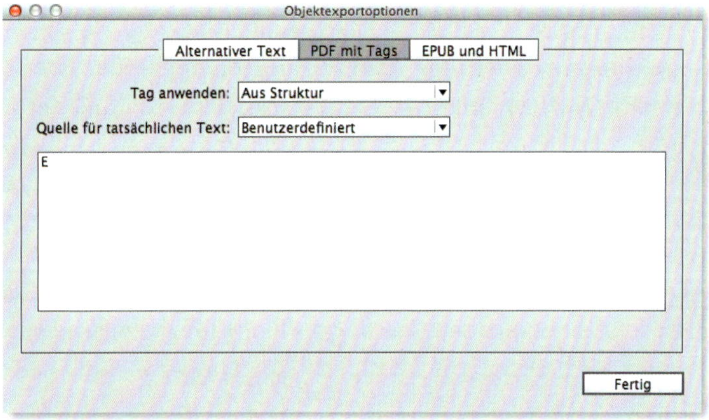

◄ **Abbildung 36.9**
Das Register PDF MIT TAGS der OBJEKTEXPORTOPTIONEN von InDesign CC mit ausgewähltem Eintrag AUS STRUKTUR in der Option TAG ANWENDEN

Zu einem Bild kann neben dem Eintrag des alternativen Textes auch noch der Originaltext eingetragen werden. Für beide Texte werden Tags in der Tag-Struktur einer PDF-Datei angeboten.
Wenn Sie den Eintrag für ein Bild mit den Einstellungen aus Abbildung 36.9 vornehmen, so wird beim PDF-Export dieser Text als Originaltext eingetragen und somit vom Screenreader einfach nur als Text behandelt und vorgelesen.

Bilder den Artikeln hinzufügen | So wie bei den Texten müssen Sie nun noch alle mit alternativen Texten oder Originaltexten versehene Abbildungen in die linearen Struktur einarbeiten. Sie können dazu wie

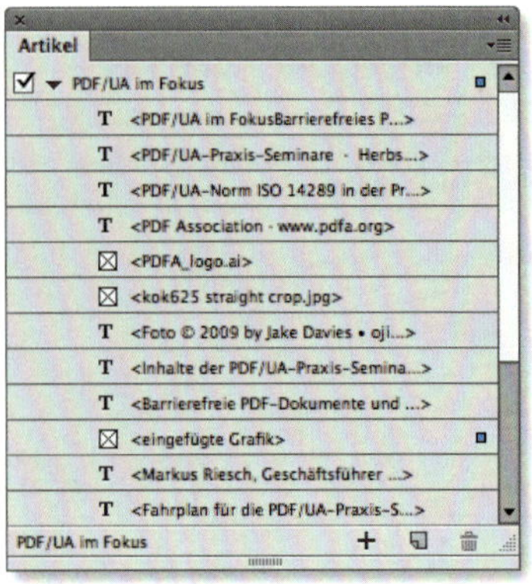

▲ **Abbildung 36.10**
Das Artikel-Bedienfeld zum Folder, nachdem alle Objekte – Textrahmen und Bilder – in linearer Abfolge hinzugefügt wurden.

bei den Textrahmen verfahren und entweder die Abbildungen im Artikel-Bedienfeld der linearen Struktur hinzufügen oder einfach wiederum mit Verankerungen arbeiten, damit das Bild mit der Beschreibung an der gewünschten Stelle vorgelesen wird.

Das Artikel-Bedienfeld würde sich im finalen Zustand dann wie in Abbildung 36.10 zeigen.

Formulare, Lesezeichen und Inhaltsverzeichnis

Da auch in PDF-Formulare abgebildet werden können und das Vorhandensein eines Inhaltsverzeichnisses am Beginn eines Dokuments oder zumindest in Form von Lesezeichen sich als Standard für ladbare PDFs etabliert hat, müssen wir noch einen kurzen Blick darauf werfen.

<Formular>-Tag

Die Kennzeichnung der einzelnen Formularfelder erfolgt über das `<Formular>`-Tag. Beachten Sie, dass die Feldbeschriftungen (z. B. Zuname), die unterhalb des Eingabefelds für sehende Personen hinzugefügt wurden, beim PDF-Export als außertextliches Element getaggt werden.

Formulare | Formulare können seit InDesign CS6 in InDesign angelegt und auch in ein PDF überführt werden. Wie dies funktioniert, können Sie in Kapitel 35, »PDF-Formulare«, nachlesen.

Die kurzen Informationen, die den Inhalt des Felds beschreiben, werden über das Eingabefeld Beschreibung in den PDF-Optionen des Schaltflächen und Formulare-Bedienfelds eingetippt, und die Aktivierreihenfolge wird entweder über das Artikel-Bedienfeld oder über den Dialog Aktivierreihenfolge festlegen bestimmt.

Inhaltsverzeichnisse | Das Vorhandensein eines Inhaltsverzeichnisses ist speziell bei umfangreichen Dokumenten ein Muss. Wenn Sie mit Absatzformaten Texte ausgezeichnet haben und darüber hinaus noch die hierarchische Struktur aus dem Absatzformatnamen erkennen können, ist die Erstellung eines Inhaltsverzeichnisses für InDesign ein Kinderspiel.

Wie Sie ein Inhaltsverzeichnis erstellen können, haben Sie bereits in Abschnitt 19.2, »Inhaltsverzeichnisse«, auf Seite 647 erfahren. Dass beim Erstellen des Inhaltsverzeichnisses auch automatisch eine Verlinkung zu den betreffenden Seiten im PDF-Dokument erzeugt wird, ist für die Navigationsmöglichkeit per Screenreader besonders wichtig.

Lesezeichen

Lesezeichen können automatisch (beim Erstellen eines Inhaltsverzeichnisses) oder per Hand über das Bedienfeld Lesezeichen in InDesign angelegt werden.

Lesezeichen | Die Navigation über Lesezeichen ist zur Verfügung zu stellen. Lesezeichen geben einerseits dem Sehenden einen schnellen Überblick über die Hierarchie, die im Dokument angelegt wurde, und andererseits dem Screenreader die Möglichkeit, über das Lesezeichen schnell auf eine Seite zu wechseln und somit in der Struktur auf die gewünschte Ebene vorzudringen.

Erstellen Sie auf der Montagefläche zu jedem Dokument ein automatisches Inhaltsverzeichnis, und aktivieren Sie dabei die Option PDF-Le-

SEZEICHEN ERSTELLEN. Damit werden automatisch Lesezeichen für die schnellere Navigation über einen Screenreader angelegt. Diese Möglichkeit ist nur gegeben, wenn Sie mit Absatzformaten arbeiten.

Nicht-technische Aspekte

Bisher haben wir eine technisch saubere Implementierung für die Verwendung in einem barrierefreien PDF-Dokument beschrieben, die auch technisch überprüft werden kann (PDF/UA). Daneben gibt es noch andere Aspekte, die Sie eventuell noch berücksichtigen sollten:

Kontrast | Beim Aufbau des Dokuments sollten gewisse Regeln eingehalten werden, damit nicht nur blinde, sondern auch hochgradig sehbehinderte Personen die erstellten PDF-Dokumente nutzen können.

Für Sehbehinderte sollte der Kontrast zwischen Text und Hintergrund sehr hoch sein. Graue Texte in feinen dünnen Schriften sind dazu sicherlich nicht die optimale Wahl.

Umfließen-Ansicht | Sehbeeinträchtigte betrachten PDF-Dokumente meistens in der Umfließen-Ansicht – einer linearen Ansicht eines PDF-Dokuments –, denn dabei kann durch Änderung der Zoomstufe die Lesbarkeit von Texten stark verbessert werden.

Grafiker müssen diesbezüglich etwas umdenken. Es sollten keine weißen Textstellen auf Hintergrundflächen erstellt werden, da beim Umfließen der weiße Text auf einem weißen Hintergrund zu stehen kommen könnte. Das Layout sollte aber auch linear aufgebaut sein – d.h., Bildunterschriften sollten unterhalb und nicht neben dem Bild platziert werden.

Allgemeine Verständlichkeit, einfache Sprache | Verwenden Sie leicht verständliche Formulierungen. Das gilt für alle Dokumente.

Abschließende Arbeiten

Nachdem nun der Folder hinsichtlich aller Kriterien überprüft worden ist und die entsprechende Vorbereitung zur Auszeichnung von Inhalten abgeschlossen ist, stehen wir kurz davor, den Inhalt in ein barrierefreies PDF auszugeben. Sprechen wir jedoch nochmals über das Thema der Reihenfolge in einer linearen Datei.

Reihenfolge | Es gibt in PDF-Dateien drei unterschiedliche Reihenfolgen, die separat festgelegt werden müssen:

Unverzichtbare Hilfe

Für alle, die permanent barrierefreie PDF-Datei erstellen müssen, sei zur Unterstützung der Arbeit das Plug-in *MadeToTag* von axaio empfohlen.

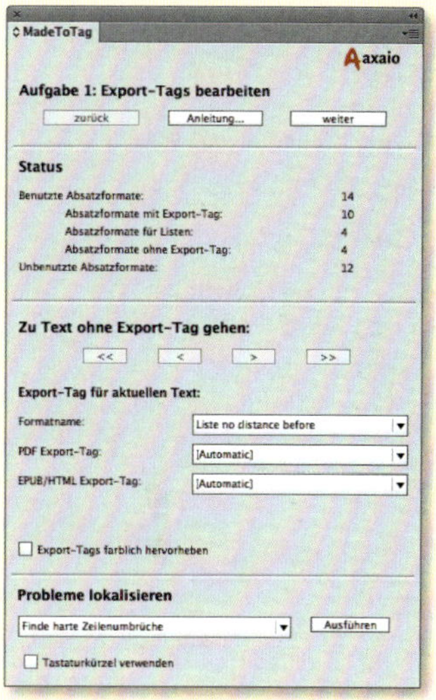

Mit diesem Plug-in können Sie alle zuvor beschriebenen Schritte der Tag-Zuordnung, der Auszeichnung von Objekten, der Eingabe von alternativen Texten und der vollständigen Übergabe von Metadaten bewerkstelligen.

Durch die Aktivierung der visuellen Kontrolle können Sie immer sofort erkennen, wo Sie eventuell vergessen haben, Texte zu taggen.

Reihenfolge festlegen
In InDesign kann die Vorlese-Reihenfolge am schnellsten über das Artikel-Bedienfeld festgelegt werden.

- **Vorlese-Reihenfolge**: Damit wird die Reihenfolge der Inhalte festgelegt, die vom Vorleseprogramm oder der Braillezeile beim Vorlesen befolgt wird.
  Diesen Schritt haben Sie schon durch das Hinzufügen von Objekten im Artikel-Bedienfeld und durch das Verankern von Objekten im Textfluss erledigt.
- **Umfließen-Reihenfolge**: Die Umfließen-Reihenfolge bestimmt, in welcher Reihenfolge Elemente des Layouts in der Umfließen-Ansicht von Acrobat erscheinen sollen.
  Die Umfließen-Reihenfolge kann nachträglich in Acrobat XI Pro über das Navigationsfenster REIHENFOLGE verändert werden. Sie müssen diesbezüglich in InDesign CC keine Vorkehrungen treffen.
- **Tab-Reihenfolge**: Über diese Reihenfolge wird festgelegt, in welcher Abfolge interaktive Elemente wie Formularfelder und Verknüpfungen angesprungen werden. Das Festlegen der Tab-Reihenfolge sollten Sie bereits beim Erstellen des PDF-Formulars berücksichtigt haben.

Tab-Reihenfolge
Das Bestimmen der Tab-Reihenfolge für barrierefreie PDFs kann im Layout über OBJEKT • INTERAKTIV • AKTIVIERREIHENFOLGE festgelegt werden.

Damit die Vorlese-Reihenfolge auch beim PDF-Export berücksichtigt wird, müssen Sie unbedingt den Befehl FÜR LESERICHTUNG IN PDF MIT TAGS VERWENDEN aus dem Bedienfeldmenü des Artikel-Bedienfelds wählen. Wenn Sie diesen Schritt vergessen, werden fast alle zuvor getroffenen Einstellungen nicht berücksichtigt, und eine Überprüfung nach PDF/UA würde fehlschlagen.

▲ **Abbildung 36.11**
Das Bedienfeldmenü des Artikel-Bedienfelds

36.4 PDF-Erstellung und Prüfung

Nachdem Sie nun in InDesign alle Vorkehrungen getroffen haben, muss nur noch das PDF mit den entsprechenden Tags erstellt werden.

PDF-Erstellung

Dazu greifen wir auf den direkten PDF-Export zurück, womit der Tag-Baum automatisch erstellt wird. Es stehen zwei Möglichkeiten zur Verfügung:

- **Adobe PDF (Interaktiv)**: Durch die Wahl dieses Exportformats können Sie alle PDF-Tags, Lesezeichen, Hyperlinks und auch PDF-Formulare aus InDesign in die PDF-Datei übertragen. Sie können darüber hinaus noch die entsprechenden Einstellungen in den Optionen ANSICHT und LAYOUT auswählen, womit ebenfalls typische Merkmale barrierefreier PDF-Dateien für die Zoomstufe und das Umschalten auf die Einzelseitendarstellung bestimmt werden können.

Adobe PDF (Interaktiv)
Nähere Informationen zu den Optionen beim Exportformat ADOBE PDF (INTERAKTIV) erhalten Sie in Abschnitt 33.3, »Adobe PDF (Interaktiv)«, auf Seite 989.

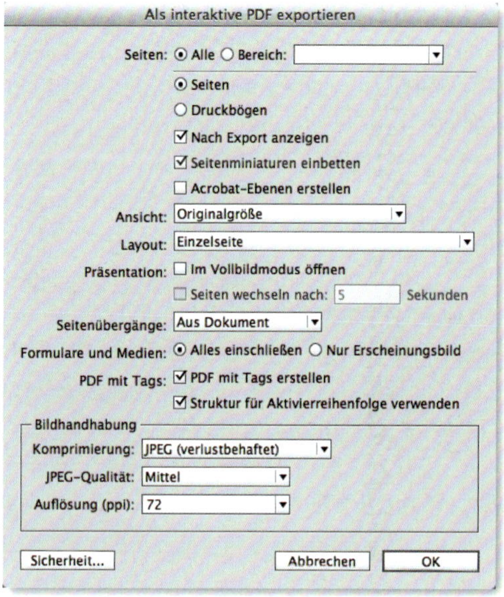

◀ **Abbildung 36.12**
Der Dialog Als interaktive PDF exportieren mit den zu wählenden Einstellungen für die Erstellung einer barrierefreien PDF-Datei. Damit unser Folder in der richtigen Seitenfolge als Einzelseiten-PDF-Datei ausgegeben werden würde, müssten Sie im Eingabefeld Seiten die Seitenfolge 3,4-6,1-2 eingeben.

Der *Nachteil* dieses Exportvorgangs ist, dass alle Objekte nach RGB konvertiert werden, womit dieses Dokument für den Druck nicht verwendet werden kann.

- **Adobe PDF (Druck)**: Sie können aber auch ein barrierefreies PDF über das Exportformat Adobe PDF (Druck) exportieren, solange keine PDF-Formulare exportiert werden müssen.
  Aktivieren Sie dabei nur im Register Allgemein die Optionen Für schnelle Webansicht optimieren, PDF mit Tags erstellen, Lesezeichen und Hyperlinks. Der Vorteil dieses Vorgangs ist, dass keine Farbkonvertierung stattfindet und Sie damit ein Druck-PDF mit entsprechenden Tags für die Kennzeichnung von barrierefreien Inhalten in einer Datei erstellen können. Nur die PDF/X-Kennzeichnung fehlt!

Adobe PDF (Druck)
Nähere Informationen zu den Optionen beim Exportformat Adobe PDF (Druck) finden Sie in Kapitel 29, »PDF-Export für gedruckte Publikationen«.

Verwenden Sie in der Regel immer den Export für PDF (interaktiv), denn Sie sollten für ein Druck-PDF und ein barrierefreies PDF unbedingt zwei verschiedene PDF-Dateien, die sich u.a. durch die Auflösung unterscheiden, erstellen.

Erstprüfung

Das PDF ist fertig. Jetzt sollten Sie es einer Erstprüfung unterziehen und etwaige Fehler so weit wie möglich noch in InDesign korrigieren.

Acrobat Pro XI | Als Creative Cloud-Anwender werden Sie in erster Linie auf Acrobat Pro XI zurückgreifen. Gerade im Hinblick auf die Prüfung von barrierefreien PDF-Dateien wurden in der Version 11 große Anstrengungen unternommen. Öffnen Sie das PDF in Acrobat Pro XI, und klappen Sie im Aufgabenfenster Werkzeuge den Subbereich Ein-/Ausgabehilfe auf. Darin können Sie durch Klick auf den Eintrag Vollständige Prüfung einen sehr umfangreichen Check anstoßen. Die Ergebnisse der Prüfung werden Ihnen in einem eigenem Fenster im Navigationsfenster-Bereich angezeigt.

PDF Accessibility Checker (PAC) unter Mac OS X

Um PAC unter Mac OS X verwenden zu können, müssen Sie zuerst die Laufzeitumgebung für .NET-Applikationen, *Mono*, unter *www.mono-project.com/Main_Page* installieren und darin dann den PAC-Installer aufrufen.

PDF Accessibility Checker | Verwenden Sie für eine noch bessere Prüfung den PDF Accessibility Checker (PAC 1.3 bzw. PAC 2.0 (steht kurz vor der Fertigstellung)) – *http://www.access-for-all.ch/ch/pdf-werkstatt/pdf-accessibility-checker-pac.html* –, den Sie unter Windows und Mac OS X installieren können.

Eine ausführliche Prüfung auf die richtige Reihenfolge beim Vorlesen, das korrekte Entfernen von störenden Inhalten und das Kontrastverhalten sollten Sie mit dem *JAWS Screenreader* (Windows) – *www.freedomsci.de/serv01.htm* – in der aktuellen Version 13 durchführen.

Notwendige Korrekturen vornehmen

Dinge, die beim PDF-Export aus InDesign heraus nicht korrekt abgebildet werden, müssen noch manuell in Acrobat Pro nachbearbeitet werden. Das wohl Wichtigste dabei ist das Setzen der Dokumentsprache.

Festlegen der Dokumentsprache | Damit der Screenreader weiß, in welcher Sprache er vorlesen soll, muss eine generelle Einstellung für das Dokument vorgenommen werden.

Rufen Sie in Acrobat Pro die Dokumenteigenschaften durch Drücken von `Strg`+`D` bzw. `⌘`+`D` auf. Dort wählen Sie im Register Erweitert im Feld Sprache die Dokumentsprache aus.

Überprüfen Sie darüber hinaus noch, ob im obersten Tag `<Document>` dieselbe Sprache ausgewählt ist – InDesign CC sollte dies schon korrekt eintragen. Dazu wählen Sie in Acrobat Pro das Tag `<Document>` im Navigationsfenster Tags aus und rufen über das Kontextmenü den Befehl Eigenschaften auf. Wählen Sie im Feld Sprache auch die Dokumentsprache aus. Dieser doppelte Eintrag ist notwendig, da gewisse Screenreader nicht immer die Sprache aus den Dokumenteigenschaften auslesen, sondern nur die Sprache aus dem Tag `<Document>` verwenden.

Sollten noch weitere Fehler bei der Prüfung auftreten, so können Sie diese auch durch den Korrekturmechanismus in Acrobat Pro korrigieren lassen.

Kapitel 37
Tablet-Publishing

Das System von Adobe zum Erstellen von digitalen Dokumenten, die Sie für Tablets verwenden können, heißt Adobe Digital Publishing Suite oder kurz DPS. Adobe subsumiert unter dem Begriff eine Reihe von Werkzeugen und Diensten, die im Zusammenspiel die Erstellung und das Veröffentlichen von Folio-Dateien ermöglichen und darüber hinaus die Produktion von Apps zur Verfügung stellen. In diesem Kapitel erfahren Sie, wie Sie den gesamten Prozess von der Anlage der InDesign-Datei bis hin zur Erstellung einer App angehen.

37.1 Die Digital Publishing Suite – Überblick und Begriffe

Mit der DPS können Sie interaktive Inhalte für ein vollkommen neues multimediales Lesevergnügen im Zeitschriftenformat auf mobilen Geräten zur Verfügung stellen. Grundsätzlich kann jeder Anwender von InDesign CS5, CS5.5, CS6 und CC interaktive Inhalte erstellen und veröffentlichen. Betrachtet werden die Inhalte mit einem Viewer.

Bevor wir jedoch an die Umsetzung von solchen neuartigen Medien herangehen, geben wir Ihnen einen Überblick über die verwendeten Werkzeuge, die eingesetzte Technik und den Erstellungsprozess.

Nur ab InDesign CS6
Obwohl die Werkzeuge zur Erstellung von Folio auch für InDesign CS5 bzw. CS5.5 zur Verfügung stehen, beschränken wir uns in diesem Kapitel auf die Beschreibung der Implementierung ab InDesign CS6. Als Anwender müssen Sie dazu ohnehin auf zumindest InDesign CS6 umsteigen, da die Umsetzung von Projekten mit InDesign CS5 bzw. CS5.5 um ein Vielfaches komplexer ist als in InDesign CS6 bzw. CC.

Die Werkzeuge

Zur Umsetzung eines Projekts müssen diverse Werkzeuge und Techniken installiert sein. Damit Sie immer klar abgrenzen können, welches Werkzeug für welche Aufgabe zuständig ist und was unter bestimmten Begriffen verstanden wird, möchten wir vorab die wesentlichen Begriffe definieren.

Export von Folio

Als InDesign-Anwender ist man gewohnt, Dateien über den Befehl Datei • Exportieren in das gewünschte Format zu exportieren. Das Format »Folio« finden Sie in diesem Dialog nicht, denn eine Folio-Datei wird erst beim Hochladen der Daten auf den Adobe-Digital-Publishing-Server erzeugt.

Dateiformat | Dateien, die für den Einsatz von digitalen Veröffentlichungen auf dem Tablet erstellt werden, müssen aus InDesign heraus in das Dateiformat *Folio* (.folio) exportiert werden. Eine Folio-Datei besteht im Wesentlichen aus einem ZIP-Container mit einer überschaubaren Ordnerstruktur, in der sich hauptsächlich XML-Dateien sowie statische und dynamische Inhalte in für uns gängigen Formaten wie MP3, MPEG4, JPEG, PNG oder PDF befinden.

Layoutwerkzeuge | Zum Erstellen von Layouts für den Bereich »digitale Veröffentlichungen für Tablets« können Sie theoretischh InDesign CS5, CS5.5, CS6 und CC einsetzen. Da gerade für diesen Bereich viele nützliche Funktionen mit InDesign CS6 eingeführt worden sind, sollten Sie aber zumindest CS6 bzw. CC nutzen. Führen Sie daher als Allererstes ein Update auf die aktuellste Version von InDesign durch.

Update der Folio-Erstellerwerkzeuge

Beachten Sie, dass diese Werkzeuge erst mit InDesign CS6 über den normalen Updateprozess aktualisiert werden. InDesign CS5- bzw. CS5.5-Anwender müssen manuell nach den aktuellen Versionen Ausschau halten.

Die Beschreibung in diesem Buch basiert auf dem v27-Release der Folio-Erstellerwerkzeuge.

Folio-Erstellungswerkzeuge | Damit Sie mit InDesign CS5 bzw. CS5.5 überhaupt Folio-Dateien erstellen können, müssen Zusätze in Form von Plug-ins installiert werden:

- **Folio Producer Tools**: Dadurch werden das Bedienfeld Folio Overlays und der Adobe Content Viewer installiert. Mit diesem Bedienfeld werden interaktive Element für das Folio hinzugefügt.
- **Folio Builder Panel**: Dadurch wird das Bedienfeld Folio Builder in InDesign hinzugefügt. Mit diesem Bedienfeld wird die Verbindung zwischen InDesign und dem Digital-Publishing-Suite-Server hergestellt, um die Folio-Datei zu erzeugen.

Wenn Sie jedoch mit InDesign CS6 oder der aktuellen Version von InDesign CC arbeiten, stehen diese beiden Bedienfelder standardmäßig bereits im Menü Fenster zur Verfügung. Da sie nun in InDesign fix integriert sind, werden auch Updates zu diesen Werkzeugen über den Standard-Update-Prozess durchgeführt.

Achtung

Die Versionen des Content Viewers für diverse Geräte können sich hinsichtlich des Leistungsumfangs deutlich unterscheiden. So werden Sie im Laufe des Erstellungsprozesses immer wieder damit konfrontiert werden, dass durch die Wahl eines bestimmten Parameters die Darstellung auf bestimmten Geräte nicht funktioniert.

Betrachtungswerkzeuge | So wie bei PDF-Dateien der Adobe Reader zum Betrachten benötigt wird, wird zur Interpretation der Inhalte der Folio-Datei ebenfalls ein Programm benötigt. Wir unterscheiden dabei grundsätzlich zwei Formen:

- Der **Adobe Content Viewer** steht für verschiedene Plattformen und Systeme kostenlos zur Verfügung. Das Programm muss deshalb auf den verschiedenen Devices geladen und installiert werden. Es muss, um auf Folio-Dateien zugreifen zu können, zuvor mit einer Adobe-ID verbunden werden. Das »Öffnen« von Folio-Dateien aus einem Dateisystem heraus ist praktisch nicht implementiert.

- Zur Darstellung des Inhalts einer Folio-Datei kann auch eine **App** verwendet werden. Dabei entspricht eine App im Wesentlichen dem Adobe Content Viewer, in dem die Inhalte der Folio-Datei vollständig verpackt sind.

App | Der Begriff »App« bezeichnet im Allgemeinen jede Form von Anwendungsprogramm. Umgangssprachlich werden jedoch darunter meist Anwendungen für Smartphones und Tablet-Computer verstanden, die über einen in das Betriebssystem integrierten Onlineshop bezogen und installiert werden können. Der gesamte Markt wird dabei von drei Anbietern – dem *AppleStore* für iOS-Anwendungen, *Google Play* für Android-Anwendungen und dem *Windows Phone Marketplace* für Windows-Smartphones – beherrscht. In Zusammenhang mit dem Vertrieb von Apps unterscheiden wir zwischen folgenden Typen:

- **Gratis-Apps**: Dies sind Anwendungen, die Anwender kostenlos in den Stores der Hersteller laden können.
- **Purchase App**: Dies sind gekaufte Anwendungen. Der Betreiber des Stores behält von diesen Einnahmen in der Regel 30 % des Kaufpreises ein.
- **In-App Purchase**: Darunter versteht man Apps, die aus der Anwendung heraus auf Zusätze bzw. Upgrades zugreifen können. In-App Purchases können aus Gratis- und aus Purchase Apps heraus stattfinden. Man unterscheidet vier Kategorien:
  - **Nicht ergänzbar**: Das sind Inhalte, die Sie einmal kaufen und anschließend auf mehrere für den Store-Account angemeldete Geräte übertragen können. Beispiele dafür sind Bonuslevel für Spiele oder Karten für Navigationssysteme.
  - **Ergänzbar**: In-App-Käufe sind Inhalte, die Sie bei jedem Laden neu bezahlen müssen. Beispielsweise können das zusätzliche Lebenspunkte, Maschinen u. dgl. bei Spielen sein.
  - **Abonnements**: Dies sind einmalige Dienste, die nach Ablauf der Abonnementdauer wieder bezahlt werden müssen.
  - **Automatisch erneuerbare Abonnements**: Dies sind Anwendungen, die mit unterschiedlicher Laufzeit abonniert werden können. Typische Vertreter sind wöchentliche Ausgaben von Magazinen oder Zeitungen.

Portale | Folio-Dateien werden über den Folio Builder erzeugt und auf den Adobe-Server für die DPS hochgeladen. Die Verwaltung des Adobe-Servers erfolgt über das Digital Publishing Suite Dashboard, das Sie unter *http://digitalpublishing.acrobat.com* erreichen. Durch die Anmeldung über die Adobe-ID gelangen Sie in Ihren Bereich hinein, in dem

Typen von Apps innerhalb der Digital Publishing Suite

Im Zusammenhang mit Folio können unterschiedliche Typen von Apps angeboten werden:

- **Single-Folio-Viewer-App**: Das Folio ist in der Viewer-App (Adobe Content Viewer) eingebaut. Der Viewer besitzt dabei jedoch keine Library. Dieser Typ von App kann nur für iPads erstellt werden, jedoch nicht für iPhone und Android.
- **Multi-Folio-Viewer-App**: Beim Erstellen dieses Typs wird eine Viewer-App erstellt, die als Container für andere Folios dient. Die Viewer-App besitzt eine Library, innerhalb derer der Anwender auf die anderen Folios zugreifen kann.
- **Subskriptions-App**: Dabei handelt es sich um eine Multi-Folio-Viewer-App mit Subskriptions-Funktionalität. Darin können einzelne Ausgaben von beispielsweise Magazinen für die Dauer von drei Monaten oder einem Jahr erworben werden.
- **Subskriptions-App mit eigenem Branding**: Enterprise-Kunden steht die Möglichkeit der Erstellung einer Subskriptions-App im eigenen Design zur Verfügung.
- **Private-App**: Enterprise-Kunden können iPad-Apps für die reine interne Distribution zur Verfügung stellen.

DPS App Builder
Zum Erstellen der App steht der DPS App Builder als lokale Applikation und auch als Online-Version zur Verfügung.

Sie unter Folio Producer die Folio-Dateien managen und für die Veröffentlichung präparieren können. Im Bereich DPS App Builder können Sie schlussendlich die Folio-Datei zu einer *App* verpacken.

Der Prozess

Genug der Begriffe. Schauen wir uns nun im Überblick an, wie Sie von InDesign aus zu einer fertigen App kommen. Schematisch kann der Prozess folgendermaßen dargestellt werden:

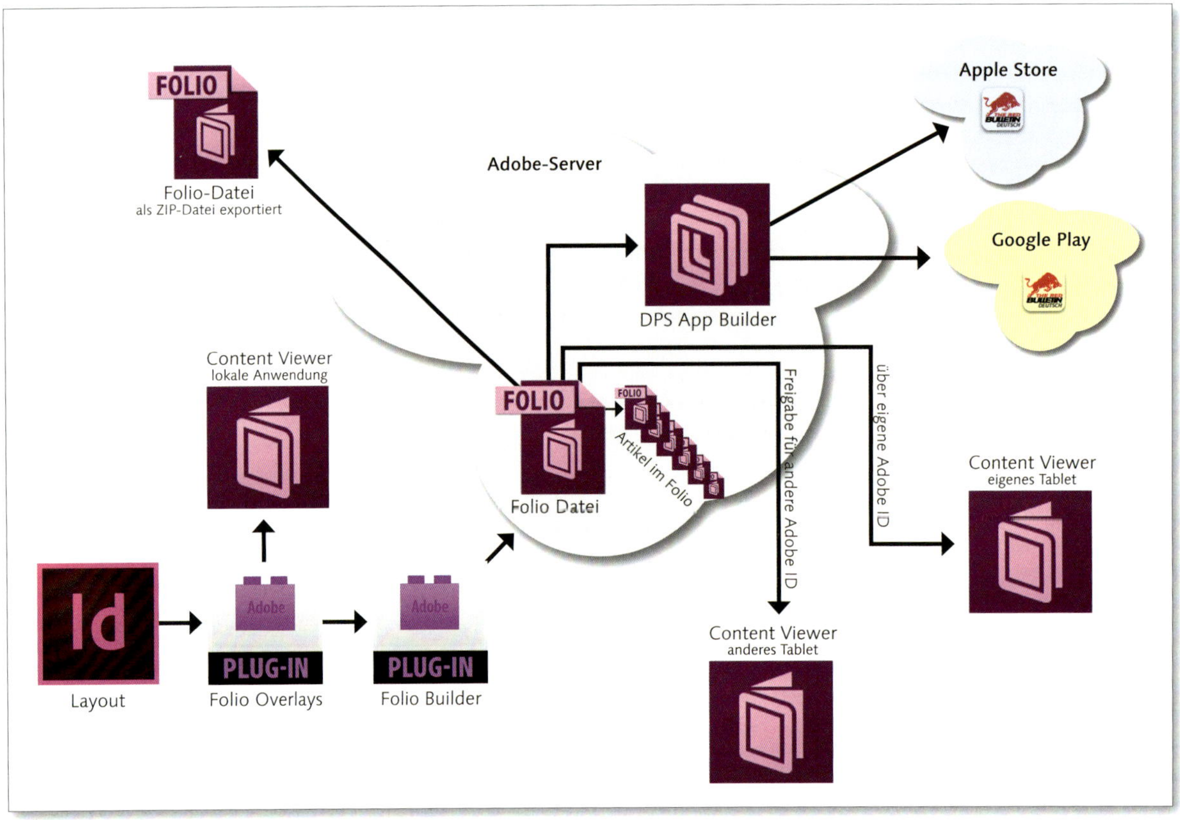

▲ **Abbildung 37.1**
Schematische Abbildung, wie Sie von Adobe InDesign aus eine Folio-Datei erstellen und diese über den Digital Publishing Suite-Server für andere Anwender freigeben bzw. verteilen können.

Adobe InDesign ist die zentrale Komponente des Workflows. Mit InDesign können Grafiker Layouts erstellen und über das Bedienfeld Folio Overlays Interaktivität hinzufügen. Ausgetestet wird die Funktionsweise über den Adobe Content Viewer, der auf dem lokalen System installiert ist. Sind Sie mit dem Layouten fertig, müssen alle Layouts zusammengeführt werden, bevor Sie über das Bedienfeld Folio Builder eine Folio-Datei auf dem Digital Publishing System-Server erstellen können.

Ist die Folio-Datei einmal auf dem Server, so müssen noch Metadaten sowohl für das Folio als auch für die einzelnen Artikel hinzugefügt und diverse Parameter ergänzt werden, die für die Veröffentlichung des Folios erforderlich sind. Ist das Folio zur Veröffentlichung bereit, kann es auf verschiedenen Wegen zum Betrachter kommen. Es können dabei vier verschiedene Szenarien unterschieden werden:

- **Folio lokal sichern**: Vom Adobe Server kann das Folio in Form einer ZIP-Datei auf Ihr System geladen werden. Wenn Sie diese ZIP-Datei entpacken, befinden sich innerhalb des Ordners mehrere Folio-Dateien (es handelt sich dabei um die einzelnen Artikel des Folios), die Sie einzeln mit Ihrem lokal installierten Adobe Content Viewer betrachten können. Beachten Sie, dass Sie das gesamte Folio damit nicht lokal betrachten können.
- **Folios der eigenen Adobe-ID über den Adobe Content Viewer betrachten**: Sobald Sie den Adobe Content Viewer auf einem externen Gerät (Smartphone oder Tablet) starten, können Sie sich durch die Eingabe Ihre Adobe-ID mit dem Adobe-Server verbinden. Ist die Verbindung hergestellt, werden Ihnen im Home-Bereich des Adobe Content Viewer alle verfügbaren Folio-Dateien zum Download angeboten. Laden Sie das gewünschte Folio, und betrachten Sie im Anschluss dann die Artikel.
- **Ein Folio für andere Adobe-IDs freigeben**: Folios können über den Adobe Digital Publishing-Server für andere Adobe IDs freigegeben werden. Freigegebene Folios erscheinen daraufhin im Home-Bereich des Adobe Content Viewers der freigegebenen Adobe ID. Damit können Sie sehr einfach Ihre Präsentationen oder Vertriebskataloge den bekannten Adobe IDs übermitteln.
- **Ein Folio über den DPS App Builder in eine App konvertieren**: Wenn Sie einen Account für die kostenpflichtige Adobe Creative Cloud haben, können Sie kostenlos Apps mit dem DPS App Builder erstellen und diese über den Apple Store bzw. über Google Play an eine unbekannte Anwenderschar verteilen. Apps, die Sie innerhalb eines Kiosks vertreiben wollen, benötigen darüber hinaus noch eine entsprechende Lizenzvereinbarung mit Adobe. Die Erstellung der App erfolgt auf dieselbe Art und Weise.

▲ **Abbildung 37.2**
Der Inhalt eines entzippten Folios. Für jeden Artikel im Folio wird eine eigenständige Folio-Datei erzeugt. Eine Vorschau-Datei für die horizontale und vertikale Betrachtung im Home-Bereich des Adobe Content Viewers und eine XML-Datei (Angabe der Metadaten) ergänzen das Paket.

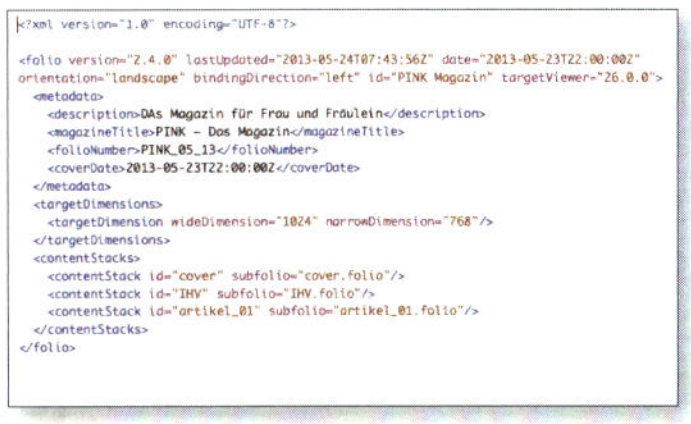
```
<?xml version="1.0" encoding="UTF-8"?>

<folio version="2.4.0" lastUpdated="2013-05-24T07:43:56Z" date="2013-05-23T22:00:00Z"
orientation="landscape" bindingDirection="left" id="PINK Magazin" targetViewer="26.0.0">
  <metadata>
    <description>DAs Magazin für Frau und Fräulein</description>
    <magazineTitle>PINK - Das Magazin</magazineTitle>
    <folioNumber>PINK_05_13</folioNumber>
    <coverDate>2013-05-23T22:00:00Z</coverDate>
  </metadata>
  <targetDimensions>
    <targetDimension wideDimension="1024" narrowDimension="768"/>
  </targetDimensions>
  <contentStacks>
    <contentStack id="cover" subfolio="cover.folio"/>
    <contentStack id="IHV" subfolio="IHV.folio"/>
    <contentStack id="artikel_01" subfolio="artikel_01.folio"/>
  </contentStacks>
</folio>
```

▲ **Abbildung 37.3**
Der Inhalt der XML-Datei. Sie enthält die allgemeinen Informationen zum Folio – Beschreibung, Titel, Folionummer, Auflösung und welche Subfolios (Artikel) vorzufinden sind.

37.2 Dokumente anlegen

InDesign-Dokumente müssen für die digitale Veröffentlichung speziell angelegt oder in einer gewissen Art und Weise aufbereitet werden, damit sie für die Erstellung eines Folios geeignet sind. Bevor wir mit dem Anlegen oder dem Aufbereiten von InDesign-Dokumenten beginnen, sollten vorab noch einige Sachverhalte geklärt werden.

Überlegungen zum Anlegen von Dokumenten

Für wen ist das Dokument bestimmt? Auf welchem Endgerät soll das Folio betrachtet werden? Soll durch das Drehen von Tablets eine andere Ansicht entstehen? Welche Bereiche sind auf dem Display sichtbar? Wie ist ein Folio aufgebaut? All diese Fragen sind bereits im Vorfeld zu klären, um einen reibungslosen Ablauf zu garantieren.

- **Inhalt eines Folios**: Ein Folio besteht aus einem oder mehreren Artikeln. Der Begriff »Artikel« ist dabei eher mit *Abschnitt* oder *Stapel* gleichzusetzen, weshalb man in der Organisation von Folio-Dateien auch von einem »Stack« spricht. Ein Artikel kann jedoch aus mehreren Abschnitten und Textstellen bestehen und sich dabei über mehrere Seiten erstrecken.
- **Artikel**: Für jeden Artikel ist eine eigene InDesign-Datei anzulegen. Überlegen Sie sich also im Vorfeld genau, welche Inhaltsstrecken Sie im Folio abbilden wollen.
- **Blättern im Folio**: Die Art und Weise, wie Sie beim Betrachten des Folios auf dem Tablet von einer Seite zur nächsten kommen möchten, bestimmt sehr wesentlich, wie die InDesign-Datei angelegt werden muss. Soll das Blättern zur vorigen bzw. nächsten Seite durch Wischen nach links bzw. rechts erfolgen (das klassische Blättern bei Magazinen), oder hat sich inzwischen ein anderes Anwendungsverhalten beim Betrachten von digitalen Magazinen durchgesetzt? Unsere Empfehlungen lauten:
  - **Blättern zwischen Artikeln**: Zwischen den Artikeln soll das Blättern durch »Wischen« nach rechts oder links erfolgen. Der Betrachter weiß damit sofort, dass er sich nun in einem anderen Artikel befindet.
  - **Blättern im Artikel**: Zwischen den einzelnen Seiten eines Artikels sollte das Blättern durch »Wischen« nach oben bzw. unten erfolgen. Dadurch kann der Betrachter abschätzen, wie lang bzw. wie umfangreich dieser Artikel ist.
- **Übergroße Einzelseitenlayouts**: Layouts zur Darstellung von langen Inhaltsverzeichnissen oder aufwendig gestalteten Bildgeschichten (z. B. mit einem großen Hintergrundbild) u. dgl. werden unter anderem in einem von der Darstellungsgröße abweichenden Format angelegt. Zur Darstellung von solchen Einzelseitenlayouts ist Smooth Scrolling zu aktivieren. Das Blättern auf der Seite erfolgt dabei auch durch »Wischen« nach unten bzw. oben.
- **Pinch- und Zoom-Gesten**: Wenn Artikel mithilfe dieser Gesten vergrößert werden sollen, so muss dieser Artikel im Standardbildformat PDF angelegt werden. Artikel im Standardbildformat PNG oder JPEG können nicht vergrößert werden.

Verwaltung von Dokumenten

Da einzelne Artikel als eigenständige InDesign-Dateien angelegt werden müssen, empfehlen wir Ihnen, die InDesign-Dateien über die Buchfunktion zu einem Projekt zusammenzufügen.

Wie Sie mit Büchern umgehen können, erfahren Sie im Abschnitt 19.1, »Bücher« auf Seite 635.

▲ **Abbildung 37.4**
Beispiel für das Layout eines Inhaltsverzeichnisses: »Red Bulletin« (Ausgabe Februar 2012)

- **Einzelseiten**: Dateien müssen als Einzelseiten in InDesign angelegt werden. Deaktivieren Sie die Option Doppelseiten beim Anlegen von neuen Dokumenten im Dialog Neues Dokument bzw. nachträglich im Dialog Dokument einrichten.
- **Alternative Layouts**: Inhalte, die im Quer- bzw. Hochformat angeboten werden, mussten bis InDesign CS5.5 in getrennten InDesign-Dokumenten aufgebaut und abgespeichert werden. Ab InDesign CS6 können unterschiedliche Ausrichtungen über alternative Layouts in einem Dokument gehalten werden. Der Aufbau in getrennten Dokumenten ist zwar möglich, aber mit viel Zusatzaufwand verbunden. Nähere Informationen dazu erhalten Sie im Abschnitt »Alternative Layouts erstellen und verwalten« auf Seite 919.
- **Horizontale und vertikale Ausrichtung**: Das Betrachten von Inhalten kann auf Tablets und Smartphones horizontal oder vertikal erfolgen. Man spricht dabei vom horizontalen Bildlauf (horizontale Betrachtung = Querformat) und dem vertikalen Bildlauf (vertikale Betrachtung = Hochformat). Wie Sie am schnellsten ausgehend von einem horizontalen Layout ein vertikales Layout erstellen, erfahren Sie in Kapitel 31, »Variables Layout«.
- **Aufbau einer Seite im Folio**: Beim Erstellen des Folios wird aktuell das gesamte Layout in ein Bild im Format PDF, JPG oder PNG konvertiert; multimediale Objekte werden hingegen als *Overlay* platziert. Sie müssen also davon ausgehen, dass ein Folio zur Darstellung auf quasi zwei Ebenen zurückgreift: auf das Hintergrundbild und auf die darüberliegenden multimedialen Inhalte.
- **Standardbildformat**: Layouts werden beim Erstellen in das gewählte Standardbildformat konvertiert. Als Hilfe zur Entscheidungsfindung, welches Format dabei geeignet ist, sollten Sie folgende Punkte berücksichtigen:
  - JPEG erzeugt kleinere Folios als PNG; PDF erzeugt in der Regel jedoch die kleinsten Folio-Dateien, da dadurch Vektorgrafiken nicht zwingend gerendert werden müssen, sondern als Vektorgrafiken erhalten bleiben können.
  - Durch die Wahl von JPEG oder PNG können Sie die Anzeige der Inhalte auf allen Tablets der verschiedenen Hersteller sicherstellen. PDF kann erst mit Spin v26 der Digital Publishing Suite durchgehend in allen Adobe Content Viewern, die unter iOS und Android laufen, dargestellt werden.
  - Nur wenn PDF gewählt ist, können die Pinch- und Zoom-Gesten verwendet werden.
- **Auflösung**: Die Auflösung für digitale Veröffentlichungen (Web-Banner, digitale Magazine, Präsentationen usw.) wird nicht in dpi, son-

Layouteinschränkungen

Durch die Einschränkung, dass nur Einzelseiten verwendet werden dürfen, ist klar, dass herkömmliche Layoutvorstellungen (z. B. Bilder oder ganze Headlines über Doppelseiten hinweg zu platzieren) für diese Ausgabeform nicht umsetzbar sind.

Eine oder zwei Ausrichtungen?

Wenn Sie sich entschieden haben, eine horizontale und eine vertikale Version eines Folios anzubieten, müssen Sie dies für alle Artikel im Folio einrichten. Sie können somit nicht einen Artikel als horizontales und vertikales Layout und einen anderen Artikel nur als horizontales Layout anbieten.

Haben Sie sich entschieden, beide Ausrichtungen anzubieten, dann müssen Sie das für alle Artikel im Folio tun.

Standardbildformat

All diese Aussagen zum Standardbildformat gelten für die aktuelle Version 27 der Digital Publishing Suite (Stand: August 2013). Da Adobe fast im monatlichem Rhythmus die Anwender mit Updates versorgt, sind diese Aussagen immer hinsichtlich der aktuell geltenden Version zu überprüfen.

PDF als Standardformat hat sich inzwischen jedoch als das dafür wohl am besten geeignete Format herauskristallisiert.

Auflösungen von Endgeräten

- iPad 2: 1024 × 768 Pixel
- iPad 3: 2048 × 1536 Pixel
- iPhone 3 GS: 480 × 320 Pixel
- iPhone 4: 960 × 640 Pixel
- iPhone 5: 1136 × 640 Pixel
- PlayBook 7": 1024 × 600 Pixel
- Xoom: 1280 × 800 Pixel
- Galaxy 7": 1024 × 600 Pixel
- Galaxy 10": 1280 × 800 Pixel
- TouchPad: 1024 × 768 Pixel
- HTC Flyer: 1024 × 600 Pixel

Letter- und Pillarbox

Unter *Letterbox* versteht man die Skalierung des Ausgangsformats auf die Breite der kleineren Darstellungsfläche. Bei *Pillarbox* erfolgt die Skalierung des Ausgangsformats auf die Höhe der zur Verfügung stehenden Darstellungsfläche. Bei beiden Varianten bleiben die Proportionen erhalten, und der entstandene Freiraum wird schwarz gefüllt.

Multi-Rendition-Artikel

Seit der Adobe Digital Publishing Suite v23 können Artikel in einer Multi-Rendition-Variante angelegt werden. Dies bedeutet, dass nun nicht mehr zwei gleich benannte Folios in unterschiedlicher Auflösung zur Verfügung gestellt werden müssen. Der Adobe Content Viewer hat bisher auf das für die Auflösung erstellte Folio zurückgegriffen. Mit Version 23 muss der Viewer nicht mehr auf ein anderes Folio zurückgreifen, sondern er kann auf hochauflösende Komponenten im Artikel zurückgreifen.

dern in Pixel für die Höhe und die Breite angegeben. Da Daten in diesem Bereich auf verschiedenen Endgeräten betrachtet werden, müssen Sie sich überlegen, wie Sie dieses Problem lösen:

- **Für jede Auflösung einen eigenen Dokumentensatz erstellen**: Dass diese Möglichkeit besteht, ist klar, jedoch ist sie etwas zeitaufwendig.
- **Vier Hauptformate erstellen**: Erstellen Sie Dokumente für die Standardformate 1024 × 768 px, 1024 × 600 px, 1280 × 800 px oder 960 × 640 px, da diese für die gängigsten Tablets und das iPhone 4 verwendet werden und auf den meisten abweichenden Formaten akzeptable Ergebnisse erzielen.
- **Nur ein Format erstellen**: Wenn Sie nur ein Format erstellen, so wird zur Anzeige auf anderen Formaten die Datei nach Bedarf skaliert oder in das *Letterbox-Format* umgewandelt.
  Wenn Sie ein großes Format, z.B. 1024 × 768 px, auf einem kleineren Format (z.B. 800 × 600 px) betrachten, so wird der Inhalt verkleinert. Umgekehrt jedoch wird der Inhalt nicht vergrößert, sondern in der Letterbox- oder Pillarbox-Darstellung angezeigt.

- **Multi Renditions**: Folios werden auf unterschiedlich proportionierten Endgeräten betrachtet, die darüber hinaus noch mit unterschiedlichen Auflösungen aufwarten. In Zukunft werden Sie unterschiedliche Proportionen und Größen so abbilden können, wie es jetzt schon im Webdesign möglich ist – aktuell können Layouts nur in fest definierten Bildgrößen erscheinen.
  Wie jedoch unterschiedliche Auflösungen (das iPad 2 hat 1024 × 768 und das iPad 3 2048 × 1536 px) für das Folio berücksichtigt werden müssen, wird unter dem Begriff *Multi Renditions* subsumiert. Damit Bildmaterial und Videos auf der vierfach höheren Auflösung des iPad 3 ebenfalls hervorragend aussehen, muss die Folio-Datei auf »besseres« Material zurückgreifen können.
- **Medienneutral produzieren**: Zur verbesserten Darstellung und der Ausnutzung des erweiterten Farbraums auf Tablets wird die Verwendung von RGB-Bildern empfohlen. Erstellen Sie also medienneutrale Dokumente. Wie Sie dazu verfahren, lesen Sie in Abschnitt 2.5, »Verfahrensangepasste oder medienneutrale Produktionsweise«, auf Seite 92.
- **Nicht sichtbare Bereiche berücksichtigen**: Auf den Tablets und Smartphones sind bestimmte Bereiche – Rollbalken rechts bzw. Steuerleiste oben und unten – nicht immer sichtbar. Stellen Sie keine inhaltsrelevanten Informationen in diese Bereiche.

Sie sehen, dass viele Faktoren im Vorfeld abgeklärt bzw. verstanden werden müssen, damit Sie nicht schon bei der Konzeption falsche Überlegungen anstellen. In den nachfolgenden Beschreibungen gehen wir somit immer von einer bestimmten Konstellation aus. Hinweise, die Sie bei anderen Bedingungen berücksichtigen müssen, werden wir zwar anbringen, dennoch können wir, aufgrund der Vielfältigkeit, nicht immer alle »Wenn und aber« abdecken.

Ein neues InDesign-Dokument für die Digital Publishing Suite anlegen

Gehen wir einmal vom Idealzustand aus: Sie möchten ein Folio mit einer bestimmten Anzahl von Artikeln neu anlegen. Wie Sie dabei das InDesign-Dokument (also einen Artikel) anlegen, erfahren Sie in der folgenden Schritt-für-Schritt-Anleitung.

Stellen Sie sich die Frage ...
Sind Sie sich sicher, dass von einem Magazin immer eine horizontale und eine vertikale Version vorliegen muss? Sicherlich 90 % der Tablet-Anwender betrachten solche Inhalte immer in der horizontalen Version.

Schritt für Schritt
Anlegen der InDesign-Dokumente für die DPS

Wir wollen ein mehrseitiges Magazin mit Cover sowohl für die horizontale als auch für die vertikale Betrachtung erstellen und später im Folio-Format ausgeben. Dazu müssen wir für jeden Artikel – also zumindest für das Deckblatt und für den Kern – ein eigenes InDesign-Dokument anlegen. Wir wollen ein Magazin anlegen, das aus einem Cover, einem Inhaltsverzeichnis und vier Artikeln besteht.

◂ **Abbildung 37.5**
Das Cover des Magazins, wie es im Hoch- und Querformat auf dem iPad dargestellt werden soll. Beide Layouts können mit InDesign CC in einem InDesign-Dokument als Alternativen angelegt werden. Greifen Sie dabei auch auf die Möglichkeiten zurück, der mit Textrahmenverknüpfungen Texte synchron zu halten.

1 Anlegen des Covers
Zum Anlegen des Covers rufen Sie den Befehl Datei • Neu • Dokument auf. Im Dialog Neues Dokument übernehmen Sie die Werte aus Abbildung 37.6 (nächste Seite).

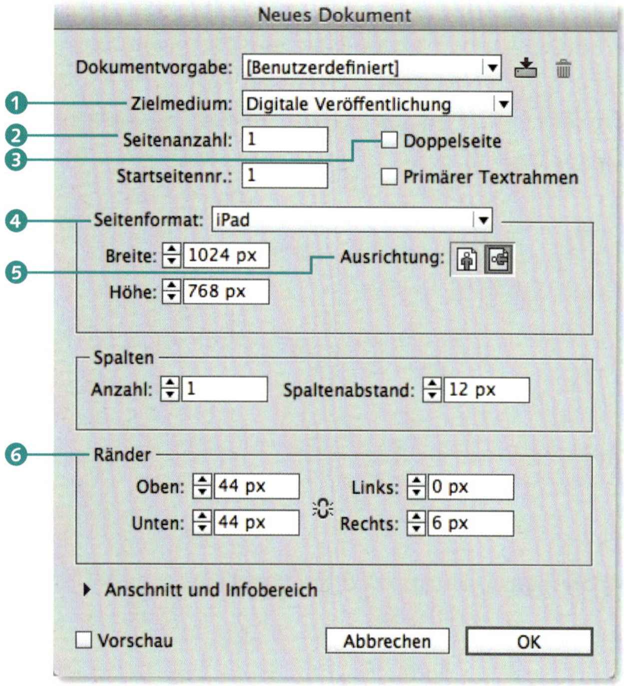

Abbildung 37.6 ▶
Dokumente für digitale Magazine sollten einseitig und mit der Maßeinheit px angelegt werden. Diese Grundeinstellung ist durch die Wahl von Digitale Veröffentlichung unter Zielmedium sichergestellt. Beachten Sie, dass durch diese Wahl nicht nur die Maßeinheit auf Pixel gestellt wird, es werden darüber hinaus noch der Transparenzfüllraum und alle Grundfarben des Bedienfelds Farbfelder in RGB angelegt.

Anschnitt- und Infobereich

Der Anschnitt- bzw. der Infobereich ist für den Bereich der digitalen Veröffentlichung ohne Bedeutung.

Namenskonvention

Welchen Namen Sie der InDesign-Datei beim Abspeichern geben, bleibt vollkommen Ihnen überlassen. Wir empfehlen nur, gerade beim Anlegen von Dokumenten für digitale Veröffentlichungen möglichst auf Sonderzeichen, Leerzeichen und Umlaute zu verzichten. Denn wenn Sie den Artikel genau so wie die Datei nennen, müssen in Pfadangaben für Hyperlinks usw. diese Sonderzeichen nicht maskiert werden.

Wählen Sie aus der Option Zielmedium ❶ den Eintrag Digitale Veröffentlichung aus. Dabei werden die Maßangaben zur Eingabe in px (Pixel) umgestellt und standardmäßig Einzelseiten erzeugt (die Checkbox Doppelseite ❸ ist deaktiviert) . Für das Cover benötigen wir keinen primären Textrahmen, da es grafisch und mit wenig Text gestaltet werden soll. Deaktivieren Sie die Option Primärer Textrahmen.

Die Größe des Layouts muss auf die Möglichkeiten des Endgeräts abgestimmt werden. Da wir ein Folio für das iPad produzieren wollen, wählen Sie für das horizontale Layout den Eintrag iPad aus dem Menü Seitenformat ❹ aus. Dadurch werden die Werte für die Breite und die Höhe auf 1024 × 768 px gestellt und standardmäßig die Ausrichtung auf Quer ❺ gestellt.

Für die Ränder ❻ geben Sie für Oben und Unten 44 px ein. Durch diese Begrenzung wird jener Bereich gekennzeichnet, in dem beim iPad die Kopfleiste für die Buttons Home, Zurück, Inhaltsverzeichnis u. dgl. sowie die Fussleiste zum horizontalen Scrollen eingeblendet wird. In der Option Rechts geben Sie 6 px ein, denn dieser Bereich wird permanent vom vertikalen Rollbalken auf dem iPad verwendet. Wichtige Inhalte des Layouts sollten also nie in diesen Bereichen platziert werden.

Klicken Sie dann auf OK, und speichern Sie das Dokument in Ihrem Projektordner im Subordner Cover ab. Sie können nun mit dem Layouten des Dokuments beginnen.

2 Dokument gestalten

Beginnen Sie mit dem Aufbau des Layouts, indem Sie alle Bilder, Grafiken und Texte auf der Seite platzieren und Ihren Vorstellungen entsprechend anordnen. Sie können dabei auf alle Funktionen in InDesign zurückgreifen, die Sie zum Erstellen von Druckvorlagen verwenden würden. Hinsichtlich der Platzierung der Objekte zum Rand hin sei nur erwähnt, dass Sie Objekte über das eingestellte Format hinaus platzieren sollten, um keine Blitzer am Rand entstehen zu lassen.

Welches Dateiformat platzierte Bilder haben, ist egal, da ohnehin beim Erstellen des Folios das gesamte Layout als Hintergrundbild in der vorgegebenen Auflösung im Standardbildformat gerendert wird.

Bildauflösung

Im Layout sollen Bilder, die nicht für interaktive Überlagerungen verwendet werden, mit einer effektiven Auflösung von zumindest 144 ppi angelegt werden.

3 Overlays hinzufügen

Bevor Sie das vertikale Layout aus dem horizontalen Layout ableiten, müssen Sie sich an dieser Stelle die Frage stellen, ob Sie die multimedialen Elemente – Hyperlinks, Diashows, Bildsequenzen, Audio und Video, Panorama und Webinhalte – gleich oder erst zu einem späteren Zeitpunkt als Überlagerung hinzufügen sollen.

Aus unserer Sicht sollten Sie alle Overlays, die zu diesem Zeitpunkt schon feststehen und Sinn machen, bereits im horizontalen Layout anbringen, damit diese beim Ableiten des vertikalen Layouts ebenfalls übertragen werden. Hyperlinks zu anderen Artikeln können erst zu einem späteren Zeitpunkt definiert werden.

Hinweis

Wie Sie Interaktivität und multimediale Inhalte hinzufügen können, erfahren Sie gleich anschließend. Wir gehen in dieser Schritt-für-Schritt-Anleitung davon aus, dass Sie alle Elemente hinzugefügt und mit der notwendigen Funktion ausgestattet haben.

4 Vertikales Layout anlegen

Sie sollten das vertikale Layout ausgehend vom horizontalen Layout mit all seinen Elementen und Interaktivitäten ableiten. Die Vorgehensweise muss dabei immer über den Befehl LAYOUT • ALTERNATIVES LAYOUT ERSTELLEN abgewickelt werden, da der Folio Builder sonst beim Hinzufügen des Artikels nicht auf ein Quer- und ein Hochformat zurückgreifen kann. Ob Sie gleich nach dem Anlegen eines Dokuments ein leeres alternatives Layout anlegen oder zuerst das Layout erstellen und danach das alternative Layout, bleibt Ihnen überlassen.

Für den ersten Fall müssten Sie alle Inhalte manuell durch Copy & Paste oder mithilfe des Inhaltsüberträger-Werkzeugs übertragen und dabei eventuell auf Textrahmenverknüpfungen und das Mapping von Absatzformaten zurückgreifen.

Für den zweiten Fall können alle drei Funktionen (das Übertragen des Inhalts, Textverkettungen und Mapping der Absatzformate anlegen, um für eine spätere Synchronisierung des Textes zwischen horizontalem und vertikalem Layout gerüstet zu sein) vereint werden, womit Sie sich viel Arbeit sparen würden.

▲ **Abbildung 37.7**
So müsste das Seiten-Bedienfeld nach Schritt 4 aussehen. Es sind darin zwei alternative Layouts – IPAD H und IPAD V – angelegt.

5 Ein Dokument für das Inhaltsverzeichnis anlegen

Das Inhaltsverzeichnis wollen wir in Form eines Einzelseitenlayouts mit einer Höhe von 1500 px erstellen. Dadurch erhalten wir eine größere Layoutfläche, über die wir beim Betrachten der Seite mit Smooth Scrolling nach unten wischen können.

Führen Sie dazu die Schritte 1 bis 4 erneut aus, und ändern Sie den Wert der Höhe im Dialog Neues Dokument auf 1500 px. Alle anderen Einstellungen, auch der Wert im Eingabefeld Seitenanzahl ❷, bleiben gleich.

Speichern Sie das Dokument unter dem Dokumentennamen »ihv« im Subordner IHV des Projektordners ab.

Primärer Textrahmen

Für textlastige Layouts überlegen Sie sich, ob Sie nicht durch die Aktivierung der Option Primärer Textrahmen einfache Layoutanpassungen durchführen könnten.

6 Anlegen der vier Artikel

Die vier Artikel unseres Magazins erstellen Sie auf dieselbe Art und Weise, wie zuvor in Schritt 1 bis 4 beschrieben wurde.

Ändern Sie hier lediglich im Dialog Neues Dokument den Wert im Eingabefeld Seitenanzahl ❷ (Abbildung 37.6) auf die für die Strecke beabsichtigte Seitenanzahl, und speichern Sie diese Dokumente im Projektordner ab. Legen Sie auch hierfür für jeden Artikel einen eigenen Subordner an, und speichern Sie das InDesign-Dokument darin mit dem gleichen Namen des Subordners ab.

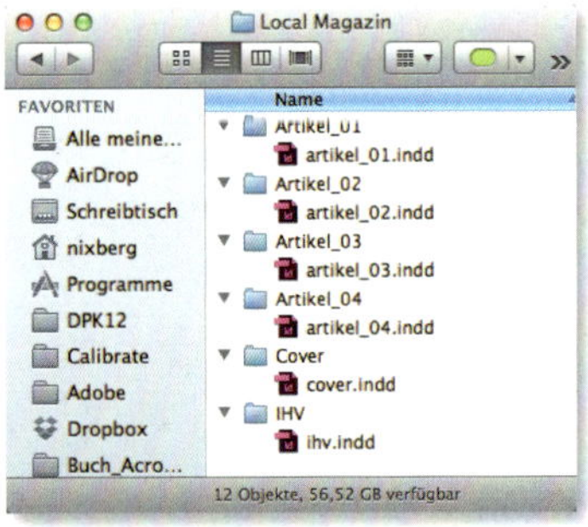

▲ **Abbildung 37.8**
Die Ordnerstruktur mit den InDesign-Dokumenten nach Schritt 6. Beachten Sie, dass die Anlage dieser Struktur nicht zwingend vorgegeben ist. Wenn Sie aber zu einem späteren Zeitpunkt beim Erstellen des Folios einen automatischen Import der Artikel in das Folio planen, so ist es ratsam, eine Ordnerstruktur ähnlich dieser zu erstellen.

7 Bereit zum Erstellen des Folios

Sie haben es damit geschafft, die Dokumente für unser Magazin anzulegen und diese in einer für die Erstellung von Folio-Dateien idealen Struktur abzulegen. Wenn Sie schon so weit sind, ist der Weg zum Folio nicht mehr weit – die Hauptarbeit haben Sie gemacht.

Damit diese Hauptarbeit wirklich schnell erledigt werden kann, greifen Sie am besten auf die breite Palette an Funktionen aus InDesign CC zur Erstellung der Dokumente zurück. InDesign ist das Orchester, und Sie sind der Dirigent!

Der Projektordner sollte zum Schluss vorerst so wie in Abbildung 37.8 aussehen.

Ein InDesign-Drucklayout für DPS übernehmen

Wenn Sie ein vorhandenes Drucklayout in ein Folio umwandeln möchten, ist es in der Regel am einfachsten, ein neues Dokument in der gewünschten Auflösung und Ausrichtung zu erstellen und die Inhalte vom Drucklayout für das digitale Magazin in gewohnter Art und Weise oder unter Zuhilfenahme des Inhaltsaufnahme- und Inhaltsplatzierung-Werkzeugs in Form zu bringen. Zu unterschiedlich sind die Anforderungen für beide Ausgabekanäle, als das eine Ableitung sinnvoll erscheint. Hier ein paar Gründe:

- Drucklayouts sind meistens als vertikales Layout angelegt, digitale Magazine basieren in erster Linie auf einem horizontalen Layout. Das Ableiten eines horizontalen Layouts von einem vertikalen Drucklayout ist zwar technisch möglich, jedoch aufgrund vieler anderer Faktoren layouttechnisch nicht wirklich zu empfehlen. Beispielsweise würde eine Headline, die über eine Doppelseite gesetzt wurde, oder ein Artikel auf der linken Seite, dessen letzter Absatz auf der rechten Seite endet, so oder so ein Redesign des Layouts nach sich ziehen.
- Drucklayouts basieren in fast allen Fällen auf dem Layout einer linken und einer rechten Seite. Digitale Magazine unterscheiden nicht zwischen links und rechts. Digitale Magazine besitzen ein Einseiten-Layout, das maximal in hoch und quer zur Verfügung stehen kann.
- Drucklayouts benötigen eine Paginierung und besitzen meistens Kolumnentitel und Farbkodierungen in Form von Farbbalken oder eingefärbten Elementen. Digitale Magazine können auf diese Zusatzinformationen in der Regel ganz verzichten bzw. müssen andere Zusatzinformationen angebracht werden, damit der Leser erkennen kann, wie viele Seiten noch im Artikel einzusehen sind.
- Drucklayouts werden gerne in einem Dokument oder zumindest als zweiseitige InDesign-Dokumente angelegt. Digitale Magazine benötigen einseitige Dokumente und für jeden Artikel ein InDesign-Dokument. Der Aufwand, Drucklayouts in einzelne InDesign-Dokumente zu überführen oder zu trennen, ist hoch, da mit manchen Problemen verbunden, und benötigt darüber hinaus viel Zeit.

Umgang mit Inhaltsüberträger

Nähere Informationen zum Umgang mit dem Inhaltsüberträger-Werkzeug und dem Überträger erhalten Sie im Abschnitt »Das Inhaltsaufnahme-Werkzeug« auf Seite 318.

Mehr Platz

Texte im Drucklayout sind meistens auf die Länge des zur Verfügung stehenden Platzes beschränkt worden. In digitalen Magazinen können Sie auf eine unbegrenzte Anzahl von Seiten zurückgreifen und dadurch in einem Artikel mehr Text sowie umfangreiche Bildserien verwenden.

Diese vier Gründe zeigen deutlich, dass Sie unbedingt Abstand von einer Ableitung eines Drucklayouts nehmen sollen. Wenn all diese Gründe auf Ihr Projekt nicht zutreffen, so können Sie es ja dennoch probieren. Viel Glück!

Ansicht des Layouts im Adobe Content Viewer

Wie Sie in Abbildung 37.1 auf Seite 1062 sehen können, besteht die Möglichkeit, dass Sie sich bereits das InDesign-Dokument mit all seinen angefügten Überlagerungen im lokal installierten Adobe Content Viewer ansehen und dort austesten können. Bevor Sie das tun, bestimmen Sie über die Foliovorschau-Einstellungen, mit welcher Qualität die Anzeige erfolgen soll. Rufen Sie dazu den gleichnamigen Befehl über das Menü Datei auf.

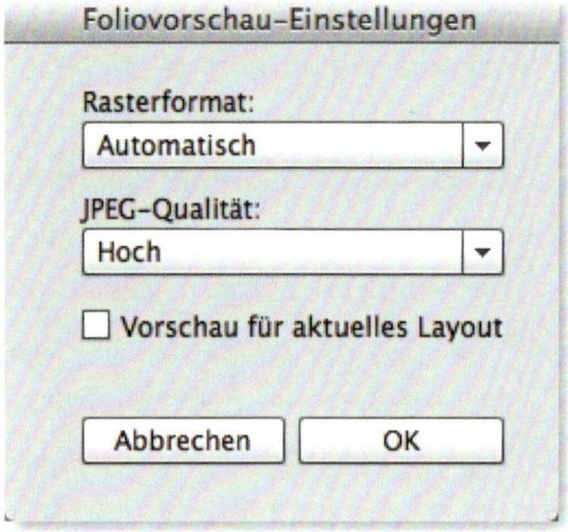

Abbildung 37.9 ▶
Der Dialog FOLIOVORSCHAU-EINSTELLUNGEN, der erst mit der DPS-Version 23 in InDesign aufgenommen wurde

Wählen Sie unter RASTERFORMAT jenes Dateiformat (JPEG, PNG oder AUTOMATISCH) aus, in dem Sie den/die Artikel in einem Folio anlegen wollen. Sollten Sie AUTOMATISCH oder JPEG wählen, so wählen Sie auch die JPEG-QUALITÄT aus.

Haben Sie die Checkbox VORSCHAU FÜR AKTUELLES LAYOUT aktiviert, so gelten die Einstellungen nur für das aktuell anzuzeigende Layout. Ist diese deaktiviert, ist es der Defaultwert.

Um eine Foliovorschau über den Adobe Content Viewer auf Ihrem System anzeigen zu lassen, rufen Sie den Befehl DATEI • FOLIOVORSCHAU auf. Der Adobe Content Viewer beginnt das aktuell geöffnete InDesign-Dokument zu rendern. Ist das Rendern abgeschlossen, zeigt der Viewer den Inhalt an, wo Sie nun alle Funktionen dieses Artikels austesten können.

Vorschau des gesamten Folios
Über die FOLIOVORSCHAU können Sie sich nur das aktuell gewählte InDesign-Dokument anzeigen lassen. Ein Verweis auf einen anderen Artikel funktioniert damit natürlich nicht. Die Anzeige eines gesamten Folios erfolgt über das Folio Builder-Bedienfeld.

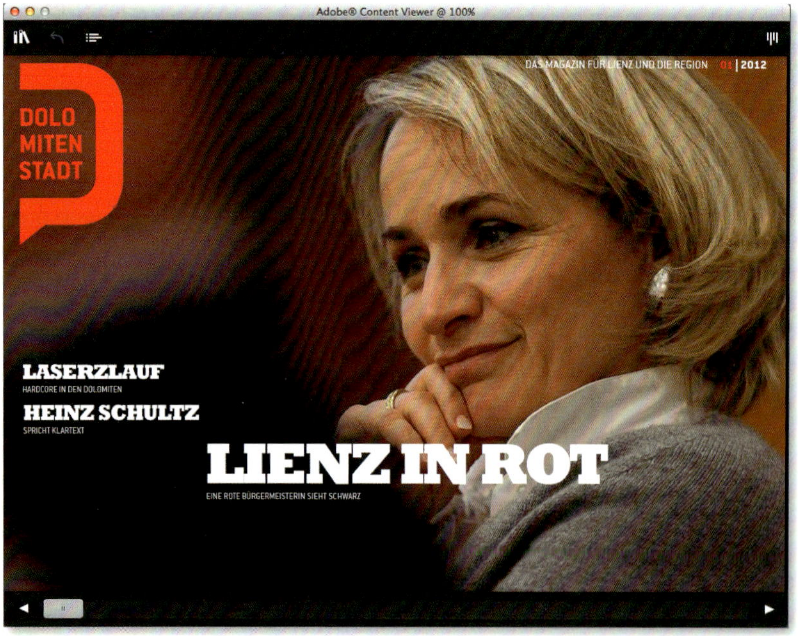

Abbildung 37.10 ▶
Die Vorschau eines Titelblatts in der FOLIOVORSCHAU. Da es sich dabei um ein eigenständiges Programm handelt, können Sie durch Drücken von Strg+[+] bzw. ⌘+[+] einzoomen, durch Drücken von Strg+[-] bzw. ⌘+[-] auszoomen, durch Drücken von Strg+[1] bzw. ⌘+[1] die Originalgröße anzeigen und durch Drücken von Strg+[0] bzw. ⌘+[0] die Anzeige bildschirmfüllend darstellen lassen. Zum Umschalten auf das vertikale Layout wählen Sie diesen Befehl im Menü ANSICHT aus oder drücken Strg+[R] bzw. ⌘+[R].

37.3 Interaktive Überlagerungen hinzufügen

Für die Verwendung in einem Folio können interaktive Inhalte über verschiedene Bedienfelder hinzugefügt werden. Dabei können in der aktuellen Version v27 manchmal alle und leider auch des Öfteren nur Teilfunktionen für die Verwendung in den Bedienfeldern herangezogen werden. Hier ein schneller Überblick:

- **Objektstatus-Bedienfeld**: Legen Sie damit Objekte mit mehrfachem Status an, um beispielsweise eine Diashow zu erstellen.
- **Hyperlinks-Bedienfeld**: Um Hyperlinks zu erstellen, greifen Sie dabei nur auf die Funktionen URL, E-MAIL, SEITE und den nicht auszuwählenden Befehl NAVTO zurück.
- **Schaltflächen und Formulare-Bedienfeld**: Von den vier nicht auf PDF beschränkten Ereignissen ist nur das Ereignis BEIM LOSLASSEN ODER ANTIPPEN für Folios verfügbar. Darüber hinaus können Sie nur die Aktionen GEHE ZU ERSTER SEITE, GEHE ZU LETZTER SEITE, GEHE ZU URL, AUDIO, VIDEO und GEHE ZU SEITE verwenden. In Verbindung mit Diashows können Sie auch die Aktionen GEHE ZU NÄCHSTEM STATUS, GEHE ZU VORHERIGEM STATUS und GEHE ZU STATUS verwenden.
- **Medien-Bedienfeld**: Sie können für Audio MP3-Dateien und für Video MP4-Dateien mit H264-Kodierung platzieren.
- **Folio Overlays-Bedienfeld**: Damit können Sie zusätzliche interaktive Überlagerungen wie Webinhalte, Panoramen, schwenk- und zoombare Bilder, Bildsequenzen und durchlaufbare Inhalte erstellen.

navto-Hyperlink
Über diesen nicht auswählbaren Hyperlink können Sie u.a. von Artikel zu Artikel in einem Folio springen.

Streamen von Inhalten
Das Streamen von Audio- und Videodateien ist aktuell noch nicht vorgesehen.

Beim Erstellen des Folios wird das InDesign-Layout zur Gänze als Hintergrundbild in der gewählten Auflösung des Folios in das Format JPEG, PNG oder PDF komprimiert. Alle hinzugefügten interaktiven Elemente stellen Überlagerungen dar, die sich über das InDesign-Layout legen. Daher auch der Begriff »Overlays«.

Beachten Sie, dass Überlagerungen über dem Hintergrundbild stehen und somit Teile des Layouts verdecken. Sollten Objekte des Layouts im Vordergrund stehen bleiben, so müssen diese als Überlagerung erstellt werden. Denn nur einzelne Überlagerungen können sich gegenseitig überlagern.

Interaktive Überlagerungen werden in InDesign CC über das Bedienfeld FOLIO OVERLAYS hinzugefügt, das Sie über das Menü FENSTER • FOLIO OVERLAYS oder durch Klick auf das Symbol in der Bedienfeldleiste öffnen können. InDesign greift dabei auch auf Funktionen zurück, die Sie bereits in Kapitel 32, »Interaktive Dokumente und Animation«, kennen gelernt haben.

Neuberechnen von Overlays
Beachten Sie, dass beim Erstellen des Folios Overlays neu berechnet werden können. Zu diesen zählen Diashows, Schaltflächen und durchlaufbare Inhalte.

Alle anderen Overlays – Video, Audio, Panorama, Steuerungsleisten für Audio- und Video sowie schwenkbare- und zoombare Bilder – werden hingegen durchgereicht und nicht neu berechnet.

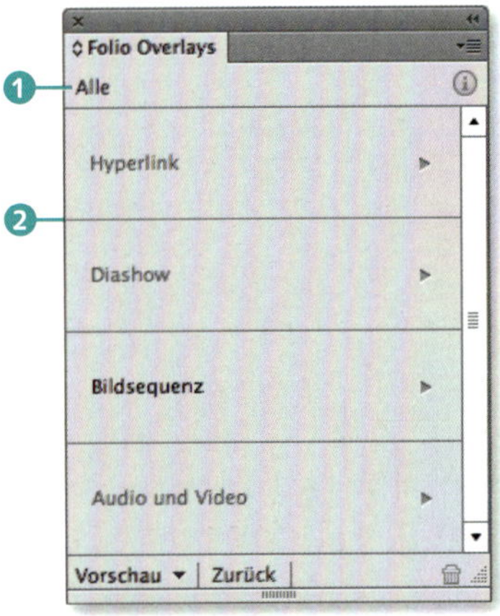

▲ **Abbildung 37.11**
Das Bedienfeld Folio Overlays, wenn kein Element ausgewählt ist

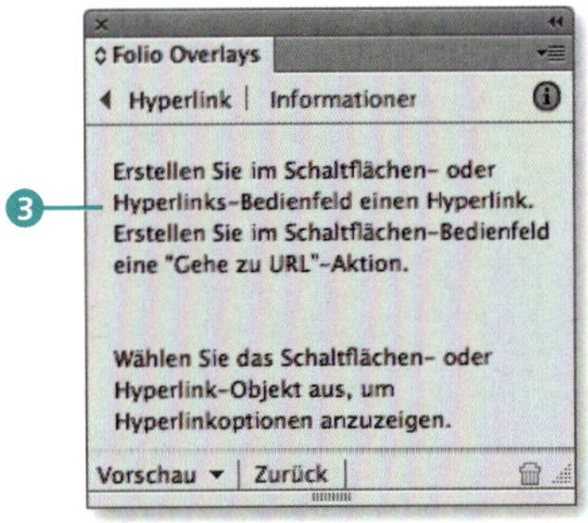

▲ **Abbildung 37.13**
Stehen keine Optionen zur Überlagerung zur Verfügung, so werden Informationen zur weiteren Vorgehensweise eingeblendet.

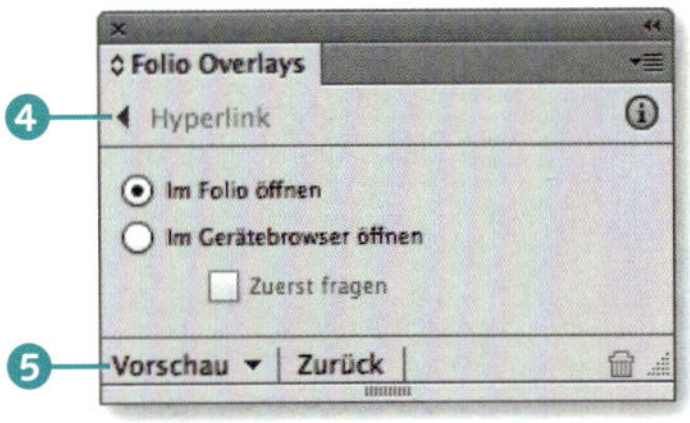

▲ **Abbildung 37.14**
Die Optionen bei gewählter Überlagerung eines aktiven Hyperlinks

Folio Overlays-Bedienfeld | Das Bedienfeld zeigt sich, wenn Sie keine interaktive Überlagerung ausgewählt haben, im Normalzustand, wie in Abbildung 37.11 zu sehen. Steht Alle ❶ in der Kopfleiste, so werden alle acht Überlagerungsarten im Auswahlfenster ❷ angezeigt.

Durch Klick auf die Bezeichnung einer Überlagerung springen Sie in den Eingabebereich der Optionen, die zu dieser Überlagerung zur Verfügung stehen. Zum Definieren von bestimmten Überlagerungen müssen zuvor gewisse Vorarbeiten geleistet werden. Für diesen Fall wird Ihnen zuerst eine Anleitung ❸ angezeigt, die Sie zur Erstellung der Überlagerung beachten müssen.

Ist jedoch eine intakte Überlagerung aktiviert, so werden Ihnen die Optionen (Abbildung 37.14) zu dieser Überlagerung angezeigt. Damit Sie die Funktionsweise der Überlagerung austesten können, klicken Sie auf Vorschau ❺. Es erscheint dabei der Dialog aus Abbildung 37.12.

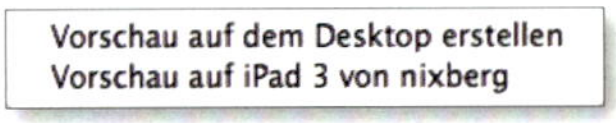

▲ **Abbildung 37.12**
Wählen Sie im Menüs Vorschau aus, auf welchem Endgerät das Ergebnis angezeigt werden soll

Je nachdem, ob Sie ein iPad angeschlossen haben oder nicht, können Sie dabei aus zwei Vorgehensweisen wählen:

- Vorschau auf dem Desktop erstellen: Dadurch wird die Vorschau im Adobe Content Viewer auf Ihrer lokalen Station gestartet und die Vorschau für diese Seite gerendert.
- Vorschau auf [Name des Darstellungsgeräts]: Haben Sie beispielsweise Ihr iPad mit Ihrem Computer verbunden und auf dem iPad die App Adobe Content Viewer gestartet, so können Sie durch die Auswahl dieses Eintrags die InDesign-Datei für die Anzeige auf dem Ausgabegerät rendern lassen. Durch diese Vorgehensweise können Sie das Verhalten der multimedialen Elemente in einer nicht simulierten Umgebung testen.

Durch Klick auf den Pfeil ❹ kommen Sie wiederum in die Übersicht zu den Überlagerungen zurück.

Überlagerungen erstellen

Das Erstellen von Überlagerungen kann auf zweierlei Weise erfolgen:

- Elemente werden im InDesign-Dokument platziert, und die Einstellungen für die Interaktivität von diesen Elementen werden im Bedienfeld Folio Overlays vorgenommen. Diese Arbeitsweise gilt für die

Überlagerungen Diashow, Hyperlink, Audio und Video, Schwenken und Zoomen sowie für Durchlaufbarer Rahmen.

- In InDesign wird ein Rechteck als Platzhalter erstellt und ein Bild, das als Standbild dienen soll, in dieses Rechteck platziert. Erst danach wird über das Folio Overlays-Bedienfeld die Quelldatei geladen. Die Einstellungen für die Interaktivität zu diesen Elementen werden im Bedienfeld selbst vorgenommen. Diese Arbeitsweise wird für die Überlagerungen Bildsequenz, Panorama und Webinhalt verwendet.

Es können nicht alle Funktionen zum Erstellen von Interaktionen, die Sie bereits in Kapitel 32, »Interaktive Dokumente und Animation«, kennengelernt haben, verwendet werden. Welche dabei verwendet werden können, haben Sie zuvor gelesen. Beachten Sie jedoch jetzt schon, dass alles, was Sie über Animationen, Querverweise, Lesezeichen und Seitenübergänge gelernt haben, nicht für Folios verwendet werden kann.

Zum Erstellen und zum Einrichten von Überlagerungen möchten wir zuvor noch einige Hinweise geben, damit die Qualität der Darstellung mit der Datenmenge in Einklang gebracht werden kann:

- Verwenden Sie für Bilder, die in den Überlagerungen Panorama, Bildsequenzen sowie bei Schwenken und Zoomen verwendet werden, JPEG-Dateien mit einer mittleren Komprimierung. Verwenden Sie nur dann PNG, wenn Transparenzen bzw. Texte in den Bildern vorkommen. Bei großen Texten kann auch JPEG mit hoher Qualitätsstufe verwendet werden.
- Bilder für die Überlagerungen Panorama, Bildsequenz und Schwenken und Zoomen sollten in der Auflösung von 72 dpi erstellt werden.
- Platzieren Sie Überlagerungen nicht in den Anschnittbereich hinein. Trachten Sie danach, dass Überlagerungen vollständig am Seitenlayout platziert werden.
- Erstellen Sie innerhalb Ihres Projektordners im jeweiligen Artikelsubordner eigene Unterordner für die Überlagerungen Panorama, Bildsequenz, Webinhalt und für Audio- und Video-Steuerungsleisten.

Dateigrößenoptimierung
Beachten Sie bei der Erstellung von Folios unbedingt die Hinweise, um eine möglichst kleine Datei zu erzeugen. Zu schnell werden Folios zu groß und stellen viele Anwender beim Download vor Probleme.

Knöpfen wir uns nun die einzelnen Überlagerungsarten vor. Überlagerungen, die mit bereits bekannten Funktionen erstellt und bearbeitet werden können, beschreiben wir nicht erneut.

Hyperlinks für Überlagerungen anlegen

Hyperlinks können in Form einer Schaltfläche bzw. als klassischer Hyperlink in einem Folio vorkommen. Betrachten wir beide Arten einmal etwas genauer.

Erscheinungsbild

Das Erscheinungsbild einer Schaltfläche kann normalerweise für den Status Normal, Darüber oder Klick ein separates Erscheinungsbild aufweisen. Für die Verwendung von Schaltflächen auf dem Tablet macht ein geändertes Erscheinungsbild für den Status Darüber keinen Sinn.

Schaltflächen | Über eine Schaltfläche kann einerseits ein anderes Ziel angesprungen und andererseits eine Aktion ausgelöst werden. Bedenken Sie, dass bei Schaltflächen nicht alle Aktionen verwendet werden können. Verwenden Sie in diesem Kontext nur bestimmte Aktionen. Welche dies sind, haben Sie schon auf Seite 1073 erfahren.

In diesem Zusammenhang sei nochmals erwähnt, dass von den zur Verfügung stehenden Schaltflächenereignissen nur Bei Loslassen oder Antippen in der Option Ereignis unterstützt wird.

Klassische Hyperlinks | Darunter werden Verknüpfungen innerhalb von Texten verstanden. Zum Erstellen eines Hyperlinks verwenden Sie das Bedienfeld Hyperlinks. Beachten Sie, dass dabei in der Option Verknüpfen mit nur die Optionen URL (z.B. *http://www.galileodesign.de*), `itms://...` (damit wird eine App im App Store aufgerufen) `market://...` (damit wird eine App im Android Market aufgerufen), E-Mail, Seite sowie Hyperlinks mit der URL `navto://` verwendet werden können.

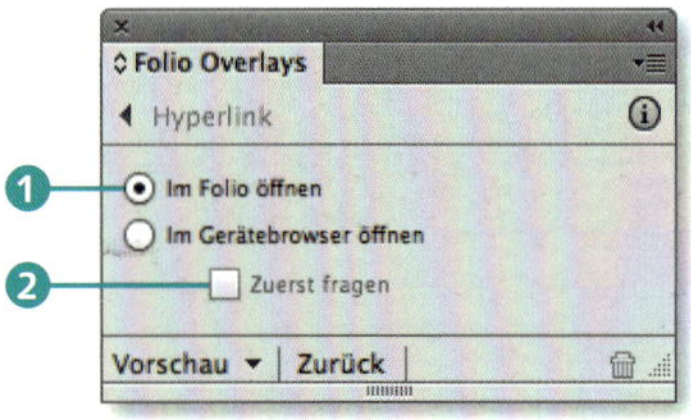

▲ **Abbildung 37.15**
Das Bedienfeld Folio Overlays mit den Einstellungsmöglichkeiten zu Hyperlinks

Für beide Verfahren müssen Sie noch Folgendes wissen:

- **Aufruf einer Webseite**: Wenn Sie eine externe Webseite aufrufen, so können Sie in den Einstellungen im Bedienfeld Folio Overlays noch bestimmen, ob Sie die Webseite Im Folio öffnen ❶ oder Im Gerätebrowser öffnen wollen und ob zuvor nachgefragt werden soll (Option Zuerst fragen ❷). Verlinkungen zu externen Diensten wie iTunes sollten immer im Gerätebrowser geöffnet werden.
  Wichtig: Beachten Sie, dass Sie diese Einstellungsmöglichkeiten nicht bekommen, wenn Sie einen Hyperlink auf Basis eines ausgewählten Textes erstellen. Hier geht Folio Overlays immer davon aus, dass Sie die Webseite Im Folio öffnen wollen. Wenn Sie diese Auswahl einstellen wollen, so markieren Sie zum Erstellen des Hyperlinks den Textrahmen; oder machen Sie gleich daraus eine Schaltfläche. In beiden Fällen wird die Fläche des Rahmens zum Hyperlink!
- **Aufruf eines anderen Artikels**: Um beispielsweise einen anderen Artikel im Folio aufzurufen, würde man klassischerweise die Aktion Gehe zu Ziel verwenden.
  Da diese Aktion nicht funktioniert, müssen Sie den Aufruf über Gehe zu URL mit dem `navto`-Aufruf verwenden. Die Syntax dazu lautet: `navto://[Artikelname]` bzw. `navto://[Artikelname]#Nr`. Der Artikelname ist dabei in jener Form zu schreiben, wie dieser Artikel im Bedienfeld Folio Builder benannt wurde – in unserem Beispiel würde er »artikel_01« lauten. Durch Hinzufügen von `#2` (ohne Leerraum davor) würde die Seite 3 – die Seitenzählung beginnt bei 0 – im Artikel »artikel_01« angesprungen werden.

Empfehlung

Da Aufrufe von Webseiten eigentlich immer im Folio geöffnet werden sollen (ansonsten würde das Folio geschlossen und der Browser auf dem Tablet gestartet werden), empfehlen wir Ihnen, solche Aufrufe nicht als Schaltfläche oder Hyperlink-Fläche auszuführen.

Hyperlinks zu anderen Artikeln hingegen sollten sogar nur auf diese Weise erstellt werden.

Andere Spezialfälle sind:

- Um einen Anker in einem HTML-Artikel aufzurufen, lautet die Syntax: navto://[Ordnername]#[Ankername]
- Um aus einem HTML-Artikel einen Folio-Artikel aufrufen zu können, müssen Sie den Befehl mit folgender Syntax eingeben: <a href="navto://[Artikelname]#Nr">Text, der den Link darstellt</a>
- Um aus einem HTML-Artikel einen anderen HTML-Artikel aufrufen zu können, müssen Sie den Befehl mit folgender Syntax eingeben: <a href="navto://[Ordnername]"> Text, der den Link darstellt</a>
- Um vom Artikel in den benutzerdefinierten Store zu springen, legen Sie einen Hyperlink oder eine Schaltfläche an, indem Sie ww.gotoStore (es ist kein Tippfehler!) eingeben. Das können Sie jedoch nur machen, wenn Ihr Viewer (App) einen benutzerdefinierten Store umfasst. Geben Sie dazu im DPS App Builder in der Navigationsleiste im Beschriftungsfeld »Store« an.
- Um HTML-Ressourcen im Folio aufrufen zu können, müssen Sie einen Button mit der Aktion Gehe zu URL gefolgt vom Befehl in der Syntax HTMLResources/[Artikelname.extension] eingeben. Wie Sie HTML-Ressourcen importieren, erfahren Sie auf Seite 1087.
- Um eine Verlinkung von einem Folio in ein anderes Folio zu bewerkstelligen, lautet die Syntax [Optionales URL-Schema]://v1/folio/[Folioname]/[Ankername]. Die Bezeichnung für den Wert des optionalen URL-Schemas können Sie dem entsprechenden Feldeintrag Optionales URL-Schema des DPS-Builders entnehmen.
- Um einen Link zu erstellen, mit dem Sie zurück in die Library der Viewer-App gelangen können, müssen Sie den Befehl mit der Syntax goto://ApplicationViewState/library eingeben.
- Wollen Sie einen Zurück-Button – zurück zur letzten Ansicht – anlegen, so müssen Sie eine Schaltfläche mit dem Befehl goto://FolioNavigation/lastview eingeben.

- **Das Aussehen von Hyperlinks und Diashows im Viewer bestimmen**: Wie die Miniaturen der Diashows, Schaltflächen und Hyperlinks standardmäßig beim Durchsuchen auf dem Endgerät dargestellt werden (Seitenminiaturen beim Durchsuchen bzw. Seitenminiaturen in der Navigationsleiste), müssen Sie über eine Config-Datei mit dem Namen *NativeOverlays.config* festlegen, die Sie im Programmordner zu InDesign abspeichern. Am nachfolgenden Beispiel wollen wir kurz die entsprechende Syntax erklären.
  - SuppressOverlayTypesForAssets:slideshow – Damit bestimmen Sie, dass Diashows auf den Hauptseiten unterdrückt werden.

Ordnernamensgebung ist wichtig

Wie Sie aus den nebenstehenden navto-Aufrufen ersehen können, müssen in manchen Konstellationen auch Ordnernamen in der URL eingegeben werden. Damit Sie Sonderzeichen nicht maskiert eingeben müssen, empfehlen wir Ihnen, auch für Ordnernamen die Namenskonventionen einzuhalten.

Tipp

Wollen Sie, wenn Sie eine Webseite am iPad betrachten, daraus einen Link auf das am iPad installierte Folio setzen, so müssen Sie nur [Optionales URL-Schema]:// aufrufen.

Speicherort für die NativeOverlays.config-Datei

Unter Windows kopieren Sie diese Datei einfach auf die gleiche Ebene, auf der sich Ihre »InDesign.exe«-Datei befindet. Unter Mac OS X müssen Sie diese Datei in den Paketinhalt (rechte Maustaste nach Klick auf das Programm-Icon) und darin in den Ordner Content/MacOS kopieren.

- `SuppressOverlayTypesForThumbnails:hyperlink` – Damit bestimmen Sie, dass Hyperlinks auf den Miniaturen im Durchsuchenmodus unterdrückt werden.
- `SuppressOverlayTypesForScrubbers:slideshow, -hyperlink` – Damit bestimmen Sie, dass Diashows auf den Bildern in der Navigationsleiste unterdrückt, Hyperlinks jedoch dargestellt werden. Das Nichtunterdrücken wird durch das Minus vor dem Typ bestimmt.
- `ResetHyperlinksToTopState: All` – Damit legen Sie fest, dass Schaltflächen mit der Aktion Gehe zu URL im Status [Normal] anstatt im Status [Klick] angezeigt werden.
- `ResetSlideshowsToTopState: ThumbnailPass, ScrubberPass` – Damit legen Sie fest, dass die Miniaturen für Diashows im Durchsuchenmodus und in der Navigationsleiste auf den obersten Status zurückgesetzt werden.

Aufbau der NativeOverlays.config-Datei
Diese Datei ist eine Textdatei, in der Sie die Parameter einfach Zeile für Zeile eintragen. Eine besondere Reihenfolge müssen Sie dabei nicht einhalten.

Diashow erstellen

Eine Diashow-Überlagerung wird ausschließlich über das Bedienfeld Objektstatus (Fenster • Interaktiv • Objektstatus) erstellt. Dabei können einem Objektstatus mehrere Bilder (Status) mit sehr unterschiedlichen Inhalten wie Text, Bilder, Illustration usw. zugeordnet werden.

Zum Durchblättern einer Diashow können verschiedene Benutzerinteraktionen angeboten werden. Hier ein paar Beispiele:

- Die Diashow läuft automatisch ab.
- Die Diashow erwartet eine Interaktion durch einfaches Antippen des Bildstapels.
- Die Diashow kann durchgeblättert werden, indem der Benutzer die Bildansicht durch Wischen wechselt.
- Welches Bild angezeigt werden soll, kann durch Antippen einer Miniaturansicht oder beispielsweise durch Anklicken eines Pfeils für nach vorne bzw. nach hinten bestimmt werden.

Hinweis
Wie Sie einen Objektstatus anlegen und welche Optionen Sie dabei wählen können, erfahren Sie in Abschnitt 32.8, »Objektstatus«, auf Seite 954.
Zum Erstellen eines Objektstapels mit Navigationsmöglichkeit lesen Sie die Anleitung »Schritt für Schritt: Eine Bildergalerie für ein SWF-Dokument erstellen« auf Seite 957.

Während die Navigation zum Anspringen der jeweiligen Bilder über eine klassische Schaltfläche unter Verwendung der Aktionen Gehe zu nächstem Status, Gehe zu vorherigem Status und Gehe zu Status abgebildet wird, können die anderen angeführten Interaktionstypen über das Bedienfeld Folio Overlays im Bereich Diashow angelegt werden.

Einstellungen für Diashow im Bedienfeld »Folio Overlays« | Ist der Objektstapel erstellt und ausgewählt, so können im Bedienfeld folgende Einstellungen vorgenommen werden:

- Automatisch abspielen: Die Diashow wird nach dem Aufruf der Seite gestartet. Diese Option werden Sie im Zusammenhang mit einer Diashow manchmal verwenden. Sie benötigen die Funktion jedoch, um eine Überlagerung oberhalb einer anderen Überlagerung zu halten. (siehe dazu die Hinweise auf der nächsten Seite).
- Zum Abspielen/Anhalten tippen: Damit kann der Betrachter automatisch abgespielte Diashows durch Tippen stoppen und starten. Ein Doppeltipp setzt die Diashow zurück.
- Verzögerung, Intervall, Abspielen, Schleife und Stopp bei letztem Bild: Mit Verzögerung bestimmen Sie den Zeitraum, der zwischen dem Laden der Seite und dem Abspielvorgang verstreichen soll. Nach welcher Zeit automatisch das nächste Bild angezeigt werden soll, bestimmen Sie über Intervall. Wie oft die Diashow abgespielt werden soll, kann in Abspielen bestimmt werden. Ist jedoch die Option Schleife aktiviert, so kann kein Wert in Abspielen gewählt werden. Soll die Diashow beim letzten Bild stoppen, so kann das durch Wahl der Option Stopp bei erstem und letztem Bild bestimmt werden.
- Überblenden und Geschwindigkeit: Bestimmen Sie damit, ob überblendet werden soll und in welcher Geschwindigkeit das gegebenenfalls erfolgt – Werte zwischen 0,125 und 60 Sekunden sind zulässig.
- Zum Ändern des Bilds blättern: Damit können Sie bestimmen, ob der Betrachter selbst durch Blättern auf das nächste Bild wechseln kann. Die Option Stopp bei erstem und letztem Bild ist selbsterklärend.
- Vor dem Abspielen ausblenden: Damit bleibt die Diashow so lange ausgeblendet, bis die Schaltfläche angetippt wird.
- In umgekehrter Reihenfolge abspielen: Ist selbsterklärend.
- Exportformat in PDF-Artikeln: Wenn Sie für die InDesign-Datei beim Erzeugen eines Artikels unter Standardformat PDF gewählt haben, so können Sie durch die Auswahl in dieser Option bestimmen, ob der Inhalt der Diashow gerendert (Raster) oder als Vektorelement (Vektor) erhalten bleibt.

  Damit kann durch die Wahl von Vektor beispielsweise bei Textstapeln der Text hochauflösend erhalten bleiben und darüber hinaus noch viel Speicherplatz gespart werden. Besteht die Diashow aus Bildern, so sollten Sie Raster wählen.

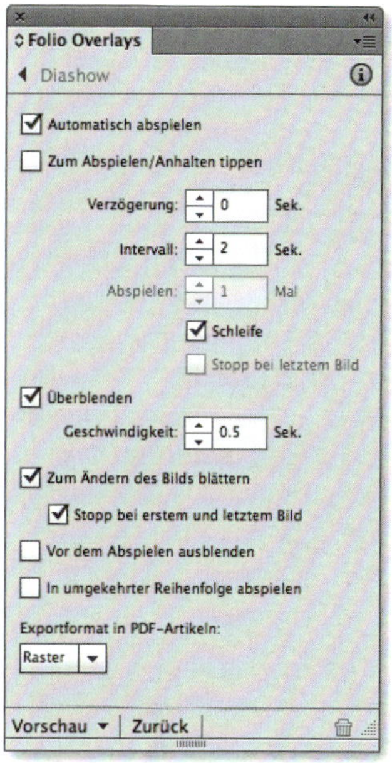

▲ **Abbildung 37.16**
Das Bedienfeld Folio Overlays mit den Einstellungsmöglichkeiten zur Diashow

Tipps

Beim Erstellen von Diashows sollten Sie Folgendes wissen bzw. berücksichtigen:

- Diashows werden beim Erstellen des Folios in PNG konvertiert. Aus diesem Grund können Sie dafür ruhig hochauflösende PSD-Dateien, die u.a. mit Ebenen ausgestattet sind, verwenden.
- Beachten Sie, dass im horizontalen und im vertikalen Layout die Bezeichnung des Objektstapels denselben Namen besitzt.
- Vermeiden Sie bei der Benennung eines Objektstatus Sonderzeichen.

Objekte oberhalb von Überlagerungen müssen erhalten bleiben | Wenn Sie beispielsweise auf einen Bildstapel zwei Pfeile als grafische Elemente in Ihrem Layout anbringen wollen (sie haben lediglich die Funktion zu zeigen, dass der Betrachter hier blättern kann) und Sie den

Bildstapel in eine Diashow umwandeln, so würde bei der Betrachtung am Tablet die Diashow in den Vordergrund gerückt werden und somit die Pfeile überlagern. Das Resultat: Die Pfeile sind nicht mehr sichtbar.

Abbildung 37.17 ▸
Eine Serie von Bildern wurde in einem OBJEKTSTATUS mit dem OBJEKTNAMEN »Julia_Bilder« 4 zusammengefasst und als Diashow-Überleger 2 angelegt. Damit die Pfeile 1 beim Abspielen der Diashow erhalten bleiben, müssen die Pfeile ebenfalls ein OBJEKSTATUS 3 werden, der sich wiederum als Diashow automatisch abspielt.

Um dennoch die Pfeile sichtbar zu erhalten, müssen Sie sie ebenfalls als Diashow anlegen, wodurch die Diashow (Bilder) durch die Diashow (Pfeile) überlagert wird. Legen Sie also dazu für jeden Pfeil einen Objektstapel 3 an, und aktivieren Sie im Bedienfeld FOLIO OVERLAYS im Einstellungsbereich zu DIASHOW die Option AUTOMATISCH ABSPIELEN.

Durch die Wahl der Option AUTOMATISCH ABSPIELEN bleibt der Objektstapel automatisch immer in der vordersten hierarchischen Anordnung.

Anwendungsgebiet
Da beim Abspielen eines Videos das Stoppen und das Vor- und Zurückspielen nicht exakt Frame für Frame steuerbar sind, empfehlen wir Ihnen, aus dem Video eine Serie von Bildern zu exportieren und diese als Bildsequenz in das Folio einzubauen. Das Anwendererlebnis ist für den Betrachter dadurch um ein Vielfaches cooler.

Beachten Sie dabei, dass Sie mindestens zwölf Bilder pro Sekunde exportieren müssen, damit die Bewegung flüssig abläuft.

Bildsequenzen erstellen

Bildsequenzen sind Bildserien, die vom Betrachter durch einfaches Verschieben am Bild durchlaufen werden können. Damit können Effekte wie das Betrachten eines 360°-Objekts oder der schrittweise Ablauf eines Vorgangs (z.B. Filetieren von Fleisch; Aufbau eines IKEA-Regals usw.) auf den Endgeräten simuliert werden.

Alles, was Sie dazu brauchen, ist eine Serie von Bildern, die mit einem Dateinamen mit aufsteigender Zahl (»Name_01.jpg«, »Name_02.jpg« usw.) in einem Ordner innerhalb des Artikel-Ordners (dies ist nicht zwingend, dient aber der Ordnung) abgespeichert sind. Doch wie kommen Sie zu einer Serie von Bildern? Hier ein paar Hinweise:

- Sie können 3D-Modelle in Adobe Photoshop CC importieren und daraus eine Bildserie von einer 3D-Animation exportieren.
- Sie können Adobe After Effects CC verwenden, um daraus eine Bildserie z.B. einer Kamerafahrt zu exportieren.

- Sie können aber auch den Adobe Media Encoder CC verwenden, um aus einem Videofilm eine Bildserie mit einer bestimmbaren Anzahl von Bildern pro Sekunde zu erzeugen.

Bei der Erstellung einer Bildsequenz gibt es unterschiedliche Möglichkeiten. Gehen Sie am einfachsten wie folgt vor:

1. Ziehen Sie im Layout einen Bildrahmen auf, um einen Platzhalterrahmen zu erstellen. Die Größe des Rahmens sollte exakt der Pixelgröße der darin abzubildenden Bildsequenz entsprechen.
2. Fügen Sie darin optional ein Standbild ein. Nur wenn Sie ein Standbild verwenden, kann durch Doppeltipp des Betrachters am Endgerät die Bildsequenz ausgeblendet werden, womit dann nur das Standbild sichtbar bleibt.
3. Wählen Sie dann im Bedienfeld Folio Overlays über die Option Bilder laden den entsprechenden Bilder-Ordner aus.
4. Legen Sie zum Schluss die Einstellungen für die Bildsequenz fest. Die dabei auszuwählenden Optionen entsprechen exakt den Optionen, die Sie bei der Diashow einstellen konnten. Lesen Sie für eine detaillierte Beschreibung dazu dort nach. Damit der Betrachter selbst vor- und zurückblättern kann, empfehlen wir Ihnen, die Einstellungen aus Abbildung 37.18 zu wählen.

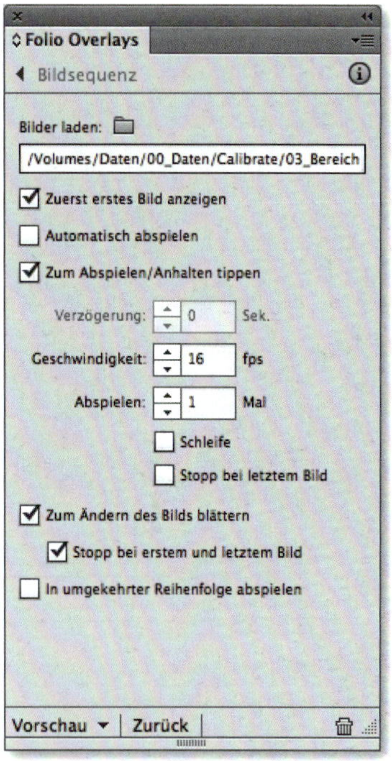

▲ **Abbildung 37.18**
Das Folio Overlays-Bedienfeld mit den Einstellungsmöglichkeiten zu Bildsequenz

Wenn Sie beispielsweise bei bestimmten Bildern Zusatzinformationen einblenden möchten, so können Sie das ganz einfach machen, indem Sie das betreffende Bild in Photoshop öffnen und dem Bild die notwendige Zusatzinformation hinzufügen.

Beachten Sie jedoch, dass eine Bildsequenz beim Erstellen des Folios nicht neu gerendert und somit nicht zwingend nach PNG konvertiert wird. Achten Sie deshalb genau darauf, in welchem Dateiformat und mit welcher Auflösung sich Bilder im Verzeichnis für die Bildsequenz befinden. Das Öffnen der Bilder in Adobe Photoshop, gefolgt von einer erneuten Abspeicherung der Bilder über den Befehl Datei • Für Web speichern, ist sicherlich zu empfehlen.

Audio- und Videodateien hinzufügen

Audio- und Video-Überlagerungen können in Folios das multimediale Erlebnis für den Betrachter enorm verbessern.

Hinsichtlich des verwendeten Dateiformats sollten Sie jedoch etwas aufpassen. Audios sollen als MP3-Dateien und Videos als MP4- bzw. H.264-kodierte Dateien vorliegen. Zum Einbauen einer Video- bzw. Audiodatei gehen Sie wie folgt vor:

Unerwartete Geräusche nerven
Das automatische Bellen eines Hundes beim Aufruf einer Seite kann ziemlich nerven und dazu führen, dass der Benutzer das Magazin sofort beendet. Wenn Sie also solches Material besitzen, bauen Sie es behutsam ein.

1. Ziehen Sie einen Bildrahmen in InDesign an der gewünschten Position auf, und platzieren Sie die Audio- bzw. die Videodatei darin. Videos sollten Sie in der Größe noch an den Rahmen anpassen.
2. Ist der Rahmen markiert, so rufen Sie danach das Medien-Bedienfeld über FENSTER • INTERAKTIV • MEDIEN auf. Nehmen Sie darin die gewünschten Einstellungen hinsichtlich der Optionen BEIM LADEN DER SEITE ABSPIELEN, SCHLEIFE, STANDBILD und STEUERELEMENTE vor.
3. Haben Sie die Optionen im Medien-Bedienfeld gesetzt, so wählen Sie im Bedienfeld FOLIO OVERLAYS den Eintrag AUDIO UND VIDEO aus, um die Überlagerungseinstellungen für das Folio vorzunehmen.

Schritt für Schritt
Audio abspielen mit einfachen Play- und Pause-Buttons

Möchten Sie eine Audiodatei im Folio einbauen und zur Steuerung des Audios einen Play- und einen Pause-Button einbauen, so gehen Sie folgendermaßen vor.

1 Play- und Pause-Button erzeugen

Erstellen Sie in InDesign CC einen Play- und einen Pause-Button. Als Vorlage dienen nachfolgende Symbole.

Abbildung 37.19 ▶
Zwei Symbole für Play und Pause

Markieren Sie die Objekte einzeln, exportieren Sie die Auswahl des Play-Buttons als JPEG, und benennen Sie die Datei »audio_play.jpg«. Markieren Sie den Pause-Button, exportieren Sie diesen auf dieselbe Art, und benennen Sie ihn »audio_pause.jpg«.

Speichern Sie diese beiden Dateien in Ihrer Verzeichnisstruktur für das Folio im Ordner des Artikel in einem Unterordner, in dem sich keine andere Datei befinden darf.

2 Platzieren der Audiodatei

Ziehen Sie mit dem Rechteckrahmen-Werkzeug einen Platzhalter in exakt derselben Größe auf, die auch der Button hat, und platzieren Sie darin die gewünschte Audiodatei. Es zeigt sich folgendes Symbol. Die Einfärbung der Fläche ist hier der Kapitelfarbe angepasst worden.

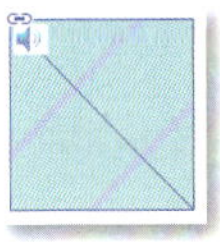

Abbildung 37.20 ▶
Das Symbol des Lautsprechers in einem Rechteckrahmen zeigt an, dass eine Audiodatei platziert ist.

3 Ein Vorschaubild auswählen

Haben Sie den Rahmen mit der platzierten Audiodatei ausgewählt, so stellt sich das Medien-Bedienfeld wie in Abbildung 37.21 dar – Sie können es über FENSTER • INTERAKTIV aufrufen.

Hinweis

Weiterführende Informationen zum Medien-Bedienfeld erhalten Sie auf Seite 942.

◂ **Abbildung 37.21**
Das Medien-Bedienfeld, über das auch u.a. ein Standbild für den Platzhalter der Audiodatei eingefügt werden kann

Wählen Sie bei der Option STANDBILD den Eintrag BILD AUSWÄHLEN aus, und weisen Sie dem Platzhalter das Bild mit der Bezeichnung »audio_play.jpg« zu.

4 Das Verzeichnis mit den Abbildungen auswählen

Haben Sie den Rahmen noch markiert, so rufen Sie das Folio Overlays-Bedienfeld auf. Das Bedienfeld zeigt sich durch die ausgewählte und platzierte Audiodatei wie in Abbildung 37.22.

◂ **Abbildung 37.22**
Der Bereich AUDIO UND VIDEO des Folio Overlays-Bedienfelds, in dem bereits der Pfad zu den Steuerelementen ausgewählt wurde. Hätten Sie zuvor kein Standbild ausgewählt, so würde die Aktivierung der Option ZUERST ERSTES BILD ANZEIGEN bewirken, dass die Datei »first_play.jpg« im gewählten Verzeichnis angezeigt wird.

Wählen Sie durch Klick auf den Ordner in der Option STEUERELEMENTE-DATEIEN den Pfad zu dem zuvor angelegtem Verzeichnis – dieses beinhaltet unsere beiden zuvor erstellen Bildsymbole für die Buttons – in der Dateistruktur aus. Wählen Sie keine zusätzlichen Optionen aus. Folio erkennt automatisch die Bilder und kann diese dann im Folio statusabhängig austauschen.

Fortlaufender Balken für die Abspieldauer einblenden

Speichern Sie im Steuerelement-Dateien-Ordner die Bilder »AudioAsset001_play.png«, »AudioAsset002_play.png«, »AudioAsset003_play.png«, »AudioAsset004_play.png«, »AudioAsset005_play.png«, »AudioAsset001_pause.png«, »AudioAsset002_pause.png«, »AudioAsset003_pause.png«, »AudioAsset004_pause.png« und »AudioAsset005_pause.png«. Dadurch wird das Bild »AudioAsset003_play.png« angezeigt, wenn der Audioclip zur Hälfte abgespielt ist. Wird die Wiedergabe angehalten, so wird das Bild »AudioAsset003_pause.png« angezeigt.

Einstellungen für Audio im Bedienfeld »Folio Overlays« | Ist eine Audiodatei platziert und ausgewählt, so können weitere Einstellungen vorgenommen werden:

- STEUERELEMENT-DATEIEN: Wählen Sie hier, wenn Sie Schaltflächen zum Abspielen und Anhalten benötigen, den entsprechenden Ordner aus – siehe dazu die Schritt-für-Schritt-Anleitung auf Seite 1082.
- ZUERST ERSTES BILD ANZEIGEN: Wenn diese Option aktiviert ist, wird im Audio-Rahmen die Datei »first_play.png« im angegebenen Elementordner für den Audio-Controller angezeigt, und die Größe des Rahmens wird automatisch angepasst.
- AUTOMATISCH ABSPIELEN: Der Sound wird beim Laden der Seite mit der eingestellten VERZÖGERUNG automatisch abgespielt.
- IM HINTERGRUND ÜBER FOLIO ABSPIELEN: Dadurch wird die Audiodatei im Hintergrund für das gesamte Folio abgespielt.

Einstellungen für Video im Bedienfeld »Folio Overlays« | Ist eine Videodatei ausgewählt, so können weitere Einstellungen gewählt werden:

- AUTOMATISCH ABSPIELEN: Das Video bzw. der Sound wird beim Laden der Seite mit der eingestellten VERZÖGERUNG automatisch abgespielt.
- IM VOLLBILDFORMAT ABSPIELEN: Ist diese Option nicht aktiviert, wird das Video nur in der Größe des aufgezogenen Bereichs abgespielt. Ist die Option aktiviert, wird das Video für den Betrachter am Endgerät im Vollbildmodus dargestellt.
- ZUM ANZEIGEN DES STEUERELEMENTS TIPPEN: Die im Bedienfeld MEDIEN ausgewählte Steuerelementeleiste kann durch Aktivierung der Option und Tippen durch den Betrachter eingeblendet werden.
  Ist die Option nicht aktiviert, so wird das Video durch Tippen angehalten bzw. wiederum abgespielt. Beachten Sie, dass der Benutzer durch Antippen des Vorschaubilds das Video im Vollbildformat betrachten kann, wenn Sie diese Option in Kombination mit IM VOLLBILDFORMAT ABSPIELEN aktivieren und die Option AUTOMATISCH ABSPIELEN deaktivieren.
- ANHALTEN NICHT ZULASSEN: Damit wird der Betrachter gezwungen, sich das gesamte Video ohne Unterbrechung anzusehen. Natürlich kann der Betrachter dadurch weiterhin noch das Video schließen.
- STOPP BEI LETZTEM EINZELBILD: Das letzte Bild des Videos bleibt am Ende des Videos stehen.

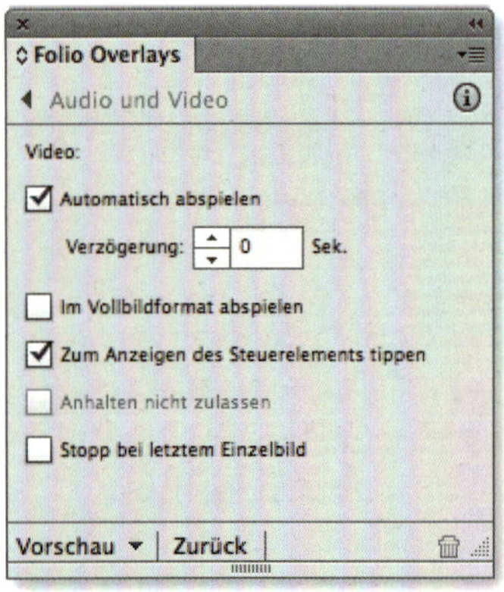

▲ **Abbildung 37.23**
Das Bedienfeld FOLIO OVERLAYS mit den Einstellungsmöglichkeiten zu VIDEO

Damit Sie in der Umsetzung möglichst wenig Wunder erleben, möchten wir Ihnen noch folgende Hinweise zum Umgang mit Videos geben.

- Auch wenn .mov-Dateien platziert werden können, sollten Sie darauf verzichten, um die Dateigröße des Folios nicht zu strapazieren.

- Verwenden Sie den Adobe Media Encoder CC, um Videos auf die richtige Dimension und Qualität zu komprimieren.
- Ein Video mit 10 bis 12 MB pro Minute stellt in der Regel einen guten Kompromiss zwischen Qualität und Dateigröße dar.
- Videos können aktuell nicht in einer Schleife abgespielt werden.
- Videos können nicht gestreamt werden.
- Um ein Video im Folio maskiert durch einen Bildrahmen abspielen zu können, müssen Sie einerseits die Option IM VOLLBILDMODUS ABSPIELEN deaktivieren und andererseits einen Objektstatus für den darüberliegenden Bildrahmen erstellen und diesen dann exakt über dem Video platzieren. Vergessen Sie jedoch nicht, den Objektstatus über den Bereich DIASHOW des Folio Overlays-Bedienfelds auf AUTOMATISCH ABSPIELEN zu stellen.

Alternativen zum Adobe Media Encoder CC
Probieren Sie doch einfach das Programm HandBrake. Sie können es sich unter *www.handbrake.fr* kostenlos laden.

Panoramen einbauen

Mit Panorama-Überlagerungen können 3D-Views von Innenräumen, Panoramen und dergleichen erstellt werden, so wie Sie es eventuell noch aus QuickDraw VR kennen. Dabei kann in alle Richtungen navigiert und auch eingezoomt werden.

Zum Erstellen benötigen Sie natürlich geeignetes Bildmaterial. Ein Panoramabild besteht aus sechs quadratischen Bildern, die den sechs Innenseiten eines Würfels entsprechen. Über die Software *Pano2VR* können Sie aus einem Panoramabild jene sechs Bilder erzeugen, die Sie dann in einem Ordner mit dem Dateinamen und der folgenden Nummer – *[Dateiname]_1.jpg* bis *[Dateiname]_6.jpg* – innerhalb des Artikel-Ordners (dieses ist nicht zwingend) abspeichern. Zum Erstellen eines Panoramas gehen Sie wie folgt vor:

▲ Abbildung 37.24
Der aufgefaltete Würfel. Bild 5 zeigt den Himmel, Bild 6 den Boden.

1. Ziehen Sie im Layout einen quadratischen Bildrahmen auf, um einen Platzhalterrahmen zu erstellen. Die Größe des Rahmens sollte exakt der Pixelgröße des darin abzubildenden Panoramas entsprechen.
2. Fügen Sie darin optional ein Standbild ein.
3. Wählen Sie dann im Bedienfeld FOLIO OVERLAYS im Bereich PANORAMA über die Option BILDER LADEN den entsprechenden Bilder-Ordner aus.
4. Legen Sie zum Schluss die Einstellungen für das Panorama fest.

Pano2VR
Sie können die Software Pano2VR unter *http://gardengnome-software.com* in einer Testversion installieren. Die Kosten von ca. 70 € für einen Arbeitsplatz sind angemessen, und einem österreichischen Softwarehaus ist gedient.

Einstellungen für Panorama im Bedienfeld »Overlay Creator« | Ist der Bilder-Ordner ausgewählt, so können Sie Einstellungen für das Betrachten des Panoramas vornehmen:

- ERSTELLTES BILD ALS POSTER VERWENDEN: Durch die Aktivierung wird das Bild *[Dateiname]_1.jpg* als Standbild verwendet.

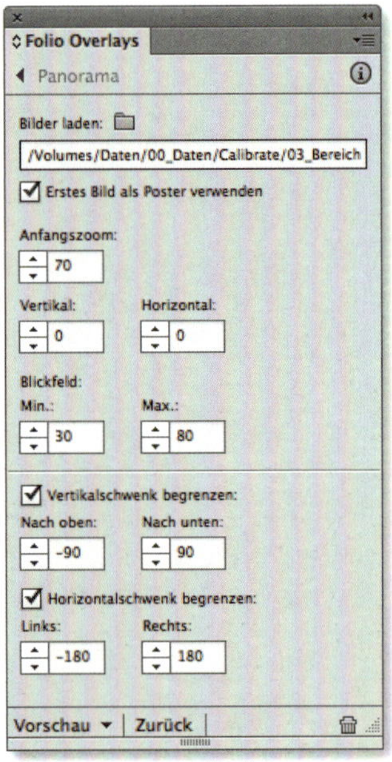

▲ **Abbildung 37.25**
Das Bedienfeld Folio Overlays mit den Einstellungsmöglichkeiten für Panorama

- Anfangszoom: Legen Sie hier die Vergrößerung des Anfangsbilds fest.
- Vertikal/Horizontal: Damit legen Sie fest, in welchem Blickwinkel das Anfangsbild gezeigt werden soll. Mit 0 sehen Sie die Frontalansicht. Ist der Wert bei Vertikal –90, so ist der Blick gerade nach oben und mit 90 ist der Blick gerade nach unten geneigt. Der Wert –180 bei Horizontal zeigt das Bild *[Dateiname]_4.jpg*, und bei 180 wird das Bild *[Dateiname]_2.jpg* dargestellt.
- Blickfeld: Beschränken Sie über Min. und Max. die Ein- und Auszoom-Möglichkeit des Betrachters.
- Vertikalschwenk/Horizontalschwenk begrenzen: Damit beschränken Sie den Betrachter in der Möglichkeit, Nach oben bzw. Nach unten oder horizontal nach Links bzw. nach Rechts zu schwenken. Vor allem die Beschränkung nach oben und unten sollte in jedem Fall gesetzt werden.

Wie Sie zu den sechs Bildern gelangen, ist die eine Sache. Wenn Sie diese sechs Bilder besitzen, so sollten Sie noch folgende Hinweise berücksichtigen:

- Verwenden Sie, damit die Dateigröße des Folios nicht explodiert, für Panoramen immer JPEG-Dateien mit einer mittleren JPEG-Kompression.
- Wenn Sie nur den horizontalen Schwenk im Panorama zulassen wollen, so reicht es nicht aus, die Option Vertikal schwenken zu deaktivieren. Sie müssen die Option dazu aktivieren und den Schwenkbereich auf –1 und +1 stellen.

Webinhalte integrieren

Lokale Webinhalte

Lokale Webinhalte sollten im jeweiligen Artikel-Ordner in einem weiteren Subordner gespeichert werden. Achten Sie jedoch darauf, dass diese lokalen Webinhalte keine Informationen enthalten, die für eine Freigabe auf dem iPad in Form einer App hinderlich sind (also keine SWF-Dateien).

Mit dem Überlagerungstyp Webinhalt können Webseiten in einem definierten Bereich angezeigt werden, ohne dazu den Browser auf dem Endgerät starten zu müssen. Dabei spielt es keine Rolle, ob es sich um eine Web-URL oder eine lokale HTML-Datei (beachten Sie den nebenstehenden Hinweis) handelt.

Zum Erstellen einer Webinhalt-Überlagerung gehen Sie folgendermaßen vor:

1. Ziehen Sie im Layout einen Bildrahmen in der gewünschten Größe auf, um einen Platzhalterrahmen zu erstellen. Wenn die Webseite in Originalgröße angezeigt werden soll, so empfiehlt es sich, den Platzhalterrahmen in dieser Größe anzulegen.
2. Fügen Sie darin ein Standbild für den Webinhalt ein. Dies ist nur erforderlich, wenn Sie die Webseite nicht automatisch abspielen lassen wollen.

3. Geben Sie dann im Bedienfeld Folio Overlays im Bereich Webinhalt bei der Option URL oder Datei die entsprechende URL ein – *http://www.galileodesign.de* –, oder wählen Sie die entsprechende lokale HTML-Datei (meist »index.html«) aus.
4. Legen Sie dann noch die Einstellungen für den Webinhalt fest.

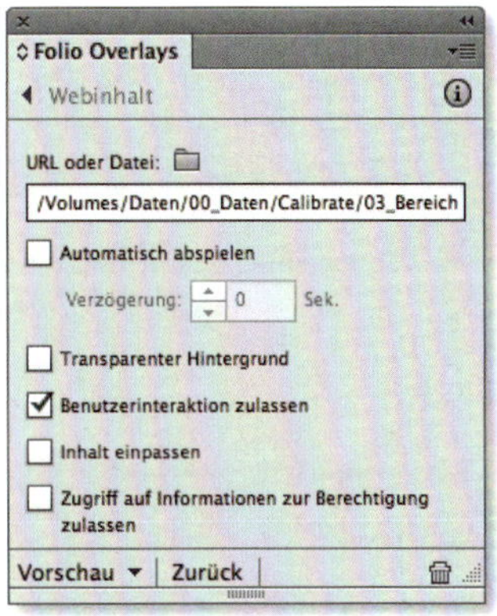

▲ **Abbildung 37.26**
Das Bedienfeld Folio Overlays mit den Einstellungsmöglichkeiten zu Webinhalt

Einstellungen für Webinhalt im Bedienfeld »Folio Overlays« | Ist der Bilder-Ordner ausgewählt, so können Einstellungen für das Betrachten des Panoramas vorgenommen werden:

- Automatisch abspielen: Mit der Aktivierung wird die Webseite mit entsprechender Verzögerung automatisch angezeigt. Ein Standbild im Layout einzufügen ist somit nicht mehr erforderlich.
- Transparenter Hintergrund: Durch die Aktivierung bleibt der transparente Hintergrund einer Webseite erhalten. Damit können Sie Webseiten auf einem Hintergrundbild ablaufen lassen. Während Sie diese Option für Webseiten sicherlich nicht benötigen werden, können jedoch andere HTML-Inhalte auf einem Hintergrundbild im InDesign-Dokument platziert und angezeigt werden.
- Benutzerinteraktion zulassen: Damit können Hyperlinks und andere Navigationsmöglichkeiten für die Webseite bzw. HTML-Datei aktiviert werden.
- Inhalt einpassen: Mit der Aktivierung der Option wird der platzierte Inhalt in der Größe eingepasst, die für den Überlagerungsbereich definiert wurde. Ist die Option nicht aktiviert, so wird der Inhalt der Webseite in Originalgröße angezeigt. Teile der Webseite können damit abgeschnitten werden.
- Zugriff auf Informationen zur Berechtigung zulassen: Durch die Deaktivierung können Sie den Zugriff auf Webseiten, auf denen eine Authentifizierung erforderlich ist, unterbinden.

Weiteres Anwendungsgebiet

Wenn Sie beispielsweise Inhalte aus einem Folio-Artikel – Ergebnisse einer Umfrage; Auswertungen in einem Quiz usw. – übertragen bzw. Inhalte aus Datenbeständen in einen Folio-Artikel – aktuelle News; Börsenticker usw. – bringen wollen, so können Sie dies nur über eine Webinhalt-Überlagerung abbilden.

Diese Schnittstelle wird für zukünftige dynamische Interaktionen immer mehr an Bedeutung gewinnen.

HTML-Ressourcen integrieren

Daten, die über HTML aufgerufen werden können (das können Bilder, JavaScripts oder auch PDF-Dateien (PDF-Formulare, Dokumente usw. sein), können als HTML-Ressource auch in einem Folio aufgenommen werden. Über den Umweg der HTML-Integration können auch solche in der Praxis oft erforderlichen Wege beschritten werden.

Mit nachstehender Schritt-für-Schritt-Anleitung möchten wir Ihnen zeigen, wie Sie auf mehrere PDF-Dateien in einem Folio zugreifen können. Dazu müssen die PDF-Dateien lediglich als HTML-Ressource verpackt in das Folio eingeschleust werden. Der Zugriff auf die Dateien im Folio ist dann einfach.

Schritt für Schritt
Eine PDF-Datei innerhalb eines Folios aufrufen

Damit PDF-Dateien innerhalb eines Folios angezeigt werden können, müssen die PDF-Dateien als HTML-Ressource verpackt in das Folio importiert werden und mit dem entsprechenden Befehl aufgerufen werden.

1 Die HTML-Resources.zip-Datei erstellen

Stellen Sie in einem Ordner alle benötigten PDF-Dateien zusammen. Markieren Sie den Inhalt (alle PDF-Dateien) des Ordners (nicht den Ordner), und führen Sie den ZIP-Komprimierungsvorgang mit den Tools Ihres Systems aus.

Benennen Sie danach diese ZIP-Datei auf den Namen »HTMLResources.zip« um. Beachten Sie, dass der Name mit allen Groß- und Kleinbuchstaben richtig geschrieben ist.

Hinweis für Mac OS X

Mac OS X-Anwender führen eine Rechtsklick auf die markierten Dateien aus und rufen den Befehl XX Objekte komprimieren auf. Es wird dadurch eine ZIP-Datei mit dem Namen »Archiv.zip« erstellt.

2 Die HTML-Resources.zip-Datei in das Folio hochladen

Öffnen Sie das Folio Builder-Bedienfeld, und wählen Sie darin jenes Folio aus, für das diese Ressourcen verwendet werden sollen. Rufen Sie dann im Bedienfeldmenü den Befehl HTML-Ressourcen importieren auf. Es erscheint nachstehender Dialog, in dem Sie auf Durchsuchen klicken müssen, um die erstellte ZIP-Datei auszuwählen.

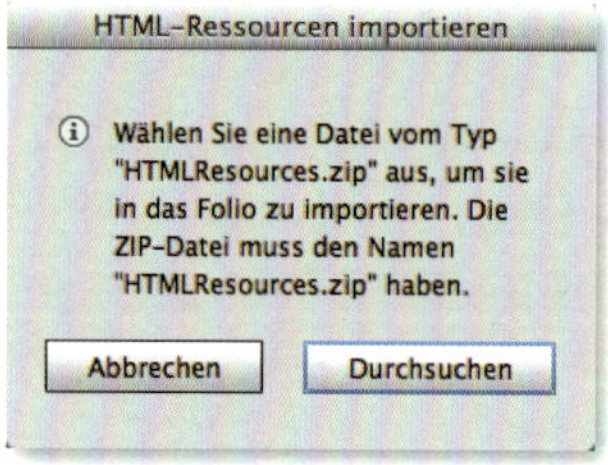

Abbildung 37.27 ▶
Der HTML-Ressourcen importieren-Dialog, worin Sie explizit auf die korrekte Schreibweise der ZIP-Datei hingewiesen werden

Das Hochladen erfolgt dann sofort in das Folio, das sich am DPS-Server befinden muss. Dies kann je nach Dateigröße eine gewisse Zeit in Anspruch nehmen.

3 Erstellen des Aufrufs

Erstellen Sie nun in einem InDesign-Dokument, das bereits als Artikel dem Folio hinzugefügt worden ist, eine grafisch gut aussehende Schaltfläche. Beachten Sie, dass der Artikel Bestandteil desjenigen Folios ist, zu dem Sie zuvor die ZIP-Datei hochgeladen haben.

Markieren Sie die Schaltfläche, und konvertieren Sie diese im dafür vorgesehenem Bedienfeld Schaltflächen und Formulare in eine interaktive Schaltfläche.

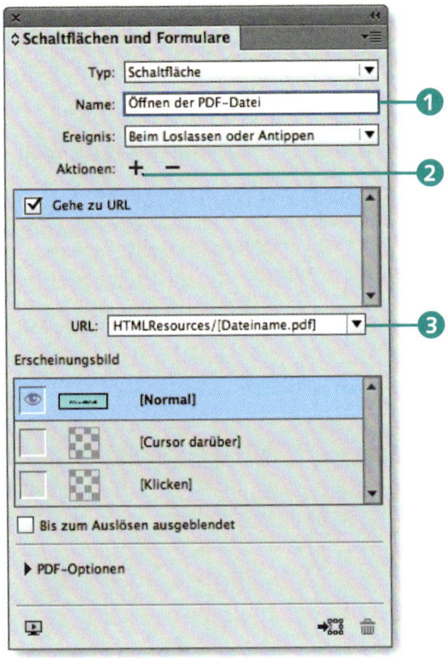

◀ **Abbildung 37.28**
Das Schaltflächen und Formulare-Bedienfeld mit einem Aufruf einer Datei, die sich innerhalb der HTMLResources.zip-Datei des Folios befindet. Sie können damit alle Dateien aufrufen, die sich innerhalb der ZIP-Datei befinden und die mit dem Adobe Content Viewer geöffnet werden können.

Im Bedienfeld vergeben Sie einen Namen ❶ für die Schaltfläche und fügen die Aktion ❷ Gehe zu URL hinzu. In der Eingabezeile URL ❸ geben Sie dann den Befehl `HTMTLResources/[Dateiname.pdf]` ein.

Aktualisieren Sie den Artikel am DPS-Server und sehen Sie sich das Ergebnis auf dem Tablet an.

Wichtig
Beachten Sie, dass die Anzeige der PDF-Datei über den Adobe Content Viewer Ihres Betriebssystems nicht angezeigt werden kann, da sich die HTML-Ressource in der Folio-Datei am DPS-Server befindet.

Animationen integrieren

Animationen, die in InDesign erstellt wurden, sind ausschließlich zur Verwendung für die SWF-Ausgabe geeignet. Das Erstellen von Animationen und eine Übernahme für die Ausgabe in ein Folio ist (noch) nicht vorgesehen. Wie können Sie dennoch Animationen in einen Artikel eines Folios integrieren?

Die Lösung lautet: Mit *HTML5*, *CSS3* in Kombination mit *jQuery* können bewegte Inhalte erstellt werden, die auch mit den Gesten auf Tablets funktionieren. Doch wie kommen Sie zu diesen Dateien? Es gibt dazu zwei Ansätze:

- **Animationen in Flash CC erstellen und in HTML5 exportieren**: Die große Neuerung von Flash CS6 war, dass Animationen in gewohnter Art und Weise mit dem Programm erstellt und die fertige Animation dann entweder als SWF- oder als HTML5-Datei exportiert werden konnte. Mit Flash CC wurde dieser Export verbessert.
- **Erstellen von bewegten Inhalten über das neue Programm Adobe Edge Animate CC**: Mit dem neuen Programm Adobe Edge Animate CC (es wird wohl das Nachfolgeprogramm von Flash werden), kön-

▲ **Abbildung 37.29**
Das Symbol einer .oam-Datei. Diese Dateitypen beinhalten verpackt alle notwendigen Ressourcen, die zur Visualisierung von HTML5, CSS3 und jQuery-kodierten Inhalten benötigt werden.

nen Sie bewegten Inhalt und Animationen erstellen und diesen als HTML5 oder als ».oam«-Datei exportieren.

Quark kann es!
Das DPS-Studio von Quark bietet eine InDesign-Integration an, die sich sehen lassen kann. Quark kann unter anderem Animationen, die in InDesign CC erstellt worden sind, in Form von HTML 5-Code und in Verbindung mit CSS3 animiert exportieren. Es ist also nur noch eine Frage der Zeit, wann Adobe das anbieten wird.

Zum Platzieren von HTML-Inhalten verwenden Sie exakt dieselbe Vorgehensweise, die wir zuvor beim Überlagerungstyp WEBINHALT beschrieben haben.

Mit ».oam«-Dateien ist es etwas einfacher. Ziehen Sie einen Rechteckrahmen in InDesign auf, und platzieren Sie die ».oam«-Datei darin. Ein Startbild wird dabei schon direkt aus der ».oam«-Datei übergeben und im Bildrahmen angezeigt. Darüber hinaus können Sie für diesen Dateityp noch alle Einstellungen des Bereichs WEBINHALT im Bedienfeld FOLIO OVERLAYS wählen.

Bilder schwenk- und zoombar machen

Mit diesem Überlagerungstyp können Sie den Betrachter am Endgerät ein Bild in einen Ausschnitt hinein, und aus ihm herauszoomen und es auch verschieben lassen. Zum Erstellen einer Schwenk- und/oder Zoom-Überlagerung gehen Sie wie folgt vor:

1. Positionieren Sie das Bild an der gewünschten Stelle im Layout.
2. Vergrößern Sie den Inhalt (das Bild) auf die gewünschte Größe, und verschieben Sie das Bild, bis Sie den gewünschten Ausschnitt angezeigt bekommen. Dieser Ausschnitt stellt die Ausgangszoomstufe dar.
3. Sie können dann im Bedienfeld FOLIO OVERLAYS im Bereich SCHWENKEN UND ZOOMEN nur zwischen den Optionen EIN oder AUS wählen.

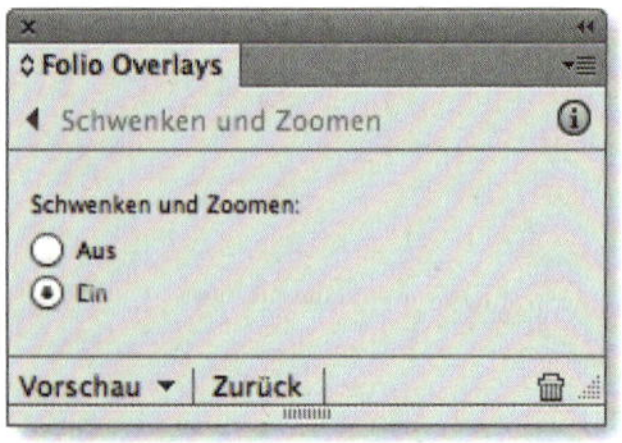

▲ **Abbildung 37.30**
Das Bedienfeld FOLIO OVERLAYS mit den Einstellungsmöglichkeiten zu SCHWENKEN UND ZOOMEN

Hinweise | Beachten Sie beim Erstellen von schwenk- und zoombaren Inhalten folgende Hinweise:

- **Der Bildrahmen muss rechteckig sein**: Ist der Bildrahmen abgerundet, so wird beim Schwenken auf dem Endgerät ein rechteckiger Rahmen gezeigt.
- **Bildrahmengröße**: Der Bildrahmen muss kleiner sein als das Bild, das in dem Rahmen platziert ist.
- **Maximale Kantenlänge**: Die maximale Kantenlänge eines Bilds beträgt 2000 px. Haben Sie den Wert überschritten, so bekommen Sie beim Hochladen des Folio-Artikels eine Fehlermeldung. Leider sind aktuell die Fehlermeldungen dabei noch so kryptisch gehalten, dass Sie nicht erkennen können, dass Sie irrtümlich ein Bild mit einer höheren Seitenkantenlänge verwendet haben.
- **Optimale Qualität**: Eine optimale Darstellung erreichen Sie bei 72 dpi bei 100 %iger Darstellung im Dateiformat JPEG.

▲ **Abbildung 37.31**
Bilder können ein- und ausgezoomt werden. Die größte Darstellung ist bei einer Auflösung von 72 dpi gegeben.

- **Bilder können nur ausgezoomt werden**: Beachten Sie, dass Sie Bilder bis zur maximalen Größe (das Bild besitzt 72 dpi) einzoomen können. Auszoomen können Sie Bilder, bis das Bild proportional gefüllt (die minimale Seitenlänge eines Bildes ist erreicht) im Rahmen eingepasst wird.

Scrollbare Textrahmen und Bildlaufleisten erstellen

Mit dieser Überlagerungstechnik können Sie längere Texte oder auch Bildlaufleisten in einem zur Verfügung stehenden Bereich des Layouts rollbar machen.

Schritt für Schritt
Eine Bildlaufleiste und scrollbaren Textinhalt erstellen

Wir wollen auf einer Artikelseite einen langen scrollbaren Text und daneben eine Bildlaufleiste zum Verschieben erstellen. Das Ergebnis soll so aussehen wie in Abbildung 37.32.

▲ **Abbildung 37.32**
Ausschnitt der fertigen Folio-Artikelseite mit den scrollbaren Inhalten

1 Aufbau des Layouts

Erstellen Sie in InDesign mit den bekannten Werkzeugen das gesamte Layout. Damit der Text scrollbar gemacht werden kann, müssen Sie den Textrahmen mit dem ganzen Text in Originalgröße erstellen und formatieren. Der Textrahmen darf keinen Übersatztext besitzen, womit der Text, wahrscheinlich weit über die Montagefläche hinaus, auf der Seite positioniert ist.

Den transparenten Hintergrund würden Sie normalerweise nicht als eigenständigen Kasten erstellen, sondern Sie würden den Textrahmen mit dem Text in einem Textrahmen anlegen. Damit der Text scrollbar gemacht werden kann, benötigen wir eine Art Maskenrahmen. Erstellen Sie den transparenten Hintergrund als eigenständigen Bildrahmen, und positionieren Sie Textrahmen und Bildrahmen so übereinander, wie diese zum Schluss zueinander stehen sollen (abgesehen vom überlaufenden Text an der unteren Kante).

Für die Bildlaufleiste verfahren Sie ähnlich. Platzieren Sie die Bilder in der gewünschten Größe als Reihe über die Montagefläche hinaus, und gruppieren Sie die Bildserie. Erstellen Sie auch für eine Bildlaufleiste im Hintergrund eine Art Maskenrahmen. Wie Sie diesen füllen oder mit welchen Effekten Sie diesen versehen, bleibt Ihrem kreativen Geist vorbehalten. Positionieren Sie die Bildserie und den Maskenrahmen dafür an die gewünschte Position. Das Ergebnis von Schritt 1 sollte sich wie in Abbildung 37.33 darstellen:

Vergrößern der Montagefläche
Sollten Sie zu wenig Platz auf der Montagefläche von InDesign vorfinden, um einen langen durchlaufbaren Inhalt zu erstellen, so bedenken Sie, dass Sie im Register Hilfslinien und Montagefläche der InDesign-Voreinstellungen jederzeit die Montagefläche vergrößern können.

Abbildung 37.33 ▶
Das Ergebnis von Schritt 1. Zum besseren Verständnis haben wir alle Rahmen ausgewählt, damit Sie besser erkennen können, dass die Inhalte über die Montagefläche hinaus platziert wurden. Achten Sie darauf, dass die Bilder der Bildlaufleiste gruppiert sein müssen, da Sie ansonsten diese Auswahl nicht in den Maskenrahmen einfügen können.

2 Objekte in die Maskenrahmen einfügen

Sie müssen nun noch den Textrahmen maskieren, sodass der Text an der Unterkante des transparenten Hintergrundrahmens abgeschnitten wird. Wählen Sie dazu nur den Textrahmen aus, und drücken Sie die Tastenkombination Strg+X bzw. ⌘+X – damit haben Sie den Textrahmen ausgeschnitten. Markieren Sie dann den Hintergrundrahmen, und fügen Sie den Inhalt der Zwischenablage in den Rahmen ein. Drücken Sie dazu die Tastenkombination Strg+Alt+V bzw. ⌘+⌥+V. Damit haben Sie den Inhalt eingefügt, womit alle Vorkehrungen für die Aktivierung eines durchlaufbaren Rahmens getroffen sind.

Verfahren Sie auf dieselbe Art und Weise mit den Bildern. Wählen Sie die gruppierte Bildleiste aus, schneiden Sie diese aus, und fügen Sie den Inhalt in den Maskenrahmen für die Bildlaufleiste ein.

▲ Abbildung 37.34
Das Bedienfeld Folio Overlays mit den Einstellungsmöglichkeiten zu Durchlaufbarer Rahmen

3 Einstellungen für durchlaufbaren Rahmen festlegen

Wählen Sie danach den Maskenrahmen für den Text aus, und wählen Sie dann im Bedienfeld Folio Overlays im Bereich Durchlaufbarer Rahmen die Optionen aus Abbildung 37.34 aus. Dadurch wird die Bildlaufrichtung auf Vertikal ❶ beschränkt und die Originalposition des Textrahmens im Maskenrahmen beibehalten. Letzteres erreichen Sie durch Auswahl der Option Dokumentposition verwenden ❷.

Durch die Wahl von Vektor ❸ in der Option Exportformat in PDF-Artikeln bleibt der Text als Vektor erhalten. Einerseits bleibt dabei die Darstellung in einer gezoomten Darstellung immer scharf, und andererseits wird dadurch die Dateigröße für das Folio erheblich reduziert.

Verfahren Sie für die Bildlaufleiste wie für den scrollbaren Text. Der einzige Unterschied sollte hierbei sein, dass Sie anstelle von Vektor den Eintrag Raster in der Option Exportformat in PDF-Artikeln verwenden.

4 Austesten

Haben Sie alles korrekt eingestellt, so können Sie mit dem Austesten der Artikelseite loslegen. Rufen Sie dazu den Befehl Datei • Foliovorschau auf. InDesign rendert die Inhalte für die Darstellung im Adobe Content Viewer und öffnet das Ergebnis im lokal installierten Adobe Content Viewer.

37.4 Ein Folio erstellen

Nachdem Sie nun alle Artikel im Hoch- und Querformat erstellt, das Layout umgesetzt und alle Überlagerungen in der notwendigen Güte angebracht haben, ist es an der Zeit, das Folio zu erstellen, um es danach zu veröffentlichen.

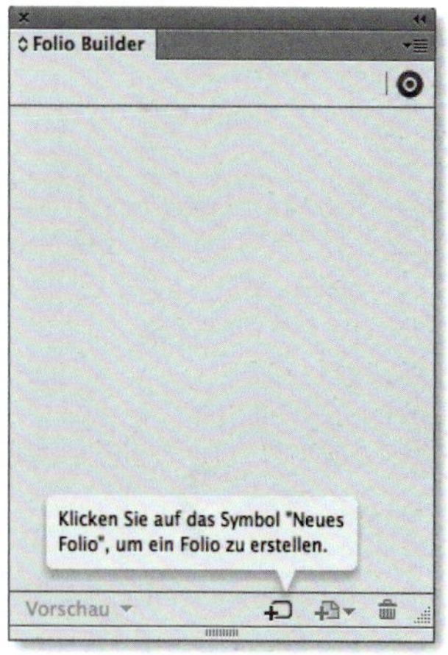

▲ **Abbildung 37.35**
Das Bedienfeld Folio Builder zu Beginn der Anlage

Ein Folio erzeugen

Ein Folio erzeugen Sie über das Bedienfeld Folio Builder oder über den Menübefehl Datei • Neu • Folio. Rufen Sie das Bedienfeld über das Menü Fenster • Folio Builder oder durch Klick auf das Symbol in der Bedienfeldleiste auf. Zum Anlegen eines neuen Folios müssen Sie sich zuerst beim Adobe Digital Publishing Suite-Server über Ihre Adobe-ID anmelden.

Sind Sie angemeldet, so werden Ihnen im Bedienfeld alle aktuellen Folios angezeigt, die sich auf dem Server befinden. Folios können als Offline-Folio 4 (gespeichert auf dem lokalen Rechner) existieren oder auf dem Server als Online-Folio 5 liegen. Ob Online-Folios nur auf dem Server stehen oder ob diese schon für andere freigegeben wurden, erkennen Sie am Symbol 6.

◀ **Abbildung 37.36**
Sind Sie mit dem Adobe Digital Publishing-Server verbunden, werden Ihnen im Folio Builder-Bedienfeld alle verfügbaren Folios angezeigt. Ein Folio löschen Sie, indem Sie auf das Symbol 9 klicken. Einen neuen Artikel legen Sie durch Klick auf das Symbol 8 an.

Lokales Folio erzeugen | Wir empfehlen, ein Folio zu Beginn des Projekts als lokales Folio zu erzeugen. Legen Sie dazu ein neues Folio an, indem Sie auf das Symbol 7 klicken, und aktivieren Sie im Dialog Neues Folio die Option Offline-Folio erstellen 17 (Abbildung 37.37).

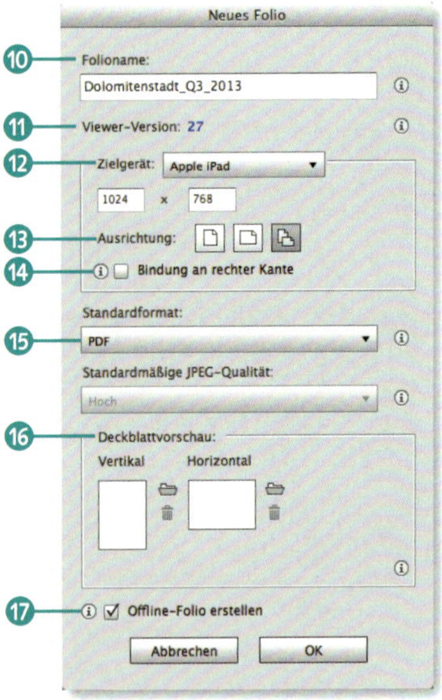

▲ **Abbildung 37.37**
Der Dialog Neues Folio. Beim Anlegen eines Folios stellen Sie für das Folio die unumstößlichen Parameter ein. Legen Sie dabei beispielsweise für das iPad diese immer mit 1024 × 768 an. Wird das Folio auf dem iPad 3 (mit der vierfach hoheren Auflösung) angesehen, so skaliert der Viewer das Folio auf die geänderte Größe hin.

Geben Sie einen Folionamen ⑩ ein, und klicken Sie auf die Ziffer, die hinter dem Begriff Viewer-Version ⑪ steht, um die Mindestkompatibilität für die zu verwendende Viewer-Version zu bestimmen. Ob Sie dabei immer die höchste verfügbare Viewer-Version wählen, hängt von den Anforderungen und vom möglichen Bezieherkreis des Folios ab.

Wählen Sie in der Option Zielgerät ⑫ aus, für welches Ausgabegerät Sie das Folio anlegen wollen, oder geben Sie darunter die Auflösung für die Breite und die Höhe ein (siehe hierzu den Kasten auf Seite 1066).

Bestimmen Sie danach in der Option Ausrichtung ⑬, ob Sie das Folio nur in der vertikalen, horizontalen oder in beiden Ausrichtungen anlegen wollen. Beachten Sie, dass Sie die gewählte Option im Nachhinein nicht mehr ändern können! Durch die Wahl der Option Bindung an rechter Kante ⑭ werden Artikel im Viewer von rechts nach links und nicht wie üblich von links nach rechts angezeigt.

Wählen Sie in der Option Standardformat ⑮ aus, in welchem Format das Hintergrundbild der Folio-Datei gerendert werden soll. Es stehen PDF, JPEG und PNG zur Verfügung. Welche Auswirkungen das hat, haben Sie in diesem Kapitel schon mehrfach gelesen. Die Angabe des Standardformats PDF scheint jedoch fast immer die richtige Wahl zu sein.

Im Bereich Deckblattvorschau ⑯ müssen Sie noch ein horizontales und ein vertikales Vorschaubild (als JPEG-Datei in den Pixelmaßen des Folios) hinzufügen. Diese Vorschau wird für das Inhaltsverzeichnis des Folio-Viewers (App oder Adobe Content Viewer) verwendet.

Folio auf dem Adobe Digital Publishing-Server erzeugen | Nutzen Sie hierfür dieselben Einstellungen wie zuvor. Lediglich die Option Offline-Folio erstellen ⑰ bleibt deaktiviert. Beachten Sie, dass Sie in diesem Fall mit langen Hochladezeiten beim Aktualisieren der Artikel und des Folios rechnen müssen.

Hinweis
Es können nur aktuell geöffnete InDesign-Dokument dem Folio hinzugefügt werden, wenn sich diese hinsichtlich der Auflösung und der Ausrichtung mit den Grundparametern des Folios decken.

Bezüglich der Auflösung müsste jedoch nur das entsprechende Verhältnis, z. B. 4:3, übereinstimmen, oder es muss sich um ein übergroßes Einzelseitenlayout handeln.

Artikel hinzufügen

Ist das Folio erstellt, so können Sie beginnen, einzelne Artikel dem Folio hinzuzufügen. Klicken Sie dazu auf das Symbol ⑨, wodurch Sie vor die Auswahl gestellt werden, ob Sie das aktuell geöffnete InDesign-Dokument als Artikel hinzufügen wollen oder ob Sie einen bzw. alle Artikel importieren wollen.

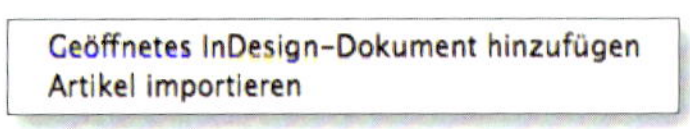

▲ **Abbildung 37.38**
Die Auswahlmöglichkeiten beim Hinzufügen eines Artikels

Geöffnetes InDesign-Dokument hinzufügen | Öffnen Sie alle InDesign-Dokumente, die Sie als Artikel im Folio hinzufügen wollen. Wählen Sie eines aus, und führen Sie den Befehl Geöffnetes InDesign-Dokument hinzufügen (Abbildung 37.38) oder den Befehl Artikel hinzufügen aus dem Bedienfeldmenü aus.

Geben Sie im Dialog Neuer Artikel den Artikelnamen ein, und wählen Sie das gewünschte Artikelformat aus, das vom Standardformat des Folios abweichen kann. Beachten Sie bei der Vergabe des Artikelnamens unsere Empfehlungen zur Namenskonvention.

Handelt es sich bei dem Artikel um ein großes Einseitenlayout, so müssen Sie in der Option Smooth-Scrolling je nach Layout den Eintrag Horizontale Ausrichtung, Vertikale Ausrichtung oder Beide Ausrichtungen aktivieren.

Haben Sie sich für die Erstellung eines vertikalen und eines horizontalen Layouts im Folio entschieden, so können Sie in Hochformatlayout und in Querformatlayout die zu verwendenden alternativen Layout-Namen auswählen. InDesign sucht sich dabei meistens automatisch die richtige Version aus. Sollten sich mehr als zwei alternative Layouts im InDesign-Dokument befinden, so müssen Sie sehr genau schauen und das korrekte alternative Layout auswählen.

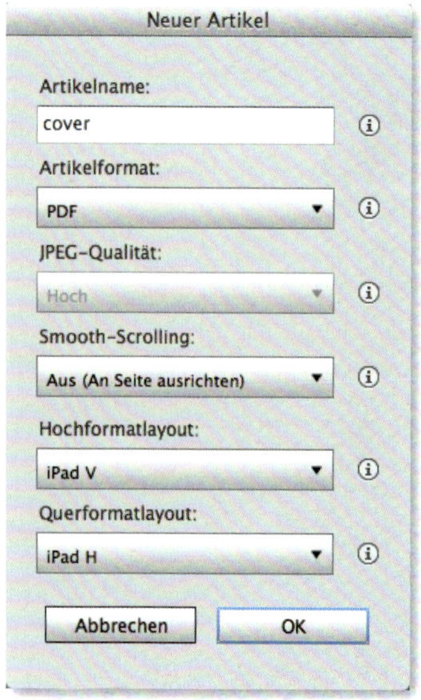

▲ **Abbildung 37.39**
Der Dialog Neuer Artikel

Artikel importieren | Durch die Auswahl dieses Menüeintrags (Abbildung 37.38) bzw. durch den Aufruf des Befehls Artikel importieren aus dem Bedienfeldmenü des Bedienfelds Folio Builder können Sie sowohl einzelne als auch mehrere Artikel automatisch in einem Aufwasch importieren. Dies funktioniert nur, wenn der Aufbau der Ordnerstruktur, wie wir dies in der Schritt-für-Schritt-Anleitung »Anlegen der InDesign-Dokumente für die DPS« auf Seite 1067 gezeigt haben, eingehalten wurde und zusätzlich eine »sidecar.xml«-Datei vorgefunden wird.

Der Aufbau einer Sidecar.xml ist dem nachstehenden Infokasten zu entnehmen. Die verwendeten Tags innerhalb der XML-Datei unterliegen dabei einer exakten Schreibweise.

sidecar.xml

Die »sidecar.xml«-Datei muss auf der obersten Ebene – also auf derselben Ebene wie die Artikel-Ordner – gespeichert sein. Sie besteht aus mehreren Einträgen. Ein Eintrag ist folgendermaßen aufgebaut:

```
<entry>
<folderName>Artikel</folderName>
<articleTitle>Titel</articleTitle>
<byline>Autorenzeile</byline>
<author>Autor</author>
<kicker>Abschnitt</kicker>
<description>Beschreibung</description>
<tags>Tag1, Tag2</tags>
<isAd>false</isAd>
<smoothScrolling>never</smoothScrolling>
<isFlattenedStack>false</isFlattenedStack>
</entry>
```

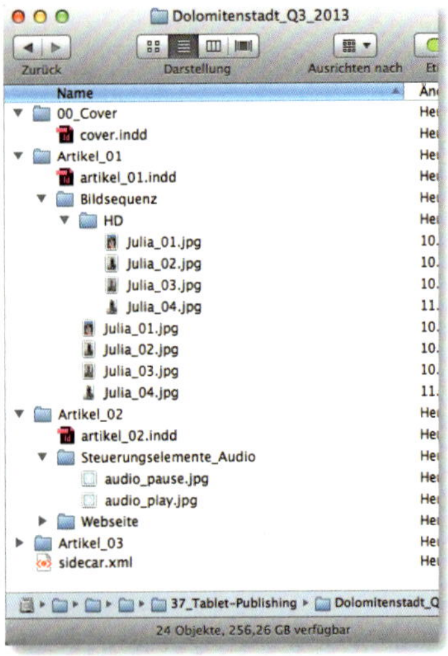

▲ **Abbildung 37.40**
Die finale Ordnerstruktur eines Projekts für die Erstellung eines Folios

Ein korrekter Aufbau einer Ordnerstruktur zum Importieren aller Artikel muss so aussehen wie in Abbildung 37.40. Die »sidecar.xml« steht dabei auf der obersten Ebene, und in den einzelnen Artikel-Ordnern müssen die Bilder, die für die hochauflösende Ausgabe auf dem iPad 3 verwendet werden sollen, im Unterordner mit der Bezeichnung »HD« stehen. Durch die Speicherung der hochauflösenden Bilder im Ordner »HD« ersparen Sie es sich, eine zweite Version eines Folios für die Multi Renditions anzulegen.

Nach dem Aufruf des Befehls Artikel importieren können Sie entscheiden, ob Sie nur einen Artikel oder gleich alle Artikel dem Folio hinzufügen wollen. Je nach Auswahl der Option erhalten Sie unterschiedliche Dialoge angezeigt.

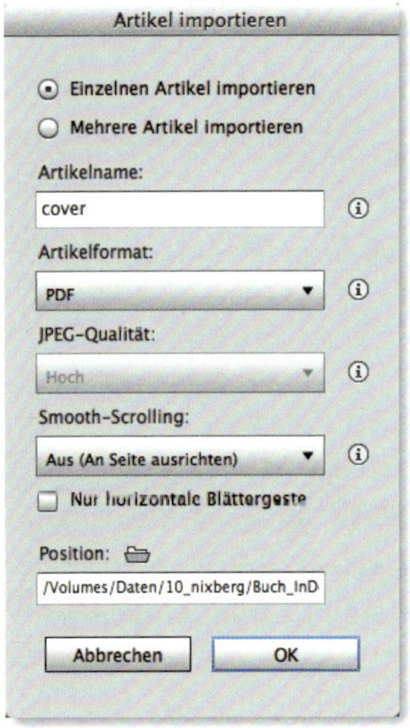

Abbildung 37.41 ▶
Das Importieren eines ganzen Projektordners spart viel Zeit. Das Erstellen der XML-Datei zahlt sich für die Anlage von Periodika sicherlich bald aus.

Die Einstellungen in den Dialogen sind Ihnen bis auf die Option Position alle bekannt. Über die Option Position wählen Sie aus, wo sich die »sidecar.xml«-Datei befindet.

Haben Sie dem Folio alle Artikel einzeln hinzugefügt, so müssen Sie noch Metadaten für die einzelnen Artikel ergänzen. Haben Sie die Artikel über eine »sidecar.xml«-Datei hinzugefügt, wurden die Metadaten ebenfalls schon eingetragen. In jedem Fall müssen Sie noch die Metadaten für das Folio hinzufügen.

Metadaten für das Folio hinzufügen

Um dem ausgewählten Folio Metadaten zu hinterlegen, können Sie grundsätzlich zwischen zwei Verfahren wählen:

- **Über das Bedienfeldmenü »Folioeigenschaften«**: Rufen Sie im Bedienfeldmenü den Menüeintrag Folioeigenschaften (Abbildung 37.42) auf. Bestimmen Sie darin den Veröffentlichungsnamen und die vorgesehene Viewer-Version, und laden Sie Vorschaubilder für das Deckblatt hinzu. Die Vorschaubilder sollten in derselben Größe wie die Foliogröße vorliegen, damit einem Import nichts im Wege steht.
- **Über den Adobe Digital Publishing Suite-Server**: Rufen Sie dazu den Menüeintrag Folio Producer aus dem Bedienfeldmenü auf, wodurch Sie auf den Adobe Digital Publishing Suite-Server kommen. Ihnen werden dort alle verfügbaren Folios angezeigt – siehe Abbildung 37.44 auf Seite 1098.

  Da Sie zuvor ein lokales Folio angelegt haben, müssen Sie das Folio zum Eintragen der Metadaten erst auf den Adobe Digital Publishing Server laden. Wählen Sie dazu das lokale Folio im Folio Producer-Bedienfeld aus, und rufen Sie dann den Befehl In Folio Producer laden auf. Wählen Sie anschließend das entsprechende Folio in der Liste am Adobe Folio Producer-Server aus, und tragen Sie dann noch die fehlenden Metadaten für das Folio ein.

▲ **Abbildung 37.42**
Der Dialog Folioeigenschaften

Metadaten für die Artikel hinzufügen

Um Metadaten für den Artikel hinzuzufügen, rufen Sie aus dem Bedienfeldmenü des Bedienfelds Folio Builder den Menüeintrag Artikeleigenschaften auf, oder erledigen Sie diese Arbeit auch online am Adobe Digital Publishing Suite-Server.

Für den einzelnen Artikel müssen Sie den Titel, die Autorenzeile, den Abschnitt und eine Beschreibung eingeben. Durch die Wahl der Option Werbung bzw. Im Inhaltsverzeichnis ausblenden wird dieser Artikel so gekennzeichnet, dass Viewer, die Werbungen nicht anzeigen lassen, diesen Artikel auslassen bzw. kein Eintrag im Inhaltsverzeichnis vorgenommen wird.

Im Bereich Artikelverhalten können Sie noch bereits bekannte Optionen für Smooth-Scrolling und die Blättergeste wählen. Für die Darstellung im Inhaltsverzeichnis müssen Sie hier noch ein 70 × 70 px großes Bild hinzufügen. Die Wahl einer JPEG-Datei in der gewünschten Größe ist dafür ideal.

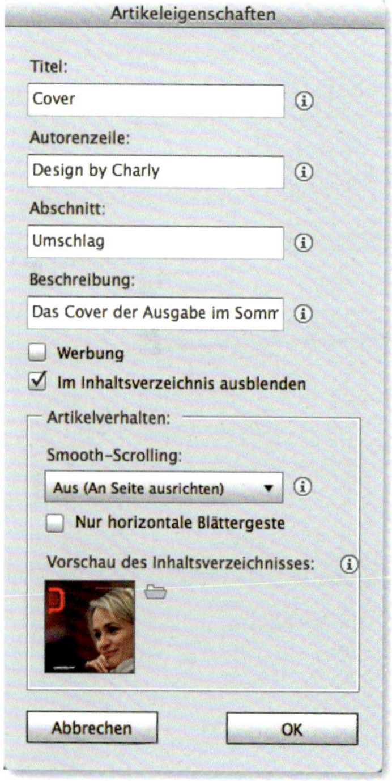

▲ **Abbildung 37.43**
Der Dialog Artikeleigenschaften. Ist die Option Im Inhaltsverzeichnis ausblenden aktiviert, so muss keine Vorschaudatei hochgeladen werden.

Abschließende Arbeiten

Abschließend müssen Sie noch am Adobe Digital Publishing Suite-Server alle Parameter eingeben, die zur Freigabe des Folios bzw. zur Erstellung einer App zwingend erforderlich sind. Erst wenn Sie diesen Schritt abgeschlossen haben, können Sie das digitale Magazin veröffentlichen.

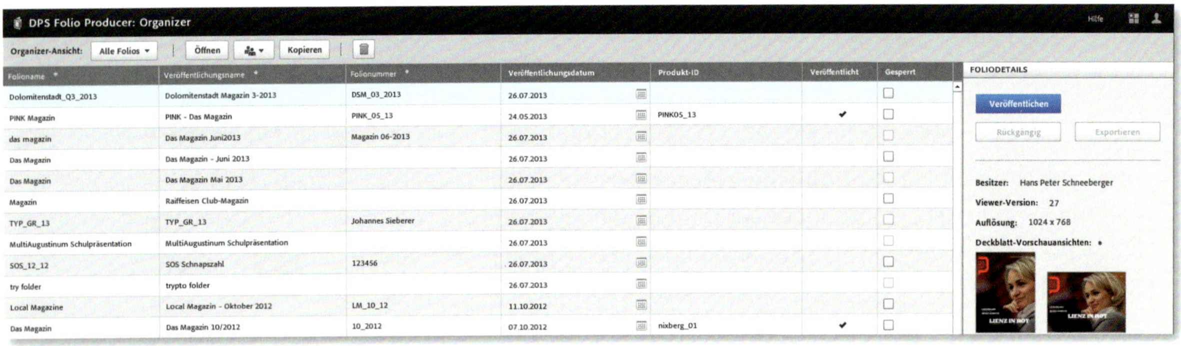

▲ **Abbildung 37.44**
Der DPS Folio Producer: Organizer des DPS-Servers. Erst wenn Sie alle Daten eingetragen haben, können Sie mit der Erstellung einer Single Edition-App mittels DPS-App Builder oder mit der Freigabe des Folios für andere DPS-Anwender über deren Adobe-ID loslegen.

37.5 Eine Single Edition-App erstellen

Als Creative Cloud-Anwender können Sie eine Folio-App erstellen, ohne dass Sie eine spezielle kostenpflichtige DPS-Subskription besitzen müssen. Diese spezielle Form der App nennt man Single Edition, da sie nur ein Folio beinhalten kann. Darüber hinaus kann diese App nur für den AppleStore hochgeladen werden.

Um eine Single Edition-App zu erstellen, öffnen Sie das Folio Producer-Bedienfeld. Wählen Sie darin ein auf den Adobe Digital Publishing-Server hochgeladenes und bereits für die Veröffentlichung fertiggestelltes Folio aus, und rufen Sie den Befehl App erstellen aus dem Bedienfeldmenü auf.

Daraufhin startet die lokal installierte Software DPS App Builder. Sie müssen nun noch vier Masken ausfüllen, viele Vorschaubilder in den unterschiedlichsten Größen laden und eine Entwicklerlizenz bei Apple beantragen, damit Sie das Folio einreichen können.

▼ **Abbildung 37.45**
Der DPS App Builder: Mit dieser Software können Sie eine Single Edition-App selbstständig für die Einreichung im Apple Store erstellen. Vier Schritte müssen Sie noch durchlaufen, und Sie haben Ihre erste App erstellt.

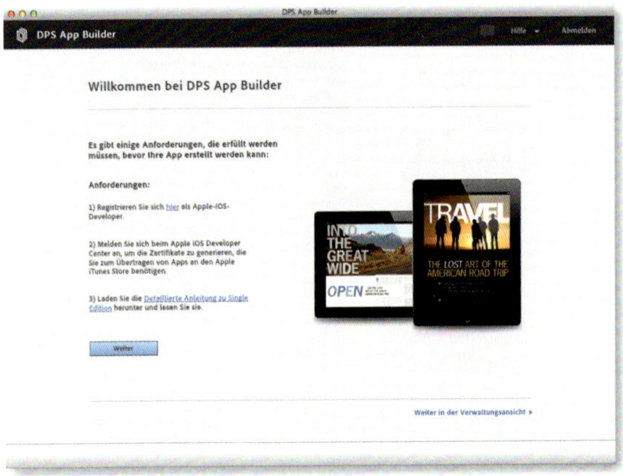

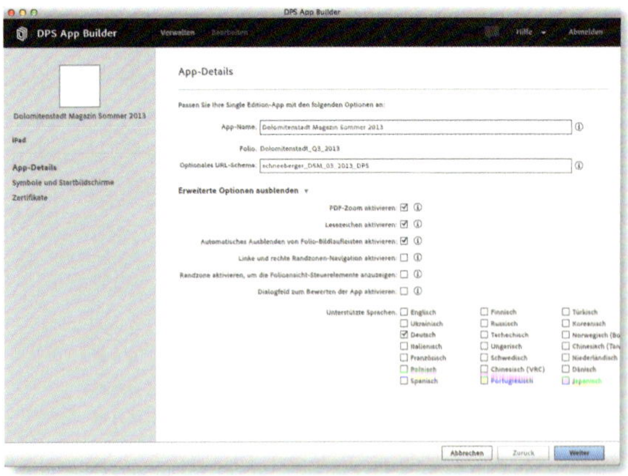

TEIL VIII

InDesign automatisieren

Kapitel 38
GREP

Wir haben Sie an mehreren Stellen in unserem Buch auf die Anwendung von GREP-Suchen und GREP-Stilen verwiesen und beide Methoden an unterschiedlichen Stellen auch schon beispielhaft angewendet. Die Grundprinzipien von GREP zu erläutern, hätte an den jeweiligen Stellen die Sache aber unnötig in die Länge gezogen. Wir reichen sie deshalb an dieser Stelle nach.

38.1 Was ist GREP?

GREP stammt aus der Frühzeit der EDV und wurde als Textprozessor und -filter konzipiert. Die Details müssen uns für das grundsätzliche Verständnis von GREP nicht interessieren. Wir betrachten GREP einfach als Black Box, die zwei Eingänge und einen Ausgang besitzt.

GREP
Es gibt mehrere Ansichten, was die Abkürzung *GREP* eigentlich bedeutet. Wir gehen von folgender Bedeutung aus: »**g**lobal search for a **r**egular **e**xpression and **p**rint out matched lines«.

◂ **Abbildung 38.1**
Die Anwendung von GREP ist kompliziert genug. Kümmern Sie sich nicht darum, was in der Black Box passiert.

Wir schicken Text in den Texteingang und Anweisungen, wie mit dem Text zu verfahren ist, in den Eingang für Steueranweisungen. Die Black Box GREP modifiziert den Text entsprechend den Steueranweisungen (*Regular Expressions* oder auf Deutsch »reguläre Ausdrücke«) und gibt ihn am Textausgang wieder an uns zurück. Die Steueranweisungen beschreiben immer zwei Dinge:

- **Suche**: Es muss beschrieben werden, auf welche Anteile des Textes am Texteingang Operationen angewendet werden sollen.

- **Operation**: Hier wird festgelegt, wie die betreffenden Textanteile modifiziert werden sollen, wobei InDesign in seiner GREP-Implementierung wiederum zwei Möglichkeiten unterscheidet:
  1. Textanteile sollen ausgetauscht und der Text somit inhaltlich verändert werden. Dafür ist die Funktion SUCHEN/ERSETZEN zuständig, die einen eigenen Abschnitt für die Verwendung von GREP bietet.

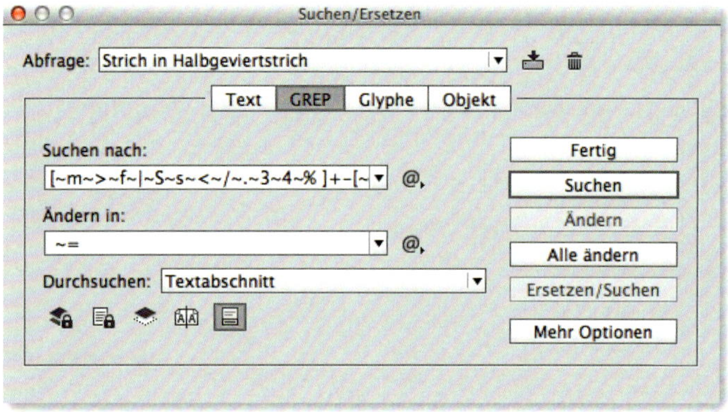

Abbildung 38.2 ▶
Der Text, der in den GREP-Eingang geschickt wird, wird über DURCHSUCHEN festgelegt – hier wird der Text des gesamten Abschnitts durchsucht. Die Steueranweisung besteht aus zwei Teilen: aus der Suche in SUCHEN NACH und aus der Operation in ÄNDERN IN. Der ausgegebene Text wird nach der Änderung wieder im Textabschnitt sichtbar sein (Texteingang = Textausgang).

  2. Textteile sollen formatiert werden. Hierfür sind *GREP-Stile* zuständig, die den Text inhaltlich nicht verändern, sondern als Sonderform der verschachtelten Formate den gefundenen Textteilen Zeichenformate zuweisen.

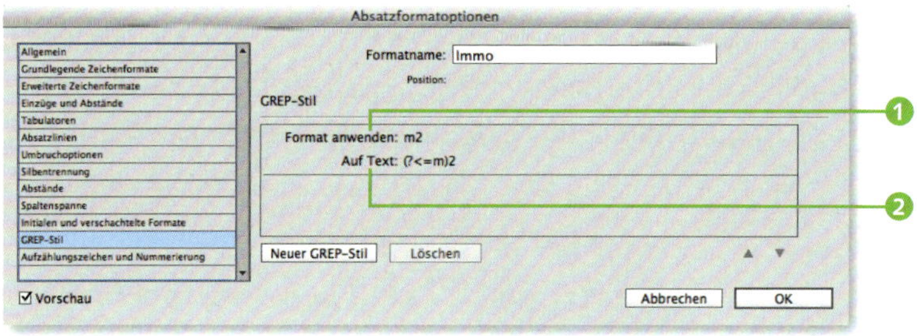

Abbildung 38.3 ▶
Der Text, der in den GREP-Eingang geschickt wird, ist hier der Absatz, auf den das Absatzformat angewendet wird. Die Suche ist in AUF TEXT ❷ formuliert, die Operation in FORMAT ANWENDEN ❶. Das Ergebnis ist wieder der Absatz selbst, auf den das Format angewendet wird.

Da die Suche der Textanteile bei beiden Anwendungen die Voraussetzung ist, ist die Formulierung einer GREP-Suche das zentrale Element im Umgang mit GREP.

38.2 Textteile suchen

Um einen fix vorgegebenen Text zu suchen, brauchen Sie GREP nicht – dafür reicht die normale Textsuche aus. Das Besondere an GREP ist, dass Sie sehr flexibel (aber auch sehr abstrakt) eine unscharfe Suche formulieren können. Das kann bedeuten, dass Sie z. B. ein Wort nur behandeln wollen, wenn es am Anfang eines Absatzes steht, oder den Text »2« nur dann verändern/formatieren wollen, wenn davor ein »m« und davor wiederum ein Leerzeichen steht und danach wieder ein Leerzeichen. Was wir hier beschrieben haben, wäre dann nämlich die Einheit »m^2«, die entweder über den Austausch der Glyphe 2 gegen ^{2} oder durch Anwendung eines Zeichenformats, das die Hochstellung erledigt, korrekt dargestellt werden soll.

In diesem Fall wird zwar ein bestimmtes Zeichen gesucht, allerdings nur unter bestimmten Bedingungen, was mit einer normalen Textsuche nur beschränkt oder gar nicht erreicht werden kann.

Reguläre Ausdrücke

Auch bei der Anwendung von GREP im InDesign-Umfeld ist es notwendig, reguläre Ausdrücke zu formulieren. Diese sind oft total kryptisch formuliert und erschließen sich nicht unbedingt von selbst. Der gesuchte Text ist gespickt mit Sonderzeichen, Klammern in unterschiedlichen Formen {[()]} und Slashes in allen Geschmacksrichtungen (\ | /). Wir werden in diesem Kapitel die regulären Ausdrücke nur aus ihren grundsätzlichen Elementen aufbauen. Seien Sie trotzdem gewarnt:

Das Vorhandensein oder das Fehlen eines einzelnen Zeichens ist für die Funktion zumeist entscheidend, obwohl InDesign die Syntax der regulären Ausdrücke eher locker handhabt. Dies liegt zum einen an einer gewissen Fehlertoleranz, um uns das Leben leichter zu machen, und zum anderen an InDesign-Objekten, die in der Syntax regulärer Ausdrücke nicht vorgesehen sind. Manche Ausdrücke sehen also anders aus, als sie laut verschiedenen Lehrbüchern aussehen sollten.

Die verwendeten Beispiele finden Sie in BEISPIELMATERIAL • KAPITEL_38 • GREP_BEISPIELE.INDD in der Reihenfolge ihres Auftretens in diesem Kapitel.

man-Page unter Mac OS X

Wenn Sie einen Macintosh benutzen, können Sie die Originaldokumentation von GREP lesen.

Starten Sie das Programm *Terminal* im Dienstprogramme-Ordner, den Sie im Programme-Ordner finden. Geben Sie »man grep« ein, und drücken Sie [↵]. In der Dokumentation können Sie mit [↓] bzw. [↑] zeilenweise blättern, mit der Leertaste seitenweise, und mit [Q] können Sie die Anzeige der Dokumentation wieder beenden.

Zeichen, Wörter, Satzteile

Wenn wir im Folgenden von »Suchen«, »Suchstrings« oder »Regular Expressions« sprechen, meinen wir immer dasselbe. Diese Ausdrücke sind dafür gedacht, entweder in der Suchen/Ersetzen-Funktion (siehe Abbildung 38.2) oder in GREP-Stilen (siehe Abbildung 38.3) verwendet zu werden. Vollständige reguläre Ausdrücke, die Sie in der Beispieldatei finden, sind jeweils am Rand abgedruckt.

Einzelne Zeichen und Wörter | Um nach einem einzelnen Zeichen zu suchen, tragen Sie es einfach in den Suchstring ein. Das Gleiche gilt für Wörter. GREP findet auch Wortteile über Wortgrenzen – also z. B. ein Leerzeichen – hinweg.

Sonderzeichen
Einige Zeichen haben in GREP eine besondere Bedeutung und müssen für eine Suche entsprechend gekennzeichnet werden – dazu kommen wir gleich. Grundsätzlich kann aber nach allen Zeichen gesucht werden.

Wenn Sie im vorherigen Absatz nach dem Text »EP fin« suchen, so werden Sie einen Treffer erhalten. Bis hierhin unterscheidet sich GREP noch nicht von einer normalen Textsuche, die von InDesign in Fragen der Groß- und Kleinschreibung sogar komfortabler angeboten wird.

Groß- und Kleinschreibung | Die Textsuche kann über die Funktion GROSS-/KLEINSCHREIBUNG BEACHTEN **Aa** dazu angehalten werden, auf die Schreibweise zu achten. Genau diese Funktion fehlt in der GREP-Suche. Standardmäßig unterscheidet GREP zwischen Groß- und Kleinschreibung. Wenn Sie einem Suchtext die GREP-Anweisung `(?i)` voranstellen, so wird der folgende Text unabhängig von seiner Schreibweise gesucht.

`(?i)grep`
findet das Wort »grep« in allen Schreibweisen.

Das ist zunächst natürlich ein Zusatzaufwand, hat aber den Vorteil, dass Sie in einem Suchstring nach Belieben zwischen der Berücksichtigung der Groß-/Kleinschreibung und deren Nichtbeachtung hin- und herschalten können. Um auf die Beachtung der Schreibweise umzuschalten, stellen Sie dem Suchtext die GREP-Anweisung `(?-i)` voran. Sie können beide Befehle aus dem Untermenü MODIFIZIERER im Menü @, neben den Eingabefeldern sowohl in der Suchen/Ersetzen-Funktion als auch bei der Definition eines GREP-Stils aufrufen.

`[0123456789]`
`[0-9]`
findet alle Ziffern.

`[135680]`
findet genau diese Ziffern. Die Ziffern 2, 4, 7 und 9 werden also nicht gefunden.

Zeichenklassen | Um mehrere Zeichen in einem Arbeitsgang zu suchen, können Sie auf Zeichenklassen zurückgreifen. Alle Zeichen, die Sie in eckige Klammern stellen, werden als einzelne Zeichen gesucht. Um alle Jahreszahlen in einem Text auf einen fetten Schnitt zu stellen, können Sie einen GREP-Stil definieren, der mit `[0123456789]` sucht und ein entsprechendes Zeichenformat zuweist. Allerdings werden damit wirklich alle Ziffern fett ausgezeichnet – GREP erkennt natürlich keine Jahreszahlen. Zur Korrektur dieses Problems kommen wir später.

Eine solche Aufzählung von Zeichen wird primär dafür verwendet, um eine bestimmte Gruppe von Zeichen (z. B. die Symbole der Grundrechenarten: + – × ÷) anzusprechen, und sie kann für einen zusammenhängenden Zeichenbereich verkürzt werden. So können Sie statt `[0123456789]` auch einfach `[0-9]` schreiben. Da solche bestimmten Klassen vor allem in technischen Anwendungen häufig gebraucht werden, wurde GREP um eigene Zeichenklassen erweitert, die bestimmte Zeichen zusammenfassen.

Posix
Portable Operating System Interface (for Unix): Standardisierte Schnittstelle zum Austausch von Daten zwischen dem Betriebssystem (im konkreten Fall Unix-artigen Betriebssystemen) und den Programmen, die auf dem System laufen.

Posix-Klassen | Diese speziellen Klassen fassen einige oft miteinander verwendete Zeichenbereiche unter eigenen Namen zusammen. Sie finden die in InDesign verfügbaren Posix-Klassen im Menü @, neben den Eingabefeldern sowohl in der Suchen/Ersetzen-Funktion als auch bei der Definition eines GREP-Stils unter Posix. Die normale GREP-Schreibweise dieser Klassen und ihre Beschreibung entnehmen Sie bitte Tabelle 38.1.

<table>
<tr><th>Posix-Klasse</th><th>GREP-Formulierung</th><th>Beschreibung</th></tr>
<tr><td>[[:alnum:]]</td><td>[A-Za-z0-9]</td><td>Alphanumerische Zeichen (ohne Satzzeichen)</td></tr>
<tr><td>[[:alpha:]]</td><td>[A-Za-z]</td><td>Alphabetische Zeichen</td></tr>
<tr><td>[[:digit:]]</td><td>[0-9]</td><td>Ziffern</td></tr>
<tr><td>[[:lower:]]</td><td>[a-z]</td><td>Kleingeschriebene alphabetische Zeichen</td></tr>
<tr><td>[[:punct:]]</td><td>[-!"#$%&'()*+,./:;<=>?@
[\\\]^_`{|}~]</td><td>Satzzeichen</td></tr>
<tr><td>[[:space:]]</td><td>[\t\r\n\v\f]</td><td>Alle Weißräume</td></tr>
<tr><td>[[:upper:]]</td><td>[A-Z]</td><td>Großgeschriebene alphabetische Zeichen</td></tr>
<tr><td>[[:word:]]</td><td>[A-Za-z0-9_]</td><td>Alphanumerische Zeichen und zusätzlich Unterstreichung</td></tr>
<tr><td>[[:xdigit:]]</td><td>[A-Fa-f0-9]</td><td>Hexadezimale Ziffern</td></tr>
<tr><td>[[=a=]]</td><td>–</td><td>Beliebiges Zeichen eines Glyphensatzes</td></tr>
</table>

▲ **Tabelle 38.1**
Die in InDesign definierten Posix-Klassen

Die letzte Klasse in unserer Übersicht ist ein Sonderfall, der nur innerhalb von InDesign existiert und deshalb auch von der GREP-Syntax abweicht bzw. in normaler GREP-Syntax nicht formulierbar ist. Mit »Glyphensatz« ist hier kein Glyphensatz gemeint, den Sie im Glyphen-Bedienfeld selbst definieren können, sondern vielmehr die Sammlung von Zeichen, die Sie im Glyphen-Bedienfeld für eine einzelne Glyphe mit Alternativen für Auswahl aufrufen können – siehe Abbildung 38.4. Das Zeichen, das Sie zwischen den beiden =-Zeichen eintragen, ist der Stellvertreter für alle Alternativen des Zeichens.

▲ **Abbildung 38.4**
In der Schrift »Minion Pro« wurde ein »a« ausgewählt, und die Alternativen für Auswahl wurden aufgerufen. Alle Versionen des »a« bilden eine Posix-Klasse.

Aufzählungen | Viel wahrscheinlicher als die Formatierung einzelner Zeichen ist die Auszeichnung bestimmter Wörter. Um eine Auflistung von Wörtern zu definieren, verwenden Sie eine Klammer. Die einzelnen Wörter innerhalb der Klammer werden durch einen geraden Strich | (er steht für »oder«) getrennt.

Beachten Sie bitte, dass Sie keine ungewollten Leerzeichen im Suchstring (etwa vor und nach dem Strich) setzen, da diese Leerzeichen dann als zum Wort gehörig betrachtet werden. Sind die Wörter im Text jedoch durch Tabulatoren getrennt oder stehen sie am Ende eines Satzes, werden sie nicht gefunden.

`(Schneeberger|Feix)`
`(?i)(Schneeberger|Feix)`
findet beide Namen in der angegebenen Schreibweise (oben) oder in jeder Schreibweise (unten).

Wenn Sie bei einer Aufzählung die Berücksichtigung der Schreibweise ausschalten möchten, stellen Sie (?i) vor die Klammer der Aufzählung.

X oder u?

G(e|o)ld

findet sowohl »Geld« als auch »Gold«.

Bislang haben wir nur fixe Texte gesucht. Um die Suche etwas aufzuweichen, können wir die bisherigen Methoden kombinieren. Wenn Sie nach den Wörtern »Geld« und »Gold« suchen, könnten Sie zwar eine Aufzählung definieren, Sie können sich jedoch auch auf das Wesentliche konzentrieren und lediglich die abweichenden Zeichen in die Aufzählung aufnehmen: G(e|o)ld – Sie sehen hier zwei der Probleme von GREP: Es führen unterschiedliche Wege zum Ziel, und je kürzer eine Formulierung wird, umso kryptischer wird sie in der Regel.

Platzhalter

G.ld

G\Sld

findet jedes Wort, das mit »G« beginnt und mit »ld« endet. Dazwischen darf genau ein Zeichen stehen.

Da es die Wörter »Gald«, »Gild« und »Guld« in der deutschen Sprache nicht gibt, können Sie das obige Beispiel noch allgemeiner formulieren. Da nur die Wörter »Geld« und »Gold« vorkommen, müssen Sie die beiden Varianten gar nicht aufzählen, sondern können sie durch einen Platzhalter ersetzen. GREP kennt eine Vielzahl von Platzhaltern für alle möglichen Lebenslagen. Der einfachste ist der Punkt – er steht einfach für genau ein beliebiges Zeichen.

Allerdings erlaubt GREP wesentlich feinere Unterscheidungen, welche Eigenschaften ein Platzhalter haben kann. In unserem Fall wäre »Jedes Zeichen, das kein Leerraum ist« ebenfalls ein geeigneter Platzhalter – er wird in GREP als \S formuliert. Unser Suchstring mutiert damit zu G\Sld. Allerdings weiß nur noch der Verfasser eines solchen Strings, was damit gewollt ist.

Platzhalter für die unterschiedlichen Situationen finden Sie im Untermenü PLATZHALTER im Menü @ neben den Eingabefeldern sowohl in der Funktion SUCHEN/ERSETZEN als auch bei der Definition eines GREP-Stils.

Tabelle 38.2 ▶
Gängige GREP-Platzhalter für unterschiedliche Zeichen.
Eine vollständige Auflistung aller Platzhalter für die GREP-Suche finden Sie in Kapitel 43, »Tastenkürzel«.

Platzhalter	GREP-Formulierung
Beliebige Ziffer	\d
Beliebiges Zeichen, das keine Ziffer ist	\D
Beliebiger Buchstabe	[\l\u]
Leerraum (beliebiger Leerraum oder Tabulator)	\s
Beliebiges Zeichen, das kein Leerraum ist	\S

Platzhalter	GREP-Formulierung
Alle Wortzeichen	\w
Beliebiges Zeichen, das kein Wortzeichen ist	\W
Alle Großbuchstaben	\u
Beliebiges Zeichen, das kein Großbuchstabe ist	\U
Alle Kleinbuchstaben	\l
Beliebiges Zeichen, das kein Kleinbuchstabe ist	\L

▲ **Tabelle 38.2**
Gängige GREP-Platzhalter für unterschiedliche Zeichen (Forts.)

Wie Sie den ersten Beispielen und unserer Tabelle entnehmen können, werden Zeichen mit einer besonderen Bedeutung (also Steueranweisungen für GREP) formuliert, indem sie mit einem Backslash \ eingeleitet werden.

Sonderzeichen

Das Problem bei der Syntax der GREP-Anweisungen ist, dass mit ihr z. B. nach »\« nicht unmittelbar gesucht werden kann. Und dabei ist das nicht das einzige Zeichen, das in GREP eine eigene Bedeutung hat. Alle diese Sonderzeichen müssen auch gesondert behandelt werden, wenn sie im durchsuchten Text vorkommen.

GREP-Sonderzeichen | Grundsätzlich gilt, dass einem Zeichen, das als GREP-Anweisung interpretiert werden kann, ein Backslash »\« vorangestellt werden muss. Und das gilt auch für den Backslash selbst – also formulieren Sie eine Suche nach »\« als »\\«.

Ein Backslash bedeutet einfach, dass das folgende Zeichen hier seine eigentliche Bedeutung hat. So logisch das eigentlich ist, so irritierend kann es auch sein. Ein weiteres wichtiges Zeichen, das mit einem »\« formuliert werden muss, ist der Punkt – wie Sie bereits wissen, steht er in der GREP-Syntax nämlich als Platzhalter für ein einzelnes Zeichen.

Wenn Sie eine Pfadangabe unter Mac OS X wie »Festplatte/Library/Adobe« in »Festplatte • Library • Adobe« ändern möchten, suchen Sie also nach »\/«, und um dasselbe für einen Windows-Pfad zu erledigen, verwenden Sie »\\«.

InDesign-Sonderzeichen | Sie haben nun bereits mehrfach einen Blick in das Menü @, geworfen und dabei festgestellt, dass es eine ganze

Reihe von Untermenüs gibt, die verschiedene Platzhalter und Sonderzeichen anbieten. Die meisten davon betreffen InDesign-Spezialitäten, die in GREP in dieser Form gar nicht definiert sind. Die sichtbaren Zeichen finden Sie in den Untermenüs SYMBOLE, TRENN- UND GEDANKENSTRICHE, LEERRAUM und ANFÜHRUNGSZEICHEN. Die InDesign-Steuerzeichen finden Sie zum einen direkt im Menü @ (TABSTOPP, HARTER ZEILENUMBRUCH, ABSATZENDE) und zum anderen im Untermenü ANDERE.

Die InDesign-eigenen Platzhalter finden Sie im Untermenü MARKEN und alle Textvariablen im Untermenü VARIABLE. Damit können Sie nach den meisten Elementen in einem InDesign-Text suchen und sie mit GREP-Stilen formatieren. Für die Funktion SUCHEN/ERSETZEN benötigen Sie jedoch noch einige Hilfsmittel, um den gefundenen Text modifizieren zu können.

Die Suche in Gruppen aufteilen

`(")(\w+)(")`
findet alle Textstellen, die in Anführungszeichen stehen.

Um einen gefundenen Text fachgerecht transformieren zu können, ist es sinnvoll, die verschiedenen Textelemente zu Gruppen zusammenzufassen, um sie später z. B. in eine unterschiedliche Reihenfolge zu bringen oder entscheiden zu können, welche Treffer im Ergebnis sichtbar sein sollen und welche gelöscht werden.

Nehmen Sie an, Sie bekommen regelmäßig Texte, in denen bestimmte Fachbegriffe in Anführungszeichen stehen. In der fertigen Publikation sollen diese Begriffe jedoch fett ausgezeichnet sein, die Anführungszeichen sollen verschwinden. Eine Suche nach solchen Begriffen kann nun in drei Abschnitte geteilt werden: Zuerst kommt ein Anführungszeichen, dann ein beliebig langer Text und zu guter Letzt das schließende Anführungszeichen. In der Folge wollen wir die beiden Anführungszeichen löschen, die Zeichen zwischen den Anführungszeichen jedoch in das Ergebnis übertragen und dabei noch mit einem Zeichenformat versehen.

Um die Fundstelle in drei Teile zu teilen, müssen Sie im Suchstring Klammern verwenden: `(")(\w+)(")`. Der erste und der dritte Teil sucht nach den Anführungszeichen als eigenständigen Elementen. Der zweite Teil `(\w+)` bedeutet »ein oder mehrere beliebige Zeichen« und setzt sich zusammen aus `\w` für alle Wortzeichen und einem Plus für die Mengenangabe »zumindest ein Zeichen« – mehr zu solchen Mengenangaben folgt später.

GREP findet nun alle Begriffe, die in Anführungszeichen stehen, und hält sie intern als drei getrennte Treffer für uns vorrätig. Nun müssen wir diese drei Teile in das Ergebnis einsetzen.

38.3 Text austauschen

Eine Suche, wie wir sie gerade beschrieben haben, ist nur sinnvoll in der Suchen/Ersetzen-Funktion anzuwenden, da wir Textteile austauschen wollen, was die GREP-Stile ja nicht erlauben. Betrachten wir zunächst den einfachen Fall, dass wir den Text gegen einen bestimmten neuen Text austauschen wollen.

Inhalt der Zwischenablage
Sie können auch Textteile oder Bilder für Ändern in verwenden – dazu müssen Sie die Zwischenablage verwenden. Wie das geht, haben wir Ihnen in Abschnitt 17.2, »Textsuche«, ab Seite 594 gezeigt. Diese Methode funktioniert auch mit der GREP-Suche.

Zeichen, Wörter, Textteile

Im Eingabefeld Ändern in des Fensters Suchen/Ersetzen können Sie alle Zeichen(ketten) eintragen, die Sie über die Tastatur formulieren können. Sonder- und Steuerzeichen können Sie aus dem Menü @, neben dem Feld auswählen. Die Untermenüs bedürfen großteils keiner Erklärung mehr, weil Sie sie bereits aus der Suche kennen. Allerdings muss festgehalten werden, dass Sie nach mehr Elementen suchen können, als Sie als Ersatztext verwenden können. Sie können z. B. nach Textvariablen suchen, können sie aber hier nicht als Ersatztext auswählen.

Fundstellen

In unserem letzten Beispiel haben wir den Suchstring in drei Gruppen geteilt. Wenn GREP einen solchen Suchstring verarbeitet, dann werden den Gruppen (also Ausdrücken in Klammern) einfach laufende Nummern zugewiesen. Sie können bis zu neun Gruppen verwenden, die dann intern Speicherplätzen zugeordnet werden, die von 1 bis 9 nummeriert sind.

`(")(\w+)(")`

`$2`

findet alle Textstellen, die in Anführungszeichen stehen, und gibt sie ohne Anführungszeichen aus.

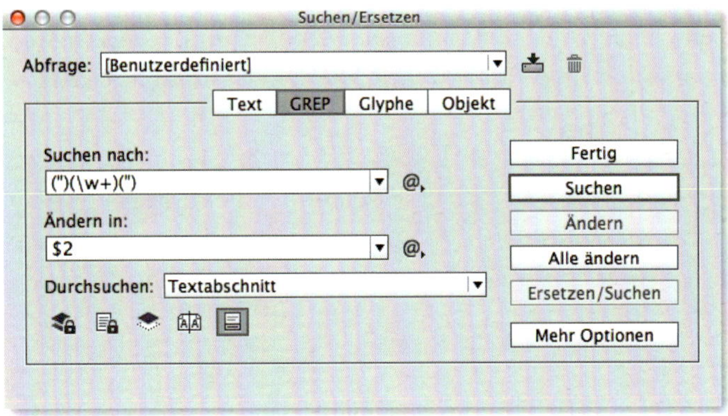

◄ **Abbildung 38.5**
Der Suchstring besteht aus drei Teilen. Verwendet wird nur der zweite Teil, `$2`, der unverändert in das Ergebnis übertragen wird.

In unserem Fall haben wir nun nach einer erfolgreichen Suche auf den Speicherplätzen 1 und 3 jeweils ein Anführungszeichen und auf Speicherplatz 2 den Text zwischen den Anführungszeichen verfügbar.

Um GREP mitzuteilen, welche der gespeicherten Treffer Sie verwenden wollen, können Sie im Feld ÄNDERN IN die Nummer des Speicherplatzes mit einem vorangestellten $-Zeichen eintragen. Da die beiden Speicherplätze 1 und 3 nicht in das Ergebnis übernommen werden, werden die beiden Anführungszeichen also aus dem Text gelöscht.

Wenn Sie den gesamten gefundenen Text in das Ergebnis übernehmen wollen, dann müssen Sie das als $0 formulieren. Diese GREP-Funktion und alle neun Speicherplätze können Sie über das Menü @, neben dem Eingabefeld ÄNDERN IN aus dem Untermenü GEFUNDEN auswählen.

`(?:")(\w+)(?:")`

`$1`

findet alle Textstellen, die in Anführungszeichen stehen, und gibt sie ohne Anführungszeichen aus.

Verfeinerung | Für komplexe Suchen erscheinen neun Speicherplätze unter Umständen etwas wenig, aber selbstverständlich lässt sich hier auch wieder einiges optimieren. Wir möchten die beiden Anführungszeichen zwar suchen, benötigen sie jedoch nicht im Ergebnis. Wenn wir unseren Suchstring als `(?:")(\w+)(?:")` formulieren, dann belegen die Treffer für die Anführungszeichen keinen der neun Speicherplätze, und der Text, den wir verwenden wollen, erscheint unmittelbar in Speicherplatz 1. InDesign nennt das einen *unmarkierten Unterausdruck*. Eine Gruppe, deren Treffer einen der neun Speicherplätze belegt, ist folglich ein *markierter Unterausdruck*.

38.4 Wiederholungen

In unserem letzten Beispiel haben wir nebenbei das Wiederholungszeichen »Plus« eingeführt. Es wurde dem GREP-Befehl für »alle Wortzeichen« nachgestellt und bewirkte, dass der gesuchte String beliebig lang werden kann. Von solchen Wiederholungsanweisungen gibt es nun wieder mehrere, die Sie im Menü @, unter WIEDERHOLUNG aufrufen können. GREP kennt allerdings noch mehr – die wichtigsten haben wir in Tabelle 38.3 aufgelistet.

Tabelle 38.3 ▸ Wiederholungsanweisungen

Wiederholung	**Code**
Ein- oder keinmal	?
Keinmal oder mehrmals	*
Einmal oder mehrmals	+
Genau n-mal	{n}
Mehr als n-mal	{n,}
Zwischen n- und m-mal	{n, m}

Mit den Wiederholungsanweisungen können wir nun Jahreszahlen von »normalen« Ziffern besser unterscheiden. Wenn wir eine Jahreszahl als vierstellige Zahl definieren (was natürlich etwas einfach dargestellt ist), können wir für einen GREP-Stil einen Suchstring als `\d{4}` definieren.

Wir suchen nach beliebigen Ziffern (`\d`), allerdings müssen genau vier Ziffern aufeinander folgen – `{4}`. Die Anwendung der einstelligen Wiederholungszeichen haben Sie ja bereits kennengelernt.

`\d{4}`
findet vier beliebige aufeinander folgende Ziffern.

38.5 Entsprechungen und Bedingungen

Mit den Wiederholungszeichen ziehen in GREP die ersten Bedingungen ein. Im obigen Beispiel werden Ziffern *nur dann* behandelt, *wenn* genau vier Ziffern aufeinander folgen.

Auch solche Bedingungen lassen sich in GREP noch wesentlich verfeinern. In Kapitel 14, »Textformatierung«, ab Seite 479 haben wir Ihnen schon das leidige Quadratmeter-Problem vorgestellt. Die Bedingung, die formuliert werden muss, um m^2 korrekt zu erkennen, lautet, dass »2« nur dann hochzustellen ist, wenn unmittelbar vorher ein »m« steht. Der entsprechende Suchstring lautet: `(?<=m)2`.

`(?<=m)2`
findet die Ziffer »2«, wenn unmittelbar davor ein »m« steht.

Wir suchen zunächst einmal gezielt nach der Ziffer »2«. Allerdings wollen wir, dass unmittelbar vorher – `(?<= )` – ein »m« steht, womit die gesamte Bedingung nun also `(?<=m)` lautet: Der Text, von dem die Bedingung abhängt, wird also unmittelbar vor der schließenden Klammer eingefügt.

m^3
Wenn Sie sowohl m^2 als auch m^3 suchen möchten, dann tauschen Sie die Ziffer »2« gegen »(2|3)« aus.

Wir überprüfen also einerseits die Existenz eines Textes, aber auch die Position, an der er steht. GREP nennt das ein *Positives Lookbehind*. Und GREP wäre nicht GREP, wenn es nicht weitere Möglichkeiten gäbe. Insgesamt gibt es vier Arten dieser Bedingungen. Diese vier Befehle finden Sie im Menü @ im Untermenü ENTSPRECHUNG, und wir listen sie für Sie in Tabelle 38.4 mit Erklärungen auf. Zudem finden Sie im Untermenü ENTSPRECHUNG den Befehl ZEICHENSATZ, der ein Paar aus eckigen Klammern erzeugt, die Sie für Zeichenklassen benötigen und somit schon kennen.

▼ **Tabelle 38.4**
Die Lookbehind- und Lookahead-Varianten

Entsprechung		Code
Positives Lookbehind	Ein bestimmter Text existiert vor dem zu bearbeitenden Text.	(?<=)
Negatives Lookbehind	Ein bestimmter Text existiert nicht vor dem zu bearbeitenden Text.	(?<!)
Positives Lookahead	Ein bestimmter Text existiert nach dem zu bearbeitenden Text.	(?=)
Negatives Lookahead	Ein bestimmter Text existiert nicht nach dem zu bearbeitenden Text.	(?!)

Der Befehl Markierter Unterausdruck ist Ihnen ebenfalls schon bekannt; er erzeugt Klammern für die Gruppierung in Suchstrings (siehe Tabelle 38.4).

Wie Sie bereits wissen, belegen die Treffer, die aus diesem Befehl resultieren, je einen Speicherplatz – im Gegensatz zu Unmarkierter Unterausdruck, dem letzten Befehl in diesem Menü.

38.6 Sinnvoll und kryptisch

Leider müssen wir Ihnen einige Details zur Anwendung von GREP auch in diesem Kapitel schuldig bleiben. Die Grundlagen sollten aber ausreichen, um sich selbst entsprechend weiterzubilden. Die Abhandlung aller GREP-Möglichkeiten wäre ohnehin nicht zielführend, da es für jedes Problem viele Möglichkeiten gibt, es zu lösen.

Je anspruchsvoller die Probleme werden, umso kryptischer werden die regulären Ausdrücke, um sie zu lösen. Für Ihre selbstständige Beschäftigung mit dem Thema können Sie auf die beiden folgenden Suchstrings zurückgreifen – sie sind sehr hilfreich, aber auch sehr kompliziert…

Mailadressen | Um allen Mailadressen in einem Absatz ein Zeichenformat zuzuweisen, das die Adressen kursiv darstellt, verwenden Sie folgenden Suchstring: `[\l\u\d_%-.]+@[\l\u\d_%-.]+`

Internetlinks | Um allen Internetlinks in einem Absatz ein Zeichenformat zuzuweisen, das die Links unterstreicht, verwenden Sie folgenden Suchstring: `[\l\u\d:/]+[.][\l\u\d_%-/]+`

Diese beiden Suchen (und noch weitere) finden Sie auf: *http://indesign-secrets.com/5-cool-things-you-can-do-with-grep-styles.php*

Kapitel 39
Database-Publishing mit Bordwerkzeugen

Wenn von Database-Publishing gesprochen wird, so fallen im gleichen Atemzug auch Begriffe wie »XML« und »Skripting«. Database-Publishing kann jedoch für Arbeiten wie die Erstellung von Serienbriefen, Produktdatenblättern, Urkunden oder Visitenkarten schon mit dem Bordwerkzeug Datenzusammenführung aus InDesign einfach umgesetzt werden. Wie das geht, zeigen wir Ihnen in diesem Kapitel anhand der Erstellung von Badges, die für die Besucher einer Konferenz möglichst rasch ausgegeben werden müssen. Die Badges sollen Symbole und Texte enthalten.

39.1 Vorbereitende Schritte

Eine Datenzusammenführung in InDesign CC basiert nur auf wenigen Elementen:

- Einer gestalteten InDesign-Datei, in der die notwendigen Platzhalter für die variablen Daten mit den notwendigen Attributen versehen worden sind
- Einer Datenquelle für die Texte und die Pfade zu den Bildern, die als reine Text- oder CSV-Datei abgespeichert worden sein muss
- Den Bildern, die zum Platzieren benötigt werden

CSV
Comma-separated Values sind Textdaten, deren Spaltenwerte nicht wie üblich durch einen Tabulator, sondern durch ein Komma getrennt werden. CSV ist nicht standardisiert und basiert meistens auf dem 7-Bit-ASCII-Code.

Alle diese Daten können der Einfachheit halber in ein Verzeichnis kopiert und über das Datenzusammenführung-Bedienfeld verschmolzen werden. Dazu müssen Sie vor der Ausgabe zuerst den Platzhaltern in der InDesign-Datei die Werte aus dem Bedienfeld zuordnen.

Die Aufgabenstellung | Wir wollen für den Kongress der Firma Calibrate Besucherbadges erstellen, auf denen einerseits der Name mit der Anrede und der Job-Bezeichnung dargestellt wird und andererseits das Zutrittsrecht zu den einzelnen Vorträgen und Seminaren anhand von variierenden Symbolen für die Kontrollorgane leicht ersichtlich gemacht werden soll.

Sie finden das folgende Beispiel auf der Buch-DVD unter BEISPIELMATERIAL • KAPITEL_39.

Bilddaten vorbereiten

▲ **Abbildung 39.1**
Beispiel möglicher Bildzustände. Ist eine Person für das InDesign-Seminar zugelassen, so soll das linke Icon erscheinen. Wenn diese Person dazu nicht berechtigt ist, soll das rechte Icon erscheinen.

Alle Bilder, die für den variablen Austausch benötigt werden, müssen erstellt und mit einem eindeutigen Namen abgespeichert werden. Welches Dateiformat dabei verwendet wird, ist unbedeutend, es muss lediglich für InDesign importierbar sein.

Für unser Vorhaben geben wir dem linken Icon aus Abbildung 39.1 den Namen »IDJ« (InDesign-Ja) und dem rechten Icon logischerweise den Namen »IDN« (InDesign-Nein). Für die anderen Icons für die Seminare Photoshop, Illustrator, Acrobat, Flash und Dreamweaver verfahren wir analog.

Datenquellen erstellen

Werden die Daten aus einer Datenbank exportiert, so müssen sie in eine bestimmte Form gebracht werden:

1. Die Spalten müssen entweder durch einen Tabulator oder durch ein Komma getrennt werden.
2. Die erste Zeile dient zur Spaltenbeschriftung. Handelt es sich dabei um einen Texteintrag, so muss nur die Bezeichnung eingetragen werden. Handelt es sich jedoch um einen Bildaufruf, so muss vor der Spaltenkopfbezeichnung ein @-Zeichen eingefügt werden, da dieses Zeichen für die Datenzusammenführung der Hinweis ist, dass es sich um den Bildaufruf handelt.
3. Die Werte zu den einzelnen Datensätzen müssen dann, getrennt durch eine Zeilenschaltung, jeweils tab- bzw. kommagetrennt aufgelistet werden.

Ein Komma in komma-separierten Dateien
Wenn Sie in einem Datenfeld ein Komma benutzen und diese Datei komma-separiert abspeichern wollen, so müssen Sie das Komma in Anführungsstriche setzen. Damit wird das Komma nicht als Trennung zum nächsten Datenfeld, sondern als Textinformation erkannt.

Datenquelle in Excel erstellen | In vielen Fällen werden die Daten als Excel-Liste angeliefert. Im Excel-Arbeitsblatt können die Daten noch über Funktionen in Excel für die Ausgabe vorbereitet werden. Wenn Sie beispielsweise die Anrede »Sehr geehrte Frau« bzw. »Sehr geehrter Herr« für einen Serienbrief benötigen, so ist es immer notwendig, diese Verbindungen in Excel vorweg zu erledigen, da über die Datenzusammenführung in InDesign keine Wenn-dann-Abfragen durchgeführt werden können.

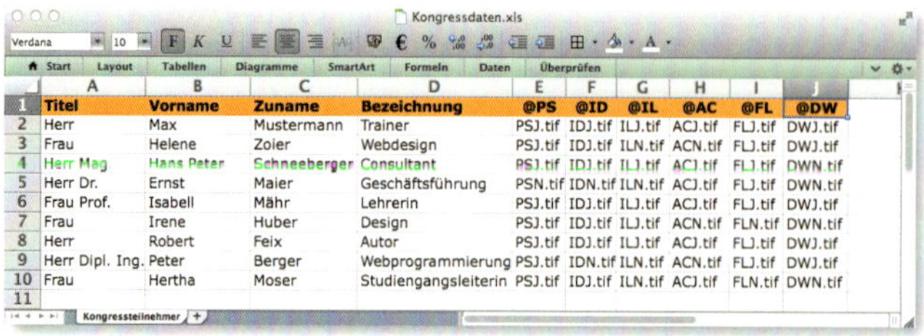

	A	B	C	D	E	F	G	H	I	J
1	Titel	Vorname	Zuname	Bezeichnung	@PS	@ID	@IL	@AC	@FL	@DW
2	Herr	Max	Mustermann	Trainer	PSJ.tif	IDJ.tif	ILJ.tif	ACJ.tif	FLJ.tif	DWJ.tif
3	Frau	Helene	Zoier	Webdesign	PSJ.tif	IDJ.tif	ILN.tif	ACN.tif	FLJ.tif	DWJ.tif
4	Herr Mag	Hans Peter	Schneeberger	Consultant	PSJ.tif	IDJ.tif	ILJ.tif	ACJ.tif	FLJ.tif	DWN.tif
5	Herr Dr.	Ernst	Maier	Geschäftsführung	PSN.tif	IDN.tif	ILN.tif	ACJ.tif	FLJ.tif	DWN.tif
6	Frau Prof.	Isabell	Mähr	Lehrerin	PSJ.tif	IDJ.tif	ILJ.tif	ACJ.tif	FLJ.tif	DWJ.tif
7	Frau	Irene	Huber	Design	PSJ.tif	IDJ.tif	ILJ.tif	ACN.tif	FLN.tif	DWN.tif
8	Herr	Robert	Feix	Autor	PSJ.tif	IDJ.tif	ILJ.tif	ACJ.tif	FLJ.tif	DWJ.tif
9	Herr Dipl. Ing.	Peter	Berger	Webprogrammierung	PSJ.tif	IDN.tif	ILN.tif	ACN.tif	FLJ.tif	DWJ.tif
10	Frau	Hertha	Moser	Studiengangsleiterin	PSJ.tif	IDJ.tif	ILN.tif	ACJ.tif	FLN.tif	DWN.tif
11										

Abbildung 39.2 ▶
Die Liste für die Besucherbadges, als Excel-Liste aufbereitet. Schwierigkeiten ergeben sich in Excel nur durch das @-Zeichen, das vor der Spaltenbeschriftung eines Bildaufrufs eingegeben werden muss.

Für die Bildaufrufe muss vor der Spaltenbeschriftung ein @-Zeichen eingefügt werden, und das ist nicht einfach. Da Tabellenkalkulationsprogramme die Eingabe eines @-Zeichens für den Text nicht erlauben – sie vermuten dahinter sofort eine Funktion oder einen Link –, muss vor die Spaltenbeschriftung ein Apostroph gesetzt werden: `'@Spaltenbeschriftung`.

Datenquellen in Word | Auf ähnliche Weise kann eine Datenquelle in Word oder jedem anderen Texteditor aufbereitet werden. Hinsichtlich der Eingabe gibt es hier beim @-Zeichen keine Beschränkung, jedoch ist die Eingabe in vielen Fällen unübersichtlicher.

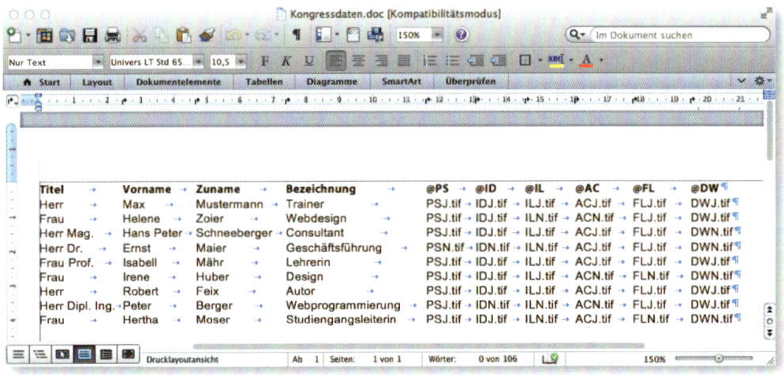

Titel	Vorname	Zuname	Bezeichnung	@PS	@ID	@IL	@AC	@FL	@DW
Herr	Max	Mustermann	Trainer	PSJ.tif	IDJ.tif	ILJ.tif	ACJ.tif	FLJ.tif	DWJ.tif
Frau	Helene	Zoier	Webdesign	PSJ.tif	IDJ.tif	ILN.tif	ACN.tif	FLJ.tif	DWJ.tif
Herr Mag.	Hans Peter	Schneeberger	Consultant	PSJ.tif	IDJ.tif	ILJ.tif	ACJ.tif	FLJ.tif	DWN.tif
Herr Dr.	Ernst	Maier	Geschäftsführung	PSN.tif	IDN.tif	ILN.tif	ACJ.tif	FLJ.tif	DWN.tif
Frau Prof.	Isabell	Mähr	Lehrerin	PSJ.tif	IDJ.tif	ILJ.tif	ACJ.tif	FLJ.tif	DWJ.tif
Frau	Irene	Huber	Design	PSJ.tif	IDJ.tif	ILJ.tif	ACN.tif	FLN.tif	DWN.tif
Herr	Robert	Feix	Autor	PSJ.tif	IDJ.tif	ILJ.tif	ACJ.tif	FLJ.tif	DWJ.tif
Herr Dipl. Ing.	Peter	Berger	Webprogrammierung	PSJ.tif	IDN.tif	ILN.tif	ACN.tif	FLJ.tif	DWJ.tif
Frau	Hertha	Moser	Studiengangsleiterin	PSJ.tif	IDJ.tif	ILN.tif	ACJ.tif	FLN.tif	DWN.tif

◂ **Abbildung 39.3**
Die Liste der Besucher, in Word aufbereitet. Zur übersichtlicheren Darstellung wurden in Word Tabulatoren gesetzt, was in jedem Fall für die Eingabe von großen Datenmengen zu empfehlen ist.

Die Liste muss aus Excel bzw. aus Word als Text- oder CSV-Datei abgespeichert werden. Achten Sie immer darauf, die richtige Kodierung für reine Textdateien zu verwenden.

InDesign-Layoutvorlage erstellen

Erstellen Sie in InDesign die Layoutvorlage für den Badge. Sie können dabei auf alle Funktionen zurückgreifen, die Ihnen bekannt sind. Bedenken Sie jedoch bei der Erstellung immer, dass irgendwann die Badges erstellt und ausgegeben werden müssen, was Sie nun indirekt auffordert, mit Effekten etwas zu geizen.

◂ **Abbildung 39.4**
Der Badge wurde in einer InDesign-Datei in Originalgröße abfallend angelegt. Auf getrennten Ebenen wurden das Hintergrundbild, das Firmenlogo und der Kongresstitel einerseits und die Textfelder für die Datenfelder *Titel*, *Zuname*, *Vorname* und *Bezeichnung* und auch die Platzhalter für die Icons andererseits platziert.

39.2 Datenzusammenführung

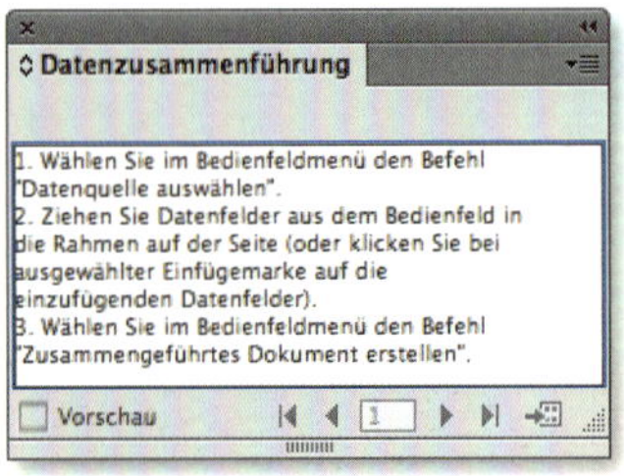

▲ **Abbildung 39.5**
Das Datenzusammenführung-Bedienfeld im Originalzustand

Nachdem nun alle Bilder, die Datenquelle für den Text und das Layout in InDesign erstellt sind, steht einer Datenzusammenführung nichts mehr im Wege. Öffnen Sie die InDesign-Vorlage, und bringen Sie das Datenzusammenführung-Bedienfeld über Fenster • Hilfsprogramme • Datenzusammenführung in den Vordergrund. Ein kurzer Erklärungstext im Bedienfeld gibt Ihnen schon den Hinweis, welche Schritte Sie nun durchführen müssen.

Datenquelle wählen

Rufen Sie den Befehl Datenquelle auswählen aus dem Bedienfeldmenü des Datenzusammenführung-Bedienfelds auf, wählen Sie die gewünschte Datei, aktivieren Sie Importoptionen anzeigen, und klicken Sie auf Öffnen.

Abbildung 39.6 ▶
Die Importoptionen einer Textdatei ist. Bei CSV-Dateien werden andere Optionen angeboten.

Wählen Sie die passenden Einstellungen für Ihre Datenquelle, und klicken Sie auf OK. Damit werden die Bezeichnungen der Datenfelder aus der ersten Zeile in der Besucherliste ausgelesen und als Liste im Bedienfeld angezeigt. Anhand der Symbole ist nun klar erkennbar, was ein Textdatenfeld T und was eine Bildreferenz ist. Die Zuweisung ist für das Bedienfeld durch das @-Zeichen erfolgt.

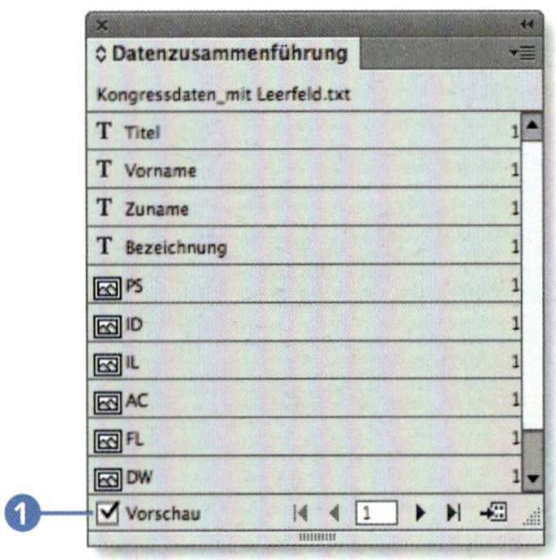

▲ **Abbildung 39.7**
Das Bedienfeld nach Auswahl einer Datenquelle. Aktivieren Sie Vorschau ①, wenn Sie das Ergebnis sehen wollen.

Datenfelder in das Layout übertragen

Das Verknüpfen der InDesign-Platzhalter mit den Einträgen aus dem Bedienfeld erfolgt auf intuitive Art und Weise.

- **Textplatzhalter**: Markieren Sie die Textstelle, die zuvor beim Erstellen des InDesign-Layouts bereits vorformatiert angelegt wurde, und führen Sie einen Doppelklick auf den Eintrag im Bedienfeld aus. Dadurch wird anstelle des Textes (z. B. Zuname) die Bezeichnung des Datenfelds in doppelten Tag-Klammern (also so: <<Zuname>>) eingesetzt.
- **Bildreferenzen**: Um die Bildrahmen zuzuweisen, ziehen Sie den Eintrag aus dem Bedienfeld auf einen leeren Bildrahmen. Eine Zuwei-

sung wird durch die Anzeige des Texteintrags <<PS>> im Bildrahmen angezeigt.

▲ **Abbildung 39.8**
Badge mit verlinkten Datenfeldern

Optionen für die Inhaltsplatzierung festlegen

In unserem Beispiel liegen die Bilder alle in derselben Größe und Proportion, jedoch nicht in Originalgröße vor. Aus diesem Grund müssen noch die Optionen für Inhaltsplatzierung festgelegt werden.

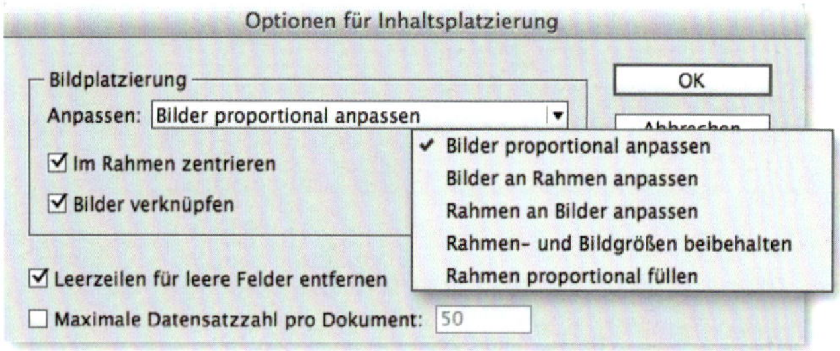

◄ **Abbildung 39.9**
Die Optionen für Inhaltsplatzierung sind zur Bildplatzierung fast immer in der Grundeinstellung brauchbar. Probieren Sie die verschiedenen Optionen aus.

Bildplatzierung | In diesem Bereich regeln Sie, wie InDesign beim Import des Bilds hinsichtlich der Bildskalierung und Bildanpassung vorgehen soll.

- Anpassen: In dieser Option finden Sie altbekannte Optionen. Mehr Informationen dazu finden Sie im Abschnitt »Rahmeneinpassungsoptionen« ab Seite 302.
- Im Rahmen zentrieren: Wenn Sie unter Anpassen die Option Bilder proportional anpassen gewählt haben, so ist es je nach Layout von Vorteil, dass Sie die Bilder auch gleich Im Rahmen zentrieren. Ist letztere Option deaktiviert, so wird immer von der linken oberen Kante als Ursprung ausgegangen und entsprechend platziert.
- Bilder verknüpfen: Diese Option sollte immer aktiviert bleiben, um damit ein zusammengeführtes InDesign-Dokument nicht durch das Einbetten von Bildern zu stark aufzublähen.

Anpassen
Bilder unterschiedlicher Formate aus der Datenquelle können über die Optionen für Inhaltsplatzierung angepasst werden. Wenn Sie jedoch im Layout die Bildrahmen bereits mit den Rahmeneinpassungsoptionen versehen haben, so müssen Sie den Eintrag Rahmen- und Bildgrösse beibehalten aktivieren.

Restliche Optionen | Damit regeln Sie, wie InDesign mit leeren Datenfeldern umgehen soll und wie viele Datensätze in einem zusammengeführten Dokument angelegt werden sollen.

- Leerzeilen für leere Felder entfernen: Wenn in der Datenquelle einzelne Felder leer sind, so würde InDesign ohne Aktivierung dieser Option den Platzhalter mit einem Leerzeichen befüllen. Wäre die Anordnung <<Titel>> <<Zuname>> <<Vorname>> im Layout in einer Zeile vorgegeben, so würde das dazu führen, dass bei einem Namen ohne Titel die Zeile um ein Leerzeichen eingerückt gedruckt würde. Durch die Aktivierung dieser Option würden unschöne Leerzeichen und Leerzeilen unterbunden. Für unser Beispiel ist die Aktivierung der Option nicht sinnvoll, da dadurch im Falle eines fehlenden Titels die erste Zeile gelöscht und somit der ganze Textblock eine Zeile nach oben verschoben werden würde.

- Maximale Datensatzanzahl pro Dokument: Bis zu 9.999 Datensätze können für den Import bei der Datenzusammenführung verarbeitet werden. Sollten Sie Tausende von Datensätzen in einem Dokument zusammenführen, so würde dieses extrem groß und durch die vielen Verknüpfungen auch extrem langsam werden. Aus diesem Grunde können Sie die Anzahl der Datensätze pro Dokument beschränken.

▲ **Abbildung 39.10**
Bild oben: ohne aktivierter Option Leerzeilen für leere Felder entfernen; Bild unten: mit Aktivierung dieser Option

39.3 Ausgabe zusammengeführter Daten

Bevor wir zur Zusammenführung des Dokuments schreiten, müssen wir folgende Überlegungen anstellen:

- Benötigen wir ein Dokument pro Datensatz, oder benötigen wir mehrere Nutzen eines Datensatzes?
- Sollen Produktionskosten minimiert und deshalb auf einem Blatt Papier mehrere Datensätze ausgegeben werden?

In unserem Fall der Produktion von Besucherbadges möchten wir natürlich Produktionskosten minimieren und nur einen Badge pro Besucher ausdrucken. Mehrere Badges pro Benutzer auszudrucken, kann nur über einen Mehrfacheintrag desselben Datensatzes in der Datenquelle umgesetzt werden.

Schnittmarken mit dem Skript »CropMarks.jsx«

Mit dem Skript erzeugen Sie wie folgt Schnittmarken für abfallende Objekte:

- Gruppieren Sie alle Objekte des Badges.
- Erstellen Sie einen Leerrahmen in der Größe 85 × 55 mm, und positionieren Sie diesen exakt an der Endformatposition des Badges.
- Markieren Sie den Leerrahmen, und führen Sie erst dann das Skript »CropMarks.jsx« aus dem Skripte-Bedienfeld aus. Entscheiden Sie sich dabei nur für die CropMarks. Registration Marks wären für unseren und auch für die meisten anderen Fälle überflüssig.

Vorbereitung

Da wir unseren Badge in InDesign in der Endgröße von 85 × 55 mm angelegt haben und da wir auf einem A4-quer-Blatt neun Badges ausgeben wollen, müssen wir vor dem Zusammenführen das Dokument auf A4 quer stellen.

Diesen Schritt erledigen Sie am schnellsten, indem Sie die Seitengröße des Badges über den Befehl Datei • Dokument einrichten auf A4 quer stellen. Da für die Zusammenführung mit mehreren Datensätzen pro Seite auf alle Objekte des Layouts zugegriffen werden muss, müssen wir Objekte der Musterseite über den Befehl Alle Musterseitenobjekte übergehen aus dem Bedienfeldmenü des Seiten-Bedienfelds – Strg + Alt + ⇧ + L bzw. ⌘ + ⌥ + ⇧ + L – herauslösen. Sie können den Badge an jeder Stelle stehen lassen, da InDesign bei der Zusammenführung den gesamten Inhalt auf der Seite ausrichtet.

Da am Ende mehrere Badges auf einer Seite stehen sollen und sie somit auseinandergeschnitten werden müssen, ist es noch ratsam, im Vorfeld Schnittmarken hinzuzufügen. Dazu zeichnen Sie einfach Linien an den Ecken, oder Sie greifen dazu auf das standardmäßig installierte Skript »CropMarks.jsx« zurück.

Seit InDesign CS4 kann eine Zusammenführung durch Ausgabe einer PDF-Datei erfolgen – in früheren Versionen wurde immer eine InDesign-Datei erstellt. Führen Sie, wenn Sie ein neues InDesign-Dokument erstellen wollen, den Befehl ZUSAMMENGEFÜHRTES DOKUMENT ERSTELLEN aus dem Bedienfeldmenü des Datenzusammenführung-Bedienfelds aus, oder klicken Sie auf . Für ein PDF wählen Sie den Befehl ALS PDF EXPORTIEREN aus dem Bedienfeldmenü des Datenzusammenführung-Bedienfelds.

Im erscheinenden Dialog müssen Sie noch entscheiden, ob Sie einen Datensatz pro Seite oder mehrere Datensätze pro Seite ausgeben wollen. Je nachdem, welche Wahl Sie treffen, können weitere Optionen im Dialog eingestellt werden.

▲ **Abbildung 39.11**
Das Template vor der Datenzusammenführung. Der »verlinkte« Badge ist abfallend angelegt und mit Schnittmarken versehen. Die Position des Badges ist nicht relevant, da InDesign beim Zusammenführen alle Objekte auf der Seite als ein Objekt ausliest und dieses zur Anordnung auf der Seite heranzieht. Achten Sie darauf, dass sich kein leerer Text- oder Bildrahmen auf dem Druckbogen befindet!

Zusammenführen einzelner Datensätze

Das Zusammenführen einzelner Datensätze ist für die Erstellung von Serienbriefen, Urkunden und allen Dokumenten, die bereits in einem Standardformat wie A4 oder A3 angelegt wurden, eigentlich immer die richtige Wahl. Wenn Sie jedoch Visitenkarten oder unsere Badges im Mehrfachnutzen ausgeben wollen, so müssten Sie das Template vor der Datenzusammenführung so aufbauen, dass ein und derselbe »verlinkte« Badge mehrfach auf der Seite platziert wird. InDesign würde somit einen Datensatz in allen Platzhaltern einfügen und somit einen Mehrfachnutzen erstellen.

Rufen Sie nun ZUSAMMENGEFÜHRTES DOKUMENT ERSTELLEN auf, um in das gleichnamige Fenster zu gelangen.

▲ **Abbildung 39.12**
Die Musterseite für den Mehrfachnutzen

Datensätze | In diesem Register bestimmen Sie, welche Datensätze beim Zusammenführen verwendet werden, ob einzelne Datensätze oder mehrere Datensätze pro Dokument angebracht werden und ob Fehlermeldungen angezeigt werden sollen.

- **Datensätze für Zusammenführung** ❷: Bestimmen Sie hier, ob Sie ALLE DATENSÄTZE, EINZELNE oder einen bestimmten BEREICH von Daten aus den Datenquellen verarbeiten wollen.
- **Datensätze pro Dokumentseite** ❸: Wählen Sie damit, ob nur ein EINZELNER DATENSATZ pro Seite oder ob MEHRERE DATENSÄTZE pro Seite verarbeitet werden sollen.

- **Warnmeldungen**: Sie sollten immer beide Warnmeldungen, Bei Dokumenterstellung Bericht über Übersatztext erstellen ❹ und Warnung bei fehlenden Bildern ❺, aktiviert lassen. Damit können eventuelle Fehler – ein zu langer Name kann nicht abgebildet werden und erzeugt somit einen Übersatz; der Dateiname eines aufgerufenen Bilds ist nicht korrekt – vor dem Ausdruck noch behoben werden.

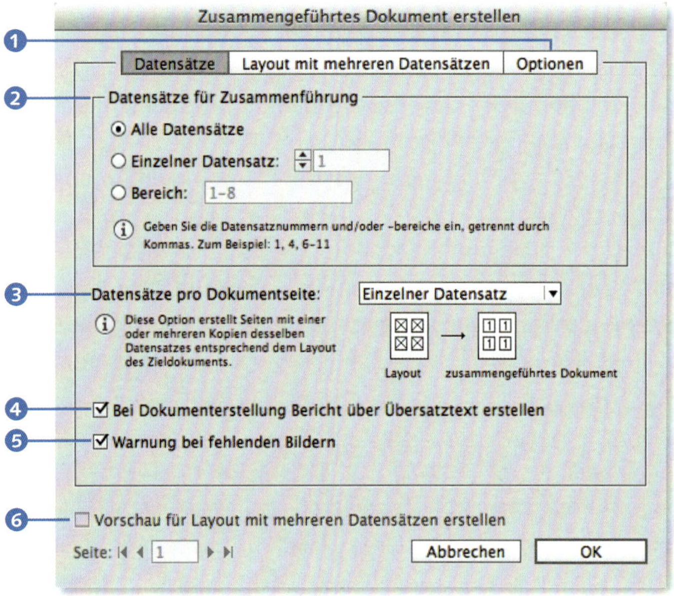

Abbildung 39.13 ▶
Das Register Datensätze des Dialogs Zusammengeführtes Dokument erstellen. Darin regeln Sie die entscheidende Frage, ob Sie Mehrere Datensätze oder nur einen Einzelnen Datensatz pro Dokumentseite erzeugen wollen.

Optionen | Im dritten Register Optionen ❶ können Sie alle Parameter zur Platzierung von Bildern festlegen (siehe dazu den Abschnitt »Optionen für die Inhaltsplatzierung festlegen« auf Seite 1117).

Leider ist in diesem Dialog keine Vorschau ❻ möglich, was Sie somit dazu zwingt, einen Test mit einem Datenbereich durchzuführen, um das Ergebnis zu sehen.

Erstellen von mehreren Datensätzen pro Seite

Die Anzahl der Datensätze pro Dokumentseite kann in der gleichnamigen Option ❸ umgestellt werden. Der Dialog im Register Datensätze ändert sich nur marginal.

Die Symboldarstellung ❼ unterhalb des gewählten Eintrags Mehrere Datensätze signalisiert uns genau, was damit nun erzielt werden kann. Darüber hinaus können Sie sich nun auch eine Vorschau ❽ anzeigen lassen, um sicherzugehen, dass Ihr Ergebnis so aussieht wie erwartet.

Register »Layout mit mehreren Datensätzen«

Dieses Register ist nur verfügbar, wenn in der Option Datensätze pro Dokumentseite der Eintrag Mehrere Datensätze ausgewählt ist.

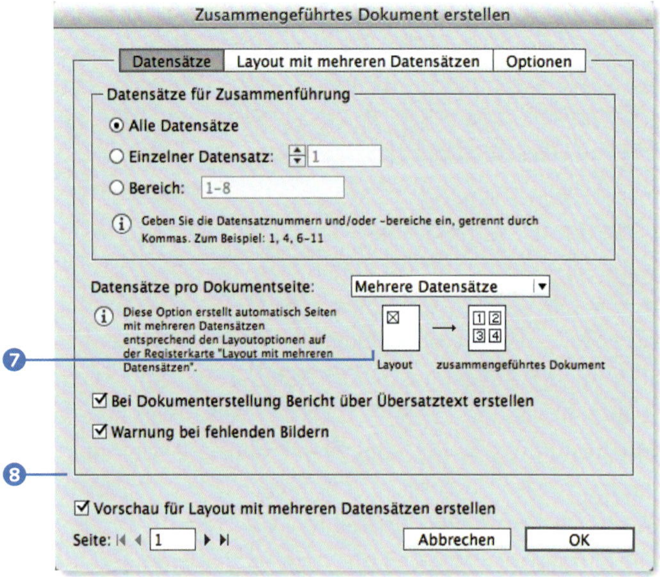

◀ **Abbildung 39.14**
Das Register DATENSÄTZE mit gewählter Option MEHRERE DATENSÄTZE

Layout mit mehreren Datensätzen | Bestimmen Sie in diesem Register, mit welchem Seitenrand – OBEN, UNTEN, LINKS und RECHTS (9) – eine Positionierung der Badges auf der A4 -quer-Seite erfolgen soll und welcher Abstand zwischen den Badges ZWISCHEN ZEILEN (12) und ZWISCHEN SPALTEN (11) von InDesign eingefügt werden soll.

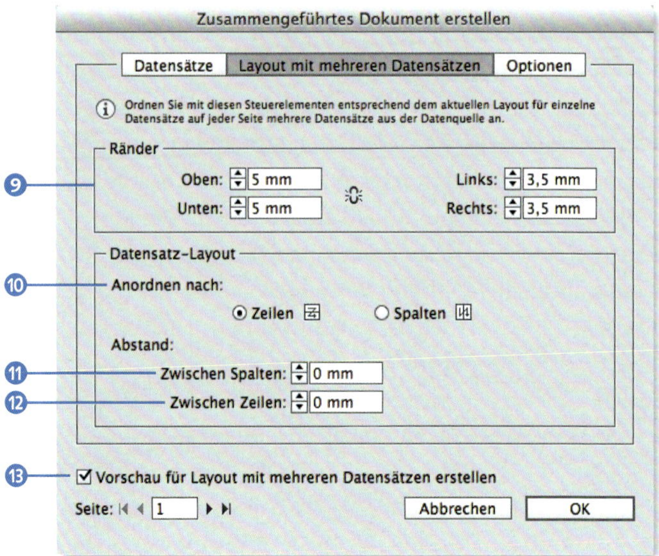

◀ **Abbildung 39.15**
Bestimmen Sie im Register LAYOUT MIT MEHREREN DATENSÄTZEN, welche RÄNDER eingehalten werdem sollen und wie die Objekte zueinander angelegt werden sollen. Über die Option ANORDNEN NACH (10) können Sie auswählen, ob die Datensätze der Zeile oder der Spalte nach eingetragen werden.

Wenn Sie dabei die Option VORSCHAU FÜR LAYOUT MIT MEHREREN DATENSÄTZEN ERSTELLEN (13) aktiviert haben, so können Sie sich schnell ein Bild von den Auswirkungen machen.

Haben Sie die Parameter nach Ihren Bedürfnissen eingestellt, so müssen Sie das Zusammenführen noch durch einen Klick auf OK bestätigen.

39.4 Weiterführende Hinweise

Beim Aufbau des Projekts »Zusammenführung von Daten« sollten Sie noch gewisse Kleinigkeiten berücksichtigen.

Bildauflösung | Stellen Sie beim Anlegen der Bilder sicher, dass genügend Auflösung für die Ausgabe zur Verfügung steht, denn durch die automatische Bildeinpassung kann es auch zur Vergrößerung von Bildern und somit zur Reduktion der effektiven Auflösung kommen.

Aktualisieren von Datenquellen | Beachten Sie, dass durch die Wahl des Befehls DATENQUELLE AUSWÄHLEN aus dem Bedienfeldmenü die Daten für InDesign importiert werden. Ändert sich die Datenquelle, so greift InDesign beim Zusammenführen nicht auf die geänderten Daten zurück. Sie müssen aus diesem Grund den Befehl DATENQUELLE AKTUALISIEREN aus dem Bedienfeldmenü des Datenzusammenführung-Bedienfelds ausführen.

Bilder in anderen Verzeichnissen | In unserem Beispiel sind wir davon ausgegangen, dass sich die Datenquelldatei, die InDesign-Datei und die gesamten Bilder im selben Verzeichnis befinden. Bei größeren Projekten ist diese Vorgehensweise oft unrealistisch. Sollten beispielsweise alle Bilder aus ihren Ursprungsverzeichnissen aufgerufen werden, so müsste im Texteintrag in der Quelldatei nicht nur der Dateiname für das Bild, sondern auch der gesamte absolute Pfad zum Bild eingetragen werden.

Beachten Sie in diesem Fall, dass Sie die Pfadangaben betriebssystemabhängig eingeben müssen. Typische Beispiele wären:

- **Für Mac OS X**:
  `Festplatte:Benutzer:Benutzername:Bilder:PSJ.tif`
- **Für Windows**:
  `C:\Eigene Dateien\Bilder\PSJ.tif`

Datenfeldbezüge eingeben | Wenn Sie einen Bezug zur Datenquelle erzeugen wollen, so müssen Sie den Platzhalter aus dem Datenzusammenführung-Bedienfeld einfügen. Das einfache Tippen der Zeichenkette `<<Vorname>>` stellt noch keinen Bezug zur Datenquelle her.

Datenquelle im Verknüpfungen-Bedienfeld
Sobald Sie eine Datenquelle auswählen, erscheint die entsprechende Datei auch im Verknüpfungen-Bedienfeld, wo Sie alle Funktionen für verknüpfte Dateien aufrufen können, also auch ERNEUT VERKNÜPFEN und VERKNÜPFUNG AKTUALISIEREN. Diese beiden Befehle entsprechen dann den Funktionen DATENQUELLE AUSWÄHLEN bzw. DATENQUELLE AKTUALISIEREN des Datenzusammenführung-Bedienfelds.

Löschen von Datenquellen
Wenn Sie Ihre »verlinkte« Vorlage von der Datenquelle entkoppeln möchten, so führen Sie den Befehl DATENQUELLE ENTFERNEN aus dem Bedienfeldmenü des Datenzusammenführung-Bedienfelds aus.

Dateipfade formulieren
Wenn Sie es mit sehr komplizierten Pfaden (z. B. auf Fileservern) zu tun haben, platzieren Sie ein Bild aus dem fraglichen Verzeichnis in ein InDesign-Dokument, markieren es und wählen INFORMATION KOPIEREN • PLATTFORMSTILPFAD KOPIEREN aus dem Bedienfeldmenü des Verknüpfungen-Bedienfelds.

Kapitel 40
Skripte

InDesign kann vieles, aber immer wieder ergibt sich Bedarf an Funktionen, die die aktuelle InDesign-Version eben doch noch nicht beherrscht. Das lässt Platz für Entwickler von Plug-ins, die ihre InDesign-Ergänzungen kommerziell anbieten. Aber nicht jede Problemstellung muss mit einem Plug-in gelöst werden, und so manches Problem ist eigentlich sehr klein und vor allem so spezifisch, dass sich die Entwicklung eines Plug-ins nicht lohnen würde. Für diesen Fall hat Adobe für InDesign ein sehr gutes und vor allem auch gut dokumentiertes Interface geschaffen, um selbst und kostengünstig kleine Programmerweiterungen vornehmen zu können.

40.1 Grundlagen

Ein Plug-in ist ein ausführbares Programm, das sich in InDesign einklinkt und somit zum Bestandteil von InDesign wird. Ein Skript dagegen ist nicht direkt ausführbar, sondern benötigt zum einen einen Interpreter, der es erst ermöglicht, dass das Skript zu einem ausführbaren Programm wird, und zum anderen wird ein Skript nicht zu einem Teil von InDesign, sondern viel eher zu einem »virtuellen Benutzer«, der InDesign Befehle gibt, so als ob ein wirklicher Benutzer an der Tastatur/Maus säße.

Vor- und Nachteile

Skripte sind im Regelfall Textdateien, die in einer Skriptsprache verfasst sind, und sie stellen den Quellcode von Programmen dar, die erst zur Laufzeit (also sobald sie ausgeführt werden sollen) in ein ausführbares Programm umgewandelt werden. Das hat den Vorteil, dass Skripte leicht zu erstellen und zu ändern sind, ohne besondere Werkzeuge dafür zu brauchen.

Quellcode
Unter *Quellcode* versteht man die für Menschen lesbare Fassung eines Programms in einer bestimmten Programmiersprache. Der Quellcode muss entweder kompiliert werden – und wird dann zu einem eigenständigen Programm – oder wird erst bei Bedarf interpretiert und dann Anweisung für Anweisung ausgeführt.

Der Nachteil ist, dass die Ausführung von Skripten vergleichsweise langsam erfolgt. Angesichts der Tatsache, dass ein Skript eher überschaubare Probleme löst (also nicht sehr umfangreich ist), und aufgrund der Geschwindigkeit zeitgemäßer Prozessoren ist dieser Nachteil aber nicht sehr schwerwiegend.

Damit ein Skript ablaufen kann, muss es eine Unterstützung des Betriebssystems für die entsprechende Skript-Technologie geben, und das Programm, das über ein Skript gesteuert werden soll, muss diesen Technologien auch den Zugriff auf die internen Funktionen, Objekte und Daten erlauben.

InDesign unterstützt verschiedene Skripting-Technologien, die zum Teil auf das jeweilige Betriebssystem aufsetzen, unter dem InDesign läuft. Dadurch können Skripte in unterschiedlichen Skriptsprachen vorliegen.

Kompilierte Skripte
Ein Skript kann durchaus auch schon »kompiliert« vorliegen – das bedeutet im Normalfall, dass es bereits in einen Zwischencode übersetzt wurde und deshalb effizienter ablaufen kann. Bei den hier verwendeten Skriptsprachen ist der Sinn jedoch primär, dass sich der Quellcode damit nicht mehr editieren und verändern lässt.

Skriptsprachen

Die Skriptsprache ist die Programmiersprache, in der ein Skript verfasst ist. InDesign unterstützt hier die systemeigenen Skripting-Systeme von Windows, Mac OS und ein zusätzliches System, das auf beiden Plattformen eingesetzt werden kann.

JavaScript | Mit der Skriptsprache JavaScript ist es möglich, Skripte zu erstellen, die sowohl auf Windows als auch unter Mac OS verwendet werden können. Adobe verwendet jedoch eine erweiterte Version von JavaScript, die vollen Zugriff auf InDesign (aber auch Illustrator und Photoshop) bietet, was mit den JavaScript-Versionen, die z. B. in Ihrem Browser verwendet werden, nicht möglich wäre.

AppleScript | Das Skripting-System von Mac OS nennt sich AppleScript. Es ist besonders elegant und einfach zu handhaben (wie sich das für Apple gehört) und vorbildlich in das Betriebssystem integriert. Allerdings funktioniert es eben auch nur unter Mac OS und sonst nirgendwo (wie sich das für Apple gehört).

VBScript | Das Windows-eigene Skripting-System gibt es in einigen Geschmacksrichtungen. Die von Adobe direkt unterstützte Version nennt sich VBScript, möglich wären aber auch VBA und Visual Basic. Zwar gibt es innerhalb der Office-Programme VBScript/VBA-Unterstützung auch auf dem Macintosh unter Mac OS, aber diese Unterstützung ist auf die Office-Programme beschränkt (wie sich das eben für Microsoft gehört).

JavaScript
JavaScript hat eine bewegte Geschichte. Es wurde ursprünglich entwickelt, um die ersten Webbrowser mit etwas mehr Interaktivität zu versehen. Es ist für die frühen »Browserkriege« verantwortlich, da sich die Browserhersteller nicht auf einen einheitlichen Standard einigen konnten bzw. wollten. Heute ist diese Aufgabe von JavaScript in Form von ECMAScript standardisiert worden.

Dafür hat sich JavaScript als universelle Skriptsprache etabliert und wurde von den verschiedenen Softwareherstellern zum Teil erheblich erweitert (wie z. B. im Fall von Adobe). Der Kern der Sprache ist dabei immer gleich; die Objekte, die damit angesprochen werden können, unterscheiden sich jedoch. Das Browserfenster mit einem HTML-Dokument wird beim Einsatz mit InDesign durch ein Dokumentfenster mit einem InDesign-Dokument ersetzt.

Systemeigenheiten

Wie Sie sehen, hat sich der traditionelle Kleinkrieg zwischen Microsoft und Apple auch in InDesign ausgebreitet. Das muss Sie für die reine Verwendung der mitgelieferten Skripte allerdings nicht kümmern. Sollten Sie jedoch planen, eigene Skripte zu erstellen, müssen Sie entscheiden, welches Skripting-System Sie verwenden wollen, wobei Sie auf den beiden Betriebssystemen je zwei Möglichkeiten haben:

- Windows: JavaScript und VBScript
- Mac OS X: JavaScript und AppleScript

Um ein plattformübergreifend verwendbares Skript zu erstellen (oder erstellen zu lassen), sind Sie also automatisch auf JavaScript festgelegt. Wir werden uns im Folgenden auf die Beschreibung der JavaScripts beschränken.

Die VBScripts unter Windows und die AppleScripts unter Mac OS erledigen genau die gleiche Arbeit – Sie können je nach verwendetem Betriebssystem die JavaScripts oder die systemspezifischen Skripte verwenden.

Vorsicht!
Seit InDesign CS6 existiert das Skript »Indic Preferences.js«, das nicht als Beispiel-Skript geführt wird und deshalb auch im Skripte-Bedienfeld im Anwendung-Ordner an oberster Stelle zu finden ist. Das verleitet dazu, es einfach einmal zu starten.

Falls Ihnen das unbeabsichtigt passiert, drücken Sie sofort Strg+Z bzw. ⌘+Z. Details erfahren Sie unter »Die Standard-Skripte« weiter hinten in diesem Kapitel.

40.2 Die Standardskripte verwenden

Die Skripte, die mit InDesign geliefert werden, befinden sich im InDesign-Programmordner unter Adobe InDesign CC/Scripts/Scripts Panel/Samples, wo Sie zwei Ordner finden: zum einen den Ordner JavaScript und zum anderen den Ordner für die systemspezifischen Skripte (VBScript oder AppleScript). Im Ordner Adobe InDesign CC/Scripts finden Sie darüber hinaus weitere Ordner, in denen sich Skripte für verschiedene InDesign-Funktionen, wie z. B. Preflight, befinden.

Das Skripte-Bedienfeld

Die Adobe-Skripte werden am besten über das Skripte-Bedienfeld gestartet. Es wäre zwar auch möglich, sie über das Betriebssystem zu starten, sie laufen aber schneller, wenn InDesign die Kontrolle übernimmt. Skripte aus anderen Quellen können auch über alternative Wege gestartet werden. Öffnen Sie das Skripte-Bedienfeld über Fenster • Hilfsprogramme • Skripte oder Strg+Alt+F11 bzw. ⌘+⌥+F11.

Das Skripte-Bedienfeld verfügt über keine Funktionsleiste und auch keine Optionen. Es zeigt Ihnen zunächst die zwei Ordner Anwendung und Benutzer, die weitere Ordner für die verschiedenen Skriptsprachen beinhalten und die über einen Klick auf ▸ geöffnet werden können.

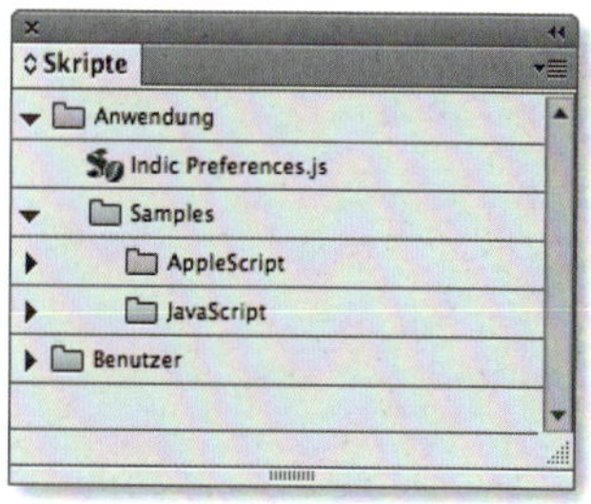

▲ **Abbildung 40.1**
Das Skripte-Bedienfeld: Der Ordner Benutzer ist nach der Installation leer und kann nur befüllt werden, indem Sie in Ihrem Betriebssystem Skripte in den Scripts-Ordner Ihres Benutzer-Accounts kopieren.

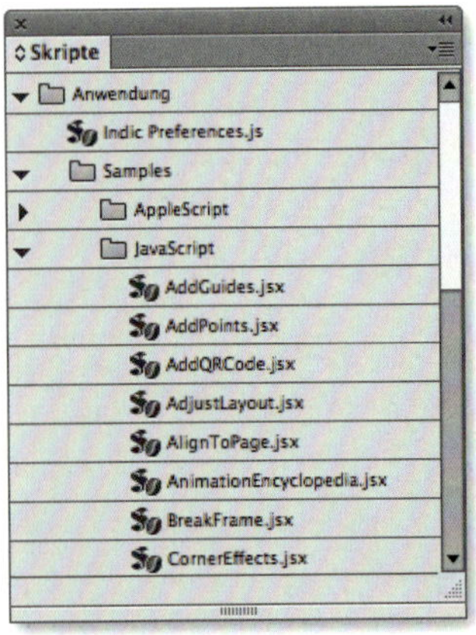

▲ **Abbildung 40.2**
Das Skripte-Bedienfeld unter Mac OS mit den Ordnern für AppleScript und JavaScript. Unter Windows finden Sie statt des AppleScript-Ordners einen VBScript-Ordner.

Im Ordner Anwendung befinden sich die Skripte, die mit InDesign geliefert wurden. Skripte, die nur dem angemeldeten Benutzer zur Verfügung stehen sollen, installieren Sie unter:

- Windows Vista, Windows 7 und Windows 8: in Benutzer\[Benutzername]\AppData\Roaming\Adobe\InDesign\9.0\de_DE\Scripts\Scripts Panel
- Mac OS X: in Benutzer/[Benutzername]/Library/Preferences/Adobe InDesign/9.0/de_DE/Scripts/Scripts Panel

Ein Skript ausführen | Um ein Skript auszuführen, öffnen Sie den Ordner im Skripte-Bedienfeld, der das gewünschte Skript enthält, und doppelklicken entweder auf den entsprechenden Eintrag oder aktivieren den betreffenden Eintrag und wählen Skript ausführen aus dem Bedienfeldmenü.

Beachten Sie bitte: Zumeist operiert ein Skript mit einzelnen oder mehreren Objekten, die Sie zunächst auswählen müssen. Haben Sie kein (oder ein ungeeignetes) Objekt ausgewählt, werden Sie aber in der Regel darauf hingewiesen. Allerdings hängt die tatsächliche Reaktion immer vom jeweiligen Skript ab.

Funktionen im Bedienfeldmenü | Die zusätzlichen Funktionen im Bedienfeldmenü des Skripte-Bedienfelds beschränken sich auf einige Verwaltungsmöglichkeiten:

- Skript bearbeiten: Da InDesign selbst Skripte weder erstellen noch bearbeiten kann, wird mit diesem Befehl das ausgewählte Skript an den Standardeditor für den jeweiligen Dateityp übergeben. JavaScripts werden dabei mit dem *ExtendScript Toolkit* geöffnet, das zwar zum Umfang der Creative Cloud gehört, aber gesondert installiert werden muss.
- Unter Windows werden VBScripts mit dem *Editor* geöffnet, sofern kein Skripteditor verfügbar ist. Da unter Windows aber zumeist MS Office installiert ist, kann sich auch der Office-eigene Skripteditor darum kümmern.
- AppleScripts werden unter Mac OS standardmäßig mit dem *Skripteditor* geöffnet.
- Im Explorer anzeigen bzw. Im Finder anzeigen: Um Skripte direkt zu manipulieren, können Sie sich das Skript so anzeigen lassen. Der Explorer bzw. der Finder öffnet den Ordner, der das Skript enthält, für Sie und wählt das Skript für Sie aus.
- Skriptdatei löschen: Bevor ein Skript gelöscht wird, bittet InDesign Sie noch um eine Bestätigung, da das Skript sofort gelöscht und nicht nur in den Papierkorb verschoben wird.

Tastaturbefehle für Skripte

Sie können Skripten auch Tastaturbefehle zuweisen, indem Sie ein entsprechendes Tastenkürzel in Bearbeiten • Tastaturbefehle definieren (wählen Sie dazu den Produktbereich Skripte). Solche Skripte werden als »angehängt« bezeichnet.

- Aktualisierung aktivieren: Wenn ein Skript viele Objekte in Ihrem Dokument manipuliert, zeigt Ihnen InDesign die jeweiligen Änderungen immer an, sobald sie durchgeführt wurden. Da das die Laufzeit eines Skripts unnötig verlängern kann, können Sie diese Option deaktivieren. InDesign zeigt Ihnen dann das Ergebnis erst, sobald das Skript alle Arbeiten abgeschlossen hat und wieder beendet wurde.
- Nicht unterstützte Dateien anzeigen: Sie werden im Skripte-Bedienfeld innerhalb der Ordner der einzelnen Skriptsprachen auch weitere Ordner (z. B. FindChangeSupport) finden, die gar keine Skripte enthalten. Manche Skripte greifen auf Hilfsdateien in diesen Ordnern zu. Da diese Dateien ohnehin nicht ausgeführt werden können, können Sie sie mit dieser Option ausblenden – nicht jedoch die Ordner, in denen sie enthalten sind. Diese Option blendet alle Dateien aus, die nicht als Skript erkannt werden.

Skripte rückgängig machen
Wenn Sie die Auswirkungen eines Skripts rückgängig machen möchten, genügt zumeist ein einfaches Strg+Z bzw. ⌘+Z nicht, weil Skripte mehrere Schritte ausführen, die auch alle wieder rückgängig gemacht werden müssen. Wie viele Schritte ein Skript durchläuft, ist natürlich von seiner Komplexität abhängig, aber der Entwickler des Skripts kann die Anzahl der Schritte auch beeinflussen.

Die Standardskripte

Die standardmäßig installierten Skripte unterscheiden sich in ihrem Nutzen erheblich, allerdings ist auch festzustellen, dass einige Funktionen, die früher über Skripte abgewickelt wurden, nun direkt in InDesign implementiert wurden.

Wir beschränken uns in der folgenden Aufstellung auf die Optionen – sofern es überhaupt welche gibt –, die nicht selbsterklärend sind. Bei einigen Skripten ist ohnehin ein gewisses Maß an Experimentierfreude notwendig.

Indic Preferences.js – Voreinstellungen für indische Schriftsysteme | Dieses Skript hat keine Benutzeroberfläche, kommuniziert also nicht mit Ihnen. Es ändert still und (fast) heimlich einige Dinge an den InDesign-Voreinstellungen. Wenn Sie zumindest ein Dokument geöffnet haben, ändert sich an dessen Voreinstellungen nichts. Sobald Sie aber ein neues Dokument anlegen, werden Sie einige Änderungen feststellen:

- Der globale Adobe-Absatzsetzer wird zum Standard-Setzer.
- Das Wörterbuch wird auf Englisch: Grossbritannien gesetzt.
- Das Maßsystem und die Standard-Seitengrößen werden modifiziert.
- Der Umgang mit fehlenden Glyphen wird verändert.

Voreinstellungen zurücksetzen
Um die Voreinstellunegn von InDesign auf den Auslieferungszustand zurückzusetzen, halten Sie Strg+⇧+Alt bzw. ⌘+⇧+⌥ beim Start von InDesign gedrückt.

Möglicherweise werden auch noch weitere Änderungen vorgenommen. Das ist im Detail für uns leider nicht feststellbar, da dieses Skript lediglich aus einer Zeile besteht, die eine internen Funktionen von InDesign aufruft. Die bekannten getroffenen Einstellungen sind jedoch keine gute Basis für Satzarbeiten in westlichen Schrift- und Sprachsystemen.

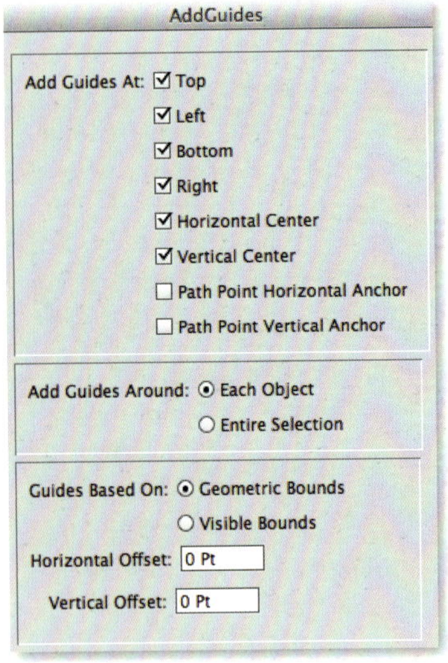

▲ **Abbildung 40.3**
AddGuides: Die Hilfslinien können auch über Offsets vom Objekt weg oder – bei negativen Offsets – in das Objekt hineingelegt werden. Das Skript legt eine eigene Ebene Guides an und platziert alle Hilfslinien auf dieser Ebene.

Wenn Sie mit indischen Schriftsystemen arbeiten, kann dieses Skript für Sie von großem Nutzen sein. Trotzdem stellt sich die Frage, warum Adobe die Umstellung der Voreinstellungen nicht anders – oder zumindest mit einem eindeutigen Hinweis auf die Folgen – gelöst hat.

AddGuides.jsx – Hilfslinien erstellen | Wählen Sie ein oder mehrere Objekte aus, und rufen Sie das Skript auf, um nachträglich Hilfslinien um die einzelnen Objekte (Each Object) oder die gesamte Gruppe (Entire Selection) von Objekten zu erstellen. Sie können horizontale und vertikale Hilfslinien nicht nur neben die Objektkanten und auf den Mittelpunkt, sondern auch an die einzelnen Ankerpunkte eines Pfads legen (Path Point Horizontal bzw. Vertical Anchor). Die Geometric Bounds entsprechen dem Pfad unabhängig von seiner Kontur. Visible Bounds dagegen legt die Hilfslinien an der Außenkante der sichtbaren Kontur an – einen Unterschied zu Geometric Bounds gibt es somit nur bei außen liegenden oder mittig auf dem Pfad liegenden Konturen.

AddPoints.jsx – Ankerpunkte verdoppeln | Wählen Sie ein Vektorobjekt aus (auch Objektrahmen sind möglich, da sie ja von einem Pfad begrenzt werden), und rufen Sie das Skript auf. Es verrichtet seine Arbeit ohne irgendeine Rückmeldung und platziert zwischen den vorhandenen Ankerpunkten zusätzliche Ankerpunkte. Die Form des Objekts verändert sich dabei nicht. Das Ergebnis des Skripts können Sie nur sehen, wenn Sie das Objekt mit dem Direktauswahl-Werkzeug markiert haben.

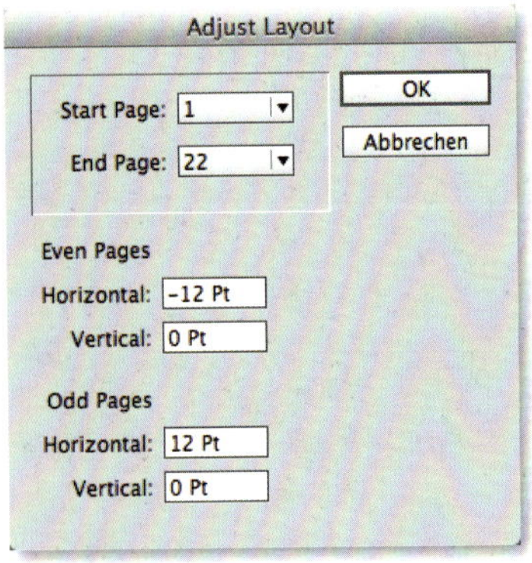

▲ **Abbildung 40.4**
Adjust Layout: Ein sinnvolles Skript, um vorhandene Objekte an geänderten Seitenrändern auszurichten. Sie können alle Eingaben auch in Millimeter machen!

AddQRCode.jsx – QR-Code erzeugen | Dieses Skript existiert erst seit InDesign CC, da es auf die Funktion Objekt • QR-Code generieren zurückgreift. Der Unterschied besteht in zwei Dingen:

1. Sie können entscheiden, ob der neue QR-Code direkt auf der Seite platziert werden oder ob er über einen Platzier-Cursor zur Verfügung gestellt werden soll.
2. Der QR-Code wird mit Standard-Daten erzeugt. Sie müssen ihn also über Optionen • QR-Code bearbeiten nachträglich mit Daten bestücken.

Dieses Skript übernimmt somit die Funktion der Erzeugung von »Blind-QR-Codes«, die schnell erzeugt werden, aber noch keine stimmigen Daten enthalten müssen.

AdjustLayout.jsx – Objekte an veränderten Stegen ausrichten | Wenn Sie die Ränder des Satzspiegels nachträglich verändern, müssen auf Seiten, die von dieser Vorlage abgeleitet wurden, die vorhandenen Objekte an die neuen Ränder angepasst werden. Dieses Skript erledigt genau das. Wählen Sie den Seitenbereich (START PAGE und END PAGE), und legen Sie den Versatz für die geraden (EVEN PAGES) und ungeraden Seiten (ODD PAGES) fest.

AlignToPage.jsx – Objekte an der Seite ausrichten | Funktionen, um Objekte an der Seite auszurichten, wobei sowohl auf das Endformat als auch auf den Satzspiegel Bezug genommen werden kann, wurden mit InDesign CS3 im Ausrichten-Bedienfeld integriert. Die intelligenten Hilfslinien, die es seit InDesign CS4 gibt, machen auch diese Neuerung nahezu überflüssig. Da dieses Skript genau solche Ausrichtungen erledigt, ist es ebenfalls überflüssig geworden.

AnimationEncyclopedia.jsx – Übersicht über Animationsfunktionen | Dieses Skript gibt es erst seit InDesign CS5, da es einen Überblick über die in InDesign CS5 eingeführten Animationsfunktionen darstellt. Es operiert nicht auf vorhandenen Objekten, sondern legt ein neues Dokument an, erstellt in diesem Dokument sechs Seiten und platziert eine Reihe von Objekten, die mit Animationseffekten versehen sind.

Starten Sie das Skript, und lassen Sie das Animationsdokument einmal erstellen. Rufen Sie dann das Vorschau-Bedienfeld über FENSTER • INTERAKTIV • SWF-VORSCHAU auf. Dieses Bedienfeld ist notwendig, um Animationen testen zu können, da die Effekte zwar mit InDesign erstellt, aber nicht abgespielt werden können. Das Vorschau-Bedienfeld arbeitet in drei unterschiedlichen Modi:

▼ Abbildung 40.5
Da InDesign Animationen nicht innerhalb der Dokumente ablaufen lassen kann, in denen sie definiert werden, ist das SWF-Vorschau-Bedienfeld notwendig, in dem die Animationseffekte für einzelne Objekte, alle Objekte des Bogens oder alle Objekte des Dokuments simuliert werden können.

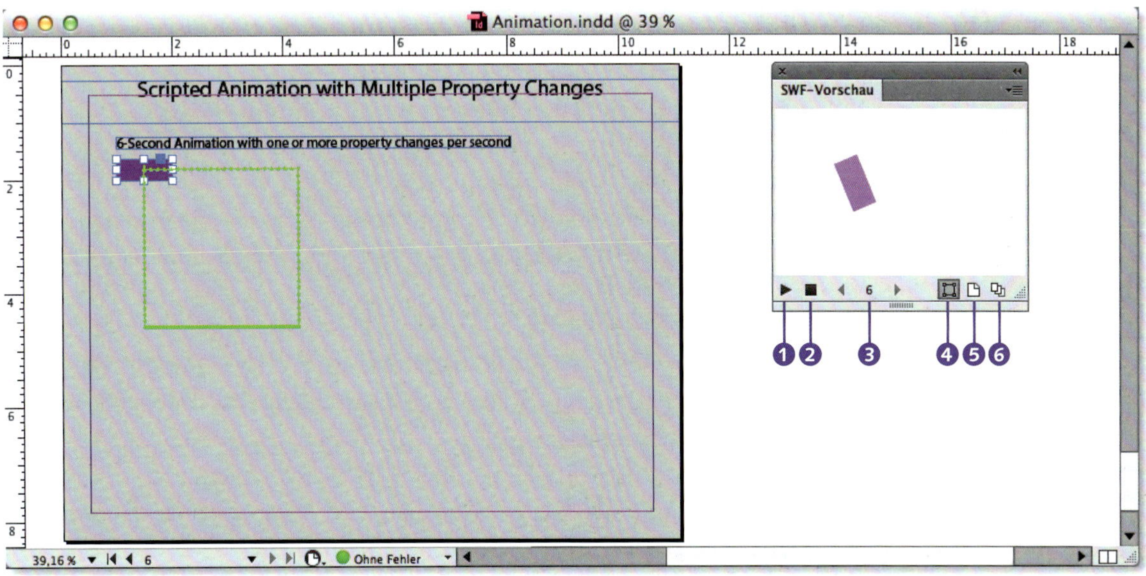

- AUSWAHLVORSCHAUMODUS ❹: Wählen Sie ein animiertes Objekt auf einer der Seiten aus, und klicken Sie auf VORSCHAU ABSPIELEN ❶. Die Animation läuft für genau dieses eine ausgewählte Objekt im Vorschau-Bedienfeld ab. Sie können die Animation über VORSCHAU LÖSCHEN ❷ wieder beenden. Der Vorschaubereich des Bedienfelds wird dabei auf eine graue Fläche gesetzt.
- DRUCKBOGENVORSCHAUMODUS ❺: In diesem Modus werden alle Animationseffekte des ausgewählten Druckbogens simuliert.
- DOKUMENTVORSCHAUMODUS ❻: Nur in diesem Modus ist es möglich, zwischen den Seiten des Dokuments zu blättern ❸, wobei die Animationen für die ganze Seite gestartet werden, sobald auf die Seite gewechselt wird. Starten und stoppen können Sie die Animation natürlich trotzdem.

BreakFrame.jsx – Textrahmen aus Verkettung lösen | Nehmen Sie an, Sie möchten den mittleren von drei verketteten Textrahmen aus der Verkettung entfernen, dabei aber den Inhalt des Rahmens erhalten. Wählen Sie den mittleren Rahmen aus, und starten Sie dieses Skript. Der ausgewählte Rahmen wird aus der Verkettung gelöst, der erste und der dritte Rahmen werden miteinander verkettet, und der Inhalt des mittleren Rahmens wird aus dem Text entfernt und in den isolierten Rahmen kopiert.

Das Skript funktioniert auch, wenn mehrere Textrahmen ausgewählt sind. Dabei werden alle ausgewählten Rahmen aus ihrer jeweiligen Kette von Textrahmen gelöst.

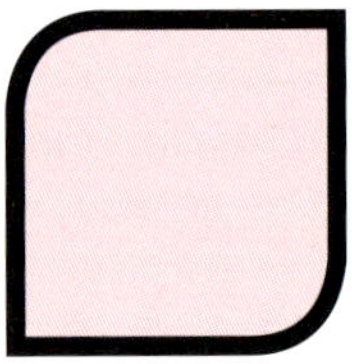

▲ **Abbildung 40.6**
Eine solche Form war bis InDesign CS4 nur über das Skript CORNER-EFFECTS vernünftig zu erstellen.

CornerEffects.jsx – Eckenoptionen als Pfade | Eine Form wie in Abbildung 40.6 ist gar nicht so einfach zu zeichnen, wie es den Anschein hat. Seit InDesign CS5 können solche Figuren problemlos über die Eckenoptionen erstellt werden, liegen dann aber nicht als Pfad, sondern als Objekt mit einem Effekt vor. Wie Sie ein solches Objekt in einen Pfad umwandeln können, wird in Kapitel 10, »Vektoren«, erklärt. Oder Sie verwenden das Skript CornerEffects, um unmittelbar einen Vektor zu erstellen.

Legen Sie einen Rahmen an, lassen Sie den Rahmen ausgewählt, und doppelklicken Sie auf den Eintrag CORNEREFFECTS.JSX im Skripte-Bedienfeld. Das Skript liegt im Standardlieferumfang von InDesign nur auf Englisch vor, Sie werden jedoch keine Schwierigkeiten haben, die angebotenen CORNER TYPES den bekannten ECKENOPTIONEN zuzuordnen.

Zeichenrichtung
Die Zeichenrichtung verläuft gegen den Uhrzeigersinn. Der erste Punkt eines Quadrates befindet sich links oben, der zweite links unten, der dritte, rechts unten und der vierte rechts oben.

Der interessante Teil des Fensters steckt in OPTIONS. Neben dem Eingabefeld OFFSET (es entspricht der ECKENGRÖSSE der Eckenoptionen, also der Stärke, mit der sich der Effekt auswirken soll) finden Sie hier das Menü Pattern, in dem Sie festlegen können, auf welche Punkte des Pfads der jeweilige Effekt angewendet werden soll.

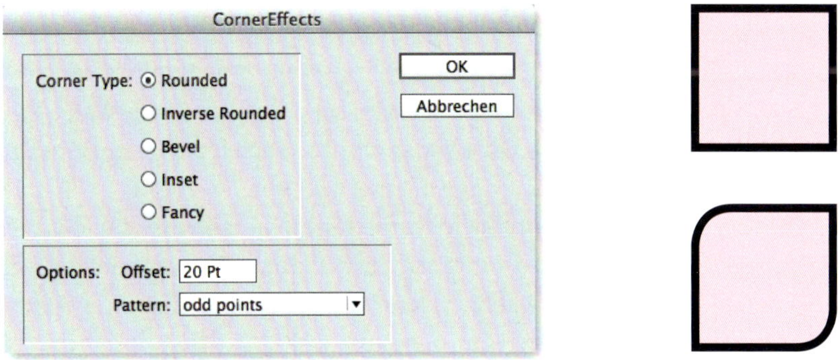

◂ **Abbildung 40.7**
Mit diesen Einstellungen wird das Quadrat oben in die Form unten verwandelt.

Neben einer Reihe von Möglichkeiten, die Funktion nur auf den ersten, den letzten, jeden dritten usw. Punkt des Pfads anzuwenden, finden Sie auch die beiden Muster odd points und even points, die die ausgewählte Funktion nur auf jeden zweiten Ankerpunkt anwenden, wobei Sie entweder beim ersten Punkt (»odd« = ungerade) oder beim zweiten Punkt (»even« = gerade) des Pfads beginnen.

Die Formen, die durch dieses Skript entstehen, sind keine Effekte, wie der Name vermuten lässt, sondern Pfade, die Sie mit den normalen Pfadwerkzeugen bearbeiten können.

Maßeinheiten

Die Skripte sind nicht nur auf Englisch geschrieben, sie verwenden teilweise auch das für uns ungebräuchliche Maßsystem »Punkt«. Das bedeutet, dass auch die Lineale Ihres Dokuments auf eine Bemaßung in Punkt umgestellt werden, sobald ein Skript mit Koordinaten und Dimensionen operiert.

Sie müssen die Lineale dann manuell umstellen. Am einfachsten erledigen Sie das über das Kontextmenü des Linealursprungs Ihres Dokuments.

CreateCharacterStyle.jsx – Zeichenformat definieren | Wenn Sie einen Text (keinen Textrahmen!) auswählen und dieses Skript aufrufen, werden Sie nach einem Namen gefragt, mit dem dann ein neues Zeichenformat angelegt wird. Dabei werden alle Attribute im Zeichenformat wirklich eindeutig gesetzt – allerdings nicht immer mit den Attributen des ausgewählten Textes: Dieses Skript scheint noch etwas Überarbeitung zu benötigen.

Wenn Sie ein Zeichenformat auf Basis eines ausgewählten Textes über das Zeichenformate-Bedienfeld erstellen, werden lediglich die Attribute definiert, die von den Absatzeinstellungen abweichen. Da sich dieses Skript aber nicht ganz sauber verhält, ist der Vorteil, dass alle Attribute gesetzt werden (sofern es denn überhaupt einer ist), allerdings ohnehin zweifelhaft.

Zeichenformate definieren

Erstellen Sie Zeichenformate immer über das Zeichenformate-Bedienfeld. Der scheinbare Vorteil des Skripts, alle Attribute zu setzen, ist tatsächlich keiner, sondern macht es Ihnen nur schwerer, die Formate in der Folge zu warten.

CropMarks.jsx – Schnitt- und Passermarken erstellen | Wenn Sie mehrere – zumeist kleinere – Satzarbeiten in mehreren Nutzen auf einem Bogen platzieren und ausgeben wollen, benötigen die einzelnen Objekte Schnittmarken. Das klassische Beispiel für eine solche Problemstellung wären Visitenkarten.

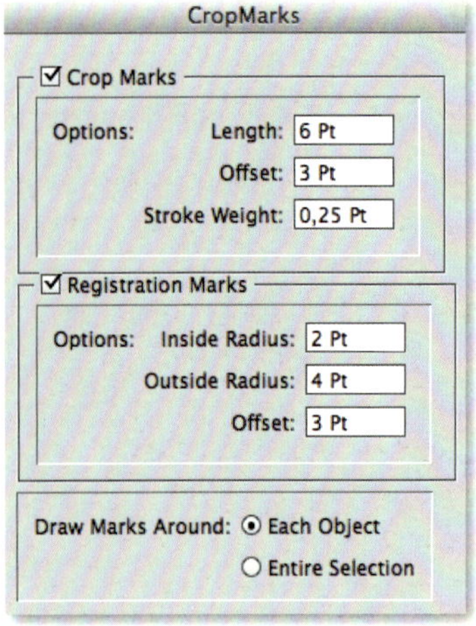

▲ **Abbildung 40.8**
CropMarks: Schnitt- und Passermarken werden in einer eigenen Ebene myCropMarks angelegt und mit der Farbe [Passermarken] eingefärbt.

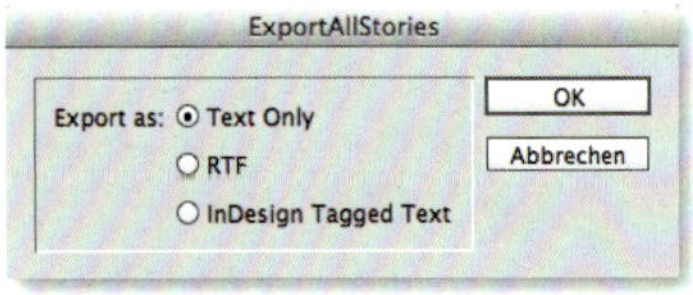

▲ **Abbildung 40.9**
ExportAllStories: Wählen Sie das gewünschte Textformat und anschließend einen Speicherort für die exportierten Texte aus.

Wählen Sie ein oder mehrere Objekte aus, und starten Sie das Skript. Sie können entweder Schnittmarken (Crop Marks) oder Passermarken (Registration Marks) oder auch beides erstellen lassen. Legen Sie die Parameter für Strichstärken (Stroke Weight), Längen (Length), Durchmesser der Passermarken (Inside Radius und Outside Radius) und Abstände (Offset) fest, und bestimmen Sie, ob die gesamte Auswahl (Entire Selection) oder jedes Objekt (bzw. jede Objektgruppe) gesondert (Each Object) behandelt werden soll.

Die Schwäche des Skripts ist, dass Sie für ein abfallendes Objekt mit einem Hilfsrahmen arbeiten müssen. Die Option Offset bewirkt bei Schnittmarken lediglich, dass die Linien der Schnittmarken ihrer Achse entlang verschoben werden. Ein negativer Offset ist zwar möglich, erzeugt aber lediglich Schnittmarken, die genau an der Objektkante liegen und sich überschneiden. Der Offset für die Passermarken führt dagegen tatsächlich dazu, dass die Passermarken in das Objekt gelegt werden, wenn er negativ ist.

ExportAllStories.jsx – den gesamten Text exportieren | Die Textexportfunktionen, die Sie über die verschiedenen Befehle des Datei-Menüs aufrufen können, beziehen sich immer nur auf den ausgewählten Textrahmen bzw. den Text, in dem der Textcursor steht. Dieses Skript exportiert den Inhalt aller Textrahmen Ihres Dokuments, wobei für jeden Rahmen eine eigene Datei entsteht. Sobald Sie das Skript starten, müssen Sie das Format der exportierten Texte bestimmen.

FindChangeByList.jsx – Batch-Suche | Die Suchfunktionen von InDesign sind sehr leistungsstark, und im Fenster Suchen/Ersetzen werden die letzten Suchen für Sie protokolliert. Zusätzlich können Sie einzelne Abfragen auch speichern.

Wenn Sie allerdings viele Korrekturen über Suchen/Ersetzen durchführen müssen, ist die Angelegenheit doch sehr mühsam. Und wenn diese Suchen sich auch noch periodisch wiederholen, wird es eben noch mühsamer.

Für diese Fälle ist das Skript »FindChangeByList« gedacht. Es greift auf eine Textdatei zu, die im Ordner FindChangeSupport liegt, den Sie auch im Skripte-Bedienfeld sehen. In dieser Textdatei können Suchen in Textform formuliert werden, die das Skript dann der Reihe nach abarbeitet. Dabei können Sie Text-, GREP- und Glyphen-Suchen definieren und einige Parameter für den Umfang der Suche (Fußnoten, ausgeblendete Ebenen usw.) festlegen. Ob das Skript die Reichweite der Suche von Ihnen erfragt, hängt davon ab, ob Sie eine Auswahl in Ihrem Dokument getroffen haben und wie diese aussieht.

- **Es ist nichts oder ein Objekt ausgewählt**: Das Skript verrichtet seine Arbeit ohne Rückfrage und wendet alle Suchen aus »FindChangeSupport« auf das gesamte Dokument an.
- **Der Textcursor steht in einem Text, es existiert aber keine Textauswahl**: Sie können festlegen, ob der Textabschnitt, in dem der Cursor steht, durchsucht werden soll (Selected Story) oder das ganze Dokument (Document).
- **Es existiert eine Textauswahl**: Sie können zusätzlich wählen, ob die Suche auf die Auswahl beschränkt sein soll (Selection).

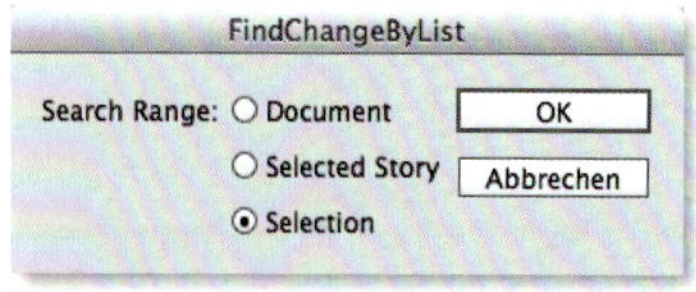

▲ **Abbildung 40.10**
FindChangeByList: Die volle Auswahl, welcher Bereich Ihres Dokuments bearbeitet werden soll, bekommen Sie nur, falls eine Textauswahl existiert, wenn Sie das Skript starten.

Informationen dazu, wie die Suchen in der Datei »FindChangeSupport« formuliert werden müssen, finden Sie in der Datei »FindChangeSupport« selbst. Die wichtigsten Informationen haben wir aber noch für Sie zusammengefasst:

- Folgende Ersetzungen werden standardmäßig durchgeführt:
  - Mehrfache Leerzeichen werden durch ein einzelnes Leerzeichen ersetzt.
  - Mehrfache Zeilenschaltungen (also Leerzeilen) werden durch eine einzelne Zeilenschaltung ersetzt. Somit werden Leerzeilen entfernt. Das funktioniert auch, wenn eine Leerzeile Leerzeichen oder Tabulatoren enthält.
  - Leerzeichen und Tabulatoren vor einer Zeilenschaltung werden entfernt.
  - Zwei oder mehr Tabulatoren hintereinander werden durch einen einzelnen Tabulator ersetzt. Die Kombination *Leerzeichen-Divis-Leerzeichen* wird durch einen Halbgeviertstrich ersetzt. Allerdings werden dabei die Leerzeichen entfernt.
  - Zwei Divise in Serie werden durch einen Geviertstrich ersetzt.
- Wenn Sie eine der vorgegebenen Aktionen ausschalten wollen, setzen Sie // (zwei Schrägstriche) an den Beginn der betreffenden Zeile.
- Um weitere Aktionen hinzuzufügen, fügen Sie die entsprechenden Zeilen ein. Zuerst wird die Art der Suche festgelegt (`text/grep/glyph`), dann folgt in geschwungenen Klammern die Formulierung der Suche für die jeweilige Art (eingeleitet mit `findWhat:`). Die Ersetzung wird ebenfalls in geschwungene Klammern gestellt, aber mit `changeTo:` eingeleitet und muss natürlich der Art der Suche entsprechend formuliert werden. Am Ende der Zeile können – ebenfalls in geschwungenen Klammern – noch Optionen zur Reichweite und Gültigkeit der Suche angegeben werden. All diese Elemente müssen in *einer* Zeile stehen und sind mit einem Tabulator zu trennen. Einen Kommentar zu Ihrem Eintrag können Sie dann noch am Ende der Zeile einfügen. Aber Vorsicht: Auch wenn Sie keinen Kommentar an-

FindChangeSupport
Die Datei »FindChangeSupport« ist eine normale Textdatei, die Sie mit jedem Texteditor bearbeiten können. Sie müssen darauf achten, dass sie nicht als Datei mit formatiertem Text gespeichert wird – das Skript »FindChangeByList« könnte sie dann nicht mehr lesen.

Bevor Sie diese Datei bearbeiten, sollten Sie eine Sicherungskopie anlegen.

geben, muss die betreffende Zeile einen Tabulator enthalten, der vor dem Kommentar stehen würde. In diesem Fall muss die Zeile also mit einem Tabulator abschließen.

Folgende Beispiele könnten noch für Sie nützlich sein (und Sie können die Syntax der Sucheinträge damit studieren):

- `grep`⇥`{findWhat:"([[:digit:]]+)%"}`⇥
  `{changeTo:"$1~<%"}`⇥
  `{includeFootnotes:false, includeMasterPages:false, includeHiddenLayers:false, wholeWord:false}`⇥
  `Findet alle Zahlen mit %-Zeichen ohne Abstand und fügt dazwischen ein Achtelgeviert ein.`
- `grep`⇥`{findWhat:"([[:digit:]]+) %"}`⇥
  `{changeTo:"$1~<%"}`⇥
  `{includeFootnotes:false, includeMasterPages:false, includeHiddenLayers:false, wholeWord:false}`⇥
  `Findet alle Zahlen mit %-Zeichen mit Abstand und ersetzt den Leerraum durch ein Achtelgeviert.`

FindChangeSupport

Wenn Sie die Datei »FindChangeSupport« umbenennen und das Skript »FindChangeByList« starten, werden Sie mit einem Datei öffnen-Fenster nach der Datei mit den Suchanweisungen gefragt.

So können Sie also mehrere Dateien für wiederkehrende Suchen anlegen und jedes Mal neu entscheiden, welche Abfolge an Suchen Sie durchführen möchten.

ImageCatalog.jsx – Kontaktabzug erstellen | Bildübersichten in Form von Kontaktabzügen werden immer wieder gebraucht, sind jedoch etwas aufwendig zu erstellen. In der Creative Suite 3 konnte Adobe Bridge noch mit einer eigenen Funktion aufwarten, die in der Creative Suite 4 aber entfernt und durch eine andere Funktion in InDesign ersetzt wurde – schlagen Sie in Kapitel 8, »Bilder und Grafiken platzieren und organisieren«, nach.

Eine Alternative stellt dieses Skript dar. Allerdings hat es eine Reihe von Nachteilen:

- Es arbeitet, ohne auf ein bestehendes Dokument zurückzugreifen. Da das Skript ein eigenes Dokument für den Kontaktabzug anlegt und dabei die Dokumentvorgabe [Standard] verwendet, müssen Sie diese Vorgabe ändern, um das Format des Kontaktabzugs zu verändern.
- Sobald Sie das Skript aufrufen, müssen Sie den Ordner auswählen, in dem sich alle Bilder befinden. Sie haben also keine Möglichkeit, innerhalb eines Ordners bestimmte Bilder auszuwählen.
- Sie müssen eine Fülle von Parametern einstellen, die Sie darüber hinaus auch nicht als Vorgabe speichern können.

Das Skript reicht also nicht an die Möglichkeiten der InDesign-Bordmittel heran und sollte eigentlich ausgemustert werden. Wir empfehlen Ihnen die Verwendung der Standardfunktionen und ersparen uns (und Ihnen) eine detaillierte Beschreibung der verschiedenen Optionen.

MakeGrid.jsx – Rahmen aufteilen | Mit diesem Skript können Sie Rahmen auf ein Rahmenraster aufteilen. Richtig Spaß macht das allerdings nur bei Bildrahmen, da dann auch die entsprechenden Bildversätze in den neuen Rahmen eingepasst werden können. Textrahmen und Vektorobjekte werden lediglich dupliziert und im vorgegebenen Schema angeordnet. Aber auch dann ist dieses Skript nützlich, wenn Sie z. B. vier gleich große Textrahmen mit einem Abstand von 5 mm erzeugen möchten.

Bitte beachten Sie: Das Erstellen von Rahmenrastern wurde in InDesign CS5 wesentlich erleichtert – weitere Informationen finden Sie in Kapitel 6, »Rahmen erstellen und ändern«.

Neon.jsx – Pfade aufhübschen | Eines der sinnlosen Skripte (wenn nicht das sinnloseste). Probieren Sie es einfach aus – Sie werden bei einem Ergebnis wie in Abbildung 40.12 landen. Sie können das Skript auf alle Rahmen und Vektorobjekte anwenden. Wir wünschen Ihnen dabei viel Spaß.

PathEffects.jsx – Effekte für Pfade | Die Eckenoption ORNAMENT bzw. FANCY (im Skript »CornerEffects«) dürfte eher selten gebraucht werden. Haben Sie dagegen öfter Bedarf an ausgefallenen Formen, werfen Sie einen Blick auf das Skript »PathEffects.jsx«.

Erstellen Sie einen Pfad, lassen Sie ihn ausgewählt, und rufen Sie das Skript über einen Doppelklick auf »PATHEFFECTS.JSX« im Skripte-Bedienfeld auf.

Um dieses Skript zu erforschen, ist Ihr Spieltrieb gefordert. Die Anwendung der ersten sechs Funktionen sehen Sie in Abbildung 40.14 (die Ausgangsform ist jeweils das Polygon ganz links):

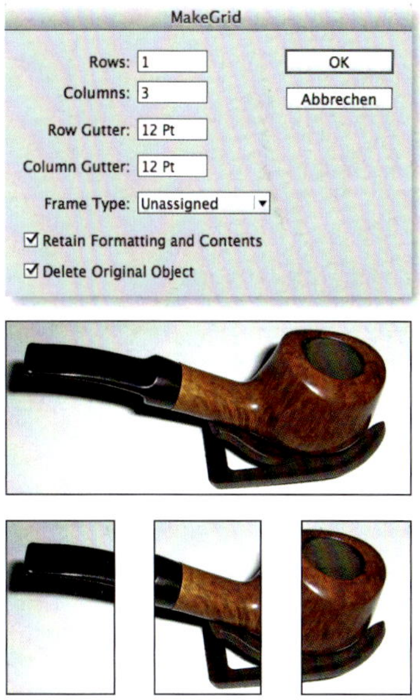

▲ **Abbildung 40.11**
MAKEGRID: Das Bild oben wird mit den gezeigten Einstellungen in drei Teilbilder zerschnitten.

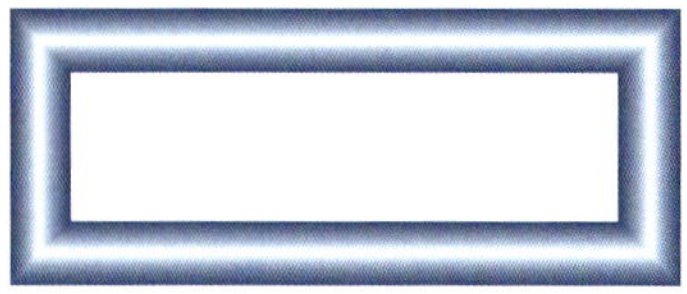

▲ **Abbildung 40.12**
NEON: Die Ergebnisse des Skripts »Neon« bestehen aus einer Objektgruppe aus unterschiedlich eingefärbten Kopien der Originalform.

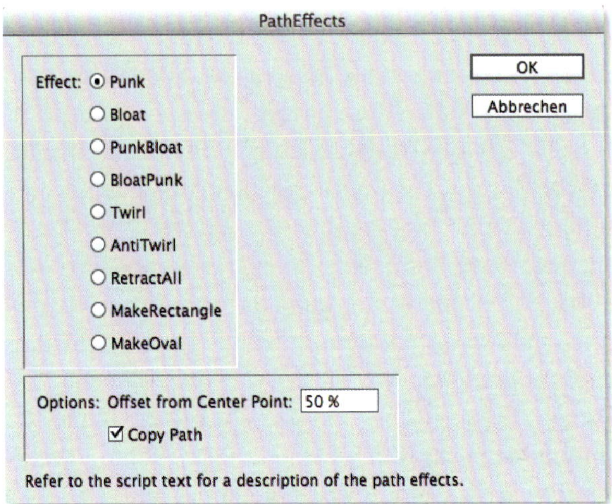

◄ **Abbildung 40.13**
PATHEFFECTS verfügt zusätzlich über die Option COPY PATH. Ist sie aktiviert, bleibt der ausgewählte Pfad unangerührt, und die ausgewählte Funktion wird auf eine Kopie des Pfads angewendet. Mit den unteren drei Funktionen können Sie alle Ankerpunkte in Eckpunkte (RETRACTALL), den Pfad in ein Rechteck (MAKERECTANGLE) bzw. in eine Ellipse (MAKEOVAL) umwandeln.

▲ **Abbildung 40.14**
Die ersten sechs Funktionen (von links nach rechts) von »PathEffects.jsx« wurden auf das Polygon ganz links angewendet.

Die Funktionen verändern den Pfad, indem die Schenkel (Richtungslinien) der einzelnen Ankerpunkte entweder vom Mittelpunkt der Form weg- oder zu ihm hinbewegt werden. Wie weit diese Bewegung geht, stellen Sie über OFFSET FROM CENTER POINT ein. Verfügt ein Ankerpunkt über keine Schenkel, so werden sie hinzugefügt.

PlaceMultipagePDF.jsx – PDF-Dokumente platzieren | Dieses Skript erzeugt aus einer PDF-Datei eine InDesign-Datei, in der die einzelnen Seiten des PDF-Dokuments auf je einer Seite des InDesign-Dokuments platziert werden. Sie können entscheiden, ob eine bereits geöffnete Datei verwendet oder ob eine neue Datei mit den Standardeinstellungen erzeugt werden soll. Um dieses Skript sinnvoll anzuwenden, sollten Sie zuerst ein Dokument anlegen, dessen Seitengröße genau der Größe der Seiten des PDF-Dokuments entspricht. Die PDF-Seiten werden nämlich nicht skaliert, um die Seiten des InDesign-Dokuments auszufüllen.

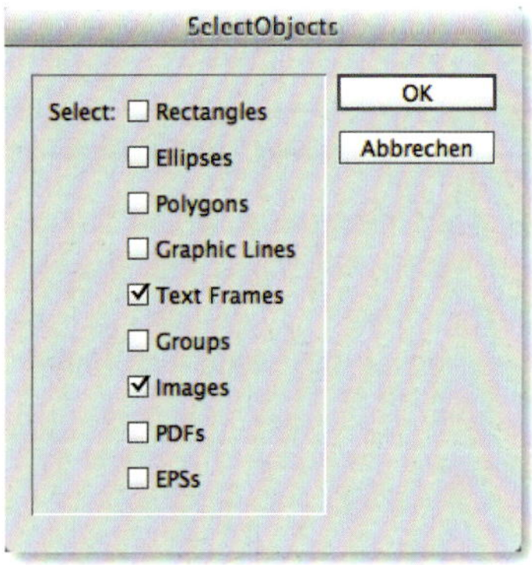

▲ **Abbildung 40.15**
SELECTOBJECTS: Diese Einstellung wählt alle Text- und Bildrahmen aus – allerdings nur dann, wenn sie nicht mit anderen Objekten gruppiert sind.

SelectObjects.jsx – gleichartige Objekte auswählen | In Zeichenprogrammen gibt es üblicherweise eine Funktion, mit der Sie Objekte der gleichen Art auswählen können, um sie dann gemeinsam zu bearbeiten. Dieses Skript erledigt das für InDesign. Dabei werden aber immer nur Objekte der aktuellen Seite ausgewählt.

SortParagraphs.jsx – Absätze sortieren | Der Name sagt eigentlich alles – dieses Skript sortiert Absätze alphabetisch, wobei Sie nach dem Start des Skripts festlegen können, ob Sie aufsteigend oder absteigend sortieren wollen. Das Skript ist teilweise sehr langsam und darüber hinaus auch noch fehlerhaft, was sich durch Abbrüche bemerkbar macht. Eine solche Funktion sollte eigentlich in InDesign integriert sein.

SplitStory.jsx – Textverkettung auflösen | Ähnlich wie mit dem Skript »BreakFrame« wird hier die Textverkettung aufgelöst. Allerdings werden alle Verkettungen zwischen allen Rahmen aufgehoben. Der Textumbruch ändert sich dabei aber ebenfalls nicht.

TabUtilities.jsx – Tabulatoren einfügen | Haben Sie schon versucht, manuell einen Tabulator genau am rechten Spaltenrand zu platzieren?

Und ist es Ihnen gelungen? Selbstverständlich kann man solche Tabulatoren über eine numerische Eingabe positionieren – oder das Skript »TabUtilities« verwenden. Zum Aufruf muss der Textcursor natürlich in einem Text stehen, oder es muss ein Textrahmen ausgewählt sein. Sie haben dann unter SET A TABSTOP AT folgende Einstellungsmöglichkeiten:

- RIGHT COLUMN EDGE: Platziert einen rechtsbündigen Tabulator exakt am rechten Spaltenrand.
- CURRENT CURSOR POSITION: Platziert einen linksbündigen Tabulator an der aktuellen Cursorposition.
- LEFT INDENT: Platziert einen linksbündigen Tabulator am linken Einzug der Spalte.
- HANGING INDENT AT CURSOR: Erzeugt einen Einzug (und einen zusätzlichen linksbündigen Tabulator) an der aktuellen Cursorposition und erzeugt einen hängenden Einzug in der ersten Zeile.

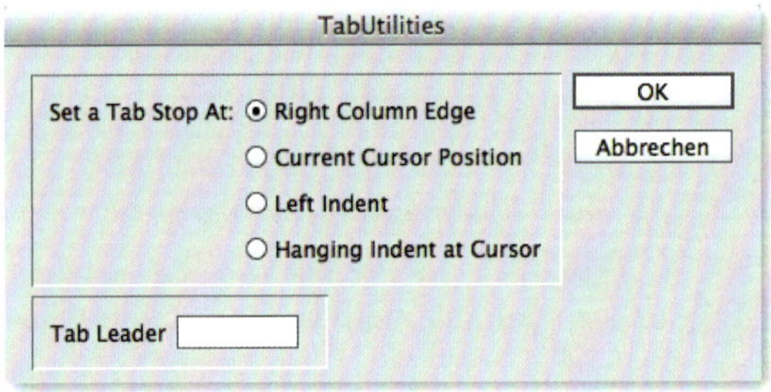

◄ **Abbildung 40.16**
TABUTILITIES: Die Option HANGING INDENT AT CURSOR ist gut geeignet, um manuell Aufzählungslisten zu erzeugen.

Mit der Option TAB LEADER können Sie den mit TABUTILITIES erzeugten Tabulatoren ein Füllzeichen zuweisen.

40.3 Skripte aus anderen Quellen

Adobe bietet unter ständig wechselnden URLs einige Informationen inklusive eines Forums zum Thema Scripting an. Darüber hinaus gibt es natürlich auch an anderen Stellen im Internet regen Austausch zu diesem Thema. Manche Anwender bieten ihre selbst entwickelten Skripte zum Download an, und oft finden sich wahre Perlen.

Alte Skripte
Bis InDesign CS4 wurden zwei weitere Skripte zur Beschriftung von Bildern mit InDesign ausgeliefert (LabelGraphics.jsx und LabelGraphicMenu.jsx). Da diese Funktion ab InDesign CS5 direkt über Beschriftungsvariablen abgewickelt werden kann, sind die beiden Skripte offensichtlich dem Rotstift zum Opfer gefallen.

LayoutZone

Wir möchten Ihnen ein unserer Meinung nach besonders gelungenes Skript vorstellen und Ihnen bei dieser Gelegenheit an einem konkreten Beispiel zeigen, wie Skripte installiert und angewendet werden.

LayoutZone von *Automatication* kann kostenfrei von der Hersteller-Site unter *http://www.automatication.com/* heruntergeladen wer-

Weitere sinnvolle Skripte
Auf der Website von Gerald Singelmann unter *http://www.indesign-faq.de/de/scripte* finden Sie weitere sinnvolle Skripte z. B. zur Tabellenformatierung oder zur Ebenen- und Bildverwaltung.

den. Diese Skript-Anwendung erlaubt es, einzelne oder mehrere InDesign-Objekte als eigenständige InDesign-Dokumente auszulagern. An die Stelle des Originalobjekts tritt dann eine Verknüpfung zum InDesign-Dokument, das somit getrennt vom Mutterdokument bearbeitet werden kann. Somit können mehrere Personen gleichzeitig am selben Mutterdokument arbeiten.

Änderungen können über den regulären Aktualisieren-Mechanismus für Verknüpfungen vorgenommen werden, und am Ende der getrennten Bearbeitung kann der aktuelle Zustand der ausgelagerten Objekte wieder an ihrer Originalposition eingefügt und damit die Verknüpfung aufgehoben werden. »LayoutZone« bietet Ihnen somit eine Art Mini-Redaktionssystem für Arbeitsgruppen – und das kostenlos!

Unterstützte InDesign-Versionen

»LayoutZone« funktioniert ab InDesign CS4 und somit auch mit InDesign CC.

Installation

LayoutZone trifft nach dem Download als .zip-Datei bei Ihnen ein. Entpacken Sie diese Datei entsprechend den Gepflogenheiten Ihres Betriebssystems, und kopieren Sie den Ordner LAYOUTZONE in den Ordner SCRIPTS, der sich innerhalb des InDesign-Programmordners befindet (*nicht* in einen der dort bereits vorhandenen Ordner!).

Innerhalb des Ordners LAYOUTZONE befinden sich wieder Ordner. Einer davon – STARTUP SCRIPTS – enthält ein Skript, das von InDesign beim Start automatisch aufgerufen wird und dafür sorgt, dass im Bearbeiten-Menü ein weiterer Menüeintrag LAYOUT ZONE installiert wird, über den LayoutZone gesteuert wird. Da dies nur beim Start von InDesign geschieht, müssen Sie also nach der Installation InDesign beenden und neu starten, sofern es bei der Installation gestartet war.

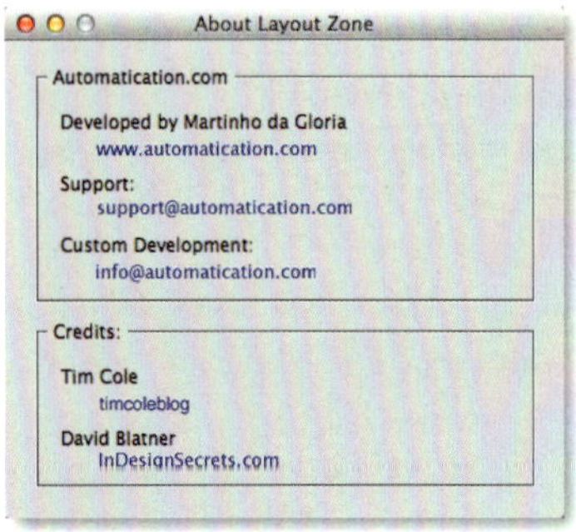

▲ **Abbildung 40.17**
Werbeeinschaltung – wir erlauben uns, für ein gutes Stück kostenloser Software etwas kostenfreie Werbung zu machen.

LayoutZone verwenden

Wählen Sie ein Objekt oder mehrere Objekte aus, und rufen Sie BEARBEITEN • LAYOUT ZONE • ASSIGN ZONE auf. Sie werden gefragt, wo und unter welchem Namen das neue InDesign-Dokument gespeichert werden soll. Anschließend müssen Sie festlegen, wie das neue Objekt erstellt werden soll:

Unter SAVE legen Sie fest, ob die ausgewählten Objekte oder ganze Seiten ausgelagert werden sollen und ob gesperrte Objekte dabei übergangen werden sollen. Nur bei ganzen Seiten können Sie bestimmen, dass Objekte auf gesperrten oder ausgeblendeten Ebenen ebenfalls ignoriert werden sollen.

Mit REPLACE OBJECTS WITH DOCUMENT legen Sie fest, dass die neuen Dokumente als Verknüpfungen in Ihr Dokument integriert werden sollen. Damit haben Sie volle Kontrolle über die Änderungen in den ausgelagerten Objekten.

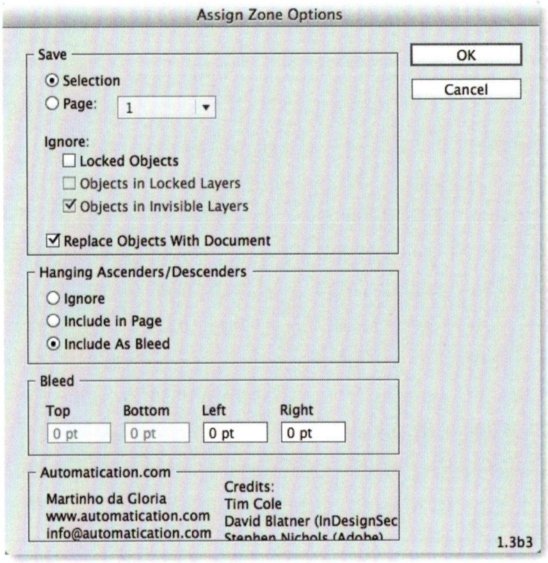

◀ **Abbildung 40.18**
Wenn Sie Include As Bleed aktivieren, wird der unter Bleed angegebene Anschnitt verwendet. Ist kein Anschnitt festgelegt, wird er von Include as Bleed selbst festgelegt.

Bei Textrahmen können Ober- und Unterlängen des Textes über den Rahmen hinausragen. Unter Hanging Ascenders/Descenders können Sie festlegen, ob die überstehenden Anteile im neuen Dokument einfach ignoriert werden sollen (das führt dazu, dass im Mutterdokument die Ober- und Unterlängen abgeschnitten erscheinen) oder ob das Dokument entsprechend vergrößert (Include in Page) oder es mit einem Anschnitt versehen werden soll, in dem die Ober- und Unterlängen Platz finden (Include as Bleed). Sie können auch selbst einen Anschnittbereich für das neue Dokument unter Bleed festlegen.

Ab sofort können Sie die ausgewählten Dokumentteile als eigenständiges Dokument bearbeiten und so auch ermöglichen, dass mehrere Personen an einem Dokument arbeiten.

Geänderte Dokumente können Sie über die üblichen Funktionen im Verknüpfungen-Bedienfeld aktualisieren. Um ausgelagerte Teile wieder in das Ursprungsdokument zu integrieren, wählen Sie das entsprechende Objekt aus und wählen Bearbeiten • Layout Zone • Convert Zone.

Wählen Sie im Fenster Convert Zone (Abbildung 40.19), ob Sie das Dokument wieder vollständig rekonstruiert haben wollen (As in Original). Dabei wird nach der Aktualisierung die Verknüpfung zur ausgelagerten Datei aufgehoben, diese Datei jedoch nicht gelöscht. As a Group erledigt das Gleiche, erstellt aber aus mehreren Objekten eine Objektgruppe.

Zusätzliche Exportfunktionen
»LayoutZone« bietet auch die Möglichkeit, über Bearbeiten • Layout Zone • Export Selection ausgewählte Objekte in PDF, SWF, IDML, XFL, PNG und HTML zu exportieren.
Dabei wird auf die InDesign-eigenen Funktionen zugegriffen, weshalb wir an dieser Stelle auf diese Möglichkeit nicht näher eingehen.

Abbildung 40.19 ▶
Mit Convert Zone integrieren Sie ein ausgelagertes Objekt wieder in das Ursprungsdokument – die Verknüpfung zum ausgelagerten Objekt wird dabei aufgehoben.

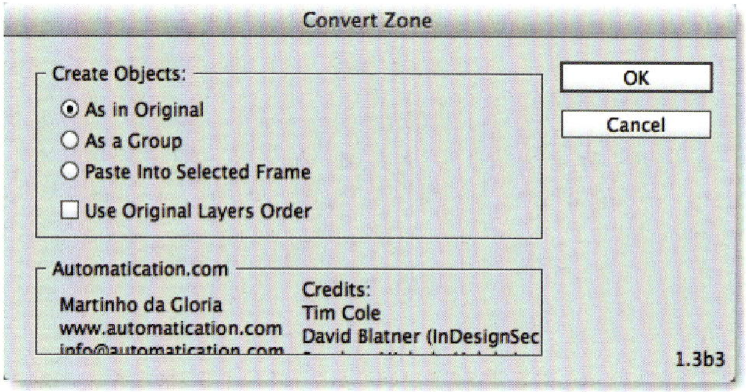

Haben Sie lediglich ein Objekt ausgelagert, besteht also kein Unterschied zu As in Original. Paste into selected Frame setzt das ausgelagerte Objekt in einen Rahmen ein, der dem Original-Objektrahmen entspricht – so können Sie das wieder in Ihr Dokument integrierte Dokument innerhalb dieses Rahmens verschieben und so beschneiden.

Use Original Layers Order sorgt dafür, dass einzelne Objekte wieder auf ihren ursprünglichen Ebenen landen. Dadurch wird jedoch die Option As a Group unwirksam, da alle Objekte einer Gruppe auf der gleichen Ebene liegen müssen.

Wie Sie gesehen haben, gibt es praktische und solide Zusätze für InDesign in Skriptform zum Teil kostenlos in den Weiten des Internets. Falls Sie Funktionen in InDesign vermissen, lohnt es sich, etwas Zeit für eine Suche im Netz aufzuwenden. Wenn Sie nicht fündig werden, können Sie immer noch darüber nachdenken, eigene Skripte zu erstellen.

40.4 Eigene Skripte erstellen

Auch wenn keine besonderen Werkzeuge notwendig sind, um Skripte zu erstellen, so gibt es solche Werkzeuge doch, und sie machen Ihnen das Leben auch viel leichter. Adobe liefert ein eigenes Entwicklungssystem für Skripte mit der Creative Suite, mit dem Sie Skripte in JavaScript erstellen können, sofern Sie zumindest die Grundlagen von JavaScript beherrschen.

Das wichtigste Werkzeug, das Sie zur Erstellung von Skripten brauchen, ist nämlich Ihr eigenes Know-how. Sie sollten Grundkenntnisse in der Programmierung haben und die Arbeitsweise von InDesign kennen.

Creative Cloud

Während das ExtendScript Toolkit in allen bisherigen Versionen automatisch installiert wurde, müssen Sie ab InDesign CC aufgrund der neuen Vertriebsstrategie das Toolkit selbst gezielt installieren.

Haben Sie das noch nicht gemacht, wird Sie InDesign CC dazu auffordern, sobald es zum ersten Mal versucht, darauf zuzugreifen.

Die Wahl der Skriptsprache

Welche Sprache Sie wählen, wenn Sie Skripte für InDesign erstellen wollen, hängt zunächst von Ihren Vorkenntnissen ab. Wenn Sie Erfahrung mit JavaScript haben, ist JavaScript auch die richtige Wahl – vor allem, weil Sie damit auch Skripte erstellen können, die sowohl unter Windows als auch unter Mac OS laufen.

Wenn Sie sich nicht selbst in die Materie einarbeiten wollen und einen Entwickler suchen, müssen Sie Ihre Betriebssystem-Plattform ebenfalls berücksichtigen. In einer reinen Windows-Umgebung werden Sie relativ leicht jemanden mit VBA- oder Visual-Basic-Erfahrung finden. Für solche Entwickler ist VBScript auch kein Problem.

In einer reinen Macintosh-Umgebung werden Sie eher selten jemanden mit VBScript-Begeisterung finden. Etwas leichter – aber noch immer schwer – finden Sie AppleScript-Entwickler. Für Entwickler mit Erfahrungen in irgendeiner anderen Programmiersprache ist es aber selten ein Problem, sich in AppleScript einzuarbeiten, da das Design der Sprache sehr klar und kompakt ist.

Wenn Ihre Entscheidung für eine der systemabhängigen Sprachen (VBScript und AppleScript) fällt, müssen Sie geeignete Entwicklungssysteme selbst beschaffen. Auf beiden Betriebssystemen ist die Unterstützung allerdings recht passabel. Wenn Sie sich für JavaScript entscheiden, können Sie auf das Adobe-eigene Werkzeug EXTENDSCRIPT TOOLKIT zurückgreifen.

ExtendScript Toolkit

Sie starten das ExtendScript Toolkit, indem Sie im Skripte-Bedienfeld eines der JavaScripts auswählen und SKRIPT BEARBEITEN aus dem Bedienfeldmenü aufrufen.

▼ Abbildung 40.20
Der Anwendungsrahmen des ExtendScript Toolkits

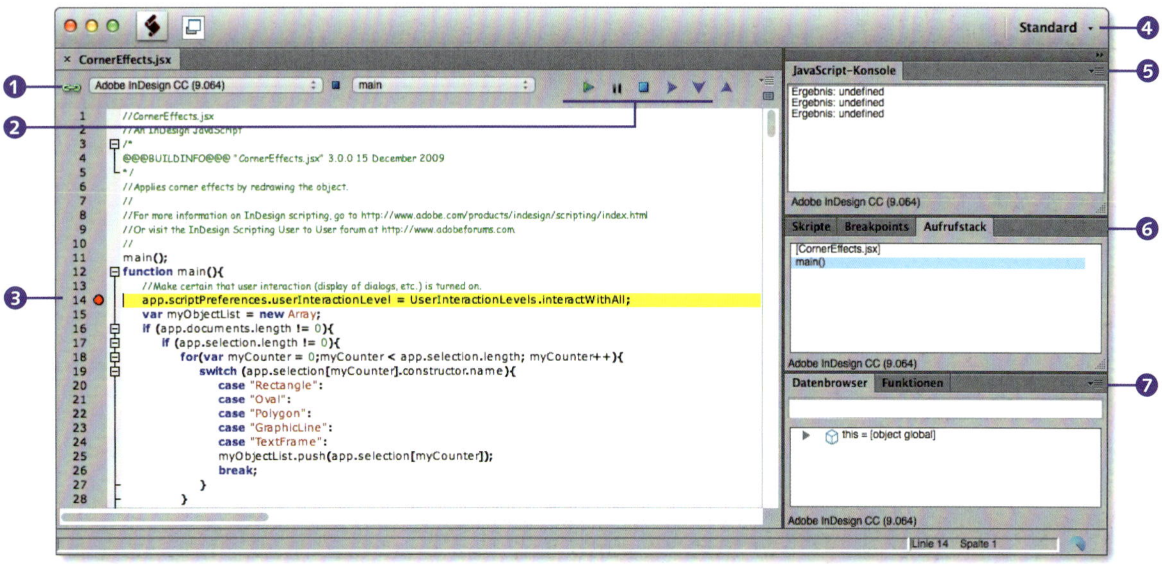

Das ExtendScript Toolkit kann alle skriptbaren Programme von Adobe ansprechen. Um auf die programmspezifischen Objekt- und Methodendefinitionen ❼ zugreifen zu können, müssen Sie lediglich die Zielapplikation einstellen ❶. Sie können das aktuelle Skript starten oder schrittweise ablaufen lassen ❷, Breakpoints setzen und den Aufrufstapel ❻ überwachen. Die entsprechende Zeile im Quellcode ❸ wird während der Laufzeit farblich hinterlegt. Der Quellcode-Editor verfügt natürlich über Syntax-Highlighting und auch sonst jeden erdenklichen Komfort. Eine JavaScript-Konsole ❺ und viele weitere Features runden die Sache ab. Welche Features (und deren Paletten) sichtbar sein sollen, können Sie auch hier über Arbeitsbereiche ❹ festlegen und auswählen.

Kurz: Adobe liefert ohne zusätzliche Kosten ein komplettes Entwicklungssystem, das die meisten Entwickler befriedigen dürfte. Auch das spricht für die Verwendung von JavaScript.

Das Skriptetikett-Bedienfeld

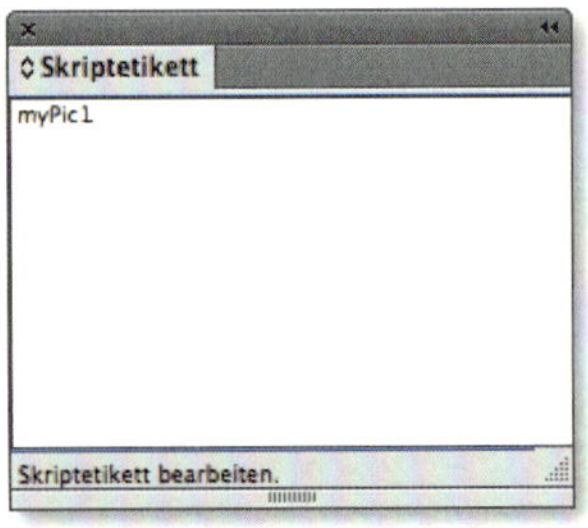

▲ **Abbildung 40.21**
Das Skriptetikett-Bedienfeld. Hier wurde ein Bild ausgewählt und mit dem Label »myPic1« versehen.

Solange Ihre Skripte mit Objekten operieren, die bereits existieren (also ausgewählten Objekten), oder Objekte selbst erzeugen, ist die Referenzierung dieser Objekte kein Problem. Sollten Sie in einer bestehenden Datei jedoch auf bestimmte Objekte zugreifen müssen, die der Benutzer nicht zuvor ausgewählt hat – z. B. weil das Skript eine vorhandene Datei öffnet –, dann müssen Sie die Objekte eindeutig kennzeichnen.

Jedes InDesign-Objekt kann ein Label besitzen, über das es eindeutig identifiziert werden kann. Die einzige Funktion des Skriptetikett-Bedienfelds ist es, einem ausgewählten Objekt solch ein Label zu verpassen. Sie erledigen das, indem Sie für das ausgewählte Objekt einfach die gewünschte Bezeichnung eintragen.

Für diese Bezeichnung gibt es prinzipiell keine Einschränkungen, aber Sie sollten die üblichen Regeln für Variablennamen anwenden und Sonderzeichen, nationale Zeichen und dergleichen in der Label-Bezeichnung vermeiden.

Kapitel 41
Publishing mit XML

XML – die Extensible Markup Language – ist eine Metasprache zur Beschreibung und Strukturierung beliebiger Dokumente. Layoutdokumente erhalten durch XML in InDesign eine zusätzliche Datenstruktur, die sowohl von InDesign als auch von anderen XML-fähigen Anwendungen verstanden wird.

41.1 Was kann man mit XML erreichen?

In vielen Publishing-Projekten tauchen immer häufiger Fragen auf wie: »Können wir die Daten aus InDesign für unser Online-Archiv in einer gewissen Struktur exportieren?«, »Können wir Daten aus unserer Datenbank in InDesign zur automatischen Befüllung von statischen Seiten verwenden?« oder »Können wir unseren Katalog aus Daten unserer Datenbank in InDesign automatisch aufbauen lassen?«.

Während sich die ersten beiden Fragen klar mit »Ja« beantworten lassen, muss bei der dritten Frage die Antwort ganz klar »Ja, aber ohne zusätzliche Programmierung geht dabei gar nichts.« lauten.

Sinnvoller XML-Einsatz

Warum soll man auf XML zurückgreifen, wenn doch das automatische Erstellen von Katalogen aus einem Datenkonvolut nicht möglich ist? Auch wenn Sie bislang Ihre Online-Datenbank durch Kopieren und Einsetzen von Texten schon befüllt haben oder Sie den Kleinanzeiger Ihrer Wochenzeitschrift durch einfaches Setzen bzw. bereits durch Import von InDesign-Tagged-Text oder XPress-Tagged-Text erzeugt haben, sollten Sie sich mit dem Thema XML auseinandersetzen. Folgende Gründe sprechen dafür:

InDesign-Tagged-Text
Mehr Informationen zum Im- und Export von InDesign-Tagged-Text-Dateien finden Sie im Abschnitt »Adobe InDesign-Tagged-Text« ab Seite 898.

- **Wiederverwendbarkeit**: Durch das Exportieren von Texten in eine XML-Struktur können Formatierungen aus dem Layout gekennzeichnet übergeben werden, was eine Zuweisung – auch *Mappen* genannt – von Formaten für z. B. Ihre Online-Präsenz über CSS-Dateien wesentlich vereinfacht und Zuweisungsarbeit von Hand überflüssig macht.

- **Standardisierung**: Wenn Sie beispielsweise den Kleinanzeiger der Wochenzeitung mit QuarkXPress und dem Import von XPress-Tagged-Text herstellen und auf InDesign umsteigen wollen, so liegt es eigentlich nahe, in InDesign ebenfalls die InDesign-Tagged-Text-Technologie zu verwenden. An dieser Stelle sollten Sie sich jedoch überlegen, ob Sie sich den Arbeitsaufwand der Umstellung auf InDesign mit InDesign-Tagged-Text antun wollen – dieser unterscheidet sich gravierend von den XPress-Tagged-Text-Strukturen – oder ob Sie sich nicht doch, mit sicherlich geringerem Zeitaufwand, mit der XML-Thematik auseinandersetzen sollten.
- **Effizienz**: Wenn Sie ein klar strukturiertes und standardisiertes Publishing-Projekt regelmäßig mit Inhalten befüllen und eine oder mehrere Personen damit die Zeit totschlagen, Absätze zu formatieren und bestimmte Wörter auszuzeichnen, so ist es wirklich an der Zeit, dieses Projekt durch den Import von strukturierten Daten auf Basis von XML umzustellen.

Plug-ins
Es gibt eine Reihe von Plug-ins für InDesign, mit denen Sie sehr elegant strukturierte Dateien aus verschiedenen Datenquellen erzeugen können. Neben den Kosten für diese Plug-ins sollten Sie beachten, dass Sie natürlich auch dann jedes Layout-Projekt gesondert einrichten müssen und dass Sie dann auf genau diese Plug-ins festgenagelt sind. XML stellt sicher, dass Ihre Daten in einem universellen Format gespeichert werden und dass sie so strukturiert sind, dass Layouter, Datenbanker, Programmierer und Webentwickler sie gut weiterverarbeiten können, ohne auf kostenintensive Werkzeuge zurückgreifen zu müssen.

XML ist ein offener Standard. Wenn Sie also auf XML setzen, liefern Sie sich keinem bestimmten Hersteller aus. Genau deshalb ist XML auch in vielen Bereichen der Datenverarbeitung die bevorzugte Methode für den Datenaustausch.

41.2 XML-Struktur

Bevor wir tiefer in unser Beispiel und somit in die XML-Thematik einsteigen, müssen hier drei Grundprinzipien erläutert werden:

- Jeder Inhalt besteht aus gleichwertigen Elementen.
- Elemente sind hierarchisch gegliedert.
- Form und Inhalt sind voneinander getrennt.

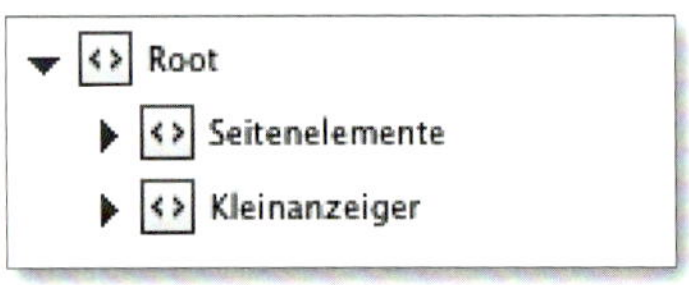

▲ **Abbildung 41.1**
Die Hauptstruktur des Kleinanzeigenprojekts. Diese Ansicht erhalten Sie, wenn Sie die Strukturansicht über den Befehl Ansicht • Struktur • Struktur einblenden oder Strg + Alt + 1 bzw. ⌘ + ⌥ + 1 einblenden.

Ein Beispiel

Ein umfangreicher Kleinanzeiger besteht im Wesentlichen aus den variablen *Seitenelementen* – Ausgabedatum und Ausgabenummer –, die Sie auf jeder Seite aktualisiert erscheinen lassen wollen, und dem eigentlichen *Kleinanzeiger*. Der Kleinanzeiger selbst ist gegliedert in die Elemente *Hauptrubriken*, *Subrubriken* und *Inserate*. Das einzelne Inserat kann neben dem eigentlichen Text darüber hinaus Schlagwörter und Bilder enthalten.

Diese möglichen Elemente müssen in eine geordnete Reihenfolge gebracht werden. Dabei können einige Elemente als Unterelemente in verschiedener Tiefe eingesetzt werden. Meistens sind bei solchen Strukturen die Elemente nicht nur hierarchisch gegliedert, sondern besitzen auch eine Reihenfolge, die nicht verändert werden darf. Setzen Sie beispielsweise das Schlagwort an das Ende eines Inserats, so wäre die Logik eines Inserats gestört, und der Leser würde wahrscheinlich das Schlagwort dem nachfolgenden Inserat zuordnen.

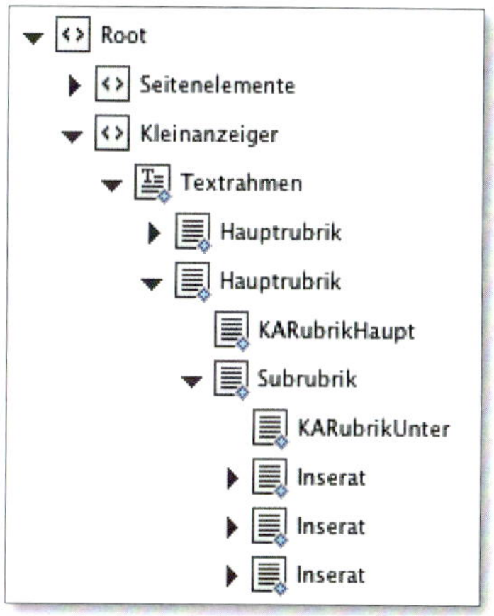

▲ **Abbildung 41.2**
Die erweiterte und hierarchisch gegliederte Struktur des Kleinanzeigenprojekts

Tag-Definition

Eine XML-Struktur verhält sich vergleichbar. Die Elemente eines Kleinanzeigers, die wir zuvor beschrieben haben, werden in einer XML-Struktur mit den sogenannten Tags markiert, die den Gültigkeitsumfang eines Elements kennzeichnen.

Tags stehen in spitzen Klammern. So wird mit dem Tag `<Hauptrubrik>` der Anfang und mit dem Tag `</Hauptrubrik>` das Ende unserer Hauptrubrik gekennzeichnet.

Eigenschaften von Tags

- XML-Tags können in der Bezeichnung frei gewählt werden, womit sich XML ganz klar von Beschreibungssprachen wie HTML unterscheidet, das eine klare Tag-Definition benötigt.
- XML unterscheidet zwischen Groß- und Kleinschreibung. Verwenden Sie daher einheitliche Schreibweisen beim Anlegen der Tag-Definitionen.
- XML-Tags dürfen Zeichen und Zahlen beinhalten. Tag-Bezeichnungen mit voranstehender Zahl sind aber verboten.
- Während bei HTML das Fehlen eines `</Ende>`-Tags von vielen Browsern ignoriert werden kann, wird bei XML das Fehlen eines schließenden Tags nicht verziehen.

DTD und Validierung

Der große Vorteil von XML ist, dass eine strukturierte Datenbasis für andere Anwendungen erstellt werden kann. Beim Empfänger der Datenbasis müssen somit auch die Tags verstanden werden. Das bedeutet, dass die Tags in ihrer Bezeichnung und der Hierarchie genau vereinbart werden müssen.

Wenn dies nicht der Fall ist und in der Datei beim Importieren statt eines erwarteten Tags `<Inserat>` ein Tag namens `<inserat>` angetroffen wird, werden sowohl das Tag als auch sein Inhalt ignoriert!

Und genau hier setzt unter anderem eine DTD an. In einer XML-Umgebung wird die Überprüfung der XML-Datei auf Basis der DTD vorgenommen, in der einerseits die Struktur und andererseits alle aufzurufenden Definitionen zur XML-Datei hinterlegt sind. Beim Importieren kann die XML-Datei gegenüber der DTD validiert werden – Aufbau und Hierarchie werden mit der vorgegebenen Struktur verglichen. Stimmt die Struktur der XML-Datei mit der DTD überein, wird das Dokument akzeptiert; weist die Datei dagegen Abweichungen auf, wird das Dokument zunächst abgelehnt.

DTD
Eine Dokumenttyp-Definition – *Document Type Definition* – ist ein Satz an Regeln, der benutzt wird, um Dokumente eines bestimmten Typs zu deklarieren. Dabei werden in der Hauptsache zwei Definitionen beschrieben: die Dokumenttyp-Deklaration und die Markup-Deklaration.

▲ **Abbildung 41.3**
Das Fenstermenü des Strukturfensters

Weiterführende Hinweise
Da das Thema Regelsätze einiges an Zusatzwissen erfordert, das wir in diesem Buch nicht erschöpfend behandeln können, möchten wir Sie auf das Scripting Center von Adobe unter *http://www.adobe.com/devnet/scripting.html* verweisen.

DTD-Datei importieren | Eine DTD-Datei kann in InDesign über das Fenstermenü des *Strukturfensters* geladen werden.

Öffnen Sie dazu das Strukturfenster über Ansicht • Struktur • Struktur einblenden, oder drücken Sie Strg+Alt+1 bzw. ⌘+⌥+1. Damit erscheint am linken Dokumentrand das Strukturfenster, in dem die XML-Struktur abgebildet ist. Alle für die Arbeit mit XML notwendigen Befehle stehen im Strukturfenster-Menü zur Verfügung.

Da sich die Arbeit mit einer DTD immer nach der Komplexität der XML-Struktur richtet, können wir Ihnen an dieser Stelle keine allgemeingültigen Vorgehensweisen empfehlen. Für unseren Fall des Kleinanzeigers wäre die Verwendung einer DTD wohl etwas über das Ziel hinausgeschossen.

Es ist auch in den meisten Fällen eher gefragt, dass Sie sich vor dem Import der XML-Daten mit der Struktur der XML-Daten aus Ihrer Datenbank beschäftigen und bei Bedarf einen Programmierer hinzuziehen, der eventuelle Importprobleme durch eine Umformung der XML-Datei löst. Dabei werden sich die Programmierer mit XSLT – quasi ein CSS für XML – und GREP befassen müssen, einer Technologie, die Sie ja schon in unserem Buch kennengelernt haben.

XML-Regelsätze

Neben der eigentlichen Datenquelle im XML-Format, der DTD und dem Tagging im Layout bietet InDesign eine weitere Möglichkeit, über das reine Zuweisen von XML-Inhalten durch Tagging konkrete Regeln festzulegen.

Dies kann der Fall sein, wenn beispielsweise in der XML-Struktur auf die Rubriküberschrift ein Absatzelement folgt. Dann kann festgelegt werden, wie unter dieser Bedingung vorgegangen werden soll.

- Wird der Überschrift und dem Absatz ein konkretes Absatzformat zugewiesen?
- Werden für andere Bedingungen Platzhalterrahmen mit vorgegebenen Rahmeneinpassungsoptionen angelegt?

Solche Bedingungen werden in Skriptsprachen wie *JavaScript*, *AppleScript* oder *VBScript* abgefragt. Trifft der Fall zu, so wird durch das Skript eine Aktion ausgeführt – beispielsweise das Zuweisen des Absatzformats, das Aufziehen eines Bildrahmens und das Zuweisen von Rahmeneinpassungsoptionen, also das Einpassen von Bildern in vordefinierte Rahmengrößen.

41.3 XML exportieren

In den meisten Produktionsumgebungen wird zuerst gefragt: »Wie kann ich die vorhandene InDesign-Datei in eine bestimmte XML-Struktur bringen und exportieren?« Genau dieser Gedankengang ist für uns immer der erste, denn es muss zunächst geklärt werden, wie eine InDesign-Datei aufgebaut sein muss, damit durch einen XML-Import auch wirklich ein zufriedenstellendes Ergebnis erreicht wird.

Diesen Schritt machen Sie am besten, wenn Sie zuerst das InDesign-Layout mit allen Kniffen und Tricks aufbauen und sich dann überlegen, in welcher Form Sie nun die XML-Daten für eine Übergabe benötigen.

Aufbau des Beispiels

Bei der Erstellung unseres Kleinanzeigers haben wir darauf geachtet, möglichst viele Symbole und Auszeichnungen auf Basis von verschachtelten Absatzformaten zu erstellen.

◂ **Abbildung 41.4**
Das Beispiel: ein Kleinanzeiger aus einer Wochenzeitung, gespickt mit einigen kleinen InDesign-Schmankerln

Schauen wir uns einmal das Beispiel etwas genauer daraufhin an, wie es aufgebaut wurde:

- **Seitenelemente** 1: In der Kopfzeile der Wochenzeitung müssen die Ausgabenummer und das Ausgabedatum mit der importierten XML-Datei übereinstimmen. Beide Felder wurden als Textvariablen auf der Musterseite angelegt.
- **Hauptrubrik** 2: Für den Kleinanzeiger stellt die Hauptrubrik die oberste Hierarchie dar. Die Formatierung erfolgt durch eine Absatzlinie und durch ein vorangestelltes Aufzählungszeichen.
- **Subrubrik** 3: Unterhalb der Hauptrubrik gibt es mehrere Subrubriken, die ähnlich wie die Hauptrubrik – lediglich mit einer helleren Absatzlinie und einem anderen vorangestellten Aufzählungszeichen – formatiert wurden.

Sie finden das Beispiel auf der Buch-DVD unter Beispielmaterial • Kapitel_41 • Kleinanzeiger_Beispiel.

- **Superwörter** 4: Ein Inserat kann mit einem Superwort eingeleitet werden. Es wurden zur vielfältigeren Auszeichnung mehrere Superwörter-Formatierungen angelegt, die sich nur in der Farbe unterscheiden.
- **Kleinanzeiger-Text** 6: Ein normaler Text, der nur in einer bestimmten Schrift im Blocksatz gesetzt wird.
- **Kleinanzeiger-Initial** 5: Zu manchen Kleinanzeigen wurden Eyecatcher (Logos) verkauft. Damit die Logos verankert über zwei Zeilen vorangestellt werden können, wurde ein verankerter Rahmen vor der Kleinanzeige in einer bestimmten Größe eingefügt und, wie der Name KLEINANZEIGER-INITIAL schon andeutet, die Absatzformatierung mit einem zweizeiligen Initial ausgestattet.
- **Bilder** 7: Bilder von Immobilien oder Autos wurden auch verkauft. Diese Bilder sind ebenfalls im Text verankert, allerdings in voller Spaltenbreite und einer beliebigen Höhe.

Bevor wir starten, muss noch betont werden, dass ein automatisiertes Zuweisen der XML-Tags nur dann erfolgen kann, wenn jedem Absatz ein eindeutiges Absatzformat und jeder Auszeichnung – den fetten Wörtern – ebenfalls ein eindeutiges Zeichenformat zugewiesen wurde.

Aus diesem Grunde besitzt unsere Datei eine gewisse Anzahl von Absatz- und Zeichenformaten, die alle mit der Bezeichnung »KAName« (»KARubrikHaupt«, »KARubrikUnter«, »KASuperC«, »KASuperM«, »KA-SuperK« bzw. »KATextFett«) versehen wurden.

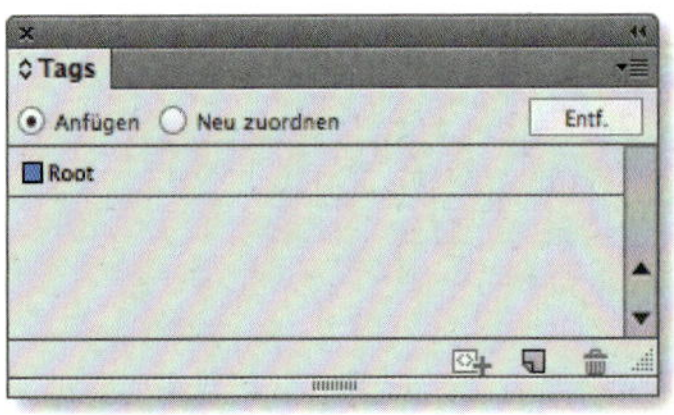

▲ **Abbildung 41.5**
Das Tags-Bedienfeld im Originalzustand

Tags laden
Sie können alle benötigten Tags aus der Datei Tags.xml aus dem Ordner BEISPIELMATERIAL • KAPITEL 41 • KLEINANZEIGER_BEISPIEL der Buch-DVD laden.

Anlegen der Tags

Nachdem alle Absatz- und Zeichenformate korrekt angelegt und den jeweiligen Texten zugewiesen wurden, können wir nun den nächsten Schritt tun: Wir legen Tags an, die zur Strukturierung und zur Kennzeichnung in der XML-Datei dienen sollen. Dazu rufen Sie das Bedienfeld TAGS über das Menü FENSTER • HILFSPROGRAMME • TAGS auf.

Wir unterscheiden zwischen dreierlei Sorten von Tags:

1. Tags, die zur Kennzeichnung des Textes mit den Absatz- und Zeichenformaten – »KARubrikHaupt«, »KARubrikUnter«, »KA-TextFett« usw. – dienen
2. Tags, die wir zur hierarchischen Abbildung einer Struktur – Hauptrubrik, Subrubrik, Inserat – verwenden wollen
3. Tags, die InDesign zur Kennzeichnung von Rahmen – Bild, Bild_Initial, Kleinanzeige – benötigt, damit eine Zuweisung des XML-Textes zu den Rahmen ermöglicht wird

Legen Sie nun alle benötigten Tags an. Klicken Sie, wie gewohnt, mit gedrückter [Alt]- bzw. [⌥]-Taste auf das Symbol .

Vergeben Sie den Namen des Tags. Bedenken Sie bei der Namensvergabe einerseits, dass bestimmte Tags für die Struktur benötigt werden – diesen geben wir »normale« Namen –, und andererseits, dass Tags für eine automatische Zuordnung den gleichen Namen besitzen müssen, der in den Absatz- und Zeichenformaten bestimmt wurde (achten Sie auf die exakte Schreibweise). Letztere Tags beginnen somit immer mit »KA«. Damit können wir in der XML-Struktur schnell erkennen, ob das Tag für die Formatierung benötigt wird oder zur Strukturkennzeichnung dient.

Die Kennzeichnung durch Farbe hat den Sinn, dass Tags, die ähnlichen Inhalt adressieren – »KASuperK«, »KASuperM« etc. –, optisch auch beim Betrachten der Tags in InDesign als gleichwertig erkennbar sind.

Legen Sie nun alle Tags an. Das Tag-Bedienfeld müsste sich dann schließlich so wie in Abbildung 41.7 präsentieren. Damit diese Aufgabe nicht in wirklich viel Arbeit ausartet, können Sie sie auch aus der Datei Tags.xml aus dem Ordner Beispielmaterial • Kapitel 41 • Kleinanzeiger_Beispiel der Buch-DVD laden.

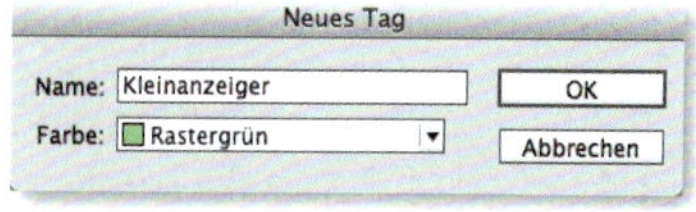

▲ **Abbildung 41.6**
Der Eingabedialog zum Definieren eines Tags

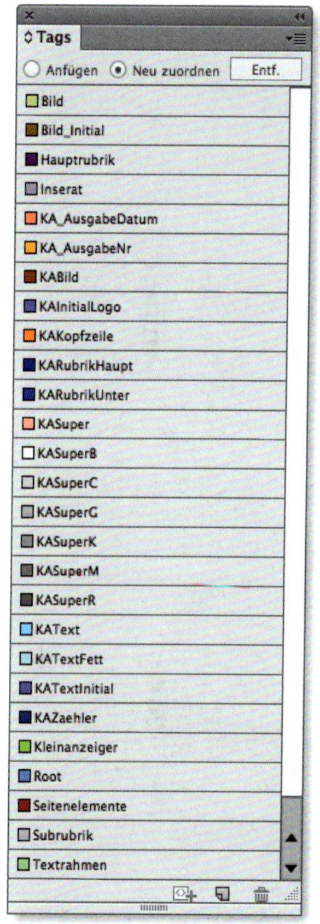

▲ **Abbildung 41.7**
Alle Tags sind im Bedienfeld für das Projekt angelegt.

Rahmen mit Tags versehen

Im nächsten Schritt müssen wir nun den Text- und Bildrahmen, in denen die Texte aus der Datenbank landen und in denen die Bilder platziert werden sollen, die dafür angelegten Tags zuordnen.

Zuvor öffnen Sie das Strukturfenster – Ansicht • Struktur • Struktur einblenden –, damit Sie mitverfolgen können, was anschließend in der XML-Struktur passiert.

Seitenelemente-Rahmen taggen | Gehen Sie dazu auf die Musterseite K-KA des Dokuments Kleinanzeiger_Leer.indd (dieses steht ebenfalls auf der Buch-DVD zur Verfügung). Markieren Sie nun beide Textrahmen – darin stehen Ausgabedatum und Ausgabenummer – in der Mitte des Druckbogens, und klicken Sie im Tags-Bedienfeld auf den Tag-Eintrag KAKopfzeile; Sie können auch den Tag-Eintrag aus dem Tags-Bedienfeld auf das entsprechende Seitenelement (Text- oder Bildrahmen) ziehen. Damit haben Sie dem Textrahmen dieses Tag zugewiesen, und die ersten beiden Einträge im Strukturfenster werden sichtbar.

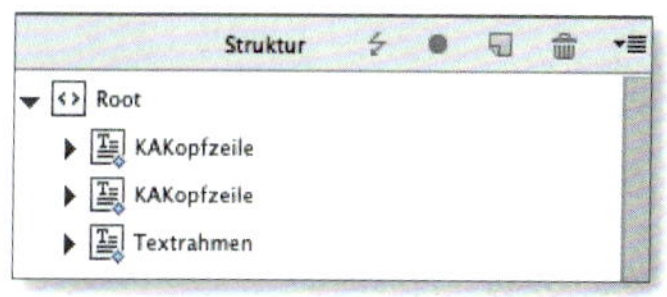

▲ **Abbildung 41.8**
Das Strukturfenster nach erfolgreichem Zuweisen der Tags zu den jeweiligen Textrahmen

Textrahmen für Inserate taggen | Gehen Sie nun auf die Originalseite, und markieren Sie den Textrahmen, in dem die ganzen Inserate gesetzt werden sollen. Sind Textrahmen über Seiten hinweg verkettet, so reicht die Aktivierung des ersten Textrahmens in der Kette. Verfahren Sie nun wie zuvor, und weisen Sie dem Textrahmen das Tag TEXTRAHMEN aus dem Tag-Bedienfeld zu. Auch hier können Sie wieder beobachten, dass im Strukturfenster ein weiteres Tag hinzugefügt wurde.

▲ **Abbildung 41.9**
Durch die Auswahl des Befehls RAHMEN MIT TAGS EINBLENDEN kann eine Kontrolle über die Zuweisungen von Tags zu Rahmen erfolgen.

Rahmen mit Tags einblenden | Wenn Sie sich nicht ganz sicher sind, welchem Rahmen ein Tag zugewiesen wurde, so können Sie das kontrollieren, indem Sie den Befehl ANSICHT • STRUKTUR • RAHMEN MIT TAGS EINBLENDEN ausführen. Damit sehen Sie alle Rahmen, denen ein Tag zugewiesen wurde, in der dem Tag zugewiesenen Farbe.

Formate den Tags zuordnen

Eigentlich müssten Sie nun jeden Absatz auswählen und das entsprechende Tag aus dem Tag-Bedienfeld zuweisen. Bitte hören Sie nun nicht auf zu lesen! InDesign bietet für diesen Schritt den Befehl FORMATE ZU TAGS ZUORDNEN, den Sie aus dem Bedienfeldmenü des Tags-Bedienfelds aufrufen können.

Abbildung 41.10 ▶
Sie können sich viel Arbeit beim Taggen durch das Aufrufen dieses Dialogs und die automatische Zuordnung nach Namen sparen.

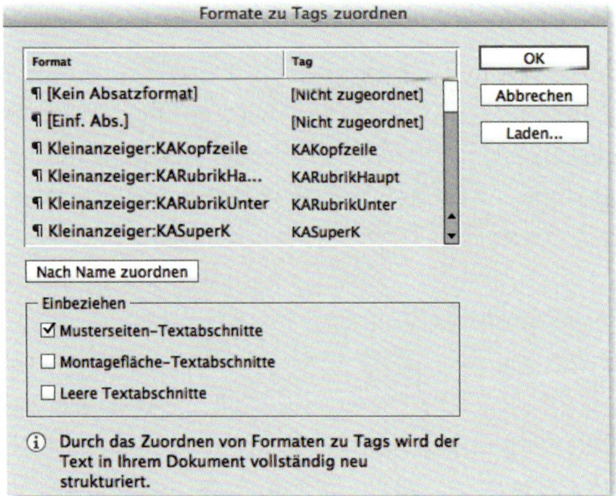

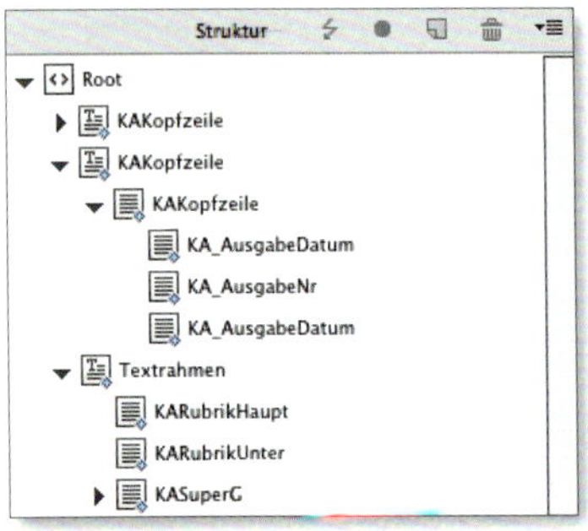

▲ **Abbildung 41.11**
Die Struktur im Strukturfenster nach dem Zuordnen der Tags zu den Formaten

Und hier zahlt es sich aus, wenn Sie im Vorfeld mitgedacht haben. Durch Anklicken des Buttons NACH NAME ZUORDNEN erfolgt die Zuweisung der gleichnamigen Tag-Bezeichnungen zu den Absatz-, Zeichen- und Tabellenformaten. Sie können aber auch von Hand den einzelnen Formaten dasselbe Tag zuweisen.

Ein Beispiel dafür wäre, wenn Sie »KASuperC«, »KASuperM« usw., die nur der unterschiedlichen Auszeichnung in InDesign dienen, beim Exportieren einem Tag mit der Bezeichnung »KASuper« zuweisen wollen. Damit haben Sie die Struktur erhalten und die Formatierung gleichgeschaltet.

Hierdurch haben Sie sich viel Arbeit erspart, und durch einen Klick auf OK erfolgt die Generierung aller Tags in unserer XML-Struktur im Strukturfenster.

Ganz sind wir noch nicht fertig. Durch das Zuordnen von Tags zu Formaten wurde zwar das Taggen aller absatz-, zeichen- und tabellenformatierter Textstellen erledigt – Sie sehen, dass ein sauberes Zuordnen von Absatz-, Zeichen- und Tabellenformaten notwendig war, da sonst gewisse Textstellen sowie Tabellen nicht in die Struktur aufgenommen worden wären –, die Bilder wurden damit jedoch nicht getaggt.

Und genau hier gibt es keine andere Möglichkeit, als diese Bilder, wenn sie in den XML-Export aufgenommen werden sollen, von Hand zu taggen. Ziehen Sie somit auf alle großen Bilder das Tag *Bild* und auf alle kleinen Bilder/Logos, die im Inseratentext verankert sind, das Tag *Bild_Initial* aus dem Tag-Bedienfeld.

Objekte aus der Struktur schnell auswählen
Wenn Sie im Strukturfenster einen Eintrag auswählen, so können Sie den dazugehörenden Text im Layout durch den Befehl Gehe zu Objekt markieren. Den Befehl erreichen Sie im Kontextmenü.

Anzeige von Struktur und Tags

Um einen Überblick über die Struktur und die Tags zu bekommen, können Sie zwei Wege einschlagen.

Tag-Marken einblenden | Durch Ausführen des Befehls Tag-Marken einblenden aus dem Menü Ansicht • Struktur werden Ihnen vor und nach jedem getaggten Eintrag eckige Klammern in der jeweils definierten Tag-Farbe angezeigt. In sehr komplexen Strukturen und tiefen Verschachtelungen kann das schon mal in ein unüberschaubares Farbspiel ausarten.

▲ **Abbildung 41.12**
Darstellung der getaggten Rahmen inklusive der Tag-Marken

Im Textmodus betrachten | Wenn Sie in den Text klicken und dann den Textmodus über [Strg]+[Y] bzw. [⌘]+[Y] oder über das Menü Bearbeiten • Im Textmodus bearbeiten aufrufen, sehen Sie die angefügten Tags in einer etwas markanteren Form.

Wichtig ist: Wenn Sie darin oder im Layoutmodus einen Text markieren und wissen wollen, wo in der XML-Struktur im Strukturfenster sich dieser Eintrag befindet, so können Sie dies durch Ausführen des Befehls In Struktur markieren tun. Den Befehl erreichen Sie nur über das Kontextmenü des ausgewählten Textes bzw. Objekts.

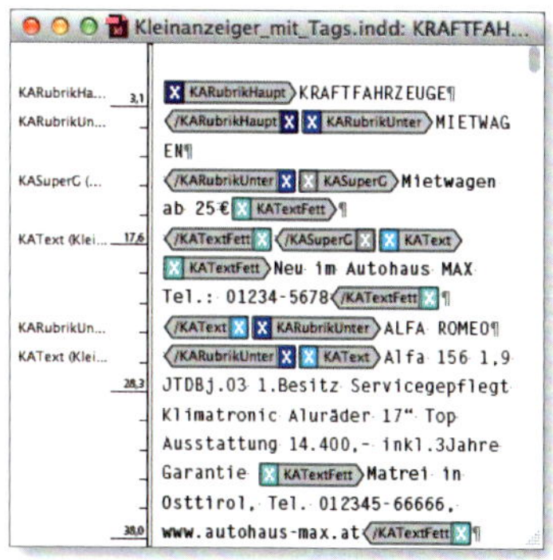

▲ **Abbildung 41.13**
Tags werden im Textmodus etwas markanter dargestellt – allerdings müssen Sie den Befehl Ansicht • Struktur • Tag-Marken einblenden im Textmodus gesondert aufrufen.

Struktur verfeinern

Das, was wir bis hierhin geschaffen haben, wäre eigentlich schon genug, um einen vollständigen XML-Export zu bewerkstelligen. Doch wenn man XML richtig versteht, so sollten über die Struktur ganz klar

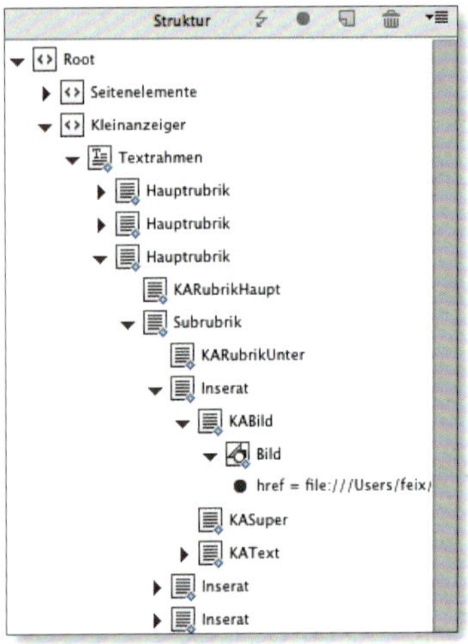

▲ **Abbildung 41.14**
Ein sauber strukturierter Kleinanzeiger. Das Verschieben von einzelnen Inseraten ist damit ganz einfach durch Drag & Drop innerhalb der Struktur möglich.

geschlossene Einheiten (Elemente) erkennbar sein. Wenn Sie sich Ihre XML-Struktur ansehen, so können Sie beispielsweise keine ganze Subrubrik, ja nicht einmal das einzelne Inserat, isoliert greifen. Damit ist das Löschen, das Verschieben oder das Auswählen einer Kleinanzeige fast nicht möglich. Probieren Sie es. Es stehen zu viele Tags herum, sodass das Markieren von Texteinheiten im Strukturfenster bzw. im Textmodus damit nur schwer möglich ist.

Um die Struktur zu perfektionieren, sollten zumindest Oberbegriffe wie *Hauptrubrik*, *Unterrubrik* und *Inserat* als übergeordnetes Element eingefügt werden.

Dies erledigen Sie, indem Sie zusammengehörende Tags im Strukturfenster auswählen und aus dem Strukturfenstermenü (oder aus dem Kontextmenü) den Befehl Neues übergeordnetes Element aufrufen. Im erscheinenden Dialog wählen Sie dann das dafür geeignete Tag, z. B. *Inserat*, aus. Damit werden alle ausgewählten Tags dem neuen Element hierarchisch untergeordnet.

Fassen Sie alle zusammengehörenden Elemente auf diese Art und Weise zusammen. Beginnen Sie dabei bei der untersten Ebene – das sind die Inserate –, und arbeiten Sie sich so schön langsam bis zu den Hauptrubriken durch.

Abbildung 41.15 ►
Der Dialog Tag für Element auswählen, womit Elemente des Inserats dem übergeordneten Tag *Inserat* untergeordnet wurden. Alle Inserate einer Subrubrik werden dem gleichlautenden Tag untergeordnet. Auch die Subrubriken werden der Hauptrubrik untergeordnet.

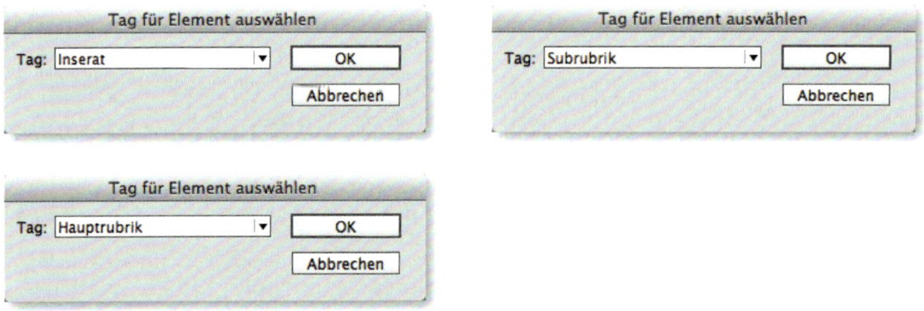

Das Ergebnis Ihrer Bemühungen sollte schließlich eine sehr übersichtliche Struktur im Strukturfenster (Abbildung 41.14) sein. Damit ist es für jeden Anwender möglich, abgeschlossene Teilbereiche des Kleinanzeigers zu markieren.

Sollen Knoten (nodes) für Programmierer eingefügt werden – damit können Feldbezeichnungen, Artikelnummern, Datensatzschlüssel, Bezeichnungen oder Werte für Regelsätze in der Struktur hinterlegt werden –, wählen Sie den Befehl Neues Attribut aus dem Strukturmenü des Strukturfensters bzw. klicken auf Attribut hinzufügen ●.

Durch diese Knoten können Werte in der XML-Datei hinterlegt werden, die bestimmte Aktionen auslösen, die über ein Skript ausgeführt werden müssen.

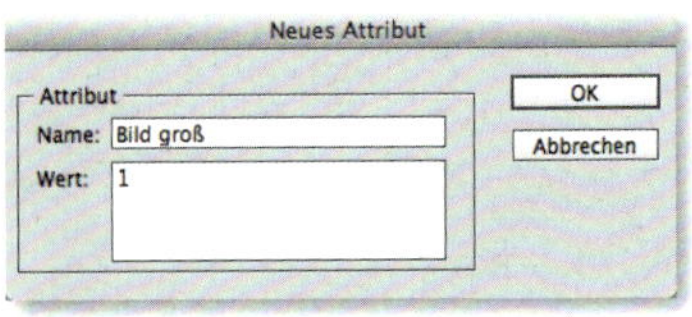

▲ **Abbildung 41.16**
Über Attribute können Werte hinterlegt werden, die von Skripten aufgegriffen werden können.

Exportieren

Ist der Inhalt ausreichend ausgezeichnet und strukturiert, so kann er in strukturierter Form in eine XML-Datei ausgegeben werden. Dazu markieren Sie den obersten Eintrag in der Struktur und führen den Befehl XML exportieren aus dem Strukturfenstermenü oder aus dem Kontextmenü aus.

Allgemein | In diesem Bereich können Exportoptionen für die zu generierende XML-Datei gesetzt werden.

- DTD-Deklaration einbeziehen ① wird nur aktiv, wenn in der Strukturansicht ein DOCTYPE-Element vorhanden ist. Die DTD-Referenz wird dann zusammen mit der XML-Datei exportiert.
- XML anzeigen mit ②: Legen Sie damit fest, mit welchem XML-Editor die erzeugte XML-Datei nach dem Export angezeigt werden soll. Im Menü finden Sie den Eintrag Andere, mit dem Sie Ihr Wunschprogramm (der kostenpflichtige XML-Editor *Oxygen* bzw. das Freewareprogramm *TextWrangler* sind dazu gut geeignet) auswählen können.

▼ Abbildung 41.17
In zwei Registern – Allgemein und Bilder – können Sie die Parameter für den Export einer XML-Datei festlegen.

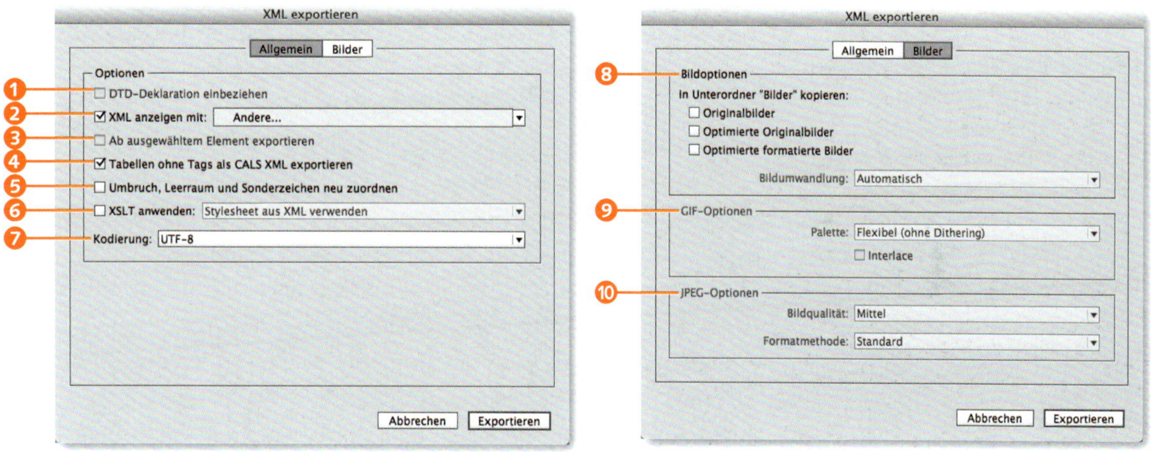

- Ab ausgewähltem Element exportieren ③: Wenn Sie in der XML-Struktur ein Tag ausgewählt haben, wird nur der Teil der Struktur ab diesem Tag exportiert.
- Tabellen ohne Tags als CALS XML exportieren ④: Durch die Wahl dieser Option werden Tabellen nach dem CALS-Standard formuliert. Das funktioniert nur, wenn eine Tabelle nicht getaggt ist, der Rahmen, der sie enthält, jedoch schon getaggt ist.
- Umbruch, Leerraum und Sonderzeichen neu zuordnen ⑤: Wenn Sie diese Option auswählen, werden die genannten Steuer- und Sonderzeichen nicht als Zeichen, sondern als Dezimalzahl der Form #8220; kodiert in das Ergebnis übertragen.

DOCTYPE
Ein anderes Wort für DTD. In einem XML-DOCTYPE-Tag kann die benutzte DTD definiert werden.

CALS
Das *Computer-aided-Acquisition-and-Logistics-Support-System* definiert eine abstrakte Beschreibung für Tabellen. Diese Definition ist übrigens in die HTML-Spezifikation eingeflossen; die Syntax ist also sehr ähnlich.

XSLT
XSL steht für *Extensible Stylesheet Language (XSL)*, und das T steht für *Transformation*. Eine »XSL-Transformation« ist eine Handlungsanweisung zur Transformation von XML-Dokumenten. XSLT baut selbst auf der logischen Baumstruktur eines XML-Dokuments auf und dient zur Definition von Umwandlungsregeln.

Kodierung von Spezialzeichen
Bestimmte Satzzeichen und spezielle Leerzeichen, die nur innerhalb von InDesign verwendet werden, können nicht in einer XML-Datei kodiert werden. Um dennoch solche speziellen Formatierungsregeln zu ermöglichen, müssen bestimmte Zeichen durch eine XSLT-Transformation umgewandelt und darüber hinaus über GREP-Suchen-und-Ersetzen-Befehle in einem Skript in das entsprechende InDesign-Zeichen überführt werden.

Ein nachträgliches Umwandeln von Zeichen in der InDesign-Datei kann natürlich noch von Hand über GREP-Ersetzungen durchgeführt werden.

- XSLT ANWENDEN ❻: Wollen Sie gleich beim Export die XML-Datei für eine andere Verarbeitung »transformieren«, so können Sie dies durch das Zuweisen einer XSLT erledigen. Wählen Sie dafür diese Option. Die Verwendung von XSLT ist in den meisten Fällen erforderlich, da wahrscheinlich keine Datenbankstruktur in der in InDesign vorliegenden Form existiert.
- KODIERUNG ❼: Beachten Sie auch, dass unterschiedliche Kodierungen für den Export zur Verfügung stehen. UTF-8 stellt in fast allen Fällen die beste Wahl dar, da damit alle Textzeichen unseres Glyphenvorrats abgebildet werden können.

Da InDesign-Sonderzeichen wie die aktuelle Seitenzahl, diverse Geviert-Leerräume, Textvariablen usw. in XML mit UTF-8 nicht abgebildet werden können, werden Sie beim Export gegebenenfalls darauf hingewiesen, dass einige Zeichen im Ergebnis nicht erscheinen werden.

Sie können dieses Problem nur lösen, indem Sie zuvor alle diese Sonderzeichen in abbildbare Textzeichen konvertieren. Und genau hier empfiehlt es sich, den Export über ein Skript zu erledigen. Das Skript muss zuvor die Problemstellen auflösen und kann eventuelle Umreihungen und Anpassungen – meist auch über den Aufruf einer XSL-Transformation – in der Struktur vornehmen, sodass ein valides XML in der für die Weiterverarbeitung benötigten Struktur zur Verfügung steht.

Bilder | Im Bereich BILDOPTIONEN ❽ legen Sie fest, ob und wohin Bilder exportiert werden sollen. Die Bilder landen in der ausgewählten Qualität in einem Ordner BILDER, der beim Export zusammen mit der XML-Datei angelegt wird.

- ORIGINALBILDER: Durch die Wahl dieser Option werden die Bilder genauso exportiert, wie sie im Layout verwendet wurden.
- OPTIMIERTE ORIGINALBILDER oder OPTIMIERTE FORMATIERTE BILDER: Sobald Sie eine dieser Optionen auswählen, können Sie über die Option BILDUMWANDLUNG festlegen, ob die Bilder als GIF oder JPEG gespeichert werden sollen oder ob Sie die Entscheidung darüber InDesign überlassen wollen – Option AUTOMATISCH. Der Unterschied zwischen den Optimierungsoptionen ist folgender:
  - OPTIMIERTE ORIGINALBILDER: Die Originalbilder werden auf die im Layout verwendete Größe skaliert und nötigenfalls auf 72 ppi neu berechnet. Das Bildformat wird entsprechend Ihren Einstellungen in BILDUMWANDLUNG festgelegt.
  - OPTIMIERTE FORMATIERTE BILDER: Zusätzlich zur Skalierung und Auflösungsveränderung werden auch noch Bilddrehung und Beschnitt berücksichtigt. Im Layout gedrehte Bilder werden also auf ein ge-

drehtes Bild umgerechnet, und von beschnittenen Bildern landet nur der sichtbare Teil der Bilder im Ordner BILDER. Das bedeutet, dass Bilder auch doppelt erscheinen können, wenn sie im Layout einmal beschnitten und einmal unbeschnitten verwendet wurden.

Wie ein Bild von InDesign beim Export behandelt wurde, erkennen Sie an den geänderten Dateinamen der Bilder, denen entweder *_opt* oder *_fmt* nachgestellt wird.

- GIF-OPTIONEN ⑨: Darin bestimmen Sie unter PALETTE, wie die *Color Lookup Table* (CLUT) von GIF-Dateien aufgebaut werden soll. Neben den Standard-Tabellen für die beiden Betriebssysteme Mac OS und Windows und dem alten Web-Standard der frühen Netscape-Browser gibt es lediglich die Option FLEXIBEL (OHNE DITHERING), die versucht, möglichst viele Farben in Ihren Bildern zu erhalten. Die Option INTERLACE sorgt dafür, dass ein Browser die Datei in zwei Schritten mit zunehmender Qualität darstellt.
- JPEG-OPTIONEN ⑩: Diese sind im Vergleich zu einem Export, z. B. aus Photoshop, stark reduziert und beschränken sich auf die Wahl der BILDQUALITÄT. Sie können unter FORMATMETHODE lediglich noch festlegen, ob ein Browser das Bild in einem Durchgang darstellen soll (Option STANDARD) oder ob das Bild in mehreren Schritten mit zunehmend höherer Auflösung an den Browser übertragen werden soll (Option PROGRESSIV).

Scripting und XML

Fast kein XML-Projekt kommt ohne Scripting aus. In Fällen, in denen nur ein reiner Datenimport aus XML nach InDesign erfolgen muss, reicht oft ein einfaches Skript – meist in Verbindung mit einem XSLT – aus, um zum geforderten Ziel zu gelangen. Sobald automatische Layoutanpassungen erfolgen sollen, muss mehr Zeit in das Scripting investiert werden.

Bei Fragen zu Scripting und XSLT in Verbindung mit XML-Projekten wenden Sie sich an uns. Wir kennen zuverlässige Partner, die Ihnen dabei behilflich sein können.

Die XML-Datei

Die XML-Datei sieht dann im gewählten XML-Editor so wie in Abbildung 41.18 aus. Diese Testdatei übergeben Sie den Datenbankprogrammierern, die aus der Datenbank heraus genau diese Struktur liefern sollen, damit ein XML-Import in InDesign ohne zusätzliche Plug-ins ermöglicht wird.

▼ **Abbildung 41.18**
Ausschnitt aus dem XML-Code. Dieser steht auf der beiliegenden DVD im vollen Umfang zum Austesten zur Verfügung.

```
<?xml version="1.0" encoding="UTF-8" standalone="yes"?>
<Subrubrik>
    <KARubrikUnter>HYUNDAI </KARubrikUnter>
    <Inserat>
        <KASuper>DENZEL-FEIX</KASuper>
        <KATextInitial>
            <KAInitialLogo>
                <Bild_Initial href="file:///Users/feix/Daten/Projekte/aktuell/Buch%20Indesign%20CS/CS5/47_XML/Rohmaterial/Kleinanzeiger_Beispiel/Links/peugeotrgb.pdf"></Bild_Initi
            </KAInitialLogo>Dirketionswagen. Santa Fe Automatik 2,2 CRDI Style, Zul.Dat.12.2006, Schwarz, Leder Schwarz, jetzt 36.490,&#8211;, Tel. 02345-6777 </KATextInitial>
    </Inserat>
    <Inserat>
        <KABild><Bild href="file:///Users/feix/Daten/Projekte/aktuell/Buch%20Indesign%20CS/CS5/47_XML/Rohmaterial/Kleinanzeiger_Beispiel/Links/0f220871-fe94-463e-9447-15c3f52fc330
        </KABild>
        <KATextInitial>
            <KAInitialLogo><Bild_Initial href="file:///Users/feix/Daten/Projekte/aktuell/Buch%20Indesign%20CS/CS5/47_XML/Rohmaterial/Kleinanzeiger_Beispiel/Links/sparkassergb.pdf"
            </KAInitialLogo>
            <KATextFett>Hyundai mehrere JAHRES-JUNGWAGEN Getz 1,1 Flair DIESEL ODER BENZIN</KATextFett>, silber met., 63 PS, ab 5.000 km, Bj ab 03, Klima, Radio. <KATextFett>36 Mo
        </KATextInitial>
    </Inserat>
    <Inserat>
        <KAText><KATextFett>Hyundai JAHRES-JUNGWAGEN Getz 1,1 Flair DIESEL ODER BENZIN</KATextFett>, silber met., 63 PS, ab 15.000 km, Bj ab 08, Klima, Radio. <KATextFett>36 Monat
        </KAText>
    </Inserat>
    <Inserat>
        <KATextInitial>
```

41.4 XML importieren

Damit wir die soeben erstellte XML-Datei wiederum in ein neues Layout importieren können, sind nur noch wenige Schritte zu erledigen.

Datei vorbereiten

Wir benötigen ein neues InDesign-Dokument, in dem alle Absatz-, Zeichen-, Zellen- und Tabellenformate angelegt sind. Legen Sie also dazu ein neues Dokument an, und übertragen Sie (für unser Beispiel) nur die Absatz- und Zeichenformatierungen, indem Sie den Befehl ALLE TEXTFORMATE LADEN aus dem Bedienfeldmenü des Absatzformate-Bedienfelds aufrufen. Damit werden alle Zeichen- und Absatzformate und die dazu benötigten Farben im neuen Dokument angelegt. Werden auch Zellen- und Tabellenformate verwendet, so müssen Sie selbstverständlich auch diese Formate anlegen bzw. über den Befehl TABELLEN- UND ZELLENFORMATE LADEN aus dem Bedienfeldmenü des Zellenformate-Bedienfelds laden.

Sie können auch das Dokument *Kleinanzeiger_Leer.indd* von der Buch-DVD verwenden (BEISPIELMATERIAL • KAPITEL_41), das lediglich den Textrahmen und die definierten Absatz- und Zeichenformate beherbergt.

Der Import

Führen Sie den Befehl DATEI • XML IMPORTIEREN aus. Sie können diesen Befehl auch im Bedienfeldmenü des Struktur-Bedienfelds finden. Im erscheinenden Dialog können Sie durch verschiedene Optionen unterschiedliche Verarbeitungsweisen wählen.

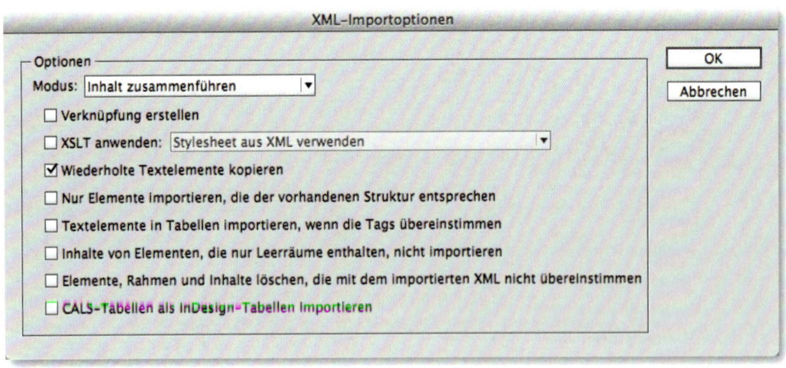

Abbildung 41.19 ▶
Aktivieren Sie die Option XML-IMPORTOPTIONEN ANZEIGEN im Fenster XML IMPORTIEREN, um die Importoptionen zu erreichen.

- MODUS: Ob Sie hier INHALT ZUSAMMENFÜHREN oder ANHÄNGEN auswählen, hängt vom gewählten Arbeitsablauf ab.

- Anhängen: Dadurch bleiben die vorhandene Struktur und der vorhandene Inhalt des Dokuments unverändert erhalten. Der neue XML-Inhalt wird am unteren Ende der Strukturansicht in Form von Elementen hinzugefügt.
- Inhalt zusammenführen: Dabei vergleicht InDesign die eingehenden XML-Daten mit der Struktur und den Namen der Elemente, die bereits im Dokument vorhanden sind. Wenn die Elemente übereinstimmen, ersetzen die importierten Daten den vorhandenen Dokumentinhalt und werden in korrekt markierten Rahmen im Layout zusammengeführt. Durch diese Methode können Sie ein automatisiertes Layout ermöglichen und weitere Importoptionen nutzen, einschließlich der Möglichkeit, den Text, den Sie importieren wollen, zu filtern und Elemente für sich wiederholende Daten zu kopieren.

Inhalte zusammenführen
Liegt, wie in unserem Fall des Kleinanzeigers, ein bereits aufgebautes und mit Tags versehenes InDesign-Dokument vor, so führt die Option Inhalte zusammenführen am schnellsten zum Ergebnis.

- Verknüpfung erstellen: Damit wird auch hier eine Verknüpfung im Verknüpfungen-Bedienfeld angelegt. Eine Änderung an der XML-Datei wird dem Benutzer dort angezeigt und kann somit über das Verknüpfungen-Bedienfeld aktualisiert werden.
- XSLT anwenden: Müssen beim Import einer XML-Datei noch umfangreiche Transformationen in der XML-Datei vorgenommen werden, so kann dies über eine XSLT-Datei erfolgen. Beachten Sie jedoch, dass InDesign, selbst in InDesign CC, nur XSLT Version 1 versteht, womit so manches »Matching« für den Schreiber der XSLT-Datei zur Herausforderung wird.

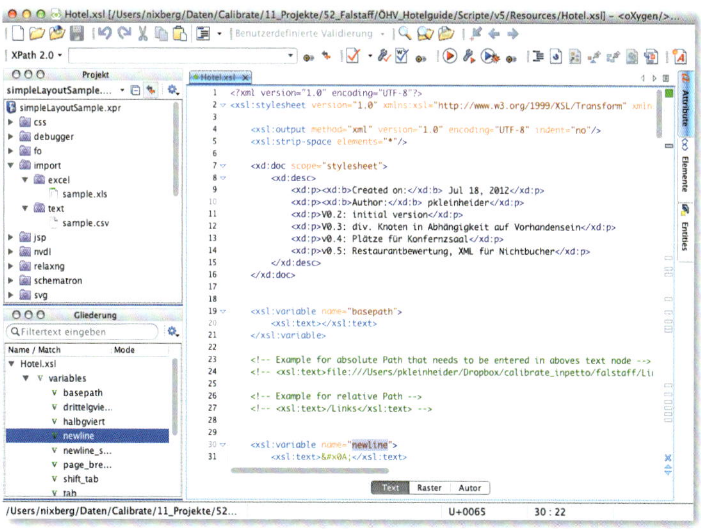

◀ **Abbildung 41.20**
Auszug aus einer XSLT-Datei, in der Tags aus der importierten XML-Datei entsprechenden Tags in der XML-Struktur in InDesign zugewiesen werden bzw. bestimmte Strukturänderungen im XML-Baum vorgenommen werden

- Wiederholte Textelemente kopieren: Entscheiden Sie damit, ob Elemente in der zu importierenden XML-Datei auch dann importiert

Elemente ohne Entsprechung im InDesign-Dokument
Elemente, für die InDesign keine übereinstimmenden Namen und Hierarchieebenen finden kann, werden nur in der Strukturansicht angezeigt, wenn die entsprechenden Optionen aktiviert worden sind. Das Platzieren dieser Elemente muss dabei manuell erfolgen.

werden sollen, wenn keine Entsprechung in der vorliegenden Dokumentenstruktur gefunden wird. Das manuelle Platzieren dieser Textelemente ist dabei jedoch erforderlich.

- NUR ELEMENTE IMPORTIEREN, DIE DER VORHANDENEN STRUKTUR ENTSPRECHEN: Besteht eine Dokumentenstruktur, so werden durch die Aktivierung dieser Option nur diejenigen Elemente importiert, die exakt der Struktur entsprechen. Alle anderen Elemente werden nicht übernommen und können somit nicht manuell platziert werden.
- TEXTELEMENTE IN TABELLEN IMPORTIEREN, WENN DIE TAGS ÜBEREINSTIMMEN: Diese Option überprüft speziell Tags für Tabellen und übernimmt diese nur dann, wenn eine Entsprechung in der Dokumentenstruktur innerhalb der Tabelle vorliegt.
- INHALTE VON ELEMENTEN, DIE NUR LEERRÄUME ENTHALTEN, NICHT IMPORTIEREN: Befinden sich in der XML-Datei leere »Schachteln« (XML-Tags), so werden diese durch die Aktivierung der Option nicht importiert.
- ELEMENTE, RAHMEN UND INHALTE LÖSCHEN, DIE MIT DEM IMPORTIERTEN XML NICHT ÜBEREINSTIMMEN: Dadurch werden alle Elemente, Inhalte und Rahmen, denen ein Tag zugewiesen worden ist, in InDesign gelöscht, wenn keine Entsprechung in der importierten XML-Datei vorliegt. Beachten Sie, dass durch die Aktivierung dieser Option automatisiert Objekte im Layout verschwinden können. Ein kleiner Fehler in der XML-Datei kann somit verheerende Folgen haben.
- CALS-TABELLEN ALS INDESIGN-TABELLEN IMPORTIEREN: Eine spezielle Beschreibung von Tabellen basierend auf XML – das CALS-Tabellenmodell – kann durch die Aktivierung dieser Option in eine saubere InDesign-Tabelle umgewandelt werden.

Einstellungen für den XML-Kleinanzeiger-Import
Wählen Sie in der Option MODUS den Eintrag INHALTE ZUSAMMENFÜHREN, und aktivieren Sie die Option WIEDERHOLTE TEXTELEMENTE KOPIEREN. Die Wahl dieser Konstellation sollte immer bei Versuchen aktiviert werden.

Haben Sie die Einstellungen gesetzt, so bestätigen Sie die Auswahl durch Drücken des OK-Buttons. Dadurch wird die XML-Datei eingelesen. Sie erkennen das nur im Strukturfenster, wo nun alle Tags und die zuvor abgespeicherte Struktur auftauchen.

XML-Datei dem Textrahmen und den Bildrahmen zuweisen

Sie müssen nun InDesign sagen, wo der Text einfließen soll. Dies erledigen Sie einfach dadurch, dass Sie das Tag TEXTRAHMEN aus der XML-Struktur im Strukturfenster auf den leeren Textrahmen im Dokument ziehen. Die XML-Struktur wird nun unformatiert im Textrahmen abgebildet – allerdings erst, nachdem Sie sich um die Bilder gekümmert haben, die zumeist neu zugewiesen werden müssen.

Befinden sich in der importierten XML-Datei nämlich absolute Pfade zu den Bildern (InDesign macht das leider so), so müssen Sie jeder Anwendung eines Bilds ein Bild zuweisen – bei mehrfach verwendeten Bildern also auch mehrfach. Dieser Vorgang kann nicht geblockt abgewickelt werden und auch nicht für alle Bilder abgebrochen werden, wobei das Abbrechen des Vorgangs ohnehin keine gute Idee wäre, da keine Platzhalter für die Bilder platziert werden und diese dann manuell platziert werden müssen.

Wenn die Bildpfade in der XML-Datei also nicht vor dem Import überprüft und nötigenfalls korrigiert werden, ist die Zuordnung der Bilder mit einer Reihe von Klicks verbunden. Hier wäre noch Luft für Verbesserungen in InDesign CC Plus oder InDesign CC++.

Dateipfade
Der absolute Pfad zu Bildern wird durch die Syntax `<Bild href="file:///Users/Username/Ordner/Dateiname.jpg"></Bild>` beschrieben. Dabei wird der `href`-Befehl dem Tag des Bildrahmens zugewiesen.

Bilder müssen in Originalgröße vorliegen | Sind Bilder, wie in unserem Beispiel, als verankerte Bildrahmen im Text vorhanden, so erstellt InDesign beim Import der XML-Datei automatisch einen Bildrahmen in der Originalgröße des Bilds und platziert das durch den Befehl `href` aufgerufene Bild in Originalgröße in den Bildrahmen. Dabei wird dem Bildrahmen das Tag – in unserem Beispiel *Bild* – zugewiesen, das vor dem `href`-Befehl steht.

Beachten Sie also: Wenn Sie ohne Skripten beim XML-Import auskommen wollen, müssen alle Bilder in Originalgröße vorliegen, da ansonsten die verankerten Bilder im Übersatz landen würden. Sobald Sie dies nicht garantieren können, muss beim Import ein Skript ausgeführt werden, das den erzeugten Bildrahmen die richtige Größe verabreicht. Dies kann durch das Zuweisen eines Objektformats erledigt werden, indem die Vorgehensweise über die Bildeinpassung geregelt sein müsste.

Bilder an vorhandenen Bildrahmen anpassen | Liegt jedoch ein InDesign-Template mit bereits getaggten Seitenelementen vor, so werden Bilder im entsprechenden Seitenelement (Bildrahmen) platziert. Für diesen Fall müssen die Bilder nicht in Originalgröße vorliegen, da über die RAHMENEINPASSUNGOPTIONEN, die Sie bei ausgewählten Bildrahmen über das Menü OBJEKT • ANPASSEN • RAHMENEINPASSUNGSOPTIONEN aufrufen können, jedem Bildrahmen die entsprechende Vorkehrung zum Einpassen des platzierten Bilds mitgegeben werden kann.

Weitere Informationen
Sie finden zusätzliche Informationen zu den Rahmeneinpassungsoptionen im Abschnitt »Rahmeneinpassungsoptionen« auf Seite 302.

Tags zu Formaten zuordnen

Der importierte Text liegt nun im Textrahmen unformatiert mit den verankerten Bildern vor. Im nächsten Schritt müssen wir den durch Tags ausgezeichneten Textstellen entsprechende Formatierungsanweisungen zuweisen.

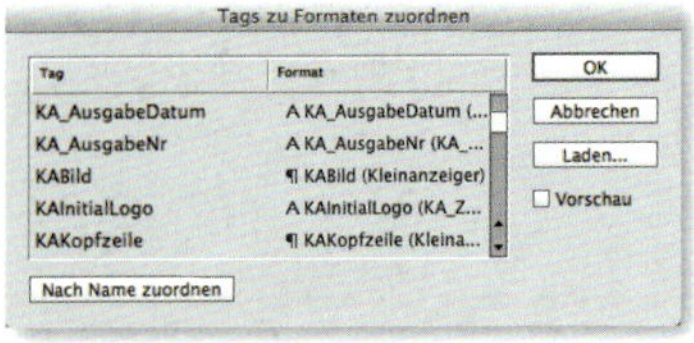

▲ **Abbildung 41.21**
Über Tags zu Formaten zuordnen versehen Sie getaggte Textstellen mit den Absatz- und Zeichenformatierungen.

So wie wir zuvor Formate den einzelnen Tags zugeordnet haben, können Sie nun durch Aufrufen des Befehls Tags zu Formaten zuordnen die umgekehrte Zuordnung vornehmen.

Rufen Sie den Befehl Tags zu Formaten zuordnen über das Bedienfeldmenü des Tags-Bedienfelds auf. Im erscheinenden Dialog – Abbildung 41.21 – können Sie durch Klick auf den Button Nach Name zuordnen sehr schnell eine Zuweisung vornehmen. Klicken Sie dann auf OK, und InDesign weist damit den getaggten Textstellen die entsprechenden Absatz-, Zeichen-, Zellen- und Tabellenattribute zu.

Sie sehen, dass der vermeintlich einfache Import einer XML-Datei nicht ohne größere Vorbereitungen abläuft und dass er ohne Absprache mit dem XML-Datei-Ersteller scheitern muss.

41.5 Praktische Vorgehensweisen

Der Komplexitätsgrad des Projekts bestimmt, wie Sie an die Umsetzung des XML-Projekts herangehen müssen.

Projekte ohne Skripten abbilden

Wenn Sie diesen Ansatz wählen, so muss die XML-Struktur, die aus der Datenbank exportiert wird, exakt der Struktur entsprechen, die beim Export der gleichen Daten aus InDesign entstehen würde. Der entsprechende Mehraufwand liegt in diesem Fall bei den Programmierern der Datenbank. Beachten Sie dabei immer Folgendes:

- Die XML-Struktur der zu platzierenden Datei ist zwar valides XML, jedoch werden pro Absatz immer XML-Tags zur Auszeichnung verwendet.
- Die zu platzierenden Bilder sollten in einem entsprechenden Ordner für den absoluten Pfad in der XML-Datei vorliegen.
- Layouttechnisch benötigte Leerräume und Abstände müssen in InDesign meistens nachträglich noch ergänzt werden.

Projekte mit Skripten und XSLT abbilden

Ein valider Datenbank-XML-Export kann per Skript und XSL-Transformation in jene XML-Form gebracht werden, mit der der XML-Import inklusive der layouttechnischen Anpassungen erfolgen kann. Hier entsteht der meiste Aufwand beim Schreiben des XSLT und des Skripts.

TEIL IX

Infoteil

Kapitel 42
Plug-ins und Zusätze

Mit jeder neuen Version von InDesign werden natürlich auch Funktionen hinzugefügt. Aber nicht alle Funktionen sind auch für alle Problemlösungen geeignet oder einfach zu handhaben. Folgende Plug-ins können Ihnen bei speziellen Produktionsproblemen helfen oder ergänzen InDesign um sinnvolle Funktionen.

Bitte beachten Sie, dass die Entwicklung von Updates für die verschiedenen Plug-ins naturgemäß dem Erscheinen von InDesign immer etwas hinterherhinkt. Mit August 2013 waren erst sehr wenige Plug-ins für die Version CC verfügbar.

Da es sich bei allen vorgestellten Plug-ins um bewährte Produkte handelt, gehen wir davon aus, dass sie weiterentwickelt werden, auch wenn noch kein konkretes Datum des Herstellers vorliegt. Bitte beobachten Sie bei Interesse und Bedarf die Website des Herstellers, die wir bei den jeweiligen Plug-ins angegeben haben.

Linkliste
Wollen Sie diese Links nicht mühselig abtippen, finden Sie eine Linkliste auf der DVD zum Buch.

Codeware Xactuell | »Xactuell« ermöglicht den direkten Zugriff auf SQL-Datenbanken über ODBC, aber auch auf Datenquellen in XML- und Textform. Eine ODBC-Schnittstelle erlaubt auch den Einsatz von Desktop-Datenbanken wie MS Access und Filemaker.

- *Windows und Mac*
- *www.codeware.de*

Em Software EmData | »EmData« hilft, große und komplex strukturierte Datenmengen (z. B. Datenbank-Exporte, Spreadsheets) zu bändigen. Sie können über eine eigene Skriptsprache die Datenstruktur und ihre Formatierung in InDesign festlegen und steuern, wobei Sie auch Bedingungen festlegen und so die Datenübernahme und -formatierung feiner kontrollieren können. Bilder können ebenfalls importiert und nach Ihren Vorgaben skaliert werden.

- *Windows und Mac*
- *www.emsoftware.com/products/emdata*

Em Software EmCatalog | Während »EmData« aus von Ihnen definierten Vorlagen immer neue Daten erstellt, kann »EmCatalog« direkt auf die Datenquelle zugreifen und bereits erstellte Dokumente mit geänderten Daten aktualisieren bzw. Änderungen an den Daten im InDesign-Dokument wieder auf die Datenquelle zurückschreiben.

- *Windows und Mac*
- *www.emsoftware.com/products/emcatalog*

WoodWing Smart Styles | Obwohl InDesign Objektstile und Tabellen-/Zellenformate sehr flexibel auf die unterschiedlichsten Objekte anwenden kann, zeigt »Smart Styles« doch, dass es noch komfortabler geht. Darüber hinaus können mit diesem Plug-in Berechnungen und Summenbildungen in Tabellen vorgenommen werden. Beliebige InDesign-Objekte können über eigene Bibliotheken verwaltet und flexibel wiederverwendet werden. Objektstile können – ähnlich wie mit der Pipette – auf vorhandene Objekte übertragen werden.

- *Windows und Mac*
- *www.woodwing.com/de/Smart_Styles*

DTP Tools History | Wie viele Schritte Ihrer Arbeit machen Sie pro Tag rückgängig? InDesign kann viele Schritte wieder rückgängig machen, aber es fehlt eine Übersicht, wie Photoshop sie mit der Protokoll-Palette bietet. Das Plug-in »History« bietet genau das. Sie sehen in einem eigenen Bedienfeld alle aufgezeichneten Schritte und können sie einzeln oder in Gruppen wieder rückgängig machen.

- *Windows und Mac*
- *www.dtptools.com/product.asp?id=hsin*

Knowbody Cool Kerning | Nicht alle Schriften sind gut zugerichtet – das gilt vor allem für Freeware-Schriften aus dem Internet. Um die Spationierung dieser Schriften zu korrigieren und die Laufweiten der Schrift zu verbessern, können Sie auf dieses Plug-in zurückgreifen.

- *Windows und Mac*
- *www.magpeople.com/w/?p=238*

vjoon Overset-Manager | Die Preflight-Funktion kann Sie unmittelbar warnen, sobald in einem Textrahmen ein Übersatz auftritt. Über das Preflight-Bedienfeld finden Sie den betroffenen Rahmen einfach und schnell. Nur können Sie diesen Fehler hier nicht sofort korrigieren, sondern müssen dazu in die Textansicht wechseln. Und obwohl diese für Tabellen ebenfalls deutlich verbessert wurde, ist die Arbeit mit ihr oft kein Vergnügen. Der »Overset Manager« blendet Übersatz ein und macht ihn direkt bearbeitbar und sogar druckbar.

- *Windows und Mac*
- *www.vjoon.com/products/vjoon-overset-manager*

axaio MadeToPrint | Ein wichtiges Plug-in für Druckdienstleister und PDF-Produzenten. Damit können Sie die Ausgabe mehrerer Dateien auf mehreren Ausgabegeräten über einen zentralen Dialog steuern. Über den MadeToPrint-Server können Sie so in Verbindung mit dem InDesign-Server automatisierte Produktionsstrecken erstellen und betreiben.

- *Windows und Mac*
- *www.axaio.com*

Markzware Q2ID | Die Möglichkeit, QuarkXPress-Daten direkt nach InDesign zu übernehmen, endete mit Dateien der XPress-Version 4, da Quark das Datenformat der neueren XPress-Versionen geheim hält. Wie »Q2ID« es trotzdem schafft, XPress-Dateien der Versionen 3 bis 9.0 zu öffnen, wird dagegen das Geheimnis von Markzware bleiben. Wenn Sie oft XPress-Daten unterschiedlicher Versionen übernehmen müssen, sollten Sie unbedingt einen Blick auf dieses Plug-in werfen.

- *Windows und Mac*
- *markzware.com/products/q2id*

Recosoft PDF2ID | Auch PDF-Dateien können in editierbare InDesign-Dateien verwandelt werden. Sie können dabei entscheiden, ob Sie nur bestimmte Elemente wie Texte und Bilder oder komplette Seiten übernehmen wollen. Dabei werden Textfluss und auch Tabellen so gut es geht rekonstruiert. Dass eine solche Konvertierung nicht perfekt sein kann, ist aber offensichtlich und wird vom Hersteller auch nicht versprochen.

- *Windows und Mac*
- *www.recosoft.com/products/pdf2id/pdf-to-indesign.htm*

Duden Professional für Adobe-Programme | Die Rechtschreibprüfung von InDesign hat sich durch die Hunspell-Wörterbücher deutlich gebes-

Updatezyklen

Genau wie viele Anwender auch scheint Duden mit den immer kürzer werdenden Updatezyklen überfordert zu sein. Zum Zeitpunkt der Drucklegung unseres Buchs war noch keine Version der aktuellen Duden-Software für InDesign CC auszumachen.

Darüber hinaus hat Duden die Lizenzpolitik drastisch geändert, so dass sich der einzelne Anwender die Anwendung wohl nicht mehr leisten kann.

sert (die Silbentrennung ist immer noch sehr schwach). Um Ihre Dokumente in InDesign und InCopy nach Duden-Standard zu prüfen (inklusive Trennung, Grammatik- und Stilprüfung), können Sie auf dieses Plug-in zurückgreifen.

- *Windows und Mac*
- *http://www.duden.de/shop/software-horbucher/duden-professional-adobe-download*

Diese kleine Übersicht kann keinen Anspruch auf Vollständigkeit erheben. Wenn Sie ein Plug-in für eine bestimmte Problemlösung suchen oder sich einen Überblick verschaffen wollen, welche Probleme lösbar sind, dann sollten Sie den Plug-in-Bereich auf der Adobe-Website unter *http://www.adobe.com/products/indesign/indepth.displayTab3.html* besuchen.

LayoutZone | InDesign kann nicht nur mit Plug-ins erweitert werden, sondern auch mit Skripten, die zum Teil Erstaunliches leisten. Wenn Sie in kleinen Arbeitsgruppen Dokumente miteinander und zeitgleich bearbeiten müssen, sollten Sie sich unbedingt das kostenlose Skript »LayoutZone« von Automatication ansehen. Informationen zu Skripten im Allgemeinen und LayoutZone im Speziellen können Sie in Kapitel 40, »Skripte«, nachlesen.

LayoutZone

LayoutZone wird für InDesign CS5.x angeboten – es funktioniert unter InDesign CC aber problemlos.

- *Windows und Mac*
- *www.automatication.com/index.php?id=13*

Kapitel 43
Tastenkürzel und Zeichencodes

Unser Buch wäre nicht vollständig, wenn wir Ihnen nicht noch eine Aufstellung aller in InDesign definierten Tastaturbefehle präsentieren würden. Zusätzlich finden Sie alle Zeichencodes, die Sie zur Suche mit oder ohne GREP benötigen.

43.1 Hinweise zur Anwendung

Die Bezeichnung mancher Tasten kann je nach Tastatur erheblich abweichen. Auch werden Sie unter Umständen Symbole finden, die nicht denen im Buch entsprechen. Wie manche Tasten bezeichnet sind, hängt vom Tastaturhersteller und vom Betriebssystem ab, für das die Tastatur gedacht ist. Selbstverständlich spielt auch die Sprache eine Rolle – manche Tastaturen sind zwar deutsch belegt, ihre Steuertasten sind aber englisch beschriftet. Ebenfalls uneinheitlich sind zumeist die Tabulatortasten beschriftet: mit [⇆] oder auch mit [→|].

Auf Laptops sind die Funktionstasten oft von Hardware-Steuerungsfunktionen belegt – deshalb muss oft die [fn]-Taste zum Ansprechen der Funktionstasten verwendet werden. Bei älteren portablen Macs ist die Taste [Ende] z. B. mit [end] bezeichnet, der Taste [→] überlagert und nur in Kombination mit der Taste [fn] erreichbar. Bei neueren portablen Macs sind diese Tasten gar nicht mehr beschriftet. Unter Mac OS X sind die Funktionstasten auch oft von Betriebssystem-Funktionen belegt.

In den folgenden Listen sind manche Tastenkürzel mit einem Zusatztext versehen – das ist dann der Fall, wenn ein Tastenkürzel doppelt belegt ist. »Text:« bedeutet hier z. B., dass der Textcursor im Text stehen muss. Der Hinweis »Num« bedeutet, dass die folgende Taste auf dem Nummernblock der Tastatur gedrückt werden muss.

Die Auswahl der Werkzeuge über einzelne Tasten (ohne Steuertasten) funktioniert im Textmodus verständlicherweise nicht.

43.2 Die Werkzeuge

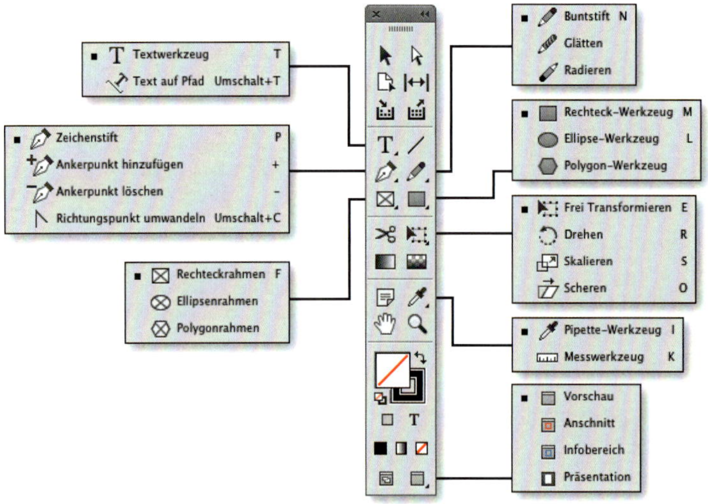

Werkzeuge	Windows	Mac OS
Ankerpunkt hinzufügen	+	+
Ankerpunkt löschen	-	-
Auswahlwerkzeug	V, Text: Esc	V, Text: Esc
Buntstift	N	N
Direktauswahl-Werkzeug	A	A
Drehen	R	R
Ellipse-Werkzeug	L	L
Farbe anwenden	,	,
Flächen- und Konturaktivierung austauschen	X	X
Fläche und Kontur austauschen	⇧+X	⇧+X
Frei Transformieren	E	E
Hand-Werkzeug	H	H
Farbe [Ohne] anwenden (Fläche oder Kontur)	#, Num /	#, Num /
Inhaltsaufnahme	B	B
Inhaltsplatzierung	B	B
Linienzeichner-Werkzeug	<	<

Werkzeuge	Windows	Mac OS
Lückenwerkzeug	U	U
Messwerkzeug	K	K
Pipette-Werkzeug	I	I
Präsentation	⇧+W	⇧+W
Rechteck-Werkzeug	M	M
Rechteckrahmen	F	F
Richtungspunkt umwandeln	⇧+C	⇧+C
Schere	C	C
Scheren	O	O
Seitenwerkzeug	⇧+P	⇧+P
Skalieren	S	S
Standardfarbe [Ohne] für Fläche und [Schwarz] für Kontur	D	D
Text auf Pfad	⇧+T	⇧+T
Textwerkzeug	T	T
Verlauf anwenden	.	.
Verlaufsfarbfeld-Werkzeug	G	G
Weiche-Verlaufskante-Werkzeug	⇧+G	⇧+G
Zeichenstift-Werkzeug	P	P
Zoomwerkzeug	Z	Z
Zwischen Standardansicht und Vorschau wechseln	W	W
Zwischen Text- und Objektsteuerung wechseln	J	J

43.3 Alle belegten Tastaturbefehle von InDesign CC

Programmsteuerung	Windows	Mac OS
Voreinstellungen: Allgemein...	Strg+K	⌘+K
Voreinstellungen zurücksetzen	Beim Start von InDesign: Strg+⇧+Alt	Beim Start von InDesign: Strg+⇧+Alt
Dokument-History	V+ Hilfe • Über InDesign	V+ InDesign • Über InDesign

Datei-Menü	Windows	Mac OS
Bridge durchsuchen...	Strg+Alt+O	⌘+⌥+O
Dateiinformationen...	Strg+Alt+⇧+I	⌘+⌥+⇧+I
Dokument einrichten...	Strg+Alt+P	⌘+⌥+P
Drucken...	Strg+P	⌘+P
Exportieren...	Strg+E	⌘+E
Kopie speichern...	Strg+Alt+S	⌘+⌥+S
Neu: Dokument...	Strg+N	⌘+N
Platzieren...	Strg+D	⌘+D
Schließen	Strg+W, Strg+F4	⌘+W
Speichern	Strg+S	⌘+S
Speichern unter...	Strg+⇧+S	⌘+⇧+S
Öffnen...	Strg+O	⌘+O
Verpacken	Strg+Alt+⇧+P	⌘+⌥+⇧+P

Bearbeiten-Menü	Windows	Mac OS
Alle einchecken	Strg+Alt+⇧+F9	⌘+⌥+⇧+F9
Alles auswählen	Strg+A	⌘+A
An Originalposition einfügen	Strg+Alt+⇧+V	⌘+⌥+⇧+V
Auschecken	Strg+F9	⌘+F9
Ausschneiden	Strg+X	⌘+X
Auswahl aufheben	Strg+⇧+A	⌘+⇧+A
Duplizieren	Strg+Alt+⇧+D	⌘+⌥+⇧+D
Duplizieren und versetzt einfügen...	Strg+Alt+U	⌘+⌥+U
Einchecken	Strg+⇧+F9	⌘+⇧+F9
Einfügen	Strg+V	⌘+V
Im Textmodus / In der Layoutansicht bearbeiten	Strg+Y	⌘+Y
In die Auswahl einfügen	Strg+Alt+V	⌘+⌥+V
Inhalt aktualisieren	Strg+F5	ctrl+⌘+F5
Kopieren	Strg+C	⌘+C
Löschen	←, Strg+←, Entf, Strg+Entf	←, ⌘+←, Entf, ⌘+Entf

Bearbeiten-Menü	Windows	Mac OS
Rechtschreibprüfung: Rechtschreibprüfung...	Strg+I	⌘+I
Rückgängig	Strg+Z	⌘+Z
Schnell anwenden...	Strg+↵	⌘+↵
Suchen/Ersetzen...	Strg+F	⌘+F
Unformatiert einfügen	Strg+⇧+V	⌘+⇧+V
Weitersuchen	Strg+Alt+F	⌘+⌥+F
Wiederholen (»Rückgängig« rückgängig machen)	Strg+⇧+Z	⌘+⇧+Z

Layout-Menü	Windows	Mac OS
Erste Seite	Strg+⇧+Bild ↑, Pos1	⌘+⇧+Bild ↑, Pos1
Gehe zu Seite...	Strg+J	⌘+J
Letzte Seite	Strg+⇧+Bild ↓, Ende	⌘+⇧+Bild ↓, Ende
Nächste Seite	⇧+Bild ↓, Text: ⇧+Bild ↓	⇧+Bild ↓, Text: ⇧+Bild ↓
Nächster Druckbogen	Alt+Bild ↓	⌥+Bild ↓
Seiten: Seite hinzufügen	Strg+⇧+P	⌘+⇧+P
Vorblättern	Strg+Bild ↓	⌘+Bild ↓
Vorherige Seite	⇧+Bild ↑, Text: ⇧+Bild ↑	⇧+Bild ↑, Text: ⇧+Bild ↑
Vorheriger Druckbogen	Alt+Bild ↑	⌥+Bild ↑
Zurückblättern	Strg+Bild ↑	⌘+Bild ↑

Präsentationsmodus	Windows	Mac OS
Präsentationsmodus akivieren	⇧+W	⇧+W
Präsentationsmodus beenden	Esc, ⇧+W	Esc, ⇧+W
Hintergrund auf Grau setzen	G	G
Hintergrund auf Schwarz setzen	B	B
Hintergrund auf Weiß setzen	W	W
Nächster Druckbogen	↓, ↵, Leertaste, Bild ↓	↓, ↵, Leertaste, Bild ↓
Vorheriger Druckbogen	↑, ← (Rückschritt), ⇧+Leertaste, Bild ↑	↑, ← (Rückschritt), ⇧+Leertaste, Bild ↑

Präsentationsmodus	Windows	Mac OS
Erster Druckbogen	Pos1	Pos1
Letzter Druckbogen	Ende	End
Nächstes Fenster	Strg + ⇥	⌘ + <

Schrift-Menü	Windows	Mac OS
In Pfade umwandeln	Strg + ⇧ + O	⌘ + ⇧ + O
Leerraum einfügen: Achtelgeviert	Text: Strg + Alt + ⇧ + M	Text: ⌘ + ⌥ + ⇧ + M
Leerraum einfügen: Geschütztes Leerzeichen	Text: Strg + Alt + X	Text: ⌘ + ⌥ + X
Leerraum einfügen: Geviert	Text: Strg + ⇧ + M	Text: ⌘ + ⇧ + M
Leerraum einfügen: Halbgeviert	Text: Strg + ⇧ + N	Text: ⌘ + ⇧ + N
Notizen: Notizenmodus	Text: Strg + F8	Text: ⌘ + F8
Pfade erstellen, ohne Text zu löschen	Strg + Alt + ⇧ + O	⌘ + ⌥ + ⇧ + O
Sonderzeichen einfügen: Andere: Einzug bis hierhin	Text: Strg + ´	Text: ⌘ + ´
Sonderzeichen einfügen: Andere: Tabulator für rechte Ausrichtung	Text: ⇧ + ⇥	Text: ⇧ + ⇥
Sonderzeichen einfügen: Andere: Tabulator (in Tabellenzellen)	Text: Alt + ⇥	Text: ⌥ + ⇥
Sonderzeichen einfügen: Anführungszeichen: Gerade doppelte Anführungszeichen	Text: Alt + ⇧ + ß	Text: ctrl + ⇧ + ß
Sonderzeichen einfügen: Anführungszeichen: Gerades einfaches Anführungszeichen (Apostroph)	Text: Alt + ß	Text: ctrl + ß
Sonderzeichen einfügen: Marken: Aktuelle Seitenzahl	Text: Strg + Alt + ⇧ + N	Text: ⌘ + ⌥ + ⇧ + N
Sonderzeichen einfügen: Trenn- und Gedankenstriche: Bedingter Trennstrich	Text: Strg + ⇧ + -	Text: ⌘ + ⇧ + -
Sonderzeichen einfügen: Trenn- und Gedankenstriche: Geschützter Trennstrich	Text: Strg + Alt + -	Text: ⌘ + ⌥ + -
Tabulatoren	Strg + ⇧ + T	⌘ + ⇧ + T
Umbruchzeichen einfügen: Harter Zeilenumbruch	Text: ⇧ + ↵	Text: ⇧ + ↵
Umbruchzeichen einfügen: Rahmenumbruch	Text: ⇧ + Enter	Text: ⇧ + ⌤
Umbruchzeichen einfügen: Seitenumbruch	Text: Strg + Enter	Text: ⌘ + ⌤
Umbruchzeichen einfügen: Spaltenumbruch	Text: Enter	Text: ⌤
Verborgene Zeichen ein-/ausblenden	Strg + Alt + I	⌘ + ⌥ + I

Tabelle-Menü	Windows	Mac OS
Auswählen: Spalte	Tabellen: Strg+Alt+3	Tabellen: ⌘+⌥+3
Auswählen: Tabelle	Tabellen: Strg+Alt+A	Tabellen: ⌘+⌥+A
Auswählen: Zeile	Tabellen: Strg+3	Tabellen: ⌘+3
Auswählen: Zelle	Tabellen: Strg+#	Tabellen: ⌘+#
Einfügen: Spalte…	Tabellen: Strg+Alt+9	Tabellen: ⌘+⌥+9
Einfügen: Zeile…	Tabellen: Strg+9	Tabellen: ⌘+9
Löschen: Spalte	Tabellen: ⇧+←	Tabellen: ⇧+←
Löschen: Zeile	Tabellen: Strg+←	Tabellen: ⌘+←
Tabelle einfügen…	Text: Strg+Alt+⇧+T	Text: ⌘+⌥+⇧+T
Tabellenoptionen: Tabelle einrichten…	Strg+Alt+⇧+B	⌘+⌥+⇧+B
Zellenoptionen: Text…	Tabellen: Strg+Alt+B	Tabellen: ⌘+⌥+B

Objekt-Menü	Windows	Mac OS
Anordnen: In den Hintergrund	Strg+⇧+Ö	⌘+⇧+Ö
Anordnen: In den Vordergrund	Strg+⇧+Ä	⌘+⇧+Ä
Anordnen: Schrittweise nach hinten	Strg+Ö	⌘+Ö
Anordnen: Schrittweise nach vorne	Strg+Ä	⌘+Ä
Anpassen: Inhalt an Rahmen anpassen	Strg+Alt+E	⌘+⌥+E
Anpassen: Inhalt proportional anpassen	Strg+Alt+⇧+E	⌘+⌥+⇧+E
Anpassen: Inhalt zentrieren	Strg+⇧+E	⌘+⇧+E
Anpassen: Rahmen an Inhalt anpassen	Strg+Alt+C	⌘+⌥+C
Anpassen: Rahmen proportional füllen	Strg+Alt+⇧+C	⌘+⌥+⇧+C
Ausblenden von Objekten	Strg+3	⌘+3
Auswählen: Erstes Objekt darüber	Strg+Alt+⇧+Ä	⌘+⌥+⇧+Ä
Auswählen: Letztes Objekt darunter	Strg+Alt+⇧+Ö	⌘+⌥+⇧+Ö
Auswählen: Nächstes Objekt darunter	Strg+Alt+Ö	⌘+⌥+Ö
Auswählen: Nächstes Objekt darüber	Strg+Alt+Ä	⌘+⌥+Ä
Auswählen: Container	Esc	Esc
Auswählen: Inhalt	⇧+Esc	⇧+Esc
Beschneidungspfad: Optionen…	Strg+Alt+⇧+K	⌘+⌥+⇧+K
Effekte: Schlagschatten…	Strg+Alt+M	⌘+⌥+M

Objekt-Menü	Windows	Mac OS
Alles auf Druckbogen anzeigen	Strg+Alt+3	⌘+⌥+3
Erneut transformieren: Erneut transformieren – Abfolge	Strg+Alt+4	⌘+⌥+4
Gruppieren	Strg+G	⌘+G
Gruppierung aufheben	Strg+⇧+G	⌘+⇧+G
Pfade: Verknüpften Pfad erstellen	Strg+8	⌘+8
Pfade: Verknüpften Pfad lösen	Strg+Alt+⇧+8	⌘+⌥+⇧+8
Alles auf Druckbogen entsperren	Strg+Alt+L	⌘+⌥+L
Sperren (Position sperren)	Strg+L	⌘+L
Textrahmenoptionen...	Strg+B	⌘+B
Transformieren: Verschieben...	Strg+⇧+M	⌘+⇧+M

Ansicht-Menü	Windows	Mac OS
Anzeigeoptionen: Anzeige mit hoher Qualität	Strg+Alt+H	ctrl+⌘+⌥+H
Anzeigeoptionen: Objektspezifische Anzeige-einstellungen löschen	Strg+⇧+F2	⌘+⇧+F2
Anzeigeoptionen: Schnelle Anzeige	Strg+Alt+⇧+Z	⌘+⌥+⇧+Z
Anzeigeoptionen: Normale Anzeige	Strg+Alt+Z	⌘+⌥+Z
Auszoomen	Strg+-, Strg+- (Num)	⌘+-, ⌘+- (Num)
Druckbogen in Fenster einpassen	Strg+Alt+0	⌘+⌥+0
Einzoomen	Strg++, Strg++ (Num)	⌘++, ⌘++ (Num)
Ganze Montagefläche	Strg+Alt+⇧+0	⌘+⌥+⇧+0
Lineale ausblenden	Strg+R	⌘+R
Originalgröße	Strg+1	⌘+1
Rahmenkanten aus-/einblenden	Strg+H	ctrl+⌘+H
Größe 200 %	Strg+2	⌘+2
Größe 400 %	Strg+4	⌘+4
Größe 50 %	Strg+5	⌘+5
Raster und Hilfslinien: An Dokumentraster ausrichten	Strg+⇧+ß	⌘+⇧+ß

Ansicht-Menü	Windows	Mac OS
Raster und Hilfslinien: An Hilfslinien ausrichten	Strg+⇧+Ü	⌘+⇧+Ü
Raster und Hilfslinien: Dokumentraster einblenden	Strg+ß	⌘+ß
Raster und Hilfslinien: Grundlinienraster ausblenden	Strg+Alt+ß	⌘+⌥+ß
Raster und Hilfslinien: Hilfslinien ausblenden	Strg+Ü	⌘+Ü
Raster und Hilfslinien: Hilfslinien sperren	Strg+Alt+Ü	⌘+⌥+Ü
Raster und Hilfslinien: Intelligente Hilfslinien ein-/ausblenden	Strg+U	⌘+U
Seite in Fenster einpassen	Strg+0/	⌘+0/
Struktur: Struktur einblenden	Strg+Alt+1	⌘+⌥+1
Textverkettung aus-/einblenden	Strg+Alt+Y	⌘+⌥+Y
Überdruckenvorschau	Strg+Alt+⇧+Y	⌘+⌥+⇧+Y
Überträger aus-/einblenden	Alt+B	⌥+B

Fenster-Menü	Windows	Mac OS
Anordnen: Minimieren	nicht belegt	⌘+M, ctrl+⌘+M
Ausgabe: Preflight	Strg+Alt+⇧+F	⌘+⌥+⇧+F
Ausgabe: Separationsvorschau	⇧+F6	⇧+F6
Formate: Absatzformate	Strg+F11, F11	⌘+F11, F11
Formate: Objekformate	Strg+F7	⌘+F7
Ebenen	F7	F7
Effekte	Strg+⇧+F10	⌘+⇧+F10
Farbe: Farbe	F6	F6
Farbe: Farbfelder	F5	F5
Hilfsprogramme: Skripte	Strg+Alt+F11	⌘+⌥+F11
Informationen	F8	F8
Interaktiv: SWF-Vorschau	Strg+⇧+↵	Strg+⇧+↵
Kontur	Strg+F10, F10	⌘+F10, F10
Textumfluss	Strg+Alt+W	⌘+⌥+W
Objekt und Layout: Ausrichten	⇧+F7	⇧+F7
Schrift und Tabellen: Absatz	Strg+Alt+T	⌘+⌥+T

Fenster-Menü	Windows	Mac OS
Schrift und Tabellen: Glyphen	Alt + ⇧ + F11	⌥ + ⇧ + F11
Schrift und Tabellen: Index	⇧ + F8	⇧ + F8
Schrift und Tabellen: Tabelle	⇧ + F9	⇧ + F9
Schrift und Tabellen: Zeichen	Strg + T	⌘ + T
Seiten	Strg + F12, F12	⌘ + F12, F12
Steuerung	Strg + Alt + 6	⌘ + ⌥ + 6
Verknüpfungen	Strg + ⇧ + D	vom Betriebssystem benutzt

Ansichten, Navigation	Windows	Mac OS
Aktualisierung erzwingen	⇧ + F5	⇧ + F5
Alle Bedienfelder außer Toolbox ein-/ausblenden	⇧ + ⇥	⇧ + ⇥
Alle Bedienfelder ein-/ausblenden	⇥	⇥
Alle Bedienfelder in seitlichen Registerkarten öffnen/schließen	Strg + Alt + ⇧ + ⇥	⌘ + ⌥ + ⇥
Alle Platten in Separationsvorschau anzeigen	Strg + Alt + ⇧ + ´	⌘ + ⌥ + ⇧ + ´
Alle Dokumente schließen	Strg + Alt + ⇧ + W	⌘ + ⌥ + ⇧ + W
Alle Dokumente speichern	Strg + Alt + ⇧ + S	⌘ + ⌥ + ⇧ + S
Auf Eingabefeld für Zoom zugreifen	Strg + Alt + 5	⌘ + ⌥ + 5
Auswahl in Fenster einpassen	Strg + Alt + +	⌘ + ⌥ + +
Cyan-Platte anzeigen	Strg + Alt + ⇧ + 1	⌘ + ⌥ + ⇧ + 1
Dokument schließen	Strg + ⇧ + W, Strg + W	⌘ + ⇧ + W, ⌘ + W
Eine Bildschirmlänge nach oben	Bild ↑, Text: Bild ↑	Bild ↑, Text: Bild ↑
Eine Bildschirmlänge nach unten	Bild ↓, Text: Bild ↓	Bild ↓, Text: Bild ↓
Erster Druckbogen	Pos1, Alt + ⇧ + Bild ↑	Pos1, ⌥ + ⇧ + Bild ↑
Gehe zu erstem Rahmen in Verkettung	Strg + Alt + ⇧ + Bild ↑	⌘ + ⌥ + ⇧ + Bild ↑
Gehe zu letztem Rahmen in Verkettung	Strg + Alt + ⇧ + Bild ↓	⌘ + ⌥ + ⇧ + Bild ↓
Gehe zu nächstem Rahmen in Verkettung	Strg + Alt + Bild ↓	⌘ + ⌥ + Bild ↓
Gehe zu vorherigem Rahmen in Verkettung	Strg + Alt + Bild ↑	⌘ + ⌥ + Bild ↑
Gelb-Platte anzeigen	Strg + Alt + ⇧ + 3	⌘ + ⌥ + ⇧ + 3
Letzter Druckbogen	Ende, Alt + ⇧ + Bild ↓	End, ⌥ + ⇧ + Bild ↓
Magenta-Platte anzeigen	Strg + Alt + ⇧ + 2	⌘ + ⌥ + ⇧ + 2

Ansichten, Navigation	Windows	Mac OS
Maßsystem wechseln	Strg+Alt+⇧+U	⌘+⌥+⇧+U
Neues Standarddokument	Strg+Alt+N	⌘+⌥+N
Nächstes Fenster	Strg+⇆	vom Betriebssystem benutzt
Schwarz-Platte anzeigen	Strg+Alt+⇧+4	⌘+⌥+⇧+4
Tastaturfokus in Steuerungsbedienfeld stellen	Strg+6	⌘+6
Volltonfarben-Platte 1 anzeigen	Strg+Alt+⇧+5	⌘+⌥+⇧+5
Volltonfarben-Platte 2 anzeigen	Strg+Alt+⇧+6	⌘+⌥+⇧+6
Volltonfarben-Platte 3 anzeigen	Strg+Alt+⇧+7	⌘+⌥+⇧+7
Vorheriges Fenster	Strg+⇧+⇆	vom Betriebssystem benutzt
Zuletzt verwendetes Feld im Bedienfeld aktivieren	Strg+Alt+´	⌘+⌥+´
Zwischen Zeichen- und Absatzmodus im Steuerungsbedienfeld wechseln	Strg+Alt+7	⌘+⌥+7
Zwischen aktueller und vorheriger Ansicht wechseln	Strg+Alt+2	⌘+⌥+2

Änderungen verfolgen	Windows	Mac OS
Vorherige Änderung	Strg+Bild ↓	⌘+Bild ↓
Nächste Änderung	Strg+Bild ↑	⌘+Bild ↑

Bedienfeldmenüs	Windows	Mac OS
Absatz: Absatzlinien...	Strg+Alt+J	⌘+⌥+J
Absatz: Abstände...	Strg+Alt+⇧+J	⌘+⌥+⇧+J
Absatz: Initialen und verschachtelte Formate...	Strg+Alt+R	⌘+⌥+R
Absatz: Umbruchoptionen...	Strg+Alt+K	⌘+⌥+K
Absatzformate: Format neu definieren	Text: Strg+Alt+⇧+R	Text: ⌘+⌥+⇧+R
Index: Neuen Indexeintrag hinzufügen	Text: Strg+Alt+⇧+Ö	Text: ⌘+⌥+⇧+Ö
Index: Neuen Indexeintrag hinzufügen (umgekehrt)	Text: Strg+Alt+⇧+Ä	Text: ⌘+⌥+⇧+Ä
Index: Neuer Seitenverweis...	Strg+7	⌘+7
Seiten: Alle Musterseitenobjekte übergehen	Strg+Alt+⇧+L	⌘+⌥+⇧+L
Tags: Tags automatisch erstellen	Text: Strg+Alt+⇧+F7	Text: ⌘+⌥+⇧+F7
Vorschau: Dokumentvorschau	Strg+Alt+⇧+↵	⌘+⌥+⇧+↵

Bedienfeldmenüs	Windows	Mac OS
Zeichen: Durchgestrichen	Strg + ⇧ + #	⌘ + ⇧ + #
Zeichen: Großbuchstaben	Strg + ⇧ + K	⌘ + ⇧ + K
Zeichen: Hochgestellt	Strg + ⇧ + *	⌘ + ⇧ + *
Zeichen: Kapitälchen	Strg + ⇧ + H	⌘ + ⇧ + H
Zeichen: Tiefgestellt	Strg + Alt + ⇧ + *	⌘ + ⌥ + ⇧ + *
Zeichen: Unterstrichen	Strg + ⇧ + U	⌘ + ⇧ + U
Zeichenformate: Format neu definieren	Text: Strg + Alt + ⇧ + C	Text: ⌘ + ⌥ + ⇧ + C

Objektbearbeitung	Windows	Mac OS
Alle Hilfslinien auswählen	Strg + Alt + G	⌘ + ⌥ + G
Direktbearbeitungsmodus aus/ein	4	4
Schrittweise 1/10 nach links (Duplikat erstellen)	Strg + Alt + ⇧ + ←	⌘ + ⌥ + ⇧ + ←
Schrittweise 1/10 nach oben (Duplikat erstellen)	Strg + Alt + ⇧ + ↑	⌘ + ⌥ + ⇧ + ↑
Schrittweise 1/10 nach rechts (Duplikat erstellen)	Strg + Alt + ⇧ + →	⌘ + ⌥ + ⇧ + →
Schrittweise 1/10 nach unten (Duplikat erstellen)	Strg + Alt + ⇧ + ↓	⌘ + ⌥ + ⇧ + ↓
Schrittweise nach links (Duplikat erstellen)	Alt + ←	⌥ + ←
Schrittweise nach oben (Duplikat erstellen)	Alt + ↑	⌥ + ↑
Schrittweise nach rechts (Duplikat erstellen)	Alt + →	⌥ + →
Schrittweise nach unten (Duplikat erstellen)	Alt + ↓	⌥ + ↓
Schrittweise × 10 nach links (Duplikat erstellen)	Alt + ⇧ + ←	⌥ + ⇧ + ←
Schrittweise × 10 nach oben (Duplikat erstellen)	Alt + ⇧ + ↑	⌥ + ⇧ + ↑
Schrittweise × 10 nach rechts (Duplikat erstellen)	Alt + ⇧ + →	⌥ + ⇧ + →
Schrittweise × 10 nach unten (Duplikat erstellen)	Alt + ⇧ + ↓	⌥ + ⇧ + ↓
Pfadzeichnung beenden	↵	↵
Schrittweise 1/10 nach links	Strg + ⇧ + ←	⌘ + ⇧ + ←
Schrittweise 1/10 nach oben	Strg + ⇧ + ↑	⌘ + ⇧ + ↑
Schrittweise 1/10 nach rechts	Strg + ⇧ + →	⌘ + ⇧ + →
Schrittweise 1/10 nach unten	Strg + ⇧ + ↓	⌘ + ⇧ + ↓
Schrittweise nach links	←	←
Schrittweise nach oben	↑	↑
Schrittweise nach rechts	→	→

Objektbearbeitung	Windows	Mac OS
Schrittweise nach unten	↓	↓
Schrittweise × 10 nach links	⇧+←	⇧+←
Schrittweise × 10 nach oben	⇧+↑	⇧+↑
Schrittweise × 10 nach rechts	⇧+→	⇧+→
Schrittweise × 10 nach unten	⇧+↓	⇧+↓
Skalierung um 1 % vergrößern	Strg+.	⌘+.
Skalierung um 1 % verkleinern	Strg+,	⌘+,
Skalierung um 5 % vergrößern	Strg+Alt+.	⌘+⌥+.
Skalierung um 5 % verkleinern	Strg+Alt+,	⌘+⌥+,

Liquid Layout	Windows	Mac OS
Größe horizontal ändern	Alt+⇧+H	⌥+⇧+H
Größe vertikal ändern	Alt+⇧+J	⌥+⇧+J
Linke Kante verankern	Strg+Alt+←	⌘+⌥+←
Obere Kante verankern	Strg+Alt+↑	⌘+⌥+↑
Rechte Kante verankern	Strg+Alt+→	⌘+⌥+→
Untere Kante verankern	Strg+Alt+↓	⌘+⌥+↓

Struktur, Navigation	Windows	Mac OS
Bis zum ersten XML-Knoten auswählen	XML-Auswahl: ⇧+Pos1	XML-Auswahl: ⇧+Pos1
Bis zum letzten XML-Knoten auswählen	XML-Auswahl: ⇧+Ende	XML-Auswahl: ⇧+End
Element erweitern	XML-Auswahl: →	XML-Auswahl: →
Element und untergeordnete Elemente erweitern	XML-Auswahl: Alt+→	XML-Auswahl: ⌥+→
Elementstruktur ausblenden	XML-Auswahl: Strg	XML-Auswahl: ←
Ersten XML-Knoten auswählen	XML-Auswahl: Pos1	XML-Auswahl: Pos1
Letzten XML-Knoten auswählen	XML-Auswahl: Ende	XML-Auswahl: End
Nächsten Validierungsfehler anzeigen	XML-Auswahl: Strg+→	XML-Auswahl: ⌘+→
Struktur für Element und untergeordnete Elemente ausblenden	XML-Auswahl: Alt+←	XML-Auswahl: ⌥+←
Strukturfenster einen Bildschirm nach oben	XML-Auswahl: Bild ↑	XML-Auswahl: Bild ↑
Strukturfenster einen Bildschirm nach unten	XML-Auswahl: Bild ↓	XML-Auswahl: Bild ↓

Struktur, Navigation	Windows	Mac OS
Vorherigen Validierungsfehler anzeigen	XML-Auswahl: Strg + ←	XML-Auswahl: ⌘ + ←
XML-Auswahl nach oben erweitern	XML-Auswahl: ⇧ + ↑	XML-Auswahl: ⇧ + ↑
XML-Auswahl nach oben verschieben	XML-Auswahl: ↑	XML-Auswahl: ↑
XML-Auswahl nach unten erweitern	XML-Auswahl: ⇧ + ↓	XML-Auswahl: ⇧ + ↓
XML-Auswahl nach unten verschieben	XML-Auswahl: ↓	XML-Auswahl: ↓

Text und Tabellen	Windows	Mac OS
Alle Textabschnitte neu umbrechen	Strg + Alt + #	⌘ + ⌥ + #
An Grundlinienraster ausrichten	Strg + Alt + ⇧ + G	⌘ + ⌥ + ⇧ + G
An das Zeilenende	Text: Ende	Text: End
An den Zeilenanfang	Text: Pos1	Text: Pos1
Auf Regular-Schnitt stellen, Attribute zurücksetzen	Strg + ⇧ + Y	⌘ + ⇧ + Y
Auswahl in »Ersetzen durch« laden	Text: Strg + F2	Text: ⌘ + F2
Auswahl in »Suchen nach« laden	Text: Strg + F1	Text: ⌘ + F1
Auswahl in »Suchen nach« laden und weitersuchen	Text: ⇧ + F1	Text: ⇧ + F1
Autom. Silbentrennung ein/aus	Strg + Alt + ⇧ + H	⌘ + ⌥ + ⇧ + H
Autom. Zeilenabstand	Strg + Alt + ⇧ + A	⌘ + ⌥ + ⇧ + A
Bis zum Anfang der Zeile auswählen	Text: ⇧ + Pos1	Text: ⇧ + Pos1
Bis zum Anfang des Textabschnitts auswählen	Text: Strg + ⇧ + Pos1	Text: ⌘ + ⇧ + Pos1
Bis zum Ende der Zeile auswählen	Text: ⇧ + Ende	Text: ⇧ + End
Bis zum Ende des Textabschnitts auswählen	Text: Strg + ⇧ + Ende	Text: ⌘ + ⇧ + End
Blocksatz	Strg + ⇧ + J	⌘ + ⇧ + J
Blocksatz (alle Zeilen) – erzwungener Blocksatz	Strg + ⇧ + F	⌘ + ⇧ + F
Durch »Ersetzen durch«-Text ersetzen	Text: Strg + F3	Text: ⌘ + F3
Durch »Ersetzen durch«-Text ersetzen und weitersuchen	Text: ⇧ + F3	Text: ⇧ + F3
Ein Wort nach links	Text: Strg + ←	Text: ⌘ + ←
Ein Wort nach rechts	Text: Strg + →	Text: ⌘ + →
Ein Wort zur Linken löschen	Text: Strg + ←	Text: ⌘ + ←
Ein Wort zur Rechten löschen	Text: Strg + Entf	Text: ⌘ + Entf
Ein Zeichen nach links	Text: ←	Text: ←

Text und Tabellen	Windows	Mac OS
Ein Zeichen nach rechts	Text: →	Text: →
Ein Zeichen zur Linken löschen	Text: ←	Text: ←
Ein Zeichen zur Rechten löschen	Text: Entf	Text: Entf
Eine Zeile nach oben	Text: ↑	Text: ↑
Eine Zeile nach unten	Text: ↓	Text: ↓
Bold (Fettdruck anwenden)	Strg + ⇧ + B	⌘ + ⇧ + B
Grundlinienversatz 5-fach erhöhen	Text: Strg + Alt + ⇧ + ↑	Text: ⌘ + ⌥ + ⇧ + ↑
Grundlinienversatz 5-fach verringern	Text: Strg + Alt + ⇧ + ↓	Text: ⌘ + ⌥ + ⇧ + ↓
Grundlinienversatz erhöhen	Text: Alt + ⇧ + ↑	Text: ⌥ + ⇧ + ↑
Grundlinienversatz verringern	Text: Alt + ⇧ + ↓	Text: ⌥ + ⇧ + ↓
In erste Zeile des Rahmens verschieben	Tabellen: Bild ↑	Tabellen: Bild ↑
In erste Zelle der Spalte verschieben	Tabellen: Alt + Bild ↑	Tabellen: ⌥ + Bild ↑
In erste Zelle der Zeile verschieben	Tabellen: Alt + Pos1	Tabellen: ⌥ + Pos1
In letzte Zeile des Rahmens verschieben	Tabellen: Bild ↓	Tabellen: Bild ↓
In letzte Zelle der Spalte verschieben	Tabellen: Alt + Bild ↓	Tabellen: ⌥ + Bild ↓
In letzte Zelle der Zeile verschieben	Tabellen: Alt + Ende	Tabellen: ⌥ + End
In nächste Zelle verschieben	Tabellen: ⇥	Tabellen: ⇥
In vorherige Zelle verschieben	Tabellen: ⇧ + ⇥	Tabellen: ⇧ + ⇥
Kerning und Laufweite zurücksetzen	Text: Strg + Alt + Q	Text: ⌘ + ⌥ + Q
Kerning/Laufweite 5-fach erhöhen	Text: Strg + Alt + →	Text: ⌘ + ⌥ + →
Kerning/Laufweite 5-fach verringern	Text: Strg + Alt + ←	Text: ⌘ + ⌥ + ←
Kerning/Laufweite erhöhen	Text: Alt + ⇧ + → Text: Alt + →	Text: ⌥ + ⇧ + → Text: ⌥ + →
Kerning/Laufweite verringern	Text: Strg + Alt + ←	Text: ⌘ + ⌥ + ←
Kursiv	Strg + ⇧ + I	⌘ + ⇧ + I
Linkes Wort auswählen	Text: Strg + ⇧ + ←	Text: ⌘ + ⇧ + ←
Linkes Zeichen auswählen	Text: ⇧ + ←	Text: ⇧ + ←
Linksbündig ausrichten	Strg + ⇧ + L	⌘ + ⇧ + L
Liste fehlender Schriftarten aktualisieren	Strg + Alt + ⇧ + #	⌘ + ⌥ + ⇧ + #
Löschen	Tabellen: Entf, ←	Tabellen: Entf, ←
Nach links	Tabellen: ←	Tabellen: ←

Text und Tabellen	Windows	Mac OS
Nach oben	Tabellen: ↑	Tabellen: ↑
Nach rechts	Tabellen: →	Tabellen: →
Nach unten	Tabellen: ↓	Tabellen: ↓
Normale horizontale Textskalierung	Strg+⇧+X	⌘+⇧+X
Normale vertikale Textskalierung	Strg+Alt+⇧+X	⌘+⌥+⇧+X
Nächsten Absatz auswählen	Text: Strg+⇧+↓	Text: ⌘+⇧+↓
Rechtes Wort auswählen	Text: Strg+⇧+→	Text: ⌘+⇧+→
Rechtes Zeichen auswählen	Text: ⇧+→	Text: ⇧+→
Rechtsbündig ausrichten	Strg+⇧+R	⌘+⇧+R
Schriftgrad 5-fach erhöhen	Strg+Alt+⇧+.	⌘+⌥+⇧+.
Schriftgrad 5-fach verringern	Strg+Alt+⇧+,	⌘+⌥+⇧+,
Schriftgrad erhöhen	Strg+⇧+.	⌘+⇧+.
Schriftgrad verringern	Strg+⇧+,	⌘+⇧+,
Typografische Anführungszeichen ein/aus	Strg+Alt+⇧+ß	⌘+⌥+⇧+ß
Vorherigen Absatz auswählen	Text: Strg+⇧+↑	Text: ⌘+⇧+↑
Weitersuchen	Text: ⇧+F2	Text: ⇧+F2
Wortabstand 5-fach vergrößern	Strg+Alt+⇧+<	⌘+⌥+⇧+<
Wortabstand 5-fach verkleinern	Strg+Alt+⇧+←	⌘+⌥+⇧+←
Wortabstand vergrößern	Strg+Alt+<	ctrl+⌘+⌥+<
Wortabstand verkleinern	Strg+Alt+←	⌘+⌥+←
Zeile auswählen	Text: Strg+⇧+´	Text: ⌘+⇧+´
Zeile darunter auswählen	Text: ⇧+↓	Text: ⇧+↓
Zeile darüber auswählen	Text: ⇧+↑	Text: ⇧+↑
Zeile in nächstem Rahmen beginnen	Tabellen: ⇧+Enter	Tabellen: ⇧+⌅
Zeile in nächster Spalte beginnen	Tabellen: Enter	Tabellen: ⌅
Zeilenabstand 5-fach erhöhen	Text: Strg+Alt+↓	Text: ⌘+⌥+↓
Zeilenabstand 5-fach verringern	Text: Strg+Alt+↑	Text: ⌘+⌥+↑
Zeilenabstand erhöhen	Text: Alt+↓	Text: ⌥+↓
Zeilenabstand verringern	Text: Alt+↑	Text: ⌥+↑
Zellen darunter auswählen	Tabellen: ⇧+↓	Tabellen: ⇧+↓
Zellen darüber auswählen	Tabellen: ⇧+↑	Tabellen: ⇧+↑

Text und Tabellen	Windows	Mac OS
Zellen zur Linken auswählen	Tabellen: ⇧+←	Tabellen: ⇧+←
Zellen zur Rechten auswählen	Tabellen: ⇧+→	Tabellen: ⇧+→
Zellen-/Textauswahl wechseln	Tabellen: Esc	Tabellen: Esc
Zentrieren	Strg+⇧+C	⌘+⇧+C
Zum Anfang des Textabschnitts	Text: Strg+Pos1	Text: ⌘+Pos1
Zum Ende des Textabschnitts	Text: Strg+Ende	Text: ⌘+End
Zum nächsten Absatz	Text: Strg+↓	Text: ⌘+↓
Zum vorherigen Absatz	Text: Strg+↑	Text: ⌘+↑

43.4 Tastaturbefehle definieren

Obwohl über 1.000 Funktionen mit Tastenkürzeln belegt sind, kann doch immer wieder eine Funktion fehlen, oder ein viel benutzter Befehl ist mit einem viel zu komplizierten Kürzel belegt. In solchen Fällen können Sie Tastenkürzel (neu) definieren.

Der Tastaturbefehle-Dialog

Rufen Sie das Menü Bearbeiten • Tastaturbefehle auf, um die Tastenbelegungen zu konfigurieren.

Tastaturbefehle sind in einem Satz ❶ organisiert. Mit InDesign werden drei Sätze mitgeliefert: [Standard] ist die Adobe-Empfehlung und ist dabei sehr stark an Programme wie Illustrator und Photoshop angelehnt. Als Alternativen stehen die Sätze [Tastaturbefehle QuarkXPress 4.0] und [Tastaturbefehle PageMaker 7.0] zur Verfügung, um den Umstieg zu erleichtern. Von einer Verwendung raten wir jedoch ab, da Ihnen damit viele Möglichkeiten verstellt bleiben.

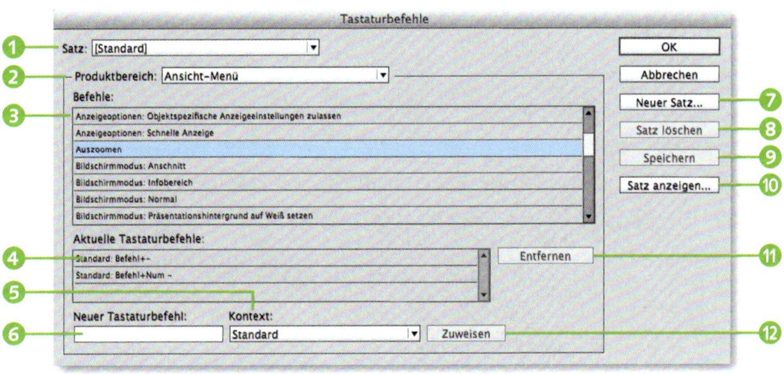

◂ **Abbildung 43.1**
Die Anpassung der Tastaturbefehle ist für viele Anwender ein Muss, wollen sie einen geschmeidigen Arbeitsfluss sicherstellen. Verzichten Sie jedoch in jedem Fall darauf, die mitgelieferten Sätze für QuarkXPress bzw. Adobe PageMaker zu verwenden, da Ihnen dadurch sehr viele Möglichkeiten gar nicht geboten werden.

Finden von Tastenkürzeln
Um schnell nach einem Tastenkürzel zu suchen, öffnen Sie das Tastenkürzelset über den Button SATZ ANZEIGEN ❿ und suchen dann darin mit der normalen Suchfunktion des jeweils verwendeten Texteditors.

- NEUER SATZ ❼: Sie können damit einen eigenen Satz erstellen, wobei Sie einen Namen und eine Vorlage wählen müssen.
- SPEICHERN ❾: Änderungen an einem Satz müssen natürlich gespeichert werden.
- SATZ LÖSCHEN ❽: Entfernt den ausgewählten Satz aus der Satzsammlung.
- SATZ ANZEIGEN ❿: Um einen Überblick über den gesamten Satz zu erlangen, können Sie die gesamte Definition damit in eine Textdatei schreiben lassen und daraus beispielsweise Ihre ganz persönliche Liste der wichtigsten Tastenbelegungen erstellen.
- PRODUKTBEREICH ❷: Ein Satz ist in sich wieder in sogenannte Produktbereiche gegliedert, die zusammengehörige Funktionen/Befehle zu einer Gruppe vereinen.
- BEFEHLE ❸: In diesem Bereich werden alle Befehle des ausgewählten Produktbereichs angezeigt, denen ein Tastenkürzel zugewiesen werden kann.
- AKTUELLE TASTATURBEFEHLE ❹: Zeigt die aktuelle Belegung des ausgewählten Befehls an. Es kann jedoch durchaus mehrere Belegungen für einen Befehl geben.
- NEUER TASTATURBEFEHL ❻: Geben Sie hier das neue Tastenkürzel ein. Wählen Sie jedoch zuvor den Kontext aus, für den dieses Tastenkürzel gelten soll.
- KONTEXT ❺: Unterschiedliche Tastenkürzel können für denselben Befehl in Kombination mit einem bestimmten Kontext (siehe Abbildung 43.2) definiert werden. Damit können bereits belegte Tastenkürzel in einem anderen Zusammenhang für andere Befehle erneut verwendet werden.
- ENTFERNEN ⓫: Einträge in der Liste können gelöscht werden.

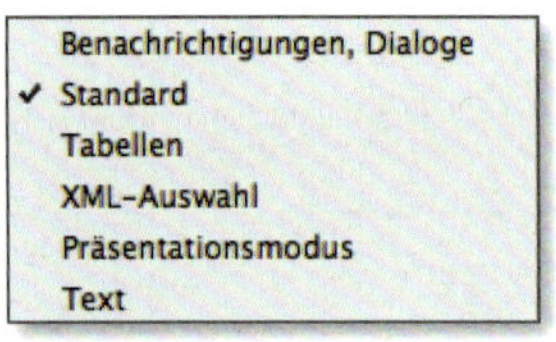

▲ **Abbildung 43.2**
Die verschiedenen Bereiche aus dem Menü KONTEXT

Definieren eines eigenen Tastenkürzel-Satzes

Das Verändern der Tastaturbefehle kann in bestimmten Arbeitsumgebungen durchaus sinnvoll sein, allerdings ist äußerste Genauigkeit gefordert, um Kollisionen mit vorhandenen Kürzeln zu vermeiden.

Kenne deinen Gegner
Um brauchbare Tastenbefehle zu definieren und unangenehme Kollisionen mit vorhandenen Befehlen zu vermeiden, benötigen Sie einen guten Überblick über den Tastenkürzel-Satz, den Sie als Basis für Ihren eigenen verwenden. Es fragt sich, ob Sie dann aber noch Tastaturbefehle ändern müssen bzw. wollen.

Empfohlene Tastenkürzeländerungen | Neben der Änderung der Tastenkürzel für das Auswahl- und Direktauswahl-Werkzeug empfehlen wir Ihnen, folgende Änderungen vorzunehmen:

- das Umschalten auf die Vorschau, den Anschnitt- und den Infobereich
- Ein- und Ausschalten der dynamischen Rechtschreibprüfung
- das Einfügen eines geschützten Leerraums mit fester Breite

- das Umschalten zwischen den definierten Arbeitsbereichen
- das Aktivieren der korrekten Zeichen für OpenType hoch- und tiefgestellt
- das Ausrichten der ersten Zeile eines Absatzes auf dem Grundlinienraster
- den Zugriff auf alle verwendeten Skripte
- das Aufrufen des Befehls Erneut transformieren • Erneut transformieren

Schritt für Schritt
Erstellen eines Tastenkürzel-Satzes

Diese Schritt-für-Schritt-Anleitung zeigt Ihnen, wie Sie Änderungen durchführen und den neuen Satz abspeichern können.

1 Tastaturbefehle-Dialog öffnen

Öffnen Sie über Bearbeiten • Tastaturbefehle den Editor, um sich einen eigenen, für Ihre Bedürfnisse modifizierten Tastenkürzel-Satz anzulegen.

2 Neuen Satz anlegen

Wählen Sie den Satz [Standard] aus, und klicken Sie auf die Schaltfläche Neuer Satz. Geben Sie dem neuen Satz einen Namen, und lassen Sie ihn auf [Standard] basieren. Bestätigen Sie die Eingabe mit OK. Damit haben Sie ein Duplikat des Satzes angelegt, womit Sie jederzeit zurückschalten können.

▲ **Abbildung 43.3**
Dialog Neuer Satz

3 Produktbereich und Befehl wählen

Um einen bestimmten Befehl zu finden, wählen Sie die übergeordnete Gruppe aus dem Auswahlmenü Produktbereich ❷ (Abbildung 43.1) aus. Am Beispiel des Direktauswahl-Werkzeugs wollen wir nun eine Änderung vornehmen.

Dem Direktauswahl-Werkzeug ist standardmäßig A zugewiesen. Wenn Sie jedoch gerade Text schreiben und über ein Tastenkürzel dieses Werkzeug auswählen wollen, so werden Sie mit A nicht wirklich zum Ziel gelangen. Um für den Textmodus ein Tastenkürzel zu definieren, müssen Sie im Produktbereich den Eintrag Werkzeuge und in Befehle ❸ den Eintrag Direktauswahl-Werkzeug aktivieren.

Kürzel für Mac OS X

Benutzer eines Macintosh können die ctrl-Taste für alle Tastenkürzel verwenden. Windows-User haben hier deutlich weniger Auswahl.

4 Tastenkürzel zuweisen

Um eine neue Tastenbelegung zu definieren, wählen Sie zuerst aus dem Menü Kontext ❺ den Funktionsbereich Text aus. Drücken Sie das neue Tastenkürzel ctrl+A im Feld Neuer Tastaturbefehl ❻, und bestäti-

▲ **Abbildung 43.4**
Für Mac OS X-Anwender eignet sich zur Wahl eines benutzerdefinierten Tastaturbefehls die ctrl-Taste, da diese in den Standardsätzen kaum verwendet wird.

gen Sie die Eingabe mit Zuweisen ⓬. Sie können nun darüber hinaus dasselbe Tastenkürzel für den Funktionsbereich Tabelle und zusätzlich für den Funktionsbereich Standard festlegen.

5 Weitere Änderungen vornehmen
Weitere Änderungen am Satz können Sie vornehmen, indem Sie die Schritte 3 und 4 für die gewünschten Einträge durchführen.

6 Satz abspeichern
Vergessen Sie nach getaner Arbeit nicht, auf Speichern zu klicken. Damit steht Ihnen der Tastenkürzel-Satz zur Verfügung.

Auf der Buch-DVD finden Sie im Ordner Settings • Tastaturkuerzel-Sets den abgespeicherten Satz »Buchempfehlung.indk« zu dieser Schritt-für-Schritt-Anleitung.

Ein Austausch zwischen Windows und Mac OS ist aufgrund der unterschiedlichen Tastaturen nicht möglich. Unter Windows sind die Sätze unter Dokumente und Einstellungen/Benutzer/Anwendungsdaten/Adobe/InDesign/Version 9.0/de_DE/InDesign Shortcut Sets gespeichert, unter Mac OS X unter Benutzer/Library/Preferences/Adobe InDesign/Version 9.0/de_DE/InDesign ShortcutSets.

43.5 Suchen/Ersetzen und seine Zeichencodes

Wenn Sie oft Texte verwenden müssen, deren Fehler Sie nicht über den jeweiligen Importfilter für diese Art des Textes korrigieren können, sollten Sie die Funktionen von Suchen/Ersetzen schnell aufrufen können und auch die wichtigsten Codes zur Text- und GREP-Suche kennen.

Funktionen

Funktionen für das Suchen/Ersetzen	Windows	Mac OS
Suchen/Ersetzen aufrufen	Strg+F	⌘+F
Weitersuchen	⇧+F2	⇧+F2
Ändern	Strg+F3	⌘+F3
Ersetzen/Suchen	⇧+F3	⇧+F3
Auswahl nach Suchen nach kopieren	Strg+F1	⌘+F1
Auswahl nach Suchen nach kopieren und weitersuchen	⇧+F1	⇧+F1
Auswahl nach Ändern in kopieren	Strg+F2	⌘+F2

Sonderzeichen für die Textsuche

Sonderzeichen	Code
Tabulator	^t
Zeilenschaltung (Absatzende)	^p
Harter Zeilenumbruch	^n
Seitenzahl	^#
Aktuelle Seitenzahl	^N
Nächste Seitenzahl	^X
Vorige Seitenzahl	^V
Abschnittsmarke	^x
Bullet •	^8
Caret ^	^^
Umgekehrter Schrägstrich \	\
Copyright-Symbol ©	^2
Ellipse …	^e
Tilde ~	~
Paragraf-Symbol §	^7
Registered-Trademark-Symbol ®	^r
Absatzmarke ¶	^6
Trademark-Symbol ™	^d
Geviertstrich	^_
Halbgeviertstrich	^=
Bedingte Trennung	^-
Geschützter Trennstrich	^~

Sonderzeichen (nur Suche)	Code
Alle Variablen	^v
Verankertes Objekt	^a
Fußnote	^F
Index	^I

Platzhalter (nur Suche)	Code
Ziffer	^9
Buchstabe	^$
Zeichen	^?
Weißraum (Leerzeichen,Tabulator)	^w

Umbruchzeichen	Code
Absatzumbruch	^b
Spaltenumbruch	^M
Rahmenumbruch	^R
Seitenumbruch	^P
Umbruch für ungerade Seiten	^L
Umbruch für gerade Seiten	^E
Bedingter Zeilenumbruch	^j
Tabulator für rechte Ausrichtung	^y
Einzug bis hierhin	^i
Verschachteltes Format hier beenden	^h
Verbindung unterdrücken	^k

Leerzeichen	Code
Geviert	^m
Halbgeviert	^>
Drittelgeviert	^3
Viertelgeviert	^4
Sechstelgeviert	^%
Achtelgeviert	^<
1/24-Geviert	^|
Ausgleichs-Leerzeichen	^f
Geschütztes Leerzeichen	^S
Geschütztes Leerzeichen, feste Breite	^s

Leerzeichen	Code
Ziffernleerzeichen	^/
Interpunktionsleerzeichen	^.

Textvariablen	Code
Laufende Kopfzeile (Absatzformat)	^Y
Laufende Kopfzeile (Zeichenformat)	^Z
Benutzerdefinierter Text	^u
Letzte Seitenzahl	^T
Kapitelnummer	^H
Erstellungsdatum	^S
Änderungsdatum	^o
Ausgabedatum	^D
Dateiname	^l

Zwischenablage (nur Ersetzen)	Code
Zwischenablage, formatiert	^c
Zwischenablage, unformatiert	^C

Sonderzeichen für die GREP-Suche

Sonderzeichen	Code
Tabulator	\t
Zeilenschaltung (Absatzende)	\r
Harter Zeilenumbruch	\n
Seitenzahl	~#
Aktuelle Seitenzahl	~N
Nächste Seitenzahl	~X
Vorige Seitenzahl	~V
Abschnittsmarke	~x
Bullet •	~8

Sonderzeichen	Code
Caret ^	\^
Umgekehrter Schrägstrich \	\\
Copyright-Symbol ©	~2
Ellipse …	~e
Tilde ~	\~
Paragraf-Symbol §	~7
Registered-Trademark-Symbol ®	~r
Absatzmarke ¶	~6
Trademark-Symbol ™	~d
Geviertstrich	~_
Halbgeviertstrich	~=
Bedingte Trennung	~-
Geschützter Trennstrich	~~

Sonderzeichen (nur Suche)	Code
Alle Variablen	~v
Verankertes Objekt	~a
Fußnote	~F
Index	~I
Kein Weißraum	\S
Wortzeichen (keine Satzzeichen)	\w
Kein Wortzeichen (Satzzeichen)	\W
Großbuchstabe	\u
Kein Großbuchstabe	\U
Kleinbuchstabe	\l
Kein Kleinbuchstabe	\L
Alles außer Ziffern	\D

Leerzeichen	**Code**
Geviert	~m
Halbgeviert	~>
Drittelgeviert	~3
Viertelgeviert	~4
Sechstelgeviert	~%
Achtelgeviert	~<
1/24-Geviert	~|
Ausgleichszeichen	~f
Geschütztes Leerzeichen	~S
Geschütztes Leerzeichen, feste Breite	~s
Ziffernleerzeichen	~/
Interpunktionsleerzeichen	~.

Zwischenablage (nur Ersetzen)	**Code**
Zwischenablage, formatiert	~c
Zwischenablage, unformatiert	~C

Umbruchzeichen	**Code**
Absatzumbruch	~b
Spaltenumbruch	~M
Rahmenumbruch	~R
Seitenumbruch	~P
Umbruch für ungerade Seiten	~L
Umbruch für gerade Seiten	~E
Bedingter Zeilenumbruch	~a
Tabulator für rechte Ausrichtung	~y
Einzug bis hierhin	~i
Verschachteltes Format hier beenden	~h
Verbindung unterdrücken	~k

Textvariablen	**Code**
Laufende Kopfzeile (Absatzformat)	~Y
Laufende Kopfzeile (Zeichenformat)	~Z
Benutzerdefinierter Text	~u
Letzte Seitenzahl	~T
Kapitelnummer	~H
Erstellungsdatum	~S
Änderungsdatum	~o
Ausgabedatum	~D
Dateiname	~l
Metadatenbeschriftung	~J

Platzhalter (nur Suche)	**Code**
Ziffer	\d
Buchstabe	[\l\u]
Zeichen	.
Weißraum (Leerzeichen, Tabulator)	\s

Fundstellen (nur Ersetzen)	**Code**
Der gesamte gefundene Text	$0
Gefundener Text, Teil 1 – 9	$1 – $9

Positionen	**Code**
Wortanfang	\<
Wortende	\>
Wortgrenze	\b
Keine Wortgrenze	\B
Absatzanfang	^
Absatzende	$
Anfang Textfluss	\A
Ende Textfluss vor Return	\Z

Positionen	Code
Ende Textfluss nach Return	\z

Wiederholungen	Code
Keinmal oder einmal	?
Keinmal oder mehrere Male	*
Einmal oder mehrere Male	+
Keinmal oder einmal (kürzeres Ergebnis)	??
Keinmal oder mehrere Male (kürzeste Entsprechung)	*?
Einmal oder mehrere Male (kürzeste Entsprechung)	+?
Genau n-mal	{n}
Mehr als n-mal	{n,}
Zwischen n- und m-mal	{n, m}

Steuerung/Entsprechung	Code
Teilbegriffe suchen mit Speicher	( )
Gespeicherten Teilbegriff ersetzen	$1 – $9
Gespeicherten Teilbegriff noch einmal finden	\1 – \9
Teilbegriffe suchen ohne Speicher	(?:)
Eines der Zeichen in der Klammer	[…]
Ein Zeichen, das nicht in der Klammer steht	[^…]
Logisches Oder	|
Positives Lookbehind	(?<=)
Negatives Lookbehind	(?<!)
Positives Lookahead	(?=)
Negatives Lookahead	(?!)

Klassen – POSIX (nur Suche)	Code
Beliebiges alphanumerisches Zeichen	[[:alnum:]]
Beliebiger Buchstabe (Zeichen aus dem Alphabet)	[[:alpha:]]
Weißraum (Leerzeichen, Tabulator)	[[:blank:]]
Beliebiges Steuerzeichen	[[:control:]]
Beliebiges sichtbares Zeichen	[[:graph:]]
Beliebiges sichtbares Zeichen und Leerzeichen	[[:print:]]
Beliebiges Satzzeichen	[[:punct:]]
Zeichen mit einem Code größer 255	[[:unicode:]]
Hexadezimale Ziffer	[[:xdigit:]]
Beliebiges Zeichen eines Glyphensatzes	[[=a=]]

Suchparameter	Code
Nicht zwischen Groß- und Kleinschreibung unterscheiden	(?i)
Zwischen Groß- und Kleinschreibung unterscheiden	(?-i)
»Mehrzeilig« ein	(?m)
»Mehrzeilig« aus	(?-m)
»Eine Zeile« ein	(?s)
»Eine Zeile« aus	(?-s)

Kapitel 44
Links

Wir freuen uns, dass Sie unser Buch als Informationsquelle gewählt haben, aber uns ist auch bewusst, dass wir nicht auf jedes Detail eingehen konnten. Darüber hinaus können wir Ihnen auch nur einen Schnappschuss bieten: Adobe führt in InDesign (hoffentlich) fortlaufend Wartungsarbeiten durch und ändert bei Fehlerkorrekturen auch Verhaltensweisen. Wir haben einige Informationsquellen im Internet für Sie ausgewählt, wo Sie weitergehende Informationen zu InDesign oder Hintergrundinformationen zu grundlegenden Technologien finden.

44.1 Informationen von Adobe

Adobe bietet eine Fülle von Informationen zu den verschiedenen Komponenten der Creative Suite und somit auch zu InDesign und InCopy, aber auch zu Grundsatzthemen wie Scripting und datenzentrierter Produktion.

Linkliste
Wollen Sie diese Links nicht mühselig abtippen, finden Sie eine Linkliste auf der DVD zum Buch.

http://www.adobe.com/de/designcenter.html | Dies ist der zentrale Anlaufpunkt zu allen Adobe-Produkten und deren Support- und Hilfe-Seiten.

http://www.adobe.com/de/products/indesign.html | Die Homepage von InDesign. Hier finden Sie technische Hintergründe, eine Übersicht zu Plug-ins und viele weitere Informationsquellen.

http://www.adobe.com/devnet/scripting.html | Skripting und Dokumentverarbeitung auf XML-Basis erfordert einiges an Zusatzinformationen – diese finden Sie hier, vor allem in Form von verschiedenen Handbüchern für die einzelnen Skriptsprachen.

http://www.adobe.com/de/products/incopy.html | Die Homepage für InCopy-User

www.indesignusergroup.com | Adobe betreibt auch ein eigenes InDesign-User-Forum. Hier müssen Sie sich allerdings (kostenlos) registrieren.

http://forums.adobe.com/community/international_forums/deutsche | Dies ist ein deutschsprachiges Forum zu allen Adobe-Produkten.

44.2 Andere Organisationen und Unternehmen

www.eci.org | Die *European Color Initiative* bietet Farbprofile und deren Dokumentation an. Zusätzlich werden hier die ISO-Normen zu den PDF/X-Standards verwaltet. Die Informationen sind sehr technisch, aber für die farbverbindliche Produktion werden Sie zumindest um die ECI-Profile nicht herumkommen, die Sie hier herunterladen können.

www.fogra.de | In der Standardisierung der drucktechnischen Farbproduktion spielt auch die *Forschungsgesellschaft Druck e. V.* eine wichtige Rolle. Auf deren Website finden Sie viele PDF-Dokumente zu grundsätzlichen, aber auch sehr speziellen Themen der Druckvorstufe.

www.pdfx-ready.ch | Der Verein *PDFX-ready* wurde von einigen namhaften Unternehmen gegründet und bietet Informationen, Schulungen und Zertifizierungen für einen sicheren Umgang mit PDF-X an.

44.3 Foren und Blogs

http://indesignsecrets.com | Der Name sagt eigentlich alles: Hier finden Sie viele Tipps und Tricks, wie Sie InDesign dazu bringen, Dinge zu tun, die es eigentlich nicht kann.

http://hilfdirselbst.org | Hier finden Sie Tutorials zu den unterschiedlichsten Themen der Druckproduktion, aber auch eine Linksammlung für InDesign-Skripte.

http://www.indesign-faq.de/de | Blog und einige sinnvolle Skripte von Gerald Singelmann

Kapitel 45
Die DVD zum Buch

Damit Sie sowohl als Einsteiger als auch als Umsteiger zügig mit InDesign CC loslegen können, haben wir für Sie auf der dem Buch beiliegenden DVD einige wichtige Hilfsmittel und Informationen zusammengestellt.

Auf der obersten Ebene finden Sie die zwei Dateien *Linkliste_Links.pdf* und *Linkliste_Plug_Ins.pdf*, die Ihnen einen schnellen Zugriff auf unsere Link- und Plug-in-Empfehlungen ermöglichen.

45.1 Beispielmaterial

Hier finden Sie Unterordner mit Materialien, die Sie für unsere Schritt-für-Schritt-Anleitungen in den einzelnen Kapiteln verwenden können. Die Beispielmaterialien haben wir sowohl als *.indd*- als auch als *.idml*-Version auf der DVD hinterlegt. InDesign CC-Benutzer können direkt die *.indd*-Daten öffnen, die *.idml*-Dateien sind für Benutzer früherer InDesign-Versionen (bis InDesign CS4) gedacht. Die beiden Versionen unterscheiden sich ansonsten nicht. Neue Funktionen in InDesign CC werden in früheren Versionen verständlicherweise nicht funktionieren.

45.2 Settings

Die Einstellungen für Arbeitsbereiche und Tastenkürzel, die wir im Buch empfehlen, erscheinen uns so wichtig, dass wir sie in einem eigenen Ordner im Hauptverzeichnis der DVD untergebracht haben.

45.3 Zusatzkapitel

In diesem Ordner finden Sie ein eigenständiges Kapitel zu InCopy, das im Buch leider keinen Platz mehr gefunden hat.

45.4 Video-Lektionen

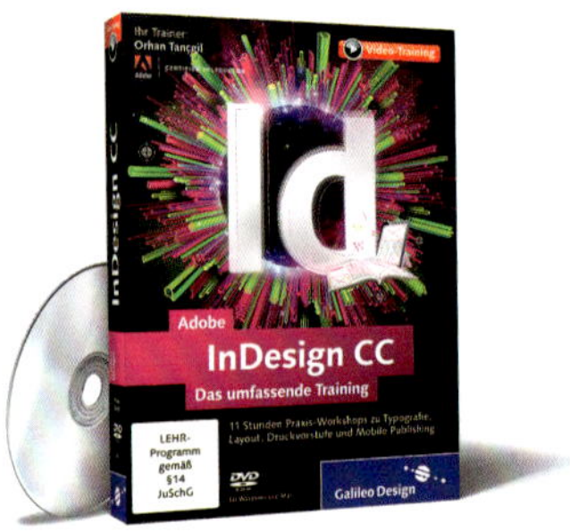

In diesem Ordner finden Sie ausgesuchte Video-Lektionen, mit denen Sie Ihr InDesign-Wissen vertiefen können. Die Lektionen wurden dem Video-Training »Adobe InDesign CC« von Orhan Tançgil entnommen (ISBN 978-3-8362-2431-4).

Um das Training zu starten, gehen Sie auf der Buch-DVD in den Ordner VIDEO-LEKTIONEN und klicken dort die Datei »start.exe« (Windows) bzw. »start.app« (Mac) auf der obersten Ebene doppelt an. Alle anderen Dateien können Sie ignorieren.

Das Video-Training startet, und Sie finden sich auf der Oberfläche wieder. Bitte vergessen Sie nicht, die Lautsprecher zu aktivieren oder gegebenenfalls die Lautstärke zu erhöhen. Sollten Sie Probleme mit der Leistung Ihres Rechners feststellen, können Sie alternativ die Datei »start.html« aufrufen.

Kapitel 1: Zusammenarbeit mit anderen Programmen

1.1 Der Illustrator-Workflow (5:06 Min.)
1.2 Der Photoshop-Workflow (4:17 Min.)
1.3 Der Acrobat-Worflow (10:56 Min.)
1.4 Zusammenarbeit mit Microsoft Office (6:44 Min.)

Kapitel 2: Die Digital Publishing Suite

2.1 Einleitung
2.2 Der Aufbau eines digitalen Magazins (5:17 Min.)
2.3 Ein DPS-Folio erstellen (11:31 Min.)
2.4 Den Overlay-Creator einsetzen (7:41 Min.)
2.5 Interaktive Funktionen hinzufügen (8:41 Min.)
2.6 Das Folio publizieren (6:61 Min.)

Index

B

C

D

E

F

G

H

I

J

K

L

M

N

P

Q

R

S

T

W

X

Z

Wir hoffen sehr, dass Ihnen dieses Buch gefallen hat. Bitte teilen Sie uns doch Ihre Meinung mit. Eine E-Mail mit Ihrem Lob oder Tadel senden Sie direkt an die Lektorin des Buches: *ruth.lahres@galileo-press.de*. Im Falle einer Reklamation steht Ihnen gerne unser Leserservice zur Verfügung: *service@galileo-press.de*. Informationen über Rezensions- und Schulungsexemplare erhalten Sie von: *julia.mueller@galileo-press.de*.

Informationen zum Verlag und weitere Kontaktmöglichkeiten finden Sie auf unserer Verlags-website *www.galileo-press.de*. Dort können Sie sich auch umfassend und aus erster Hand über unser aktuelles Verlagsprogramm informieren und alle unsere Bücher versandkostenfrei bestellen.

An diesem Buch haben viele mitgewirkt, insbesondere:

Lektorat Ruth Lahres
Korrektorat Alexandra Müller, Olfen
Herstellung Maxi Beithe
Layout Maxi Beithe, Vera Brauner
Einbandgestaltung Mai Loan Nguyen Duy
Satz Hans Peter Schneeberger, Robert Feix
Druck Himmer, Augsburg

Dieses Buch wurde gesetzt aus der Linotype Syntax (9,25 pt/13 pt) in Adobe InDesign CC. Gedruckt wurde es auf mattgestrichenem Bilderdruckpapier (115 g/m^2).

Der Name Galileo Press geht auf den italienischen Mathematiker und Philosophen Galileo Galilei (1564–1642) zurück. Er gilt als Gründungsfigur der neuzeitlichen Wissenschaft und wurde berühmt als Verfechter des modernen, heliozentrischen Weltbilds. Legendär ist sein Ausspruch *Eppur si muove* (Und sie bewegt sich doch). Das Emblem von Galileo Press ist der Jupiter, umkreist von den vier Galileischen Monden. Galilei entdeckte die nach ihm benannten Monde 1610.

Bibliografische Information der Deutschen Nationalbibliothek:
Die Deutsche Nationalbibliothek verzeichnet diese Publikation in der Deutschen Nationalbibliografie; detaillierte bibliografische Daten sind im Internet über *http://dnb.d-nb.de* abrufbar.

ISBN 978-3-8362-2450-5
1. Auflage 2013

Liebe Leserin, lieber Leser,

Adobe überrascht die kreative Welt mit einer neuen Version zu neuen Bedingungen. Wir haben daher für Sie unser komplettes Buch- und Videoprogramm zur CC (Creative Cloud) neu aufgelegt – aktualisiert, erweitert und gründlich geprüft. Sie möchten sich mit dem Umstieg Zeit lassen? Selbstverständlich sind auch die Standardwerke zur CS6 weiterhin lieferbar.

Gutes Design und schöne Bilder entstehen nicht allein durch geschickte Bedienung von Software. Wir begleiten Sie deshalb mit attraktiven Büchern zu wichtigen Gestaltungsthemen und fotografischen Genres. Denn Designer und Fotografen wissen gelungene Beispiele, Tipps und Inspirationen jederzeit zu schätzen!

Viel Freude beim Lesen, Lernen und Gestalten wünscht

Ihre Judith Stevens-Lemoine
Programmleiterin Galileo Design

Inhalt

Markus Wäger

Adobe Photoshop CC

Schritt für Schritt zum perfekten Bild

Entdecken Sie die Möglichkeiten der Bildbearbeitung mit Photoshop CC! In über 100 Workshops bietet Ihnen Markus Wäger ein wahres Feuerwerk an Tricks und Kniffen, um das Beste aus Ihren Bildern herauszuholen: Fotofunktionen, Retusche, Montagen, Effekte, Camera Raw u. v. m. Jede Menge Aha-Erlebnisse und schneller Lernerfolg garantiert!

440 Seiten, mit DVD, 39,90 €
ISBN 978-3-8362-2465-9
www.galileodesign.de/3395

Eine Auswahl unserer Video-Trainings zu Photoshop finden Sie auf den Seiten 8 und 9. Unsere komplettes Angebot auf »www.galileo-videotrainings.de

Der Photoshop-Podcast von Galileo Press

» www.photoshop-profis.de

Seien Sie dabei, wenn die »Photoshop-Profis« von Galileo Press jede Woche neue Techniken, Tricks und Effekte aus der Photoshop-Welt enthüllen …

1.200 Seiten, mit DVD, 49,90 €
September 2013

Sibylle Mühlke

Adobe Photoshop CC

Das umfassende Handbuch

Sie wollen das komplette Photoshop CC-Wissen stets griffbereit? Dann sind Sie hier richtig, denn mit diesem Buch halten Sie das deutsche Standardwerk zu Photoshop in Ihren Händen: Bewährt, praxisnah und randvoll mit Informationen finden Sie hier immer, was Sie brauchen. Inkl. DVD, Tastenkürzel-Übersicht, Infoteil, Zusatzinfos im Web u. v. m.

ISBN 978-3-8362-2466-6
www.galileodesign.de/3396

Photoshop von A bis Z:

- CC-Neuheiten sofort anwenden
- Arbeitsoberfläche, alle Werkzeuge
- Kontraste, Helligkeit und Schärfe
- Farbkorrektur, Schwarzweiß
- Reparatur und Retusche
- Camera Raw, Bridge, Mini Bridge
- Ebenenmasken, Auswahlen, Kanäle
- Füllmethoden, Ebenenstile, Filter
- Smart-Objekte, Texte, Pfade
- Farbe, Malen mit Misch-Pinsel & Co.
- Automatisierung, nützliche Helfer
- Farbmanagement, Druck- und Webausgabe

461 Seiten
mit DVD
24,90 €

Robert Klaßen

Adobe Photoshop CC

Der professionelle Einstieg

Dieses Buch ist Ihre Eintrittskarte in die Welt von Photoshop CC. Gespickt mit zahlreichen Tipps aus der Praxis lernen Sie alle wichtigen Grundlagen und Photoshop-Techniken kennen. Von der Arbeit mit Ebenen über Bildkorrekturen und Fotomontagen auf Profi-Niveau – der Adobe Certified Expert Robert Klaßen zeigt Ihnen, wie es geht!

ISBN 978-3-8362-2462-8
www.galileodesign.de/3392

326 Seiten, 2012
mit DVD
39,90 €

Tilo Gockel

Photo Finish!

Perfekte Bilder mit Photoshop, Elements & Co.

Sie wollen wissen, wie Sie aus Ihren Fotos echte Hingucker machen? Dann werfen Sie einen Blick in Tilo Gockels Trickkiste! In über 30 Workshops zeigt er Ihnen, wie Sie stylische Bildlooks für Porträt, Fashion, Architektur, Produktfotos u. v. m. realisieren. Peppen Sie Ihre Bilder mit Photoshop, Elements & Co. ordentlich auf!

ISBN 978-3-8362-1770-5
www.galileodesign.de/2874

510 Seiten, mit DVD, 39,90 €
August 2013

Maike Jarsetz

Photoshop CC für digitale Fotografie

Schritt für Schritt zum perfekten Foto

Photoshop für Fotografen: Maike Jarsetz stellt in diesem Buch immer ein konkretes Bild und die damit verbundenen Bearbeitungsfragen in den Vordergrund. Mit den Bildern von der DVD können Sie jeden Workshop nacharbeiten und so ganz praktisch Photoshop erlernen: von der Bildorganisation über die Bearbeitung bis zur Ausgabe der Fotos.

ISBN 978-3-8362-2590-8
www.galileodesign.de/3435

vorher

nachher

Bilder aus dem Photoshop-Buch zur CS6 (weiterhin lieferbar)

Unsere Bücher zu Photoshop CS6 sind weiterhin lieferbar.

1.224 Seiten, mit DVD, 59,90 €
August 2013

Hans Peter Schneeberger, Robert Feix

Adobe InDesign CC

Das umfassende Handbuch

Adobe InDesign sicher beherrschen! Dieser Bestseller bietet zu allen Themen rund um Ihre Software detaillierte Erklärungen, schnelle Lösungen und unzählige Profitipps. Leicht verständlich erläutert er alles, was Sie wissen müssen: Von der ersten Layoutarbeit bis hin zu den modernen Techniken wie EPUB, Tablet-Publishing, Skripten, GREP und zur Automatisierung.

ISBN 978-3-8362-2450-5
www.galileodesign.de/3385

Aus dem Inhalt:

- InDesign einrichten
- Layouts anlegen und organisieren
- Professioneller Umgang mit Text, Grafiken und Bildern
- Lange Dokumente meistern
- Printproduktion
- Farbmanagement
- Schriftprobleme lösen
- Layout multimedial: E-Books, PDF-Formulare, Tablet-Publishing
- InDesign automatisieren: GREP, Skripte, Publishing mit XML

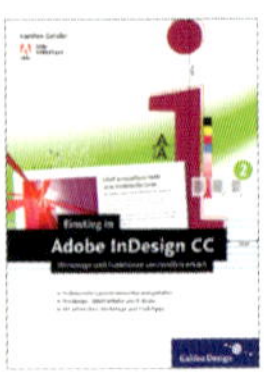

450 Seiten
29,90 €

Karsten Geisler

Einstieg in Adobe InDesign CC

Werkzeuge und Funktionen verständlich erklärt

Gestalten und Entwerfen mit InDesign CC – das ist Ihre Welt! Dieses Buch führt Sie kompetent und leicht verständlich in die Arbeit mit Ihrer Software ein und begleitet Sie vom leeren Blatt bis zur perfekten Ausgabe für den Druck, das Web oder auf iPad und E-Book-Reader. Mit zahlreichen Tipps, Hintergrundinfos und Praxisworkshops!

ISBN 978-3-8362-2463-5
www.galileodesign.de/3393

416 Seiten
34,90 €
August 2013

Kai Flemming

Adobe Illustrator CC

Der praktische Einstieg

Dieses Buch ermöglicht dem Einsteiger einen schnellen Zugang in das komplexe Programm Adobe Illustrator CC. Leicht verständliche Erklärungen und zahlreiche Praxisübungen helfen Ihnen, die wichtigsten Funktionen und Werkzeuge sicher anzuwenden. Ein Muss für Einsteiger!

ISBN 978-3-8362-2455-0
www.galileodesign.de/3389

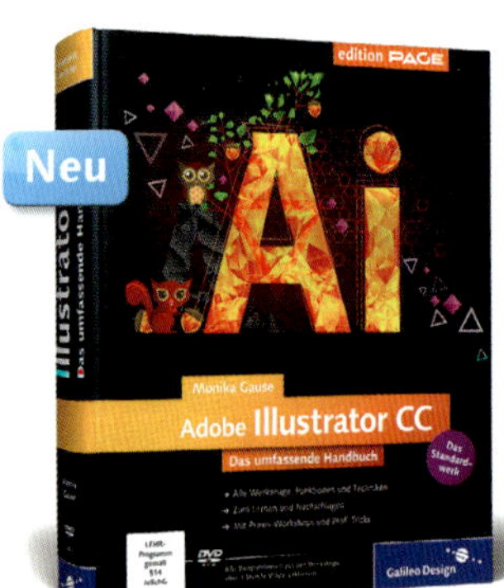

810 Seiten, mit DVD, 59,90 €
August 2013

Monika Gause

Adobe Illustrator CC

Das umfassende Handbuch

Generationen von Illustrator-Anwendern haben dieses hilfreiche Nachschlagewerk von Monika Gause bereits im Regal stehen. Klar strukturiert und leicht verständlich erläutert es wirklich alle Werkzeuge und Funktionen und zeigt, wie Sie mit Illustrator CC kreativ arbeiten können. Ein umfassendes Lern- und Nachschlagewerk für jeden Illustrator-Anwender.

ISBN 978-3-8362-2451-2
www.galileodesign.de/3386

Aus dem Inhalt:

- Illustrator einrichten
- Arbeiten mit Dokumenten
- Vektorobjekte erstellen, bearbeiten und kombinieren
- Transparenzen, Masken und Effekte
- Text und Typografie
- Muster und Symbole
- Perspektivische Darstellungen und 3D-Live-Effekte
- Mit Pixeldaten arbeiten
- Ausgabe für den Druck
- Web- und Bildschirmgrafik

Die Bücher zu InDesign CS6 und Illustrator CS6 sind weiterhin lieferbar.

620 Seiten, 2010, 39,90 €

Markus Wäger

Grafik und Gestaltung

Das umfassende Handbuch

Was macht eine Gestaltung perfekt? Dieses umfassende Praxisbuch zeigt Ihnen im Detail, wie Sie mit Form, Farbe, Schrift und Bildern ansprechende und professionelle Layouts erstellen. Markus Wäger verrät so manchen Trick aus der Praxis und wertvolles Hintergrundwissen. Nutzen Sie das Buch als Nachschlagewerk und Inspirationsquelle – und perfektionieren Sie Ihre Designs!

ISBN 978-3-8362-1206-9
www.galileodesign.de/1812

Ein Muss für jeden spezialisierten Kreativen, der über den Tellerrand seiner Disziplin hinausblicken will. DOCMA

318 Seiten
2. Auflage 2013
24,90 €

Claudia Korthaus

Grundkurs Grafik und Gestaltung

Für Ausbildung und Praxis

Dieses Buch führt Sie Schritt für Schritt in die Geheimnisse guter Gestaltung ein. Es zeigt Ihnen, welche Grundregeln es zu beachten gilt und wie Sie mit den richtigen Farben, Bildern und Schriften Layouts entwerfen, die im Gedächtnis bleiben. Mit zahlreichen Beispielen, Vorher-nachher-Vergleichen und praktischen Checklisten!

ISBN 978-3-8362-2355-3
www.galileodesign.de/3357

319 Seiten
3. Auflage 2012
24,90 €

Claudia Runk

Grundkurs Typografie und Layout

Für Ausbildung und Praxis

Diese liebevoll gestaltete Einführung zeigt Ihnen, wie Ihre Entwürfe durch den richtigen Umgang mit Schrift gewinnen können – von der passenden Schriftwahl über Abstände bis hin zu Grundlinienrastern und dem optimalen Seitenformat. Beispiele aus Print und Web, umgesetzt mit InDesign und QuarkXPress, vervollständigen das Buch.

ISBN 978-3-8362-1794-1
www.galileodesign.de/2627

330 Seiten, 2013, 24,90 €

Claudia Korthaus

Das Design-Buch für Nicht-Designer

Gute Gestaltung ist einfacher, als Sie denken!

Die einzige Voraussetzung für dieses Buch ist: Spaß am Gestalten! Egal ob Grußkarte, Vereinszeitung oder Aushang – schauen Sie sich einfach die zahlreichen Beispiele an und lassen Sie sich inspirieren. Vorher-nachher-Vergleiche und genaue Analysen helfen beim Verstehen. So steht gutem Design nichts mehr im Wege!

ISBN 978-3-8362-1779-8
www.galileodesign.de/3105

Aus dem Inhalt:

- Drei Schritte für jede Gestaltung
- Layouts für jeden Zweck
- Ideen gekonnt umsetzen
- Aufmerksamkeit erzeugen
- Standards kennen und nutzen
- Die richtige Schrift auswählen
- Passende Farben finden
- Mit Räumen arbeiten
- Visitenkarte, Briefbogen
- Flyer, Broschüre, Plakat
- Postkarte, Einladung
- Aushang, Vereinszeitung
- Webseite u. v. m.

424 Seiten, 2013, mit DVD
24,90 €

Björn Rohles

Grundkurs Gutes Webdesign

Alles, was Sie über Gestaltung im Web wissen sollten

So entstehen moderne und attraktive Websites, die jeder gerne besucht! In diesem Buch erlernen Sie die Gestaltungsgrundlagen für gutes Webdesign – vom Layout über Farben und Schrift bis hin zu Grafiken, Bildern und Icons. So wird aus einer einfachen Website ein echter Hingucker. Inkl. HTML5, CSS3 und Responsive Webdesign.

ISBN 978-3-8362-1992-1
www.galileodesign.de/3236

Aus dem Inhalt:

- Gestaltungsgrundlagen
- Ideen finden und bewerten
- Typografie, Webfonts
- Farblehre, Farbe im Web
- Grafiken, Bilder, Icons
- Buttons, Links, Navigation
- Website-Konzeption
- Informationsarchitektur
- CSS-Layouts, Raster
- HTML5 und CSS3

480 Seiten
29,90 €
September 2013

Hussein Morsy

Adobe Dreamweaver CC

Grundlagen und Praxiswissen

Sie möchten Ihre eigene Website mit Dreamweaver CC erstellen? Dann starten Sie mit diesem Buch durch: Vorlage anlegen, Seite füllen, Navigation hinzufügen, Website veröffentlichen. Auch zu Formularen, der Ausgabe auf mobilen Geräten, Bloggen u. v. m. Wie schrieb einer unserer Leser? »Ein spannendes, lesens- und lernenswertes Buch, einfach genial für Einsteiger«.

ISBN 978-3-8362-2452-9
www.galileodesign.de/3387

422 Seiten, 2013
mit DVD
39,90 €

Manuela Hoffmann

Modernes Webdesign

Gestaltungsprinzipien, Webstandards, Praxis

Die Grafikerin und Webdesignerin Manuela Hoffmann (pixelgraphix.de) führt Sie von der Idee über erste Entwürfe bis hin zur technischen Umsetzung: ein Wegweiser für modernes Webdesign, der gleichzeitig Praxis, Anleitung und Inspiration liefert. Inkl. DVD mit Beispielmaterial, Software, WordPress-Template u. v. m.

ISBN 978-3-8362-1796-5
www.galileodesign.de/2907

444 Seiten, 2011
mit DVD
39,90 €

Heiko Stiegert

Modernes Webdesign mit CSS

Schritt für Schritt zur perfekten Website

In ausführlichen Praxisworkshops zeigt Ihnen Heiko Stiegert, wie Sie moderne und professionelle Webdesigns standardkonform mit CSS realisieren. Attraktive Beispiele demonstrieren sowohl die Gestaltung einzelner Seitenelemente als auch das Layout ganzer Websites. Zahlreiche Profi-Tipps und -Tricks zu CSS3 lassen garantiert keine Fragen offen!

Sehr anschaulich! der webdesigner

ISBN 978-3-8362-1666-1
www.galileodesign.de/2455

707 Seiten
2. Auflage 2012
mit CD
29,90 €

Alexander Hetzel

WordPress 3

Das umfassende Handbuch

Das Buch zeigt Ihnen den richtigen Umgang mit WordPress. Angefangen bei der Installation bis hin zur Anpassung und Konfiguration Ihrer Website oder Ihres Blogs. Dazu zählt auch die Darstellung der komplexen Entwicklung von eigenen Design-Vorlagen und Erweiterungen. Inkl. Einbindung von Social-Media und SEO.

ISBN 978-3-8362-1943-3
www.galileocomputing.de/3152

Mehr zu HTML 5, Responsive Webdesign und GIMP …

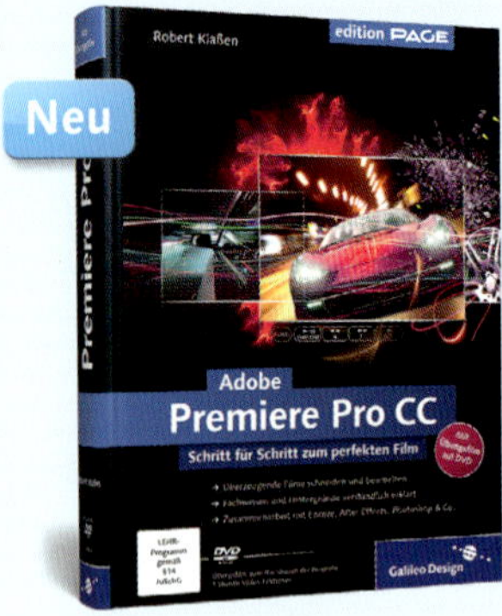

600 Seiten, mit DVD
39,90 €

Robert Klaßen

Adobe Premiere Pro CC

Schritt für Schritt zum perfekten Film

Der Film ist »im Kasten« und nun soll er richtig gut geschnitten werden? In diesem Buch verrät Ihnen der Profi-Videodesigner Robert Klaßen, wie aus Ihrem ungeschnittenen Material mit Premiere Pro CC ein fertiger Film wird – Vor- und Abspann, kreative Übergänge, spannende Effekte und überzeugender Ton inklusive! Die Buch-DVD enthält ausgewählte Video-Lektionen, alle Beispieldateien der Workshops und den fertigen Übungsfilm.

ISBN 978-3-8362-2464-2
www.galileodesign.de/3394

Aus dem Inhalt:

- Ihr erster Film in 20 Minuten
- Technisches Hintergrundwissen
- Die Arbeitsumgebung
- HD-Material importieren
- Analoges Material digitalisieren
- Clips in Bridge CC organisieren
- Spezielle Schnitt-Techniken
- Effekte, Zeitlupen, Titel
- Masken und Keying, Greenscreen
- Bildkorrekturen, Farbkorrekturen
- Audioeffekte, Audiomixer
- Ausgabe, Archivierung

924 Seiten
mit DVD
79,90 €

Philippe Fontaine

Adobe After Effects CS6

Das umfassende Handbuch

Keying-Effekte, 3D-Animationen, Rendering, Motion Tracking u. v. m. – endlich alle Funktionen präzise und verständlich in einem Band erklärt. Holen Sie alles aus Adobe After Effects CS6 heraus und verblüffen Sie mit kinoreifen visuellen Effekten. Sie sind nur noch wenige Seiten vom atemberaubenden Compositing entfernt …

ISBN 978-3-8362-1892-4
www.galileodesign.de/3056

629 Seiten
mit DVD
59,90 €

Andreas Zerr, Manuel Skroblin

Final Cut Pro X

Das umfassende Handbuch – inkl. Motion und Compressor

Die Video-Experten Andreas Zerr und Manuel Skroblin zeigen Ihnen, wie Sie mit der neuen Software professionell arbeiten und mit den passenden Übergängen, Spezialeffekten & Co. richtig gute Filme schneiden. Sie verraten jede Menge Profi-Tricks und erklären auch Motion und Compressor. Tipps für Umsteiger für inklusive!

ISBN 978-3-8362-1860-3
www.galileodesign.de/3026

MAGIX Video deluxe, Blender und Cinema 4D » www.galileodesign.de

416 Seiten, 2012
mit DVD
29,90 €

Robert Klaßen

Grundkurs Digitales Video

Schritt für Schritt zum perfekten Film

So machen Sie mit Camcorder & Co. richtig gute Filme! Robert Klaßen führt Sie in die Welt des digitalen Videofilmens ein und begleitet Sie bei Ihren Drehs zu den unterschiedlichsten Aufnahmeorten: Egal ob Urlaubsdoku, festlicher Anlass oder Sport-Event – Aufnahmen mit dem gewissen Etwas sind ab jetzt garantiert! Mit zahlreichen Beispiel-Clips auf DVD.

ISBN 978-3-8362-1819-1
www.galileodesign.de/2964

328 Seiten
4. Auflage 2013
mit DVD
29,90 €

Axel Rogge

Die Videoschnitt-Schule

Für spannende und überzeugende Filme

Axel Rogge, Schnittprofi vom TV-Sender ProSieben, verrät Ihnen, wie Sie unterhaltsamere und spannendere Filme schneiden. Sie lernen, worauf Sie beim Dreh achten können, wie Sie Szenen richtig auswählen und welche Videoeffekte, Übergänge und Hintergrundmusik sich am besten eignen. Egal mit welcher Schnittsoftware – so fesseln Sie Ihre Zuschauer!

Empfehlung der Redaktion!
Foto Praxis, Mai 2013

ISBN 978-3-8362-2029-3
www.galileodesign.de/3292

397 Seiten, 2. Auflage 2013
39,90 €

Hans-Peter Schaub

Naturfotografie. Die große Fotoschule

In diesem Buch erfahren Sie alles, was Sie über die Naturfotografie wissen möchten! Der erfahrene Naturfotograf Hans-Peter Schaub führt Sie in die heimischen Landstriche und zeigt Ihnen, dass überall um Sie herum Naturmotive zu finden sind – egal, ob Sie bevorzugt Landschaften, Tiere oder Pflanzenmakros fotografieren. Dieses Buch inspiriert und liefert Ihnen wichtige Praxistipps, damit Sie im richtigen Moment bei bestem Licht auslösen können!

ISBN 978-3-8362-1936-5
www.galileodesign.de/3150

379 Seiten
2. Auflage 2012
mit DVD
39,90 €

Thomas Bredenfeld

Digitale Fotopraxis Panoramafotografie

Willkommen in der Welt der digitalen Panoramafotografie: Erfahren Sie, welche Ausrüstung sinnvoll ist, lernen Sie anhand von anschaulichen Beispielen die richtige Aufnahmetechnik kennen und wie Sie Ihre Vorlagen am Rechner perfekt zusammenfügen. Die beiliegende DVD beinhaltet u. a. Beispielbilder und Videolektionen.

ISBN 978-3-8362-1861-0
www.galileodesign.de/3027

310 Seiten
29,90 €
September 2013

Kathy Hennig, Lars Ihring, Michael Papendieck

Die Fotoschule in Bildern. Porträtfotografie

Porträtfotografie – Mit diesem Buch gelingt Ihnen der Einstieg! Sie lernen anhand gelungener Aufnahmen, wie Sie Menschen kreativ und erfolgreich ins rechte Licht setzen. Die Autoren erklären ihre Gestaltungsideen und verraten konkrete Angaben zu Aufnahme- und Lichtsituation. Bild für Bild lernen Sie so alle wichtigen Aspekte dieses Genres kennen.

ISBN 978-3-8362-2581-6
www.galileodesign.de/3428

326 Seiten, 2012
39,90 €

Kathy Hennig, Lars Ihring

Das Posing-Buch für Fotografen

Modelle perfekt inszenieren

Kathy Hennig und Lars Ihring zeigen Ihnen, wie Sie Bildideen entwickeln, Make-up und Styling auswählen, mit dem Modell umgehen u. v. m. Mit vielen Erklärungen und Bildanleitungen führen Sie Ihr Modell zielsicher in verschiedenste Posen: von einfachen Standards über Beauty-Posen bis hin zu Posen für Paare und Gruppen. Setzen Sie Ihr Modell perfekt in Szene!

ISBN 978-3-8362-1798-9
www.galileodesign.de/2906

319 Seiten, 2013
39,90 €

Hanke, Kasper, Puhl, Reske, Schönfeld

Von erfolgreichen Fotografen lernen: Porträtfotografie

In diesem Buch nehmen Sie fünf Fotografen mit hinter die Kulissen! Sie berichten praxisnah aus ihrem fotografischen Alltag und stellen ihre spannendsten Fotoprojekte vor. Dabei lernen Sie die Vielfalt der Peoplefotografie kennen: Studio, Lifestyle, Beauty, Hochzeiten, Kinder, kreative Porträts, Akt u. v. m.

Ein sehr gut gemachtes Buch!
Pictures Magazin

ISBN 978-3-8362-1935-8
www.galileodesign.de/3143

840 Seiten, mit DVD und Referenzkarte
49,90 €, Oktober 2013

István Velsz

Photoshop Lightroom 5

Das umfassende Handbuch

Dieses Buch zu Lightroom 5 lässt keine Frage offen! Sie erfahren, wie Sie Ihre Bildbestände sinnvoll archivieren und verwalten, Raw-Bilder umwandeln und bearbeiten, Ihre Bilder ansprechend präsentieren, veröffentlichen und drucken. Schritt-für-Schritt-Anleitungen erleichtern den Einstieg in die Arbeit mit Lightroom.

ISBN 978-3-8362-2500-7
www.galileodesign.de/3406

Lightroom von A bis Z

- Schnelleinstieg für den Überblick
- Aufnahmen importieren
- Bilder ordnen und vergleichen
- Metadaten nutzen und pflegen
- Geotagging
- Raw-Basisentwicklung
- Schwarzweiß, Farbe, Tonungen
- Objektivfehler entfernen
- Freistellen und schärfen
- Videos verwalten und bearbeiten
- Diashows gestalten
- Abzüge und Fotobücher drucken
- Fotogalerien erstellen

424 Seiten
mit DVD
24,90 €
August 2013

Torsten Kieslich

Einstieg in Lightroom 5

Bilder bearbeiten und organisieren

Mit diesem Buch gelingt Ihnen der Einstieg in Lightroom 5! Der Autor vermittelt Ihnen leicht verständlich, wie Sie Ihre Bilder verwalten, bearbeiten und präsentieren. Schritt-für-Schritt-Anleitungen helfen Ihnen dabei, die wichtigsten Funktionen kennenzulernen. Und mit den Bildern auf der Buch-DVD können Sie gleich loslegen!

ISBN 978-3-8362-2503-8
www.galileodesign.de/3407

11 Std. Spielzeit
39,90 €

Video-Training

Maike Jarsetz

Photoshop Lightroom 5

Das umfassende Training

Mit diesem Training bekommen Sie Lightroom 5 richtig in den Griff! Lassen Sie sich Film für Film zeigen, wie Sie Lightroom richtig einsetzen. Zur Bibliothek, zur Entwicklung, zu Raw-Bildern, Metadaten und Katalogen – hier finden Sie Lösungen, die Ihnen sofort weiterhelfen. Ganz einfach zum Zuschauen und Nachmachen!

ISBN 978-3-8362-2439-0
www.galileodesign.de/3383

530 Seiten, mit DVD, 39,90 €
November 2013

Maike Jarsetz

Photoshop Lightroom 5

Schritt für Schritt zu perfekten Fotos

Legen Sie direkt mit Lightroom 5 los! Die Autorin zeigt Ihnen Schritt für Schritt, wie Sie Ihre Bilder und Videos am besten organisieren, entwickeln und ausgeben. In kurzen Lektionen ohne Umwege, lernen Sie, wie Sie Lightroom effizient einsetzen und Ihren fotografischen Workflow gestalten können. Spannende Projekte zeigen Ihnen, wie Sie Lightroom für Ihr Lieblingsgenre oder Ihre Arbeitsweise ausreizen.

ISBN 978-3-8362-2506-9
www.galileodesign.de/3408

Lightroom 5 Schritt für Schritt erklärt – zum direkten Mitmachen

986 Seiten, mit DVD, 39,90 €

Jürgen Wolf

Photoshop Elements 11

Das umfassende Handbuch

Alles, was das Herz eines Digitalfotografen begehrt: Ihre Bilder erstrahlen in leuchtenderen Farben, Fotomontagen werden Schritt für Schritt erklärt, und auch die Verwaltung Ihrer Bilder erledigen Sie im Handumdrehen. Zahlreiche Workshops, Tipps und Tricks helfen Ihnen dabei, auch knifflige Aufgaben zu bewältigen. Egal, was Sie mit Photoshop Elements machen wollen – in diesem Buch finden Sie die Antwort!

ISBN 978-3-8362-2014-9
www.galileodesign.de/3264

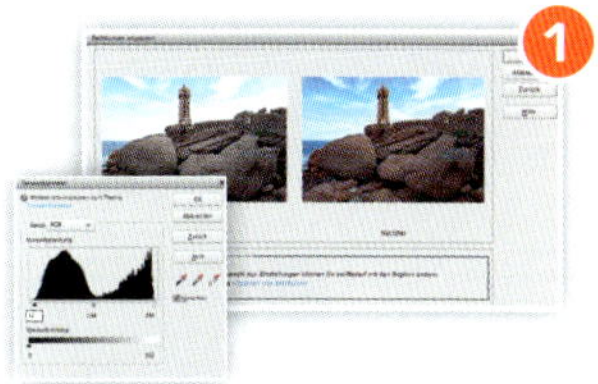

419 Seiten
mit DVD
24,90 €

Robert Klaßen

Photoshop Elements 11

Der praktische Einstieg

Dieses Praxisbuch zeigt Ihnen, wie Sie Ihren Fotos den letzten Schliff geben: Farben optimieren, Motive freistellen, Porträts verschönern, Fehler entfernen. Alle Facetten des Programms werden in über 70 attraktiven Workshops genau vorgestellt.

ISBN 978-3-8362-2015-6
www.galileodesign.de/3265

412 Seiten
mit DVD
29,90 €

Christian Westphalen

Photoshop Elements 11

Schritt für Schritt zum perfekten Foto

Dieses Workshop-Buch bietet Ihnen den passenden Einstieg! Bild für Bild lernen Sie die digitale Bildbearbeitung kennen: Sie entwickeln Ihre Raw-Bilder, retuschieren Porträtaufnahmen oder entfernen störende Elemente.

ISBN 978-3-8362-2016-3
www.galileodesign.de/3270

Unser Newsletter informiert Sie 1x im Monat über alle Neuheiten. » www.galileodesign.de

Heute bestellen, morgen schon lesen!

Alle Bestellungen, die bis 12 Uhr eingehen, werden noch am selben Tag verschickt.

Ihre Webvorteile auf einen Blick

- Schneller Bestellvorgang
- Sicherer Webshop
- Versandkostenfreie Lieferung [D, A]
- Lieferung innerhalb von 1–2 Werktagen [D]
- Bezahlung per Rechnung und Bankeinzug [D] oder Kreditkarte

GEPRÜFTER EHI ONLINE-SHOP

Ihre Bestellmöglichkeiten

www.galileodesign.de

Fax: +49.228.42150.77

service@galileo-press.de

Oder natürlich in der Fachabteilung jeder gut sortierten Buchhandlung.